Max Weber · Politik und Gesellschaft

Max Weber

Politik und Gesellschaft

Zweitausendeins

Lizenzausgabe mit freundlicher Genehmigung der
Melzer Verlag GmbH, Neu Isenburg 2006
für Zweitausendeins, Postfach, D-60381 Frankfurt am Main

Umschlaggestaltung: Sabine Kauf, PubliContor, Hamburg
Satz & Layout: Bernhard Heun, Rüssingen
Herstellung: GGP Media GmbH, Pößneck

Printed in Germany

Dieses Buch gibt es nur bei Zweitausendeins im Versand, Postfach, D-60381 Frankfurt am Main, Telefon 069-420 8000, Fax 069-415 003. Internet: www. Zweitausendeins.de, E-Mail: Info@Zweitausendeins.de. oder in den Zweitausendeins-Läden in Berlin, Düsseldorf, Frankfurt am Main, Freiburg, 2 x in Hamburg, in Hannover, Köln, Leipzig, Mannheim, München, Nürnberg, Stuttgart.

In der Schweiz über buch 2000, Postfach 89, CH-8910 Affoltern a. A.

ISBN: 978-3-86150-778-9

Inhaltsverzeichnis

B. Verschiedene Schriften:

Vorwort des Herausgebers

Max Weber (1864 – 1920), zählt zu den Gründervätern und Meisterdenkern der modernen Soziologie und Kulturwissenschaft. Der gigantische Torso seines unvollendeten Werkes, oft als bürgerlicher Gegenentwurf zu Marx' gesellschaftlicher Großtheorie interpretiert, ist längst in den Rang eines Klassikers aufgestiegen, von dem noch heute wichtige Impulse und fruchtbare Anregungen für den Diskurs der Kulturwissenschaften ausgehen.

Der vorliegende Band versammelt unter dem Titel „Politik und Gesellschaft" neben Webers Schriften zur Politik eine Auswahl weiterer Texte volkswirtschaftlichen, historischen und soziologischen Inhalts, die dem Leser einen Eindruck vom Themenreichtum und der Vielfalt dieses immer wieder neu zu entdeckenden modernen Klassikers vermitteln sollen.

Es ist hier freilich weder möglich, auf die Inhalte im Einzelnen einzugehen, noch kann dem Leser eine griffige Formel an die Hand gegeben werden, wie Webers politisches Denken zu bewerten sei. Stattdessen soll in der nachfolgenden Skizze versucht werden, einige der großen Hauptlinien in Webers politischer Entwicklung im historischen Kontext nachzuzeichnen.

Webers Leben bewegte sich im Spannungsfeld zwischen Wissenschaft und Politik. Die Leidenschaft für die Politik war bei ihm ebenso ausgeprägt wie seine intellektuelle Begabung und sein früh verbürgter Wissensdurst. Mehr als einmal eröffnete sich ihm die Möglichkeit, von der Wissenschaft in die aktive Politik zu wechseln: So z. B. 1897, als ihm ein liberaler politischer Verein in Saarbrücken eine Reichstagskandidatur anbot, die er jedoch zugunsten seiner akademischen Verpflichtungen ablehnte; so im November 1918, nach dem Sturz der Hohenzollern-Monarchie, als der Rat der Volksbeauftragten in Erwägung zog, Weber zum Staatssekretär des Reichsamts des Innern zu ernennen, dann aber Hugo Preuß in dieses Amt berief; und so schließlich im Dezember 1918, als Weber vor den anstehenden Wahlen zur Nationalversammlung (Januar 1919) auf den ersten Platz der Kandidatenliste der neu gegründeten Deutschen Demokratischen Partei (DDP) im Wahlkreis Hessen-Nassau gesetzt werden sollte, was lokale Parteifunktionäre jedoch in letzter Minute zu verhindern wussten.

Die Politik war Weber gewissermaßen in die Wiege gelegt. Sein Vater, Max Weber sen. (1836 – 1897), war ein einflussreiches Mitglied der Nationalliberalen Partei und zeitweise Abgeordneter im Reichstag gewesen. Die großen Figuren des deutschen Nationalliberalismus wie Miquel und von Bennigsen verkehrten im Berliner Elternhaus, in dem Weber die erste politische Prägung erfuhr.

Eine wichtige Rolle bei der Entwicklung von Webers politischen Vorstellungen sollte sein Straßburger Onkel, der Historiker Hermann Baumgarten (1825–1893), spielen. Dieser hatte sich im Zuge der Reichsgründung von einem dezidierten Gegner zu einem Befürworter der Politik Bismarcks gewandelt, blieb aber den liberalen Idealen von '48 treu. Er machte sich keine Illusionen darüber, dass die Reichseinigung von oben um den Preis der politischen Reife des Bürgertums teuer erkauft worden war. Zunehmend verbitterte er unter dem Eindruck des Scheiterns des Liberalismus an Bismarcks autokratischem Führungsstil und beobachtete mit Sorge den Kult, der um den „eisernen Kanzler" getrieben wurde. Das mangelnde politische Bewusstsein des Bürgertums, der zunehmende Militarismus und die ideologische Verherrlichung des Preußentums, wie sie ein Heinrich von Treitschke auf dem Katheder betrieb, bestätigten ihn in seinem Pessimismus. Weber schloss sich zwar in Vielem nicht den düsteren Schlussfolgerungen seines Onkels an, wurde von ihm aber für die Folgen der „Bismärckerei" sensibilisiert, namentlich der politischen Unreife des Bürgertums, die er auch unter vielen seiner Kommilitonen antraf. (In späteren Jahren vermutete Weber aus der historischen Perspektive von „Wirtschaft und Gesellschaft" hinter „jener verinnerlichten, auf den fremden Beschauer als Würdelosigkeit wirkenden Hingabe an die Autorität"[1] das verhängnisvolle Erbe der besonderen Affinität zwischen lutherischem Protestantismus und der spezifisch deutschen Untertanengesinnung.)

In jungen Jahren schon gelangte Weber daher zu der Überzeugung, dass eine umfassende politische Bildungsarbeit, aus der langfristig eine Führungselite hervorgehen sollte, eine der vordringlichsten politischen Aufgaben sei. Dieser Gedanke zieht sich wie ein roter Faden durch seine politischen Texte und verdankt sich sowohl dem Gedankenaustausch mit dem Onkel wie auch eigenen Beobachtungen aus der Studienzeit.

Eine weitere, schon sehr früh angelegte Konstante in Webers politischem Denken war sein ausgeprägter Nationalismus. Der Nationalstaat als „weltliche Machtorganisation der Nation", wie es in seiner akademischen Antrittsrede von 1895 heißt, stellte für ihn in letzter Konsequenz einen Wert an sich dar, demgegenüber andere Fragen, nicht zuletzt die der Staatsform, nachgeordnet waren. Webers Begriff der Nation ist stets auf den Begriff der Macht bezogen, und es ist dieses Moment in Webers politischem Denken, das den heutigen Lesern vermutlich die meisten Schwierigkeiten bereiten wird. Die Nuancen des Weberschen Nationalismus können hier nicht näher erörtert werden, doch es sei darauf ver-

[1] Max Weber: Wirtschaft und Gesellschaft. Frankfurt am Main 2005, S.830.

wiesen, dass man bei einer Bewertung die historischen Zusammenhänge in Rechnung stellen muss.

Die zweite Hälfte des 19. Jahrhunderts stand bekanntlich nicht nur im Zeichen des Imperialismus sondern auch des Nationalismus. Der Kult der Nation und nationales Pathos, in das sich nicht selten chauvinistische Obertöne mischten, waren kein nur deutsches Phänomen. Allerdings erhielt die Ideologie des deutschen Nationalismus eine besonders eigentümliche wie brisante Komponente durch Heinrich v. Treitschkes Staatsvergottung und sein Postulat des Vorrangs nationaler Macht vor der individuellen Freiheit. Weber hatte in Berlin Treitschkes Vorlesungen gehört und zeigte sich bei aller Kritik – Antisemitismus und nationalistisches Maulheldentum widerten ihn zutiefst an – doch auch tief beeindruckt vom „großen und leidenschaftlichen Streben des Mannes“[2], wie er an Baumgarten schreibt. (Die ambivalente Bewertung Treitschkes weist, nebenbei bemerkt, eine gewisse Parallele zu Webers Einstellung gegenüber Bismarck auf, dessen politischen Instinkt und, um mit Nietzsche zu reden, „Willen zur Macht“ er bei aller Kritik seines „cäsarischen“ Führungsstils dennoch bewunderte.)

Webers zuweilen aggressiver Nationalismus ist sowohl vor diesem Hintergrund wie auch im Kontext der im Wilhelminischen Bürgertum verbreiteten Ideologie des Sozialdarwinismus zu sehen. Nur ein militärisch starker Staat, der auf koloniale Expansion setzt, so waren in liberalen Kreisen nicht wenige überzeugt, würde in der Lage sein, das physische und kulturelle Überleben der Nation in Zukunft zu sichern.

Dem deutschen Liberalismus, auch wenn er ihm sein ganzes Leben lang nahe stehen sollte, sah Weber gegen Ende der 80er Jahre allerdings keine hoffnungsvolle politische Zukunft beschieden, die „Spaltung des Liberalismus“ und die künftige Aussicht, „dass derselbe von schablonenhaft fanatisierten Demagogen einerseits und von blinden Bismarckianern andrerseits kompromittiert wird“[3], schienen ihm unabwendbar. – Eine Vorhersage, mit der er den Nagel mehr oder minder auf den Kopf treffen sollte.

Während seiner Berliner Referendarszeit (ab 1886) hielt Weber Ausschau nach neuen politischen Kräften und kam in Kontakt mit den so genannten „Kathedersozialisten“. Diese hatten in den 70er Jahren die Brisanz der von den Liberalen vernachlässigten sozialen Frage – Proletarisierung der Massen infolge der fortschreitenden Industrialisierung, wachsende soziale Kluft zwischen Bürgertum und Arbeitern – erkannt und suchten nach einem dritten Weg zwischen Sozialismus und Liberalismus. Sie propagierten eine aktive Sozialpolitik im Interesse

---

[2] Zitiert in: Marianne Weber: Max Weber. Ein Lebensbild. München 1989, S.127.

[3] Zitiert ebd., S.129.

des sozialen Ausgleichs und gründeten zu diesem Zweck im Jahre 1873 den „Verein für Socialpolitik". Mit Beginn der Bismarckschen Sozialpolitik Anfang der 80er Jahre verlagerte sich der Schwerpunkt der Vereinstätigkeit von der politischen Überzeugungsarbeit hin zur wissenschaftlichen Analyse sozialer Fragen. Weber trat im Jahre 1888 bei.

Im Spätsommer des Jahres 1890 initiierte der Verein eine große Enquête zur Lage der deutschen Landarbeiter. Eine Mitarbeit Webers, der sich zunehmend für agrarökonomische Fragen interessierte und in seiner Habilitationsschrift („Die römische Agrargeschichte", 1891) ein agrarhistorisches Thema bearbeitete, lag nahe. Er übernahm die Auswertung der Fragebögen zu den Preußischen Provinzen und legte die Ergebnisse in der Abhandlung „Die Verhältnisse der Landarbeiter im ostelbischen Deutschland" im Jahr 1892 der Öffentlichkeit vor. Diese Arbeit wurde zu einem Meilenstein für Weber, nicht nur im Hinblick auf seine akademische Karriere – diese Abhandlung sollte knapp zwei Jahre später ausschlaggebend sein für die ungewöhnliche Berufung des Juristen auf den Lehrstuhl für Nationalökonomie an der Universität Freiburg –, sondern auch für die weitere Entwicklung seiner politischen Positionen. Es empfiehlt sich aus diesem Grund, auf diesen Text kurz etwas näher einzugehen.

Weber konstatierte in der Landarbeiterstudie einen fundamentalen Strukturwandel der ländlichen Arbeitsverfassung in den ostdeutschen Gebieten: Die kapitalistische Dynamik bewirkte einen sozialen Transformationsprozess, der die tradierte Interessengemeinschaft von Großgrundbesitzern und Landarbeitern zerstörte. Der Übergang zum Geldlohn ging, vereinfacht gesagt, mit der faktischen Proletarisierung der Landarbeiter einher, mit weitreichenden Folgen für die sozialen und demographischen Strukturen. Denn die deutschen Arbeitskräfte, außerstande sich unter den veränderten ökonomischen Bedingungen eine selbstständige Existenz aufzubauen, wanderten ab. Ihren Platz nahmen polnische Wanderarbeiter ein, die wegen ihres niedrigeren Lebensstandards auch zu Niedrigstlöhnen arbeiteten und so das Lohnniveau drückten. Hatten ferner die patriarchalisch verfassten landwirtschaftlichen Großbetriebe der Vergangenheit eine ausreichende Ernährung der Landbevölkerung und auf diese Weise die Wehrfähigkeit der Bevölkerung sichergestellt, so beobachtete Weber nun eine zunehmende Verschlechterung der Ernährungslage, die in seinen Augen auf eine langfristige Gefährdung der militärischen Stärke hinauslief. In der schleichenden „Polonisierung" erblickte er eine drohende kulturelle „Überfremdung" der Ostgebiete. Dieser aber leisteten die Großgrundbesitzer mit der Verfolgung ihrer wirtschaftlichen Interessen Vorschub, während ihr ökonomischer Abstieg – viele der Großbetriebe waren hoch verschuldet – in Webers Augen längst besiegelt war.

Verhalten zunächst, dann aber immer bestimmter und offensiver artikulierte Weber sein Fazit, dass die Tage der politischen Macht der Junker gezählt seien. In seiner Freiburger Antrittsrede mit dem programmatischen Titel „Der Nationalstaat und die Volkswirtschaftspolitik" (1895), in der er sich als „ökonomischen Nationalisten" bezeichnete, stellte er der preußischen Aristokratie kaum verhüllt die Machtfrage: „Gefährlich und auf die Dauer mit dem Interesse der Nation unvereinbar ist es, wenn eine ökonomisch sinkende Klasse die politische Herrschaft in der Hand hält." Der unumkehrbare Strukturwandel verändere, so Weber, auch den „sozialen Charakter" der Junker, die nicht mehr länger als die Trägerschicht der politischen Intelligenz angesehen werden könnten. Allein, weder Bürgertum noch die Arbeiterklasse seien politisch reif genug, um die Macht zu übernehmen, politische Bildung sei das Gebot der Stunde, um die Nation auf die „großen machtpolitischen Aufgaben" der Zukunft vorzubereiten – die deutsche Weltmachtpolitik.

Bemerkenswert an dieser Rede ist vielleicht weniger die Schroffheit, mit der Weber seine politischen Überzeugungen formulierte, als vielmehr die agonale Wirklichkeitskonzeption, die in ihr zum Ausdruck kommt sowie das rückhaltlose Bekenntnis zu den „Machtinteressen der Nation", denen auch die Volkswirtschaftslehre als politische Wissenschaft in letzter Konsequenz zu dienen habe. In einer wesentlich von Interessenkonflikten geprägten Welt gab es für Weber keine Alternative zur sozialen und ökonomischen Modernisierung Deutschlands. Nur so könnte sich das Land als imperialistische Großmacht etablieren und wäre in der Lage, seine ökonomischen und geopolitischen Interessen gegebenenfalls auch mit militärischer Gewalt durchzusetzen.

Die konservativen Kräfte im Reich, etwa die Freikonservative Partei, waren in Webers Augen für diese Aufgabe ebenso ungeeignet wie die Liberalen. Mochten die Konservativen auch in Fragen der Kolonial- und Rüstungspolitik auf einer Linie mit seinen Vorstellungen liegen, sie blieben doch die politische Interessenvertretung der Großgrundbesitzer und insofern ein Hemmschuh für die dringend anstehende Modernisierung der Gesellschaft. Weber stand stattdessen dem Sozialliberalismus eines Friedrich Naumann, mit dem er durch eine lebenslange Freundschaft persönlich verbunden war und auf dessen politische Anischten er Einfluss hatte, nahe. Über Naumann beeinflusste er auch indirekt die sozialliberalen Kräfte im Kaiserreich, doch war er zu sehr „Querdenker", um für das buchstäbliche parteipolitische Tagesgeschäft geeignet zu sein. Er blieb vor allem ein politischer Denker.

Man sollte sich jedoch hüten, in Weber nach dem bisher Gesagten vorschnell einen zynischen Apologeten reiner Machtpolitik erblicken zu wollen, der sein Scherflein zur „Zerstörung der Vernunft" (Georg Lukács) beigetragen habe. Denn hinter der brutal anmutenden Betonung des Machtkampfes als einer Grundgegebenheit des Lebens steht auch eine aufklärerische Intention, der Wunsch, die Dinge in intellektueller Redlichkeit beim Namen zu nennen. In

„Politik als Beruf", jener großen Rede, in der er etwa ein Jahr vor seinem Tod gleichsam sein politisches Vermächtnis formulieren sollte, insistiert Weber denn auch auf einer nur zu gern verdrängten Wahrheit, nämlich, „daß, wer mit der Politik, das heißt: mit Macht und Gewaltsamkeit als Mitteln, sich einläßt, mit diabolischen Mächten einen Pakt schließt". Die beiden, um auf Webers metaphorischer Ebene zu bleiben, „teuflischen Anfechtungen" des Politikers bestehen also zum einen im Machtmissbrauch infolge der Verführung durch Macht, zum anderen in der schwebenden Drohung der moralisch-schuldhaften Verstrickung, die die Anwendung von (militärischer) Gewalt als stets denkbarem letzten Mittel politischer Machtausübung unweigerlich mit sich bringt. Ob der Politiker diesem Extremfall nun „schuldlos" schuldig wird oder nicht – Weber entlässt ihn nirgends aus seiner persönlichen moralischen Verantwortung: In seiner berühmten Unterscheidung von Gesinnungs- und Verantwortungsethik machte er keinen Hehl daraus, dass derjenige, der politische Verantwortung übernimmt, auch die Konsequenzen seines Handelns zu verantworten habe. Aus der verantwortungsethischen Position ergibt sich daher der Auftrag zu realistischem politischen Handeln als der Kunst des Möglichen unter den jeweils gegebenen Bedingungen. Dieses Handeln bleibt aber stets gebunden an letzte ehtische Werte. Diese realistische Politik hat indessen nichts mit „Realpolitik" gemein, unter der man reine Machtpolitik um ihrer selbst willen versteht und für die Weber nur Verachtung übrig hatte. Im Gegensatz dazu entspringt die tragische Würde von Webers „wahrem", quasi-heroischen Politiker jenem unlösbaren Konflikt zwischen Gesinnungs- und Verantwortungsethik, der in seinem Gewissen zum Austrag kommt und der gewissermaßen der Preis der Macht ist, den jeder zu entrichten hat.

Das Gros der politischen Schriften Webers entstand während des Ersten Weltkrieges und in der unmittelbaren Nachkriegszeit. Im ersten Kriegsjahr tat Weber Dienst als Disziplinaroffizier in der Reserve-Lazarettkommission, aus der er im September 1915 ausschied. Zwar bejahte er, wie die meisten seiner Zeitgenossen, den Krieg als großes nationales Ereignis – „dieser Krieg ist wirklich, was auch der Ausgang sei – groß und wunderbar über alles Erwarten"[4], heißt es in einem Brief während der ersten Wochen –, doch ebenso stand für ihn fest, dass er nicht zuletzt eine Folge der desaströsen deutschen Diplomatie war.

Ab Dezember 1915 richtete er sich dann verstärkt als politischer Publizist an die Öffentlichkeit. Seine Artikel erschienen vor allem in der „Frankfurter Zeitung", kamen aber auch in Naumanns „Hilfe" und den „Münchner Neuesten Nachrichten" zum Abdruck. Sie weisen ihn als nüchternen Beobachter und hellsichtigen Kritiker der deutschen Kriegspolitik aus.

[4] Zitiert ebd., S.536.

Für das richtige Verständnis dieser Texte mag der Hinweis hilfreich sein, dass die deutschen Kriegsziele bis Ende 1916 nicht öffentlich diskutiert werden durften. Wenn Weber also, der ein Gegner rechter Annexionsforderungen war, das Problem der Kriegsziele erörterte, so hüllte er seine Kritik zunächst in eine vorgeblich „bloß" historische Betrachtung, wie in „Bismarcks Außenpolitik und die Gegenwart" (25.12.1915). In Fragen der Kriegsführung war er ein dezidierter Gegner des verschärften U-Boot-Krieges. Im März 1916 warnte er in einer gemeinsam mit Felix Somary verfassten Denkschrift Abgeordnete aller Parteien sowie das Auswärtige Amt vor dem Kriegseintritt Amerikas als Folge dieser Maßnahme, deren militärischer Nutzen überdies höchst fraglich war. Ein Jahr später, im April 1917 sollten die USA schließlich als Reaktion auf den nunmehr „uneingeschränkten" U-Boot-Krieg Deutschland den Krieg erklären.

Hatte Weber bei aller Skepsis einen deutschen Sieg zeitweise für möglich gehalten, so gab er sich spätestens im Frühjahr 1918 in dieser Hinsicht keinen Illusionen mehr hin. Die Reichsführung erwies sich zudem als unfähig, auch nur die Voraussetzungen für halbwegs annehmbare Friedensbedingungen zu schaffen.

Je länger der Krieg andauerte, desto mehr reifte in Weber die Gewissheit, dass die Herrschaft Wilhelms II. beendet werden müsse. Im Herbst 1918 versuchte er vergebens über ihm befreundete Politiker auf einen freiwilligen Thronvezicht Wilhelms II. hinzuwirken. Die Abdankung des Kaisers hätte, so Webers Kalkül, eine Stärkung der deutschen Position in den Friedensverhandlungen bedeutet und die heraufziehende Revolution vielleicht noch verhindern können.

Schon 1892 – Bismarck war seit 2 Jahren nicht mehr im Amt – hatte Weber erkannt, dass realistische Politik, insbesondere eine starke Außenpolitik, wie sie ihm vorschwebte, unter dem „persönlichen Regiment" des nur ambitionierten Kaisers schwerlich möglich sein würde und urteilte: „Er behandelt offenbar die Politik lediglich unter dem Gesichtspunkt eines originellen Leutnants. Energische Pflichterfüllung im Sinne des Dienstes wird ihm dabei niemand bestreiten. Aber die dazwischen unterlaufenden Querköpfigkeiten und das unheimliche Machtgefühl, welches ihn beseelt, bringt eine (...) unerhörte Desorganisation in die höchsten Instanzen (...). Wie durch ein Wunder entgehen wir jetzt noch diplomatisch wirklich ernsten Situationen."[5]

Die politische Unfähigkeit der Reichsleitung, die nun im Krieg immer deutlicher zu Tage trat und die innenpolitischen Versäumnisse der Vergangenheit in aller Schärfe offenbarte, überzeugte Weber vollends von der Notwendigkeit einer Neuordnung des politischen Systems auf der Grundlage des Parlamentarismus als einzig sinnvoller Zukunftsoption für Deutschland. Im Frühjahr 1917 wurden die Forderungen nach einer Reform der Verfassung, nicht zuletzt unter dem Ein-

[5] Zitiert ebd., S.131.

druck der russischen Februarrevolution und dem Sturz des Zaren, lauter. Weber widmete dieser Frage die vielbeachtete Artikelserie „Parlament und Regierung im neugeordneten Deutschland", die auch als Broschüre veröffentlicht wurde.

Wenn Weber für die Parlamentarisierung eintrat, so tat er dies aus politischem Pragmatismus heraus, nicht aber, weil er ein überzeugter Republikaner war. Sein letzter Wert war und blieb, wie weiter oben bereits ausgeführt, die Nation. Die Frage nach der Beschaffenheit der Staatsform war diesem Wert nachgeordnet. In einem Brief aus der zweiten Kriegshälfte heißt es: „Die Staatsform ist mir völlig ‚wurst', wenn nur Politiker und nicht dilettierende Fatzkes wie Wilhelm II. und seinesgleichen das Land regieren. Ich sehe jetzt keinen anderen Weg als rücksichtslose Parlamentarisierung quand même, um diese Leute ‚kaltzustellen'. … Ich würde ganz ebenso gegen das Parlament und für den Monarchen losschlagen, wenn dieser ein Politiker wäre, oder es zu werden verspräche."[6]

So bekannte Weber zwar in „Deutschlands künftige Staatsform", (Dezember 1918), dass er die „parlamentarische Monarchie" für die „technisch anpassungsfähigste" und daher nach wie vor „stärkste Staatsform" hielt, doch habe sich die Hohenzollern-Dynastie selbst so gründlich desavouiert, dass nur noch die Republik in Frage käme.

Nach der Novemberrevolution 1918 und dem endgültigen Ende des Kaiserreichs hielt es Weber für seine patriotische Pflicht, am Aufbau der Republik mitzuarbeiten. Es war auch aus diesem Pflichtgefühl heraus, dass er nach anfänglichem Zögern der Deutschen Demokratischen Partei beitrat und sich bereiterklärte, für die Wahlen zur Nationalversammlung (19. Januar 1919) zu kandidieren. Er stellte sich der Partei auch weiter als Redner im Wahlkampf zur Verfügung, obwohl, wie eingangs erwähnt, seine Kandidatur parteiintern hintertrieben wurde. Weber, in Fragen der persönlichen Ehre sonst extrem empfindlich, engagierte sich weiter für die Partei, denn nun ging es darum, dass die bürgerlichen Kräfte an der neuen politischen Ordnung beteiligt sein würden.

Persönlich sah er die Entwicklung dieses demokratischen Deutschlands allerdings mit schwersten Hypotheken belastet, deutlich erkannte er die Gefahr durch links- wie rechtsextreme Kräfte. In „Politik als Beruf" beschwor er vor seinen studentischen Zuhörern das pessimistische Bild einer „Polarnacht von eisiger Finsternis und Härte", die vor Deutschland liege. Dies war gesprochen vor dem Hintergrund der revolutionären Ereignisse. Von heute aus betrachtet scheint es das Ende der Weimarer Republik und den Beginn der Naziherrschaft vorwegzunehmen.

Weber erlebte weder das Eine noch das Andere. Er starb am 14. Juni 1920 in München infolge einer Lungenentzündung.

[6] Zitiert ebd., S.595f.

Die politischen Schriften Max Webers sind, das dürfte aus diesen schlaglichtartigen Anmerkungen deutlich geworden sein, Stellungnahmen zu den akuten politischen Fragen des Tages. Vieles in Webers Vorstellungswelt, sein Nationalismus und sein Ehrbegriff, der ihn als Angehörigen der satisfaktionsfähigen Gesellschaft ausweist, ist uns heute fremd geworden, ganz zu schweigen davon, dass wir heute vor anderen politischen Problemen stehen. Stellt sich also die Frage, ob diese Texte für uns heute von mehr als nur historischem Interesse sein können. – Wer bereit ist, sich auf sie einzulassen, wird diese Frage für sich nur bejahen können. Er wird in ihnen einem anregenden politischen Denker von „überragender Urteilskraft" (Wilhelm Hennis) begegnen, dessen analytischer Scharfsinn und politische Weitsicht ihn zu verblüffend hellsichtigen Prognosen befähigten. Er wird zu guter Letzt vielleicht auch von einem Denken profitieren, das, bei aller Neigung zur Bildung extremer Gegensätze, durch seinen Willen zur Wahrheit auch heute noch zu überzeugen vermag.

Daniel Lehmann, Frankfurt am Main, im November 2006

A.

POLITISCHE SCHRIFTEN UND REDEN

Die ländliche Arbeitsverfassung[1]

... Meine Herren, es gibt im Süden und Westen ziemlich ausgedehnte Distrikte, welche insofern scheinbar eine beneidenswerte Stellung einnehmen, als eine „ländliche Arbeiterfrage" dort gar nicht existiert. Nicht als ob die Schwierigkeit, sich Arbeitskräfte zu beschaffen, für die Landwirte eine geringe oder die Lage der Landarbeiter eine glänzende wäre; im Gegenteil. Aber in dem Sinne existiert dort keine ländliche Arbeiterfrage, als ein sozial geschiedener, sich aus sich selbst erzeugender ländlicher Arbeiterstand, dort so gut wie nicht besteht. Es ist die Gegend mit stark parzelliertem, im Erbgange regelmäßig weiter geteiltem Besitz: der Boden geht dort von einer Hand zur anderen, – der kleine Stellenbesitzer scharrt sein Leben lang Land zusammen bis zur bäuerlichen Selbständigkeit; stirbt er, so bricht das Kartenhaus häufig wieder zusammen, die Erben teilen, der Prozeß beginnt von neuem. Es besteht keine soziale Scheidewand zwischen dem kleinen Stellenbesitzer, welcher Arbeit sucht und dem größeren bäuerlichen Besitzer, welcher Arbeit bedarf. Dieser leistet dem kleineren Spannhilfe, der kleine Stellenbesitzer dem größeren Handhilfe. In unorganischer und individualistischer Weise wird so das gemeinwirtschaftliche Moment der alten organisierten Feldgemeinschaft der Dorfgemeinde ersetzt.

Eine Kritik dieses Zustandes vom wirtschaftlichen Standpunkt aus ist nicht schwer. Sie richtet sich aber nicht speziell gegen die Arbeitsverfassung innerhalb der Betriebe, sondern würde sich zu richten haben gegen die gesamte Grundbesitzverteilung und gegen die erbrechtlichen Grundsätze in diesen Gegenden überhaupt. Ich verzichte deshalb darauf, hierauf näher einzugehen; ich hebe nur ein psychologisches Moment hervor, das ist die eigentümliche Rolle, welche *die Arbeit* im Leben dieser Kleinstellenbesitzer, welche Tagelöhner nebenher sind, spielt. Die Konsequenz des Umstandes, daß eine soziale Scheidung des Kleinstellenbesitzers von dem Bauern hier nicht besteht, ist, daß der Arbeiter verlangt, als gleichberechtigte Partei unter Abstreifung aller Kennzeichen eines Herrschaftsverhältnisses behandelt zu werden. Er verlangt, daß die Arbeit, welche er leistet, überhaupt möglichst angesehen wird nicht als übernommene Pflicht, sondern als erwiesene „Gefälligkeit". In den hessischen, württembergischen und rheinischen Dörfern, wo diese Zustände herrschen, betrachtet man das Tagelöhnern mit Vorliebe als gewissermaßen nachbarlich-freundschaftliche Aushilfe, welche entsprechend freundnachbarlich entgolten wird. Es scheidet sich in dem Gedankenleben dieser Menschen der Begriff der Arbeit vollständig von dem Begriff der Pflicht;

[1] In: Schriften des Vereins für Sozialpolitik, Band 58 (1893).

der Mann würde glauben, sich zu verkaufen, wenn er die Arbeit als dauernde Kontraktpflicht übernähme. Es ist der Individualismus innerhalb der Arbeitsverfassung auf die Spitze getrieben und in die letzte psychologische Konsequenz durchgeführt: der Mann arbeitet in seinem eigenen Interesse; arbeitet er nicht, nun – so verdient er eben nichts und hungert unter Umständen oder schränkt sich ein, aber einen Verstoß gegen eine auf ihm lastende und als solche empfundene Pflicht begeht er damit nicht, er arbeitet eben – tatsächlich vielleicht, weil er muß, seiner Vorstellung nach, weil es ihm so beliebt. Er kennt nicht diejenige Art der Arbeit, welche wir im Osten kennen, diese straffe, pflichtgemäße, das ganze Leben umfassende Anspannung der Arbeitskräfte. Der charakteristisch-preußische Begriff der „verdammten Pflicht und Schuldigkeit" fehlt diesen Leuten. Dies oft übersehene psychologische Moment ist von erheblicher Bedeutung für die Frage: Ist eine solche Gestaltung der Arbeitsverfassung, die mit der radikalen Zerschlagung alles Großbesitzes identisch wäre, politisch als Ziel erwünscht? – Ich glaube: nein. Es ist kein Zufall, daß den Gegenden Deutschlands, wo diese Verfassung vorherrscht, nicht vergönnt gewesen ist, zu derjenigen politischen Organisation und zu der Ausgestaltung des politischen Sinnes zu gelangen, welche die Einheit des Reichs geschaffen haben.

Meine Herren, einen Moment verweile ich auch bei der nordwestlichen Arbeitsverfassung, welche Herr Professor Knapp bereits besprochen hat. Ich muß auch hier wie schon in dem, was ich bisher gesagt habe, zu dem Mittel einer starken Übertreibung gewisser typischer Momente greifen; es ist das berechtigt, wenn man eben wirklich entscheidende Momente übertreibt. Ich greife als einen solchen Typus heraus das große Bauerngut, von welchem Herr Professor Knapp gesprochen hat, im deutschen Nordwesten. Diese Güter gehen im Erbgang geschlossen über, ein starker Bodenumsatz findet nicht statt; jede Generation stößt einen Teil ihrer Angehörigen aus dem väterlichen Erbe aus. Diese Leute – „Enterbte" im wahren Sinne des Worts – gehen teils aus dem Lande, teils gehen sie über in die Industrie, teils aber – und das interessiert uns hier – in den ländlichen Arbeiterstand. Die soziale Organisation des Landes ist entgegengesetzt der eben besprochenen. Wenn dort die Erben in Gemeinschaft auf dem Gute bleiben, stehen sie nebeneinander zu gleichen Rechten. Hier dagegen ist die erbliche Gemeinschaft grundsätzlich monarchisch organisiert; unter der alleinigen Verfügungsgewalt des Anerben wird die Wirtschaft weiter geführt; die anderen scheiden aus, sie sind oder werden besitzlose Landarbeiter. Aber: – es wird auch bei diesem Verhältnis nicht vergessen, daß es eine Umgestaltung, eine Abgliederung aus dem Familienhaushalt darstellt, daß diese Landarbeiter, diese Heuerlinge, von denen Herr Professor Knapp gesprochen hat, hervorgegangen sind aus dem Bauernstande, sie sind Zweige am Stamm der sozialen Organisation, welche nicht zur Vollentwicklung – zur selbständigen Unternehmerstellung – gelangen und auch niemals gelangen können. Die furchtbarsten Leidenschaften werden innerhalb dieser Familien wachgerufen, aber dennoch bleibt das Moment bestehen, daß häufig Blutsverwandtschaft, immer eine feste Wirtschafts- und Interessengemeinschaft, dieser Arbeitsverfassung, wie sie Herr Professor Knapp schilderte, zugrunde liegt.

Ich vermag nun aber Herrn Professor Knapp nicht vollständig zuzustimmen, wenn er sagte, daß nur der isolierte westfälische Bauernhof der Boden sei, auf dem die Heuerlinge und auf dem eine solche Kombination von Arbeitspflicht und Kleinpacht erwachsen könne und daß deshalb an eine Übertragung auf östliche Verhältnisse nicht zu denken sei. Erstens kommen gleichartige Gestaltungen auch auf den großen Gütern des Nordwestens vor, zweitens: in Schleswig-Holstein, wo sie in dieser Art nicht vorhanden sind, kommt etwas ihnen analoges vor. Wenn man sich die Gestaltung der Verfassung ansieht, welche uns Herr Graf Holstein in einem ausgezeichneten Bericht über sein Gut in Schleswig-Holstein geschildert hat, und wie sie dort überhaupt häufig besteht, so finden wir dort einen Arbeiterpächterstand, welcher gestaltet ist als ein kontraktliches Verhältnis gegenseitiger Aushilfe mit Hand- und Spanndiensten zwischen den großen Besitzern und den Arbeitern, ganz analog, wie das bei den Heuerlingen der Fall ist, und augenscheinlich gehören auch diese Zustände in Holstein zu den denkbar günstigsten, die es überhaupt in ganz Deutschland auf dem Lande gibt.

Aber wir finden allerdings in diesen Gegenden als Konsequenz des geschlossenen Bauerngutes auch etwas anderes, das ist die typische Auswanderung gerade derjenigen ländlichen Arbeiter, welchen es am besten geht und welche sozial am höchsten stehen, so in Westfalen die Heuerlinge. Es ist nicht wahr, daß aus Westfalen und Norddeutschland – und das gilt übrigens auch für den Osten – die Leute auswandern, welchen es schlecht geht und deshalb, weil es ihnen schlecht geht; im Gegenteil, die höchste Schicht der ländlichen Arbeiter verschwindet. Der niedersächsische Stamm hat vor den festen und scheinbar unwandelbaren Schranken des Rechts gerade auch infolge der festgefügten Organisation seiner bäuerlichen Verfassung eine außerordentlich hohe Achtung, aber es ist dadurch eine undurchdringliche obere Schranke für das Hinaufsteigen geschaffen. Der Mann kann sie nicht durchbrechen, nicht wie der Kleinbesitzer im Süden hoffen, allmählich sich in der Heimat zum selbständigen Wirt emporzuarbeiten; im Osten kann er nicht hinauskommen über den Instmann und Deputanten; und deshalb verzichten die besten und, wie übereinstimmend berichtet wird, wohlhabendsten Familien, oft schweren Herzens, auf die Existenz in der Heimat. Ist der Entschluß gefaßt, dann entflieht der Mann dem Heimatsgedanken am leichtesten, indem er hinübergeht über das große Wasser und sich da ankauft, wo ihm die alten Beziehungen am vollständigsten abgeschnitten sind. Dies Moment erweist sich stark in dem nordwestlichen Deutschland und ist charakteristisch für die Gründe der Auswanderung der Landarbeiter aus dem Osten. In die Städte entflieht junges, oft liederliches Volk, das nichts sucht als die Zerstreuungen und die Ungebundenheit der Großstadt, ins Ausland gehen altgediente, arbeitslustige Familien, – dieser Unterschied ist auch praktisch für die Frage nicht gleichgültig, was geschehen kann, um beiden Momenten zu steuern. –

Ich erörtere hier nicht näher den Einfluß, welchen intensives Auftreten der Industrie auf die Arbeitsverfassung des Landes hat. Der Einfluß ist ein lediglich destruktiver. Wir sehen im rheinisch-westfälischen Industriebezirk das Verschwinden jeglichen Stammes von einheimischen Landarbeitern. Es gibt so gut wie keinen dauernd als Landarbeiter tätigen vollkräftigen Menschen. Der Prozeß vollzieht sich in der Weise, daß fortgesetzt aus dem Osten Arbeitskräfte herangezogen und dann nach einiger Zeit wieder an die Industrie abgegeben werden und ein weiterer Nachschub aus dem Osten stattfindet.

Ich vernachlässige ebenso den Einfluß der Sachsengängerei in der Provinz Sachsen, der in anderer Art, aber auch destruktiv, auf die bisherige Arbeitsverfassung gewirkt hat. Wenn hier die Wirkungen dieser Zersetzung sich so gestaltet haben, daß die Zustände, – auch die Verhältnisse der Wanderarbeiter, – relativ erträglich und für das Kulturniveau weniger gefährliche sind, so hat das seinen Grund einmal darin, daß in dieser Provinz mit ihrer Landwirtschaft intensivster Art, ihrem ausgezeichneten Boden, noch immer ein starkes Aufsteigen der Kultur stattfindet und auch unter ungünstigen Konkurrenzverhältnissen stattfinden kann; ferner darin, daß ein einheimischer, recht kräftiger Bauernstand vorhanden ist, welcher verhindert, daß ein so starkes Vakuum an einheimischen Arbeitskräften eintritt, wie das im Osten geschehen würde, vielmehr einheimische sächsische Arbeiter zur Ergänzung des auswärtigen Zuzugs liefert; und endlich und vor allem darin, daß eine Assimilierung der sächsischen Arbeiter mit den russischen und polnischen, welche aus dem Osten kommen, ausgeschlossen ist, hier ebenso, wie in Mecklenburg; die einheimischen Arbeiter schließen sich sorgfältig ab gegen deren Einflüsse; sie sehen mit Verachtung herab auf die niedrige Lebenshaltung der Sachsengänger, – erst, wo dieses Moment aufhört, weiter im Osten, wo die Gefahr der Assimilation vorliegt, beginnt die wirklich schwere Gefahr des Wanderarbeitertums. –

Ich überschreite damit die Elbe und begebe mich auf den klassischen Boden der ländlichen Arbeiterfrage. Meine Herren, das ostelbische Deutschland verdient ja aus dem Grunde diese Bezeichnung, weil es einen typischen, sich aus sich selbst ergänzenden und sehr zahlreichen ländlichen Arbeiterstand nirgends so wie hier gibt, und dies deshalb, weil der Großbetrieb, welcher ausschließlich auf fremde Arbeitskräfte angewiesen ist, nur hier die typische, wirtschaftlich und sozial wichtigste Form des Bodenbesitzes darstellt. Ich beschränke mich deshalb auch auf den Großgrundbesitz, welcher ja im wesentlichen identisch ist mit dem

Großbetrieb, und seine Arbeitsverfassung. Nur diese Arbeitsverfassung stellt uns wirklich schwere und teilweise unlösbare Probleme.

Die historisch überkommene ländliche Arbeitsverfassung des Großgrundbesitzes im Osten hat Herr Professor Knapp gleichfalls geschildert; er hat aber auch hervorgehoben, was das wichtigste Ergebnis der Enquete ist: daß die rettungslose Zersetzung dieser Arbeitsverfassung teils schon eingetreten, teilweise im Gange und ausschließlich eine Frage der Zeit ist. In materieller Beziehung führen zwei große Desorganisatoren diese Zersetzung in der augenfälligsten Weise herbei, der eine – unwichtigere – ist die Dreschmaschine, der andere die Zuckerrübe, die ich hier a potiori nenne als Repräsentantin der intensiven Bodenkultur überhaupt. Das vom Standpunkt der Wirtschaftsführung des Arbeitgebers entscheidende Moment ist dabei in letzter Linie: die Differenz des Arbeiterbedarfs im Winter und des Arbeiterbedarfs im Sommer, sie wächst derart, daß das Halten der im Sommer erforderlichen ländlichen Arbeitskräfte das ganze Jahr hindurch unzweckmäßig wird. Das hat das Zurücktreten der ständigen, seßhaften, mit den Gütern dauernd verbundenen Arbeiter zugunsten der Saisonarbeiter und ganz im allgemeinen die kapitalistische Umgestaltung des alten Arbeitsverhältnisses in einen reinen Lohnarbeitsvertrag zur Folge. –

Nun, meine Herren, diese Destruktion der Arbeitsverfassung des Ostens, die sich vor allen Dingen ausdrückt einerseits in der Einschränkung und Beseitigung der eigenen Wirtschaft des Instmannes, in der Abschaffung oder Herabdrückung des Dreschanteils, das heißt in der Abnahme des Anteils der Arbeit an dem Produkte der Arbeit, in der Beseitigung ferner der Viehweide, der Viehhaltung des Arbeiters – des Mittelpunktes seiner Wirtschaft –, andererseits in der Erhöhung des Geldlohnes und damit dem Entstehen eines Interessengegensatzes zwischen Grundbesitz und Arbeiterschaft – diese Destruktion dieser Arbeitsverfassung hat da, wo sie bereits weit fortgeschritten ist, in ihrem Gefolge eine außerordentliche Herabdrückung der sozialen Position und eine Gefährdung des Nahrungsstandes der Arbeiter herbeigeführt. Es läßt sich an der Hand des Enquetematerials verfolgen, daß da, wo die patriarchalische Verfassung in alter Weise noch besteht, in Mecklenburg und Pommern, – um einen Hauptpunkt zu nennen – derjenige typische Konsum von Zerealien, welcher angenommen wird für eine normale Arbeiterfamilie, einschließlich des von ihr gehaltenen Viehes, bis auf etwa 40 Zentner hinaufsteigt, daß er nach Osten zu herabsinkt bis auf etwa 28 Zentner, daß er überall, wo in der Flußniederung zwischen Weichsel und Oder intensivere Kultur eingetreten ist, heruntergedrückt wird auf ein weit niedrigeres Niveau, und daß er in dem eigentlichen Gebiet der kapitalisierten desorganisierten Arbeitsverfassung, in den Provinzen Posen und Schlesien, am tiefsten herabsinkt. In Schlesien ist der Nahrungsstand der Landarbeiter zweifellos am schlechtesten. Es ist zwar vor einigen Tagen von einem schlesischen Magnaten im Reichstag angedeutet worden, das möchte wohl ein durch meinen „Nationalliberalismus" herbeigeführter Rechenfehler sein; er hat dann gesagt, er sei durchaus nicht in der Kultur in der Weise zurück, wie ich das von ihm voraussetzte. Meine Herren, natürlich *er* nicht, wohl aber seine Arbeiter, für die er verantwortlich ist. Sie sind durch die Umgestaltung der Arbeitsverfassung in ihrem Nahrungsstande wesentlich gefährdet, es ist ein kartoffelessendes Proletariat entstanden aus einer Bevölkerung, welche sich nährte von Zerealien und Milch. Es ist von mir mit nichten behauptet worden, daß diese Desorganisation der Arbeitsverfassung des Großgrundbesitzes eine „Schuld" der einzelnen Großgrundbesitzer sei. Im Gegenteil, auch die Arbeiter wollen die Fortführung dieser Verfassung nicht. Es wird von zahlreichen Seiten in der Enquete berichtet – und ich glaube es – daß, wie bei den Heuerlingen, gerade die bestgestellten unter den Instleuten vorziehen, nicht nur in die Industrie, nein, auch zu den landlosen, ungebundenen, aber auch rein proletarischen Schichten der Landarbeiterschaft, zu den sog. „freien" Arbeitern, überzugehen, trotzdem das die Aufgabe einer außerordentlich sicheren materiellen Lage zugunsten einer gänzlich unsicheren Existenz bedeutet. *Nichts* spricht ein vernichtenderes Urteil über die Zukunft des Instverhältnisses als eben dieses Moment. Die patriarchalische Disposition des Herrn über das Schicksal des Arbeiters, wie sie die alte Instverfassung mit sich bringt, eben die wollen die Leute nicht länger dulden. Es sind *psychologische* Momente von übermächtiger Gewalt, welche sowohl den Zug in die Städte, wie die Desorganisation dieser Arbeitsverfassung herbeiführen. –

Meine Herren, also: die Arbeiter lösen sich aus dieser Verfassung heraus, sie verschwinden teils völlig, und teils bleiben sie doch nicht so wie früher in der Hand des Großgrundbesitzes. Und wie reagiert der Großgrundbesitz? Er greift zu den Wanderarbeitern, er ruft fremde Arbeiter heran aus dem Osten, teils aus den übervölkerten Distrikten mit zahlreichem Kleinstellenbesitz, teils und zunehmend aus dem Ausland.

Auch hier ist es keineswegs einseitig der Großgrundbesitzer, der dieses Verhältnis einer Fluktuation der Bevölkerung schafft. Die Arbeiter kommen ihm dabei aus eigener Initiative in entschiedener Weise entgegen. Es ist in vielen Fällen zu beobachten, wenn man das Lohnniveau des Zuwanderungsgebietes mit demjenigen des Abwanderungsgebietes vergleicht, daß es nicht nur nicht zuungunsten des Abwanderungsgebietes differiert, sondern gleichsteht, daß häufig sogar das umgekehrte der Fall ist. Nicht die Unterschiede in der Lohnhöhe allein oder auch nur vornehmlich sind es, die zur Wanderarbeit führen, sondern etwas ganz anderes ; es ist die Abneigung, sich gerade in der Heimat zu dauernder Arbeit zu binden, gerade die wohlbekannte Arbeitsglocke des benachbarten *heimatlichen* Großgrundbesitzers hat einen besonders üblen Klang. Die Leute gehen den Sommer über fort, sie kommen im Herbst wieder zurück und bringen soviel bares Geld mit, daß sie einige Monate „Ferien" machen können, und sie haben dann die Illusion – es ist lediglich eine Illusion – daß sie „mehr" verdient hätten, besser gestellt gewesen seien in der Fremde als zu Hause. Sie bedenken nicht, daß sie das Mehr an baren Mitteln erspart haben allein auf Kosten ihrer Lebenshaltung, indem sie sich in der Fremde herdenweise in einem Kasernement und bei einer Ernährungsweise unterbringen ließen, wie sie sie sich in ihrer eigenen Familie und zu Hause niemals bieten lassen würden.

Erschwerend tritt nun aber hinzu unsere nationale Situation im Osten, in erster Linie, daß diese Wanderarbeiter herangezogen werden aus dem Ausland. Es ist – soviel kann man aus den Berichten der Enquete ersehen – lediglich eine Frage der Zeit, bis wann die ländlichen Großgrundbesitzungen der Grenzgebiete, wenn sie lediglich ihren wirtschaftlichen Lohninteressen folgen, sich ihrer einheimischen Arbeiter in der Hauptsache entledigt haben werden, und statt dessen eine Verwendung von Wanderarbeitern aus Polen und Rußland stattfindet. Durchaus nicht immer deshalb, weil diese Wanderarbeiter einen niedrigeren Lohn bekämen, sondern in erster Linie, weil man keine verwaltungsrechtlichen Pflichten, keine Armenlasten usw. für sie übernimmt, – man schiebt sie eben nach Ausnutzung ihrer Arbeitskräfte wieder ab. Und ferner: der Russe muß sich auch etwas anderes bieten lassen als der einheimische Arbeiter; er ist prekärer gestellt und ein Wink an den benachbarten Amtsvorsteher genügt, um ihn schleunigst über die Grenze zurückzuspedieren, falls er sich den Wünschen des Großgrundbesitzers nicht überall fügt. *Deshalb* müssen – das ergeben die Berichte der Enquete – die selbstbewußten Arbeiter Westpreußens, die alten deutschen Instleute der Weichselniederungen, weichen zugunsten der polnischen Wanderarbeiter.

Auf die Dauer ist die Polonisierung des Ostens, wenn es so weitergeht, absolut nicht auszuschließen, wir mögen noch so viel Grundbesitz in deutsche Hände überführen. Die Entscheidung der Frage der Nationalität des platten Landes hängt auf die Dauer nicht von der Abkunft der besitzenden Schichten, sondern von der Frage ab, welcher Nationalität das Landproletariat angehört. Wir werden im Osten denationalisiert, und das ist keineswegs eine bloße Nationalitätensorge, sondern das bedeutet: es wird unser Kulturniveau, der Nahrungsstand der Landbevölkerung und ihre Bedürfnisse herabgedrückt auf das Niveau einer tieferen, östlicheren Kulturstufe. –

Gibt man sich Rechenschaft, welchen Umfang das bereits genommen hat, so sind dafür einige Anhaltspunkte vorhanden: der Wendepunkt in der Polenfrage ist das Jahr 1861; bis dahin nehmen die Polen prozentual langsam ab, von da ab langsam zu. Es begann die Heranziehung polnischer Wanderarbeiter. Noch im Jahre 1873 überwog die Wanderung deutscher Arbeiter bis tief nach Galizien und Rußland hinein. Erst seitdem ist die Entwicklung weiter fortgeschritten im

Zusammenhang mit dem Niedergang der Landwirtschaft, derart, daß die entgegengesetzte Wanderbewegung alleinherrschend geworden ist. Dieser Zustand bestand ungehindert bis 1886. Innerhalb der Jahre 1861 bis 1886 hat nun – ich entnehme dies Beispiel dem eben erschienenen von der Goltzschen Werke – in Westpreußen in dem Komplex der Kreise Deutsch-Krone, Schlochau, Flatow, wo der Großgrundbesitz – das heißt hier der Besitz von 500 Taler Reinertrag – nur 35 % der Fläche innehat, die prozentuale Abnahme des Deutschen nur 0,7, also etwas über ⅔ % betragen; in den Danziger Niederungsgebieten, wo der Großgrundbesitz 50, und auf dem östlichen Höhenstreifen, wo er 64 % der Flächen umfaßt, hat dagegen die Abnahme des Deutschtums 5½ % betragen. Eine derartige Differenz lediglich auf Grund des Umstandes, daß der Großgrundbesitz in dem betreffenden Falle vorwiegt, gibt den deutlichen Beweis dafür, daß, wie gesagt, der landwirtschaftliche Großbetrieb des Ostens der gefährlichste Feind unserer Nationalität, daß er unser *größter Polonisator* ist. Im Jahre 1886 wurde nun die Zuwanderung polnischer Arbeiter verboten, die vorhandenen polnischen Arbeiter wurden des Landes verwiesen. Diese Verfügung wurde dann etwas gemildert und schließlich am 26. November 1890 in der Hauptsache aufgehoben. Es wurde dem Oberpräsidenten gestattet, im Falle des Nachweises des Bedürfnisses russische Arbeiter zuzulassen unter dem Vorbehalt, daß es sich nicht um Familien, sondern wesentlich um ledige Arbeiter handeln würde, und daß sie bis zum 1. November über die Grenze zurückgeschafft werden sollten.

Im Jahre 1891, dem ersten Jahre, nachdem diese Verfügung bestand, ist, wie ich mir aus den Zahlen des Herrn von Mayr, die uns hier vorliegen, zusammengerechnet habe, eine Zahl von rund 33.000 russisch-polnischen Arbeitern allein in die vier Grenzprovinzen importiert worden. Im Jahre 1892 trat wegen der Cholera eine erhebliche Erschwerung ein, schließlich wurde die Zufuhr am 1. September verboten; es waren aber bereits über 21.000 polnische Arbeiter hereingekommen, davon bereits 13.000 innerhalb der ersten beiden Quartale, also Arbeiter, welche nicht nur als Erntearbeiter hereinkommen, sondern welche an eine Arbeitsstelle treten, für die sonst ständige deutsche Arbeiter hätten verwandt werden müssen.

Die Zahl von 33.000 für 1891 ist übrigens noch nicht einmal vollständig, es fehlt für einen Teil des Gebiets ein volles Quartal. Diese Zahlen beziehen sich wie gesagt nur auf die Provinzen Ost- und Westpreußen, Posen und Schlesien. Die russischen Arbeiter gehen aber bis nach Hessen-Nassau, sie finden in Mecklenburg und im ganzen Osten erhebliche und zunehmende Verwendung.

Die Zahl der sämtlichen ländlichen Tagelöhner einschließlich der Tagelöhner in Nebenbetrieben, einschließlich der auch nur einen einzigen Tag in der Landwirtschaft beschäftigt gewesenen Tagelöhner betrug nun nach der letzten Berufsstatistik in den gedachten 4 Provinzen rund 800.000; davon beträgt diese Zahl

33.000 etwa 1/24. Sie müssen aber in Betracht ziehen, daß diese Zuwanderung von polnischen Arbeitern sich zu einem großen Bruchteil auf ein weit enger umgrenztes Gebiet, eben gerade auf den national umstrittenen Distrikt von vier Provinzen und auf die großen Güter beschränkt und hier mit voller Intensivität wirkt, und wenn Sie den entsprechenden Multiplikator anwenden, so sehen Sie schon aus diesen Zahlen, daß bereits jetzt eine derartig gewaltige Zuwanderung stattfindet, daß schon in kurzem die denationalisierenden Folgen absolut nicht ausbleiben können. – Und ferner: der einzelne polnische Arbeiter verdrängt, in der Ernährung auf dem heimischen Boden nicht etwa nur einen einzelnen deutschen Arbeiter, sondern eine Arbeiter*familie*; er seinerseits nimmt ja die Lohnüberschüsse nach Rußland zurück und ernährt, davon seine dortige Familie, und ebenso würde ein deutscher Arbeiter von seinen Lohnüberschüssen gleichfalls wenigstens einen erheblichen Bruchteil der Unterhaltskosten für seine einheimische Familie verwendet haben. Die Verdrängung umfaßt also auch rein ziffernmäßig ein Vielfaches der angegebenen Zahlen. Und endlich ist vom Interessenstandpunkt der Arbeiter aus zu sagen: die Heranziehung der Polen bedeutet eine Lähmung der deutschen Arbeiterschaft im Lohnkampf mit den Großgrundbesitzern, wie sie schwerer nicht gedacht werden kann. Alles in allem also, meine Herren: der Großgrundbesitz ist dasjenige Element, welches im Osten zurzeit am stärksten polonisiert. Es ist eine Frage der Zeit, wann der Moment gekommen sein wird, wo er in seinem Auftreten gemeinschaftliche Sache mit den Polen wird machen *müssen*. Es ist auf die Dauer für ihn nicht möglich, die nationale Sache zu vertreten, wenn seine Arbeiter Polen sind. Er wird dem Schicksal nicht entgehen, dem österreichische Magnaten mit alten deutschen Namen verfallen sind: er verliert zunächst die Gemeinschaft der nationalen Interessen mit seinen Hintersassen, und dann wird er derjenige sein, welcher nachgeben wird. – Die ersten Symptome dafür sind denn auch vorhanden. Wenn im Reichstag oder Abgeordnetenhaus ein schlesischer Besitzer sagen kann: es versteht sich von selbst, daß wir Großgrundbesitzer unsere Arbeiter nehmen können, woher wir wollen und sie billig bekommen können, und deshalb die Aufhebung derjenigen Schranken verlangt, welche jetzt noch dem Zuzug der fremden Arbeiter entgegenstehen – nun, so ist das ein Manchesterstandpunkt, der im schroffsten Widerspruch dazu steht, daß derselbe Herr der Nation untersagen will, ihr Brot dorther zu nehmen, woher sie will und es billig erhalten kann. Und wenn in Westpreußen die Vertreter des Großgrundbesitzes jetzt schon gemeinschaftliche Sache mit den nationalen Gegnern machen, so sind das eben die ersten Anfänge, die uns zeigen, wohin es kommen kann, wenn die Sache so weiter geht. Ich habe absichtlich dieses nationale Moment in den Vordergrund gestellt, weil es das in erster Linie praktische ist, – es ist eben keineswegs ein rein ideales, sondern involviert im Osten eine „Messer- und Gabelfrage" in des Wortes vollster Bedeutung. –

Meine Herren, wenn ich jetzt zunächst resümieren soll, was ich ausgeführt habe, so erlaube ich mir die allgemeine Bemerkung: ich betrachte die „ländliche Arbeiterfrage" hier ganz ausschließlich unter dem Gesichtspunkt der *Staatsraison*; sie ist für mich keine Frage der Landarbeiter, also *nicht* die Frage: geht es ihnen schlecht oder gut, wie ist ihnen zu helfen? Diese Fragen können wir auf Grund der Enquete nur sehr bedingt beantworten, und jedenfalls ist es nicht derjenige Gesichtspunkt, unter dem ich die Sache betrachtet habe; aber freilich: noch viel weniger ist sie die Frage: wie sind den östlichen Großgrundbesitzern Arbeitskräfte zu verschaffen? Das Interesse des Staates und einer Nation kann differieren von dem Interesse jedes einzelnen Standes, nicht nur von dem des Großgrundbesitzes, was gelegentlich vergessen wird, sondern auch von dem des Proletariats, was neuerdings mindestens ebenso oft vergessen wird. Das Interesse des Staates an der ländlichen Arbeiterfrage im Osten ist lediglich begriffen in der Frage, wie es um die Fundamente der sozialen Organisation bestellt ist, ob der Staat sich darauf stützen kann, auf die Dauer, zum Zweck der Lösung derjenigen *politischen* Aufgaben, welche ihm im Osten demnächst bevorstehen. Diese Frage ist meines Erachtens zu *verneinen*.

Meine Herren, ich anerkenne in dem Schlußwort zu meinem Enquetebericht, daß der Großgrundbesitz und seine Arbeitsverfassung für die Vergangenheit erhebliche Verdienste um die Nation hat. Mißdeutungen in der Presse beider Richtungen veranlassen mich, das hier zu interpretieren. Es ist mir nicht eingefallen, zu behaupten, daß wir eine besondere „Dankesschuld" gegenüber dem Großgrundbesitz als solchen abzutragen hätten. Ich bin der Ansicht, daß die Großgrundbesitzer der Vergangenheit dem Staate dienten, indem sie ihren eigenen Interessen dienten, daß sie vor allen Dingen nicht mehr getan haben, indem sie für den Staat und an seiner militärischen und politischen Größe mitarbeiteten, als ihre „verdammte Pflicht und Schuldigkeit" so gut wie irgendein anderer Stand im Staate, und nur weil dies nicht bei jeder Aristokratie selbstverständlich gewesen ist, erkennen wir es an. Ich glaube vor allem nicht, daß diese Anerkennung, so weit sie begründet ist, den Personen gebührt, sondern der sozialen Organisation, deren Produkte diese Personen gewesen sind. In diesem Sinne ist diese Anerkennung einfaches Gebot der Gerechtigkeit. Aber, meine Herren, eben diese Organisation zerfällt; sie zerfällt vielleicht nicht plötzlich, vielleicht nicht vollständig z. B. bis zum Ende dieses Jahrhunderts. Je länger aber der Verfall sich fortsetzt, um so mehr nimmt er den Charakter eines chronischen Fäulnisprozesses des Ostens an. Eine solche zerbröckelnde Organisation ist nicht fähig, die wichtigsten politischen Aufgaben des Staates lösen zu helfen: in erster Linie die Wahrung der deutschen Kultur im Osten, die Verteidigung unserer Ostgrenze, der deutschen Nationalität, auch im Frieden. Der Großgrundbesitz kann diese Aufgabe nicht lösen. Man muß die Vorstellung aufgeben, als ob er allein es wäre, auf welchen man sich auf die Dauer im Osten stützen könne und dürfe. Er wird entwurzelt und für den Staat wertlos – nicht durch seine Schuld, wie ich wiederhole, sondern durch übermächtige nationale Wandlungen materieller und psychologischer Art. –

Ich will nicht weiter ausgreifen, um nicht noch länger zu sprechen. Ich komme vielmehr unmittelbar zu denjenigen praktischen Forderungen, welche meines Erachtens sich aus dieser Situation ergeben. Die wichtigste Forderung, die überhaupt auf diesem Gebiete im gegenwärtigen Moment zu stellen ist, ist die des *absoluten Ausschlusses* der russisch-polnischen Arbeiter aus dem deutschen Osten. Als Übergangsstadium und sofort ins Werk zu setzen wäre der Ausschluß aller derjenigen Arbeiter, welche vor der Zeit der Getreideernte nach Deutschland hereinkommen. Aber es muß der Entschluß gefaßt werden, diesen Ausschluß der Fremdlinge zu einem absoluten zu machen. Ich freue mich, in diesem wichtigen Punkt die Zustimmung des Herrn Professor von der Goltz in seinem mir soeben zugegangenen neuen Werke zu finden. Meine Herren, wer glauben sollte, daß wir im Osten nationale Politik aus „Chauvinismus" treiben – nun, der kann oder will nicht verstehen, um was es sich handelt. Es ist nicht möglich, zwei Nationalitäten mit verschiedenen Körperkonstitutionen, – verschieden konstruierten Mägen, um mich ganz konkret auszudrücken, auf einem und demselben Gebiete als Arbeiter gänzlich frei konkurrieren zu lassen. Es ist nicht möglich für unsere Arbeiter, mit den polnischen Arbeitern zu konkurrieren. Die deutschen Arbeiter müßten in ihren Bedürfnissen eine Kulturstufe heruntersteigen, ganz analog wie unser Landwirtschaftsbetrieb deshalb konkurrenzunfähig ist, weil er eine Kulturstufe heruntersteigen müßte, um mit den Landwirtschaftsbetrieben in Rußland, Argentinien und Amerika zu konkurrieren. Es gibt eine gewisse Situation kapitalistisch desorganisierter Volkswirtschaften, unter welchen die höhere Kultur nicht überlegen, sondern schwächer ist im Kampf ums Dasein gegenüber der niedriger stehenden Kultur. In einer solchen Situation befinden wir uns zur Zeit. Mit unseren polnischen Volksgenossen wollen wir schon fertig werden, wir hoffen, das polnische Proletariat des Inlandes auf das Niveau der deutschen Kultur zu heben, – unmöglich wird das aber, wenn der fortgesetzte Einbruch östlicher Nomadenschwärme diese Kulturarbeit regelmäßig wieder vernichtet und in ihr Gegenteil umkehrt. Gegen die angeblich projektierte Kulieinfuhr erhob sich seinerzeit große Entrüstung, die Einfuhr der Polen ist aber vom Kulturstandpunkt weit gefährlicher, denn mit den Kulis assimilieren sich unsere deutschen Arbeiter nicht, wohl aber ist dies mit den halbgermanisierten Slaven unseres Ostens, gegenüber den Polen der Fall. –

Meine Herren, die dermalige Verfügung des Ministeriums des Innern, auf welcher die Zulassung der polnischen Arbeiter beruht, geht aus von dem Gedanken: es schade nichts, wenn die polnischen Arbeiter hereinkommen, sofern sie nur wieder herausgelangen. – Erstens gelangen sie nicht alle wieder heraus. Es ist gar nicht zu verhindern, wenn man die Leute nicht schlechterdings festbindet und über die Grenze schafft, daß nicht ein erheblicher Bruchteil dieser Arbeiter im Inlande verbleibt. Es ist aber auch nicht richtig, daß eben diese zeitweise Zulassung sozial- und nationalpolitisch nichts schadet, das – möchte ich glauben – geht aus dem, was ich auszuführen versuchte, mit Sicherheit hervor. Gerade diese zeitweise Zulassung, welche die Grundbesitzer jeder dauernden Verantwortlichkeit für die verwendeten Arbeitskräfte enthebt, ist die denkbar gefährlichste Form, sie ist dasjenige Moment, welches zur Abschiebung der deutschen Arbeiter aus dem Osten führt und die Mobilisierung der Landbevölkerung am schärfsten fördert. Meine ganze Argumentation ist sehr einfach: Es hat die Enquete meines Erachtens zweifellos ergeben, daß der Nahrungsstand, daß die Lohnhöhe, daß die gesunde soziale Stellung der Arbeiter im Osten abhängt in erster Linie von der Intensität des Deutschtums. Die Enquete hat ferner ergeben, daß eine Verdrängung der deutschen Arbeiter durch die polnischen Wanderarbeiter in gefährlicher Weise erfolgt. Es ergibt sich schon daraus die aufgestellte Forderung meines Erachtens von selbst.

Man könnte nun, meine Herren, als zweites Moment in Frage ziehen, ob nicht dem Ausschluß der ausländischen Arbeiter ein Festhalten der inländischen Arbeiter an der Scholle entsprechen sollte. Ich habe nicht die geringste Neigung, hier eine Debatte über die Freizügigkeit zu entfesseln; es würde aber mißdeutet werden, wenn dazu bei dieser Gelegenheit gar nicht Stellung genommen würde. Es ist diese Forderung – indirekte Einschränkung des Fortzuges durch Erhebung von Einzugsgeldern seitens der Städte, nicht nur von Enqueteberichterstattern gestellt, sondern auch von der neuen agrarischen Bewegung, obwohl man nicht gewagt hat, sie bei der bekannten Audienz an das Ohr Seiner Majestät des Königs zu bringen, wahrscheinlich, weil ein stillschweigendes Anhören dieses Vorschlages gegenüber der öffentlichen Meinung bedenklich erschienen wäre. Nun ist durchaus nicht zu verkennen, daß das Fortziehen zumal der jungen Arbeitskräfte vom Lande in die Stadt ein oft geradezu unglaublich planloses ist, ohne Zweck und ohne eine Ahnung der Konsequenzen geschieht, und mit einer wirklich besseren Lage, in die sich diese Leute dadurch zu bringen glauben, schlechterdings nichts zu schaffen hat. Gäbe es technisch durchführbare Mittel, dem wirksam vorzubeugen, so würde ich an einem Eingriff in das vermeintliche allgemeine Menschenrecht der freien Disposition über sich selbst gewiß am letzten Anstoß nehmen. Aber das vorgeschlagene Mittel ist unpraktikabel. Einmal sehe ich nicht ein, wie eine Kommune wie Berlin z. B. wirkliche Garantien für die Zurückschaffung derjenigen, welche sich der Zahlung entziehen, schaffen sollte. – Dann aber, und das ist der prinzipielle Punkt gegenüber jeder Form der Beschränkung der Freizügigkeit: Glauben Sie denn, daß wir uns in der Lage fühlen könnten, der

Landwirtschaft Leute zurückzuschicken, von denen wir nicht wissen, ob und in welchem Umfange sie lohnende Arbeit finden auf dem Lande? Mag auch Arbeitermangel auf dem Lande die Regel sein, unzutreffend ist, daß selbstverständlich überall auf dem Lande im Osten Arbeit zu finden sei, und vor allen Dingen, daß sie zu angemessenen Löhnen und dauernd zu finden sei. Es müßte also der einzelne Fall untersucht werden, es müßte auch die Möglichkeit vorhanden sein, wenn wir die Leute zurückschicken oder auf dem Lande festhalten, dem betreffenden Großgrundbesitzer vorzuschreiben, welchen Lohn er dem Manne zu zahlen hat. Wir würden dann ein Eingreifen in die Arbeitsverfassung des Ostens, eine staatliche Revision der Arbeitsverhältnisse auf dem Lande mit Lohntaxen irgendwelcher Art haben. Das wäre ja nun durchaus nichts unerhörtes. In Mecklenburg hat nach der achtundvierziger Bewegung der Landarbeiter eine ähnliche geordnete staatliche Regelung stattgefunden; es sind unter Zuziehung von staatlichen Kommissaren Regulative festgesetzt worden für einzelne Güter – und sie haben keineswegs bloß auf dem Papier gestanden –, durch welche die Gebührnisse der Landarbeiter festgestellt wurden. Ich glaube aber, vor die Wahl gestellt, sich einen derartigen Eingriff gefallen zu lassen oder den gegenwärtigen Freizügigkeitszustand aufrecht zu erhalten, würde der überwiegende Teil der Landwirte doch das letztere wählen.

Im Zusammenhang mit der Frage der Freizügigkeit möchte ich ein Wort über die Gesindeordnung mit bezug auf die praktisch richtige Zwangsrückführung im Falle des Kontraktbruches sagen. Sie ist sowohl von Seiten der Berichterstatter als von Seiten politischer Parteien im Lande zum Gegenstand von Erörterungen und Angriffen gemacht worden. Der zunächst in die Augen fallende Übelstand an der Gesindeordnung ist, daß schlechterdings keine Gleichmäßigkeit der Zustände in den einzelnen Gegenden besteht. In jeder Provinz, in jedem Regierungsbezirk sind die Verhältnisse und die Praxis in der Subsumtion der einzelnen Kategorien unter die Gesindeordnung verschieden. Die Instleute, welche in Ost- und Westpreußen unter die Gesindeordnung fallen, stehen in Pommern und Brandenburg nicht darunter. In Schlesien sucht man die Kontraktarbeiter künstlich durch Hingabe des Mietstalers darunter zu bringen, ebenso auch die sozial viel tiefer stehenden Komorniks in Posen. Eine scharfe Grenze ist auf dem Boden des geltenden Rechtes absolut nicht zu ziehen; es muß Gleichmäßigkeit hergestellt werden. Diese aber kann nur bestehen in der Beseitigung der Anwendbarkeit der Gesindeordnung auf alle diejenigen Personen, welche nicht wirklich zum häuslichen Gesinde gehören. Niemand hat bisher zu behaupten versucht, daß die bestehenden Zwangszurückführungsvorschriften genügten oder zweckmäßig seien, um Kontraktbruch zu verhindern. Im Gegenteil, aus der Enquete geht das fruchtlose und verbitternde der Maßregel hervor, welche in der Zwangszurückführung, zumal, wenn es sich um Familien handelt, liegt. Das einzige angemessene

Zwangsmittel gegen Kontraktbruch bei Familien ist das Pfandrecht an demjenigen Mobiliar, welches der Arbeiter in das Gewahrsam des Gutsherrn gebracht hat.

Nun könnte sich ja fragen, ob an Stelle dieser bunten Mannigfaltigkeit des Rechts, dem die Landarbeiter unterstehen, nicht etwas einheitliches gesetzt werden könnte, in Verbindung etwa mit einem staatlichen Eingriff in die Land- und Weideverhältnisse der einzelnen Güter, nach Analogie der schon berührten mecklenburgischen Regulative. Historisch wäre ein solcher Eingriff sehr wohl berechtigt auf Grund des Umstandes, daß diese jetzt depossedierten Arbeiter ehemals nicht bloß Lohnarbeiter, sondern in ihrer Art so gut wie die Bauern auch anteilsberechtigt waren an dem Boden, welchen sie bebauten. Es wäre eine moderne Analogie zum Bauernschutz, eine Modifikation des bisherigen Grundsatzes der preußischen Sozialpolitik, welche allein eine Bauernpolitik war – bei der Regulierung sowohl als bei der Gemeinheitsteilung hat sich das gezeigt – zugunsten auch der bisher regelmäßig vergessenen Landarbeiter. Allein dieses Eingreifen des Staates ist heute nicht mehr möglich, weil die Zersetzung dieser älteren sozialen Organisation schon zu weit vorgeschritten ist. In Frage könnte nur kommen – und das ist in Vorschlag gebracht worden – ob man etwa Schiedsgerichte speziell zum Zwecke der Regelung von Streitigkeiten zwischen Arbeitgebern und Arbeitnehmern auf dem Lande organisieren soll. Es käme nur darauf an, wie diese Schiedsgerichte zusammengesetzt wären, namentlich daß sie nicht ausschließlich beständen aus den Interessenvertretern eines Standes, daß nicht z. B. etwa die Amtsvorsteher, welche aus den Gutsbesitzern hervorgehen, diejenigen wären, welche in diesen Schiedsgerichten die ausschlaggebende Stellung einnähmen. Im übrigen: versprechen würde ich mir von der Einführung eines solchen Instituts nicht viel, weil jede Organisation der Landarbeiter fehlt und bisher gesetzlich fehlen muß, namentlich aber, weil eine solche Organisation, auch wenn sie jetzt gesetzlich zulässig wäre, gar nicht möglich ist. Man braucht nur die konkreten Zustände sich vorzustellen. Ein Instmann, ein Arbeiterpächter, ein Häusler, ein Büdner, ein besitzloser Tagelöhner und ein Wanderarbeiter – alle diese Kategorien können auf einem Gut vorkommen –, diese Leute können keine drei Schritte zusammengehen, ohne daß ihre Interessen auseinanderlaufen, und es ist nicht möglich, derartige verschiedene Interessengruppen nach Analogie etwa der Gewerkvereine zu organisieren. –

Meine Herren, ich habe nun noch kurz zu erörtern den Interessenstandpunkt der Landarbeiter gegenüber der brennenden Frage, die morgen zur Erörterung steht, gegenüber der inneren Kolonisation. Es kommt hier für uns in Betracht einmal die Frage der Seßhaftmachung der Arbeiter als Arbeiter und dann die praktische Bedeutung der etwa zu schaffenden Möglichkeit, daß Landarbeiter aufsteigen in den Bauernstand. Die Bedeutung beider Maßregeln ist eine grundverschiedene: die erste enthält nur eine Umgestaltung der Lage der Arbeiter innerhalb der gleichen sozialen Schicht, in der sie verbleiben, die zweite dagegen würde, wenn sie gelänge, die obere Schranke des Ansteigens hinwegräumen, welche die soziale Organisation im Osten den Landarbeitern gegenüber aufgerichtet hat. –

Was zunächst die Errichtung von Arbeiterstellen anlangt, also von Stellen, welche begründet werden für Personen, die weiter dauernd auf Lohnarbeit gehen sollen, so steht es nicht, wie oft behauptet worden ist, im Einklang, sondern im Widerspruch mit dem Begriff des Grundeigentums, daß ein Mann, welchem sein Grund und Boden, den er bewirtschaftet, nicht die volle Möglichkeit der Existenz gewährt, sondern ihm nur mehr nebenher einen kleinen Beitrag, gewissermaßen wie ein Taschengeld zur Ergänzung seines Budgets liefert – daß ein solcher Mann mit dem Boden in eine rechtliche Beziehung gesetzt wird, welche derjenigen des Eigentums auch nur analog ist. Es sind auch die Ergebnisse der Enquete gerade über diesen Punkt geeignet, das allerernsteste Mißtrauen gegen eine derartige Maßregel, wenn man sie als regelmäßige Form der Gestaltung unserer Arbeitsverfassung denken wollte, zu erregen. Überall, wo eine große Zahl derartig mit Grund und Boden versehener Arbeiter sich findet, sind die Löhne und zwar teilweise in einem unerhörten Maße gedrückt. Diese Leute sind eben schollenfest, sie können nicht fort. Und, meine Herren, wer glaubt, daß ein Mann, der deshalb nicht fort kann, und seine Arbeitskräfte ausnutzen, wo er will, weil einige Morgen deutschen Bodens an seinen Fersen kleben, daß dieser Mann eine angenehme Beziehung zum vaterländischen Boden gewinnen und ein brauchbares Glied innerhalb der sozialen Gliederung auf dem Lande werden wird, der befindet sich in einem bedenklichen Irrtum. Der schrecklichste der Schrecken ist ein grundbesitzendes Proletariat, dem die ererbte Heimstätte zum Fluche wird. –

Es ist im übrigen ja die Lage der grundbesitzenden Arbeiter eine verschiedene, je nachdem sie in der Nachbarschaft von Bauern in Dorfgemeinden oder in der Nachbarschaft allein von großen Gütern sitzen. Dem Bauern gegenüber hebt der Grundbesitz den Mann, dem Großgrundbesitzer gegenüber nicht. Der Bauer beutet den Einlieger auch als Mieter aus, weniger als Arbeitskraft. Dem Großgrundbesitzer liegt dagegen an dem bißchen Miete nichts, er will nur die feste, dauernde, an die Scholle gefesselte Arbeitskraft und deshalb ist im Interessenkampf mit dem Großgrundbesitzer der grundbesitzende Arbeiter gegenüber dem besitzlosen benachteiligt. – Ich will damit nicht behauptet haben, daß eine Gründung von Häuslerstellen immer und überall auszuschließen wäre, aber sie darf nur der Schlußpunkt großer Kolonisation sein. Erst wo große Bauerndörfer entstanden sind, wo Arbeitsgelegenheit in nächster Nähe immer zu finden ist, wenn durch Reservate im allgemeinen vorgesorgt ist, daß der kleine Besitzer eine genügende Viehhaltung haben kann, erst dann kann die Begründung von Häuslern befürwortet werden. – Wie die Enquete ergibt, ist die Gefahr der Schaffung Kartoffeln konsumierender Kleinstellenbesitzer eine dringende. Diese Gefahr ist nun aber am allerdringendsten bei denjenigen Stellen, welche ein Übergangsstadium bilden von den kleinsten Stellen zu Bauernstellen. Diese Leute, also die sogenannten Büdner, sind in der Tat schollenfest. Der kleine Häusler mit wenigen Morgen Land kann Sachsengänger werden, wenn er in der Nachbarschaft keine Arbeit findet. Der Büdner ist gebunden. Er hat einige Arbeitstage im Jahr übrig, die er verwerten müßte. Diese könnte er aber gerade nur in der Erntezeit verwerten und gerade dann ist er unabkömmlich. Dieser Büdnerstand ist einer der gefährlichsten auf dem Lande. Überall, wo er in starkem Maße besteht, hat man beobachtet, daß solche Büdner unter allen Umständen vermeiden, auf Arbeit zu gehen, daß sie lieber auf das kümmerlichste leben, auf ihrem Grund und Boden sich durchschlagen, als in der Heimat sich Arbeit suchen. Dieses Moment muß in allererster Linie davor warnen, derartige Stellen zu schaffen, und das um so mehr, als die Tendenz der Parzellierungsbewegung im Osten gewisse ganz gleichartige Gefahren in sich birgt, welche auch für die Praxis der inneren Kolonisation von eminenter Bedeutung sind:

Die unzweifelhaft vorhandene Tendenz der Güterzerschlagung und damit auch die Zukunft der inneren Kolonisation kann man unter zwei Gesichtspunkten betrachten: unter einem mehr optimistischen und unter einem mehr pessimistischen. Unter dem optimistischen betrachtet sie in erster Linie mein verehrter älterer und erfahrenerer Freund, Herr Professor Sering. Er erwartet von dem Fortschreiten der Technik eine Entwicklung kleinerer intensiv bewirtschafteter Stellen. Umgekehrt erwartet er von diesen kleineren Stellen, daß sie Fortschritte der Technik herbeiführen und eine Aufbesserung des landwirtschaftlichen Betriebes im Osten sich daran anschließen werde. Ich will das nicht bestreiten für erhebliche, von der Natur hervorragend begünstigste Teile des Ostens; aber für ein weitaus größeres Areal im Osten, welches der Überführung in den intensiven Betrieb mit Garten- oder Rübenkultur, intensiver Viehzucht oder ähnlichem zweifellos dauernd verschlossen ist, und für welches die Produktionsbedingungen dauernd auf eine Kombination von Getreidebau und Viehzucht in mittlerer Intensität zugeschnitten sein müssen, sofern man nicht den Übergang zur ewigen Weide unter Ersparung von Kapital und Arbeit herbeiführen will. Für dieses Areal kommt nun die gegenwärtige Lage der Landwirtschaft in besonders verhängnisvoller Art zur Geltung. Die Landwirtschaft im Osten ist vom geschäftlichen, industrialistischen Standpunkt aus ein niedergehendes, konkurrenzunfähig werdendes Gewerbe, und gerade dieser *Niedergang* der Konkurrenzfähigkeit führt meines Erachtens dazu, daß die Kleinbetriebe heute existenzfähiger sind als die für den Markt produzierenden großen Besitzungen. Derjenige Besitzer, welcher seine Produkte in erster Linie an denjenigen Ort bringt, wo die Preisgestaltung auf dem Weltmarkt am gleichgültigsten ist, nämlich in seinen eigenen Magen, der ist zur Zeit am existenzfähigsten im Osten, immer unter der Beschränkung auf dieses spezifische, aber sehr große und sozialpolitisch für uns wichtige Areal des charakteristischen mittleren Sandbodens und außerhalb der Nähe großer Städte und Verkehrswege. Daraus folgt aber eine schwere Kulturgefahr. Es könnte nämlich dahin kommen, daß auch hier die Differenz zwischen – um wiederum das frühere Bild zu gebrauchen – dem deutschen und polnischen Magen zur Geltung gebracht würde. Auch als Kleinbauer kann der Pole, der sich mit dem Anbau von Kartoffeln begnügt, mit einem viel kleineren Areal auskommen als der Deutsche, der Zerealien konsumieren will, und es entsteht die Gefahr, daß die innere Kolonisation zu einer Schaffung polnischer Zwergbetriebe und zur Denationalisierung des Ostens unter Herabdrückung der Kulturbedürfnisse der Landbevölkerung führt. Diese Gefahr muß davor warnen, Stellen irgend welcher Art zu schaffen, welche unter demjenigen Stande der Größe ihrem Umfange nach sich befinden, der ausreicht, um eine deutsche Bauernfamilie zu ernähren.

Vergleichen wir damit die Praxis der Generalkommissionen, so ist der Minimalumfang einer Stelle von ihnen teils auf 1 ha, teils auf 2, 2½, 3 ha festgesetzt. Meines Erachtens ließe es sich hören, wenn umgekehrt ein maximaler Umfang kleinerer Stellen auf etwa 2 ha und daneben ein Minimalsatz für Bauernstellen auf etwa 5 ha festgesetzt würde. Gerade diese Stellen von 2 bis 5 ha sind Büdnerstellen, welche die Familie nicht voll ernähren. Der Zustand eines solchen Mannes ist erträglich im Süden und Westen, wo jederzeit Gelegenheit zum Ankauf von Grund und Boden sich findet und der Mann dadurch nicht Sklave seiner Scholle wird. Im Osten ist eine solche Beweglichkeit nicht vorhanden, und die Gefahr der Schaffung eines Proletariats allerschlimmster Art außerordentlich groß. –

In bezug auf die Schaffung von Arbeiterstellen sind also vom Arbeiterstandpunkt aus nur negative Forderungen: – was nicht geschehen soll – zu formulieren. Entscheidend ist, ob die Bedingungen für den Erwerb *bäuerlicher* Stellen so gestellt werden können, daß den Arbeitern der Erwerb von solchen ermöglicht wird, und das ist nicht heute, sondern morgen zu besprechen. –

Nun aber, meine Herren, wir mögen der inneren Kolonisation noch so weite Ziele stecken und sie uns soweit durchgeführt denken, wie wir wollen, sicher ist: wir *können* weder dem Großgrundbesitz im Osten den Garaus machen, noch *wollen* wir es. Es existiert kein Interesse daran, ihn zu vernichten, es existiert sogar ein Interesse daran, diese wirtschaftlichen und vor allen Dingen gesellschaftlichen Intelligenzzentren auf dem Lande zu erhalten, damit nicht auch dieses geistige Kapital von den Städten monopolisiert werde und ausschließlich in den Besitz des städtischen Bürgertums gelange, und damit nicht die politische Intelligenz künftig vom Lande ebenso auswandert wie zur Zeit die Arbeitskräfte.

Es fragt sich also, wenn der Großgrundbesitz im Osten weiter bestehen soll – und er wird es –: woraus rekrutieren sich seine Arbeitskräfte? Wie wird seine Arbeitsverfassung beschaffen sein? In erster Linie wird man ja die Arbeitskräfte aus den Bauerndörfern zu erhalten suchen, welche die innere Kolonisation schafft. Es ist schon jetzt aus dem Enquetebericht nachweisbar, daß beispielsweise in Mecklenburg auf den Domanialgütern und denjenigen Rittergütern, welche in der Nachbarschaft von Bauerndörfern liegen, von einem Arbeitermangel kaum gesprochen wird, daß also diese Nachbarschaft den Gütern hinlänglich Arbeitskräfte verschafft. Das steht ja in Übereinstimmung mit der Tendenz der Entwicklung im Osten, welche in Dörfern wohnende freie Arbeiter an Stelle der kontraktlich gebundenen Arbeiter zu setzen im Begriff ist. Jedoch mit diesen Arbeitskräften allein, – das möchte ich etwas schärfer als Herr Professor Knapp und auch als das neue Werk von von der Goltz betonen, wird ein großes Gut nicht entfernt wirtschaften können. Nicht einmal die süddeutschen großen Höfe können es. –

Eine zweite und meines Erachtens praktisch wichtigere Form nun, in welcher der Großgrundbesitz der Zukunft sich Arbeiter wird verschaffen können, ist, wie ich glaube, und schon hervorgehoben habe, ein pachtartiges Verhältnis in Kombination mit einem Arbeitsvertrag, unter Spannhilfe des Herrn für das fest abzugrenzende Land des Arbeiters. Alle die Momente, welche das Instverhältnis heute der Auflösung verfallen lassen, die Unmöglichkeit, Scharwerker zu stellen und zahlreiche andere Umstände fallen weg, wenn ein Pachtverhältnis geschaffen wird. Es zeigt sich auf denjenigen Gütern, welche zu einer derartigen Kombination von Parzellenpacht mit Auflegung der Arbeitsverpflichtung übergegangen sind, daß ihre Arbeitsverhältnisse relativ erträglich, zum Teil, wie in denjenigen ostholsteinischen Verhältnissen, welche der Graf Holstein schildert, geradezu ausgezeichnete sind. Es läßt sich ja gewiß auch dieses Verhältnis ausbeuten zuungunsten der Arbeiter, und das ist teilweise geschehen. Ich glaube aber, daß das kein dauerndes Moment sein wird, denn ich glaube, daß einer Verbesserung der Stellung solcher Pächter entgegenkommen wird das Bedürfnis der Großgrundbesitzer nach Abstoßung des Areals, welches nicht abnehmen, sondern zunehmen wird. Was die Stellung solcher Arbeiter anlangt, so fehlt hier die Gebundenheit an die Scholle, es bestehen die Vorteile der eigenen Wirtschaft, es besteht die Interessengemeinschaft mit dem Gutsherrn – in andrer Weise wie bei den Instleuten –, und es kommt angemessen zum Ausdruck, daß für die höchststehenden Elemente der Arbeiterschaft das Arbeitsverhältnis nur ein Durchgangsstadium sein soll. Daraus, daß ich also voraussetze, daß eine derartige Entwicklung und Gestaltung des Arbeitsverhältnisses im Osten möglich und wahrscheinlich ist, daraus folgt eine letzte Forderung, oder vielmehr eine Bitte, welche sich richtet an die Domänenverwaltung.

Es ist nicht nur möglich, sondern auch wünschenswert, daß der Staat als größter Grundbesitzer mit gutem Beispiel auf diesem Gebiete vorangeht. Wir sind nicht in der Lage, die Gestaltung der Arbeitsverfassung auf den großen Gütern irgendwie auf dem Wege des Zwanges unmittelbar zu fördern; wir sind aber in der Lage, die Entwicklung indirekt zu fördern, indem wir die Praktikabilität einer Umgestaltung in unsrem Sinne zeigen. Dem Vernehmen nach soll der gegenwärtige Herr Minister für Landwirtschaft aus eigener Initiative bereits die Absicht haben, in den Bedingungen der Pachtkontrakte der Domänenpächter eine Änderung herbeizuführen. Die preußischen Domänenpachtkontrakte enthalten in den allgemeinen Bedingungen § 27 das Verlangen der Vorlegung einer großen Anzahl Listen: Ernte-, Erdrutschlisten usw. Die Lohnlisten finden sich zur Zeit darunter nicht und es wäre wohl wünschenswert, daß diese Lohnlisten sich künftig darunter befänden. Dies wäre die einzige Möglichkeit, einmal ganz präzises und vergleichbares typisches Material aus den verschiedenen Provinzen des Landes zu gewinnen. Im Gegensatz zu den mecklenburgischen Domanialpachtkontrakten enthalten ferner die preußischen Domanialpachtkontrakte irgendwelche Vorschriften, welche den Domänenpächter anweisen, in welcher Weise er seine Arbeiter zu stellen hat, nicht. Es ist aber möglich, derartige Vorschriften aufzunehmen und es ist meines Erachtens auch sozialpolitisch richtig. Ich will mich auf die Einzelheiten nicht einlassen; ich glaube, daß es möglich wäre, sowohl in bezug auf die Wohnung in allererster Linie – einen Gedanken, den auch Professor von der Goltz vertritt – als auch in bezug auf die Gewährung von Land an die Arbeiter gegen Pacht bis zu einer gewissen Größe, etwa zu dem Durchschnittspreise der Domänenpachtrente, als endlich auf die Viehhaltung der Arbeiter Vorschriften zu treffen, und ich hoffe, daß ein Modus gefunden werden wird, in welchem diesem Wunsche nachgekommen werden kann.

Meine Herren, ich bin am Ende dieser unter dem Zwang der Umstände nicht eben sehr systematisch gestalteten Ausführungen. Sie werden vielleicht den Eindruck nicht ganz verloren haben, daß ich unter dem Druck einer gewissen Resignation gesprochen habe, und daß diejenigen Forderungen, soweit sie überhaupt positiver Art sind, welche ich versucht habe, hier aufzustellen, gleichfalls das Produkt einer solchen Resignation sind, – und das ist in der Tat der Fall. Indessen, – ich habe ja hier die Ehre, zu überwiegend älteren und erfahreneren Herren zu sprechen, als ich es bin – es ist das begründet in der Differenz der Situation der älteren Generation zu den seinerzeit Ihnen, meine Herren, gestellten Aufgaben gegenüber derjenigen Situation, in welcher wir Jüngeren uns heute befinden. Ich weiß nicht, ob alle meine Altersgenossen es in gleich starkem Maße empfinden, wie ich in diesem Augenblick: es ist der schwere Fluch des Epigonentums, der auf der Nation lastet, von ihren breiten Schichten herauf bis in ihre höchsten Spitzen: Wir können die naive enthusiastische Tatkraft nicht wieder aufleben lassen, welche die Generation vor uns beseelte, weil wir vor Aufgaben anderer Art gestellt sind, als unsere Väter es seinerzeit gewesen sind. Sie haben um uns ein festes Haus gebaut, und wir sind eingeladen, darin Platz zu nehmen und es uns darin wohl sein zu lassen. Die Aufgaben, die uns gestellt, sind anderer Art. Wir können dabei nicht an große, der gesamten Nation gemeinschaftliche Empfindungen appellieren, wie es der Fall war, als es sich handelte um die Schaffung der Einheit der Nation und einer freien Verfassung. Wir stehen aber diesen Aufgaben auch als Menschen anderer Art gegenüber. Wir sind frei von zahllosen Illusionen, welche erforderlich sind, damit ein solcher Enthusiasmus sich auf ihnen aufbaut. Damit das Deutsche Reich geschaffen wurde, sind Illusionen ungeheurer Art nötig gewesen, die jetzt mit den Flitterwochen der Reichseinheit verflogen sind und die wir uns nicht künstlich und nicht auf dem Wege der Reflexion zu reproduzieren vermögen.

Wenn jetzt ein Feind an der Ostgrenze erschiene und uns mit Kriegsmacht bedrohte, so bestände kein Zweifel, daß die Nation sich hinter den Fahnen sammeln würde, um die Landesgrenzen zu verteidigen. Wenn wir aber die friedliche Verteidigung der östlichen Grenze des Deutschtums unternehmen wollen, stoßen wir auf verschiedene sich widerstreitende Interessen. Schauen wir uns um nach Bundesgenossen, so muß, zum Teil wenigstens, diese Verteidigung unternommen werden gegen das Interesse des Großgrundbesitzes, sie muß unternommen werden gegen die Instinkte weiter manchesterlich-freihändlerisch gesinnter Teile der Bevölkerung, welche Ausnahmemaßregeln darin finden und fürchten, daß diese sich auch auf andere Gebiete erstrecken könnten. Und wenden wir uns endlich an das Proletariat – ja, die Zeit ist noch fern, wo wir in der Lösung sozialer Aufgaben dem Proletariat der Städte die Hand werden reichen können. Ich hoffe, daß das kommen wird; zur Zeit ist meines Erachtens noch nicht die Rede davon. Es läge ja die Versuchung nahe, hier gegen den Sozialismus in der üblichen Art in contumaciam zu verhandeln. Ich weiß nicht, ob seine Vertreter, die vielleicht hier anwesend sind, das Wort ergreifen werden, und deshalb vermeide ich vorerst eine Auseinandersetzung. Ich bin der Ansicht, daß wir durch die Wahrung unsrer Nationalität im Osten auch dem Sozialismus vielleicht wider seinen Willen einen Gefallen tun, denn wenn auch nur einige seiner Postulate in Erfüllung gehen sollten, so bedarf er einer kulturell sehr hochstehenden Arbeiterbevölkerung, und ich glaube, wenn wir eine solche hochstehende Arbeiterbevölkerung zu erhalten bestrebt sind – und ihre Erhaltung ist in unserm konkreten Falle nur möglich auf dem Boden der Nationalität – so vertreten wir dadurch Interessen, deren Förderung ihm nicht gerade als Handlung der Feindseligkeit gegen seine Ziele erscheinen dürfte.

Eins aber, meine Herren, ist es in dieser Frage, was uns bei aller Skepsis allerdings leidenschaftlich zu bewegen geeignet ist. Es ist im sozialen Leben die Regel, daß das Eingreifen des Staats in wirtschaftliche Verhältnisse kommt, wie die Reue, als hinkender Bote, – zu spät. Hier zum erstenmal tritt seit langer Zeit eine Aufgabe an den Staat heran, deren Inangriffnahme nicht zu spät ist, für die jetzt der richtige Moment ist, für welche es aber zu spät werden kann. Und das eben ist die eigenartige Größe der Situation. – Wenn wir der Lösbarkeit dieser Aufgabe auch noch so skeptisch gegenüberstehen – denn es ist aus hundert Gründen möglich, daß die innere Kolonisation mißlingt, und wenn wir keinen Erfolg haben, nun, dann werden wir doch dereinst das beruhigende Bewußtsein in uns tragen, ebensogut wie irgendein Heer, welches das Land verteidigt, an der Ostgrenze des Deutschtums auf der Warte gestanden zu haben. Aber freilich, meine Herren, wir stellen höhere Ansprüche an die Zukunft, wir glauben, daß sie die Wechsel, welche wir auf sie ziehen, einlösen wird, wir hoffen, daß uns dereinst am Abend unserer Tage vergönnt sein wird, was uns die Jugend versagte: mit ruhigem Blick in die Zukunft der Nation auf Grundlage einer gefestigten sozialen Organisation des Staates und des Volkes an die Lösung der Kulturaufgaben, welche uns alsdann gestellt werden, gehen zu können. Wir hoffen, dereinst rückblickend sagen zu können: an diesem Punkt hat der preußische Staat seinen sozialen Beruf rechtzeitig erkannt; er hat eingegriffen in die Speichen des Rades der sozialen Entwicklung aus eigener Initiative und mit Erfolg, und er hat diesen Eingriff gewagt zum erstenmal *zur rechten Zeit*!

Der Nationalstaat und die Volkswirtschaftspolitik

Akademische Antrittsrede

Vorbemerkung

Nicht die Zustimmung, sondern der Widerspruch, welchen die nachstehenden Ausführungen bei vielen ihrer Hörer fanden, veranlaßten mich, sie zu veröffentlichen. Sachlich Neues werden sie Fachgenossen wie andern nur in Einzelheiten bringen, und in welchem speziellen Sinn allein sie den Anspruch auf das Prädikat der „Wissenschaftlichkeit" erheben, ergibt sich aus der Veranlassung ihres Entstehens. Eine Antrittsrede bietet eben Gelegenheit zur offenen Darlegung und Rechtfertigung des persönlichen und insoweit „subjektiven" Standpunktes bei der *Beurteilung* volkswirtschaftlicher Erscheinungen. Die Ausführungen S. 52 bis 54 (oben) hatte ich mit Rücksicht auf Zeit und Hörerkreis fortgelassen, andere mögen beim Sprechen eine andere Form angenommen haben. Zu den Darlegungen im Eingang ist zu bemerken, daß die Vorgänge hier naturgemäß wesentlich vereinfacht gegenüber der Wirklichkeit dargestellt werden. Die Zeit von 1871-1885 zeigt in den einzelnen Kreisen und Gemeinden Westpreußens keine einheitlichen, sondern charakteristisch wechselnde Bevölkerungsbewegungen, die keineswegs durchweg so durchsichtig sind wie die herausgegriffenen Beispiele. Die Tendenz, welche an diesen zu veranschaulichen versucht ist, wird in anderen Fällen durch andere Momente durchkreuzt. Darauf werde ich demnächst ausführlicher an anderem Ort zurückkommen. Daß die Resultate, welche diese Zahlen bieten können, auf unsichereren Füßen stehen als diejenigen, welche die verdienstlichen Veröffentlichungen mehrerer Schüler Neumanns uns über die Nationalitätsverhältnisse in Posen und Westpreußen geliefert haben, liegt auf der Hand. Aber in Ermangelung korrekten Materials müssen wir uns vorerst mit ihnen begnügen, zumal die Erscheinungen, welche sie veranschaulichen, uns in ihren Hauptzügen bereits aus den ländlichen Enqueten der letzten Jahre bekannt sind.

Freiburg, Mai 1895 — Max Weber

Die Fassung meines Themas verspricht weit mehr, als ich heute halten kann und will. Was ich beabsichtige, ist zunächst: an *einem Beispiel* die Rolle zu veranschaulichen, welche die physischen und psychischen Rassendifferenzen zwischen Nationalitäten im ökonomischen Kampf ums Dasein spielen. Daran möchte ich einige Betrachtungen über die Stellung der auf nationaler Grundlage ruhenden Staatswesen – wie es das unsrige ist – im Rahmen der volkswirtschaftspolitischen Betrachtung knüpfen. – Ich wähle für jenes Beispiel einen Kreis von Vorgängen, die örtlich fern von uns sich abspielen, aber seit einem Jahrzehnt die öffentliche Aufmerksamkeit wiederholt erregt haben, – und bitte Sie, mir in die Ostmarken des Reiches, auf das platte Land der preußischen Provinz *Westpreußen* zu folgen. Dieser Schauplatz verbindet die Eigenschaft eines nationalen Grenzlandes mit ungewöhnlich schroffen Unterschieden der ökonomischen und sozialen Existenzbedingungen, und dies empfiehlt ihn für unseren Zweck. Ich kann leider nicht umhin, Ihre Geduld zunächst für eine Reihe trockener Daten in Anspruch zu nehmen.

Die Provinz umschließt in ihren Landdistrikten Gegensätze von dreierlei Art.

Zunächst außerordentliche Verschiedenheiten in der *Güte des Ackerbodens:* – von den Zuckerrübenböden der Weichselebene bis auf die sandige kassubische Höhe liegen Unterschiede in der Steuerreinertragsschätzung um das 10- und 20fache. Selbst die Kreisdurchschnitte schwanken zwischen 4¾ und 33⅔ Mark pro Hektar.

Gegensätze ferner in der *sozialen Schichtung* der Bevölkerung, die diesen Boden bebaut. Wie im Osten überhaupt, kennen auch hier die amtlichen Aufnahmen neben der „Landgemeinde" eine zweite, dem Süden unbekannte Form der kommunalen Einheit: den „Gutsbezirk". Und dementsprechend heben sich im Landschaftsbilde zwischen den Dörfern der Bauern die Rittergüter ab – die Sitze der Klasse, welche dem Osten sein soziales Gepräge gibt: der Junker –, Herrenhöfe, umgeben von den einstöckigen Katen, welche der Gutsherr nebst Ackerstücken und Weide den Tagelöhnern anweist, die das Jahr über zur Arbeit auf dem Hofe verpflichtet sind. Etwa je zur Hälfte ist die Fläche der Provinz zwischen beide verteilt. Aber in den einzelnen Regionen schwankt der Anteil der Gutsbezirke von wenigen Prozenten bis zu zwei Dritteln der Fläche der Kreise.

Endlich innerhalb dieser dergestalt in zweifacher Art sozial geschichteten Bevölkerung der dritte Gegensatz: derjenige der *Nationalitäten.* Und auch die nationale Zusammensetzung der Bevölkerung der einzelnen Gemeindeeinheiten ist regional eine verschiedene. *Diese* Verschiedenheit ist es, welche uns interessiert. Dichter wird das Polentum zunächst – natürlich – mit Annäherung an die Grenze. Es nimmt aber ferner, wie jede Sprachenkarte zeigt, *zu* mit *ab*nehmender Güte des Bodens. Das wird man – nicht überall mit Unrecht – zunächst historisch erklären wollen aus der Art der deutschen Okkupation, welche zuerst das fruchtbare Weichseltal überflutete. Allein wenn man nun weiter fragt: welche *sozialen Schichten* sind auf dem Lande die Träger des Deutschtums und des Polentums?, – so zeigen uns die Ziffern der bisher zuletzt publizierten[1] Bevölkerungsaufnahme von 1885 ein merkwürdiges Bild. Aus dieser Aufnahme können wir zwar die nationale Zusammensetzung der Gemeinden nicht direkt, wohl aber – wenn wir uns mit einer nur annähernden Richtigkeit der Ziffern zufrieden geben – indirekt entnehmen: durch das Mittelglied der Konfession, die innerhalb des für uns in Betracht kommenden national gemischten Gebietes mit der Nationalität bis auf wenige Prozente zusammentrifft. Scheiden wir die ökonomischen Kategorien der Bauerndörfer und der Rittergüter in den einzelnen Gegenden, indem wir sie, gleichfalls ungenau, mit den Kommunaleinheiten[2] der Landgemeinden bzw. Gutsbezirke identifizieren, so zeigt sich, daß sie sich je nach der Bodengüte in bezug auf ihre nationale Zusammensetzung *entgegengesetzt* voneinander verhalten: in den fruchtbaren Kreisen sind die Katholiken, d.h. die *Polen,* relativ am stärksten auf den *Gütern* und die Evangelischen, d. h. die *Deutschen,* in den *Dörfern* zu finden, – und gerade umgekehrt steht es in den Kreisen mit schlechtem Boden. Faßt man z. B. die Kreise mit unter 5 Mark Durchschnittssteuerreinertrag pro Hektar zusammen, so sind in den Dörfern nur 35,5 %, auf den Gütern 50,2 % Evangelische, nimmt man dagegen die Kreisgruppe, welche 10 bis 15 Mark Durchschnittssteuerreinertrag pro Hektar umfaßt, so sind die Evangelischen in den Dörfern mit 60,7 %, auf den Gütern nur mit 42,1 % beteiligt. Wie kommt das? Warum sind in der Ebene die Güter, auf der Höhe die Dörfer die Sammelbecken des Polentums? Eins sieht man alsbald: *die Polen haben die Tendenz, sich in der ökonomisch und sozial niedrigst stehenden Schicht der Bevölkerung anzusammeln.* Auf den guten Böden, zumal der Weichselebene, stand der Bauer in seiner Lebenshaltung stets über dem Gutstagelöhner, auf den schlechten Böden dagegen, die rationell nur im Großen zu bewirtschaften waren, war das Rittergut der Träger der Kultur und damit des Deutschtums; die kümmerlichen Kleinbauern stehen dort in ihrer Lebenshaltung noch heute *unter* den Gutstagelöhnern. Wüßten wir das nicht ohnehin, – der Altersaufbau der Bevölkerung ließe es uns vermuten. Steigt man in den *Dörfern* von der Ebene zum Höhenrücken hinauf, so steigt der Anteil der Kinder unter 14 Jahren von 35-36 % mit abnehmender Bodengüte bis auf 40 bis 41 %, – und wenn man damit die *Güter* vergleicht, so ist in der Ebene der Anteil der Kinder größer als in den Dörfern, steigt nach der Höhe zu, aber langsamer als in den Dörfern, und bleibt *auf* derselben hinter ihnen zurück. Die große Kinderzahl heftet sich hier

[1] „Gemeindelexikon", Berlin 1887.

[2] Für die soziale Schichtung ist diese Verwaltungseinteilung dennoch charakteristischer als die Zugrundelegung der Betriebsverteilung. In der Ebene sind Gutsbetriebe unter 100, auf der Höhe Bauernbetriebe über 200 Hektar nichts Seltenes.

wie überall an die Fersen der niedrigen Lebenshaltung, welche die Erwägungen der Fürsorge für die Zukunft erstickt. – Wirtschaftliche Kultur, relative Höhe der Lebenshaltung und *Deutschtum* sind in Westpreußen identisch.

Und doch konkurrieren beide Nationalitäten seit Jahrhunderten auf demselben Boden unter wesentlich gleichen Chancen miteinander. Worin ist also jene Scheidung begründet? Man ist alsbald versucht, an eine auf physischen und psychischen Rassenqualitäten beruhende Verschiedenheit der *Anpassungsfähigkeit* der beiden Nationalitäten an die verschiedenen ökonomischen und sozialen Existenzbedingungen zu glauben. Und in der Tat ist dies der Grund, – der Beweis dafür liegt in der Tendenz, welche in der *Verschiebung* der Bevölkerung und der Nationalitäten zutage tritt und welche zugleich das Verhängnisvolle jener verschiedenen Anpassungsfähigkeit für das Deutschtum des Ostens erkennen läßt.

Es stehen uns zur Beobachtung der Verschiebungen in den einzelnen Gemeinden allerdings nur die Zahlen von 1871 bis 1885 zum Vergleich zur Verfügung, und diese lassen uns den Anfang einer Entwicklung erst undeutlich erkennen, die sich seither nach allem, was wir wissen, außerordentlich verstärkt fortsetzt. Die Deutlichkeit des Zahlenbildes leidet ja überdies naturgemäß durch die notgedrungene, aber nicht ganz genaue Gleichsetzung von Konfession und Nationalität einerseits, Verwaltungseinteilung und sozialer Gliederung andererseits. Allein trotzdem sehen wir das, worauf es ankommt, deutlich genug. – Die Landbevölkerung der Provinz, wie diejenige großer Teile des Ostens überhaupt, zeigte während des Zeitraumes von 1880 bis 1885 eine Tendenz zur *Abnahme:* in Westpreußen betrug sie 12.700 Köpfe, d. h., während die Bevölkerung des Reiches sich um etwa 3 ½ % vermehrt hat, verminderte sie sich um 1 ¼ %. Auch diese Erscheinung, wie die bisher besprochenen, verteilt sich aber ungleich: in manchen Kreisen steht ihr eine Zunahme der Landbevölkerung gegenüber. Und zwar ist die Art, *wie* sich beide verteilen, recht eigentümlich. Nehmen wir zunächst die verschiedenen Bodenqualitäten, so wird jeder vermuten: die Abnahme wird am stärksten die *schlechtesten* Böden betroffen haben, wo unter dem Druck der sinkenden Preise der Nahrungsspielraum zuerst zu eng werden mußte. Sieht man sich die Zahlen an, so zeigt sich: das *Umgekehrte* ist der Fall; gerade eine Reihe der gesegnetsten Kreise: Stuhm und Marienwerder z. B. mit rund 15-17 Mark Durchschnittsreinertrag, hatten den stärksten *Abfluß:* 7-8 %, während auf der Höhe die Kreise Konitz, Tuchel mit 5-6 Mark Reinertrag mit die stärkste, schon seit 1871 konstante *Vermehrung* erlebten. Man sucht nach Erklärung und fragt zunächst: welche sozialen Schichten sind es, denen einerseits jener Abfluß entstammte, und denen andererseits diese Vermehrung zugute kam? Sieht man sich die Kreise mit starken Verminderungsziffern an: Stuhm, Marienwerder, Rosenberg, so sind es durchweg solche, in denen der *große Grundbesitz* besonders stark herrscht, und betrachtet man nun weiter die *Gutsbezirke* der ganzen Provinz zusammen, so kommen, obwohl sie 1880 auf derselben Bodenfläche ohnehin eine um zwei Drittel geringere Volkszahl aufwiesen als die Dörfer, doch fast ¾ der Verminderung der Landbevölkerung, über 9.000 Köpfe, auf sie allein: ihre Bevölkerung hat um etwa 3 ¾ % abgenommen. Aber auch *innerhalb* der Güter ist diese Abnahme wieder verschieden verteilt, teilweise fand Zunahme statt, und wenn man die Gegenden mit starker Abnahme der Gutsbevölkerung aussondert, so zeigt sich: gerade die Güter auf *guten* Böden haben einen besonders starken Abfluß erlebt.

Die *Zunahme* der Bevölkerung dagegen, welche auf den schlechten Böden der Höhe stattfand, ist vornehmlich den *Dörfern* zugute gekommen, und gerade den Dörfern auf *schlechten* Böden am stärksten, im Gegensatz zu den Dörfern der Ebene. *Abnahme der Tagelöhner* der Güter auf den *besten* Böden, *Zunahme der Bauern* auf den *schlechten* also ist die Tendenz. Um was es sich dabei handelt, und wie das zu erklären ist, wird klar, wenn man schließlich auch hier fragt: wie sich die *Nationalitäten* zu diesen Verschiebungen verhalten.

Das Polentum im Osten schien in der ersten Hälfte des Jahrhunderts langsam und stetig zurückgedrängt zu werden, seit den 60er Jahren aber ist es, wie bekannt, ebenso langsam und stetig im Vordringen begriffen. Das letztere ergeben für Westpreußen die Spracherhebungen trotz ihrer mangelhaften Grundlagen doch auf das deutlichste. Nun kann die Verschiebung einer Nationalitätengrenze auf zweierlei, grundsätzlich zu scheidende Arten sich vollziehen. – Einmal so, daß nationalen Minderheiten im national gemischten Gebiet Sprache und Sitte der Mehrheit allmählich oktroyiert wird, daß sie „aufgesogen" werden. Auch diese Erscheinung findet sich im Osten: sie vollzieht sich statistisch nachweisbar an den Deutschen katholischer Konfession. Das kirchliche Band ist hier stärker als das nationale, Reminiszenzen aus dem Kulturkampf spielen mit, und der Mangel eines deutsch erzogenen Klerus läßt sie der nationalen Kulturgemeinschaft verlorengehen. Wichtiger aber und für uns interessanter ist die zweite Form der Nationalitätenverschiebung: die *ökonomische Verdrängung.* – Diese liegt hier vor. Prüft man die Verschiebungen des Anteils der Konfessionen in den ländlichen Gemeindeeinheiten 1871 bis 1885, so zeigt sich: der Abfluß der Gutstagelöhner ist regelmäßig mit einer relativen Abnahme des Protestantismus in der Ebene, die Zunahme der Dorfbevölkerung auf der Höhe mit einer relativen Zunahme des Katholizismus verknüpft.[3] *Es sind vornehmlich deutsche Tagelöhner, die aus den Ge-*

[3] Zum Beispiel hatten die Gutsbezirke des Kreises Stuhm 1871-1885 einen Bevölkerungsrückgang um 6,7 %, der Anteil der Protestanten an der christlichen Bevölkerung ging von 33,4 auf 31,3 % zurück. Die Dörfer der Kreise Konitz und Tuchel hatten + 8 %, der Anteil der Katholiken stieg von 84,7 auf 86,0 %.

genden mit hoher Kultur abziehen; es sind vornehmlich polnische Bauern, die in den Gegenden mit tiefem Kulturstand sich vermehren.

Beide Vorgänge aber – der Abzug hier, die Vermehrung dort – führen in letzter Linie auf einen und denselben Grund zurück: die *niedrigeren Ansprüche an die Lebenshaltung* – in materieller teils, teils in ideeller Beziehung –, welche der slawischen Rasse von der Natur auf den Weg gegeben oder im Verlaufe ihrer Vergangenheit angezüchtet sind, verhalfen ihr zum Siege.

Warum ziehen die deutschen Tagelöhner ab? Nicht materielle Gründe sind es: nicht aus Gegenden mit niedrigem Lohnniveau und nicht aus den schlecht gelohnten Arbeiterkategorien rekrutiert sich der Abzug; kaum eine Situation ist materiell gesicherter als die eines Instmanns auf den östlichen Gütern. – Auch nicht die vielberufene Sehnsucht nach den Vergnügungen der Großstadt. Sie ist ein Grund für das planlose Wegwandern des jungen Nachwuchses, aber nicht für den Abzug altgedienter Tagelöhnerfamilien, – und warum erwacht jene Sucht gerade da unter den Leuten, wo der Großbesitz vorherrscht, warum können wir nachweisen, daß die Abwanderung der Tagelöhner abnimmt, je mehr das *Bauerndorf* die Physiognomie der Landschaft beherrscht? *Dies* ist es: zwischen den Gutskomplexen der Heimat gibt es für den Tagelöhner nur Herren und Knechte, und für seine Nachfahren im fernsten Glied nur die Aussicht, nach der Gutsglocke auf fremdem Boden zu scharwerken. In dem dumpfen, halbbewußten Drang in die Ferne liegt ein Moment eines primitiven Idealismus verborgen. Wer es nicht zu entziffern vermag, der kennt den Zauber der *Freiheit* nicht. In der Tat: selten berührt uns heute ihr Geist in der Stille der Bücherstube. Verblichen sind die naiv freiheitlichen Ideale unserer frühen Jugend, und manche von uns sind vorzeitig alt und allzu klug geworden und glauben, einer der urwüchsigsten Triebe der Menschenbrust sei mit den Schlagworten einer niedergehenden politischen und wirtschaftspolitischen Anschauung zu Grabe getragen worden.

Es ist ein massenpsychologischer Vorgang: die deutschen Landarbeiter vermögen sich den *sozialen* Lebensbedingungen ihrer Heimat nicht mehr anzupassen. Über ihr „Selbstbewußtsein" klagen uns Berichte der Gutsherren aus Westpreußen. Das alte patriarchalische Gutshintersassenverhältnis, welches den Tagelöhner als einen anteilsberechtigten Kleinwirt mit den landwirtschaftlichen Produktionsinteressen unmittelbar verknüpfte, schwindet. Die Saisonarbeit in den Rübenbezirken fordert Saisonarbeiter und Geldlohn. Eine rein proletarische Existenz steht ihnen in Aussicht, aber ohne die Möglichkeit jenes kraftvollen Aufschwungs zur ökonomischen Selbständigkeit, welche das in den Städten örtlich zusammengeschlossene Industrieproletariat mit Selbstbewußtsein erfüllt. – Diesen Existenzbedingungen sich zu fügen, vermögen diejenigen besser, welche an die Stelle der Deutschen treten: die polnischen Wanderarbeiter, Nomadenzüge, welche, durch Agenten in Rußland geworben, im Frühjahr zu Zehntausenden über die Grenze kommen, im Herbst wieder abziehen. Zuerst im Gefolge der Zuckerrübe, welche den Landwirtschaftsbetrieb in ein Saisongewerbe verwandelt, treten sie auf, dann allgemein, weil man an Arbeiterwohnungen, Armenlasten, sozialen Verpflichtungen spart, weil sie ferner als Ausländer prekär gestellt und deshalb in der Hand des Besitzers sind. Der ökonomische Todeskampf des alten preußischen Junkertums vollzieht sich unter diesen Begleiterscheinungen. Auf den Zuckerrübengütern tritt an die Stelle des patriarchalisch schaltenden Gutsherrn ein Stand industrieller Geschäftsleute, – und auf der Höhe bröckelt unter dem Druck der landwirtschaftlichen Notlage das Areal der Güter von außen her ab, Parzellenpächter- und Kleinbauernkolonien entstehen auf ihren Außenschlägen. Die ökonomischen Fundamente der Machtstellung des alten Grundadels schwinden, er selbst wird zu etwas anderem, als er war. –

Und weshalb sind es die *polnischen* Bauern, die an Terrain gewinnen? Ist es ihre überlegene ökonomische Intelligenz oder Kapitalkraft? Es ist vielmehr das Gegenteil von beiden. Unter einem Klima und auf einem Boden, welche neben extensiver Viehzucht wesentlich Getreide- und Kartoffelproduktion gestatten, ist hier derjenige am wenigsten durch die Ungunst des Marktes bedroht, der seine Produkte dahin bringt, wo sie durch den Preissturz am wenigsten entwertet werden: in seinen eigenen Magen, – der für seinen *Eigenbedarf* produziert. Und wiederum ist derjenige begünstigt, der seinen Eigenbedarf am *niedrigsten* bemessen kann, die geringsten Ansprüche an die Lebenshaltung in physischer und ideeller Beziehung stellt. Der polnische Kleinbauer im Osten ist ein Typus sehr abweichender Art von dem geschäftigen Zwergbauerntum, welches Sie hier in der gesegneten Rheinebene durch Handelsgewächsbau und Gartenkultur sich an die Städte angliedern sehen. Der polnische Kleinbauer gewinnt an Boden, weil er gewissermaßen das Gras vom Boden frißt, nicht *trotz,* sondern *wegen* seiner tiefstehenden physischen und geistigen Lebensgewohnheiten. –

Ein *Ausleseprozeß* also scheint es zu sein, den wir sich vollziehen sehen. Beide Nationalitäten sind in die gleichen Existenzbedingungen seit langer Zeit hineingestellt. Die Folge war *nicht,* daß sie, wie der Vulgärmaterialismus es sich vorstellt, die gleichen physischen und psychischen Qualitäten annahmen, sondern daß die eine der anderen weicht, daß diejenige siegt, welche die größere Anpassungsfähigkeit an die gegebenen ökonomischen und sozialen Lebensbedingungen besitzt.

Diese verschiedene Anpassungsfähigkeit selbst bringen sie, so scheint es, als feste Größe mit, sie könnte vielleicht im Verlaufe generationenlanger Züchtungsprozesse so, wie sie in Jahrtausenden entstanden sein mag, wieder verschoben werden, aber für die Erwägungen der Gegenwart ist sie ein Moment, mit welchem wir, als gegeben, zu rechnen haben.[4] –

Nicht immer – das sehen wir – schlägt, wie die Optimisten unter uns meinen, die Auslese im freien Spiel der Kräfte zugunsten der ökonomisch höher entwickelten oder veranlagten Nationalität aus. Die Menschengeschichte kennt den Sieg von niedriger entwickelten Typen der Menschlichkeit und das Absterben hoher Blüten des Geistes- und Gemütslebens, wenn die menschliche Gemeinschaft, welche deren Träger war, die Anpassungsfähigkeit an ihre Lebensbedingungen verlor, es sei ihrer sozialen Organisation oder ihrer Rassenqualitäten wegen. In unserem Fall ist es die Umgestaltung der landwirtschaftlichen Betriebsformen und die gewaltige Krisis der Landwirtschaft, welche der in ihrer ökonomischen Entwicklung tieferstehenden Nationalität zum Siege verhilft. Parallel miteinander wirken der emporgezüchtete Rübenanbau und die Unrentabilität der Albsatzproduktion von Zerealien nach der gleichen Richtung: der erstere züchtet die polnischen Saisonarbeiter, die letztere die polnischen Kleinbauern. –

Blicken wir zurück auf die erörterten Tatsachen, so bin ich, wie ich gern bekenne, völlig außerstande, theoretisch die Tragweite der etwa daraus zu entnehmenden allgemeinen Gesichtspunkte zu entwickeln. Die unendlich schwierige und zur Zeit sicherlich nicht zu lösende Frage, *wo* die Grenze für die Variabilität physischer und psychischer Qualitäten einer Bevölkerung unter dem Einfluß der Lebensverhältnisse, in die sie gestellt wird, liegt, wage ich nicht auch nur anzurühren.

---

[4] Ich glaube kaum, bemerken zu müssen, daß die naturwissenschaftlichen Streitfragen über die Tragweite des Selektionsprinzipes, überhaupt die naturwissenschaftliche Verwendung des Begriffes der „Züchtung" und alle Erörterungen, die sich daran auf jenem, mir fremden Gebiete knüpfen, für die obigen Bemerkungen irrelevant sind. Der Begriff der „Auslese" ist heute ebenso Gemeingut wie etwa die heliozentrische Hypothese, und der Gedanke der Menschen-„Züchtung" gehört schon dem platonischen Staat an. Beide Begriffe sind z. B. schon von F. A. Lange in seiner „Arbeiterfrage" verwendet und bei uns längst derart heimisch, daß ein Mißverständnis ihres Sinnes für niemand, der unsere Literatur kennt, möglich ist. Schwieriger ist die Frage, wieweit den neuesten, geistreichen, aber nach Methode und sachlichen Ergebnissen erhebliche Bedenken erregenden, in mancher Übertreibung zweifellos verfehlten Versuchen der Anthropologen, die Tragweite des Auslesegesichtspunktes im Sinne Darwins und Weismanns auch auf dem Boden der ökonomischen Forschung zu verbreitern, dauernder Wert zukommt. Trotzdem verdienen z. B. die Schriften von Otto Ammon („Die natürliche Auslese beim Menschen", „Die Gesellschaftsordnung und ihre natürlichen Grundlagen") jedenfalls mehr Aufmerksamkeit, als ihnen zuteil wird, – unbeschadet aller zu machenden Vorbehalte. Ein Fehler der meisten, von naturwissenschaftlicher Seite gelieferten Beiträge zur Beleuchtung der Fragen unserer Wissenschaft liegt in dem verfehlten Ehrgeiz, vor allen Dingen den Sozialismus „widerlegen" zu wollen. Im Eifer dieses Zweckes wird aus der vermeintlichen „naturwissenschaftlichen Theorie" der Gesellschaftsordnung unwillkürlich eine Apologie derselben.

Unwillkürlich fragt dagegen jeder vor allen Dingen: was kann und soll hier geschehen?

Gestatten Sie aber, daß ich es unterlasse, bei dieser Gelegenheit ausführlicher darüber zu sprechen, und mich begnüge, kurz die beiden Forderungen anzudeuten, die m. E. vom Standpunkt des Deutschtums zu stellen sind und tatsächlich mit wachsender Einmütigkeit gestellt werden. Die eine ist: Schließung der östlichen Grenze. Sie war verwirklicht unter dem Fürsten Bismarck und ist nach seinem Rücktritt 1890 wieder beseitigt worden; dauernde Ansiedlung blieb den Fremdlingen versagt, aber als Wanderarbeiter wurden sie zugelassen. Ein „klassenbewußter" Großgrundbesitzer an der Spitze Preußens schloß sie aus im Interesse der Erhaltung unserer Nationalität, – und der verhaßte Gegner der Agrarier ließ sie zu im Interesse der Großgrundbesitzer, welche *allein* von ihrem Zuzug Vorteil haben: nicht immer, das zeigt sich, entscheidet der „ökonomische Klassenstandpunkt" in Dingen der Wirtschaftspolitik, – *hier* war es der Umstand, daß das Steuerruder des Staates aus einer starken Hand in eine schwächere fiel. – Die andere Forderung ist: systematischer Bodenankauf seitens des Staates, also Erweiterung des Domänenbesitzes einerseits, und systematische Kolonisation deutscher Bauern auf geeigneten Böden, namentlich auf geeigneten Domänen, andererseits. Großbetriebe, welche nur auf Kosten des Deutschtums zu erhalten sind, sind vom Standpunkt der Nation wert, daß sie zugrunde gehen, und sie sich selbst überlassen, heißt, im Wege der allmählichen Abparzellierung existenzunfähige slawische Hungerkolonien entstehen lassen. Und nicht nur das Interesse an der Hemmung der slawischen Flut ruft nach der Überführung bedeutender Teile des östlichen Bodens in die Hand des Staates, sondern auch die vernichtende Kritik, welche die Grundbesitzer selbst an dem Fortbestand ihres Privateigentums üben durch das Verlangen, in Gestalt des Getreidemonopols und einer Kontribution von einer halben Milliarde jährlich ihnen das Risiko, die Selbstverantwortlichkeit für ihren Besitz, seinen einzigen Rechtfertigungsgrund, abzunehmen.[5] –

---

[5] – Jene Forderung stellt jetzt in dem gleichen Gedankenzusammenhang insbesondere auch Prof. Schmoller in seinem Jahrbuch. In der Tat ist derjenige Teil des Großgrundbesitzerstandes, dessen Erhaltung als landwirtschaftliche Betriebsleiter staatlich von Wert ist, vielfach nur als Domänenpächter, nicht als Eigentümer zu halten. Allerdings bin ich der Ansicht, daß der Bodenankauf nur in organischer Verbindung mit einer Kolonisation geeigneter Domänen einen dauernden Sinn hat, derart also, daß ein Teil des östlichen Bodens die Hände des Staates durchläuft und, während er sich in diesen befindet, eine energische Meliorationskur mit staatlichen Krediten durchmacht. Die Schwierigkeit, mit welcher die Ansiedlungskommission zu ringen hat, ist, abgesehen von der Belastung mit der „Nachkur" der angesetzten Kolonisten, welche nebst ihren Stundungsgesuchen nach einiger Zeit besser dem etwas hartherzigeren gewöhnlichen Fiskus überantwortet würden, darin begründet, daß die angekauften Güter zum großen Teil besser erst ein Jahrzehnt sich in einer

Allein, wie gesagt, nicht diese praktische Frage der preußischen Agrarpolitik möchte ich heute besprechen. Ich möchte vielmehr an die Tatsache anknüpfen, daß eine solche Frage bei uns allen überhaupt entsteht, daß wir das Deutschtum des Ostens als solches für etwas halten, das geschützt werden und für dessen Schutz auch die Wirtschaftspolitik des Staates in die Schranken treten *soll.* Es ist der Umstand, daß unser Staatswesen ein *Nationalstaat* ist, welcher uns das Recht zu dieser Forderung empfinden läßt.

Wie verhält sich aber die volkswirtschaftspolitische Betrachtung dazu? Sind für sie derartige nationalistische Werturteile Vorurteile, deren sie sich sorgsam zu entledigen hat, um ihren eigenen Wertmaßstab, unbeeinflußt durch Gefühlsreflexe, an die ökonomischen Tatsachen legen zu können? *Und welches ist* dieser „eigene" Wertmaßstab der Volkswirtschaftspolitik? Dieser Frage möchte ich in einigen weiteren Überlegungen näherzukommen versuchen. –

Auch unter dem Schein des „Friedens", das zeigte sich uns, geht der ökonomische Kampf der Nationalitäten seinen Gang. Nicht im offenen Streit werden die deutschen Bauern und Taglöhner des Ostens durch politisch überlegene Feinde von der Scholle gestoßen: im stillen und öden Ringen des ökonomischen Alltagslebens ziehen sie einer tieferstehenden Rasse gegenüber den kürzeren, verlassen die Heimat und gehen dem Untertauchen in eine dunkle Zukunft entgegen. Es gibt keinen *Frieden* auch im wirtschaftlichen *Kampf* ums Dasein; nur wer jenen Schein des Friedens für die Wahrheit nimmt, kann glauben, daß aus dem Schoße der Zukunft für unsere Nachfahren Frieden und Lebensgenuß erstehen werde. Wir wissen es ja: die Volkswirtschaftspolitik ist der vulgären Auffassung ein Sinnen über Rezepte für die Beglückung der Welt, – die Besserung der „Lustbilanz" des Menschendaseins ist für sie das einzig verständliche Ziel unserer Arbeit. Allein: schon der dunkle Ernst des Bevölkerungsproblems hindert uns, Eudämonisten zu sein, Frieden und Menschenglück im Schoße der Zukunft verborgen zu wähnen und zu glauben, daß anders als im harten Kampf des Men-

---

solchen Kur in der Hand von Domänenpächtern befänden. Jetzt muß die Melioration Hals über Kopf im Wege der Administration mit großen Verlusten ausgeführt werden, während sicherlich zahlreiche Domänen zur alsbaldigen Kolonisation geeignet wären. Die durch diese Schwierigkeiten veranlaßte Langsamkeit des Verfahrens rechtfertigt freilich Hans Delbrücks Urteil über dessen nationalpolitische Wirkung in seinen verschiedenen bekannten Artikeln in den Preuß. Jahrbüchern keineswegs. Schon die mechanische Berechnung unter Vergleichung der Zahl der begründeten Bauernhöfe mit der Zahl der Polen ist für niemand, der sich das Kulturwerk der Kolonisation an Ort und Stelle betrachtet hat, beweiskräftig; wenige Dörfer mit je einem Dutzend deutscher Höfe germanisieren eventuell mehrere Quadratmeilen, natürlich vorausgesetzt, daß der proletarische Nachschub aus dem Osten abgedämmt wird, und daß man nicht, indem man die Abbröckelung und den Zerfall des Großbesitzes im übrigen sich selbst und dem durch die Rentengutsgesetze noch weiter entbundenen freien Spiel der Kräfte allein überläßt, dem Faß, in welches man schöpft, den Boden ausschlägt.

schen mit dem Menschen der Ellenbogenraum im irdischen Dasein werde gewonnen werden.

Es gibt sicherlich keine volkswirtschaftspolitische Arbeit auf anderer als altruistischer Grundlage. Die Früchte alles wirtschafts- und sozialpolitischen Strebens der Gegenwart kommen in ihrer gewaltigen Überzahl nicht der lebenden Generation, sondern der künftigen zugute. Unsere Arbeit ist und kann, wenn sie einen Sinn behalten soll, nur sein wollen: Fürsorge für die *Zukunft*, für unsere *Nachfahren*. Aber es gibt auch keine volkswirtschaftspolitische Arbeit auf der Grundlage optimistischer Glückshoffnungen. Für den Traum von Frieden und Menschenglück steht über der Pforte der unbekannten Zukunft der Menschengeschichte: lasciate ogni speranza.

Nicht wie die Menschen der Zukunft sich *befinden*, sondern wie sie *sein* werden, ist die Frage, die uns beim Denken über das Grab der eigenen Generation hinaus bewegt, die auch in Wahrheit jeder wirtschaftspolitischen Arbeit zugrunde liegt. Nicht das Wohlbefinden der Menschen, sondern diejenigen Eigenschaften möchten wir in ihnen emporzüchten, mit welchen wir die Empfindung verbinden, daß sie menschliche Größe und den Adel unserer Natur ausmachen.

Abwechselnd bat man in der Volkswirtschaftslehre das technisch-ökonomische Problem der Gütererzeugung und das Problem der Güterverteilung, der „sozialen Gerechtigkeit", als Wertmaßstäbe in den Vordergrund gerückt oder auch naiv identifiziert, – und über beiden erhob sich doch immer wieder, halb unbewußt und dennoch alles beherrschend, die Erkenntnis, daß eine Wissenschaft vom *Menschen*, und das ist die Volkswirtschaftslehre, vor allem nach der *Qualität der Menschen* fragt, welche durch jene ökonomischen und sozialen Daseinsbedingungen herangezüchtet werden. Und hier hüten wir uns vor einer Illusion.

Die Volkswirtschaftslehre als erklärende und analysierende Wissenschaft ist *international*, allein sobald sie *Werturteile* fällt, ist sie gebunden an diejenige Ausprägung des Menschentums, die wir in unserem eigenen Wesen finden. Sie ist es oft gerade dann am meisten, wenn wir unserer eigenen Haut am meisten entronnen zu sein glauben. Und – um ein etwas phantastisches Bild zu gebrauchen – vermöchten wir nach Jahrtausenden dem Grab zu entsteigen, so wären es die fernen Spuren unseres eigenen Wesens, nach denen wir im Antlitz des Zukunftsgeschlechts forschen würden. Auch unsere höchsten und letzten irdischen Ideale sind wandelbar und vergänglich. Wir können sie der Zukunft nicht aufzwingen wollen. Aber wir können wollen, daß sie in unserer Art die Art *ihrer eigenen Ahnen* erkennt. Wir, mit unserer Arbeit und unserem Wesen, wollen die Vorfahren des Zukunftsgeschlechts sein.

Die Volkswirtschaftspolitik eines deutschen Staatswesens ebenso wie der Wertmaßstab des deutschen volkswirtschaftlichen Theoretikers können deshalb nur deutsche sein.

Ist dem vielleicht anders, seit die ökonomische Entwicklung über die nationalen Grenzen hinaus eine umfassende Wirtschaftsgemeinschaft der Nationen herzustellen begann? Ist jener „nationalistische" Beurteilungsmaßstab ebenso wie der „Nationalegoismus" in der Volkswirtschaftspolitik seitdem zum alten Eisen zu werfen? Ja, – ist denn der Kampf für die ökonomische Selbstbehauptung, für das eigene Weib und Kind überwunden, seit die Familie ihrer einstigen Funktionen als Produktionsgemeinschaft entkleidet und verflochten ist in den Kreis der volkswirtschaftlichen Gemeinschaft? Wir wissen, es ist *nicht* der Fall: dieser Kampf hat *andere Formen* angenommen, – Formen, von denen sich noch fragen ließe, ob sie als eine Milderung und nicht vielmehr als eine Verinnerlichung und Verschärfung anzusehen seien. So ist auch die volkswirtschaftliche Gemeinschaft nur eine andere Form des Ringens der Nationen miteinander, und eine solche, welche den Kampf für die Behauptung der eigenen Kultur nicht gemildert, sondern *erschwert* hat, weil sie materielle Interessen im eigenen Schoße der Nation als Bundesgenossen *gegen* deren Zukunft in die Schranken ruft.

Nicht Frieden und Menschenglück haben wir unseren Nachfahren mit auf den Weg zu geben, sondern den *ewigen Kampf* um die Erhaltung und Emporzüchtung unserer nationalen Art. Und wir dürfen uns nicht der optimistischen Hoffnung hingeben, daß mit der höchstmöglichen Entfaltung wirtschaftlicher Kultur bei uns die Arbeit getan sei und die Auslese im freien und „friedlichen" ökonomischen Kampfe dem höher entwickelten Typus alsdann von selbst zum Siege verhelfen werde.

Nicht in erster Linie für die Art der volkswirtschaftlichen Organisation, die wir ihnen überliefern, werden unsere Nachfahren uns vor der Geschichte verantwortlich machen, sondern für das Maß des Ellenbogenraums, den wir ihnen in der Welt erringen und hinterlassen. Machtkämpfe sind in letzter Linie auch die ökonomischen Entwicklungsprozesse, die *Macht*interessen der Nation sind, wo sie in Frage gestellt sind, die letzten und entscheidenden Interessen, in deren Dienst ihre Wirtschaftspolitik sich zu stellen hat; die Wissenschaft von der Volkswirtschaftspolitik ist eine *politische* Wissenschaft. Sie ist eine Dienerin der Politik, nicht der Tagespolitik der jeweils herrschenden Machthaber und Klassen, sondern der dauernden machtpolitischen Interessen der Nation. Und der *Nationalstaat* ist uns nicht ein unbestimmtes Etwas, welches man um so höher zu stellen glaubt, je mehr man sein Wesen in mystisches Dunkel hüllt, sondern die weltliche Machtorganisation der Nation, und in diesem Nationalstaat ist für uns der letzte Wertmaßstab auch der volkswirtschaftlichen Betrachtung die *„Staatsraison"*. Sie bedeutet uns nicht, wie ein seltsames Mißverständnis glaubt: „Staatshilfe" statt der „Selbsthilfe", staatliche Reglementierung des Wirtschaftslebens statt des freien Spiels der wirtschaftlichen Kräfte, sondern wir wollen mit diesem Schlagwort die Forderung erheben, daß für die Fragen der deutschen Volkswirtschaftspolitik, – auch für die Frage unter anderen, ob und inwieweit der Staat in das Wirtschaftsleben eingreifen oder ob und wann er vielmehr die ökonomischen Kräfte der Nation zu eigener freier Entfaltung losbinden und ihre Schranken niederreißen solle, – im einzelnen Falle das letzte und entscheidende Votum den ökonomischen und politischen Machtinteressen unserer Nation und ihres Trägers, des deutschen Nationalstaates, zustehen soll. –

War es etwa überflüssig, an diese scheinbaren Selbstverständlichkeiten zu erinnern? Oder doch, daß gerade ein jüngerer Vertreter der ökonomischen Wissenschaften daran erinnerte? – Ich glaube nicht, denn es scheint, daß gerade unsere Generation diese einfachsten Urteilsgrundlagen nicht selten am leichtesten aus den Augen verliert. Wir sind Zeugen, wie ihr Interesse für die Fragen, die gerade unsere Wissenschaft bewegen, in ungeahntem Maße wächst. Auf allen Gebieten finden wir die ökonomische Betrachtungsweise im Vordringen. Sozialpolitik an Stelle der Politik, ökonomische Machtverhältnisse an Stelle der Rechtsverhältnisse, Kultur- und Wirtschaftsgeschichte an Stelle politischer Geschichte treten in den Vordergrund der Betrachtung. In hervorragenden Werken unserer historischen Kollegen finden wir da, wo uns früher von den Kriegstaten unserer Vorfahren erzählt wurde, heute den Unhold des „Mutterrechtes" sich in die Breite dehnen und die Hunnenschlacht auf den Katalaunischen Feldern in einen Nebensatz gedrängt. Die Jurisprudenz glaubte das Selbstgefühl eines unserer geistreichsten Theoretiker als eine „Magd der Nationalökonomie" bezeichnen zu können. Und eines ist ja wahr: auch in die Jurisprudenz drang die ökonomische Form der Betrachtung; selbst in ihrem Intimum, in den Handbüchern der Pandektisten, beginnt es, hie und da leise ökonomisch zu spuken. Und in den Urteilen der Gerichte finden wir nicht selten, wo die juristischen Begriffe zu Ende gingen, sogenannte „wirtschaftliche Gesichtspunkte" an die Stelle gesetzt, – kurz, um das halb vorwurfsvolle Wort eines juristischen Kollegen zu gebrauchen: wir sind „in die Mode gekommen". – Eine Betrachtungsweise, welche sich so selbstbewußt Bahn bricht, gerät in die Gefahr gewisser Illusionen und einer Überschätzung der Tragweite der eigenen Gesichtspunkte, – einer Überschätzung zumal in einer ganz bestimmten Richtung. Wie die Verbreiterung des Stoffes der *philosophischen* Betrachtung, – welche sich schon äußerlich darin kenntlich macht, daß wir heute vielfach die alten Lehrstühle der Philosophie den Händen z. B. hervorragender Physiologen anvertraut finden, – unter uns Laien vielfach zu der Meinung geführt hat, als seien die alten Fragen nach dem Wesen des menschlichen Erkennens nicht mehr die letzten und zentralen Probleme der Philosophie, so hat sich in den Köpfen der aufwachsenden Generation auch die Vorstellung gebildet, als sei dank der Arbeit der nationalökonomischen Wissenschaft nicht nur die *Erkenntnis* des Wesens der menschlichen Gemeinschaften gewaltig erweitert, sondern auch der *Maßstab,* an welchem wir in letzter Linie die Erscheinungen *bewerten,* ein völlig neuer geworden, als sei die politische Ökonomie in der Lage, ihrem eigenen Stoff eigenartige Ideale zu entnehmen. Die optische Täuschung, als gäbe es selbständige ökonomische oder „sozialpolitische" Ideale, wird freilich als solche klar, sobald man an der Hand der Literatur unserer Wissenschaft diese „eigenen" Grundlagen der Bewertung zu ermitteln sucht. Ein *Chaos* von Wertmaßstäben teils eudämonistischer, teils ethischer Art, oft beider in unklarer Identifikation, tritt uns entgegen. Werturteile werden überall unbefangen gefällt, – und ein Verzicht auf die *Beurteilung* der ökonomischen Erscheinungen bedeutete ja in der Tat den Verzicht auf eben diejenige Leistung, die man von uns verlangt. Aber nicht die Regel, sondern fast die Ausnahme ist es, daß der Urteilende andere *und sich selbst* ins Klare setzt über den letzten subjektiven Kern seiner Urteile, eben über die *Ideale,* von welchen aus er zur Beurteilung der beobachteten Vorgänge schreitet: die bewußte Selbstkontrolle fehlt, die inneren Widersprüche des Urteils kommen dem Schriftsteller nicht zum Bewußtsein und, wo er sein spezifisch „ökonomisches" Prinzip der Beurteilung allgemein zu formulieren sucht, fällt er in vage Unbestimmtheiten. In Wahrheit sind es *keine* eigenartigen und selbstgewonnenen, sondern die *alten allgemeinen Typen menschlicher Ideale,* die wir auch in den Stoff unserer Wissenschaft hineintragen. Nur wer ausschließlich das rein platonische Interesse des Technologen oder wer umgekehrt die aktuellen Interessen einer bestimmten, sei es herrschenden oder beherrschten Klasse zugrunde legt, kann jenem Stoffe selbst einen eigenen Maßstab zu seiner Beurteilung entnehmen wollen.

Und sollte es so ganz unnötig sein, daß gerade wir Jünger der deutschen historischen Schule uns diese überaus einfachen Wahrheiten vor Augen führen? Gerade wir verfallen leicht einer speziellen Illusion: derjenigen, uns des eigenen bewußten Werturteiles *überhaupt enthalten* zu können. Die Folge ist freilich, wie man sich leicht überzeugen kann, nicht, daß wir einem entsprechenden Vorsatze treu bleiben, sondern daß wir unkontrollierten Instinkten, Sympathien und Antipathien, verfallen. Und noch leichter widerfährt es uns, daß der Punkt, von welchem wir bei der Analyse und *Erklärung* der volkswirtschaftlichen Vorgänge ausgingen, unbewußt auch bestimmend wird für unser *Urteil* darüber. Vielleicht werden gerade wir uns davor zu bewahren haben, daß diejenigen großen Eigenschaften der toten und lebenden Meister unserer Schule, denen sie und die Wissenschaft ihre Erfolge verdanken, sich bei uns in Fehler verwandeln. Zweierlei verschiedene Ausgangspunkte der Betrachtung kommen praktisch hauptsächlich in Betracht.

Entweder wir blicken auf die ökonomische Entwicklung vornehmlich von oben her: von der Höhe der Verwaltungsgeschichte großer deutscher Staaten aus, deren Verwaltung und Verhalten in ökonomischen und sozialen Dingen wir in seiner Genesis verfolgen, – und unfreiwillig werden wir ihre Apologeten. Wenn –

um bei unserem Beispiel zu bleiben – die Verwaltung sich entschließt, die östliche Grenze zu schließen, so werden wir geneigt und imstande sein, darin den Abschluß einer historischen Entwicklungsreihe zu finden, welche im Gefolge großer Reminiszenzen der Vergangenheit dem heutigen Staate hohe Aufgaben im Interesse der Kulturpflege der eigenen Nation stellt, – und unterbleibt jener Entschluß, so liegt uns die Erkenntnis näher, daß derartige radikale Eingriffe teils unnötig, teils den heutigen Anschauungen nicht mehr entsprechend seien.

Oder aber: wir betrachten die ökonomische Entwicklung mehr von unten aus, sehen das große Schauspiel, wie aus dem Chaos ökonomischer Interessenkonflikte sich die Emanzipationskämpfe aufsteigender Klassen abheben, beobachten, wie die ökonomische Machtlage sich zu ihren Gunsten verschiebt, – und unbewußt nehmen wir Partei für die, welche aufsteigen, weil sie die Stärkeren sind oder zu werden beginnen. Eben dadurch, daß sie siegen, scheinen sie ja zu beweisen, daß sie einen „ökonomisch" *höher* stehenden Typus des Menschentums darstellen: allzuleicht beherrscht den Historiker die Vorstellung, daß der Sieg der *höher* entwickelten Elemente im Kampfe selbstverständlich und das Unterliegen im Daseinskampf Symptom der „Rückständigkeit" sei. Und jedes neue der zahlreichen Symptome jener Machtverschiebung bietet ihm dann nicht nur deshalb eine Genugtuung, weil es seine Beobachtungen bestätigt, sondern halb unbewußt empfindet er es wie einen persönlichen Triumph: die Geschichte löst die Wechsel ein, welche er auf sie zog. Die Widerstände, welche jene Entwicklung findet, beobachtet er, ohne es zu wissen, mit einer gewissen Animosität, sie erscheinen ihm, ungewollt, nicht einfach als naturgemäße Ausflüsse selbstverständlicher Interessenvertretung, sondern gewissermaßen als Auflehnung gegen das „Urteil der Geschichte", wie es der Historiker formulierte. Die Kritik, welche wir auch an Vorgängen zu üben haben, die uns als das unreflektierte Ergebnis geschichtlicher Entwicklungstendenzen erscheinen, verläßt uns dann gerade da, wo wir ihrer am nötigsten bedürfen. Allzunahe liegt ja für uns ohnehin die Versuchung, das Gefolge des Siegers im ökonomischen Machtkampf zu bilden und dabei zu *vergessen, daß ökonomische Macht und Beruf zur politischen Leitung der Nation nicht immer zusammenfallen.*

Denn – und damit werden wir zu einer letzten Reihe von Betrachtungen mehr praktisch-politischer Art geführt – an jenem *politischen Wertmaßstab,* der uns ökonomischen Nationalisten der für uns einzig souveräne ist, messen wir auch die Klassen, welche die Leitung der Nation in der Hand haben oder erstreben. Wir fragen nach ihrer *politischen Reife,* das heißt nach ihrem Verständnis und ihrer jeweiligen Befähigung, die dauernden ökonomischen und politischen *Macht*interessen der Nation über alle anderen Erwägungen zu stellen. Eine Gunst des Schicksals für die Nation ist es, wenn die naive Identifikation der Interessen der eigenen Klasse mit denen der Allgemeinheit den dauernden Machtinteressen auch der letzteren entspricht. Und es ist andererseits auch eine der Täuschungen, welche auf der modernen Überschätzung des „ökonomischen" im gewöhnlichen Sinne des Wortes beruhen, wenn man meint, daß die politischen Gemeingefühle eine Belastungsprobe durch abweichende ökonomische Tagesinteressen nicht vertrügen, womöglichst selbst *nur* eine Widerspiegelung des ökonomischen Unterbaues jener wandelbaren Interessenlage seien. Das trifft nur in Zeiten fundamentaler sozialer Umschichtung annähernd zu. – Eins nur ist wahr: bei Nationen, welchen die Abhängigkeit ihrer ökonomischen Blüte von ihrer politischen Machtlage nicht, wie der englischen, täglich vor Augen geführt wird, wohnen die Instinkte für diese spezifisch politischen Interessen *nicht,* wenigstens nicht in der Regel, in den breiten *Massen* der Nation, die mit der Not des Tages zu ringen haben, – es wäre ungerecht, sie von ihnen zu beanspruchen. In großen Momenten, im Fall des Krieges, tritt auch ihnen die Bedeutung der nationalen Macht vor die Seele, – dann zeigt sich, daß der nationale Staat auf urwüchsigen psychologischen Unterlagen auch bei den breiten ökonomisch beherrschten Schichten der Nation ruht und keineswegs nur ein „Überbau", die Organisation der ökonomisch herrschenden Klassen ist. Allein in normalen Zeiten sinkt dieser politische Instinkt bei der Masse unter die Schwelle des Bewußtseins. Dann ist es die spezifische Funktion der ökonomisch und politisch leitenden Schichten, Träger des politischen Sinnes zu sein, der *einzige* Grund, der politisch ihr Vorhandensein zu rechtfertigen vermag.

Die *Erlangung ökonomischer Macht* ist es zu allen Zeiten gewesen, welche bei einer Klasse die Vorstellung ihrer *Anwartschaft auf die politische Leitung* entstehen ließ. Gefährlich und auf die Dauer mit dem Interesse der Nation unvereinbar ist es, wenn eine ökonomisch sinkende Klasse die politische Herrschaft in der Hand hält. Aber gefährlicher noch ist es, wenn Klassen, *zu* denen *hin* sich die ökonomische Macht und damit die Anwartschaft auf die politische Herrschaft bewegt, politisch noch nicht reif sind zur Leitung des Staates. Beides bedroht Deutschland zur Zeit und ist in Wahrheit der Schlüssel für die derzeitigen Gefahren unserer Lage. Und auch die Umschichtungen der sozialen Struktur des Ostens, mit denen die im Eingang besprochenen Erscheinungen zusammenhängen, gehören in diesen größeren Zusammenhang.

Bis in die Gegenwart hinein hat im preußischen Staat die Dynastie politisch sich auf den Stand der preußischen *Junker* gestützt. Gegen ihn zwar, aber doch auch nur mit ihm, hat sie den preußischen Staat geschaffen. Ich weiß es wohl, daß der Name der Junker süddeutschen Ohren unfreundlich klingt. Man wird vielleicht finden, ich spräche eine „preußische" Sprache, wenn ich ein Wort zu ihren Gunsten sage. Ich wüßte nicht. Noch heute führen in Preußen für jenen Stand viele Wege zu Einfluß und Macht, viele Wege auch an das Ohr des Monarchen, die nicht jedem Staatsbürger sich ebnen; er hat diese Macht nicht immer so gebraucht, wie er es vor der Geschichte verantworten kann, und ich sehe nicht ein, weshalb ein bürgerlicher Gelehrter ihn lieben sollte. Allein trotz alledem war die Kraft seiner politischen Instinkte eines der gewaltigsten Kapitalien, welche im Dienst der Machtinteressen des Staates verwendet werden konnten. – Sie haben ihre Arbeit geleistet und liegen heute im ökonomischen Todeskampf, aus dem keine Wirtschaftspolitik des Staates sie zu ihrem alten sozialen Charakter zurückführen könnte. Und auch die Aufgaben der Gegenwart sind andere, als solche, die von ihnen gelöst werden könnten. Ein Vierteljahrhundert stand an der Spitze Deutschlands der letzte und größte der Junker, und die Tragik, welche seiner staatsmännischen Laufbahn neben ihrer unvergleichlichen Größe anhaftete und die sich heute noch immer dem Blick vieler entzieht, wird die Zukunft wohl darin finden, daß unter ihm das Werk seiner Hände, die Nation, der er die Einheit gab, langsam und unwiderstehlich ihre ökonomische Struktur veränderte und eine andere wurde, ein Volk, das andere Ordnungen fordern mußte, als solche, die er ihm geben und denen seine cäsarische Natur sich einfügen konnte. Im letzten Grund ist eben dies es gewesen, was das teilweise Scheitern seines Lebenswerkes herbeigeführt hat. Denn dieses Lebenswerk hätte doch nicht nur zur äußeren, sondern auch zur inneren Einigung der Nation führen sollen, und jeder von uns weiß: das ist nicht erreicht. Es konnte mit seinen Mitteln nicht erreicht werden. Und als er im Winter des letzten Jahres, umstrickt von der Huld seines Monarchen, in die geschmückte Reichshauptstadt einzog, da – ich weiß es wohl – gab es viele, welche so empfanden, als öffne der Sachsenwald wie ein moderner Kyffhäuser seine Tiefen. Allein nicht alle haben diese Empfindung geteilt. Denn es schien, als sei in der Luft des Januartages der kalte Hauch geschichtlicher Vergänglichkeit zu spüren. Uns überkam ein eigenartig beklemmendes Gefühl, – als ob ein Geist herniederstiege aus einer großen Vergangenheit und wandelte unter einer neuen Generation durch eine ihm fremd gewordene Welt. –

Die Gutshöfe des Ostens waren die Stützpunkte der über das Land dislozierten herrschenden Klasse Preußens, der soziale Anschlußpunkt des Beamtentums, – aber unaufhaltsam rückt mit ihrem Zerfall, mit dem Schwinden des sozialen Charakters des alten Grundadels, der Schwerpunkt der politischen Intelligenz in die Städte. *Diese* Verschiebung ist das entscheidende *politische* Moment der agrarischen Entwicklung des Ostens.

Welches aber sind die Hände, in welche jene politische Funktion des Junkertums hinübergleitet, und wie steht es mit ihrem politischen Beruf?

Ich bin ein Mitglied der bürgerlichen Klassen, fühle mich als solches und bin erzogen in ihren Anschauungen und Idealen. Allein es ist der Beruf gerade unserer Wissenschaft, zu sagen, was ungern gehört wird, – nach oben, nach unten, und auch der eigenen Klasse, – und wenn ich mich frage, ob das Bürgertum Deutschlands heute reif ist, die politisch leitende Klasse der Nation zu sein, so vermag ich *heute* nicht diese Frage zu bejahen. Nicht aus eigener Kraft des Bürgertums ist der deutsche Staat geschaffen worden, und als er geschaffen war, stand an der Spitze der Nation jene Cäsarengestalt aus anderem als bürgerlichem Holze. Große machtpolitische Aufgaben wurden der Nation nicht abermals gestellt; weit später erst, schüchtern und halb widerwillig, begann eine überseeische „Machtpolitik", die diesen Namen nicht verdient.

Und nachdem so die Einheit der Nation errungen war und ihre politische „Sättigung" feststand, kam über das aufwachsende erfolgstrunkene und friedensdurstige Geschlecht des deutschen Bürgertums ein eigenartig „unhistorischer" und unpolitischer Geist. Die deutsche Geschichte schien zu Ende. Die Gegenwart war die volle Erfüllung der vergangenen Jahrtausende, – wer wollte fragen, ob die Zukunft anders urteilen möchte? Die Bescheidenheit verbot ja – so schien es – der Weltgeschichte, zur Tagesordnung ihres alltäglichen Verlaufes überzugehen über diese Erfolge der deutschen Nation. Heute sind wir nüchtern geworden, es ziemt uns der Versuch, den Schleier der Illusionen zu lüften, der uns die Stellung unserer Generation in der historischen Entwicklung des Vaterlandes verhüllt. Und es scheint mir, daß wir dann anders urteilen. An unserer Wiege stand der schwerste Fluch, den die Geschichte einem Geschlecht als Angebinde mit auf den Weg zu geben vermag: das harte Schicksal des politischen *Epigonentums.*

Schaut uns nicht eben jetzt, wohin wir blicken im Vaterland, sein kümmerliches Antlitz entgegen? In den Vorgängen der letzten Monate, welche bürgerliche Politiker in erster Reihe zu verantworten haben, in allzu vielem, was in den letzten Tagen *im* deutschen Parlament, und in manchem, was *zu* ihm gesprochen wurde, erkannten diejenigen von uns, denen die Fähigkeit des Hasses gegen das Kleine geblieben ist, mit der Leidenschaft zorniger Trauer das kleinliche Treiben politischer Epigonen. Die gewaltige Sonne, welche im Zenit Deutschlands stand und den deutschen Namen in die fernsten Winkel der Erde leuchten ließ, war, so scheint es fast, zu groß für uns und hat die langsam sich entwickelnde politische Urteilsfähigkeit des Bürgertums ausgebrannt. Denn was erleben wir an ihm?

Nur allzu offenkundig sehnt sich ein Teil des Großbürgertums nach dem Erscheinen eines neuen Cäsar, der sie schirme: nach unten gegen aufsteigende Volksmassen, nach oben gegen sozialpolitische Anwandlungen, deren ihnen die deutschen Dynastien verdächtig sind.

Und ein anderer Teil ist längst versunken in jene politische Spießbürgerei, aus welcher die breiten Schichten des Kleinbürgertums noch niemals erwacht sind. Schon als nach den Einheitskriegen die ersten Anfänge positiver politischer Aufgaben der Nation nahe traten, der Gedanke einer überseeischen Expansion, – da fehlte ihm selbst jenes einfachste *ökonomische* Verständnis, welches ihm gesagt hätte, was es für den Handel Deutschlands in fernen Meeren bedeutet, wenn an den Küsten umher die deutschen Fahnen wehen.

Nicht ökonomische Gründe, auch nicht die vielberufene „Interessenpolitik", welche andere Nationen in nicht geringerem Maße kennen als wir, sind schuld an der politischen Unreife breiter Schichten des deutschen Bürgertums; der Grund liegt in seiner unpolitischen Vergangenheit, darin daß die politische Erziehungsarbeit eines Jahrhunderts sich nicht in einem Jahrzehnt nachholen ließ und daß die Herrschaft eines großen Mannes nicht immer ein Mittel politischer Erziehung ist. Und die ernste Frage für die politische Zukunft des deutschen Bürgertums ist jetzt: ob es nicht nunmehr zu *spät* ist, sie nachzuholen. Kein *ökonomisches* Moment kann sie ersetzen.

Werden andere Klassen die Träger einer politisch größeren Zukunft sein? Selbstbewußt meldet sich das moderne Proletariat als Erbe der bürgerlichen Ideale. Wie steht es mit seiner Anwartschaft auf die politische Leitung der Nation?

Wer heute der deutschen Arbeiterklasse sagen würde, sie sei politisch reif oder auf dem Weg zur politischen Reife, der wäre ein Schmeichler und strebte nach der fragwürdigen Krone der Popularität.

Ökonomisch sind die höchsten Schichten der deutschen Arbeiterklasse weit reifer, als der Egoismus der besitzenden Klassen zugeben möchte, und mit Recht fordert sie die Freiheit, auch in der Form des offenen organisierten ökonomischen Machtkampfes ihre Interessen zu vertreten. *Politisch* ist sie unendlich unreifer, als eine Journalistenklique, welche ihre Führung monopolisieren möchte, sie glauben machen will. Gern spielt man in den Kreisen dieser deklassierten Bourgeois mit den Reminiszenzen aus der Zeit vor 100 Jahren, – man hat damit in der Tat erreicht, daß hier und da ängstliche Gemüter in ihnen die geistigen Nachkommen der Männer des Konvents erblicken. Allein sie sind unendlich harmloser, als sie selbst sich erscheinen, es lebt in ihnen kein Funke jener katilinarischen Energie der *Tat,* aber freilich auch kein Hauch der gewaltigen *nationalen* Leidenschaft, die in den Räumen des Konventes wehten. Kümmerliche politische Kleinmeister sind sie, – es fehlen ihnen die großen *Macht*instinkte einer zur politischen Führung berufenen Klasse. Nicht nur die Interessenten des Kapitals, wie man die Arbeiter glauben macht, sind heute politische Gegner ihrer Mitherrschaft im Staate. Wenig Spuren der Interessengemeinschaft mit dem Kapital fänden sie bei Durchforschung der deutschen Gelehrtenstuben. Aber: wir fragen *auch sie* nach ihrer *politischen Reife,* und weil es für eine große Nation nichts Vernichtenderes gibt als die Leitung durch ein *politisch* unerzogenes *Spießbürgertum,* und weil das deutsche Proletariat diesen Charakter noch nicht verloren hat, *deshalb* sind wir seine politischen Gegner. Und weshalb ist das Proletariat Englands und Frankreichs zum Teil anders geartet? Nicht nur die ältere *ökonomische* Erziehungsarbeit, welche der organisierte Interessenkampf der englischen Arbeiterschaft an ihr vollzogen hat, ist der Grund; es ist vor allem wiederum ein *politisches* Moment: die *Resonanz der Weltmachtstellung,* welche den Staat stetig vor große machtpolitische Aufgaben stellt und den Einzelnen in eine chronische politische Schulung nimmt, die er bei uns nur, wenn die Grenzen bedroht sind, akut empfängt. – Entscheidend ist auch für *unsere* Entwicklung, ob eine große Politik uns wieder die Bedeutung der großen politischen Machtfragen vor Augen zu stellen vermag. Wir müssen begreifen, daß die Einigung Deutschlands ein Jugendstreich war, den die Nation auf ihre alten Tage beging und seiner Kostspieligkeit halber besser unterlassen hätte, wenn sie der Abschluß und nicht der Ausgangspunkt einer deutschen Weltmachtpolitik sein sollte.

Das *Drohende* unserer Situation aber ist: daß die bürgerlichen Klassen als Träger der *Macht*interessen der Nation zu verwelken scheinen und noch keine Anzeichen dafür vorhanden sind, daß die Arbeiterschaft reif zu werden beginnt, an ihre Stelle zu treten.

Nicht – wie diejenigen glauben, welche hypnotisiert in die Tiefen der Gesellschaft starren – bei den *Massen* liegt die Gefahr. Nicht eine Frage nach der *ökonomischen* Lage der *Beherrschten,* sondern die vielmehr nach der *politischen* Qualifikation der *herrschenden und aufsteigenden* Klassen ist auch der letzte Inhalt des sozialpolitischen Problems. Nicht Weltbeglückung ist der Zweck unserer sozialpolitischen Arbeit, sondern die *soziale Einigung* der Nation, welche die moderne ökonomische Entwicklung sprengte, für die schweren Kämpfe der Zukunft. Gelänge es in der Tat, eine „Arbeiteraristokratie" zu schaffen, welche Trägerin des politischen Sinnes wäre, den wir heute an der Arbeiterbewegung vermissen, dann erst möge der Speer, für welchen der Arm des Bürgertums noch immer nicht stark genug zu werden scheint, auf jene breiteren Schultern abgelegt werden. Bis dahin scheint es noch ein weiter Weg.

Für jetzt aber sehen wir eines: eine ungeheure *politische* Erziehungsarbeit ist zu leisten, und keine ernstere Pflicht besteht für uns, als, ein jeder in seinem kleinen Kreise, uns eben *dieser* Aufgabe bewußt zu sein: an der *politischen* Erziehung unserer Nation mitzuarbeiten, welche das letzte Ziel auch gerade unserer Wissenschaft bleiben muß. Die ökonomische Entwicklung der Übergangsperioden bedroht die natürlichen politischen Instinkte mit Zersetzung; es wäre ein Unglück, wenn auch die ökonomische Wissenschaft dem gleichen Ziele zustrebte, indem sie einen weichen Eudämonismus, wenn auch in noch so vergeistigter Form, hinter der Illusion selbständiger „sozialpolitischer" Ideale züchtete.

Freilich dürfen deshalb gerade wir wohl daran erinnern, daß es das Gegenteil von politischer Erziehung ist, wenn man ein Mißtrauensvotum gegen die friedliche soziale Zukunft der Nation in Paragraphen zu formulieren sucht, oder wenn das brachium saeculare nach der Hand der Kirche greift zur Stütze zeitlicher Autoritäten. Aber das Gegenteil von politischer Erziehung bekundet auch das schablonenhafte Gekläff jenes stets anwachsenden Chorus der – wenn mir der Ausdruck verziehen wird – Wald- und Wiesen-Sozialpolitiker, und ebenso jene menschlich liebenswürdige und achtungswerte, dennoch aber unsäglich spießbürgerliche Erweichung des Gemütes, welche politische Ideale durch „ethische" ersetzen zu können meint und diese wieder harmlos mit optimistischen Glückshoffnungen identifiziert. –

Auch angesichts der gewaltigen Not der Massen der Nation, welche das geschärfte soziale Gewissen der neuen Generation belastet, müssen wir aufrichtig bekennen: schwerer noch lastet auf uns heute das Bewußtsein unserer Verantwortlichkeit *vor der Geschichte.* Nicht unserer Generation ist beschieden zu sehen, ob der Kampf, den wir führen, Früchte trug, ob sich die Nachwelt zu *uns als ihren Ahnen* bekennt. Es wird uns nicht gelingen, den Fluch zu bannen, unter dem wir stehen: Nachgeborene zu sein einer politisch großen Zeit, – es müßte denn sein, daß wir verstünden, etwas anderes zu werden: Vorläufer einer größeren. Wird das unser Platz in der Geschichte sein? Ich weiß es nicht und sage nur: es ist das Recht der Jugend, zu sich selbst und ihren Idealen zu stehen. Und nicht die Jahre sind es, die den Menschen zum Greise machen: jung ist er, solange er mit den *großen* Leidenschaften, welche die Natur in uns legte, zu empfinden vermag. Und so – damit lassen Sie mich schließen – sind es nicht die Jahrtausende einer ruhmreichen Geschichte, unter deren Last eine große Nation altert. Sie bleibt jung, wenn sie die Fähigkeit und den Mut hat, sich zu sich selbst und den großen Instinkten, die ihr gegeben sind, zu bekennen, und wenn ihre führenden Schichten sich hinaufzuheben vermögen in die harte und klare Luft, in welcher die nüchterne Arbeit der deutschen Politik gedeiht, die aber auch durchweht ist von der ernsten Herrlichkeit des nationalen Empfindens.

Zu Hans Delbrücks Vortrag: „Die Arbeitslosigkeit und das Recht auf Arbeit“[1]

Ich möchte nur in Kürze einigen mehr allgemeinen Äußerungen des Herrn Referenten entgegentreten, weil diese, wie mir scheint, das Problem einfacher erscheinen lassen, als es ist. Der Herr Referent hat zunächst ausgesprochen, es existiere seiner Ansicht nach innerhalb der Volkswirtschaft begrifflich und tatsächlich eine „Überproduktion“ nicht. Das sei nur äußerer Schein, tatsächlich sei nicht Überproduktion, sondern Unterkonsumtion – das Fehlen einer *kaufkräftigen* Nachfrage der letzte Grund des Zwiespalts zwischen vorhandenem Angebot und vorhandenen Abnehmern. Er argumentierte dabei, wie erinnerlich, mit dem Beispiel von den wollenen Jacken. Damit aber beweist er wohl etwas zu viel. Man kann eben so gut behaupten, daß der überwiegende Teil der Menschheit nicht ungern ziemlich häufig Champagner konsumieren würde, wenn nämlich seine Kaufkraft dazu ausreichte. Die Unterkonsumtion in Champagner ist im Sinne des Herrn Referenten eine ganz ungeheuer große. Ich glaube eben doch, man wird anerkennen müssen: auch das Rangverhältnis zwischen den menschlichen Bedürfnissen und damit zwischen den einzelnen Produktionszweigen kommt hier in Betracht; nicht der sicherlich außerordentlich wichtige Zustand der Kaufkraft allein, sondern auch Verschiebungen und einseitige Richtungen der Produktion tragen bei zu der Erscheinung, die wir als Überproduktion bezeichnen. – Doch das nur nebenbei. Wichtiger ist mir der zweite Punkt. Der Herr Vortragende hat in einer auch etwas einseitigen Weise das Problem der Arbeitslosigkeit im wesentlichen als das Problem des Ausgleichs des Arbeitsbedarfs zwischen den einzelnen Gewerben bezeichnet. Wesentlich oder fast allein durch den Saisoncharakter einzelner Industrien sei es bedingt. Ich glaube das nicht und meine, daß das Problem der Arbeitslosigkeit keineswegs bloß dieses rein *technische* Problem des Ausgleichs des Arbeitsbedarfs ist. Ich glaube, daß sich dahinter verbirgt der ganze furchtbare Ernst des Bevölkerungsproblems. Die halbe Million Hände, welche mit jedem Jahr neu verfügbar wird, ruft nach Arbeit. Da liegt eine, nicht die einzige, aber die weit wichtigere, wenn schon verborgenere Ursache des Problems. Wohin mit diesen Händen? Wo ist der Raum für sie? Unleugbar ist, daß zum Teil die soziale und wirtschaftliche Verfassung Deutschlands es ist, welche eine Barriere bildet für die Verwendung dieser Arbeitskräfte, wie ja auch der Herr Referent hervorhob. Ich deute nur an, daß es das ungeheure proletarische Bevölkerungsreservoir im Osten Deutschlands ist, woher der fortwährende Nachschub

[1] Diskussionsbeitrag, in: Bericht über die Verhandlungen des Siebenten Evangelisch-sozialen Kongresses, abgehalten zu Stuttgart am 28. und 29. Mai 1896. Berlin 1896.

auf den Westen und auf den Arbeitsmarkt überhaupt drückt. Die unterste Grundlage der sozialen Schichtung: die Art der Agrarverfassung des Ostens im Gegensatz zum Westen hat ihren Teil an dem Problem der Arbeitslosigkeit in Deutschland. Aber keine Kunst wird das Problem, Arbeitsgelegenheit für eine stetig wachsende Bevölkerung zu schaffen, nur auf dem Boden des *inneren* deutschen Wirtschaftslebens zu lösen vermögen. Wir brauchen dafür Raum nach außen, Erweiterung der Erwerbsmöglichkeit des ökonomischen Machtbereichs Deutschlands nach Außen, und diese ist heute auf die Dauer absolut bedingt durch Ausdehnung der politischen Macht nach außen. Ein Dutzend Schiffe an der ostasiatischen Küste sind in gewissen Momenten mehr wert als ein Dutzend kündbarer Handelsverträge. Und deshalb muß auch bei der Erörterung des heutigen Problems daran erinnert werden: es ist Lebensfrage für uns, daß in den breiten Massen unseres Volkes das Bewußtsein erwacht, daß die Ausdehnung der Machtstellung Deutschlands allein es sein kann, welche ihnen dauernden Erwerb im Inland und die Möglichkeit der Emporentwicklung schafft. Gerade sie, gerade der Nachwuchs von unten ist in seinem Schicksal untrennbar verknüpft mit dem Aufsteigen Deutschlands zur ökonomischen und politischen Weltmacht, mit der Macht und Größe des Vaterlandes.

Zur Gründung einer national-sozialen Partei[1]

Naumann hat mit scharfer Akzentuierung von der Stellung der Gebildeten zu dieser national-sozialen Bewegung gesprochen und uns – denn ich darf zwar nicht im *Namen* derer, die er meint, wohl aber als einer von ihnen sprechen – gesagt, wie weit wir mitgehen können. Da müssen wir aber unsererseits zunächst fragen: „Was *wollen* Sie denn eigentlich?" Will man in einer nationalen Arbeiterpartei die aufsteigenden Klassen der Arbeiter für sich zu gewinnen suchen, so wäre das zweifellos ein Fortschritt. Es würde die geistige Emanzipation der Arbeiter bedeuten: Gedankenfreiheit, die die Sozialdemokratie nicht duldet, indem sie Marx' zerbrochenes System als Dogma in die Köpfe der Masse stempelt, Gewissensfreiheit, die es bei ihr, wie jeder Berliner Stadtmissionar berichten kann, nur dem Worte, nicht der Sache nach gibt. Aber in einer Klassenpartei hätten *wir* natürlich keinen Platz, und vollends dann nicht, wenn Sie jetzt einen neuen Gewissensdruck ausüben wollen, indem Sie verlangen, daß der christliche Glaube zum öffentlichen Versammlungs-Bekenntnis gemacht werde. –

Was nun aber in dem Entwurf Naumanns geboten wird, ist ein Rückschritt. Seltsam kontrastiert mit dem vermeintlichen Realismus, welcher politische Parteien nur auf wirtschaftlicher Interessenbasis aufbauen zu können meint, die Art, wie hier diese Interessengruppe, die den nationalen Sozialismus tragen soll, umschrieben wird. Denn welches ist sie? Es ist die Partei der Mühseligen und Beladenen, derjenigen, die irgendwo der Schuh drückt, aller derer, die keinen Besitz haben und welchen haben möchten. Ob Professor oder Arbeiter ist gleich; das Kriterium soll sein, ob das Einkommen aus Arbeit oder Rente fließt. Wer kann nun da zu Ihnen kommen und bei Ihnen bleiben? Ein Kellner gehört zu Ihnen. Wird er morgen Oberkellner, wird seine Befähigung zum nationalen Sozialismus schon fraglich. Und ist er ein tüchtiger Mann und bringt es einmal zum Wirt, der selber Kellner und Oberkellner hält, hat er sicherlich bei Ihnen nichts mehr zu suchen. Ein bis zum Hals verschuldeter Gutsbesitzer kann der Ihrige sein; ein Bauer, der aufsteigt und seinen Besitz mehrt, nicht. Nun, das sind Karikaturen, werden Sie sagen, – aber vergegenwärtigen Sie sich, daß eine Partei, die kein anderes Prinzip kennt als: Nieder mit den wirtschaftlich Starken!, die Karikatur einer Partei ist. Alle aufsteigenden Schichten des Volkes, auch die aufsteigenden Schichten der Arbeiterklassen, werden dann damit, daß sie aufsteigen, natürliche Gegner der national-sozialen Bewegung. Nur der Bodensatz der Bevölkerung

[1] Diskussionsbeitrag in der Debatte über das allgemeine Programm des National-Sozialen Vereins. In: Protokoll über die Vertreter-Versammlung aller National-Sozialen in Erfurt vom 23. bis 25. November 1896. Berlin 1896.

bleibt bei Ihnen. Eine Partei aber, die nur die Schwächsten zu sich rechnet, wird die politische *Macht* nie erlangen.

Wollen Sie derartige, an die „ethische Kultur" erinnernde miserabilistische Gesichtspunkte zugrunde legen, so werden Sie nichts anderes sein als politische Hampelmänner, Leute, die – je nachdem, wo ihnen der Anblick irgendeines wirtschaftlichen Elends auf die Nerven fällt – durch unartikulierte Bewegungen bald nach rechts, bald nach links, hier einmal gegen die Agrarier, dort einmal gegen die Börse und die Großindustrie, reagieren. Das sind keine *politischen* Gesichtspunkte. Die einzige klare politische Form, welche das seinerzeit vereinbarte erste Programm, auf Grund dessen allein ich hier erschienen bin, enthielt, die Bewegung gegen die Großgrundbesitzer, ist aus Unklarheit fallen gelassen. Damit ist die politische Pointe fortgefallen. Denn seien Sie sich klar: Sie haben heute einzig und allein die Wahl, welches von den einander bekämpfenden Interessen der heute führenden Klassen Sie stützen wollen: das bürgerliche oder das agrarisch-feudale. Eine Politik, die das nicht berücksichtigt, ist eine Utopie. Jede aufstrebende neue Partei steht vor der Entscheidung, ob sie die bürgerliche Entwicklung fördern oder unbewußt die feudale Reaktion stützen will. Auch, wenn Sie es nicht wollen, meinen, ein Drittes tun, eine Politik des vierten Standes treiben zu können, wird das, was Sie wirklich erreichen, doch stets nur und allein die Stützung eines dieser beiden Interessen sein. Zwischen ihnen müssen Sie wählen und, wenn Ihnen die Zukunft der Bewegung am Herzen liegt, die bürgerlich-kapitalistische Entwicklung wählen. Die Sozialdemokratie hat dadurch, daß sie gegen das Bürgertum vorgegangen ist, der Reaktion die Wege geebnet. –

Wie unpolitisch Naumann denkt, ist daraus zu ersehen, daß er dem Parlament die Entscheidung über die Heeresstärke nehmen möchte. Im Gegenteil: die einzig gesunde Lösung ist die Behandlung der Militärfrage als einfache Budgetfrage, also die *jährliche* Bewilligung. Die neue Partei muß sein eine nationale Partei der bürgerlichen Freiheit; denn nur eine solche fehlt uns: es fehlt eine *nationale Demokratie,* der wir die Leitung Deutschlands durch unsere Wahlstimmen anvertrauen könnten, weil wir der Wahrung der nationalen und wirtschaftlichen Machtinteressen in ihrer Hand sicher sein würden. –

Damit komme ich zu einem Spezialpunkt, dessen Behandlung in Ihrer Presse mir gezeigt hat, daß Sie vorläufig diese Partei nicht sind. Es ist die Art, wie in letzter Zeit die sogenannte „Polenfrage" in der „Zeit" erörtert worden ist. Über die Einzelmaßnahmen, die da diskutiert wurden, läßt sich streiten, davon spreche ich nicht; sondern von der Art der Behandlung dieser Dinge in einem deutschen Blatte, wie es „Die Zeit" sein will. Die „Zeit" hat diejenigen, die eine energische Stellungnahme gegen die Polen befürworten, in einem hämischen Ton angegriffen, den Deutsche in nationalen Fragen gegeneinander nie anschlagen sollten. Man hat gesprochen von einer Herabdrückung der Polen zu deutschen Staatsbürgern zweiter Klasse. Das Gegenteil ist wahr: wir haben die Polen zu Menschen gemacht. Auch in der Auffassung der „Polenfrage" tritt bei Ihnen eben jener unpolitische Zug des Miserabilismus hervor. Aber die Politik ist ein hartes Geschäft, und wer die Verantwortung auf sich nehmen will, einzugreifen in die Speichen des Rades der politischen Entwicklung des Vaterlandes, der muß feste Nerven haben und darf nicht zu sentimental sein, um irdische Politik zu treiben. Wer aber irdische Politik treiben will, der muß vor allen Dingen illusionsfrei sein und die eine fundamentale Tatsache: den unabwendbaren ewigen Kampf des Menschen mit dem Menschen auf der Erde, wie er tatsächlich stattfindet, anerkennen. Wenn nicht, dann soll er davon abstehen, eine politische Partei zu gründen. Ich möchte hier, in dieser thüringischen Stadt, Ihnen das alte Thüringerwort entgegenrufen: *„Landgraf werde hart!"*

Stellungnahme zur Flottenumfrage der Allgemeinen Zeitung[1]

Für eine Vorlage, welche durch die unerwartete Geringfügigkeit ihrer Anforderungen fast ebenso sehr wie durch die kluge Sachlichkeit ihrer Vertretung die Gegner in offenbare Verlegenheit gesetzt hat, noch besonders einzutreten, scheint mir unnötig. Wird auf *formale* Momente kein unnötiges Gewicht gelegt, so erscheint sie ja glücklicherweise im wesentlichen gesichert. Nur völlige politische Verzogenheit und naiver Optimismus können verkennen, daß das unumgängliche handelspolitische Ausdehnungsbestreben aller bürgerlich organisierten Kulturvölker, nach einer Zwischenperiode äußerlich friedlichen Konkurrierens, sich jetzt mit völliger Sicherheit dem Zeitpunkt wieder nähert, wo *nur die Macht* über das Maß des Anteils der Einzelnen an der ökonomischen Beherrschung der Erde und damit über den Erwerbsspielraum ihrer Bevölkerung, speziell auch ihrer Arbeiterschaft, entscheiden wird. Wenn nun angesichts der Selbstverständlichkeit dieser Entwicklung, die uns stets erneute militärische Opfer im Interesse unserer Zukunft, für welche wir, als eine große Nation, unseren Nachfahren vor der Geschichte verantwortlich sind, näherlegen wird, sich trotzdem auch hier im Südwesten ein verhängnisvoller Mangel an Verständnis dafür gerade in breiten bürgerlichen Kreisen zeigt, so darf zur Erklärung dessen verschiedenes nicht vergessen werden. Zunächst, daß die Art des Regimes in Deutschland in den letzten 20 Jahren, halb „cäsaristisch", halb „patriarchalisch", neuerdings überdies durch eine spießbürgerliche Furcht vor dem roten Gespenst verzerrt, das *Gegenteil politischer Erziehungsarbeit* an der Nation gewesen ist. Zumal die Benutzung der Militärfragen als Kampfmittel gegen unbequeme Oppositionsparteien hat sie – sehr zum Schaden der Heeresinteressen –, aus einfach sachlichen Budgetfragen in Angelpunkte des periodisch sich wiederholenden inneren Machtkampfs umzuwandeln, zu ihrem Teil beigetragen. Ein ostentative „gefällige", die errungenen Lorbeeren schonende, allen überseeischen Expansionsgedanken ersichtlich abholde Politik, wie sie nach 1870 begann, konnte der Erweckung des Interesses an der Flotte gewiß nicht förderlich sein. Noch weniger aber kann dies in der Gegenwart eine Wirtschaftspolitik, welche sich von der allmächtigen *agrarischen Phrase* beherrschen läßt, der auch die Allgemeine Zeitung nicht selten arglos zum Opfer fällt. Es ist begreiflich, daß zwischen dem Streben nach maritimer Macht und einer Politik, welche Deutschlands kommerzielle Machtstellung teils schon geschädigt hat, teils weiter preiszugeben sich bereit zeigt, ein Widerspruch gefunden wird. Nicht eine mit antikapitalistischen Schlagworten operierende Politik

[1] Außerordentliche Beilage der Allgemeinen Zeitung vom 13.1.1898.

selbstgenügsamer sogenannter „Sammlung", sondern allein eine entschlossene Durchführung der Konsequenzen unserer kraftvollen bürgerlich-gewerblichen Entwicklung – ohnehin die auf Dauer allein mögliche Wirtschaftspolitik Deutschlands im Zeitalter des Kapitalismus, man mag ihn nun lieben oder hassen, – kann für die bürgerliche Klasse dem Verlangen nach Macht zur See einen Sinn verleihen. Zum Schutze der Grundrente bedarf es keiner Flotte. Und nur einem Regiment, welches in seiner inneren Politik zeigt, daß es die freien Institutionen des Vaterlandes zu erhalten und freiheitlich weiterzuentwickeln sich *nicht fürchtet*, wird man das Vertrauen entgegenbringen, daß es ihm nicht auf dem Gebiete der äußeren Politik Kraft und Mut im entscheidenden Moment, aller starken Worte ungeachtet, versagen werden, ebenso wie dies auf dem Gebiete der sozialpolitischen Arbeit im Inneren der Fall zu sein scheint.

Heidelberg, Dezember 1897

Prof. Max Weber

Die „Bedrohung" der Reichsverfassung[1]

In der Antwort des Herrn von Jagemann (in Nr. 143) auf die Erklärung der beiden Heidelberger Staatsrechtlehrer muß besonders auffallen, daß er von der Theorie des „mutuus dissensus" wie von einer von *ihm geschaffenen* spricht. Dem ist entschieden entgegenzutreten. Solange die Reichsverfassung besteht, hat es Laien und Dilettanten gegeben, welche, weil die Einleitung der Verfassung von der Schließung eines „ewigen Bundes" berichtet, gemeint haben, das Reich könne nach Analogie des Dreibundes oder doch wenigstens des alten Deutschen Bundes auch durch Vertrag der Kontrahenten, welche dort genannt sind, wieder aufgelöst werden, – eine Ansicht, welche, beiläufig bemerkt, unter anderem die Konsequenz haben müßte, daß auch ein *einzelner* Bundesstaat, etwa Bayern, auf Grund der bloßen einstimmigen Zustimmung aller anderen *Regierungen* jederzeit, ohne Mitwirkung des Reichstags, müßte aus dem Reichsverbande entlassen werden können. Im Winter 1886/87 wurde dann – wie mir mein verstorbener Vater damals lachend erzählte – in den Couloirs des Reichstags auch ein Ausspruch des Fürsten Bismarck kolportiert, etwa dahin: daß man ja, wenn der Reichstag in der Militärfrage schlechterdings nicht zur Raison zu bringen sei, schließlich besser tun werde, auf die Einzelstaaten zurückzugreifen und den Bund wieder aufzulösen. *Ob* Fürst Bismarck, der bekanntlich im engeren Kreise manches sagte, was für seine Staatspraxis nicht maßgeblich war – so z. B. auch: daß eigentlich die Monarchie eine recht „lästige" Staatsform sei; denn „dieser Mann" (der alte Kaiser) „koste" ihn „täglich zwei Stunden", – jenen Ausspruch wirklich getan hat, ist gleichgültig. Würde er damals in der Form, wie jetzt bei Herrn von Jagemann, etwa in der „Norddeutschen Allgemeinen Zeitung" verwertet worden sein, so würde Bismarck ihn wohl als eine „minder haltbare Tagesleistung" bezeichnet haben. Die subalterne Beflissenheit „staatserhaltender" Kreise aber bemühte sich schon damals eifrig um diesen hingeworfenen Brocken; ich erinnere mich deutlich, daß bei Gerichtsfrühschoppen und dergleichen ernsthaft darüber diskutiert wurde, und so mag das Dictum denn auch seinen Weg zu jenen behaglichen Lokalen in der Nähe der Linden gefunden haben, wo die kleineren und kleinsten Bundesstaaten am Abend sich über ihre politische Einflußlosigkeit bei dunklem Biere zu trösten pflegten. Daß jetzt diese *Bierbankpolitik*, – denn das ist die einzig mögliche Bezeichnung –, mit der erfrischenden Siegesgewißheit des Dilettanten, den Heidelberger Studenten als „staatsrechtliche" Theorie dargeboten wird, ist sicherlich ein wenig erhebendes Schauspiel. Aber jener Ursprung der Lehre könnte immerhin die ernsthafte po-

[1] Frankfurter Zeitung vom 03.06.1904.

litische Presse veranlassen, die Sache mehr von der heiteren Seite anzusehen, als es bisher geschah.

Eine ernste Seite hat der Vorgang freilich auch. Wenn wir mit Recht das gelegentliche Kokettieren mit dem Worte: „Revolution" seitens eines Teils der Sozialdemokratie leichtfertig und einer großen Partei unwürdig finden, so verlangt das Kokettieren mit der Revolution „von oben" auf Seiten von Leuten, die im Ernstfalle ja sehr weit vom Schuß sein würden, die denkbar schärfste Zurückweisung. *Dazu*, um einen Verfassungskonflikt *herbeizuführen* und dann, auf die Bajonette des stehenden Heeres gestützt, eine Weile „fortzuwursteln", dazu bedarf es wahrlich keines großen Staatsmannes, nicht einmal eines (im heutigen Sinne) „starken Mannes". Es genügt dazu ein gewissenloser Dummkopf oder ein politischer Abenteurer an der Spitze der Reichsverwaltung. Aber *dann*: aus diesem Konflikt uns wieder *herauszuhalten*, ohne daß nicht nur unsere Weltstellung, unsere Einheit und Unabhängigkeit vom Ausland, sondern auch die *Rechtssicherheit aller unserer Institutionen* für viele Generationen in die Brüche gingen, – dazu bedürfte es nach der Eigenart unseres Staatswesens und unserer Lage eines Staatsmannes, der eine ganz andere Taille hätte, als alles, was heute in Deutschland irgendwo an „kommenden Männern" herumläuft. Selbst die Verminderung unseres Heeres wäre eine geringere Gefahr, als ein solches Experiment, unternommen von dem Epigonengeschlecht, welches uns regiert. Das Spintisieren subalterner Geister über die Möglichkeit eines außerparlamentarischen Regimes gehört in jenes System von Nadelstichen, mit denen von gewissen höfischen und agrarischen Kreisen gegen unsere parlamentarischen Institutionen seit Jahren Stimmung gemacht wird. Es ist nicht zu leugnen, daß – ob mit oder ohne Mitverschulden der Volksvertretungen, bleibe unerörtert – das Raisonnieren auf deren Unfähigkeit, der Glaube an die „Überlebtheit" des Parlamentarismus und dergleichen – Dinge, die man übrigens vor 250 Jahren in England *ganz ebenso* hören konnte – bei uns jetzt derart zum „guten Ton" gehört, daß fast ein gewisser Mut erforderlich ist, diesem Modegeschwätz überhaupt entgegenzutreten. Und doch hätten die Kritiker des Parlamentarismus allen Anlaß, heute, wo die Wahrscheinlichkeit der Entstehung eines Konflikts von *unten* her so fern liegt, wie nur je in unserer Geschichte, wo z. B. die parlamentarischen Chancen von Militärforderungen, verglichen mit der Zeit vor 10 oder 20, oder gar vor 40 Jahren, geradezu beneidenswerte sind, recht zurückhaltend zu sein in der Herbeiführung von Debatten über den relativen Wert der einzelnen großen Faktoren unseres Staatslebens. *Der Spieß könnte auch einmal umgedreht werden.* Seit bald 15 Jahren leben wir unter einem Regime, welches einen so stark persönlich-monarchischen Charakter an sich trägt, wie dies selten irgendwo der Fall war. Würden wir sie nun fragen, was denn eigentlich dieses Regime *geleistet* hat, *selbst auf demjenigen Gebiet*, wo angeblich das monarchische Regiment seine spezifische Leistungsfähigkeit zeigen soll: dem der *äußeren Politik*, – so würde der Vergleich mit den demokratisch verwalteten Großstaaten ein für uns sicherlich *nicht* schmeichelhafter sein. Der beispiellose Rückgang des deutschen Prestiges ist *kein unverschuldeter*, und es sind ganz andere Instanzen, als etwa die deutschen Parlamente, die ihn verschuldet haben.

Genug davon. – Die breiten Schichten des deutschen Bürgertums sind, aus guten Gründen, Anhänger der Monarchie als Institution, und, so viel an uns liegt, werden wir es bleiben, auch wenn, wie wir es erleben mußten, die Monarchie in ihrem konkreten Träger einmal den Erwatungen *nicht* entspricht, die wir auf sie zu setzen berechtigt waren. Aber wir werden uns auf das entschiedenste ausbitten müssen, daß man für die *parlamentarischen Institutionen* gefälligst ein für allemale das *Gleiche* gelten läßt. Denn bei der Fortsetzung solcher Debatten würde die Monarchie nicht besser fahren als der Parlamentarismus.

Heidelberg, 31. Mai 1904

Prof. Max Weber.

Bemerkungen im Anschluß an den Aufsatz von R. Blank: „Die soziale Zusammensetzung der sozialdemokratischen Wählerschaft Deutschlands"[1]

Wir bringen die vorstehende Studie gern zum Abdruck, obwohl wir die eigene Ansicht des Herrn Verfassers teilen, daß seine Ergebnisse im einzelnen vorderhand (notgedrungen) noch auf einem nicht überall sicheren Boden stehen, welcher u. a. auch durch Kritik der Kategorien der Berufszählung erst noch gesäubert werden müßte, um zu endgültigen Zahlen zu kommen. Wirklich beweiskräftig würden diese ja überhaupt erst dann werden, wenn an möglichst vielen *einzelnen* „typischen" Wahlkreisen oder Wahlkreisgruppen von bestimmtem sozialen Gepräge eine möglichst weit zurückgehende Analyse ihrer Berufs- und parallel damit ihrer Abstimmungsentwicklung vorgenommen würde. Immerhin schien uns, ebenso wie dem Herrn Verfasser, schon das provisorische Zahlenmaterial, welches er bietet, als *erste* Inangriffnahme eines wichtigen und sehr komplexen Problems von Wert zu sein. Dies Problem selbst freilich kann nicht auf dem Boden rein statistischer Untersuchung gelöst werden. Denn das eigentlich Wesentliche ist ja nicht der bloße ziffernmäßige Nachweis, daß auch nicht „proletarische" Bevölkerungsschichten sozialistisch *wählen*, und die daran anzuschließende Untersuchung, welches diese Schichten und welches ihre Motive sind, sondern die Beantwortung der Frage: welche Beeinflussung der *innere* Charakter der Partei und ihre aus diesem hervorgehende politische Haltung durch nicht „proletarische" Elemente, also z. B. durch Handwerker und andere „Kleinbürger" jeder Art, deklassierte bürgerliche Elemente und klassenlose Ideologen, erfährt. Die sozialdemokratische Partei ist ein Element unseres innerpolitischen Lebens, mit welchem aller menschlichen Voraussicht nach auf lange hinaus zu rechnen sein wird. Sie gehört ferner zu den mächtigsten charakterbildenden Elementen breitester Volksmassen. Die wichtige Frage nach der kulturgeschichtlichen Eigenart dieses Gebildes ist aber in *systematischer* Weise bisher nur in der Presse der verschiedenen Parteien, nicht wissenschaftlich, unternommen worden. Einige Bemerkungen über die Aufgaben und Wege einer solchen rein objektiven, von Werturteilen freien, Betrachtung seien daher hier beigefügt.

Notwendig wäre zunächst und vor allem eine umfassende Untersuchung des Verhältnisses zwischen dem organisierten Kern der politischen sozialistischen Bewegung und den Wählermassen, welche ihr zu parlamentarischer Vertretung verhelfen. Zwischen aktiver (organisierter) und passiver (Wähler-)Partei, wie

[1] In: Archiv für Sozialwissenschaft und Sozialpolitik, 20. Band, 3. Heft, 1905.

man sagen könnte. Der Verf. hat diese Beziehungen an einem der Punkte gestreift, wo sie praktische Bedeutung gewinnen könnten: dem Verhältnis der parlamentarischen Sozialdemokratie zur Parteitags-Sozialdemokratie. Und gewiß ist die Frage der systematischen Untersuchung bedürftig, wie und warum sich die Färbung der ersteren von derjenigen der letzteren unterscheidet. Dafür kommen in der Tat Rücksichten auf die nicht der sozialdemokratischen Parteiorganisation angehörige Wählerschaft, die bei der Aufstellung der Kandidaten sowohl wie bei der parlamentarischen Haltung derselben in gewissem Maße mitspielen, in Betracht, daneben aber auch solche Dinge, wie die „realpolitische" Einwirkung der taktisch-parlamentarischen Konstellationen auf die Parlamentspartei und eine Fülle damit zusammenhängender und anderer Momente. Allein es ist die Frage, wie solche Rücksichten die Partei beeinflussen, *nicht* ohne weiteres mit der nach dem *Klassen*charakter der Partei identisch. Denn noch wichtiger als die Rücksichtnahme auf nicht „proletarische" Wähler *außerhalb* der organisierten Partei könnte vielleicht der Einfluß nicht „proletarischer" Elemente *innerhalb* derselben sein. Um ihm auf die Spur zu kommen, wäre zunächst zu untersuchen: *welche* Bestandteile der Wählerschaft es denn sind, die sich (jetzt und früher) „organisieren lassen", und weiterhin: welches der Charakter und die Herkunft derjenigen Elemente ist, die innerhalb der lokalen Organisationen, in der Parteipresse und sonst für die politische Haltung jeweils den *Ausschlag* gegeben haben und geben. Eine der wichtigsten Kategorien, welche dabei als Untersuchungsobjekt in Betracht kämen, wären nun naturgemäß die *Berufs*politiker, ohne welche diese Partei so wenig wie irgend eine andere leben kann. Die einfachste ökonomische Erwägung und jeder Blick in das Parteileben lehrt, daß es von diesen wiederum zwei voneinander sehr verschiedene Typen gibt: ökonomisch *unabhängige* Existenzen, welche *für* ihre Partei leben können, und andere, deren ökonomische Lage sie nötigt, *von* der Parteipolitik zu leben, sei es direkt aus der Tasche der Partei als deren Angestellte, sei es indirekt – z. B. als Redakteure, Zeitungsunternehmer usw. – von deren Existenz. Die Provenienz, der allgemeine Charakter und der faktische Einfluß jeder dieser beiden Kategorien, die – sozusagen – „Avancements"-Verhältnisse und Chancen, die für die zweite derselben bestehen, die damit zusammenhängende Entwicklung und Bedeutung des in keiner zu voller organisatorischer Entfaltung gelangten Partei ganz fehlenden Partei-*Pfründner*tums müßten hier analysiert werden. Denn namentlich dieses letztere ist in seiner Einwirkung auf die „Taktik" demokratischer Parteien von ganz außerordentlicher Bedeutung. Die Verhältnisse in den amerikanischen Parteien, – so stark dabei infolge der ganz andersartigen politischen Grundlagen des dortigen Parteiwesens die Abweichungen sind – könnten und sollten gerade in dieser Hinsicht also ein „idealtypischer" Grenzfall zur Vergleichung herangezogen werden. (James Bryce und die umfangreiche englisch-amerikanische Literatur über Parteiwesen können hier immerhin weitgehend die etwa fehlende persönliche Anschauung ersetzen.) – In all diesen Verhältnissen spielen nun ferner – um aus der Fülle der in Betracht kommenden Momente noch eins herauszugreifen – jene eigentümlichen Gegensätze hinein, welche die bei uns klassenbildende Bedeutung gewisser *Bildungspatente*, z. B. der akademischen Grade, erzeugt. Und inwieweit der Gegensatz gegen die sog. „Akademiker" von den Parteiroutiniers, den Zöglingen der Rednerbildungsschulen u. dgl. getragen wird (wie dies teilweise sicher der Fall ist) oder inwieweit dabei andere Elemente mitbeteiligt sind, – diese Frage berührt sich ja weiter mit den sachlich so wichtigen Problemen der Stellung zu den „idealen Kulturgütern" überhaupt. Diese muß ja z. B. bei gewerkschaftlich erzogenen Arbeitern einerseits, und bei radikalen Kleinbürgern andererseits, eine grundverschiedene sein und bleiben. – Und diese Dinge hängen dann alle in ihrer Entwicklung mit der Tendenz zusammen, die in *jeder* dauernden Parteibildung zur Geltung gelangt: für ihre Anhänger schlechthin „*Selbstz*weck" zu werden. Jene Tendenz fand z. B. in dem Schicksal des sog. „Revisionismus" ihren charakteristischen Ausdruck. Die Gefahr für den Bestand der Partei, welche aus einer formalen Aufgabe des alten Glaubensbekenntnisses, welches schließlich jeder interpretiert wie es ihm paßt, und dem problematischen Versuch, eine Partei mit mehreren Millionen Wählern auf ein neues zu verpflichten, aufstieg[2], mußte vor allem schon das gesamte „Parteipfründnertum" (im weitesten Sinne des Wortes) in die äußerste Unruhe versetzen. Und ähnlich erzwingen sich auch in allen erheblichen Fragen der „Taktik" jene konservativen Interessen Geltung, welche schlechthin unter *keinen* Umständen ein Risiko für den derzeitigen Parteibestand laufen wollen. Diese Tendenz scheint aber auch deshalb in der Sozialdemokratie zuzunehmen, weil immer mehr auch die *Gewerkschaften* an einer solchen parteikonservierenden Taktik interessiert werden. Der „Selbstzweck"-Gedanke gewinnt dadurch in der Sozialdemokratie allmählich fast die gleiche Macht wie in den amerikanischen Parteien, obwohl er dort nicht nur ganz andere Gründe, sondern auch sehr verschiedene Konsequenzen hat. Während die fast absolute Grundsatzlosigkeit der beiden großen amerikanischen Parteien für die organisierten Arbeiter die Möglichkeit geboten hat, durch Eintreten für diejenige Seite, welche sich jeweils auf ihre Forderungen verpflichtet, einen Punkt ihres Programms nach dem anderen durchzusetzen, gerade *weil* sie parteipolitisch neutral bleiben, können die deutschen Gewerkschaften in dem täglichen *Kleinkrieg* mit den Chikanen der Poli-

[2] Genau wie bei kirchlichen Glaubensbekenntnissen. Zur Zeit des Apostolikumsstreites sagte mir ein philosophischer Kollege: „Vom Apostolikum im wörtlichen Sinn interpretiert selbst der Orthodoxeste hinweg, was ihm nicht paßt. Wenn aber die *liberalen* Theologen ein Credo formulieren würden, welches nun *wörtlich* geglaubt werden sollte, – wer könnte noch in der Kirche bleiben?"

zei, welcher ja der eigentliche Nährboden des „Klassenbewusstseins“ ist, der dauernden Anlehnung an eine große Partei unmöglich entbehren, so schlecht dabei – weil ja alle anderen Parteien dadurch ein für allemal an der Befriedigung von Arbeiterforderungen *desinteressiert* werden und sie stets in der „grundsätzlich opponierenden“ Minderheit bleiben, deren parlamentarische Vertretung jedes positiven Einflusses entbehrt, – ihre *materiellen* Klasseninteressen fahren. Die Frage ist nun aber weiter, inwieweit die Gewerkschaften, wenn sie, wie dies neuerdings mehrfach angenommen wird, ihre offizielle „Neutralität“ zunehmend aufgeben werden, bei dieser Anlehnung *an* die Partei auch zur Macht *innerhalb* der (organisierten) Partei selbst gelangt sind oder gelangen werden, inwieweit also die organisierte Sozialdemokratie – die *aktive* Partei – wie man mehrfach prophezeit, „Gewerkschaftspartei“ wird und werden kann und welche praktische Bedeutung dies – zunächst für die innere Struktur der Partei – haben könnte oder etwa schon gehabt hat. Womit ja noch nichts darüber entschieden wäre, inwieweit dieser etwaige gewerkschaftliche Charakter nun auch in ihrer politischen Haltung zum Ausdruck gelangen könnte, da ja für diese die stete Anpassung an die Stimmung der Wähler außerhalb der Organisation – die „passive“ Partei – mitbestimmend sein muß. Und für diese könnte trotz aller Macht der Gewerkschaften natürlich die Rücksicht auf die *nicht* organisierten (und die nichtorganisier*baren*) Schichten des Proletariats und auf radikale Kleinbürgermassen, die jeder „Realpolitik“ als solcher abhold sind, sehr wohl dauernd ausschlaggebend bleiben. Damit berührt sich natürlich ferner die Frage nach den Konsequenzen der zunehmend inneren Differenzierung des Proletariats, die ja unausbleibliche Folgen steigender Macht der Gewerkschaften sein würde. Alle diese und die zahlreichen sonstigen einander kreuzenden Entwicklungstendenzen verhalten sich in ihrer Stärke zueinander selbstverständlich je nach den einzelnen Landesteilen gänzlich verschieden, und es müßte daher wohl unbedingt auch hier von lokalen Untersuchungen „typischer“ Orte verschiedenen Größengrades und verschiedener ökonomischer Struktur ausgegangen werden.

Erst wenn über solche reale Kräfte, die im internen *Alltagsleben* der Partei wirksam werden, Klarheit geschaffen ist, könnte zu einer Analyse der Entwicklung des Gesamtcharakters der Partei und ihrer politischen Eigenart aufgestiegen werden. Und auch hier wird man, an Stelle der äußerlich sich so stark in den Vordergrund drängenden großen Staatsaktion (Programmfragen usw.) vielmehr die weit unscheinbareren, aber viel bezeichnenderen und wichtigeren Probleme der „*Taktik*“ in ihrer Genesis zu verfolgen haben. Der Bernsteinsche Gedanke der „Straßendemonstrationen“ und sein Schicksal ist weit lehrreicher für die Frage *wohin* dann der Entwicklungsgang der Sozialdemokratie und das Erziehungswerk, welches sie an den Massen vollzieht, führt, was sie also aus dieser Masse *gemacht* hat und machen wird und welche politischen *Machtmittel* ihr dann eigentlich für den „Ernstfall" zur Verfügung stehen, – als alle die so viel Lärm machenden Erörterungen über die „Verelendungstheorie" u. dgl. –

Doch genug der Andeutungen. Es ist leider nicht sehr wahrscheinlich, daß so bald eine, wissenschaftlichen Ansprüchen gerecht werdende, Behandlung dieser Dinge zu erwarten steht. Die Parteiarchive stellt natürlich jede Partei, und so auch diese, nur ihren Hofhistoriographen zur Verfügung. Eine unbefangene Darstellung könnte aber auch auf Grund des sonst zur Verfügung stehenden Materials (Protokolle, Presse usw.) weder ein Parteimitglied noch ein ausgesprochener Gegner der Partei schreiben. Die erforderlichen Personenkenntnisse und Informationen über die so höchst verschiedenen *lokalen* Verhältnisse und ihre Vorgeschichte sind geradezu enorm. Wenn wir also auch hoffen, künftig gelegentlich Beiträge zu einer auf unbefangener Beobachtung der Tatsachen ruhenden „Sozialpsychologie" der Sozialdemokratie bringen zu können, so geben wir uns doch nicht der Illusion hin, daß so bald etwas Abschließendes erreicht werden wird. Denn neben allen den eben berührten Schwierigkeiten bildet vor allem das fast unvermeidliche Hineinspielen von *Werturteilen*, politischen Wünschen (z. B. bezüglich der sog. „Mauserung" der Partei), Hoffnungen und Illusionen eine beinahe unüberwindliche Schwierigkeit.

Das Arbeitsverhältnis in den privaten Riesenbetrieben[1]

Meine Damen und Herren! Nicht auf alles, was der Herr Vorredner gesagt hat, gehe ich ein. Ich möchte namentlich die etwas „übermenschliche" Logik mit dem Dienstmädchen und seinem Mietsvertrag Herrn Professor Brentano überlassen, da ich die Versammlung nicht um das ästhetische Vergnügen bringen möchte, welches eine Kritik seinerseits ihr bieten wird.

Der Herr Vorredner sprach sein Erstaunen darüber aus, daß es nach dem „sittlichen Standard" der deutschen Arbeiter möglich gewesen sei, daß 195.000 Arbeiter unter Bruch des Kontrakts ohne Kündigung die Arbeit niederlegten. In der Tat: eine sehr auffallende Erscheinung! Weit auffallender aber als sie selbst ist, was nun weiter geschah: der Reichskanzler, die Staatsregierung, die öffentliche Meinung, die politische Parteien ohne Ausnahme – die Konservativen nicht ausgeschlossen: erst als die Angst ihnen aus den Gliedern gekommen war durch die Wiederaufnahme der Arbeit, besannen sie sich eines anderen – haben sich durch diesen Kontraktbruch nicht gehindert gefühlt, den Versuch zu machen, einen Druck auf die Arbeitgeber auszuüben, und aus dem Streik nicht die Konsequenz eines Vorgehens gegen die Arbeiter, sondern eines solchen gegen die Interessen der Arbeitgeber herzuleiten. Es scheint also, daß nach ihrer Ansicht die Sache so lag: Wenn diese 195.000 Arbeiter unter Bruch der Kündigungsfrist die Arbeit niedergelegt haben, um so schlimmer – für die Kündigungsfrist. Es entspricht eben, das scheint mir daraus hervorzugehen, nicht mehr dem modernen Rechtsbewusstsein, daß ein Vertrag, der ein einseitiger Unterwerfungsvertrag ist, durch irgendwelche Kündigungsfrist zugunsten der Exploiteurs, die sich auf den Machtstandpunkt stellen, rechtlich gesichert wird, und wenn ich für meine Person daraus eine Konsequenz ziehen soll, so könnte es nur die eine sein: Daß durch Gesetz die Möglichkeit beseitigt werden müsse, den Arbeiter überhaupt an irgendwelche Kündigungsfristen zu binden, es sei denn, daß der Kontrakt auf Grund eines Tarifvertrags geschlossen wird. Dies ist meine persönliche Stellung zu dieser Bemerkung über den sittlichen Standard der Arbeiter. Nach dem, was hier über die Arbeiter gesagt worden ist, würde ja jedenfalls auch der Herr Reichskanzler nicht mehr zu den sittlich voll qualifizierten Personen gehören dürfen; denn er hat den Kontraktbruch zwar mit Worten, aber – worüber der Herr Vorredner selbst gewiß mit mir der gleichen Meinung ist – nicht mit Taten mißbilligt. –

[1] Diskussionsbeitrag, in: Verhandlungen der Generalversammlung in Mannheim, 25., 26., 27. und 28. September 1905. (In: Schriften des Vereins für Sozialpolitik, 116. Bd.) Leipzig 1906.

Nun verlasse ich aber den Herrn Vorredner, um zu etwas allgemeineren Betrachtungen innerhalb der kurzen Zeit, die ich habe, überzugehen. Meine Damen und Herren! Wenn man sich über derartige sozialpolitische Dinge wie die heute hier zur Debatte stehenden verständigen will, so muß der einzelne vor allen Dingen sich klar sein, welches denn der entscheidende Wertgesichtspunkt ist, von dem aus er persönlich die Erscheinung, um deren gesetzgeberische Behandlung es sich handelt, betrachtet. Ich konstatiere nun, daß für mich ausschließlich die Frage in Betracht kommt: Was wird „charakterologisch" – um das modische Wort zu gebrauchen – aus den Menschen, die in jene rechtlichen und faktischen Existenzbedingungen hineingestellt sind, mit denen wir uns heute beschäftigen? Und diese Seite der Sache möchte ich durch eine kleine Parallele des näheren veranschaulichen. Meine Damen und Herren! Während des venezolanischen quasi-Kriegs erschien in einer venezolanischen Zeitung eine Erklärung einer deutschen Kolonie, welche dem Präsidenten Castro ihr Vertrauen aussprach und die venezolanische Nation um Verzeihung bat für die Taktlosigkeit und Gewalttätigkeit, die vermöge seines barbarischen Regimes von seiten Deutschlands an einem so zivilisierten Volk wie den Venezolanern verübt worden sei. – Kanaillen! werden Sie sagen. Gut; – in den Zeitungen des Saarreviers, im Tätigkeitsbereich also des Herrn Dr. Tille, erscheinen gelegentlich der Reichstagswahlen durchaus regelmäßig Annoncen, in welchen sich Bergleute öffentlich verwahren gegen den Verdacht, für eine bestimmte Partei, z. B. die Zentrumspartei, gestimmt zu haben. Kanaillen! sage ich, gleichviel, um welche Partei es sich handelt. Ich frage Sie aber: Wer erzieht denn nun diese Leute zu Kanaillen? Nicht die ehrenwerten Staatsbürger hier, mit denen wir heute uns streiten, wohl aber das System, welches sie im Saarrevier und anderwärts vertreten. Ich selbst z. B. kenne das Saarrevier und die Stickluft sehr wohl, welche jenes System dort verbreitet, – nicht für Sie, Herr Dr. Tille, und die Ihrigen, wohl aber für andere, und zwar nicht nur für Arbeiter, sondern für jeden, der es wagt, in einer Art politisch tätig zu sein, die diesen Herren mißfällt. Bei Gymnasiallehrern und Beamten, bei allen, mit denen ich seinerzeit in Berührung kam, stand fest, daß alles, was Staatsbehörde heißt, bis zum Oberpräsident hinauf, nach der Pfeife dieser Herren tanzte, jede Selbständigkeit der Ansicht die Gefahr der Versetzung oder Maßreglung brachte. Die einzige Macht, die unter diesen Umständen überhaupt einen Rückhalt bietet, ist die katholische Kirche, vertreten z. B. durch Leute wie den Kaplan Dasbach, nicht aber der Staat. Der preußische Staat und das autoritäre System, erziehen solche Kanaillen, wie sie sich damals in Venezuela manifestierten. Und nicht nur dort wirkt dieses System depravierend und charakterschwächend. Ich könnte Ihnen bei genügender Zeit im einzelnen analysieren, nach meinen eigenen Eindrücken im Auslande, wie groß die Nachwirkungen – der Fluch, möchte ich gerne sagen – des autoritären Empfindens, des Reglementiert-,

Kommandiert-, und Eingeengtseins, welchen der heutige Staat und das heutige System der Arbeitsverfassung im Deutschen erhält, und wie darin z. B. die Schwäche der Deutschen in Amerika, die geringe werbende Kraft unserer reichen Kultur mitbegründet liegt, wie die Verachtung des Deutschen in der ganzen Welt herrührt von den Charaktereigenschaften, die eine gedrückte Vergangenheit ihm aufgeprägt hat und der Druck des autoritären Systems in ihm verewigen möchte.

Und warum nun eigentlich? Ich kann das nicht ausführlich erörtern, namentlich nicht, inwieweit die selbstverständlich bis zu einem gewissen Grade berechtigte Behauptung der Herren Arbeitgeber zutrifft, daß ihnen die allerverschiedensten technischen und ökonomischen Schwierigkeiten durch das Vorhandensein von Gewerkvereinen gemacht würden. Ich kann nur darauf hinweisen, daß die hochstehendsten Industrien der Welt in England und Amerika trotz aller Schwierigkeiten eben im Erfolge doch damit vorzüglich auskommen. Es liegt das zum guten Teil nicht in ökonomischen Notwendigkeiten, sondern in unseren deutschen Traditionen. Meine verehrten Anwesenden! Wer die Wirkung unseres Gebarens auf die ausländischen Nationen, mit denen wir in der Politik zu rechnen haben, betrachtet, bemerkt leicht, wie unsere gegenwärtige Politik nicht selten den Eindruck erweckt und erwecken muß, daß sie nicht etwa die Macht, sondern vor allem den Schein der Macht, das Aufprotzen mit der Macht sucht. Und wenn die Welt darin etwas Parvenümäßiges findet – parvenus de la gloire, wie die Franzosen nicht ganz mit Unrecht sagen –, so teile ich diese Empfindung und möchte hinzufügen: So etwas steckt auch unseren Arbeitgebern im Blute, sie kommen über den Herrenkitzel nicht hinweg, sie wollen nicht bloß die Macht, die gewaltige, faktische Verantwortung und Macht, die in der Leitung jedes Großbetriebes liegt, allein, – nein, es muß auch äußerlich die Unterwerfung des anderen dokumentiert werden. Bitte, sehen Sie sich nur einmal den Dialekt einer deutschen Arbeitsordnung an! „Wer das und das tut, der wird bestraft", „wer das und das tut, bekommt erstmalig einen Verweis, zweitmalig eine Geldstrafe usw.“; man kann nur sagen: es ist Schutzmannsjargon, der da, in einem Kontraktsverhältnis, als welches doch gerade die Herren Arbeitgeber die Beziehungen ansehen, geredet wird. Es könnte auch anders formuliert werden, und es ist anderwärts anders formuliert worden. Aber gerade dieser Tonfall ist es ja, der, so scheint es, den eigentümlichen psychischen Reiz bildet. Und wie in diesen, wenn Sie wollen, Kleinigkeiten, so im Großen. Diesen Herren steckt eben die Polizei im Leibe, und je weniger der deutsche Staatsbürger offiziell im Deutschen Reiche politisch zu sagen hat, je mehr über seinen Kopf hinweg regiert wird, je mehr er Objekt der Staatskunst ist und nichts anderes, desto mehr will er da, wo er nun einmal pater familias ist – und das ist er eben auch im Riesenbetriebe –, denjenigen, die unter ihm sind, zeigen, daß er nun auch einmal etwas zu sagen hat und andere zu parieren haben. Dieser spießbürgerliche Herrenkitzel hat wieder und wieder die Nation Millionen und Abermillionen gekostet, er ist es auch, der den Charakter unserer Arbeiterbevölkerung verfälscht, und in diese Kategorie gehört auch, und damit komme ich zum Thema des heutigen Tages, unser geltendes Arbeiterrecht.

Verehrte Anwesende! Bei dem Kongreß unseres Vereins in Köln hat jemand, ich glaube Herr Professor Jastrow, gesagt: Wenn heute ein Streikender zu einem Arbeitswilligen sagt: streikst du nicht mit, so tanzt meine Auguste nicht mehr mit dir, so macht er sich strafbar. Das ist kein Scherz, sondern wörtlich geltendes Recht, und ich möchte den Juristen sehen, der es zu bestreiten vermag. Die Tatsache nun, daß es ein solches Recht in Deutschland gibt, ist nach meiner subjektiven Empfindung nichts anderes als eine Schande. Es ist ein Recht für alte Weiber. Es schützt die Feigheit. Denken sie zum Vergleich an die Umgrenzung, die das römische Reich, das Recht des männlichsten Volkes der Erde, der rechtlichen Wirkung der Bedrohung gegeben hatte: metus qui in constantissimum virum cadere potest, Drohungen, die auch den furchtlosesten und standhaftesten Mann beeinflussen können, gelten als rechtlich relevant. Es ist unmöglich, ein solches Recht wie das unsrige in irgendeinem Sinne zu halten, und ich bin der Meinung, daß etwas Zweifaches unbedingt geschehen muß, wenn man diese Paragraphen nicht einfach über Bord werfen und sich auf den Boden des gemeinen Strafrechts stellen will, welches ja Bedrohung mit einem Verbrechen und Erpressung ohnehin vollkommen genügend unter Strafe gestellt hat. Will man darüber hinausgehen, dann kann nur Bedrohung mit einem unmittelbar präsenten materiellen Schaden in Frage kommen. Das zweite ist – zu meiner Freude ist Herr Geheimer Rat Brentano bereits darauf eingegangen –: die schneidende Einseitigkeit des heutigen Rechts, daß zwar der sogenannte Arbeitswillige, der alle Vorurteile des Streiks genießt, aber sie nicht bezahlen, sondern den Kämpfern in den Rücken fallen will, den Schutz des Rechts genießt – die Gesinnungslosigkeit und der Mangel an kameradschaftlicher Ehre also geschützt wird –, daß es aber auf der anderen Seite den Arbeitgebern unbenommen bleibt, dem Arbeiter mit der Kündigung zu drohen, wenn er von seinem Koalitionsrecht Gebrauch machen will, ohne daß dieser strafrechtlichen Schutz genösse. Die Forderung einer Strafbestimmung für diesen Fall ist doch eine ganz selbstverständliche, so lange irgendein Ausnahmerecht zugunsten der Arbeitswilligen besteht.

Nun, verehrte Anwesende, komme ich noch zu den großen Fragen, die Herr Professor Brentano am Schluß seiner Thesen angeschnitten hat. Ich glaube, daß diese Zwangsorganisation, wie er sie vorschlägt, nur als ein Wechsel auf eine ziemlich ferne Zukunft akzeptabel ist. Augenblicklich würde ich sie für rechtbedenklich halten. Denn wenn man sich die Sache praktisch vorstellt, kommt sie doch darauf hinaus, daß der Staat im Falle des Ausbruchs einer Arbeitsstreitigkeit zunächst einmal einfach alle Betriebe sistiert, die in dem betreffenden Gewerbe überhaupt existieren, – sonst hat ja die Zwangsorganisation keinen Sinn. Er verbietet also dann nicht nur allen Arbeitern des Gewerbes, auch wenn sie weiterarbeiten wollen, die Arbeit fortzusetzen, sondern er verbietet auch allen Arbeitgebern, welche den Arbeitern entgegenkommen wollen, dies ohne gemeinsamen Beschluß zu tun. Das letztere ist in gewissem Sinne ja freilich einfach die offizielle Dekretierung dessen, was wir von seiten der Arbeitgeberverbände annährend schon jetzt erleben. Der Staat schafft dadurch unzweifelhaft sowohl die Arbeitswilligen wie alle übrigen Schwierigkeiten auf sehr einfache Weise aus der Welt und man sagt: nun, bitte, jetzt wird einfach gewartet, wer von beiden es am längsten aushält! Von Herrn D. Naumann sind ja nun bereits die heutigen Chancen des Ausgangs dergestalt staatlich reglementierter Mensuren nach gewissen Richtungen hin indirekt mitkritisiert worden. Mich interessiert aber noch etwas weiteres an der Sache: Wie soll man sich eigentlich das Weiterbestehen der Gewerkvereine bei solchen Zuständen denken? Wozu dienen sie noch? Nur dazu etwa, daß die nichtorganisierten Mitglieder des Zwangsverbandes es in der Hand haben, zu beschließen: es wird gestreikt, wenn sie sehen, daß die Gewerkvereine volle Kassen haben, und diese dann die Kosten bezahlen lassen?

Es kommt noch etwas anderes hinzu. Wenn wir uns auf den Boden der Zwangsorganisation stellen, dann wird unbedingt eines eintreten: das Eindringen rein politischer Gesichtspunkte in das Streikwesen. Es ist ja Herrn D. Naumann gewiß zuzugeben, daß wir heute bereits auf dem Wege zum politischen oder doch zum sozialpolitischen Demonstrationsstreik sind. Wir sind aber noch nicht so weit, daß der politische Streik alleinherrschend oder auch nur überwiegend ist. Wenn aber eine Zwangsorganisation besteht und sie den Streik beschließt, so wird dasselbe geschehen, was in den Kommunen und anderen Zwangskörperschaften auch geschieht; die gewaltige Attraktionskraft der politischen Parteien wird es sein, welche alles andere über den Haufen rennt, und die Frage, ob gestreikt wird oder nicht, wird aus parteipolitischen Gesichtspunkten und nicht aus wirtschaftlichen Gesichtspunkten beantwortet werden. Das Interesse an den Gewerkvereinen aber wird dahin sein: – man hat ja nun den Zwangsverband –, und auch für diesen wird, zumal wenn er Zwangsabgaben eintreibt, um zu existieren, wenig aktive Begeisterung aufkommen können.

Ich persönlich stehe ganz offen auf dem Standpunkt, daß, gleichviel ob die Gewerkvereine viel oder wenig faktisch im offenen Kampf erreichen, sie für mich einen Eigenwert darstellen. Sie sind z. B. – und das ist für mich das Entscheidende – die einzigen, die innerhalb der sozialdemokratischen Partei, mit der wir für Generationen als gegeben zu rechnen haben, und die für lange hinaus allein die Erziehung der Massen in der Hand hat, sich nicht geduckt haben und die den Idealismus gegenüber dem Parteibanausentum aufrechterhalten. Die Gewerkschaften werden die Partei nicht sprengen, daran ist nicht zu denken, das ist eine lächerliche Illusion. Jeder, der mit den Arbeitern verkehrt hat, weiß, daß der tägliche Kleinkrieg mit dem preußischen Staat und seiner Polizei sie zwingt, die Partei hinter sich zu haben, daß die Partei erfunden werden müßte im Interesse der Gewerkschaften, wenn sie nicht da wäre. Aber sie werden hindern, daß diese Partei die Wege nimmt, die das amerikanische Parteileben genommen hat. Der einzige Hort idealistischer Arbeit und idealistischer Gesinnung innerhalb der sozialdemokratischen Partei sind und werden, unter unseren deutschen Verhältnissen, sein: die Gewerkschaften. Darum lehne ich jeden Vorschlag ab, der ihr Wesen bedroht, gleichviel ob er sich auf materielle Interessen der Arbeiter beruft.

Das Verhältnis der Kartelle zum Staate[1]

Meine Herren! Ich habe lediglich deshalb das Wort ergriffen – denn alles Wesentliche, was ich sagen wollte, ist gestern gesagt worden –, um noch einige Einwürfe gegen die Vorschläge zu machen, die unser verehrter Herr Referent gemacht hat. Es ist sehr viel leichter, meine Herren, das schicke ich voraus, einen einmal vorliegenden Vorschlag zu kritisieren, als selbst einen solchen zu machen, und wir alle müssen dem Herrn Referenten, unserem verehrten Lehrmeister – wenn er auch mir diese Bezeichnung gestatten will, trotzdem ein unmittelbares Lehrverhältnis nicht bestanden hat –, dafür dankbar sein, daß er sich entschlossen hat, mit einem positiven Vorschlag, der, wie ich glaube, geeignet ist, gerade prinzipielle Auseinandersetzungen zu ermöglichen und herbeizuführen, hervorzutreten.

Ich möchte zunächst einige praktische Bedenken gegen einen Hauptpunkt dieser Vorschläge geltend machen, daß nämlich staatlich approbierte Direktoren in die Aktiengesellschaften mit über 75 Millionen Kapital hineingesetzt werden sollen. Es ist das ja nicht ein so seltsamer Vorschlag, wie gestern angenommen worden ist, es ist nicht so gemeint, daß da irgend ein Assessor als Kontrolleur hineingesetzt werden solle, sondern Herr Professor Schmoller hat sich das offenbar so gedacht, daß geeignete Kandidaten für Direktorenstellen innerhalb eines gewissen Umfanges staatlicherseits nach der Wahl approbiert oder vor der Wahl als Kandidaten zugelassen werden sollen. Aber, meine Herren, abgesehen von den Gründen, die schon geltend gemacht worden sind, scheint mir aus gewissen einfachen politischen Motiven dieser Vorschlag nicht realisierbar. Man stelle sich vor: Die Deutsche Bank ist eine Aktiengesellschaft mit über 75 Millionen Kapital. Nun sollen darin staatlich approbierte Direktoren sitzen. Jetzt kommt die russische Regierung – nehmen wir mal an –, und will von der Deutschen Bank eine Anleihe haben oder eine andere Regierung während eines Krieges. Das ist eine politische Angelegenheit. Ist es diskutabel, unter solchen Verhältnissen die Regierung in die Verantwortlichkeit hineinzuverwickeln, direkt oder indirekt, ganz ebenso wie sie für die Reichsbank verantwortlich gemacht wird? Es ist ja ganz richtig, daß politische Anleihen sich sehr selten ohne direkte oder indirekte, hinter den Kulissen geübte Einwirkungen der Regierung vollziehen. Aber von da bis zu diesem formellen Hineinsetzen staatlich approbierter Direktoren in eine Bank und damit der Übernahme der Verantwortlichkeit für das, was die Bank tut – und es handelt sich ja nicht bloß um politische Maßregeln, sondern auch

[1] Diskussionsbeitrag, in: Verhandlungen der Generalversammlung in Mannheim, 25., 26., 27. und 28. September 1905. (In: Schriften des Vereins für Sozialpolitik, 116. Band) Leipzig 1906.

um die Schätzung, die das Publikum dann den Emissionen einer solchen Bank entgegenbringen wird –, ist doch noch immer ein weiter und sehr gewagter Schritt, an welchem meiner Meinung nach der Vorschlag in der Form, wie ihn Herr Professor Schmoller gemacht hat, unbedingt scheitern müßte.

Nun aber entsteht weiter die Frage: gesetzt den Fall, es würde eine solche Gesetzesbestimmung gemacht, wer wird dann nun in diese Direktorenstellung kraft dieses Gesetzes hineinlanciert werden? Herr Professor Schmoller hat in einem gewissen ästhetischen Widerwillen, den wir gewiß alle mit empfinden, von dem „Parlamentsgerede“ gesprochen. Es ist nun aber heute einmal so, daß die großen staatsmännischen Taten nicht mehr durch Dreinschlagen mit dem Schwert auf dem Schlachtfeld geleistet werden, sondern sie nehmen die höchst prosaische Figur von Tintentropfen und Papier oder von Schallwellen an, – von Parlamentsgerede oder Aktenschreiberei. Welches von beiden das ästhetisch Erfreulichere ist, ist Geschmackssache. Für den vorliegenden Fall aber möchte ich doch sagen: das politisch Bedenkliche im Parlamentarismus ist nicht das Parlamentsgerede, sondern die Parlamentspatronage, die sich hinter den Kulissen vollzieht, und die gerade unserm Scheinkonstitutionalismus so sehr charakteristisch ist. Ich habe mit vollem Herzen dem zugestimmt, was Herr Professor Schmoller gelegentlich im Herrenhause darüber gesagt hat. Nun denken Sie aber an die Chancen, die sich der Parlamentspatronage da eröffnen würden, wenn der Staat in der Lage ist, den Herren, die diese Patronage genießen, zu Pfründen in den großen Aktiengesellschaften zu verhelfen, wenn für allerhand agrarische Politiker – will ich unter den gegenwärtigen Konstellationen einmal sagen –, die da in ihren Kreditorganisationen usw. im Osten mehr oder auch minder brauchbar gewesen sind, jetzt die Chance erwüchse, ihre Hand hineinzustrecken in die Deutsche Bank oder in ähnliche Institute. Es mag diese Befürchtung etwas übertrieben klingen, ich muß aber mit beschränkter Redezeit sprechen und muß deshalb in der Form etwas übertreiben. – Ich sage ganz offen, ich treibe die Dinge auf die Spitze, ich kann nicht anders. – Das oder etwas Ähnliches ist es aber doch, was die Konsequenz eines solchen Vorschlags sein würde.

Denn meine Herren, wir wollen uns doch darüber nicht täuschen: wir haben nach der vorhandenen Machtlage keinen parlamentarischen Staat, wir haben nicht die Vorzüge des Parlamentarismus, die andere Länder haben, aber wir haben alle die Nachteile. Wir haben die Parteiherrschaft bei uns ebenso gut wie anderswo. Diese Parteiherrschaft vollzieht sich bei uns als ein Wechsel der Hofmoden unter dem Druck dynastischer und aller möglichen anderen Interessen; aber diese Parteiherrschaft ist hier so gut wie irgendwo auf der Welt. Wer das nicht sieht, ist meiner Meinung nach politisch blind. Ich glaube auch, daß Herr Professor Schmoller wenigstens für die Gegenwart diese Tatsachen nicht in Abrede stellen wird.

Es scheint mir danach zweifelhaft, ob die Chance eine große ist, daß in solche Stellen derjenige Typus von Menschen hineinkommt, den Herr Professor Schmoller als Altruisten bezeichnet hat im Gegensatz zu den Geldmachern. Aber, meine Herren, ich knüpfe daran das weitere Bedenken, ob denn dieser Gegensatz in dieser Art überhaupt aufrecht zu erhalten ist. Es ist das ja schon an sich eine nur vorläufig gemachte Unterscheidung, die, wie er selber zugeben wird, doch sehr verschiedene Nuancen gestattet. Ich bestreite aber auch prinzipiell, daß sie in dieser Art zulässig ist. Es gibt doch auch Eisenbahnminister, die nichts als Geldmacher – dabei aber sicherlich Altruisten – sind. Es gibt auch Landwirtschaftsminister, die nicht selbst Geldmacher, aber Agenten von Geldmachern sind, die sich ganz ebenso als Vertreter einer bestimmten Volksgruppe fühlen, wie etwa ein tschechischer Landsmannminister in Österreich, nur daß dieser ideelle Interessen vertritt und der andere eben Geldinteressen und weiter gar nichts. Und auf der anderen Seite trifft es nicht zu, daß der amerikanische Schöpfer eines Trusts als Mensch ein Banause wäre, der nichts weiter als das Geld um des Geldes willen liebe. Die Psychologie dieser Herren ist denn doch eine etwas verwickeltere. Ich habe wahrlich keinen Anlaß, mich für sie als Blüten der Menschheit ins Zeug zu legen. Man wird aber sowohl sagen müssen, daß sie Leute sind, die hypnotisiert von dem Ehrgeiz, das Unerhörte möglich zu machen, den Geldwert als Sport behandeln, daß Männer wie Carnegie, Morgan weit davon entfernt sind, im einzelnen Fall so sehr auf das Geld, was sie verdienen, zu sehen, wie die große Mehrzahl unserer deutschen Kartellmitglieder es tut, nicht etwa wegen sittlicher Minderwertigkeit, sondern unter dem Druck der Notwendigkeit ganz einfach tun muß. Und sie haben den großen Vorzug, daß sie nicht, wenn man von Arbeiterorganisationen spricht, sich hinstellen und sagen: „Dann spiele ich nicht mehr mit." Ich muß also aufs entschiedenste bestreiten, daß dieser Gegensatz in der Weise formuliert werden kann, wie Schmoller es tut.

Nun aber komme ich weiterhin noch zu etwas prinzipielleren Gesichtspunkten, bei denen es sich in erster Linie wieder um Gegensätze der Werturteile handelt. Ich muß deshalb vorweg meinem verehrten Kollegen Professor Liefmann bestreiten, daß das, was er gestern bei seinen Erörterungen über die Aufgaben der Jurisprudenz auf dem Gebiete des Kartellwesens gesagt hat, zutreffend ist, und in voller Übereinstimmung mit dem Herrn Vorredner, Herrn Regierungsrat Völkker, erklären, es gibt keine Wissenschaft, und am wenigsten ist die Jurisprudenz eine solche, welche das Gelten irgend eines Werturteils und das Seinsollen irgend eines Rechtssatzes anzudemonstrieren vermag. Diejenigen Juristen, die versucht haben, eine solche Rolle für sich als Juristen in Anspruch zu nehmen, sind für mich die gottverlassenste Gesellschaft, die es auf der Welt gibt. Wenn irgend jemand nicht geeignet ist, über das Sein*sollen* zu entscheiden, ist es der Jurist, der, will er ein Mann seiner Wissenschaft sein, Formalist zu sein verpflichtet ist. Ich darf das umsomehr sagen, weil ich selbst das zweifelhafte Vergnügen gehabt habe, als juristischer Professor Referendare zu examinieren, und also glaube, über die Eigenart des Juristen und seine Psychologie durch Selbstbeobachtung einige Erfahrung zu haben. Was man Juristen sagen kann, ist immer nur das: Wenn ihr das und das wollt, dann gibt es dazu die und die juristisch-technischen Mittel, und auf diese bescheidene Stellung sollte man den Juristen ebenso beschränken, wie wir uns Nationalökonomen, wenn wir als solche reden, darauf beschränken sollten. Denn, meine Herren, ich müßte mich dagegen verwahren, daß ich, wenn ich hier rede, in meiner Eigenschaft als Mann der Wissenschaft spreche. Hier spricht der Mensch und weiter gar niemand, und was ich kraft wissenschaftlicher Arbeit weiß, ist Material, das ich lediglich verwende, um die Möglichkeit der Durchführbarkeit eines Ideals und die wahrscheinlichen Folgen seiner Durchführung abzuwägen, aus welchem eben der Wert eines jeden Ideals selbst nie und nimmer deduziert werden kann.

Dies vorausgeschickt, möchte ich also noch zu einigen prinzipiellen Auseinandersetzungen kommen mit dem, was Professor Schmoller über seine allgemeine Stellung zum Staat, über die Chancen, welche der Staat hat, im Verkehr mit den Kartellen zu Resultaten der von ihm gewünschten Art zu kommen, ausgeführt hat. Meine Herren! Die großen Arbeiten des Herrn Professor Schmoller über die Geschichte des preußischen Beamtentums gehören, wie ich wahrscheinlich nicht erst hier auszusprechen brauche, zu den klassischen Besitztümern unserer Wissenschaft, sie haben uns beeinflußt und werden uns beeinflussen, so lange wir wissenschaftlich denken. Aber auch hier gilt der Satz Goethes: „Wir alle leben vom Vergangenen und gehen am Vergangenen zu grunde." Es ist aber die Frage, ob der empirisch gegebene preußische Staat, wie er heute ist, wie er aus der Vergangenheit uns überkommen ist und sich jetzt entwickelt hat und entwickelt, ob der qualifiziert ist, die Aufgaben zu erfüllen, die ihm Herr Professor Schmoller in vorsichtiger Weise, andere in radikaler Weise, nämlich durch die Forderung der Verstaatlichung, zuweisen wollen. Meine Herren! Sehen wir uns den Charakter der heutigen preußischen Staatsleitung doch an. Was für Leute sitzen denn heute auf den Ministersesseln? Ganz vortreffliche Leute in ihrer Art, aber diese Art heißt: matter-of-fact-men, business-men. Meinen verehrten Vetter Möller brauche ich als Typus eines solchen ja kaum zu nennen. Keiner von den Herren, die heute auf den Ministersesseln sitzen, wird doch den Anspruch erheben, ein Staatsmann zu sein. So etwas gibt es doch heute gar nicht mehr. Es sind matter-of-fact-men, die sich gegebenen Situationen, durch dynastische Wünsche und andere Umstände gegebenen Situationen anzupassen wissen, anpassen müssen, und es ist charakteristisch genug, daß einer dieser Herren – und keiner der übelsten – nachdem er zum Minister befördert war, sich darüber beklagte, wie schlimm es sei, daß er sich bis dahin so häufig an die Öffentlichkeit über die schwebenden Fragen ausgesprochen habe. Man sollte glauben, das wäre äußerst angenehm, weil man dann doch wisse, welches Programm eben nun der Minister vertritt. Aber Gott bewahre, es ist umgekehrt höchst fatal, daß man weiß, was er gedacht hat; denn er muß sich ja ganz anderen Anschauungen anbequemen. Es kann aus Gründen, die in der veränderten Technik und Ökonomik unserer Gesellschaft und unseres Staates liegen, heute kein anderer als ein business-man, im besten, ehrlichsten, respektabelsten Sinne des Wortes, aber eben ein business-man, sich auf dem Ministerposten halten, und unter diesen Umständen halte ich diese Interessengemeinschaft des Staates mit den Herren Großindustriellen für äußerst bedenklich, wie sie nach den Vorschlägen des Herrn Professor Schmoller eintreten würde, der ein starkes Eingreifen des Staates in die Kartelle durch Reglementierung der Kartelle und durch Eintritt in die Kartelle befürwortet. Denn was wird dabei herauskommen? Ein sehr intelligent geschriebener Artikel meines Herrn Vorredners in der deutschen Wirtschaftszeitung enthält unter anderem die Sätze:

„Der Regierung kann es unmöglich gleichgültig sein, wenn so bedeutende Unternehmerverbände ihr mißtrauisch gegenüberstehen."

und weiter:

„Ihre – der Regierung – Aufgabe muß dahin gerichtet sein, durch politische Geschicklichkeit auf die bedeutenden Männer der Industrie einzuwirken, sie politisch zu erziehen und sie für ihre weitergehenden Pläne zu gewinnen."

„Es wird – so heißt es weiter – sehr bedauert in industriellen Kreisen, daß das schöne Vertrauensverhältnis, wie es zur Zeit des wirtschaftlichen Ausschusses zwischen Regierung und Industrie bestand, eine so bedauerliche Abschwächung erfahren hat."

Ich glaube, die ganze öffentliche Meinung Deutschlands mit Ausnahme dieser Herren, die dem wirtschaftlichen Ausschuß angehörten, ist der gerade entgegengesetzten Ansicht und hat es aufatmend begrüßt, als die Liaison hinter verschlossenen Türen endlich ihre Endschaft nahm.

Nun aber, meine Herren, machen wir uns noch konkreter klar, was denn der Eintritt des Staates – mein Bruder hat gestern Abend schon davon gesprochen – in die Interessengemeinschaft mit den Syndikaten speziell auf dem Gebiete des Kohlenbergbaus bedeuten würde! Der Staat hat heute schon Kohlenbesitz in erheblichem Umfang. Ist es denn etwa so, daß er in irgend einem ökonomischen oder sozialen Sinne hier mustergültig vorangegangen wäre? Ist er in der Preispolitik etwa mustergültig gewesen für das Syndikat? Er hat es ja eher noch toller getrieben als irgend ein privates Syndikat. Und wie steht es sozialpolitisch? Ich habe mit der wünschenswerten Deutlichkeit meine diesbezüglichen Werturteile vorgestern ausgesprochen und möchte nur hinzufügen, daß doch unvergessen sein wird in der deutschen Sozialgeschichte jene Szene vor einem Gericht des Saargebiets, wo der als Zeuge aufgerufene Bergmann fragte: „Wissen Sie, ob ich nicht abgelegt werde, wenn ich hier die Wahrheit sage?“ und wo der dabei sitzende Herr Oberbergrat Hilger, auf den sich aller Augen wandten – schwieg! Das, meine Herren, läßt wieder darauf schließen, welche Eigenschaften des Charakters der Staat an den Arbeitern in seinen Saargruben züchtet. Wir haben nicht das geringste Interesse daran, daß ein Staat von solchen Qualitäten heute seinen Bergwerksbesitz erweitert, womöglich in die Syndikate eintritt, oder überhaupt irgend einen Einfluß irgendwelcher Art im Wege einer Interessengemeinschaft mit großindustriellen Verbänden auf die sozialen und ökonomischen Verhältnisse gewinnt. Die sozialpolitischen Ansichten seiner Beamten werden dadurch gewiß nicht gewinnen. Und wenn er etwas machen kann – ich kann mich da meinem Bruder nur anschließen – auf dem Gebiet der Preisfrage, so ist das die gelegentliche Konkurrenzierung des Syndikats, und dazu gehört von seiten des Staats absolute Freiheit von jeder Bindung an irgendwelche Gemeinschaft mit ihm. Will aber der Staat, um dies letztere besser zu können, seinen Besitz erweitern, dann halte ich schon das für ein öffentliches Skandalon, daß er, um sich einen Grubenbesitz wie den der Hibernia zu verschaffen, das im Weg der Verhandlungen tut und nicht im Weg der Expropriation, daß er nicht entweder einfach die Kabinettsordre dazu extrahiert, um zu expropriieren, oder, wenn er glaubt, sie nach der Lage unserer Gesetzgebung nicht extrahieren zu können, sich durch Reichsgesetz die Möglichkeit dazu geben läßt, und unter allen Umständen mit den Herren nicht paktiert, die ohnehin einen Staat im Staate bilden. Und damit, meine Herren, komme ich zum Schluß – denn alles Wesentliche ist im übrigen mir vorweg genommen – noch zu einigen kurzen Bemerkungen, die sich gegen einiges, was diese Herren hier gesagt haben, richten.

Wiederum, wie schon so oft, haben sich die Herren der großen Verbände dem Staat, mit dem sie, wie wir hörten, so gern ein „Vertrauensverhältnis“ haben möchten, auch als die Retter gegenüber dem Umsturz angetragen. Wie stimmt es nun aber damit, wenn gestern Herr Geheimrat Kirdorf sagte: lieber als eine christliche Gewerkschaft ist mir die Sozialdemokratie. Das sind ja eigentümliche Hüter des Staats gegen den Umsturz. Und doch ist gerade diese Äußerung, meine Herren, ganz unbewußt ein höchst bezeichnender Ausdruck der wirklichen Ansichten dieser Herren; denn so liegen doch die Verhältnisse, daß man fragen muß: Haben denn wirklich die Vertreter der großen Industrie und die mit ihnen auf sozialpolitischem Gebiet verbündeten agrarischen Parteien ein Interesse daran, daß die Sozialdemokratie zurückgedrängt wird? Jeder politisch Denkende muß sich doch sagen: Nein, gerade im Gegenteil, jede sozialistische Null mehr im Reichstag, die auf Kosten sozialreformerischer Parteien hereinkommt, ist barer Gewinn für sie. Jedes Anschwellen des Radikalismus in der Sozialdemokratie auf Kosten des Liberalismus, vollends des sozial gefärbten, bedeutet für sie bares Geld, ganz ebenso wie es anderseits für die Pfründner in der Sozialdemokratie bares Geld bedeutet, wenn wir reaktionäre Politik machen. Und anderseits: hat etwa irgend einer der zahlreichen Leute, die pekuniär davon abhängig sind, daß die sozialdemokratische Partei wächst in ihrer Zahl, daß die Abnehmerkreise der sozialdemokratischen Zeitungen usw. wachsen, ein Interesse daran, daß der Staat soziale Politik treibt? Je enger er sich mit dem Besitz verbrüdert, je mehr er in Interessengemeinschaft mit Syndikaten gerät, je reaktionärer seine Politik ist, desto besser für die materiellen Interessen dieser Leute, – denn auch die Sozialdemokratie wird sich schließlich gefallen lassen müssen, daß man ihre Vertreter nach ihrem eigenen sogenannten materialistischen Deutungsprinzip einmal unter die Lupe nimmt. Reaktionäre Politik bedeutet für die Pfründner bares Geld. Es besteht also bei aller ökonomischen Spannung zwischen niemand politisch eine größere Interessensgemeinschaft als zwischen den Vertretern der Interessen des Agrarkapitalismus und derjenigen der Syndikate, die wir hier gehört haben auf der einen, und den Vertretern der Sozialdemokratie auf der anderen Seite, und es grenzt an Naivität, wenn ein Diplomat wie Fürst Bülow immer wieder glaubt, auf die konservative Partei z. B. Eindruck zu machen, wenn er im Reichstag oder sonst ihr zuredet, ihm doch ja ein gewisses Minimum von Sozialpolitik zu gestatten, damit die Sozialdemokratie nicht anwüchse. Jedermann kann wissen, daß das gerade die umgekehrte Wirkung dessen ausüben muß, was Fürst Bülow mit seinen Äußerungen bezweckt.

Ich bin damit am Schlusse, meine Herren, und möchte mir nur noch erlauben, im Anschluß an das zuletzt Gesagte mich mit einer kurzen Bemerkung zu wenden gegen das, was gestern der Herr Kollege Wilbrandt aus Berlin mir in sehr freundlicher Form entgegengehalten hat bezüglich einiger meiner Äußerungen von vorgestern. Ich habe damals die Vertreter der Gewerkschaften als Träger des Idealismus bezeichnet im Gegensatz zu der Entwicklung, welche die sozialdemokratische Partei durchmachen werde. Ich betone ausdrücklich, ich habe nicht von der Gegenwart gesprochen und nicht von den Personen. Ich weiß sehr wohl, daß ohne politisches Arbeiten der bloße business-Gewerkschaftsmann, der matter-of-fact-man, den wir in England und Amerika kennen, ein arger Banause ist und daß ohne alle politische Betätigung der Arbeiterschaft der Schwung des Aufwärtsstrebens aus den Massen überhaupt verschwinden würde. Aber ich habe davon gesprochen, was unter dem Druck zwingender Verhältnisse, unter dem Druck vor allen Dingen jenes Gefühls völliger Ohnmacht, welches, wie jeder weiß, der hinter die Kulissen sieht, in den leitenden Kreisen der sozialdemokratischen Partei herrscht – ihre Vertreter würden das selbstverständlich bestreiten, es ist aber doch so –, aus der Partei werden muß. Es kann nichts anderes daraus werden als eine Partei amerikanischen Genres, eingeschworen auf einige Formeln, auf einige wenige Schlagworte, die sie festhält, im übrigen aber eine Partei, die schlechthin um ihrer selbst und um ihrer Pfründner willen existiert und wo ganz ebenso, wie der Arbeiter in der Fabrik nach der Theorie der Herren vom Syndikat sich ducken soll, wie diese selbst und wir alle uns im Staate ducken sollen, sich alles in der Partei vor den faktisch in der Macht sitzenden Parteibossen duckt. Gelernt haben die Leute diese Charakterlosigkeit ja in unserem Staat wie er ist, in dem Kasernencharakter unserer Fabrikbetriebe. Und angesichts dieser unvermeidlichen Entwicklung sage ich nun: wie in Amerika heute das allmähliche Aufkommen einer sozialdemokratischen Partei den Protest des Idealismus gegen den Nichts-als-business-man des Gewerkschaftlertums bedeutet, so bedeutet umgekehrt bei uns infolge unserer ganz anderen Verhältnisse das Aufkommen und die Stärkung der Gewerkschaften die Gewähr politischer, männlicher, freier Unabhängigkeit innerhalb der Partei, – nicht , wie ich schon vorgestern sagte, außerhalb der Partei. Das allein ist es, was ich den Gewerkschaften vorgestern habe nachrühmen wollen.

Zur Lage der bürgerlichen Demokratie in Rußland

Auszug[1]

Dem hier besprochenen Entwurf wird man zunächst nachsagen, daß er durchaus „unhistorisch" sei, und dies trifft bei einem solchen Extrakt des modernen internationalen Verfassungsrechts, wie er ihn darstellt, in der Tat zu. Aber was ist eigentlich in dem heutigen Rußland „historisch"? Die Kirche und die bäuerliche Feldgemeinschaft, von denen wir noch reden werden, ausgenommen, – schlechthin gar nichts, außer der aus der Tatarenzeit übernommenen absoluten Gewalt des Zaren, welche heute, nach Zerbröckelung aller jener „organischen" Gebilde, die dem Rußland des 17. und 18. Jahrhunderts das Gepräge gaben, in völlig unhistorischer „Freiheit" in der Luft schwebt. Ein Land, welches vor kaum mehr als einem Jahrhundert in seinen „nationalsten" Institutionen starke Ähnlichkeiten mit der Monarchie Diokletians aufwies, kann in der Tat keine „historisch" orientierte und dabei doch lebensfähige „Reform" vornehmen. Das lebensvollste, in der öffentlichen Meinung am meisten festgewurzelte und in seiner Leistungsfähigkeit erprobte Institut des russischen öffentlichen Lebens, das Semstwo, ist zugleich dasjenige, welches dem altmoskowitischen Gedanken ständischer Gesamthaft für die ständisch verteilten Pflichten am fremdesten ist: es ist ein moderner Selbstverwaltungskörper, ganze 40 Jahre alt und dabei bereits einmal – aus einer rein den Grundbesitz als solchen (einschließlich der Bauern) vertretenden in eine wesentlich ständisch gegliederte Körperschaft – umgestaltet worden. Seine Leistungen zu beurteilen, ist mir natürlich nicht möglich. Sie am Zustand der Brücken und Wege zu messen, wie westeuropäische Reisende zu tun pflegen, geht hier offenbar so wenig wie in Amerika an, aus den gleichen ökonomischen Gründen. Der Glaube an die Bedeutung des „Systematischen" und allgemeiner Theorien ist in Rußland, wie jeder weiß, ungleich größer als in Amerika, mit dessen Lokalverwaltung man die Semstwos am besten vergleicht, die Überzeugung von der fundamentalen Bedeutung der Volksbildung ist in den Selbstverwaltungen beider Länder gleich groß, und der Idealismus in der Übernahme pekuniärer Opfer für derartige „ideale" Zwecke in den Kreisen der meisten Semstwos der allerhöchsten Achtung wert und dem Verhalten unserer ostpreußischen Ständevertreter 1847 durchaus ebenbürtig. Auch in seiner verkümmerten jetzigen Gestalt und angesichts der unerhörten

[1] Auszug aus: S. J. Giwago und Max Weber: Zur Beurteilung der gegenwärtigen politischen Entwicklung Rußlands. (In: Archiv für Sozialwissenschaft und Sozialpolitik, 22. Band, Beilage zum 1. Heft) 1906.

Vielseitigkeit seines von der Volksschulgründung durch Statistik, Medizinal-, Veterinärwesen, Straßenbau, Steuerverteilung und landwirtschaftlichen Unterricht bis zu dem wichtigen Gebiet des „Verpflegungswesens" (bei Hungersnöten) sich erstreckenden Tätigkeitsgebiets hat das Semstwo – das wenigstens läßt auch das im Ausland zugängliche Material ersehen – immerhin Leistungen aufzuweisen, welche, angesichts der Schwierigkeit seiner Lage, jedenfalls das noch immer häufige Urteil über die „Unreife" der Russen für eine freie Verwaltung verstummen lassen sollten. Die „Staatsgewalt" erscheint, ganz begreiflicherweise, ihm gegenüber trotz aller Überlegenheit der bürokratischen „Technik"[2], als ein nur der Erhaltung der bestehenden politischen Machtverteilung dienender Parasit, fast ohne sachliche Interessen anderer als etwa finanzpolitischer Art, und deshalb vom tiefsten Mißtrauen gegen den Konkurrenten erfüllt. Seine Erfolge hat daher das Semstwo zu erkämpfen gehabt gegen die ständige Obstruktion der staatlichen Polizei, an deren Zwangsgewalt es für die Vollziehung seiner Beschlüsse gewiesen war, und es erzielte sie, trotzdem die Eifersucht der Regierung seine Arbeit immer fühlbarer und schließlich ganz systematisch hemmte, ihm die Erhöhung der Abgaben, speziell für Schulzwecke,

[2] Und – wie ausdrücklich hinzugefügt sein möge – trotzdem jede unbefangene Betrachtung sich hüten wird, Männer wie etwa Plehwe als eine Art Theaterbösewichte oder Finsterlinge sich vorzustellen. Davon ist keine Rede: die eherne Konsequenz des Systems, dem sie dienten, die rationalistische Regierungspragmatik dieser „aufgeklärten" Bürokratie, welche ganz naturgemäß auf den „Schlendrian" und unpraktischen „Eigensinn", die „Sonderinteressen", den „Unverstand" und Egoismus, die „utopischen Träume" der „Intelligenz" und Selbstverwaltungskörper und die „Phrasen" der Presse, zornig als auf Elemente blickte, welche die Vereinigung utilitarischer Volksbeglückung von oben mit dem entsprechenden Respekt vor der Autorität, den die „Staatsräson" forderte, immer wieder hemmten und durchkreuzten, – dies System war es, welches das Leben „zur Hölle werden" und, bei der Nachricht von Plehwes Ermordung, stille weltfremde Stubengelehrte in eine Art von Taumel wilder Freude geraten ließ. Wer das mit ansah, dem ist es zunächst einmal „Kritik" genug. – Aber nicht nur würde die Bilanz dieses Systems, unter utilitarischer Bewertung aufgemacht, ganz bedeutende Aktiven aufzuweisen haben, sondern namentlich war der Weg zu jener „Hölle" auch hier, wie immer, mit den allerausgezeichnetsten Vorsätzen gepflastert, die sich, vor allem, sämtlich „bei den Akten" befinden. Und wenn auf Grund dieser Akten ein künftiger Historiker die Geschichte dieses Ancien Regime schreibt, so wird es sicherlich, ebenso wie nach der jetzigen Mode das – übrigens höchst wesentlich anders geartete – französische von vor 1789, in den freundlichsten Farben erstrahlen: der Historiker hat ja nicht unter ihm zu leben brauchen. – Innerhalb der staatlichen Bürokratie, zumal der unteren, aber auch der höchsten Stellen, stehen sich politische Ansichten der allerverschiedensten Art, bis zu den allerradikalsten, gegenüber. Nur die Entscheidung der „maßgebenden" Stelle fällt seit 25 Jahren konsequent nach der Seite der Polizeiinteressen aus. Unter den heutigen Bedingungen ist ein „aufgeklärterer" Absolutismus – und vielleicht ist gerade dies der entscheidende Punkt für die Kritik des ganzen Systems – einfach deshalb unmöglich, weil, höchst wahrscheinlich, das bisher bestehende Regime so „aufgeklärt" war, wie der Absolutismus unter den modernen Verhältnissen, im Interesse seiner Selbsterhaltung, überhaupt sein kann.

verbot, im letzten Kriege z. B. die karitative Semstwo-Organisation, zugunsten des heillos korrupten staatlichen „roten Kreuzes", unterdrückte und das „Verpflegungswesen" zu verstaatlichen suchte. Nachdem dadurch dem Semstwo mehr und mehr der Charakter eines nur passiven Zweckverbandes für die Aufbringung von der Regierung vorgeschriebener und von ihr zu verwendender Lasten aufgezwungen und die Ausdehnung der Semstwoverfassung auf die klein- und weißrussischen Gouvernements hintertrieben worden war, machte Plehwe in seiner letzten Zeit ernstlich Miene, die Semstwos gänzlich zu zertrümmern und durch die staatliche Bürokratie zu ersetzen.

*

Die bedingungslose Durchführung des Prinzips des „viergliedrigen", d. h. des allgemeinen gleichen direkten geheimen *Wahlrechts* scheidet die hinter dem Entwurf stehende Partei der konstitutionellen Demokraten nach rechts von anderen konstitutionellen Gruppen, welche das Zensus- oder indirekte Wahlrecht vertreten und von der Schipowschen antibürokratischen Slawophilengruppe mit ihrem Gedanken, eine beratende und die Finanzen kontrollierende Volksvertretung aus den bestehenden Semstwos hervorgehen zu lassen. Die Forderung jenes Wahlrechts, der meistumstrittene Punkt des Entwurfs, ist für die Demokraten zunächst das konsequente Ergebnis des Fehlens anderer „historischer" Anknüpfungspunkte, nachdem die Regierung nunmehr 25 Jahre lang an der Diskreditierung der Semstwos gearbeitet hat. Dazu tritt natürlich jener Umstand, der heute überall den Vertretern prinzipieller Reformen es unmöglich macht, mit voller innerer Aufrichtigkeit für ein abgestuftes Wahlrecht einzutreten: die Wirkung des Kapitalismus mit seiner klassenbildenden Macht. Der ökonomische Interessengegensatz und der Klassencharakter des Proletariats fällt den spezifisch bürgerlichen Reformen in den Rücken: das ist das Schicksal ihrer Arbeit hier wie überall. Nur solange die Vorherrschaft des Handwerks wenigstens in der Theorie den Massen der Arbeiter die Gelegenheit gab, „selbständig" zu werden, konnte jemand eine Zensuswahl Vertretung subjektiv aufrichtig als eine Vertretung auch der noch nicht Selbständigen auffassen. In Rußland ist nicht nur aus historischen Gründen die Entwicklung des städtischen „Mittelstandes" im westeuropäischen Sinn an sich sehr schwach, sondern heute hat überdies der Kapitalismus auch dort längst seine Kreise zu ziehen begonnen, und jeder Versuch des Eintretens für Zensuswahl bedeutet für den reformerischen Agitator: Offiziere ohne Soldaten. Es fiele in den Städten den Arbeitern begreiflicherweise gar nicht ein, sich darauf einzulassen. Auf dem Lande wäre überdies ein Zensuswahlrecht in den Gebieten der Obschtschina (Feldgemeinschaft) kaum ohne die größten Willkürlichkeiten durchführbar: Hier ist in der Dorfgemeinde das *gleiche* Stimmrecht der Haushaltungsvorstände das „Historische". Trotzdem hätte eine bisher autokratische Regierung, wenn sie es *rechtzeitig* tat, irgendein Schema der Wahlberechtigung (etwa mit Bildungszensus oder Pluralstimmrecht) oktroyieren können, – eine Reformpartei konnte aus der Situation kaum andere Konsequenzen ziehen als im Entwurf geschehen. Täte sie es, so würde – und das ist der letzte durchschlagende Grund – die Autokratie es in der Hand haben, bei der ersten Widersetzlichkeit der Duma die Arbeiter ebenso gegen sie auszuspielen, wie es jahrelang das vergangene Regime zur Einschüchterung der des Liberalismus verdächtigen besitzenden Klassen mit wenigstens scheinbarem Erfolg getan hat. Und in dem Augenblick, wo die demokratische Partei sich mit dem Zensuswahlrecht, d. h. dem Ausschluß oder der offenkundigen Zurücksetzung der Masse der Bauern von der Wahl, abfinden würde, hätte die Reaktion auch diese geschlossen hinter sich, denn die Besitzer von zensusfähigem Privateigentum, die Gutsbesitzer und vor allem die Kulaki („Fäuste", d. h. reich gewordene Bauern und ländliche Kleinkapitalisten) und die sonstige „Dorfbourgeoisie" sind es ja, gegen die sich der Haß der ländlichen Massen richtet. Der Zar ist für die Bauern unter keinen Umständen an ihrem Elend schuld. Wie bisher die Beamten, so würde es künftig eine Duma sein, in der die große Masse von ihnen, die ja im Zensus *hinter* allen städtischen Proletariern rangieren würden, unbeteiligt wäre. Schon jetzt verbreiteten die Vertreter des reaktionären Adels und staatlichen Beamtentums beharrlich die Nachricht, Ziel der Liberalen sei es, keinen Bauern in die Duma zu lassen. Und frappant trat diese demagogische Politik der Regierung vor allem in dem Bulyginschen Dumaprojekt hervor. Die Gesetze beratende und die Staatsrechnung kontrollierende Versammlung des Manifests vom 6. (19.) August soll nach der beigegebenen Wahlordnung in 26 Großstädten einerseits und in Gouvernementswahlversammlungen andererseits durch Wahlmänner, und zwar, um die Kandidaturen von Vertretern der „Intelligenz" möglichst zu beschränken, aus deren Mitte, gewählt werden. Die Wahl dieser ist in den Gouvernements auf die drei Klassen: 1. des größeren privaten Grundbesitzes, 2. der Städte, 3. der Bauern, und zwar in jedem Gouvernement verschieden, verteilt. Während aber die beiden ersten Klassen ein Zensuswahlrecht ziemlich plutokratischer Art haben, – die Arbeiter sind stets völlig ausgeschlossen, – werden die Bauernwahlmänner von den Wolostversammlungen gewählt, welche ihrerseits auf der Gleichstellung aller Wirte im Dorfe beruhen. Mit anderen Worten: die einzigen, für die keine Zensusgrenze besteht, sollen die meist schreibunkundigen Bauern sein. Und überdies sollen die so gewählten Bauernwahlmänner im Gegensatz zu den anderen Klassen das Recht haben, vor der Wahl der übrigen Dumadeputierten einen Abgeordneten aus ihrer Mitte zu ernennen, worauf sie, zusammen mit den anderen, die übrigen wählen: m. a. W. die Vertreter der Bauern haben ein ständisch privilegiertes Wahlrecht für mindestens 51 Abgeordnete (Zahl der europäischrussischen Gouvernements) und bilden für den Rest mit dem Zensusgrundbesitz meist mehr als zwei Drittel der Wahlmänner. Das Manifest vom 17. (30.) Oktober, welches die „unerschütterliche Regel" aufstellt, daß fortan kein Gesetz ohne Zustimmung der Duma in Kraft treten sollte, fügte die allgemeine Zusage hinzu, daß, soweit bei der Kürze der Zeit dies möglich, das Wahlrecht den „bisher desselben beraubten" Klassen gegeben werden sollte und der „neugeschaffenen gesetzgeberischen Ordnung" überlassen bleiben würde die „weitere Entwicklung" des „Grundsatzes" des „gemeinen" Wahlrechts. Es ist nach alledem, wie Peter Struve in seiner Einleitung zu dem hier besprochenen Entwurf ganz richtig sagt, für jedes andere liberale Wahlrechtsprogramm heute in Rußland „zu spät" geworden. Der Gedanke der „Menschenrechte" und die Forderung des „vierstufigen Wahlrechts" waren es denn auch, welche die radikale bürgerliche mit der „proletaroiden", darunter selbst einem Teil der sozialrevolutionären, Intelligenz im „Befreiungsbunde" geeinigt hatte. Das unverbrüchliche Festhalten daran schien allein die Möglichkeit zu bieten, eine Teilung der Intelligenz im Kampfe zu verhindern.

Wollte – und könnte – man von dieser Situation absehen, *dann* würde natürlich auch ein noch so überzeugter Demokrat oder Sozialdemokrat über die Frage der Neueinführung gerade dieses Wahlrechts als ersten gerade in diesem Lande und gerade im *jetzigen* Moment sehr zweifelhaft sein können.[3]

Denn über den entscheidenden Punkt: die voraussichtliche Wirkung dieses Wahlrechts, urteilen die russischen Demokraten unter sich nicht gleichmäßig. Am ehesten pflegen die Bedenken gegen die Überlieferung der *Semstwos* in die Hände gänzlich ungeschulter Analphabeten zugegeben zu werden, so entschieden die Notwendigkeit einer weit stärkeren Vertretung der jetzt zur einflußlosen Minderheit verurteilten Bauern betont wird. In der Tat würde die völlige Bürokratisierung der Semstwoverwaltung die unmittelbare Folge sein, und bei aller Anerkennung der hervorragenden Leistungen des Semstwobeamtentums, des sog. „dritten Elements" („tretij element"), würde dies doch nur der Vorläufer einer Zentralisierung nach französischem Muster sein können. Die „ökonomische Unabhängigkeit" der ehrenamtlichen Semstwomitglieder war es, welche die Selbständigkeit des Semstwo „nach oben" garantierte und, unter unserer Wirtschaftsordnung, auch und erst recht gegenüber einer etwaigen parlamentarischen Parteiregierung der Zentrale gewährleisten könnte, solange die Bauern an den Agrarkommunismus ihrer Gemeinden gefesselt sind. – Über die voraussichtliche Wirkung des allgemeinen gleichen Wahlrechts für die

[3] Vgl. die von sozialdemokratischer Seite geübte Kritik an dem Eintreten Lassalles für das allgemeine Wahlrecht in den sechziger Jahren in der Einleitung zu der (parteioffiziellen) Ausgabe seiner Schriften (Band I, S.124).

Duma gehen die Ansichten auseinander. Ich kenne russische Demokraten mit etwa dem Standpunkt: „Fiat justitia, pereat mundus. Möge die Masse allen Kulturfortschritt ablehnen oder vernichten: wir können nur nach dem fragen, was gerecht ist, und wir haben unsere Pflicht getan, wenn wir ihr das Wahlrecht geben und ihr damit die Verantwortung für ihr Tun zuschieben." „Auch die äußerste Ochlokratie – wird allenfalls hinzugefügt – kann es nicht so arg treiben wie die von den in ihrer Machtstellung bedrohten Beamten gemieteten ‚schwarzen Hundert'. Aber wie dem sei: lieber generationenlange kulturliche Finsternis leiden als politisches Unrecht tun. Und vielleicht wird doch auch irgendwann in der Zukunft die erzieherische Macht des Wahlrechts das Ihre tun." Es liegt in solchen Ansichten unbewußt doch wohl auch etwas von Ssolowjows Glauben an die ethisch-religiöse Eigenart der politischen Aufgabe des Russentums, auf die mich übrigens auch ein Vertreter dieser Meinung direkt verwies. Die absolute Ablehnung der „Erfolgsethik" auch auf politischem Gebiet bedeutet hier: nur das unbedingte ethische Gebot gilt überhaupt als möglicher Leitstern positiven Handelns, es besteht nur die Möglichkeit des Kampfes um das Recht *oder* der „heiligen" Selbstentsagung. Ist nun das als positive „Pflicht" Erkannte getan, so tritt, weil *alle* anderen als die ethischen Werte ausgeschaltet sind, unbewußt jener biblische Satz wieder in Kraft, der sich am tiefsten in die Seele nicht nur Tolstojs, sondern des russischen Volkes überhaupt geprägt hat: „Widerstehe nicht dem Übel." Der jähe Wechsel zwischen stürmischer Tatkraft und Ergebung in die Situation ist die Folge der Nichtanerkennung des ethisch Indifferenten als existent oder doch als möglichen „Wertes", welche dem Panmoralismus der Ssolowjowschen „Heiligkeit" ebenso wie der rein ethisch orientierten Demokratie eignet. – Indessen neben solchen extremen Ideologen stehen – und zwar zweifellos in der Mehrzahl – andere, welche die Chancen günstiger ansehen, als diejenigen Ausländer es meist tun, die geneigt sind, einen gewissen Grad von Ehrlichkeit der konstitutionellen Absichten des gegenwärtigen Regimes gerade daraus zu entnehmen, daß es das arithmetisch gleiche Wahlrecht im gegenwärtigen Moment *nicht* in die Hände politisch unerzogener Volksmassen gibt. Die Russen berufen sich zunächst auf gewisse später eingehender zu erörternde, weil nach Meinung einiger Führer der Demokratie besonders wichtige *ökonomische* Gründe dafür, daß die Massen, mit dem Wahlrecht in der Hand, politisch und kulturell freiheitlichen Idealen folgen *müßten.* Von rein politischen Argumenten findet sich, – neben dem allgemeinen Hinweis auf die „erzieherische" Funktion des Wahlrechts, die aber, wenn sie für das *gleiche* Wahlrecht in Anspruch genommen wird, doch gewisse „entwicklungsgeschichtliche" Voraussetzungen haben dürfte, – eigentlich, auch in der „Begründung" des Entwurfs, nur der Hinweis auf die in Bulgarien mit der Einführung des allgemeinen Wahlrechts gemachten, nach Ansicht der Verfasser günstigen, Erfahrungen. Dabei ist, von anderem abgesehen, denn doch wohl der Unterschied eines Kleinstaates von einer – auch nach Ansicht von Leuten wie Struve – zur „Weltpolitik" genötigten großen Nation, und erst recht der überlieferten Stellung des national und religiös geweihten Zaren von der eines bis auf weiteres gemieteten und importierten Duodezmonarchen unterschätzt.

Es sei übrigens ausdrücklich betont, daß der Entwurf im übrigen sehr weit davon entfernt ist, einen staatsrechtlich „radikalen" Charakter an sich zu tragen. Die Verfasser lehnen zwar mit Recht das heute modische Gerede von der „Überlebtheit" des Parlamentarismus ab.[4] Aber ihr Entwurf schont, im ganzen, sorgsam die Stellung des Zaren. Er kennt keine gewählten Beamten, außer den „Friedensrichtern". Er kennt ebensowenig die Parlamentssouveränität nach englischer Art wie die parlamentarische Majoritätsherrschaft französischen Gepräges. Diese Rücksicht auf die Stellung des Monarchen scheidet die Anhänger der konstitutionell-demokratischen nach links von den radikalen Gruppen, welche, soweit sie nicht Republikaner sind, doch das Prinzip der Volkssouveränität durch Einberufung einer „Konstituante" gewahrt wissen und die parlamentarische Bestimmung des Ganges der Politik ausdrücklich festgelegt wissen wollen. Für die Konstitutionellen sind offenbar nicht nur zwingende „realpolitische" Erwägungen, sondern auch der Gedanke maßgebend gewesen, daß nur der Monarch die Einheit des Reiches wirksam repräsentiert, wenn den Einzelnationalitäten weitgehende Autonomie gegeben werden soll. Mit Rücksicht auf die Stellung des Zaren konnte der Entwurf daher auch nicht die amerikanische gänzliche Trennung der Exekutive von der Legislative durchführen. Daher versuchte er nun, etwas in der Tat in mancher Hinsicht Neues in der Gestalt des gänzlich außerhalb des gerichtlichen Instanzenaufbaues stehenden „höchsten Tribunals" zu schaffen. Dessen Funktionen sollten umfassen: 1. die Kassation verfassungswidriger Regierungshandlungen und Gerichtsurteile einschließlich solcher, die auf formal korrekten, aber materiell unkonstitutionellen Gesetzen

[4] Dies Gerede ist zur Zeit schon deshalb deplaziert, weil es zu kritischer Vergleichung der gegenwärtigen Leistungen der Länder mit parlamentarisch-demokratischem und derjenigen mit „persönlichem" Regiment auffordert und dabei selbst auf dem eigensten Gebiet der angeblichen spezifischen Leistungsfähigkeit der letzteren: der auswärtigen Politik, diese doch wohl stark den Kürzeren ziehen. Die Leistungen unserer deutschen Diplomatie zu beurteilen, ist nur berechtigt, wer die Akten kennt. Aber jeder kann sehen, daß die konsequente Führung und das Erzielen dauernder Erfolge für sie schlechthin unmöglich gemacht werden muß, wenn ihre Arbeit beständig durch geräuschvolle Intermezzi, Reden, Telegramme und unerwartete Entschließungen des Monarchen gestört wird und so ihre ganze Kraft darin aufgeht, die dadurch verfahrene Situation wieder zurechtzurükken, oder sie gar schließlich auf die Idee verfällt, selbst jene theatralischen Mittel benutzen zu wollen.

beruhen, auf Anrufen privater Interessenten, einer der beiden Kammern, oder einer der konstitutionellen höchsten Reichsbehörden. In dieser Funktion fassen ihn die Verfasser merkwürdigerweise als eine Kopie des amerikanischen Supreme Court auf, – ein Irrtum, der bei der großen Vertrautheit der Russen mit dem bekannten Buche von James Bryce wundernehmen muß, – 2. sollten die Wahlprüfungen vor das Tribunal gehören, – 3. aber sollte dasselbe – verstärkt durch die Richter des Kassationshofs – die Instanz sein für die seitens einer der Kammern zu erhebenden politischen Ministeranklagen. Diese politische Anklage, welche selbständig neben der gegen alle Beamten zulässigen Verfolgung vor den ordentlichen Gerichten stehen und nur auf Absetzung und 5jährige Amtsunfähigkeit gehen soll, kann, nach dem Entwurfe, auf a) absichtliche Verletzung der Verfassung und b) „schwere Verletzung der Staatsinteressen" durch Mißbrauch, Kompetenzüberschreitung und Nachlässigkeit gestützt werden. Diese Prozedur sollte also ganz offenbar auch das parlamentarische „Mißtrauensvotum" in die Form eines nach „objektiven" Maßstäben zu entscheidenden Prozesses überführen. Nun läßt sich aber der sachliche Inhalt der „Staatsinteressen" nicht „objektiv", d. h. ohne Rücksicht auf jene Ideale und Interessen, also auf jene „Werturteile", welche auch der Scheidung der politischen und sozialen Parteien zugrunde liegen, feststellen. Die streng formale Aufgabe der Hütung der Verfassung und der Abgabe juristisch zu begründender Urteile über das, was „gilt", wäre also mit der Aufgabe der Abgabe politischer Sentiments über das, was „gelten soll", in dieselben Hände gelegt: ein an sich recht bedenklicher Gedanke. Freilich würden die Verfasser sich z. B. darauf berufen können, daß auch die formale Entscheidung von Verfassungsfragen faktisch ähnlich zu verlaufen pflegt: bei dem Schiedsspruch der Richter des amerikanischen Bundesgerichts in der strittigen Präsidentenwahl zugunsten von Hayes teilten sich die Stimmen bekanntlich strikt nach der Parteiobödienz; niemand bezweifelt heute, daß das Urteil ein krasser Fehlspruch war, dennoch aber hat es einen Bürgerkrieg verhindert. – Der zweite Entwurf hat die Institution gestrichen, und der konstituierende Kongreß der konstitutionell-demokratischen Partei begnügte sich, gegenüber dem Manifest vom 17. (30.) Oktober, die Feststellung der Ministerverantwortlichkeit und das Recht der Duma, nicht nur die Rechtmäßigkeit, sondern auch die Zweckmäßigkeit ihrer Handlungen zu diskutieren, zu fordern. –

*

Der politische „Individualismus" der westeuropäischen „Menschenrechte", wie ihn z. B. Struve konsequent vertritt, wurde, soweit er „ideell" bedingt war, zum einen Teil geschaffen durch religiöse Überzeugungen, welche menschliche Autoritäten als widergöttliche Kreaturvergötterung bedingungslos verwarfen[5], – Überzeugungen, wie sie die heutige Form der „Aufklärung" überhaupt nicht mehr als Massenerscheinung aufkommen läßt; und zum andern Teil war er Produkt eines optimistischen Glaubens an die natürliche Interessenharmonie der freien Individuen, der heute durch den Kapitalismus für immer zerstört ist. Diese Entwicklungsstadien lassen sich also für das heutige Rußland schon aus „ideellen" Gründen nicht nachholen: der spezifisch bürgerliche Individualismus ist innerhalb der Klassen von „Bildung und Besitz" selbst bereits überwunden und wird das „Kleinbürgertum" sicherlich nicht mehr erobern können. Und vollends fragt es sich, wo bei den „Massen", denen das allgemeine Wahlrecht die Macht in die Hand drücken würde und nach ausgesprochener Absicht der Liberalen auch soll, die Impulse sich finden sollen für die Teilnahme an einer über rein materielle Forderungen hinausgehenden Bewegung, wie sie von Politikern bürgerlich-demokratischen Gepräges mit dem Programm des „Befreiungsbundes": 1. garantierte Freiheitsrechte des Individuums, 2. konstitutioneller Rechtsstaat auf Grundlage des „viergliedrigen" Wahlrechtes, 3. Sozialreform nach westeuropäischem Vorbild, 4. Agrarreform, ins Leben gerufen ist.

*

Innerhalb der städtischen Arbeiterschaft, die ja auch von den christlichsozialen und sozialrevolutionären Anhängern des äußersten Radikalismus bearbeitet wird, und innerhalb der Gruppe der „freien Berufe" sind also die Chancen der bürgerlichen Demokratie im Falle eines demokratischen Wahlrechts wohl auch nach ihrer eigenen Meinung äußerst problematisch, obwohl ihr Programm alle Forderungen der westeuropäischen radikalen Sozialreformer enthält. Was andererseits die dünne Schicht der eigentlichen „Bourgeoisie" anlangt, so sind die Fabrikanten – die alten Träger des Nationalismus, wie sie uns v. Schulze-Gävernitz geschildert hat – ganz naturgemäß unter den Verhältnissen der letzten Jahre, wo die Plehwesche Regierung die Arbeiter zu gewinnen und gegen die „Intelligenz" auszuspielen suchte: – die elf Baracken, welche die Mittelpunkte der Gaponschen Bewegung bildeten, waren ja auf Regierungskosten gebaut, – zum Teil den Libe-

[5] Vgl. Jellineks bekannte Schrift über die „Menschen- und Bürgerrechte"; *meine* Abhandlung im Archiv f. Sozialwissenschaft, Bd. XX 1, XXI 1; E. Troeltschs Darstellung des Protestantismus in Hinnebergs „Die Kultur der Gegenwart" (I, 4, 1). – Struve ist von Jellineks Arbeiten, die er wiederholt zitiert, angeregt. – Die Verwandtschaft der ökonomischen und politischen Ethik der russischen rationalistischen Sekten mit dem Puritanismus (im weiten Sinne des Wortes) ist schon Leroy-Beaulieu und anderen nicht entgangen. Aber wenigstens bei dem zahlenmäßig bedeutendsten Teil, dem eigentlichen „Raskol", stehen dem tiefe Unterschiede in der Eigenart der „innerweltlichen Askese" gegenüber.

ralen und selbst den Demokraten sehr nahe gerückt.[6] Indessen in der konstitutionell-demokratischen Partei vermißt man doch *alle* bekannteren Namen aus ihrer Mitte. Der Semstwo-Bewegung standen sie ablehnend gegenüber, und das Programm des antiprotektionistischen „Befreiungsbundes" vollends konnte für sie nichts Anziehendes haben. Sozialpolitisch verhielt sich wohl die Masse ihrer Vertreter auch zu Anfang 1905 wesentlich reaktionär und hoffte auf Repression, – immerhin keineswegs einheitlich. Es finden sich nicht wenige Eingaben von Fabrikanten für Gewährung des Koalitionsrechtes. Politisch scheinen sie jetzt sehr vielfach der „Partei der Rechtsordnung" oder dem dieser nahestehenden „Bunde des 17. Oktober" anzugehören. Immerhin sind sie nach den gemachten Erfahrungen nicht ohne weiteres für die Regierung gegen die Liberalen und für die Reaktion verfügbar. Als in einer Versammlung des „Verbandes der Händler und Industriellen" in Petersburg ein Vertreter der „Rechtsordnungspartei" zum Anschluß an die Regierung im Kampfe gegen den „Arbeiterdeputiertenrat" aufforderte, lehnten andere Redner dies scharf ab: die „Gesellschaft" müsse den Kampf allein führen. Suche der Verband jetzt Schutz bei der Regierung, so werde der Tag kommen, wo andere *gegen* ihn ebendort und mit demselben Erfolge Schutz suchen würden.

Das Kleinbürgertum endlich, dessen voraussichtliche Haltung, wie immer, am undurchsichtigsten ist, wird durch seine Judenfeindschaft doch wohl überwiegend am Anschluß an die Liberalen behindert sein, – darauf läßt seine immerhin starke Beteiligung an der Bewegung der „Schwarzen Banden" schließen. Freilich ist nicht zu vergessen, daß in Großstädten und in einigen „verdächtigen" anderen Orten die gegenwärtige Organisation der Polizeispionage, die z. B. in allen Häusern einen mit der Kontrolle der Bewohner betrauten Hausmeister (Dwornik) verlangt, den Hausbesitzern solche Verantwortlichkeiten und auch Kosten auferlegt, und daß überall der Paßzwang, die „administrative" – d. h. der Rechtsform entbehrende – Verschickung und die mangelnde Sicherheit der Wohnung vor jederzeitiger, mit Vorliebe nächtlicher, Durchsuchung ein solches Maß grenzenlos gehaßter Abhängigkeit von bestechlichen und willkürlichen Subalternen schafft, daß für die nächsten Jahre der Protest hiergegen wohl stärker sein wird als alle anderen Rücksichten. Mit einem System, welches diese Mittel benötigt, ist ein *dauernder* Kompromiß faktisch unmöglich geworden.

Aber die für die Zukunft nicht nur der konstitutionell-demokratischen Bewegung, sondern, was wichtiger ist, ihrer fundamentalen Programmpunkte und

[6] Die größten Petersburger Firmen erklärten dem Ministerium am 31. Januar (a. St.) in einer Eingabe, daß nur „gründliche Reformen allgemeinpolitischen Charakters", nicht aber administrative Einmischung in das Arbeitsverhältnis, die Arbeiter „auf den Weg des Gesetzes" zurückbringen könnten. Ebenso die Moskauer Großindustrie (Prawo, S.588).

darüber hinaus für die Chancen einer, im westeuropäischen Sinn, freiheitlichen „Entwicklung“ entscheidende Frage ist und bleibt doch die Stellung der *Bauern*. Sie bleibt es auch dann, wenn ein Zensuswahlrecht den Liberalen die Mehrheit geben sollte: dann hätte, falls die Bauern reaktionär sind, eine reaktionäre Regierung sie jederzeit als Rute für eine widersetzliche Duma zur Verfügung. Tatsächlich ist denn auch das Programm der bürgerlichen Demokratie ganz wesentlich auf die Bauern zugespitzt, gerade den Bauern möchte auch Peter Struve durch die Gewöhnung nicht nur an „Recht“ im objektiven, sondern an „Rechte“ im subjektiven Sinne, d. h. bei ihm: an die „Menschenrechte“ des englischen Individualismus, zur „Persönlichkeit“ machen. Mit dem größten Nachdruck wird immer wieder betont, daß im Zentrum aller Fragen die *Agrarreform* stehe, daß die politischen Reformen wesentlich ihr und sie wieder der politischen Reform zugute kommen werde und müsse. Aber freilich: damit ist noch nicht gesagt, daß die Bauern selbst demokratisch sein werden. Peter Struve und ebenso die Verfasser des Entwurfs verlassen sich in dieser Hinsicht wesentlich auf die ökonomischen Interessen der Bauern, deren Forderungen in dieser Hinsicht eine reaktionäre Regierung gar nicht befriedigen *könne*. Man fragt also, welches denn jene Forderungen der Bauern selbst und welches diejenigen der demokratischen Agrarreformer in deren Interesse sind. –

Schon die Februar-Versammlung der Semstwos hatte sich mit der Agrarfrage befaßt und dabei das seitdem für die liberale Agrarreform charakteristisch gebliebene Schlagwort von der „Vervollständigung“ (dopolnjénije) des bäuerlichen Landanteils (nadjél) ausgegeben, alles weitere aber einer Spezialberatung vorbehalten. – Das Programm des „Befreiungsbundes“ vom März 1905 stellte alsdann folgende unter agrarpolitischen Gesichtspunkten erheblichen Forderungen auf: 1. Abschaffung der Loskaufzahlungen der Bauern (inzwischen von der Regierung – zur Hälfte für 1906, ganz für 1907 – beschlossen), – 2. Ausstattung der landlosen und mit ungenügendem Landanteil versehenen Bauern mit Land durch Aufteilung der Domänen-, Apanagen- und Schatullgüter und, in Ermangelung solcher, durch *Expropriation* privater Grundbesitzer, – 3. Bildung eines staatlichen Landfonds behufs planmäßiger innerer Kolonisation, – 4. Reform des Pachtrechtes, derart, daß dem Pächter die Meliorationen gesichert werden, und Schiedsgerichte „zur Regulierung der Pachtzahlungen im Interesse der Arbeitenden“ und für Streitigkeiten zwischen ihm und dem Verpächter, – 5. Ausdehnung der Arbeitergesetzgebung auf die Landarbeiter „nach Maßgabe der Grundbedingungen der Landwirtschaft“. – Dazu treten folgende weitere offensichtlich „physiokratisch“ gefärbte Programmpunkte: stufenweise Abschaffung der indirekten Besteuerung und Entwicklung der direkten Steuern auf Grundlage der progressiven Einkommensteuer, Abschaffung der protektionistischen Begünstigung einzelner Unternehmer unter gleichzeitigem „kräftigen Schutz der Entwicklung der Produktivkräfte des Volkes": eine stufenweise Herabsetzung der Zölle werde – so wird gesagt – „der Verbesserung der Lage der Landwirtschaft, ebenso aber der Blüte der Industrie zugute kommen". Die völlige Abschaffung der indirekten Steuern lehnte Peter Struve in einer Kritik des Entwurfes wegen ihrer budgetmäßigen Bedeutung als ein „redaktionelles Versehen" ab. Indessen scheint gerade dieser Punkt bei denjenigen Landwirten, welche einer liberalen Führung eventuell folgen würden, populär zu sein. Eine den Eindruck der „Echtheit" machende Eingabe von 56 „schreibkundigen" und 84 analphabetischen „bürgerlichen" Landwirten des Kreises Cherson z. B. forderte ebenfalls die Abschaffung der Abgaben auf Tee, Zucker, Maschinen und Streichhölzer, ebenso andere ähnliche unzweifelhaft bäuerliche Petitionen, die man in Massen in Zeitungen und Zeitschriften wiedergegeben finden kann. Daß die progressive Einkommensteuer heute in Rußland finanziell keinen Ersatz für Finanzzölle und Verbrauchsabgaben liefern würde, liegt – um wenigstens dies zu bemerken – auf der Hand: es fehlen, von den ökonomischen abgesehen, vorerst auch die moralischen Voraussetzungen einer wirklich wirksamen derartigen Besteuerung, die heute bekanntlich aus dem gleichen Grunde selbst in den Vereinigten Staaten unmöglich ist. Es bleibt auch durchaus dunkel, mit welchen Geldmitteln die gewaltigen Reformen, welche hier verlangt wurden, bei einem derartigen Finanzprogramm durchgeführt werden sollten. –

Es muß deutschen Lesern zunächst aufgefallen sein, daß hier mit keinem Wort des charakteristischen Instituts der russischen Agrarverfassung, der Obschtschina (Mir) gedacht ist. Nun besteht die gegenwärtige Bauernfrage freilich ganz und gar nicht etwa nur in den Gegenden mit Feldgemeinschaft[7], d. h. im Zentrum und in den östlichen Schwarzerdegebieten und allem, was davon nördlich und nordöstlich liegt. Im Gegenteil: sie durchzieht das ganze weite Reich von der Ostsee bis in die Steppe und ist in einigen Gebieten Kleinrußlands ebenso brennend wie etwa im Moskauer Gebiet. Aber allerdings sind die agrarpolitischen Probleme des zur Hegemonie berufenen großrussischen Stammes sämtlich mit der Feldgemeinschaft direkt oder indirekt verknüpft und umfaßt ihr Ausbreitungsgebiet ebenso die kompakteste Masse der Bauern wie die hauptsächlichsten Verbreitungsgebiete chronischen Massenelends. Vor allem aber ist ihr „ideelles" Verbreitungsgebiet ein durchaus universelles: die ganze sozialpolitische Parteibildung Rußlands ist mit dem seit Jahrzehnten leidenschaftlich umstrittenen Problem ihres weiteren Schicksals aufs engste verknüpft, sie beschäftigt die Phantasie der Massen ebenso wie der Sozialpolitiker aller Schattierungen und bestimmt ihr Empfinden entschieden weit über das Maß ihrer ummittelbaren realen Bedeu-

[7] Unter „Feldgemeinschaft" ist hier stets jenes System (der sog. „strengen F.-G.") verstanden, bei welchem der Einzelne seinen Anteil (Ackerland etc.) nicht von der Familie erbt, sondern von der Gemeinde (durch Umteilung) zugewiesen erhält.

tung hinaus. Eben dies gibt freilich wohl auch Aufschluß über einen der Gründe, aus welchen das Programm der Liberalen von ihr schweigt. Es unterliegt keinem Zweifel, daß darin auch eine Konzession, auf der einen Seite an politisch liberal gewordene Slawophilen und „Volkstümler", auf der anderen an die Sozialisten, Sozialrevolutionäre und Bodenreformer liegt, welche alle aus entgegengesetzten Gründen einem ausdrücklichen Angriff auf die Feldgemeinschaft nicht zustimmen könnten, während andererseits die spezifischen ökonomisch Liberalen, zumal gerade solche Individualisten, die, wie Struve, eine streng marxistische Schule durchgemacht haben, eine Anknüpfung agrarpolitischer Reformvorschläge an sie als „utopisch" bekämpfen müßten.

Im übrigen erklärt sich dieses Schweigen aber natürlich daraus, daß die gesetzgeberische Behandlung dieses Problems, in welcher Richtung immer sie erfolgen mag, ein Jahrzehnt in Anspruch nehmen muß und daß für praktische Politiker heute sehr viel dringlichere agrarpolitische Aufgaben im Vordergrund stehen. Immerhin muß schon der erste Schritt einer irgendwie großzügigen Agrarpolitik mit der Feldgemeinschaft zusammenstoßen.

*

Denn darin liegt auch die Zurückhaltung der Demokraten gegenüber dem Problem begründet: die *Bauern selbst* in ihrer Masse sind ohne allen Zweifel für ein im westeuropäischen Sinn „individualistisches" Agrarprogramm keineswegs zu gewinnen. – Zunächst ist zweifellos, daß bei der Aufrechterhaltung der Feldgemeinschaft – so sehr die Umteilungsbeschlüsse Produkt eines höchst erbitterten Klassenkampfes sein können – keineswegs *nur* ökonomische Klasseninteressen, sondern auch festgewurzelte „naturrechtliche" Vorstellungen mitwirken. Denn es steht offenbar durchaus fest, daß der erforderliche Beschluß für eine Neuumteilung des Landes keineswegs nur mit den Stimmen von Leuten gefaßt zu werden pflegt, welche von ihr eine Besserung ihrer Lage zu erhoffen haben oder die man durch Prügel oder Boykott gefügig machte. Auf der anderen Seite freilich steht auch ein anderes fest: gerade die Neuumteilung des Landes, dies dem äußeren Anschein nach wichtigste agrardemokratische Element dieser Sozialverfassung, steht gar nicht selten, soweit es als „sozialpolitisch" wirkend gedacht wird, nur auf dem Papier. Die vermögenden Bauern verpachten, veräußern, vererben ihr Land (natürlich nur innerhalb der Gemeinde), vertrauend, daß keine Umteilung beschlossen werde, – oder umgekehrt: sie haben die Gemeindegenossen als ihre Schuldner in der Hand und die Umteilung stärkt faktisch ihre Übermacht. Und da ja die Umteilung zwar Land, aber kein Vieh und Wirtschaftskapital zuteilt, ist sie mit der rücksichtslosesten Ausbeutung der Schwachen vereinbar. Aber mit steigendem Wert des Landes und steigender Differenzierung wächst dann natürlich der zornige Radikalismus der Massen gerade infolge der Diskrepanz von Recht und Tatsachen. Und – das scheint das Entscheidende – dieser kommunistische Radikalismus müßte nun offenbar, gerade *wenn* die Lage der Bauern gehoben, wenn also ihre Lasten erleichtert und das der Gemeinde verfügbare Land vergrößert wird, nach menschlichem Ermessen unbedingt *stark steigen.* Denn während in den Gegenden, wo die auf die Bodenanteile gelegten Lasten den Ertrag übersteigen, – es sind dies bekanntlich nicht wenige, – der Landbesitz noch heute als eine Pflicht gilt, der sich jeder Dorfgenosse zu entziehen sucht, wird umgekehrt die Umteilung von den Massen überall da erstrebt, wo der Bodenertrag die Lasten übersteigt. Die Gegenden besten Bodens sind deshalb die Gegenden, wo die Masse das zwingendste Umteilungsinteresse hat, und wo die wohlhabenden Bauern das stärkste Gegeninteresse haben. Jeder Erlaß von Steuern und Lasten, so jetzt der Erlaß der Loskaufgelder, muß also, – *wenn* dabei die Feldgemeinschaft bestehen bleibt, – diese Herde kommunistischer Interessen und des sozialen Kampfes *vermehren.* Es ist ferner bekannt, daß z. B. die deutschen Bauern in Südrußland vielfach die strenge Feldgemeinschaft erst eingeführt haben, als ihnen die Regierung den Landbesitz vermehrte: aus höchst begreiflichen Gründen. Der Effekt einer „Nadjél-Ergänzung" kann, generell gesprochen, nicht wohl ein anderer sein: der Glaube an den Kommunismus muß mächtig anschwellen. Mit dieser Hoffnung werden die Sozialrevolutionäre, soweit man von außen her urteilen kann, Recht behalten. –

Und doch ist für ehrliche Agrarreformer dies Programm der Nadjél-Ergänzung *heute* ganz unabweislich. Die konstitutionell-demokratische Partei hat denn auch in ihrem Agrarprogramm (Punkt 36-40) sich auf die betreffenden Forderungen des „Befreiungsbundes" und des liberalen Agrarkongresses festgelegt, mit teilweise noch weitergehenden Konzessionen an die Einwendungen der Sozialrevolutionäre. Dahin gehört: 1. die Forderung, daß die Entschädigung der zu enteignenden Grundbesitzer *nicht nach dem Marktwert,* sondern nach dem „gerechten Preis" zu erfolgen habe (Punkt 36), 2. die ausdrückliche Forderung der gesetzlichen Garantie der Pachterneuerung, eventuell des Rechtes des Pächters auf Ersatz der Meliorationen, und, vor allem, der Schaffung *gerichtlicher* Instanzen (nach irischem Vorbild) für die Herabsetzung „unverhältnismäßig hoher" Pachtrenten (Punkt 39), 3. die Schaffung einer Landwirtschafts-Inspektion zur Kontrolle der Handhabung der auf die Landwirtschaft auszudehnenden Arbeiterschutzgesetzgebung. Die Prinzipien nach denen den Bauern das enteignete Land zuzuweisen ist (persönliche oder feldgemeinschaftliche Zuteilung zu Eigentum oder Nutzung), sollen „gemäß der Eigenart des Bodenbesitzes und der Bodennutzung in den verschiedenen Gebieten Rußlands" festgestellt werden.

*

Alles in allem würde also die Durchführung des[8] Reformprogramms der bürgerlichen Demokraten aller Wahrscheinlichkeit nach einer gewaltigen Steigerung des agrarkommunistischen und Sozialrevolutionären „Geistes" unter den Bauern zugute kommen, der heute schon so stark ist, daß wenigstens die Masse der Bauern für ein individualistisches Programm, wie z. B. Struve es seinerzeit vertrat, sicherlich nicht zu haben sein würde. Das Eigenartige der Situation Rußlands scheint eben zu sein, daß dort eine Steigerung der „kapitalistischen" Entwicklung, bei dem gleichzeitig mit ihr steigenden Werte des Bodens und seiner Produkte, *neben* der weiteren Entwicklung des industriellen Proletariats und also des „modernen" Sozialismus, auch eine Steigerung des „unmodernen" *Agrar*kommunismus mit sich führen *kann*. – Und auch auf dem Gebiet der „geistigen Bewegung" scheinen die „Möglichkeiten" der Entwicklung noch nicht eindeutig.

Der Dunstkreis des Narodnitschestwo, der noch immer durch alle Schattierungen der „Intelligenz" aller Klassen und politischen Programme sich hinzieht, wird zwar durchbrochen werden, – aber es fragt sich, was an die Stelle tritt. Einer so rein sachlichen Auffassung der Dinge, wie dem sozialreformerischen Liberalismus, würde es nicht ohne harten Kampf gelingen, den „breiten" Charakter des russischen Geistes zu fesseln. Denn bei der „sozialrevolutionären" Intelligenz hat dieser romantische Radikalismus noch eine andere Seite: es ist von ihm aus, seines dem „Staatssozialismus" trotz aller Proteste nahestehenden Charakters wegen, der Sprung ins autoritäre und reaktionäre Lager äußerst leicht. Die relative Häufigkeit der rapiden „Mauserung" äußerst radikaler Studenten in höchst „autoritäre" Beamte, von der namentlich ausländische, aber auch gewissenhafte, Beobachter uns zu erzählen pflegen, braucht – die Richtigkeit der Tatsache vorausgesetzt – durchaus nicht, wie man wohl gesagt hat, angeborene Eigenart oder schnöde Brotkorbstreberei zu sein. Denn auch der umgekehrte Vorgang: plötzlicher Übergang von überzeugten Anhängern des durch Plehwe und Pobjedonosszew vertretenen pragmatischen Rationalismus der Bürokratie ins extrem sozialrevolutionäre Lager hat in den letzten Jahren mehrfach stattgefunden. Sondern es ist der pragmatische Rationalismus dieser Richtung *überhaupt*, welcher nach der im Dienst der absoluten sozialethischen Norm stehenden „Tat" lechzt und, auf dem ideellen Resonanzboden des noch bestehenden Agrarkommunismus, zwischen der „schöpferischen" Tat von „oben" *oder* von „unten" hin- und herschwankt, daher bald reaktionärer, bald revolutionärer Romantik verfällt. –

*

[8] agrarischen

Was werden nun die *Bauern* bei den Wahlen tun? Die Widerstandskraft der Bauern gegen die Beeinflussung durch Beamte und konservative Geistliche ist offenbar verschieden stark, am stärksten, wie es scheint und auch begreiflich wäre, nicht in den eigentlichen Notstandsdistrikten, sondern z. B. im Süden, in den Kasakendörfern, im Tschernigowschen und Kurskschen Gouvernement. In diesen und außerdem in manchen Gebieten des Industrierayons haben die Bauern nicht selten die schärfsten Resolutionen trotz der Anwesenheit, sei es der staatlichen polizeilichen Kontrollbeamten, sei es der Adelsmarschälle, gefaßt und Petitionen mit Tausenden von Unterschriften bedeckt: um Beseitigung der bürokratischen Beaufsichtigung und um die Gestattung der Wahl von Volksvertretern, welche – das ist ihre entscheidende, mit dem *modernen Parlamentarismus freilich durchaus nicht verwandte Vorstellung* dabei – *direkt mit dem Zaren* verkehren sollten, statt daß sich jetzt das bezahlte Beamtentum dazwischenschiebe. Sie wünschen m. a. W., daß die Bürokratie der Selbstherrschaft verschwinde, aber – darin sind die Slawophilen im Recht – sie hegen keinen Wunsch nach ihrem Ersatz durch eine parlamentarisch geleitete Bürokratie. Die Energie dieser antibürokratischen Strömung ist zur Zeit nicht unbeträchtlich. Es sind nicht ganz wenige Fälle bekannt, in welchen die Bauern die von den Beamten für den „Sschod" vorbereiteten „loyalen" Resolutionen abgelehnt, andere, wo sie sie in Anwesenheit der Beamten angenommen, nachträglich aber widerrufen, oder die ihnen zugesandten Publikationen der reaktionären Verbände zurückgesandt haben. Allein es ist wenig wahrscheinlich, daß diese Stimmung die Kraft haben sollte, bei den Wahlen sich gegen die Autorität und Vergewaltigung der Beamten durchzusetzen. Das Wahlgesetz, auch in der Fassung vom 11. Dezember, sucht jede freie Wahlagitation auszuschließen, indem es Wähler- und Wahlmännerversammlungen, welche „vorbereitend" über die Person der Kandidaten beraten wollen, zwar, unter Ausschluß der Polizei, zuläßt, den Zutritt zu ihnen aber prinzipiell nur den Wahlberechtigten des Bezirks bzw. den betreffenden Wahlmännern gestattet (unter Kontrolle des Zutritts der Teilnehmer durch die Polizei!). Von diesem Prinzip wird nun aber überdies (unglaublicherweise) eine Ausnahme zugunsten des die Wahl als Präsident *leitenden Beamten* (Adelsmarschall oder sein Vertreter), *auch wenn er nicht selbst Wähler oder Wahlmann ist,* gemacht. Daneben ist der Grundsatz der Wahl „aus der eigenen Mitte" bzw. „aus der Zahl der Teilnahmeberechtigten" aufrecht erhalten, dessen (faktische) Anwendung bei den Wahlen in den Vereinigten Staaten dort bekanntlich das Niveau der Legislaturen tief herabdrückt, – zweifellos einer der Zwecke dieser Bestimmung. In den Städten hat all dies mehr formale Bedeutung, was aber die Beaufsichtigung der Wählerversammlungen auf dem Lande, speziell bei den Bauern, bedeutet, wird sich jeder, *vor allem* auch die Bauern selbst, deren *Kardinalforderung* ja die Beseitigung der Beamtenaufsicht ist, sagen. Die Regierung, der es offenbar *nur* auf den *mo-*

mentanen Effekt ankommt, hat damit den Radikalen *dauernd* das bequemste (und legitimste) Agitationsargument in die Hand gegeben. Sie wird, höchst wahrscheinlich, konservative Bauernvertreter „erzielen“, – aber jeder Bauer wird wissen, daß sie *ihn* nicht vertreten: die Zahl der Gründe, um derentwillen er die Bürokratie haßt, ist um einen vermehrt. –

Niemand kann danach sagen, wie die bäuerlichen Wahlen zur Duma ausfallen werden. Im allgemeinen pflegen Ausländer eher auf eine extremreaktionäre, Russen eher auf eine, trotz alledem, extremrevolutionäre Zusammensetzung der Duma zu rechnen, soweit die Bauern in Betracht kommen. Beide könnten recht behalten, und, was wichtiger ist, das eine könnte mit dem andern für den Erfolg identisch sein. Bei den europäischen Revolutionen der Neuzeit sind die Bauern im allgemeinen vom denkbar weitestgehenden Radikalismus zur Teilnahmslosigkeit oder geradezu zur politischen Reaktion abgeschwenkt, nachdem ihren unmittelbaren ökonomischen Ansprüchen Genüge geschehen war. Es unterliegt in der Tat wohl keinem Zweifel, daß, *wenn* ein ganzer oder halber Gewaltakt der Autokratie den Bauern den Mund mit Land stopfte oder wenn sie in der Anarchie das Land sich selbst genommen haben würden und man es ihnen, schließlich, so oder so, ließe, alles weitere für die Masse von ihnen erledigt und das Interesse an der Regierungsform erloschen sein würde. Die Ansicht der Vertreter der bürgerlichen Demokratie – speziell Struves – ist nun demgegenüber, daß das Verlangen der Bauern nach Land von einer reaktionären Regierung gar nicht erfüllt werden *könne,* da das die ökonomische Depossedierung nicht nur des Adels, sondern auch der Großfürstenschaft und schließlich des Zaren selbst bedeute. Die Interessen der Bauern seien mit dem Selbsterhaltungsinteresse dieser Mächte unvereinbar. Allein trotz der, an sich betrachtet, gewaltigen Ausdehnung der Güter des kaiserlichen Hauses ist ihr Umfang gegenüber dem Privatbesitz nicht sehr erheblich, und der Haß der Bauern richtet sich gerade gegen diesen letzteren. Dann aber fragt es sich, was und wieviel von den Bauernforderungen denn die Demokratie ihrerseits würde erfüllen können. Gegen eine einfache Landkonfiskation hat sich Struve natürlich mit der größten Energie ausgesprochen. Natürlich aber enthält die Erklärung des konstitutionell-demokratischen Programmes, daß den Enteigneten *nicht* der Marktwert des Landes vergütet werden sollte, vom „bürgerlichen“ Standpunkt aus eine „Konfiskation“: das „Ertragswert-Prinzip“ unserer Anerben-Politiker ist hier einmal revolutionär gewendet. Und schon von dem Vorschlag Tschuprows fürchtete Fürst Trubezkoj, daß er den liberalen Adel in das Lager Schipows treiben werde. Immerhin ist allem Anschein nach ein Teil des Adels, dieser in sich so höchst ungleichartigen Schicht – sie reicht, nach dem Ausspruch eines Unterrichtsministers Nikolaus I., „von den Stufen des Throns bis in die Reihen der Bauern“ –, der Hergabe seines Landes in den gegenwärtigen Zeitläuften nicht abgeneigt: man lebe „lieber frei auf einem Landhaus ohne Land, als, wie jetzt, mit dem Lande in einer Festung", sagte Fürst Dolgorukow auf dem liberalen Moskauer Agrarkongreß. Der hinter verschlossenen Türen abgehaltene Kongreß der landwirtschaftlichen Unternehmer in Moskau im Dezember 1905 aber verlangte bedingungslose Repression. – Jedenfalls kostet das Land für eine nicht gewaltsame Regierung ungeheueres *Geld.* Kolonisierbares Land ist, namentlich im Südosten, dann auch im Nordosten des weiten Reiches, zu gewinnen, – wenn gewaltige Kapitalien für Bewässerung und (in Sibirien) Waldrodung flüssig gemacht werden. Die Beseitigung der Loskaufgelder, die Steuererleichterung der Bauern, *die Zivilliste,* welche an Stelle des Landbesitzes der kaiserlichen Familie zu treten hätte, die Verluste an Domänenrente, die Meliorationskapitalien, dies alles bedeutet eine gewaltige staatliche Mindereinnahme und einen ebenso gewaltigen Mehrbedarf, in toto Geldbeschaffungsprobleme noch nicht dagewesener Art. Und da schließlich mit der Landvermehrung allein das Agrarproblem ja schlechterdings nicht erledigt ist, dieser Weg vielmehr, als *einziges* Mittel gedacht, sehr wohl eine Gefährdung des „technischen Fortschrittes" bedeuten kann[9], da also mit einer schweren Enttäuschung der Bauern auch nach Erfüllung aller ihrer Forderungen gerechnet werden müßte, und da vor allem endlich die Bauern nach dem Maß ihrer heutigen Entwicklung schwerlich als „Träger" oder „Stützen", sondern wesentlich als „Objekte" der Agrarpolitik in Betracht kommen können, – so ist die Partei, welche jene Reform auf *legalem* Wege durchführen sollte, nicht um ihre Aufgabe zu beneiden …

Die Pfade der sozialreformerischen russischen liberalen Demokraten sind entsagungsvoll. Sie haben keine Wahl – nach ihrer Pflichtauffassung sowohl wie nach Erwägungen, die durch das demagogische Verhalten des alten Regimes bestimmt sind –, als bedingungslos das allgemeine gleiche Wahlrecht zu fordern. Und doch könnten ihre eigenen Ideen, wahrscheinlich, nur bei einem dem Semstwowahlrecht ähnlichen Wahlverfahren zu politischem Einfluß gelangen. Sie müssen, pflichtgemäß, eine Agrarreform mit vertreten, welche, der Wahrscheinlichkeit nach, nicht einen ökonomisch-technisch „fortschrittlichen" voluntaristischen Sozialismus, sondern den seinem Wesen nach archaistischen Kommunismus der Bauern, – nicht ökonomische Auslese der, im „geschäftlichen" Sinn, Leistungsfähigsten, sondern „ethische" Ausgleichung der Lebenschancen, – als ökonomische Praxis sowohl wie als ökonomische Anschauung der Massen gewaltig stärken und damit die, nach Ansicht der meisten von ihnen doch unvermeidliche, Entwicklung westeuropäischer individualistischer Kultur verlangsamen muß. –

---

[9] Alle spezifische Bauernpolitik läßt, vor allem, in den Getreideexportgebieten das durch die Kürze der Vegetationsperiode gegebene *Betriebsproblem* ganz unberührt. Das Absterben des Kustar und des bäuerlichen Hausfleißes infolge des Kapitalismus und die geldwirtschaftliche Bedarfsdeckung berühren hier – darin haben die „Volkstümler" ganz recht – direkte Existenzfragen der Bauernwirtschaften.

Auf eine solche Bewegung wird jener Typus des „satten" Deutschen, der es unmöglich erträgt, nicht mit der jeweils „siegenden Sache" zu sein, mit seinem von dem erhebenden Bewußtsein seiner Qualität als Realpolitiker geblähten Busen, nur mit Mitleid blicken können. Denn überdies sind natürlich ihre äußeren Machtmittel gering, worauf auch die extremen Sozialrevolutionäre immer wieder mit Hohn hinweisen. In der Tat: niemand weiß, wo man heute ohne die Einschüchterung der Autokratie durch den Tod Plehwes und des Großfürsten Ssergjej stände. Das einzige Machtmittel ähnlicher Art, welches die Liberalen hatten, lag in dem Umstand, daß die *Offiziere* auf die Dauer nicht gewillt bleiben konnten, gegen Familien, denen sie zum großen Teil selbst entstammten, als Henker zu fungieren. Tatsächlich hat die von liberaler Seite empfohlene Taktik: nicht, wie dies ein Teil der Sozialrevolutionäre immer wieder tat, die Truppen durch Bomben und bewaffneten Widerstand zum Kampf zu reizen, sondern sich ihnen unbewaffnet in den Weg zu stellen, recht häufig gewirkt. Freilich, einer entschlossenen militärischen Führung gegenüber hätte all dies seine Schranken, und der augenblickliche Aufstand in Moskau wird der Disziplin des Heeres *sehr* förderlich sein. Dazu tritt nun freilich ein anderes, spezifisch „bürgerliches" Machtinstrument, – aber es liegt nicht in der Hand der russischen Liberalen: Ohne das sehr ernste Wort, welches die fremden Geldmächte – nicht expressis verbis, aber der Sache nach – gesprochen haben, wäre das Patent vom 17. Oktober vielleicht gar nicht erfolgt oder doch bald widerrufen worden. Alle Angst vor der Wut der Massen und vor der Meuterei der Truppen und die Schwächung des autoritären Regimes durch die Niederlage im Osten wirkten doch nur in Verbindung mit der Abhängigkeit von der kühlen harten Hand der Banken und Börsen auf die Autokratie. Darauf beruht die Stellung von Politikern wie Witte und Timirjasjew. Denn wenn der sozialdemokratische „Natschalo" den Grafen Witte als „Agenten der Börse" bezeichnete, so steckte hinter dieser primitiven Vorstellung natürlich etwas richtiges. Witte hat auf dem Gebiet der konstitutionellen Frage und der inneren Verwaltung schwerlich bestimmte Überzeugungen irgendwelcher Art. Jedenfalls stehen seine verschiedenen Erklärungen darüber im offensichtlichsten Widerspruch miteinander und hat er überdies auch jetzt die Gepflogenheit, Äußerungen, die von unverdächtigen Leuten als von ihm getan referiert werden, als „Mißverständnisse" zu dementieren, auch wenn es sich um Verhandlungen mit Parteidelegierten, also nicht um vertrauliche Gespräche, handelt. Sein Interesse ist ganz wesentlich wirtschaftspolitisch orientiert. Er hat z. B., wie man sonst von ihm denken mag, den „Mut" – von seinem Standpunkt aus gesprochen – gehabt, das in den Augen der reaktionären Bürokratie wie der reaktionären Demokratie gleich schwere Odium einer Verteidigung des bäuerlichen Privatbesitzes auf sich zu nehmen, ebenso wie er jetzt den gesteigerten Haß der Slawophilen und überdies die durch seine „Unentbehrlichkeit" nur gesteigerte persönliche Abneigung des Zaren trägt. Ohne allen Zweifel ist sein Denken „kapitalistisch“ orientiert, – wie das der Liberalen von Struves Gepräge es auch ist. An die Stelle der Plehweschen Versuche, mit den autoritär geleiteten Massen gegen das „Bürgertum“ zu regieren, würde er zweifellos sehr gern eine Verständigung mit den besitzenden Klassen gegen die Massen setzen. Er, und vielleicht nur er, ist in der Lage, den Kredit und die Valuta Rußlands im gegenwärtigen Moment zu erhalten, und es ist sicher, daß er den Willen dazu besitzt. Daß dazu die Umwandlung Rußlands in einen Rechtsstaat mit gewissen konstitutionellen Garantien unbedingtes Erfordernis ist, weiß er zweifellos sehr wohl, und er würde voraussichtlich, wenn er die Möglichkeit dazu hätte, in der inneren Politik danach handeln, um sein Lebenswerk, die finanzielle Machtstellung Rußlands, nicht preiszugeben. Selbstverständlich tritt dazu der Gedanke, daß ein bis zu einem gewissen Grade „aufrichtig“ liberales Regime das Bündnis mit Frankreich auch politisch festigen würde. Aber: unbeschränkte Tragkraft haben diese Motive zugunsten einer liberalen Politik natürlich für Witte – und vollends für den Zaren und seine Umgebung – nicht, und es fragt sich nur, bei welchem Grade der Belastung sie zerbrechen und der Gedanke, es mit einer Militärdiktatur als Vorläufer irgendeines Scheinkonstitutionalismus zu versuchen, die Oberhand gewinnt. Ein solcher Gedanke ist für die nächste Zukunft natürlich durchaus praktikabel. Bleibt auch nur der zehnte Teil des Offizierkorps und der Truppen zur Verfügung der Regierung – und der Bruchteil würde gegebenenfalls näher an neun Zehntel liegen[10] –, so wollen demgegenüber noch so viele Aufständige gar nichts besagen. – Die Börse begrüßte das erste Blut in den Straßen Moskaus mit einer Hausse, – und alles, was seitdem geschah, zeigte, wie mächtig dies das Selbstvertrauen der Reaktion gestärkt und Witte umgestimmt hat. Die wirtschaftliche Not, welche infolge der furchtbaren Verwüstungen in der Industrie eintreten muß, wird hier, wie überall, nach Enttäuschung der politischen Illusionen den Kampfesmut des Proletariats lähmen. Und eine Regierung, welche, der Sache nach, die Machtstellung des zentralistischen *Beamtentums* – darauf kommt es an – erhält, muß dem ausländischen Beobachter trotz allem vorläufig sehr wohl möglich erscheinen. Denn auch die sozialen Mächte, welche das bisherige Regime trugen, sind zweifellos schon jetzt stärker organisiert, als es äußerlich scheint. Ihre Renaissance hatte um so größere Chancen, je mehr, selbst angesichts der organisierten Mordbrennerbanden des in seiner Existenz bedrohten Polizeibeamtentums, der sektenhafte Krämergeist der „Berufs-Sozialisten“ die Frontstellung ihrer Anhänger wesentlich gegen die mit ihnen „konkurrierenden“ bürgerlichen demokratischen Parteien richtete und gerade nach dieser Richtung ihrem, wie wir in Deutschland am besten wissen, po-

[10] Der Verlauf des soeben tobenden Moskauer Aufstandes zeigt es. – Nur ein unglücklicher *europäischer Krieg* würde die Selbstherrschaft endgültig zertrümmern.

litisch so impotenten und, vor allem, jede Erziehung zur politischen Tatkraft vernichtenden, „menschlich" ja durchaus begreiflichen Schimpfbedürfnis freien Lauf ließ. Sie können sehr wohl den Triumph erleben, daß entweder die Reaktion ganz die Oberhand gewinnt, oder daß breite Schichten der Besitzenden in das Lager der „gemäßigten" Parteien übergehen, und sie werden damit das Recht erlangen, eine weitere Generation lang in gewaltigen Worten schwelgend – wie bei uns – sich an dem Gedanken zu berauschen: „was für schrecklich schlechte Menschen es doch gibt".

*

Die Rechtsordnungspartei offerierte dem Grafen Witte (20. November) Streikbrecherhilfe für den Fall des bevorstehenden Post- und Telegraphen-Ausstandes. Es haben sich solchen Gruppen teils die gemäßigten Duma- und Semstwomänner, teils die eigentliche Bourgeoisie, Bankiers und Großindustrielle, teils Leute angeschlossen, die, wie Krassowski, bei Beginn der Bewegung der Semstwokongresse den Standpunkt vertraten, daß keine Konstitution zu erreichen, aber eine gesetzliche Garantie der persönlichen und Preßfreiheit zu fordern sei, – ohne freilich angeben zu können, was diese, ohne Konstitution, praktisch bedeuten würde. Gemeinsam ist diesen Kategorien neben der Anerkennung des Manifests vom 17. Oktober, welches die altkonservativen Beamten bekanntlich mit den Metzeleien der schwarzen Hundert beantworteten, vielleicht auch zu hintertreiben gehofft hatten, die unverhohlenere religiöse Indifferenz. Fest steht im übrigen von ihnen allen wohl nur, daß sie unbedingt für „Ruhe" sind und allem zustimmen, was diese auf irgendeine Weise herbeiführen kann: – der Petersburger „Rechtsordnungsverband" ist für das Judenwahlrecht, „damit sie sich beruhigen", die Petersburger Zensuswähler waren, nach langer Debatte, für die Autonomie Polens aus dem gleichen Grunde, in anderen dortigen Zensuswählerversammlungen wurde, gegen die radikale Forderung der Trennung von Staat und Kirche, die Aufrechterhaltung des Unterrichtes im „göttlichen Gesetz" (Katechismus) als für die Ordnung unentbehrlich bezeichnet usw. Sie alle werden daher auch schließlich mit allem zufrieden sein, was der Zar ihnen zu konzedieren für gut findet. Es versteht sich, daß unter dem Druck der Bauern- und Militärrevolten, der Drohung mit dem Generalstreik und des in der Sozialdemokratie herrschenden Putschismus die Zahl dieser Leute in entschiedenes rasches Steigen geriet. Und es war selbstverständlich auch die Hoffnung der Regierung und speziell Wittes, daß die Anarchie in dieser Richtung wirken, und daß, wie Witte es aussprach, schließlich „die Gesellschaft selbst" verlangen werde, daß man Ordnung schaffe, und – dürfen wir wohl hinzufügen – Platz werde für die Parole: „Enrichissez vous!" So geschah es. Natürlich aber vollzog sich diese Entwicklung auf Kosten der konstitutionellen Semstwodemokratie. Die Zeit der Semstwokongresse sei vorüber, bemerkte Fürst Dolgorukow resigniert. In der Tat: die Stunde der ideologischen Gentry war vorüber, – die Macht der materiellen Interessen trat wieder in ihre normale Funktion. Ausgeschaltet wird bei diesem Prozeß auf der Linken der politisch denkende Idealismus, auf der Rechten das auf die Erweiterung der alten *Semstwo-Selbstverwaltung* bedachte gemäßigte Slawophilentum. Beides würde Witte wenig schmerzen. Trotzdem ist es im Effekt wahrscheinlich, daß Wittes zuwartende Politik die Geschäfte anderer besorgt hat, oder vielmehr, daß er nicht die Macht besaß, etwas anderes zu tun. Er ist in den Augen des Hofes im wesentlichen wohl in der Tat lediglich ein Platzhalter, den man wegen des Eindrucks nach außen, speziell auf die Börsen, und außerdem seiner Intelligenz wegen, jetzt nicht entbehren kann. – Denn über die Stellungnahme der dem *Hofe* nahestehenden Elemente in der Regierung hat wohl nie ein Zweifel obgewaltet. Die höheren Verwaltungsbeamten jener Gebiete, in denen nach ganz unverdächtigen, und überdies gänzlich unbestrittenen, Nachrichten, die Polizei die Initiative zur Organisierung des Bürgerkrieges ergriffen hat, sind zwar in einzelnen Fällen, aus Rücksicht auf das Ausland, gemaßregelt worden, aber sie sind dabei, ebenso wie unsere preußischen „Kanalrebellen“, „die Treppe heraufgefallen“. Graf Witte aber hat keinerlei ernstlichen Versuch gemacht, vielleicht gar nicht machen können, die rücksichtslose Obstruktion des Provinzialbeamtentums zu brechen, welches vorerst gar nicht daran denkt, an die Dauer eines konstitutionellen Regimes zu glauben. Wenn das die Liberalen als mangelnde „Ehrlichkeit“ empfanden, so ist das begreiflich, aber vielleicht nicht ganz genau: „ein Schelm gibt mehr als er hat“, – das Hindernis liegt an einer höheren Stelle. Zahlreiche Maßregeln des Ministeriums des Innern, die man in den Zeitungen zu verfolgen imstande war, konnten gar keinen anderen *Effekt* haben, als abwechselnd die Masse zu reizen und dann ostensibel die Zügel am Boden schleifen zulassen, bis der rote Schrecken so weit gestiegen wäre, daß die Zeit für den weißen reif würde. Es ist *nicht* zu glauben, daß diese Politik *ausschließlich* Produkt der Schwäche und Verwirrung gewesen sei: Man brauchte eine „Revanche für den 17. Oktober“. Was sie daneben herbeiführte und doch wohl auch herbeiführen sollte, mußte, bei längerer Dauer, zweifellos die Diskreditierung aller freiheitlichen Bewegungen, speziell aber des bürgerlich-konstitutionellen *antizentralistischen* Liberalismus sein, dessen Bedeutung in der öffentlichen Meinung und dessen Stellung in den Selbstverwaltungskörpern seit Jahrzehnten Gegenstand des Hasses der reaktionären ebenso wie der rationalistischen staatlichen Bürokratie ist. Zweifellos hätte er im Falle zeitweiliger völliger Anarchie noch weniger zu hoffen, als im Falle des Wiedererstarkens der Selbstherrschaft, deren Vorläufer ja, nach Lage der gegebenen Bedingungen, die Anarchie sein würde.

Es ist nun sicherlich richtig: die Erbtorheit nicht nur, wie man gesagt hat, jeder radikalen, sondern jeder ideologisch orientierten Politik überhaupt, ist die Fähigkeit, „Gelegenheiten zu versäumen". Als Vincke sich s. Zt. weigerte, privatim mit den Ministern der „neuen Ära" in Preußen über die einzubringende Militärvorlage zu verhandeln, da dies einem Volksvertreter moralisch nicht erlaubt sei, und ebenso, als 1893 die Liberalen um den Bruchteil einer Stunde zu spät zu dem Entschluß kamen, den sie nach der Reichstagsauflösung dennoch faßten, – da bedeutete dies beide Male einen verhängnisvollen Wendepunkt für die Sache des Liberalismus. Man wird geneigt sein, anzunehmen, und manche Äußerungen Wittes suggerieren direkt dieses Urteil: daß die Liberalen ein – vom Standpunkt ihrer Parteipolitik aus gesprochen – ähnlicher Vorwurf treffen müsse. Auch ich hatte im Herbst prima facie diesen Eindruck. Allein je näher man die Lage der Dinge überdenkt, desto mehr wird man zu der Vermutung gedrängt, daß die liberalen Politiker das, was sie zu gewärtigen hatten, zutreffender beurteilten als jene Bemerkungen Graf Wittes. In jenen eben zitierten beiden Beispielen handelte es sich eben um zweifellos „aufrichtig" gemeinte Unterhandlungen. Im gegenwärtigen Fall aber ist auch dem „allergemäßigtsten" konstitutionellen Semstwoliberalismus überhaupt *keine* „Gelegenheit" geboten worden, und es lag daher offenbar gar nicht in seiner Macht, das Schicksal zu wenden, ebensowenig als dies 1877 in Bennigsens Hand lag, der damals mit weit besserem Grund, als unsere Historiker anzunehmen pflegen, den Eintritt in das Bismarcksche Ministerium ablehnte. Denn, wie Ludwig XVI. auf keinen Fall gerade von Lafayette „gerettet" sein wollte, so scheint nichts sicherer, als daß die Hofkreise und das Beamtentum lieber mit dem Teufel als gerade mit dem Semstwoliberalismus paktieren würden. Politische Gegnerschaften innerhalb der gleichen sozialen Schicht oder zwischen gesellschaftlich rivalisierenden Schichten sind eben oft die subjektiv intensivsten.

Von Seiten der Regierung war der weiteste „Schritt entgegen" die Einladung des Grafen Witte an die Moskauer Uprawa, Repräsentanten der Semstwopartei zu ihm zur Beratung zu schicken. Diese fand am 27. Oktober (a. St.) zwischen Witte und den Delegierten Golowin, Fürst Ljwow und Kokoschkin statt. Die entscheidende Meinungsverschiedenheit blieb damals, daß Graf Witte die Durchführung des allgemeinen gleichen geheimen Wahlrechts der durch Vertreter der Arbeiterklasse zu ergänzenden Reichs-Duma überlassen wollte und dafür ausdrücklich seine Mitwirkung in Aussicht stellte, die Delegierten dagegen auf der Einberufung einer konstituierenden Duma auf Grund jenes Wahlrechts als einzigen Mittels, die Ruhe zu sichern, bestanden. Allein hinter dieser angeblichen Differenz stand, abgesehen von dem alten Mißtrauen der Semstwoleute, der *jeder* Verständigung offenbar hinderliche Umstand, daß damals Trepow noch im Besitz seiner Vollmachten war, daß später Durnowo, den angesehene Personen in offenen Briefen an die Zeitungen unter detaillierter Angabe der Fälle beschuldigten, Geld „selbst in kleinen Posten" (1.200–1.500 Rubel) für Vergünstigungen genommen zu haben[11], an seine Stelle trat und darin blieb, und daß die verlangte präzise Deklaration des Manifestes vom 17. Oktober im strikt konstitutionellen Sinn *ausblieb.* Die Versicherung Wittes, daß er sich der konstitutionell-demokratischen Semstwopartei „am nächsten stehend" fühle, konnte unter diesen Umständen, zumal nach seiner „konfidenziellen Denkschrift" vom Jahre 1899, welche die Unvereinbarkeit der Semstwos mit der Autokratie hervorhob und so die beabsichtigte Verallgemeinerung der Semstwoverfassung durchkreuzte, unmöglich genügenden Glauben finden. Und vor allem: die Lage Rußlands „schreit" zwar nach einem „Staatsmann", – *aber:* die dynastischen Ambitionen des „persönlichen Regiments" lassen dort so wenig Platz für einen großen Reformer – wenn er sich fände – wie anderwärts, etwa bei uns.

Es hat – soviel scheint vorläufig durchaus sicher – nicht einen einzigen Augenblick gegeben, in welchem von seiten des *Zaren* eine wirklich dauernde und aufrichtige Verständigung mit diesen, von ihm noch vor 6 Monaten mit äußerst unparlamentarischen Worten bezeichneten Männern überhaupt beabsichtigt war. Wenn man dieses „Moment" als „schlechthin gegeben" in die Rechnung einstellt, dann allerdings ist es unzweifelhaft wahr, daß Rußland für eine aufrichtig konstitutionelle Reform „nicht reif" ist, – aber dies liegt dann nicht an den Liberalen. Denn unter diesen Verhältnissen – wird man dann doch auch urteilen müssen – konnte, solange nicht ganz andere „Garantien" gegeben wurden, der Gedanke einer „Verständigung" mit der Regierung für den Semstwo-Liberalismus in der Tat nicht den geringsten politischen Sinn haben. Seine Vertreter konnten nichts anderes tun, als „ihren Schild rein erhalten", nachdem sie ihrer „Mission" in dem Umfang und Sinn, in welchem dies im gegenwärtigen Moment überhaupt möglich war, gewaltet hatten. Es ist durchaus möglich – wenn auch nicht sicher –, daß sie für die nächste Zukunft sich damit abzufinden haben werden, daß die in ihrer Art glänzende Bewegung des Semstwo-Liberalismus, auf welche Rußland ebensogut Grund hat, stolz zu sein, wie wir Deutschen auf das Frankfurter Parlament, vorerst vielleicht – in ihrer bisherigen Form – „der Geschichte angehört".

---

[11] Auch privatim werden ganz konkrete Fälle mit allen Einzelheiten und Angabe völlig unverdächtiger Gewährsmänner erzählt. Trotzdem nun Durnowo den auch in öffentlichen Versammlungen erhobenen Vorwurf offenbar *nicht* gerichtlich ablehnen *kann,* – ist er soeben dekoriert und befördert worden. Es ist die Stärke – und Schwäche – des Zarismus gegenüber den „Ideologen", daß er, im Gegensatz zu ihnen, auch für diese Art von „Gentlemen" „Verwendung" hat und – haben *muß.* Er *kann,* wie er ist, die verschmitzte Bauern-Tücke solcher Getreuer keinen Moment entbehren, und der Zar *muß* daher Leuten die Hand drücken, denen jeder unabhängige „Bürger" den Gruß verweigern würde.

Und es wäre dies für ihre Zukunft vermutlich besser als ein „Märzministerium". Nur so kann der „ideologische" Liberalismus eine, auf ihrem ideellen Gebiet, von äußerer Gewalt unerreichbare „Macht" bleiben, und nur so scheint es auch möglich, die im Laufe der letzten Zeit zerrissene Einheit zwischen der durch Besitz, umfassende Bildung und politische Erfahrung mächtigen „bürgerlichen" und der durch ihre Zahl, ihre enge Fühlung mit den „Massen" und ihren rücksichtslosen Kampfesmut wichtigen „proletaroiden" Intelligenz wieder herzustellen, nachdem diese ihre heutige Unterschätzung der faktischen Bedeutung, welche das ihr „empfindungsmäßig" antipathische „bürgerliche" Element nun einmal hat, infolge der Enttäuschungen, die ihr bevorstehen, abgelegt haben wird. Für die Zersetzung der „volkstümlerischen" Romantik wird die weitere Entwicklung des Kapitalismus sorgen. Zweifellos wird an ihre Stelle zumeist der Marxismus einrükken. Aber die Arbeit an dem gewaltigen und grundlegenden Agrarproblem ist mit seinen geistigen Mitteln nun einmal absolut nicht zu bestreiten und gerade sie kann beide Schichten der „Intelligenz" wieder zusammenführen. Sie kann offenbar nur von den Organen der Selbstverwaltung gelöst werden, und schon deshalb scheint es Lebensfrage, daß der Liberalismus seinen Beruf nach wie vor darin findet, den bürokratischen ebenso wie den *jakobinischen Zentralismus* zu bekämpfen und an der Durchdringung der Massen mit dem alten individualistischen Grundgedanken der „unveräußerlichen Menschenrechte" zu arbeiten, welche uns Westeuropäern so „trivial" geworden sind, wie Schwarzbrot es für den ist, der satt zu essen hat.

Diese[12] „naturrechtlichen" Axiome geben ebensowenig *ein*deutige Weisungen für ein soziales und ökonomisches Programm, wie sie selbst ganz und gar nicht *ein*deutig durch irgendwelche – am wenigsten die „modernen" – ökonomischen Bedingungen *allein* produziert werden.

Im Gegenteil: so sehr der Kampf für solche „individualistischen" Lebenswerte auf Schritt und Tritt mit den „materiellen" Bedingungen der Umwelt zu rechnen hat, – so wenig könnte ihre „Verwirklichung" der „ökonomischen Entwicklung" überlassen werden. Es stünde heute äußerst übel um die Chancen der „Demokratie" und des „Individalismus", wenn wir uns für ihre „Entwicklung" auf die „gesetzmäßige" Wirkung *materieller* Interessen verlassen sollten. Denn diese weisen so deutlich wie möglich den entgegengesetzten Weg: im amerikanischen „benevolent feudalism", in den deutschen sogenannten „Wohlfahrtseinrichtungen", in der russischen Fabrikverfassung, – überall ist das *Gehäuse für die neue Hörigkeit* fertig, es wartet nur darauf, daß die Verlangsamung im Tempo des technisch-ökonomischen „Fortschritts" und der Sieg der „Rente" über den „Gewinn" in Verbindung mit der Erschöpfung des noch

[12] individualistischen

„freien" Bodens und der noch „freien" Märkte die Massen „gefügig" macht, es endgültig zu beziehen. Und zugleich schafft die zunehmende Kompliziertheit der Wirtschaft, die partielle Verstaatlichung oder „Verstadtlichung", die territoriale Größe der Volkskörper stets neues Schreibwerk, weitere arbeitsteilige Spezialisation und Berufsschulung in der Verwaltung, d. h. aber: – Kaste. Jene amerikanischen Arbeiter, welche *gegen* die „Civil Service Reform" waren, wußten, was sie taten: sie wollten lieber von Emporkömmlingen zweifelhafter Moral als von einem patentierten Mandarinentum regiert werden, – aber ihr Protest ist vergebens. –

Möchten doch angesichts dessen diejenigen, welche in steter Angst davor leben, es könnte in Zukunft in der Welt *zu viel* „Demokratie" und „Individualismus" geben und zu wenig „Autorität", „Aristokratie" und „Schätzung des Amts" oder dergleichen, sich endlich beruhigen: es ist, nur allzusehr, dafür gesorgt, daß die Bäume des demokratischen Individualismus nicht bis in den Himmel wachsen. „Die Geschichte" gebiert, nach aller Erfahrung, unerbittlich „Aristokratien" und „Autoritäten" neu, an welche sich klammern kann, wer es für sich oder – für das „Volk" für nötig findet. Käme es *nur* auf die „materiellen" Bedingungen und die durch sie direkt oder indirekt „geschaffenen" Interessenkonstellationen an, so würde jede nüchterne Betrachtung sagen müssen: alle *ökonomischen* Wetterzeichen weisen nach der Richtung zunehmender „Unfreiheit". Es ist höchst lächerlich, dem heutigen Hochkapitalismus, wie er jetzt nach Rußland importiert wird und in Amerika besteht, – dieser „Unvermeidlichkeit" unserer wirtschaftlichen Entwicklung, – Wahlverwandtschaft mit „Demokratie" oder gar mit „Freiheit" (in *irgend* einem Wortsinn) zuzuschreiben, während doch die Frage nur lauten kann: wie sind, unter seiner Herrschaft, alle diese Dinge überhaupt auf die Dauer „möglich"? Sie sind es tatsächlich nur da, wo dauernd der entschlossene *Wille* einer Nation, sich nicht wie eine Schafherde regieren zu lassen, dahinter steht. „Wider den Strom" der materiellen Konstellationen sind wir „Individualisten" und Parteigänger „demokratischer" Institutionen. Wer Wetterfahne einer „Entwicklungstendenz" sein will, der möge, so schnell wie nur möglich, diese altmodischen Ideale verlassen. Die historische Entstehung der modernen „Freiheit" hatte einzigartige, niemals sich wiederholende Konstellationen zur Voraussetzung. Zählen wir die wichtigsten davon auf. Zunächst die überseeische Expansion: in den Heeren Cromwells, in der französischen Konstituante, in unserem gesamten Wirtschaftsleben, noch heute, weht dieser Wind von jenseits des Meeres: – aber ein neuer Erdteil ist nicht mehr zur Verfügung; große Binnengebiete, des nordamerikanischen Kontinents einerseits, Rußlands andererseits, sind es, auf deren monotone, den Schematismus begünstigende Flächen der Schwerpunkt der Bevölkerung der westlichen Kultur unaufhaltsam vorrückt, wie einst in der Spätantike. Zweitens die Eigenart der ökonomischen und sozialen Struktur der „frühkapitalistischen“[13] Epoche in Westeuropa und drittens die Eroberung des Lebens durch die Wissenschaft, das „Zusichselbstkommen des Geistes“: – aber die rationale Gestaltung des äußeren Lebens hat, zweifellos nach Vernichtung unzähliger „Werte“, heute wenigstens „im Prinzip“ ihr Werk getan: die Uniformierung des äußeren Lebensstils an der Hand der „standardization“ der Produktion ist, unter den heutigen Bedingungen des „geschäftlichen“ Lebens, ihre universelle Wirkung, – und „die Wissenschaft“, rein als solche, schafft heute keine „Universalität der Persönlichkeit“ mehr. – Endlich: gewisse, aus der konkreten historischen Eigenart einer bestimmten religiösen Gedankenwelt herausgewachsene ideale Wertvorstellungen, welche, mit zahlreichen ebenfalls durchaus eigenartigen politischen Konstellationen und mit jenen materiellen Voraussetzungen zusammenwirkend, die „ethische“ Eigenart und die „Kulturwerte“ des modernen Menschen prägten. Die Frage, ob irgendeine materielle und gar die heutige hochkapitalistische Entwicklung als solche diese einzigartigen historischen Bedingungen zu erhalten oder gar neu zu schaffen vermöchte, braucht nur gestellt zu werden, um die Antwort zu wissen. Und kein Schatten von Wahrscheinlichkeit spricht dafür, daß die ökonomische „Vergesellschaftung“ als solche entweder die Entwicklung innerlich „freier“ Persönlichkeiten oder aber „altruistischer“ Ideale in ihrem Schoße bergen müsse. Finden wir etwa irgendwelche Keime von irgend etwas derartigem bei denen, welche, nach ihrer Ansicht, von der „materiellen Entwicklung“ zum unvermeidlichen Siege getragen werden? In den Massen drillt die „korrekte“ Sozialdemokratie den geistigen Parademarsch und verweist sie, statt auf das jenseitige Paradies (welches, im Puritanismus, doch *auch* recht respektable Leistungen im Dienste der diesseitigen „Freiheit“ aufzuweisen hatte), auf das diesseitige, – und macht dabei aus ihm eine Art von Schutzpockenimpfung für die Interessenten der bestehenden Ordnung. Sie gewöhnt ihre Zöglinge an Gefügigkeit gegen Dogmen und Parteiautoritäten, an erfolglosen Massenstreikspektakel und an den tatenlosen Genuß jenes entnervenden, in den Augen der Gegner ebenso harmlosen wie schließlich lächerlichen, Wutgebrülls ihrer Preßpfründner, – an einen „hysterischen Affektgenuß“ also, welcher ökonomisches und politisches Denken und Handeln ersetzt und verdrängt. Auf diesem sterilen Boden kann, wenn das „eschatologische“ Zeitalter der Bewegung vergangen ist und Generation auf Generation vergebens die Faust in der Tasche geballt oder die Zähne gen Himmel gefletscht hat, nur geistige Stumpfheit wachsen.

---

[13] Was darunter zu verstehen ist, hat Sombart in wichtigen Punkten m. E. durchaus zutreffend charakterisiert. „Endgültige“ historische Begriffe gibt es nicht. Die heutige Schriftstellereitelkeit aber, einer von einem anderen gebrauchten Terminologie gegenüber sich ebenso zu verhalten wie etwa gegenüber seiner Zahnbürste, mache ich nicht mit.

Und dabei drängt die Zeit, „zu wirken, solange es Tag ist". Was jetzt, im Laufe der nächsten Generationen, solange die ökonomische und geistige „Revolution", die vielgeschmähte „Anarchie" der Produktion und der ebenso geschmähte „Subjektivismus" noch ungebrochen bestehen, dem durch sie, und *nur durch sie,* auf sich selbst gestellten Individuum der breiten Massen nicht als „unveräußerliche" Persönlichkeits- und Freiheitssphäre gewonnen wird, das wird ihm, – wenn die Welt erst einmal ökonomisch „voll" und intellektuell „satt" ist, – *vielleicht* niemals erobert werden, soweit unsere schwachen Augen in den undurchdringlichen Nebel der Zukunft der Menschengeschichte zu dringen vermögen. –

Rußland tritt, so schwer die Rückschläge in nächster Zeit auch sein mögen, dennoch endgültig in die Bahn spezifisch europäischer Entwicklung: die mächtige Einwanderung der Ideen des Westens zersetzt den patriarchalen und den kommunistischen Konservatismus hier, wie umgekehrt die gewaltige Einwanderung europäischer, gerade auch osteuropäischer, Menschen in die Vereinigten Staaten dort am Werke ist, die alten demokratischen Traditionen zu durchlöchern, – in beiden Fällen im Bunde mit den Mächten des Kapitalismus. In gewissen Beziehungen ist – wie später einmal ausgeführt werden mag – trotz der ungeheuren Unterschiede die ökonomische Eigenart der kapitalistischen Entwicklung der beiden „kommunizierenden" Bevölkerungsreservoirs doch vergleichbar: das Losgelöstsein vom „Historischen" zumal ist bei beiden gleich unvermeidlich und wirkt mit dem „kontinentalen" Charakter des fast schrankenlosen geographischen Schauplatzes zusammen. An beiden Entwicklungen aber – und das ist das Wichtigere – hängt gleichviel: es sind, in gewissem Sinn, in der Tat vielleicht „letzte" Gelegenheiten für den Aufbau „freier" Kulturen „von Grund aus". – „Jahrtausende mußten vergehen, ehe du ins Leben tratest, und weitere Jahrtausende warten schweigend, was du mit diesem deinem Leben beginnen wirst", – dieser Satz, den Carlyles leidenschaftlicher Persönlichkeitsglaube jedem neuen Menschen zurufen wollte, kann ohne Übertreibung, wie auf die jetzige Lage der Vereinigten Staaten, so auf diejenige Rußlands, wie sie teils jetzt ist, teils nach einer weiteren Generation voraussichtlich sein wird, angewendet werden. Und deshalb vermögen wir, über alle Unterschiede der nationalen Eigenart und – verschweigen wir es uns nicht – wahrscheinlich auch vieler nationaler Interessen hinweg, unmöglich anders als mit tiefer innerer Bewegung und Anteilnahme auf den russischen Befreiungskampf und seine Träger – gleichviel welcher „Richtung" und „Klasse" – zu blicken.

Dafür, daß ihre Arbeit nicht erfolglos bleibe, wird das bevorstehende System des Scheinkonstitutionalismus selbst sorgen. Denn allerdings: soweit es auf die *negative* Seite des Problems ankommt, wird die Auffassung der „Entwicklungstheoretiker" stimmen: die bisherige russische Selbstherrschaft, d. h. die zentralistische Polizei-Bürokratie, hat gerade dann, wenn sie jetzt über die verhaßten

Gegner siegt, nach aller menschlichen Voraussicht keine Wahl, als ihr eigenes Grab zu graben. Einen sogenannten *„aufgeklärten"* Despotismus gibt es für sie im Interesse ihrer Selbsterhaltung nicht, und doch muß sie, im Interesse ihres unentbehrlichen Prestiges, mit jenen ökonomischen Mächten sich verbrüdern, die, unter den *russischen* Verhältnissen, Träger unaufhaltsamer „Aufklärung" und Dekomposition bedeuten. Sie ist – darin haben Struve und andere augenscheinlich recht – nicht imstande, die Lösung irgendeines der großen sozialen Probleme zu versuchen, ohne sich selbst dabei tödlich zu verletzen.

Wenn diese Zeilen gedruckt sind, werden sie zweifellos bereits veraltet sein. Niemand weiß heute, wieviel bis dahin von den Hoffnungen der Liberalen darauf, daß *jetzt* die Grundlage einer freiheitlichen, den bürokratischen Zentralismus brechenden Reform gelegt werde, noch übrig ist und wieviel von ihnen sich, wie eine Fata Morgana, in nichts aufgelöst haben wird. Dies letztere braucht durchaus nicht gerade in Form einer unverhüllten Restauration zu geschehen. Es kann vielmehr wohl als, wenigstens annähernd, sicher gelten, daß so etwas wie eine „Konstitution" und zugleich ein größeres Maß von Latitüde für Presse und persönliche Bewegung geschaffen bzw. aufrechterhalten werden wird. Denn es dürften auch die entschiedensten Anhänger des alten Regimes sich überzeugt haben, daß die Bürokratie, wenn sie alle Fenster und Türen verrammelt, auch selbst im Finstern zu tappen genötigt ist. Und aus den anderweit gemachten Erfahrungen könnten sie ferner die Hoffnung entnehmen, daß der Scheinkonstitutionalismus, verbunden mit irgendeiner ökonomisch orientierten „Sammlungspolitik", ein weit geeigneteres Werkzeug für die möglichste Behauptung der eigenen Machtstellung darbieten könne als die plumpe sogenannte „Selbstherrschaft". Ein gewisses Maß von Vermehrung der Bewegungsfreiheit würde dann wohl immerhin als unvermeidlich herauskommen und, nach einem Willkürregiment, welches notorisch Angehörige von sprichwörtlich „friedlichen" Bevölkerungsschichten in wildem Zorn auf die Straße trieb, um, nicht irgendeinen von den „Großen", sondern irgendeinen armseligen Polizisten über den Haufen zu schießen, – ist das ja für moderne Menschen immerhin etwas. Aber die charaktervollen und selbständigen Elemente der sozialreformerischen bürgerlichen Intelligenz würden dabei natürlich politisch beiseite geschoben, sowohl was ihr Programm, wie, was ihre Person anlangt. In dieser Hinsicht also würde die Bürokratie des autokratischen Regimes allerdings auch jetzt die Früchte ihrer langjährigen, einerseits den Kapitalismus züchtenden, andererseits jede geordnete Entwicklung bürgerlicher Selbständigkeit unterbindenden, die Klassen gegeneinander ausspielenden demagogischen Politik ernten, als eine für irgendwelche Dauer berechnete, irgend jemanden befriedigende konstitutionelle und anti-zentralistische Reform unter Beteiligung der liberalen Intelligenz *heute* vielleicht selbst dann schwierig wäre, wenn der Monarch Beruf und Neigung dazu fühlen würde, als liberaler Reformer aufzutreten. Und daß gar jene der Bürokratie verhaßte Gruppe das Heft in die Hand bekommt, ist durchaus unwahrscheinlich. – Aber allerdings: ein Sieg der bürokratischen Machtinteressen, wie er, für *jetzt,* dem Außenstehenden nach Lage der Dinge möglich und – wenn auch wohl unter konstitutionellen Formen – sehr wahrscheinlich erscheinen muß, würde in Rußland sowenig das letzte Wort sein wie seinerzeit die preußische „Landsratskammer". Die Wahlen mögen die willfährigste „Volksvertretung" ergeben, – das sagt nichts. Jeder Bauer im weiten Reiche wird daraus nur erneuten Haß gegen die „Tschinowniki" saugen, mag auch Grabesstille sich über das Land breiten. Denn, was auch geschehen möge: vergessen werden die Ereignisse, Versprechungen, Hoffnungen des vergangenen Jahres schwerlich. Jeder Augenblick der Schwäche dieses auf dem Seil tanzenden Staatsmechanismus muß die Bewegung wieder aufleben lassen. Jene erschreckende Dürftigkeit des „Geistes", in welcher dieses vermeintlich so „starke" Regime, trotz des scheinbaren Raffinements seiner Regierungstechnik, sich vor der Öffentlichkeit zeigte, haftet sicherlich sehr fest in der Erinnerung der breitesten Volksschichten. Das jetzige System kann aber auch seine *Verwaltungs*methode, im Interesse seiner eigenen Sicherheit nicht prinzipiell ändern. Es muß, seinen politischen Traditionen gemäß, auch die *politischen* Kräfte weiter wirken lassen, durch die es sich selbst zersetzt und seinen ökonomischen Verbündeten, den Besitz, immer wieder auf die Seite seiner Gegner treibt: die Bürokratisierung der Verwaltung und die Polizei-Demagogie. Aber die Illusionen und der Nimbus, mit dem es sich umgab, und welche diese Entwicklung verhüllten, sind gründlich zerstört. Es wird ihm doch schwer fallen, nach allem dem, was zwischen dem Zaren und seinen Untertanen vorgefallen ist, „sein Gesicht zu wahren" und das alte Spiel ganz von neuem in der alten Art wieder aufzunehmen. Allzugroß ist die Zahl derer, die es in seiner Blöße sahen und die ihm ins Gesicht lächeln müßten: „Taschenspieler! – Du wirst keinen Geist mehr rufen."

Rußlands Übergang zum Scheinkonstitutionalismus

Auszug[1]

Um das Verhalten der russischen Regierung zu verstehen, ist die Berücksichtigung des Umstandes, daß Rußland Schuldnerstaat ist, durchaus unumgänglich. Daß „die Juden“ die russische Verfassung erzwungen, erschlichen oder doch mitfabriziert hätten, wie die Reaktionäre behaupten, ist ganz richtig, nur sind es natürlich nicht die furchtbar geschändeten Bewohner der russischen Ghettos, sondern ihre zum Teil geadelten Stammesvettern aus der Haute Finance in Berlin und Paris, denen die Kontrolle der Kurse russischer Staatspapiere anvertraut ist. Dies konnte man sehr deutlich auch in jener Periode heftigster Reaktion bemerken, die dem Siege in Moskau und der sich daran anschließenden Niederwerfung der Aufstände in den Ostseeprovinzen und in den inneren Gouvernements parallel ging und folgte. Das Manifest vom 17. (30.) Oktober 1905 hatte Beruhigung verbreiten sollen. Es gelang nicht. Die Kurse sanken also wieder. Die blutige Tragi-Komödie in Moskau führte dagegen zu steigenden Tendenzen: die Besitzer russischer Papiere wünschten also „Ordnung“, und Graf Witte ließ zweideutige Worte von der Möglichkeit einer „Rücknahme“ der kaiserlichen Versprechungen fallen. Dieser ballon d'essay fand aber seinerseits auch keine freundliche Aufnahme. „Nowoje Wremja“ ließ Anfang und Mitte Januar sich tagelang hintereinander aus London telegraphieren, die Bankkreise hielten Rußlands Kreditwürdigkeit nur im Falle der Durchführung der „konstitutionellen“ Regierungsform für gesichert. Ähnlich wird es ja wohl auch gestanden haben. Folglich war, nach außen hin, Vorsicht geboten, und das bekamen nun die Reaktionäre zu fühlen. Am 23. Dezember (a. St.) hatte der Zar – es war das zweite Mal – eine Deputation der „russischen Leute“ empfangen. Leidenschaftliche Reden gegen die Zerreißung von Zar und Volk, den Umsturz der Jahrhunderte alten Ordnung, die Vernichtung der unbeschränkten Gewalt brachten, so scheint es, schließlich auch sein dünnes Blut in Wallung: in etwas phantastischen Wendungen redete er davon, daß „bald, bald die Wahrheit wieder ihr Licht über der russischen Erde leuchten lassen werde“ und dgl. Begeistert und entzückt setzte die Deputation dies im Januar in die Zeitungen zum Trost aller echt russischen Herzen, – und alsbald erfolgte die offiziöse Ankündigung, daß sie in Anklagezustand versetzt sei wegen unerlaubter Anfertigung eines Hofberichtes. Der Hinweis Wittes auf das Deplacierte solcher Romantik angesichts des leeren Beutels hatte of-

[1] Auszug aus: Max Weber: Rußlands Übergang zum Scheinkonstitutionalismus. (In: Archiv für Sozialwissenschaft und Sozialpolitik, 23. Band, Beilage zum 1. Heft) 1906, S.165-401.

fenbar genügt, das etwas zu früh den Kopf erhebende Gottesgnadentum wieder kollabieren zu lassen und fortan in einer der Lage entsprechenden Oboedienz gegenüber der unpersönlichen, aber um so unentrinnbareren Macht des Geldmarktes zu erhalten. Dies zeigte sich in mannigfacher Art: daß an den Judenkrawallen im Spätherbst und Winter Polizeifunktionäre beteiligt gewesen seien, wurde offiziös bestritten, aber man sah sich doch genötigt, als die neue große Anleihe dicht vor Ostern zur Auflage gelangen sollte, durch eine in der Tat unzweideutige, geradezu drakonische Verfügung die Provinzialbeamten für ihr etwaiges Entstehen persönlich haftbar zu machen. Die Folge war, daß sie in der Tat absolut unterblieben. Schriftsteller, die, wie Gorkij, im Auslande bekannt sind und deren allzu harte Behandlung dort „verstimmen" konnte, hatten sich, trotz stärkster „Kompromittierung", eines immerhin wesentlich anderen Schicksals zu erfreuen als solche, bei denen das nicht der Fall war.

So sah sich die Regierung, angesichts der Finanzlage, in der inneren Politik überhaupt zur Anlegung eines „doppelten Kontos" genötigt. Daß es von Seiten des Zaren persönlich mit einer Umwandlung Rußlands in einen „Rechtsstaat" mit – wie es im Oktobermanifest etwas naiv hieß – *„wirklicher"* Garantie der Persönlichkeitsrechte zu *keiner Zeit* aufrichtig gemeint war, versteht sich von selbst und trat bei jeder Gelegenheit hervor, die dazu irgend Anlaß gab; für ihn gab es nur Polizeinteressen. Das stimmte vortrefflich mit den Machtinteressen der Polizeibürokratie alten Stils zusammen, und durch schonungslose Repression konnte ja wohl auch „nach außen", auf die Börsen, der Eindruck einer „starken" Staatsgewalt hervorgebracht werden. Auf der anderen Seite aber zeigten wiederholte erfolglose Sendungen von Finanzbeamten ins Ausland, daß trotz allem die Bankiers schlechthin darauf bestehen zu müssen glaubten, daß die Duma wirklich gewählt und einberufen werde, ehe an die Emission einer Anleihe großen Stils gedacht werden könne. Also mußte die „Verfassung", unter formeller Wahrung der Versprechungen vom 17. Oktober, so weit ausgeführt werden, daß für das ausländische Publikum, mit dessen Eindrücken die Bankiers rechneten, wenigstens der äußere Anschein „konstitutioneller" Garantien vorhanden war. Es mußte daher der Versuch gemacht werden, die inländische „Bourgeoisie" mit den Interessen der Regierung zu versöhnen, womöglich Parteien zu finden, welche in der Duma ihr zur Verfügung ständen, und ihnen bei den Wahlen zum Siege zu verhelfen. Dabei ergaben sich nun aber Komplikationen dadurch, daß einmal innerhalb der Bürokratie selbst, bis in den Reichsrat und in das Ministerium hinein, und ebenso innerhalb des Heeres, vorwiegend in den unteren, aber auch in den oberen Chargen überzeugte Anhänger einer entschieden liberalen Umgestaltung des Staatswesens saßen, andererseits die Zeiten des demagogischen Plehweschen Regimes die tiefste Verstimmung und ein schwer zu überwindendes Mißtrauen der „bürgerlichen" Kreise erregt hatten. Man konnte schließlich nur hoffen – und dies war der

Standpunkt Wittes –, daß der rote Schrecken der Generalstreiks, Revolten und Bauernkriege über alle diese Reminiszenzen siegen werde.

Innerhalb der Bürokratie und des Heeres aber mußte sich, wenigstens in den leitenden Stellungen, langsam aber systematisch, die Spreu vom Weizen sondern, nachdem die Haltung des Zaren feststand. Der demokratische Landwirtschaftsminister Kutler und der mittelparteiliche Handelsminister Timirjasjew schieden nacheinander aus. Im Ministerium war seit dem Dezemberaufstand der Minister des Innern, Durnowo, der Vertrauensmann des Zaren, die leitende Persönlichkeit. Schon die fieberhafte Tätigkeit seines Ministeriums stach im Januar und Anfang Februar von den Zuständen der anderen Ressorts sichtbar ab. Die Repressionspolitik leitete er persönlich, indessen war dies Geschäft dadurch sehr erleichtert, daß die meisten Gouverneure sie als Sport auf eigene Faust betrieben in dem richtigen Bewußtsein, dem Zaren um so sicherer zu gefallen, je mehr sie sich darin auszeichnen würden. Für sie galt kein Gesetz; Beamte wie Neidhardt (Odessa) und Kurlow (Minsk), deren strafrechtliche Verfolgung der mit der Revision ihrer Tätigkeit beauftragte Senator Kusminski für notwendig erklärt hatte, wurden vom I. Departement des Senats, auf Drängen des *persönlich* anwesenden Ministers des Innern, außer Verfolgung gesetzt, „da ihre Handlungen den Absichten der Regierung entsprochen hätten“. Selbst auf Abmahnungen oder Verbote der Minister, insbesondere Wittes, oder in einzelnen Fällen selbst Durnowos, reagierten die eifrigen Gouverneure nicht; in einem solchen Falle erklärte der Minister im Konseil entschuldigend: Der Gouverneur habe sich offenbar in der Ansicht befunden, er habe nur dem Ministerkonseil, nicht einem seiner einzelnen Mitglieder, Gehorsam zu leisten; in bezug auf die administrative Willkür zerfiel Rußland im Januar de facto in regionale Satrapien. Eine Preßnachricht – in den Einzelheiten nicht sicher beglaubigt – behauptet, daß in einer Konseilsitzung Witte auf Einschränkung der Repressionspolitik und speziell der unkontrollierbaren Willkürherrschaft der Beamten gedrungen habe, Durnowos Erklärung darauf: dann sei es für ihn Zeit zu gehen, sei mit eisigem Schweigen aufgenommen worden. Einige Tage später aber führte eine Unterredung beider eine „Verständigung“ herbei. Tatsächlich war es nur die erneute Unterwerfung Wittes: er erreichte, daß *formell* seine Stellung als Konseilpräsident durch Mitteilung der Ressortverfügungen an ihn anerkannt wurde; in der Sache blieben die Dinge so, daß er gelegentlich erklärte: Durnowo sei allmächtig, wolle er ihn (Witte) hängen lassen, so könne er das jeden Augenblick tun. Die – hier nicht näher zu erörternde – Änderung der Polizeiorganisation, die Purifikation der Post-, Telegraphen- und Eisenbahnangestellten[2] – unter

[2] Für diese wurde – nach berühmtem Muster – ein *Revers* eingeführt betreffend Nichtzugehörigkeit zu irgendwelchen nicht von der Verwaltung gestatteten Organisationen.

gleichzeitiger nicht unerheblicher Erhöhung der Bezüge – war die erste Maßregel der wieder erstarkenden Bürokratie.

*

Während einerseits die Unterdrückung der Mord-, speziell auch der Bombenanschläge schlechterdings nicht gelang, übten aber diese andererseits auf die Praxis der Verwaltung keine ersichtliche, einschüchternde Wirkung mehr aus: es tobte einfach der chronische Bürgerkrieg in der furchtbarsten Form der Guerilla: Pardon wurde von beiden Seiten nicht gegeben, die Mitvernichtung Unschuldiger nicht beachtet. Jede Bombenexplosion tötete ganz Unbeteiligte mit, – auf einen Schuß oder eine Bombe antworteten die Truppen, wenn sie selbst betroffen oder zufällig in der Nähe waren, ganz regelmäßig mit einer Salve blind in das Gewühl der Passanten hinein. Erst nach den Wahlen, in der Osterzeit, als die Anleihezeichnung beginnen sollte, begann man, des guten Eindrucks wegen, dem schier unerträglichen Platzmangel der Gefängnisse durch zahlreichere Freilassungen von, teilweise 4-5 Monate *ohne* Zustellung *irgendeiner Anklage* im Gefängnis steckenden, „Politischen" etwas abzuhelfen. Gegenüber der unbeugsamen Energie der Gefangenen war inzwischen die Schroffheit der Gefängnisverwaltungen bereits wieder soweit erlahmt, daß sie vielfach mit Ausschüssen aus deren Mitte Kompromisse schlossen über das, was jenen erlaubt sein sollte.

Neben diesen mit barbarischer Wildheit, dennoch aber nicht wirklich erfolgreich gemachten Versuchen, der „Kramola" Herr zu werden, im Interesse der Selbsterhaltung sowohl wie in dem der Wiederherstellung der Kreditwürdigkeit, lief nun das andere Konto: die Versuche, Institutionen zu schaffen, welche im Auslande den äußeren Eindruck einer Durchführung des Manifestes vom 17. Oktober erwecken mußten, ohne doch die Machtstellung der Bürokratie ernstlich zu gefährden. Das Manifest hatte versprochen: 1. die Gewährung der „effektiven" (djejstwitjelnaja) Unantastbarkeit der Person, der Freiheit des Gewissens, des Wortes, der Versammlungen und Vereine; 2. Ausdehnung des Wahlrechtes, wovon wir später zu sprechen haben; 3. Durchführung des Grundsatzes, daß kein Gesetz ohne Genehmigung der Duma in Kraft tritt, und einer „effektiven" Beteiligung der Duma „an der Beaufsichtigung der gesetzlichen Wirksamkeit" der Staatsgewalt.

*

Bei Betrachtung der Ausführung dieser Versprechungen durch das alte Regime zeigt sich immer wieder, daß dasjenige Maß an „Freiheiten", welches bei Eröffnung der Duma *rechtlich* verwirklicht war, mit ganz unerheblichen Ausnahmen bereits das Werk des Ancien Regime *vor* dem Ministerium Witte war, entstanden in der Angst vor der aufgeregten öffentlichen Meinung, unter dem Eindruck des im Kriege verlorenen Prestiges und in der Hoffnung, irgendwie den Besitz auf die Seite der Bürokratie hinüberziehen zu können, *ohne* deren unumschränkter Macht für die Zukunft etwas zu vergeben. *Nachdem* die Errichtung der gesetzgebenden Gewalt im Oktobermanifest versprochen war, hat das Interimsministerium nichts neues in der von jenem versprochenen Richtung mehr getan, es hat mit allen denkbaren juristischen Manipulationen den formal konzedierten „jawotschnyj porjadok" für Presse, Vereine, Versammlungen, Religionszugehörigkeit der administrativen Willkür wieder unterstellt und vor allem zur Beseitigung des gänzlich arbiträren, an keinerlei Rechtsschranken gebundenen Schaltens über die Person des Staatsbürgers *nichts* getan. Man muß bedenken, was es eigentlich besagen will, wenn *an dem gleichen Tage,* an welchem der ganze ungeheure Zorn sich in der Duma bei Gelegenheit der Adreßdebatte entlädt und die Forderung der Amnestie der sogenannten politischen Verbrecher beraten wird, wo die Gefängnisverwaltungen nicht hindern können, daß Manifestationen und *Begrüßungstelegramme* der Inhaftierten an die Duma gelangen, jedes Dorf im weiten Reich auf das entscheidende Wort harrt, wenn an diesem Tage die trockene Nachricht sich in der Zeitung findet, daß aus dem Petersburger Gefängnis ein Transport von 240 Gefangenen, ohne Gericht und Urteil natürlich, zur administrativen Versendung „bereit stehe". Die Maschinerie arbeitet weiter, als ob nichts passiert wäre. Und dennoch: es waren eben Dinge geschehen, die nicht rückgängig zu machen waren. Gerade die Unaufrichtigkeit, mit welcher die Freiheiten offiziell gegeben, mit der anderen Hand im Augenblick, da man sie gebrauchen will, illusorisch gemacht werden, *muß* ja die Quelle unablässig sich wiederholender Konflikte und grimmigen Hasses werden, unendlich aufreizender als das alte offene, niederdrückende Repressionssystem. Man kann mit einer Nation und politischen Freiheitsrechten nicht ein Hasch-Haschspiel veranstalten, indem man sie ihr wie einem Kinde einen Ball hinhält und, wenn sie darnach greift, sie hinter den Rücken verschwinden läßt. Und ähnlich verhält es sich mit jener *„Konstitution"*, die das Manifest vom 17. Oktober, sei es auch in noch so zweideutigen Worten, versprochen hatte. Bevor wir uns der Behandlung dieses Versprechens durch die Bürokratie zuwenden, haben wir uns zu vergegenwärtigen, daß in jenen Oktobertagen der Führer des bürokratischen Rationalismus, Witte, dem Zaren neben dem zweideutigen Verfassungsmanifest, welches für die Zukunft dunkle Versprechungen gab, noch eine *alsbald* in Kraft tretende Änderung der konkreten Maschinerie der sogenannten „Selbstherrschaft" abnötigte, welche deren innerstes Wesen endgültig wandelte.

Der eigenartige Charakter des russischen Staatswesens äußerte sich bis zum Oktober 1905 formal in den höchsten Sphären des Staatslebens in zwei äußerlich wahrnehmbaren „Lücken“: 1. dem Fehlen der ministeriellen Kontrasignatur bei kaiserlichen Erlassen und 2. in dem Fehlen eines „Ministerkabinetts“ im westeuropäischen Sinn. Die kaiserlichen Erlasse, Ukase, Gesetze waren bis zu dem Grundgesetz vom 23. April 1906, welches die „Sskrjepljenije“ verfügte, entweder nur vom Kaiser namentlich unterzeichnet, oder es fand sich an der Spitze die Notiz: „auf dem Original ist Höchsteigenhändig vermerkt: ‚so sei es (bytt po ssjemu)‘“, oder endlich, es war dem meist eingehend begründeten, Erwägung und Verfügung nebeneinander enthaltenden Ministerialbericht oder Reichsratsgutachten am Schlusse die Bemerkung zugefügt, daß der Kaiser unter dem und dem Datum den Bericht Allerhöchst genehmigt habe. Die persönlichen Ukase und Manifeste und alle Gesetze pflegten einleitend allerhand schwülstige, angebliche Betrachtungen des Monarchen nach Art der preußischen aus dem Anfang des 19. Jahrhunderts zum besten zu geben. Dies müßte nun eigentlich ein Ende nehmen. Allein dem ist nicht so. Der erste, *nach* dem Zusammentritt der Duma sanktionierte Erlaß – vom 8. Juni (Verlängerung des Belagerungszustandes in Moskau) – trug keine Kontrasignatur. Auf die Reklamationen der Presse erfolgte ein Kommunique im „Prawit. Wjestnik“ (17. Juni), welches besagte, daß der *Senat,* der ja schon unter dem Ancien Regime die Authentizität der Erlasse vor der Publikation zu prüfen habe, auch die ordnungsmäßige „sskrjepljenije“ – der Wortsinn schwankt zwischen „Bestätigung“ und „Beglaubigung“ – prüfe. Also eine Art Kontrasignatur mit Ausschluß der Öffentlichkeit, um jeden Anklang an „den Westen“ zu vermeiden. Überdies ist für „Gesetze“ nicht die „sskrjepljenije“ des Ministeriums, sondern – da sie nach ihrer Annahme in den beiden Kammern direkt durch den Reichsratspräsidenten dem Zaren präsentiert werden – durch den „Staatssekretär“ vorgeschrieben (Art. 65 der definitiven Reichsratsordnung vom 24. April 1906), auch hier also die Intervention des „verantwortlichen“ Ministers *formell* ausgeschaltet. Es handelt sich hier ganz offensichtlich um lauter Rückwärtsrevidierungen des Sinnes des gleich zu erwähnenden Ukas vom 21. Oktober 1905.

Allein trotz dieser kleinen Erschleichungen sind durch diesen Ukas Dinge geschaffen, welche de facto nicht wieder rückgängig zu machen sind, und durch welche schon vor der „Konstitution“ die Art des Zustandekommens der Gesetze sich zu ändern wenigstens *begonnen* und die Art des Ineinandergreifens der höchsten Staatsorgane sich wirklich in weittragendster Art geändert hat. Fast mehr als die Schaffung der Duma durch das Gesetz vom 6. August 1905 und selbst als die Zusage, daß ohne ihre Zustimmung kein Gesetz in Kraft treten solle, fuhr den Slawophilen konservativer Richtung die Umgestaltung des „Ministerrates“, seine Annäherung an ein „Kabinett“ mit dirigierendem Premierminister, durch den Ukas vom 21. Oktober 1905 in die Glieder. Bis dahin existierten neben dem, aus für Lebenszeit ernannten Mitgliedern, meist Exbeamten, oft abhängigen und gelegentlich halb verblödeten „vergangenen Größen" bestehenden „Reichsrat", dessen Begutachtung alle „Gesetze" zu passieren hatten, die beiden Institutionen: 1. des Ministerkomitees, 2. des Ministerrates. Ersteres bestand nicht nur aus den jeweiligen Ministern, sondern daneben aus verschiedenen anderen Beamten, und sein „Präsident" war ein Sinekurist, der bis in die letzte Zeit gar kein Büro besaß und auch keines solchen bedurfte. Seine Geschäfte waren nicht etwa Entschließungen hochpolitischer Art, sondern umgekehrt: 1. die Erledigung bestimmter laufender interdepartementaler Geschäfte und 2. besondere, ihm durch Gesetz zugewiesene Zuständigkeiten, wie z. B. Konzessionierung von Aktiengesellschaften und dergleichen. Der Ministerrat dagegen war, nach preußischer Terminologie, ein Kronrat, präsidiert vom Monarchen oder, wenn dieser für einen Gegenstand „nähere Beratung in seiner Abwesenheit" wünschte, vom ältesten anwesenden Minister. Einberufen auf kaiserlichen Befehl, zur Beratung von Gesetzesänderungen und anderen politisch besonders wichtigen Verfügungen eines Ressorts, Entschließungen über die Berichte der so beliebten „besonderen Kommissionen", welche konkrete Probleme von allgemeiner politischer Bedeutsamkeit beraten hatten, oder für andere, vom Monarchen bestimmte Angelegenheiten, bestand er aus allen Ressortchefs *und anderen,* ad hoc vom Monarchen berufenen Personen, unter Teilnahme des Sekretärs des Reichsrates. Im übrigen gab es weder einen Premierminister, der die Vorträge seiner Kollegen beim Monarchen ein für allemal zu kontrollieren das Recht hatte, noch überhaupt geregelte Beratungen eines Staatsministeriums im Sinne z. B. der preußischen Praxis. Die Beziehungen der Ressorts hingen – außer in den Fällen, wo das Gesetz oder das Gebot des Monarchen ein anderes bestimmt vorschrieb – von dem persönlichen Gutbefinden der Chefs und ihren Beziehungen untereinander ab.

Die Folge war jener Zustand, den man in der Tat mit nicht allzu großer Übertreibung dahin charakterisieren konnte, daß das Reich in eine Vielheit von *Satrapien* zerfiel, deren Gebiete nur nicht regional, sondern nach sachlichen „Ressorts" abgegrenzt und konstant streitig waren, und welche miteinander in einem ständigen Wechsel von Kriegszustand, mühsam hergestelltem Waffenstillstand, Bündnissen und wieder beginnenden Intrigen lebten. Die Bombardements zwischen deren Potentaten im Fall des ausbrechenden Kriegszustandes erfolgten in Gestalt oft dickleibiger, zuweilen Hunderte von Druckseiten füllender Staatsschriften, zu deren Ausarbeitung für das angreifende oder angegriffene Ressort dessen nicht selten in Deutschland geschulte wissenschaftliche Hilfskräfte im Schweiße ihres Angesichts alle denkbare in- und ausländische staatsrechtliche, ökonomische und historische Literatur zu wälzen hatten, und die in den Fällen, wo sich einmal ein Einblick in sie eröffnete, eine höchst ergötzliche, zuweilen sogar eine, wenn auch nicht kurzweilige, so doch sachlich ganz interessante Lektüre bilden. Es ist gar nicht selten von guten Kennern, Russen und anderen, die

Frage, ob dabei die Interessen des Landes gut gefahren seien, aus ganz den gleichen Gründen entschieden *bejaht* worden, aus denen man die Bestechlichkeit und den Schlendrian mancher Schichten der russischen Beamtenschaft als ein positives Gut gewertet hat. Denn ein Versuch, sich in die russische Maschinerie von Reglements inner- und außerhalb der 16 Bände des „Sowod" zu vertiefen, muß den Eindruck erwecken, daß das Unternehmen, diesen Wust ernstlich für effektiv geltendes *Recht* zu nehmen, das Leben nicht nur für den „modernen" Menschen zur Unmöglichkeit machen, sondern, ähnlich wie es die „technischen Obstruktionen" der Eisenbahner in Italien erfolgreich versuchten, diese ganze Maschinerie selbst ad absurdum führen müßte. Und jedenfalls: *ausschließlich* vom Standpunkt der inviduellen Bewegungsfreiheit der „bürgerlichen" Kreise aus betrachtet, konnte jede Hemmung, die sich das „System" des selbstherrlichen Regimes selber bereitete, jeder – mit Leroy-Beaulieu zu sprechen – noch so schmutzige Kanal, durch den ein Entschlüpfen aus den Netzen dieses furchtbaren bürokratischen Rationalismus möglich blieb, für einen Schutz der Menschenwürde der Untertanen gelten: die tiefst gehaßten Beamten waren nicht zufällig die „pedantischen" Deutschen, welche ehrlich an die „Weihe" der „Reglements", welche dieses „System" aus sich gebar, glaubten, oder unbestechliche zentralistische Rationalisten großen Stils wie Plehwe. Die alte patriarchale Selbstherrschaft war nur als ein System des möglichst wenig wirklich „regierenden" Schlendrians überhaupt rein technisch durchführbar.

Der Ukas vom 21. Oktober 1905 nun bedeutete das Schwinden des noch vorhandenen Scheins der „Selbstherrschaft" im alten Sinn und die definitive Errichtung der zentralisierten Herrschaft der modernisierten Bürokratie. Zwischen den Monarchen und die Ressortchefs tritt der „Ministerrat" und sein Präsident, der stets selbst Minister, wenn auch evtl. ohne Portefeuille, ist (Nr. 3). Die Teilnahme ad hoc vom Monarchen einberufener Personen, ebenso diejenige des Reichsratssekretärs an den Sitzungen dieses fortan nur aus den Ressortchefs bestehenden Ministerrates fällt fort, nur der Ministerpräsident kann andere sachkundige Personen zur Teilnahme mit beratender Stimme ad hoc einladen (Nr. 9). Der Monarch *kann* dem Ministerrat präsidieren, aber dies ist als Ausnahme gedacht (Nr. 5). Über die der Allerhöchsten Bestätigung bedürftigen Beschlüsse des Ministerrats hält der Ministerpräsident allein dem Monarchen Vortrag (Nr. 7), ebenso über alle im Ministerrat entstehenden und nicht innerhalb seiner beigelegten Meinungsdifferenzen (Nr. 16). Er hat das Recht, von allen Ressortchefs die ihm notwendig scheinenden Aufklärungen und Berichte zu verlangen, ihm sind alle Berichte der Ressortchefs an den Monarchen vorher zur Kenntnis zu bringen (Nr. 17); er hat auch das Recht, beim Vortrag zugegen zu sein. Er ist berufen, eventuell neben dem Ressortchef jedes Ressort im Reichsrat und in der Duma zu vertreten. Er hat neben dem Ressortminister das Recht, eine Angelegenheit vor den Ministerrat zu ziehen (Nr. 11). Alle vor den Reichsrat und die Duma kommenden Angelegenheiten *müssen* vor den Ministerrat gebracht werden (Nr. 12), und es darf überhaupt keine, eine „allgemeine Bedeutung" besitzende, Angelegenheit ohne Passierung des Ministerrats vom Ressortchef erledigt werden (Nr. 13) ; nur bezüglich der Angelegenheiten des Kaiserlichen Hofes und der Apanagen, der Staatsverteidigung und der auswärtigen Politik ist dies auf die Fälle beschränkt, in denen die Ressortchefs es für notwendig halten (Nr. 14). Die Vorschläge für die Besetzung der obersten Stellen in der Zentral- und Provinzialverwaltung haben die Ressorts an den Ministerrat zu bringen, ausgenommen die Ressorts des Kaiserlichen Hofes und der Apanagen, des Heeres und der Flotte sowie der Diplomatie. Das bisherige Minister-„Komitee" wurde Schritt für Schritt aufgelöst und verlor bei Einberufung der Duma den letzten Rest seiner Kompetenzen.

Jeder sieht sofort, was hier geschaffen ist: die definitive bürokratische Rationalisierung der Autokratie auf dem ganzen Gebiete der inneren Politik, welche heute nun einmal den *Fachmann*, und das heißt, bei mangelnder Selbstverwaltung: *ausschließlich* den Bürokraten fordert. Der Autokrat – auch eine weniger nichtige Persönlichkeit als der regierende Zar – erhält die innerpolitischen Fragen nur vom Premierminister und Konseil „vorgekaut"; die bürokratischen Interessen sind in dem letzteren Organ zu einem mächtigen Trust vereinigt, er ist, um das für den parlamentarischen Ministerverbrauch Frankreichs aufgekommene Bild zu gebrauchen, auf die Rolle eines Keglers beschränkt, der, wenn er *will*, jedes Mal „alle Neun" wirft, dann aber auch selbst die Mühewaltung des Kegeljungen auf sich nehmen muß. Die Anträge an die liberalen Politiker, in „sein" Kabinett einzutreten, gingen denn auch ganz in westeuropäischer Art vom *Premierminister*, Grafen Witte, aus, und obwohl diese sämtlich ablehnten, wurde doch fast das gesamte Ministerium neu gebildet. Da auch der Reichsrat, wie noch zu erwähnen, in eine parlamentarische, daher zur intimeren *Beratung* des Zaren nicht fähige Körperschaft verwandelt worden ist, bleibt vor der Hand dem Zaren – mit Bismarck zu sprechen – als einziges „Bekleidungsstück" *nur* der Ministerkonseil. Die daraus folgende Wertlosigkeit des Monarchen gegenüber der Bürokratie wird auch dadurch natürlich nicht gemindert, daß er in noch so vielen Einzelfällen immer einmal wieder rücksichtslos *gegen* den Konseil durchzugreifen sich entschließen und dies sicherlich eventuell sehr erhebliche politische Folgen haben kann: er ist aus dem Taktschritt des „Dienstes" ausgeschaltet und sein Tun dem Wesen der Sache nach zur *Systemlosigkeit* verurteilt, während auf der anderen Seite auch hier gilt, daß „die *Maschine* nicht müde wird". Seinem faktischen Einfluß kam der Krieg der Ressort-Satrapien zugute; jetzt ist er de facto wesentlich auf eine *Veto*gewalt beschränkt, soweit der Bereich der Tätigkeit des Konseils sich erstreckt; auch wenn er eine private „Nebenregierung" aus den Großfürsten oder anderen „Vertrauensleuten" bildet, wie es angeblich auch jetzt der Fall ist, ist sein Eingreifen ein entweder durch die Interessen bestimmter Kliquen dirigiertes oder ein ganz zufälliges. Zu ungeheuerlichen Dimensionen würde aber die monopolistische Stellung des Konseils bei einem System des *Schein*konstitutionalismus anschwellen müssen, wo die Minister mit einem von ihrer Verwaltungsmaschinerie fabrizierten, des *rechtlich* gesicherten Einflusses entkleideten Schattenparlament schalten und walten würden. Ganz anders – und dies wäre, so seltsam es heute manchem klingt, das sicherste Mittel für den Monarchen, faktischer *Herr* der Bürokratie zu bleiben – *könnte* sich das Verhältnis entwickeln bei *rechtlich* voller Durchführung des „konstitutionellen" Systems; denn dann ist eventuell die Bürokratie auf den Monarchen *gegenüber* dem Parlament angewiesen und steht mit ihm in Interessen*gemeinschaft.*

So wenig sich über diese Dinge, bei denen dem Wesen der Sache gemäß stets „alles im Flusse" ist, generelle Sätze aufstellen lassen, so ist doch aus dieser Möglichkeit heraus die faktisch oft so viel stärkere Position *formell*-rechtlich strikt konstitutioneller Monarchen (Preußen, Baden) zu erklären. Ja, das rein *parlamentarische* „kingdom of influence" *kann, gerade* infolge seiner bewußten *Bescheidung,* ein Maß von positiver systematischer Arbeit im Dienste seines Landes leisten, welches dem „kingdom of prerogative" nicht erreichbar ist, weil die dynastische Eitelkeit oder die Schwellung des Selbstbewußtseins, welche durch das rechtlich anerkannte Bestehen seiner Kronprärogative so leicht in Bewegung gesetzt werden, ihn zu persönlichen Ambitionen verleitet, die nun einmal mit der Realität des heutigen Staatslebens, welches mit dem Dilettantismus des Herrschers, wie ihn die Renaissancezeit kannte, nichts anfangen kann, nicht ohne schweren Schaden vereinbar sind. Für das Zarentum darf man – welches auch das weitere Schicksal der „Konstitution" für den Augenblick sein mag – gespannt sein, welche Wege es einschlagen wird.

Der in seiner Wurzel slawophile Vorschlag Schipows vom April 1906, den Reichsrat lediglich oder doch gänzlich überwiegend aus Vertretern der Semstwos und ähnlicher Korporationen zusammenzusetzen und ihn dann – im Gegensatz zu der bald zu besprechenden, jetzt bestehenden Neuerung – *nur* als eine den Zaren unmittelbar *beratende* Körperschaft, unabhängig von der allein an der Legislative zu beteiligenden Duma, bestehen zu lassen, beruht, *theoretisch* betrachtet, auf einem teilweise richtigen Gedanken: so wie er durch die Gesetze vom 20. Februar 1906 geworden ist, ist der Reichsrat *nur* eine Bremse für die Duma und nur im Sinne und Interesse der kraft Gesetzes in ihm die absolute Stimmen*mehrheit* besitzenden *Bürokratie.* Der Zar seinerseits dagegen hat an einer solchen Körperschaft, die nach parlamentarischer Geschäftsordnung verhandelt und beschließt, für sich nicht die geringste Stütze. Dagegen ein rein beratendes, *nicht zu großes* Gremium, mit dem er direkt verkehrte, könnte – so nimmt diese Theorie offenbar an – nicht nur für die „positive" Arbeit *einflußreicher* (im Sinne der darin vertretenen Kreise), sondern auch für Zaren, die es zu gebrauchen verständen, eine starke Stütze gegen die Bürokratie sein. Bei der mangelnden „Intimität", die ein notwendig *mindestens* 60 bis 80 Mitglieder umfassender Körper bedingt, dürfte der Erfolg immerhin stark bezweifelt werden.

Wie dem nun sei, soviel steht fest, daß die Ordnung, die der Ukas vom 21. Oktober geschaffen hat, die Akme der bürokratischen Machtstellung Wittes bedeutete. Die darin von ihm für sich geschaffene Position des Premierministers wirklich zu behaupten, ist ihm nicht gelungen: wie im „Fall Miquel" bei uns, zeigte sich auch hier, daß *nur* mit, noch so großem, Intellekt und *gänzlich* ohne das, was man „politischen Charakter" nennt, ein maßlos ehrgeiziger Mann (wie beide Staatsmänner es waren) schließlich doch nur dazu gelangt, dem Besitz des Portefeuilles schlechthin alles zu opfern und ohne Ehre vom Schauplatz abzutreten. Nachdem er für die *Börsen* lange genug an seinem Platze gestanden hatte und die Anleihe im Hafen war, verschwand er, und nicht einmal die Behauptung des Staatskredits war ihm gelungen in dem Sinne, den sicherlich er selbst damit verband. Anstatt im Januar, wo er *noch* unentbehrlich war, die Kabinettsfrage gegen Durnowo zu stellen, fügte er sich diesem Individuum, dem einzig bestechlichen Mitgliede des Konseils, verdammte sich zu absoluter Einflußlosigkeit und gab sich dem Haß und der Verachtung der „Gesellschaft" preis, ohne das Vertrauen des Zaren zu gewinnen; er machte sich so auch als etwaiger künftiger „Retter" unmöglich (oder doch nur sehr schwer möglich). Allein hier ist nicht von Witte persönlich die Rede. Fest steht, daß, wenn jetzt die Rationalisierung des Bürokratismus in Rußland weiterhin unvermeidlich um sich greift und nach unten fortschreitet, alle slawophilen Ideale an der Wurzel getroffen werden.

Damit aber ist der Krieg der „Gesellschaft" gegen die Bürokratie in Permanenz. Wie „Nowoje Wremja" das meines Wissens einzige große Blatt war, welches dem Grafen Witte zum Bleiben zuredete, mit der in diesem Falle besonders geschmackvollen Devise: „Noblesse (!) oblige", so ist die Schicht der modernen großkapitalistischen Unternehmerschaft und der Banken die einzige, außerhalb des Beamtentums stehende Schicht, welche mit einer Herrschaft der Bürokratie in scheinkonstitutionellen Formen und unter der Voraussetzung, daß dem Gelderwerb freie Hand gegeben wird und die staatliche „Subátowschtschina" verschwindet[3],

[3] Das damals bestehende russische sog. „Streikrecht". – Gegen die Duma werden die Großkapitalisten natürlich *immer* zur Bürokratie stehen und sich selbst die weitestgehenden *formalen* Rechte dieser gefallen lassen. Auch bei uns flehten z. B. vor den Verhandlungen des Vereins für Sozialpolitik, Herbst 1905, manche Kartell-Vertreter in förmlich ergötzlicher Weise darum, daß „der Staat" mit ihnen eine Interessengemeinschaft eingehen, sie „*erziehen*" (sic!) solle usw., – wohl wissend, daß bei dieser so ersehnten Umarmung die Kartelle die Brunhilde sein und der „Staat", falls er sich zu viel herausnehmen sollte, das Schicksal König Gunthers erfahren würde.

sich ganz gern einverstanden erklären würde. Nun hat aber, wie noch zu erzählen sein wird, die Bürokratie bei ihren *Wahlgesetzen* sich dergestalt in ihre eigenen Netze verstrickt, daß sie diesen ihren Lieblingen nicht helfen konnte: die „Handels- und Industriepartei" – wie wir sehen werden: die Klassenvertretung der Bourgeoisie im strikten Sinne dieses Wortes – hat *einen* einzigen Abgeordneten durchgebracht. Die ganze übrige russische Gesellschaft steht wie ein Mann *gerade* gegen die Entwicklung der alten Selbstherrschaft zu einer modernen rationalen Bürokratie, einerlei welche Parteistellung sie sonst einnimmt. Der rote Schrecken scheucht die Besitzenden zeitweilig in ihren Schatten, aber wir werden uns bald zu überzeugen haben – das ist das Interessante der Entwicklung zur Zeit des Interimsministeriums –, daß selbst er nicht imstande ist, der russischen Gesellschaft das in der Konsequenz der Technik der modernen bürokratischen Arbeit liegende System des „aufgeklärten", d. h. bürokratisch rationalisierten, Absolutismus der Aktenstube aufzuerlegen, die Kluft sich vielmehr derart erweitert, daß, nach endgültiger Vernichtung der patriarchalen Ideale der Staatstheorie des Slawophilentums, nur um den Preis des chronischen Bürgerkrieges die *rechtliche* Einschränkung der Bürokratie vermeidbar wäre: wir sahen schon, daß das Interims-Regime nicht einmal rein äußerlich die Herstellung der „Ruhe" erzwingen konnte.

*

Als eine Verletzung des „Geistes" des Manifestes vom 17. Oktober erschien – und zwar nicht nur der Demokratie, sondern auch den gemäßigten Slawophilen, wie Schipow – die Einsetzung des Reichsrats, einer bisher rein beratenden Instanz, in die gleichen Rechte mit der Duma. Zwar wurde der Reichsrat durch Mitglieder ergänzt, die vom Adel, der Geistlichkeit, den Semstwos, den Universitäten und von Gewerbe- und Industriekörperschaften zu wählen waren, aber der Kaiser konnte eine ihrer Zahl zusammengenommen *gleichkommende* Anzahl von Mitgliedern ernennen, und der von ihm *ernannte* Reichsratspräsident hatte den Stichentscheid. Da die ernannten Reichsratsmitglieder nur auf eigenen Antrag entlaßbar sind, ein Pairsschub durch ein etwaiges, der Duma entnommenes Ministerium also unmöglich ist, bedeutete das *formal* die Obstruierung des Fortschritts der Gesetzgebung durch die *ernannte* Reichsratsbürokratie. Die gesamten, der Duma zugewiesenen Befugnisse erweisen sich, bei Licht besehen, in der Tat nur als eine mäßige Änderung des Gesetzes vom 6. August, strikt in dem Sinn, daß der Duma – aber ebenso dem erweiterten Reichsrat – ein *Veto* gegen neue *dauernd* gelten wollende „Gesetze" eingeräumt war. Die gesamten Beziehungen zwischen Regierung und Volksvertretung wurden unter der axiomatischen Voraussetzung geordnet, daß die *Volksvertretung der natürliche Feind der Staatsgewalt* ist und immer bleiben wird. Es ist von vornherein klar, daß darauf die bekannte, mit vieler Entrüstung oft der Demokratie (namentlich der deutschen) vorgeworfene Anschauung: daß die Regierung der natürliche Feind „des Volkes“ sei, die *einzig mögliche* Reflexempfindung gewesen wäre, – wenn sie nicht ohnedies seit Jahrzehnten durch das Verhalten der Bürokratie den Massen beigebracht wäre.

*

Die *Kodifikation* der Karikatur eines immerhin heute so mächtigen Rechtsgedankens, wie es der Konstitutionalismus ist, kann auf die Dauer sehr anders wirken, als die Kodifikatoren erhoffen. Mit einer Art von Bauernschlauheit sucht die verschmitzte Mongolentücke dieser – bei aller Tüchtigkeit vieler Einzelner und bei allem Raffinement der Technik – doch *politisch* unendlich stupiden Bürokratie klüglich alle Maschen des *juristischen* Netzes zu schließen, auf daß das Parlament sich in ihnen verfange und gefesselt bleibe. Aber wie die „Heuchelei die Verbeugung des Lasters vor der Tugend“ ist, so ist die ausdrückliche Kodifikation eines derart tief unwahrhaftigen Scheinkonstitutionalismus eine ebenso tief erniedrigende „Verbeugung der ‚Idee‘ der Autokratie vor dem konstitutionellen Prinzip“, sie schädigt auf die Dauer nicht die Achtung vor diesem Prinzip, sondern sie schädigt die Autorität der Krone, die so offensichtlich sich zwingen läßt, „Konzessionen“ an ein ihrer Eitelkeit und ihrem Herrenkitzel widerliches System zu gewähren, statt offen und ehrlich eine *Probe* mit ihm zu machen. Wenn eine solche „ehrliche Probe“ tatsächlich zur Phrasenherrschaft, Verkennung der durch das Entwicklungsstadium gegebenen „Möglichkeiten“ und zu Versuchen einer pseudoparlamentarischen Kliquenherrschaft geführt hätte, *dann* hätte diese alte Krone mit ihrer – trotz allem – noch immer tief im Bewußtsein der Masse wurzelnden religiösen Weihe neben den Bajonetten auch die Macht „ideeller“ Kräfte – und seien diese noch so „illusionistischen“ Charakters – auf ihrer Seite gehabt, wenn sie alsdann über das formale Recht hinwegschritt und die „Probe“ für mißlungen erklärte: ihr Ansehen wäre auf Kosten ihrer wirklich gefährlichen Gegner auf lange hinaus gestärkt aus dem Kampfe hervorgegangen. Jetzt, wo jede Bewegung des Parlaments auf juristische Stacheldrähte stößt, ist die Sachlage aber offenbar genau die umgekehrte: das Parlament ist in der Lage, die Massen mit der Überzeugung zu erfüllen, daß die Probe, mit der *Krone* zu regieren, „mißglückt“ sei, und, wenn man es auseinanderjagt und mit Gewalt und Trug eine „Landratskammer“ erzwingt, so hat die *„Idee“* des Zarismus die Kosten zu tragen. –

*

Das Bulyginsche Wahlgesetz (Wahlverordnung vom 6. Aug. 1905) beruhte auf dem Gedanken einer im Anschluß an das bestehende Semstwowahlrecht ziemlich kompliziert konstruierten Klassen- und Ständevertretung. Innerhalb jedes Wahlbezirks – der normalerweise mit dem Umfang eines Gouvernements zusammenfällt – sollten einerseits die Vertreter des privaten Grundbesitzes, die großen persönlich, die kleinen, bis zum Minimalzensus von ein Zehntel desjenigen der großen, durch Bevollmächtigte, andererseits die Vertreter des städtischen Hausbesitzes und mit ihnen zusammen aller anderen Arten „beweglichen" Besitzes: Handels- und Industriekapitalien und desjenigen „beweglichen" Vermögens, welches sich in der Innehabung besonders wertvoller Wohnungen äußert, in zwei gesonderten Sitzungen zur Wahl von Wahlmännern schreiten; als dritte Klasse hatten, wiederum gesondert, die Bauern (im *ständischen* Sinne des Wortes, also die in die bäuerlichen Steuerlisten Eingetragenen) Wahlmänner zu wählen. Bei der Deputiertenwahl war dann den „Bauern" das Privileg gegeben, in jedem Bezirke Einen aus ihrer Mitte in die Duma zu schicken, alsdann wählten sie mit den Wahlmännern der beiden anderen Klassen zusammen den Rest. Der Zensus in den städtischen und ländlichen Zensusklassen war etwa so bemessen, daß Besitz im Werte von 30.000 bis 50.000 Rubel oder ein Einkommen in Höhe von mindestens wohl 3.000 Rubel dazu gehörte, um denjenigen Bedingungen (Zahlung bestimmter Steuern, Minimalumfang des Grundbesitzes) zu genügen, an die der Besitz einer eigenen Stimme bei der Wahl der Wahlmänner geknüpft war: die kleinen Eigentümer auf dem Lande (*nur* dort) hatten Kurienwahlrecht. Man schloß also nicht nur das Proletariat (außer dem bäuerlichen), sondern auch den „unteren Mittelstand" (Handwerker, mittlere Beamte), vor allem aber die nicht mit erheblichem Besitz verknüpfte *Intelligenz* aus, diese noch speziell durch Aufstellung des gegen populäre „Leader" gerichteten Prinzipes der Wahl „aus der Mitte" des *(örtlichen)* Wahlkörpers selbst, Verbot der Doppelkandidatur und andere Kautelen. So hoffte man die Interessenten des Besitzes auf der einen Seite, die für „autoritär" gehaltenen Bauern auf der anderen mit den Interessen der Bürokratie zu verbinden. Die Wahlmänner des „beweglichen" Besitzes waren dabei überall in die Wahlgemeinschaft mit den beiden anderen Klassen hineingebannt und nur eine Anzahl größerer Städte als selbständige Wahlbezirke konstitutiert. Großgrundbesitz und Bauern sollten sich also in die Macht teilen, daneben die „Bourgeoisie" im spezifischen Sinne des Wortes und die „Hausagrarier" der Städte eine warme Ecke reserviert erhalten …

Das Manifest vom 17. Oktober versprach nun Ausdehnung des Wahlrechts auf die nach diesem System unvertretenen Klassen, – und dies schien alle jene Finessen über den Haufen zu werfen. Die Bürokratie suchte jedoch mit Geschick die Wirkungen der starken Verbreiterung der Wahlrechtsbasis, zu der sie sich genötigt sah, dadurch für sich unschädlich zu machen, daß sie den Strom der neu hinzukommenden Wähler fast ganz in einen einzigen Kanal hineinströmen ließ: in die, gegenüber den beiden Wählerklassen der ländlichen Grundbesitzer und der Bauern, in hoffnungsloser Minderheit befindliche Klasse der den *beweglichen* Besitz vertretenden Wähler. Die Zahl dieser *Wähler verzwanzigfachte* sich mindestens, – die Zahl der von ihnen zu ernennenden *Wahlmänner blieb die gleiche.*

*

Wäre im Herbst 1904, vor dem Fall Port Arthurs, oder wenigstens statt des dem Zaren offensichtlich abgerungenen und ganz unbestimmt gehaltenen „Reskripts" vom 18. Februar 1905 eine „Konstitution" mit Zensus- oder Klassenwahlrecht oktroyiert und alsbald durch Wahlausschreiben und Einberufung der Volksvertretung in Kraft gesetzt worden, so war eine zu weitestgehendem Entgegenkommen bereite, „dankbare" bürgerliche Duma höchst wahrscheinlich. Dynastische Eitelkeit und die Interessen der Bürokratie ließen den Zeitpunkt verpassen. Hätten nun wenigstens für die Zensusduma des Bulyginschen Entwurfs die Wahlen alsbald Anfang August ausgeschrieben und der Zeitpunkt des Zusammentritts bekannt gegeben werden können, dann war die Möglichkeit immerhin nicht ausgeschlossen, daß man ein Parlament bekommen hätte, mit dem Witte bei seinem damaligen Nimbus hätte regieren können. So aber kam der Oktoberaufstand dazwischen, und nun lagen nach dem Manifest vom 17. Oktober – einer reinen und offenkundigen, schmählichen persönlichen Niederlage des Zaren – alle Chancen auf Seite der Demokratie. Vom *egoistischen* Standpunkt der Bürokratie aus war „Abwarten" nunmehr das „taktisch Richtige", wenn man eben den Scheinkonstitutionalismus und nicht eine „ehrlich" konstitutionelle Politik *wollte.* Als nun aber die Dezembervorgänge und die Bauernunruhen ihre Wirkung getan hatten, wäre der Moment gegeben gewesen. Wäre man damals, Ende Dezember, im Besitz eines Wahlgesetzes und der Wählerlisten und also in der Lage gewesen, jetzt alsbald, und natürlich auf Grund einer politischen Verständigung mit den führenden Kreisen des „Besitzes", Wahlen abzuhalten, dann ist mit einem sehr hohen Grade von Wahrscheinlichkeit anzunehmen, daß das Ergebnis sehr wesentlich „günstiger" ausgefallen wäre als zwei Monate später. Aber nun schwankte man wieder, ob denn dieser „Kelch" nicht doch vielleicht ganz vorübergehen könne, und dann kam die *Technik* der Wahlen dazu, um abermals eine Frist von mehreren Monaten bis zum Vollzug der wichtigsten Wahlen zu schaffen. Dieser lange Zwischenraum konterkarierte alles, was man mit dem Gesetz zu erzielen gehofft hatte.

Wenn der Gesetzgeber etwa geglaubt hatte, die Hitze der Wahlagitation oder die exklusive Bedeutung des Parteiwesens herabzusetzen, so wurde er trotz des törichten Boykotts der äußersten Linken gründlich enttäuscht. Nicht nur war gerade bei diesem Wahlverfahren die Prämie auf die Parteidisziplin *sehr* hoch, sondern überdies mußte gerade die mit der Verzwicktheit des Systems zusammenhängende *lange Dauer* der Wahlkampagne die Agitation, wo sie nicht überhaupt einfach gänzlich unterdrückt werden konnte – und das zeigte sich schwieriger, als man geglaubt hatte –, schließlich bis zur Siedehitze ansteigen lassen. Tatsächlich ist dies das Eigenartige an der gegenwärtigen russischen Entwicklung, daß alle Erscheinungen der westeuropäischen ökonomischen und staatlichen „Zivilisation" plötzlich und ganz unvermittelt in das – mit Ausnahme der obersten Schicht – noch immer archaistische Milieu dieser Gesellschaft hineintreten …

Ungleich größer als die Zahl der abgehaltenen ist, wenigstens für die Linke, die Zahl der infolge des ganz dem Ermessen der lokalen Behörde (Gouverneur) anheim gegebenen Verbotes – welches übrigens gelegentlich auch Versammlungen der Mittelparteien traf – wieder abgesagten Versammlungen, Vortragsabende und Zyklen. Und diese letzteren waren für die Parteiagitation nicht etwa wertloser als die ersteren, – im Gegenteil. Für die Massen in den Städten und ebenso für die Bauern stand es ja – wen sollte das eigentlich wundern? – völlig fest, daß, was die Bürokratie verbietet, notwendig etwas Vortreffliches sein müsse, das sie „dem Volke" nicht gönnt. Die Behörde übte auf diese Art im Effekt nur eine Art Sanitätspolizei für die Nerven der Agitatoren, besonders unserer russischen Kollegen, deren Leistungsfähigkeit ohnehin die Begriffe eines an eine gewisse Gemächlichkeit gewöhnten deutschen Professors weit hinter sich läßt: neben der rednerischen „Kraftentfaltung" geht die publizistische her, und es ist wiederum unglaublich, welche Flut von jeweils auf den umfassendsten, wenn auch stets einander unvereinbarlich widersprechenden, statistischen Rechnungen beruhenden Artikeln, namentlich über agrarpolitische Fragen, nicht nur zwischen den verschiedenen Parteirichtungen, sondern auch in unausgesetzter Kanonade *innerhalb* einer und derselben Zeitung zwischen Parteigenossen aus den Universitätskreisen gewechselt worden ist. Ein Versammlungsverbot war für den halbtoten Redner dann eine Wohltat, und überdies verschaffte er der betreffenden Partei die denkbar wirksamste Reklame, sicher oft eine weit bessere, als der Vortrag selbst es hätte tun können, und dabei *kostenlos.* Und das bedeutet bei diesem Wahlsystem auch etwas. Denn auch die Kosten der Wahlkampagne sind relativ ganz unverhältnismäßig. Schon die Ausgaben der Regierung müssen sehr bedeutende sein. Im Gegensatz zu Frankreich und England und im Einklang mit Deutschland hat man – hier das erste Mal natürlich notgedrungen, aber nach dem Gesetz auch für die Zukunft – das System der Schaffung von Wählerlisten ad hoc, für die einzelne Wahl, adoptiert …

Welche bedeutenden Kosten bei einer so komplizierten Wahltechnik für die Parteien entstehen müssen, liegt auf der Hand. Es ist ja unter anderem auch der Wunsch, die Wahlkampagne zu vereinfachen und mit geringeren Kosten – geistigen sowohl wie materiellen – zu bestreiten, was die Presse und die bestorganisierten Parteien – Sozialisten und Klerikale – des Westens auf den Ersatz der indirekten durch die direkte Wahl drängen läßt. Das Interesse der Massen an der Wahl und damit die Stoßkraft der „Demagogie" ist bei der letzteren Form der Wahl mit weit geringerem Aufwand von Mitteln zu erhöhen als bei der ersteren.

*

Durch den Formalismus, mit dem die Regierung künstlich die Intelligenz, namentlich das gefürchtete „dritte Element", von der Wählbarkeit durch die Bauern auszuschließen suchte, und durch ihr Filtriersystem konnte sie zwar den Durchschnitt des geistigen Niveaus der Deputierten herabdrücken, aber die Wahlkandidaturen gerade der ihr gefährlichsten Klasse, der „Bauernintelligenz", *nicht* treffen, sondern deren Stellung nur festigen. Soweit sie sich nicht durch den törichten Boykottbeschluß selbst von der Teilnahme an den Wahlen ausschloß, konnte gegen sie – nach den Vorstellungen der Polizeibürokratie – nur Gewalt helfen, und diese wieder wirkte, wo immer sie angewendet wurde, als *Reklame*. Verhaftete Bauernbevollmächtigte haben aus der Haft heraus der Polizei telegraphisch für die Arbeit gedankt, die sie für ihre Wahl geleistet habe, – und sie hatten, wie sich herausstellte, allen Grund dazu. Die Anwendung polizeilicher Gewalt verletzt das Gerechtigkeitsempfinden des russischen Bauern überall und immer, obwohl und, zum Teil, weil er gewohnt und geneigt ist, sich ihr äußerlich zu fügen, in wahrscheinlich weit stärkerem Maße als in anderen Ländern. Denn er sieht eben darum in ihr schlechterdings nichts „Sittliches", nichts als die rein „zufällige" brutale, sinnlose Faktizität der Macht, die in den Händen von Leuten liegt, die seine geschworenen Feinde sind. Es konnte sich nur das eine fragen, ob jenes trotzig-verschwiegene Gerechtigkeitsgefühl oder die Furcht vor der Polizei bei der Wahl das stärkere Motiv abgeben würde. Die Regierung setzte das letztere voraus, und man wird ihr zugestehen müssen, daß sie wenigstens in dieser Hinsicht „das Ihre" getan hat …

Der gänzliche Mißerfolg bei den Wahlen kam nach solchen Vorkehrungen der Regierung selbst und ihren Gegnern gleich unerwartet und ist auch objektiv betrachtet eine so merkwürdige Erscheinung, daß er in seinen Peripetien wohl der Interpretation wert erscheint.

*

Die zu plötzlicher mächtiger Blüte gelangten professionellen Verbände, die Träger der radikalen Bewegung, waren aufgelöst und wenn man auch, darin unbefangener als das stupide Puttkamersche Regime bei uns, die eigentlichen Gewerkschaften schonender behandelte, so schuf doch der furchtbare Druck, der auf der Industrie lag, eine unerhört starke Reservearmee von Arbeitslosen, so daß diejenigen Fabriken, in welchen die Arbeit wieder aufgenommen wurde, mit der größten Bequemlichkeit eine gründliche „Filtrierung" der Arbeiterschaft vornehmen konnten, die Stimmung des Proletariats tief sank und es im Begriffe schien, selbst die rein ökonomischen Früchte der Revolution gänzlich wieder einzubüßen. Überall begannen die Fabriken, soweit sie überhaupt arbeiteten – die Schließungen dauerten zum Teil bis zum April –, den Arbeitstag wieder auszudehnen; es schien, als ob nur etwa das „Sie" statt des „Du" in der Anrede an die Arbeiter als Frucht der Revolution übrig bliebe. Allein dieser ökonomische Druck zeitigte nun unter den russischen Verhältnissen eine Frucht, die mit dem Agrarkommunismus eng zusammenhängt. Die Reservearmee der Arbeitslosen blieb nur zu einem, allerdings bedeutenden, Teil in den Städten, zum anderen strömte sie in das heimische Dorf zurück und die von den Fabriken „herausfiltrierten" Agitatoren und Sozialisten wurden nun hier Propagandisten des Radikalismus unter den Bauern. Die Arbeiterbewegung selbst aber erhob trotz der schweren Lage mit einer ganz erstaunlichen, wohl noch nirgends erhörten Elastizität ihr Haupt von neuem, so sehr den Führern die faktische Macht der bestehenden Gewalten in die Glieder gefahren war.

*

Es ist vielleicht richtig, das Agrarprogramm und die darüber zutage getretenen Meinungsverschiedenheiten hier wenigstens in gedrängter Skizze zu erörtern, um einen Begriff von den unerhörten Schwierigkeiten zu gewinnen, mit denen der Versuch, zur Zeit in Rußland in dieser wichtigsten Frage überhaupt irgend etwas zu „wollen", zu rechnen hat.

Fest steht für fast alle Gegenden des Reiches, den äußersten Norden und die Neulandgebiete ausgenommen, das Vorhandensein der zunächst „subjektiven" Erscheinung des akuten „Landhungers" der Bauern, der am stärksten, aber keineswegs nur, in einer Zone besteht, welche die rein oder fast rein agrarischen, und zwar *Getreide* bauenden, Gebiete der „schwarzen Erde" und der an sie angrenzenden, vom Westufer der Wolga durch das südliche Zentralgebiet bis an und über den Dnjepr, umfaßt. „Objektiv" äußert sich diese drückende Landnachfrage am deutlichsten darin, daß seit zwei Jahrzehnten trotz beinahe unaufhörlich *sinkendem* Getreidepreis und – relativ! – stabiler Technik die Pachten und Güterpreise in konstantem, zum Teil geradezu exorbitantem *Steigen* begriffen sind: die Nachfrage nach Boden ist nicht eine solche zum Zweck der geschäftlichen Verwertung von „Anlagekapital" als Erwerbsmittel, sondern zum Zweck des Besitzes des Landes als gesicherter Gelegenheit zur Verwertung der eigenen persönlichen

Arbeitskraft für den eigenen Lebensunterhalt; nicht Profit, sondern Deckung des unmittelbarsten Bedarfs ist ihr Zweck, und daher gibt es eine Obergrenze für den Bodenpreis *nur* in den jeweiligen, wie immer erworbenen, Geldvorräten der Nachfragenden …

Rechnet man nun mit den heute gegebenen geschäftlichen und ökonomischen Qualitäten der Bauern als mit einer jedenfalls nur höchst allmählich umzugestaltenden, gegebenen Größe, dann allerdings erscheint die Vermehrung ihres Landbesitzes um jeden Preis als die für die Gegenwart schlechthin nicht zu umgehende Voraussetzung alles weiteren, insbesondere auch der Möglichkeit der „Selbsthilfe".

Diese Vermehrung findet nun heute im Wege des freien oder durch die Bauernlandbank vermittelten Verkehrs zwar in bedeutendem Umfang, aber doch zu Preisen statt, welche die Herauswirtschaftung von „Mehrerträgen" aus dem gekauften oder gepachteten Land generell zweifellos ausschließen, weil 1. die Ertragsergebnisse der bäuerlichen Wirtschaften schon an sich 20 % unter denjenigen der Gutswirtschaft stehen, von der sie Land kaufen; der Bauer steht sich vielfach als Arbeiter des Grundherrn besser wie als Pächter oder Käufer, selbst wenn dabei nur der „Ertragswert" des Gutslandes zugrunde gelegt würde, und vor allem weil 2. die ungeheure Konkurrenz der pacht- und kaufbedürftigen Bauern um das Land die Preise weit über den kapitalisierten Ertragswert selbst des Gutslandes, man kann sagen: ohne jede fixierbare Obergrenze, in die Höhe treibt. Überdies aber sind es natürlich keineswegs die Bedürftigsten, die bei diesem rasenden Wettlauf in den Besitz des ihnen nötigen Landes gelangen. Aus dieser Situation ist der Gedanke, die Preise *zwangs*weise zu fixieren, dem Bodenwucher ein Ende zu machen und den bäuerlichen „Nadjél" der wirklich Landbedürftigen planmäßig auf eine Höhe zu bringen, welche dem Bauern wenigstens den konstanten Druck des Hungers von den Schultern nimmt, der Expropriationsgedanke also, geboren. Sehen wir kurz die *Probleme* an, in die er sich verstrickt: 1. entsteht die Frage, welche Norm für die – soweit möglich – durch Landzuteilung zu erreichende Größe des bäuerlichen Nadjél gelten soll. An Vorschlägen und Forderungen standen sich gegenüber: a) das Verlangen, der Bodenbesitz jedes Bauern solle so groß sein, daß er seine *Arbeitskräfte* voll darauf verwerten könne. „Das Land ist Gottes, es muß nur den selbst Arbeitenden überlassen werden, jedem aber so viel, als er bearbeiten kann." Die Unmöglichkeit, dieses Ziel in Rußland zu erreichen, ist statistisch absolut außer Zweifel gestellt. Es ist so viel Land schlechthin nicht verfügbar; gleichwohl hat nicht nur die sozialrevolutionäre Bauern- und Arbeiterpartei auch in der Duma daran ausdrücklich festgehalten, sondern sind gelegentlich auch bekannte Agrarpolitiker für diese *„trudowaja norma"* eingetreten, b) das „Bedarfsprinzip" *(„potrebitjelnaja norma"):* der Bauernwirtschaft ist so viel Land zuzuteilen, als sie für die Deckung der elementaren

Lebensbedürfnisse (Essen, Wohnung, Kleidung) bedarf; es versteht sich dabei, daß diese Norm nur unter Berücksichtigung aller konkreten Verhältnisse, also lokal verschieden, feststellbar wäre. Die „trudowaja norma" geht vom „Recht auf Arbeit", die „potrebitjelnaja norma" vom „Recht auf Existenz" aus. Die erstere setzt, wie das „Recht auf Arbeit" selbst, den Gedanken voraus, daß Zweck der Wirtschaft der Erwerb sei, sie ist ein revolutionäres Kind des Kapitalismus; die letztere behandelt als Zweck der Wirtschaft die Gewinnung des „Bedarfs", ihre gedankliche Grundlage ist der „Nahrungs"standpunkt. Das Prinzip der „potrebitjelnaja norma" kann nun in der doppelten Formulierung auftreten: α) daß maßgebend sein solle ein Bodenausmaß, welches bei Hebung der Technik des Bauern auf das für ihn normalerweise *erreichbare* Niveau moderner Bauernwirtschaften ausreicht, oder β) daß die *heutige* Technik des Bauern, also, da man die Faulen und Dummen nicht direkt *begünstigen* kann, die in den einzelnen Gegenden „ortsübliche" durchschnittliche Leistungsfähigkeit zugrunde gelegt wird. Endlich c) hat man, da diese Normen, ganz besonders diejenige ad *b ß,* die minutiösesten Erhebungen erfordern würden und der Schein der Willkür unvermeidlich wäre, eine „historische" Norm, und zwar entweder α) die des in den einzelnen Gegenden verschieden bemessenen bäuerlichen Maximallandanteils von 1861 *oder ß)* den heute vorhandenen *mittleren* Bodenanteil der einzelnen Landesgebiete als *Minimal*-Nadjél vorgeschlagen. Gegen α wurde geltend gemacht, daß die ungeheuren Umwälzungen der Wirtschaft Rußlands seit 1861 die Anwendung dieser Norm heute zu einer höchst willkürlichen, ganz ungleichartig wirkenden machen müßten. – Das von der Agrarkommission der k.-d. Partei ausgearbeitete Projekt hat das *Bedarfs*prinzip akzeptiert.

*

Die Projekte der *systematischen* Enteignung und Aufteilung des privaten Bodenbesitzes werden zweifellos nicht leicht zur Ruhe kommen. Aber es ist sehr ernstlich zu bezweifeln, ob schließlich irgendeines von ihnen in einer den jetzigen Idealen in den entscheidenden Punkten auch nur annähernd entsprechenden Weise von irgendeiner russischen Regierung durchgeführt werden wird. Selbst das recht maßvolle k.-demokratische Projekt ist der Antrag auf eine Art von Auto-Vivisektion; es macht Vorschläge, deren Ausführung einen „leidenschaftsleeren Raum" voraussetzen würde. Wenn man die furchtbaren Leidenschaften und vor allem das Chaos der Interessenkonflikte *innerhalb* der Bauernschaft, die jeder Versuch einer *systematischen* und *allgemeinen* Landzuteilung hervorrufen würde, sich einen Augenblick vergegenwärtigt, so wird man sagen müssen: dies müßte eine *zugleich* von streng demokratischen Idealen beseelte *und* mit eiserner Autorität und Gewalt jeden Widerstand gegen ihre Anordnungen niederzwingende Regierung sein. Die Durchführung der Reformen selbst, ebenso aber die periodische Neuverpachtung so ungeheurer Areale an eine riesige Zahl von Einzelinteressenten ist, soweit wenigstens geschichtliche Erfahrung reicht, nur durch die Hand despotischer Regierungen unter *stabilen* ökonomischen Verhältnissen möglich. Die Millionen kleiner Staatspächter würden einen Kolonenstand bilden, wie ihn in dieser Art und diesem Umfang nur etwa das alte Ägypten und das Römerreich kannten. – Dem bürokratischen Regiment fehlt jede Möglichkeit, jenen Idealen nachzugehen, überhaupt rücksichtslos gegen den Adel und die Grundbesitzerklasse zu regieren, einem demokratischen Ministerium würde dagegen die undemokratische „eiserne" Autorität und die Rücksichtslosigkeit gegen die Bauern fehlen. Eine Zwangsenteignung ganz großen Stiles also ist jedenfalls nicht sehr wahrscheinlich, was auch weiterhin in Rußland geschehen möge. Freiwilliger Landaufkauf ist, solange die Bauern politisch so unruhig bleiben wie jetzt, zu relativ billigem Preise möglich: die Kosakenwachen kosten die Gutsherren Geld, und ihre Lage ist äußerst unbehaglich, – aber der dazu erforderliche Kredit ist gerade dann für eine ganz große, eine Milliardenaktion, kaum erschwinglich, und die Bauern kaufen nicht. Wenn aber das Land erst wieder „ruhig" ist, so wird der Landpreis bei konstanter Kaufnachfrage des Staates oder der Landbank noch ganz anders als bei uns in der Provinz Posen emporschnellen: eine Verfünf-, gelegentlich eine Verzehnfachung hat schon jetzt in *einzelnen* Gebieten im Laufe von etwa 15 Jahren (trotz sinkender Produktenpreise) stattgefunden.

Nicht weil die Idee des dopolnitjelnyj nadjél etwas in sich besonders „Unmögliches" enthielte – davon ist gar keine Rede! –, sondern weil nach der historisch gegebenen Lage der Dinge die Klippen, an denen ein ernstlicher Versuch, sie zur Tatsache werden zu lassen, scheitern *kann,* in so ungeheurer und ganz unübersehbarer Zahl sich dem statistisch ins Dunkle steuernden Schiff in den Weg stellen würden, erscheint ihre Verwirklichung – leider! – sehr wenig wahrscheinlich. Denn zu jenen Schwierigkeiten gesellt sich vor allem noch der Umstand, daß die Bauern auch politisch „erwacht" sind und starke revolutionäre Parteien, von den glühendsten Hoffnungen erfüllt, ihre Phantasie mit Beschlag belegen. Eine sachliche und unbefangene Arbeit, wie sie jede wirkliche „Lösung" dieser unerhört komplizierten Frage auf so breiter Basis, wie sie das k.-d. Programm will, erfordert, ist unter dem Temperaturgrad, den heute neben den sozialen auch die rein politischen Leidenschaften erreicht haben, in deren Dienst die Führer der äußersten Linken die Hoffnungen der Bauern stellen, ganz ausgeschlossen: es ist dazu, wie zu so vielem, dank der Politik der letzten 20 Jahre, „zu spät" geworden. Und bei allem Respekt vor den intellektuellen Fähigkeiten der Bauern – von denen auch antidemokratische russische Beobachter einen für sie offenbar überraschenden Eindruck gewonnen haben – wäre es eben doch eine verhängnisvolle Selbsttäuschung, ihnen *heute die* Fähigkeit zuzutrauen, *selbst* eine große Agrarreform zu *machen.* Ein genialer Parvenü wie Napoleon oder ein Bürger wie Washington könnten, im sicheren Besitz der militärischen Gewalt und vom Vertrauen der Nation getragen, vielleicht ein neues Rußland auf kleinbäuerlicher Basis aus dem Boden stampfen, – legitime Monarchien sind dazu ebenso wenig imstande, wie voraussichtlich eine mühsam nach rechts und links um ihre Existenz kämpfende blutjunge parlamentarische Körperschaft.

Würde die Agrarreform in der Art, wie die k.-d. Partei sie vorschlägt, auch nur teilweise durchgeführt, so wäre – wie ich schon an früherer Stelle ausführte – eine mächtige Steigerung des auf „kommunistischer" Grundlage ruhenden „naturrechtlichen" Geistes und eine auf längere Zeit hinaus höchst eigenartige, politische, soziale und geistige Physiognomie Rußlands die wahrscheinliche Folge, etwas wirklich „noch nicht Dagewesenes", – aber was? das scheint unmöglich im voraus zu deuten. Ein starker ökonomischer *Kollaps* aber auf die Dauer von 1-2 Jahrzehnten, bis dieses „neue", kleinbürgerliche Rußland wieder vom Kapitalismus durchtränkt wäre, scheint ganz sicher: man hat hier *zwischen „materiellen" und »ethischen« Zielen zu wählen.*

Schon wesentlich anders würde eine Enteignungsaktion unter Beschränkung auf das schon faktisch im Besitz von Bauern befindliche *Pachtland* wirken, etwa in der Form der obrigkeitlichen Pachtregulierung für das am 1. Januar 1896 verpachtete Land, dann der Pachtablösung und Überweisung an die Gemeinden oder (wie schon jetzt bei der Bauernbank) freigebildete Genossenschaften von Bauern, eine Verbindung also einer „Regulierungsgesetzgebung" mit der Arbeit der Bauernbank. Sie fügte sich ökonomisch durchaus ebenso und noch sehr viel leichter in das Fachwerk der „heutigen Gesellschaftsordnung" ein als etwa die irische Landgesetzgebung; aber sie würde eben – wie das starke Überwiegen des individuellen und frei-genossenschaftlichen Landaufkaufs über den gemeindlichen bei der Bauernbank zeigt – auf „ökonomischer Auslese" ruhen, deshalb dem naturrechtlich-ethischen, von den Sozialrevolutionären herrührenden Charakter, der – wenn auch verdünnt – auch dem Agrarprogramm der „Kadetten" zugrunde liegt, strikt zuwiderlaufen und daher von ihnen, erst recht aber von der Masse der Bauern und ihren Ideologen in der radikalen Intelligenz abgelehnt werden. Tatsächlich wäre eine solche Agrarpolitik – *auch wenn* man die skizzierte Maßregel ferner auf alles am 1. Januar 1906 nur mit Bauerninventar bearbeitete Gutsland erstreckte, in Form etwa der gesetzlichen Umgestaltung des Arbeitsverhältnisses zunächst in ein Arbeiterpachtverhältnis mit amtlich fixierten Gebührnissen, welches weiterhin abgelöst werden könnte – ebenso „konservativ", wie der „Kadetten" – Gedanke der systematischen Versorgung der Landlosen und Landarmen *als solcher* mit Minimalland dem Wesen nach sozialrevolutionär ist (und auch sein will). – Allein vielleicht wird keiner von beiden Wegen beschritten, und der russische Bauer hat seinen Kalvariengang in Qual und Zorn weiter zu gehen, bis teils der moderne Agrarkapitalismus, teils der moderne, an die gewerblichen Märkte sich anschmiegende Kleinbauernbetrieb auf erblich eigener Scholle auch in Rußland endgültig gesiegt hat und damit die letzte Zufluchtsstätte des Kommunismus und des ihm entsteigenden bäuerlichen revolutionären Naturrechts in Europa endgültig verschüttet ist. Die Politik derjenigen jedenfalls, welche heute die physische Macht in Händen haben, bewegt sich in dieser Richtung, trotz starker Konzessionen an die Gedankenkreise des Narodnitschestwo. –

*

Nicht zu verkennen war die nicht überall straffe Organisation aller rechts von den „Kadetten" stehenden Gruppen, ihre geringere „Technik" in der Wahlagitation und das geringere Maß von agitatorisch begabten und *zugleich* wissenschaftlich gebildeten, rücksichtslos opferfähigen Kräften. Die geistigen Kosten der Agitation des „Bundes des 17. Oktober" haben zu einem sehr erheblichen Teil Dr. Piljenko, die der progressiv-ökonomischen Partei Prof. Oserow allein bestritten, die vornehmen Politiker des „Zentrums", wie Schipow, hielten sich zurück, und vollends die Handels- und Industriepartei und die Rechtsordnungspartei glaubten, auf die soziale und ökonomische Machtstellung ihrer Mitglieder, die Rechte auf ihre nationalistisch-antisemitische Demagogie sich verlassen zu können. Gleichwohl mußte ihre Lage im Wahlkampf den äußeren Anzeichen nach als günstig gelten gegenüber den endlosen Hemmungen, mit denen die Demokratie zu kämpfen hatte und die so stark waren, daß das Zentralkomitee der „Kadetten" noch unmittelbar vor den Wahlen in Erwägungen darüber eintrat, ob nicht angesichts derselben der Boykott der Duma für sie rätlicher sei.

Schwerer als alle Hemmungen von seiten der Verwaltungsbehörden schien nun aber gegen die Demokratie und zugunsten der Mittelparteien und Konservativen der Umschwung in der Stimmung derjenigen Kreise ins Gewicht fallen zu müssen, welche durch das Wahlgesetz besonders begünstigt waren: der *privaten Grundbesitzer*.

Nach Niederwerfung des Moskauer Aufstandes und unter dem Eindruck der Bauernunruhen begann die Reaktion, aus der Sphäre der Bürokratie in die „Gesellschaft", d. h. in erster Linie in die *Semstwos* einzudringen. Es versteht sich, daß hierbei die Bauernunruhen und die schwere Bedrohung der ökonomischen Unterlagen des privaten Grundbesitzes, dessen Vertreter ja die besten Köpfe des Semstwoliberalismus stellten, die ausschlaggebende Rolle spielten. Der Vorgang ist ein gutes Beispiel für die Bedingungen ideologischer Arbeit seitens einer besitzenden Klasse und für das Maß von Tragfähigkeit humanitärer Ideale gegenüber den ökonomischen Interessen. Solange die ökonomische Unterlage der in den Semstwos herrschenden Grundbesitzer im wesentlichen unerschüttert stand, fügten sie sich der Führung der zahlreichen, aus ihrer Mitte hervorgegangenen politischen und sozialen Ideologen. Nun aber drohte ihr unmittelbar physischer und ökonomischer Untergang, die ganze Wucht der latent gebliebenen Interessengegensätze stürmte auf sie ein, und es konnte nicht ausbleiben, daß, aus ihrem Alltagsdasein herausgerissen und an die materiellen Grundlagen der eigenen Position empfindlich erinnert, sie ihre Stellung nicht unerheblich modifizierten …

Nachdem nun Mitte Januar die Flut im wesentlichen abgelaufen war, zeigte sich die veränderte Stimmung der von ihr Betroffenen: der Wirkungsspielraum für die Ideologen hatte sich bedeutend verengt. Diejenigen Kreise des Adels und der privaten Großgrundbesitzer, welche sich bis dahin entweder der Führung der fortgeschrittenen Liberalen untergeordnet oder sich einfach der politischen Betätigung enthalten hatten, begannen die Semstwoversammlungen des Januar zu überfluten und, während infolge jener Zurückhaltung der „Gemäßigten" die von Gutschkow geführte Minderheit auf dem Oktoberkongreß geradezu verschwindend gewesen war – 15 bis 20 Köpfe –, gingen die materiellen „Klasseninteressen" jetzt auf der ganzen Linie zur Offensive über.

*

Es hätte „a priori" scheinen müssen, als würde die Einigung der Regierung mit den rechtlich oder faktisch privilegierten Klassen, insbesondere also, da der Adel eine allzu dünne Basis geboten hätte, mit den Kreisen des „gemäßigteren" Semstwo-Konstitutionalismus, für die erstere der gewiesene Weg und auch leicht durchzuführen gewesen sein. Allein dem war keineswegs so. Wie bei den Semstwos – das angeführte Beispiel von Moskau zeigt es – die Furcht vor der Revolution doch durch das Mißtrauen gegen die Regierung im entscheidenden Moment *überwogen* wurde, ebenso bei der Regierung der Wunsch nach einer Stütze gegen die Revolution durch den alten Haß gegen die Semstwos. Wirklich weitgehende Opfer an ihrer *arbiträren* administrativen Gewalt zu bringen – das absolute und erste Erfordernis einer Verständigung mit den besitzenden Klassen –, war die Bürokratie eben schlechthin nicht bereit.

Die leidenschaftliche Eifersucht gegen die Semstwos, die sich in der Zeit des Krieges in dem geradezu unglaublichen Verhalten des „Roten Kreuzes" zu den von den Semstwos für dessen Zwecke zur Verfügung gestellten Organisationen zeigte, blieb die alte. Die zugunsten der Hungerbezirke geschaffene, rein karitative gemeinsame Semstwo-Organisation z. B. wurde auch jetzt wieder ganz ebenso kleinlich schikaniert, überwacht, gehindert, wie alle anderen aus Semstwokreisen hervorgehenden karitativen Aktionen, seien es auch bloße Freitische: sie unterlagen trotz der schreienden Not massenhaft dem Verbot. Anstatt dem „Klasseninteresse" der besitzenden Schichten, welches, wie wir sahen, immerhin prompt genug im „staatserhaltenden" Sinn funktionierte, die Repression gegen das „dritte Element" zu überlassen, drängte sich die Verwaltung der Gouverneure und Generalgouverneure more solito überall ein in einer schon durch die brüske Form das Selbstgefühl der Semstwos schwer verletzenden Weise; sie konnte sich eben schlechterdings an den Gedanken, überhaupt etwas von ihrer Allmacht, es sei zu wessen Gunsten immer, preiszugeben, nicht gewöhnen. Die Antwort der Gegenseite blieb nicht aus. Die von Witte Ende Oktober angebotenen Portefeuilles hatten auch die gemäßigtsten Semstwomitglieder (Schipow) abgelehnt, weil ein Zusammenarbeiten mit Trepow oder Durnowo für sie undenkbar war. Im Januar verschickte Witte ein Rundschreiben an die Semstwos mit der Einladung, ihm zu seiner regelmäßigen Beratung in politischen Fragen geeignete Vertrauensleute aus ihrer Mitte zu senden. Die Semstwos lehnten fast sämtlich ab, und Witte blieb nichts übrig, als nach einiger Zeit offiziös erklären zu lassen, die beabsichtigten Beratungen hätten sich als „überflüssig" erwiesen. Beide Teile konnten, wie sie waren, nicht zusammenkommen, und da die Wittesche *ökonomisch* liberale Bürokratie ihre intimsten Freunde, die Unternehmer-Bourgeoisie, durch die Art der Gestaltung des Wahlrechts und der Vertretung im Reichsrat zur Bedeutungslosigkeit verurteilt, auch ihren charaktervollsten Vertrauensmann im Ministerium, Timirjasjew, in schnödester Weise behandelt hatte und endlich immer wieder sich der Neigung zur „Subátowschtschina" verdächtig machte, so waren für sie auch diese Kreise politisch nicht fruktifizierbar.

Unter solchen Verhältnissen begannen die Dumawahlen. Die ersten Wahlergebnisse liefen vom 21. Februar an ein und zeigten zunächst allgemeine Apathie und anscheinend vollkommen zufällige Resultate. Aber schon mit der ersten und zweiten Märzwoche ergaben zahlreiche Wahlen in den Landstädten Siege der demokratischen Wahlmännerlisten. Mit großer Spannung sah man daher den Wahlmännerwahlen in Petersburg (20. März) und Moskau (26. März) entgegen. In beiden Städten hatte der „Bund des 17. Oktober" sich mit den anderen konstitutionell-monarchischen Parteien geeinigt, auch die Bürokratie trat für seine Liste ein, und man erwartete ihren Sieg mindestens in der Mehrzahl der städtischen Wahldistrikte. Allein zur Überraschung von Freund und Feind siegte in beiden Hauptstädten die konstitutionelle Demokratie in ausnahmslos allen Distrikten, selbst in den von der Bürokratie, den Banken und der reichen Rentnerklasse okkupierten, mit ganz unerwarteten Majoritäten (⅔ bis ¾) bei einer ebenfalls, angesichts des „Boykottes", unerwartet starken Wahlbeteiligung. Es folgten Kiew, ein Hauptzentrum rücksichtslosester monarchistischer Agitation, und *alle* selbständig wählenden Städte des europäischen Rußlands (außer Polen) nacheinander. Die Wahlbeteiligung zeigte, daß die Boykottparole der äußersten Linken von der Mehrzahl der als Quartierinhaber wahlberechtigten Arbeiterschaft, auch von den vielfach ausschlaggebenden Juden und dem radikalen Kleinbürgertum, meist einfach nicht befolgt worden war. Daß Massen sozialdemokratischer Wähler für den Demokraten gestimmt hatten, ist nicht nur direkt bezeugt, sondern ergab sich auch, als unter dem Eindruck dieser Wahlergebnisse die Sozialdemokratie den Boykott aufgab und bei den nachher noch stattfindenden Wahlen eigene Kandidaten aufstellte; in Tiflis unterlag alsbald die Demokratie der sozialistischen Liste, die 9/10 aller ihrer Wahlmänner durchsetzte. Es zeigt dies zugleich, daß der demokratische Wahlsieg auf nicht sehr festen Füßen steht: im Fall starker Wahlbeteiligung der äußersten Linken würde in einem sehr großen Teil der großen Städte diese der Demokratie wahrscheinlich so stark Abbruch tun, daß – wie bei uns – die Waagschale nur noch zwischen Sozialisten und bürgerlichen Klassenparteien schwanken, die ideologische Demokratie aber ausgeschaltet werden würde.

Nicht minder zeigte sich sehr bald, daß mit zunehmender Wahlagitation die Boykottparole auch *auf dem Lande* vollkommen ins Wasser fiel. Denn die vielfach erbärmlich schlechte Wahlbeteiligung der kleinen Privatgrundbesitzer ist nicht auf sie zurückzuführen. Die Bauern aber boykottierten nur ganz vereinzelt, im Beginn der Wahlbewegung. Die Demokratie gewann auch hier in der überwiegenden Mehrheit der groß- und kleinrussischen, baltischen und kaukasischen Gouvernements das entschiedenste Übergewicht, in den Neusiedlungsgebieten des Südostens und in Teilen der schwarzen Erde siegte die äußerste Linke. Fast überall waren es hier die *Bauern,* welche gegen die „gemäßigten" Kandidaten, entschieden und unerwarteterweise, mit den „Städtern" gemeinsame Sache machten.

*

So sah sich die Regierung in allen ihren Erwartungen hinsichtlich des Ausfalles der Wahlen und der Haltung der Bauern enttäuscht und – das ließ sich schon Ende März übersehen – einer überwältigenden Mehrheit schlechthin antibürokratischer und sozial wie politisch gleich radikaler Elemente gegenübergestellt. Das erste, was sie unter diesem Eindruck tat, war die schleunige Aufnahme einer „Kriegsanleihe" gegen den „inneren Feind" zu denjenigen Bedingungen, die ihr von den Banken diktiert wurden. Diese hatten nun das Spiel in der Hand. Sie hatten zuerst beharrlich die Einberufung der Duma gefordert, nun, da diese bevorstand, hatten auch sie das dringendste Interesse daran, die Anleihe vor ihrem Zusammentritt unter Dach zu bringen; denn daß die Duma ihnen die Bedingungen, zu denen die hilflos in ihre Hände gegebene Regierung abzuschließen geneigt war, niemals konzedieren würde, stand fest, und ein Zusammenbruch der Bürokratie oder ihre Unterwerfung unter die Duma mußte alle Russenfonds alsbald unabsehbaren Schicksalen aussetzen und das Geschäft gründlich verderben ... Die finanzielle Lage der Regierung aber war derart, daß sie sich entweder der Duma oder den Banken unterwerfen mußte und, das letztere vorziehend, auf schlechthin jede Bedingung einging: trotz eines zeitweise 9 % betragenden, Ende Januar jeden Augenblick zum Sprung auf 10 % bereiten Diskontes sank der Barvorrat der Bank, der Steuerboykott der Bauern war immerhin fühlbar, gewaltige Verschiebungen im Etat – durch Erhöhung der Bezüge der Eisenbahn- und Postbediensteten, Besserung der Armeeverpflegung, Donative an die Kosaken, Umgarnisonierungen, erhöhte Polizeikosten, hohen „Verpflegungs"-Etat gegen die Hungersnot, durch Erlaß der Loskaufgelder, endlich durch die direkten Verluste an Staatseigentum und Steuerkraft – waren teils schon in Gestalt des vorjährigen Defizits verrechnet, teils standen sie noch bevor. Mit kurzfristigen Schatzwechseln war nicht weiter zu wirtschaften. So nahm man denn Bedingungen an, welche in fast groteskem Kontrast zu den Kursen standen, welche – zufolge einer allerdings geradezu bewundernswürdigen Taktik in der Behandlung der Börsen durch die großen Finanzinstitute – die russischen Fonds selbst in den ungünstigsten Augenblicken des japanischen Krieges gehabt hatten, und zu den härtesten gehören, die Rußland oder überhaupt eine bisher „unbescholtene" Großmacht sich je hat gefallen lassen ... Immerhin: die Anleihe war „im Hafen" und Graf Witte daher ein vorerst entbehrlicher Mann, ja, da er das ganze Odium der Wirtschaft des Ministers des Innern mitzutragen hatte, mußte auch den fremden Banken es eher bedenklich scheinen, ihn mit dieser Duma in Berührung kommen zu sehen, und daher genügte der erste Anlaß – welcher Art er war, ist vorerst wohl schwerlich eindeutig feststellbar –, um ihn und sein Kabinett ehr- und ruhmlos verschwinden zu lassen und ein Assortiment von korrekten, auch gegenüber der „Gesellschaft" noch wenig „kompromittierten" konservativen Beamten an die Stelle zu setzen ...

Der Tag der Eröffnung kam, und unter dem mit Feierlichkeit überladenen Gepränge des höfischen Aufzuges stieg der Zar „unsicheren Schrittes" (nach Zeitungsangaben) die Stufen zum Thron hinauf und verlas seine gänzlich inhaltsleere „Begrüßung"; die allseitig sicher erwartete „Thronrede" soll angeblich unter „unverantwortlichen" Einflüssen zurückgelegt worden sein, wahrscheinlich aber einfach deswegen, – weil man sich keines Rates wußte und nicht einigen konnte, was sie enthalten solle. Den stärksten – negativen – Effekt erzielte die Ansprache dadurch, daß in ihr mit keinem Wort von der in allen Gefängnissen des Landes und in all jenen Zehntausenden von Dörfern, in denen Verschickungen und Verhaftungen vollzogen worden waren, erwarteten Amnestie als einem Symbol, daß es mit der Praxis der ohne Rechtspruch erfolgenden Bestrafung ein Ende haben werde, die Rede war, – nachdem die Regierung soeben wohl oder übel eine Anzahl Verschickter aus Sibirien und Archangelsk hatte zurücktransportieren lassen müssen, weil sie in die Duma gewählt waren. Ein seinerzeit abgesetzter Professor

(Muromzew) wurde zum Präsidenten, ein soeben verschickter, aus dem Zwangsdomizil in Archangelsk in die Duma gewählter Professor (Gredeskul) zum Vizepräsidenten der Duma gewählt. Augenblicklich und außerhalb der Geschäftsordnung rollte einer der Veteranen der Befreiungsbewegung, der gewesene Präsident des „Befreiungsbundes" bei seiner konspirativen Konstituierung im deutschen Schwarzwald, Petrunkjewitsch, unter stürmischen Kundgebungen die Amnestieforderung auf. Und nun begann das eigentümliche Schauspiel: keiner von beiden Teilen glaubte, daß etwas anderes als „Pulver und Blei" das Ende vom Liede sein werde. Der offizielle „Prawitjelstwjennyj Wjestnik" hatte die Begrüßungsansprache des Kaisers gebracht. Aber die Existenz der Duma ignorierte er fortan: er schien im Zweifel zu sein, meinte die Petersburger Presse, ob er sie als eine staatliche Institution oder nicht vielmehr als einen revolutionären Klub anzusehen habe. Ebenso die „Spitzen" des bisherigen Rußland. Muromzew war, ehe die Sitzungen begannen, der Vorschrift des Gesetzes gemäß vom Zaren empfangen und brachte „gute Eindrücke" mit zurück. Als nun in der stürmischen Amnestiedebatte sich der ganze aufgespeicherte Zorn – übrigens in maßvollen Formen – entlud und die nach Form und Inhalt scharfe Antwortadresse angenommen worden war, hatte Muromzew wiederum zum Geburtstag des Zaren bei Hofe zu erscheinen. Mit ausgesuchter Höflichkeit auf einen Ehrenplatz gesetzt, wurde er von niemandem, der etwas zu sagen gehabt hätte, angesprochen. Die persönliche Entgegennahme der Adresse lehnte der Zar ab und ersuchte, die Adresse an den Hofminister zu senden, – sicherlich ein Vorgang, der im Lande bei den Bauern, welche ja am einmütigsten „direkten Verkehr" ihrer Vertreter mit dem Zaren verlangen, den tiefsten Eindruck machen mußte, – wie denn überhaupt die Zerbröckelung der Zarenromantik bei der Masse der Bauern wohl das bleibendste Ergebnis all dieser Vorgänge bleiben wird.

Aber nicht nur äußerlich blieben die Ministerbänke in der Duma 16 Tage lang leer, sondern bis *Ende Mai* hatte die Regierung, welche seit Dezember die Hinausschiebung der Einberufung stets u. a. auch mit der Notwendigkeit begründet hatte, ihr „vorbereitet" gegenüberzutreten, noch *nicht einen einzigen* sachlichen Gesetzentwurf bei ihr eingebracht. Ihre ganze Tätigkeit bestand bis dahin in der Beantwortung der Adresse. Diese Adresse, welche die Duma nach langen Beratungen einstimmig – Graf Heyden hatte erklärt, daß er und seine Anhänger, da sie nur mit der *Fassung* der Adresse nicht einverstanden seien und die Einstimmigkeit nicht zu gefährden wünschten, den Saal verlassen würden – annahm, hatte als Programmpunkte enthalten: die „viergliedrige" Wahlrechtsformel, Beseitigung der den Zaren vom Volk trennenden Willkür der Beamten durch parlamentarische Kontrolle der Exekutive, Verantwortlichkeit der Minister, parlamentarisches Regime, Beseitigung des Reichsrates, Persönlichkeitsgarantien, Freiheit des Wortes, der Presse, der Vereine, Versammlungen und Streiks, Petitionsrecht,

Gleichheit aller vor dem Gesetz, Abschaffung der Todesstrafe, Bodenenteignung zur Landausstattung der Bauern, Arbeitergesetzgebung, unentgeltliche Volksschule, Steuerreform, Umgestaltung der Selbstverwaltung „auf der Basis des allgemeinen Wahlrechts", Gerechtigkeit und Recht in der Armee, „Kulturselbständigkeit" der Nationalitäten, Amnestie für alle religiösen, politischen und Agrarverbrechen. – Die Antwort sagte zu: Änderung des Wahlrechts, jedoch nicht schon jetzt, wo die Duma eben erst zu arbeiten beginne, Arbeitergesetzgebung, allgemeine Volksschule, gerechtere Steuerverteilung, insbesondere Einkommensteuer und Erbschaftssteuer, Reform der Selbstverwaltung unter Berücksichtigung der Eigenart der Grenzländer, Persönlichkeits- und Freiheitsgarantie, jedoch unter Erhaltung „wirksamer" Mittel gegen „Mißbrauch" der Freiheiten, gerichtliche Verantwortlichkeit der Beamten, Abschaffung der Inlandspässe, Aufhebung der ständischen Sonderstellung der Bauern und Mittel für ihre Landausstattung durch die Bauernbank und ferner aus Staatsdomänen und durch Umsiedlung, jedoch unter Ablehnung jeder Expropriation; – alle anderen Forderungen wurden mehr oder minder bestimmt abgelehnt, insbesondere die Amnestie; es wurde nur „sorgsame Prüfung" der Verhältnisse der noch nicht unter Anklage gestellten Inhaftierten zugesagt.

*

Auf eine Schilderung der *sachlichen* Verhandlungen der Duma hier einzugehen, hat keinen Zweck, da sie ja in das Nichts ausgemündet sind. Sie sind – nachdem sie gegenüber der Obstruktion der Regierung endlich beginnen konnten – mit einer Intensität gefördert worden, wie nur in irgendeinem Parlament der Welt. Denn die eigentliche Arbeit ist natürlich auch hier nicht im Plenum, über welches die Presse allein berichtete, sondern in den Kommissionen geleistet worden. Ein Blick in die Wochenzettel der Kommissionssitzungen zeigt, in welchem Grade die Deputierten hier, hinter den Kulissen, in Anspruch genommen waren. Alle von den Dumadeputierten eingebrachten Entwürfe standen Anfang Juli dicht vor der Fertigstellung, das Agrarprojekt war, nachdem im Plenum 14 Tage lang weit über 100 Mitglieder gesprochen, dann die 91gliedrige Kommission mit zahlreichen Subkommissionen 4 Wochen lang gearbeitet hatten, so weit gelangt, daß die Grundlinien, auf welche sich eine große Mehrheit einigen wollte, fast durchweg feststanden: sie entsprachen fast ganz denjenigen des k.-d. Projekts. Nicht daß die Duma *zuwenig* zustande zu bringen versprach, sondern daß sie *zuviel,* der Regierung durchweg inhaltlich unbequeme Ergebnisse in Aussicht stellte, war es, woran die Hofkreise Anstoß nahmen. Man versuchte, sie nun in eine schiefe Lage zu manöverieren, indem man ihr das Projekt einer 50-Millionen-*Anleihe* für die Linderung der schweren in Aussicht stehenden Mißernte vorlegte. Allein die Duma bewilligte 15 Millionen für jetzt und behielt sich weitere Bewilligungen vor, bestimmte aber, daß der Betrag aus *Ersparnissen* zu gewinnen sei, da das – übrigens beispiellos undurchsichtige – Finanzexposé Kokowzews den Beweis für die Notwendigkeit einer Anleihe nicht geliefert habe. Da die *Reichsrats*mehrheit unter Führung der „Zentrums"-Gruppe – nachdem charakteristischerweise der Antrag Ssamarins auf namentliche Abstimmung *abgelehnt* war – dieser Ansicht beitrat, bedeutete das eine schwere Niederlage des Ministeriums. Seine Lage wurde zunehmend schwieriger: es blieb nur Auflösung oder Unterwerfung.

*

Taktisch schien nun der Moment zur Auflösung, auf die niemand vorbereitet war, infolge der Spaltung der Duma und der Isolierung der „Kadetten" günstig, und die Regierung griff zu.

Die Auflösung der Duma und die Vertagung des Reichsrats (mit Ausnahme der beiden rein bürokratischen Departements) bis zu ihrem Wiederzusammentritt erfolgte unter unmittelbar nachfolgender Bekanntgabe eines kaiserlichen „Manifestes", welches als eine selbst für russische Verhältnisse erstaunliche Leistung bezeichnet werden muß. Es wird darin zunächst behauptet, daß die Duma, „*anstatt* auf dem Gebiete der Gesetzgebung zu schaffen", sich vom Bereich ihrer Zuständigkeit entfernt habe, indem sie sich mit der Untersuchung der Handlungen der „auf unsere Anweisung eingesetzten Lokalbehörden" und ferner mit der Unvollkommenheit der „nur durch unsern kaiserlichen Willen abänderbaren Grundgesetze" beschäftigte. Die letztere Behauptung steht einfach in der Luft, da die Duma keinerlei Versuch gemacht hat, die dem Kaiser vorbehaltene Initiative an sich zu reißen. Das Recht der Interpellation wegen Ungesetzlichkeiten der Behörden steht ihr verfassungsmäßig zu, und was die schöpferische Arbeit auf dem Gebiete der Gesetzgebung anlangt, so hat, da es nicht auf die Reden im Plenum, sondern auf die Tätigkeit der Kommissionen ankommt, bisher kein Parlament der Welt – das sei nochmals wiederholt – mehr Arbeit geleistet als das russische, – nur eben nicht in einem Sinne, der dem Zaren genehm war … Sehr schwer dürfte es endlich sein, angesichts der verdächtigen und pompösen Wendung: „Wir werden Ungehorsamen unsern kaiserlichen Willen aufzwingen", einen adäquaten Ausdruck für die Charakterisierung des *Schluß*passus zu finden: Der Eingang des „Manifests" bemerkt mit jener unaufrichtigen religiösen Salbung, welche heute die widerliche Zutat aller monarchischen Kundgebungen geworden ist, daß der Kaiser „fest auf die *göttliche Gnade* vertraut" habe, fügt jedoch alsbald hinzu, daß er „in seinen Erwartungen durch eine grausame Prüfung enttäuscht" worden sei, und der Schluß ergibt, daß er nunmehr sein Vertrauen auf *Menschen* zu setzen entschlossen ist: „*Wir glauben (!),* daß *Helden des Gedankens und der Tat erscheinen* werden und daß, dank ihrer selbstverleugnenden Arbeit, der Ruhm Rußlands erstrahlen wird.“ Allein selbst wenn ein solches Eingeständnis der eigenen Impotenz jene irgendwo im Hintergrund vermuteten „Helden“ soweit erbarmen könnte, daß sie aus ihrer Verborgenheit heraus sich zeigten, – in dem Polizeisystem dieses Regimes wäre für sie ja doch kein Platz, es sei denn, daß Individuen wie der Exminister Durnowo oder der General Trepow oder der gleichzeitig mit dieser Kundgebung zum Premierminister avancierte Minister des Innern Stolypin, dem Redakteur des Manifests als derartige „Helden“ galten. Allein von ihnen gilt doch höchstens das Wort, daß „mit dem Säbel jeder Dummkopf regieren kann“ …

Vor der Hand kann – da die Vorbereitungen noch nicht getroffen sind – alles ruhig bleiben, es sei denn, daß die Masse den Führern, wie letzten Spätherbst, aus der Hand gleitet. Der Kurssturz der Anleihen ist nicht sehr stark: die Banken können nur mit dem absoluten Regime „Geschäfte“ machen und müssen nunmehr ihre Bestände abstoßen; der Kurs wird dementsprechend „stilisiert“ werden. Wer sich dadurch oder durch ein mittels Vergewaltigung und Fälschung erpreßtes, gefügiges Parlament täuschen läßt, – *dem ist nicht zu helfen.* Es erscheint vor der Hand durchaus ausgeschlossen, daß – dies dürften die Darlegungen dieser Chronik doch wohl erkennen lassen – dieses Regime irgendeinen Weg zu wirklich *dauernder* „Beruhigung“ des Landes findet: es müßte sich selbst am Schopfe aus dem Sumpf ziehen können – und wollen. Und sehen wir von den „taktischen“ Fragen einmal ab, so kann der nachhaltige Effekt des Vorgehens der Regierung nur eine weitere Entwertung des Zaren bei der Bauernschaft sein, sollte diese Wirkung vielleicht auch durch die zu erwartende Wahlfälschung für die nächste Zeit daran verhindert werden, sichtbar in die Erscheinung zu treten. –

Hiermit hat diese Chronik abzubrechen. Sie vermochte den intimeren Zusammenhängen der letzten Ereignisse, namentlich den bei Hofe sich bekämpfenden Anschauungen, nur in sehr rohen Umrissen nachzugehen, – auch in Rußland selbst ist man darüber nur unvollkommen unterrichtet. Aber es war hier auch nicht die Absicht, so etwas wie eine „Geschichte“ des letzten Halbjahres zu liefern, – hier war es die Aufgabe, die allgemeine gesellschaftliche und politische Situation, in welche der Polizeiabsolutismus der nicht rechtzeitig abgelehnten politischen Erbschaft Alexanders III. und, neuestens, die Arbeit des Witteschen Interimsministeriums das Land geführt hat und aus der es sich nun zunächst – wer könnte sagen wie ? – herauszufinden hat, zu veranschaulichen, soweit dies nach den hier zur Verfügung stehenden Quellen möglich ist. Prophezeiungen, auch nur für die nächsten Monate, scheinen mir ganz unmöglich, auch von seiten der bestinformierten Politiker in Rußland selbst werden sie nicht gewagt. Das läßt sich heute sagen: die fast unvermeidliche Neigung und Nötigung moderner dynastischer Regimes, auf *Prestige* auch nach innen zu arbeiten, ihr „Gesicht zu wahren", hatte in Rußland die Regierung dazu geführt, nicht *rechtzeitig* zu geben, was sie geben mußte, und als dann eine Konzession nach der anderen ertrotzt war, suchte und sucht man das verlorene „Prestige" durch schonungslose Polizeiwillkür wieder herzustellen. Eben dies Bewußtsein aber, daß es der Kitzel dieser Eitelkeit ist, dem die Opfer geschlachtet werden, führte dazu, daß die wilde und wüste Form, in welcher die Linke in der Duma die Minister beschimpfte und von ihren Plätzen jagte, keinen schärferen Widerspruch seitens derjenigen Parteien, die an der „parlamentarischen Lösung" festhielten, hervorrief. Es ist nicht abzusehen, durch *welche* Konzessionen von seiten der Regierung überhaupt noch der Duma, angesichts ihrer durch das Verhalten der Regierung zu roter Wut gereizten Wähler, hätte ermöglicht werden können, sich auf irgendein Programm hin mit ihr zu einigen. Es ist nicht abzusehen, mit welchen Elementen in dem von der Bürokratie geschaffenen Flugsand überhaupt in zivilisierten Formen regiert werden *könnte.* Wir haben uns überzeugt, daß die schroffe Zuspitzung der Klassengegensätze jedem Versuch, sich auf den „Besitz" zu stützen, *reaktionäres* Gepräge geben muß.

Es ist bei uns die lächerliche Sitte in Schwung, bei solchen fürchterlichen Geburtswehen, wie sie Rußland jetzt durchmacht, nach jemandem zu suchen, der „schuld" ist, – und da „natürlich" der Monarch und seine nächsten Diener dafür nicht in Betracht kommen und die – so äußerst billige – „Kritik" des Parlamentarismus Mode ist, so muß es in den Augen des deutschen Philisters ja wohl die Duma sein. Sie sei „politisch unfähig" gewesen und habe nichts „Positives" geleistet, sagt man, und fügt zur Erfrischung des deutschen Lesers hinzu: die russische Nation überhaupt sei nicht „reif" zum konstitutionellen Regime. Nun, – man fragt sich zunächst: wofür denn jene Leute auf und neben dem Thron „reif" sind, welche das Land in diese Lage gebracht haben? –

Neun lange Monate hat das bestehende Regime nichts getan, als mit wahrhaft mongolischer Tücke den „Rechten", die es gewährte, hinterrücks ein Bein zu stellen. Erst gegen Mitte Juni (alten Stils) kamen die *ersten* wirklichen bescheidenen Reformvorschläge, *sämtlich* die Spuren ihrer Herkunft aus den Gedankenkreisen des Semstwoliberalismus an der Stirn tragend: der Gesetzentwurf über die Friedensgerichte war der Annahme, die Agrarentwürfe waren der ernstesten sachlichen Beratung sicher. Aber das Entscheidende hatte die Regierung *nicht* getan: die Garantie gegen die absolute Polizeiwillkür (Beseitigung der administrativen Inhaftierung und Verschickung, Verantwortlichkeit ausnahmslos aller Beamter vor unabhängigen Gerichten) gewährte sie nicht, und ohne dies fand sie keinerlei Kreise der Bevölkerung, auf die sie sich stützen konnte. Die Auflösung der Duma aber wird nur dann zu einem ihr günstigen Ergebnis führen, wenn sie –

wie allerdings wahrscheinlich – entschlossen ist, die Wahlen in aller Form zu *fälschen.* Sie beruft sich für das wahnwitzige Willkürregiment der Polizei auf die Taten der Terroristen. Allein es läßt sich ja einfach *statistisch* ersehen, daß die Verhängung des Kriegszustandes, d. h. der Rechtlosigkeit, diese *gesteigert* und ihnen Sympathie verschafft hat. Wie eine Revolution von unten nicht ohne Mithilfe oder Duldung des Bürgertums, so ist ohne eine Stütze an ihm auch eine Eindämmung der Gewalttaten von oben nicht möglich. An die *Regierung* wendete sich in diesem Falle der bekannte Spruch: „Que messieurs les assassins commencent!" Statt dessen rechnet sie offenbar lediglich auf die Erfahrung, daß allerdings gemeinhin „die Maschine" – in diesem Falle der bürokratische Mechanismus – „nicht ermüdet", während dies auch dem wildesten Enthusiasmus irgendwann zu widerfahren pflegt. Aber es steht nicht fest, ob die unbeugsame Energie des russischen Radikalismus, zumal nachdem die Kader der sozialdemokratischen und sozialrevolutionären Organisationen einmal geschaffen sind, gegenüber dem *heutigen* oder einem ihm gleichartigen Regime jemals für mehr als nur kurze Pausen erschlaffen wird, – und sicher geschieht das nicht vor dem völligen ökonomischen Ruin des Landes. –

Der russische Freiheitskampf zeigt – das ist richtig – für das übliche Urteil wenig „große", unmittelbar zum „Pathos" des unbeteiligten Beschauers sprechende Züge. Das folgt zunächst aus dem Umstand, daß, mit Ausnahme des schwer verständlichen Agrarprogramms, die Forderungen, um die es sich handelt, zu einem großen Teil für uns im Westen den Reiz des *Neuen* längst verloren haben: sie scheinen der Originalität zu entbehren, die sie zu Cromwells und Mirabeaus Zeiten hatten, und entbehren ihrer, soweit sie rein politischen Inhalts sind, auch wirklich. Sie sind *uns* (meist!) trivial, – wie das tägliche Brot es ist. Dazu tritt ein anderes: es fehlen auf beiden Seiten die wirklich „großen Führer", an die sich ein pathetisches Interesse Fernstehender heften könnte; denn ein noch so ausgezeichneter politischer Publizist oder sozialpolitischer Sachverständiger, an denen wahrlich kein Mangel ist, ist ebensowenig ein politischer „Führer", wie der mutigste „praktische" Revolutionär ein solcher ist. Das alles erzeugt leicht den Eindruck des Epigonenhaften: alle Gedanken, die hier, von allen verschiedenen beteiligten Seiten, erörtert werden, sind nicht nur der Sache nach, sondern expressis verbis „Kollektivprodukte". Und das Auge des Zuschauers, zumal dasjenige politisch und ökonomisch „satter" Völker, ist nicht gewohnt und, von der Ferne aus, auch nicht in der Lage, durch den Schleier aller dieser Programme und Kollektivaktionen hindurch bei solchen Massen das mächtige Pathos der Einzelschicksale, den rücksichtslosen Idealismus, die unbeugsame Energie, das Auf und Ab von stürmischer Hoffnung und qualvoller Enttäuschung der Kämpfer zu unterscheiden. Die oft gewaltige Dramatik jener Einzelschicksale flicht sich zu einem für den Außenstehenden undurchsichtigen Gewühl zusammen. Es ist ein unablässiges zähes Ringen, mit wilden Mordtaten und schonungslosen Willkürakten in einer Zahl, daß selbst diese Gräßlichkeiten schließlich zur Gewohnheit geworden sind. Und wie die moderne Schlacht, des romantischen Reizes der alten Reiterkämpfe entkleidet, als ein mechanischer Prozeß zwischen den in Werkzeugen objektivierten Produkten der Gedankenarbeit der Laboratorien und Werkstätten und – der kalten Macht des Geldes sich darstellt, daneben aber ein furchtbares, unausgesetztes Anspannen in erster Linie der *Nervenkraft* der Führer wie der geführten Hunderttausende *ist,* so steht es auch mit der modernen „Revolution". Alles ist – wenigstens für das Auge des Beschauers – „Technik" und Frage der zähen Ausdauer der Nerven. In Rußland, wo die Polizeigewalt – wie diese Schilderung wohl gezeigt hat – ihre Machtstellung mit allen raffiniertesten Mitteln verschmitztester Asiatentücke ausnutzte, mußte der Kampf mit ihr so viele Kräfte in der bloßen „Taktik" verzehren, auf „parteitechnische Erwägungen" so sehr den Nachdruck legen, daß hier eine Rolle für „große führende Persönlichkeiten" überhaupt nicht leicht zu spielen war. Gegen Ungeziefer sind eben „große" Taten nicht zu verrichten. Und auf der Gegenseite fehlen sie vollends: die zahlreichen ausgezeichneten Einzelkräfte in der russischen Beamtenschaft, von deren Vorhandensein denn doch schon ein flüchtiger Blick von außen jeden überzeugen muß, können unter dem bestehenden System alles, nur keine „Staatsmänner" für große Reformen werden. Dafür sorgen schon die dynastischen Ambitionen, – dort wie bei uns.[4] Auch die Unmasse einer im einzelnen oft erstaunlich sorgsamen Gedankenarbeit, auf die man in den Staatsschriften dieses Regimes stößt, wird aufgebraucht und mündet, wie wir sahen, immer wieder in den Dienst des einen, absolut nicht über sich selbst hinausweisenden Zieles der polizeilichen Selbsterhaltung. Und die fürchterliche, objektive Sinnlosigkeit dieses Zieles, die vollkommene Unmöglichkeit, irgendwelche, und seien es die bescheidensten, „sittlichen" oder „Kulturwerte" als in diesem Regime verkörpert sich vorzutäuschen, verleiht dem Tun und Treiben dieser Machthaber und der „Berufsarbeit" dieser Staatsdiener – gerade der „tüchtigen" unter ihnen – in der Tat etwas von jenem gespenstischen Zug, den Leo Tolstojs Apolitismus in seiner „Auferstehung" so unheimlich empfinden zu lassen verstand. Man hat die russische mit der französischen Revolution verglichen. Abgesehen von zahlreichen anderen Unterschieden genügt es, auf dasjenige entscheidende Objekt hinzuweisen, welches, im Gegensatz zu damals, den heutigen, auch den „bürgerlichen", Vertretern der Freiheitsbewegung *nicht mehr* als „heilig" gilt und in den Katalogen

[4] Überhaupt lassen sich alle Konsequenzen des modernen spezifischen „Monarchismus" – der eben, wie heute die Dinge liegen, unvermeidlich mit einem Monarchen zu rechnen hat, der ungünstigenfalls ein gefährlicher politischer Dilettant, günstigenfalls ein einseitiger militärischer Fachmann wird – an dem Gang der Dinge in Rußland studieren.

der von der „Befreiung“ erhofften Güter *fehlt:* das *„Eigentum“*. Seine „Heiligkeit“ verkündet heute – etwas verspätet vom Standpunkt seiner eigenen Interessen aus – der Zar. Das ist, was auch nun geschehen wird, das Ende aller und jeder slawophilen Romantik und überhaupt des „alten“ Rußland. Aber es stoßen in Rußland die importierten allermodernsten großkapitalistischen Mächte auf einen Untergrund von archaistischem bäuerlichen Kommunismus und entfesseln ihrerseits innerhalb ihrer Arbeiterschaft so radikal sozialistische Stimmungen, denen sie alsdann so absolut „freiheitsfeindliche“ Organisationen allermodernsten Gepräges entgegensetzen, daß man kaum absehen kann, welches Gepräge die russische Entwicklung gewinnen wird, auch wenn – wie ganz überwiegend wahrscheinlich – die „Heiligkeit des Eigentums“ gegenüber der sozialrevolutionären Bauernideologie zuletzt das Übergewicht behält. Es sind alle jene Entwicklungsstadien ausgeschaltet, welche im Westen starke *ökonomische* Interessen besitzender Schichten in den Dienst der bürgerlichen Freiheitsbewegung stellten. Die wenigen Prozente industriellen Proletariates besagen vorläufig äußerst wenig, die Ideale der Bauern aber liegen vorerst, trotz allem, in einer irrealen Welt. – Niemals ist, nach alledem, ein Freiheitskampf unter so schwierigen Verhältnissen geführt worden wie der russische, niemals mit einem solchen Maß von rücksichtsloser Bereitschaft zum Martyrium, für die, scheint mir, der Deutsche, der einen Rest des Idealismus seiner Väter in sich fühlt, tiefe Sympathie besitzen müßte.

Den üblichen deutschen reaktionären „Realpolitikern“ aber sei die Frage nahegelegt, ob sie gut tun, Empfindungen gegen sich in Rußland zu wecken, wie sie Napoleon III. vor 1870 bei uns gegen sich wachrief. Man braucht die reaktionären und offiziösen russischen Zeitungen nur zu lesen, um zu sehen, mit welcher Geschicklichkeit sie die blöde Demokratenfeindschaft unserer „staatserhaltenden“ Preßorgane als Mittel der Ablenkung des Hasses der Massen nach außen – gegen uns – verwerten. Gewiß: das erbärmliche Regiment des Zaren, von jedem Krieg in den Grundfesten gefährdet, scheint ein „bequemer“ Nachbar. Ein wirklich konstitutionelles Rußland müßte ein stärkerer und, weil gegen die Instinkte der Massen empfindlicher, ein unruhigerer Nachbar sein. Aber man täusche sich nicht: dies Rußland kommt, so oder so, – und man müßte, rein „realpolitisch“, auf dem Standpunkt stehen: besser jetzt bald, wo wir, auf unsere Stärke gestützt, uns friedlich-schiedlich über das Chaos von Fragen, welches zwischen uns liegt, verständigen können, als daß wir diese Probleme auf unsere Enkel abwälzen und inzwischen alle idealen Mächte dieser aufstrebenden Völker gegen uns in Bewegung setzen.

Die beiden großen Nachbarnationen verstehen sich vorerst wenig. Einerseits ist mir persönlich kein russischer Demokrat begegnet, der für die Eigenart der deutschen Kultur innere Sympathie, die nur aus sicherem Verständnis hervorgehen kann, gehegt hätte. Andererseits erschwert der Druck des zunehmenden Reichtums, verbunden mit der zum System gesteigerten Gewöhnung, „realpolitisch“ zu denken, den Deutschen die Möglichkeit, das stürmisch erregte und nervöse Wesen des russischen Radikalismus sympathisch zu empfinden. Aber wir unsererseits sollten, bei aller Notwendigkeit, inmitten einer Welt von Feinden nüchtern zu sein, doch nicht vergessen, daß wir der Welt das Unvergänglichste in jener Epoche gegeben haben, als wir selbst ein blutarmes weltfremdes Volk waren, und daß „satten“ Völkern keine Zukunft blüht.

Zur Stellung der Frau im modernen Erwerbsleben[1]

Zu den wertvollen sozialwissenschaftlichen Monographien, mit denen uns die *badische Fabrikinspektion* von Zeit zu Zeit beschenkt hat, ist in Gestalt einer Arbeit der Großherzoglich Badischen Fabrikinspektorin Frl. Dr. Marie Baum eine weitere getreten (Drei Klassen von *Lohnarbeiterinnen in Industrie und Handel* der Stadt Karlsruhe; Bericht, erstattet an das Großherzogliche Ministerium des Inneren und herausgegeben von der Großherzoglich badischen Fabrikinspektion; Karlsruhe, Verlag der G. Braun'schen Hofbuchdruckerei, 1906, 232 S. 8°.), die ohne Zweifel wiederum ganz besonders gut gelungen ist. Zwar ist die *Stadt Karlsruhe* weder eines der typischen modernen Zentren der Massenarbeit der Frau, wie sie durch bestimmte Bedingungen des Arbeitsangebots geschaffen werden, noch auch ist sie Sitz einer der spezifisch badischen großen, auf gelernter weiblicher Arbeit ruhenden Industrien. Allein gerade diesen Umstand: die Vielseitigkeit der Karlsruher Frauenbeschäftigung, hat sich die Verfasserin in höchst geschickter Weise zu Nutze zu machen gewußt, um durch eine Vielzahl von verschiedenen Konstellationen hindurch die ökonomischen und sozialen Chancen der Frauenarbeit zu verfolgen und so das zu bieten, worauf es ihr offenbar ankam: einen Beitrag *nicht* in erster Linie zur inneren Industriegeschichte, sondern zur Entwicklungsgeschichte der Stellung der Frau im modernen Erwerbsleben.

Wir finden in der Darstellung der Verfasserin zunächst 1. die weibliche (in diesem Falle ungelernte) *Fabrik*arbeit der Frau mit ihrem frühen, aber fast jede Chance eines Aufstiegs ausschließenden Arbeitsverdienst, ihrem dementsprechend rapiden Orts-, Betriebs- und Berufswechsel, ihrer aus diesem Grunde zunehmenden Heranziehung ländlicher, durch Patronage und Tradition leichter an bestimmte Betriebe zu bindenden, dafür freilich mit der Heirat gänzlich zur Haus- und Landwirtschaft abschwenkenden Arbeitskräfte. Ihr gegenüber steht dann 2. die *Konfektion* mit ihrer, in diesem Falle relativ hoch qualifizierten und sozial hochstehenden, daher wesentlich städtisch rekrutierten und, bei geringerem Berufs- und Betriebswechsel, seßhafteren, bei niedrigerem Anfangslohn im ökonomischen Aufstiege etwas (aber nur wenig) günstiger als die Fabrikarbeiterinnen gestellten, aber, da hier die Arbeit noch stärker, als selbst in der Fabrik, nur „Durchgangsstadium" ist, noch jugendlicheren Arbeiterschaft – in der Fabrik $^{9}/_{10}$, in der Konfektion fast $^{19}/_{20}$ unter 30 Jahren. Endlich 3. die *Geschäftsgehilfen* in offenen Verkaufsstellen bei stetiger Arbeit und, nach niedrigen Anfangslöhnen, relativ günstigen Aufstiegschancen ganz vorwiegend städtischer Provenienz, aber nicht nur den Betrieb häufig wechselnd, sondern auch sehr stark fremdbürtig,

[1] Frankfurter Zeitung vom 13.08.1906 (anonym).

weil am häufigsten von allen von der eigenen Familie losgelöst. Unter sich ist diese Schicht wieder sehr verschieden gestellt, je nachdem es sich um Warenhausangestellte (mehr ungelernte Arbeit, höherer Durchschnittslohn, schneller, aber freilich begrenzter Aufstieg), um Angestellte in den noch stark patriarchalisch organisierten „Bedarfsgewerben" (Fleischer, Bäcker), oder endlich in Spezialgeschäften handelt.

Sorgsam wird der drückende Einfluß der Konkurrenz der Haustöchter auf dem Arbeitsmarkt, ferner der Heirat auf die Erwerbstätigkeit, dann das subjektive Verhalten der Arbeiterinnen zur nicht hauswirtschaftlichen Arbeit, insbesondere Fabrikarbeit (ganz überwiegend negativ), endlich und namentlich aber auch umgekehrt der Einfluß des Arbeitsverhältnisses auf die Stellung der arbeitenden Frau in Haus und Familie und auf ihren allgemeinen physischen und psychischen Habitus analysiert. Die Bedeutung schon der Menstruation, und noch mehr der Mutterschaft, illustriert an der Säuglingssterblichkeit in Land, Stadt und industrialisierten Landgemeinden, ferner die Konsequenzen der Familienbeziehungen: z. B. die regelmäßige Konfiskation des gesamten Lohnes der Haustöchter für den elterlichen Haushalt, die daraus hervorgehenden Konflikte, die Verschiedenheit des Maßes der Familiengebundenheit (am stärksten bei den Konfektionsarbeiterinnen mit ihrer schwankenden Arbeitsgelegenheit), weiter die Budgetverhältnisse der alleinstehenden Arbeiterinnen, die drückende Wirkung, welche die Haustöchter, wie auf dem Arbeitsmarkt, so auch in der Organisationsfähigkeit und auf das Niveau des fachlichen und geistigen „Allgemein"-Interesses ausüben, das Fehlen des Berufsempfindens und überhaupt jeglichen Schwunges, auch innerhalb der alleinstehenden Arbeiterinnen, schon infolge der langen Arbeitszeit und des „dilettantischen" und „Durchgangs"-Charakters der weiblichen Arbeit, welche die *„Proletarisierung"* der Arbeiterin (dies Wort im soziologisch strengen Sinne genommen) hemmt – dies alles wird am gegebenen Ort sehr geschickt in die Darstellung verflochten und an ihr illustriert.

Man wird im ganzen sagen dürfen, – zu Einzelkritik ist hier kein Raum – daß wohl kaum ein erheblicher Gesichtspunkt übergangen ist, und daß die Arbeit vor allem auch davon Zeugnis ablegt, wie wesentlich die *Sachkenntnis der Frau als solcher* für die sachgemäße Verarbeitung von derartigen, weibliche Arbeiter betreffenden, Erhebungen ist. –Wörishoffer, innerlich im Grunde eine „konservativ" gestimmte Natur, hatte seinerzeit sich dem Gedanken der weiblichen Fabrikinspektion gegenüber zwar nicht ablehnend, aber doch zunächst ziemlich kühl verhalten, von der Ansicht ausgehend, daß qualitativ eigenartige Leistungen, *andere* also als von Männern, von Frauen schwerlich zu erwarten seien. Allein er war alles andere als ein kleinlicher bureaukratischer Pedant, und nachdem er sich einmal zur Heranziehung einer weiblichen Mitarbeiterin entschlossen und die maßgebenden Instanzen dafür gewonnen hatte, hat er mit der ihm eigenen Noblesse und Weitherzigkeit der ersten „Assistentin" die Pfade geebnet. Auf welch lächerliche Schwierigkeiten er dabei gelegentlich stieß, ist heute kaum noch glaublich. Außerhalb wie auch – glücklicherweise freilich nur vereinzelt – innerhalb der Fabrikinspektion erhob sich damals die *bedrohte männliche „Geschlechtseitelkeit"* bei dem fürchterlichen Gedanken, daß eine Frau den Staat „nach außen repräsentieren", womöglich gar „Verfügungen" erlassen solle, die dann von Männern, – zähneknirschend natürlich ob dieser Pantoffelherrschaft, – auszuführen wären, und, das Allerschrecklichste, daß sie womöglich „etatsmäßig", werden und dann im Dienstalter *vor* männlichen Beamten der Behörde rangieren könnte. Wie es immer zu geschehen pflegt, wurde dabei die „generelle" Überlegenheit des männlichen Geistes am stärksten betont von solchen Leuten, die in ihrer konkreten Person am allerwenigsten als Repräsentanten derselben gelten konnten. Schon Wörishoffer hat, wo ihm diese Erbärmlichkeiten in den Weg traten, sie als „Altweibertratsch" in die Ecke gewiesen. Man kann nur mit dankbarer Genugtuung feststellen, daß die maßgebenden Instanzen im vorigen Jahr durch etatsmäßige Anstellung einer Inspektorin (eben der Verfasserin obiger Schrift) dieser den Anspruch auf jene selbstverständliche völlige Gleichordnung zugebilligt haben, ohne die ein kollegiales Zusammenwirken dauernd nicht möglich wäre, – und die übrigens auch die einzige, des männlichen Geschlechts selbst würdige Behandlung dieses „Problems" ist.

Die badische Fabrikinspektion[1]

Heidelberg, 23. Januar

Nachdem ein Mitglied der badischen Fabrikinspektion es für angezeigt gehalten hat (Frankfurter Zeitung, Nr. 22, erstes Morgenblatt), sich über den Austritt von Fräulein Dr. Baum öffentlich zu äußern, scheint mir ein weiteres Schweigen anderer um so weniger am Platz, als die Mitteilung des Herrn Fabrikinspektor Dr. Föhlisch – wie ich selbstverständlich annehme: gegen seine Absicht – irreführend ist und den Kern des Sachverhalts direkt verdeckt. Meine Kenntnis des letzteren rührt, um dies klar zu stellen, davon her, daß ich zweimal in die Lage kam, von der Fabrikinspektorin um eine rein objektive Begutachtung der sachlichen Begründetheit ihrer Gesuche an das Ministerium gebeten zu werden. Ich konnte in beiden Fällen ihr Vorgehen nur unvermeidlich finden. Ich bemerke endlich noch ausdrücklich, daß ich eine Zustimmung der Fabrikinspektorin zu den nachfolgenden Ausführungen nicht eingeholt habe und es mir auch gleichgültig ist, ob sie eine solche erteilen würde. Denn ich beabsichtige nicht etwa, sozusagen als „Kavalier" für sie einzutreten – was sie sich vermutlich sehr verbitten würde –, sondern es handelt sich hier um gewisse allgemeine *sachliche Konsequenzen*, die aus dem Vorgang zu ziehen sind. Um diese klarzulegen, ist allerdings ein Eingehen auch auf die wenig erfreulichen Anlässe der beiden Entlassungsgesuche unvermeidlich.

Es ist *nicht* richtig, daß – wie ein ununterrichteter Leser nach den Ausführungen des Herrn Dr. Föhlisch annehmen wird – die Fabrikinspektorin eine größere Selbständigkeit dem *Vorstand* der Fabrikinspektion, Herrn Dr. Bittmann, gegenüber, für sich, im Unterschiede zu anderen Beamten, zu „erzwingen" versuchte und daß das Mißlingen dieses Versuches ihren Austritt zur Folge gehabt habe. Sie hatte sich selbstverständlich durchaus mit derjenigen *Gleichstellung* mit den anderen, dem Vorstand ebenso wie sie selbst untergeordneten, Kollegen zu begnügen, welche bis zum Frühjahr 1906 ohne jeden sachlichen Schaden bestand. Eben diese Gleichstellung aber hielt Herr Dr. Bittmann damals, also nachdem die Beamtin sich als solche, nach Herr Dr. Föhlischs Worten, „dienstlich außerordentlich bewährt" hatte, für angemessen, ihr zu entziehen. Von anderen, dem Wesen nach ähnlichen Änderungen abgesehen, wurde der in jeder Behörde selbstverständliche Grundsatz, daß eine etwa erforderliche Vertretung des Chefs von den Beamten nach dem Dienstalter versehen würde, umgestoßen, und es wurde sie – aber *nur* sie – in diesem Falle auch im Dienst jüngeren, also im Amt

[1] Badische Landeszeitung vom 24.01.1907.

unerfahreneren und (wie ich beifügen möchte) bisher doch auch in keiner Weise mit solchen Leistungen, wie sie sie aufzuweisen hat, hervorgetretenen Kollegen dienstlich unterstellt. – Sie ihrerseits beantragte nun in einer Eingabe an das Ministerium *lediglich* die Abstellung des für sie unerträglichen Zustandes, daß sowohl bei solchen Stellvertretungsfällen, als auch außerhalb dieser, unter der Form sog. „Korreferate", diese jungen Herrn in die Lage kamen, die Entwürfe der dienstälteren Fabrikinspektorin sachlich zu ändern und stilistisch durchzukorrigieren, eine Gelegenheit, von der sie nicht ungern Gebrauch machten. Sie verlangte also nicht einmal Gleichstellung mit den jüngeren Kollegen, sondern lediglich Sicherung ihrer eigenen Tätigkeitssphäre gegen die Folgen einer, lediglich um ihres Geschlechts willen erfolgten, Zurücksetzung.

Das Ergebnis war, daß Herr Dr. Bittmann sie in leidenschaftlichster Form mit rein persönlichen Beleidigungen überschüttete, um alsdann, als die Inspektorin beim Ministerium Remedur beantragte, die wesentlichen Teile seiner Äußerung abzuleugnen und sein Verhalten als Erteilung einer „dienstlichen Rüge" zu deuten. Um alsdann diese letztere zu motivieren, trug er ihr den Inhalt eines Aufsatzes vor, in welchem Dinge, wie: daß sie im Hause dieses oder jenes Beamten nicht verkehre, daß, wie einer ihrer jüngeren Kollegen zu Protokoll gegeben habe, sie diesen auf der Straße nicht freundlich genug gegrüßt habe und dergl. als Belastungsmaterial figurierten. – Die Fabrikinspektorin forderte ihre Entlassung. Sie glaubte jedoch, jede noch so berechtigte persönliche Empfindung zurückstellen zu sollen, nachdem das Ministerium ihre vorhin erwähnten sachlichen Anträge in einer neuen Dienstanweisung als berechtigt anerkannt zu haben schien.

Alsbald aber mußte sie die Erfahrung machen, daß auch diese Verfügung vom Vorstande und ihren männlichen Kollegen dahin interpretiert wurde (formal mit Recht), daß sie im Stellvertretungsfall nach wie vor evtl. der einseitigen Korrektur ihrer dienstjüngeren Kollegen unterstehe. Bezüglich eines anderen Punktes gab der Vorstand überdies in der Sitzung ihren Kollegen die „dienstliche Anweisung", die Verfügung des Ministeriums in Bezug auf sie nicht zu befolgen. – Sie erbat und erhielt darauf vom Ministerium die Erlaubnis, auf jenen nicht erledigten Punkt ihres Gesuchs nach einiger Zeit zurückzukommen. Sie tat dies Mitte Dezember in einer neuen Eingabe. Das Ergebnis war wiederum, daß der Vorstand, Herr Dr. Bittmann, diesmal in Anwesenheit der Beamten und zweifellos wohlüberlegt, sie mit persönlichen Beschimpfungen bedachte, dergestalt, daß der Minister nach Besprechung des Falles eine dienstliche Ahndung in Aussicht stellte. Die Fabrikinspektorin beharrte jedoch auf ihrem erneut eingereichten Entlassungsgesuche. – Dies ist in den wesentlichen Punkten der Hergang.

Der andere Ton und vor allem der andere Geist, der unter Wörishoffer in der Fabrik herrschte, hing wahrlich *nicht*, wie die Ausdrucksweise des Herrn Dr. Föhlisch den Leser vermuten lassen kann, mit der Krankheit seiner allerletzten Lebensjahre zusammen. Im Gegenteil: es bewährte sich gerade auf der Höhe seiner langjährigen glänzenden Leitung die Fähigkeit seiner vornehmen Natur, durch andere und weniger subaltern geartete Mittel, als durch den „Zwang bureaukratischer Usancen", von dem Herr Dr. Föhlisch euphemistisch spricht, die Einheitlichkeit des Wirkens der Behörde zu wahren. Solche „Usancen", wie die hier geübten, entsprechen auch der alten Tradition des badischen Beamtentums *keineswegs*. Sie sind ein Importartikel. Ich erinnere mich recht lebhaft des grenzenlosen Erstaunens, in welches meine badische Verwandten, zum Beispiel der so früh verstorbene frühere Staatsanwalt Jolly, gerieten, wenn ich ganz unbefangen von persönlichen Erlebnissen auf preußischen Bureaus der damaligen Zeit (vor 15–20 Jahren) erzählte. Und die Schuld dafür, daß die Fabrikinspektorin Dr. Baum sich in die heutige badischen Inspektion nicht zu schicken vermag, liegt absolut nicht an irgend welcher Besonderheit ihrer mir ziemlich genau bekannten Charaktereigenschaften, von denen man nur wünschen kann, daß sie ihr mit recht vielen unsrer Beamten gemeinsam sein mögen. Sie hat, wie ich den anerkennenden Worten des Herr Dr. Föhlisch hinzufügen möchte, wohl etwas mehr vom Leben gesehen, als die meisten ihrer männlichen Kollegen. Und sie hat insbesondere *gerade* in der straffen Disziplin, welcher auch selbständige und verantwortliche Stellungen, wie sie sie im großindustriellen Geschäftsleben inne gehabt hat, aus Gründen *sachlicher* Notwendigkeit unterstehen müssen, sich bewährt. –

Die Schuld liegt, zum einen Teil, offensichtlich in der Persönlichkeit des Herrn Geh. Rat Dr. Bittmann. – –

Zum andern aber, und das ist der mich an dieser ganzen bedauerlichen Angelegenheit wesentlich interessierende Punkt, liegt sie in gewissen *sachlichen* Fehlern, die bei der Gestaltung der Stellung der Fabrikinspektorin gemacht worden sind. Das Ministerium des Innern hat Fräulein Dr. Baum persönlich stets das größte und, wie ich weiß, dankbar empfundene Wohlwollen entgegengebracht. Allein es hat – zweifellos in bester Absicht – geglaubt, gewissen „Vorurteilen", oder sagen wir besser gerade heraus: der männlichen *Geschlechtseitelkeit*, eine Konzession machen zu müssen, indem es sich für die Anschauung gewinnen ließ, eine staatliche Behörde dürfe – „nach außen", wie man sagte – nur durch männliche Beamte vertreten werden, und indem es deshalb die Wiederbeseitigung der für die sachlichen Interessen des Dienstes absolut unschädlichen *Gleich*stellung der Beamten beider Geschlechter zuließ. Dem Ministerium ist dabei offenbar ganz entgangen, daß das praktische Ergebnis jenes „Prinzips" und der auf ihm beruhenden „neuen Dienstanweisung" ja gerade das Umgekehrte ist: *Gerade nach außen*, in der allerdings recht anstrengenden und daher von den männlichen Beamten ihr sehr bereitwillig mitüberlassenen Revision der Fabriken, „repräsentiert" *heute* auch die Fabrikinspektorin den Staat, den Fabrikanten und sonst Beteiligten gegenüber. *Gerade im Innern* der Behörde, im Verhältnis der Kollegen *untereinander*, sind, wie das Vorstehende ergibt, der männlichen Geschlechtseitelkeit jene Konzessionen zu Gute gekommen. Und überdies sind, ganz natürlicher Weise und wie auch der Erfolg gezeigt hat, die Empfindungen, denen man jene Konzessionen machte, gerade dadurch erst recht geweckt worden und haben den Bruch herbeigeführt. Findet sich für diese Stelle eine Beamtin von ähnlicher Tüchtigkeit, so muß sich der Vorgang, wenn man von jener Differenzierung der Geschlechter wirklich nicht abgehen will, s. Z. in ganz ähnlicher Weise wiederholen. Denn eine, lediglich um ihres Geschlechts willen und ohne Rücksicht auf ihre Leistungen deklassierte Beamtin wird nie die unentbehrliche Arbeitsfreude im Beruf haben. Die Differenzierung nach dem Geschlecht muß jeden Versuch mit der Anstellung weiblicher Beamten von vornherein diskreditieren, und es ist daher dringend zu wünschen, daß er nunmehr überhaupt unterbleibt. Man muß das Experiment mit der weiblichen Fabrikinspektorin in Baden meines Erachtens als gescheitert ansehen – aber freilich sich darüber klar sein, woran es gescheitert ist.

Max Weber

Bismarcks Außenpolitik und die Gegenwart[1]

I. Dreibund und Westmächte

Äußerlich angesehen war Bismarcks Außenpolitik: Dreibundpolitik. Aber die innerliche Lockerung, welche er selbst durch den Rückversicherungsvertrag mit Rußland hineintrug, beweist, daß er sogar dem bedingten Bund mit Österreich-Ungarn schon während seiner Amtsführung nur den gleichen historisch bedingten Wert beimaß, wie in den „Gedanken und Erinnerungen". Vollends über Italien dachte er wohl sehr skeptisch. Die italienische Angst vor der englischen Seemacht freilich, welche Italien veranlaßte, nach Gründen zu suchen, sich der aktiven Teilnahme im Bündnisfalle zu entziehen, konnte Bismarck unmöglich in seine Rechnung einstellen. Aber das Bündnis mit Italien hatte noch andere schwache Punkte. Bismarck hatte gleich zu Beginn die Forderung eines Verzichts auf die „Irredenta" gestellt, den er selbst doch schwerlich als dauernd einschätzen konnte. Rein sachlich wäre eine rechtzeitige Verständigung darüber, wie die Wiener Angebote dieses Frühjahrs zeigten, nicht so schwer gewesen, wie sie jetzt geworden ist. Der schwierigste Punkt: Triest, hatte vor dem Kriege langsam an Bedeutung für Italien verloren. Aber nachdem die Unterschätzung der Kraft und des Zusammenhalts der Doppelmonarchie und das bei dem eigenen Verhalten Italiens ja leider subjektiv recht begreifliche, eben deshalb aber für den Gegenpart höchst verdächtige und verletzende Mißtrauen in die Loyalität Österreich-Ungarns die Verhandlungen zerschlagen hatte, ist jetzt ein Bund gebrochen und Blut geflossen und sind die auf keinerlei nationales Interesse Italiens mehr zu gründenden Forderungen italienischer Straßenpolitiker öffentlich erhoben worden. Das alles ist jetzt erschwerend hinzugetreten. Daß ein Entgegenkommen von Anfang des Bündnisses an nur aus Österreich-Ungarns alleiniger Initiative und nur bei stärkeren und dauerhafteren Garantien möglich war, als sie die stets – aus Gründen der Entstehungsart des modernen Italiens – gegenüber der Macht der Straße unsicher im Sattel sitzende italienische Dynastie und Regierung bieten zu können schien, war klar. Vor allem aber war etwas derartiges nur gelegentlich einer Ausdehnung der österreichisch-ungarischen Machtsphäre nach anderen Richtungen hin überhaupt möglich. Und da lag nun die Schwäche des Dreibundes in dem, was vom Standpunkt der Erhaltung des Friedens sein Vorzug war: in seinem reinen Defensivcharakter. Aus einem solchen Bund entsprangen keine Chancen für ein politisches Ausdehnungsbedürfnis Italiens. Auch die allgemeine Zusage eventueller Kompensationen im Falle der Ausdehnung des Nachbarn ist

[1] Frankfurter Zeitung vom 25. Dezember 1915.

erst nachträglich, und zwar in gleichem Schritt mit einer Lockerung der italienischen Verpflichtung, mithin als ein Bestandteil dieser Lockerung, nicht aber als einer der positiven Zwecke des Bundes in den Vertrag aufgenommen worden.

Diese Eigenart des Dreibundes folgte aus allgemeinen Eigentümlichkeiten der in jedem Sinn „konservativen" Bismarckschen Politik. Sie war in keinem Sinn eine Politik eines „größeren Deutschlands".

Der Erwerb von Siedlungsland zur Erweiterung der Gebietsgrundlage unseres Volkstums wäre angesichts der Auswanderungsziffern in den siebziger Jahren naheliegend gewesen. Nachdem wir jetzt längst ohne eine Millionenziffer fremder Arbeitskräfte im Lande nicht mehr auskommen, ist er nach meiner Ansicht überholt. Die Hinzufügung neuer, mit dem geschlossenen Körper des Deutschtums nicht zusammenhängender Fetzen deutschen Bauernlandes im Osten würde angesichts der dortigen, ohnehin ungünstigen Gestaltung unseres Siedlungs- und Sprachgebiets Bismarck in keinem Fall in Betracht gezogen haben, auch wenn er mit der jetzigen Lage jemals zu rechnen gehabt hätte.

Auch dem Gedanken überseeischer Erwerbungen stand er bekanntlich innerlich fremd gegenüber. In dieser Frage schob der Verächter der öffentlichen Meinung dieser die Initiative zu. Für eine solche mangelte damals jegliche kapitalistische Interessengrundlage.

Zufällige geschäftliche Einzelunternehmungen in Westafrika, zufällige Pioniertaten einzelner in Ostafrika bestimmten dann die Richtung überseeischen Erwerbs dort. Unsere sonstige koloniale Ausdehnung kam vollends verspätet und blieb nach Art und Umfang dürftig. Man braucht die großen Kolonialgebiete, welche andere Staaten: Rußland, England, Frankreich, Belgien, im letzten Menschenalter neu annektierten, nur mit unseren eigenen Erwerbungen zu vergleichen, um zu sehen, daß diese Kolonialpolitik rein sachlich niemandes Eifersucht zu erregen geeignet war. Weil historische wirtschaftliche Interessensphären für uns fehlten, vollzog sich unsere Überseeausdehnung als ein Streuerwerb in aller Welt, der nur für einen künftigen Austausch gegen möglichst geschlossene Interessengebiete Sinn haben konnte. Inzwischen aber hatte dieser Streuerwerb den Nachteil, uns angesichts des Geräusches, welches er erregte, in Reibung mit aller Welt zu bringen und unser Wollen, bei Fehlen historischer Interessensphären, als unsachlichen Ehrgeiz erscheinen zu lassen. Er engagierte uns auch an Punkten, wohin unsere Machtmittel nicht reichten. Ostasiatischen Besitz hätten wir in keinem Fall eines Krieges mit einer dortigen Großmacht wirksam verteidigen können.

Einen Grund zum ernstlichen Konflikt mit England hat dieser Übersee-Erwerb nicht gebildet. Im Gegenteil: in gewissem Maße hatte jeder deutsche Kolonialbesitz für England den Wert eines „Pfandes". Denn selbst bei gleicher Flottenmacht wäre für uns die geographische Lage Englands als eines Riegels vor der

Nordsee und die Lage von Liverpool durch nichts auszugleichen (selbst nicht durch die Eroberung aller Kanalhäfen!). Allein dieser Umstand hat Bismarck nicht davon abgeschreckt, schließlich doch Kolonien zu erwerben. Mit Recht. Objektiv auch für heute mit Recht deshalb, weil wir andererseits Machtmittel auch gegen England besitzen, welche nach den Erfahrungen dieses Krieges, den England mit der stärksten überhaupt möglichen Koalition gegen uns führt, für künftig steigend ins Gewicht fallen werden. Und nach jetzt 1 ½ Jahren sind die wichtigsten deutschen Besitzungen noch immer nicht ganz erobert. Andererseits ist das Ideal eines möglichst sich selbst genügenden Reichs für uns eine offenbare Utopie. Alle Textilstoffe und wichtige Metalle werden dauernd vom Ausland bezogen, müssen also durch Außenhandel verdient werden. Ob aber Kolonien oder Handelsschiffe und Handelsverbindungen das „Pfand" bilden, ist gleichgültig. Zu Bismarcks Zeit konnte nicht als wahrscheinlich gelten, daß die englische Politik jemals das Interesse haben würde, sich, wie sie im Begriffe zu tun steht, ohne Not in uns einen Todfeind für alle Zukunft zu schaffen. Auch nicht, daß es erst eines Krieges mit uns bedürfen würde, um englischen Politikern zu zeigen, was ein Konflikt mit uns auch für England bedeute. Auch nicht, daß in England Theorien entstehen würden, wonach „jeder Engländer reicher sein würde", wenn Deutschland aufhörte zu existieren. Wie diese Rechnung steht, weiß jeder ökonomisch Gebildete. Gesetzt aber, sie wäre richtig, so würde das, was sich England auf unsere Kosten an Seehandelsprofit (zu 10 Prozent des Umsatzes) günstigenfalls aneignen könnte, nicht ganz ein Drittel dessen ausmachen, was von ihm an Schuldzinsen und Mehrausgaben für das Heer zur Durchführung einer Politik blinden Neides jährlich mehr aufzuwenden wäre. Es ist rein sachlich ein Irrtum, anzunehmen, daß eine dauernde Verständigung und selbst ein festes Bündnis beider Mächte aus diesen Gründen unmöglich gewesen wäre. Ein Bündnis kam für Bismarck nicht in Frage, weil die damalige Tradition der englischen Politik feste Bündnisse ablehnte, teils weil es als unzulässig für eine Parteiregierung galt, die künftige Regierung der Gegenpartei zu binden, teils aus der überlieferten Politik der freien Hand heraus, welche damals als dem Interesse an dem berüchtigten „Gleichgewicht der Kräfte" allein entsprechend galt. Wäre es aber in Frage gekommen, so würden teils innerpolitische Antipathien, teils und entscheidend aber die überlieferten Beziehungen zu Rußland es für Bismarck ausgeschlossen haben. Als später die englische Politik bündnisreif wurde, geschah dies aus Angst vor uns und, um sich *gegen* uns zu wenden. Dafür gab aber nicht unser dürftiger Kolonialbesitz und auch nicht in erster Linie unser gelegentlich lästiger Handelsaufschwung den Ausschlag, sondern: die vermeintliche Bedrohung in der Nordsee. An die Tatsache einer relativ steigenden Seemacht *aller* anderen Mächte wird sich England schon infolge der bevorstehenden Entstehung einer amerikanischen Flotte ersten Ranges endgültig gewöhnen müssen. Für den Umfang unserer eigenen Rüstung aber haben eine Reihe unsachlicher und deshalb unkluger Rücksichtslosigkeiten der englischen Politik den Ausschlag gegeben. Sie behandelte im Ärger über unseren Flottenbau auch unsere kolonialpolitischen Interessen in allzu augenfälliger Art unfreundlicher als diejenigen Frankreichs mit seiner damals weit größeren Flotte. Wir gewannen dadurch den Eindruck, daß England bei allen überseeischen Chancen Deutschlands, auch wo wichtige englische Interessen gar nicht bedroht wurden, dennoch stets gegen uns Partei nehmen würde. Bei diesem sachlich nicht gebotenen Verhalten war die Angst vor uns ein schlechter Berater. Es liegt vor Augen, welche Zukunftsinteressen die englische Politik mit ihrer Wendung gegen uns und Österreich-Ungarn diesem Gespenst geopfert hat und, wenn sie sich nicht ändert, noch wird opfern müssen.

Die Bismarcksche Politik konnte diese Entwicklung nicht voraussehen und ging von der Annahme aus, daß wir auf Englands Neutralität mindestens für den Fall eines Zusammenstoßes mit Rußland sicher rechnen dürften. Allerdings hatte Bismarck auch keine ganz zutreffende Vorstellung von den militärischen Verhältnissen, welche im Fall einer doch immerhin möglichen Feindseligkeit Englands gegen uns eintreten könnten. „Die Engländer jagen wir mit ein paar Landwehrregimentern in die Nordsee“, lautete seine Antwort an die Staatsmänner, welche ihn in Friedrichsruhe aufsuchten, um (vergeblich) seine Sympathie für den Flottenbau zu gewinnen. Es ist heute jedermann klar, welche Tragweite für die Möglichkeit, zur See überhaupt einer Großmacht würdig aufzutreten, der Besitz von Helgoland hat. Damit vergleiche man die darauf bezüglichen Bemerkungen der „Gedanken und Erinnerungen“. Nüchtern zog Bismarck es vor, dies für unser heutiges Empfinden verletzende deutsche Gibraltar lieber in – wie er annahm – neutraler Obhut bestehen zu lassen, als die Verpflichtung zu übernehmen, diesen „Steinfelsen“ künftig unsererseits gegen die französische Flotte (die er allein in Betracht zog) verteidigen zu müssen. Die geringfügigen Leistungen der Franzosen zur See 1870 ermöglichten es ihm, die Marine als subaltern zu behandeln. In den 70er Jahren wäre der Bau einer ausreichenden deutschen Flotte schwerlich als Bedrohung Englands empfunden worden, sondern als eine selbstverständliche Ehrenpflicht, unsere einer Großmacht nicht würdige Ohnmacht zur See gegenüber Frankreich auszugleichen. In starkem Maße innerpolitische Antipathien bestimmten Bismarcks verhängnisvolle ablehnende Stellung zur Flotte, für welche, wie er sagte, „sogar der Abgeordnete Rickert“ Sympathie habe. Das damals Unterlassene wurde später schwer und daher mit einem Geräusch nachgeholt, welches Mißtrauen erwecken konnte.

Was an der heutigen Praxis der englischen Seeherrschaft das für uns Unerträgliche ist, weiß jedermann. Dem allein durch England gestützten Seebeuterecht hat die Initiative Englands heute ein noch weit gehässigeres Landbeuterecht zur Seite gestellt. Die Willkür der Konterbandebegrenzung bekommt jeder neutrale

Staat zu fühlen. Wir unsererseits würden in jedem Kriege Englands gegen den Versuch einer solchen Kontrolle und Vergewaltigung, wie sie gegenüber anderen Mächten, auch Großmächten, jetzt geübt worden ist, um unserer Ehre willen Gewalt haben anwenden müssen. Die englische Politik wird über die wirkliche Wirkung ihres Verhaltens auf die Stimmung der Welt erst nach dem Kriege ihre Erfahrungen zu machen haben, wenn die Augenblickskonstellation der Interessen sie nicht mehr verschleiert. Entscheidend wird dann wohl die Erfahrung wirken, daß alle diese Vergewaltigungen und sittenlose Gehässigkeit eines krämerhaften Wirtschaftskrieges gegen uns nutzlos gewesen sind. Aber nur, wenn die Schlüsse daraus von England schon im Friedensvertrag voll gezogen werden, kann dieser die Pforte zu einer Verständigung werden.

Die Racheabsicht der Franzosen hat Bismarck nach 1870 als etwas für alle Zukunft in unsere Rechnung Einzustellendes angesehen. Welche Momente bei einer solchen Auffassung ihn eigentlich zur Herausgabe von Belfort veranlaßten, wissen wir heute ebensowenig, wie wir die Stellung der damaligen militärischen Autoritäten zu diesem Schritt kennen. Bismarck begann dann in Ermangelung anderer Möglichkeiten eine Politik der Isolierung Frankreichs, welche von ihm selbst unmöglich auf unbegrenzte Zeit berechnet sein konnte. Gleichzeitig machte er seine bekannten Versuche der Ablenkung der Franzosen auf koloniale Erwerbungen in der Erwartung, sie würden, auf diesem Gebiet von uns unbehelligt und loyal gefördert, die kontinentalen Gegensätze schließlich vergessen. Zunächst enttäuschte der Sturz Ferrys diese Politik, die aber dennoch fortgesetzt wurde. Sie war kontinentalpolitisch völlig verständlich. Weltpolitisch aber hat sie auch einige bedenkliche Folgen gehabt. Worüber wir uns in letzter Zeit mit Grund beschwerten, war bekanntlich, daß Frankreich und andere Mächte unsere Existenz bei Fragen der Verteilung von Interessensphären einfach ignorierten. So England bei seiner südafrikanischen, Frankreich bei seiner nordafrikanischen Politik. Keine Großmacht darf sich ungestraft immer wieder vor vollzogene Tatsachen stellen und über sich zur Tagesordnung übergehen lassen. Eben jene Haltung der Bismarckschen Politik hatte aber Frankreich und die Welt daran gewöhnt, die Vorgänge in Überseegebieten als Dinge anzusehen, bei denen eigentlich Deutschland nur aus Anmaßung mitzureden beanspruche. Der nüchterne Standpunkt des „do ut des" war ausgeschaltet. Als er von unserer Seite aufgenommen wurde, stand das entstehende Geräusch zu unseren wahrlich bescheidenen Ansprüchen außer allem Verhältnis, und wir gerieten dadurch in eine auch innerlich ungünstige Position. Denn es ist klar, daß ein Krieg mit Frankreich wegen „kapitalistischer" Interessen in Marokko nicht jener unbedingten innerlichen Hingabe des deutschen Volkes sicher gewesen wäre, welche selbstverständlich war, als Frankreich, von uns unbedroht, als russischer Vasall uns angriff. Eine frühzeitigere und stärkere kolonialpolitische Betätigung Deutschlands hätte jedenfalls die Kriegsgefahr Frankreich gegenüber nicht gesteigert. Für diese bleibt allein entscheidend die französische Vorstellung, daß die Zugehörigkeit des Elsaß zu uns ein Provisorium sei. Diese Ansicht erhielt freilich durch das Provisorium seiner staatsrechtlichen Stellung im Reich stets neue Nahrung. Es gab daher in Frankreich eine nicht ganz unerhebliche Strömung für ein schweigendes Nebeneinander, aber keine für eine offene Verständigung mit uns. Eine Politik des Ignorierens ist aber gegenüber einer Großmacht friedlich nicht durchführbar. Darüber war auch die französische Politik nicht im Zweifel. Sie konnte aber den Entschluß zu etwas anderem nicht finden. Und seitdem sie den gebildeten Klassen des Landes auf Verlangen Rußlands die dreijährige Dienstzeit zugemutet hatte, mußte sie positiv entschlossen sein, den Krieg gegen uns baldmöglichst zu führen. „Wir werden Barbaren, wenn wir drei Jahre in der Kaserne liegen müssen; entweder wir vernichten Deutschland und brauchen das dann nicht mehr, oder – es lohnt nicht mehr", war das entscheidende Argument, welches man von gebildeten Franzosen zu hören bekam. Nachdem entgegen der Annahme vieler von uns, welche unser eigenes Heer noch mit der dritten Jahresklasse kannten, die zweijährige Dienstzeit sich bei uns so glänzend bewährt hat, wird auch in Frankreich künftig jenes Argument an Gewicht verlieren. Die Erfahrung, daß auch diese Koalition Elsaß-Lothringen nicht wiederbringt, und die zu erwartende endgültige Regelung von dessen Stellung in Deutschland kann manches ändern. Wie schnell und viel wissen wir nicht.

Für den Augenblick liegt zwischen uns und den beiden Gegnern im Westen vor allem das *belgische Problem.* Der deutsche Standpunkt zu Belgien ist nicht unbekannt, aber immer wieder unzutreffend formuliert. Belgiens Selbständigkeit war von Frankreich bedroht, von Bismarck gestützt. Den Kongostaat hat Bismarcks Politik dem König der Belgier schaffen helfen. England hat diesen Besitz so lange bedroht, bis Belgien sich ihm politisch und militärisch willfährig zeigte. In den Irrsinn, dieses von jeher in seinen beiden Nationalitäten gleich stark an seiner Unabhängigkeit hängende Volkstum aus gleichviel welchen Gründen uns jemals zwangsweise angliedern zu wollen, sind vor dem Kriege weder kluge noch törichte deutsche Politiker je verfallen. Was könnte es uns auch nützen, wenn dadurch das uns stammverwandte *Holland* dazu getrieben würde, „Einfallspforte" der Gegner zu werden? Nicht daß Belgien, wohl aber daß das holländische Volkstum und mit ihm das Rheinmündungsgebiet sich national von uns geschieden hat, ist beklagenswert. Aber die Versäumnisse unseres Mittelalters sind heute nicht mehr rückgängig zu machen, und es ist bedauerlich genug, daß Hannovers Verhalten 1866 zur Einverleibung in Preußen zwang und durch diesen Eindruck das historische Vertrauensverhältnis Hollands zu uns getrübt war. Dies zu verschärfen, bestand und besteht kein Grund. Die Schwierigkeiten in den Beziehungen zu Belgien waren und sind rein militärischer Art.

Ein Mittelstaat, welcher lediglich die gegen Deutschland gerichtete Grenze wirklich befestigte, seine Seegrenze gegen England und seine Landgrenze gegen Frankreich aber in völlig verteidigungsunfähigem Zustand ließ, welcher ein zur Abwehr eines Durchmarsches unzulängliches Heer hielt und sein Verteidigungssystem letztlich auf die Behauptung einer von jenen beiden verteidigungslosen Grenzen möglichst entfernt liegenden Festung zuschnitt,– ein solcher Staat konnte, militärisch und politisch betrachtet, unmöglich als *effektiv* neutral gelten. Seine Neutralität war in der Tat „Papier". Vollends nachdem jahrelang in seinen führenden Blättern und in spontanen Kundgebungen seines Parlaments immer wieder, und zwar ohne jeglichen Anlaß unsererseits, die Parteinahme für unsere Gegner zum Ausdruck gebracht worden war. Wirtschaftliche Momente: die Stellung des französischen Kapitals in sehr vielen, unter belgischer Flagge gehenden Unternehmungen, begünstigt durch die fast absolute rechtliche Freiheit des Börsenverkehrs und der Aktiengründungen in diesem Eldorado der Bourgeoisie, sprachen bei dieser sonst ganz unverständlichen Haltung entscheidend mit. Auch nicht die allergeringste Gewähr bestand daher dafür, daß dieser Staat nicht im Ernstfall seine Neutralität genau so betätigen würde, wie Griechenland jetzt unter dem Zwang unserer Gegner hat tun müssen, d. h. also: unter formalem Protest den Durchmarsch unserer Feinde geschehen lassen wird. Zum Überfluß war erinnerlich, daß England die Versetzung der holländischen Seeküste in verteidigungsfähigen Zustand fast wie einen Akt der Feindseligkeit gegen sich behandelt und zu hintertreiben gesucht hatte, um den Einbruch durch holländisches Gebiet nach Deutschland offen zu halten. Hollands Neutralität wurde von uns ebenso peinlich respektiert wie die der Schweiz. Das gleiche wäre selbstverständlich im gleichen Fall Belgien gegenüber geschehen. Wie man in Deutschland darüber dachte, war denen, die es anging, nicht verborgen. Belgien aber versagte uns jene Flankendeckung gegen Überfälle über sein Gebiet, welche die Schweiz durch ihre effektive Neutralität ebenso uns wie unseren Gegnern gewährte. Dabei war die deutsche Westgrenze bereits durch die Änderung des bis 1867 zu beiderseitiger Zufriedenheit in Luxemburg bestehenden Zustandes höchst ungünstig beeinflußt. Bismarck hatte das Besatzungsrecht ausschließlich um des Friedens willen Napoleon III. gegenüber aufgegeben. Der Krieg von 1870 blieb uns aber dennoch nicht erspart.

Das nur aus unbeglaubigten Gerüchten bekannte angebliche Projekt des jetzigen Königs der Belgier, einen Bund der neutralen Mittelstaaten zusammenzubringen, hätte die Lage vielleicht verschieben können. Freilich nur in dem leider äußerst unwahrscheinlichen Fall, wenn dabei etwa in erster Linie an eine feste militärische Verbindung Belgiens mit Holland zum Zwecke der gemeinsamen Verteidigung ihrer Neutralität gegen *jede* Antastung, also vor allem auch zur Herstellung eines verteidigungsfähigen Zustandes der Süd- und Seegrenzen Belgiens, gedacht gewesen wäre. Mit solchen effektiven Neutralitätsgarantien hätte Deutschland sich zufrieden geben können, und es wäre uns dann der trotz aller zwingenden Gründe für das Empfinden jedes Deutschen peinliche präventive Durchmarsch durch Belgien erspart geblieben, den vermeiden zu können auch Bismarck sicher mit allen Mitteln angestrebt hätte. Ob etwa jene vagen Möglichkeiten künftig jemals praktische Bedeutung gewinnen könnten, ist bei der Stellung der beteiligten Nationalitäten zueinander durchaus problematisch und hängt jedenfalls nicht von uns ab. Nachdem das Geschehene einmal geschehen mußte und nachdem inzwischen die Emigrantenregierung in Le Havre ausdrücklich die Forderung von Gebietserweiterungen Belgiens angemeldet hat, ist die Lage stark verändert. Greifbare Garantien sind geboten. Daß diese jeder gewissenhafte deutsche Politiker nach Art und Zeitdauer gern auf das unentbehrliche Mindestmaß beschränken möchte, weiß jedermann. Denn es besteht keinerlei Interesse Deutschlands daran, sich Todfeinde zugleich jenseits der Grenze und im eigenen Lande zu schaffen und seine Politik auf lange Zeit gänzlich gegen die Westmächte festzulegen. Klar ist aber, daß die Art jener Garantien von der politischen „Gesinnung" abhängen muß, deren wir uns von unseren Nachbarn im Westen und jenseits der Nordsee künftig zu versehen haben werden, dann nämlich, wenn die Leidenschaften des Kriegs verflogen sind. Über „Gesinnungen" überhaupt und vollends über Zukunftsgesinnungen ist durch Friedensverträge nichts auszumachen. Die Garantien, wie immer sie aussehen mögen, müssen also mindestens für so lange Zeit gelten, bis sich voraussichtlich klar übersehen läßt, woran Deutschland mit jenen Nachbarn sein wird. Zur Zeit sind leider ihre Gesinnungen die denkbar ungünstigsten für die Erwartung, daß wir künftig dort Ruhe haben werden. Wenn selbst jetzt noch Minister der Westmächte (auch Englands!) von Abtrennungen deutschen Gebiets reden, über die Deutschland, wie sie wissen, auch dann nicht verhandeln würde, wenn bei Köln und Heidelberg statt bei Arras und Reims gekämpft würde, so kann allerdings von ernsthaften Friedenserörterungen keine Rede sein. Angesichts dessen werden vielmehr diejenigen deutschen Politiker sich im Recht fühlen, welche die Ansicht vertreten, daß bei der Gesinnung unserer Gegner ein Friede in jedem Falle nur ein Waffenstillstand, und daß es also militärisch unklug sein werde, irgendein Stück besetzten Landes herauszugeben. Müßte man diesen Eindruck gewinnen, dann freilich bliebe nichts übrig, als das Faustpfand festzuhalten und die Gegner einfach so lange gegen die deutschen Linien anrennen zu lassen, als sie wollen, und abzuwarten, bis sie für diesmal aufhören müssen. Das deutsche Heer kann das. Das Schicksal möge die europäische Kulturwelt, uns selbst eingeschlossen, davor bewahren, daß es geschehen müßte. Dies hängt jedoch nicht von uns ab, und die bekannten Worte des Reichskanzlers gaben dieser Lage den zutreffenden Ausdruck.

II. Dreibund und Rußland

Durch die Ereignisse überholt ist die Bismarcksche Politik im Osten. Infolge unserer eigentümlichen Lage dort war sie nicht ganz frei von widersprechenden Möglichkeiten. Man konnte innerlich nicht wohl gleichzeitig ein dauerndes Waffenbündnis mit Österreich-Ungarn für wünschenswert halten und den Rückversicherungsvertrag mit Rußland abschließen. Letzten Endes war aber auch schon nicht recht abzusehen, was für ein Interesse Deutschland daran hatte, den Berliner Kongreß zu arrangieren und den unvermeidlichen Haß enttäuschter Hoffnungen auf sich zu nehmen, wenn diese Probleme uns wirklich „Hekuba" waren. Eine Festsetzung der Russen in Konstantinopel hätte nach Bismarcks späteren Erklärungen ihm nicht nur für die deutschen, sondern auch für die österreichisch-ungarischen Interessen unter gewissen Bedingungen als unschädlich und direkt nützlich gegolten. War dies wirklich seine letzte Meinung, dann freilich war nicht recht ersichtlich, aus welchem Grund gerade wir der damaligen englischen Politik zu Hilfe kamen. Es kann, solange nicht triftige Gründe dagegen vorliegen, nicht als unwahrscheinlich gelten, daß auch später eine langfristige Verständigung unserer beiden östlichen Nachbarn über die Zerlegung des Balkangebietes in Interessensphären durch Vermittlung des Kanzlers möglich gewesen wäre, wie sie der damaligen, inzwischen gründlich veränderten Lage entsprach. Das Desinteressement Rußlands an den Gebieten zwischen der Adria und der bulgarischen Grenze war noch bis in weit spätere Zeit alles, was Österreich im Interesse seiner Existenz verlangen mußte. Darauf einzugehen, hat sich Rußland erst später durch sein Engagement in Serbien außerstande gesetzt. Sich aus gefühlspolitischen Motiven an Punkten zu engagieren, bis zu welchen aus politisch-geographischen Gründen die eigenen Machtmittel nicht mit Sicherheit reichen, führt sehr leicht zu solchen für das Prestige bedenklichen Fehlschlägen, wie wir sie bei unserer Burenpolitik erfuhren und wie sie den Russen für ihre Serbenpolitik jetzt im größten Maßstab zuteil werden. Nicht nur und letztlich nicht einmal vornehmlich die Entstehung starker wirtschaftlicher Interessen Deutschlands in Kleinasien und Mesopotamien, sondern sehr wesentlich dies rein politische Hinausdrängen Rußlands über seinen natürlichen Aktionsradius hat Gegenaktionen Deutschlands im Orient und jetzt die für Rußland so peinliche Kampfgemeinschaft mit der Türkei und Bulgarien ins Leben gerufen. Über die rein wirtschaftlichen Interessen wäre eine Verständigung gerade mit Rußland nicht schwer gewesen. Das starke politische Engagement, welches jetzt das aus politischen Motiven entstandene Bündnis für uns mit sich bringt, hat alle Voraussetzungen der Bismarckschen Politik endgültig verschoben. Diese und ihre scheinbaren Widersprüche beruhten auf der Annahme, daß 1. wirkliche Interessengegensätze zwischen uns und Rußland nicht vorliegen, daß vielmehr 2. Interessengemeinschaft zwischen Rußland und uns infolge der Teilung Polens bestehe und immer bestehen werde. Das polnische Problem war einer der Angelpunkte seiner Politik. Es beherrschte seine Außenpolitik gegen Osten durchweg und seine innere Politik im Kulturkampf und auch sonst in sehr entscheidender Art. Die Polen waren ihm die Landesverräter schlechthin kraft unausrottbarer Eigenart, wie sie es für die Russen seit Nikolaus I. gewesen waren. Auch wer dieser Ansicht absolut fernstand und die von Anfang an ganz verfehlte antipolnische Sprachenpolitik in Preußen ablehnte, konnte unter den früheren Verhältnissen schwer umhin, für die preußische Siedlungspolitik im Osten und gegen die Zulassung der polnischen Arbeiter in Deutschland einzutreten. Die unvermeidliche Konkurrenz der Nationalitäten und nationalen Kulturen im Osten wollte man nicht dem Prinzip der billigsten Hand im Kampf um Bodenbesitz und Arbeitsmarkt unterstellt sehen. Das Verschwinden des loyal preußischen Beamtentums polnischer Herkunft war eine unangenehme Begleiterscheinung der Art, wie seit Bismarck der Kampf geführt wurde.

Diese Lage ist völlig verändert. Zunächst durch eine Entwicklung im deutschen Polentum, welche es nicht mehr zuläßt, nur von der „billigeren Hand“ zu reden. Dann durch die jetzt entstandene politische Lage Deutschlands gegenüber den Polen. Nicht nur darf eine deutsche Regierung unter gar keinen Umständen öffentliche Versprechungen gemacht haben, die nicht zur Wahrheit werden, wie dies in Rußland nach dessen Eigenart immer wieder unvermeidlich geschehen wird. Sondern vor allem weist die Gewalt der Tatsachen beide Nationen für die Zukunft aufeinander hin. Während England unseren Handel und Überseebesitz, Frankreich die Integrität unseres Landbesitzes bedrohen kann, ist Rußland die einzige Macht, welche im Fall des Sieges, wie die polnische, so auch die deutsche Nationalität und politische Selbständigkeit in ihrem ganzen Bestande zu bedrohen in der Lage wäre. Das wird in Zukunft vermutlich in steigendem Maße der Fall sein. Die Frage, wie die Verständigung mit den Deutsch-Polen in den bisherigen Streitpunkten gestaltet werden kann (z. B. etwa: Abgrenzung von lokalen Siedlungsgebieten für jede Nationalität), kann jetzt und hier nicht behandelt werden. Sicher ist nur, daß die Aufgabe vor uns steht. Erst recht nicht könnte die künftige Politik den außerdeutschen Polen gegenüber hier erörtert werden. Sicher ist nur, daß dies die wichtigste aller zwischen uns und Österreich-Ungarn zu regelnden Fragen ist, und daß darüber vor Eintritt in die Friedensverhandlungen Einigkeit erzielt sein muß.

Die Bismarcksche Staatskunst würde sicherlich Nachdruck darauf gelegt haben, 1. daß eine Umgebung Schlesiens durch das Gebiet eines einheitlichen, sei es auch noch so fest befreundeten Staatswesens wirtschaftlich und politisch-geographisch nicht annehmbar sei, außer bei Herstellung solcher Beziehungen, welche jede Zwiespältigkeit der beiderseitigen Wirtschafts- und Gesamtpolitik dauernd ausschließen würden, 2. daß wenigstens im Nordosten die technisch-militärische Sicherung einer etwaigen Grenze Mitteleuropas gegen Rußland durch Garnisonen und strategische Verkehrsmittel nur in unserer eigenen Hand liegen könne. Andernfalls würde sie es abgelehnt haben, die Feindschaft des russischen Nachbarn von dessen anderen Gegnern ab- und auf uns allein zu ziehen, wie es jetzt geschieht. Welche Formen Bismarck etwa hätte vorschlagen können, um die von ihm in allgemeinen Wendungen befürwortete Umwandlung des Bündnisvertrages in eine verfassungsmäßige Verbrüderung durchzuführen, kann man nicht wissen. Den bloßen formalen Akt einer Genehmigung durch die Parlamente kann der Verächter des Parlamentarismus schwerlich im Auge gehabt haben, obwohl er nur davon spricht. Das Bündnis als solches steht auch ohne solchen Formalakt fest genug. Denn eine Bedrohung der Großmachtstellung Österreich-Ungarns wird auch in Zukunft uns veranlassen, das Schwert zu ziehen. Es sei denn, daß dessen eigene Politik uns jemals das Gegenteil direkt aufzwingen sollte. Ein solcher Selbstmord ist nicht zu gewärtigen. Das Interesse unseres Bundesgenossen an der Erhaltung unserer Machtstellung bleibt jedenfalls dauernd ebenso stark wie das entsprechende Interesse bei uns.

Die Stellung der Deutschen und der westslawischen Kulturvölker zueinander wird durch die politischen Folgen des Krieges von Grund aus umgestaltet werden müssen und einer solchen Umgestaltung auch fähig sein. Erstmalig ist erst jetzt diesen Völkern bewiesen worden, daß es gegenüber der ihnen allen drohenden Verwandlung in russische Fremdvölker überhaupt eine Macht gibt, die im Verein mit ihnen selbst ihre nationale Selbständigkeit gegen Rußland zu garantieren in der Lage ist. Eine der Grundlagen ihres bisherigen Verhaltens war der fatalistische Glaube an die Unvermeidlichkeit einer Entfaltung der russischen Macht ins Grenzenlose. Es wird nun darauf ankommen, ihnen auch die Sicherheit beizubringen, daß sie statt der russischen keine deutsche Vergewaltigung zu befürchten haben. Unser Interesse gestattet und fordert ihre unbedingte Kulturselbständigkeit auf dem Boden zweckmäßiger Abgrenzung nationaler Wirkungsgebiete nach rein sachlichen politischen Gesichtspunkten, und das heißt: unter Ausschaltung nationaler Eitelkeit unsererseits. Soweit dabei andere Nationalitätsfragen als die polnischen in Betracht kommen, sind diese formell eine innere Angelegenheit unserer Verbündeten. Ihre möglichst schleunige Lösung ist allerdings auch für unsere weitere Politik von entscheidender Wichtigkeit, ohne daß wir ihnen doch irgendwie hineinzureden hätten. Eine Annexion polnischer oder anderer slawischer Gebietsteile durch uns hätte Bismarck sicherlich abgelehnt.

Was Rußland selbst anlangt, so weiß jeder: daß die vorläufig kaum überbrückbare Gegnerschaft, in welche wir zu diesem Land geraten sind, von unserer Seite durchaus unfreiwillig war. Es ist Bismarcks Lebensarbeit trotz aller Anstrengungen nicht gelungen, ihr Entstehen zu hindern. Auch nicht durch den Rückversicherungsvertrag, der zwar den formellen Abschluß der Allianz mit Frankreich hinausschob, nicht aber die politische Haltung Rußlands uns gegenüber in ihren Grundlagen änderte. Bismarck rechnete stets nur mit der Regierung des Zaren selbst. Innerhalb weiter Grenzen natürlich mit vollem Recht. Aber die polizeilichen Gefälligkeiten, welche der russischen Regierung im Kampfe gegen ihre inneren Gegner von uns dargeboten wurden, entsprangen nicht einem eigenen sachlichen Interesse unseres Staates und waren kein Mittel, auch nur den Respekt der russischen Machthaber uns zu erhalten. Deshalb waren sie unklug. Bei den Reformpolitikern stärkten sie den Glauben: Deutschland sei der eigentliche Feind einer freiheitlichen Entwicklung Rußlands, ja sogar: es würde gegebenenfalls gegen eine solche intervenieren, zu einem ebenso unsinnigen wie schwer ausrottbaren Dogma. Zu schwach, in ihrem eigenen Hause auch nur die elementarsten Forderungen nach einer festen Rechtsordnung und garantierten Freiheitssphäre durchzusetzen, geriet die enttäuschte russische Intelligenz im Suchen nach einem Halt für ihr gebrochenes Selbstgefühl in den Dienst einer phrasenverhüllten, nackten Expansionspolitik. Die von ihr verabscheute, dem Sinne nach westeuropäische Agrarreform der Regierung suchte die Bauernschaft von den altnationalen Bauernidealen abzulenken und ihren Landhunger für die gleiche Politik einzuspannen. Einmal in den Krieg hineingetrieben, glaubte die Regierung des Zaren, aus Angst vor Prestigeverlust und, in dessen Gefolge, einer neuen Revolution es nicht wagen zu können, rechtzeitig mit uns einen ehrenvollen Frieden zu schließen, der sehr wohl möglich gewesen wäre. Denn wir hatten keinerlei Interesse daran, russischen Bedürfnissen da in den Weg zu treten, wo sie nicht Lebensinteressen von uns oder unseren Verbündeten: Österreich-Ungarns, der Türkei und jetzt Bulgariens bedrohten. Bei rein sachlicher Behandlung war ein Ausgleich durchaus nicht ausgeschlossen. Jetzt kann nur die Zukunft lehren, wie sich die russische Politik weitergestalten wird. Ihr Ausdehnungsehrgeiz und der Eifer der Intelligenz für die Beglückung fremder Nationen stand und steht mit den ungelösten Kulturaufgaben im eigenen Lande in schreiendem Kontrast. Und in diesem Fall hat sich das einmal gerächt. Eine der wichtigsten Erfahrungen dieses Krieges ist es bisher gewesen: daß die bloße Masse und Zahl, so wenig sie militärisch gleichgültig ist, doch nicht entscheidet. Entgegen den Annahmen, die bei uns verbreitet waren, haben sich die zivilisierten Heere den Barbaren- und Analphabetenheeren qualitativ stark überlegen gezeigt. Bei Fortsetzung der bisherigen Taktik würde Rußland wirtschaftlich dauernd außerstande bleiben, durch Zivilisierung seiner Bauernmassen die Voraussetzungen für ein Qualitätsheer zu schaffen. An einer großen Zukunft der russischen Nation zu zweifeln, hat niemand, der sich mit ihrer Eigenart beschäftigt hat, Grund. Aber in der Gegenwart führt ihr Weg nicht in dieser Richtung. Die russische Intelligenz hat ihre alten Ideale über Bord geworfen. Sollte der Deutschenhaß, den der Krieg bei ihr nicht erst erzeugte, aber ins Unsinnige steigerte, dauernd fortbestehen – und dies ist nach ihrer Haltung nicht unwahrscheinlich –, dann allerdings bleibt uns nichts übrig als die einfache praktische Konsequenz: suchen wir diesen Haß, im Gegensatz zu unserer bisherigen offenbar ganz nutzlosen Deferenz, wenigstens wirklich zu verdienen. Es wird in den Friedensbedingungen hoffentlich Anlaß genommen werden, allen russischen Deutschen das Abwanderungsrecht mit vollem Entschädigungsanspruch zu sichern.

Wenn so in zahlreichen Einzelpunkten und in der äußeren Gesamtlage die meisten Voraussetzungen der Bismarckschen Politik sehr stark verschoben sind, so können manche ihrer allgemeinen Maximen voraussichtlich für jede sachliche deutsche Politik als dauernd maßgebend gelten.

Zunächst solche formeller Art. Bismarck hat stets daran festgehalten, daß die Armee den Krieg führt, und zwar nur nach strategischen Rücksichten, daß aber den Frieden der Staatsmann macht. Unter gebührender Berücksichtigung der militärischen Erfordernisse, aber auch im Bewußtsein, daß die Interessen des Landes nach dem Kriege für vielleicht (hoffentlich!) sehr lange Zeit nur durch die friedlichen Mittel der Politik wahrgenommen werden können und sollen. Es ist unmöglich, bei jedem der zahlreichen, je für sich allein nicht lebenswichtigen Interessengegensätze, die auftauchen, erneut und ausschließlich an die Waffen zu appellieren. Eine Politik, die lediglich über diese Mittel verfügte, wäre praktisch so gut wie matt gesetzt. Für die nächste Zukunft ist nach der Erbitterung des Krieges die Fortdauer naher Beziehungen zwischen unseren Gegnern das Wahrscheinlichste, so radikal entgegengesetzt ihre Lebensinteressen in vielen Punkten sind. Aber infolge dieser Gegensätze wird auch diese höchst unnatürliche Koalition das Schicksal aller ihrer Vorgänger teilen. Jede künftige Außenpolitik setzt dann ein gewisses Minimum von Bewegungsspielraum der Zentralmächte in der Wahl ihrer künftigen Stellungnahme zu den verschiedenen jetzigen Gegnern voraus. Die rein militärisch wünschbarste Lösung einer Frage ist daher nicht immer auch die politisch günstigste. Aus manchen Äußerungen Bismarcks aus den Jahren 1870/71 ist zu schließen, daß er nicht immer richtig über das militärisch Zulässige und Mögliche informiert war. Er selbst hat damals ebenso wie schon 1866 seine Stellung zu den militärischen Autoritäten als einen fast beständigen unvermeidlichen Kampf aufgefaßt. Dies wird sich zweifellos nicht wiederholen.

Wenn etwas die sachlichen Ziele der Bismarckschen Politik auszeichnete, so war es das Augenmaß für das Mögliche und politisch dauernd Wünschbare, gerade auf den höchsten Höhen berauschender militärischer Erfolge. Sein Verhalten im Jahre 1866 freilich könnte nur in schiefer Art als unmittelbar übertragbar auf die ganz andersartigen Beziehungen zu unseren jetzigen Gegnern angewendet werden, zu welchen uns die Bande der Nationalität und Tradition fehlen. Dauernd anwendbar ist aber das Prinzip. Es widerstreitet auch heute den deutschen Interessen, einen Frieden zu erzwingen, dessen hauptsächliches Ergebnis wäre: *daß Deutschlands Stiefel in Europa auf jedermanns Fußzehen ständen.* Das wäre das Ende einer sachlichen deutschen Außenpolitik sowohl innerhalb wie außerhalb Europas. Und bleibende Wahrheiten stecken vor allem auch in jenen Ausführungen der „Gedanken und Erinnerungen", welche vor dem Außerachtlassen der, in Bismarcks Redeweise: „von der Vorsehung", in der unsrigen: durch historische Schicksale, dem heutigen Deutschland mit auf den Weg gegebenen politisch-geographischen Bedingungen und Schranken und vor einer unsachlichen Politik der *nationalen Eitelkeit* warnen. Deutschlands Ehre an Punkten zu engagieren, zu denen unsere Machtmittel entweder gar nicht oder nur bei gutem Willen allzu vieler anderer hinreichen, kann im großen zu politisch ähnlichen Situationen führen, wie Preußen sie im kleinen beim Abfall Neuchâtels erlebte. Es bestehen unzweifelhaft starke deutsche Interessen im Orient und noch stärkere werden entstehen. Unseren jetzigen und, wie bestimmt zu erwarten ist, bleibenden Verbündeten dort wird an materiellen, technischen, geistigen Hilfsmitteln, über welche Deutschland verfügt, alles das zu Gebote stehen, was sie selbst für sich für brauchbar halten; eine Politik des Aplombs aber, der Aufdringlichkeit und Eitelkeit wird deutscherseits zweifellos streng vermieden werden. Die deutsche Unterschätzung der Form erstreckte sich bei uns gelegentlich, und dann stets zum Nachteil, auch auf das Gebiet der Politik. Auch dort aber ist in hohem Maße wichtig nicht nur, was geschieht, sondern auch *wie* es geschieht.

Bismarcks Politik hatte nicht seinen Worten, aber seinen Taten nach das Ideal des *deutschen Nationalstaats* zur Voraussetzung. Seine Polenpolitik war der Ausdruck dessen. Wenn unter dem Eindruck unserer neuen Aufgaben die Vorstellung aufgetaucht ist: die „Nationalität" sei nun in ihrer Kulturbedeutung durch den „Staatsgedanken" abgelöst oder ablösbar, so ist das ein Mißverständnis. Alle *Kultur* ist und bleibt heute durchaus national gebunden, und zwar nur immer um so mehr, je „demokratischer" die äußeren Kulturmittel nach Verbreitung und Art werden. Aber der *Staat* muß nicht notwendig ein „Nationalstaat" in dem Sinne sein, daß er sein Interesse ausschließlich an den Interessen einer einzelnen, in ihm vorwiegenden Nationalität orientierte. Er kann den Kulturinteressen mehrerer Nationalitäten dienen, auch im eigenen wohlverstandenen Interesse der in ihm vorwiegenden Nationalität. Gemäß den veränderten Aufgaben ist heute auch im Kulturinteresse der deutschen Nationalität zu fordern, daß unser Staat sich dieser Aufgabe steigend zuwende. Wenn dann der russische Staat durch unser Verhalten veranlaßt werden sollte, den in seinem Verbande bleibenden Fremdvölkern um der „Konkurren" willen dasjenige Maß von „Kulturselbständigkeit" zu gewähren, welches Dragomanow und ähnlich gerichtete Politiker vor 50 Jahren an die Spitze ihrer Reformprogramme stellten, so wird dadurch Rußlands Macht gewiß nicht sinken, vielleicht aber sein von der Bürokratie und der einseitig großrussischen Legende getragener Expansionszwang sich abschwächen. Denn die ukrainischen und lettischen Bauern werden, je mehr sie national erwachen, desto weniger die Verwendung ihres Landes zur Befriedigung des Landhungers großrussischer Bauern ertragen, und die nationalen Intellektuellenschichten dieser Völker des russischen Westgebiets werden nicht an uferlosen nackten Machtidealen hängen, welche ja nur dem Herrenkitzel der Petersburger und Moskauer Beamten zugute kämen.

Deutlicher als jetzt wird die Welt dann erkennen können: bei wem „die Interessen der kleinen Nationalitäten", die unsere Gegner, nachdem sie Indien, Ägypten, Nordafrika, Persien, die Kaukasusvölker, die Polen, Kleinrussen, Letten, Finnen, Gibraltar, Malta, den Dodekanes usw. geknebelt haben, im Munde führen, Rücksicht und Förderung finden.

Zur Frage des Friedenschließens[1]

Der Friedensschluß einer europäischen Macht in unserer geographischen Lage, welche auch künftig „Weltpolitik" zu treiben beabsichtigt, hat von der Tatsache auszugehen, daß außer uns noch sechs andere Mächte vorhanden sind, welche das gleiche zu tun willens sind und von denen einige der stärksten an unseren Grenzen auch die Macht dazu haben. Daraus folgt, daß trotz eines noch so vollständigen Sieges jene Absicht für uns unausführbar ist. Weltpolitik ist für uns nicht zu führen, wenn wir die Chance haben, bei jedem Schritt auch in Zukunft stets erneut auf die gleiche Koalition zu stoßen, wie sie diesmal gegen uns sich zusammengefunden hat. Es muß die Möglichkeit für uns offen gehalten werden, mit einer der stärksten von ihnen eine feste Verständigung auf lange Sicht hinaus zu erzielen. Dies muß keineswegs sofort geschehen, wohl aber dürfen die Friedensbedingungen nicht so gestaltet werden, daß sie jene Möglichkeiten dauernd ausschließen. Dies wäre der Fall, wenn Annexionen nach *beiden* Fronten auf jeder von ihnen uns Gegner schaffen würden, welche durch die Interessen ihrer eigenen Sicherheit genötigt wären, jedem Feind, der gegen uns in die Schranken tritt, die Hand zu reichen. – So aber wäre die Lage Englands und Frankreichs, wenn Belgien durch Deutschland ganz oder überwiegend annektiert oder in einer Art dauernd „angegliedert" würde, welche einer Verwandlung der belgischen Seeküste in eine maritime Operationsbasis gegen England, der belgischen Südgrenze in eine territoriale Operationsbasis gegen Frankreich gleichkäme.

Die Annexion Elsaß-Lothringens hat jeder Macht, welche in Gegensatz zu unseren weltpolitischen Interessen geriet, gestattet, bedingungslos und ohne alle Gegenleistung auf die Hilfe Frankreichs gegen uns zu zählen, ohne daß die geringste Chance für uns bestand, durch Verständigung mit Frankreich diese Lage zu ändern, weil die *Ehre* den Franzosen verbot, die Annexion als definitiv anzuerkennen, solange die Elsässer selbst dies zu tun zum erheblichen Teil abgeneigt waren, und solange die politische Lage des Elsaß den Stempel des Provisoriums an sich trug. Wir sind dadurch weltpolitisch vollkommen gelähmt und sowohl Rußland wie England gegenüber zur Ohnmacht verurteilt worden. Eine Annexion oder dauernde widerwillige „Angliederung" von Belgien an uns innerlich anzuerkennen, verbietet Frankreich und England nicht nur die Ehre, sondern die elementarste Rücksicht auf die eigene Sicherheit ganz ebenso, wie unsere Sicherheitsinteressen uns verbieten würden, die Angliederung Belgiens an eine jener beiden Mächte zu dulden. An ein innerliches Sichabfinden mit der deutschen Herrschaft von Seiten der Belgier selbst ist vollends unter gar keinen wie immer

[1] Manuskript aus dem Nachlass. (Vermutlich Ende 1915 bzw. Anfang 1916.)

gearteten Verhältnissen jemals zu denken. Alle gegenteiligen Vorstellungen sind – auch hinsichtlich der Flamen – große Selbsttäuschungen. Aber auch abgesehen davon steht fest: jede Macht, die uns künftig bedrohen könnte, insbesondere also *Rußland,* würde im Fall der Annexion nunmehr die vollkommene Sicherheit haben, nicht nur wie jetzt: Frankreich, sondern: Frankreich *und* England auf seiner Seite zu haben. Und nicht nur diese Militärmächte allein, sondern alle jene ideellen Mächte in der ganzen Welt, welche nun einmal durch das Schauspiel der dauernden Vergewaltigung und Unterjochung eines Volkes mit (formell) erstklassiger Zivilisation in Bewegung gesetzt würden. Die Stimmung, welche diesmal in Amerika und Italien von Kriegsbeginn an gegen uns bestand, und deren Folgen politisch und auch militärisch nicht gleichgültig gewesen sind, bestände dann dauernd auch im Frieden. Denn so hoch man die ältere und technisch weit überlegene englische Nachrichtenorganisation und vor allem die Angst dieser Länder vor der überlegenen englischen Seemacht als Gründe ihrer feindlichen Stellungnahme gegen uns einschätzen mag, so kann über die gewaltige Bedeutung des Eindrucks unseres Einmarsches in Belgien dafür doch kein Zweifel bestehen. Die urwüchsige Solidaritätsempfindung der lateinischen ebenso wie der angelsächsischen Bevölkerung der Erde ist an sich in ihrer Bedeutung für die Stellungnahme Italiens und Amerikas von uns zu niedrig eingeschätzt worden. An ihrer Erweckung ist der Eindruck von deutschen Eroberungs- und Invasionsplänen in Belgien und auf dem Weg über Belgien ganz wesentlich beteiligt.

Haben wir mit einer dauernden und wachsenden Gefährdung unserer nationalen Unabhängigkeit durch Rußland in Zukunft zu rechnen, so gebieten uns zwingende Gründe weltpolitischer Art, nicht an unserer Westgrenze einen Zustand zu schaffen, welcher für alle Zukunft die Feindschaft eines großen und – mögen wir annektieren, was wir wollen – sehr mächtig bleibenden Teils der Welt zur Folge haben *muß.* Daß wir mit jener Bedrohung durch Rußland zu rechnen haben werden, unterliegt nicht dem geringsten Zweifel. England kann unseren Handel abschneiden und uns Kolonien abnehmen – auf Kosten eigener materieller Interessen, wie selbst dieser Krieg gezeigt hat –, Frankreich könnte uns im Fall eines Sieges eine Provinz abnehmen. Keine der beiden Mächte und auch nicht beide zusammen könnten jemals unsere Existenz als Nation und Großmacht wirklich dauernd vernichten. Die einzige Macht, von welcher uns etwas derartiges drohen kann, ist aus geographischen und nationalpolitischen Gründen Rußland, und zwar bis zum Eintritt eines (relativen) populationistischen Sättigungsgrades, der noch in weiter Ferne liegt, in steigendem Maße. Rußland wird auch, wenn wir die gegenwärtige Linie unserer Orientpolitik fortsetzen, unbedingt dazu genötigt sein, mit allen Mitteln nach der Vernichtung unserer Machtstellung zu trachten. Nicht nur der durch ökonomische und soziale Motive bedingte Expansionsdrang der russischen Bauernschaft, sondern die Abschneidung vom offenen Meer und von den historisch und kulturlich bedingten nationalen Aspirationen aller Jahrhunderte zwingt jede russische Regierung in Zukunft zu einer vor allem darauf gerichteten Politik. Es scheint nicht klug, dieser Politik in Gestalt der Heere und der ökonomischen Mittel von Frankreich und England Helfer zu verschaffen, welche durch ihr eigenes Interesse genötigt sind, ihr bedingungslos dauernd zur Verfügung zu stehen.

Die durch den ungeheuren Lärm, mit welchem wir unsere wahrlich bescheidene Übersee-Expansion in Szene setzten, verursachte Vorstellung, daß wir das ebenso aussichtslose wie nach geographischen Bedingungen sinnlose Ziel verfolgten: 1. eine deutsche Expansion in Westeuropa vor Englands Toren, 2. die Eroberung des indischen und ägyptischen Kolonialreichs und 3. die Vernichtung des national-britischen Weltreichs durchzusetzen, hat der russischen Politik schon bisher diesen Dienst geleistet. Die beginnende Umsetzung des zuerst genannten Ziels (Expansion in Westeuropa) in die Tat würde für die russische Politik die gleichen Chancen für alle Zukunft verewigen. Die beiden anderen Ziele würden aber beim Versuch der Umsetzung in die Tat alsbald als Utopien erkannt werden – im Gegensatz zu der äußerlich möglichen Annexion Belgiens. Daß der Gedanke, ein auf nationaler Grundlage ruhendes Weltreich wie England mit Kanada, Australien und jetzt auch Kapland zu zersprengen, für uns Unsinn ist und durch keine Niederlage Englands in die Tat umzusetzen wäre, hat der Krieg wohl erwiesen. Nur innere ökonomische und soziale Zersetzung könnte es zerfallen lassen. Gegen den Versuch, eine deutsche Herrschaft an die Stelle der englischen zu setzen, fände es sich sofort wieder zusammen, genau so wie jetzt die Anglo-Amerikaner zum alten Mutterland halten. Über den Ungedanken einer deutschen Herrschaft in Indien ist wohl kein Wort zu verlieren. Eine etwaige Überspannung des direkten Aktionsradius der deutschen Orientpolitik bis nach Syrien und Ägypten bedeutete die dauernde solidarische Feindschaft Frankreichs und Italiens mit England gegen uns und ist aus geographischen Gründen für uns militärisch nicht durchführbar.

Es wird politisch durchaus nützlich sein, wenn der Verlauf des Kriegs in England den Eindruck hinterläßt, daß wir über Mittel verfügen, die naturgegebenen und unvermeidlichen Orientinteressen dieses Landes ernstlich zu schädigen, wenn Englands Politik unseren eigenen Kolonialinteressen so wie bisher ohne Notwendigkeit schikanös in den Weg tritt. Sicher aber ist, daß der Krieg, einerlei wie er im übrigen ausgeht, bei uns wie in England den Beweis liefern wird, daß eine *Verdrängung* der englischen Macht speziell in Ägypten zu unseren eigenen Gunsten politisch nicht in Betracht kommt, und daß es also notwendig und auch sehr wohl möglich ist, mit England über die beiderseitigen nordafrikanischen und Orientinteressen zu einem beide Teile befriedigenden Abkommen zu gelangen. Eine politische Mittelmeermacht können wir nun einmal aus geographischen Gründen nicht werden. Wenn so diese utopischen Ziele, welche der Zorn gegen England und die Phantastik politischer Publizisten anläßlich der Siege unserer Heere hie und da auftauchen ließ, sich von selbst durch die Gewalt der Tatsachen erledigen werden, so steht es infolge der militärischen Okkupation Belgiens und Nordfrankreichs anders mit dem Ziel der westeuropäischen Expansion. Der Gedanke einer solchen hat vor dem Krieg wohl auch dem verantwortungslosesten Bierstubenpolitiker ganz ferngelegen. Unser militärischer Aktionsradius, der im Orient selbst bei den überschwenglichsten Siegen seine festen Grenzen haben wird, reicht, wie sich zeigt, selbst in der jetzigen unerhörten Lage dieser Koalition gegenüber weit genug, um – wenn nichts zur Zeit Unvorhergesehenes geschieht – Belgien und Nordfrankreich wenigstens äußerlich militärisch in der Gewalt zu behalten. Die Frage ist: ob wir es sollen.

Was haben wir uns von diesem Besitz zu versprechen? Zunächst 1. *keine* „deutsche Rheinmündung", ein Kanal nach Antwerpen ist nur durch holländisches Gebiet möglich; ebensowenig 2. selbst im Fall des Hinzunehmens von Dünkirchen, Calais und Boulogne einen Kriegshafen für Schlachtschiffe. Dafür müßte schon Cherbourg mitannektiert werden, und dann wäre die deutsche Hochseeflotte, falls England in der Themsemündung einen Flottenstützpunkt schafft, in zwei strategisch getrennte Hälften zerschnitten. Also nur 3. einen Stützpunkt für Unterseeboote und also die Möglichkeit einer Sperrung der Themsemündung, wenn dieses Kampfmittel genügend weiterentwickelt wird und wir es rücksichtslos, insbesondere ohne Rücksicht auf die Neutralen, gebrauchen. Aber die Ungunst unserer militär-geographischen Lage zur See wäre damit nur wenig gebessert, denn diese beruht darauf, daß die quer vorgelagerten britischen Inseln die fast vollständige Sperrung aller Nordsee- und Kanalhäfen für England sehr leicht machen, während die Sperrung Liverpools, auf die alles ankäme, dann ebensowenig wirklich durchführbar wäre, wie sie es jetzt gewesen ist. Dem freien Ozean wären wir in einem praktisch wirklich entscheidenden Grade nur dann näher gerückt, wenn wir auch die Häfen der Bretagne besäßen; ohne diese wird eine wirkliche Hinderung von Truppentransporten von England nicht möglich, und sie wird auch dann nur in unerheblichem Grade möglicher werden als diesmal, wo sie trotz des Besitzes von Zeebrügge und Ostende *nicht* gelang. Die Flankenlage der Häfen der britischen Seeküste bliebe bestehen. Die (in dem diesmaligen Kriege) völlig utopische Invasion nach England hinein wäre auch in Zukunft nur im Fall des Besitzes von Calais und der Nachbarhäfen eine ernsthafte Möglichkeit. Eben deshalb aber wäre die dauernde Besetzung benachbarter belgischer Küstenstriche durch uns nur das Mittel, England und Frankreich zu einem dauernden Schutz- und Trutzbündnis gegen uns direkt zu zwingen, also der russischen Politik in die Hände zu arbeiten. So wehrlos wie diesmal gegenüber einer wirklich gelungenen Invasion werden wir England künftig nicht wieder finden.

Die Notwendigkeit ständiger Munitions- und Proviantnachschübe macht übrigens auch jede gelungene Truppenlandung, wenn nicht die feindliche Torpedo- und Unterseebootsflotte in jeder Hinsicht absolut unterlegen ist, zu einem reinen Abenteuer. Ob endlich unserer eigenen Unterseebootmacht für die Schädigung des englischen Handels und der englischen Truppentransporte künftig etwas mehr als die diesmalige – weit mehr durch den in dieser Art nicht leicht wiederholbaren, moralischen Eindruck als in wirklich militärisch wichtigen Erfolgen sich äußernde – Bedeutung beschieden sein wird, hängt von der heute nicht übersehbaren Frage ab, ob nicht vielleicht zunehmend wirksamere technische Mittel zur Unschädlichmachung der Unterseeboote geschaffen werden. Andererseits auch davon, wie sich der Aktionsradius und das Aktionstempo der Unterseeboote selbst entwickelt. Diese letzteren Umstände werden auch darüber entscheiden, wieviel oder wie wenig der Unterschied des Besitzes von Kanalstützpunkten gegenüber den Nordseehäfen für die Verwertung der Unterseeboote gegen England künftig bedeuten wird. Daß die Chance, dem englischen friedlichen und militärischen Schiffsverkehr im Kriegsfall Verlegenheiten zu bereiten, mit dem Besitz von Kanalhäfen steigt, soll mit alledem natürlich nicht bestritten werden. Ganz unsicher sind nur alle Faktoren für die Berechnung, wie *stark* diese Steigerung künftig militärisch ins Gewicht fällt. Politisch wird die *ideelle* Bedrohung: das gewaltig gesteigerte subjektive Bedrohtheits*gefühl* der englischen Bevölkerung uns gegenüber, das einzig sichere Ergebnis sein. Es scheint, daß manche Politiker sich eben davon günstige Wirkungen versprechen. Gerade dies aber geschieht mit dem denkbar zweifelhaftesten Recht. Gelänge es *jetzt* etwa, Calais zu besetzen und zu behaupten, so wäre ein guter Friede mit England gewiß wahrscheinlich, – dann nämlich, wenn England dabei gegen andere Konzessionen die *Beseitigung* dieser (wesentlich ideellen) Bedrohung, also unseren *Verzicht* auf die Kanalküste eintauschte. Würde man aber darauf bestehen, im *Frieden* Kanalhäfen oder auch nur dem Kanal naheliegende Gebiete zu behalten, dann wären die einzigen politisch denkbaren Wirkungen: einerseits dauernde Todfeindschaft Englands (und Frankreichs) und andererseits die Verewigung von deren jetziger Koalition mit Rußland ausdrücklich oder stillschweigend, also: die günstigsten Zukunftschancen für Rußland gegen uns.

Gewiß ist es ein nationales Unglück, daß unsere mittelalterliche Geschichte und dann das 16. Jahrhundert die Mündungsgebiete des Rheins von uns trennte. Aber selbst wenn es möglich wäre, die Fehler von acht Jahrhunderten durch Annexionen wieder zu reparieren, so liegt doch eins auf der flachen Hand: nicht Belgien, welches an uns mit rein französischen Landesteilen grenzt, sondern – wie schon angedeutet – *Holland* müßte dann das Objekt unseres westeuropäischen Expansionsstrebens sein. Jede Karte zeigt und jeder ehrliche Politiker sollte zugeben, daß *hier* die politisch-geographische Verstümmelung Deutschlands liegt, welche durch jenes geschichtliche Verhängnis herbeigeführt wurde. Nun gibt es freilich hie und da Politiker, welche meinen, wenn wir Belgien uns zwangsweise „angliedern", so wird Holland sich uns „freiwillig anschließen". Es gehört ein unglaubliches Maß von Unkenntnis der holländischen Eigenart und Interessenlage dazu, um das zu glauben. Nur durch militärische Gewalt oder durch Vergewaltigung (gleichviel mit welchen Mitteln) könnte jetzt und künftig Holland zu irgend etwas, was einer Aufgabe seiner Selbständigkeit ähnlich sieht, veranlaßt werden. Es bleibe dahingestellt, ob eine indirekte, etwa durch ökonomische Mittel, ins Werk zu setzende Vergewaltigung leicht durchführbar wäre. Die Erfolge der österreichischen ökonomischen Zwangspolitik gegen Serbien sind nicht ermutigend. Jedenfalls wäre die Chance sehr groß, daß Holland alle Mittel dagegen in den Kauf nehmen würde, auch das: sich seinerseits zum Einfallstor Englands gegen uns und schlimmstenfalls selbst zu einem „Bündnis" nach Art Portugals herzugeben. In jedem Fall aber würde ein schwerer, auch für den Kriegsfall immerhin nicht gleichgültiger Haß der – seit der Annexion Hannovers – ohnehin tief mißtrauisch gewordenen holländischen Bevölkerung gegen Deutschland die Folge jeder als solcher fühlbaren Vergewaltigung der Selbständigkeit des Landes sein. Eine etwaige militärische Besetzung aber, die nicht so einfach ist, wie die Landkarte dem Landesunkundigen vortäuscht, würde England lediglich Anlaß geben, die holländischen Kolonien in „Verwahrung" zu nehmen, ohne daß wir dies hindern könnten.

Es ist eine ganz andere Frage, ob es etwa auf dem Gebiet unserer Verkehrspolitik Mittel gibt, den Holländern einzelne bestimmte, auf gegenseitigen Konzessionen ruhende Abmachungen vorteilhaft erscheinen zu lassen, welche dann zu intimeren Beziehungen der beiden Länder und Völker führen können, als sie bisher bestanden. Je sorgsamer dabei die unbedingte Selbständigkeit des Landes unsererseits geschont wird, desto möglicher kann dies erscheinen, und desto mehr wird auch politisch das Interesse Hollands, so wie bisher gegen jedermann, auch gegen England seine Selbständigkeit zu wahren, zugunsten einer engeren Freundschaft mit uns ausschlagen. Die „Angliederung" Belgiens aber und ein fühlbarer Druck unsererseits auf Holland würde das vorhandene Mißtrauen nur steigern.

Jegliche Annexions- und Vergewaltigungspolitik an der Westgrenze führt uns in eine Verwicklung von Todfeindschaften, welche unsere Macht für die Lösung der Probleme des Ostens dauernd lähmen. Glauben wir trotzdem, aus welchen Gründen immer, über das hinausgehen zu müssen, was das absolute Minimum an *Sicherung* der Grenzen unserer Rheinprovinz erfordert, nämlich 1. Herstellung des Zustandes von vor 1867 in Luxemburg und 2. eine Behandlung des belgischen Problems, welche eine zukünftige Versöhnung mit dem belgischen Volke nicht ausschließt und welche uns lediglich die *ohne* Annexionen oder annexionsartige „Angliederung" erreichbaren, relativ optimalen Garantien gegen plötzliche

Überfälle auf unser westliches Industriegebiet gibt, – wollen wir also *Expansions-* und nicht bloße Sicherungspolitik im Westen treiben –, dann wäre eine vorbehaltlose Verständigung und d. h. ein festes Bündnis mit *Rußland* absolute Voraussetzung. Andernfalls gibt es durchaus keine Mittel, den Fortbestand der jetzigen Koalition und die Erneuerung des gleichen Krieges in einem dem Gegner gelegeneren Zeitpunkt zu vermeiden, weil beides absoluten Lebensinteressen der Westmächte entspricht. Wir würden dann unsere Gegner in West und Ost geradezu nötigen, auf nichts anderes als die Vorbereitung dieses Zukunftskrieges hinzuarbeiten, selbst unter Preisgabe von anderen wichtigen (asiatischen und anderen außereuropäischen) Interessen, die sie schon im Lauf der letzten beiden Jahrzehnte lediglich aus Angst vor uns in auffallendem Maße zurückgestellt haben. Es steht aber dann auch bei noch so ausschließlicher Berücksichtigung rein militärischer Gesichtspunkte bei einem siegreichen Friedensschluß keineswegs fest, ob nicht die innerösterreichische und die Balkansituation sich bis dahin so verschoben und ob nicht die Entwicklung der englischen und russischen Wehrkraft und die technische Vervollkommnung der Gegner bis dahin solche Fortschritte gemacht haben, daß die Lage dennoch für uns weit schwieriger wäre als diesmal.

Abgesehen von diesen Zukunftschancen aber wird ein direkt greifbarer Effekt jeder, eine aufrichtige Verständigung mit den Westmächten doch für die Zukunft ausschließenden Annexionspolitik im Westen unvermeidlich der sein: *den jetzigen Krieg ins Unabsehbare zu verlängern,* gleichviel welche äußeren militärischen Erfolge wir erzielen. Unsere Gegner können aus finanziellen Gründen in absehbarer Zukunft einen Krieg gegen uns nur wagen, *wenn England will.* Sie können den jetzigen Krieg nur so lange fortführen, *wie England will.* England muß den Krieg gleichviel um wie viele sonstige Opfer fortsetzen, und wenn das Versagen eines Bundesgenossen etwa den Frieden erzwingt, die künftige Erneuerung der Koalition wollen, solange nicht feststeht, daß unsere Politik im Westen den Standpunkt der reinen *Sicherungspolitik* (im obigen Sinn) festhält. Das Fortbestehen und stete Wiedererstehen der gleichen Koalition in der Zukunft würde unsere Weltpolitik dauernd lähmen. Wir werden, wenn wir mit keiner der jetzt gegen uns verbündeten Mächte zu einem wirklichen Vertrauensverhältnis gelangen, auch künftig auf Schritt und Tritt, in Afrika, im Orient und wo es sei, auf ihre gemeinsame Gegnerschaft stoßen. Und es wäre ein ganz gewaltiger Irrtum, zu glauben, daß uns dann immer erneut das Mittel des Krieges zur Verfügung stände, um sie zu beseitigen. Es wäre ferner ein schwerer Irrtum, zu meinen, daß die Nation seinerzeit etwa in einen Krieg wegen Marokko ebenso hineingegangen wäre wie in den jetzigen. Ein noch schwererer Irrtum, daß wir bei solchen Kriegen um kolonialpolitische Objekte der Mithilfe Österreich-Ungarns schlechthin sicher wären, mögen wir mit dieser Monarchie Verträge schließen, welche immer. Wir haben die Wahl: *Weltpolitik* oder eine sämtliche Weltmächte gegen uns zusammenschließende europäische, insbesondere – da die Gegnerschaft Rußlands naturgegeben ist – *westeuropäische* Expansionspolitik zu treiben.

Die unabsehbare Verlängerung des Kriegs aber hat noch andere Folgen. Zunächst lohnt es freilich, nach ihren *Gründen* zu fragen. Daß unter der Hand Verhandlungen aller Art stattgefunden haben, auch abgesehen von den bekannten fehlgeschlagenen Versuchen im Haag, dürfte kaum zweifelhaft sein. Indessen ist davon nichts bekannt. Sicher scheint nur, daß jeder Versuch einer eigentlichen „Vermittlung" von neutralen Staaten auf unabsehbare Zeit als aussichtslos unterlassen wird, gleichviel was sich im Felde ereignen möge. Es fragt sich: warum dies aussichtslos erscheint? Bei unseren Gegnern zunächst und vor allem: weil sie trotz allem an eine Wendung des Kriegsglücks glauben und an diesem Glauben so lange festhalten werden, bis 1. auch der letzte der noch in Betracht kommenden Staaten seine Macht in die Waagschale geworfen haben und 2. sich gezeigt haben wird, ob nicht doch Rohstoffmangel und erlahmende Finanzkraft einen unabweisbaren Druck auf uns ausüben. Aber daneben wird aus anderen, innerpolitischen Gründen, auch im Fall größter Unwahrscheinlichkeit einer Änderung der Lage, an der Fortsetzung festgehalten aus dem Grunde, weil der Entschluß zum Frieden nicht gefunden wird. Innerpolitische Befürchtungen spielen dabei in Rußland, Frankreich, Italien unzweifelhaft die entscheidende Rolle, weniger in England. In allen gegnerischen Ländern sind von Seiten der für den Krieg verantwortlichen Leiter maßlose Versprechungen gemacht worden. Die Enttäuschung und der Zorn nach einem Frieden, der diese Hoffnungen unerfüllt läßt, bedroht die russische und italienische Dynastie und die französischen führenden Staatsmänner zu sehr. Wie steht es damit bei uns? Bei uns ist wenig versprochen worden, es ist aber dennoch eine ähnliche Situation entstanden. Es sind bei uns der „Burgfriede" und das Verbot der Erörterung der „Kriegsziele" der Sache nach so gehandhabt, daß alldeutschen Phantasten und den Kriegslieferungsinteressenten einseitig die Freiheit des Wortes zugestanden, allen anderen aber unterbunden wurde. Es ist ferner unterlassen worden, von Anfang an und stets erneut zu erklären: daß das okkupierte belgische und französische Gebiet für uns lediglich die Bedeutung eines *Pfandes* habe, daß wir es also bei anderweitigen Garantien für das Aufhören der Kriegsbedrohung von Westen her und gegen geeignete Abgrenzung unserer kolonial- und weltwirtschaftlichen Interessensphäre jederzeit herausgeben würden. Die Folge ist, daß, wenn jetzt oder künftig ein Frieden auf Grundlage einer solchen Herausgabe zustande kommt, im Ausland und Inland der Anschein entstehen kann, als ob wir diese Gebiete wieder hergeben, nicht weil wir wollen, sondern weil wir müssen. Die weitere Folge ist, daß in breiten Schichten der Bevölkerung und des Heeres die Vorstellung entstanden ist: nur die Annexion dieser Gebiete sei ein würdiges Kriegsziel, jede Form der Herausgabe aber ein nach unseren Siegen ganz unbegründetes Eingeständnis von Feigheit oder Schwäche. Die Fortsetzung des Krieges ist auch bei uns höchst wesentlich nicht durch sachlich-politische Erwägungen, sondern durch die Angst vor dem Frieden bedingt. Man fürchtet einerseits die außenpolitischen Wirkungen jedes Anscheins von Schwäche und Nötigung, Frieden schließen zu müssen. Noch weit mehr aber fürchtet man die innerpolitischen Wirkungen jener Enttäuschungen, welche angesichts der törichten Erwartungen, die nunmehr ins Kraut geschossen sind, in jedem Fall eintreten müssen. Irgendwelche schwere Enttäuschungen nun werden unvermeidlich eintreten. Sie und ihre Folgen werden aber wesentlich akuten Charakters und zugleich (relativ) vorübergehende sein, wenn sie nur darauf beruhen, daß die politischen Friedensbedingungen, insbesondere die „Angliederungen" hinter den Forderungen der annexionistischen Presse zurückbleiben. Sie werden dagegen chronische und schwere Folgen nach sich ziehen – selbst bei den ausgiebigsten Annexionen –, wenn der Güterverbrauch des Krieges rein als solcher die Steigerung der Schuldzinsen und die Festlegung der Vermögen in Rentenpapieren die Anlage suchenden Kapitalien derart dezimiert haben wird, daß die Masse der heimkehrenden Krieger keine oder doch keine ihren Ansprüchen und Selbstgefühl ökonomisch und sozial entsprechende Arbeitsgelegenheit findet. Diese Folgen werden mit zunehmender Länge des Krieges rein an sich immer unvermeidlicher und schwerer. Sie sind durch keinerlei Annexionen zu kompensieren, und es steht auch rein ökonomisch völlig fest, daß eine Kriegsentschädigung so phantastischen Umfangs, um dagegen überhaupt ins Gewicht zu fallen, niemals von irgendeinem Gegner zu erlangen sein würde.

Die bloße Verlängerung des europäischen Krieges bis zur Ermattung aller Beteiligten bringt rein an sich die Folge mit sich, daß die außereuropäischen Nationen, insbesondere Nordamerika, die industrielle Suprematie an sich reißen und uns für alle Zeit ins Hintertreffen drängen. Dies ist die unvermeidliche Folge einerseits eines Hineingleitens in Papiergeldwirtschaft mit ihren bekannten Folgen, andererseits der Aufzehrung der Inlandskapitalien durch die zunehmende Anlage in festverzinslichen öffentlichen Anleihen. Diese letztere bedeutet zunächst Minderung der für die Industrieanlagen verfügbaren Mittel, also erstens Stillstand der Inlandsentwicklung der Industrie und zweitens Fehlen der für die Erschließung der uns etwa beim Frieden zufallenden Interessensphäre erforderlichen Kapitalien. Was das erste für unsere Zukunftskampfkraft bedeuten kann, ist an sich klar. Das zweite aber kann die Folge haben, daß in den uns zufallenden Interessensphären fremde Kapitalisten die ökonomische Herrschaft gewinnen, weil wir nicht mehr die Mittel haben, sie uns zu sichern. Abgesehen aber hiervon bedeutet jede Zunahme der Anleihewirtschaft rein an sich eine gewaltige Steigerung des Rentnertums – es sind schon jetzt jährlich eine Milliarde Kriegsanleihezinsen an Rentner zu zahlen – und vor allem die Züchtung der Rentner*gesinnung,* welche ökonomische „Sekurität" sucht.

Deutschland verliert dann mit dem ökonomischen Wagemut auch die ökonomische Expansionskraft zugunsten in erster Linie der Amerikaner. Es dürfte ein sehr bescheidener Trost für uns sein, daß auch England und Frankreich ein ähnliches Schicksal gegenüber Amerika droht. Aber selbst dieser Trost ruht auf nicht ganz sicherer Grundlage. Es ist richtig, daß im Krieg, wenigstens diesmal und vorerst, die finanzielle Lage Englands und Frankreichs im Verhältnis zu uns relativ schwächer war, als man nach der Weltstellung ihrer Börsen in Friedenszeiten vielleicht erwartet hat. Aber es wird sich zeigen, daß im Frieden das Land des Zweikindersystems und das Mutterland der angelsächsischen Handelssprache, Handelstechnik und Handelsbeziehungen erheblich schneller, als jetzt angenommen wird, und weit schneller als wir es für uns – der Krieg möge ausgehen, wie immer er wolle – erwarten können, wieder in die Reihe der Geldgeber der Welt werden eintreten können, und daß dies künftig ebenso wie bisher die bekannten politischen Folgen haben wird.

Zwischen zwei Gesetzen[1]

Die Diskussion über den Sinn unseres Krieges (in der „Frau") wäre vielleicht durch stärkere Betonung eines Gesichtspunktes zu ergänzen, den gerade Sie sicher würdigen: *unserer Verantwortung vor der Geschichte* – ich finde nur diesen etwas pathetischen Ausdruck. Der Sachverhalt selbst ist schlicht:

Ein an Zahl „größeres", machtstaatlich organisiertes Volk findet sich durch die bloße Tatsache, daß es nun einmal ein solches ist, vor gänzlich andere Aufgaben gestellt, als sie Völkern wie den Schweizern, Dänen, Holländern, Norwegern obliegen. Weltenfern liegt dabei natürlich die Ansicht: ein an Zahl und Macht „kleines" Volk sei deshalb weniger „wertvoll" oder vor dem Forum der Geschichte weniger „wichtig". Es hat nur einfach als solches andere Pflichten und eben deshalb auch andere Kulturmöglichkeiten. Sie kennen Jacob Burckhardts oft bestaunte Ausführungen über den diabolischen Charakter der Macht. Nun, dies ist ganz konsequent gewertet vom Standpunkt derjenigen Kulturgüter aus, welche in der Obhut eines Volkes, wie z. B. der Schweizer, stehen, die den Panzer großer Militärstaaten nicht tragen können (und also auch nicht zu tragen historisch verpflichtet sind). Auch wir haben allen Anlaß, dem Schicksal zu danken, daß es ein Deutschtum außerhalb des nationalen Machtstaates gibt. Nicht nur die schlichten Bürgertugenden und die echte, in keinem großen Machtstaat jemals noch verwirklichte Demokratie, sondern weit intimere und doch ewige Werte können nur auf dem Boden von Gemeinwesen erblühen, die auf politische Macht verzichten. Selbst solche künstlerischer Art: ein so echter Deutscher wie Gottfried Keller wäre nie dies ganz Besondere, Einzigartige, geworden inmitten eines Heerlagers, wie unser Staat es sein muß.

Die Anforderungen umgekehrt, welche an ein machtstaatlich organisiertes Volk ergehen, sind unentrinnbar. Nicht die Dänen, Schweizer, Holländer, Norweger werden künftige Geschlechter, unsere eigenen Nachfahren zumal, verantwortlich machen, wenn kampflos die Weltmacht – und das heißt letztlich: die Verfügung über die Eigenart der Kultur der Zukunft – zwischen den Reglements russischer Beamter einerseits und den Konventionen der angelsächsischen „society" andererseits, vielleicht mit einem Einschlag von lateinischer „raison", aufgeteilt würde. *Sondern uns.* Und mit Recht. Weil wir ein Machtstaat sind und weil wir also, im Gegensatz zu jenen „kleinen" Völkern, unser Gewicht in dieser Frage der Geschichte in die Waagschale werfen können –, deshalb eben liegt auf uns, und nicht auf jenen, die verdammte Pflicht und Schuldigkeit vor der Geschichte, das heißt: vor der Nachwelt, uns der Überschwemmung der ganzen

[1] Die Frau. Monatsschrift für das gesamte Frauenleben. 23. Jg., Heft 5, Februar 1916.

Welt durch jene beiden Mächte entgegenzuwerfen. Lehnten wir diese Pflicht ab,– dann wäre das Deutsche Reich ein kostspieliger eitler Luxus kulturschädlicher Art, den wir uns nicht hätten leisten sollen und den wir so schnell wie möglich zugunsten einer „Verschweizerung" unseres Staatswesens: einer Auflösung in kleine, politisch ohnmächtige Kantone, etwa mit kunstfreundlichen Höfen, wieder beseitigen sollten –, abwartend, wie lange unsere Nachbarn uns diese beschauliche Pflege der Kleinvolk-Kulturwerte, die dann für immer der Sinn unseres Daseins hätten bleiben sollen, gestatten würden. Ein schwerer Irrtum aber wäre es, zu meinen, ein politisches Gebilde, wie das Deutsche Reich es ist, könne durch *freiwilligen* Entschluß sich einer pazifistischen Politik in dem Sinne zuwenden, wie sie etwa die Schweiz pflegt, also: sich darauf beschränken, einer Verletzung seiner Grenzen durch eine tüchtige Miliz entgegenzutreten. Ein politisches Gebilde wie die Schweiz – obwohl auch sie, falls wir unterlägen, sofort italienischen Annexionsgelüsten ausgesetzt wäre – ist, wenigstens im Prinzip, niemandes politischen Machtplänen im Wege. Nicht nur ihrer Machtlosigkeit, sondern auch ihrer geographischen Lage wegen. Aber die bloße Existenz einer Großmacht, wie wir es nun einmal sind, ist ein Hindernis auf dem Wege anderer Machtstaaten, vor allem: des durch Kulturmangel bedingten Landhungers der russischen Bauern und der Machtinteressen der russischen Staatskirche und Bürokratie. Es ist absolut kein Mittel abzusehen, wie das hätte geändert werden können. Österreich war der von Expansionslust sicher freieste aller Großstaaten, und *eben deshalb* – was leicht übersehen wird – der gefährdetste. Wir hatten nur die Wahl, im letzten möglichen Augenblick vor seiner Zerstörung dem Rad in die Speichen zu fallen oder ihr zuzusehen und es nach einigen Jahren über uns selbst hinweggehen zu lassen. Gelingt es nicht, den russischen Expansionsdrang wieder anderswohin abzulenken, so bleibt es auch künftig dabei. Das ist Schicksal, an dem alles pazifistische Gerede nichts ändert. Und ebenso klar ist es: daß wir *ohne Schande* der Wahl, die wir einmal getroffen hatten – damals, als wir das Reich schufen –, und den Pflichten, die wir dadurch auf uns nahmen, uns nie mehr entziehen konnten und können, auch wenn wir wollten. –

Der Pazifismus amerikanischer „Damen" (beiderlei Geschlechts!) ist wahrlich der fatalste „cant", der – ganz gutgläubig! – jemals, vom Niveau eines Teetisches aus, verkündet und vertreten worden ist, – mit dem Pharisäismus des Schmarotzers, der die guten Lieferungsgeschäfte macht, gegenüber den Barbaren der Schützengräben. In der antimilitaristischen „Neutralität" der Schweizer und ihrer Ablehnung des Machtstaats liegt gelegentlich ebenfalls ein gut Teil recht pharisäischer Verständnislosigkeit für die Tragik der historischen Pflichten eines nun einmal als Machtstaat organisierten Volks. Indessen, wir bleiben trotzdem objektiv genug, zu sehen, daß dahinter ein durchaus echter Kern steckt, der nur, nach Lage unseres Schicksals, für uns Reichsdeutsche nicht übernommen werden kann. –

Das Evangelium aber möge man aus diesen Erörterungen draußen lassen – *oder: Ernst* machen. Und da gibt es nur die Konsequenz Tolstojs, sonst nichts. Wer auch nur einen Pfennig Renten bezieht, die andere – direkt oder indirekt – zahlen müssen, wer irgendein Gebrauchsgut besitzt oder ein Verzehrsgut verbraucht, an dem der Schweiß fremder, nicht eigener, Arbeit klebt, der speist seine Existenz aus dem Getriebe jenes liebeleeren und erbarmungsfremden ökonomischen Kampfs ums Dasein, den die bürgerliche Phraseologie als „friedliche Kulturarbeit" bezeichnet: eine andere Form des Kampfes des Menschen mit dem Menschen, bei der nicht Millionen, sondern Hunderte von Millionen jahraus, jahrein an Leib und Seele verkümmern, versinken oder doch ein Dasein führen, dem irgendein erkennbarer „Sinn" wahrhaftig unendlich fremder ist als dem Einstehen aller (auch der Frauen – denn auch sie „führen" den Krieg, wenn sie ihre Pflicht tun) für die Ehre, *und das heißt* einfach: für vom Schicksal verhängte geschichtliche Pflichten des eigenen Volkes. Die Stellung der Evangelien dazu ist in den entscheidenden Punkten von absoluter Eindeutigkeit. Sie stehen im Gegensatz nicht etwa gerade nur zum Krieg – den sie gar nicht besonders erwähnen –, sondern letztlich zu allen und jeden Gesetzlichkeiten der sozialen Welt, wenn diese *eine Welt der diesseitigen „Kultur"*, also der Schönheit, Würde, Ehre und Größe der „Kreatur" sein will. Wer die Konsequenzen nicht zieht – Tolstoj selbst hat das erst getan, als es ans Sterben ging –, der möge wissen, daß er an die Gesetzlichkeiten der diesseitigen Welt gebunden ist, die auf unabsehbare Zeit die Möglichkeit und Unvermeidlichkeit des Machtkrieges einschließen, und daß er nur *innerhalb* dieser Gesetzlichkeiten der jeweiligen „Forderung des Tages" genügen kann. Diese Forderung lautete und lautet aber für die Deutschen Deutschlands anders als für die Deutschen der Schweiz. Dabei wird es bleiben. Denn alles, was an den Gütern des Machtstaates teilnimmt, ist verstrickt in die Gesetzlichkeit des „Macht-Pragma", das alle politische Geschichte beherrscht.

Der alte nüchterne Empiriker John Stuart Mill hat gesagt: rein vom Boden der Erfahrung aus gelange man nicht zu *einem* Gott – mir scheint: am wenigsten zu einem Gott der Güte –, sondern zum Polytheismus. In der Tat: wer in der „Welt" (im christlichen Sinne) steht, kann an sich nichts anderes erfahren als den Kampf zwischen einer Mehrheit von Wertreihen, von denen eine jede, für sich betrachtet, verpflichtend erscheint. Er hat zu *wählen,* welchem dieser Götter, oder wann er dem einen und wann dem anderen dienen will und soll. Immer aber wird er sich dann im Kampf gegen einen oder einige der anderen Götter dieser Welt und vor allem immer fern von dem Gott des Christentums finden – von dem wenigstens, der in der Bergpredigt verkündet wurde.

Der verschärfte U-Boot-Krieg[1]

Einen „Weg zum Frieden", d.h. zu einem Frieden an einem früheren als dem sonst dafür zu erwartenden Zeitpunkt, bietet der verschärfte U-Bootkrieg nur unter der Voraussetzung, daß entweder ein Eingreifen Amerikas aus diesem Anlaß nicht zu erwarten ist, oder daß, wenn es stattfindet, es keine stark ins Gewicht fallende Belastung unserer eigenen Lage bedeutet, oder endlich, daß diese Belastung sich bestimmt erst so spät fühlbar macht, daß vorher England zur Kapitulation gezwungen worden ist.

Zu diesen Voraussetzungen nun ist zu bemerken:

1. Es steht leider fest, daß Amerika bei einem Eingreifen so gut wie nichts riskiert und den Krieg zeitlich unbeschränkt führen kann. Im Bunde mit England geführt, wäre er die denkbar beste Versicherung gegen die japanische Gefahr.

2. Jeder Kenner Amerikas muß als wahrscheinlich ansehen, daß ein Krieg von ihm mit mindestens der gleichen Hartnäckigkeit geführt würde wie bisher von England, und daß im Falle unserer Unfähigkeit, ihn durchzuhalten, wir überaus schmähliche Bedingungen annehmen müßten.

3. Falls nicht eine überaus schnelle Kapitulation Englands erzwungen wird – eine Chance, von der noch zu sprechen ist –, bedeutet das Eingreifen Amerikas eine Verlängerung des Krieges um mehrere Jahre.

Es soll hier nicht allgemein erörtert werden, wie eine derartige Verlängerung von uns auszuhalten wäre:

finanziell –,

in bezug auf unsere Versorgung mit Rohstoffen –,

im Hinblick auf die allmähliche seelische und körperliche Abnutzung unserer Truppen –,

im Hinblick auf die Chance eines Separatfriedens der Türkei, welcher bei den politisch irrationalen Bedingungen dort und angesichts des Umstandes, daß wir unsererseits Annexionen erstreben, der Türkei aber keine solche zu bieten vermögen, stets möglich, bei einer unabsehbaren Verlängerung des Krieges aber wahrscheinlich scheint (Finanzen! Feldarbeiter- und Nahrungsmittelnot!).

Fest steht jedenfalls: unsere Gegner würden durch ein nicht unbedingt verspätetes Eingreifen Amerikas materiell und moralisch auf praktisch unabsehbare Zeit zur Fortführung des Krieges befähigt. Schon die bloße Chance, daß ein Zufall ein solches Eingreifen herbeiführen könnte, wird die Gegner, selbst schweren

[1] Denkschrift, mit Felix Somary zwischen dem 8. und 10.03.1916 verfasst.

Mißerfolgen zum Trotz, so lange aufrecht erhalten, bis jene Chance ausgeschaltet ist.

Im übrigen ergibt sich, wenn man von der Möglichkeit einer schnellen Kapitulation Englands zunächst einmal absieht und also mit der *Verlängerung* des Krieges durch Amerikas Eingreifen rechnet, folgendes Bild:

I. Nach dem Kriege würde beim Ausbleiben der Zufuhr neutralen Kapitals das wichtigste Kriegsziel Englands: Vernichtung unserer Konkurrenzfähigkeit, *erreicht* sein. Es würden infolge der dann eintretenden Unmöglichkeit der Retablierung unserer Industrie die denkbar schwerste wirtschaftliche Depression und bisher unbekannte soziale Spannungen gefährlichster Art uns sicher sein. Ein gemeinsamer Krieg beider Mächte gegen Deutschland verflicht das amerikanische Kapital so innig mit der City von London, daß es schlechthin „feindliches" Kapital werden würde.

II. Für unsere Interessen gleichgültig wäre, daß die Schwächung Englands dabei die City in ein Anhängsel der Neuyorker Finanzmächte verwandeln würde. Denn dies würde die Machtstellung des feindlich interessierten Kapitals nur weiter stärken. Unabhängig von allen Friedensbedingungen wäre damit der Krieg im Effekt wirtschaftlich *verloren*. Die unzweifelhaft schon heute, neben sozialen Beziehungen der Amerikaner zu England, starken materiellen Beziehungen gewisser Finanzkreise dort zur City haben nicht im entferntesten die dann eintretende beherrschende Tragweite.

III. Die Zeichnung unserer Kriegsanleihe würde schwer gefährdet. Die bei Verlängerung des Krieges befürchtete assignatenartige Papiergeldentwertung und die Unsicherheit des Ausganges schrecken schon jetzt, wie zahlreiche Anfragen potenter Privatleute ergeben, Teile des Privatpublikums ab. Dies könnte sich bei Eintritt des Krieges leicht katastrophal steigern. Der bekannte „Kreislauf" als Quelle der Zeichnungspotenz hat bekanntlich zwar elastische, doch aber endgültige Schranken. Jene Haltung wäre also eine ernste Gefahr.

IV. Daß diese Befürchtungen absolut sinnlos seien, läßt sich ernstlich nicht behaupten. Dauernde Papiergeldwirtschaft bei Abschneidung der Zufuhr neutralen Kapitals als Folge des Krieges für uns würde bedeuten, daß England sein wirtschaftliches Kriegsziel *erreicht* hätte. Ihm selbst stände schlimmstenfalls zur Retablierung seiner Währung, neben der Herrschaft über die Goldminen, die Finanzkraft Amerikas zufolge der gestiegenen ökonomischen Verflechtung zur Verfügung. Die dabei entstehende Herrschaft der Neuyorker Finanzmächte über die City wäre für unser Interesse auch hier keine Wendung zum Besseren. Wir hätten unsere weltpolitische Zukunft für absehbare Zeit verspielt.

V. Falls Amerika den Krieg als Subsidienkrieg führt, so würde damit die sonst sichere Deklassierung der Währung Italiens hintangehalten, Frankreich und England die Notwendigkeit von Maßregeln, welche einer teilweisen Zahlungseinstellung gleichkämen, endgültig erspart.

Dagegen wäre, von der Türkei ganz abgesehen, die endgültige Deklassierung der Währung Österreich-Ungarns absolut sicher und ebenso eine langdauernde valutarische Lähmung Deutschlands. Nach dem Kriege wären mithin alle kreditbedürftigen Staaten auf den guten Willen unserer Gegner angewiesen. Der Krieg wäre für uns also auch bei äußerlich günstigen Friedensbedingungen im politischen Effekt *verloren.*

VI. Die Gegner könnten während des Krieges, falls sie nicht vernichtende Niederlagen erleiden, in aller Ruhe und stets erneut ihre Munitionsvorräte und Mannschaftsreserven ergänzen, unter Heranziehung des gewaltigen amerikanischen Werbungsmarktes. Denn jeder Kenner Amerikas muß es für höchst wahrscheinlich halten, daß eine überaus große, nach vielen Hunderttausenden zu schätzende Anzahl gut ausgerüsteter und sportlich trainierter amerikanischer Freiwilliger an der Westfront erscheint. Ganz abgesehen davon, daß die Geschäftskrisis auch in Amerika Kräfte für diese Art der Verwendung freisetzen wird. Es gibt eben in Amerika in allen Schichten der Bevölkerung Kreise, auf welche das Erleben eines Krieges, wenn er einmal Realität ist, einen mächtigen Reiz ausüben wird, und es ist ganz dringend davor zu warnen, die törichten Vorstellungen, welche über die Kriegswilligkeit der Engländer, namentlich ihrer gebildeten Schichten, vor dem Krieg bei uns herrschten, nun bei den Amerikanern erneut ihre Rolle spielen zu lassen.

Die Möglichkeit eines Bruches mit Amerika um des U-Bootkrieges willen wäre daher unter Zukunftsperspektiven selbst dann äußerst gefährlich, wenn die Chance bestände, England zur Kapitulation zu zwingen, es sei denn, daß dies in wenigen Monaten geschehen könnte. Die Frage aber, ob eine solche ernsthafte Chance besteht, ist mit einer Anzahl politischer und ökonomischer Voraussetzungen belastet, welche keineswegs auch von noch so hervorragenden Marinesachverständigen endgültig beantwortet werden können. Sie bedürfen einer von jeder pathetischen und Gefühlspolitik absolut freien, *ganz nüchternen Berechnung,* ehe irgendein Schritt geschieht.

I. Dabei ist vor allem davon auszugehen, daß England, von einer wirklichen Blockade bedroht, etwa die gleichen Maßregeln zum Zwecke des Durchhaltens ergreifen wird und, entgegen voreiligen Vorstellungen, auch durchführen kann wie wir. Wir müssen die Voraussetzung machen, daß unser jetziges Versorgungsmaß alsdann dort durchgeführt werden würde. (Konsumregulierung, Höchstpreis, Beschlagnahme der Handelsschiffe, Stillegung aller nicht für absolut unentbehrliche Bedürfnisse arbeitenden Industrien, vor allem derjenigen, deren Rohstoffeinfuhr viel Tonnage beansprucht.) Daneben würde die Einfuhr der

Lebensmittel in der mindestvoluminösen Form (Mehl, Gefrierfleisch, Konserven) erfolgen. Im Laufe von 4 bis 5 Monaten wäre dies, wenn auch nicht ohne peinliche Schwierigkeiten und bedeutende Kosten, ohne allen Zweifel durchführbar und würde durchgeführt werden, sobald England den Enderfolg des Krieges davon abhängig wüßte und des langsam steigenden Druckes der Hilfe Amerikas sicher wäre.

Folglich müßte berechnet werden, welcher Mindesttonnage unter derartigen Voraussetzungen England absolut bedarf. Dieselbe wäre *ganz überraschend gering*, und zu ihrer Ergänzung ständen alle Werften der Welt (außer den deutschen) zur Verfügung.

Diese sehr eingeschränkte Zufuhr könnte nun aber überdies unter Benutzung südlicher Routen nach südfranzösischen, portugiesischen, spanischen, italienischen Häfen und von da an die Kanalküste mit der Bahn zur Seeverfrachtung gebracht werden. Es sei denn, daß wirklich die zunächst ganz unglaubwürdige Behauptung erwiesen würde, daß die erforderlichen Waggons hierfür auf keine Weise beschafft werden können.

II. Angesichts dessen müßte ferner festgestellt werden, welcher Grad von Absperrung der Kanalüberfahrt von Frankreich nach England zu garantieren ist. Ob auch zur Nachtzeit? (Was jetzt nicht der Fall ist.) Ob auch bei Benutzung zahlreicher kleiner Transportschiffe, welche (wie jetzt) eine wirklich umfassende Torpedierung möglichst aller Transporte unmöglich machen? Ob auch bei Schutz durch Torpedoboote des Feindes? Wie bekannt, ist für die Truppen- und Munitionssendungen nach Frankreich wegen dieser Schwierigkeiten die Absperrung bisher praktisch nicht gelungen, und sie gilt, soviel bekannt, auch als nicht ausführbar. Je nach dem Grade der möglichen oder nichtmöglichen Absperrung dieses Einfalltores richtet sich aber die Chance des U-Bootkrieges. Denn es darf als unwahrscheinlich gelten, daß vermittels der U-Boote außer England selbst auch alle jene südlichen Routen kontrolliert werden können. Die technischen Möglichkeiten des U-Bootbaues in Deutschland sind ungefähr übersehbar. Ebenso ist die sehr bedeutende Mindestzeit, welche der Bau von U-Bootmotoren beansprucht, ungefähr bekannt. Daraus ergibt sich die ungefähre Zahl und die Ergänzungschance der neuen U-Boote, und wenn diese auch nur annähernd zutrifft, so muß schon eine wirkliche Blockade Englands als Utopie gelten, falls nicht ganz neue und unbekannte Rechnungsposten in Betracht kommen.

III. In Betracht ist ferner zu ziehen, daß beim Eingreifen Amerikas zunächst die konfiszierte deutsche Tonnage dem Feinde zuwächst und es vermutlich mehrere Monate dauern wird, bis zunächst einmal auch nur der jetzige Stand der für Englands Versorgung verfügbaren Schiffsräume durch Torpedierung wieder hergestellt ist.

Daß dabei England, selbst im Fall sehr starker eigener Verluste, eins seiner Kriegsziele: eine furchtbare Dezimierung unserer Handelsflotte erreicht haben, seinerseits aber zur relativ schnelleren Retablierung seiner Flotte nach dem Kriege instand gesetzt und daß Amerika billig in den Besitz eines Teils unserer Handelsflotte gelangt sein würde, dürfte immerhin auch in Betracht kommen.

Es darf wohl angenommen werden, daß alle diese Erwägungen auch von den maßgebenden amtlichen Instanzen des Reiches in Betracht gezogen sind.

IV. Die Frage, wieweit durch Konvoyierung der für die absolut unentbehrliche Einfuhr nötigen Schiffe in Gruppenfahrten mittels Torpedobooten oder durch andere im Bereich des Möglichen liegende Mittel der Wirksamkeit der U-Boote Abbruch getan werden kann, und die Möglichkeit, daß die Handelsschiffe zu deren Bekämpfung vielleicht zunehmend wirksamer ausgerüstet werden können, dürften ebenfalls erwogen sein. Allein in jedem Falle bleibt es höchst gefährlich, auf ein in sehr begrenzter Quantität verfügbares, nicht schnell ergänzbares, rein technisches und also technischen Umwälzungen preisgegebenes Mittel Entschlüsse von einer für unsere ganze Zukunft ungeheuren Tragweite aufzubauen.

V. Irgendwelche Erhöhung der Handelsfrachten und Versicherungsspesen, mit denen (unglaublicherweise) in der Presse operiert wird, kommen für England im Falle des Eingreifens Amerikas selbstverständlich überhaupt nicht mehr in Betracht, zumal bei einer Beschlagnahme der Handelstonnage.

VI. Als sicher ist anzunehmen, daß die Frage der Rückwirkung des amerikanischen Drucks auf die Neutralen (Holland) erwogen worden sein wird. In Betracht zu ziehen ist dabei selbstverständlich die bei längerer Dauer sicher zu gewärtigende schärfste mögliche Form desselben und deren äußerste mögliche Konsequenzen.

VII. Es ist zu hoffen, daß einwandfrei festgestellt ist, welche Rohstoff- und Lebensbedarfzufuhren trotz allem jetzt noch über neutrale Länder zu uns gelangen und im Fall des Eingreifens Amerikas fortfallen würden und welche Rückwirkung dies auf die Chancen eines noch mehrjährigen Durchhaltens des Kriegs für uns haben würde. Ganz gering sind jene Quantitäten nach allem, was bekannt ist, kaum.

Die Erörterungen in der in fast allen Parteien sich findenden Presse der sogenannten „scharfen Tonart" über die Frage des U-Bootkrieges und über die Chancen des Eingreifens Amerikas, welche sich teilweise als fachmäßig informiert hinstellen, haben unseren Interessen schon jetzt schweren Schaden zugefügt. In zwei Richtungen:

I. Sie erweckten mit der ersten Frage: „Gibt es einen anderen Weg zum Frieden?" bei Freunden, Feinden und Neutralen den verhängnisvollen Anschein, daß wir materiell und seelisch außerstande seien, die kaiserliche Parole des „Durchhaltens" wirklich so lange zu befolgen, bis der Gegner von der Aussichtslosigkeit unserer Niederwerfung überzeugt sei, daß also die deutsche militärische Leitung aus diesem Grunde zu einer Verzweiflungspolitik genötigt sei.

II. Sie haben diesen Anschein mit dem allerschlimmsten Erfolge auch bei massenhaften privaten Kreisen im Inland und selbst im Heere hervorgerufen. Das plötzliche aufgeregte, oft geradezu hysterisch anmutende Rufen nach einem „Weg zum Frieden", die aufgeregte Ablehnung des Eingehens auf sachliche Erörterung, der plötzliche Meinungswechsel einflußreicher Kreise innerhalb weniger Wochen und zwar, wie sich stets herausstellte, ohne alle und jede neuen sachlichen Informationen, waren erschreckende und objektiv höchst gefährliche Erscheinungen. Man braucht sich nur zu verdeutlichen, welcher Rückschlag erfolgen wird, wenn das verlangte einzige Mittel den in Aussicht gestellten Erfolg nicht voll erzielt. Und es muß offen gesagt werden: daß die moralische Feigheit, sich nicht als einen Flaumacher hinstellen zu lassen, dabei eine gelegentlich überaus verächtliche Rolle gespielt hat. Der Unterzeichnete hat von Anfang des Krieges an dessen Ausgang mit unbedingtem Vertrauen darauf, daß wir mit Ehren aus ihm hervorgehen werden, entgegengesehen. Zum erstenmal angesichts solcher Erscheinungen und angesichts der Chance, daß, auf einen ganz unsicheren Einsatz hin, ein Krieg mit Amerika in den Bereich der Möglichkeit tritt, hegt er ernste Besorgnisse für das Land und eventuell für die Zukunft der Dynastie.

Es wiederholten sich in letzter Zeit bei uns diejenigen Erscheinungen, welche s. Zt. Italien gegenüber auf österreichischer Seite zu beobachten waren. Zunächst versicherten einflußreiche und angeblich gut informierte Kreise: Italien „bluffe" nur, obwohl Kenner Italiens das Gegenteil genau wußten. Nach der Entscheidung versicherten die gleichen Kreise: „Der Krieg sei auf jeden Fall sicher gewesen." Daß die Unterstellung gegenüber einer Großmacht, welche mit Krieg droht, sie bluffe, eine tödliche Verletzung bedeutet, wurde dabei ebenso übersehen, wie: daß unsere Politik, Österreich zu Zugeständnissen zu veranlassen, zu einer unverzeihlichen Torheit gestempelt würde, wenn eine jener Behauptungen, gleichviel welche, wahr gewesen wäre. Genau ebenso wechselt jetzt die Ansicht über Amerikas Absichten bei einem und demselben Politiker. Dies muß zu genau den gleichen Konsequenzen führen, und die Verantwortung dafür ist um so schwerer, als jedenfalls diesmal unbedingt keine von beiden Voraussetzungen zutraf. Sicher ist wohl freilich, daß ein bloßes Treibenlassen und ein Hin und Her zwischen Entgegenkommen unserer Regierung und Auftrumpfen in der deutschen Presse die hysterische Erregung und die auf dieser sich aufbauende Straßen- und Tribünenpolitik schließlich auch jenseits des Ozeans derart steigern könnte, daß die maßgebenden Bosse der Parteien im Wahlkampf keine andere Möglichkeit hätten, als auf eine schwere Demütigung Deutschlands oder auf den Krieg loszusteuern. Soweit irgend erkennbar, liegen heute drüben die Dinge noch keineswegs so, so unbegründet auch der mehrfach vertretene Optimismus anläßlich der Abstimmung im Kongreß sein dürfte. Fest steht nur das eine: daß die Situation hoffnungslos verfahren wird, wenn die deutsche Öffentlichkeit aus der Art der Erledigung dieses unter allen Umständen höchst schwierigen und komplizierten Streitfalls einen Ehrenpunkt macht und so eine Lage schafft, aus der es keinen Weg rückwärts mehr gibt. Leider muß mit solchen Möglichkeiten und also damit, daß die Geschäfte Englands bei uns durch mißverstandenen, gewiß gut gemeinten patriotischen Eifer besorgt werden, gerechnet werden.

Es dürfte nach alledem Pflicht der Parteiführer sein, soweit die Regierung sich aus naheliegenden Rücksichten zu militärtechnischen Informationen außerstande sehen sollte, die bündige Zusicherung zu erbitten:

1. daß keinerlei Schritt erfolgt oder unterlassen wird, der dem Krieg direkt oder indirekt, durch Engagement unserer Ehre, herbeiführen kann, ohne daß alle den Entschlüssen zugrunde liegenden *Rechnungen* mit dem absoluten Höchstmaß von Vorsicht gemacht worden sind,

2. daß *ganz eindeutig alle* diejenigen Persönlichkeiten, welche für die Richtigkeit jeder einzelnen dieser *Rechnungen* einstehen, als dafür verantwortlich aktenkundig gemacht werden, nebst den von ihnen angewendeten *Rechnungs*grundlagen und *Rechnungs*methoden. Denn stimmt auch nur ein einziger *Rechnungs*faktor nicht, so kann die größte Tapferkeit der Truppen den wirtschaftlichen Zusammenbruch im Kriege und die wirtschaftliche Agonie nach dem Kriege nicht hindern.

Die innerpolitischen Folgen einer solchen wirtschaftlichen Niederlage und eines Verlustes des Krieges infolge des Eingreifens Amerikas auf Grund eines als möglich vorauszusehenden unglücklichen „Zufalls" sind mit dem Allerungünstigsten, was ohne diese Eventualität uns weiterhin widerfahren könnte, an Schwere nicht im entferntesten zu vergleichen. Denn darauf, daß das Durchhalten zunehmend schwieriger wird und vielleicht noch radikalere wirtschaftliche Maßregeln erfordert, ist in Deutschland heute jedermann gefaßt. Ebenso rechnet jedermann, wenn auch als mit einer sehr unwahrscheinlichen Möglichkeit, mit den Unberechenbarkeiten militärischer Ereignisse, die unsere Lage auch einmal nachteiliger als jetzt gestalten können. Dafür wird niemand die Regierung und den Träger der Krone verantwortlich machen. Wohl aber, ganz einerlei, ob mit Recht oder Unrecht, für die Folgen einer Politik gegenüber Amerika, welche von breiten Teilen der Bevölkerung nachträglich, wenn sie fehlschlägt, als eine Abenteurerpolitik aufgefaßt werden wird.

gez. Professor Max Weber,
Heidelberg

Die wirtschaftliche Annäherung zwischen dem Deutschen Reiche und seinen Verbündeten[1]

I. Mitteleuropa und die polnische Frage

Meine Herren, wenn man vor einer res integra stünde, und wenn ferner rein wirtschaftliche Erwägungen in dieser Frage allein sprechen könnten, so würde ich absolut auf dem Standpunkt des Herrn Eulenburg und des Herrn Diehl stehen, und ich glaube, die überwältigende Mehrheit des Vereins für Sozialpolitik würde es auch tun. Es würde, wenn gar keine politischen Fragen hineinspielten, die ganze Sache ja auch jetzt einfach schon dadurch erledigt sein, daß die Österreicher nicht in der Lage wären, uns zwei Fragen befriedigend zu beantworten, nämlich erstens: Wie wollt ihr eure Währung soweit retablieren, daß überhaupt von einem Zollbündnis die Rede sein kann? Und zweitens: Wie wollt ihr die Ungarn dazu bringen, daß sie sich auf irgendwelches ernsthafte, dauernde Übereinkommen einlassen?

Allein es ist ja nicht res integra, und obwohl hier nicht der Ort ist, über politische Dinge zu sprechen, so muß doch konstatiert werden: es besteht die Möglichkeit, daß ganz überwältigende politische Verhältnisse einfach eine solche Sachlage schaffen, daß die Frage, ob ja oder nein, überhaupt nicht mehr gestellt werden kann. Entscheidend ist da selbstverständlich in allererster Linie die brennendste Frage des Friedens, die für uns überhaupt auftauchen wird, der gegenüber alles Reden über die Wichtigkeit Belgiens für uns, ganz zu schweigen von den patriotischen Phantasien über die Baltischen Provinzen, beinahe in nichts zerfließen, die eigentliche Lebensfrage für uns: *Polen*.

Eine deutsche Regierung, welche etwa auf der Grundlage eines Anfalles von Kongreßpolen an Österreich mit der österreichisch-ungarischen Regierung in Verhandlungen über unser Zukunftsverhältnis eintreten wollte, würde die ganze Zukunft, nicht nur Deutschlands, sondern auch Österreich-Ungarns leichtfertig verscherzen, wenn sie dabei sich auf zeitlich oder sachlich begrenzte Vertragsabmachungen über die politischen oder wirtschaftlichen Beziehungen zwischen uns beschränken wollte. Denn jene politische Angliederung Polens an eine der beiden Mächte, insbesondere also an Österreich, würde ja für immer bestehen. Es wäre deshalb politisch undenkbar, sie durch kündbare Verträge in ihrer Wirkung zu kompensieren. Man braucht nur auf die Landkarte zu blicken, um die Konsequenzen eines Anfalles an Österreich für Schlesien und für unsere östliche Grenze überhaupt zu sehen. Sollte eine solche Lösung irgendwie in Betracht kommen

[1] Beiträge zu einer Diskussion im Verein für Sozialpolitik am 6.4.1916.

müssen, dann wäre nicht ein Militär- und Zollbündnis auf 25 oder 30 Jahre, sondern ein politisches, militärisches, währungs- und handelspolitisches *Äternat*, eine absolut ewige unlösliche Bindung der beteiligten Staaten in allen politischen und wirtschaftspolitisch überhaupt wichtigen Beziehungen aneinander, ein ewiger Staatenbund, die unausweichliche Forderung. Nicht nur eine selbständige Außenpolitik, auch eine selbständige und also eventuell divergierende Handels- und Verkehrspolitik der beteiligten Staaten müßte dann gänzlich und für alle Zeit ausgeschlossen werden, und dafür wäre auf wirtschaftlichem Gebiet das schlechthin einzige Mittel: nicht nur Militärkonvention und Zollbund, sondern Währungs- und Bankeinheit, Festlegung einer gemeinsamen Eisenbahnpolitik, gleichen Verkehrsrechtes und gleicher Sozialgesetzgebung in den beteiligten Staaten, dies alles auf ewige Zeiten. Wenn das nicht geschaffen werden könnte, wäre jene Lösung unakzeptabel und verriete das Vaterland. Nicht nur hätten bei einem solchen Zustand fortan, so wie jetzt die Österreicher, wir das Odium aller Auseinandersetzungen mit Ungarn mit zu tragen, – was bei jeder wirklich intimen Annäherung handelspolitischer Art unvermeidlich sein wird –, sondern die Sache wäre so, daß wir 2.000 gemeinsame Zollpositionen bekämen, und daß dann drei souveräne Regierungen bei der Abänderung jeder einzelnen Position, sowohl autonom wie im Falle von Handelsvertragsverhandlungen, mitzureden hätten, daß wir also tatsächlich einen Zolltarif in steuer- und verkehrspolitischer Version bekommen würden, welcher fossil bliebe, weil grundsätzliche Änderungen der Verkehrs- und Handelspolitik bei divergenten Interessen der beteiligten politischen Angehörigen nur um den Preis der allerschwersten politischen Erschütterung des Bundes zu erkaufen wären. Es wäre daher ganz ausgeschlossen, auf ein derartiges Verhältnis ohne radikale Beseitigung aller Zwischenzölle und ohne einheitliche, durch eine einheitlich geleitete gemeinsame Bank garantierte Währung sich überhaupt einzulassen. Wie freilich eine solche Gemeinschaft zwischen souveränen Staaten mit völlig getrennten Organen, bei denen aber die gemeinsame Bank alle Fehler, die der eine in seiner Wirtschaft und Gesetzgebung macht, fühlen und auf den oder die andern beteiligten Staaten zurückwirken lassen müßte, funktionieren würde, bleibt dabei dunkel. Klar ist, daß Deutschland für absehbare Zeit allein die Opfer trüge. Aber nur diese intime Verflechtung würde eine hinlängliche Gewähr dafür bieten, daß nicht jedes handelspolitische Kometenjahr den politischen Bund sprengen könnte. Ich würde, selbst mit diesen Garantien, jene Lösung der politischen Frage in unserm und auch dem österreichisch-ungarischen Interesse für höchst bedenklich halten und möchte hoffen, daß sie auch in noch so abgeschwächter Form so nicht in Betracht kommt. Indessen die Gerüchte, daß dies dennoch der Fall sei, wollen nicht verstummen und scheinen doch irgendeinen – hoffentlich einen mißverständlichen – Anhalt zu haben. –

Eine glatte Lösung der polnischen Frage, welche allen Interessen, vor allem den uns in erster Linie stehenden der Sicherheit von Deutschlands Ostgrenze, genügen und dabei den Polen Befriedigung gewähren sollte, ist schwer konstruierbar. Die Erhaltung irgendeiner Interessengemeinschaft der verbündeten Großmächte an Polen bei Gewährung eines möglichen Maximums von Autonomie scheint eine ziemlich wahrscheinliche Lösung; insbesondere eine dauernd gemeinsame Einflußnahme auf die polnische Handels- und Verkehrspolitik, – im übrigen hoffentlich so wenig „Kondominium" wie nur irgend möglich.

Wie aber immer das Problem politisch gelöst werden möge, man muß sich klarmachen, daß von da aus ein scharfer Druck entstehen kann und sehr wahrscheinlich entstehen wird in der Richtung, daß Österreich-Ungarn und Deutschland sowohl politisch wie handelspolitisch Vertragsverhandlungen nach außen in Zukunft nur gemeinsam führen, zum mindesten, solange nicht die politischen Konstellationen der Welt sich vollständig verschoben haben, und daß deshalb dahin gestrebt werden muß, eine gemeinsame Basis dafür zu finden, die schließlich in irgendeiner Weise nur auf einem gemeinsamen Zolltarifschema und irgendwie auf einander abgestimmten Zollpositionen der beiderseitigen Tarife ruhen kann, ein Problem, welches ich für mindestens ebenso schwierig halte wie die Beseitigung oder Herabsetzung der Zölle zwischen Deutschland und Österreich-Ungarn. Und diese gemeinsame Zollpolitik nach außen ist doch ohne ein im Effekt einer Vereinheitlichung der Wirtschaftspolitik mindestens sich annäherndes Entgegenkommen im Verkehr zwischen den beiden Staaten auch wieder kaum recht auszudenken. Denn im Gegensatze zu allen bisherigen Verhältnissen wird, wenn irgendwelche Interessengemeinschaft Deutschlands und Österreich-Ungarns an Polen durch die Art der Gestaltung der jetzigen politischen Lage aufrechterhalten bleiben sollte, – und das erscheint, wie gesagt, leider möglich –, die Zollpolitik beider Mächte gegeneinander vielleicht künftig zwingend beeinflußt werden müssen durch ihre gemeinsame Zollpolitik gegenüber Polen. Denn es wäre politisch hoch gefährlich, hier, wo es sich um Gebiete handelt, die nach drei Seiten an reichsdeutsches Land grenzen, eine ungebundene Konkurrenz der Handelspolitik einer sei es auch eng befreundeten Macht offen zu lassen. Es darf diese Möglichkeit handelspolitischer Konkurrenz um Polen zwischen den beiden Mächten nicht geduldet werden. Eine gemeinsame Orientierung der Handelspolitik mindestens mit Beziehung auf dies Objekt ist also dauernd unumgänglich, wenn nicht Polen einfach dem deutschen Zollgebiet angegliedert wird, was freilich das sicherste und wirtschaftlich auch für Polen beste wäre. Es liegen also die Dinge von der politischen Seite her so, daß wir jedenfalls auf die Möglichkeit gefaßt sein müssen: es kann der Fall eintreten, wo es nicht mehr heißt: wollen wir das nun machen oder nicht? sondern: es muß sein, – wo liegen die Hauptschwierigkeiten? – wie lassen sich diese Hauptschwierigkeiten beseitigen oder wenigstens relativ unschädlich machen? und ich gebe nun natürlich Herrn Kollegen Diehl ganz bedingungslos darin recht, daß es die Aufgabe unseres Vereins in allererster Linie, wenn nicht ausschließlich, ist, gegenüber den gefühlspolitischen Wünschen gerade diese Schwierigkeiten der Sache hervorzuheben, auch, und gerade dann, wenn man vermuten müßte, daß schließlich die Entscheidung aus politischen Gründen etwa doch in der Richtung fallen kann, die ich andeutete.

Ich leugne nicht, daß ich mich freuen würde, wenn die polnische Frage sich so lösen ließe, daß wir um die Notwendigkeit des Zollbündnisses herumkämen und beide Teile also freie Hand in ihren Entschließungen behielten. Sollte dies gelingen und schiede ferner der Gedanke einer Bank- und Währungsgemeinschaft mit all ihren weitgehenden Konsequenzen aus, dann würde meines Erachtens jede andere Lösung als die eines besonders intimen handelsvertraglichen Verhältnisses auf möglichst lange Zeitdauer aber ohne Beseitigung des Meistbegünstigungsprinzipes als der Grundlage unserer Handelspolitik abzulehnen sein. Denn der Gedanke einer rein mechanisch, also etwa nach Prozentverhältnissen, abgestuften Präferenz wäre wegen der Unmöglichkeit einer Berechnung der Wirkungen auf lange Sicht hin und wegen der Irrationalität dieses willkürlichen Schemas nicht diskutabel; seine Durchführung würde ein unerträgliches, unelastisches Hemmnis der Bewegungsfreiheit beider Teile sein. Jede formelle Präferenz anderer Art aber kompromittierte die Handelspolitik jedes der beiden Teile Dritten gegenüber ohne hinlängliches politisches Äquivalent, welches für ein solches Opfer eben nur in einem vollen Zollbund zu finden wäre. Dann kann es sich nur darum handeln, einander gegenseitig *sachlich* zu bevorzugen, durch eine solche Gestaltung des Handelsvertrages, durch solche gegenseitige Konzessionen also, welche trotz der allgemeinen Meistbegünstigung zugunsten gerade dieses Gegenkontrahenten wirken und der beabsichtigten wirtschaftlichen Intimität zwischen uns entsprechen würden, vor allem aber: durch die Beseitigung aller jener von anderen Umständen als Zollsätzen ausgehenden Hemmungen des Güterverkehrs zwischen den beiden Gebieten, deren Wirkung oft weit fühlbarer ist als die Zölle, und welche weit erbitternder wirken als ein klar und eindeutig kalkulierbarer Zoll, während umgekehrt die Beschränkung der zollpolitischen Bewegungsfreiheit dann leicht die Quelle politischer Entfremdung werden kann, wenn sie nicht zur vollen Zolleinheit führt. – Indessen, es fragt sich, wie gesagt, ob diese Entschlußfreiheit für uns bestehen wird.

Doch spricht – und da möchte ich Herrn Kollegen Pierstorff mit wenigen Worten entgegentreten, in der gleichen Richtung wie die polnische Frage auch die oft hervorgehobene Abschließungstendenz der übrigen großen Weltmächte gegen uns. Die Sache liegt doch wohl umgekehrt, als er gesagt hat. Wenn irgend etwas dazu geführt hat, daß den Russen und Engländern etwas bange geworden ist vor ihrer eigenen Gottähnlichkeit bei dem Gedanken eines gemeinsamen ewigen Zollkrieges gegen Deutschland, so war es die Beobachtung, daß wir eventuell die Karte ausspielen könnten: Zolleinigung mit unseren Verbündeten! Das gilt namentlich von den Russen, wie man aus den Pressemeldungen der letzten Zeit sehen konnte, aber nicht nur von ihnen, und ich meine, daß auch Herr Kollege Pierstorff sich jedenfalls auf den Standpunkt wird stellen müssen – ich glaube, wir sind grundsätzlich gar nicht so verschiedener Meinung (*Zwischenruf Pierstorff: Das ist ja eine ganz andere Sachlage!*) – gut, dann sind wir also wohl überhaupt nicht verschiedener Meinung. – Es ist durchaus notwendig, daß in dem kommenden Friedens- und Vertragsverhandlungsspiel sowohl die deutsche wie auch die österreichisch-ungarische Regierung die Karte: „mitteleuropäischer Zolleinigung" in der Hand haben, damit sie sie gegebenenfalls ausspielen können. Es muß also deutscherseits, einerlei, ob wir wünschen und glauben oder nicht, daß aus der Sache schließlich etwas wird, jedenfalls gearbeitet werden unter der Fragestellung: wie ist erstens ein gemeinsamer Zolltarif nach außen, wie ist zweitens zwischen beiden Mächten ein Maximum von zollpolitischem Mitteleuropa möglich? Nicht gerade nur an zollpolitischem Mitteleuropa; ich bin, wie gesagt, durchaus der Meinung, daß das nicht das Alleinige ist, daß vielmehr andere Dinge sogar noch wichtiger sind als die Beseitigung aller Zwischenzölle. Aber immerhin doch ein Mitteleuropa ungefähr in der Richtung, wie das Naumannsche prachtvolle, aber naturgemäß mit dem Temperament des Politikers, nicht mit der Skepsis des Fachmanns geschriebene Buch es gezeigt hat. Wo sind die schwierigsten Punkte? – wie sind sie zu überwinden? Und diese Fragen müssen, so sehr das Problem selbst ein politisch orientiertes ist – alle rein ökonomisch beantwortet werden.

Meine persönliche Stellung zu diesen rein ökonomischen Problemen nun gründet sich auf einen bisher nur engen Kreis von Beobachtungen, und ich äußere mich mit um so mehr Vorbehalten, als ich kein Fachhandelspolitiker bin.

Es hatte sich kürzlich hier unter Vorsitz von D. Friedrich Naumann ein privater „Arbeitsausschuß für Mitteleuropa" gebildet, dem ich beigetreten war, zunächst wesentlich aus politischem Interesse an dem polnischen Problem, nachdem ich gerüchtweise von jenen Eventualitäten gehört hatte. Es bestand für diesen Ausschuß keinerlei Bindung an ein Programm, sondern er fragte einfach: wieviel „Mitteleuropa" im Sinne des Programmes von D. Naumann wäre mit deutschen Interessen verträglich? Der Ausschuß, dessen Entstehen von verschiedenen Reichsämtern als „erwünscht" bezeichnet wurde, war selbstverständlich nicht in der Lage, von den Reichsämtern irgendwelches und insbesondere das 1911 erhobene produktionsstatistische amtliche und also vertrauliche Material zu bekommen. Er konnte sich auch keine Kenntnis der Lage der Verhandlungen verschaffen. Er konnte nicht als Vertreter oder Geschäftsführer amtlicher Stellen auftreten. Er vermied jedes öffentliche Hervortreten und also jede Konkurrenz mit anderen bestehenden Organisationen. Ob er irgendwelche nützliche Funktionen versehen könnte, hing wesentlich davon ab, ob die beteiligten amtlichen Instanzen glaubten, daß er in irgendeiner Richtung Arbeit – solche, die sie selbst aus formellen oder sachlichen Gründen nicht leisten konnten – übernehmen könne. Ob dies der Fall ist, mußte zunächst abgewartet werden. War es – was möglich erschien – nicht der Fall, so hatte der Ausschuß keinen Zweck.

Er beabsichtigte, zunächst die Frage der Währung in Polen, jetzt während des Krieges und künftig, je nach der Lösung der polnischen Frage, durch einen in Kriegswährungsfragen praktisch erfahrenen Herrn bearbeiten zu lassen. Die Art der möglichen Lösung dieser Frage ist, wie nicht weiter ausgeführt zu werden braucht, außerordentlich wichtig für alle wirtschaftspolitischen und damit indirekt politischen Zukunftsmöglichkeiten. Sie liegt gerade in dem deutschen Okkupationsgebiet zurzeit noch so gut wie ganz im argen, sehr zum Schaden der Stellung der deutschen Verwaltung zur polnischen Bevölkerung. Und es besteht die Gefahr, daß dadurch Notwendigkeiten der Zukunft präjudiziert werden können.

Des weiteren hatte der Ausschuß sich auf den Standpunkt gestellt: die Zölle zwischen Deutschland und Österreich-Ungarn würden überhaupt ein Objekt von sekundärer Bedeutung werden, falls die beteiligten Industrien sich untereinander über den Markt zu verständigen in der Lage wären. So hat man denn versucht, in privaten Pourparlers sich mit Vertretern einiger der beiderseitigen Industrien über diese Möglichkeiten zu informieren. Gerade hier würde es sich – da auch die Stellungnahme der Industriellen der Nachbarmonarchie erkundet und dann der Versuch, internationale, deutsch-österreichisch-ungarische Verständigungen der Interessen anzubahnen, gemacht werden müßte – um Verhandlungen handeln, welche die amtlichen deutschen Stellen ihrerseits nicht gut in die Hand nehmen könnten. Dafür konnte also ein solcher Ausschuß vielleicht von Nutzen sein. Auch dann, wenn er selbst nichts anderes im Kreise der maßgebenden Interessenten erreichte, als was das Naumannsche Buch in den Kreisen der Ideologen erreicht hat: ein Stimmungskapital zu schaffen, mit dem, als einem in Betracht kommenden Faktor, die Politiker arbeiten können.

Wenn ich unseren ungefähren ganz vorläufigen und also ganz unmaßgeblichen Eindruck von dem Verlaufe solcher Besprechungen zusammenfassen soll, so ist es der, daß immerhin einige derjenigen Schwierigkeiten, die ich für von vorneherein ganz unüberwindlich gehalten habe, doch nicht unbedingt unüberwindlich zu sein scheinen. Man darf bei der Abschätzung des künftig Möglichen eben nicht einseitig die früheren Friedensverhältnisse zugrunde legen. In einer Anzahl von Industrien, bei denen eine erhebliche Umrangierung würde stattfinden müssen, liegen die Dinge so, daß schon der Krieg die bisherige Situation der Industrie so völlig geändert hat, daß eine Neuanpassung ohnehin nötig ist, und daß diese in mancher von ihnen mit Hilfe der Kriegsgewinnaufspeicherungen leichter als sonst möglich erscheint. Eine weitere Schicht von Industrien beider Länder könnte, wenn sie muß, die Zölle ganz entbehren, falls eine geeignete Kartellierung gelänge. Es ist nun nicht immer leicht, festzustellen, welche Industrien einer von diesen beiden Schichten angehören. Denn die beteiligten Interessenten verhalten sich grundverschieden je nach dem Bilde, welches sie sich von dem wahrscheinlichen Gang der Ereignisse machen. Wird ihnen bei Besprechungen von den beteiligten amtlichen Stellen gesagt: – und das sollte unseres Erachtens allerdings, weil es der Sachlage entspricht, geschehen: – „Richtet euch darauf ein, daß vielleicht, wir mögen es noch so sehr beklagen, die Zölle aus politischen Gründen fallen müssen", dann würden sie versuchen, sich in diese Eventualität zu versetzen und auf Mittel sinnen, ihr zu begegnen. Spüren sie dagegen ausschließlich an amtlichen Stellen die gewiß von den meisten von uns geteilten Bedenken, außer im Falle absoluter Notwendigkeit dem Gedanken einer Zollunion näherzutreten, so ist mit ihnen nicht zu verhandeln, denn dann scheint ihnen jene Eventualität fernliegend. Ob sich für den Arbeitsausschuß die Möglichkeit fruchtbringender Erörterungen mit den Interessenten ergibt, hängt also auch hier ganz von dem Verhalten ab, welches die amtlichen Instanzen ihrerseits für zweckmäßig halten, und welches dies sein wird, wissen wir nicht. Nutzlose oder unerwünschte Mitarbeit würde jedenfalls ich niemandem aufdrängen.

Sachlich würde der Sitz der Hauptschwierigkeiten – sowohl für die Vereinheitlichung der Sätze der beiden Zolltarife wie für die Ausschaltung der Zwischenzölle – sicherlich in den Halbfabrikatzöllen liegen, und hier sind einige Probleme, die zunächst fast unüberwindliche Schwierigkeiten zu bieten scheinen, da wenigstens, wo die weiterverarbeitenden Industrien Exportindustrien sind. Da wäre die Sache mit dem Nachweis der Kartellierungsfähigkeit der beiderseitigen Halbfabrikat- und eventuell auch Fertigfabrikatindustrien natürlich nicht abgetan. Nun ist es ja wohl überhaupt als sicher anzusehen, daß niemand mit Begeisterung an einer Forcierung der Kartellbildung in der Industrie mit ihren bekannten Konsequenzen herangeht. Diese Seite der Sache könnte freilich für manche Produktionszweige vielleicht aus *finanzpolitischen* Gründen, die ich hier nur sehr kurz berühren will, ein eigenartiges Gesicht bekommen. Die Zahl der von privaten ideellen und materiellen Interessenten aufgestellten Projekte zu Zwangssyndizierungen ist Legion. Teils um die nötigen Prämien für die Lagerhaltung kriegsknapper Rohstoffe, teils aber und vor allem um das Geld für die Anleihezinsen aus der Produktion herauszupressen, werden sie ersonnen. Ob sie wirklich alle nur Papierkorbprodukte bleiben werden, ist angesichts des künftigen Finanzbedarfes immerhin fraglich, allen begreiflichen Antipathien zum Trotz. So weit solche Zwangssyndizierungen greifen würden, träten die Zollfragen ja ganz in den Hintergrund. Indessen ist anzunehmen, daß es äußerstenfalls sich doch nur um wenige Massenartikel handeln wird. Für die handelspolitische Seite aber dürfte bei allen Kartellierungsprojekten nicht unberücksichtigt bleiben, daß die ausschlaggebende Rolle die massenhaften *kleinen* Posten unserer Handelsbilanz spielen; diese und nicht die quantitativ gewiß gewichtigen Stapelartikel sind sogar das für unsere Welthandelsstellung, im Verhältnis und im Vergleich mit anderen Nationen, recht eigentlich und aus dauernd feststehenden Gründen Charakteristische, und dies ist allerdings eine Mahnung, nicht alles auf einen Interessenausgleich der allein kartellierungsfähigen Massenartikel abzustellen. Wir arbeiten intensiv mit kleiner „Marge“: das ist unser dauerndes Schicksal.

Genug. Wie denn nun sei: die Eventualität, daß von den Regierungen aus politischen Gründen ein zollpolitisches „Mitteleuropa“ gemacht werden muß, muß sowohl den Interessenten wie uns stets vor Augen stehen; von der Voraussetzung, daß eine politische Situation eintreten kann, welche zur mitteleuropäischen Einigung zwingt, muß zunächst einmal ausgegangen werden, und da liegt die Grenze aller der Bedenken, die gegen die Sache selbst vorgebracht werden. Deshalb möchte ich allerdings das eine für wünschenswert halten, daß auch die Herren, welche mit vollem Recht sagen: es ist unsere wissenschaftliche Pflicht, vor allen Dingen die Gefahren und Schwierigkeiten hervorzuheben, denn wir sind dafür mit verantwortlich, daß diese nicht übersehen werden, – daß auch diese Herren nicht vergessen möchten, daß damit die politische Situation, die heute besteht, nicht beseitigt ist, und daß sie, unbeschadet ihres Standpunktes, auch an den Erwägungen mitarbeiten möchten, wie man ihr begegnen könnte. Denn sie mögen wirtschaftlich sagen was sie wollen, – die Sache kann aus politischen Gründen doch kommen, und darauf richtet man sich besser rechtzeitig ein!

II. Der landwirtschaftliche Aspekt eines deutsch-österreichischen Zollbündnisses

Ja, meine Herren, zur agrarischen Seite sprechen kann ich eigentlich nicht; und erst recht nicht qualifiziert wäre ich, im Namen irgendwelcher Agrarier zu reden.

Die deutschen landwirtschaftlichen Interessen sind immer wieder in dem Satz zusammengefaßt worden, soweit ich habe sehen können: augenblicklich täte uns die Sache nichts, anders aber, wenn Ungarn künftig einmal seine Bodenkraft voll ausnützte; dann sei wieder zu viel da, dann erzielten wir nicht die Preise, deren wir bedürfen. Wie bekannt, haben sich die beteiligten landwirtschaftlichen Interessen dahin verständigt, daß ein dreifach, ja schließlich ein vierfach gestaffelter Tarif nötig wäre, um die Interessen auszugleichen. Es ist freilich wohl kaum zweifelhaft, daß das nicht die schlechthin endgültige Stellungnahme der deutschen Landwirtschaft sein würde, wenn politische Gründe zwingender Art eintreten sollten.

III. Überlegungen zu Ungarn und zur Wünschbarkeit eines deutsch-österreichischen Zollbündnisses

Meine Herren, wir werden wohl alle darüber einig sein, daß die Bedenken, die einem Zollbündnis entgegenstehen, von keinem in so eindrucksvoller und gründlicher Weise hervorgehoben worden sind wie von dem Redner, den wir eben gehört haben, sowohl in dem nach meiner Meinung vortrefflichen Aufsatz in der Sammlung wie in dem , was er jetzt gesagt hat. Nun liegen die Dinge allerdings so, daß er selbst Zweifel dagegen geäußert hat, daß die Österreicher und die Ungarn aus eigener Kapitalkraft heraus die Schwierigkeiten ihrer ökonomischen Entwicklung zu heben in der Lage sind. Es ist nun nicht unsere Sache, sondern Sache unserer österreichischen Kollegen, sich darüber zu äußern, ob ein Zollbündnis die Entwicklung, die auch Herr Kollege Eulenberg für die Nachbarmonarchie als wünschenswert bezeichnet, erschwert oder erleichtert. Es könnte nämlich sein, daß der Mangel eines Zollbündnisses und das weitere Angewiesensein Österreichs auf sich allein sowie die weitere Beherrschung Österreichs durch die Kräfte, durch die es bisher beherrscht worden ist, dazu beitrüge, den bisherigen Zustand bestehen, also seine wirtschaftlichen Kräfte unentwickelt zu lassen, daß dagegen die Luft, die ein Zollbündnis in Österreich schaffen würde, das, was er selbst vom gemeinschaftlichen Standpunkt Deutschlands und Österreichs aus für wünschenswert hält: die Beseitigung der bisherigen Machtverteilung zugunsten einer modernen Verhältnissen angepaßten, beförderte. Das zu sagen, möchte aber doch wohl Sache der Herren österreichischen Kollegen sein, denn nur sie können beurteilen, ob gerade ein Zollbündnis der geeignete Weg dazu ist.

Ich möchte nun noch einige wenige Worte über Ungarn hinzufügen. Vollständig unterschreiben möchte ich, daß die Berechtigung der ungarischen Industriepolitik vom ungarischen Standpunkt aus nicht so einfach bestritten werden kann, wie das von deutscher Seite sehr oft mit dem Bemerken geschieht: Da seien Industrien, die Treibhausprodukte darstellten, die da gar nicht ihren natürlichen Standort hätten! Die Sache lag in der Tat so, daß die Ungarn schon aus zwingenden finanzpolitischen Gründen kaum anders konnten, als zunächst auch Industrien, die ihren natürlichen Standort nicht unbedingt in Ungarn hatten, zu züchten. Ob dabei Fehlgriffe unterliefen, kann der Deutsche nicht entscheiden. Dagegen bestehen wohl doch Zweifel darüber, ob die Züchtung dieser Industrien das Mittel war, die erhebliche regelmäßige Auswanderung von slawischen und zum Teil auch magyarischen Unterschichten aus Ungarn hintanzuhalten. Diese Auswanderung ist ja doch sehr wesentlich bedingt durch die Verhältnisse der Agrarverfassung, in erster Linie bedingt durch die Abgeneigtheit und die Unmöglichkeit, geeignete Parzellierungen vorzunehmen, und durch die Art der Bewirtschaftung des Großbesitzes. Da möchte nun allerdings sehr zweifelhaft sein, ob es irgendein anderes Mittel gibt, das zu beseitigen, als eine intensive Kapitalzufuhr, und es könnte sein, daß eine wirtschaftliche Gemeinschaft mit Deutschland so weitgehender Art, wie sie ja ein Zollbund oder etwas dem Ähnliches schaffen würde, allerdings auf die Dauer vielleicht einen gewissen Anreiz auf die ungarische Volkswirtschaft ausüben könnte, eben jene Bedingungen zu schaffen, welche allein geeignet sind, der Auswanderung entgegenzuwirken. Denn kaum zu leugnen dürfte sein: daß der Zufluß deutschen Kapitals nach Österreich und Ungarn durch eine feste *dauernde* wirtschaftliche Bindung beider Reiche aneinander stark befördert werden könnte. Allerdings nur dann, wenn dabei vor allem die rechtlichen Bedingungen und faktischen Chancen des Kredits und Güterverkehrs einander angeglichen werden. Und selbstverständlich selbst durch den vollen Zollbund allein auch nicht entfernt in ähnlichem Maße, wie es durch andere Dinge, vor allem ein Währungs- und Bankbündnis, auch ohne alle Zollbindung, erzielt würde. Indessen ist es mehr als fraglich, ob eine so einschneidende Aufgabe der Selbständigkeit wie ein Bankbündnis, jemals in Frage kommen wird, außer unter dem absoluten Zwang politischer Verhältnisse. Immerhin läge für künftige Zeiten eine Verbindung der beiderseitigen Großbanken und für jetzt eine faktische Begünstigung deutschen Kapitals gegenüber sonstigem Auslandkapital wohl im Bereich des Möglichen. Für die Begünstigung der Einfuhr deutschen Kapitals liegen die Verhältnisse des deutschen zum ungarischen Standpunkt anscheinend aber jetzt noch so, daß private Erörterungen zwischen deutschen und ungarischen Politikern nach folgendem Schema etwa zu verlaufen die Tendenz haben: Ungarischerseits: „Wir haben auch andere Möglichkeiten!“ – Deutscherseits: „Wir auch!“ – Ungarischerseits: „O bitte, wir erst recht!“ – So käme nun die Sache nicht weiter, wenn jeder dem andern vorzuhalten das Bedürfnis hat: wir können auch anders. Ob es nicht schließlich verständiger ist, zu sagen: wir machen es miteinander, das möchte doch zu fragen sein; indessen ist das auch Sache der Ungarn, und natürlich ist es ganz begreiflich, wenn sie sich sagen: wir wollen uns den Weg der Kapitalzufuhr von anderswoher offenhalten und nicht lediglich auf die Deutschen angewiesen sein. Das würde ja nun auch trotz aller noch so weitgehenden Annährung ihnen offenbleiben. Allein sie scheinen darin nun einmal etwas ängstlich zu sein, und auch hier werden letztlich politische Momente allein sie bestimmen können, sich der systematischen Bevorzugung deutschen Kapitals geneigt zu zeigen. Indessen auch darüber haben nur die mit den dortigen Verhältnissen vertrauten Herren ein Urteil.

Der Berliner Professoren-Aufruf[1]

Der im Zweiten Morgenblatt vom 27. Juli abgedruckte Aufruf einiger Berliner Professoren kann *nur durch Versehen in die Öffentlichkeit* gelangt sein. Er war ein Entwurf und zur Unterzeichnung versendet, stieß jedoch auf so scharfen Widerspruch, daß seine Veröffentlichung – wie zuverlässig verlautet – aufgegeben war. Die Bedenken richteten sich gegen den gewiß nicht beabsichtigten, tatsächlich aber durch manche Wendungen ermöglichten falschen Schein, als bestehe in Deutschland irgendwo nicht die vollste Entschlossenheit durchzuhalten bis zu einem solchen Frieden, wie wir ihn im Interesse unserer Ehre und Sicherung brauchen. Der Aufruf konnte aus diesem Grunde sehr leicht – sicher entgegen dieser Absicht seiner Verfasser – ähnlich schädlich für die nationalen Interessen Deutschlands wirken, wie dies ganz unzweifelhaft jene Quertreibereien einer kleinen Klique getan haben, welche die Stellung des Reichskanzlers, dem sie zum Teil aus rein innerpolitischen Gründen gram ist, ohne die geringste Rücksicht auf die Interessen des Vaterlandes dadurch zu erschüttern sucht, daß sie ihm öffentlich „Schwäche" vorwirft. Die Nation ist dieses Treibens überdrüssig. Nächst der militärischen Führung genießt der gegenwärtige Reichskanzler bis in den letzten Schützengraben um deswillen Kredit, weil jedermann weiß, daß dieser Krieg nicht um abenteuerlicher Ziele willen geführt wird, sondern nur weil und nur solange er für unsere Existenz notwendig ist. *Diesen Kredit genießt keiner seiner Gegner*. Unsere Soldaten im Felde haben ein Recht darauf, daß diesem Umstand endlich Rechnung getragen werde.

[1] Frankfurter Zeitung vom 28.7.1916.

Deutschland unter den europäischen Weltmächten[1]

Nicht als Parteimann will ich reden. Politik habe ich immer nur unter dem nationalen Gesichtspunkte angesehen, nicht nur die auswärtige, sondern alle Politik überhaupt. Danach allein orientierte ich auch meine Parteizugehörigkeit. Als ich zum erstenmal mit meinem Vater zur Wahlurne ging, gab er einen liberalen Stimmzettel ab und ich einen konservativen, – jetzt längst nicht mehr. Ich habe dem alldeutschen Verbande angehört und erhielt in der Kriegszeit ein Zirkular mit der Überschrift „Alldeutscher Verband", welches mir (wie anderen) die Brandmarkung vor der Nachkommenschaft ankündigte. Ich überlasse diesen guten Leuten und schlechten Musikanten die Sorge für unsere Unsterblichkeit, halte es aber für richtig, scharf Farbe zu bekennen.

Es herrscht jetzt viel Gerede von „innerer Einigung". Das soll doch heißen: Einigung unter dem ausschließlichen Gesichtspunkt einer nationalen auswärtigen Politik. Gut! Es hat Zeiten gegeben, wo man Sympathien für ein Zusammengehen mit England hatte, deshalb, *weil* man liberal war. Nun, das ist jetzt für immer vorbei. Ebenso aber hat es Parteien gegeben, die Rußland würdelos umschmeichelten, *weil* sie konservativ waren. Die „Kreuzzeitung" hat über Olmütz gejubelt und den Einmarsch der Heere des Kaisers Nikolaus ersehnt. Die Polizeidienste, die wir ohne jegliches politische Entgelt der russischen Regierung leisteten, haben in Rußland uns den Haß der Liberalen und – selbstverständlich – die Mißachtung der reaktionären Kreise eingetragen, wie jeder aus der Presse sich überzeugen konnte. Ist auch diese innerpolitische Sympathie mit Rußland jetzt vorbei? Ich glaube ganz und gar nicht. Mit Eifer bieten sich manche Berliner Politiker den Russen an, obwohl die russische Presse, gerade auch die reaktionäre, diesem Liebeswerben nur Hohn und Spott entgegensetzt. Dabei sind rein innerpolitische Gründe im Spiel. Nicht *einmal,* sondern Dutzende von Malen trat mir in Berlin die Äußerung entgegen: „Keine Verständigung mit England, denn das führt zum Parlamentarismus", oder: „Wie denken Sie sich aber die innere Politik, wenn wir wirklich Belgien räumen sollten?" Und leider haben derartige Erwägungen auch in die U-Boot-Kriegsfrage hineingespielt, wie wir alle wissen. Denn ohne dies hätte jeder sich gesagt, daß es ein Frevel ist, den schwer kämpfenden Truppen draußen vorzureden: es gäbe ein Mittel, den Krieg in einigen Monaten zu beenden. Männer, die innerpolitische Antipathien in unserer Kriegs- und Friedenspolitik mitsprechen lassen, *sind für mich keine nationalen Politiker,* und von einer inneren Einigung mit ihnen kann gar keine Rede sein.

---

[1] Die Hilfe vom 09.11.1916.

Unsere besondere internationale Lage und unsere Außeninteressen allein haben unsere Außenpolitik zu bestimmen.

Welches sind nun diese unsere Außeninteressen und welches ist unsere besondere Lage? Davon will ich reden und mich dabei ganz kühl und akademisch nicht an das Gefühl, sondern nur an das politische *Denken* wenden.

Unsere Außeninteressen sind zum erheblichen Teil rein geographisch bedingt. Wir sind ein Machtstaat. Für jeden Machtstaat bildet die Nachbarschaft eines anderen Machtstaates ein Hemmnis in der Freiheit seiner politischen Entschließungen, weil er auf ihn Rücksicht nehmen muß. Für jeden Machtstaat ist es wünschenswert, von möglichst schwachen Staaten oder doch von möglichst wenigen anderen Machtstaaten umgeben zu sein. Unser Schicksal nun hat es gefügt, daß nur Deutschland an drei große Landmächte, und noch dazu die stärksten nächst uns, und außerdem an die größte Seemacht als unmittelbarer Nachbar angrenzt und ihnen also im Wege ist. Kein anderes Land der Erde ist in dieser Lage.

Daraus folgt erstens die Notwendigkeit besonders starker Rüstung. Auch der extremste Pazifist bei uns wird das heute nicht mehr bestreiten. Aber es folgt daraus allerdings auch, daß wir unsere Politik mit unserer geographischen Lage in Einklang bringen müssen. – Was heißt das?

Das heißt zunächst, daß wir Politik nicht – wie Bismarck sagen würde – durch Einwerfen von Fensterscheiben betreiben dürfen, daß wir, heißt es, nicht, um unsere Gefühle auszutoben, Feindschaften auf uns nehmen dürfen um solcher Objekte willen, *für welche wir unsere Machtmittel nicht einsetzen können oder wollen.* Bei dem heute üblichen Schelten auf unsere Diplomatie wird immer das eine vergessen: daß auch die beste Diplomatie gar nichts leisten kann, wenn die Politik einer Nation darin falsch orientiert wird. Die erste, lange nachwirkende schwere und dabei ganz nutzlose Niederlage, welche die deutsche Politik sich zugezogen hat – es muß einmal daran erinnert werden –, ist durch die törichte Gefühlspolitik in der Burenfrage herbeigeführt worden. Die Nation, unter der Führung ganz der gleichen Kreise, die jetzt die „Fronde" betreiben, *nicht die Diplomatie,* machte den Fehler. Es war eine ganz planlose Gefühlspolitik oder – was dafür nur ein anderes Wort ist – eine alldeutsche Politik, die uns das zugezogen hat. Und es war nur einer von zahlreichen Fällen.

Es bedeutet weiter: daß wir nur eine sachliche Politik und keine *Politik des Hasses* treiben dürfen. Ich spreche nicht gegen Haß und Zorn als solche. Man kann das Große nicht wahrhaft lieben, wenn man das Niederträchtige nicht hassen kann. Deutscher Haß, einmal fest eingewurzelt, ist nachhaltig. Gewiß wäre es von England töricht, wenn es durch Fortsetzung seiner bisherigen Politik gegen uns sich einen Todfeind auf 100 Jahre schüfe. Denn in der Tat kann es dann unter Umständen für unsere Politik unmöglich werden, darüber hinwegzukommen. Aber das ist Englands Sache. Töricht wäre es jedenfalls von unserer Seite, wollten wir jetzt unsere politischen Ziele abgrenzen nicht nach politischen Gesichtspunkten, sondern aus dem Gefühl eines noch so begreiflichen Hasses. *Gegen uns* ist der Haß am stärksten in Frankreich. Bei uns dagegen richtet sich der Haß ganz ausschließlich gegen England, ganz ebenso, wie er sich in Österreich ausschließlich gegen Italien richtet. Mag er nun in beiden Fällen menschlich noch so begreiflich sein, so sind doch die einzigen wirklichen Fehler, die – vielleicht! – in diesem Kriege gemacht worden sind, aus der Unsachlichkeit eben dieses Hassens geboren worden.

Sachliche Politik bedeutet weiter: keine *Politik der Eitelkeit,* des renommistischen Redens und Auftrumpfens, sondern eine Politik des *schweigenden Handelns.* Wie aber ist bei uns Politik gemacht worden? Vergleicht man etwa den Kolonialerwerb Deutschlands mit dem anderer Staaten in der gleichen Zeitspanne, so ist er wahrhaftig lächerlich bescheiden. Denkt man aber dann an den Lärm, der bei uns diesen bescheidenen Erwerb begleitete, als wenn es sich darum handelte, die halbe Welt zu verschlingen, – und vergleicht man damit das ruhige Schweigen der anderen, so wirkt das politisch für uns tief beschämend. Das war ein Produkt politischer Unerzogenheit der Nation, wiederum: ein alldeutsches Produkt. Genau die gleiche Erscheinung: die gleichen alldeutschen Renommistereien, bei der Flotte. Und noch jetzt im Kriege erleben wir ja genau das gleiche. Man hat von dem „Ende des englischen Weltreichs" als Kriegsziel gefabelt, – als ob das englische Weltreich auf dem Besitz etwa des Suezkanals und ähnlicher Dinge und nicht vielmehr auf der nationalen Gemeinschaft der Angelsachsen beruhte, die nun einmal mehrere Kontinente teils ganz, teils halb besiedelt haben und die doch nun einmal von dort nicht durch uns herausgejagt werden können. Oder man hat von dem Ende der englischen Seemacht geredet. Und doch liegt es auf der Hand, daß auch bei gleich starker Flotte es für uns unmöglich wäre, den Hafen von Liverpool ebenso zu blockieren, wie für England den von Hamburg. Die geographische Lage Großbritanniens rein als solche erleichtert ja die Blokkade Hamburgs und behindert die von Liverpool. Und der Besitz von ein paar Kanalhäfen würde daran gar nichts ändern. „Ja, wozu brauchen wir dann unsere Flotte!", bin ich daraufhin allen Ernstes gefragt worden. Es ist ein Glück, daß die ruhmvolle Seeschlacht beim Skagerrak angesichts dieses Unsinns auch jedem Laien gezeigt hat, wofür wir Schlachtschiffe brauchen. Ohne sie hätten wir die englische Landung in Dänemark. Wir brauchen sie auch, um England im Angriffsfall so schädigen zu können, daß es sich zweimal besinnt, uns anzugreifen. Und das wird es künftig tun. „Vernichten" aber können wir einander nun einmal nicht. In England wie bei uns sollte man dies prahlerische Gerede abstellen.

Wenn wir Bismarcks „Gedanken und Erinnerungen" aufschlagen, so werden wir finden, daß zu den nicht sehr zahlreichen gesperrt gedruckten Worten im Text auch die Warnung gehört, uns zu einer Politik der „Eitelkeit" und dazu verleiten zu lassen, aus den geographischen Bedingungen unseres Daseins heraustreten zu wollen. Das gilt auch heute noch. Denn am allerwenigsten dürfen wir, in unserer geographischen Lage, eine Politik der *Erobererеitelkeit* treiben wollen. Es ist öffentlich bekannt, daß eine Denkschrift mehrerer Interessentenverbände unter alldeutschem Einfluß seinerzeit die Einverleibung – oder noch Schlimmeres: die Unterwerfung ohne Gewährung von Bürgerrecht! – für ganz Belgien und Nordfrankreich bis zur Somme gefordert hat. Wenn jemand diese, nach meiner Meinung unglaublich törichte Ansicht hatte, – nun, so war es gewiß sein Recht, sie zu vertreten. Dazu stand ihm das Mittel der Eingabe an die politischen Instanzen und daneben der Erörterung mit den politischen Parteiführern zu Gebote. Den Weg zu diesen hatten gerade diese Herren nicht weit. Was aber geschah? In so zahlreichen Exemplaren wurde die Denkschrift gedruckt verschickt, daß nach kurzer Zeit ihr Inhalt Gemeingut aller ausländischer Zeitungen war: das also waren die deutschen Kriegsziele. Ich habe es von Anbeginn an als einen Fehler des Reichskanzlers angesehen, daß er diesem Unfug nicht scharf entgegentrat und den Ausdruck „Faustpfand" für Belgien nicht alsbald erneut unterstrich. Alldeutsche Einflüsse stellten sich ihm in den Weg. Als sich dann für jedermann deutlich herausstellte, daß *keinerlei* deutsche Autorität hinter den Plänen jenes Machwerks stand, war infolgedessen das Echo des Auslands: „Deutschland wird billiger", es fühlt sich also wohl schwach. Aber damit nicht genug: die Demagogie dieser Eitelkeitspolitiker – ich will ganz davon absehen, daß dahinter sich zum Teil materielle Interessen verbargen – ging nun dazu über, den Ehrenpunkt auszuspielen: „Wer Belgien herausgibt, der ist besiegt." So etwas ist doch auch rein *menschlich unerträglich.* Wenn die Armee draußen sich auf den Standpunkt stellte: „Wir haben diese Gebiete erobert, wir wollen nicht, daß sie herausgegeben werden", – nun, so würden wir immer noch für uns in Anspruch nehmen zu sagen: „Bedenkt, es ist vielleicht nicht klug." Bliebe sie dann dabei, – gut. Wenn aber Daheimgebliebene, im Kontor oder auf dem Katheder oder wo immer sie sitzen mögen, – wenn die unseren Truppen, die draußen für Deutschlands Ruhm und Ehre das Unerhörte getan und unvergängliches Gedenken an ihre Fahnen geheftet haben, die Freude an dem ungeheuren Erfolg zu verderben und ihnen zu sagen sich herausnehmen: „Wenn nicht die Landkarte so und so verändert wird, dann habt ihr *umsonst* gefochten", – dann kann ich nur hoffen, daß sich noch deutsche Fäuste finden, um solchen Burschen auf den Mund zu schlagen. Das sind nicht die Leute, die in ernsten Stunden der Nation das Wort zu führen haben. Und dann noch eins: wir führen einen gemeinsamen Bundeskrieg. Jeder Admiral weiß, daß er im Geschwaderverband sich nach dem langsamsten Schiff richten muß. Wenden wir das einmal auf die Politik an. Für sachliche Lebensfragen eines Verbündeten werden alle beliebig lange weiterkämpfen. Nicht aber für eitle Erobererinteressen, für ein deutsches Belgien die anderen so wenig wie wir etwa für ein österreichisches Venedig.

Unsere Politik hat sachliche Politik zu sein, auch in der Aufregung des Krieges. Was folgt nun positiv daraus?

Zunächst folgt aus unserer geographischen Lage die *Notwendigkeit weitsichtiger Bündnispolitik.* Heute kann keine Weltmacht, auch nicht Rußland oder England, der Bündnisse für die Weltpolitik entbehren. Wir noch weniger als andere. Verteidigen können wir uns gegen eine Welt von Feinden auch allein. In der Welt mitreden nicht. Denn man könnte nicht etwa wegen Samoa gegen eine Weltkoalition wie diese in einen Krieg gehen. Die Nation hätte nicht so dahintergestanden wie jetzt. Jede Bündnispolitik aber hat eine unumgängliche sachliche Voraussetzung: die möglichste *Erhaltung der Wahlfreiheit.* Bündnisse kann man um so zweckmäßiger schließen, je mehr Möglichkeiten man sich vorher, durch seine Politik, offengehalten hat. Und da war und ist nun für uns durch unsere *historische Lage* folgendes gegeben.

Es bestand *eine* absolute Schranke unserer Wahlfreiheit schon bisher: Frankreich. Es war für jeden Gegner gegen uns zu haben, und es war niemals für uns zu haben. Unsere ganze internationale Lage seit 1871 war dadurch bestimmt.

Eine neue Schwierigkeit, das wollen wir uns nicht verhehlen, ist jetzt hinzugetreten: die Sprengung des Dreibundes, dessen ausschließlicher Sinn im letzten Jahrzehnt die Erhaltung der Wahlfreiheit war. Dadurch ist unsere Wahlfreiheit wiederum eingeschränkt. Sehr verstärkt ist dadurch die Notwendigkeit, in unserer Gesamtpolitik *wählen* zu müssen zwischen den beiden größten Weltmächten: England und Rußland. Nicht notwendig in der Form eines Bündnisses, – das würden wir nur bei sehr gewichtigen Vorteilen abschließen. Wohl aber in der Form der Verständigung. Absolut notwendig aber ist, um eine zweckmäßige Politik nach dem Kriege zu ermöglichen, die Fernhaltung jeder weiteren nutzlosen Beschränkung unserer Wahlfreiheit, solange dies möglich ist. Jedenfalls dürfen wir sie uns nicht durch eine unsachliche Politik beschränken lassen. Es ist gewiß nicht wünschenswert, daß wir in Zukunft etwa auch Rußland uns für immer zum Gegner machen. Ebensowenig aber, statt Frankreich allein, nun: Frankreich *und England.* Denn in diesem Fall könnte uns Rußland die Bedingungen jeder Verständigung einseitig vorschreiben. Es hätte uns in der Tasche, wir würden sein Werkzeug. Unglaublicherweise ist aber in der letzten Zeit in der alldeutsch beeinflußten Presse sogar die Parole aufgetaucht: „Wir sind für Verständigung mit Rußland, *und deshalb* für den U-Bootkrieg.“ Das heißt: wir wollen die ganze Welt gegen uns in die Schranken rufen, damit Rußland uns in der Tasche hat. Solch törichtes Gerede nennt man bei uns: nationale Politik.

Jede Verständigungspolitik nach dem Kriege muß von unseren *sachlichen Interessen* ausgehen. Welches also sind diese? *Was liegt zwischen uns und unseren Feinden,* – nach Ausscheidung aller Gefühls- und Eitelkeitsfragen?

Man hat gesagt: *wirtschaftliche Gründe* haben den Krieg bedingt. Ist das wahr? Wo sind sie bei Frankreich? Wo bei Italien? Bei Serbien? Bei Rumänien? Schön, sagt man, aber bei England: eben deshalb, weil da wirtschaftliche Gründe vorliegen, sei es unser „natürlicher Feind". Wirklich? Und Rußland weniger?

Fast jede Handelsvertragsverhandlung mit Rußland hat doch zu Kriegsdrohungen Rußlands gegen uns geführt. Gewiß: England war unsere industrielle Konkurrenz sehr im Wege. Vor allem: die Preispolitik mancher Kartelle: hohe Preise im Inland, Schleuderpreise im Ausland, das sog. „dumping". Rußland andererseits verlangte: das Opfer unserer Landwirtschaft. In beiden Fällen ist aber aus diesen Gründen kein Krieg entstanden, wäre er nicht entstanden und wird er künftig erst recht nicht entstehen. Denn das ist ein einfaches Rechenexempel. Nehmen wir einmal an, England könne uns wirklich 2 bis 3 Milliarden von unserem Überseehandel dauernd gewaltsam abnehmen. Nehmen wir weiter an, daß an Unternehmergewinn und reinem Arbeitslohn dabei für England 400 bis 500 Millionen mehr jährlich herauskämen, – das ist gut gerechnet. Die Verzinsung der diesmaligen englischen Kriegskosten aber wird schon jetzt mehr als 3 Milliarden jährlich betragen. So schlecht rechnet dort niemand.

Aber, könnte man sagen: der Interessengegensatz im Orient: der Kampf gegen die Linie Berlin – Bagdad. War das ein rein wirtschaftliches Problem? Und war dies unausgleichbar? Die Erfahrung hat gelehrt: nein. Gewiß: wenn dadurch die Orientstellung Englands *politisch* bedroht werden sollte, dann freilich trug diese Interessenkonkurrenz den Keim des Krieges in sich. Sonst nicht. Wie aber stellt sich denn unser Interesse zu dem Rußlands? Da handelt es sich nicht um Bagdad, sondern um Konstantinopel selbst! Die Erfahrungen des tripolitanischen Krieges, die Bankerotte in Odessa, als damals die Dardanellen gesperrt wurden, haben das *wirtschaftliche* Interesse Rußlands an Konstantinopel gewaltig in den Vordergrund gerückt. Rußland ist die schlechthin einzige Macht, die an dem, was wir *politisch* nicht zulassen wollen: am Untergang der Türkei, *wirtschaftlich* interessiert ist und vorläufig bleibt. England und Frankreich dagegen hatten seit alters ganz ebenso wie wir das entgegengesetzte Interesse. Erst jetzt, aus *politischen* Gründen, haben sie sich anders gestellt. Unsere eigenen rein wirtschaftlichen Interessen in der Türkei sind nicht bedeutend. Immerhin muß man doch bedenken: wenn man den Reinertrag der dortigen Unternehmungen für uns nach Abzug der Kosten berechnet, so könnten von den Renten vielleicht 50.000 bis 60.000 von den 70 Millionen Deutschen bescheiden existieren. Sehr wichtige *politische,* nicht aber wirtschaftliche Gründe bestimmen also letztlich unser Verhalten zur Türkei. Eine wirtschaftliche Verständigung mit den Westmächten über den Orient wäre wahrscheinlich sofort möglich, wenn der politische Gegensatz nicht mehr bestände. Eine Verständigung darüber mit Rußland ist politisch *und* wirtschaftlich schwer, solange nicht die unbedingte *politische* Integrität der Türkei als Grundlage anerkannt ist. Die vielberedete Ablenkung auf Persien bedeutet für Rußland keinerlei Ersatz für Konzessionen an den Dardanellen. Und was schließlich das national-türkische Interesse selbst anlangt, so muß man sich doch nüchtern klarmachen, daß nach dem Kriege die Türkei neben unserm Geldmarkt auch den der Westmächte wieder wird suchen wollen. Wir sind gewiß für die Türkei der naturgemäße, weil notwendig politisch uneigennützige Freund. Aber sie wird uns schwerlich das absolute Monopol einer wirtschaftlichen Freundschaft gewähren wollen oder auch nur können.

Und schließlich findet sich in unserer Lage gegenüber Rußland noch ein wirtschaftliches Element, welches bei den Westmächten gänzlich fehlt: der russische *Volksimperialismus,* wie ein österreichischer Sozialdemokrat es genannt hat: die Expansionstendenz durch den Landhunger der russischen Bauern. Der ist Folge des Kulturzustandes, er wird irgendwann schwinden, aber er wird vorläufig zunehmen.

Alles in allem also entscheidet die *wirtschaftliche* Interessenkonstellation, rein aus sich, *keinesfalls zugunsten einer Verständigung mit Rußland.* Indessen, die wirtschaftlichen Gründe waren ja nicht die wirklichen Kriegsgründe. Diese waren, wie fast immer, politischer Natur. Welche waren sie?

Zunächst für *Frankreich:* Vor allem natürlich unsere Existenz als benachbarter Machtstaat an sich. Aber Frankreich wird uns sowenig aus der Welt schaffen wie wir Frankreich. Dann ein Einzelgrund: das Elsaß. Diese Frage war vor 15 Jahren auf dem Punkt, sich allmählich von selbst zu erledigen, und wäre längst erledigt, wenn nicht ein Grundfehler der Bismarckschen Politik dort einen Zustand geschaffen hätte, der in den Augen der Franzosen und auch der Elsässer selbst nur ein Provisorium bedeuten *konnte.* Es ist eine der allerwichtigsten Friedensgarantien, daß dieser Zustand unbedingt ein Ende nimmt. Nur ein großer Staat ersetzt den Elsässern Frankreich. Das Elsaß kann finanziell nur gedeihen durch Anschluß an einen Bundesstaat, der groß genug ist, um die künftig unvermeidliche jährliche Mehrausgabe von etwa 40 Millionen nicht scheuen zu müssen. Würde diese Lösung etwa durch Eifersüchteleien der Regierungen verhindert, so trügen diese die furchtbare Verantwortung, wenn in der Tat der Krieg nutzlos geführt ist. Aber in den letzten Jahren war nun ein weiterer ganz entscheidender Kriegsgrund hinzugetreten: seit Einführung der dreijährigen Dienstzeit betrachtete die gebildete Schicht in Frankreich wie ein Mann den Krieg als unvermeidlich. „Wir werden Barbaren, wenn wir alle wirklich drei Jahre in der Kaserne liegen; wir brauchen den Krieg bis aufs Messer. Entweder wir brauchen nachher die starke Armee nicht mehr, oder – sie lohnt sich nicht mehr." Das sagte mir ein Jahr vor dem Kriege ein gebildeter Franzose. Nun, dieser Kriegsgrund wird fortfallen. Die Finanzen der Staaten auf der einen Seite, die Notwendigkeit der Ausbildung jedes Mannes auf der anderen werden automatisch in allen Ländern die Abkürzung der

Dienstzeit erzwingen. Nicht ein Bündnis, aber eine friedliche Beziehung zu Frankreich wird dann möglich sein.

Nun zu *England:* Nicht die deutsche Konkurrenz war der entscheidende Kriegsgrund, sondern die vermeintliche Bedrohung durch unsere *Flotte.* Der englische Spießbürger fürchtete die Gefahr einer Landung. Der englische Weltpolitiker aber fand den Zwang unerträglich, die ganze englische Flotte in der Nordsee zu konzentrieren; das bedeutete eine Einschränkung der weltpolitischen Handlungsfreiheit und zwang zu Opfern an andere, die England sonst nie gebracht hätte. Ist da eine Änderung möglich? Nach dem Geschehenen gewiß nicht leicht. Aber eine Verständigung ist ja seinerzeit versucht worden unter Beteiligung des Staatssekretärs v. Tirpitz. Woran scheiterte sie? Nicht an der Formel. Sondern einmal daran, daß *kein Teil dem anderen traute,* dann aber auch daran, daß sie *zu spät* versucht wurde, als England schon zu fest engagiert war. Da Deutschland nur eine Verteidigungsflotte braucht, ist künftig eine Änderung dieser Lage nicht ausgeschlossen. Vorbedingung ist freilich: einmal eine Änderung des Seerechts von Grund auf. Dazu wird sich England früher oder später ohnedies verstehen müssen, sonst droht ihm bei jeder künftigen kriegerischen Verwicklung auch der Krieg mit neutralen Großmächten. Denn niemals würden *wir* uns das gefallen lassen, was jetzt Amerika und andere Neutrale sich von England bieten lassen. Und auch Amerika wird, wenn es erst seine Kriegs- und Handelsflotte hat, es sich nicht mehr bieten lassen. Und ferner: daß auf kolonialpolitischem Gebiet England zu dem Grundsatz: „Leben und leben lassen" sich bekennt. Wir brauchen statt unseres Streubesitzes gewiß keine Welteroberung, aber eine arrondierte Interessensphäre, wie andere Länder sie auch haben, ohne daß jemand dadurch gefährdet wird. Nun ist seit dem Krieg die *belgische Frage* zwischen uns getreten. Der Kriegsgrund war unser Einmarsch in Belgien nicht, das wissen wir ja. Aber daß über Belgien ein Einvernehmen hergestellt wird, ist allerdings Vorbedingung einer ehrlichen dauernden Auseinandersetzung. Die dauernde Besetzung Belgiens durch uns in Verbindung mit unserer Flotte bedeutet für England die Notwendigkeit, außer der größten Flotte auch ein sehr großes Landheer zu halten, und das erklärt die Hartnäckigkeit des Krieges. Eine dauernde Kriegsgefahr gegenüber Frankreich *und* England, wie sie die Eroberung Belgiens bedeuten würde, hätte aber für die Zukunft die Folge für uns: daß wir uns *nicht* auf gleichem Fuß mit Rußland verständigen könnten, sondern ihm preisgegeben wären. – Wie steht es nun angesichts dessen mit unseren eigenen Interessen an Belgien?

Zunächst: Was war der Sinn unseres Durchmarsches? Eroberungsabsicht? Kein Deutscher hat an so etwas vor dem Krieg auch nur im Traum gedacht. Sondern das *Fehlen der effektiven Neutralität* auf belgischer Seite. Da waren nicht die verdächtigen Verhandlungen Belgiens mit unseren Feinden das letztlich Entscheidende. Die folgten erst aus der Lage, in welche Belgien sich gebracht hatte. Entscheidend war: daß Belgien zwar seine Grenze gegen uns verteidigungsfähig gemacht hatte, sich aber *außerstande gesetzt hatte, seine Grenze gegen Frankreich und England überhaupt zu schützen.* Das war in der Tat „papierne", nicht effektive Neutralität. Bei einem französisch-englischen Angriff befand es sich in der Lage Griechenlands. Wenn uns freilich England seine eigene Neutralität zusagte, dann war der Durchmarsch dennoch überflüssig. Das tat Herr Grey aber bekanntlich nicht, und damit war der Garantievertrag, den ja die nunmehr kriegführenden Mächte abgeschlossen hatten, ein wertloser Fetzen Papier geworden. Ein neutraler Staat, wie Belgien sein wollte, hatte die Pflicht, sich in den Stand zu setzen, alle seine Grenzen verteidigungsfähig zu erhalten. Den Belgiern war diese Lage auch gut bekannt. Durch die ganze Presse war die Äußerung des Deutschen Kaisers bei den Schweizer Manövern gegangen: *„daß wir an unserer anderen Flanke" (in Belgien also) „ungedeckt" seien.* Die Schweiz und Holland schützten ihre Neutralität effektiv. Holland tat das bekanntlich gegen Englands Widerspruch. Belgien allein tat es nicht.

Welches Interesse haben wir nun jetzt, nach dem Einmarsch, an Belgien? Nach meiner Ansicht kein wirtschaftliches. Wenn man nämlich das wirtschaftliche Interesse *national* versteht und *nicht als ein Profitinteresse einzelner Unternehmer.* Antwerpen bleibt immer eine nichtdeutsche Stadt. Die belgische Industrie wird immer welsches Volkstum tragen. Wir haben kein Interesse daran, für den Profit einiger deutscher Reeder, Bankiers und Unternehmer unseren Arbeitern die Konkurrenz eines Fremdvolkes auf den Hals zu hetzen. Haben wir etwa ein Interesse an einer deutschen Verwaltung Belgiens? Sie wäre ein Unding. Man braucht die Verhältnisse nur auszudenken, die entstehen würden. Sie sind jetzt trotz der Tüchtigkeit unserer Beamten nur haltbar, weil eben das Kriegsrecht dahintersteht. Und ganz undenkbar ist eine Kastration Belgiens durch eine *dauernde* deutsche Vormundschaft. Wer an so etwas denkt, unterschätzt die Wirkung des Würde- und Ehrgefühls zivilisierter Völker. Wir haben ein Kulturinteresse daran, daß das flämische Volkstum nicht verwelscht, ein politisches daran, daß es nicht rein französisch beeinflußt wird. Aber die Flamen denken gar nicht daran, die deutsche Beherrschung für die französische eintauschen zu wollen. Die Revolte in Belgien würde in Permanenz sein, und wir würden im Westen niemals wieder die Hände frei bekommen. Wir wären Rußland preisgegeben.

Unser Interesse ist ein rein politisches: Belgien darf kein Einfallstor unserer Feinde werden. Daß es das werden *müsse,* wenn wir es nicht zum Klientelstaat erniedrigen, – das ist ein Irrtum. Die Belgier wollen unabhängig sein. Jetzt freilich und in der nächsten Zukunft wirkt der Haß gegen uns. Garantien sind also nötig. Welcher Art sie sein müssen, das allein ist die Frage. Wenn von „realen" Garantien die Rede ist, so heißt es wohl: militärisch wirksame Garantien. Und zwar so lange, *bis sie überflüssig werden.* Sie wären schon jetzt überflüssig, wenn ein festes Neutralitätsbündnis Belgiens mit Holland denkbar wäre. Leider ist das augenblicklich sehr wenig wahrscheinlich. Also muß die Änderung der gesamtpolitischen Situation den Zeitpunkt ergeben. Je früher, je besser.

Die englischen Minister verlangen ihrerseits „Garantien" von uns. Was sie sich darunter denken, sagen sie nicht. Was der Sinn unserer Garantien ist, wissen sie dagegen. Jedenfalls ist der Sinn beiderseits, wenn man sachliche Politik treibt: Garantien, *bis sie überflüssig werden.* Also: auf Zeit.

Demgegenüber nun *Rußland:* Die wirklichen, d. h. die politischen Kriegsgründe, waren hier einerseits das Machtinteresse der Bürokratie und der Großfürstenschaft. Andererseits die *panslawistische Legende.* Diese ist nun in diesem Kriege – das ist ein wichtiges Ereignis – durch die Haltung vor allem der Bulgaren und Polen zerbrochen worden. Und der Traum von der Zertrümmerung Österreichs und der Herrschaft der russischen Bürokratie über alle Slawen wird nun, hoffentlich, damit ausgeträumt sein. Für uns allein wäre eine Verständigung für die Gegenwart vielleicht – ich weiß es nicht – möglich. Wir hätten freilich auch dabei zu bedenken, daß nicht die slawische Frage allein im Wege steht: auch die Ostseefrage: die Frage der Älandsinseln, liegt heute zwischen uns. Indessen die wirklichen Schwierigkeiten liegen anderswo. Zunächst und vor allem darin, daß wir *Bundesgenossen* haben und *haben müssen.* Wir haben sie nur im Osten, nicht im Westen. Im Osten, nicht im Westen fing der Krieg an. Mit großem Nachdruck muß daran erinnert werden: uns dort durch Annexion zu arrondieren, unsere Bundesgenossen aber an ganz entscheidenden Punkten – etwa: Armenien – Provinzen abtreten zu lassen, würde uns in die Unmöglichkeit versetzen, in Zukunft Bündnispolitik zu treiben. Wir können nur eine Verständigung annehmen, die unseren östlichen Bundesgenossen annehmbar ist.

Weiter: die Bedrohung von Osten her nimmt, infolge der Volkszunahme Rußlands, in Zukunft zu. Das ist im Westen nicht der Fall. Und vor allem: Die Bedrohung von *Rußland* her ist die einzige, die sich *gegen unsere Existenz* als nationaler Machtstaat überhaupt richtet. England kann wohl unseren Seehandel lahmlegen, – unseren gesamten Außenhandel überhaupt schon nur bei einer solchen Koalition wie jetzt. Frankreich kann uns ein Stück Land wegnehmen. Ein siegreiches Rußland kann unsere Selbständigkeit vernichten. –

Jedenfalls also: eine Verständigung mit Rußland ist nicht leicht. Sie ist, deutlich gesagt, nur möglich im Falle eines *Desinteressements Rußlands zum mindesten an der serbischen und polnischen Frage.* Denn beide sind Existenzfragen für Österreich und uns. Und sie ist nur möglich bei *dauernden* Garantien, weil die Bedrohung dauernd, und bei *sehr starken* Garantien, weil sie im Wachsen ist. –

Nun aber etwas Letztes: Rußland bedroht nicht nur unsere staatliche Stellung, sondern unsere ganze Kultur und darüber hinaus die Weltkultur, *solange* es so geartet ist wie jetzt. In dieser Art trifft das für keine andere Macht zu. Unter universalgeschichtlichen Gesichtspunkten werden künftig die Streitpunkte im Westen, wegen Belgien, als Lappalien erscheinen gegenüber den Entwicklungen im Osten, welche Weltentscheidungen bedeuten.

Und auch wir selbst: *im Osten,* nicht aber (nach Lösung der Flamenfrage) im Westen, werden wir außerhalb unserer Grenzen *Kulturaufgaben* haben. Kulturaufgaben? Der moderne deutsche sog. „Realpolitiker" zuckt darüber die Achseln. Es ist eigentümlich: andere Nationen treiben Realpolitik und schwatzen nicht darüber. Der Deutsche aber muß auch aus der Realpolitik sich eine Phrase machen, an die er dann mit der ganzen Inbrunst eines – ich möchte sagen – femininen Gefühls glaubt. Wie steht es denn mit der realpolitischen Bedeutung der „Kultur"? (Wir wollen hier der Einfachheit wegen unter „Kulturgemeinschaft" jetzt einmal nur die durch die Sprache begründete Gemeinschaft verstehen, die „Nation" als im Sinne von Sprach- und Literaturgemeinschaft.) Der Krieg hat den Nimbus des *Staates* gewaltig gehoben: *„Der Staat, nicht die Nation"*, ist die Parole. Ist sie richtig? Erkundigen Sie sich bei österreichischen Offizieren einmal über die fundamentale Schwierigkeit, die dadurch gegeben ist, daß der Offizier nur 50 deutsche Kommandoworte mit seiner Mannschaft gemein hat. Wie soll er im Schützengraben mit ihr Gemeinschaft pflegen? Was soll er tun, wenn etwas Unvorhergesehenes, nicht durch jene Worte Gedecktes, geschieht? Vollends im Fall einer Niederlage? Blicken Sie noch weiter östlich auf das russische Heer, das zahlreichste der Erde: 2 Millionen Gefangene sprechen eine deutliche Sprache dafür, daß der Staat zwar vieles kann, daß er aber nicht die Macht hat, die *freie Hingabe des einzelnen* an sich zu erzwingen, ohne welche die innere Wiedergeburt Deutschlands zu Beginn dieses Krieges unmöglich gewesen wäre.

Diese Bedeutung der Kultur hat aber für uns auch *negative* Konsequenzen, die wir uns rückhaltlos klarmachen müssen. Jede Politik jenseits unserer Ostgrenze ist, gerade wenn sie Realpolitik ist, *unvermeidlich westslawische Politik* und *nicht* nationaldeutsche Politik. Daß dies das Schicksal des Krieges ist, ist eine ganz zentrale Einsicht, die wir die sittliche Selbstzucht haben müssen, uns nicht zu verhehlen. Auch einige hunderttausend deutscher Kolonisten in Kurland würden daran *gar nichts* ändern. Ihren gefühlspolitischen Wert verkenne ich nicht, – realpolitisch aber bedeuten sie schlechterdings *nichts.* Würden wir im Osten deutsche Nationalitätspolitik treiben, so würden wir die 15 Millionen dazwischensitzender Slawen für alle Zeit zu unseren Todfeinden und zu Parteigängern Rußlands machen. –

Was folgt nun aus dem Gesagten? Zunächst: daß alle Friedensziele töricht sind, die jedem Hunde der feindlichen Meute ein Stück vom Schwanz abhacken würden. Das hat Bismarck 1866 weislich vermieden. Dann: daß für die Gegenwart zwar eine Verständigung mit England gefühlspolitisch und infolge des einmal bestehenden Mißtrauens schwierig ist, daß aber für die Zukunft die größere Schwierigkeit Rußland gegenüber besteht, weil es der dauernd gefährlichere Nachbar bleibt und weil es immer stärker wird. Daß wir im Westen nur zeitweilige, im Osten aber dauernde und auch stärkere Garantien brauchen als im Westen. Daß eine dauernde Verständigung mit Rußland gewiß möglich ist, aber nur bei starken Änderungen in den Grundlagen seiner Politik: Einschränkung seines Eroberungsdranges oder Änderung seines Expansionszieles. – Feststeht aber natürlich eins: *verständigen werden wir uns nach dem Krieg unter allen Umständen mit dem, der uns die besseren Garantien gibt;* er sei, wer er wolle. Dem können auch wir alle denkbaren Freundschaftsgarantien geben. Unabhängig aber muß diese Frage bleiben von unsachlichen Motiven: von Haß, von Eitelkeit und unabhängig vor allem auch: von innerpolitischen Sympathien.

Ich habe bisher allein von unseren Gegnern gesprochen. Von unseren Beziehungen zu unseren Verbündeten enthält verwickelte Probleme nur unser Verhältnis zu *Österreich-Ungarn.* Eins freilich ist selbstverständlich: Solange nicht die Politik dieser unserer großen Nachbarmonarchie uns ein anderes Verhalten absolut aufzwingt – und das ist nicht zu erwarten –, kann unser Interesse stets nur dahin gehen: das Bündnis immer noch inniger zu gestalten. Wir denken dabei an das glänzende Buch unseres Freundes Naumann.[2] Seine Intuition allein hat bei uns und drüben das starke Stimmungskapital geschaffen, mit dem jetzt die Politiker diesseits und jenseits wirtschaften können. Rein sachliche politische Erwägungen müssen nun den Weg zum Ziele bestimmen. Die Schwierigkeiten sind natürlich nicht ganz gering. Wirtschaftliche Momente können auch hier nicht den Ausschlag geben. Ein „gutes Geschäft" ist die engere zollpolitische Verbindung für uns durchaus nicht sicher. Aber die entscheidenden Probleme sind natürlich auch hier politische. Die beteiligten Dynastien und auch die Völker werden ihre Bewegungsfreiheit sich nicht gern beschränken lassen. Ganz einfach ist dabei die Lage gerade für uns nicht. Ein enger Verband mit zwei souveränen Staaten belastet uns mit allen Konsequenzen von deren äußerer und innerer Politik und Wirtschaftspolitik. Und gerade der Versuch, eine *wirtschaftliche* Einigung herbeizuführen, belastet, wenn er gelingt, die gegenseitige Beziehung mit all jenen Verstimmungen, welche aus dem wirtschaftlichen Wettbewerb folgen. Man muß sich jedenfalls ganz klarmachen: daß der Inhalt der Militärkonvention für beide Teile bei weitem das Wichtigste von allem ist, weit wichtiger z. B. als alle Zollfragen. Die beiden Heere müssen, wenn die neue Entwicklung einen Fortschritt im Vergleich mit der Gegenwart bedeuten soll, in ihren inneren Einrichtungen und im Kriege im Kommando so ineinandergreifen können, als ob sie Verbände eines einheitlichen Heeres wären. Und doch muß dabei die beidersei-

[2] „Mitteleuropa" (1915)

tige Militärhoheit gewahrt bleiben. Eine solche Konvention ist schwerlich auf der Grundlage eines kündbaren Bündnisses möglich. Und jeder derartige Versuch erfordert von beiden Seiten vor allen Dingen ein ganz ungeheures Maß von Vertrauen. Beide Teile dürfen nicht enttäuscht sein, wenn er nicht sofort in allen Einzelheiten ihren Idealen entspricht. Wird er in die richtige, für alle Teile zweckmäßige Bahn gelenkt, so führt das Schwergewicht der Tatsachen weiter als der formelle Inhalt. In den siebziger Jahren kam einmal bei Bismarck die Rede auf die Verhandlungen über den Eintritt *Bayerns* in das Deutsche Reich. Schräg gegenüber dem Reichskanzler saß der bayerische Bundesratsbevollmächtigte, um beide herum saßen Abgeordnete der nationalliberalen Partei. Die heikle Frage der bayerischen Reservatrechte, die Enttäuschung, welche sie anfänglich erregt hatten, wurde berührt. Der Reichskanzler sagte etwa: Gewiß, die Stimmung in Deutschland und auch in Bayern selbst war unter der Einwirkung des Krieges so, daß wir von der bayerischen Regierung durch einen scharfen Druck wohl mehr hätten erreichen können. „Aber“, fuhr er fort, indem er die Hand über den Tisch nach dem bayerischen Gesandten hin reckte, „wenn ein Freund seine Hand in meine gelegt hat, *so werde ich sie doch nicht zerquetschen*“, – und er ballte sie zusammen. Ich sprach Anwesende gleich nachher; der Eindruck war gewaltig: es war der grandiose Stil der deutschen Politik jener Tage. Ich denke: das, was Bismarck sagte, ist gehalten worden: – Bayerns Dynastie und Volk haben ihr Vertrauen nicht zu bereuen gehabt, und die Einrichtung genügte trotz ihrer Mängel. Nun ist aber freilich die Frage eines Bündnisses unter mehreren gleich mächtigen Großstaaten eine andere als die zwischen dem Norddeutschen Bund und auch einem starken deutschen Einzelstaat. Da mußte nur Bayern das Vertrauen haben, nicht vergewaltigt zu werden. In diesem Falle müssen *beide* Teile es haben. Auch wir. Und damit komme ich denn zuletzt auf den wichtigsten Punkt, an dem sich das zeigen muß und wird. Gemeinsam erobert sind Serbien und Polen. Die Probe *unserer* Bundestreue ist: daß über Serbien nur so disponiert werden wird, wie es Österreich und Ungarn verlangen. Die Probe der Treue unserer Bundesgenossen ist: daß über das eroberte *Polen* nur so disponiert werden kann, *wie es unsere Lebensinteressen erheischen.* Die polnische Frage reicht bei uns bis vor die Tore der Reichshauptstadt. Jede Landkarte ergibt, daß das Schicksal Kongreß-Polens über Schlesien entscheidet und uns unendlich näher berührt als Österreich. Niemand wird erwarten, daß wir uns als Resultat des Krieges ein Serbien vor die Tür setzen, welches durch sein Schwergewicht die Nachbarmonarchie *gegen* uns beeinflussen könnte. Eine wirklich glatte, sowohl für uns wie für Österreich und für die Polen befriedigende Lösung der polnischen Frage *gibt es nicht.* Rein politisch war der Zustand vor dem Kriege für unser Interesse so lange erträglich, als Rußland nicht – wie es im Begriff stand – Polen als Operationsbasis gegen uns ausbaute. Jetzt ist dieser Zustand von vor dem Kriege nicht mehr möglich. Polen wurde russisches Einfallstor, die Polen selbst wurden sämtlich Parteigänger der Einigung unter russischer Oberherrschaft. Es ist nun bekannt, daß die Polen Galiziens und vielleicht anfangs ein Teil der Kongreß-Polen die Angliederung an Österreich wünschten. Die wäre aber allerdings nur möglich, wenn wirklich zwischen uns und Österreich-Ungarn ein ewiger unzerreißbarer Staatenbund, das heißt: neben dem ewigen Militärbündnis eine volle Wirtschafts-, Zoll-, Bank- und Währungsgemeinschaft derart geschaffen würde, daß die drei Staaten trotz ihrer Souveränität einen für alle Zeit unzerreißbaren Verband bildeten. Bloße Verabredungen tun das nicht. Für uns wäre eine Befriedigung solcher Wünsche vielleicht politisch so ratsam, daß wir sogar jenes sehr starke politische und wirtschaftliche Opfer zu bringen uns entschließen könnten: ich lasse das hier unerörtert. Denn unsere Bundesgenossen müssen zuerst entscheiden, ob *sie* das können und wollen. Die preußischen Polen und eine wachsend starke Partei Kongreß-Polens wünschen die Angliederung an uns als verbündeter, aber selbständiger Staat. Das wäre die einfachere Lösung. Wirtschaftlich brauchten wir von diesem Staate nur die Meistbegünstigung. In allen anderen Dingen wäre absolut entscheidend nur: nichts zu versprechen, was wir nicht halten können, alles loyal zu halten, was versprochen ist. Das aber können wir. Wir sind in der Lage, jene Forderungen der Polen selbst, welche sie 1905 während der Revolution an Rußland stellten, weit zu überbieten. Die Nation würde die volle Selbstregierung haben. Nur militärisch müssen wir – das verkennen die Polen selbst am wenigsten – die Garantien für unsere Nordostgrenze angesichts der russischen Übermacht in eigener Hand haben.

Nun hat man gesagt, und auch Parteiführer der Rechten haben das getan: was gehen denn uns die Polen an? Ja, ich wiederhole, die Polen reichen bis vor die Tore Berlins. Ich galt für einen Polenfeind. Ich verwahre noch einen mit Namen unterzeichneten Brief aus Lemberg von vor 20 Jahren, der das Bedauern aussprach, daß mein Urahne nicht von einem mongolischen Schwein gefressen sei, – davor hätten mich die Polen bewahrt, und nun bewähre ich mich schlecht. Gewiß: gegen die Nationalitätenkonkurrenz nach dem System der billigeren Hand, Unterbieten im Arbeitslohn durch ausländische Arbeiter, habe ich mich gewandt und trat aus dem Alldeutschen Verband aus, weil er das Interesse der Großgrundbesitzer an billigeren slawischen Arbeitskräften über das der Nationalität stellte. Die alldeutsche, törichte und unwirksame Sprachenpolitik gegen die Polen habe ich niemals mitgemacht. Jetzt aber ist – innen und außen – die Lage völlig verändert, genau so, wie ich es alldeutsch beeinflußten Kollegen vor dem Kriege voraussagte. Im Innern muß eine ehrliche Verständigung mit den Polen, die wie alle anderen ihre Pflicht taten, stattfinden. Jenseits unserer Grenze aber können wir, in Polen und im Osten überhaupt, nachdem einmal dieser Krieg gekommen ist, keine großdeutsche Politik treiben. Sondern es ist unser Schicksal, daß dieser Krieg die Westslawenfrage aufrollt, und daß wir im Osten Befreier der kleinen Nationen *selbst dann* sein würden, *wenn wir es nicht wollten.* (Der inzwischen im preußischen Abgeordnetenhaus eingebrachte Antrag zur Polenfrage und die Reden der Politiker der Rechten dazu sind – von anderem abgesehen – das vernichtendste Zeugnis gegen deren politische Urteilsfähigkeit oder Urteilswilligkeit; denn daß dieser Schritt bevorstand, wußten die Führer so gut wie andere mindestens seit mehreren Monaten.)

Als eine der Phrasen unserer Gegner wurde ja das Problem der „kleinen Nationen" aufgeworfen. Wenn sie wirklich auf der Grundlage des Nationalitätenprinzips Frieden schließen wollten, nun, *das könnten wir – sagen wir das doch mit lauter Stimme vor der ganzen Welt! – jeden Tag.* Aber: „Que Messieurs les assassins commencent!" Der Friedensvertrag hätte dann also zu besagen, daß Irland, Malta, Gibraltar, Ägypten, Indien, die Buren, Indochina, Marokko, Tunis, die Araber in Algier, die Polen, Ukrainer, Litauer, Letten, Esten, Finnländer, Kaukasusvölker, – daß, sage ich, diese 350 *Millionen Fremdvölker,* welche unsere Gegner ungefragt beherrschen, ausbeuten, in unsere Maschinengewehre jagen, in einer – sagen wir – durch den menschenfreundlichen Herrn Präsidenten der Vereinigten Staaten zu kontrollierenden freien Abstimmung sich zu äußern hätten, ob sie einen eigenen Staat bilden wollen oder nicht. Wir wollen dabei gern unsern Gegnern zugestehen, daß man kein Prinzip bis zum Unsinn treiben kann. Die drei rationalen Komponenten einer politischen Grenzabsteckung: militärische Sicherheit, ökonomische Interessengemeinschaft, nationale Kulturgemeinschaft, harmonieren nun einmal auf der Landkarte nicht, und solange es Staaten mit Armeen und Wirtschaftspolitik gibt, sind Kompromisse zwischen jenen Prinzipien unvermeidlich. Mehr als das militärisch Unentbehrliche besitzen an fremdvölkischem Land wir selbst weder im Westen noch im Osten, wo ja innerhalb unserer Grenzen Deutsche und Polen dörferweise durcheinander und benachbart auf demselben Boden sitzen, so daß eine Grenzziehung gar nicht möglich ist. Eine reinliche Scheidung der Nationalitäten Österreich-Ungarns in selbständige reine Nationalstaaten ist teils schon geographisch unmöglich, teils würde sie zum politischen oder wirtschaftlichen Unsinn in der Staatsbegrenzung führen. Hier ist für immer nur die Nationalitätenföderation in einem übernationalen Staatswesen möglich. Unsere Gegner aber können gar nicht daran denken, ihrerseits mit dem Nationalitätenprinzip Ernst zu machen. Das französische ebenso wie das russische und englische Weltreich wären ja damit von vornherein gerichtet. Wir dagegen *müssen* damit Ernst machen im eigenen Interesse. Nicht wir waren es, die das Prinzip des Machtstaates über die Schranken der Nation hinaustrugen. Wir besitzen keine Kolonie, deren Einwohner wie die Inder, Birmanen, Cochinchinesen, Araber, Litauer, Ukrainer, Georgier, Finnen eine eigene und zum Teil uralte Kultur und, mindestens Rußland gegenüber, eine weit *überlegene* Kultur besäßen.

Aber freilich: ein Machtstaat sind auch wir. Und daß wir das sind, *das ist der letzte entscheidende Kriegsgrund.* Gelänge es, uns zu vernichten, so hätten alle unsere Gegner für die Teilung der Welt freie Hand und brauchten dafür nur die Hälfte ihrer jetzigen Heere zu halten. *Das* ist wahr an dem Gerede über den Kampf gegen den Militarismus. *Warum sind wir eigentlich ein Machtstaat geworden?,* fragen wir also zuletzt. Sind denn Nationen, die keine großen Machtstaaten bilden, sind die „kleinen" Nationen, die Schweizer, Holländer, Dänen, Norweger, Schweden etwa um deswillen *weniger wert? Keinem Deutschen* ist es in den Sinn gekommen, derartiges zu behaupten.

Im geschichtlichen Dasein der Völker haben die Machtstaaten und die äußerlich kleinen Nationen beide ihre dauernde Mission. Ein großer Machtstaat von 70 Millionen kann gewiß vieles, was ein Schweizer Kanton oder ein Staat wie Dänemark nicht kann. Aber er kann auch in manchem weniger als diese. Auf dem Kulturgebiet sowohl wie auch bei den ganz eigentlich politischen Werten. Nur in den kleinen Staaten, wo die Mehrzahl der Bürger einander noch kennt oder kennen lernen kann, – wo, auch wenn man nicht mehr das ganze Volk wie in Appenzell auf einem Platz versammelt, doch wenigstens die Verwaltung so von jedem übersehen werden kann wie in einer mittelgroßen Stadt, nur da ist die echte Demokratie, nur da ist aber auch die echte, auf persönlichem Vertrauen und persönlicher Leistung ruhende Aristokratie *überhaupt möglich.* Im Massenstaat wandeln sich beide bis zur Unkenntlichkeit: die Bürokratie statt der vom Volk gewählten oder ehrenamtlichen Verwaltung, die gedrillte Armee statt der Volkswehr wird unvermeidlich. Das ist das unentrinnbare Schicksal des im Massenstaat organisierten Volkes. Darum hat der Schweizer Jacob Burckhardt in seinen „Weltgeschichtlichen Betrachtungen" die Macht als ein Element des Bösen in der Geschichte gewertet. Jeder von uns wird es als eine Fügung des Schicksals preisen, daß einem Teil unseres Volkstums: den Deutsch-Schweizern, es vergönnt ist, die Tugenden der Kleinstaatsexistenz zu pflegen und ihre Blüten hervorzubringen. Wir jedenfalls sind objektiv genug, diese Sonderlage und den Sonderwert der Schweizer anzuerkennen, trotz so manchem recht törichten und zugleich unangenehm pharisäischen Wort aus ihrem so sorgsam „neutralen" Mund über unseren „Militarismus". Grenzenlos unverständlich sind solche Reden. Denn *warum* begaben wir selbst uns in den Bann dieses politischen Machtverhängnisses? Aus Eitelkeit nicht. Sondern unserer *Verantwortung vor der Geschichte* wegen. Nicht von den Schweizern, den Dänen, Holländern, Norwegern wird die Nachwelt Rechenschaft fordern über die Gestaltung der Kultur der Erde. Nicht sie würde sie schelten, wenn es auf der Westhälfte unseres Planeten gar nichts mehr geben würde als die angelsächsische Konvention und die russische Bürokratie. Und das mit Recht. Denn nicht die Schweizer oder Holländer oder Dänen konnten das hindern. Wohl aber wir. Ein Volk von 70 Millionen zwischen solchen Welteroberungsmächten hatte die *Pflicht*, Machtstaat zu sein. Wir mußten ein Machtstaat sein und mußten, um mitzusprechen bei der Entscheidung über die Zukunft der Erde, es auf diesen Krieg ankommen lassen. Wir hätten es selbst dann tun müssen, wenn wir hätten fürchten müssen, zu unterliegen. *Weil es uns Schande vor Nach- und Mitwelt* gebracht hätte, wenn wir uns dieser Pflicht feig und bequem entzogen hätten. Die Ehre unseres Volkstums gebot es. *Um Ehre,* nicht um Änderungen der Landkarte und des Wirtschaftsprofits – das wollen wir nicht vergessen – geht der deutsche Krieg. Er geht nicht nur um unsere eigene Existenz. Im Schatten unserer Macht leben die kleinen Nationen um uns herum. Was würde aus der Selbständigkeit der Skandinavier, was auch aus der Hollands und was aus dem Tessin, wenn Rußland, Frankreich, England, Italien unser Heer nicht zu scheuen hätten? Nur das Gegengewicht der Großmächte gegeneinander verbürgt die Freiheit der Kleinstaaten.

Gewiß, nicht nur diese Verantwortlichkeit steht jetzt im Krieg in Frage. In der letzten Stube des letzten Arbeiters würde man noch bei unseren Enkeln es gefühlt haben, wenn wir unterlegen wären. Diese Einschränkung, diese Not, die das Durchhalten im Kriege jetzt über Hunderttausende brachte und noch bringen wird, diese selbe beengte Existenz würde dann das dauernde Schicksal der Masse der Deutschen sein. Denn die Welt wird voller, der Vorteil der Auswanderung versagt. Mit der Demokratisierung der Kultur wird die Sprachgemeinschaft auch in den Massen exklusiv, die nationalen Gegensätze werden notwendig schärfer, mit dem ideellen und wirtschaftlichen Interesse der Massenschriftstellerei in den einzelnen Volkssprachen fest verknüpft. Ein durch den Verlust des Krieges wirtschaftlich ruiniertes Deutschland würde deutsche Ware als Schleuderware, deutsche Arbeitskräfte als Kulis auf den Weltmarkt werfen; das würde erst die wirkliche „deutsche Gefahr", den Deutschen aber die Pariastellung bringen. Das hängt für uns am Siege.

Wollten wir diesen Krieg nicht riskieren, nun, dann hätten wir die Reichsgründung ja unterlassen und als ein Volk von Kleinstaaten weiter existieren können. Freilich, so wenig uns der französische Besitz des Elsaß Ruhe vor den Franzosen, so wenig hätte uns das Ruhe vor dem Krieg als solchem gebracht. Den Krieg hätten wir auch dann gehabt: die einen hätten als Rheinbundstaaten für französische, die anderen als russische Satrapie für russische Interessen fechten oder dafür, wie früher stets, den Kriegsschauplatz abgeben dürfen. Nur die Weihe eines *deutschen* Krieges, die hätten wir dann nicht kennengelernt. Daß wir nun einmal nicht ein Volk von sieben, sondern von 70 Millionen sind, *das* war unser Schicksal. Das begründete jene unentrinnbare Verantwortung vor der Geschichte, der wir uns nicht entziehen konnten, selbst wenn wir wollten. Das muß man sich immer wieder klarmachen, wenn heute die Frage nach dem „Sinn" dieses endlosen Krieges gestellt wird. Die Wucht dieses Schicksals, das wir bestehen müssen, führte die Nation empor, an Abgründen und Gefahr des Untergangs vorbei, auf der steilen Bahn der Ehre und des Ruhmes, auf der es keine Umkehr gab, in die klare harte Luft des Waltens der Weltgeschichte, der sie in ihr grimmiges, aber gewaltiges Angesicht schauen mußte und durfte, späten Nachfahren zu unvergänglichem Gedächtnis.

Deutschlands äußere und Preußens innere Politik

I. Die Polenpolitik[1]

Der monarchischen Staatsform wird die Fähigkeit besonders stetiger und einheitlicher Haltung in der großen Politik nachgerühmt. Wenn es nun irgendeine hochpolitische Frage gibt, welche besonders dringend zielbewußter Einheitlichkeit der Behandlung bedarf, so ist es die polnische. Im Winter 1916 kündigte der Reichskanzler die Wiederaufrichtung Polens an, nachdem das Problem schon seit Monaten erwogen war. Bis zur Novemberproklamation der beiden Kaiser blieb also hinlänglich Zeit für alle Instanzen, sich über die Konsequenzen klar zu werden. Daß diese vor allem auch auf dem Gebiet der *innerdeutschen* Polenpolitik liegen mußten, war selbstverständlich. Die folgenschwere Wandlung unserer Gesamtpolitik im Osten wäre sonst ein politischer Aberwitz. Ohne grundsätzliche Neuorientierung der Beziehungen zwischen den beiden Nationalitäten bedeutete sie ja die bewußte Schaffung eines „Serbien" vor unseren Toren. Die Ära, in welcher unsere Interessengemeinschaft mit Rußland auf der beiderseitigen Beherrschung polnischen Gebietes beruhte, ist geschlossen, und neue Wege müssen beschritten werden.

Eine für die Deutschen sowohl wie die Polen absolut befriedigende Lösung der zahlreichen schwierigen Interessenkollisionen ist – leider – nicht möglich. Denn solange Militärstaaten und staatliche Wirtschaftspolitik bestehen, kann die Nationalität – deren Grenze überdies im Osten mit seinem Durcheinanderwohnen beider Völker gar nicht gefunden werden könnte – für die Ziehung der politischen Grenzen nur *neben* 1. der militärischen Sicherheit und 2. der wirtschaftlichen Zusammengehörigkeit maßgebend sein. Aber auch eine nur irgendwie leidliche Lösung ist ausgeschlossen, wenn nicht von beiden Seiten alle jene „Prestige"- und Eitelkeitsfragen ausgeschieden werden, deren Hineintragung die Kämpfe der Nationalitäten ebenso wie die der Staaten immer unaustragbar macht. Die Frage darf nur dahin gestellt werden: was die rein *sachlich-staatlichen* Interessen des Reichs und Preußens einerseits und was das Interesse der Polen an der Entwicklung ihrer eigenen *Kultur* auf der anderen Seite als absolutes Minimum erfordern, was also z. B. auf den wichtigsten Gebieten: der Schul- und Sprachenpolitik und der Siedlungspolitik beiderseits rein sachlich 1. unentbehrlich, 2. wünschenswert, 3. erträglich ist. Die bisherige preußische Polenpolitik ist jedenfalls fortan unhaltbar. Das ist sie aber auch rein an sich.

[1] Frankfurter Zeitung vom 25. Februar 1917.

Daß das Vordringen der Polen auf Kosten der Deutschen im Osten sich vollzog gerade infolge der größeren *Kulturarmut* der ersteren, die sich ausdrückte in geringeren Lohnforderungen der polnischen Arbeiter und geringerem Mindestbodenbedarf der polnischen Bauern, – diese fatale Beherrschung der Nationalitätenkonkurrenz durch das „Prinzip der billigeren Hand" war seinerzeit ein triftiger Grund für uns Deutsche, die *Ansiedlungspolitik* der preußischen Regierung zu unterstützen. Selbstverständlich aber unter der Voraussetzung, daß gleichzeitig und vor allem die alljährliche Überschwemmung des Ostens durch Hunderttausende billiger russisch-polnischer Wanderarbeiter aufhörte, welche dazu dienten, Großgrundbesitzern eine Existenz *auf Kosten der nationalen Interessen* zu ermöglichen. Statt dessen wurde die von Bismarck durchgeführte Grenzsperre beseitigt und damit der Ansiedlungspolitik aller Wind aus den Segeln genommen, sie, trotz noch so ausgezeichneter Arbeit, zur politischen Sinnlosigkeit verurteilt. An Stelle jener nationalitäts- und siedlungspolitisch allein wirksamen Maßregel begann die bekannte Sprachenpolitik. Alle Erfahrungen darüber, daß solche Maßregeln überall und immer eine jede *nicht* mehr analphabetische, sondern mit eigener Presse und einer eigenen Literatenschicht ausgestattete Nationalität, schon durch das materielle Interesse dieser Schichten, zum äußersten, bisher noch in *keinem* Falle gebrochenen Widerstand zusammengeschlossen haben, blieben unbeachtet. Jetzt erst wurden die „Massen" innerlich beteiligt. Die wirtschaftliche Mobilmachung des Polentums folgte. Die immer weiter sich verschärfenden Gegenmaßregeln führten in logischer Konsequenz zum Enteignungsgesetz. Damit war man aber auf dem Punkt, wo Interessen der hohen Politik mitsprachen: Rücksicht auf das *österreichische Bündnis* nötigte dazu, haltzumachen, und das Gesetz blieb ein agitatorisch für die Polen höchst wirksamer toter Buchstabe. Der sichtbarste Erfolg dieses Kampfes und all jener höchst fatal wirkenden „Ostmarken"-Pfründen, die er schuf, war – wie das mit amtlichem Material arbeitende Buch von Ludwig Bernhard drastisch schilderte: – , daß die Polen in ihren Kampforganisationen sich ökonomisch so entwickelt haben, daß von einer „Konkurrenz der durch Kulturlosigkeit billigeren Hand" heute *nicht* mehr wie früher geredet werden darf.

Die jetzige Außenpolitik des Reichs in Polen aber ist mit der bisherigen innerpreußischen Polenpolitik ganz unvereinbar: *beide* müssen zu den verhängnisvollsten Konsequenzen führen, wenn nicht die innere Polenpolitik Preußens sich der hochpolitisch bedingten Stellungnahme des Reichs anpaßt.

Selbstverständliche Voraussetzung jedes Erfolgs einer neu orientierten Polenpolitik ist zunächst, daß die Regierung und daß die in Preußen maßgebenden Parteien sich mit den *Vertretern der preußischen Polen in Verbindung setzen.* Ob nicht auch im Königreich Polen der sachlich zweckmäßige erste Schritt, statt der Ausstellung einer Art von Ehrenwechsels mit unbestimmtem Inhalt und zugunsten eines als Verband noch nicht existierenden Adressaten, die Schaffung einer von niemand anzweifelbaren gewählten Vertretung der Bevölkerung, zunächst natürlich zu rein intern beratenden Zwecken, gewesen wäre, mit der man dann hätte verhandeln können, das soll hier unerörtert bleiben. Denn es ist unbekannt, ob nur sachliche Gründe den jetzt beliebten Weg erzwangen. Über manche Zukunftsfrage aber, z. B. die der geographischen Begrenzung des künftigen Polen nach Osten und Nordosten, sind aus den Kreisen der preußischen Polen Ansichten vertreten worden, deren Berücksichtigung gerade eine rein „realpolitische" Vertretung deutscher Interessen weit eher in Erwägung ziehen sollte als die vielfach heillos konfusen östlichen Ideale mancher deutscher Politiker. Für die preußische *Innenpolitik* ist ohne streng sachliche Erörterung der Ausgleichsprobleme mit den polnischen Interessenten keinesfalls vorwärts zu kommen. Die Sprachenprobleme, Fragen wie die Schaffung von Siedlungsrayons beider Nationalitäten in den Ostprovinzen und die Begünstigung freiwilliger Umsiedlungen deutscher Ansiedler aus dem Königreich Polen nach Deutschland und umgekehrt, können nicht einseitig ohne den ehrlichen Versuch einer vorherigen Verständigung gelöst werden. Allein wie man darüber denken mag, unter *allen* Umständen ist eins zu verlangen: daß für unbedingte *Einheit der Politik* des Reichs und Preußens in dem ganzen Komplex von Fragen, welche die kaiserliche Proklamation aufgeworfen hat, Sorge getragen werde. Ist davon irgend etwas bisher zu bemerken?

Die November- und erst recht die Januarverhandlungen des Abgeordnetenhauses gaben darauf eine negative und, wenn es dabei bleibt, für die Politik des Reiches vernichtende Antwort. Direkt provozierend, politisch gänzlich zwecklos und ohne alles Augenmaß war schon das Vorgehen der Rechtsparteien in der Spätherbsttagung. Rein agitatorisch gebärdeten sich die auf den Ton der Kapitolsrettung gestimmten Reden so, als ob der Schritt der beiden Kaiser sie aus allen Wolken fallen lasse, obwohl die Absicht doch seit Monaten niemandem unbekannt war. Wenn man die Proklamation der beiden Kaiser in ihrer politischen Wirkung absichtlich zu durchkreuzen und zu diesem Zwecke das nun folgende Verhalten der preußischen Polenfraktion als Echo absichtlich hätte hervorrufen wollen, dann war dies freilich der Weg. Die damalige Erklärung des Ministers des Innern zeigte überdies: daß jetzt erst, endlose Monate nach der öffentlichen Ankündigung des Kanzlers, die aus der Reichspolitik folgenden Probleme Gegenstand von „Erwägungen" werden *sollten.*

Die Januartagung dieses Jahres brachte Schlimmeres: Die Etatsrede des Abgeordneten Korfanty war, so begreiflich eine gewisse Ungeduld der Polen nachgerade sein konnte, doch in der Tonart mancher Stellen gewiß keine Leistung eines verantwortungsbewußten Politikers, wie übrigens von polnischer Seite nicht verkannt zu werden scheint. Beide Teile, die Deutschen ganz ebenso wie die Polen, werden eben außer ihren alten Schlagworten nötigenfalls auch manche ihrer alten Führer über Bord werfen müssen, wenn jemals etwas Verständiges herauskommen soll. Eine Ablehnung dieser Teile der Rede war am Platze, aber gut vereinbar mit sachlicher Behandlung des Problems selbst. Indessen, die Antwort des Ministers, der sich doch nicht verhalten darf wie ein bloßer (und noch dazu wie ein die Selbstbeherrschung verlierender!) Parteipolitiker, war von Sachlichkeit weit entfernt. Auf die von dem polnischen Redner erörterten Etatstitel ging er gar nicht ein. Sondern nachdem er erklärt hatte, daß „Beschwerden" über seine Verwaltung nicht an die Zentralinstanz gelangt seien, fuhr er unter Hinweis auf die wirtschaftliche Blüte der Provinz Posen fort: „Sie (die Polen) sollten noch heutigen Tages Gott auf den Knien danken, daß sie zu solcher Entwicklung gekommen sind! Sie sollten den preußischen Königen danken, die die Staatsregierung angewiesen haben, solche Wege zu gehen!" Abgesehen davon, daß es wohl besser wäre, wenn ein Minister Gott und die Könige nicht als Deckung seiner eigenen Politik verwenden würde, werden die Polen wohl der Ansicht sein, daß für die wirtschaftliche Entwicklung ihrer eigenen Nationalität jedenfalls in den letzten zwanzig Jahren „Gott" durch die Leiter der polnischen Genossenschaften besser vertreten war als durch die preußischen Minister. Der übliche unsachliche Prestigestandpunkt der Regierung: ein gewisses „Entgegenkommen" in der Praxis der Verwaltung wie eine Art von Gnadengeschenk an „Untertanen" zu behandeln, für welches man von diesen „Dankbarkeit" beanspruchen könne, schneidet jede sachliche Erörterung von vornherein ab. Wir könnten allmählich wenigstens eins wissen: *Wo immer* man eine auf Dank spekulierende Politik betrieben hat, war sie von vornherein zum Scheitern verurteilt. Angesichts der wahrlich schwierigen Frage, wie die bisherigen schweren Auseinandersetzungen im Osten durch einen billigen *Ausgleich* ihrer doch nun einmal *kollidierenden Interessen* in andere Bahnen geleitet werden können, wirkt es doch unglaublich oberflächlich, wenn der Minister solche Probleme von obenher mit der etwas schulmeisterlichen Bemerkung abtun zu dürfen glaubt: es sei „ungehörig" (!), einen „Unterschied zu machen zwischen polnischen und deutschen Interessen hier im Inland". Und wenn der Minister, der am 20. November die „überkommenen bisher erfüllten Aufgaben Preußens in den Ostprovinzen" als „in naher und ferner Zukunft" fortbestehend bezeichnet hatte, nunmehr gar in Aussicht stellte, die Staatsregierung werde auf Grund der Rede des Abgeordneten Korfanty *„diejenigen Entschlüsse finden, die sie als Konsequenz solcher Ausführungen für nötig erachtet"*, so ist das nichts anderes als eine Kriegsansage gegen die innerdeutschen Polen sowohl wie vor allem *gegen die hochpolitisch bedingte Polenpolitik des Reichs.* Denn diese wäre ja bei der angekündigten Haltung eine frevelhafte politische Leichtfertigkeit. *Eine von beiden,* die jetzige Politik des Reichs oder die Preußens, muß *jedenfalls weichen.* Schon die ungünstige Rückwirkung der rein agitatorischen Novemberreden der

Rechten auf die Entwicklung der Verhältnisse im künftigen Königreich ist kaum zweifelhaft. Diese jetzige Regierungserklärung aber schafft eine politisch unhaltbare Lage. Es handelt sich hier nicht etwa um die Person eines Ministers, gegen den persönlich gewiß niemand etwas hat. Daß gerade er *absichtlich* die kaiserliche Proklamation zu konterkarieren versuchte, traut ihm selbstverständlich niemand zu. Der Sache nach aber hat er dies in einem Maße getan, welches die deutsche Polenpolitik in einer der ernstesten Stunden unserer Geschichte in kaum zu verantwortender Art bloßstellt und tatsächlich geeignet ist, ihr alles Vertrauen zu entziehen. Solche bedenklichen Fehler sich zu gestatten, ist Deutschland, wenn es große Politik treiben will, nicht in der Lage, und der Ministerpräsident, der zugleich Leiter der Reichspolitik ist, muß schlechterdings dafür haften, daß sie sich fortan nicht wieder ereignen. Die bürokratische Fachspezialisierung und die Stellung Preußens im Reich dürfen nicht zu einem *Zerfall der einheitlichen Leitung,* wie sie eine monarchische Staatsform zu gewährleisten beansprucht, in Satrapien führen, die miteinander im Kampfe liegen. Der letzte Grund liegt freilich nicht in der Struktur des Reichs, sondern in der Abhängigkeit der preußischen Regierung von der politisch unendlich kurzsichtigen, aber nun einmal den Landtag beherrschenden Plutokratie, der sich keine, angeblich noch so „starke", Regierung bisher entzogen hat. *Entweder* dies findet einmal ein Ende, *oder* es ist besser, auf jede Politik jenseits unserer Ostgrenze sofort und definitiv zu verzichten. Sie könnte unter solchen Einflüssen nur zum Unheil führen.

II. Die Nobilitierung der Kriegsgewinne[1]

Zu den erstaunlichsten Schritten der neuesten preußischen Politik gehört die Einbringung der *Fideikommißvorlage.* Das Wesentliche darüber hat die Redaktion dieser Zeitung schon gesagt. Es sei aber gestattet, im Anschluß daran noch auf einige *politisch* wichtige Punkte etwas näher einzugehen.

Es besteht in Deutschland zurzeit ein starkes Ressentiment gegen „Kriegsgewinne". Je nach den Umständen, mit Recht oder mit Unrecht. Bei Kriegsgewinnen der Firma Krupp z. B. wäre doch wohl ausschließlich zu fragen: 1. waren ihre Leistungen der Nation nicht diesen Betrag (und vielleicht ein Vielfaches davon) wert?, und ferner 2. verwendet sie diese Gewinne nicht in ihrem Betrieb in einer Art, welche den Interessen der Nation frommt? Und das gleiche gilt in vielen anderen Fällen. Auch den Landwirten, welchen die Kriegspreise die Abstoßung ihrer Schuldenlast ermöglicht haben, sei das gegönnt. Der bloße Neid gegen den, der Geld verdient, wäre ein schlechter und auch ein der Nation unwürdiger Be-

[1] Frankfurter Zeitung vom 1. März 1917.

rater. Etwas ganz anderes ist es freilich, wenn ein Gesetz geschaffen werden soll, welches im wesentlichen ausschließlich, und zwar auf Kosten von Lebensinteressen der Nation, der *Nobilitierung von Kriegsgewinnen* zu dienen bestimmt ist. Darum aber handelt es sich hier. Wer wird Fideikommisse gründen? Einerseits der Landwirt, den die Kriegsgewinne schuldenfrei und damit „fideikommissfähig" gemacht haben. Andererseits der Händler und Gewerbetreibende, der sein durch Kriegsgewinne vermehrtes Vermögen zum Ankauf eines Rittergutes verwendet, dessen Sohn dann den erworbenen Besitz in ein Fideikommiß verwandelt – was nach dem Gesetz schon nach dreißig Jahren, für Leute aber, die auf dem Lande Wohnung nehmen, *ohne* alle Zeitgrenze zulässig sein soll –, und der dann die schlichtbürgerliche Vergangenheit des Vaters vergessen zu machen trachtet, indem er den Briefadel erwirbt. Im wesentlichen nur dazu dient die Zulassung neuer Fideikommißgründungen. Sie ist ein Instrument für die Befriedigung der allererbärmlichsten Art von Eitelkeit, die es gibt. Diese Schaffung neuer Peers, welche man im vermeintlichen Interesse der Krone und des Adels damit bezweckt, ist nichts als eine grobe und dabei ganz ungleichwertige Nachahmung englischer Gepflogenheiten. Denn in England, außerdem in Spanien und im Orient (der Türkei), war dies Institut vornehmlich zu Hause. Und in allen diesen Ländern ist das Problem heute dies: ob und wie man seine Folgen wieder *beseitigen* könnte. Unseren historischen Adel möchte auch ich nicht missen. Aber gerade er bedarf bekanntlich keiner neuen Fideikommißgründungen. Diese dienen lediglich der Eitelkeit der *Plutokratie.* Über die Eigenart jenes Talmiadels, der auf dieser Leiter „aufsteigen" möchte, nehme ich eine gewisse Urteilsfähigkeit in Anspruch und bin der Ansicht: daß, allgemein gesprochen, unter allen Parvenüs der Erde diese Art von Briefadeligen bei weitem die wertlosesten sind. Unsere tüchtigsten Offiziere stammen ebensowenig aus diesen Kreisen wie unsere tüchtigsten Beamten. Keinerlei Staatsinteresse fordert die Vermehrung einer Schicht von Emporkömmlingen, deren nichterbberechtigte Angehörige doch geradezu darauf hingewiesen sind, ihr Adelsdiplom und ihre Konnexionen zur Jagd auf Staatspfründen zu benutzen. Denn jene „Versorgungsmasse", deren Aufspeicherung aus den Einkünften des Fideikommisses der Entwurf für diese „Enterbten" vorschreibt, wird zwar bei ihnen die Vorstellung nähren, einer alimentationsberechtigten Kaste anzugehören, ohne sie doch zu sättigen. Wir haben heute in Preußen etwa tausend Fideikommißbesitzerfamilien. Um diese Familien zu sustentieren, ist bereits jetzt *mehr als der Flächenraum einer ganzen preußischen Provinz fideikommissarisch gebunden,* was auch einem fanatischen Freund des Instituts genügen muß. Der Entwurf richtet zwar (§ 5) gegen das Umsichgreifen der Fideikommisse eine Schranke auf, die sich aber, näher hingesehen, sofort als Attrappe erweist: ein Zehntel des landwirtschaftlichen Bodens des Staatsgebiets will er den Fideikommissen preisgeben. Mehr als 10 Prozent der landwirtschaftlichen Fläche des betreffenden Kreises soll nicht gebunden werden dürfen. Aber: für Grund und Boden, der sich sechzig Jahre in derselben Familie befindet, *fällt auch dies fort,* und die schon bestehenden riesigen Fideikommißkomplexe werden überhaupt nicht angetastet. In Wirklichkeit wird also weit mehr, wohl etwa 15 Prozent des Staatsgebiets, der Eitelkeit der Parvenüs preisgegeben. Wer ein erjobbertes Vermögen in einem Rittergut anlegt, kann seinen Enkel ohne Rücksicht auf jene Schranken hoffähig werden sehen. Das ist keine ernsthafte Schranke, wie es z. B. die in Baden geltende Beschränkung auf alten Adel ist.

Was bedeutet nun die Existenz und Neuzulassung von Fideikommissen praktisch? Rein technisch-wirtschaftlich wirkt die Bindung des Grundbesitzes so weit und nur so weit günstig, als reiner *Waldboden* in Betracht kommt. Denn auf diesem entfalten die feudalen Instinkte ihre wirtschaftlich günstigen Seiten. Nur etwa ein Viertel des Waldbesitzes ist heute fideikommissarisch gebunden, und es wäre also reichlich Platz für ein etwaiges Bedürfnis nach unschädlicher Vermehrung der Fideikommisse. Für den *landwirtschaftlichen* Boden dagegen gelten die folgenden statistisch feststehenden Tatsachen:

1. Die Plutokratie sucht für neue Fideikommisse gerade den *guten* Boden auf, denjenigen, der für den Besitzer nicht ein bloßes Arbeitsentgelt, sondern außerdem eine *Rente* liefert. Die Bauern werden also auf die schlechteren Böden gedrängt. In den typischen Fideikommißkreisen des Ostens steht daher neben den Fideikommissen nicht etwa Mittelstand, sondern *Zwergbesitz.* Ganz natürlich: die Einschränkung des käuflichen Bodens steigert den Landhunger der Massen, und alle Bodenmonopole haben daher überall diese Folge gehabt.

2. *Abwanderung* und *Unstetheit* der Landbevölkerung sind, unter sonst gleichen Umständen, da weitaus am größten, wo der kompakte Großbesitz vorherrscht und natürlich am allermeisten da, wo dieser Besitz überdies gebunden ist. Die Landbevölkerung ist um so landsässiger, der Prozentsatz der im Bezirk ihrer Geburt Ansässigen um so größer, je beweglicher der Boden ist (bis erheblich über 90 Prozent im Rheinland, gegen 55-63 Prozent in Schlesien). Ganz natürlich: die Chance, sich *in der Heimat ankaufen* zu können, ist das entscheidende Motiv, auf dem Lande zu bleiben.

3. Wo der Boden frei beweglich ist und Kleinbesitz vorherrscht, ist die *Landbevölkerung* auch am *dichtesten.* Den Grund dafür kann man so ausdrücken: Die Bauern wirtschaften, um ein Maximum von Menschen mit den Erzeugnissen der gegebenen Landfläche auf dem Lande selbst zu ernähren. Der große Landkapitalist dagegen wirtschaftet, um mit möglichst *wenig* Aufwand an ortsansässigen Arbeitskräften möglichst viel für den Absatz in die *Ferne* zu erzeugen.

4. Der Mobilisierung, Verdünnung und Verdrängung der Landbevölkerung von der Scholle parallel geht bei herrschendem Großbesitz ihre Zusammendrän-

gung in den Wohngebäuden und Wohnräumen, die auf dem Lande im Osten um ein vielfaches größer ist als im Westen (in den schlesischen Gutsbezirken 15-16 Köpfe auf das Wohnhaus gegen 6-7 auf dem Lande im Westen).

5. Unglaublicherweise wird nicht selten die Bindung des Bodens mit dem Interesse an der *Erhaltung des Deutschtums* in Zusammenhang gebracht. Statistisch steht aber fest: daß die Landkapitalisten am meisten mit billigen Saisonarbeitern fremder Nationalität wirtschaften, und allen voran stehen auf dem national umstrittenen Gebiet im Osten gerade die *Fideikommiß*grundherrschaften, die den Höchstbruchteil *polnischer* Arbeiter verwenden. Das Interesse der Plutokratie an billigen Arbeitern und das Interesse des Deutschtums sind unvereinbar.

6. Gerade die *mittleren* und *kleineren* gebundenen Besitzungen sind agrarpolitisch die schlimmsten Schädlinge. Ein ganz großer Standesherr kann und wird häufig eine großzügige Agrarpolitik, nach Art etwa des Mecklenburgischen Domaniums durchführen: planvolle Einteilung in rationelle Betriebsgrößen, langfristige und gesunde Pacht- oder Erbrentnerstellen, verhältnismäßig günstige Wohn- und Lohnverhältnisse der Arbeiter, planvolle Unterstützung der Pächter mit Kapital sind nur bei ihm heimisch und können es auch nur dort sein. Das Fideikommiß ist auch geschichtlich ein Institut der allergrößten Landkomplexe. Um aber dem Vorwurf zu entgehen, die „Latifundien" zu begünstigen, hat der Entwurf die Bindung landwirtschaftlichen Bodens auf höchstens 2.500 Hektar beschränkt, dagegen nach unten keine andere Grenze gezogen als die Vorschrift: daß das Fideikommiß dem Besitzer mindestens 10.000 Mark Reinertrag abwerfen müsse. Diese Demagogie ist auf die Ignoranz des Mittelstandes berechnet. Denn während ein ganz großer Grundherr mit fürstlichen Einnahmen nicht auf die Herauspressung des absoluten Höchstgewinnes aus seinem Besitz bedacht sein muß, muß ein Fideikommißherr von ein paar hundert Hektaren aus Boden, Pächtern und Arbeitern herausholen, was irgend möglich ist, um „standesgemäß" zu leben und außerdem das Betriebskapital zu sammeln, welches er nicht hat. Und gelingt ihm das gut, – was wird er tun? *Land kaufen.* Denn Rente braucht er und immer mehr Rente, um zunächst geadelt, dann im Lauf der Generationen Freiherr, Graf usw. werden zu können. Denn wird einmal der Grund und Boden des Landes der Befriedigung der Parvenüeitelkeit preisgegeben, so besteht für diese keine Obergrenze. Jedes Fideikommiß ist, wie die Statistik erweist, ein naturgegebenes Zentrum von Landhunger zu Rentenzwecken. Der Entwurf freilich gebärdet sich so, als wolle und könne er dieser ganz selbstverständlichen Entwicklung Halt gebieten.

Sehen wir zu, wie? Da finden wir zunächst eine Attrappe: die königliche *Genehmigung* für jedes Fideikommiß und jede Erweiterung um mehr als 20 Hektar landwirtschaftlichen Bodens. Was bedeutet sie? Schlesien, in welchem die königliche Genehmigung für große Fideikommisse erforderlich war, ist deren klassischer Boden. In Hannover war die königliche Genehmigung unbekannt, und Hannover hat das Minimum an Fideikommißentwicklung. Ganz natürlich: das Fideikommiß ist eine Angelegenheit der *Eitelkeit,* und nichts kann die Eitelkeit mehr kitzeln als der Glaube: daß die genehmigte Fideikommißstiftung den Beweis liefere, die betreffende Familie habe der Allerhöchsten Prüfung auf ihre „Würdigkeit" hin unterlegen und diese Probe bestanden. Eine wirksame *materielle* Prüfung der Zweckmäßigkeit der Fideikommißgründung ist absolut *nicht* garantiert. Die Prüfung durch die Fideikommißbehörde (Oberlandesgericht, Beschwerdeinstanz – höchst unpassender Weise – der Justizminister!) erstreckt sich lediglich auf die Verletzung formaler Rechte. Das Amtsgericht (!) und der Kreisausschuß sollen im Falle der Einverleibung früher bäuerlicher Grundstücke über die Unschädlichkeit von deren Einbeziehung in ein Fideikommiß gehört werden: eine absolut unwirksame Bestimmung, wenn einmal das Land dem Bauernareal verloren ist. Der König wird sich in solchen Fällen der Zustimmung dazu, daß das einmal gekaufte Land nun auch Fideikommißland wird, nie entziehen können. Das Allermindeste, was zu verlangen wäre, ist: 1. die Vorschrift einer öffentlichen Bekanntmachung des Antrages auf Fideikommißerrichtung mit angemessener Frist zur Geltendmachung von Bedenken, die dann *öffentlich* vor einer unbefangenen Instanz zu verhandeln wären, – 2. Verbot jedes Ankaufs von Land durch den Fideikommißbesitzer.

Je *kleiner* das Fideikommiß, desto kapitalärmer und schlechter die Wirtschaft des Besitzers, dem ja die Unterlage für den persönlichen Betriebskredit fehlt. Als wahre Mißgeburten haben sich daher überall die Bauernfideikommisse bewährt. Tüchtigkeit als Landwirt vererbt sich nicht mechanisch auf einen durch Gesetz oder Statut bestimmten und oft überhaupt auf keinen Sohn. Die Einführung von „Stammgütern" durch den Entwurf für selbständige Bauerngüter ist daher lediglich ein Feigenblatt für den eigentlichen Zweck: die Schaffung von Parvenüadel. Unglaublicherweise scheint aber ein Teil der Zentrumspartei in diese plumpe Falle zu gehen. Die Verbreitung der mittleren und kleinen Fideikommisse wäre eines der sichersten Mittel, die Leistung unserer Landwirtschaft herabzusetzen. Man braucht sich die Vorschriften des Entwurfs über die Aufstellung und obrigkeitliche Genehmigung eines „Wirtschaftsplans" und alle die anderen Fälle, in denen der Fideikommiß- und Stammgutsbesitzer an behördliche Genehmigung gebunden ist, nur anzusehen, um sich ein Bild davon zu machen, wie wenig anpassungsfähig ein solcher Besitzer an Konjunkturen und neue Wirtschaftsmethoden ist.

Der Entwurf züchtet nicht Wirtschafter, sondern: *Rentner.* Und zwar solche von der übelsten Sorte. Ein Einkommen von 10.000 Mark, wie es der Entwurf als Minimum zuläßt, genügt heute zur Führung einer schlicht bürgerlichen Existenz nach Art eines mittleren Beamten, nicht aber für eine Lebensführung von in irgendeinem Sinn „aristokratischer" Art. Die Parvenüansprüche, welche in einem solchen Fideikommißbesitzer geweckt werden, verdammen ihn zu einer scheinadligen Bettelexistenz. Jenes Interesse an der Züchtung von Rentnern aber ist das Unerhörte an dem ganzen Vorgehen gerade im gegenwärtigen Augenblick. Denn ohnehin wird der Zustand nach dem Kriege ja der sein: daß mindestens ein Fünftel unseres Nationalvermögens in Kriegsanleihen, fast ein Drittel in rententragendem Besitz aller Art angelegt sein wird. Denn wir haben dann für 60 Milliarden Kapital *neue* Rentiers und sicher für über 100 Milliarden Rentiers überhaupt. Dazu treten die Kriegsbeschädigten, Alters-, Invaliditäts- und Unfallrentner, die „privatisierenden" Hausbesitzer usw. usw. Das *Ideal der sicheren Rente* schwebt einem steigenden Bruchteil der Nation vor, und das stupide Literatengezeter gegen den „Kapitalismus" ist sein Schrittmacher. Das über unsere ganze Zukunft entscheidende Problem ist: jene *Rentnergesinnung,* die daraus entstehen muß, *wieder loszuwerden.* Gelingt das nicht, so wird Deutschland ein ökonomisch stationäres Land, weit mehr als Frankreich es ist, und unsere Zukunft in der Welt, die auf angespanntester ökonomischer Arbeit allein ruhen kann, ist verscherzt, möge der Krieg noch so glänzend ausgehen. Und in einem solchen Moment will man diese Rentnergesinnung zugunsten von reinen *Eitelkeitsinter*essen noch verstärken und dabei nebenher die Zukunft unserer inneren Kolonisation, welcher der beste, für Bauern geeignetste Boden entzogen werden soll, über Bord werfen. Man redet viel von der Notwendigkeit, Neuland zur Besiedlung für den Nachwuchs unserer Bauern zu schaffen. Aber wo? Draußen in Kurland, wo diese Kolonisten dann im Kriegsfall als erste den Anprall der Barbaren auszuhalten haben, dabei rund umstellt von Millionen fremdstämmiger, aller menschlichen Berechnung nach ihnen, als Eindringlingen, feindlich gesinnter Nachbarn? Dabei ist aber unser eigener deutscher Osten um ein *volles Viertel dünner besiedelt* als das angrenzende kongreßpolnische Gebiet. Dieses soll durch Fideikommißbildung verewigt werden, obwohl doch unsere dringendsten Interessen für die möglichste Verstärkung der Zahl der Landbevölkerung gerade im Osten sprechen. Reichlich *zehn Armeekorps* wären aus den Bauernstellen, die innerhalb unserer Grenzen noch neu geschaffen werden könnten, in Zukunft zu rekrutieren. Im Innern das Reservoir an besiedlungsfähigem Boden zugunsten von Bodenkapitalisten, die den Briefadel erstreben, der Bauernsiedlung zu sperren und dafür dem deutschen bäuerlichen Nachwuchs Hoffnungen auf Boden weitab von der Heimat zu eröffnen, dieses „Ineinandergreifen" von östlicher Expansionspolitik des Reichs und Binnenpolitik Preußens eröffnet unerwartete Perspektiven. Im Ernst: etwas Maßloseres als die Zumutung dieses Gesetzentwurfs in dieser Zeit unter dem „Burgfrieden", hinter dem Rücken unserer Heere draußen, ist schwer auszudenken, und das Ganze ist eine schlimme Karikatur des Wortes: Freie Bahn jedem Tüchtigen.

Unsere militärischen und nationalen Interessen fordern gebieterisch, daß dem sofort Einhalt geboten werde. Zu Unrecht hat das Reich die Fideikommißgesetzgebung den Einzelstaaten und damit gerade an dem gefährdeten Punkt, den im preußischen Landtag vertretenen Interessen der *Plutokratie* an der Nobilitierung von Parvenüs preisgegeben. Mag man die Regelung der technischen Einzelheiten des Instituts den Einzelstaaten belassen. Zu verlangen aber ist, daß *für das Reich* folgende Grundsätze festgelegt werden:

1. Beschränkung der Neugründung von Fideikommissen auf absoluten *Wald*boden.

2. Beschränkung auf hinreichend *große* Komplexe (mindestens etwa 30.000 Mark sicherer Reinertrag), um keine auf die Staatskrippe angewiesenen Bettelexistenzen zu schaffen.

3. Beschränkung auf Familien, die a) seit hundert Jahren in den betreffenden Bezirken begütert sind, und b) dem historischen *Adel* angehören, – ausgenommen etwa für hervorragend verdiente Feldherren oder Staatsmänner im Einzelfall durch Staatsgesetz.

4. Verbot und Auflösung aller nach Nr. 1 und 2 unzulässigen Fideikommisse.

5. Vor allem: *hoher Fideikommißstempel und dauernde Sonderbesteuerung.* Denn was durch die Bindung des Bodens der Staatskasse durch Mindereinnahmen aus dem Immobilienstempel entgeht, muß ja durch andere Volksteile, also auch durch die Bauern, aufgebracht werden. Wie soll man es aber parlamentarisch kennzeichnen, wenn im gegenwärtigen Moment der Steuernot der Entwurf den Fideikommißstempel gerade für die schädlichsten, die mittleren Fideikommisse bis auf die Hälfte *herabsetzen* will? Ausdrücklich ist ferner auch festzustellen, daß alle Fideikommißnachfolge der *Erbschaftsteuer* unterliegt. Eine etwaige Steuerfreiheit würde sonst bei Einführung der Erbschaftsteuer für die direkte Linie von 1 Prozent eine Steuerentlastung dieses besonders steuerfähigen Großgrundbesitzes von schon jetzt etwa 8 bis 10 Millionen Mark in jeder Generation bedeuten!

Der Gegenstand darf nie wieder von der Tagesordnung irgendeiner wirklich nationalen Partei verschwinden. Die beabsichtigte Erleichterung der Nobilitierung von Kriegsgewinnen auf Kosten der Bauerninteressen gehört zu dem auch sittlich Unerträglichsten, was eine durch das plutokratische Wahlrecht an der Macht erhaltene Minderheit sich gegen die Nation herausnehmen könnte. Die überwältigende Mehrheit des preußischen Volkes, erfreulicherweise einschließlich der Nationalliberalen Partei, lehnt den Entwurf ab. Durch das Vorgehen der privilegierten Minderheit ist der Burgfriede gebrochen, und es besteht aller Anlaß, daraus sofort die Konsequenzen zu ziehen.

Ein Wahlrechtsnotgesetz des Reiches[1]

Das Recht der heimkehrenden Krieger

Wir erhalten folgende Zuschrift:

Der innere Burgfriede ist durch den Fideikommißentwurf gebrochen und damit der Weg frei, um dem vielen unverbindlichen Sprechen über das, was *nach* dem Kriege geschehen soll, ein Ende zu machen. Die an dieser Stelle gemachten Ausführungen über den Fideikommißentwurf haben in zahlreichen Zuschriften aus dem Inland und, was noch wichtiger ist, aus der Front Zustimmung gefunden. *Gerade aus der Front* aber ist dabei immer wieder auf ein Grundproblem hingewiesen worden, ohne dessen *alsbaldige* wenigstens provisorische Lösung es in der Tat nach dem Krieg für jeden Versuch eines „Neubaues" *zu spät* sein wird. Die eindrucksvolle Rede des Reichskanzlers ändert naturgemäß daran gar nichts, daß er zur Einlösung seiner Zusagen sich alsdann völlig außer Stand sehen wird, wenn nicht wenigstens *eines* sofort geschieht. Alle, gleichviel wie sich nennenden, wirklich nationalen Reichstagsparteien haben die Pflicht, die brennendste aller Fragen: nach der Zukunft des *einzelstaatlichen Wahlrechts* durch einen darauf gerichteten Notgesetzantrag im *Reichstag* jetzt ins Rollen zu bringen. *Von Reichs wegen* zu bestimmen wäre folgendes:

„Wer während des Krieges zum *Heeresdienst eingezogen* gewesen und im Besitz der bürgerlichen Ehrenrechte ist, erlangt mit Erreichung der Großjährigkeit dauernd das Wahlrecht für jede in dem Bundesstaat seiner Staatsangehörigkeit bestehende, aus allgemeinen Wahlen hervorgehende gesetzgebende Körperschaft am Orte seines letzten Wohnsitzes in diesem Staat, *und zwar, falls das Wahlrecht dort ein abgestuftes ist, in der bevorzugtesten Klasse oder Art.*"

Durch besondere Bestimmungen wäre dabei Vorsorge für eine rechtzeitige (nicht zu frühe und nicht zu späte) Veranstaltung dieser Wahlen nach Friedensschluß zu treffen und zugleich dafür, daß jeder nach diesem Notgesetz wahlberechtigte eingezogene Mann daran teilnehmen kann, eventuell durch Beurlaubung mit freier Fahrt.

Die absolute *Notwendigkeit* eines solchen Notgesetzes ergibt sich, wenn man das nächstliegende Beispiel: Preußen, heranzieht, aus folgenden einfachen Erwägungen.

Wie würden die jetzigen nach der Steuerleistung abgestuften *Wählerklassen,*

[1] Frankfurter Zeitung vom 28. März 1917.

von denen jede ein Drittel der Wahlmänner stellt, *nach dem Kriege* aussehen? Ungeheure neue Rentenvermögen und -einkommen hat der Krieg erzeugt, große Unternehmervermögen und -einkommen teils riesenhaft vermehrt, teils sie neu aus dem Boden gestampft, dagegen massenhaft mittlere und kleinere teils ganz vernichtet, teils absolut oder relativ vermindert. In der ersten Klasse würden also nach dem Kriege die ganz großen *Kriegsgewinnmacher* (die legitimen sowohl wie auch die eigentlichen Kriegswucherer) und die großen neuen Kriegsrentner in Stadt und Land ganz allein den Ausschlag geben. Bei der bekannten Eigenart der Bildung der Klassen würden sie sehr oft auch die zweite beherrschen. Annähernd die Hälfte aller Wahlmännerstimmen würden also von diesen ganz großen Vermögensinhabern beherrscht werden, *die daheimgeblieben sind.* In der zweiten Klasse würden sich, neben einigen von ihnen, solche Mittelstandselemente befinden, welche daheimgeblieben sind und denen daher die Kundschaft der nächstens drei Jahre im Feld liegenden Krieger zugefallen ist. Die dritte Klasse endlich würde nicht nur die abwesend gewesenen Arbeiter, auch die höchstqualifizierten, umfassen, welche sich neue Arbeitsgelegenheit *erst suchen* müssen, sondern ebenso die abwesend gewesenen Betriebs- und Ladeninhaber, die ihren Betrieb und ihre Kundschaft neu aufbauen müssen, die abwesend gewesenen Bauern, deren Frauen mühsam den Betrieb aufrechterhielten, die in der Kriegsnot mit Schulden belasteten Hausbesitzer, – mit einem Wort alle diejenigen Mittelschichten enthalten, welche in ihrer Steuerkraft *durch Militärdienst* auf längere Zeit gelähmt sind. Also: *die ganze Masse der jetzt draußenliegenden Krieger ohne Unterschied des Standes.* Es hilft gar nichts, von der „Unhaltbarkeit des preußischen Wahlrechts" und von der „Unvermeidlichkeit eines Neubaues" zu reden. Denn die Glückspilze, in deren Händen sich infolge des Krieges mehr als ein Drittel des Volksvermögens zusammengehäuft hat, würden dann über die Neuordnung der Dinge entscheiden, die anderen aber, die zuerst mit ihrem Blut den Staat erhalten haben, und die nun weiterhin mit ihrer *geistigen oder körperlichen Arbeit* die Zinsen für jene Kriegsrentner herauswirtschaften müssen, wären zur politischen Ohnmacht verdammt.

Das wäre an sich ein Skandal ohnegleichen. Aber es ist auch *politisch ganz unmöglich.* Denn wie denkt sich der Reichskanzler eine Neuordnung des deutschen Staats-, Finanz- und Wirtschaftslebens mit einem *nach dem Kriege* gewählten preußischen Parlament, welches die reichgewordenen Kriegsparvenüs vertritt, und mit Ministern, die diesem Parlament nach dem Munde reden? Es ist einfach lächerlich zu denken, daß er gegen diese Leute irgend etwas ausrichten könnte, nachdem er jetzt, mitten im Ernst des Krieges, nur mit Mühe sich der Intriganten aus diesen Kreisen erwehren konnte. Seit Jahrzehnten sind in Preußen Minister durch „Friktionen" und Intrigen gestürzt worden. Dabei ist es, wie die Vorgänge im Hotel Adlon und die Vorstöße im Herrenhaus zeigten, zum mindesten der Absicht der Beteiligten nach geblieben, und gegen derartige Absichten wird *gar nichts* zu machen sein, wenn diese in ihrer Machtstellung ins Ungeheure gewachsene Plutokratie nach dem Krieg im neuen Abgeordnetenhause *ganz und gar unter sich* sein wird. *Niemals* wird diese aus dem Krieg hervorgehende neue Plutokratie von sich aus auf ihr Wahlrechtsprivileg verzichten. Nach dem Krieg, wo es an das Steuerzahlen geht, am allerwenigsten. Auch das blödeste Auge sieht ja an der unverfrorenen Behandlung der Fideikommißfrage schon durch die jetzige Mehrheit, daß die Interessenten ausschließlich darauf ausgehen, ihre Kriegsgewinne *hinter dem Rücken des kämpfenden Heeres* in Fideikommißform ins Trockene zu bringen. Nur Scheinwerk hat bei diesen Kreisen Aussicht auf Annahme. Vollends, wo es sich um Wahlreformanträge handelt. Die Vergangenheit aller dahingehenden Versuche, schon unter den bisherigen Verhältnissen, ist bekannt. Sie alle begannen seit 30 Jahren ihren Weg in gleicher Art im Königlich Preußischen Statistischen Büro mit Berechnung derjenigen Zahl zuverlässig plutokratischer Abgeordneter, welche die Reform voraussichtlich ins Parlament bringen würde. Und die betroffenen Parteien rechneten dann ihrerseits ebenso weiter. So wird es in Zukunft, wenn das neue Abgeordnetenhaus nach den bisherigen Normen gewählt wird, erst recht gehen. Die Natur der Dinge schließt jeden anderen Verlauf aus.

Der obige Vorschlag eines Reichsnotgesetzes ist dagegen von *jeglicher Parteiinteressiertheit frei.* Denn kein Mensch weiß heute, welches die politische Stellungnahme der heimkehrenden Krieger sein wird. Vielleicht eine sehr autoritäre. Zu erwarten ist nur, daß diese gleichweit von umstürzlerischen und pazifistischen Utopien wie von dem billigen Heldentum des Mundes entfernt seien, daß sie ferner Sinn für die *Realitäten, Sachlichkeit* und *Verachtung von Phrasen* jeglicher Art mitbringen werden. Darauf allein kommt es an.

Die Unterlassung eines solchen Antrags wäre eine schwere und vor allem nie wieder gut zu machende *Unterlassungssünde.* Die nächsten Wahlen nach dem Frieden würden in Preußen ein Kriegsparvenüparlament in den Sattel setzen, das über unsere Zukunft entscheiden würde, und dann wäre alles zu spät. Keine nationale Partei im Reich hat Anlaß, die Mitverantwortung dafür auf sich zu laden.

Eine dauernde Einmischung in die Verfassung der Einzelstaaten kommt bei dem föderativen Grundcharakter des Reichs nicht in Frage. Die Wirkung des Gesetzes ist eine zeitweilige. Aber: *das Reich* führt den Krieg; *das Reich* verlangt seinen Bürgern die ungeheuren Lasten ab, die er erfordert. *Das Reich* hat daher dafür zu sorgen, daß wenigstens das absolute Minimum an politischen Konsequenzen daraus gezogen werde, wenn der Fall vorliegt, daß die Regierungen der Einzelstaaten voraussichtlich durch kurzsichtige und eigensüchtige Interessenten daran gehindert werden, es ihrerseits zu tun, wie das durch die preußische Plutokratie ohne allen und jeden Zweifel geschehen wird.

Das Notgesetz bedürfte nicht der Formalien des Art. 78 Abs.2, sondern nur derjenigen des Art. 78 Abs.1 der Reichsverfassung. Die Stimmen zum Bundesrat werden instruiert von den Ministerien, welche sich nach geltendem Recht die Monarchen, insbesondere auch der König von Preußen, frei wählen. Der Reichskanzler, an dessen ehrlichem Wollen niemand zweifelt, ist in diesem Fall nun einmal *nicht* die Instanz, deren Stellungnahme letztlich entscheidet. Nein! Auf die deutschen *Dynastien* kommt es an, und *sie* müssen jetzt, ehe es zu spät ist, vor die *klare Entschließung* gestellt werden: ob sie sich nach dem Kriege auf reichgewordene Kriegsparvenüs stützen zu können und zu sollen glauben oder auf das Heer, welches ihnen allen Macht und Ehre und – es ist wohl kaum zu viel gesagt – die Krone mit seinem Blut und seinem Schweiß verteidigt hat und noch verteidigt. Der endgültige Neubau mag sorgsamer Überlegung vorbehalten bleiben. Aber daß über diesen einen entscheidenden Punkt Klarheit geschaffen werde, dafür ist es jetzt schlechterdings die höchste Zeit. Die Armee selbst hat Anspruch darauf, – und die Zuschriften von der Front lassen mich schließen, daß sie diesen Anspruch auch erhebt: – endlich zu wissen, was bei den einzelnen Parteien und auch bei den führenden Staatsmännern hinter den gewiß schönen Worten zu ihrem Lob denn eigentlich an Bereitwilligkeit *zur Tat* steht. Nicht um „Dank" handelt es sich hier, sondern um eine politisch absolut notwendige Maßregel – und daneben allerdings: um eine schlichte zwingende *Pflicht des politischen Anstandes.* Das Heer, das die Schlachten schlug, soll auch die entscheidende Stimme beim Neubau des Vaterlandes nach dem Kriege haben.

Ich habe Grund zu der Annahme, daß dies nicht die zufällige Meinung eines einzelnen ist, und glaube, Ihnen daher die Aufnahme dieser Zeilen zumuten zu dürfen.

gez. Prof. Max Weber (Heidelberg).

Das preußische Wahlrecht[1]

Den nachstehenden Bemerkungen sei vorausgeschickt, daß die Wahlreform selbstverständlich mit den *russischen* Vorgängen keinerlei Zusammenhang in dem Sinne hat: daß wir etwa jetzt möglichst „demokratisch" vorgehen müßten, um in eine Konkurrenz mit der neugebackenen russischen „Demokratie" zu treten. Vorläufig regiert in Rußland ein Ausschuß der nach einem krassen Klassenwahlrecht gewählten Duma. Wenn die Neutralen oder die Amerikaner sich von den Ausdrücken „Revolution", „Absetzung des Zaren", „Republik" imponieren lassen – so ist das ihre Sache. In Wahrheit handelt es sich vorläufig um einen *rein technischen* Vorgang: die *Ausschaltung* eines Monarchen, welcher den Dilettantenfehler beging „selbst regieren" zu wollen und die Notwendigkeit, im eigensten Interesse seine Rechte mit einer starken Parlamentsmacht zu teilen, aus Eitelkeit nicht anerkannte. Gewiß weiß niemand, was jetzt als ungewollter Nebenerfolg dieser Widerspenstigkeit des Zaren herauskommt. Die Leiter der „Revolution" waren Monarchisten, Großgrundbesitzer und Offiziere, hinter den Kulissen wohl auch Großfürsten (die Verständigung zwischen dem Großfürsten Nikolai, dem Bürgerkönig in spe, und den Kadettenführern fand, wie schon Prof. J. Haller in seiner Schrift: Die russische Gefahr im deutschen Hause, Stuttgart 1917, S. 80, bemerkt hat, bei einer Besprechung im Juli 1914 statt). Diese durchaus undemokratischen Kreise russischer Imperialisten beseitigten das alte Regime aus rein *sachlichen* Gründen. Daß sie zu sehr radikalen Mitteln greifen mußten, haben sie sicher selbst bedauert. Aber gegen die organisierte Polizei des Zaren bedurften sie vorläufig unbedingt der Mitwirkung des Proletariats als Kanonenfutter. Sie brauchten seine Hilfe so lange weiter, bis sie sich einen eigenen zuverlässigen Herrschaftsapparat geschaffen haben, und die Frage ist nur: ob und wie schnell ihnen dies gelingen wird. Um es aber überhaupt in Ruhe vornehmen zu können, ist für sie zweierlei unbedingt nötig. Einmal müssen die *Bauern*, von denen die Gefahr einer wirklich ernsthaften Revolution: unentgeltliche Enteignung des gesamten nichtbäuerlichen Grundbesitzes und *Staatsschuldenkassierung*, droht, in den Schützengräben unter Verschluß gehalten werden. Mag auch die Lockerung der Disziplin das Heer aktionsunfähig machen, so ist doch immerhin das Einströmen der jungen kräftigen Bauernmannschaft in die Heimat verhindert, wo sich nur Greise, Kinder und Frauen befinden, die keine Revolution organisieren werden. Ferner aber bedürfen sie des *Kredits* der Banken des Inlands und Auslands um ihre Macht zu organisieren. Dies alles ist offensichtlich nur zu erreichen bei Fortsetzung des Krieges, bis jenes Ziel der inneren Machtorganisation soweit

[1] Europäische Staats- und Wirtschafts-Zeitung vom 21.04.1917.

erreicht ist, daß die Bauern ohne Gefahr heimkehren dürfen. Diese „Demokratie“ ist also eitel Humbug, und wir haben von diesem Schwindel jedenfalls für uns *gar nichts* zu „lernen“. Vielleicht mit der Ausnahme einer gewissen Beachtung der einen Bemerkung des bisher erzreaktionären „Nowoje Wremja“: daß der Zar für die Bauern hoffnungslos dadurch diskreditiert wurde, daß er *„sein öffentlich gegebenes Wort nicht hielt“*. Das neue Regime ist im übrigen für uns vorerst das alte mit neuer Firma. Durchaus richtig und politisch klug war natürlich die Erklärung der Reichsregierung über unsere Beziehungen zur russischen Demokratie. Immer erneut sollten wir, weil es der Wahrheit entspricht, betonen, daß wir mit jeder *wirklich demokratischen* russischen Regierung uns *jederzeit leicht über einen ehrenvollen Frieden verständigen* könnten. Am leichtesten mit den Bauern, die den Frieden sehr viel mehr brauchen als die Petersburger Munitionsarbeiter oder die bürgerlichen Interessenten der kapitalistischen Expansion Rußlands.

Für unsere eigene innere Politik ergeben sich Konsequenzen nur insofern, als diese Lage in Rußland im Zusammenhang mit dem Eingreifen Amerikas praktisch bedeutet: daß der Krieg vorerst *immer noch unabsehbar weitergeht*. Daraus ergibt sich allerdings die zwingende Notwendigkeit, sofort und ohne Aufschub die preußische Wahlreform vorzunehmen, um weiter durchzuhalten ohne die schwere Gefahr furchtbarer Verbitterung. Jeder Mann in der Front weiß: so gut wie England mitten im Kriege sein Wahlrecht tiefgreifend umgestaltet, *können wir das auch*. Gerade *diese* Vorbereitung für die nach dem Frieden stattfindenden ersten Wahlen macht nicht die geringsten Schwierigkeiten. Sie ist das einzige, was wirklich „mit ein paar Federstrichen“ zu machen ist. Erfolgt sie nicht vor dem Frieden, so würden bei den nächsten Wahlen in Preußen die gewaltigen Verschiebungen der Steuerkraft sich fühlbar machen. Kein königliches Wort würde dann gegen den Widerstand der Wahlprivileginteressen gehalten werden können, ohne daß man entweder in Preußen zu einer formellen Oktroyierung greift oder durch den Reichstag das tun läßt, was jetzt auch schon geschehen kann. Die Ordnung dieser Angelegenheit gehört zu den absolut notwendigen Vorbedingungen für die nach dem Frieden in Aussicht genommene Neuordnung. Läßt man den preußischen Landtag eine Wahlreform nach seinem Geschmack fabrizieren, so wird eine materielle Neuordnung unmöglich. Jedermann würde also die Verschiebung dieser in wenigen Tagen zu erledigenden Gesetzgebungsarbeit als Beweis dafür ansehen: daß wieder einmal hinter der Absicht *nicht die Kraft der Durchführung steht*.

Das wichtigste von allem ist: man treibe keinen solchen *Schwindel*, wie es in Rußland 1905 geschah und jetzt voraussichtlich wieder geschieht. *Jede andere Lösung als das Reichstagswahlrecht in Preußen* würde von den heimkehrenden Kriegern – und auf diese kommt es an – *objektiv als Schwindel* bewertet werden müssen. Dabei kommt gar nichts darauf an, ob dessen Urheber es subjektiv in ihrer

Art „ehrlich“ meinen. *Diese* subjektive Ehrlichkeit galt auch für die Urheber des russischen Oktobermanifests und für die jetzigen bürgerlichen „Revolutionäre“. Eine nicht als wirklich *abschließend anerkannte* Reform mag aussehen wie sie will, sie würde schlimmer nur als nur wertlos sein. Man bedenke doch: es wird ja nach dem Krieg schlechterdings nicht mehr möglich sein, der Nation einzureden, daß nur die moralische Gemeinheit der ganzen Welt es fertig gebracht hätte, gerade uns, den einzigen Tugendhelden, diese ganz unglaubhafte Koalition auf den Hals zu hetzen. Jedermann wird wissen: in den vergangenen Jahrzehnten sind unerhörte Fehler gemacht worden. Fehler, welche keine noch so vorzügliche Leitung unserer Politik in den letzten Jahren hätte wieder gut machen können. Diese Fehler kosten uns Hunderttausende der besten Männer und verschulden die endlose Dauer des Krieges. Die Möglichkeit, diese Fehler künftig auszuschalten, wird das Ziel der Neuordnung sein müssen. Darüber ist niemand im Zweifel. Der letzte Mann aus dem letzten Schützengraben kann und wird bei der Heimkehr verlangen, daß seine Stimme *gleichberechtigt* bei dem Neubau in die Wagschale falle. Es ist höchst gleichgültig, ob sich ein theoretisch „besseres“ Wahlrecht ausklügeln ließe. Man erspare uns die Notwendigkeit der unausbleiblichen zornigen Abrechnung nach dem Krieg, wie sie durch Halbheiten und vor allen Dingen durch die Verschiebung dieser Erörterungen über das Wahlrechtsproblem bis nach dem Kriege hervorgerufen würde. Denn dann wird die Neuorientierung zu nichts anderem als einem jahrelangen haßerfüllten Schelten aufeinander führen, zumal bei den chronischen Konflikten der auf verschiedener Grundlage ruhenden Wahlrechte Preußens und des Reichs. Man mache es den heimkehrenden Kriegern und uns allen innerlich möglich: *einen Strich unter die Vergangenheit zu machen*. Nur bei einer Lösung, die als *endgültig* anerkannt wird, ist das denkbar. Es ist eine Unwahrheit, daß die preußische Wahlreform eine „innerpreußische“ Angelegenheit ist. Wie die preußischen Stimmen im Bundesrat abgegeben werden, dafür ist der Reichskanzler in seiner Eigenschaft als unvermeidlich zugleich preußischer Ministerpräsident *nicht* dem Reichstage, sondern allein dem *preußischen Landtage* verantwortlich. Die preußischen Stimmen genießen gegenüber denjenigen aller übrigen Bundesstaaten abgesehen von der gewaltigen tatsächlichen Übermacht Preußens, *formelle Sonderrechte*, insbesondere auf den entscheidenden Gebieten *des Militär- und des Steuerwesens*. Der Reichskanzler als solcher ist absolut außerstande, irgendwelche Reformen auf diesen Gebieten durchzuführen, auch wenn sämtliche übrigen Bundesstaaten, sämtliche Parteien des Reichstages und er selbst dies für nötig hält, wenn er nicht die Zustimmung des dem preußischen Landtag verantwortlichen *preußischen* Ministeriums findet. Kraft der Militärkonventionen sitzen hier bei uns in Baden ausschließlich königlich *preußische* Militärbehörden und werden alle Offiziere unter Ausschluß jeder Einwirkung, *auch des badischen Monarchen*, auf Vorschlag des preußischen Militärkabinetts vom

König von *Preußen* ernannt. *Wir empfinden es als eine Frechheit*, wenn unter solchen Verhältnissen uns jemand zumutet, die Frage des preußischen Wahlrechts als eine solche anzusehen, die *uns nichts anginge*. Ist das die Meinung, dann müssen wir die Liquidation jener bevorrechtigten Stelle Preußens im Reiche verlangen.

Von den parlamentarischen Körperschaften hat sich der deutsche Reichstag, auch in bezug auf kluge Selbstbescheidung, so sehr auf die Höhe seiner Aufgabe befunden, wie kein anderes Parlament der Welt, *am allerwenigsten der preußische Landtag*, dessen plutokratische Mehrheit ohne jede Spur von Sachkenntnis aus rein parteipolitischen Gründen in Reichsangelegenheiten nicht nur, sondern in Angelegenheiten der Kriegsführung des Reichs demagogisch hineinzureden sich erlaubt hat. Es berührt uns als eine Unbescheidenheit sondergleichen, wenn die in Preußen derzeit herrschenden sozialen Schichten und alle jene Literatenkreise, welche bei den schweren Mißgriffen der Vergangenheit geschwiegen haben, sich jetzt herausnehmen, die politische „Reife" der bisher an der Herrschaft *Unbeteiligten* zu bezweifeln. Es ist zu erwarten, daß mit Rücksicht auf diese sog. „Reife" und ihre Unterschiede alte Wahlrechtskunststücke wieder ausgegraben werden, und es lohnt deshalb immerhin, schon jetzt einigen solchen vorauszusehenden Projekten ins Gesicht zu leuchten.

Ein bei Literaten aller Art höchst beliebter Gedanke ist das Wahlprivileg der sog. „*Bildung*", d. h. der durch *Examensdiplom* patentierten Schichten. Ich selbst gehöre dieser Schicht an, habe ihren Nachwuchs sowohl in Berlin wie später in einem anderen Bundesstaat examiniert und kenne die Produkte unserer verschiedenen Examensfabriken. Mit dem größten Nachdruck darf ich deshalb sagen: eine politisch im Durchschnitt geringer qualifizierte *Schicht gibt es in Deutschland überhaupt nicht*, als eben diese. Schon was akademische Lehrer an Mangel an politischem Augenmaß insbesondere im Kriege geleistet haben, übersteigt bekanntlich alles Dagewesene. Und wo steht denn auch geschrieben, daß irgendein auf Universitäten oder anderen Hochschulen gelehrtes Fachwissen, etwa philologischer, maschinentechnischer, mathematischer, juristischer, chemikalischer Art, irgendeine Qualifikation für *politisches* Urteil und politische Realitäten vermittle? Das auf dem Wege der theoretischen Belehrung zu tun, ist *überhaupt unmöglich*. Der charakteristisch deutsche Glaube: daß unsere öffentlichen Bildungsanstalten Stätten politischer Bildung sein könnten, ist eines der lächerlichsten Vorurteile. *Fach*wissen sollen sie bieten, und Fachwissen qualifiziert zum *Gelehrten* oder *Beamten* oder *Techniker*, aber es macht ganz gewiß nicht den *Politiker*. Der *Berater* über sachliche und technische Fragen und die ausführende Hand des Politikers hat der Fachmensch zu sein, aber nicht: der Träger der verantwortlichen politischen Entschließungen. Diese fundamentalste Erkenntnis sollte man sich nachgerade aneignen. Ungeheuerlich ist an sich, unter der Parole „freie Bahn für jeden Tüchtigen" das *Examen* politisch zu privilegieren. Schlimm genug, daß es für die

Feststellung der Qualifikation zum Beamten, Arzt und anderen technischen Berufen nun einmal unentbehrlich ist! Der Ruf nach mehr Examina durchzieht nachgerade die Gesamtheit aller Berufe. Etwa aus Liebe zur Wissenschaft oder Bildung? Lächerlich! Die *Pfründe*, das „standesgemäße", „sichere", „pensionsfähige" Gehalt ist der Sinn, und die Erledigung des Examens nach dem „Prinzip des kleinsten Kraftmaßes" das Mittel, zu dessen Benutzung die Frequenzenkonkurrenz unserer Hochschulen den Weg darbietet. Und diese Pfründen-Interessenten sollen spezifische Träger politischen Denkens sein? Am ehesten noch die Schicht der Techniker und der anderen als Angestellte großer Privatfirmen in den freien Wettbewerb des Marktes hinausgestoßenen Schichten. Weitaus am wenigsten die Examensprodukte der Universitäten. Jeder Geschäftsmann, jeder Privatangestellte, jeder Arbeiter, alle diese spezifisch „modernen" Persönlichkeiten, die ihre Haut im ökonomischen Kampf ums Dasein zu Markte tragen und dabei die politische Struktur des Staates praktisch an sich zu spüren bekommen, haben mehr Augenmaß für politische Realitäten als die Inhaber irgendeines akademischen Fachdiploms. Diese Schicht der – schon rein äußerlich im Verhältnis zur Nachfrage – „Viel-zu-vielen", der Pfründenanwärter mit ihrem Ressentiment gegen den nicht diplomierten Mann, der Geld verdient, mit ihren Ansprüchen, kraft des Fachdiploms nicht nur in bezug auf materiellen Entgelt, sondern vor allem auch: auf Connubium und Verkehr mit der „Gesellschaft" eine Vorzugskaste darzustellen, mit ihren konfusen snobistischen Vorstellungen von der moralischen Minderwertigkeit der wirtschaftlichen, parlamentarischen, journalistischen und jeder Art von solcher Arbeit, auf die es nun einmal heute *politisch ankommt, diese* Schicht ist die allerletzte, der Sonderrechte bei Volkswahlen eingeräumt werden dürfen. Natürlich: im Herrenhaus, welches an den materiellen politischen Fragen des Budgets unbeteiligt ist und bleiben muß, gebührt ihnen eine starke Vertretung. In einem Kleinstaatparlament, welches dem Schwerpunkt nach fachliche Kulturaufgaben zu lösen hat, läßt sich ein Sonderwahlrecht für sie politisch wenigstens ertragen. Aber nicht in Preußen mit seiner Herrschaftsstellung im Reich. Mit einem Wahlprivileg anstellungshungriger, beförderungshungriger, gehaltshungriger Sprößlinge deutscher Examensfabriken würde sich ein Staatsmann eine Rute binden, von der sich mancher wohl keine rechte Vorstellung macht. Den Verdienst der Unternehmer, Privatangestellten, Arbeiter bestimmt *nicht* das Parlament. *Wohl aber* die Höhe des Gehalts dieser Pfründnerschicht. Soll man sie durch Wahlprivilegien in die Lage versetzen, sich ihre Gehälter selbst zu bewilligen auf Kosten der Staatskasse? So sehr wir ihre Besserstellung wünschen, *das* geht denn doch nicht an!

Pluralwahlrecht nach dem *Familienstand?* Am frühesten heiraten die untersten Schichten des Proletariats in Stadt und Land und alle Schichten mit dem Minimum an Fürsorge für die Nachfahren (im Osten: die Polen)!

Oder Pluralwahlrecht nach *Besitz* oder Inhaberschaft selbstständiger „*Betriebe*"? Das kommt unweigerlich durch den Krieg begünstigten *Daheimgebliebenen* zugute und vor allem: der riesenhaften Zahl der durch den Krieg neugeschaffenen *Rentiers*. Das Überwuchern der Rentnergesinnung, des Strebens nach der sicheren Nahrung und dem sicheren Pöstchen ist dasjenige, was wir am meisten von der Zukunft zu fürchten haben und was Deutschlands Aufstieg in die Welt am sichersten tödlich lähmen würde. Abgesehen davon wäre es eine skandalöse Deklassierung der in ihrem Besitz und in ihrer Stellung zurückgekommenen heimgekehrten Krieger und Quelle dauernder Verbitterung.

Oder womöglich Vorzugswahlen nach der *militärischen* Leistung? Ein sehr schönes Aushängeschild! Praktisch aber bedeutet es, daß die politischen Rechte der Krieger durch ihre jetzigen militärischen Vorgesetzten bestimmt werden. Das Eiserne Kreuz wird dann als ein Mittel zu politischen Zwecken diskreditiert. *Man hüte sich doch sehr*, mit solchen Gedanken auch nur zu spielen. Ich fürchte ohnehin, im Interesse der inneren Einheit, Diskussionen über diese Punkte nach dem Kriege mehr als über andere.

Endlich die neuerdings beliebte „*berufsständisch*" gegliederte Wahl. Man schaffe den Berufsvertretern Gelegenheit zur Wahl ins Herrenhaus, wo im wesentlichen innerpreußische Fragen entschieden werden. Aber für das Volksparlament, welches kraft des Budgetrechts Einfluß auf die Instruktion der preußischen Stimmen im Reich übt, möge man sich hüten, das Beispiel des früheren österreichischen Reichsrats, des Virtuosen der *Obstruktion*, zu übernehmen. Der Kampf der Klassen und Berufe gegeneinander, Hunger nach staatlichen Trinkgeldern, Feilschen und Kompromisse über sie würde dann die fast ausschließliche Beschäftigung dieses „organischen" Parlaments werden. Die fachliche und berufliche *Spaltung* des Volkes wäre mit solchen Torheiten in aller Form zum Prinzip der politischen Meinungsbildung erhoben, nicht aber seine politische *Einheit*. Fort mit diesen unendlichen dilettantischen Gedanken!

Woher stammen alle diese müßigen Projekte? Etwa aus sachlichen politischen Erwägungen? Nein, aus der ganz gemeinen *Feigheit* unserer sterilen Literatenschichten vor allem, was nach „Demokratie" aussieht. Aus der Blindheit dafür, daß die immer universellere Verbreitung dieses Wahlrechts heute historisch bedingt ist durch das Verlangen: der moderne Staat soll nach seiner Eigenart *eine* Stätte schaffen, wo der einzelne *nicht* als Besitzer von Vermögen, Stellung, Titel, Orden, Examensdiplom in Betracht kommt, sondern schlechthin: *als Staatsbürger*. Als solcher wird er in Krieg und Tod geschickt, ohne Unterschiede des Besitzes und Diploms.

Man täusche sich nicht: das Verlangen nach diesem Wahlrecht wird, unerfüllt, unsere gesamte innerpolitische Entwicklung weiter vergiften. Die einzigen Schichten, die *dagegen* interessiert sind, jetzt den Abschluß zu machen, sind diejenigen, welche den preußischen Landtag beherrschen. Wie in Rußland werden sie versuchen, durch eine scheinbare „Demokratisierung" ihre Macht zu erhalten, indem sie Teilen des Kleinbesitzes Brocken davon hinwerfen. Die Folge wäre: daß die Zukunft des Reiches spießbürgerlichen *Bierbankpolitikern* in die Hände gegeben würde, ganz abgesehen davon, daß man sich über die wirkliche Stimmung des „Mittelstandes" anscheinend höchst irrige Vorstellungen macht. Die Rolle Deutschlands in der Welt wäre zu Ende, wenn unsere Politik danach orientiert werden sollte. *Man schaffe allen diesen Schichten ihren Platz im Herrscherhause*, wo sie hingehören, aber keine Sonderprivilegien im Volksparlament; Enttäuschung und Ermattung, verhaltene Wut und wilder Klassenantagonismus wären die Folge solcher unhistorischer Künsteleien. Die Folgen des ganz ähnlich konstruierten Dumawahlrechts in Rußland hat man ja gesehen. Das ganze Odium eines Scheiterns der Hoffnungen, mit welchem die heimkehrenden Krieger auf das Versprechen der Wahlreform blicken, *würde die Krone zu tragen haben*. Bleibt das Wahlrecht im Reich und in Preußen zwiespältig, so muß nach wie vor der leitende Staatsmann ein doppeltes politisches Konto führen, und das Odium der Unehrlichkeit fällt auf ihn *und die Krone*. Das Reich hat für die zum Krieg Eingezogenen dafür zu sorgen, daß sie unter allen Umständen ohne Unterschied des Standes, in die Heimat zurückgekehrt, das *günstigste* überhaupt vorhandene Wahlrecht für sich vorfinden. Das ist mit einem Notgesetz des Reiches ohne formell *dauernden* Eingriff in die Souveränität der Bundesstaaten ohne weiteres zu leisten. Es ist die schmerzloseste Art, ohne irgendwelchen Zank jetzt während des Krieges zu erzwingen, was absolut notwendig ist. Nur mit Ekel kann man einer Erörterung der Frage der Wahlprivilegien innerhalb des Dreiklassenparlaments *nach* dem Kriege als dem *ersten die ganze Neuordnungsdebatte sofort hoffnungslos vergiftenden parlamentarischen „Friedensvertrag"* entgegensehen.

Dem Unterzeichneten ist „Demokratie" niemals Selbstzweck gewesen. Die Möglichkeit einer sachlichen nationalen Politik eines starken nach außen geeinigten Deutschland ist es, was ihn allein interessiert hat und interessiert. Ihm wie so vielen anderen ist es so ergangen: daß die Art der Leitung der Reichspolitik, wie sie von Preußen her im letzten Menschenalter bestimmt wurde, ihm die Überzeugung gab: daß bei dem bestehenden Regime die deutsche Politik in der Welt *erfolglos* bleiben *werde* und *müsse*. Er und andere haben es daher aufgegeben, sich für ganz sterile, angeblich „nationale" Dinge zu interessieren, bei welchen dieses Wort entweder ein Deckschild für plutokratische Interessen, oder eine Literatenphrase politischer Narren wurde. Wird durch Versäumen des jetzigen Moments abermals die ganze Kraft der Nation auf *Wahlrechtskämpfe* abgelenkt, dann ist für mich die Rolle Deutschlands als Macht ausgespielt, gleichviel wie der Krieg ausgehen möge. Denn dann muß zunächst ausschließlich für die Erziehung der Nation in der Richtung gesorgt werden, daß sie klar erkennt: *welche politischen*

Mächte in unserem Inneren es gewesen sind, denen die Verantwortung für die Fehler der Vergangenheit zur Last fällt. Eine *rein negative* Arbeit also, aber ganz unentbehrlich, wenn jetzt noch dem Dreiklassenwahlrecht gestattet werden soll, bei seinem Tode das Gift einer Spaltung der Nation in privilegierte und nichtprivilegierte Schichten als schlimme Erbschaft der Zukunft zu hinterlassen.

Denn dies ist letztlich das Entscheidende: *nur das Reichstagswahlrecht bedeutet das Ende der Wahlrechtskämpfe*. Und dieses Ende ist Vorbedingung aller sachlichen Arbeit.

Bedeutet es auch „Demokratie"? Es bedeutet zunächst etwas ganz anderes. Die Parlamente sind da, sie werden nicht verschwinden. Ein parlamentarischer *Politiker* ist, wer es vermag, das Vertrauen und die *freie* Hingabe einer politischen Gefolgschaft dauernd um sich zu scharen. Das ist eine Auslese prinzipiell anderer Art, als innerhalb des Beamtentums: heute *die einzige* Auslese *prinzipiell anderer Art* auf politischem Boden. Ein Parlamentsführer hat mit einem tüchtigen Fachmann oder Berufsvertreter nichts gemein: *davon* haben alle Wahlrechtsdiskussionen auszugehen. Ebenso alle Diskussionen irgendwelcher Art, über veränderte „Auslese" von Politikern. Heute bedarf es der freien Bühne der allgemeinen Volkswahl, um jene spezifisch *politischen* Begabungen an das Tageslicht zu bringen, die durch Diplome oder nach anderen Zensusmerkmalen nicht nur nicht erkennbar sind, sondern durch deren Privilegierung gehindert werden, in die Höhe zu kommen. Die freie gleiche Volkswahl und die Auslese im Parlament ist das einzig mögliche Gegengewicht gegen die schrankenlose Herrschaft des reinen Fachwissens. Die unvermeidliche und überlegene Macht dieses in der Beamtenschaft verkörperten Fachwissens kommt jedem wie immer gearteten Parlament gegenüber genügend und oft mehr als genügend zur Geltung. Es ist kindlich, nicht sehen zu wollen, wie gründlich, namentlich in Deutschland, durch die Verhältnisse dafür gesorgt ist, daß die Bäume der Demokratie nicht in den Himmel wachsen. Die ungeheuere sachliche Bedeutung der Fachschulung und des Beamtentums hindert dies ein für allemal. Und es handelt sich gerade darum, eine Stätte zu finden, wo den durch dies Fachmenschentum *Beherrschten* das absolute Mindestmaß von Einfluß auf die Auslese der *leitenden Politiker* gewährt ist. Denn der Politiker wird nun einmal nicht durch fachmenschliche Qualitäten und Fachwissen noch so gründlicher Art zu seiner Aufgabe qualifiziert. Das wenigstens könnten wir aus unserem Schicksal gelernt haben.

Rußlands Übergang zur Scheindemokratie[1]

Der Unterzeichnete beansprucht für die Gegenwart keinerlei Sachverständnis über Rußland, welches sich nicht jedermann sonst auch verschaffen könnte. Vielleicht aber hat er ein nüchternes Urteil über das, was von den jetzt ans Ruder gekommenen Männern uns gegenüber zu erwarten ist. Unbeschadet meiner von jeher sehr starken Sympathien für die russische Freiheitsbewegung muß nachdrücklich ausgesprochen werden: bei der jetzigen Zusammensetzung der russischen Regierungsgewalt kann von aufrichtig friedlichen Gesinnungen der Mehrheit der maßgebenden Männer Rußlands *gar keine Rede* sein und noch viel weniger von freundlichen Absichten gegenüber dem deutschen Volke (ich sage sehr absichtlich: „dem deutschen Volke", und nicht etwa nur: der jetzigen deutschen Regierung). Die, trotz der im höchsten Grade herausfordernden und geradezu kriegswütigen Äußerungen von Prof. Miljukow, von seiten der Zentralmächte abgegebenen friedlichen Erklärungen waren nicht nur ehrlich, sondern es war und *bleibt* trotz und wegen jenes Verhaltens auch politisch absolut richtig, sie erneut zu geben. Denn wir haben an die weitere Zukunft zu denken. Aber freilich müßten noch Ereignisse anderer Art als bisher oder starke Machtverschiebungen eintreten, um ihnen zum unmittelbaren Erfolg zu verhelfen.

Prophezeiungen über den weiteren Verlauf der Revolution wären wohl selbst für den bestinformierten Beobachter unmöglich. Daß ein Umsturz der Zarenmacht während des Krieges überhaupt entstehen würde, haben auch ungleich besser über die Lage orientierte Leute als ich unbedingt bezweifelt und selbst nach dem Krieg für mehr als fraglich gehalten. Die Agrarreform Stolypins hatte ja den klugen Schachzug getan, eine der sozialrevolutionären Kerntruppen, die Bauern der altrussischen Gebiete, in zwei ungleich große, aber unvermeidlich tief verfeindete Teile zu spalten: einerseits die neuen, aus dem Dorfkommunismus ausgeschiedenen Privateigentümer: die ökonomisch stärksten Elemente der Bauern also, deren neuer Besitz sie mit dem bestehenden Regime eng verknüpfte, und andererseits die im Dorfkommunismus verbliebenen proletarisierten Bauernmassen, welche die Verleihung jenes Privatbesitzes als schnödes Unrecht zugunsten der anderen empfanden. Des weiteren schien es immerhin möglich, daß ein anderer wichtiger Träger der alten sozialrevolutionären Ideen sich anders als früher verhalten könnte: das sogenannte „dritte Element". Dahin gehören die massenhaften, fest aber schlecht bezahlten Angestellten der großen Selbstverwaltungsverbände, der sogenannten „Semstwos". Unter ihnen befindet sich fast die gesamte, überhaupt in der materiellen Verwaltung tätige „Intelligenz". So alles

[1] Die Hilfe vom 26. April 1917.

Personal der in Rußland sehr wichtigen agronomischen, der Veterinären und überhaupt fast aller in unserem Sinn „volkwirtschaftlichen" Arbeit und des weltlichen Volksschulunterrichts, ebenso die, im Gegensatz zu unseren Verhältnissen, mit festem Gehalt angestellten ländlichen Ärzte. Das sind also fast alle jene Kreise der „Intelligenz", welche mit der Bauernschaft im Alltagsleben als Vertrauensleute ständig zu tun haben. Sie standen in der Zeit der vorigen Revolution zu der fast nur polizeilichen Zwecken dienenden staatlichen Verwaltung im schroffsten inneren Gegensatz und waren die Träger der sozialrevolutionären Propaganda auf dem Lande. Ebenso aber standen sie in Gegnerschaft zu den ehrenamtlichen Mitgliedern der Semstwos selbst, die dem bürgerlichen Besitz, vor allem dem ländlichen Grundbesitz, entstammten. Gewisse Änderungen in der sachlichen Richtung der Semstwoarbeit sowohl wie auch in der Zusammensetzung dieser Schicht, welche man als Folge von Maßregeln der Stolypinschen Regierung und auch der Semstwos nach der Revolution vermuten durfte, konnten immerhin die jetzige Stellungnahme dieses Elements zu einer Revolution unsicher erscheinen lassen. Durch die Proletarisierung breiter Unterschichten der Bauern und durch die neue Privateigentumsordnung war ferner zwar das landlose, mit dem Dorf nicht mehr durch Landansprüche verknüpfte Industrieproletariat stark vermehrt worden. Es war ein führender Faktor der früheren Revolution gewesen. Aber es ist an Zahl begrenzt, und der Verlauf der Dinge nach dem Verfassungsmanifest hatte damals die neuerdings überall gemachte Erfahrung bestätigt: daß heute Revolutionen mit einem mehr als ganz kurzfristigen Erfolg *weder* von dem Bürgertum und der bürgerlichen Intelligenz allein, *noch* auch von den proletarischen Massen und der proletarischen Intelligenz allein erfolgreich durchgeführt werden können. Alle Generalstreiks und Putsche waren gescheitert von dem Augenblicke an, als das Bürgertum und dessen in Rußland wichtigster Bestandteil, die landbesitzenden Semstwokreise, sich der weiteren Mitwirkung versagt hatten. Auch wo aufständische Massen so fähige und wenigstens teilweise uneigennützige Führer haben, wie ohne Zweifel in Rußland, fehlt ihnen eben *ein* heute nun einmal auf die Dauer grundlegend wichtiges Kampfmittel: die *Kreditfähigkeit.* Diese genießt dagegen das Bürgertum. Und auf Grund ihrer kann es sich die Geldmittel verschaffen, welche heute für die Organisation einer dauernden Verwaltung, mag sie sich auch „revolutionär" nennen, ebenso notwendig sind wie für jede Machtorganisation überhaupt. Die Menschen wollen und müssen materiell zunächst einmal existieren, und um ein Heer von noch so idealistischen Angestellten zu bezahlen und die zahlreichen materiellen Mittel einer dauernden Macht zu beschaffen, braucht man: Geld. Es kam also darauf an, wie die bürgerlichen Kreise sich zu einer abermaligen Revolution verhalten würden. Die absolut reaktionäre Haltung der wenigen Riesenunternehmer der Schwerindustrie stand auch in Rußland natürlich fest. (Sie waren so reaktionär, daß ihre Haltung Revoltestimmungen der Massen – wie bei uns – allerdings geradezu herausfordern mußte.) Über das Verhalten der Mehrheit der einst die Reformbewegung tragenden bürgerlichen Intelligenz und der Semstwokreise seit der Revolution schien aber ebenfalls kein Zweifel zu bestehen. Ihr durch die Enttäuschung ihrer innerpolitischen Machthoffnungen gebrochenes Selbstgefühl flüchtete sich um so inbrünstiger in die Romantik der äußeren Macht. Ganz begreiflich: die Angehörigen der höheren russischen Bürokratie ebenso wie des Offizierkorps rekrutieren sich ja schließlich dort wie überall sehr stark aus diesen besitzenden Schichten. Konstantinopel und die sogenannte „Befreiung" der Slawen, das hieß praktisch: ihre Beherrschung durch die nationale großrussische Bürokratie, ersetzten also jetzt die Schwärmerei für „Menschenrechte" und die „Konstituante". Lebendig geblieben war ja diese imperialistische Legende und insbesondere der großrussische Herrschaftsanspruch innerhalb Rußlands selbst in der bürgerlichen Intelligenz auch während der ganzen Befreiungsbewegung. Schon ehe auch nur die allergeringste Garantie für die angeblich allein erstrebten freiheitlichen Errungenschaften erreicht war, hatten (1905) fast alle führenden Persönlichkeiten des „Befreiungsbundes" *(nicht* etwa nur der ganz zu Unrecht dafür geschmähte Herr Peter Struve) ihre Augen nach Konstantinopel und der Westgrenze gerichtet. Die Existenz einer ukrainischen Nationalität wurde von ihnen bestritten, die polnische Autonomie lediglich unter dem Gesichtspunkt, sich für eine künftige Expansion Rußlands nach außen „Freunde an der Westgrenze" zu schaffen, behandelt, die „Befreiung" aller möglichen Völker als Aufgabe ausgerechnet gerade des Großrussentums verkündet, – während doch im eigenen Haus noch schlechthin alles an Befreiung zu tun war. Die kleine Gruppe von Ideologen der alten Dragomanowschen Schule, welche eine Umgestaltung Rußlands zu einer wirklichen gleichberechtigten Nationalitätenföderation erstrebten, waren schon damals entweder betrogene Betrüger oder vollkommen einflußlos und in steter Furcht, den großrussischen Chauvinismus ihrer Genossen zu reizen. Die Frage der *Nationalitätenautonomie* innerhalb Rußlands war denn auch, wie Prof. J. Haller in seiner vor kurzem erschienenen lesenswerten Schrift: „Die russische Gefahr im deutschen Hause" (Stuttgart 1917) mit Recht betont hat[2], das wichtigste Mittel in der Hand Stolypins gewesen, durch Weckung des großrussischen Nationalismus die

[2] Die Schrift richtet sich gegen das Buch und auch gegen die Kreuzzeitungstätigkeit des Herrn Prof. Hoetzsch. Es ist in der Tat geradezu erstaunlich, daß ein Mann, der in Rußland wiederholt gewesen ist und dessen Buch mit beträchtlichen Ansprüchen auftritt, eine so vollständige Unkenntnis entscheidender politischer Parteigruppierungen an den Tag legt, wie es in jenem in jeder Hinsicht überaus seichten Buche geschieht, welches als politische Informationsquelle nicht in Betracht kommt. Meine eigenen seinerzeit gleichzeitig mit den Ereignissen geschriebenen Chroniken der Revolution von 1905/06 („Zur Lage der bürgerlichen Demokratie in Rußland" und „Rußlands Übergang zum Scheinkonstitutionalismus", Tübingen, Mohr, 1906) können *nur* unter dem Vorbehalt noch in Betracht kom-

demokratische Opposition niederzuwerfen. Die feste Überzeugung von dem vermeintlich „unvermeidlichen“ Zerfall Österreich-Ungarns und die Schwächung der Türkei im Balkankrieg schwellten die Hoffnungen dieser imperalistischen Intelligenz aufs äußerste. In der Duma wurde sie Hauptträgerin der Kriegsvorbereitungen, und im Kriege vertritt sie die Parole vom „Krieg bis zum äußersten“. Seit der von Prof. Haller (S.80) erwähnten Rücksprache des Großfürsten Nikolaj (Juli 1914) mit den Führern der „Kadetten“ waren diese Politiker höchst plötzlich in das Lager der Kriegshetzer abgeschwenkt. Sie hofften von der Fortsetzung des Kriegs eine Stärkung der finanziellen Position der Bourgeoisie. Die politisch liberale Entwicklung Rußlands, meinten Vertreter der Kadettenpartei zu Kriegsbeginn in Privatgesprächen, „komme ganz von selbst“. *Wie* dies je hätte geschehen sollen, *wenn* die Autokratie und Bürokratie durch einen Sieg über uns mit ungeheurem Prestige aus dem Krieg hervorgegangen wären, – dies blieb im Dunkeln. Es war ja nur als Folge einer schweren Niederlage möglich, welche diese russischen Imperialisten durchaus nicht erwarteten. Eine Revolution mußte nach alledem als sehr unwahrscheinlich gelten.

Wenn sie nun dennoch gekommen ist, so war dafür nach den Erfolgen unserer Waffen *das rein persönliche Verhalten des Zaren* ausschlaggebend. Die Niederlage von 1915 benutzte er zwar zur Kaltstellung des jetzigen „Bürgerkönigs“ in spe: des Großfürsten Nikolaj. Aber den Teilerfolg von 1916 benutzte er nicht, um mit einem ehrenvollen Frieden aus dem Kriege zu kommen. Die Hoffnung auf Größeres und wohl auch der bei ihm bestehende tiefe, rein persönliche Haß gegen den Deutschen Kaiser bedingten das. Nach der Niederlage in Rumänien gab es noch immer den Weg der Verständigung mit der durch und durch nationalistischen bürgerlichen, monarchisch gesonnenen Mehrheit der auf Grund eines krassen Klassenwahlrechts gewählten Duma. Ihn zu betreten und damit in die Bahn des Parlamentarismus einzulenken, hinderte den Zaren aber offenbar seine verhängnisvolle *Eitelkeit.* Ob daneben leicht pathologische Züge mitspielten, wie die Art seiner „Frömmigkeit“, die schließlich das Würdegefühl auch seiner besten Anhänger tief verletzt zu haben scheint, vermuten lassen könnte, kann ganz dahingestellt bleiben. Denn sein alles entscheidender Kernfehler lag ganz und gar in jenem verderblichen Irrtum: *selbst regieren zu wollen.* Dies zu tun, konnte ein Monarch wie der Zar sich allenfalls dann einmal vortäuschen, wenn

men, daß man 1. heute natürlich auch bei uns sehr viel mehr wissen kann, als damals, und den ganz lückenhaften Berichten zu entnehmen war, 2. daß seitdem die Stolypinsche Reform unternommen wurde. Stolypins Bedeutung überhaupt war damals nicht zu erkennen. Für die Orientierung über die (seitdem teilweise verschobenen) Parteiströmungen in Rußland und ihre reale Unterlage können jene anspruchslosen Chroniken vielleicht auch heute noch dem gänzlich Ununterrichteten eine gewisse Stütze bieten, wenn er die Mühe des Lesens nicht (wie z. B. Herr Hoetzsch tat) scheut.

der Zufall es wollte, daß ein ganz ungewöhnlich begabter Staatsmann ihm den *Schein* zu wahren half. Der Zar wäre schon bei der letzten Revolution verloren gewesen, nachdem er aus Eifersucht und Eitelkeit den Grafen Witte entlassen hatte, wenn nicht wider alles Erwarten ihm in Stolypin eine der Situation gewachsene Persönlichkeit erstanden wäre, der er sich unbedingt fügte. Ohne einen solchen Anhalt blieb er notwendig ein Dilettant, dessen unvermeidlich unstetes und unberechenbares Eingreifen auch bei weit größerer Begabung alle zielbewußte Politik unmöglich machte und der um die Existenz des Landes und seiner Krone spielte. Technische Kenntnis der modernen Verwaltung konnte er, nachdem der Thron einmal in jungen Jahren bestiegen war, überhaupt nicht mehr erwerben. Aber sie war nicht das Entscheidende. Denn dafür konnten schließlich, bei der nötigen Zurückhaltung des Monarchen, tüchtige Beamte sorgen. Allein – was so gern vergessen wird – ein noch so hervorragender Beamter ist um deswillen noch kein irgendwie geeigneter *Politiker* und umgekehrt. Noch weniger aber war ein solcher Politiker der Zar. Die besonderen Qualitäten für dieses schlüpfrige Gebiet verantwortlichen Handelns, verbunden mit der strengen *Sachlichkeit,* dem sicheren *Augenmaß,* der reservierten *Selbstbeherrschung,* der Fähigkeit *schweigenden* Handelns, die es verlangt, sind keine ererbten Angebinde einer Krone. Und diese Qualitäten sich zu bewahren, war für diesen, wie für jeden Monarchen in der die romantische Phantasie stark anregenden Lage eines solchen, noch ungleich schwerer als für andere. Es bedarf eben in monarchischen Staaten heute ganz fester und starker anderer Gewalten, um die *Ausschaltung* politisch unbegabter Herrscher in ihrem eigenen Interesse im Fall der Notwendigkeit zu ermöglichen.

Eben dieses Problem der gegebenenfalls nötigen *Ausschaltung* des Monarchen mußte nun aber im Kriege, je länger, je mehr, in Rußland gerade für die tüchtigsten Schichten auch der absolut undemokratischen Imperialisten beherrschend werden. Dazu bedurfte es keiner Anzettelung Englands. Es folgte auch für die zum Teil höchst sozialkonservativen Kreise des sogenannten „Fortschrittlichen Blocks" der Duma aus der Forderung der *Sache.* Große Politik wird stets von kleinen Kreisen der Menschen gemacht. Entscheidend für den Erfolg ist aber: – 1. daß ihre Entschlüsse nicht durch Einfälle eines politisch so unbegabten Monarchen, wie des Zaren, gestört werden, – 2. daß sie die *freie* Hingabe einer hinlänglich breiten mächtigen gesellschaftlichen Schicht hinter sich haben, – 3. daß sie wissen, wie Machtkämpfe da geführt werden, wo Reglement, Befehl und militärischer oder bürokratischer Gehorsam nach der Natur der Sache *nicht* die technischen Mittel ihrer Durchführung sind, – und dies ist in der großen Politik der Fall. Ein Apparat nun, einen politisch unbegabten Herrscher im eigenen Interesse und dem des Landes, da, wo es sachlich nötig ist, auszuschalten, ohne daß die politischen Institutionen umgestürzt werden, bietet *nur* eine sehr starke und breit fundierte selbstständige *Parlamentsmacht* der Vertrauensmänner der Wähler. Die menschlich verständliche Eifersucht des Fachbeamtentums, die sich als „monarchistisch" gebärdende Schmeichelei plutokratischer Interessenten und der ästhetenhafte Snobismus von Bildungsphilistern und Literaten (dieser Speichellecker der jeweils als „vornehm" geltenden Mode) hat zwar diesen einfachen Sachverhalt seit Jahrzehnten verlästert. Ästhetisch wird sich niemand an einem Parlament berauschen können. Vom Standpunkt der reinen Verwaltung aus ist es nur Kräftevergeudung und Redegelegenheit eitler Menschen, denen sich jeder tüchtige Fachbeamte an Beherrschung seines Ressorts weit überlegen fühlt, die man durch kleine Vorteile und verhüllten Anteil an der Ämterpatronage ködert und eben dadurch von realer Macht und Verantwortlichkeit ausschließt. Genau diese Qualitäten eignen tatsächlich und ausschließlich jedem *machtlosen* und daher politisch verantwortungslosen Parlament, welches die großen politischen Begabungen mit ihrem sittlich berechtigten Machtehrgeiz von der Beteiligung fernhält. Das ist „Scheinkonstitutionalismus" und schädigt unweigerlich die politische Qualität der Leistung. Deutschland z. B. hat die besten und ehrlichsten Fachbeamten der Welt. Was militärische Disziplin und Beamtentüchtigkeit können, hat die deutsche Leistung in diesem Krieg gezeigt. Aber die furchtbaren Mißerfolge der deutschen Politik haben auch gezeigt: was nun einmal durch diese Mittel *nicht* zu leisten ist.

Die Parlamentsmacht verdammt – das ist ihre weitaus wichtigste positive Leistung – durch eine einfach wirkende Auslese den politisch *unbegabten* Herrscher, und nur ihn, zur Ohnmacht. Dem politisch begabten Monarchen hält sie dagegen jenen gewaltigen Einfluß offen, den z. B. Edward VII. – mehr als ein anderer Monarch eine beherrschende Figur der neuesten Zeit – ausgeübt hat. Der Zar hatte zu wählen zwischen dem *realen* Besitz jener Macht, die jedem Monarchen sein bei politischer Klugheit und Beherrschtheit stets überaus großer tatsächlicher Einfluß auf die Staatsleitung gewährt, und jener eitlen Romantik und Pathetik des äußeren *Scheines* der Macht, durch dessen Erstreben sein ostensibles und geräuschvolles Eingreifen für die sachliche und konsequente Führung der Politik verderblich wurde und für seine Krone gefährlich werden konnte. In Rußland war zwar (im Gegensatz zu uns) strafbar (als „Publikation eines Hofberichtes") jede *Veröffentlichung* von Reden und Telegrammen des Monarchen, welche nicht durch den zuständigen Beamten kontrolliert worden war. Allein das genügte, da dieser Beamte eben ein Hofbeamter war und keine parlamentarische Macht dem Monarchen gegenüber als selbständige Grundlage seiner Stellung hinter sich hatte, nicht einmal zur Verhinderung des Bekanntwerdens politisch unkluger Äußerungen des Zaren. Erst recht nicht setzte irgend etwas der unbegabten Unstetheit seines Eingreifens in die Politik eine Schranke. Deshalb wurden selbst die konservativsten Kreise des russischen Besitzes, und gerade sie, im

Kriege Anhänger des Parlamentarismus. Der Zar dagegen optierte für die Romantik des Scheins und entschloß sich auch in letzter Stunde nicht, die formelle Macht auch nur mit den sozialkonservativen Mächten des in der jetzigen Duma vorherrschenden bürgerlichen Besitzes zu teilen. Mit der ihm im eigenen Machtinteresse unbedingt ergebenen Polizei und den angeworbenen „Schwarzen Banden" allein war aber das Land in einer Lage wie der jetzigen nicht in der Hand zu behalten. Sie hatten ihre Fähigkeit gezeigt, Attentate, Generalstreiks, Pogrome zu arrangieren, um das Bürgertum und unbequeme Minister einzuschüchtern, wie dies festgestelltermaßen geschehen ist. Sie waren eine vollständig nach eigenem Ermessen operierende und tatsächlich sehr erhebliche Macht. Aber fast die ganze materielle Verwaltung lag, dem reinen Polizeicharakter des Staates entsprechend, in den Händen eben jener dem Zaren besonders tief verhaßten Semstwokreise. Vor allem mußte daher, wenn diese Vertreter der „Gesellschaft" geflissentlich beiseitegeschoben, desorganisiert oder gar zur Obstruktion getrieben wurden, die wirtschaftliche Versorgung des Landes und der Hauptstädte völlig zum Stillstand gebracht werden. Das geschah offenbar und brachte in Verbindung mit dem Versagen des russischen Eisenbahnsystems infolge der Ansprüche des rumänischen Feldzugs die Revolte unmittelbar zum Ausbruch.

Nun wäre ohne die Gegnerschaft der *bürgerlichen* Intelligenz gegen das alte Regime jede noch so erfolgreiche Massenrevolte natürlich nach kurzer Dauer ebenso ins Nichts verlaufen und im Blut erstickt worden wie im Winter 1905/06, und wie es etwa einem Putsch der Schwätzer unserer „Gruppe Liebknecht" ergehen würde, wenn man sie sich an Zahl um das Zwanzigfache vermehrt denkt. Aber nicht nur alle geschulten Arbeiterführer, sondern auch die führenden Schichten der bürgerlichen Intelligenz taten infolge des Verhaltens des Zaren mit. Ihre Bataillone gegen Angehörige jener Familien marschieren zu lassen, denen die meisten von ihnen selbst entstammten, hätte sich die Mehrzahl selbst der aktiven und vollends der – jetzt vorwiegenden – Reserve-Offiziere nicht dauernd bereit gefunden. Gerade den tüchtigsten unter ihnen schien überdies die Ausschaltung des unberechenbaren persönlichen Eingreifens dieses Monarchen aber *sachlich* unumgänglich, nachdem die Folgen seines Dilettantismus zutage getreten waren. Daß dann diese „Ausschaltung" wesentlich anders verlief, als wohl die Mehrzahl von ihnen es gewünscht hätte, daß sie nämlich zum Sturz der Dynastie und *nicht* zu einem Bürgerkönigtum eines Großfürsten oder zu einer Militärdiktatur führte, – dies erzwang die zunächst unvermeidliche Rücksicht der hauptstädtischen Führer der Bewegung auf die Machtstellung des für den Kampf gegen den Zaren unentbehrlichen *Proletariats.* Die Hungersnot entstand allein aus einem Versagen der russischen Eisenbahnen gegenüber den Aufgaben, welche die Verlängerung der Front durch den rumänischen Feldzug stellte. Und es zeigte sich nun, daß die Führer der proletarischen Schichten der „Intelligenz", des staatlichen und sonstigen Unterbeamtentums und der Eisenbahn-, Post- und Telegraphenarbeiter, ihre Leute so in der Hand hatten, daß sie Kerenskijs Machtstellung hinnehmen und die völlige Beseitigung der Dynastie dulden mußten. Daß aber eine Entwicklung zu einer offenen oder verhüllten Militärdiktatur dauernd unterbleibt, ist, *falls der Krieg fortgesetzt wird,* sehr wenig wahrscheinlich. Eine gewisse Rücksichtnahme auf die besitzenden Schichten wäre dabei freilich unvermeidlich. Die Mehrzahl der Berufsoffiziere, sicherlich aber die bürgerlichen Schichten der heutigen Klassenduma und provisorischen Regierung fürchten jedoch die wirkliche Demokratie. Und vor allem fürchten eine solche die *Geldgeber* im Inland und in den verbündeten Ländern. Teils weil sie die Fortsetzung des Krieges wünschen, teils aber weil sie für die Sicherheit ihrer Geldvorschüsse fürchten. Dieser Einfluß ist der wichtigste. Bei der früheren Revolution ließ sich Schritt für Schritt verfolgen, wie seitens der Regierung des Grafen Witte ganz genau das geschah, an Konzessionen und an Repressionen, was jeweils von den ausländischen Banken und Börsen für die *Kreditwürdigkeit* seines Regimes für ersprießlich gehalten wurde. Die bürgerlichen Leiter des gegenwärtigen Regimes haben, wenn sie Kredit erhalten wollen, gar keine Wahl, als genau ebenso zu verfahren. Das Gelingen der auswärtigen Anleihe setzte den Zaren 1906 in den Stand, Witte zu entlassen, die Scheinkonstitution zu oktroyieren, vor allem die Polizeigewalt und die „Schwarzen Banden" neu zu etablieren und dann die Duma zuerst als Luft zu behandeln und weiterhin zum Staatsstreich zu schreiten. Finden sich die Persönlichkeiten, so erhalten sie das Geld zur Bändigung des Landes unter gleichviel welchen *schein*demokratischen Formen natürlich auch diesmal. Die Aufgabe an sich ist nicht unlösbar und die Frage nur die: ob sich Persönlichkeiten finden. Das kann kein Ausländer wissen. Jedenfalls aber wird sich jeder selbst sagen, daß ein Regime, für dessen Kosten zunächst Leute wie Morosow und die anderen Führer des erzreaktionären Großkapitals das Geld zeichneten, keine „Demokratie" bedeuten kann. Nach den Banken, den inländischen und ausländischen, und jetzt nach Amerika richten die Herren Miljukow und Gutschkow ihre Blicke, um von da das Geld zu erhalten – nicht in erster Linie zur Führung des Krieges, sondern um sich *gegen die Radikalen* im Sattel zu befestigen.

In diesem ganzen Zusammenhang ist nun entscheidend wichtig und charakteristisch die Stellung der Regierung gegenüber den *Bauern,* welche auch bei der früheren Revolution das in die Augen fallende Symptom der jeweiligen innerpolitischen Machtlage war.

Wirkliches Interesse am *Frieden* haben objektiv vor allem die *Bauern,* die ungeheure Mehrzahl des russischen Volkes. Im Sinn ihrer eigenen Ideale sind ihre realen Interessen nicht zu befriedigen ohne: 1. Enteignung des gesamten nichtbäuerlichen Grundbesitzes und 2. *Kassierung der Auslandsschulden Rußlands.* Gerade das letztere ist entscheidend. Denn sollten die Bauern die Schuldzinsen für das Ausland decken, so begänne der von den russischen Nationalökonomen eindringlich geschilderte Prozeß aufs neue: daß diese total unterernährte Schicht das Getreide, welches für den Export zur Deckung jener Zinsen erforderlich ist, hergeben müßte und durch gewaltige Steuern zum unfreiwilligen Verkauf gezwungen werden würde. So war es früher. – Die praktisch vermutlich auch diesmal unüberwindlichen Schwierigkeiten aber, welche der *erste* Punkt: die Enteignung, bietet, liegen nicht so sehr in der Sache an sich als in den unvermeidlich bei der Durchführung entstehenden Interessenkonflikten zwischen den einzelnen, vor allem: den lokalen und regionalen Gruppen innerhalb der Bauern selbst. Wenn die Enteignung in einem Kreise für die dortigen Bauern 6 Hektar ergibt, im Nachbarkreise aber je 15, so verlangen die Bauern des ersteren natürlich Gemeinsamkeit der Verteilung, während die letzteren das Land ihres Kreises für sich monopolisieren wollen. Diese Konflikte spielten schon in den ersten Stadien der früheren Revolution ihre Rolle. Außerdem natürlich liegt die Schwierigkeit darin, daß sie für das Land nichts bezahlen wollen, also in hoffnungslosen Konflikt mit den bürgerlichen Interessenten des Bodeneigentums geraten. Diese Schwierigkeiten wären zu beseitigen nur im Wege einer jahrelang dauernden sozialrevolutionären *Diktatur* (unter „sozialrevolutionär" ist dabei nicht irgendein Wüterich, sondern einfach ein Politiker verstanden, welcher an die in Rußland überaus jugendliche „Heiligkeit" des privaten ländlichen Grundbesitzes sich nicht kehrt). Ob Persönlichkeiten dafür vorhanden sind, weiß ich nicht. Dauernde Macht könnten sie aber nur dann gewinnen, wenn schleunigst *Frieden* geschlossen würde. *Denn nur dann wären die Bauern überhaupt in der Heimat und ständen zur Verfügung.* Jetzt sind in der Heimat Greise, Kinder und Frauen, die Bauern aber sind der „Disziplin", und das heißt in diesem Fall: der Gewalt der jetzt herrschenden, besitzenden Schichten und der aus ihnen hervorgehenden Offiziere und Beamten, ausgeliefert. Die Disziplin mag noch so sehr gelockert und das Heer in seiner Offensivkraft geschwächt sein, *diesen* Dienst leistet die Fortdauer des Krieges den besitzenden Schichten doch. Diese Schichten sind natürlich *geschworene Feinde jeglicher Bauernbewegung,* denn sie sind verbündet mit den in den Semstwos herrschenden Grundbesitzinteressenten. Sie sind daher, *um die Bauern von der Heimat fernzuhalten,* bedingungslos für die Fortsetzung des Krieges *um seiner selbst willen,* auch wenn sie völlig aussichtslos ist. Denn nur dadurch können: – erstens die Massen der *Bauern* weiter von der Heimat fern in den Schützengräben *unter der Kontrolle der Generale* gehalten, inzwischen – zweitens die Festigung der neuen Macht der besitzenden Klassen vor dem Friedensschluß durchgeführt, und dafür – drittens die *Geldunterstützung der Banken* im Inland und Ausland gewonnen werden, um die neue Macht zu organisieren und die Bauernbewegung niederzuhalten. Die Situation ähnelt der unserigen darin, daß auch unsere Konservativen jetzt gern *hinter dem Rücken des Heeres draußen* eine Scheinreform des preußischen Wahlrechts vornehmen möchten. *Niemals* wären solche Reaktionäre wie Gutschkow und ähnliche Persönlichkeiten in die jetzige Regierung eingetreten ohne Garantien dafür, daß jede wirkliche Bauernbewegung niedergeschlagen wird. Nur zu diesem Zwecke traten sie ein. Das liegt auf der Hand. *Niemals* würden andererseits die erzreaktionären Schwerindustriellen und Handelskammerpräsidenten und die Banken die „Freiheitsanleihe" zeichnen oder die Geldgeber in den verbündeten Staaten dem neuen Regime Kredit gewähren ohne die gleichen Garantien, da sie sonst ihr bisher geliehenes Geld verlieren würden. Das liegt ebenfalls auf der Hand. Mit Geld kann man gewiß nicht alles in der Welt machen. *Ohne* Geld aber kann man auf die Dauer gar nichts machen. Mit den Milliarden der „Freiheitsanleihe" wird es nach menschlichem Ermessen möglich sein, 1. die Massen der Bauern weiter in den Schützengräben und also in Ohnmacht zu erhalten, – 2. jeden Versuch der wirklichen Demokraten im Inland, die Macht an sich zu reißen, zu vereiteln. Diese Gewalt des Geldes kann durch Putsche und Revolten wohl gehemmt und in ihrer Bedeutung für die Öffentlichkeit im Kriege gelähmt, aber sie kann ohne eine völlige Liquidation des Krieges nie und nimmer gebrochen werden. Für die Machtlage der beiden feindlichen Parteien liegt *bisher* als Symptom nur die Tatsache vor: daß ein Teil des inländischen Hauptkapitals die „Freiheitsanleihe" zu zeichnen sich *weigert,* also dem Bestand der bürgerlichen plutokratischen Regierung nicht zu trauen scheint. Immerhin ein wichtiges Anzeichen.

Die Demokraten haben aber ihrerseits wenigstens bisher noch nicht die Fähigkeit gezeigt, an der Machtstellung der Finanz ernstlich zu rütteln. Man hat ihnen natürlich durch Zulassung eines gewissen Maßes von Bewegungsfreiheit, vor allem der praktisch wichtigen Freiheit des Agitierens, ferner durch das Versprechen der „Republik" und im übrigen durch *genau so allgemein gehaltene Versprechungen* für die Zukunft, wie sie seinerzeit auch die Regierung des *Zaren* gegeben hatte, Konzessionen gemacht. Denn vorläufig sind sie anscheinend nach wie vor im Besitz der Verfügung über einen Teil der Verkehrsmittel, vor allem der inländischen Telegraphen und Eisenbahnen. Aber *nicht sie* erhalten den Kredit der Banken, und solange der Krieg fortgesetzt wird, hat daher ihre Macht zur Etablierung eines ständig funktionierenden Regierungsapparates eine feste und enge Grenze. Auch die zu ihnen haltenden zahlreichen Beamten wollen ja auf die Dauer vor allem – *bezahlt* sein, und dazu braucht man Bankkredit. Von den Banken erhält aber nur Geld, wer 1. vorläufig den Krieg fortsetzt und 2. die Bauern, deren Ideale mit den Interessen der russischen Staatsgläubiger unvereinbar sind, unbedingt niederhält.

Die Regierung hat nie die *„Konstituante"* versprochen. Diese würde, wenn 1. wirklich freie Wahlen stattfänden und 2. die Bauern wirkliche Informationen über die Sachlage erlangen könnten, ganz unfehlbar eine ungeheure Mehrheit von Bauernvertretern bringen, welche für 1. Landenteignung, 2. Kassierung der Staatsschuld, 3. Frieden einträten. Die herrschenden besitzenden Schichten und die leitenden Offiziere sind daher ebenso wie die großen Geldmächte des In- und Auslandes einerseits an Verfälschung der Informationen der Bauern und der Wahlen selbst, andererseits, wenn dies nicht möglich ist, an Hinausschiebung der Konstituante interessiert. Vor allem aber daran: daß die Angehörigen des *Heeres,* d. h. die Masse der kräftigsten Bauern, um *keinen Preis an den Wahlen* zur Konstituante teilnehmen.

Aber auch viele Vertreter der sozialdemokratischen russischen Industriearbeiter können sich für keinen der drei Punkte jenes naturgegebenen Bauernprogramms ernstlich begeistern. Die wirklichen Hoffnungen der Bauern erscheinen dem marxistischen Sozialdemokraten, vor allem Plechanow, natürlich heute genau so utopisch und „rückständig" wie 1905. Plechanow und ähnliche Ethiker sind als marxistische Evolutionisten die geschworenen Gegner aller „kleinbürgerlichen, bäuerlichen Gleichheits- und Teilungs-Ideale"; dazu treten materielle Momente. Die Arbeiter verlangen Höchstpreise und billiges Brot, die Bauern halten das Getreide zurück und würden der Beschlagnahme, wenn sie könnten, Gewalt entgegensetzen. Der Verdienst der Arbeiter in der Kriegsindustrie ist sehr gut. Irgendwelche Erfolge der wirklichen Bestrebungen der Bauern könnten die kapitalistische industrielle Entwicklung Rußlands für Jahre verlangsamen. Und wie in der ganzen Welt haben sich die sozialistischen Arbeiter, wo immer sie zur Regierung kamen (so in sizilianischen Städten), als bewußte Förderer der kapitalistischen Entwicklung, die ihnen ja Arbeitsgelegenheit gibt, gezeigt. Vor allem aber müßten sie ihre Macht mit der riesigen Mehrheit einer Bewegung ganz anderen Gepräges teilen, von deren abgründiger „Unreife" sie so überzeugt sind, wie nur irgendein deutscher Literat es ist. Das hindert natürlich ein ganz aufrichtiges *gefühlsmäßiges* Solidaritätsempfinden mit den Bauern nicht. Und es hindert nicht, daß die nicht kriegsindustriell interessierten oder evolutionistisch gebundenen Sozialisten für den Frieden eintreten. Es hindert endlich auch nicht, daß sie ihrem Programm gemäß „prinzipiell" die Forderung der alleinigen Zuständigkeit der Konstituante vertreten müssen. Wohl aber beeinflußt es die *tatsächliche* praktische Haltung der mit in der Macht sitzenden sozialistischen Politiker unbeschadet aller Prinzipien.

Die sozialistischen Arbeiterführer können durch Obstruktion der Verwaltung wohl politische Konzessionen von einer *bürgerlichen* Regierung eintauschen, – *nicht* aber von einer „Konstituante" der *Bauern.* Aus eigener Kraft, ohne die bürgerlichen Schichten, können sie ferner keine stetige Verwaltung des Landes organisieren, solange der Krieg dauert. Denn dafür ist eben der entscheidende Punkt: der Mangel der *Kreditfähigkeit,* die so lange ein für die Teilnahme an der Macht ausschlaggebender Faktor bleibt, *als der Krieg fortgesetzt wird.* Gegen diese Fortsetzung energisch aufzutreten, riskieren sie aber dennoch nicht. Denn sie können gerade jetzt die Bundesgenossenschaft der allein *kreditwürdigen* bürgerlichen Schichten nicht entbehren. Ohne Fortsetzung des Krieges aber würde diesen der Kredit gesperrt. Die Sozialdemokraten und Sozialrevolutionäre können also, solange die Lage bleibt, wie sie ist, nur die Rolle von „Mitläufern" spielen und werden als solche gern geduldet, weil sie den Massen einen wirklich „revolutionären" Charakter der Regierung vortäuschen. Aber über die entscheidende Frage von Krieg und Frieden verfügen vorerst nicht sie, sondern die besitzenden bürgerlichen Schichten, die Offiziere und – die *Banken. Nicht eine „Revolution", sondern eine einfache „Ausschaltung" eines unfähigen Monarchen hat bisher stattgefunden.* Die reale Macht ist mindestens zur Hälfte in den Händen von lauter monarchisch gesinnten Kreisen, die den jetzigen republikanischen Schwindel nur deshalb mitmachen, weil der Monarch sich zu ihrem Bedauern nicht in die sachlich gebotenen Schranken seiner Macht gefügt hat. Ob die „Republik" infolge der Torheiten und der Minderwertigkeit der Dynastie schließlich der Form nach wirklich für längere Zeit (womöglich dauernd) sich etablieren muß – was jene Kreise bestimmt *nicht* wünschen –, ist sachlich gleichgültig. Es kommt nur darauf an, ob die wirklich „demokratischen" Elemente: Bauern, Handwerker, Industriearbeiter *außerhalb* der Kriegsindustrie, die reale Macht gewinnen. Das ist nicht unmöglich, aber im Augenblick jedenfalls noch nicht der Fall. Haben aber erst die bürgerlichen Teilhaber der Regierung, Gutschkow, Miljukow usw., das *Geld* Amerikas oder der Banken in der Hand, *dann* ist die Zeit reif für den Versuch, sich der sozialistischen Mitläufer mit Hilfe der Offiziere und der Gardetruppen gänzlich zu entledigen. In dem Augenblick, wo dann *wirklich* „revolutionäre" Konsequenzen gezogen werden sollten, würden die sozialistischen Ideologen die Geldmacht und die jetzt herrschenden bürgerlichen Kreise geschlossen gegen sich haben. Alle noch so radikalen Politiker, die *mit* diesen Mächten herrschen wollen, haben gar keine Wahl, als sich zu der elenden Rolle herzugeben, welche Leute wie Kerenskij und Tscheidsee heute spielen müssen. Das ist der *sehr* einfache Zusammenhang.

Wer diesen Zusammenhang bezweifelt – und so naive Gemüter wird es im neutralen Ausland sicher, vielleicht aber auch bei uns geben –, der wird doch die *Probe* auf das Exempel anerkennen müssen, wenn er ehrlich sein will. Diese Probe besteht in folgenden Punkten:

1. Die ganze Masse der Bauern befindet sich an der Front. Die Radikalen, die angeblich gegen den „Militarismus" sind, müßten nun vor allem dafür eintreten, daß diese Leute ihre Meinung in geheimer Abstimmung und Wahl (deren Geheimhaltung sorgsam zu kontrollieren wäre) *äußern* dürfen. Die *Reaktionäre* und nur *sie* haben dagegen, wie gesagt, das klare Interesse: 1. die *Bauern an der Front zu halten* und 2. die *Beteiligung der Front an der Abstimmung zu hindern.* Solange

in den Dörfern nur Greise, Kinder und Frauen sind, sind die Bauern machtlos. Und die Daheimgebliebenen haben es äußerst billig, das große Maul für die Fortsetzung des Krieges zu führen. Sie verdienen ja Geld daran und eignen sich die Kundschaft der draußenliegenden Krieger zu. Das alles ist sonnenklar. Wenn sich also die Radikalen der Fernhaltung der Armee von den Wahlen fügen, so wollen sie den Frieden *nicht,* – weil sie nicht „dürfen". Die Probe ist, wenn die Nachrichten nicht direkt gefälscht sind, gemacht: die Deputierten der neuen Regierung, mit Einschluß des Reaktionärs Gutschkow einerseits, des Revolutionärs Kerenskij andererseits, sind bei dem (erzreaktionären) General Brussilow gewesen. Was ist geschehen? *Sie haben sich gefügt.* Nach neueren Nachrichten scheint freilich irgendeine Form der Beteiligung des Heeres doch durchgesetzt zu sein. Aber es gibt der Proben noch mehrere.

2. Eine öffentliche, absolut unzweideutige Erklärung der Zentralmächte und überdies ein Telegramm der deutschen sozialdemokratischen Partei liegt den (angeblich) „radikalen" Petersburger Führern vor. Die ganz einfache Probe ist: ob sich daraufhin die jetzige Regierung, deren im Innern mächtigster Mann Kerenskij ist, oder ob wenigstens die Konkurrenzregierung, deren mächtigster Mann Tscheidsee ist, die Herbeiführung von Friedensverhandlungen der Zentralmächte mit den verbündeten Ententemächten zu erzwingen versucht oder nicht. Weigern sie sich, ihren Bundesgenossen abzuverlangen, auch nur in *Friedensverhandlungen* einzutreten (unter der Androhung, dies sonst selbständig zu tun), so ist die zweite Probe gemacht. – Die nächste Zeit wird es lehren.

3. Es gibt aber immer noch weitere Proben: Friedensverhandlungen kann man unmöglich machen durch öffentliche Proklamierung von Bedingungen, denen sich der Gegner wie einem „Ultimatum" *vor* Beginn der Verhandlungen zu fügen habe. Darauf läßt sich kein Gegner ein. Das hat aber Prof. Miljukow – ohne Widerspruch des „Radikalen": Kerenskij – durch sein Manifest über *Polen* und seine Erklärung über *Serbien* getan. In dem Manifest über Polen ist nicht gesagt, *welches Gebiet* Prof. Miljukow darunter versteht. Es gibt in ganz Deutschland, wie er genau weiß, keinen Menschen, der über deutsches, von Deutschen in untrennbarer Mischung mit Polen bewohntes Reichsgebiet zu verhandeln gedenkt. Sondern es handelt sich darum: daß die von Rußland 1815 *garantierte* Selbständigkeit Polens, nachdem sie von dem russischen Zaren schnöde geraubt worden ist, unter neuen Garantien wiederhergestellt werden soll. Die Hauptfrage ist: welches soll die *Ost*grenze dieses Gebiets sein? Nach deutschem Standpunkt hat dafür die *Ansicht der Polen* maßgebend zu sein. Die Polen sind jetzt aus der Duma ausgetreten, da sie nicht mehr ihre Vertretung sei. Prof. Miljukow, dem die Duma die Macht gegeben hat, hat also mit ihnen offenbar nichts mehr zu schaffen.

Dazu tritt die innerrussische Nationalitätenfrage. Ein echt demokratisches Programm dafür hatte seinerzeit der Kleinrusse Dragomanow aufgestellt: ganz freie Föderation mit Bundesparlament und Kontrolle nur der formalen *Rechtmäßigkeit* der Akte der autonomen Landtage und Behörden der Einzelvölker. Die jetzige Regierung hat nicht umhin gekonnt, ein Nationalitätenprogramm aufzustellen, welches *Gleichstellung* verheißt. Aber von *Autonomie,* d. h. einem *Ersatz* des *großrussischen Beamtentums* und Offizierkorps durch frei von den einzelnen Nationalitäten bestimmte Funktionäre, von Landtagen oder doch von solchen Rechten, wie sie die Tschechen, Kroaten, Slowenen in Österreich haben, steht *nichts* darin.

Hier hat diese Demokratie ihre feste Schranke, solange die jetzige bürgerliche Regierung in Rußland besteht. Denn ihre imperialistischen Mitglieder, insbesondere die Dumakreise, wollen ja gerade die *Beherrschung* der anderen Fremdvölker durch eine Bürokratie und ein Offizierkorps, welche aus ihrer eigenen Mitte, das heißt aus den besitzenden *großrussischen* Schichten hervorgegangen sind. So war es von jeher, einerlei, wer in Rußland regierte. An diesem Problem ist die frühere Revolution durch das Wachrufen des großrussischen Chauvinismus zum Scheitern gebracht worden. – Auch die Sozialisten werden sich da – aus Angst vor dieser Möglichkeit – zunächst fügen müssen. Daß „nationale" Versprechungen, welche Herr Gutschkow und die übrigen Mitglieder der aus Klassenwahlen hervorgegangenen Duma machen, ehrlicher erfüllt würden als die des Zaren, glaubt weder eines der russischen Fremdvölker, noch glaubt es Herr Gutschkow selbst, und am allerwenigsten glauben es die Herren Kerenskij und Tscheidsee. Aber sie müssen das trotzdem mitmachen.

Denn – um es immer wieder zu sagen – die an der gegenwärtigen Gewalt teilnehmenden Politiker, gleichviel welcher Richtung, bedürfen des Geldes der *Banken.* Dies Geld wird nur zum kleinsten Teil für den Kampf gegen die Zentralmächte verwendet. Die Hauptmasse wird gebraucht, um die Beherrschung des Landes durch die kapitalistischen Interessenten und die Interessenten der großrussischen besitzenden Intelligenz zu sichern. Zu dieser Sicherung gehört zunächst die Schaffung einer Wehrmacht, so zuverlässig für das bürgerliche Regime, wie die Schwarzen Banden des Zaren es für diesen waren. Sie ist bestimmt vor *allen* Dingen gegen *innere* Gegner. Das geschieht soeben – mit den Vorschüssen der Banken und der Großindustriellen. Ferner ist dafür nötig die *Verhaftung* aller derjenigen Leute, welche die Bauern im Sinn von deren eigenen Interessen zu beeinflussen imstande sind. Das sind die gleichen Mittel, welche das Regime des Zaren anwandte. Diese Verhaftungen haben schon jetzt begonnen. Sie erfolgen unter der Firma: daß diese Radikalen geheime Agenten Deutschlands seien. Vor allem werden die Wahlen zur Konstituante (wenn sie überhaupt während des Krieges stattfinden) durch Verbreitung der bekannten unwahren Behauptung über die „Unterstützung des alten Regimes durch Deutschland" verfälscht. Davon ein Wort.

Im Jahre 1905 wurde ich von akademisch gebildeten, lange Zeit in Deutschland gewesenen Russen allen Ernstes immer wieder gefragt: 1. ob Deutschland im Fall der Enteignung des russischen Privatgrundbesitzes intervenieren, – 2. wenn ja, ob die Sozialdemokratie in der Lage sein werde, dies zu hindern. Die Verneinung der *beiden* für jeden Kenner deutscher Verhältnisse gleich lächerlichen Fragen stieß auf völligen Unglauben. Nun hat gewiß das Verhalten der konservativen preußischen Polizei zur Entstehung dieses Glaubens das ihrige beigetragen: ich will diese würdelosen und dabei politisch für uns wertlosen Dienste hier nicht nochmals aufzählen. Denn ich denke, das ist jetzt vorbei. Direkter Urheber des wahnwitzigen Märchens war aber 1905 der erzreaktionäre Militärgouverneur von Warschau, Skalon, der sehr genau wußte, was er damit tat. Keiner der *heutigen* Petersburger Machthaber glaubt diesen Unsinn. Dennoch wird er von ihnen genau ebenso benutzt wie von Skalon. Und es scheint sich dabei auch zu zeigen: daß die Vertreter des russischen Sozialismus nur die Wahl haben, entweder dies erbärmliche Spiel mitzumachen *oder:* auf die Teilnahme an der Macht zu verzichten. Sie müssen es ebenso *mitmachen,* daß die Friedensbotschaft der Zentralmächte ignoriert wird, und müssen es dulden, daß Kriegsmanifeste und Interviews mit dem Kriegsziel: „Vernichtung des preußischen Militarismus" oder „Absetzung der Hohenzollern" oder Losreißung türkischer oder österreichischer oder deutscher Gebietsteile in die Welt gehen. *Denn sonst gibt es kein Geld* für die Erhaltung der eigenen Herrschaft im Lande.

Diese sonnenklare Lage der russischen Scheindemokratie und insbesondere der sozialistischen Führer in Rußland begründet nun die politisch sehr verantwortliche Situation der *deutschen sozialdemokratischen Partei* und ihrer Führer.

Denn die Lage ist jetzt diese: Neben den erwähnten sehr materiellen Umständen beruht jene Haltung der russischen sozialistischen Führer auf einer grundsätzlichen Voraussetzung: daß nämlich die deutsche Sozialdemokratie jetzt, wo ein Heer von Negern, Ghurkas und allem barbarischen Lumpengesindel der Welt an unserer Grenze steht, halb wahnsinnig vor Wut, Rachedurst und Gier, unser Land zu verwüsten, sich dennoch vielleicht dazu hergeben werde, den Schwindel der jetzigen russischen Duma-Plutokratie mitzumachen und dem deutschen Heer, das unser Land vor wilden Völkern schützt, moralisch in den Rücken zu fallen. Daneben freilich auch auf einer *ungeheuren Unterschätzung* der deutschen militärischen Kraft und unseres Entschlusses, nötigenfalls alle Entbehrungen auf uns zu nehmen, um einen dauerhaften Frieden zu erzwingen, wenn es den russischen Machthabern, wie vorauszusehen, wiederum gelingt, Friedensverhandlungen zu vereiteln. Es ist durchaus notwendig, daß die deutsche Arbeiterschaft *weiß,* daß und warum zur Zeit von irgendeiner echten »Demokratie« in Rußland gar keine Rede ist. Mit einem *wirklich* demokratischen Rußland könnten wir jederzeit einen ehrenvollen Frieden schließen. Mit dem jetzigen vermutlich *nicht;* denn die Machthaber brauchen den Krieg um ihrer Machtstellung willen.

Es ist gewiß ein widerwärtiger Gedanke, daß unsere Truppen nach fast drei Kriegsjahren noch immer der Heimat fernbleiben müssen, nur weil die plutokratische Hälfte der jetzigen Regierung in Rußland ihre Macht im Innern des Landes durch Festhaltung der Bauern in den Schützengräben und Benutzung des Bankkredits festigen muß, und weil die Macht der Sozialisten infolge ihrer Kreditunfähigkeit unzulänglich ist und sie deshalb genötigt sind, mit den Wölfen zu heulen. Aber wenn nicht ein neuer Umsturz eintritt oder die Machtlage sich verschiebt, wird es mindestens mehrere Monate dauern, bis auch das Interesse breiter *bürgerlicher* Elemente in Rußland an einer Durchführung geordneter Verhältnisse, deren Vorbedingung ein anständiger Friede ist, sich maßgebend durchsetzen kann – so oder so. Der Moment kommt natürlich mit absoluter Sicherheit. Aber bis dahin muß eventuell rücksichtslos weitergekämpft werden, darin besteht tatsächlich gar keine Wahl. Daß man, solange noch eine wirklich erhebliche Hoffnung auf einen Sieg der Friedensströmung besteht, die Russen unter sich läßt, ist in der Ordnung. Zeigt sich, daß die am Krieg interessierten Mächte doch das Übergewicht gewinnen, dann fällt dazu der Grund fort.

Zu lernen haben wir unsererseits von dieser *jetzigen Scheindemokratie gar* nichts als nur das eine: daß man nicht durch solchen Schwindel, wie es das jetzige *Dumawahlrecht* ist, den *moralischen Kredit einer Krone gefährden* soll. Das zu betonen, scheint leider auch jetzt noch zeitgemäß.

Die russische Revolution und der Friede[1]

Der Sturz derjenigen Regierung, welche den Krieg gegen uns am unbedingtesten gewollt hat, könnte natürlich eine grundlegende Änderung unserer ganzen Lage gegenüber Rußland bedeuten. Es ist selbstverständlich, daß wir mit einem Rußland, in welchem für den dauernden Bestand einer *nicht* imperialistischen, also einer föderalistischen Demokratie irgend eine erhebliche Wahrscheinlichkeit bestände, für alle Zeit in Frieden und Freundschaft nebeneinander leben könnten, und daß wir den Krieg einem solchen gegenüber *unter Verzicht auf alle weiteren Garantien abbrechen* würden. Also auch, daß ein solches Rußland uns gestatten würde, unsere eigenen inneren Verhältnisse ohne jene fortwährende Rücksicht auf die furchtbare Bedrohung auszubauen, welche seit drei Jahrzehnten diese Nachbarschaft für uns bedeutet hat, so daß Schiedsgerichtsverträge mit Rüstungsbeschränkungen ihm gegenüber tatsächlich jene praktische Bedeutung gewinnen würden, welche sie bisher nur für die Pazifisten hatten. Die Frage ist, ob ein demokratisch-föderalistisches Rußland jetzt entstanden ist, oder wahrscheinlich entstehen und dauernd weiterbestehen wird. Meine sehr große Sympathie für die russische Befreiungsbewegung darf nicht hindern, daran Zweifel zu äußern, *solange die Dinge so liegen wie jetzt.*

Die russische Regierung treibt offensichtlich ein Doppelspiel. Einige ihrer Mitglieder geben Erklärungen ab, welche für die zu einem ehrenvollen Frieden geneigten russischen Radikalen bestimmt sind, andere aber solche, welche die Entente und die imperialistische Bourgeoisie zufriedenstellen sollen. Zwischen beiden wird ein diplomatisches Schaukelsystem getrieben. Kollektiv erklärt die Regierung, deren mächtigster Mann im Innern Kerenski ist (oder wenigstens war): sie wolle keine Annexionen und Entschädigungen und als „Garantien" nur Abrüstungs- und Schiedsverträge. Der Minister des Auswärtigen aber, Professor Miljukow, führt seine Geheimkorrespondenzen, bezeichnet sich selbst als mit Rücksicht auf die Entente „unentbehrlich" für seinen Posten und identifiziert sich mit deren imperialistischen Zielen. Er wird dementiert, bleibt aber mit Zustimmung der andern im Amt und wiederholt von Zeit zu Zeit trotz aller Dementi seine imperialistischen Äußerungen. Er wird dies jetzt vielleicht öffentlich nicht mehr tun, sicher aber durch Korrespondenz sich immer fester an die Entente binden.

Für die Chancen einer nicht imperialistischen Politik entscheidet die Zusammensetzung der machthabenden Körperschaften. Es besteht eine offizielle „provisorische Regierung". Daneben besteht eine faktische Nebenregierung im

[1] Berliner Tageblatt vom 12.5.1917.

„Rat der Arbeiter und Soldaten", deren Beruf darin erblickt wird, die anderen zu kontrollieren. Die offizielle Regierung ist formell durch *die Duma* legitimiert. Deren Mehrheit ist extrem imperialistisch. Ihr Präsident Rodsjanko, ein *Monarchist*, hat noch jetzt die „Untrennbarkeit" von der Entente und den „Sieg" Rußlands als Friedensbedingung bezeichnet, also: die Vertagung jeder Erwägung von Frieden auf den Nimmermehrstag. In der provisorischen Regierung sitzt Herr Gutschkow, ein tüchtiger Verwaltungsbeamter, dem freikonservativen „Bunde des 17. Oktober" angehörig, mit dem Großgrundbesitz und der Bourgeoisie alliiert. Er *denkt gar nicht daran*, Demokratie und Föderalismus wirklich zu wollen. Denn *gegen* beides wurde ja der Bund des 17. Oktober seinerzeit gegründet, im Gegensatz gegen die damals wenigstens offiziell demokratischen und bis zu einem gewissen Grade auch föderalistischen „Kadetten". Diese bilden den Hauptbestandteil der offiziellen Regierung. Sie sind imperialistisch und Anhänger eines „Bürgerkönigtums", welches der Bourgeoisie die Macht geben würde, weil es nicht voll legitim wäre. Im Juli 1914, nach einer Besprechung mit dem Großfürsten Nikolai, vollzog ihr Hauptorgan, die „Rjetsch", bis dahin ein kriegsfeindliches Blatt, den Übergang zur Kriegspartei. Professor Miljukow, ihr hervorragendstes Mitglied, ein hochgeachteter Gelehrter, ist völlig befangen in der Romantik der imperialistischen Idee, zu deren hauptsächlichen Propagandisten im In- und Ausland er während des Krieges gehörte. Diese Partei wird infolge ihrer Beziehungen zu England sicher nichts gegen dessen Wünsche tun. Das Bürgerkönigtum ist zwar augenblicklich noch nicht möglich, es kann aber zu gegebener Zeit leicht etabliert werden. Die Kriegsziele Professor Miljukows sind absolut die *gleichen*, wie die des Zaren. Einen wirklichen Föderalismus, also eine Autonomie der Fremdvölker mit eigenen Landtagen, eigenem, nicht großrussischem Offizierkorps und aus der eigenen Mitte gewählten Beamten wird diese Regierung nie durchführen. Auch die „Kadetten" sind dazu viel zu stark mit den Pfründeninteressen der großrussischen Amtsanwärter und mit der panslawistischen Legende verbunden.

Wie steht es nun mit den *radikalen* Mitgliedern der Regierung, wie Kerenski, und mit der unoffiziellen Regierung, deren mächtigster Mann Tscheidse ist? Auf Kerenski setzen die ukrainischen Autonomisten große Hoffnungen. Sie werden sich täuschen, solange eine ähnliche wie jetzt zusammengesetzte Regierung am Ruder bleibt. Kerenski wäre, auch wenn er es wirklich wollte, nicht in der Lage, ernstlich föderalistische Forderungen durchzusetzen. Man sieht ja, daß er zwar eine öffentliche Desavourierung, *nicht* aber das wirkliche Aufgeben der imperialistischen Forderungen seiner kadettischen Kollegen durchsetzen und daß er sogar Hetzreden wie die Rodsjankos nicht hindern kann und sich gefallen lassen muß, daß die imperialistische Duma als ausschlaggebende Instanz angerufen wird. Seine Macht, an sich bedeutend, ist nicht so stark, wie die der mit dem englischen Gesandten verbundenen Schichten der Bourgeoisie. Eine grundsätzliche Änderung in der Zusammensetzung der Regierung aber ist aus bald zu besprechenden Gründen vorerst sehr unwahrscheinlich. Alle kadettischen Mitglieder haben sich mit Miljukow solidarisch erklärt.

An der subjektiven Ehrlichkeit und Achtbarkeit von Tscheidse und anderen Mitgliedern der Nebenregierung endlich ist zwar kein Zweifel. Allein, sie sind „Intellektuelle", und man hat bisher noch immer die Erfahrung gemacht: ein russischer Intellektueller mag sich zu einer Partei bekennen, welche sie sei: sobald er an der *Macht* im Staat teilnimmt, wird er nicht etwa nur, wie dies mit allen radikalen Parteien aller Länder der Fall ist, „national", sondern national*istisch* und imperialistisch. Dies kann sich zwar in verschiedene Formen kleiden, bleibt aber der Sache nach das gleiche.

Es gibt *eine einzige* schlüssige *Probe* auf die wirkliche innere Ehrlichkeit einer zugleich demokratischen und nicht imperialistischen Gesinnung. Das ist die: ob der betreffende Politiker sich darauf beschränkt, vor der eigenen Türe zu fegen und also im Innern des eigenen Landes die Demokratie zu schaffen *oder nicht.* Tut er es nicht, so ist er Imperialist, er mag es wollen und glauben oder nicht. Tscheidse nun hat, kaum in der Macht, an die deutschen Arbeiter die Aufforderung erlassen, „die Hohenzollern abzusetzen", – widrigenfalls es Krieg bis aufs Messer gebe. Eine solche Einmischung von Ausländern in unsere inneren Angelegenheiten ist: Imperialismus. Denn ob der russische Imperialismus in despotischer, liberaler oder sozialistischer Form auftritt, ist für uns natürlich gleichgültig. „Imperialist" ist, wer *außerhalb* der Interessenssphäre seiner eigenen Nationalität in die Angelegenheiten *anderer* Nationen *gewaltsam eingreifen* will. Das wird hier angekündigt. In Rußland ist für Tscheidse und seine Partei noch alles zu tun. Machen sie sich trotzdem die Eigentümlichkeit aller russischen Intellektuellen zu eigen: statt zu Hause nach dem Rechten zu sehen, sich um die auch vom Zarenregime verkündete „Befreiung" *anderer* Völker zu kümmern, so ist gegen sie ebenso wie gegen das Regime des Zaren *Krieg* die einzig mögliche Antwort und die Schaffung militärischer *Garantien* im Osten das einzig mögliche Kriegsziel. So wenig das deutsche Volk von der Plutokratie des preußischen Dreiklassenparlaments regiert zu werden wünscht, – noch weit weniger von imperialistischen Literaten des Auslands. Der Verzicht darauf, sich um die Angelegenheiten anderer Nationen zu kümmern, ist die *einzige Probe* dafür, ob ein russischer Politiker ein aufrichtiger Demokrat ist.

Angesichts dessen müssen wir uns aber des weiteren auch fragen: welche Garantien denn dafür gegeben sind, daß die russische Regierung, selbst wenn sie es jetzt wäre, *auch in Zukunft* eine Demokratie sein wird, und daß Erklärungen der jetzigen Machthaber das künftige Regime binden werden? Auch dafür gibt es nur *eine einzige Probe:* ob die russische Regierung ihre Verbündeten dazu zwingt, auf der Basis ihres eigenen Programms alsbald *Friedens*verhandlungen einzuleiten unter der Drohung, dies sonst unabhängig von ihnen zu tun. Hat die Demokratie nicht die Kraft, dies zu tun, dann hat sie auch nicht die Kraft, sich in der Mitherrschaft über Rußland zu behaupten. Sondern dann ist es sicher, daß früher oder später die imperialistische Bourgeoisie völlig die Oberhand behalten wird. Muß dies aber befürchtet werden, *dann* müssen wir selbstverständlich den Kampf fortsetzen und, wenn dies zu unserem großen Bedauern geschehen müßte, später Garantien für unsere Sicherheit fordern. Unser Friedens*interesse* im Augenblick objektiv ist nicht größer, als es von Anfang an war. Die für die nächsten Monate zu erwartenden Schwierigkeiten der Ernährung könnten durch einen Friedensschluß *nicht* behoben werden. Denn die Weltmißernte und die ungeheuren Preise im Ausland würden einen Import von Nahrungsmitteln nach Deutschland hindern. Ist aber erst einmal unsere Ernte geborgen, dann sinkt unser Friedensinteresse im Vergleich mit dem der Feinde. Denn nur solange der Krieg dauert, sind wir im Besitz des *rumänischen Getreidelandes* und können über dessen Ernte nach unserem Belieben verfügen. Das weiß in Deutschland jedermann oder könnte es wissen. Deshalb wäre es von den russischen Demokraten äußerst unklug, wenn sie, – wie es fast scheint – mit einem *steigenden* Friedensinteresse in Deutschland rechnen wollten. Ich vermute aber, daß der Grund ihres Verhaltens auf völlig anderem Gebiete liegt. Er liegt, wie ich glaube, auch nicht, wie behauptet wird, darin: daß für den Fall einer Lösung von der Entente ein japanischer Angriff auf die asiatischen Besitzungen Rußlands befürchtet würde. Wenigstens wäre es sehr töricht, wenn die russische Demokratie sich dadurch einschüchtern ließe, und ich kann mir nicht denken, daß sie dies nicht selbst weiß. Denn durch ein solches Vorgehen würde die japanische Regierung sich die Rache Rußlands im Fall künftiger Konflikte auf den Hals ziehen und den Rücken gegen Amerika nicht frei haben. Das weiß sie selbst. Sondern der Grund liegt im wesentlichen ganz in den *inner*politischen Verhältnissen Rußlands.

Die in sozialer Hinsicht reaktionären Elemente der Duma und der provisorischen Regierung, unter denen die Großgrundbesitzer eine starke Rolle spielen, müssen zunächst *ihre eigene Machtstellung* im Innern festigen. Dazu aber ist für sie nötig: erstens Niederhaltung der Bauern, welche kostenlos Verteilung des privaten Großgrundbesitzes verlangen, zweitens *Geld*. Die demokratischen Bauern kann man nur dadurch niederhalten, daß man sie in den Schützengräben unter der Disziplin der Generäle festhält. Geld kann man nur bekommen, wenn die eigenen Banken und Großindustriellen oder die Ententemächte es hergeben. Geld geben sowohl die eigenen, wie die fremden Geldmächte wiederum nur her, wenn die radikalrevolutionären Bauern niedergehalten werden und wenn also der Krieg fortgesetzt wird. Alle Anleihen der Regierung sind in erster Linie gegen den inneren Feind gerichtet, der ihre Machtstellung bedroht, nicht gegen den äußeren, von dem sie die Gewähr haben, daß sie ohne Provokation nicht angreifen wird. Gerade dies haben die an die Öffentlichkeit gedrungenen Mitteilungen über die letzten Beratungen zur Evidenz gezeigt. *Um an der Macht zu bleiben* setzt die Dumaregierung den Krieg fort. Die Fortsetzung des Krieges und nur sie kann der russischen Plutokratie gestatten, die Wahlen zur Konstituante, wenn diese wirklich unvermeidlich werden, in ihrem Sinne zu verfälschen. Die radikalen Mitglieder trauen sich nicht die Macht, vor allem nicht das Geld und die Kreditfähigkeit zu, sich im Fall der Bildung einer Regierung aus ihrer Mitte in der Macht zu behaupten. *Daher* dulden sie die Doppelzüngigkeit der anderen und machen selbst imperialistische Demonstrationen mit. Auf die Dauer graben sie damit freilich sich selbst ein Grab.

Angesichts dessen ist die Lage der *deutschen* Regierung bei öffentlichen Erklärungen über ihre Kriegsziele gewiß schwierig. Denn im Augenblick führen diese vermutlich *zu gar nichts*. Sie wird hoffentlich trotzdem tun, was ehrlich und *darum* zugleich politisch richtig ist, nämlich erklären: daß Deutschland mit Rußland, nach den letzten Erklärungen der *Gesamtregierung, auf der von dieser angegebenen Basis zu einem sofortigen Frieden bereit ist.*

Die Lehren der deutschen Kanzlerkrisis[1]

Die innere Krisis, deren Widerspiegelung in einem Teil der Presse offenbar dem Inland, der Front und dem Ausland ein irreführendes Bild gegeben hat, entstand im Juli, von Nebenpunkten abgesehen, aus drei Ursachen:

1. Aus dem Unwillen über die fortwährende Rücksichtnahme der Regierung auf die alldeutsche Demagogie und dem festen Willen, daß vor Eintritt in das vierte Kriegsjahr eine unbezweifelbare *ehrliche Probe* auf die Aufrichtigkeit der ausländischen Friedensformeln gemacht werde. Das war politisch um so richtiger, als er der öffentlichen Feststellung der Einheit unseres eigenen Kriegsprogramms mit dem unserer *Verbündeten* diente, welche ebensowenig für ein deutsches Belgien fechten würden wie wir für ein österreichisches Venedig. Da die Friedensresolution gefaßt wurde *in Kenntnis* der von den militärischen Chefs dargelegten ausgezeichneten Lage und da ihr die in Aussicht gestellten Erfolge auf dem Fuße folgten, so konnte und kann kein Mensch in ihr ein Symptom von „Schwäche" erblicken. Dazu trat

2. der Unwille über die Verzögerung der preußischen Wahlreform und der inneren Neuordnung überhaupt. Da die entscheidenden Reformen nicht im sachlich geeigneten Augenblick: bei Eröffnung des Tauchbootkrieges, angekündigt worden waren, entstand, angesichts der Agitation der Rechten, der fatale Anschein, daß auch politisch unabweisbare Notwendigkeiten nur als „Konzessionen", unter einem Druck, erledigt werden würden. Dem ein Ende zu machen, war politisch richtig. Endlich machte sich

3. der Unwille Luft über die niemals von der Leitung unserer Seestreitkräfte, wohl aber, trotz aller Warnungen vor dem unausbleiblichen Rückschlag, von anderen Seiten – am unverantwortlichsten von Herrn von Heydebrand – genährte Erwartung: daß der Tauchbootkrieg schon jetzt England zur „Kapitulation" zwingen werde. Dem Unfug war nie hinlänglich bestimmt entgegengetreten worden. Der Zorn darüber explodierte im gleichen Augenblick, wo über den zu erwartenden Erfolg tatsächlich Klarheit geschaffen war.

Irreführend an den Vorgängen war zweierlei: einmal die *Verquickung* der Friedensfrage mit den Problemen der Neuorientierung, dann aber der verworrene *Verlauf* der Krise selbst. Zunächst von dem ersten.

Es ist lächerlich zu glauben, der Krieg wäre auch nur um einen Tag später ausgebrochen, wenn Deutschlands Verfassung derjenigen Frankreichs oder Englands geglichen hätte *wie ein Ei dem anderen, nachdem* einmal diese Weltkonstellation geschaffen und dadurch dem russischen Imperialismus eine nie wiederkehrende

[1] Frankfurter Zeitung vom 7. September 1917.

Chance gegeben war. Und jedes Kind kann sehen, daß jetzt die Gegner die deutsche Demokratie nur deshalb umschmeicheln, weil sie sich einbilden, ihr Sieg könne eine *Schwächung* Deutschlands bedeuten. Auf die naive Frechheit einer Einmischung in innerdeutsche Verfassungsfragen vollends wird jeder Deutsche ohne Parteiunterschied dem Ausland, welches ihn mit „Befreiung" zu beglücken verspricht, ein für allemal mit der bekannten freundlichen Einladung des belagerten Götz von Berlichingen antworten. Das, was man die „Demokratisierung" der deutschen politischen Institutionen nennt, verlangen wir als unentbehrliches Mittel der *Erhaltung der Einheit der Nation* in einem Augenblick, wo wir einem vielleicht noch langen Verteidigungskrieg entgegengehen, die Parlamentarisierung aber als Garantie der *Einheitlichkeit in der Führung* der Politik und der künftigen Vermeidung jener Fehler, welche in der Vergangenheit allerdings an der Entstehung dieser Weltkoalition gegen uns nicht unbeteiligt gewesen sind. Aber keine Partei, welche Deutschlands Interessen und Ehre preisgäbe, würde sich auch nur einen Augenblick in der Macht behaupten können.

Woher rührt nun aber *im Inland* die schiefe und verwirrende Verquickung der beiden Fragen: eines sachlichen Friedens auf Grundlage der Verständigung einerseits und der freiheitlichen Neuordnung andererseits, miteinander? Das *Gerede und Geschreibe der Literaten* ist es gewesen, welches sie zuerst in Verbindung miteinander gebracht hat. Von Kriegsbeginn an haben sie unseren nationalen Existenzkampf umzufälschen getrachtet zu einem Kampf für die jetzige, angeblich spezifisch „deutsche", rein bürokratische Staatsstruktur gegen eine angebliche „Verschwörung" der westeuropäischen Demokratie. Die große Mehrheit der Nation aber weist es zurück, daß unsere Brüder draußen für nichts besseres als für solche Literatenprodukte und für die durch sie verklärte *kontrollfreie Beamtenherrschaft* ihr Blut vergossen haben sollen. Die Struktur eines Staates hat sich ausschließlich nach den sachlichen welt- und kulturpolitischen *Aufgaben* zu richten, vor welche die Nation sich gestellt sieht.

Auch die irreführende Art des *Verlaufs* der Krise war letztlich begründet in der inneren Struktur des heutigen Parlaments und vor allem: seiner Stellung zur Regierung. Die deutsche Beamtenregierung stand ihm als eine fremde Gewalt gegenüber, welche lediglich das Beamtentum repräsentierte, innerhalb der politischen Parteien aber nicht wurzelte und sie daher nicht zu leiten vermochte. Das Parlament war seit Bismarck für positive politische Leistungen machtlos gemacht, und neben der Erörterung von Budget- und Gesetzesvorschlägen auf rein „negative Politik": Beschwerde und Kritik der Maßregeln jener außerparlamentarischen politischen Gewalt, beschränkt. Es konnte keine Stätte sein, auf welcher politische Führer von der Qualität der Bennigsen, Völk, Mallinckrodt, Bethusy-Huc u. a. gediehen. Ein Parlament ohne fest eingeschulten Apparat von Führern aber, der in Fällen einer Krise sofort in Aktion tritt, und mit dem der Monarch über Programm und Persönlichkeiten Fühlung nimmt, ist nichts Besseres als irgendeine andere Menschenansammlung, und ein führerloses Aufflammen politischen Wollens in ihm verläuft daher *nach Art eines Sklavenaufstandes.* Bis in die letzten Einzelheiten der heutigen parlamentarischen Konvention und der Geschäftsgebarung der Fraktionen ist alles auf die selbstverständliche Voraussetzung abgestellt: daß dies Parlament und seine Parteiführer *niemals* in die Lage kommen werden, eine *Mitverantwortung* für das Schicksal des Staates zu übernehmen. Wie wenig aber eine außerhalb stehende Beamtenherrschaft ein Parlament zu leiten in der Lage ist, zeigte die durch keinerlei sachliche Gründe bedingte Kopflosigkeit am Bundesratstische. Die deutsche Regierung war eben seit langem ein Nebeneinander von Beamtenressorts, nicht eine von einem Politiker dirigierte Staatsleitung. Der ganze Hergang war ein Schulparadigma: *wie das Fehlen eines normal entwickelten Parlamentarismus in Krisenfällen wirkt.* Niemals wird da eine Änderung eintreten, wenn man die Reichstagsparteien *nicht* fortwährend zu klarer, ausdrücklicher *Stellungnahme* gegenüber den sachlichen Fragen sowohl wie den Persönlichkeiten nötigt. Dafür aber sind uns sogar die äußeren Formen abhanden gekommen. Jedenfalls ist derartiges in der Julikrise *nicht* geschehen. Daß es nicht geschah, war, vom eigenen Interesse der Regierung aus, ein schwerer Fehler. Um das einzusehen, braucht man sich die *Lage,* in welche die Parteien dadurch gesetzt worden wären, nur zu vergegenwärtigen. Und es ist völlig klar, wie grundlegend anders die Stellung der neuen Männer dadurch nach innen und außen geworden wäre, und wie dies auf die politische Situation zurückgewirkt hätte. So aber trat, wieder unter dem Eindruck der unredlichen Sophistik der Rechten, im August alsbald die gleiche, mühsam aufs neue beschworene Situation ein, deren Einzelverlauf darzulegen noch nicht an der Zeit ist, die aber jedenfalls eine Stärkung der Regierung nicht bedeutet hat. *Nicht* das Parlament und die Parteien, wie der äußere Anschein glauben machen könnte, tragen dafür die Verantwortung. Es stecken ja lediglich Prestige-Interessen des Beamtentums, und gar nichts anderes, dahinter, wenn so ängstlich schon der äußere Anschein vermieden wird, als ob man bei der Auswahl der leitenden Persönlichkeiten des Reichs auch die Führer der Volksvertretung zu Rate gezogen habe. Erstaunlich war es vollends, in diesem Zusammenhang die Bemerkung hören zu müssen: der *Bundes*charakter des Reiches stehe einer solchen Befragung der Parteien im Wege. Nach der Verfassung (Art. 18) hat der Bundesrat in die Ernennung sämtlicher Reichsbeamter mit Einschluß des Reichskanzlers *mit keinem Worte* hineinzureden, und es wäre ein verfassungswidriger Übergriff, wenn von Seiten eines Bundesstaates versucht würde, die Zurateziehung der Volksvertreter zu hindern.

Ebenso fehlerhaft war aber die bisherige Organisation der parlamentarischen Einflußnahme auf die Regierungsgeschäfte. Aus dem *Hauptausschuß des Reichstages* kann recht wohl einmal ein leidlich geeignetes Instrument der fortlaufenden

Verwaltungskontrolle entstehen, sofern ihm die dafür unentbehrlichen Mittel (Enqueterecht) gegeben werden. Aber nimmermehr ist eine vor Hunderten von Zuhörern verhandelnde Versammlung geeignet, *hochpolitische* Fragen zu diskutieren oder wohl gar: Entschließungen darüber zu fassen. Die ganze völlig unnötige Erregung in der Öffentlichkeit war durch diesen technischen Fehler bedingt, – Politik wird innerhalb wie außerhalb der Demokratie *überall von wenigen* gemacht. Parteien eines politisch aktiv mitarbeitenden Parlaments dürfen also nicht nach Art von „Zünften", sondern müssen nach Art von „Gefolgschaften" organisiert sein. Aus dem jetzt für einen Einzelfall geschaffenen Siebenerausschuß könnte, heißt das praktisch, *nur* dann ein politisch leistungsfähiges Gebilde vielleicht entstehen, wenn

1. die darin sitzenden Parteivertreter *unbedingte Vollmacht* ihrer Parteien haben (oder eventuell sich jederzeit in wenigen Stunden von einem permanenten Parteiausschuß verschaffen können), –

2. wenn sie ständig und jederzeit über alle politisch maßgebenden Vorgänge (unter Diskretionspflicht) auf dem laufenden gehalten werden. *Sonst nicht.* Und was soll es heißen, daß man mit diesen sieben Parteivertretern Bundesratsgesandte deutscher Kleinstaaten zusammensetzt? Wird etwa dadurch das politische Gewicht des (zum Hineinreden in die Außenpolitik verfassungsmäßig gar nicht befugten) Bundesrats oder vollends die „Idee" des „Föderalismus" gestärkt? In die gemeinsamen Sitzungen gehören vernünftigerweise neben den Vertretern der zwei bis drei größten Mittelstaaten die vier oder fünf Chefs der für die Kriegszeit wichtigsten militärischen und zivilen *Ressorts des Reichs,* vorbehaltlich der Zuziehung anderer, vor allem preußischer Ressortchefs nach Bedarf. Beschlüsse zu fassen, ist ja ein solches Gremium natürlich schon verfassungsmäßig, angesichts der alleinigen Verantwortlichkeit des Kanzlers, nicht der Ort. Sondern es kann ein Mittel werden, endlich der unvermeidlichen *Direktionslosigkeit* des bisher *politisch strukturlosen Parlaments* ein Ende zu machen, und vielleicht dadurch auch indirekt jene „Disziplin der Presse" überhaupt erst zu *ermöglichen,* deren Fehlen man bei uns so oft, mit einem neidischen Seitenblick auf England, beklagt, ohne sich über die Gründe klar zu werden. Zum politischen Prinzip sollte lediglich erhoben werden: daß Veröffentlichungen und Kundgebungen an das Ausland, welche durch den Namen des Monarchen selbst gedeckt werden, nicht ohne *beratende* Anhörung dieses Gremiums stattfinden.

Der neue Reichskanzler hat das Wort gesprochen: er werde „sich die Führung nicht aus der Hand nehmen lassen". Es steht heute fester als je, daß Deutschland und seine Verbündeten einen ehrenvollen Frieden erlangen, wenn nötig: erzwingen werden, wenn die *innere Einheit* der Nation hinter dem Willen zum Durchhalten steht. Möchten die neuen Männer uns also die Wiederholung nutzloser innerer Erschütterung ersparen und sich als nationale *Politiker* erweisen, nicht nur als tüchtige Beamte. Ob sie aber das Erstere sein können, das hängt davon ab, ob sie die deutsche innerpolitische Frage *überhaupt richtig stellen,* und das heißt so: *wie ist das nach seiner jetzigen inneren Struktur zur negativen Politik verdammte Parlament zum Mitträger der politischen Verantwortung umzuformen?*

Die Abänderung des Artikels 9 der Reichsverfassung[1]

Der letzte Satz des Artikels 9 der Reichsverfassung, welcher verbietet, daß jemand gleichzeitig *Mitglied des Bundesrates* und des *Reichstages* sei, muß *beseitigt* werden, wenn Parlamentarier in leitende Reichsämter berufen werden sollen, ohne zugleich ihren Einfluß innerhalb des Parlaments aufgeben zu müssen. Denn der Reichskanzler muß nach ausdrücklichen Bestimmungen der Verfassung, die Chefs der großen Reichsämter aber müssen aus praktischen Gründen Bevollmächtigte, und zwar, wiederum aus praktischen Gründen: preußische Bevollmächtigte, zum Bundesrat sein. Der verworrene und verwirrende Verlauf der letzten inneren Krisen hat abschreckend gezeigt, welche Folgen es hat, wenn zwischen Bundesrat und Reichstag nur wie zwischen zwei gegnerischen Mächten verhandelt werden kann. Die Beseitigung der grundverkehrten Bestimmung würde natürlich nicht die Einführung des „parlamentarischen Systems" bedeuten. Denn dieses verlangt, daß die leitenden Minister zugleich Führer der ausschlaggebenden Partei sein *müssen*, während die Beseitigung jener Bestimmung dies lediglich *ermöglichen* will. Heute kann ein aus der Mitte des Parlaments neu ernannter Staatssekretär sein Reichstagsmandat nicht beibehalten, und aus diesem Grunde hat zum Beispiel der über die Kreise seiner Partei hinaus geschätzte bisherige Reichstagsabgeordnete Schiffer auf seinen Einfluß innerhalb der nationalliberalen Partei verzichten müssen, während der Beibehaltung seines Mandats zum *preußischen Abgeordnetenhause* nichts im Wege stand.

Mit Belustigung findet man nun in der rechtsstehenden Presse (so vor längerer Zeit von einem, anscheinend akademischen, Anonymus in der „Kreuzzeitung") den Einwand: Durch die Verbindung eines Reichstagsmandats mit einer Stellung im Bundesrat könnten „Gewissenskonflikte" entstehen, weil der Reichstagsabgeordnete nach eigener Überzeugung, der Bundesratsbevollmächtigte aber nach den Instruktionen seiner Regierung zu stimmen habe; ja, sie bedeute eine Gefährdung der Rechte der Bundesstaaten. Es gibt offenbar keine noch so plumpe Gedankenlosigkeit und keine noch so unbedenkliche Sophistik, welche nicht gut genug wären, der Herabdrückung der Stellung des Reichstags zu dienen. Denn die Beseitigung der Bestimmung *erweitert* ja die Rechte der Bundesregierungen, indem sie ihnen *gestattet* (was ihnen jetzt *verboten* ist), nach Ermessen ihre Bevollmächtigten auch aus dem Kreise einflußreicher Reichstagsabgeordneter zu wählen. Fürchten sie dadurch eine Schädigung ihrer Interessen, so wird eine Regierung dies eben *nicht tun* oder gegebenenfalls ihren Bevollmächtigten wieder abberufen. Vor allen Dingen aber: Die Instruktionen der preußi-

[1] Frankfurter Zeitung vom 8.9.1917.

schen Bundesratsbevollmächtigten werden *im preußischen Landtage kritisiert*, dem die preußische Regierung dafür verantwortlich ist, wie jede Regierung ihrem Landtag. Dabei ist es aber nicht nur gestattet, sondern es ist wiederholt Tatsache gewesen: daß preußische Bundesratsbevollmächtigte Mitglieder eben dieses preußischen Landtages waren, in welchem sie doch auch „nach eigener Überzeugung" zu stimmen haben! Das stört die „Kreuzzeitung" nicht. Aber noch mehr! Die *preußischen Landräte* haben nach der bekannten Verfügung des Ministers v. Puttkamer „die Politik der Regierung zu vertreten". Gleichwohl gehören sie massenhaft – und zur lebhaften Befriedigung der „Kreuzzeitung" – dem preußischen Landtage an. Aber während es sich hier um der Regierung *unterstellte* Beamte handelt, welche die Regierungspolitik im Landtag kritisieren, um eine Situation also, welche – mag sie den Herren auch bei der Kanalvorlage keine tragischen „Gewissenskonflikte" gemacht haben – doch rein *politisch* recht wohl die Kritik herauszufordern geeignet wäre, – so ist die Lage im Fall der Abschaffung des Art. 9 genau die umgekehrte. Und damit kommen wir zum *politischen Sinn* der beabsichtigten Reform.

Es handelt sich dabei doch natürlich nicht um Bevollmächtigte von Schwarzburg-Rudolstadt, sondern um *leitende* Stellen der Reichspolitik, um diejenigen Verwaltungschefs also, welche im Bundesrat die „Präsidialstimme" führen. Der politische Zweck der Änderung wäre daher an sich auch dann erreicht, wenn der jetzige Artikel 9 bestehen bliebe, nur mit dem Zusatz: „Diese Bestimmung" (das erwähnte Verbot des letzten Satzes) *„findet auf den Reichskanzler und die Staatssekretäre des Reichs keine Anwendung."*

Wenn ein dem Parlament angehöriger Inhaber eines leitenden Reichsamts, der als solcher zum Bundesrat bevollmächtigt ist, in einer Weise instruiert wird, welche seiner politischen *Überzeugung* in entscheidend wichtigen Punkten zuwiderläuft, so hat er sein Amt zu quittieren. So sollte ein leitender Staatsmann *schon heute* handeln. Und dies unseren Verwaltungschefs verstärkt einzuschärfen, ist natürlich gerade einer der *wichtigsten Zwecke der beabsichtigten Reform*. Sie will dem Zustand ein Ende machen, daß bei uns noch immer die Verantwortlichkeit des *Staatsmannes* mit derjenigen eines Beamten verwechselt wird. Beide sind durchaus zweierlei, und jede ist an ihrer Stelle, aber auch *nur* dort, am Platze. Der Beamte, welcher gegen Anweisungen, die ihm seine vorgesetzte Behörde erteilt, gewichtige Bedenken hegt, kann diese durch Berichte und Vorstellungen geltend machen und soll dies in wichtigen Fällen auch tun. Verharrt dann aber die vorgesetzte Instanz auf ihrer Anweisung, so ist es eine dienstliche Pflicht, diese gewissenhaft und unter vollständiger Zurückstellung seiner eigenen Meinung auszuführen. Gerade diese Fähigkeit macht seine Amtsehre aus. Genau umgekehrt der politisch verantwortliche *Staatsmann*. Wo immer er sich, in politisch entscheidenden Punkten, diejenigen Instruktionen, welche seiner gewissenhaften politischen Überzeugung entsprechen, *nicht* verschaffen kann, da hat er seine *Entlassung* zu nehmen. Tut er das nicht, so ist das eine verächtliche politische Pflichtverletzung, welche einen schweren Makel auf seinen Charakter wirft. Er ist dann das, was Fürst Bismarck (der anläßlich eines ziemlich nebensächlichen Punktes genau nach jenem Prinzip gehandelt hat) einen „*Kleber*" nannte. Wir wollen einstweilen nicht hoffen, daß durch Vorbringen jenes törichten Argumentes die Notwendigkeit geschaffen wird, einmal *öffentlich*, im Reichstag, Abrechnung darüber zu halten: was für Unheil der Zustand angerichtet hat, daß bei uns leitende *politische* Stellen leider oft genug von Leuten ausgefüllt wurden, welche darin die Gesinnung eines „Beamten" betätigten, der im Amt bleibt, bis er die Höchstpension erreicht hat oder fortgeschickt wird. Es ist keineswegs nötig, daß jeder Staatsmann in leitender Stellung fortan aus dem Parlament hervorgehe und ihm angehöre. Nötig aber ist, daß ein leitender *Politiker* weiß: daß er etwas anderes zu sein hat als ein Beamter. Auch ein leitender Politiker und parlamentarischer Führer kommt natürlich in die Lage, Kompromisse zu schließen, also: Unwichtigeres zu opfern, um Wichtigeres zu erreichen. Hat sich ein Verwaltungschef als Bundesratsbevollmächtigter aus solchen Gründen einer Ansicht gefügt, gegen die er persönlich Bedenken hatte, dann wird er in seinem Ressort selbstverständlich den einmal gefaßten Beschluß loyal ausführen. Wenn aber den leitenden Politikern der Besitz eines Reichstagsmandates etwas wirksamer in Erinnerung bringt, daß ihnen *Ehre und Pflicht verbietet, in ihrer Stellung zu bleiben*, wenn sie sie nicht nach *eigenen Überzeugungen* führen können, dann kann dies im Interesse der Politik des Reichs und ihrer charaktervollen Leitung nur begrüßt werden. Man darf hoffen, daß ein bekanntes Wort des neuen Reichskanzlers in *diesem* Sinne aufzufassen ist, und daß demgemäß auch bezüglich des letzten Satzes des Artikels 9, der jetzt lediglich eine einseitige kränkende *Deklassierung der Reichstagsabgeordneten* im Gegensatz zu allen anderen Parlamentariern enthält, die Konsequenzen gezogen werden.

Die siebente deutsche Kriegsanleihe[1]

Die *Oberste Heeresleitung* hat gelegentlich der innerpolitischen Erörterungen im Juli die durch die bisherigen Ereignisse *glänzend bewährte Garantie* dafür übernommen, daß eine militärische Niederringung Deutschlands völlig ausgeschlossen und der endgültige Erfolg, falls die Gegner auf die deutsche Friedensbereitschaft auch jetzt nicht eingehen, nur *eine Frage der Zeit ist.* Durch die *in Kenntnis dessen* gefaßte *Friedensresolution des Reichstags* und das Verhalten der Regierung ist dem kämpfenden Heer und dem deutschen Volk die Gewähr gegeben, daß der Krieg *nicht einen Tag länger dauern* wird, als für die Sicherung von Deutschlands nationaler Existenz und wirtschaftlich freier Entwicklung unbedingt erforderlich ist. Kommt der Friede in diesem Jahr nicht zustande, so sichern die diesjährige Ernte und die Verfügung über die nunmehr hergestellten Produktivkräfte Rumäniens die Ernährung Deutschlands, unter Vermeidung früherer Irrtümer, bis zur nächsten Ernte voraussichtlich besser als im letzten Jahre. Die in Angriff genommene *innere Neuordnung* gibt die Sicherheit: daß Deutschland in Übereinstimmung mit dem Willen der Nation und ihrer gewählten Vertreter dauernd in einer Art *politisch geleitet* werden wird, welche die feste und weitsichtige Wahrnehmung unserer nationalen Interessen mit einer Vermeidung solcher Ungeschicklichkeiten und Mißgriffe verbindet, wie sie die Zustände *vor* dem Kriege zum Schaden auch der besten und loyalsten Absichten der deutschen Politik leider mehrfach zur Folge gehabt haben. Sie wird aber zugleich die Gewähr dafür geben, daß bei Ordnung der wichtigsten Frage: wie unter unbedingter Sicherung aller *Rechte der Staatsgläubiger* die dauernde *Steuerlast* in erträglichen Grenzen gehalten werden kann, vor allem diejenigen Schichten in gebührendem Maße, aber auch in geeigneter Form, herangezogen werden, deren *Vermögensbesitz* das kämpfende Heer mit seinem Blut verteidigt hat. Die vorauszusehenden gewaltigen Besitzabgaben und der Umstand: daß für deren Zahlung zweifellos die Kriegsanleihe *und nur sie allein* zum vollen Nennwert *wie bares Geld* in Zahlung genommen wird, bieten schon allein für sich (ganz abgesehen von der bestimmt vorauszusehenden, durch die Erwartung der Wertsteigerung der deutschen Währung bedingte künftige Kauflust im Auslande) allen Anleihezeichnern die *volle Sicherheit*, daß nach dem Krieg ein mächtiger *Vorzugsbegehr* nach diesem Wertpapier im Verhältnis zu anderen eintreten wird, welcher ihren berechtigten Erwartungen voll gerecht wird und es schon im eigensten Interesse eines jeden, der dazu imstande ist, *dringend* empfiehlt, alle seine verfügbaren Mittel und Ersparnisse durch Zeichnungen gerade darin anzulegen.

[1] Frankfurter Zeitung vom 18.9.1917.

Abgesehen davon aber und in erster Linie ist diese Kriegsanleihe natürlich eine Angelegenheit unserer nationalen Existenz und: *des Friedens*. Jene *ehrliche Probe*, welche die *Friedensresolution* des Reichstags, in Übereinstimmung mit dem Willen der Nation, gemacht hat, ergab, bisher wenigstens, den *Fortbestand der Kriegslust* bei den feindlichen Machthabern. Eine *durch den Reichstag gestützte* deutsche Regierung wird im Innern stark genug sein, um jederzeit im Einvernehmen mit unseren Bundesgenossen einen rein sachlichen Frieden zu schließen. Dagegen stehen an der Spitze einiger der gegnerischen Mächte, – wie schon die Tonart ihrer amtlichen Äußerungen, im Gegensatz zu den deutschen, beweist, – *rohe Schurken und Abenteurer*, welche nicht anders als in der Form von würdelosen und dabei ausgeklügelten Schmähungen von uns zu reden vermögen, uns geflissentlich Zumutungen stellen, welche *kein Volk von Ehrgefühl auch nur zu erörtern* vermag, dabei vom Krieg in den Ausdrücken eines Zirkusboxers sprechen, und, vor allem, die Friedenssehnsucht ihrer eigenen und der ihnen verbündeten und von ihnen vergewaltigten Völker gewaltsam unterdrücken. Alles dies *ausschließlich deshalb*, weil sie – angesichts der von ihnen (im Gegensatz zur deutschen Regierung) versprochenen, aber für immer unerfüllbaren Kriegsergebnisse – den Tag der Abrechnung nach dem Frieden *für ihre eigene Person fürchten* müssen und daher hinausschieben möchten in dem Wahn: der Selbstbehauptungswille des deutschen Volkes könne doch noch zusammenbrechen. Solange ihnen die Aufrechterhaltung dieses Wahns gelingt, *kommt kein Frieden*. Allein das deutsche Volk weiß, welches Schicksal ihm bereitet werden soll. Die feindlichen Heere setzen sich *zunehmend aus Barbaren* zusammen. An der Westgrenze steht heute ein Auswurf afrikanischer und asiatischer Wilder und alles Räuber- und Lumpengesindel der Erde *mit* unter den Waffen, bereit zur Verwüstung deutschen Landes im ersten Augenblick des Nachlassens der ausreichenden Versorgung unseres Heeres mit Kriegsmitteln. Die viehischen Greuel, welche die russischen disziplinlosen Horden bei ihrem zeitweiligen Vordringen in einem zum Teil von *Stammesgenossen* bewohnten Gebiet verübten, erinnern an die mittelalterliche Mongolenzeit. Ein Teil der führenden Schichten der gegnerischen Länder vollends scheint *vor Haß irrsinnig* geworden zu sein. Ein den gebildeten Großgrundbesitzern zugehöriger früherer Kriegsminister der russischen Revolutionsregierung hat öffentlich die Anwendung der Knute gegen wehrlose Gefangene empfohlen. In Frankreich beteiligen sich Teile der studierenden Schichten an der anderwärts nur bei Prostituierten denkbaren Gepflogenheit des Anspukkens wehrloser Gegner. Es wird also niemand zweifeln, was dem deutschen Volk bei jedem Nachlassen der Kriegsbereitschaft bevorstände, umso mehr als ja die Pläne systematischer Ausraubung und dauernder Arbeitsversklavung Deutschlands, für den Fall des Sieges, bei den Gegnern unwidersprochen öffentlich erörtert wurde.

Die Nation darf andererseits *zuversichtlich erwarten*, daß der deutsche Reichstag, gegenüber der gewissenlosen Agitation einer Hand voll politischer Narren, welche ihren völligen Mangel an Augenmaß – *unbelehrt durch den von jedem Urteilsfähigen sicher vorauszusehenden Fehlschlag ihrer leichtfertigen öffentlichen Versprechungen über den Zeitpunkt der kriegsbeendigenden Wirkung des Tauchbootkriegs* – auch jetzt wieder durch frivole Angriffe auf den Reichstag an den Tag legen, *unerschütterlich festbleiben* wird. Sie darf also erwarten, daß die ehrliche Probe: ob der Krieg in diesem Jahr durch sachliche Verständigung beendigt werden kann, auch weiterhin *ohne Zweideutigkeit* offen gehalten bleibt. Sie darf andererseits aber auch sicher sein, daß, wenn eine solche *ehrliche Probe* durch Schuld der Gegner *nicht* zum Frieden führt, alle Parteien in Einigkeit die Konsequenzen daraus ziehen werden. Und sie darf schließlich auch mit Sicherheit gewärtigen, daß die für die Gewährleistung einer rein sachlichen Politik, einschließlich insbesondere einer für die schwer belasteten Schichten der Nation sachlich richtigen Finanz- und Übergangswirtschaft, erforderliche *Neuordnung*, – eine Neuordnung, welche vor allem die geordnete Mitbestimmung über die Schicksale des Vaterlandes *nicht* in die Hände einer kleinen Zahl daheimgebliebener Kriegsgewinnmacher und ihrer zum Teil von aller politischen Urteilsfähigkeit entblößten, zum Teil durch Kriegsgewinngelder geworbenen Gefolgschaft, *sondern in die Hände der Masse der aus dem Feld heimkehrenden Krieger* legen wird, – jetzt, ohne Verzug, in die Wege geleitet und *rücksichtslos*, mit allen Mitteln gegen etwaige Widerstände, durchgeführt wird. Die dafür erforderliche Mehrheit steht dem Reichstag zur Verfügung und wird sich durch jene Interessenten *nicht einschüchtern* lassen.

Angesichts alles dessen darf das draußen kämpfende Heer sicher sein, daß die Daheimgebliebenen auch bei der Zeichnung der siebenten – *hoffentlich letzten*, jedenfalls aber für den Existenzkampf der Nation unentbehrlichen – Kriegsanleihe ihrer Mitverantwortung für das Schicksal Deutschlands voll gerecht werden.

Vaterland und Vaterlandspartei[1]

Die neue sogenannte „Vaterlandspartei" begründet ihre Existenz damit: die heutige Zusammensetzung des Reichstags und infolgedessen auch dessen Beschlüsse in der Friedensfrage entsprächen nicht „der Volksstimmung". Nun gäbe es ja ein einfaches Mittel, die Wahrheit dieser Behauptung zu kontrollieren: die *Volksabstimmung.* Durch sie könnte insbesondere auch das kämpfende Heer, welches ja schließlich für all dies bramarbasierende Schwadronieren mit seinem Blut einzustehen hat, zur Meinungsäußerung veranlaßt werden. Rein politisch empfiehlt sich die Technik der Volksabstimmung in vieler Hinsicht gewiß wenig. Aber wenn diese Agitation so fortgeht, könnte ja schließlich die Probe gemacht werden.

Die politischen Motive der Reichstagsentschließung lagen auf dem Gebiet der internationalen Beziehungen, insbesondere derjenigen zu unseren Bundesgenossen. Was unsere Kriegsredner immer wieder vergessen, ist: *wir führen einen Bundeskrieg* und müssen, wie der Admiral im Geschwaderverband, unsere Ziele nach der Offensivkraft und dem Offensivwillen der in dieser Hinsicht „schwächsten Schiffe" richten. Von den verbündeten Mächten kämpft Bulgarien gemäß den Bündniszusagen für die Herstellung derjenigen, auch dem Nationalitätsverhältnis entsprechenden Machtverteilung auf dem Balkan, die schon der Friede von San Stefano festgelegt hatte, mit jenen Kompensationen im Nordosten und Nordwesten, welche durch die zuletzt im Übereinkommen mit der Türkei von 1915 festgelegte, andersartige Grenze im Süden bedingt sind. Österreich-Ungarn und die Türkei kämpfen ausschließlich um die Sicherung der Integrität ihres Gebiets, und Österreich-Ungarn hatte sich sogar, auf deutschen Wunsch, seinerzeit zu gewissen Konzessionen an Italien bereit erklärt. Für Deutschlands Sicherheit und Unversehrtheit werden alle Verbündeten ebenso solidarisch und unbegrenzt kämpfen, wie wir für ihre Ziele. Es ist aber ebensowenig daran zu denken, daß Österreich und die Türkei unbegrenzt für ein deutsches Belgien kämpfen werden, wie wir etwa für ein österreichisches Venedig oder für ein türkisches Persien. An diese nüchterne Tatsache sind unsere politischen Phantasten auch öffentlich erinnert worden. Aber obwohl sie schlechthin ausschlaggebend für unsere Friedenspolitik ist, haben jene Herren noch immer nichts gelernt. Die Friedensentschließung des Reichstags gab gegenüber dem fortwährenden rein demagogisch und innerpolitisch bedingten Gerede der Rechtsparteien unseren Verbündeten die Sicherheit, daß ihnen nichts anderes als die Erfüllung jener Bündnispflicht zugemutet werde, daß also die gemeinsame Absicht: keinen Eroberungskrieg zu

[1] Münchener Neueste Nachrichten vom 30. September 1917.

führen, von uns genau ebenso ehrlich wie von Österreich-Ungarn gemeint sei und innegehalten werde. Daß für Deutschland die Herrschaft über Belgien bei schwersten politischen Nachteilen ausschließlich militärische Bedeutung hätte, daß sie deshalb aufgegeben werden sollte, falls ein Friede zustande käme, welcher die Gewähr der Dauer in sich trüge, – dies stand bei Politikern von Augenmaß längst vor der Friedenskundgebung des Reichstags fest. Die Frage ist, ob ein solcher Friede möglich ist. Und eben darauf wünscht diese Kundgebung eine ehrliche Probe zu machen.

Es ist ein politisch bedenkliches Unterfangen, wenn Militärs a. D., und seien sie als solche noch so bedeutend, Dörchläuchtings und dergleichen unverantwortliche Amateurpolitiker sich herausnehmen, an dem festen Vertrauensverhältnis innerhalb des Bündnisses, um dessen gewissenhafte Pflege sich, wie bei aller sonstigen Gegnerschaft anerkannt werden muß, auch der bayerische Ministerpräsident Graf Hertling nicht unerhebliche Verdienste erworben hat, leichtfertig zu rütteln. Zumal der Zweck auch hier wieder kein nationaler, sondern rein innerpolitische Demagogie ist. Schon die Vorgänge bei der Friedensentschließung selbst zeigten das. Wirklich gegen ihren sachlichen Inhalt stimmten nur etwa achtzig Reichstagsmitglieder. Nicht nur Linke und Zentrum, sondern bekanntlich auch ein Teil der konservativen Partei hat in aller Form für sie gestimmt. Die Nationalliberalen aber mußten, da ein Teil ihrer angesehensten Mitglieder das gleiche tun wollte, zunächst die Abstimmung freigeben (als Partei der „Individualitäten", wie sie das für ihre Mitglieder motivierten). Erst später einigten sie sich auf eine eigene Entschließung, deren Unterschied von jener der Mehrheit man allenfalls mit dem Mikroskop entdecken kann. Auch dies wurde mit Opportunitätsgründen (Möglichkeit der „Missdeutung") motiviert und den Mehrheitsparteien gegenüber eine Loyalitätserklärung abgegeben. Dennoch hat ein Teil der norddeutschen nationalliberalen Presse leider in schwer illoyaler Art sich an der Hetze gegen den Reichstag beteiligt.

Das immer weitere Reden über den Frieden bei uns ist nachgerade gewiß durchaus unerwünscht und schädlich. Allein die Schuld liegt ausschließlich an der Hetze der Gegner der Friedensentschließung. Es ist wahrlich eine schwere Verantwortung, durch derartige Hetzereien in der Öffentlichkeit das Vertrauen sowohl der Bundesgenossen wie des deutschen Volkes in die Aufrichtigkeit des deutschen Friedenswillens zu erschüttern und überdies die Ehrlichkeit der Probe zu gefährden und dadurch deren günstige Wirkung, wenn sie fehlschlägt, auf die Kriegsentschlossenheit des deutschen Volkes in Frage zu stellen. Vollends unglaublich ist freilich die dreiste Behauptung: die Friedensentschließung habe „die Stimmung im Lande verdorben". Soweit dies zeitweilig überhaupt zutraf, war bekanntlich etwas ganz anderes daran schuld: die Enttäuschung der ununterrichteten Massen über das Ausbleiben der in frevelhafter Art, wieder und wieder mit der größten Bestimmtheit und unter Berufung auf angebliche Informationen eines Admirals von den Politikern der Rechten, von Herrn von Heydebrand noch im Sommer 1917, öffentlich in sichere Aussicht gestellten Kapitulation Englands in diesem Herbst. Da die Admiralität etwas Ähnliches nie behauptet hat, ist es jetzt an der Zeit, öffentlich und auch im Reichstag zu fragen: *wer war jener angebliche Admiral?* Heraus mit ihm! Er melde sich öffentlich, – wenn er nämlich existiert! Wir wünschen keine politisierenden Militärs und keine Neuauflage der gleichen leichtfertigen Demagogie unter neuer Maske. Will es die Verblendung der Gegner, dann muß natürlich der Krieg auch um den Preis noch so schwerer Lasten noch bis zu jenem keineswegs nahen Zeitpunkt fortgeführt werden, zu welchem nach unserer jetzigen, auf Erfahrung gestützten Kenntnis der Tauchbootkrieg die Offensivkraft und schließlich auch die Defensivkraft des Feindes militärisch entscheidend geschwächt haben wird. Aber nicht nur den Verbündeten, sondern auch dem eigenen Heer draußen schuldete der Reichstag die Sicherheit, daß der Krieg nicht einen Tag länger geführt wird, als es für Deutschlands Ehre und Zukunft unerläßlich ist.

Dies Vertrauen bringt den Herren von der „Vaterlandspartei" kein Urteilsfähiger entgegen. Um es unmöglich zu machen, dazu genügt schon das einzige Ziel, das ihnen wirklich innerlich offensichtlich am Herzen liegt: der Widerstand gegen die unabweisliche *innere Neuordnung,* deren alsbaldige Durchführung allein den heimkehrenden Kriegern die Gewähr geben kann, daß bei den sofort nach dem Krieg erfolgenden Wahlen nicht die Kriegsgewinnmacher allein die Herrschaft in Händen haben und die Krieger im führenden Staate Deutschlands unvertreten bleiben. Nie wieder würde die Nation so, wie 1914, gegen den Feind zu führen sein, wenn feierlich gegebene Versprechungen nicht voll und loyal erfüllt würden. Nie wieder ist Weltpolitik in Zukunft überhaupt möglich, wenn das frühere Regime, unter dessen diplomatischen Niederlagen wir in den Krieg eintraten und welches uns während des Krieges noch immer neue diplomatische Niederlagen eingetragen hat, wiederkehrt. *Da* liegt das Interesse des Vaterlandes. Niemals freilich wird im Falle der Neuordnung das Schicksal des Reiches in der Hand jener Demagogen liegen, deren unverantwortlich lärmendes Gebaren an seinem Teil dazu beigetragen hat, fast die ganze Welt gegen uns in einer widernatürlichen Koalition zusammenzuschmieden. *Da* liegt das Interesse derjenigen, welche den Namen des Vaterlandes zu einer demagogischen Parteifirma herabwürdigen, *gegen* die Neuordnung. Die Nation aber wird zwischen Vaterland und „Vaterlands*partei*" zu wählen wissen.

Bayern und die Parlamentarisierung im Reich

I.[1]

Während der Julikrise trat das Problem der *Parlamentarisierung* zum erstenmal in ein aktuelles Stadium. Im Zusammenhang damit aber fanden sich in einem Teil der bayerischen Presse heftige Auseinandersetzungen über den dadurch drohenden „Zentralismus", welcher die föderalistischen Grundlagen des Reiches gefährde und den Geist „beschworener Verträge" (?) verletze. Im Anschluß an die Sprache einiger dieser Blätter malten dann konservative norddeutsche Literaten das Gespenst einer „Abkehr Bayerns vom Reich" an die Wand. Nüchterne Betrachtung der Lage ergibt, daß derartige Wendungen nur geeignet sind, die *wirklichen* Gegner des Föderalismus zu stärken. Ganz abgesehen nämlich von der Frage, wie denn eine solche „Abkehr" praktisch durchgeführt werden sollte, wissen die wirklich zentralistisch gesinnten Interessenten im Reich nur zu genau, daß sie gegebenenfalls nur kaltblütig zu warten brauchten, um im Falle des ernstlichen Versuchs sofort, aus wirtschaftlichen Gründen, ein so überwältigendes Anwachsen der zentralistischen Stimmung *in Bayern* selbst erstehen zu sehen, daß sie das Spiel in der Hand hätten. Sich vom Zollverband abzukehren, wäre für Bayern (von der Lage der Pfalz ganz abgesehen) die aussichtsloseste aller Unternehmungen. Solche Wendungen stärken Bayerns Stellung im Reich gewiß nicht. Diese ist formal gesichert zunächst durch die, nur mit seiner freiwilligen Zustimmung abänderbaren, weittragenden Singular- und Reservatrechte. Ferner durch die Möglichkeit, jede Änderung der geschriebenen Verfassung zu Fall zu bringen, falls im Bundesrat noch acht Stimmen dagegen zu gewinnen sind, wie dies bei wichtigen Fragen stets der Fall sein würde. Dies alles gewährleistet Bayern ein starkes Maß von Freiheit *vom* Reich. Nicht dagegen, was für Bayern mit Recht (und übrigens vielfach auch außerhalb seiner Grenzen) gewünscht wird, von positiver Macht *im* Reich. Wie kann diese gesichert werden?

Eine gänzliche oder teilweise Angliederung des *Elsaß* an Bayern wurde öffentlich angeregt. Diese hier nicht weiter zu besprechende Angelegenheit will rein *sachlich* erwogen sein. Es muß aber mit der Tatsache gerechnet werden, daß die weit überwiegende Stimmung der deutschen öffentlichen Meinung nun einmal dahin geht: daß ähnliches nur *bei Verzicht auf die Reservatrechte* diskutabel sei, daß ferner im Elsaß selbst die Stimmung für einen Anschluß an Preußen, falls dort das gleiche Wahlrecht das entscheidende Hindernis hinweg-

[1] Münchener Neueste Nachrichten vom 15. Oktober 1917.

räumt, weit stärker, am stärksten aber der Wunsch nach bundesstaatlicher Selbständigkeit ist.

Wie immer solche Sonderprobleme aber gelöst werden mögen, – ein Unglück wäre es jedenfalls, wenn die berechtigten Ansprüche Bayerns auf Einfluß im Reich sich der Forderung der *Parlamentarisierung* in den Weg stellen würden. Denn die letzte Krisis hat jedermann zeigen müssen: daß es *so nicht weitergeht.* Nicht Persönlichkeiten, sondern das System der Führung der Reichspolitik muß gewechselt werden, und es kann niemand übersehen, daß zu den unumgänglichen Voraussetzungen jedenfalls ein starkes Maß von „Parlamentarisierung" gehört. Angesichts dessen erscheint es nützlich, ganz nüchtern festzustellen: wie sich denn tatsächlich das Interesse Bayerns dazu stellt.

Zunächst: die formale Rechtslage. Einer Durchführung des Prinzips, daß der Reichskanzler und die Staatssekretäre des parlamentarischen Vertrauens bedürfen, wäre Bayern verfassungsmäßig überhaupt *nicht* in der Lage, sich zu widersetzen. Alle Reichsbeamten ernennt und entläßt der Kaiser allein (Art. 18 R.V.), ihm allein versprechen sie Gehorsam; dem Bundesrat haben sie nicht einmal die Pflicht, Rede zu stehen, außer soweit ihm ein Aufsichtsrecht über Verwaltungsmaßnahmen ausdrücklich zugesprochen ist. Falls der Kaiser fortan die leitenden Staatsmänner *prinzipiell* nur gemäß den Vorschlägen der Parlamentsführer ernennt, wäre jeder Einspruch dagegen verfassungswidrig. Ein kollegiales Reichsministerium kennt die Reichsverfassung freilich nicht. Indessen, auch in Preußen, wo es besteht, ist der Ministerpräsident „collega major" der anderen Minister, deren Vorträge beim Monarchen er kontrolliert. Und überall in parlamentarischen Staaten *steigert* sich diese überragende Stellung des Ministerpräsidenten im Interesse der Einheitlichkeit der Regierung. Die Reichsverfassung schließt ferner das parlamentarische System im engeren Sinne, das heißt die Leitung der Reichsgeschäfte durch den Führer der ausschlaggebenden Reichstagsparteien insofern aus, als der Art. 9 der Reichsverfassung den Bundesstaaten *verbietet*, Mitglieder des Reichstags zu Bundesratsbevollmächtigten zu ernennen, und also der Reichskanzler, der nach Art. 15 notwendig dem Bundesrat angehört, zwar dem preußischen Landtag, nicht aber dem Deutschen Reichstag angehören kann. *Nicht* ausgeschlossen ist dagegen, daß die *Staatsekretäre* der Reichstagsmehrheit entnommen werden. Denn es ist zwar jetzt üblich, aber verfassungsmäßig keineswegs nötig, daß auch sie dem Bundesrat angehören.

Schon heute also wäre durchaus möglich, daß der Reichskanzler nur nach *Vorschlag* der Reichstagsmehrheit ernannt würde, daß ferner alle Staatssekretäre grundsätzlich der Reichstagsmehrheit *entnommen* würden und ihr weiter angehören, und daß alsdann der Reichskanzler die Reichsangelegenheiten als Vorsitzender eines aus diesen parlamentarisierten Staatssekretären gebildeten Kollegiums mit ihnen *maßgeblich* beriete. Sie, *nicht* er, würden dabei den Einfluß auf die

Reichstagsparteien, denen sie angehörten, haben, und also durch deren Macht gestützt werden, politisch also seine Kollegen sein, möge auch der Wortlaut des Stellvertretungsgesetzes sie nur als seine „Stellvertreter" anerkennen. Würde sich eine ähnliche Gepflogenheit entwickeln, so wäre der Bundesrat trotz oder vielmehr *infolge* des erwähnten Verbotes des Art. 9 Satz 2 der Reichsverfassung weitgehend ausgeschaltet. Natürlich mit *Ausnahme* der Präsidialmacht: *Preußen.* Denn die Machtstellung des im Reichstag wurzellosen Reichskanzlers gegenüber den im Reichstag wurzelnden Staatssekretären würde nun ganz und gar auf seiner *preußischen* Stellung beruhen. Der Reichskanzler ist gemäß Art. 11 der Reichsverfassung notwendig Träger der preußischen Stimmen im Bundesrat, welche durch das preußische Ministerium instruiert werden und tatsächlich, wenn außer den vom Statthalter des Kaisers instruierten drei elsässischen Stimmen noch die der von Preußen gänzlich abhängigen norddeutschen Zwergstaaten auf ihre Seite treten, die feste Mehrheit im Bundesrat, auch gegen alle größeren Bundesstaaten zusammen, besitzen.

Ein *nicht* im Reichstag wurzelnder Reichskanzler muß, wenn er nicht völlig machtlos sein will, unbedingt Leiter des preußischen Ministeriums sein, wie er dies bisher schon in aller Regel gewesen ist. Für die Instruktion der in politischen Fragen stets ausschlaggebenden preußischen Stimmen ist aber das preußische Ministerium dem *preußischen Landtag* verantwortlich. Die Stimmen Preußens werden nun *heute* von der Reichsregierung dadurch zu beeinflussen gesucht, daß der Kaiser und König die Staatssekretäre tunlichst zu preußischen Ministern ernennt, und dadurch in das preußische Staatsministerium einschiebt. Dagegen ist zwar verfassungsmäßig nichts zu sagen, und das preußische Dreiklassenparlament mußte, in seiner prekären Lage, den Zustand wohl oder übel dulden. Keineswegs sicher ist aber, daß ein auf gleichem Wahlrecht ruhendes preußisches Parlament, das eine *effektive* Verantwortung der eigenen Regierung erzwingen könnte, ihn sich dauernd gefallen lassen würde. Der Reichskanzler würde dann, solange der Art. 9 der Reichsverfassung besteht, mit steigender Macht des preußischen Parlaments immer ausschließlicher *preußischer* Interessenvertreter werden.

Widersetzt sich also Bayern noch so sehr jeder formellen parlamentarischen Neuordnung, so könnte es doch auf keine Art hindern, daß der Reichskanzler als *preußischer* Vertrauensmann dem *Bundesrat* präsidiert, die Staatssekretäre aber entweder dem preußischen Landtag oder dem Reichstag oder beiden angehören, in den letzteren beiden Fällen aber *außerhalb* des Bundesrats bleiben. Ohne jede Änderung der Reichsverfassung würde so den größeren Bundesstaaten, insbesondere Bayern, *jeder aktive Einfluß auf die Reichspolitik genommen* und diese zu einer Angelegenheit der Verständigung zwischen den Staatssekretären als Vertrauensmännern des Reichstags und den preußischen Ministern, einschließlich des

Reichskanzlers, als Vertrauensmännern des preußischen Landtags. Der überragende Einfluß würde dabei ganz und gar dem *preußischen Landtag* zufallen, der Bundesrat aber zwischen diesem Landtag und dem Reichstag als eine reine Abstimmungsmaschinerie mit völlig beherrschendem Einfluß Preußens mitten hindurchfallen. *Großpreußischer Zentralismus* im Reich würde also die Folge davon sein, wenn Bayern der Tendenz zur Parlamentarisierung, die nun einmal sich früher oder später Bahn schaffen wird, einfach ablehnend oder tatenlos gegenübersteht.

II.[1]

Die Bismarcksche Politik beruhte wie nach außen so im Verhältnis zu den Bundesstaaten auf Verhandlung und Kompromiß mit den Ministerien und Höfen. Nur als ultima ratio hielt er die Abstimmung im Bundesrat im Hintergrund. Wenn er mit großer Emphase den Reichstag vor der Unterschätzung des Bundesrats warnte und betonte, daß der Freiherr von Friesen nicht als Person, sondern als Resultante „aller politischen Kräfte Sachsens" dort sitze, so konnte mit diesen „Kräften" damals nur die sächsische Bürokratie und der Hof gemeint sein, nicht aber das sächsische Parlament. Die einzelstaatliche Bürokratie ihrerseits betrachtete das Reich als eine Art Versicherungsanstalt nicht nur für die Dynastien, sondern auch für die eigene Machtstellung, froh, daß das Dreiklassenparlament in Preußen und das preußische Beamtentum sie in ihrem kleinen Umkreis frei schalten ließ unter der stillschweigenden Bedingung, daß sie sich des Einflusses auf den Gang der Dinge in Berlin enthielten. Insbesondere die bayerische Regierung fuhr dabei leidlich. Denn das Übliche war, daß für die in den Reichsämtern ausgearbeiteten Präsidialvorlagen zunächst die preußischen Stimmen gewonnen und dann Bayern ins Vertrauen gezogen, die anderen Regierungen aber meist vor die vollendete Tatsache gestellt wurden.

Ganz unabhängig von Parteistellungen muß man sich nun klarmachen, daß dieser idyllische Zustand zu Ende geht, und daß selbst eine Periode der Reaktion, wenn es zum Unheil Deutschlands den Interessenten gelingen sollte, sie jetzt zu organisieren, den späteren Rückschlag nur verschärfen würde. Nur auf parlamentarische Macht gestützt, werden die Einzelregierungen künftig sich im Reich zur Geltung bringen können. Wie in der äußeren Politik die dynastischen Zusammenkünfte und Korrespondenzen bedeutungslos wurden (in die Schären brachte der Zar nicht einmal seinen Außenminister mit, und dieser ging lächelnd über die Zusammenkunft zur Tagesordnung über), so werden in der inneren

[1] Münchener Neueste Nachrichten vom 17. Oktober 1917.

Reichspolitik die einzelstaatlichen Parlamente stärker mitsprechen, und es ist nicht wahrscheinlich, daß eine nachdrückliche Stellungnahme Bayerns, hinter welcher sein Parlament steht, leichter unbeachtet bleibt als früher eine solche seiner Regierung.

Indessen, in die innerpolitischen bayerischen Konsequenzen wird ein Auswärtiger nicht hineinreden wollen. Hier ist zu betonen, daß infolge der steigenden Bedeutung der großen Parlamente (vor allem des demokratisierten preußischen Landtags) die Regierungen der Einzelstaaten voraussichtlich nur die Wahl haben werden, entweder den großpreußischen Charakter des Reichs sich verstärken zu sehen, also „Vasallen" zu werden, oder den Strom des parlamentarischen Lebens in den Kanal des Reiches leiten zu helfen und im Reich mit den Mitteln der neuen Verhältnisse Einfluß zu erstreben. Die Abgeordneten aus den Einzelstaaten im Reichstag werden angesichts der schroffen Gegensätze in der preußischen Reichstagsvertretung notwendig einen stark ins Gewicht fallenden Faktor bilden.

Was aber den Bundesrat anlangt, so widerspricht es den bayerischen ebenso wie den Interessen der anderen Bundesstaaten, durch Aufrechterhaltung des Art. 9 Satz 2 der Reichsverfassung einerseits die künftigen parlamentarischen Staatssekretäre, wenn sie ihr Mandat beibehalten wollen, aus dem Bundesrat hinauszudrängen, andererseits die Stellung des Reichskanzlers, infolge seiner Wurzellosigkeit im Reichstag, zu einer zunehmend rein preußischen werden zu lassen. Es muß vielmehr den Bundesstaaten gestattet werden, nach Ermessen auch Reichstagsabgeordnete zu Bundesratsbevollmächtigten zu ernennen, und es muß möglich sein, gegebenenfalls dem Reichskanzler und dem Staatssekretär neben ihrer jetzigen Stellung als preußischen Stimmenträgern im Bundesrat auch Einfluß innerhalb der Reichstagsparteien zu erhalten.

Wie der jetzige Zustand wirkt, zeigten die letzten Monate. Der in die Reichsregierung hineingenommene Abgeordnete Spahn schied aus dem Reichstag aus, verlor damit aber jeden Einfluß auf seine Partei, und die Regierung hatte nichts gewonnen. Der neue Reichskanzler wurde ohne alle Fühlungnahme mit den großen Parteien ernannt, und die Folge war, daß er deren Vertrauen nicht genoß und sich daher die Kuratel des Siebenerausschusses gefallen lassen mußte. Man sollte sich wirklich durch die Redensart von der „Parlamentarisierung" des Bundesrats nicht schrecken und nicht einreden lassen, daß es Bayerns Einfluß abträglich gewesen wäre, wenn in der Zeit der liberalen Mehrheit etwa der Abg. Völk und später der Abg. Frhr. v. Hertling oder der Abg. Frhr. v. Franckenstein bayerischer Bundesratsbevollmächtigter gewesen und zugleich Einfluß in der betreffenden Partei behalten hätte. Jedenfalls ist die „Parlamentarisierung" des Bundesrats in diesem Sinne nichts, was gerade die außerpreußischen Bundesstaaten zu scheuen hätten. Im Gegenteil. Die Sonderstellung und Eigenart Bayerns bliebe dabei gegen alle zentralistischen Vergewaltigungen mindestens so gut wie bisher gesichert.

Aber ebenso wichtig wäre die Steigerung der *positiven* Anteilnahme Bayerns und anderer Mittelstaaten am Reich. Diese Anteilnahme beruhte bisher auf bloßer Höflichkeit. So wichtig diese ist, so wird sie doch in Zukunft nicht ausreichen, um einen legitimen Einfluß der größeren Bundesstaaten an der *Vorerwägung,* welche ja oft über die Richtung politischer Schritte bereits entscheidet, zu sichern. Gerade *dieser* Einfluß sollte auf eine gesicherte *rechtliche* Unterlage gestellt werden. Während der Beratung des Verfassungsausschusses ist bei der Erörterung der Stellung des Reichskanzlers auch die Einführung seiner Verantwortlichkeit gegenüber dem Bundesrat kurz besprochen worden. Was könnte sie praktisch bedeuten? Heute bedeutet auch die parlamentarische Verantwortlichkeit bei uns im Grunde nichts anderes als die Pflicht, Rede zu stehen. Diese Art von Verantwortlichkeit könnte nun auch gegenüber dem Bundesrat oder besser gegenüber besonders dazu verordneten Ausschüssen desselben mit Nutzen geschaffen werden. Für die äußere Politik gegenüber dem bisher rein dekorativen Bundesratsausschuß für die auswärtigen Angelegenheiten, dem Bayern präsidiert. Für andere Angelegenheiten gegenüber ähnlichen, neu zu bildenden Ausschüssen. Das Entscheidende wäre dabei, daß die größeren Bundesstaaten nun durchzusetzen in der Lage wären, daß sie wenigstens bei wichtigen Aktionen (in der auswärtigen Politik vor allen öffentlichen Schritten) bereits im *Vorberatungsstadium* zugezogen werden, damit ihre Regierungen und Parlamentsführer schon dann Stellung zu nehmen in der Lage sind. Dafür ist entscheidend wichtig, daß diese Ausschüsse mit den betreffenden Ressortchefs und den maßgebenden Parlamentsführern in Berührung stehen, und das ist der Fall, wenn diese andererseits zu beanspruchen das Recht erhalten, als Bundesratsbevollmächtigte der gleichen Körperschaft anzugehören. Man unterschätze solche „nur beratenden" Gremien nicht. Es ist irrig, daß jeder tatsächliche Einfluß auf die Politik sich in formellen Stimmrechten ausdrücke. Politische Entschlüsse werden stets von wenigen gefaßt, die dann für sie die anderen zu gewinnen suchen. Es ist nun nicht zu verkennen, daß im Reich die „Präsidialstimme", welche in allen militärischen, zoll- und handelspolitischen und den wichtigsten Finanzfragen ein Veto hat, aus diesem Grunde und infolge der Vorbereitung der Vorlagen in den Reichsämtern an Gewicht stark über das bei Schaffung der Verfassung vorgesehene Maß gewachsen ist.

Die Frage ist, ob in Zukunft diese Stimme eine zunehmend rein preußische Stimme sein wird, die *Entwicklung zum „Großpreußentum"* also zunimmt. Das aber wird geschehen, wenn die Beseitigung des Art. 9 Satz 2 von den Bundesstaaten aus Angst vor „Parlamentarisierung" und „Zentralisierung" hintertrieben wird. Im eigenen Interesse wäre das sicher nicht klug. Parlamentarisierung (im obigen Sinn) verbunden mit der Schaffung vorberatender, aber zur Erzwingung von Rede und Antwort der Zentralbehörden des Reiches berechtigter Ausschüsse ist der gewiesene Weg, bei Festigung des Reichsgedankens zugleich den Einfluß der größeren Bundesstaaten und an ihrer Spitze Bayerns zu stärken.

„Bismarcks Erbe in der Reichsverfassung“[1]

Es ist angenehm, sich ausnahmsweise mit einem *sachlichen* Gegner auseinanderzusetzen. Die eben erschienene Schrift des jungen Berliner Ordinarius Erich Kaufmann (mit dem obigen Titel) verdient diese Bezeichnung. Die Gesinnung, die sie trägt, ist sympathisch, der staatsrechtliche und historische Inhalt, auch wo er anfechtbar sein könnte, wertvoll. Gänzlich *versagt* sie erst da, wo der Jurist zum *Politiker* wird. Das ist der Fall vor allem bei der Würdigung der politischen Folgen der vom Verfassungsausschuß des Reichstags beantragten Aufhebung des Art. 9 Satz 2 der Reichsverfassung, welcher bekanntlich den bundesstaatlichen Regierungen *verbietet,* Mitglieder des *Reichstags,* wenn sie ihr Mandat beibehalten, zu *Bundesratsbevollmächtigten* zu ernennen, und es damit ausschließt, daß ein dem Parlament entnommener Reichskanzler (der dem Bundesrat angehören muß) oder Staatssekretär (wenn er, wie durchweg üblich, in den Bundesrat eintritt) Einfluß in seiner Partei behält. Die praktische Bedeutung zeigte sich gerade jetzt. Die Übernahme der auch außerhalb ihrer Parteien angesehenen Abgeordneten Spahn (Zentrum) und Schiffer (nationalliberal) in Regierungsstellen hatte den Verlust ihres Einflusses in ihren Parteien zur Folge. Die Regierung gewann ein paar brauchbare Verwaltungsbeamte, die sie ohnedies besitzt, ohne aber, wie die jüngste Krisis zeigte, politisch irgend etwas an parlamentarischem Rückhalt zu gewinnen. Auf der anderen Seite hatten jene Politiker zwar durch ihre Metamorphose ihren parlamentarischen Einfluß eingebüßt, Einfluß innerhalb der Regierung aber nicht im mindesten gewonnen. In seiner politischen Sinnlosigkeit war der Vorgang ein Musterbeispiel für die verderbliche Wirkung jener Bestimmung. Wenn Bennigsen, den der Verfasser (Seite 75) in befremdlicher Art zitiert, in Bismarcks Regierung eingetreten wäre, so würde er, infolge des Art. 9, die Partei in die Hände des linken Flügels (Lasker-Forckenbeck) haben fallen lassen, und er hat in persönlicher Rücksprache Bismarck auch erklärt, daß er dessen Politik als Parteiführer wirksamer dienen könne als in einer Verwaltungsstelle. Der Sinn der Beseitigung jener Schranke liegt eben keineswegs nur in einer Stärkung der Parlamentsmacht, sondern ganz ebenso auch umgekehrt in der Stärkung des *legitimen* Einflusses der politischen Führung auf das Parlament. Heute beeinflußt die Bürokratie das Parlament durch ein Trinkgeldersystem von kleinen Konzessionen und verhüllter Ämterpatronage. Höchst charakteristischerweise möchte nun der Verfasser *diesen* Zustand noch in seinen Konsequenzen steigern. Er findet es „angenehm“ und „ersprießlich“ für die Regierung, wenn im Parlament Leute mit „solchem Ehrgeiz“ (nach „Regierungsstellen“ nämlich!) sitzen (S.77). Also

[1] Frankfurter Zeitung vom 28. Oktober 1917.

schreite man auf dem durch die Übernahme von Spahn und Schiffer betretenen Wege fort und eröffne den Parlamentariern die Chance, anders als auf dem Wege „der normalen Beamtenlaufbahn“ Ämter zu erlangen. In *unserer* Sprache: man mache das Parlament zu einer Stätte für das Getriebe von Strebern und Stellenjägern, ohne ihm aber politischen Einfluß einzuräumen, und also ohne für *Führernaturen*, – die ja nicht Pfründe, Rang, Gehalt, sondern etwas ganz anderes: Macht und *politische Verantwortung* erstreben, – in ihm Raum zu schaffen. Resultat: Neben den kleinen die großen Trinkgelder als Prämie für eine der Bürokratie genehme Parlamentstätigkeit!

Wenden wir dem abstoßenden Bild den Rücken und fragen nur noch, welche *Bedenken* denn nun eigentlich gegen die Aufhebung jener Bestimmung vorgebracht werden. Mit den „Gewissenskonflikten“ zwischen der „eigenen Überzeugung“ des Abgeordneten und der „Instruktion“ des Bundesratsbevollmächtigten bleibe man uns vom Leibe. Der Abgeordnete Spahn müßte als Mitglied der preußischen Zentrumsfraktion ja die preußische Regierung für die ihm gegebenen Instruktionen „nach eigener Überzeugung“ zur Verantwortung ziehen. Warum erregt dieser tolle Zustand keinen Anstoß? Einfach, weil es sich nicht um den *Reichstag* handelt. Der „Konflikt“ erledigt sich sehr einfach: Ein Staatsmann, der Instruktionen erhält, welche seinen politischen Überzeugungen zuwiderlaufen, *hat sein Amt zu verlassen.* Der Rücktritt ist dann ein Gebot der *politischen Ehre* und nicht: eines „Gewissenskonflikts“.

Aber der Verfasser fährt schwereres Geschütz auf. Zwar die Gefahr, daß Preußen durch einen Block parlamentarischer Bundesratsbevollmächtigter von Kleinstaaten vergewaltigt würde, ist schwerlich ernst gemeint. Mehr als zwei Drittel der Reichstagsabgeordneten stellt Preußen, und die ungeheure Übermacht, welche neben dem Veto der Präsidialstimme und den persönlichen Machtbefugnissen des Kaisers die Militärkonventionen und die oft rücksichtslos ausgenutzte Eisenbahn- und Finanzmacht gegenüber den Kleinstaaten darbieten, ist unerschütterlich. Aber der Verfasser sieht durch parlamentarischen Zentralismus die Mittelstaaten mit „Zerstörung“ bedroht, Bayern zum Suchen nach „Anschluß außerhalb“ verleitet oder gar „aus dem Reich herausdrängt“. Ob solche Wendungen politisch angebracht sind, möge der Verfasser doch reiflich erwägen. Sie entbehren jedes Ernstes und würden die wirklichen Zentralisten (wenn es solche gibt) wenig schrecken. Aus der *Zollgemeinschaft* heraus führt heute kein gangbarer Weg. Wir wünschen die Teilnahme Bayerns und der anderen großen Mittelstaaten an der Leitung des Reichs *gestärkt* und sehen gerade in der Parlamentarisierung in Verbindung mit der Entwicklung vorberatender Ausschüsse unter obligatorischer Vertretung der Mittelstaaten und mit dem Recht, vom Reichskanzler Rede und Antwort zu verlangen, dazu den Weg. Bleibt aber die mechanische Schranke des Art. 9 Satz 2 bestehen, so kann die Entwicklung dahin gehen, daß zwar der Reichskanzler als zunehmend rein preußischer Interessenvertreter im Bundesrat bleibt, die künftigen parlamentarischen Staatssekretäre aber, um sich im Parlament nicht zu entwurzeln, *nicht* in den Bundesrat eintreten, sondern, gestützt auf das Parlament, trotz ihrer formalen Unselbständigkeit auf Kosten des Reichskanzlers und des Bundesrats an selbständigem Einfluß gewinnen, der Bundesrat aber eine zwischen preußischem und Reichsparlament ausgeschaltete Abstimmungsmaschinerie wird. Dies möchten wir verhindern.

Der Verfasser schildert richtig, wie Bismarck seinerzeit seine Leitung der Politik nicht auf Bundesratsabstimmungen, sondern auf Verständigung und Kompromiß mit den Höfen und Ministerien abgestellt hat (der reale Machtanteil der Bundesstaaten war freilich minim!). Aber wie in der Außenpolitik die Beeinflussung der Monarchen und Kabinette als politisches Mittel an Bedeutung zurücktritt, so werden in Zukunft auch in der Innenpolitik die Bundesratsbevollmächtigten an der Stellung der Einzel*parlamente* nicht vorübergehen können und an ihnen den nötigen Rückhalt finden. Die Frage ist nur, ob man nicht klug tut, demgegenüber den Strom der deutschen Parlamentarisierung in die Kanäle des *Reiches* zu leiten. Damit dies möglich sei, muß jenes mechanische Hemmnis des Art. 9 beseitigt werden.

Schließlich noch eins. Ungern liest man auch in dieser Schrift unsachliche Literatenwendungen wie die Warnungen vor dem Aufgeben deutscher „Eigenart“ (d. h. der reinen Bürokratenherrschaft). Wir haben das satt. Noch jedesmal vor unvermeidlichen Neuordnungen waren in den Augen der Interessenten des Bestehenden spezifisch „deutsche“ Kleinodien in Gefahr, vor allem bei den großen Reformen zwischen 1807 und 1813, welche bekanntlich als Nachäffungen der französischen Revolution mit ungefähr so viel Recht verketzert wurden wie heute die Arbeit an der Schaffung eines deutschen Volksstaats. Und es ist ein peinliches Schauspiel, wenn heutige Professoren Leute wie Bennigsen oder auch wie die Männer der Paulskirche oder die Göttinger Sieben *nicht* als Repräsentanten spezifisch *deutscher* politischer Gesinnung anerkennen wollen, weil ihre Eigenart den heutigen Schulmeistern des „deutschen Geistes“ nicht in ihr trauriges Eintagsschema paßt.

Wahlrecht und Demokratie in Deutschland[1]

Das weitschichtige Problem der Demokratie wird hier nur mit Rücksicht auf die augenblickliche Problemlage *bei uns* behandelt, der wir uns sofort ohne Umschweife und allgemeine Betrachtungen zuwenden.

Das jetzige Reichstagswahlrecht ist von Bismarck bekanntlich ausschließlich aus Demagogie, und zwar teils aus außenpolitischen Gründen, teils zu innerpolitischen Zwecken: für den Kampf seines Cäsarismus gegen das damals widerspenstige Bürgertum, in seinem berühmten Ultimatum an den Frankfurter Bundestag auf den Schild gehoben und gegen schwere Bedenken der damaligen Liberalen eingeführt worden. Zwar seine Hoffnung auf ein konservatives Verhalten der Massen erfüllte sich nicht. Aber die Spaltung gerade der für die moderne soziale Gliederung charakteristischen Schichten in zwei sich ebenso intim berührende wie, eben deshalb, verfeindete Klassen: Bürgertum und Proletariat, gab später die Möglichkeit – wie Fürst Hohenlohe bemerkt hat –, die *Feigheit* (Hohenlohe sagt: „Schüchternheit") des Bürgertums vor der „Demokratie" für die Erhaltung der Herrschaft der Bürokratie auszunutzen. Diese Feigheit wirkt bis heute nach. Daß man recht wohl ein Demokrat sein und dennoch Lassalles Begeisterung für jenes Wahlrecht unter den damaligen Umständen ablehnen konnte, zeigt z. B. Eduard Bernsteins Stellungnahme in der Einleitung zu dessen Schriften. Rein staatspolitisch wäre sehr wohl die Frage aufzuwerfen: ob für die ersten Jahrzehnte der neuen Reichsgründung ein die ökonomisch und sozial prominenten und politisch (damals) geschulten Schichten etwas stärker privilegierendes Wahlrecht – etwa so, wie es das bisherige englische tat – den inneren und äußeren Ausbau des Reichs, vor allem: die Eingewöhnung in parlamentarische verantwortliche Mitarbeit, nicht erleichtert hätte. Doktrinäre „Wahlrechts-Orthodoxie" wollen wir hier nicht treiben. Aber das Beispiel Österreichs unter Graf Taaffe zeigt: daß alle nur durch Wahlrechtsprivilegien in der Macht erhaltenen bürgerlichen Parteien heute nicht in der Lage sind, dem Beamtentum die demagogische Waffe der Drohung mit dem gleichen Wahlrecht zu lassen, ohne daß sie bei jeder ernstlichen Gefährdung bürokratischer Machtinteressen auch von ihm gegen sie gebraucht wird. Ganz ebenso wäre es den deutschen bürgerlichen Parteien Bismarck gegenüber gegangen, wenn sie das gleiche Wahlrecht abgelehnt hätten. Und Ungarns Beispiel lehrt, daß sogar die stärksten Gegeninteressen einer herrschenden staatsklugen Nationalität gegen das gleiche Wahlrecht es nicht dauernd verhindern, daß im Konkurrenzkampf ihrer eigenen Parteien dennoch die Parole eben dieses

[1] In: Der deutsche Volksstaat. Schriften zur inneren Politik. Hrsg. v. W. Heile und W. Schotte im Buchverlag der „Hilfe". 2. Heft. Berlin 1917.

Wahlrechts ausgespielt, dadurch ideell propagiert und schließlich einmal durchgeführt wird. Immer wieder finden sich – und das ist kein Zufall – politische Gelegenheiten, bei denen es auf dem Plan erscheint. Gleichviel wie es damit anderwärts liegt, für Deutschland jedenfalls steht seit Bismarck fest, daß ein anderes Wahlrecht nie mehr *am Ende* von Wahlrechtskämpfen stehen kann. Und während andere Fragen des Wahlrechts (z. B. das Proportionalwahlrecht) bei aller politischen Wichtigkeit doch als „technische" empfunden werden, ist die Frage der Gleichheit des Wahlrechts eben auch subjektiv eine so rein politische, daß ihr ein Ende gemacht werden *muß,* wenn man sterile Kämpfe vermeiden will. Schon dies ist staatspolitisch entscheidend. Der 4. August 1914 und die Zeit nachher zeigte aber auch, daß dies Wahlrecht bei entscheidenden politischen Proben sich bewährt, wenn man damit zu regieren versteht und den guten Willen dazu hat. Es würde *dauernd* ganz ebenso gut funktionieren, wenn das gleiche Stimmrecht seinen Gewählten die Verantwortlichkeit der *an der Macht im Staat wirklich mitbestimmend Beteiligten* auferlegte. Überall sind *mitherrschende* demokratische Parteien Träger des Nationalismus.

Der zunehmende Nationalismus gerade der Massen ist nur natürlich in einem Zeitalter, welches die Teilnahme an den Gütern der nationalen Kultur, deren Träger nun einmal die nationale *Sprache* ist, zunehmend demokratisiert. Schon das wahrlich bescheidene Maß faktischer und prekärer Anteilnahme, welches den Vertretern der radikalen Demokratie im Kriege bei uns eingeräumt wurde, genügte, sie in den Dienst sachlicher *nationaler* Politik treten zu lassen. Sehr im Gegensatz zu der Plutokratie des preußischen Landtags, die im dritten Kriegsjahr wahrhaftig nichts Besseres zu tun wußte, als ein Gesetz zur *Nobilitierung von Kriegsgewinnen* zu beraten. Statt daß im deutschen Osten neues Bauernland bereitgestellt würde – und wir könnten noch den Mannschaftsbestand für 10 Armeekorps durch neue Bauernstellen beschaffen –, sollte hinter dem Rücken des kämpfenden Heeres der deutsche Boden den Eitelkeitszwecken der Kriegsparvenü-Plutokratie für Fideikommißstiftungen zwecks Erlangung des Adelstitels ausgeliefert werden. Diese bloße Tatsache ist Kritik des Klassenwahlrechts genug. –

Die innere Unhaltbarkeit dieses und jedes ähnlich wirkenden Wahlrechts liegt aber auch an sich auf der Hand. Bei Fortbestand der preußischen Dreiklassengliederung würde sich die ganze Masse der heimkehrenden *Krieger* einflußlos in der untersten Klasse befinden, in den Vorzugsklassen aber: *die Daheimgebliebenen,* denen inzwischen Kundschaft und Arbeitsstellen jener zugefallen, die im Kriege oder durch den Krieg reich geworden oder doch intakt geblieben sind, und deren schon vorhandenen oder neuerworbenen Besitz jene durch den Krieg politisch Deklassierten mit ihrem Blut draußen verteidigt haben. Gewiß ist die Politik kein ethisches Geschäft. Aber es gibt immerhin ein gewisses Mindestmaß von Schamgefühl und Anstandspflicht, welche auch in der Politik nicht ungestraft verletzt werden.

Welches andere Wahlrecht könnte an seine Stelle treten? Bei den Literaten erfreuen sich allerhand Pluralwahlsysteme großer Beliebtheit. Welche aber? Soll der Familienstand, etwa durch Zusatzstimmen, privilegiert werden? Die Unterschichten des Proletariats und die Bauern auf den ärmsten Böden, überhaupt aber alle Schichten mit der geringsten ökonomischen Voraussicht, heiraten am frühesten und haben die meisten Kinder. Oder – der Lieblingstraum der Literaten – die „Bildung"? Unterschiede der „Bildung" sind heute, gegenüber dem *klassen*bildenden Element der Besitz- und ökonomischen Funktionsgliederung, zweifellos der wichtigste eigentlich *stände*bildende Unterschied. Wesentlich kraft des sozialen Prestiges der Bildung behauptet sich der moderne Offizier vor der Front, der moderne Beamte innerhalb der sozialen Gemeinschaft. Unterschiede der „Bildung" sind – man mag das noch so sehr bedauern – eine der allerstärksten rein innerlich wirkenden sozialen Schranken. Vor allem in Deutschland, wo fast die sämtlichen privilegierten Stellungen innerhalb und außerhalb des Staatsdienstes nicht nur an eine Qualifikation von *Fachwissen,* sondern außerdem von „allgemeiner *Bildung*" geknüpft und das ganze Schul- und Hochschulsystem in deren Dienst gestellt ist. Alle unsere Examensdiplome verbriefen auch und vor allem diesen *ständisch* wichtigen Besitz. Also könnte man sie der Wahlrechtsgliederung zugrunde legen. Welche aber? Sollen die Doktorfabriken der Hochschulen oder die Maturitätszeugnisse der Mittelschulen oder soll etwa das Einjährigenzeugnis die politische „Reife" beglaubigen? Rein quantitativ bedeutet das ganz gewaltige Unterschiede, und mit der letztgenannten, der Masse nach stark ins Gewicht fallenden, Mehrstimmrechtsqualifikation könnte man politisch recht eigenartige Erfahrungen machen. Vor allem aber: Soll wirklich das *Examens*diplom, welchem schon die Masse aller Ämter ausgeliefert ist, und die dadurch patentierte Schicht mit ihren sozialen Prätensionen noch weiter privilegiert werden? Soll dem Pfründenhunger der examinierten Amtsanwärter – deren Zahl durch die Frequenzkonkurrenz der Hochschulen und den sozialen Ehrgeiz der Eltern für ihre Kinder ungeheuer über den Bedarf gesteigert ist – die Macht über den Staat zugewendet werden? Und was hat eigentlich der Doktor der Physik oder der Philosophie oder Philologie mit *politischer* „Reife" zu tun? Jeder Unternehmer und jeder Gewerkschaftsführer, der, im freien Kampf um das ökonomische Dasein stehend, die Struktur des Staates täglich am eigenen Leibe spürt, weiß mehr von Politik als derjenige, dem der Staat nur die Kasse ist, aus der er kraft Bildungspatentes eine standesgemäße, sichere, pensionsfähige Einnahme erhält.

Oder – eines der Lieblingskinder aller kurzsichtigen „Ordnungsphilister" – ein *„Mittelstandswahlrecht"*, also etwa: Privilegierung der Inhaber „selbständiger" Betriebe oder dergleichen? Abgesehen davon, daß auch dies die *Daheimgebliebenen* gegenüber den Kriegern bevorzugen würde, – was bedeutete es für den „Geist" der künftigen deutschen Politik?

Von den wirtschaftlichen Bedingungen der deutschen Zukunft lassen sich mit Sicherheit heute nur *drei* vorausberechnen. Zunächst: die Notwendigkeit einer ungeheuren *Intensivierung* und *Rationalisierung* der wirtschaftlichen Arbeit. Nicht, damit das deutsche Dasein reich und glänzend, sondern damit das Dasein der Massen bei uns überhaupt *möglich* sei. Es ist angesichts des eisernen Frühlings, den uns der Frieden bringen wird, ein Frevel, wenn jetzt Literaten der verschiedensten Lager den deutschen „Arbeitsgeist" als die nationale Erbsünde und ein „gemächlicheres" Dasein als Zukunftsideal hinstellen. Das sind *Schmarotzerideale* einer Pfründner- und Rentnerschicht, welche den schweren Alltag der geistig und körperlich arbeitenden Mitbürger an ihrem Tintenfaßhorizont messen zu wollen sich erdreistet. Wie vollends die kindliche Literatenvorstellung vom „Segen" der genügsamen Armut der guten alten Zeit, den Deutschland als Frucht des Krieges wieder genießen werde, in der Realität aussehen würde, lehrt die zweite unzweifelhafte Zukunftstatsache: daß der Krieg uns für 100 Milliarden Kapitalwert *neue Rentner* hinterlassen wird. Schon vor dem Krieg war die relative statistische Zunahme der reinen Rentner bedenklich groß für eine auf den Wettkampf mit den großen Arbeitsvölkern der Erde angewiesene Nation. Für diese nunmehr ganz ungeheuer in die Breite gewachsene Schicht werden die wirtschaftlich arbeitenden Staatsbürger die Rente zu beschaffen haben. Teils in der Entstehung großer neuer Papiervermögen, teils aber auch in der Verwandlung der vorhandenen Vermögen durch Anleihezeichnung äußert sich die Umgestaltung. Denn wenn ein Vermögensbesitzer heute statt Dividendenpapieren (also: Anteilen an privatwirtschaftlichen Unternehmungen) staatliche Rentenverschreibungen in seinen Bankdepots hat, – was *bedeutet* das? Ein „Rentner", dessen Einkommen die Banken mit der Couponschere beschaffen, ist er formell in beiden Fällen. Allein: wenn ihm früher die Dividendenpapiere Einnahmen brachten, dann bedeutete dies: daß auf einem Kontor und in einem betriebstechnischen Büro – Stätten geistiger Arbeit so gut und oft besser als irgendeine Gelehrtenstube es ist –, und daß in den Maschinensälen von Fabriken von kaufmännischen und technischen Leitern, Angestellten, Meistern und Arbeitern scharf und hart *gearbeitet*, Güter für einen vorhandenen Massenbegehr hergestellt, Menschen ihr Lohn und Brot beschafft wurde, dies alles in der Vollkommenheit oder Unvollkommenheit, wie dies nun einmal die heutige noch auf lange gültige Wirtschaftsordnung gestattet. Für die Leiter hat dabei die ökonomische und soziale Macht- und Rangstellung, für die Angestellten und Arbeiter die Brotstelle im Kampf um den Markt auf dem Spiele gestanden, und dieser Kampf ist gewonnen worden: *das* „beweist" die Dividende. Wenn er dagegen jetzt Zinsen von seinen staatlichen Rentenpapieren bezieht, so bedeutet dies: daß der Steuerexekutor oder der Zollbeamte oder ihresgleichen den Zahlungspflichtigen das Geld erfolgreich aus der Tasche geholt haben und dafür bezahlt worden sind, und daß auf staatlichen Büros nach Reglement und Anweisung die geforderte Arbeit abgeleistet wurde. Natürlich muß *beides* geschehen, die privatwirtschaftliche wie die staatliche Arbeit. Aber es liegt auf der flachen Hand, daß die ganze Zukunft Deutschlands, wirtschaftlich und politisch, die Lebenshaltung der Massen sowohl wie die Beschaffung von Mitteln für „Kulturbedürfnisse", in *erster* Linie daran hängt, daß die Intensität der deutschen *wirtschaftlichen* Arbeit nicht herabgesetzt wird, daß – wie man es auch ausdrücken kann – die *Rentnergesinnung:* die typisch *französische* innere Haltung der dortigen Kleinbürger- und Bauernschichten zum Wirtschaftsleben, in der deutschen Nation nicht noch mehr, als es ohnedies geschieht, überhand nimmt. Denn das würde die wirtschaftliche Lähmung Deutschlands bedeuten und – eine noch rapidere Propagierung des ohnehin sich schnell ausbreitenden Zweikindersystems. Außerdem noch einen anderen Zug der französischen Zustände: die Abhängigkeit von den *Banken.* Die Unwissenheit der Literaten, welche das *Rentenvermögen* des Couponschneiders von dem *Erwerbskapital* des Unternehmers nicht zu unterscheiden vermag und dem letzteren mit ebensoviel Ressentiment wie dem ersteren mit begehrlichem Wohlwollen gegenübersteht, hat von der Rolle etwas läuten gehört, welche im parlamentarischen Regime Frankreichs das „Finanzkapital" spielt, sowohl bei sachlichen Maßregeln (Steuern), wie bei der Auswahl der Minister, und meint natürlich, daß dies eine Folge des gefürchteten „Parlamentarismus" sei. Aber es ist in Wahrheit die Folge davon, daß Frankreich ein *Rentnerstaat* ist, daß die *Kreditwürdigkeit der jeweiligen Staatsregierung,* wie sie sich in dem Börsenkurse der Staatsrenten ausdrückt, für die Millionen mittlerer und kleinerer Rentner schlechthin *die* Frage ist, nach welcher sie den Wert der Minister taxieren, daß *deshalb* die Banken bei der Ministerauswahl oft irgendwie mitwirken oder geradezu konsultiert werden. Von jeder, ganz gleichviel ob monarchischen oder parlamentarischen oder plebiszitären Regierung würden sie berücksichtigt werden *müssen,* ganz ebenso wie ein Schuldnerstaat wie der russische Zarismus 1905 seine „Verfassung" und nachher wieder den „Staatsstreich" machte, weil in beiden Fällen die Stimmung der auswärtigen Börsen: die Quelle seines Kredits, es verlangte. Fortschreitende Verstaatlichung gegen Ausgabe von Staatsrenten bei uns, vor allem aber: die Zunahme der *mittleren* und *kleinen* Staatsrentenpapierbesitzer, würde bei uns genau die gleichen Folgen haben, ganz einerlei ob „Demokratie" oder „Parlamentarismus" besteht oder „monarchische" Regierung. Während die Beziehung des *englischen* Staates zum Kapitalismus vornehmlich eine solche zum *Erwerbs*kapitalismus war, welcher der Ausdehnung der Macht und des Volkstums über die Erde hin gedient hat. Welche Maßregeln finanzpolitischer Art nun in Deutschland dazu dienen können, jene erstickende Rentnerlast abzuwälzen und doch den Ansprüchen und Erwartungen der Anleihezeichner voll zu genügen, ist eine gewichtige Frage für sich. Wirtschaftspolitisch ist jedenfalls die höchstmögliche Rationalisierung der wirtschaftlichen Arbeit, also die ökonomische Prämiierung der rationalen Wirtschaftlichkeit der Produktion, also: des „Fortschrittes" in diesem technisch-ökonomischen Sinn, – mag man ihn nun an sich hassen oder lieben, – eine Lebensfrage für die Weltstellung nicht nur, sondern einfach für die Möglichkeit einer erträglichen Existenz der Nation überhaupt. Und deshalb ist es eine gebieterische politische Notwendigkeit, daß den Trägern dieser rationalen Arbeit wenigstens jenes Mindestmaß politischen Einflusses zugewendet wird, welches ihnen nur das *gleiche* Wahlrecht gewährt. Denn in jenem einen wichtigen Punkt: dem Interesse an der Wirtschafts*rationalisierung,* ist, trotz aller sozialen Gegensätze, das Interesse der Arbeiterschaft mit dem der organisatorisch *höchst* stehenden Unternehmer und sind beide mit dem politischen Interesse an der Erhaltung der Weltstellung der Nation, nicht immer in den Einzelheiten, wohl aber *im Prinzip,* identisch und schnurstracks entgegengesetzt dem Interesse aller Pfründnerschichten und aller ihnen kongenialen Vertreter ökonomischer Stagnation. Und es scheint die höchste Zeit, daß der Einfluß jener Schichten eingesetzt wird an einem Punkt, dessen prinzipiell falsche Behandlung schon jetzt einen Schatten auf unsere Zukunft vorauswerfen könnte. Denn – das ist die dritte völlig sichere Zukunftsperspektive – wir werden für Jahre im Zeichen einer *„Übergangswirtschaft"* stehen mit Rationierung der Rohstoffzuteilung, der Zuweisung internationaler Zahlungsmittel und womöglich: der Betriebe selbst und ihrer Kundschaft. Es ist klar, daß dies eine nie wiederkehrende Gelegenheit sein kann *sowohl* im Sinne der *Rationalisierung* der Wirtschaft *wie auch,* genau umgekehrt, eine Fundgrube für sogenannte „mittelständlerische" Experimente im denkbar übelsten Sinne dieses fast stets mißbrauchten Wortes. Mit Hilfe eines staatlichen Bezugscheinsystems und verwandter Mittel könnte man „selbständige" Bettelexistenzen aller Art, vor allem das Ideal jedes Kleinkapitalisten: bettelhafte, aber bequeme *Ladentischexistenzen* und ihresgleichen, in Masse subventionieren, welche das gerade Gegenteil einer Intensivierung und Rationalisierung unserer Wirtschaft bedeuten würden: die Züchtung von Schmarotzern und Tagedieben, Trägern jener „Gemächlichkeit", die das Zukunftsideal der Literaten ist. Was würde das bedeuten? *Die „Verösterreicherung" Deutschlands.* Und zwar in jenem Punkte, der von den Österreichern selbst als eine der Hauptquellen alles dessen angesehen wird, was sie bei sich als „Schlamperei" bezeichnen. Denn soviel wir auf dem Gebiet der Geschmackskultur und gesellschaftlichen Erziehung von ihnen zu lernen hätten – allen Grund, uns zu bedanken, hätten wir für die Übernahme ihrer „Mittelstandspolitik", deren wunderbare Früchte man in den dicken Bänden der Entscheidungen über solche Fragen wie: ob das Benageln eines Stuhls Tapezier- oder Tischlerarbeit sei, studieren kann. Die Gefahr aber, daß etwas Ähnliches geschieht, ist nicht gering. Denn es gibt in den heute maßgebenden Schichten zweifellos Politiker, welche unbelehrbar der Meinung bleiben: daß auf dem gen Himmel stinkenden Sumpf von Faulheit und Schlamperei, den man dadurch ins Leben rufen würde, am besten die Fundamente dessen, was *sie* „monarchische Gesinnung" nennen, das heißt: einer die Machtstellung der *Bürokratie* und der wirtschaftlich reaktionären Gewalten unangetastet lassenden bierseligen Fügsamkeit, gelegt werden könnten. Denkt man sich nun gar Wahlrechtsprivilegien für jene Schichten, welche eine solche Politik gern züchten möchte, so kann man sich leicht vorstellen, wie das wirkt: im Sinne der *Lähmung Deutschlands,* ökonomisch und politisch. Wer diese Lähmung aus irgendeinem positiven religiösen oder anderen letzten metaphysischen Glauben heraus *will,* – nun wohl! er bekenne sich offen dazu. Aber aus erbärmlicher *Feigheit vor der Demokratie* soll man sie *nicht* wollen, und eben jene Feigheit: Angst um die Erschütterung der Legitimität des Besitzes und der heute in Kraft stehenden sozialen Positionen, ist das derzeit zentrale Motiv, es zu tun.

Zu den dilettantischen Seifenblasen, welche deutsche Literateninstinkte immer neu hervortreiben, gehören nun auch alle jene zahlreichen Ungedanken, welche unter der Firma: „*berufsständische* Vertretung" kursieren. Sie hängen mit allerhand konfusen Vorstellungen von der Zukunft unserer Wirtschaftsorganisation eng zusammen. Es ist erinnerlich, daß schon die Art der Organisation der Unfallversicherung in Berufsgenossenschaften die Erwartung einflußreicher Literatenkreise erregte (und zum Teil ihr entstammte): hiermit werde der erste Schritt zu einem „organischen Aufbau" der Volkswirtschaft getan, – und man könnte auch wissen, was daraus geworden ist. Und heute erwartet mancher von den vorwiegend finanz- und valutapolitisch bedingten wirtschaftlichen Zukunftsorganisationen gar, daß sie sich als Drachentöter gegen den unruhestiftenden Vater alles Bösen, den „*Kapitalismus*", erweisen werden. Man stellt sich dabei die „Gemeinwirtschaft", „Solidaritätswirtschaft", „Genossenschaftswirtschaft" (oder wie die Phrasen lauten) der Kriegszeit und der durch sie geschaffenen Zwangsorganisationen, kindlich genug, als Vorläufer einer künftigen prinzipiellen Änderung der „Wirtschaftsgesinnung" vor, welche die abhanden gekommene „Wirtschaftsethik" der Vergangenheit auf höherer Stufe „organisch" wiedererstehen lassen werde.

Dabei ist nun vor allem die profunde Ignoranz unserer Literaten über das Wesen des Kapitalismus das, was jeden mit den Verhältnissen Vertrauten so ungeduldig macht. Es ist noch das wenigste, wenn diese heilige Einfalt etwa die Kriegsgewinne der Firma Krupp mit den Kriegsgewinnen irgendeines Malzschiebers in einen Topf wirft, weil ja beides Produkte von „Kapitalismus" seien. Wichtiger ist, daß sie von dem abgrundtiefen Gegensatz alles von der rein *politischen* Konjunktur: von Staatslieferungen, Kriegsfinanzierungen, Schleichhandelsgewinnen und all solchen durch den Krieg wieder gigantisch gesteigerten Gelegenheits- und Raubchancen lebenden Kapitalismus und seiner Abenteurergewinne und -risiken gegenüber der Rentabilitätskalkulation des bürgerlichen *rationalen Betriebs* der Friedenszeit nicht die geringste Ahnung hat. Was auf dem Kontor eines solchen Betriebes eigentlich geschieht, ist ihr ein Buch mit sieben Siegeln. Daß ferner die grundlegende „Gesinnung", oder wenn man es so ausdrücken will: das „Ethos" jener beiden verschiedenen Arten von Kapitalismus untereinander so entgegengesetzt ist, wie zwei geistige und sittliche Potenzen es überhaupt zu sein vermögen, daß die eine: der rein politisch verankerte „Raubkapitalismus", so uralt ist wie die uns bekannte Geschichte von Militärstaaten überhaupt, die andere aber ein spezifisches Produkt des modernen europäischen Menschentums, davon ahnt sie natürlich gar nichts. Wenn man einmal ethisch unterscheiden *will* (und das ist hier immerhin möglich), dann besteht ja die eigentümliche Lage eben darin, daß in der persönlichen Geschäfts*ethik* gerade die höchststehende – im Durchschnitt weit höher als irgendeine historisch wirklich *real* gewesene, und nicht nur von Philosophen und Literaten *gepredigte,* ökonomische Durchschnittsethik irgendeines Zeitalters stehende –, *rational*-kapitalistische *Betriebsethik* dieser zweiten Art von „Kapitalismus": die Ethik der Berufspflicht und Berufsehre es ist, welche jenes eherne Gehäuse hergestellt hat und erhält, durch das die wirtschaftliche Arbeit ihr heutiges Gepräge und Schicksal empfängt und natürlich nur um so mehr und endgültiger empfangen wird, wenn man an Stelle des *Gegensatzes* zwischen privatkapitalistischer und staatlicher Bürokratie durch „Vergemeinwirtschaftung" der Betriebe eine *einheitlich* den Arbeitern übergeordnete Bürokratie schaffen würde, gegen die es kein Gegengewicht außerhalb ihrer selbst mehr gäbe.

Um aber hier bei jenem Gegensatz zu bleiben: *nicht* jene Gewinne, die nach dem berüchtigten Satz gemacht wurden: daß man „die Millionen nicht verdient, ohne mit dem Ärmel an das Zuchthaus zu streifen", sondern gerade jene Rentabilität, welche nach dem Grundsatz erzielt wurde: „honesty is the best policy", wurde der Träger des spezifisch modernen Kapitalismus als eines die Wirtschaft und durch sie das Alltagsschicksal der Menschen *unentrinnbar* beherrschenden *Systems.* Hat denn wohl jemand von diesen schreibseligen Ideologen einer geträumten wirtschaftlichen Solidaritätsethik einmal einen Blick hinter die Vorhänge unserer „Kriegsgemeinwirtschaft" getan und gesehen, *was* unter ihrer Einwirkung aus dem angeblich durch sie zu erdrosselnden „Erwerbstrieb" geworden ist? Ein wilder Tanz um das goldene Kalb, ein hasardierendes Haschen nach jenen Zufallschancen, welche durch alle Poren dieses bürokratischen Systems quellen, ein Verlust jedes Maßstabes für irgendwelche *wie immer* gearteten geschäftsethischen Unterscheidungen und Hemmungen und – ein eherner Zwang für jeden, auch den gewissenhaftesten, Geschäftsmann, bei Strafe des ökonomischen

Untergangs mit den Hyänen dieser beispiellosen Schädelstätte *aller* Wirtschaftsethik mitzuheulen und mitzutun, – genau so oder vielmehr in weit ungeheuerlicherem Maßstab so, wie es zu allen Zeiten gewesen ist, wenn kapitalistische Erwerbschancen sich an die Fußstapfen des Kriegsgottes oder – des heiligen Bürokratius hefteten. Generationen werden vergehen, bis die Nachwirkungen dieser Zersetzung des normalen bürgerlich-kapitalistischen Ethos wieder *ausgetilgt* sind, – und das soll die Grundlage einer neuen Wirtschaftsethik sein? Wir werden uns zu bemühen haben, zunächst das Niveau der *alten* wieder zu erreichen! Doch das alles nur nebenbei.

Rationale *Zweckverbands*bildungen größten Stils werden die Kriegswirtschaft ablösen. Aber doch wahrhaftig keine „organisch" auf dem Boden der natürlich gewachsenen oder aus primären *inneren* menschlichen Beziehungen heraus entfalteten Gemeinschaftsverhältnisse und Gebilde von jener innerlichen Eigenart, wie sie Familie, Sippe, Gemeinde, die feudalen und grundherrlichen Beziehungen und auch noch die Zünfte, Gilden, sogar die Ständeeinungen des Mittelalters immerhin in verschieden starkem Maße an sich trugen. Wer von dem Gegensatz *aller* modernen rationalen Zweckverbände zu ihnen noch keine Ahnung hat, der begebe sich zunächst in die soziologische Abc-Schule, ehe er anfängt, den Büchermarkt mit seiner Literateneitelkeit zu behelligen. Daß der einzelne nicht einem, sondern oft zahlreichen solcher Gebilde zugleich angehören müßte, würde zwar einem auf ihnen aufgebauten Wahlrecht die Qualität einer „Volksvertretung" nehmen, es aber nicht schon dazu verdammen, „Unsinn" zu sein. Es wäre eben „Interessenvertretung": die Vergangenheit kannte Ähnliches. Aber man braucht nur die ersten Anfänge eines Versuchs zu machen, die typischen Figuren der modernen Wirtschaft nach *„Berufen"* so zu gruppieren, daß die entstehenden Gruppen als *Wahl*körperschaften für eine allgemeine *Volks*vertretung brauchbar wären, – dann steht man vor dem vollendeten Unsinn. Gleich die eigentlichen „Leiter" des Wirtschaftssystems finden einfach gar keinen Platz. Unter welche „Berufe" – es stünden deren Dutzende zur Wahl – sollen die Herren Stinnes, Thyssen, Krupp v. Bohlen, Graf Henckel-Donnersmarck, v. Mendelssohn, Rathenau, die persönlich haftenden Gesellschafter der Disconto-Gesellschaft usw. verteilt oder sollen sie vielleicht in einer einzigen Wahlkörperschaft der „Riesenunternehmer" vereinigt werden? Und sollen andererseits die Generaldirektoren Kirdorf, Hugenberg und ihresgleichen unter die „Betriebsbeamten" der einzelnen „Berufe" verteilt werden, oder was geschieht mit ihnen? So aber geht es nun von diesen höchsten Spitzen des kapitalistischen Getriebes bis zum untersten Boden. Gerade die wirklich wichtigsten von den Steuerleuten der heutigen Wirtschaft entziehen sich überall, bis zum Engrossortimenter und Betriebsvorstand herunter, jeder Einordnung unter *materiell* zutreffende Kategorien. Denn überall müßte ja für die Abgrenzung der Wahlkörperschaften ein *formales* Merkmal gefunden werden, dem aber unter den heutigen wirtschaftlichen Verhältnissen der materielle, ökonomische *Sinn* der betreffenden Stellung hundertfältig ins Gesicht schlüge. Unsere moderne Wirtschaft zeichnet sich ja im Gegensatz zur *ständisch* gebundenen Wirtschaft gerade dadurch aus, daß man aus der äußeren Stellung fast *nie* entnehmen kann, welche ökonomische *Funktion* dem einzelnen eignet, daß auch die eingehendste Berufsstatistik noch nicht das geringste von der inneren Struktur der Wirtschaft verrät. So wenig man in dem Landschaftsbild einer schönen Standesherrschaft ihre Hypothekenbelastung sieht, so wenig sieht man einem Ladeninhaber an, was er ökonomisch ist: ob ein Filialbetriebsbesitzer, ein Angestellter oder fest gebundener Klient einer kapitalistischen Macht (z. B. einer Brauerei), ein wirklich selbständiger Detaillist oder was sonst. Ebensowenig einem „selbständigen Handwerker", ob er Hausindustrieller, Zwischenmeister oder selbständiger Kleinkapitalist oder handwerksmäßiger Kundenarbeiter ist. Und das sind noch die einfachsten Fälle! Vollends die immer wieder neu auftauchende naive Literaten-Vorstellung, daß dies der Weg sei, um die heute in „verhüllter" Art sich bei den Parlamentswahlen geltend machende Macht der materiellen Interessen „offen" und also „ehrlich" sich „im Kreise der Berufsgenossen" auswirken zu lassen, gehört in die politische Kleinkinderstube. Tausendfach sind die Drähte, an welchen kapitalistische Gewalten den „selbständigen" Kleinhändler und Handwerker nicht nur, sondern auch den selbständigen Fabrikanten bei den Wahlen nach ihrem Willen tanzen lassen würden. Ganz abgesehen davon, daß sich jede solche Berufsabgrenzung in breitestem Maße auf dem Flugsand der durch jede neue Maschine oder Absatzchance radikal umgeschichteten Betriebseinheiten, Produktionsrichtungen und Arbeitskräfte bewegte.

Etwas objektiv Unwahrhaftigeres als den Versuch, in einem Zeitalter beständiger technischer und kommerzieller Umschichtungen und fortschreitender *zweckverbands*mäßiger ökonomischer und sozialer Bindungen *„organische"* Gliederungen im alten ständischen Sinn als politische Wahlkörper schaffen zu wollen, gibt es schon aus diesen rein ökonomischen Gründen in aller Welt nicht. Wo immer man „berufsständische" Wahlrechtsexperimente gemacht hatte – in neuerer Zeit in Österreich und in dem Bulyginschen russischen Dumawahlrecht –, hatte man daher ganz grobe und formale Kategorien bilden müssen, und man hatte damit in Österreich ein tief korruptes Parlament geschaffen, welches nur die Ehre der ersten Erfindung der Obstruktion für sich in Anspruch nehmen darf, in Rußland aber: die Vorfrucht der Revolution. In keinem von beiden Fällen aber sind dabei die Vertreter der in der ökonomischen Welt heute wirklich bedeutsamen Gewalten überhaupt politisch zur Geltung gekommen. Am allerwenigsten: „offen". Zu dieser Unangepaßtheit an die moderne, fortwährend in Umwälzung begriffene ökonomische Struktur käme die Kreuzung der beruflichen durch die rein politischen Interessen, deren selbstherrliches Wirken solche vermeintlich realistischen

Afterprojekte stets gründlich verkennen. Nicht etwa eine Fundierung der Parlamentsvertretung auf „offene" Wahrnehmung der „natürlichen" in sich solidarischen beruflichen Interessen käme heraus, sondern gesteigerte Zerreißung der Berufssolidarität durch politische Parteiung. Schon heute sehen wir die politischen Parteien auch in den Gemeindeverwaltungen, Genossenschaften, Krankenkassenverwaltungen usw. – kurz, in allen möglichen sozialen Bildungen, um die Macht ringen. Man hat das oft beklagt. Die verschiedenen Seiten des gar nicht einfachen organisationspolitischen Problems sollen hier nicht nebenher miterörtert werden. Jedenfalls zeigt sich darin eins: daß überall, wo Wahlzettel und Agitation herrscht, die *politischen* Parteien als solche schon jetzt dazu prädisponiert sind, Träger des Kampfes zu werden. Schon weil sie über den Apparat dazu verfügen. Man stelle sich nun vor, daß jene Interessenkörperschaften durch ihre Vertreter über die staatspolitischen und Kulturfragen abzustimmen hätten, und das Resultat ist klar: Das Hineintragen politischer Parteiungen in Interessentenverbände, welche *sachliche*, den Verbandsgenossen wirklich *solidarisch* gemeinsame Angelegenheiten zu erledigen haben, durch ihre Erhebung zu parlamentarischen Wahlkörpern würde selbstverständlich zur Folge haben, daß zunächst einmal der wirklich rein wirtschaftliche Interessenkampf sich *neben* dem Gehäuse dieser politischen Wahlkörperschaften neue Organe schaffen müßte und würde. Vergebens würden jene Schachteln für die Zählung von Wahlstimmen versuchen, das reale ökonomische Leben in sich einzufangen. Zwar würde der ökonomische Interessenkampf natürlich in diese wie in alle Wahlkörper hineinspielen. Aber weit mehr auf nackte *individuelle* Gewaltverhältnisse: – Verschuldung, Kundschaft – statt auf dauernde Klassenlage abgestellt als heute bei der Finanzierung und Beeinflussung des Parteiwahlkampfes durch Interessenten. Und zugleich: ungleich verborgener. Denn wer könnte unter einer derart verzwickten Wahlrechtsgliederung noch den Abhängigkeitsverhältnissen, in welchen ein formal „selbständiger" Händler oder Gewerbetreibender zu einer kapitalistischen Potenz steht, nachspüren und den Einfluß ermitteln, welchen der Druck solcher kapitalistischer Mächte auf die politische Haltung der von ihnen Abhängigen ausüben würde? Die Schärfe der Abhängigkeit als solcher würde steigen, da ja die Betroffenen nun durch ihre *Konkurrenten* in den Wahlkörpern sehr zuverlässig kontrolliert werden würden. Denunziation und Boykott würden diese in den Wahlkörperschaften zusammengepferchten vermeintlichen Träger von „Berufssolidarität" gegeneinander hetzen. Denn nun würden diese berufsständischen Körperschaften ja nicht nur *berufliche* Interessen wahrzunehmen haben, sondern: das Ergebnis des Wahlkampfes in ihnen entschiede *über die Besetzung der staatlichen Pfründen und Ämter.* Haben sich die „guten Leute und schlechten Musikanten", welche *dies* System empfehlen, wohl klargemacht, was dabei herauskäme? – Genug. Diese kindlichen literarischen Seifenblasen sind hier nur deshalb erwähnt, weil sie Anlaß geben, zu noch einem allgemeinen Problem Stellung zu nehmen.

Wir *haben* ja bei uns und anderwärts schon heute auch Interessentenverbände als Träger von Vertretungsrechten. Zunächst für die Beratung der Bürokratie: die Landwirtschafts-, Handels-, Handwerks-, künftig wohl einmal die Arbeitskammern, auch die Eisenbahnräte u. dgl. Gerade an ihnen aber kann man lernen, was heute eine formale Berufsorganisation *nicht* leistet. Oder bildet sich jemand ein, diese offiziellen Körperschaften könnten den „Bund der Landwirte", den „Zentralverband der Industriellen", vollends: die Arbeitgeberverbände oder die Gewerkschaften, je *ersetzen?* Wo pulsiert denn *wirklich* das „Leben" der berufsgegliederten Interessensolidarität? Und ebenso *haben* wir ja innerhalb unserer Gesetzgebungsmaschinerie wenigstens teilweise berufsständisch zusammengesetzte Körperschaften: die ersten Kammern. Vorwiegend Grundbesitzerverbände bestimmter sozialer Prägung („alter und befestigter Grundbesitz"), daneben Handelskammern, einige besonders große Gemeinden, auch Universitäten, künftig vielleicht einmal Handwerks- und Arbeiterkammern, senden ihre Vertreter hinein. Unendlich grobschlächtig ist diese Art der Interessenvertretung, aber für diese politischen Zwecke notdürftig ausreichend. Die politische Kindlichkeit unserer Literaten bildet sich nun offenbar ein: durch Häufung und Spezialisierung solcher Vertretungsrechte müsse es schließlich doch gelingen können, aus diesen Oberhäusern Parlamente zu machen, in welchen nun jeder Staatsbürger als Glied seines organischen Berufs- und Lebenskreises sich vertreten finde, – wie (angeblich) einst im „Ständestaat". Von diesem „Ständestaat" nachher ein Wort. Die ersten Kammern aber, bei denen wir hier kurz verweilen, sind (der „Idee", meist nicht der Wahrheit nach) heute Stätten der politischen Aussprache teils von Honoratioren, teils aber von solchen Interessentenschichten, welche rein staatspolitisch aus Traditionsgründen als besonders ins Gewicht fallend gelten. Vor allem: des Besitzes und bestimmter sozial hoch bewerteter Berufe. Nicht immer tatsächlich, meist aber nach der „Idee" werden sie *nicht* nach politischen Parteigesichtspunkten ausgelesen. Daraus folgt sofort das Entscheidende für die naturgemäße Stellung eines solches Oberhauses im Staate. Wo immer sie politisch richtig geordnet ist, *fehlt* ihm zum mindesten das eigene Budgetrecht, die Grundlage der Machtstellung der *Volks*vertretung, und ist seine Rechtslage im übrigen, politisch angesehen, die: daß es eine Instanz ist, welche Beschlüsse der Volksvertretung beanstanden, kritisieren, zur nochmaligen Erörterung zurückgeben, sistieren und zurückstellen, auch amendieren kann, welche aber – gleichviel ob das formale *Recht* dazu besteht – *nicht* dauernd in einer politisch wichtigen Frage dem Willen einer unbezweifelbaren starken Mehrheit der Volksvertretung sich in den Weg stellen darf, bei Strafe des Verlustes ihrer formalen Rechte (wie jetzt in England) oder des Pairsschubs (wie in Preußen 1873). Dieser letztere ist ein Ventil, welches ohne politische Gefahr nie beseitigt werden kann, obwohl alle Oberhäuser aus Machtlust dagegen zu remonstrieren pflegen und das preußische Herrenhaus sicherlich gelegentlich der Wahlreform die Beseitigung dieses Kronrechts und womöglich das Budgetrecht erstreben wird, – was politisch zu den schwersten Krisen und Gefahren führen würde: denn das würde bedeuten, daß das *Klassenwahlrecht fortbestände,* nur auf *zwei* Körperschaften verteilt, deren Konflikte sich zu Staatskrisen auswachsen würden. Hoffen wir, daß das nicht versucht wird.

Der Einfluß von Oberhäusern kann – und zwar auch und gerade bei formal beschränkten Rechten – sehr bedeutend sein. Aber mit einer Volksvertretung haben sie, wie immer sie zusammengesetzt seien, schlechterdings gar nichts zu schaffen. Sie bilden der Idee nach ein Gegengewicht gegen die Parteiherrschaft. Der Tatsache nach freilich oft ein solches von problematischer politischer Nützlichkeit und unzulänglichem geistigem Niveau: das preußische Herrenhaus ist die einzige „gesetzgebende“ Körperschaft, welche des *Strafrichters* zur Erzwingung des von ihr in Anspruch genommenen Respekts zu bedürfen glaubt. Die Oberhäuser könnten gewiß heute recht eigentliche Stätten *individueller* politischer Beredsamkeit sein. Tatsächlich freilich sind sie statt dessen recht oft Stätten überflüssigen Geredes. Im preußischen Herrenhause wird gewiß viel kunstgerechter und „vornehmer“ geredet als im Reichstag, – aber wer möchte seine Zeit daran wenden, diese Reden zu lesen? Und doch könnte ein solcher *öffentlich beratender Staatsrat* – denn das ist ein richtig konstruiertes Oberhaus dem Sinne nach – als eine Stätte der Aussprache des *parteiungebundenen* politischen Denkens und der *amtlosen,* aber amtserfahrenen politischen Intelligenz, namentlich also der Amtserfahrung *früherer Staatsmänner,* gegenüber der aktuellen politischen Parteiführerschaft, gerade in einem parlamentarischen Staat unleugbar wertvolle Dienste leisten. Von den heutigen Gebilden dieser Art entsprechen freilich nur sehr wenige diesem Zweck.

In einem Volksstaat kann eine erste Kammer entweder – wie in den überseeischen Demokratien – eine ebenfalls nach gleichem Wahlrecht, aber nach anderem Wahl*verfahren* zusammengesetzte Körperschaft sein, – also: ein Mittel der Korrektur der unvermeidbaren Unvollkommenheiten, die jedes *Wahlsystem* hat. Oder eine Vertretung der in Politik, Verwaltung, Wirtschaft, Wissenschaft, Technik *bewährten Intelligenz.* In diesem Falle aber: eine nur *beratende,* kritisierende und (durch suspensives Veto) *sistierende* Körperschaft. Sie kann also *formell* nur eine *minder*berechtigte Kammer sein. *Politisch* wäre wünschenswert, daß in solchen Oberhäusern die beruflichen Interessentenvertreter jedenfalls nur *neben* der Vertretung 1. staatspolitischer *Intelligenz* und 2. kulturpolitischer *Bildung* ständen, daß also z. B. *alle* aus dem Amt scheidenden Minister und Bürgermeister von Großstädten und daneben die Vertreter kulturpolitisch wichtiger Kreise (gewählte Vertreter der Schullehrer, Hochschullehrer, Künstler, Journalisten) ihnen angehörten. Die Frage der zukünftigen Zusammensetzung solcher Körperschaften ist jedenfalls nicht so unwichtig, wie man bei uns vielfach um deswillen glaubt, weil sie heute allerdings leider meist nur als eine mechanische Bremse gegen die „Gefahren" der Demokratie zur Beruhigung der Feigheit des Spießbürgers (gleichviel welcher sozialen Stellung) konstruiert werden. Indessen kann und soll uns dies Problem hier nicht auch noch nebenher beschäftigen. –

Wir fragen hier vielmehr lediglich: Wie *kommt* es wohl eigentlich, daß jene staatlich organisierten Interessenkörperschaften, wie die einst von Eugen Richter so scharf bekämpften Handelskammern und alle nach ihrem Schema seitdem entstandenen ähnlichen Gebilde, der Tatsache nach so ganz und gar *nicht* als Gefäße des eigentlich lebendigen Stroms der wirtschaftlichen Interessen fungieren, verglichen mit dem strotzenden Leben der wirklichen ökonomischen *Interessentenverbände?* Und daß sie andererseits doch auch gegenüber den *Parteien* so absolut unfähig bleiben, das politische Leben in sich einzufangen? Ist das Zufall? Es ist durchaus *kein* Zufall, sondern die *Folge* davon, daß die Parteien einerseits, die ökonomischen Interessentenverbände andererseits auf dem Boden der rechtlich *freien Werbung* ihrer Anhängerschaft stehen und jene staatlichen Bildungen eben *nicht.* Jene sind, *infolge* jener Struktur, die geeigneten Organisationen für *Kampf* und *Kompromiß,* diese *infolge* der ihrigen: für sachliche gutachtliche *Äußerung* oder rein „pflegliche" friedliche Verwaltungsarbeit. Der Eifer für „Organisation" versteht bei uns unter diesem Wort eben leider immer nur: Zwangsorganisation mit obrigkeitlichem Reglement durch die Polizei. Die auf dem Boden der freien Eigeninitiative *(„voluntaristisch")* geschaffenen Organisationen werden von den Literaten gern als eigentlich illegitim, günstigstenfalls aber als nur provisorisch, zum dereinstigen Aufgehen in eine polizeilich reglementierte Organisation bestimmt, angesehen, ohne Rücksicht darauf, ob sie vielleicht ihrem Wesen und Sinn nach nur einer voluntaristischen Struktur fähig sind. Da liegt der Kernfehler.

Es gehört zu den Erbtorheiten unseres dilettantischen politischen Literatentums: „mit Worten", in diesem Fall: mit Paragraphen eines von ihnen zu entwerfenden Statuts, „ein System bereiten" zu wollen, wo dafür alle Bedingungen mangeln. Jene offiziellen berufsständischen Organisationen – bis zu den etwaigen aus Berufsvertretern zusammengesetzten Oberhäusern hinauf – sind, politisch angesehen, Gebilde, dazu bestimmt, daß ihre Äußerungen: Gutachten oder Resolutionen oder Debatten, *gewogen* und *nicht gezählt* werden. Und sie werden, je nach dem *sachlichen* Gehalt ihrer Äußerungen, schwerer oder leichter wiegen. *Politische Parteien* sind dagegen im modernen Staat Organisationen, welche auf (rechtlich) *„freie"* Werbung von Anhängern ausgehen und deren Ziel ist: durch die *Zahl* ihrer Anhänger die Politik zu bestimmen: die ultima ratio aller modernen Parteipolitik ist der Wahl- oder Stimmzettel. Und *wirtschaftliche* Interessentenvertretungen sind in der kapitalistischen Wirtschaft Vereinigungen ebenfalls auf der Grundlage (rechtlich) *„freier"* Werbung, welche darauf ausgehen, durch die privatwirtschaftliche Macht ihrer Glieder, beruhe sie nun auf Besitz von Gütern, Marktmonopol oder monopolistischer Zusammenfassung der wirtschaftlich unentbehrlichen Arbeitskräfte, ein *Kompromiß* über die Bedingungen des Preises von Sachgütern oder von Arbeit zu erzwingen, welches ihren Interessen entspricht. Für beide Arten von freien Gebilden ist aber gerade diese ihnen charakteristische *„voluntaristische"* Grundlage der Organisation das Entscheidende, absolut allein Angemessene, daher „Organische". Der Versuch, sie nach Art einer staatlichen Behörde zwangsmäßig zusammenzuschließen, wäre ein rein mechanischer Zwang, der ihrem inneren Leben ein Ende bereiten würde. Nicht, daß ihnen selbst etwa der „Zwang" überhaupt fremd wäre. Ganz im Gegenteil. Boykott, Verfemung und alle Lock- und Zwangsmittel materieller und geistiger Art, welche auf dem Boden (formal) freier Werbung der Menschengeist ersinnen kann, stellen sie in ihren Dienst: – nur gerade mit Ausnahme jener dem Apparat des staatlichen Zwangsverbandes eigentümlichen und ihm vorbehaltenen Form der Herstellung staatlich *„legitimer* äußerer Ordnung". Man kann auch für Parteiorganisationen von Staats wegen Bestimmungen treffen, welche, je nachdem, die Rechte der Mehrheit gegen Illoyalität einer Minderheitsklique oder umgekehrt Minderheitsrechte gegen Vergewaltigung schützen, und hat das in Amerika getan. Aber an dem voluntaristischen Grundzug: der rechtlichen Freiwilligkeit der *Mitgliedschaft* ändert das so wenig etwas wie staatliche Vorschriften über die Bedingungen der Gründung von Gewerkschaften. Gerade daß der Parteiführer auf die formal *freie* Werbung seiner Gefolgschaft angewiesen ist, ist das schlechthin Entscheidende gegenüber dem reglementierten Avancement des Beamten. Gerade, daß die Leiter von wirtschaftlichen Interessenten zur formal *„freien"* Organisation ihrer Gefolgschaft genötigt sind, bedingt deren Eigenart und ist wiederum durch die Struktur der modernen Wirtschaft bedingt. Organisation und staatspolizeilich herbeigeführter Zusammenschluß sind auf diesem Gebiet unter den heutigen Bedingungen schlechthin unversöhnliche Gegensätze. Wer diese Dinge noch nicht begriffen hat, der hat das Abc des modernen politischen und wirtschaftlichen Lebens noch nicht erfaßt. Das sind keine „ewigen" Tatbestände. Aber sie liegen heute so. Natürlich kann man auf dem Papier ganz beliebige berufsständische Wahlkörper konstruieren. Aber gesetzt, man täte es, so würde, wie gesagt, die Folge sein, daß nun *hinter* ihnen die politischen Parteien einerseits, die wirtschaftlichen Interessentenverbände andererseits ihr *wirkliches* Leben führen würden.

Es muß das hier genügen. Wir haben alle diese romantischen Phantasien, welche ja für den Kundigen der Ehre ernster Widerlegung nicht wert sind, hier nur erwähnt, weil diese ganz ungeschichtlichen Konstruktionen immerhin den einen

Schaden anrichten: die Wasserscheu des deutschen Spießbürgertums (aller Schichten) vor dem Eintauchen in die spezifisch *moderne* Problemlage noch zu steigern, es noch weltfremder und unpolitischer zu machen. Ob denn wohl – um schließlich auch das kurz zu berühren – einer von diesen Tintenfaßromantikern vom Wesen des *wirklichen* „Ständestaats" der Vergangenheit eine klare Anschauung hat? Verworrene Vorstellungen über eine „Gliederung der Gesellschaft" nach den „natürlichen Berufen" in „ständischen Gemeinschaften", den Trägern „christlicher Brüderlichkeitsethik", und von einem „stufenförmigen Aufbau" mit dem geistlichen Weltmonarchen an der Spitze verhüllen die *absolute Unkenntnis* über das, was hinter diesem, teils den Ideologien der philosophischen Literatur, teils aber sehr modernen rationalistischen Organisationsbegriffen entnommenen Bilde an Realitäten wirklich stand. Denn diese sahen anders aus. Das wirklich Charakteristische an dem sog. Ständestaat war nicht etwa die „organische" Gliederung der Gesellschaft nach „natürlichen ökonomischen Berufsgruppen" oder gar der Aufbau der Wirtschaft auf dem „Prinzip der Solidarität". Das, was die Wirtschaft im Ständestaat von der heutigen unterschied, waren Züge, die sich in aller Welt unter den denkbar verschiedensten politischen Verfassungen wiedergefunden haben. Diese Wirtschaftsformen machten, im Gegensatz zu den heutigen wirtschaftlichen Verhältnissen, den Ständestaat allerdings *möglich,* – was er heute nicht ist (ebenso wie sie anderwärts ganz anderen, heute nicht mehr möglichen Staatsformen). Aber sie *schufen* nicht. Sondern etwas ganz anderes war dem nur in einem Teil von Europa zur vollen Ausbildung gelangten Ständestaat eigentümlich: die Aneignung *politischer* Rechte durch Einzelpersonen und Körperschaften nach Art des *Privat*besitzes an sachlichen Gütern und: der Zusammentritt (nicht immer *nur,* aber immer: vornehmlich) *dieser Privilegieninhaber* zu gemeinsamen Tagungen behufs Ordnung politischer Angelegenheiten durch *Kompromiß.* Burgenbesitz und militärisch oder politisch oder finanziell wichtige Befugnisse aller denkbaren Art waren damals als erbliche Privilegien in ganz gleicher Art in den Händen einzelner, wie heute nur noch der König seine Krone hat. Das, was wir heute als Inhalt der einheitlichen „Staatsgewalt" anzusehen gewohnt sind, fiel dabei in ein Bündel von Einzelberechtigungen in verschiedenen Händen auseinander. Von einem „Staat" im modernen Sinn war da überhaupt noch keine Rede. Zu jeder politischen Aktion war vielmehr eine Einigung dieser gegeneinander prinzipiell selbständigen Inhaber von Prärogativen nötig, und *dies* herbeizuführen war der Zweck der Ständeversammlungen. Sie kannten daher, im Prinzip und ursprünglich, weder Abstimmungen noch einen für denjenigen, der nicht zustimmte, bindenden Beschluß, sondern als Form der Erledigung der Geschäfte den Vergleich („Rezeß", „Abschied"), im heutigen Sprachgebrauch: das Kompromiß, und zwar nicht nur zwischen den verschiedenen Ständegruppen, sondern ebenso innerhalb einer jeden von ihnen unter den einzelnen Privilegieninhabern. Man lese beliebige Akten solcher Versammlungen und frage sich dann: ob ein moderner Staat in solchen Formen regiert werden könne? Diese Formen aber sind gerade (bei aller Flüssigkeit im einzelnen) die wesentlichsten Bestandteile des Typus, der sich sofort zu ändern beginnt, wo die ultima ratio des *Stimmzettels:* dies wichtigste (wenn auch nicht einzige) Merkmal des modernen Parlaments, in diese Gebilde einzudringen beginnt. Damit erst entsteht die moderne rationale Form der staatlichen Willensbildung. Im konstitutionellen Staat ruht in entscheidenden Punkten auch heute noch das staatliche Handeln (z. B. die Budgetfeststellung), im Rechtssinn und politisch, auf dem Kompromiß. Jedenfalls aber ist dies im *Rechts*sinne weder bei Wahlen noch bei Verhandlungen einer parlamentarischen Körperschaft der Fall und kann es auch gar nicht sein, ohne deren Bestand zu sprengen. Nur als das Kompromiß die *rechtliche* Grundlage politischen Handelns war, war auch die ständische Berufsgliederung ihrem Wesen nach am Platze. Nicht aber da, wo der Stimmzettel regiert: für eine Parlamentswahl.

Heute noch beherrscht ferner das Kompromiß, wie ehemals, als Erledigungsform die *wirtschaftlichen* Interessenkämpfe, vor allem zwischen Unternehmern und Arbeitern: es ist hier unvermeidlich die einzige endgültige Form des Austrags, und gerade dies gehört zum *wesentlichen* Charakter aller wirklich lebendigen wirtschaftlichen Interessentenvertretungen. Natürlich herrscht es auch in der parlamentarischen Politik, zwischen den Parteien: als Wahlkompromiß oder Kompromiß über Gesetzesvorlagen. Die Möglichkeit des letzteren gehört sogar, wie noch zu erörtern, zu den allerwichtigsten Vorzügen des Parlamentarismus. *Aber,* wohlgemerkt: *immer* mit der ultima ratio des *Stimmzettels* im Hintergrund. Das heißt also: unter dem Druck, daß in Ermanglung des Zustandekommens des Kompromisses die dann stattfindende Wahl oder Abstimmung ein vielleicht *allen* Beteiligten annähernd gleich unerwünschtes Resultat haben werde. Wirkliche und schätzungsweise Stimmen*zählung* gehört nun einmal zum eingeborenen Wesen des modernen Wahlkampfes sowohl als der parlamentarischen Geschäftsführung; daran werden unsere Romantiker mit ihrem Abscheu vor der „Ziffer“ nichts ändern. Mögen sie der Politik fernbleiben, wenn ihnen das „Rechnen“ ein allzu prosaisches Mittel scheint. Nichts anderes als eine mehr als gewöhnliche Dreistigkeit ist es aber, gerade das *gleiche* Wahlrecht als „Zifferndemokratie“ zu verlästern zugunsten anderer, etwa „berufsständischer“ Wahlen. Denn wie steht es mit den Ziffern bei diesen? Alles Gerede über die „organisch“ sinnvolle Art der beruflichen oder sonstigen ständischen Gliederung ist in allen diesen Projekten nur Schaufenster. Wer nicht Phrasen, sondern Realitäten wünscht, hört darüber ganz hinweg und sieht sie sich stets nur darauf an: wie die *Zahl* der Mandate und Stimmen unter diese kunstvoll ersonnenen Gruppen *verteilt* werden soll. Denn da der Stimmzettel auch dort die ultima ratio bleibt, so ist dies an ihnen ganz allein wichtig: sie alle sind eben nichts anderes als: *Wahlrechtsarithmetik.* In dieser Wissenschaft hat insbesondere das Königlich Preußische Statistische Büro Übung. Die „Wahlrechtsreformprojekte" der letzten 30 Jahre, mit denen es sich zu befassen hatte, beruhten stets auf Berechnungen: wieviel Konservative, Zentrumsleute, Nationalliberale usw. ungefähr bei einem bestimmten Wahlmodus zu erzielen seien. Solche Ziffernkunststücke und ihre Produkte aber als das gegenüber der „Zifferndemokratie" Erhabenere anzusehen, – das wollen wir den Phraseologen und Literaten gern überlassen.

Es ist rein politisch kein bloßer Zufall, wenn heute das gleiche „Ziffernwahlrecht" überall im Vordringen ist. Denn diese *Gleichheit* des Stimmrechtes entspricht in ihrer „mechanischen" Natur dem Wesen des heutigen Staates. Dem modernen Staat erst gehört der Begriff des *„Staatsbürgers"* an. Und das gleiche Wahlrecht bedeutet zunächst schlechterdings nichts anderes als: daß an diesem Punkt des sozialen Lebens der einzelne einmal *nicht,* wie sonst überall, nach seiner Besonderung in beruflichen und familienhaften Stellungen und nach den Verschiedenheiten seiner materiellen oder sozialen Lage in Betracht kommt, sondern eben nur: *als Staatsbürger.* Die Einheit des Staatsvolks an Stelle der Gespaltenheit der privaten Lebenssphären kommt darin zum Ausdruck. Das hat mit einer Theorie von irgendeiner natürlichen „Gleichheit" der Menschen natürlich nicht das geringste zu schaffen. Seinem Sinne nach ist es gerade im Gegenteil ein gewisses Gegengewicht gegen die *nicht* durch natürliche Qualitäten, sondern, oft im schroffsten Mißverhältnis zu ihnen, durch gesellschaftliche Bedingungen, vor allem durch das *Portemonnaie* geschaffenen unvermeidlichen, aber in *keinerlei* natürlichen Unterschieden begründeten sozialen *Ungleichheiten.* Solange auch nur annähernd die heutige Gesellschaftsordnung besteht – und sie hat ein sehr zähes Leben –, wird die Ungleichheit der äußeren Lebenslage, vor allem des *Besitzes,* und werden die dadurch bedingten sozialen Abhängigkeitsverhältnisse zwar gemildert, aber nie ganz beseitigt werden können, die dadurch Privilegierten also auch ihren weit über ihre Zahl hinausgehenden Einfluß auf die Staatspolitik nie auch nur annähernd ganz einbüßen. Ebenso bedingt die Natur der modernen staatlichen und wirtschaftlichen Organisation dauernd die privilegierte Lage der *Fachschulung* und damit der (mit ihr nicht identischen, aber durch sie – auch rein erziehungstechnisch – geforderten) *„Bildung",* dieses stärksten Elements ständischer Unterscheidung innerhalb der modernen Gesellschaft. Eben deshalb ist es sinnvoll, daß im parlamentarischen Wahlrecht hiergegen ein Äquivalent: die Gleichstellung der an Masse überlegenen sozial beherrschten gegenüber den privilegierten Schichten zum mindesten bei der Wahl der *kontrollierenden* und als *Auslesestätte der Führer* fungierenden Körperschaft geschaffen wird.

Und noch wesentlich gesteigert wird die Unentbehrlichkeit dieser Instanz, wenn wir einmal annehmen: es würde wirklich im Gefolge der Kriegswirtschaft eine *dauernde* weitgehende „Organisation" der Volkswirtschaft in Interessenverbänden *unter Beteiligung von staatlichen Amtsstellen,* also eine bürokratisch „beaufsichtigte" oder „mitverwaltete" oder sonst irgendwie mit den staatlichen Instanzen in feste dauernde Beziehungen gesetzte berufsgenossenschaftliche Regulierung der Wirtschaft (oder doch gewisser wichtiger ihrer Zweige) ins Leben treten. Hat sich eigentlich irgendeiner unserer dafür so kindlich begeisterten Literaten einmal überlegt, was dabei *politisch* herauskommen würde, wenn nicht gleichzeitig durch eine gewaltige Machtsteigerung des *nicht* berufsständisch organisierten Parlaments ein Gegengewicht geschaffen wird? Sie bilden sich ein: „der Staat" werde dann der weise Regulator der Wirtschaft. *Umgekehrt!* Die ihnen so verhaßten Bankiers und kapitalistischen Unternehmer würden die *unbeschränkten und kontrollfreien Herren des Staates!* Denn *wer in aller Welt ist denn „der Staat"* neben dieser Maschinerie von groß- und kleinkapitalistischen *Kartellen* aller Art, in denen die Wirtschaft „organisiert" ist, wenn seine eigene Willensbildung in die Hand eben *dieser* „genossenschaftlichen" Organisationen gelegt wird? Schon die Beteiligung des Staates am Kohlensyndikat und am Bergbau überhaupt bedeutet praktisch: daß der Fiskus interessiert ist *nicht* an der bestmöglichen Versorgung der Nation mit billiger Kohle, sondern an *hoher Rente* aus seinen Bergwerken, daß private und staatliche Zechen und Bürokratie in diesem Interesse *identisch* sind, gegenüber den Arbeitern sowohl wie gegenüber dem Kohlenverbraucher. Jeder weitere Fortschritt der *staatlich* geleiteten Kartellierung bedeutet selbstverständlich nichts anderes als eine weitere Propagierung dieses Tatbestandes. Mag sein, daß sie trotzdem unausweichlich ist, – das soll hier nicht erwogen werden. Aber welche unermeßliche Naivität zu glauben, *dadurch* würde die – in den Augen unserer Tintenfaß-Ideologen – so höchst verwerfliche Herrschaft des Interesses am „Profit" und an der Produktion von Gütern zu „Erwerbszwecken" beseitigt oder geschwächt zugunsten des „naturgemäßen": des „gemeinwirtschaftlichen" Interesses an der möglichst besten, das heißt möglichst wohlfeilen und guten Versorgung der die Güter begehrenden und verbrauchenden *Menschen?* Welch abgründiger Unsinn! Jenes von den Kartellen vertretene kapitalistische Produzenten- und Erwerbsinteresse *beherrschte dann den Staat selbst ganz ausschließlich. Es sei denn,* daß jener Organisation der Produzenten-Interessen eine Macht gegenübergestellt wird, stark genug, um sie zu kontrollieren und entsprechend dem *Bedarf* der Bevölkerung zu lenken. Der *Bedarf* eines Menschen aber richtet sich *nicht* nach seiner Stellung im Mechanismus der Güter*produktion.* Der Arbeiter *bedarf* Brot, Wohnung, Kleidung ganz in *gleicher* Art, ganz gleichviel, in welcher Art von Fabrik er arbeitet. Gerade wenn also jene Organisation der Wirtschaft bevorsteht, ist es schlechthin notwendig, daß, *ehe* sie zu funktionieren beginnt, jetzt sofort also, ihr ein *nicht* nach der Art der Beschäftigung bei der Güterbeschaffung, sondern nach dem Prinzip der Vertretung des Massen-

bedarfs gewähltes Parlament: – ein Parlament des gleichen Wahlrechts – mit ganz souveräner Macht gegenübergestellt wird. Mit wesentlich souveränerer Macht als bisher, denn die bisherige Machtstellung hat *nicht* genügt, die naturgegebene Herrschaft des Fiskalismus in den Staatsbetrieben und die Macht der Erwerbsinteressenten zu brechen. – Dies ist ein *negativer* Grund für das gleiche Wahlrecht.

Positiv steht aber das gleiche Wahlrecht rein staatspolitisch in einer engen Beziehung zu jener Gleichheit gewisser *Schicksale,* die wiederum der moderne Staat als solcher schafft. „Gleich" sind die Menschen vor dem Tod. Annähernd gleich sind sie auch in den unentbehrlichsten Bedürfnissen des körperlichen Lebens. Eben dies Ordinärste und andererseits jenes pathetisch Erhabenste aber umfassen auch diejenigen Gleichheiten, welche der moderne Staat allen seinen Bürgern wirklich dauernd und unbezweifelbar bietet: die rein physische Sicherheit und das Existenzminimum zum Leben, und: das Schlachtfeld für den Tod. Alle Ungleichheiten der politischen Rechte der Vergangenheit führten letztlich auf ökonomisch bedingte Ungleichheit der *militärischen* Qualifikation zurück, welche im bürokratisierten Staat und Heer fehlen. Gegenüber der nivellierenden unentrinnbaren Herrschaft der Bürokratie, welche den modernen Begriff des „Staatsbürgers" erst hat entstehen lassen, ist das Machtmittel des Wahlzettels nun einmal das *einzige,* was den ihr Unterworfenen ein Minimum von Mitbestimmungsrecht über die Angelegenheiten jener Gemeinschaft, für die sie in den Tod gehen sollen, überhaupt in die Hand geben *kann.*

In Deutschland nun ist es das *Reich,* welches den Krieg führt, von den Einzelstaaten aber ist *Preußen* kraft seiner Stellung im Reich der für dessen Politik schlechthin ausschlaggebende Hegemoniestaat. An das *Reich* stellt daher der einzelne den Anspruch, daß es die Erfüllung wenigstens des absoluten Mindestmaßes von politischer Anstandspflicht gegenüber den heimkehrenden Kriegern seitens dieses Hegemoniestaates garantieren müsse. Keiner von ihnen darf – das ist ein Reichsinteresse – in dem ausschlaggebenden Einzelstaat *gegenüber einem Daheimgebliebenen* im politischen Wahlrecht zurückgesetzt sein, wie es bei jedem anderen als dem gleichen Wahlrecht unvermeidlich der Fall wäre.[2] Die Forderung ist rein staatspolitischen, nicht parteipolitischen Charakters. Wir kennen ja die Stimmung und politische Gesinnung gar nicht, welche die heimkehrenden Krieger erfüllen wird. Vielleicht wird sie sehr „autoritär" sein. Denn starke „konservative" Parteien wird es immer geben, weil es immer autoritär gestimmte Men-

[2] Die, wie es scheint, beabsichtigte Verknüpfung des Wahlrechts mit *Aufenthaltsfristen,* welche also die *Entziehung* des (jetzt in der dritten Klasse bestehenden) Wahlrechts der zu häufigem Ortswechsel genötigten Arbeiterschaft bedeuten würde, wäre eine *Entrechtung* der betreffenden Schichten von im Felde stehenden Proletariern! Bei der großen Umschichtung der Wirtschaft würde bei den nächsten Wahlen vielleicht die *Mehrzahl aller Arbeiter* die Arbeitsstelle neu suchen müssen, also das Wahlrecht *verlieren!*

schen geben wird. Dann mögen sie mit dem Wahlzettel in der Hand den Staat nach ihren Idealen aufbauen, und wir Daheimgebliebenen werden an unseres Tages Arbeit gehen. Nur der schamlose Widerstand der „Heimkämpfer" gegen die Erfüllung jener elementaren Anstandspflicht wird hier bekämpft. Dafür, daß die Bäume der veralteten, negativen, nur die Freiheit *vom* Staat fordernden Demokratie nicht in den Himmel wachsen, sorgen die unerbittlichen Realitäten der Gegenwart und würde am besten die selbstverantwortliche Beteiligung der parlamentarischen Parteiführer an der Macht *im* Staate sorgen. Gerade die Erfahrungen dieses Krieges haben (auch jetzt in Rußland) gezeigt, was schon einmal betont wurde: daß *keine* Partei, welchen Programms auch immer, die *effektive* Leitung eines Staates in die Hand bekommt, ohne *national zu werden.* Das würden wir bei uns ganz ebenso erleben, wie man es überall erlebt hat. *Weil* sie von der Staatslenkung nicht ausgeschlossen waren, waren die sozialistischen Parteien anderer Staaten „nationaler" als (damals) die unsrige. Welches aber auch immer die Stimmung der heimkehrenden Krieger sein wird, – jedenfalls bringen sie Erlebnisse, Eindrücke und Erfahrungen mit, welche *nur sie* gehabt haben. Was wir von ihnen vor allem erwarten zu dürfen glauben, ist einmal ein mindestens relativ größeres Maß von *Sachlichkeit.* Denn im Höchstmaß sachlich sind die Aufgaben, welche der moderne Krieg stellt. Und ferner: ein größeres Maß von Gefeitheit gegen bloße Literatenphrasen, gleichviel welcher Partei. Dagegen hat die Kriegszeit innerhalb der *Daheimgebliebenen,* vor allem der Besitzenden und der Literatenschichten, ein so widerwärtiges Bild fehlender Sachlichkeit, mangelnden politischen Augenmaßes und geflissentlich genährter Verblendung gegen die Realitäten offenbart, daß hier nur gelten kann: „Du hast ausgeläutet, herunter vom Glockenturm"! Zum mindesten die Neuordnung des Wahlrechtes aber muß schon während des Krieges erfolgen. Denn die heimkehrenden Krieger dürfen nicht in die Notwendigkeit versetzt werden, zunächst in sterilen inneren Kämpfen um Wahlrechte sich die Machtmittel zu verschaffen, in dem Staat, dessen Existenz sie verteidigt haben, maßgebend mitreden zu dürfen. Sie müssen eine solche Ordnung der rein formalen politischen Rechte bereits *vorfinden,* daß sie unmittelbar Hand an den materiellen Neuaufbau seiner Struktur legen können. Dies ist das rein praktisch entscheidende Argument für das gleiche Wahlrecht in Preußen und seine alsbaldige Einführung gerade jetzt, *ehe* der Krieg zu Ende gegangen ist. –

Wir kennen ja nun alle die Phrasen, mit welchen demgegenüber die Interessenten den Spießbürger, zumal: den Literaten, zu schrecken suchen. Vor allem: die Angst vor der Zerstörung der angeblich „vornehmen" und daher kulturfördernden „Traditionen" und auch der vermeintlich unergründlichen politischen Weisheit der den Staat beherrschenden, angeblich „aristokratischen" Schichten durch die „Demokratie". Gehen wir einmal auf den wirklichen Kern dieser Argumente ein, obwohl sie von der Wahlrechtsfrage als solcher zunächst abführen.

Es ist unzweifelhaft, daß eine *echte Aristokratie* recht wohl ein ganzes Volk im Sinn und in der Richtung ihres Vornehmheitsideals zu prägen vermag. Denn die plebejischen Schichten ahmen ihre „Geste" nach. Und sie kann ferner, den Vorteil der festen Tradition und des sozial weiten Horizonts mit dem Vorteil der „kleinen Zahl" verbindend, als Leiterin eines Staatswesens politisch hochwertige Erfolge erzielen. Die Herrschaft einer Aristokratie mit politischen Traditionen hat vor demokratischen Herrschaftsformen ferner einen staatspolitischen Vorzug: die geringere Abhängigkeit von *emotionalen* Momenten. Anders ausgedrückt: den durchschnittlich *kühleren Kopf,* der das Produkt einer bewußt durchgeformten Lebensführung und durch Erziehung auf „Contenance" eingestellten Haltung ist. Sie hat die Gabe *schweigenden Handelns* regelmäßig in wesentlich höherem Maße als sowohl die demokratischen Massen wie auch – was von Schmeichlern meist verschwiegen wird, obwohl es weit schlimmer wirkt – die nichtparlamentarischen modernen Monarchen. *Alle* nichtparlamentarischen modernen Monarchen sind der Gefahr ausgesetzt: zu glauben, sie müßten im Interesse ihres Prestiges ähnlich für ihre Person durch *Reden* sozusagen Reklame machen, wie es demokratische Führer im Klassenstaat für ihre Partei im Interesse der Werbung zu tun gezwungen sind. Ein Volk kann daher dem Himmel danken, wenn seinem Monarchen die staatspolitisch höchst unwillkommene Gabe und das Bedürfnis der persönlichen Rede *versagt* ist. Und das parlamentarische System hat eine seiner Stärken darin, daß es den Monarchen vor dieser Bloßstellung seiner Person bewahrt. Einer alten politischen Aristokratie liegt diese Gefahr am fernsten. Und sie verbindet mit diesem Vorzug die Fähigkeit der *Geschmackskultur.* Demokratische Parvenüstaaten, wie der italienische, pflegen von ihr ebenso entblößt zu sein wie neu entstandene Monarchien. Wenn die furchtbare Barbarei der pietätlosen – dabei durch antiklerikale Tendenz gegen „peinliche", das heißt beschämende, „Erinnerungen" eingegebenen – Verunstaltung Roms dem italienischen großen Lyriker Carducci den Wunsch entlockte: es möchte der Kirchenstaat einmal auf einen Monat hergestellt werden, um die hohle Theatralik und den Ungeschmack der „terza Roma" hinwegzufegen, so ist das seiner kargen Schlichtheit entkleidete Berlin mit seinem elenden Dom, seinem Scheusal von Bismarck-Denkmal und manchem andern, verglichen etwa mit München oder Wien, aber auch mit vielen kleineren Residenzen, ein solches Monument banalen Pseudomonumentalismus, daß man mit Schaudern an das Geschmacksurteil der Nachwelt über dies Menschenalter deutscher Geschichte und mit Scham an eine Künstlergeneration denkt, die sich dafür hergegeben hat, und an ein Publikum, welches dem nicht entgegentrat. Jedenfalls aber erbringt diese Verunstaltung den Beweis: daß die Monarchie *an sich* wahrlich nicht die geringste Garantie, oft eine Gefährdung künstlerischer Geschmackskultur bietet. Während das Bismarck-Denkmal Hamburgs, die einzige vollwertige Monumentalleistung

Deutschlands, für immer dem Hamburger Patriziat zur Ehre gereicht und unseren blöden Literaten zeigen kann, daß „Kapitalismus" und „Kunst" nicht notwendig in jener natürlichen Feindschaft leben, die man ihnen andichtet. Für die Demokratien aber erbringen italienische Gewerkschaftshäuser den gleichen Beweis, im übrigen: Städte wie Zürich. Hohe Geschmackskultur, wie sie einer fest gefügten und selbstsicheren alten Aristokratie oder einer deren Traditionen nachahmenden Demokratie am ehesten eignet, ist aber auch rein staatspolitisch keineswegs gleichgültig: das Prestige Frankreichs in der ganzen Welt beruht auf dem Schatz, den es aus seiner aristokratischen Vergangenheit herübergerettet und, bei höchst üblem Verfall der offiziellen Kunstpflege, eben doch in den intimen Kreisen seines Kunstschaffens und der ästhetischen Durchgeformtheit des französischen Menschentypus weitergepflegt hat. Hier hat die Demokratisierung wenigstens partiell zur Propagierung der alten exklusiven Geschmackskultur geführt, wie es für den italienischen Menschentypus gerade der Unterschichten in anderer Art ebenfalls gilt. –

Fassen wir auch für Deutschland dies Problem ganz prinzipiell und zunächst von der hier besprochenen Wahlrechtsfrage ganz unabhängig. Da fragt es sich nun zunächst: *wo ist denn die deutsche Aristokratie mit ihrer „vornehmen" Tradition?* Gäbe es sie, – dann wäre zu diskutieren. *Aber sie ist ja,* außerhalb einiger *Fürsten*höfe (gerade kleinerer) *einfach nicht da.* Denn was bedeutet: Aristokratie, oder vielmehr: welche Bedingungen sind gefordert, damit eine Schicht – gleichviel, ob im Wesen feudal („Adel") oder bürgerlich („Patriziat") – als Aristokratie im *politischen* Sinne des Wortes fungieren und politisch nutzbar gemacht werden kann? Vor allem anderen: eine ökonomisch sturmfreie Existenz. Ein Aristokrat muß, das ist ja die allerelementarste Vorbedingung, *für* den Staat leben können, nicht *von* ihm leben müssen. Die bloß äußerliche Tatsache des Besitzes solcher Einnahmen, daß ihm der Verzicht auf ein Ministergehalt nicht allzu schwer fällt, entscheidet dabei noch nicht. Er muß vor allem „ökonomisch abkömmlich" sein, um äußerlich, und vor allem auch innerlich, für politische Zwecke zur Verfügung zu stehen. Das heißt: die Arbeit im Dienst eines wirtschaftlichen *Betriebes* darf ihn nicht, oder jedenfalls nicht erschöpfend, in Anspruch nehmen. Von allen privatwirtschaftlichen, auf scharfe eigene geistige Arbeit zugeschnittenen Erwerbsarten ist der *Advokaten*beruf derjenige, welcher am relativ ehesten den, der ihn ausübt, für politische Zwecke abkömmlich bleiben läßt (durch die Möglichkeit der Assoziation oder des Engagements von Vertretern und das Fehlen des Kapitalrisikos) und – weil der Advokat über Rechtskenntnis und Erfahrung in der Alltagspraxis der Lebensbedürfnisse, überdies aber über ein organisiertes *Büro* verfügt – ihn in allen Demokratien sehr stark in der politischen Laufbahn begünstigt, ihm auch im Falle von Wahlmißerfolgen den Wiedereintritt in die Leitung seines Betriebes relativ sehr erleichtert. Man hat über die Bedeutung der Advokaten in zahlreichen Demokratien sehr gescholten, und zumal die niedrige soziale Schätzung des Anwaltes bei uns ist für dies Urteil bestimmend gewesen. Außerdem der nicht selten berechtigte Vorwurf des „Formalismus“ in der Behandlung politischer Probleme. Allein der Formalismus gehört zum Wesen aller juristischen Schulung, auch der des Richters und Verwaltungsbeamten, wenn man nicht die Willkür züchten will. Andererseits aber bedeutet die Advokatenarbeit im Gegensatz zu der des Richters und Beamten eine Schulung zum „Kampf mit dem Wort“: die starke Überlegenheit unserer Feinde über uns in der politischen Werbearbeit, und überhaupt in der Benutzung der wichtigen Waffe des Wortes ist durch jenen *Mangel* an Advokatenschulung (die durchaus vornehmen Niveaus sein kann) bedingt, der *jeder* reinen Beamtenregierung gegenüber den Advokatenministern der Demokratien anhaftet. Wer also eine Änderung darin wünscht, muß das Mittel: Vermehrung des politischen Einflusses der Advokaten durch Steigerung ihrer politischen *Chancen,* in den Kauf nehmen. Von dem Wesen des wirklich großen Advokatenberufes hat freilich der Deutsche, vor allem der Literat, dessen Vorstellung an Schöffengerichts- oder Eheprozessen oder kleinen Ärgernissen des Alltags, die ihn zum Advokaten führten, orientiert ist, im allgemeinen keinerlei Ahnung. Wer ihn kennt, weiß, daß er die Krone *aller* juristischen Arbeit nicht nur, sondern auch aller freien Vertrauensstellungen ist und an geistiger Intensität und *Verantwortlichkeit* hoch über der meisten juristischen Arbeit steht. Das Beamtentum *haßt* selbstverständlich den Advokaten als lästigen Mittelsmann und Querulanten und daneben aus Ressentiment gegen seine Erwerbschancen. Es ist gewiß nicht erwünscht, daß Parlamente und Kabinette ganz und gar von Advokaten regiert werden. Aber ein kräftiger Einschlag vornehmen Advokatentums wäre jedem modernen Parlament zu wünschen. – Immerhin: eine „Aristokratie“ bildet die heutige Anwaltschaft jetzt nicht einmal in England mehr. Sondern einen bürgerlichen Erwerbsstand; freilich einen solchen, der politisch abkömmlich ist.

Niemals ist dagegen ein moderner *Unternehmer* ein „Aristokrat“ im *politischen* Sinne des Wortes. Er ist im Gegensatz zum Advokaten spezifisch *unabkömmlich,* und zwar je größer und also ihn in Anspruch nehmender der Betrieb ist, *desto mehr.* Das alte Handelspatriziat der Städterepubliken war eine Schicht von *Gelegenheits*unternehmern, im übrigen aber: von Rentnern; *darauf* beruhte seine politische Brauchbarkeit. Ein moderner Fabrikant, an die stetige, scharfe, aufreibende Arbeit seines Betriebes gefesselt, ist von allen Vertretern besitzender Schichten der für Politik unabkömmlichste Typus. Darauf vor allen Dingen beruht die im Verhältnis zur ökonomischen Wichtigkeit und praktischen Intelligenz dieser Schicht *relativ* unvermeidlich geringe Bedeutung ihrer Mitglieder für die politische sowohl wie für die Arbeit der Selbstverwaltung. Nicht – wie der übliche stupide Literatenmoralismus schwätzt – geringerer „Opfersinn“ oder

„Mammonismus", sondern die dem bürgerlich-kapitalistischen Betrieb und Erwerb immanente äußere Arbeitsgebundenheit und innere Pflichtgebundenheit an den Betrieb entscheidet darüber. Der Saisoncharakter der *Landwirtschaft* läßt immerhin wenigstens die Wintermonate für die politische Arbeit frei. Aber: bei *allen* in den ökonomischen Interessenkampf als Unternehmer unmittelbar verflochtenen Schichten fehlt etwas anderes, noch Wichtigeres: die, sozusagen, innerliche Abkömmlichkeit, die *Distanz* von privatwirtschaftlichen Alltagsinteressen*kämpfen*. Stets ist der moderne Unternehmer, auch der landwirtschaftliche, im Gegensatz zum Advokaten, viel zu unmittelbar in diesen Kampf verflochtener *Interessent*, um politisch verwertbar zu sein.

Die hinlängliche Distanz vom ökonomischen Interessenkampf besitzt seit jeher nur: der *Großrentner*. Vor allem der ganz große Grundherr (Standesherr). Aber auch der große Rentenvermögensbesitzer überhaupt. Ihm allein eignet die nötige relativ weitgehende Entrücktheit aus dem ökonomischen Alltagskampf, den jeder Unternehmer um sein Dasein, seine ökonomische Macht, den Bestand seines Betriebes unausgesetzt zu führen hat. Die demgegenüber weit größere Sturmfreiheit der Existenz des Großrentners, die – auch wo er Großunternehmungen zu seinen Rentenquellen zählt – weit größere *Distanz* zum Alltag des Betriebs setzt äußerlich und innerlich seine Kräfte für politische – staats- und kulturpolitische – Interessen, für „weltmännische" Lebensführung, Mäzenatentum und Erwerb von Weltkenntnis großen Stils frei. Nicht, daß er etwa in einem ökonomisch „interessenleeren Raum" lebte. Derartiges gibt es nicht. Aber er steht nicht im Alltagskampf um die Existenz seines Betriebes, ist nicht *Organ* eines solchen, ist nicht Träger plutokratischer *Klassen*interessen, weil er dem aktuellen Interessen*kampf* entrückt ist. *Nur* eine Schicht *dieser* Struktur könnte heute auf das Prädikat einer „Aristokratie" im Sinn einer spezifischen *ökonomischen* Qualifiziertheit Anspruch erheben.

Von der Bedeutung dieser ökonomischen Qualifikation kann man sich schon im kleinen leicht überzeugen. Nehmen wir ein Beispiel: Jedermann weiß, um ein Alltagsbeispiel zu wählen, was für den Geist eines Offizierkorps ein „nervöser" Regimentskommandeur bedeutet. Nun, – diese „Nervosität" ist (bei sonst gleichen Verhältnissen) in typischer Art Folge der ökonomischen Lage: der Vermögenslosigkeit, die den Kommandeur für den Fall der Verabschiedung mit seiner an soziale Ansprüche gewöhnten Familie vor eine schäbige Zukunft stellt, ihn daher in seinem dienstlichen Verhalten bedrückt und belastet und es ihm im Vergleich mit einem vermögenden Kommandeur unendlich erschwert, die Ruhe zu bewahren und – ein praktisch sehr wichtiger Punkt – die Interessen seiner Untergebenen nach oben rücksichtslos zu vertreten. Jeder Offizier mit offenen Augen wird diese Erfahrung gemacht haben, die durch Einzelbeispiele zu illustrieren wohl unnötig ist. Und ähnlich steht es auf anderen Gebieten. Viele der sozialpolitisch charaktervollsten Figuren unseres Beamtentums – z. B. in den Fabrikinspektionen – waren vermögende Männer, welche eben um deswillen nicht nötig hatten, sich jedem Luftzug der Interessenten zu beugen, sondern ihr Amt einsetzten, wenn ihnen Zumutungen gestellt wurden, die sie mit ihrem Gewissen nicht vereinbaren konnten. Die Bedeutung Paul Singers und seine Stellung innerhalb der Sozialdemokratie war, angesichts seiner intellektuell schließlich doch recht begrenzten Begabung, in starkem Maß Funktion seines Vermögens, welches ihm erlaubte, *für* die Partei zu leben – wie er es getan hat –, statt daß er *von* ihr hätte leben müssen. „Politischer Charakter" ist nun einmal billiger für den vermögenden Mann, daran kann kein Moralismus etwas ändern. Und es handelt sich keineswegs nur um Charakter „nach oben". Die relativ größere Zugänglichkeit der besitzlos im Alltagskampf um ihr Dasein ringenden Massen für alle *emotionellen* Motive in der Politik: für Leidenschaften und Augenblickseindrücke sensationeller Art, gegenüber dem „kühleren Kopf" des dieser Sorge enthobenen Besitzenden läßt es dringend erwünscht erscheinen, daß gerade demokratische Parteien auch Leute in gesicherter ökonomischer Lage, die aus rein persönlicher Überzeugung sich der politischen Arbeit widmen, in ihrer *Leitung* zählen, um gegen diese Einflüsse ein Gegengewicht zu haben, welches das Partei*beamtentum* als solches nicht immer zu bieten vermag. Die emotionalen Qualitäten der Masse sind zwar, weil sie nicht *unmittelbar* in die Politik einzugreifen vermag, und weil ihr Verhalten leichter vergessen wird, bei weitem nicht so gefährlich wie die emotionalen Qualitäten der *Monarchen,* welche durch erregte und unvorsichtige Telegramme und Reden die politische Lage einer Nation auf Jahrzehnte hinaus kompromittieren können. Aber vorhanden sind sie auch, und auch *ihnen* gegenüber ist „politischer Charakter" und kühle Überlegung unter sonst *gleichen* Verhältnissen *billiger* für den besitzenden Mann. Es ist eine wichtige Zukunftsfrage: ob auch die in ihrer Vermögenslage unabhängigen Besitzenden, die nun einmal dasein werden, solange es eine Privateigentumsordnung gibt, in den Dienst der politischen, und zwar gerade auch der *demokratischen* parteipolitischen Arbeit treten. Das leicht entstehende Ressentiment des schwer um sein Brot arbeitenden und auf sein Gehalt angewiesenen Parteibeamten gegen solche Elemente darf die Parteien nicht hindern, die Lehren, welche die Erfahrung in dieser Hinsicht gibt, zu beherzigen. Andererseits ist jenes Ressentiment des Partei- und Genossenschaftsbeamtentums das ganz geeignete Gegengewicht gegen die Gefahr, daß eine „plutokratische" Leitung der Parteien aus jener Lage entstehen könnte. Die Erfahrungen der russischen demokratischen Parteien, bis zur äußersten Linken hin, bei denen Fürstentöchter mit auf den Barrikaden gefochten und Mäzenaten größten Stils die Mittel für die Volksbewegung aufgebracht haben, zeigen, daß der Spielraum, welchen das ökonomische Eigeninteresse besitzender Ideologen für die idealistische Betätigung zuverlässig „demokratischer"

Gesinnung offenläßt, *weit* größer ist als bei irgendeiner, sozial angesehen, plebejischeren, aber dabei in den Interessenkampf unmittelbar verstrickten Schicht, weil ihre Vermögenslage ihnen nicht die Richtlinien ihres politischen Verhaltens weisen muß, sondern Rückhalt für politisch selbständige Überzeugung sein *kann.* Rein äußerlich leisten diesen Dienst die prosaischen Rentenpapiere ihrem Besitzer ebensogut wie etwa der Besitz einer Standesherrschaft. Aber allerdings schult diese durch die Art der im großen disponierenden Aufgaben, vor welche sie den Inhaber stellt, und durch den Resonanzboden der Herrenstellung, ihn unter sonst gleichen Umständen in einer weit spezifischeren Art für politisches Handeln, als die Couponschere und der rein konsumtive Stadthaushalt eines Papierrentners es zu tun vermögen. Kein Zweifel also: eine Grundherrenschicht, wie sie in England bestand und wie sie ähnlich den Kern des altrömischen Senatsadels ausmachte, ist staatspolitisch ein durch nichts zu ersetzender Träger von politischer Tradition, Schulung und Temperierung. *Aber wo ist sie* bei uns? Wie viele solcher Standesherren gibt es in Deutschland, insbesondere in Preußen? Wo ist ihre politische Tradition? So gut wie *nichts* bedeuten sie politisch, und *am allerwenigsten in Preußen.* Und es scheint denn doch klar, daß eine staatliche Politik mit dem Ziel der Züchtung einer solchen wirklich aristokratischen Großrentnerschicht heute ein Ding der Unmöglichkeit ist. Mag es auch möglich sein, auf Waldboden – dem einzigen zur Fideikommißbildung sozialpolitisch qualifizierten Grundbesitz – noch eine Anzahl großer Standesherrschaften entstehen zu lassen, so wäre es doch ausgeschlossen, dadurch Resultate zu erzielen, die quantitativ ins Gewicht fallen. Und *das* war ja die tiefste innere Unwahrhaftigkeit des Anfang 1917 in Preußen beratenen Fideikommißgesetzentwurfs: daß er dies adäquate Institut eines *standesherrlichen* Besitzes auf den *Mittelstand* des durchschnittlichen ostelbischen Rittergutsbesitzers erstrecken und dadurch Existenzen zu einer „Aristokratie" *aufblasen* wollte, die nun einmal keine sind und auch keine sein können. Wer die viel (und oft zu Unrecht) geschmähten und ebensoviel (und ebenso zu Unrecht) verhimmelten „Junker" des Ostens kennt, wird gewiß rein persönlich seine Freude an ihnen haben müssen: auf der Jagd, beim guten Trunk, bei der Karte, in der Gastlichkeit des Gutshofs: da ist alles echt. Unecht wird alles erst, wenn man diese schon rein ökonomisch auf landwirtschaftliche *Unternehmerarbeit* und auf den *Interessenkampf* – einen so rücksichtslosen sozialen und ökonomischen Interessenkampf wie nur irgendein Fabrikant – angewiesene, also dem Wesen nach „bürgerliche" Unternehmerschicht als „Aristokratie" stilisiert. Zehn Minuten im Kreise von ihresgleichen genügen, um zu sehen: daß sie *Plebejer* sind, gerade und vor allem in ihren Tugenden, die durchaus massiv plebejischen Charakters sind. Ein ostdeutsches Rittergut *„trägt heute keine Herrschaft"*, wie sich der Minister von Miquel einmal (privatim!) ganz richtig ausdrückte. Versucht man eine solche heute auf schlichte bürgerlich-kapitalistische Arbeit hingewiesene Schicht zu einer „Aristokratie" zu stempeln mit feudalen Gesten und Prätensionen, so wird daraus unweigerlich nur eines: *eine Parvenüphysiognomie.* Diejenigen *Züge* unseres politischen und sonstigen Auftretens in der Welt, welche diesen Charakter tragen, sind zwar nicht nur, aber immerhin *auch* dadurch mitbedingt, daß man diese Ansprüche, eine Aristokratie zu spielen, Schichten eingeflößt hat, denen dazu nun einmal die Qualifikation fehlt.

Nicht *nur* gerade *dieser* Schicht. Denn das Fehlen von Formen weltmännischer Erziehung bei uns ist natürlich keineswegs *nur* durch die Physiognomie gerade der Junker, sondern durch den penetrant bürgerlichen Charakter *aller* derjenigen Schichten gegeben, welche die spezifischen Träger des preußischen Staatswesens in den Zeiten seines ärmlichen, aber glorreichen Aufstiegs gewesen sind. Die alten Offiziersfamilien, welche in ihren oft überaus dürftigen Verhältnissen hochehrenwert die Tradition des altpreußischen Heeres pflegen, die gleichartigen Beamtenfamilien sind – einerlei, ob adlig oder nicht – ökonomisch und sozial ebenso wie nach ihrem Horizont ein *bürgerlicher Mittelstand.* Die gesellschaftlichen Formen des deutschen Offizierkorps sind innerhalb seines Kreises im allgemeinen durchaus dem Charakter der Schicht angemessen und gleichen in ihren entscheidenden Zügen denen der Offizierkorps der Demokratien (Frankreich, auch Italien) *durchaus.* Sie werden aber allerdings sofort zur Karikatur, wenn sie über diesen Kreis hinaus von nichtmilitärischen Kreisen als vorbildlich behandelt werden. Vor allem dann: wenn sie eine Mischehe eingehen mit gesellschaftlichen Formen, welche dem Pennalismus der *Beamtenschulen* entstammen. Und das ist bei uns der Fall.

Das *studentische Couleurwesen* ist bekanntlich die typische soziale Erziehungsform des Nachwuchses für die nichtmilitärischen Ämter, Pfründen und „freien" sozial gehobenen Berufsstellungen. Die „akademische Freiheit" des Paukens, Trinkens, Schwänzens entstammt Zeiten, wo andere Freiheiten irgendwelcher Art bei uns nicht existierten und wo nur diese Literatenschicht der Amtsanwärter mit eben jenen Freiheiten *privilegiert* war. Der Einschlag aber, welchen die damals entstandenen Konventionen in der „Geste" des in Deutschland von jeher und noch immer zunehmend wichtigen „Prüfungsdiplommenschen" hinterlassen haben, ist noch heute nicht zu beseitigen. Die studentischen Couleuren selbst würden auch dann schwerlich verschwinden, wenn heute nicht schon die Hypotheken auf den Couleurhäusern und die Notwendigkeit für die „Alten Herren", sie zu verzinsen, für ihre ökonomische Unsterblichkeit hinlänglich Sorge trügen. Im Gegenteil dehnt sich das Couleurwesen stetig weiter aus. Einfach deshalb, weil das *Konnexionswesen* der Couleuren heute eine spezifische Form der *Auslese der Beamten* ist und weil die Reserveoffizierqualität und die dazu erforderliche, durch das Couleurband sichtbar verbriefte „Satisfaktionsfähigkeit" den Zutritt zur „Gesellschaft" öffnet. Zwar der Trinkzwang und die Mensurentechnik der

Couleuren werden zunehmend den Bedürfnissen der schwächlicheren Konstitution der um der Konnexionen willen immer zahlreicheren Reflektanten auf das Couleurband angepaßt: es gibt angeblich jetzt Teatotaler in einigen Korps. Aber das Entscheidende: die *geistige Inzucht* (eigene Lesezimmer in den Couleurhäusern, besondere, nur von „Alten Herren" mit einer unsäglich subaltern-kleinbürgerlichen Art von gutgemeinter „patriotischer" Politik versorgte Couleurblätter, Perhorreszierung oder doch sehr große Erschwerung des Verkehrs mit Gleichaltrigen anderen gesellschaftlichen oder geistigen Gepräges) ist in den letzten Jahrzehnten *stetig gesteigert* worden. Dabei ergreift die Couleurkonnexion stets weitere Kreise. Ein Kommis, der auf Reserveoffizierqualitäten und das durch sie gebotene Konnubium mit der „Gesellschaft" (der Tochter des Chefs vor allem) reflektiert, besucht eine jener Handelshochschulen, welche um eben dieses Verbindungstreibens willen einen guten Teil ihres Zulaufs finden. Wie immer man nun alle diese studentischen Gebilde an sich beurteilen mag – und der Maßstab des Moralismus ist nicht der des Politikers –, jedenfalls bieten sie *keine weltmännische* Erziehung, sondern mit ihrem schließlich doch unleugbar banalen Pennalismus und ihren subalternen sozialen Formen so ziemlich das gerade Gegenteil davon. Der stumpfsinnigste angelsächsische Klub bietet gerade davon mehr, so „leer" man an sich z. B. den Sportbetrieb, in dem er sich nicht selten erschöpft, finden mag. Vor allen Dingen deshalb, weil er bei oft sehr strenger Auslese doch stets auf dem Prinzip der strengen *Gleichheit des Gentleman* aufgebaut ist und nicht auf demjenigen des *Pennalismus,* welchen die Bürokratie an unseren Couleuren als *Propädeutik für die Disziplin* im Amt so außerordentlich schätzt und durch dessen Pflege die Couleuren sich nach oben zu empfehlen nicht versäumen.[3] Jedenfalls erziehen die formelhaften Konventionen und erzieht vollends der Pennalismus dieser sog. „akademischen Freiheit", welche den Amtsreflektan-

[3] In der deutschen Korpszeitung Nr. 428 (hier zitiert nach der Wiedergabe von Prof. A. Messer, Gießen, in der „Weserzeitung" vom 2.6.17) heißt es bei der Kritik „moderner" Reformvorschläge: „Die Vorschläge berücksichtigen überhaupt nicht das wechselnde Material von Füchsen und überhaupt Aktiven bei jedem Bunde. Um eins herauszugreifen: Kein Trinkzwang! Kein Resttrinkenlassen! Kein Vollpumpen! Derartige Kneipen habe ich ohne vorhergegangene Reformen oft genug bei den verschiedensten Korps erlebt, manchmal semesterlang. Und später bei denselben Bünden Abende, an denen alles rollte. Es waren eben andere da, und die hielten eben Vieltrinken für schön und angenehm, sehr oft aber auch für notwendig. Und die Möglichkeit des Vieltrinkens und des Vieltrinkenlassens ist auch notwendig. Verbieten wir das Resttrinkenlassen, so kann jederzeit jeder trinkfeste Fuchs jeden weniger vertragenden Korpsburschen in Grund und Boden trinken, und die Autorität ist hin, oder aber wir schaffen die Bierehrlichkeit und damit die Grundlage jeder Kneipgemütlichkeit ab. Verbieten wir das Vollpumpen, so geben wir ein Erziehungsmittel aus der Hand! Ich bitte diese Worte nicht aus dem Zusammenhang gerissen zu zitieren. Unser Korpsleben soll doch eine Kette von Erziehungsversuchen darstellen. Und jeder Korpsstudent wird bestätigen, daß er nie mehr im Leben so deutlich, so ungeschminkt, so unglaublich grob manchmal die Wahrheit zu hören bekam wie im Korps. Und wie kam's,

ten aufgenötigt werden, nur um so *weniger* einen aristokratischen Weltmann, je *mehr* sie sich zu einem Protzen mit dem Geldbeutel – der *Eltern* ausgestalten, wie es unvermeidlich geschieht, wo immer es die Verhältnisse gestatten. Wenn der junge Mensch, der in diese Schule gerät, nicht ein ungewöhnlich selbständiger Charakter und ein sehr freier Geist ist, so werden an ihm jene fatalen Züge eines *lackierten Plebejers* entwickelt, die wir so oft an ihren Vertretern, auch sonst recht tüchtigen, beobachten. Denn durchaus *plebejisch* und fern von allen in gleichviel welchem Sinne „aristokratischen" sind diejenigen Interessen, welche von diesen Gemeinschaften gepflegt werden. Und der entscheidende Punkt liegt auch hier eben darin, daß ein seinem Wesen nach *plebejisches,* aber da, wo es unbefangen nur jugendlichen Überschwang suchte, unschädliches Scholarentreiben heute die Prätension erhebt, ein Mittel *aristokratischer,* zur Führung im Staat qualifizierender *„Erziehung"* zu sein. Der geradezu unglaubliche Widerspruch, der *darin* liegt, rächt sich darin, daß als Resultat – eine *Parvenüphysiognomie* entsteht.

Man hüte sich doch sehr, diese Parvenüzüge im deutschen Angesicht für politisch so ganz gleichgültig zu halten. Nehmen wir gleich ein Beispiel: „Moralische Eroberungen" bei Feinden, d. h. Interessengegnern, zu machen, ist ein eitles, von Bismarck mit Recht verspottetes Treiben. Aber: bei *Bundesgenossen,* jetzigen oder künftigen? Unsere österreichischen Bundesgenossen und wir sind *politisch* dauernd aufeinander angewiesen. Das ist ihnen wie uns bekannt. Ohne große Torheiten droht da keinerlei Gefahr eines Bruches. Die deutsche *Leistung* wird von ihnen – auch *ohne* daß immer so viel davon bei uns geredet wird, ja dann noch leichter! – rückhaltlos und neidlos anerkannt (von den sachlichen Schwierigkeiten, welche sie ihrerseits haben und die Deutschland erspart sind, hat man bei uns nicht überall die richtige Vorstellung und daher nicht immer die entsprechende Wertschätzung *ihrer* Leistung). Aber was jedermann in der ganzen Welt weiß, muß offen auch hier gesagt werden: was von ihnen und von allen anderen Völkern, mit denen wir je Freundschaft wünschen könnten, nicht ertragen werden würde, wären *Parvenü*manieren, wie sie gerade neuerdings wieder in unerträglicher Art sich breitmachen. Derartiges wird auf die stumme, höfliche, aber

daß er sich das gefallen ließ? So lächerlich es klingt: Infolge der Kneipe! Die Kneipe ist für uns, was der vielgelästerte Kasernenhofdrill, der Parademarsch für den Soldaten. So wie dort das hundertmal wiederholte ‚Knie beugt!' nacheinander Faulheit, Wurstigkeit, Trotz, Wut, Schlappheit und Ermattung überwindet und aus dem Gefühl hilfloser Ohnmacht und völliger Willenlosigkeit vor dem Vorgesetzten die Disziplin hervorgehen läßt, so bietet bei uns das ‚Rest weg!' dem Älteren vor dem Jüngeren immer Gelegenheit, seine unbedingte Überlegenheit zu zeigen, zu strafen, Abstand zu wahren, die Atmosphäre zu erhalten, die für das ständige Erziehungswerk des Korps unbedingtes Erfordernis ist, wollen wir nicht Klubs werden. Das ‚Rest weg!' ist natürlich nicht immer, nicht bei jedem angebracht, aber es muß über der Kneipe schweben, wie das ‚Knie beugt!' über jedem Kasernenhof. Auf beiden kann es trotzdem urgemütlich zugehen."

bestimmte *Ablehnung* jedes Volkes mit alter, guter, gesellschaftlicher Erziehung stoßen, wie es z. B. die Österreicher nun einmal sind. Von schlecht erzogenen Parvenüs will keiner regiert sein. Jeder Schritt über das außenpolitisch absolut Unentbehrliche hinaus, alles also, was von „Mitteleuropa" (im innerlichen Sinne des Wortes) möglich oder bei künftigen Interessengemeinschaften mit anderen Nationen erwünscht wäre (gleichviel, wie man zu dem Gedanken der *wirtschaftlichen* Annäherung steht), kann jedenfalls politisch für beide Teile an dem absoluten Entschluß scheitern, sich das *nicht* aufdrängen zu lassen, was neuerdings mit protziger Geste als „preußischer Geist" ausgegeben wird und dessen angebliche Gefährdung durch die „Demokratie" in den Deklamationen der Phrasendreschmaschine der Literaten eine solche Rolle spielt. Solche Deklamationen hat man bekanntlich bei ausnahmslos *allen* Schritten innerer Reform seit 110 Jahren ganz ebenso zu hören bekommen.

Der echte „preußische Geist" gehört zu den schönsten Blüten des Deutschtums. Jede Zeile, die wir von Scharnhorst, Gneisenau, Boyen, Moltke haben, atmet ihn ebenso wie die Taten und Worte der großen preußischen (zum guten Teil freilich außerhalb Preußens heimischen) Reformbeamten, die man nicht erst zu nennen braucht. Und ebenso Bismarcks von den heutigen bornierten Philistern der „Realpolitik" übel karikierte eminente Geistigkeit. Aber es scheint zuweilen, als ob dieser alte preußische Geist heute im Beamtentum *anderer* Bundesstaaten stärker weiterlebe als in Berlin. Und der Mißbrauch dieses Wortes durch die jetzige konservative Demagogie ist gar nichts als eine Schändung jener großen Gestalten.

Es existiert, um es zu wiederholen, in Deutschland *keine Aristokratie* von hinlänglicher Breite und politischer Tradition. Sie hatte am ehesten in der freikonservativen und Zentrumspartei (jetzt auch nicht mehr), nicht dagegen in der konservativen Partei eine Heimat. Und, was mindestens ebenso wichtig ist: es existiert auch *keine vornehme deutsche gesellschaftliche Form.* Denn völlig unwahr ist – womit unsere Literaten gelegentlich zu prahlen suchen –, daß, im Gegensatz zu den angelsächsischen Gentlemankonventionen und dem romanischen Salonmenschentum, in Deutschland „Individualismus" in dem Sinn der *Freiheit* von Konventionen existiere. Starrere und zwingendere Konventionen als die des „Couleurmenschen" gibt es nirgends, und sie beherrschen, direkt und indirekt, einen ebenso großen Bruchteil des Nachwuchses der Führerschichten als irgendeine Konvention in anderen Ländern. *Sie sind,* soweit nicht die Offizierkonventionen reichen, *„die deutsche Form"!* Denn in ihren Nachwirkungen bestimmen sie weitgehend die Formen und Konventionen der in Deutschland maßgebenden Schichten: der Bürokratie und aller derer, welche in die von dieser beherrschten „Gesellschaft" rezipiert werden wollen. „Vornehm" sind freilich diese Formen nicht. Staatspolitisch noch wichtiger als dieser Umstand ist aber der andere: daß sie, im Gegensatz zu den romanischen und angelsächsischen Konventionen, auch schlechterdings nicht geeignet sind, der ganzen Nation, bis in die untersten Schichten hinein, als *Vorbild* zu dienen und sie in ihrer Geste derart einheitlich zu einem in seinem äußeren Habitus selbstsicheren „Herrenvolk" *durchzuformen,* wie es jene romanischen und angelsächsischen Konventionen getan haben. Es ist ein schwerer Irrtum zu glauben, die „Rasse" spiele bei dem auffallenden Mangel an Anmut und Würde der deutschen äußeren Haltung die entscheidende Rolle. Dem Deutschösterreicher mit seiner durch eine wirkliche Aristokratie durchgeformten Art des Auftretens fehlen jedenfalls *diese* Qualitäten, trotz gleicher Rasse, nicht, welches auch immer seine sonstigen Schwächen sein mögen.

Die Formen, welche den romanischen Menschentypus bis in seine Unterschichten hinein beherrschen, sind bestimmt durch die Nachahmung der *„Kavaliergeste",* wie sie sich seit dem 16. Jahrhundert entwickelte. Die angelsächsischen Konventionen, ebenfalls bis tief in die Unterschicht hinein die Menschen formend, entstammen den sozialen Gewohnheiten der in England seit dem 17. Jahrhundert tonangebenden Schicht, welche im späten Mittelalter aus einer eigenartigen Mischung ländlicher und städtisch-bürgerlicher Honoratioren, der *„Gentlemen",* sich als Träger des „Selfgovernment" entwickelt hatte. In all diesen Fällen waren – das war das Folgenreiche – die entscheidenden Züge jener Konventionen und Gesten leicht allgemein nachahmbar und also: *demokratisierbar.* Die Konventionen der deutschen akademisch geprüften Amtsanwärter dagegen und der durch sie beeinflußten Schichten, vor allem die Gewohnheiten, welche die Couleuren anerziehen, waren und sind, wie gesagt, offenkundig *nicht* geeignet, von irgendwelchen außerhalb der Examensdiplomschicht stehenden Kreisen und vollends von den breiteren Massen nachgeahmt, also: „demokratisiert" zu werden, obwohl oder vielmehr gerade *weil* sie ihrem inneren Wesen nach keineswegs weltmännisch oder sonstwie „aristokratisch", sondern durchaus plebejisch sind. Der romanische Ehrenkodex war ebenso wie der ganz andersartige angelsächsische einer weitgehenden Demokratisierung fähig. Der spezifisch deutsche Begriff der „Satisfaktionsfähigkeit" dagegen ist dies nicht, wie jede Überlegung lehrt. Dabei ist er aber von großer politischer Tragweite. Und zwar ist nicht etwa – wie immer wieder geglaubt wird – die Geltung des im engeren Sinne sogenannten „Ehrenkodex" innerhalb des *Offizierkorps,* wo er durchaus am Platze ist, das politisch und sozial Wichtige. Politisch wichtig ist vielmehr der Umstand, daß ein *preußischer Landrat* schlechterdings im Scholarensinn für „satisfaktionsfähig" gelten muß, um sich auf seinem Posten *überhaupt behaupten* zu können, und ebenso jeder andere leicht absetzbare Verwaltungsbeamte (im Gegensatz z. B. zu dem kraft Gesetzes „unabhängigen" Amtsrichter, der eben dieser Unabhängigkeit wegen gegenüber dem Landrat sozial *deklassiert* ist). Der Begriff der „Satisfaktionsfähigkeit" ebensowohl wie alle anderen Konventionen und Formen, welche durch die Struktur der Bürokratie und der für sie maßgebenden deutschen Scholarenehre getragen sind, bilden, weil ihrer Eigenart nach nicht demokratisierbar, *formal: Kastenkonventionen. Material* aber sind sie dennoch, weil jeglicher ästhetischen Würde und aller Vornehmheit entbehrend, nicht aristokratischen, sondern durchaus *plebejischen* Charakters. Dieser innere Widerspruch ist es, der an ihnen so sehr den Spott herausfordernd und politisch ungünstig wirkt.

Die Deutschen sind ein *Plebejervolk,* – oder wenn man es lieber hört: ein bürgerliches Volk, und nur auf dieser Basis könnte eine spezifisch „deutsche Form" wachsen.

Irgendeine durch die politische Neuordnung herbeigeführte oder beförderte gesellschaftliche Demokratisierung – das ist dasjenige, was hier auseinandergesetzt werden sollte – fände also bei uns, *gesellschaftlich* angesehen, keine aristokratischen Formwerte vor, welche sie entweder zerstören oder umgekehrt ihrer Exklusivität entkleiden und in der Nation propagieren könnte, wie sie dies mit den Formwerten der romanischen und angelsächsischen Aristokratie getan hat. Die Formwerte des deutschen „satisfaktionsfähigen Prüfungsdiplommenschen" sind aber andererseits wieder auch *nicht* hinlänglich weltmännisch, um als Stütze der inneren Sicherheit auch nur der eigenen Schicht dienen zu können. Vielmehr genügen sie, wie jede Probe zeigt, nicht einmal immer, um die tatsächliche innere Unsicherheit gegenüber weltmännisch gebildeten Fremden zu verbergen. Es sei denn in der Form einer als Unerzogenheit wirkenden, meist aus Verlegenheit stammenden „Patzigkeit".

Dabei sei nun hier ganz dahingestellt, ob eine *politische* „Demokratisierung" diese Folge der *gesellschaftlichen* Demokratisierung wirklich haben würde. Die schrankenlose politische „Demokratie" Amerikas hindert z. B. nicht, daß gesellschaftlich nicht etwa nur – wie bei uns geglaubt wird – eine rohe Plutokratie des Besitzes, sondern außerdem eine ständische „Aristokratie" im langsamen – wenn auch meist unbemerkten – Entstehen ist, deren Wachstum kulturgeschichtlich ebenso wichtig ist wie jene andere. –

Die Entwicklung einer wirklich vornehmen und zugleich dem *bürgerlichen* Charakter der sozial maßgebenden Schichten angemessenen „deutschen Form" liegt jedenfalls noch im Schoß der Zukunft. Die Anfänge der Entwicklung einer solchen bürgerlichen Konvention in den Hansestädten sind unter dem Einfluß der politischen und ökonomischen Änderungen seit 1870 nicht fortgebildet. Und der jetzige Krieg beglückt uns mit so vielen Parvenüs – deren Söhne auf den Universitäten sich mit Eifer die üblichen Couleurkonventionen, welche ja an vornehme Tradition keine Anforderungen stellen, als bequeme Dressur für den Erwerb der Reserveoffizierfähigkeit aneignen werden –, daß vorläufig hier wohl nichts Neues zu hoffen ist. Jedenfalls steht fest: sollte die „Demokratisierung" den Erfolg haben, das soziale Prestige des Prüfungsdiplommenschen zu *beseitigen* –

was keineswegs feststeht, wie hier nicht erörtert werden kann –, so würde sie damit politisch wertvolle gesellschaftliche Formwerte bei uns *nicht* vernichten. Sie *könnte* dann vielleicht die Bahn freimachen für die Entwicklung unserer *bürgerlichen* sozialen und ökonomischen Struktur angemessener und daher „echter" und vornehmer Formwerte. Von diesen Formwerten läßt sich – da man sie selbst sowenig „erfinden" kann wie einen Stil – nur das eine (wesentliche Negative und Formale) sagen, was für alle Formwerte dieser Art gilt: daß sie jedenfalls auf keiner anderen Grundlage entwickelt werden können als auf innerer *Distanz* und *Reserve* in der persönlichen Haltung. An dieser Voraussetzung jeglicher persönlichen Würde hat es uns oben und unten nicht selten stark gefehlt. Und das neueste Literatentum mit seinem Bedürfnis, seine „Erlebnisse", erotische oder „religiöse" oder welcher Art sie sonst seien, zu beschwatzen oder drucken zu lassen, ist der Feind aller Würde, gleichviel welcher Art. „Distanz" ist aber keineswegs, wie der Mißverstand der verschiedenen auf Nietzsche zurückgehenden „Prophetien" bei uns glaubt, nur auf dem Kothurn der „aristokratischen" Kontrastierung seiner selbst gegen die „Vielzuvielen" zu gewinnen: – sie ist im Gegenteil stets unecht, wenn sie heute dieser inneren Stütze bedarf. Gerade als Probe ihrer Echtheit kann ihr vielleicht die Notwendigkeit, sich innerhalb einer demokratischen Welt innerlich zu behaupten, nur dienlich sein.

Alles Gesagte aber zeigt aufs neue, daß das deutsche Vaterland auch in dieser, wie in so vielen anderen Hinsichten, *nicht* das Land seiner Väter, sondern das Land seiner *Kinder* ist und sein muß, wie Alexander Herzen dies von Rußland schön gesagt hat. Das gilt vor allem auch in bezug auf die *politischen* Probleme. Der „deutsche Geist" ist für deren Lösung nicht aus noch so wertvollen Geisteswerken unserer Vergangenheit zu destillieren. Den großen Schatten unserer geistigen Ahnen alle Pietät und ihrer Geistesarbeit jede der formalen Schulung unseres eigenen Geistes dienende Verwertung! Aber: sobald die Eitelkeit unserer Literaten, weil es *ihr* Schriftstellerberuf ist, sie der Nation zu interpretieren, daraus das Recht ableitet, unsere politische Zukunftsgestaltung damit wie mit einem Bakel zu *schulmeistern: in die Ecke mit den alten Scharteken!* Darüber ist *nichts* aus ihnen zu lernen. Die deutschen Klassiker können uns u. a. lehren, daß wir ein führendes Kulturvolk der Erde zu sein vermochten in einer Zeit materieller Armut und politischer Ohnmacht und sogar Fremdherrschaft. Dieser *un*politischen Epoche entstammen ihre Ideen, auch wo sie politisch und ökonomisch sind. Sie waren teils, angeregt durch die Auseinandersetzung mit der Französischen Revolution, Konstruktionen in einem politisch und ökonomisch leidenschaftsleeren Raum. Soweit aber eine andere politische Leidenschaft in ihnen lebte als die zornige Auflehnung gegen die Fremdherrschaft, war es die ideale Begeisterung für *sittliche* Forderungen. Was darüber hinaus liegt, blieben philosophische Gedanken, die wir als Mittel der Anregung zu eigener Stellungnahme entsprechend *unseren* politischen Realitäten und der Forderung *unseres* Tages benutzen können, – nicht aber: als Wegweiser. Die modernen Probleme des Parlamentarismus und der Demokratie und die Wesensart unseres modernen Staates überhaupt lagen ganz außerhalb ihres Gesichtskreises. –

Dem gleichen Wahlrecht, zu dem wir damit zurückkehren, wirft man vor, es bedeute den Sieg der dumpfen, politischer Überlegung unzugänglichen „Masseninstinkte" gegenüber der wohlerwogenen politischen Überzeugung oder der emotionalen gegenüber der rationalen Politik. Was zunächst das letztere anlangt, so ist Deutschlands auswärtige Politik – *dies* muß hier allerdings gesagt werden – ein Beweis dafür, daß eine Monarchie, die mit einem Klassenwahlrecht regiert (denn der Hegemoniestaat *Preußen* war und ist der maßgebliche Leiter der deutschen Politik), an Einfluß rein persönlicher emotionaler und irrationaler Stimmungen der Leitung jedenfalls jeden Rekord hält. Man braucht den jahrzehntelangen erfolglosen Zickzackgang dieser geräuschvollen Politik mit der ruhigen Zielbewußtheit etwa der englischen Außenpolitik nur zu vergleichen, um den Beweis zu haben. Und was die irrationalen „Masseninstinkte" anlangt, so beherrschen sie die Politik nur da, wo die Massen kompakt zusammengedrängt sind und als solche einen *Druck* üben: in den modernen Großstädten unter den Bedingungen vor allem der romanischen städtischen Lebensform. Die Kaffeehauszivilisation und daneben klimatische Bedingungen gestatten dort der Politik der *„Straße"*, wie man sie zutreffend genannt hat, von der Residenz her das Land zu vergewaltigen. Die Rolle des englischen „man in the street" andererseits ist mit sehr spezifischen, bei uns völlig fehlenden, Eigentümlichkeiten der dortigen Struktur der städtischen „Massen", die russische hauptstädtische Straßenpolitik mit den dortigen Geheimbund-Organisationen verknüpft. Alle diese Vorbedingungen fehlen in Deutschland, und die Temperierung des deutschen Lebens macht es ganz unwahrscheinlich, daß wir dieser *Gelegenheits*gefahr – denn das ist sie im Gegensatz zu dem, was bei uns als *chronische* Gefahr *unsere* Außenpolitik beeinflußt hat – verfallen, wie es dort geschieht. Nicht die an ihre Arbeitsstätten gebundene Arbeiterschaft, sondern die *Tagediebe* und Kaffeehausintellektuellen in Rom und Paris sind es, welche dort die kriegshetzerische Politik der „Straße" fabriziert haben, übrigens ausschließlich im Dienst der Regierung und *nur* soweit diese es wollte oder zuließ. Das Gegengewicht des industriellen Proletariats *fehlte.* Das industrielle Proletariat ist, wenn es geschlossen auftritt, sicherlich eine gewaltige Macht, auch in der Beherrschung der „Straße". Aber, verglichen mit jenen gänzlich verantwortungslosen Elementen, eine Macht, die der Ordnung und geordneten Führung durch ihre Vertrauensmänner, durch rational denkende Politiker also, zum mindesten *fähig* ist. Auf die Steigerung der Macht dieser Führer, bei uns der Gewerkschaftsführer, über die Augenblicksinstinkte kommt daher staatspolitisch alles an. Und darüber hinaus auf die Steigerung der Bedeutung der *verantwortlichen* Führer, des politischen Führertums als solchen, *überhaupt.* Es ist eines der stärksten Argumente *für* die Schaffung geordneter *verantwortlicher* Leitung der Politik durch ein *parlamentarisches* Führertum, daß dadurch die Wirksamkeit rein emotionaler Motive von „oben" *und* von „unten" so weit geschwächt wird, als dies möglich ist. Mit dem gleichen Wahlrecht hat die „Herrschaft der Straße" *nichts* zu tun: Rom und Paris wurden durch die „Straße" beherrscht, auch als in Italien das plutokratischste Wahlrecht der Welt und in Paris Napoleon III. mit einem Scheinparlament regierten. Im Gegenteil kann *nur* die geordnete *Führung* der Massen durch verantwortliche Politiker die *regellose* Straßenherrschaft und die Führung von Zufallsdemagogen überhaupt brechen.

Das gleiche Wahlrecht ist ein Problem von politischer Tragweite für das *Reichs*interesse nur im führenden Bundesstaat: *Preußen.* Durch die inzwischen erfolgte Interpretation der Osterbotschaft scheint es hier im Prinzip erledigt. Im Prinzip, – aber nicht: dem einzuschlagenden Wege nach. Denn es ist ganz unwahrscheinlich, daß das jetzige Klassenparlament freiwillig auf das Wahlprivileg verzichten werde, falls nicht politisch zwingende Verhältnisse eintreten. Oder wenn doch, dann in der Art eines Scheinverzichtes: etwa unter Koordination eines mit Hilfe der Wahlrechtsarithmetik konstruierten Herrenhauses. *Legale* Durchführung des gleichen Wahlrechts für Preußen ist aber eine staatspolitische Forderung des *Reiches.* Denn das Reich muß auch in Zukunft in der Lage sein, seine Bürger zum Kampf für die eigene Existenz und Ehre aufzurufen, wenn es not tut. Dazu genügen nicht Munitions- und andere Vorräte und die erforderlichen amtlichen Organe, sondern auch: die *innere Bereitschaft* der Nation, diesen Staat als *ihren* Staat zu verteidigen. Die Erfahrungen im Osten können lehren, was geschieht, wenn diese Bereitschaft fehlt. Eins aber ist sicher: *niemals wieder ist die Nation für einen Krieg in der Art wie dieses Mal in Bewegung zu setzen,* wenn feierliche Zusagen durch irgendeinen vermeintlich klugen Trug verfälscht werden. Das würde für immer unvergessen bleiben. Das ist der politisch *entscheidende* Grund, von Seiten des *Reiches* die Durchführung nötigenfalls zu erzwingen. –

Zuletzt möge noch die prinzipielle Frage gestreift werden: wie verhält sich denn die *Parlamentarisierung* zur *Demokratisierung?* Es gibt gar nicht wenige sehr aufrichtige und gerade besonders fanatische „Demokraten", welche in der „Parlamentarisierung" ein korruptes, zur Verfälschung der Demokratie und Kliquenherrschaft führendes System für Streber und Schmarotzer erblicken. „Politik" sei ein vielleicht für Tagediebe recht „interessantes", aber im übrigen steriles Treiben: auf eine gute „Verwaltung" komme es, gerade den breiten Schichten der Nation, allein an und diese garantiere nur die „wahre" Demokratie, wie wir sie ja in Deutschland, dem Lande des „wahren Freiheitsbegriffs", teils schon besser besäßen als anderwärts, teils ohne Parlamentarisierung besser als dort herstellen könnten. Und es versteht sich, daß die Vertreter der Kontrollfreiheit der Bürokratie mit Wonne beides als Gegensätze gegeneinander ausspielen: die „wahre" Demokratie sei gerade dann und da am reinsten verkörpert, wo das Advokatenvolk der Parlamentarier nicht in der Lage sei, die sachliche Arbeit der Beamten zu stören. Der dreiste Schwindel – bei unseren Literaten: Selbstbetrug durch arglose Hingabe an Phrasen – findet, wie alles, was dem Interesse der Bürokratie und den mit ihr verbündeten kapitalistischen Interessen dient, leicht Anhänger, und zwar in allen Lagern. Daß es Schwindel ist, liegt auf der flachen Hand. Denn 1. *Welches Organ hat,* wenn man sich die Parlamentsmacht fortdenkt, *die Demokratie, um die Verwaltung der Beamten ihrerseits zu kontrollieren?* Hierauf gibt es überhaupt keine Antwort. Ferner: 2. *Was tauscht sie für die Herrschaft der parlamentarischen „Kliquen" ein?* Die Herrschaft noch weit verborgenerer und – meist – noch weit kleinerer, vor allem unentrinnbarerer Kliquen. Das System der sogenannten unmittelbaren Demokratie ist technisch nur in einem Kleinstaat (Kanton) möglich. In jedem Massenstaat führt Demokratie zur bürokratischen Verwaltung, und, ohne Parlamentarisierung, zur reinen *Beamtenherrschaft.* Gewiß: unter der Herrschaft des Systems des „Cäsarismus" (im weiteren Sinn des Wortes), also: der unmittelbaren Volkswahl des Staats- oder Stadthauptes, wie in den Vereinigten Staaten und einigen ihrer großen Kommunen, vermag Demokratie ohne parlamentarisches *System* – nicht etwa: ohne Parlamentsmacht *überhaupt* – zu existieren (auf ihre politischen und verwaltungstechnischen Vorzüge und Schwächen soll hier nicht eingegangen werden). Die volle Parlamentsmacht ist aber überall da unentbehrlich, wo *erbliche* Staatsorgane: die Monarchen, die (formellen) Chefs des Beamtentums sind. Der moderne Monarch ist ganz unvermeidlich stets und immer ein *Dilettant,* wie nur irgendein Parlamentarier es ist, und daher völlig außerstande, eine Verwaltung zu kontrollieren. Mit dem Unterschied, daß 1. ein Parlamentarier im *Kampf* der Parteien zu lernen vermag, die *Tragweite des Wortes* zu wägen, während der Monarch dem Kampf *entzogen* bleiben soll; und daß 2. das Parlament, wenn man ihm das Recht der *Enquete* gibt, in der Lage ist, sich das Sachverständnis (durch eidliches Kreuzverhör von Fachmännern und Zeugen) zu verschaffen und das Tun der Beamten zu kontrollieren. Wie soll dies der Monarch und wie soll es die parlamentlose Demokratie bewerkstelligen?

Aber ganz allgemein: Eine Nation, welche wähnt, die Staatsleitung *erschöpfe* sich in „Verwaltung", und „Politik" sei eine Gelegenheitstätigkeit für Amateure oder eine Nebenleistung von Beamten, möge auf Politik in der Welt *verzichten* und sich für künftig auf die Rolle eines Kleinstaats einrichten, wie ein Schweizer Kanton oder Dänemark oder Holland oder Baden oder Württemberg es sind: – alles recht gut verwaltete Staatswesen. Sonst werden ihr die Erfahrungen nicht erspart bleiben, die wir mit jener „wahren Freiheit" dieser Phraseologie, das heißt: der kontrollfreien Beamtenschaft, gemacht haben, soweit sie *hohe Politik* zu treiben unternommen hat. – Die Schwärmerei für die „Demokratie ohne Parlamentarismus“ hat während des Krieges naturgemäß dadurch Nahrung erhalten, daß – wie in jedem schweren Kriege, so auch in diesem – in ausnahmslos allen Ländern, in England, Frankreich, Rußland wie in Deutschland, in weitestem Umfang eine politische Militär*diktatur* tatsächlich an die Stelle der sonst bestehenden Regierungsform, heiße sie nun „Monarchie“ oder „parlamentarische Republik“, getreten ist (und zweifellos ihre Schatten noch weit in den Frieden hineinwerfen wird). Sie arbeitet überall mit einer spezifischen Art von Massendemagogie und schaltet alle normalen Ventile und Kontrollen, daher auch die parlamentarische, aus. Diese wie andere durch den Krieg als solchen bedingten Erscheinungen blenden die Augen der auf beschleunigte und „zeitgemäße“ Bücherproduktion hingewiesenen dilettantischen Literaten. Aber so wenig die Kriegswirtschaft das Muster sein kann für die normale Friedenswirtschaft, ebensowenig diese politische Kriegsverfassung für die politische Struktur des Friedens.

Was soll politisch, fragen wir, die Leistung eines Parlaments ersetzen? Etwa, für die Gesetzgebung, das Referendum? Zunächst: in keinem Lande der Welt ist das Referendum für die wichtigste Leistung der laufenden Parlamentsarbeit, das *Budget,* eingeführt. Es leuchtet auch ein, daß das gar nicht möglich wäre. Das Schicksal fast aller *Steuervorlagen* bei Entscheidung durch Volksabstimmung ist leicht vorauszusehen. Für alle einigermaßen verwickelten *Gesetze* und Ordnungen der inhaltlichen Kultur aber bedeutete das Referendum im Massenstaat eine starke mechanische Hemmung jedes Fortschrittes. Zum mindesten in einem geographisch großen Staat (anders: in einem Kanton). Aus dem einfachen rein technischen Grunde: *weil es das Parteikompromiß* ausschließt. Mit dem Referendum kann man politisch und technisch befriedigend nur Fragen lösen, auf die glatt mit „Ja“ oder „Nein“ zu antworten ist. Wenn nicht, so würden die *verschiedenen* und entgegengesetzten Gründe, die gegen einen konkreten Vorschlag geltend gemacht werden können – und deren sind in einem Massenstaat mit weitgehender sozialer und geographischer Differenzierung stets ungleich mehr als in einem amerikanischen Einzelstaat oder Schweizer Kanton – es hindern, daß *überhaupt* etwas zustande kommt. *Das* ist die spezifische Leistung des Parlaments: daß es ermöglicht, durch Verhandlung und Vergleich das „relativ“ Beste zustande zu bringen, und diese Leistung wird mit dem gleichen Opfer erkauft, welches der Wähler bei der Parlamentswahl in der Form zu bringen hat, daß er nur für die ihm *relativ* genehmste Partei optieren kann. Diese rein technische Überlegenheit parlamentarischer Gesetzgebung ist durch nichts zu ersetzen, – womit nicht gesagt ist, daß es nicht Fälle gäbe, wo das Referendum ein geeignetes Revisionsmittel wäre. Über die Volkswahl der Beamten – soweit sie nicht nur die Wahl des *Führers* betrifft, also „Cäsarismus“ ist – ist zu sagen: daß sie in jedem Massenstaat nicht nur die hierarchische Amtsdisziplin zerbricht, sondern (nach amerikanischen Erfahrungen) durch Ausschaltung der *Verantwortung* für die Ernennung die Korruption fördert. Jede Befehdung des Parlamentarismus im Namen der „Demokratie" bedeutet in einem monarchischen Staat: daß aus Ressentiment oder Blindheit die Geschäfte der reinen Bürokratenherrschaft und insbesondere ihres Interesses an Kontrollfreiheit besorgt werden.

Die „Demokratisierung" im Sinne der Nivellierung der ständischen Gliederung durch den *Beamtenstaat* ist eine Tatsache. Man hat nur die Wahl: in einem bürokratischen „Obrigkeitsstaat" mit Scheinparlamentarismus die Masse der Staatsbürger rechtlos und unfrei zu lassen und wie eine Viehherde zu „verwalten", – oder sie als *Mitherren* des Staates in diesen einzugliedern. Ein *Herrenvolk* aber – und nur ein solches kann *und darf* überhaupt „Weltpolitik" treiben – hat in dieser Hinsicht *keine* Wahl. Man kann die Demokratisierung sehr wohl (für jetzt) vereiteln. Denn starke Interessen, Vorurteile und – Feigheiten sind gegen sie verbündet. Aber es würde sich bald zeigen, daß dies um den Preis der ganzen Zukunft Deutschlands geschähe. Alle Kräfte der Massen sind dann *gegen* einen Staat engagiert, in dem sie nur Objekt und an dem sie nicht Teilhaber sind. An den unvermeidlichen politischen Folgen mögen einzelne Kreise interessiert sein. Aber gewiß nicht: das Vaterland.

Schwert und Parteikampf[1]

Daß sich in Heidelberg Bürger finden würden, welche aus meinem Munde den Satz „*Die Feder macht wieder gut, was das Schwert verdorben hat*“, gehört zu haben sich einreden, übersteigt selbst diejenigen Erwartungen, welche ich bei meiner sehr geringen Einschätzung der Intelligenz der sogenannten „Vaterlandspartei“ gehegt habe. Daß eine ähnliche, angebliche Äußerung dann in einer öffentlichen Versammlung in der Aula reproduziert und zum Gegenstand eines Telegramms an den Reichstag gemacht wird, ist bedauerlich, weil solcher Unsinn die Bürgerschaft Heidelbergs dem Spott preiszugeben geeignet ist. Ich benutze gern die Nötigung, auch öffentlich festzustellen, was ich wirklich und zwar hier nicht zum erstenmal gesagt habe: die Politisierung des Heeres im Allgemeinen und die Hereinzerrung der Obersten Heeresleitung in den politischen Parteikampf durch Telegramme und Huldigungsadressen einzelner Parteien im Besonderen muß uns zu der Bitte an unsere großen Heerführer veranlassen: „*Sorgt dafür, daß nicht einst gesagt werden kann: was ihr mit dem Schwerte gut gemacht habt, das habt ihr dadurch verderben lassen, daß ihr euch in das Getriebe und auf das Glatteis des innerpolitischen Parteikampfs habt zerren lassen.*“ Denn der Offizier, der sich auf ein Gebiet begibt, welches er nicht beherrscht, setzt seine Autorität bei der Mannschaft und bei der Nation auch da aufs Spiel, wo sie ihm unbedingt zukommt. Es wurde durch Beispiele, die ich hier nicht wiederholen will, weil sich dazu noch anderweitig Gelegenheit bietet, verdeutlicht, daß *Anlaß* zu dieser Bemerkung vorhanden war. Daß sie so und nicht anders, sowohl dem Gedankenzusammenhang nach, wie in den unterstrichenen Stellen, dem (ungefähren) Wortlaut nach gefallen ist, ist nötigenfalls jederzeit erweislich. Demnach brauche ich mich mit dem Urheber jener Behauptung, der auch zu jenen „guten Leuten und schlechten Musikanten“ gehört, von denen ich sprach, nicht weiter zu befassen.

Professor Max Weber

[1] Frankfurter Zeitung vom 13.12.1917.

Innere Lage und Außenpolitik

I.[1]

Es ist zunächst Pflicht, einige Bemerkungen nach „links" hin zu machen.

Daß die Sozialdemokratie, nachdem es auch bei uns zu einem politischen Teilstreik gekommen war, wie er in anderen Ländern an der Tagesordnung ist, sich an der Leitung dieser unorganisierten Bewegung beteiligte, war staatspolitisch wahrscheinlich nützlich. Aber vor allem in sachlicher Hinsicht muß – so wenig sozialistische Kreise Ratschläge Außenstehender anzunehmen geneigt sein werden – doch auf das nachdrücklichste darauf hingewiesen werden: daß jede Partei, welche direkt oder indirekt einen *schlechten oder leichtsinnigen Frieden verschuldet* oder, indem sie den deutschen Unterhändlern in den Rücken fällt, den *Friedensschluß, erschwert,* ihre Rolle in Deutschland *ausgespielt* haben würde. Noch nach Jahrzehnten würde ihr das nachgehen. Und diese Gefahr besteht. Denn wie liegen die Dinge?

Wir werden im Osten mit demjenigen Frieden schließen, der eine Gewähr loyaler Erfüllung bietet, sei er, wer er wolle. Dem Bolschewismus geben nun die, soviel ich weiß, aus persönlichem Augenschein bestunterrichteten und unbefangensten (radikal sozialistischen) Kenner eine Herrschaftsdauer, die nur nach Monaten zählt. Trifft dies zu, dann bietet ein Frieden gerade mit ihm für das Verhalten der später kommenden Regierung die geringste Gewähr. Jedenfalls ist er die Regierung einer sehr kleinen Minderheit. Gestützt ist er vor allem auf große Teile des kriegsmüden Heeres. Er ist der Sache nach (und ganz unabhängig von der Aufrichtigkeit seiner Ideologie) notgedrungen eine reine *Militärdiktatur,* nur nicht eine solche der Generäle, sondern: *der Korporale.* Es ist reiner Unsinn, wenn man die Vorstellung hegen wollte, hinter ihm ständen „klassenbewusste" Proletariermassen westeuropäischen Gepräges. *Soldaten*proletariat steht hinter ihm. Das hat seine Konsequenzen. Welche Ziele auch immer die Petersburger Literaten verfolgen mögen, ihr Machtapparat: die Soldaten, erwartet und verlangt vor allem: *Löhnung* und *Beute.* Das entscheidet aber über alles (ich darf die Sozialdemokratie daran erinnern, daß die Vorhersagen über die Konsequenzen der Gebundenheit Kerenskijs an seine spezifischen Machtmittel sich im wesentlichen voll bewahrheitet haben). Die gutbesoldeten Roten Garden haben keinerlei Interesse am Frieden, der sie ja verdienstlos macht. Die Soldaten, die unter dem Vorwande der „Befreiung" der Ukraine, Finnlands und anderer Gebiete dort ein-

[1] Frankfurter Zeitung vom 3. Februar 1918.

brechen und (ebenso wie in Rußland selbst) Kontributionen erheben, ebensowenig. Die einzige, wenigstens der Form nach durch demokratische Wahl beglaubigte Autorität Rußlands, die konstituierende Versammlung, wurde gewaltsam gesprengt. Nicht wegen prinzipieller Verschiedenheit der Ansichten, – ihre stärkste Partei erklärte, den Waffenstillstand halten und die Friedensverhandlungen fortführen zu wollen. Sondern: damit nicht neue Brotgeber anderen Leibgarden, Angestellten und Truppenkörpern zu Lohn und Beute verhelfen könnten. Es ist der reinste Militarismus, den es zur Zeit irgendwo gibt. Alles andere ist, objektiv, Schwindel, welche Ziele auch immer die Leitung zu haben vorgeben und subjektiv vielleicht wirklich ehrlich haben möge. Aber auch diese Ziele sind, wie bei ausnahmslos jedem russischen Intellektuellen, durchaus *„imperialistisch"*. Denn es ist nicht wahr, daß es nur bürgerlichen Imperialismus gebe, wenn anders man als Imperialisten jemanden bezeichnet, der *aus Machtgier* sich, unter idealen Vorwänden, in die Angelegenheiten fremder Völker einmischt, zumal ehe im eigenen Hause irgendwelche Ordnung geschaffen ist. Der bolschewistische Soldatenimperialismus bedroht, solange er besteht, die Sicherheit und Selbstbestimmung aller angrenzenden Völker, und es ist ganz unwahrscheinlich, daß eine von diesen militaristischen Masseninstinkten abhängige Regierung einen aufrichtigen Frieden überhaupt schließen *könnte,* selbst wenn sie wollte. Daraus folgt alles. Mit einer ehrlich pazifistischen russischen Föderativrepublik wäre natürlich die denkbar beste Nachbarschaft möglich, und *jedes* Interesse an auch nur zeitweiligen Sicherheiten fiele für uns fort. Was jenseits der Grenze geschähe, ginge uns dann nichts an. Vorerst ist diese pazifistische Wendung des russischen Radikalismus aber eben *nicht* da, und ob ein imperialistischer Ausdehnungstrieb zaristische, kadettische oder bolschewistische Etikette trägt, ist für den Effekt natürlich ganz gleichgültig. Die Friedensforderung der Streikenden zeugt also davon, daß sie von der Sachlage *keine Ahnung* haben, und sie diskreditiert durch die Forderung eines Friedens auf die Bedingungen einer Regierung hin, die nicht Frieden, sondern Gewalt will, jeden auf das schwerste, der sich mit ihr einläßt. Das alles muß der Arbeiterschaft – mögen ihr diese Tatsachen noch so unbequem sein – von ihren Führern zunächst klargemacht werden, sonst ist mit ihr nicht ernstlich zu diskutieren.

Freilich werden keinerlei Argumentationen dauernden Eindruck machen, wenn die *wirklichen* Gründe des Ausstands nicht aus dem Wege geräumt werden. Er ist der unvermeidliche Rückschlag gegen schlimme innerpolitische Vorgänge der letzten Zeit und ihre Träger. Zunächst gegen die Art, wie der preußische Klassenlandtag es wagen darf, das im Angelpunkt der ganzen deutschen Politik stehende Problem des *preußischen Wahlrechts* zu behandeln. Nur der ist ein *nationaler* Politiker, der die innere Politik unter dem Gesichtspunkt der unvermeidlichen Anpassung an die außenpolitischen Aufgaben ansieht. Wem die daraus folgenden

„demokratischen“ Konsequenzen nicht passen, *der verzichte* auf eine Großmachtpolitik, die sie unvermeidlich macht. Ist es etwa ein Zufall, daß die aristokratischste Körperschaft der Erde, das englische Oberhaus, eben jetzt das demokratischste Wahlrecht irgendeines Großstaats glatt angenommen hat? Und glaubt jemand, es bestehe kein Zusammenhang zwischen der Selbstverständlichkeit dieses Vorgangs und der Haltung der englischen Arbeiterschaft? Und damit vergleiche man nun den Zustand, daß in einem Augenblick äußerster Angespanntheit, wo alles auf des Messers Schneide steht, die preußische Wahlrechtskommission sich mit den Quisquilien dieser Herrenhausvorlage befaßt und bei dem Wust willkürlicher Anträge – dem Produkt des Versuchs, eine Ständevertretung herauszuklügeln in einer Zeit, in der es nun einmal keine „Stände“ gibt – noch wochenlang befassen will? Statt daß sofort und vor allem die von den Massen mit leidenschaftlicher Ungeduld erwartete Entscheidung darüber herbeigeführt würde: ob das gegebene Versprechen wahrgemacht wird *oder nicht?*, und ob man, wie nach den bisherigen Verhandlungen zu erwarten, es auf die innerpolitischen und kriegspolitischen Konsequenzen einer *negativen* Antwort ankommen lassen will? Für den Fall einer solchen weiß jedermann im Lande, daß es *keine Macht gibt,* welche dann die Massen der Arbeiterschaft halten könnte, selbst wenn sie wollte. Der Eintritt des Konflikts würde nun gewiß nicht, wie manche Angstmeier glauben, „russische Zustände“ heraufführen. Schlechthin alle Vorbedingungen dafür fehlen, und das Standgericht funktioniert in Deutschland präzis. Auch nicht, wie das Ausland offenbar hofft, einen Zusammenbruch des deutschen Heeres. Aber einen *deutschen Sieg zu verhindern,* wäre er allerdings genügend. Und nebenher würde noch etwas anderes verscherzt: die *ganze politische Zukunft* Deutschlands. Die Zustände, welche nach dem Frieden einträten, würden unsere Politik für Jahrzehnte lahmlegen. Das mag den Wahlrechtsinteressenten des Landtags gleichgültig sein. Einem nationalen Politiker aber nicht. Da es ausgeschlossen erscheint, daß das Privilegienparlament aufrichtig auf die „Forderung des Tages“ eingeht, muß erneut verlangt werden, daß das *Reich* sie in der Art des seinerzeit hier vorgeschlagenen Wahlrechtsnotgesetzes löst. Jede Verzögerung verschärft Umfang und Konsequenzen des Konflikts. Das wissen die Wahlrechtsinteressenten zweifellos auch ihrerseits. Und die trotzdem betriebene Verschleppung beruht, wie jedermann weiß, auf der Spekulation auf einen *Umschwung innerhalb der Regierungspolitik.* Auf der *Befürchtung,* daß ein solcher eintreten könnte, beruht aber auch das Ausbrechen des *Ausstandes.* Und zu dem Mißtrauen, welches im Laufe dieses Monats scheinbar unvermittelt gegen unsere innere und äußere Politik bei uns, und nicht nur bei uns, wieder ins Kraut geschossen ist, haben eine Anzahl Umstände beigetragen, denen man ruhig und sachlich ins Auge sehen muß. Von ihnen soll in weiteren Ausführungen die Rede sein.

II.[1]

Die *schwere Verantwortung,* welche auf der Berliner Streikleitung ruht, ist in der Presse mit Recht nachdrücklich betont worden. Wenn sie offenbar die Erwartung gehegt hat: daß, ihrer Aufforderung entsprechend, das Vorgehen in den Hauptstädten der Ententestaaten Nachahmung finden und dieser gleichzeitige Druck den Beginn von Friedensverhandlungen erzwingen werde, so ist das Experiment *negativ* ausgefallen. Unter diesen Verhältnissen wäre die Fortsetzung des Ausstandes auch von diesem Standpunkt aus durch nichts zu rechtfertigen.

Dies vorausgeschickt, scheint es aber an der Zeit, auch nach der anderen Seite festzustellen, welche Verhältnisse unseres *Staatslebens* an den beklagenswerten Ereignissen die Schuld tragen.

1. Von einem im Krieg befindlichen Staatsorganismus, zumal einem monarchischen, erwartet man vor allem eins: *amtliche Disziplin.* Sie hat gefehlt. Denn für jene unerhörten Ausschreitungen der Berliner Presse geht es nicht an, nur deren eigene „Disziplinlosigkeit" verantwortlich zu machen. Das Beispiel dazu wurde von ganz anderen Stellen gegeben.

Gegensätze der Ansichten und ein Ringen um die einzunehmende Haltung hat es auch zwischen Bismarck und Moltke gegeben. Sie liegen in solchen Fällen eben in der Sache. Das Unerhörte war, daß diese Auseinandersetzungen unter den Ressorts diesmal in der Form einer *Pressedemagogie* gegen die leitenden Staatsmänner *in die Öffentlichkeit* getragen wurden. Dies *Unerhörte* aber ist für Deutschland nachgerade typisch geworden. Die Verantwortung dafür geht leider auf den Großadmiral von Tirpitz zurück. Es ist bekannt, daß das Verhalten einer ihm unterstellten Instanz, welches er wohl nicht veranlaßt, aber eben *geduldet* hatte, seinerzeit rückhaltlos preisgegeben werden mußte. Viel zu spät hat damals die Zensur der demagogischen Ausbeutung einer der schwierigsten *rein militärischen* Fragen ein Ende gemacht. *Welche Instanz hat diesmal das gleiche Schauspiel verschuldet?* Ist gegen diese unerhörte, an Landesverrat grenzende Indiskretion und Disziplinlosigkeit militärischerseits das Erforderliche geschehen? Die internationale und innerpolitische Lage gestattet uns derartige Fehler nicht. Denn über die Rückwirkungen bei uns und anderswo kann niemand im Zweifel sein.

2. Von einem im Krieg befindlichen Staatsorganismus verlangt man: *einheitliche Haltung,* zum mindesten: vor dem *Feinde.* Sie hat gefehlt. Was General Hoffmann bei den Verhandlungen sagte, traf inhaltlich durchweg zu und widersprach inhaltlich auch nicht den Ausführungen, welche namens der politischen Leitung gemacht worden waren. Aber kein Unbefangener kann ernstlich leugnen, daß in dem entscheidenden Punkt für eine Erörterung: im Ton, das *genaue Gegenteil* von

[1] Frankfurter Zeitung vom 5. Februar 1918.

dem getan wurde, was der Vertreter der Außenpolitik getan hatte. Daß angesichts der unwahrhaftigen Phrasen der Gegner dem als Persönlichkeit sympathischen General die Geduld riß, ist ihm menschlich gewiß nicht zu verdenken. Politisch aber war die Lage die: daß der selbstverständliche Zweck des Feindes, uns zur Schwächung unserer Position zunächst vor der Welt, vor allem aber: vor der Bevölkerung verbündeter Staaten formal *ins Unrecht zu setzen,* vollständig gelang und ihm also in die Karten gespielt worden war. Der höhnische Triumph in der Prawda (Nr. 229 von 17. 1.), die Ereignisse in Wien und die dortigen Erörterungen müssen jeden darüber belehrt haben: daß hier ein Fehler gemacht worden ist. Fehler passieren überall. Aber für jeden, der sie kannte, war der Kommentar der rechtsstehenden Presse vorauszusehen: endlich sei „der richtige Ton *gegen Sozialdemokraten*" wiedergefunden worden. Dies erst hat den *vom Feinde beabsichtigten* Erfolg auch in den Köpfen der Berliner Arbeiter angerichtet. Das Resultat des uneinheitlichen Vorgehens aber war: eine Schwächung unserer Stellung.

3. Der Eindruck, den die schmachvolle, gegen unabhängige Politiker, Presse und Körperschaften ehrabschneiderische Agitation der (in ihrer Vergangenheit teilweise recht anfechtbaren) Journalisten der sogenannten „Vaterlandspartei" auf die Arbeiterschaft gemacht hat, läßt sich leicht ermessen. Jeder Arbeiter *weiß* ja, weit besser als die zahlreichen persönlich vortrefflichen, aber politisch absolut arglosen Mitläufer, in *wessen* Interesse hier gearbeitet wird. Die vernichtende Wirkung des Eindrucks davon, daß diese für einflußreich geltenden Kreise der *Geldmacht* ins Garn gingen, stellt sich der Außenstehende meist nicht groß genug vor. *Wo immer* diese Agitation auftrat, hat sie – -wie schon die Hergänge in den Versammlungen bewiesen – dem wildesten Protest der Massen den Boden bereitet, und man darf es als erfreulich bezeichnen, daß trotzdem die überwiegende Mehrzahl auch der sozialdemokratischen Arbeiter nicht alle Besonnenheit verloren hat. Das Gefährliche aber war, daß der Eindruck entstand: politisch maßgebende Stellen ließen sich von diesem Treiben imponieren. Der Eindruck aber war erklärlich.

Als einziges greifbares „Resultat" der letzten „Krise" erschien der Rücktritt des Chefs des Zivilkabinetts. Ob und welche Art von Politik er eigentlich seinerseits begünstigt hat, weiß der Außenstehende nicht, und alle darüber umlaufenden Behauptungen scheinen zweifelhaft. Das Entscheidende waren die Hoffnungen, welche sich an seinen Rücktritt knüpften. Über diese aber belehrte der Kommentar der rechtsstehenden Berliner Presse: es sei nun wieder der „Zutritt zum Monarchen" frei, dem er immer im Wege gestanden oder – wie privatim gesagt wurde – den er durch seine Assistenz immer „gestört" habe. *Freier Zutritt für welche Kreise?* Nicht die Arbeiterschaft und auch nicht nationale unabhängige Politiker haben das Ohr der deutschen Fürsten. Die „Kreuzzeitung" war kürzlich frivol genug, die Erinnerung an die glücklicherweise vergessene *Zuchthausvorlage* wieder heraufzubeschwören. Jedermann, vor allem jeder Arbeiter mit Ehrgefühl, weiß sehr gut, welche Kreise es gewesen sind, welche damals eine in einem Augenblick des Unmuts getane private Äußerung des Monarchen in die *Öffentlichkeit* zerrten und dadurch eine Kluft schufen, deren Überwindung erst der 4. August 1914 gebracht hatte. Es ist klar, welche Rückwirkungen solche Reminiszenzen und Erwartungen dieser Kreise auf die Stimmung der Arbeiterschaft haben müssen.

Wer vor drei Wochen die Gelähmtheit der Regierungsstellen, das irrsinnige Treiben jener Presse und das *Verhalten der Zensur* dazu beobachtete, fühlte den *Argwohn der Massen* aufsteigen, dessen Kind der Streik gewesen ist. Es sind alles in allem auf Seiten des Regierungsapparats auch schwere Mängel vorhanden und dadurch Fehler passiert, nicht nur auf Seiten der Sozialdemokratie. Über diese Fehler sollte man beiderseits zur Tagesordnung übergehen. Es kann heute jedermann sehen, wo im Kriege die Stärke demokratischer Staaten liegt. Ein englischer Minister verkehrt in solchen Fällen mit der Arbeiterschaft wie einer ihresgleichen, und es zeigt sich immer wieder, daß dieses unserer Bürokratie so fremde System dazu führt, das Vertrauen und den Siegeswillen der Arbeiterschaft dem Staate und den Interessen der Nation zu erhalten. An formalistischen Bedenken darf eine Einigung keinesfalls scheitern. *Man verbreitere den Kreis der zu den Erörterungen Zuzuziehenden soweit wie irgend möglich* und ziehe vor allem auch die *nicht* am Streik beteiligte Arbeiterschaft heran. Mit dem formalistischen Festhalten des Grundsatzes: mit streikenden Arbeitern nicht reden zu wollen, kommt man nicht weiter und arbeitet dem Feinde in die Hände. Es haben nun einmal Gründe vorgelegen, welche den Argwohn der Arbeiterschaft erregen konnten. *Dieser Argwohn* aber ist das Entscheidende. Er muß um des Vaterlandes willen auch dann beseitigt werden, wenn das Verhalten der Arbeiterschaft zu Tadel Anlaß gibt. Die Zeiten sind nicht dazu geeignet, über Formfragen der überlieferten „Ordnung" die Interessen der Nation, in deren Dienst auch die „Ordnung" zu stehen hat, zu Schaden kommen zu lassen.

III.[1]

Der jetzige Streik war zweifellos ein unangenehmer Zwischenfall für die Interessen des Krieges wie des Friedens. Dennoch ist es mir wenigstens – *vollständig unmöglich, sich darüber zu entrüsten,* wie es vielfach geschieht. Denn er war ganz und gar die Frucht dessen, was andere gesät hatten. Und es ist leider Tatsache: daß die sozialdemokratische Partei keine andere Wahl hatte, als (in der Hauptsache) ähn-

[1] Frankfurter Zeitung vom 7. Februar 1918.

lich zu handeln, wie sie tat. Daß dabei ihre „Regie" nicht wesentlich besser war als die unserer ganzen Politik seit Jahren auch, ist eine Sache für sich. Aber dem, was die Partei wollte, wird man trotz mancher Fehler künftig gerechter werden als jetzt in der Hitze des Augenblicks. Nicht einmal, nein hundertmal war von Sozialdemokraten gesagt worden: „Geht diese Hetze so weiter, so sind die Leute nicht zu halten." Öffentlich es zu tun, war unmöglich: das wäre als „Drohung" denunziert worden. Aber der Streik war ganz selbstverständlich angesichts dessen, was man in Berlin Mitte Januar erlebte und was tatsächlich jeden, der einen rein sachlichen Betrieb der Politik verlangt, zum Rasen bringen konnte: wildeste Demagogie ohne Demokratie, vielmehr *wegen* fehlender Demokratie. Man muß dort gewesen sein, um das zu verstehen: man glaubte, im Irrenhaus zu sein – oder: in Athen nach der Arginusenschlacht.

Alles Gerede, daß die „Ausländer" beim Ausbruch beteiligt gewesen seien (in Einzelfällen denkbar, aber sicher absolut nebensächlich), daß die „disziplinlose Jugend" Träger sei (in gewissem Umfang in Berlin richtig), geht völlig in die Luft. Denn niemals hätten solche Einflüsse Macht gewinnen können ohne eine ganz bestimmte Atmosphäre. Das Spezifische dieser aber war keineswegs geschaffen durch die Schwierigkeiten der Lebensmittelversorgung. Es ist gewiß wahr, daß das Verhalten eines Teils der Landbevölkerung und die dadurch bedingten, jedem auffallenden Ungleichheiten der Lebensbedingungen im Land verbittern mußten, und die Art, wie General Groener, der trotz seiner Derbheit das Vertrauen in seine Sachlichkeit genoß, „abgesägt" worden war, hatte Mißtrauen hinterlassen. Aber draußen im Lande ist ja im ganzen die Versorgung eher besser als im früheren Winter. Nein, die Atmosphäre für den Streik war geschaffen worden: 1. durch die demagogische Art der Behandlung der deutschen *auswärtigen Politik,* durch eine von allen guten Geistern verlassene und *rein persönlich* motivierte Agitation, 2. durch die Art, wie mit dem Kapital von Vertrauen, welches die führende Persönlichkeit des Landes, in erster Linie die Heeresleitung, genoß, von einer skrupellosen Parteihetze gewirtschaftet worden war.

Sachliche Kriegsziele durch *sachliche* Aussprache den Arbeitern verständlich zu machen, ist keineswegs schwer. So arbeitet der Feind, und mit Erfolg. Jeder englische Minister sucht Gelegenheit zu Aussprachen, und zwar – da liegt der Unterschied! – am meisten dann, wenn die Arbeiterschaft, sei es aus objektiv noch so unzutreffenden Gründen, mißtrauisch wird oder mit Streik droht. Daß es der englischen Regierung gelungen ist, trotz schwerer materieller Notlage ihre Arbeiterschaft bisher sogar für *fremde,* und zwar annexionistische Kriegsziele (Elsaß) kriegswillig zu erhalten, spricht denn doch Fraktur für diese „demokratische" Methode. Es ist die Frucht des *Vertrauens,* kraft dessen der in diesem Sinn „demokratische" Staat – mag man es nun bei uns noch so ungern hören! – in den außenpolitisch entscheidenden Punkten sich als der „stärkere" erweist. Vor allem:

auch als der stärkere an Nerven. Gewaltsamkeiten werden natürlich auch dort rücksichtslos standrechtlich unterdrückt, gleichzeitig aber werden unbekümmert darum die sachlichen Verhandlungen weitergeführt und vor allem: es wird nicht um Haaresbreite von einer staatsnotwendigen Reformpolitik abgewichen.

Natürlich kann man nun mit der Art, in welcher man bei uns im Sinne des *Amts*prestiges zu verfahren gewohnt ist, einmal, auch einige Male, so wie voraussichtlich jetzt, äußerlich durchkommen und äußerlichen Erfolg erzielen. Gesetzt aber, der Krieg dauert noch lange Zeit – und das ist bei der Haltung der Feinde möglich, und vor allem: es *muß, wenn* es nötig ist, unbedingt *möglich sein* –, dann kommt der Moment, wo dies Verfahren aus Gründen, die jedem klar sind, selbst solchen reinen Reflex-Ausständen wie dem jetzigen gegenüber *versagen* wird. Vollends dann versagen wird, wenn man durch die Art der inneren Politik die legitimen Vertreter der Arbeiterschaft dazu treiben sollte, ihrerseits den Kampf in die Hand zu nehmen.

Und nun weiter: Solche Aufrufe, wie die der Kommandierenden Generäle, z. B. von Karlsruhe, auch von Münster und anderwärts, an die Arbeiterschaft, kann jedermann nur unterschreiben. Denn die soldatische Gradheit des Tons wirkt sofort menschlich echt, ganz im Gegensatz zu der Unechtheit der üblichen sogenannten „Schneidigkeit", die nur als eitle Prestigesucht wirkt. Aber man täusche sich doch nicht: die Wirkung auch solcher ausgezeichneten Worte ist seit dem Auftreten der sogenannten „Vaterlandspartei" auf das schwerste geschädigt. Man stelle sich doch einfach vor: welche *ungeheure Wucht* würde in solchen Tagen jedes Wort *des* Mannes, der das größte Kapital von Vertrauen in der Nation besitzt, Hindenburg, hinter sich gehabt haben, wenn die elende Telegramm-Mache dieser Leute nicht ihr Parteisüppchen an seinem strahlenden Ruhm zu kochen versucht und dadurch ihn zu einer *Parteigröße* zu stempeln gewußt hätte. Dazu kommen nun gewisse typische psychologische Irrtümer der Militärs. Die Psychologie des militärischen Befehls ist nun einmal eine andere als die Psychologie der politischen Beeinflussung. Der Versuch jener politischen „Aufklärungsarbeit" im Heer ist alsbald, durchaus gegen den Willen der Offiziere, aber ganz unvermeidlich, *partei*politisch mißdeutet worden und hat daher schwer geschadet, wie heute nicht mehr zu verkennen ist. Es waren nicht die schlechtesten Freunde des Heeres, die in schwerer Sorge vor jeder Form seiner Politisierung gewarnt haben. Die Gradheit des Offiziers läuft allzu leicht den *Interessenten* ins Garn, wenn sie sich „national" aufspielen. Aber es darf nicht vergessen werden: so beschränkt ist die Arbeiterschaft nun einmal nicht, daß sie bei politischen Äußerungen eines Offiziers sich nicht sagte: „Es sind nicht Leute aus unserer Mitte." Das billige patriotische Moralisieren vollends über den Streik nutzt schlechterdings gar nichts. Denn es ist nicht der Weg, der Arbeiterschaft das Vertrauen zu erhalten: daß es auch ihr Staat ist, auch ihre Zukunft, für die sie ertragen muß, was die Notwendigkeit ihr auferlegt.

Schlechterdings unmöglich aber war das, nachdem die Vorgänge im Januar mit Händen greifen ließen: daß leider ein Teil der einflußreichsten Kreise der Nation die *äußere Politik* und die Frage nach Krieg und Frieden ausschließlich und allein teils nach rein personalen, teils nach partei- und interessenpolitischen Gesichtspunkten der *inneren Politik* behandelte. Das aber war ohne weiteres erkennbar. Es trat schon in den schreienden Widersprüchen der „Begründung" jener beispiellosen, gegen den Reichskanzler und andere Staatsmänner gerichteten Hetze innerhalb der gleichen politischen Richtungen und Blätter zutage. Man stelle sich vor: einerseits war, nach der „nationalen" Presse, unseren künftigen Freunden, den Russen, zu viel abverlangt worden („Kreuzzeitung"). Andererseits war die Errichtung neutraler Zwischenstaaten auf den Okkupationsgebieten nicht genügend („Kreuzzeitung"). Einerseits war die Gelegenheit sofortigen Friedens „verpasst", andererseits war nicht genug Schneid entwickelt worden. Teils sollten die Balten zu Deutschland kommen, teils sollten rein militärische Rücksichten maßgebend sein: das bedeutete, daß jetzt, fünf Vierteljahre nach dem November-Manifest, das seit zwei Jahren versunkene sogenannte „Schwartenprojekt" (neue Teilung Polens) neu ausgegraben wurde. Oder es spukte (in der „Vossischen Zeitung") wieder die unsterbliche Seifenblase eines künftigen „Kontinentalbundes" (offenbar: der Vierbundmächte mit Rußland, und ich weiß nicht wem noch) gegen die Angelsachsen: eine Idee, über welche, ohne Unterschied der Partei, jeder Russe nicht nur, sondern ebenso jeder Österreicher, Ungar, Bulgare, Türke doch einfach hell auflacht! (Was in aller Welt sollte diese kreditbedürftigen Nationen eigentlich an einem solchen Bunde reizen?) Usw.

Wer über Außenpolitik redet, hat die Pflicht der *sittlichen Selbstzucht* und des *Augenmaßes.* Welches ist unser Interesse gegen Osten? Da der innerdeutsche Osten um ein Viertel dünner besiedelt ist als Polen, da wir bei uns selbst noch Rekrutierungsmaterial für zehn Armeekorps in Bauernstellen unterbringen könnten, da wir vor dem Krieg jährlich eine Million Fremder als Arbeitskräfte im Lande brauchten, – so ist der Plan: deutschen Nachwuchs als einen Bevölkerungsklecks am Rigaischen Meerbusen zu vergeuden, nun hoffentlich erledigt. Und was die Balten anlangt, so sind sie zwar eine prachtvolle Spielart des Deutschtums, haben aber (bis ihnen das Wasser an den Mund ging) früher nie die geringste Neigung bekundet, reichsdeutsche Bürger zu werden, und werden vor allem nicht erwarten, daß wir für die Zukunft die Pflicht von Blutopfern auf uns nehmen, welche ihre Zahl um das Zwanzigfache übertreffen, um ihnen jetzt dazu zu verhelfen. Denn eine unweigerlich früher oder später wiederkehrende *nationale,* und das heißt: bürgerliche russische Politik wird stets, mit *allen* Mitteln, als Mindestforderung geltend machen *müssen:* daß Riga jedenfalls in ein ähnliches Verhältnis zu Rußland tritt, wie das ist, in welchem Luxemburg sich zu Deutschland befindet (dessen innere Verhältnisse ja vollkommen autonom geregelt sind). Auch rein gefühlspolitisch ist aber den Deutschbalten das ihrige gegeben, wenn sie die „Selbstbestimmung" im Sinn der ausschließlich eigenen Verfügung 1. über ihren Besitz, auch zu Ansiedlungszwecken, 2. ihre Steuerkraft (zu Schul- und Kulturzwecken aller Art) und 3. ihre Rekrutierungskräfte (für Milizzwecke) in eigener Hand, also nach dem *Personalitätsprinzip, innerhalb* des künftigen, wie immer gearteten politischen Verbandes, dem Kurland angehört, besitzen. Realpolitisch aber ist Deutschland im Nordosten nur daran interessiert: daß die Grenzvölker in Zukunft keinesfalls *gegen uns die Waffen führen* und daß die litauische Njemenlinie nicht zur Deckung einer Offensive gegen Ostpreußen verwendet wird. Das ist also der Sache nach: eine *Neutralisierungspolitik* gleichviel welcher Form, welche ersichtlich sowohl dem pazifistischen wie dem Selbstbestimmungsinteresse gerecht wird. Zeigt sich, daß demgegenüber innerhalb des Bolschewismus der Löhnungs- und Kontributionsmilitarismus über die *auch* vorhandenen friedlichen Elemente die Oberhand hat, dann wäre vielleicht der Waffenstillstand vom Übel. Und daß wir, solange die Räumung der besetzten Gebiete entweder englischen Operationen oder einer wiedererstehenden Regierung Miljukows zugute kommen könnte – also: bis zum Ende des Krieges –, aus zwingenden Sicherheitsgründen nicht einfach ganz dort fortgehen können, muß in Deutschland und Rußland jeder einsehen. (Im übrigen sollte *alsbald* mit Stammrollen für örtliche Milizen und mit der Verbreiterung der Grundlagen der Vertretungskörper vorgegangen werden!)

Und im Westen? Der hier stets vertretene Standpunkt möge *ohne alle Rücksicht auf das Geschwätz der Sykophanten* wiederholt werden. Die zuverlässig bundestreuen Politiker bei unseren Bundesgenossen (z. B. Graf Andrassy) haben völlig recht: die Lösung liegt nur in einer *sachlichen* aufrichtigen Verständigung zwischen Deutschland und England. Gelänge sie in einer Art, welche uns keinen Zweifel an Aufrichtigkeit ließe, dann wäre die sogenannte belgische „Frage" ebenso gelöst, wie sie es vor Eintritt der Spannung war. Es scheint fast, daß es wünschenswert wäre, daß die Verständigung mit der *konservativen* Partei in England sich vollzöge. Aber freilich: zur Verständigung *gehören zwei.* Und vom Standpunkt sachlicher Politik ist vorerst mit Bedauern festzustellen: daß anscheinend auch Lord Lansdowne geglaubt hat, der Straßenpolitik gewisse Konzessionen machen zu müssen. Wenn englische Politiker vom Elsaß und »reparations« reden, so sorgen sie nur dafür, sich die deutsche Demokratie für alle Zeit zum Todfeind zu machen. Mögen sie das mit sich ausmachen. Mißverstehe man aber in England nicht den sachlichen Grund, aus welchem wir die Verständigung für nützlich halten. Es sei deutlich gesagt: Wir wünschen die Verständigung, weil, wenn jetzt noch ungeheure Blutopfer gebracht werden und wenn weitergekämpft wird, bis Frankreich erschöpft ist und Englands Handelsflotte zum größeren Teil auf dem Meeresboden ruht, 1. wir *alle beide* als aktionsfähige Großmächte zugunsten anderer lahmgelegt werden und weil – 2. dann, selbst wenn wir wollten, wir nicht hindern könnten, daß die Stimmung in Deutschland Bedingungen forderte, welche Europa für Generationen auf die Spitze der Bajonette setzen und eine rein sachliche Politik unmöglich machen würden.

Unsere *sachliche* politische Lage wäre sachlich auch der deutschen Arbeiterschaft nicht schwer ins Bewußtsein zu hämmern. Nur müßte eben künftig die Behandlung solcher Bewegungen dem angepaßt werden. Gerechterweise muß andererseits von vornherein, auch von der Sozialdemokratie, anerkannt werden: Die Regierung hatte für ihr formell „bürokratisches" und „obrigkeitsstaatliches" Verhalten gewiß nicht zu unterschätzende Gründe. Es konnte etwas für sich haben, nicht nur dem Inland, sondern vor allem dem Ausland den Beweis zu erbringen, daß *diese* Art von Streiks, die nicht von den legitimen Organen der Arbeiter ausgehen, bei uns das Staatsgefüge *nicht* zu erschüttern vermag. Gut: das wird gelingen. Aber darüber dürfen die schweren Fehler, welche diese Streiks überhaupt und gerade jetzt herbeiführen, nicht übersehen werden. Und es kommt nun alles darauf an: ob es gelingt, den schweren *Argwohn,* welchen gewisse Vorgänge der letzten Wochen, und zwar sehr begreiflicherweise, erregt haben, und zu dessen Beschwichtigung natürlich die bloße Erklärung des Staatssekretärs des Innern: die Versprechungen würden erfüllt werden, *nicht* genügt, wieder zu beseitigen. Und dazu muß auch von den starken Seiten des Feindes gelernt werden. Dieser Argwohn aber gründet sich auf den Eindruck: daß maßgebende Kreise und Stellen bei uns dies elende Boulevardtreiben, wenn nicht begünstigen, dann – was schlimmer ist – *fürchten,* jedenfalls aber *beachten.* Es war denn doch ein Unfug, wenn politische Phantasten als Vertreter „unabhängiger Ausschüsse", nur weil sie Professoren sind, sogar von deutschen Bundesfürsten empfangen wurden, obwohl sie die Reichsregierung in der skandalösesten Weise mit Schmutz beworfen hatten, und wenn andererseits Vertreter einer streikenden Arbeiterschaft von einem Minister nicht einmal *angehört* wurden. Der Zustand, daß *Ressort*erörterungen durch *Presse*demagogie ausgefochten und dadurch die Massen in Siedehitze versetzt werden, muß aber ganz unbedingt *an der Wurzel* abgeschnitten und es muß endlich das richtige Wort für diese das Vaterland verderbenden Treibereien gefunden werden. Das ist bisher öffentlich *nicht* geschehen. Bisher besteht vielmehr bei der Arbeiterschaft, wie im Reichstag gesagt wurde, noch immer der Eindruck, daß die Zensur bei einem Kampf dieser einflußreichen Kreise, hinter denen die *Geldmacht* steht, mit der sie selbst ihre Kämpfe auszufechten haben, *gegen* die Reichsregierung arbeiten dürfe. Dieser Eindruck, der angesichts der unbehinderten Hetze in Berlin entstehen mußte, war es, der vor allen Dingen dazu geholfen hat, in Berlin die Vorbedingungen des Streiks zu schaffen. Wer eine mit den spezifischen Mitteln der Arbeiterschaft geübte Straßendemagogie verhüten will, muß auch die mit den spezifischen Mitteln der Geldmacht geübte Boulevard-Demagogie unterdrücken. Vor allem aber muß er darum besorgt sein, daß die einzigen Elemente der Massendisziplin: die *Gewerkschaften,* in der Lage sind, mit innerlicher Ehrlichkeit dafür sorgen zu können, daß das Vertrauen der Arbeiterschaft in die Aufrichtigkeit unserer inneren und äußeren Politik nicht durch eine gewissenlose Preßhetze derart untergraben wird, wie es Mitte Januar geschah.

Parlament und Regierung im neugeordneten Deutschland[1]

Zur politischen Kritik des Beamtentums und Parteiwesens

Vorbemerkung

Diese politische Abhandlung ist eine Umgestaltung und Erweiterung von Artikeln, welche im Sommer 1917 in der „Frankfurter Zeitung" veröffentlicht wurden. Sie sagt keinem staatsrechtlichen Fachmann etwas Neues, deckt sich aber auch nicht mit der Autorität einer Wissenschaft. Denn die letzten Stellungnahmen des Wollens können mit den Mitteln der Wissenschaft nicht entschieden werden. Wem die geschichtlichen Aufgaben der deutschen Nation nicht grundsätzlich *über* allen Fragen ihrer Staats*form* stehen, oder wer jene Aufgaben grundsätzlich anders ansieht, auf den wirken die vorgebrachten Argumente nicht. Denn in dieser Hinsicht gehen sie von bestimmten Voraussetzungen aus. Von ihnen aus wenden sie sich gegen diejenigen, welche die Zeitlage auch jetzt noch für geeignet halten, zugunsten anderer politischer Gewalten gerade die Volksvertretung zu diskreditieren. Dies ist leider namentlich in ziemlich breiten akademischen und akademisch gebildeten *Literatenkreisen* seit nun 40 Jahren und noch während des Krieges geschehen. Sehr oft in der überheblichsten und maßlosesten Form, mit wegwerfender Gehässigkeit und ohne jede Spur von gutem Willen, die Existenzbedingungen leistungsfähiger Parlamente überhaupt auch nur verstehen zu wollen. In ihren politischen Leistungen sind die deutschen Volksvertretungen ganz gewiß nicht über die Kritik erhaben. Aber: was dem Reichstag recht ist, ist anderen Staatsorganen billig, welche von jenen Literaten stets sorgsam geschont und oft geradezu umschmeichelt worden sind. Wenn es aber von Dilettanten zum wohlfeilen Sport gemacht wird, eine Lanze gegen den Parlamentarismus zu brechen, so ist es füglich an der Zeit, auch einmal ohne besondere Schonung die politische Einsicht dieser Kritiker zu prüfen. Mit sachlichen und vornehmen Gegnern – und auch solche gibt es zweifellos – wäre es gewiß eine Freude, sachlich zu streiten. Aber es widerspräche deutscher Ehrlichkeit, Respekt zu bekunden vor Kreisen, aus deren Mitte ebenso wie viele andere auch der Verfasser wieder und wieder bald als „Demagoge", bald als „undeutsch" oder als „Agent des Auslandes" verlästert wurde. Die zweifellose Gutgläubigkeit der meisten daran beteiligten Literaten war vielleicht das Beschämendste an solchen Exzessen.

[1] Erschienen in der Schriftenreihe: „Die innere Politik", hrsg. v. S. Hellmann. München und Leipzig 1918.

Man hat gesagt: es sei jetzt nicht die Zeit, innerpolitische Probleme anzurühren, wir hätten jetzt anderes zu tun. „Wir?“ – Wer? Doch wohl: die Daheimgebliebenen. Und was hätten diese zu tun? Auf die Feinde zu schelten? Damit gewinnt man keinen Krieg. Die Krieger draußen tun es nicht, und dies mit zunehmender Entfernung von den Schützengräben sich steigernde Schelten ist einer stolzen Nation schwerlich würdig. Oder: Reden und Resolutionen über das, was „wir“ zuerst alles annektieren müssen, ehe „wir“ Frieden schließen können? Dazu sei grundsätzlich bemerkt: Würde das Heer, welches die deutschen Schlachten schlägt, sich auf den Standpunkt stellen: „Was *wir* mit unserem Blut gewonnen haben, soll deutsch bleiben“, – nun, so würden „wir“, die Daheimgebliebenen, wohl noch das Recht haben, zu sagen: „Bedenkt, das wäre vielleicht politisch nicht klug.“ Aber blieben sie trotzdem dabei, dann hätten „wir“ zu schweigen. Daß jedoch „wir“, die Daheimgebliebenen, uns nicht scheuen, unseren Kriegern die Freude an ihren Leistungen zu vergiften, indem wir – wie es wieder und wieder geschehen ist – ihnen zurufen: „Wenn das und das von uns ausgedachte Kriegsziel nicht erreicht wird, dann *habt ihr umsonst geblutet*“, – das scheint mir schon rein menschlich schlechthin unerträglich, für den Willen zum Durchhalten aber ausschließlich schädlich. Dafür wäre es besser, stets erneut nichts anderes zu sagen als: daß Deutschland nach wie vor für seine Existenz ficht gegen ein Heer, in welchem Neger, Ghurkas und allerhand andere Barbaren aus allen Schlupfwinkeln der Erde an der Grenze bereitstehen, unser Land zur Wüste zu machen. Das ist die Wahrheit, das versteht jeder und das hätte die Einigkeit erhalten. Statt dessen haben es sich die Literaten zum Geschäft gemacht, allerhand „Ideen“ zu fabrizieren, für welche, ihrer Ansicht nach, die Männer da draußen bluten und sterben. Ich glaube nicht, daß dies eitle Treiben irgendeinem unserer Kämpfer seine schwere Pflicht erleichtert hat. Der Sachlichkeit der politischen Erörterung hat es schwer geschadet.

Mir scheint, *unsere* Aufgabe daheim ist vor allem die: dafür zu sorgen, daß die heimkehrenden Krieger die *Möglichkeit vorfinden,* ihrerseits mit dem Stimmzettel in der Hand durch ihre gewählten Vertreter jenes Deutschland neu aufzubauen, dessen Bestand sie gerettet haben, und also: die Hindernisse, welche die jetzigen Zustände ihnen dabei in den Weg stellen, fortzuräumen, damit sie nicht nach der Heimkehr, statt an den Aufbau zu gehen, zunächst gegen jene Hemmnisse sterile Kämpfe zu führen haben. Wahlrecht und Parlamentsmacht sind dafür aber nun einmal – das kann keine Sophistik fortdisputieren – die einzigen Mittel, und es ist wenig offen und ein starkes Stück, wenn man allen Ernstes geklagt hat: eine Reform, welche den Kriegern überhaupt erst die *Möglichkeit* entscheidender Mitbestimmung gibt, werde „ohne ihre Befragung“ gemacht.

Man sagt ferner: jede Kritik an unserer Staatsform liefere den Feinden Waffen. Damit hat man uns 20 Jahre lang den Mund verbunden, bis es zu spät war. Was haben wir jetzt noch durch solche Kritik im Ausland zu verlieren? Die Feinde könnten sich beglückwünschen, wenn die alten schweren Schäden auch weiter bestehen blieben! Und gerade jetzt, wo der große Krieg in das Stadium getreten ist, in welchem wieder die Diplomatie das Wort ergreift, ist es hohe Zeit, alles dafür zu tun, daß nicht abermals die alten Fehler begangen werden. Dafür spricht vorerst leider wenig. Daß die deutsche Demokratie, wenn sie nicht ihre Zukunft verscherzen will, keinen schlechten Frieden schließt, wissen die Feinde, oder sie werden es erfahren.

Wer aus letzten Gründen des Glaubens *jede* Form autoritativer Herrschaft um ihrer selbst willen über *alle* politischen Interessen der Nation stellt, der mag sich dazu bekennen. Er ist unwiderlegbar. Aber man komme uns statt dessen nicht mit dem eitlen Gerede von dem Gegensatz der „westeuropäischen" und der „deutschen Staatsidee". In den einfachen Fragen der Technik der Bildung des Staatswillens, von denen hier gehandelt wird, gibt es nicht beliebig viele, sondern, für einen Massenstaat, nur eine begrenzte Zahl von Formen. Für einen *sachlichen* Politiker ist es eine sachliche, je nach den politischen Aufgaben der Nation zu beantwortende Frage: welche davon für seinen Staat jeweils zweckmäßig ist. Nur ein beklagenswerter Kleinglaube an die Eigenkraft des Deutschtums kann vermeinen, das deutsche Wesen werde in Frage gestellt, wenn wir zweckmäßige staatstechnische Institutionen mit anderen Völkern teilen. Ganz abgesehen davon, daß weder der Parlamentarismus der deutschen Geschichte fremd, noch irgendeines der ihm entgegengesetzten Systeme nur Deutschland eigen gewesen ist. Daß auch ein parlamentarisierter deutscher Staat *anders* aussehen wird als jeder andere, dafür sorgen völlig zwingende sachliche Umstände. Daraus aber einen Gegenstand der *Eitelkeit* für die Nation zu machen, wäre nicht sachliche, sondern eben: Literatenpolitik. Ob eine wirklich brauchbare parlamentarische Neuordnung in Deutschland kommt, wissen wir heute nicht. Sie kann sowohl von rechts her hintertrieben wie von links her verscherzt werden. Auch das letztere. Denn auch über Demokratie und Parlamentarismus stehen selbstverständlich die Lebensinteressen der Nation. Würde aber das Parlament versagen und käme infolgedessen das alte System wieder, so hätte das allerdings weittragende Folgen. Auch dann würde man das Schicksal dafür segnen dürfen, ein Deutscher zu sein. Aber auf große Hoffnungen für Deutschlands Zukunft würde man dann endgültig verzichten müssen, *ganz einerlei,* wie der Frieden aussieht.

Der Verfasser, der vor bald drei Jahrzehnten konservativ wählte und später demokratisch, dem damals die „Kreuzzeitung" und jetzt liberale Blätter Gastrecht gewährten, ist weder aktiver Politiker, noch wird er es sein. Er verfügt – auch das sei vorsichtshalber bemerkt – über keinerlei Beziehungen gleichviel welcher Art zu irgendwelchen deutschen Staatsmännern. Er hat allen Anlaß zu dem Glauben, daß keine Partei, auch nicht auf der Linken, sich mit dem, was er sagt, identifizieren werde, vor allem mit dem ihm persönlich Wichtigsten (Kap. IV), welches zugleich das ist, worüber parteipolitische Meinungsverschiedenheiten überhaupt *nicht* bestehen. Er hat seinen politischen Standpunkt so wie jetzt gewählt deshalb, weil die Erfahrungen der letzten Jahrzehnte ihn seit langem zu der festen Überzeugung gebracht hatten: daß die bisherige Art der staatlichen Willensbildung und des politischen Betriebes bei uns *jede* deutsche Politik, gleichviel welches ihre Ziele seien, zum Scheitern verurteilen müsse, daß dies bei gleichbleibenden Verhältnissen künftig immer wieder genau so sein werde, und daß keinerlei Wahrscheinlichkeit dafür bestehe, daß auch dann immer wieder Heerführer erstehen werden, die unter unerhörten Blutopfern der Nation uns aus der politischen Katastrophe militärisch heraushauen können.

Staatstechnische Änderungen machen an sich eine Nation weder tüchtig, noch glücklich, noch wertvoll. Sie können nur mechanische Hemmnisse dafür forträumen und sind also lediglich Mittel zum Zweck. Und man mag es vielleicht beklagen, daß so bürgerlich nüchterne Dinge, wie sie hier, unter absichtlicher Selbstbescheidung und Ausschaltung aller der großen *inhaltlichen* Kulturprobleme, die uns bevorstehen, erörtert werden, überhaupt wichtig sein *können.* Aber es ist nun einmal so. Im großen lehrt es die Politik der letzten Jahrzehnte. Im kleinen war in allerjüngster Zeit das völlige Scheitern der politischen Leitung des Reichs durch einen selten tüchtigen und sympathischen Beamten eine Art von Probe auf die in den kurz vorher publizierten Artikeln aufgemachte Rechnung. Wem alle diese Erfahrungen nicht genügen, dem genügt überhaupt kein Beweis. Der Politiker rechnet bei staatstechnischen Fragen mit den nächsten Generationen. Und diese kleine Gelegenheitsschrift will durchaus nur „der Zeit dienen".

Die lange Verzögerung der von ähnlich gesinnten Freunden angeregten Veröffentlichung in dieser Form hatte zunächst in anderweitiger Inanspruchnahme, dann, seit November, in den üblichen technischen Schwierigkeiten des Drucks ihren Grund.

Der Verfasser

I. Die Erbschaft Bismarcks

Die heutige Lage unseres parlamentarischen Lebens ist eine Hinterlassenschaft der langjährigen *Herrschaft des Fürsten* Bismarck in Deutschland und jener inneren Stellung, welche die Nation seit dem letzten Jahrzehnt seiner Reichskanzlerschaft zu ihm einnahm. Diese Stellungnahme findet kein Beispiel in der Haltung irgendeines anderen großen Volkes zu einem Staatsmann von dieser Größe. Nirgends sonst in der Welt hat selbst die schrankenloseste Bewunderung der Persönlichkeit eines Politikers eine stolze Nation veranlaßt, ihre eigenen sachlichen Überzeugungen ihm so restlos zu opfern. Und andererseits hat sachliche Gegnerschaft gegen einen Staatsmann von so ungeheuren Dimensionen sehr selten sonst ein solches Maß von Haß ausgelöst, wie er seinerzeit gegen Bismarck auf der äußersten Linken und in der Zentrumspartei Deutschlands entstanden war. Woher kam das?

Die Nachwirkung der gewaltigen Ereignisse von 1866 und 1870 vollzog sich, wie oft, erst an der Generation, welche zwar die siegreichen Kriege als unauslöschlichen Jugendeindruck miterlebt, von den tiefen innerpolitischen Spannungen und Problemen aber, welche sie begleiteten, keine eigene klare Anschauung hatte. In ihren Köpfen erst wurde Bismarck zur Legende. Jenes Geschlecht politischer Literaten, welches seit etwa 1878 in das öffentliche Leben eintrat, spaltete sich in seiner Haltung zu ihm in zwei ungleich große Hälften, von denen die eine, größere, nicht etwa die Großartigkeit seines feinen und beherrschenden Geistes, sondern ausschließlich den Einschlag von Gewaltsamkeit und List in seiner staatsmännischen Methode, das scheinbar oder wirklich Brutale daran, anschwärmte, die andere aber mit kraftlosem Ressentiment dagegen reagierte. Wenn die zweite Spielart nach seinem Tode schnell verschwand, so wurde die erste seitdem literarisch erst recht gepflegt. Sie prägt seit langem die historische Legende der konservativen Politiker nicht nur, sondern auch ehrlich begeisterter Literaten und endlich aller jener Plebejer des Geistes, welche durch äußerliche Nachahmung seiner Gesten sich als Geist von seinem Geist zu legitimieren meinen. Bismarck selbst hatte für diese letzte, bei uns nicht einflußlose Schicht beglaubigtermaßen ausschließlich die tiefste Verachtung, so bereit er natürlich war, diese seine Höflinge gegebenenfalls politisch ebenso zu benutzen wie andere Leute vom Schlage des Herrn Búsch. „Phrasenhaft im Inhalt und schülerhaft in der Form“ schrieb er auf den Rand eines (im heutigen Sinn) „alldeutschen“ Gutachtens, welches er sich einmal probeweise von einem Mann erbeten hatte, der von den heutigen Vertretern dieser Spielart sich immerhin dadurch wesentlich unterschied, daß er auf eigene nationale Leistungen nicht mit dem Munde, sondern mit kühner Tat hinweisen konnte. Wie Bismarck aber über seine konservativen Standesgenossen dachte, ist in seinen Denkwürdigkeiten niedergelegt.

Er hatte zu deren Geringschätzung einigen Grund. Denn was hatte er erlebt, als er 1890 aus dem Amt scheiden mußte? Daß das Zentrum, dem er den Attentäter Kullmann „an die Rockschöße gehängt“, die Sozialdemokraten, gegen welche er die Hetzjagd des Ausweisungsparagraphen im Sozialistengesetz losgelassen, die damaligen Freisinnigen, die er als „Reichsfeinde“ stigmatisiert hatte, Sympathie äußern sollten, war billigermaßen zu viel verlangt. Aber die anderen, unter deren lautem Beifall dies alles geschehen war? Auf den preußischen Ministersesseln und in den Reichsämtern saßen *konservative* Kreaturen, die er allein aus dem Nichts gehoben hatte. Was taten sie? Sie blieben sitzen. „Ein neuer Vorgesetzter": damit war für sie der Fall erledigt. Auf den Präsidentenstühlen der Parlamente im Reich und in Preußen saßen *konservative* Politiker. Was riefen sie dem scheidenden Schöpfer des Reichs zum Abschied nach? Sie gedachten des Zwischenfalls mit keinem Wort. Welche von den großen Parteien seiner Gefolgschaft verlangte auch nur Rechenschaft über die Gründe seiner Entlassung? Sie alle rührten sich nicht, sondern wandten sich der neuen Sonne zu. Der Vorgang findet in den Annalen keines stolzen Volkes seinesgleichen. Aber die Geringschätzung, welche er verdient, kann durch jene Bismarck-Begeisterung, welche die gleichen Parteien später in Erbpacht nahmen, nur noch erhöht werden. Seit nun fünfzig Jahren haben die preußischen Konservativen politischen *Charakter* im Dienst großer staatspolitischer oder idealer Ziele – so wie die Stahl und Gerlach und die alten Christlich-Sozialen in ihrer Art sie hatten – *niemals* gezeigt. Man prüfe die Geschehnisse nach: *ausschließlich* dann, wenn es entweder an ihre Geldinteressen oder an ihr Amtspfründenmonopol und ihre Ämterpatronage oder (was damit identisch ist) an ihre Wahlrechtsprivilegien gehen sollte: – *dann* freilich arbeitete ihre landrätliche Wahlmaschine rücksichtslos auch *gegen* den König. Der ganze traurige Apparat „christlicher", „monarchischer" und „nationaler" Phrasen trat und tritt dann in Aktion: – genau das gleiche, was jene Herren jetzt den angelsächsischen Politikern bei deren Phrasenschatz als „cant" vorwerfen. Als es sich einige Jahre nach Bismarcks Entlassung um eigene *materielle* Interessen, zollpolitische vor allem, handelte, da erst besannen sie sich auf Bismarck als Vorspann und spielen sich seitdem allen Ernstes als Hüter seiner Traditionen auf. Es besteht triftiger Grund, anzunehmen, daß Bismarck selbst diesem Treiben auch damals nie anders als mit Mißachtung gegenüberstand. Private Äußerungen beweisen es. Wer will es ihm verdenken? Aber die Beschämung über jene Karikatur eines politisch reifen Volkes, welche die Nation im Jahre 1890 bot, darf doch den Blick dafür nicht trüben: daß Bismarck in dieser würdelosen Nichtigkeit seiner Parteigängerschaft in tragischer Art erntete, was *er selbst gesät* hatte. Denn eben diese politische Nichtigkeit des Parlaments und der Parteipolitiker hatte er gewollt und absichtsvoll herbeigeführt.

Niemals hatte ein Staatsmann, der nicht aus dem Vertrauen des Parlaments heraus an das Ruder gekommen war, eine so leicht zu behandelnde und dabei so zahlreiche politische Talente umfassende Partei als Partnerin wie Bismarck von 1867 bis 1878. Man mag die politischen Ansichten der damaligen nationalliberalen Führer ablehnen. Auf dem Gebiet der hohen Politik und an beherrschender Energie des Geistes überhaupt darf man sie natürlich nicht an Bismarck selbst messen, neben dem selbst ihre besten als Mittelmaß wirken, wie schließlich ja alle anderen Politiker des Inlands erst recht und die meisten des Auslands ebenso. Ein

Genie erscheint nun einmal günstigenfalls alle Jahrhunderte. Aber wir können dem Schicksal danken, wenn es die Leitung unserer Politik im Durchschnitt in die Hände von Politikern des Niveaus gelegt hätte und künftig legen würde, wie sie damals in jener Partei existierten. Es ist wahrlich eine der dreistesten Entstellungen der Wahrheit, wenn trotzdem politische Literaten bei uns der Nation einreden: „Das deutsche Parlament habe bisher große politische Talente nicht hervorzubringen vermocht." Und es ist jämmerlich, wenn solchen Vertretern des Parlamentarismus, wie Bennigsen, Stauffenberg, Volk, oder auch der Demokratie, wie der preußische Patriot Waldeck, durch die gegenwärtige subalterne Literaten-Mode die Qualität von Repräsentanten *„deutschen Geistes"* abgesprochen wird, der in der Paulskirche mindestens ebenso stark lebte wie in der Bürokratie und besser als in den Tintenfässern dieser Herren. – Der große Vorzug jener Politiker aus der Blütezeit des Reichstages war zunächst: Sie hatten ihre eigenen Schranken und die Irrtümer ihrer Vergangenheit kennengelernt und anerkannten die ungeheure geistige Überlegenheit Bismarcks. Nirgends hat er leidenschaftlichere ganz persönliche Bewunderer gehabt als in ihren Reihen, gerade auch in denen der späteren Sezessionisten. Und für ihr persönliches Niveau sprach vor allem eines: das völlige Fehlen allen Ressentiments gegenüber seiner überlegenen Größe. Davon wird jeder, der sie gekannt hat, alle irgend erheblichen Persönlichkeiten unter ihnen völlig freisprechen. Für den, der über die Vorgänge unterrichtet ist, grenzt es schlechterdings an Verfolgungswahn, wenn Bismarck ernstlich die Vorstellung nährte, gerade *diese* Politiker hätten irgendwann daran gedacht, ihn zu „stürzen". Stets erneut habe ich aus dem Munde ihrer Führer gehört: Bestände irgendwelche Chance, daß für die höchste Stelle stets ein neuer Bismarck erstünde, dann wäre der Cäsarismus: die Regierungsform des Genies, die gegebene Verfassung für Deutschland. Das war völlig aufrichtige Überzeugung. Freilich hatten sie mit ihm dereinst die Klingen scharf gekreuzt. Ebendaher kannten sie *auch seine Schranken* und waren keineswegs geneigt, unmännlich das Opfer ihres Intellekts zu bringen, obwohl sie, bis zur Selbstverleugnung, immer wieder geneigt waren, ihm im Interesse der Vermeidung eines Bruchs entgegenzukommen, – ungleich weiter, als die Rücksicht auf die Stimmung der Wähler es zuließ, welche ihnen darin die Gefolgschaft zu versagen drohten. Einen Kampf um formale Parlamentsrechte mit dem Schöpfer des Reichs scheuten die nationalliberalen Politiker nicht nur deshalb, weil sie voraussahen, daß ein solcher rein parteipolitisch nur dem *Zentrum* zur Macht verhelfen würde, sondern auch weil sie wußten, daß er Bismarcks eigene Politik ebenso wie das Parlament auf lange hinaus in der sachlichen Arbeit lähmen würde: „Es gelingt nichts mehr", hieß es bekanntlich in den achtziger Jahren. Ihre innerste, im internen Kreise oft ausgesprochene Absicht war: durch die Zeit der Herrschaft dieser grandiosen Persönlichkeit im Reich jene Institutionen hindurchzusteuern, auf deren Leistungsfähigkeit nun einmal später, wenn man sich auf Politiker gewöhnlicher Dimensionen würde einrichten müssen, die Stetigkeit der Reichspolitik allein beruhen könne. Zu diesen Institutionen zählten sie allerdings auch ein positiv mitbestimmendes und dadurch die großen politischen Begabungen anziehendes *Parlament* und: starke Parteien.

Sie wußten genau, daß die Erreichung dieses Zieles schlechterdings *nicht von ihnen allein* abhing. Sehr oft habe ich gelegentlich der großen Wendung von 1878 aus ihrer Mitte sagen hören: „Eine Partei in der völlig prekären Lage der unsrigen zu zerstören oder ihr die Fortexistenz unmöglich zu machen, dazu bedarf es keiner großen politischen Kunst. Aber wenn man es tut, so wird man eine andere große Partei, die rein sachlich mitarbeitet, nicht wieder schaffen können, sondern zum interessenpolitischen und zum Patronagetrinkgelder-System greifen müssen, dennoch aber die schwersten politischen Erschütterungen in den Kauf zu nehmen haben." Man mag, wie gesagt, im einzelnen manche Stellungnahmen der Partei, deren Initiative schließlich doch die Amtsstellung des Reichskanzlers selbst in der Verfassung (Antrag Bennigsen), die Einheit des bürgerlichen Rechts (Antrag Lasker), die Reichsbank (Antrag Bamberger), überhaupt die Mehrheit aller noch heute sich bewährenden großen Reichsinstitutionen zu danken ist, beurteilen, wie immer man will. Es ist leicht, ihre fortwährend mit der schwierigen Lage Bismarck gegenüber rechnende Taktik nachträglich zu kritisieren. Man kann die natürlichen Schwierigkeiten einer so rein politisch orientierten und dabei doch mit veralteter ökonomischer Dogmatik belasteten Partei den wirtschaftlichen und sozialpolitischen Problemen gegenüber für den Abstieg ihrer Stellung mit verantwortlich machen, – obwohl es schließlich in allen diesen Dingen bei den konservativen Parteien wahrlich nicht besser stand. Der Gegensatz ihrer Verfassungswünsche nach 1866 gegen Bismarcks Ziele lag in ihren damaligen – nach Treitschkes Art – *unitarischen* Idealen (die wir inzwischen aus zum Teil ganz außerpolitischen Gründen aufgegeben haben), nicht, wie man gern sagt, in „Kurzsichtigkeit". In den fundamentalen politischen Voraussetzungen ihres Verhaltens hat ihnen jedenfalls die spätere Entwicklung *völlig recht gegeben.*

Sie konnten ihre selbstgewählte politische Aufgabe nicht durchführen und zerbrachen, letztlich nicht aus sachlichen Gründen, sondern weil Bismarck *keine* wie immer geartete irgendwie selbständige, d. h. nach eigenen Verantwortlichkeiten handelnde Macht neben sich zu dulden vermochte. *Nicht* innerhalb der Ministerien. Einzelnen parlamentarischen Politikern wurde der Eintritt in die Ministerien angeboten; aber sie alle mußten die Erfahrung machen, daß Bismarck schon im voraus klüglich Veranstaltungen traf, den neuen Mitarbeiter jederzeit durch rein persönliche Diskreditierung zu Fall bringen zu können (dies und nichts anderes war letztlich auch der Grund von Bennigsens Ablehnung). *Nicht* im Parlament; seine ganze Politik ging darauf aus, irgendeine starke und dabei irgendwie selbständige konstitutionelle Partei sich nicht konsolidieren zu lassen. – Dazu boten ihm, neben der höchst absichtsvollen und geschickten Ausnützung der zollpolitischen Interessenkonflikte, die Mittel vor allem: die *Militärvorlagen* und das *Sozialistengesetz.*

In *Militärfragen* war der innerliche Standpunkt der damaligen nationalliberalen Politiker nach meiner Kenntnis der: daß die Präsenzstärke des Heeres, welche sie so hoch wie irgend erforderlich zu halten geneigt waren, eben deshalb als rein *sachliche* Frage behandelt, der alte Zwiespalt der Konfliktszeit dadurch begraben und wenigstens diese Quelle demagogischer Erregung zum Heile des Reichs verstopft werden müsse. Die schlichte Feststellung durch das alljährliche *Budgetgesetz* war dafür das einzige Mittel. Keiner der Führer hat je bezweifelt, daß auf diesem Wege die erforderliche Vermehrung des Heeres ohne innerpolitische und internationale Erregung und Erschütterung vor sich gehen, und daß vor allem auch die Militärverwaltung bei dieser rein *sachlichen* Behandlung weit höhere Anforderungen in weit unauffälligerer Art durchsetzen werde, als wenn diese sachliche Frage mit innerpolitischen Machtinteressen der Amtsstellen gegenüber dem Parlament verquickt würde und dadurch die Militärfragen alle sieben Jahre sich auswüchsen zu einer katastrophenartig die Grundfesten des Reiches erschütternden politischen Sensation und einem wilden Wahlkampf unter der Parole: „Kaiser-Heer oder Parlaments-Heer!“ Einer *tief unwahrhaftigen* Parole: denn die Armee wurde ja durch jährliche Bewilligung nicht um Haaresbreite mehr Parlamentsheer als bei einer Bewilligung auf sieben Jahre. Zumal das Septennat ohnehin Fiktion blieb. Ausschließlich unter der Fragestellung: „Bewilligung der von *allen* bürgerlichen Parteien als erforderlich anerkannten Präsenzstärke auf drei oder sieben Jahre?“ wurde der Reichstag 1887 aufgelöst und die Bewilligung auf nur drei Jahre als ein „Angriff auf Kronrechte“ hingestellt. Genau drei Jahre später aber, 1890, wurde ein neues Gesetz über die Präsenzstärke eingebracht, was Windthorst nicht verfehlte, den Gegnern höhnisch, aber mit vollem Recht, vorzuhalten. Auf diese Art wurde der alte begrabene preußische Militärzwist in die Reichspolitik hinübergenommen und die Militärfrage mit parteipolitischen Interessen verknüpft. *Eben dies* aber wollte – das darf man nicht verkennen – Bismarck, der gerade in jener demagogischen Parole den Weg sah, den Reichstag und die liberalen Parteien einerseits bei dem Kaiser, der die Konfliktszeit durchlebt hatte, als „militärfeindlich“ zu verdächtigen, andererseits aber die Nationalliberalen bei ihren Wählern wegen des Septennats als Verräter der Budgetrechte zu diskreditieren. Nicht anders das *Sozialistengesetz.* Die Partei war bereit, sehr weit entgegenzukommen, und selbst die Fortschrittler waren geneigt, Bestimmungen zu bewilligen, welche das, was sie „Klassenverhetzung“ nannten, *allgemein* und dauernd unter gemeinrechtliche Strafe stellten. Aber Bismarck wollte gerade das *Ausnahmegesetz als solches.* Die Auflösung des Reichstags unter dem aufregenden Eindruck des zweiten Attentats ohne jeden Versuch, sich mit ihm zu verständigen, war ihm lediglich ein demagogisches Mittel, die einzige damals mächtige Partei zu sprengen.

Das gelang. *Und das Resultat?* Für die Notwendigkeit der Rücksichtnahme auf eine bei aller Kritik ihm innerlich eng verbundene, von Anfang an bei der Reichsgründung mitarbeitende *parlamentarische* Partei hatte Bismarck die dauernde Abhängigkeit vom *Zentrum,* einer auf außerparlamentarische, für ihn unangreifbare Machtmittel sich stützenden Partei, eingetauscht, deren tödlicher Haß gegen ihn trotzdem bis an seinen Tod währte. Als er später seine berühmte Rede vom Schwinden des „Völkerfrühlings" hielt, wurde ihm von Windthorst höhnisch, aber mit Recht entgegengehalten, daß er ja selbst die große Partei zerschlagen habe, die ihn in vergangenen Zeiten gestützt habe. Die von der nationalliberalen Partei verlangte Art der Sicherung des Einnahmebewilligungsrechtes des Reichstages hatte er, weil sie die „Parlamentsherrschaft" begründe, abgelehnt, – und mußte nun dem Zentrum das genau Gleiche bewilligen, aber in der denkbar übelsten Form: in dem Trinkgelderparagraphen der sogenannten clausula Franckenstein, an die sich in Preußen die noch üblere, später mühsam wieder beseitigte lex Huene anschloß. Er mußte überdies die schwere Niederlage der Staatsautorität im Kulturkampf, für dessen ganz verfehlte Methoden er vergebens (und wenig redlich) die Verantwortung abzulehnen versucht hat, einstecken und bot andererseits der Sozialdemokratie in dem „Ausnahmegesetz" die denkbar glänzendste Wahlparole. Demagogie, und zwar eine sehr schlechte Demagogie, wurde in Bismarcks Händen auch die soziale Gesetzgebung des Reiches, so wertvoll man sie rein sachlich finden mag. Den Arbeiterschutz, der doch für die Erhaltung unserer physischen Volkskraft das Unentbehrlichste war, lehnte er als Eingriff in Herrenrechte (mit zum Teil unglaublich trivialen Argumenten) ab. Die Gewerkschaften, die einzig möglichen Träger einer sachlichen Interessenvertretung der Arbeiterschaft, ließ er aus dem gleichen Standpunkt heraus auf Grund des Sozialistengesetzes polizeilich zersprengen und trieb ihre Mitglieder dadurch in den äußersten rein parteipolitischen Radikalismus. Dagegen glaubte er, an gewissen amerikanischen Mustern orientiert, „Staatsgesinnung" und „Dankbarkeit" durch Gewährung staatlicher oder staatlich erzwungener *Renten* zu schaffen. Ein schwerer politischer Irrtum. Denn noch jede auf Dankbarkeit spekulierende Politik ist gescheitert: – auch für die politische Werkheiligkeit gilt das Wort: „Sie haben ihren Lohn dahin." Wir erhielten Renten für die Kranken, die Beschädigten, die Invaliden, die Alten. Das war gewiß schätzenswert. Aber wir erhielten *nicht* die vor allem nötigen Garantien für die *Erhaltung* der physischen und psychischen Lebenskraft und für die Möglichkeit sachlicher und selbstbewußter *Interessenvertretung* der *Gesunden* und *Starken,* derjenigen also, auf die es, rein politisch betrachtet, doch gerade ankam. Wie im Kulturkampf, so war er auch hier über alle entscheidenden psychologischen Voraussetzungen hinweggeschritten. Und vor allem wurde in der Behandlung der Gewerkschaften das eine übersehen, was manche Politiker noch heute nicht begriffen haben: daß ein Staat, welcher den Geist seines Massenheeres auf *Ehre und Kameradschaft* gründen will, nicht vergessen darf, daß auch im Alltag, in den ökonomischen Kämpfen der Arbeiterschaft, das Gefühl für *Ehre und Kameradschaft* die allein entscheidenden sittlichen Kräfte zur Erziehung der Massen gebiert, und daß man sie deshalb sich frei auswirken lassen muß. *Dies* und *nichts anderes* bedeutet ja, *rein politisch* angesehen, „soziale Demokratie" in einem unvermeidlich noch auf lange hinaus kapitalistischen Zeitalter. Noch heute leiden wir unter den Folgen dieser Politik. Bismarck selbst aber hatte, alles in allem, um sich herum eine Atmosphäre und Lage geschaffen, welche 1890 im Falle seines Verbleibens im Amt nur die bedingungslose Unterwerfung unter Windthorsts Willen oder den Staatsstreich zur Wahl stellte. Es war kein Zufall, wenn die Nation das Geschehnis seines Rücktritts mit vollkommener Gleichgültigkeit aufnahm.

Gegenüber den üblichen unterschiedslosen, kritiklosen und vor allem unmännlichen Verhimmelungen der Bismarckschen Politik schien es nachgerade am Platz, an diese Seite der Sache einmal zu erinnern. Denn ein großer und jedenfalls der einflußreichste Teil der populären Bismarckliteratur ist für den Weihnachtstisch des Spießbürgers zugeschnitten, der jene völlig unpolitische Art der Heldenverehrung bevorzugt, wie sie bei uns üblich geworden ist. Sie redet dieser Sentimentalität nach dem Munde und glaubt, ihrem Helden zu dienen, indem sie seine Schranken verhüllt und seine Gegner verlästert. Aber dadurch erzieht man eine Nation nicht zu eigenem politischem Denken. Bismarcks riesenhafte Größe kann sehr wohl vertragen, daß man auch die Andersdenkenden sachlich versteht und rücksichtslos feststellt: welche Folgen seine tiefe Menschenverachtung und der Umstand hatte, daß die Nation durch seine Herrschaft seit dem Jahre 1878 jener positiven Mitbestimmung ihres politischen Schicksals durch ihre gewählten Vertreter entwöhnt wurde, welche allein die Schulung des politischen Urteils ermöglicht.

Was war infolgedessen – für die uns hier interessierenden Seiten der Sache – Bismarcks *politisches Erbe?* Er hinterließ eine Nation *ohne alle und jede politische Erziehung,* tief unter dem Niveau, welches sie in dieser Hinsicht zwanzig Jahre vorher bereits erreicht hatte. Und vor allem eine Nation *ohne allen und jeden politischen Willen,* gewohnt, daß der große Staatsmann an ihrer Spitze für sie die Politik schon besorgen werde. Und ferner, als Folge der mißbräuchlichen Benutzung des monarchischen Gefühls als Deckschild eigener Machtinteressen im politischen Parteikampf, eine Nation, daran gewöhnt, unter der Firma der „monarchischen Regierung" fatalistisch *über sich ergehen zu lassen,* was man über sie beschloß, ohne Kritik an der politischen Qualifikation derjenigen, welche sich nunmehr auf Bismarcks leergelassenen Sessel niederließen und mit erstaunlicher Unbefangenheit die Zügel der Regierung in die Hand nahmen. An diesem Punkt lag der bei weitem schwerste Schaden. Eine politische Tradition dagegen hinterließ der große Staatsmann *überhaupt nicht.* Innerlich selbständige Köpfe und vollends Charaktere hatte er weder herangezogen, noch auch nur ertragen. Und der Unstern der Nation hatte überdies gewollt, daß er neben seinem rasenden Argwohn auf alle Persönlichkeiten, die ihm irgendwie als denkbare Nachfolger verdächtig waren, auch noch einen Sohn besaß, dessen wahrlich bescheidene staatsmännische Qualitäten er erstaunlich überschätzte. Demgegenüber nun als ein rein negatives Ergebnis seines gewaltigen Prestiges: ein *völlig machtloses Parlament.* Er selbst hat sich bekanntlich dessen als eines Fehlers angeklagt, als er nicht mehr im Amte war und die Konsequenzen an seinem eigenen Schicksal erfahren hatte. Jene Machtlosigkeit bedeutete aber zugleich: ein Parlament mit tief herabgedrücktem geistigen Niveau. Zwar die naive moralisierende Legende unserer unpolitischen Literaten denkt sich die ursächliche Beziehung vielmehr gerade umgekehrt: weil das Niveau des Parlamentslebens niedrig gewesen und geblieben sei, deshalb sei es, und zwar verdientermaßen, machtlos geblieben. Höchst einfache Tatsachen und Erwägungen zeigen aber den wirklichen Sachverhalt, der sich übrigens für jeden nüchtern Denkenden von selbst versteht. Denn darauf: *ob große Probleme* in einem Parlament nicht nur *beredet,* sondern *maßgeblich entschieden* werden, – ob also etwas und *wie viel darauf ankommt, was im Parlament geschieht,* oder ob es nur der widerwillig geduldete Bewilligungsapparat einer herrschenden Bürokratie ist, stellt sich die Höhe oder Tiefe seines Niveaus ein.

II. Beamtenschaft und politisches Führertum

In einem modernen Staat liegt die wirkliche *Herrschaft,* welche sich ja weder in parlamentarischen Reden noch in Enunziationen von Monarchen, sondern in der *Handhabung der Verwaltung* im Alltagsleben auswirkt, notwendig und unvermeidlich in den Händen des *Beamtentums.* Des militärischen wie des zivilen. Denn vom „Büro“ aus leitet ja der moderne höhere Offizier sogar die Schlachten. Wie der sogenannte Fortschritt zum Kapitalismus seit dem Mittelalter der eindeutige Maßstab der Modernisierung der Wirtschaft, so ist der Fortschritt zum bürokratischen, auf Anstellung, Gehalt, Pension, Avancement, fachmäßiger Schulung und Arbeitsteilung, festen Kompetenzen, Aktenmäßigkeit, hierarchischer Unter- und Überordnung ruhenden Beamtentum der ebenso eindeutige Maßstab der Modernisierung des Staates. Des monarchischen ebenso wie des demokratischen. Dann jedenfalls, wenn der Staat nicht ein kleiner Kanton mit reihumgehender Verwaltung, sondern ein großer Massenstaat ist. Die Demokratie schaltet ja ganz ebenso wie der absolute Staat die Verwaltung durch feudale oder patrimoniale oder patrizische oder andere ehrenamtliche oder erblich fungierende Honoratioren zugunsten angestellter Beamten aus. Angestellte Beamte entscheiden über alle unsere Alltagsbedürfnisse und Alltagsbeschwerden. Von dem bürgerlichen Verwaltungsbeamten unterscheidet sich der militärische Herrschaftsträger, der Offizier, in dem hier entscheidenden Punkte nicht. Auch das moderne Massenheer ist ein *bürokratisches* Heer, der Offizier eine Sonderkategorie des Beamten im Gegensatz zum Ritter, Kondottiere, Häuptling oder homerischen Helden. Auf der Dienstdisziplin beruht die Schlagkraft des Heeres. Nur wenig modifiziert vollzieht sich der Vormarsch des Bürokratismus in der Gemeindeverwaltung. Je größer die Gemeinde ist oder je mehr sie durch technisch und ökonomisch bedingte Zweckverbandsbildungen aller Art unvermeidlich ihrer organischen lokalen Bodenständigkeit entkleidet wird, desto mehr. Und in der Kirche war nicht etwa das vielberedete Unfehlbarkeitsdogma, sondern der Universalepiskopat der prinzipiell wichtige Abschluß von 1870. Er schuf die „Kaplanokratie" und machte im Gegensatz zum Mittelalter den Bischof und Pfarrer zu einem einfachen Beamten der kurialen Zentralgewalt. Nicht anders auch in den großen Privatbetrieben der Gegenwart, und zwar je größer sie sind, desto mehr. Die Privatangestellten wachsen statistisch rascher als die Arbeiter, und es ist eine höchst lächerliche Vorstellung unserer Literaten, daß sich die geistige Arbeit im Kontor auch nur im mindesten von derjenigen im staatlichen Büro unterscheide.

Beide sind vielmehr im Grundwesen ganz gleichartig. Ein „Betrieb" ist der moderne Staat, gesellschaftswissenschaftlich angesehen, ebenso wie eine Fabrik: das ist gerade das ihm historisch Spezifische. Und gleichartig bedingt ist auch das Herrschaftsverhältnis innerhalb des Betriebes hier und dort. Wie die relative Selbständigkeit des Handwerkers oder Hausindustriellen, des grundherrlichen Bauern, des Kommendatars, des Ritters und Vasallen darauf beruhte, daß er selbst Eigentümer der Werkzeuge, der Vorräte, der Geldmittel, der Waffen war, mit deren Hilfe er seiner ökonomischen, politischen, militärischen Funktion nachging und von denen er während deren Ableistung lebte, so beruht die hierarchische Abhängigkeit des Arbeiters, Kommis, technischen Angestellten, akademischen Institutsassistenten *und* des staatlichen Beamten und Soldaten ganz gleichmäßig darauf, daß jene für den Betrieb und die ökonomische Existenz unentbehrlichen Werkzeuge, Vorräte und Geldmittel in der Verfügungsgewalt, im einen Fall: des Unternehmers, im anderen: des politischen Herrn konzentriert sind. Die russischen Soldaten z. B. *wollten* (überwiegend) keinen Krieg mehr führen. Sie mußten aber: denn die sachlichen Kriegsbetriebsmittel und die Vorräte, von denen sie leben mußten, waren in der Verfügungsgewalt von Leuten, welche die Soldaten mit deren Hilfe ganz ebenso in den Schützengraben hineinzwangen, wie der kapitalistische Besitzer der wirtschaftlichen Betriebsmittel die Arbeiter in die Fabriksäle und Bergwerksschächte. Diese entscheidende ökonomische Grundlage: die „Trennung" des Arbeiters von den sachlichen Betriebsmitteln: den Produktionsmitteln in der Wirtschaft, den Kriegsmitteln im Heer, den sachlichen Verwaltungsmitteln in der öffentlichen Verwaltung, den Forschungsmitteln im Universitätsinstitut und Laboratorium, den Geldmitteln bei ihnen allen, ist dem modernen macht- und kulturpolitischen und militärischen Staatsbetrieb und der kapitalistischen Privatwirtschaft als entscheidende Grundlage *gemeinsam.* Beide Male liegt die Verfügung über diese Mittel in den Händen derjenigen Gewalt, welcher jener *Apparat der Bürokratie* (Richter, Beamte, Offiziere, Werkmeister, Kommis, Unteroffiziere) direkt *gehorcht* oder auf Anrufen zur Verfügung steht, der allen jenen Gebilden gleichmäßig charakteristisch und dessen Existenz und Funktion als Ursache wie als Wirkung mit jener „Konzentration der sachlichen Betriebsmittel" untrennbar verknüpft, vielmehr: deren Form er ist. Zunehmende „Sozialisierung" bedeutet heute unvermeidlich zugleich zunehmende Bürokratisierung.

Auch geschichtlich steht aber der „Fortschritt" zum bürokratischen, nach rational gesatztem Recht und rational erdachten Reglements judizierenden und verwaltenden Staat jetzt in engstem Zusammenhang mit der modernen kapitalistischen Entwicklung. Der moderne kapitalistische Betrieb ruht innerlich vor allem auf der *Kalkulation.* Er braucht für seine Existenz eine Justiz und Verwaltung, deren Funktionieren wenigstens im Prinzip ebenso an festen generellen Normen *rational kalkuliert* werden kann, wie man die voraussichtliche Leistung einer *Maschine* kalkuliert. Er kann sich mit der im populären Sprachgebrauch sogenannten „Kadijustiz": dem Judizieren nach dem Billigkeitsempfinden des Richters im *Einzelfall* oder nach anderen irrationalen Rechtsfindungsmitteln und Prinzipien, wie sie in der Vergangenheit überall bestanden, im Orient noch heute bestehen, ebensowenig befreunden wie mit der patriarchalen, nach freier Willkür und Gnade und im übrigen nach unverbrüchlich heiliger, aber irrationaler, Tradition verfahrenden Verwaltung der theokratischen oder patrimonialen Herrschaftsverbände Asiens und unserer eigenen Vergangenheit. Der Umstand, daß diese „Kadijustiz" und die ihr entsprechende Verwaltung, eben ihres irrationalen Charakters wegen, besonders häufig *käuflich* ist, gestattete zwar dem Kapitalismus des Händlers und Staatslieferanten und allen Arten des seit vier Jahrtausenden in der Welt bekannten vorrationalistischen Kapitalismus, namentlich des an der Politik, dem Krieg, der Verwaltung als solcher verankerten Abenteurer- und Raubkapitalismus, die Entstehung und Existenz (und oft gerade durch jene Qualitäten üppige Blüte). Das aber, was dem *modernen* Kapitalismus im Gegensatz zu jenen uralten Formen kapitalistischen Erwerbs spezifisch ist: die streng rationale *Organisation der Arbeit* auf dem Boden *rationaler Technik,* ist *nirgends* innerhalb derartig irrational konstruierter Staatswesen entstanden und konnte dort auch nie entstehen. Denn dazu sind diese modernen Betriebsformen mit ihrem stehenden Kapital und ihrer exakten Kalkulation gegen Irrationalitäten des Rechts und der Verwaltung viel zu empfindlich. Sie konnten nur da entstehen, wo *entweder*, wie in England, die praktische Gestaltung des Rechts tatsächlich in den Händen der Advokaten lag, welche im Dienste ihrer Kundschaft: der kapitalistischen Interessenten also, die geeigneten Geschäftsformen ersannen, und aus deren Mitte dann die streng an „Präzedenzfälle“, also an *berechenbare* Schemata gebundenen Richter hervorgingen. *Oder* wo der Richter, wie im bürokratischen Staat mit seinen rationalen Gesetzen, mehr oder minder ein Paragraphen-Automat ist, in welchen man oben die Akten nebst den Kosten und Gebühren hineinwirft, auf daß er unten das Urteil nebst den mehr oder minder stichhaltigen Gründen ausspeie: – dessen Funktionieren also jedenfalls im großen und ganzen *kalkulierbar* ist.[1] –

Nicht anders als in Wirtschaft und staatlicher Verwaltung steht es schließlich mit dem Fortschritt zur Bürokratisierung nun auch: in den *Parteien*.

Die Existenz der Parteien kennt keine Verfassung und (bei uns wenigstens) auch kein Gesetz, obwohl doch gerade sie heute die weitaus wichtigsten Träger alles politischen Wollens der von der Bürokratie Beherrschten, der „Staatsbürger“, darstellen. Parteien sind eben – mögen sie noch so viele Mittel der dauernden Angliederung ihrer Klientel an sich verwenden – ihrem innersten Wesen nach freiwillig geschaffene und auf freie, notwendig stets erneute, *Werbung* ausgehende Organisationen, im Gegensatz zu allen gesetzlich oder kontraktlich fest umgrenzten Körperschaften. Heute ist stets Stimmenwerbung für Wahlen zu politischen Stellungen oder in eine Abstimmungskörperschaft ihr Ziel. Ein dauernder, unter einem Führer oder einer Honoratiorengruppe vereinigter Kern von

[1] In die Kleinkinderschule gehört die charakteristische dilettantische Literatenvorstellung: das „römische Recht“ habe den Kapitalismus befördert. Jeder Student ist verpflichtet, zu wissen, daß alle charakteristischen Rechtsinstitute des modernen Kapitalismus, von der Aktie, dem Rentenpapier, dem modernen Bodenpfandrecht, dem Wechsel und allen Arten der Verkehrsurkunden an bis zu den kapitalistischen Assoziationsformen in Industrie, Bergbau und Handel dem römischen Recht völlig unbekannt und mittelalterlichen, zum erheblichen Teil spezifisch germanischen Ursprungs sind, und daß in dem Mutterland des modernen Kapitalismus, England, das römische Recht niemals Fuß gefaßt hat. Das Fehlen der großen nationalen Advokatenzünfte, die in England sich dem römischen Recht widersetzten, und im übrigen: die *Bürokratisierung* der Rechtspflege und Staatsverwaltung ebneten bei uns in Deutschland dem römischen Recht den Weg. Der moderne Früh-Kapitalismus ist *nicht* in den Musterländern der Bürokratie (die ihrerseits dort aus reinem Staatsrationalismus erwuchs) *entstanden*. Und auch der moderne Hochkapitalismus war zunächst nicht auf sie beschränkt, zunächst nicht einmal in ihnen vorwiegend heimisch. Sondern da, wo die Richter aus Advokaten hervorgingen. Aber heute haben sich Kapitalismus und Bürokratie gefunden und gehören intim zusammen.

Parteiinteressenten mit sehr verschieden fester Gliederung, heute oft mit entwickelter Bürokratie, sorgt für die Finanzierung mit Hilfe von Parteimäzenaten oder wirtschaftlichen Interessenten oder Amtspatronageinteressenten oder durch Mitgliedsbeiträge: meist aus mehreren dieser Quellen. Er bestimmt das jeweilige Programm, die Art des Vorgehens und die Kandidaten. Auch bei sehr demokratischer Form der Massenparteiorganisation, welche dann, wie stets, ein entwickeltes besoldetes Beamtentum zur Folge hat, ist die Masse zum mindesten der Wähler, in ziemlichem Umfang aber auch der einfachen „Mitglieder", *nicht* (oder nur formell) beteiligt an der Bestimmung der Programme und Kandidaten. Die Wähler kommen vielmehr mitwirkend nur dadurch in Betracht, daß jene beiden den Chancen, dadurch deren Stimmen zu gewinnen, angepaßt und danach ausgewählt werden.

Mag man nun die Existenz, die Art des Werbens und Kämpfens und die Tatsache, daß unvermeidlich Minderheiten die Formung von Programmen und Kandidatenlisten in der Hand haben, moralisierend beklagen, – beseitigen wird man die Existenz der Parteien nicht und jene Art ihrer Struktur und ihres Vorgehens höchstens in begrenztem Maße. Reglementieren kann das Gesetz, wie z. B. mehrfach in Amerika, die Form der Bildung jenes aktiven Parteikerns (ähnlich wie etwa die Bedingungen der Bildung von Gewerkschaften) und die „Kampfregeln" auf dem Wahlschlachtfeld. Aber den Parteikampf selbst auszuschalten, ist nicht möglich, wenn nicht eine aktive Volksvertretung überhaupt fortfallen soll. Die verworrene Vorstellung, daß man es doch könne und solle, beschäftigt aber stets erneut die Literatenköpfe. Sie gehört, bewußt oder unbewußt, zu den Voraussetzungen der vielen Vorschläge, statt der oder neben den auf der Basis des allgemeinen (abgestuften oder gleichen) staatsbürgerlichen Wahlrechts gebildeten Parlamenten, Wahlkörperschaften auf „berufsständischer" Basis zu schaffen, bei welchen korporativ zusammengefaßte Berufsvertretungen zugleich Wahlkörper für das Parlament sein würden. Ein Ungedanke schon an sich in einer Zeit, wo die formelle Zugehörigkeit zu einem bestimmten Beruf (die ja wahlgesetzlich an äußere Merkmale geknüpft werden müßte) über die ökonomische und soziale Funktion bekanntlich so gut wie nichts aussagt, wo jede technische Neuerfindung und jede ökonomische Verschiebung und Neubildung diese Funktionen und damit auch den Sinn der formal gleichbleibenden Berufsstellungen und ihr Zahlenverhältnis zueinander verschiebt. Aber selbstverständlich auch kein Mittel für den erstrebten Zweck. Denn würde es gelingen, sämtliche Wähler in Berufskörperschaften von der Art etwa der heutigen Handelskammern oder Landwirtschaftskammern vertreten und aus diesen dann das Parlament hervorgehen zu lassen, so wäre selbstverständlich die Folge:

1. daß *neben* diesen gesetzlich zusammengeklammerten Berufsorganisationen einerseits die auf freier Werbung ruhenden *Interessenvertretungen* stehen würden.

So, wie neben den Landwirtschaftskammern der Bund der Landwirte, neben den Handelskammern die verschiedenen Arten der freien Unternehmerorganisationen. Andererseits würden selbstverständlich die auf Werbung ruhenden *politischen* Parteien, weit entfernt davon zu verschwinden, Richtung und Art ihrer Werbung dem neugeschaffenen Zustand anpassen. Gewiß nicht zum Vorteil: die Beeinflussung der Wahlen in jenen Berufsvertretungen durch Wahlgeldgeber und die Ausnutzung der kapitalistischen Abhängigkeiten würden ja mindestens ebenso unkontrollierbar fortbestehen. Im übrigen würden als selbstverständliche Folge eintreten: einerseits – 2. daß die Lösung der *sachlichen* Aufgaben der Berufsvertretungen nun, wo ihre Zusammensetzung die Parlamentswahlen und damit die Amtspatronage beeinflussen würde, in den Strudel der politischen Macht- und Parteikämpfe gerissen, statt der sachlich kompetenten Fachvertreter also Parteivertreter sie bevölkern würden. Andererseits – 3. daß das Parlament ein Markt für rein *materielle* Interessenkompromisse ohne *staats*politische Orientierung würde. Für die Bürokratie ergäbe das die gesteigerte Versuchung dazu und einen erweiterten Spielraum dafür: durch Ausspielen materieller Interessengegensätze und durch ein Patronage- und Lieferungs-Trinkgeldersystem verstärkter Art die eigene Macht zu erhalten und vor allem: jede Verwaltungskontrolle illusorisch zu machen. Denn die entscheidenden Vorgänge und Kompromisse der Interessenten würden sich ja nun, noch viel weniger kontrolliert, hinter den verschlossenen Türen ihrer unoffiziellen Konzerne abwickeln. Nicht der politische *Führer,* sondern der geriebene *Geschäftsmann* käme im Parlament ganz unmittelbar auf seine Rechnung, während für die Lösung politischer Fragen nach politischen Gesichtspunkten eine solche sogenannte „Volksvertretung" wahrlich die ungeeignetste Stätte wäre. Das alles liegt für den Kundigen auf der Hand. Ebenso, daß derartiges kein Mittel ist, die kapitalistische Beeinflussung der Parteien und des Parlaments zu schwächen oder gar das Parteigetriebe zu beseitigen oder doch zu reinigen. Das gerade Gegenteil wäre der Fall. Die Tatsache, daß die Parteien nun einmal auf *freier* Werbung beruhende Gebilde sind, steht ihrer Reglementierung im Weg und wird von solchen Literatenvorstellungen, welche nur die durch staatliches Reglement geschaffenen, nicht die „freiwillig" auf dem Kampfplatz der heutigen Gesellschaftsordnung gewachsenen Gebilde als Organisationen kennen möchten, verkannt. –

Politische Parteien können in modernen Staaten vor allem auf zwei verschiedenen letzten innerlichen Prinzipien aufgebaut sein. Entweder sie sind – wie in Amerika seit dem Wegfall der großen Gegensätze über die Verfassungsinterpretation – wesentlich *Amtspatronage*-Organisationen. Ihr Ziel ist dann lediglich, durch Wahlen ihren Führer in die leitende Stellung zu bringen, damit er dann seiner Gefolgschaft: dem Beamten- und Werbeapparat der Partei, die staatlichen Ämter zuwende. Inhaltlich gesinnungslos, schreiben sie, miteinander konkurrierend, jeweils diejenigen Forderungen in ihr Programm, welchen sie die stärkste Werbekraft bei den Wählern zutrauen. Dieser Charakter der Parteien ist in den Vereinigten Staaten deshalb so nackt ausgeprägt, weil dort *kein* parlamentarisches System besteht, vielmehr der vom Volk gewählte Präsident der Union (unter Beteiligung der gewählten Senatoren der Staaten) die Amtspatronage der ungeheuren Zahl zu vergebender Bundesämter in Händen hat. Trotz der Korruption, die es zur Folge hatte, war dies System populär, weil es die Entstehung einer Bürokraten*kaste* vermied. Technisch möglich aber war es, weil und solange selbst die übelste Dilettantenwirtschaft angesichts des unbegrenzten Überflusses an ökonomischen Chancen ertragen werden konnte. Die steigende Notwendigkeit, den jeder Fachschulung entbehrenden Parteischützling und Gelegenheitsbeamten durch den das Amt als Lebensberuf versehenden *fachgeschulten* Beamten zu ersetzen, gräbt diesen amerikanischen Parteien zunehmend Pfründen ab und läßt auch dort unentrinnbar eine Bürokratie europäischer Art entstehen.

Oder die Parteien sind vornehmlich *Weltanschauungsparteien,* welche also der Durchsetzung *inhaltlicher* politischer Ideale dienen wollen. In ziemlich reiner Form waren dies das deutsche Zentrum der siebziger Jahre und die Sozialdemokratie bis zu ihrer Durchbürokratisierung. Die Regel ist aber, daß Parteien beides zugleich sind: sie haben sachlich politische, durch die Tradition überlieferte und mit Rücksicht auf sie nur langsam modifizierbare Ziele, erstreben aber außerdem: *Ämterpatronage.* Und zwar entweder die Besetzung in erster Linie der *leitenden* Ämter, derjenigen also, welche *politischen* Charakters sind, durch ihre Führer. Die Erreichung dieses Ziels durch sie im Wahlkampf ermöglicht dann den Führern und Betriebsinteressenten während der politischen Herrschaft der Partei, ihren Schützlingen Unterkunft in gesicherten Staatsstellungen zu verschaffen. Dies ist die Regel in parlamentarischen Staaten, und diesen Weg sind daher dort auch die Weltanschauungsparteien gegangen. In nichtparlamentarischen Staaten steht den Parteien die Patronage der *leitenden* Ämter nicht zu. Dagegen pflegen dort die einflußreichsten von ihnen in der Lage zu sein, die herrschende Bürokratie wenigstens zu nötigen, ihren Schützlingen *neben* den durch Konnexion mit Beamten empfohlenen Anwärtern Unterkunft in *un*politischen Staatsstellungen zu gewähren, also: *Subalternpatronage.* auszuüben. –

Ihrer inneren Struktur nach gehen alle Parteien im Lauf der letzten Jahrzehnte mit zunehmender Rationalisierung der Wahlkampftechnik zur bürokratischen Organisation über. Die Stufen der Entwicklung, welche die einzelnen Parteien auf dem Wege dahin erreicht haben, sind verschieden, die allgemeine Richtung des Wegs aber, in Massenstaaten wenigstens, ist eindeutig. Der „Caucus" J. Chamberlains in England, die Entwicklung der bezeichnenderweise sogenannten „Maschine" in Amerika und die überall, auch bei uns: – am schnellsten in der Sozialdemokratie, also, und ganz natürlicherweise, gerade in der demokratischsten Partei – zunehmende Bedeutung des Parteibeamtentums sind alle in gleicher Art Stadien dieses Vorgangs. In der Zentrumspartei versieht der kirchliche Apparat: die „Kaplanokratie", und für die konservative Partei in Preußen seit dem Ministerium Puttkamer der Landrats- und Amtsvorsteherapparat des Staates, einerlei ob offen oder verhüllt, die Dienste der Parteibürokratie. Auf der Qualität der Organisation dieser Bürokratien in erster Linie beruht die Macht der Parteien. Auf der Feindseligkeit dieser Parteibeamtenapparate gegeneinander weit mehr als auf Unterschieden der Programme beruhen z. B. auch die Schwierigkeiten der Parteifusionen. Darin, daß von den Abgeordneten Eugen Richter und Heinrich Rickert innerhalb der deutsch-freisinnigen Partei jeder seine eigene Vertrauensmännermaschinerie beibehielt, war der spätere Zerfall dieser Partei bereits vorgebildet. –

Natürlich sieht nun eine Staatsbürokratie teilweise sehr anders aus als die einer Partei, innerhalb der ersteren wieder die zivile anders als die militärische, und sie alle wieder anders als die einer Gemeinde, einer Kirche, einer Bank, eines Kartells, einer Berufsgenossenschaft, einer Fabrik, einer Interessenvertretung (Arbeitgeberverband, Bund der Landwirte). Das Maß ferner, in welchem ehrenamtliche oder Interessententätigkeit mitbeteiligt ist, ist in allen diesen Fällen sehr verschieden. In der Partei ist der „Boß", in der Aktiengesellschaft der Aufsichtsrat kein „Beamter". Mitbeschließend, kontrollierend, beratend und auch gelegentlich ausführend können in den mannigfachen Formen der sogenannten „Selbstverwaltung" allerhand Honoratioren oder gewählte Vertreter der beherrschten oder zwangsweise belasteten Interessenten den Beamten in korporativer Form oder als Einzelorgane unterstellt oder beigegeben oder übergeordnet sein. Das letztere vor allem in der Gemeindeverwaltung. Aber deren praktisch gewiß wichtige Erscheinungen sollen uns hier nicht interessieren.[2] Denn – worauf es hier allein ankommt – in der Verwaltung von *Massenverbänden* bildet stets das festangestellte Beamtentum mit *spezialisierter Einschulung* den Kern des Apparates, und seine „Disziplin" ist absolute Vorbedingung des Erfolges. Und zwar mit zunehmender Größe des Verbandes, zunehmender Kompliziertheit seiner Aufgaben und – vor *allem* – zunehmender Machtbedingtheit seiner Existenz (sei es, daß es sich um Machtkämpfe auf dem Markt, auf dem Wahlkampfplatz oder auf dem Schlachtfeld handelt) in zunehmendem Maße. So auch bei den Parteien. Es ist im Parteiwesen ein zum Untergang verurteilter Zustand, wenn es, wie in Frankreich (dessen ganze Parlamentsmisere auf dem *Fehlen* bürokratisierter Parteien

[2] Damit scheiden aus dieser Betrachtung zahlreiche Institutionen aus, auf deren Existenz wir in Deutschland durchaus mit Recht stolz sein dürfen, ja die, in einzelnen Fällen wenigstens, als *vorbildlich* bezeichnet werden können. – Aber ein ungeheurer Literatenirrtum ist es, sich einzubilden, die Politik eines Großstaates sei im Grunde nichts anderes als die *Selbstverwaltung* einer beliebigen Mittelstadt. Politik ist: *Kampf*.

beruht) und teilweise auch bei uns, noch Parteien gibt, die an dem System der lokalen Honoratiorenverwaltung festhalten, welches ja dereinst im Mittelalter ganz universell alle Arten von Verbänden beherrschte und heute noch in kleinen und mittleren Gemeinden vorherrscht. Als Reklamemittel, und nur als solches, nicht aber als Träger der ausschlaggebenden Alltagsarbeit, kommen für die Parteien heute solche „angesehene Bürger", „führende Männer der Wissenschaft" und wie sie sonst genannt werden mögen, in Betracht, ganz ebenso wie etwa in den Aufsichtsräten der Aktiengesellschaften allerhand dekorative Würdenträger, auf den Katholikentagen die Kirchenfürsten, auf den Versammlungen des Bundes der Landwirte echte und unechte Adelige oder in der Agitation der alldeutschen Kriegsgewinn- und Wahlprivilegsinteressenten allerhand verdiente Historiker, Biologen und ähnliche meist recht unpolitische Kapazitäten figurieren. Die reale Arbeit leisten in allen Organisationen zunehmend die bezahlten Angestellten und Agenten aller Art. Alles andere ist oder wird zunehmend Appretur und Schaufenster.

Wie die Italiener und nach ihnen die Engländer die moderne kapitalistische Wirtschaftsorganisation, so haben die Byzantiner, nach ihnen die Italiener, dann die Territorialstaaten des absolutistischen Zeitalters, die französische revolutionäre Zentralisation und schließlich, alle anderen übertreffend, die *Deutschen* die rationale, arbeitsteilige, fachmäßige *bürokratische* Organisation aller menschlichen Herrschaftsverbände, von der Fabrik bis zum Heer und Staat, virtuosenhaft entwickelt und sich nur in der Technik der Parteiorganisation von anderen Nationen, insbesondere den Amerikanern, vorläufig und teilweise übertreffen lassen. Der jetzige Weltkrieg aber bedeutet vor allem den Siegeszug dieser Lebensform über die ganze Welt. Er war ohnehin im Gange. Universitäten, technische und Handelshochschulen, Gewerbeschulen, Militärakademien, Fachschulen aller sonst denkbaren Art (sogar Journalistenschulen!), – das Fachexamen als Voraussetzung aller lohnenden und dabei vor allem „gesicherten" privaten und öffentlichen Amtsstellungen, – das Examensdiplom als Grundlage aller Ansprüche auf soziale Geltung (Connubium und soziales Commercium mit den zur „Gesellschaft" sich rechnenden Kreisen), – das „standesgemäße", sichere, pensionsfähige Gehalt, wenn möglich: die Aufbesserung und das Avancement nach der Anciennität: – dies war bekanntlich schon vorher die eigentliche, von dem Frequenzinteresse der Hochschulen gemeinsam mit der Pfründensucht ihrer Zöglinge getragene „Forderung des Tages". Im Staat wie außerhalb des Staates. Hier geht uns die Konsequenz für das *politische* Leben an. Denn dieser nüchterne Tatbestand der *universellen Bürokratisierung* verbirgt sich in Wahrheit auch hinter den sogenannten „deutschen Ideen von 1914", hinter dem, was die Literaten euphemistisch den „Sozialismus der Zukunft" nennen, hinter dem Schlagwort von der „Organisation", der „Genossenschaftswirtschaft" und überhaupt hinter allen ähnlichen Redewendungen der Gegenwart. Stets bedeuten sie (auch wenn sie das gerade Gegenteil erstreben) im Resultat: die Schaffung von Bürokratie. Gewiß ist die Bürokratie bei weitem nicht die einzige moderne Organisationsform, so wie die Fabrik bei weitem nicht die einzige gewerbliche Betriebsform ist. Aber beide sind diejenigen, welche dem gegenwärtigen Zeitalter und der absehbaren Zukunft den Stempel aufdrücken. Der Bürokratisierung gehört die Zukunft, und es verstand (und versteht) sich von selbst, daß die Literaten ihren Beruf, die Beifallssalve der gerade aufsteigenden Mächte zu sein, in diesem Fall ganz ebenso wie im Zeitalter der Manchesterlehre erfüllten (und erfüllen). Beide Male mit der gleichen Arglosigkeit.

Die Bürokratie ist aber gegenüber anderen geschichtlichen Trägern der modernen rationalen Lebensordnung ausgezeichnet durch ihre weit größere *Unentrinnbarkeit.* Es ist kein geschichtliches Beispiel dafür bekannt, daß sie da, wo sie einmal zur völligen Alleinherrschaft gelangt war – in China, Ägypten, in nicht so konsequenter Form im spätrömischen Reich und in Byzanz – wieder verschwunden wäre, außer mit dem völligen Untergang der ganzen Kultur, die sie trug. Und doch waren dies noch relativ höchst irrationale Formen der Bürokratie: „Patrimonialbürokratien." Die moderne Bürokratie zeichnet sich vor allen diesen älteren Beispielen durch eine Eigenschaft aus, welche ihre Unentrinnbarkeit ganz wesentlich endgültiger verankert als die jener anderen: die *rationale fachliche Spezialisierung und Einschulung.* Der alte chinesische Mandarin war kein Fachbeamter, sondern im Gegenteil ein literarisch-humanistisch gebildeter Gentleman. Der ägyptische, spätrömische, byzantinische Beamte war wesentlich mehr Bürokrat in unserem Sinne. Aber die Staatsaufgaben, welche in seiner Hand lagen, waren gegenüber den modernen unendlich einfach und bescheiden, sein Verhalten teils traditionalistisch gebunden, teils patriarchal, also irrational, orientiert. Er war ein reiner Empiriker, wie der Gewerbetreibende der Vergangenheit. Der moderne Beamte ist entsprechend der rationalen Technik des modernen Lebens stetig und unvermeidlich zunehmend fachgeschult und spezialisiert. Alle Bürokratien der Erde gehen diesen Weg. Daß sie ihn vor dem Kriege noch nicht zu Ende gegangen waren, bedingte unsere Überlegenheit über die anderen. Der alte amerikanische Parteipatronagebeamte z. B. war zwar ein fachlicher „Kenner" des Wahlkampfplatzes und der ihm entsprechenden „Praxis", aber in keiner Art ein spezialistisch gebildeter Fachmann. Darauf, nicht auf der Demokratie als solcher, wie unsere Literaten dem Publikum vorreden, beruhte die dortige Korruption, die dem universitätsgebildeten Fachbeamten des jetzt erst sich dort entwickelnden „civil service" ebenso fremd ist wie der modernen englischen Bürokratie, welche jetzt zunehmend an die Stelle des Selfgovernment durch Honoratioren („Gentlemen") tritt. Wo aber der moderne eingeschulte Fachbeamte einmal herrscht, ist seine Gewalt schlechthin unzerbrechlich, weil die ganze Organisation der elementarsten Lebensversorgung dann auf seine Leistung zugeschnitten ist. Theoretisch wohl denkbar wäre eine immer weitergehende Ausschaltung des Privatkapitalismus, – wennschon sie wahrlich keine solche Kleinigkeit ist, wie manche Literaten, die ihn nicht kennen, träumen, und ganz gewiß nicht die Folge dieses Krieges sein wird. Aber gesetzt, sie gelänge einmal: – was würde sie praktisch bedeuten? Etwa ein Zerbrechen des stählernen Gehäuses der modernen gewerblichen Arbeit? Nein! Vielmehr: daß nun auch die *Leitung* der verstaatlichten oder in irgendeine „Gemeinwirtschaft" übernommenen Betriebe bürokratisch würde. Sind etwa die Lebensformen der Angestellten und Arbeiter in der preußischen staatlichen Bergwerks- und Eisenbahnverwaltung irgendwie fühlbar *andere* als in den großen privatkapitalistischen Betrieben? *Unfreier* sind sie, weil jeder Machtkampf gegen eine staatliche Bürokratie *aussichtslos* ist und weil keine prinzipiell *gegen* sie und ihre Macht interessierte Instanz angerufen werden kann wie gegen jene. *Das* wäre der ganze Unterschied. Die staatliche Bürokratie herrschte, wenn der Privatkapitalismus ausgeschaltet wäre, *allein.* Die jetzt neben und, wenigstens der Möglichkeit nach, gegeneinander arbeitenden, sich also immerhin einigermaßen noch gegenseitig im Schach haltenden privaten und öffentlichen Bürokratien wären in eine einzige Hierarchie zusammengeschmolzen. Etwa wie in Ägypten im Altertum, nur in ganz unvergleichlich rationalerer und deshalb: unentrinnbarerer Form.

Eine leblose Maschine ist *geronnener Geist. Nur* daß sie dies ist, gibt ihr die Macht, die Menschen in ihren Dienst zu zwingen und den Alltag ihres Arbeitslebens so beherrschend zu bestimmen, wie es tatsächlich in der Fabrik der Fall ist. *Geronnener Geist* ist auch jene *lebende Maschine,* welche die bürokratische Organisation mit ihrer Spezialisierung der geschulten Facharbeit, ihrer Abgrenzung der Kompetenzen, ihren Reglements und hierarchisch abgestuften Gehorsamsverhältnissen darstellt. Im Verein mit der toten Maschine ist sie an der Arbeit, das Gehäuse jener Hörigkeit der Zukunft herzustellen, in welche vielleicht dereinst die Menschen sich, wie die Fellachen im altägyptischen Staat, ohnmächtig zu fügen gezwungen sein werden, *wenn ihnen eine rein technisch gute und das heißt: eine rationale Beamtenverwaltung und -versorgung der letzte und einzige Wert ist, der über die Art der Leitung ihrer Angelegenheiten entscheiden soll.* Denn das leistet die Bürokratie ganz unvergleichlich viel besser als jegliche andere Struktur der Herrschaft. Und dies Gehäuse, welches unsere ahnungslosen Literaten preisen, ergänzt durch die Fesselung jedes einzelnen an den Betrieb (Anfänge dazu: in den sogenannten „Wohlfahrtseinrichtungen"), an die Klasse (durch zunehmende Festigkeit der Besitzgliederung) und vielleicht einmal künftig an den Beruf (durch „leiturgische" staatliche Bedarfsdeckung, das heißt: Belastung berufsgegliederter Verbände mit Staatsaufgaben), würde nur um so unzerbrechlicher, wenn dann auf sozialem Gebiet, wie in den Fronstaaten der Vergangenheit, eine „ständische"

Organisation der Beherrschten der Bürokratie angegliedert (und das heißt in Wahrheit: ihr untergeordnet) würde. Eine „organische“, d. h. eine orientalisch-ägyptische Gesellschaftsgliederung, aber im Gegensatz zu dieser: so streng rational wie eine Maschine es ist, würde dann heraufdämmern. Wer wollte leugnen, daß derartiges als eine *Möglichkeit* im Schoße der Zukunft liegt? Es ist das schon oft gesagt worden, und die verworrene Vorstellung dieser Möglichkeiten zieht ihre Schatten in die Produktionen unserer Literaten. Nehmen wir nun einmal an: gerade diese Möglichkeit wäre ein unentrinnbares Schicksal, – wer möchte dann nicht lächeln über die Angst unserer Literaten davor, daß die politische und soziale Entwicklung uns künftig *zuviel* „Individualismus“ oder „Demokratie“ oder dergleichen bescheren könnte und daß die „wahre Freiheit“ erst aufleuchten werde, wenn die jetzige „Anarchie“ unserer wirtschaftlichen Produktion und das „Parteigetriebe“ unserer Parlamente *beseitigt* sein werden zugunsten „sozialer Ordnung“ und „organischer Gliederung“ – das heißt: des Pazifismus der sozialen Ohnmacht unter den Fittichen der einzigen ganz sicher *unentfliehbaren* Macht: der Bürokratie in Staat und Wirtschaft!

Angesichts der Grundtatsache des unaufhaltsamen Vormarsches der Bürokratisierung kann die Frage nach den künftigen politischen Organisationsformen überhaupt nur so gestellt werden:

1. Wie ist es angesichts dieser Übermacht der Tendenz zur Bürokratisierung *überhaupt noch möglich, irgendwelche* Reste einer in *irgendeinem* Sinn „individualistischen“ Bewegungsfreiheit zu retten? Denn schließlich ist es eine gröbliche Selbsttäuschung, zu glauben, ohne diese Errungenschaften aus der Zeit der „Menschenrechte“ vermöchten wir heute (auch der konservativste unter uns) überhaupt zu leben. Diese Frage soll uns aber diesmal nicht interessieren; denn daneben gibt es eine andere, die uns hier angeht:

2. Wie kann, angesichts der steigenden Unentbehrlichkeit und der dadurch bedingten steigenden Machtstellung des uns hier interessierenden *staatlichen* Beamtentums, irgendwelche Gewähr dafür geboten werden, daß Mächte vorhanden sind, welche die ungeheure Übermacht dieser an Bedeutung stets wachsenden Schicht in Schranken halten und sie wirksam kontrollieren? Wie wird Demokratie auch nur in diesem beschränkten Sinn *überhaupt möglich* sein? Aber auch das ist nicht die einzige Frage, die uns hier beschäftigt. Denn

3. eine dritte Frage, und zwar die wichtigste von allen, ergibt sich aus einer Betrachtung dessen, was die Bürokratie als solche *nicht* leistet. Leicht ist nämlich festzustellen, daß ihre Leistungsfähigkeit auf dem Gebiet des öffentlichen, staatlich-politischen Betriebes ganz ebenso wie innerhalb der Privatwirtschaft feste innere Grenzen hat. Der *leitende* Geist: der „Unternehmer“ hier, der „Politiker“ dort, ist etwas anderes als ein „Beamter“. Nicht notwendig der Form, wohl aber der Sache nach. Auch der Unternehmer sitzt auf dem „Büro“. Auch der Heer-

führer tut es. Der Heerführer ist ein Offizier und formell also nichts anderes als alle anderen Offiziere. Und ist der Generaldirektor eines großen Unternehmens ein angestellter Beamter einer Aktiengesellschaft, so ist auch er in seiner Rechtsstellung von anderen Beamten nicht prinzipiell unterschieden. Ebenso steht es auf dem Gebiete des staatlichen Lebens mit dem leitenden Politiker. Der leitende Minister ist *formell* ein Beamter mit pensionsfähigem Gehalt. Der Umstand, daß nach allen Verfassungen der Erde er jederzeit entlassen werden und Entlassung fordern kann, unterscheidet seine Dienststellung äußerlich von derjenigen der meisten, aber nicht aller anderen Beamten. Weit auffälliger ist dagegen die Tatsache: daß für ihn und für ihn *allein keinerlei Fachbildungs*qualifikation vorgeschrieben ist wie für andere Beamte. Das deutet an, daß er eben doch dem Sinn seiner Stellung nach etwas ähnlich Verschiedenes von den anderen Beamten ist wie der Unternehmer und Generaldirektor innerhalb der Privatwirtschaft. Oder vielmehr richtiger: daß er etwas anderes sein *soll.* Und so ist es in der Tat. Wenn ein *leitender* Mann dem *Geist* seiner Leistung nach ein „Beamter" ist, sei es auch ein noch so tüchtiger: ein Mann also, der nach Reglement und Befehl pflichtgemäß und ehrenhaft seine Arbeit abzuleisten gewohnt ist, dann ist er weder an der Spitze eines Privatwirtschaftsbetriebes noch an der Spitze eines Staates zu brauchen. Wir haben leider innerhalb unseres eigenen Staatslebens das Exempel darauf zu machen gehabt.

Der Unterschied liegt nur zum Teil in der Art der erwarteten Leistung. Selbständigkeit des Entschlusses, organisatorische Fähigkeit kraft eigener Ideen wird im einzelnen massenhaft, sehr oft aber auch im großen von „Beamten" ebenso erwartet wie von „Leitern". Und gar *die* Vorstellung: daß der Beamte im subalternen Alltagswirken aufgehe, nur der Leiter die „interessanten", geistige Anforderungen stellenden Sonderleistungen zu vollbringen habe, ist literatenhaft und nur in einem Lande möglich, welches keinen Einblick in die Art der Führung seiner Geschäfte und die Leistungen seiner Beamtenschaft hat. Nein – der Unterschied liegt in der Art der *Verantwortung* des einen und des anderen, und von da aus bestimmt sich allerdings weitgehend auch die Art der Anforderungen, die an die Eigenart beider gestellt werden. Ein Beamter, der einen nach seiner Ansicht verkehrten Befehl erhält, kann – und soll – Vorstellungen erheben. Beharrt die vorgesetzte Stelle bei ihrer Anweisung, so ist es nicht nur seine Pflicht, sondern seine *Ehre,* sie so auszuführen, als ob sie seiner eigensten Überzeugung entspräche, und dadurch zu zeigen: daß sein Amtspflichtgefühl über seiner Eigenwilligkeit steht. Ob die vorgesetzte Stelle eine „Behörde" oder eine „Körperschaft" oder „Versammlung" ist, von der er ein imperatives Mandat hat, ist gleichgültig. So will es der Geist des *Amtes.* Ein politischer *Leiter,* der so handeln würde, verdiente *Verachtung.* Er wird oft genötigt sein, Kompromisse zu schließen, das heißt: Unwichtigeres dem Wichtigeren zu opfern. Bringt er es aber nicht fertig, seinem

Herrn (er sei der Monarch oder der Demos) zu sagen: entweder ich erhalte jetzt diese Instruktion *oder ich gehe,* so ist er ein elender „Kleber", wie Bismarck diesen Typus getauft hat, und kein Führer. „Über den Parteien", das heißt aber in Wahrheit: außerhalb des *Kampfes* um eigene Macht, soll der Beamte stehen. Kampf um eigene Macht und die aus dieser Macht folgende Eigen*verantwortung für seine Sache* ist das Lebenselement des Politikers wie des Unternehmers.

Deutschland wurde seit dem Rücktritt des Fürsten Bismarck von „Beamten" (im geistigen Sinne des Wortes) regiert, weil Bismarck alle politischen Köpfe neben sich ausgeschaltet hatte. Deutschland behielt nach wie vor die an Integrität, Bildung, Gewissenhaftigkeit und Intelligenz höchststehende militärische und zivile Bürokratie der Welt. Die deutsche Leistung im Kriege draußen und im großen und ganzen auch in der Heimat hat gezeigt, was mit diesen Mitteln auszurichten ist. Aber – die Leitung der deutschen *Politik* in den letzten Jahrzehnten? Noch das Freundlichste, was man über sie gesagt hat, war: daß „die Siege der deutschen Heere ihre Niederlagen wieder wettgemacht" haben. Mit welchen Opfern – davon soll geschwiegen und vielmehr nach den Gründen dieser Mißerfolge gefragt werden.

Das *Ausland* bildet sich ein: die deutsche „Autokratie" sei der Fehler. Im *Inland* glaubt man, dank den kindlichen Geschichtsspekulationen unserer Literaten, vielfach umgekehrt: eine Verschwörung der internationalen „Demokratie" gegen Deutschland habe die unnatürliche Weltkoalition gegen uns zustande gebracht. Das Ausland arbeitet mit der heuchlerischen Phrase von der „Befreiung der Deutschen" von jener Autokratie. Im Inland arbeiten die Interessenten des bisherigen Systems – wir werden sie noch kennenlernen – mit der ebenso heuchlerischen Phrase von der Notwendigkeit, den „deutschen Geist" vor der Befleckung durch die „Demokratie" zu schützen, oder sucht nach anderen Sündenböcken.

Es ist z. B. üblich geworden, auf die deutsche Diplomatie zu schelten. Vermutlich mit Unrecht. Im Durchschnitt war sie wahrscheinlich genau so gut wie die anderer Länder. Es liegt da eine Verwechslung vor. Was fehlte, war: die *Leitung* des Staatswesens durch einen *Politiker* – nicht etwa: durch ein politisches Genie, was man nur alle Jahrhunderte einmal erwarten kann, nicht einmal durch eine bedeutende politische Begabung, sondern: durch einen Politiker *überhaupt.*

Damit sind wir schon bei der Besprechung jener beiden Mächte, die allein neben dem alles umspinnenden Beamtentum im Leben des modernen konstitutionellen Staates eine Rolle als kontrollierende und richtungweisende Instanzen zu spielen in der Lage sind: dem *Monarchen* und dem *Parlament.* Zunächst: von dem ersteren.

Die Stellung der deutschen Dynastien wird aus dem Kriege unerschüttert hervorgehen, es sei denn, daß sehr große Unklugheiten begangen und aus den Mängeln der Vergangenheit gar nichts gelernt würde. Schon lange vor dem 4. August 1914 konnte, wer Gelegenheit hatte, mit deutschen Sozialdemokraten – ich spreche hier nicht von „Revisionisten", auch nicht von Abgeordneten der Partei oder Gewerkschaftlern, sondern gerade von teilweise sehr radikal gesinnten Partei*beamten* – längere Zeit zusammenzusitzen, nach eingehenden Erörterungen fast stets zugestanden erhalten, daß „an sich" für die besondere internationale Lage Deutschlands die konstitutionelle Monarchie die gegebene Staatsform sei. Man braucht in der Tat nur einen Augenblick jetzt nach Rußland zu blicken, um zu sehen: daß der von den liberalen Politikern gewünschte Übergang zur *parlamentarischen* Monarchie einerseits die Dynastie erhalten, andererseits die nackte Bürokratenherrschaft beseitigt und im Resultat ebensoviel zur Stärkung Rußlands beigetragen hätte, wie jetzt diese Form der *Literaten*-„Republik", allem subjektiven Idealismus der Führer zum Trotz, zu seiner Schwächung.[3] Alle Stärke des britischen Parlamentarismus hängt, wie man in England sehr gut weiß, mit der Tatsache zusammen, daß die formell höchste Stelle im Staat ein – für allemal besetzt ist. Worauf diese Funktion der bloßen Existenz eines Monarchen beruht, ist hier nicht zu erörtern. Ebenso nicht, ob dies unvermeidlich überall gerade nur ein Monarch zu leisten vermöchte. Für Deutschland ist jedenfalls die Lage in dieser Hinsicht gegeben. Es kann uns nicht nach einem Zeitalter der Prätendentenkriege und Gegenrevolutionen gelüsten; dazu ist unsere Existenz international zu bedroht.

Allein: ein Gegengewicht und ein Kontrollmittel gegen die alles umfassende Macht des *Fachbeamtentums* ist der Monarch als solcher unter den Verhältnissen des modernen Staates niemals und nirgends und kann es auch gar nicht sein. Er kann die Verwaltung nicht kontrollieren. Denn diese Verwaltung ist fachgeschulte Verwaltung und ein moderner Monarch ist, außerhalb allenfalls des militärischen Gebiets, *nie* ein Fachmann. Vor allem aber – das geht uns hier an – ist

---

[3] Da von russischer Seite mir gegenüber behauptet wurde, Herr Kerenskij habe diesen Satz aus der „Frankfurter Zeitung" in Versammlungen zitiert, um die Notwendigkeit seiner Offensive als Beweis der „Stärke" darzutun, so sei für diesen Totengräber der jungen russischen Freiheit ausdrücklich bemerkt: Eine Offensive kann veranstalten, wer über die sachlichen Kriegsmittel verfügt, z. B. über die Artillerie, um die vor ihr liegende Infanterie in den Schützengräben niederzuhalten, und über die Verkehrsmittel und Vorräte, um die in die Schützengräben gebannten Soldaten überdies die Abhängigkeit ihrer Ernährung von sich fühlen zu lassen. Die „Schwäche" der sogenannten Sozialrevolutionären Regierung des Herrn Kerenskij aber lag in ihrer *Kreditunwürdigkeit,* wie anderwärts dargelegt wurde, und in der Notwendigkeit, um Kredit zur Erhaltung der eigenen Herrschaft im *Inland* zu erhalten, seinen Idealismus zu verleugnen, mit der bürgerlichen imperialistischen Entente zu paktieren und also Hunderttausende seiner eigenen Landsleute als Söldner *fremder Interessen* bluten zu lassen, wie es seither geschehen ist. Ich glaube, mit dieser wie mit anderen Voraussagen, die ich an anderer Stelle über Rußlands Haltung machte, leider Recht behalten zu haben. (Ich lasse die vor vielen Monaten geschriebene Stelle auch jetzt stehen. W.)

er als solcher *niemals* ein im Getriebe des Parteikampfes oder der Diplomatie geschulter *Politiker*. Seine ganze Erziehung nicht nur, sondern vor allem seine staatliche Stellung wirkt dem schlechterdings entgegen. Nicht im Kampf der Parteien gewann er seine Krone, und nicht der Kampf um die Macht im Staat ist seine natürliche Lebensluft, wie sie die des Politikers immer ist. Er lernt die Bedingungen des Kampfes nicht durch eigenes Hinabsteigen in die Arena am eigenen Leibe kennen, ist vielmehr durch sein Privileg den Rücksichtslosigkeiten des Kampfes entrückt. Es gibt: den *geborenen* Politiker, – aber er ist selten. Der Monarch aber, der das *nicht* ist, wird dann seinen eigenen und den Staatsinteressen sehr gefährlich, wenn er versucht, wie es der Zar tat, „selbst zu regieren", oder mit den Mitteln des Politikers: „Demagogie" im weitesten Sinn des Wortes, durch Rede und Schrift zur Propaganda der eigenen Ideen oder der eigenen Persönlichkeit auf die Welt zu wirken. Dann spielt er nicht nur um seine Krone – das wäre seine Privatangelegenheit –, sondern um die Existenz seines Staates. Und in jene Versuchung, ja geradezu Notwendigkeit, gerät ein moderner Monarch unweigerlich immer wieder, wenn ihm *niemand anders* als nur die *Beamten* im Staate gegenüberstehen, wenn also das Parlament machtlos ist, wie es in Deutschland jahrzehntelang der Fall war. Schon rein technisch hat das schwere Nachteile. Der Monarch ist heute, wenn kein machtvolles Parlament neben ihm steht, zur Kontrolle der Amtsführung der Beamten auf die Berichte *anderer Beamter* angewiesen. Alles dreht sich dabei im Kreise herum. Der beständige Krieg der verschiedenen Ressorts gegeneinander, der z. B. für Rußland typisch war und auch bei uns bis in die Gegenwart hinein herrscht, ist die selbstverständliche Folge einer solchen angeblich „monarchischen" Regierung, bei welcher ein leitender *Politiker* fehlt. Denn es handelt sich ja bei diesem Satrapenkampf in erster Linie meist nicht nur um sachliche, sondern um persönliche Gegensätze: der Kampf der Ressorts dient deren Chefs als Konkurrenzmittel um die Ministerstellen, wenn diese lediglich als *Beamtenpfründen* behandelt werden. Nicht sachliche Gründe oder politische Führerqualitäten, sondern höfische Intrigen entscheiden dann darüber, wer sich in den leitenden Stellungen behauptet. Jedermann weiß, daß *persönliche* Machtkämpfe die parlamentarischen Staaten erfüllen. Der Irrtum ist nur: zu glauben, es sei in Monarchien irgendwie anders. Dort tritt ein anderes Übel hinzu. Der Monarch glaubt, selbst zu regieren, während in Wahrheit das Beamtentum sich des Privilegs erfreut, gedeckt durch ihn, *unkontrolliert* und *verantwortungslos* schalten zu können. Dem Monarchen wird geschmeichelt und ihm, weil er die *Person* des leitenden Ministers nach persönlichem Belieben wechseln kann, der *romantische Schein* der Macht gezeigt. In Wahrheit haben Monarchen wie Eduard VII. und Leopold II., obwohl gewiß keine idealen Persönlichkeiten, *weit* mehr *reale* Macht in Händen gehabt, obschon *und weil* sie in streng parlamentarischer Form regierten und niemals oder doch nie anders als in diesen Formen öffentlich hervortraten. Es ist Ignoranz, wenn die moderne Literatenphrase solche Monarchen als „Schattenkönige" hinstellt, und eine Dummheit, wenn sie den moralischen Klatsch der Spießbürger zum Maßstab des politischen Urteils über sie macht. Die Weltgeschichte wird anders urteilen, auch wenn ihr Werk – wie so manches andere große politische Projekt – letztlich scheitert. Eine weltumspannende Koalition hat der eine, der selbst seine Hofbeamten je nach den Parteikonstellationen wechseln mußte, ein riesenhaftes Kolonialreich (verglichen mit unseren Koloniefragmenten!) der andere, der einen Kleinstaat regierte, zusammengefügt. Wer, als Monarch oder Minister, politisch *führen* will, muß auf den modernen Instrumenten der Macht zu spielen wissen. Nur den politisch *unbegabten* Monarchen schaltet das parlamentarische System aus – zum Heil der Macht des Landes! Und ist das ein „Nachtwächterstaat", der es verstand, der eigenen, an Zahl eng begrenzten Nation die besten Teile aller Kontinente anzugliedern? Welch spießerhaftes Literatengeschwätz ist doch diese recht stark nach dem Ressentiment des „Untertanen" schmeckende, abgegriffene Redensart! –

Nun zum Parlament.

Die modernen Parlamente sind in erster Linie Vertretungen der durch die Mittel der Bürokratie *Beherrschten.* Ein gewisses Minimum von innerer Zustimmung mindestens der sozial gewichtigen Schichten der Beherrschten ist ja Vorbedingung der Dauer einer jeden, auch der bestorganisierten, Herrschaft. Die Parlamente sind heute das Mittel, dies Minimum von Zustimmung äußerlich zu manifestieren. Für gewisse Akte der öffentlichen Gewalten ist die Form der Vereinbarung durch Gesetz nach vorheriger Beratung mit dem Parlament obligatorisch, und zu diesen gehört vor allem: der Haushaltsplan. Heute wie seit der Zeit der Entstehung der Ständerechte ist die Verfügung über die Art der Geldbeschaffung des Staates: das Budgetrecht, das entscheidende parlamentarische Machtmittel. Solange freilich ein Parlament nur durch Verweigerung von Geldmitteln und Ablehnung der Zustimmung zu Gesetzesvorschlägen oder durch unmaßgebliche Anträge den Beschwerden der Bevölkerung gegenüber der Verwaltung Nachdruck verleihen kann, ist es von positiver Anteilnahme an der politischen Leitung ausgeschlossen. Es kann und wird dann nur „negative Politik" treiben, d. h.: den Verwaltungsleitern wie eine feindliche Macht gegenüberstehen, von ihnen als solche mit dem unentbehrlichen Minimum von Auskunft abgespeist und nur als Hemmschuh, als eine Versammlung impotenter Nörgler und Besserwisser gewertet. Die Bürokratie andererseits gilt dann dem Parlament und seinen Wählern leicht als eine Kaste von Strebern und Bütteln, denen das Volk als Objekt ihrer lästigen und zum guten Teil überflüssigen Künste gegenüberstehe. Anders, wo das Parlament durchgesetzt hat, daß die Verwaltungsleiter entweder geradezu aus seiner Mitte entnommen werden müssen (*„parlamentarisches System"* im eigentlichen Sinn) oder doch, um im Amt zu bleiben, des ausdrücklich ausgesprochenen Vertrauens seiner Mehrheit bedürfen oder wenigstens der Bekundung des Mißtrauens weichen müssen (*parlamentarische Auslese* der Führer) und aus diesem Grunde, erschöpfend und unter Nachprüfung des Parlaments oder seiner Ausschüsse, Rede und Antwort stehen (*parlamentarische Verantwortlichkeit* der Führer) und die Verwaltung nach den vom Parlament gebilligten Richtlinien führen müssen (*parlamentarische Verwaltungskontrolle*). In diesem Fall sind die Führer der jeweils ausschlaggebenden Parteien des Parlaments notwendig positive Mitträger der Staatsgewalt. Das Parlament ist dann ein Faktor positiver Politik neben dem Monarchen, der dann nicht oder wenigstens nicht vorwiegend, jedenfalls nicht ausschließlich, kraft seiner formalen *Kronrechte,* sondern kraft seines unter allen Umständen sehr großen Einflusses die Politik mitbestimmt, verschieden stark also je nach seiner politischen Klugheit und Zielbewußtheit. In diesem Fall spricht man, einerlei ob mit Recht oder Unrecht, vom „Volksstaat", während ein Parlament der Beherrschten mit negativer Politik gegenüber einer herrschenden Bürokratie eine Spielart des „Obrigkeitsstaats" darstellt. Uns interessiert hier die *praktische* Bedeutung der Stellung des Parlaments.

Man mag den parlamentarischen Betrieb hassen oder lieben, – beseitigen wird man ihn *nicht.* Man kann ihn nur politisch *machtlos* machen, wie Bismarck es mit dem Reichstag getan hat. Die Machtlosigkeit des Parlaments aber äußert sich außer in den allgemeinen Konsequenzen der „negativen Politik" in folgenden Erscheinungen, jeder parlamentarische Kampf ist selbstverständlich ein Kampf nicht nur um sachliche Gegensätze, sondern ebenso: um persönliche Macht. Wo die Machtstellung des Parlaments es mit sich bringt, daß der Monarch in aller Regel den Vertrauensmann der entschiedenen Mehrheit mit der Leitung der Politik betraut, richtet sich dieser Machtkampf der Parteien auf die Erlangung dieser höchsten *politischen* Stellung. Es sind dann die Leute mit großem politischem Machtinstinkt und mit den ausgeprägtesten politischen Führerqualitäten, welche ihn durchfechten und welche also die Chance haben, in die leitenden Stellungen zu kommen. Denn die Existenz der Partei im Lande und alle die zahllosen ideellen und zum Teil sehr materiellen Interessen, welche damit verknüpft sind, erheischen dann gebieterisch, daß eine mit *Führer*eigenschaften ausgestattete Persönlichkeit an die Spitze kommt. Es besteht dann, und nur dann, der Anreiz für die politischen Temperamente und politischen Begabungen, sich der Auslese dieses Konkurrenzkampfes zu unterziehen.

Ganz anders, wenn unter der Firma: „monarchische Regierung" die Besetzung der höchsten Stellen im Staate Gegenstand des *Beamtenavancements* oder höfischer Zufallsbekanntschaften ist, und wenn ein machtloses Parlament diese Art der Zusammensetzung der Regierung über sich ergehen lassen muß. Auch dann wirkt sich natürlich innerhalb des parlamentarischen Kampfes neben den sachlichen Gegensätzen der persönliche Machtehrgeiz aus. Aber in ganz anderen: subalternen, Formen und Richtungen. In der Richtung, welche er seit 1890 in Deutschland eingeschlagen hat. Neben der Vertretung von lokalen wirtschaftlichen Privatinteressen einflußreicher Wähler ist dann die *kleine,* subalterne *Patronage* ausschließlich der Punkt, um den sich letztlich alles dreht. Der Konflikt zwischen dem Reichskanzler Fürsten Bülow und dem Zentrum z. B. entstand nicht über sachliche Meinungsgegensätze, sondern es war wesentlich der Versuch des damaligen Kanzlers, sich jener Ämterpatronage des Zentrums zu entziehen, welche noch heute der Personalzusammensetzung mancher Reichsbehörden in starkem Maße das Gepräge gibt. Und das Zentrum steht darin nicht allein. Die konservativen Parteien haben das Ämtermonopol in Preußen und suchen den Monarchen mit dem Gespenst der „Revolution" einzuschüchtern, sobald diese Pfründeninteressen bedroht werden. Die von den Staatsämtern durch sie dauernd ausgeschlossenen Parteien aber suchen für sich Entschädigung in Gemeinde- oder Krankenkassen-Verwaltungen und treiben, wie früher die Sozialdemokratie, im Parlament eine staatsfeindliche oder staatsfremde Politik. Dies ist selbstverständlich. Denn *jede* Partei erstrebt als solche: *Macht,* das heißt: Anteil an der *Verwaltung* und also: am Einfluß auf die Ämterbesetzung. Den haben die herrschenden Schichten bei uns in einem Maße wie nur irgendwo sonst. Nur daß sie der *Verantwortung* dafür entzogen sind, weil die Stellenjagd und Patronage hinter den Kulissen vor sich geht und sich auf die unteren, für die Personalien nicht *verantwortlichen* Stellen erstreckt. Das Beamtentum aber findet bei uns seine Rechnung dabei, seinerseits persönlich *unkontrolliert* zu schalten, dafür aber den maßgebenden Parteien in Gestalt jener *kleinen* Pfründenpatronage die erforderlichen Trinkgelder zu zahlen. Dies ist die selbstverständliche Folge davon, daß die Partei (oder Parteikoalition), in deren Hand jeweils tatsächlich die Mehrheitsbildung für oder gegen die Regierung im Parlament liegt, *nicht* als solche offiziell zur Besetzung des verantwortlichen *höchsten* politischen Postens berufen wird.

Andererseits ermöglicht dieses System Leuten, welche die Qualitäten eines brauchbaren Beamten, aber *keinen Hauch staatsmännischer Begabung* besitzen, sich so lange in leitenden politischen Stellungen zu behaupten, bis irgendeine Intrige sie zugunsten einer anderen gleichartigen Persönlichkeit von der Bildfläche verschwinden läßt. Wir haben also die parteipolitische Ämterpatronage bei uns wie in irgendeinem anderen Land. Nur in unehrlich verhüllter Form und vor allem so, daß sie stets zugunsten bestimmter, als „hoffähig" geltender Parteimeinungen wirkt. Aber diese Einseitigkeit ist bei weitem noch nicht das Übelste an dem bestehenden Zustand. Sie wäre rein politisch zu ertragen, wenn sie nur wenigstens *die* Chance böte, daß aus der Mitte jener „hoffähigen" Parteien politisch zur Leitung der Nation qualifizierte *Führer* in die maßgebenden Stellen aufsteigen könnten. Das aber ist nicht der Fall. Das ist nur dann möglich, wenn parlamentarisches System oder wenigstens parlamentarische Ämterpatronage für die Führerstellungen besteht. Wir knüpfen zunächst an ein rein *formelles* Hindernis an, welches die jetzige Reichsverfassung ihr in den Weg stellt.

Der Art. 9 der Reichsverfassung, letzter Satz, lautet: „Niemand kann gleichzeitig Mitglied des *Bundesrats* und des *Reichstags* sein." Während also in parlamentarisch regierten Ländern es als unbedingt erforderlich gilt, daß die leitenden Staatsmänner dem Parlament angehören, ist das in Deutschland rechtlich unmöglich. Der Reichskanzler oder ein zum Bundesrat bevollmächtigter einzelstaatlicher Minister oder ein Staatssekretär des Reichs kann zwar einem einzelstaatlichen Parlament, z. B. dem preußischen Landtag, angehören, also dort eine Partei beeinflussen oder sogar leiten, aber nicht: dem Reichstag. Die Bestimmung war einfach eine mechanische Nachahmung des englischen Ausschlusses der Peers vom Unterhaus (wohl durch Vermittlung der preußischen Verfassung) und beruht also auf Gedankenlosigkeit. Sie hat *wegzufallen.* Dieser Wegfall bedeutet an sich noch nicht die Einführung des parlamentarischen Systems oder der parlamentarischen Amtspatronage, sondern nur die *Möglichkeit,* daß ein politisch fähiger Parlamentarier zugleich eine politisch leitende Reichsstellung übernimmt. Es ist nicht einzusehen, warum ein Abgeordneter, der sich zu einer leitenden Stellung im Reich geeignet zeigt, genötigt werden soll, sich zunächst politisch zu entwurzeln, um sie zu übernehmen.

Wenn Bennigsen seinerzeit in die Regierung eingetreten, und also aus dem Reichstag ausgetreten wäre, so hätte Bismarck einen bedeutenden politischen *Führer* zu einem parlamentarisch wurzellosen Verwaltungs*beamten* gemacht, die Leitung der Partei aber wäre in die Hände des linken Flügels gefallen, oder es wäre – und vielleicht war dies seine Absicht – die Partei zerfallen. Genau so hat jetzt der Übertritt des Abgeordneten Schiffer in die Regierung diesem den Einfluß auf die Partei genommen und dadurch diese dem schwerindustriellen Flügel ausgeliefert. Man „köpft" also auf diesem Wege die Parteien und gewinnt doch für die Regierung statt brauchbarer Politiker Fachbeamte ohne die Fachkenntnisse der Ämterlaufbahn und dabei ohne den Einfluß, welchen das Mitglied des Parlaments hat. Und: man pflegt so ziemlich die elendeste Form von Trinkgeldersystem, die man einem Parlament gegenüber anwenden kann. Das Parlament als Sprungbrett der Karriere für talentierte Staatssekretärskandidaten: diese charakteristische Bürokratenauffassung vertreten politische und fachjuristische Literaten, welche das Problem des deutschen Parlamentarismus dergestalt auf spezifisch „deutsche" Art gelöst finden! Das sind die gleichen Kreise, welche über die angeblich nur „westeuropäische" und spezifisch „demokratische" Stellenjägerei höhnen! Daß parlamentarische Führer nicht das Amt mit seinem Gehalt und Rang, sondern die *Macht* mit ihrer politischen *Verantwortung* suchen, und daß sie diese nur haben können, wenn sie im Parlament in ihrer Parteigefolgschaft wurzeln, daß es ferner zweierlei ist: das Parlament zur Auslesestätte von Führern oder von Amtsstrebern zu machen, – dies werden sie nie begreifen. Jahrzehntelang haben die gleichen Kreise darüber gespottet, daß die deutschen Parlamente und ihre Parteien in der Regierung immer eine Art von natürlichem Feind sähen. Aber es stört sie nicht im mindesten, daß durch die ausschließlich sich gegen den Reichstag wendende Schranke des Art. 9 Satz 2 kraft Gesetzes Bundesrat und Reichstag wie feindliche Mächte behandelt werden, die nur vom Bundesratstisch und der Rednertribüne aus miteinander Berührung pflegen können. Es ist der gewissenhaften Erwägung eines Staatsmannes, der ihn bevollmächtigenden Regierung und: seiner Wähler zu überlassen, ob er mit seinem Amt ein Mandat, die Leitung einer Partei oder doch die Tätigkeit in ihr zu vereinigen vermag, und ob die Instruktionen, nach denen er im Bundesrat stimmt, mit seinen eigenen Überzeugungen, die er im Reichstag vertritt, vereinbar sind.[4] Dem *leitenden* Politiker, vor allem demjenigen, der für die Instruktionen der „Präsidialstimme" im Reich die Verantwortung trägt, dem Reichskanzler und Auswärtigen Minister Preußens also, muß die *Möglichkeit* offenstehen, den Bundesrat als Vorsitzender unter Kontrolle der Vertreter der anderen Staaten zu leiten und zugleich den Reichstag als stimmführendes Mitglied einer Partei zu beeinflussen. Heute freilich gilt es für „vornehm", wenn sich ein Staatsmann von den Parteien fernhält. Graf Posadowsky glaubte es sogar seinem *früheren* Amt schuldig zu sein, sich keiner Partei anzuschließen, d. h. den Reichstag dazu zu mißbrauchen, in ihm als einflußloser akademischer Vortragskünstler aufzutreten. Einflußlos: denn wie vollzieht sich der Gang der Geschäfte im Parlament?

Reden, die ein Abgeordneter hält, sind heute keine persönlichen Bekenntnisse mehr, noch viel weniger Versuche, die Gegner umzustimmen. Sondern sie sind amtliche Erklärungen der Partei, welche dem Lande „zum Fenster hinaus" abgegeben werden. Haben Vertreter aller Parteien ein- oder zweimal reihum gesprochen, so wird die Debatte im Reichstag geschlossen. Die Reden werden vorher in der Fraktionssitzung vorgelegt oder doch in allen wesentlichen Punkten dort vereinbart. Ebenso wird dort vorher bestimmt, wer für die Partei zu sprechen hat.

[4] Es ist ergötzlich, wenn gerade in der „Kreuzzeitung" ein Anonymus die Unmöglichkeit dieser Vereinigung in juristischem Formalismus daraus ableitet: daß die Abgeordneten nach freier Überzeugung, die Bundesratsmitglieder aber nach Instruktionen zu stimmen haben. Daß zahlreiche *Landräte*, denen seit Puttkamer „die Vertretung der Politik der Regierung" obliegt, im preußischen Landtag sitzen, stört die „Kreuzzeitung" nicht! Vollends nicht: *Staatssekretäre* des Reiches, die als Abgeordnete im preußischen Landtag nach freier Überzeugung die Instruktionen, welche ihnen als Bundesratsmitgliedern die *diesem Landtag verantwortliche* Regierung gibt, kritisieren sollen! – Kann sich der an der Spitze einer Partei stehende Staatsmann als Bundesratsmitglied diejenigen Instruktionen *nicht* erwirken, welche seiner Überzeugung entsprechen, *so hat er eben zu gehen.* Das sollte freilich schon heute *jeder* „Staatsmann" tun! Siehe weiter unten!

Die Parteien haben ihre Spezialexperten für jede Frage, wie die Bürokratie ihre zuständigen Beamten hat. Sie haben allerdings auch ihre Drohnen, Paraderedner, die nur zu repräsentativen Zwecken mit Vorsicht verwertbar sind, neben ihren Arbeitsbienen. Wenn auch nicht ausnahmslos, so gilt aber doch im ganzen der Satz: wer die Arbeit tut, hat den Einfluß. Diese Arbeit aber vollzieht sich hinter den Kulissen, in den Kommissions- und Fraktionssitzungen, bei den wirklich scharf arbeitenden Mitgliedern aber vor allem: in ihren Privatbüros. Eugen Richters trotz ausgesprochener Unbeliebtheit innerhalb seiner eigenen Partei unerschütterliche Machtstellung z. B. beruhte auf seiner überaus großen Arbeitsamkeit und insbesondere auf seiner unerreichten Kenntnis des Etats. Er war wohl der letzte Abgeordnete, der dem Kriegsminister jeden Pfennig, bis in die letzte Kantine hinein, nachrechnen konnte; das ist wenigstens mir gegenüber, trotz allen Verdrusses, von Herren dieser Verwaltung öfter bewundernd anerkannt worden. In der jetzigen Zentrumspartei beruht die Stellung des Herrn Matthias Erzberger wiederum auf seinem *Bienenfleiß*, der den sonst, nach dem immerhin begrenzten Maß seiner politischen Begabung, schwer verständlichen Einfluß dieses Politikers begründet.

Aber ein noch so großer Fleiß qualifiziert weder zum Führer und Leiter eines Staates, noch, was dem Wesen nach davon *keineswegs* so verschieden ist, wie unsere romantischen Literaten glauben, einer Partei. Es hat in Deutschland, nach meiner Kenntnis wenigstens, früher in ausnahmslos *allen* Parteien Persönlichkeiten mit den *vollen* Eigenschaften eines politischen Führers gegeben. Die Nationalliberalen v. Bennigsen, v. Miquel, v. Stauffenberg, Volk und andere, die Zentrumsleute v. Mallinckrodt, Windthorst, die Konservativen v. Bethusy-Huc, v. Minnigerode, v. Manteuffel, der Fortschrittler v. Saucken-Tarputschen, der Sozialdemokrat v. Vollmar waren politisch qualifizierte Führernaturen. Sie alle schwanden dahin oder traten, wie v. Bennigsen in den achtziger Jahren, aus dem Parlament aus, weil keinerlei Chance bestand, *als* Parteiführer zur Führung der Staatsgeschäfte zu gelangen. Soweit Parlamentarier, wie v. Miquel und Möller, Minister wurden, mußten sie zuerst politisch gesinnungslos werden, um in die reinen Beamtenministerien eingefügt werden zu können.[5] Aber es gibt *geborene Führernaturen auch heute in Deutschland*, und zwar in großer Zahl. Ja, wo stecken sie denn? Das ist nach dem früher Gesagten leicht zu beantworten. Um nur an ein Beispiel anzuknüpfen, bei welchem die politischen und sozialpolitischen Ansichten des Betreffenden den meinigen so radikal wie nur möglich entgegengesetzt sind: glaubt jemand, es sei dem jetzigen Leiter der Kruppwerke, einem früheren Ostmarkenpolitiker und Staatsbeamten, vom Schicksal an die Stirn ge-

[5] Der Minister Möller erklärte seinerzeit: er sei in der *unangenehmen* Lage, daß man aus seinen früheren Reden seinen persönlichen Standpunkt so genau kenne!

schrieben gewesen, daß er das größte industrielle Unternehmen Deutschlands leiten werde und *nicht* ein maßgebendes Ministerium oder eine machtvolle Parlamentspartei? Warum tut er also das eine, und warum würde er sich (wie ich annehme) zu dem anderen wohl unter den heutigen Bedingungen keinesfalls bereitfinden lassen? Etwa um bessere Geldeinnahmen zu erzielen? Ich vermute vielmehr: aus dem sehr einfachen Grunde, weil ein Mann von starken Machtinstinkten und sonst entsprechenden Qualitäten bei uns infolge der politischen Struktur des Staates – und das heißt ganz einfach: infolge der *Machtlosigkeit* des Parlaments und des damit zusammenhängenden reinen *Beamtencharakters* der Ministerstellungen – ja geradezu ein Narr sein müßte, um sich in dies jämmerliche Getriebe kollegialen Ressentiments und auf dies Glatteis höfischer Intrigen zu begeben, wenn seinem Können und Wollen ein Tätigkeitsfeld winkt, wie es die Riesenunternehmungen, Kartelle, Bank- und Großhandelsbetriebe zu eröffnen vermögen. Seinesgleichen ziehen es vor, alldeutsche Zeitungen zu finanzieren und darin die Literaten ihr Geschwätz machen zu lassen. Dorthin, in den Dienst privatkapitalistischer Interessen, werden im Wege jener *negativen Auslese,* welche unsere sogenannte „monarchische Regierung" praktisch, von allem Phrasenwerk entblößt, bedeutet, die sämtlichen Führertalente der Nation abgedrängt. Denn *nur* auf jenem Gebiet findet heute so etwas wie eine Auslese von Führerqualitäten überhaupt statt. Warum dort? Nun, weil die Gemütlichkeit, und das heißt in diesem Fall: die *Literatenphrase,* notwendig da aufhört, wo es sich um ökonomische Interessen von Hunderten und Tausenden von Millionen Mark und Zehntausenden und Hunderttausenden von Arbeitskräften handelt. Und warum in der Leitung des Staates *nicht?* Weil eine der schlimmsten Erbschaften der Bismarckschen Herrschaft es gewesen ist, daß er sein cäsaristisches Regime mit der *Legitimität des Monarchen zu decken* für zweckmäßig hielt. Das machten seine Nachfolger, die ihrerseits keine Cäsaren, sondern schlichte Beamte waren, ihm getreulich nach. Die politisch unerzogene Nation nahm jene Redensarten Bismarcks für bare Münze, während die Literaten den bei ihnen üblichen Beifall spendeten. Ganz natürlich. Sie examinieren künftige Beamte, fühlen sich selbst als Beamte und als Väter von Beamten. Und ihr Ressentiment richtet sich gegen jedermann, der auf anderen Wegen als dem der Legitimation durch Examensdiplome Macht erstrebt und erlangt. Unter Bismarck der eigenen Sorge um die öffentlichen Angelegenheiten, speziell die auswärtige Politik, entwöhnt, ließ sich die Nation infolgedessen etwas als „monarchische Regierung" aufschwatzen, was in Wahrheit nur die Unkontrolliertheit einer reinen Beamtenherrschaft bedeutete, innerhalb deren, wenn sie *unter sich* gelassen wird, politische Führerqualitäten noch nie und nirgends in aller Welt geboren und in die Höhe gekommen sind. Nicht daß in unserem Beamtentum sich *nicht auch* Leute mit Führerqualitäten befänden: *es liegt hier sehr ferne, das zu behaupten!* Aber nicht nur stellen die Konventionen und inneren Eigentümlichkeiten der Amtshierarchie gerade ihrem Aufstieg ganz ungewöhnliche Hindernisse in den Weg und ist das Wesen der Stellung eines modernen Verwaltungsbeamten der Entwicklung *politischer* Selbständigkeit (die wohl zu unterscheiden ist von innerer Unabhängigkeit des rein *persönlichen* Charakters) im ganzen höchst ungünstig. Sondern das Wesen aller Politik ist, wie noch oft zu betonen sein wird: *Kampf, Werbung von Bundesgenossen und von freiwilliger Gefolgschaft,* – und dazu, sich in dieser schweren Kunst zu üben, bietet die Amtslaufbahn des Obrigkeitsstaats nun einmal keinerlei Gelegenheit. Für Bismarck bot bekanntlich der Frankfurter Bundestag die Schule. Im Heer ist die Schulung eine solche für den Kampf und kann militärische Führer gebären. Für den modernen Politiker aber ist der Kampf im Parlament und für die Partei im Lande die gegebene Palästra, die durch nichts anderes – am wenigsten durch die Konkurrenz um Avancement – gleichwertig zu ersetzen ist. Natürlich nur in einem Parlament und für eine Partei, deren Führer die *Macht* im Staate erwirbt.

Was in aller Welt soll dagegen eine Partei, welche günstigenfalls die Chance hat, ein paar Budgetposten so zu ändern, wie es die Interessen ihrer Wähler wünschenswert machen, und einigen Protegés ihrer Parteigrößen ein paar kleine Pfründen zu verschaffen, für eine Anziehungskraft auf Männer mit Führerqualitäten ausüben? Welche Gelegenheit bietet sie ihnen denn, solche zu entfalten? Bis in die kleinsten Einzelheiten der Geschäftsordnung und der Konventionen des Reichstags und der Parteien spricht sich heute die Einstellung unseres Parlaments auf bloß negative Politik aus. Es sind mir nicht wenige Fälle bekannt, in welchen innerhalb der Parteien junge Talente mit Führereigenschaften von den alten verdienten Lokal- und Parteigrößen einfach niedergehalten wurden, wie es in jeder Zunft geschieht. Das ist in einem *machtlosen* Parlament, welches auf negative Politik beschränkt ist, selbstverständlich. Denn dort herrschen die Zunftinstinkte allein. Das könnte sich dagegen eine Partei *niemals* gestatten, deren Existenz auf die Teilnahme an der *Macht und Verantwortung im Staate* zugeschnitten wäre, bei der infolgedessen jeder Parteigenosse im Lande draußen wissen würde: daß Sein und Nichtsein der Partei und aller der Interessen, die ihn an sie knüpfen, daran hängt, daß sie sich den Leuten mit Führereigenschaften, über die sie verfügt, *unterordnet.* Denn nicht die vielköpfige Versammlung des Parlaments als solche kann „regieren" und die Politik „machen". Davon ist nirgends in der Welt die Rede, auch nicht in England. Die ganze breite Masse der Deputierten fungiert *nur* als Gefolgschaft für den oder die wenigen „leader", welche das Kabinett bilden, und gehorcht ihnen blind, *solange* sie Erfolg haben. *Das soll so sein.* Stets beherrscht das „Prinzip der kleinen Zahl", d. h. die überlegene politische Manövrierfähigkeit *kleiner* führender Gruppen, das politische Handeln. Dieser „cäsaristische" Einschlag ist (in *Massenstaaten)* unausrottbar.

Er allein gewährleistet es aber auch, daß auf bestimmten Persönlichkeiten der Öffentlichkeit gegenüber die *Verantwortlichkeit* ruht, die sich innerhalb einer vielköpfig regierenden Versammlung ja ganz verflüchtigen würde. Gerade in der eigentlichen Demokratie zeigt sich das. Durch Volkswahl ins Amt berufene Beamte bewähren sich nach den bisherigen Erfahrungen in zwei Fällen. Einerseits im lokalen Kantonalverband, wo man sich bei stabiler Bevölkerung gegenseitig persönlich kennt, also die Bewährung innerhalb der Nachbarschaftsgemeinschaft die Wahl bestimmen kann. Andererseits, mit erheblichen Vorbehalten, bei der Wahl des *höchsten* politischen Vertrauensmanns einer Nation in einem *Massenstaat.* Selten der hervorragendste, aber im Durchschnitt doch: geeignete politische Führer gelangen so zur höchsten Macht. Für die ganze Masse der mittleren Beamten, vor allem derjenigen, welche Fachschulung benötigen, versagt dagegen in Massenstaaten das Volkswahlsystem in aller Regel völlig und aus begreiflichen Gründen. In Amerika waren die vom Präsidenten ernannten Richter den vom Volk gewählten turmhoch an Tüchtigkeit und Integrität überlegen. Deshalb, weil in dem jene ernennenden Führer eine immerhin für die Qualität der Beamten *verantwortliche* Stelle vorhanden war und die herrschende Partei es daher später am eigenen Leibe spürte, wenn gröbliche Mißgriffe begangen wurden. Die Herrschaft des gleichen Wahlrechts in den großen Kommunen hat daher dort immer wieder dahin geführt: daß ein Vertrauensmann der Bürgerschaft durch Volksabstimmung zum Bürgermeister gewählt wurde mit weitgehender Freiheit, sich selbst seinen Verwaltungsapparat zu beschaffen. Nicht minder neigt die englische Parlamentsherrschaft zur Entwicklung solcher cäsaristischen Züge. Der leitende Staatsmann gewinnt dem Parlament gegenüber, aus dem er hervorgeht, eine immer überragendere Stellung.

Die Schwächen, welche der Auslese der führenden Politiker durch Parteiwerbung natürlich ebenso anhaften wie jeder menschlichen Organisation überhaupt, sind von den deutschen Literaten der letzten Jahrzehnte bis zum Überdruß breitgetreten worden. Daß auch die parlamentarische Parteiherrschaft dem einzelnen zumutet und zumuten muß, sich Führern zu fügen, die er oft nur als das „kleinere Übel" akzeptieren kann, ist einfach selbstverständlich. Aber der Obrigkeitsstaat läßt ihm 1. *gar keine* Wahl und gibt ihm 2. statt der *Führer* vorgesetzte *Beamte.* Das ist denn doch wohl ein kleiner Unterschied. Daß ferner die „Plutokratie" in Deutschland zwar in anderen Formen, der Sache nach aber ebenso blüht wie sonstwo, daß gerade die von den Literaten in den schwärzesten Farben und übrigens ohne jede Sachkunde gemalten großkapitalistischen Mächte, die ihre eigenen Interessen wahrhaftig selbst besser kennen als Stubengelehrte, und zwar gerade die rücksichtslosesten von ihnen: die Schwerindustriellen, bei uns *wie ein Mann* auf Seiten des *bürokratischen* Obrigkeitsstaates und *gegen* Demokratie und Parlamentarismus stehen, hat doch seine guten Gründe. Nur bleiben sie dem Horizont der literarischen Spießbürger verborgen. Mit dem philiströsesten Moralismus wird statt dessen die selbstverständliche Tatsache unterstrichen: daß der Wille zur *Macht* zu den treibenden Motiven der parlamentarischen Führer, das egoistische Streben nach Ämtern zu denen ihrer Gefolgschaft gehören. Als ob nicht ganz ebensoviel Streberei und Gehaltshunger, sondern ausschließlich und allein die selbstlosesten Beweggründe die bürokratischen Amtsreflektanten beseelten! Und was die Teilnahme der „Demagogie" an der Erlangung der Macht anlangt, so können die Vorgänge der soeben[6] schwebenden, *von gewissen amtlichen Stellen begünstigten* demagogischen Presseerörterungen über die Besetzung des Postens des deutschen Außenministers jedermann darüber belehren: daß gerade eine angeblich „monarchische" Regierung die Amtsstreberei und den Ressortkampf auf den Weg der allerverderblichsten Pressetreiberei verweist. In keinem parlamentarischen Staat mit starken Parteien wäre Schlimmeres möglich.

Die Motive des persönlichen Verhaltens sind innerhalb einer Partei gewiß ebensowenig nur idealistisch, wie die üblichen banausischen Avancements- und Pfründeninteressen der Konkurrenten in einer Beamtenhierarchie es sind. Um persönliche Interessen des einzelnen handelt es sich hier wie dort in der *Masse* der Fälle (und wird es sich auch in der vielgepriesenen „Solidaritätsgenossenschaft" des Zukunftsstaats der Literaten handeln). Es kommt nur alles darauf an: daß diese überall menschlichen, oft allzu menschlichen, Interessen so *wirken,* daß dadurch eine *Auslese* der mit Führerqualitäten begabten Männer wenigstens nicht geradezu *verhindert* wird. Das aber ist in einer Partei *ausschließlich* dann möglich, wenn ihren Führern im Falle des Erfolges die *Macht* und: die *Verantwortung* im Staate winkt. Es ist nur dann *möglich.* Aber es ist damit allein allerdings noch nicht gesichert.

Denn nicht ein redendes, sondern nur ein *arbeitendes* Parlament kann der Boden sein, auf dem nicht bloß demagogische, sondern echt *politische* Führerqualitäten wachsen und im Wege der Auslese aufsteigen. Ein arbeitendes Parlament aber ist ein solches, welches die *Verwaltung fortlaufend mitarbeitend kontrolliert.* Vor dem Krieg gab es das bei uns nicht. Nach dem Krieg *muß* aber das Parlament dazu umgebildet werden, oder wir haben die alte Misere. Davon ist jetzt zu reden.

III. Verwaltungsöffentlichkeit und Auslese der politischen Führer

Die ganze Struktur des deutschen Parlaments ist heute zugeschnitten auf eine lediglich *negative Politik:* Kritik, Beschwerde, Beratung, Abänderung und Erledigung von Vorlagen der Regierung. Alle parlamentarischen Gepflogenheiten ent-

[6] Januar 1918 (Orig.)

sprechen dem. Leider fehlt, infolge des geringen Interesses der Öffentlichkeit daran, neben guten juristischen Arbeiten über die Geschäftsordnung jegliche politische Analyse der wirklichen Lebensvorgänge des Reichstags, wie solche für außerdeutsche Parlamente vorliegen. Man mache aber den Versuch und bespreche irgendeine wünschenswerte Art von innerer Organisation des Reichstags und seines Geschäftsganges mit einem Parlamentarier, und man wird sofort auf allerhand konventionelle Gepflogenheiten und Rücksichten stoßen, welche lediglich auf die Bequemlichkeiten, Eitelkeiten, Bedürfnisse und Vorurteile verbrauchter Parlamentshonoratioren zugeschnitten sind und jeder politischen Aktionsfähigkeit des Parlaments Steine in den Weg rollen. Schon die einfache Aufgabe einer wirksamen fortlaufenden Verwaltungskontrolle der Beamten wird dadurch gehemmt. Ist diese Kontrolle etwa überflüssig?

Glänzend bewährt hat sich das Beamtentum überall da, wo es an amtlichen, festumschriebenen Aufgaben *fachlicher* Art sein Pflichtgefühl, seine Sachlichkeit und seine Kraft der Beherrschung organisatorischer Probleme zu beweisen hatte. Wer selbst aus einer Beamtenfamilie stammt, wird der allerletzte sein, Flecken auf seinen blanken Schild kommen zu lassen. Aber hier handelt es sich um *politische,* nicht „dienstliche", Leistungen, und die Tatsachen selbst rufen die von keinem Wahrheitsliebenden zu verhehlende Erkenntnis in die Welt: *Gänzlich versagt* hat die Beamtenherrschaft da, wo sie mit *politischen* Fragen befaßt wurde. Das ist kein Zufall. Es wäre umgekehrt erstaunlich, wenn innerlich ganz fremdartige Fähigkeiten innerhalb desselben politischen Gebildes zusammentreffen würden. *Es ist wie gesagt, nicht Sache des Beamten,* nach seinen eigenen Überzeugungen mitkämpfend in den politischen Streit einzutreten und, in diesem Sinn, „Politik zu treiben", die immer: Kampf ist. Sein Stolz ist es im Gegenteil, die Unparteilichkeit zu hüten und also: seine eigenen Neigungen und Meinungen überwinden zu können, um gewissenhaft und sinnvoll durchzuführen, was allgemeine Vorschrift oder besondere Anweisung von ihm verlangen, auch und gerade dann, wenn sie seinen eigenen politischen Auffassungen *nicht* entsprechen. Die *Leitung* der Beamtenschaft, welche ihr die Aufgaben zuweist, hat dagegen selbstverständlich fortwährend politische: – machtpolitische und kulturpolitische – Probleme zu lösen. Sie *darin* zu kontrollieren, ist die erste grundlegende Aufgabe des Parlaments. Und nicht nur die den höchstgestellten Zentralinstanzen zugewiesenen Aufgaben, sondern jede einzelne noch so rein technische Frage in den Unterinstanzen *kann* politisch wichtig und die Art ihrer Lösung durch politische Gesichtspunkte bestimmt werden. *Politiker* müssen der Beamtenherrschaft das Gegengewicht geben. Dagegen aber wehrt sich das Machtinteresse der *leitenden Instanzen* einer reinen Beamtenherrschaft, welche stets der Neigung zu möglichst unkontrollierter Freiheit und vor allem: zur Monopolisierung der Ministerstellen für das Beamtenavancement nachgehen werden.

Die Möglichkeit, das Beamtentum wirksam zu *kontrollieren,* ist an Vorbedingungen geknüpft.

Die Machtstellung aller Beamten ruht, außer auf der arbeitsteiligen Technik der Verwaltung als solcher, auf *Wissen.* Einem Wissen von zweierlei Art. Zuerst: dem durch Fachschulung erworbenen im weitesten Sinne des Wortes „technischen" *Fachwissen.* Ob es auch im Parlament vertreten ist oder sich Abgeordnete im Einzelfall privatim bei Spezialisten Auskunft einholen können, ist Zufall und Privatsache. Niemals ersetzt dies für die Verwaltungskontrolle das systematische (eidliche) *Kreuzverhör von Sachverständigen* vor einer Parlamentskommission unter Zuziehung der betreffenden Ressortbeamten, welches allein Kontrolle und Allseitigkeit der Befragung garantiert. Dem Reichstag *fehlt* das Recht dazu: er ist verfassungsmäßig *zur dilettantischen Dummheit verurteilt.*

Aber das Fachwissen allein begründet nicht die Beamtenmacht. Dazu tritt die durch die Mittel des amtlichen Apparates nur dem Beamten zugängliche Kenntnis der für sein Verhalten maßgebenden konkreten Tatsachen: das *Dienstwissen.* Nur wer sich diese Tatsachenkenntnis unabhängig vom guten Willen des Beamten beschaffen kann, vermag im Einzelfall die Verwaltung wirksam zu kontrollieren. Je nach den Umständen kommen Akteneinsicht, Augenscheinnahme, äußerstenfalls aber wiederum: das eidliche *Kreuzverhör* der Beteiligten als Zeugen vor einer Parlamentskommission in Betracht. Auch dieses Recht *fehlt* dem Reichstag. Er ist geflissentlich außerstande gesetzt, sich die zur Verwaltungskontrolle erforderlichen Kenntnisse zu beschaffen, also, außer zum Dilettantismus, auch *zur Unkenntnis verurteilt.*

Aus schlechthin *keinen sachlichen* Gründen. Sondern ausschließlich deshalb, weil das wichtigste *Machtmittel* des Beamtentums die Verwandlung des Dienstwissens in ein *Geheimwissen* durch den berüchtigten Begriff des „Dienstgeheimnisses" bildet: letztlich lediglich ein Mittel, die Verwaltung *gegen Kontrolle zu sichern.* Während die unteren Staffeln der Amtshierarchie durch die übergeordneten kontrolliert und kritisiert werden, versagt bei uns gerade gegenüber den obersten, also den mit der „Politik" befaßten, Stellen alle Kontrolle, technische wie politische überhaupt. Die für ein selbstbewußtes Volk nach Form und Inhalt nicht selten schmähliche Art, wie der parlamentarischen Vertretung gegenüber von Seiten der Verwaltungschefs Anfragen und Kritiken beantwortet werden, ist nur möglich, weil dem Parlament die Mittel versagt sind, sich durch Handhabung des sogenannten *„Enqueterechts"* jederzeit jene Kenntnis der Tatsachen und der technischen Fachgesichtspunkte zu verschaffen, welche allein ihm fortlaufende Mitarbeit und Einfluß auf die Richtung der Verwaltung ermöglichen würde. Zu allererst hier muß Wandel eintreten. Nicht etwa soll künftig der Reichstag in seinen Kommissionen sich in umfangreiche Studien vertiefen und darüber dicke Bände veröffentlichen: – dafür, daß dies nicht geschieht, sorgt übrigens seine Arbeitslast. Sondern das Enqueterecht ist als *gelegentliches* Hilfsmittel zu gebrauchen und bietet im übrigen: eine Rute, deren Vorhandensein die Verwaltungschefs zwingt, in einer Art Rede zu stehen, die seine Anwendung unnötig macht. In dieser Art der Verwertung dieses Rechts liegen die allerbesten Leistungen des englischen Parlaments. Die Integrität des englischen Beamtentums und der hohe Stand der politischen Erziehung des englischen Volkes beruhen wesentlich mit darauf, und man hat oft betont, daß in der Art, wie die Komiteeverhandlungen von der englischen Presse und deren Leserkreis verfolgt werden, der beste Maßstab für den politischen Reifegrad gegeben ist. Denn dieser äußert sich ja nicht in Mißtrauensvoten, Ministeranklagen und solchen Spektakelstücken des französisch-italienischen *unorganisierten* Parlamentarismus, sondern darin: daß eine Nation über die *Art der Führung ihrer Geschäfte* durch das Beamtentum orientiert ist, sie fortlaufend kontrolliert und beeinflußt. Nur Ausschüsse eines mächtigen Parlaments sind die Stätten und können sie sein, von wo jener erzieherische Einfluß ausgeübt werden kann. Das Beamtentum als solches aber kann dadurch im Endeffekt nur gewinnen. Selten und jedenfalls nicht bei parlamentarisch geschulten Völkern ist das Verhältnis des Publikums zum Beamtentum so verständnislos wie in Deutschland. Kein Wunder. Die *Probleme,* mit welchen die Beamten bei ihrer Arbeit zu ringen haben, treten ja bei uns nirgends sichtbar hervor. Ihre Leistung kann niemals verstanden und bewertet, das an Stelle positiver Kritik stehende sterile Schimpfen über den „heiligen Bürokratius" niemals überwunden werden, wenn der jetzige Zustand *unkontrollierter* Beamtenherrschaft anhält. Und auch die Machtstellung des Beamtentums würde da, wo sie hingehört, nicht geschwächt. Der spezialistisch eingeschulte „Geheimrat" ist seinem Minister (auch, und oft, gerade dem aus dem Fachbeamtentum hervorgegangenen Minister) im Fachbetrieb überall überlegen, in England ebenso (aber im ganzen nicht mehr) wie bei uns. Das *soll* so sein. Denn Fachschulung ist unter den modernen Verhältnissen unentbehrliche Voraussetzung für die Kenntnis der technischen Mittel zur Erreichung politischer Ziele. Aber politische Ziele zu setzen, ist keine Fachangelegenheit, und die *Politik* soll der Fachbeamte nicht rein als solcher bestimmen.

Die äußerlich ziemlich unscheinbare Änderung, welche durch eine vermittels des Enqueterechts gesicherte, fortlaufende Kontrolle und Mitarbeit der Parlamentausschüsse mit und gegenüber der Verwaltung bei uns eingeführt würde, ist die grundlegende Vorbedingung aller weiteren Reformen im Sinn einer Steigerung der positiven Leistungen des *Parlaments als Staatsorgan.* Sie ist insbesondere auch die unentbehrliche Voraussetzung dafür: daß das Parlament zur Auslesestätte für politische Führer wird. Das modische Literatengerede bei uns diskreditiert die Parlamente gern als Orte, wo nur „geredet" wird. Ähnlich, freilich weit geistvoller, hat Carlyle vor drei Generationen in England gegen das dortige Parlament gewettert, und doch wurde es immer mehr der ausschlaggebende Träger der englischen Weltmacht. Heute ist nun einmal nicht das eigene Dreinschlagen mit dem Schwert, sondern sind ganz prosaische Schallwellen und Tintentropfen: geschriebene und gesprochene *Worte,* die physischen Träger des leitenden (politischen und: militärischen!) Handelns. Es kommt nur darauf an, daß Geist und Kenntnisse, starker Wille und besonnene Erfahrung diese Worte: Befehle oder werbende Rede, diplomatische Noten oder amtliche Erklärungen im eigenen Parlament formen. In einem Parlament, welches nur Kritik üben kann, ohne sich die Kenntnis der Tatsachen verschaffen zu können, und dessen Parteiführer niemals in die Lage gesetzt werden, zeigen zu müssen, was sie selbst politisch leisten können, führen nur entweder kenntnislose Demagogie oder routinierte Impotenz (oder beide zusammen) das Wort. Es gehört zu jenem Kapital politischer Unreife, welches ein ganz unpolitisches Zeitalter bei uns aufgespeichert hat, daß der deutsche Spießbürger politische Gebilde wie das englische Parlament mit diesen, ihm von den jetzigen eigenen Verhältnissen her blindgewordenen Augen anzusehen gewohnt ist und darauf von der Höhe seiner eigenen politischen Ohnmacht selbstgefällig herabblicken zu können glaubt, – ohne zu bedenken, daß doch schließlich diese Körperschaft die Stätte der Auslese jener Politiker gewesen ist, welche es verstanden haben, ein Viertel der Menschheit zur Unterordnung unter die Herrschaft einer winzigen staatsklugen Minderheit zu bringen. Und zwar – die Hauptsache! – zu einem immerhin erheblichen Teil zur *freiwilligen* Unterordnung. Wo hat der vielgepriesene deutsche Obrigkeitsstaat denn ähnliche Leistungen aufzuweisen? Die politische Schulung für sie wird natürlich nicht in den ostensiblen und dekorativen Reden im Plenum eines Parlaments erworben. Sondern *innerhalb* der Parlamentslaufbahn nur in stetiger scharfer *Arbeit.* Keiner der bedeutenden englischen Parlamentsführer ist in die Höhe gekommen, ohne sich in der Arbeit der Komitees geschult zu haben und von dort aus oft durch eine ganze Reihe von Ressorts der Verwaltung hindurchgegangen und in ihre Tätigkeit eingeführt worden zu sein. *Nur* jene Schule intensiver Arbeit an den Realitäten der Verwaltung, welche der Politiker in den Kommissionen eines mächtigen *Arbeits*parlamentes durchzumachen hat und in der er sich bewähren muß, machen eine solche Versammlung zu einer Auslesestätte nicht für bloße Demagogen, sondern für sachlich arbeitende Politiker, als welche das englische Parlament (was ehrlicherweise niemand verkennen darf) bis heute unerreicht dasteht. Nur diese Art des Zusammenwirkens von Fachbeamtentum und Berufspolitikern garantiert die fortwährende Kontrolle der Verwaltung und durch sie die politische Erziehung und Schulung von Führern und Geführten. Durch effektive *Parlamentskontrolle* erzwungene *Publizität der Verwaltung* ist das, was als Vorbedingung jeder fruchtbaren Parlamentsarbeit und politischen Erziehung der Nation zu fordern ist. – Der Weg dazu ist auch bei uns beschritten.

Die Not des Krieges, die mit so manchen konservativen Phrasen aufräumte, hat den *„Hauptausschuß des Reichstags"* entstehen lassen: in der Art seines Arbeitens und seiner Publizität ein technisch und politisch noch höchst unvollkommenes, aber immerhin in der Richtung der Entwicklung eines Arbeitsparlaments liegendes Gebilde.

Die Unvollkommenheit für politische Zwecke lag schon in der ganz verkehrten und unorganisierten *Form* von Publizität, welche hier der Erörterung hochpolitischer Probleme gegeben wurde, schon durch den viel zu großen Umkreis, innerhalb dessen und vor welchem sie – in notwendig emotionaler Art – verhandelt wurden. Es war denn doch ein gemeingefährlicher Unfug, wenn „vertrauliche" militärtechnische (U-Boot-Frage!) und diplomatische Probleme Hunderte von Mitwissern besaßen, infolgedessen teils unter der Hand weitererzählt wurden, teils verunstaltet oder in sensationellen Andeutungen ihren Weg in die Presse fanden. *Aktuelle* Erörterungen der Außenpolitik und des Krieges gehören zur Beratung zunächst vor einen kleinen Kreis von Vertrauensmännern der Parteien. Und da Politik überhaupt stets von wenigen gemacht wird, dürfen eben auch die Parteien für hochpolitische Zwecke nicht nach Art von „Zünften", sondern nur nach Art von „Gefolgschaften" organisiert sein. Ihre *politischen* Vertrauensmänner müssen also „Führer" sein, das heißt: unbeschränkte Vollmacht für wichtige Entschließungen haben (oder innerhalb weniger Stunden von jederzeit zusammenzurufenden Ausschüssen einholen können). Man hat ja mit dem Siebenerausschuß des Reichstags für einen Einzelzweck einen Schritt getan, der scheinbar in dieser Richtung lag. Der Eitelkeit der Verwaltungschefs wurde Rechnung getragen, indem die Einrichtung nur als „provisorisch" bezeichnet und zunächst auch versucht wurde, die Parlamentarier *nicht* als „Parteivertreter" zu behandeln, – was der ganzen Einrichtung den politischen Sinn nahm und erfreulicherweise scheiterte. Allein so sachgemäß es an sich war, daß diese sieben Parteivertreter mit Regierungskommissaren an einem Tisch zusammensitzen und beraten sollten, so wären natürlich statt der sieben Bundesratsbevollmächtigten drei oder vier Vertreter der größten Mittelstaaten, und statt der übrigen die vier oder fünf ausschlaggebenden militärischen und innerpolitischen Verwaltungschefs oder ihre Vertreter die geeignete Ergänzung. Jedenfalls kann nur ein kleines Gremium mit Diskretionspflicht wirklich *politische* Entscheidungen in hochgespannter Lage beratend *vorbereiten.* Für die Kriegszeit war vielleicht die Schaffung dieses, mit den Regierungsvertretern die Vertreter *aller* großen Fraktionen vereinigenden gemischten Ausschusses angebracht. Ebenso könnte im Frieden für die Beratung bestimmter hochpolitischer Stellungnahmen, insbesondere in der Auslandspolitik, eine Zuziehung von Parteivertretern auf ähnlicher Grundlage vielleicht nützlich sein. Im übrigen ist aber dieses System von begrenzter Bedeutung, weder ein Ersatz für eine echte Parlamentarisierung des Regierungsbetriebes, noch ein Mittel für die Schaffung eines einheitlichen Regierungswillens. Denn dieser könnte, wo eine Mehrzahl von Parteien ihn stützen soll, nur durch *freie* zwischenparteiliche Konferenzen lediglich der für die *Mehrheits*bildung jeweilig ausschlaggebenden Parteien mit den Regierungsleitern geschaffen werden. Ein Ausschuß, in dem ein Vertreter der Unabhängigen Sozialisten und ein solcher der Konservativen beieinander sitzen, kann den Sinn, jene Art der Willensbildung zu ersetzen, schon rein an sich nicht haben. Das wäre ein politischer Ungedanke. Für die einheitliche Orientierung der *Politik* leisten solche Gebilde nichts.

Dagegen könnte für die normale *Verwaltungskontrolle* der Friedenszeit die Entwicklung gemischter Spezialausschüsse im Anschluß an den *Hauptausschuß* recht wohl ein geeignetes Instrument werden, vorausgesetzt, daß für eine gute fortlaufende Berichterstattung gegenüber der Öffentlichkeit gesorgt und eine geeignete Geschäftsordnung mit Wahrung der Einheitlichkeit bei Spezialisierung der Verhandlungsgegenstände der Unterausschüsse, zu denen die Bundesrats- und Ressortvertreter zuzuziehen wären, geschaffen würde. Was die mögliche politische Wirkung einer solchen Ausgestaltung betrifft, so wird sie ganz davon abhängen, wie in Zukunft die Stellung des Parlaments im Reiche und damit die Struktur seiner Parteien geartet sein wird. Bleibt alles beim alten, bleibt also insbesondere die mechanische Hemmung des Art. 9 der Reichsverfassung bestehen und bleibt überhaupt das Parlament auf „negative Politik" beschränkt – und die Tendenz des Beamtentums geht offenbar dahin, dies zu erreichen –, dann werden die Parteien ihre Vertreter in den Ausschüssen vermutlich an kleinliche imperative Mandate binden, jedenfalls ihnen keine *Führervollmacht* überlassen, auch im übrigen jede ihren eigenen Weg gehen, ausschließlich kleine Sondervorteile für ihre Schützlinge zu erhandeln trachten, und die ganze Einrichtung wird ein nutzloses und zeitraubendes Hemmnis der Verwaltung, nicht aber ein Mittel politischer Schulung und sachlich fruchtbarer Zusammenarbeit werden. Als positives Resultat könnte dann äußerstenfalls etwas Ähnliches herausspringen wie bei der Proportionalpatronage der Parteien in manchen Schweizer Kantonen: eine friedliche Verteilung von Bruchteilen des Einflusses auf die Verwaltung unter die einzelnen Parteien, und insoweit also: ein Abflauen des Parteikampfes. (Obwohl übrigens schon dies negative Resultat in einem Massenstaat mit hochpolitischen Aufgaben sehr weit davon entfernt ist, sicher erreichbar zu sein. Über die positiven praktischen Wirkungen sind die Schweizer meines Wissens geteilter Ansicht. Auch diese sind natürlich in einem Großstaat absolut anders einzuschätzen). Indessen, so unsicher jene idyllischen Perspektiven sind, – wem die Ausschaltung des politischen Parteikampfes das unbedingt höchste Gut ist, der wird sich an ihnen sicherlich erfreuen, und das Beamtentum seinerseits wird daraus Gewinn für die Sicherung der eigenen Machtstellung durch Fortsetzung des Systems der kleinen Trinkgelder erhoffen. Träte dazu dann noch irgendeine Art proportionaler Verteilung der Amtspfründen unter die verschiedenen „hoffähigen" Parteirichtungen, – so wäre das Resultat: „lauter vergnügte Gesichter", wohl noch in gesteigertem Grade zu erzielen. Allein die absolute Unwahrscheinlichkeit einer wirklichen Durchführung dieser friedlichen Pfründenverteilung auf dem Gebiet der *inneren Verwaltung:* Landräte, Regierungs- und Oberpräsidenten, in Preußen gegenüber dem Ämtermonopol der konservativen Partei ist klar. Und rein politisch würde jedenfalls auch *nicht* sehr viel *mehr* als dies dabei herauskommen: *Parteibeamten* und nicht: Partei*führern* wären Chancen, *nicht* der politischen *Macht* und Verantwortung, sondern des *Pfründenbesitzes,* eröffnet, – gewiß kein geeignetes Mittel für die Hebung des politischen Niveaus des Parlaments. Die Frage, ob etwa dadurch die Verwaltungskontrolle wirksamer gestaltet und ob die Reife der Bevölkerung für die Beurteilung der Verwaltungsleistung gesteigert würde, muß vollends ganz offen bleiben.

Unentbehrliche Garantie einer zweckentsprechenden Erörterung auch der einfachsten verwaltungstechnischen Fragen, selbst in einem solchen bürokratisierten Ausschuß, ist aber dessen Recht, nach Bedarf sich jederzeit das Fach- und Dienstwissen durch eigene Erhebung kurzerhand zu beschaffen. Ausschließlich und allein ganz unsachliche Prestige- oder deutlicher gesagt: *Eitelkeits*-Interessen und der Wunsch nach *Unkontrolliertheit* auf seiten des Beamtentums stehen dieser Forderung, die ja an sich noch keinerlei Entscheidung über die Frage der „parlamentarischen Regierung" bedeutet, sondern nur eine Vorbedingung ihrer zweckmäßigen Gestaltung enthält, im Wege.

Als einziges sachlich beachtliches Bedenken gegen das Enqueterecht pflegt von Staatsrechtslehrern geltend gemacht zu werden: daß der Reichstag in der Gestaltung der Geschäftsordnung gänzlich autonom sei, die jeweilige Mehrheit also eine Erhebung einseitig unterlassen oder so gestalten könne, daß das nicht festgestellt werde, was ihr unwillkommen sei. Zweifellos paßt die (indirekt) aus der englischen Theorie kritiklos übernommene Geschäftsordnungsautonomie (Artikel 27 R. V.) für *dies* Recht nicht. Vielmehr ist durch *gesetzliche* Normen die Garantie für die Verläßlichkeit zu schaffen. Insbesondere muß das Recht *unbedingt als Minoritätsrecht* (sagen wir etwa: auf Verlangen von 100 Abgeordneten) und natürlich mit dem Recht der Minderheit auf Vertretung, Fragestellung, Nebenbericht geschaffen werden. Schon um gegen jede künftig einmal mögliche parlamentarische *„Mehrheitswirtschaft"* und ihre bekannten Gefahren jenes *Gegengewicht der Publizität* zu bieten, welches in anderen Staaten fehlt und in England bisher nur durch die gegenseitige Parteicourtoisie gegeben war. Garantien sind aber nötig auch in anderen Richtungen. Solange es nun einmal konkurrierende Industrien, zwischen verschiedenen Ländern zumal, gibt, wird es unumgänglich sein, ihre technischen Betriebsgeheimnisse wenigstens vor tendenziöser Publikation hinlänglich zu schützen. Erst recht: militärtechnische Geheimnisse. Und endlich auch: schwebende Erwägungen der *auswärtigen Politik.* Diese gehören in diesem Stadium unbedingt vor ein mit Garantie der Diskretion umgebenes kleines Gremium. Denn es ist natürlich ein gerade jetzt durch die Tatsachen verspotteter Irrtum einzelner, namentlich russischer, Literaten: daß der Betrieb der auswärtigen Politik, etwa ein sachlicher Friedensschluß kriegführender Länder, durch öffentlich meistbietende Proklamation allgemeiner „Prinzipien" herbeigeführt werden könne statt durch sachliche Verhandlung über den bestmöglichen Ausgleich der doch nun einmal kollidierenden Interessen der Staaten und Nationen, die sich hinter jenen angeblichen „Prinzipien" verbergen. Ganz andere Mittel sind es jedenfalls, mit denen auf diesem Gebiet die Axt an die Fehler *unserer* Vergangenheit gelegt werden muß, als diese dilettantischen Literatenideen. Die in demokratischen Kreisen vielfach verbreitete Ansicht: daß die *Publizität* gerade der Diplomatie ein Allheilmittel sei, vor allem: stets für den Frieden wirke, ist in dieser Verallgemeinerung mißverständlich. Für endgültige, vorher überlegte *Stellungnahmen* hat sie ihr Recht. Für die Erwägungen *selbst* – solange es konkurrierende Staaten gibt – sowenig wie etwa für konkurrierende Industrien. Im geraden Gegensatz zu Fragen der inneren Verwaltung kann sie in diesem Stadium die *Sachlichkeit* und Unpräjudiziertheit der schwebenden Erwägungen schwer *stören* und den Frieden geradezu gefährden oder hindern. Die Erfahrungen dieses Krieges zeigen das auf das deutlichste. – Indessen, von der Außenpolitik ist noch gesondert zu reden.

Hier sei nur noch darauf hingewiesen, wie sich das Fehlen der parlamentarischen Führerschaft heute in Fällen innerer »*Krisen*« äußert. Dafür war der Verlauf des Erzbergerschen Vorstoßes im Juli dieses Jahres und der beiden späteren Krisen lehrreich. Es zeigte sich da in allen drei Fällen: was für Folgen es hat, wenn 1. Regierung und Parlament als zwei getrennte Organe einander gegenüberstehen und dabei das Parlament *nur* eine Repräsentation der Beherrschten und deshalb auf „negative Politik" (im obigen Sinne) eingestellt ist, – 2. die Parteien zunftartige Gebilde sind, weil politische Führer innerhalb des Parlaments keinen Beruf und daher in den Parteien keinen Platz finden, und wenn endlich – 3. die offiziellen Führer des Staats: die leitenden Beamten, den Parlamentsparteien nicht als deren Führer angehören, auch nicht *kontinuierlich* mit deren Führern in Berührung bleiben und die schwebenden Fragen vorberaten, sondern außerhalb ihrer, der konventionellen Prestige-Phrase nach: „über ihnen", stehen und sie deshalb nicht zu leiten vermögen. Als eine starke Reichstagsmehrheit auf einem positiven Entschluß der Reichsregierung bestand, versagte das System sofort an allen Enden. Die ratlosen Regierungsvertreter mußten die Zügel am Boden schleifen lassen, weil sie keinen Fuß in den Parteiorganisationen hatten. Der Reichstag selbst bot in seiner politischen Führerlosigkeit das Bild voller Anarchie, weil die (sogenannten) Parteiführer niemals ihren Platz am Regierungstisch gehabt hatten und auch damals als künftige Leiter der Regierung nicht in Betracht kamen. Die Parteien sahen sich vor eine Aufgabe gestellt, die bisher nie in ihren Gesichtskreis getreten war, und der sie daher weder nach ihrer Organisation, noch nach ihrem Personalbestand gewachsen waren: eine Regierung aus sich zu bilden. Dazu erwiesen sie sich selbstverständlich als völlig unfähig, machten gar nicht den Versuch dazu und konnten ihn auch gar nicht machen. Denn von der äußersten Rechten bis zur äußersten Linken verfügte keine einzige Partei über einen Politiker, der als Führer anerkannt gewesen wäre, – ganz ebensowenig wie das Beamtentum selbst.

Alle Parteien waren seit vierzig Jahren darauf eingestellt, daß der Reichstag lediglich die Aufgabe habe, „negative Politik" zu treiben. Erschreckend deutlich zeigte sich als Wirkung der Erbschaft Bismarcks jener „Wille zur Ohnmacht", zu dem durch ihn die Parlamentsparteien verdammt waren. Aber nicht einmal mitwirkend bei der Bestimmung der neuen Führer der Nation spielten die Parteien eine Rolle. Das Prestigebedürfnis oder deutlicher: die *Eitelkeit* der Beamtenherrschaft ertrug selbst dies und selbst in diesem kritischen Augenblick nicht, obwohl es die einfachste Klugheit geboten hätte. Anstatt von sich aus die Parteien vor die verfängliche Frage zu stellen: *wen* sie denn nun ihrerseits für die leitenden Stellen im Reich als Kandidaten zu präsentieren hätten?, oder wenigstens die weit praktischere: wie sie sich zu den Persönlichkeiten der einzelnen, als möglich in Betracht kommenden künftigen Leiter der Reichspolitik stellen würden?, verharrte die Bürokratie auf dem Prestige-Standpunkt: daß das eine Angelegenheit sei, welche die Volksvertretung nichts angehe. Außerparlamentarische Mächte griffen ein und bestellten die neue Regierung. Und diese trat nun nicht an die Parteien mit einem bestimmten sachlichen Vorschlag und der kategorischen Aufforderung heran: dazu mit „ja" oder „nein" Stellung zu nehmen. Der neue Reichskanzler mußte sich über den entscheidenden Punkt, wie erinnerlich, mehrere untereinander verschiedene Erklärungen abdringen und die Überwachung des Siebenerausschusses für eine außenpolitische Handlung gefallen lassen: – alles deshalb, weil er das *Vertrauen* des Parlaments nicht besaß. Und es verstand sich von selbst, daß die Geschwätzigkeit der Literaten durch das unerfreuliche und dem Ansehen Deutschlands nur abträgliche Schauspiel mit Genugtuung sich in ihrer beruhigenden Überzeugung bestätigt fand: daß der Parlamentarismus in Deutschland „unmöglich sei". Das Parlament habe „versagt". In Wahrheit versagte etwas ganz anderes: der Versuch der Führung des Parlaments durch ein außer Beziehung zu ihm stehendes Beamtentum, eben jenes System, welches unter dem Beifall der Literaten seit Jahrzehnten dahin gewirkt hat, das Parlament im Interesse der Unkontrolliertheit der Beamtenschaft zu positiven politischen Leistungen unfähig zu machen. Bei jeder Regierungspraxis, welche die Verantwortlichkeit ganz oder doch wesentlich mit auf die Schultern der Parteiführer legte und dadurch politischen Führernaturen die Möglichkeit böte, im Parlament die Geschicke des Landes mitbestimmend zu leiten, wäre die Lage völlig anders. Die Parteien hätten dann eine derart kleinbürgerliche und zünftlerische Organisation sich gar nicht gestatten können, wie sie jetzt im Reichstag besteht. Sie hätten unter dem absoluten Zwang gestanden, sich *Führern unterzuordnen,* und nicht, wie namentlich das Zentrum es tat, fleißigen Beamtennaturen, welchen im Augenblick, wo sie Führereigenschaften hätten entwickeln müssen, die Nerven versagten. Die Führer ihrerseits aber hätten im Fall einer solchen Krise unter dem Zwange gestanden, eine Koalition zu bilden, welche dem Monarchen ein positives Programm und bestimmte führende Persönlichkeiten vorgeschlagen hätte. Bei dem bestehenden System konnte nichts anderes eintreten als die Konsequenz der rein negativen Politik.

Der außerparlamentarisch bestimmte neue Leiter des Reichs fand nur ein Durcheinander vor, welches alsbald die gleiche Lage wieder schuf. Denn die Übernahme einiger sehr tüchtiger Parlamentarier in Regierungsämter bedeutete, zufolge des Art. 9 der R. Verf., nur: daß sie den Einfluß in ihrer Partei verloren und diese also geköpft oder desorientiert wurde. Genau so war es auch bei den Krisen im August und Oktober 1917. Das wiederum völlige Versagen der Regierung war die Folge davon, daß die leitenden Staatsmänner hartnäckig an dem Prinzip festhielten: die *ständige* Fühlung mit den Parteiführern und die Vorberatung der in der bevorstehenden Tagung zu erörternden Probleme mit den Vertretern mindestens derjenigen Parteien, die sie für sich zu gewinnen hoffen durften und wünschten, zu *vermeiden.* Schon der bloße Umstand: daß der im November neu ernannte Reichskanzler, auf Verlangen der Mehrheitsparteien des Reichstages, *vor* Übernahme des Amtes mit ihnen Fühlung nahm, und der fernere Umstand: daß nunmehr die rein politischen Ministerien mit geschulten Parlamentariern besetzt wurden, genügte, um endlich ein leidliches Funktionieren wenigstens der innerpolitischen Maschinerie zu ermöglichen, obwohl der Fortbestand des Art. 9 Satz 2 auch jetzt wieder seinen schädlichen Einfluß übte. Die Januarkrise bewies auch dem blödesten Auge: daß *nicht das Parlament* Quelle der innerpolitischen Krisen bei uns ist. Sondern zwei Umstände. Einmal der, daß der stets streng festgehaltene Grundsatz der Bismarckschen Politik verlassen wurde, wonach der Heerführer den Krieg führt nach *militärischen* Gesichtspunkten, der Politiker aber den Frieden schließt nach *politischen* Gesichtspunkten (unter denen rein technisch strategische Fragen *einen* – aber nur einen – Punkt bilden). Dann aber und vor allem der Umstand: daß irgendwelche subalternen Höflinge es nützlich und mit einer angeblich „monarchischen“ Regierung vereinbar fanden, interne Erörterungen der hohen Politik *in die Presse* zu lancieren. Aus *parteipolitischem* Interesse.

Denn unsere Zustände können jeden lehren: daß eine reine Beamtenherrschaft um dieser Eigenschaft willen nicht etwa schon: *keine Partei*herrschaft bedeutet. Andere als *konservative* Landräte sind in Preußen unmöglich, und der deutsche Scheinparlamentarismus beruht in allen seinen Folgen auf dem seit 1878 (nach der Unterbrechung der elf fruchtbarsten Jahre der deutschen Parlamentsarbeit) bestehenden, von den Parteiinteressenten gepflegten Axiom: daß jede Regierung und ihre Vertreter naturnotwendig „konservativ" sein müßten, einige Konzessionen an die Patronage der preußischen Bourgeoisie und des Zentrums in den Kauf nehmend. Dies und gar nichts anderes bedeutet bei uns die „Überparteilichkeit" der Beamtenherrschaft. Die Lehre des Krieges in allen Ländern: daß *alle* Parteien „national" werden, welche Anteil an der verantwortlichen *Macht* im Staat haben, hat daran bei uns nichts geändert. Die Parteiinteressen der im Machtbesitz befindlichen konservativen Beamtenschaft und der ihr angegliederten Interessentenkreise allein beherrschen die Leitung. Die unvermeidlichen Früchte dieses „cant" sehen wir vor uns, und sie werden sich auch nach dem Frieden einstellen. Nicht etwa das Parlament allein, sondern die Staatsgewalt als solche wird die Kosten zu tragen haben. –

Wer überhaupt die Zukunftsfrage der deutschen Staatsordnung anders stellt als dahin: *wie macht man das Parlament fähig zur Macht?,* der stellt sie von vornherein falsch. Denn alles andere ist Nebenwerk. –

Man muß sich nun klarmachen, daß dazu neben den erwähnten äußerlich unscheinbaren, aber praktisch wichtigen Ergänzungen seiner Machtbefugnisse und der Hinwegräumung des mechanischen Hindernisses des Art. 9 sowie starken Änderungen der Geschäftsordnung und der heutigen Konventionen des Parlaments vor allem eines gehört: die Entwicklung eines geeigneten *Berufsparlamentariertums.*

Der Berufsparlamentarier ist ein Mann, der das Reichstagsmandat ausübt nicht als gelegentliche Nebenpflicht, sondern – ausgerüstet mit eigenem Arbeitsbüro und -personal und mit allen Informationsmitteln – als Hauptinhalt seiner Lebensarbeit. Man mag diese Figur lieben oder hassen, sie ist rein technisch unentbehrlich, und sie ist daher *schon heute vorhanden.* Nur, der subalternen Stellung des Parlaments und den subalternen Chancen der Parlamentslaufbahn entsprechend, gerade in ihren einflußreichsten Exemplaren meist in ziemlich subalterner Form und: hinter den Kulissen. – Der Berufspolitiker kann ein Mann sein, der lediglich *von* der Politik und ihrem Getriebe, ihren Einflüssen und Chancen lebt. Oder ein solcher, der *für* die Politik lebt. Nur im letzteren Fall kann er ein Politiker großen Zuschnittes werden. Er kann das natürlich um so leichter, je mehr er durch Vermögen unabhängig und dadurch „abkömmlich", also nicht betriebsgebunden (Unternehmer), sondern: Rentner ist. Von den betriebsgebundenen Schichten sind nur die Advokaten „abkömmlich" und zu Berufspolitikern geeignet. Sowenig nun gewiß eine reine Advokatenherrschaft erwünscht wäre, so töricht ist doch die bei unsern Literaten meist übliche Minderschätzung der Qualifikation des Advokatentums für die politische Leitung. In einem Zeitalter der *Juristenherrschaft* ist der große *Advokat* der einzige Jurist, der – im Gegensatz zum Beamten – im *Kampf* und in der wirksamen *Vertretung einer Sache* durch Kampf geschult ist, und unseren öffentlichen Kundgebungen möchte man *wesentlich* mehr Geschultheit im (vornehm sachlichen) Advokatentum wünschen. Aber *nur* wenn das Parlament Führerstellungen mit Führerverantwortung in Aussicht stellt, werden nicht nur Advokaten großen Stils, sondern überhaupt unabhängige Persönlichkeiten für die Politik leben wollen. Sonst nur: besoldete Parteibeamte und Interessenvertreter.

Das Ressentiment der Partei-Beamtennaturen gegen echtes politisches Führertum spielt bei der Haltung mancher Parteien gegenüber der Frage der Parlamentarisierung, und das heißt: der parlamentarischen Führerauslese, stark mit. Es verträgt sich natürlich vortrefflich mit den gleichgesinnten Interessen der Bürokratie. Denn der Berufsparlamentarier an sich ist den Instinkten der bürokratischen Verwaltungschefs ein Dorn im Auge. Schon als unbequemer Kontrolleur und als Prätendent einer, immerhin, gewissen Anteilnahme an der Macht. Vollends aber, wenn er in einer Gestalt auftritt, um als möglicher Konkurrent um die *leitenden* Stellungen in Betracht zu kommen (was bei den Interessenvertretern eben *nicht* der Fall ist). Daher auch der Kampf für Erhaltung der Unwissenheit des Parlaments. Denn nur qualifizierte Berufsparlamentarier, welche durch die Schule intensiver Ausschußarbeit eines *Arbeits*parlaments gegangen sind, können verantwortliche Führer, nicht bloße Demagogen und Dilettanten aus sich hervorgehen lassen. Auf solche Führer und ihre Wirksamkeit muß die ganze innere Struktur des Parlaments zugeschnitten werden, wie es in ihrer Art diejenige des englischen Parlaments und seiner Parteien seit langem ist. Dessen Konventionen sind freilich für uns nicht übertragungsfähig. Wohl aber das Strukturprinzip. Alle Einzelheiten jener Änderungen der Geschäftsordnung und Konventionen, welche nötig wären, gehören nicht hierher: die ergeben sich sehr leicht, sobald der *Zwang* für die Parteien besteht, verantwortliche und nicht nur „negative" Politik zu treiben. Vielmehr ist hier kurz noch einer oft, aber meist in schiefer Art, besprochenen, in der Tat ernsten Hemmung zu gedenken, welche die Konstellation des deutschen *Parteiwesens* der Parlamentarisierung in den Weg legt.

Es ist ja zweifellos, daß die bequemste Grundlage für diese ein solches Zweiparteiensystem ist, wie es bis vor kurzem, mit immerhin schon sehr fühlbaren Durchbrechungen, in England bestand. Aber es ist keineswegs dafür unentbehrlich, und in allen Ländern, auch in England, geht die Entwicklung dahin, zu Parteikoalitionen zu nötigen. Weit wichtiger ist eine andere Schwierigkeit: parlamentarische Regierung ist nur möglich, wenn die größten Parteien des Parlaments prinzipiell zur Übernahme der verantwortlichen Leitung der Staatsgeschäfte *überhaupt bereit* sind. Und das war freilich bisher bei uns keineswegs der

Fall. – Vor allem die größte Partei: die Sozialdemokratie, war nicht nur durch die aus der Verfolgungszeit überkommenen pseudorevolutionären Konventionen (gegen die „Hofgängerei"), sondern auch durch gewisse evolutionistische Theorien daran gehindert, sich unter irgendwelchen Bedingungen zum Eintritt in eine Koalitionsregierung (oder, wo sie, wie in einem Kleinstaat, zeitweise allein die Mehrheit hatte, zur Übernahme der Regierung) bereitfinden zu lassen. Wesentlich mehr aber noch als jene theoretischen Beängstigungen wirkte und wirkt gerade jetzt bei ihr die Besorgnis: durch die unvermeidliche Gebundenheit jeder Regierung an die Existenzbedingungen einer auf absehbare Zeit hinaus kapitalistischen Gesellschaft und Wirtschaft bei den eigenen Klassengenossen diskreditiert und entwurzelt zu werden. Diese Lage veranlaßte ihre Führer, die Partei jahrzehntelang in eine Art von politischer Ghettoexistenz einzuschachteln, um jede befleckende Berührung mit dem Treiben eines bürgerlichen Staatsmechanismus zu meiden. So, trotz allem, auch jetzt. Der Syndikalismus, die unpolitische und antipolitische heroische Brüderlichkeitsethik, steht in einer Periode des Wachstums, und die Führer scheuen den Bruch der Klassensolidarität, welche später die Stoßkraft der Arbeiterschaft im ökonomischen Kampf vermindern würde. Zumal sie keinerlei Gewähr dafür haben, daß nach dem Krieg nicht die altüberlieferte Haltung der Bürokratie wieder auflebt. Es ist eine Grundfrage unserer Zukunft, wie sich die Haltung der Partei in Zukunft gestalten wird: ob bei ihr der Wille zur Macht im Staate oder ob die unpolitische Brüderlichkeitsethik der Klassengenossen und der nach dem Krieg sicherlich überall verstärkt emporschießende Syndikalismus die Oberhand behält. – Aus etwas anderen Gründen stand auch die zweitgrößte deutsche Partei: das Zentrum, dem Parlamentarismus bisher skeptisch gegenüber. Eine gewisse innere Wahlverwandtschaft der eigenen autoritären Gesinnung mit dem Obrigkeitsstaat kommt bei ihm den Interessen der Bürokratie entgegen. Wichtiger aber ist etwas anderes. Als geborene Minderheitspartei fürchtete es bei parlamentarischer Regierung auch in die parlamentarische Minderheit gedrängt und dadurch in seiner Machtstellung und in der Vertretung derjenigen Interessen, welchen es heute praktisch dient, gefährdet zu werden. Seine Machtstellung beruht in erster Linie auf außerparlamentarischen Mitteln: der Herrschaft des Klerus auch über die politische Haltung der Gläubigen. Innerhalb des Parlaments aber diente die Ausnützung der Chancen, welche der Betrieb der „negativen Politik" bot, den *materiellen* Interessen seiner Anhänger. Nach Erreichung aller wesentlichen, jedenfalls aller in Deutschland dauernd zu behauptenden kirchenpolitischen Ziele wurde das Zentrum aus einer ideologischen Weltanschauungspartei in der Praxis in zunehmendem Maße eine *Patronageversicherung für katholische Amtsanwärter* und andere katholische Interessenten, die sich – es ist hier gleichgültig, ob mit Recht – seit der Kulturkampfzeit benachteiligt fühlen. Darauf beruht heute ein erheblicher Teil seiner Macht. Gerade die Art seiner Stellung in den Parlamenten: als Zünglein an der Waagschale, ermöglichte es ihm, diese privaten Interessen seiner Schützlinge zu fördern. Denn das Beamtentum fügte sich dieser Patronage und „wahrte" dabei doch „sein Gesicht": sie blieb unoffiziell. Die Patronageinteressenten in der Partei fürchten nun nicht nur, daß die Parlamentarisierung und ihre Chancen für Perioden, in denen das Zentrum sich bei der *Minorität* befindet, gefährden werde, sondern noch etwas anderes. Unter dem jetzigen System blieb der Zentrumspartei jene *Verantwortlichkeit erspart*, welcher sie sich nicht hätte entziehen können, wenn ihre Führer formell der Regierung angehört hätten. Bequem wäre diese Verantwortung nicht immer gewesen. Denn während das Zentrum auch heute noch unter seinen Politikern eine Reihe sehr fähiger Köpfe zählt, finden sich unter den von ihm patronisierten Beamten neben brauchbaren Leuten auch so offenbare Talentlosigkeiten, wie sie eine verantwortlich in der Regierung sitzende Partei schwerlich mit Beamtenposten betraut hätte. Solche Persönlichkeiten können *nur* bei verantwortungsloser Patronage vorwärts kommen. Als offiziell regierende Partei hätte das Zentrum begabtere Kandidaten zu präsentieren.

Die *unoffizielle* Patronage ist, da sie unverantwortlich bleibt, eben die übelste, Mittelmäßigkeit begünstigende Form der parlamentarischen Patronage überhaupt, und sie ist Folge der konservativen *Beamtenherrschaft*, deren Fortbestand auf diesem Trinkgeldersystem ruht. Daß sich freilich die konservative und der spezifisch großkapitalistische Teil der heutigen nationalliberalen Partei bei den bestehenden Zuständen recht wohl befinden, nimmt nicht wunder. Über die Ämterpatronage entscheiden dabei ja nicht Politiker und Parteien, welche vor der Öffentlichkeit *verantwortlich* gemacht werden könnten, sondern private Konnexionen aller Art, von den sehr wichtigen *studentischen Couleurbeziehungen* angefangen bis zu den gröberen und feineren Formen kapitalistischer Empfehlungen. Der Großkapitalismus, den die blöde Unkenntnis unserer Ideologen als Verbündeten des verketzerten Parlamentarismus vermutet, steht daher *wie ein Mann* auf Seiten der Erhaltung der unkontrollierten Beamtenherrschaft. Er weiß gut: warum.

Dies ist derjenige Zustand, welchen die Literatenphrase bei uns mit verbissener Wut gegen die von ihr als „korrupt" und „undeutsch" perhorreszierte offene Parteiverantwortlichkeit für die Ämterpatronage zu verteidigen sich gewöhnt hat. In Wahrheit sind es einfach mächtige materielle Pfründnerinteressen in Verbindung mit kapitalistischer Ausnutzung von „Konnexionen", aber wahrhaftig nicht „der deutsche Geist", welche gegen die Parlamentarisierung der Patronage engagiert sind. Und es ist gar kein Zweifel, daß nur der Druck absolut zwingender politischer Umstände hier überhaupt Wandel schaffen könnte. „Von selbst" kommt die Parlamentarisierung gewiß nicht. Vielmehr ist nichts sicherer, als daß die denkbar stärksten Mächte ihr entgegenwirken. In allen genannten Parteien finden sich zwar neben jenen subalternen Patronageinteressenten und den einfachen Parlamentsroutiniers Ideologen und rein sachliche Politiker. Aber unter dem gegebenen System haben die ersteren schlechterdings die Oberhand. Und wenn diese Pfründentrinkgelder auf andere Parteien erstreckt würden, so würde sich das nur verallgemeinern. –

Die Nutznießer des bestehenden Zustandes und jene Literaten, welche arglos in den Dienst ihrer Phrasen treten, pflegen schließlich triumphierend die Eigenschaft Deutschlands als eines *Bundesstaats* als einen schon rein formell durchgreifenden Ausschließungsgrund des Parlamentarismus geltend zu machen. Hier soll zunächst der *rechtliche* Sinn der Frage auf dem Boden der geltenden geschriebenen Verfassung betrachtet werden. Da ist es denn doch geradezu unglaublich, daß diese Behauptung gewagt wird. Nach der Verfassung (Art. 18) steht dem Kaiser *ganz allein,* ohne jegliche Einmischung des Bundesrats, die Ernennung und Entlassung des Reichskanzlers und aller Reichsbeamten zu. Ihm allein schulden sie, innerhalb des Rahmens der Reichsgesetze, Gehorsam, und niemandem sonst. Solange dies gilt, ist jener föderalistische Einwand verfassungswidrig. Denn wenn der Kaiser von seinem Recht in der Art Gebrauch macht, daß er den oder die Führer der jeweiligen Parlamentsmehrheit zur Leitung der Reichspolitik beruft und zu Bevollmächtigten beim Bundesrat ernennt und sie ebenso auf Grund des Votums einer ausgesprochenen festen Mehrheit des Reichstags entläßt, oder wenn er zunächst wenigstens die Parteien bei der Ernennung maßgeblich *zu Rate zieht,* so kann dies nach der Verfassung niemand hindern. *Keine* Bundesratsmehrheit hat das Recht, den Reichskanzler zu stürzen oder ihn auch nur zu nötigen, politisch in der Art Rede zu stehen, wie er dies dem Reichstag gegenüber nach unbestrittener Auslegung des Art. 17 Satz 2 verfassungsmäßig zu tun verpflichtet ist. Der neuerdings gemachte Vorschlag: den Reichskanzler für nicht nur dem Reichstag, sondern auch dem Bundesrat verantwortlich zu erklären, wäre, so gewiß er auf seine politische Zweckmäßigkeit hin geprüft zu werden verdient (und weiterhin zu besprechen ist), eine Neuerung, ganz ebenso wie die hier vorgeschlagene Aufhebung des Art. 9 Satz 2. Wir werden uns später vergegenwärtigen müssen: daß die wirklichen Probleme der Parlamentarisierung, aber nicht nur dieser, sondern der Reichsverfassung überhaupt, nicht sowohl in den verfassungsmäßigen Rechten der anderen Bundesstaaten als vielmehr in deren Beziehungen zum Hegemoniestaat *Preußen* liegen. Vorher aber ist hier noch zu veranschaulichen: wie das bisherige Regierungssystem auf dem wichtigen Gebiet der *auswärtigen Politik* funktionierte. Denn gerade hier lassen sich die *innerlichen* Grenzen der Leistungsfähigkeit einer reinen Beamtenherrschaft und auch der furchtbare Preis deutlich aufzeigen, welchen wir dafür zu zahlen hatten, daß wir sie über uns ergehen ließen.

IV. Die Beamtenherrschaft in der auswärtigen Politik

In der *inneren* Verwaltung herrscht bei uns der spezifisch bürokratische Begriff des „Dienstgeheimnisses". In erstaunlichem Gegensatz dazu vollzogen sich eine Reihe der verschiedensten Akte unserer *Außen*politik in einer höchst dramatischen Öffentlichkeit. Und zwar in einer Öffentlichkeit von sehr besonderer Art.

Während mehr als eines Jahrzehnts, vom Krüger-Telegramm bis zur Marokkokrise, erlebten wir es, daß die politische Leitung Deutschlands die Veröffentlichung *rein persönlicher Äußerungen des Monarchen* über außenpolitische Fragen durch irgendwelche beflissene Hofbeamten oder Telegraphenagenturen teils duldete, teils geradezu ihrerseits dabei mitwirkte. Es handelte sich da um Vorgänge, welche von der allergrößten Tragweite für die Art der Gestaltung unserer Weltpolitik und insbesondere auch für das Zustandekommen der Weltkoalition gegen uns gewesen sind. Dabei sei nun von vornherein bemerkt: daß die Richtigkeit der Stellungnahme und die inhaltliche Berechtigung der Äußerungen des Monarchen *hier nicht* zur Erörterung stehen. Sondern ganz und gar das Verhalten der *Beamten.* Unter einer Deckadresse gegen den Monarchen persönlich zu polemisieren, würde der vom Nutzen monarchischer Institutionen in Großstaaten überzeugte Schreiber dieser Zeilen ebenso verschmähen wie die pseudomonarchische Schmeichelei oder das sentimentale Untertanengerede von Interessenten und Spießbürgern. Ein Monarch, der öffentlich mit ganz persönlichen, zum Teil außerordentlich scharfen Äußerungen hervortritt, muß sich allerdings erforderlichenfalls eine ebenso scharfe öffentliche Kritik gefallen lassen. Denn vor der Tatsache stehen wir: daß jene Methode unseres politischen Auftretens, welche in der *Veröffentlichung* monarchischer Äußerungen lag, tatsächlich stets erneut *geduldet* wurde. Wenn nun diese Methode ein schwerer politischer Fehler war – und davon wird die Rede sein –, dann beweist die Duldung jener trotzdem erfolgten Wiederholung, soweit dafür der Monarch materiell verantwortlich ist, die Notwendigkeit seiner unbedingt maßgeblichen Beratung *ausschließlich* durch die führenden Politiker, unter Ausschluß aller anderen, seien es höfische, seien es militärische oder irgendwelche sonstige Instanzen von der Möglichkeit irgendwelcher solcher Eingriffe in politisch wichtige Fragen. Würden „reale Garantien" dafür, daß dies geschieht, nicht gegeben, *dann* würde allerdings die Wendung einer ganz rückhaltlosen Kritik gegen den Monarchen auch ganz persönlich schlechthin politische Pflicht. Politisch wünschenswert wäre aber eine solche öffentliche Erörterung gegenüber dem Monarchen ganz gewiß nicht. Es ist durchaus kein veralteter Zopf, sondern Produkt alter politischer Weisheit und Erfahrung, welche den Monarchen gerade davor, in der demagogischen Art in die Öffentlichkeit gezerrt zu werden, wie es bei uns mehrfach geschah, zu bewahren sucht, indem sie sein Auftreten an strenge Formen und Voraussetzungen bindet und dadurch die Möglichkeit schafft, seine Person der Diskussion des Parteikampfs in der Öffentlichkeit grundsätzlich zu entziehen. Eben dies gibt ihm die Möglichkeit, in Fällen nationaler Erschütterungen, wo es wirklich erforderlich ist, seine Person mit um so unbezweifelbarerem Gewicht einzusetzen. Um eine Diskussion etwaiger Fehlgriffe des Monarchen handelt es sich also hier nicht. Sondern um die ganz andere Tatsache: daß die verantwortlichen *Leiter* des Reichs teils – und zwar in mindestens einem Fall sogar trotz der persönlichen Bedenken des Monarchen selbst dagegen – sich seines *öffentlichen* Auftretens oder der *Veröffentlichung* seiner Stellungnahme als diplomatischen Mittels geradezu bedienten, teils aber, ohne sofort ihr Amt zu quittieren, es duldeten, daß Äußerungen des Monarchen durch nichtverantwortliche Instanzen über ihren Kopf hinweg der Öffentlichkeit übergeben wurden. Es steht selbstverständlich und undiskutierbar dem Monarchen das Recht jeder politischen Stellungnahme zu. Ob aber diese und die Art ihrer Kundgebung nach Inhalt und Form der *Öffentlichkeit* zu unterbreiten ist und wie dies wirkt, – darüber muß die Erwägung und Entschließung unbedingt und ausschließlich in die Hände geschulter und verantwortlicher leitender *Politiker* gelegt werden. Der führende Staatsmann muß also vor jeder *Veröffentlichung* (überhaupt: *vor jeder Weitergabe* einer hochpolitischen Äußerung des Monarchen, welche zu deren *Veröffentlichung* führen kann) *vorher um seinen Rat gefragt, und dieser muß befolgt werden, solange er im Amt ist. Er und seine Kollegen verletzen ihre Pflicht, falls sie auf ihren Posten verbleiben, wenn dies auch nur ein einziges Mal nicht geschieht.* Hinter allem Gerede: daß „die Nation keinen Schattenmonarchen wolle" und ähnlichem, verbirgt sich, wenn die leitenden Staatsmänner des Reiches jene Konsequenz *nicht* ziehen, Amts*kleberei* und sonst gar nichts. Mit „Parlamentarismus" hat diese Frage als solche zunächst nichts zu tun, sondern einfach mit Pflichten der *politischen Ehre.* Darin aber ist wieder und wieder, und zwar in der allerschlimmsten Weise, bei uns gefehlt worden. Und daß diese Fehler gemacht sind, beruhte durchaus auf der falschen politischen Struktur unseres Staatswesens, welche Leute mit Beamtengeist dahin setzt, wohin Männer mit eigener politischer Verantwortung gehören. Die ganze Frage der Parlamentarisierung gewinnt ihr hochpolitisches Gepräge erst dadurch: daß es unter den heutigen Umständen keinerlei anderes technisches Mittel gibt, hier Wandel und zugleich *Garantien* des Wandels zu schaffen. Ausdrücklich sei, damit die Fragestellung nicht verschoben wird, noch hinzugefügt: nicht nur subjektiv begreiflich war in fast allen Fällen die persönliche Stellungnahme des Monarchen, sondern – soweit sich das damals übersehen ließ – wenigstens in manchen von ihnen auch politisch richtig. Und in einer Anzahl von ihnen war es überdies nicht unwahrscheinlich, daß die *diplomatische* Bekanntgabe seiner energischen persönlichen Stellungnahme (in geeigneter Form) an diejenigen Regierungen, welche sie anging, politisch nützlich wirken konnte. Die *öffentliche Be-*

kanntgabe, für deren Duldung oder Veranlassung die politischen Leiter Deutschlands die Verantwortung trugen, war das politisch Unverantwortliche. Denn es ist, was bei uns vergessen scheint, ein ganz gewaltiger Unterschied, ob ein leitender *Politiker* (Ministerpräsident oder selbst Präsident der Republik) öffentlich, etwa im Parlament, eine noch so geharnischte Erklärung abgibt, oder ob er eine persönliche Äußerung des *Monarchen* öffentlich bekanntgeben läßt und diese dann mit zugleich effektvoller und billiger Geste „deckt". Die Wahrheit ist: Ein öffentliches Wort des Monarchen ist der rücksichtslosen Kritik im *Inland* entzogen; es deckt dort also den *Staatsmann,* der es dazu mißbraucht, gegen rückhaltlose Kritik an seinem eigenen Verhalten. Aber das *Ausland* macht davor nicht Halt und – hält sich an den *Monarchen.* Ein Politiker kann und soll gehen, wenn die Lage sich ändert und also die erforderliche Stellungnahme sich verschiebt. Der Monarch dagegen soll bleiben. Mit ihm aber bleiben seine Worte. Vergebens sucht er, einmal persönlich *öffentlich* engagiert, sie, der veränderten Situation entsprechend, rückgängig zu machen. Leidenschaften und *Ehrgefühl* sind erregt; denn für die Nation wird es ein Ehrenpunkt, sich hinter den Monarchen zu stellen, dilettantische Literaten, wie die „Alldeutschen" und – ihre *Verleger,* machen gute Geschäfte. Inland und Ausland halten sich *dauernd* an die einmal gesprochenen Worte, und die Lage ist unelastisch festgefahren. Nach diesem Schema sind tatsächlich *alle* diese Fälle verlaufen. Gehen wir eine Anzahl von ihnen einmal rein sachlich durch, um zu erkennen, wo dabei der politische Fehler steckte.

Zunächst: das *Krüger-Telegramm.* Die Entrüstung über den Jamesoneinfall war berechtigt und wurde auch in der ganzen Welt (wie erinnerlich: auch vielfach in England selbst) geteilt. Nachdrückliche diplomatische Vorstellungen in London (auch unter Bezugnahme auf die Erregung des Monarchen) hätten angesichts dieser Situation recht wohl Erklärungen des damaligen englischen Kabinetts zur Folge haben können, über welche später vielleicht nicht ganz leicht hinwegzukommen gewesen wäre. Nebenher aber wäre vielleicht die Möglichkeit einer allgemeinen Verständigung über die beiderseitigen afrikanischen Interessen nähergerückt, wie sie z. B. Cecil Rhodes recht willkommen gewesen wäre und wie sie durchaus nötig war, wollten wir nach anderen Richtungen: im Orient, freie Hand haben und Italien beim Bündnis halten. Das *veröffentlichte* Telegramm aber wirkte selbstredend wie eine *Ohrfeige,* die jede sachliche Diskussion für beide Seiten ausschloß. Der Ehrenpunkt war nun im Spiel, realpolitische Interessen ausgeschaltet. Infolgedessen fanden spätere, vor und während des Burenkrieges und nachher unternommene Verständigungsaktionen über Afrika oder die allgemeine Politik die innerliche Zustimmung *keines* der beiden Völker, deren Ehrgefühl gegeneinander engagiert worden war, obwohl beide Teile dadurch sachlich auf ihre Rechnung hätten kommen können. Sie verliefen im Resultat so, daß Deutschland nach dem Kriege in der Rolle des Geprellten erschien. Über genügende Machtmittel zur wirksamen Unterstützung des Protests aber hätten wir 1895 schlechterdings *nicht* verfügt. Das Ende: der Nichtempfang des landflüchtigen Präsidenten, bleibt besser ohne Kritik. Denn die Hauptsache: die Preisgabe der Buren, trotz jenes Engagements des Monarchen, war unvermeidlich. General Botha aber erklärte bekanntlich im südafrikanischen Parlament 1914: das Verhalten Deutschlands war es, das uns unsere Unabhängigkeit gekostet hat.

Das Verhalten Japans 1914, Chinas 1917 hat in Deutschland Erstaunen hervorgerufen. Das erstere pflegt man ausschließlich mit der bekannten Aktion wegen Port Arthur von 1897, das letztere ausschließlich mit amerikanischem Druck, beide außerdem mit Opportunitätsgründen zu motivieren. So viel Richtiges daran sein mag, so trat doch ein anderes recht wichtiges Moment hinzu. Glaubt man bei uns denn wirklich, irgendein gebildeter Chinese oder Japaner hätte vergessen, daß gerade in Deutschland in Wort und Bild die Warnung vor der gelben Gefahr und die Mahnung zur „Wahrung der heiligsten Güter" durch den Monarchen *öffentlich* bekanntgegeben wurde? Die Rassenprobleme gehören in der internationalen Politik zu den allerschwierigsten, weil durch die Interessenkonflikte der weißen Völker komplizierten Fragen. Daß der Monarch dazu eine Stellung zu gewinnen suchte, war nur zu billigen. Aber welchem Ziel und vollends welchem *deutschen* politischen Ziel, gleichviel welcher Art, diente diese Art von *Veröffentlichung* seiner damaligen Stellungnahme? Ließ sie sich mit den deutschen Interessen in Ostasien auch nur irgendwie in Einklang bringen? Welche Machtmittel standen hinter ihr? Wessen Interessen mußte sie im Effekt dienen? Ferner: welchen politischen Zielen diente die Veröffentlichung der Chinareden gelegentlich der Sendung des Grafen Waldersee? Welchen die Veröffentlichung der im Kreise der Offiziere vielleicht ganz angebrachten Flottenreden? Der Ertrag der deutschen Chinapolitik stand in peinlichem und, muß hinzugesetzt werden: in keinem zufälligen Mißverhältnis dazu, welches dann unserem Prestige schwer schädlich wurde. Über die wenig erfreuliche Episode der Behandlung der „Sühnegesandtschaft" und ihrer – wiederum: *öffentlichen* – Erörterung sei vollends hinweggegangen. Es ist einfach unerfindlich, welchem realpolitischen *deutschen* Zweck Fürst Bülow mit der Zulassung dieser das chinesische Ehrgefühl ganz nutzlos verletzenden Romantik zu dienen wähnen konnte. Und falls er klug genug war, die politische Wertlosigkeit und Schädlichkeit all dieser Vorgänge zu durchschauen, dennoch aber mit Zuständen rechnen mußte, welche ihre Duldung herbeiführten, so mußte er *gehen,* im Interesse der Nation sowohl wie insbesondere auch in dem des Monarchen.

Ob die *Veröffentlichung* der Rede in Damaskus nach der politischen Lage gegenüber Rußland zweckmäßig war, ist schon von anderer Seite stark bezweifelt worden. Unsere Sympathien für die Islamkultur und unsere politische Interessiertheit an der Integrität der Türkei kannten die beteiligten Völker und Politiker auch ohne einen so lauten Akt. Den Schein aber, welchen diese *öffentliche* Kundgebung erweckte, hätten wir, auch abgesehen von der damaligen politischen Konstellation, in jedem Fall besser vermieden. Wessen Absichten dadurch gefördert werden mußten, war auch hier leicht zu sehen. –

Könnte man aber in diesem letzten Falle noch zweifeln, so liegt jedenfalls bei der, wiederum: *öffentlichen,* Rede in Tanger zu Beginn der Marokkokrise die Sachlage ganz klar. Die Stellungnahme Deutschlands an sich ist auch von neutraler Seite durchaus gebilligt worden. Schwer fehlerhaft aber war wiederum das *öffentliche* Einsetzen der Person des Monarchen. Wenn auch noch nicht bekannt ist, welche Anerbietungen Frankreich nach Delcassés Sturz gemacht hat, so war jedenfalls so viel klar: entweder man mußte entschlossen sein, für die Selbständigkeit Marokkos *Krieg zu führen,* oder aber man mußte die Angelegenheit sofort definitiv in einer Art, die den Interessen und dem *Ehrgefühl* beider Teile Rechnung trug, gegen Kompensationen Frankreichs zum Abschluß bringen. Das hätte vielleicht für die Beziehungen zu Frankreich weitgehende Konsequenzen haben können. Warum geschah es nicht? Die *Ehre* der Nation, hieß es, sei durch das *Wort des Monarchen* für den marokkanischen Sultan engagiert, den wir nun nicht „im Stiche lassen dürften". Krieg zu führen, war aber gleichwohl nicht die Absicht. Die Folge war: die Niederlage von Algeciras, dann die „Panther"-Episode und schließlich – die Preisgabe Marokkos, zugleich aber, unter dem Druck der endlosen nervösen Spannung, das Aufflammen der Kriegslust in Frankreich. Also: die Förderung der Einkreisungspolitik Englands. Und dazu wiederum der Eindruck: Deutschland *weicht zurück* – trotz kaiserlicher Worte. Dies alles *ohne jegliches* irgendwie hinlängliche politische Äquivalent für uns. –

Die Ziele der deutschen Politik, auch und gerade der Überseepolitik, waren, gemessen an den Erwerbungen anderer Völker, *überaus* bescheiden, ihre Resultate vollends geradezu dürftig. Dabei aber schuf sie Reibungsflächen und machte ein Geräusch wie die keines anderen Landes. Und immer wurden diese politisch ganz nutzlosen und schädlichen Sensationen wieder durch solche *Veröffentlichungen* von Äußerungen des Monarchen geschaffen. Und nicht nur bei den uns fremd oder als Neutrale gegenüberstehenden Mächten wirkte diese Methode schädlich.

Nach der Algeciraskonferenz war es das Bedürfnis des Monarchen, dem Grafen Goluchowski seinen Dank auszudrücken. Statt der dafür sonst üblichen Mittel wurde das bekannte Telegramm *veröffentlicht.* Der prompte, für uns peinliche Sturz des Adressaten zeigte zu spät: daß keine Regierung ihre leitenden Staatsmänner von anderen, auch den nächsten Verbündeten, *öffentlich* mit einer guten Zensur versehen läßt.

Auch in der inneren Politik sind ganz die gleichen Fehler gemacht worden.

Oder gehörte etwa die im Unmut des Augenblicks gesprochene „Zuchthausrede" in die *Öffentlichkeit,* wo sie als ein politisches Programm erschien und wirkte? Was aber sollte man vollends davon denken, daß nun die Bürokratie, nur weil von „Zuchthausstrafe" für Streiks gesprochen und dies veröffentlicht worden war, einen entsprechenden Paragraphen für die Antistreikvorlage ausklügeln mußte? Es hat erst der gewaltigen Ereignisse von 1914 und der jetzigen Ankündigung des gleichen Wahlrechts bedurft, um die selbstverständliche Nachwirkung dieser ganz zwecklosen Publikation auf die Haltung ehrliebender Arbeiter auszutilgen. Lag das etwa im Interesse der Dynastie? Oder welchen sonstigen irgendwie zu verantwortenden politischen Zweck verfolgte die Veröffentlichung?

Indessen, hier sollte nur von der Außenpolitik die Rede sein. Und da fragt man naturgemäß: Wo steckten bei allen jenen Veröffentlichungen diejenigen Reichstagsparteien, welche für die Haltung der Regierung ausschlaggebend sein konnten und welche dann dem Reichskanzler von Bethmann Hollweg die „Mißerfolge" dieser Politik, welche uns „die ganze Welt zum Feinde gemacht habe", vorwarfen, – oder ihm vorhielten: er „decke sich hinter dem Monarchen"? Was taten sie in allen jenen Fällen? *Sie nutzten die Kritik der äußersten Linken dazu aus, um deren „antimonarchische" Gesinnung zu denunzieren!* Einwendungen sind von ihnen – das muß auf das nachdrücklichste festgestellt werden – *öffentlich* erst erhoben worden, als es zu spät war. Und auch dann *nur,* soweit ihre egoistischen Interessen nicht im Spiel waren. Auf die bekannten Vorfälle von 1908 soll im einzelnen nicht zurückgekommen werden. Aber daran sei erinnert: Die konservative Partei hat, im Gegensatz zu der unzweifelhaft eindrucksvollen Adresse ihrer Vertrauensmänner an den Monarchen, den Fürsten Bülow später in aller Form im Stich gelassen und, wie üblich, ihren Pseudomonarchismus wieder hervorgesucht, als es sich um eigene *materielle* Interessen handelte. (Übrigens mag der Monarch nicht wenig erstaunt gewesen sein, daß gerade dieser Kanzler, der doch in mindestens einem Fall seinerseits ihm ein sehr prononziertes öffentliches Hervortreten gegen seine Bedenken direkt angeraten hat, sich plötzlich unter dem Druck einer nationalen Erregung gegen ihn wendete!) Wo aber steckten vollends in all diesen Fällen unsere Literaten? Sie *klatschten öffentlich Beifall* oder schwatzten davon – wie es die Presse der Parteien der Rechten noch jetzt tut –: daß der Deutsche eben keine Monarchie nach englischer Art liebe. Die Mißerfolge aber schoben sie, den traurigsten Spießbürgerinstinkten schmeichelnd, auf die „Diplomatie". Ohne auch nur einmal zu fragen: wie denn diese unter derartigen Bedingungen überhaupt arbeiten konnte! – *Privatim* freilich – das wäre ein langes und für die Agitatoren, welche so tapfer die „*Hungerfrieden*"-Mehrheit öffentlich schmähen, nicht ehrenvolles Kapitel!

Unverantwortlich und beispiellos in der Politik aller Großstaaten war aber vor allem das Verhalten unserer leitenden Staatsmänner in allen diesen Fällen. Ein *öf-*

fentlicher Vorstoß von dieser Stelle war nur zulässig, wenn man es, *und zwar sofort,* auf den Ernstfall absah. Aber weder für die Buren noch gegen die Mongolen noch für den Sultan von Marokko hatten wir in Wahrheit die Absicht, in den beiden ersten Fällen auch weder den Beruf noch die Machtmittel, mit den Waffen einzutreten. Gleichwohl ließen die leitenden Politiker zu, daß durch ein *öffentliches* Einsetzen der Person des Monarchen eine sachliche Verständigung mit England über die beiderseitigen südafrikanischen, mit Frankreich über die nordafrikanischen Interessen unmöglich gemacht wurde, weil eben nun unsere Stellungnahme nach Art eines *Ehrenpunktes* festgelegt schien und dann schließlich doch – preisgegeben werden mußte. Peinliche, noch heute jedem Deutschen auf der Seele brennende diplomatische Niederlagen und schwere dauernde Schädigung unserer Interessen waren die unabwendbare Folge. Vor allem der höchst gefährliche Eindruck, daß Deutschland nach Anwendung der stärksten äußeren Gesten dennoch *zurückzuweichen* pflege, – dieser für das Verhalten der englischen Politik Ende Juli 1914 sicher mitbestimmende Glaube geht darauf zurück. Diese unnatürliche Weltkoalition gegen uns ist in starkem Maße auch durch diese ganz unglaublichen Fehler zusammengeführt worden. Und nicht nur das. Sie wirken noch jetzt nach. Jener Schwindel, der jetzt in der Welt mit dem Gerede von der deutschen „Autokratie" getrieben wird, ist: Schwindel, – aber seine Möglichkeit ist politisch alles andere als gleichgültig. Wer hat es nun den Gegnern, die daran so wenig glauben wie an andere Märchen über Deutschland, möglich gemacht, diesen Schwindel mit Erfolg zu treiben? Wer hat den ungeheuren, politisch keineswegs gleichgültigen, Haß einer ganzen Welt auf das Haupt gerade *dieses* Monarchen geladen, dessen Haltung notorisch für die Bewahrung des Friedens wiederholt, auch in Augenblicken, wo rein realpolitisch vielleicht der Krieg für uns zweckmäßiger gewesen wäre, ausschlaggebend war? Wer hat es möglich gemacht, daß die Massen im Ausland vielfach ernstlich glauben, Deutschland schmachte nach „Befreiung", und wenn man nur lange genug durchhalte, werde diese unterdrückte Stimmung sich schließlich Luft machen? Wer hat diesen unerhörten Unsinn der gegenwärtigen Lage möglich gemacht? Solange die Möglichkeit der Wiederkehr besteht, darf die Nation nicht vergessen: das hat die *konservative Beamtenherrschaft* getan, welche in den entscheidenden Momenten Leute mit *Beamtengeist* an leitende Stellen setzte, auf welche *Politiker* gehörten, das heißt: Leute welche im politischen Kampf die Tragweite des *öffentlichen Wortes* zu wägen gelernt und welche vor allem das Verantwortungsgefühl eines *leitenden Politikers* und nicht das an seinem Platz richtige, hier aber verderbliche Subordinationspflichtgefühl eines Beamten gehabt hätten.

Der Abgrund, der beide scheidet, wird gerade hier am deutlichsten sichtbar. Der *Beamte* hat seine eigenen Überzeugungen seiner *Gehorsamspflicht zu opfern.* Der leitende *Politiker* hat die Verantwortung für politische Handlungen öffentlich *abzulehnen,* wenn sie seiner Überzeugung widersprechen, und hat dieser seine Amtsstellung zu opfern. Niemals aber ist dies bei uns geschehen.

Denn es ist mit dem Gesagten immer noch nicht das Schlimmste ausgesprochen: Von fast allen jenen Männern, welche in dem erwähnten verhängnisvollen Jahrzehnt unserer Politik deren Leitung in der Hand hatten, ist zuverlässig bekannt: daß sie privatim, und zwar nicht nur gelegentlich, sondern wieder und wieder, die materielle Verantwortung für die entscheidende Veröffentlichung, die sie formell „deckten", *abgelehnt* haben. Fragte man erstaunt: warum wohl der betreffende Staatsmann, augenscheinlich der Machtmittel beraubt, die nach seiner Überzeugung bedenkliche Veröffentlichung zu hindern, *auf seinem Platz geblieben* sei, so bekam man gewöhnlich zu hören: „Es hätte sich ja ein anderer gefunden." Das wird wohl so sein, und *da* lag dann eben der alles weitere entscheidende Fehler des *Systems* als solchen, der uns hier allein angeht. Würde sich *auch dann ein anderer gefunden* haben, wenn der politische Leiter als *Vertrauensmann eines machtvollen Parlaments die Verantwortung hätte tragen müssen?*

An diesem entscheidenden Punkt kann man sehen: was ein Parlament, dem gegenüber *effektive* Verantwortlichkeit der Beamten besteht, bedeutet. Es ist schlechterdings *durch keine andere Macht zu ersetzen. Oder: durch welche?* Auf diese Frage schuldet jeder Antwort, der heute noch bei uns auf den „Parlamentarismus" zu schelten sich legitimiert fühlt. Und an dem gleichen Punkte kann man mit Händen greifen, daß das Verantwortungsgefühl des Beamten einerseits, des Politikers andererseits zwar jedes an seiner Stelle, aber auch *nur dort,* am Platze ist. Denn es handelte sich nicht etwa um untüchtige oder ungeschulte, sondern um zum Teil recht hervorragende Beamte und Diplomaten, denen aber das fehlte, was man im rein politischen Sinne des Wortes, der mit der privaten Moral gar nichts zu tun hat: „Charakter" nennt. Er fehlte ihnen aber nicht zufällig, sondern infolge der *Struktur des Staates,* der für dergleichen eben *keine Verwendung* hatte. Was soll man zu diesem in aller Welt bei einer Großmacht nicht wieder zu findenden Zustand sagen: daß Zivilkabinette oder Hofchargen oder Telegraphenagenturen, oder wer immer sonst, sich herausnehmen, eine *Publizität* solcher für die internationale Politik wichtigsten Vorgänge herbeizuführen und dadurch unsere Politik auf Jahrzehnte festzufahren und zu verpfuschen, und daß der leitende *Politiker* das mit Achselzucken und einigen vermeintlich noblen Gesten über sich ergehen läßt? Und das in einem Staat, wo gleichzeitig in innerpolitischen Angelegenheiten im Machtinteresse der Verwaltungschefs das *„Dienstgeheimnis"* als Perle der Beamtenpflichten figuriert! Daß ausschließlich und allein die Interessen der Beamten an *verantwortungsfreiem* Ämterbesitz den scheinbaren Widerspruch erklären, liegt auf der flachen Hand. Was soll man zu einem System sagen, welches Politiker, die schwere Fehler ihrer Überzeugung zuwider dulden, auf ihren Posten beließ? Und was schließlich dazu, daß trotz dieser vor aller

Augen liegenden Dinge sich noch immer Literaten finden, welche eine Staatsstruktur, die im politisch entscheidenden Punkt *so funktioniert* hat, als „glänzend bewährt" hinzustellen sich nicht scheuen? Mehr als glänzend bewährt hat sich, wie gesagt, die *dienstliche* Leistung der Offiziere und Beamten da, wo deren Qualität entscheidet. Aber da, wohin der *Politiker* gehört, hat die Beamtenherrschaft seit Jahrzehnten nicht etwa nur versagt, sondern sie hat das *Odium* ihres eigenen, politisch völlig desorientierten Verhaltens, um sich zu decken, *auf den Monarchen persönlich abgeladen* und hat dadurch die gegen uns gerichtete Weltkonstellation herbeiführen helfen, welche ohne die großartigen Leistungen unseres Heeres ihm seine Krone, Deutschland aber seine ganze politische Zukunft hätte kosten können. *Jede* Struktur des Staates, die dies verhindert, ist im Interesse der Nation und in demjenigen der Monarchie selbst besser als dieser Zustand. *Er muß, koste es, was es wolle, aufhören.* Es steht völlig fest (und ist übrigens leicht erweislich): daß über diese schweren Schäden in Deutschland *keinerlei parteipolitische Meinungsverschiedenheit* besteht. Nur waren die Politiker der Rechten teils zu wenig politisch charaktervoll, teils – zu interessiert, um ihre privatim stets mit der größten Schärfe geäußerte Meinung auch *öffentlich* zu vertreten. Und vor allem: um daraus die *sachlichen Konsequenzen* zu ziehen. Denn ohne *„reale Garantien"* ist hier nicht weiterzukommen. Das hat uns die *völlige Unbelehrbarkeit* der für jene Veröffentlichungen verantwortlichen höfischen Kreise gezeigt. Die Schaffung solcher Garantien ist politisch ungleich wichtiger als alle politischen Probleme, welcher Art auch immer, einschließlich der Parlamentarisierung und Demokratisierung. Die erstere ist vielmehr für uns in erster Linie das unvermeidliche *Mittel,* solche realen Garantien zu schaffen. Denn daß *nur* die Parlamentsmacht und die effektive Verantwortlichkeit der führenden Politiker gegenüber dem Parlament gegen derartige Vorgänge eine Garantie geben kann, steht außer Zweifel.

Eine wirklich leistungsfähige Parlamentsleitung zu schaffen, ist aber nach dem Schlendrian von Jahrzehnten eine Sache zum mindesten von Jahren. Was kann denn nun *inzwischen,* solange diese Reform noch nicht durchgeführt ist oder ihre Früchte noch nicht getragen hat, geschehen?

Eines ist natürlich selbstverständlich: überall, auch und gerade in der „Demokratie", werden die verantwortlichsten Entschließungen der *Außenpolitik* von einer *kleinen Zahl* von Menschen gefaßt: Amerika und Rußland sind gerade jetzt die besten Beispiele. Keine Literatenideologie ändert das. Jeder Versuch, es zu ändern, schwächt die Last der Verantwortung, auf deren Schärfung ja gerade alles ankommt. Unverändert fortbestehen werden daher die unter *effektiver* Verantwortlichkeit des Reichskanzlers auszuübenden kaiserlichen Rechte des Art. 11 der R. V. Aber der gefährliche Mißbrauch, den verantwortungslose und unbekannte höfische oder journalistische Interessenten mit den die Außenbeziehungen des Reiches berührenden rein persönlichen Äußerungen des Monarchen in der *Öffentlichkeit* treiben konnten, muß *sofort, und zwar gesetzlich,* gehindert werden. Schwere, in Fällen bewußten Mißbrauchs entehrende, Strafe ist durch ein Spezialgesetz dem anzudrohen, der sich künftig herausnimmt, sie in die Öffentlichkeit zu bringen oder an das Ausland zu geben, ohne daß *vorher* alle Garantien gegeben sind. Selbstverständlich also muß die verfassungsmäßige Verantwortlichkeit gerade für die *Veröffentlichung* von dem leitenden Politiker *vorher* übernommen sein. *Darauf kommt alles an.* Es ist eine inhaltsleere Phrase, wenn der leitende Staatsmann nachträglich, Reklamationen im Parlament gegenüber, erklärt: „Er decke die Veröffentlichung mit seiner Verantwortlichkeit." Denn einmal kann die Äußerung des Monarchen auch dann ohne politische Gefährdung seiner Stellung nicht *rücksichtslos* kritisiert werden. Vor allem aber ist eine solche Redensart nicht nur bedeutungslos, sondern politisch einfach *nicht wahr,* wenn er nicht *vorher* gefragt worden ist und sie gutgeheißen hat, wie es der Verfassung allein entspricht. Ist das nicht geschehen, so besagt jene Phrase lediglich: *daß er trotz jener Veröffentlichung keine Neigung verspüre, sich pensionieren zu lassen,* daß er also an seinem Amt „klebe". Und daher muß – abgesehen von der Bestrafung der Schuldigen bei unbefugter Veröffentlichung – für die Gutheißung oder Duldung jeder solchen *Veröffentlichung* der Reichskanzler durch die sonst wenig praktikable „Anklage" mit dem Ziel der Amtsentsetzung und dauernder Ämterunfähigkeit, am besten vor einem Parlamentsausschuß, zur Verantwortung gezogen werden können, um den nötigen Druck auf ihn auszuüben, mit der größten Umsicht zu Werke zu gehen.

Die Gutheißung *jeder* solchen Veröffentlichung durch den Kanzler sollte lediglich nach eingehender Erwägung mit erfahrenen Politikern erfolgen. Und daher wäre es recht ratsam, wenn einer geeigneten *beratenden* Körperschaft vorher Gelegenheit gegeben werden müßte, sich über die Zweckmäßigkeit der *Veröffentlichung* (denn nur um diese handelt es sich ja) zu äußern. Soll sie kein reiner Parlamentsausschuß sein, so steht als Anknüpfungspunkt vielleicht ein anderes Gebilde zur Verfügung.

Der verfassungsmäßig aus Bevollmächtigten der Mittelstaaten gebildete *„Bundesratsausschuß für die auswärtigen Angelegenheiten"* war bisher eine Art schlechter Witz der Reichsverfassung, rein dekorativ, ohne formelle Befugnisse und ohne tatsächlichen Einfluß. Denn es ist nicht nur nicht die *Verpflichtung* des Reichskanzlers statuiert, wirklich Rede zu stehen, sondern Art. 11 schließt diese Pflicht aus. Formell kann er sich auf passive Entgegennahme von Bemerkungen beschränken. Höflich ist er, wenn er ein formales „Expose" vorlegt, wie es der Öffentlichkeit im Parlament dargeboten zu werden pflegt. Dies war in der Regel offenbar der Hergang, obwohl doch hier im intimeren Kreise recht wohl eine meritorische Erörterung möglich war. Im Krieg scheint die praktische Bedeutung des Ausschusses wenigstens zeitweise eine leise Steigerung erfahren zu haben: auch das wäre kein Zufall. Ihm könnte recht wohl die beratende Stellungnahme vor einer Veröffentlichung *außen*politisch wichtiger Äußerungen des Monarchen zugewiesen werden. Noch besser wäre es freilich, wenn er zu einem *Reichskronrat* entwickelt werden könnte, der unter Zuziehung der zuständigen Ressortchefs und älterer Staatsmänner *vor* besonders wichtigen Entschließungen der Reichspolitik, möglichst in Gegenwart des Monarchen, derart verhandelte, wie dies jetzt, in Ermanglung einer kollegialen Reichsinstanz, der preußische Kronrat nicht selten auch da tut, wo nicht innerpreußische, sondern politisch entscheidende Fragen des Reiches (und also auch der nichtpreußischen Bundesstaaten) berührt werden. Die Tätigkeit kann formell nur *beratend* sein, denn außer der verfassungsmäßigen Stellung des Monarchen bei der Vertretung des Reichs nach außen darf auch die verfassungsmäßige Verantwortung des Reichskanzlers keinesfalls abgeschwächt werden. Man diskreditiert natürlich jeden solchen Gedanken, wenn man ihn – wie das der Bürokratie leider naheliegt – zur Ausschaltung oder Schwächung des Einflusses des Parlaments auszunutzen sucht. Immerhin könnte eine „Verantwortlichkeit" des Reichskanzlers gegenüber dem Bundesrat gerade hier: in der Pflicht, *Rede zu stehen,* ausdrücklich statuiert werden. Das Problem läge aber in dem Verhältnis dieser beratenden Instanz zu den Spezialausschüssen des Parlaments, insbesondere dann, wenn man daran dächte, auch Parlamentsmitglieder zuzuziehen. Davon später.

Gleichviel aber ob und wie jener Vorschlag verwirklicht wird, jedenfalls dürfen *niemals wieder* Verhältnisse und Vorkommnisse, wie die geschilderten, geduldet werden. Und es muß daher festgestellt werden: konservatives Parteifabrikat auf der Grundlage der Bismarckschen Demagogie war die tief unwahrhaftige *pseudomonarchische* Legende, auf welche sie sich beriefen. Rein *innen*politische Parteiinteressen verbargen sich, wie jetzt im Krieg hinter der „Fronde", so vorher hinter dieser Legende. Die Beamtenstellen, vom Landrat bis zum Minister, als konservative Parteipfründen, der staatliche Beamtenapparat als Wahlapparat der konservativen Partei, Wahlrechtsprivilegien in Preußen, um dies aufrechtzuerhalten, und zu diesem Zweck: die Diskreditierung und Schwächung des trotz allem immer noch besten deutschen Parlaments: des Reichstags, waren die Zwecke, denen diese Interessenten-Legende diente. Und wenn heute, wo die politischen Resultate zutage liegen, die Hebung der Leistungsmöglichkeit und Machtstellung des Parlaments als einer Stätte der Verwaltungskontrolle und künftig einmal der Auslese politischer Führer verlangt wird, so kennen wir ja im voraus jene Phrase, welche die Interessenten der *unkontrollierten* Beamtenherrschaft bereithalten: „Die Monarchie sei in Gefahr." Es stände schlimm um die Zukunft der Monarchie, wenn diese interessierten Schmeichler dauernd allein das Ohr der Fürsten behielten, wie es bisher der Fall war. Sich mit dem Versuch, die Dynastien durch die Angst vor der „Demokratie" einzuschüchtern, auseinanderzusetzen, ist Sache der Dynastien selbst, nicht die unsere.

V. Parlamentarisierung und Demokratisierung

Nicht das Problem der sozialen Demokratisierung, sondern nur dasjenige des demokratischen, also des gleichen *Wahlrechts* soll uns hier in seiner Beziehung zum Parlamentarismus angehen. Und auch nicht die Frage, ob es für das Deutsche Reich seinerzeit staatspolitisch ratsam *war*, dies Wahlrecht unter Bismarcks scharfem Druck einzuführen, wird erörtert. Sondern dieser Tatbestand wird hier, als fest gegeben und ohne furchtbare Erschütterungen nicht rückgängig zu machen, vorbehaltlos angenommen und nur gefragt: wie sich die Parlamentarisierung zu diesem demokratischen Wahlrecht verhält.

Parlamentarisierung und Demokratisierung stehen durchaus nicht notwendig in Wechselbeziehung, sondern oft im Gegensatz zueinander. Man hat neuerdings sogar nicht selten geglaubt: in notwendigem Gegensatz. Denn wirklicher Parlamentarismus sei nur bei einem Zweiparteiensystem und dies nur bei einer aristokratischen Honoratiorenherrschaft innerhalb der Parteien möglich. Der althistorische Parlamentarismus Englands war in der Tat, seinem ständischen Ursprung gemäß, auch nach der Reformbill und bis in den Krieg hinein, nicht wirklich in kontinentalem Sinn „demokratisch". Schon im Wahlrecht. Der Wohnungszensus und die tatsächlichen Mehrstimmrechte hatten immerhin eine solche Tragweite, daß bei Übernahme auf unsere Verhältnisse wohl nur die Hälfte der jetzigen Sozialdemokraten und auch bedeutend weniger Zentrumsabgeordnete als jetzt im Reichstag sitzen würden. (Allerdings fällt dafür die Rolle der Iren im englischen Parlament bei uns fort.) Und bis zu Chamberlains Caucussystem waren beide Parteien durchaus von Honoratiorenklubs beherrscht. Falls jetzt wirklich die zuerst in Cromwells Heerlager von den Levellers erhobene Forderung des universellen Einstimmrechts und sogar des (vorerst begrenzten) Frauenstimmrechts durchgeführt wird, so muß der Charakter des englischen Parlaments sich sicherlich stark ändern. Das Zweiparteiensystem, schon durch die Iren durchlöchert, wird mit Anwachsen der Sozialisten weiter zerfallen und die Bürokratisierung der Parteien noch weiter fortschreiten. – Das bekannte spanische Zweiparteiensystem, beruhend auf der festen Konvention der Parteihonoratioren, daß die Wahlen im Sinn eines periodischen Wechsels der beiderseitigen Amtsreflektanten in der Macht erledigt werden, scheint soeben dem ersten Anlauf zu ernstlichen Wahlen zu erliegen. – Aber werden solche Änderungen den Parlamentarismus beseitigen? Der Bestand und die formale Machtstellung der Parlamente ist durch Wahlrechtsdemokratie an sich nicht bedroht. Das zeigen Frankreich und andere Staaten mit gleichem Wahlrecht, wo die Ministerien durchweg aus den Parlamenten hervorgehen und sich auf deren Mehrheiten stützen. Aber freilich ist der Geist des französischen Parlaments ein sehr anderer als der des englischen. Nur ist gerade Frankreich kein Land, an welchem man die *typischen* Folgen der Demokratie für den Parlamentarismus studieren könnte. Der stark kleinbürgerliche und vor allem: Kleinrentner-Charakter seiner stabilen Bevölkerung schafft Bedingungen für eine spezifische Art von Honoratiorenherrschaft in den Parteien und einen besondersartigen Einfluß der Haute Finance, wie sie unter den Verhältnissen eines vorwiegenden Industriestaats nicht bestehen. Die französische Parteistruktur ist in einem solchen ebenso undenkbar wie allerdings auch das historische Zweiparteiensystem Englands.

Ein Zweiparteiensystem ist in Industriestaaten schon infolge der Spaltung der modernen ökonomischen Schichten in Bürgertum und Proletariat und der Bedeutung des Sozialismus als Massenevangelium unmöglich. Das gibt eine sozusagen „konfessionelle" Schranke. So vor allem bei uns. Die Organisation des Katholizismus ferner als Minderheitsschutzpartei, folgend aus den Konfessionsverhältnissen in Deutschland, wird bei uns, wenn sie auch im Zentrum nur infolge der Wahlkreiseinteilung ihre jetzige Abgeordnetenzahl besitzt, schwerlich ausgeschaltet werden. Mindestens vier, wahrscheinlich aber fünf große Parteien werden also bei uns dauernd nebeneinanderstehen, Koalitionsregierungen eine Notwendigkeit bleiben und die Macht einer klug operierenden Krone stets bedeutend bleiben.

Die Honoratiorenherrschaft aber in den Parteien ist außerhalb verkehrsentlegener agrarischer Gebiete mit patriarchalem Großgrundbesitz überall deshalb unhaltbar, weil die moderne Massenpropaganda die Rationalisierung des Parteibetriebs: den Parteibeamten, die Parteidisziplin, die Parteikasse, die Parteipresse und Parteireklame zur Grundlage der Wahlerfolge macht. Die Parteien organisieren sich zunehmend straffer. Sie bemühen sich, schon die Jugend auf ihre Gefolgschaft festzulegen. Automatisch besorgt das bei der Zentrumspartei der kirchliche Apparat, bei den Konservativen die gesellschaftliche Umwelt. Andere Parteien haben ihre besonderen Jugendorganisationen: so die „nationalliberale Jugend" und die Jugendveranstaltungen der Sozialdemokraten. Und ebenso stellen die Parteien alle ökonomischen Interessen in ihren Dienst. Sie organisieren Genossenschaften, Konsumvereine, Gewerkschaften und schieben ihre Vertrauensmänner als Beamte in die so geschaffenen Parteistellen ein. Sie schaffen sich Rednerschulen und andere Institute für die Einschulung von Agitatoren, Redakteuren und Angestellten, teilweise mit Millionenfonds. Eine ganze Parteiliteratur entsteht, gespeist aus den gleichen, von Interessenten gestifteten Kapitalien, welche Zeitungen aufkaufen, Annoncenbüros gründen und dergleichen mehr. Die Parteibudgets schwellen an, denn die Kosten der Wahlen und die Anzahl der notwendigen entgeltlichen Agitationskräfte steigen. Unter 20.000 Mark Kosten ist ein hart umstrittener größerer Wahlkreis keinesfalls zu erobern. (Zur Zeit werden die Kriegsgewinne der Interessenten in größtem Umfang in sogenannten „patriotischen" Parteizeitungen aller Art und Vorbereitungen für die ersten Wahlen nach dem Kriege angelegt.) Der Parteiapparat steigt an Bedeutung, und entsprechend sinkt die Bedeutung der Honoratioren.

Die Verhältnisse sind noch im Fluß. Bei bürgerlichen Parteien gibt ein Durchschnitt durch die, wie früher bemerkt, sehr verschieden straffe Organisation zur Zeit etwa folgendes Bild: Der aktive lokale Betrieb wird meist nebenamtlich von Honoratioren betrieben, nur in Großstädten von Beamten. Zeitungsredaktionen oder Anwälte stellen in den mittleren Orten die Büros. Erst größere Bezirke haben festbesoldete Sekretäre, die das Land bereisen. Die Kandidatenaufstellung und die Feststellung der Wahlparolen erfolgt durch ein im Einzelfall sehr verschiedenartig verlaufendes Zusammenwirken örtlicher und regionaler Verbände; die Mitwirkung der letzteren ist namentlich durch die Erfordernisse der Wahlbündnisse und Stichwahlabkommen bedingt. Die örtlichen Leiter sammeln um sich durch eine sehr verschieden intensive Werbung die ständigen Mitglieder der örtlichen Parteiorganisationen. Hauptwerbemittel sind öffentliche Versammlungen. Die Aktivität der Mitglieder ist gering. Oft tun sie wenig mehr, als daß sie Beiträge zahlen, die Parteiblätter halten, allenfalls leidlich regelmäßig die Versammlungen, zu denen Parteiredner erscheinen, füllen und in mäßigem Umfang sich an der Gelegenheitsarbeit bei den Wahlen beteiligen. Dafür nehmen sie, wenigstens der Form nach, an der Beschlußfassung über die Wahlen des Ortsvorstands und der Vertrauensmänner und, je nach Größe des Orts, direkt oder indirekt der Delegierten zu den Parteitagen teil. Alle zu wählenden Persönlichkeiten werden aber in der Regel von jenem Kern von ständigen Leitern und Beamten designiert, meist ihm entnommen, ergänzt durch einige wegen bekannten Namens, persönlichen gesellschaftlichen Einflusses oder besonderer materieller Opferbereitschaft nützliche oder verdiente Honoratioren. Die Aktivität jener zweiten Klasse der Mitglieder beschränkt sich also auf die Assistenz und Abstimmung bei diesen in größeren Zwischenräumen stattfindenden Wahlen und Aussprachen mit Resolutionen, deren Resultat stets weitgehend von den Leitern vorbereitet ist. Ein gänzlicher Wechsel des Personals, der örtlichen Leiter und der Bezirksbeamten ist selten und fast stets die Folge einer, meist persönlich bedingten, inneren Revolte. Jeder Aktivität entbehrt schließlich der einfache, nicht zur Organisation gehörige, von den Parteien umworbene Stimmgeber, von welchem persönlich nur bei den Wahlen, sonst nur durch öffentliche auf ihn gemünzte Reklame Notiz genommen wird. – Wesentlich straffer und auch einen relativ größeren Bruchteil der als Stimmgeber in Betracht kommenden Wähler umfassend, dabei unter demokratischen Formen diszipliniert und zentralisiert ist die oft geschilderte Organisation der sozialdemokratischen Partei. Lockerer, mehr an lokale Honoratiorenkreise anknüpfend, war diejenige der Parteien der Rechten, denen aber jetzt im Bund der Landwirte eine sehr straffe Massenorganisation zur Seite steht. In der Zentrumspartei ist formal der Zentralismus und die autoritative Leitung am stärksten entwickelt, obwohl die Macht des Klerus, wie sich mehrfach gezeigt hat, für alle nicht kirchenpolitischen Dinge ihre Grenze hat.

Schon durch den jetzt erreichten Entwicklungsgrad ist jedenfalls der alte Zustand: daß Wahlen auf Grund von Ideen und Parolen erfolgten, welche vorher von Ideologen aufgestellt, in der Presse und in freien Versammlungen propagiert und diskutiert waren, daß die Kandidaten von ad hoc gebildeten Komitees vorgeschlagen wurden, daß die Gewählten dann zu Parteien zusammentraten und daß diese im Personalbestand flüssigen parlamentarischen Gruppen nun die Führer der im Lande verstreuten Gesinnungsgenossen blieben, insbesondere die Parole für die nächsten Wahlen formulierten, endgültig verschwunden. Überall, nur in verschieden schnellem Tempo, tritt der Partei*beamte* als treibendes Element der Parteitaktik in den Vordergrund. Und neben ihm: die Geldbeschaffung. Die Finanzsorgen rufen neben den regelmäßigen Steuern, welche naturgemäß in klassenbedingten Massenorganisationen, wie der sozialdemokratischen Partei, die relativ größte Rolle spielen, stets erneut das früher alleinherrschende Parteimäzenatentum auf den Plan. Es hat auch in der sozialdemokratischen Partei nie ganz gefehlt. In der Zentrumspartei nimmt jetzt ein Einzelmäzenat, wie Herr A. Thyssen, mindestens die gesellschaftliche Rolle eines Erzbischofs in Anspruch – und mit Erfolg. Eine mittlere Bedeutung hat das Mäzenatentum als Finanzquelle in der bürgerlichen Linken, eine wesentlich stärkere auf der Rechten. Die größte aber, der Natur der Sache nach, bei bürgerlichen Mittelparteien von der Art der Nationalliberalen und der alten Freikonservativen. Die jetzige bescheidene Stärke dieser Mittelparteien ist daher am ehesten ein ungefährer Maßstab für die Bedeutung des Geldes an sich, das heißt des individuell von Interessenten gegebenen Geldes, bei Wahlen auf Grund des gleichen Wahlrechts. Und auch bei ihnen ist gar keine Rede davon, daß das für sie selbstverständlich besonders unentbehrliche Geld allein die Wahlziffern zustande brächte. Diese Parteien leben vielmehr von einer eigentümlichen Mischehe der Geldmächte mit jenem breiten Teil des Literatentums, vor allem der akademischen und außerakademischen Lehrerschaft, welche gefühlsmäßig an den Reminiszenzen der Bismarckschen Ära hängen. Auf sie reflektiert als Abonnenten ein im Verhältnis zu den Wählerzahlen unverhältnismäßig großer Teil der bürgerlichen Presse, deren Haltung, in verwässerter Form, auch von der gänzlich gesinnungslosen Inseratenpresse nachgeahmt wird, weil sie amtlichen und geschäftlichen Kreisen bequem ist.

So verschieden danach die innere soziale Struktur der deutschen Parteien ist, so sind doch hier wie überall Bürokratisierung und rationale Finanzwirtschaft Begleiterscheinungen der Demokratisierung. Dies bedingt aber ein weit kontinuierlicheres und angespannteres Arbeiten für die Stimmwerbung, als den alten Honoratiorenparteien je bekannt war. Die Zahl der Wahlreden, die ein Kandidat heute, tunlichst in jedem kleinen Ort seines Bezirks, halten muß, seiner Besuche und Rechenschaftsberichte dort, der Bedarf nach Parteikorrespondenzen und Klischees für die Parteipresse und nach Reklamen aller Art steigert sich ständig. Ebenso die Schärfe und Rücksichtslosigkeit der Kampfmittel. Dies ist oft beklagt und als Besonderheit der Parteien ihnen zur Last gelegt worden. Allein nicht nur die Parteiapparate, sondern ganz ebenso der im Besitz der Macht befindliche Apparat der Regierung nimmt daran teil. Die aus dem sogenannten „Welfenfonds" gespeiste Bismarcksche Presse stand besonders seit 1878 an Unbedenklichkeit der Mittel und der Tonart durchaus an der Spitze. Die Versuche, eine völlig von dem herrschenden Amtsapparat abhängige Lokalpresse zu schaffen, haben nicht aufgehört. Mit dem Maß der *Parlamentarisierung* hat also die Existenz und Qualität dieser Kampfmittel nichts zu tun. Auch nicht mit der Art der Abstufung des Wahlrechts.[1] Sondern sie ist Folge der *Massenwahlen* rein als solcher, ganz einerlei, ob die Wahlkörperschaften die Auslesestätte der politisch verantwortlichen Führer sind oder ob sie nur eine negative Interessen- und Trinkgelderpolitik treiben können, wie es bei uns der Fall ist. Gerade im letzteren Fall pflegt der Parteikampf ganz besonders subalterne Formen anzunehmen, weil dann rein materielle und persönliche Interessen dahinterstehen. Man kann (und soll) durch scharfen strafrechtlichen Schutz die Wendung des politischen Kampfs gegen die persönliche Ehre und vor allem das Privatleben des Gegners und die leichtfertige Verbreitung unwahrer sensationeller Behauptungen bekämpfen. Aber Art und Charakter des Kampfes als solchen kann man, solange es überhaupt Wahlkörperschaften gibt, welche über materielle Interessen entscheiden, nicht ändern. Am allerwenigsten aber durch Herabschrauben der Bedeutung und des Niveaus des Parlaments. Damit hat man sich zunächst einmal rückhaltlos abzufinden. Alles ästhetische oder moralisierende Naserümpfen ist für die Frage der innerpolitischen Zukunftsgestaltung völlig steril. Die politische Frage ist vielmehr lediglich die: was für Konsequenzen hat diese fortschreitende Demokratisierung der politischen Kampfmittel und Kampforganisationen für die Gestaltung des politischen Betriebs, des außerparlamentarischen sowohl wie des parlamentarischen? Denn die zuletzt geschilderten Entwicklungen gehen Hand in Hand mit der früher erörterten Gestaltung der parlamentarischen Arbeit. Beide aber rufen nach einer charakteristischen Figur: nach dem *Berufspolitiker*, d. h. einem Mann, der

[1] Im Spätjahr 1917 sind in der von der Schwerindustrie angekauften Presse sowohl die „Frankfurter Zeitung" wie ein Reichstagsabgeordneter bezichtigt worden, durch englisches Geld bestochen zu sein. Nicht minder wurde mein Name und der eines (nationalliberalen) Kollegen mit Bestechungsgeldern Lloyd Georges in Verbindung gebracht. Und derartige Behauptungen *fanden in Literatenkreisen Glauben!* Dies letztere genügt für die Beurteilung der politischen Reife dieser Schicht. Das Treiben jener Sykophanten aber zeigt: daß Existenz und Art der „Demagogie" *ohne* Parlamentarismus und *ohne* Demokratie bei uns durchaus auf französischem Niveau stehen.

mindestens ideell, in der Masse der Fälle aber materiell, den politischen Betrieb innerhalb einer Partei zum Inhalt seiner Existenz macht. Man mag diese Figur nun lieben oder hassen, – sie ist in ihrer heutigen Gestalt das unvermeidliche Produkt der Rationalisierung und Spezialisierung der parteipolitischen Arbeit auf dem Boden der Massenwahlen. Auch hier wieder: *ganz einerlei,* welcher Grad von politischem Einfluß und Verantwortlichkeit durch Parlamentarisierung in die Hände der Parteien gelegt wird.

Berufspolitiker gibt es von zweierlei Art: solche, die materiell *„von"* der Partei und dem politischen Treiben leben: unter amerikanischen Verhältnissen die großen und kleinen politischen „Unternehmer": die Bosse, unter unseren Verhältnissen aber: die politischen „Arbeiter": die bezahlten *Parteibeamten.* Oder solche, die *„für"* die Politik zu leben durch ihre Vermögenslage instandgesetzt und durch ihre Überzeugung getrieben sind, also ideell ihr Leben daraus bestreiten, wie etwa Paul Singer in der Sozialdemokratie es tat, der zugleich ein Parteimäzenat großen Stils war. Wohlgemerkt: es soll hier nicht etwa dem Parteibeamtentum der „Idealismus" bestritten werden. Mindestens auf der Linken haben umgekehrt gerade die Parteibeamten ganze Scharen von tadellosen politischen Charakteren gestellt, wie man sie in andern Schichten wenig zu finden vermöchte. *Weit* entfernt also, daß der Idealismus etwa Funktion der Vermögenslage wäre, ist eben doch das Leben „für" die Politik billiger für den besitzenden Parteifreund. Gerade dies nach oben und unten ökonomisch unabhängige Element ist innerhalb des Parteilebens höchst erwünscht und wird hoffentlich auch in Zukunft speziell den radikalen Parteien nicht ganz fehlen. Der eigentliche Parteibetrieb ist freilich heute damit allein nie zu bestreiten: die Masse der Arbeit außerhalb des Parlaments wird immer auf den Parteibeamten ruhen. Schon wegen ihrer Inanspruchnahme durch den Betrieb sind aber diese Beamten keineswegs immer die gegebenen Kandidaten für das Parlament selbst. Das trifft in verhältnismäßig großem Umfang nur für die Sozialdemokratie zu. In den meisten bürgerlichen Parteien ist dagegen der durch sein Amt gebundene Parteisekretär keineswegs immer der geeignetste Kandidat. Innerhalb des Parlaments würde das Parteibeamtentum, so dringend erwünscht und nützlich die Vertretung dieses Elementes ist, nicht günstig wirken, wenn es *allein* vorherrschte. Aber eine solche Vorherrschaft besteht selbst innerhalb der am stärksten bürokratisierten Partei: der Sozialdemokratie, nicht. Die Gefahr einer Herrschaft des „Beamtengeistes" zuungunsten wirklicher Führernaturen würde überdies das Parteibeamtentum noch relativ am wenigsten heraufbeschwören. Diese Gefahr bedeutet weit eher die Nötigung, auf moderne Interessentenorganisationen bei der Stimmwerbung Rücksicht zu nehmen: das Eindringen der Angestellten dieser Organisationen in die Kandidatenlisten der Parteien also, welches sich sehr wesentlich steigern würde, wenn ein Proportionalwahlrecht in Form der allgemeinen Listenwahl durchgeführt würde. Ein aus lauter solchen Angestellten zusammengesetztes Parlament wäre politisch steril. Immerhin ist der Geist der Angestellten solcher Organisationen, wie es die Parteien selbst und etwa die Gewerkschaften sind, infolge der Schulung im *Kampf* mit der Öffentlichkeit ein wesentlich anderer als der Geist des friedlich in der Aktenstube arbeitenden Staatsangestellten. Gerade bei den radikalen Parteien, vor allem den Sozialdemokraten, wäre daher jene Gefahr relativ am geringsten, weil die Heftigkeit des Kampfes dem immerhin auch dort nicht seltenen Verknöchern zu einer Parteipfründnerschicht verhältnismäßig stark entgegenwirkt. Dennoch waren auch dort die eigentlichen Führer nur zum kleinen Teil Partei*beamte.*

Die Natur der heutigen Anforderungen an den politischen Betrieb bringt es vielmehr mit sich, daß in allen demokratisierten Parlamenten und Parteien *ein* Beruf eine besonders starke Rolle für die Rekrutierung der Parlamentarier spielt: die *Advokaten.* Neben der Rechtskenntnis als solcher und neben der weit wichtigeren Schulung für den *Kampf,* welche dieser Beruf im Gegensatz zu den Ämtern der angestellten Juristen bietet, ist dafür auch ein rein materielles Moment maßgebend: der Besitz eines eigenen *Büros,* wie es der heutige Berufspolitiker unbedingt benötigt. Und während jeder andere freie Unternehmer durch die Arbeit für seinen Betrieb spezifisch „unabkömmlich" ist für die steigenden Anforderungen regelmäßiger politischer Arbeit und auf seinen Beruf verzichten müßte, um Berufspolitiker zu werden, ist für den Advokaten das Hinüberwechseln von seinem Beruf in die berufspolitische Tätigkeit technisch und nach den inneren Vorbedingungen verhältnismäßig besonders leicht. Der viel und übrigens im ganzen mit Unrecht beklagten „Advokatenherrschaft" der parlamentarischen Demokratien wird nur in die Hände gearbeitet, wenn die Parlamentarier in derart unzulänglicher Weise Arbeitsräume, sachliche Informationsmittel und Büropersonal vorfinden, wie dies in den deutschen Parlamenten noch heute der Fall ist. Indessen diese technischen Seiten des Parlamentsbetriebes sollen hier nicht besprochen werden. Wir fragen vielmehr: in welcher Richtung entwickelt sich die *Führerschaft* in den Parteien unter dem Druck der Demokratisierung und der zunehmenden Bedeutung der Berufspolitiker, Partei- und Interessenten-Beamten, und welche Rückwirkung hat das auf das parlamentarische Leben?

Die bei uns populäre Literatenauffassung ist mit der Frage der Wirkung der „Demokratisierung" schnell fertig: der *Demagoge* kommt oben auf, und der erfolgreiche Demagoge ist der Mann, der in den Mitteln der Umwerbung der Massen am unbedenklichsten ist. Eine Idealisierung der Realitäten des Lebens wäre zweckloser Selbstbetrug. Der Satz von der steigenden Bedeutung des Demagogen ist in diesem üblen Sinn nicht selten zutreffend gewesen und ist im *richtigen* Sinn tatsächlich zutreffend. Im üblen Sinn trifft er für die Demokratie zu in etwa demselben Umfang wie für die Wirkung der Monarchie jene Bemerkung, die vor einigen Jahrzehnten ein bekannter General einem selbstregierenden Monarchen machte: „Euer Majestät werden bald nur noch Kanaillen um sich sehen." Eine nüchterne Betrachtung der demokratischen Auslese wird stets den *Vergleich* mit anderen menschlichen Organisationen und ihrem Auslesesystem heranziehen. Nun genügt jeder Blick in die Personalien bürokratischer Organisationen, mit Einschluß selbst der besten Offizierkorps, um zu erkennen, daß die innere Anerkennung der Untergebenen: der Vorgesetzte, vor allem der schnell avancierte Neuvorgesetzte, „verdiene" seine Stellung, nicht etwa die Regel, sondern die *Ausnahme* ist. Tiefste Skepsis in betreff der Weisheit der Stellenbesetzung, sowohl der Motive, welche die besetzenden Stellen leiteten, wie der Mittel, durch welche besonders glückliche Stellenbesitzer ihre Stellen erlangt haben, beherrschen (von allem kleinlichen Klatsch ganz abgesehen) die Meinung der großen Mehrzahl gerade der ernsthaften, im Innern dieses Getriebes stehenden Persönlichkeiten. Nur vollzieht sich diese meist stumme Kritik abseits vom Licht der Öffentlichkeit, die davon nichts ahnt. Ungezählte Erfahrungen, die jeder rundum machen kann, lehren aber, daß das Maß der *Fügsamkeit* gegenüber dem Apparat: der Grad der „Bequemlichkeit" des Untergebenen für den Vorgesetzten, diejenigen Qualitäten sind, welche den Aufstieg am sichersten garantieren. Die Auslese ist, durchschnittlich gesprochen, ganz gewiß keine solche von geborenen Führern. Bei den akademischen Stellenbesetzungen ist die Skepsis der Eingeweihten in einem doch recht großen Bruchteil der Fälle die gleiche, obwohl doch hier die Kontrolle der Öffentlichkeit angesichts der vorliegenden Leistungen sich fühlbar machen könnte, was beim Beamten im allgemeinen überhaupt nicht der Fall ist. Der zur öffentlichen Macht gelangende *Politiker* und zumal Parteiführer ist dagegen der Beleuchtung durch die Kritik der Feinde und Konkurrenten in der Presse ausgesetzt und kann sich darauf verlassen, daß im Kampf gegen ihn die Motive und Mittel, welche seinen Aufstieg bedingten, rücksichtslos ans Licht gezogen werden. Nüchterne Beobachtung dürfte also ergeben, daß die Auslese innerhalb der Parteidemagogie, auf die Dauer und aufs Große gesehen, keineswegs nach unbrauchbareren Merkmalen erfolgt als hinter den verschlossenen Türen der Bürokratie. Man muß für den Beweis des Gegenteils schon zu politischen Neuländern wie den Vereinigten Staaten greifen. Für die germanischen Staaten in Europa träfe die Behauptung einfach nicht zu. Wenn aber sogar ein gänzlich ungeeigneter Generalstabschef zu Beginn des Weltkriegs nicht als Gegenargument gegen den Wert der Auslese durch die Monarchie gelten soll, dann auch nicht Fehlgriffe der Demokratien in ihrer Führerauslese gegen diese.

Indessen, diese politisch sterilen Vergleiche und Rekriminationen sollen hier nicht weiter verfolgt werden. Entscheidend wichtig ist: daß für die politische Führerschaft jedenfalls nur Persönlichkeiten geschult sind, welche im politischen *Kampf* ausgelesen sind, weil alle Politik dem Wesen nach Kampf ist. Das leistet nun einmal das vielgeschmähte „Demagogenhandwerk" im Durchschnitt besser als die Aktenstube, die freilich für sachliche *Verwaltung* die unendlich überlegene Schulung bietet. Gewiß nicht ohne auffällige Mißverhältnisse. Daß ein bloßer Redetechniker ohne Geist und politischen Charakter starke politische Macht gewinnt, kommt vor. Aber z. B. auf August Bebel träfe die Charakterisierung schon nicht zu. Er war: ein Charakter, gewiß: kein Geist. Die Märtyrerzeit und der Zufall, einer der ersten gewesen zu sein, daneben aber jene persönliche Qualität gaben ihm das rückhaltlose Vertrauen der Massen, welches geistig weit bedeutendere Parteigenossen ihm nicht streitig zu machen vermochten. Eugen Richter, Lieber, Erzberger gehören alle einem qualitativ ähnlichen Typus an. Sie waren erfolgreiche! „Demagogen" – im Gegensatz zu weit stärkeren Geistern und Temperamenten, die trotz stärkster Massenerfolge als Redner doch keine *Partei*macht gewannen. Das ist *kein* Zufall, – aber es ist nicht die Folge der Demokratisierung, sondern erzwungener Beschränkung auf „negative Politik". Demokratisierung und Demagogie gehören zusammen. Aber: *ganz unabhängig* – das sei wiederholt – von der Art der Staatsverfassung, sofern nur die Massen nicht mehr rein als passives Verwaltungsobjekt behandelt werden können, sondern in ihrer Stellungnahme aktiv irgendwie ins Gewicht fallen. Den Weg der Demagogie haben ja in ihrer Art auch die modernen Monarchien beschritten. Reden, Telegramme, Stimmungsmittel aller Art setzen sie für ihr Prestige in Bewegung, und man kann nicht behaupten, daß diese Art politischer Propaganda sich etwa *staatspolitisch* als ungefährlicher erwiesen hätte als die denkbar leidenschaftlichste Wahldemagogie. Sondern umgekehrt. Und jetzt im Kriege erlebten wir sogar die für uns neue Erscheinung der Admiralsdemagogie. Die Satrapenkämpfe zwischen dem früheren Reichskanzler und dem Admiral v. Tirpitz wurden (wie im Reichstag mit Recht hervorgehoben worden ist: unter Duldung des letzteren) von seinen Anhängern in einer wilden Agitation in die Öffentlichkeit getragen, an welche sich innerpolitische Interessen anschlossen, um so eine nur von den intimsten Sachkennern zu entscheidende militärtechnische und diplomatische Frage zum Gegenstand einer Demagogie ohnegleichen unter den in *diesem* Falle tatsächlich „urteilslosen" Massen zu machen. Man wird also jedenfalls nicht behaupten dürfen: daß „Demagogie" eine Eigentümlichkeit einer im politischen Sinn demokratischen Staatsform sei. Die widerlichen Satrapenkämpfe und Intrigen der Ministerkandidaten im Januar 1918 spielten sich wiederum in der Presse und in Volksversammlungen ab. Ohne Einfluß blieb diese Demagogie *nicht.* Wir haben in Deutschland *Demagogie und Pöbeleinfluß ohne Demokratie,* vielmehr: *wegen des Fehlens einer geordneten Demokratie.*

Hier soll indes lediglich die Folge der tatsächlichen Bedeutung der Demagogie für die Struktur der politischen Führerstellen erörtert, also die Frage aufgeworfen werden: wie sich infolgedessen Demokratie und Parlamentarismus zueinander verhalten.

Die Bedeutung der aktiven Massendemokratisierung ist: daß der politische Führer nicht mehr auf Grund der Anerkennung seiner Bewährung im Kreise einer Honoratiorenschicht zum Kandidaten proklamiert, dann kraft seines Hervortretens im Parlament zum Führer wird, sondern daß er das Vertrauen und den Glauben der Massen an sich und also seine Macht mit *massen*demagogischen Mitteln gewinnt. Dem Wesen der Sache nach bedeutet dies eine *cäsaristische* Wendung der Führerauslese. Und in der Tat neigt jede Demokratie dazu. Das spezifisch cäsaristische Mittel ist ja: das Plebiszit. Es ist keine gewöhnliche „Abstimmung" oder „Wahl", sondern die Bekennung eines „Glaubens" an den Führerberuf dessen, der für sich diese Akklamation in Anspruch nimmt. Entweder der Führer kommt auf militaristischem Weg in die Höhe: als Militärdiktator wie Napoleon I., der sich seine Stellung durch Plebiszit bestätigen läßt. Oder auf bürgerlichem Wege: durch plebiszitäre Bestätigung des Herrschaftsanspruches eines nichtmilitärischen Politikers wie Napoleon III., der sich das Heer fügt. Beide Wege der Führerauslese leben mit dem parlamentarischen Prinzip ganz ebenso in Spannung wie (selbstverständlich) mit dem erbmonarchischen Legitimismus. Jede Art von direkter *Volkswahl* des höchsten Gewaltträgers, darüber hinaus aber jede Art von politischer Machtstellung, welche auf der Tatsache des Vertrauens der Massen, nicht der Parlamente, beruht – auch die Machtstellung eines kriegerischen Volkshelden wie Hindenburg –, liegt auf dem Wege zu jenen „reinen" Formen cäsaristischer Akklamation. Insbesondere natürlich die durch (formell) „demokratische" Nomination und Wahl legitimierte Machtstellung des Präsidenten der Vereinigten Staaten, dessen Überlegenheit gegenüber dem Parlament eben hierauf beruht. Die Hoffnungen, welche eine so cäsarische Gestalt wie Bismarck an das gleiche Wahlrecht knüpfte, und die Art seiner antiparlamentarischen Demagogie lagen, nur in ihrer Formulierung und Phrase den nun einmal legitimistischen Bedingungen seiner Ministerstellung angepaßt, in der gleichen Richtung. Wie der Erblegitimismus der Monarchien gegen diese cäsaristischen Gewalten reagiert, zeigte die Art von Bismarcks Scheiden aus dem Amt. Jede parlamentarische Demokratie sucht auch ihrerseits die der Parlamentsmacht gefährlichen plebiszitären Methoden der Führerwahl geflissentlich auszuschalten, wie dies namentlich die jetzt geltende französische Verfassung und das französische Wahlrecht (Wiederabschaffung der Listenwahl wegen der boulangistischen Gefahr) getan haben. Sie bezahlte dies freilich mit jenem Mangel an Autorität der höchsten Gewalten bei der Masse, welcher für Frankreich typisch ist und so charakteristisch gegen die Machtstellung des amerikanischen Präsidenten absticht. In demokratisierten Erbmonarchien andererseits ist das cäsaristisch-plebiszitäre Moment stets stark temperiert. Aber es fehlt nicht. Die Stellung des jetzigen englischen Premierministers ruht der Sache nach durchaus *nicht* auf dem Vertrauen des Parlaments und seiner Parteien, sondern auf dem der Massen im Lande und des kämpfenden Heeres. Das Parlament aber fügt sich (innerlich widerwillig genug) der Lage. Der Gegensatz zwischen plebiszitärer und parlamentarischer Auslese der Führer besteht also. Aber die *Existenz* des Parlaments ist deshalb nicht etwa wertlos. Denn gegenüber dem (der Sache nach) cäsaristischen Vertrauensmann der Massen gewährleistet sie in England 1. die *Stetigkeit* und 2. die *Kontrolliertheit* seiner Machtstellung; 3. die Erhaltung der bürgerlichen *Rechtsgarantien* gegen ihn; 4. eine geordnete Form der politischen *Bewährung* der um das Vertrauen der Massen werbenden Politiker innerhalb der Parlamentsarbeit und 5. eine friedliche Form der *Ausschaltung* des cäsaristischen Diktators, wenn er das Massenvertrauen *verloren* hat. Aber daß gerade die großen Entscheidungen der Politik, auch und gerade in der Demokratie, von *Einzelnen* gemacht werden: *dieser* unvermeidliche Umstand bedingt es, daß die Massendemokratie ihre positiven Erfolge seit den Zeiten des Perikles stets erkauft durch starke Konzessionen an das cäsaristische Prinzip der Führerauslese. In den amerikanischen großen Kommunen z. B. ist die Korruption nur durch plebiszitäre Munizipaldiktatoren, welchen das Vertrauen der Massen das Recht einräumte, sich selbst ihre Verwaltungskomitees zusammenzusetzen, gebändigt worden. Und überall haben massendemokratische Parteien, wenn sie sich vor große Aufgaben gestellt sahen, sich Führern, welche das Vertrauen der Massen besaßen, mehr oder minder bedingungslos unterordnen müssen.

Welche Bedeutung angesichts dieses Umstandes in einer Massendemokratie dem *Parlament* zukommt, wurde an dem Beispiel Englands schon erläutert. Es gibt aber nicht nur gefühlsehrliche „Sozialisten“, sondern auch gefühlsehrliche „Demokraten“, welche das parlamentarische Getriebe derart hassen, daß sie „parlamentlosen Sozialismus“ oder „parlamentlose Demokratie“ auf ihre Fahne schreiben. „Widerlegen“ lassen sich übermächtige Gefühlsantipathien natürlich nicht. Nur muß man sich klarmachen, was sie, in ihre praktischen Konsequenzen getrieben, heute bedeuten würden. Und zwar natürlich unter den Bedingungen unserer monarchischen Staatsordnung. Was würde innerhalb dieser Verfassung mit ihrer obrigkeitlichen Beamtenmacht eine Demokratie ohne allen Parlamentarismus darstellen? Eine solche lediglich *passive Demokratisierung* wäre eine gänzlich reine Form der uns wohlbekannten *kontrollfreien Beamtenherrschaft,* die sich „monarchisches Regiment“ nennen würde. Oder, wenn in Verbindung gesetzt mit der von diesen „Sozialisten“ erhofften Organisation der Wirtschaft, ein modernes rationales Gegenbild des antiken „Leiturgiestaates“. Durch die Staatsbürokratie legitimierte und (angeblich!) kontrollierte Interessentenverbände wären aktiv die Träger der Syndikats-Selbstverwaltung und passiv Träger der staatlichen Lasten. Die Beamten würden dann durch diese syndizierten *Erwerbs-* und *Profit*-Interessenten, aber weder durch den dazu gar nicht fähigen Monarchen, noch durch die vertretungslosen Staatsbürger kontrolliert werden.

Sehen wir uns diese Zukunftsperspektive etwas näher an. Eine Ausschaltung des privatwirtschaftlichen Unternehmers würde ihre Durchführung für alle absehbare Zukunft, auch bei weitgehenden „Verstaatlichungen", nicht bedeuten. Sondern eine Organisation von Groß- und Kleinkapitalisten, besitzlosen Kleinproduzenten und Lohnarbeitern, mit irgendwie reglementierter und – die Hauptsache! – monopolistisch *garantierter Erwerbschance* für jede Kategorie. „Sozialismus" wäre das etwa im gleichen Sinn, wie es der Staat des altägyptischen „Neuen Reiches" war. „Demokratie" wäre es nur dann, wenn Sorge getragen würde, daß für die Art der Leitung dieser syndizierten Wirtschaft der Wille der *Masse* ausschlaggebend ist. Wie dies ohne eine deren Macht sichernde, die Syndikate ständig kontrollierende Vertretung: ein demokratisiertes Parlament also, welches in die sachlichen und personalen Verhältnisse dieser Verwaltung eingriffe, geschehen könnte, ist nicht abzusehen. *Ohne* eine Volksvertretung des jetzigen Typus wäre von der syndizierten Wirtschaft die Entwicklung zu einer zünftigen Politik der *gesicherten Nahrung,* also: zur stationären Wirtschaft und zur Ausschaltung des ökonomischen Rationalisierungsinteresses, zu erwarten. Denn überall ist dies Interesse an der zünftigen Nahrungs*garantie* für die kapitallosen und kapitalschwachen Erwerbsinteressenten ausschlaggebend gewesen, sobald sie einmal monopolistisch organisiert waren. Dies mag nun als „demokratisches" oder „sozialistisches" Zukunftsideal ansehen, wer da will. Aber es gehört der ganze leichtfertige Literatendilettantismus dazu, eine solche Kartellierung der Profit- und Lohninteressen mit dem jetzt sooft vertretenen Ideal zu verwechseln: daß in Zukunft die Richtung der Gütererzeugung dem *Bedarf* und nicht, wie jetzt, dem *Profitinteresse* angepaßt sein solle, wie es immer wieder geschieht. Denn für die Realisierung dieses letzten Ideals wäre ja ganz offenbar gerade *nicht* ein Ausgehen von der Syndizierung und Monopolisierung der *Erwerbs*interessen, sondern das genau Umgekehrte: ein Ausgehen von der Organisation der *Verbraucher*interessen der Weg. Die Zukunftsorganisation dürfte dann nicht nach Art staatlich organisierter Zwangskartelle, Zwangsinnungen, Zwangsgewerkschaften, sondern müßte nach Art einer riesenhaften, staatlich organisierten *Zwangskonsumgenossenschaft* erfolgen, welche dann ihrerseits die Richtung der Produktion der Nachfrage entsprechend zu bestimmen hätte, so wie es Konsumvereine vereinzelt schon jetzt (durch Eigenproduktion) versuchen. Wie dabei die „demokratischen" Interessen, also diejenigen der Masse der Verbraucher, anders garantiert werden sollten als durch ein Parlament, welches auch die Gütererzeugung fortlaufend maßgeblich kontrollierte, ist wiederum nicht abzusehen.

Doch genug dieser Zukunftsmusik. Im Ernst ist die wirklich völlige Beseitigung der Parlamente ja noch von keinem noch so sehr gegen ihre heutige Gestalt eingenommenen Demokraten verlangt worden. Als die Instanz zur Erzwingung der *Verwaltungsöffentlichkeit,* der *Budget*feststellung und endlich der Beratung und Verabschiedung von *Gesetzentwürfen* – Funktionen, in denen sie in der Tat in jeder Demokratie unersetzlich sind – will man sie wohl allseitig bestehen lassen. Die Opposition gegen sie, soweit sie ehrlich demokratisch und nicht, wie in aller Regel, eine unehrliche Verhüllung *bürokratischer* Machtinteressen ist, wünscht vielmehr im wesentlichen wohl zweierlei: 1. daß nicht die Parlamentsbeschlüsse, sondern die obligatorische *Volksabstimmung* für die Schaffung von Gesetzen maßgeblich sein sollen, – 2. daß nicht das parlamentarische *System* bestehen, die Parlamente also nicht Auslesestätte für die leitenden Politiker und ihr Vertrauen oder Mißtrauen nicht entscheidend sein solle für deren Verbleiben im Amt. Dies ist nun bekanntlich in der amerikanischen Demokratie geltendes Recht. Es folgt dort teils aus der Volkswahl des Staatsoberhaupts und anderer Beamter, teils aus dem sogenannten Prinzip der „Gewaltenteilung". Die Erfahrungen der amerikanischen Demokratie lehren aber mit hinlänglicher Klarheit: daß diese Art der Beseitigung des Parlamentarismus ebenfalls, gegenüber dem parlamentarischen System, nicht die mindeste Gewähr für eine sachlichere und unbestechliche Verwaltung bietet: das gerade Gegenteil ist der Fall. Zwar hat man mit der Volkswahl des Staatsoberhauptes im großen Durchschnitt keine schlechten Erfahrungen gemacht. Jedenfalls ist in den letzten Jahrzehnten die Zahl der wirklich ungeeigneten Präsidenten zum mindesten nicht größer gewesen als in den Erbmonarchien die Zahl der ungeeigneten Monarchen. Dagegen sind die Amerikaner selbst mit dem Prinzip der Volkswahl der Beamten im großen und ganzen nur in sehr begrenztem Umfang zufrieden. Nicht nur beseitigt es, wenn man es sich verallgemeinert denkt, das, was die bürokratische Maschinerie technisch auszeichnet: die Amtsdisziplin. Sondern es gewährt gerade bei massenhafter Anwendung in einem modernen Großstaat auch keine Garantie für die Qualität der Beamten. Es legt dann die Auslese der Amtskandidaten im Gegensatz zum parlamentarischen System in die Hände unsichtbarer und der Öffentlichkeit gegenüber, im Vergleich mit einer parlamentarischen Partei und ihrem Führer, in hohem Grade unverantwortlicher Kliquen, welche die Kandidaten den fachlich ungeschulten Wählern präsentieren: bei Verwaltungsbeamten mit dem Erfordernis technischer Fachqualifikation ein höchst ungeeigneter Weg der Besetzung. Gerade für die modernsten Verwaltungsbedürfnisse, aber auch im Richteramt, funktionieren in Amerika notorisch die vom gewählten Staatsoberhaupt *ernannten* fachgeschulten Beamten technisch und in bezug auf ihre Unbestechlichkeit unvergleichlich besser. Auslese von *Fach*beamten und Auslese *politischer Führer* sind eben *zweierlei.* – Dagegen hat das Mißtrauen gegen die machtlosen *und deshalb* so korrupten Parlamente in amerikanischen Einzelstaaten zur Erweiterung der direkten Volks*gesetzgebung* geführt.

Die *Volksabstimmung* hat als Mittel sowohl der Wahl wie der Gesetzgebung innere Schranken, die aus ihrer technischen Eigenart folgen. Sie antwortet nur mit

„Ja“ oder „Nein“. Nirgends ist ihr in Massenstaaten die wichtigste Funktion des Parlaments: die Feststellung des Budgets, zugewiesen. Aber auch das Zustandekommen aller solcher Gesetze, welche auf einem Ausgleich widerstreitender Interessen beruhen, würde sie in einem großen Massenstaat in der bedenklichsten Weise obstruieren. Denn die entgegengesetztesten Gründe können ein „Nein“ bedingen, wenn kein Mittel besteht, vorhandene Interessengegensätze auf dem Boden der Verhandlung auszugleichen. Das Referendum kennt eben nicht: den Kompromiß, auf welchem in jedem Massenstaat mit starken regionalen, sozialen, konfessionellen und anderen Gegensätzen der inneren Struktur unvermeidlich die Mehrzahl aller Gesetze beruht. Wie bei Volksabstimmungen Steuergesetze anderer Art als etwa progressive Einkommens- und Vermögenskonfiskationen und „Verstaatlichungen“ in einem Massenstaat mit starken Klassengegensätzen überhaupt zur Annahme gelangen sollten, ist nicht abzusehen. Nun würde einem Sozialisten gerade diese Konsequenz vielleicht nicht schreckhaft erscheinen. Nur ist kein Beispiel bekannt – auch nicht in Amerika und sogar nicht unter den sehr günstigen Bedingungen der Schweizer Kantone mit ihrer, kraft alter Tradition, sachlich denkenden und politisch geschulten Bevölkerung –, daß ein unter dem Druck des Referendums stehender Staatsapparat solche oft nominell sehr hohen, teilweise konfiskatorischen, Vermögenssteuern auch *effektiv* durchgeführt hätte. Und die plebiszitären Prinzipien schwächen das Eigengewicht der Parteiführer und die Verantwortlichkeit der Beamten. Eine Desavouierung der leitenden Beamten durch eine ihre Vorschläge ablehnende Volksabstimmung hat *nicht,* wie in parlamentarischen Staaten ein Mißtrauensvotum, ihren Rücktritt zur Folge, – und kann diese Folge auch gar nicht haben. Denn das negative Votum läßt seine Gründe nicht erkennen und belastet die negativ abstimmende Masse nicht, wie eine gegen die Regierung stimmende parlamentarische Parteimehrheit, mit der Pflicht, nun ihrerseits die desavouierten Beamten durch eigene verantwortliche Führer zu ersetzen.

Je mehr vollends die eigene Wirtschaftsregie der staatlichen Bürokratie wüchse, desto fataler würde sich der Mangel eines selbständigen Kontrollorgans fühlbar machen, welches, wie die Parlamente es tun, von den allmächtigen Beamten öffentlich Rede und Antwort verlangt und sie zur Rechenschaft zu ziehen die Macht hat. Als Mittel sowohl der Auslese von *Fach*beamten wie der Kritik ihrer Leistung ist im Massenstaat das spezifische Mittel der rein plebiszitären Demokratie: die unmittelbaren Volkswahlen und -abstimmungen und vollends das Absetzungs-Referendum, durchaus ungeeignet. Und wenn schon für den Parteibetrieb der parlamentarischen Wahlen die Bedeutung des Geldes der Interessenten keine kleine ist, so würde seine Macht und die Stoßkraft der von ihm gestützten demagogischen Apparate unter den Verhältnissen eines Massenstaates bei ausschließlicher Herrschaft von Volkswahlen und Volksabstimmungen ins Kolossale anwachsen.

Die obligatorische Volkswahl und Volksabstimmung bildet freilich den radikalen Gegenpol zu dem oft beklagten Zustand: daß der Staatsbürger im parlamentarischen Staat politisch nichts anderes leiste, als daß er alle paar Jahre einen der ihm von den Parteiorganisationen vorgedruckt gelieferten Wahlzettel in eine Urne stecke. Man hat gefragt: ob dies ein Mittel politischer Erziehung sei. Das ist es zweifellos *nur* unter den früher erörterten Bedingungen einer Verwaltungsöffentlichkeit und Verwaltungskontrolle, welche die Staatsbürger an die ständige Verfolgung der Art gewöhnt, wie ihre Angelegenheiten verwaltet werden. Die obligatorische Volksabstimmung aber ruft den Staatsbürger unter Umständen in wenigen Monaten Dutzende von Malen an die Abstimmungsurne über Gesetze. Und die obligatorische Volkswahl erlegt ihm die Abstimmung über lange Listen ihm persönlich vollkommen unbekannter, von ihm in ihrer *fachlichen* Qualifikation nicht zu beurteilender Amtskandidaten auf. Nun ist das Fehlen der Fachqualifikation (die ja auch der Monarch nicht besitzt) an sich gewiß kein Argument gegen die demokratische Auslese der Beamten. Denn man braucht sicherlich selbst kein Schuster zu sein, um zu wissen, ob der Schuh drückt, den der Schuster hergestellt hat. Allein nicht nur die Gefahr der Abstumpfung, sondern auch die Gefahr der Irreleitung hinsichtlich der Person des wirklich an der Mißverwaltung Schuldigen ist bei der Volkswahl der Fachbeamten übergroß, im Gegensatz zum parlamentarischen System, bei welchem der Wähler sich an die Führer der für die Beamtenbestellung verantwortlichen *Partei* hält. Und für das Zustandekommen aller technisch komplizierten Gesetze kann gerade die Volksabstimmung das Ergebnis allzu leicht in die Hand kluger, aber verborgener Interessenten legen. In dieser Hinsicht liegen die Bedingungen in europäischen Ländern mit entwickeltem Fachbeamtentum wesentlich anders als in Amerika, wo man die Volksabstimmung als einzige Korrektur gegen die Korruption der dort unvermeidlich subalternen Legislaturen bewertet.

Gegen die Anwendung der Volksabstimmung als ultima ratio in geeigneten Fällen ist damit, trotz der von den Bedingungen der Schweiz abweichenden Verhältnisse der Massenstaaten, nichts gesagt. Aber machtvolle Parlamente macht sie für Großstaaten nicht überflüssig. Als Organ der Beamtenkontrolle und Verwaltungspublizität, als Mittel der Ausschaltung ungeeigneter leitender Beamter, als Stätte der Budgetfeststellung und als Mittel der Herbeiführung von Parteikompromissen ist das Parlament auch in den Wahldemokratien unentbehrlich. Vollends unentbehrlich in Erbmonarchien, da der Erbmonarch weder mit reinen Wahlbeamten arbeiten, noch, wenn er die Beamten ernennt, selbst Partei ergreifen darf, wenn seine spezifische innerpolitische Funktion: bei fehlender Eindeutigkeit der politischen Stimmung und Machtlage eine konfliktlose Lösung zu ermöglichen, nicht kompromittiert werden soll. Neben „cäsaristischen" Führern aber ist schon infolge des Umstandes: daß es lange Perioden geben kann, in welchen einigermaßen allgemein anerkannte Vertrauensmänner der Massen *fehlen,* die Parlamentsmacht in Erbmonarchien unentbehrlich. Das *Nachfolger*problem ist überall die Achillesferse aller rein cäsaristischen Herrschaft gewesen. Ohne innere Katastrophengefahr vollzieht sich Aufstieg, Ausschaltung und Fortfall eines cäsaristischen Führers am ehesten da, wo die effektive Mitherrschaft machtvoller Vertretungskörperschaften die politische Kontinuität und die staatsrechtlichen Garantien der bürgerlichen Ordnung in ungebrochenem Bestand aufrecht erhält.

Der Punkt, welcher den parlamentsfeindlichen Demokraten in Wirklichkeit letztlich Anstoß gibt, ist offenbar: der weitgehend *voluntaristische* Charakter des parteimäßigen Betriebs der Politik und dadurch auch der parlamentarischen Parteimacht selbst. In der Tat stehen sich, wie wir sahen, bei diesem System „aktive" und „passive" Teilnehmer am politischen Leben gegenüber. Der politische Betrieb ist *Interessenten*betrieb. (Unter „Interessenten" sind dabei *nicht* jene materiellen Interessenten gemeint, die, in verschieden starkem Maße, bei jeder Form der Staatsordnung die Politik beeinflussen, sondern jene politischen Interessenten, welche politische Macht und Verantwortung zum Zweck der Realisierung bestimmter politischer Gedanken erstreben.) Allein eben dieser Interessentenbetrieb ist das wesentliche der Sache. Denn nicht die politisch passive „Masse" gebiert aus sich den Führer, sondern der politische Führer wirbt sich die Gefolgschaft und gewinnt durch „Demagogie" die Masse. Das ist in jeder noch so demokratischen Staatsordnung so. Und daher ist die gerade umgekehrte Frage weit näherliegend: gestatten die Parteien in einer voll entwickelten Massendemokratie denn überhaupt Führernaturen den Aufstieg? Sind sie imstande, neue Ideen überhaupt zu rezipieren? Sie verfallen ja der Bürokratisierung ganz ähnlich wie der staatliche Apparat. Ganz neue Parteien mit dem zugehörigen Apparat an Organisation und Presseunternehmungen zu schaffen, erfordert heute einen solchen pekuniären und Arbeitsaufwand und ist gegenüber der festen Machtstellung der bestehenden Presse so schwer, daß es praktisch fast nicht in Betracht kommt.[2] Die bestehenden Parteien aber sind stereotypiert. Ihre Beamtenposten bilden die „Nahrung" ihrer Inhaber. Ihr Ideenschatz ist weitgehend in Propagandaschriften und in der Parteipresse festgelegt. Materielle Interessen der beteiligten Verleger und Autoren stellen sich der Entwertung dieses Schriftwerks durch Umformung der Ideen in den Weg. Und vollends wünscht der Berufspolitiker, der von der Partei leben muß, den „ideellen" Besitz an Gedanken und Schlagworten: sein geistiges Handwerkszeug, nicht entwertet zu sehen. Daher vollzieht sich die Rezeption neuer Ideen durch die Parteien nur da verhältnismäßig schnell, wo gänzlich

[2] Nur die Kriegsgewinnplutokratie hat es unter den sehr besonderen Bedingungen des Krieges zuwege gebracht.

gesinnungslose reine Amtspatronageparteien, wie in Amerika, für jede Wahl diejenigen „Planken" neu in ihre „Plattformen" einfügen, von denen sie sich jeweils bei der Stimmenwerbung Zugkraft versprechen. Noch schwieriger scheint das Hochkommen neuer Führer. An der Spitze unserer Parteien erblickt man seit langen Zeiten dieselben, meist persönlich höchst achtungswerten, aber ebensooft weder geistig noch durch starkes politisches Temperament hervorragenden Leiter. Von dem zünftlerischen Ressentiment gegen neue Männer war schon die Rede: es liegt in der Natur der Dinge. Auch hier liegen die Verhältnisse gerade in solchen Parteien, wie es die amerikanischen sind, teilweise anders. In hohem Grade stabil sind dort die Machthaber *inner*halb der Parteien: die Bosse. Sie erstreben nur Macht, nicht Ehre oder Verantwortung. Und gerade im Interesse der Erhaltung ihrer Machtstellung setzen sie sich nicht den Peripetien einer eigenen Kandidatur aus, bei der ihre politischen Praktiken öffentlich erörtert würden und daher ihre Person die Chancen der Partei kompromittieren könnte. Als Kandidaten präsentieren sie daher nicht selten, wenn auch nicht immer gern, „neue Männer". Gern dann, wenn sie in ihrem Sinne „verlässlich" sind. Ungern, aber notgedrungen, dann, wenn sie in irgendeiner Art durch ihre „Neuheit", durch irgendeine spezifische notorische Leistung also, derart zugkräftig sind, daß im Interesse des Wahlsieges ihre Aufstellung erforderlich erscheint. Diese durch die Bedingungen der Volkswahl geschaffenen Verhältnisse sind für uns ganz unübertragbar und auch schwerlich wünschenswert. Ebenso unübertragbar sind die französischen und italienischen Zustände, welche sich dadurch auszeichnen, daß eine von Zeit zu Zeit durch Neulinge ergänzte, aber ziemlich begrenzte Zahl „ministrabler" politischer Persönlichkeiten in stets anderer Zusammenstellung in den leitenden Stellen wechselt: eine Folge der dortigen Parteienstruktur. Die englischen Verhältnisse dagegen weichen davon stark ab. Es zeigt sich, daß innerhalb der Parlamentslaufbahn (die hier nicht näher geschildert werden kann) und auch innerhalb der durch das Caucussystem straff organisierten Parteien dort politische Temperamente und Führernaturen in genügender Zahl aufgetreten sind und hochkommen. Einerseits eröffnet die Parlamentslaufbahn dem politischen Ehrgeiz und dem Macht- und Verantwortungswillen die reichsten Chancen, und andererseits sind die Parteien infolge des „cäsaristischen" Zugs der Massendemokratie gezwungen, sich wirklichen politischen Temperamenten und Begabungen als Führern zu fügen, sobald diese sich imstande zeigen, das Vertrauen der Massen zu gewinnen. Die Chance, daß Führernaturen an die Spitze gelangen, ist eben, wie sich immer wieder zeigt, Funktion der *Machtchancen* der Parteien. Weder der cäsaristische Charakter und die Massendemagogie noch die Bürokratisierung und Stereotypierung der Parteien sind jedenfalls als solche ein starres Hindernis für den Aufstieg von Führern. Gerade straff organisierte Parteien, welche sich wirklich in der Staatsmacht behaupten wollen, müssen sich den Vertrauensmännern der Massen, *wenn* sie Führernaturen sind, *unterordnen,* während die lockere Gefolgschaft des französischen Parlaments bekanntlich die recht eigentliche Heimat der reinen Parlamentsintrigen ist. Die feste Organisation der Parteien und vor allem der Zwang für den Massenführer, in der konventionell fest geregelten Teilnahme an den Komiteearbeiten des Parlaments sich zu schulen und sich dort zu bewähren, bietet andererseits ein immerhin starkes Maß von Gewähr dafür: daß diese cäsaristischen Vertrauensleute der Massen sich den festen Rechtsformen des Staatslebens einfügen und daß sie nicht rein emotional, also lediglich nach den im üblen Sinne des Worts „demagogischen" Qualitäten, ausgelesen werden. Gerade unter den heutigen Bedingungen der Führerauslese sind ein starkes Parlament, verantwortliche Parlamentsparteien, und das heißt: deren Funktion als Stätte der Auslese und Bewährung der Massenführer als Staatsleiter, Grundbedingungen stetiger Politik.

Denn die staatspolitische *Gefahr* der Massendemokratie liegt ja in allererster Linie in der Möglichkeit starken Vorwiegens *emotionaler* Elemente in der Politik. Die „Masse" als solche (einerlei, welche sozialen Schichten sie im Einzelfall zusammensetzen) „denkt nur bis übermorgen". Denn sie ist, wie jede Erfahrung lehrt, stets der aktuellen rein emotionalen und irrationalen Beeinflussung ausgesetzt. (Sie teilt das übrigens wiederum mit der modernen „selbstregierenden" Monarchie, welche ganz die gleichen Erscheinungen zeigt.) Der kühle und klare Kopf – und erfolgreiche Politik, gerade auch erfolgreiche demokratische Politik, wird nun einmal mit dem Kopf gemacht – herrscht bei verantwortlichen Entschlüssen um so mehr: 1. je kleiner die Zahl der an der Erwägung Beteiligten ist, – 2. je eindeutiger die Verantwortlichkeiten jedem einzelnen von ihnen selbst und den von ihnen Geleiteten vor Augen stehen. Die Überlegenheit des amerikanischen Senats über das Repräsentantenhaus z. B. ist ganz wesentlich Funktion der kleineren Zahl der Senatoren; die besten politischen Leistungen des englischen Parlaments sind Produkte eindeutiger Verantwortlichkeit. Wo diese versagt, versagt auch die Leistung der Parteiherrschaft wie jede andere. Und auf dem gleichen Grunde beruht die staatspolitische Zweckmäßigkeit des Parteibetriebs durch *fest*organisierte politische Interessentengruppen. Staatspolitisch völlig irrational ist andererseits die *un*organisierte „Masse": die Demokratie der Straße. Sie ist am mächtigsten in Ländern mit einem entweder machtlosen oder mit einem politisch diskreditierten Parlament, und das heißt vor allem: beim Fehlen *rational organisierter Parteien.* Bei uns sind, abgesehen von dem Fehlen der romantischen Kaffeehauskultur und von der größeren Ruhe des Temperaments, Organisationen wie die Gewerkschaften, aber auch wie die sozialdemokratische Partei ein sehr wichtiges Gegengewicht gegen die für rein plebiszitäre Völker typische aktuelle und irrationale Straßenherrschaft. Von der Hamburger Choleraepidemie angefangen bis jetzt hat man immer wieder in Fällen der Unzulänglichkeit des staatlichen Apparates an sie appellieren müssen. Das darf nicht vergessen werden, wenn die Zeiten der Not einmal vorüber sind.

Die schweren ersten Jahre nach dem Kriege werden natürlich auch bei uns alle Elemente der Massendisziplin in Frage stellen. Vor allem die Gewerkschaften werden zweifellos vor Schwierigkeiten stehen wie nie zuvor. Denn dem Nachwuchs der Halberwachsenen, der jetzt Kriegslöhne bis zum zehnfachen Betrag der Friedenszeit verdient und eine vergängliche Ungebundenheit genießt wie niemals wieder, wird jedes Solidaritätsgefühl und jede Brauchbarkeit und Anpassungsfähigkeit an den geordneten wirtschaftlichen Kampf aberzogen. Ein „Syndikalismus der Unreife“ wird aufflammen, wenn diese Jugend vor die Realitäten der normalen Friedensordnung gestellt wird. Von rein emotionalem „Radikalismus“ dieser Art werden wir zweifellos reichlich erleben. Syndikalistische Putschversuche liegen in den Massenzentren natürlich durchaus im Bereich des Möglichen. Ebenso ein zunächst mächtiges Anschwellen der politischen Stimmung von der Art der „Gruppe Liebknecht“ infolge der ökonomisch schweren Lage. Die Frage ist: ob es in den Massen bei der zu erwartenden sterilen Staatsverneinung *bleibt. Das* aber ist eine Frage der *Nerven.* Es hängt zunächst davon ab, ob das stolze Wort: „Der Appell *an die Furcht* findet in deutschen Herzen keinen Widerhall“, *sich auch auf den Thronen bewährt.* Und weiterhin davon: ob solche Explosionen wieder die bekannte und übliche *Angst* der Besitzenden entfesseln, ob also die emotionale Wirkung der planlosen Massenwut die ebenso emotionale und ebenso planlose Feigheit des Bürgertums zur Folge hat, wie die Interessenten der kontrollfreien Beamtenherrschaft erhoffen.

Gegen Putsche, Sabotage und ähnliche politisch sterile Ausbrüche, wie sie in allen Ländern – bei uns seltener als anderwärts – vorkommen, würde jede, auch die demokratischste und sozialistischste Regierung, das Standrecht anwenden müssen, wenn sie nicht Konsequenzen wie jetzt in Rußland riskieren will. Darüber ist kein weiteres Wort zu verlieren. *Aber:* die stolzen Traditionen politisch reifer und der *Feigheit* unzugänglicher Völker haben sich dann immer und überall darin bewährt: daß sie ihre Nerven und ihren kühlen Kopf behielten, zwar die Gewalt durch Gewalt niederschlugen, dann jedoch rein sachlich die in dem Ausbruch sich äußernden Spannungen zu lösen suchten, vor allem aber sofort die *Garantien der freiheitlichen Ordnung* wiederherstellten und in der Art ihrer politischen Entschließungen sich überhaupt durch derartiges nicht beirren ließen. Bei uns ist mit voller Sicherheit zu gewärtigen, daß die Interessenten der alten Ordnung und der kontrollfreien Beamtenherrschaft jeden Ausbruch syndikalistischen Putschismus, sei er auch noch so unbedeutend, zu einem Druck auf die leider noch immer recht „schwachen Nerven“ des Spießbürgertums ausbeuten werden. Zu den beschämendsten Erfahrungen der Ära Michaelis gehörte ja jene *Spekulation auf die Feigheit* des Bürgertums, welche in dem Versuch einer rein sensationellen Ausnutzung des Verhaltens von ein paar Dutzend pazifistischen Fanatikern zu rein parteipolitischen Zwecken zutage trat, ohne Rücksicht auf die Wirkung bei Feinden und auch – bei den Bundesgenossen. Nach dem Krieg werden sich ähnliche Spekulationen in größerem Umfang wiederholen. Ob die deutsche Nation zur politischen Reife gelangt ist, wird sich dann darin zeigen: wie darauf reagiert wird. Man müßte an unserer politischen Zukunft verzweifeln, wenn sie gelängen, so zweifellos dies leider nach manchen Erfahrungen möglich ist.

Die Demokratisierung des Parteibetriebes auf der Linken wie auf der Rechten – denn die „alldeutsche" und die gegenwärtige „Vaterlands"-Demagogie sucht an Unbedenklichkeit ihresgleichen selbst unter französischen Verhältnissen – ist bei uns *Tatsache* und nicht wieder zu beseitigen. Die Demokratisierung des *Wahlrechts* aber ist ein zwingendes und politisch unaufschiebbares Gebot der Stunde, vor allem für den deutschen Hegemoniestaat. Von allem anderen abgesehen, ist staatspolitisch entscheidend dafür: 1. daß heute nur das gleiche Wahlrecht *am Ende* von Wahlrechtskämpfen stehen kann und daß deren furchtbar verbitternde Sterilität aus dem politischen Leben ausgeschaltet sein muß, *ehe* die Krieger aus dem Felde zum Neubau des Staates heimkehren, – 2. daß es eine politische Unmöglichkeit ist, die heimkehrenden Krieger im Wahlrecht zurückzusetzen gegenüber denjenigen Schichten, welche inzwischen daheim ihre soziale Stellung, ihren Besitz und ihre Kundschaft behaupten oder gar vermehren konnten, während jene draußen für deren Erhaltung sich verbluteten. Gewiß: rein tatsächlich „möglich" ist die Verhinderung auch dieser staatspolitischen Notwendigkeit. Aber sie würde sich furchtbar rächen. *Nie wieder* würde die Nation so wie im August 1914 gegen irgendeine Bedrohung von außen zusammenstehen. Wir wären dazu verurteilt, ein kleines, vielleicht rein technisch recht gut verwaltetes, konservatives Binnenvolk zu bleiben, ohne die Möglichkeit weltpolitischer Geltung – und übrigens auch ohne den *inneren Anspruch* darauf.

VI. Parlamentarisierung und Föderalismus

Es wurde seinerzeit vorgeschlagen, die Wahlrechtsfrage der Einzelstaaten von Reichs wegen insofern zu regeln, daß jedem, der *im Felde gestanden hat,* in jedem Bundesstaat mit Klassenwahlrecht das Wahlrecht *bester* Klasse oder Art zustehen sollte. Das schonte, weil es formal nur eine zeitweilige Änderung der Reichsverfassung bedeutete, das föderalistische Prinzip und ließ sich so formulieren, daß nötigenfalls jedes Anrufen des preußischen Landtags unnötig wurde. Widerstand gegen diese Lösung war zu gewärtigen.

Mit Erstaunen aber las man in einigen Berliner Blättern die Behauptung: die *preußische Wahlrechtsfrage* sei eine rein innerpolitische preußische Angelegenheit, mit der sich zu beschäftigen von Seiten anderer Reichsangehöriger eine „Einmischung" oder gar der Versuch einer „Mediatisierung" Preußens sei. Es soll hier ganz davon abgesehen werden, daß der deutsche Reichstag, der dies Gesetz zu beschließen hätte, ja in seiner überwiegenden Mehrheit aus *preußischen* Abgeordneten besteht, – nur freilich nicht aus Abgeordneten der preußischen Plutokratie. Um den Wert solcher Redewendungen zu beleuchten, genügt es aber, sich die Stellung des *preußischen Landtages* im *Deutschen Reiche* klarzumachen. Sie versteckt sich freilich hinter einem dichten Schleier staatsrechtlicher Formeln. Bekanntlich übt der Kaiser und König von Preußen die ihm im Reich zustehenden Rechte teils als Kaiser unter Verantwortung des Reichskanzlers aus, teils als König von Preußen durch Instruktion der preußischen Bevollmächtigten zum Bundesrat unter Verantwortung des preußischen Ministeriums. Der Reichskanzler ist formell nur dem Reichstag, die preußischen Minister sind formell nur dem preußischen Landtag verantwortlich. Soweit scheint alles in Ordnung und stimmt mit der Rechtslage der anderen Bundesstaaten überein. Und da Preußen über kaum halb so viel Stimmen im Bundesrat verfügt, wie nach seiner Größe ihm zukämen, scheint sogar eine außerordentliche Selbstbescheidung vorzuliegen. Erst bei näherem Zusehen zeigt sich, daß der preußische Landtag und gewisse rein preußische Behörden gegenüber *allen* anderen einzelstaatlichen Parlamenten und Behörden eine prinzipiell völlig abweichende privilegierte Sonderstellung einnehmen.

Preußen genießt, abgesehen von dem ihm zustehenden „Präsidium des Bundes", eine Sonderstellung zunächst kraft der Verfassungsvorschrift (R.V. Art. 5 Abs. 2, Art. 37), daß seine Stimmen im Bundesrat ganz allein genügen, um jede Änderung der Gesetzgebung nicht nur über Militärwesen und Marine, sondern über alle Zölle und die Verbrauchssteuern des Art. 35, also auch über die *Handelspolitik* und alle dahingehörigen Verwaltungsmaßnahmen des Reichs zu verhindern. Auch dann zu verhindern, wenn *alle* anderen Bundesregierungen *und* der gesamte Reichstag einmütig für Abänderung eintreten sollten. Bezüglich der Finanzen bestand dies Privileg Preußens im Norddeutschen Bunde *nicht*, sondern ist eine Neuerung zuerst des mit Baden geschlossenen Versailler Vertrags. Für die Instruktion der mit solchen privilegierten Machtbefugnissen ausgestatteten Bundesratsstimmen ist die preußische Regierung formell lediglich dem preußischen Landtag verantwortlich. Wie der bekannte Steuerantrag der preußischen Konservativen zeigt, trägt der preußische Landtag auch keinerlei Bedenken, von seinen Machtbefugnissen Gebrauch zu machen.

Preußen hat ferner das Recht des Stichentscheids. Der Bundesrat zählt 61 Stimmen. Die Stimmen von Elsaß-Lothringen werden aber vom Statthalter instruiert, den der Kaiser und König von Preußen nach Ermessen ein- und absetzt. Einer der Zwergstaaten (Waldeck) wird aus finanziellen Gründen von Preußen jetzt schon verwaltet und vertreten. Alle drei Königreiche, alle sechs Großherzogtümer, alle drei Hansestädte und das größte Herzogtum (Braunschweig) zusammen sind also nicht imstande, die Mehrheit zu erlangen, wenn Preußen außer Elsaß-Lothringens Stimmen nur noch den Rest der Zwergstaaten auf seiner Seite hat. Ginge der konservative Antrag durch: das Defizit des Reichs künftig durch Umlagen auf die Bundesstaaten zu bestreiten, so wären *alle* kleineren und manche mittleren Staaten genötigt, es künftig praktisch ebenso zu machen wie Waldeck. Überdies verfügt bekanntlich der preußische Eisenbahnminister über Machtmittel, diese Regierungen gefügig zu machen. Wenn es sich nicht um rein dynastische Fragen oder streng partikularistische Interessen handelt, also in allen positiven Fragen der Reichspolitik, hatte und hat Preußen denn auch immer die feste Mehrheit, da die Zwergstaaten eine Art von Stimmenträger Preußens waren und dies in Zukunft aus Finanzgründen erst recht sein werden. *Nicht* die Verantwortlichkeit vor dem deutschen Reichstag, sondern die vor dem *preußischen Landtag* bestimmt also nach der Verfassung durchweg die Haltung der im Bundesrat ausschlaggebenden Präsidialmacht und damit die Politik des Reichs.

Aber damit noch nicht genug. Bekanntlich haben wir verfassungsmäßig kein einheitliches Heer, sondern ein Kontingentsheer unter kaiserlichem Oberbefehl. Der König von Preußen hat aber in Abänderung dieses Zustands mit den Kontingentsherren der kleineren Bundesstaaten seinerzeit Militärkonventionen abgeschlossen, welche deren Militärhoheit meist fast ganz auf ihn übertrugen. Die mit Baden verwandelte z. B. das *badische* Heer in das Königlich *Preußische* XIV. Armeekorps. Ein preußischer Bezirkskommandeur sitzt in jeder größeren badischen Stadt, in Karlsruhe ein preußisches Generalkommando; eine preußische Intendantur, preußische Proviantämter, preußische Garnison-, Lazarett- und andere wirtschaftliche Verwaltungen verfügen über alle ökonomischen Anschaffungen, und die badischen Gewerbetreibenden und Handelskreise haben deren Macht im Kriege zu fühlen bekommen. Die badischen Landeskinder werden durch Offiziere in den Krieg geführt, die durch preußisches Patent auf Vorschlag des preußischen Militärkabinetts ernannt werden ohne jegliche Einmischung einer badischen Instanz und unter Ausschaltung auch des badischen Monarchen. Der preußische Kriegsminister ist Kriegsminister auch für Baden. Ähnlich in den anderen Bundesstaaten, außer einigen der größten.

Für die auf Grund dieser Konventionen getroffenen Verfügungen gibt es formell *keinerlei* parlamentarische Verantwortlichkeit, soweit nicht Etatsrechte berührt werden und also der Reichskanzler sie wenigstens *mit* kontrasigniert. Denn im übrigen zeichnet sie der Kriegsminister, und publiziert werden sie im preußischen Armeeverordnungsblatt. Der Kriegsminister ist aber weder dem Reichskanzler unterstellt noch (formell) dem Reichstag verantwortlich, da er *preußischer* Beamter ist. Aber in Preußen wiederum gibt es kein sachliches Objekt, für welches man ihn zur Verantwortung ziehen könnte, und auch kein Mittel, dies wirksam zu tun: denn nicht der preußische Landtag, sondern der Reichstag ist die Stätte der Beschlußfassung über das Militärbudget.

Auch mit diesem erstaunlichen Zustand sind aber die Privilegien Preußens nicht erschöpft. Der dem Reichstag verantwortliche Reichskanzler hat als solcher im Bundesrat nur die formale Leitung. Eine Stimme hat er dort nur in seiner Eigenschaft als (gemäß Art. 15 in Verbindung mit Art. 11) unvermeidlich *preußischer* Bevollmächtigter. Als solcher ist er aber formell streng an die Weisungen der preußischen Regierung gebunden und folglich dem Reichstag formell für diese seine Abstimmung *nicht* verantwortlich. Sondern das ist die *preußische* Regierung dem *preußischen* Landtag, der dadurch für jeden ernsthaft politischen Akt des Reichs ausschlaggebend wird, sobald er seine Macht gebrauchen will. Der Reichskanzler muß unvermeidlich zugleich preußischer Minister des Auswärtigen sein. Daß er auch preußischer Ministerpräsident sei, ist nicht unvermeidlich und nicht immer der Fall gewesen. Ist er es nicht, so ist er als bloßer preußischer Stimmenträger im Bundesrat politisch machtlos und dem preußischen Ministerium *untergeordnet.* Ist er es aber, so muß er auch als Reichskanzler auf die Haltung seiner preußischen Kollegen Rücksicht nehmen. Und vor allem: auf die Haltung des *preußischen Landtags.*

Dem Reichstag ist der Reichskanzler nur als „Reichsminister" verantwortlich für Entschließungen „des Kaisers" als solchen, mithin für dessen, kraft Verfassung oder besonderen Gesetzes getroffene, seiner Gegenzeichnung bedürftige Willensäußerungen. Prinzipiell ist für die Reichsgesetzgebung der Kaiser nur das Publikationsorgan des Bundesrats ohne eigenes Vetorecht. Zahlreiche Gesetze bestimmen aber, daß bestimmte Verfügungen „vom Kaiser mit Zustimmung des Bundesrats" zu treffen seien. In anderen Fällen erklären sie den Kaiser allein für die, unter Verantwortung des Reichskanzlers, maßgebende Stelle. Von hochpolitischen Angelegenheiten gehört nach der Verfassung des Reichs dahin die äußere Politik. Internationale Verträge, Kriegserklärungen und Friedensschlüsse können nur unter Mitwirkung eines auch dem Bundesrat gegenüber selbständigen Willensentschlusses des Kaisers Zustandekommen (Art. 11). Von hochpolitischen Akten der inneren Politik bedarf eines solchen verfassungsmäßig die Auflösung des Reichstags (Art. 24). Und gerade für hochpolitische Entschlüsse tritt hier – ganz abgesehen von der für Kriegserklärungen und die meisten Verträge und für Reichstagsauflösungen notwendigen Zustimmung des Bundesrats, also wieder: Preußens – in fast allen Fällen der Umstand in Wirkung, daß das Reich keine vorberatende Institution von der Art des preußischen Kronrats besitzt. Denn der Bundesrat ist eine Abstimmungsmaschinerie, und wie sollte der „Rat" der Staatsmänner von Schwarzburg-Rudolstadt ins Gewicht fallen? Da die Art der Zusammensetzung des Kronrats eine *preußische* Angelegenheit ist, kann die nachträgliche Verantwortlichkeit des Reichskanzlers gegenüber dem Reichstag, zumal bei dem Mangel jeglicher gesetzlicher Handhabe, sie zur Geltung zu bringen, an diesem den Gang der Politik oft bestimmenden Einfluß einer rein preußischen Instanz nichts ändern. Eine kollegiale Erörterung der Chefs der Reichsämter ist nicht vorgesehen. Die Reichsämter stehen als selbständige Ressorts nebeneinander, und zwischen ihnen herrscht chronisch der Kampf der „Ressort"-Satrapen. Künftige Historiker werden vermutlich in den Archiven über jede Frage, die jetzt im Kriege auftauchte (Belgien, Polen), zahlreiche vorzügliche Denkschriften aller Reichsämter finden, jeder der anderen widersprechend. Diese Widersprüche sind nur zum Teil sachlich bedingt. Denn hinter ihnen verbirgt sich der persönliche Kampf der Verwaltungschefs. Kommt es aber politisch zum Klappen, so wird regelmäßig das alles Makulatur: für die Art, wie im November 1916 die Polenpolitik inauguriert wurde, war, wie öffentlich erklärt worden ist, die Heeresleitung maßgebend, für die Art des weiteren Verlaufes aber war zweifellos auch der Einfluß von Preußens Landtag und seiner Minister mitverantwortlich.

Es mag auf eine Verlängerung der Liste verzichtet werden. Von den weittragenden *rein* persönlichen Machtbefugnissen des Kaisers als solchen ist hier ganz abgesehen worden, obwohl natürlich die Art, wie mit Rücksicht auf den preußischen Landtag die preußische Regierung zusammengesetzt ist, auch auf diese Entschlüsse überall zurückwirkt. Wird nun der preußische Landtag nach einem anderen Wahlrecht zusammengesetzt als der Reichstag, so ist die Berliner Regierung genötigt, sich politisch ein *doppeltes Konto* einzurichten, im Reichstag z. B. „Freie Bahn jedem Tüchtigen" als Parole zu proklamieren, im Landtag aber für die Nobilitierung der Kriegsgewinne eine Erleichterung der Fideikommißbildung vorzuschlagen. Das Odium dieser erzwungenen Doppelzüngigkeit aber trägt ohne allen Zweifel: *die Krone.* Die verhängnisvolle Halbheit zahlreicher Schritte der Reichsregierung entstammt zum sehr großen Teil der gleichen Quelle. Auch davon ganz abgesehen aber steht nach dem Gesagten jedenfalls fest:

1. daß rein *preußische* Behörden fortgesetzt in die Lebensfragen des Reichs nicht nur, sondern anderer Staaten und ihrer Angehörigen eingreifen. Ferner:

2. daß die *preußische* Regierung, welche formell dem *preußischen* Landtag allein verantwortlich ist, von ihrer faktischen Übermacht abgesehen, auch derart rechtlich privilegiert ist, daß die Stellung des preußischen Landtags zum Reich in der Stellung irgendeines anderen Landtags *keinerlei* Analogie und auch *keinerlei* politische Kompensation findet, soweit nicht einzelne Bundesstaaten, wie namentlich Bayern, sich rein negativ durch besondere „Reservatrechte" dagegen geschützt haben. Dem *politischen* Sachverhalt nach ist es also durchaus zutreffend, wenn man die in solcher Lage befindlichen Staaten, insbesondere Baden, als von Preußen und seinen Organen, vor allem auch seinem Landtag, *mediatisierte* Staa-

ten bezeichnet. Wenn dieser Sachverhalt hier einmal unverhüllt festgestellt wird, so hat dies keinerlei „antipreußische" Spitze. Der Schreiber dieser Zeilen selbst hat die preußische Staatsangehörigkeit nicht aufgegeben. Den Versailler Vertrag und die Militärkonvention mit Preußen hat seinerzeit ein von mir hochverehrter badischer Staatsmann abgeschlossen. Die Unzuträglichkeiten, welche die letztere seinerzeit im Gefolge gehabt hat, mögen gern unerwähnt bleiben. Niemand wünscht sie rückgängig zu machen, denn sie ist *sachlich* zweckmäßig im Interesse der einheitlichen Wehrkraft des Reichs. Wir treiben *sachliche* und keine Eitelkeitspolitik. Aber: wenn jetzt von einer kleinen Klique von preußischen Wahlrechtsprivilegierten uns die Behauptung entgegengehalten wird: die Art des preußischen Wahlrechts „gehe uns nichts an", so ist das angesichts jener Verhältnisse eine so dreiste Herausforderung, daß darauf in Fraktur geantwortet werden müßte. Die Hegemoniestellung Preußens im Reich wünscht niemand anzutasten. Aber wir verlangen, daß die in allen Fragen der Reichspolitik ausschlaggebende preußische Bundesratsstimme einem Parlament des preußischen *Volkes* verantwortlich ist und nicht irgendeiner privilegierten Kaste, wie immer sie zusammengesetzt sein möge, wenn wir jene Zustände fernerhin ertragen sollen. Vasallen preußischer privilegierter Kasten zu sein, lehnen wir auf das bestimmteste ab.

Wie sich der preußische Landtag für *inner*preußische Angelegenheiten einrichtet, ist natürlich ganz und gar eine preußische Frage. Sie betrifft die Zusammensetzung des *Herrenhauses.* Die Frage aber nach der Art, wie diejenige Kammer, in deren Händen das *Budgetrecht* liegt und welche also die hochpolitischen Entschließungen Preußens bezüglich der *Leitung des Reichs* entscheidend beeinflußt, zusammengesetzt wird, ist – weil die materielle Macht Preußens weit über seine formelle Stellung hinausgeht und weil schon diese eine weitgehend privilegierte, für alle hohe Politik schlechthin ausschlaggebende ist – eine Lebensfrage des *Reichs,* die uns alle ebenso angeht, wie nur irgendeinen Wähler zum preußischen Landtag. Geht der jetzige Zustand: daß ein Pferd vor und eins hinter den Wagen gespannt wird und ein preußisches *Privilegien*parlament den Reichstag konterkariert und den Reichskanzler zu stürzen unternehmen kann, weiter, so hat in der öffentlichen Meinung unfehlbar *die Krone* die Kosten zu tragen. Das möge wohl bedacht werden.

Nun muß man sich natürlich klarmachen, daß das Problem der Beziehungen zwischen dem Reich und Preußen: die Notwendigkeit des Ausgleichs durch Kompromiß zwischen ihnen, dauernd und auch nach der erhofften Änderung des preußischen Wahlrechts, welche ja nur einen Gegensatz der inneren Struktur fortträumt, weiterbesteht. Solange die heutige Gestaltung Deutschlands erhalten bleibt, kann der deutsche Bundesrat niemals so konstruiert werden wie etwa der Senat der Vereinigten Staaten, dessen Mitglieder gewählte Vertreter des Volks der

Einzelstaaten sind und daher nach ihrer individuellen und Parteiüberzeugung abstimmen. Die Bevollmächtigten zum Bundesrat sind dagegen von den Regierungen der Einzelstaaten delegiert und erhalten von ihnen Instruktionen, an welche sie als an „imperative Mandate" gebunden sind. Dies würde so bleiben auch dann, wenn die Regierungen, welche jene Instruktionen erteilen, noch so vollständig parlamentarisiert und durch demokratisierte Parlamente noch so wirksam kontrolliert würden. Es entstände also dann das Problem, wie sich die Parlamentarisierung der Einzelstaaten, vor allem aber: Preußens, zu der Parlamentarisierung der Reichsregierung verhalten würde. Zu seinem Verständnis ist zunächst das im vorstehenden gegebene Bild der Beziehung Preußens zum Reich noch etwas zu ergänzen. Denn das bisher dargestellte formale Recht erschöpft nicht den politischen Sachverhalt.

Wenn die Reichspolitik in sehr viel weitergehendem Umfang, als die Verfassung erkennen läßt, durch Preußen bestimmt wird, so umgekehrt auch die Haltung der preußischen Regierung durch die Verhältnisse im Reich. In Preußen war dank der Wahlrechtsplutokratie seit Jahrzehnten die konservative Partei allmächtig. Daß ein Verwaltungsbeamter andere politische Anschauungen habe als solche, welche der konservativen Partei zum mindesten unschädlich erschienen, war völlig ausgeschlossen. Die Masse aller Beamten aber mußte schlechterdings konservativ sein, weil diese sich sonst schon rein gesellschaftlich nicht behaupten konnten. Ebenso die Minister, einige farblose „Konzessionsliberale" abgerechnet, welche beim Eintritt in das Ministerium ihre Vergangenheit schleunigst zu verleugnen trachten mußten. In Preußen herrschte also – was die Literatenphrase gern verhüllt – eine so ausgeprägte *Parteiherrschaft* wie nur in irgendeinem parlamentarischen Lande der Erde. Wo immer die materiellen oder die sozialen Machtinteressen der hinter der herrschenden Partei stehenden Kreise im Spiel waren, blieb auch die Krone stets gänzlich machtlos und außerstande, ihre entgegenstehenden Wünsche durchzusetzen.[1]

[1] Lächerlicherweise wird als Beweis gegen den plutokratischen Charakter des preußischen Staates gern die Miquelsche Einkommensteuer angeführt. Allein sie war in ihrer Entstehung nur ein klassischer Ausdruck der Übermacht der Großgrundbesitzer *innerhalb* dieser Plutokratie. Denn ihre Einführung wurde erkauft durch Preisgabe einer den Grundbesitz belastenden, dabei aber sicheren und wichtigen staatlichen Steuer: der Grundsteuer, in der Form der sogenannten „Überweisung". Die Einführung der Einkommensteuer bedeutete eine gewaltige relative Steuerentlastung des hypothekenbelasteten Grundbesitzes und eine Mehrbelastung des beweglichen Vermögens. Und sie hatte für die ländlichen Interessenten vollends nichts Bedrohliches unter Verhältnissen, bei denen die Einschätzung der Großgrundbesitzer in den Händen von Instanzen lag, welche politisch und gesellschaftlich gänzlich von ihnen abhingen. Es war Miquels großes Geschick, diese agrarischen Interessen als Vorspann einer technisch ausgezeichneten Steuer benutzt zu haben. Alle Reformen, bei welchen solche Trinkgelder an die Interessenten der herrschenden Partei nicht heraussprangen, sind gescheitert.

Die Angst der bürgerlichen Plutokratie vor der „Demokratie", die sie im Reichswahlrecht und Reichstag verkörpert sahen, stützte diese Parteiinteressen in Preußen. Freilich besteht auch im Reichstag, wenn man den größeren Teil des Zentrums und den rechten Flügel der Nationalliberalen der Rechten zuzählt, eine Mehrheit gegen die Linke. Immerhin ist sie nicht parteikonservativ, und die Mehrheitsbildung nach links ist in zahlreichen wichtigen Fragen praktisch geworden. Hätte aber die preußische Landtagsmehrheit die Entschließungen der Präsidialstimme im Bundesrat und des Reichskanzlers, der ja stets zugleich preußischer Minister, meist Ministerpräsident ist, in der Leitung der Reichspolitik eindeutig bestimmt – und der Wortlaut der Reichsverfassung schlösse das nicht aus –, so wäre das Reich rein parteikonservativ regiert worden. Allein das kann die Landtagsmehrheit nicht unternehmen, *weil sie auf einem plutokratischen Wahlrecht* ruht. Dieser Umstand, der sie gegenüber dem demokratisch gewählten Reichstag schwächte, gab diesem ein Übergewicht in den Fragen der Reichspolitik und machte die „Verantwortlichkeit" gegenüber dem Reichstag zu einer wenigstens begrenzt effektiven.

Das Budgetrecht des Reichstags zwingt den Reichskanzler, sich nicht nur als Reichsminister, sondern auch als Träger der Präsidialstimme und Vertreter des Hegemoniestaats für die von daher beeinflußte Leitung der Reichspolitik vor dem Reichstag zu verantworten, das heißt praktisch: ihm Rede zu stehen. Das gleiche gilt für die Kriegsminister, ebenfalls: weil das Militärbudget Reichsangelegenheit ist. Vor allem für den preußischen Kriegsminister, der tatsächlich wie ein Organ des Reichs im Reichstag auftritt. Andere Machtmittel als das Budgetrecht besitzt der Reichstag freilich nicht, um seiner Stellungnahme Nachdruck zu verleihen. Und die direkte Ausnutzung dieses Rechts zum Zweck der Beseitigung eines parteigegnerischen Kanzlers oder Kriegsministers ist seit der preußischen Konfliktszeit in Deutschland (außerhalb Bayerns) nicht üblich gewesen und würde, zumal bei den Literaten, „patriotische" Entrüstung erregen. Immerhin genügt die Möglichkeit, die politische Arbeit eines ausgesprochen parteigegnerischen politischen Leiters zu obstruieren, um es unmöglich zu machen, daß ein Reichskanzler oder Kriegsminister sich bei ausgesprochener Gegnerschaft einer in dieser Gesinnung verharrenden, durch Neuwahlen nicht zu beseitigenden Reichstagsmehrheit *dauernd* im Amt behaupten könnte. Ein Zusammenarbeiten des Reichstags mit dem Reichskanzler als Träger der Präsidialstimme wäre aber überhaupt unmöglich, wenn tatsächlich die konservative Parteiherrschaft in Preußen mit der für innerpreußische Verhältnisse üblichen Rücksichtslosigkeit auch auf die Führung der Reichspolitik erstreckt würde. Und selbst eine allzu unbedingte und offene Identifikation eines als Reichskanzler fungierenden preußischen Ministerpräsidenten mit der konservativen Partei in seiner preußischen Politik wäre aus diesem Grunde nur schwer durchführbar. Rücksichtnahme auf die

Zusammensetzung des Reichstags ist daher in der preußischen Führung der Reichspolitik und unter Umständen sogar in der Art der Führung der preußischen Politik immer unumgänglich gewesen.

Eine gewisse Selbständigkeit der Reichspolitik gegenüber Preußen ist ferner schon dadurch gegeben, daß das Reich über einen selbständigen Beamtenapparat verfügt. Die Reichsämter rekrutieren sich nicht einfach durch Übernahme preußischer Beamter. Die eigentümliche Schwäche der Reichsbürokratie beruht allerdings darauf, daß die Mehrzahl der Zentralinstanzen des Reichs, vor allem die bisher politisch wichtigste: das Reichsamt des Innern, nicht einem bis zum Boden hinabreichenden eigenen, mit Zwangsgewalt versehenen Beamtentum übergeordnet ist, wie jedes Ministerium des Innern in einem Einzelstaat. Gegen Preußen fand die Reichsbürokratie einen Rückhalt ihrer Selbständigkeit im Reichstag. Parteimäßig machte sich infolgedessen die andere Zusammensetzung des Reichstags gegenüber dem preußischen Landtag bei ihr geltend: die Bedeutung der Zentrumspatronage für ihre Zusammensetzung war nicht unbeträchtlich. Auf das ganze Problem dieses Verwaltungsapparates des Reichs soll indessen hier nicht eingegangen werden, sondern lediglich: auf die Art von dessen Willensbildung bei Gesetzen und allgemeinen Verwaltungsanordnungen, für welche der Bundesrat zuständig ist.

Die Regel ist, daß die Vorlagen für den Bundesrat in den Reichsämtern ausgearbeitet werden. Dann werden die Stimmen Preußens durch Verhandlungen mit den preußischen Ministerien dafür geworben. Nach der nicht immer leichten Herstellung eines Einvernehmens durch Kompromiß oder Anpassung an die preußischen Wünsche pflegt über den fertiggestellten Entwurf noch eine Erörterung mit Bayern gepflogen zu werden. Alle übrigen Bundesstaaten werden in der Regel vor die vollendete Tatsache der Vorlage im Bundesrat gestellt. Um nun die Stimmen Preußens leichter gewinnen zu können, wurden bisher einige der wichtigsten Staatssekretäre des Reichs regelmäßig zugleich zu preußischen Ministern ohne Portefeuille ernannt. Dies konnte bei hochpolitisch wichtigen und daher der Abstimmung des preußischen Staatsministeriums unterbreiteten Entschließungen auch die *innerpolitischen* Verhältnisse Preußens beeinflussen. So ist nach bisher meines Wissens nicht bestrittenen Pressenachrichten die Annahme jener königlichen Kabinettsorder, welche das gleiche Wahlrecht versprach, nur mit einer Stimme Mehrheit und nur dadurch zustande gekommen, daß außer dem Reichskanzler zwei Staatssekretäre des Reichs als nebenamtliche preußische Minister dafür stimmten. – Alle Staatssekretäre sind andererseits, nach bisher fester Regel, preußische Bevollmächtigte zum Bundesrat. Das gleiche gilt aber auch für die preußischen Staatsminister, mit Einschluß vor allem des politisch wie ein Reichsorgan, rechtlich aber als preußischer Beamter fungierenden Kriegsministers, der ohne diese Bevollmächtigung zum Bundesrat überhaupt nicht in der Lage wäre, sein Ressort im Reichstag aus eigenem Recht als Verwaltungschef zu vertreten. Bei seiner Verantwortung vor dem Reichstag geht natürlich der Kriegminister, ganz ebenso wie der Reichskanzler, stets nur so weit, als es die politische Lage ihm unumgänglich aufnötigt. Als ein Mittel, sich weitgehende Kontrollfreiheit zu sichern, steht ihm dabei der in seiner Tragweite unbestimmte Begriff der kaiserlichen „Kommandogewalt", als einer vom Parlament unantastbaren Prärogative, zur Verfügung, hinter welchem alles gedeckt wird, was der Kontrolle durch das Parlament entzogen werden soll. –

Das Resultat von alledem ist: die innere Politik Preußens bleibt vom Reich her unbeeinflußt, soweit nicht hochpolitische Rücksichten in Ausnahmefällen einmal eine Einflußnahme erzwingen. In der Reichshegemoniepolitik Preußens findet eine gegenseitige Beeinflussung der vom Reichstag her beeinflußten bürokratischen Leitung des Reichs und der vom Landtag her beeinflußten Regierung Preußens sowohl in personaler wie in sachlicher Hinsicht statt. Je nachdem dabei mehr die unter dem Druck des Reichstags stehenden Instanzen der Reichsleitung oder mehr die unter dem Druck des preußischen Landtags stehende Leitung Preußens den Ausschlag gibt, ist der Hegemoniestaat in seiner reichspolitischen Haltung von den Reichsorganen her bestimmt oder ist umgekehrt das Reich „großpreußisch" geleitet. Die innere Struktur des Reichs und seiner Einzelstaaten aber sorgt dafür, daß im allgemeinen diese letztere Richtung: der großpreußische Charakter der Reichsleitung, überwiegt. Welche Interessen sind es, die dahin drängen?

Die Einzelstaaten sind, außer den Hansestädten, Monarchien mit einer an Bedeutung und Schulung stetig wachsenden Bürokratie. Vor der Gründung des Reichs hatten viele von ihnen den Weg zu einer parlamentarischen Regierung und Verwaltung ziemlich weitgehend zurückgelegt. Mit durchaus befriedigendem Erfolg. Jedenfalls ist es angesichts der damaligen Verhältnisse höchst lächerlich, wenn die Literaten behaupten: dies Regierungssystem sei für Deutschland fremder Import und habe sich bei uns noch „nicht bewährt". – Die Reichsgründung änderte das. Für die Höfe sowohl wie für die einzelstaatlichen Bürokratien lag der Gedanke nahe: im Reich vor allem eine *Versicherungsanstalt* für die eigene Stellung zu sehen, die Throne als durch das Reich garantierte Pfründen und das Verhältnis zu Preußen als den Rückhalt kontrollfreier Beamtenherrschaft auch in den übrigen Einzelstaaten zu behandeln. So sehr Bismarck gelegentlich den Reichstag als Druckmittel gegen widerspenstige Einzelregierungen in der Hinterhand hielt, so sehr nutzte er andererseits jene Tendenz der einzelstaatlichen Höfe und Beamtenkörper aus, um als deren Schutzherr zu erscheinen. Die Nachwirkungen dieser Tradition reichen bis heute. Denn eine dynastisch-bürokratische Pfründenversicherung, praktisch sich äußernd in einer Garantie weitgehender Kontrollfreiheit der Bürokratie, war und ist das, was hinter dem Schlagwort vom „Schutz des Föderalismus" in Deutschland stand und steht. Kontrollfreiheit auch und vor allem: innerhalb der einzelstaatlichen Verwaltung. Sehr bald nach Gründung des Reichs ging die Bürokratie der Einzelstaaten zur möglichsten Eliminierung der Kontrolle der einzelstaatlichen Parlamente zugunsten eines kontrollfreien Regiments „kraft landesherrlicher Prärogative" über, wie man sich aus ihrer innerpolitschen Entwicklung seit den siebziger Jahren leicht überzeugen kann. Mit dem Erfolg: daß die Bedeutung und damit das geistige Niveau der einzelstaatlichen Parlamente meist ähnlich sank wie beim Reichstag. Aus jener Gegenseitigkeitsversicherung aber erklärt sich das Verhalten der einzelstaatlichen Bürokratie gegenüber den Verhältnissen in Preußen und umgekehrt Preußens zu denen in den Einzelstaaten. In den Einzelstaaten begann in den letzten zwanzig Jahren eine allmähliche Demokratisierung der Wahlrechte. Aber die kontrollfreie Stellung der Bürokratie blieb dabei unangetastet. Sie fand ihren inneren Rückhalt an den politischen Verhältnissen in Preußen und an Preußens Einfluß im Reich. Vor allem das preußische Dreiklassenwahlrecht konnte die einzelstaatliche Bürokratie nur mit der größten Besorgnis verschwinden sehen. Denn es schien doch gut, daß dort in Berlin für vorkommende Fälle einer Bedrohung der eigenen Kontrollfreiheit durch die einzelstaatlichen Parlamente ein großer konservativer Knittel bereitstand und dafür sorgte, daß der Machtstellung der Bürokratie als solcher nichts Ernstliches widerfahren konnte. Die preußische parteikonservative Bürokratie und mit ihr die preußischen Wahlprivilegsinteressenten andererseits ließen die einzelstaatlichen Bürokratien getrost etwas „Demokratie spielen", unter der Bedingung, daß nicht nur kein Versuch zugelassen würde, vom Reich her die unglaubliche innerpolitische Struktur Preußens anzutasten, sondern daß die einzelstaatliche Bürokratie, mit Ausnahme allenfalls der bayrischen Regierung, auch auf jegliche effektive Teilnahme an der Macht im Reich verzichtete, das Reich also im wesentlichen großpreußisch regieren ließ. Die ganze Art des Betriebs der Bundesratsgeschäfte wurde dadurch bestimmt, und dies stillschweigende Kompromiß muß man sich stets gegenwärtig halten, um zu verstehen, was „Föderalismus" bisher bedeutete und welche Interessen dahinter standen.

Der Bundesrat, die gemeinsame Vertretung der Höfe und Ministerien, führte infolgedessen im ganzen ein behagliches und einträchtiges Stilleben. Der Charakter seiner Beratungen entzieht sich bei der Geheimhaltung der Protokolle der Kritik. Da verfassungsmäßig die imperativen Instruktionen allein maßgeblich waren, mußte die persönliche Stellungnahme der Mitglieder stets unmaßgeblich und unter Vorbehalt der Ansicht der eigenen Regierung, also gewichtlos, bleiben. Eine Stätte für die Wirksamkeit von Staatsmännern oder für deren Schulung war daher der Bundesrat nie (sehr im Gegensatz zum Frankfurter Bundestag!). Gewiß kam es vor, daß Regierungen ihren Bevollmächtigten die Abstimmung bei einer Frage freigaben. So manche von ihnen gelegentlich des Lippeschen Erbfolgestreits, schon um das Odium der peinlichen Stellungnahme von sich abzuwälzen. In eigentlich politischen Fragen hielt Preußen seine durch die Stimmen der Zwergstaaten garantierte Suprematie unbeugsam fest. In anderen wichtigen Dingen war die Abstimmung, so sehr ihre Möglichkeit von Bismarck als ultima ratio gegen die Regierungen ausgenutzt wurde, doch wesentlich formal: Verhandlung und Kompromiß mit den Höfen und Ministerien, vor allem Bayerns, hatten die Lage vorher geklärt. Auf diese diplomatischen, kabinettspolitischen Mittel hatte Bismarck, wie im wesentlichen die äußere, so auch die innere Politik abgestellt. Im Prinzip blieb dies nachher so, mochte auch die Methode, nicht immer sehr zum Vergnügen der Einzelstaaten, sich ändern. Machte der Bundesrat dennoch einmal unerwartete Seitensprünge, so wußte Bismarck ihn zur Unterwerfung zu bringen. Das Mittel des Demissionsgesuchs (bei einem formell unerheblichen Anlaß) wirkte bei ihm zuverlässig: der Bundesrat nahm seinen Beschluß zurück. Aber er ist gelegentlich auch über Beschlüsse des Bundesrats stillschweigend zur Tagesordnung übergegangen, ohne daß aus dessen Mitte gewagt worden wäre, an die Reichsverfassung zu appellieren. Nach ihm ist von ernsthaften Konflikten nichts bekannt geworden. Vorhandene Schwierigkeiten äußerten sich naturgemäß mehr in Stillstand und Stagnation der betreffenden Probleme als in offenen Gegensätzen.

Man muß sich nun klarmachen, daß dieses Stilleben in Zukunft zu Ende geht. Ganz ebenso, wie Monarchenzusammenkünfte und kabinettspolitische Mittel, wie sie Bismarck namentlich in Petersburg und Wien benutzen konnte, an Bedeutung zurückgetreten sind, so wird es auch innerpolitisch gehen. Schon bei den finanz- und wirtschaftspolitischen Fragen, die uns im Frieden bevorstehen, hört die Gemütlichkeit des alten Regimes auf. Alle Einzellandtage, an der Spitze der preußische, werden künftig ihr formelles Recht der Beeinflussung der Bundesratsabstimmung und der Hinwirkung auf Ausübung des Rechts, im Bundesrat Anträge zu stellen, zunehmend geltend machen.[2] Der preußische Landtag könnte so, vermöge der ökonomisch bedingten und künftig sich verstärkenden Herrschaft Preußens über die norddeutschen Zwergstaaten, Initiative und Herrschaft in der Reichspolitik an sich reißen. Denn die bisherige Zurückhaltung war eben ein Produkt seiner Schwäche, die aus dem Klassenwahlrecht gegenüber dem demokratisch gewählten Reichstag folgte. Sie wird mit der Demokratisierung des preußischen Wahlrechts vermutlich fortfallen, und das Schwergewicht Preußens wird sich dann wesentlich verschärft geltend machen. Gewiß

[2] Dem badischen Landtag liegt ein entsprechender Antrag vor.

wird sich die Bürokratie aller Staaten gegenüber dieser wie gegenüber jeder anderen Konsequenz der Parlamentarisierung solidarisch fühlen. Und gewiß ist die vereinigte Bürokratie des Reichs, Preußens und der Einzelstaaten eine Macht, welche, mit den Höfen hinter sich, die Entwicklung zur Parlamentarisierung obstruieren kann. Aber man sei sich klar: dann ist der Weg zu einer friedlichen innerpolitischen Entwicklung sowohl wie zu einer die äußere Machtstellung des Reichs stützenden politischen Mitarbeit und Erziehung der Nation verrammelt. Wer das nicht will, muß die Frage von vornherein so stellen: *wie ist die Parlamentarisierung Deutschlands mit gesundem, das heißt: aktivem, Föderalismus zu vereinigen?*

Das Prinzip scheint klar: 1. Der Strom der Parlamentarisierung muß vor allem in die Kanäle des Reichs geleitet werden. – 2. Der legitime Einfluß der außerpreußischen Bundesstaaten auf die Reichspolitik muß gestärkt werden. Wie soll das geschehen? Wir stoßen da wieder auf die schon früher besprochene mechanische Schranke des Art. 9 letzter Satz der Reichsverfassung, welcher formell dem ersten, tatsächlich aber, wie sich zeigen wird, meist dem zweiten dieser Postulate im Wege steht. Praktisch bedeutet diese Bestimmung folgendes: die einzelstaatlichen Bundesratsbevollmächtigten, einschließlich des Reichskanzlers und der Staatssekretäre, können Mitglieder einzelstaatlicher Parlamente, insbesondere des preußischen Landtags sein. Der Reichskanzler ferner *muß*, die Staatssekretäre *sollen* nach fester Regel preußische Bundesratsbevollmächtigte sein, sind also in jedem Fall vom preußischen Landtag beeinflußt. Dagegen ist es den Regierungen verboten, ein Reichstagsmitglied, welches sein Mandat beibehält, zum Reichskanzler oder zum Bundesratsbevollmächtigten zu ernennen: also sind dadurch der Reichskanzler und die dem Bundesrat angehörigen Staatssekretäre vom Reichstag ausgeschlossen.

Vorbedingung, zwar nicht der Parlamentarisierung, wohl aber einer gesunden Parlamentarisierung im Reich ist der Fortfall dieser Bestimmung. Entweder könnte man sie – und das wäre an sich das Zweckmäßigste – nur für den Reichskanzler und die Staatssekretäre (oder wenigstens für die politisch wichtigsten Staatssekretäre, vor allem die des Inneren und des Reichsschatzamts) außer Kraft setzen. Dadurch würde ermöglicht, daß Parteiführer als solche die verantwortliche Leitung der Reichspolitik auf sich nehmen und zugleich – worauf es hier ankommt – ihre *Partei* im Reichstag mit der Verantwortlichkeit belasteten. Denn innerhalb der Parteien würden sie ja Stellung und Einfluß behalten. Nur auf diesem Wege kann offenbar der lediglich „negativen" Politik der Parteien im Reichstag ein Ende gemacht werden. Oder man hebt, um der „Parität" der Bundesstaaten willen, die Vorschrift ganz und gar auf, so daß nicht nur preußische Bevollmächtigte, sondern auch solche anderer Bundesstaaten dem Reichstag entnommen werden und in ihm verbleiben dürfen. Dies ist der Vorschlag, welchen der Verfassungsausschuß des Reichstags angenommen hat. Er ist Gegenstand lebhafter Angriffe gewesen.

Überhaupt nicht ernst zu nehmen ist von diesen das von konservativer Seite erhobene formale Bedenken: Reichstagsmitglieder, die zugleich Bundesratsbevollmächtigte seien, kämen, da sie im Reichstag nach eigener Überzeugung, im Bundesrat aber nach Instruktionen abstimmen müßten, in „Gewissenskonflikte". Für die Landräte im preußischen Abgeordnetenhaus, welche nach dem Puttkamerschen Erlaß als Beamte „die Politik der Regierung zu vertreten" haben, könnte dies Argument allenfalls zutreffen. Man spürt jedoch bei ihnen wenig von solchen „Gewissenskonflikten", und die konservative Partei jedenfalls hat sich durch deren Möglichkeit nicht stören lassen. Aber vor allem: preußische Minister und Staatssekretäre des Reichs, welche Bundesratsbevollmächtigte Preußens waren, haben wiederholt im *preußischen Abgeordnetenhause* gesessen und können dies auch heute tun. Als Abgeordnete aber haben sie das Recht nicht nur, sondern auch die Pflicht, „nach eigener Überzeugung" die *Instruktionen zu kritisieren,* welche ihnen, als Bundesratsbevollmächtigten, *ihre eigene Regierung* gab. Auch diese „Gewissenskonflikte" hat die konservative Partei nicht tragisch genommen. Allein dieser naive moralistische Begriff dient überhaupt nur zur Irreführung der Spießbürger. Denn in Wahrheit steht die Sache so: daß ein Politiker, welcher als Bundesratsbevollmächtigter eine Instruktion erhält, die er zu vertreten sich nach seiner eigenen Überzeugung nicht in der Lage sieht, *sein Amt zu quittieren hat.* Das gebietet ihm die *Ehre* und *politische Verantwortlichkeit,* die nun einmal eine andere ist als die eines Beamten. Sonst ist er ein *„Kleber"*. Dies dem leitenden Beamten, vor allem dem Reichskanzler einzuschärfen, wäre gerade einer der politischen Zwecke der Aufhebung jener Bestimmung. Eben deshalb aber perhorresziert die Bürokratie diese Aufhebung.

Indessen, man hat weit schwereres Geschütz aufgefahren. In der „Bayerischen Staatszeitung" wurde die Parlamentarisierung als „Zentralismus" bekämpft, ein Teil der bayrischen Presse und ihr nach konservative Literaten malten allen Ernstes eine „Abwendung Bayerns vom Reich" an die Wand. Diese Drohung ist zunächst töricht: aus der Zollgemeinschaft führt für Bayern kein gangbarer Weg, und es ist unklug, die wirklichen Zentralisten an diese Tatsache zu erinnern, welche im Ernstfall ihnen sofort (in Bayern selbst) das Spiel in die Hand geben würde.

Der Kampf für Art. 9 Satz 2 ist aber auch für die Zukunft sehr kurzsichtig. Denn der Fortbestand jener Bestimmung wird dem Zentralismus, und zwar in einer sehr viel bedenklicheren Form als in der der Parlamentarisierung vom Reich her, erst recht Vorschub leisten. Machen wir uns die Lage klar. Die Reservatrechte und ebenso die verfassungsmäßigen Singularrechte der Bundesstaaten sind nach dem Schlußartikel der Reichsverfassung ohne ihre eigene Zustimmung überhaupt nicht abänderbar. Alle ihre anderen verfassungsmäßigen Kompetenzen, einschließlich des jetzigen Umfanges ihrer inneren Autonomie nur dann, wenn nicht 14 Stimmen – das sind die Stimmen der drei Königreiche oder zweier Königreiche und zweier Großherzogtümer – dagegen sich zusammenfinden, was stets der Fall sein wird, wenn Vergewaltigung droht. Hinreichende Freiheit *vom* Reich ist ihnen also gesichert. Was fehlt, ist hinlänglicher Einfluß *im* Reich, auf die Leitung der Reichspolitik. Gerade dieser aber wird in Zukunft wichtig. Denn ohne solchen kann ihnen das Reich selbstverständlich trotz aller Erhaltung ihrer Rechte wirtschafts- und finanzpolitisch den Hals zuschnüren. Dieser Einfluß im Reich aber wird denn doch ganz gewiß nicht dadurch geschmälert, daß es durch Aufhebung der Verbotsbestimmung des Art. 9 Satz 2 den Bundesstaaten gestattet wird, einflußreiche Reichstagsabgeordnete zu Bundesratsbevollmächtigten zu ernennen! Der Einfluß Bayerns im Reich wäre ganz gewiß nicht gesunken, wenn seinerzeit etwa der Freiherr von Franckenstein zugleich seine Stellung in der Reichstagspartei behalten und statt eines Beamten Bayrischer Bundesratsbevollmächtigter gewesen wäre. Gerade das Schreckgespenst einer Majorisierung Preußens im Bundesrat durch die Kleinstaaten: – indem nämlich nun etwa Lippe, Reuß und andere solche Mitglieder sich Führer großer Reichstagsparteien als Bundesratsbevollmächtigte kaufen würden, – malen ja (lächerlicherweise in einem Atem mit der Warnung vor „zentralistischer" Vergewaltigung der außerpreußischen Bundesstaaten!) die literarischen Gegner der Aufhebung an die Wand. Von diesem Unsinn nachher ein Wort. Hier ist vorweg festzustellen, *was* denn wirklich hinter diesen offenkundigen Phrasen an Besorgnissen steckt. Zunächst und vor allem: die Angst um das *Ämtermonopol* der Bürokratie. „Wenn man Parlamentarier zu Ministern mache, so würden künftig die strebsamen Beamten sich der Karriere in der Großindustrie zuwenden", wurde sehr offenherzig im bayrischen Landtag erklärt. Allein: der Ernennung *einzelstaatlicher* Parlamentarier zu Bundesratsbevollmächtigten trotz Beibehaltung ihres Mandats steht der Art. 9 ja schon jetzt nicht im mindesten entgegen. Und ebenso verbietet er nicht: daß auf dem Wege über eine Parlamentslaufbahn, als deren Endpunkt, Minister- und Staatssekretärposten (einschließlich der Zugehörigkeit zum Bundesrat) erlangt werden. In der Vergangenheit und jüngsten Gegenwart ist dies stets erneut geschehen. Nur mußte der betreffende Abgeordnete alsdann aus dem Reichstag ausscheiden. Und gerade dies: daß die Zugehörigkeit zum Reichstag eine „Karriere", ein Weg zur Erlangung von Ämtern werde, daß „begabten" und „strebsamen" Parlamentariern die Ämter eröffnet werden, finden die literarischen Gegner der Aufhebung jener Bestimmung höchst erwünscht! Mit einem Reichstag, welcher dem „Ehrgeiz" seiner Mitglieder diese Chancen biete, werde sich, meinen sie, weit „besser" arbeiten lassen. In der Tat: wenn die Lösung des Problems des deutschen Parlamentarismus darin bestände: *das Parlament mit Strebern und*

Amtsjägern anzufüllen, dann wäre dies alles in schönster Ordnung. Neben die jetzigen kleinen Patronage-Trinkgelder träten dann die großen! Aber das ist allenfalls ein Bürokratenideal, – und dabei kein erfreuliches. Mit diesem schon praktizierten System sind wir, wie sowohl die früheren wie die jüngsten Erfahrungen zeigten, nicht weitergekommen. Politischer Zweck einer Parlamentarisierung ist doch: das Parlament zu einer Auslesestätte für *Führer* zu machen. Ein politischer Führer aber erstrebt nicht das Amt und dessen pensionsfähiges Gehalt und auch nicht die möglichst kontrollfreie Ausübung einer Amtskompetenz, sondern politische, und das heißt: politisch *verantwortliche Macht,* gestützt auf das Vertrauen und die Gefolgschaft einer *Partei,* an deren Spitze oder in deren Mitte er daher als Minister zu bleiben wünschen muß, schon um Einfluß auf sie zu behalten. Dies letztere ist mindestens so wichtig wie alles andere. Und die Beseitigung der mechanischen Schranke des Art. 9 Satz 2 bezweckt daher, neben der Ermöglichung legitimen Parteieinflusses auf die Regierungsgeschäfte (statt des jetzigen oft ebenso großen, aber verantwortungslosen und daher illegitimen Einflusses), auch umgekehrt und mindestens im gleichen Maße die Ermöglichung legitimen Einflusses der Regierung auf das Parlament (statt des jetzigen durch Trinkgelder-Patronage vermittelten illegitimen Einflusses). Der Kampf *gegen die Reform* aber ist ganz und gar bedingt durch das Streben nach Niederhaltung des politischen Ansehens des Reichstags im Prestigeinteresse der Bürokratie. Von diesem Standpunkt aus muß natürlich jene Schranke zwischen Bundesrat und Reichstag erhalten werden, denn die stereotype hochmütige Wendung: „Die verbündeten Regierungen werden niemals" usw. gehört zu jenem Schatz von „Gesten", aus denen leider die Beamtenherrschaft ihr traditionelles Selbstgefühl speist, und würde wegfallen, wenn Reichstag und Bundesrat nicht mehr durch eine Barriere getrennt sind.

Blicken wir nun dem Schreckgespenst der Parlamentarisierung des Bundesrats noch etwas näher ins Auge, um über deren verschiedene Möglichkeiten und in Verbindung damit über die *positive* Bedeutung der Aufhebung des Art. 9 Satz 2 noch klarer zu werden. Diese Aufhebung räumt an sich ja nur ein mechanisches Hemmnis aus dem Wege. Sie schafft Entwicklungs*möglichkeiten,* mehr nicht. Denn es bleibt ja auch weiterhin die Möglichkeit für die Einzelregierungen bestehen, von der neuen Erlaubnis, Reichstagsmitglieder, die ihr Mandat beibehalten, in den Bundesrat zu delegieren, keinen Gebrauch zu machen. Sie werden das nicht tun, sofern für sie kein politischer Vorteil dabei herausspringt. Und es ist auch durchaus nicht wünschenswert, daß hier ein- für allemal schematisch verfahren wird. Selbst bei vollster Durchführung des parlamentarischen Systems wäre es keinesfalls erwünscht und wird auch sicher nicht geschehen: daß die leitenden Stellen sämtlich und ausschließlich mit Parlamentsmitgliedern besetzt werden, und Beamte, welche Führerqualitäten besitzen, davon ausgeschlossen bleiben.[3] Aber, sagt man, die Aufhebung des Art. 9 Satz 2 entfesselt jedenfalls das Streben nach Parlamentarisierung des Bundesrats, und dies, meint man, gefährdet das föderalistische Gefüge des Reichs. Sehen wir zu, wie es damit steht. Nehmen wir also einmal an: die Tendenz zur Parlamentarisierung sei irgendwann ganz *restlos*, sowohl in den Einzelstaaten wie im Reich, Sieger geworden. Und nehmen wir ferner an (so absolut unwahrscheinlich dies ist): sie sei in dem Sinn bis in ihre theoretischen Konsequenzen durchgeführt worden, daß tatsächlich *nur* Parlamentarier in die leitenden Stellungen, einschließlich der Sitze im Bundesrat, berufen würden. Welche Möglichkeiten der Gestaltung der politischen Machtverteilung bieten sich alsdann dar, je nachdem Art. 9 Satz 2 der Reichsverfassung bestehen bleibt oder nicht?

Bliebe die Bestimmung unter jenen Verhältnissen bestehen, so hätte dies zur Folge: daß der Reichskanzler niemals zugleich Mitglied oder Führer einer Reichstagspartei sein und also niemals einen gesicherten Einfluß innerhalb einer solchen haben könnte. Ferner: daß die Staatssekretäre, wenn sie sich diesen Einfluß sichern und also im Reichstag sitzen wollen, außerhalb des Bundesrats bleiben müßten. Auf der anderen Seite würde bei durchgeführter Parlamentarisierung der Einzelstaaten Preußen die Vertrauensmänner der dort herrschenden Parteien in den Bundesrat delegieren, die übrigen Einzelstaaten solche der bei ihnen herrschenden Parteien. Der Reichskanzler und die etwa im Bundesrat sitzenden Staatssekretäre wären dann preußische Parteipolitiker, die Vertreter der anderen Bundesstaaten Parteipolitiker der dortigen Einzelparlamente. Eine Parlamentarisierung des Bundesrats wäre mithin durch den Art. 9 nicht im mindesten gehindert. Sie wäre nur zwangsläufig in die Bahn einer *Partikularisierung* des Bundesrats gelenkt. Diese Partikularisierung würde jedoch keineswegs eine Stärkung des positiven Einflusses der Einzelstaaten im Bundesrat oder ihre Sicherung gegen Majorisierung bedeuten. – Denn die ökonomische und finanzpolitische Machtstellung Preußens würde die Zwergstaaten nach wie vor dazu verurteilen, preußisches „Stimmvieh" zu sein. Nur die Macht des *Reichstags* böte ein Gegengewicht gegen die von Preußen beherrschte Bundesratsmajorität. Der Reichskanzler nun könnte, wie gesagt, nicht Reichstagsmitglied sein. Bei den Staatssekretären aber, welche verfassungsmäßig nicht im Bundesrat sitzen müssen, bestände kein Hindernis gegen ihre Reichstagsmitgliedschaft, sofern sie nur außerhalb des Bundesrats bleiben, wie es jetzt der Abgeordnete v. Payer anfänglich erwogen zu haben scheint. Das würde bei Fortbestand des Art. 9 vermutlich geschehen. Denn die zu

[3] Ebenso kann man dem Wunsch des Abg. Stresemann, daß die Fachministerien in Preußen *nicht* prinzipiell parlamentarisiert werden möchten, nur zustimmen. *Gerade bisher* aber war da *nicht* Fachqualifikation, sondern Parteistellung entscheidend: oder was für eine Fachqualifikation hatten die Herren Graf Zedlitz, Studt, v. Trott zu Solz dazu, Unterrichtsminister zu werden? Zuverlässige *Partei*männer waren sie!

Staatssekretären berufenen Reichstagspolitiker würden auf ihre Stellung innerhalb ihrer Reichstagsparteien schon deshalb nicht verzichten können, um gegenüber dem parlamentarischen Rückhalt des Reichskanzlers und der Bundesratsbevollmächtigten in den einzelstaatlichen Parlamenten, vor allem im preußischen Landtag, auch ihrerseits das nötige Gegengewicht hinter sich zu haben. Denn andernfalls würde es ihnen ergehen wie den Abgeordneten Schiffer und Spahn. Der Reichstag würde also die außerhalb des Bundesrats bleibenden Staatssekretärstellen mit seinen Vertrauensleuten besetzen, die dem Bundesrat gegenüber solidarisch wären. Der Druck der Reichstagsparteien auf die Reichsregierung würde dabei nicht geschwächt, sondern nur, infolge des Ausschlusses der Staatssekretäre vom Bundesrat, in die Bahnen eines *Mißtrauens*verhältnisses gelenkt und jede legitime Beeinflussung der Reichstagsparteien durch die im Bundesrat sitzenden Regierungsmitglieder ausgeschaltet. Die Staatssekretäre, welche als Reichstagsmitglieder *nicht* in den Bundesrat eintreten würden, wären zwar rechtlich dem Reichskanzler unterstellt und nur seine „Stellvertreter". Politisch aber wären sie die Vertrauensmänner des Reichstags. Und daher müßte der Reichskanzler, als Vertrauensmann des preußischen Landtags, wohl oder übel mit ihnen als mit selbständigen politischen Mächten rechnen, beraten und paktieren, weil ja sonst seine Regierung die Unterstützung der betreffenden Reichstagsparteien verlöre. Ein kollegiales „Reichsministerium" kennt die Reichsverfassung nicht, so wenig wie die offizielle englische Rechtssprache das „Kabinett" kennt. Aber die Reichsverfassung verbietet keineswegs den tatsächlichen Zusammentritt des Reichskanzlers mit den Staatssekretären zu kollegialen Beratungen. Und ein solches Kollegium würde sich faktisch aus diesen Verhältnissen heraus unfehlbar entwickeln und die Regierungsgewalt an sich ziehen. Die Staatssekretäre würden den Reichstag, der Reichskanzler den preußischen Landtag darin vertreten und beide auf Kompromisse angewiesen sein. Der Bundesrat aber stände diesem Kollegium als einer *außerhalb* seiner selbst stehenden politischen Gewalt gegenüber und wäre einerseits durch die preußische Majorität beherrscht, andererseits zur Bedeutungslosigkeit verurteilt. Der föderalistische Einfluß der nichtpreußischen Staaten wäre *ausgeschaltet*. –

Im Fall der Aufhebung des Verbots des Art. 9 Satz 2 würde dagegen eine Parlamentarisierung des Bundesrats vermutlich anders verlaufen. Der Reichskanzler in aller Regel und stets ein Teil der Staatssekretäre würden dem Reichstag entnommen und ihre Mandate beibehalten. Dem Bundesrat würden sie formell als preußische Bevollmächtigte, politisch als Vertrauensmänner des Reichstags angehören. Ein anderer Teil der Staatssekretäre und gelegentlich vielleicht auch der Reichskanzler würden preußische Parlamentarier sein. Die übrigen Einzelstaaten würden Vertreter ihrer Parlamente, bei Verfügung über eine Mehrzahl von Stimmen aber vielleicht auch Reichstagsabgeordnete, am liebsten wohl solche eigenen

Parlamentarier, welche zugleich dem Reichstag angehören, in den Bundesrat schicken. Darüber, daß die Vertretung im Bundesrat mindestens dem Schwerpunkt nach in den Händen eigener Mitglieder läge, würden die außerpreußischen Parlamente sicherlich mit steigender Eifersucht wachen.[4]

Wir hätten also bei Fortbestand des Art. 9 Satz 2 den Zustand: daß im Bundesrat einander feindliche Parteivertreter aus den Einzelparlamenten, die zugleich deren *partikularistische* Interessen zu vertreten hätten, aufeinanderstießen. Die Beseitigung der Schranke des Art. 9 ermöglichte dagegen gerade die Temperierung jener Partikularisierung durch das Hineinwirken der Reichseinheit in den Bundesrat. Denn wenn im Bundesrat, statt ausschließlich einzelstaatliche Parlamentarier, mindestens *auch* Vertreter der *Reichstags*parteien sitzen, so ermöglicht es der Zusammenhalt dieser Parteien über das Reich hin, diese regionalen Differenzen *innerhalb* ihres Schoßes weitgehend auszugleichen.

Im Interesse sowohl der Einzelstaaten als des Reichs liegt es jedenfalls, daß die parlamentarisierten Repräsentanten der drei Mächtegruppen: Kaiserliche Regierung und Reichstag – Königlich Preußische Regierung und preußischer Landtag – Bundesfürsten und Landtage der kleineren Staaten – ihren Kräfteausgleich tunlichst *innerhalb* des Bundesrats suchen, wie dies nur der Eintritt der parlamentarisierten höchsten Beamten des Reichs in diesen ermöglicht. Der Strom der Parlamentarisierung ist dann in das Bett der Reichseinheit geleitet und zugleich der lebendige Einfluß der Einzelstaaten auf den Gang der Reichsgeschäfte gesichert. *Denn es ist nicht wahr,* daß, was dem Reich gegeben wird, eben dadurch den Einzelstaaten genommen werde. Vielmehr kommt es darauf an, mit welchem Gewicht die Einzelstaaten innerhalb des Reichs zur Geltung gelangen. Eben dies Gewicht aber kann durch eine richtig gelenkte Parlamentarisierung nur gesteigert werden. Bismarck hat in einer berühmten Rede vor Unterschätzung des Bundesrats gewarnt und nachdrücklich betont, daß z. B. der sächsische Gesandte dort nicht als Individuum, sondern als Resultante und Repräsentant „aller politischen Kräfte" Sachsens in die Waagschale falle. Unter einem System der Beamtenherr-

[4] Schon deshalb wäre gerade bei voller Parlamentarisierung und Aufhebung des Art. 9 Satz 2 ganz und gar keine Gefahr, daß jenes Schreckgespenst einer „Majorisierung" Preußens durch Delegation von Parteiführern seitens irgendwelcher Zwergstaaten sich realisierte. Wie gedankenlos dieser Einwand aber überhaupt ist, zeigt sich, wenn man erwägt, daß das befürchtete Resultat: die Etablierung der politischen Parteien im Bundesrat, ja heute schon *ebenso möglich* ist. Wie von konservativer Seite zu Caprivis Zeit gedroht wurde, Fürst Bismarck werde sich durch Mecklenburg-Strelitz in den Bundesrat delegieren lassen, so kann auch heute jede einzelstaatliche Regierung jeden beliebigen einzelstaatlichen Parteiführer: – Bayern z. B. gegen einen liberalen Reichskanzler ein Mitglied des bayrischen Zentrums, Reuß j. L. einen Sozialdemokraten – in den Bundesrat schicken, ohne daß die Verfassung dagegen etwas einzuwenden hätte. Im Fall der Durchführung einer „partikularisierenden" Parlamentarisierung des Bundesrats bei Bestehenbleiben des Art. 9 Satz 2 würde unfehlbar etwas Ähnliches in irgendwelchem Umfang geschehen.

schaft konnten nun freilich unter diesen „Kräften“ nur allenfalls der Hof und die Bürokratie verstanden sein. Eben darin aber würde die Parlamentarisierung Wandel schaffen. Über die Stellungnahme eines Repräsentanten einer festen und voraussichtlich dauernden Mehrheit des bayerischen Parlaments z. B. würde man in einem parlamentarisierten Bundesrat nicht leicht zur Tagesordnung übergehen, sondern vor dem Appell an die ultima ratio der Abstimmung einen Ausgleich suchen, weil das Odium auf die Partei zurückfiele, die rücksichtslos verführe. Dieser Ausgleich würde dann aber naturgemäß im Schoß der universell verbreiteten großen Parteien vorbereitet werden. Schon in den verflossenen Jahrzehnten hat die Zentrumspartei wiederholt in ihren internen Erörterungen Kompromisse zwischen Reichsinteressen und einzelstaatlichen Interessen gezeitigt, und auch bei anderen Parteien ist ähnliches vorgekommen. Eben dies wird erschwert, wenn man die Parlamentarisierung durch Aufrechterhaltung der Schranke des Art. 9 Satz 2 in die Bahn einer „großpreußischen“ Entwicklung lenkt und dadurch die Vertreter der anderen parlamentarisierten Regierungen in die partikularistische Bahn der Parole: „möglichste Freiheit *vom* Reich“, d. h. von Großpreußen, drängt. Das möge wohl bedacht werden.

Nun arbeitet ja diese ganze Darstellung der künftighin einmal *möglichen* Wirkung des Fortbestandes oder der Aufhebung jener Schranke des Art. 9 Satz 2 absichtlich mit der vorerst gar nicht gegebenen Voraussetzung: daß eine vollständige Parlamentarisierung sowohl im Reich wie in den Einzelstaaten tatsächlich erfolgen werde, – einer Voraussetzung, deren Eintritt durchaus unsicher ist. Sie beabsichtigt zunächst nur: zu zeigen, daß auch bei voller Durchführung des parlamentarischen Systems im Sinn der verantwortlichen *Partei*regierung der Föderalismus der Reichsverfassung nicht nur zu seinem Recht kommen kann, sondern daß er sogar gerade dann erst zu seinem vollen Recht gelangen würde. Sicher ist nun wohl, daß dieser hier vorausgesetzte Zustand voller Durchparlamentarisierung aller Einzelstaaten und des Reichs selbst keinesfalls mit einem Schritt erreicht werden wird. Und auch insofern ist die ganze Konstruktion unaktuell, als sie eine Umbildung der inneren Struktur der Parteien voraussetzt, die in ihrem Gegenwartszustand ja gar nicht ohne weiteres „regierungsfähig“ sein würden. Aber man sei sich darüber klar: jeder Schritt auf dem Wege der Parlamentarisierung kann *entweder* in der Richtung zur großpreußischen *oder* zur echt föderalistischen Lösung führen. Und bei dieser Frage spielt, wie sich nun wohl gezeigt hat, der unscheinbare letzte Satz des Art. 9 eine recht erhebliche Rolle. Deshalb sollte man schon bei den ersten Schritten sich darüber klar sein, welche der beiden Lösungen durch sie gefördert wird. –

Enthielte nun, um auch das zu erörtern, eine Parlamentarisierung des Bundesrats jene *„Mediatisierung Preußens“*, welche von den Gegnern der freiheitlichen Entwicklung Deutschlands, abwechselnd mit der Gefährdung der föderativen

Grundlagen des Reichs, ins Treffen geführt wird? Die Zeiten, wo man von einem „Aufgehen Preußens in Deutschland" sprach, sind vorüber. Richtig ist allerdings, daß jetzt der Übergang zum gleichen Wahlrecht, wenn überhaupt, nur unter einem scharfen Druck von Seiten des Reichs erfolgt. Und richtig ist ferner, daß, nach der hier vorgetragenen Überzeugung, wenn dieser Druck nicht genügen sollte, ein unmittelbares Eingreifen des Reichs durch ein Notgesetz in Form einer zeitweiligen Verfassungsänderung eine unumgängliche politische Notwendigkeit wäre. Aber was dabei in Frage steht, ist etwas ganz anderes als eine „Mediatisierung Preußens". Um im Reich *führen* zu können, muß sich die Regierung Preußens die entsprechende *Breite ihrer inneren Basis* schaffen. Ganz ebenso wie jeder Staat sich den Aufgaben seiner Außenpolitik in seiner inneren Struktur anpassen muß. Diese Notwendigkeit *der Anpassung an die Führerrolle* ist der Sinn, in welchem allerdings die preußische Wahlreform eine eminent deutsche und nicht nur eine preußische Frage ist. In allen Bundesstaaten der Erde gilt der Grundsatz, daß gewisse ganz fundamentale Strukturgrundlagen der zugehörigen Staaten von Bundes wegen als wesentlich und daher als Bundessache angesehen werden[5], unbeschadet der weitestgehenden Autonomie und Kompetenzteilung zwischen Bund und Einzelstaat. Dieser und *nur* dieser Grundsatz bundesstaatlicher Politik wird hier auf den Hegemoniestaat Preußen angewendet. Im übrigen gehen die inneren Fragen Preußens natürlich diesen Staat allein an, und von einer „Mediatisierung" im Sinn der Einmischung anderer Bundesstaaten in innerpreußische Dinge kann keine Rede sein und ist nie die Rede gewesen. Probleme entstehen erst bei der Beziehung Preußens zur *Reichspolitik.* Und zwar entstehen diese Probleme ganz und gar dadurch: daß eben Preußen innerhalb des Reichs, wie im Eingang dieses Kapitels dargelegt wurde, eine hochgradig *privilegierte* Stellung einnimmt, wie man sich an der Hand der dort aufgeführten Prärogativen nochmals verdeutlichen möge. Aus dieser privilegierten Stellung kann unter Umständen die Pflicht für Preußen folgen, gewisse Privilegia odiosa in den Kauf zu nehmen. So bisher: die Einstellung von Staatssekretären des Reichs in sein Ministerium. Dagegen wird sich vielleicht der parlamentarisierte preußische Staat der Zukunft sträuben. Aber die Notwendigkeit eines Ausgleichs zwischen Hegemoniemacht und Macht des Reichstags wird auch dann fortbestehen. Der Reichskanzler wird auch in Zukunft preußischer Minister sein müssen, und die Instruktion der Präsidialstimme wird auch dann nicht rein nach innerpreußischen Parteikonstellationen erfolgen können, wenn nicht schwere Konflikte mit dem Reichstag eintreten sollten.

Die tatsächliche politische Lage ist heute die: daß die Art der Instruktion der Präsidialstimme unter dem doppelten Druck von Preußen einerseits und ande-

[5] So in Amerika: republikanische Staatsform und gewisse Wahlrechtsgrundsätze.

rerseits vom Reichstag her steht, und daß der Reichskanzler über diese formal nur vor das Forum des preußischen Landtags gehörigen Instruktionen tatsächlich nach *beiden* Seiten hin Rede zu stehen sich aufgefordert sieht und auch tatsächlich Rede steht. Bindende Verfassungsübung hat jedenfalls seine „Verantwortlichkeit“ gegenüber dem Reichstag dahin interpretiert: daß dies dort zu geschehen hat. Und politisch wäre das Gegenteil auch ganz unmöglich. Es kann künftig nicht anders sein. Wenn jemals ein preußischer Landtag versucht hätte, die Kontrolle über die Instruktion der Präsidialstimmen systematisch und *gegen* den Reichstag an sich zu reißen, *dann* wären Verhältnisse entstanden, durch welche Krone und Reichskanzler genötigt worden wären, über den Kopf der preußischen Instanzen hinweg die Reichsverfassung, tatsächlich oder auch ausdrücklich, im Sinne des Grundsatzes zu interpretieren: „die Instruktion der Präsidialstimme erfolgt unter *alleiniger* Verantwortung des Reichskanzlers gegenüber dem Reichstag“. Das wäre zwar keine Mediatisierung, wohl aber eine Deklassierung Preußens gewesen, von der es erfreulich ist, daß sie niemals provoziert worden ist. Aber unzweifelhaft war dies zum Teil Folge jener stillschweigenden Gegenseitigkeitsversicherung, und also: des Dreiklassenwahlrechts und des *Fehlens* der Parlamentarisierung. Wie wird es künftig sein, wenn wir eine Steigerung der Parlamentsmacht im Reich *und* in Preußen bei Herrschaft des gleichen Wahlrechts, hier wie dort, annehmen?

Auf Kompromissen zwischen der parlamentarisch gestützten Macht der preußischen Bundesratsstimmen und der Macht der durch den Reichstag gestützten Reichsregierung wird auch künftig und gerade bei voller Parlamentarisierung der Gang der Reichspolitik ruhen. Es fragt sich, wie leicht oder schwer sich dieser Kompromiß bei voller Parlamentarisierung gestalten würde. Von vornherein klar ist, daß er leichter zu erzielen sein wird, als wenn etwa der jetzige Klassenlandtag Preußens die Kontrolle über die preußischen Stimmen an sich gerissen hätte: das würde geradezu unabsehbare Konsequenzen gehabt haben und vollends künftig haben müssen. Die Zusammensetzung des Reichstags und des preußischen Landtags werden im Fall der Durchführung des gleichen Wahlrechts – wenn sie wirklich und nicht nur scheinbar geschieht – unter allen Umständen in Zukunft einander ähnlicher werden. Wie sie freilich im einzelnen sich gestalten wird, läßt sich nicht sagen. So viel scheint allerdings sicher: die Parteigegensätze innerhalb des preußischen Landtags würden dann vorerst stärker sein als im Reichstag. „Konservative“ im preußischen Sinne des Wortes gibt es außerhalb Preußens und Mecklenburgs ja kaum: es fehlt eben außerhalb Preußens der schroffe Gegensatz des Großgrundbesitzes gegen Arbeiterschaft und Bürgertum. Ebenso fehlt, nicht ganz aber fast ganz, die preußische Schwerindustrie und der stark durch sie geprägte Charakter der preußischen Mittelparteien. Ebenso die schwerindustrielle Tonart im Zentrum. Ebenso der nationale Gegensatz gegen die Polen. Und ebenso ist die radikalste Tonart der Sozialdemokratie außerhalb Preußens fast nur noch in Sachsen stark vertreten. Gerade sie ist aber, gerade jetzt im Klassenlandtag, in Preußen vertreten. Antimonarchische Strömungen sind in den süddeutschen Staaten ungleich schwächer vorhanden. Aller Voraussicht nach würde also, bei gleichem Wahlrecht, mit dem Reichstag leichter zu regieren sein als mit dem preußischen Landtag, so sehr zu hoffen und (bei etwas *Geduld!)* auch sicher zu erwarten ist, daß die endliche Beseitigung der verhaßten Wahlprivilegien auch dort die Schärfe der Gegensätze mildern wird. Solange dies aber nicht der Fall ist, wird der Reichstag wahrscheinlich rein staatspolitisch überlegen sein. Dies nur um so mehr, wenn den Interessenten zuliebe etwa der politische Fehler gemacht würde, das preußische Herrenhaus als eine Art Überbau der Wahlprivilegsinteressenten über einer Kammer des gleichen Wahlrechts zu konstruieren und ihr gleichzuordnen. Das würde die Schärfe der Gegensätze in Form der Spannung zwischen erster und zweiter Kammer wieder aufleben lassen und dem Radikalismus Nahrung geben. Erst recht freilich würde die Position des Landtags geschwächt, falls das Wahlrecht zwar formal gleich, tatsächlich aber unter Entrechtung von Teilen der Unterschicht (durch einen langen Aufenthaltszensus) konstruiert würde. Bei gleichem Wahlrecht würden dagegen solche Gegensätze im Charakter einer und derselben Partei, wie sie jetzt die nationalliberale Reichstagsfraktion und die preußische nationalliberale Fraktion gegeneinander zeigen, nicht dauernd fortbestehen.

Der jeweils nötige Kompromiß aber zwischen dem Reich und Preußen würde natürlich bei voller Parlamentarisierung innerhalb der großen dem Reich und Preußen gemeinsamen *Parteien* vorbereitet und, bei Aufhebung der Schranke des Art. 9 Satz 2, formell innerhalb des *Bundesrats* zum Abschluß gelangen. Immer aber, auch bei durchgeführter Parlamentarisierung, werden zwei Figuren dabei eine ausschlaggebende Rolle spielen, welche Preußen mit dem Reich gemeinsam angehören: der *Kaiser,* der zugleich König von Preußen ist, und der *Reichskanzler,* der zugleich Chef der preußischen Stimmenträger und Mitglied des preußischen Ministeriums sein muß und in aller Regel dessen Präsident sein wird.

Solange die innere Struktur Deutschlands nicht völlig umgestürzt und unitarisch neu aufgebaut würde – und dazu besteht vorerst nicht die mindeste Aussicht –, ist für das Reich die Dynastie, eben wegen des Dualismus zwischen dem Reich und Preußen, ganz ebenso unentbehrlich wie, aus ganz anderen Gründen, in dem dualistischen Österreich-Ungarn. Auch ein rein parlamentarischer Kaiser und König wird als Kriegsherr des Heeres, d.h. des Offizierkorps, als letztlich entscheidend für die auswärtige Politik und endlich als diejenige innerpolitische Instanz, welche in Ermanglung einer Einigung der Reichsinstanzen mit den preußischen die Entscheidung gibt, eine gewaltige tatsächliche Macht in Händen haben. Gerade dann, wenn er es sich zur Pflicht macht, nach Art des letztverstorbenen Habsburger Monarchen, welcher der mächtigste Mann seines Reiches war, nur in streng parlamentarischen Formen aufzutreten und es dabei ebenso wie dieser und wie, noch besser, König Eduard VII. verstehen wird, auf dem Instrument des modernen Staatsmechanismus zu spielen, ohne daß man den Spieler bei jeder Gelegenheit als solchen in Aktion treten sieht. Es bedarf das keiner weiteren Ausführung. – Was dagegen zu wünschen und von der Parlamentarisierung zu hoffen ist, ist ein Zurücktreten der rein *militärischen* Einflüsse in der Politik, der auswärtigen sowohl wie der inneren. Viele der schwersten politischen Mißerfolge Deutschlands sind dadurch verschuldet worden, daß die militärischen Instanzen auch rein politische Entscheidungen maßgebend beeinflußten, obwohl die politische Taktik und Strategie nun einmal mit gänzlich anderen Mitteln zu arbeiten hat als die militärische. Außenpolitisch ist dadurch namentlich ein für uns lebenswichtiges Problem: die polnische Frage, in höchst bedenklicher Weise präjudiziert worden.[6] Und innerpolitisch waren die traurigen Vorgänge im Reichstag unter der Kanzlerschaft des Herrn Dr. Michaelis ein Beweis dafür, wie übel beraten militärische Instanzen sind, wenn sie sich vor die Wagen der Parteipolitik spannen lassen und dabei der alten Vorstellung nachgehen: „national" und parteikonservativ seien ein und dasselbe, wie sie dem Offizier nach seiner Herkunft nun einmal naheliegt. Auf militärischem Gebiet kann keine Instanz der Erde sich eines so grenzenlosen Vertrauens einer Nation rühmen wie unsere Heerführer; und das mit Recht. Mögen sie aber dafür sorgen, daß ihnen nicht künftig gesagt werden muß: *„Was ihr mit dem Schwerte gut gemacht habt, das habt ihr durch Extratouren auf dem Glatteis der Politik wieder verdorben."* Es ist durchaus notwendig, daß in allen politischen Angelegenheiten die militärischen Autoritäten der politischen Leitung *untergeordnet* sind, für deren politische Entschließungen selbstverständlich ihr Gutachten über die militärische Lage stets entscheidend mit ins Gewicht fällt, niemals aber allein ausschlaggebend sein darf. *Das* hat Bismarck mit Recht stets scharf und in schweren Kämpfen festgehalten.

Politischer Leiter des Reiches wird der *Reichskanzler* auch künftig bleiben und seine zentrale Stellung im ganzen Zusammenspiel der politischen Kräfte beibehalten. Und zwar zweifellos, irgendwie ähnlich wie jetzt, als ein den Staatssekretären gegenüber präeminenter *Einzel*minister *ohne* formell gleichgeordnete Kollegen. Zwar der Kriegsminister, der ihm ja schon heute nicht formell untergeordnet ist, und, sooft der Reichskanzler nicht diplomatischer Herkunft ist, der

[6] Denn der Fehler lag ganz und gar in dem Verlangen der Militärs nach Schaffung eines polnischen *Heeres* (also: Offizierkorps), *ehe* durch feste Abmachungen mit einer zur Vertretung legitimierten polnischen Instanz die Stellung Polens zu Deutschland völlig geklärt war. Daß die Akzeptierung eines „Ehrenwechsels" durch die Monarchenproklamation der Weg dazu sein könnte, entsprach gleichfalls lediglich militärischen Vorstellungen. Die Art der Reaktion der Polen auf solche schweren Fehler war nur selbstverständlich.

Staatssekretär des Auswärtigen werden unvermeidlich eine weitgehende Selbständigkeit behalten. Aber für ein eigentlich *kollegiales Reichsministerium* ist gerade, wenn die Parlamentarisierung voll durchgeführt wird, kein Platz. Zum mindesten dann nicht, wenn die Schranke des Art. 9 Satz 2 fällt. Das muß man sich, entgegen früheren liberalen Lieblingsideen, klarmachen. Es ist doch kein Zufall, daß in parlamentarischen Staaten überall die Entwicklung auf eine *Steigerung* der Stellung des Kabinettchefs hinausläuft. So offenkundig in England und Frankreich. In Rußland hat die Beseitigung der Selbstherrschaft seinerzeit augenblicklich den leitenden Ministerpräsidenten entstehen lassen. Auch in Preußen kontrolliert bekanntlich der Ministerpräsident die Vorträge seiner Kollegen an den König, und diese zeitweilig unter Caprivi, auf Verlangen des Königs, aufgehobene Bestimmung mußte später wieder hergestellt werden. Im Reich ergibt sich aber die Sonderstellung und Präeminenz des Reichskanzlers schon aus seiner verfassungsmäßigen Leitung des Bundesrats und aus seiner unvermeidlichen, für die Staatssekretäre dagegen nur zufälligen und zweckmäßigen, nicht aber unentbehrlichen Stellung im preußischen Ministerium. Eine Entwicklung der Staatssekretäre zu politisch selbständig dem Reichskanzler gegenübertretenden Mächten würde zwar im Fall der „partikularisierenden“ Parlamentarisierung (bei Fortbestand des Art. 9 Satz 2) unvermeidlich sein, weil dann sie die Vertrauensmänner der Reichstagsparteien würden, im Gegensatz zum Reichskanzler und Bundesrat als Trägern der Einzelparlamentsmacht. Aber auch dann entstände zwar die Nötigung zum Paktieren, nicht aber notwendiger- oder auch nur zweckmäßigerweise ein „Kollegium“ mit Abstimmung. Jedenfalls aber beruht der Wunsch danach wesentlich auf der jetzigen mechanischen Scheidung zwischen Bundesrat und Parlament und würde mit Fortfall dieser Schranke gegenstandslos werden. Es ist nicht zu leugnen, daß die Entstehung eines abstimmenden Ministerkollegiums außerhalb des Bundesrats diesen an Bedeutung zurückzudrängen geeignet wäre, und daß es daher vom föderalistischen Standpunkt aus vorzuziehen ist: durch Parlamentarisierung des Bundesrats den Ausgleich der verschiedenen das Reich tragenden Mächte in dessen Mitte hinein zu verlegen.

Erwünscht wäre sicherlich, daß der jetzige Hergang vor politisch wichtigen Entschließungen, welcher zu einem Satrapenkampf der Ämter miteinander führt[7], dem System regelmäßiger gemeinsamer kollegialer Besprechung wichtiger Fragen des Reichskanzlers mit allen Staatssekretären Platz macht. Aber eine formelle Abschwächung der allgemeinen Verantwortlichkeit des Reichskanzlers und

[7] Noch dazu zu einem solchen mit einer gegenseitigen Pressedemagogie, wie wir sie seit Anfang 1916 und dann wieder 1917 und Anfang 1918 erlebten. Die damaligen Vorgänge konnten jedermann zeigen, daß „Demagogie“ schlimmster Art: eine Pöbelherrschaft des Sykophantentums, auch ohne alle Demokratie, ja gerade *infolge* des Fehlens einer *geordneten* Demokratie, sich findet.

seiner Sonderstellung überhaupt ist jener föderalistischen Bedenken wegen unwahrscheinlich und wäre auch schwerlich nützlich. Dagegen ist gerade vom föderalistischen Standpunkt aus allerdings zu fragen: ob nicht im Reich eine kollegiale Instanz geschaffen werden sollte, welche wichtige Entscheidungen der Reichspolitik, unter Zuziehung der Vertreter der wichtigsten innerpolitischen Machtfaktoren und der sachlich informierten Chefs der Verwaltung *vorberaten* könnte. Die öffentlichen Reden der Parteiführer im Reichstag sind offizielle Parteierklärungen vor dem Lande, welche erst nach Stellungnahme der Partei erfolgen. Die maßgeblichen Parteiberatungen und eventuellen Verhandlungen zwischen den Parteien erfolgen ohne Zuziehung der Vertreter der Einzelstaaten. Die Beratungen im Plenum des Bundesrats endlich, einer Abstimmungskörperschaft, sind unmaßgeblich und im Grunde Zeittotschlag. Es ist erwünscht, daß eine den endgültigen formellen Entschließungen der einzelnen Instanzen nicht vorgreifende, von Rücksichten auf die öffentlichen Wirkungen im Lande freie Aussprache *persönlicher* Ansichten erfahrener Staatsmänner vor der Herbeiführung wichtiger Entscheidungen ermöglicht wird. Wir sind diesem Problem schon wiederholt begegnet und fragen jetzt nur noch: an welche bestehenden oder neu entstehenden Organisationen könnte ein solches Gebilde anknüpfen?, und kämen überhaupt eine oder kämen vielleicht mehrere solcher nebeneinander in Betracht?

Der Krieg hat an neuen beratenden Gremien geschaffen: 1. den Hauptausschuß (die ausgestaltete Budgetkommission des Reichstags); – 2. den Siebenerausschuß (seinerzeit bestellt durch die Regierung, aber beschickt von den großen Parteien); – 3. die „interfraktionellen Beratungen" (beschickt anläßlich der letzten Krisen von denjenigen Parteien, welche der jetzigen Regierung die Wege ebneten: Nationalliberalen, Zentrum, Freisinnigen, Sozialdemokraten). Die beiden ersten Gebilde sind schon besprochen. Der offizielle Hauptausschuß des Reichstags mit seinen künftigen Unterausschüssen käme in Friedenszeiten als Träger der laufenden *Verwaltungskontrolle* in Betracht. Interfraktionelle Beratungen der jeweils die Regierung stützenden Parteien würden bei fortschreitender Parlamentarisierung sich zweifellos als das Mittel entwickeln, die Regierung in Konnex mit den betreffenden Parteien zu halten. Sie sind nötig, solange infolge des Art. 9 Satz 2 die Parteiführer als solche *nicht* innerhalb der Regierung sitzen, und würden insoweit entbehrlich, sobald dies der Fall wäre. Ihre künftige Wichtigkeit oder Unwichtigkeit hängt im übrigen von Umständen ab, die sich jetzt nicht übersehen lassen. Sie waren u. a. auch ein Ausdruck dafür, daß zur Zeit überragende Führer in den Parteien *nicht* vorhanden sind. Es ist zu verlangen, daß in Zukunft bei einem Wechsel im Kanzleramt oder einem Staatssekretariat alle Parteiführer, *durch den Monarchen, nicht nur durch den Thronfolger, persönlich angehört* werden, und daß die damalige Rolle des Chefs des Zivilkabinetts sich *nicht* wiederholt:[8] Aber inwieweit die Fraktionen untereinander zu Beratungen zusammentreten, läßt sich nicht bestimmen, und einen „offiziellen" Charakter können diese natürlich nicht gewinnen. Es bleibt: der Siebenerausschuß, der zur Zeit tatsächlich eingeschlafen ist und in Wahrheit ja auch nur dem Umstand sein Leben verdankte, daß der Reichskanzler Dr. Michaelis *ohne* vorheriges Einvernehmen mit den Parteien sein Amt übernahm und sich zweideutig äußerte, die Parteien daher eine Art von Überwachungsinstanz über sein Verhalten in der Friedensfrage verlangten. Über die Unzweckmäßigkeit seiner damaligen Gestaltung ist schon geredet. Er würde völlig überflüssig, wenn die Parteiführer im Bundesrat sitzen würden. Immer wieder also läuft das Problem darauf hinaus: den *Bundesrat* in dem Sinne zu „parlamentarisieren", daß die Führer der jeweils die Regierung stützenden Parteien des Reichstags und der großen Einzelparlamente als Bevollmächtigte darin sitzen könnten. Der Bundesrat selbst aber muß dann die Möglichkeit dafür schaffen, daß in Anlehnung an einen oder einige seiner Ausschüsse Körperschaften entstehen, welche in wichtigen politischen Fragen wie ein Staatsrat des Reichs vorberatend mit den militärischen und Verwaltungschefs verhandeln. Es wäre nur erwünscht, daß dies gegebenenfalls auch in der Form eines *Kronrats,* also in persönlicher Anwesenheit des Kaisers und mindestens derjenigen Bundesfürsten geschehen könnte, welche die Kontingentsherrlichkeit über ihr Heer: Offiziersernennung und eigenes Kriegsministerium, behalten haben. Schon gesprochen wurde über die Mindestkompetenz: Vorberatung der Opportunität von *Veröffentlichungen* monarchischer Kundgebungen, insbesondere aller solchen, welche die auswärtige Politik berühren. Im „Bundesratsausschuß für die auswärtigen Angelegenheiten" ist die Vertretung der Mittelstaaten schon jetzt verfassungsmäßig vorgesehen; das neue Gebilde könnte, wie vorgeschlagen, an dessen Umbildung anknüpfen. In jedem Fall aber könnte, falls Art. 9 Satz 2 beseitigt wird, diese Neuschöpfung ohne alle Verfassungsänderungen erfolgen. An gesetzlichen Neuordnungen würde dann nur die Bestimmung erforderlich: daß fortan Veröffentlichungen jener Art bei Strafe nur *nach* erfolgter und bescheinigter Gegenzeichnung zulässig sind, und ferner: daß die Gegenzeichnung in solchen Fällen erst nach Anhörung eines beim Bundesrat zu bildenden Staatrats erfolgen soll.

Die Parlamentarisierung in Verbindung mit solchen aus dem Bundesrat heraus zu entwickelnden Beratungskörperschaften gibt also bei richtiger Gestaltung dem Föderalismus alles, was ihm nottut: statt bloßer Freiheit *vom* Reich einen ge-

[8] Wenn freilich diesem Beamten der Vorwurf gemacht wird: er habe den Kaiser systematisch vom freien Zutritt abgesperrt, so konnte die „Ära Stumm" und die „Zuchthausrede" lehren: *welchen Kreisen* dieser „freie Zutritt" und die *verantwortungslose* Beeinflussung des Monarchen zugute kam. Nur verantwortliche *Staatsmänner* und verantwortliche *Parteiführer (alle!)* sollen das Ohr des Monarchen haben.

sicherten Einfluß *im* Reich. Ein Wiederaufleben der alten unitarischen Tendenzen wäre durchaus unerwünscht. Die Ideale Treitschkes liegen weit hinter uns. Im Gegensatz zu ihm halten wir heute den Fortbestand der Einzeldynastien nicht nur für rein staatspolitisch nützlich, sondern wünschen sie auch aus allgemein kulturpolitischen Gründen. Die Förderung vor allem der künstlerischen Kultur[9] in den zahlreichen historischen Zentren des deutschen Kulturlebens, durch deren Existenz es sich von Frankreich unterscheidet, *kann* in weit besserer Obhut stehen, wenn, wie jetzt, in zahlreichen kleinen Residenzen die mit ihnen verwachsenen Dynastien Hof halten, als wenn etwa statt dessen überall ein Präfekt der Zentrale säße. Freilich ist nicht zu leugnen, daß bei der Mehrzahl der deutschen Fürstenhöfe die rein militärische Erziehung, ein Produkt des staatspolitisch ganz wertlosen Wunsches der Fürsten: als General die Stellung eines Militärinspekteurs einzunehmen, dieser naturgemäßen kulturpolitischen Leistung entgegenwirkt. Und nur eine Minderzahl von ihnen hat geschulten Geschmack. So erwünscht nun eine militärische Information und Erziehung des dynastischen Nachwuchses ist, so schafft das ausschließliche Gewicht, welches jetzt auf sie gelegt wird, im Ernstfall doch nur Verlegenheiten. Die mit seltenen Ausnahmen (Prinz Friedrich Carl) doch unbegabten fürstlichen nominellen Oberbefehlshaber an der Spitze von Armeen belasten nutzlos die Bewegungsfreiheit und Zeit des wirklichen Feldherrn und werden gefährlich, wenn sie ihre formalen Rechte ernst nehmen. Ein wirklich militärisch begabter und interessierter Prinz aber gehört in die Stellung, welche seinem Alter und seinen wirklichen Fähigkeiten entspricht. Es ist zu hoffen, daß hier künftig ein Wandel eintritt, wie ihn der verstorbene Thronfolger in Österreich herbeigeführt hatte. Jedenfalls aber besteht doch wenigstens die Möglichkeit jener kulturpolitischen Leistungen und ist in manchen Fällen zur Tatsache geworden. Mit steigender Parlamentarisierung aber würden zweifellos die Interessen der Dynastien zunehmend in diese ihnen angemessene Bahn geleitet werden. Im übrigen gilt auch in den Einzelstaaten bei der Zersplitterung des deutschen Parteiwesens zugunsten des Vorhandenseins einer dynastischen Spitze jenseits des Parteikampfs ähnliches – wenn auch nicht so zwingend – wie in der Beziehung Preußens zum Reich.

Auch jemand, dem die deutsche Nation und ihre Zukunft in der Welt turmhoch über allen Fragen der Staatsform steht, wird also den Bestand der Dynastien nicht antasten wollen, selbst wenn das in Frage stünde. Aber allerdings wird er beanspruchen müssen: daß die Bahn für eine Neuordnung Deutschlands nicht durch sterile und sentimentale Reminiszenzen an die Regierungsgepflogenheiten

9 Für die Wissenschaft ist dagegen von einem Eingreifen der Monarchen ebensowenig zu erwarten wie von einem Hineinziehen des Parlaments. Wo immer ein persönliches Eingreifen der Monarchen in akademischen Stellenbesetzungen sich geltend machte, ist es fast nur bequemen Mittelmäßigkeiten zugute gekommen.

des alten Regimes obstruiert werde. Auch nicht durch theoretisches Suchen nach einer spezifisch „deutschen“ Staatsform. Der deutsche Parlamentarismus wird zweifellos anders aussehen als der jedes anderen Landes. Aber die literatenhafte Eitelkeit: vor allem darum besorgt zu sein, daß der deutsche Staat den anderen parlamentarischen Staaten der Erde, zu denen fast alle germanischen Völker gehören[10], *nicht* gleiche, entspricht nicht dem Ernst unserer Zukunftsaufgaben. Diese, und diese allein, haben über die Staatsform zu entscheiden. Das Vaterland liegt nicht als Mumie in den Gräbern der Ahnen, sondern es soll leben als das Land *unserer Nachfahren.*

In welcher Art die parlamentarische Machtverteilung sich in der Realität künftig gestalten wird, das wird davon abhängen: an welcher Stelle und in welcher Rolle politische *Persönlichkeiten mit Führerqualitäten* auftreten. Es ist unzweifelhaft nötig, vor allem Geduld zu haben und warten zu können, bis die unvermeidlichen Kinderkrankheiten überwunden sind. Für Führernaturen war bisher in den Parlamenten einfach kein Platz. Es ist das sterile und billige Vergnügen des Ressentiments akademischer Literaten gegen alles nicht von ihnen *examinierte* Menschentum, über alle Fehlschritte, die der, nach dreißigjähriger Unterbrechung, langsam wieder neu in Gang kommende parlamentarische Betrieb in seiner „Regie“ tut und noch tun wird, zu jubeln: „Man sieht, die Nation ist nicht reif dafür.“ Das werden wir noch oft erleben, und darauf ist zu erwidern: 1. wer den deutschen Parlamenten das Machtmittel, sich die Kenntnis der Tatsachen zu verschaffen und das erforderliche Fachwissen zugänglich zu machen: das *Enqueterecht* also, verweigert, und dann doch über „Dilettantismus“ und schlechte Arbeit eben dieser Parlamente schilt, – oder wer 2. die nur „negative“ Politik der Parlamente benörgelt, ihnen aber den Weg versperrt, überhaupt Führernaturen zu verantwortlicher, auf Parlamentsgefolgschaft gestützter Macht und positiver Arbeit gelangen zu lassen: – der ist *politisch unehrlich.* Über die politische „Reife“ aber sind wahrlich die heutigen deutschen Literaten die allerletzten, denen ein Urteil zustände. *Fast alle Fehler* der deutschen Politik vor dem Kriege und allen Mangel an Augenmaß, den während des Kriegs eine verantwortungslose Demagogie nährte, haben sie beifallspendend mitgemacht. *Wo waren sie denn, als die schweren Fehler des alten Regimes gemacht wurden?,* – so offenkundig schwere Fehler, daß, wie erinnerlich, die *konservativen* Vertrauensmänner Preußens an den Monarchen gemeinsam öffentlich die Bitte richteten: er möge die Politik in Übereinstimmung mit den Ratschlägen seiner berufenen Ratgeber führen? *Damals* war es an der Zeit: Jeder sah, was geschah und wo die Fehler lagen. Ohne allen Unter-

[10] Denn wenn hier wiederholt auf England (statt auf einen dieser anderen Staaten) Bezug genommen wurde, so geschah dies nur: um dem stupiden Haß der „Straße“ nicht einmal diese Konzession zu machen.

schied der Parteimeinung waren darüber alle einig. *Wo also blieben sie?* Eine öffentliche Erklärung von einigen tausend akademischen Lehrern wäre damals wohl am Platz und sie wäre zweifellos eindrucksvoll und auch den alten Traditionen entsprechend gewesen. Gewiß: für Staatspfründner ist es weit billiger, auf die Parteien des Reichstags zu schelten, wie jetzt. Alle die Herren haben damals geschwiegen. Also mögen sie gefälligst auch fortan schweigen: „Du hast ausgeläutet, herunter vom Glockenturm." Andere Schichten werden die politische Zukunft Deutschlands in ihre Obhut nehmen müssen. Das Examensdiplom oder die Würde des Professors der Physik oder Biologie oder welches wissenschaftlichen Fachs auch immer verleiht keinerlei politische Qualifikation, und noch weniger garantiert sie politischen Charakter. Und wo die Angst um das Prestige der eigenen Schicht: des Diplom-Menschentums, hineinspielt – und *sie* steckt hinter allem Gezeter gegen „Demokratie" und „Parlamentsdilettantismus" –, da war und ist diese Schicht ewig blind, von ihren Instinkten statt von sachlichen Erwägungen geleitet und wird es bei uns, ihrer Masse nach, immer bleiben. –

Kehrt das alte Regime nach dem Krieg zurück – und von selbst kommt die Parlamentarisierung nicht, es gehört allseitiger *guter Wille* dazu –, dann möge man auch die Erwartung begraben, daß die oft beklagte Haltung der Deutschen draußen in der Welt sich ändern werde. Nationaler Stolz ist nun einmal Funktion des Maßes, in welchem die Angehörigen einer Nation, wenigstens der Möglichkeit nach, *aktiv* an der Gestaltung der Politik ihres Landes mitbeteiligt sind.

Daß der Deutsche draußen, wenn er das gewohnte Gehäuse bürokratischer Bevormundung um sich herum vermißt, meist jede Steuerung und jedes Sicherheitsgefühl verliert – eine Folge davon, daß er zu Hause sich lediglich als Objekt, nicht aber als Träger der eigenen Lebensordnungen zu fühlen gewohnt ist –, dies eben bedingt ja jene unsichere Befangenheit seines Auftretens, welche die entscheidende Quelle seiner so viel beklagten „Fremdbrüderlichkeit" ist. Und seine politische „Unreife" ist, soweit sie besteht, Folge der Unkontrolliertheit der Beamtenherrschaft und der Gewöhnung der Beherrschten daran, sich ohne eigene Anteilnahme an der Verantwortlichkeit und folglich ohne Interesse an den Bedingungen und Hergängen der Beamtenarbeit ihr zu fügen. *Nur ein politisch reifes Volk* ist ein „Herrenvolk": ein Volk heißt das, welches die Kontrolle der Verwaltung seiner Angelegenheiten in eigener Hand hält und durch seine gewählten Vertreter die Auslese seiner politischen Führer entscheidend mitbestimmt. Das hatte sich die Nation durch die Art, wie sie auf die politische Herrschergröße Bismarcks reagierte, verscherzt. Ein einmal herabgewirtschaftetes Parlament ist nicht von einem zum anderen Tage wieder emporzubringen, auch nicht durch einige Verfassungsparagraphen. Es ist natürlich gar nicht daran zu denken, daß irgendein solcher Paragraph, welcher etwa die Berufung und Entlassung des Reichskanzlers an ein Parlamentsvotum knüpfen würde, plötzlich „Führer" aus der Erde stampfen würde, deren jahrzehntelange Ausschaltung aus dem Parlament durch dessen Machtlosigkeit bedingt war. Wohl aber lassen sich die unerläßlichen *Vorbedingungen* dafür organisatorisch schaffen, und davon, daß dies geschieht, hängt jetzt in der Tat alles ab.

Nur Herrenvölker haben den Beruf, in die Speichen der Weltentwicklung einzugreifen. Versuchen das Völker, die diese Qualität nicht besitzen, dann lehnt sich nicht nur der sichere Instinkt der anderen Nationen dagegen auf, sondern sie scheitern an dem Versuch auch innerlich. Unter einem „Herrenvolk" verstehen wir dabei nicht jenes häßliche Parvenügesicht, welches Leute daraus machen, deren nationales Würdegefühl ihnen gestattet, von einem englischen Überläufer, wie Herrn H. St. Chamberlain, sich und die Nation darüber unterrichten zu lassen: was „Deutschtum" ist. Aber freilich: eine Nation, die *nur* gute Beamte, schätzbare Bürokräfte, ehrliche Kaufleute, tüchtige Gelehrte und Techniker und – treue Diener hervorbrächte und im übrigen eine *kontrollfreie Beamtenherrschaft* unter pseudomonarchischen Phrasen über sich ergehen ließe, – die wäre *kein* Herrenvolk und täte besser, ihren Alltagsgeschäften nachzugehen, anstatt die Eitelkeit zu haben, sich um Weltschicksale zu kümmern. Von *„Weltpolitik"* möge man uns, wenn die alten Zustände wiederkehren, *nicht mehr reden.* Und vergebens werden Literaten, welche *konservativen Phrasen* verfallen sind, darauf warten, daß Deutsche im Ausland echtes Würdegefühl entwickeln, wenn sie im Inland ausschließlich das Betätigungsfeld einer, sei es auch rein technisch noch so tüchtigen, reinen *Beamten*herrschaft bleiben und sich sogar gefallen lassen, daß satte gelehrte Pfründner darüber diskutieren, ob die Nation für diese oder jene Regierungsform „reif" genug sei.

Der *„Wille zur Ohnmacht"* im Innern, den die Literaten predigen, ist mit dem „Willen zur Macht" in der Welt, den man in so lärmender Weise hinausgeschrien hat, nicht zu vereinigen. Die Frage, ob die Nation sich reif fühlt, die Verantwortung eines Siebzigmillionenvolkes vor den Nachfahren zu tragen, beantwortet sich in gleichem Sinn und Schritt mit der Frage der inneren Neuordnung Deutschlands. Wagt sie das eine nicht, so mag sie auch das andere von sich ablehnen. Denn es führt dann politisch zu nichts. *Dann* in der Tat wäre dieser Krieg: ein Kampf um die Teilnahme auch *unserer* Nation an der Verantwortung für die Zukunft der Erde, „sinnlos" und ein bloßes Gemetzel gewesen, und jeder künftige deutsche Krieg wäre es erst recht. Wir müßten unsere Aufgaben anderwärts suchen und uns in *diesem* Sinne „umorientieren".

Der typische Snobismus vieler Literaten freilich (auch ganz intelligenter Literaten) findet diese nüchternen Probleme der Parlaments- und Parteireform unendlich subaltern: „technische Eintagsfragen" seien das im Verhältnis zu allerhand Spekulationen über die „Ideen von 1914" oder über den „wahren Sozialismus" und ähnliche Literateninteressen. Nun: eine „Eintagsfrage", die in kurzem erledigt sein wird, ist auch die nach dem Ausgang dieses Krieges. Die Umgestaltung der Wirtschaftsordnung wird ja, wer auch immer der Sieger sei, ihren Gang gehen. Dafür bedarf es weder des deutschen Sieges, noch der freiheitlichen politischen Neuordnung des Reiches. Ein nationaler Politiker wird den Blick gewiß auch auf jene universellen Entwicklungstendenzen gerichtet halten, die über die äußere Ordnung des Lebensschicksals der Massen in Zukunft Gewalt haben werden. Aber wie ihn als Politiker das politische Schicksal *seines* Volkes bewegt (demgegenüber jene universellen Entwicklungstendenzen sich ja völlig gleichgültig verhalten), so rechnet er auch für politische Neugestaltungen mit den nächsten zwei bis drei Generationen: denen, die über das entscheiden, was aus *seinem* Volk wird. Verfährt er anders, so ist er ein Literat und kein Politiker. Er möge sich dann für die ewigen Wahrheiten interessieren und bei seinen Büchern bleiben, nicht aber auf den Kampfplatz der Gegenwartsprobleme treten. Auf diesem wird darum gerungen: ob *unsere* Nation innerhalb jenes ganz universellen Prozesses entscheidend mitspricht. Der Aufgabe, dies zu können, hat sich die innere Struktur, auch die politische, anzupassen. Die bisherige war dafür nicht geeignet, sondern nur: für eine technisch gute *Verwaltung* und für vorzügliche *militärische* Leistungen. Daß diese für eine rein *defensive* Politik ausreichen, nicht aber für politische Weltaufgaben, – *das* hat uns das ungeheure Geschick lehren können, welches über uns hereinbrach.

Der Sozialismus

Rede zur allgemeinen Orientierung von österreichischen Offizieren in Wien 1918

Wenn ich das erstemal die Ehre habe, im Kreise des Offizierskorps der k. u. k. Armee zu sprechen, so werden Sie verstehen, daß das für mich eine etwas verlegene Situation ist. Vor allem deshalb, weil ich die Vorbedingungen: die inneren Verhältnisse des Betriebes der k. u. k. Armee in gar keiner Weise kenne, diejenigen Vorbedingungen, die auch für eine Einflußnahme des Offizierskorps auf die Mannschaft maßgebend sind. Es ist ja selbstverständlich, daß der Offizier in der Reserve und in der Landwehr immer ein Dilettant ist, nicht nur deshalb, weil ihm die wissenschaftliche Kriegsschulvorbildung, sondern auch deshalb, weil ihm die ständige Fühlung mit dem ganzen inneren Nervensystem des Betriebes fehlt. Aber immerhin, wenn man, so wie es bei mir der Fall war, jahrelang immer wieder einige Zeit innerhalb der deutschen Armee in sehr verschiedenen Gebieten Deutschlands war, so glaube ich, so viel Anschauung von der Art der Beziehungen zwischen Offizierskorps, Unteroffizierskorps und Mannschaften zu haben, um wenigstens sehen zu können: diese und jene Art der Einflußnahme ist *möglich*, diese und jene Art ist schwierig oder unmöglich. Davon habe ich selbstverständlich für die k. u. k. Armee auch nicht die geringste Vorstellung. Wenn ich überhaupt irgendeine Vorstellung von den inneren Verhältnissen der k. u. k. Armee habe, so ist es nur die von ganz ungeheuren sachlichen Schwierigkeiten, die für mich schon einfach aus den sprachlichen Verhältnissen folgen. Es ist von Reserveoffizieren der k. u. k. Armee mehrfach versucht worden, mir auseinanderzusetzen, wie es gelingt, ohne wirkliche Kenntnis der Sprache der Mannschaft doch jenen Kontakt mit ihr aufrechtzuerhalten, der eben erforderlich ist, um eine Einflußnahme irgendwelcher Art über das Dienstliche hinaus auszuüben. Ich selbst kann nur aus deutschen Vorstellungen heraus sprechen und möchte mir zunächst erlauben, einige Bemerkungen über die Art, wie diese Einflußnahme bei uns verlaufen ist, vorauszuschicken.

Diese Bemerkungen sind „aus der Froschperspektive" gemacht. D. h.: ich hatte es mir bei zeitweise häufigen Reisen in Deutschland zum Grundsatze gemacht, wenn es sich nicht um sehr lange Fahrten handelte und wenn ich nicht sehr anstrengende Tätigkeit vor mir hatte, stets dritte Klasse zu fahren, und bin so im Laufe der Zeit mit vielen Hunderten von Leuten, die von der Front kamen oder nach der Front reisten, zusammengekommen, gerade in jener Epoche, wo bei uns das, was man unter Aufklärungsarbeit durch die Offiziere verstand, eingesetzt hat. Da habe ich, ohne daß ich irgendwelchen Anlaß genommen hätte, die Leute auszufragen oder meinerseits zum Sprechen zu bringen, außerordentlich vielfältige Äußerungen darüber von Seiten der Leute gehört. Und zwar handelte es sich da stets um sehr zuverlässige Leute, für welche die Autorität des Offiziers felsenfest stand, nur selten auch um solche, die eine etwas andere Haltung innerlich einnahmen. Die Sache war nun immer die: daß man sehr bald die große Schwierigkeit jeder Aufklärungsarbeit erkennen mußte. Es war namentlich eines: sobald bei den Leuten irgendwie der Verdacht rege wurde, daß es sich um *Partei*politik handle, die direkt oder indirekt gefördert werden solle, gleichviel, welcher Art sie war, so war bei einem großen Teile von ihnen immer das Mißtrauen da. Sie hatten eben, wenn sie auf Urlaub kamen, Beziehungen zu ihren Parteileuten und es wurde dann natürlich schwierig, ein wirkliches Vertrauensverhältnis zu ihnen aufrecht zu erhalten. Es war ferner die große Schwierigkeit vorhanden: die Leute erkannten zwar die militärische Fachkunde des Offiziers ganz bedingungslos an – das ist mir nie anders vorgekommen, so selbstverständlich auch in Deutschland gelegentlich geschimpft wurde, bald über die Stäbe, bald über sonst etwas, aber die militärische Autorität ist nie grundsätzlich bezweifelt worden; – dagegen stieß man auf das Empfinden: ja, wenn wir von Seiten des Offiziers über unsere privaten Lebensverhältnisse und das, was daraus folgt, belehrt werden, so liegt die Tatsache vor, daß das Offizierskorps doch einer anderen ständischen Schicht angehört als wir und daß es dem Offizier beim besten Willen nicht möglich ist, sich in unsere Lage, die wir hinter der Maschine oder hinter dem Pfluge stehen, so vollständig hineinzuversetzen, wie wir selbst das tun. Das kam in einer Anzahl teilweise naiver Äußerungen immer wieder zum Ausdruck und ich hatte das Gefühl, daß vielleicht durch eine falsch betriebene Art der Aufklärung die Autorität des Offiziers auch auf dem militärischen Gebiete, wo sie ganz unerschüttert steht, leiden könnte, weil die Leute die Autorität auf jenen Gebieten, wo sie beanspruchen, zu Hause zu sein, nicht unbedingt anerkennen. – Nun ein weiterer, nicht jetzt, aber früher bei Auseinandersetzungen mit dem Sozialismus oft gemachter Fehler. Man ist schon lange mit gutem Grunde davon abgegangen, was man früher auf Seiten der parteipolitischen Gegner der Sozialdemokratie getan hat, bezüglich der Gewerkschaftsbeamten und der Parteibeamten den Arbeitern vorzuhalten: „Das sind eigentlich die Leute, die von den Arbeitergroschen im wörtlichen Sinne leben, viel mehr als die Unternehmer." Denn darauf antwortet selbstverständlich jeder Arbeiter: „Gewiß leben die Leute von meinen Groschen. Ich bezahle sie. Aber eben deshalb sind sie mir zuverlässig, sie sind von mir abhängig, ich weiß, daß sie meine Interessen vertreten müssen. Da lasse ich mir nichts dreinreden. Das ist mir die paar Groschen wert." Man ist jetzt mit Recht davon abgegangen, jene Intellektuellenschicht, die nun einmal überall die Parolen, die Schlagworte und – sagen Sie getrost: die Phrasen prägt, mit denen in allen Parteien ohne Ausnahme gearbeitet wird, und so auch innerhalb der Parteien der Linken und der sozialdemokratischen Partei, in jener Art diskreditieren zu wollen. Insbesondere aber ist es meiner Meinung nach zu begrüßen, daß man in Deutschland sich mit den Gewerkschaften gut gestellt hat. Man mag zu den Gewerkschaften sonst stehen, wie man will. Sie machen auch ihre Torheiten. Dennoch war diese Haltung gegenüber den Gewerkschaften gerade vom militärischen Standpunkt klug. Denn sie repräsentieren immerhin etwas, was auch den militärischen Körperschaften eigen ist. Man mag über den Streik denken, wie man will. Er ist meist ein Kampf um Interessen, um Löhne. Sehr oft aber doch nicht nur um Löhne, sondern auch um ideelle Dinge: um Ehre, so wie sie die Arbeiter nun einmal verstehen – und was darunter zu verstehen sei, das beansprucht eben jedermann selbst zu wissen. Das Gefühl der Ehre, der Kameradschaft der Genossen in einer Fabrik oder in ein und derselben Branche hält sie zusammen, und das ist schließlich ein Gefühl, auf welchem, nur in anderer Richtung, auch der Zusammenhalt militärischer Körper beruht. Und da es nun einmal gar kein Mittel gibt, die Streiks aus der Welt zu schaffen – man kann nur wählen zwischen offen anerkannten und geheimen Verbänden dieser Art – so halte ich es für auch vom militärischen Standpunkt klug, wenn man sich auf den Boden dieser Tatsache stellt: Das ist einmal so und, solange man mit den Leuten auskommt und sie nicht *militärische* Interessen gefährden, paktiert man mit ihnen, wie es tatsächlich in Deutschland geschehen ist. Das sind meine subjektiven Eindrücke.

Nun möchte ich mich aber dem Thema zuwenden, zu welchem Sie mir die Ehre gegeben haben, mich hierher zu laden, und welches ja freilich derart ist, daß man ein halbes Jahr ausführlich darüber sprechen müßte (denn in diesem Umfange pflegt man geschulten akademischen Hörern diese Dinge vorzutragen): der Stellung des Sozialismus und der Stellungnahme zu ihm. Zunächst mache ich darauf aufmerksam, daß es „Sozialisten" der allerverschiedensten Art gibt. Es gibt Leute, die sich Sozialisten nennen und die kein einziger Parteisozialist welcher Richtung immer als solche anerkennen würde. Alle *Parteien*, die rein sozialistischen Charakter haben, sind heute *demokratische* Parteien. Auf diesen demokratischen Charakter möchte ich zunächst kurz eingehen. Was ist denn heute Demokratie? Der Punkt gehört durchaus zur Sache. Freilich kann ich ihn heute nur kurz berühren. Demokratie kann unermeßlich Verschiedenes bedeuten. Sie bedeutet an sich nur: daß keine formelle Ungleichheit der politischen Rechte zwischen den einzelnen Klassen der Bevölkerung besteht. Aber welche verschiedenen Konsequenzen hat das! Bei dem alten Typus der Demokratie, in den Schweizer Kantonen Uri, Schwyz, Unterwalden, Appenzell und Glarus versammeln sich noch heute sämtliche Bürger – in Appenzell sind das 12.000 stimmfähige Leute, sonst sind es 3.000 bis 5.000 – auf einem großen Platz und stimmen dort über alles, von der Wahl des Landammannes angefangen bis zur Beschlußfassung über ein neues Steuergesetz oder irgendeine Frage der Verwaltung nach erfolgter Diskussion durch Händeaufheben ab. Wenn Sie nun aber die Listen der Landammänner verfolgen, die da in einer solchen Schweizer Demokratie alten Stils durch fünfzig oder sechzig Jahre hindurch gewählt wurden, so werden Sie finden, daß es auffallend häufig dieselben waren oder daß doch bestimmte Familien diese Ämter von alters her in der Hand hatten, daß also zwar eine Demokratie im Rechte bestand, diese Demokratie aber tatsächlich aristokratisch verwaltet wurde. Und zwar aus dem ganz einfachen Grunde, weil das Amt etwa eines Landammannes nicht jeder Gewerbetreibende übernehmen konnte, ohne sich in seinem Gewerbe zu ruinieren. Er mußte im wirtschaftlichen Sinne „abkömmlich" sein, und das ist in der Regel nur ein Mann von einigem Vermögen. Oder man muß ihn hoch bezahlen und durch Pension versorgen. Die Demokratie hat nur die Wahl: entweder billig durch reiche Leute im Ehrenamt verwaltet zu werden oder teuer durch bezahlte Berufsbeamte. Dieses letzte: die Entwicklung eines Berufsbeamtentums, ist nun aber das Schicksal aller modernen Demokratien da geworden, wo das Ehrenamt nicht ausreichte: in den großen Massenstaaten. Das ist die augenblickliche Situation Amerikas. Der Theorie nach ist dort die Sache ähnlich wie in der Schweiz. Gewählt wird, wenn auch nicht durch Landesversammlungen, so doch nach direktem oder indirektem *gleichen* Wahlrechte, ein großer Teil der einzelstaatlichen Beamten und für die ganze Union: der Präsident. Der Präsident ernennt die anderen Beamten der Union. Man hat dabei die Erfahrung gemacht, daß die vom gewählten Präsidenten *ernannten* Beamten an Qualität der Leistung und vor allen Dingen an Unbestechlichkeit im ganzen hoch über denjenigen Beamten stehen, die aus den Volkswahlen hervorgehen, weil der Präsident und die hinter ihm stehende Partei selbstverständlich von den Wählern dafür verantwortlich gemacht werden, daß die Beamten, die sie ernennen, wenigstens irgendwie auch die Qualitäten haben, die der Wähler erwartet.

Diese amerikanische Demokratie nun, die auf dem Grundsatze beruht, daß alle vier Jahre, wenn der Präsident wechselt, auch die über 300.000 Beamten, die er zu ernennen hat, wechseln und daß alle vier Jahre alle governors jedes einzelnen Staates und mit ihnen wiederum viele Tausende von Beamten wechseln – diese Demokratie geht ihrem Ende entgegen. Das war eine Verwaltung durch Dilettanten; denn diese Beamten, die da von der Partei bestellt wurden, wurden nach dem Prinzipe ernannt: sie haben der Partei Dienste geleistet und dafür werden sie Beamte. Nach ihrer Fachqualifikation fragte man wenig, eine Prüfung, ein Examen oder etwas derartiges war bis vor einiger Zeit der amerikanischen Demokratie formell unbekannt. Im Gegenteile stand man oft auf dem Standpunkte, daß das Amt gewissermaßen im Turnus von einem zum anderen herumzugehen hätte, damit jeder einmal an die Krippe gelange.

Ich habe nun darüber mehrfach mit amerikanischen Arbeitern gesprochen. Der echte amerikanische Yankeearbeiter steht auf einer hohen Stufe der Löhne und der Bildung. Der Lohn eines amerikanischen Arbeiters ist höher als derjenige manches außerordentlichen Professors einer amerikanischen Universität. Diese Leute haben vollständig die Formen der bürgerlichen Gesellschaft, sie erscheinen in ihrem Zylinder und mit ihrer Frau, die vielleicht etwas weniger Gewandtheit und Eleganz hat, aber im übrigen genau so sich benimmt wie eine andere Lady, während die Einwanderer, die aus Europa kommen, in die Unterschichten einströmen. Wenn ich also mit einem solchen Arbeiter zusammensaß und ihm sagte: Wie könnt ihr euch eigentlich von diesen Leuten regieren lassen, die euch da in die Ämter hineingesetzt werden und die selbstverständlich, da sie der Partei ihr Amt verdanken, da sie von diesem Gehalt, das sie beziehen, soundsoviel als Steuer an die Partei abführen und dann nach vier Jahren aus dem Amte gehen müssen, ohne eine Pensionsberechtigung zu haben, die also doch selbstverständlich aus dem Amte so viel Geld machen, als nur möglich ist, wie könnt ihr euch von dieser korrupten Gesellschaft, die euch notorisch Hunderte von Millionen stiehlt, regieren lassen?, so bekam ich gelegentlich die charakteristische Antwort, die ich wörtlich in ihrer Drastik wiedergeben darf: „Das tut nichts, es ist genug Geld für das Stehlen da und es bleibt noch immer genug übrig zum Verdienen für andere – auch für uns. Auf diese ‚professionels‘, auf diese Beamten speien wir, die verachten wir. Wenn aber eine examinierte studierte Klasse die Ämter einnimmt wie bei euch drüben – die speit auf uns.“

Das war bei diesen Leuten das Entscheidende. Die Furcht vor dem Entstehen eines solchen Beamtentums, wie es in Europa tatsächlich besteht, eines ständischen, durch die Universitäten gebildeten, fachgeschulten Beamtenstandes.

Nun ist selbstverständlich längst die Zeit gekommen, wo man auch in Amerika nicht mehr durch Dilettanten verwalten kann. Mit riesiger Geschwindigkeit dehnt sich das Fachbeamtentum aus. Das Fachexamen wurde eingeführt. Formell zunächst obligatorisch nur bei gewissen, mehr technischen Beamten, aber es griff rasch weiter um sich. Es sind jetzt schon ungefähr hunderttausend von den vom Präsidenten zu ernennenden Beamten, die nur nach abgelegten Examen ernannt werden können. Damit ist der erste und wichtigste Schritt getan zur Umgestaltung der alten Demokratie. Und damit hat auch die Universität in Amerika eine ganz andere Rolle zu spielen begonnen und hat sich auch der Geist der Universitäten grundsätzlich gewandelt. Denn, was außerhalb Amerikas nicht immer gewußt wird, die amerikanischen Universitäten und die von ihnen gebildeten Schichten, nicht die Kriegslieferanten, die es in allen Ländern gibt, sind die Urheber des Kriegs gewesen. Als ich im Jahre 1904 drüben war, wurde ich von den amerikanischen Studenten nach nichts so viel gefragt wie darnach: wie eigentlich in Deutschland Mensuren arrangiert werden, wie man das mache, um zu Schmissen zu kommen. Sie hielten das für eine ritterliche Einrichtung: diesen Sport mußten sie auch haben. Das Ernste an der Sache war, daß auf solche Stimmungen die Literatur namentlich in meinem Fache zugeschnitten wurde: gerade bei den damals besten Werken fand ich am Schluß folgende Konklusion: „Es ist ein Glück, daß sich die Weltwirtschaft dahin bewegt, daß der Moment kommt, wo es rentabel („a sound business view“) wird, durch den *Krieg* einander den Welthandel abzunehmen; denn dann hört endlich das Zeitalter für uns Amerikaner auf, wo wir würdelose Dollarverdiener sind, dann wird wieder kriegerischer Geist und Ritterlichkeit die Welt beherrschen.“ Sie stellten sich den modernen Krieg wohl ähnlich vor, wie es in der Schlacht von Fontenoy war, wo der Herold der Franzosen den Feinden zurief: „Meine Herren Engländer, schießen Sie zuerst!“ Sie dachten sich den Krieg als eine Art ritterlichen Sports, der wieder ständisches Empfinden, vornehmes Empfinden anstatt dieser schmutzigen Jagd nach dem Gelde setzen würde. Sie sehen: diese Kaste beurteilt Amerika genau so, wie in Deutschland nach meinen Kenntnissen Amerika vielfach beurteilt wird und – zieht ihrerseits die Konsequenzen. Aus dieser Kaste sind die entscheidenden Staatsmänner hervorgegangen. Dieser Krieg wird für Amerika die Konsequenz haben, daß es als ein Staat mit einer großen Armee, einem Offizierskorps und einer Bureaukratie daraus hervorgeht. Ich habe schon damals amerikanische Offiziere gesprochen, die sehr wenig mit den Zumutungen einverstanden waren, die die amerikanische Demokratie an sie stellt. Es passierte z. B. einmal, daß ich in der Familie einer Tochter eines Kollegen war und daß eben das Dienstmädchen weg war – sie hatten ja drüben bei den Dienstmädchen eine zweistündige Kündigungsfrist. Es kamen gerade die beiden Söhne, die Marinekadetten waren, und die Mutter sagte: „Ihr müßt jetzt hinausgehen, Schnee fegen, sonst kostet mich das täglich 100 Dollar Strafe.“ Die Söhne – sie waren gerade mit deutschen Seeoffizieren zusammen gewesen – meinten: das schicke sich nicht für sie – worauf die Mutter sagte: „Wenn ihr es nicht tut, so muß ich es tun.“

Dieser Krieg wird für Amerika die Entwicklung einer Bureaukratie und damit Avancementschancen für die Universitätskreise zur Folge haben – das steckt selbstverständlich auch dahinter – kurz, er wird eine Europäisierung Amerikas in mindestens dem gleichen Tempo zur Folge haben, wie man von einer Amerikanisierung Europas gesprochen hat. Die moderne Demokratie wird überall, wo sie Großstaatdemokratie ist, eine bureaukratisierte Demokratie. Und es muß so sein; denn sie ersetzt die vornehmen adeligen oder anderen Ehrenbeamten durch ein bezahltes Beamtentum. Das geht überall so, das geht auch innerhalb der Parteien so. Das ist unentrinnbar, und diese Tatsache ist die erste, mit der auch der Sozialismus zu rechnen hat: die Notwendigkeit langjähriger fachlicher Schulung, immer weitergehender fachlicher Spezialisierung und einer Leitung durch ein derart gebildetes Fachbeamtentum. Anders ist die moderne Wirtschaft nicht zu leiten.

Insbesondere aber ist diese unentrinnbare universelle Bureaukratisierung dasjenige, was sich hinter einem der am häufigsten zitierten sozialistischen Schlagworte verbirgt – dem Schlagwort von der „Trennung des Arbeiters vom Arbeitsmittel". Was heißt das? Der Arbeiter sei – wird uns gesagt – „getrennt" von den sachlichen Mitteln, mit denen er produziere, und auf dieser Trennung beruhe die Lohnsklaverei, in der er sich befinde. Gedacht ist dabei an die Tatsache: daß im Mittelalter der Arbeiter Eigentümer der technischen Werkzeuge war, mit denen er produzierte, während ein moderner Lohnarbeiter das selbstverständlich weder ist noch sein kann, mag es nun ein Unternehmer oder der Staat sein, der das Bergwerk oder die betreffende Fabrik betreibt. Gedacht ist ferner daran: daß der Handwerker die Rohstoffe, die er verarbeitete, selbst einkaufte, während das heute beim Lohnarbeiter nicht der Fall ist und sein kann, und daß dementsprechend das Erzeugnis zwar im Mittelalter und jetzt noch überall dort, wo das Handwerk noch fortbesteht, zur freien Verfügung des einzelnen Handwerkers steht, der es auf dem Markte verkaufen und zu seinem eigenen Gewinn verwerten kann, während es bei der großen Unternehmung nicht zur Verfügung des Arbeiters, sondern desjenigen steht, der das Eigentum an diesen Betriebsmitteln hat, wiederum: mag das der Staat sein oder ein privater Unternehmer. Das ist wahr, aber eine Tatsache, die keineswegs nur dem wirtschaftlichen Produktionsprozeß eigentümlich ist. Es ist dasselbe, was wir z. B. auch innerhalb der Universität erleben. Der alte Dozent und Universitätsprofessor arbeiteten mit der Bibliothek und den technischen Mitteln, die sie selbst sich anschafften und machen ließen, und produzierten damit, z. B. die Chemiker, diejenigen Dinge, die zum wissenschaftlichen Betriebe erforderlich waren. Die Masse der heutigen Arbeitskräfte innerhalb des modernen Universitätsbetriebes, insbesondere die Assistenten der großen Institute, sind in dieser Hinsicht dagegen genau in der gleichen Lage wie irgendein Arbeiter. Sie können jederzeit gekündigt werden. Sie haben in den Räumen des Institutes kein anderes Recht als der Arbeiter in den Räumen der Fabrik. Sie müssen sich geradeso wie diese nach dem bestehenden Reglement halten. Sie haben kein Eigentum an den Stoffen oder Apparaten, Maschinen usw., die in einem chemischen oder physikalischen Institut, einer Anatomie oder Klinik gebraucht werden; diese sind vielmehr Staatseigentum, werden aber von dem Leiter des Institutes bewirtschaftet, der dafür die Gebühren bezieht, während der Assistent ein Einkommen erhält, das nicht wesentlich anders bemessen ist als das eines gelernten Arbeiters. Ganz das gleiche finden wir auf dem Gebiete des Heerwesens. Der Ritter der Vergangenheit war Eigentümer seines Pferdes und seiner Rüstung. Er hatte sich auszurüsten und zu verpflegen. Die damalige Heeresverfassung beruhte auf dem Prinzip der Selbstequipierung. Sowohl in den antiken Städten als auch in den Ritterheeren des Mittelalters mußte man seinen Panzer, seine Lanze und sein Pferd selbst stellen und Proviant mitbringen. Das moderne Heer ist in dem Augenblick entstanden, wo die fürstliche Menage einsetzte, wo also der Soldat und der Offizier (der ja etwas anderes als ein anderer Beamter ist, der aber in diesem Sinne dem Beamten durchaus entspricht) nicht mehr Eigentümer der Kriegsbetriebsmittel waren. Darauf beruht ja der Zusammenhalt des modernen Heeres. Deshalb war es ja den russischen Soldaten so lange nicht möglich, aus den Schützengräben zu entkommen, weil dieser Apparat des Offizierskorps, der Intendantur- und der sonstigen Beamten vorhanden war und jedermann im Heere wußte, daß seine ganze Existenz, auch seine Ernährung, davon abhängig war, daß dieser Apparat funktionierte. Sie alle waren „getrennt" von den Kriegsbetriebsmitteln, ganz ebenso, wie der Arbeiter es von den Arbeitsmitteln ist. Ebenso wie ein Ritter stand ein Beamter der Lehenszeit, ein Vasall also, der mit der Verwaltungs- und Gerichtshoheit belehnt war. Er trug die Kosten der Verwaltung und Gerichtsbarkeit aus eigener Tasche und bezog dafür die Gebühren. Er war also im Besitze der Verwaltungsbetriebsmittel. Der moderne Staat entsteht, indem der Fürst das in die eigene Menage nimmt, besoldete Beamte anstellt und damit die „Trennung" der Beamten von den Betriebsmitteln vollzieht. Überall also dasselbe: die Betriebsmittel sind innerhalb der Fabrik, der Staatsverwaltung, des Heeres und der Universitätsinstitute mittels eines bureaukratisch gegliederten Menschenapparates konzentriert in den Händen dessen, der diesen Menschenapparat beherrscht. Das ist teils rein technisch, durch die Art der modernen Betriebsmittel: Maschinen, Geschütze usw. bedingt, teils aber einfach durch die größere Leistungsfähigkeit dieser Art des Zusammenwirkens von Menschen: durch die Entwicklung der „Disziplin", Heeres-, Amts-, Werkstatt- und Betriebsdisziplin. Jedenfalls aber ist es ein schwerer Irrtum, wenn diese Trennung des Arbeiters vom Betriebsmittel für etwas nur der Wirtschaft und vollends der *privaten* Wirtschaft Eigentümliches gehalten wird. An dem Grundtatbestand ändert sich ja gar nichts, wenn die Person des Herrn jenes Apparates geändert wird, wenn etwa ein staatlicher Präsident oder Minister statt eines privaten Fabrikanten über ihn verfügt. Die „Trennung" vom Betriebsmittel besteht in jedem Fall weiter. Solange es Bergwerke, Hochöfen, Eisenbahnen, Fabriken und Maschinen gibt, werden sie nie in dem Sinne Eigentum eines einzelnen oder mehrerer einzelner Arbeiter sein, wie die Betriebsmittel eines Handwerks im Mittelalter Eigentum eines einzelnen Zunftmeisters oder einer örtlichen Werkgenossenschaft oder Zunft waren. Das ist durch die Natur der heutigen Technik ausgeschlossen. –

Was heißt nun gegenüber dieser Tatsache *Sozialismus*? Das Wort ist, wie schon erwähnt, vieldeutig. Aber der Gegensatz zu Sozialismus, an den man gewöhnlich denkt, ist: privatwirtschaftliche Ordnung, d. h. ein Zustand, bei welchem die wirtschaftliche Bedarfsversorgung in den Händen privater Unternehmer liegt, sich also so vollzieht, daß diese Unternehmer sich durch Kaufverträge und Lohnverträge die sachlichen Betriebsmittel, Beamten und Arbeitskräfte beschaffen und daß sie dann auf eigene ökonomische Gefahr und in Erwartung eigenen Gewinns die Güter herstellen lassen und sie auf dem Markte verkaufen.

Diese Privatwirtschaftsordnung hat die sozialistische Theorie mit dem Schlagworte von der „Anarchie der Produktion" belegt, weil sie es darauf ankommen läßt, ob das Eigeninteresse der einzelnen Unternehmer an dem Absatze ihrer Produkte: das Interesse daran, Gewinn zu machen, so funktioniert, daß dadurch eine Versorgung derjenigen, die dieser Güter bedürfen, gewährleistet ist.

Die Frage nun, was innerhalb einer Gesellschaft unternehmungsmäßig, also privatwirtschaftlich und was nicht privatwirtschaftlich, sondern – in diesem weitesten Sinne des Wortes – sozialistisch, das heißt: planvoll organisiert, an Bedarf gedeckt wird, hat geschichtlich gewechselt.

Im Mittelalter haben beispielsweise Republiken wie Genua ihre großen Kolonialkriege auf Zypern durch Aktienkommanditgesellschaften, die sogenannten Maonen, führen lassen. Die schossen das nötige Geld zusammen, mieteten die entsprechenden Söldner, eroberten das Land, bekamen den Schutz der Republik und beuteten selbstverständlich das Land für ihre Zwecke als Plantagenland oder Steuerobjekt aus. Ähnlich hat die Ostindische Kompagnie Indien für England erobert und für sich ausgebeutet. Der Condottiere der spätitalienischen Renaissancezeit gehörte in die gleiche Kategorie. Er warb ebenso wie noch der letzte von ihnen: Wallenstein sein Heer auf seinen Namen und aus seinen Mitteln an, in seine Taschen floß auch ein Anteil der Beute, die das Heer machte, und natürlich pflegte er sich auszubedingen, daß von dem Fürsten oder König oder Kaiser an ihn eine bestimmte Summe als Entgelt für seine Leistung und für Deckung seiner Kosten abgeführt werde. In etwas weniger selbständiger Weise war auch noch im 18. Jahrhundert der Oberst ein Unternehmer, der seinerseits die Rekruten anzuwerben und zu kleiden hatte, zwar teilweise auf die Magazine des Fürsten angewiesen war, immer aber weitgehend auf eigene Gefahr und zu eigenem Gewinn wirtschaftete. Es galt also der privatwirtschaftliche Betrieb der Kriegsführung als ganz normal, was uns heute ungeheuerlich dünken würde.

Auf der andern Seite würde es keine mittelalterliche Stadt oder Zunft jemals für denkbar gehalten haben, daß man die Getreideversorgung der Stadt oder die Versorgung der Zunft mit den zu importierenden unentbehrlichen Rohstoffen für die Arbeit ihrer Meister einfach dem freien Handel überlassen könnte. Sondern von der Antike angefangen, im großen Maßstabe in Rom, hatte durch das ganze Mittelalter hindurch die Stadt dafür zu sorgen, nicht der freie Handel, der nur die Ergänzung war. Ungefähr so wie jetzt in den Zeiten der Kriegswirtschaft ein Zusammenarbeiten, eine „Durchstaatlichung", wie das jetzt gern genannt wird, breiter Zweige der Wirtschaft vorhanden ist.

Das Charakteristische unserer heutigen Situation ist nun, daß die Privatwirtschaft, verbunden mit privater bureaukratischer Organisation und also mit Trennung des Arbeiters von den Betriebsmitteln, ein Gebiet beherrscht, welches diese beiden Züge gemeinsam noch niemals in diesem Umfange in der Weltgeschichte getragen hat: das ist die *gewerbliche* Produktion, und daß dieser Prozeß zusammenfällt mit der Schaffung der maschinellen Produktion innerhalb der Fabrik, also mit einer örtlichen Zusammenhäufung von Arbeitskräften innerhalb einer und derselben Räumlichkeit, Gebundenheit an die Maschine und gemeinsamer Arbeits*disziplin* innerhalb des Maschinensaales oder Bergwerkes. Die Disziplin erst gibt der heutigen Art der „Trennung" des Arbeiters von den Arbeitsmitteln ihre spezifische Note.

Aus dieser Lebenslage, aus der Fabriks*disziplin* heraus, ist der moderne Sozialismus geboren. Überall, zu allen Zeiten und in allen Ländern der Erde hat es Sozialismus von den verschiedensten Arten gegeben. Der moderne Sozialismus in seiner Eigenart ist nur auf diesem Boden möglich.

Diese Unterworfenheit unter die Arbeitsdisziplin ist für die gewerblichen Arbeiter deshalb so außerordentlich fühlbar, weil im Gegensatz etwa zu einer Sklavenplantage oder einem Fronhof der moderne gewerbliche Betrieb auf einem außerordentlich scharfen *Auslese*prozeß ruht. Ein heutiger Fabrikant stellt nicht jeden beliebigen Arbeiter, nur weil er etwa zu einem billigen Lohne arbeiten wollte, ein. Sondern er stellt den Mann im Akkordlohn an die Maschine und sagt: „So, jetzt arbeite, ich werde sehen, wieviel du verdienst"; und wenn der Mann sich nicht imstande zeigt, einen bestimmten Mindestlohn zu verdienen, so wird ihm gesagt: „Es tut uns leid, Sie sind für diesen Beruf nicht begabt, wir können Sie nicht brauchen." Er wird ausgeschieden, weil die Maschine nicht voll ausgenützt wird, wenn an ihr nicht ein Mann steht, der sie voll auszunützen versteht. So oder ähnlich verläuft das überall. Jeder moderne gewerbliche Betrieb im Gegensatze zu jedem Sklavenbetrieb der Antike, wo der Herr an die Sklaven gebunden war, die er hatte, – wenn einer von ihnen starb, so war das ein Kapitalsverlust für ihn – beruht auf diesem Prinzip der Auslese, und diese Auslese wird auf der andern Seite auf das außerordentlichste verschärft durch die Konkurrenz der Unternehmer untereinander, welche den einzelnen Unternehmer an bestimmte Lohnmaxima bindet: der Zwangsläufigkeit der Disziplin entspricht die Zwangsläufigkeit des Verdienstes der Arbeiter.

Wenn heute der Arbeiter zu dem Unternehmer kommt und sagt: „Wir können mit diesen Löhnen nicht existieren und du könntest uns mehr zahlen", so ist der Unternehmer in neun von zehn Fällen – ich meine in Friedenszeiten und in den Branchen, in denen wirklich scharf konkurriert wird – in der Lage, den Arbeitern aus seinen Büchern nachzuweisen: das geht nicht; der Konkurrent zahlt die und die Löhne; zahle ich euch auf den Kopf nur so und so viel mehr, so verschwindet aus meinen Büchern jeder Gewinn, den ich den Aktionären zahlen könnte, ich könnte den Betrieb nicht fortführen, denn ich bekäme keinen Kredit von der Bank. Damit sagt er recht oft nur die nackte Wahrheit. Dazu tritt schließlich noch, daß unter dem Drucke der Konkurrenz die Rentabilität davon abhängt, daß möglichst viel Menschenarbeit und möglichst solche der höchstgelohnten, für den Betrieb teuersten Art durch neue, arbeitsparende Maschinen ausgeschaltet, also „gelernte" Arbeiter durch „ungelernte" oder durch unmittelbar an der Maschine „angelernte" Arbeiter ersetzt werden. Das ist unvermeidlich und vollzieht sich fortwährend.

Das alles ist nun das, was der Sozialismus als „Herrschaft der Dinge über den Menschen", das soll heißen: der Mittel über den Zweck (die Bedarfsdeckung) auffaßt. Er sieht, daß, während man in der Vergangenheit Einzelpersonen hatte, die man für das Schicksal des Klienten, Hörigen oder Sklaven verantwortlich machen konnte, man das heute nicht kann. Deshalb wendet er sich nicht gegen Personen, sondern gegen die Ordnung der Produktion als solche. Ein jeder wissenschaftlich geschulte Sozialist wird es bedingungslos ablehnen, einen einzelnen Unternehmer für das Lebensschicksal, welches dem Arbeiter bereitet wird, verantwortlich zu machen, und wird sagen: das liegt an dem System, an der Zwangslage, in die alle Beteiligten, der Unternehmer wie der Arbeiter, sich gestellt finden. –

Was wäre denn nun aber, positiv gewendet, gegenüber diesem System der Sozialismus? Im weitesten Sinne des Wortes das, was man auch mit „Gemeinwirtschaft" zu bezeichnen pflegt. Also eine Wirtschaft, bei der, erstens, der Profit fehlte: der Zustand also, daß die privaten Unternehmer auf ihre eigene Rechnung und Gefahr die Produktion leiten. Statt dessen läge sie in der Hand von Beamten eines Volksverbandes, der die Leitung übernähme, nach Gesichtspunkten, von denen gleich die Rede sein wird. Zweitens fehlte infolgedessen die sogenannte Anarchie der Produktion, d. h. die Konkurrenz der Unternehmer untereinander. Es ist nun jetzt, namentlich in Deutschland, sehr viel davon die Rede, daß man eigentlich infolge des Krieges schon mitten in der Entwicklung einer solchen „Gemeinwirtschaft" stecke. Angesichts dessen sei nun in Kürze darauf hingewiesen, daß eine organisierte Wirtschaft eines Einzelvolkes in der Art ihrer Organisation zwei prinzipiell verschiedene Prinzipien zugrundelegen könnte. Erstens dasjenige, was man heute als „Durchstaatlichung" bezeichnet und was allen Herren, die in Kriegsbetrieben arbeiten, zweifellos bekannt ist. Sie beruht auf einem Zusammenwirken der zusammengeschlossenen Unternehmerschaft einer Branche mit staatlichen, sei es nun militärischen oder zivilen Beamten. Rohstoffbeschaffung, Kreditbeschaffung, Preise, Kundschaft können dabei weitgehend planvoll reguliert werden, es kann Beteiligung des Staates am Gewinn und an der Beschlußfassung dieser Syndikate stattfinden. Man glaubt nun: der Unternehmer werde dann von diesen Beamten beaufsichtigt und die Produktion vom Staate beherrscht. Man habe also damit schon den „wahren", „eigentlichen" Sozialismus oder sei auf dem Wege zu ihm. In Deutschland besteht aber gegen diese Theorie ein weitgehender Skeptizismus. Ich will es dahingestellt sein lassen, wie es während des Krieges ist. Jedermann aber, der rechnen kann, weiß, daß im Frieden nicht so weitergewirtschaftet werden könnte wie jetzt, wenn wir nicht dem Ruin entgegengehen sollen, und daß im Frieden eine solche Durchstaatlichung, d. h. eine Zwangskartellierung der Unternehmer jeder Branche und die Teilnahme des Staates an diesen Kartellen mit einem Gewinnanteil gegen Einräumung eines weitgehenden Kontrollrechtes in Wirklichkeit nicht etwa die Beherrschung der Industrie durch den Staat, sondern die Beherrschung des Staates durch die Industrie bedeuten würde. Und zwar in einer sehr unangenehmen Art. Innerhalb der Syndikate säßen die Staatsvertreter mit den Fabrikherren an einem Tisch, die ihnen an Branchenkunde, kaufmännischer Schulung und Eigeninteressiertheit weit überlegen wären. Innerhalb des Parlamentes aber säßen die Arbeitervertreter und würden das Verlangen stellen, daß jene Staatsvertreter für hohe Löhne einerseits, für billige Preise andererseits sorgen müßten: die Macht, es zu tun, – würden sie sagen – hätten sie ja. Anderseits wieder: um seine Finanzen nicht zu ruinieren, wäre der Staat, der am Gewinn und Verlust eines solchen Syndikats beteiligt wäre, natürlich interessiert an hohen Preisen und niedrigen Löhnen. Und die privaten Mitglieder der Syndikate schließlich würden von ihm erwarten: daß er ihnen die Rentabilität ihrer Betriebe garantiert. In den Augen der Arbeiterschaft würde ein solcher Staat also als ein Klassenstaat im eigentlichsten Sinn des Wortes erscheinen und ich zweifle, ob das politisch wünschenswert ist; noch mehr aber zweifle ich, ob man klug täte, jetzt den Arbeitern diesen Zustand als den eigentlich „wahren“ Sozialismus hinzustellen, was ja gewiß verführerisch naheliegen scheint. Denn die Arbeiter würden sehr bald die Erfahrung machen: das Schicksal des Arbeiters, der in einem Bergwerk arbeitet, ändert sich in gar keiner Weise, ob nun dieses Bergwerk ein privates oder ein staatliches ist. In den Saarkohlengruben ist der Lebensgang eines Arbeiters ganz derselbe wie auf einer privaten Zeche: wenn die Zeche schlecht geleitet ist, also sich schlecht rentiert, dann geht es auch den Leuten schlecht. Aber der Unterschied ist, daß gegen den Staat kein Streik möglich ist, daß also die Abhängigkeit des Arbeiters bei dieser Art von Staatssozialismus ganz wesentlich gesteigert ist. Das ist einer der Gründe, warum die Sozialdemokratie dieser „Durchstaatlichung“ der Wirtschaft, dieser Form des Sozialismus im allgemeinen ablehnend gegenübersteht. Sie ist eine Kartellierungsgemeinschaft. Maßgebend ist nach wie vor der Profit; die Frage: was verdienen die einzelnen Unternehmer, die zu dem Kartell zusammengeschlossen sind und deren einer nun der Staatsfiskus geworden ist, bleibt bestimmend für die Richtung, in der die Wirtschaft betrieben wird. Und das Peinliche wäre: während jetzt das staatlich-politische und privatwirtschaftliche Beamtentum (der Kartelle, Banken, Riesenbetriebe) als getrennte Körper nebeneinander stehen und man daher durch die politische Gewalt die wirtschaftliche immerhin im Zaum halten kann, wären dann beide Beamtenschaften ein einziger Körper mit solidarischen Interessen und gar nicht mehr zu kontrollieren. Jedenfalls aber: der Profit als Wegweiser der Produktion wäre nicht beseitigt. Der Staat aber als solcher würde nun den Haß der Arbeiter, der heute den Unternehmern gilt, mit zu tragen haben.

Den prinzipiellen Gegensatz dazu könnte in der letztgenannten Hinsicht nur etwa eine Konsumentenorganisation bilden, welche fragte: welche *Bedürfnisse* sollen innerhalb dieses staatlichen Wirtschaftsgebietes gedeckt werden? Sie wissen wohl, daß zahlreiche Konsumvereine, namentlich in Belgien, dazu übergegangen sind, eigene Fabriken zu gründen. Dächte man sich das verallgemeinert und in die Hand einer staatlichen Organisation gelegt, so wäre das eine vollständig und grundsätzlich andere Art: ein Konsumentensozialismus – von dem man heute nur noch nicht im geringsten weiß, wo man die Leiter hernehmen sollte, und von dem es ganz im Dunklen liegt, wo die Interessenten sein sollten, um ihn jemals ins Leben zu rufen. Denn die Konsumenten als solche sind nach allen Erfahrungen nur sehr beschränkt organisationsfähig. Leute, die ein bestimmtes Erwerbsinteresse haben, sind sehr leicht zusammenzuschließen, wenn man ihnen zeigt, daß sie durch diesen Zusammenschluß einen Profit erzielen oder die Rentabilität garantiert bekommen; darauf beruht die Möglichkeit, einen solchen Unternehmersozialismus, wie ihn die „Durchstaatlichung" darstellt, zu schaffen. Es ist dagegen außerordentlich schwer, Leute, die weiter nichts miteinander gemeinsam haben, als daß sie eben einkaufen oder sich versorgen wollen, zusammenzuschließen, weil die ganze Situation des Einkäufers der Sozialisierung im Wege steht; hat doch selbst die Aushungerung jetzt, in Deutschland wenigstens, die Hausfrauen der Masse der Bevölkerung nicht oder nur sehr schwer dazu vermocht, Kriegsküchen-Essen, welches jeder vorzüglich zubereitet und schmackhaft fand, an Stelle ihrer dilettantischen Einzelkocherei anzunehmen, obwohl es ungleich billiger war. –

Dies vorausgeschickt, komme ich schließlich zu der Art von Sozialismus, mit der heute die sozialistischen Massenparteien, so wie sie sind, also die sozialdemokratischen Parteien, programmatisch verbunden sind. Das grundlegende Dokument dieses Sozialismus ist das Kommunistische Manifest vom Jahre 1847, publiziert und verbreitet im Januar 1848, von Karl Marx und Friedrich Engels. Dieses Dokument ist in seiner Art, so sehr wir es in entscheidenden Thesen ablehnen (wenigstens tue ich das) eine wissenschaftliche Leistung ersten Ranges. Das läßt sich nicht leugnen, das darf auch nicht geleugnet werden, weil es einem niemand glaubt und weil es mit gutem Gewissen nicht geleugnet werden kann. Es ist selbst in den Thesen, die wir heute ablehnen, ein geistvoller Irrtum, der politisch sehr weitgehende und vielleicht nicht immer angenehme Folgen gehabt hat, der aber für die Wissenschaft sehr befruchtende Folgen gebracht hat, befruchtendere Folgen als oft eine geistlose Korrektheit. Vom Kommunistischen Manifest ist nun von vornherein eines zu sagen: es enthält sich, wenigstens der Absicht, nicht immer der Ausführung nach, des Moralisierens. Es fällt den Urhebern des Kommunistischen Manifestes, wenigstens ihrer Behauptung nach – in Wirklichkeit sind es Menschen gewesen, die sehr leidenschaftlich waren und die sich keineswegs immer daran gehalten haben – gar nicht ein, über die Schlechtigkeit und Niedertracht der Welt zu zetern. Sie sind auch nicht der Meinung, daß es ihre Aufgabe sei, zu sagen: Das und das ist in der Welt so eingerichtet, es müßte anders, und zwar so und so eingerichtet sein. Sondern das Kommunistische Manifest ist ein prophetisches Dokument; es *prophezeit* den Untergang der privatwirtschaftlichen, wie man zu sagen pflegt: der kapitalistischen Organisation der Gesellschaft und prophezeit den Ersatz dieser Gesellschaft zunächst – als Übergangsstadium – durch eine Diktatur des Proletariats. Hinter diesem Übergangszustand aber steht dann die eigentliche Endhoffnung: das Proletariat *kann* sich selbst aus der Knechtschaft nicht befreien, ohne *aller* Herrschaft des Menschen über den Menschen ein Ende zu machen. Das ist die eigentliche Prophezeiung, der Kernsatz des Manifestes, ohne den es nie geschrieben wäre: das Proletariat, die Masse der Arbeiterschaft wird sich durch ihre Führer zunächst der politischen Macht bemächtigen. Aber das ist ein Übergangszustand, der zu einer „Assoziation der Individuen", wie es heißt, überführen wird: diese ist also der Endzustand.

Wie diese Assoziation aussehen wird, darüber schweigt das Kommunistische Manifest, darüber schweigen sämtliche Programme sämtlicher sozialistischer Parteien. Wir erhalten die Auskunft, daß man das nicht wissen könne. Man könne nur sagen: diese jetzige Gesellschaft ist zum Untergange verurteilt, sie wird untergehen kraft Naturgesetzes, sie wird abgelöst werden, zunächst durch die Diktatur des Proletariats. Aber das, was dann komme, darüber lasse sich noch nichts voraussagen, außer: Fehlen der Herrschaft von Mensch über Mensch.

Welche Gründe werden nun für den naturgesetzlich unvermeidlichen Untergang der gegenwärtigen Gesellschaft angeführt? Denn streng naturgesetzlich vollzieht sie sich: das war der zweite Kernsatz dieser pathetischen Prophetie, welcher ihr den jubelnden Glauben der Massen zuführte. Engels gebraucht einmal das Bild: daß ebenso, wie seinerzeit der Planet Erde in die Sonne stürzen werde, ebenso diese kapitalistische Gesellschaft zum Untergange verurteilt sei. Welche Gründe werden dafür angeführt?

Der erste ist: Eine Gesellschaftsklasse wie das Bürgertum, worunter in erster Linie immer die Unternehmer und alle diejenigen, die mit ihnen direkt oder indirekt in Interessengemeinschaft leben, verstanden werden, eine solche herrschende Klasse kann nur dann ihre Herrschaft behaupten, wenn sie der unterworfenen Klasse – das sind die Lohnarbeiter – wenigstens die nackte Existenz garantieren kann. Das war bei der Sklaverei der Fall, meinen die Verfasser, das war so auch bei der Fronhofverfassung usw. Da hatten die Leute wenigstens die nackte Existenz gesichert und deshalb konnte sich die Herrschaft halten. Das kann aber die moderne Bourgeoisie nicht leisten. Und zwar kann sie es deshalb nicht, weil die Konkurrenz der Unternehmer sie zwingt, sich immer weiter zu unterbieten und immer wieder durch Schaffung neuer Maschinen Arbeiter brotlos auf das Pflaster zu werfen. Sie müssen eine breite Schicht von Arbeitslosen – die sogenannte „industrielle Reservearmee" – zur Verfügung haben, aus der sie die geeigneten Arbeiter in jedem Augenblicke in beliebig großer Zahl für ihre Betriebe auslesen können, und eben diese Schicht schafft die zunehmende maschinelle Automatisierung. Die Folge ist aber – so glaubte noch das Kommunistische Manifest – daß eine stetig wachsende Klasse von ständig Arbeitslosen, von „paupers" erscheint und das Existenzminimum unterbietet, so daß die Proletarierschicht nicht einmal die nackte Lebensexistenz von dieser Gesellschaftsordnung gewährleistet bekommt. Wo das aber der Fall ist, wird eine Gesellschaft unhaltbar, d. h. irgendwann bricht sie im Wege einer Revolution zusammen.

Diese sogenannte Verelendungstheorie ist in *dieser* Form heute ausdrücklich und ausnahmslos von allen Schichten der Sozialdemokratie als unrichtig aufgegeben. Es ist bei der Jubiläumsausgabe des Kommunistischen Manifests von ihrem Herausgeber Karl Kautsky ausdrücklich zugestanden worden, daß die Entwicklung einen anderen Weg und nicht diesen gegangen sei. Die These wird in anderer, umgedeuteter Form aufrechterhalten, die, beiläufig bemerkt, ebenfalls nicht unbestritten ist, jedenfalls aber den früheren pathetischen Charakter abgestreift hat. – Aber wie dem sei, worauf beruhen die Chancen des *Gelingens* der Revolution? Könnte sie nicht zu stets neuem Mißerfolg verurteilt sein?

Damit kommen wir zu dem zweiten Argument: Die Konkurrenz der Unternehmer untereinander bedeutet den Sieg des durch Kapital und durch kaufmännische Fähigkeiten, vor allem aber: durch Kapital Stärkeren. Das bedeutet eine immer kleiner werdende Zahl von Unternehmern, da die schwächeren eliminiert werden. Je kleiner diese Zahl der Unternehmer wird, desto größer wird, relativ und absolut, die Zahl des Proletariates. Irgendwann aber ist die Zahl dieser Unternehmer so zusammengeschrumpft, daß es für sie unmöglich ist, ihre Herrschaft aufrecht zu erhalten, und dann wird man diese „Expropriateure" vielleicht ganz friedlich und in aller Höflichkeit – sagen wir: gegen eine Leibrente – expropriieren können, denn sie werden sehen, daß der Boden unter ihren Füßen so heiß geworden ist, daß sie so wenige geworden sind, daß sie ihre Herrschaft nicht behaupten können.

Diese These wird auch heute, wenn schon in modifizierter Form, aufrechterhalten. Es hat sich aber gezeigt, daß sie, wenigstens heute, in keiner Form *allge-*

mein richtig ist. Erstens ist sie nicht richtig für die Landwirtschaft, wo im Gegenteil sehr vielfach eine stärkere Zunahme des Bauerntums eingetreten ist. Und ferner: nicht unrichtig, aber in ihren Konsequenzen anders als erwartet, erweist sie sich für breite Zweige des Gewerbes, wo es sich zeigt, daß das einfache Zusammenschrumpfen der Unternehmer auf eine kleinere Zahl den Vorgang nicht erschöpft. Die Eliminierung der Kapitalschwachen vollzieht sich in der Form ihrer Unterwerfung unter Finanzierungskapital, Kartell- oder Trust Organisationen. Begleiterscheinung dieser sehr verwickelten Vorgänge ist aber zunächst die rapide Zunahme der „Angestellten", also der privatwirtschaftlichen *Bureaukratie* – sie nimmt statistisch vielfach schneller zu als die Arbeiter – deren Interessen durchaus nicht eindeutig nach der Seite einer proletarischen Diktatur hin liegen. Dann aber: die Schaffung höchst mannigfacher Interessenbeteiligungen von so komplizierter Art, daß man zur Zeit durchaus nicht behaupten kann: die Zahl und Macht der direkten und indirekten Interessenten der bürgerlichen Ordnung sei im Abnehmen begriffen. Jedenfalls stehen die Dinge vorerst nicht so, daß man bestimmt versichern könnte: künftig wird nur ein halbes Dutzend oder ein paar Hundert oder Tausend von Kapitalsmagnaten isoliert Millionen und Abermillionen von Proletariern gegenüberstehen.

Das Dritte endlich war die Rechnung auf die Wirkungen der Krisen. Weil die Unternehmer miteinander konkurrieren – und nun kommt eine wichtige, aber verwickelte Auseinandersetzung in den klassischen sozialistischen Schriften, die ich Ihnen hier ersparen muß – so sei es unvermeidlich, daß immer wieder Zeiten der Überproduktion eintreten, die abgelöst werden von Bankerotten, Zusammenbrüchen und sogenannten „Depressionen". Diese Zeiten folgen – das hat Marx im Kommunistischen Manifest nur angedeutet, später aber ist es zu einer eingehend ausgebauten Theorie geworden – in fester Periodizität gesetzmäßig aufeinander. Tatsächlich hat während fast eines Jahrhunderts eine annähernde Periodizität solcher Krisen bestanden. Woher das kam, darüber sind selbst die ersten Gelehrten unseres Faches noch nicht vollständig einig, deshalb wäre es ganz ausgeschlossen, das jetzt hier zu besprechen.

Auf diese Krisen baute nun der klassische Sozialismus seine Hoffnung. Vor allem darauf, daß diese Krisen naturgesetzlich an Intensität und an zerstörender, beängstigende Revolutionsstimmung hervorbringender Gewalt zunehmen, sich häufen und vermehren und irgendwann eine solche Stimmung erzeugen würden, daß die Aufrechterhaltung dieser Wirtschaftsordnung selbst innerhalb der nicht proletarischen Kreise nicht mehr versucht werden würde.

Diese Hoffnung ist heute im wesentlichen aufgegeben. Denn die Krisengefahr ist zwar durchaus nicht geschwunden, hat sich aber an relativer Bedeutung vermindert, seit die Unternehmer von rücksichtsloser Konkurrenz zur Kartellierung geschritten sind, seit sie also dazu übergegangen sind, durch Regulierung der

Preise und des Absatzes die Konkurrenz weitgehend auszuschalten und seitdem ferner die großen Banken, z. B. auch die deutsche Reichsbank, dazu geschritten sind, durch Regulierung der Kreditgewährung dafür zu sorgen, daß auch die Überspekulationsperioden in wesentlich schwächerem Maße als früher eintreten. Also auch diese dritte Hoffnung des Kommunistischen Manifestes und seiner Nachfolger hat sich – man kann nicht sagen: „nicht bewährt", wohl aber in ihren Voraussetzungen ziemlich stark verschoben.

Die sehr pathetischen Hoffnungen, die im Kommunistischen Manifest auf einen Zusammenbruch der bürgerlichen Gesellschaft gesetzt waren, sind daher durch sehr viel nüchternere Erwartungen ersetzt worden. Dahin gehört erstens die Theorie, daß der Sozialismus ganz von selbst im Wege der Evolution komme, weil sich die Produktion der Wirtschaft zunehmend „sozialisiere". Darunter wird dann verstanden: daß an Stelle der Person des einzelnen Unternehmers die Aktiengesellschaft mit den angestellten Leitern tritt, daß Staatsbetriebe, Kommunalbetriebe, Betriebe von Zweckverbänden errichtet werden, die nicht mehr auf dem Risiko und Profit eines einzelnen oder überhaupt eines privaten Unternehmers ruhen wie früher. Das ist zutreffend, wenn schon hinzugefügt werden muß, daß hinter der Aktiengesellschaft sich sehr oft ein Finanzmagnat oder mehrere verbergen, die die Generalversammlung beherrschen: jeder Aktienbesitzer weiß, daß er kurz vor der Generalversammlung eine Zuschrift seiner Bank bekommt, worin sie ihn bittet, ihr das Stimmrecht dieser Aktie zu übertragen, wenn er nicht selbst kommen und abstimmen will, was für ihn gegenüber einem Kapital von Millionen von Kronen ja gar keinen Zweck hat. Vor allem aber bedeutet diese Art der Sozialisierung einerseits eine Vermehrung des *Beamtentums*, der spezialistisch kaufmännisch oder technisch vorgebildeten Angestellten, andererseits aber eine Vermehrung des *Rentner*tums, der Schicht also, die nur Dividenden und Zinsen bezieht, nicht; wie der Unternehmer, geistige Arbeit dafür leistet, die aber mit all ihren Einkommensinteressen an der kapitalistischen Ordnung engagiert ist. In den öffentlichen und Zweckverbandsbetrieben aber herrscht erst recht und ganz ausschließlich der *Beamte*, nicht der Arbeiter, der hier ja mit einem Streik schwerer etwas ausrichtet als gegen Privatunternehmer. Die Diktatur des Beamten, nicht die des Arbeiters, ist es, die – vorläufig jedenfalls – im Vormarsch begriffen ist.

Das Zweite ist die Hoffnung, daß die Maschine, indem sie das alte Spezialistentum, den gelernten Handwerker und jene hochgelernten Arbeiter, wie sie die alten englischen Gewerkschaften, die Trade Unions, füllten, durch ungelernte Arbeiter ersetze und also jeden Beliebigen fähig mache, an jeder Maschine zu arbeiten, eine solche Einheit der Arbeiterklasse herbeiführen werde, daß die alte Spaltung in verschiedene Berufe aufhören, das Bewußtsein dieser Einheit übermächtig werden und dem Kampf gegen die Klasse der Besitzenden zugutekommen würde. Darauf ist die Antwort nicht ganz einheitlich. Es ist richtig, daß die Maschine in sehr weitgehendem Maße gerade die hochbezahlten und gelernten Arbeiter zu ersetzen trachtet, denn selbstverständlich sucht jede Industrie gerade solche Maschinen einzuführen, welche die am schwersten zu beschaffenden Arbeiter ersetzt. Die am häufigsten zunehmende Schicht innerhalb der heutigen Industrie sind die sogenannten „angelernten" Arbeiter, also nicht die im alten Wege durch besonderen Lehrgang eingeschulten gelernten Arbeiter, sondern diejenigen Arbeiter, die unmittelbar an die Maschine gestellt und dort angelernt werden. Immerhin sind auch sie oft noch in weitem Maß Spezialisten. Bis z. B. ein angelernter Weber das Höchstmaß der Gelerntheit erreicht, also die Maschine im Höchstmaß für den Unternehmer ausnützt und selbst den Höchstlohn verdient, vergehen immerhin einige Jahre. Gewiß: bei anderen Kategorien von Arbeitern ist die typische normale Anlernezeit ganz wesentlich geringer als bei der hier angezogenen. Immerhin bedeutet diese Zunahme der angelernten Arbeiter zwar eine fühlbare Abschwächung, aber doch noch keine Beseitigung der Berufsspezialisierung. Und auf der anderen Seite steigert sich die Berufsspezialisierung und das Erfordernis der Fachschulung bei allen innerhalb der Produktion *über* der Arbeiterschicht stehenden Schichten bis hinab zum Vorarbeiter und Werkführer und es steigert sich zugleich die relative Zahl der zu dieser Schicht gehörenden Personen. Richtig ist: auch sie sind „Lohnsklaven". Aber meist nicht im Akkord- oder Wochenlohn, sondern im festen Gehalt. Und vor allem: selbstverständlich haßt der Arbeiter den Werkmeister, der ihm stets auf dem Leder kniet, viel mehr als den Fabrikanten und den Fabrikanten wieder mehr als den Aktionär, obwohl doch der Aktionär derjenige ist, der wirklich arbeits*loses* Einkommen bezieht, während der Fabrikant sehr starke geistige Arbeit zu leisten hat und der Werkmeister dem Arbeiter noch weit näher steht. Das ist eine Sache, die auch beim Militär vorkommt: im allgemeinen ist der Korporal derjenige, der die stärksten Antipathien auf sich zieht, mindestens die Chancen dazu hat, soviel ich habe beobachten können. Jedenfalls ist die Entwicklung der Gesamtschichtung weit davon entfernt, eindeutig proletarisch zu sein.

Und endlich argumentiert man mit der zunehmenden Standardisierung, d. h. Vergleichmäßigung der Produktion. Überall scheint alles – und namentlich der Krieg fördert das ungemein – einer immer größeren Gleichmäßigkeit und Auswechselbarkeit der Produkte und einer immer weitergehenden Schematisierung der Geschäfte zuzustreben. Nur in der obersten Schicht der Unternehmer, aber auch hier stetig abnehmend, herrscht – sagt man – noch der alte freie Pioniergeist des bürgerlichen Unternehmertums der Vergangenheit. Folglich steigt ständig – so wird weiter argumentiert – die Möglichkeit, diese Produktion zu lenken, auch ohne die spezifischen Unternehmerqualitäten zu besitzen, von denen die bürgerliche Gesellschaft behauptet, daß sie für den Betrieb unentbehrlich seien. Das gelte namentlich für die Kartelle und Trusts, die ein riesiges Beamtenpersonal an die Stelle von Einzelunternehmern gesetzt haben. Das ist wieder ganz richtig. Aber wieder nur mit dem gleichen Vorbehalte, daß auch durch diese Standardisierung die Bedeutung einer Schicht gefördert wird, eben: der schon oft erwähnten Beamtenschicht, die in ganz bestimmter Art *gebildet* sein muß und die deshalb – das ist nun ergänzend hinzuzufügen – einen ganz bestimmten *ständischen* Charakter trägt. Es ist kein Zufall, daß wir überall die Handelshochschulen, die Gewerbeschulen, die technischen Fachschulen wie Pilze aus der Erde sprießen sehen. Dabei spielt, zum mindesten in Deutschland, der Wunsch mit, auf diesen Schulen in eine Couleur einzutreten, sich Schmisse ins Gesicht hauen zu lassen, satisfaktionsfähig und damit reserveoffiziersfähig zu werden und nachher im Kontor eine Vorzugschance auf die Hand der Tochter des Chefs zu haben: also sich zu assimilieren mit den Schichten der sogenannten „Gesellschaft". Nichts liegt dieser Schicht ferner als die Solidarität mit dem Proletariat, von dem sie sich ja vielmehr gerade zunehmend zu unterscheiden trachtet. In verschieden starkem, aber in sichtbarem Maße gilt Ähnliches auch von vielen Unterschichten dieser Angestellten. Alle streben nach mindestens ähnlichen *ständischen* Qualitäten, sei es für sich selbst oder für ihre Kinder. Eine *eindeutige* Tendenz zur Proletarisierung ist heute nicht festzustellen.

Wie dem nun aber sei, jedenfalls zeigen schon diese Argumente, daß die alte revolutionäre Katastrophenhoffnung, die dem Kommunistischen Manifest seine hinreißende Gewalt verlieh, einer evolutionistischen Auffassung gewichen ist, einer Auffassung also von dem allmählichen Hineinwachsen der alten Wirtschaft mit ihren massenhaften konkurrierenden Unternehmern in eine regulierte Wirtschaft, sei es, daß diese von Beamten des Staaates oder durch Kartelle unter Beteiligung von Beamten reguliert ist. Dies, nicht mehr die durch Konkurrenz und Krisen zusammenschmelzenden Einzelunternehmer, erscheint jetzt als die Vorstufe der eigentlichen sozialistischen, herrschaftslosen Gesellschaft. Diese evolutionistische Stimmung, die von dieser langsamen Umbildung die Entwicklung zur sozialistischen Zukunftsgesellschaft erwartet, war vor dem Krieg tatsächlich in der Meinung der Gewerkschaften und auch bei vielen Intellektuellen unter den Sozialisten an die Stelle der alten Katastrophentheorie getreten. Daraus sind die bekannten Konsequenzen gezogen worden. Der sogenannte „Revisionismus" entstand. Seine eigenen Führer sind sich wenigstens zum Teil bewußt gewesen, wie schwerwiegend der Schritt war, den Massen jenen Glauben an die plötzlich hereinbrechende glückliche Zukunft zu nehmen, den ihnen ein solches Evangelium gab, welches ihnen wie den alten Christen sagte: Heute nacht noch kann das Heil kommen. Man kann ein Glaubensbekenntnis, wie es das Kommunistische Manifest und die spätere Katastrophentheorie war, wohl entthronen, aber es ist dann schwer möglich, es durch ein anderes zu ersetzen. Indessen über diese Auseinandersetzung in diesem aus Gewissensbedenken gegen den orthodoxen Glauben mit der alten Orthodoxie entstandenen Streit ist die Entwicklung längst hinweggegangen. Er verquickte sich mit der Frage: ob und wieweit die Sozialdemokratie als Partei „praktische Politik" in dem Sinne treiben sollte, daß sie Koalitionen mit bürgerlichen Parteien einginge, an der politisch verantwortlichen Leitung durch Übernahme von Ministerstellen sich beteiligte und so die jetzige Lebenslage der Arbeiter zu verbessern trachtete – oder ob das ein „Verrat an der Klasse" und eine politische Ketzerei sei, wie der überzeugte Katastrophenpolitiker selbstverständlich es ansehen mußte. Aber inzwischen sind andere prinzipielle Fragen aufgetaucht und an diesen spalten sich die Geister. Nehmen wir einmal an, daß im Wege einer allmählichen Evolutionierung, also der allgemeinen Durchkartellierung, Standardisierung und Verbeamtung die Wirtschaft sich so gestaltete, daß irgendwann die technische Möglichkeit gegeben wäre, daß an die Stelle der heutigen unternehmungsweisen Privatwirtschaft und also des Privateigentums an den Produktionsmitteln eine den Unternehmer ganz ausschaltende Regulierung treten könnte. Wer soll es dann sein, der diese neue Wirtschaft übernehmen und kommandieren würde? Darüber hat sich das Kommunistische Manifest ausgeschwiegen oder es hat sich vielmehr sehr vieldeutig ausgedrückt.

Wie soll jene „Assoziation" aussehen, von der es spricht? Was hat insbesondere der Sozialismus an Keimzellen solcher Organisationen aufzuweisen, für den Fall, daß ihm tatsächlich die Chance in die Hand fiele, einmal die Macht an sich zu reißen und nun nach seinem Belieben zu schalten? Im Deutschen Reiche und wohl überall hat er zwei Kategorien von Organisationen. Erstens die politische Partei der Sozialdemokratie mit ihren Abgeordneten, angestellten Redakteuren, Parteibeamten und Vertrauensmännern und den lokalen und zentralen Verbänden, von denen diese gewählt oder angestellt werden. Zweitens die Gewerkschaften. Jede dieser beiden Organisationen kann nun *sowohl* revolutionären wie evolutionistischen Charakter annehmen. Und darnach, welchen Charakter sie haben und welcher ihnen für die Zukunft zugedacht und gewünscht wird, scheiden sich die Geister.

Gehen wir von der revolutionären Hoffnung aus, so stehen sich da zwei Ansichten gegenüber. Die erste war die des normalen Marxismus, die auf der alten Tradition des Kommunistischen Manifestes stand. Sie erwartete alles von der *politischen* Diktatur des Proletariates und glaubte als dessen Träger meist die unvermeidlich auf den *Wahl*kampf zugeschnittene politische *Partei*organisation ansehen zu müssen. Die Partei oder ein auf sie gestützter politischer Diktator sollte die politische Gewalt an sich reißen und von daher sollte die neue Organisation der Gesellschaft erfolgen.

Die Gegner, gegen die sich diese revolutionäre Richtung wendete, waren erstens diejenigen Gewerkschaften, welche nichts als Gewerkschaften im älteren englischen Sinne waren, welche sich also gar nicht für diese Zukunftspläne interessierten, weil sie in weiter Ferne zu liegen schienen, sondern vor allem solche Arbeitsbedingungen, welche ihnen und ihren Kindern die Existenz ermöglichten: hohe Löhne, kurze Arbeitszeit, Arbeiterschutz usw. erstreiten wollten. Gegen dieses Gewerkschaftlertum wendete sich jener radikale politische Marxismus auf der einen Seite. Auf der anderen Seite gegen die ausschließlich parlamentarische Form der Kompromißpolitik des Sozialismus, gegen das, was man „Millerandismus" genannt hat, seitdem Millerand in Frankreich Minister wurde. Das sei eine Politik, die dazu führe, daß sich die Führer für ihre Ministerportefeuilles interessieren und die Unterführer dafür, daß sie Beamtenstellen bekommen, weit mehr als für die Revolution; der revolutionäre Geist werde dadurch ertötet. Jener im alten Sinne „radikalen" und „orthodoxen" Richtung ist nun im Laufe der letzten Jahrzehnte eine zweite zur Seite getreten, die man als „Syndikalismus" zu bezeichnen pflegt, von Syndikat, dem französischen Ausdruck für die Gewerkschaft. Wie der alte Radikalismus die revolutionäre Deutung des Zweckes der politischen Parteiorganisation will, so der Syndikalismus die revolutionäre Deutung der Gewerkschaften. Er geht davon aus: nicht die politische Diktatur, nicht die politischen Führer und nicht die Beamten, die von diesen politischen Führern angestellt werden, sondern die Gewerkschaften und ihr Bund sollen es sein, die, wenn der große Moment gekommen ist, die Macht über die Wirtschaft in die Hand nehmen im Wege der sogenannten „action directe". Der Syndikalismus geht auf eine strengere Auffassung des Klassencharakters der Bewegung zurück. Die Arbeiter*klasse* soll ja der Träger der endgültigen Befreiung sein. Alle die Politiker aber, die sich da in den Hauptstädten herumtreiben und nur darnach fragen, wie es mit diesem und jenem Ministerium steht, was für eine Chance diese und jene parlamentarische Konjunktur hat, sind politische Interessenten und nicht Klassengenossen. Hinter ihren Wahlkreisinteressen stehen immer die Interessen von Redakteuren und Privatbeamten, die an der Zahl der gewonnenen Wählerstimmen verdienen wollen. Alle diese Interessen, die mit dem modernen parlamentarischen Wahlsystem verknüpft sind, weist der Syndikalismus zurück. Nur die wirkliche Arbeiterschaft, die in den Gewerkschaften organisiert ist, kann die neue Gesellschaft schaffen. Fort mit den Berufspolitikern, die für die – und das heißt in Wahrheit: *von* der – Politik leben und nicht für die Schaffung der neuen wirtschaftlichen Gesellschaft. Das typische Mittel der Syndikalisten ist der Generalstreik und der Terror. Der Generalstreik, von dem sie hoffen, daß durch eine plötzliche Lahmlegung der ganzen Produktion die Beteiligten, insbesondere die Unternehmer, veranlaßt würden, auf die eigene Leitung der Fabriken zu verzichten und sie in die Hand der von den Gewerkschaften zu bildenden Ausschüsse zu legen. Der Terror, den sie teils offen, teils versteckt verkünden, teils auch ablehnen – darin gehen die Meinungen auseinander – den diese Organisation in die Reihen der maßgebenden herrschenden Schichten tragen soll, um sie auch politisch lahmzulegen. Selbstverständlich ist dieser Syndikalismus derjenige Sozialismus, der wirklich ein ganz rücksichtsloser Gegner jeder Art von Heeresorganisation ist, da jede Art von Heeresorganisation Interessenten schafft, bis zum Unteroffizier, selbst bis zum Soldaten hinunter, der augenblicklich mindestens in seiner Ernährung davon abhängig ist, daß die militärische und staatliche Maschine funktioniert, also teils geradezu an dem Mißlingen des Generalstreiks interessiert, zum mindesten aber Hemmnis für den Generalstreik ist. Seine Gegner sind erstens alle politischen, sozialistischen Parteien, die sich im Parlament betätigen. Das Parlament dürfte von Syndikalisten höchstens als Tribüne benützt werden, um von da aus immer erneut unter dem Schutz der parlamentarischen Immunität zu verkünden, daß der Generalstreik kommen wird und kommen muß, um die revolutionären Leidenschaften der Massen aufzustacheln. Selbst das lenkt ihn aber von der eigentlichen Aufgabe ab und ist deshalb bedenklich. Im Parlament aber ernsthaft Politik zu treiben, das ist nicht nur Unsinn, sondern von diesem Standpunkt aus einfach verwerflich. Ihre Gegner sind selbstverständlich auch alle Evolutionisten jeder Art. Mögen es nun Gewerkschaftler sein, die nur Kämpfe zur Verbesserung der Arbeitsbedingungen führen wollen: im Gegenteil, müssen die Syndikalisten argumentieren, je schlechter die Löhne, je länger die Arbeitszeit, je übler überhaupt die Verhältnisse, desto größer ist die Chance für den Generalstreik. Oder die Evolutionisten der Parteipolitik, welche sagen: der Staat wächst heute durch die zunehmende Demokratisierung – vor der die Syndikalisten den größten Abscheu haben: der Zarismus ist ihnen lieber, – in den Sozialismus hinein. Das ist für die Syndikalisten natürlich zum mindesten grober Selbstbetrug. Die kritische Frage ist nun die: woher die Syndikalisten die Kräfte zu nehmen hoffen, um die Leitung der Produktion in die Hand zu nehmen. Denn es wäre selbstverständlich ein schwerer Irrtum zu glauben, daß ein noch so geschulter Gewerkschaftler, wenn er auch jahrelang tätig ist und ganz genau die Bedingungen der *Arbeit* kennt, deshalb den Fabriks*betrieb* als solchen kenne, sintemal jeder moderne Fabriksbetrieb ganz und gar auf der Kalkulation, der Warenkunde, der Kunde der Bedarfslage, der technischen Schulung beruht, Dinge, die alle zunehmend spezialistisch geübt sein wollen und die die Gewerkschaftler, die wirklichen Arbeiter, kennenzulernen schlechterdings keine Gelegenheit haben. Sie werden also, ob sie wollen oder nicht, auch ihrerseits auf *Nicht*arbeiter, auf Ideologen aus den Intellektuellenschichten angewiesen sein. Und in der Tat ist es auffallend, daß im vollen Gegensatze zu der Parole: das Heil kann nur von den wirklichen Arbeitern kommen, die sich im Gewerkschaftsbund zusammentun, und nicht von den Politikern oder irgendwelchen Außenseitern, gerade innerhalb der syndikalistischen Bewegung, die vor dem Krieg in Frankreich und Italien ihre Hauptherde hatte, eine Unmasse von studierten Intellektuellen sich befindet. Was suchen sie darin? Die *Romantik* des Generalstreiks und die *Romantik* der revolutionären Hoffnung als solche ist es, die diese Intellektuellen bezaubert. Wenn man sie ansieht, weiß man, daß sie Romantiker sind, dem Alltag des Lebens und seinen Anforderungen seelisch nicht gewachsen oder abgeneigt und daher nach dem großen revolutionären Wunder und – nach Gelegenheit, selbst einmal sich in der Macht zu fühlen, lechzend. Natürlich gibt es unter ihnen auch Männer mit organisatorischen Qualitäten. Die Frage ist nur, ob sich die Arbeiterschaft gerade ihrer Diktatur unterwerfen wird. Gewiß: in einem Kriege kann bei den fabelhaften Umwälzungen, die er mit sich bringt, vermöge der Schicksale, die die Arbeiterschaft da erlebt, zumal unter der Wirkung des Hungers, auch die Masse der Arbeiterschaft von syndikalistischen Vorstellungen ergriffen werden und, wenn sie Waffen zur Hand hat, sich unter der Führung solcher Intellektuellen der Gewalt bemächtigen, wenn ihr der politische und militärische Zusammenbruch eines Staates die Möglichkeit bietet. Aber die Kräfte für die Leitung der Produktion in Friedenszeiten sehe ich nicht, weder bei den Gewerkschaftsmitgliedern selbst noch bei den syndikalistischen Intellektuellen. Das große Experiment ist jetzt: Rußland. Die Schwierigkeit ist die, daß wir heute nicht über die Grenze dort hineinsehen können, um zu erfahren, wie sich darin die Leitung der Produktion in Wirklichkeit vollzieht. Nach dem, was man hört, verläuft die Sache so, daß die Bolschewiki-Regierung, die ja bekanntlich aus Intellektuellen besteht, die zum Teil hier in Wien und in Deutschland studiert haben, unter denen sich überhaupt nur wenige Russen befinden, jetzt dazu übergegangen ist, innerhalb derjenigen Fabriken, die überhaupt funktionieren – nach sozialdemokratischen Nachrichten 10 Prozent der Friedensproduktion – das Akkordlohnsystem wieder einzuführen, mit der Begründung: sonst leide die Leistung. Sie lassen die Unternehmer an der Spitze der Betriebe – weil sie allein die Sachkunde besitzen – und zahlen ihnen sehr erhebliche Subventionen. Sie sind ferner dazu übergegangen, wieder Offiziersgehälter an Offiziere aus dem alten Regime zu zahlen, weil sie ein Heer brauchen und gesehen haben: ohne geschulte Offiziere geht das nicht. Ob diese Offiziere, wenn sie einmal die Mannschaft wieder in der Hand haben, sich dauernd die Leitung durch diese Intellektuellen werden gefallen lassen, scheint mir fraglich; im Augenblicke haben sie das freilich tun müssen. Und schließlich haben sie durch den Entzug der Brotkarte auch einen Teil der Bureaukratie gezwungen, für sie zu arbeiten. Aber auf die Dauer läßt sich in dieser Art eine Staatsmaschinerie und Wirtschaft nicht leiten und sehr ermutigend ist das Experiment bisher nicht.

Das Erstaunliche ist lediglich, daß diese Organisation überhaupt so lange funktioniert. Sie kann dies deshalb, weil sie eine Militärdiktatur, zwar nicht der Generäle, aber der Korporale ist und weil die kriegsmüden, aus der Front zurückkehrenden Soldaten mit den landhungrigen, an Agrarkommunismus gewöhnten Bauern zusammengingen – oder die Soldaten mit ihren Waffen sich in gewaltsamen Besitz der Dörfer setzten und dort Kontribution erhoben und jeden niederschossen, der ihnen zu nahe kam. Es ist das einzige ganz große Experiment einer „Diktatur des Proletariats", das bisher gemacht wurde, und man kann mit voller Aufrichtigkeit versichern: Die Auseinandersetzungen in Brest-Litowsk wurden von deutscher Seite in loyalster Weise geführt, in der Hoffnung, wir bekämen mit diesen Leuten einen wirklichen Frieden. Das geschah aus verschiedenen Gründen: diejenigen, die als Interessenten auf dem Boden der bürgerlichen Gesellschaft standen, waren deshalb dafür, weil sie sich sagten: laßt ums Himmelswillen die Leute ihr Experiment machen, es wird sicher ins Wasser fallen und dann ist es ein abschreckendes Exempel; wir anderen deshalb, weil wir sagten: wenn dieses Experiment gelänge und wir sehen sollten, daß auf diesem Boden Kultur möglich ist, dann – wären wir bekehrt.

Derjenige, der das verhindert hat, war Herr Trotzki, der sich nicht damit begnügen wollte, im eigenen Hause dieses Experiment zu machen und seine Hoffnung darauf zu setzen, daß, wenn es gelang, das eine Propaganda ohnegleichen in der ganzen Welt für den Sozialismus bedeutete, sondern der in der typisch russischen Literateneitelkeit noch mehr wollte und darauf hoffte, durch Redegefechte und Mißbrauch solcher Worte wie „Friede" und „Selbstbestimmung" den Bürgerkrieg in Deutschland zu entfesseln, dabei aber so schlecht informiert war, nicht zu wissen, daß das deutsche Heer zumindest zu zwei Dritteln vom Lande und zu einem weiteren Sechstel aus Kleinbürgern sich rekrutiert, denen es ein wahres Vergnügen sein würde, den Arbeitern, oder wer sonst solche Revolutionen machen wollte, eins auf den Mund zu geben. Mit Glaubenskämpfern ist kein Friede zu schließen, man kann sie nur unschädlich machen und das war der Sinn des Ultimatums und des erzwungenen Brester Friedens. Das muß jeder Sozialist einsehen und mir ist auch keiner, gleichviel welcher Richtung, bekannt, der es nicht – innerlich wenigstens – einsähe. –

Wenn man nun in Auseinandersetzungen mit heutigen Sozialisten gerät und dabei *loyal* verfahren will – und das allein ist auch klug – so sind ihnen nach der heutigen Lage zwei Fragen zu stellen: Wie verhalten sie sich zum Evolutionismus? d. h. zu dem Gedanken, der ein Grunddogma des heute als orthodox geltenden Marxismus ist, daß sich die Gesellschaft und ihre Wirtschaftsordnung streng naturgesetzlich, in Altersstadien sozusagen, entwickelt und daß also eine sozialistische Gesellschaft niemals und nirgends entstehen kann, bevor die bürgerliche Gesellschaft voll zur Ausreife gekommen ist, – und das ist selbst nach sozialistischer Meinung noch nirgends der Fall, denn es gibt noch Kleinbauern und Kleinhandwerker, – wie also verhalten sich die betreffenden Sozialisten zu diesem evolutionistischen Grunddogma? Und dann wird sich herausstellen, daß zum mindesten außerhalb Rußlands sie *alle* auf seinem Boden stehen, d. h. also, daß sie alle, auch die radikalsten von ihnen, als einzig mögliche Folge einer Revolution die Entstehung einer *bürgerlichen*, *nicht* aber einer proletarisch geleiteten Gesellschaftsordnung erwarten, weil für diese noch nirgends die Zeiten reif seien. Diese Gesellschaftsordnung, hofft man nur, werde in einigen Zügen um einige Schritte näher jenem Endstadium stehen, von dem aus, wie gehofft wird, der Übergang zur sozialistischen Zukunftsordnung dereinst erfolgen soll.

Auf das Gewissen gefragt, wird jeder ehrliche sozialistische Intellektuelle das antworten müssen. Es gibt ja infolgedessen eine breite Schicht von Sozialdemokraten innerhalb Rußlands, die sogenannten Menschewiki, welche auf dem Standpunkte stehen: dieses bolschewistische Experiment, auf den heutigen Status der bürgerlichen Gesellschaft bereits eine sozialistische Ordnung von oben aufzupfropfen, ist nicht nur ein Unsinn, es ist ein Frevel gegen das marxistische Dogma. Der furchtbare Haß beider Richtungen gegeneinander hat in dieser dogmatischen Verketzerung seinen Grund.

Wenn nun die überwältigende Mehrzahl der Führer, jedenfalls alle, die ich jemals kennengelernt habe, auf diesem evolutionistischen Boden steht, so ist natürlich die Frage berechtigt: was soll eigentlich unter diesen Verhältnissen eine Revolution, vollends während des Krieges, von ihrem eigenen Standpunkt aus, leisten? Den Bürgerkrieg kann sie bringen und damit vielleicht den Sieg der Entente, aber doch keine sozialistische Gesellschaft; sie kann und wird ferner herbeiführen innerhalb des etwa zusammengebrochenen Staates ein Regiment bäuerlicher und kleinbürgerlicher Interessenten, also der radikalsten Gegner *jedes* Sozialismus. Und sie brächte doch vor allem eine ungeheure Kapitalszerstörung und Desorganisation, also ein Zurückschrauben der vom Marxismus geforderten gesellschaftlichen Entwicklung, die ja eine immer weitere Sättigung der Wirtschaft mit Kapital voraussetzt. Es ist doch zu berücksichtigen, daß der westeuropäische *Bauer* anders geartet ist als der russische Bauer, der innerhalb seines Agrarkommunismus lebt. Dort ist das Entscheidende die Landfrage, die bei uns gar keine Rolle spielt. Der deutsche Bauer zum mindesten ist heute Individualist und hängt am Erbeigentum und an seinem Boden. Er wird sich davon kaum abbringen lassen. Er verbündet sich weit eher mit dem Großgrundbesitzer als mit dem radikal-sozialistischen Arbeiter, wenn er sich darin bedroht glaubt.

Vom Standpunkt der sozialistischen Zukunftshoffnungen aus sind also die Perspektiven einer Revolution während des Krieges jetzt die denkbar übelsten auch dann, wenn sie gelingen sollte. Was sie allergünstigstenfalles brächte: eine Annäherung der *politischen* Verfassung an die von der Demokratie gewünschte Form, das entzöge sie dem Sozialismus durch die *wirtschaftlich* reaktionären Folgen, die sie haben müßte. Auch das darf kein Sozialist loyalerweise leugnen.

Das Zweite ist das Verhältnis zum *Frieden*. Wir wissen alle, daß sich heute der radikale Sozialismus bei den Massen mit pazifistischen Neigungen, mit dem

Wunsche verquickt: daß schleunigst Friede geschlossen werde. Nun steht aber fest und ein jeder Führer der radikalen, also der wirklich revolutionären Sozialdemokratie wird es, wenn gefragt, ehrlich zugeben müssen: Der Friede ist ihm, dem *Führer*, *nicht* das Entscheidende, worauf es ihm ankommt. Wenn wir die Wahl haben – wird er, wenn er rückhaltlos offen ist, sagen müssen – zwischen einem noch drei Jahre dauernden Kriege und dann der Revolution einerseits und sofortigem Frieden *ohne* Revolution anderseits, dann sind wir natürlich für die drei Jahre Krieg. Mag er das mit seinem Glaubenseifer und seinem Gewissen ausmachen. Die Frage ist doch, ob die Mehrzahl der Truppen, die draußen im Felde zu stehen haben, auch die sozialistischen, der gleichen Meinung sind wie diese Führer, die ihnen etwas Derartiges diktieren. Und es ist selbstverständlich durchaus loyal und nur in der Ordnung, wenn man sie zwingt, Farbe zu bekennen. Fest steht und zugegeben ist, daß Trotzki den Frieden *nicht* gewollt hat. Das bestreitet heute kein mir bekannter Sozialist mehr. Aber das gleiche gilt auch für die radikalen Führer aller Länder. Vor die Wahl gestellt, würden auch sie *nicht* vor allem den Frieden wollen, sondern, wenn er der Revolution, das heißt: dem Bürgerkrieg, zugute käme, den Krieg. Den Krieg im Interesse der Revolution, *obwohl* diese Revolution nach ihrer eigenen Meinung – ich wiederhole das – zur sozialistischen Gesellschaft *nicht* führen kann, sondern höchstens – das ist die einzige Hoffnung – zu einer vom sozialistischen Standpunkt „höheren Entwicklungsform" der bürgerlichen Gesellschaft, die also der künftig irgendwann einmal eintretenden sozialistischen Gesellschaft um etwas näher steht – um wieviel, läßt sich gar nicht sagen – als die heutige. Gerade diese Hoffnung freilich ist aus dem angegebenen Grunde äußerst zweifelhaft. –

Eine Auseinandersetzung mit überzeugten Sozialisten und Revolutionären ist immer eine mißliche Sache. Man überzeugt sie nach meiner Erfahrung nie. Man kann nur die Leute nötigen, vor ihren eigenen Anhängern Farbe zu bekennen, einerseits zur Frage des Friedens und andererseits zu der Frage, was die Revolution eigentlich bringen soll, zur Frage der stufenweisen Evolution also, die bis heute ein Dogma des echten Marxismus ist und nur in Rußland von einer dort bodenständigen Sekte abgelehnt wurde, welche glaubte, Rußland könne diese Entwicklungsstufen Westeuropas überspringen. Das ist eine durchaus loyale Art und auch die einzig wirksame oder mögliche. Denn ich bin der Meinung: ein Mittel, die sozialistische Überzeugung und die sozialistischen Hoffnungen aus der Welt zu schaffen, gibt es nicht. Jede Arbeiterschaft wird immer wieder in irgendeinem Sinne sozialistisch sein. Die Frage ist nur, ob dieser Sozialismus ein solcher sein wird, daß er vom Standpunkt der Staatsinteressen aus und zur Zeit insbesondere vom Standpunkt der militärischen Interessen aus erträglich ist. Es ist bisher noch keine, auch noch keine proletarische, Herrschaft, wie etwa die der Kommune in Paris oder jetzt die der Bolschewiki, ohne das Standrecht ausgekommen in Fällen, wo die Grundlagen ihrer Disziplin gefährdet waren. Das hat Herr Trotzki in dankenswerter Aufrichtigkeit zugegeben. Aber je sicherer die Mannschaft das Gefühl hat: daß nur die *sachlichen* Interessen an der Erhaltung der Disziplin und *keine* Partei- oder Klasseninteressen das Verhalten der militärischen Instanzen bestimmen, daß also nur das *sachlich* im Kriege Unvermeidliche geschieht, desto unerschütterter wird die militärische Autorität bleiben.

Die nächste innerpolitische Aufgabe[1]

Der Bundesrat hat sich auch jetzt nicht entschlossen, durch Aufhebung des letzten Satzes des Artikels 9 der Reichsverfassung die Möglichkeit zu schaffen, daß der Reichskanzler dem Reichstag und daß die zu Staatssekretären ernannten Führer der großen Parteien dem Bundesrat angehören. Vermeintlich „föderalistische" Bedenken scheinen dabei mitzuspielen. Es muß auf das tiefste bedauert werden, daß das Irrtümliche dieser ganzen Vorstellungsweise wiederum nicht erkannt wurde. Die seinerzeit vorausgesagten Folgen des Verhaltens der Bundesstaaten zeigen sich sofort und werden weiterhin ihre Kreise ziehen. Da nämlich die *parlamentarischen Staatssekretäre* nicht im *Bundesrat* sitzen, haben sie sich außerhalb des Bundesrats mit dem Reichskanzler zu einem nicht rechtlich, wohl aber tatsächlich kollegial verhandelnden *„Kabinett"* zusammengeschlossen, dessen politisches Schwergewicht zunehmend bei ihnen, weit mehr als bei dem nicht dem Reichstag angehörigen Reichskanzler, liegen wird und auch liegen muß. Der Bundesrat wird dadurch äußerlich zu einer Art von „Staatenhaus", der Sache nach aber zu einer Abstimmungsmaschinerie, während die wirkliche Reichsregierung sich oberhalb seiner konstituiert hat. Sie kann nunmehr gar nicht anders prompt funktionieren, als indem sie ihn ausschaltet, und würde der Bundesrat diesem Zustand Schwierigkeiten bereiten, so würde Preußen, das den Reichskanzler stellt, kraft der sicheren Mehrheit, welche ihm die von ihm völlig abhängigen Zwergstaaten geben, ihn zum Schweigen bringen müssen. Unser Verlangen, durch eine maßvolle Parlamentarisierung des Bundesrats, diesen zum Mitträger der aktiven Reichspolitik zu machen, war demgegenüber von dem Wunsch bestimmt, den großen Bundesstaaten einen gesicherten positiven Einfluß auf die Leitung des Reichs zu geben. Liebgewordene Gewöhnungen und mißverstandene Prestigesucht der einzelstaatlichen Bürokratie und wohl auch höfischer Kreise haben vorläufig einmal wieder über das wirkliche politische Interesse die Oberhand behalten. Bleibt es dabei, so gilt es nun, entschlossen die Folgerungen zu ziehen und die improvisierten Neuschöpfungen in geregelte Bahnen zu leiten.

Eine *starke, geschlossene Regierung* ist jetzt dem Reiche unentbehrlicher als irgend etwas anderes. Noch während der ganzen Zeit des Krieges aber und für jedermann sichtbar seit Anfang 1916 hat es in Deutschland mehrere Regierungen nebeneinander gegeben, und niemand, weder das Inland, noch das feindliche, noch das neutrale, noch – und das war besonders gefährlich! – das verbündete Ausland wußte, welche von ihnen für die Führung der Politik den Ausschlag gab. In aller Öffentlichkeit spielten sich in der Presse die Kämpfe dieser Regierungen

[1] Frankfurter Zeitung vom 17. Oktober 1918.

miteinander ab und, was ebenso schlimm war, vor den Augen unserer Bundesgenossen bot sich z. B. noch in Brest-Litowsk das Schauspiel, daß die deutschen Unterhändler bei jeder Einzelheit am Telegraphendraht nicht etwa zum verantwortlichen Staatsmann, sondern zum „Hauptquartier" hingen und dann von dort aus, im Drang der Geschäfte, Weisungen empfingen, welche oft genug der Sachlage nicht entsprachen und gelegentlich geradezu eine Bloßstellung bedeuteten. *Alle* unsere offiziellen amtlichen Schritte und Erklärungen aber, vom Friedensangebot von 1916 angefangen, wurden konterkariert, bei Freund und Feind diskreditiert und in das Licht der Zweideutigkeit gerückt durch die stets erneute Veröffentlichung von *Reden oder Telegrammen dynastischer oder militärischer Stellen,* welche dem verantwortlichen Leiter der Politik *nicht zur Billigung vorgelegen* hatten. Ein so geleitetes Reich konnte – und das hat seine Konsequenzen gehabt – auch bei seinen Verbündeten nicht das Vertrauen in Anspruch nehmen: daß seine Politik zum Erfolg und zum Frieden zu führen imstande sei. Gleichviel also, welches politische System bei uns künftig herrschen wird, – *hier* an *diesem* Punkt lag und liegt der Krebsschaden der deutschen politischen Willensbildung, und alles andere bleibt Stückwerk, solange diesem Zustand nicht, und zwar für immer, ein Ende gemacht wird.

Schon nach der bisherigen Verfassung hatten militärische Stellen *überhaupt* nicht politische Erklärungen abzugeben. Und schon nach dem bisherigen System stand dem Monarchen, wenn er mit der Haltung des Reichskanzlers nicht einverstanden war, nur die Befugnis zu, ihn zu entlassen und einen anderen zu berufen. Unter gar keinen Umständen jedoch durfte, auch schon nach dem Geist der bisherigen Verfassung, durch öffentliche oder durch private, aber der Veröffentlichung ausgesetzte monarchische Äußerungen die Politik eines *im Amt* befindlichen Ministers durchkreuzt oder sie präjudiziert werden, wie es seit einem Menschenalter wieder und wieder und auch in den letzten Kriegsjahren stets erneut geschehen ist und jetzt zu der für unser nationales Selbstgefühl furchtbaren Lage geführt hat, daß wir dem Ausland Erklärungen darüber haben abgeben müssen, wen denn eigentlich unsere Regierung vertritt. Kein Politiker irgendeiner Partei konnte über diesen Zustand abweichender Meinung sein, und dies ist auch nicht der Fall gewesen. Dennoch geschah nichts dagegen, und die höfische Umgebung des Monarchen verharrte in verstockter Unbelehrbarkeit. (Ja, es schien in letzter Zeit gelegentlich, als ob sie auf jene ihr wohlbekannte Forderung mit einem: „Nun grade!" reagiere.) Ein Monarch kann heute die politische Tragweite seiner Kundgebungen nicht übersehen. Das ist nicht seines Amts. Jene Stellen aber, insbesondere jener Zivilkabinettschef, welcher derartige politische Äußerungen entwarf oder veröffentlichen ließ, wie wir sie noch im Sommer erlebten, war ein schlechter und ungetreuer Diener seines Herrn nicht nur, sondern: der Monarchie. Ein solches Treiben muß ein- für allemal unmöglich gemacht werden, und dafür gibt es nur den Weg: die Publikation monarchischer oder militärischer Kundgebungen, wenn sie die Politik berühren, an einen *festen Geschäftsgang* und vor allem an die *vorherige Kontrolle des Reichskanzlers* zu binden, wie es der Verfassung entspricht, jeden anderen Weg aber unter schwere Strafe zu stellen. Es ist dies die weitaus dringlichste Reform, deren unser politisches Leben bedarf. Sie schafft ja nur einen Zustand, der *überall* anderwärts völlig selbstverständlich ist, ganz einerlei, ob parlamentarisches System oder welches andere sonst besteht, und ganz einerlei, ob dafür (wie es vereinzelt der Fall ist) ausdrückliche Verfassungsbestimmungen geschaffen sind, was bei uns nach den gemachten Erfahrungen zweifellos unumgänglich ist. Wir erwarten also von den Mehrheitsparteien, daß sie *unverzüglich* mit einem entsprechenden Antrag im Reichstag vorgehen und ihre verantwortliche Beteiligung an der Regierung von der *unverzüglichen* Zustimmung des Bundesrats abhängig machen. Sonst schwebt der Kredit auch dieser Regierung nach außen und innen in der Luft und sie ist Überraschungen aller Art von Seiten unverantwortlicher Stellen ausgeliefert. Es wäre unfaßlich, wenn die Anhänger monarchischer Institutionen auch jetzt noch nicht verstehen sollten, was die Stunde fordert!

Waffenstillstand und Frieden[1]

Die größte, und dabei von dem guten Willen der deutschen Regierung ganz unabhängige Schwierigkeit der Situation dürfte jetzt in folgendem liegen: An Präsident Wilsons Aufrichtigkeit war und ist bei Verständigen in Deutschland kein Zweifel. Es scheint aber, er übersieht folgendes nicht genügend: wird seinem Begehren, daß die deutsche Regierung solche Waffenstillstandsbedingungen annehmen soll, die einen weiteren militärischen Widerstand unmöglich machen, Folge geleistet, so würde damit nicht etwa nur Deutschland, sondern in weitestem Maße *auch er selbst* aus der Reihe der für die Friedensbedingungen maßgebenden Faktoren ausgeschaltet. Seine eigene Stellung als Schiedsrichter der Welt beruhte und beruht darauf und nur darauf, daß die deutsche Militärmacht mindestens so viel bedeutet, daß sie ohne die Mithilfe der amerikanischen Truppen keinesfalls zur Unterwerfung gezwungen werden kann. Würde dies anders, so gewinnen die unzweifelhaft vorhandenen absolut intransigenten Elemente in den Ländern der übrigen feindlichen Staaten die Oberhand und sind in der Lage, den Präsidenten mit höflichem Dank für seine bisherige Hilfe glatt beiseite zu schieben. *Seine Rolle wäre ausgespielt,* es sei denn, daß er sich zum Kriege gegen seine derzeitigen Bundesgenossen entschlösse. An diesen Sachverhalt hätte sich auch die deutsche Regierung gegenwärtig halten sollen. So wünschenswert eine Waffenruhe im Interesse der Vermeidung unnützen Blutvergießens war und ist, so wäre es sicherlich richtiger gewesen, das Waffenstillstandsangebot nicht derart in den Vordergrund der Erörterungen zu rücken, wie es tatsächlich geschehen ist. Friedensverhandlungen konnten und können auch ohne Waffenstillstand stattfinden, falls die Gegner auf Fortsetzung der Schlächterei bestehen.

[1] Frankfurter Zeitung vom 27. Oktober 1918 (anonym).

Deutschlands künftige Staatsform[1]

Vorbemerkung

Nachstehende Skizzen, in der „Frankfurter Zeitung" erschienen und hier fast nur stilistisch geglättet (Ergänzungen sind meist als Anmerkungen kenntlich), sind rein politische Gelegenheitsarbeiten ohne allen und jeden Anspruch auf „wissenschaftliche" Geltung. Sie sollen nur zeigen, daß eine republikanische, großdeutsche und nicht großpreußische Staatsform föderativen und dabei demokratischen Charakters nicht, wie vielfach geglaubt wird, überhaupt unmöglich ist, und die Diskussion in Fluß bringen. Die Ereignisse werden sie zweifellos sehr bald, so oder so, überholen, ebenso wie meine Schrift über „Parlament und Regierung im neugeordneten Deutschland" (1918), die noch von der Tatsache der preußischen Hegemonie und der Dynastien ausging und daher den Zukunftszustand nur in der Parlamentarisierung erblicken konnte, inzwischen überholt ist. Die eigentlich ausschlaggebenden materiellen (sozialen und finanziellen) Probleme des Neuaufbaus liegen ja noch so ungeklärt im Schoße der Zukunft, daß vorerst nur unverbindliche Rahmen-Konstruktionen staatstechnischer Art möglich sind.

15. Dezember 1918

Max Weber

I.

Mit unzulänglichen dilettantischen Kräften steht die politisch ungeschulte Nation vor der Aufgabe, an die Stelle von Bismarcks Werk etwas anderes zu setzen. Denn dieses Werk ist dahin. Schon aus Gründen der Außenpolitik, die ja bei seinem Aufbau sehr stark mitspielten. Einmal weil das dynastische Österreich zerfällt, – von Bismarcks Standpunkt aus gesehen eine Veranstaltung, welche die Zugehörigkeit von 10 Millionen Deutschen zum Reich opferte, um 30 Millionen Nichtdeutsche politisch zu neutralisieren. Weil ferner der dynastische Bund mit Rußland dahin ist, der auf der Interessengemeinschaft gegen die Polen ruhte und diese neutralisierte. Weil die militaristische Epoche der deutschen Geschichte zu Ende ist. Weil schließlich jedenfalls die bisherige dynastische Lösung des kleindeutschen Problems für die Zukunft ebensowenig wie dieses selbst in Betracht

[1] In: Zur deutschen Revolution. Flugschriften der Frankfurter Zeitung. 2. Heft, Sonderabdruck aus der Frankfurter Zeitung, Januar 1919.

kommt. Was nun? Obwohl diese Vorfrage zur Zeit praktisch entschieden scheint, fragen wir doch noch einmal: *Parlamentarische Monarchie oder Republik?*

Welche Rolle lebendige dynastische Gefühle in Zukunft spielen werden, bleibe dahingestellt. Wir waren treu, aus geschichtlichen Erinnerungen, in Baden auch infolge der Volkstümlichkeit und Korrektheit der dortigen Dynastie. Heute aber können nur politische Erwägungen zu Worte kommen. Die Interessen und Aufgaben der Nation stehen uns turmhoch über allen Gefühlen. Ebenso über allen Fragen der politischen Form überhaupt. Auch deren Gestaltung ist uns aber zunächst ein nüchternes staatstechnisches Problem und nicht eine Gefühlsangelegenheit. Für viele von uns, auch den Schreiber dieser Zeilen, war und ist die streng parlamentarische Monarchie die technisch anpassungsfähigste und in *diesem* Sinn stärkste Staatsform, ganz unbeschadet der ganz radikalen sozialen Demokratisierung, die wir erstreben und die dadurch nicht notwendig gehindert wird. Offen, aber maßvoll haben wir die – wie spätestens seit der russischen Revolution jeder, der Augenmaß hatte, sehen mußte – unabwendbaren Umgestaltungen vertreten, welche, rechtzeitig vorgenommen, die Dynastien in dem von Grund auf neuen System hätten erhalten können. Schlechte Berater der Monarchien vereitelten alles, und diese selbst reagierten feindselig. Sie hielten am alten System fest.

Dies *System* aber hat zum mindesten die preußisch-deutsche Dynastie derart belastet, daß es heute unmöglich ist, für sie einzutreten. Dynastische Rivalitäten haben schon die elsässische Frage seit 1871 verpfuscht. Sie haben uns jetzt im Osten bloßgestellt. Die Monarchie hat ihre eigentliche Funktion in einem Militärstaat: die reine Militärherrschaft zu hindern, nicht erfüllt. Sie hat vielmehr die Admiralsdemagogie und die Generalsdiktatur mitsamt der *Politisierung des Heeres* geduldet. Vor allem durch die sogenannte „Aufklärung", eine rein parteipolitische Machenschaft, welche den Keil zwischen Offiziere und Mannschaft trieb, die innere Politik vergiftete, in unsere politische Leitung aber Zwiespalt und eine Zweideutigkeit trug, welche uns das Vertrauen der ganzen Welt einschließlich unserer Bundesgenossen kostete. Gegen den bisherigen Monarchen jetzt, nach seinem Sturz, harte Worte zu brauchen, wäre unritterlich. Aber das den Geist schon der bisherigen Verfassung gröblich verletzende persönliche Regiment mit seiner lauten Reklame und absolut dilettantischen Politik hat die Weltkoalition gegen uns zusammenbringen helfen. Das öffentliche Versprechen konstitutioneller Regierung vom November 1908 wurde gebrochen. Noch im Krieg wurde unsere Friedensaktion durch Reden des Monarchen durchkreuzt und schließlich (Erlaß vom 15. Juni) der Krieg zu einem persönlichen Duell des Monarchen gegen den Mammonismus – der Angelsachsen! – gestempelt. Der schon aus diesem Grund bei der Friedensbitte durch die Würde gebotene Thronverzicht des Monarchen wurde verzögert. Er wird nun, *gleichviel* mit welchem Recht, für immer mit dem Odium belastet bleiben, dadurch die feindlichen Bedingungen für uns erschwert zu haben. Und schließlich hat er durch Desertion aus der Hauptstadt und Spielen mit dem Staatsstreich die Revolution geradezu provoziert. Die Abwälzung der Verantwortung auf die Minister, traurig vom Standpunkt der Würde, überdies unhaltbar gegenüber dem Inhalt der Akten, deren Publikation bevorsteht, gab dem monarchischen Gedanken den Rest. Die preußische Dynastie ist dadurch derart hoffnungslos diskreditiert, daß nunmehr ihre Erhaltung, damit aber auch die der anderen Dynastien, auf Grund noch so triftiger staatstechnischer Erwägungen nicht mehr vertreten werden könnte.

Nicht nur die Dynastien und ihr Organ aber: der bisherige Bundesrat, sind durch das alte System diskreditiert, sondern leider auch: das Parlament. Geflissentlich in seiner Macht niedergehalten und in seinem Niveau gedrückt, von den Schmeichlern des alten Systems jahrzehntelang heruntergerissen, von der „Aufklärung“ während des Krieges bei der Armee in Verruf gebracht, konnte der Reichstag unmöglich die Autorität in Anspruch nehmen, um im Augenblick des Zusammenbruchs die Macht in der Hand zu behalten. Es gereichte ihm nur weiter zum Schaden, daß nunmehr plötzlich seine bisherigen Verlästerer für ihn eintraten, denen jetzt die Existenz des früher so verabscheuten „Parlamentsheeres“ gewiß nicht unwillkommen gewesen wäre. Nun rächte sich das Verhalten der literarischen Lobredner der Beamtenherrschaft. Denn es zeigte sich, daß die bürokratische Maschinerie nach der Natur ihrer ideellen und materiellen Triebkräfte und angesichts der Natur des heutigen Wirtschaftslebens, welches durch sein Versagen ja zur Katastrophe geführt würde, gegebenenfalls bereit ist, unbesehen *jedem* zu dienen, der sich im physischen Besitz der nötigen Gewaltmittel befindet und den Beamten den Fortbesitz ihrer Ämter gewährt. Das Fehlen einer im Glauben der Nation verwurzelten Autorität der Volksvertretung aber machte die Bahn frei für die revolutionäre Diktatur. Da Revolutionen stets von Minderheiten in die Wege geleitet werden, wäre nun gegen eine zeitweilige Diktatur an sich nichts einzuwenden. Politisch kommt aber in Betracht: daß bei dem *bundesstaatlichen* Charakter Deutschlands das völlige Abreißen der bisher legitimen Gewalten die sachliche Neuordnung gewaltig *erschwert.* Die „historische“ Legitimität ist dahin. Auch den spezifischen „Mittelparteien“ bleibt jetzt als Rückweg aus der Gewaltherrschaft der Soldatenräte zur bürgerlichen Ordnung nur die *revolutionäre,* naturrechtliche Legitimität der auf der Volkssouveränität ruhenden *Konstituante.* Das bedingt aber einen Neubau vom gewachsenen Boden aus. Uns Radikalen könnte nun eine solche Lage an sich nur willkommen sein. Allein es liegt auf der Hand, welche Schwierigkeiten dabei für jede rationelle Neuordnung einfach dadurch gegeben sind, daß nun in Deutschland eine *Mehrheit* von Konstituanten: des gesamtdeutschen, des preußischen, bayerischen, badischen usw. Volks, über diese höchst komplizierten Fragen entscheiden soll. Gesetzt z. B. – so unwahrscheinlich gerade dieser Fall sein mag – die Mehrheit des preußischen Volks stimmte für den Fortbestand der Dynastie, die Mehrheit des Reichsvolks als Ganzes aber für die Republik. Dann wäre zwar klar, daß die Entscheidung der Reichskonstituante für das Reich und damit indirekt auch für Preußen maßgebend wäre. Aber leicht wäre diese Lage nicht. In jedem Fall ist aber schon deshalb, weil die Reichsordnung den Rahmen für die Einzelstaaten abgibt, vor allem die *Gesamtkonstituante unaufschiebbar.* Denn an der Ordnung *vor allem des Reichs* hängt das wirtschaftliche Lebensinteresse ebenso der Arbeiterschaft wie des Bürgertums, ganz gleichgültig, wie stark sozialistisch die Neuordnung ausfällt.

Ebenso aber hängt an der Beschleunigung der Bestand der Neuordnung überhaupt. Es ist ein sehr schwerer Rechenfehler eines Teils der Unabhängigen Sozialdemokraten zu glauben, oder vielmehr unter dem Druck von links sich einzureden: eine Verzögerung verbessere die Chancen des Sozialismus. Sie verbessert ausschließlich die Chancen des Bürgerkriegs und der inneren Auflösung unserer Wirtschaftsordnung. Mit voller Sicherheit aber würde dadurch erreicht, daß in nicht zu ferner Zeit entweder die Entente von sich aus einmarschiert, oder daß sich eine mittelparteiliche Gegenregierung auf dem Boden des *Reichstags* neu bildet, mit welcher dann einmarschierende fremde, etwa amerikanische, Gewalten sich in Verbindung setzen und mit Hilfe des Standrechts eine nichtsozialistische Regierung einsetzen, um den Frieden abschließen zu können. Wir vermögen diese äußerste Schmach: daß wir unsere inneren Verhältnisse überhaupt nicht selbständig ordnen können, *nur* dann abzuwenden, wenn der Bürgerkrieg vermieden wird und *bald* eine „legitime" Regierung entsteht. Nun ist gewiß nicht bestimmt zu behaupten, daß die Konstituante ein *sicheres* Mittel sei, ihn definitiv zu verhindern. Das hängt nicht von uns, auch nicht von den Mehrheitssozialisten oder Unabhängigen Sozialisten ab, sondern vor allem von jenen bei jedem Umsturz sich als Schmarotzer einfindenden Elementen, die *nicht für, sondern von der Revolution leben wollen,* d. h. als „Rote Garde" oder als Mitglieder von „Revolutionskomitees" oder als deren Beauftragte sich gegen Leistung von Geschwätz- und Spitzeldiensten *arbeitslos füttern lassen möchten.* Denn *dies und gar nichts anderes* ist das Wesen sowohl des Bolschewismus in Rußland wie der verwandten Bewegungen bei uns, so unbedingt sicher die ideologische Gutgläubigkeit der an der Spitze stehenden Literaten und Glaubenskämpfer sein mag. Die an der Revolutionskrippe gefütterten Schmarotzer haben gar kein Interesse an einem Ende des jetzigen Zustandes, solange er ihnen Nahrung gibt. Bei dieser Eigenart der Bewegung werden Putschversuche von ihrer Seite unter *keinen* Umständen ausbleiben, und wir müssen abwarten, ob die sozialistische Regierung einschließlich der Unabhängigen die feste Hand haben wird, die Glaubenskämpfer in zugleich rücksichtslos durchgreifender und doch menschlicher Form unschädlich zu machen und so die feindliche Okkupation zu vermeiden, welche das Schicksal nicht nur des deutschen Sozialismus, sondern auch jeder echten Demokratie auf Generationen hinaus besiegeln würde. Freilich: besser als eine *unfreie,* durch *verfälschte* oder vergewaltigte *Wahl* zustande gebrachte Konstituante wäre gar keine. Denn eine Nichtanerkennung oder Sprengung der Konstituante, wie sie bei Unfreiheit der Wahlen erfolgen würde, müßte eben dazu führen, daß die einmarschierende Entente als einzige legitime Gewalt den alten Reichstag wieder einberiefe, und *das* könnte man auch ohne diesen Umweg haben. *Es gibt bei freien Wahlen keine sozialdemokratische Mehrheit. Ohne freiwilliges Mittun des Bürgertums bekommt die Regierung keinen Frieden und steht die Okkupation, früher oder später, bevor.* Darüber sei man sich doch ja ganz klar und ziehe, so oder so, die Konsequenzen.

Andererseits aber würde ein Versuch dynastischer Lösung die ohnehin große Gefahr des Bürgerkriegs und damit der Unfreiheit in der Gestaltung unserer Verfassung gewaltig steigern. Denn der Versuch einer Retablierung der Dynastien würde im Ausland und vor allem im Inland wie ein Anfang der Rückwärtsrevision der demokratischen Neuordnung überhaupt wirken. Die baldige Einberufung einer freien Konstituante und damit das *Bekenntnis zur Republik* ist uns also *diktiert* durch die sonst unmittelbar drohende Fremdherrschaft. Aber, so offen wir uns, ehrlicherweise, diese Situation klarmachen mußten – doch nicht *nur* dadurch.

Die Republik als Staatsform scheint zur Zeit der sicherste Weg, das *großdeutsche* Problem, welches jetzt vor uns steht, einer Lösung entgegenzuführen. Wir müssen für *die* Staatsform eintreten, welche gestattet, die möglichste Höchstzahl von Deutschen in einem Verband zu einigen. Ob dies für Österreich und Bayern in normalen Zeiten auf die Dauer die Republik sein würde, mag jetzt dahingestellt bleiben. Für die Gegenwart scheint es so zu sein, und, *wenn* es so ist, so sind daraus die Konsequenzen zu ziehen.

Neben diesen unmittelbar politischen, rein aus der Gegenwartslage folgenden Gründen spricht nun aber für uns Radikale noch etwas anderes *dauernd* Bedeutsames für die Republik. Staatstechnische Fragen sind leider nicht unwichtig, aber natürlich sind sie für die Politik nicht das Wichtigste. Weit entscheidender für die Zukunft Deutschlands ist vielmehr die Frage: ob das Bürgertum in seinen Massen einen neuen verantwortungsbereiteren und selbstbewußteren *politischen Geist* erziehen wird. Bisher herrschte seit Jahrzehnten der Geist der *„Sekurität“:* der Geborgenheit im obrigkeitlichen Schutz, der ängstlichen Sorge vor jeder Kühnheit der Neuerung, kurz: der feige *Wille zur Ohnmacht.* Gerade die technische Güte der Verwaltung: der Umstand, daß es dabei im großen und ganzen materiell gut ging, hatte breite Schichten der Bevölkerung überhaupt (nicht nur Bürger) sich in dies Gehäuse einleben lassen und jenen Staatsbürgerstolz, ohne welchen auch die freiesten Institutionen nur Schatten sind, erstickt. *Die Republik macht dieser*

„Sekurität" ein Ende. Die Geborgenheit der sozialen und materiellen Privilegien und Interessen in der historischen Legitimität des Gottesgnadentums hört auf. Das Bürgertum wird dadurch ebenso ausschließlich auf seine eigene Kraft und Leistung gestellt, wie die Arbeiterschaft es längst war. Unter den für die absehbare Zukunft geltenden Existenzbedingungen der Gesellschaft hat es die Probe auf seine Unentbehrlichkeit und Eigenbedeutung nicht zu scheuen. Eben deshalb wird diese Probe seinem Selbstgefühl, hoffen wir, gut tun. Dem Selbstgefühl jeder Nation ist es ja zugute gekommen, wenn sie einmal ihren legitimen Gewalten abgesagt hatte, selbst wenn sie, wie in England, sie später wieder von Volkes Gnaden zurückrief. Gewiß: es ist für die Entwicklung dieses nationalen Selbstgefühls schlimm, daß die Demokratie zu uns nicht, wie in Holland, England, Amerika, Frankreich, in Verbindung mit erfolgreichen Kämpfen oder, wie wir es erstrebt hatten, in Verbindung mit einem ehrenvollen Frieden gekommen ist, sondern im Gefolge einer Niederlage. Die schmachvolle Konkursliquidation des alten Regimes, mit der sie belastet ist, tritt hinzu, um ihre Zukunft politisch zu verdüstern. Es sind zunächst nicht frohe Tage, die sie der Nation versprechen kann. Die Republik ist eine Saat auf Hoffnungen, von denen wir heute nicht wissen, ob sie alle erfüllt werden. Sie darf nicht bleiben, was sie offenbar heute für nur allzu viele ist: ein Narkotikum, um durch einen *Rausch über den furchtbaren Druck des Zusammenbruchs* hinauszukommen. Sonst ist alles bald zu Ende. Weil aber das Vaterland für uns nicht das Land der Väter, sondern der Nachfahren ist, und weil wir zu den Nachfahren mehr *Zutrauen* haben und haben müssen als zu der älteren Generation, weil wir endlich die entschlossene Absage an die dynastische Legitimität als ein Mittel schätzen, auch das Bürgertum endlich politisch *auf eigene Füße zu stellen, deshalb* fügen wir uns zwar loyal jeder Mehrheitsentscheidung durch Konstituante und Plebiszit, stehen aber unsererseits ohne Vorbehalt und Zweideutigkeit auf dem Boden der *Republik.* – Wie aber soll diese aussehen? Das hängt von den *Aufgaben* ab, die wir ihr stellen.

II.

Dabei, daß politisches Leben von *Parteien* getragen wird, wird es bleiben. Aber den neuen Aufgaben entsprechen *neue* Parteien. „Neu" vor allem hinsichtlich der *Personen.* Schlimm genug, daß die technisch unentbehrlichen Parteiapparate (Sekretäre, Korrespondenzen und Vertrauensmänner) die Parteien auch nach Entleerung von jeder Spur ihres alten Sinnes unsterblich zu machen pflegen. Wenigstens für die Personen der Führer darf das aber nicht gelten. Wenn beispielsweise die nationalliberale Partei fortbestehen sollte, wie ein Teil es will, so kann sie doch unmöglich für eine demokratische Neuordnung mit Führern vor die Wähler treten, welche die Hetze gegen die „westliche“ Demokratie mitmachten, oder für den Völkerbund mit solchen, welche Flandern oder Briey angliedern wollten, die wahnsinnige Baltenpolitik stützten, die unglaubliche Note an Mexiko belobten, vor allem: den Tauchbootkrieg demagogisch erzwingen halfen. Sonst wird der Wahlkampf kein Ringen um die Zukunft, sondern eine zornige Abrechnung über die Vergangenheit. Wenn jetzt 22 Monarchen abdankten, weil man sie getäuscht hatte, so müssen auch die verdientesten – zum Teil persönlich durchaus sympathischen – Parteihonoratioren aus ihren Irrtümern, welche schließlich Deutschlands Existenz gekostet haben, die Konsequenzen ziehen, anstatt als Lohn für möglichst schnelles Umlernen alsbald wieder Parteieinfluß oder gar Mandate zu verlangen. Ähnliches gilt in anderer Art für die Linke. Vorgänge wie kürzlich im ersten Berliner Wahlkreis – die Ausschaltung fast des einzigen „ministrablen“ Politikers der Linken – sind tödlich: die Nation, zumal die feldgraue, hat das *völlig satt.* Verjüngung, und zwar tunlichst *feldgraue* Verjüngung, fordert die Stunde für die neuen Aufgaben. Welches sind diese selbst?

1. Klarer Verzicht auf imperialistische Träume und also rein *autonomistisches Nationalitätsideal:* Selbstbestimmung aller deutschen Gebiete zur Einigung in einem unabhängigen Staat zu *rückhaltlos friedlicher* Pflege unserer Eigenart im Kreise des Völkerbunds. Nicht von uns allein hängt es ja ab, ob *nationaler Pazifismus* unsere dauernde Gesinnung bleiben kann. Werden, wie vor 1870, unserer Einigung (wenn und soweit die Deutschen, insbesondere die Österreicher, sie selbst wollen) Hindernisse bereitet, werden uns *außer* dem Elsaß, über dessen staatliches Schicksal wir, nachdem es dem alten Regime in 50 Jahren *nicht* gelang, dieses kerndeutsche Land uns innerlich zu gewinnen, diesen Frieden, der hoffentlich wenigstens seine Eigenart wahrt, als Schlußurteil eines langen Prozesses ehrlich akzeptieren wollen, deutsche Gebiete im Westen oder gar Osten abgenommen, werden uns über die Entschädigung Belgiens hinaus unter dem Vorwand von Schäden, welche aus der Tatsache des Kriegs als solcher und aus beiderseitigen Handlungen herrühren, Fron- und Schuldpflichten auferlegt, – dann wird, nach einer Epoche von bloßem Ermüdungspazifismus, jeder letzte Arbeiter, der das spürt, Chauvinist werden! Der Völkerhaß ist in Permanenz und die *deutsche Irredenta* mit all den dabei üblichen *revolutionären Mitteln der Selbstbestimmung* flammt auf. Gegen die Fremdherrschaft sind auch die Mittel der Spartakusleute recht, und die deutsche studierende Jugend hätte eine Aufgabe. Der Völkerbund wäre innerlich tot, daran könnten keine „Garantien“ etwas ändern. Die englische Politik hätte sich einen Todfeind geschaffen, und Präsident Wilson wäre nicht der Friedensstifter der Welt, sondern der Stifter unendlicher Kämpfe.

2. Kommt – wie wir wollen und hoffen – ein Friede zustande, den wir innerlich aufrichtig annehmen können, dann ist *gründliche Entmilitarisierung* die Parole. Also zunächst natürlich die bisher fehlende Unterordnung der Militärgewalt

unter die bürgerliche. Der international zu vereinbarende *Übergang zum rein defensiven Milizsystem* wird sie ohne weiteres zur Folge haben. Wehrlosigkeit bedeutet sie nicht und darf sie schon deshalb nicht bedeuten, solange das Wiederaufflammen der in *allererster* Linie am Kriege schuldigen imperialistischen Gefahr von *Rußland* – außer Amerika dem einzigen Lande, welches den Boykott auch eines Völkerbundes leicht ertrüge – nicht endgültig gebannt scheint.

3. Die *Beseitigung der hegemonialen großpreußischen Struktur* des Reiches, welche in Wahrheit die Herrschaft einer Kaste bedeutete, ist auch für die preußische Demokratie Programmpunkt. Unentbehrlich wäre sie zumal für die Einigung mit Österreich, welche übrigens dem Reiche – seien wir uns klar! – *nicht* Macht und Geschlossenheit, sondern schwierige Probleme und Lasten zuführen wird und muß, jedenfalls aber seine äußere Kraft nicht steigert, also keine realpolitische, sondern eine rein gefühlspolitische Notwendigkeit ist. Wien ist noch weniger als München von Berlin aus zu regieren. Behördenverteilung auf die großen Zentren, abwechselnde Tagung des Parlaments in Berlin und Wien oder ständig an einem ganz neuen Ort und ähnliches wären ja Äußerlichkeiten, – aber doch nicht bedeutungslos. Gerade im *gegenwärtigen* Moment müßte jedenfalls die Konstituante, um unter einem weithin sichtbaren Zeichen der Neuerung zu tagen, *in einer anderen Stadt als Berlin,* einerlei ob Frankfurt, Nürnberg, München, zusammentreten. Ihre Aufgabe ist es, eine Verfassung zu schaffen, welche im Interesse des Gleichgewichts der Stämme nicht nur die jetzigen formellen Vorrechte Preußens beseitigt, sondern zur Kompensation seines bleibenden materiellen Schwergewichts staatspolitische Gegengewichte darbietet. Welche?

4. *Unitarische oder föderalistische Lösung?* Einheitsstaat oder Bundesstaat? Man muß sich klarmachen, und wir kommen öfters darauf zurück: daß dafür vor allem die *wirtschaftliche* Zukunftsorganisation wichtig ist. Eine wirklich streng sozialistische Organisation würde für die einheitliche Wirtschaft auch ein *einheitliches* politisches Gehäuse fordern. (Nur eine Scheinausnahme wäre die „Munizipalisierung" lokaler Bedarfsbetriebe: Gas, Wasser, elektrische Beleuchtung, Trambahnen usw. durch die Gemeindeverwaltungen, da sie ja hinsichtlich der Produktionsmittel: Kohle, Maschinen usw. einschließlich der Arbeitskräfte schließlich doch in den staatssozialistischen Gesamtplan, der ihnen diese zuweisen müßte, eingefügt blieben.) Jede wirklich „autokephale", d. h. mit gänzlich selbständigen Beamtenstäben arbeitende, und „autonome", d. h. nach eigenen Satzungen wirtschaftende, Selbstverwaltung von Provinzen, Staaten, Gemeinden auf der *Produktionsseite* und in den Finanzen würde Hemmnis, Verschwendung, Mangel einheitlicher nationalwirschaftlicher Planmäßigkeit bedeuten. Dagegen jede *privatwirtschaftlich* selbständige Organisation durch freie Unternehmer, auch durch selbstgeschaffene Unternehmerverbände, kann sich mit dem Föderalismus vertragen und auch über die einzelstaatlichen Grenzen hinweg Teilwirt-

schaftsgebiete syndizieren, wenn nur Recht, Währung, Handelspolitik und Produktionssteuern einheitlich geordnet sind. Vorfrage der politischen ist also diese wirtschaftsorganisatorische Grundfrage. Gehen wir ihr, da sie ja an sich höchst aktuell ist, entschlossen zu Leibe.

Kann, fragen wir, der Unternehmer *wirtschaftlich so ausgeschaltet* werden, wie die vielbeklagte politische Ohnmacht des Bürgertums den Laien vermuten läßt? Man mag es bedauern oder nicht: das ist *nicht der Fall.* Zeitlage sowohl wie Dauerlage unserer Wirtschaft verhindern es.

Erstens: die *Zeitlage.* Sie ist einfach die: nicht nur die Neuordnung, sondern die einfache Wiederinstandsetzung, ja schon die bloße Ernährung der Nation bedarf auf lange Jahre *Kredit.* Und zwar *Auslandskredit, ganz* deutlich: *amerikanischen* Kredit. Über diese unvermeidliche ökonomische Fremdherrschaft täusche sich niemand. Eine rein *proletarische Regierung* aber, auch die beste, *ist für das Ausland kreditunfähig.* Die ihr zugänglichen Ersatzmittel für den Kredit: Notenpresse und Konfiskation, wälzen die Last auf die Schultern kommender Jahrzehnte, ohne zu helfen, und erzwingen schließlich erst recht und dann auch formell die Pfandherrschaft des Auslands. Denn mit entwerteten Noten kann das Ausland nichts anfangen, Konfiskationen aber erregen ihm den Verdacht, daß seine eigenen Kredite nicht sicher sind. Es wird dann *reale* Garantien fordern und diese *militärisch* schützen. Nur eine Regierung und nur eine Wirtschaft *bürgerlicher* Struktur erhält Kredit. Deshalb: weil nur das Bürgertum an dem privatwirtschaftlichen Unterbau der Wirtschaft, der allein das, was das Ausland als Sicherheit seiner Forderungen braucht: die *Geld*steuerkraft verbürgt, ein hinlänglich starkes, als Garantie dienendes *Eigen*interesse hat, welches durch keinerlei noch so hübsch ausgeklügelte „Naturalrechnung" einer sozialistischen Gesellschaft ersetzbar ist. Ja noch mehr. Vor die Wahl gestellt, dem bürokratisierten Apparat einer sozialistischen Wirtschaft *oder* einem Konsortium freier Banken oder etwa schwerindustrieller Wirtschaftsorganisatoren den *gleichen* Betrag zu kreditieren, würde das Ausland keinen Augenblick mit der Antwort zögern: *nur diesem letzteren.* Die *Beweise* dafür könnten durch Tatsachen der Gegenwart erbracht werden. Daran ist gar nichts zu ändern. Was also unter der Verlegenheitsphrase von der „Verstaatlichung der Banken" verstanden sein soll (außer etwa die Beseitigung der privaten Aufsichtsratsrechte bei der schon jetzt staatlich geleiteten Notenbank, also etwas für die Wirtschaftsstruktur ganz Gleichgültiges), ist völlig unerfindlich. Die „Verstaatlichung der Aktiengesellschaften" vollends ist eine leere Redensart, wenn man doch nun einmal gewaltige Auslandskapitalien braucht, also den Privatbesitz zwar beliebig hoch besteuern oder gegen Entschädigung enteignen, *nicht* aber *konfiszieren* darf, – weil man sonst wiederum *keinen Kredit* vom Ausland bekommt. Die allgemeine Bemerkung Eisners, daß eine zerstörte und ausgepowerte Wirtschaft kein Boden für den Sozialismus sei, bewährt sich *hierin* in charakteristischer Art. Ein paar Milliarden für Nahrungsmittel erhält auch eine sozialistische Regierung kreditiert, da ja der Feind Pfänder in der Hand hat, *Retablierungskredit,* wie wir ihn brauchen, erhält nur eine *bürgerliche* Regierung.

Aber von dieser Zeitlage abgesehen? Das sozialistische Programm verkündet jetzt in Verleugnung älterer politischer Prinzipien: den Staatssozialismus. Sogar mit der Formel: „Erhaltung der Kriegswirtschaft". Für die Übernahme in die Staatsverwaltung, also in eine Verwaltung durch *Beamte* statt durch Unternehmer, – für diese staatssozialistische Bürokratisierung verwaltungstechnisch „reif" wären heute z. B. die Versicherung und die Bergwerke. Sicher aber *nicht* die für Deutschlands handelspolitische Eigenart besonders wichtigen Fertigindustrien, welche zum Teil jeglicher Organisation spotten. Zwischen beiden stehen Industrien, die für eine Zwangs-Syndizierung mit Staatsaufsicht oder allerhand Stufen zeitweiliger Markt- und Rohstoffbezugsregulierung „reif" wären. Aus Rohstoffmangel sind sie ja solchen Maßregeln jetzt teilweise unterworfen und könnten es rein technisch zum Teil vielleicht bleiben. Zum Teil aber müßten sie später notwendig zu weitgehend autonomer Privatwirtschaft zurückkehren, um mit dem Ausland konkurrieren zu können. Bei der Landwirtschaft versteht sich, nach Vornahme der nötigen Enteignungen von Großgrundbesitz, die Privatwirtschaft (mit freier Vergenossenschaftung) überhaupt von selbst. Trotz aller Kontrolle und Eingriffe und obwohl die Wiederkehr der alten vorkriegsmäßigen Verhältnisse nur von naiven Gemütern erhofft wird, steht also dem Schwergewicht nach gerade die *Erhaltung* des privatwirtschaftlichen *Prinzips:* – der Unternehmerwirtschaft – *unvermeidlich* bevor und wäre die Parole: „Aufrechterhaltung der Kriegswirtschaft", als Dauerzustand gedacht, dilettantisch. Wie funktionierte denn eigentlich diese Kriegswirtschaft? Aufgebaut auf der Zulässigkeit jener ungeheuerlichen Einseitigkeit des Ziels und jener Unwirtschaftlichkeit, welche den Krieg nun einmal als Feind der Wirtschaftlichkeit – als ein *„Leben vom Kapital"* – kennzeichnen, würde sie bei Fortsetzung im Frieden Bankerott bedeuten. Hingegen eine Ausschaltung des *Unternehmers* bedeutete sie bekanntlich ganz und gar *nicht.* Im Gegenteil. Nur in anderer Form, öffnete sie dem Unternehmer Tür und Tor. Nicht nur in Form der Kriegsgewinne von Lieferanten. Nein, gerade das Staatssozialistische ihrer Organisationen konnte ohne ihn gar nicht bestehen. Ihre wirklich großen wirtschaftsorganisatorischen Gedanken und Leistungen stammen fast durchweg von *Geschäftsleuten, nicht* von Bürokraten. Massenverschleiß und teilweise Korruption herrschten gerade da, wo die reine Beamtenwirtschaft solche ihr nun einmal nicht gemäße und ungewohnte Leistungen vollbringen wollte. Und für normale Zeiten wird der Satz erst recht wieder gelten: daß der autonome Unternehmer ein *Prämienlohnarbeiter für Organisationszwecke* ist, der Beamte aber ein Zeitlohnarbeiter (und zwar, im Gegensatz zum Arbeiter, ein solcher *ohne* wirksame Auslese nach seiner Leistung), daß der erste eigenverantwortlich, der andere dagegen auf Risiko des Staatssäckels wirtschaftet, und daß demgemäß die Arbeiterschaft – mag sie *für sich selbst* zum Akkord- und Prämienlohnsystem stehen, wie sie will – doch *daran* ganz gewiß nicht interessiert ist, daß die *Schaffung von Erwerbsgelegenheit* für sie *nur* „im Zeitlohn" durch Bürokraten erarbeitet werde. Wir haben wahrlich keinen Grund, die Herren der Schwerindustrie zu lieben. Ihren verderblichen *politischen* Einfluß auf das alte Regime zu brechen, ist ja eine Hauptaufgabe der Demokratie. *Wirtschaftlich* aber ist ihre Leistung nicht nur unentbehrlich, sondern *wird es gerade* mehr als je *jetzt,* wo unsere ganze Wirtschaft und alle ihre Erwerbsgelegenheiten neu organisiert werden müssen. Mit Recht hat das Kommunistische Manifest den *ökonomisch* – nicht: politisch – *revolutionären* Charakter der Arbeit der bürgerlich-kapitalistischen Unternehmer hervorgehoben. Keine Gewerkschaft, noch weniger ein staatssozialistischer Beamter kann uns diese Funktionen ersetzen. Man muß sie nur an der rechten Stelle verwenden, ihnen zwar die unvermeidlichen Prämien – des Profits – hinhalten, sie aber sich nicht über den Kopf wachsen lassen. *Nur* so ist – heute! – Fortschritt zur Sozialisierung möglich. Jeder geschulte Sozialist weiß das; bestreitet er es, so ist er nur ein Schwindler. Das Ressentiment und die ständischen Instinkte der akademischen Literaten aber gegen Menschen, die von ihnen nicht examiniert sind, dennoch aber – Geld verdienen und Macht ausüben, wäre für die wirtschaftlich fortschrittlichen Arbeiter der schlechteste aller Berater.

Die Demokratie wird alle Literatenschlagworte, heißen sie „Organisation" oder „freie Wirtschaft", „Gemeinwirtschaft" oder „Durchstaatlichung", oder *wie immer,* ablehnen. Die Bezeichnung einer Maßregel als „sozialistisch" oder umgekehrt als „liberal" bedeutet ihr weder Empfehlung noch das Gegenteil. Für jedes Teilwirtschaftsgebiet fragt sie vielmehr ganz ausschließlich nach dem *sachlichen* Resultat, danach also: wie man dazu gelangt, einerseits die *Erwerbschancen der breiten Arbeitermassen* zu verbessern, andererseits die *Ausgiebigkeit der Bedarfsversorgung* der Gesamtbevölkerung zu erhöhen.

Staatstechnisch bedeutet dies alles: daß die unitarische Lösung uns nicht unbedingt aufgezwungen, daß vielmehr Raum für den Föderalismus ist, wenn man ihn aus anderen Gründen wählen muß. Die rein unitarische Lösung wäre nun aber nach der Zeitlage nicht möglich. Wirtschaftlich nicht: Österreich hat eigene Währung und Notenbank, heterogene Finanzwirtschaft und handelspolitische Bedürfnisse. Politisch nicht: daß *die Feinde, unter deren Fremdherrschaft wir stehen, sie niemals dulden würden,* liegt auf der Hand. Aber davon ganz abgesehen: die berechtigte Eigenart nicht nur Österreichs, sondern auch Bayerns würde ihr scharf widerstreben. Drängt so alles zum republikanischen Föderativstaat, so fragt sich, wie dieser auszusehen hat? Man wird bei allen Grundinstitutionen die

Wahl zwischen mehreren, weiterhin kurz zu skizzierenden Prinzipien haben. Wir stellen diese zunächst einander gegenüber.

III.

Es wird dabei, um es zusammenzufassen, von folgenden Voraussetzungen ausgegangen:

1. daß die *Föderativrepublik* erstrebt werden soll. Ob sie tatsächlich kommt, hängt u. a. auch davon ab, ob die Berliner Gewaltherrschaft nicht entweder den Separatismus bis aufs äußerste stärkt oder (vielleicht gleichzeitig) dynastische Gegenströmungen anwachsen läßt. In Österreich scheinen diese stark zu sein, und dadurch könnte eine ganz neue Situation für uns entstehen. Denn wir gehen davon aus, daß

2. die *großdeutsche* Lösung beabsichtigt ist, was weiter bedeutet, daß

3. die groß*preußischen* Bestandteile der Verfassung am unbedingtesten beseitigt werden müssen. Dies hat vor allen Dingen eine jetzt erst, auf republikanischem Boden, mögliche Folge: daß die *Verbindung der höchsten Spitze des Reichs mit der preußischen Staatsspitze künftig fortfällt,* und daß auch die preußischen „hegemonialen" Vorrechte im Bundesrat (Art. 5 Abs. 2, 7 Abs. 3, 11 Satz 1, 15 Abs. 1, 37) und die Rechte Preußens aus den Militärkonventionen künftig fortfallen. Hier liegt nun, bei dem durch keine Paragraphen zu beseitigenden Gewicht des preußischen Gebietsumfanges, seiner Bevölkerung und seiner Wirtschaftsstellung, sowohl als Absatzmarkt wie als Produktionsgebiet, und bei der riesigen Machtstellung des preußischen Verwaltungsapparats und seiner Leitung, die Quelle fast *aller* Schwierigkeiten des deutschen Föderalismus. Denn wir nehmen an, daß

4. eine dauernde *Zerschlagung Preußens* in Teilstaaten, wie man sie aus föderalistischen Gründen in der Vergangenheit erörtert hat, finanziellen und verwaltungstechnischen Schwierigkeiten so großer Art begegnen und die Gefahr des ostelbischen Partikularismus so steigern würde, daß sie schwerlich in solchem Umfang in Betracht kommt, daß nicht doch dem von Berlin aus verwalteten Gebiet ein gewaltiges Übergewicht verbliebe. Würde sie dennoch sich als möglich erweisen und durchsetzen[1] – und „Berlin" wirkt ganz in diesem Sinn –, dann

---

[1] Eine Zusammenlegung oder Zerteilung von Einzelstaaten auf dem Boden des Reichsgebietes könnte die Reichsverfassung ausdrücklich vorsehen, indem sie – einem von anderer Seite gemachten Vorschlag folgend – Normativbestimmungen für den Fall aufstellte, daß eine Konstituierung neuer Staatswesen auf dem Boden bisher schon bestehender oder eine Verschmelzung anderer mit Nachbarstaaten stattfände oder versucht würde. Für die Verschmelzung kämen Hohenzollern, Oldenburg, Mecklenburg-Strelitz, die Zwergstaaten der

würden wir sie akzeptieren. Aber vorerst scheint sie uns trotz allem noch unpraktisch. Ist dem so, dann würde es sich also um die Schaffung *staatsrechtlicher* Gegengewichte gegen das *tatsächliche* Schwergewicht Preußens handeln. – Dieses alles vorausgesetzt, fragt sich zunächst zweierlei: *Parlamentarische oder plebiszitäre Struktur?,* und damit zusammenhängend: *Delegierten- oder Repräsentantenverfassung* für die Organe, welche *neben* dem selbstverständlich für das Reich fortbestehenden Volkshaus (Reichstag) zu schaffen sind: für diejenigen also, welche an Stelle des bisherigen Bundesrats und der bisherigen Reichsregierung (Kaiser, Reichskanzler und Staatssekretäre) treten sollen. Sie sind es, die, im Gegensatz zum Volkshaus, die größten Schwierigkeiten machen.

Die bisherige Hegemonialverfassung nötigte die übrigen Bundesstaaten dazu, sich durch verfassungsmäßige Reservat- und Sonderrechte zu sichern gegen Preußens Herrschaft, welche sich auf seine Finanzübermacht, auf die Kommandogewalt und Exekutive des Kaisers, im Bundesrat aber auf die absolute Abhängigkeit der stimmberechtigten Zwergstaaten stützte. Die Zwergstaaten werden, nehmen wir an, entweder durch Zusammenschluß (Thüringen?) oder Einverleibung ihr sinnloses Dasein beschließen.[2] Die verbleibenden Mittelstaaten aber können das, was ihnen bisher fehlte: Einfluß *im* Reich (statt nur: Freiheit *vom* Reich) sich nur dann sichern, wenn auch künftig eine Körperschaft besteht, in der sie mit einem gegenüber ihrer Volkszahl stark privilegierten Stimmverhältnis vertreten sind. Am radikalsten und deshalb in diesem *Maße* für uns unnachahmbar führen dies

norddeutschen Ebene (außer Hamburg und Bremen), sowie alle Enklaven durch Anschluß an den umgebenden Staat, für Thüringen durch Zusammenschluß zu einem Einheitsstaat in Betracht. Für die Zerteilung oder Abgliederung vor allem: Preußen. Die formelle Voraussetzung für die Einleitung der Zerteilung – was ja allein ernste Schwierigkeiten macht – wäre wohl der Antrag eines hinlänglich großen Bruchteils (etwa: ⅕) der Wohnbevölkerungen innerhalb eines geographisch zusammenhängenden Gebietes, in Preußen wohl mindestens: einer Provinz. Bei Vorliegen eines solchen Antrages hätte das Reich innerhalb der Provinz die Wahl von Kommissären zu veranlassen, welche zunächst mit den Zentralinstanzen des bisherigen Zugehörigkeitsstaates über die Vermögens- und Verwaltungsteilung einen Vergleich zu verhandeln und über die innerhalb bestimmter Frist nicht zur Einigung gebrachten Punkte, eventuell also die ganzen Fragen, den Schiedsspruch der Reichsregierung herbeizuführen hätten. Der so zustandegebrachte Rezeß wäre alsdann den Bevölkerungen der abzugliedernden Teile zur Volksabstimmung zu unterbreiten, ehe die Zulassung als Staat erfolgte. – Der Weg, von Reichs wegen planmäßig die Neuaufteilung der deutschen Landkarte zu unternehmen, wäre weitaus rationaler, aber sicher aussichtslos, da die Staaten sich dem nicht fügen würden. – Nach einem sinnreichen Vorschlag könnte man die Zerteilung Preußens *prämiieren*, indem man – neben dem Mindestumfang für die Zulassung als Staat (1 Million Einwohner) – auch eine sehr niedrige Höchststimmenzahl in der zu schaffenden föderativen Zentralkörperschaft (ein Fünftel aller) festsetzen würde. – Nicht unerwähnt bleibe aber, daß *alle* Abgliederungsgelüste in Preußen von sehr steuerkräftigen Teilen ausgehen, daher die Entwicklung der verbleibenden ärmeren Teile schwer hemmen würden. Politisch und ökonomisch Erwünschtes steht da im Konflikt miteinander.

[2] Siehe vorstehende Anmerkung.

die amerikanische und die Schweizer Verfassung durch: unterschiedslos *gleiche* Stimmenzahl der Staatenvertreter im Senat bzw. Ständerat ohne alle Rücksicht auf die ungleiche Größe der Staaten (Delaware kaum 1/30 von Neuyork!). Sowohl die Verfassung von 1849 (z. B. Preußen 40, Bayern 20 Stimmen im – kleindeutschen – Staatenhaus von 168 Stimmen) als die Reichsverfassung von 1867/71 (Preußen 17, Bayern 6 Stimmen von 61 im Bundesrat) tun es in maßvoller Art. *Beide* aber in untereinander *radikal entgegengesetzter* Weise. Denn die für einen so gearteten Föderalismus grundlegende Frage wäre nun:

1. *Bundesrat oder Staatenhaus? Delegierten- oder Repräsentantensystem?* Das erste bedeutet: in der *neben* dem Volkshaus stehenden Körperschaft sitzen von den einzelnen *Regierungen* ernannte, jederzeit abberufbare, ausschließlich nach *Instruktionen* stimmende Delegierte, wie bisher im Bundesrat. Das zweite dagegen: dort sitzen von den einzelstaatlichen *Bevölkerungen* oder Parlamenten für *feste* Legislaturperioden *gewählte,* ausschließlich nach *eigener* Überzeugung stimmende Repräsentanten, wie in Amerika (Senat) und der Schweiz (Ständerat). Die Verfassung von 1849 ließ die Regierungen der Einzelstaaten und deren Volksvertretungen je die Hälfte der Repräsentanten für das Staatenhaus ernennen; sie bestimmte aber ferner, um das Einheitsgewicht der größeren Staaten möglichst zu brechen: daß die letztere Hälfte bei Staaten mit Provinzialständen durch diese, also landschaftsweise, nicht durch die Parlamente, zu wählen sei.

Jede *Parlamentswahl* der Staatenhausrepräsentanten bedeutet nun heute eine schon weitgehende Annäherung an das Delegationsprinzip, da sie ja praktisch dazu führt, daß die einzelstaatlichen *Parteien* ihre Vertrauensmänner entsenden. Direkte (natürlich: strikt demokratische) *Volkswahl* dagegen, vor allem aber landschaftsweise Wahl, steigern die Konsequenzen des Repräsentantenprinzips aufs äußerste. Denn jede Volkswahl des Staatenhauses, und am augenfälligsten in dieser Form, bedeutet grundsätzlich Ausschaltung der einzelstaatlichen *Regierungen* und *Parlamente.* Eben jener Mächte also, welche, im radikalen Gegensatz dazu, beim *bundesrätlichen* Delegationsprinzip durch ihre instruierten Vertrauensleute gerade die alleinigen Träger der unter sie sozusagen anteilsweise *repartierten* föderalistischen Anrechte am Reich wären. Eine landschaftsweise direkte Volkswahl eines *Staatenhauses* wäre demgegenüber nicht eine Vertretung der *politischen* Einzelindividualitäten, das heißt: der jeweiligen Inhaber der politischen *Macht* in den Einzelstaaten, sondern eine Vertretung der *landschaftlichen Eigenarten* des Volkes, das heißt: der in jeder größeren Landschaft jeweils vorwiegenden *Parteien.* Wir kommen darauf immer wieder zurück.

Die unterscheidende Eigenart eines auf Volkswahl beruhenden Staatenhauses gegenüber dem danebenstehenden Reichstag (Volkshaus) würde zunächst in der notwendig weit kleineren *Zahl* zum Ausdruck kommen. Kleinheit von Repräsentativkörperschaften bedeutet nach feststehenden Erfahrungen gesteigerte Aktionsfähigkeit, präzisere, kühl rational und weniger emotional-demagogisch bedingte Entschlüsse, mit anderen Worten: größere Fähigkeit zur *Macht*. Die dabei geopferte Allseitigkeit der Widerspiegelung des politischen Wollens hätte demgegenüber eben das danebenstehende Volkshaus (Reichstag) zu bieten. Wie man dabei dem Volkshause gewisse Vorrechte beim Budget geben könnte, so würde man dem Staatenhaus wichtige qualitative Sonderleistungen zuweisen können: Verwaltungskontrolle einschließlich der Enquete und Beamtenanklage, Kontrolle der Verträge und der Diplomatie, Ratifikation wichtiger Ausführungsverordnungen, vielleicht auch, statt der fast unvermeidlichen latenten, einen offiziell anerkannten Anteil an der Ämterpatronage. Die zweite Besonderheit des Staatenhauses läge in der *Verteilung* der Mandate auf die Staaten. Bei landschaftsweiser direkter Volkswahl fiele freilich die Notwendigkeit einer von der Volkszahl wesentlich abweichenden Verteilung auf die Einzelgebiete fort. Sie wäre dort sogar sinnlos. Das erscheint zunächst als Vorzug. Aber dafür haftet eben diesem Landschaftsprinzip in besonders starkem Maße jene dem Staatenhaus, wie wir sahen, eigene Ignorierung des *Schwergewichts der politischen Gewalten* in den Einzelstaaten an. Gerade wir, denen die unitarische Republik an sich genehm wäre, dürfen das nicht übersehen. Unmittelbar zwingend war diese Forderung bei der bisherigen Identität des Reichsoberhaupts mit dem preußischen Staatsoberhaupt. Bei der künftigen Trennung beider fiele für die Gewährung fester Anteilsrechte der *Einzelregierungen* an der Reichsregierung *dieser* besondere Grund fort. Aber die schwere Diskreditierung „Berlins" und jetzt das tatsächliche Nebeneinanderbestehen einzelstaatlicher Konstituanten neben der Reichskonstituante würden den Einzelregierungen sicher eine starke Position geben, wenn sie verlangen sollten, bei der Zentrale in einer Körperschaft durch instruierte Vertrauensmänner, und zwar derart vertreten zu sein: daß das Gewicht ihrer Stimme keinesfalls durch Preußen erdrückt werden könnte. Und man darf nicht vergessen: in einem Staatswesen mit solchen ökonomischen und finanziellen Problemen, wie wir sie vor uns liegen sehen, wird noch weit stärker, als dies ohnehin der modernen Entwicklung entspricht, die Anteilnahme von *Regierungsvertretern* an der laufenden *Verwaltung* und ihrer Kontrolle und Instruktion das Entscheidende, mindestens so wichtig wie die Teilnahme der *Bevölkerung* an großen Stammkörperschaften. Diese *aktive* Teilnahme an der Verwaltung aber kann vom einzelstaatlichen Standpunkt in der Tat am besten durch instruierte Beamte ausgeübt werden. Ein Staatenhaus, vollends ein auf Volkswahlen und womöglich auf Grundlage landschaftlicher Wahlen ruhendes, böte dafür keinen vollen Ersatz.

Aus dem allen würde folgen: zunächst Verteilung der (etwa 50) Mandate nach verbessertem Bundesratsprinzip (also etwa: 15 preußische[3], 12 österreichische,

[3] Siehe dazu oben Seite 505f. Anmerkung!

7 bayerische usw. Mandate). Ferner: *nicht* landschaftliche Volkswahl. Bliebe man nun aber bei der staatenweisen Wahl durch die *Parlamente* der Einzelstaaten (natürlich in diesem Fall: unter Erlöschen des Mandats bei jeder allgemeinen Parlamentsneuwahl im betreffenden Einzelstaat, da ja die Repräsentanten dann Parteivertrauensmänner wären, also die jeweilige Parteikonstellation in ihrem Staat nicht überdauern dürften), dann würde dies doch dem bundesrätlichen *Delegationsprinzip* schon *so nahe* stehen, daß vielleicht die einfache Übernahme des jetzigen Bundesrats die reinlichste Lösung wäre. Natürlich unter Neuverteilung der Stimmen, Streichung der Zwergstaaten, Wegfall aller Vorrechte der Präsidialstimme, Wechsel des Vorsitzes, Erhaltung und vielleicht Erweiterung der unentziehbaren Sonderrechte. Zumal die Staatenhauslösung indirekt vielleicht doch zu ähnlichem Resultat führt. Würde man nämlich das Staatenhaus auf Grundlage des Repräsentationsprinzips (also: mit Volkswahl) durchführen, so entstünde, *wenn* dennoch die Einzel*regierungen* mit Erfolg Anspruch auf gesicherten Anteil an der *Zentralverwaltung* erheben sollten – und das würden sie wohl tun –, alsbald die Notwendigkeit, nun noch *neben* dem Staatenhaus und Volkshaus nicht nur überhaupt eine Spitze, sondern eine föderalistische, anteilsweise unter den Bundesregierungen repartierte Spitze zu schaffen oder anderweit für eine stetige Verbindung der Reichsregierung mit den Einzelstaatenregierungen (durch Agenten oder ständige Kommissionen) zu sorgen.[4] Man hätte dann nur, neben dieser föderalistischen Spitze, *zwei* Wahlkammern und das Bundesratsproblem verschöbe sich also sozusagen nur auf eine andere Stufe.

Müssen oder *sollen* denn nun aber die Einzelregierungen jenen Anspruch auf repartierten Regierungsanteil, die Quelle aller dieser Schwierigkeiten, erheben? Vom rein *demokratischen* Standpunkt aus gesehen, unzweifelhaft: *nein!,* da ja ihre *Bevölkerungen* im Volkshause sowohl wie im Staatenhause, in diesem in einem gegenüber Preußen privilegierten Maß, vertreten sein würden. Allein, jede autokephale politische Organisation strebt nach Macht – wir werden noch öfter erörtern: *weshalb?* – und würde dies Streben sicher rein partikularistisch, im Gegensatz *gegen* die Zentrale, betätigen, wenn man ihr den Quotenanteil an dieser vorenthielte. Und gewisse sachliche Gründe lassen sich ja, sahen wir, für ihren Anspruch auf diese Repartierung anführen. Man könnte versuchen, auf *einem* von zwei Wegen dem zu entgehen. Entweder: durch *Beseitigung* der einzelstaatlichen Autokephalie, also: statt der Eigenwahl der Staatsoberhäupter durch die Einzelstaatsvölker oder durch deren Parlamente die *Ernennung* durch die Zentralgewalt, wie z. B. in Kanada. Diese, formell angesehen, „zentralistische" Lösung würde unter deutschen Verhältnissen schwerlich Chancen haben, wenn da-

[4] Wird das Staatenhaus auf reine Legislative beschränkt, so ist dies Problem besonders wichtig.

neben nicht wiederum die Zentralinstanz ihrerseits irgendwie föderalistisch, also repartitionsmäßig (und natürlich: unter Begünstigung der kleineren Staaten) zusammengesetzt würde: – man sieht, immer wieder die gleiche Verschiebung des „Bundesratsproblems". Oder, der zweite Weg: die Autokephalie bleibt bestehen, das Verlangen aber nach föderalistischer Repartition der Zentrale wird ausgeschaltet durch *ganz radikale Gewaltenteilung* zwischen Einzelregierung und Zentralregierung. Also durch Trennung sowohl der sachlichen Zuständigkeiten, wie der positiven Aufgaben, wie der dafür zur Verfügung stehenden Beamtenstäbe, wie, endlich und vor allem, der verfügbaren *Einnahmequellen.* Im Erfolg also derart, daß die beiderseitigen Verwaltungsapparate von der Spitze bis zum Boden wie selbständige, sich nie vermischende Röhrensysteme nebeneinander herliefen. Der diesem Prinzip nahekommende amerikanische Staatenpartikularismus wäre nun aber für uns schon aus Gründen unserer Sozialpolitik nicht annehmbar. Die Art der Beziehung zwischen Bund und Kanton in der Schweiz stände unseren Möglichkeiten trotz der ziemlich stark abweichenden Kompetenzverteilung künftig, wenn einmal die großpreußische Struktur fortfällt, innerlich näher. Der Versuch aber, einfach diese Lösung zu übernehmen, würde auf starken Widerstand stoßen. Die *Eigenverwaltung* des Bundes ist in der Schweiz, mit unseren Zukunftsbedürfnissen verglichen, gering. Wir werden später sehen, daß auch die *Finanz*verhältnisse ein ernstes Wort *dagegen* sprechen. Im ganzen: vom Standpunkt der *Sozialisierung* ist möglichster Zentralismus dringend erwünscht. Bei uns besteht nun aber der Widerspruch, daß sachliche Gründe der *Zukunft* für eine stark *zentralistische,* Reminiszenzen aus der *Vergangenheit* aber sowie Stimmungen und politische Macht- und Interessenkonstellationen der *Gegenwart,* von denen noch mehrfach die Rede sein wird, für die *föderalistische* Lösung, innerhalb dieser aber für das Delegations- und Repartitionsprinzip, wie es im bisherigen Bundesrat verkörpert war, ins Gewicht fallen werden. Und ganz allgemein gesagt *fehlt* bei uns die für jedermann anschauliche alltägliche Probe auf das in der Schweiz vortrefflich geglückte Exempel: der augenfällige *Erfahrungsbeweis* dafür, daß Eigenart und Interesse aller Stämme bei uns in der Obhut einer Verfassung vom (ungefähren) Charakter entweder der kanadischen oder aber der schweizerischen – also: mit einem Staatenhaus – ebenso gut gewahrt werden können wie bei weiterer Beibehaltung der überlieferten Bundesratsverfassung. Und gerade wenn Preußen Einheitsstaat bleibt, wird der Versuch, *ohne* diesen Beweis Glauben zu finden, wohl erfolglos bleiben, besonders *dann,* falls der Sitz der zentralen Reichskörperschaften *Berlin* bleiben sollte. Ich wäre meinerseits prinzipiell für die *Staatenhausverfassung* aus politischen und verfassungstechnischen Gründen, muß aber mit der Unvermeidlichkeit der Bundesratslösung rechnen. Schon die jetzigen Beziehungen der revolutionären Regierungen zueinander weisen ja darauf hin.

Wie nun der neue Bundesrat, falls er aus diesen letztlich nur geschichtlich erklärlichen Gründen trotz allem in veränderter Form wieder erstehen sollte, fungieren, welches seine Befugnisse und also seine positive Bedeutung innerhalb des künftigen deutschen Verwaltungssystems sein könnte, das hängt zunächst natürlich von der *Aufgabenverteilung* zwischen Reich und Einzelstaaten ab. Außerdem aber – und das soll uns zunächst interessieren – von der Art der Struktur der künftigen *Reichsregierung:* jener Gebilde also, welche an die Stelle von Kaiser, Kanzler und Bundesrat treten.

IV.

2. *Plebiszitäre, parlamentarische oder föderalistische Reichsspitze?* An die Stelle des Kaisers könnte äußerlich am leichtesten eine *Einzelperson* treten. Gewählt entweder 1. direkt durch das Volk, wie der Präsident der Vereinigten Staaten, oder 2., wie der Schweizer Bundesrat einschließlich des Bundespräsidenten, durch das Reichsparlament. Im letzteren Fall: durch das Volkshaus allein, falls daneben ein Bundesrat von instruierten Delegierten steht. Oder, wenn ein Staatenhaus geschaffen würde, durch beide Häuser gemeinsam wie in Frankreich. (Oder endlich, da das Staatenhaus hoffentlich höchstens ein Achtel der Mandate des Volkshauses haben wird, durch das Staatenhaus und einen durch Proporz zu delegierenden Bruchteil des Volkshauses.) – Der Unterschied zwischen 1 und 2 ist politisch bedeutend. Ein auf die revolutionäre Legitimität der Volkswahl gestützter Reichspräsident, der also zu *eigenem* Recht den Reichskörperschaften gegenüberstände, hätte eine unvergleichlich andere Autorität als ein parlamentarisch gewählter. Dies auch dann, wenn man ihn noch so streng auf suspensives Veto und das Recht der Volksbefragung, im übrigen aber auf die reine Exekutive beschränkte, auch bei der Ämterpatronage weitergehend als z. B. den amerikanischen Präsidenten binden würde – wovon später. (Das Auflösungsrecht – oder ein Äquivalent dafür, etwa Anrufung des Referendums – würde man ihm bei unserer Parteienlage nicht gut nehmen können.) Diese Macht wäre ein großer Vorzug des Volkswahlpräsidenten vom Standpunkt möglichst straff sozialistischer Organisation. Denn für die Sozialisierung wäre die starke Hand in der *Verwaltung,* also ein als Vertrauensmann des Volkes legitimiertes Haupt der Exekutive, entscheidend. Parlamente könnten hier nur Kontrollorgane sein. Die von amerikanischer Seite anerkannten schweren Schäden der Präsidentschaftswahlkampagne und ihre Riesenkosten hängen dort, wenigstens zum Teil, am Beutesystem – dem Grundsatz, daß mit dem neuen Präsidenten auch die von ihm ernannten Beamten wechseln –, das die Interessen mehrerer hunderttausend Stellenjäger mit dem Ausgang der Wahl verknüpft. Während daher wir immerhin doch noch

„Weltanschauungsparteien" haben, und zwar mindestens vier, führen dort normalerweise zwei große Parteien *reine* Amtsbesitzkämpfe, sind an sich fast „gesinnungslos", wechseln vielmehr ihre Programme je nach den Chancen der Werbung. Unsere Art der Ämterbesetzung würde die Amtsbesitzinteressen beim Wahlkampf zwar keineswegs auf Null bringen, aber doch ganz andere Voraussetzungen schaffen. Eine straffe bürokratische Parteiorganisation würde freilich auch bei uns notwendig die Folge plebiszitärer Präsidentenwahlen sein, und der eigentliche Wahlkampf würde auch hier in starkem Maße in die Parteien selbst (bei der Frage der Aufstellung des Präsidentschaftskandidaten) hineinverlegt werden.

Politische Bedenken kann diese Form bei denjenigen, für welche die republikanische Spitze rein als solche Glaubenssache ist, deshalb erregen, weil formell eine Volkswahl leicht künftig der Weg zur Retablierung einer Dynastie (der gewesenen oder einer anderen) werden könnte, eine Chance, die durch dilettantische Experimente unerwartet schnell Bedeutung gewinnen könnte. Diese Gefahr schlage ich bei der Diskreditierung der Dynastien nicht hoch an. – Für die Volkswahl des Präsidenten fehlen infolge unserer langen inneren Ohnmacht ferner die überragenden, auf die Masse wirkenden, politischen *Führer.* Schon die reichsdeutsche Sozialdemokratie mit ihrem mühselig geleimten Zwist käme in arge Verlegenheit, und ein Import aus Österreich wäre für sie vielleicht nicht einfach. Noch schlimmer stände es bei den Bürgerlichen. Indessen das ist Zeitlage. *Dauernde* Gegner der plebiszitären Wahl würden alle gegen eine starke persönliche Reichsexekutive stehenden Schichten sein, also die partikularistischen Interessenten der politischen Macht der Einzelregierungen (des früher erörterten „Repartitions-Föderalismus") ebenso wie streng liberale Gegner einer straffen Sozialisierung. Ebensowohl die meisten eingearbeiteten parlamentarischen Politiker. Nicht: die Parteipolitiker überhaupt. Denn die Volkswahl schafft ja lediglich eine Änderung der Ausleseform bei der Ämterpatronage. Weit entfernt, diese ganz zu beseitigen, *kann* sie sie allerdings weitgehend den Parlamentariern als solchen entziehen oder doch deren Einfluß einschränken. Ebenso nimmt sie diesen mindestens einen Teil des sachlichen Einflusses auf die Verwaltung mit allen jenen durch eine starke Sozialisierung nur noch gesteigerten ökonomischen Interessen, die daran haften. Wenn man auch den Volkswahlpräsidenten in der Wahl seiner Minister an das Vertrauen des Parlaments bände, so würde er als Vertrauensmann der Volksmillionen doch oft dem Vertrauensmann der jeweiligen Parteimehrheit im Parlament überlegen sein, um so überlegener, je länger man seine Amtsperiode machen muß. Und auf längere Zeit (sieben Jahre etwa) muß man sie bei jeder weitgehenden Sozialisierung im Interesse der Stetigkeit unbedingt bemessen. Durch die Zulassung eines Abberufungsreferendums auf Antrag einer qualifizierten Mehrheit des Reichstags könnte man ein Ventil schaffen. Immer läge, wenn man die Minister des Reichspräsidenten – anders als die der Vereinigten Staaten – an das Vertrauen des Reichstags bände, die Frage: ob der parlamentarische Ministerpräsident oder der Reichspräsident der Stärkere wäre, von Fall zu Fall verschieden.

Geradezu *unmöglich* würde – das muß man sich klarmachen – ein effektiv parlamentarischer Minister dann: wenn *neben* dem Volkswahlpräsidenten ein nach *Instruktionen* stimmender Bundesrat mit tatsächlicher Macht stände. Denn dessen Mitglieder wären ja nur den Einzelparlamenten, nicht aber dem Volkshaus, verantwortlich. Dieses könnte also zwar nach Belieben Minister stürzen, würde dadurch aber keinerlei sachliche Änderung der Politik und der von jenem plebiszitären Präsidenten instruierten Verwaltungspraxis erzwingen. Der letztere würde ihm seine Legitimation durch das Plebiszit, die Minister den Willen der im Bundesrat vertretenen Einzelstaaten entgegenhalten. Der plebiszitäre Präsident würde dann wesentlich mit dem Bundesrat zu rechnen haben, dieser wesentlich mit ihm. Eine wirksame Verwaltungskontrolle könnte ein mit dem Enquete-Recht ausgerüstetes Volkshaus trotzdem recht wohl ausüben. Ebenso, mit Hilfe des Budgetrechts, die Geschäfte obstruieren und Entgegenkommen erzwingen. Das Odium solcher Schritte würde aber ihre häufige Verwendung hindern, also das parlamentarische Ministerium notwendig auf einen bescheidenen Einfluß beschränkt sein, das Volkshaus selbst aber in ähnlicher Art auf „negative Politik" – Beschwerde und Interpellation – wie der bisherige Reichstag. *Gegner* des Parlamentarismus kämen also bei *dieser* Verfassung (Volkswahlpräsident und Bundesrat) gut auf ihre Rechnung. Parlamentarismus und Demokratie sind eben *weit* davon entfernt, identisch zu sein.

Anders wenn kein Bundesrat, sondern ein gewähltes Staatenhaus neben Präsident und Volkshaus stände. Im Fall seiner Wahl durch die Einzelparlamente zwar lägen die Verhältnisse vielleicht ähnlich, da dann die Repräsentanten sich als Vertrauensmänner der einzelstaatlichen Parteien fühlen würden. Dagegen bei direkter, besonders aber bei landschaftsweiser, Volkswahl des Staatenhauses wäre ein nicht ganz ohnmächtiger, weil als Leiter der führenden Parlamentsmehrheit gestützter Ministerpräsident selbst neben dem Reichspräsidenten wenigstens *dann* möglich, wenn die Mehrheit beider Häuser die gleiche wäre. Wenn nicht, so wäre die Stellung des Reichspräsidenten wenigstens in der Verwaltung überragend. Ein reiner Parlamentarismus wie in Frankreich bestände auch dann nicht, da ja das Staatenhaus keine bloße Erste Kammer, sondern ein unmittelbar demokratisches, aber durch Landschaftsinteressen beherrschtes Gebilde wäre und, vor allem, der Reichspräsident eine selbständige Macht bliebe. –

Ganz anders, wenn ein Reichspräsident nicht durch Volkswahl, sondern, wie in Frankreich, durch *Parlamentswahl* gekürt würde. Beim Staatenhaussystem wäre dann Parlamentarismus, also ein als Vertrauensmann der herrschenden Partei „starker" Ministerpräsident, möglich. Und nur die Doppelverantwortlichkeit gegenüber den möglicherweise verschiedenartig parteigegliederten Häusern ergäbe Komplikationen. Stände aber in diesem Falle an Stelle des Staatenhauses ein Bundesrat von instruierten Regierungsdelegierten, dann wäre immer noch eine ähnliche Art von Parlamentarisierung durchführbar, wie sie schon im alten Regime bei Parlamentarisierung des Bundesrats hätte eintreten können. Da aber der Ministerpräsident (Reichskanzler) nun nicht mehr zugleich preußischer Minister sein und dem Bundesrat vorsitzen müßte, würde sein Ministerium, das die Vertrauensmänner des Volkshauses enthalten würde, sich *außerhalb* des Bundesrats konstituieren. Die natürliche Funktion dieses letzteren wäre dann: Beratung und Beschlußfassung über Gesetzesvorlagen und ferner: rein ausführende „Verwaltungsverordnungen". Würde man ihm aber darüber hinaus irgendeine die Gesetze ergänzende Verordnungsgewalt („Rechtsverordnungen": – der Gegensatz ist vorhanden, aber flüssig) zugestehen, *dann* würde das Volkshaus wohl beanspruchen und jeweils gesetzlich festlegen, daß seine Vertrauensleute, die Minister, diese durch Veto sistieren könnten. Andererseits würde dem Bundesrat das Recht nicht vorenthalten werden können, bei den einzelnen Ministerien Kommissionen zur Kontrolle und Berichterstattung zu bilden. Die Regierung würde sich also durch Verhandlung zwischen Bundesrat und Ministerium vollziehen, der vom Parlament gewählte Reichspräsident aber auf formale Kontrolle und Legitimierung beschränkt bleiben wie der französische Präsident der Republik. –

Man könnte nun dem Gedanken nähertreten, statt des Reichspräsidenten ein *Regierungskollegium* mit reihumgehendem Präsidium zu schaffen, neben welchem also eigentliche Minister gar nicht, sondern nur technische Fachleiter stehen würden. Zur Arbeitsteilung würde es Fachreferate verteilen, aber keine Ressortscheidung kennen (wie in der Schweiz nach Art. 103 der Verfassung). Bestellt könnte es werden: – 1. durch Volkswahl mit Proporz im ganzen Reich. Ein bei unseren Parteiverhältnissen vielleicht naheliegender Gedanke. Bei der notwendigen Kleinheit dieses Regierungskollegiums aber (in der Schweiz 7 Mitglieder) würde ein Proporz die Minderheitsparteien wohl überproportional begünstigen müssen und damit Schwanken und Kompromisse, kurz jenen Zustand herbeiführen, den wir an der vorrevolutionären sogenannten „Volksregierung" und leider oft auch an der jetzigen Berliner Regierung beobachteten: widerstreitende Parteiinteressen würden die Haltung der Mitglieder bestimmen, eine einheitliche konsequente Instruktion der Verwaltung wäre schwer. Das wäre ein Hemmnis der Sozialisierung. Vor allem aber fehlte die eindeutig verantwortliche *Persönlichkeit,* wie sie entweder ein Volkswahlpräsident oder ein starker Ministerpräsident darböte. Würde – 2. die Bestellung des Regierungskollegiums dem Reichsparlament (nach Schweizer Muster) übertragen, dann würde im Falle des Proporzes ähnliches eintreten. Bei einfacher Mehrheitsbestellung aber würde eine Koalitionsregierung entstehen, die gegenüber dem System eines parlamentarischen Ministerpräsidenten den Nachteil geringerer *persönlicher* Verantwortlichkeit hätte. Denn auch dann wären die Minister nur Fachbeamte, nicht Politiker. Dies: die *Scheidung von politischer Leitung und Beamtenarbeit,* wäre ja gerade der erhoffte Vorzug aller solcher Wahlkollegiensysteme. Außerdem aber wären bei diesen beiden Arten der Bestellung des Regierungskollegiums die *Einzelregierungen* wiederum gar *nicht* vertreten. Wenigstens dann nicht, wenn kein Bundesrat, sondern ein Staatenhaus bestände. Während umgekehrt ein Bundesrat *und* ein gleichviel wie gewähltes Regierungskollegium eine Vielköpfigkeit der Regierungsmaschinerie bedeuten würde, der gegenüber der Einzelpräsident technisch vorzuziehen wäre.

Schließlich bliebe noch die Möglichkeit eines Delegierten-Bundesrats, der seinerseits etwa durch einen unter den drei größten Staaten reihumgehenden Präsidenten (Reminiszenz der alten „Trias"!) oder etwa durch einen Dreierausschuß die Regierung führte, und neben welchem parlamentarische Minister nicht, sondern nur Fachleiter existieren würden. Diese das Volkshaus auf *rein* „negative Politik" beschränkende Lösung wäre aber schwerlich glücklich. Denn die für jede straffe Sozialisierung nötige Einheitlichkeit wäre vollends preisgegeben. Würde etwa gar das Regierungskollegium direkt durch Delegierte der Einzelregierungen nach bestimmtem Repartitionsschlüssel zusammengesetzt und neben ein Staatenhaus gestellt, so wäre das gleiche erst recht der Fall.[1] – Bei all diesen, wie man sieht, schwierigen Problemen käme nun aber weiter in Betracht, welche Wirkung zwei heute als spezifisch demokratisch vertretene Forderungen ausüben würden, nämlich:

3. *Proporz* und *Referendum.* Gleichviel welches Proporzsystem angewandt wird, so ist seine Wirkung stets die: daß eine *Repartierung* der Ämter und politischen Machtstellungen unter die *Parteien* nach der jeweiligen Stärke stattfindet. Dann könnten die Verhältnisse vieler Schweizer Kantone eintreten, wo die Parteivertreter friedlich nebeneinandersitzen und, unter Repartierung der Ämter, durch Kompromiß die Geschäfte erledigen. Ein höchst friedsamer Zustand in *normalen* Zeiten. Das Koalitionssystem wäre in Permanenz, die straffe Parteiherrschaft mit ihren bekannten Nachteilen, aber auch mit ihrem wenigstens möglichen Vorteil *einheitlicher* politischer *Führung* stark geschwächt. Dies hätte natürlich für alle Sozialisierungsbestrebungen ungünstige Konsequenzen. Auf die *Regierungsbildung* angewandt, wäre also der Proporz das *radikale Gegenteil jeder*

[1] Will man sich – einem Vorschlag von anderer Seite entsprechend – auf einer „mittleren Linie", der einen Parlamentarismus, wennschon von besonderer Art, ermöglicht, einigen, dann wäre neben dem volksgewählten Reichstag etwa ein Staatenhaus von den Einzel*parlamenten* zu wählen und daneben ein plebiszitärer Präsident mit Bindung an die Gegenzeichnung von Reichsministern zu stellen, die ihrerseits dem Reichstag (Volkshaus), und nur ihm, verantwortlich wären.

Diktatur. Je nach den wirtschafts- und sozialpolitischen Absichten wird man das verschieden beurteilen.

Ähnliches gilt aber *auch* für die *Volksabstimmung* über Gesetze. Trotz formeller Ähnlichkeit wirkt sie nämlich *politisch* gerade *entgegengesetzt* wie eine plebiszitäre Präsidentenwahl. Denn sie ist nach allen Erfahrungen ein durchaus *konservatives* politisches Mittel: ein starkes Hemmnis schnellen Fortschreitens der Gesetzgebung. Zumal bei verwickelten Gesetzen kann man ja aus den entgegengesetztesten Gründen und vor allem wegen der heterogensten Einzelheiten gegen einen Entwurf stimmen. Gründe der negativen Abstimmung sind nicht erkennbar, Kompromisse nicht möglich. Sorgfältigere Vorbereitung, die als Folge des Referendums gerühmt wird, und Parteikompromisse *vor* der Unterbreitung können das abschwächen, Kombinationen allseitig gewünschter Neuerungen mit anderen, unerwünschten vermögen diese letzteren den Abstimmenden aufzuzwingen. Im übrigen ist die Wirkung nicht eindeutig. Ein zu häufiges Referendum schwächt das allgemeine Interesse stark ab. Ein relativ seltenes Referendum dagegen steigert unzweifelhaft die allgemeine innere Beteiligung am Gang der Gesetzgebung. Nicht ebenso sicher freilich, wenigstens in Massenstaaten (*anders* als in der Schweiz), die innere Beteiligung und die Orientiertheit über die *Verwaltung,* die zunehmend wichtiger wird. In Amerika dürfte mit zunehmender Entwicklung des Referendums das ohnehin sehr starke und oft einseitige Interesse an der Gesetzgebung, damit aber auch das Vertrauen auf *Paragraphen* gestärkt werden, in England mit seiner Verwaltungskontrolle durch Parlamentskomitees und deren Diskussion in der Presse dagegen die politische Schulung in Verwaltungsangelegenheiten entwickelter sein. Politisch ist wichtig: daß eine Desavouierung der Regierung durch ein Referendum kein persönliches Mißtrauensvotum enthält und daher diese nicht zum Rücktritt zwingt. Auch das Referendum ist Gegner des strikten Parlamentarismus und der straffen Parteiherrschaft, und dies *kann* die Sozialisierung hemmen, bei der eine Volksabstimmung, wenn es sich um große Neuerungen handelt, besonders leicht alles obstruieren *kann,* da stets zahlreiche Interessen verschiedenster Art engagiert sind.

Für Deutschland würde man das Referendum wohl jedenfalls auf Verfassungsänderungen, Fälle akuten Konflikts der höchsten Reichsgewalten – worüber später – und Anträge *sehr* großer Bürgerziffern (etwa ein Fünftel aller) beschränken. Geschieht dies unter gleichzeitiger Durchführung des Proporzprinzips für die Zusammensetzung der Regierung und setzt man dann eine starke plebiszitäre Spitze ein, *dann* ist die *Bedeutung der Berufsparlamentarier fortan sehr gering* und die fortschrittliche Macht der starken Verwaltung mit der konservativen Gewalt des Referendums verkoppelt. Bei schwacher (föderalistisch oder parlamentarisch gewählter) Spitze wäre aber bei Andauer der Parteivielheit die an sich starke Hemmung des Fortschritts durch das Referendum ganz übermäßig verstärkt.

Außerdem wäre das Parlament dann *nicht die Stätte der Führerauslese* – ein wohl zu beachtender Nachteil aller solcher Systeme. Das Streben nach Sozialisierung in Verbindung mit der (gleichviel ob mit Recht) weitverbreiteten Abneigung gegen den Parlamentarismus – wenn man ihr trotz der oben geäußerten Bedenken nachgeben will – und die Vorliebe für formale demokratische Formen der Gesetzgebung und Zusammensetzung der Stimmkörperschaften würden also im ganzen für die *Kombination* 1) eines *plebiszitären Einzelpräsidenten* mit 2) *Staatenhaus* und 3) *Referendum* verfassungsmäßig bei Verfassungsänderungen, auf Veranlassung des Präsidenten bei Konflikten der höchsten Reichsinstanzen und bei Gesetzesanträgen von einem Fünftel der stimmberechtigten Bürger ins Gewicht fallen. Indessen, wie gesagt, das Staatenhausideal ist vielleicht nicht durchführbar. Wir werden jetzt noch weitere Schwierigkeiten kennenlernen, die ihm voraussichtlich im Wege stehen werden.

Natürlich nämlich hängen alle diese Fragen damit zusammen: welche *Aufgabenverteilung* und welche Verteilung der *Finanzmittel* zwischen Reich und Einzelstaaten in Aussicht stehen.

V.

In erster Linie stehen wir für eine möglichst *unitarische* Lösung ein. Also dafür, daß die Einzelstaaten künftig etwa in das Verhältnis der kanadischen oder der australischen Einzelländer zur Zentrale treten; denn jede dezentralistische Lösung ist nicht nur, in baren Ausgaben gerechnet, weit teurer, sondern auch in der Regel unwirtschaftlich, vor allem der Planmäßigkeit der Sozialisierung hinderlich. Daß eine weitgehend unitarische Lösung nur im Fall der Verlegung der Vertretungskörperschaften und der politischen Verwaltungsbehörden von Berlin fort Chancen hätte, scheint sicher. Eine einfache Verwandlung Deutschlands in eine Einheitsrepublik aber würde voraussichtlich selbst dann schwer Annahme finden. Die nun einmal bestehenden Einzelregierungen werden im Gegenteil die Autokephalie, das heißt die Selbständigkeit der Bestellung jeder einzelstaatlichen *Spitze* (durch Volks- oder Parlamentswahl) festzuhalten trachten. Und mit der Frage der Herrschaft über die *Vergebung der Amtspfründe* verknüpfen sich, wie eine Geschichte von tausend Jahren lehrt, sehr starke Interessen.

Rein sachlich wird nun alles bestimmt durch die beiden Tatsachen der bevorstehenden *finanziellen Lasten* und der beabsichtigten *Sozialisierung.* Beide hängen zusammen mit der Abbürdung der Kriegsschuld und der Retablierung der Wirtschaft, welche beide ja schon an sich weitgehende Sozialisierung bedingen. Die zu schaffenden Monopolverwaltungen oder Zentralen für staatlich kontrollierte Syndikate können nur Reichsverwaltungen sein, die zu schaffenden Vermögensabgaben, Monopoleinnahmen und Syndikatsauflagen nur Reichseinnahmen. Das Netto-Budget des Reichs wird daher das aller Einzelstaaten gewaltig überragen, das Brutto-Budget beider überhaupt kaum vergleichbar sein. Letztlich jede, auch eine nicht nur finanziell, sondern zu ökonomischen Zwecken vorgenommene Sozialisierung führt in die gleiche Bahn. Eine radikal unitarische Lösung mit Übernahme aller einzelstaatlichen Schulden auf das Reich wäre bei dessen Schuldenlast ganz unbedenklich, und materiell würden die außerpreußischen Länder bei jeder zentralistischen Sozialisierung mit ihren Finanzfolgen nur gewinnen. Vor allem, wenn preußische Eisenbahnen und Bergwerke in die Hände des Reichs kämen. Ebenso wird das Reich die Enteignung von Fideikommissen und Großgrundbesitz mindestens soweit in eigene Hände nehmen müssen, als es sich um die Landausstattung von Kriegsbeschädigten handelt, die sonst in den Einzelstaaten höchst ungleich ausfiele. In allen diesen Fällen wäre also Regulierung vom *Reich* her unvermeidlich. Von den *bisherigen* Zuständigkeiten des Reichs für die Gesetzgebung (Art. 4) lassen sich kaum irgendwelche streichen. Gewerbepolitik, Handelspolitik, Maß- und Münzwesen nebst Papiergeld und Bankpolitik, Patente, Seehandel, Eisenbahnen, Binnenschiffahrtsrecht, Post, Telegraph, Rechtshilfe, Urkundenbeglaubigung, Bürgerliches Recht, Prozeßrecht, Gerichtsverfassung, Medizinal- und Veterinärpolizei, Preß-, Vereins- und Versammlungsrecht, Militär und Kriegsmarine zu regeln, wird zweifellos Reichssache bleiben. Inwieweit auf Sonderrechte Bayerns (Niederlassungsrecht) Gewicht gelegt wird, ist diesem überlassen. Ob, wie in der Schweiz, über die konfessionellen, staatskirchenrechtlichen und Schulverhältnisse, die bisher ganz den Einzelstaaten verblieben, durch die Verfassung allgemeine Vorschriften aufgestellt werden, ist eine wichtige, von uns natürlich bejahte Frage. Welche Grundrechte das Reich überhaupt zu garantieren hat, soll diesmal im einzelnen nicht erörtert werden. Nur eins sei hervorgehoben: In den Grundrechten der bürgerlichen Epoche spielte die „Heiligkeit des Eigentums" bekanntlich eine große Rolle. Das wird jetzt anders werden. Das Erbrecht wird für die gesetzliche Erbfolge auf die gerade Linie und die Geschwister, für Testamente auf Abkommen der Geschwister des Erblassers zu beschränken sein, vorbehaltlich gesetzlich zugelassener Einzelvermächtnisse und Stiftungen. Fideikommisse müssen verboten werden. Dennoch wird eine Garantie wohlerworbener Rechte auch heute nicht entbehrt werden können und etwa dahin zu gehen haben: daß solche nur angetastet werden dürfen 1. in der Form *allgemeiner* Abgaben in natura oder Geld, 2. in Form von besonderen Enteignungen auf Grund von *Gesetzen* und gegen Entschädigung.

Damit nun, daß das Reich eine umfassende, vielleicht erweiterte Zuständigkeit für die Aufstellung gemeinsamer *Normen* behält, ist noch nichts darüber entschieden, inwieweit auch die *Verwaltung* in seiner Hand liegen soll. Die Verwaltung wird auch in aller Zukunft *Berufsbeamtenverwaltung* sein. Und zwar wesentlich durch *ernannte, nicht* durch volksgewählte Berufsbeamte. Volkswahl ist für die *Führung* am Platze: da also, wo es sich um den oder die politischen *Vertrauensmänner* der Massen handelt. Nicht aber für die *Beamten:* die „Techniker des Apparates". Die Volkswahl von Beamten hat in den Vereinigten Staaten anerkanntermaßen technisch und vor allem moralisch weit schlechtere Resultate ergeben als die Ernennung durch den gewählten Vertrauensmann des Volkes (Präsidenten), der für die Qualität der von ihm ernannten Beamten haftbar ist. Sie zerstört alle Amtsdisziplin, und diese ist gerade bei straffer Sozialisierung schlechthin entscheidend. Volkswahlbeamte sind im örtlichen Kreis, wo alles einander kennt, am Platze, also in den kleinen Gemeinden. Auch in den großen Kommunen kann, nach amerikanischen Erfahrungen, die Wahl des Stadtoberhauptes, *aber* mit *diktatorischer* Vollmacht, sich seinerseits seine Beamtenstäbe zu ernennen, ein Mittel kraftvoller Reform sein. Fachbeamte dagegen kann eine Wählermasse nicht auf ihre Qualifikation prüfen. Und weiter: Es hat eine Zeit gegeben, wo die Demokratien eine Hauptaufgabe in der Verhinderung der Entstehung eines *Beamtenstandes* mit hohem *Ehrbegriff* sahen. Sie ist für immer dahin. Möge die Demokratie nicht glauben, ein Beamtentum *ohne Amtsehre* werde fähig sein, die hohe Integrität und Fachqualifikation des bisherigen deutschen Beamtentums (einschließlich der auch für eine Miliz unentbehrlichen Stäbe) erhalten zu können! Wo diese Integrität im Krieg Schaden gelitten hat, wie anscheinend hie und da im Offizierkorps einzelner Okkupationsgebiete, übrigens wesentlich im Reserveoffizierkorps, da ist sie wiederherzustellen, wie ja überhaupt die Herstellung des *früheren* deutschen Fonds von schlichter „Anständigkeit" die erste aller Aufgaben ist. Insbesondere von dem Ehrbegriff und den moralischen Qualitäten des Beamtentums hängt aber bei einer Sozialisierung die ganze Zukunft der deutschen Wirtschaft ab. Durch materielle Sicherung und gründliche Reform des ganz veralteten Beamtenrechts wird man den durchaus berechtigten Ansprüchen der Beamten und Offiziere Rechnung tragen. Wenn also der *ernannte* Beamte die Zukunft hat, wer ernennt ihn? Wem gehorcht er?

Zwischen den beiden möglichen Extremen: entweder Verwaltung durch einen bis zum Boden reichenden, vom Reichspräsidenten bestellten und ihm gehorchenden Reichsbeamtenstab (wie jetzt in der Kriegsmarine), *oder:* vollständige, von keiner Zentralinstanz kontrollierte Autokephalie der einzelstaatlichen Beamtenstäbe (wie bis 1879 in der gesamten, nicht handelsgerichtlichen Justiz), standen bisher bei uns mannigfache Zwischenstufen. Teils Autokephalie, aber in sehr verschiedenem Ausmaß unter der Revisions- oder Rechtsbeschwerde- oder allgemeinen Verwaltungsjustiz, also: der *Rechts*kontrolle höchster Reichsinstanzen (untereinander wieder sehr verschieden, z. B. für Justiz, Eisenbahnen, Unterstützungswohnsitz, Arbeiterversicherung). *Oder:* zwar Autokephalie, aber mit Kontrolle auch der *Verwaltungsmaßregeln* (Zollwesen). *Oder:* zentrale Bestellung der Spitze durch die Reichsgewalt bei partikularen Beamtenstäben (so die offizielle, tatsächlich durch die Militärkonventionen durchbrochene Kontingentsverfassung des Heeres nach Art. 64). *Oder* umgekehrt: Bestellung nur von lokalen Beamten durch die Einzelstaatsgewalt (Post und Telegraphie nach Art. 50). Dem Schwerpunkt nach lag jedenfalls die Verwaltung und Beamtenernennung auch der vom Reich gesetzlich geregelten Gebiete in den Händen der Einzelstaaten.

Wie verschiebt sich das in Zukunft? Für die anstelle des Heeres tretende Miliz werden mindestens für die Fußtruppen dezentralistische Konsequenzen: im wesentlichen Durchführung des Kontingentsprinzips des Artikels 64, gezogen werden können. Nur für die technischen Truppen wird das Rahmenprinzip erhalten und eine straffere Einheit ebenso selbstverständlich bleiben wie für die Marine. Für die Verkehrsbetriebe könnten trotz der unentbehrlichen Einheit der Leitung doch bei der Beamtenernennung den Einzelstaaten Präsentations- und direkte Anstellungsrechte auch über den jetzigen Artikel 50 hinaus zugewiesen werden; denn die Nachteile der bisherigen völligen Autokephalie Bayerns und Württembergs waren nicht unerträglich. Für staatliche Monopol- und Syndikatsverwaltungen wäre allerdings sehr straffe Einheit dringend erwünscht, aber, da es sich um hauptsächlich preußische Objekte handelt, auch von den Mittelstaaten schwerlich angefochten. Der Separatismus auf dem Gebiet der Sozialisierung hat ja jetzt seine Wurzeln wesentlich auf dem *Ernährungsgebiet,* also in einer Sphäre von schnell abnehmender Bedeutung. Für das zweite *temporär* wichtige Gebiet der Sozialisierung dagegen: die *Rohstoffversorgung,* sind die Einzelgebiete auf die Mitwirkung der Zentrale, vor allem der zentralen Kreditinstitute, geradezu angewiesen. Alles in allem: die bisherige, wesentlich normsetzende und kontrollierende Stellung des Reichs und die entsprechenden richterlichen, verwaltungsgerichtlichen und Aufsichtsbehörden der jetzigen Organisation könnten in der Hauptsache fortbestehen, und auch für die Verkehrsbetriebe könnte die Beamtenpatronage der Zentrale auf die führenden Stellen beschränkt werden, *wenn* nur straffes Funktionieren der *Reglements* garantiert bleibt. Nur für die ökonomische Sozialisierung ist ein Höchstmaß von Einheit der Auslese, so etwa wie der letzte Absatz des Artikel 64 sie für Offiziere vorsah, zu wünschen. Bei der Ernennung der höchsten technischen Verwaltungschefs wird, im Gegensatz zu den *politischen* Reichsbeamten, die vermutlich zu schaffende föderalistische Zentralinstanz (Bundesrat oder Regierungskollegium oder Beirat) wohl das Vorschlagsrecht ähnlich in Anspruch nehmen, wie es bisher der Bundesrat für das Reichsgericht, die Reichsanwaltschaft, den Patentamtspräsidenten, das Reichsbankdirektorium, das Reichseisenbahnamt, das Reichsversicherungsamt inne hatte. Bei Bestehen nur eines *Staatenhauses* wäre eine Anteilnahme an der Amtspatronage nach Art des amerikanischen Senats als föderalistische Maßregel schon schwieriger, – weil die Zahl der Repräsentanten größer ist –, aber namentlich bei landschaftsweiser Wahl wäre sie wohl dennoch durchführbar.

Mit dem Aufgabenkreis und dem Maß der Eigenverwaltung des Reichs hängt zusammen die weitaus schwerste Frage: die der *finanziellen* Beziehungen. Die Finanzverhältnisse sind in einem Bundesstaat das, was die wirkliche Struktur am entscheidendsten bestimmt. Da nun heute auch die ausgiebigste Phantasie von diesen entscheidenden Verhältnissen sich kein wirkliches Bild machen kann, schweben alle vorstehend gegebenen Erörterungen unleugbar stark in der Luft: eben deshalb die nur hypothetische, alle Möglichkeiten offenlassende Form. Bestimmend für die Zukunft wird zunächst die Abbürdung der Reichsschuld, dann aber die Art der Sozialisierung der Wirtschaft und deren Finanzierung sein. Wir müssen uns bescheiden, davon heute noch nichts zu wissen. In allen nicht durch diese Grundprobleme beherrschten Hinsichten wären dagegen eigentlich umstürzende Neuerungen keineswegs dringlich.

Die Besteuerung kann natürlich in allen für die Konkurrenzfähigkeit der Gewerbe wichtigen Punkten nur gleichmäßig sein. Für die Schuldabbürdung wird das Reich sicher vor allem auf die Vermögen und Erbschaften greifen. Eine andere als eine einheitlich vom Reich vorgeschriebene und kontrollierte Veranlagung ist dabei nicht denkbar. Von den alten Einnahmequellen des Reichs, auch soweit sie nicht durch Reichsmonopole ersetzt werden, wird kaum irgendeine den Einzelstaaten überwiesen werden können. (An seinem Biersteuerprivileg wird Bayern wohl festhalten.) Wie sich das Verhältnis von Matrikularumlagen des Reichs auf die Einzelstaaten einerseits, Überweisungen von Überschüssen an die Einzelstaaten andererseits zwischen Reich und Bundesstaaten gestalten wird, läßt sich noch nicht auch nur im Umriß abschätzen. Als einzige gewaltige Bresche in die unvermeidliche Uniformierung (bei welcher die Mittelstaaten übrigens, vor allem Bayern, die Gewinnenden sind) wird sich für eine lange Übergangszeit *Deutsch-Österreich* darstellen. Handels- und steuerpolitisch bedarf es teils in seinem, teils im Interesse Reichsdeutschlands, der Sonderbehandlung, eventuell mit gewissen Zwischenzöllen. Das wäre nichts ganz Neues, und nur die Erfassung wäre bei der Art der in Betracht kommenden Objekte notwendig schwieriger. In Frage steht natürlich, ob die Besteuerung von Einkommen und Ertrag und welchen anderen Steuerquellen ausschließlich durch die Einzelstaaten zu *garantieren* wären. Selbst das würde kaum etwas daran ändern, daß auch künftig Reich und Einzelstaaten ähnlich finanziell miteinander verknüpft bleiben wie jetzt und durch die finanzpolitischen Folgen der Sozialisierung nur noch enger verknüpft werden, so daß eine radikale *Scheidung* der beiderseitigen Finanzen unmöglich bleibt. Ist dies aber der Fall, *dann* sind die Möglichkeiten der Verfassungsentwicklung begrenzt. Auf der Schaffung einer einflußreichen bundesrätlichen, nach dem Repartitionsprinzip zusammengesetzten Instanz werden dann die Einzelregierungen zweifellos bestehen. Auch sachlich ist die Behandlung der Finanzprobleme und also des Reichsbudgets in einer solchen Körperschaft von Delegierten und durch Fachministerien instruierten Beamten durchaus das Gegebene. Die Staatenhauslösung müßte also zugunsten der Bundesratslösung fallen. Geschieht dies aber und fällt damit die Möglichkeit eines wirklichen Reichsparlamentarismus fort – da ja die von den Einzelparlamenten kontrollierten Abstimmungen des Bundesrats durch das Reichsministerium *nicht* vor dem Volkshaus des Reichs (Reichstag) parlamentarisch zu „verantworten" sind –, dann spricht eben sehr vieles für die Schaffung eines *plebiszitären* Reichspräsidenten als Haupt der Exekutive und Inhaber eines suspensiven Vetos. Vor allem aber muß ihm dann das Recht zustehen, wenn zwischen dem Bundesrat einerseits und dem Parlament und seinen Vertrauensleuten: den Ministern, andererseits eine Einigung *nicht* zu erzielen ist, *an die Volksabstimmung zu appellieren.* Das Referendum würde so das Mittel, haben Verfassungskonflikte zwischen den föderalistischen und unitarischen Instanzen zu schlichten. –

Diese Skizze hat ihre Aufgabe erfüllt, wenn sie gezeigt hat, daß eine *nicht* auf dynastischem Boden stehende föderalistische Verfassung überhaupt sinnvoll *möglich* ist. Ob solche Betrachtungen praktische Bedeutung gewinnen oder Makulatur werden, kann heute niemand sagen. Denn nicht oft genug kann den radikalen Illusionisten, die heute geradeso wie das alte Regime jeden unabhängigen Mann, der ihnen unbequeme Wahrheiten sagt, niederknütteln möchten, zugerufen werden: Wir wollen die demokratischen Errungenschaften dauernd sichern helfen. Aber *nur in den Formen einer paritätischen bürgerlich-sozialistischen Regierung.* Von der schon jetzt offen und für den Sozialismus kompromittierend zutage tretenden *völligen Unfähigkeit* der radikalen Literaten zur Leitung der Wirtschaft ganz abgesehen, besteht der zwingende Tatbestand: *Wir stehen unter Fremdherrschaft.* Nicht nur militärisch, sondern auch ökonomisch: schon für die allerersten Schritte der Instandsetzung der Wirtschaft sind wir auf Auslandsrohstoffe und also auf Auslands*kredit* angewiesen. Die Fremdherrschaft hindert zwar zur Zeit die Rückkehr der alten dynastischen und junkerlichen oder ähnlicher Gewalten, mit denen sie weder Frieden noch Kreditgeschäfte schließen oder zulassen würde. *Diese* Angst ist unbegründet. Aber ebenso setzt sie den jetzigen Möglichkeiten der Revolution Schranken. Nicht zu vergessen: die „constituted authority" des Präsidenten Wilson ist zur Zeit der *Reichstag* und niemand sonst. Geht die stupide, dilettantenhafte und zum Teil leider durch sehr materielle Interessen gestützte Mißwirtschaft der alleräußersten Linken noch einige Zeit so weiter, so ist der Zeitpunkt abzusehen, in welchem der Gegner behufs Friedensschlusses sich mit dem Reichstag in Verbindung setzt. Vollends dann, wenn die Nationalversammlung durch unfreie Wahlen kompromittiert oder gesprengt wird, wie es für den Fall, daß sie *nicht* die Mehrheit erlangt, ein Teil der extremsten Linken beabsichtigt, um nicht die Futterkrippe zu verlieren und auch *aus Angst vor Nachprüfung ihrer skandalösen Finanzgebarung.* Handelt es sich aber dann um Frieden und Herstellung der ökonomischen Ordnung und damit der Arbeitsgelegenheit für die Massen, *dann* werden die Feinde dabei die Massen auf ihrer Seite haben, und *sowohl die sozialistische wie die bürgerliche Demokratie der Ideologen hat ausgespielt.* Denn eine wie immer geartete Reichstagsmehrheit wird dann auch im Inland die Machtmittel für die Herstellung der Ordnung zu schaffen wissen (oder vom Feinde geliefert bekommen). Wie dann die bisher wesentlich negativen Errungenschaften der Revolution fahren, mag man sich leicht vorstellen. Wenn eine Ordnung unter dem Druck äußerer Feinde zusammenbricht, dann ist es gewiß nicht schwer, sie auch von innen her umzuwerfen. *Weit* schwerer aber und ohne *freie* Mitwirkung des Bürgertums heute ganz unmöglich ist es, eine tragfähige Ordnung neu an die Stelle zu setzen. Das möge wohl bedacht werden.

Zum Thema der „Kriegsschuld“[1]

Wir haben in Deutschland zwei Monate hinter uns, deren vollendete Erbärmlichkeit im Verhalten nach außen alles überbietet, was die deutsche Geschichte aufzuweisen hat. Das Ohr der Welt gewannen allerhand Literaten, die das Bedürfnis ihrer, durch die Furchtbarkeit des Krieges zerbrochenen oder der Anlage nach ekstatischen Seele im Durchwühlen des Gefühls einer „Kriegsschuld“ befriedigten. Eine solche Niederlage mußte ja die Folge einer „Schuld“ sein, – dann nur entsprach sie jener „Weltordnung“, welche alle solche schwachen, dem Antlitz der Wirklichkeit nicht gewachsenen Naturen allein ertragen. Die Welt ist nun aber anders eingerichtet, als sie sich glauben machen möchten. „Der Gott der Schlachten ist mit den größeren Bataillonen“, – dies Wort Friedrichs des Großen hat im wörtlichen Sinne sehr oft und auch in diesem Kriege vier Jahre lang *nicht* gegolten. Wohl aber im schließlichen Endresultat. Und sofern es den würdelosen Gedanken, als sei ein Kriegsausgang ein Gottesgericht, ablehnt und besagt: daß der kriegerische *Erfolg* schlechterdings nichts für oder gegen das *Recht* beweist, gilt es ein- für allemal, wie ungezählte Leichenfelder der Geschichte auch dem Blödesten beweisen können.

Würde es sich hier nur darum handeln, unsere Krieger davor zu schützen, daß ihnen außer dem furchtbaren Schicksal, schließlich doch unterlegen zu sein – was jede männliche und herbe Lebensauffassung erträgt –, auch noch zugemutet wird, eine Haltlosigkeit mitzumachen, dann könnte man es getrost ihnen selbst überlassen, derartiges von sich abzuschütteln. Allein das politisch für die ganze Zukunft der Beziehungen unserer Nation zu allen anderen Völkern Gefährliche liegt in dem grundfalschen Anschein, der in der Welt über die Meinungen desjenigen *schweigenden Deutschland* erregt wird, welches, einerlei wie bald, jedenfalls irgendwann wieder zu seinem Recht gelangt, wenn das Treiben des jetzigen dilettantischen Regimes ein Ende gefunden haben wird. Im Namen der Ehrlichkeit muß der Welt schon jetzt zugerufen werden, weithin über die Länder und Meere: *Es ist nicht wahr,* dies Literatenvolk *ist nicht Deutschland* und sein Gebaren entspricht nicht der wirklichen inneren Stellung der Deutschen zu ihrem Kriegsschicksal.

Der Verfasser dieses Aufsatzes ist, aus rein politischen sowohl wie aus allgemeinen Kulturgründen, vor dem Kriege stets für eine anständige Verständigung mit England, *die einen Krieg unmöglich gemacht hätte,* eingetreten und hat seine Haltung im Kriege nicht geändert. Er hat keinen Augenblick die törichten Vorstellungen über die amerikanischen Kriegsmotive und die Absichten des Präsi-

[1] Frankfurter Zeitung vom 17. Januar 1919.

denten Wilson mitgemacht. Es ist ihm niemals eingefallen, den deutschen Einmarsch in Belgien als eine selbstverständliche Harmlosigkeit und vollends die „Angliederungspläne“ gegenüber diesem Lande als etwas anderes als: Irrsinn anzusehen. Er denkt auch jetzt nicht daran, die schweren Fehler, vor allem die oft gewissenlose Leichtfertigkeit und die verstockte parvenümäßige Großsprecherei im Zeitalter Wilhelms II. anders als früher zu beurteilen. Er darf natürlich nicht beanspruchen, irgendwie mehr als irgendein anderer dafür berufen angesehen zu werden: im Namen jener Deutschen zu sprechen, die ebenso denken wie er. Aber wenn er sich der Kollektiverklärung seiner Heidelberger Kollegen über die Kriegsschulderörterungen nicht anschloß, weil *alle* akademischen Kollektiverklärungen im Kriege in Mißkredit gekommen sind, so nimmt er sich das Recht, ausführlich zu begründen, daß und warum er der gleichen Ansicht ist wie jene Erklärung.

Zuvor aber einige andere Bemerkungen.

Das Urteil der Geschichte über die Art, wie Präsident Wilson seiner noch nicht dagewesenen Verantwortung gerecht geworden ist, wird endgültig von seinem demnächstigen Verhalten bestimmt werden. Wenn er angesichts dessen tatsächlich kein Bedenken tragen sollte, sich mit unseren Gegnern *allein* an einen Tisch zu setzen, nachdem er allein ihren Anstrengungen, sein Urteil zu beeinflussen, sich ausgesetzt hat, ohne dagegen *deutsche* repräsentative Persönlichkeiten, deren Hände rein sind, ebenso eingehend oder auch nur überhaupt *angehört zu haben,* so kann dies schwerwiegende Folgen herbeiführen. Vor allem für das innere und äußere Verhalten der deutschen Bevölkerung gegenüber dem künftigen Frieden. Nur soviel sei bemerkt: Saarbrücken, Bozen, Reichenberg, Danzig und andere Orte in die Hände von Fremdvölkern gespielt, deutsche Flüsse oder Kanäle durch eine sogenannte Neutralisierung unserer Verfügung entzogen, Fronknechtschaft und Pfandbesitz für Ansprüche aus Schäden, welche die Folgen des Krieges *rein als solchen* sind, – das alles würde selbstverständlich dazu führen, daß auch der politisch radikalste Arbeiter Deutschlands – nicht jetzt, wohl aber nach Jahr und Tag, wenn der jetzige Taumel und die folgende Ermattung vorüber sind – zum Chauvinisten würde und daß er gemeinsam mit den Intellektuellenschichten der Nation sich auf jene revolutionären Mittel der Selbstbestimmung besinnen müßte, wie sie jede *Irredenta* gebraucht hat und wie sie ein 70-Millionen-Volk natürlich ausgiebiger und nachdrücklicher gebrauchen kann, als Serbien oder auch Italien es je getan haben. Nur Kinder und Narren können hoffen, durch die Mittel und in der Art, wie es jetzt eine Handvoll Fanatiker mit ihrem Anhang von Beutejägern will, eine neue Wirtschaftsordnung zu begründen oder die gegenwärtige auch nur um Haaresbreite „reifer“ für eine „Sozialisierung“ zu machen. Gegenüber einem politischen und militärischen Gewaltbesitz Fremder aber stehen die Dinge denn doch nach alter Erfahrung völlig anders. Natürlich weiß jeder urteilsfähige Deutsche, daß es für die Feinde *zur Zeit* eine Kleinigkeit wäre, einige Hauptorte Deutschlands zu besetzen und dem jetzigen sogenannten revolutionären Treiben kleiner, aber gut bewaffneter Fanatiker- und Räuberbanden ein schleuniges Ende zu bereiten, falls sie dies aus irgendeinem Grunde in ihrem Interesse für nützlich hielten. Und natürlich ist es also denkbar, daß dies uns angedrohte Verfahren irgendwann eintritt, und sicher, daß die Gegner dann von den anfangs allein ins Auge gefaßten Teilgebieten aus immer weiter zu gehen gezwungen sein würden. Einer solchen Expedition hätte heute keine deutsche Regierung oder Partei wirksame physische oder moralische Machtmittel entgegenzustellen. Aber die Chancen der Organisation eines *längere Jahre* dauernden Pfandbesitzes wären freilich völlig andere. – Indessen nicht von diesen für uns und die Gesittung der Welt immerhin äußerst ernsten Perspektiven eines Gewaltfriedens – der „Schuld an der Zukunft“ – soll im weiteren die Rede sein. Sondern von der „Schuld“ an der Vergangenheit, insbesondere am Kriege.

In einem Zeitpunkt, wo versucht wird, ein solches Problem mit dem Mittel einer (noch dazu: *einseitigen!)* Publikation von Akten über den unmittelbaren Anlaß des Ausbruchs zu lösen, scheint es immerhin nötig, die Kindlichkeit eines solchen Beginnens ausdrücklich zu betonen. Für wen die Neujahrsrede Napoleons III. und die folgenden Aktionen der Diplomatie von 1859 oder die diplomatische Aktion Österreichs beim Bundestag von 1866 oder die Emser Depesche von 1870 oder das Ultimatum an Serbien von 1914 den *Grund* für den betreffenden Krieg darstellt, der ist einfach: ein Schwachkopf. Das Streben Piemonts nach Einigung Italiens und der Widerstand Österreichs dagegen, das Streben Preußens nach Einigung Kleindeutschlands und der dagegen sich wendende Widerstand zunächst Österreichs und dann Frankreichs (der ganzen Nation, von Napoleon bis zu Thiers und Gambetta) waren 1859, 1866, 1870 die *Kriegsgründe.* Jene diplomatischen Aktionen aber waren die für das politische Resultat zwar nicht unwichtigen, aber für die Entstehung des Krieges selbst gleichgültigen *Formen,* in denen er sich entspann.

Für den diesmaligen Krieg nun gab es eine, und nur eine Macht, die unbedingt und unter allen Umständen den Krieg um seiner selbst willen wollte und nach ihren politischen Zielen wollen mußte: *Rußland,* d.h.: der Zarismus als System und die ihm anhängenden oder vielmehr die den persönlich indifferenten Zaren zum Krieg drängenden hinlänglich bekannten Schichten. „Wie ein Naturereignis“ komme der Krieg, sagte mir ein „Kadett“, nicht lange vor dem Ausbruch. Und dieser Glaube – oder vielmehr: dieser Entschluß – reichte noch wesentlich weiter nach links. Die historisch begründete Eigenart russischer Literaten aller Parteien, sich nicht mit der Ordnung ihrer häuslichen russischen Angelegenheiten zu begnügen, sondern eine Weltrolle spielen zu wollen, trat schon in der Revolution von 1905 zutage und ist sich seitdem bis heute gleichgeblieben.

In dem Rußland von 1914 gab es keine Schicht von irgendwelchem positiven Einfluß, die den Krieg *nicht* gewollt hätte. Zu vermeiden war der russische Krieg für Deutschland nach dem Zerwürfnis mit England daher *nur* zeitweise und auch nur unter der Bedingung der völligen Preisgabe des gesamten Westslawentums und unserer eigenen Unabhängigkeit an die absolute Beherrschung durch Petersburg und Moskau. Wer sich mit dem Verwaltungssystem des Zarismus je befaßt hat, weiß, daß es auf der weiten Erde nichts gab, was seinen raffinierten Mitteln der Volksentmannung glich, und daß die Revolution von 1905 darin nur zugunsten von Leuten unpolitischer Art oder mit sehr viel Geld eine Änderung herbeigeführt hatte. Er weiß also auch – wie es die deutsche Sozialdemokratie am 4. August 1914 wußte –, daß ein Krieg gegen *dieses* System ein guter Krieg war und daß die Leistung der deutschen Heerführer, die seinen Zusammenbruch herbeiführte, für immer zu den Ruhmesblättern der deutschen Geschichte zählen wird. Unter gar keinen Umständen kann, soweit *Rußland* in Frage kommt – und dessen Verhalten entschied für den Krieg als solchen überhaupt – von einer deutschen „Kriegsschuld“ auch nur geredet werden, deren Diskussion vielmehr nur den westlichen Gegnern gegenüber überhaupt möglich ist.

Was übrigens schließlich den äußeren Hergang des Ausbruchs gegen Rußland anlangt, so hätte Art. 1 eines künftigen Kriegsvölkerrechtsstatuts des zu schaffenden Völkerbunds zu lauten: „Ein Staat, der mobil macht, während noch verhandelt wird, verfällt dem internationalen Verruf.“ Es war ja nicht nur jedem Staatsmann der Welt, sondern jedem politisch interessierten Laien genau bekannt, daß und warum eine russische Mobilmachung den Krieg nicht etwa nur „unvermeidlich“ machte, sondern ihrerseits der Kriegsausbruch war.

Art. 2 des kriegsvölkerrechtlichen Völkerbundsstatuts hätte zu lauten: „Ein Staat, der bei Kriegsausbruch auf die Anfrage, ob er neutral bleiben werde, keine deutliche Erklärung abgibt, verfällt dem internationalen Verruf.“ So verhielt sich *Frankreich.* Da ihm damals seine Ehre die Innehaltung des nun einmal bestehenden Bündnisses mit Rußland gebot, verbietet ihm jetzt doch wohl die Würde, in der Rolle des unvermutet Überfallenen zu erscheinen. – Etwas anders liegt es natürlich, wenn man nach den letzten *Kriegsgründen* fragt. Über die Annexion Elsaß-Lothringens hat die Welt im Jahre 1870 und noch kurz vor dem Kriege bekanntlich nicht so geurteilt wie während des Krieges. Indessen dies bleibe ganz aus dem Spiel. Denn es ändert nichts daran, daß unsere dynastische Politik eben eine politische Behandlung des Elsaß verschuldete, welche diese Wunde offen hielt. (Vor dem Krieg war die Erhebung zum gleichberechtigten deutschen Bundesstaat die Forderung der französischen Sozialdemokratie.) Aber selbstverständlich ist auch das nicht entscheidend gewesen. Sondern: der historisch überkommene Wunsch der französischen Politik, statt des starken einen schwachen Nachbarn zu haben. Dieser Wunsch wurde sehr wesentlich und – muß man sagen – ganz begreiflicherweise verstärkt durch die, nicht in ihrem ursprünglichen Ziel, um so mehr aber in ihrem weiteren Verlauf und in ihren Mitteln, törichte und nervöse Marokkopolitik der deutschen Regierung. Die sehr aufrichtig gemeinte Haltung des Reichskanzlers v. Bethmann in den letzten Jahren vor dem Kriege kam zu spät. Es läßt sich aber ganz unmöglich leugnen, daß, im Gegensatz zu Deutschland, eine sehr starke, auf den französisch-deutschen Krieg als solchen hinarbeitende populäre Strömung in Frankreich stets bestanden hat und allen noch so ehrlichen Versuchen einer Verständigung entgegenwirkte. Die kleinen im Lande verbreiteten Blätter und illustrierten Zeitschriften allein schon dienten dieser Stimmung in einer Art, wie sie in Deutschland völlig undurchführbar gewesen wäre. In Deutschland war der Wunsch einer Verständigung stets volkstümlich. Die erst während des Kriegs unter der Oberfläche ziemlich lebhaft von schwerindustrieller deutscher Seite erhobene Annexionsforderung (Briey) hat die ganz überwiegende Mehrheit der Parlamentarier sowohl wie der Nation beharrlich und auch in Zeiten deutscher Erfolge zurückgewiesen.

Als etwa ein Jahr vor Ausbruch des Krieges ein Mitarbeiter einer großen französischen Zeitung bei uns saß und, nachdem er sich Empfehlungen an deutsche Politiker hatte geben lassen, die Besorgnis äußerte: daß die drohende Kriegsgefahr für ihn vielleicht eine unfreundliche Aufnahme nach sich ziehen könne, sagten wir ihm: In jedem deutschen Hause werden die Männer, die ins Feld ziehen müssen, wenn es unvermeidlich werden sollte, Ihnen beim Abschied die Hand schütteln: „Auf Wiedersehen auf dem Felde der Ehre." Nach seinem Verhalten muß ich annehmen, daß er, und nicht nur er, für diese Gesinnung Verständnis hatte. – Mit *diesem* Frankreich aber haben wir heute nicht zu rechnen. Erörterungen von „Schuldfragen" mit den Trägern der gegenwärtig dort, wie es scheint, vorherrschenden Gesinnung sind sinnlos.

Artikel 3 des Kriegsvölkerrechtsvertrags der Zukunft müßte nach meiner Ansicht lauten: „Ein dauernd neutralisierter Staat kann sich auf seine Neutralität nur berufen, wenn er sich in den Stand gesetzt hat, sie nach allen Seiten hin gleichmäßig und möglichst wirksam zu schützen." Im Gegensatz zur Schweiz und zu Holland war es der politische Fehler *Belgiens,* dies *nicht* getan zu haben. Der Schutz war der Sache nach nur gegen Deutschland gerichtet, die Seeküste sowohl wie die Grenze gegen Frankreich ganz ungeschützt. Die deutsche Auffassung darüber war der Öffentlichkeit nicht verborgen: der ausdrückliche Hinweis des Kaisers bei den Schweizer Manövern auf die „ungedeckte andere Flanke" war so deutlich wie möglich. Das ändert natürlich nichts daran, daß der Zorn der überraschten Masse des belgischen Volkes uns verständlich ist, und noch weniger soll damit die Äußerung des Reichskanzlers v. Bethmann in seiner bekannten Rede bei Kriegsbeginn entwertet werden. Wohl aber dürfen wir feststellen: daß auch diese „Schuldfrage" nicht so einfach lag, wie vielfach angenommen wurde.

Artikel 4 des Kriegsvölkerrechtsvertrags hätte nach deutscher Auffassung lauten müssen: „Ein Neutraler, der von einer kriegführenden Seite einen Rechtsbruch ohne gewaltsame Abwehr duldet, darf zur Gewaltsamkeit auch gegen die andere Seite nicht greifen wegen solcher rechtswidriger Gegenmaßregeln, welche das einzige Mittel sind, die Folgen des gegnerischen Rechtsbruchs wettzumachen." Für *diese* Rechtsauffassung stand Deutschland in der Tauchbootfrage ein, während Präsident Wilson sein bekanntes Prinzip, daß die Verantwortlichkeit „nicht verbunden, sondern gesondert" sei, vertrat. Die englische Blockade, der dreiviertel Millionen Menschenleben zum Opfer fielen, war offenkundig rechtswidrig, schon weil sie für die Ostsee nie effektiv war, wie der Präsident wiederholt festgestellt hat. Aus *seinem* Rechtsstandpunkt aber zog er ganz naturgemäß die Folgerung: daß er eine nur materielle Schädigung von der einen Seite und eine Bedrohung von Menschenleben von der anderen Seite formell gesondert und materiell verschieden behandeln dürfe und müsse. Die Konsequenz der deutschen Niederlage ist der Sieg der Rechtsauffassung des Präsidenten. *Unrichtig* aber ist es, daß Deutschland rein willkürlich und ohne eine ehrliche, wenn auch wenigstens m. E. in ihren Konsequenzen nicht durchführbare, also objektiv *falsche,* Rechtsüberzeugung es auf den Krieg habe ankommen lassen. Die sehr schweren Einzelfehler der deutschen Politik gegenüber Amerika und vor allem das Verhalten des Herrn Zimmermann vom Januar 1917 lassen sich in keiner Weise rechtfertigen, und es muß offen zugegeben werden, daß zu einer derartigen Vertretung Deutschlands ein vertrauenvolles Verhältnis für neutrale Mächte, in heikler Lage zumal, äußerst schwer war. Die Haltung Deutschlands ist dabei hauptsächlich durch die Vorstellung bedingt gewesen, Amerika beabsichtige in jedem Falle in den Krieg einzugreifen. Die Vorstellung war offenkundig absolut falsch. Daß sie überhaupt entstehen konnte, hatte aber immerhin seinen Grund darin, daß in Deutschland auf die Tatsache verwiesen werden konnte, daß es auch in Amerika eine „Kriegsideologie" gab. Nur hatte sie m. E. nichts mit „dem Dollar" zu tun. Im Gegenteil: es waren ganz andere und zweifellos ein Teil der besten Schichten des „jungen" Amerika, die am meisten zu ihr hinneigten. Vor allem innerhalb der an Bedeutung unvermeidlich stetig steigenden Universitätsschichten fand sie, hier wie auch sonst oft, ihre Träger. Wenn man schon 1904 in einem so guten und für das „junge" Amerika so charakteristischen Buch wie Veblens „Theory of Business Enterprise" die unverhohlen freudige Konklusion las, daß die Zeit herannahe, in der es wieder ein rationelles Geschäft („a sound business view") sein werde, den Welthandel einander *durch Krieg* abzunehmen, daß also der Kriegsgeist wieder erwachen und damit *Würdegefühl* an die Stelle des öden Dollarverdienens treten werde, – wenn man im kleinen die langsame Wandlung des Geistes dieser Schichten verfolgte (z. B. in den Studentenwohnungen amerikanischer Quäkeruniversitäten deutsche Mensurschläger an der

Wand fand, von Studenten auffallend oft nach dem Betrieb dieses ritterlichen Sports gefragt wurde), gelegentlich von Universitätskollegen das Dreiklassenwahlrecht als recht vernünftig (very reasonable) bezeichnen hörte und die sonstigen oft erörterten Aristokratisierungserscheinungen vor sich sah, so konnte man das wissen. Einen aus anständigen Gründen entstehenden Krieg mit einer wirklich großen Militärmacht hätte ein Teil dieser stark europäisierten Jugend schwerlich je grundsätzlich als unsympathisch empfunden. Indessen bei den *Massen* war es allerdings letztlich doch die subjektiv durchaus ehrliche Überzeugung von der absoluten Schlechtigkeit der deutschen Sache (Belgien!), der hinterhältigen Verstocktheit der deutschen Diplomatie und der Rücksichtslosigkeit der deutschen Kriegsmethode, welche die Kriegsstimmung schufen. Es läßt sich, wie gesagt, auf keine Art leugnen, daß allerhand Einzelvorfälle und das Verhalten verschiedener deutscher Funktionäre dazu beigetragen haben, diesen Glauben zu nähren. Andererseits blieb freilich die Information der Amerikaner eine derart beispiellos einseitige, *und zwar bis heute,* daß von der Möglichkeit eines einigermaßen billigen Standpunkts bei ihnen schlechterdings keine Rede sein konnte. Begründet war aber leider ihr grundlegendes Urteil über die Unverläßlichkeit unserer Leitung. Nur hatte dies nichts mit moralischen Defekten zu tun, sondern beruhte auf einem Regierungssystem, welches unter monarchischen Formen die Bestimmung politischer Entschlüsse unverantwortlichen Instanzen und einer Demagogie von deren Kreaturen auslieferte, die schließlich stärker wurden als ihre Herren. Die Bekämpfung dieses Systems aber hatte u. a. die früher in einem Teil der englischen Presse und Literatur übliche Verhimmelung der Person des Deutschen Kaisers uns außerordentlich erschwert.

Und damit zu *England.* Das Reden über die „Einkreisungspolitik" und den „Handelsneid" auf unserer Seite und die höchst widerwärtige pharisäische und pfäffische Pathetik eines Teils der dortigen Politiker übertönen den einfachen Tatbestand. Gewiß hat einerseits die sehr verkehrte Inszenierung der deutschen Burenpolitik (und ähnliches), andererseits das *nicht* großzügige Verhalten der englischen Politik gegen uns in Kolonialfragen stark mitgewirkt. Aber wirksamer *Kriegsgrund* war für die englische Politik durchaus die Unsicherheit über die Ziele und den beabsichtigten Umfang des deutschen *Flottenbaues,* welche angesichts mancher Äußerungen des Kaisers stieg und zur Konzentration der englischen Flotte in der Heimat und damit zur Lähmung der englischen Weltpolitik führen zu müssen schien. Unsere Erfahrung in einem Krieg gegen alle Flotten der Erde zusammen hat gelehrt: daß zu Verteidigungszwecken eine Schlachtflotte vom Umfang der französischen für uns ausgereicht hätte. Angesichts der geographischen Lage von Liverpool einerseits, Hamburg andererseits hätte für eine wirkliche Blockade Englands auch eine Flotte von der vollen Stärke der englischen nicht ausgereicht. Hier lagen in der Tat schwere, von uns bekämpfte Irrtümer der

Tirpitzschen Gernegroßpolitik, welche dazu geführt hat, daß wir jetzt von der vielberedeten angelsächsischen Weltherrschaft sagen müssen, was 1871 Thiers von der deutschen Einheit sagte: „Ah, c'est nous qui l'avons faite!"

Für das, was uns *jetzt* droht, werden breite Kreise in Deutschland vor allem die Haltung *Englands* – einiger führender Politiker und eines Teils der Presse – verantwortlich machen, einerlei mit wieviel Recht. Im Fall einer uns vergewaltigenden Polen- und Tschechenpolitik der Entente oder von Fronknechtschaft wird daher die öffentliche Meinung Deutschlands ihre Orientierung wohl im weiteren Osten suchen, wo im Laufe einiger Jahrzehnte mit dem Wiedererstehen Rußlands die Lage die alte sein wird. Es ist nicht unsere Aufgabe, englische Politiker darüber zu belehren, daß es nach einem Siege über ein schließlich doch nicht auszuschaltendes Volk im Verhalten eines Siegers Dinge gibt, die ihm außerordentlich schwer, noch andere aber, die ihm schlechterdings niemals vergessen werden. – Hier sollte vielmehr nur, um nicht die deutsche Aufrichtigkeit in begründeten Mißkredit zu bringen, ganz offen gesagt werden, wie die einer aufrichtigen Verständigung treu gewesenen und gebliebenen Kreise Deutschlands zu diesen „Schuld"-Erörterungen sachlich stehen. Es ist ohne Rücksicht darauf gesagt worden, ob dies irgendeinen „Erfolg" verspricht, lediglich um für die künftig möglicherweise unvermeidliche Haltung dieser Kreise eine *sittliche Vorbedingung* zu erfüllen. Was die Gegner anlangt, so wird der Frieden entweder von sachlichen Politikern gemacht werden, oder von Plebejern, die zu klein sind für den Sieg über ein großes Volk und die eine ekelhafte priesterliche Salbung in den Dienst politischen und ökonomischen Profitstrebens stellen. Im letztgenannten Fall interessiert uns das Resultat nur wenig, und es gilt für uns: *schweigen und warten.*

Zu einer Erklärung der Heidelberger Couleurstudenten[1]

Zu dem Protest verschiedener Couleuren in den hiesigen Zeitungsausgaben vom 21. Januar habe ich zu bemerken:

Es ist sehr zu beklagen, daß die Farbenverbindung die Einstellung ihres öffentlichen Auftretens seit 1914 im *vierten* Kriegsjahre wieder rückgängig gemacht haben, und es ist das gegenüber der zunehmenden Schwere unserer Lage nicht zu rechtfertigen. Wenn ich von dem völlig unentschuldbaren, inzwischen wohl entsprechend gesühnten Verhalten mehrerer Mitglieder einer hiesigen Burschenschaft im letzten Spätherbst ganz absehe, so war ein Stiftungsfest mit allgemeiner *Beflaggung* seitens einer Couleur im Augenblick nach dem Eintreffen der ersten *Niederlagenachrichten* von der Front (Ende Juli v. J.) eine *herausfordernde Verletzung der Gebote des nationalen Takts* und verdiente die scharfe Zurückweisung reichlich, welche ich für angebracht hielt. Inwiefern die gegenwärtige Lage der Nation für Derartiges geeignet wäre, ist nicht abzusehen. Den Herren, die hinter dem Proteste stehen, muß denn doch bemerkt werden: Im Felde haben andere Leute, auch solche, die wenigstens vom bisherigen Standpunkt schlagender Verbindungen als „*nicht satisfaktionsfähig*" galten und dementsprechend behandelt wurden, bekanntlich ganz ebenso ihre Pflicht getan, wie, selbstverständlich, auch die Couleurstudenten. Die heute übliche Berufung darauf wirkt also nicht gerade erfreulich. Wer in einer Zeit nationaler Schande durch Sonderabzeichen die Vertretung einer *Sonderehre* gleichviel welcher Art in Anspruch nimmt und wer dadurch zugleich in einer Zeit furchtbaren wirtschaftlichen Ruins der Nation ostentativ bekundet: daß der Geldbeutel der Eltern für die entsprechenden Sonderausgaben noch ausreichend gefüllt sei, – der müßte denn doch schon nationale Sonderpflichten von ganz außerordentlicher Tragweite auf sich nehmen, um das gerechtfertigt oder auch nur menschlich erträglich erscheinen zu lassen. Den etwas sentimental wirkenden Appell an (angeblich „ideelle") Interessen *der Bürgerschaft am Couleurwesen* kann ich als eine Berufung auf solche nationalen Leistungen oder als ein Versprechen von solchen nicht gelten lassen und überhaupt nicht besonders hoch bewerten. Die Anerkennung der Pflicht, jetzt *mehr* „politisch" (auch: mehr im übrigen?) zu *arbeiten*, ebensowenig. Mit solchen akademischen Spießbürgereien ist eine Auseinandersetzung unfruchtbar.

Dagegen hebe ich gern hervor: die Gesinnung, welche aus privaten Zuschriften anderer hiesiger Couleurkreise sprach, hat mir trotz aller Meinungsunterschiede einen ganz wesentlich anderen, vor allem: einen männlicheren Eindruck gemacht. Und ich stehe, wie seinerzeit geantwortet, diesen Kreisen gern Rede

[1] Heidelberger Neueste Nachrichten vom 27.1.1919.

über alles, was ich prinzipiell zur Sache denke, vorausgesetzt natürlich, daß dieselben es wünschen sollten. Und selbstverständlich geht mich der Sinn, den *sie selbst* mit einer Fortsetzung des Couleurlebens verbinden, schon deshalb etwas an, weil ein Zurückkommen auf diesen Gegenstand bei gegebener Gelegenheit kaum zu vermeiden ist.

Hochachtungsvoll,
Max Weber

Der Reichspräsident[1]

Der erste Reichspräsident ist von der Nationalversammlung gewählt worden. Der künftige Reichspräsident muß unbedingt vom Volke unmittelbar gewählt werden. Die entscheidenden Gründe dafür sind die folgenden:

1. Da der Bundesrat, wie immer man ihn benennen und wie immer man seine Befugnisse umgestalten möge, jedenfalls in irgendeiner Gestalt in die neue Reichsverfassung übernommen werden wird – denn es ist vollkommen utopisch zu glauben, daß die Träger der Regierungsgewalt und Staatsmacht: die von den Völkern der Einzelfreistaaten bestellten Regierungen, sich bei der Willensbildung des Reichs, vor allem: der Reichsverwaltung, ausschalten lassen –, so ist die Schaffung einer unzweifelbar auf dem Willen des Gesamtvolkes, ohne Dazwischenkunft von Mittelsmännern, ruhenden Staatsspitze ganz unumgänglich. Überall ist die indirekte Wahl beseitigt worden, und hier, an der formell höchsten Stelle, soll sie erhalten bleiben? Das würde mit Recht als eine Verhöhnung des Prinzips der Demokratie im Interesse des Kuhhandels der Parlamentarier wirken und das Reich in seiner Einheit diskreditieren.

2. Nur ein Reichspräsident, der die Millionenstimmen hinter sich hat, kann die Autorität besitzen, die Sozialisierung in die Wege zu leiten, für die ja durch Paragraphen von Gesetzen schlechthin gar nichts, durch eine straff einheitliche Verwaltung dagegen alles zu leisten ist; Sozialisierung ist: Verwaltung. Dabei ist völlig einerlei, ob man die Sozialisierung nur als unumgängliche Finanzmaßregel oder ob man sie, im Sinne der Sozialdemokratie, als Umformung der Wirtschaft betreiben will. Es ist nicht die Aufgabe der Reichsverfassung, die künftige Wirtschaftsordnung festzulegen. Sie hat nur für alle denkbarerweise an die Verwaltung herantretenden Aufgaben freie Bahn und Möglichkeit zu schaffen, also auch für diese. Es ist sehr zu hoffen, daß die Sozialdemokratie sich nicht aus einem mißverstandenen, kleinbürgerlichen, pseudodemokratischen Vorstellungskreis heraus diesen Notwendigkeiten verschließen werde. Möchte sie doch bedenken, daß die vielberedete „Diktatur" der Massen eben: den „Diktator" fordert, einen selbstgewählten Vertrauensmann der Massen, dem diese so lange sich unterordnen, als er ihr Vertrauen besitzt. Eine kollegiale Spitze, in der dann natürlich alle größeren Bundesstaaten und ebenso alle größeren Parteien jede ihren Vertreter verlangen würden, oder eine parlamentsgewählte Spitze, die mit der elenden Ohnmacht des französischen Präsidenten belastet wäre, könnte in die Verwaltung niemals jene Einheit bringen, ohne welche ein Wiederaufbau unserer Wirtschaft, gleichviel auf welcher Grundlage, unmöglich ist. Man sorge dafür, daß der

[1] Berliner Börsenzeitung vom 25. Februar 1919.

Reichspräsident für jeden Versuch, die Gesetze anzutasten oder selbstherrlich zu regieren, „Galgen und Strick" stets vor Augen sieht. Man schließe eventuell, um jede Restauration auf dem Wege des Plebiszits zu hindern, Mitglieder der Dynastien aus. Aber man stelle das Reichspräsidium fest auf eigene, demokratische Füße.

3. Nur die Wahl eines Reichspräsidenten durch das Volk gibt Gelegenheit und Anlaß zu einer Führerauslese und damit zu einer Neuorganisation der Parteien, welche das bisherige ganz veraltete System der Honoratiorenwirtschaft überwindet. Bliebe dies bestehen, so hätte die politisch und wirtschaftlich fortschrittliche Demokratie in absehbarer Zeit ausgespielt. Die Wahlen haben gezeigt, daß es den alten Berufspolitikern überall gelingt, entgegen der Stimmung der Wählermassen, die Männer, die deren Vertrauen genießen, zugunsten politischer Ladenhüter auszuschalten. Eine radikale Abwendung gerade der besten Köpfe von aller Politik ist die Folge gewesen. Nur die Volkswahl des höchsten Reichsfunktionärs kann hier ein Ventil schaffen.

4. Die Wirkung des Verhältniswahlrechts verstärkt dies Bedürfnis. Bei den nächsten Wahlen wird eintreten, was bei diesen sich erst im Keim zeigte: die Berufsverbände (Hausbesitzer, Diplominhaber, Festbesoldete, „Bünde" aller Art) werden die Parteien zwingen, lediglich zum Zwecke des Stimmenfangs deren (der Berufsverbände) besoldete Sekretäre an die Spitze der Listen zu stellen. Das Parlament wird so eine Körperschaft werden, innerhalb derer solche Persönlichkeiten, denen die nationale Politik „Hekuba" ist, die vielmehr, der Sache nach, unter einem „imperativen" Mandat von ökonomischen Interessenten handeln, den Ton angeben: ein Banausenparlament – unfähig, in irgendeinem Sinne eine Auslesestätte politischer Führer darzustellen. Dies muß hier offen und nackt gesagt werden. Zusammen aber mit dem Umstand, daß der Bundesrat durch seine Beschlüsse den Ministerpräsidenten (Reichskanzler) weitgehend bindet, bedeutet dies eine unvermeidliche Schranke der rein politischen Bedeutung des Parlaments als solchen, die unbedingt ein auf dem demokratischen Volkswillen ruhendes Gegengewicht fordert.

5. Der Partikularismus ruft nach einem Träger des Reichseinheitsgedankens. Wir wissen nicht, ob die Entwicklung rein regionaler Parteien nicht weiter fortschreitet. Stimmung dafür ist da. Das wird auf die Mehrheitsbildung und die Zusammensetzung der Reichsministerien unweigerlich auf die Dauer zurückwirken. Die Wahlbewegung bei der Bestellung eines volksgewählten Reichspräsidenten bildet einen Damm gegen das einseitige Überwuchern solcher Tendenzen, denn es zwingt die Parteien, sich durch das Reich hin einheitlich zu organisieren und zu verständigen, ebenso wie der volksgewählte Reichspräsident selbst dem – leider unvermeidbaren – Bundesrat ein Gegengewicht im Sinne der Reichseinheit gegenüberstellt, ohne doch die Einzelstaaten mit Vergewaltigung zu bedrohen.

6. Früher, im Obrigkeitsstaat, mußte man für die Steigerung der Macht der Parlamentsmehrheit eintreten, damit endlich die Bedeutung und damit das Niveau des Parlaments gehoben würde. Heute ist die Lage die, daß alle Verfassungsentwürfe einem geradezu blinden Köhlerglauben an die Unfehlbarkeit und Allmacht der Mehrheit – nicht etwa des Volkes, sondern der Parlamentarier – verfallen sind: das entgegengesetzte, ganz ebenso undemokratische Extrem. Man schränke die Macht des volksgewählten Präsidenten ein wie immer und sorge dafür, daß er nur in zeitweilig unlösbaren Krisenfällen (durch suspensives Veto und Berufung von Beamtenministerien), im übrigen nur durch Anrufung des Referendums in die Reichsmaschine eingreifen kann. Aber man gebe ihm durch die Volkswahl einen eigenen Boden unter die Füße. Sonst wankt in jedem Fall einer Parlamentskrise – und bei mindestens vier bis fünf Parteien wird eine solche nicht zu den Seltenheiten gehören – der ganze Reichsbau.

7. Nur ein volksgewählter Reichspräsident kann in Berlin neben der preußischen Staatsspitze eine andere als eine rein geduldete Rolle spielen. Bei den Einzelstaatenregierungen, also auch bei der preußischen Staatsspitze wird fast die gesamte Amtspatronage liegen, vor allem die Besetzung sämtlicher mit dem Volk im Alltag in Berührung kommenden inneren Verwaltungsbeamten, vermutlich auch mindestens der unteren Offiziersgrade. Ein nicht durch Wahl des Gesamtvolks gewählter Reichspräsident würde daher der preußischen Staatsspitze gegenüber eine geradezu erbärmliche Rolle spielen und die Übermacht Preußens in Berlin und dadurch im Reich erneut und in sehr gefährlicher, weil partikularistischer Form erstehen.

Es ist an sich verständlich, wenn die Parlamentarier ungern das Opfer der Selbstverleugnung bringen, die Wahl des höchsten Reichsorgans aus den eigenen Händen zu geben. Aber es muß geschehen, und die Bewegung dafür wird nicht rasten und ruhen. Möge die Demokratie nicht ihren Feinden diese Agitationswaffe gegen das Parlament in die Hand drücken. Wie diejenigen Monarchen nicht nur am vornehmsten, sondern auch am klügsten handelten, welche rechtzeitig ihre eigene Macht zugunsten parlamentarischer Vertretungen begrenzten, so möge das Parlament die Magna Charta der Demokratie: das Recht der unmittelbaren Führerwahl, freiwillig anerkennen. Es wird das, wenn die Minister streng an sein Vertrauen gebunden bleiben, nicht zu bereuen haben. Denn der große Zug demokratischen Parteilebens, der sich an der Hand dieser Volkswahlen entwickelt, wird auch ihm zugute kommen. Ein unter bestimmten Parteikonstellationen und -koalitionen vom Parlament gewählter Reichspräsident ist mit Verschiebung dieser Konstellation ein politisch toter Mann. Ein volksgewählter Präsident als Chef der Exekutive, der Amtspatronage und (eventuell) Inhaber eines aufschiebenden Vetos und des Befugnisses der Parlamentsauflösung und Volksbefragung ist das Palladium der echten Demokratie, die nicht ohnmächtige Preisgabe an Klüngel, sondern Unterordnung unter selbstgewählte Führer bedeutet.

Die wirtschaftliche Zugehörigkeit des Saargebietes zu Deutschland[1]

Der Bitte, über die wirtschaftliche Seite des Problems, insbesondere mit Bezug auf das Saarbecken zu reden, kann ich in ziemlicher Kürze genügen, da mein persönlicher Standpunkt der ist: daß in dieser Frage die Ehre der Nation im Spiel ist und daher Wirtschaftsfragen keine entscheidende Rolle spielen dürfen. Richtig ist aber, daß staatliche Grenzen unmöglich nur nach nationalen Gesichtspunkten gezogen werden können, solange es Staaten mit Wirtschaftspolitik überhaupt gibt. Die gemischtsprachlichen Gebiete Oberschlesiens z. B. gehören aus zwingenden wirtschaftlichen Gründen zu Deutschland, weil das ganze Gebiet wirtschaftlich dorthin „blickt" und eine Verstümmelung des ganzen ostelbischen Wirtschaftslebens eintreten würde, nicht zuletzt auch des oberschlesischen, wollte man versuchen, es abzutrennen.

Richtig ist ferner für unser spezielles Problem: daß Deutschland und Frankreich als Wirtschaftskörper an Kohlen einerseits, Erzen andererseits ziemlich entgegengesetzt ausgestattet sind. Als Ganzes betrachtet hat Deutschland viel Kohle, Frankreich zu wenig. Deutschland hat für seine Kohle zu wenig Erz, Frankreich ist jetzt eines der erzreichsten Länder der Erde geworden. Unter Bezugnahme auf diesen Tatbestand argumentieren die Franzosen nun so: 1. Wir haben Kriegsschäden an Kohlenbergwerken in (angeblicher) Höhe einer Jahresförderung von 10 Millionen Tonnen. 2. Wir haben an sich einen Bedarf von 55 Millionen und eine Eigenförderung von 40 Millionen Tonnen. 3. Das Saarbecken – welches nach den mir vorliegenden Zahlen 1913 12⅔ Millionen Tonnen förderte – muß da in die Lücke springen.

Dazu ist zu sagen: 1. braucht Frankreich andere Kohlen, als das Saargebiet hervorbringt. Für die entscheidende Qualität: Fettkohlen, ist dessen Förderung für seinen eigenen Bedarf ungenügend und wird durch Zuschuß von außen ergänzt. 2. bezog Frankreich bisher die Kohlen zur Deckung seines Fehlbedarfes von anderswoher und auf anderem Wege. England, Belgien, Deutschland deckten den Bedarf, und die Franzosen fühlten sich so wohl dabei, daß sie sich noch einen, je nach den Kohlenpreisen auf 15-20% vom Wert zu bemessenden, Kohleneinfuhrzoll erlaubten und trotzdem gut versorgt waren. Diese Versorgung stammte zu einem ganz geringen Bruchteil aus dem Saargebiet. Dagegen kann 3. das Saarge-

[1] In: Gegen Frankreichs Anspruch auf Pfalz und Saarbecken. Protestkundgebung von Lehrkörper und Studentenschaft der Ruprecht-Karls-Universität Heidelberg, 1. März 1919. Ansprachen von Rektor Prof. Dr. Chr. Bartholomae/ Prof. Dr. Hermann Oncken/ Privat-Doz. Dr. Wolfgang Windelband/ Stud. phil. nat. Egon Thiel/ Prof. Dr. Max Weber. Heidelberg 1919.

biet überhaupt nicht mehr abgeben, als bisher auch. Nach den mir vorliegenden Zahlen wurden von der Saarkohle rund 30% verhüttet, 11% für Gasanstalten, 10% für Bahnbetriebe der verschiedenen Art verwendet und 25% dem Hausbrande und Handel zugeführt. Von der Förderung wurden über ⅓ innerhalb des Saarbeckens selbst, etwa ⅓ in Süddeutschland verbraucht, welches in starkem Maße davon abhängig ist: Sie erinnern sich, daß die Heidelberger Gasbeleuchtung und Gasheizung während des Krieges gelegentlich nur durch sehr energisches Eingreifen des Direktors bei den Saarbergwerken Versorgung finden konnte. Nur ⅐ der Saarförderung geht nach Lothringen und ein ferneres Siebentel nach Frankreich. Das wird auch künftig so sein. Jede weitergehende zwangsweise Reservierung der Saarkohle aber, vor allem der an Ort und Stelle verbrauchten Fettkohlen, für französische Zwecke, einerlei in welcher Form, wäre der Tod der Saarindustrie.

Französischerseits wird nun weiter darauf hingewiesen: daß das jetzt an Frankreich fallende lothringische Gebiet zur Verhüttung seiner vielbesprochenen Minetteerze ganz auf die Saarkohlen angewiesen sei. Da wir die genau gleichartige entsprechend umgekehrte Argumentation deutscher Annexionisten bezüglich des Minettegebietes (Briey) stets, auch auf dem Gipfel der deutschen Erfolge, bekämpft haben, haben wir das Recht, uns ein für allemal derartige Argumentationen auch von seiten der Gegner zu verbitten. Natürlich braucht die Minette die Kohle. Aber Lothringen hat Kohle. Rund 3,8 Millionen Tonnen, mehr als doppelt soviel, als aus dem Saargebiet nach Lothringen abgesetzt wurde, fördert Lothringen schon jetzt, wovon nur 1,5 Millionen nach Elsaß und Lothringen (im ganzen) gingen, rund 500.000 aber nach Frankreich abgegeben wurden. Dagegen bedarf das Saargebiet der Minette unbedingt. Fast 6/7 der lothringischen Produktion ging nach Deutschland. Das Saargebiet ist daher ungleich mehr abhängig von Lothringen als umgekehrt. Allerdings ist auch die Minette ihrerseits stark darauf angewiesen, mindestens teilweise das Saargebiet zur Verhüttung aufzusuchen, da sie in die Ferne nicht so zweckmäßig absetzbar ist. Saarkohle und französisch-lothringische Minette sind in der Tat aufeinander angewiesen. Wer aber an Völkerversöhnung und Völkerbund glaubt, wird daraus den willkommenen Schluß ziehen: daß künftig trotz aller jetzigen Gegensätze diese Gebiete sich über die Grenze hinweg wirtschaftlich wieder die Hand reichen werden. Wer aber nach rein materiellen Gesichtspunkten für die Zugehörigkeit eines Gebietes sucht, der muß sich daran erinnern: daß die Mosel und ihre Nebenflüsse, die natürlichen Wasserstraßen des Gebietes, nach Norden zum Rhein führen und nach Durchführung der von einigen engherzigen Interessenten früher hintertriebenen Kanalisation dies erst recht tun werden. Das Kohlen- und Minettegebiet als Ganzes blickt also hinsichtlich seiner sämtlichen natürlichen Bedingungen nach Deutschland, nicht nach Frankreich, und der Versuch, ihm sozusagen den Kopf umzudrehen, wäre gegen alle Natur der Dinge.

Erst recht so steht es mit den im Saargebiet auf der Grundlage seiner Bodenschätze beruhenden Produktionszweigen. Zunächst mit den Hütten. Ihr Roheisen wird an Ort und Stelle und in der Pfalz zu Stahl verarbeitet. Für diesen Stahl aber ist Frankreich kein Markt, sondern nur Deutschland. Ebenso ein spezifisches Fertigfabrikat: die Röhren. Damit ist Frankreich aus eigener Produktion nach Bedarf versehen, also kein Markt dafür. Nicht anders die wichtige Glasproduktion. Frankreich ist auch darin über Bedarf aus eigenem gedeckt. Die wichtigsten auf die Kohlen des Saargebietes angewiesenen örtlichen Industrien müßten also, selbst wenn man ihnen die Kohlen ließe, verkümmern, wenn sie gewaltsam in den französischen Wirtschaftskörper hineingezwängt werden sollten. Sie wären freilich vollends und ausdrücklich dem Untergang geweiht, wenn man – wie es jetzt in der französischen Presse angedeutet wurde – das Saargebiet zwar bei Deutschland belassen, ihm dabei aber die Lieferung von Kohlen für angebliche französische Wirtschaftsbedürfnisse auferlegen wollte. Für die Schäden im Sommegebiet wäre eine Deckung gerade aus dem Saargebiet wirtschaftsgeographisch nicht zu rechtfertigen, für das Saargebiet aber wäre sie ruinös und bedeutete eine wirtschaftlich unsinnige Zerstörung blühender alter Industrien. Man darf auf diesen Plan: die Saarbevölkerung als arbeitslose Bettler Deutschland zu überlassen, nachdem man ihre Bodenschätze unter den Füßen wegkonfisziert hätte, wohl den Ausdruck „niederträchtig" anwenden. Vorsichtig veranschlagt, würde es sich um das Schicksal von rund 250.000 von der halben Million Menschen handeln, welche das Saargebiet heute umfaßt.

Wenn übrigens die Zusammengehörigkeit gerade des Saargebietes mit dem benachbarten Elsaß-Lothringen so „naturgegeben" sein soll, – wie stellen sich denn die benachbarten Elsaß-Lothringer selbst zu der Annexion? Die in Massen ausgewiesenen, von Deutschen abstammenden Elsässer werden an der Grenze von den Franzosen nach nichts so sorgfältig durchsucht als nach elsässischen Zeitungen. Dennoch wurde mir der Leitartikel einer führenden deutschgeschriebenen Straßburger Zeitung vorgelegt, welcher gegen jede Vereinigung dieser „Saarpreußen" mit Elsässern heftig und in höchst widerlichen Formen protestiert: die Elsässer wünschen unter sich zu bleiben.

Bedarf nun etwa Frankreich neues Land oder mehr Bodenschätze zur Versorgung seines Menschenüberschusses? Für die Tatkraft seiner Unternehmer? Für die Erwerbsgelegenheit seiner Arbeiter?

Frankreich und Deutschland unterscheiden sich in ihrer innern Stellungnahme zur Wirtschaft tiefgehend. Frankreich ist das Land des Zweikindersystems, des Sparens und der Rentner. Es hat im Verhältnis zu seinen natürlichen Möglichkeiten zu wenig Menschen. Deutschland war schon bisher das Land der Unternehmer und Arbeiter und wird nach dem Kriege ein Land sein, welches im Verhältnis zu seinen natürlichen Möglichkeiten zuviel Menschen hat. Nicht französische Unternehmer oder Arbeiter, sondern ganz und gar nur: die französische Finanzwelt, die Banken, die dort in ganz anderem Umfang als bei uns die Industriepapiere in der Hand halten, hätten ein Interesse daran, mit einem Objekt wie den Saargruben ihr Spiel treiben zu können. Für Deutschland dagegen ist nach dem Kriege die Frage der Schaffung von Erwerbsgelegenheit für seine Arbeitermassen schlechthin *die* Frage, hinter der alle anderen zurücktreten. Wenn man von der Notwendigkeit einer Millionenauswanderung aus Deutschland wie von einer Selbstverständlichkeit spricht, so ist das leider richtig. Nur unterläßt man gewöhnlich zu fragen nicht nur: wohin? sondern vor allem: was für Dinge müssen bei uns zunächst eintreten, ehe sich die Millionen zur Auswanderung in Bewegung setzen werden? Diese Millionenauswanderung eines Pariavolkes könnte freilich die wirkliche „deutsche Gefahr" für die Erde werden. Ein Frevel sondergleichen ist es, sie zu befördern. Die schmachvolle Ausweisung der in Elsaß-Lothringen beheimateten deutschdenkenden Bevölkerung, der Weltboykott gegen das Deutschtum und die Abschneidung überseeischer Erwerbsmöglichkeiten werden Deutschland noch mit Massen von Erwerbslosen überschwemmen. Alle diese Perspektiven sind derart unerhört furchtbar, daß der Gedanke als ein Zynismus sondergleichen bezeichnet werden muß, von einer Wegnahme von Produktionsmitteln, sei es in Gestalt einer offenen oder verhüllten Annexion oder in Gestalt der Beschlagnahme von Kohlenlieferungen zu reden, welche die Stillegung einer Industrie und die Brotlosigkeit von Hunderttausenden zur Folge haben müßte, nur zu dem Zweck, politischen Annexionismus oder reine Bankinteressen zugleich zu befriedigen und zu bemänteln.

Für die Zukunftspolitik, vor allem für die Völkerbundpolitik wird freilich selbst diese Seite der Sache noch überragt durch die unerhörte Verletzung des Selbstbestimmungsrechts, welche uns hier angesonnen wird. Nach langjährigem Genuß der französischen Verwaltung hat das Saargebiet nicht nur, wie Dr. Windelband ausführte, seinen Wiederanschluß an Deutschland, sondern seinen Neuanschluß an *Preußen* begehrt. An einen Staat also, dem sonst in Deutschland zwar mit allseitigem Respekt, aber wenigstens von Leuten, die vorher noch nicht zu ihm gehört hatten, selten mit dem Wunsch begegnet wurde: zu ihm zu kommen. Es ist meines Wissens das einige Gebiet, was gerade diesen Willen geäußert hat. Diese im eigentlichsten Sinn durch Selbstbestimmung getroffene Entscheidung nicht zugunsten von Pariser Finanzinteressen mit Füßen treten zu lassen, ist eine Sache der Ehre. Gewiß: Krieg könnte Deutschland in den nächsten zwei Generationen auch dann nicht führen, wenn es wollte. Aber: die Revolutionen machen an künstlichen Grenzen nicht Halt. Ich denke doch: auch die Revolutionäre werden nicht der Ansicht sein, zwar eine Revolution gegen das eigene Bürgertum und also: der Bürgerkrieg, sei legitim, eine Revolution gegen Fremdherrschaft, Fronknechtschaft oder Tributherrschaft dagegen nicht. Der Irrtum unserer äußersten Linken ist: zu glauben, man könne eine moderne Wirtschaftsordnung durch Anwendung von Gewalt auch nur um Haaresbreite einer rationalen Gemeinschaft näher führen. Dieser Versuch wird elend scheitern. Anders steht es aber mit der revolutionären Durchsetzung des Selbstbestimmungsrechts gegen eine fremde Gewalt- und Tributherrschaft. Gegen politische Vergewaltigung deutscher Brüder im Osten oder Westen würde die Welt eine deutsche Irredentabewegung entstehen sehen, die in ihren revolutionären Mitteln sich von der italienischen, serbischen und irischen nur dadurch unterscheiden würde, daß der Wille von 70 Millionen dahinterstände und – ich vermute, und ich sage es offen, ich erwarte es: – die akademische Jugend. Das wäre gar nicht anders möglich. Schon als Privatmann vergißt man zwar Kränkungen seiner Interessen, nicht aber Kränkungen seiner Ehre. Erst recht so eine Nation. Das mögen die Gegner bedenken. Französische Militaristen mögen an der Verewigung des Völkerhasses ein Interesse haben, welche die Notwendigkeit eines großen französischen Heeres und also günstiger Avancementschancen für die Offiziere motivieren würde. Nicht aber eine friedlich gesonnene Welt. Der Völkerbund wäre innerlich tot, wenn derartiges geschähe.

Man spricht jetzt viel von der „Schuld am Kriege". Wir haben eine unparteiische Untersuchung, das heißt: eine Untersuchung durch Unbeteiligte, verlangt. Wir wollen uns nicht im mindesten dem entziehen, die Verantwortlichkeiten festgestellt zu sehen, welche durch deren Ergebnisse auf unsere Regierung oder auch indirekt auf irgend welche Glieder unseres Volkes fallen würden. Aber es muß allerdings darauf hingewiesen werden, daß diese Untersuchungen die Völkerversöhnung nicht fördern werden. Der erfolgreiche Sieger und der bessere Advokat sind da im Augenblick von vornherein im Vorteil. Aber die Erörterung kann jahrzehntelang weitergehen, und mit jedem neuen Dokument, welches Historiker auf einer der beiden Seiten auszugraben und zu verwerten sich berufen fühlen werden, ginge das Gezeter von vorn los. Der Politiker hat die *Verantwortung für die Zukunft* noch ungleich ernster zu nehmen als die Frage der Schuld an der Vergangenheit. Diese Verantwortung für die Zukunft ist aber jetzt jene Verantwortung *für den Frieden*, welche auf den Siegern *allein* ruht, und von der es an der Zeit wäre, zu reden. Der Politiker kennt nur zwei sittliche Todsünden in der Politik: Unsachlichkeit und Verantwortungslosigkeit. Wir sind durchaus nicht überzeugt, daß unsere Regierung in der Vergangenheit nicht bald die eine, bald die andere begangen hat. Wir sind allerdings aber auch, ohne uns zum Richter unserer Feinde machen zu wollen, desgleichen für ihre führenden Politiker dessen keineswegs sicher, soweit die Vergangenheit in Betracht kommt. Aber eins steht vollkommen fest: daß für das, was *jetzt* geschieht, für Unsachlichkeiten und Verantwortungslosigkeiten *dieses Friedens*, die Feinde ganz allein vor der Geschichte die Verantwortung tragen werden. Die schmachvolle Unsachlichkeit des

Waffenstillstandes und der Art seiner weiteren Behandlung schreit schon jetzt vor der Zukunft zum Himmel. *Namens der Verantwortung vor der Geschichte und vor der Zukunft der europäischen Kultur* legen wir den schärfsten Protest ein gegen jene Niedertracht, welche noch den Frieden zu einem Mittel des Profits herabwürdigen möchte, daher auch: gegen alle Annexions- oder Tributgelüste gegenüber dem Saargebiet.

Zur Untersuchung der Schuldfrage[1]

An die Redaktion der Frankfurter Zeitung

Das anliegende Anschreiben möchte ich Sie bitten, mit tunlichster Beschleunigung so zu veröffentlichen, daß es etwas in die Augen fällt …

Die amtliche Antwort der Entente auf die Anregung, deutscherseits eine neutrale Kommission über die Schuldfrage einzusetzen, ist in radikal ablehnendem Sinn ausgefallen. Der Verlauf der jetzigen Berner Verhandlungen läßt nach Meinung gut unterrichteter Herren, welche über Beziehungen zur Gegenseite verfügen, einen solchen Schritt gerade von anderer als unabhängig-sozialdemokratischer Seite ratsam erscheinen. Daß der Brief nur von einem einzelnen und gerade von mir geschrieben wird, beruht auf einer Reihe von verwickelten Überlegungen …

Die Fassung beruht darauf, daß dem Auswärtigen Amt jede Art der Behandlung dieser Anregung offen gehalten werden muß, je nach Änderung der Situation. Insbesondere muß die Anregung auch als ein Vorschlag aufgefaßt werden können, eine Kommission unter Beteiligung neutraler Persönlichkeiten einzusetzen. Andererseits ist es nicht ratsam, dies auszusprechen, da sich der Versuch vielleicht schon wegen der Haltung der Neutralen als undenkbar erweist und dann das, was vielleicht zustande kommt: eine unabhängige deutsche Kommission, nicht als gegenüber der Anregung minderwertig erscheinen darf. Eine *parlamentarische* Untersuchungskommission einzusetzen, wäre in diesem besonderen Fall sicherlich kein zweckmäßiger Weg. Alle Erörterungen würden dann sofort unter rein *parteipolitische* Gesichtspunkte geraten. Mir persönlich erscheint eine Kommission aus möglichst unabhängigen und politisch ungebundenen, dabei aber in politischen Dingen, insbesondere der letzten Jahre, möglichst erfahrenen Persönlichkeiten des In- und Auslandes, natürlich unter Beteiligung pazifistischer Kreise, das allein Richtige.

---

[1] Begleitschreiben vom 20.03.1920 zum nachfolgenden Artikel „Die Untersuchung der Schuldfrage“.

Die Untersuchung der Schuldfrage[1]

An die Redaktion der Frankfurter Zeitung

Heidelberg, den 20.3.1919

Die Erörterung der sogenannten Schuldfrage steht auf einem toten Punkt. Der Standpunkt deutscher Kreise, welche annexionistische Tendenzen stets, auch auf der Höhe unserer Erfolge, abgelehnt haben, wurde in der seinerzeit auch von Ihnen gebrachten Erklärung der „Heidelberger Vereinigung für eine Politik des Rechts" zum Ausdruck gebracht. Diese Kreise wissen sich frei von irgendwelcher Absicht, die wirkliche Verantwortung der deutschen, von ihnen wiederholt scharf kritisierten Politik verkleinern zu wollen, sind aber selbstverständlich überzeugt davon, daß nur eine wirklich unparteiische Prüfung der internationalen Lage und aller Vorgänge vor und bei Ausbruch des Krieges eine geeignete Grundlage für die Beurteilung des deutschen Verhaltens bieten könnte. Auf die öffentliche Anregung, eine internationale neutrale Kommission mit einer systematischen Erhebung unter Heranziehung sämtlicher Archive zu betrauen, ist von den Gegnern nicht reagiert worden. Dabei darf es sein Bewenden nicht haben. Eine Publikation des gesamten deutschen Aktenmaterials wurde seinerzeit in Aussicht gestellt, ist bisher aber noch nicht erfolgt. Wiederholt sind die schweren Bedenken gegen eine einseitige deutsche Publikation betont worden, und sie bestehen unvermindert fort.

Allein die Zusage ist gegeben. Offizielle Weißbücher haben nun in der Öffentlichkeit nicht die nötige überzeugende Kraft: Es besteht die begründete Auffassung, daß Aktenmaterialien allein Aufklärung über die Hergänge nicht schaffen können, daß vielmehr unbedingt eine mit allen Garantien der Sachlichkeit und Vollständigkeit umgebene *Vernehmung der beteiligten Persönlichkeiten* hinzuzutreten hätte. Diese Persönlichkeiten leben in der Mehrzahl jetzt noch, und es wäre dringend zu wünschen, daß die Aufklärung über die Motive ihres Handelns nicht der Memoiren-Publikation künftiger Jahrzehnte überlassen bleibt, sondern daß sie alle unter Gegenüberstellung untereinander und mit dem Aktenbefund jetzt veranlaßt werden, sich erschöpfend, wenn möglich im Kreuzverhör, vor einer in jeder Hinsicht unbefangenen Instanz zu äußern. Eine solche Instanz müßte besonders geschaffen werden. Ein gegen wen immer gerichtetes Verfahren vor einem künftigen Staatsgerichtshof würde gerade den entscheidenden Dienst nicht leisten. Denn um die Feststellung von Schuld im juristischen Sinne handelt es sich nicht, die Erforschung politischer Vorgänge aber durch eine deutsche ju-

[1] Frankfurter Zeitung vom 22. März 1919.

ristische Körperschaft würde vor dem Forum der Welt schwerlich die genügende Autorität genießen. Es fragt sich also, ob eine Form gefunden werden kann, die Prüfung der deutschen Akten in Verbindung mit der Einvernahme aller an den Vorgängen handelnd Beteiligten und, je nach Ermessen und Möglichkeit, auch anderer Zeugen einer Instanz zu unterbreiten, welche durch ihre *Zusammensetzung* jedem unbefangenen Urteil, insbesondere aber künftigen, den Leidenschaften der Gegenwart entrückten Geschlechtern jede denkbare Garantie dafür böte, daß wirklich alle für die Beurteilung der deutschen Politik erheblichen Tatsachen so weit aufgeklärt werden, als dies überhaupt möglich ist. Das Ziel wäre:

1. umstrittene Tatsachen und Zusammenhänge aufzuklären,
2. jenes *Bild* der Weltlage, welches den deutschen Staatsmännern nach ihren Informationen bei ihrer Politik vor Augen stand, erschöpfend festzustellen,
3. ihr Verhalten gegenüber diesem *ihnen* vorschwebenden Sachverhalt in seinen Motiven aufzuklären.

Das Auswärtige Amt wird sich der Pflicht kaum entziehen dürfen, die Öffentlichkeit wissen zu lassen, ob und welche Schritte es zu unternehmen gedenkt, um diesem Verlangen nach einer objektiven Klarstellung des *deutschen* Verhaltens zu entsprechen, und so eine Aufklärung herbeizuführen, welche ganz unabhängig davon erfolgen muß, wie sich die *Gegner* verhalten.

gez. Prof. Max Weber

Unitarismus, Partikularismus und Föderalismus in der Reichsverfassung

I.[1]

Bei den Erörterungen über das Maß, das dem einen und anderen dieser drei Prinzipien einzuräumen sei, herrscht teilweise Unklarheit über die entscheidenden Probleme.

Die *Kernforderung* des *unitarischen Gedankens* müßte sachlich das Verlangen sein: daß die Verwaltung des Reichs, insbesondere die Ausführung der innerhalb seiner Zuständigkeit erlassenen Gesetze und Verordnungen einheitlich sei, d. h. durch die zentralen Reichsbehörden mittels Befehl an alle zuständigen Beamten und Offiziere unmittelbar geleitet und kontrolliert werde. Soweit also ein Gebiet der Reichszuständigkeit nicht durch einen Stab unmittelbarer Reichsbeamter verwaltet wird, sondern – wie es die Regel bleibt – durch Beamte der Einzelstaaten, so muß mindestens gefordert werden, daß diese Beamten im Fall der Tätigkeit innerhalb des Gebiets der Reichszuständigkeit den *unmittelbaren Befehlen* der *Reichszentrale zu gehorchen* haben und dafür ihr dienstlich unmittelbar verantwortlich sind.

Kernforderung des Partikularismus ist notorisch, daß die Verwaltung der Einzelländer tunlichst durch eigene Landeskinder geführt werde; alles andere tritt hinter diesem Verlangen zurück. Die Forderung kann mit der unitarischen Kernforderung zur Not vereinigt werden. Es muß dann nur die direkte Befehlsgewalt und Disziplinargewalt des Reichs gewahrt werden.

Zweifellos ist, daß dieser Zustand ein *Kompromiß* darstellt. Jede Verwaltung fungiert natürlich am promptesten, wenn Beamtenanstellung und -beförderung einerseits und Befehlsgewalt über sie andererseits in der gleichen Hand liegen. Denn nur dann ist der Beamte durch sein Eigeninteresse gebieterisch auf die Zufriedenheit der befehlenden Stelle angewiesen. Völlig unerträglich war aber der bisherige Zustand: daß zwar das Reich Gesetze und Verordnungen erließ, aber keinerlei Machtmittel hatte, obstruierende einzelstaatliche Beamte – etwa: preußische Landräte, die das Vereinsgesetz mißachteten – überhaupt unmittelbar verantwortlich zu machen, sondern darin auf den guten Willen der Einzelregierungen angewiesen war. Die Reichsorgane, im Reichstag zur Rede gestellt, wußten sich dann mit allgemeinen Redensarten in würdeloser Art aus der Affäre zu ziehen. Dieser Zustand würde in Zukunft jede nationale Wirtschaftsorganisation,

[1] Heidelberger Zeitung vom 28.03.1919.

und vollends: jede Sozialisierung, unmöglich machen. Denn diese besteht ja nicht aus bloßen allgemeinen Anordnungen, sondern gerade aus den kontinuierlich ergehenden einzelnen Verwaltungsbefehlen.

Die bisherigen Reservatrechte der Einzelstaaten machten sich *militärisch* im Anfang des Krieges, *nahrungspolitisch* aber dauernd sehr unangenehm fühlbar. Ein Fehlen einheitlicher Kontrolle der Reichssteuerveranlagung würde der ungleichen Einschätzung die Tür öffnen. Ein Fehlen der Einheit der Kontrolle syndizierter Industrien würde ganz unmögliche Zustände herbeiführen, je weiter die Sozialisierung vorschritte. Jenes vorhin vorgeschlagene Kompromiß: Amtspatronage der Einzelstaaten, aber Befehls-, Kontroll- und Disziplinargewalt des Reiches wäre dagegen immerhin ein Fortschritt.

Kernforderung des *Föderalismus* endlich ist, daß Gesetze und allgemeine Verwaltungsordnungen des Reichs nicht ohne Zutun der einzelstaatlichen Regierungen erlassen werden. Dies wird naturgemäß besonders energisch für solche Verordnungen verlangt werden, auf Grund deren die Reichsregierung unmittelbare Befehle an die von den Einzelregierungen angestellten Beamten ergehen lassen und dann deren Durchführung selbst kontrollieren soll.

Der Entwurf des Staatssekretärs Preuß vom 3. Januar beseitigte im § 6 den Bundesrat und wies seine Verwaltungsbefugnisse den Reichsministerien zu, während sein Gesetzgebungsanteil auf das von den Einzelparlamenten, nicht den Regierungen, zu wählende Staatenhaus übergehen sollte. Eine föderalistische Verwaltungsbehörde sah er nicht vor, sondern gab nur (§ 14, 15) den Freistaaten das Recht, Vertreter zur Reichsregierung zu entsenden, welche nach Bedarf bei den einzelnen Ministerien zu „Reichsräten“ mit rein gutachtlicher Funktion zu vereinigen waren und auch (§ 16) das Recht haben sollten, den Standpunkt ihrer Regierung im Reichstag zu vertreten. Die entscheidende unitarische Bestimmung enthielt § 8, welcher 1. den einzelstaatlichen Behörden die Pflicht auferlegte, Anweisungen der Reichsregierung (d. h. nach § 68 des Reichskanzlers und der Reichsminister) zur Ausführung der Reichsgesetze Folge zu leisten; 2. der Reichsregierung die Befugnis gab, zur Überwachung der Ausführung der Reichsgesetze eigene Beauftragte mit dem Recht auf Auskunft einschließlich der Akteneinsicht in die Einzelstaaten zu entsenden; 3. zuwiderhandelnde einzelstaatliche Beamte der Verfolgung nach dem Reichsdisziplinarrecht unterwarf. Die Amtspatronage für die unmittelbaren Reichsbeamten und Offiziere hat der volksgewählte Reichspräsident (§ 61).

II.[1]

Was ist aus diesen Vorschriften in den Vorberatungen mit den Einzelstaaten *geworden*? Geblieben ist die Ernennung der Reichsbeamten durch den Präsidenten, jedoch mit dem Vorbehalt, (§ 86 Abs.3, § 94 Abs.4), daß die Beamten der *Post* und *Telegraphie* und der künftigen *Reichseisenbahnen* auf ihren Wunsch *möglichst* im *Heimatsgebiet* zu beschäftigen sind; also: nicht ein Recht der Bevölkerung auf tunlichste Verwaltung durch Landeskinder, sondern ein Recht der Beamten auf Heimatsbeschäftigung. Geblieben ist ferner zwar das Recht der Reichsregierung zum Erlaß von *Ausführungsverordnungen* (§ 13), *Ausübung* des *Aufsichtsrechts* (§14 Abs.1) und ferner (daselbst Abs.2) Erlaß allgemeiner *Verwaltungsvorschriften* in Fällen, wo die Ausführung der Gesetze den Landesbehörden überlassen ist. Beim Erlaß aller Ausführungsbestimmungen ist aber die Reichsregierung an die Zustimmung des unter der Bezeichnung „Reichsrat" wiedererstandenen Bundesrats gebunden. Das ist die *wichtigste Konzession an den Föderalismus*, wesentlich wichtiger als das suspensive Veto des Reichsrats gegen die Gesetze.

Es hat sich also die Auffassung bewahrheitet, daß die Landesregierungen das Hauptgewicht gerade auf die aktive Teilnahme an der Reichsverwaltung legen. Dazu tritt nun aber im Entwurf eine höchst wichtige *partikularistische Konzession. Genommen* ist nämlich der Reichsregierung das für die eigene Leitung einer kontinuierlichen Verwaltung wichtigste Recht (§ 8 des ersten Entwurfs): innerhalb der Reichszuständigkeit von den Landesbehörden *Gehorsam* für unmittelbare Befehle zu *verlangen*. Unbestimmt gelassen ist ferner, ob das ihr zugestandene Recht der Überwachung der Ausführung der Reichsgesetze durch Beauftragte bei den Landeszentralbehörden – im Gegensatz zum ersten Entwurf nur bei diesen! – ein unbeschränktes Auskunftsrecht und eigene Akteneinsicht einschließt. Fortgefallen ist endlich das Recht, zuwiderhandelnde Landesbeamte nach Reichsdisziplinarrecht zur Verantwortung zu ziehen. Statt dessen hat sich das Reich an die Landesregierungen zu halten, und es soll beiden Teilen: dem Reich und der betreffenden Landesregierung, bei Meinungsverschiedenheiten die Anrufung des Staatsgerichtshofes offen stehen, – der ja aber selbstredend nur über die formale Rechtmäßigkeit, nicht aber über die Zweckmäßigkeit der Stellungnahme urteilen könnte.

Diese Änderung ist höchst bedauerlich und meines Erachtens die schlimmste aller Umgestaltungen des ersten Entwurfs. Sie gefährdet jede Art von Sozialisierung nicht nur, – die ja, wie gesagt, verwaltungstechnisch gerade in kontinuierlichen Befehlen und fortlaufender Kontrolle bestehen würde, – sondern jede straffe Organisation der Wirtschaft unter effektiver einheitlicher Mitwirkung der

[1] Heidelberger Zeitung vom 29.03.1919.

Reichsorgane überhaupt, ferner die Gleichmäßigkeit der Behandlung der Unternehmer und Arbeiter in den staatlich syndizierten oder kontrollierten Betrieben. Vom Standpunkt unitarischer Entwicklung angesehen, könnte ihr einziger Vorteil darin bestehen, daß sie die Schaffung eines eigenen Reichsbeamtenstabs für den gesamten Bereich der Zuständigkeit des Reiches, also die Beseitigung der selbständigen Verwaltung und Beamtenernennung der Einzelstaaten geradezu erzwingt, um überhaupt eine strenge Einheitlichkeit in die Verwaltung zu bringen.

Der *Grundfehler* liegt vor allem darin, daß ein entscheidender Sachverhalt übersehen wird. Schwäche der Reichsverwaltung gegenüber den Einzelstaaten bedeutet vor allem: *Schwäche des Reichs gegenüber Preußen.* Der Reichspräsident ist gegenüber der preußischen Staatsspitze nur dann nicht völlig ohnmächtig, wenn 1. er allein den militärischen Oberbefehl (unter den verfassungsmäßigen Kautelen) hat, 2. wenn er in der Sphäre der Reichs-Zuständigkeit an preußische Behörden unmittelbar Befehle erlassen und unmittelbar Gehorsam erzwingen kann, – statt, wie der Entwurf will, darauf angewiesen zu sein, im Falle von Meinungsverschiedenheiten die preußische Staatsspitze vor dem Staatsgerichtshof zu verklagen! (der ja doch nur formale Fragen entscheiden kann.) Das ist nicht nur eine ganz unwürdige Zumutung, sondern dieser Ungedanke: einen derartigen Konflikt überhaupt zu ermöglichen und dann ihn auf diesen Weg zu verweisen, bedeutet eine *Einladung* an die preußische Verwaltung *zur Obstruktion* gegen das Reich und zur Herbeiführung von Reichskrisen, bei welchen sie mit ihrem riesigen Verwaltungsapparat der stärkere Teil wäre. Das aber würde bedeuten, daß auf der Basis dieses Pseudopartikularismus der größte deutsche Staat, zugleich der größte Markt und der größte Arbeitgeber, durch Lahmlegung der Reichsmacht die anderen Staaten besonders leicht zu vergewaltigen vermöchte.

Statt daß die Mittelstaaten stets nur an ihre paar „Reservatrechte“ denken, die ihnen ja in Gottes Namen im Umfang der jetzigen Artikel 115–118 des Entwurfs – (bei Zöllen, Verbrauchssteuern, Bier, Branntwein, Immobiliarversicherung) gewahrt bleiben mögen, sollten sie wirklich lieber die *Gefahr* erkennen, die in der *Lockerung der Reichsgewalt* läge und es ganz ebenso wie die lockere Verfassung des alten Zollvereins Preußen erlauben würde, seine faktische Übermacht einseitig geltend zu machen. Statt nur Freiheit vom Reich, täten sie besser, *Einfluß im Reich* zu erstreben, den ihnen nur eine starke Reichsregierung gewähren kann, an deren prinzipiellen Entschließungen sie maßgeblich beteiligt sind, der aber dann auch der größte Staat mit seinem Amtsapparat gehorchen muß. Ist das von ihnen nicht anders zu erreichen, so würde weit eher eine Verstärkung des Vetorechtes des Reichsrats erträglich sein als eine Schwächung der Befehlsgewalt der Reichsverwaltung. Auch Präsentationsrechte des Reichsrats für gewisse hohe Reichsämter verwaltungsgerichtlicher Art, wie sie im alten Bundesrat bestanden, wären unbedenklich. Bindet man die Reichsminister, wie jetzt vorgeschlagen wird, bei allen wichtigen allgemeinen Verordnungen an die Zustimmung des Reichsrats (in welchem Preußen überstimmt werden kann), gibt man aber andererseits der Reichsregierung die rechtliche Macht, in Reichssachen unmittelbare Befehle zu erteilen und die Durchführung unmittelbar zu kontrollieren und zu erzwingen, wahrt man schließlich, was gewiß unbedenklich wäre, den einzelstaatlichen Zentralbehörden, unbeschadet des von allen Landesbeamten den Befehlen der Reichsverwaltung prompt zu leistenden Gehorsams, das Recht, im Einzelfall die Reichskompetenz durch Klage beim Reichsverwaltungsgerichtshof zu bestreiten, dann ist allen berechtigten Bedenken Rechnung getragen.

Dieser Weg dürfte m. E. auch vor dem Vorschlag des Prof. Thoma – Heidelberg: den Reichspräsidenten verfassungsmäßig zugleich zum preußischen Staatspräsidenten zu machen – also: Umkehr des alten Verhältnisses zwischen König von Preußen und Kaiser – den Vorzug verdienen. Deshalb, weil bei dieser letzteren Art der Lösung der Reichspräsident durch das Schwergewicht des preußischen Verwaltungsapparates und Landtags sehr leicht eine rein preußische Orientierung erhalten, gewissermaßen von seiner preußischen „Hausmacht“ abhängig werden könnte, dabei aber doch in Preußen als ein Fremdkörper empfunden würde, was den Reichsgedanken weder in Preußen noch im Reich fördern könnte.

Bemerkungen zum Bericht der Kommission der alliierten und assoziierten Regierungen über die Verantwortlichkeit der Urheber des Krieges

(Denkschrift im deutschen Weißbuch, Mai 1919)[1]

I. Notwendigkeit unparteiischer Untersuchung

Die Unterzeichneten sind der Ansicht, daß die Frage der Verantwortlichkeit am Kriegsausbruch nicht von einer Seite, die selbst Partei ist, entschieden werden kann, sondern daß nur eine von beiden Seiten als unparteiisch anerkannte Untersuchungskommission, der alle Archive zugänglich sind und vor der beide Parteien gleichmäßig zu Worte kommen, den Versuch wagen kann, ein Urteil darüber zu fällen, welches Maß von Verantwortung jeder einzelnen Regierung daran zufällt, daß die von allen Völkern gefürchtete Katastrophe über die Menschheit hereingebrochen ist.

Von den vielen völlig unhaltbaren Ansichten, die in dem Bericht der Kommission der Alliierten und Assoziierten Regierungen ausgesprochen sind, werden die auf rein militärische Fragen sich beziehenden Punkte in den Anlagen II-III behandelt. Auf die politischen Fragen soll im nachstehenden in tunlichster Kürze eingegangen werden.

II. Die diplomatischen Verhandlungen

Einleitend muß bemerkt werden, daß von einer erdrückenden Überlegenheit des deutschen Heeres in keiner Weise gesprochen werden kann. Unanfechtbare Zahlen beweisen, daß, von Landsturm und gleichwertigen Formationen abgesehen, Deutschland und Österreich-Ungarn bei 116.000.000 Einwohnern nicht ganz 6.000.000 Streiter, Rußland und Frankreich aber bei einer Volkszahl von 210.000.000 reichlich 9.000.000 ins Feld stellen konnten. Eine erdrückende Überlegenheit war vorhanden, aber nicht auf deutscher Seite.

Wegen der dem General von Moltke irrigerweise zugeschobenen Äußerung wird auf dessen Schreiben in Anlage IV verwiesen. Die jedem Krieg abholde Gesinnung des Generals kann der mitunterzeichnete Graf Montgelas, der zwei Jahre

[1] Sog. Vierer- bzw. Professorendenkschrift (Das deutsche Weißbuch über die Schuld am Kriege. Berlin 1919.) Weber war Mitautor dieses Textes.

lang dessen unmittelbarer Untergebener war, durch ganz bestimmte Tatsachen erhärten. Seine skeptische Auffassung über den Ausgang eines Weltkrieges steht aktenmäßig fest.

Die tieferen Ursachen des serbisch-österreichischen Konflikts, die den Bestand des österreichisch-ungarischen Staates gefährdenden großserbischen Bestrebungen einerseits, die handelspolitische Bedrückung des serbischen Volkes andererseits können hier nicht erschöpfend erörtert werden. Auf das bestimmteste aber muß der Auffassung entgegengetreten werden, daß zwischen Berlin und Wien ein geheimes Komplott zur Vernichtung Serbiens geschmiedet worden sei. Offen hat die deutsche Regierung in der am 3. August 1914 dem Reichstage vorgelegten Denkschrift ausgesprochen, daß sie der nach dem Attentat von Sarajewo in Wien gehegten Auffassung zugestimmt und eine dort für nötig erachtete Aktion gebilligt habe. Die Ziele dieser Aktion waren in Berlin im einzelnen nicht mitgeteilt, waren aber genau umgrenzt und enthielten keinerlei Annexionsgedanken; von Graf Tisza ist bekannt, daß er seine Zustimmung zum Ultimatum ausdrücklich von einem solchen Verzicht abhängig gemacht hat.

Diesem Tatbestand haben die späteren in dem Kommissionsbericht angeführten angeblichen Enthüllungen Eisners und anderer, soweit sie nicht Unrichtiges enthalten, Neues nicht hinzugefügt. Auch der Anfang Juli 1914 stattgehabte Briefwechsel zwischen den beiden Kaisern und deren Regierungen ist inzwischen in vollem Wortlaut veröffentlicht. Ein Kronrat hat am 5. Juli nicht stattgefunden. Der Kommissionsbericht spricht nur noch unbestimmt von entscheidenden Beratungen. Worauf diese sich in Wahrheit bezogen haben, ergibt Anlage V. Die Nordlandreise des Kaisers wurde zu dem alljährlich üblichen Zeitpunkt angetreten, der preußische Kriegsminister hat seinen Urlaub schon am 2. Juli erbeten; beiläufig sei bemerkt, daß der von der Kommission erwähnte bayerische Bericht vom 18. Juli, der mehrere schon öffentlich berichtigte Irrtümer aufweist, nicht vom Gesandten Grafen Lerchenfeld, sondern vom Legationsrat von Schoen herrührt. Völlig unbegründet ist ferner nach Ausweis der deutschen Akten die Behauptung, daß damals Bulgarien zum Kriege gegen Serbien veranlaßt werden sollte.

Es ist richtig, daß Österreich die Auffassung hatte, angesichts früherer nicht gehaltener Versprechungen Serbiens sich mit bloß diplomatischen Ergebnissen nicht begnügen zu können, sondern auf dem Eindruck einer militärischen Expedition bestehen zu müssen. Deutschland hat dieser Auffassung zugestimmt und Österreich dabei ermutigt.

Heute sehnt sich die Welt nach einem Völkerbunde, in dem militärische Maßregeln nicht mehr zulässig sind und in dem alle Nationen, ob groß oder klein, ob stark oder schwach, die gleichen politischen und wirtschaftlichen Rechte genießen. Mit dem *damals* auch von anderen Staaten angewendeten Verfahren stand zwar das Vorgehen gegen Serbien nicht im Widerspruch und war im guten Glauben als eine Maßregel gedacht, um einen seit langem die Gefahr eines Weltkrieges in sich bergenden Konfliktsstoff zu beseitigen. Immerhin empfand 1914 die deutsche Regierung selbst das Ultimatum als zu weitgehend (Blaubuch Nr. 18). Eine besondere Härte lag nach Ansicht der Unterzeichneten in der kurzen, auch auf spätere Vorstellungen hin nicht verlängerten 48stündigen Frist.

Auch den entgegenkommenden Charakter der serbischen Antwort hat die deutsche Regierung in ihrer unten besprochenen Note vom 28. Juli (Wolffs Telegramm vom 12. Oktober 1917) selbst anerkannt. Eine schiedsgerichtliche Regelung der nach dieser Antwort noch bestehenden Meinungsverschiedenheiten hätte besser jenem Geiste des Vertrauens entsprochen, auf den Sir Edward Grey am 30. Juli hinwies (Blaubuch Nr. 101), einem Geiste, welcher hoffentlich künftig die Beziehungen der Völker und ihrer Regierungen leiten wird. Voraussetzung für jenes für alles andere entscheidende Vertrauen wäre natürlich der Glaube gewesen, daß der englische Außenminister nicht nur den von Augenblickserwägungen unabhängigen Willen, sondern auch die Macht hatte, die unzweifelhaften russischen Kriegsabsichten im Zaum zu halten. Daran zweifelt, soweit der gute Wille Sir Edward Greys in Betracht kommt, von den Unterzeichneten niemand mehr. Zu fragen ist nur, ob dieser gute Wille auch in einer Art zum Ausdruck gelangte und, angesichts des die gesamte Lage umstürzenden Verhaltens Rußlands, rechtzeitig gelangen konnte, um der deutschen Regierung jenes Vertrauen zu geben. Denn wie sehr das zaristische Rußland jeden modernen Anschauungen fernstand, beweisen die anliegenden bisher noch nicht vollständig veröffentlichten russisch-serbischen Aktenstücke (Anlage VI).

Die Berliner Regierung hat in dem Bestreben, den Streit zwischen Serbien und Österreich auch diplomatisch zu lokalisieren, anfänglich zu den insbesondere von englischer Seite gemachten Vermittlungsvorschlägen sich ablehnend verhalten; sie glaubte, daß auf diesem Wege eine Beseitigung der ständigen Bedrohung des Weltfriedens nicht zu erreichen sei. In dem Kommissionsbericht ist jedoch erstaunlicherweise nicht erwähnt, daß der direkte Gedankenaustausch zwischen Wien und Petersburg von deutscher Seite angeregt wurde, und daß Sir Edward Grey selbst dieses Verfahren als das zweckmäßigste (the most preferable method of all) anerkannt hat (Blaubuch Nr. 67). Ein schwer begreiflicher Irrtum ist es ferner, wenn aus Blaubuch Nr. 43 eine Ablehnung der Vermittlung zu Vieren durch Deutschland gefolgert wird, da dieses Telegramm sich nicht auf jenen Vorschlag, sondern auf den einer Konferenz bezieht. Zu einer Vermittlung zwischen Österreich-Ungarn und Rußland ist Deutschland immer bereit gewesen (Blaubuch Nr. 18 und 46). Besonders auffallend ist es endlich, daß in dem Kommissionsbericht die längst bekannten drei deutschen Noten nicht erwähnt werden, aus denen hervorgeht, wie stark der Druck war, den die Berliner Regierung vom 28. Juli ab auf das Wiener Kabinett ausgeübt hat. Die Unterzeichneten gestatten sich daher, aus diesen wichtigen Dokumenten einiges hier anzuführen:

Am 28. Juli wird Wien auf den versöhnlichen Charakter der serbischen Antwort hingewiesen und aufgefordert, gegenüber den deutschen und anderen Vermittlungsvorschlägen nicht mehr die bisherige Zurückhaltung zu beobachten (veröffentlicht durch Telegramm des Wolffbüros vom 12. Oktober 1917).

Am 29. (abgesandt Nacht 29./30.) wird die Verweigerung jedes Meinungsaustausches mit Petersburg als ein schwerer Fehler bezeichnet und beigefügt: „Wir sind zwar bereit, unsere Bundespflicht zu erfüllen, müssen es aber ablehnen, uns von Wien leichtfertig und ohne Beachtung unserer Ratschläge in einen Weltbrand hineinziehen zu lassen.“ (Schon veröffentlicht in der „Westminster Gazette“ vom 1. August 1914, ferner mitgeteilt im Deutschen Reichstag am 19. August 1915.)

In derselben Nacht wird zur Unterstützung des Greyschen Vorschlages von Blaubuch Nr. 88 nach Wien gedrahtet: „Wir stehen, falls Österreich jede Vermittlung ablehnt, vor einer Konflagration, bei der England gegen uns, Italien und Rumänien nach allen Anzeichen nicht mit uns gehen würden, so daß wir zwei gegen vier Großmächte ständen. Deutschland fiele durch Gegnerschaft Englands das Hauptgewicht des Kampfes zu. Österreichs politisches Prestige, die Waffenehre seiner Armee sowie seine berechtigten Ansprüche Serbien gegenüber könnten durch Besetzung Belgrads oder anderer Plätze hinreichend gewahrt werden. Es würde durch Demütigung Serbiens seine Stellung im Balkan wie Rußland gegenüber wieder stark machen. Unter diesen Umständen müssen wir der Erwägung des Wiener Kabinetts dringend und nachdrücklich anheimstellen, die Vermittlung zu den angegebenen ehrenvollen Bedingungen anzunehmen. Die Verantwortung für die sonst eintretenden Folgen wäre für Österreich und uns eine ungemein schwere.“ (Mitgeteilt im Hauptausschuß des Deutschen Reichstags am 9. November 1916.)

Mit dem erwähnten Vermittlungsvorschlag vom 29. Juli nachmittags (Blaubuch Nr. 88) war der *Weg zur Erhaltung des Friedens gefunden.* Berlin war bereitwillig darauf eingegangen und drängte in Wien auf die Annahme in so scharfer Weise, wie wohl noch nie in ernster Stunde ein Bundesgenosse zum anderen gesprochen hat. Es ist wahrlich nicht die Schuld der deutschen Regierung, wenn die der glücklichen Lösung so nahen diplomatischen Verhandlungen durch militärische Maßnahmen der Gegenseite jäh unterbrochen wurden.

Was die durch den serbischen Gesandten in Paris veröffentlichten Dokumente betrifft, so ist der Bericht von Wiesner vom 13. Juli 1914 in Berlin niemals zur Kenntnis gebracht worden. Das Telegramm des österreichisch-ungarischen Botschafters, des Grafen Szögyény, vom 25. Juli 1914, das für den Fall einer Kriegserklärung auf raschen Beginn der militärischen Operationen dringt, hält sich in dem Rahmen der schon erörterten Auffassung, daß eine örtliche Begrenzung des Streites, somit auch eine *rasche Erledigung dieses Streites* das beste Mittel zur Vermeidung einer Ausdehnung des Brandes sei. Was dann die Depesche des Grafen Szögyény vom 27. Juli über die Zurückweisung möglicher englischer Vermittlungsvorschläge betrifft, so hat die Kommission sich sowohl an den ehemaligen Reichskanzler von Bethmann Hollweg wie an den Staatssekretär von Jagow gewendet und von beiden übereinstimmend die Auskunft erhalten, daß dieser Bericht unmöglich zutreffend sein könne. Wir halten die Mitteilungen dieser beiden Männer für glaubwürdig, zumal in Anbetracht des Umstandes, daß der österreichisch-ungarische Botschafter über seine Jahre gealtert war. Tatsächlich – und darauf kommt es an – ist die deutsche Regierung nicht in dieser Weise verfahren, sondern hat vom 28. Juli an alles Denkbare getan, um Österreich zur Annahme von Vermittlungsvorschlägen zu bewegen. Hinsichtlich der Wiederaufnahme der direkten Besprechungen ist der Erfolg auch nicht ausgeblieben (Rotbuch Nr. 50). Die Angabe des Botschafters gehört gleichwohl zu den zahlreichen Einzelpunkten, die die Notwendigkeit der Untersuchung durch eine neutrale Kommission als besonders dringlich erscheinen lassen.

Schließlich muß darauf eingegangen werden, daß der Vorschlag des Zaren vom 29. Juli, das österreichisch-serbische Problem dem Schiedsgericht im Haag zu überweisen, keine Zustimmung gefunden hat. Die Akten geben über den Grund keinen Aufschluß, er ist sicherlich darin zu sehen, daß die an diesem Tage angeordnete Mobilmachung von 13 russischen Armeekorps die Befürchtung nahelegte, Rußland werde die Zeit der Verhandlungen im Haag zur Weiterführung seiner Rüstungen ausnutzen. Wie immer man vom Standpunkte der heutigen Anschauungen aus dieser Begründung gegenüberstehen mag, so glauben die Unterzeichneten, daß der Vorschlag des Zaren nur dann Aussicht auf Erfolg gehabt hätte, wenn er von einer Einstellung der russischen Mobilmachungsmaßnahmen begleitet gewesen wäre. Tatsächlich aber haben an demselben Tag, wo der Zar das Schiedsgericht vorschlug, seine militärischen und diplomatischen Ratgeber den Beschluß gefaßt, die russische Teilmobilmachung zu einer allgemeinen zu erweitern (Anlage I).

III. Die Katastrophe

Diese allgemeine russische Mobilmachung war es, wodurch die im Sinne von Blaubuch Nr. 88 angebahnte, von Deutschland nachdrücklichst geförderte glückliche Lösung der Krise vereitelt wurde.

Die russischen Mobilmachungsvorbereitungen waren, wie in Anlage I näher ausgeführt, in den letzten Jahren wesentlich verbessert und gesteigert worden; die Kriegsvorbereitungsperiode für das ganze europäische Rußland, also auch gegenüber Deutschland, hatte schon am 26. Juli begonnen. Die am 25. im Prinzip beschlossene, am 29. angeordnete *russische Teilmobilmachung* hatte gegen Österreich-Ungarn schon eine Überlegenheit russischer und serbischer Streitkräfte bereitgestellt. Die am 29. beschlossene, am 30. angeordnete *allgemeine russische Mobilmachung* war durch keinerlei deutsche oder österreichisch-ungarische militärische Maßnahme gerechtfertigt.

Alle diese Punkte sind in dem Kommissionsbericht nicht einmal flüchtig gestreift. Das Verschweigen der russischen allgemeinen Mobilmachung ist um so auffallender, als über die Bedeutung dieser Maßnahme im Jahre 1914 eine Meinungsverschiedenheit nicht bestand. Es ist bekannt, wie dringend der britische Botschafter in Petersburg vor dem verhängnisvollen Schritt warnte (Blaubuch Nr. 17). Der allgemeinen Auffassung gab Oberst Repington am 30. Juli in den „Times" mit den Worten Ausdruck: „Es wäre ein Wunder, wenn nicht sehr bald nach Bekanntmachung der russischen Mobilmachung ganz Europa in Flammen stände" (and in a very short time, after a Russian mobilization is announced, it will be a miracle if all Europe is not aflame).

Noch weniger Unklarheit konnte in Frankreich über die Tragweite der russischen Mobilmachung bestehen; hatte doch General Boisdeffre am 18. August 1892, am Tage nach Abschluß der französisch-russischen Militärkonvention, dem Zaren auseinandergesetzt, daß *„die Mobilmachung so viel sei wie die Kriegserklärung"* (je lui ai fait remarquer que la mobilisation c'etait la declaration de guerre; 3. franz. Gelbbuch Nr. 71). Das Bewußtsein der Bedenklichkeit dieser Maßnahme war es denn wohl auch, wodurch die französische Regierung veranlaßt wurde, die russische Mobilmachung tunlichst lange geheimzuhalten. Noch am 31. Juli um 7 Uhr abends (gleich 9 Uhr Petersburger Zeit) erklärte der französische Außenminister dem deutschen Botschafter, „über eine angebliche Totalmobilisierung der russischen Armee und Flotte in keiner Weise unterrichtet zu sein" (Gelbbuch Nr. 117), obwohl der am frühen Morgen in Petersburg öffentlich angeschlagene Befehl doch keinem der dortigen Diplomaten hatte verborgen bleiben können und obwohl, wie die „Prawda" vom 9. März 1919 nach einem Geheimtelegramm Iswolskijs mitteilt, ein die „volle Mobilisation der russischen Armee ohne jede Ausnahme" bestätigendes Telegramm des französischen Petersburger Botschafters schon am Morgen des 31. in Paris eingegangen war.

Bei keiner sachkundigen Persönlichkeit konnte der mindeste Zweifel bestehen, was die russische Mobilmachung für Deutschland bedeutete. Der Krieg nach zwei Fronten stand bevor, er war gegen erdrückende Übermacht zu führen, im Westen stand ein Heer von größter Operationsbereitschaft. Defensive nach beiden Seiten war sicheres Verderben. Die Offensive aber mußte nach der damals nicht nur in Berlin, sondern bei den Militärs wohl aller Länder bestehenden Auffassung mit tunlichster Schnelligkeit gegen Westen, gegen den zuerst operationsbereiten, zuerst zu fassenden Gegner, geführt werden, so daß nicht nur Wochen, sondern Tage wichtigen Zeitgewinn bedeuteten. Daß in der Kriegserklärung an Frankreich einige Meldungen über französische Fliegerangriffe leichtfertig ohne genaue Nachprüfung verwertet wurden, ist bedauerlich, ändert aber nichts an der Tatsache, daß nach Bekanntwerden der russischen Mobilmachung sofort auch mit der französischen, also dem *Kriege nach zwei Fronten,* gerechnet werden mußte. Diese Auffassung wird nachträglich durch die nunmehr bekannten Bestimmungen der russisch-französischen Militärkonvention vom 17. August 1892 bestätigt, wo im Falle der Mobilmachung auch nur einer Macht des Dreibundes die unverzügliche und gleichzeitige Mobilmachung der gesamten französischen und russischen Streitkräfte und deren schleuniger Einsatz zu entscheidendem Kampfe (ces forces s'engageront à fond, en toute diligence) vereinbart ist.

Im Falle einer Gesamtmobilmachung Rußlands stand jede deutsche Staatsleitung, welche deren Durchführung um deswillen abgewartet hätte, weil Verhandlungen angeboten wurden, dem eigenen Volke gegenüber vor einer furchtbaren und von niemandem zu tragenden Verantwortung. Die den gegnerischen Regierungen überreichten Dokumente zeigen, daß bei den Plänen des Zarismus, solange dieser aufrecht stand, diese Verantwortung nicht übernommen werden durfte. Sie wäre unter allen Umständen nur dann zu tragen gewesen, wenn eine übernationale hinreichend starke Zwangsgewalt die unbedingte Garantie übernommen hätte, daß die Verhandlungen keinesfalls dazu benutzt werden würden, jene riesenhafte russische Überlegenheit zuerst voll zur Entfaltung zu bringen und dann die Verhandlungen abzubrechen und Deutschland mit Krieg zu überziehen, dessen Ausgang von vornherein feststand. Eine solche übernationale Garantiemacht aber bestand damals nicht.

IV. Schlußfolgerungen

Deutschland hat der österreichischen Absicht, die großserbische Agitation durch eine nötigenfalls mit Waffengewalt unterstützte Aktion aus der Welt zu schaffen, zugestimmt. Es wäre von entscheidender Wichtigkeit gewesen, wenn sofort nach Eintreffen der serbischen Antwortnote am 27. das Wiener Kabinett von unwiderruflichen Maßnahmen abgehalten worden wäre, da die Berliner Regierung schon an diesem Tage den Eindruck gewonnen hatte, daß Serbien weit entgegengekommen war. Nach eingehender Prüfung der Note ist dann am 28. das Äußerste geschehen, um das Wiener Kabinett zum Einlenken zu bewegen. Berlin hat insbesondere den Vorschlag Sir Edward Greys am 29. nachmittags, der Österreich-Ungarn die ihm nach Ansicht aller Großmächte gebührende Genugtuung gewährte, mit den denkbar schärfsten Mitteln unterstützt. Warum die Antwort des Wiener Kabinetts auf diesen Vorschlag nicht sofort erfolgt ist, entzieht sich der Kenntnis der Unterzeichneten. Dieses ist einer der *wesentlichsten Punkte, der noch der Aufklärung bedarf.* Was Berlin betrifft, so ist ein Meinungswechsel vom 26. zum 28. nach den Akten unverkennbar, und es ist nach der Überzeugung der Unterzeichneten mangelnder Entschlußkraft zuzuschreiben, daß nicht schon am 27. die letzten Konsequenzen daraus gezogen wurden.

Den Weltkrieg hat Deutschland, wenn auch dieses Risiko mit in den Kreis der Betrachtungen gezogen worden war, nicht gewollt. Die deutsche Regierung galt während mehr als 40 Jahre, um die eigenen Worte des Kommissionsberichtes zu gebrauchen, als „Vorkämpferin des Friedens“ (Gelbbuch Nr. 6). Eroberungspläne lagen den Gedanken der leitenden deutschen Staatsmänner weltenfern.

Anders war das in Rußland. Die Verwirklichung der Absichten der führenden panslawistischen Kreise war ohne Krieg nicht erreichbar. Diese friedensfeindlichen Elemente setzten in den entscheidenden Tagen ihren Willen durch. Denn gerade in dem Augenblick, da der Friede gesichert erschien, traf Rußland die Maßnahmen, die ihn unmöglich machten. Die Unterzeichneten können nicht umhin, der Ansicht Ausdruck zu geben, daß, wenn von London und Paris ein ebenso starker Druck auf Petersburg ausgeübt worden wäre, wie von Berlin auf Wien, der verhängnisvolle Schritt, den kriegslustige Militärs gegen den Willen des Zaren durchzusetzen wußten, wohl unterblieben wäre.

V. Verletzung der belgischen und luxemburgischen Neutralität

Hinsichtlich der Verletzung der belgischen und luxemburgischen Neutralität teilen die Unterzeichneten vollkommen den Standpunkt, den der deutsche Reichskanzler am 4. August 1914 unter dem Beifall des Reichstages eingenommen hatte, daß es sich um ein „wiedergutzumachendes Unrecht“ handle. Sie bedauern, daß diese Auffassung während des Krieges vorübergehend aufgegeben und eine nachträgliche Rechtfertigung des deutschen Einmarsches versucht wurde.

VI. Rückblickende Betrachtungen

Die Unterzeichneten sehen sich schließlich zu folgenden allgemeinen Bemerkungen veranlaßt:

Man kann nach unserer Ansicht grundsätzlich nicht in der Art, wie es der gegnerische Kommissionsbericht tut, die Frage einer Kriegsursache durch Aufzählung von formellen Anlässen lösen, welche einen bestehenden Zustand politischer Hochspannung in einen Krieg hinübergleiten ließen. Neben der völligen und erstaunlichen Irrtümlichkeit der Darstellung der Einzeltatsachen liegt darin der grundsätzliche Fehler des ganzen Verfahrens. Man wird vielmehr die Fragen aufwerfen müssen:

1. Welche Regierungen hatten in der Vergangenheit am meisten jenen Zustand dauernder Kriegsbedrohtheit gefördert, unter welchem Europa vor dem Krieg jahrelang gelitten hat?

Ferner und im Zusammenhang damit:

2. Welche Regierungen haben politische und wirtschaftliche Interessen verfolgt, welche nur durch einen Krieg verwirklicht werden konnten?

Was zunächst die zweite Frage anlangt, so können wir die Bemerkung nicht unterdrücken, daß künftig für die Antwort darauf wohl auch die Friedensbedingungen, vor allem diejenigen wirtschaftspolitischer und territorialer Art, welche jetzt zur Diskussion stehen, als Beweismittel dienen werden, wenn auf ihnen beharrt werden sollte.

Zu *beiden* für die Beurteilung des Problems entscheidenden Punkten aber ist das Folgende zu sagen:

Die frühere deutsche Regierung hat nach unserer Ansicht schwere Fehler begangen, welche allerdings in durchaus anderer Richtung liegen, als in derjenigen, in welcher ein Teil der öffentlichen Meinung unserer Gegner sie sucht. Sie liegen insbesondere ganz und gar nicht in der Richtung einer „Prämeditierung" eines Krieges mit einer der gegnerischen Mächte seitens irgendeines politisch verantwortlichen deutschen Staatsmannes. Eine solche Politik hätte auch innerhalb des deutschen Volkes keinen Rückhalt gefunden. Es ist einer der beklagenswertesten Fehler eines Teiles der öffentlichen Meinung des Auslandes, die verwerflichen und verantwortungslosen Äußerungen einer kleinen Gruppe chauvinistischer Literaten als Ausdruck der Gesinnung des deutschen Volkes zu behandeln, während leider weit größere Kreise anderer Länder in ihren Äußerungen mindestens in gleichem Maße dem Chauvinismus huldigten.

Die wirklichen Fehler der deutschen Politik lagen weit zurück. Der 1914 im Amt befindliche deutsche Reichskanzler hatte eine politische Erbschaft übernommen, welche seinen rückhaltlos aufrichtigen Versuch, die internationale Lage zu entspannen, von vornherein fast zur Aussichtslosigkeit verurteilte, oder dafür doch ein solches Maß staatsmännischer Kunst und vor allem Entschlußkraft verlangte, wie er sie teils nicht besaß, teils unter den Verhältnissen der damaligen deutschen Staatsordnung nicht zur Geltung bringen konnte. Es ist ein überaus schwerer Irrtum, moralische Schuld da zu suchen, wo in Wahrheit Nervosität, Schwäche gegenüber dem lärmenden Auftreten der oben bezeichneten kleinen, aber rücksichtslosen Gruppe, endlich mangelnde Fähigkeit zu schnellen und eindeutigen Entschlüssen in schweren Lagen Unheil entstehen ließen. Über die letzten, dem Kriegsausbruch vorausgehenden Zeiträume der deutschen Diplomatie wird eine mehrbändige, in mehrmonatlicher Arbeit hergestellte Publikation der Akten erschöpfende Auskunft geben. Jeder aber, der die Instruktionen des Reichskanzlers aus der letzten Zeit vor dem Kriegsausbruch liest, wird dem vorstehenden Urteil beipflichten müssen. Die deutsche Regierung hielt zunächst auf Grund der Darlegungen des Wiener Kabinetts eine österreichische militärische Expedition nach Serbien für im Interesse der Sicherung des Friedens unvermeidlich. Sie glaubte, das damit verbundene Risiko eines Eingreifens Rußlands mit seinen Folgen für ihre eigene Bundespflicht auf sich nehmen zu müssen. Sie hat bezüglich der Art der von Österreich an Serbien zu stellenden Forderungen dem Bundesgenossen zunächst ganz freie Hand gelassen. Sie hat dann, als auf das Ultimatum eine Antwort erfolgte, welche ihr selbst als genügend erschien, um jene Expedition dennoch zu unterlassen, diese ihre Ansicht zwar nach Wien mitgeteilt, aber sie hat, offenbar in allzu großem Vertrauen auf die damalige Leitung der dortigen Außenpolitik, nicht sofort, sondern erst am Tage darauf, dann allerdings mit der denkbar äußersten Energie, die letzten Konsequenzen: die Androhung der Versagung der Bundeshilfe, gezogen. Ob freilich bei einem noch schnelleren Verfahren ein Weltkrieg vermieden worden wäre, ist nicht sicher.

Denn bezüglich der Verantwortlichkeit in dem jetzt hier zur Diskussion stehenden Sinne müssen wir feststellen: Es gab in Europa unter den Großmächten jedenfalls eine, deren planmäßig viele Jahre vor dem Kriege verfolgte Ziele sich ausschließlich durch einen Angriffskrieg erreichen ließen und welche daher auf diesen bewußt hingearbeitet hat: den russischen Zarismus in Verbindung mit jenen sehr einflußreichen Kreisen Rußlands, welche in dessen Politik hineingezogen waren. Die schon einmal zitierten, zum Teil noch unbekannten Dokumente, insbesondere der Brief Sasonows an den Gesandten Hartwig in Belgrad, beweisen, daß die russische Regierung durch Instruktionen an ihre Vertreter in Belgrad und andere Mittel Serbien planmäßig auf den Weg der Eroberung auf Kosten des Territorialbestandes Österreich-Ungarns, auf dessen Gebiet Serbiens „verheißenes Land" liege, hingeleitet und ein gemeinsames kriegerisches Vorgehen zu diesem aggressiven Zwecke in Aussicht genommen hatte. Wie nach Überzeugung der Unterzeichneten vollkommen evident ist, hat sie dies nicht aus uneigennütziger Freundschaft zu Serbien getan, sondern deshalb, weil sie im eigenen Interesse die Zertrümmerung Österreich-Ungarns als politisches Ziel konsequent verfolgte. Sie war dabei ferner und vor allem von dem Bestreben geleitet, jedes Hemmnis für ihre eigene Ausdehnung auf dem Balkan und insbesondere für die Eroberung der Meerengen zu beseitigen. Daß sie die gewaltsame Aneignung nicht nur des Bosporus, sondern auch der Dardanellen planmäßig verfolgt und vorbereitet hat, ergeben die Dokumente der Anlage 6. Dabei war ihr genau bekannt, daß es in Deutschland weder in der Regierung noch innerhalb der Nation irgend jemand gab, der einen Krieg mit Rußland für wünschenswert gehalten hätte, dessen Aussichten ganz allgemein, auch, wie feststeht, von seiten der militärischen Autoritäten äußerst skeptisch beurteilt wurden, und von welchem im Falle des Erfolges niemand irgendeinen greifbaren Vorteil erhoffte. Sie wußte andererseits aber auch, daß Deutschland der Donaumonarchie durch geschichtliche Bande, Bündnis und Verwandtschaft großer Teile der österreichischen Bevölkerung verbunden war, und daß sie also bei einem Angriff auf den Bestand jener Monarchie auch dem militärischen Widerstand Deutschlands begegnen werde. Sie hat für ihre Zwecke daher das 1892 geschlossene und 1912 durch eine Marinekonvention erweiterte Kriegsbündnis mit Frankreich und die weiter geschaffenen Verbindungen dazu benutzt, in einem ihr günstig scheinenden Moment den „Mechanismus der Entente“ in Bewegung zu setzen und ihre Freunde in den längst beabsichtigten Krieg mit hineinzuziehen. An diesem Punkte liegt die wirkliche Ursache der Entstehung des Weltkrieges.

Wir betrachten es als ein teils durch Schicksal, teils aber durch Fehler unserer politischen Leitung herbeigeführtes schweres Mißgeschick Deutschlands, daß es durch den unvermeidlichen Gegensatz gegen den Zarismus auch mit Ländern in Gegensätze und schließlich in kriegerische Verwicklungen geriet, denen es durch starke Gemeinschaft geistiger Interessen verbunden, und mit welchen nach unserer Überzeugung eine Verständigung möglich war.

Es muß freilich nachdrücklich betont werden, daß die französische Regierung vor dem Kriege die Absicht einer Wiedererlangung von Elsaß-Lothringen niemals rückhaltlos aufgegeben hatte, daß diese Absicht nur durch Krieg zu verwirklichen war und kein sicheres Mittel anzugeben ist, durch welches mit der letzten französischen Regierung vor dem Kriege eine Verständigung über diese Frage zu erzielen gewesen wäre. Dagegen standen sich die Ansichten der unter der Führung des Herrn Jaures stehenden französischen Kreise einerseits und diejenigen der deutschen sozialistischen und bürgerlichen Demokratie andererseits vor dem Kriege außerordentlich nahe. Eine Einflußnahme jener Kreise im Sinne eines friedlichen Ausgleichs mit Deutschland war jedoch dadurch gehindert, daß Frankreich durch das feste Bündnis an die Politik des Zarismus gekettet war. Die französische Regierung hat, wie die Dokumente ergeben, bei Gelegenheiten, welche Rußland in einen Konflikt mit Deutschland bringen konnten, keine Ratschläge gegeben, welche Rußland von seiner friedensfeindlichen Haltung grundsätzlich abbringen, mehrfach aber solche, welche es darin ermutigen mußten. So hatte der Botschafter Iswolsky durch das Herrn Poincaré vorher vorgelesene Telegramm 369 vom 17. bzw. 18. November 1912 dem Minister Sasonow mitgeteilt, der französische Ministerpräsident erachte für den Fall einer Unterstützung Österreichs durch Deutschland im Balkankonflikt den Bündnisfall für gegeben. Am 25. Februar 1913 teilte der Botschafter Benckendorff seiner Regierung mit: Von allen Mächten sei seinem Eindruck nach Frankreich die einzige, die einen Krieg ohne Bedauern sehen würde. 1914 erklärte schon am 24. Juli, also vor Abbruch der österreichisch-serbischen Beziehungen, der französische Botschafter der russischen Regierung, daß Frankreich, abgesehen von nachdrücklicher diplomatischer Unterstützung, nötigenfalls alle durch das Bündnis mit Rußland bedingten Verpflichtungen erfüllen würde.

Bei dieser Sachlage ist es durchaus unmöglich, aus dem Umstande, daß der Krieg gegen Frankreich militärisch offensiv geführt werden mußte, ihn auch politisch als einen Angriffskrieg Deutschlands gegen Frankreich hinzustellen. Frankreich war an den Zarismus fest gebunden.

Was *England* anlangt, so kann hier nicht erschöpfend untersucht werden, welche Schritte in der Vergangenheit die Regierungen hätten tun oder unterlassen sollen, um das unzweifelhaft beiderseits vorhandene, höchst verhängnisvolle wechselseitige Mißtrauen zu zerstreuen. Die englische Regierung hat oft erklärt, daß sie von der öffentlichen Meinung ihres Landes in ihrem Verhalten abhängig sei. In der öffentlichen Meinung Englands aber gab es eine sehr starke Strömung, welche darauf ausging, jede Verständigung zwischen Deutschland und Frankreich zu hintertreiben. Wir verweisen auf die bekannten Worte des Herrn Lloyd George aus dem Jahre 1908, welche sich dagegen wenden mußten. Nur infolge dieses gegenseitigen Mißtrauens ist im Jahre 1912 die einigende Formel zwischen dem Reichskanzler von Bethmann Hollweg und Herrn Haldane nicht gefunden worden, und hier liegt auch der letzte Grund, weshalb es der deutschen Regierung 1914 unmöglich schien, den Konferenzvorschlag des englischen Außenministers anzunehmen. Wir geben unsererseits ohne weiteres zu, daß nicht die Tatsache, wohl aber der schließliche Umfang und der Geist des deutschen Flottenbaues in den letzten Jahren in England Mißtrauen erregen konnten. Da dies gegenseitige Mißtrauen zweifellos einer der Hauptgründe der gespannten Lage Europas war, so halten wir es für bedauerlich, daß kein Weg zu seiner Beseitigung gefunden wurde. Wir hätten daher sowohl ein anderes Verhalten Deutschlands gelegentlich der Haager Friedenskonferenzen, wie gelegentlich der Aussprache über die deutschen Flottenbaupläne gewünscht. Andererseits müssen wir es beklagen, daß durch bekannte und oft zitierte Aufsätze englischer Zeitschriften, durch das Treiben und den Einfluß der Northcliffe-Presse, durch Akte wie die

Ablehnung der Kodifikation des Seerechtes im englischen Oberhaus, in Deutschland schweres Mißtrauen genährt wurde. Auch ist es unerfreulich, daß durch einen sehr tüchtigen amerikanischen Schriftsteller (Veblen, Theory of Business Enterprise, 1904) die in einzelnen Kreisen aller Länder bestehende, nach unserer Ansicht völlig irrtümliche Theorie von der angeblichen Naturnotwendigkeit eines Handelskrieges eine gewichtige Unterstützung erhielt. So trieben sich die nationalistischen Agitationen der verschiedenen Länder gegenseitig in die Höhe. Angesichts dessen müssen wir es ganz besonders beklagen, daß durch die jetzt vorgelegten Friedensbedingungen die von uns bekämpfte Ansicht: daß der Krieg von englischer Seite als ein Mittel zur Niederwerfung eines lästigen Konkurrenten vorbereitet und geführt worden sei, voraussichtlich für alle Zukunft in der deutschen öffentlichen Meinung befestigt werden wird.

Für die Lage Deutschlands in dem Jahrzehnt vor dem Kriege war und blieb aber entscheidend, daß dieses Land in einem Zeitalter, welches noch kein Mittel zur Vermeidung von Kriegen kannte, einer kriegerischen Auseinandersetzung mit dem scheinbar unerschütterlich feststehenden Zarismus durch kein ehrenhaftes Mittel entgehen konnte ohne Preisgabe nicht nur unserer Vertragstreue, sondern auch unserer eigenen nationalen Unabhängigkeit. Das einzige Mittel wäre unter den damaligen Verhältnissen eine ganz feste und bindende Vereinbarung mit England gewesen, welche beiden Teilen Vertrauen eingeflößt und sowohl Deutschland als Frankreich vor jedem Angriffskrieg geschützt hätte. Wir müssen den Nachweis erwarten, daß eine solche Vereinbarung durch einen englischen Minister bei der öffentlichen Meinung Englands in den letzten Jahren vor dem Kriege noch durchzusetzen war gegenüber jenen Tendenzen, welche wir oben feststellen mußten. Wir wiederholen: daß wir jeden etwa noch nachweisbaren Schritt einer englischen Regierung auf diesem Wege als wertvoll anerkennen und jedes etwaige Ausweichen einer deutschen Regierung vor solchen Möglichkeiten für einen Fehler halten würden.

Der Zarismus, mit welchem eine wirkliche Verständigung vollkommen ausgeschlossen war, bildete das furchtbarste System der Verknechtung von Menschen und Völkern, welches – bis zu diesem jetzt vorgelegten Friedensvertrage – jemals ersonnen worden ist. *Nur* als Verteidigungskrieg gegen den Zarismus hat 1914 das deutsche Volk, wie mit Recht namentlich die gesamte Sozialdemokratie damals erklärt hat, den Kampf einmütig und entschlossen aufgenommen. Auch heute, wo Deutschlands militärische Macht für immer vernichtet ist, halten wir diesen Abwehrkrieg für unvermeidlich. Mit dem Augenblick, in welchem das Ziel der Niederwerfung der zaristischen Macht erreicht war, wurde der Krieg sinnlos. Wir würden seine Fortsetzung als einen Frevel der früheren Regierung bezeichnen, sobald uns zweifelsfrei nachgewiesen würde, daß die Gegner bereit gewesen wären, einen Frieden ohne Sieger und ohne Besiegte auf der Grundlage der Achtung der gegenseitigen Ehre mit uns zu schließen. Dafür fehlt bis heute der Beweis. Die Friedensbedingungen, welche dem Volke des auf demokratischer Grundlage erneuerten Deutschland im Gegensatz zu feierlichen Verheißungen gestellt worden sind, sprechen leider eine so schlimme Sprache für das Gegenteil, daß, wenn an ihnen festgehalten wird, es keinerlei Mittel geben wird, diesen Beweis jemals glaubhaft zu erbringen.

Versailles, den 27. Mai 1919

Hans Delbrück	Max Weber
Max Graf Montgelas	Albrecht Mendelssohn Bartholdy

Politik als Beruf[1]

Vortrag

Der Vortrag, den ich auf ihren Wunsch zu halten habe, wird Sie nach verschiedenen Richtungen notwendig enttäuschen. In einer Rede über Politik als Beruf werden Sie unwillkürlich eine Stellungnahme zu aktuellen Tagesfragen erwarten. Das wird aber nur in einer rein formalen Art am Schlusse geschehen anläßlich bestimmter Fragen der Bedeutung des politischen Tuns innerhalb der gesamten Lebensführung. Ganz ausgeschaltet werden müssen dagegen in dem heutigen Vortrag alle Fragen, die sich darauf beziehen: *welche* Politik man treiben, welche *Inhalte,* heißt das, man seinem politischen Tun geben *soll.* Denn das hat mit der allgemeinen Frage: was Politik als Beruf ist und bedeuten kann, nichts zu tun. – Damit zur Sache!

Was verstehen wir unter Politik? Der Begriff ist außerordentlich weit und umfaßt jede Art selbständig *leitender* Tätigkeit. Man spricht von der Devisenpolitik der Banken, von der Diskontpolitik der Reichsbank, von der Politik einer Gewerkschaft in einem Streik, man kann sprechen von der Schulpolitik einer Stadt- oder Dorfgemeinde, von der Politik eines Vereinsvorstandes bei dessen Leitung, ja schließlich von der Politik einer klugen Frau, die ihren Mann zu lenken trachtet. Ein derartig weiter Begriff liegt unseren Betrachtungen vom heutigen Abend natürlich nicht zugrunde. Wir wollen heute darunter nur verstehen: die Leitung oder die Beeinflussung der Leitung eines *politischen* Verbandes, heute also: eines *Staates.*

Was ist nun aber vom Standpunkt der soziologischen Betrachtung aus ein „politischer“ Verband? Was ist: ein „Staat“? Auch er läßt sich soziologisch nicht definieren aus dem Inhalt dessen, was er tut. Es gibt fast keine Aufgabe, die nicht ein politischer Verband hier und da in die Hand genommen hätte, andererseits auch keine, von der man sagen könnte, daß sie jederzeit, vollends: daß sie immer *ausschließlich* denjenigen Verbänden, die man als politische, heute: als Staaten, bezeichnet, oder welche geschichtlich die Vorfahren des modernen Staates waren, eigen gewesen wäre. Man kann vielmehr den modernen Staat soziologisch letztlich nur definieren aus einem spezifischen *Mittel,* das ihm, wie jedem politischen Verband, eignet: der physischen Gewaltsamkeit. „Jeder Staat wird auf Gewalt gegründet“, sagte seinerzeit Trotzkij in Brest-Litowsk. Das ist in der Tat richtig. Wenn nur soziale Gebilde beständen, denen die Gewaltsamkeit als Mittel unbe-

---

[1] In: Geistige Arbeit als Beruf. Vier Vorträge vor dem Freistudentischen Bund. Zweiter Vortrag. München und Leipzig 1919.

kannt wäre, *dann* würde der Begriff „Staat" fortgefallen sein, *dann* wäre eingetreten, was man in diesem besonderen Sinne des Wortes als „Anarchie" bezeichnen würde. Gewaltsamkeit ist natürlich nicht etwa das normale oder einzige Mittel des Staates: – davon ist keine Rede –, wohl aber: das ihm spezifische. Gerade heute ist die Beziehung des Staates zur Gewaltsamkeit besonders intim. In der Vergangenheit haben die verschiedensten Verbände – von der Sippe angefangen – physische Gewaltsamkeit als ganz normales Mittel gekannt. Heute dagegen werden wir sagen müssen: Staat ist diejenige menschliche Gemeinschaft, welche innerhalb eines bestimmten Gebietes – dies: das „Gebiet" gehört zum Merkmal – das *Monopol legitimer physischer Gewaltsamkeit* für sich (mit Erfolg) beansprucht. Denn das der Gegenwart Spezifische ist: daß man allen anderen Verbänden oder Einzelpersonen das Recht zur physischen Gewaltsamkeit nur so weit zuschreibt, als der *Staat* sie von ihrer Seite zuläßt: er gilt als alleinige Quelle des „Rechts" auf Gewaltsamkeit.

„Politik" würde für uns also heißen: Streben nach Machtanteil oder nach Beeinflussung der Machtverteilung, sei es zwischen Staaten, sei es innerhalb eines Staates zwischen den Menschengruppen, die er umschließt.

Das entspricht im wesentlichen ja auch dem Sprachgebrauch. Wenn man von einer Frage sagt: sie sei eine „politische" Frage, von einem Minister oder Beamten: er sei ein „politischer" Beamter, von einem Entschluß: er sei „politisch" bedingt, so ist damit immer gemeint: Machtverteilungs-, Machterhaltungs- oder Machtverschiebungsinteressen sind maßgebend für die Antwort auf jene Frage oder bedingen diesen Entschluß oder bestimmen die Tätigkeitssphäre des betreffenden Beamten. – Wer Politik treibt, erstrebt Macht: – Macht entweder als Mittel im Dienst anderer Ziele (idealer oder egoistischer), – oder Macht „um ihrer selbst willen": um das Prestigegefühl, das sie gibt, zu genießen.

Der Staat ist, ebenso wie die ihm geschichtlich vorausgehenden politischen Verbände, ein auf das Mittel der legitimen (das heißt: als legitim angesehenen) Gewaltsamkeit gestütztes *Herrschafts*verhältnis von Menschen über Menschen. Damit er bestehe, müssen sich also die beherrschten Menschen der beanspruchten Autorität der jeweils herrschenden *fügen.* Wann und warum tun sie das? Auf welche inneren Rechtfertigungsgründe und auf welche äußeren Mittel stützt sich diese Herrschaft?

Es gibt der inneren Rechtfertigungen, also: der *Legitimitäts*gründe. einer Herrschaft – um mit ihnen zu beginnen – im Prinzip drei. Einmal die Autorität des „ewig Gestrigen": der durch unvordenkliche Geltung und gewohnheitsmäßige Einstellung auf ihre Innehaltung geheiligten *Sitte:* „traditionale" Herrschaft, wie sie der Patriarch und der Patrimonialfürst alten Schlages übten. Dann: die Autorität der außeralltäglichen persönlichen *Gnadengabe* (Charisma), die ganz persönliche Hingabe und das persönliche Vertrauen zu Offenbarungen, Heldentum oder anderen Führereigenschaften eines einzelnen: „charismatische" Herrschaft, wie sie der Prophet oder – auf dem Gebiet des Politischen – der gekorene Kriegsfürst oder der plebiszitäre Herrscher, der große Demagoge und politische Parteiführer ausüben. Endlich: Herrschaft kraft „Legalität", kraft des Glaubens an die Geltung legaler *Satzung* und der durch rational geschaffene Regeln begründeten sachlichen „Kompetenz", also: der Einstellung auf Gehorsam in der Erfüllung satzungsmäßiger Pflichten: eine Herrschaft, wie sie der moderne „Staatsdiener" und alle jene Träger von Macht ausüben, die ihm in dieser Hinsicht ähneln. – Es versteht sich, daß in der Realität höchst massive Motive der Furcht und der Hoffnung – Furcht vor der Rache magischer Mächte oder des Machthabers, Hoffnung auf jenseitigen oder diesseitigen Lohn – und daneben Interessen verschiedenster Art die Fügsamkeit bedingen. Davon sogleich. Aber wenn man nach den „Legitimitäts"gründen dieser Fügsamkeit fragt, dann allerdings stößt man auf diese drei „reinen" Typen. Und diese Legitimitätsvorstellungen und ihre innere Begründung sind für die Struktur der Herrschaft von sehr erheblicher Bedeutung. Die reinen Typen finden sich freilich in der Wirklichkeit selten. Aber es kann heute auf die höchst verwickelten Abwandlungen, Übergänge und Kombinationen dieser reinen Typen nicht eingegangen werden: das gehört zu den Problemen der „allgemeinen Staatslehre".

Uns interessiert hier vor allem der zweite von jenen Typen: die Herrschaft kraft Hingabe der Gehorchenden an das rein persönliche „Charisma" des „Führers". Denn hier wurzelt der Gedanke des *Berufs* in seiner höchsten Ausprägung. Die Hingabe an das Charisma des Propheten oder des Führers im Kriege oder des ganz großen Demagogen in der Ekklesia oder im Parlament bedeutet ja, daß er persönlich als der innerlich „berufene" Leiter der Menschen gilt, daß diese sich ihm nicht kraft Sitte oder Satzung fügen, sondern weil sie an ihn glauben. Er selbst zwar lebt seiner Sache, „trachtet nach seinem Werk", wenn er mehr ist als ein enger und eitler Emporkömmling des Augenblicks. Seiner Person und ihren Qualitäten aber gilt die Hingabe seines Anhanges: der Jüngerschaft, der Gefolgschaft, der ganz persönlichen Parteigängerschaft. In den beiden in der Vergangenheit wichtigsten Figuren: des Magiers und Propheten einerseits, des gekorenen Kriegsfürsten, Bandenführers, Kondottiere andererseits, ist das Führertum in allen Gebieten und historischen Epochen aufgetreten. Dem Okzident eigentümlich ist aber, was uns näher angeht: das *politische* Führertum in der Gestalt zuerst des freien „Demagogen", der auf dem Boden des nur dem Abendland, vor allem der mittelländischen Kultur, eigenen Stadtstaates, und dann des parlamentarischen „Parteiführers", der auf dem Boden des ebenfalls nur im Abendland bodenständigen Verfassungsstaates gewachsen ist.

Diese Politiker kraft „Berufes" in des Wortes eigentlichster Bedeutung sind nun aber natürlich nirgends die allein maßgebenden Figuren im Getriebe des politischen Machtkampfes. Höchst entscheidend ist vielmehr die Art der Hilfsmittel, die ihnen zur Verfügung stehen. Wie fangen die politisch herrschenden Gewalten es an, sich in ihrer Herrschaft zu behaupten? Die Frage gilt für jede Art von Herrschaft, also auch für die politische Herrschaft in allen ihren Formen: für die traditionale ebenso wie für die legale und die charismatische.

Jeder Herrschaftsbetrieb, welcher kontinuierliche Verwaltung erheischt, braucht einerseits die Einstellung menschlichen Handelns auf den Gehorsam gegenüber jenen Herren, welche Träger der legitimen Gewalt zu sein beanspruchen, und andererseits, vermittels dieses Gehorsams, die Verfügung über diejenigen Sachgüter, welche gegebenenfalls zur Durchführung der physischen Gewaltanwendung erforderlich sind: den personalen Verwaltungsstab und die sachlichen Verwaltungsmittel.

Der Verwaltungsstab, der den politischen Herrschaftsbetrieb wie jeden anderen Betrieb in seiner äußeren Erscheinung darstellt, ist nun natürlich nicht nur durch jene Legitimitätsvorstellung, von der eben die Rede war, an den Gehorsam gegenüber dem Gewalthaber gekettet. Sondern durch zwei Mittel, welche an das persönliche Interesse appellieren: materielles Entgelt und soziale Ehre. Lehen der Vasallen, Pfründen der Patrimonialbeamten, Gehalt der modernen Staatsdiener, – Ritterehre, ständische Privilegien, Beamtenehre bilden den Lohn, und die Angst, sie zu verlieren, die letzte entscheidende Grundlage für die Solidarität des Verwaltungsstabes mit dem Gewalthaber. Auch für die charismatische Führerherrschaft gilt das: Kriegsehre und Beute für die kriegerische, die „spoils“: Ausbeutung der Beherrschten durch Ämtermonopol, politisch bedingte Profite und Eitelkeitsprämien für die demagogische Gefolgschaft.

Zur Aufrechterhaltung jeder gewaltsamen Herrschaft bedarf es gewisser materieller äußerer Sachgüter, ganz wie bei einem wirtschaftlichen Betrieb. Alle Staatsordnungen lassen sich nun danach gliedern, ob sie auf dem Prinzip beruhen, daß jener Stab von Menschen: – Beamte oder wer sie sonst sein mögen –, auf deren Gehorsam der Gewalthaber muß rechnen können, im *eigenen* Besitze der Verwaltungsmittel, mögen sie bestehen in Geld, Gebäuden, Kriegsmaterial, Wagenparks, Pferden oder was sonst immer, sich befinden, oder ob der Verwaltungsstab von den Verwaltungsmitteln „getrennt“ ist, im gleichen Sinn, wie heute der Angestellte und Proletarier innerhalb des kapitalistischen Betriebes „getrennt“ ist von den sachlichen Produktionsmitteln. Ob also der Gewalthaber die Verwaltung in *eigener* von ihm organisierter *Regie* hat und durch persönliche Diener oder angestellte Beamte oder persönliche Günstlinge und Vertraute verwalten läßt, welche nicht Eigentümer: Besitzer zu eigenem Recht, der sachlichen Betriebsmittel sind, sondern vom Herrn darin dirigiert werden, oder ob das Gegenteil der Fall ist. Der Unterschied geht durch alle Verwaltungsorganisationen der Vergangenheit hindurch.

Einen politischen Verband, bei dem die sachlichen Verwaltungsmittel ganz oder teilweise in der Eigenmacht des abhängigen Verwaltungsstabes sich befinden, wollen wir einen *„ständisch"* gegliederten Verband nennen. Der Vasall z. B. im Lehnsverband bestritt die Verwaltung und Rechtspflege des ihm verlehnten Bezirks aus eigener Tasche, equipierte und verproviantierte sich selbst für den Krieg; seine Untervasallen taten das gleiche. Das hatte natürlich Konsequenzen für die Machtstellung des Herrn, die nur auf dem persönlichen Treubund und darauf ruhte, daß der Lehnsbesitz und die soziale Ehre des Vasallen ihre „Legitimität" vom Herrn ableiteten.

Überall aber, bis in die frühesten politischen Bildungen zurück, finden wir auch die eigene Regie des Herrn: durch persönlich von ihm Abhängige: Sklaven, Hausbeamte, Dienstleute, persönliche „Günstlinge" und aus seinen Vorratskammern mit Natural- und Gelddeputaten entlohnte Pfründner sucht er die Verwaltung in eigene Hand zu bekommen, die Mittel aus eigener Tasche, aus Erträgnissen seines Patrimoniums zu bestreiten, ein rein persönlich von ihm abhängiges, weil aus seinen Speichern, Magazinen, Rüstkammern equipiertes und verproviantiertes Heer zu schaffen. Während im „ständischen" Verband der Herr mit Hilfe einer eigenständigen „Aristokratie" herrscht, also mit ihr die Herrschaft *teilt,* stützt er sich hier entweder auf Haushörige oder auf Plebejer: besitzlose, der eigenen sozialen Ehre entbehrende Schichten, die materiell gänzlich an ihn gekettet sind und keinerlei konkurrierende eigene Macht unter den Füßen haben. Alle Formen patriarchaler und patrimonialer Herrschaft, sultanistischer Despotie und bürokratischer Staatsordnung gehören zu diesem Typus. Insbesondere: die bürokratische Staatsordnung, also die, in ihrer rationalsten Ausbildung, auch und gerade dem modernen Staat charakteristische.

Überall kommt die Entwicklung des modernen Staates dadurch in Fluß, daß von Seiten des Fürsten die Enteignung der neben ihm stehenden selbständigen „privaten" Träger von Verwaltungsmacht: jener Eigenbesitzer von Verwaltungs- und Kriegsbetriebsmitteln, Finanzbetriebsmitteln und politisch verwendbaren Gütern aller Art, in die Wege geleitet wird. Der ganze Prozeß ist eine vollständige Parallele zu der Entwicklung des kapitalistischen Betriebs durch allmähliche Enteignung der selbständigen Produzenten. Am Ende sehen wir, daß in dem modernen Staat tatsächlich in einer einzigen Spitze die Verfügung über die gesamten politischen Betriebsmittel zusammenläuft, kein einziger Beamter mehr persönlicher Eigentümer des Geldes ist, das er verausgabt, oder der Gebäude, Vorräte, Werkzeuge, Kriegsmaschinen, über die er verfügt. Vollständig durchgeführt ist also im heutigen „Staat" – das ist ihm begriffswesentlich – die „Trennung" des Verwaltungsstabes: der Verwaltungsbeamten und Verwaltungsarbeiter, von den sachlichen Betriebsmitteln. Hier setzt nun die allermodernste Entwicklung ein und versucht vor unseren Augen, die Expropriation dieses Expropriateurs der politischen Mittel und damit der politischen Macht in die Wege zu leiten. Das hat die Revolution wenigstens insofern geleistet, als an die Stelle der gesatzten Obrigkeiten Führer getreten sind, welche durch Usurpation oder Wahl sich in die Verfügungsgewalt über den politischen Menschenstab und Sachgüterapparat gesetzt haben und ihre Legitimitäteinerlei mit wieviel Recht – vom Willen der Beherrschten ableiten. Eine andere Frage ist, ob sie auf Grund dieses – wenigstens scheinbaren – Erfolges mit Recht die Hoffnung hegen kann: auch die Expropriation innerhalb der kapitalistischen Wirtschaftsbetriebe durchzuführen, deren Leitung sich trotz weitgehender Analogien im Innersten nach ganz anderen Gesetzen richtet als die politische Verwaltung. Dazu nehmen wir heute nicht Stellung. Ich stelle für unsere Betrachtung nur das rein *Begriffliche* fest: daß der moderne Staat ein anstaltsmäßiger Herrschaftsverband ist, der innerhalb eines Gebietes die legitime physische Gewaltsamkeit als Mittel der Herrschaft zu monopolisieren mit Erfolg getrachtet hat und zu diesem Zweck die sachlichen Betriebsmittel in der Hand seiner Leiter vereinigt, die sämtlichen eigenberechtigten ständischen Funktionäre aber, die früher zu Eigenrecht darüber verfügten, enteignet und sich selbst in seiner höchsten Spitze an deren Stelle gesetzt hat.

Im Verlaufe dieses politischen Enteignungsprozesses nun, der in allen Ländern der Erde mit wechselndem Erfolge spielte, sind, und zwar zuerst im Dienste des Fürsten, die ersten Kategorien von „Berufspolitikern" in einem *zweiten* Sinn aufgetreten, von Leuten, die nicht selbst Herren sein wollten, wie die charismatischen Führer, sondern *in den Dienst* von politischen Herren traten. Sie stellten sich in diesem Kampfe den Fürsten zur Verfügung und machten aus der Besorgung von deren Politik einen materiellen Lebenserwerb einerseits, einen ideellen Lebensinhalt andererseits. Wieder *nur* im Okzident finden wir *diese* Art von Berufspolitikern auch im Dienst anderer Mächte als nur der Fürsten. In der Vergangenheit waren sie deren wichtigstes Macht- und politisches Expropriationsinstrument.

Machen wir uns, ehe wir näher auf sie eingehen, den Sachverhalt, den die Existenz solcher „Berufspolitiker" darstellt, nach allen Seiten unzweideutig klar. Man kann „Politik" treiben – also: die Machtverteilung zwischen und innerhalb politischer Gebilde zu beeinflussen trachten – sowohl als „Gelegenheits"politiker wie als nebenberuflicher oder hauptberuflicher Politiker, genau wie beim ökonomischen Erwerb. „Gelegenheits"politiker sind wir alle, wenn wir unseren Wahlzettel abgeben oder eine ähnliche Willensäußerung: etwa Beifall oder Protest in einer „politischen" Versammlung, vollziehen, eine „politische" Rede halten usw., – und bei vielen Menschen beschränkt sich ihre ganze Beziehung zur Politik darauf. „Nebenberufliche" Politiker sind heute z. B. alle jene Vertrauensmänner und Vorstände von parteipolitischen Vereinen, welche diese Tätigkeit – wie es durchaus die Regel ist – nur im Bedarfsfalle ausüben und weder materiell noch ideell in *erster* Linie daraus „ihr Leben machen". Ebenso jene Mitglieder von Staatsräten und ähnlichen Beratungskörperschaften, die nur auf Anfordern in Funktion treten. Ebenso aber auch ziemlich breite Schichten unserer Parlamentarier, die nur in Zeiten der Session Politik treiben. In der Vergangenheit finden wir solche Schichten namentlich unter den Ständen. „Stände" sollen uns heißen die eigenberechtigten Besitzer militärischer oder für die Verwaltung wichtiger sachlicher Betriebsmittel oder persönlicher Herrengewalten. Ein großer Teil von ihnen war weit davon entfernt, sein Leben ganz oder auch nur vorzugsweise oder mehr als gelegentlich in den Dienst der Politik zu stellen. Sie nützten vielmehr ihre Herrenmacht im Interesse der Erzielung von Renten oder auch geradezu von Profit und wurden politisch, im Dienst des politischen Verbandes, nur tätig, wenn der Herr oder wenn ihre Standesgenossen dies besonders verlangten. Nicht anders auch ein Teil jener Hilfskräfte, die der Fürst im Kampf um die Schaffung eines politischen Eigenbetriebes, der nur ihm zur Verfügung stehen sollte, heranzog. Die „Räte von Haus aus" und, noch weiter zurück, ein erheblicher Teil der in der „Curia" und den anderen beratenden Körperschaften der Fürsten zusammentretenden Ratgeber hatten diesen Charakter. Aber mit diesen nur gelegentlichen oder nebenberuflichen Hilfskräften kam der Fürst natürlich nicht aus. Er mußte sich einen Stab von ganz und ausschließlich seinem Dienst gewidmeten, also *haupt*beruflichen, Hilfskräften zu schaffen suchen. Davon, woher er diese nahm, hing zum sehr wesentlichen Teil die Struktur des entstehenden dynastischen politischen Gebildes und nicht nur sie, sondern das ganze Gepräge der betreffenden Kultur ab. Erst recht in die gleiche Notwendigkeit versetzt waren diejenigen politischen Verbände, welche unter völliger Beseitigung oder weitgehender Beschränkung der Fürstenmacht sich als (sogenannte) „freie" Gemeinwesen politisch konstituierten, – „frei" nicht im Sinne der Freiheit von gewaltsamer Herrschaft, sondern im Sinne von: Fehlen der kraft Tradition legitimen (meist religiös geweihten) Fürstengewalt als ausschließlicher Quelle aller Autorität. Sie haben geschichtlich ihre Heimstätte durchaus im Okzident, und ihr Keim war: die Stadt als politischer Verband, als welcher sie zuerst im mittelländischen Kulturkreis aufgetreten ist. Wie sahen in all diesen Fällen die *„haupt*beruflichen" Politiker aus?

Es gibt zwei Arten, aus der Politik seinen Beruf zu machen. Entweder: man lebt „für" die Politik, – oder aber: „von" der Politik. Der Gegensatz ist keineswegs ein exklusiver. In aller Regel vielmehr tut man, mindestens ideell, meist aber auch materiell, beides: wer „für" die Politik lebt, macht im *inner*lichen Sinne „sein Leben daraus": er genießt entweder den nackten Besitz der Macht, die er ausübt, oder er speist sein inneres Gleichgewicht und Selbstgefühl aus dem Bewußtsein, durch Dienst an einer „Sache" seinem Leben einen *Sinn* zu verleihen. In diesem innerlichen Sinn lebt wohl jeder ernste Mensch, der für eine Sache lebt, auch von dieser Sache. Die Unterscheidung bezieht sich also auf eine viel massivere Seite des Sachverhaltes: auf die ökonomische. „Von" der Politik als Beruf lebt, wer danach strebt, daraus eine dauernde *Einnahmequelle* zu machen, – „für" die Politik der, bei dem dies nicht der Fall ist. Damit jemand in diesem ökonomischen Sinn „für" die Politik leben könne, müssen unter der Herrschaft der Privateigentumsordnung einige, wenn Sie wollen, sehr triviale Voraussetzungen vorliegen: er muß – unter normalen Verhältnissen – ökonomisch von den Einnahmen, welche die Politik ihm bringen kann, unabhängig sein. Das heißt ganz einfach: er muß vermögend oder in einer privaten Lebensstellung sein, welche ihm auskömmliche Einkünfte abwirft. So steht es wenigstens unter normalen Verhältnissen. Zwar die Gefolgschaft des Kriegsfürsten fragt ebensowenig nach den Bedingungen normaler Wirtschaft wie die Gefolgschaft des revolutionären Helden der Straße. Beide leben von Beute, Raub, Konfiskationen, Kontributionen, Aufdrängung von wertlosen Zwangszahlungsmitteln: – was dem Wesen nach alles das gleiche ist. Aber das sind notwendig außeralltägliche Erscheinungen: in der Alltagswirtschaft leistet nur eigenes Vermögen diesen Dienst. Aber damit allein nicht genug: er muß überdies wirtschaftlich „abkömmlich" sein, d. h. seine Einkünfte dürfen nicht davon abhängen, daß er ständig persönlich seine Arbeitskraft und sein Denken voll oder doch weit überwiegend in den Dienst ihres Erwerbes stellt. Abkömmlich in diesem Sinn ist nun am unbedingtesten: der Rentner, derjenige also, der vollkommen arbeitsloses Einkommen, sei es, wie die Grundherren der Vergangenheit, die Großgrundbesitzer und die Standesherren der Gegenwart, aus Grundrenten – in der Antike und im Mittelalter auch Sklaven- oder Hörigenrenten – oder aus Wertpapier- oder ähnlichen modernen Rentenquellen bezieht. Weder der Arbeiter, *noch* – was sehr zu beachten ist – der Unternehmer, auch *und gerade* der moderne Großunternehmer, ist in diesem Sinn abkömmlich. Denn auch und *gerade* der Unternehmer – der gewerbliche sehr viel mehr als, bei dem Saisoncharakter der Landwirtschaft, der landwirtschaftliche Unternehmer – ist an seinen Betrieb gebunden und *nicht* abkömmlich. Es ist für ihn meist sehr schwer, sich auch nur zeitweilig vertreten zu lassen. Ebensowenig ist dies z. B. der Arzt, je hervorragender und beschäftigter er ist, desto weniger. Leichter schon, aus rein betriebstechnischen Gründen, der Advokat, – der deshalb auch als Berufspolitiker eine ungleich größere, oft eine geradezu beherrschende Rolle gespielt hat. – Wir wollen diese Kasuistik nicht weiter verfolgen, sondern wir machen uns einige Konsequenzen klar.

Die Leitung eines Staates oder einer Partei durch Leute, welche (im ökonomischen Sinn des Wortes) ausschließlich für die Politik und nicht von der Politik leben, bedeutet notwendig eine „plutokratische" Rekrutierung der politisch führenden Schichten. Damit ist freilich nicht auch das Umgekehrte gesagt: daß eine solche plutokratische Leitung auch zugleich bedeutete, daß die politisch herrschende Schicht *nicht* auch „von" der Politik zu leben trachtete, also ihre politische Herrschaft nicht auch für ihre privaten ökonomischen Interessen auszunutzen pflegte. Davon ist natürlich gar keine Rede. Es hat keine Schicht gegeben, die das nicht irgendwie getan hätte. Nur dies bedeutet es: daß die Berufspolitiker nicht unmittelbar für ihre politische Leistung Entgelt zu suchen genötigt sind, wie das jeder Mittellose schlechthin in Anspruch nehmen muß. Und andererseits bedeutet es nicht etwa, daß vermögenslose Politiker lediglich oder auch nur vornehmlich ihre privatwirtschaftliche Versorgung durch die Politik im Auge hätten, nicht oder doch nicht vornehmlich „an die Sache" dächten. Nichts wäre unrichtiger. Dem vermögenden Mann ist die Sorge um die ökonomische „Sekurität" seiner Existenz erfahrungsgemäß – bewußt oder unbewußt – ein Kardinalpunkt seiner ganzen Lebensorientierung. Der ganz rücksichts- und voraussetzungslose politische Idealismus findet sich, wenn nicht ausschließlich, so doch wenigstens gerade bei den infolge ihrer Vermögenslosigkeit ganz außerhalb der an der Erhaltung der ökonomischen Ordnung einer bestimmten Gesellschaft stehenden Schichten: das gilt zumal in außeralltäglichen, also revolutionären, Epochen. Sondern nur dies bedeutet es: daß eine *nicht* plutokratische Rekrutierung der politischen Interessenten, der Führerschaft und ihrer Gefolgschaft, an die selbstverständliche Voraussetzung gebunden ist, daß diesen Interessenten aus dem Betrieb der Politik regelmäßige und verläßliche Einnahmen zufließen. Die Politik kann entweder „ehrenamtlich" und dann von, wie man zu sagen pflegt, „unabhängigen", d. h. vermögenden Leuten, Rentnern vor allem, geführt werden. Oder aber ihre Führung wird Vermögenslosen zugänglich gemacht, und dann muß sie entgolten werden. Der *von* der Politik lebende Berufspolitiker kann sein: reiner „Pfründner" oder besoldeter „Beamter". Entweder bezieht er dann Einnahmen aus Gebühren und Sporteln für bestimmte Leistungen – Trinkgelder und Bestechungssummen sind nur eine regellose und formell illegale Abart dieser Kategorie von Einkünften –, oder er bezieht ein festes Naturaliendeputat oder Geldgehalt, oder beides nebeneinander. Er kann den Charakter eines „Unternehmers" annehmen, wie der Kondottiere oder der Amtspächter oder Amtskäufer der Vergangenheit oder wie der amerikanische Boss, der seine Unkosten wie eine Kapitalanlage ansieht, die er durch Ausnutzung seines Einflusses Ertrag bringen läßt. Oder er kann einen festen Lohn beziehen, wie ein Redakteur oder Parteisekretär oder ein moderner Minister oder politischer Beamter. In der Vergangenheit waren Lehen, Bodenschenkungen, Pfründen aller Art, mit Entwicklung der Geldwirtschaft aber besonders Sportelpfründen das typische Entgelt von Fürsten, siegreichen Eroberern oder erfolgreichen Parteihäuptern für ihre Gefolgschaft; heute sind es Ämter aller Art in Parteien, Zeitungen, Genossenschaften, Krankenkassen, Gemeinden und Staaten, welche von den Parteiführern für treue Dienste vergeben werden. *Alle* Parteikämpfe sind nicht nur Kämpfe um sachliche

Ziele, sondern vor allem auch: um Ämterpatronage. Alle Kämpfe zwischen partikularistischen und zentralistischen Bestrebungen in Deutschland drehen sich vor allem auch darum, welche Gewalten, ob die Berliner oder die Münchener, Karlsruher, Dresdener, die Ämterpatronage in der Hand haben. Zurücksetzungen in der Anteilnahme an den Ämtern werden von Parteien schwerer empfunden als Zuwiderhandlungen gegen ihre sachlichen Ziele. Ein parteipolitischer Präfektenschub in Frankreich galt immer als eine größere Umwälzung und erregte mehr Lärm als eine Modifikation des Regierungsprogramms, welches fast rein phraseologische Bedeutung hatte. Manche Parteien, so namentlich die in Amerika, sind seit dem Schwinden der alten Gegensätze über die Auslegung der Verfassung reine Stellenjägerparteien, welche ihr sachliches Programm je nach den Chancen des Stimmenfangs abändern. In Spanien wechselten bis in die letzten Jahre in Gestalt der von obenher fabrizierten „Wahlen" die beiden großen Parteien in konventionell feststehendem Turnus ab, um ihre Gefolgschaft in Ämtern zu versorgen. In den spanischen Kolonialgebieten handelt es sich sowohl bei den sogenannten „Wahlen" wie den sogenannten „Revolutionen" stets um die Staatskrippe, an der die Sieger gefüttert zu werden wünschen. In der Schweiz repartieren die Parteien im Wege des Proporzes die Ämter friedlich untereinander, und manche unserer „revolutionären" Verfassungsentwürfe, so z. B. der erste für Baden aufgestellte, wollte dies System auf die Ministerstellen ausdehnen und behandelte so den Staat und seine Ämter als reine Pfründnerversorgungsanstalt. Vor allem die Zentrumspartei begeisterte sich dafür und machte in Baden die proportionale Verteilung der Ämter nach Konfessionen, also ohne Rücksicht auf die Leistung, sogar zu einem Programmpunkt. Mit steigender Zahl der Ämter infolge der allgemeinen Bürokratisierung und steigendem Begehr nach ihnen als einer Form spezifisch *gesicherter* Versorgung steigt für alle Parteien diese Tendenz und werden sie für ihre Gefolgschaft immer mehr Mittel zum Zweck, derart versorgt zu werden.

Dem steht nun aber gegenüber die Entwicklung des modernen Beamtentums zu einer spezialistisch durch langjährige Vorbildung fachgeschulten hochqualifizierten geistigen Arbeiterschaft mit einer im Interesse der Integrität hochentwickelten ständischen *Ehre,* ohne welche die Gefahr furchtbarer Korruption und gemeinen Banausentums als Schicksal über uns schweben und auch die rein technische Leistung des Staatsapparates bedrohen würde, dessen Bedeutung für die Wirtschaft, zumal mit zunehmender Sozialisierung, stetig gestiegen ist und weiter steigen wird. Die Dilettantenverwaltung durch Beutepolitiker, welche in den Vereinigten Staaten Hunderttausende von Beamten, bis zum Postboten hinunter, je nach dem Ausfall der Präsidentenwahl, wechseln ließ und den lebenslänglichen Berufsbeamten nicht kannte, ist längst durch die Civil Service Reform durchlöchert. Rein technische, unabweisliche Bedürfnisse der Verwaltung bedingen diese

Entwicklung. In Europa ist das arbeitsteilige Fachbeamtentum in einer Entwicklung von einem halben Jahrtausend allmählich entstanden. Die italienischen Städte und Signorien machten den Anfang; von den Monarchien die normannischen Erobererstaaten. Bei den *Finanzen* der Fürsten geschah der entscheidende Schritt. Bei den Verwaltungsreformen des Kaisers Max kann man sehen, wie schwer selbst unter dem Druck der äußersten Not und Türkenherrschaft es den Beamten gelang, auf diesem Gebiet, welches ja den Dilettantismus eines Herrschers, der damals noch vor allem: ein Ritter war, am wenigsten vertrug, den Fürsten zu depossedieren. Die Entwicklung der Kriegstechnik bedingte den Fachoffizier, die Verfeinerung des Rechtsganges den geschulten Juristen. Auf diesen drei Gebieten siegte das Fachbeamtentum in den entwickelteren Staaten endgültig im 16. Jahrhundert. Damit war gleichzeitig mit dem Aufstieg des Absolutismus des Fürsten gegenüber den Ständen die allmähliche Abdankung seiner Selbstherrschaft an die Fachbeamten, durch die ihm jener Sieg über die Stände erst ermöglicht wurde, eingeleitet.

Gleichzeitig mit dem Aufstieg des fachgeschulten *Beamtentums* vollzog sich auch – wennschon in weit unmerklicheren Übergängen – die Entwicklung der „leitenden *Politiker*". Von jeher und in aller Welt hatte es, selbstverständlich, solche tatsächlich maßgeblichen Berater der Fürsten gegeben. Im Orient hat das Bedürfnis, den Sultan von der persönlichen Verantwortung für den Erfolg der Regierung möglichst zu entlasten, die typische Figur des „Großwesirs" geschaffen. Im Abendland wurde die Diplomatie, vor allem unter dem Einfluß der in diplomatischen Fachkreisen mit leidenschaftlichem Eifer gelesenen venezianischen Gesandtschaftsberichte, im Zeitalter Karls V. – der Zeit Macchiavellis – zuerst eine *bewußte* gepflegte Kunst, deren meist humanistisch gebildete Adepten sich untereinander als eine geschulte Schicht von Eingeweihten behandelten, ähnlich den humanistischen chinesischen Staatsmännern der letzten Teilstaatenzeit. Die Notwendigkeit einer formell einheitlichen Leitung der *gesamten* Politik, einschließlich der inneren, durch einen führenden Staatsmann entstand endgültig und zwingend erst durch die konstitutionelle Entwicklung. Bis dahin hatte es zwar selbstverständlich solche Einzelpersönlichkeiten als Berater oder vielmehr – der Sache nach – Leiter der Fürsten immer wieder gegeben. Aber die Organisation der Behörden war zunächst, auch in den am weitesten vorgeschrittenen Staaten, andere Wege gegangen. *Kollegiale* höchste Verwaltungsbehörden waren entstanden. Der Theorie und, in allmählich abnehmendem Maße, der Tatsache nach tagten sie unter dem Vorsitz des Fürsten persönlich, der die Entscheidung gab. Durch dieses kollegialische System, welches zu Gutachten, Gegengutachten und motivierten Voten der Mehrheit und Minderheit führte, und ferner dadurch, daß er neben den offiziellen höchsten Behörden sich mit rein persönlichen Vertrauten – dem „Kabinett" – umgab und durch diese seine Entscheidungen auf die Beschlüsse des Staatsrats – oder wie die höchste Staatsbehörde sonst hieß – abgab, suchte der Fürst, der zunehmend in die Lage eines Dilettanten geriet, dem unvermeidlich wachsenden Gewicht der Fachschulung der Beamten sich zu entziehen und die oberste Leitung in der Hand zu behalten: dieser latente Kampf zwischen dem Fachbeamtentum und der Selbstherrschaft bestand überall. Erst gegenüber den Parlamenten und den Machtaspirationen ihrer Parteiführer änderte sich die Lage. Sehr verschieden gelagerte Bedingungen führten doch zu dem äußerlich gleichen Ergebnis. Freilich mit gewissen Unterschieden. Wo immer die Dynastien reale Macht in der Hand behielten – wie namentlich in Deutschland –, waren nun die Interessen des Fürsten mit denen des Beamtentums solidarisch verknüpft *gegen* das Parlament und seine Machtansprüche. Die Beamten hatten das Interesse daran, daß auch die leitenden Stellen, also die Ministerposten, aus ihren Reihen besetzt, also Gegenstände des Beamtenavancements wurden. Der Monarch seinerseits hatte das Interesse daran, die Minister nach seinem Ermessen auch aus den Reihen der ihm ergebenen Beamten ernennen zu können. Beide Teile aber waren daran interessiert, daß die politische Leitung dem Parlament einheitlich und geschlossen gegenübertrat, also: das Kollegialsystem durch einen einheitlichen Kabinettschef ersetzt wurde. Der Monarch bedurfte überdies, schon um dem Parteikampf und den Parteiangriffen rein formell enthoben zu bleiben, einer ihn deckenden verantwortlichen, das heißt: dem Parlament Rede stehenden und ihm entgegentretenden, mit den Parteien verhandelnden Einzelpersönlichkeit. Alle diese Interessen wirkten hier zusammen in der gleichen Richtung: ein einheitlich führender Beamtenminister entstand. Noch stärker wirkte in der Richtung der Vereinheitlichung die Entwicklung der Parlamentsmacht da, wo sie – wie in England – die Oberhand gegenüber dem Monarchen gewann. Hier entwickelte sich das „Kabinett" mit dem einheitlichen Parlamentsführer, dem „Leader", an der Spitze, als ein Ausschuß der von den offiziellen Gesetzen ignorierten, tatsächlich aber allein politisch entscheidenden Macht: der jeweils im Besitz der Mehrheit befindlichen *Partei.* Die offiziellen kollegialen Körperschaften waren eben als solche keine Organe der wirklich herrschenden Macht: der Partei, und konnten also nicht Träger der wirklichen Regierung sein. Eine herrschende Partei bedurfte vielmehr, um im Innern die Gewalt zu behaupten und nach außen große Politik treiben zu können, eines schlagkräftigen, nur aus ihren wirklich führenden Männern zusammengesetzten, vertraulich verhandelnden Organes: eben des Kabinetts, der Öffentlichkeit, vor allem der parlamentarischen Öffentlichkeit gegenüber aber eines für alle Entschließungen verantwortlichen Führers: des Kabinettschefs. Dies englische System ist dann in Gestalt der parlamentarischen Ministerien auf den Kontinent übernommen worden, und nur in Amerika und den von da aus beeinflußten Demokratien wurde ihm ein ganz heterogenes System gegenübergestellt, welches den erkorenen Führer der siegenden Partei durch direkte Volkswahl an die Spitze des von ihm ernannten Beamtenapparates stellte und ihn nur in Budget und Gesetzgebung an die Zustimmung des Parlaments band.

Die Entwicklung der Politik zu einem „Betrieb", der eine Schulung im Kampf um die Macht und in dessen Methoden erforderte, so wie sie das moderne Parteiwesen entwickelte, bedingte nun die Scheidung der öffentlichen Funktionäre in zwei, allerdings keineswegs schroff, aber doch deutlich geschiedene Kategorien: Fachbeamte einerseits, „politische Beamte" andererseits. Die im eigentlichen Wortsinn „politischen" Beamten sind äußerlich in der Regel daran kenntlich, daß sie jederzeit beliebig versetzt und entlassen oder doch „zur Disposition gestellt" werden können, wie die französischen Präfekten und die ihnen gleichartigen Beamten anderer Länder, im schroffsten Gegensatz gegen die „Unabhängigkeit" der Beamten mit richterlicher Funktion. In England gehören jene Beamten dazu, die nach fester Konvention bei einem Wechsel der Parlamentsmehrheit und also des Kabinetts aus den Ämtern scheiden. Besonders diejenigen pflegen dahin zu rechnen, deren Kompetenz die Besorgung der allgemeinen „inneren Verwaltung" umfaßt; und der „politische" Bestandteil daran ist vor allem die Aufgabe der Erhaltung der „Ordnung" im Lande, also: der bestehenden Herrschaftsverhältnisse. In Preußen hatten diese Beamten nach dem Puttkamerschen Erlaß, bei Vermeidung der Maßregelung, die Pflicht, „die Politik der Regierung zu vertreten", und wurden, ebenso wie in Frankreich die Präfekten, als amtlicher Apparat zur Beeinflussung der Wahlen benutzt. Die meisten „politischen" Beamten teilten zwar nach deutschem System – im Gegensatz zu anderen Ländern – die Qualität aller anderen insofern, als die Erlangung auch dieser Ämter an akademisches Studium, Fachprüfungen und einen bestimmten Vorbereitungsdienst gebunden war. Dieses spezifische Merkmal des modernen Fachbeamtentums fehlt bei uns nur den Chefs des politischen Apparates: den Ministern. Preußischer Kultusminister konnte man schon unter dem alten Regime sein, ohne selbst jemals eine höhere Unterrichtsanstalt besucht zu haben, während man Vortragender Rat grundsätzlich nur auf Grund der vorgeschriebenen Prüfungen werden konnte. Der fachgeschulte Dezernent und Vortragende Rat war selbstverständlich – z. B. unter Althoff im preußischen Unterrichtsministerium – unendlich viel informierter über die eigentlichen technischen Probleme des Faches als sein Chef. In England stand es damit nicht anders. Er war infolgedessen auch für alle Alltagsbedürfnisse der Mächtigere. Das war auch nichts an sich Widersinniges. Der Minister war eben der Repräsentant der *politischen* Machtkonstellation, hatte deren politische Maßstäbe zu vertreten und an die Vorschläge seiner unterstellten Fachbeamten anzulegen oder ihnen die entsprechenden Direktiven politischer Art zu geben.

Ganz ähnlich steht es ja in einem privaten Wirtschaftsbetrieb: der eigentliche „Souverän", die Aktionärversammlung, ist in der Betriebsführung ebenso einflußlos wie ein von Fachbeamten regiertes „Volk", und die für die Politik des Betriebes ausschlaggebenden Persönlichkeiten, der von Banken beherrschte „Aufsichtsrat", geben nur die wirtschaftlichen Direktiven und lesen die Persönlichkeiten für die Verwaltung aus, ohne aber selbst imstande zu sein, den Betrieb technisch zu leiten. Insofern bedeutet auch die jetzige Struktur des Revolutionsstaates, welcher absoluten Dilettanten, kraft ihrer Verfügung über die Maschinengewehre, die Macht über die Verwaltung in die Hand gibt und die fachgeschulten Beamten nur als ausführende Köpfe und Hände benutzen möchte, keine grundsätzliche Neuerung. Die Schwierigkeiten dieses jetzigen Systems liegen anderswo als darin, sollen uns aber heute nichts angehen. –

Wir fragen vielmehr nun nach der typischen Eigenart der Berufspolitiker, sowohl der „Führer" wie ihrer Gefolgschaft. Sie hat gewechselt und ist auch heute sehr verschieden.

„Berufspolitiker" haben sich in der Vergangenheit, wie wir sahen, im Kampf der Fürsten mit den Ständen entwickelt im Dienst der ersteren. Sehen wir uns ihre Haupttypen kurz an.

Gegen die Stände stützte sich der Fürst auf politisch verwertbare Schichten nichtständischen Charakters. Dahin gehörten in Vorder- und Hinterindien, im buddhistischen China und Japan und in der lamaistischen Mongolei ganz ebenso wie in den christlichen Gebieten des Mittelalters zunächst: die Kleriker. Technisch deshalb, weil sie schriftkundig waren. Überall ist der Import von Brahmanen, buddhistischen Priestern, Lamas und die Verwendung von Bischöfen und Priestern als politische Berater unter dem Gesichtspunkt erfolgt, schreibkundige Verwaltungskräfte zu bekommen, die im Kampf des Kaisers oder Fürsten oder Khans gegen die Aristokratie verwertet werden konnten. Der Kleriker, zumal der zölibatäre Kleriker, stand außerhalb des Getriebes der normalen politischen und ökonomischen Interessen und kam nicht in Versuchung, für seine Nachfahren eigene politische Macht gegenüber seinem Herrn zu erstreben, wie es der Lehnsmann tat. Er war von den Betriebsmitteln der fürstlichen Verwaltung durch seine eigenen ständischen Qualitäten „getrennt".

Eine zweite derartige Schicht waren die humanistisch gebildeten Literaten. Es gab eine Zeit, wo man lateinische Reden und griechische Verse machen lernte zu dem Zweck, politischer Berater und vor allen Dingen politischer Denkschriftenverfasser eines Fürsten zu werden. Das war die Zeit der ersten Blüte der Humanistenschulen und der fürstlichen Stiftungen von Professuren der „Poetik": bei uns eine schnell vorübergehende Epoche, die immerhin auf unser Schulwesen nachhaltig eingewirkt hat, politisch freilich keine tieferen Folgen hatte. Anders in Ostasien. Der chinesische Mandarin ist oder vielmehr: war ursprünglich annähernd das, was der Humanist unserer Renaissancezeit war: ein humanistisch an den Sprachdenkmälern der fernen Vergangenheit geschulter und geprüfter Literat. Wenn Sie die Tagebücher des Li Hung Tschang lesen, finden Sie, daß noch er am meisten stolz darauf ist, daß er Gedichte machte und ein guter Kalligraph war. Diese Schicht mit ihren an der chinesischen Antike entwickelten Konventionen hat das ganze Schicksal Chinas bestimmt, und ähnlich wäre vielleicht unser Schicksal gewesen, wenn die Humanisten seinerzeit die geringste Chance gehabt hätten, mit gleichem Erfolge sich durchzusetzen.

Die dritte Schicht war: der Hofadel. Nachdem es den Fürsten gelungen war, den Adel in seiner ständischen politischen Macht zu enteignen, zogen sie ihn an den Hof und verwendeten ihn im politischen und diplomatischen Dienst. Der Umschwung unseres Erziehungswesens im 17. Jahrhundert war mit dadurch bedingt, daß an Stelle der humanistischen Literaten hofadelige Berufspolitiker in den Dienst der Fürsten traten.

Die vierte Kategorie war ein spezifisch englisches Gebilde; ein den Kleinadel und das städtische Rentnertum umfassendes Patriziat, technisch „gentry" genannt: – eine Schicht, die ursprünglich der Fürst gegen die Barone heranzog und in den Besitz der Ämter des „self-government" setzte, um später zunehmend von ihr abhängig zu werden. Sie hielt sich im Besitz der sämtlichen Ämter der lokalen Verwaltung, indem sie dieselben gratis übernahm im Interesse ihrer eigenen sozialen Macht. Sie hat England vor der Bürokratisierung bewahrt, die das Schicksal sämtlicher Kontinentalstaaten war.

Eine fünfte Schicht war dem Okzident, vor allem auf dem europäischen Kontinent, eigentümlich und war für dessen ganze politische Struktur von ausschlaggebender Bedeutung: die universitätsgeschulten Juristen. Die gewaltige Nachwirkung des römischen Rechts, wie es der bürokratische spätrömische Staat umgebildet hatte, tritt in nichts deutlicher hervor als darin: daß überall die Revolutionierung des politischen Betriebs im Sinne der Entwicklung zum rationalen Staat von geschulten Juristen getragen wurde. Auch in England, obwohl dort die großen nationalen Juristenzünfte die Rezeption des römischen Rechts hinderten. Man findet in keinem Gebiet der Erde dazu irgendeine Analogie. Alle Ansätze rationalen juristischen Denkens in der indischen Mîmâmsâ-Schule und alle Weiterpflege des antiken juristischen Denkens im Islam haben die Überwucherung des rationalen Rechtsdenkens durch theologische Denkformen nicht hindern können. Vor allem wurde das Prozeßverfahren nicht voll rationalisiert. Das hat nur die Übernahme der antik römischen Jurisprudenz, des Produkts eines aus dem Stadtstaat zur Weltherrschaft aufsteigenden politischen Gebildes ganz einzigartigen Charakters, durch die italienischen Juristen zuwege gebracht, der „Usus modernus" der spätmittelalterlichen Pandektisten und Kanonisten und die aus juristischem und christlichem Denken geborenen und später säkularisierten Naturrechtstheorien. Im italienischen Podestat, in den französischen Königs Juristen, welche die formellen Mittel zur Untergrabung der Herrschaft der Seigneurs durch die Königsmacht schufen, in den Kanonisten und naturrechtlich denkenden Theologen des Konziliarismus, in den Hofjuristen und gelehrten Richtern der kontinentalen Fürsten, in den niederländischen Naturrechtslehrern und den Monarchomachen, in den englischen Kron- und den Parlamentsjuristen, in der Noblesse de Robe der französischen Parlamente, endlich in den Advokaten der Revolutionszeit hat dieser juristische Rationalismus seine großen Repräsentanten gehabt. Ohne ihn ist das Entstehen des absoluten Staates so wenig denkbar wie die Revolution. Wenn Sie die Remonstrationen der französischen Parlamente oder die Cahiers der französischen Generalstände seit dem 16. Jahrhundert bis in das Jahr 1789 durchsehen, finden Sie überall: Juristengeist. Und wenn Sie die Berufszugehörigkeit der Mitglieder des französischen Konvents durchmustern, so finden Sie da – obwohl er nach gleichem Wahlrecht gewählt war – einen einzigen Proletarier, sehr wenige bürgerliche Unternehmer, dagegen massenhaft Juristen aller Art, ohne die der spezifische Geist, der diese radikalen Intellektuellen und ihre Entwürfe beseelte, ganz undenkbar wäre. Der moderne Advokat und die moderne Demokratie gehören seitdem schlechthin zusammen, – und Advokaten in unserem Sinn, als ein selbständiger Stand, existieren wiederum nur im Okzident, seit dem Mittelalter, wo sie aus dem „Fürsprech" des formalistischen germanischen Prozeßverfahrens unter dem Einfluß der Rationalisierung des Prozesses sich entwickelten.

Die Bedeutung der Advokaten in der okzidentalen Politik seit dem Aufkommen der Parteien ist nichts Zufälliges. Der politische Betrieb durch Parteien bedeutet eben: Interessentenbetrieb, – wir werden bald sehen, was das besagen will. Und eine Sache für Interessenten wirkungsvoll zu führen, ist das Handwerk des geschulten Advokaten. Er ist darin – das hat uns die Überlegenheit der feindlichen Propaganda lehren können – jedem „Beamten" überlegen. Gewiß kann er eine durch logisch schwache Argumente gestützte, in diesem Sinn: „schlechte" Sache dennoch siegreich, also technisch „gut", führen. Aber auch nur er führt eine durch logisch „starke" Argumente zu stützende, in diesem Sinn „gute" Sache siegreich, also in diesem Sinn „gut". Der Beamte als Politiker macht nur allzu oft durch technisch „schlechte" Führung eine in jenem Sinn „gute" Sache zur „schlechten": das haben wir erleben müssen. Denn die heutige Politik wird nun einmal in hervorragendem Maße in der Öffentlichkeit mit den Mitteln des gesprochenen oder geschriebenen Wortes geführt. Dessen Wirkung abzuwägen, liegt im eigentlichsten Aufgabenkreis des Advokaten, gar nicht aber des Fachbeamten, der kein Demagoge ist und, seinem Zweck nach, sein soll, und wenn er es doch zu werden unternimmt, ein sehr schlechter Demagoge zu werden pflegt.

Der echte Beamte – das ist für die Beurteilung unseres früheren Regimes entscheidend – soll seinem eigentlichen Beruf nach nicht Politik treiben, sondern: „verwalten", *unparteiisch* vor allem, – auch für die sogenannten „politischen"

Verwaltungbeamten gilt das, offiziell wenigstens, soweit nicht die „Staatsräson", d. h. die Lebensinteressen der herrschenden Ordnung, in Frage stehen. Sine ira et studio, „ohne Zorn und Eingenommenheit" soll er seines Amtes walten. Er soll also gerade das nicht tun, was der Politiker, der Führer sowohl wie seine Gefolgschaft, immer und notwendig tun muß: *kämpfen.* Denn Parteinahme, Kampf, Leidenschaft – ira et studium – sind das Element des Politikers. Und vor allem: des politischen *Führers. Dessen* Handeln steht unter einem ganz anderen, gerade entgegengesetzten Prinzip der *Verantwortung,* als die des Beamten ist. Ehre des Beamten ist die Fähigkeit, wenn – trotz seiner Vorstellungen – die ihm vorgesetzte Behörde auf einem ihm falsch erscheinenden Befehl beharrt, ihn auf Verantwortung des Befehlenden gewissenhaft und genau so auszuführen, als ob er seiner eigenen Überzeugung entspräche: ohne diese im höchsten Sinn sittliche Disziplin und Selbstverleugnung zerfiele der ganze Apparat. Ehre des politischen Führers, also: des leitenden Staatsmannes, ist dagegen gerade die ausschließliche *Eigen*verantwortung für das, was er tut, die er nicht ablehnen oder abwälzen kann und darf. Gerade sittlich hochstehende Beamtennaturen sind schlechte, vor allem im politischen Begriff des Wortes verantwortungslose und in diesem Sinn: sittlich tief stehende Politiker: – solche, wie wir sie leider in leitenden Stellungen immer wieder gehabt haben: das ist es, was wir „Beamtenherrschaft" nennen; und es fällt wahrlich kein Flecken auf die Ehre unseres Beamtentums, wenn wir das politisch, vom Standpunkt des Erfolges aus gewertet, Falsche dieses Systems bloßlegen. Aber kehren wir noch einmal zu den Typen der politischen Figuren zurück.

Der „Demagoge" ist seit dem Verfassungsstaat und vollends seit der Demokratie der Typus des führenden Politikers im Okzident. Der unangenehme Beigeschmack des Wortes darf nicht vergessen lassen, daß nicht Kleon, sondern Perikles der erste war, der diesen Namen trug. Amtlos oder mit dem – im Gegensatz zu den durchs Los besetzten Ämtern der antiken Demokratie – einzigen Wahlamt: dem des Oberstrategen, betraut, leitete er die souveräne Ekklesia des Demos von Athen. Die moderne Demagogie bedient sich zwar auch der Rede: in quantitativ ungeheuerlichem Umfang sogar, wenn man die Wahlreden bedenkt, die ein moderner Kandidat zu halten hat. Aber noch nachhaltiger doch: des gedruckten Worts. Der politische Publizist und vor allem der *Journalist* ist der wichtigste heutige Repräsentant der Gattung.

Die Soziologie der modernen politischen Journalistik auch nur zu skizzieren, wäre im Rahmen dieses Vortrags ganz unmöglich und ist in jeder Hinsicht ein Kapitel für sich. Nur weniges gehört unbedingt hierher. Der Journalist teilt mit allen Demagogen und übrigens - wenigstens auf dem Kontinent und im Gegensatz zu den englischen und übrigens auch zu den früheren preußischen Zuständen – auch mit dem Advokaten (und dem Künstler) das Schicksal: der festen sozialen Klassifikation zu entbehren. Er gehört zu einer Art von Pariakaste, die in der „Gesellschaft" stets nach ihren ethisch tiefststehenden Repräsentanten sozial eingeschätzt wird. Die seltsamsten Vorstellungen über die Journalisten und ihre Arbeit sind daher landläufig. Daß eine wirklich *gute* journalistische Leistung mindestens so viel „Geist" beansprucht wie irgendeine Gelehrtenleistung – vor allem infolge der Notwendigkeit, sofort, auf Kommando, hervorgebracht zu werden und: sofort *wirken* zu sollen, bei freilich ganz anderen Bedingungen der Schöpfung –, ist nicht jedermann gegenwärtig. Daß die Verantwortung eine weit größere ist, und daß auch das Verantwortungsgefühl jedes ehrenhaften Journalisten im Durchschnitt nicht im mindesten tiefer steht als das des Gelehrten – sondern höher, wie der Krieg gelehrt hat –, wird fast nie gewürdigt, weil naturgemäß gerade die verantwortungslosen journalistischen Leistungen, ihrer oft furchtbaren Wirkung wegen, im Gedächtnis haften. Daß vollends die Diskretion der irgendwie tüchtigen Journalisten durchschnittlich höher steht als die anderer Leute, glaubt niemand. Und doch ist es so. Die ganz unvergleichlich viel schwereren Versuchungen, die dieser Beruf mit sich bringt, und die sonstigen Bedingungen journalistischen Wirkens in der Gegenwart erzeugen jene Folgen, welche das Publikum gewöhnt haben, die Presse mit einer Mischung von Verachtung und – jämmerlicher Feigheit zu betrachten. Über das, was da zu tun ist, kann heute nicht gesprochen werden. Uns interessiert hier die Frage nach dem *politischen* Berufsschicksal der Journalisten, ihrer Chance, in politische Führerstellungen zu gelangen. Sie war bisher nur in der sozialdemokratischen Partei günstig. Aber innerhalb ihrer hatten Redakteurstellen weit überwiegend den Charakter einer Beamtenstellung, nicht aber waren sie die Grundlage einer *Führer*position.

In den bürgerlichen Parteien hatte sich, im ganzen genommen, gegenüber der vorigen Generation die Chance des Aufstiegs zur politischen Macht auf diesem Wege eher verschlechtert. Presseeinfluß und also Pressebeziehungen benötigte natürlich jeder Politiker von Bedeutung. Aber daß Partei*führer* aus den Reihen der Presse hervorgingen, war – man sollte es nicht erwarten – durchaus die Ausnahme. Der Grund liegt in der stark gestiegenen „Unabkömmlichkeit" des Journalisten, vor allem des vermögenslosen und also berufsgebundenen Journalisten, welche durch die ungeheure Steigerung der Intensität und Aktualität des journalistischen Betriebes bedingt ist. Die Notwendigkeit des Erwerbs durch tägliches oder doch wöchentliches Schreiben von Artikeln hängt Politikern wie ein Klotz am Bein, und ich kenne Beispiele, wo Führernaturen dadurch geradezu dauernd im Machtaufstieg äußerlich und vor allem: innerlich gelähmt worden sind. Daß die Beziehungen der Presse zu den herrschenden Gewalten im Staat und in den Parteien unter dem alten Regime dem Niveau des Journalismus so abträglich wie möglich waren, ist ein Kapitel für sich. Diese Verhältnisse lagen in den gegnerischen Ländern anders. Aber auch dort und für alle modernen Staaten galt, scheint es, der Satz: daß der journalistische Arbeiter immer weniger, der kapitalistische Pressemagnat – nach Art etwa des „Lord“ Northcliffe – immer mehr politischen Einfluß gewinnt.

Bei uns waren allerdings bisher die großen kapitalistischen Zeitungskonzerne, welche sich vor allem der Blätter mit „kleinen Anzeigen“, der „Generalanzeiger“, bemächtigt hatten, in aller Regel die typischen Züchter politischer Indifferenz. Denn an selbständiger Politik war nichts zu verdienen, vor allem nicht das geschäftlich nützliche Wohlwollen der politisch herrschenden Gewalten. Das Inseratengeschäft ist auch der Weg, auf dem man während des Krieges den Versuch einer politischen Beeinflussung der Presse im großen Stil gemacht hat und jetzt, wie es scheint, fortsetzen will. Wenn auch zu erwarten ist, daß die große Presse sich dem entziehen wird, so ist die Lage für die kleinen Blätter doch weit schwieriger. Jedenfalls aber ist bei uns zur Zeit die journalistische Laufbahn, so viel Reiz sie im übrigen haben und welches Maß von Einfluß und Wirkungsmöglichkeit, vor allem: von politischer Verantwortung, sie einbringen mag, nicht – man muß vielleicht abwarten, ob: nicht mehr oder: noch nicht – ein normaler Weg des Aufstiegs politischer Führer. Ob die von manchen – nicht allen – Journalisten für richtig gehaltene Aufgabe des Anonymitätsprinzips daran etwas ändern würde, läßt sich schwer sagen. Was wir in der deutschen Presse während des Krieges an „Leitung“ von Zeitungen durch besonders angeworbene schriftstellerisch begabte Persönlichkeiten, die dabei stets ausdrücklich unter ihrem Namen auftraten, erlebten, hat in einigen bekannteren Fällen leider gezeigt: daß ein erhöhtes Verantwortungsgefühl auf diesem Wege *nicht* so sicher gezüchtet wird, wie man glauben könnte. Es waren – ohne Parteiunterschied – zum Teil gerade die notorisch übelsten Boulevard-Blätter, die damit einen erhöhten Absatz erstrebten und auch erreichten. Vermögen haben die betreffenden Herren, die Verleger wie auch die Sensationsjournalisten, gewonnen, – Ehre gewiß nicht. Damit soll nun gegen das Prinzip nichts gesagt sein; die Frage liegt sehr verwickelt, und jene Erscheinung gilt auch nicht allgemein. Aber es ist *bisher* nicht der Weg zu echtem Führertum oder *verantwortlichem* Betrieb der Politik gewesen. Wie sich die Verhältnisse weiter gestalten werden, bleibt abzuwarten. Unter allen Umständen bleibt aber die journalistische Laufbahn einer der wichtigsten Wege der berufsmäßigen politischen Tätigkeit. Ein Weg nicht für jedermann. Am wenigsten für schwache Charaktere, insbesondere für Menschen, die nur in einer gesicherten ständischen Lage ihr inneres Gleichgewicht behaupten können. Wenn schon das Leben des jungen Gelehrten auf Hasard gestellt ist, so sind doch feste ständische Konventionen um ihn gebaut und hüten ihn vor Entgleisung. Das Leben des Journalisten aber ist in jeder Hinsicht Hasard schlechthin, und zwar unter Bedingungen, welche die innere Sicherheit in einer Art auf die Probe stellen wie wohl kaum eine andere Situation. Die oft bitteren Erfahrungen im Berufsleben sind vielleicht nicht einmal das Schlimmste. Gerade an den erfolgreichen Journalisten werden besonders schwierige innere Anforderungen gestellt. Es ist durchaus keine Kleinigkeit, in den Salons der Mächtigen der Erde auf scheinbar gleichem Fuß, und oft allgemein umschmeichelt, weil gefürchtet, zu verkehren und dabei zu wissen, daß, wenn man kaum aus der Tür ist, der Hausherr sich vielleicht wegen seines Verkehrs mit den „Pressebengeln" bei seinen Gästen besonders rechtfertigen muß, – wie es erst recht keine Kleinigkeit ist, über alles und jedes, was der „Markt" gerade verlangt, über alle denkbaren Probleme des Lebens, sich prompt und dabei überzeugend äußern zu sollen, ohne nicht nur der absoluten Verflachung, sondern vor allem der Würdelosigkeit der Selbstentblößung und ihren unerbittlichen Folgen zu verfallen. Nicht das ist erstaunlich, daß es viele menschlich entgleiste oder entwertete Journalisten gibt, sondern daß trotz allem gerade diese Schicht eine so große Zahl wertvoller und ganz echter Menschen in sich schließt, wie Außenstehende es nicht leicht vermuten.

Wenn der Journalist als Typus des Berufspolitikers auf eine immerhin schon erhebliche Vergangenheit zurückblickt, so ist die Figur des *Parteibeamten* eine solche, die erst der Entwicklung der letzten Jahrzehnte und, teilweise, Jahre angehört. Wir müssen uns einer Betrachtung des Parteiwesens und der Parteiorganisation zuwenden, um diese Figur in ihrer entwicklungsgeschichtlichen Stellung zu begreifen.

In allen irgendwie umfangreichen, das heißt über den Bereich und Aufgabenkreis kleiner ländlicher Kantone hinausgehenden politischen Verbänden mit periodischen Wahlen der Gewalthaber ist der politische Betrieb notwendig: *Interessentenbetrieb.* Das heißt, eine relativ kleine Zahl primär am politischen Leben, also an der Teilnahme an der politischen Macht, Interessierter schaffen sich Gefolgschaft durch freie Werbung, präsentieren sich oder ihre Schutzbefohlenen als Wahlkandidaten, sammeln die Geldmittel und gehen auf den Stimmenfang. Es ist unerfindlich, wie in großen Verbänden Wahlen ohne diesen Betrieb überhaupt sachgemäß zustande kommen sollten. Praktisch bedeutet er die Spaltung der wahlberechtigten Staatsbürger in politisch aktive und politisch passive Elemente, und da dieser Unterschied auf Freiwilligkeit beruht, so kann er durch keinerlei Maßregeln, wie Wahlpflicht oder „berufsständische" Vertretung oder dergleichen ausdrücklich oder tatsächlich gegen diesen Tatbestand und damit gegen die Herrschaft der Berufspolitiker gerichtete Vorschläge, beseitigt werden. Führerschaft und Gefolgschaft, als aktive Elemente freier Werbung: der Gefolgschaft sowohl wie, durch diese, der passiven Wählerschaft für die Wahl des Führers, sind notwendige Lebenselemente jeder Partei. Verschieden aber ist ihre Struktur. Die „Parteien" etwa der mittelalterlichen Städte, wie die Guelfen und Ghibellinen, waren rein persönliche Gefolgschaften. Wenn man das Statuto della parte Guelfa ansieht, die Konfiskation der Güter der Nobili – das hieß ursprünglich aller derjenigen Familien, die ritterlich lebten, also lehnsfähig waren –, ihren Ausschluß von Ämtern und Stimmrecht, die interlokalen Parteiausschüsse und die streng militärischen Organisationen und ihre Denunziantenprämien, so fühlt man sich an den Bolschewismus mit seinen Sowjets, seinen streng gesiebten Militär- und – in Rußland vor allem – Spitzelorganisationen, die Entwaffnung und politische Entrechtung der „Bürger", das heißt der Unternehmer, Händler, Rentner, Geistlichen, Abkömmlinge der Dynastie, Polizeiagenten, und ihre Konfiskation erinnert. Und wenn man auf der einen Seite sieht, daß die Militärorganisation jener Partei ein nach Matrikeln zu gestaltendes reines Ritterheer war und Adlige fast alle führenden Stellen einnahmen, die Sowjets aber ihrerseits den hochentgoltenen Unternehmer, den Akkordlohn, das Taylorsystem, die Militär- und Werkstattdisziplin beibehalten oder vielmehr wieder einführen und nach ausländischem Kapital Umschau halten, mit einem Wort also: schlechthin *alle* von ihnen als bürgerliche Klasseneinrichtungen bekämpften Dinge wieder annehmen mußten, um überhaupt Staat und Wirtschaft in Betrieb zu erhalten, und daß sie überdies als Hauptinstrument ihrer Staatsgewalt die Agenten der alten Ochrana wieder in Betrieb genommen haben, so wirkt diese Analogie noch frappanter. Wir haben es aber hier nicht mit solchen Gewaltsamkeitsorganisationen zu tun, sondern mit Berufspolitikern, welche durch nüchterne „friedliche" Werbung der Partei auf dem Wahlstimmenmarkt zur Macht zu gelangen streben.

Auch diese Parteien in unserem üblichen Sinn waren zunächst, z. B. in England, reine Gefolgschaften der Aristokratie. Mit jedem aus irgendeinem Grunde erfolgenden Wechsel der Partei seitens eines Peer trat alles, was von ihm abhängig war, gleichfalls zur Gegenpartei über. Die großen Familien des Adels, nicht zuletzt der König, hatten bis zur Reformbill die Patronage einer Unmasse von Wahlkreisen. Diesen Adelsparteien nahe stehen die Honoratiorenparteien, wie sie mit Aufkommen der Macht des Bürgertums sich überall entwickelten. Die Kreise von „Bildung und Besitz" unter der geistigen Führung der typischen Intellektuellenschichten des Okzidents schieden sich, teils nach Klasseninteressen, teils nach Familientradition, teils rein ideologisch bedingt, in Parteien, die sie leiteten. Geistliche, Lehrer, Professoren, Advokaten, Ärzte, Apotheker, vermögliche Landwirte, Fabrikanten – in England jene ganze Schicht, die sich zu den gentlemen rechnet – bildeten zunächst Gelegenheitsverbände, allenfalls lokale politische Klubs; in erregten Zeiten meldete sich das Kleinbürgertum, gelegentlich einmal das Proletariat, wenn ihm Führer erstanden, die aber in aller Regel nicht aus seiner Mitte stammten. In diesem Stadium bestehen interlokal organisierte Parteien als Dauerverbände draußen im Lande überhaupt noch nicht. Den Zusammenhalt schaffen lediglich die Parlamentarier; maßgebend für die Kandidatenaufstellung sind die örtlichen Honoratioren. Die Programme entstehen teils durch die Werbeaufrufe der Kandidaten, teils in Anlehnung an Honoratiorenkongresse oder Parlamentsparteibeschlüsse. Nebenamtlich und ehrenamtlich läuft, als Gelegenheitsarbeit, die Leitung der Klubs oder, wo diese fehlen (wie meist), der gänzlich formlose Betrieb der Politik seitens der wenigen dauernd daran Interessierten in normalen Zeiten; nur der Journalist ist bezahlter Berufspolitiker, nur der Zeitungsbetrieb kontinuierlicher politischer Betrieb überhaupt. Daneben nur die Parlamentssession. Die Parlamentarier und parlamentarischen Parteileiter wissen zwar, an welche örtlichen Honoratioren man sich wendet, wenn eine politische Aktion erwünscht erscheint. Aber nur in großen Städten bestehen dauernd Vereine der Parteien mit mäßigen Mitgliederbeiträgen und periodischen Zusammenkünften und öffentlichen Versammlungen zum Rechenschaftsbericht des Abgeordneten. Leben besteht nur in der Wahlzeit.

Das Interesse der Parlamentarier an der Möglichkeit interlokaler Wahlkompromisse und an der Schlagkraft einheitlicher, von breiten Kreisen des ganzen Landes anerkannter Programme und einheitlicher Agitation im Lande überhaupt bildet die Triebkraft des immer strafferen Parteizusammenschlusses. Aber wenn nun ein Netz von örtlichen Parteivereinen auch in den mittleren Städten und daneben von „Vertrauensmännern" über das Land gespannt wird, mit denen ein Mitglied der Parlamentspartei als Leiter des zentralen Parteibüros in dauernder Korrespondenz steht, bleibt im Prinzip der Charakter des Parteiapparates als eines Honoratiorenverbandes unverändert. Bezahlte Beamte fehlen außerhalb des Zentralbüros noch; es sind durchweg „angesehene" Leute, welche um der Schätzung willen, die sie sonst genießen, die örtlichen Vereine leiten: die außerparlamentarischen „Honoratioren", die neben der politischen Honoratiorenschicht der einmal im Parlament sitzenden Abgeordneten Einfluß üben. Die geistige Nahrung für Presse und örtliche Versammlungen beschafft allerdings zunehmend die von der Partei herausgegebene Parteikorrespondenz. Regelmäßige Mitgliederbeiträge werden unentbehrlich; ein Bruchteil muß den Geldkosten der Zentrale dienen. In diesem Stadium befanden sich noch vor nicht allzu langer Zeit die meisten deutschen Parteiorganisationen. In Frankreich vollends herrschte teilweise noch das erste Stadium: der ganz labile Zusammenschluß der Parlamentarier und im Lande draußen die kleine Zahl der örtlichen Honoratioren, Programme durch die Kandidaten oder für sie von ihren Schutzpatronen im Einzelfall bei der Bewerbung aufgestellt, wenn auch unter mehr oder minder örtlicher Anlehnung an Beschlüsse und Programme der Parlamentarier. Erst teilweise war dies System durchbrochen. Die Zahl der hauptberuflichen Politiker war dabei gering und setzte sich im wesentlichen aus den gewählten Abgeordneten, den wenigen Angestellten der Zentrale, den Journalisten und – in Frankreich – im übrigen aus jenen Stellenjägern zusammen, die sich in einem „politischen Amt" befanden oder augenblicklich ein solches erstrebten. Die Politik war formell weit überwiegend Nebenberuf. Auch die Zahl der „ministrablen" Abgeordneten war eng begrenzt, aber wegen des Honoratiorencharakters auch die der Wahlkandidaten. Die Zahl der indirekt an dem politischen Betrieb, vor allem materiell, Interessierten war aber sehr groß. Denn alle Maßregeln eines Ministeriums und vor allem alle Erledigungen von Personalfragen ergingen unter der Mitwirkung der Frage nach ihrem Einfluß auf die Wahlchancen, und alle und jede Art von Wünschen suchte man durch Vermittlung des örtlichen Abgeordneten durchzusetzen, dem der Minister, wenn er zu seiner Mehrheit gehörte – und das erstrebte daher jedermann –, wohl oder übel Gehör schenken mußte. Der einzelne Deputierte hatte die Amtspatronage und überhaupt jede Art von Patronage in allen Angelegenheiten seines Wahlkreises und hielt seinerseits, um wiedergewählt zu werden, Verbindung mit den örtlichen Honoratioren.

Diesem idyllischen Zustand der Herrschaft von Honoratiorenkreisen und vor allem: der Parlamentarier, stehen nun die modernsten Formen der Parteiorganisation scharf abweichend gegenüber. Sie sind Kinder der Demokratie, des Massenwahlrechts, der Notwendigkeit der Massenwerbung und Massenorganisation, der Entwicklung höchster Einheit der Leitung und strengster Disziplin. Die Honoratiorenherrschaft und die Lenkung durch die Parlamentarier hört auf. „Hauptberufliche" Politiker *außerhalb* der Parlamente nehmen den Betrieb in die Hand. Entweder als „Unternehmer" – wie der amerikanische Boss und auch der englische „Election agent" es der Sache nach waren –, oder als festbesoldeter Beamter. Formell findet eine weitgehende Demokratisierung statt. Nicht mehr die Parlamentsfraktion schafft die maßgeblichen Programme, und nicht mehr die örtlichen Honoratioren haben die Aufstellung der Kandidaten in der Hand, sondern Versammlungen der organisierten Parteimitglieder wählen die Kandidaten aus und delegieren Mitglieder in die Versammlungen höherer Ordnung, deren es bis zum allgemeinen „Parteitag" hinauf möglicherweise mehrere gibt. Der Tatsache nach liegt aber natürlich die Macht in den Händen derjenigen, welche *kontinuierlich* innerhalb des Betriebes die Arbeit leisten, oder aber derjenigen, von welchen – z. B. als Mäzenaten oder Leitern mächtiger politischer Interessentenklubs (Tammany Hall) – der Betrieb in seinem Gang pekuniär oder personal abhängig ist. Das Entscheidende ist, daß dieser ganze Menschenapparat – die „Maschine", wie man ihn in den angelsächsischen Ländern bezeichnenderweise nennt – oder vielmehr diejenigen, die ihn leiten, den Parlamentariern Schach bieten und ihnen ihren Willen ziemlich weitgehend aufzuzwingen in der Lage sind. Und das hat besonders Bedeutung für die Auslese der *Führung* der Partei. Führer wird nun derjenige, dem die Maschine folgt, auch über den Kopf des Parlaments. Die Schaffung solcher Maschinen bedeutet, mit anderen Worten, den Einzug der *plebiszitären* Demokratie.

Die Parteigefolgschaft, vor allem der Parteibeamte und -unternehmer, erwarten vom Siege ihres Führers selbstverständlich persönliches Entgelt: Ämter oder andere Vorteile. Von ihm – nicht oder doch nicht nur von den einzelnen Parlamentariern: das ist das Entscheidende. Sie erwarten vor allem: daß die demagogische Wirkung der Führer*persönlichkeit* im Wahlkampf der Partei Stimmen und Mandate, damit Macht zuführen und dadurch jene Chancen ihrer Anhänger, für sich das erhoffte Entgelt zu finden, möglichst ausweiten werde. Und ideell ist die Genugtuung, für einen Menschen in gläubiger persönlicher Hingabe und nicht nur für ein abstraktes Programm einer aus Mittelmäßigkeiten bestehenden Partei zu arbeiten: – dies „charismatische" Element alles Führertums – eine der Triebfedern.

In sehr verschiedenem Maß und in stetem latenten Kampf mit den um ihren Einfluß ringenden örtlichen Honoratioren und den Parlamentariern rang sich diese Form durch. In den bürgerlichen Parteien zuerst in den Vereinigten Staaten, dann in der sozialdemokratischen Partei vor allem Deutschlands. Stete Rückschläge treten ein, sobald einmal kein allgemein anerkannter Führer da ist, und Konzessionen aller Art müssen, auch wenn er da ist, der Eitelkeit und Interessiertheit der Parteihonoratioren gemacht werden. Vor allem aber kann auch die Maschine unter die Herrschaft der Partei*beamten* geraten, in deren Händen die regelmäßige Arbeit liegt. Nach Ansicht mancher sozialdemokratischer Kreise sei ihre Partei dieser „Bürokratisierung" verfallen gewesen. Indessen „Beamte" fügen sich einer demagogisch stark wirkenden Führerpersönlichkeit relativ leicht: ihre materiellen und ideellen Interessen sind ja intim mit der durch ihn erhofften Auswirkung der Parteimacht verknüpft, und die Arbeit für einen Führer ist an sich innerlich befriedigender. Weit schwerer ist der Aufstieg von Führern da, wo – wie in den bürgerlichen Parteien meist – neben den Beamten die „Honoratioren" den Einfluß auf die Partei in Händen haben. Denn diese „machen" *ideell* „ihr Leben" aus dem Vorstands- oder Ausschußmitgliedspöstchen, das sie innehaben. Ressentiment gegen den Demagogen als homo novus, die Überzeugung von der Überlegenheit parteipolitischer „Erfahrung" – die nun einmal auch tatsächlich von erheblicher Bedeutung ist – und die ideologische Besorgnis vor dem Zerbrechen der alten Parteitraditionen bestimmen ihr Handeln. Und in der Partei haben sie alle traditionalistischen Elemente für sich. Vor allem der ländliche, aber auch der kleinbürgerliche Wähler sieht auf den ihm von alters her vertrauten Honoratiorennamen und mißtraut dem ihm unbekannten Mann, um freilich, *wenn* dieser einmal den Erfolg für sich gehabt hat, nun ihm um so unerschütterlicher anzuhängen. Sehen wir uns an einigen Hauptbeispielen dieses Ringen der beiden Strukturformen und das namentlich von Ostrogorski geschilderte Hochkommen der plebiszitären Form einmal an.

Zunächst England: dort war die Parteiorganisation bis 1868 eine fast reine Honoratioren-Organisation. Die Tories stützten sich auf dem Lande etwa auf den anglikanischen Pfarrer, daneben – meist – den Schulmeister und vor allem die Großbesitzer der betreffenden county, die Whigs meist auf solche Leute wie den nonconformistischen Prediger (wo es ihn gab), den Posthalter, Schmied, Schneider, Seiler, solche Handwerker also, von denen – weil man mit ihnen am meisten plaudern kann – politischer Einfluß ausgehen konnte. In der Stadt schieden sich die Parteien teils nach ökonomischen, teils nach religiösen, teils einfach nach in den Familien überkommenen Parteimeinungen. Immer aber waren Honoratioren die Träger des politischen Betriebes. Darüber schwebten das Parlament und die Parteien mit dem Kabinett und mit dem „leader", der der Vorsitzende des Ministerrates oder der Opposition war. Dieser leader hatte neben sich die wichtigste berufspolitische Persönlichkeit der Parteiorganisation: den „Einpeitscher" (whip). In seinen Händen lag die Ämterpatronage; an ihn hatten sich also die Stellenjäger zu wenden, er benahm sich darüber mit den Deputierten der einzelnen Wahlkreise. In diesen begann sich langsam eine Berufspolitikerschicht zu entwickeln, indem lokale Agenten geworben wurden, die zunächst unbezahlt waren und ungefähr die Stellung unserer „Vertrauensmänner" einnahmen. Daneben aber entwickelte sich für die Wahlkreise eine kapitalistische Unternehmergestalt: der „Election agent", dessen Existenz in der modernen, die Wahlreinheit sichernden Gesetzgebung Englands unvermeidlich war. Diese Gesetzgebung versuchte, die Wahlkosten zu kontrollieren und der Macht des Geldes entgegenzutreten, indem sie den Kandidaten verpflichtete anzugeben, was ihn die Wahl gekostet hatte: denn der Kandidat hatte – weit mehr, als dies früher auch bei uns vorkam – außer den Strapazen seiner Stimme auch das Vergnügen, den Geldbeutel zu ziehen. Der Election agent ließ sich von ihm eine Pauschalsumme zahlen, wobei er ein gutes Geschäft zu machen pflegte. – In der Machtverteilung zwischen „leader" und Parteihonoratioren, im Parlament und im Lande, hatte der erstere in England von jeher, aus zwingenden Gründen der Ermöglichung einer großen und dabei stetigen Politik, eine sehr bedeutende Stellung. Immerhin war aber der Einfluß auch der Parlamentarier und Parteihonoratioren noch erheblich.

So etwa sah die alte Parteiorganisation aus, halb Honoratiorenwirtschaft, halb bereits Angestellten- und Unternehmerbetrieb. Seit 1868 aber entwickelte sich zuerst für lokale Wahlen in Birmingham, dann im ganzen Lande, das „Caucus"-System. Ein nonconformistischer Pfarrer und neben ihm Josef Chamberlain riefen dieses System ins Leben. Anlaß war die Demokratisierung des Wahlrechts. Zur Massengewinnung wurde es notwendig, einen ungeheuren Apparat von demokratisch aussehenden Verbänden ins Leben zu rufen, in jedem Stadtquartier einen Wahlverband zu bilden, unausgesetzt den Betrieb in Bewegung zu halten, alles straff zu bürokratisieren: zunehmend angestellte bezahlte Beamte, von den lokalen Wahlkomitees, in denen bald im ganzen vielleicht 10% der Wähler organisiert waren, gewählte Hauptvermittler mit Kooptationsrecht als formelle Träger der Parteipolitik. Die treibende Kraft waren die lokalen, vor allem die an der Kommunalpolitik – überall die Quelle der fettesten materiellen Chancen – interessierten Kreise, die auch die Finanzmittel in erster Linie aufbrachten. Diese neuentstehende, nicht mehr parlamentarisch geleitete Maschine hatte sehr bald Kämpfe mit den bisherigen Machthabern zu führen, vor allem mit dem whip, bestand aber, gestützt auf die lokalen Interessenten, den Kampf derart siegreich, daß der whip sich fügen und mit ihr paktieren mußte. Das Resultat war eine Zentralisation der ganzen Gewalt in der Hand der wenigen und letztlich der einen Person, die an der Spitze der Partei stand. Denn in der liberalen Partei war das ganze System aufgekommen in Verbindung mit dem Emporsteigen Gladstones zur Macht. Das Faszinierende der Gladstoneschen „großen" Demagogie, der feste Glaube der Massen an den ethischen Gehalt seiner Politik und vor allem an den ethischen Charakter seiner Persönlichkeit war es, der diese Maschine so schnell zum Siege über die Honoratioren führte. Ein cäsaristisch-plebiszitäres Element in der Politik: der Diktator des Wahlschlachtfeldes, trat auf den Plan. Das äußerte sich sehr bald. 1877 wurde der Caucus zum erstenmal bei den staatlichen Wahlen tätig. Mit glänzendem Erfolg: Disraelis Sturz mitten in seinen großen Erfolgen war das Resultat. 1886 war die Maschine bereits derart vollständig charismatisch an der Person orientiert, daß, als die Home-rule-Frage aufgerollt wurde, der ganze Apparat von oben bis unten nicht fragte: Stehen wir sachlich auf dem Boden Gladstones?, sondern einfach auf das Wort Gladstones mit ihm abschwenkte und sagte: Was er tut, wir folgen ihm, – und seinen eigenen Schöpfer, Chamberlain, im Stich ließ.

Diese Maschinerie bedarf eines erheblichen Personenapparates. Es sind immerhin wohl 2.000 Personen in England, die direkt von der Politik der Parteien leben. Sehr viel zahlreicher sind freilich diejenigen, die rein als Stellenjäger oder als Interessenten in der Politik mitwirken, namentlich innerhalb der Gemeindepolitik. Neben den ökonomischen Chancen stehen für den brauchbaren Caucus-Politiker Eitelkeitschancen. „J. P." oder gar „M. P." zu werden, ist naturgemäß Streben des höchsten (normalen) Ehrgeizes, und solchen Leuten, die eine gute Kinderstube aufzuweisen hatten, „gentlemen" waren, wird das zuteil. Als Höchstes winkte, insbesondere für große Geldmäzenaten – die Finanzen der Parteien beruhten zu vielleicht 50 % auf Spenden ungenannt bleibender Geber – die Peers-Würde.

Was war nun der Effekt des ganzen Systems? Daß heute die englischen Parlamentarier mit Ausnahme der paar Mitglieder des Kabinetts (und einiger Eigenbrötler) normalerweise nichts anderes als gut diszipliniertes Stimmvieh sind. Bei uns im Reichstag pflegte man zum mindesten durch Erledigung von Privatkorrespondenz auf dem Schreibtisch vor seinem Platz zu markieren, daß man für das Wohl des Landes tätig sei. Derartige Gesten werden in England nicht verlangt; das Parlamentsmitglied hat nur zu stimmen und nicht Parteiverrat zu begehen; es hat zu erscheinen, wenn die Einpeitscher rufen, zu tun, was je nachdem das Kabinett oder was der leader der Opposition verfügt. Die Caucus-Maschine draußen im Lande vollends ist, wenn ein starker Führer da ist, fast gesinnungslos und ganz in den Händen des leader. Über dem Parlament steht also damit der faktisch plebiszitäre Diktator, der die Massen vermittels der „Maschine" hinter sich bringt, und für den die Parlamentarier nur politische Pfründner sind, die in seiner Gefolgschaft stehen.

Wie findet nun die Auslese dieser Führerschaft statt? Zunächst: nach welcher Fähigkeit? Dafür ist – nächst den überall in der Welt entscheidenden Qualitäten des Willens – natürlich die Macht der demagogischen Rede vor allem maßgebend. Ihre Art hat sich geändert von den Zeiten her, wo sie sich, wie bei Cobden, an den Verstand wandte, zu Gladstone, der ein Techniker des scheinbar nüchternen „Die-Tatsachen-sprechen-Lassens" war, bis zur Gegenwart, wo vielfach rein emotional mit Mitteln, wie sie auch die Heilsarmee verwendet, gearbeitet wird, um die Massen in Bewegung zu setzen. Den bestehenden Zustand darf man wohl eine „Diktatur, beruhend auf der Ausnutzung der Emotionalität der Massen", nennen. – Aber das sehr entwickelte System der Komiteearbeit im englischen Parlament ermöglicht es und zwingt auch jeden Politiker, der auf Teilnahme an der Führung reflektiert, dort mit*zuarbeiten.* Alle erheblichen Minister der letzten Jahrzehnte haben diese sehr reale und wirksame Arbeitsschulung hinter sich, und die Praxis der Berichterstattung und öffentlichen Kritik an diesen Beratungen bedingt es, daß diese Schule eine wirkliche Auslese bedeutet und den bloßen Demagogen ausschaltet.

So in England. Das dortige Caucus-System war aber nur eine abgeschwächte Form, verglichen mit der amerikanischen Parteiorganisation, die das plebiszitäre Prinzip besonders früh und besonders rein zur Ausprägung brachte. Das Amerika Washingtons sollte nach seiner Idee ein von „gentlemen" verwaltetes Gemeinwesen sein. Ein gentleman war damals auch drüben ein Grundherr oder ein Mann, der Collegeerziehung hatte. So war es auch zunächst. Als sich Parteien bildeten, nahmen anfangs die Mitglieder des Repräsentantenhauses in Anspruch, Leiter zu sein wie in England zur Zeit der Honoratiorenherrschaft. Die Parteiorganisation war ganz locker. Das dauerte bis 1824. Schon vor den zwanziger Jahren war in manchen Gemeinden – die auch hier die erste Stätte der modernen Entwicklung waren – die Parteimaschine im Werden. Aber erst die Wahl von Andrew Jackson zum Präsidenten, des Kandidaten der Bauern des Westens, warf die alten Traditionen über den Haufen. Das formelle Ende der Leitung der Parteien durch führende Parlamentarier ist bald nach 1840 eingetreten, als die großen Parlamentarier – Calhoun, Webster – aus dem politischen Leben ausschieden, weil das Parlament gegenüber der Parteimaschine draußen im Lande fast jede Macht verloren hatte. Daß die plebiszitäre „Maschine" in Amerika sich so früh entwickelte, hatte seinen Grund darin, daß dort, und nur dort, das Haupt der Exekutive und – darauf kam es an – der Chef der Amtspatronage ein plebiszitär gewählter Präsident und daß er infolge der „Gewaltenteilung" in seiner Amtsführung vom Parlament fast unabhängig war. Ein richtiges Beuteobjekt von Amtspfründen winkte also als Lohn des Sieges gerade bei der Präsidentenwahl. Durch das von Andrew Jackson nun ganz systematisch zum Prinzip erhobene „spoils system" wurde die Konsequenz daraus gezogen.

Was bedeutet dies spoils system – die Zuwendung aller Bundesämter an die Gefolgschaft des siegreichen Kandidaten – für die Parteibildung heute? Daß ganz gesinnungslose Parteien einander gegenüberstehen, reine Stellenjägerorganisationen, die für den einzelnen Wahlkampf ihre wechselnden Programme je nach der Chance des Stimmenfanges machen – in einem Maße wechselnd, wie dies trotz aller Analogien doch anderwärts sich nicht findet. Die Parteien sind eben ganz und gar zugeschnitten auf den für die Amtspatronage wichtigsten Wahlkampf: den um die Präsidentschaft der Union und um die Governorstellen der Einzelstaaten. Programme und Kandidaten werden in den „national conventions" der Parteien ohne Intervention der Parlamentarier festgestellt: – von Parteitagen also, die formell sehr demokratisch von Delegiertenversammlungen beschickt wurden, welche ihrerseits ihr Mandat den „primaries", den Urwählerversammlungen der Partei, verdanken. Schon in den primaries werden die Delegierten auf den Namen der Staatsoberhauptskandidaten gewählt; *innerhalb* der einzelnen Parteien tobt der erbittertste Kampf um die Frage der „nomination". In den Händen des Präsidenten liegen immerhin 300.000 bis 400.000 Beamtenernennungen, die von ihm, nur unter Zuziehung von Senatoren der Einzelstaaten, vollzogen werden. Die Senatoren sind also mächtige Politiker. Das Repräsentantenhaus dagegen ist politisch relativ sehr machtlos, weil ihm die Beamtenpatronage entzogen ist und die Minister, reine Gehilfen des vom Volk gegen jedermann – auch das Parlament – legitimierten Präsidenten, unabhängig vom Vertrauen oder Mißtrauen des Repräsentantenhauses ihres Amtes walten können: eine Folge der „Gewaltenteilung".

Das dadurch gestützte spoils system war in Amerika technisch *möglich,* weil bei der Jugend der amerikanischen Kultur eine reine Dilettantenwirtschaft ertragen werden konnte. Denn 300.000 bis 400.000 solcher Parteileute, die nichts für ihre Qualifikation anzuführen hatten als die Tatsache, daß sie ihrer Partei gute Dienste geleistet hatten, – dieser Zustand konnte selbstverständlich nicht bestehen ohne ungeheure Übelstände: Korruption und Vergeudung ohnegleichen, die nur ein Land mit noch unbegrenzten ökonomischen Chancen ertrug.

Diejenige Figur nun, die mit diesem System der plebiszitären Parteimaschine auf der Bildfläche erscheint, ist: der „Boss". Was ist der Boss? Ein politischer kapitalistischer Unternehmer, der für seine Rechnung und Gefahr Wahlstimmen herbeischafft. Er kann als Rechtsanwalt oder Kneipwirt oder Inhaber ähnlicher

Betriebe oder etwa als Kreditgeber seine ersten Beziehungen gewonnen haben. Von da aus spinnt er seine Fäden weiter, bis er eine bestimmte Anzahl von Stimmen zu „kontrollieren“ vermag. Hat er es so weit gebracht, so tritt er mit den Nachbarbosses in Verbindung, erregt durch Eifer, Geschicklichkeit und vor allen Dingen: Diskretion die Aufmerksamkeit derjenigen, die es in der Karriere schon weiter gebracht haben, und steigt nun auf. Der Boss ist unentbehrlich für die Organisation der Partei. Die liegt zentralisiert in seiner Hand. Er beschafft sehr wesentlich die Mittel. Wie kommt er zu ihnen? Nun, teilweise durch Mitgliederbeiträge; vor allem durch Besteuerung der Gehälter jener Beamten, die durch ihn und seine Partei ins Amt kamen. Dann durch Bestechungs- und Trinkgelder. Wer eines der zahlreichen Gesetze ungestraft verletzen will, bedarf der Konnivenz der Bosses und muß sie bezahlen. Sonst erwachsen ihm unweigerlich Unannehmlichkeiten. Aber damit allein ist das erforderliche Betriebskapital noch nicht beschafft. Der Boss ist unentbehrlich als direkter Empfänger des Geldes der großen Finanzmagnaten. Die würden keinem bezahlten Parteibeamten oder irgendeinem öffentlich rechnunglegenden Menschen überhaupt Geld für Wahlzwecke anvertrauen. Der Boss mit seiner klüglichen Diskretion in Geldsachen ist selbstverständlich der Mann derjenigen kapitalistischen Kreise, welche die Wahl finanzieren. Der typische Boss ist ein absolut nüchterner Mann. Er strebt nicht nach sozialer Ehre; der „professional“ ist verachtet innerhalb der „guten Gesellschaft“. Er sucht ausschließlich Macht, Macht als Geldquelle, aber auch: um ihrer selbst willen. Er arbeitet im Dunklen, das ist sein Gegensatz zum englischen leader. Man wird ihn selbst nicht öffentlich reden hören; er suggeriert den Rednern, was sie in zweckmäßiger Weise zu sagen haben, er selbst aber schweigt. Er nimmt in aller Regel kein Amt an, außer dem des Senators im Bundessenat. Denn da die Senatoren an der Amtspatronage kraft Verfassung beteiligt sind, sitzen die leitenden Bosses oft in Person in dieser Körperschaft. Die Vergebung der Ämter erfolgt in erster Linie nach der Leistung für die Partei. Aber auch der Zuschlag gegen Geldgebote kam vielfach vor, und es existierten für einzelne Ämter bestimmte Taxen: ein Ämterverkaufssystem, wie es die Monarchien des 17. und 18. Jahrhunderts mit Einschluß des Kirchenstaates ja auch vielfach kannten.

Der Boss hat keine festen politischen „Prinzipien“, er ist vollkommen gesinnungslos und fragt nur: Was fängt Stimmen? Er ist nicht selten ein ziemlich schlecht erzogener Mann. Er pflegt aber in seinem Privatleben einwandfrei und korrekt zu leben. Nur in seiner politischen Ethik paßt er sich naturgemäß der einmal gegebenen Durchschnittsethik des politischen Handelns an, wie sehr viele von uns in der Zeit des Hamsterns auch auf dem Gebiete der ökonomischen Ethik getan haben dürften. Daß man ihn als „professional“, als Berufspolitiker, gesellschaftlich verachtet, ficht ihn nicht an. Daß er selbst nicht in die großen Ämter der Union gelangt und gelangen will, hat dabei den Vorzug: daß nicht selten parteifremde Intelligenzen: Notabilitäten also, und nicht immer wieder die alten Parteihonoratioren wie bei uns, in die Kandidatur hineinkommen, wenn die Bosses sich davon Zugkraft bei den Wahlen versprechen. Gerade die Struktur dieser gesinnungslosen Parteien mit ihren gesellschaftlich verachteten Machthabern hat daher tüchtigen Männern zur Präsidentschaft verholfen, die bei uns niemals hochgekommen wären. Freilich, gegen einen Outsider, der ihren Geld- und Machtquellen gefährlich werden könnte, sträuben sich die Bosses. Aber im Konkurrenzkampf um die Gunst der Wähler haben sie nicht selten sich zur Akzeptierung gerade von solchen Kandidaten herbeilassen müssen, die als Korruptionsgegner galten.

Hier ist also ein stark kapitalistischer, von oben bis unten straff durchorganisierter Parteibetrieb vorhanden, gestützt auch durch die überaus festen, ordensartig organisierten Klubs von der Art von Tammany Hall, die ausschließlich die Profiterzielung durch politische Beherrschung vor allem von Kommunalverwaltungen – auch hier des wichtigsten Ausbeutungsobjektes – erstreben. Möglich war diese Struktur des Parteilebens infolge der hochgradigen Demokratie der Vereinigten Staaten als eines „Neulandes“. Dieser Zusammenhang nun bedingt, daß dies System im langsamen Absterben begriffen ist. Amerika kann nicht mehr nur durch Dilettanten regiert werden. Von amerikanischen Arbeitern bekam man noch vor 15 Jahren auf die Frage, warum sie sich so von Politikern regieren ließen, die sie selbst zu verachten erklärten, die Antwort: „Wir haben lieber Leute als Beamte, auf die wir spucken, als wie bei euch eine Beamtenkaste, die auf uns spuckt.“ Das war der alte Standpunkt amerikanischer „Demokratie“: die Sozialisten dachten schon damals völlig anders. Der Zustand wird nicht mehr ertragen. Die Dilettantenverwaltung reicht nicht mehr aus, und die Civil Service Reform schafft lebenslängliche pensionsfähige Stellen in stets wachsender Zahl und bewirkt so, daß auf der Universität geschulte Beamte, genau so unbestechlich und tüchtig wie die unsrigen, in die Ämter kommen. Rund 100.000 Ämter sind schon jetzt nicht mehr im Wahlturnus Beuteobjekt, sondern pensionsfähig und an Qualifikationsnachweis geknüpft. Das wird das spoils system langsam mehr zurücktreten lassen, und die Art der Parteileitung wird sich dann wohl ebenfalls umbilden; wir wissen nur noch nicht, wie.

In *Deutschland* waren die entscheidenden Bedingungen des politischen Betriebes bisher im wesentlichen folgende. Erstens: Machtlosigkeit der Parlamente. Die Folge war: daß kein Mensch, der Führerqualität hatte, dauernd hineinging. Gesetzt den Fall, man wollte hineingehen, – was konnte man dort tun? Wenn eine Kanzleistelle frei wurde, konnte man dem betreffenden Verwaltungschef sagen: ich habe in meinem Wahlkreis einen sehr tüchtigen Mann, der wäre geeignet, nehmen sie den doch. Und das geschah gern. Das war aber so ziemlich alles, was ein deutscher Parlamentarier für die Befriedigung seiner Machtinstinkte erreichen konnte, – wenn er solche hatte. Dazu trat – und dies zweite Moment bedingte das erste –: die ungeheure Bedeutung des geschulten Fachbeamtentums in Deutschland. Wir waren darin die ersten der Welt. Diese Bedeutung brachte es mit sich, daß dies Fachbeamtentum nicht nur die Fachbeamtenstellen, sondern auch die Ministerposten für sich beanspruchte. Im bayerischen Landtag ist es gewesen, wo im vorigen Jahre, als die Parlamentarisierung zur Diskussion stand, gesagt wurde: die begabten Leute werden dann nicht mehr Beamte werden, wenn man die Parlamentarier in die Ministerien setzt. Die Beamtenverwaltung entzog sich überdies systematisch einer solchen Art von Kontrolle, wie sie die englischen Komitee-Erörterungen bedeuten, und setzte so die Parlamente außerstand – von wenigen Ausnahmen abgesehen –, wirklich brauchbare Verwaltungschefs in ihrer Mitte heranzubilden.

Das dritte war, daß wir in Deutschland, im Gegensatz zu Amerika, gesinnungspolitische Parteien hatten, die zum mindesten mit subjektiver bona fides behaupteten, daß ihre Mitglieder „Weltanschauungen" vertraten. Die beiden wichtigsten dieser Parteien: das Zentrum einerseits, die Sozialdemokratie andererseits, waren nun aber geborene Minoritätsparteien und zwar nach ihrer eigenen Absicht. Die führenden Zentrumskreise im Reich haben nie ein Hehl daraus gemacht, daß sie deshalb gegen den Parlamentarismus seien, weil sie fürchteten, in die Minderheit zu kommen und ihnen dann die Unterbringung von Stellenjägern wie bisher, durch Druck auf die Regierung, erschwert würde. Die Sozialdemokratie war prinzipielle Minderheitspartei und ein Hemmnis der Parlamentarisierung, weil sie sich mit der gegebenen politisch-bürgerlichen Ordnung nicht beflecken wollte. Die Tatsache, daß beide Parteien sich ausschlössen vom parlamentarischen System, machte dieses unmöglich.

Was wurde dabei aus den deutschen Berufspolitikern? Sie hatten keine Macht, keine Verantwortung, konnten nur eine ziemlich subalterne Honoratiorenrolle spielen und waren infolgedessen neuerlich beseelt von den überall typischen Zunftinstinkten. Es war unmöglich, im Kreise dieser Honoratioren, die ihr Leben aus ihrem kleinen Pöstchen machten, hochzusteigen für einen ihnen nicht gleichgearteten Mann. Ich könnte aus jeder Partei, selbstverständlich die Sozialdemokratie nicht ausgenommen, zahlreiche Namen nennen, die Tragödien der politischen Laufbahn bedeuteten, weil der Betreffende Führerqualitäten hatte und um eben deswillen von den Honoratioren nicht geduldet wurde. Diesen Weg der Entwicklung zur Honoratiorenzunft sind alle unsere Parteien gegangen. Bebel z. B. war noch ein Führer, dem Temperament und der Lauterkeit des Charakters nach, so bescheiden sein Intellekt war. Die Tatsache, daß er Märtyrer war, daß er das Vertrauen der Massen niemals täuschte (in deren Augen), hatte zur Folge, daß er sie schlechthin hinter sich hatte und es keine Macht innerhalb der Partei gab, die ernsthaft gegen ihn hätte auftreten können. Nach seinem Tode hatte das ein Ende, und die Beamtenherrschaft begann. Gewerkschaftsbeamte, Parteisekretäre, Journalisten kamen in die Höhe, Beamteninstinkte beherrschten die Partei, ein höchst ehrenhaftes Beamtentum – selten ehrenhaft darf man, mit Rücksicht auf die Verhältnisse anderer Länder, besonders im Hinblick auf die oft bestechlichen Gewerkschaftsbeamten in Amerika, sagen –, aber die früher erörterten Konsequenzen der Beamtenherrschaft traten auch in der Partei ein.

Die bürgerlichen Parteien wurden seit den achtziger Jahren vollends Honoratiorenzünfte. Gelegentlich zwar mußten die Parteien zu Reklamezwecken außerparteiliche Intelligenzen heranziehen, um sagen zu können: „diese und diese Namen haben wir". Möglichst vermieden sie es, dieselben in die Wahl hineinkommen zu lassen, und nur wo es unvermeidlich war, der Betreffende es sich nicht anders gefallen ließ, geschah es.

Im Parlament der gleiche Geist. Unsere Parlamentsparteien waren und sind Zünfte. Jede Rede, die gehalten wird im Plenum des Reichstages, ist vorher durchrezensiert in der Partei. Das merkt man ihrer unerhörten Langeweile an. Nur wer als Redner bestellt ist, kann zu Wort kommen. Ein stärkerer Gegensatz gegen die englische, aber auch – aus ganz entgegengesetzten Gründen – die französische Gepflogenheit ist kaum denkbar.

Jetzt ist infolge des gewaltigen Zusammenbruchs, den man Revolution zu nennen pflegt, vielleicht eine Umwandlung im Gange. Vielleicht – nicht sicher. Zunächst traten Ansätze zu neuen Arten von Parteiapparaten auf. Erstens Amateurapparate. Besonders oft vertreten durch Studenten der verschiedenen Hochschulen, die einem Mann, dem sie Führerqualitäten zuschreiben, sagen: wir wollen für Sie die nötige Arbeit versehen, führen Sie sie aus. Zweitens geschäftsmännische Apparate. Es kam vor, daß Leute zu Männern kamen, denen sie Führerqualitäten zuschrieben, und sich erboten, gegen feste Beträge für jede Wahlstimme die Werbung zu übernehmen. – Wenn Sie mich ehrlich fragen würden, welchen von diesen beiden Apparaten ich unter rein technisch-politischen Gesichtspunkten für verläßlicher halten wollte, so würde ich, glaube ich, den letzteren vorziehen. Aber beides waren schnell aufsteigende Blasen, die rasch wieder verschwanden. Die vorhandenen Apparate schichteten sich um, arbeiteten aber weiter. Jene Erscheinungen waren nur ein Symptom dafür, daß die neuen Apparate sich vielleicht schon einstellen würden, wenn nur – die Führer da wären. Aber schon die technische Eigentümlichkeit des Verhältniswahlrechts schloß deren Hochkommen aus. Nur ein paar Diktatoren der Straße entstanden und gingen wieder unter. Und nur die Gefolgschaft der Straßendiktatur ist in fester Disziplin organisiert: daher die Macht dieser verschwindenden Minderheiten.

Nehmen wir an, das änderte sich, so muß man sich nach dem früher Gesagten klarmachen: die Leitung der Parteien durch plebiszitäre Führer bedingt die „Entseelung" der Gefolgschaft, ihre geistige Proletarisierung, könnte man sagen. Um für den Führer als Apparat brauchbar zu sein, muß sie blind gehorchen, Maschine im amerikanischen Sinne sein, nicht gestört durch Honoratioreneitelkeit und Prätensionen eigener Ansichten. Lincolns Wahl war nur durch diesen Charakter der Parteiorganisation möglich, und bei Gladstone trat, wie erwähnt, das gleiche im Caucus ein. Es ist das eben der Preis, womit man die Leitung durch Führer zahlt. Aber es gibt nur die Wahl: Führerdemokratie mit „Maschine" oder führerlose Demokratie, das heißt: die Herrschaft der „Berufspolitiker" ohne Beruf, ohne die inneren, charismatischen Qualitäten, die eben zum Führer machen. Und das bedeutet dann das, was die jeweilige Parteifronde gewöhnlich als Herrschaft des „Klüngels" bezeichnet. Vorläufig haben wir nur dies letztere in Deutschland. Und für die Zukunft wird der Fortbestand, im Reich wenigstens, begünstigt einmal dadurch, daß doch wohl der Bundesrat wiedererstehen und notwendig die Macht des Reichstages und damit seine Bedeutung als Auslesestelle von Führern beschränken wird. Ferner durch das Verhältniswahlrecht, so wie es jetzt gestaltet ist: eine typische Erscheinung der führerlosen Demokratie, nicht nur weil es den Kuhhandel der Honoratioren um die Placierung begünstigt, sondern auch weil es künftig den Interessentenverbänden die Möglichkeit gibt, die Aufnahme ihrer Beamten in die Listen zu erzwingen und so ein unpolitisches Parlament zu schaffen, in dem echtes Führertum keine Stätte findet. Das einzige Ventil für das Bedürfnis nach Führertum könnte der Reichspräsident werden, wenn er plebiszitär, nicht parlamentarisch, gewählt wird. Führertum auf dem Boden der Arbeitsbewährung könnte entstehen und ausgelesen werden vor allem dann, wenn in den großen Kommunen, wie in den Vereinigten Staaten überall da, wo man der Korruption ernstlich zuleibe wollte, der plebiszitäre Stadtdiktator mit dem Recht, sich seine Büros selbständig zusammenzustellen, auf der Bildfläche erscheinen würde. Das würde eine auf solche Wahlen zugeschnittene Parteiorganisation bedingen. Aber die durchaus kleinbürgerliche Führerfeindschaft aller Parteien, mit Einschluß vor allem der Sozialdemokratie, läßt die künftige Art der Gestaltung der Parteien und damit all dieser Chancen noch ganz im Dunkel liegen.

Es ist daher heute noch in keiner Weise zu übersehen, wie sich äußerlich der Betrieb der Politik als „Beruf" gestalten wird, noch weniger infolgedessen: auf welchem Wege sich Chancen für politisch Begabte eröffnen, vor eine befriedigende politische Aufgabe gestellt zu werden. Für den, der „von" der Politik zu leben durch seine Vermögenslage genötigt ist, wird wohl immer die Alternative: Journalistik oder Parteibeamtenstellung als die typischen direkten Wege, oder eine der Interessenvertretungen: bei einer Gewerkschaft, Handelskammer, Landwirtschaftskammer, Handwerkskammer, Arbeitskammer, Arbeitgeberverbänden usw., oder geeignete kommunale Stellungen in Betracht kommen. Weiteres läßt sich über die äußere Seite nicht sagen als nur dies: daß der Parteibeamte mit dem

Journalisten das Odium der „Deklassiertheit" trägt. „Lohnschreiber" dort – „Lohnredner" hier, wird es leider immer, sei es noch so unausgesprochen, in die Ohren klingen; wer dagegen innerlich wehrlos ist und sich selbst nicht die richtige Antwort zu geben vermag, bleibe dieser Laufbahn fern, die in jedem Falle neben schweren Versuchungen ein Weg ist, der fortwährende Enttäuschungen bringen kann.

Was vermag sie nun an inneren Freuden zu bieten, und welche persönlichen Vorbedingungen setzt sie bei dem voraus, der sich ihr zuwendet?

Nun, sie gewährt zunächst: Machtgefühl. Selbst in den formell bescheidenen Stellungen vermag den Berufspolitiker das Bewußtsein von Einfluß auf Menschen, von Teilnahme an der Macht über sie, vor allem aber: das Gefühl, einen Nervenstrang historisch wichtigen Geschehens mit in Händen zu halten, über den Alltag hinauszuheben. Aber die Frage ist nun für ihn: durch welche Qualitäten kann er hoffen, dieser (sei es auch im Einzelfall noch so eng umschriebenen) Macht und also der Verantwortung, die sie auf ihn legt, gerecht zu werden? Damit betreten wir das Gebiet ethischer Fragen; denn dahin gehört die Frage: was für ein Mensch man sein muß, um seine Hand in die Speichen des Rades der Geschichte legen zu dürfen.

Man kann sagen, daß drei Qualitäten vornehmlich entscheidend sind für den Politiker: Leidenschaft – Verantwortungsgefühl – Augenmaß. Leidenschaft im Sinn von *Sachlichkeit:* leidenschaftliche Hingabe an eine „Sache", an den Gott oder Dämon, der ihr Gebieter ist. Nicht im Sinne jenes inneren Gebarens, welches mein verstorbener Freund Georg Simmel als „sterile Aufgeregtheit" zu bezeichnen pflegte, wie sie einem bestimmten Typus vor allem russischer Intellektueller (nicht etwa: allen von ihnen!) eignete, und welches jetzt in diesem Karneval, den man mit dem stolzen Namen einer „Revolution" schmückt, eine so große Rolle auch bei unseren Intellektuellen spielt: eine ins Leere verlaufende „Romantik des intellektuell Interessanten" ohne alles sachliche Verantwortungsgefühl. Denn mit der bloßen, als noch so echt empfundenen Leidenschaft ist es freilich nicht getan. Sie macht nicht zum Politiker, wenn sie nicht, als Dienst an einer „Sache", auch die *Verantwortlichkeit* gegenüber ebendieser Sache zum entscheidenden Leitstern des Handelns macht. Und dazu bedarf es – und das ist die entscheidende psychologische Qualität des Politikers – des *Augenmaßes,* der Fähigkeit, die Realitäten mit innerer Sammlung und Ruhe auf sich wirken zu lassen, also: der *Distanz* zu den Dingen und Menschen. „Distanzlosigkeit", rein als solche, ist eine der Todsünden jedes Politikers und eine jener Qualitäten, deren Züchtung bei dem Nachwuchs unserer Intellektuellen sie zu politischer Unfähigkeit verurteilen wird. Denn das Problem ist eben: wie heiße Leidenschaft und kühles Augenmaß miteinander in derselben Seele zusammengezwungen werden können? Politik wird mit dem Kopfe gemacht, nicht mit anderen Teilen des Körpers oder der Seele. Und doch kann die Hingabe an sie, wenn sie nicht ein frivoles intellektuelles Spiel, sondern menschlich echtes Handeln sein soll, nur aus Leidenschaft geboren und gespeist werden. Jene starke Bändigung der Seele aber, die den leidenschaftlichen Politiker auszeichnet und ihn von den bloßen „steril aufgeregten" politischen Dilettanten unterscheidet, ist nur durch die Gewöhnung an Distanz – in jedem Sinn des Wortes – möglich. Die „Stärke" einer politischen „Persönlichkeit" bedeutet in allererster Linie den Besitz dieser Qualitäten.

Einen ganz trivialen, allzu menschlichen Feind hat daher der Politiker täglich und stündlich in sich zu überwinden: die ganz gemeine *Eitelkeit,* die Todfeindin aller sachlichen Hingabe und aller Distanz, in diesem Fall: der Distanz sich selbst gegenüber.

Eitelkeit ist eine sehr verbreitete Eigenschaft, und vielleicht ist niemand ganz frei davon. Und in akademischen und Gelehrtenkreisen ist sie eine Art von Berufskrankheit. Aber gerade beim Gelehrten ist sie, so antipathisch sie sich äußern mag, relativ harmlos in dem Sinn: daß sie in aller Regel den wissenschaftlichen Betrieb nicht stört. Ganz anders beim Politiker. Er arbeitet mit dem Streben nach *Macht* als unvermeidlichem Mittel. „Machtinstinkt" – wie man sich auszudrükken pflegt – gehört daher in der Tat zu seinen normalen Qualitäten. – Die Sünde gegen den heiligen Geist seines Berufs aber beginnt da, wo dieses Machtstreben *unsachlich* und ein Gegenstand rein persönlicher Selbstberauschung wird, anstatt ausschließlich in den Dienst der „Sache" zu treten. Denn es gibt letztlich nur zwei Arten von Todsünden auf dem Gebiet der Politik: Unsachlichkeit und – oft, aber nicht immer, damit identisch – Verantwortungslosigkeit. Die Eitelkeit: das Bedürfnis, selbst möglichst sichtbar in den Vordergrund zu treten, führt den Politiker am stärksten in Versuchung, eine von beiden, oder beide zu begehen. Um so mehr, als der Demagoge auf „Wirkung" zu rechnen gezwungen ist, – er ist eben deshalb stets in Gefahr, sowohl zum Schauspieler zu werden, wie die Verantwortung für die Folgen seines Tuns leicht zu nehmen und nur nach dem „Eindruck" zu fragen, den er macht. Seine Unsachlichkeit legt ihm nahe, den glänzenden Schein der Macht statt der wirklichen Macht zu erstreben, seine Verantwortungslosigkeit aber: die Macht lediglich um ihrer selbst willen, ohne inhaltlichen Zweck, zu genießen. Denn obwohl, oder vielmehr: gerade *weil* Macht das unvermeidliche Mittel und Machtstreben daher eine der treibenden Kräfte aller Politik ist, gibt es keine verderblichere Verzerrung der politischen Kraft, als das parvenümäßige Bramarbasieren mit Macht und die eitle Selbstbespiegelung in dem Gefühl der Macht, überhaupt jede Anbetung der Macht rein als solcher. Der bloße „Machtpolitiker", wie ihn ein auch bei uns eifrig betriebener Kult zu verklären sucht, mag stark wirken, aber er wirkt in der Tat ins Leere und Sinnlose. Darin haben die Kritiker der „Machtpolitik" vollkommen recht. An dem plötzlichen inneren Zusammenbruch typischer Träger dieser Gesinnung haben wir erleben können, welche innere Schwäche und Ohnmacht sich hinter dieser protzigen, aber gänzlich leeren Geste verbirgt. Sie ist Produkt einer höchst dürftigen und oberflächlichen Blasiertheit gegenüber dem *Sinn* menschlichen Handelns, welche keinerlei Verwandtschaft hat mit dem Wissen um die Tragik, in die alles Tun, zumal aber das politische Tun, in Wahrheit verflochten ist.

Es ist durchaus wahr und eine – jetzt hier nicht näher zu begründende – Grundtatsache aller Geschichte, daß das schließliche Resultat politischen Handelns oft, nein: geradezu regelmäßig, in völlig unadäquatem, oft in geradezu paradoxem Verhältnis zu seinem ursprünglichen Sinn steht. Aber deshalb darf dieser Sinn: der Dienst an einer *Sache,* doch nicht etwa fehlen, wenn anders das Handeln inneren Halt haben soll. *Wie* die Sache auszusehen hat, in deren Dienst der Politiker Macht erstrebt und Macht verwendet, ist Glaubenssache. Er kann nationalen oder menschheitlichen, sozialen und ethischen oder kulturlichen, innerweltlichen oder religiösen Zielen dienen, er kann getragen sein von starkem Glauben an den „Fortschritt" – gleichviel in welchem Sinn – oder aber diese Art von Glauben kühl ablehnen, kann im Dienst einer „Idee" zu stehen beanspruchen oder unter prinzipieller Ablehnung dieses Anspruches äußeren Zielen des Alltagslebens dienen wollen, – immer muß irgendein Glaube *da* sein. Sonst lastet in der Tat – das ist völlig richtig – der Fluch kreatürlicher Nichtigkeit auch auf den äußerlich stärksten politischen Erfolgen.

Mit dem Gesagten sind wir schon in der Erörterung des letzten uns heute abend angehenden Problems begriffen: des *Ethos* der Politik als „Sache". Welchen Beruf kann sie selbst, ganz unabhängig von ihren Zielen, innerhalb der sittlichen Gesamtökonomie der Lebensführung ausfüllen? Welches ist, sozusagen, der ethische Ort, an dem sie beheimatet ist? Da stoßen nun freilich letzte Weltanschauungen aufeinander, zwischen denen schließlich *gewählt* werden muß. Gehen wir resolut an das neuerdings wieder – nach meiner Ansicht in recht verkehrter Art – aufgerollte Problem heran.

Befreien wir es aber zunächst von einer ganz trivialen Verfälschung. Es kann nämlich zunächst die Ethik auftreten in einer sittlich höchst fatalen Rolle. Nehmen wir Beispiele. Sie werden selten finden, daß ein Mann, dessen Liebe sich von einer Frau ab- und einer anderen zuwendet, nicht das Bedürfnis empfindet, dies dadurch vor sich selbst zu legitimieren, daß er sagt: sie war meiner Liebe nicht wert, oder sie hat mich enttäuscht, oder was dergleichen „Gründe" mehr sind. Eine Unritterlichkeit, die zu dem schlichten Schicksal: daß er sie nicht mehr liebt, und daß die Frau das tragen muß, in tiefer Unritterlichkeit sich eine „Legitimität" hinzudichtet, kraft deren er für sich ein Recht in Anspruch nimmt und zu dem Unglück noch das Unrecht auf sie zu wälzen trachtet. Ganz ebenso verfährt der erfolgreiche erotische Konkurrent: der Gegner muß der wertlosere sein, sonst wäre er nicht unterlegen. Nichts anderes ist es aber selbstverständlich, wenn nach irgendeinem siegreichen Krieg der Sieger in würdeloser Rechthaberei beansprucht: ich siegte, denn ich hatte recht. Oder, wenn jemand unter den Fürchterlichkeiten des Krieges seelisch zusammenbricht und nun, anstatt schlicht zu sagen, es war eben zu viel, jetzt das Bedürfnis empfindet, seine Kriegsmüdigkeit vor sich selbst zu legitimieren, indem er die Empfindung substituiert: ich konnte das deshalb nicht ertragen, weil ich für eine sittlich schlechte Sache fechten mußte. Und ebenso bei dem im Kriege Besiegten. Statt nach alter Weiber Art nach einem Kriege nach dem „Schuldigen" zu suchen – wo doch die Struktur der Gesellschaft den Krieg erzeugte –, wird jede männliche und herbe Haltung dem Feinde sagen: „Wir verloren den Krieg, – ihr habt ihn gewonnen. Das ist nun erledigt: nun laßt uns darüber reden, welche Konsequenzen zu ziehen sind entsprechend den *sachlichen* Interessen, die im Spiel waren, und – die Hauptsache – angesichts der Verantwortung vor der *Zukunft,* die vor allem den Sieger belastet." Alles andere ist würdelos und rächt sich. Verletzung ihrer Interessen verzeiht eine Nation, nicht aber Verletzung ihrer Ehre, am wenigsten eine solche durch pfäffische Rechthaberei. Jedes neue Dokument, das nach Jahrzehnten ans Licht kommt, läßt das würdelose Gezeter, den Haß und Zorn wieder aufleben, statt daß der Krieg mit seinem Ende wenigstens *sittlich* begraben würde. Das ist nur durch Sachlichkeit und Ritterlichkeit, vor allem nur: durch *Würde* möglich. Nie aber durch eine „Ethik", die in Wahrheit eine Würdelosigkeit beider Seiten bedeutet. Anstatt sich um das zu kümmern, was den Politiker angeht: die Zukunft und die Verantwortung vor ihr, befaßt sie sich mit politisch sterilen, weil unaustragbaren Fragen der Schuld in der Vergangenheit. *Dies* zu tun, ist politische Schuld, wenn es irgendeine gibt. Und dabei wird überdies die unvermeidliche Verfälschung des ganzen Problems durch sehr materielle Interessen übersehen: Interessen des Siegers am höchstmöglichen Gewinn – moralischen und materiellen –, Hoffnungen des Besiegten darauf, durch Schuldbekenntnisse Vorteile einzuhandeln: wenn es irgend etwas gibt, was *„gemein"* ist, dann dies, und das ist die Folge dieser Art von Benutzung der „Ethik" als Mittel des „Rechthabens".

Wie steht es denn aber mit der wirklichen Beziehung zwischen *Ethik und Politik?* Haben sie, wie man gelegentlich gesagt hat, gar nichts miteinander zu tun? Oder ist es umgekehrt richtig, daß „dieselbe" Ethik für das politische Handeln wie für jedes andere gelte? Man hat zuweilen geglaubt, zwischen diesen beiden Behauptungen bestehe eine ausschließliche Alternative; entweder die eine oder die andere sei richtig. Aber ist es denn wahr: daß für erotische und geschäftliche, familiäre und amtliche Beziehungen, für die Beziehungen zu Ehefrau, Gemüsefrau, Sohn, Konkurrenten, Freund, Angeklagten die inhaltlich *gleichen* Gebote von irgendeiner Ethik der Welt aufgestellt werden könnten? Sollte es wirklich für die ethischen Anforderungen an die Politik so gleichgültig sein, daß diese mit einem sehr spezifischen Mittel: Macht, hinter der *Gewaltsamkeit* steht, arbeitet?

Sehen wir nicht, daß die bolschewistischen und spartakistischen Ideologen, eben weil sie dieses Mittel der Politik anwenden, genau die *gleichen* Resultate herbeiführen wie irgendein militaristischer Diktator? Wodurch als eben durch die Person der Gewalthaber und ihren Dilettantismus unterscheidet sich die Herrschaft der Arbeiter- und Soldatenräte von der eines beliebigen Machthabers des alten Regimes? Wodurch die Polemik der meisten Vertreter der vermeintlich neuen Ethik selbst gegen die von ihnen kritisierten Gegner von der irgendwelcher anderer Demagogen? Durch die edle Absicht!, wird gesagt werden. Gut. Aber das Mittel ist es, wovon hier die Rede ist, und den Adel ihrer letzten Absichten nehmen die befehdeten Gegner mit voller subjektiver Ehrlichkeit ganz ebenso für sich in Anspruch. „Wer zum Schwert greift, wird durch das Schwert umkommen", und Kampf ist überall Kampf. Also: – die Ethik der *Bergpredigt?* Mit der Bergpredigt – gemeint ist: die absolute Ethik des Evangeliums – ist es eine ernstere Sache, als die glauben, die diese Gebote heute gern zitieren. Mit ihr ist nicht zu spaßen. Von ihr gilt, was man von der Kausalität in der Wissenschaft gesagt hat: sie ist kein Fiaker, den man beliebig halten lassen kann, um nach Befinden ein- und auszusteigen. Sondern: ganz *oder* gar nicht, *das* gerade ist ihr Sinn, wenn etwas anderes als Trivialitäten herauskommen soll. Also z. B. der reiche Jüngling: „Er aber ging traurig davon, denn er hatte viele Güter." Das evangelische Gebot ist unbedingt und eindeutig: gib her, was du hast – *alles,* schlechthin. Der Politiker wird sagen: eine sozial sinnlose Zumutung, solange es nicht für *alle* durchgesetzt wird. Also: Besteuerung, Wegsteuerung, Konfiskation, – mit einem Wort: Zwang und Ordnung gegen *alle.* Das ethische Gebot aber fragt danach *gar nicht,* das ist sein Wesen. Oder: „Halte den anderen Backen hin!" Unbedingt, ohne zu fragen, wieso es dem anderen zukommt, zu schlagen. Eine Ethik der Würdelosigkeit – außer: für einen Heiligen. Das ist es: man muß ein Heiliger sein in *allem,* zum mindesten dem Wollen nach, muß leben wie Jesus, die Apostel, der heilige Franz und seinesgleichen, *dann* ist diese Ethik sinnvoll und Ausdruck einer Würde. *Sonst nicht.* Denn wenn es in Konsequenz der akosmistischen Liebesethik heißt: „dem Übel nicht widerstehen mit Gewalt", – so gilt für den Politiker umgekehrt der Satz: du *sollst* dem Übel gewaltsam widerstehen, sonst – bist du für seine Überhandnahme *verantwortlich.* Wer nach der Ethik des Evangeliums handeln will, der enthalte sich der Streiks – denn sie sind: Zwang – und gehe in die gelben Gewerkschaften. Er rede aber vor allen Dingen nicht von „Revolution". Denn jene Ethik will doch wohl nicht lehren: daß gerade der Bürgerkrieg der einzig legitime Krieg sei. Der nach dem Evangelium handelnde Pazifist wird die Waffen ablehnen oder fortwerfen, wie es in Deutschland empfohlen wurde, als ethische Pflicht, um dem Krieg und damit: jedem Krieg, ein Ende zu machen. Der Politiker wird sagen: das einzig sichere Mittel, den Krieg für alle *absehbare* Zeit zu diskreditieren, wäre ein Statusquo-Friede gewesen. Dann hätten sich die

Völker gefragt: wozu war der Krieg? Er wäre ad absurdum geführt gewesen, – was jetzt nicht möglich ist. Denn für die Sieger – mindestens für einen Teil von ihnen – wird er sich politisch rentiert haben. Und dafür ist jenes Verhalten verantwortlich, das uns jeden Widerstand unmöglich machte. Nun wird – wenn die Ermattungsepoche vorbei sein wird – *der Frieden diskreditiert sein, nicht der Krieg:* eine Folge der absoluten Ethik.

Endlich: die Wahrheitspflicht. Sie ist für die absolute Ethik unbedingt. Also, hat man gefolgert: Publikation aller, vor allem der das eigene Land belastenden Dokumente und auf Grund dieser einseitigen Publikation: Schuldbekenntnis, einseitig, bedingungslos, ohne Rücksicht auf die Folgen. Der Politiker wird finden, daß im Erfolg dadurch die Wahrheit nicht gefördert, sondern durch Mißbrauch und Entfesselung von Leidenschaft sicher verdunkelt wird; daß nur eine allseitige planmäßige Feststellung durch Unparteiische Frucht bringen könnte, jedes andere Vorgehen für die Nation, die derartig verfährt, Folgen haben kann, die in Jahrzehnten nicht wieder gutzumachen sind. Aber nach „Folgen" *fragt* eben die absolute Ethik nicht.

Da liegt der entscheidende Punkt. Wir müssen uns klarmachen, daß alles ethisch orientierte Handeln unter *zwei* voneinander grundverschiedenen, unaustragbar gegensätzlichen Maximen stehen kann: es kann „gesinnungsethisch" oder „verantwortungsethisch" orientiert sein. Nicht daß Gesinnungsethik mit Verantwortungslosigkeit und Verantwortungsethik mit Gesinnungslosigkeit identisch wäre. Davon ist natürlich keine Rede. Aber es ist ein abgrundtiefer Gegensatz, ob man unter der gesinnungsethischen Maxime handelt – religiös geredet: „Der Christ tut recht und stellt den Erfolg Gott anheim" –, *oder* unter der verantwortungsethischen: daß man für die (voraussehbaren) *Folgen* seines Handelns aufzukommen hat. Sie mögen einem überzeugten gesinnungsethischen Syndikalisten noch so überzeugend darlegen: daß die Folgen seines Tuns die Steigerung der Chancen der Reaktion, gesteigerte Bedrückung seiner Klasse, Hemmung ihres Aufstiegs sein werden, – und es wird auf ihn gar keinen Eindruck machen. Wenn die Folgen einer aus reiner Gesinnung fließenden Handlung üble sind, so gilt ihm nicht der Handelnde, sondern die Welt dafür verantwortlich, die Dummheit der anderen Menschen oder – der Wille des Gottes, der sie so schuf. Der Verantwortungsethiker dagegen rechnet mit eben jenen durchschnittlichen Defekten der Menschen, – er hat, wie Fichte richtig gesagt hat, gar kein Recht, ihre Güte und Vollkommenheit vorauszusetzen, er fühlt sich nicht in der Lage, die Folgen eigenen Tuns, soweit er sie voraussehen konnte, auf andere abzuwälzen. Er wird sagen: diese Folgen werden meinem Tun zugerechnet. „Verantwortlich" fühlt sich der Gesinnungsethiker nur dafür, daß die Flamme der reinen Gesinnung, die Flamme z. B. des Protestes gegen die Ungerechtigkeit der sozialen Ordnung, nicht erlischt. Sie stets neu anzufachen, ist der Zweck seiner, vom möglichen Erfolg her beurteilt, ganz irrationalen Taten, die nur exemplarischen Wert haben können und sollen.

Aber auch damit ist das Problem noch nicht zu Ende. Keine Ethik der Welt kommt um die Tatsache herum, daß die Erreichung „guter" Zwecke in zahlreichen Fällen daran gebunden ist, daß man sittlich bedenkliche oder mindestens gefährliche Mittel und die Möglichkeit oder auch die Wahrscheinlichkeit übler Nebenerfolge mit in den Kauf nimmt, und keine Ethik der Welt kann ergeben: wann und in welchem Umfang der ethisch gute Zweck die ethisch gefährlichen Mittel und Nebenerfolge „heiligt".

Für die Politik ist das entscheidende Mittel: die Gewaltsamkeit, und wie groß die Tragweite der Spannung zwischen Mittel und Zweck, ethisch angesehen, ist, mögen Sie daraus entnehmen, daß, wie jedermann weiß, sich die revolutionären Sozialisten (Zimmerwalder Richtung) schon während des Krieges zu dem Prinzip bekannten, welches man dahin prägnant formulieren könnte: „Wenn wir vor der Wahl stehen, entweder noch einige Jahre Krieg und dann Revolution oder jetzt Friede und keine Revolution, so wählen wir: noch einige Jahre Krieg!" Auf die weitere Frage: „Was kann diese Revolution mit sich bringen?", würde jeder wissenschaftlich geschulte Sozialist geantwortet haben: daß von einem Übergang zu einer Wirtschaft, die man sozialistisch nennen könne in *seinem* Sinne, keine Rede sei, sondern daß eben wieder eine Bourgeoisiewirtschaft entstellen würde, die nur die feudalen Elemente und dynastischen Reste abgestreift haben könnte. – Für dies bescheidene Resultat also: „noch einige Jahre Krieg"! Man wird doch wohl sagen dürfen, daß man hier auch bei sehr handfest sozialistischer Überzeugung den Zweck ablehnen könne, der derartige Mittel erfordert. Beim Bolschewismus und Spartakismus, überhaupt bei jeder Art von revolutionärem Sozialismus, liegt aber die Sache genau ebenso, und es ist natürlich höchst lächerlich, wenn von dieser Seite die „Gewaltpolitiker" des alten Regimes wegen der Anwendung des gleichen Mittels *sittlich* verworfen werden, – so durchaus berechtigt die Ablehnung ihrer *Ziele* sein mag.

Hier, an diesem Problem der Heiligung der Mittel durch den Zweck, scheint nun auch die Gesinnungsethik überhaupt scheitern zu müssen. Und in der Tat hat sie logischerweise nur die Möglichkeit: *jedes* Handeln, welches sittlich gefährliche Mittel anwendet, zu *verwerfen.* Logischerweise. In der Welt der Realitäten machen wir freilich stets erneut die Erfahrung, daß der Gesinnungsethiker plötzlich umschlägt in den chiliastischen Propheten, daß z. B. diejenigen, die soeben „Liebe gegen Gewalt" gepredigt haben, im nächsten Augenblick zur Gewalt aufrufen, – zur *letzten* Gewalt, die dann den Zustand der Vernichtung *aller* Gewaltsamkeit bringen würde, – wie unsere Militärs den Soldaten bei jeder Offensive sagten: es sei die letzte, sie werde den Sieg und dann den Frieden bringen. Der Gesinnungsethiker erträgt die ethische Irrationalität der Welt nicht. Er ist kosmisch-ethischer „Rationalist". Sie erinnern sich, jeder von Ihnen, der Dostojewskij kennt, der Szene mit dem Großinquisitor, wo das Problem treffend auseinandergelegt ist. Es ist nicht möglich, Gesinnungsethik und Verantwortungsethik unter einen Hut zu bringen oder ethisch zu dekretieren: welcher Zweck *welches* Mittel heiligen solle, wenn man diesem Prinzip überhaupt irgendwelche Konzessionen macht.

Der von mir der zweifellosen Lauterkeit seiner Gesinnung nach persönlich hochgeschätzte, als Politiker freilich unbedingt abgelehnte Kollege F. W. Foerster glaubt, in seinem Buch um die Schwierigkeit herumzukommen durch die einfache These: aus Gutem kann nur Gutes, aus Bösem nur Böses folgen. Dann existierte freilich diese ganze Problematik nicht. Aber es ist doch erstaunlich, daß 2.500 Jahre nach den Upanishaden eine solche These noch das Licht der Welt erblicken konnte. Nicht nur der ganze Verlauf der Weltgeschichte, sondern jede rückhaltlose Prüfung der Alltagserfahrung sagt ja das Gegenteil. Die Entwicklung aller Religionen der Erde beruht ja darauf, daß das Gegenteil wahr ist. Das uralte Problem der Theodizee ist ja die Frage: Wie kommt es, daß eine Macht, die als zugleich allmächtig und gütig hingestellt wird, eine derartig irrationale Welt des unverdienten Leidens, des ungestraften Unrechts und der unverbesserlichen Dummheit hat erschaffen können? Entweder ist sie das eine nicht oder das andere nicht, oder es regieren gänzlich andere Ausgleichs- und Vergeltungsprinzipien das Leben, solche, die wir metaphysisch deuten können, oder auch solche, die unserer Deutung für immer entzogen sind. Dies Problem: die Erfahrung von der Irrationalität der Welt war ja die treibende Kraft aller Religionsentwicklung. Die indische Karmanlehre und der persische Dualismus, die Erbsünde, die Prädestination und der Deus absconditus sind alle aus dieser Erfahrung herausgewachsen. Auch die alten Christen wußten sehr genau, daß die Welt von Dämonen regiert sei, und daß, wer mit der Politik, das heißt: mit Macht und Gewaltsamkeit als Mitteln, sich einläßt, mit diabolischen Mächten einen Pakt schließt, und daß für sein Handeln es *nicht* wahr ist: daß aus Gutem nur Gutes, aus Bösem nur Böses kommen könne, sondern oft das Gegenteil. Wer das nicht sieht, ist in der Tat politisch ein Kind.

Die religiöse Ethik hat sich mit der Tatsache, daß wir in verschiedene, untereinander verschiedenen Gesetzen unterstehende Lebensordnungen hineingestellt sind, verschieden abgefunden. Der hellenische Polytheismus opferte der Aphrodite ebenso wie der Hera, dem Dionysos wie dem Apollon und wußte: sie lagen untereinander nicht selten im Streit. – Die hinduistische Lebensordnung machte jeden der verschiedenen Berufe zum Gegenstand eines besonderen ethischen Gesetzes, eines Dharma, und schied sie kastenmäßig für immer voneinander, stellte sie dabei in eine feste Ranghierarchie, aus der es für den hierin Geborenen kein Entrinnen gab, außer in der Wiedergeburt im nächsten Leben, und stellte sie dadurch in verschieden große Distanz zu den höchsten religiösen Heilsgütern. So war es ihr möglich, das Dharma jeder einzelnen Kaste, von den Asketen und Brahmanen bis zu den Spitzbuben und Dirnen, den immanenten Eigengesetzlichkeiten des Berufs entsprechend auszubauen. Darunter auch Krieg und Politik. Die Einordnung des Krieges in die Gesamtheit der Lebensordnungen finden Sie vollzogen im Bhagavadgîtâ, in der Unterredung zwischen Krishna und Arjuna. „Tue das notwendige“ – das heißt das nach dem Dharma der Kriegerkaste und ihren Regeln pflichtmäßige, dem Kriegszweck entsprechend sachlich notwendige – „Werk“: das schädigt das religiöse Heil nach diesem Glauben nicht, sondern dient ihm. Indras Himmel war dem indischen Krieger beim Heldentod von jeher ebenso sicher wie Walhall dem Germanen. Nirvâna aber hätte jener ebenso verschmäht, wie dieser das christliche Paradies mit seinen Engelchören. Diese Spezialisierung der Ethik ermöglichte der indischen Ethik eine gänzlich ungebrochene, nur den Eigengesetzen der Politik folgende, ja diese radikal steigernde Behandlung dieser königlichen Kunst. Der wirklich radikale „Macchiavellismus“ im populären Sinn dieses Wortes ist in der indischen Literatur im Arthashâstra des Kautilya (lange vorchristlich, angeblich aus Chandraguptas Zeit) klassisch vertreten; dagegen ist Macchiavellis „Principe“ harmlos. – In der katholischen Ethik, der Professor Foerster sonst nahesteht, sind bekanntlich die „consilia evangelica“ eine Sonderethik für die mit dem Charisma des heiligen Lebens Begabten. Da steht neben dem Mönch, der kein Blut vergießen und keinen Erwerb suchen darf, der fromme Ritter und Bürger, die, der eine dies, der andere jenes, dürfen. Die Abstufung der Ethik und ihre Einfügung in einen Organismus der Heilslehre ist minder konsequent als in Indien, mußte und durfte dies auch nach den christlichen Glaubensvoraussetzungen sein. Die erbsündliche Verderbtheit der Welt gestattete eine Einfügung der Gewaltsamkeit in die Ethik als Zuchtmittel gegen die Sünde und die seelengefährdenden Ketzer relativ leicht. – Die rein gesinnungsethischen, akosmistischen Forderungen der Bergpredigt aber und das darauf ruhende religiöse Naturrecht als absolute Forderung behielten ihre revolutionierende Gewalt und traten in fast allen Zeiten sozialer Erschütterung mit elementarer Wucht auf den Plan. Sie schufen insbesondere die radikal-pazifistischen Sekten, deren eine in Pennsylvanien das Experiment eines nach außen gewaltlosen Staatswesens machte, – tragisch in seinem Verlauf insofern, als die Quäker, als der Unabhängigkeitskrieg ausbrach, für ihre Ideale, die er vertrat, nicht mit der Waffe eintreten konnten. – Der normale Protestantismus dagegen legitimierte den Staat, also: das Mittel der Gewaltsamkeit, als göttliche Einrichtung absolut und den legitimen Obrigkeitsstaat insbesondere. Die ethische Verantwortung für den Krieg nahm Luther dem Einzelnen ab und wälzte sie auf die Obrigkeit, der zu gehorchen in anderen Dingen als Glaubenssachen niemals schuldhaft sein konnte. – Der Kalvinismus wieder kannte prinzipiell die Gewalt als Mittel der Glaubensverteidigung, also den Glaubenskrieg, der im Islam von Anfang an Lebenselement war. – Man sieht: es ist durchaus *nicht* moderner, aus dem Heroenkult der Renaissance geborener Unglaube, der das Problem der politischen Ethik aufwirft. Alle Religionen haben damit gerungen, mit höchst verschiedenem Erfolg, – und nach dem Gesagten konnte es auch nicht anders sein. Das spezifische Mittel der *legitimen Gewaltsamkeit* rein als solches in der Hand menschlicher Verbände ist es, was die Besonderheit aller ethischen Probleme der Politik bedingt.

Wer immer mit diesem Mittel paktiert, zu welchen Zwecken immer und jeder Politiker tut das –, der ist seinen spezifischen Konsequenzen ausgeliefert. In besonders hohem Maß ist es der Glaubenskämpfer, der religiöse wie der revolutionäre. Nehmen wir getrost die Gegenwart als Beispiel an. Wer die absolute Gerechtigkeit auf Erden mit *Gewalt* herstellen will, der bedarf dazu der Gefolgschaft: des menschlichen „Apparates". Diesem muß er die nötigen inneren und äußeren Prämien – himmlischen oder irdischen Lohn – in Aussicht stellen, sonst funktioniert er nicht. Also innere: unter der Bedingung des modernen Klassenkampfes, Befriedigung des Hasses und der Rachsucht, vor allem: des Ressentiments und des Bedürfnisses nach pseudoethischer Rechthaberei, also des Verlästerungs- und Verketzerungsbedürfnisses gegen die Gegner. Äußere: Abenteuer, Sieg, Beute, Macht und Pfründen. Von dem Funktionieren dieses seines Apparates ist der Führer in seinem Erfolg völlig abhängig. Daher auch von *dessen* – nicht: von seinen eigenen – Motiven. Davon also, daß der Gefolgschaft: der roten Garde, den Spitzeln, den Agitatoren, deren er bedarf, jene Prämien *dauernd* gewährt werden können. Was er unter solchen Bedingungen seines Wirkens tatsächlich erreicht, steht daher nicht in seiner Hand, sondern ist ihm vorgeschrieben durch jene ethisch überwiegend gemeinen Motive des Handelns seiner Gefolgschaft, die nur im Zaum gehalten werden, solange ehrlicher Glaube an seine Person und seine Sache wenigstens einen Teil der Genossenschaft: wohl nie auf Erden auch nur die Mehrzahl, beseelt. Aber nicht nur ist dieser Glaube, auch wo er subjektiv ehrlich ist, in einem sehr großen Teil der Fälle in Wahrheit nur die ethische „Legitimierung" der Rache-, Macht-, Beute- und Pfründensucht: – darüber lassen wir uns nichts vorreden, denn die materialistische Geschichtsdeutung ist auch kein beliebig zu besteigender Fiaker und macht vor den Trägern von Revolutionen nicht halt! –, sondern vor allem: der traditionalistische *Alltag* kommt nach der emotionalen Revolution, der Glaubensheld und vor allem der Glaube selbst schwindet oder wird – was noch wirksamer ist – Bestandteil der konventionellen Phrase der politischen Banausen und Techniker. Diese Entwicklung vollzieht sich gerade beim Glaubenskampf besonders schnell, weil er von echten *Führern:* Propheten der Revolution, geleitet oder inspiriert zu werden pflegt. Denn wie bei jedem Führerapparat, so auch hier, ist die Entleerung und Versachlichung, die seelische Proletarisierung im Interesse der „Disziplin", eine der Bedingungen des Erfolges. Die herrschend gewordene Gefolgschaft eines Glaubenskämpfers pflegt daher besonders leicht in eine ganz gewöhnliche Pfründnerschicht zu entarten.

Wer Politik überhaupt und wer vollends Politik als Beruf betreiben will, hat sich jener ethischen Paradoxien und seiner Verantwortung für das, was aus *ihm selbst* unter ihrem Druck werden kann, bewußt zu sein. Er läßt sich, ich wiederhole es, mit den diabolischen Mächten ein, die in jeder Gewaltsamkeit lauern. Die großen Virtuosen der akosmistischen Menschenliebe und Güte, mochten sie aus Nazareth oder aus Assisi oder aus indischen Königsschlössern stammen, haben nicht mit dem politischen Mittel: der Gewalt, gearbeitet, ihr Reich war „nicht von dieser Welt", und doch wirkten und wirken sie in dieser Welt, und die Figuren des Platon Karatajew und der Dostojewskijschen Heiligen sind immer noch ihre adäquatesten Nachkonstruktionen. Wer das Heil seiner Seele und die Rettung anderer Seelen sucht, der sucht das nicht auf dem Wege der Politik, die ganz andere Aufgaben hat: solche, die nur mit Gewalt zu lösen sind. Der Genius oder Dämon der Politik lebt mit dem Gott der Liebe, auch mit dem Christengott in seiner kirchlichen Ausprägung, in einer inneren Spannung, die jederzeit in unaustragbarem Konflikt ausbrechen kann. Das wußten die Menschen auch in den Zeiten der Kirchenherrschaft. Wieder und wieder lag das Interdikt – und das bedeutete damals eine für die Menschen und ihr Seelenheil weit massivere Macht als die (mit Fichte zu reden) „kalte Billigung" des kantianischen ethischen Urteils – auf Florenz, die Bürger aber fochten gegen den Kirchenstaat. Und mit Bezug auf solche Situationen läßt Macchiavelli an einer schönen Stelle, irre ich nicht: der Florentiner Geschichten, einen seiner Helden jene Bürger preisen, denen die Größe der Vaterstadt höher stand als das Heil ihrer Seele.

Wenn Sie statt Vaterstadt oder „Vaterland", was ja zur Zeit nicht jedem ein eindeutiger Wert sein mag, sagen: „die Zukunft des Sozialismus" oder auch der „internationalen Befriedung", – dann haben Sie das Problem in der Art, wie es jetzt liegt. Denn das alles, erstrebt durch *politisches* Handeln, welches mit gewaltsamen Mitteln und auf dem Wege der Verantwortungsethik arbeitet, gefährdet das „Heil der Seele". Wenn ihm aber mit reiner Gesinnungsethik im Glaubenskampf nachgejagt wird, dann kann es Schaden leiden und diskreditiert werden auf Generationen hinaus, weil die Verantwortung für die *Folgen* fehlt. Denn dann bleiben dem Handelnden jene diabolischen Mächte, die im Spiel sind, unbewußt. Sie sind unerbittlich und schaffen Konsequenzen für sein Handeln, auch für ihn selbst innerlich, denen er hilflos preisgegeben ist, wenn er sie nicht sieht. „Der Teufel, der ist alt." Und nicht die Jahre, nicht das Lebensalter ist bei dem Satz gemeint: „so werdet alt, ihn zu verstehen". Mit dem Datum des Geburtsscheines bei Diskussionen überstochen zu werden, habe auch ich mir nie gefallen lassen; aber die bloße Tatsache, daß einer 20 Jahre zählt und ich über 50 bin, kann mich schließlich auch nicht veranlassen zu meinen, das allein wäre eine Leistung, vor der ich in Ehrfurcht ersterbe. Nicht das Alter macht es. Aber allerdings: die geschulte Rücksichtslosigkeit des Blickes in die Realitäten des Lebens, und die Fähigkeit, sie zu ertragen und ihnen innerlich gewachsen zu sein.

Wahrlich: Politik wird zwar mit dem Kopf, aber ganz gewiß nicht *nur* mit dem Kopf gemacht. Darin haben die Gesinnungsethiker durchaus recht. Ob man aber als Gesinnungsethiker oder als Verantwortungsethiker handeln *soll,* und wann das eine und das andere, darüber kann man niemandem Vorschriften machen. Nur eins kann man sagen: wenn jetzt in diesen Zeiten einer, wie Sie glauben, *nicht* „sterilen“ Aufgeregtheit – aber Aufgeregtheit ist eben doch und durchaus nicht immer echte Leidenschaft –, wenn da *plötzlich* die Gesinnungspolitiker massenhaft in das Kraut schießen mit der Parole: „Die Welt ist dumm und gemein, nicht ich; die Verantwortung für die Folgen trifft nicht mich, sondern die andern, in deren Dienst ich arbeite, und deren Dummheit oder Gemeinheit ich ausrotten werde“, so sage ich offen: daß ich zunächst einmal nach dem Maße des *inneren Schwergewichts* frage, das hinter dieser Gesinnungsethik steht, und den Eindruck habe: daß ich es in neun von zehn Fällen mit Windbeuteln zu tun habe, die nicht real fühlen, was sie auf sich nehmen, sondern sich an romantischen Sensationen berauschen. Das interessiert mich menschlich nicht sehr und erschüttert mich ganz und gar nicht. Während es unermeßlich erschütternd ist, wenn ein *reifer* Mensch – einerlei ob alt oder jung an Jahren –, der diese Verantwortung für die Folgen real und mit voller Seele empfindet und verantwortungsethisch handelt, an irgendeinem Punkte sagt: „Ich kann nicht anders, hier stehe ich.“ Das ist etwas, was menschlich echt ist und ergreift. Denn diese Lage muß freilich für *jeden* von uns, der nicht innerlich tot ist, irgendwann eintreten *können.* Insofern sind Gesinnungsethik und Verantwortungsethik nicht absolute Gegensätze, sondern Ergänzungen, die zusammen erst den echten Menschen ausmachen, den, der den „Beruf zur Politik“ haben *kann.*

Und nun, verehrte Anwesende, wollen wir uns nach *zehn Jahren* über diesen Punkt einmal wieder sprechen. Wenn dann, wie ich leider befürchten muß, aus einer ganzen Reihe von Gründen, die Zeit der Reaktion längst hereingebrochen und von dem, was gewiß viele von Ihnen und, wie ich offen gestehe, auch ich gewünscht und gehofft haben, wenig, vielleicht nicht gerade nichts, aber wenigstens dem Scheine nach wenig in Erfüllung gegangen ist – das ist sehr wahrscheinlich, es wird mich nicht zerbrechen, aber es ist freilich eine innerliche Belastung, das zu wissen –, dann wünschte ich wohl zu sehen, was aus denjenigen von Ihnen, die jetzt sich als echte „Gesinnungspolitiker“ fühlen und an dem Rausch teilnehmen, den diese Revolution bedeutet, – was aus denen im inneren Sinne des Wortes „geworden" ist. Es wäre ja schön, wenn die Sache so wäre, daß dann Shakespeares 102. Sonett gelten würde:

Damals war Lenz und unsere Liebe grün,
Da grüßt' ich täglich sie mit meinem Sang,
So schlägt die Nachtigall in Sommers Blühn –
Und schweigt den Ton in reifrer Tage Gang.

Aber so ist die Sache nicht. Nicht das Blühen des Sommers liegt vor uns, sondern zunächst eine Polarnacht von eisiger Finsternis und Härte, mag äußerlich jetzt siegen welche Gruppe auch immer. Denn: wo nichts ist, da hat nicht nur der Kaiser, sondern auch der Proletarier sein Recht verloren. Wenn diese Nacht langsam weichen wird, wer wird dann von denen noch leben, deren Lenz jetzt scheinbar so üppig geblüht hat? Und was wird aus Ihnen allen dann innerlich geworden sein? Verbitterung oder Banausentum, einfaches stumpfes Hinnehmen der Welt und des Berufes oder, das dritte und nicht Seltenste: mystische Weltflucht bei denen, welche die Gabe dafür haben, oder – oft und übel – sie als Mode sich anquälen? In jedem solchen Fall werde ich die Konsequenz ziehen: die sind ihrem eigenen Tun *nicht* gewachsen gewesen, *nicht* gewachsen auch der Welt, so wie sie wirklich ist, und ihrem Alltag: sie haben den Beruf zur Politik, den sie für sich in sich glaubten, objektiv und tatsächlich im innerlichsten Sinn nicht gehabt. Sie hätten besser getan, die Brüderlichkeit schlicht und einfach von Mensch zu Mensch zu pflegen und im übrigen rein sachlich an ihres Tages Arbeit zu wirken.

Die Politik bedeutet ein starkes langsames Bohren von harten Brettern mit Leidenschaft und Augenmaß zugleich. Es ist ja durchaus richtig, und alle geschichtliche Erfahrung bestätigt es, daß man das Mögliche nicht erreichte, wenn nicht immer wieder in der Welt nach dem Unmöglichen gegriffen worden wäre. Aber der, der das tun kann, muß ein Führer und nicht nur das, sondern auch – in einem sehr schlichten Wortsinn – ein Held sein. Und auch die, welche beides nicht sind, müssen sich wappnen mit jener Festigkeit des Herzens, die auch dem Scheitern aller Hoffnungen gewachsen ist, jetzt schon, sonst werden sie nicht imstande sein, auch nur durchzusetzen, was heute möglich ist. Nur wer sicher ist, daß er daran nicht zerbricht, wenn die Welt, von seinem Standpunkt aus gesehen, zu dumm oder zu gemein ist für das, was er ihr bieten will, daß er all dem gegenüber: „dennoch!" zu sagen vermag, nur der hat den „Beruf" zur Politik.

Sachliche (angeblich: „politische“) Bemerkungen zum Fall Arco[1]

Da ich von den Vorgängen überhaupt reden mußte, haben Sie das Recht rückhaltloses Farbebekennen *auch in der Sache* zu fordern: – Graf Arco hat zweifellos unter dem Gefühl der großen Schande gehandelt, welche der Mann über uns gebracht hat, gegen den er sich wendete. Er hat sich vor Gericht tadellos benommen. Es ist trotzdem eine schlimme Schwäche, ihn zu begnadigen, so lange das bestehende Gesetz gilt, und ich als Minister hätte ihn erschießen lassen. Denn was jetzt dabei – wenn er nun, voraussichtlich, weiter begnadigt wird – herauskommt, ist klar. *Sein* Grabstein hätte auch das noch immer spukende Gespenst Kurt Eisners gebannt. Jetzt wird *dieser* als „Märtyrer“ weiter leben. Und was werden Sie durch solche Kundgebungen aus dem Grafen Arco machen? *Täuschen Sie sich doch ja nicht: eine Kaffeehaussehenswürdigkeit.* Ich hätte ihm etwas Besseres gewünscht.

Wie immer aber Sie darüber denken mögen, – *Eines* bleibt, wogegen ich mich unter allen Umständen wenden muß. Es wurde gesagt: „Unsere Kameraden von der Reichswehr, Abteilung ... hatten sich mit uns – was ich *jetzt* (!) ja sagen darf – solidarisch erklärt.“ Meine Herren! *Das* sind keine „Verschwörer“, die mir imponieren können, deren *Eitelkeit* dann so groß ist, daß sie solche Dinge auch noch öffentlich *ausplaudern* müssen, um Applaus zu ernten! Über die Sache selbst ist kein Wort zu verlieren. Aber das sei Ihnen gesagt: zur Wiederaufrichtung Deutschlands in seiner alten Herrlichkeit würde ich mich gewiß mit jeder Macht der Erde und auch mit dem leibhaftigen Teufel verbünden, wenn ich noch Politik triebe. Nur nicht: mit der *Macht der Dummheit!*

Daß ich, wie Sie wissen, keinerlei Politik mehr treibe, hat seinen Grund vor Allem darin: daß eine deutsche Politik zu machen so lange eine Unmöglichkeit ist, als – von links und rechts – Irrsinnige in der Politik ihr Wesen treiben können.

[1] Handschriftliche Aufzeichnung vom 19.1.1920.

Erklärung zum Fall Arco[1]

1. Von einer „Verdrehung“ der Worte des Herrn Rektors durch den (sozialistischen, wie ich mich informiert habe, als tadellos anständig bekannten) Studierenden konnte keine Rede sein. Das objektiv zweifellos vorliegende Mißverständnis würde ich, im Falle der Anwesenheit, und zwar nach der eigenen Wiedergabe seiner Worte durch den Herrn Rektor, *geteilt* haben. Eine Entschuldigung wegen Irrtums war erfolgt.

2. Mit Bezug nicht etwa nur auf jenen Herrn, sondern auf eine ganze *Gruppe* von Studierenden war, und zwar von einem *Mitglied des Studentenausschusses*, der Ausdruck „Bande“ gebraucht worden. Trotz meines sofort nach Kenntnis davon gestellten, später schriftlich und mündlich wiederholten dringenden Ersuchens um Remedur (verbunden mit der Bitte: ‚meine Rücksichtslosigkeit gegebenenfalls nicht unterschätzen zu wollen‘) war eine solche durch den Herrn Rektor bis Montag abend *nicht* erreicht worden. Vor die Wahl gestellt, nunmehr die Angelegenheit, eine Frage des *akademischen Anstandes*, an die Presse zu bringen, habe ich es selbstredend vorgezogen, zunächst an der gleichen Stelle (Auditorium Maximum) das Verlangen zu stellen: daß derartige Fälle von Beschimpfungen gegen machtlose Minderheiten durch eigene Zurücknahme ritterlich erledigt werden müßten, mit dem Zusatz: „ein Hundsfott, wer es nicht täte“. Selbstredend habe ich an dieser *generellen* Bemerkung kein Wort zu ändern und würde in jedem künftigen Falle, einerlei ob es sich um katholische, liberale, konservative, sozialistische Minderheiten handeln sollte, genau das gleiche sagen, ganz gewiß nicht aber mich daran durch würdelose Kindereien hindern lassen. Der vorliegende Fall wurde Mittwoch in letzter Minute durchaus anständig erledigt, und dies gab mir zu meiner Freude die Möglichkeit, die – wenn auch hypothetische – Kränkung des betreffenden Studierenden glatt und vorbehaltlos zurückzunehmen.

3. Für selbstverständliche Pflicht eines akademischen Lehrers – gerade eines solchen, der Universität und Armee jeder Politik entzogen zu sehen wünscht – hielt (und halte) ich es, solche lächerlichen, aber leider vielleicht nicht folgenlosen studentischen Torheiten, wie die Proklamation eines (angeblich) hergestellten Einverständnisses politisierender Akademiker mit Teilen der Reichswehr, rücksichtslos als das zu bezeichnen, was sie sind.

[1] Münchner Neueste Nachrichten vom 23.1.1920.

Stellungnahme zu Äußerungen des bayerischen Ministerpräsidenten von Kahr[1]

Nach veröffentlichten Mitteilungen soll der bayerische Ministerpräsident Äußerungen getan haben, welche den Tatbestand der Aufforderung zum Hochverrat in sich schließen würden. Die Äußerungen sind so bestimmt in Abrede gestellt, daß über den Tatbestand ein Zweifel unter Ehrenmännern nicht bestehen kann. Der Herr Ministerpräsident wird die Gelegenheit, sie eidlich zu bekräftigen, nötigenfalls sicher gern ergreifen. Ich darf daher bemerken: daß derjenige, welcher diese Äußerung ihm *fälschlich in den Mund* gelegt hat, in den Augen eines jeden anständigen Menschen als ein *Hundsfott* betrachtet werden muß. Ich erwarte, daß dieser Herr nunmehr wenigstens *gerichtlich* hervortreten wird. Diese Erklärung gebe ich ab, weil der falsche Eindruck, der bei den Franzosen entstehen mußte, in der Tat geeignet war, deren Pläne zu fördern und sie bei ihrer Absicht festzuhalten. Wer das nicht sah oder sieht, war oder ist ein Dummkopf.

München, 13. April 1920

Prof. Max Weber

[1] Unveröffentlichte Erklärung

B.

VERSCHIEDENE SCHRIFTEN

Entwicklungstendenzen in der Lage der ostelbischen Landarbeiter[1]

Der „Verein für Sozialpolitik" hat eine Erhebung über die Verhältnisse der Landarbeiter veranstaltet, deren Ereignisse seit 1 ½ Jahren in 3 starken Bänden vorliegen. Die darin niedergelegten Angaben sind durch Nachfrage bei den *Grundbesitzern* gewonnen, eine Befragung der Arbeiter (wie sie seither der Evangelisch-soziale Kongreß durch Vermittlung der Landgeistlichen unternommen hat) mußte damals des Kostenpunktes wegen unterbleiben. Das gewaltige Material an Tatsachen, welches die Enquete ergab, ist also gewiß ein einseitiges und läßt einen ganz einwandfreien Schluß auf die tatsächliche Lage der Landarbeiter nicht zu. Allein da im Jahre 1849 und wieder 1873 Erhebungen in gleicher Weise ins Werk gesetzt worden sind, so ist etwas sozialpolitisch Wichtigeres möglich: durch Vergleichung der Ergebnisse der drei Erhebungen, welche alle dieselbe Fehlerwahrscheinlichkeit an sich tragen, über die *Tendenzen der Entwicklung* in den Landarbeiterverhältnissen Auskunft zu erlangen. Nicht die Frage: haben die *jetzigen* Arbeiter einen auskömmlichen Lohn, gute Wohnungen oder nicht, ist die wichtigste, sondern die: wohin geht die Gesamtentwicklung ihrer Stellung innerhalb der Nation, was ist ihre Zukunft?

Für die Beurteilung dieser Frage bietet uns die Publikation eine Grundlage, welche gewiß nicht einen endgültigen, aber doch einen in hohem Grade wahrscheinlichen Schluß gestattet. Sie zeigt uns gewisse elementare Wandlungen innerhalb der sozialen Struktur, der Arbeitsverfassung der großen Gutsbetriebe des Ostens, deren Wirkung, ähnlich der von Verschiebungen in der Moleküllagerung der Körper, deshalb nur um so unwiderstehlicher eintritt, weil sie sich langsam und dem an die großen Ziffern der Statistik gewöhnten Auge fast unmerklich vollzieht. – Die Umgestaltung der Arbeitsverfassung und ihre Wirkung, um die es sich für uns hier handelt, kann aber nicht isoliert betrachtet werden. Sie hängt mit dem Schicksal der Landwirtschaft im Osten überhaupt und speziell der landwirtschaftlichen Großbetriebe daselbst zusammen. Gewiß ist es nun völlig unberechtigt, diese dem Osten charakteristischen Großbetriebe unter Ignorierung der ungeheuren Differenzen ihrer natürlichen Bedingungen als eine wesentlich gleichartige Masse zu betrachten, ganz allgemein das Vorhandensein einer „Notlage" zu behaupten, oder sie ebenso allgemein zu bestreiten, oder doch, soweit sie zugestanden wird, mit mangelndem Kapital oder mangelnder Intelligenz des Leiters zu motivieren. Trotzdem trifft doch ein für die Bedeutung der gegenwärtigen Lage entscheidendes Moment bei allen in gleicher Weise zu.

[1] In: Archiv für soziale Gesetzgebung und Statistik. 7. Band, 1. Heft, 1894.

Die ostelbischen großen Güter sind keineswegs nur Wirtschaftseinheiten, sondern lokale politische *Herrschaftszentren*. Sie waren nach den Traditionen Preußens bestimmt, die materielle Unterlage für die Existenz einer Bevölkerungsschicht zu bilden, in deren Hände der Staat die Handhabung der politischen Herrschaft, die Vertretung der militärischen und politischen Macht der Staatsgewalt zu legen gewohnt war. Die Angehörigen des Landadels qualifizierten sich, vom Standpunkt des Staatsinteresses aus, wie es die preußische Tradition verstand und nach ihrer Geschichte verstehen mußte, zu dieser Vertrauensstellung deshalb, weil sie wirtschaftlich „satte Existenzen" waren, mit relativ unentwickeltem Erwerbstrieb und demgemäß unterdurchschnittlicher wirtschaftlicher Intelligenz, deshalb zu einer rein geschäftlichen Ausbeutung ihrer Machtstellung regelmäßig nicht geneigt und jedenfalls nicht darauf angewiesen. Die Beherrschung der wirtschaftlich und sozial unentwickelten und politisch wichtigsten Osthälfte des Staats ließ sich, auf diesen Stand gestützt, billig und doch ohne Gefahr der Korruption durchführen. Mit einem Wort, die Gutshöfe des Ostens bedeuteten eine Dislokation einer politisch herrschenden Klasse über das Land. Sie bilden als die Stützpunkte, bei welchen die Garnisonen und das Beamtentum der Kreis- und selbst Regierungshauptstädte adäquaten gesellschaftlichen Anschluß finden, noch jetzt ein ungemein wirksames – tatsächlich das ausschlaggebende – Gegengewicht gegen die Monopolisierung der politischen Intelligenz durch das städtische Großbürgertum.

Allein mit dieser Stellung sind bestimmte Ansprüche an die Lebenshaltung von selbst gegeben, Ansprüche an die Kindererziehung, die Form der Geselligkeit und in zahlreichen anderen Dingen, welche hauptsächlich die eigentümliche Erscheinung bewirken, daß, während die Kosten der meisten Massenartikel stetig fallen, doch unser Leben stetig teurer wird. Der Gutsbesitzer muß in seiner Lebenshaltung auf der Stufe stehen, welche das städtische „höhere" Bürgertum im Durchschnitt einnimmt, oder: er wird zum Bauern. – Nun heben sich aber seit 50 Jahren Lebenshaltung und Lebensansprüche der städtischen bürgerlichen Bevölkerung stetig in eminentem Maße, am meisten gerade diejenigen des Großbürgertums, also des bisherigen Hauptkonkurrenten der ländlichen Aristokratie um die politische Herrschaft. Der unter den heutigen gesellschaftlichen Verhältnissen selbstverständliche, ja unumgängliche Versuch, mit dieser Lebenshaltung gleichen Schritt zu halten, bildet für die breite Masse der östlichen Grundaristokratie ein Verhängnis, welches auch ohne alle Einflüsse der ausländischen Konkurrenz ihre wirtschaftliche Grundlage gefährden muß. Die Ansprüche an die Lebenshaltung, welche heute ein preußischer Rittergutsbesitzer – alle Extravaganzen ausgeschlossen – stellen muß, wenn er sich auf dem standard of life eines Mitgliedes der „herrschenden Klassen" erhalten will, vermögen die typischen östlichen Rittergüter, welche bekanntlich das Gegenteil von „Latifundien" sind, schlechterdings nicht zu bieten. Ein Areal von ca. 500 Hektar bei durchschnittlichem (und noch erheblich mehr bei unterdurchschnittlichem) östlichem Boden, wie es mehr als ¾ aller Rittergüter im Osten nur besitzen, trägt hier, trotz der gesteigerten Erträge, keine „Herrschaft" mehr. Denn diese Steigerung ist durchschnittlich eine außerordentlich viel langsamere gewesen, als die Steigerung der *durchschnittlichen* Lebenshaltung der herrschenden Klassen, und dieser relative Maßstab ist ausschlaggebend. Das wird oft verkannt, weil es den Anschein hat, als seien die Erfordernisse des Gutshaushalts im wesentlichen naturalwirtschaftlich zu bestreiten und deshalb keine erhebliche Belastung des Budgets, allein dabei liegen optische Täuschungen vor, denn die moderne Lebensführung fordert stetig wachsende *Bar*ausgaben. Das veränderte soziale Ensemble, innerhalb dessen er seine Rolle zu spielen hat, erdrückt denjenigen Rittergutsbesitzer, der ein Areal zur Verfügung hat, welches nicht wiederum so groß ist, daß es eine wirkliche Selbstbewirtschaftung überhaupt ausschließt. Die politische Macht, statt sich auf die gesicherte materielle Unterlage stützen zu können, muß nun umgekehrt in den Dienst der wirtschaftlichen Interessen gestellt werden. Es ist darum nur natürlich, daß das Verlangen nach Schutz bereits leicht die Tonart des unbefriedigten Almosenempfängers annimmt. Auf dem Lande tritt uns statt der wirtschaftlich „satten Existenzen" der bekannte Typus des „notleidenden Landwirtes" entgegen. Das würde – in beschränktem Maße – auch ohne alle internationale Konkurrenz der Fall sein. Es liegt auf der Hand, daß die politische Machtstellung auf dieser Grundlage dauernd nicht aufrecht zu erhalten ist; ein bedeutendes *relatives* Herabsteigen auf der politischen und gesellschaftlichen Stufenleiter ist unter allen Umständen, sofern nicht die fortschreitende industrielle Entwicklung geradezu unterbunden wird, die unumgängliche Folge.

Allein nicht nur der Ertrag des Bodens läßt den Rittergutsbesitzer bei dem Streben nach Aufrechterhaltung seiner politischen Machtstellung im Stich, sondern auch die sozialen Gruppen, die er beherrschte und auf welche er sich stützte. Die Organisation der großen Güter, wie wir sie aus den Regulierungen überkommen hatten, trug die Eierschalen der isolierten Hauswirtschaft noch an sich. Der aus der Wirtschaft ausgeführte Bruchteil des Produkts war allerdings ein wesentlich größerer geworden, als im Mittelalter, allein die beginnende Verflechtung in die Weltwirtschaft, wurde nicht und konnte auch nicht bewußt und planvoll vollzogen werden. Sie wurde den Betrieben teils halb widerwillig durch die Verhältnisse aufgezwungen, teils andauernd von ihnen ignoriert. Der typische Rittergutsbesitzer wirtschaftete in traditioneller Weise weiter, als ob er für Lokalmärkte produzierte. Die alte Arbeitsverfassung und soziale Schichtung blieb in dem Inst- und Gutstagelöhnerverhältnis des Ostens erhalten. Der ländliche Arbeiter war und blieb Kleinwirt, beliehen mit Land als Entgelt für die

Unterwerfung unter die Herrschaft des Herrn und als Genosse beteiligt an dem Ertrage der Wirtschaft. Erst im Laufe dieses Jahrhunderts drang die Gewährung nennenswerter Geldlöhne neben und schließlich teilweise an Stelle der Land- und der Ertragsanteile in diese Arbeitsverfassung ein. Auch dann noch war die Gutswirtschaft überwiegend eine Form der patriarchalisch geleiteten und beherrschten Gemeinwirtschaft. Der Gutsherr war nicht ein gewöhnlicher Arbeitgeber, sondern ein politischer Autokrat, der die Arbeiter persönlich beherrschte, im übrigen einen so erheblichen Bruchteil der unmittelbaren materiellen Interessen mit ihnen gemeinsam hatte, wie dies bei keinem modernen Unternehmer sonst im Verhältnis zu seinen Arbeitern der Fall ist. Schlechter Ernteausfall, niedrige Getreide- und Viehpreise belasten das Budget eines auf Land- und Rohertragsanteil gestellten Instmannes, der Getreide und selbst gezogene Schweine verkauft, ebenso schwer oder schwerer als das des Herrn. Daß diese Sachlage die Arbeiter um so unbedingter der Disposition des Herrn auslieferte, liegt auf der Hand. Wichtiger aber war für die Grundlagen der Machtstellung des Gutsherrn jenes starke materielle Interessenband, welches die Landarbeiter – oder doch deren im Osten weitaus wichtigste Schicht: die „Instleute" – von dem gewerblichen Proletariat scharf trennte. Ein gegen die Herrn gerichtetes Klassenbewußtsein des ländlichen Proletariats konnte, außer in Zeiten hochgradiger politischer Erregung, sich nur rein individuell gegenüber dem *einzelnen* Herrn, soweit er hinter der durchschnittlichen Mischung naiver Brutalität mit Menschenfreundlichkeit zurückstand, entwickeln. Dem entsprach es auf der anderen Seite, daß die Landarbeiter normalerweise nicht dem Druck einer rein geschäftlichen Ausbeutung ausgesetzt waren. Ihnen stand eben nicht ein „Unternehmer", sondern ein Territorialherr en miniature gegenüber. Der mangelnde spezifisch geschäftliche Erwerbssinn der Herren und die stumpfe Resignation der Arbeiter ergänzten einander und waren die psychologische Stütze der traditionellen Betriebsweise wie der traditionellen politischen Herrscherstellung der Grundaristokratie.

Die Dekadenz dieser politischen Machtstellung aber in Verbindung mit der teils eingetretenen, teils drohenden Depossedierung durch das kapitalkräftigere Bürgertum – sei es in Form des Kaufes, sei es der Verpachtung der Güter – führen mit zwingender Gewalt die Herren der landwirtschaftlichen Großbetriebe, wenn sie dies bleiben wollen, dazu, zu werden, was sie früher nicht – wenigstens nicht in erster Linie – waren: Unternehmer, die unter rein *geschäftlichen* Gesichtspunkten wirtschaften. Entweder dies geschieht, oder der Großbetrieb zerfällt im Wege der völligen oder teilweisen Zerschlagung in Kleinbetriebe. Im ersteren Fall „bewegt sich der Boden" zwar keineswegs, wie behauptet wird „in der Richtung zum besten", wohl aber zum *kapitalkräftigsten* Wirt; und dieser müßte seine Natur verleugnen, wollte er nicht das, was der Grundaristokratie in zweiter

Linie stand, in die erste stellen: den geschäftlichen Erwerb. Damit aber wird der isolierten Gutswirtschaft der letzte Stoß versetzt.

Mit der Beseitigung der Isolierung der Gutswirtschaften tritt die Notwendigkeit eines relativ weit größeren Gehorsams gegenüber den weltwirtschaftlichen Produktionsbedingungen gebieterisch an diese Betriebe heran. Die notwendigen Konsequenzen dessen für den Wirtschaftsbetrieb sind je nach der Gunst oder Ungunst der Boden- und klimatischen Verhältnisse, verschieden. Ein Teil des von der Natur in beiden Beziehungen besonders begünstigten Areals ist zweifellos in der Lage, im Wege eines hochintensiven Betriebes bei starkem Kapitalaufwand die internationale Konkurrenz aufzunehmen. Diese der intensiveren Kultur zugeführten Betriebe haben alsdann nach bekannten allgemeinen Gesetzen das Streben, speziell *kapital*intensiv zu werden. Sie folgen eben deshalb der von Sering zutreffend nachgewiesenen Tendenz der Verkleinerung des von einem Zentrum aus bewirtschafteten Areals unter konzentrierter Kapitalinvestition. Schon daraus folgt vom Standpunkte des politischen Herrschaftsinteresses aus eine Schwächung der Machtstellung des Gutsbesitzers: das beherrschte Areal wird kleiner. Sie werden freilich keine bäuerlichen, aber bürgerlich-kapitalistische Großbetriebe und verschmelzen – eine in den Rübendistrikten zu beobachtende Erscheinung – mit den aufsteigenden großbäuerlichen Betrieben zu einer einheitlichen Masse von Unternehmungen mit bürgerlich-gewerblichem Typus. Ein anderer und zwar der am ungünstigsten ausgestattete Teil des Areals ist weltwirtschaftlich wertlos und kann im *Großbetriebe* nur als Weiderevier für sehr extensive Viehzucht benutzt werden. Zwischen beiden liegen zahlreiche Kategorien von Boden mittlerer Qualität in den verschiedensten Abstufungen, dessen Überführung zur intensiveren Kultur mit abnehmender Güte zunehmende Kapitalaufwendungen erfordert. Werden diese nicht gemacht, so wird er durch die Weltmarktskonjunkturen von der Fähigkeit, durch Produktion für den Markt eine Rente abzuwerfen, mehr und mehr ausgeschlossen und damit, wenn er weiter im kapitalschwachen Großbetriebe genutzt wird, in die gleiche Lage wie der schlechteste Boden gebracht, – d. h. er kann erfolgreich mit Feldfrüchten nicht bestellt werden. Dieser Bruchteil dürfte der umfangreichste sein. Die Getreidezölle vergrößern auf seine Kosten das Areal, welches intensiv mit Getreide bebaut werden kann, die bisherige Begünstigung der Rübenkultur und die noch bestehende der Kartoffelsprit-Brennerei ermöglichen seine Bebauung mit den betreffenden Hackfrüchten. Weit unerheblicher sind dagegen für den Osten diejenigen Bruchteile, welche der reinen oder überwiegenden intensiven Viehzucht und der Gartenkultur vom weltwirtschaftlichen Standpunkte aus zuzuweisen sind. Der letztere ist klein, weil eine Verschiebung zu seinen Gunsten um wenige Prozente des Areals eine völlige Umwälzung des Konsums voraussetzte, und der erstere deshalb, weil die in England zugunsten der intensiven Viehzucht bestehenden klimatischen und sonstigen Vorbedingungen im Osten mit Ausnahme der Küstenstriche Ostpreußens und einiger anderer relativ beschränkter Bezirke weder vorhanden sind, noch in absehbarer Zeit eintreten werden.[2] – In den Fällen, nun wo die Großbetriebe, den Postulaten der internationalen Produktionsteilung gehorchend, unter Ersparnis von Kapital und Arbeit zur Weidewirtschaft übergehen, entgleitet der Beherrschung des Grundherrn zwar nicht das *Areal* – dies zeigt im Gegenteil die Tendenz zu starker Ausdehnung, – wohl aber verlieren sie die Hintersassen, die sie beherrschten, da sie nur ein Minimum an Arbeitskräften halten, und auch die Zahl der Unternehmer verringert sich im Wege der Latifundienbildung. Auch hier also büßt der Stand als solcher an seiner politischen Machtstellung ein.

Überall aber finden wir *eine* gemeinschaftliche Erscheinung als Ergebnis der Situation: wo nicht auf die Dauer Zerschlagung in Kleinbetriebe oder Verödung als Weiderevier eintreten soll, da besteht die Notwendigkeit umfassender Steigerung der Kapitalintensität und eines Wirtschaftens unter kaufmännischen Gesichtspunkten, wie sie der traditionelle Grundherr im Osten nicht kannte. Mit anderen Worten: an die Stelle der Grundaristokratie tritt – mit oder ohne Personenwechsel – mit Notwendigkeit eine landwirtschaftliche *Unternehmerklasse*, die sich in ihren sozialen Charakterzügen von den gewerblichen Unternehmern prinzipiell nicht unterscheidet.

Diese Umwandlung in den allgemeinen Typus der ländlichen Arbeitgeber hat auf die Stellung der Arbeiter zu ihnen die bedeutendsten Rückwirkungen. Bei allem Durchgehen typischer Züge ist die Mannigfaltigkeit der Arbeitsverfassung und die rein individuelle Gestaltung der Lage der einzelnen Arbeiter eine Begleiterscheinung der patriarchalischen Gutswirtschaft noch jetzt in ähnlicher Weise wie in der Gutsverfassung des Feudalzeitalters. Denn die Arbeitsverfassung der Güter war nicht nach geschäftlichen Gesichtspunkten und unter dem Einfluß des Strebens nach möglichst hohem Unternehmergewinn gestaltet, sondern historisch entwickelt für den Zweck, dem Gutsherrn eine standesgemäße Existenz zu ermöglichen; sie streifte deshalb so wenig als eben möglich von ihrer überkommenen natural- und gemeinwirtschaftlichen Grundlage ab. Eine ländliche Arbeiterklasse mit unter sich *gleichartigen* wirtschaftlichen Interessen existierte und existiert deshalb in der überwiegenden Hälfte des Ostens noch nicht. – Die moderne Entwicklung sucht zunächst innerhalb dieses naturalwirtschaftlichen Rahmens das Prinzip der *Wirtschaftlichkeit* in der Lohngestaltung entschiedener zur Geltung zu bringen. Sie beseitigt demgemäß zunächst die gemeinwirtschaftlichen Reste (Landanteil, Dreschanteil, Weideanteil). Diese An-

[2] Ein erheblicher Teil der Fälle, in denen der Übergang zur reinen oder fast reinen Viehzucht auf gutem Boden sich vollzogen hat, hat nicht in wirtschaftlichen Momenten, sondern in dem Mangel an Arbeitskräften seinen Grund, auch wo der Betrieb ein kapitalintensiver ist.

teilsrechte am Ertrage fallen schon deshalb auf die Dauer notwendig fort, weil die gemeinwirtschaftliche Arbeitsverfassung mit ihren Anteilslöhnen die Isolierung des einzelnen Gutsbetriebes in wirtschaftlicher Beziehung voraussetzt. Von dem Ertrage eines Gutes, das nach alter Art ohne besondere Aufwendungen für Maschinen, Kunstdünger, Drainage usw. bewirtschaftet wurde, konnte der Herr mit seinen Arbeitern annähernd behaupten: dieser Ertrag sei das Ergebnis *ihrer* Arbeit und nur dieser. Mit jeder Kapitalinvestierung schwindet dies Moment: der Ernteertrag des in die Volkswirtschaft verflochtenen Gutes ist nicht mehr das Arbeitsprodukt lediglich der Wirtschaftsgemeinschaft der Gutsinsassen, und der Entgelt für die Verwendung der Produkte fremder Arbeit in das Gut erscheint, der kapitalistischen Organisation entsprechend, als (latente oder offene) Kapitalrente, welche aus den Erträgen vorweg bestritten werden muß. Damit verschwinden die auf dem Anteilsprinzip beruhenden Lohnformen, und zwar um so mehr als ihr Bestand in der Hauptsache die Folge mangelnden Betriebskapitals des Unternehmers und seiner darauf beruhenden Unfähigkeit, Geldlöhne zu zahlen, war. Gerade der Geldlohn ist aber das auf die Dauer unentbehrliche Korrelat jeder auf rein *geschäftlicher* Grundlage ruhenden Wirtschaftsverfassung und wird auch den landwirtschaftlichen Betrieben, zumal in Gestalt des nach der Leistung bemessenen Geld*akkord*lohnsystems, aufgezwungen.

Wir müssen, um die volle Bedeutung dieser langsamen, aber unvermeidlichen Umwandlung zu verstehen, näher auf die charakteristischen Eigentümlichkeiten der ländlichen Arbeitsverfassung im Osten eingehen. Diese beruhen, wie bei jeder Arbeitsverfassung größerer Güter, auf der Art, in der sie das wichtigste Problem der Organisation der Arbeit im landwirtschaftlichen Betriebe zu lösen sucht. Dies Problem besteht darin, daß bei jeder Art des Ackerbaues – weit weniger bei der reinen Viehzucht – der Bedarf an Arbeitskräften während der verschiedenen Jahreszeiten ein sehr stark schwankender ist. Darauf beruht die typische Unterscheidung von *ständigen* und *Saison*arbeitern in der Landwirtschaft. Von jeher sind die ersteren überwiegend in Naturalien gelohnt, kontraktlich gebunden und wohnen meist auf dem Gute. Die letzteren werden überwiegend in Geld – Tagelohn oder Akkord – gelohnt, regelmäßig von auswärts als „fremde“ Arbeiter zeitenweise herangezogen und wieder abgestoßen. Nur bei sehr extensivem Betrieb kann die gesamte Erntearbeit mit den Kräften der eigenen Arbeiter unter Zuziehung ihrer Frauen usw. bewältigt werden. Es existiert kein Mittel, namentlich auch kein maschinelles, um diese Differenz auszugleichen; gerade die am allgemeinsten anwendbaren Maschinen, speziell die Dreschmaschine, *steigern* dieselbe vielmehr, und insbesondere wird sie durch jede Steigerung der Intensität des Betriebes, am meisten durch den Hackfruchtbau, sehr stark vergrößert.

Die Veränderung der Arbeitsverfassung, welche durch die moderne Umgestaltung der Betriebsweise herbeigeführt wird, betrifft nun sowohl die Zusammensetzung der Arbeiterschaft als Ganzes, wie den Typus jeder Kategorie für sich. Es ändert sich einmal das Zahlenverhältnis der ständigen zu den unständigen Arbeitskräften, und es verwandelt sich ferner sowohl die Physiognomie der ständigen Arbeiterschaft, für sich betrachtet, wie die der unständigen.

Nach der normalen traditionellen Einrichtung des Betriebes wird das Vieh von ledigem Gesinde gewartet, welches auch die Feldbestellung wenigstens zum Teil besorgt. Den Bedarf an ständigen Feldarbeitern im übrigen decken die Instleute. Sie erhalten als Lohn die erwähnten Anteilsrechte an Mahd und Erdrusch (Mandel und Dreschmaß), Landzuweisung, bestehend in festem Gartenland und mit den Gutsschlägen rotierenden „Morgen", und Viehweide. Sie stehen nicht in einem individuellen Kontraktsverhältnis zum Herrn, sondern die Arbeiter-*Familie* ist der Herrschaft des Herrn unterworfen und deshalb zur Arbeit nach seiner Willkür mit allen verfügbaren Kräften verpflichtet, – mindestens sind zwei Arbeitskräfte zu stellen, so daß der Instmann eventuell, mangels erwachsener Kinder, einen „Scharwerker" mieten und dem Herrn vorhalten muß. Schriftliche Kontrakte und ein Recht auf Arbeitsgewährung bestanden ursprünglich nicht, ebenso wurde Geldlohn nur außerhalb der Ernte- und Dreschzeit und mehr nach Art eines Taschengeldes gezahlt. Es war also ein rein einseitiges Unterwerfungsverhältnis, welches die Arbeiterfamilien, die der Herr in seinen Gutswohnungen unterhielt, ihm auch formell zur unbedingten Disposition stellte. Nach einigen Provinzialrechten ist auf die Instleute die Gesindeordnung anwendbar, so daß in Beschränkung der Freizügigkeit auch Zwangsrückführung bei vorzeitigem Abzug stattfindet, – Koalitionsrecht besteht durchweg nicht. Dies die ständigen Arbeitskräfte. Die unständigen dagegen wurden, soweit nicht die Erntearbeit der Instfrauen ausreichte, aus den benachbarten Bauerndörfern ohne festen Kontrakt herangezogen und gegen Geldlohn, früher gelegentlich auch – die „Schnitter" – gegen Anteilsakkord, beschäftigt. Sie wohnten regelmäßig nicht auf dem Gut, und ihre Rechtsstellung näherte sich schon damals der der Industriearbeiter an. Alle anderen, sehr mannigfaltigen Kategorien von Arbeitern auf den Gütern waren in den Nordprovinzen (anders schon früher in Schlesien), lokale Spezialitäten oder durch Umgestaltung und Kombination entstanden.

Diese Form der Arbeitsverfassung ist aber heute im Abnehmen begriffen. Sie herrscht in der geschilderten Art – mit der eigenartigen Anteils-Lohnform – überhaupt auch für die in Naturalien gelohnten Arbeiter nur noch in der Nordhälfte des Ostens: – Preußen, Pommern, Mecklenburg, das nördliche Brandenburg und Posen – und geht auch dort zurück. Derjenige Typus von ständigen Kontraktsarbeitern, dessen Weiterverbreitung auf den großen Gütern im Osten durch die gegenwärtige Entwicklung, wie es scheint, am meisten begünstigt wird, ist vielmehr der „Deputant". Er ist ein Arbeiter, welcher zur Arbeit das ganze Jahr verpflichtet ist, regelmäßig in Guts-Wohnungen umsonst oder gegen niedrige

Miete wohnt und neben einem niedrigen Barlohn, der entweder als Tagelohn je nach Zahl der Arbeitstage oder wie die Gesindelöhnung als fester Jahreslohn gezahlt wird, ein sogenanntes „Deputat", d. h. statt der dem ledigen Gesinde zubereitet gereichten Beköstigung die entsprechenden Naturalien geliefert erhält. Diese Naturalien sind ihrem Betrage nach im allgemeinen berechnet auf die Deckung des Bedarfs an Nahrungsmitteln für den Arbeiter selbst und seine Familie, deren Mitarbeit demgemäß in Gestalt der Stellung einer zweiten Arbeitskraft regelmäßig in Anspruch genommen wird.

Der Gegensatz gegen das Instverhältnis im engeren Sinne besteht also in dem Wegfall der *Anteil*rechte und ihrem Ersatz durch *feste* Bezüge – ganz wie es den obenerwähnten allgemeinen Grundzügen der Entwicklung entspricht. Das Deputantenverhältnis gewinnt sowohl auf Kosten des alten Instverhältnisses als auf Kosten der Haltung des – stets schwieriger zu erlangenden – ledigen Gesindes an Boden.

Aber über das Deputantenverhältnis hinaus führt die Entwicklung zu einer stetigen Zunahme der nur oder fast nur in Geld gelohnten Arbeiter. Zu Anfang des Jahrhunderts waren sie in nennenswertem Maße nicht vorhanden. Schon 1849 stand fest, daß sie diejenige Schicht von Arbeitern waren, die sich am schnellsten vermehrt hatte: das ist auch weiter so geblieben. Den Mehrbedarf von Arbeitskräften bei intensiverer Kultur durch Ansetzung neuer Instleute zu beschaffen, suchte der Grundbesitzer zu vermeiden: er hätte Teile seines Landes in demselben Augenblick an Arbeiter abgeben müssen, wo der Ertragswert dieses Landes für ihn stark stieg und wo infolge des Prosperierens der Landwirtschaft bis zum Beginn der 70er Jahre die Zahlung von Geldlöhnen für ihn erleichtert worden war. Heutzutage wiederum fehlt ihm das Kapital, Arbeiterhäuser in einer den fortgeschrittenen Anforderungen entsprechenden Weise zu bauen. So führte, auch von den später zu erwähnenden Einflüssen der Verschiebung des Arbeitsbedarfs abgesehen, die Entwicklung zu einem allmählichen Zurücktreten der *relativen* Bedeutung der in Naturalien gelohnten Arbeiter.

Der „freie Arbeitsvertrag" mit in Geld gelohnten, auf eigenem Grund und Boden oder als Mieter ansässigen Arbeitern hielt seinen Einzug in das Land. – Betrachten wir die Konsequenzen.

Die große Praktikabilität des Verhältnisses der auf vorwiegenden Guts-Naturallohn gesetzten, verheirateten Deputatknechte und -tagelöhner lag darin, daß aus dem einzelnen Haushalt des Tagelöhners *mehrere* Arbeitskräfte gestellt werden. Sie können auf diese Art so billig wie möglich, bei Ausnutzung einerseits aller Vorzüge des Großbetriebes für die Beschaffung der Bedarfsgegenstände unter Ausschaltung aller Zwischenglieder, andrerseits unter Verwertung der Vorzüge der Familienwirtschaft als Konsumtionsgemeinschaft, ernährt werden. Allein die Vorzüge der Naturallöhnung gehen teilweise, und zwar in den Nordprovinzen, noch weiter. Die Gewährung der Deputate an die Arbeiterfamilien erfolgt nämlich in verschiedener Art. In Teilen von Schlesien erhalten die Deputatknechte feste wöchentliche bzw. monatliche Fleisch-, Kartoffel-, Brot-, Salz-, Milch- und Leinwandbezüge, – sie erhalten hier also die Bedarfsgegenstände, wenn der Ausdruck erlaubt ist, im Zustande von *Ganz-* bzw. *Halb*-Fabrikaten, als ganz oder fast ganz konsumreife Produkte; ihr eigenes Verhalten dazu ist ein fast nur konsumtives, der Unterschied von der einfachen Gesindebeköstigung nicht bedeutend. Der Grund liegt darin, daß in Schlesien die Tendenz zur Bodenkonzentration die eigene Wirtschaft der früher unfreien Untertanen gänzlich absorbierte bzw. nicht aufkommen ließ. In den nördlichen Provinzen ist das regelmäßig anders. Die Zerealien werden als Deputat unvermahlen und unverbacken gegeben, die Kartoffeln meist nur zum Teil, den andern Teil baut der Deputant selbst und erhält zu diesem Behufe Land angewiesen; teilweise wird ihm auch das Saatgut gestellt, regelmäßig hat er dies selbst zu ersparen, auch den Dünger selbst zu produzieren. Ebenso steht es mit dem Flachs; er säet und erntet ihn, wo noch die alten Verhältnisse bestehen, selbst, er gewinnt ferner die Wolle vom eigenen Schaf, für welches ihm Weide gestellt wird, Milch und Butter von der eigenen Kuh, welche ihm von der Herrschaft geweidet und gefüttert wird, das Fleisch vom eigenen Schwein, welches er aus seinen Naturalien füttert, die Gespinste und Gewebe stellt die Familie im Winter selbst her. Mit anderen Worten, es ist dort auch ein wesentlicher Teil des *Produktions*prozesses seines Bedarfs vom Herrn auf ihn abgewälzt, es werden seine freie Zeit, die späten Abendstunden, die freien Sonntage und die arbeitsstille Winterzeit, und es werden seine nicht mitarbeitenden Familienmitglieder mit ausgenutzt. So werden die Arbeiterfamilien selbst für die Erzeugung des zur Reproduktion der Arbeitskräfte Unentbehrlichen verwendet und dadurch die wirtschaftlichen Vorzüge der Familienwirtschaft nicht nur als Konsumtions-, sondern auch als Produktionsgemeinschaft den Interessen des Herrn nutzbar gemacht. Fragen wir unter Beiseitesetzung der sozialen Seite der Sache zunächst nur, wie sich der Grundsatz der Wirtschaftlichkeit hier: der kleinstmöglichen Unterhaltungs- und Reproduktionskosten der Arbeitskraft, dazu stellt, so ist das Ergebnis für den Herrn offenbar ein notwendig günstigeres als in Schlesien. Um den gleichen Nahrungsstand wie dort zu erzielen, hat er hier erheblich geringere Opfer zu bringen, da er (außer der Wohnung) fast ausschließlich Rohstoffe und Naturkräfte zur Verfügung stellt und die Produktion und Verarbeitung genußreifer Bedarfsmittel daraus auf die Arbeiter überwälzt.[3] Oder umgekehrt gesagt: mit den

[3] Selbst die scheinbar anachronistische Produktionsform der Hausspinnerei und -weberei besteht hier vor dem Grundsatz der Wirtschaftlichkeit. Die darauf verwendete Arbeitskraft übersteigt zwar die zur Produktion der erzeugten Bekleidungsgegenstände „gesellschaftlich notwendige" weit, sie muß aber andernfalls während der betreffenden Wintermonate völlig brach liegen.

gleichen oder geringeren Aufwendungen ermöglicht er der Arbeiterfamilie einen relativ erheblich höheren Nahrungsstand. Er spannt dabei allerdings ihre Arbeitskraft bis auf den letzten überhaupt denkbaren Grad an, und dies geschieht freilich in Schlesien ceteris paribus nicht in gleicher Art; das hat aber bei dem sklavenartigen Kulturniveau der dortigen polnischen Arbeiterschaft nicht etwa deren Hebung, sondern begreiflicherweise nur das Brachliegen des Eigeninteresses an der Güterproduktion in den hier notwendig rein konsumtiven Familienwirtschaften zur Folge.

Freilich ist diese abweichende Gestaltung der Lage der nordöstlichen Gutsarbeiter gegenüber den schlesischen nicht etwa aus diesen Erwägungen der Wirtschaftlichkeit heraus entstanden. Die Differenz hat vielmehr historische Gründe.

Der schlesische Deputatknecht verleugnet seinen Ursprung nicht. Er befindet sich in einer nur wenig modifizierten Hausgesindestellung. Sein Haushalt ist kaum merklich vom Gutshaushalt abgegliedert, seine Situation gleicht der eines beköstigten Knechtes sehr. Das kommt auch darin zum Ausdruck, daß mit dem Deputatknecht und seiner Ehefrau meist je besondere Kontrakte geschlossen, für beide Lohn und Naturalien je besonders, aber dennoch so ausgeworfen werden, daß die Bezüge von Mann und Frau zusammengenommen sich zu dem dort typischen Bedarf einer Arbeiterfamilie nebst Kindern ergänzen. Der schlesische Deputant ist ein Produkt beginnender Emanzipation des Hausgesindes aus dem herrschaftlichen Haushalt.

Anders im Norden. Das Deputantenverhältnis als normale Lohnform ständiger Kontraktarbeiter hat sich dort überhaupt erst teilweise durchgesetzt, es bildet noch nicht die Regel, andererseits ist es im hohen Grade wahrscheinlich, daß die ihm jetzt günstige Entwicklung der Arbeitsverfassung künftig darüber hinaus zu einer *rein* geldwirtschaftlichen Gestaltung des Lohnes führen wird. Der nördliche Deputant ist historisch keineswegs ein von der Gutsküche sich allmählich emanzipierender Knecht. Die Form der Entlohnung ist allerdings von den Gutsbeamten her übernommen: Vögte, Kämmerer, Oberknechte usw. wurden von jeher in dieser Weise ausgestattet. Allein die große Masse der Deputanten hat eine andere Geschichte hinter sich, ihre historischen Vorfahren im Norden waren fronpflichtige Eigenwirte. Der moderne Deputant steht nur am (vorläufigen) Schlußpunkt einer Entwicklung, welche weit in die Vorzeit der modernen landwirtschaftlichen Großbetriebe hinaufreicht. Sie beginnt mit dem (allerdings nur lokal nachweisbaren) Zustande, daß dem Grundherrn nicht Arbeiten geleistet, sondern Naturalien zur Bestreitung seines Haushaltes geliefert wurden. Der Grundherrschaft entsprach ein grundherrlicher Haushalt, aber keine Gutswirtschaft, der Herr bezog, kraft seiner politischen Herrschaft, als Zivilliste könnte man sagen, seinen Unterhalt von den abhängigen Wirtschaften; nicht er, sondern nur diese waren landwirtschaftliche Produzenten. Auf diesen Zustand folgte in England wie bei uns der andere, welcher den bekannten Typus der patriarchalischen Gemeinwirtschaft bildet: beide, Herr wie Hintersassen, wirtschaften, die abhängigen Wirtschaften der Bauern stellen zugleich die Arbeitskräfte für die Gutswirtschaft. In England blieb dies ein Intermezzo: der Grundherr zog sich im Verlauf der Entwicklung wieder auf die Benutzung der Hintersassen als tributpflichtiger, aber selbständiger Kleinproduzenten, zurück. Nur daß er jetzt statt der Naturalien Geldrente bezog. Im deutschen Osten dagegen steigerte sich zufolge der Rückständigkeit der geldwirtschaftlichen Entwicklung die naturalwirtschaftliche Unternehmerstellung des Grundherrn auf Kosten der Hintersassen weiter, und nur ein Teil der letzteren mit einem Teil ihres Areals vermochte sich bei Gelegenheit der Regulierungen aus der erdrückenden Umarmung freizumachen; im übrigen kehrte sich der frühere Zustand um, der Gutsherr wurde der einzige Unternehmer: nicht, wie einst, er, sondern die Hintersassen beziehen jetzt das feste Deputat aus den Produkten des Gutes.

Diese Entwicklung ist, wie gesagt, im Norden bisher unvollendet, und zwar wesentlich dank der wirtschaftlichen Schwäche der Gutsherren: es war nicht zuletzt der Mangel an Betriebskapital auf Seiten dieser, welcher den in der Regulierung begriffenen Bauern die Existenz als solche rettete. Es würde sonst, wenn die Gutsherren zur Bewirtschaftung größerer Flächen das Kapital besessen hätten, alsbald ein weit bedeutenderer Teil der Bauernwirtschaften durch Ankauf verschwunden sein. Mangel an Betriebskapital und damit die Unmöglichkeit, Barlöhne zu zahlen, hinderte ebenso die vollständige Proletarisierung der von der Regulierung ausgeschlossenen und allmählich depossedierten kleinen Bauern und Landarbeiter. Der Gutsherr mußte die Entlohnung in Gestalt von Ertragsanteilen, Landbeleihung und Weiderechten bestehen lassen, weil er zufolge seiner wirtschaftlichen Schwäche nur naturalwirtschaftlich löhnen *konnte*. Damit war zunächst die Weiterexistenz mehrerer Hunderttausend eigentümlich zwitterhafter Kleinwirtschaften im Osten – der Instwirtschaften (im engeren Sinne des Wortes, in welchem es die Deputanten ausschließt) – gefristet. – Die eigentümliche Doppelstellung dieser mit Land beliehenen und am Ertrag beteiligten Arbeiter, teils als Kleinunternehmer, teils als Teilhaber an der Wirtschaft des Herrn, wurde schon oben erörtert. Die vollständige Unterwerfung unter die Disposition des Herrn, aber verbunden mit wirtschaftlicher Interessengemeinschaft, ist das dem Verhältnis Charakteristische. Das Deputantenverhältnis, welches bei steigendem Wert des Bodens und Übergang zur intensiveren Wirtschaft neben und an die Stelle des alten Instverhältnisses zu treten pflegt, enthält in Gestalt der Einziehung eines Teiles des Landes und der Ersetzung der Anteile am Rohertrag durch *feste* Deputate, eine Beschränkung des bis dahin die Arbeiter treffenden Risikos und insoweit unbedenklich eine Besserstellung. Zugleich entzieht es sein Budget der Verflechtung in die Wirtschaft des Herrn und stellt ihn damit in höherem Maße auf eigene Füße. Jede weitere Beschneidung der Kleinunternehmerstellung des Instmannes und jedes Steigen der relativen Bedeutung des Goldlohnes wirkt in gleichem Sinne und kann also als eine Besserstellung der Arbeiter erscheinen gegenüber der absoluten Unterwerfung des alten Instmannes. Dieser Rückgang der Kleinunternehmerstellung macht beim Deputanten nicht Halt. Das wesentliche Moment der Stärke der überkommenen Naturallöhnung war – sahen wir – daß der einzelne Haushalt dem Gut *mehrere* Arbeitskräfte stellte, neben dem Instmann resp. Deputanten den Scharwerker. Zu dieser Gestellung mehrerer Arbeitskräfte sind die Arbeiter mehr und mehr außerstande. Die eigenen Kinder bleiben nach der Militärzeit spätestens fort, und außer dem übelst berufenen Gesindel verdingt sich heute niemand mehr leicht dem Instmann zum Scharwerker – dem niedersten Grade des ländlichen Gesindes. Es steht fest, daß die Tage des Scharwerkerverhältnisses gezählt sind. Dann aber entfallen die Vorzüge der Naturallöhnung für den Gutsherrn; die Naturalien, welche für den Bedarf einer Familie berechnet waren, kann er für die halbe Arbeitsleistung nicht gewähren, und kürzt er sie, so reichen sie zur Ernährung der Familie nicht mehr. Beide Teile werden so zum Geldlohn gedrängt. Der Geldlohn hat ja augenscheinlich am unbedingtesten den Vorzug, daß der Arbeiter weiß, was er erhält. Der Wert der Leistung des Gutsherrn, welcher bei Naturallöhnung höchst problematisch ist, ist hier rechtlich sichergestellt.

Aber nicht immer bedingt die rechtliche formale Fixierung eine Besserung der wirtschaftlichen Lage der Arbeiterschaft. Das zeigt deutlich der Gang, den die Entwicklung in Schlesien genommen hat.

In Schlesien nämlich – es handelt sich namentlich um Mittel- und Niederschlesien – hatte die Art der Wirtschaftsbetriebe früher als im Norden einen geschäftlich-kapitalistischen Charakter angenommen und war gleichzeitig das Verhältnis der Arbeiter zum Gut rechtlichformal in höherem Maße festgelegt als im Norden. Wir finden hier noch in der ersten Hälfte des Jahrhunderts in den Dreschgärtnern eine Kategorie von Arbeitern, deren wirtschaftliche Stellung völlig derjenigen der Instleute entspricht. Der Unterschied ihrer Lage war ein doppelter. Einmal wurde ihnen (im Gegensatz zu den „Robotgärtnern" Oberschlesiens) ein erbliches Besitzrecht zugestanden und die gegenseitigen Rechte und Pflichten als *Reallasten* behandelt, der Disposition des Herrn über sie also eine rechtliche Schranke gezogen. Andererseits aber war die wirtschaftliche Übermacht der sehr reichen schlesischen Magnaten eine ungleich größere als die der nordischen Gutsherren. Beides vereint, wurde den Arbeitern verhängnisvoll. Das Verhältnis war nicht so elastisch wie das Instverhältnis, und die Umgestaltung der Gutswirtschaften im Sinne umfassenderer und rationellerer Eigenwirtschaft des Herrn sprengte es deshalb auseinander. Die Gutsherren erzwangen die Ablösung der Arbeitspflichten, aber auch der Anteilrechte, und die Dreschgärtner wurden zu formal freien Kleinstellenbesitzern, welche zur Arbeit auf dem Gute nicht mehr verpflichtet, *aber* auch nicht mehr anteils*berechtigt*, dabei aber auf die Arbeit auf den Gütern angewiesen blieben. Den vermehrten Bedarf an Arbeitskräften deckten die Gutsherren, indem sie *neben* den früheren Dreschgärtnern in neu errichteten Familienhäusern sogenannte „Lohngärtner" mit kleiner Landanweisung ansetzten, eine Parallelerscheinung zu den Instleuten. Der größeren Kapitalkraft der Unternehmer entsprechend wurde das Arbeitsverhältnis sowohl der früheren Dreschgärtner als der Lohngärtner auf geldwirtschaftlicher Grundlage geregelt, der Kleinstellenbesitzer erhielt von Anfang an meist nur Geldlohn, der Lohngärtner daneben Land und Weide, beides in ungleich geringerem Umfange als der nördliche Instmann. Nun ist es charakteristisch für die traditionelle ländliche Lohnbildung, daß der Kleinstellenbesitzer zur Zeit nach der Ablösung an Geldlohn nicht erheblich mehr erhielt, als der Instmann *neben* seinen Naturalien, und daß er ebenso heute regelmäßig an Geldlohn nur das Nämliche erhält, was die Lohngärtner oder sonstige besitzlose Arbeiter *neben* der ihnen gewährten Wohnung und der Landanweisung beziehen. Die Gutsherren pflegen sich dieserhalb in der Vorstellung zu gefallen, sie gewährten den besitzlosen Arbeitern Wohnung und Land „gratis". Historisch und wirtschaftlich ist nur die umgekehrte Ausdrucksweise korrekt: sie rechnen dem Kleinstellenbesitzer das Areal und die Wohnung, welche sie ihm nicht gewähren, sondern welche er selbst besitzt, *auf seinen Lohn* an. Es entspricht das auch in Wahrheit der Art, wie die Grundbesitzer die Lohnfrage anzusehen pflegen. Wenn man im Gespräche mit Grundbesitzern z. B. aus Sachsen, wo die Verwendung von grundbesitzenden Arbeitern aus den Dörfern gleichfalls mehrfach vorkommt, den dort früher typischen Lohnsatz von 1 Mk. kritisierte, so bezogen sich die Betreffenden stets darauf, daß die Arbeiter, da sie eigenen Besitz haben, für die Bestreitung ihrer Existenz auf diesen Lohn nicht *angewiesen* seien: es zeigt sich, wie irrelevant die Rechtsformen gegenüber der übermächtigen Gewalt der traditionellen wirtschaftlichen Verhältnisse sind. Nicht die Arbeitsleistung ist auf dem Lande der Maßstab des Lohnes, sondern das Mindestmaß der Bedürfnisse der Arbeiter nach ihrer traditionellen Lebenshaltung. Das gilt für den Deputanten so gut wie für die sonstigen reinen Lohnarbeiter: die Höhe der gewährten Deputate ist in den einzelnen Gegenden sehr stark verschieden und richtet sich lediglich nach dem historisch überkommenen und auf dieser Grundlage sich langsam fortentwickelnden Nahrungszustand, dieser bestimmt den Lohn, nicht umgekehrt. Angesichts dessen war es vom Standpunkt der Arbeiter ein bedeutungsvoller Vorzug der nördlichen patriarchalischen Arbeitsverfassung mit ihrer Behandlung der Instleute *nicht* als reiner Lohnarbeiter, sondern als unfreier Wirtschaftsgenossen, daß trotz, ja man kann sagen: gerade wegen der formell schrankenlosen Verfügungsgewalt des Herrn vermöge der Stetigkeit der traditionellen Kompetenzen der Arbeiter ihre materielle

Lage, was den Nahrungsstand anlangt, mit der allmählichen Steigerung der Roherträge sich stetig hob. In stark abgeschwächtem Maße *kann* das gleiche auch die Begleiterscheinung der Deputatlöhnung sein. Ganz anders beim Geldlohnsystem. Die Naturallöhne der Instleute und in geringerem Maße auch der Deputanten werden aus den steigenden Roherträgen unter Abwälzung eines entsprechenden Teils des Risikos und, wie oben ausgeführt, des Produktionsprozesses auf den Arbeiter bestritten, die Geldlöhne aus den sinkenden Reinerträgen ohne eine entsprechende Überwälzung. Das bedingt den Fortfall der oben erörterten rein wirtschaftlichen Vorzüge. Der Umstand, daß ein Teil der Arbeiter eigenen Grundbesitz hat, wirkt dabei fast ausschließlich ungünstig, denn ihre Schollenfestigkeit und die eben besprochene Wirkung auf die Lohnbemessung drückt auf das Lohnniveau im allgemeinen. Der Kleinstellenbesitzer ist aus der Wirtschaftsgemeinschaft des Gutes ausgeschaltet. Er befindet sich nicht, wie der Getreide verkaufende Instmann, in Interessengemeinschaft, sondern, da er Brot zukauft, im Interessengegensatz zum Gutsherrn. Es entspricht aber, wo die Machtverhältnisse zwischen Unternehmer und Arbeiter für den letzteren so ungünstige sind wie auf dem Lande, dessen *materiellen* Interessen nicht, daß eine formale rechtliche Schranke, welche die wirtschaftliche Machtlage doch nicht zu alterieren vermag, in Gestalt der Verleihung des Eigentums an der Arbeiterstelle errichtet wird. Es wird dadurch das die volle, formale Dispositionsgewalt des Herrn voraussetzende patriarchalische Herrschaftsverhältnis in ein geschäftliches verwandelt. Damit wird für den Arbeiter an Stelle der Eventualität einer brutalen, persönlichen Beherrschung, der er sich durch Wegzug entziehen kann, die andere der geschäftlichen Ausbeutung gesetzt, der er, weil sie äußerlich unmerklicher eintritt, sich tatsächlich schwerer entzieht und als Kleineigentümer sich auch gar nicht zu entziehen in der Lage ist. Man zwingt ihn durch die formale rechtliche Gleichstellung in einen Interessenkampf, den eine weithin über das Land dislozierte, der Organisation unfähige Arbeiterschaft durchzufechten nicht die Macht hat.

Wenn hier das traditionelle Instverhältnis als ein „patriarchalisches" bezeichnet und als ihm charakteristisch die „Interessengemeinschaft" des Arbeiters mit dem Herrn hingestellt worden ist, so sollte dieser Ausdruck billigerweise von dem Mißverständnis verschont bleiben, als ob damit irgendeine persönliche Vertrauensbeziehung zwischen Herrn und Arbeiter als notwendige Folge dieser Arbeitsverfassung behauptet werden sollte. Behauptet werden soll nur, daß sie ein festes gemeinschaftliches Interessenband um Herrn und Arbeiter schlingt und die patriarchalische Leitung der Wirtschaftsgemeinschaft durch den Herrn dieser Sachlage ebenso adäquat ist wie sie mit dem Geldlohnsystem in Widerspruch steht, weil das materielle Interessenband fehlt. Die patriarchalische Arbeitsverfassung bringt ehrlich zum Ausdruck, daß auf dem Lande der Arbeiter nicht in einem Vertrags-, sondern in einem persönlichen Unterwerfungsverhältnis zum Herrn steht und *diese Ehrlichkeit ist ihre Stärke*. Sie setzt aber eben deshalb jene resignierte, in die Tradition der Unfreiheit gebannte Arbeiterbevölkerung voraus, welche die östlichen Instleute repräsentierten, und diese Voraussetzung wird mehr und mehr zuschanden. Nicht nur die Unternehmer, sondern ebenso auch die Arbeiter sind es, welche das Deputanten- statt des Instverhältnisses, den Geldlohn statt des Naturallohns, die rechtliche Ungebundenheit statt des Kontrakts bevorzugen, das scheint jetzt im allgemeinen völlig sichergestellt. Wie dem aber sei, jedenfalls zerfällt mit dieser Umwandlung eine notwendige Voraussetzung der patriarchalischen Herrschaft: die Interessenbeziehung zum *einzelnen* Gut. Die Unterschiede in der Stellung der einzelnen Kategorien von Arbeitern nivellieren sich, und die Person des Unternehmers wird für die ländlichen Arbeiter in ähnlicher Art „fungibel", wie sie es für die gewerblichen regelmäßig schon ist. Mit andern Worten, die Entwicklung führt zur stetigen Annäherung der ländlichen Arbeiterschaft an den Charakter einer in ihren wesentlichen Lebensbedingungen *einheitlichen* Klasse mit proletarischem Typus, wie die Industriearbeiterschaft sie bereits darstellt. Die kapitalistische Unternehmung strebt aus den oben angedeuteten Gründen aus dem Naturallohnsystem *trotz* seiner wirtschaftlichen Vorzüge heraus, – die Arbeiter suchen den Geldlohn, weil er sie am meisten von der Abhängigkeit von der Wirtschaft und dem guten Willen des Herrn befreit, *trotzdem* sie sich dabei wirtschaftlich schlechter stehen. Wie der Geldzins des Bauern im Mittelalter als das wichtigste Symptom seiner persönlichen Freiheit erscheint, so der Geldlohn des Arbeiters heute. Die Landarbeiterschaft opfert ihre materiell oft günstigere, immer aber gesichertere, abhängige Lage dem Streben nach persönlicher Ungebundenheit. Daß diese entscheidende psychologische Seite des Vorgangs den Beteiligten wesentlich unbewußt sich vollzieht, steigert nur die Wucht ihrer Wirksamkeit. Für eine Arbeiterschaft aber, welche ebensowenig wie die Industriearbeiter normalerweise die geringste Aussicht hat, in die Schicht der selbständigen Unternehmer aufzusteigen, hat diese Umwandlung nur einen Sinn als vorbereitendes Stadium für einen *Klassenkampf*. Es zeigte sich schon, daß auch die Grundherren der Umwandlung in eine unter sich wesentlich gleichartige Klasse mit geschäftlichem Unternehmertypus zu verfallen begonnen haben. Auch hier setzt die moderne Entwicklung an Stelle der persönlichen Herrschaftsverhältnisse die unpersönliche Klassenherrschaft mit ihren psychologischen Konsequenzen.

Es fragt sich nun: was wird weiter daraus werden? Wird der Kampf einen ähnlichen Verlauf nehmen wie in der Industrie? Ist es wahrscheinlich, daß im Laufe der Zeit im Wege der Arbeiterorganisation daraus eine ländliche *Arbeiter-Aristokratie* ersteht, wie wir sie in manchen Großindustrien Englands finden, wo gerade die volle Proletarisierung den Durchgangspunkt für eine aufstrebende Bewegung der höchsten Schichten der Arbeiterschaft bildete? –

So günstig steht leider die Prognose des ländlichen Klassenkampfs nicht. Versuchen wir uns die Wirkungen zu verdeutlichen, welche die Umgestaltung der Betriebsweise gemäß den Anforderungen der internationalen Konkurrenzlage für die Gesamtlage der Landarbeiterschaft mit sich bringt, so müssen wir von einem Durchschnittszustande der landwirtschaftlichen Betriebe ausgehen, wie er vor 40 bis 50 Jahren auf mittlerem Sandboden im Osten bei Gütern von 500 und etwas mehr Hektar noch als Regel gelten konnte, heute natürlich nicht mehr ist: Ausschluß des Maschinenbetriebs, intensiver Viehzucht und starken Hackfruchtbaus einerseits, Emanzipation von der Dreifelder- und extensiven Feldgraswirtschaft andererseits. Nicht intensiver Getreidebau bei mäßiger Viehhaltung beherrschen den Wirtschaftsbetrieb. Wir suchen nun zu ermitteln, welchen Einfluß eine Umgestaltung des Betriebs unter geschäftlichen Gesichtspunkten in den uns interessierenden Punkten ausüben mußte.

Einfach liegt diese Frage, wenn es sich um Übergang zu reiner oder annähernd reiner Viehzucht handelt. Hier ist eine starke *Verminderung* der Arbeitskräfte die Folge. Dies um so mehr, als bei uns allgemein nicht die englische, intensive, sondern eine ziemlich extensive Weidewirtschaft in Frage käme, welche eines Minimums von Arbeitskräften bedarf. In besonders starkem Maße werden die unständigen Arbeitskräfte, deren der Getreidebau für Sommer und Ernte bedarf, davon betroffen.

Nicht so einfach dagegen ist die hier mehr interessierende Wirkung des *intensiveren Ackerbaus* (Drillen und Hacken der Zerealien, starke Kunstdüngung, Dreschmaschinen, Maschinenbetrieb überhaupt, intensive Hackfruchtkultur usw.) im Vergleich mit der traditionellen Wirtschaftsweise. Zunächst sind die einzelnen Formen, in welchen sich der Übergang zur intensiven Ackerbaukultur vollzieht, selbstverständlich *nicht* untereinander von gleicher Wirkung. Aber in einem Punkt kommen sie im Ergebnis dennoch alle überein: In der starken *relativen* Steigerung des Bedarfs an *Sommer-* im Verhältnis zu den *Winter*arbeitskräften bei *absoluter* Steigerung des Arbeitsbedarfs im *Ganzen*. Das letztere Moment wird regelmäßig zuerst, das erstgenannte im weiteren Verlauf der Entwicklung wirksam. Demgemäß steigt bei langsamer Zunahme der Intensität, und in den Anfangsstadien des Überganges die Zahl der ständigen Arbeitskräfte im Verhältnis zur Bodenfläche langsam; die der nichtständigen schneller; im weiteren Verlauf oder bei schnellerem Übergang zu Intensität die nichtständigen fast ausschließlich, und es findet sogar bei hohen Intensitätsgraden eine relative und schließlich absolute Abnahme der ständigen Arbeitskräfte statt. Der letzte Punkt, die – nicht überall, aber anscheinend überwiegend, in den Gegenden mit starkem Wanderarbeiterzuzug fast ganz regelmäßig, – eintretende absolute Abnahme der ständigen Arbeiter, könnte überraschen. Die Gründe der Erscheinung liegen auch – wie nachher zu erörtern – nicht *nur*, aber doch immerhin *auch* in der Art der Betriebseinrichtung. Die Kunst der traditionellen Betriebsweise in der Verteilung der Arbeiten über die Jahreszeiten bestand nämlich in der möglichsten Verminderung der Saisondifferenzen und der Sorge dafür, daß die verfügbaren Arbeitskräfte auch ständig beschäftigt seien, also in der möglichsten *Abschwächung* des Charakters der Landwirtschaft als eines Saisonbetriebes. Man verteilte – mit anderen Worten – die notwendige Arbeit möglichst über das ganze Jahr. Verhältnismäßig ebenso leicht aber läßt sich eine Verschiebung in der Disposition im umgekehrten Sinne vornehmen, also ein Teil der Arbeiten, die normalerweise im Winter vorgenommen werden, den Sommer- und Herbst-Saison-Arbeitern übertragen und dadurch der Charakter als Saisonbetrieb *verstärken*, der Bedarf an Dauerarbeitern auch absolut nicht unbeträchtlich vermindern. Die Vorfrage, ob das möglich und zweckmäßig ist, hängt davon ab, ob gerade Saisonarbeiter mit besonderer Leichtigkeit zu erlangen sind. Das war unter den alten stabilen Verhältnissen und bei der traditionellen Wirtschaftsweise nicht der Fall. Anders mit Umsichgreifen der intensiven Kultur. Sie bedarf verstärkter Saisonarbeit und *schafft* sie sich durch Steigerung der Saison-Geldlöhne. Es entsteht und wächst dadurch mit den modernen Verkehrsmitteln eine Klasse von Arbeitern, die überhaupt *nur* landwirtschaftliche *Saisonarbeiter* sind, die Wanderarbeiter. Es wandert zunächst der Bevölkerungsüberschuß übervölkerter oder extensiv bewirtschafteter Gegenden. Aber auf die Dauer ergreift die Wanderbewegung stetig größere Bruchteile der Landarbeiterschaft überhaupt. Das so geschaffene Material von Saisonarbeitern nützt nun der intensive Betrieb bis aufs äußerste aus. Die Akkordlöhne steigern die Leistung; aber der Wanderarbeiter ist auch an sich arbeitswilliger. Polnische Mädchen, welche in der Heimat kein noch so hoher Lohn zu energischer Arbeit anspornt, leisten auswärts Außergewöhnliches. Der Wanderarbeiter ist eben aus dem gesamten Ensemble seiner Familie und gewohnten Umgebung gerissen, er ist *nur* Arbeitskraft für den Gutsherrn wie in seinen eigenen Augen. Die Wanderarbeiterkaserne ist in ihrer Funktion das geldwirtschaftliche Analogon der antiken Sklavenkaserne. Der Gutsbesitzer spart Arbeiterwohnungen, denn die Unterbringung der Wanderarbeiter macht wenig oder keine Kosten. Er spart ferner die Landanweisung, endlich aber und vor allem jegliche verwaltungs- und armenrechtliche Verantwortung. Dagegen zahlt er in Gestalt der höheren Saisonlöhne im ganzen regelmäßig nicht mehr, oft weniger, als wenn er den traditionellen Entgelt das ganze Jahr hindurch an einheimische Arbeiter zahlen würde. Die Nachteile des Geldlohns unter dem Gesichtspunkt der Wirtschaftlichkeit gleichen sich für ihn in dieser Form mehr als aus. In einzelnen Teilen Schlesiens betrachtet man die Wanderarbeiter schon als „Stamm" der Arbeiterschaft. – Welcher Grund aber veranlaßt, vom Interessenstandpunkt der *Arbeiter* aus, die Wanderbewegung? Differenzen des Lohnniveaus scheinen das Nächstliegende und bilden einen erheblich mitwirkenden Faktor. Aber die Erhebungen des Vereins für Sozialpolitik sowohl als die des evangelisch-sozialen Kongresses bestätigen, daß auch, wo solche absolut nicht vorliegen und auch alle in den Bevölkerungsverhältnissen möglicherweise liegenden Umstände fehlen, gewandert wird, ja daß benachbarte Gebiete ihre Arbeitskräfte direkt oder auf Umwegen geradezu austauschen. Der Grund ist eine Kombination wirtschaftlicher und psychologischer Momente. Der Wanderarbeiter würde eine allgemeine Lebenshaltung – es handelt sich nicht allein, nicht einmal hauptsächlich, um die Nahrung[4] – und ein solches Ensemble, wie es ihn auf der fremden Arbeitsstelle umgibt, in der Heimat sich nicht bieten lassen. Auf Grund eben dieser erniedrigten Lebenshaltung aber und der durch die Aufgabe der gewohnten heimatlichen Umgebung vermehrten Arbeitsenergie erspart er, auch wenn die Lohnsätze in der Fremde nicht höher sind, als in der Heimat, relativ erhebliche Beträge, wie er sie im heimatlichen Arbeitsverhältnis nicht zu ersparen vermöchte, und kann – ein begreifliches Verlangen – in der ohnehin arbeitslosen Winterzeit „Ferien" machen. Aber ferner und namentlich: die Abwanderung entzieht ihn der Notwendigkeit, bei den benachbarten *heimatlichen* Gutsherren Arbeit zu suchen. Gerade die Arbeit in der Heimat aber ist mit dem traditionellen Herrschaftsverhältnis historisch und gedankenmäßig verknüpft: es ist der dunkle Drang nach persönlicher Freiheit, welcher die Arbeiter zur Arbeit in die Fremde treibt. Sie opfern ihre gewohnten Lebensverhältnisse dem Streben nach Emanzipation aus der Unfreiheit: ihre stumpfe Resignation wird durchbrochen. Die vielbeklagte „Mobilisierung" der Landarbeiter ist zugleich der erste Anfang der Mobilmachung zum Klassenkampf.

Wir sehen: die Konsequenzen planmäßiger „Verflechtung in die Weltwirtschaft" für die landwirtschaftlichen Betriebe des Ostens auf demjenigen Areal – dem unzweifelhaft größten –, welches zu intensiver Viehzucht nicht überzugehen vermag, sind, wenn sie Großbetriebe bleiben wollen, schon unter dem Gesichtspunkt der Bevölkerungs*schichtung* schwerwiegender Art. Gehen sie in Unterordnung unter die Gebote der internationalen Produktionsteilung zur extensiven Weidewirtschaft über, so sinkt der Nahrungswert der Bodenprodukte und die Bevölkerungsziffer. Gehen sie unter Steigerung der Bodenkultur zum intensiven Ackerbau über, so schränken sie die relative Bedeutung, teilweise auch die absolute Zahl der ständigen Arbeiter ein, befördern dagegen die Fluktuation der Arbeiterschaft und gefährden damit die Stabilität der Gruppierung der Bevölkerung durch Entstehung eines modernen Nomadentums. Es kommt darin nur zu deut-

[4] Auch bei dieser darf man nicht an Fälle denken, wie die Zuwanderung aus halbbarbarischen Gegenden (Oberschlesien) nach Gegenden mit einem Maximum von Kultur (Sachsen). Bei den Wanderungen innerhalb des Ostens ist nach den Zeugnissen der Berichte die Nahrung der Wanderarbeiter ganz überwiegend – Ausnahmen kommen vor – die schlechteste von allen.

lich zum Ausdruck, daß die Konkurrenzfähigkeit der ausländischen Produzenten eben in dem *niedrigeren* Kulturniveau beruht, auf den ungeschwächten Naturkräften des Bodens und dem Fehlen der mittelbaren Belastung durch das soziale Ensemble, welches die Bevölkerungsdichtigkeit und die Lebensansprüche einer Bevölkerung mit älterer Kultur schaffen. Die landwirtschaftlichen Großbetriebe auf dem nicht besonders begünstigten Boden des Ostens müßten in der Bodenkultur und in dem sozialen Niveau der Arbeiter wie der Unternehmer eine Kulturstufe *heruntersteigen* können, um als Großbetriebe konkurrenzfähig zu bleiben.

Diese verhängnisvolle Situation ist auch für die rein materielle Lage der Landarbeiterschaft – ihren Nahrungsstand – von maßgebender Bedeutung in einem Augenblick, wo zum erstenmal die freie Konkurrenz auf dem Arbeitsmarkt als organisatorisches Prinzip auch auf dem Lande erscheint. Die an die Tradition gebundene Art der Lohnbemessung, welche dem platten Lande eignete, brachte es mit sich, daß die Einkommens- und Ernährungsverhältnisse der Arbeiter durch rein ökonomische Momente nur teilweise und indirekt, unmittelbar dagegen durch solche Umstände bestimmt werden, welche jenen festen Halt, den die Tradition einer festgefügten typischen Arbeitsverfassung bot, erschüttern. Das ist aber gerade bei denjenigen Veränderungen der Fall, welche die moderne Betriebseinrichtung mit sich bringt.

Sehen wir uns die wichtigsten derjenigen Faktoren an, welche einen Einfluß auf die Lage der Arbeiter möglicherweise ausüben können: Es sind: 1. die verschiedene *Größe* der einzelnen Betriebe; 2. die verschiedene Güte des Bodens; 3. die verschiedene Intensität der Bodenbewirtschaftung; 4. die Grundbesitzverteilung. Was zunächst die Wirkung der Größe der Betriebe auf die Lage der Arbeiter anlangt, so scheint der Satz ziemlich allgemein aufgestellt werden zu dürfen: je größer der Betrieb, desto weniger ständige Arbeiter bedarf er im Verhältnis zur bebauten Fläche. Eine Abnahme der ständigen Arbeiter im Verhältnis zur *bebauten Fläche* bei untereinander gleichen Verhältnissen der Bodenqualität und Intensität scheint nun ferner regelmäßig mit einer Hebung ihrer Lage verbunden zu sein.[5] Das entspricht bekannten Analogien in der Industrie und ist natürlich, da es sich in diesem Falle lediglich um eine rationellere Disposition über die vorhandenen Arbeitskräfte unter Ersparung unnützer Mitesser handelt. Daraus ergibt sich – und das entspricht der Erfahrung –, daß ceteris paribus, d.h. bei

[5] Beispiel: Nach einem sehr sorgfältigen, aus Angaben der Arbeiter und Wirtschaftsbüchern der Güter zusammengestellten Bericht auf die Enquete des ev.-soz. Kongr. aus dem Kreise Königsberg (Land) stellt sich innerhalb eines Bezirkes, der so eng ist, daß die Bodenverhältnisse schwerlich Einfluß haben, bei anscheinend auch etwa gleicher Intensität des Anbaues, und wenn man gleichmäßig dieselben Geldumrechnungsfaktoren anwendet, das Reineinkommen der Instfamilien, abzüglich Kosten für Scharwerke, auf mehreren benachbarten Gütern wie folgt:

gleicher Bodenqualität und Wirtschaftsintensität, die Arbeiter größerer Großbetriebe besser gestellt sein werden als die kleinerer. Dieser Satz hört aber sofort auf richtig zu sein, sobald man verschieden intensive Betriebsformen und namentlich, wenn man Güter aus verschiedenen nicht unmittelbar benachbarten Gegenden mit *verschiedener Arbeitsverfassung und Kulturstufe der Arbeiter* miteinander vergleichen wollte, wie etwa Oberschlesien und Ostpreußen. Die Vergleichbarkeit besteht nur für lokale Bezirke mit traditionell gleichartigen Verhältnissen. Ebenso ist es eine ganz andere Frage, wie sich die Lage der Arbeiter *bäuerlicher* Betriebe zu der in Großbetrieben verhält. Untereinander vergleichbar sind nur Betriebe des gleichen sozialen Gesamtcharakters.

Ähnlich liegt die Sache mit der Wirkung der *Bodenqualität*. Die bessere Qualität des Bodens erfordert in der Ernte einen größeren Arbeitsaufwand, im übrigen steigt mit zunehmender Qualität der Bedarf an ständigen Arbeitskräften langsamer als die Ertragsfähigkeit. Sie wirkt deshalb bei den auf Anteil gesetzten Instleuten unter sonst gleichen Verhältnissen naturgemäß steigernd auf das Einkommen; in einem gewissen, aber erheblich geringeren Maße wirkt das auch auf die Deputanten zurück. Was die Geldlöhne anlangt, so ist eine Abhängigkeit von der Bodengüte (Grundsteuerreinertrag) in unmittelbar benachbarten Bezirken selten sicher zu konstatieren. Hier überwiegen die rein individuellen Umstände (Weite der Wege, Isoliertheit des Gutes usw.). Faßt man Bezirke von etwa vier bis fünf Kreisen von in sich etwa gleichen Boden- und Bewirtschaftungsverhältnissen zusammen, so findet regelmäßig ein deutlicher Parallelismus der Lohnhöhe mit der Bodengüte statt.[6] Sobald man aber große Gebiete – Provinzen – zusammenfaßt, hört dieser Parallelismus auf, ja, er hört nicht nur auf, sondern *kehrt sich um*, wenn man die Reinertragsziffern Schlesiens mit denen des Nordens vergleicht. Der Grund liegt wiederum in der Differenz der Arbeitsverfassung.

---

1. für	1	Instmann der	auf	je	35	ha	Fläche	kommt, auf	525,35 Mk.
2. "	1	"	"	"	40	"	"	"	742,50 "
3. "	1	"	"	"	43	"	"	"	752,50 "
4. "	1	"	"	"	53	"	"	"	803,63 "

Also ein völliger Parallelismus. In einem fünften Fall stellt sich das Einkommen:
5. für 1 Instmann der auf je 57 ha Fläche kommt, auf 645,00 Mk.
Hier wird teilweiser Dreschmaschinenbetrieb gemeldet. Der Abstand von Fall 1 zu Fall 2 ist auffallend groß, auch hier wird für Fall 1 teilweiser Dreschmaschinenbetrieb gemeldet. Fall 1 und 5 untereinander folgen wieder der Regel. Es zeigt sich, daß nur unter sich annähernd gleiche Betriebsformen vergleichbares Material ergeben. (In *diesem* Falle hängt übrigens die Verschiedenheit der Arbeitsintensität mit der Betriebsgröße *nicht* zusammen.)

[6] Beispiele: Die Lohnverhältnisse Ostpreußens, wo eine hochintensive Feldbebauung (Rübenkultur usw.) im allgemeinen auch auf den besten Bodenklassen 1891 nicht in großem Umfange bestand, die verschiedene Intensität durchschnittlich vielmehr der verschiedenen Bodengüte etwa entsprechen dürfte. Nach den allerdings sehr rohen, hier aber doch vorläufig genügenden Zusammenstellungen in der Enquete zeigt sich folgender Parallelismus:

Beide bisher erörterten Faktoren also stehen an Bedeutung hinter einem anderen: – der Art der Arbeitsverfassung und der Nationalität der Arbeiter – zurück. Sehen wir nun zu, welcher Einfluß dem dritten oben aufgeführten Faktor: der zu- oder abnehmenden Intensität des Betriebes, zukommt. Eine Abnahme der Betriebsintensität – sei es nun der Arbeits- oder der Kapitalintensität – wird bei fortbestehendem Großbetrieb im Osten regelmäßig mit Verdrängung der Feldarbeit durch extensive Viehzucht identisch sein, eine Steigerung der Intensität gegenüber der traditionellen Betriebsweise kann in Form intensiverer Viehzucht erfolgen, – dann handelt es sich um Zunahme der „Kapitalintensität" des Betriebes – oder in Gestalt intensiverer Ackerbaukultur – dann nimmt der Betrieb an Intensität des Kapital- sowie des Arbeits-Aufwandes zu.

Der Übergang zur reinen oder fast reinen Viehwirtschaft im Großbetriebe scheint bei starkem Rückgang der Zahl der Arbeiter deren Lage da, aber auch nur da günstig zu beeinflussen, wo die klimatischen Verhältnisse diesen Übergang entschieden provozieren.[7] Das Material ist hier sehr unzulänglich, die Frage ist aber auch nicht von hervorragender Bedeutung für uns; als erkennbare und uns interessierende Wirkung bleibt für uns nur bestehen, daß eine auf Kosten des Feldanbaues zunehmende Viehzucht die Zahl der Arbeitskräfte und hiermit die Volkszahl des platten Landes überhaupt stark *vermindert.*

Der intensive Ackerbau nun, der uns hier speziell interessiert, führt zu einer solchen Verminderung der benötigten Arbeitskräfte nicht, da der Ersatz der menschlichen durch maschinelle Arbeitskraft in der Landwirtschaft eine im Verhältnis zur

Fortsetzung der Fußnote 6:

1. Regierungsbezirk Königsberg	Durchschnitt des Grundsteuerreinertrages pro Hektar Mk.	Durchschnitt des Mannstagelohnes im Jahre Mk.	2. Regierungsbezirk Gumbinnen	Durchschnitt des Grundsteuerreinertrages pro Hektar Mk.	Durchschnitt des Mannstagelohnes im Jahre Mk.
Kreis Ortelsburg, Neidenburg	4,31	1,10	Südwestliches Masuren	5,49	1,10
Ermland	8,71	1,21	Masurische Höhenkreise	6,25	1,11
Kreis Mohrungen, Pr. Holland, Osterode	9,92	1,32	Südliches Littauen .	9,40	1,25
Samland und Natangen	13,12	1,50	Oestliches und nördliches Littauen . .	10,83	1,28

[7] In den relativ intensiven Weidewirtschaften im Kreise Fischhausen, wo das Klima die intensive Viehzucht entschieden begünstigt, sind die Arbeiter nach den Berichten besser gestellt, als in den Körnerbau treibenden Wirtschaften; das Umgekehrte ist nach den Berichten aus dem Kreise Filehne daselbst der Fall, wo der klimatische Vorzug wegfällt.

Industrie weit untergeordnete Rolle spielt. Er führt vielmehr zunächst – wie schon oben konstatiert – zu einer Verschiebung nur innerhalb der Arbeiterschaft: der Anteil der ständigen Arbeitskräfte im Verhältnis zu den überhaupt verwendeten Arbeitskräften sinkt. Zu erörtern bleibt, wie die materielle und soziale Lage der ständigen sowohl als der unständigen Arbeiter beeinflußt wird.

Die intensivere Bodenkultur trägt an sich selbstverständlich die Tendenz zur Steigerung des Kulturniveaus und der Lebenshaltung der Bevölkerung überhaupt in sich. Da, wo eine große Zahl von ansässigen Eigenwirten die gesteigerten Erträge voll perzipieren, muß die Folge eine anhaltende Steigerung der Lebensansprüche aller Schichten der Bevölkerung, auch der Arbeiter, sein. Problematisch dagegen liegt die Frage für die letzteren unter der Vorherrschaft des Großgrundbesitzes. Wo eine festgefügte Arbeitsverfassung Arbeitern, welche von jeher an hohe Nahrungsansprüche gewöhnt sind, die volle Teilnahme an der Steigerung der Erträge sichert, tritt derselbe Erfolg ein. So tatsächlich in Mecklenburg, Ostholstein und Neuvorpommern. Daß das Gegenteil mindestens möglich ist, zeigt die traurige Lage der Arbeiter in den am intensivsten bewirtschafteten Teilen Schlesiens, wo die Arbeitsverfassung, wie oben ausgeführt, und ebenso zum Teil die Nationalität der Arbeiter eine andere ist. Damit scheint also auch die größere oder geringere Intensität der Kultur ebenso wie die Bodenqualität ein an sich stets günstig wirkendes, nur eventuell durch die Einflüsse der sozialen Schichtung der Arbeiterschaft und ihrer Rassengewohnheiten an Bedeutung überwogenes Moment zu sein. Allein es scheint nur so. Denn wenn, wie wir immer wieder sehen, in der Tat die *Art der Arbeitsverfassung*, also der sozialen Schichtung und Gruppierung der Landarbeiterschaft, für ihre materielle Lage entscheidend ist, und wenn sich ferner zeigte, daß unter den gegenwärtigen Machtverhältnissen auf dem Lande die geldwirtschaftliche Gestaltung der Arbeitsverfassung die materielle Lage der Arbeiter schwer gefährdet, so muß eine Umwandlung der Betriebsweise, welche diese geldwirtschaftliche Verfassung mehr oder weniger vollständig herbeizuführen die Tendenz hat, die gleichen Gefahren in sich tragen. Das aber ist bei der intensiven Betriebsweise der Fall.

Es wurde oben hervorgehoben, daß der intensive Ackerbau zunächst, solange nämlich die Arbeitsverfassung in der Hauptsache unverändert bleibt, die Relativzahl der ständigen Arbeitskräfte zur Bodenfläche regelmäßig erhöhe. Ebenso erhöht er ihre Bezüge unter der gleichen Voraussetzung. Da der alte Instmann durch Anteile gelohnt wird, steigert sich bei gleichbleibenden Verhältnissen sein Verdienst[8]; – das ändert sich nicht notwendig dadurch, daß regelmäßig auf bes-

[8] Wo die Anteilsverhältnisse auch nur annähernd konstant geblieben sind, kommen in fruchtbaren Gegenden sehr hohe Dreschereinnahmen vor, im Kreise Königsberg Land bis zu 120 Neuscheffel Getreide verschiedener Art das Jahr durchschnittlich nach Angaben von Berichten der Enquête des ev.-soz. Kongresses.

serem Boden und mit steigender Bodenkultur das Anteilsverhältnis herabgesetzt wird, und daß dies immer bei Einführung des Maschinendrusches der Fall ist.[9]

Im weiteren Verlauf der Entwicklung pflegt aber – sahen wir – das Anteilverhältnis gänzlich beseitigt und durch festes Deputat ersetzt zu werden. Damit ist jedenfalls der Teilnahme der Arbeiter an der *Steigerung* der Erträge ein Ende gemacht. Es bedeutet dies nun nicht an sich eine *Verschlechterung* sei es der Gesamtlage, sei es speziell des Nahrungsstandes. Im Gegenteil bringt es ihnen zunächst sehr oft eine Besserung durch Sicherstellung und Regulierung ihres Verbrauchsquantums. Aber es bedeutet, da die hohen Dreschlohneinkünfte in Getreide wegfallen eine Verschiebung nach Seite des Kartoffel- zuungunsten des Zerealienfaktors im Budget, wie sich auch aus den Berichten deutlich ergibt. Und Hand in Hand damit geht regelmäßig ein Rückgang der Naturalienlöhnung überhaupt zugunsten der Geldlöhnung, ein Schritt also auf dem Wege zur Proletarisierung. Die Proletarisierung bedeutet aber vor allem auch einen Bruch der festen Traditionen in bezug auf die Ernährung. Die typische Nahrung der Landarbeiter bestand bis vor 100 Jahren aus Zerealien und Milch mit relativ seltenem Fleischgenuß. Im Laufe der Zeit hat die Kartoffel zunehmend die Bedeutung des „täglichen Brotes" erlangt. Das ist nicht so unbedenklich, wie es scheint. Nicht als ob die relativ steigende Bedeutung der Kartoffel in der Volksernährung an sich ein Nachteil wäre. Im Gegenteil, die Notwendigkeit der Ernährung größerer Massen auf der gleichen Fläche postuliert dies Nahrungsmittel. Aber von entsprechend steigender Wichtigkeit für den Gesamtnahrungsstand ist dann die Frage, was *neben* den Kartoffeln konsumiert wird, denn die Kartoffel hat die Eigenart, den Magen stark zu füllen und so das Gefühl physischer Sättigung zu erzeugen, ohne doch die physiologisch erforderlichen Eiweißstoffe dem Körper entsprechend zuzuführen. – Wir haben seit dem Mittelalter zunächst einen Umschwung in der Volksernährung zuungunsten der Fleischnahrung und zugunsten der Zerealiennahrung als Begleiterscheinung der steigenden Kultur erlebt. Die annähernde Ausschließlichkeit der Zerealiennahrung bei der Landbevölkerung bildete vielleicht nicht am wenigsten die physiologische Unterlage ihrer psychischen Eigentümlichkeiten: stumpfer Resignation und Lenksamkeit. In diesem Jahrhundert beginnt dann die Fleischnahrung wieder den Gradmesser der Kultur zu bilden, und der typische Konsum des modernen, aufstrebenden Proletariats setzt sich mehr und mehr aus Kartoffeln und Fleisch oder – Schnaps zusammen. Der letztere ersetzt nur zu leicht *scheinbar* das, was die Kartoffel dem Körper

[9] In Ostpreußen ist noch jetzt vielfach der 10. bis 11. Scheffel üblich, weiter westlich war der 15. bis 18. lange Zeit typisch, auf besserem Boden und bei Dampfmaschinendrusch geht der Anteil, wo er bestehen bleibt, jetzt bis zum 33. Scheffel herab und hat dann nur noch den Charakter einer Tantieme. Der Ernteanteil ist jetzt wohl überall beseitigt. Er betrug stellenweise die 5. (!) Mandel.

nicht zugeführt hat. Entscheidend ist also für die Volkesernährung im ganzen, ob eine entsprechende Eiweiß- (Fleisch- oder Milch-) Zufuhr dem vermehrten Kartoffelkonsum die Waage hält. Und von völlig entscheidender Bedeutung für die Lage der Landarbeiter, ihre soziale Position wie die Gewährleistung eines relativ zulänglichen Nahrungsstandes, ist unter diesen Umständen das Schicksal ihrer *Viehhaltung*. Objektiv wie subjektiv bildet sie den Mittelpunkt ihres Haushalts, die Grundlage auch für eine angemessene Verwendung der Arbeit der Frau und der jüngeren Kinder *innerhalb* des Haushalts im gemeinsamen Interesse der Familie. *Gerade sie* aber ist den schärfsten Angriffen von seiten der intensiven Bodenkultur ausgesetzt, da die Steigerung des Bodenwertes die Beseitigung der Weiden fordert.

Wir finden denn auch, nicht überall, wohl aber als Begleiterscheinung speziell des Hackfruchtbaus, aber auch – und das ist charakteristisch – der intensiven Viehwirtschaft, zunächst die Einschränkung, dann die Beseitigung der Gänse-, Schaf- und Kuhhaltung. Nur das Schwein bleibt. Dieser Schritt wirft auch die ganze alte Bedeutung der Deputate über den Haufen, sie dienen nun wesentlich nur konsumtiven, nicht produktiven Zwecken in der Familienwirtschaft des Arbeiters. Er ist damit Proletarier geworden, und sein Freiheitsinteresse fordert auf die Dauer den Geldlohn. Auch deshalb führt die Entwicklung mit Notwendigkeit über den jetzt herrschenden Zustand hinaus, zu Verhältnissen, wie sie in Schlesien bei den „Lohngärtnern“ bestehen, schon darum, weil ein proletarisierter, besitzloser Arbeiter eine Inststelle gar nicht annehmen kann. Die Größe des eignen Besitzes (Möbel usw., Vieh) und die Bedeutung der eigenen Wirtschaft stehen in Wechselwirkung, wie ein Blick auf die Versicherungsziffern der mecklenburgischen Tagelöhner im Gegensatz zu den schlesischen zeigt. Auch aus diesem Grunde ist die Zahl der „freien“ nur in Geld gelohnten Arbeiter, welche an Stelle der Instleute als ständige Arbeitskräfte treten, im stetigen Zunehmen begriffen. Bei ihnen steht die Kartoffel als Nahrungsmittel herrschend da, ihr Zerealien- und Fleischkonsum ist problematisch. Ganz überwiegend wird berichtet, daß die materielle Lebenshaltung der freien Arbeiter eine schlechtere sei, als die der Instleute, ebenso fest aber steht, daß sie einen stetig wachsenden Bruchteil auch der ständigen Arbeitskräfte bilden. Gerade die Nachfrage nach freien Arbeitern hat sich aus den schon wiederholt hervorgehobenen Gründen seit Jahrzehnten am stärksten vermehrt und ihre Löhne – die Geldlöhne – gesteigert, während die Bezüge der in Naturalien abgelohnten Kontraktsarbeiter relativ stabil blieben. Diese „freien“ Arbeiter waren früher Angehörige der Dörfer, die gelegentlich einige Groschen nebenher verdienten, sonst nur eine zahlenmäßig wenig erhebliche unterste Schicht der Landbevölkerung, die noch 1849 abwechselnd der Armenpflege anheim fiel, in- und außerhalb der Landwirtschaft Arbeit fand. Jetzt sind sie eine Gruppe von stets steigender relativer Bedeutung. Ihr

Lohnniveau zeigt die Tendenz, sich innerhalb der einzelnen, größeren Bezirke mit annähernd gleicher Arbeitsverfassung auszugleichen. Und zwar auf einem Niveau, welches dem 1873 in den reicheren Gegenden erreichten nahe kommt, also eine oft erhebliche Erhöhung der Löhne in den *ärmeren* Gegenden bedeutet. Dagegen gleicht die Umwandlung der alten Instleute in Deputanten das Lohnniveau der Kontraktarbeiter regelmäßig auf einem Niveau aus, welches um etwas, aber nicht erheblich über demjenigen der *weniger günstigen Gegenden* (nicht gerade der allerschlechtesten) liegt und durch die Beseitigung der Viehhaltung häufig darunter gedrückt wird. Der erhöhte Geldlohn der freien Arbeiter bedeutet aber für die materielle Lage nur in den günstigsten Fällen das gleiche, wie die Gesamteinkünfte der Deputanten, auf deren Kosten sie zunehmen. Wir haben als Gesamtergebnis in den Gegenden mit noch vorwiegender patriarchalischer Arbeitsverfassung Nivellierung der Lebenshaltung der Landarbeiter auf einem gegen die frühere Lage ihrer unteren Schichten gehobenen allgemeinen proletarischen Niveau, verbunden mit einer sozialen Deklassierung ihrer obersten Schichten und zunehmender Abschneidung der Verbindungsglieder zum Kleinunternehmertum; wir finden ferner ein konstantes Vordringen der kapitalistischen Arbeitsverfassung; wo aber diese letztere bereits seit langer Zeit besteht (Schlesien), da finden wir minimales Lohnniveau und minimale soziale und materielle Lebenshaltung, beide durch die Entwicklung nur etwa soweit gehoben, daß die Resignation diesem Zustande gegenüber aufhört. Gerade entgegen also der Tendenz zur Entwicklung einer Arbeiteraristokratie wie sie in den kapitalstarken, englischen Industrien entsteht, führt hier die kapitalistische Umgestaltung bei den ständigen Arbeitern zur Entwicklung einer unter sich gleichartigen proletarischen Masse. Es wäre auch seltsam, wenn die Entwicklung anders verliefe, da gerade die hochintensiven Kulturen (Rüben) eines Maximums an Arbeitskräften ohne jede Qualifikation bedürfen und der Bedarf nach einer den „gelernten" Arbeitern der Industrie ähnlichen Kategorie von Arbeitskräften zwar durchaus nicht völlig fehlt, ihm aber für den hochintensiven Landwirtschaftsbetrieb auch nicht in irgend vergleichbarem Maße eine ähnliche Bedeutung zukommt, wie in technisch hochentwickelten Industrien.

Weit einschneidender noch gestaltet sich nun aber diese Erscheinung angesichts des stetigen Umsichgreifens des Wanderarbeitertums. Denn hier kommen die nationalen Gegensätze im Osten zur Geltung. Seit Aufhebung der Polensperre (1890) haben wir im Osten eine Sachsengängerei nicht nur von dort nach Sachsen, sondern auch von Russisch-Polen und Galizien nach den östlichen Provinzen und sehr viel weiter – vereinzelt bis in die Wetterau! Die Zahl dieser fremden Nomaden betrug zeitweise – neueste Zahlen liegen nicht vor – allein in den 4 Grenzprovinzen ca. 30.000 im Jahre. Gerade die hochintensive (Rüben-)Kultur, welche die niedrigsten Ansprüche an die Qualität der Arbeiter stellt, zieht sie herbei. Nicht die Arbeiter mit höchster, sondern die mit niedrigster Lebenshaltung werden bevorzugt und behalten das Feld. Auch hier entscheidet nicht das rein wirtschaftliche Interesse der Gutsherren allein, sondern ihr damit nur indirekt verknüpftes Machtinteresse. Die Disposition über den Polen ist schrankenlos: ein Wink, und der benachbarte Amtsvorsteher – auch ein Gutsbesitzer – spediert ihn über die Grenze zurück. Die Herbeiziehung der Polen ist im eigentlichsten Sinne Kampfmittel in dem hier schon antizipierten Klassenkampf, gerichtet gegen das erwachende Selbstbewußtsein der Arbeiter, und triumphierend melden die Berichte, daß sie in dieser Beziehung auch wirksam gewesen sei. Niemals wird der Streit verstummen, ob die Abwanderung der Zuwanderung, oder diese jene veranlaßt habe; für die Würdigung ihrer Bedeutung ist er ganz müßig; beide steigern sich gegenseitig, weil sie, wie gesagt, Kampfmaßregeln in einem latenten Kampfe zwischen Besitz und Arbeit darstellen. Die Fortwanderung ist latenter Streik, die Poleneinfuhr das entsprechende Kampfmittel dagegen.

In diesem Kampf kommt nun endlich auch der *Grundbesitzverteilung* im Osten eine verhängnisvolle Rolle zu.[10] Von dem Arbeitermangel betroffen, werden naturgemäß diejenigen Besitzkategorien, welche fremde Arbeitskräfte gebrauchen, zum Teil schon die Großbauern, besonders aber, in mit der Größe sich steigerndem Maß, die Rittergüter. Der Bauer ist gar nicht in der Lage, einen Polenimport planmäßig ins Werk zu setzen. Das kann nur der Rittergutsbesitzer. Er ist zur Zeit, wenn er intensiv wirtschaften will, geradezu darauf angewiesen. Schon den gewöhnlichen Bedarf an Erntearbeitskräften kann er heute nicht mehr aus der Nachbarschaft decken. Warum nicht? Weil ein großer Teil dieser Nachbarschaft ebenfalls aus Rittergütern besteht, die ebenfalls nicht „Produzenten", sondern „Konsumenten" von Arbeitskräften sind; – mit anderen Worten: wegen Mangels an Dörfern. Die durchschnittliche Dichtigkeit der Bevölkerung der Gutsbezirke beträgt nur einen Bruchteil derjenigen der Landgemeinden: natürlich, denn erstere ernähren nicht in erster Linie die ansässige Bevölkerung an Ort und Stelle, sondern senden ihre Produkte auf den fremden Markt. Wo, wie in Mecklenburg auf den Domänen, durch einsichtige Kolonisation ein starker Bauernstand geschaffen ist, hat man wenig über Arbeitermangel zu klagen und ist die Abwanderung gering. In den Bezirken der Ritterschaft, welche die Bauern gelegt hat, rächt sich dieser Raub, – denn das ist er teils ökonomisch, teils auch formaljuristisch – durch Blutleere an Arbeitskräften. Es ist doch kein Zufall, daß gerade

[10] Das Vorherrschen des Großbesitzes *an sich* steigert nur die sozialen Klassenunterschiede. Die *materielle* Lage der Arbeiter kann dadurch, wenn und solange eine festgefügte typische Arbeitsverfassung besteht, durch den starken Arbeitsbedarf größerer Güter gehoben werden. So war es bisher in Neuvorpommern zufolge der hohen, aus der Vergangenheit übernommenen Lebenshaltung der Arbeiterschaft. Umgekehrt in Oberschlesien, wo der polnischen Arbeiterschaft übermächtige Magnaten gegenüberstehen.

der Osten mit vorherrschendem Großbesitz die höchsten Verschuldungsziffern und den stärksten Arbeitermangel aufweist. Die „Sünden der Väter" kommen über die heutigen Gutsbesitzer und bedrohen uns mit einer slavischen Überflutung, die einen Kulturrückschritt von mehreren Menschenaltern bedeuten würde. – Es zeigt sich aber dabei zugleich die Aussichtslosigkeit des Kampfes für beide Teile. Der Klassenkampf in der östlichen Landwirtschaft wäre ein Ringen auf einem versinkenden Kahne: Beide Teile würden zugrunde gehen. Dies um so sicherer, als der Kampf auf Seiten der Arbeiter auch nach Aufhebung des Koalitionsverbots notgedrungen ein unorganisierter bleiben würde. Die Koalitionsfreiheit, welche den Landarbeitern zu gewähren lediglich ein Gebot der formalen Gerechtigkeit ist, wird ihnen als Kampfmittel, von lokalen Streitfällen abgesehen, nichts nutzen, weil die Art ihrer Dislokation deren zielbewußten Gebrauch dauernd hindert. Dies auch, nachdem die fortschreitende Proletarisierung sie einander unter sich gleichartiger gemacht haben wird, – zur Zeit kommt die Unmöglichkeit einer Vereinigung ihrer in ihren Interessen weit auseinanderstrebenden Gruppen dazu.

Mit dem Troste, daß auf dem Lande das Einkommen der Arbeiter vielfach, teilweise beträchtlich, gestiegen ist, werden gegenüber diesen ernsten Erscheinungen nur die landläufigen Wohlfahrtspolitiker oder Interessenvertreter der Unternehmer sich zufrieden geben. Tatsächlich wird die Lage auf dem Gebiete, auch was die Verschärfung der Klassengegensätze anlangt, auf die Dauer mindestens so ernst werden, wie auf diesem der Industrie, und die erwachsenden Probleme erschöpfen sich wahrlich nicht im „Arbeitermangel". Es findet eine überaus tiefgreifende Umwandlung des Charakters der Bodenbesitzer sowohl, als ihrer Arbeiter statt, welche die Stellung des Staates zu beiden wesentlich verschieben, die ersteren ihrer Qualifikation zu politischen Vertrauenspersonen des Staates entkleiden muß. Und diese Umwandlung hat eine gewaltige Verschiebung der Bevölkerung, Kulturgefahren sowohl für die Produktion als für die Arbeiterschaft im Gefolge, welche auch rein politisch nicht gleichgültig sind. –

Die Feststellung dieser unerfreulichen Zustände hätte nun lediglich die Bedeutung einer der heute so in Mode befindlichen sozialpolitischen Jeremiaden, *wenn* die hier herausgehobene Entwicklungstendenz den Charakter eines allein herrschenden Naturgesetzes trüge. Allein *das ist nicht der Fall*; sie kann vielmehr ihre Wirkung nur entfalten unter den eigenartigen Bedingungen, welche die Besitzverteilung auf dem Lande im Osten in Verbindung mit den Herrschaftsansprüchen einer sinkenden Klasse mit sich bringt. Andernfalls müßte sie auch im Westen unter gleichen Bodenverhältnissen in gleicher Stärke eintreten, und das ist nicht der Fall, – womit nicht gesagt sein soll, daß etwa der Westen und Süden auf dem gleichen Gebiete keine Probleme aufzuweisen hätten. Aber für die hier geschilderten wirtschaftlichen Umwälzungen ist es nicht ungefähr dasselbe, oder lediglich ein quantitativer Unterschied, ob der Großbesitz und -betrieb 20 oder ob er 50%, der Fläche okkupiert, *sondern es ist das Gegenteil voneinander.* Hunderttausend Bauern verhalten sich zum heimatlichen Boden auch in den Stunden der Not, wie sie die heutigen Konkurrenzverhältnisse über die Landwirtschaft bringen, anders als hunderttausend Landarbeiter.

Vorbedingung eines erfolgreichen Eingreifens des Staates in die große Kulturfrage, die sich hier erhebt – ich glaube die Bedeutung der Landarbeiterverhältnisse und ihrer Entwicklung durch diese Bezeichnung nicht zu überschätzen –, ist eben, daß man die jetzige Grundbesitzverteilung im Osten nicht als eine unantastbare Grundlage der bestehenden politischen und sozialen Organisation betrachtet, in welche ein *radikaler* Eingriff jedenfalls nicht geplant werden dürfe. Die Gefahren der intensiven Kultur sowohl, als der Weltmarktskonjunkturen überhaupt, auch soweit sie die intensive Kultur nicht begünstigen, bestehen für unsere Kultur im Osten in der Hauptsache im Zusammenhang mit der bestehenden Grundbesitzverteilung: vielleicht nicht der günstigste Boden (z. B. Reg.-Bez. Stralsund), oder andrerseits der allerschlechteste Boden, wohl aber der typische „mittlere Sandboden", das charakteristische überwiegende Areal des Ostens, befindet sich zum Schaden der Bodenkultur und des Kulturniveaus der Landarbeiter in dieser Besitzverteilung festgelegt und durch die goldenen Klammern der Hypothekenverschuldung zusammengehalten.

Und auch die *Arbeitsverfassung* kann nicht ohne gleichzeitige Änderung der Besitzverteilung umgeschaffen werden. Wir finden, wie Kaerger überzeugend nachgewiesen hat, die günstigsten Arbeiterverhältnisse zur Zeit einerseits bei den Heuerlingen Westfalens, andererseits bei den Pachtarbeitern Ostholsteins. In beiden Fällen ist das Charakteristische der Verhältnisse eine Verbindung von Kleinpacht- mit Arbeitskontrakten. Die Arbeiter erhalten Land und Viehweide verpachtet und gegen berechnetes Entgelt vom Gut bestellt und leisten dem Gut Arbeit gegen Tagelohn, und Forderungen sowie Schulden beider Teile werden gegeneinander gerechnet. Es ist das Instverhältnis, aber unter Gewährung festen abgegrenzten Landes und unter Beseitigung des Moments von Unfreiheit, welches im Instverhältnis noch immer steckt, – freier Arbeitsvertrag und doch eigener Kleinbetrieb der Arbeiter. Allein: es mag lokal vorkommen, im ganzen aber ist es schlechterdings Illusion, zu glauben, daß bei der jetzigen Besitzverteilung im Osten die Arbeiter sich zur Übernahme von Heuerlingsstellen entschließen werden. Mit Recht hob Knapp hervor, daß die Entwicklung im allgemeinen den umgekehrten Verlauf nimmt. Es ist das auch vom Standpunkt der Arbeiter selbstverständlich. Denn *einen* Erfolg hat die intensivere Kultur bei ihnen gehabt, und zwar einen Kulturerfolg, aber er liegt nicht auf materiellem Gebiet: sie lernten die *Freiheit* kennen und dem dumpfen Streben darnach sind sie, das zeigt sich, in steigendem Maße geneigt, anderes, selbst ihr materielles Wohlbefinden zu opfern. Es kann für sie bei der jetzigen Grundbesitzverteilung die Vorstellung – diese, nicht die objektive Möglichkeit ist entscheidend – eines Weges nach oben innerhalb der Heimat nicht erwachsen. Und unter diesen Umständen ziehen sie unbewußt, aber sicher, den zutreffenden Schluß: daß unter der vorwiegenden Herrschaft des Großbesitzes und Großbetriebes auf dem Lande Heimatlosigkeit und Freiheit ein und dasselbe ist.

Das wichtigste Problem bleibt deshalb die innere Kolonisation, auch unter dem Gesichtspunkte der ländlichen Arbeiterfrage.

Sie liegt heute in den Händen der Ansiedlungskommission einerseits und wird hier vom Staat durchgeführt, und der Generalkommissionen andererseits, welche auf Antrag privater Großgrundbesitzer die Abzweigung von Rittergütern vermitteln. Die Ansiedlungskommission hat bereits ca. 1.500, die Generalkommission ca. 6.000 Bauern eingesetzt. Die quantitative Überlegenheit der privaten Besiedlung hat aber zwei Schattenseiten: sie schafft 1. zu einem sehr großen Teil kleine Zwergbauern. Denn gerade diese können heute am ehesten den Preisdruck auf die Produkte ertragen, da sie dieselben überwiegend selbst verzehren, und leiden nicht unter dem Arbeitermangel, weil sie keine Lohnarbeit verwenden. Es besteht aber eben deshalb die Gefahr, daß gerade diejenige Schicht der Bevölkerung auf diese Weise ansässig wird, welche mit den *geringsten* Kulturansprüchen sich begnügen kann, also ein Grundbesitzer-*Proletariat* – der schrecklichste der Schrecken – entsteht. Das um so mehr als 2. die Generalkommissionen es nicht in der Hand haben, für Ausstattung der neu entstehenden Gemeinden mit Allmenden genügend zu sorgen. Gerade für die kleinen Leute sind diese aber eine Lebensfrage.

Deshalb ist es unentbehrlich, daß eine groß angelegte *staatliche*, also eine Domänenkolonisation – in Anknüpfung an den bald wieder aufgegebenen Versuch in den 70er Jahren – daneben tritt.

Kein Verständiger kann andererseits wünschen, daß der Domänenbestand des Staates eine starke Verminderung erleide und der Staat einer seiner wichtigsten Regulatoren auf agrarischem Gebiet beraubt werde.

Nur die törichte Angst vor dem Gedanken einer „Expropriation" ist es, die weite Kreise verhindert zu sagen, was im Stillen doch jeder denkt: Ein großer Teil des Großbesitzes im Osten ist in privaten Händen nicht haltbar. Man möge, nicht überstürzt, aber systematisch und allmählich, aus dafür zu gewährenden Etatsmitteln diesen Teil *aufkaufen* und in Domänen verwandeln, welche an kapitalkräftige Domänenpächter unter Gewährung von staatlichen Meliorationsdarlehen verpachtet werden. So wird dem Domänenbestand auf der einen Seite hinzugefügt, was ihm auf der anderen genommen wird, und *auf die Dauer* werden sich die finanziellen Interessen des Staats dabei günstig stehen. Es handelt sich dabei freilich um eine große Aufgabe, welche in *dieser* Form wohl noch nirgends gelöst ist. Nicht zu jeder Domänenverwaltung könnte man das Zutrauen haben, daß sie Derartiges zu bewältigen bereit und imstande sein würde. Ich glaube aber: man kommt nicht in den Verdacht der Schmeichelei, wenn man anerkannt, daß gerade die deutschen Domänenverwaltungen – nicht nur Preußens, sondern z. B. auch Mecklenburgs und Badens, sich bisher den Aufgaben gewachsen zeigten, welche im Lebensinteresse der Nation an sie gestellt wurden. Möge die Zukunft halten, was die Vergangenheit versprach.

Die Börse

I. Zweck und äußere Organisation der Börsen[1]

Die nachstehende Skizze, der ein zweites Heft, welches die inneren Verhältnisse der Börse und die Börsengeschäfte erörtern wird, folgt, ist *ausschließlich* bestimmt zur ersten Orientierung für solche, die den geschilderten Dingen gänzlich fernstehen, und sucht deshalb möglichst nichts als bekannt vorauszusetzen. Nur darauf, ob sie diesen Zwecken dient, kommt es an. Absichtlich enthält sie sich deshalb des Aburteilens. Denn die praktische Wirkungslosigkeit der Kritik, welche breite Volksschichten an den bestehenden Börsenzuständen üben, hat ihren Hauptgrund in einer grenzenlosen Oberflächlichkeit, welche die Fehler da sucht, wo nur der Unverstand oder der Interessengegensatz sie finden kann. Die gleiche Oberflächlichkeit hat aber auch die geradezu gefährliche Vorstellung verschuldet, als ob ein bei jeder nicht streng sozialistischen Gesellschaftsorganisation schlechthin unentbehrliches Institut, wie es die Börse ist, seiner Natur nach eine Art Verschwörerklub zu Lug und Betrug auf Kosten des redlich arbeitenden Volkes darstellen müsse und deshalb am besten irgendwie vernichtet würde und – vor allem – auch vernichtet werden könne. Nichts gefährdet aber eine Arbeiterbewegung wie die, an welche sich diese Zeilen ja nach der Titelaufschrift zunächst wenden, schwerer, als unpraktische, in Unkenntnis tatsächlicher Verhältnisse gesteckte Ziele.

Die Börse ist eine Einrichtung des *modernen Großhandelverkehrs*. Ihre Unentbehrlichkeit für die moderne Wirtschaftsweise beruht auf dem gleichen Grunde, aus welchem die moderne Form des Handelsverkehrs überhaupt erwachsen ist. Sie war ebensowenig von jeher notwendig oder auch nur möglich, wie es der moderne Großhandel war. Warum? – Verfolgen wir den Menschen in seiner Arbeit zurück bis in die ferne Vorzeit, so begegnet uns als frühster und natürlichster Gesichtspunkt, unter welchem er Güter hervorbrachte, der: den eignen Bedarf zu decken. Er suchte durch seiner Hände Arbeit der Natur abzugewinnen, was er selbst zu seiner Ernährung und Kleidung, zum Schutze gegen Frost und Wetter bedurfte. Aber niemals hat der einzelne vermocht, auf sich selbst gestellt, der Natur zu trotzen. Für die Erhaltung der nackten Existenz allein schon ist und war er von jeher auf die Gemeinschaft mit andern angewiesen, wie das Kind auf die Brust der Mutter. Und die Gemeinschaft, deren er bedurfte, wählte er sich so

[1] In: Göttinger Arbeiterbibliothek. Hrsg. v. Friedrich Naumann. 1. Band, 2. und 3. Heft. Göttingen 1894.

wenig selbst aus freiem Entschluß, wie das Kind sich seine Mutter wählt. Sie wurde ihm mit auf den Lebensweg gegeben, er wurde in diese Gemeinschaft *hineingeboren*: in den festen, unter der unumschränkten Herrschaft eines Patriarchen stehenden Verband seiner Familie, die freilich anders aussah, als unsre heutige. Denn ihr Haushalt umfaßte Brüder, Vettern, Schwägerinnen bis in entfernte Grade und das unfreie Hausgesinde – durch kriegerische Gewalt unterworfene, oder solche, welche ihres Besitzes durch Frost und Viehsterben beraubt, nach dem uraltesten Rechtssatz der Geschichte, wollten sie leben, die Knechte der Sieger und Besitzenden werden mußten. Diese Familie ist die älteste wirtschaftliche Gemeinschaft. Sie brachte in gemeinsamer Arbeit die Güter hervor und verzehrte sie gemeinsam. Und zwar verzehrte sie nur, was sie selbst hervorgebracht hatte – weil sie nichts anderes zu verzehren hatte – und brachte nur das hervor, was sie verzehren wollte, weil sie für das Mehr keine Verwendung hatte.

Vergleichen wir damit den Charakter der heutigen Wirtschaftsweise, so tritt der ungeheure Gegensatz alsbald zutage. Es gilt der umgekehrte Satz: Nicht *die* Güter bringt der einzelne hervor, die *er selbst* verbrauchen will, sondern solche, welche nach seiner Voraussicht *andere* gebrauchen werden, und jeder einzelne verzehrt nicht die Produkte seiner eigenen, sondern *fremder* Arbeit. Zwar ist selbstverständlich, daß das nicht allgemein gilt: es gilt nicht für den Urwaldkolonisten und den Landwirt in der Tiefe unkultivierter Reiche, und es gilt nur beschränkt für unsere Kleinbauern, die in erster Linie selbst von der Ernte ihres Landes leben, und nur den Überschuß verkaufen. Aber es gilt gerade für die Wirtschaftsbetriebe, welche die moderne Zeit im Gegensatz zu jener ältesten schuf. Nicht ob er selbst die Güter wird brauchen können, sondern ob sie „Abnehmer" finden werden, d. h. ob andere sie wahrscheinlich brauchen, ist der Gesichtspunkt, unter welchem der moderne Unternehmer produziert und produzieren muß.

Zwischen diesen schroffen Gegensätzen liegt die geschichtliche Entwicklung der Jahrtausende, welche die alten Gemeinschaften auflöste. Sie verflocht die einzelne Wirtschaft in eine *Austauschgemeinschaft* mit einem sich stetig vergrößernden Kreise von andern Wirtschaften, einem Kreise, den die moderne Zeit auf die Gesamtheit der Kulturvölker zu erweitern strebt. Und sie vergrößerte andererseits denjenigen Bruchteil von Gütern, welchen die Wirtschaft, die sie hervorgebracht hatte, nicht selbst verbrauchte, sondern an andre abgab. Und hier tritt der *Handel* in Tätigkeit.

Neben der einfachen körperlichen Hervorbringung von Gütern und der dazu erforderlichen körperlichen Arbeit benötigt es, damit der Bedarf, dem diese Güter dienen sollen, befriedigt werde, noch eines andern: sie müssen demjenigen zugeführt werden, der sie verbrauchen soll und will und zu dem Zeitpunkt, in welchem dies der Fall ist. Dazu steht der heutigen Gesellschaftsordnung das

Mittel des *Güteraustausches* zu Gebote und diejenige Tätigkeit, welche den Güteraustausch vermittelt, ist der Handel. Die älteste patriarchalische Familiengemeinschaft bedurfte seiner nicht, da sie grundsätzlich nur verzehrte, was sie hervorbrachte und umgekehrt. Erst mit dem Erwachen des Bedarfes nach Luxusartikeln begann der Tauschverkehr. Metallene Geräte, Bernstein, Edelmetalle und Stoffe von hohem Werte sind die ältesten Gegenstände des Handels. Er lag in den Händen des wandernden Kaufmannes. Als Landfremder rechtlos und mit abergläubischer Scheu betrachtet, stand der gehaßte und doch unvermeidliche Mann unter dem Schutze der Götter, ähnlich wie etwa giftige Schlangen im alten Orient angebetet zu werden pflegten. Mit der Zeit gestalteten sich die Beziehungen regelmäßiger, und es entstanden neben dem wandernden Kaufmann die großen, periodischen Märkte, wie wir sie noch jetzt in Mittelasien finden. Auch, hier sind es einander Stamm*fremde*, die miteinander handeln. Die „Internationalität" stand an der Wiege des Handels-Kapitals. *Innerhalb* der Gemeinschaft von Stammesgenossen und unter diesen selbst kannte man den Handel so wenig, wie das Nehmen von Zinsen. Unentgeltlich, wie noch heute in altväterischen Dörfern fern von der Stadt, lieh man Saatgut und Ackergeräte, und „unter Brüdern" gab es keinen nach Angebot und Nachfrage bestimmten Preis von Gütern. Auch als an die Stelle der großen Familienwirtschaft der Horden und Sippen mit dem Erstehen regelmäßigen Ackerbaues die Wirtschaft selbständig in Dörfern und Höfen nebeneinander existierender Bauern getreten war, blieb dieser Gegensatz bestehen. – Das änderte sich mit der Entstehung der *Städte*. Sie bedeutet das Hineintragen eines rein geschäftlichen Verkehrs in die alten Gemeinschaften selbst, den ersten Schritt zu ihrer Zersetzung. Neben die internationalen Märkte, auf welchen die Luxusartikel des Auslandes gehandelt wurden, traten die regelmäßigen städtischen Märkte, auf welchen sich die ländlichen Produzenten von Nahrungsmitteln und die städtischen Produzenten von gewerblichen Produkten begegneten und ihre Waren austauschten. Diese Wirtschaftsweise also kannte und benötigte des Tauschverkehrs als eines *regelmäßigen* Elements. Aber immer noch war der Bruchteil, den der einzelne von den durch ihn hervorgebrachten Gütern zu Markte brachte, ein geringer: Der städtische Gewerbetreibende war neben seinem Handwerk zumeist auch Landwirt (Ackerbürger), der Bauer verzehrte den größten Teil seiner Produkte selbst, nur der Überschuß kam zu Markt. Aber neben dem Handwerk, welches für die Versorgung der Stadt und ihres wenige Meilen im Umkreis umfassenden Bezirks arbeitete, erschien in den Städten alsbald noch ein anderes Element. Der wandernde und landfremde Kaufmann wurde ersetzt und verdrängt durch den ansässigen, *einheimischen Kaufmannstand*, der im Wege regelmäßiger Geschäftsverbindung Waren, welche das einheimische Gewerbe nicht hervorbrachte, von auswärts bezog. Es entstand der berufsmäßige *Importhandel*, und andererseits entstanden große Gewerbebetriebe, die den

Überschuß der einheimischen Produktion nach auswärts verhandelten – als Exporteure. Dazu bedurfte es der Kenntnis der fremden Märkte und bedeutender Mittel. Beides fehlte den Handwerkern. Ein Kapitalist stellte sich ihnen als „Verleger" zur Verfügung, nahm ihnen ihre Produkte ab und verhandelte sie, sie waren auf ihn angewiesen, und da er auch den Rohstoff im großen billiger zu beschaffen wußte, lieferte er ihnen auch diesen und bedang sich aus, daß sie fortan allein für ihn arbeiteten; aus dem Handwerksmeister war ein abhängiger *Hausindustrieller* geworden: der erste Schritt zur modernen Fabrik. Damit waren alle Keime der modernen Entwicklung vorhanden. – Aber freilich nur als Keime. Denn noch immer war der Handel überwiegend ein Tauschverkehr mit Gegenständen von besonders hohem Werte. Wollten wir uns den Unterschied gegen heute vergegenwärtigen, so müßten wir uns vorstellen, daß der heutige Handelsverkehr vornehmlich etwa Champagner, Seidenstoffe und ähnliche Artikel für den Bedarf der besitzenden Klassen umfaßte. In Wahrheit zeigt ein Blick in die Übersichten des auswärtigen Handels jedes Großstaates, daß es andere: die „*Massen*artikel" sind, welche die großen Zahlen ausmachen: Getreide – England hätte kein Brot, lieferte ihm das Ausland nicht jährlich für eine Milliarde Korn; – Kohlen und Eisen – Italien hätte aus den Mitteln des eigenen Landes keine Kohle im Ofen und kein eisernes Werkzeug; – Baumwolle – kein Kleidungsstück, wie es der moderne, europäische Arbeiter trägt, kann ohne die Versorgung des Marktes mit überseeischem Garne oder Baumwollrohstoff gefertigt werden. – Kein Baumwollfaden aber wird in der Wirtschaft versponnen und verwebt, in der er geerntet wurde, kein Eisenerz von dem Bergwerksbesitzer geschmiedet, der es der Erde abgewinnen ließ, nur ein winziger Bruchteil Kohlen wird von der Zeche selbst verbraucht, aber auch von Getreide rechnet man, daß mehr als die Hälfte der gesamten, gewaltigen Produktion der Welt von andern, als denen, die das Land bebauen, verzehrt und über ein Fünftel unter den Nationen ausgetauscht wird. Diesem Riesenaustausch solcher Güter dient die *Börse.* Sie ist ein moderner *Markt,* ein Ort, wo, wie auf diesem in regelmäßigen – an den großen Börsen täglichen – Versammlungen *Kauf*geschäfte abgeschlossen werden. Worin unterscheidet sie sich von dem, was man gewöhnlich *Markt* nennt? Greifen wir den stärksten Gegensatz – einen kleinen lokalen Lebensmittelmarkt einer Landstadt – heraus. Auf diesem Markte verhandelt der Bauer regelmäßig selbst hervorgebrachte und an Ort und Stelle gegenwärtige Ware an einen Käufer, der sie alsbald bezahlt und selbst verbrauchen will; an der Börse wird ein Geschäft geschlossen über eine nicht gegenwärtige, oft noch unterwegs befindliche, oft erst künftig zu produzierende Ware, zwischen einem Käufer, der sie regelmäßig nicht selbst behalten, sondern (womöglich noch, ehe er sie abnimmt und bezahlt) mit Gewinn weitergeben will und einem Verkäufer, der sie regelmäßig noch nicht hat, meist nicht selbst hervorbringt, sondern mit Gewinn erst beschaffen will. Das Getreide, das an einem Tage an der Börse gehandelt wird, lagert zum guten Teil noch in den Speichern Nordamerikas, oder schwimmt auf dem Ozean, und vom Käufer soll es seinerzeit weiter an die Mühlen und von diesen an die Bäcker gelangen. Auf dem kleinen Markte handeln nur oder fast nur Produzenten und Verbraucher miteinander. Auf der Börse handeln nur oder fast nur Kaufleute. – Trotz dieser Unterschiede sind aber Börse und Markt wesensgleich, schon durch den gleichartigen Zweck, dem sie dienen. Denn sie sind Orte, wo „Angebot“ und „Nachfrage“ in einer Ware sich treffen sollen. Gehen wir wieder von dem kleinen Markte aus: Auf der einen Seite stehen die Bauern, die Feldfrüchte zu verkaufen haben (Angebot) und Artikel der städtischen Handwerker kaufen wollen (Nachfrage) – auf der andern die städtischen Verzehrer, die Nahrungsmittel kaufen (Nachfrage) und die Handwerker, die ihre Erzeugnisse verkaufen wollen und müssen (Angebot). Diese ausgestreckten Hände müssen sich treffen können und dafür ist der Markt unentbehrlich. Den gleichen Zweck hat die Börse. Nur ist der Umfang ein unendlich viel gewaltigerer. Sie ist der Markt für die modernen Massenbedarfsartikel, in welchen fortgesetzt, ein gewaltiges Angebot, und nach welchen eine ebenso gewaltige Nachfrage stattfindet. Damit hängt auch jener Unterschied in der Art der Vorgänge auf der Börse vom Markte zusammen. Will ich ein Haus kaufen, so will ich nicht ein Haus im allgemeinen, sondern ich kaufe ein ganz bestimmtes, bezeichnetes und will dies, kein anderes, auch wenn es ebenso viel wert ist, übereignet erhalten; kaufe ich Fische ein, die ich verzehren will, so will ich wenigstens sie mir vorher ansehen können auf ihre Preiswürdigkeit und dazu sind sie auf dem Markt zugegen. Will dagegen eine Getreidefirma im Großhandel 1.000 Ztr. einer bestimmten Getreidesorte kaufen, für die sie Verwendung zu haben glaubt, so ist etwas ähnliches weder regelmäßig möglich, noch auch nötig. Es kommt ihr im allgemeinen nur darauf an, das bestimmte Quantum Getreide von einer bestimmten, vorher vereinbarten Sorte und Güte – sei es nach einer vorgelegten Probe, sei es eine im Handel gangbare und deshalb mit einer bestimmten Bezeichnung belegte Qualität – zu erhalten. Sorte und Qualität also wird vereinbart, der Verkäufer bringt nicht *erst* die Ware zur Stelle und verkauft sie *dann*, sondern regelmäßig umgekehrt: *erst* verkauft er („in Blanko“, wie man zu sagen pflegt) und dann sucht er sich innerhalb der vertragsmäßig ausbedungenen Zeit die Ware zu verschaffen, die er zur Erfüllung des Vertrages braucht; zur festgesetzten Zeit liefert er sie: entspricht sie der verabredeten Qualität, so nimmt sie der Käufer oder der, an den dieser sie weiter verkauft hat, ab, ist das nicht der Fall, so weist er sie als nicht vertragsmäßig („nicht lieferbar“) zurück. So steht es mit all den Artikeln, die auf der Börse gehandelt werden. Braucht ein deutsches Handlungshaus einen Betrag russischen Papiergeldes, um eine Schuld in Rußland zu bezahlen, so kommt es ihm nicht auf gewisse Stücke an, wie dem, der ein Haus oder ein bestimmtes Reitpferd kauft, sondern jede Rubelnote, wenn sie echt ist, tut ihm den gleichen Dienst: – es handelt sich bei den Börsengeschäften regelmäßig um – wie man sich ausdrückt – „vertretbare" Sachen, d. h. solche, bei denen es nicht auf die Lieferung bestimmter einzelner Gegenstände, sondern darauf ankommt, daß das vertragsmäßige Quantum von der vertragsmäßigen Sorte und Qualität geliefert wird.

Sehen wir uns nun zunächst die *Waren* näher an, welche den Gegenstand des Verkehrs auf der Börse zu bilden pflegen. Man pflegt sie in zwei Hauptgruppen zu scheiden: „Produkten", Waren im engeren Sinne, einerseits und Geldsorten, sowie Wechsel, „Effekten" und „Fonds", d. h. Wertpapiere verschiedener gleich zu besprechender Art, andererseits, und man scheidet danach die „Produktenbörse" von der „Effektenbörse". Die Unterscheidung hat nur dieselbe Bedeutung, als wenn man etwa Fisch-, Fleisch- und Gemüsemarkt unterscheidet. Beide können an ein- und demselben Orte stattfinden und gemeinschaftlich organisiert sein, so z. B. in Berlin und Hamburg. Oder sie können an verschiedenen Orten stattfinden – so in Paris und London. Es können auch beide Hauptabteilungen wiederum geteilt sein, z. B. die Effektenbörse in eine Börse für Wechsel und eine solche für andre Wertpapiere, so in London, und die Produktenbörse in besondere Märkte für Getreide, Zucker, Eisen, Schmalz usw. – so vielfach in Amerika. Es werden endlich überhaupt nicht an jeder Börse alle oder viele „börsengängigen" Waren und Papiere gehandelt, sondern naturgemäß oft nur oder ganz überwiegend die, welche in der betreffenden Gegend produziert oder durch den betreffenden Hafenplatz hindurch ein- oder ausgeführt werden: – wie in den Seestädten der Fischmarkt; so besteht in Essen, im westdeutschen Kohlenreviere eine Börse, an welcher nur Kohlen und Anteile an Bergwerken gehandelt werden, in Magdeburg, inmitten der Zuckerrüben bauenden Provinz Sachsen eine solche für Zucker. Nur an den großen zentralen Börsen konzentriert sich der Verkehr in *allen* Haupthandelsartikeln.

An der *Produktenbörse* begegnen wir zunächst dem *Getreide* und den Feldfrüchten aller Art, nebst den unmittelbar daraus gewonnenen Produkten, insbesondere Mehl. Der größte Markt dafür ist in Deutschland nächst der Berliner Börse Mannheim, bis wohin das überseeische Getreide rheinaufwärts verschifft wird. Ferner: *Zucker* – die größten Märkte sind mit Berlin, wie schon erwähnt, Magdeburg und Hamburg (Ausfuhrhafen) und *Sprit* – Berlin und Hamburg (Ausfuhrhafen) teilen sich in den Markt; *Petroleum*: Bremen (Einfuhrhafen), teilt sich mit Berlin; *Baumwolle*: ebenso; – *Wollgarne*, besonders *Kammgarne*: Leipzig (Produktionsort) spielt eine erhebliche Rolle; – *Kaffee*: Für ihn ist Hamburg (Einfuhrhafen) der größte Handelsplatz; – *Kohle* und *Eisen*: die Märkte der westlichen Produktionsgegenden sind von entscheidender Bedeutung, – und viele andere nicht so wichtige Artikel, deren Aufzählung zu weit führt. Im *Effektenhandel* drängt sich der Verkehr natürlich an den Orten zusammen, welche der Sitz der großen Bankhäuser sind: in Deutschland haben neben Berlin nur Frankfurt a. M. und Hamburg große Bedeutung.

Wir müssen uns die Gegenstände, die an der Effektenbörse ge- und verkauft werden, näher ansehn.

Es werden gehandelt: 1. Geldsorten und geldwerte Papiere, welche unsere Industriellen und Kaufleute als Zahlung aus dem Ausland erhalten und zur Leistung von Zahlungen an das Ausland gebrauchen. Dahin gehören natürlich zunächst die Münzen und das Papiergeld fremder Staaten (namentlich das Papiergeld Rußlands), aber auch eins der ältesten Objekte des Börsenhandels, der *Wechsel*, gehört dahin. Was ist er?

Man sieht ihm seiner Form nach nicht an, was er rechtlich bedeutet. Die wichtigste Form des Wechsels, die sog. „Tratte" oder der „gezogene" Wechsel, stellt sich dar als die Anweisung z. B. eines Kaufmanns Schulze in Berlin, gerichtet z. B. an einen Kaufmann Smith in London, eine bestimmte Summe an einem bestimmten Tage zu zahlen an einen Dritten, Herrn Müller in Berlin, oder an dessen „Order", d. h. an denjenigen, welchem der Wechsel durch Müller gültig übertragen sein werde.[2] Rechtlich bedeutet er aber nichts anderes als: Schulze *verspricht* dem Müller und dessen „Order" dafür aufzukommen, daß Smith die bestimmte Summe zur bestimmten Zeit zahlen werde, und sein weitaus wichtigster praktischer Zweck – der, zu dem er schon vor etwa 700 Jahren gebraucht wurde – ist folgender: Schulze in Berlin ist Exporteur, er hat deutsche Waren nach London an den englischen Importeur Smith verkauft und nun den Kaufpreis (sagen wir 100 £) zu fordern. Müller in Berlin ist Importeur. Er hat englische Waren von einem englischen Exporteur Jones in London gekauft und eingeführt, schuldet also diesem den Kaufpreis (nehmen wir der Einfachheit halber an: ebenfalls 100 £). Der gegenseitige Verkehr zwischen Deutschland und England beträgt Hunderte von Millionen Mark an Wert im Jahr, es gibt Tausende von jeder der vier Personenarten, die wir mit Schulze, Smith, Müller und Jones bezeichnet haben. Würden die Kaufpreise alle in bar bezahlt, so müßten unglaubliche Summen Geldes – mehrere Tausend Zentner in Gold – hin- und hergeschickt werden, was unsinnige Kosten machen und das Geld der Seegefahr aussetzen, auch für die Dauer der Reise dem Gebrauch entziehen würde. Deshalb verfährt man wie folgt: Schulze in Berlin, der von Smith in London Geld zu empfangen hat, „zieht" einen Wechsel über 100 £ „auf" Smith, d. h. er weist ihn an, an Müller oder dessen „Order" zu zahlen. Diesen Wechsel gibt er an Müller in

[2] Z. B: „An Herrn Smith in London. Gegen diesen Wechsel zahlen Sie am 1. Juli 1895 an Herrn Müller in Berlin oder Order die Summe von 100 Pfund Sterling. Berlin, den 1. April 1895. Schulze."

Berlin, der an Jones in London Geld zu zahlen hat, und verpflichtet sich dadurch, dem Müller dafür aufzukommen, daß Smith an ihn oder an den zahlen werde, der seine Order sein werde. Müller zahlt ihm dafür die 100 £[3] aus und schickt den Wechsel an seinen Gläubiger Jones in London, indem er diesen auf dem Wechsel als seine „Order“ bezeichnet – diesen Vermerk auf dem Wechsel nennt man „Giro“ oder „Indossament“. Jones in London zieht die Wechselsumme bei Smith in London ein und kommt durch diese Zahlung zu seinem Gelde – Schulze hat das Seinige als Kaufpreis für die Hingabe des Wechsels von Müller erhalten: das Geschäft ist „abgewickelt“.[4] Alle die Schulzes (Gläubiger englischer Schuldner, also Verkäufer von Wechseln „auf“ London) und die Müllers (Schuldner englischer Gläubiger, also Käufer von Wechseln „auf“ London) unsres Beispiels, treffen sich nun auf dem großen Markt, wo jederzeit große Beträge „auf London“ zu kaufen und zu verkaufen sind – auf der *Wechselbörse*. Sie *können sich nur dort* mit Sicherheit gegenseitig finden. Ebenso vollzieht sich das Geschäft mit den übrigen Ländern, mit denen wir im Güteraustausch stehen. Fortwährend findet der Handel in Wechseln auf London, auf Paris, auf Petersburg, auf Neuyork usw. in gewaltigen Summen statt – und dieser Handel ist unentbehrlich. Bei etwa 3 Milliarden Mk. in gemünztem Geld, und Geldscheinen, die in Deutschland im Umlauf sind, laufen über 13 Milliarden in Wechseln jährlich um.

2. Zweitältester Gegenstand des Handels an der Fondsbörse sind die „Fonds“ im engeren Sinne des Wortes: die Staatspapiere und die ihnen verwandten Schuldverschreibungen der Gemeinden und andrer öffentlicher Korporationen.

Daß Staat und Gemeinde heutzutage fast ausnahmslos Schulden machen, ist bekannt: Das Reich und die deutschen Staaten zusammen haben rund 8 ½ Milliarden, England, ohne seine Kolonien, 15 Milliarden, Frankreich 20 Milliarden Mk. Staats-Schulden, und diese Schulden müssen den Gläubigern des Staates *verzinst* werden. Die Verschuldung eines Staates ist heute nicht etwa an sich ein Unglück, ein Zeichen schlechter Verwaltung oder mangelnden Reichtums. Wenn ein Staat eine große Eisenbahn ankauft oder baut für – sagen wir – 50 Millionen Mark, so wäre es weder gerecht noch verständig, wenn er diesen Betrag durch eine Steuer, im Durchschnitt z. B. in Deutschland von 1 Mk. pro Kopf, aufbringen würde. Nicht nur der lebenden Generation dient und nützt die Bahn, und

[3] Auf die Abzüge („Diskont“), welche gemacht zu werden pflegen, und die Kursschwankungen der Wechsel kommen wir im zweiten Teil.

[4] Es sei denn, daß Smith dem Jones aus irgendeinem Grunde den Wechsel nicht zahlt, in welchem Falle Jones „Regreß“ gegen Müller und dieser gegen Schulze nimmt. Schulze wird dann genötigt, Kostenersatz und Zahlung nebst Zinsen an Müller zu leisten und hält sich seinerseits an seinen Schuldner Smith, der ohne Grund nicht gezahlt hat. Dann ist der Versuch, das Geschäft durch Wechsel abzuwickeln, mißglückt, es ist dies aber selbstverständlich die seltene Ausnahme.

nicht nur der jetzige Finanzminister heimst die Einnahmen daraus ein. Deshalb ist es richtig, daß wir dafür auch die Nachkommen steuern lassen, das geschieht, indem das Geld geliehen, verzinst und allmählich in längeren Zeiträumen aus den Steuern zurückbezahlt wird. Die Steuerlast dafür wird dadurch auf Gegenwart und Zukunft verteilt. Preußen hätte z. B. die 5 Milliarden, welche es innerhalb von 10 Jahren für den Ankauf von Bahnen ausgab, sonst etwa durch jährlich 500 Millionen besondere Steuern decken müssen und das wäre ein törichter und unmöglicher Versuch gewesen. Etwas anderes und eine schlechte Finanzwirtschaft ist es, wenn ein Staat für Bedürfnisse, die ständig wiederkehren, die Bezahlung seiner Beamten und seines Heeres z. B., fortgesetzt Geld leiht: dann schiebt die lebende Generation auf die Nachkommen Lasten ab, die sie selbst tragen muß: der Staat wirtschaftet mit einem Defizit, welches die Nachkommen bezahlen sollen. – Das Leihen des Geldes für jene Staatsbedürfnisse nun bewirkt der Staat – und ähnlich verfahren Kreise, Gemeinden usw. – durch Verkauf von Schuldverschreibungen, in denen der Staat die Zahlung bestimmter Zinsen – 3, 3 ½, 4 usw. Prozent einer Schuldsumme – an bestimmten Zahlungsterminen (z. B. 1. Januar und 1. Juli) verspricht an jeden, der zu der betreffenden Zeit als Inhaber der Schuldverschreibung sich melden und ausweisen werde.[5] Wer den Besitz der Schuldverschreibung rechtmäßig – durch Kauf usw. – erwirbt, wird also Staatsgläubiger. Die Schuld zurückzuzahlen verspricht der Schuldner (Staat, Gemeinde usw.) entweder nach einem bestimmten Plan, so daß jährlich eine Anzahl Nummern der Schuldscheine ausgelost und zurückbezahlt („amortisiert") werden, oder er behält sich nur das *Recht* vor, sie zu kündigen, übernimmt aber *keine* entsprechende Pflicht – so ist es bei unsern Reichs- und preußischen Anleihen (sog. „Konsols"). Der Staat (resp. die Gemeinde usw.) kann das, denn den Besitzern der Schuldverschreibungen liegt gar nichts daran, ihr Geld zurückzuerhalten, sie wollen vielmehr die *Zinsen* beziehen, sie sind Mitglieder der besitzenden Klassen, welche auf diese Weise „ihr Vermögen anlegen", das heißt, sich das Recht auf den Bezug eines *Tributes* sichern von den mit diesen Zinsen Belasteten, also hier den Steuerzahlern des Staates oder der Gemeinde, welche die Zinsen der Staats- und Gemeindeschuld durch Steuern aufbringen. Und ebenso ist es mit den „Obligationen", welche Eisenbahnen oder Fabrikunternehmer ausgeben. Krupp z. B. gab kürzlich 24 Millionen Schuldverschreibungen aus zum Ankauf einer Konkurrenzfabrik, und massenhaft sind die Obligationen von Eisenbahnen und Aktiengesellschaften. Die Zinsen werden hier aufgebracht von den Benutzern der Bahn: in den Frachten, den Käufern der Waren: in den Preisen, endlich

[5] Meist werden zur Erleichterung sogenannte Kupons d. h. Abschnitte mit ausgegeben, von welchen man je einen zu den Fälligkeitsterminen abschneidet und dagegen die Zinsen erhebt, so daß man nicht die Schuldverschreibung selbst vorzuweisen braucht.

indem ein Teil dessen, was das Unternehmen einträgt, nicht an die Unternehmer als Gewinn und an die Arbeiter als Lohn, sondern eben an die Tributberechtigten abfließt. Jene alle werden „besteuert“ zur Bestreitung des *Kapital*zinses.

Diese modernen Tributpflichten sind das Produkt einer langen Entwicklung. Einst war der Zins das Zeichen der Unfreiheit. „Unter Brüdern“ lieh man nicht gegen Zins. Ihn nahm der fremde Eroberer als Kopfzins von der Person, als Bodenzins vom Lande, oder der Herr des Bodens von dem Besitzlosen und deshalb nicht Vollfreien, dem er Land lieh. Der Bodenbesitz ist die älteste Quelle von Zinsrechten. Heute ist er es zwar auch noch: zumal die Mietszinsen in den Städten zeugen davon, allein mächtiger ist jetzt jener andere Tributherr. Seine Eigenart ist es, „unpersönlich“ zu sein. Der Zinsbauer steuerte seinem Grundherrn, der ihn persönlich beherrschte und den er kannte, heute kennt der Besitzer zinstragender Papiere diejenigen nicht, deren Einkommen für ihn besteuert wird, und der Gutsbesitzer, der von einer Hypothekenbank Geld gegen Verpfändung seines Grundstücks dargeliehen erhält, kennt die nicht, welche dieser Bank das von ihr so verwendete Geld darleihen und dagegen „Pfandbriefe“, d. h. zinstragende Urkunden erhalten, für welche die Gesamtheit der der Bank zinspflichtigen und verpfändeten Grundstücke weiter verpfändet ist. Die *Unpersönlichkeit* der Beziehungen zwischen Zinsherrn und Zinspflichtigen ist das Charakteristische dieser heutigen Tributpflichten. Deshalb spricht man von der Herrschaft des „Kapitals“ und nicht von derjenigen der Kapitalisten. Wer sind nun die Inhaber dieser Papiere, an welche das Recht auf den Zinstribut geknüpft ist? Das kommt auf die soziale Struktur und Vermögensverteilung innerhalb des einzelnen Volkes an und man muß sich hüten, zu glauben, sie seien *mit Notwendigkeit* an eine dünne Schicht „kuponschneidender Faulenzer“ gebunden. In Frankreich z. B. reicht der Besitz von Staatsschuldverschreibungen und ähnlichen Papieren bis in Volksschichten, welche derartige Papiere bei uns nie zu Gesicht bekommen. Das hat seinen Grund teils in dem Bestehen einer weit breiteren Schicht eines immer noch wohlhabenden Bauernstandes, als wir sie bei uns finden, unleugbar aber auch in der bei den Franzosen üblichen Einschränkung der Kinderzahl („Zwei-Kinder-System“), welche den Zerfall der Vermögen durch Erbteilung hindert, freilich zweifellos andererseits die Gefahr schwerer sittlicher Schäden in sich trägt.[6] In Deutschland rechnet man, bei ca. 11 Millionen Familien mit 50 Millionen Köpfen, daß ca. 10 Millionen Personen Sparkassenbücher besitzen, zwischen 2 ½ – 4 Millionen Kapitalzins in irgendeiner Form beziehen und von die-

[6] Auch in England besitzen Arbeiter nicht selten zinstragende Papiere, dort sind es die großen Gewerkvereine der Trade Unions in Verbindung mit den günstigen Produktionsbedingungen der englischen Industrie und – namentlich – der Weltmachtstellung des Staates zur See, welche einem Teil der Arbeiter Löhne sichern, die unter Umständen eine Vermögensansammlung gestatten.

sen 1 ½ – 2 Millionen solchen in Form von Wertpapierzinsen oder „Dividenden" einnehmen. Damit haben wir die zweite Hauptform des Tributes an das „Kapital", die „Dividende", schon erwähnt. Wir müssen auch sie etwas näher betrachten. Einen anderen Charakter nämlich als jene bisher betrachteten „Obligationen", welche *Gläubiger*-Rechte darstellen, haben die *Aktien* und die ihnen ähnlichen Werte (Bergwerksanteile: sog. „Kuxe", Schiffsanteile: sog. „Schiffsparten" usw.). Sie bedeuten *Anteil*rechte an einem Unternehmen (Eisenbahn, Fabrik usw.). Das geschichtlich Ursprüngliche ist, daß z. B. die „Gewerken", denen ein Bergwerk gemeinschaftlich gehört, selbst den Abbau der Erze durch gemeinschaftliche Arbeit besorgen, die Reeder, denen ein Schiff gehört, alle oder zum Teil die Fahrt persönlich mitmachen. Später, als der Besitz eines großen Schiffes oder der planmäßige Betrieb eines Bergwerks die Aufbringung bedeutender Mittel forderten, schieden sich die Besitzenden allmählich von den Arbeitenden (jetzt: gedungenen Lohnarbeitern). Die anteilsberechtigten Gewerken allein beschließen heute über die Angelegenheiten des Betriebes; von ihnen erhält ein jeder auf seinen Kux anteilsweise das, was über den Arbeitslohn und den sonstigen Bedarf für den Bergwerksbetrieb an Einnahme eingeht, als „Ausbeute" verteilt, und wenn die Einnahmen die Ausgaben nicht decken, muß jeder anteilsweise „Zubuße" zahlen oder seinen Anteil zugunsten der anderen aufgeben.[7]

Etwas anders steht es mit der *Aktien*gesellschaft, einer Form der Vereinigung von Kapitalisten, welche in großem Umfang in Deutschland zuerst für den Eisenbahnbau und -betrieb benutzt wurde, seither aber für Unternehmungen aller Art Verwendung findet. Der Gesellschafter, „Aktionär", leistet für seinen Anteil nur *einen bestimmten* Beitrag, regelmäßig in bar, er ist also nicht im Falle des Verlustes zu Nachzahlungen verpflichtet, wie der Gewerke. Die Summe dieser Beiträge verwendet der (regelmäßig von der „Generalversammlung" der Aktionäre zu wählende) Vorstand der Gesellschaft, um damit z. B. eine Bahn zu bauen, oder eine Fabrik anzukaufen usw., welche dann vom Vorstand für Rechnung der Aktionäre betrieben wird oder aber es überträgt einer der Gesellschafter der neu zu „gründenden" Gesellschaft seine Fabrik, die er bisher betrieb, nach einem verabredeten Geldanschlag als „Einlage" und erhält dafür nach Vereinbarung eine bestimmte Anzahl Anteile, Aktien also, während die anderen für ihre Anteile Geld einzahlen. Braucht die Gesellschaft noch mehr Geld und will sie nicht noch mehr neue Aktionäre zuziehen – „junge Aktien" ausgeben – so macht sie Schulden. Sie kann solche namentlich machen, indem sie verzinsliche „Obligationen" – Schuldverschreibungen – ausgibt. Unbewanderte können nun die Aktien leicht

[7] Der Besitz eines Kuxes – welcher übertragbar ist –, ist also für den Geldbeutel des Inhabers eine ähnlich riskante Sache wie das Arbeiten unter Tage für das Leben des Arbeiters: große Ausbeute wechselt mit der Verpflichtung nachzuzahlen.

mit diesen verwechseln. Auch die „Aktien“ sehen nämlich äußerlich einer Schuldverschreibung ähnlich, denn eine jede lautet über einen Geldbetrag, z. B. über 1.000 Mk., – das bedeutet aber *nicht*, wie bei den Obligationen, daß der Aktionär diese 1.000 Mk. von irgend jemandem als Gläubiger zu *fordern* hat, sondern vielmehr nur, daß er soviel in Geld oder in anderen „Einlagen“ für die Gesellschaft geleistet hat, daß er also soviel bar Geld eingezahlt hat, oder ihm z. B. die Fabrik, die er einlegte, so hoch angerechnet worden ist. Zu *fordern* hat er, solange die Gesellschaft besteht, nur seinen Anteil an ihrem Gewinn, die „Dividende“, und diese natürlich nur, wenn die Gesellschaft einen Gewinn gemacht, d. h. seit Aufstellung der letzten Abrechnung – „Bilanz“ – ihr Vermögen vermehrt hat. Im übrigen hat er einen verhältnismäßigen Anteil an ihrem Vermögen und erhält also, wenn sich die Gesellschaft auflöst, – „liquidiert“ – diesen Anteil, der mehr oder weniger betragen kann, als jene 1.000 Mk., oder auch gar nichts, je nachdem die Gesellschaft bis dahin Gewinn oder Verlust hatte oder etwa nach Abzahlung der Schulden, die sie gemacht hat, nichts oder gar noch weniger als das – unbezahlte Schulden – verblieben sind. Denn wie für den einzelnen Geschäftsmann, wenn er sein Geschäft aufgibt, an Vermögen nur etwas übrigbleibt, nachdem er seine Gläubiger bezahlt hat, so muß auch die Gesellschaft der Aktionäre ihre Gläubiger erst befriedrigen, ehe sie etwas für sich selbst behält. Man nennt deshalb die Schuldverschreibungen der Aktiengesellschaften auch „Prioritäten“ – d. h. vorgehende Rechte – weil die Rechte der Gläubiger (selbstverständlich) zuerst kommen und dann die der Aktionäre. Damit nun für die Gläubiger etwas da sei, ist den Aktiengesellschaften gesetzlich verboten, ihr Vermögen durch Verteilung von angeblichem Gewinn unter die Aktionäre unter den Betrag des „Grundkapitals“, d. h. desjenigen Wertbetrages zu vermindern, auf welchen es durch die Einzahlungen und Einlagen der Aktionäre gebracht war. Sind 100 Aktien über je 1.000 Mk. ausgegeben, so bedeutet das, daß auf jede Aktie, in Geld oder anderen „Einlagen“ mindestens ein Wert von 1.000, zusammen mindestens 100.000 Mk. zusammengebracht war. Bei der „Bilanz“ muß also, wenn man das Eigentum der Gesellschaft, z. B. das Fabrikgrundstück und die Maschinen usw., die vorhandenen Waren, Forderungen, Gelder usw. der Gesellschaft, alles in Geld veranschlagt, zusammenrechnet – die „Aktiva“ – und dann die Schulden – die „Passiva“ – abzieht, sich ein Mehrbetrag der „Aktiva“ über die „Passiva“ von mindestens 100.000 Mk. ergeben, sonst hat die Gesellschaft Verlust erlitten, und erst wenn mehr als 100.000 Mk. Vermögen da ist, darf dies Mehr als „Dividende“ verteilt werden. – Leicht kann durch falschen (zu hohen) Wertanschlag der Vermögensgegenstände in der Bilanz dieser Vorschrift zuwidergehandelt und fälschlich der Schein der Deckung des „Grundkapitals“ erweckt werden, damit zu Unrecht eine Dividende verteilt werde, obwohl gar kein Gewinn gemacht ist, und die Aktien als hohen Wertes erscheinen und von Käufern teuer bezahlt werden.[8] Öfter noch kam es in der „Gründerzeit“ vor 20 Jahren vor, daß die „Gründer“, d. h. die ersten Aktionäre, wenn dies unsolide Bankhäuser waren, welche ihre Aktien gern bald an das Publikum möglichst über ihren wahren Wert loszuschlagen wünschten, Fabriken usw., welche die Aktiengesellschaft übernahm, zu teuer bezahlten, indem sie mit dem bisherigen Besitzer unter einer Decke spielten. Alles dies wird erleichtert durch den auch hier *„unpersönlichen“* Charakter des Kapitals. Der einzelne Aktionär hat in die Führung der Geschäfte nicht hineinzureden, er hat, wenn ein Bergwerk oder eine Fabrik auf Aktien betrieben wird, mit den Arbeitern nichts zu tun, sie kennen ihn so wenig wie er sie, er bekommt die Bücher nicht zu sehen, sondern erhält nur in der Generalversammlung Berichte vom Vorstand vorgetragen; meist beruhigt sich die Mehrzahl der Aktionäre und erscheint auch dort nicht einmal. – Die Anteile sind (regelmäßig) durch einfache Übertragung des Papiers (der Aktie) übertragbar und gehen von Hand zu Hand: Die Aktionäre kennen auch einander gegenseitig nicht. Und doch sind sie Mitinhaber desselben Unternehmens und für die wechselnden Aktionäre arbeiten unter Umständen Tausende von Arbeitern, denen sie niemals im Leben begegnen und auf deren Lage sie, die eigentlichen Unternehmer, deren Vertreter nur der leitende „Direktor“ ist, so gut wie keinen Einfluß haben, für die sie sich jedenfalls, auch ohne irgend besonders gewissenlose Menschen zu sein, regelmäßig schwerlich verantwortlich fühlen werden. – Noch immer ist diese Form der Unternehmung in starker Zunahme begriffen und für *große* Betriebe, die gewaltiger Mittel bedürfen, regelmäßig *heute* völlig unentbehrlich, denn Ansammlungen von Vermögen in einer Hand, wie bei Krupp und Stumm sind seltene Ausnahmen. Für Betriebe solchen Umfangs *müssen* die Mittel vielmehr regelmäßig durch Einlagen einer sehr großen Zahl von Leuten aufgebracht werden, welche gar nicht in der Lage sind, ihre persönliche Mitarbeit dem Betrieb zu widmen, auch gar nichts davon verstehen würden, sondern nur das Interesse haben, Tribut in Gestalt von Dividende zu beziehen. Und auch hier wieder muß man sich hüten zu glauben, daß die Besitzer von Aktien etwa *notwendig* hauptsächlich in den Kreisen der „Großkapitalisten“ zu suchen wären. In England besitzen auch Arbeiter Aktien, bei uns und unsern weit kärglicheren Reichtumsverhältnissen besteht gerade die Gefahr, daß zuviel Aktien in die Hände von Leuten gespielt werden, die nicht viel zu verlieren haben, aber durch gelegentliche hohe Dividenden, von denen sie lesen oder hören, oder sonstige

[8] Es ist deshalb auch ein Irrtum zu glauben, die Aktionäre wenigstens hätten regelmäßig ein bedeutendes Interesse an der richtigen Bilanzaufstellung. Das hat nur ein Teil: derjenige, welcher die Aktien *dauernd* als „Kapitalanlage“ behalten will. Dem andern bringt eine fälschlich zu hohe Dividende doppelten Vorteil: einmal bekommt er mehr Gewinnanteil, als ihm zukäme, und dann findet er auch noch Käufer, die infolge der hohen Dividende die Aktien ihm teurer abnehmen, als sie sonst tun würden.

Reklamen angezogen werden und meinen, weil auf der Aktie z. B. „1.000 Mk." steht, komme ihnen doch wohl irgendwer dafür auf, daß sie diese 1.000 Mark irgendwann von irgendwoher erstattet erhalten.

Das sind die Hauptformen der eigentümlichen Ware, welche den Gegenstand des Marktverkehrs an den „Effektenbörsen" bilden. Man sieht, es sind verbriefte *Tributberechtigungen*, und die moderne Organisation der Wirtschaft führt dazu, daß eine immer steigende Zahl von solchen entsteht und „in Umlauf gesetzt" wird. Der Ingenieur eines Elektrizitätswerkes hilft z. B. durch seine Arbeit den Dividendentribut aufbringen, an welchem etwa der Prokurist einer Papiermühle als Aktionär Anteil hat und besitzt vielleicht selbst Aktien dieser Papiermühle, so daß ihm umgekehrt auch die Arbeit dieses abgabepflichtig ist, und beide besitzen vielleicht Staatspapiere und besteuern so die Gesamtheit der Steuerzahler – einschließlich derer, die ihrerseits solche Tribute nicht in Händen haben, der „Besitzlosen". Unter der heutigen Wirtschaftsordnung würde eine solche gegenseitige Tributpflichtigkeit auch stattfinden, wenn wir einmal uns vorstellten, daß *alle* Vermögen in gleicher oder annähernd gleicher Höhe besäßen: dann steuerten alle an alle, jetzt alle an einen Teil, an die Besitzenden. Die gegenseitige Tributpflichtigkeit *an sich* ist kein notwendiges Zeichen dafür, daß wenige Tributherren und viele Tributpflichtige einander gegenüberstehen. Das Bestehen des Zinses und der Dividende *an sich* ist vielmehr nur ein weiterer Ausfluß der modernen „Verkehrswirtschaft", welche auf der Eigentümlichkeit aufgebaut ist, daß jeder fortgesetzt von dem Ertrage der Arbeit anderer existiert und selbst für den Bedarf anderer arbeitet. Der große Gutsherr der Karolingerzeit, welcher ausnahmslos alles, was er bedurfte: Gespinste, Gewebe, Eisengeräte usw. auf seinem Gut mit seinen hörigen Handwerkern anfertigen ließ – er und diese seine Untertanen waren noch berechtigt zu sagen: „Wir, die Gutsinsassen, leben von dem Ertrage *unsrer* Arbeit aus unserm Boden und nur von diesem und kein anderer lebt mit davon." Der moderne Rittergutsbesitzer mit seinen Arbeitern – auch der größte – kann das Gleiche nicht mehr behaupten: Ställe und Wohnungen bauten Fremde aus fremdem Material, das Ackergerät ist gekauft, ja selbst der Boden ist nicht mehr die naturgewachsene Erde, sondern mit hereingeführtem, künstlichem Dünger, Kali, Phosphaten usw., Produkten fremder Arbeit, bereichert. Diese fremde Arbeit muß entgolten werden und wird entgolten und zwar unter unsrer heutigen Organisation in Gestalt einer „Kapitalrente", des Zinses, den der Hypothekengläubiger, von dem das Geld entliehen war, bezieht. Das ist z. B. oft die Sparkasse, welche die Gelder der kleinen Leute, die sie ihnen verwaltet und für die sie Zins zahlt, gegen Grundstückpfand darleiht, und es zinst also der Grundherr dem Proletarier. Meist freilich zinst er städtischen Bürgern. – Er erntet mehr Getreide aus dem Gut, aber er sitzt nicht mehr auf freier Scholle, er ist angebunden und verflochten in die Wirtschaftsgemeinschaft der Welt draußen. Und noch weit mehr ist es der Fabrikant, der die Rohstoffe, welche Fremde erarbeiteten, zu deren Ankauf er oft wenigstens zum Teil fremdes Geld entleiht, durch „seine" Arbeiter verarbeiten läßt und dann davon abhängt, daß andre sie brauchen können und ihm hoch genug bezahlen wollen. Es ist menschlich, daß er meint, das Produkt sei *sein* Produkt, der Gewinn *sein* Gewinn, die Fabrik *seine* Fabrik und da er ein freier Mann sei, habe ihm eigentlich niemand, auch nicht der Staat, hineinzureden: in Wahrheit ist es die *Gemeinschaft*, deren Arbeit er braucht, nur ein winziger Bruchteil des von ihm „geschaffenen" Wertes enthält „sein" Produkt und wiederum ist es die Gemeinschaft, deren Bedarf nach Waren der von ihm zu Markte gebrachten Art das Gebot ist, welches ihm die Arbeitsstellung zuweist, welche er einnimmt, und dem er gehorchen muß, will er etwas „verdienen".

Eine sozialistische Organisation würde alle einzelnen je an einen Faden binden und diese Fäden in der Hand einer Zentralleitung zusammenlaufen lassen, welche nun jeden einzelnen dahin dirigieren würde, wo sie ihn nach dem Maß ihrer Kenntnis am zweckmäßigsten verwenden zu können glaubt. Die heutige Organisation bindet jeden mit zahllosen Fäden an zahllose andere. Jeder zerrt an dem Fadennetz, um an die Stelle zu gelangen, wohin er möchte und wo er an seinem Platz zu sein glaubt, aber selbst, wenn er ein Riese ist, und viele der Fäden in seiner Hand zusammenfaßt, wird er vielmehr von den andern dorthin gezerrt, wo gerade ein Platz für ihn offen ist.

Doch zurück zu unserm Thema.

Fortgesetzt entstehen neue Bedürfnisse von Staaten, Gemeinden, Grundbesitzern, Fabrik- und Eisenbahngesellschaften, Geld gegen Verkauf von zins- oder dividendetragenden Papieren „aufnehmen" zu können. Fortwährend sind andererseits zahlreiche Personen in der Lage, ihr Geld in solchen „anlegen" zu können. Ein immer steigender Teil des Volksvermögens wird in solchen Tributrechten zum Ausdruck gebracht und in Umlauf gesetzt. Man rechnet das deutsche Volksvermögen, d. h. die Summe der einen Ertrag irgendwelcher Art gewährenden Güter in Deutschland, in Geld veranschlagt, zu etwa 180 Milliarden Mark und die bisher vorliegenden Berechnungen machen wahrscheinlich, daß 3/7 davon in zins- oder dividendetragenden Rechten, Hypotheken, Aktien, Obligationen aller Art bestehen. Jährlich wird etwa 1 Milliarde (1.000 Millionen) Mark neu erspart und zur „Anlage" verfügbar. Für mehr als die Hälfte dieser riesenhaften Beträge – alle die, welche die Form der oben beschriebenen Wertpapiere angenommen haben – bildet die Effektenbörse den Markt, wo sie angeboten und gekauft werden, wie die Lebensmittel auf den Lebensmittelmärkten. Man sieht zugleich die Unentbehrlichkeit und die Riesenhaftigkeit dieses Marktes. –

Wie ist nun dieser Markt, die Produkten-, Wechsel-, Effektenbörse, – zunächst äußerlich – organisiert? Die ältesten Börsen, in den Niederlanden im 15. Jahrhundert, waren einfach internationale Versammlungen von Kaufleuten, welche dorthin reisten und ihre Waren veräußerten. Allmählich aber kam das Reisen der Händler als Zeitverschwendung ab, man sandte seine Kauf- und Verkaufsaufträge durch Korrespondenz an den Börsenplatz hin, wie noch heute, und es bildete sich eine Klasse von Kaufleuten, welche aus der Besorgung dieser Aufträge einen Beruf machten und daneben selbst für ihre eigene Rechnung an der Börse handelten – ein Stand *berufsmäßiger Börsenhändler*. Diese vereinigen tatsächlich in ihrer Hand den Geschäftsbetrieb an der Börse. Dies einfach deshalb, weil sie allein den „Markt" *kennen*, täglich jahraus jahrein damit zu tun haben und wissen, oder doch vermuten können, welche Waren und Papiere voraussichtlich besonders begehrt oder billig zu haben sein werden. Nicht weil das Gesetz sie privilegierte, sondern *deshalb* haben sie eine monopolartige Stellung, weil jeder andere, auch wenn er sich auf die Börse begibt und man ihn am Verkehr teilnehmen läßt (z. B. in Paris und Hamburg ist die Börse jedem ausnahmslos zugänglich), schwerlich durch Beteiligung am Geschäft Vorteil zu ziehen oder auch nur rein äußerlich sich über die Art des Geschäftsschlusses zu informieren wissen, sondern vielmehr sich ziemlich „von Gott verlassen" vorkommen wird. Denn dieser Riesenmarkt ist selbstverständlich auch ebensoviel komplizierter als ein gewöhnlicher Wochenmarkt, als er größer ist. Im allgemeinen ist vielmehr derjenige, welcher nicht *berufsmäßig* Börsenhändler ist, wenn er an der Börse kaufen oder verkaufen will, darauf angewiesen, sich an einen Börsenhändler zu wenden, damit dieser als *„Kommissionär"* für seine Rechnung das Geschäft abschließt; dafür macht sich der Börsenhändler in der einen oder anderen Form bezahlt – wie, werden wir in einem späteren Heft erörtern.

Die ältesten Börsen waren Versammlungen auf einem offenen, zuweilen eingehegten Platz. Später meist und jetzt wohl immer finden diese Versammlungen in geschlossenen großen Sälen statt. Von jeher bedurfte es naturgemäß eines Organs, welches die Marktpolizei handhabte. Das ist ebenso jetzt, es sind überall Kommissare bestellt, welche die Ordnung aufrechterhalten. – Daneben aber kannte die ältere Markt- und Börsenorganisation noch ein Glied, – und der überwiegende Teil der Börsen, darunter die deutschen, kennt es noch jetzt – welches den speziellen Zweck hat, die möglichste Beschleunigung des Abschlusses der Geschäfte herbeizuführen: die *„Makler"*. Der Gegensatz gegen die Kommissionäre bestand – wir werden später erörtern (im nächsten Heft), wie sich das geändert hat – darin: der Kommissionär schließt das Geschäft als Beauftragter selbst ab und verrechnet sich mit seinem Auftraggeber, dem er die gekauften Waren dann gegen Erstattung der Auslagen und der „Provision" – z. B. 1, ½, ⅛ von je hundert des Betrages – überweist, er ist es, durch dessen Vermittelung die *außerhalb* der Börse befindlichen an dem Handel, der sich darin abspielt, teilnehmen. Der Makler dagegen ist nur Vermittler, und zwar (normalerweise) nur *zwischen den Börsenbesuchern* auf der Börse selbst. Er erhält von dem Börsenhändler – sei es, daß dieser für sich, sei es, daß er als Kommissionär für jemand draußen ein

Geschäft machen will, den Auftrag, ihm – z. B. – jemand nachzuweisen, der 100 Aktien einer bestimmten Gesellschaft oder 100 Zentner Weizen abnehmen und dafür mindestens x Mark zahlen wolle. Seine Sache ist es, einen solchen zu finden, hat er ihn gefunden, so überbringt er ihm das Angebot (die „Offerte") und nimmt die Erklärung, daß dasselbe angenommen sei, entgegen. Über das so zustande gekommene Geschäft, welches er sich zunächst in einem Notizbuch notiert, stellt er jeder der Parteien eine gleichlautende Bescheinigung, die sog. „Schlußnote", zu[9] und erhält dann – von jeder Partei normalerweise zur Hälfte – die übliche „Courtage": z. B. 1, ½ usw. vom Tausend des Betrages als Entgelt für seine Mühewaltung. Er ist also nach dem Gedanken, der seiner Stellung zugrunde liegt, das Werkzeug, welches die ausgestreckten Hände von Angebot und Nachfrage zusammenführt, so daß sie sich fassen können. Seine Unentbehrlichkeit beruht darauf, daß sonst bei der großen Zahl der Börsenbesucher – an den größten Börsen verkehren mehrere Tausend – die Wahrscheinlichkeit, sich zu treffen, für die Kaufs- und Verkaufslustigen gering, jedenfalls unerhört zeitraubend wäre. Der Geldwert der *Zeit* aber ist seit Jahrhunderten im Handel enorm gestiegen. – Der einzelne Makler vermittelt meist – wir werden das im einzelnen noch sehen – Geschäfte in einem oder mehreren bestimmten Gegenständen (z. B. in Aktien der Berliner Diskonto-Gesellschaft), man kennt diejenigen Makler, an welche man sich zu wenden hat, wenn man in diesem Gegenstand Geschäfte machen will und in ihrer Hand läuft daher alles zusammen, was an Angebot und Nachfrage „zu Markte" kommt. –

Auf diese Art sorgt die Börse wie der Markt dafür, daß Käufer und Verkäufer sich zu finden vermögen. Allein das ist nicht der einzige Grund ihrer Bedeutung. Auch der Bauer fährt mit seinen Produkten, welche er in die kleine Landstadt bringt, zum *Markt*, und *nicht* etwa vor die Türen der einzelnen Häuser von Städtern, die sie vielleicht brauchen könnten, nicht nur deshalb, weil dies eine unerhörte Zeitvergeudung bedeuten würde. Sondern vor allem deshalb bringt er sie zu *Markt*, weil er dort den höchst-möglichen Preis zu erzielen hofft. Hier trifft der Käufer mit allen oder den meisten Verkäufern, der Verkäufer ebenso mit den Käufern zusammen und beide können gegenseitig übersehen, ob ihnen ein andrer der Anwesenden günstigere Bedingungen bietet, als der, mit welchem sie eben verhandeln. Im allgemeinen werden infolge der so entstehenden „Konkur-

[9] Es ist – beiläufig – angesichts mancher Dinge, die der Börsenspekulation, und zum Teil mit Recht, vorgeworfen werden, immerhin bemerkenswert, daß alle die zahllosen Vereinbarungen über Geschäfte sich durchweg mündlich und keineswegs so, daß etwa regelmäßig Zeugen zu haben wären, vollziehen, und es doch so gut wie niemals vorkommt, daß jemand, auch ein sonst wenig bedenklicher Spekulant, das Zustandekommen einer Vereinbarung bestreitet, auch wenn ihm das Geschäft gewaltigen Verlust bringt. Der Betreffende wäre fortan völlig unmöglich auf der Börse, denn die absolute Zuverlässigkeit des Wortes ist Grundlage ihres Bestehens.

renz" der Reflektanten untereinander Waren gleicher Art und Güte auf dem Markt unter geringen Abweichungen zu etwa dem nämlichen Preise ge- und verkauft werden. Dieselbe Rolle spielt die Börse, nur daß der dort für einen Gegenstand bestimmter Art und Güte, in einem bestimmten Moment sich ergebende Preis – der „Börsenkurs" des Tages bzw. der Stunde – eine Bedeutung von ungleich gewaltigerer Tragweite hat. In die Spalten der Zeitungen, welche täglich die an der Berliner Produktenbörse für Getreide, Sprit usw. gezahlten Preise veröffentlichen, blickt der Getreide-, Sprit- usw. Händler und der Landwirt in ganz Ostdeutschland. Der Getreidehändler berechnet sich: der Preis für die Tonne (1.000 Kilogr.) Getreide ist X Mark, ungefähr dafür also werde ich Getreide verkaufen können. Y Mark kostet die Eisenbahnfracht nach Berlin; wenn ich Z Mark an der Tonne verdienen will, kann ich mithin höchstens X weniger Y weniger Z Mk. an meine Kunden bezahlen. Er sagt also dem Landwirt, der ihm sein Getreide bietet: ich bin bereit zu zahlen „so und so viel (nämlich wenigstens Y + Z) Mk. unter der heutigen Berliner Kursnotiz für Getreide". In dieser Art wird der größte Teil der ostdeutschen Getreideernte verkauft, ebenso fast der sämtliche dort gebrannte Sprit den Produzenten abgekauft, für sie ist dieser Börsenkurs und seine Höhe eine *Lebensfrage*. Bestände die Börse nicht, so hätten sie gar keine Möglichkeit, ungefähr zu kontrollieren, wieviel Profit der Getreidehändler an dem Getreide macht, das er ihnen abnimmt, und wären seinem Belieben ausgeliefert. – In die Spalten der Zeitungen, welche die Kurse von Staatspapieren, Aktien usw. enthalten, sieht andererseits der Besitzer von solchen Papieren, um sich zu vergewissern, wie hoch an der Börse der Wert dessen, was er daran besitzt, veranschlagt wird. Er kauft mit Vorliebe „börsengängige" Papiere und leiht sein Geld meist nicht direkt irgendeinem soliden Geschäftsmanne oder Landwirt, der *es* brauchen kann, und ihm verzinst. Einmal weil es reiner Zufall ist, ob er gerade einen solchen findet. Vor allem aber auch deshalb, weil er es von ihm nicht jeden Augenblick wieder haben kann, sondern warten muß, bis die Schuld fällig ist: er könnte ja die Forderung einem andern, der sie ihm abnehmen und ihm dafür Geld geben will „zedieren" (d. h. übertragen), aber ob er einen solchen findet, und was dieser ihm zu zahlen bereit ist, fragt sich sehr. Bei einem Papier dagegen, welches an der Börse regelmäßig gehandelt wird, ist er jeden Augenblick, wenn er sein Geld braucht, sicher, einen Käufer an der Börse zu finden, zu ungefähr dem Preise, den er aus der Zeitung ersehen kann. Die Ziffern des Kurszettels sind für ihn ein Thermometer, aus dem er täglich sieht, wie hoch er das Vermögen, welches er besitzt, veranschlagen darf.

Auf diesen Umständen vornehmlich beruht die ungeheure Bedeutung, welche die Börsen für die Volkswirtschaft gewonnen haben, deren Regulatoren und Organisatoren sie heute zu werden begonnen haben, immer mehr werden, und solange die heutige Gesellschaftsordnung auch nur in irgend annähernd ähnlicher

Art bestehen wird, auch werden *müssen*. Zugleich zeigt sich aber auch, von welch ungeheurer Wichtigkeit es ist, daß die Bildung und Feststellung des Preises („Kurses“) auf der Börse sich in solider und richtiger Weise vollzieht. Für die Ermittelung der Preise, welche in den an der Börse gehandelten Waren und Papieren an den einzelnen Tagen gezahlt worden sind, haben alle Börsen Einrichtungen getroffen. Fast alle, speziell die größte deutsche Börse: die Berliner, geben ein amtliches „Kursblatt“ heraus, durchweg unter Mitwirkung der Makler, welche die Geschäftsabschlüsse vermittelt haben, dessen Inhalt dann die Zeitungen abdrucken. Wie diese „Kurse“ zustandekommen und in welcher Art und zwischen welchen Personen sich der Geschäftsverkehr, dessen Resultat sie sind, an der Börse abspielt, werden wir uns noch im einzelnen in einem weiteren Heft ansehen.

Die langen Zifferreihen am Schluß der Zeitungen, welche der Leser, welcher weder Kapitalist noch Geschäftsmann ist, überschlägt, sind nicht nur für die Kapitalisten und Geschäftsleute von Bedeutung, sondern die Art, wie sich im Laufe der Jahre die trocknen Zahlen darin ändern, bedeuten Aufblühen und Niedergang ganzer Produktionszweige, an deren Bestand heute Glück und Elend von Tausenden hängt.

Wir sehen: die wesentliche Grundlage und die Einrichtungen der Börsen müssen in der Hauptsache gleichartige sein, weil die Bestimmung der Börse überall dieselbe ist.

Trotz dieser grundsätzlichen Gleichartigkeit der wesentlichen Zwecke zeigt aber die Organisation der Börse in den einzelnen Ländern höchst auffällige Verschiedenheiten, deren Hauptformen wir kurz an Beispielen betrachten wollen.

Die größten *englischen* und *amerikanischen* Börsen haben – nicht alle, aber gerade die bedeutendsten – den Charakter geschlossener Klubs der berufsmäßigen Börsenhändler. Regelmäßig voneinander getrennt sind Fonds- und Produktenbörsen und oft diese noch in weitere Spezialbörsen. Jede bildet einen sich selbst verwaltenden Verein, der regelmäßig als Korporation *selbst beschließt*, wen er in seine Mitte aufnehmen will. Die einzelnen Plätze an der Börse sind, wie früher allgemein und zum Teil noch die Kirchensitze bei uns, erblich und verkäuflich und kosten ganz bedeutende Summen, und nur wer einen Platz erworben hat und in den Verband aufgenommen wird, kann am Börsenhandel direkt teilnehmen, alle anderen müssen sich eines der Zugelassenen als Kommissionär – broker – bedienen, wenn sie Geschäfte machen wollen.[10]

[10] So kann in Neuyork zwar jeder in die Börsenhalle hinein, aber innerhalb derselben befindet sich eine von Schranken umgebene amphitheaterartige Estrade, innerhalb der nur die zugelassenen Börsenhändler sich aufhalten und Geschäfte schließen: man kann herantreten und, wenn man den Kredit eines der Händler genießt, ihm den Auftrag zu einem Geschäfte geben. Zum Raum der Londoner Fondsbörse hat niemand Zutritt als die zugelassenen brokers, Kommissionäre, und dealers, Händler.

Um in einen solchen Börsenhändlerverband eintreten zu können, muß aber nicht nur der Platz erworben werden, sondern regelmäßig fordert der Verband noch eine bedeutende Kaution, damit, wer mit dem Eintretenden Geschäfte macht, auch sicher sei, daß er imstande sein wird, seinen Verpflichtungen nachzukommen.[11] Hier ist also die Börse offen als Monopol der Reichen organisiert, die berufsmäßigen Händler haben sich nach Art einer Zunft des Handels allein bemächtigt, sie allein setzen die Usancen fest, d. h. die Bedingungen, unter welchen ein für allemal die Geschäfte an der Börse als geschlossen gelten, der Staat weder, noch sonst jemand hat ihnen hineinzureden. Sie bilden eine Art „Geld-Aristokratie" des Börsenhandels.

Scheinbar den größten Gegensatz dazu stellt die größte französische, die *Pariser* Fondsbörse dar. Hier existiert kein geschlossener Verband von Börsenhändlern, es hat jedermann wie zu einem offenen Markt unmittelbar Zutritt und kann – *wenn* ihm jemand Kredit gibt! – am Handel teilnehmen. Man sieht zuweilen Arbeiter in blauer Bluse ihre Anweisungen auf Staatsschuldscheine, die sie erworben haben, an die Börse weiter verkaufen. Der Börsenhandel ist äußerlich demokratisch eingerichtet wie der Staat. Aber das hat seine Grenze. Gerade die französische Fondsbörse war von jeher eine *politische* Einrichtung, die der *Staat* für politische Zwecke dienstbar machte und in deren Organisation er dementsprechend nach Belieben eingriff. So finden wir an den 7 größten französischen Fondsbörsen, besonders der Pariser, das Institut des parquet, d. h. eines privilegierten Verbandes vom Ministerium zugelassener Makler „Agents de change". Diese Makler haben nach dem Gesetz allein das Recht, Geschäfte an der Börse gegen das übliche Entgelt (die Courtage) zu vermitteln, jeder, der einen Makler braucht, soll sich an einen von ihnen wenden und, wie schon eben gesagt, in 9 von 10 Fällen muß jemand, der ein Geschäft machen und schnell jemand finden will, mit dem er es macht, sich eines Maklers bedienen. Sie haben also das Monopol der Geschäftsvermittelung und damit sind ihnen Einkünfte von gewaltigem Umfang gesichert. Für den ganzen ungeheuren Verkehr der Pariser Börse gibt es solcher konzessionierter Makler nur sechzig. Und da jeder derartige Makler das Recht hat, wenn er sich zur Ruhe setzt, seinen Nachfolger selbst vorzuschlagen, also seine Konzession (ähnlich wie etwa die Apotheker bei uns) zu übertragen, so sind die Stellen tatsächlich verkäuflich und man zahlt jetzt etwa 2 Millionen Franken für eine solche. Jeder Makler muß außerdem eine Kaution von 250.000 Franken hinterlegen. Diese Monopolmakler sind also

[11] Entweder müssen sich wohlhabende Personen für ihn verbürgen – so in London 2 Personen in Höhe von je 500 Pfund Sterling (10.000 Mark) – oder er muß einen Betrag in Geld oder Wertpapieren deponieren. Wer jemals seine Zahlungsverpflichtungen nicht hat erfüllen können, bleibt meist dauernd ausgeschlossen, und ziemlich streng ist auch die Disziplin gegen solche, welche sich unlautere Praktiken zuschulden kommen lassen.

Millionäre.[12] Durch ihre Hände läuft also ein gewaltiger Bruchteil – etwa die Hälfte – aller Geschäfte der Fondsbörse. Sie haben ihren Platz innerhalb eines mit Schranken umgebenen Raumes, und der Unterschied gegen die großen englisch-amerikanischen Börsen ist also nur der, daß hier nicht der ganze Börsenverkehr, sondern nur gewissermaßen dessen innerster Kern, das letzte Bindeglied zwischen Käufer und Verkäufer, das Monopol einer privilegierten Personengruppe bildet.

Die deutschen Börsen sehen sich untereinander verschieden an. Greifen wir die größten: also die Berliner, Hamburger, Frankfurter heraus, so finden wir zunächst, daß die Börsen für alle Arten Geschäfte – in Effekten und Produkten – an demselben Ort zusammengelegt, konzentriert sind, was in Frankreich und England regelmäßig nicht der Fall ist. Innerhalb des Börsengebäudes scheiden sich natürlich die einzelnen „Märkte". So finden die Produktengeschäfte in Berlin im hintersten der drei großen Räume des Börsensaales statt, und innerhalb der Fondsbörse haben wieder die einzelnen großen Papiere: Russische Banknoten, Diskonto-Kommandit-Aktien usw. ihre Stelle, wo gewohnheitsmäßig sich in ihnen der Handel vollzieht. – Näher zugesehen, sieht ferner die *Hamburger* Börse anders aus als die preußischen. Die Hamburger Börse ist ein überdeckter Markt. „Das gesamte männliche anständige Publikum" kann sie besuchen; wem sie gerade auf dem Wege liegt, der benutzt sie als Durchgang. Schiffer und fremde durchreisende Kaufleute besuchen sie und schließen dort Fracht- und andere Geschäfte ab. An ständigen Besuchern finden wir neben den berufsmäßigen Börsenhändlern, die entweder für sich oder als Kommissionäre für andere Geschäfte machen, die *Makler*. Es existieren aber keinerlei nach Art der Pariser Agenten bevorrechtigte Vermittler, es steht jedem frei, das Maklergewerbe auszuüben, er hat sich nur den allgemeinen Pflichten jedes Maklers – Führung bestimmter Bücher, in denen er die vermittelten Geschäfte notiert, Ausstellung der Schlußnoten (s. o.) usw. – zu unterziehen. Hier ist also das Prinzip des „freien Marktes" konsequent durchgeführt. Nur die äußere Leitung hat die Handelskammer, eine staatlich eingerichtete Vertretung der Kaufmannschaft. – Ein eigentümliches Mittelding zwischen den streng geschlossenen Börsenkorporationen Englands und Amerikas und dem Zustand in Hamburg stellen nun die preußischen, so namentlich die Berliner Börse dar. Die preußischen Börsen sind staatlich konzes-

[12] Obwohl der Verkehr z. B. in Paris ein so gewaltiger ist, daß die 60 konzessionierten Makler ihn gar nicht allein bewältigen können, sondern wohl oder übel das Vorhandensein anderer, nicht konzessionierter – der sogeannnten Coulisse, – dulden müssen, so haben sie es doch in der Hand, da das Gesetz die Coulisse nicht zuläßt, jeden nicht konzessionierten Makler zur Bestrafung anzuzeigen und „zum Tempel hinauszujagen". Sie können also jedenfalls dafür sorgen, daß ihnen, den konzessionierten, von den „Coulissiers" ein so großer und gewinnbringender Teil der Geschäfte ungestört überlassen bleibt, wie sie irgend zu erledigen imstande sind.

sioniert und stehen unter der Leitung der Handelskammern, d. h. der gewählten Vertretungsorgane des größeren Handelsstandes, in Berlin der ähnlich gearteten „Ältesten der Kaufmannschaft". Diese entscheiden in letzter Instanz über die für die Geschäfte maßgebenden Usancen und bestellen (in der Hauptsache) die Organe – Börsenkommissare und Deputierte –, welche die äußere Ordnung auf der Börse aufrechtzuerhalten haben, daneben Schiedsgerichte zur Entscheidung solcher Streitigkeiten, welche freiwillig vor sie gebracht werden, – in einzelnen, hier nicht weiter interessierenden Streitfragen, sind nach den Geschäftsbedingungen die Parteien verpflichtet, der Entscheidung derartiger Schiedsgerichte sich zu unterwerfen. Ein geschlossener Verein ist die Börse nicht, andererseits hat auch nicht jeder Zutritt, sondern dazu bedarf es des Besitzes einer Einlaßkarte. Diese aber wird gegen eine nicht erhebliche Gebühr jedem Einheimischen erteilt, der glaubhaft dartut, daß er zum Zweck des Handels die Börse besuchen will und von Mitgliedern der Börse zur Aufnahme empfohlen wird – eine Empfehlung, die den, der sie gibt, zu nichts verpflichtet und deshalb von jedem ohne Ausnahme erlangt werden kann. Zeitweise ausgeschlossen werden Leute, welche die Ordnung stören, Börsenmitglieder beleidigen, falsche Gerüchte verbreiten und Zahlungsunfähige – eine Disziplin aber von der Strenge der englischen existiert auf unserer Börse nicht. Auch frühere Bankerotteure erhalten regelmäßig nach einiger Zeit wieder Zutritt. Die Machtmittel der Börsenvorstände sind gering. Andere Strafen als die zeitweise Ausschließung gibt es gegen Händler nicht.[13]

Neben den berufsmäßigen Händlern, Vertretern der Bankhäuser und Kommissionären finden wir auch an den preußischen Börsen die Makler. Auch bezüglich ihrer nimmt unsere Börse eine Mittelstellung ein, hier zwischen den konzessionierten Agenten in Paris und der gänzlichen Freigabe des Maklergewerbes in Hamburg. Es kann jeder das Maklergewerbe betreiben und es existieren zahlreiche „freie" Makler, deren Geschäftsbetrieb ebensowenig wie der der Hamburger Makler einer Kontrolle unterliegt. Eine Sonderstellung nehmen aber die von den Regierungen auf Vorschlag der Börseninstanzen bestätigten *„vereidigten"* Makler ein. Sie haben als Vermittler keinerlei Vorrechte und sind namentlich nicht, wie die Pariser Agenten, allein zur Vermittlung berechtigt, – man kann sich nach Belieben an einen vereideten oder unvereideten Makler wenden. Eine bevorrechtete Stellung besteht – von unbedeutenden Vorrechten bei Zwangsverkäufen usw. abgesehen – nur an der Effektenbörse und nur insofern sie allein bei

[13] Auf Grund einer rein privaten Abmachung z. B. mit einer größeren Anzahl Firmen haben die Ältesten in letzter Zeit begonnen, auf ein besonderes ehrenrühriges Verfahren: den Abschluß von Geschäften mit Kommis usw. ohne Wissen des Prinzipals – wodurch erstere zur Untreue geradezu verleitet werden – eine „Rüge" zu setzen. Wenn aber ein so „Gerügter" sich die Rüge einfach verbittet, wäre damit die Sache erledigt, denn ein Recht dazu existiert nicht.

der Feststellung der Tages*kurse* für die einzelnen Papiere gefragt werden. Grundsätzlich – nicht durchweg tatsächlich – werden nur die durch sie vermittelten Geschäftsabschlüsse bei der Ermittlung und Notierung der angebotenen, verlangten und gezahlten Preise berücksichtigt.[14] Nun werden wir aber noch sehen, daß in vielen Fällen der ein Geschäft Schließende ein Interesse daran hat, daß dasselbe bei Feststellung des Börsenpreises berücksichtigt wird. Das ist z. B. namentlich bei den Kommissionären der Fall, deren Kunden draußen durch die Zeitung den Kommissionär kontrollieren, ob er ihnen auch den richtigen – d. h. den an der Börse ermittelten und notierten – Preisbetrag verrechnet. Solche Reflektanten sind also der Regel nach – nicht bei allen Arten von Geschäften, wie wir später sehen werden – auf die vereidigten Makler mehr oder weniger angewiesen. Im übrigen haben diese letzteren nur Pflichten vor den übrigen Maklern voraus: sie sollen vor allen Dingen keine eigenen Geschäfte machen, sich auch nicht dafür verbürgen.[15] – Bei uns gehört also zur Ausübung des Maklergewerbes nicht ein derartiges Vermögen, wie es der Pariser Agent besitzen muß. Es ist im Gegenteil nichts Seltenes, daß zahlungsunfähig gewordene Kaufleute zu Maklern bestellt werden, um sich in dieser Stellung wieder „emporzuarbeiten". Ebenso muß man sich hüten zu glauben, der Stand der berufsmäßigen Börsen*händler* sei bei uns im allgemeinen ein Stand reicher Leute. Man kann im Gegenteil sagen, daß die Vermögensunterschiede gerade der Börsenhändler mit die schroffsten sind, die es in einem Stande geben kann. Es ist in diesem Punkt eine äußerst „gemischte" Gesellschaft – von den Vertretern der größten Banken, die Kapitalien von 50 und mehr Millionen Mark hinter sich haben, bis zu dem kläglichsten armen Schacher, der an den kleinen Preisschwankungen, auf die er spekuliert, sich von Tag zu Tag sein Dasein fristet. Große Vermögen werden zuweilen an der Börse „verdient", meist freilich so, daß an sich schon große Vermögen ungemessen anschwellen, unter einem Aufwand von Nervenanspannung, der die Existenz eines Spekulanten durchaus nicht so beneidenswert gestaltet, wie mancher sie träumt. Aber man darf nicht glauben, daß der Börsenhändler durchweg den Marschallstab des Reichtums im Tornister trage. – Der Stand der Börsenhändler bildet bei uns infolge dieser riesigen Unterschiede in keiner Weise eine so (verhältnismäßig) einheitliche Klasse wie die Mitglieder der großen englischen Börsenkorporationen. Das ist in mehr als einer Hinsicht ein schwerer Schaden.

Wer außerhalb der Börse steht, ist leicht geneigt, das Hauptgewicht bei ihrer Beurteilung darauf zu legen, daß hier nicht selten lotterieartige Gewinnste erzielt werden, deren Erwerb verhältnismäßig „mühelos" erfolgt und daß andererseits

[14] Über die Art der Kursermittelung s. den zweiten Teil.

[15] Daß und warum diese Vorschrift trotz des Maklereides täglich umgangen wird, werden wir gleichfalls später sehen.

die Ersparnisse langjährigen Fleißes im Börsenspiel verloren werden, zu welchem Agenten und Annoncen übel berufener Kommissionshäuser Leute, welchen nicht der geringste Beruf zur Teilnahme am Börsenhandel zukommt, verleiten. Die Vorschläge, welche die in den letzten 2 Jahren zur Untersuchung der Börsenverhältnisse versammelt gewesene Kommission (Börsen-Enquete-Kommission) gemacht hat, wollen mit Recht die *Verleitung* zu unwirtschaftlichem und gefährdendem Börsenspiel nach Art des Wuchers unter Strafe stellen und die Geschäfte für rechtlich nichtig erklären. Soweit durch sonstige Maßregeln – einige der in Frage stehenden besprechen wir im folgenden Heft – die Ausbeutung des Privatpublikums verhindert und überhaupt der Teilnahme Unberufener, welche dem berufsmäßigen Börsenhandel fernstehen, am Börsengeschäft wirksam vorgebeugt werden kann, müssen diese ergriffen werden. Man muß sich freilich hüten, immer die stärksten Schreier auch für die bewährtesten Kritiker zu halten: zumal gewisse politische Kreise, welche jeden Feldzug gegen die Börse an der Spitze mitmachen, wissen ihrerseits nur zu gut darin Bescheid und verschmähen dort gemachte Gewinnste nicht, während sie Verluste ungern bezahlen. Und man darf – leider – auch die Aussichten, das Publikum von der Beteiligung an Spekulationen fernzuhalten, nicht allzu optimistisch ansehen.

Allein es muß vor allem daran erinnert werden, daß der *wesentlichste* Gesichtspunkt, unter dem man politisch und sozialpolitisch die Börse und ihre Schäden betrachtet, unmöglich der sein kann: Denjenigen, welche „nicht alle werden", und ihr Vermögen auf der Börse riskieren wollen, dessen Besitz unter allen Umständen zu garantieren. Sondern angesichts der völlig unentbehrlichen Funktion, welche die Börse im Wirtschaftsleben zu versehen hat, ist ungleich wichtiger die Frage: 1. Erfüllt die Börse heute im allgemeinen trotz jener Exzesse die ihr zufallenden volkswirtschaftlichen Funktionen – dieser Frage werden wir erst im II. Teil näher treten können; schon hier dagegen können wir einer entscheidenden Vorfrage näher treten, nämlich 2. der Frage, ob die Personengruppen, in deren Hand diese Funktionen bei unserer heutigen Börsenorganisation gelegt sind, nach ihrer Eigenart die erforderliche Garantie bieten können. Diese Frage ist wichtiger als Lamentationen über einzelne schwindelhafte Praktiken. Wir werden (im II. Teil) noch sehen, daß es keine Geschäftsformen und Manipulationen an der Börse gibt, welche, um ihrer Form willen, *an sich* „reell" oder „unreell" wären, sondern nur reelle oder unreelle *Geschäftsleute*, welche sich dieser Formen bedienen. Auf die *Personen* kommt es an. Deshalb gibt es an sich gegen Mißbräuche keine einschneidendere Maßregel, als die Einführung eines aus Standesgenossen zusammengesetzten *Ehrengerichtes*, wie es die Börsen-Enquete-Kommission vorschlägt, – welches die geschäftliche Praxis der Standesgenossen, wenn Beschwerden erhoben werden, einer Prüfung unterzieht und gegebenenfalls Ehrenstrafen, eventuell die Ausschließung von der Börse, verfügt. Aber: ein wirksames „Ehrengericht“ setzt voraus, daß ein gemeinschaftlicher und gleichartiger Ehrbegriff innerhalb des Standes *vorhanden* sei. Das ist bei uns unzweifelhaft nicht der Fall und kann es nicht sein bei der Einrichtung unserer Börse, welche jedem unterschiedslos ihre Tore öffnet. Vor allem besteht keine auch nur annähernde persönliche Gleichstellung zwischen den in ihrer Vermögenslage und ihren Anschauungen grundverschiedenen Besuchern der Börse. – Die Londoner Fondsbörse ist „plutokratischer“ organisiert, da sie, wie wir sahen, immerhin bedeutende Vermögenseinlagen und Bürgschaften als Vorbedingung des Zutritts zum Börsenhandel fordert. Man darf aber deshalb, weil unsre Börse auch den annähernd Mittellosen Zutritt gewährt, nicht etwa glauben, daß bei uns die Vorherrschaft der großen Kapitalien auf der Börse abgemindert sei. Davon ist auch nicht im Entferntesten die Rede, *im Gegenteil*: sie vollzieht sich bei uns nur in verhüllterer Form und deshalb unter einem weit geringeren Druck des Verantwortlichkeitsgefühls: der Großkapitalist verweist, zur Rede gestellt, auf die zahlreichen, „unlautern Elemente“, welche am Börsenhandel beteiligt seien. Diese Elemente finden sich nun gewiß keineswegs nur in den minder bemittelten Schichten der Börsenhändler, denn Ehrenhaftigkeit der Gesinnung geht mit nichts weniger Hand in Hand als mit der Größe des Geldbeutels. Allein eins ist sicher: heute *können* nur „starke Hände“, d. h. große Kapitalien die Funktionen wahrnehmen, welchen der Börsenhandel dient. Die viel beklagte Konzentration großer Kapitalien in den Händen der Banken ist innerhalb gewisser Schranken schlechterdings unentbehrlich für unsere heutige volkswirtschaftliche Organisation. Der kleine Spekulant, welcher in kleinen Preisdifferenzen zu verdienen sucht und die Börse zu einem Ort macht, auf welchem er ein Vermögen, welches er nicht besitzt, erst erjagen möchte, erfüllt gar keinen volkswirtschaftlichen Zweck; das was für ihn an Verdienst abfällt, zahlt die Volkswirtschaft ganz unnötigerweise, an einen überflüssigen Schmarotzer. Welche gewaltigen Gefahren die großen Kapitalisten auf der Börse zu Zeiten über Volksvermögen bringen können, das werden wir noch weiter sehen, und auch, ob und was etwa zur Einschränkung dieser Gefahren sich tun läßt. Aber während ihre Mitwirkung andererseits ganz *unentbehrlich* ist und eine nationale Wirtschaft, welche, keine konzentrierten Kapitalmächte besäße, damit nur in die Abhängigkeit von *ausländischen* Kapitalisten geriete, ist der kleine Börsenspekulant ein Mann, welcher seine Arbeit nützlicher irgendeiner andern Tätigkeit zuwenden würde. Er vor allem aber hindert das Entstehen einer in ihrer allgemeinen, gesellschaftlichen Vorbildung, Erziehung und Stellung *gleichartigeren* Klasse von Börsenhändlern, welche in der Lage wäre, aus ihrer Mitte „Ehrengerichte“ zu bilden, welche die Energie haben könnten, erzieherisch zu wirken und deren Urteile, respektiert würden. Niemals wird es durchzusetzen sein, daß Sprüche eines Ehrenhofes, der aus der Wahl eines solchen Mischmaschs, wie ihn jetzt unser Börsenpublikum darstellt, hervorginge, Beachtung finden, – schon die Voraussetzung: ein einheitlicher „Ehrbegriff", fehlt. Meine persönliche Auffassung[16], die ich unter allem Vorbehalt hier äußere, weil ich glaube, man könnte mich mit Recht darnach fragen, geht deshalb dahin: *Ehrlichkeit* ist die Stärke jeder gesellschaftlichen Organisation; auf unsrer und auf jeder Börse herrscht *tatsächlich* der größere Geldbeutel, und es kann auch nicht anders sein. Deshalb möge man ihm auch *formell* das Feld lassen und durch Erfordern starker pekuniärer Garantien den Zutritt zur Börse *erschweren*, man stärkt die Stellung der großen Kapitalien dadurch nicht, sondern macht eine Kontrolle und die Entstehung einheitlicher Anschauungen über das, was auf der Börse geschäftlich ehrbar ist oder nicht, erst möglich. Dazu wird derjenige ungläubig den Kopf schütteln, welcher die Börsenhändler als solche für einen Klub von Verschwörern gegen die Früchte fremder Arbeit hält. Ihm muß gesagt werden: er kennt sie nicht. Es kommt darauf an, den Elementen von unbezweifelbarer Ehrenhaftigkeit, welche dieser Stand, ebenso wie jeder andere in sich enthält, die Möglichkeit, seine Anschauungen mehr als bisher zur Geltung zu bringen, zu verschaffen; und gefragt werden kann nur, ob eine Organisation der Börse mehr nach englischer Art ein geeignetes Mittel bildet. Ich bin zur Zeit geneigt, diese Frage zu bejahen. Die Börse *ist* Monopol der Reichen, nichts ist törichter als diese Tatsache durch die Zulassung unbemittelter und deshalb machtloser Spekulanten verhüllen zu lassen und damit dem Großkapital die Möglichkeit der Abwälzung der Verantwortung auf jene zu geben.[17]

Man könnte hoffen, durch eine energische *Staatsaufsicht* ähnliche Zwecke zu erreichen. Die Möglichkeit eines ziemlich unbeschränkten Eingreifens des Handelsministers besteht nun in Preußen zu Recht. Es kommt also darauf an, *wie* die Aufsicht auszuüben wäre. In Österreich hat man einen Staatskommissar, der bisher so gut wie nichts hat ausrichten können. *Wenn* ein Börsen-Ehrengericht eingerichtet wird, so wird es erwünscht sein, einen staatlichen Kommissar als Ankläger nach der Art des Staatsanwalts zu haben; die Gerichtsbarkeit selbst in andere als die Hände der Standesgenossen zu legen, wäre dagegen wahrscheinlich ein Fehler. Kann man auf das Durchdringen der möglichst höchsten Auffassung von geschäftlicher Ehrbarkeit innerhalb des Standes selbst *nicht* rechnen, so ist die ganze Institution eine Komödie und unterbleibt besser. Vorgeschlagen wurde ferner, den leitenden Börsenorganen – „Ältesten", „Börsenkommissariaten" usw. – staatliche Kommissare für ihre Verhandlungen beizugeben. Es handelt sich hier

[16] Dieselbe stimmt mit derjenigen der bedeutendsten Fachspezialisten überein.

[17] Entgegengesetzten Falls wäre kein Grund, überhaupt Schranken um die Börse zu ziehen und sie nicht nach Hamburger Art zu einem offnen Markt für alle zu machen. Der Charakter der Hamburger Kaufmannschaft, die eine jahrhundertealte gute Tradition besitzt, hat es mit sich gebracht, daß die dortige, ganz freie Börse nicht etwa zu den unsolidesten, sondern zu den verhältnismäßig besten ihrer Art gehört.

weniger um Kontrolle, als darum, staatlicherseits darin Anträge stellen und mit den Vertretern der Kaufmannschaft darüber verhandeln zu können. Ausgeschlossen ist ein solches Verfahren schon jetzt bei uns nicht. Sicherlich ist mit dem allen etwas *Entscheidendes* nicht geschaffen; am wenigsten eine Kontrolle des *Verkehrs*. Diese denkt man sich weit leichter als sie ist. Man kann auf den Lebensmittelmarkt einige Schutzleute stellen, welche Nahrungsmittelverfälschung, falsches Gewicht usw. kontrollieren. Was man etwa Gleichartiges durch Entsendung noch so vieler, noch so intelligenter staatlicher Kommissare auf die Börse zu den Verkehrsstunden, um dort auf Unrat zu passen, erzielen wollte, ist schwer zu sagen. Eine allgemeine Börsenbeaufsichtigung ist ein leeres Wort, darüber muß man sich klar sein; es kommt darauf an, welche bestimmten Vorgänge man kontrollieren oder durch gesetzgeberischen Eingriff regeln, welche Geschäfte z. B. und zwischen welchen Personen man verhindern kann und will.[18]

II. Der Börsenverkehr[1, 2]

Die Börse ist ein *Markt*, auf welchem Kaufgeschäfte über Waren des Großhandels und über Geldsorten, Wechsel und Wertpapiere zwischen Berufskaufleuten abgeschlossen werden. Diejenigen, welche „börsengängige" Waren oder Papiere kaufen oder verkaufen wollen, also z. B. Landwirte, die Getreide verkaufen, große Müller, die es kaufen, Kapitalisten, die Wertpapiere zur Anlage ihres Geldes erwerben, und andere, die, weil sie Bargeld brauchen, solche verkaufen wollen, sind auf diesem ungeheuren Markte am sichersten, Verkäufer und Käufer zu dem zur Zeit für sie günstigst möglichen Preise zu finden. Sie geben deshalb ihre Aufträge an einen an der Börse vertretenen *Kommissionär*. Die Auftraggeber bezeichnen dabei entweder den Preis, zu welchem sie äußerstenfalls zu kaufen oder zu ver-

[18] Daß es *darauf*, also auf ein Eindringen in *das Innere* des Verkehrs, ankommt, darzulegen, war der Zweck der vorstehenden Ausführungen. Wir werden uns im 2. Teil mit der Art der Abwicklung des Börsenverkehrs und seinen Formen und mit der Art der Kursfeststellung und Preisbildung und der Funktionen der großen Banken im Börsenverkehr beschäftigen, um eine ungefähre Vorstellung davon zu gewinnen, was hier erreicht werden kann und welche Ziele der Reform auf dem Gebiete des Börsenwesens gesteckt werden können und sollen.

[1] In: Göttinger Arbeiterbibliothek. Hrsg. v. Friedrich Naumann. 2. Band, 4. und 5. Heft. Göttingen 1896.

[2] Das in der Anmerkung 18 auf dieser Seite gegebene Versprechen ist nicht ganz eingelöst. Wesentlich nur die Verkehrsformen sind erörtert. Die Funktionen der großen Finanzmächte bleiben besser einer gesonderten Erörterung vorbehalten. Ich überzeugte mich, daß ein gewisses Maß von Breite für gänzlich Fernstehende zum Verständnis unumgänglich ist. – Jede eingehende Erörterung der Reformvorschläge oder des Börsengesetzes verbot der Raum.

kaufen bereit sind, sie „limitieren“ ihn (z. B.: zu kaufen 10.000 Rubel Russische Noten zum Preise von nicht über – aber natürlich womöglich unter – 210 Mark für je 100 Rubel) oder sie geben – wenn sie in *jedem* Falle zu kaufen oder zu verkaufen wünschen – den Auftrag „unlimitiert“ (z. B. zu kaufen 10.000 Rubel „bestens“, d. h. zu dem billigst-möglichen Preise, zu dem sie der Kommissionär auf dem Markt erlangen kann). Wieviel Waren oder Papiere einer bestimmten Art jeweilig von derartigen Auftraggebern angeboten oder gesucht und welche Preise dafür verlangt oder geboten werden, hängt natürlich von der ganzen unabsehbaren Vielzahl von Ursachen ab, welche für die Verkaufs- oder Kaufsneigung der Beteiligten in Betracht kommen und die wir hier unmöglich im einzelnen aufzuführen auch nur versuchen können. – Mit ihren Aufträgen in der Tasche begeben sich die Kommissionäre an die Börse und suchen dort entweder selbst einen Partner aufzufinden, mit dem sie ein Geschäft, wie es der Auftraggeber verlangt, so günstig wie möglich für ihn und jedenfalls innerhalb des Preis-„Limits“, welches er angegeben hat, abschließen zu können, oder sie wenden sich an einen der *Makler*, welche die Vermittlung von Geschäften in dem betreffenden Gegenstand (Getreidesorte, Aktien der betreffenden Gesellschaft) zu ihrem speziellen Geschäft gemacht haben. An diese Makler gelangt also der größte Teil der Verkaufs- und Kaufs-Offerten, die an einem Börsentage in dem betreffenden Artikel vorliegen, – „Angebot und Nachfrage“ konzentrieren sich bei ihnen – und sie suchen nun aus diesen Kaufs- und Verkaufsaufträgen unter Berücksichtigung der angegebenen Preis-„Limits“ möglichst viele Geschäfte zustande zu bringen, um möglichst viel „Courtage“ zu verdienen.

Je nach dem Maße nun, in welchem Aufträge zum Verkauf oder zum Kauf bestimmter Warensorten oder Wertpapiere an den Markt gelangen – je nach der jeweiligen „Marktlage“ – müssen die zu einem bestimmten Preise keinen Verkäufer mehr findenden Kaufreflektanten mit ihren Preisangeboten in die Höhe gehen und so zu dem teureren Preise weitere Warenbesitzer zum Verkaufe zu bewegen suchen, oder umgekehrt die Verkaufsreflektanten mit ihren Preisforderungen herabgehen, um so durch die billigeren Preise einen Anreiz zum Kauf zu schaffen. Der ganze Verkehr trägt demgemäß den Charakter eines unablässigen gegenseitigen Ansteigerns an sich: die Kommissionäre und Makler mit Kaufaufträgen in der Tasche gehen mit ihren Preisangeboten herauf, diejenigen mit Verkaufsaufträgen mit den Preisforderungen herunter, so nähern sich die Gebote einander, bis ein Geschäftsabschluß zwischen zwei Beteiligten zustande kommt. In der Vergangenheit und auch heute noch vielfach in England und Amerika trägt der Verkehr auch geradezu die *Form* der öffentlichen Versteigerung an sich: ein Börsenbeamter ruft von erhöhter Stelle aus die einzelnen Waren und Papiere auf; im weiten Kreise um ihn stehen die Reflektanten und rufen ihm ihre Gebote zu, die er mit lauter Stimme wiederholt, bis die Annahme eines Gebotes durch einen

Anwesenden erfolgt, worauf die Gebote von neuem beginnen. Meist vollzieht sich der Verkehr ohne einen solchen amtlichen Ausrufer, aber dem Wesen nach in ähnlicher Weise! Die Händler in einem Papier oder in einer Warensorte mit besonders lebhaftem Verkehr haben meist einen bestimmten allgemein bekannten Standort auf der Börse, dorthin begibt sich, wer davon kaufen oder verkaufen will, und es bildet sich ein Knäuel von Menschen, welche sich ihre Kaufs- und Verkaufsofferten zurufen, oft geradezu zubrüllen, indem sie sich dabei bestimmter kurzer Ausdrücke bedienen, die an der Börse üblich sind. Zum Beispiel: Ein Rubelmakler Meier hat einen Auftrag zum Kauf von 30.000 Rubel russischer Noten, nicht über 211 Mk. pro 100 Rubel, erhalten. Er begibt sich an den Rubel„markt", d. h. zu demjenigen Knäuel, in welchem Rubelnoten gehandelt werden, und ruft: „210 Geld!" – das heißt im Börsendialekt: Ich biete 210 Mark für je 100 Rubel. Ein anderer ruft darauf: „211 Brief!" – das heißt: Ich bin bereit, zu 211 für 100 Rubel Rubelnoten zu verkaufen. Darauf ruft z. B. Meier: „210 Geld!" – d. h. ich will nur 210 geben. Darauf ein Dritter: „210 ¾ Brief!" – d. h: ich gebe Rubelnoten schon zu 210 ¾ für 100 Rubel her. Nun geht Meier, einsehend, daß er zu 210 Mk. keine R. erhält, mit seinem Gebot in die Höhe und ruft z. B. zunächst: „210 ¼ Geld", d. h. ich bin bereit 210 ¼ für 100 R. zu zahlen, worauf z. B. ein Dritter ruft: „210 ⅝ Brief!" und Meier, nochmals höher bietend: „210 ½ Geld!" Auf dies Gebot hin ruft ihm ein Vierter zu: „Wievielmal?" – nämlich: wievielmal die sogenannte „Schlußeinheit", – d. h. das der Einfachheit der Verständigung halber, wie wir noch sehen werden, von den Börsenusancen ein für allemal als gemeint festgesetzte Quantum, z. B. in Berlin bei Rubeln 10.000 Rubel – wollen Sie zu diesem Preise kaufen? – worauf Meier antwortet: „3 mal!" (d. h. 3 × 10.000 = 30.000 Rubel will ich kaufen) – und der Gegner, wenn ihm 30.000 Rubel zum Preise von 210 ½ Mark für je 100 Rubel feil sind, antwortet: „an Sie!" (nämlich: an Sie verkaufe ich die betreffende Quantität zu dem gebotenen Preise, – der entsprechende Ausdruck des Käufers würde lauten: „von Ihnen!") worauf beide sich den Kurs und die Quantität schleunigst in ihren Notizbüchern vermerken, um alsbald sich der Erledigung weiterer Aufträge zuzuwenden. Oft müssen Gestikulationen alle Worte ersetzen. Denn die ungeheure Zahl der fortwährend hin- und herschwirrenden Gebote verursacht einen geradezu betäubenden donnerartigen Lärm und ist, verbunden mit dem Anblick zahlreicher Knäuel sich drängender, brüllender und gestikulierenden Menschen wohl geeignet, demjenigen, der zum erstenmal die Galerien eines Börsenraums betritt, Befremden und Widerwillen einzuflößen. –

Die einzelnen Geschäftsabschlüsse an der Börse kommen natürlich zu verschiedenen Preisen zustande. Es differieren oft alle einzelnen Abschlüsse voneinander. Immerhin liegt es, wie früher erörtert wurde, im Wesen jedes *Marktes*, daß die verschiedenen Preise, da ja Verkäufer und Käufer an Ort und Stelle sind, da die Gebote und Abschlüsse sich öffentlich für jeden hörbar vollziehen und die Reflektanten miteinander konkurrieren, in jedem gegebenen *Moment* nicht nennenswert voneinander abweichen werden. Darauf beruht die Möglichkeit der *Kursnotizen*, deren außerordentliche Bedeutung gleichfalls schon früher besprochen ist. – Für welche Gegenstände Kurse notiert werden, ergibt sich bei *Produkten*, die sich ja ihrer Art nach nicht ändern und neu entstehen, aus dem tatsächlichen Vorhandensein oder Fehlen eines börsenmäßigen Handels von selbst. Hingegen werden fortwährend neue *Wertpapiere* durch Entstehung von Aktiengesellschaften, Schuldaufnahmen usw. *geschaffen*, und da diese doch unter Umständen recht zweifelhafte Existenzen sind, so haben alle größeren Börsen die Bestimmung, daß im *amtlichen* Kursblatte eine Notiz erst nach besonderer *Zulassung* des Papiers dazu stattfinden darf. Regelmäßig dürfen da, wo noch vereidigte Makler oder ähnliche amtliche Vermittler bestehen, diese vorher kein Geschäft darin vermitteln. – Der Antrag auf Zulassung eines Papiers zur Notiz wird regelmäßig von dem- oder denjenigen Bankhäusern ausgehen, welche dasselbe „emittieren", d. h. dem Ausgeber des Papiers (z. B. dem Staat, welcher die Anleihe „aufnehmen", d. h. die Schuldscheine verkaufen möchte, dem Verband von Personen, welche eine Aktiengesellschaft „gründen" möchten und dazu noch weitere Teilnehmer brauchen) abnehmen, um es beim Anlage suchenden Publikum durch öffentliche Aufforderung zur „Subskription" unterzubringen. Zwar kommt es in großem Umfang vor, daß ein Wertpapier ohne formelle öffentliche „Emission" und die sich daran anschließende Einführung an der Börse beim Publikum eingebürgert wird, durch Privatempfehlung von Bankiers an ihre Kunden in Verbindung mit Zeitungsreklame. So zur Zeit die mehrfach recht elenden überseeischen Goldminenaktien, welche unter Umgehung der deutschen Börsen „eingeschmuggelt" werden. Aber solide Kapitalisten werden regelmäßig nur solche Papiere zu kaufen geneigt sein, welche sie gegebenenfalls jederzeit an einer *deutschen* Börse zu verkaufen in der Lage sind, zu einem Preise, den ihnen ein deutsches Kursblatt zeigt. Die Zulassung zur Börse ist deshalb von gewaltiger Bedeutung für die Frage, in welchen Papieren die Nation im allgemeinen ihre Ersparnisse anlegt. Mit Recht wird deshalb verlangt, daß die Behörden – regelmäßig gewählte Börsenausschüsse – welche darüber entscheiden, mehr als bisher, wo meist nur die äußere Ordnungsmäßigkeit des Papiers geprüft wurde, auch die „Güte", d. h. die voraussichtliche Zahlungsfähigkeit des Ausgebers prüfen. Allzuviel darf man freilich nicht erwarten, auch nicht von einer noch so umfassenden Staatsaufsicht darüber. An den argentinischen Anleihen hat Deutschland mehrere hundert Millionen verloren, und als schließlich die Banken, bemerkend, daß das Land über seine Verhältnisse lieh, den weiteren Kredit verweigerten, suchte das Auswärtige Amt sie aus politischen Gründen umzustimmen. Gerade bei solchen Objekten würde eben oft nur langjähriges Studium ein wirkliches Urteil ergeben.

Die *Art der Feststellung* der Kurse in den gehandelten und zugelassenen Objekten ist verschieden. Teilweise – so in Amerika – notiert man den Kaufpreis jedes Geschäfts, welches die Parteien zu diesem Zweck anzeigen. An diesen Anzeigen haben insbesondere die Kommissionäre ein Interesse, da sie, wie wir sehen werden, auf Grund der notierten Preise mit ihren Kunden abrechnen. Meist aber werden aus den *Maklern* Auskunftspersonen ausgewählt, welche über die Kurse, zu denen gehandelt ist, einem Börsenbeamten Angaben machen. Dabei kann dann z. B. – wie es oft geschieht – der am Anfang und der am Schluß der Börsenzeit vorhanden gewesene Preisstand und außerdem noch der niedrigste und höchste während derselben in einem Abschluß erreichte Preis notiert werden. Oder man sucht etwa festzustellen, zu welchem Preise man mit einiger Sicherheit nach den bekannt gewordenen Verkaufsangeboten noch Quantitäten des betreffenden Objektes hätte kaufen können und zu welchem man andererseits nach den bekannt gewordenen Kaufsangeboten hätte verkaufen können und notiert je nach den Ergebnissen des Verkehrs den ersten als Angebots- („Brief-") oder den letzten als Nachfrage- („Geld-")Preis, oder beide zusammen, oder einen von ihnen neben einem Preis, der ergibt, zu welchen Kursen Geschäfte zustande gekommen sind.[3] –

Nicht nur die einzelnen Abschlüsse an der Börse unterscheiden sich in der Höhe des vereinbarten Preises, sondern es unterscheidet sich aus den verschiedensten Gründen oft die gesamte *Preislage* derselben Ware an einem Börsenplatz sehr erheblich von derjenigen an einem andern. Wenn z. B. einmal Frankreich verhältnismäßig mehr russische Waren importiert und zu bezahlen hat als Deutschland, und deshalb an die Pariser Börse ein verhältnismäßig stärkerer Kaufbedarf der importierenden Kaufleute nach Wechseln „auf" Rußland oder russischen Noten gelangt, als an die Berliner, so werden für russische Noten nicht nur in einzelnen Fällen höhere Preise in Paris gezahlt werden, als in Berlin, sondern auch der Durchschnitt aller gezahlten Preise wird in fühlbarer Weise abweichen und die allgemeinen Chancen (Aussichten) für einen möglichst teueren Verkauf der russischen Noten in Paris günstiger sein als in Berlin: – es entwickeln sich *örtliche* Preisunterschiede. Ebenso wirken zahlreiche allgemeine Ursachen auf die Herbeiführung *zeitlicher* Unterschiede in der allgemeinen Preislage, auch an demselben Börsenplatz. Es ist z. B. leicht verständlich, daß unmittelbar nach der Ernte, wenn von allen Seiten Getreidevorräte an die großen Handelsplätze strömen, die Chancen, hohe Preise für das Getreide zu erzielen, an sich ganz allgemein ungünstigere sein müssen als später, wenn die Vorräte teilweise aufgezehrt

[3] Z. B.: „249 ½ B. 248 ¾ G." – „249 bz." heißt, daß zu diesem Preis Abschlüsse gemacht worden sind, „249 bz. B.", daß zu diesem Preis Geschäfte zustande kamen, aber noch ein weiteres Angebot da war. Hier kann ich auf Einzelheiten und Besonderheiten (z. B. der Berliner Notiz) nicht eingehen.

sind, und daß ebenso zu denjenigen Zeitpunkten, wo z. B. üblicherweise die Bezahlung russischer Waren zu erfolgen pflegt, der Preis der Noten durch verstärkte Nachfrage in die Höhe getrieben wird. Diese stets wieder auftretenden örtlichen und zeitlichen Unterschiede in der allgemeinen, Preislage einer Ware zur Erzielung von Gewinn auszunutzen, ist das Bestreben derjenigen Handelstätigkeit, welche zwar sehr mit Unrecht hie und da als dem Börsenhandel allein eigentümlich angesehen wird, die aber allerdings im Börsenverkehr den höchsten Grad ihrer Entfaltung erreicht und für die besondere Art der Preisbildung ebenso wie für die Geschäftsformen der Börse entscheidend ist: *der Spekulation.* Man kann die börsenmäßige Spekulation im weiteren Sinn, als die auf Gewinn am Unterschied zwischen Kauf- und Verkaufspreis einer börsengängigen Ware abzielende Handelstätigkeit weiter einteilen in *Arbitrage* – Ausnutzung *örtlicher* – und Spekulation i. e. S. – Ausnutzung *zeitlicher* Preisunterschiede. Der „Arbitrageur" sucht seinen Gewinn, indem er *gleichzeitig* eine Ware an dem Platz, wo sie zur Zeit teuer abzusetzen ist, verkauft, und an demjenigen, wo sie billig zu erwerben ist, einkauft. Sein Geschäft ist also ein reines Rechenexempel. Er steht am Telephon oder läßt sich telegraphisch Mitteilungen und Angebote von auswärtigen Plätzen machen, und sobald er die Möglichkeit z. B. durch Einkauf von Wechseln auf Rußland oder russischen Noten in London und Verkauf derselben in Paris einen Gewinn zu machen bemerkt, gibt er per Telephon und Telegraph seine Aufträge. Die Gewinnchance beruht dabei wesentlich auf der *Geschwindigkeit* der Ausnutzung einer sich zeigenden örtlichen Preisdifferenz, und da der Arbitrageur dabei nicht nur die an den auswärtigen Plätzen geltenden Währungen ineinander umrechnen, sondern auch die Verschiedenheit der für die Erfüllungszeit, für die nebenher zu zahlenden Zinsen, Provisionen und Courtagen geltenden Gebräuche im Kopf haben und bei der mit Blitzesschnelle erfolgenden Berechnung berücksichtigen muß, so muß er im Kopfrechnen oft geradezu Erstaunliches leisten und gehört sein Geschäft zu den nervenzerrüttendsten, die es gibt. Dafür bietet es, wenn nur richtig gerechnet ist, keinerlei sonstige Gefahr, deshalb aber auch, wenigstens wenn man die Höhe der Umsätze mit dem erzielten Gewinne vergleicht, nur verhältnismäßig niedrige Gewinnchancen. – Bei der *Spekulation i. e. S.* fallen der billigere Einkauf und der teurere Verkauf nicht *örtlich*, sondern *zeitlich* auseinander. Der Spekulant schließt den einen, weil er in *Zukunft* zufolge einer Änderung der allgemeinen Kaufs- und Verkaufschancen, deren Eintreten er erwartet, den andern machen zu können hofft. Schon daraus ergibt sich, daß sein Geschäft *kein* reines Rechenexempel ist, denn sein Erfolg hängt von dem Eintreten der erwarteten *Änderung* der allgemeinen Preislage der betreffenden Ware ab, und der Spekulant muß die Gesamtheit der hierfür möglicherweise mitwirkenden Umstände in Betracht ziehen. Günstige Witterung im Sommer wird ihn auf gute Ernte und Sinken der Getreidepreise im Herbst, Gerüchte von diplomatischen

Verwicklungen auf abnehmende Neigung, Papiergeld und Schuldverschreibungen von großen Militärstaaten zu besitzen, also auf Sinken der Preise derselben rechnen lassen, aus einer guten Ernte Rußlands schließt er auf große Getreideausfuhr, also großen Bedarf nach russischem Geld zum Bezahlen derselben und steigende Notenpreise usw. Ein erheblicher Teil aller der zahllosen, schließlich auf das Maß der zukünftigen Kauf- oder Verkaufsneigung in einer bestimmten Ware oder einem Papier einwirkenden Umstände wird ihm freilich auch bei umfassendster Kenntnis der gegenwärtigen Sachlage stets verborgen bleiben müssen, und es steckt insofern stets ein gewisses hazardartiges Moment (ein Stück Glücksspiel) in dem Versuch, an Zukunftschancen zu profitieren, – allein dies teilt die börsenmäßige Spekulation mit jeder Art des Handels überhaupt. –

Wir müssen nun den *Geschäftsformen*, deren die Spekulation sich bedient, unsere Aufmerksamkeit zuwenden.

Die einfachste Grundform der Geschäfte an der Börse, beim Effektenhandel „Kassa"geschäft, bei Produkten „Loko"geschäft genannt, ist ein alsbald durch bare Zahlung gegen Übergabe der Ware zu erfüllendes Kaufgeschäft. Erfüllt eine Partei trotz Mahnung nicht rechtzeitig, gerät sie „in Verzug", so hat regelmäßig der Gegenpart das Recht der „Zwangsregulierung", d. h. der nichtsäumige Käufer darf die betreffenden Waren anderweit von einem Dritten kaufen, der nichtsäumige Verkäufer sie an einen andern verkaufen – wobei sie, je nach Gesetz und Gebrauch, gewisse Formen innezuhalten haben – und sie können dann die Erstattung des Unterschieds im Preise verlangen, der sich dabei etwa zu ihren Ungunsten gegenüber dem Kontraktspreis ergeben hat: der Käufer also, wenn er teurer einkaufen mußte, als der Preis war, zu dem ihm der Säumige zu liefern zugesagt hatte, die Differenz der beiden Kaufpreise, und entsprechend der nichtsäumige Verkäufer. Dieser einfachen Geschäftsform bedienen sich naturgemäß alle diejenigen, welche Waren und Wertpapiere kaufen wollen, um sie zu *behalten* oder zu *verbrauchen*, also: Kapitalisten resp. die Kommissionäre von Kapitalisten, welche die gekauften Papiere als Kapitalanlage behalten wollen, Müller, die das Getreide vermahlen, Zuckerraffineure und Kammgarnspinner, die den Rohzucker und Kammzug weiterverarbeiten wollen. Hingegen ist sie nicht die geeignetste Geschäftsform für die *Spekulation*.

Zwar kann man gewisse einfachste Spekulationen auch in Form dieses einfachen Bargeschäfts machen. Wenn jemand nach der Ernte Getreide einkauft, bar bezahlt und in Erwartung eines künftigen steigenden Begehrs auf Lager legt, um es im Frühjahr gegen bar mit Gewinn zu verkaufen, oder ein anderer es mit russischen Noten oder sonstigen Wertpapieren, für die er aus irgendeinem Grunde eine verstärkte Nachfrage erwartet, ebenso macht, so ist dies die einfachste Form spekulativen Handels. Sie ist stets vorgekommen. Alle Gesetzgebungen der Vergangenheit und auch die Literatur einschließlich der Schriften der Kanonisten und z. B. Luthers sind voll von zornigen Ausfällen gegen die „Aufkäufer“, die „Monopolia“ und wie sonst ähnliche spekulative Geschäfte genannt wurden. Aber offenbar kleben jener Form der Spekulation – vom Standpunkt des spekulierenden Händlers aus gesehen – mehrere Unvollkommenheiten an. Man kann in dieser einfachen Weise des Bareinkaufs von Ware, die man künftig verkaufen will, nur auf ein Steigen des Getreides, der Noten usw. im Preise spekulieren („à la hausse“, wie der übliche börsenmäßige Ausdruck heißt), nicht aber auf ihr *Sinken* („à la baisse“). Ferner: man kann bei diesen einfachen Bargeschäften nur Ware zum Spekulieren verwenden, die am Markt schon vorhanden ist – gegenwärtige Ware – nicht aber Zukunftsware d. h. solche, deren Eintreffen für die Zukunft erwartet wird, die zur Zeit noch auf dem Meere schwimmt oder gar noch auf dem Halm wächst. Man braucht eben zu jedem Spekulationsgeschäft schon beim *Abschluß* ein Quantum wirklich vorhandener Ware, und dadurch ist die Zahl der möglichen Spekulationsgeschäfte begrenzt. Endlich: der Spekulant, welcher Getreidevorräte usw. aufkauft, um sie künftig bei gestiegenen Preisen auf den Markt zu bringen, muß ein sehr bedeutendes Kapital in diesen Vorräten „festlegen“, über welches er nun, bis er dieselben wieder verkauft hat, nicht verfügen kann. Er muß deshalb überhaupt ein sehr kapitalkräftiger Mann sein und dadurch ist der Kreis der Personen, die an der Spekulation teilnehmen können, eng begrenzt. Schon deshalb ist auch die Gefahr, das *„Risiko“*, dieses Spekulanten sehr bedeutend, da bei dem beschränkten Vorrat an Ware und dem begrenzten Kreis der am spekulativen Handel teilnehmenden Personen es sehr zufällig ist, ob und wann man mit einiger Sicherheit darauf zählen kann, einen Abnehmer für bestimmte Quantitäten der aufgespeicherten Ware zu finden, und weil ferner die Preisschwankungen, wenn bei beschränkten Vorräten große Aufkäufe und massenhafte Veräußerungen miteinander abwechseln, naturgemäß sehr heftige sein müssen. Dem allen kann nur abgeholfen werden, wenn einmal 1. möglich gemacht wird, ohne bedeutendes eigenes Kapital zu spekulieren, wenn ferner 2. es ermöglicht wird, daß ein und dasselbe Quantum Ware oder Wertpapiere nicht nur zu einer, sondern zu mehreren spekulativen Geschäftsabschlüssen benutzt wird, und zwar 3. so, daß man nicht nur in Erwartung steigender Preise auf Spekulation kaufen kann, um später teurer zu verkaufen, sondern auch in Erwartung *sinkender* Preise auf Spekulation *ver*kaufen kann, um später billiger *ein*zukaufen. Dies alles leistet in technisch vollkommenster Weise diejenige Geschäftsform, welche an den entwickeltsten Börsen der Welt heute als Form des Spekulationshandels vorherrschend geworden ist: das *Termingeschäft.*

Das Wesen des Termingeschäfts besteht in folgendem:

Statt daß der Spekulant mit der Bedingung *sofortiger* Abnahme und Lieferung der Ware gegen bare Bezahlung kauft und verkauft, wird die beiderseitige Erfüllung auf einen bestimmten *zukünftigen* Termin, z. B. einen bestimmten Kalendertag hinausgeschoben. Bis dieser Zeitpunkt heranrückt, haben beide, der Käufer sowohl als der Verkäufer, Muße, eine ihnen gewinnbringende „Realisation des Engagements" zu versuchen. Das heißt: der Spekulant („Haussier"), welcher zu einem bestimmten Preise auf Termin in Erwartung *steigenden* Kaufbegehrs *gekauft* hat, hofft und wünscht, bis der Termin, an dem er *abnehmen* und *bezahlen* muß, heranrückt, jemanden zu finden, dem er die Ware zu einem *höheren* Preise auf denselben Termin *verkaufen* kann, der Spekulant („Baissier") umgekehrt, welcher in Erwartung relativ *sinkender* Nachfrage zu jenem Preise auf Termin *verkauft* hat, hofft, bevor der Termin heranrückt, an dem er die Ware gegen Barzahlung zu liefern hat, sie sich von einem Dritten zu einem *billigeren* Preise verschaffen zu können. Den Unterschied zwischen Einkaufs- und Verkaufspreis wollen beide gewinnen, der eine, der Terminkäufer, die Differenz zwischen seinem heute abgeschlossenen Einkauf und seinem künftig abzuschließenden Verkauf, der Termin*ver*käufer diejenige zwischen seinem heute abgeschlossenen Verkauf und dem künftig abzuschließenden Einkauf. Offenbar ist also durch die Verwendung dieser Geschäftsform zunächst erreicht, daß man nicht nur auf Spekulation *kaufen*, sondern auch auf Spekulation *verkaufen* kann, also sowohl auf künftige Preis*steigerung*, als auf künftige Preis*senkung* spekulieren kann. Es ist nunmehr nicht nur möglich, daß nach der Ernte jemand, der für den Sommer bei abnehmenden Vorräten steigende Preise voraussieht, einen Kauf abschließt, der im Sommer erfüllt werden soll, und den er bis dahin durch einen teureren Verkauf auf denselben Termin vorteilhaft „einzudecken" hoffen kann, sondern es ist ebenso möglich, daß jemand, der im Sommer eine gute Ernte und also für den Herbst sinkende Preise erwartet, einen Verkauf abschließt, der im Herbst erfüllt werden soll, und den er bis dahin durch einen billigeren Einkauf zu „realisieren" beabsichtigt. Des weiteren ist beim Termingeschäft das für den Spekulanten erforderliche Kapital ein weit geringeres. Wer in Getreide „à la hausse" spekuliert, braucht nicht mehr einen gewaltigen Geldbetrag heute zum Bareinkauf von Getreide zu verauslagen, den er – wenn die Spekulation glückt – erst nach Monaten beim Verkauf zurückerhält; er *leistet* im Moment des Geschäftsabschlusses noch gar nichts, sondern *verspricht* seinem Gegenpart nur in einem *zukünftigen* Moment die Ware abzunehmen und zu bezahlen. Glückt seine Spekulation, so hat er bis dahin mit Gewinn „realisiert", d. h. die Ware auf denselben Termin einem andern teurer verkauft, er nimmt sie seinem ursprünglichen Gegenpart ab und liefert sie weiter an den, welchem er sie weiter verkauft hatte; dieser letztere zahlt ihm den Preis, zu dem er sie ihm *ver*kauft hat, und er zahlt dann an seinen ursprünglichen Gegenpart den Preis, zu dem er sie seinerzeit *ge*kauft hatte; die Differenz beider behält er als Gewinn. *Miß*glückt die Spekulation des Terminkäufers, sinken also die Preise und gelingt es ihm nicht, vor dem Erfüllungstermin einen Abnehmer zu einem *höheren* Preise zu finden, als der ist, den er seinem Gegenpart zu zahlen versprochen hat, so wird er eben mit *Verlust* realisieren müssen, d. h. schließlich zu einem niedrigeren Preise weiterverkaufen, und er wird dann bei Abnahme der Ware, statt von dem Preise, der ihm gezahlt wird, etwas als Gewinn einbehalten zu können, noch etwas drauflegen müssen, um seinem Gegenpart den vereinbarten Preis zu leisten. Und entsprechend liegt es für den verkaufenden Baissespekulanten. Mithin bedarf der Spekulant eignes Kapital nur in verhältnismäßig bescheidenem Umfang, denn es kommt beim Terminhandel nur darauf an, daß die beiden miteinander abschließenden Spekulanten sich einander gegenseitig zutrauen können, der andere werde imstande sein, bei einer ihm ungünstigen Preisentwicklung den ihm erwachsenden in der *Differenz* der Preise bestehenden Verlust zu erschwingen, weil jeder annimmt, daß er selbst und sein Gegenpart in jedem Augenblick sein Engagement auf dem Markte werde *realisieren*, d. h. mit einem dritten ein Gegengeschäft über denselben Gegenstand auf demselben Termin abschließen und sich so der Notwendigkeit entziehen können, die zu liefernde Ware *selbst* vor dem Termin vorrätig zu halten oder das Geld für die *volle* Zahlung des Kaufpreises zu beschaffen. – Damit aber wirklich Gewähr für die Möglichkeit besteht, *jederzeit* auf dem Markte Händler zu finden, welche dem Haussespekulanten die von diesem gekaufte Ware zum bestimmten Termin als Käufer abzunehmen und solche, welche die vom Baissespekulanten als Verkäufer zu liefernde Ware an dem betreffenden Termin als Verkäufer zu liefern bereit sind, ist eins Voraussetzung: es kann sich weder um ganz beliebige Arten von Ware oder Papieren, noch um völlig beliebige Beträge derselben oder um ganz individuelle Lieferungstermine handeln. Wollte ein Spekulant von einem andern z. B. für 1223 Mark 76 Pf. verschiedene vereinbarte Qualitäten Baumwollstoffe, lieferbar und zahlbar an einem bestimmten beliebig festgesetzten Kalendertage kaufen, so wäre es ziemlich sicher, daß es weder dem Käufer gelingen würde, jemanden an der Börse zu finden, der gerade dasselbe Quantum derselben Qualitäten an genau demselben Tage ihm abzunehmen bereit sein würde, noch dem Verkäufer, jemand zu finden, der gerade diese Waren an diesem Tage liefern will. Damit beide Teile sich darauf verlassen können, muß das Termingeschäft vielmehr über Waren geschlossen werden, die fortwährend massenhaft, gerade in *den* Quantitäten und – bei Produkten – *den* Qualitäten, über die dasselbe lautet, gehandelt werden, und muß auch der Erfüllungstermin gerade ein solcher sein, auf welchen stets massenhafte Käufe und Verkäufe an der Börse abgeschlossen werden. Dafür nun, daß dem so sei, sorgen die Börsengebräuche („Usancen"), auf Grund deren allein an der Börse Termingeschäfte abgeschlossen werden. In ihnen ist ein für allemal die *Qualität*, welche bei Termingeschäften (in Produkten) zu liefern ist, festgesetzt[4],

[4] Z.B. im Hamburger Kaffeeterminhandel „good average Santos"-Kaffee, eine bestimmte brasilianische Kaffeequalität.

ferner ist festgestellt, über welche *Quantitäten* oder deren Vielfaches allein ein Termingeschäft (in Effekten oder Produkten) geschlossen werden soll, die sogenannte Schlußeinheit[5], von der schon einmal die Rede war, und endlich sind auch die *Erfüllungszeitpunkte* („Termine") auf welche allein die Termingeschäfte lauten sollen[6] und alle einzelnen Bedingungen und Vorschriften über die Art der Erfüllung ein für allemal geregelt, so daß sämtliche jeweilig an einer Börse abgeschlossenen Termingeschäfte mit Ausnahme 1. der Person des Käufers und Verkäufers, 2. der Preisvereinbarung, 3. des aus der Zahl der zulässigen Termine von den Parteien ausgewählten Erfüllungszeitpunktes, 4. der Anzahl von Malen, welche die Schlußeinheit in dem ausbedungenen Quantum enthalten ist, einander gleichen wie ein Ei dem andern. Es liegt auf der Hand, wie ungeheuer dadurch, daß fortwährend tagaus tagein an der Börse massenhaft Kaufgeschäfte solcher absolut gleichmäßigen Art abgeschlossen werden, die Wahrscheinlichkeit für den Spekulanten steigt, jederzeit sein Engagement „realisieren", d. h. wenn er z. B. ein Quantum Ware bestimmter Art auf einen bestimmten Termin gekauft hat, dasselbe auf denselben Termin wieder verkaufen zu können. Damit hängt dann die letzte, für den Außenstehenden zuerst in die Augen fallende Eigenart des Terminhandels zusammen: die weitgehende Loslösung des Umfangs der Umsätze von den am Markt „effektiv" vorhandenen Vorräten. Um sie zu verstehen, müssen wir zuerst auf die Form und die Art der Erfüllung („Abwicklung") der Termingeschäfte noch etwas näher eingehen. Dabei ist zwischen den Termingeschäften in Produkten und in Effekten zu unterscheiden.

Beim Termingeschäft in *Produkten* wird – das ist der Grundgedanke, auf dem seine Gestaltung beruht – Ware verkauft, deren Eintreffen am Markt zukünftig innerhalb eines bestimmten Zeitraumes erwartet wird. Die üblichen Erfüllungstermine sind demgemäß bei der tatsächlich vorherrschenden Form des Termingeschäftes in Produkten *Fristen*, z. B. von der Länge von 1-2 Monaten, *innerhalb* deren der Verkäufer die Ware liefern und zu diesem Zweck nach ihrem Eintreffen dem Käufer zur Abnahme *„ankündigen"* muß. Nimmt alsdann der Käufer nicht gegen Barzahlung ab, so ist er im „Verzuge", und der Verkäufer verkauft die Ware gegen bar anderweit und läßt sich, wenn er dabei einen niedrigeren Preis erzielt, vom säumigen Käufer die Differenz erstatten; kündigt der Verkäufer bis zum Schluß der Frist nicht an, so ist er säumig und der Käufer verfährt entsprechend. Nun ist es aber natürlich die Regel, daß der Käufer die Ware, die er abnehmen soll, auf denselben Termin einem andern *weiter*verkauft hat, und in diesem Fall kündigt er sie weiter *seinem* Käufer an, und dieser wieder eventuell dem seinigen

[5] Z.B. nur über 500 Sack Kaffee der bestimmten Qualität oder ein Vielfaches (1.000, 1.500 Sack) davon, oder nur über 10.000 Rubel Noten oder ein Vielfaches davon.

[6] Z.B. nur auf Ultimo (den letzten Tag des Monats). S. weiter unten im Text.

und so fort, so daß eine Reihe von Leuten vorhanden ist, deren jeder die Ware vom Vormann gekauft und sie einem Nachmann weiter verkauft hat, und durch deren Hände nun die Kündigung hin durchläuft. Es seien z. B. im Juli verkauft von A an B 1.000 Tonnen Weizen „per Oktober" zu 150 Mark pro Tonne. Der Verkäufer A ist – nehmen wir an – ein Weizenimporteur, welcher im Juli in Argentinien zu einem bestimmten niedrigeren Preise ein Quantum Weizen von ungefähr dieser Größe gekauft hat, dessen Eintreffen im Herbst erwartet wird, und welches mit Berücksichtigung verschiedener Fracht- und anderer Kosten, die dem Importeur entstehen, nach seiner Berechnung bei einem Verkauf zu 150 Mark noch Gewinn abwirft. Statt zu riskieren, daß im Oktober bei Ankunft des Weizens, falls z. B. die Ernte reichlicher als erwartet ausfallen sollte, sich Käufer nicht mehr zu 150, sondern vielleicht nur noch zu 140 Mark finden, ihm also ein Verlust entsteht, verkauft A lieber *sofort* zu 150 Mk., die ihm B, ein Spekulant, der aus irgendwelchen Gründen ein Steigen der Weizenpreise im Herbst erwartet, jetzt bietet. Der Spekulant B seinerseits verkauft nun im August; als sich ein Käufer C findet, welcher per Oktober 151 pro Tonne zu zahlen bereit ist, den Weizen an diesen, da es ihm zweifelhaft geworden ist, ob er ihn später noch teurer wird losschlagen können. C seinerseits ist nun vielleicht ein Spekulant, der schon lange vorher – z B. im Mai – in Weizen à la baisse spekuliert hatte und an D 1.000 Tonnen Weizen per Oktober zu 149 Mark pro Tonne verkauft hatte, in der Erwartung, bis zum Herbst, wenn die Ernteaussichten sich – wie er erwartete – besserten, und große Getreidezufuhr aus Argentinien in Aussicht stehe, von einem Importeur ihn zu einem billigeren Preise als 149 Mark per Oktober kaufen und so daran gewinnen zu können. Ihn ergreift aber nun, da die Preise im Juli auf ungefähr 150, im August auf ungefähr 151 Mark gestiegen sind, die Besorgnis, der Preis möchte bis zum Oktober anhaltend weiter steigen und er schließlich den Weizen, den er im Oktober an D zu liefern hat, nur zu einem außerordentlich viel teureren Preise erhalten können, also schwere Verluste erleiden. Deshalb zieht er vor, lieber jetzt mit dem geringeren Verlust zu „realisieren". D endlich, der im Mai von C zu 149 pro Tonne per Oktober gekauft hatte, kann z. B. der Kommissionär eines großen Müllers E sein, der, als im Frühjahr Weizen zu diesem ihm sehr billig scheinenden Preise für den Herbst zu kaufen war, sich den Weizen, den er im Winter vermählen will, durch Abschluß des Termingeschäfts per Oktober gesichert hat. Er entgeht dadurch der Gefahr, im Fall – wie er befürchtet – der Preis des Weizens später steigt, ihn teurer bezahlen zu müssen und nachher beim Verkauf des Mehls einen geringeren Profit zu machen.

So entwickelt sich unter dem Einfluß der verschiedensten Interessen und Erwartungen der Beteiligten (A, B, C, D, E) eine Serie von Verkäufen und Käufen, von denen einer immer an den andern sich anschließt. Nun wird es Oktober und eines Tages trifft das von A gekaufte Quantum Weizen ein. A „kündigt" darauf dasselbe zur Abnahme dem B mittels Zustellung einer kurzen, auf einem allgemein festgesetzten Formular, dem „Kündigungsschein" erfolgenden Benachrichtigung an. B kündigt durch Weitergabe des Scheins, den er unterschreibt, an C, C an D weiter und dieser benachrichtigt seinen Auftraggeber E, daß das Quantum an ihn, den Kommissionär, gekündigt sei und zur Ablieferung gelangen werde. Unter den vier an der Börse anwesenden Interessenten A, B, C, D – es können unter Umständen 20 und mehr Personen sein, durch deren Hände der Kündigungsschein läuft – pflegt man nun aber die Abwickelung dieser Engagementsreihe dahin zu vereinfachen, daß man 1. an Stelle der – in unserm Beispiel – *drei*maligen Übergabe effektiver Ware von A an B, dann an C, dann an D, die Lieferung von A, dem „letzten Verkäufer" *direkt* an D, den „letzten Käufer", setzt, A also an denjenigen liefert, welcher den Kündigungsschein schließlich, da er die Ware nicht weiter verkaufte, behalten hat, und daß man 2. ebenso die – in unserm Beispiel – dreimalige Zahlung: 150.000 Mark von B an A, 151.000 Mk. von C an B, 149.000 Mk. von D an C, möglichst zu ersparen sucht. Zu diesem letzteren Zweck pflegt man an den Börsen für die einzelnen auf Termin gehandelten Produktensorten täglich einen sogenannten „Abrechnungskurs" oder „Kündigungspreis" festzustellen, ungefähr in der Höhe der durchschnittlich an dem betreffenden Tage für das Produkt gezahlten Preise. *Dieser* wird von dem „letzten Käufer" (D) an den „letzten Verkäufer" (A) bei Abnahme der Ware bezahlt, und die sämtlichen an der betreffenden Kündigungsreihe Beteiligten gleichen dann untereinander die Unterschiede zwischen dem Preis, zu dem sie ge- resp. verkauft haben und dem Abrechnungskurs aus. Nehmen wir z. B. an, in unserm Fall erfolgte die Abwicklung am 11. Oktober und an diesem Tage habe der damit beauftragte Börsenbeamte als Kündigungspreis auf Grund der Beobachtung der an diesem Tage geschlossenen Lokogeschäfte über Weizen der betreffenden Qualität 152 Mark pro Tonne festgestellt, so geschieht die Abwicklung folgendermaßen: A liefert die 1.000 Tonnen statt an B an D und erhält von diesem 152.000 Mark bezahlt. Er hat damit 2.000 Mark, die Differenz zwischen 152.000 und 150.000 Mark mehr erhalten als B ihm versprochen hatte, und hat daher diesen Betrag an B herauszuzahlen. D seinerseits hat 3.000 Mark, die Differenz zwischen 152.000 und 149.000 Mark, mehr an A gezahlt, als er dem C zu zahlen schuldig ist. Er erhält diese 3.000 Mark von C erstattet. Damit sind A und D zu dem ihrigen gelangt. B hatte an C zu 151 per Tonne verkauft, der Abrechnungskurs beträgt 152, also zahlt er an C pro Tonne 1 Mark, zusammen also 1.000 Mark heraus. Damit hat B, der für 150.000 Mark gekauft, für 151.000 Mark verkauft, also 1.000 Mark gewonnen hatte, 2.000 von A an ihn gezahlte Mark abzüglich 1.000 von ihm an C weitergezahlte Mark, also, wie ihm zukam, 1.000 Mark als Ergebnis erhalten; C, der für 151.000 Mark gekauft und für 149.000 Mark verkauft, also 2.000 Mark verloren hatte, hat 3.000 Mark an D gezahlt, 1.000 von B erhalten, also verbleiben für ihn, seinem Anspruch gemäß, 2.000 Mark Verlust. Der Kommissionär D seinerseits erhält von seinem Auftraggeber, dem Müller E, die 149.000 Mark gegen Lieferung der Ware erstattet und dazu die ihm versprochene Provision für seine Bemühung. Wie man sieht, dient in unserm Beispiel das eine Quantum der 1.000 Tonnen zur Abwicklung von drei Terminengagements über je 1.000 Tonnen, und werden durch die eine Zahlung des Kündigungspreisbetrages von 152.000 und die drei Differenzzahlungen von 2.000, 3.000 und 1.000 Mark, Kaufschulden von 150.000, 151.000, 149.000 Mark getilgt. Da nun derselbe Kündigungsschein häufig durch sehr viel mehr Hände geht, als in unserm Beispiel, und da die Geldschulden in einer sehr großen Zahl von Fällen nicht durch Hingabe von Geldmünzen, sondern durch Umschreibung in den Büchern großer Banken, bei denen die betreffenden Händler ein Guthaben (Konto) besitzen, von einem Konto auf das andre erfolgen, so ist die Ersparnis von „effektiver" Ware und barem Geld eine sehr bedeutende.

Dem Wesen nach gleichartig verläuft die Abwicklung der *Effekten*-Termingeschäfte. In Effekten ist die bei uns üblichste Form der Termingeschäfte der Kauf „per ultimo fix", d. h. ein Kauf, welcher am letzten Tage des laufenden Monats durch Lieferung und Zahlung erfüllt werden soll. In jedem einzelnen Papier sind nun an jedem Monatsultimo eine sehr große Zahl von Lieferungs-Verbindlichkeiten zwischen einer großen Zahl von Personen zu erfüllen, und sehr viele Spekulanten haben in den Papieren, in welchen sie spekuliert haben, jeder eine Mehrzahl von teils Lieferungs-, teils Abnahme-Verpflichtungen gegenüber einer Mehrzahl von Personen: sie haben je nach Gelegenheit von einem einen Posten per Ultimo gekauft, bei gestiegenem Preise an einen andern per Ultimo einen Posten verkauft usw. Zur Abwicklung dieses Rattenkönigs von Kauf- und Verkaufsverbindlichkeiten können sie sich dann am Ultimo entweder eines ähnlichen Verfahrens bedienen, wie es beim Produktenhandel Anwendung findet, d. h. ein Besitzer von Papieren, der solche per Ultimo verkauft hat, stellt seinem Käufer einen Lieferungszettel zu, den dieser als Verkäufer weitergibt und so fort, bis er in die Hände eines „letzten Mannes" gelangt, der die Papiere behalten will und sie dann zu einem am Ultimo festgestellten Abrechnungskurs abnimmt, worauf die Differenzen zwischen den Parteien gezahlt werden. So war es bisher in London. Oder aber – und dies ist an den Börsen des Kontinents meist der Fall – es wird in Gestalt des sogenannten „Kollektivkontors" oder „Liquidationsbureau" die Gesamtheit aller Verbindlichkeiten aller Spekulanten in folgender einfacher Weise abgewickelt („liquidiert"): Das an der Börse dazu eingesetzte Bureau läßt sich von jedem am Terminhandel Beteiligten eine Aufstellung seiner Käufe und Verkäufe in jedem Papier einreichen, stellt für jedes fest, wieviel jeder mehr *ge*kauft hat als *ver*kauft oder umgekehrt, und weist jeden, der einen bestimmten Betrag eines Papiers mehr *ge*kauft hat als *ver*kauft, also diesen Betrag zu behalten hat, auf einen oder mehrere andre an, der oder die zusammen ebensoviel in diesem Papier mehr *ver*kauft als *ge*kauft, also diesen Mehrbetrag zu liefern haben. Die so als „letzte Männer" aufeinander Angewiesenen liefern und beziehen die betreffenden Papiere gegen Zahlung des zur Abrechnung an jedem Ultimo an den Effektenbörsen festgestellten sogenannten „Liquidationskurses" und die Unterschiede dieses nur dem Zwecke der Abrechnung dienenden Kurses gegenüber den Preisen, zu welchen die Spekulanten miteinander ihre Termingeschäfte geschlossen hatten, gleichen diese in der oben geschilderten Weise untereinander aus.

Bisher haben wir angenommen, daß die Terminkäufer und -Verkäufer, soweit sie nicht die Ware als Käufer behalten wollen resp. als Verkäufer aus eignen Vorräten liefern oder aus erster Hand an die Börse bringen, mit dem Herankommen des Termins *realisieren* – ein Gegengeschäft schließen –, es sei nun mit Gewinn oder Verlust, und dadurch die betreffende Spekulation zu Ende führen. Dem ist aber nicht immer so. Es kann sein, daß der spekulierende Käufer (Haussier), wenn der Termin der Erfüllung heranrückt, sich zur Beendigung der Spekulation noch nicht entschließen will, weil die Preise jetzt gesunken, oder nicht so erheblich, wie er annahm, gestiegen sind und ihm also Verlust resp. kein ihm genügender Gewinn erwachsen würde, während er aus irgendeinem Grunde annimmt, daß der Kaufbegehr in Zukunft, z. B. im folgenden Monat, sich steigern, und er also Gelegenheit finden werde, die gekauften Waren oder Papiere dann zu günstigerem Gewinn resp. höheren Gewinn bringenden Preisen zu verkaufen. Das Entsprechende kann bei einem spekulierenden Verkäufer (Baissier) eintreten, der für die Zukunft Gelegenheit zu billigem resp. noch billigerem Einkauf erwartet, als sie ihm bis zum Termin zu finden gelungen war. In diesem Fall schreiten die betreffenden Spekulanten *nicht* zur endgültigen Realisation des Engagements durch Abschluß eines Verkaufes bzw. Kaufes auf den betreffenden Termin, sondern sie greifen zu demjenigen Mittel, welches man in der Börsensprache *„Prolongation"* nennt. Sie finden nämlich Kapitalisten, welche über große Vorräte an Waren und Papieren verfügen und bereit sind, dem Käufer (Haussier) das zur Abnahme und Bezahlung der gekauften Papiere oder Waren erforderliche Geld zu *leihen* gegen Hergabe der von ihm gekauften Papiere und ihnen die gleiche Anzahl Papiere resp. Waren am *nächsten* Termin gegen Rückzahlung des Geldes zurückzugeben, und ebenso dem Verkäufer (Baissier) die Papiere oder Waren, die er verkauft und zu liefern hat, zu leihen gegen Geld mit dem Versprechen, am nächsten Termin gegen Rückgabe der gleichen Anzahl Papiere oder Waren ihm das Geld wieder herauszugeben. Der Haussier läßt also die Waren oder Papiere an den Kapitalisten liefern und bezahlt sie mit dessen Geld, der Baissier bezahlt aus dem Preis dem Kapitalisten das Geld und liefert die von diesem dargeliehenen Papiere oder Waren. Sie gewinnen damit eine Frist bis zum nächsten Termin – z. B. bei Effekten bis zum nächsten Ultimo – um zu versuchen, nunmehr: der

Käufer einen Abnehmer zu günstigerem Preise zu finden, der Verkäufer die Papiere oder Waren billiger einzukaufen. Glückt dies, so läßt sich nun am nächsten Termin der Haussier die Waren oder Papiere, der Baissier das Geld von den Kapitalisten zurückgeben, erfüllen damit ihrerseits das Realisationsgeschäft, und es leistet der Haussier aus dem Preise, den er erhält, dem Kapitalisten das dargeliehene Geld, der Baissier durch Hingabe der eingekauften Waren oder Papiere das ihm in solchen gewährte Darlehen zurück. Spekulanten, die als unsicher gelten, müssen eventuell noch besondere Sicherheit durch Pfand dafür geben, daß sie zur Rückerstattung des geliehenen Geldes oder der Waren und Papiere gegen Herausgabe dessen, was sie dafür gegeben haben, imstande sein werden. – Die Kapitalisten ihrerseits, die so für den Zeitraum zwischen zwei Terminen Geld gegen Hergabe von Papieren oder Waren, und umgekehrt Waren oder Papiere gegen Hergabe von Geld darleihen, benutzen dies sogenannte *„Reportgeschäft“* als sehr bequeme und gefahrlose Form der Anlage ihres Kapitals, denn selbstverständlich haben die Spekulanten den ihnen gewährten Kredit durch Erstattung von Zinsen – sogenannte „Prolongationszinsen“ – zu vergüten. Man nennt denjenigen, der Geld auf Termin hergibt, und Waren oder Papiere dafür erhält, „Hereinnehmer“, denjenigen, der auf Termin Waren oder Papiere gegen Geld hergibt „Hereingeber“. Den besonderen Entgelt, den der erstere erhält, nennt man „Report“, denjenigen, den der letztere erhält, „Deport“.[7] Der „Prolongationszinsfuß“ ist oft recht hoch. Dies besonders dann, wenn eine einseitige Richtung der Preisentwicklung eingetreten ist, z. B. zufolge massenhafter spekulativer Käufe zu hohen Preisen, und nun eine sehr große Anzahl von Spekulanten ihre Engagements, da ihnen die Realisation auf dieser Preisgrundlage nicht gelingt, oder sie die weitere Entwicklung abwarten wollen, gern prolongieren möchten. In diesen Fällen schröpft das Kapital die Spekulanten oft in ganz ungeheuerlichem Maße. –

Überblickt man diesen ganzen Mechanismus, so springt zunächst eins in die Augen: die Unrichtigkeit der Meinung, als könne man aus der *Form* des Termingeschäfts als solchen auf die Unreellität und den „Spielcharakter“ desselben schließen. Es wird nicht zu leugnen sein, daß – in unserm früheren Beispiel – der Getreideimporteur A sowohl als der Müller E, für welchen sein Kommissionär D das Geschäft abschloß, durchaus reelle Zwecke: Sicherung eines bestimmten Preises für die Zukunft, damit verfolgten. Es wäre sogar, wenn es sich nicht um Geschäftshäuser mit ganz gewaltigen Kapitalien handelt, unter Umständen eine direkte Unsolidität, wenn sie ihren Betrieb den Einflüssen unberechenbarer Preisschwankungen aussetzten und damit jede Grundlage für eine solide Ge-

[7] Die komplizierteren Grundlagen der Einzelberechnung je nach den Usancen über die Erstattung der sogenannten „Stückzinsen“ neben dem Vertragspreise müssen hier übergangen werden, ebenso alle andren Einzelheiten.

winnberechnung („Kalkül") zugunsten hazardartiger Chancen beseitigten. Das Beispiel stellt aber keineswegs einen Einzelfall dar. Wer z. B. in der Zeit stark schwankender Preise des russischen Papiergelds Waren aus Rußland bestellte und also künftig dorthin in Rubeln zu bezahlen hatte oder wer Bestellungen auf Waren aus Rußland erhielt, also in Rubeln künftige Zahlungen versprochen erhielt, hätte oft ein ganz unberechenbares Risiko auf sich genommen, wenn er nun hätte abwarten wollen, zu welchem Preise, in Mark berechnet, er seinerzeit diese Rubelnoten würde kaufen oder verkaufen können. Jedes solide Geschäft hätte dabei aufgehört. Er konnte dieses Element der absoluten Unsicherheit aus seinen Berechnungen nur beseitigen, wenn er schon im Moment des Abschlusses des Vertrages mit seinen russischen Kunden sich den *jetzigen* Preis der Rubel für den Zeitpunkt der Erfüllung seines Geschäftes sicherte, indem er ein entsprechendes Quantum Rubel, je nachdem er in Zukunft in Rubel zu zahlen oder Zahlung zu empfangen hatte, auf den geeigneten zukünftigen Termin kaufte oder verkaufte. – Nun könnte man etwa meinen, mindestens dann, wenn jemand, wie oben B und C, auf *denselben* Termin ge- und verkauft habe, handle es sich jedenfalls um ein reines Spekulieren auf steigende oder sinkende Preise ohne Zusammenhang mit irgendeinem *anderen* reellen Geschäftszweck. Allein auch das trifft nicht zu. Ein Müller z. B., welcher große Mengen Getreide „loko" gegen bar zum Vermahlen gekauft hat, unterliegt der Gefahr, daß während des Vermahlens die Getreidepreise sinken, was selbstverständlich auf die Mehlpreise ziemlich schnell zurückwirkt, sehr oft so schnell, daß, wenn das aus den Vorräten hergestellte Mehl zum Verkauf kommt, der Müller Verlust erleiden würde. Hiergegen sichert er sich, indem er zur Zeit des Getreideeinkaufs gleichzeitig auf den Zeitpunkt, zu welchem er das Mehl auf den Markt zu bringen hofft, Getreide auf Termin verkauft. *Sinken* nun die Getreidepreise, so verkauft er zwar sein Mehl mit Verlust, aber er gewinnt das Entsprechende wieder, indem er das auf Termin verkaufte Getreide entsprechend billiger einkauft, steigen sie, so bringt das Termingeschäft, welches er durch teureren Einkauf eindecken muß, Verlust, aber dafür gewinnt er an den gestiegenen Mehlpreisen. Obwohl also hier von Anfang an die bestimmte Absicht vorliegt, *jedenfalls* nur durch ein Gegengeschäft, *nicht* durch Lieferung aus eigenen Vorräten, zu erfüllen, obwohl also auf die *Differenz* spekuliert wird, ist der geschäftliche Zweck: Versicherung gegen die Gefahr der Preisschwankungen, sicherlich ein höchst reeller und solider, und das Unterlassen dieser in Form des Termingeschäftes erfolgenden Versicherung wäre ebensowenig solid wie etwa das Unterlassen der Versicherung gegen Feuersgefahr. Die Beispiele lassen sich beliebig vermehren. Es zeigt sich, daß nicht die äußere Form des Geschäftsabschlusses (auf Termin) oder der Geschäftserfüllung (durch Gegengeschäft und Differenzzahlung) es ist, was über den Charakter des Geschäfts entscheidet, sondern der innere ökonomische Zweck, welchen man dem einzelnen Geschäft nicht ansehen kann. Der Übergang zum „reinen“, auf den nackten Differenzgewinn abzielenden „Jobber“geschäft ist ein allmählicher und unmerklicher.

Dies um so mehr, als auch der reine gewerbsmäßige Terminkauf und -verkauf *nur* um des Differenzgewinnes halber anknüpft an eine Funktion, die dem Börsenhandel seit alter Zeit unentbehrlich gewesen ist: die *Makelei.* Von der Stellung des Maklers haben wir früher gesprochen. Sie ist im Wesen dieselbe geblieben, aber die Art ihrer Ausübung hat sich tiefgreifend geändert. Der Makler der Vergangenheit war ein Mann, der nach erhaltenem Auftrag einen Partner suchte, der auf die Bedingungen des Auftraggebers einzugehen bereit war, dann die Parteien zusammenbrachte und nach geschlossenem Vertrag die „Schlußnoten“ darüber ausstellte und gegen deren Aushändigung die „Courtage“ empfing. Einen solchen Makler kann der heutige spekulative Verkehr nicht mehr brauchen. Der Preis, zu dem auf dem Markte die Ware, um die es sich handelt, zu kaufen oder zu verkaufen ist, ändert sich oft in wenigen Minuten. Die Zeit ist kostbarer geworden im Verkehr, und der Auftraggeber, der um 12 Uhr 15 Minuten den Makler um Besorgung des Verkaufes von 100.000 Rubeln per ultimo zum Kurse von 211 Mark pro 100 Rubel ersucht, kann sich nicht darauf einlassen, daß der Makler ihm verspricht, etwa in zwei Stunden Nachricht zu geben, ob er zu diesem Preise einen Abnehmer gefunden habe, denn in diesen Stunden kann sich alles geändert haben. Er verlangt vielmehr von dem Makler, der ja den Markt kennen muß, daß dieser ihm sofort sagt, ob er die Rubel zu diesem Preis unterbringen werde oder nicht. Will der Makler den Verdienst nicht verlieren, so muß er sich alsbald erklären: er übernimmt also, wenn er meint, daß der verlangte Preis zu erzielen ist, den Posten fest zu dem betreffenden Preise unter „Vorbehalt der Aufgabe“ und sucht nun einen Partner dazu, den er alsdann seinem Auftraggeber anzeigt („aufgibt“). Findet er einmal keinen zu dem betreffenden Preise, sondern nur zu einem niedrigeren, so muß er wohl oder übel den Fehlbetrag selbst zuschießen. Er sieht deshalb nicht ein, warum er nicht, wenn es ihm umgekehrt gelingt, einen Partner zu einem dem Auftraggeber günstigeren (in unserem Falle höheren) Preis zu finden, als sein Auftrag lautete, den Unterschied für sich behalten soll, und so entwickelt sich aus diesen eben geschilderten „Aufgabemaklern“ ganz natürlich der Stand der „Propermakler“ heraus, – Makler, welche überhaupt nicht mehr zwischen zwei Parteien einen Vertragsabschluß *vermitteln,* sondern *selbst* von der einen Seite kaufen und nach der andern Seite verkaufen, und in der Differenz der beiden Preise statt wie einst in der „Courtage“ ihren Verdienst suchen. In London sagt ein solcher Propermakler jedem, der ihn darnach fragt, zu welchem Preise er in dem betreffenden Moment kauft und zu welchem er verkauft. Seine Kunst ist, die beiden Preise auf Grund genauer Kenntnis der Marktlage möglichst so zu stellen, daß er das, was er von der einen Seite zu dem einen kauft, schleunigst nach der andern zu dem andern wieder los wird und umgekehrt, was natürlich nicht immer gelingt. Nur weil die Eigenart des Geschäfts dieser sogenannten Propermakler darin besteht, daß sie möglichst nur Engagements übernehmen, die sie nach der andern Seite alsbald weiter geben können, – daß sie also, *ökonomisch* berechnet, eben nur zwischen dem *gegenwärtigen* Angebot und der gegenwärtigen Nachfrage *„vermitteln"*, nicht auf Kursgewinn durch *künftige* Veränderung des Angebotes und der Nachfrage *„spekulieren"*, pflegt man sie noch „Makler" zu nennen und unterscheidet sie von den „Spekulanten" im eigentlichen Sinne des Wortes. Natürlich aber geht beides ineinander über, niemand kann den „Propermakler" hindern, eben doch zu „spekulieren", und er tut es je nach Gelegenheit. Wo die auch für den heutigen Verkehr meist unentbehrliche Maklertätigkeit aufhört und die einfache Differenzspekulation anfängt, kann niemand sagen. Und noch weniger kann man es natürlich dem einzelnen Termingeschäft ansehen, ob es das eine oder das andere ist.[8] –

Man sieht aus allem Gesagten des weiteren: Die Vorstellung, daß die spekulativen Börsengeschäfte eine Art Wette auf das Steigen oder Fallen der Kurse über oder unter eine bestimmte Höhe seien, in der Form, daß von zwei Spekulanten auf einen bestimmten Tag ein Scheinkaufgeschäft zu dem betreffenden Kurse abgeschlossen wird, und je nachdem die Kurse über diese Höhe steigen oder darunter fallen, der eine oder der andere die Differenz zahlt, um die er sich verwettet hat, ist irrig. Auch solche Geschäfte kommen vor, aber *nicht* an der *Börse*, sondern z. B. in amerikanischen Kneipen, wo von der Börse aus elektrisch regulierte Zeiger auf Kursuhren den Stand der Kurse anzeigen und nun mit Einsätzen gewettet wird, wohin der Zeiger sich bewegen werde. Es zeigte sich uns ferner, daß man überhaupt an der Börse es dem einzelnen Geschäft nicht ansehen kann, ob es schließlich durch Gegengeschäft und alsdann durch Differenzzahlung, oder durch Abnahme der Ware selbst und Vollzahlung erledigt wird, und daß endlich, auch wo die Absicht, nur durch Gegengeschäft und nicht durch „effektive" Abnahme zu realisieren, zweifellos feststeht – wie bei jenem Müller unsres Beispiels –, damit *allein* dem betreffenden Geschäfte absolut kein Makel aufgedrückt ist.

Man sieht ferner wohl auch, in welchem Sinne es richtig ist, wenn man behauptet, an der Börse fänden fortwährend Umsätze in Waren statt, welche „gar nicht existieren", und dies daraus schließt, daß, wenn man die auf einem Termin gekauften Quanta zusammenrechnet, sie mehr ausmachen, als am Markt von der Ware vorhanden ist, ja zuweilen mehr, als überhaupt davon – z. B. von einem Pa-

[8] Ich kann aus Raummangel auf die mancherlei Nebenformen der spekulativen Geschäfte – die „Prämiengeschäfte", „Stellage-" und „Nochgeschäfte" nicht eingehen. Sie alle knüpfen an ganz bestimmte, an sich reelle Geschäftszwecke an, wennschon sie unleugbar in besonders hohem Maße zu wildem Spiel mißbraucht werden.

pier – existiert. Natürlich: wenn wir annehmen, daß die obigen 1.000 Tonnen Weizen durch 20 Hände gehen, so sind, wenn man die Quanten der 20 Käufe zusammenzählt, 20.000 Tonnen verkauft und nur 1.000 liegen diesem Geschäfte über jene 20.000 zugrunde. Allein das ist natürlich nicht nur im Börsenhandel der Fall. Jede Kiste importierter Zigarren hat, bis sie in die Hand des Rauchers gelangt, eine Mehrzahl von Händen durchlaufen und ist mehrere Male bezahlt worden, und das hat seinen guten Grund in der Notwendigkeit der Arbeitsteilung zwischen denen, welche den überseeischen Markt, wo die Ware hergestellt wird, und denen, welche den deutschen Markt, der sie verbraucht, kennen, ferner zwischen den mit der Technik der großen überseeischen Handelsbeziehungen bekannten Großhändlern und den Detaillisten, welche mit ihrem örtlichen Abnehmerkreis vertraut sind. Addiert man alle jene sich aneinander schließenden Umsätze zusammen, so zeigt sich auch hier, daß mehr Zigarren verkauft sind, als existieren. – Wahr ist nur, daß das Termingeschäft die Zahl der Umsätze desselben Quantums ganz außerordentlich zu *vermehren* gestattet und tatsächlich vermehrt, – insofern also in umgekehrter Richtung wirkt als die sonstigen allgemeinen Entwicklungstendenzen der Handelsorganisation, welche in steigendem Maße die Zahl der Mittelglieder *vermindert* haben. Der Terminhandel wirkt in jener Richtung, indem er, in Gestalt der Hinausschiebung der Erfüllung, auf *Kredit* zu spekulieren ermöglicht und zugleich das *Maß* des dem Spekulanten nötigen Kredits herabdrückt. Es genügt, um an der Spekulation teilzunehmen, wenn der Spekulant einen Partner finden kann, der ihn für vermögend genug hält, um seinerzeit die *Differenz*, die sich bei Fehlschlag seiner Spekulation zu seinen Ungunsten bei der Realisation ergeben kann, decken zu können. Selbst dies Erfordernis wird an vielen Börsen beseitigt. An den amerikanischen Börsen besteht die Einrichtung, daß jeder Spekulant sofort beim Abschluß des Geschäftes eine Geldkaution („Marge", deutsch „Einschuß") im Betrage von einigen Prozent des Betrages bei einer Bank hinterlegt, die er nach der Abwicklung zurückerhält. Zeigt später der Kurszettel eine Änderung der Kurse zuungunsten des Betreffenden – z. B. wenn er gekauft hat, ein Sinken der Preise, – so daß die Wahrscheinlichkeit besteht, er werde nur unter erheblicherem Verlust realisieren können, als der ist, welchen seine Kaution deckt, dann kann der Gegner „Nachschuß" zur Deckung dieses gesteigerten Risikos verlangen. In Deutschland existiert zum gleichen Zweck im Produktenhandel mehrfach das Institut der *„Liquidationskassen"*, d. h. die Teilnehmer am Handel in dem betreffenden Artikel (z. B. Kaffee in Hamburg) haben eine Gesellschaft gegründet, welche von jedem von ihnen, der ein Termingeschäft darin schließt, einen Einschuß und eventuell Nachschüsse erhebt, dafür aber die Erfüllung aller Geschäfte mit ihrem Vermögen garantiert. Dadurch ist erreicht, daß nun auch auf die *Person* des Spekulanten gar nichts mehr ankommt, da ihm keinerlei Kredit gegeben wird: der eine ist so gut wie der andre, wenn er nur die Kaution hinterlegt. Der Terminhandel führt also, sehen wir, zu einer gewaltigen *„Verbreiterung des Marktes"* der Waren und Papiere, in denen er stattfindet; sowohl die Zahl der Umsätze als der Kreis der Personen, welche an diesen Umsätzen teilnehmen, ist bedeutend erweitert.

Er ist aber erweitert, unleugbar, nicht nur nach der Richtung, daß minder *bemittelte*, sondern auch daß minder *sachverständige* Personen daran teilnehmen können. Der Spekulant, der heute in Weizen „fixt" und im nächsten Monat zum Hafer übergeht, braucht zu beidem sonst nicht die geringste berufliche Beziehung zu haben. Er hat sie auch oft genug nicht, sondern *spielt* eben ziemlich ins Blinde, einem dunklen Gefühl von der wahrscheinlichen Richtung der Preisbewegung folgend, deren innere Gründe zu durchschauen und abzuwägen ihm jede Bildung fehlt. Der Mechanismus der Spekulation ist eben ein so verhältnismäßig einfacher, daß er auch dem beruflich gänzlich Fernstehenden bald handlich erscheint, um da zu ernten, wo er nicht gesät hat. Speziell dem „Publikum" draußen ist der Zutritt zur Spekulation zweifellos durch die Natur des Terminhandels wesentlich erleichtert. Der Kommissionär, an den sich der Außenstehende wendet, begnügt sich, wo ihm die Kreditwürdigkeit zweifelhaft ist, einen „Einschuß" von einigen Prozent und, – falls sich die Kurse zuungunsten des Kunden ändern, so daß die Verlustchance desselben und damit das Risiko des Kommissionärs, daß der Kunde diesen Verlust nicht zahlen kann, steigt, – „Nachschüsse" zu verlangen. Im übrigen schließt er im Auftrage des Kunden für dessen Rechnung das Geschäft und demnächst bei Heranrücken des Termins nach dessen Anweisung entweder ein Realisationsgeschäft ab oder „prolongiert" das Engagement, indem er entweder für Rechnung des Kunden ein Reportgeschäft abschließt, oder selbst als „Hereinnehmer" die Papiere oder Waren bis zu einem folgenden Termin behält. –

Auch die Stellung des Kommissionärs hat sich nun – in ähnlicher Weise wie die des Maklers – geändert. Im deutschen Handelsgesetzbuch wird als die Regel behandelt, daß der Kommissionär im Auftrage des Kunden mit einem Dritten abschließt. Aus diesem Abschluß ist er mithin berechtigt und verpflichtet: gegen den Dritten hat der Kunde direkt keinerlei Ansprüche und umgekehrt, der Kommissionär erledigt alles Weitere, nimmt Waren und Geld in Empfang und legt dem Kunden dann Rechnung; Gewinnchance und Gefahr des Geschäftes gehen auf Rechnung des Kunden, der Kommissionär erhält seine „Provision". Mit Vergrößerung der Verkehrskreise wird das teilweise anders. Der Kunde will mit dem Dritten, dessen Person und Kreditwürdigkeit er nicht kennt, nichts zu tun haben, sondern nur mit seinem Kommissionär. Diesem seinerseits ist es lästig, stets speziell Rechnung legen zu müssen. Das ist auch schon deshalb oft gar nicht möglich, weil der Kommissionär, wenn er – wie es häufig ist – eine Mehrzahl von Aufträgen zum Kauf desselben Papiers bekommt, z. B. 5 verschiedene Aufträge zum sofortigen Kauf von 10.000, 100.000, 30.000, 20.000 und 15.000 Mark, im ganzen also 175.000 Mark Nominalbetrag eines Papiers, diese Aufträge unter Umständen nur durch z. B. drei Käufe von 90.000, 60.000 und 25.000, zusammen 175.000 Mark, zu 3 verschiedenen Preisen erledigen kann, also gar nicht imstande ist, *speziell* über den einzelnen Posten Rechnung zu legen, und überdies vielleicht besser einen Teil aus eigenen Vorräten zulegen würde, anstatt durch die starke Nachfrage den Preis für die Kunden allzustark zu verteuern. Die Gesetze geben deshalb jetzt dem Kommissionär meist das Recht des sogenannten „Selbsteintrittes", d. h. sie gestatten ihm, statt jeder speziellen Rechnungslegung dem Kunden einfach den im Kursblatt notierten *Börsenkurs* des betreffenden Zeitpunktes zu berechnen, indem sie annehmen – ob immer mit Recht, werden wir noch sehen –, daß dadurch das Interesse des Kunden genügend gewahrt und der Kommissionär sicher zu kontrollieren sei. Für die Erfüllung des Geschäfts haftet dann der Kommissionär dem Kunden persönlich. Von diesem Recht machen die Kommissionäre fast ausnahmslos Gebrauch, ohne Widerspruch der Kunden, welchen ja eben nur an der Haftung ihres ihnen bekannten Kommissionärs liegt. Aber natürlich ist damit der Schleier vor den Vorgängen auf der Börse für den draußenstehenden Kunden noch dichter zugezogen, als dies ohnehin der Fall ist. Was eigentlich hinter diesem Schleier geschieht, wie die Kursnotizen zustande kommen, sieht der spekulierende Kunde nicht: Die Markterweiterung durch Heranziehung des Publikums, wie sie das Termingeschäft erleichtert, zieht – das ist zweifellos – Leute zum Börsenverkehr heran, die jeder Sachkunde und auch jedes Antriebes, sich selbst für Gewinn und Verlust verantworlich zu fühlen und also selbständig die Vorgänge auf der Börse zu prüfen, geradezu entbehren *müssen*.

Fragt man nun, welche *volkswirtschaftliche* Bedeutung dieser „Erweiterung des Marktes" zukommt, so ist das Interesse, welches zur Einführung des Terminhandels in einem Artikel an einer Börse führt, in *erster* Linie natürlich ein solches des Händlerstandes des betreffenden Platzes. Die Steigerung der Zahl der Umsätze steigert die Wahrscheinlichkeit, dort jederzeit große Posten Ware zu den dort laut Zeitungsbericht notierten Preisen absetzen und einkaufen zu können. Diese Preise werden die maßgebenden für die Berechnungen von Produzenten, Verkäufern und Händlern auch außerhalb des Platzes, und dies alles führt dazu, daß Warensendungen von auswärts vornehmlich den dort ansässigen Kaufleuten zur Verwertung angeboten werden und Kaufaufträge vornehmlich an sie gelangen. Dadurch werden dann wieder die Umsätze gesteigert. Damit werden in *erster* Linie die Verdienstchancen der Kaufleute des betreffenden Platzes gehoben. In zweiter Linie aber steigt dadurch auch die wirtschaftliche Bedeutung und Macht des *ganzen Platzes* andern und dem Ausland gegenüber. Der Kaufmann an dem Platz mit großem Markt kann außerordentlich viel leichter den festen Ankauf großer Warensendungen vom Auslande her unternehmen, da er, infolge der oben erörterten Möglichkeit sich gegen Preisschwankungen zu versichern, ein weit geringeres Risiko trägt. Und es bedeutet diese Steigerung der Machtstellung einheimischer Börsen im Verhältnis zu fremden, wie sie zweifellos durch den Terminhandel mit herbeigeführt wird, auch einen gewaltigen Machtzuwachs der finanziellen und damit der politischen Machtstellung des einheimischen Staatswesens. Es ist politisch *nicht* gleichgültig, ob die Berliner oder die Pariser Börse fremden geldbedürftigen Mächten, wie z. B. Italien und Rußland, die besseren Chancen für den Absatz ihrer Schuldverschreibungen bietet. Und es ist für die ökonomischen Interessen des Inlandes nicht gleichgültig, ob inländische oder ausländische Kaufleute die Märkte beherrschen und wo der Weltmarktverkehr eines für den einheimischen Verbrauch und die einheimische Produktion wichtigen Artikels sich konzentriert. – Zweifellos wird diese erhöhte Machtstellung des betreffenden Marktes durch mancherlei bedenkliche Nebenwirkungen erkauft. Zunächst die zweifellose Steigerung der Teilnahme Unberufener an der Spekulation, damit der Spielsucht des Publikums und der Gelegenheit, sie an der Börse zu befriedigen. Man darf freilich die Tragweite des Termingeschäftes nach dieser Richtung nicht überschätzen. Das Publikum spielt, wenn ihm nur ein Bankier dafür Kredit gibt, ebenso im Kassageschäft, z. B. durch Barankauf von Papieren in Erwartung einer Kurssteigerung, und gerade die widerwärtigsten Vorgänge dieser Art der letzten Jahre – z. B. die im Prozeß Polke erörterten – waren solche spekulativen *Kassa*geschäfte. Spekulationen des Publikums in Form von *Kassa*geschäften aber sind, der stärkeren Kursschwankungen wegen, für dasselbe ungleich gefährlicher als die Terminspekulationen. – Man muß sich eben hüten zu glauben, mit Beseitigung *des Termin*geschäfts beseitige man die *Spekulation*. Im *Quantum* würde sie unzweifelhaft, weil kostspieliger, etwas eingeschränkt, in der *Qualität* aber, wie auf das deutlichste die des Termingeschäftes in Effekten entbehrende Neuyorker Börse zeigt, außerordentlich viel unsolider, weil bei dem Mangel des breiten Marktes noch weit hazardartiger.

Der Gedanke, die Spekulation oder doch ihre Gefahren für das Publikum unterdrücken zu wollen, kann deshalb nimmermehr der *Haupt*gesichtspunkt sein, unter welchem man an die gesetzgeberische Behandlung des Börsenverkehrs herantritt.

Erfreulich ist es natürlich, wenn *nebenher* auch dem Zweck, die Außenstehenden möglichst gegen Ausbeutung zu schützen, gedient werden kann. Ein Hauptsitz der verschiedensten Schäden liegt in dieser Beziehung zweifellos in der Art des Verhaltens der *Kommissionäre* gegenüber ihren Kunden. Der Kommissionär ist, sahen wir, berechtigt, im Wege des „Selbsteintrittes" sich der Rechnungslegung über die Art der Ausführung des Geschäftes zu entziehen, indem er dem Kunden nur den amtlich notierten Börsenpreis berechnet. Dessen Feststellung kann aber der Kommissionär durch seine *eigenen* Spekulationsgeschäfte stark beeinflussen, zumal soweit es sich um Papiere handelt, die nicht in sehr großen Beträgen im Handel sind, sog. „kleine“ oder „leichte“ Papiere, bei denen also jedes einzelne auf dem Markt erscheinende Kaufsangebot beträchtlichen Umfanges den Preis steigert, und am allermeisten bei solchen Papieren, die der Kommissionär selbst als „Emittent“ (s. o.) in den Handel gebracht hat und von denen er selbst die größten Vorräte besitzt. Hier ist das sogenannte „Kursmachen“ und „Aus-dem-Engagement-Werfen“ zu Hause. Das heißt – um wenigstens, ein Beispiel vorzuführen – der Kommissionär veranlaßt etwa seinen Kunden, ihm auf ein solches Papier einen Kaufauftrag per ultimo zu geben. Nachdem dies geschehen und der Kunde den entsprechenden „Einschuß“ (s. o.) geleistet hat, erhält er die Nachricht, daß der Kommissionär das Geschäft, „für ihn“ zum Börsenkurse, der an dem betreffenden Tage notiert ist, „gemacht“ habe, d. h. daß er ihm die Papiere zu diesem Preis liefern werde. Womöglich hat der Kommissionär, indem er als Kaufreflektant auf einen kleinen Betrag zu hohem Preise auf dem Markt erschien, jene Kursnotiz selbst künstlich herbeigeführt. Nunmehr bietet der Kommissionär aus seinem Vorrat kleine Partien des Papiers zu billigem Preis zum Verkauf aus. Es erscheinen infolgedessen niedrige Kursnotizen im Kursblatt und der Kommissionär verlangt nun von dem Kunden zur Deckung seines angeblichen Risikos die für diesen Fall vereinbarten „Nachschüsse“. Leistet sie der Kunde nicht oder nicht rechtzeitig – und oft ist in den Geschäftsbedingungen Zahlung innerhalb 24 Stunden ausbedungen –, so hat dies regelmäßig nach den Geschäftsbedingungen zur Folge, daß der Kommissionär berechtigt ist, den Kunden als im Verzug befindlich zu behandeln und zur „Zwangsregulierung“ (s. o.) zu schreiten, worauf der Kunde die Differenz zu zahlen hat. Diese unlautern Manipulationen sind aber sehr erschwert bei Papieren großen Betrages, deren Preis schwer zu beeinflussen ist, und die Versuchung dazu besteht ferner wesentlich da, wo dieselbe Person zugleich Kommissionär – also Vertrauensmann des Kunden – und selbst Spekulant für eigene Rechnung ist. – Jeder Reformversuch würde hier einzusetzen haben. –

Allein vom Standpunkt der Gesamtheit wichtiger als die Frage, ob und wie das Publikum gegen die Folgen seiner eigenen Spielsucht geschützt werden kann, ist die Frage, welchen Einfluß die Formen des Geschäftsverkehrs, speziell der Terminhandel, auf die Art, wie die Börse ihre wichtigste Funktion, die *Preisbildung* versieht, ausüben. Auch hier sind Vorzüge und Schattenseiten des Terminhandels fast untrennbar vermischt. Ohne Zweifel versieht er in technisch vollkommenster Weise die in hohem Grade nützliche und dem spekulativen Handel wesentliche Funktion der Preis*ausgleichung*. Dadurch, daß der Arbitrageur zugleich in Paris billig kauft und in London teuer verkauft, vermehrt er die Nachfrage dort und das Angebot hier, verteilt also die Vorräte *örtlich*. Dadurch, daß der Spekulant nach der Ernte in Erwartung einer Preissteigerung im Winter Getreide per Juni kauft und im Frühjahr per Juni verkauft, veranlaßt er im Winter einen Teil der Besitzer von Getreide, dasselbe nicht jetzt loko loszuschlagen zu niedrigem Preise, sondern auf Juni-Termin zu dem Preis, den der Spekulant für diesen verspricht, also bis zum Heranrücken dieses Termins auf Lager zu behalten, er vermindert also das Barangebot jetzt und steigert die für künftig aufbewahrten Vorräte, verteilt sie also *zeitlich*, über das Jahr hin.[9] Die schroffen Schwankungen der allgemeinen Preislage, die ohne Spekulation bestehen würden, werden dadurch gemildert. Aber allerdings: an Stelle der großen, steilen Preiswogen tritt ein täglich vibrierendes Wellengekräusel. Denn die Spekulation ist, da sie in ihrem Erfolg gänzlich von der Entwicklung der Kauf- oder Verkaufsneigung der Beteiligten abhängt, sehr empfindlich gegen jeden Vorfall, bei dem eine noch so unbestimmte Möglichkeit dafür besteht, daß er auf die jetzige oder künftige Kaufneigung irgendeinen Einfluß übe. Jeder starke Regenguß in der Erntezeit macht sich in den Termingetreidepreisen fühlbar, und jede politische Nachricht – auch die unwahre – wirkt auf die Preise zahlreicher Papiere. Diese in ihren Ursachen oft nicht ganz zu durchschauende Unruhe in den Preisen ist naturgemäß namentlich in Produkten für die Erzeuger hie und da unbequem. Dazu tritt der in gewissem Sinn zutreffende Vorwurf, daß der Terminhandel auch der *künstlichen* Preisbeeinflussung im egoistischen Interesse großer Bankhäuser oder einzelner Spekulanten besonders leicht zugänglich sei. Dies ist zunächst ganz allgemein deshalb in gewissem Maß der Fall, weil der Terminhandel auch dem, der kein eigenes Kapital besitzt, den Zutritt zur Spekulation erleichtert. Die große Schar der kleinen, fast nur mit einer guten Lunge, Notizbuch und Bleistift ausgerüsteten Spekulanten aber und ebenso das urteilslose Publikum haben im allgemeinen gar keine andere Wahl, als einer „von oben" – d. h. von den großen Banken – ausgegebenen Parole zu folgen, wenn also von dort her die Preise durch teure Kaufangebote aus irgendeinem Grunde in die Höhe getrieben werden, auch ihrerseits blindlings auf Spekulation zu kaufen. Jeder weiß dabei genau, daß diese Steigerung der Preise einmal dem Gegenteil Platz machen wird, hofft aber, daß dies erst eintreten werde, wenn er schon mit Gewinn realisiert hat, so daß der sicher zu erwartende Verlust einen *andern* treffe, – wie beim *„schwarzen Peter"*. – Zu diesem allgemeinsten Grunde der leichten Beeinflußbarkeit der Terminpreise treten noch spezielle, oft auf die technische Form des Termingeschäftes zurückgeführte Spekulantenkunstgriffe. Die grandiosesten Formen, in denen sich solche Manipulationen vollziehen, sind die sogenannten „Corners" oder „Schwänzen". Sie beste-

[9] Diese Wirkung vollzieht sich zwar in Wirklichkeit zumeist nicht ganz in dieser unmittelbaren Form, sondern etwas komplizierter, namentlich unter Dazwischentreten des Reportgeschäftes. Aber der Weg, auf dem sie erzielt wird, ist im Prinzip und Erfolg völlig derselbe.

hen darin, daß ein einzelner nach einer Richtung (insbesondere à la hausse) engagierter Großspekulant oder mehrere, die sich dazu verbinden, den entgegengesetzt Interessierten die Erfüllung ihrer Verbindlichkeiten am Termine unmöglich zu machen suchen, um ihnen dann einen Abstandspreis zu diktieren. So ließ der russische Finanzminister, um die Baissespekulanten in Rubelnoten an der Berliner Börse zu ruinieren, durch ein Berliner Bankhaus unter der Hand annähernd sämtliche Rubelnoten, die am Berliner Markt vorhanden waren, aufkaufen, so daß die Baissespekulanten, die dies nicht bemerkt hatten, als der Termin herankam, an dem sie zu liefern hatten, keinerlei Noten zur Erfüllung ihrer Verbindlichkeit zu kaufen oder zu leihen vermochten und sich schließlich an den russischen Finanzminister selbst wenden mußten mit der Bitte, ihnen solche durch das gedachte Bankhaus verkaufen zu lassen. Immerhin sind solche Vorgänge, die in Deutschland, auch wenn man Jahrzehnte zurückrechnet, höchstens nach Dutzenden zählen, schnell vorübergehende, mit dem Zusammenbruch einiger Spekulantenexistenzen und zwar schließlich meist der „Corner" selbst endende Fiebererscheinungen, und sie sind vor allem keineswegs an die Form des Termingeschäfts gebunden, sondern bei uns sogar meist in einer hier nicht im einzelnen wiederzugebenden Weise mittels „Kassa"geschäften ins Werk gesetzt worden.

Die wirklich dem Terminhandel *als solchem* ganz allgemein zu machenden Vorwürfe führen fast alle auf die erleichterte Heranziehung urteilsunfähiger und vermögensloser Spekulanten zurück. Diese Erleichterung ist aber nur die Kehrseite der durch ihn bewirkten „Markterweiterung", deren *positive* Bedeutung für die nationale Volkswirtschaft wir oben in ihren Hauptzügen kennen lernten. Vom politischen und ökonomischen Machtinteresse einer Nation aus ist es *nicht* angängig, um dieser Schattenseiten willen *einseitig* den Terminhandel in einem Artikel bei *sich* zu verbieten und dadurch anstatt der erstrebten Unterdrückung der Spekulation lediglich diese, damit aber auch den für diesen Artikel maßgebenden *Markt* ins Ausland zu drängen und dessen Finanzkraft zu stärken. Die größere Versuchung zum Spiel für das einheimische Publikum und die dadurch verschuldeten Verluste desselben müssen als Teil der Kriegskosten im Ringen der Nationen um die ökonomische Herrscherstellung getragen werden. Nur eine *internationale* Vereinbarung hätte da in Frage kommen dürfen, wo die Beseitigung des Terminverkehrs im einzelnen Falle erwünscht ist.[10]

[10] Daß es solche Fälle gibt, ist kein Zweifel. Ich kann aber im einzelnen hier schon des Raumes wegen darauf nicht eingehen. Es gehört dahin z. B. vielleicht der Kammzug, ein Halbfabrikat, bei dem, anders als bei Rohstoffen, deren Produktion lange Ernteperioden erfordert, jede Preissteigerung leicht eine Überproduktion hervorrufen kann. – *Getreide* gehört *zur Zeit* vom *deutschen* Interessenstandpunkt aus m. E. *nicht* dahin. Das Verbot, welches der Reichstag einseitig für das Inland ohne internationale Vereinbarung aussprach, war ausschließlich auf Stimmenfang berechnet und auch unter diesem Gesichtspunkt eine Torheit.

Was eine rationelle, von den Interessen der Machtstellung Deutschlands ausgehende Börsenpolitik auf dem Gebiete der Verkehrskontrolle hätte erstreben sollen, liegt m. E. – soweit nicht technische Einzelheiten, wie die Art der Kursnotiz, die Regelung des Kommissionsgeschäftes, die Vorschriften über die Bedingungen des Getreideterminhandels in Frage kommen – nur in folgenden ungefähren Richtungen: Unnütz und schädlich ist die unmittelbare Mitwirkung *kapitalloser* Spekulanten am Börsenverkehr, erwünscht deshalb, wennschon gewiß nicht ganz leicht durchführbar, das Erfordern eines Vermögensnachweises bei der Zulassung. Schädlich und zu verhindern ist die Spekulation in „kleinen" Papieren, aber nicht nur in Form des *Terminhandels.* Da die Bildung eines spekulativen Marktes, auch wo die Spekulation sich in die Form des Kassageschäfts kleidet, nicht leicht dauernd verborgen bleiben kann, könnte ihr durch Versagung der Kursnotiz und Verbot aller Zeitungsberichte wirksam genug entgegengetreten werden. Streng zu verbieten wäre die Wiedergabe von Kursen irgendeines an deutschen Börsen nicht zugelassenen Papiers in deutschen Zeitungen sowie Nachrichten über dasselbe überall da, wo nach Ermessen der betreffenden Instanz der Verdacht einer irgend umfangreicheren Einschleppung dieses Papiers in den Besitz deutscher Kapitalisten unter *Umgehung* der deutschen Börsen begründet erscheint. Im übrigen wäre den staatlichen Gewalten ein Aufsichts- und Einspruchsrecht gegen den börsenmäßigen Handel in jedem Objekt im allgemeinen und den Terminhandel im speziellen zuzuweisen gewesen. Bezüglich des letzteren wäre aber von dieser Befugnis im allgemeinen nur im Falle der Erzielung *internationaler* Vereinbarungen für die einzelnen Gegenstände, für welche das Verbot erwünscht erschiene, Gebrauch zu machen gewesen. Im übrigen hätte man lediglich die Verleitung unerfahrener und leichtsinniger Personen zu Spekulationen so, wie es durch das Börsengesetz geschehen ist, unter Strafe stellen sollen. –

Der Durchführung *rein* theoretisch-moralischer Forderungen sind eben, so lange die Nationen, mögen sie auch militärisch in Frieden leben, ökonomisch den unerbittlichen und unvermeidlichen Kampf um ihr nationales Dasein und die ökonomische Macht führen, enge Grenzen gezogen durch die Erwägung, daß man auch ökonomisch nicht *einseitig* abrüsten kann. Eine starke Börse kann eben kein Klub für „ethische Kultur" sein, und die Kapitalien der großen Banken sind so wenig „Wohlfahrtseinrichtungen" wie Flinten und Kanonen es sind. Für eine Volkswirtschaftspolitik, welche *diesseitige* Ziele erstrebt, können sie nur eins sein: *Machtmittel* in jenem ökonomischen Kampf. Sie wird es gern begrüßen, wenn *auch* das *„ethische"* Bedürfnis diesen Institutionen gegenüber zu seinem Rechte gelangen kann, aber sie hat die *Pflicht*, in *letzter* Linie darüber zu wachen, daß fanatische Interessenten oder weltfremde Apostel des ökonomischen Friedens nicht die eigne Nation entwaffnen.

Die sozialen Gründe des Untergangs der antiken Kultur[1]

Das Römische Reich wurde nicht von außen her zerstört, etwa infolge zahlenmäßiger Überlegenheit seiner Gegner oder der Unfähigkeit seiner politischen Leiter. Im letzten Jahrhundert seines Bestehens hatte Rom seine einsernen Kanzler: Heldengestalten wie Stilicho, germanische Kühnheit mit raffinierter diplomatischer Kunst vereinigend, standen an seiner Spitze. Warum gelang ihnen nicht, was die Analphabeten aus dem Merowinger-, Karolinger- und Sachsenstamme erreichten und gegen Sarazenen und Hunnen behaupteten? – Das Reich war längst nicht mehr es selbst; als es zerfiel, brach es nicht plötzlich unter einem gewaltigen Stoße zusammen. Die Völkerwanderung zog vielmehr nur das Fazit einer längst im Fluß befindlichen Entwicklung.

Vor allem aber: die *Kultur* des römischen Altertums ist nicht erst durch den Zerfall des *Reiches* zum Versinken gebracht worden. Ihre Blüte hatte das römische Reich als politischer Verband um Jahrhunderte überdauert. Sie war längst dahin. Schon anfangs des dritten Jahrhunderts versiegte die römische Literatur. Die Kunst der Juristen verfiel wie ihre Schulen. Die griechische und lateinische Dichtung schliefen den Todesschlaf. Die Geschichtsschreibung verkümmerte bis zu fast völligem Verschwinden, und selbst die Inschriften begannen zu schweigen. Die lateinische Sprache war bald in voller Degeneration begriffen. – Als anderthalb Jahrhunderte später mit dem Erlöschen der weströmischen Kaiserwürde der äußere Abschluß erfolgt, hat man den Eindruck, daß die Barbarei längst von innen heraus gesiegt hatte. Auch entstehen im Gefolge der Völkerwanderung keineswegs etwa völlig neue Verhältnisse auf dem Boden des zerfallenen Reichs; das Merowingerreich, wenigstens in Gallien, trägt zunächst in allem noch ganz die Züge der römischen Provinz. – Und die Frage, die sich für uns erhebt, ist also: Woher jene *Kulturdämmerung* der antiken Welt?

Mannigfache Erklärungen pflegen gegeben zu werden, teils ganz verfehlt, teils einen richtigen Gesichtspunkt in falsche Beleuchtung rückend:

Der Despotismus habe die antiken Menschen, ihr Staatsleben und ihre Kultur gewissermaßen psychisch erdrücken müssen. – Aber der Despotismus Friedrichs des Großen war ein Hebel des Aufschwungs. –

Der angebliche Luxus und die tatsächliche Sittenlosigkeit der höchsten Gesellschaftskreise haben das Rachegericht der Geschichte heraufbeschworen. – Aber beide sind ihrerseits Symptome. Weit gewaltigere Vorgänge als das Ver-

[1] In: Die Wahrheit. Halbmonatsschrift zur Vertiefung in die Fragen und Aufgaben des Menschenlebens. 6. Band, 1. Maiheft, 1896.

schulden Einzelner waren es, wie wir sehen werden, welche die antike Kultur versinken ließen. –

Das emanzipierte römische Weib und die Sprengung der Festigkeit der Ehe in den herrschenden Klassen hätten die Grundlagen der Gesellschaft aufgelöst. Was ein tendenziöser Reaktionär, wie Tacitus, über die germanische Frau, jenes armselige Arbeitstier eines kriegerischen Bauern, fabelt, sprechen ähnlich Gestimmte ihm heute nach. In Wahrheit hat die unvermeidliche „deutsche Frau" so wenig den Sieg der Germanen entschieden, wie der unvermeidliche „preußische Schulmeister" die Schlacht bei Königgrätz. – Wir werden vielmehr sehen, daß die *Wiederherstellung* der Familie auf den *unteren* Schichten der Gesellschaft mit dem Niedergang der antiken Kultur zusammenhängt. –

Aus dem Altertum selbst dringt Plinius' Stimme zu uns: „Latifundia perdidere Italiam". Also – heißt es von der einen Seite – die Junker waren es, die Rom verdarben. Ja – heißt es von der andern – aber nur weil sie dem fremden Getreideimport erlagen: mit dem Antrag Kanitz also säßen die Cäsaren heute noch auf ihrem Throne. Wir werden sehen, daß die erste Stufe zur *Wiederherstellung* des *Bauern*standes mit dem Untergang der antiken Kultur erstiegen wird. –

Damit auch eine vermeintlich „Darwinistische" Hypothese nicht fehle, so meint ein Neuester u. a.: der Ausleseprozeß, der sich durch die Aushebung zum Heere vollzog und die Kräftigsten zur Ehelosigkeit verdammte, habe die antike Rasse degeneriert. – Wir werden sehen, daß vielmehr die zunehmende Ergänzung des Heeres *aus sich* selbst mit dem Untergang des Römerreichs Hand in Hand geht.

Genug davon. – Nur noch eine Bemerkung, ehe wir zur Sache kommen:

Es kommt dem Eindruck, den der Erzähler macht, zu gut, wenn sein Publikum die Empfindung hat: de te narratur fabula, und wenn er mit einem discite moniti! schließen kann. In dieser günstigen Lage befindet sich die folgende Erörterung *nicht*. Für unsere heutigen sozialen Probleme haben wir aus der Geschichte des Altertums wenig oder nichts zu lernen. Ein heutiger Proletarier und ein antiker Sklave verständen sich so wenig, wie ein Europäer und ein Chinese. Unsre Probleme sind völlig andrer Art. Nur ein *historisches* Interesse besitzt das Schauspiel, das wir betrachten, allerdings eines der eigenartigsten, das die Geschichte kennt: die innere Selbstauflösung einer alten Kultur.

Jene eben hervorgehobenen *Eigentümlichkeiten* der sozialen Struktur der antiken Gesellschaft sind es, die wir uns zunächst klar machen müssen. Wir werden sehen, daß durch sie der Kreislauf der antiken Kulturentwicklung bestimmt wurde. –

Die Kultur des Altertums ist ihrem Wesen nach zunächst: *städtische* Kultur. Die Stadt ist Trägerin des politischen Lebens wie der Kunst und Literatur. Auch ökonomisch eignet, wenigstens in der historischen Frühzeit, dem Altertum diejenige Wirtschaftsform, die wir heute „Stadtwirtschaft" zu nennen pflegen. Die Stadt des Altertums ist in hellenischer Zeit nicht wesentlich verschieden von der Stadt des Mittelalters. Soweit sie verschieden ist, handelt es sich um Unterschiede von Klima und Rasse des Mittelmeers gegen diejenigen Zentraleuropas, ähnlich wie noch jetzt englische und italienische Arbeiter und deutsche und italienische Handwerker sich unterscheiden. – Ökonomisch ruht auch die antike Stadt ursprünglich auf dem Austausch der Produkte des städtischen Gewerbes mit den Erzeugnissen eines engen ländlichen Umkreises auf dem städtischen Mark. Dieser Austausch *unmittelbar* vom Produzenten zum Konsumenten *deckt* im wesentlichen den Bedarf, ohne Zufuhr von außen. – Aristoteles' Ideal: die αὐτάρκεια (Selbstgenügsamkeit) der Stadt – war in der Mehrzahl der hellenischen Städte verwirklicht gewesen.

Allerdings: auf diesem lokalen Unterbau erhebt sich seit grauer Vorzeit ein internationaler Handel, der ein bedeutendes Gebiet und zahlreiche Gegenstände umfaßt. Wir hören in der Geschichte gerade von *den* Städten, deren Schiffe seine Träger sind, aber: weil wir gerade von ihnen hören, vergessen wir leicht eins: seine *quantitative* Unerheblichkeit. Zunächst: Die Kultur des europäischen Altertums ist *Küstenkultur*, wie seine Geschichte zunächst Geschichte von Küstenstädten. Neben dem technisch fein durchgebildeten städtischen Verkehr steht schroff die Naturalwirtschaft der barbarischen Bauern des Binnenlandes, in Gaugenossenschaften oder unter der Herrschaft feudaler Patriarchen gebunden. Nur über See oder auf großen Strömen vollzieht sich wirklich dauernd und stetig ein internationaler Verkehr. Ein Binnenverkehr, der sich auch nur mit dem des Mittelalters vergleichen ließe, existiert im europäischen Altertum nicht. Die vielgepriesenen römischen Straßen sind so wenig Träger eines auch nur entfernt an neuere Verhältnisse erinnernden Verkehrs wie die römische Post. Ungeheuer sind die Unterschiede in der Rentabilität von Binnengütern gegen solche an Wasserstraßen. Die Nachbarschaft der Landstraßen der römischen Zeit galt im Altertum im allgemeinen nicht als *Vorteil*, sondern als *Plage*, der Einquartierung und – des Ungeziefers wegen: sie sind Militär- und nicht Verkehrsstraßen.

Auf diesem noch unzersetzten naturalwirtschaftlichen Grunde wurzelt der Tauschverkehr nicht tief: eine *dünne Schicht hochwertiger Artikel* ist es – Edelmetalle, Bernstein, wertvolle Gewebe, einige Eisen- und Töpferwaren u. dgl. – welche wirklich Gegenstand stetigen Handels sind; zumeist Luxusgegenstände, welche infolge ihres hohen Preises die gewaltigen Transportkosten tragen können. Ein solcher Handel ist mit dem modernen Verkehr überhaupt nicht vergleichbar. Es wäre, als ob heute etwa nur Champagner, Seide u. dgl. gehandelt würde, während jede Handelsstatistik uns zeigt, wie die *Massen*bedürfnisse allein heute die großen Ziffern der Handelsbilanzen ausmachen. – Freilich ereignet es sich, daß Städte wie Athen und Rom auch in ihrem Getreidebedarf auf Zufuhr angewiesen werden. Aber dann handelt es sich stets um Erscheinungen von welthistorischen Abnormität und um einen Bedarf, dessen Deckung die *Gesamtheit* in die Hand nimmt, weil sie sie dem freien Verkehr weder überlassen will noch kann.

Nicht die Massen sind mit ihren Alltagsbedürfnissen am internationalen Verkehr interessiert, sondern eine *dünne* Schicht *besitzender* Klassen. Daraus ergibt sich eines: die *zunehmende Vermögensdifferenzierung* ist im Altertum Voraussetzung der aufsteigenden Handelsblüte. Diese Vermögensdifferenzierung aber – und damit kommen wir zu einem dritten, entscheidenden Punkt – vollzieht sich in einer ganz bestimmten Form und Richtung: Die antike Kultur ist *Sklavenkultur.* – Von Anfang an steht neben der freien Arbeit der Stadt die unfreie des platten Landes, neben der freien Arbeitsteilung durch *Tausch*verkehr auf dem städtischen Markt die unfreie Arbeitsteilung durch *Organisation* der eigenwirtschaftlichen Gütererzeugungen im ländlichen Gutshof – wiederum wie im Mittelalter. Und wie im Mittelalter, so bestand auch im Altertum der naturgemäße Antagonismus beider Formen des Zusammenwirkens menschlicher Arbeit. Der Fortschritt beruht auf *fortschreitender* Arbeitsteilung. Bei *freier* Arbeit ist diese – zunächst – identisch mit fortschreitender *Ausdehnung des Marktes,* extensiv durch geographische, intensiv durch personale Erweiterung des Tauschkreises: – daher sucht die Bürgerschaft der Stadt die Fronhöfe zu sprengen, ihre Hintersassen in den freien Tauschverkehr einzubeziehen. Bei *unfreier* Arbeit vollzieht sie sich durch fortschreitende *Menschenanhäufung;* je mehr Sklaven oder Hintersassen, desto weitergehende Spezialisierung der unfreien Berufe ist möglich. Aber während aus dem Mittelalter die *freie* Arbeit und der Güter*verkehr* in zunehmendem Maß als Sieger hervorgehen, verläuft die Entwicklung des Altertums *umgekehrt.* Was ist der Grund? Es ist derselbe, der auch den technischen Fortschritten des Altertums ihre Schranken setzte: die *„Billigkeit" der Menschen,* wie sie durch den Charakter der unausgesetzten Kriege des Altertums hervorgebracht wurde. Der Krieg des Altertums ist zugleich Sklavenjagd; er bringt fortgesetzt Material auf den Sklavenmarkt und begünstigt so in unerhörter Weise die unfreie Arbeit und die Menschenanhäufung. Damit wurde das freie Gewerbe zum Stillstand auf der Stufe der besitzlosen Kunden-Lohnarbeit verurteilt. Es wurde verhindert, daß mit Entwicklung der Konkurrenz freier Unternehmer mit freier Lohnarbeit um den Absatz auf dem Markt diejenige ökonomische Prämie auf arbeitsparende Erfindungen entstand, welche die letzteren in der Neuzeit hervorrief. Hingegen schwillt im Altertum unausgesetzt das ökonomische Schwergewicht der unfreien Arbeit im „Oikos". Nur die Sklavenbesitzer vermögen ihren Bedarf arbeitsteilig durch Sklavenarbeit zu versorgen und in ihrer Lebenshaltung aufzusteigen. Nur der Sklavenbetrieb vermag neben der Deckung des eigenen Bedarfs zunehmend für den Markt zu produzieren.

Damit wird die ökonomische Entwicklung des Altertums in die ihr eigentümliche, vom Mittelalter abweichende Bahn gelenkt. Im Mittelalter entwickelt sich zunächst die freie Arbeitsteilung innerhalb des lokalen Wirtschaftsgebiets der Stadt auf Grundlage der Kundenproduktion und des Lokalmarkts *intensiv* weiter. Sodann läßt der zunehmende Verkehr nach außen mit interlokaler Produktionsteilung, zunächst im Verlagssystem, dann in der Manufaktur, Betriebsformen für den Absatz auf *fremdem* Markte auf Grundlage *freier* Arbeit entstehen. Und die Entwicklung der *modernen* Volkswirtschaft geht mit der Erscheinung parallel, daß die Bedarfsdeckung der breiten *Massen* zunehmend im Wege des interlokalen und schließlich internationalen Gütertausches erfolgt. – Im Altertum dagegen geht – so sehen wir – mit der Entwicklung des internationalen Verkehrs parallel die Zusammenballung unfreier Arbeit im großen Sklavenhaushalt. Es schiebt sich so *unter* den verkehrswirtschaftlichen Überbau ein stets sich verbreitender Unterbau mit verkehrs*loser* Bedarfsdeckung: – die fortwährend Menschen aufsaugenden Sklavenkomplexe, deren Bedarf in der Hauptsache *nicht* auf dem Markt, sondern *eigen*wirtschaftlich gedeckt wird. Je weiter die Entwicklung des Bedürfnisstandes der obersten, menschenbesitzenden Schicht und damit die *extensive* Entwicklung des Verkehrs fortschreitet, desto mehr verliert der Verkehr an *Intensität,* desto mehr entwickelt er sich zu einem dünnen Netz, welches über eine naturalwirtschaftliche Unterlage ausgebreitet ist, dessen Maschen sich zwar verfeinern, dessen Fäden aber zugleich immer dünner werden. – Im Mittelalter bereitet sich der Übergang von der lokalen Kundenproduktion zur interlokalen Marktproduktion durch langsames Hereindringen der Unternehmung und des Konkurrenzprinzips von außen nach innen in die Tiefen der lokalen Wirtschaftsgemeinschaft vor, im Altertum läßt der internationale Verkehr die „Oiken“ wachsen, welche der *lokalen* Verkehrswirtschaft den Nährboden entziehen.

Am gewaltigsten hat sich diese Entwicklung vollzogen auf dem Boden Roms. Rom ist zunächst – nach dem Sieg der Plebs – ein erobernder Bauern- oder besser: Ackerbürgerstaat. Jeder Krieg ist Landnahme zur Kolonisation. Der Sohn des grundbesitzenden Bürgers, für den kein Platz im Vatererbe ist, ficht im Heer für den Besitz der eigenen Scholle und damit des Vollbürgerrechts. Darin liegt das Geheimnis seiner Expansivkraft. Das hörte mit der überseeischen Eroberung auf: nicht mehr das kolonisatorische Interesse der Bauern, sondern das der Ausbeutung der Provinz durch die Aristokratie ist das maßgebende. Die Kriege bezwecken Menschenjagd und Konfiskation von Land zur Ausbeutung durch große Domänen- und Gefällpächter. Der zweite punische Krieg dezimierte überdies den Bauernstand in der Heimat, – die Folgen seines Niedergangs sind zum Teil auch Hannibals späte Rache. Der Rückschlag gegen die gracchische Bewegung entscheidet endgültig den Sieg der Sklavenarbeit in der Landwirtschaft. Seitdem sind die Sklavenbesitzer allein Träger der aufsteigenden Lebenshaltung, der Steigerung der Kaufkraft, der Entwicklung der Absatzproduktion. Nicht daß die freie Arbeit überhaupt verschwunden wäre – aber die Sklavenbetriebe sind allein das *fortschreitende* Element. Die landwirtschaftlichen Schriftsteller Roms setzen Sklavenarbeit als selbstverständliche Grundlage der Arbeitsverfassung voraus.

In *entscheidender* Weise verstärkt wurde endlich die Kulturbedeutung der unfreien Arbeit durch die Einbeziehung großer Binnenlandsflächen – Spanien, Gallien, Illyrien, die Donauländer – in den Kreis der römischen Welt. Der Schwerpunkt der Bevölkerung des Römischen Reichs rückte *in das Binnenland.* Damit machte die antike Kultur den Versuch, ihren Schauplatz zu wechseln, aus einer Küstenkultur Binnenkultur zu werden. Sie verbreitete sich über ein ungeheures Wirtschaftsgebiet, welches selbst in Jahrhunderten unmöglich für den Güterverkehr und die geldwirtschaftliche Bedarfsdeckung auch nur entfernt in dem Maße gewonnen werden konnte, wie dies an der Mittelmeerküste der Fall war. Wenn, wie schon gesagt, der interlokale Güterverkehr des Altertums selbst in jenen Küstengebieten nur eine dünne und sich verdünnende Decke darstellte, so mußten die Maschen des Verkehrsnetzes im Binnenlande noch wesentlich lockerere sein. Hier im Binnenland war der Kulturfortschritt auf dem Wege der *freien* Arbeitsteilung durch Entwicklung eines *intensiven* Güter*verkehrs* zunächst überhaupt *nicht möglich.* Nur das Emporsteigen einer Grundaristokratie, die auf Sklavenbesitz und unfreier Arbeitsteilung – auf dem Oikos – ruhte, konnte hier die Form der allmählichen Einbeziehung in den mittelländischen Kulturkreis sein. In noch stärkerem Maße als an der Küste mußte im Binnenland der unendlich kostspieligere Verkehr sich zunächst ausschließlich auf die Deckung von Luxusbedürfnissen der obersten, Menschen besitzenden Schicht, beschränken, und ebenso andrerseits die Möglichkeit einer Absatzproduktion einer dünnen Schicht großer Sklavenbetriebe vorbehalten sein.

Der Sklavenhalter ist so der ökonomische Träger der antiken Kultur geworden, die Organisation der Sklavenarbeit bildet den unentbehrlichen Unterbau der römischen Gesellschaft, und wir müssen uns mit ihrer sozialen Eigenart etwas näher befassen.

Das bei weitem klarste Bild vermögen wir uns nach Lage der Quellen von den *landwirtschaftlichen* Betrieben der spätrepublikanischen und frühkaiserlichen Zeit zu machen. Und zugleich ist der Großgrundbesitz die Grundform des Reichtums, auf dessen Unterlage auch die spekulativ verwendeten Vermögen ruhen: auch der römische Großspekulant ist normalerweise Großgrundbesitzer,

schon weil für die lukrativste Spekulation: die öffentliche Pacht und Submission, die Grundstückskaution vorgeschrieben ist. –
Der Typus des römischen Großgrundbesitzers ist nicht ein selbst den Betrieb leitender Landwirt, sondern ein Mann, der in der Stadt lebt, politisch tätig ist und vor allen Dingen Geldrente beziehen will. Die Verwaltung seines Gutes selbst liegt in der Hand unfreier Inspektoren (villici). Für die Art der Bewirtschaftung sind nun im allgemeinen folgende Verhältnisse maßgebend:

Die Getreideproduktion ist für den Absatz zumeist unrentabel. Rom z. B. ist als Markt durch die staatliche Getreideversorgung verschlossen, und einen Transport aus dem *Binnenland* heraus trägt der Preis des Getreides überhaupt nicht. Überdies eignet sich Sklavenarbeit nicht für den Getreidebau, zumal in der römischen Art der Reihenkultur, die viele und sorgfältige Arbeit, also Eigeninteresse des Arbeiters, erfordert. Daher ist der Getreidebau meist mindestens zum Teil *verpachtet* an „coloni" – Parzellenbauern, die Nachfahren der freien, selbständigen aus dem Besitz gedrängten Bauernschaft. Ein solcher colonus ist nun von Anfang an *nicht* etwa ein freiwirtschaftender, selbständiger Pächter und landwirtschaftlicher Unternehmer. Der Herr stellt das Inventar, der villicus kontrolliert den Betrieb. Von Anfang an ist es ferner offenbar häufig gewesen, daß ihm *Arbeits*leistungen, insbesondere wohl Erntehilfe, auferlegt wurden. Die Vergebung des Ackers an coloni gilt als eine Form der Bewirtschaftung seitens des *Herrn* „vermittels" der Parzellisten („per" colonos).

Die *Absatz*produktion des *Gutes* in „eigener Regie" umfaßt dagegen in erster Linie hochwertige Produkte: – Öl und Wein, daneben Gartengewächse, sowie Viehmast, Geflügelzucht und Spezialkulturen für Tafelbedürfnisse der allein kaufkräftigen obersten Schicht der römischen Gesellschaft. Diese Kulturen haben das Getreide zurückgedrängt auf das minder ergiebige Land, welches die coloni innehaben. Der Gutsbetrieb ist plantagenartig, und die Gutsarbeiter sind *Sklaven*. Sklavenfamilia und coloni nebeneinander sind auch in der Kaiserzeit die regelmäßigen Insassen der großen Güter.

Uns interessieren hier zunächst die Sklaven. Wie finden wir sie?

Sehen wir uns das Idealschema an, welches die landwirtschaftlichen Schriftsteller uns überliefern. Die Behausung für das „sprechende Inventar" (instrumentum vocale), den Sklavenstall also, finden wir bei dem des Viehs (instrumentum „semivocale"). Er enthält die Schlafsäle, wir finden ein Lazarett (valetudinarium), ein Arrestlokal (carcer), eine Werkstatt der „Ökonomiehandwerker" (ergastulum), und alsbald steigt vor dem inneren Auge eines jeden, der den bunten Rock getragen hat, ein wohlvertrautes Bild auf: die *Kaserne*. Und in der Tat: die Existenz des Sklaven ist normalerweise eine *Kasernenexistenz*. Geschlafen und gegessen wird gemeinsam unter Aufsicht des villicus; die bessere Garnitur der Kleidung ist „auf Kammer" abgegeben an die als „Kammerunteroffizier" funktionierende Inspektorsfrau (villica); monatlich findet Appell statt zur Revision der Bekleidung. Die Arbeit ist streng militärisch diszipliniert: in Korporalschaften (decuriae) wird des Morgens angetreten und unter Aufsicht der „Treiber" (monitores) abmarschiert. Das war auch unentbehrlich. Mit unfreier Arbeit für den Markt zu produzieren ist ohne die Peitsche noch niemals dauernd möglich gewesen. – Für uns wichtig aber ist vor allem ein Moment, welches sich aus dieser Form der Kasernenexistenz ergibt: der kasernierte Sklave ist nicht nur *eigentumslos*, sondern auch *familienlos*. Nur der villicus lebt in seiner Sonderzelle dauernd mit einem Weibe zusammen in Sklavenehe (contubernium), entsprechend etwa dem verheirateten Feldwebel und Unteroffizier in der modernen Kaserne, – ja es soll nach den Agrarschriftstellern dies im Interesse des Herrn für den villicus sogar „Vorschrift" sein. Und wie stets Eigentum und Einzelfamilie einander korrespondieren, so auch hier: der Sklavenehe entspricht das Sklaveneigentum. Der villicus – nach den Agrarschriftstellern offenbar er allein – hat ein peculium, – ursprünglich, wie der Name zeigt, einen eigenen Viehbesitz, den er auf die herrschaftliche Weide treibt, wie heute noch im deutschen Osten der Gutstagelöhner. Der breiten Masse der Sklaven fehlt, wie das peculium, so auch das monogamische Geschlechtsverhältnis. Der Geschlechtsverkehr ist eine Art beaufsichtigter Prostitution mit *Prämien* an die Sklavinnen für die Aufzucht von Kindern – bei drei aufgezogenen Kindern gaben manche Herren die Freiheit. – Schon dies letztere Verfahren zeigt, *welche Folgen* das Fehlen der monogamischen Familie zeitigte. Nur im Schoße der Familie gedeiht der Mensch. Die Sklavenkaserne vermochte sich nicht aus sich selbst zu reproduzieren, sie war auf den *fortwährenden Zukauf* von Sklaven zur Ergänzung angewiesen, und tatsächlich wird von den Agrarschriftstellern dieser Zukauf auch als regelmäßig stattfindend vorausgesetzt. Der antike Sklavenbetrieb ist gefräßig an Menschen, wie der moderne Hochofen an Kohlen. Der *Sklavenmarkt* und dessen regelmäßige und auskömmliche Versorgung mit Menschenmaterial ist *unentbehrliche Voraussetzung* der für den Markt produzierenden Sklavenkaserne. Man kaufte billig: Verbrecher und ähnliches billige Material solle man nehmen, empfiehlt Varro mit der charakteristischen Motivierung: – solches Gesindel sei meist „gerissener" („velocior est animus hominum improgorum"). – Damit ist dieser Betrieb abhängig von regelmäßiger *Menschenzufuhr* auf den Sklavenmarkt. Wie, wenn diese einmal versagte? Das mußte auf die Sklavenkasernen wirken, wie die Erschöpfung der Kohlenlager auf die Hochofen wirken würde. – Und dieser Moment trat ein. Wir kommen damit zu dem Wendepunkt in der Entwicklung der antiken Kultur.

Fragt man, welcher Zeitpunkt es ist, von dem anfangend man den zunächst latenten, bald offensichtlichen Niedergang der römischen Macht und Kultur datieren soll, so wird aus keinem deutschen Kopf die unwillkürliche Vorstellung zu verbannen sein: die Teutoburger Schlacht. Und in der Tat, ein Kern von Berechtigung steckt in dieser populären Vorstellung, trotzdem ihr der Augenschein zuwiderläuft, welcher uns das Römerreich unter Trajan auf der Höhe seiner Macht zeigt. Freilich nicht die Schlacht selbst – eine Schlappe, wie sie jede Nation im Vordringen gegen Barbaren erleidet – war das Entscheidende, sondern was sich ihr anschloß: die *Einstellung* der *Eroberungskriege* am Rhein durch Tiberius, welche durch die Aufgabe Daciens unter Hadrian an der Donau ihre Parallele fand. Damit wurde der expansiven Tendenz des Römerreichs ein Ende bereitet; und mit der inneren und – in der Hauptsache auch – äußern Befriedung des antiken Kulturkreises schrumpft die regelmäßige Versorgung der Sklavenmärkte mit Menschenmaterial. Ein gewaltiger *akuter* Arbeitermangel scheint schon unter Tiberius die Folge gewesen zu sein. Wir hören, daß er die ergastula der Güter revidieren lassen mußte, weil die Großgrundbesitzer Menschenraub trieben – wie die Raubritter lagen sie, so scheint es, an der Straße, nur nicht auf der Ausschau nach Geld und Gut, sondern nach Arbeitskräften für ihre verödenden Felder. Wichtiger war die langsam, aber mächtig sich vollziehende *chronische* Wirkung: die Unmöglichkeit des Fortschreitens der Produktion auf Grundlage der Sklavenkasernen. Diese setzten die fortgesetzte Sklavenzufuhr voraus, sie vermochten sich nicht selbst zu tragen. Sie mußten verfallen, wenn die Zufuhr dauernd stockte. – Die Abnahme der „Billigkeit" des Menschenmaterials scheint nach dem Eindruck, den man aus den späteren Agrarschriftstellern entnimmt, zunächst zur Verbesserung der Technik durch Züchtung von Qualitätsarbeitern geführt zu haben. Aber nachdem die letzten Angriffskriege des zweiten Jahrhunderts, die tatsächlich schon den Charakter von Sklavenjagden angenommen hatten, zu Ende gegangen waren, mußten die großen Plantagen mit ihren ehe- und eigentumslosen Sklaven zusammenschrumpfen.

Daß und wie dies tatsächlich geschah, lehrt uns die Vergleichung der Zustände der Sklaven in den landwirtschaftlichen Großbetrieben, wie sie uns die *römischen* Schriftsteller erkennen lassen, mit ihrer Lage auf den Gütern der *Karolingerzeit*, die wir aus Karls des Großen Domäneninstruktion (capitulare de villis imperialibus) und den Klosterinventarien jener Zeit kennen lernen. Hier wie dort finden wir den Sklaven als landwirtschaftlichen Arbeiter und zwar hier wie dort gleich rechtlos und insbesondere der gleich schrankenlosen Disposition des Herrn über seine Arbeitskraft unterworfen. Darin also ist kein Unterschied eingetreten. Ebenso sind zahlreiche Einzelheiten der römischen Grundherrschaft übernommen – finden wir doch auch in der Terminologie z. B. das Weiberhaus γυναικεῖον des Altertums im „genitium" wieder. Aber *Eines* ist von Grund aus geändert: die römischen Sklaven finden wir in der „kommunistischen" Sklavenkaserne, – den servus der Karolingerzeit aber in der Kathe (mansus servilis) auf dem vom Herrn ihm geliehenen Lande als fronpflichtigen Kleinbauern. Er ist der *Familie zurück-*

gegeben, und mit der Familie hat sich auch der *Eigenbesitz* eingestellt. – Diese *Abschichtung des Sklaven aus dem „Oikos“* hat sich in der spätrömischen Zeit vollzogen, und in der Tat: *sie* mußte ja die Folge der mangelnden Selbstergänzung der Sklavenkasernen sein. Der Herr sicherte, indem er den Sklaven als Erbuntertanen wieder in den Kreis der Einzelfamilie stellte, sich den Nachwuchs und dadurch die dauernde Versorgung mit Arbeitskräften, welche durch Zukauf auf dem zusammenschrumpfenden Sklavenmarkt, dessen letzte Reste in der Karolingerzeit verschwanden, nicht mehr beschafft werden konnten. Er wälzte das Risiko der Unterhaltung des Sklaven, welches in den Plantagen er – der Herr – trug, auf den Sklaven selbst ab. Die Bedeutung dieser langsam, aber sicher fortschreitenden Entwicklung war tiefgreifend. Es handelt sich um einen gewaltigen Wandlungsprozeß in den untersten Schichten der Gesellschaft: Familie und Eigenbesitz wurden ihnen zurückgegeben. Und ich möchte hier nur andeuten, wie dies der siegreichen Entwicklung des Christentums parallel geht: in den Sklavenkasernen hätte es schwerlich Boden gefunden, die unfreien afrikanischen Bauern der Zeit Augustins aber waren bereits Träger einer Sektenbewegung.

Während so der Sklave sozial zum unfreien Fronbauern emporsteigt, steigt gleichzeitig der Kolonus zum hörigen Bauern hinab. Das geschah, indem sein Verhältnis zum Gutsherrn immer mehr den Charakter eines *Arbeitsverhältnisses* annahm. Ursprünglich ist die *Rente*, die er zahlt, dasjenige, worauf es dem Herrn hauptsächlich ankommt, wennschon, wie gesagt, von Anfang an daneben Arbeitsleistungen für das Gut vorgekommen sein werden. Schon in frühkaiserlicher Zeit aber wird von den Agrarschriftstellern auf die *Arbeit* des Kolonus der Hauptnachdruck gelegt, und je mehr die Sklavenarbeit knapp wurde, desto mehr mußte dies der Fall sein. Afrikanische Inschriften aus Kommodus' Zeit zeigen uns, daß der Kolonus dort bereits ein mit Land belehnter und dagegen zu bestimmten Diensten verpflichteter Fronbauer geworden war. Und dieser *ökonomischen* Verschiebung in der Stellung der Kolonen trat bald eine *rechtliche* an die Seite, welche auch formell seine Behandlung als *Arbeits*kraft des Gutes zum Ausdruck brachte: die Schollenfestigkeit. Um ihre Herausbildung zu verstehen, müssen wir in Kürze einige verwaltungsrechtliche Betrachtungen einflechten.

Die römische Verwaltungsorganisation ruhte zu Ende der Republik und zu Beginn der Kaiserzeit auf der *Stadtgemeinde*, dem municipium, als administrativer Unterlage, ganz ebenso wie die antike Kultur auf der Stadt als ökonomischem Untergrund. Systematisch hatte man die in den Reichsverband einbezogenen Gebiete als Stadtgemeinden – in den verschiedensten Abstufungen staatrechtlicher Abhängigkeit – organisiert, die verwaltungsrechtliche Form des municipium über das Gebiet des Reichs verbreitet. Die Stadt ist der normale, unterste Verwaltungsbezirk. Die Stadtmagistrate haften dem Staat für Steuern und Rekrutenkontingente. – Im Verlauf der Kaiserzeit finden wir aber ein Umschwenken der

Entwicklung. Die großen Güter suchen sich mit Erfolg der Einbeziehung in die Gemeinden zu *entziehen*; je mehr der Schwerpunkt des Reichs mit zunehmender Bevölkerung des Binnenlandes ins Innere rückt, desto mehr stellt die agrarische Binnenbevölkerung die Rekruten; desto bestimmter werden aber auch die Interessen der „Agrarier" des Altertums, der großen Grundherrn, für die Politik des Staates. Wenn wir heute Widerstand finden bei dem Versuch, die großen Güter des deutschen Ostens in die Landgemeinden zu „*inkommunalisieren*", so widerstand der römische Kaiserstaat der *Exkommunalisierungs*tendenz der Güter nur wenig. Massenhaft erscheinen die „saltus" und „territoria" neben den Städten, Verwaltungsbezirke, in denen der Gutsherr die Ortsobrigkeit ist, ähnlich wie die deutschen Rittergutsbesitzer des Ostens in den „Gutsbezirken". Der Gutsbesitzer war es hier, an den sich der Staat wegen der Steuern des territorium hielt – er veranlagte sie eventuell für die „Hintersassen" und zog sie wieder von ihnen ein – und der das Rekrutenkontingent der Grundherrschaft stellte: die Rekrutengestellung galt infolgedessen bald ebenso wie irgendeine andere öffentliche Leistung für eine Last des Gutes, dessen Arbeitskräfte – die Colonen – sie ja dezimierte.

Damit waren die Wege geebnet für die rechtliche Bindung des gutsherrlichen Kolonus an die Scholle.

Im Römischen Reich war – von bestimmten staatsrechtlichen Verhältnissen abgesehen – eine allgemeine Freizügigkeit unter rechtlichen Garantien niemals vorhanden. Erinnern wir uns z. B. nur, wie dem Verfasser des Lukas-Evangeliums die Vorstellung geläufig ist, daß zu Zwecken der Schätzung jedermann in seine Heimatgemeinde (origo) – wir würden sagen: an seinen Unterstützungswohnsitz – abgeschoben werden konnte, – so die Eltern Christi nach Bethlehem. Die origo des *Colonus* ist aber der *Gutsbezirk* seines Herrn.

Wir finden nun ferner schon früh das Institut der Zwangsrückführung zur Erfüllung öffentlich-rechtlicher Pflichten. Den Senator zwar, der dauernd die Sitzung schwänzte, pfändete man nur. Mit dem Provinzialstadtrat, dem Decurio, der sich seiner Pflicht entzog, machte man weniger Umstände: er wurde auf Requisition der Gemeinde zurückgeholt. Oft genug wurde das nötig, denn das Stadtratsamt des römischen Altertums mit seiner Haftung für das Steuersoll der Gemeinde bot geringe Reize. Und als später mit Verfall und Verwischung aller juristischen Formen diese Rückführungsansprüche bald in dem einen Begriff des Anspruchs auf Herausgabe, der alten dinglichen Klage (vindicatio), aufgingen, da jagten die Gemeinden mit dieser Klage hinter ihren entlaufenen Stadträten her ebenso wie etwa hinter einem entlaufenen Gemeindebullen.

Was dem Decurio recht war, war dem Kolonus billig. Seine Fronpflicht gegenüber dem Gutsherrn wurde, da dieser Fronberechtigter und Obrigkeit in einer Person war, von öffentlichen Lasten nicht unterschieden und er zur Pflicht zurückgeführt, wenn er sich ihr entzog. So wurde er tatsächlich auf dem Wege der

Verwaltungspraxis ein dauernd in den Gutsbezirk und damit unter die Gutsherrschaft des Besitzers gebannter, schollenfester Fronbauer. Er wurde dem Staate gegenüber gewissermaßen „mediatisiert". Und darüber erhob sich nun der „reichsunmittelbare" Stand der Grundherrn, der „possessores", den wir in der späteren Kaiserzeit ebenso wie im ostgotischen und Merowingerreich als feststehenden Typus finden. Die *ständische Gliederung* hatte an Stelle des alten einfachen Gegensatzes von Freien und Unfreien begonnen. Eine in ihren einzelnen Stadien fast unmerkliche Entwicklung führte dazu, weil die ökonomischen Verhältnisse dahin drängten. Die Entwicklung der *feudalen Gesellschaft* lag in der Luft schon des spätrömischen Reiches.

Denn es ist offenbar, daß wir in dieser spätkaiserlichen Grundherrschaft mit dem Nebeneinanderstehen der beiden Kategorien fronpflichtiger Bauern: unfreier (servi) mit „ungemessener" Dienstpflicht und persönlich freier (coloni, tributarii) mit fest bestimmten Leistungen in Geld, Naturalabgaben, später mehr und mehr auch Natural*quoten*, und daneben – nicht immer, aber regelmäßig – festen Fronpflichten, bereits den Typus des *mittelalterlichen Fronhofs* vor uns haben.

Mit Fronarbeit aber unter den Verkehrsverhältnissen des Altertums *für den Absatz* zu produzieren, war eine Unmöglichkeit. Für die Absatzproduktion war die disziplinierte Sklavenkaserne Vorbedingung. Zumal im Binnenland mußte mit ihrer Zergliederung in Bauernkathen die Absatzproduktion wegfallen, die dünnen Fäden des Verkehrs, die über die naturalwirtschaftliche Unterlage gesponnen waren, sich allmählich weiter lockern und zerreißen. Deutlich sehen wir das schon bei dem letzten erheblicheren römischen landwirtschaftlichen Schriftsteller, Palladius, der empfiehlt, möglichst sich so einzurichten, daß die Arbeit des Gutes alle Bedürfnisse decke, sich selbst trage, und so *den Kauf* entbehrlich mache. War die Spinnerei und Weberei ebenso wie das Mahlen und Backen von jeher von den Frauen des Gutshofs eigenwirtschaftlich besorgt worden, so stellt man nun auch Schmiede-, Tischler-, Maurer-, Zimmermannsarbeit und schließlich den Gesamtbedarf an gewerblichen Leistungen auf dem Gute mit dessen unfreien Fronhandwerkern her. Damit aber trat die dünne Schicht von *freien*, meist gegen Lohn und Kost arbeitenden, gewerblichen Arbeitern der Städte in ihrer relativen Bedeutung noch weiter zurück: die ökonomisch obenanstehenden Wirtschaften der Grundherren deckten ihren Bedarf *natural*wirtschaftlich.

Arbeitsteilige Deckung des Eigenbedarfs des Gutsherrn wird in stets zunehmendem Maße der den „Oikos" beherrschende ökonomische Zweck. Die großen Güter lösen sich vom Markte der Stadt. Die Massen der mittleren und kleineren Städte büßen damit ihren wirtschaftlichen Nährboden: den stadtwirtschaftlichen Arbeits- und Güter*austausch* mit dem umliegenden Lande, immer mehr ein. Sichtbar für uns, selbst durch das trübe, zerbrochene Glas der spätkaiserlichen

Rechtsquellen, verfallen daher die Städte. Stets von neuem eifern die Kaiser gegen die Flucht aus der Stadt, dagegen insbesondere, daß die *Possessoren* ihre Behausungen in der Stadt aufgeben und abreißen, Getäfel und Einrichtung auf ihre Landsitze übertragen.

Auf dies Zusammensinken der Städte wirkt verstärkend hin die *staatliche Finanzpolitik*. Auch sie wird mit zunehmendem Finanzbedarf zunehmend *naturalwirtschaftlich*, der Fiskus ein „Oikos“, der seinen Bedarf so wenig wie möglich am Markte und so viel wie möglich aus eignen Mitteln deckt – damit aber die Bildung von *Geld*vermögen hemmt. Eine Wohltat war es vom Standpunkt der Untertanen, daß ein Hauptspekulationsgeschäft: die Steuerpacht, beseitigt wurde, und die eigene Abgabenerhebung an die Stelle trat. Rationeller war vielleicht die Besorgung der staatlichen Getreidezufuhr durch Schiffe, deren Herstellung der Staat durch Landanweisung belohnte, statt durch Vergebung an Unternehmer. Finanziell vorteilhaft war auch die offenbar zunehmende Monopolisierung zahlreicher einträglicher Zweige des Handels und der staatliche Bergbaubetrieb. Aber alles dies hemmte naturgemäß die Bildung privater Kapitalien und jeden Ansatz zur Entwicklung einer Schicht, die unseren modernen bürgerlichen Klassen entsprochen hätte. Und die Entwicklung dieses naturalwissenschaftlichen Finanzwesens vollzog sich zunehmend, je mehr das Reich aus einem das Land ausbeutenden Städtekonglomerat, welches seinen wirtschaftlichen Schwerpunkt an der Küste und in ihrem Verkehr fand, zu einem Staatswesen wurde, welches naturalwirtschaftliche Binnenländer politisch sich einzuverleiben und zu organisieren suchte. Die damit ungeheuer anschwellenden Staatsbedürfnisse *geld*wirtschaftlich zu decken, gestattete die dazu viel zu dünne Schale des Verkehrs nicht. Mit Notwendigkeit schwoll vielmehr der *naturalwirtschaftliche Faktor* im staatlichen Finanzwesen an.

Die Abgaben der Provinzen an den Staat waren von jeher zum guten Teil Natural-, zumal Getreideabgaben, aus denen die staatlichen Magazine gespeist wurden. In der Kaiserzeit wurde auch alles dasjenige, was die Verwaltung an gewerblichen Produkten bedurfte, immer weniger durch Kauf auf dem Markt oder Submission und immer mehr dadurch aufgebracht, daß man die Lieferung dem städtischen Gewerbe in natura auferlegte, welches zu diesem Behuf oft in Zwangszünften vereinigt wurde. Das drängte den kümmerlichen, freien Handwerker in die Situation eines faktisch erblichen Zunfthörigen. – Jene Naturaleinnahmen verbrauchte der Fiskus durch entsprechende Naturalausgaben. So suchte er namentlich die beiden Hauptposten seines Ausgabebudgets naturalwirtschaftlich zu decken: das *Beamtentum* und die *Armee*. Allein hier hatte die Naturalwirtschaft ihre Schranke.

Einen großen Binnenstaat regiert man dauernd nur durch ein besoldetes Berufsbeamtentum, welches die Stadtstaaten des Altertums zu entbehren vermochten. Die Gehälter der Staatsbeamten der diokletianischen Monarchie sind in sehr starkem Maße *Natural*gehalte; sie sehen aus etwa wie ein stark vergrößertes Deputat eines heutigen mecklenburgischen Gutstagelöhners: einige Tausend Scheffel Getreide, eine bestimmte Kopfzahl Vieh, entsprechende Quantitäten Salz, Öl usw., kurz alle die Gegenstände, die der Beamte zu seiner Nahrung, Bekleidung und sonstigen Unterhaltung bedarf, werden auf die kaiserlichen Magazine angewiesen, daneben ein relativ recht mäßiges Taschengeld in bar. Aber trotz dieser offensichtlichen Tendenz zur Naturaldeckung zwang die Unterhaltung einer bedeutenden Beamtenhierarchie zu erheblichen Bargeldausgaben. Und in noch höherem Grade war dies der Fall mit der Deckung der militärischen Bedürfnisse des Reichs.

Ein Binnenstaat mit bedrohter Grenze bedarf eines *stehenden Heeres*. Das alte, auf Wehrpflicht und Selbstequipierung der Grundbesitzer ruhende Bürgerheer war schon zu Ende der Republik in ein vom Staat ausgerüstetes Heer mit proletarischer Rekrutierung verwandelt, – die Stütze der Cäsaren. Die Kaiserzeit schuf dann das nicht nur faktisch, sondern auch rechtlich, stehende *Berufs*heer. Um ein solches zu halten, braucht man zweierlei: *Rekruten* und *Geld*. Das Rekrutenbedürfnis war der Grund, weshalb die merkantilistischen Herrscher im Zeitalter des „aufgeklärten" Despotismus, so Friedrich II. und Maria Theresia, den Großbetrieb in der Landwirtschaft niederhielten, indem sie das Bauernlegen verboten. Nicht aus Humanitätsgründen und Liebe für die Bauern geschah dies. Nicht der einzelne Bauer wurde geschützt, – ihn durfte der Gutsherr getrost fortjagen, sofern er nur einen an die Stelle setzte. Vielmehr war der Grund: wenn, nach Friedrich Wilhelm I., „überflüssige Bauernkerls" eine Quelle der Rekrutierung sein sollten, mußten solche *dasein*. Deshalb wurde die Verminderung des vorhandenen Bauern*quantums* durch Einziehung von Bauernstellen verboten, weil sie die Rekrutierung gefährdete und das Land entvölkerte. – Aus ähnlichem Grunde griffen auch die Cäsaren in die Verhältnisse der Kolonen ein und verboten z. B. die Steigerung ihrer Lasten. – Andrerseits beförderten die merkantilistischen Herrscher kräftig die großen Manufakturen, weil sie das Staatsgebiet „peuplierten" und – zweitens – *Geld* ins Land brachten. Friedrich der Große verfolgte mit Steckbriefen nicht nur seine desertierenden Soldaten, sondern auch seine desertierenden Arbeiter und – Fabrikanten. *Dies* war den Cäsaren *verschlossen*, da eine für den Absatz produzierende Großindustrie mit freier Arbeit nicht existierte und nicht entstehen konnte. Vielmehr ging mit dem Sinken der Städte und des Verkehrs und mit dem Rückfall in die Naturalwirtschaft umgekehrt die Möglichkeit, steigende *Geld*steuern zu erschwingen, für das Land immer mehr *verloren*. Und bei dem Arbeitermangel, den das Versiegen des Sklavenmarktes brachte, war die Rekrutierung aus den Kolonen eine für die Güter ruinöse Last, der sie sich mit allen Mitteln zu entziehen suchten. Aus der verfallenden Stadt flieht der Kantonpflichtige auf das Land in die Kolonenhörigkeit, weil der unter dem Druck des Arbeitermangels stehende Possessor das Interesse hat, ihn der Rekrutierung zu entziehen. Die späteren Cäsaren kämpften ebenso gegen die Flucht der Bürger aufs Land, wie die späteren Hohenstaufen gegen die Flucht der Hörigen in die Städte. –

Deutlich finden wir die Rückwirkung dieser Rekrutennot im Heere der Kaiserzeit. Italien ist seit Vespasian aushebungsfrei; seit Hadrian schwindet die Mischung der Kontingente und sucht man zur Kostenersparung vielmehr die Heere möglichst aus dem Bezirk ihres Standortes zu rekrutieren, – der früheste Vorbote vom Zerfall des Reichs. Aber noch weiter: wenn man die Heimatsangaben der entlassenen Soldaten durch die Jahrhunderte verfolgt, so zeigt sich, daß die Zahl derjenigen, welche als „Lagerkinder" (castrenses) bezeichnet sind, in der Kaiserzeit von wenigen Prozenten der Gesamtheit bis auf einen der Hälfte nahekommenden Bruchteil sich steigert, – mit anderen Worten: das römische Heer erzeugt sich zu einem fortwährend zunehmenden Bruchteil aus sich selbst. Wie an Stelle des ehelosen Kasernensklaven der Bauer im Schoße eigner Familie tritt, so – wenigstens zum Teil – an Stelle des ehelosen Kasernen- oder richtiger Lagersoldaten der in Soldatenehe stehende, faktisch erbliche Berufssöldner. Und auch die zunehmende Rekrutierung des Heeres aus Barbaren hat in erster Linie den Zweck der Schonung der Arbeitskräfte des eigenen Landes, insbesondere der Arbeitskräfte der großen Güter. Völlig naturalwirtschaftlich versucht man endlich durch Beleihung von Barbaren mit Land gegen Kriegsdienstpflicht die Grenzwache zu bestreiten, und diese Form, der entfernte Vorbote des Lehens, findet zunehmende Verwendung. Das Heer, welches das Reich beherrscht, wird so ein von jeder Beziehung zur einheimischen Bevölkerung sich immer mehr loslösender Barbarenhaufe. Der siegreiche Einbruch der Barbaren von *außerhalb* bedeutet deshalb für die Provinzialen im Innern des Reiches im ersten Augenblick wesentlich nur einen Wechsel der Einquartierung: selbst die Form des römischen Einquartierungswesens wurde ja übernommen. Es scheint, daß in Gallien die Barbaren keineswegs überall als Eroberer gefürchtet, sondern hie und da als Befreier von dem Druck der römischen Verwaltung begrüßt wurden. – Und das ist begreiflich.

Denn nicht nur die Stellung der *Rekruten* war es, welche aus den Mitteln der eigenen Bevölkerung zu bestreiten dem alternden Reich schwer fiel, sondern schwerer noch drückten die in Naturalwirtschaft zurücksinkenden Völker die *Geldsteuern*, ohne welche ein Soldheer schlechterdings nicht zu unterhalten ist. Um die Geldaufbringung dreht sich immer mehr die ganze Staatskunst und immer deutlicher zeigt sich die ökonomische Unfähigkeit der wesentlich nur noch für den Eigenbedarf produzierenden Possessoren, *Geld*abgaben zu leisten. Ja, – wenn der Kaiser ihnen gesagt hätte: „Wohlan, laßt eure Kolonen euch Waffen schmieden, setzt euch zu Pferde und schützt mit mir die Scholle, von der ihr lebt" – *dies* hätten sie ökonomisch leisten können. Aber damit wäre man eben schon im Mittelalter und *beim Feudalheer* gewesen. In der Tat: wie die feudale Gliederung der Gesellschaft, so war die *feudale Wehrverfassung* das Ziel, welchem die spätrömische Entwicklung zustrebt und welches – nach dem kurzen und nur lokalen Rückschlag in der Völkerwanderungszeit zugunsten kolonisierender Bauernheere – schon in der Karolingerzeit in der Hauptsache erreicht wurde. Allein mit feudalen Ritterheeren kann man zwar fremde Kronen erobern, die Landesmark eines beschränkten Territoriums verteidigen, aber nicht die Einheit des Weltreichs wahren, und hundertmeilige Grenzen gegen landhungrige Eroberer halten: deshalb war für die spätrömische Zeit der Übergang zu *der* Form der Heeresverfassung, welche dem naturalwirtschaftlichen Untergrund entsprach, nicht möglich. *Daher* mußte Diokletian die Reorganisation der Staatsfinanzen auf dem Boden einheitlicher *Geld*steuern versuchen, und bis zuletzt blieb die *Stadt* die offizielle unterste Zelle des Staatsorganismus. Aber die *ökonomische* Unterlage der breiten Masse der römischen Städte schwand immer mehr: sie saßen wie Schröpfköpfe im Interesse des geldbedürftigen staatlichen Verwaltungsapparats auf einem Untergrund, der sich mit einem Netz von Grundherrschaften überzogen hatte. Der Zerfall des Reichs war die notwendige politische Folge des allmählichen Schwindens des Verkehrs und der Zunahme der Naturalwirtschaft. Er bedeutete im wesentlichen nur den Wegfall jenes Verwaltungsapparats und damit des geldwirtschaftlichen politischen Überbaus, der dem naturalwirtschaftlichen ökonomischen Unterbau nicht mehr angepaßt war.

Als dann nach einem halben Jahrtausend der späte Testamentsvollstrecker Diokletians, Karl der Große, die politische Einheit des Okzidents wieder erweckte, da geschah dies auf streng naturalwirtschaftlicher Grundlage. Wer die Instruktion für die Domänenverwalter (villici) liest – das berühmte capitulare de villis, durch seine Sachkunde und Barschheit an Verfügungen Friedrich Wilhelms I. erinnernd –, findet die deutlichste Illustration dazu. Neben dem König figuriert auch die Königin als Oberinstanz: die *Hausfrau* des Königs ist sein Finanzminister. Und das mit Recht: es handelt sich bei dieser „Finanzverwaltung" vornehmlich um die Bedürfnisse des königlichen Küchenzettels und Haushalts, der mit dem „Staatshaushalt" identisch ist. Es wird verfügt, was von den Inspektoren an den Hof des Königs zu liefern ist: – z. B. Getreide, Fleisch, Gewebe, merkwürdige große Quantitäten Seife usw., kurz was der König verbraucht für sich, für seine Haus- und Tischgenossen, und für den politischen Dienst, z. B. für Pferde und Fuhrwerke für den Krieg. *Verschwunden* ist das *stehende Heer* und das *besoldete Beamtentum* und damit – selbst dem Begriff nach – die Steuer. Seine Beamten speist der König am eigenen Tisch oder stattet sie mit Land aus; das sich selbst ausrüstende Heer aber ist im Begriff, endgültig ein Reiterheer und damit ein Wehrstand ritterlicher Grundherrn zu werden. *Verschwunden* ist aber auch der *interlokale Güteraustausch*: die Fäden des Verkehrs zwischen den eigenwirtschaftlichen Zellen des Wirtschaftslebens sind gerissen, der Handel auf die Stufe des Wandergewerbes in den Händen Stammfremder – Griechen und Juden – zurückentwickelt.

Verschwunden ist die *Stadt*, – die Karolingerzeit kennt sie als spezifischen verwaltungsrechtlichen Begriff überhaupt nicht. Die *Grund*herrschaften sind die Träger der Kultur – auch die Unterlage der Klöster –; Grundherren die politischen Funktionäre; ein Grundherr, der größte, der König selbst, – ein überaus ländlicher Analphabet. Auf dem Lande liegen seine Pfalzen, deshalb hat er keine Residenz: er ist Herrscher, der, um seines Lebensunterhalts willen, mehr reist, als selbst moderne Monarchen – denn er lebt, indem er von Pfalz zu Pfalz zieht und verzehrt, was für ihn aufgespeichert ist. – *Die Kultur ist ländlich geworden.* –

Der Kreislauf der ökonomischen Entwicklung des Altertums hat sich vollendet. Scheinbar völlig vernichtet ist seine Geistesarbeit. Versunken ist mit dem Verkehr die Marmorpracht der antiken Städte und damit alles das, was von geistigen Gütern auf ihnen ruhte: Kunst und Literatur, die Wissenschaft und die feinen Formen des antiken Verkehrsrechts. Und an den Gutshöfen der Possessoren und Senioren ertönt noch nicht der Minnesang. Unwillkürlich wehmütig berührt uns das Schauspiel, wie eine scheinbar dem Höchsten zustrebende Entwicklung ihre materielle Unterlage verliert und in sich selbst zusammenbricht. Allein was ist es denn, was wir in diesem gewaltigen Vorgang vor uns sehen? In den Tiefen der Gesellschaft vollzogen sich und mußten sich vollziehen organische Strukturänderungen, die im ganzen doch einen gewaltigen Gesundungsprozeß bedeuteten. Die Einzelfamilie und der Privatbesitz wurden den Massen der Unfreien zurückgegeben; diese selbst aus der Situation des „sprechenden Inventars" langsam wieder in den Kreis der Menschen hinaufgehoben, deren Familienexistenzen das emporwachsende Christentum dann mit zähen moralischen Garantien umgab: schon die spätkaiserlichen Bauernschutzgesetze erkennen den Zusammenhalt der unfreien Familie in einem vorher nicht gekannten Maße an. Freilich sank zugleich ein Teil der freien Bevölkerung zu faktischer Hörigkeit, und die raffiniert gebildete Aristokratie des Altertums zur Barbarei herab. Der naturalwirtschaftliche Untergrund, den das Anschwellen der unfreien Arbeit der antiken Kulturentwicklung untergeschoben hatte, war zunächst immer weiter gewuchert, je mehr der Sklavenbesitz die Vermögen differenzierte, und hatte nach dem Übergang des politischen Schwergewichts von der Küste auf das Binnenland und nach dem Versiegen der Menschenzufuhr seine zum Feudalismus drängende Struktur auch dem ursprünglich verkehrswirtschaftlichen Oberbau aufgezwungen. So schwand die dünn gewordene Hülle der antiken Kultur, und das Geistesleben der okzidentalen Menschheit sank in lange Nacht. Sein Niedersinken gemahnt aber an jenen Riesen der hellenischen Mythe, der neue Kraft gewann, wenn er am Busen der Mutter Erde ruhte. Fremdartig wäre freilich den alten Klassikern ihre Umgebung erschienen, wäre etwa einer von ihnen in der Karolingerzeit in seinen Pergamenten erwacht und hätte er die Welt aus seiner Klosterzelle gemustert: die Düngerluft des Fronhofes hätte ihn angeweht. Allein sie schliefen nun den Winterschlaf, wie die Kultur überhaupt, im Schoße des wieder ländlich gewordenen Wirtschaftslebens. Und es weckte sie auch nicht Minnesang und Turnier der feudalen Gesellschaft. Erst als auf der Grundlage der freien Arbeitsteilung und des Verkehrs die *Stadt* im Mittelalter wieder erstanden war, als dann der Übergang zur Volkswirtschaft die bürgerliche Freiheit vorbereitete und die Gebundenheit unter den äußern und innern Autoritäten des Feudalzeitalters sprengte, da erhob sich der alte Riese in neuer Kraft und hob auch das geistige Vermächtnis des Altertums empor an das Licht der modernen bürgerlichen Kultur.

Die „Objektivität“ sozialwissenschaftlicher und sozialpolitischer Erkenntnis[1]

Die erste Frage, mit der bei uns eine sozialwissenschaftliche und zumal eine sozialpolitische Zeitschrift bei ihrem Erscheinen oder bei ihrem Übergang in eine neue Redaktion begrüßt zu werden pflegt, ist: welches ihre „Tendenz“ sei. Auch wir können uns einer Antwort auf diese Frage nicht entziehen, und es soll an dieser Stelle darauf im Anschluß an die Bemerkungen in unserem „Geleitwort“ in etwas prinzipiellerer Fragestellung eingegangen werden. Es bietet sich dadurch Gelegenheit, die Eigenart der in unserem Sinne „sozialwissenschaftlichen“ Arbeit überhaupt nach manchen Richtungen in ein Licht zu rücken, welches, wenn nicht für den Fachmann, so doch für manchen der Praxis der wissenschaftlichen Arbeit ferner stehenden Leser nützlich sein kann, obwohl oder vielmehr gerade weil es sich dabei um „Selbstverständlichkeiten“ handelt. –

Ausgesprochener Zweck des „Archivs“ war seit seinem Bestehen *neben* der Erweiterung unserer Erkenntnis der „gesellschaftlichen Zustände aller Länder“, also der *Tatsachen* des sozialen Lebens, auch die Schulung des *Urteils* über *praktische* Probleme desselben und damit – in demjenigen, freilich sehr bescheidenen Maße, in dem ein solches Ziel von privaten Gelehrten gefördert werden kann – die Kritik an der sozialpolitischen Arbeit der Praxis, bis hinauf zu derjenigen der gesetzgebenden Faktoren. Trotzdem hat nun aber das Archiv von Anfang an daran festgehalten, eine ausschließlich wissenschaftliche Zeitschrift sein zu wollen, nur mit den Mitteln *wissenschaftlicher* Forschung zu arbeiten, – und es entsteht zunächst die Frage: wie sich jener Zweck mit der Beschränkung auf diese Mittel prinzipiell vereinigen läßt. Wenn das Archiv in seinen Spalten Maßregeln der Gesetzgebung und Verwaltung oder praktische Vorschläge zu solchen *beurteilen* läßt – was bedeutet das? Welches sind die *Normen* für diese Urteile? Welches ist die *Geltung* der Werturteile, die der Beurteilende seinerseits etwa äußert, oder welche ein Schriftsteller, der praktische Vorschläge macht, diesen zugrunde legt? In welchem Sinne befindet er sich dabei auf dem Boden *wissenschaftlicher* Erörterung, da doch das Merkmal wissenschaftlicher Erkenntnis in der „objektiven“ Geltung ihrer Ergebnisse als Wahrheit gefunden werden muß? Wir legen zunächst unseren Standpunkt zu *dieser* Frage dar, um daran später die weitere zu schließen: in welchem Sinn *gibt* es „objektiv gültige Wahrheiten“ auf dem Boden der Wissenschaften vom Kulturleben *überhaupt*? – eine Frage, die angesichts des steten Wandels und erbitterten Kampfes um die scheinbar elementarsten Probleme unserer Disziplin, die Methode ihrer Arbeit, die Art der Bildung ihrer Be-

[1] In: Archiv für Sozialwissenschaft und Sozialpolitik. 19. Band, 1. Heft, 1904.

griffe und deren Geltung, nicht umgangen werden kann. Nicht Lösungen bieten, sondern Probleme aufzeigen, wollen wir hier, – solche Probleme nämlich, denen unsere Zeitschrift, um ihrer bisherigen und zukünftigen Aufgabe gerecht zu werden, ihre Aufmerksamkeit wird zuwenden müssen. –

I.

Wir alle wissen, daß unsere Wissenschaft, wie mit Ausnahme vielleicht der politischen Geschichte jede Wissenschaft, deren Objekt menschliche Kulturinstitutionen und Kulturvorgänge sind, geschichtlich zuerst von *praktischen* Gesichtspunkten ausging. Werturteile über bestimmte wirtschaftpolitische Maßnahmen des Staates zu produzieren, war ihr nächster und zunächst einziger Zweck. Sie war „Technik“ etwa in dem Sinne, in welchem es auch die klinischen Disziplinen der medizinischen Wissenschaften sind. Es ist nun bekannt, wie diese Stellung sich allmählich veränderte, ohne daß doch eine *prinzipielle* Scheidung von Erkenntnis des „Seienden“ und des „Seinsollenden“ vollzogen wurde. Gegen diese Scheidung wirkte zunächst die Meinung, daß unabänderlich gleiche Naturgesetze, sodann die andere, daß ein eindeutiges Entwicklungsprinzip die wirtschaftlichen Vorgänge beherrsche und daß also das *Seinsollende* entweder – im ersten Falle – mit dem unabänderlich *Seienden* , oder – im zweiten Falle – mit dem unvermeidlich Werdenden zusammenfalle. Mit dem Erwachen des historischen Sinnes gewann dann in unserer Wissenschaft eine Kombination von ethischem Evolutionismus und historischem Relativismus die Herrschaft, welche versuchte, die ethischen Normen ihres formalen Charakters zu entkleiden, durch Hineinbeziehung der Gesamtheit der Kulturwerte in den Bereich des „Sittlichen“ dies letztere *inhaltlich* zu bestimmen und so die Nationalökonomie zur Dignität einer „ethischen Wissenschaft“ auf empirischer Grundlage zu erheben. Indem man die Gesamtheit aller möglichen Kulturideale mit dem Stempel des „Sittlichen“ versah, verflüchtigte man die spezifische Dignität der ethischen Imperative, ohne doch für die „Objektivität“ der Geltung jener Ideale irgend etwas zu gewinnen. Indessen kann und muß eine prinzipielle Auseinandersetzung damit hier beiseite bleiben: wir halten uns lediglich an die Tatsache, daß noch heute die unklare Ansicht nicht geschwunden, sondern besonders den Praktikern ganz begreiflicherweise geläufig ist, daß die Nationalökonomie *Werturteile* aus einer spezifisch „wirtschaftlichen Weltanschauung“ heraus produziere und zu produzieren habe. –

Unsere Zeitschrift als Vertreterin einer empirischen Fachdisziplin muß, wie wir gleich vorweg feststellen wollen, diese Ansicht *grundsätzlich ablehnen*, denn wir sind der Meinung, daß es niemals Aufgabe einer Erfahrungswissenschaft sein kann, bindende Normen und Ideale zu ermitteln, um daraus für die Praxis Rezepte ableiten zu können.

Was folgt aber aus diesem Satz? Keineswegs, daß Werturteile deshalb, weil sie in letzter Instanz auf bestimmten Idealen fußen und daher „subjektiven“ Ursprungs sind, der wissenschaftlichen Diskussion überhaupt *entzogen* seien. Die Praxis und der Zweck unserer Zeitschrift würde einen solchen Satz ja immer wieder desavouieren. Die Kritik macht vor den Werturteilen nicht Halt. Die Frage ist vielmehr: Was bedeutet und bezweckt wissenschaftliche Kritik von Idealen und Werturteilen? Sie erfordert eine etwas eingehendere Betrachtung.

Jede denkende Besinnung auf die letzten Elemente sinnvollen menschlichen Handelns ist zunächst gebunden an die Kategorien „Zweck“ und „Mittel“. Wir wollen etwas in concreto entweder „um seines eigenen Wertes willen“ oder als Mittel im Dienste des in letzter Linie Gewollten. Der wissenschaftlichen Betrachtung zugänglich ist nun zunächst unbedingt die Frage der Geeignetheit der Mittel bei gegebenem Zwecke. Da wir (innerhalb der jeweiligen Grenzen unseres Wissens) gültig festzustellen vermögen, *welche* Mittel zu einem vorgestellten Zwecke zu führen geeignet oder ungeeignet sind, so können wir auf diesem Wege die Chancen, mit bestimmten zur Verfügung stehenden Mitteln einen bestimmten Zweck überhaupt zu erreichen, abwägen und mithin indirekt die Zwecksetzung selbst, auf Grund der jeweiligen historischen Situation, als praktisch sinnvoll oder aber als nach Lage der gegebenen Verhältnisse sinnlos kritisieren. Wir können weiter, *wenn* die Möglichkeit der Erreichung eines vorgestellten Zweckes gegeben erscheint, natürlich immer innerhalb der Grenzen unseres jeweiligen Wissens, die *Folgen* feststellen, welche die Anwendung der erforderlichen Mittel *neben* der eventuellen Erreichung des beabsichtigten Zweckes, infolge des Allzusammenhanges alles Geschehens, haben würde. Wir bieten alsdann dem Handelnden die Möglichkeit der Abwägung dieser ungewollten gegen die gewollten Folgen seines Handelns und damit die Antwort auf die Frage: was *„kostet“* die Erreichung des gewollten Zweckes in Gestalt der voraussichtlich eintretenden Verletzung *anderer* Werte? Da in der großen Überzahl aller Fälle jeder erstrebte Zweck in diesem Sinne etwas „kostet“ oder doch kosten kann, so kann an der Abwägung von Zweck und Folgen des Handelns gegeneinander keine Selbstbesinnung verantwortlich handelnder Menschen vorbeigehen, und sie zu ermöglichen, ist eine der wesentlichsten Funktionen der *technischen* Kritik, welche wir bisher betrachtet haben. Jene Abwägung selbst nun aber zur Entscheidung zu bringen, ist freilich *nicht* mehr eine mögliche Aufgabe der Wissenschaft, sondern des wollenden Menschen: er wägt und wählt nach seinem eigenen Gewissen und seiner persönlichen Weltanschauung zwischen den Werten, um die es sich handelt. Die Wissenschaft kann ihm zu dem *Bewußtsein* verhelfen, daß *alles* Handeln, und natürlich auch, je nach den Umständen, das *Nicht*-Handeln, in seinen Konsequenzen eine *Parteinahme* zugunsten bestimmter Werte bedeutet, und damit – was heute so besonders gern verkannt wird – regelmäßig *gegen andere.* Die Wahl zu treffen, ist seine Sache.

Was wir ihm für diesen Entschluß nun noch weiter bieten können ist: *Kenntnis* der *Bedeutung* des Gewollten selbst. Wir können ihn die Zwecke nach Zusammenhang und Bedeutung kennen lehren, die er will, und zwischen denen er wählt, zunächst durch Aufzeigung und logisch zusammenhängende Entwicklung der „Ideen“, die dem konkreten Zweck zugrunde liegen oder liegen können. Denn es ist selbstverständlich eine der wesentlichsten Aufgaben einer jeden Wissenschaft vom menschlichen Kulturleben, diese „Ideen“, für welche teils wirklich, teils vermeintlich gekämpft worden ist und gekämpft wird, dem geistigen Verständnis zu erschließen. Das überschreitet nicht die Grenzen einer Wissenschaft, welche „denkende Ordnung der empirischen Wirklichkeit“ erstrebt, so wenig die Mittel, die dieser Deutung geistiger Werte dienen, „Induktionen“ im gewöhnlichen Sinne des Wortes sind. Allerdings fällt diese Aufgabe wenigstens teilweise aus dem Rahmen der ökonomischen Fachdisziplin in ihrer üblichen arbeitsteiligen Spezialisation heraus; es handelt sich um Aufgaben der *Sozialphilosophie* . Allein die historische Macht der Ideen ist für die Entwicklung des Soziallebens eine so gewaltige gewesen und ist es noch, daß unsere Zeitschrift sich dieser Aufgabe niemals entziehen, deren Pflege vielmehr in den Kreis ihrer wichtigsten Pflichten einbeziehen wird.

Aber die wissenschaftliche Behandlung der Werturteile möchte nun weiter die gewollten Zwecke und die ihnen zugrunde liegenden Ideale nicht nur verstehen und nacherleben lassen, sondern vor allem auch kritisch „beurteilen“ lehren. Diese Kritik freilich kann nur dialektischen Charakter haben, d. h. sie kann nur eine formal-logische Beurteilung des in den geschichtlich gegebenen Werturteilen und Ideen vorliegenden Materials, eine Prüfung der Ideale an dem Postulat der inneren *Widerspruchslosigkeit* des Gewollten sein. Sie kann, indem sie sich diesen Zweck setzt, dem Wollenden verhelfen zur Selbstbesinnung auf diejenigen letzten Axiome, welche dem Inhalt seines Wollens zugrunde liegen, auf die letzten Wertmaßstäbe, von denen er unbewußt ausgeht oder – um konsequent zu sein – ausgehen müßte. Diese letzten Maßstäbe, welche sich in dem konkreten Werturteil manifestieren, zum *Bewußtsein* zu bringen, ist nun allerdings das letzte, was sie, ohne den Boden der Spekulation zu betreten, leisten kann. Ob sich das urteilende Subjekt zu diesen letzten Maßstäben bekennen soll, ist seine persönlichste Angelegenheit und eine Frage seines Wollens und Gewissens, nicht des Erfahrungswissens.

Eine empirische Wissenschaft vermag niemanden zu lehren, was er *soll,* sondern nur, was er *kann* und – unter Umständen was er *will.* Richtig ist, daß die persönlichen Weltanschauungen auf dem Gebiet unserer Wissenschaften unausgesetzt hineinzuspielen pflegen auch in die wissenschaftliche Argumentation, sie immer wieder trüben, das Gewicht wissenschaftlicher Argumente auch auf dem Gebiet der Ermittlung einfacher kausaler Zusammenhänge von Tatsachen verschieden einschätzen lassen, je nachdem das Resultat die Chancen der persönlichen Ideale: die Möglichkeit, etwas Bestimmtes zu wollen, mindert oder steigert. Auch die Herausgeber und Mitarbeiter unserer Zeitschrift werden in dieser Hinsicht sicherlich „nichts Menschliches von sich fern glauben". Aber von diesem Bekenntnis menschlicher Schwäche ist es ein weiter Weg bis zu dem Glauben an eine „ethische" Wissenschaft der Nationalökonomie, welche aus ihrem Stoff Ideale oder durch Anwendung allgemeiner ethischer Imperative auf ihren Stoff konkrete Normen zu produzieren hätte. – Richtig ist noch etwas weiteres: gerade jene innersten Elemente der „Persönlichkeit", die höchsten und letzten Werturteile, die unser Handeln bestimmen und unserem Leben Sinn und Bedeutung geben, werden von uns als etwas *„objektiv"* Wertvolles empfunden. Wir können sie ja nur vertreten, wenn sie uns als geltend, als aus unseren höchsten Lebenswerten fließend, sich darstellen und so, im Kampfe gegen die Widerstände des Lebens, entwickelt werden. Und sicherlich liegt die Würde der „Persönlichkeit" darin beschlossen, daß es für sie Werte gibt, auf die sie ihr eigenes Leben bezieht, – und lägen diese Werte auch im einzelnen Falle ausschließlich *innerhalb* der Sphäre der eigenen Individualität: dann gilt ihr eben das „Sichausleben" in *denjenigen* ihrer Interessen, für welche sie die *Geltung als Werte* beansprucht, als die Idee, auf welche sie sich bezieht. Nur unter der Voraussetzung des Glaubens an Werte jedenfalls hat der Versuch Sinn, Werturteile nach außen zu vertreten. *Aber: die Geltung* solcher Werte zu ***beurteilen***, ist Sache des Glaubens, daneben *vielleicht* eine Aufgabe spekulativer Betrachtung und Deutung des Lebens und der Welt auf ihren Sinn hin, sicherlich aber nicht Gegenstand einer Erfahrungswissenschaft in dem Sinne, in welchem sie an dieser Stelle gepflegt werden soll. Für diese Scheidung fällt nicht – wie oft geglaubt wird – entscheidend ins Gewicht die empirisch erweisliche Tatsache, daß jene letzten Ziele historisch wandelbar und streitig sind. Denn auch die Erkenntnis der sichersten Sätze unseres theoretischen – etwa des exakt naturwissenschaftlichen oder mathematischen – Wissens ist, ebenso wie die Schärfung und Verfeinerung des Gewissens, erst Produkt der Kultur. Allein wenn wir speziell an die praktischen Probleme der Wirtschafts- und Sozialpolitik (im üblichen Wortsinn) denken, so zeigt sich zwar, daß es zahlreiche, ja unzählige praktische *Einzelfragen* gibt, bei deren Erörterung man in allseitiger Übereinstimmung von gewissen Zwecken als *selbstverständlich* gegeben ausgeht – man denke etwa an Notstandskredite, an konkrete Aufgaben der sozialen Hygiene, der Armenpflege, an Maßregeln wie die Fabrikinspektionen, die Gewerbegerichte, die Arbeitsnachweise, große Teile der Arbeiterschutzgesetzgebung –, bei denen also, wenigstens scheinbar nur nach den *Mitteln* zur Erreichung des Zweckes gefragt wird. Aber selbst wenn wir hier – was die Wissenschaft niemals ungestraft tun würde – den Schein der Selbstverständlichkeit für Wahrheit nehmen und die Konflikte, in welche der Versuch der praktischen Durchführung alsbald hinein führt, für rein technische Fragen der Zweckmäßigkeit ansehen wollten – was recht oft irrig wäre –, so müßten wir doch bemerken, daß auch dieser *Schein* der Selbstverständlichkeit der regulativen Wertmaßstäbe sofort verschwindet, wenn wir von den konkreten Problemen karitativ-polizeilicher Wohlfahrts- und Wirtschafts*pflege* aussteigen zu den Fragen der Wirtschafts- und Sozial*politik*. Das Kennzeichen des sozial*politischen* Charakters eines Problems ist es ja geradezu, daß es nicht auf Grund bloß technischer Erwägungen aus feststehenden Zwecken heraus zu erledigen ist, daß um die regulativen Wertmaßstäbe selbst *gestritten* werden kann und muß, weil das Problem in die Region der allgemeinen *Kultur*fragen hineinragt. Und es wird gestritten nicht nur, wie wir heute so gern glauben, zwischen „Klasseninteressen“, *sondern auch zwischen Weltanschauungen*, – wobei die Wahrheit natürlich vollkommen bestehen bleibt, daß dafür, welche Weltanschauung der Einzelne vertritt, neben manchem anderen auch und sicherlich in ganz hervorragendem Maße der Grad von Wahlverwandtschaft entscheidend zu werden pflegt, der sie mit seinem „Klasseninteresse“ – wenn wir diesen nur scheinbar eindeutigen Begriff hier einmal akzeptieren – verbindet. Sicher ist unter allen Umständen Eines: je „allgemeiner“ das Problem ist, um das es sich handelt, d. h. aber hier: je weittragender seine Kultur*bedeutung*, desto weniger ist es einer eindeutigen Beantwortung aus dem Material des Erfahrungswissens heraus zugänglich, desto mehr spielen die letzten höchst persönlichen Axiome des Glaubens und der Wertideen hinein. Es ist einfach eine Naivität, wenn auch von Fachmännern gelegentlich immer noch geglaubt wird, es gelte, für die praktische Sozialwissenschaft vor allem „ein Prinzip“ aufzustellen und wissenschaftlich als gültig zu erhärten, aus welchem alsdann die Normen für die Lösung der praktischen Einzelprobleme eindeutig deduzierbar seien. So sehr „prinzipielle“ Erörterungen praktischer Probleme, d. h. die Zurückführung der unreflektiert sich aufdrängenden Werturteile auf ihren Ideengehalt, in der Sozialwissenschaft vonnöten sind, und so sehr unsere Zeitschrift speziell sich gerade auch ihnen zu widmen beabsichtigt, – die Schaffung eines praktischen Generalnenners für unsere Probleme in Gestalt allgemein gültiger letzter Ideale kann sicherlich weder ihre Aufgabe noch überhaupt die irgendeiner Erfahrungswissenschaft sein: sie wäre als solche nicht etwa nur praktisch unlösbar, sondern in sich widersinnig. Und wie immer Grund und Art der Verbindlichkeit ethischer Imperative gedeutet werden mag, sicher ist, daß aus ihnen, als aus Normen für das konkret bedingte Handeln des *Einzelnen*, nicht *Kulturinhalte* als gesollt eindeutig deduzierbar sind, und zwar um so weniger, je umfassender die Inhalte sind, um die es sich handelt. Nur positive Religionen – präziser ausgedrückt: dogmatisch gebundene Sekten – vermögen dem Inhalt von *Kulturwerten* die Dignität unbedingt gültiger *ethischer* Gebote zu verleihen. Außerhalb ihrer sind Kulturideale, die der Einzelne verwirklichen *will*, und ethische Pflichten, die er erfüllen *soll*, von prinzipiell verschiedener Dignität. Das Schicksal einer Kulturepoche, die vom Baum der Erkenntnis gegessen hat, ist es, wissen zu müssen, daß wir den *Sinn* des Weltgeschehens nicht aus dem noch so sehr vervollkommneten Ergebnis seiner Durchforschung ablesen können, sondern ihn selbst zu schaffen imstande sein müssen, daß „Weltanschauungen“ niemals Produkt fortschreitenden Erfahrungswissens sein können, und daß also die höchsten Ideale, die uns am mächtigsten bewegen, für alle Zeit nur im Kampf mit anderen Idealen sich auswirken, die anderen ebenso heilig sind, wie uns die unseren.

Nur ein optimistischer Synkretismus, wie er zuweilen das Ergebnis des entwicklungsgeschichtlichen Relativismus ist, kann sich über den gewaltigen Ernst dieser Sachlage entweder theoretisch hinwegtäuschen oder ihren Konsequenzen praktisch ausweichen. Es kann selbstverständlich subjektiv im einzelnen Falle genau ebenso pflichtgemäß für den praktischen Politiker sein, zwischen vorhandenen Gegensätzen der Meinungen zu vermitteln, als für eine von ihnen Partei zu ergreifen. Aber mit *wissenschaftlicher* „Objektivität“ hat das nicht das Allermindeste zu tun. Die „mittlere Linie“ ist *um kein Haarbreit mehr wissenschaftliche Wahrheit* als die extremsten Parteiideale von rechts oder links. Nirgends ist das Interesse der Wissenschaft auf die Dauer schlechter aufgehoben als da, wo man unbequeme Tatsachen und die Realitäten des Lebens in ihrer Härte nicht sehen will. Das Archiv wird die schwere Selbsttäuschung, man könne durch Synthese von mehreren oder auf der Diagonale zwischen mehreren Parteiansichten praktische Normen von *wissenschaftlicher Gültigkeit* gewinnen, unbedingt bekämpfen, denn sie ist, weil sie ihre eigenen Wertmaßstäbe relativistisch zu verhüllen liebt, weit gefährlicher für die Unbefangenheit der Forschung als der alte naive Glaube der Parteien an die wissenschaftliche „Beweisbarkeit“ ihrer Dogmen. Die Fähigkeit der *Unterscheidung* zwischen Erkennen und Beurteilen und die Erfüllung sowohl der wissenschaftlichen Pflicht, die Wahrheit der Tatsachen zu sehen, als der praktischen, für die eigenen Ideale einzutreten, ist das, woran wir uns wieder stärker gewöhnen wollen.

Es ist und bleibt – *darauf* kommt es für uns an – für alle Zeit ein unüberbrückbarer Unterschied, ob eine Argumentation sich an unser Gefühl und unsere Fähigkeit, für konkrete praktische Ziele oder Kulturformen und Kulturinhalte uns zu begeistern, wendet, oder, wo einmal die Geltung ethischer Normen in Frage steht, an unser Gewissen, *oder* endlich an unser Vermögen und Bedürfnis, die empirische Wirklichkeit in einer Weise *denkend* zu *ordnen*, welche den Anspruch auf *Geltung* als Erfahrungswahrheit erhebt. Und dieser Satz bleibt richtig, trotzdem, wie sich noch zeigen wird, jene höchsten „Werte“ des *praktischen* Interesses für die *Richtung*, welche die ordnende Tätigkeit des Denkens auf dem Gebiete der Kulturwissenschaften jeweils einschlägt, von entscheidender Bedeutung sind und immer bleiben werden. Denn es ist und bleibt wahr, daß eine methodisch korrekte wissenschaftliche Beweisführung auf dem Gebiete der Sozialwissenschaften, wenn sie ihren Zweck erreicht haben will, auch von einem Chinesen als richtig anerkannt werden muß oder – richtiger gesagt – daß sie dieses, vielleicht wegen Materialmangels nicht voll erreichbare, Ziel jedenfalls *erstreben* muß, daß ferner auch die *logische* Analyse eines Ideals auf seinen Gehalt und auf seine letzten Axiome hin und die Aufzeigung der aus seiner Verfolgung sich logischer und praktischer Weise ergebenden Konsequenzen, wenn sie als gelungen gelten soll, auch für ihn gültig sein muß, – während ihm für unsere ethischen Imperative das „Gehör“ fehlen kann, und während er das Ideal selbst und die daraus fließenden konkreten *Wertungen* ablehnen kann und sicherlich oft ablehnen wird, ohne dadurch dem wissenschaftlichen Wert jener denkenden *Analyse* irgend zu nahe zu treten. Sicherlich wird unsere Zeitschrift die immer und unvermeidlich sich wiederholenden Versuche, den *Sinn* des Kulturlebens eindeutig zu bestimmen, nicht etwa ignorieren. Im Gegenteil: sie gehören ja selbst zu den wichtigsten Erzeugnissen eben dieses Kulturlebens und unter Umständen auch zu seinen mächtigsten treibenden Kräften. Wir werden daher den Verlauf auch der in *diesem* Sinne „sozialphilosophischen“ Erörterungen jederzeit sorgsam verfolgen. Ja, noch mehr: es liegt hier das Vorurteil durchaus fern, als ob Betrachtungen des Kulturlebens, die über die denkende Ordnung des empirisch Gegebenen hinausgehend die Welt metaphysisch zu deuten versuchen, etwa schon um dieses ihres Charakters willen keine Aufgabe im Dienste der Erkenntnis erfüllen *könnten*. Wo diese Aufgaben etwa liegen würden, ist freilich ein Problem zunächst der Erkenntnislehre, dessen Beantwortung hier für unsere Zwecke dahingestellt bleiben muß und auch kann. Denn eines halten wir für unsere Arbeit fest: eine sozialwissenschaftliche Zeitschrift in unserem Sinne soll, soweit sie *Wissenschaft* treibt, ein Ort sein, wo Wahrheit gesucht wird, die – um im Beispiel zu bleiben – auch für den Chinesen die Geltung einer denkenden Ordnung der empirischen Wirklichkeit beansprucht. –

Freilich können die Herausgeber weder sich selbst noch ihren Mitarbeitern ein- für allemal verbieten, die Ideale, die sie beseelen, auch in Werturteilen zum Ausdruck zu bringen. Nur erwachsen daraus zwei wichtige Pflichten. Zunächst die: in jedem Augenblick den Lesern und sich selbst scharf zum Bewußtsein zu bringen, *welches* die Maßstäbe sind, an denen die Wirklichkeit gemessen und aus denen das Werturteil abgeleitet wird, anstatt, wie es nur allzuoft geschieht, durch unpräzises Ineinanderschieben von Werten verschiedenster Art sich um die Konflikte zwischen den Idealen herumzutäuschen und „jedem etwas bieten“ zu wollen. Wird dieser Pflicht streng genügt, dann kann die praktisch urteilende Stellungnahme im rein wissenschaftlichen Interesse nicht nur unschädlich, sondern direkt nützlich, ja, geboten sein: in der wissenschaftlichen Kritik von gesetzgeberischen und anderen praktischen Vorschlägen ist die Aufklärung der Motive des Gesetzgebers und der Ideale des kritisierten Schriftstellers in ihrer Tragweite sehr oft gar nicht anders in anschaulich-verständliche Form zu bringen, als durch *Konfrontierung* der von ihnen zugrunde gelegten Wertmaßstäbe mit *anderen*, und dann natürlich am besten: mit den eigenen. Jede sinnvolle *Wertung* fremden *Wollens* kann nur Kritik aus einer eigenen „Weltanschauung" heraus, Bekämpfung des *fremden* Ideals vom Boden eines *eigenen* Ideals aus sein. Soll also im einzelnen Fall das letzte Wertaxiom, welches einem praktischen Wollen zugrunde liegt, nicht nur festgestellt und wissenschaftlich analysiert, sondern in seinen Beziehungen zu *anderen* Wertaxiomen veranschaulicht werden, so ist eben „positive" Kritik durch zusammenhängende Darlegung der letzteren unvermeidlich.

Es wird also in den Spalten der Zeitschrift – speziell bei der Besprechung von Gesetzen – neben der Sozial*wissenschaft* – der denkenden Ordnung der Tatsachen – unvermeidlich auch die Sozial*politik* – die Darlegung von Idealen – zu Worte kommen. Aber: wir denken nicht daran, derartige Auseinandersetzungen für *„Wissenschaft"* auszugeben und werden uns nach besten Kräften hüten, sie damit vermischen und verwechseln zu lassen. Die *Wissenschaft* ist es dann nicht mehr, welche spricht, und das zweite fundamentale Gebot wissenschaftlicher Unbefangenheit ist es deshalb: in solchen Fällen den Lesern (und – sagen wir wiederum – vor allem sich selbst!) jederzeit deutlich zu machen, daß und wo der denkende Forscher aufhört und der wollende Mensch anfängt zu sprechen, wo die Argumente sich an den Verstand und *wo* sie sich an das Gefühl wenden. Die stete Vermischung wissenschaftlicher Erörterung der Tatsachen und wertender Raisonnements ist eine der zwar noch immer verbreitetsten, aber auch schädlichsten Eigenarten von Arbeiten unseres Faches. Gegen diese *Vermischung, nicht* etwa gegen das Eintreten für die eigenen Ideale richten sich die vorstehenden Ausführungen. *Gesinnungslosigkeit* und *wissenschaftliche* „Objektivität" haben keinerlei innere Verwandschaft. – Das Archiv ist, wenigstens seiner Absicht nach, niemals ein Ort gewesen und soll es auch nicht werden, an welchem Polemik gegen bestimmte politische oder sozialpolitische Parteien getrieben wird, ebensowenig eine Stelle, an der für oder gegen politische oder sozialpolitische Ideale geworben wird; dafür gibt es andere Organe. Die Eigenart der Zeitschrift hat vielmehr von Anfang an gerade darin bestanden und soll, soviel an den Herausgebern liegt, auch fernerhin darin bestehen, daß in ihr scharfe politische Gegner sich zu wissenschaftlicher Arbeit zusammenfinden. Sie war bisher kein „sozialistisches" und wird künftig kein „bürgerliches" Organ sein. Sie schließt von ihrem Mitarbeiterkreise niemand aus, der sich auf den Boden wissenschaftlicher Diskussion stellen will. Sie kann kein Tummelplatz von „Erwiderungen", Repliken und Dupliken sein, aber sie schützt niemand, auch nicht ihre Mitarbeiter und ebensowenig ihre Herausgeber dagegen, in ihren Spalten der denkbar schärfsten sachlich-wissenschaftlichen Kritik ausgesetzt zu sein. Wer das nicht ertragen kann, oder wer auf dem Standpunkt steht, mit Leuten, die im Dienste anderer Ideale arbeiten als er selbst, auch im Dienste wissenschaftlicher Erkenntnis nicht zusammenwirken zu wollen, der mag ihr fern bleiben.

Nun ist aber freilich – wir wollen uns darüber nicht täuschen – mit diesem letzten Satze praktisch zurzeit leider mehr gesagt, als es auf den ersten Blick scheint. Zunächst hat, wie schon angedeutet, die Möglichkeit, mit politischen Gegnern sich auf neutralem Boden – geselligem oder ideellem – unbefangen zusammenzufinden, leider erfahrungsgemäß überall und zumal unter deutschen Verhältnissen ihre psychologischen Schranken. An sich als ein Zeichen parteifanatischer Beschränktheit und unentwickelter politischer Kultur unbedingt bekämpfenswert, gewinnt dieses Moment für eine Zeitschrift wie die unsrige eine ganz wesentliche Verstärkung durch den Umstand, daß auf dem Gebiet der Sozialwissenschaften der Anstoß zur Aufrollung wissenschaftlicher Probleme erfahrungsgemäß regelmäßig durch *praktische* „Fragen“ gegeben wird, so daß die bloße Anerkennung des Bestehens eines wissenschaftlichen Problems in Personalunion steht mit einem bestimmt gerichteten Wollen lebendiger Menschen. In den Spalten einer Zeitschrift, welche unter dem Einflusse des allgemeinen Interesses für ein konkretes Problem ins Leben tritt, werden sich daher als Mitarbeiter regelmäßig Menschen zusammenfinden, die ihr persönliches Interesse diesem Problem deshalb zuwenden, weil bestimmte konkrete Zustände ihnen im Widerspruch mit idealen Werten, an die sie glauben, zu stehen, jene Werte zu gefährden scheinen. Die Wahlverwandtschaft ähnlicher Ideale wird alsdann diesen Mitarbeiterkreis zusammenhalten und sich neu rekrutieren lassen, und dies wird der Zeitschrift wenigstens bei der Behandlung praktisch-sozial*politischer* Probleme einen bestimmten *„Charakter“* aufprägen, wie er die unvermeidliche Begleiterscheinung jedes Zusammenwirkens lebendig empfindender Menschen ist, deren wertende Stellungnahme zu den Problemen auch bei der rein theoretischen Arbeit nicht immer ganz unterdrückt wird und bei der Kritik *praktischer* Vorschläge und Maßnahmen auch – unter den oben erörterten Voraussetzungen – ganz legitimerweise zum Ausdruck kommt. Das Archiv nun trat in einem Zeitraum ins Leben, als bestimmte praktische Probleme der „Arbeiterfrage“, im überkommenen Sinne des Wortes, im Vordergrund der sozialwissenschaftlichen Erörterungen standen. Diejenigen Persönlichkeiten, für welche mit den Problemen, die es behandeln wollte, die höchsten und entscheidenden Wertideen sich verknüpften, und welche deshalb seine regelmäßigsten Mitarbeiter wurden, waren eben daher zugleich auch Vertreter einer durch jene Wertideen gleich oder doch ähnlich gefärbten Kulturauffassung. Jedermann weiß denn auch, daß, wenn die

Zeitschrift den Gedanken, eine „Tendenz“ zu verfolgen, durch die ausdrückliche Beschränkung auf „wissenschaftliche“ Erörterungen und durch die ausdrückliche Einladung an „Angehörige aller politischen Lager“ bestimmt ablehnte, sie trotzdem sicherlich einen „Charakter“ im obigen Sinn besaß. Er wurde durch den Kreis ihrer regelmäßigen Mitarbeiter geschaffen. Es waren im allgemeinen Männer, denen, bei aller sonstigen Verschiedenheit der Ansichten, der Schutz der physischen Gesundheit der Arbeitermassen und die Ermöglichung steigender Anteilnahme an den materiellen und geistigen Gütern unserer Kultur für sie, als Ziel – als Mittel aber die Verbindung staatlichen Eingreifens in die materielle Interessensphäre mit freiheitlicher Fortentwicklung der bestehenden Staats- und Rechtsordnung vorschwebten, und die – welches immer ihre Ansicht über die Gestaltung der Gesellschaftsordnung in der ferneren Zukunft sein mochte – für die *Gegenwart* die kapitalistische Entwicklung bejahten, nicht weil sie ihnen, gegenüber den älteren Formen gesellschaftlicher Gliederung, als die bessere, sondern weil sie ihnen als praktisch unvermeidlich und der Versuch grundsätzlichen Kampfes gegen sie, nicht als Förderung, sondern als Hemmung des Emporsteigens der Arbeiterklasse an das Licht der Kultur erschien. Unter den in Deutschland heute bestehenden Verhältnissen – sie bedürfen hier nicht der näheren Klarlegung – war dies und wäre es auch heute nicht zu vermeiden. Ja, es kam im tatsächlichen Erfolg der Allseitigkeit der Beteiligung an der wissenschaftlichen Diskussion direkt zugute und war für die Zeitschrift eher ein Moment der Stärke, ja – unter den gegebenen Verhältnissen – sogar vielleicht einer der Titel ihrer Existenzberechtigung.

Unzweifelhaft ist es nun, daß die Entwicklung eines „Charakters“ in diesem Sinne bei einer wissenschaftlichen Zeitschrift eine Gefahr für die Unbefangenheit der wissenschaftlichen Arbeit bedeuten *kann* und dann wirklich bedeuten *müßte*, wenn die Auswahl der Mitarbeiter eine planvoll einseitige würde: in diesem Falle bedeutete die Züchtung jenes „Charakters“ praktisch dasselbe wie das Bestehen einer „Tendenz“. Die Herausgeber sind sich der Verantwortung, die ihnen diese Sachlage auferlegt, durchaus bewußt. Sie beabsichtigen weder, den Charakter des Archivs planvoll zu ändern, noch etwa ihn durch geflissentliche Beschränkung des Mitarbeiterkreises auf Gelehrte mit bestimmten Parteimeinungen, künstlich zu konservieren. Sie nehmen ihn als gegeben hin und warten seine weitere „Entwicklung“ ab. *Wie* er sich in Zukunft gestaltet und vielleicht, infolge der unvermeidlichen Erweiterung unseres Mitarbeiterkreises, umgestaltet, das wird zunächst von der Eigenart derjenigen Persönlichkeiten abhängen, die mit der Absicht, wissenschaftlicher Arbeit zu dienen, in diesen Kreis eintreten und in den Spalten der Zeitschrift heimisch werden oder bleiben. Und es wird weiter durch die Erweiterung der *Probleme* bedingt sein, deren Förderung sich die Zeitschrift zum Ziel setzt.

Mit dieser Bemerkung gelangen wir zu der bisher noch nicht erörterten Frage der *sachlichen Abgrenzung* unseres Arbeitsgebietes. Hierauf kann aber eine Antwort nicht gegeben werden, ohne auch hier die Frage nach der Natur des Zieles sozialwissenschaftlicher Erkenntnis überhaupt aufzurollen. Wir haben bisher, indem wir „Werturteile“ und „Erfahrungswissen“ prinzipiell schieden, vorausgesetzt, daß es eine unbedingt gültige Art der Erkenntnis, d. h. der denkenden Ordnung der empirischen Wirklichkeit auf dem Gebiet der Sozialwissenschaften tatsächlich gebe. Diese Annahme wird jetzt insofern zum Problem, als wir erörtern müssen, was objektive „Geltung“ der Wahrheit, die wir erstreben, auf unserem Gebiet bedeuten *kann*. Daß das Problem als solches besteht und hier nicht spintisierend geschaffen wird, kann niemandem entgehen, der den Kampf um Methode, „Grundbegriffe“ und Voraussetzungen, den steten Wechsel der „Gesichtspunkte“ und die stete Neubestimmung der „Begriffe“, die verwendet werden, beobachtet und sieht, wie theoretische und historische Betrachtungsform noch immer durch eine scheinbar unüberbrückbare Kluft getrennt sind: „*zwei* Nationalökonomien“, wie ein verzweifelnder Wiener Examinand seinerzeit jammernd klagte. Was heißt hier Objektivität? Lediglich *diese* Frage wollen die nachfolgenden Ausführungen erörtern.

II.

Die Zeitschrift[1] hat von Anfang an die Gegenstände, mit denen sie sich befaßte, als sozial-*ökonomische* behandelt. So wenig Sinn es nun hätte, hier Begriffsbestimmungen und Abgrenzungen von Wissenschaften vorzunehmen, so müssen wir uns doch darüber summarisch ins klare setzen, was das bedeutet.

Daß unsere physische Existenz ebenso wie die Befriedigung unserer idealsten Bedürfnisse überall auf die quantitative Begrenztheit und qualitative Unzulänglichkeit der dafür benötigten äußeren Mittel stößt, daß es zu ihrer Befriedigung der planvollen Vorsorge und der Arbeit, des Kampfes mit der Natur und der Vergesellschaftung mit Menschen bedarf, das ist, möglichst unpräzis ausgedruckt, der grundlegende Tatbestand, an den sich alle jene Erscheinungen knüpfen, die wir im weitesten Sinne als „sozial-ökonomische“ bezeichnen. Die Qualität eines Vorganges als „sozial-ökonomischer“ Erscheinung ist nun nicht etwas, was ihm als solchem „objektiv“ anhaftet. Sie ist vielmehr bedingt durch die Richtung unseres Erkenntnis*interesses*, wie sie sich aus der spezifischen Kulturbedeutung ergibt, die wir dem betreffenden Vorgange im einzelnen Fall beilegen. Wo immer ein Vorgang des Kulturlebens in denjenigen Teilen seiner Eigenart, auf welchen

[1] Das Archiv für Sozialwissenschaft und Sozialpolitik.

für uns seine spezifische *Bedeutung* beruht, direkt oder in noch so vermittelter Weise an jenem Tatbestand verankert ist, da enthält er oder kann er wenigstens, so *weit* dies der Fall ist, ein sozialwissenschaftliches *Problem* enthalten, d. h. eine Aufgabe für eine Disziplin, welche die Aufklärung der Tragweite jenes grundlegenden Tatbestandes zu ihrem Gegenstande macht.

Wir können nun innerhalb der sozialökonomischen Probleme unterscheiden: Vorgänge und Komplexe von solchen, Normen, Institutionen usw., deren Kulturbedeutung für uns wesentlich auf ihrer ökonomischen Seite beruht, die uns – wie z. B. etwa Vorgänge des Börsen- und Banklebens – zunächst wesentlich nur unter *diesem* Gesichtspunkt interessieren. Dies wird regelmäßig (aber nicht etwa ausschließlich) dann der Fall sein, wenn es sich um Institutionen handelt, welche *bewußt* zu ökonomischen Zwecken geschaffen wurden oder benutzt werden. Solche Objekte unseres Erkennens können wir i. e. S. „wirtschaftliche“ Vorgänge bzw. Institutionen nennen. Dazu treten andere, die – wie z. B. etwa Vorgänge des *religiösen* Lebens – uns nicht oder doch sicherlich nicht in erster Linie unter dem Gesichtspunkt ihrer ökonomischen Bedeutung und um dieser willen interessieren, die aber unter Umständen unter diesem Gesichtspunkt Bedeutung gewinnen, weil von ihnen *Wirkungen* ausgehen, die uns unter ökonomischen Gesichtspunkten interessieren: „ökonomisch relevante“ Erscheinungen. Und endlich gibt es unter den *nicht* in unserem Sinne „wirtschaftlichen“ Erscheinungen solche, deren ökonomische Wirkungen für uns von keinem oder doch nicht erheblichem Interesse sind: etwa die Richtung des künstlerischen Geschmacks einer Zeit, – die aber ihrerseits im Einzefalle in gewissen bedeutsamen Seiten ihrer Eigenart durch ökonomische Motive, also z. B. in unserem Falle etwa durch die Art der sozialen Gliederung des künstlerisch interessierten Publikums mehr oder minder stark mit *beeinflußt* sind: ökonomisch *bedingte* Erscheinungen. Jener Komplex menschlicher Beziehungen, Normen und normbestimmter Verhältnisse, die wir „Staat“ nennen, ist beispielsweise bezüglich der staatlichen Finanzwirtschaft eine „wirtschaftliche“ Erscheinung; – insofern er gesetzgeberisch oder sonst auf das Wirtschaftsleben einwirkt (und zwar auch da, wo ganz andere als ökonomische Gesichtspunkte sein Verhalten bewußt bestimmen), ist er „ökonomisch relevant“; – sofern endlich sein Verhalten und seine Eigenart auch in anderen als in seinen „wirtschaftlichen“ Beziehungen durch ökonomische Motive mitbestimmt wird, ist er „ökonomisch bedingt“. Es versteht sich nach dem Gesagten von selbst, daß einerseits der Umkreis der „wirtschaftlichen“ Erscheinungen ein flüssiger und nicht scharf abzugrenzender ist, und daß andererseits natürlich keineswegs etwa die „wirtschaftlichen“ Seiten einer Erscheinung *nur* „wirtschaftlich bedingt“ oder *nur* „wirtschaftlich wirksam“ sind, und daß eine Erscheinung überhaupt die Qualität einer „wirtschaftlichen“ nur insoweit und *nur* so lange behält, als unser *Interesse* sich der *Bedeutung*, die sie für den materiellen Kampf ums Dasein besitzt, ausschließlich zuwendet.

Unsere Zeitschrift nun befaßt sich wie die sozialökonomische Wissenschaft seit Marx und Roscher nicht nur mit „wirtschaftlichen“, sondern auch mit „wirtschaftlich relevanten“ und „wirtschaftlich bedingten“ Erscheinungen. Der Umkreis derartiger Objekte erstreckt sich natürlich – flüssig, wie er je nach der jeweiligen Richtung unseres Interesses ist, – offenbar durch die Gesamtheit aller Kulturvorgänge. Spezifisch ökonomische Motive – d. h. Motive, die in ihrer für uns bedeutsamen Eigenart an jenem grundlegenden Tatbestand verankert sind – werden überall da wirksam, wo die Befriedigung eines noch so immateriellen Bedürfnisses an die Verwendung *begrenzter* äußerer Mittel gebunden ist. Ihre Wucht hat deshalb überall nicht nur die Form der Befriedigung, sondern auch den Inhalt von Kulturbedürfnissen auch der innerlichsten Art mitbestimmt und umgestaltet. Der indirekte Einfluß, der unter dem Drucke „materieller“ Interessen stehenden sozialen Beziehungen, Institutionen und Gruppierungen der Menschen, erstreckt sich (oft unbewußt) auf alle Kulturgebiete ohne Ausnahme, bis in die feinsten Nuancierungen des ästhetischen und religiösen Empfindens hinein. Die Vorgänge des alltäglichen Lebens nicht minder wie die „historischen“ Ereignisse der hohen Politik, Kollektiv- und Massenerscheinungen ebenso wie „singuläre“ Handlungen von Staatsmännern oder individuelle literarische und künstlerische Leistungen sind durch sie mitbeeinflußt, – „ökonomisch bedingt“. Andererseits wirkt die Gesamtheit aller Lebenserscheinungen und Lebensbedingungen einer historisch gegebenen Kultur auf die Gestaltung der materiellen Bedürfnisse, auf die Art ihrer Befriedigung, auf die Bildung der materiellen Interessengruppen und auf die Art ihrer Machtmittel und damit auf die Art des Verlaufes der „ökonomischen Entwicklung“ ein, – wird „ökonomisch relevant“. Soweit unsere Wissenschaft *wirtschaftliche* Kulturerscheinungen im kausalen Regressus individuellen Ursachen – ökonomischen oder nicht ökonomischen Charakters – zurechnet, erstrebt sie „historische“ Erkenntnis. Soweit sie ein *spezifisches* Element der Kulturerscheinungen: das ökonomische, in seiner Kulturbedeutung durch die verschiedensten Kulturzusammenhänge hindurch verfolgt, erstrebt sie Geschichts*interpretation* unter einem spezifischen Gesichtspunkt und bietet ein Teilbild, eine *Vorarbeit* für die volle historische Kulturerkenntnis.

Wenn nun auch nicht überall, wo ein Hineinspielen ökonomischer Momente als Folge oder Ursache stattfindet, ein sozialökonomisches *Problem* vorliegt – denn ein solches entsteht nur da, wo die Bedeutung jener Faktoren eben *problematisch* und nur durch die Anwendung der Methoden der sozial-ökonomischen Wissenschaft sicher feststellbar ist –, so ergibt sich doch der schier unübersehbare Umkreis des Arbeitsgebietes der sozial-ökonomischen Betrachtungsweise.

Unsere Zeitschrift hat nun schon bisher in wohlerwogener Selbstbeschränkung auf die Pflege einer ganzen Reihe höchst wichtiger Spezialgebiete unserer Disziplin, wie namentlich der deskriptiven Wirtschaftskunde, der Wirtschaftsgeschichte im engeren Sinne und der Statistik, im allgemeinen verzichtet. Ebenso hat sie die Erörterung der finanztechnischen Fragen und die technisch-ökonomischen Probleme der Markt- und Preisbildung in der modernen Tauschwirtschaft anderen Organen überlassen. Ihr Arbeitsgebiet waren gewisse Interessenkonstellationen und -konflikte, welche durch die führende Rolle des Verwertung suchenden Kapitals in der Wirtschaft der modernen Kulturländer entstanden sind, in ihrer heutigen Bedeutung und ihrem geschichtlichen Gewordensein. Sie hat sich dabei nicht auf die im engsten Sinne „soziale Frage“ genannten praktischen und entwicklungsgeschichtlichen Probleme: die Beziehungen der modernen Lohnarbeiterklasse zu der bestehenden Gesellschaftsordnung, beschränkt. Freilich mußte die wissenschaftliche Vertiefung des im Laufe der 80er Jahre des 19. Jahrhunderts bei uns sich verbreitenden Interesses gerade an dieser Spezialfrage zunächst eine ihrer wesentlichsten Aufgaben sein. Allein je mehr die praktische Behandlung der Arbeiterverhältnisse auch bei uns dauernder Gegenstand der gesetzgebenden Tätigkeit und der öffentlichen Erörterung geworden ist, um so mehr mußte der Schwerpunkt der wissenschaftlichen Arbeit sich auf die Feststellung der universelleren Zusammenhänge, in welche diese Probleme hineingehören, verschieben und damit in die Aufgabe einer Analyse *aller*, durch die Eigenart der ökonomischen Grundlagen unserer Kultur geschaffenen und insofern spezifisch modernen Kulturprobleme ausmünden. Die Zeitschrift hat denn auch schon sehr bald die verschiedensten, teils „ökonomisch relevanten“, teils „ökonomisch bedingten“ Lebensverhältnisse auch der übrigen großen Klassen der modernen Kulturnationen und deren Beziehungen zueinander historisch, statistisch und theoretisch zu behandeln begonnen. Wir ziehen nur die Konsequenzen dieses Verhaltens, wenn wir jetzt als eigenstes Arbeitsgebiet unserer Zeitschrift die wissenschaftliche Erforschung der *allgemeinen Kulturbedeutung der sozialökonomischen Struktur des menschlichen Gemeinschaftslebens* und seiner historischen Organisationsformen bezeichnen. – Dies und nichts anderes meinen wir, wenn wir unsere Zeitschrift „Archiv für Sozialwissenschaft“ genannt haben. Das Wort soll hier die geschichtliche und theoretische Beschäftigung mit den gleichen Problemen umfassen, deren praktische Lösung Gegenstand der „Sozial*politik*“ im weitesten Sinne dieses Wortes ist. Wir machen dabei von dem Rechte Gebrauch, den Ausdruck „sozial“ in seiner durch konkrete Gegenwartsprobleme bestimmten Bedeutung zu verwenden. Will man solche Disziplinen, welche die Vorgänge des menschlichen Lebens unter dem Gesichtspunkt ihrer *Kulturbedeutung* betrachten, „Kulturwissenschaften“ nennen, so gehört die Sozialwissenschaft in unserem Sinne in diese Kategorie hinein. Wir werden bald sehen, welche prinzipiellen Konsequenzen das hat.

Unzweifelhaft bedeutet die Heraushebung der *sozialökonomischen* Seite des Kulturlebens eine sehr fühlbare Begrenzung unserer Themata. Man wird sagen, daß der ökonomische oder, wie man unpräzis gesagt hat, der „materialistische“ Gesichtspunkt, von dem aus das Kulturleben hier betrachtet wird, „einseitig“ sei. Sicherlich, und diese Einseitigkeit ist beabsichtigt. Der Glaube, es sei die Aufgabe fortschreitender wissenschaftlicher Arbeit, die „Einseitigkeit“ der ökonomischen Betrachtungsweise dadurch zu heilen, daß sie zu einer *allgemeinen* Sozialwissenschaft erweitert werde, krankt zunächst an dem Fehler, daß der Gesichtspunkt des „Sozialen“, also der Beziehung zwischen Menschen, nur dann irgend welche zur Abgrenzung wissenschaftlicher Probleme ausreichende Bestimmtheit besitzt, wenn er mit irgend einem speziellen inhaltlichen Prädikat versehen ist. Sonst umfaßte er, als Objekt einer Wissenschaft gedacht, natürlich z. B. die Philologie ebensowohl wie die Kirchengeschichte und namentlich alle jene Disziplinen, die mit dem wichtigsten konstitutiven Elemente jedes Kulturlebens: dem Staat, und mit der wichtigsten Form seiner normativen Regelung: dem Recht, sich beschäftigen. Daß die Sozialökonomik sich mit „sozialen“ Beziehungen befaßt, ist so wenig ein Grund, sie als notwendigen Vorläufer einer „allgemeinen Sozialwissenschaft“ zu denken, wie etwa der Umstand, daß sie sich mit Lebenserscheinungen befaßt, dazu nötigt, sie als Teil der Biologie, oder der andere, daß sie es mit Vorgängen auf einem Himmelskörper zu tun hat, dazu, sie als Teil einer künftigen vermehrten und verbesserten Astronomie anzusehen. Nicht die *„sachlichen“* Zusammenhänge der *„Dinge“*, sondern die *gedanklichen* Zusammenhänge der *Probleme* liegen den Arbeitsgebieten der Wissenschaften zugrunde: wo mit neuer Methode einem neuen Problem nachgegangen wird und dadurch Wahrheiten entdeckt werden, welche neue bedeutsame Gesichtspunkte eröffnen, da entsteht eine neue „Wissenschaft“. –

Es ist nun kein Zufall, daß der Begriff des „Sozialen“, der einen ganz allgemeinen Sinn zu haben scheint, sobald man ihn auf seine Verwendung hin kontrolliert, stets eine durchaus besondere, spezifisch gefärbte, wenn auch meist unbestimmte, Bedeutung an sich trägt; das „allgemeine“ beruht bei ihm tatsächlich in nichts anderem als eben in seiner Unbestimmtheit. Er bietet eben, wenn man ihn in seiner „allgemeinen“ Bedeutung nimmt, keinerlei spezifische *Gesichtspunkte*, unter denen man die *Bedeutung* bestimmter Kulturelemente beleuchten könnte.

Frei von dem veralteten Glauben, daß die Gesamtheit der Kulturerscheinungen sich als Produkt oder als Funktion „materieller“ Interessenkonstellationen *deduzieren* lasse, glauben wir unsrerseits doch, daß die *Analyse der sozialen Erscheinungen und Kulturvorgänge* unter dem speziellen Gesichtspunkte ihrer *ökonomischen* Bedingtheit und Tragweite ein wissenschaftliches Prinzip von schöpferischer Fruchtbarkeit war und, bei umsichtiger Anwendung und Freiheit von dogmatischer Befangenheit, auch in aller absehbarer Zeit noch bleiben wird. Die sogenannte „materialistische Geschichtsauffassung“ als *„Weltanschauung“* oder als

Generalnenner kausaler Erklärung der historischen Wirklichkeit ist auf das Bestimmteste abzulehnen, – die Pflege der ökonomischen Geschichts*interpretation* ist einer der wesentlichsten Zwecke unserer Zeitschrift. Das bedarf der näheren Erläuterung.

Die sogenannte „materialistische Geschichtsauffassung" in dem *alten* genial-primitiven Sinne etwa des kommunistischen Manifests beherrscht heute wohl nur noch die Köpfe von Laien und Dilettanten. Bei ihnen findet sich allerdings noch immer die eigentümliche Erscheinung verbreitet, daß ihrem Kausalbedürfnis bei der Erklärung einer historischen Erscheinung so lange nicht Genüge geschehen ist, als nicht irgendwie und irgendwo ökonomische Ursachen als mitspielend nachgewiesen sind (oder zu sein scheinen); ist dies aber der Fall, dann begnügen sie sich wiederum mit der fadenscheinigsten Hypothese und den allgemeinsten Redewendungen, weil nunmehr ihrem dogmatischen Bedürfnis, daß die ökonomischen „Triebkräfte" die „eigentlichen", einzig „wahren", in „letzter Instanz überall Ausschlag gebenden" seien, Genüge geschehen ist. Die Erscheinung ist ja nichts Einzigartiges. Es haben fast alle Wissenschaften, von der Philologie bis zur Biologie, gelegentlich den Anspruch erhoben, Produzenten nicht nur von Fachwissen, sondern auch von „Weltanschauungen" zu sein. Und unter dem Eindruck der gewaltigen Kulturbedeutung der *modernen* ökonomischen Umwälzungen und speziell der überragenden Tragweite der „Arbeiterfrage" glitt der unausrottbare monistische Zug jedes gegen sich selbst unkritischen Erkennens naturgemäß auf diesen Weg. Der gleiche Zug kommt jetzt, wo in zunehmender Schärfe der politische und handelspolitische Kampf der Nationen untereinander um die Welt gekämpft wird, der Anthropologie zugute: ist doch der Glaube weit verbreitet, daß „in letzter Linie" alles historische Geschehen Ausfluß des Spiels angeborener „Rassenqualitäten" gegeneinander sei. An die Stelle der kritiklosen bloßen Beschreibung von „Volkscharakteren" trat die noch kritiklosere Aufstellung von eigenen „Gesellschaftstheorien" auf „naturwissenschaftlicher" Grundlage. Wir werden in unserer Zeitschrift die Entwicklung der anthropologischen Forschung, soweit sie für unsere Gesichtspunkte Bedeutung gewinnt, sorgsam verfolgen. Es steht zu hoffen, daß der Zustand, in welchem die kausale Zurückführung von Kulturvorgängen auf die „Rasse" lediglich unser *Nicht*wissen dokumentierte – ähnlich wie etwa die Bezugnahme auf das „Milieu" oder, früher, auf die „Zeitumstände" –, allmählich durch methodisch geschulte Arbeit überwunden wird. Wenn etwas dieser Forschung bisher geschadet hat, so ist es die Vorstellung eifriger Dilettanten, daß sie für die Erkenntnis der *Kultur* etwas spezifisch Anderes und Erheblicheres leisten könnte, als die Erweiterung der Möglichkeit sicherer Zurechnung einzelner *konkreter* Kulturvorgänge der historischen Wirklichkeit zu *konkreten historisch* gegebenen Ursachen durch Gewinnung *exakten*, unter spezifischen Gesichtspunkten erhobenen Beobachtungsmaterials. Ausschließlich soweit sie uns *dies* zu bieten vermögen, haben ihre Ergebnisse für uns Interesse und qualifizieren sie die „Rassenbiologie“ als etwas mehr als ein Produkt des modernen wissenschaftlichen Gründungsfiebers.

Nicht anders steht es um die Bedeutung der ökonomischen Interpretation des Geschichtlichen. Wenn nach einer Periode grenzenloser Überschätzung heute beinahe die Gefahr besteht, daß sie in ihrer wissenschaftlichen Leistungsfähigkeit *unter*wertet werde, so ist das die Folge der beispielslosen Unkritik, mit welcher die ökonomische Deutung der Wirklichkeit als „universelle“ Methode in dem Sinne einer Deduktion aller Kulturerscheinungen – d. h. alles an ihnen für uns Wesentlichen – als in letzter Instanz ökonomisch bedingt verwendet wurde. Heute ist die logische Form, in der sie auftritt, nicht ganz einheitlich. Wo für die rein ökonomische Erklärung sich Schwierigkeiten ergeben, stehen verschiedene Mittel zur Verfügung, um ihre Allgemeingültigkeit als entscheidendes ursächliches Moment aufrecht zu erhalten. Entweder man behandelt alles das, was in der historischen Wirklichkeit *nicht* aus ökonomischen Motiven deduzierbar ist, als eben *deshalb* wissenschaftlich *bedeutungslose* „Zufälligkeit“. Oder man dehnt den Begriff des Ökonomischen bis zur Unkenntlichkeit, so daß alle menschlichen Interessen, welche irgendwie an äußere Mittel gebunden sind, in jenen Begriff einbezogen werden. Steht historisch fest, daß auf zwei in ökonomischer Hinsicht *gleiche* Situationen dennoch *verschieden* reagiert wurde – infolge der Differenzen der politischen und religiösen, klimatischen und der zahllosen anderen nicht ökonomischen Determinanten –, dann degradiert man, um die Suprematie des Ökonomischen zu erhalten, alle diese Momente zu den historisch zufälligen „Bedingungen“, unter denen die ökonomischen Motive als „Ursachen“ wirken.

Es versteht sich aber, daß alle jene für die ökonomische Betrachtung „zufälligen“ Momente ganz in demselben Sinne wie die ökonomischen je ihren eigenen Gesetzen folgen, und daß für eine Betrachtungsweise, welche *ihre* spezifische Bedeutung verfolgt, die jeweiligen *ökonomischen* „Bedingungen“ ganz in dem gleichen Sinne „historisch zufällig“ sind, wie umgekehrt. Ein beliebter Versuch, demgegenüber die überragende Bedeutung des Ökonomischen zu retten, besteht endlich darin, daß man das konstante Mit- und Aufeinanderwirken der einzelnen Elemente des Kulturlebens in eine kausale oder funktionelle *Abhängigkeit* des einen von den anderen oder vielmehr aller übrigen von einem: dem ökonomischen, deutet. Wo eine bestimmte einzelne *nicht* wirtschaftliche Institution historisch auch eine bestimmte „Funktion“ im Dienste von ökonomischen Klasseninteressen versehen hat, d. h. diesen dienstbar geworden ist, wo z. B. etwa bestimmte religiöse Institutionen als „schwarze Polizei“ sich verwenden lassen und verwendet werden, wird dann die ganze Institution entweder als für diese Funktion geschaffen, oder – ganz metaphysisch – als durch eine vom Ökonomischen ausgehende „Entwicklungstendenz“ geprägt, vorgestellt.

Es bedarf heute für keinen Fachmann mehr der Ausführung, daß *diese* Deutung des Zweckes der ökonomischen Kulturanalyse der Ausfluß teils einer bestimmten geschichtlichen Konstellation, die das wissenschaftliche Interesse bestimmten ökonomisch bedingten Kulturproblemen zuwendete, teils eines rabiaten wissenschaftlichen Ressortpatriotismus war und daß sie heute mindestens veraltet ist. Die Reduktion auf ökonomische Ursachen *allein* ist auf *keinem* Gebiete der Kulturerscheinungen je in irgend einem Sinn erschöpfend, auch nicht auf demjenigen der „wirtschaftlichen“ Vorgänge. Prinzipiell ist eine *Bank*geschichte irgend eines Volkes, die nur die ökonomischen *Motive* zur Erklärung heranziehen wollte, natürlich ganz ebenso unmöglich, wie es etwa eine „Erklärung“ der Sixtinischen Madonna aus den sozial-ökonomischen Grundlagen des Kulturlebens zur Zeit ihrer Entstehung sein würde, und sie ist in keiner Weise prinzipiell erschöpfender als es etwa die Ableitung des Kapitalismus aus gewissen Umgestaltungen religiöser Bewußtseinsinhalte, die bei der Genesis des kapitalistischen Geistes mitspielten, oder etwa irgend eines politischen Gebildes aus geographischen Bedingungen sein würden. In *allen* diesen Fällen ist für das Maß der Bedeutung, die wir ökonomischen Bedingungen beizumessen haben, entscheidend, welcher Klasse von Ursachen *diejenigen* spezifischen Elemente der betreffenden Erscheinung, denen wir im einzelnen Falle *Bedeutung* beilegen, auf die es uns ankommt, *zuzurechnen* sind. Das Recht der *einseitigen* Analyse der Kulturwirklichkeit unter spezifischen „Gesichtspunkten“ aber – in unserem Falle dem ihrer ökonomischen Bedingtheit – ergibt sich zunächst rein methodisch aus dem Umstande, daß die Einschulung des Auges auf die Beobachtung der Wirkung qualitativ gleichartiger Ursachenkategorien und die stete Verwendung des gleichen begrifflich-methodischen Apparates alle Vorteile der Arbeitsteilung bietet. Sie ist so lange nicht „willkürlich“, als der Erfolg für sie spricht, d. h. als sie Erkenntnis von Zusammenhängen liefert, welche für die kausale Zurechnung konkreter historischer Vorgänge sich als *wertvoll* erweisen. *Aber*: die *„Einseitigkeit“* und Unwirklichkeit der rein ökonomischen Interpretation des Geschichtlichen ist überhaupt nur ein Spezialfall eines ganz allgemein für die wissenschaftliche Erkenntnis der Kulturwirklichkeit geltenden Prinzips. Dies in seinen logischen Grundlagen und in seinen allgemeinen methodischen Konsequenzen uns zu verdeutlichen, ist der wesentliche Zweck der weiteren Auseinandersetzungen.

Es gibt keine schlechthin „objektive“ wissenschaftliche Analyse des Kulturlebens oder – was vielleicht etwas Engeres, für unsern Zweck aber sicher nichts wesentlich anderes bedeutet – der „sozialen Erscheinungen“ *unabhängig* von speziellen und „einseitigen“ Gesichtspunkten, nach denen sie – ausdrücklich oder stillschweigend, bewußt oder unbewußt – als Forschungsobjekt ausgewählt, analysiert und darstellend gegliedert werden. Der Grund liegt in der Eigenart des Erkenntnisziels einer jeden sozialwissenschaftlichen Arbeit, die über eine rein *for-*

male Betrachtung der *Normen* – rechtlichen oder konventionellen – des sozialen Beieinanderseins hinausgehen will.

Die Sozialwissenschaft, die wir treiben wollen, ist eine *Wirklichkeitswissenschaft.* Wir wollen die uns umgebende Wirklichkeit des Lebens, in welches wir hineingestellt sind, *in ihrer Eigenart* verstehen – den Zusammenhang und die Kultur*bedeutung* ihrer einzelnen Erscheinungen in ihrer heutigen Gestaltung einerseits, die Gründe ihres geschichtlichen So-und-nicht-anders-Gewordenseins andererseits. Nun bietet uns das Leben, sobald wir uns auf die Art, in der es uns unmittelbar entgegentritt, zu besinnen suchen, eine schlechthin unendliche Mannigfaltigkeit von nach- und nebeneinander auftauchenden und vergehenden Vorgängen, „in“ uns und „außer“ uns. Und die absolute Unendlichkeit dieser Mannigfaltigkeit bleibt intensiv durchaus ungemindert auch dann bestehen, wenn wir ein einzelnes „Objekt“ – etwa einen konkreten Tauschakt – isoliert ins Auge fassen, – sobald wir nämlich ernstlich versuchen wollen, dies „Einzelne“ *erschöpfend in allen* seinen individuellen Bestandteilen auch nur zu beschreiben, geschweige denn es in seiner kausalen Bedingtheit zu erfassen. Alle denkende Erkenntnis der unendlichen Wirklichkeit durch den endlichen Menschengeist beruht daher auf der stillschweigenden Voraussetzung, daß jeweils nur ein endlicher *Teil* derselben den Gegenstand wissenschaftlicher Erfasssung bilden, daß nur er „wesentlich“ im Sinne von „wissenswert“ sein solle. Nach welchen Prinzipien aber wird dieser Teil ausgesondert? Immer wieder hat man geglaubt, das entscheidende Merkmal auch in den Kulturwissenschaften in letzter Linie in der „gesetzmäßigen“ Wiederkehr bestimmter ursächlicher Verknüpfungen finden zu können. Das, was die „Gesetze“, die wir in dem unübersehbar mannigfaltigen Ablauf der Erscheinungen zu erkennen vermögen, in sich enthalten, muß – nach dieser Auffassung – das allein wissenschaftlich „Wesentliche“ an ihnen sein: sobald wir die „Gesetzlichkeit“ einer ursächlichen Verknüpfung, sei es mit den Mitteln umfassender historischer Induktion als ausnahmslos geltend nachgewiesen, sei es für die innere Erfahrung zur unmittelbar anschaulichen Evidenz gebracht haben, ordnet sich ja jeder so gefundenen Formel jede noch so groß gedachte Zahl gleichartiger Fälle unter. Was nach dieser Heraushebung des „Gesetzmäßigen“ jeweils von der individuellen Wirklichkeit unbegriffen verbleibt, gilt entweder als wissenschaftlich noch unverarbeiteter Rückstand, der durch immer weitere Vervollkommnung des „Gesetzes“-Systems in dies hineinzuarbeiten sei, oder aber es bleibt als „zufällig“ und eben *deshalb* wissenschaftlich unwesentlich überhaupt beiseite, eben *weil* es nicht „gesetzlich begreifbar“ ist, also nicht zum „Typus“ des Vorgangs gehört und daher nur Gegenstand „müßiger Neugier“ sein kann. Immer wieder taucht demgemäß – selbst bei Vertretern der historischen Schule – die Vorstellung auf, das Ideal, dem alle, also auch die Kulturerkenntnis zustrebe und, wenn auch für eine ferne Zukunft, zustreben könne, sei ein System von Lehrsätzen, aus dem die Wirklichkeit „deduziert" werden könnte. Ein Führer der Naturwissenschaft hat bekanntlich geglaubt, als das (faktisch unerreichbare) ideale Ziel einer solchen Verarbeitung der Kulturwirklichkeit eine *„astronomische"* Erkenntnis der Lebensvorgänge bezeichnen zu können. Lassen wir uns, so oft diese Dinge nun auch schon erörtert sind, die Mühe nicht verdrießen, auch unsererseits hier etwas näher zuzusehen. Zunächst fällt in die Augen, daß diejenige „astronomische" Erkenntnis, an welche dabei gedacht wird, *keine* Erkenntnis von *Gesetzen* ist, sondern vielmehr die „Gesetze", mit denen sie arbeitet, als *Voraussetzungen* ihrer Arbeit anderen Disziplinen, wie der Mechanik, entnimmt. Sie selbst aber interessiert sich für die Frage: welches *individuelle* Ergebnis die Wirkung jener Gesetze auf eine *individuell* gestaltete *Konstellation* erzeugt, da diese individuellen Konstellationen für uns *Bedeutung* haben. Jede individuelle Konstellation, die sie uns „erklärt" oder voraussagt, ist natürlich kausal nur erklärbar als Folge einer anderen gleich individuellen ihr vorhergehenden, und soweit wir zurückgreifen in den grauen Nebel der fernsten Vergangenheit, – stets bleibt die Wirklichkeit, *für* welche die Gesetze gelten, gleich individuell, gleich wenig *aus* den Gesetzen *deduzierbar*. Ein kosmischer „Urzustand", der einen nicht oder weniger individuellen Charakter an sich trüge, als die kosmische Wirklichkeit der Gegenwart ist, wäre natürlich ein sinnloser Gedanke: – aber spukt nicht ein Rest ähnlicher Vorstellungen auf unserm Gebiet in jenen bald naturrechtlich erschlossenen, bald durch Beobachtung an „Naturvölkern" verifizierten Annahme, ökonomisch-sozialer „Urzustände" ohne historische „Zufälligkeiten", – so des „primitiven Agrarkommunismus", der sexuellen „Promiskuität" usw., – aus denen heraus alsdann durch eine Art von Sündenfall ins Konkrete die individuelle historische Entwicklung entstellt?

Ausgangspunkt des sozialwissenschaftlichen Interesses ist nun zweifellos die *wirkliche*, also individuelle Gestaltung des uns umgebenden sozialen Kulturlebens in seinem *universellen*, aber deshalb natürlich nicht minder individuell gestalteten, Zusammenhange und in seinem Gewordensein aus anderen, selbstverständlich wiederum individuell gearteten, sozialen Kulturzuständen heraus. Offenbar liegt hier der Sachverhalt, den wir eben an der Astronomie als einem (auch von den Logikern regelmäßig zum gleichen Behufe herangezogenen) Grenzfalle erläuterten, in spezifisch gesteigertem Maße vor. Während für die Astronomie die Weltkörper nur in ihren *quantitativen*, exakter Messung zugänglichen Beziehungen für unser Interesse in Betracht kommen, ist die *qualitative* Färbung der Vorgänge das, worauf es uns in der Sozialwissenschaft ankommt. Dazu tritt, daß es sich in den Sozialwissenschaften um die Mitwirkung *geistiger* Vorgänge handelt, welche nacherlebend zu *„verstehen"* natürlich eine Aufgabe spezifisch anderer Art ist, als sie die Formeln der exakten Naturerkenntnis überhaupt lösen können oder wollen. Immerhin sind diese Unterschiede nicht an sich derart prinzipielle, wie es auf den ersten Blick scheint. Ohne Qualitäten kommen – von der reinen Mechanik abgesehen – auch die exakten Naturwissenschaften nicht aus; wir stoßen ferner auf unserem Spezialgebiet auf die – freilich schiefe – Meinung, daß wenigstens die für unsere Kultur fundamentale Erscheinung des geldwirtschaftlichen Verkehrs quantifizierbar und *eben deshalb* „gesetzlich" erfaßbar sei; und endlich hängt es von der engeren oder weiteren Fassung des Begriffs „Gesetz" ab, ob man auch Regelmäßigkeiten, die, weil nicht quantifizierbar, keiner zahlenmäßigen Erfassung zugänglich sind, darunter verstehen will. Was speziell die Mitwirkung „geistiger" Motive anlangt, so schließt sie jedenfalls die Aufstellung von *Regeln* rationalen Handelns nicht aus, und vor allem ist die Ansicht noch heute nicht ganz verschwunden, daß es eben die Aufgabe der *Psychologie* sei, eine der Mathematik vergleichbare Rolle für die einzelnen „Geisteswissenschaften" zu spielen, indem sie die komplizierten Erscheinungen des Soziallebens auf ihre psychischen Bedingungen und Wirkungen hin zu zergliedern, diese auf möglichst einfache psychische Faktoren zurückzuführen, letztere wieder gattungsmäßig zu klassifizieren und in ihren funktionellen Zusammenhängen zu untersuchen habe. Damit wäre dann, wenn auch keine „Mechanik", so doch eine Art von „Chemie" des Soziallebens in seinen psychischen Grundlagen geschaffen. Ob derartige Untersuchungen jemals wertvolle und – was davon verschieden ist – für die *Kultur*wissenschaften brauchbare Einzelergebnisse liefern würden, können wir hier nicht entscheiden wollen. Für die Frage aber, ob das Ziel sozialökonomischer Erkenntnis in unserem Sinn: Erkenntnis der *Wirklichkeit* in ihrer Kultur*bedeutung* und ihrem kausalen Zusammenhang durch die Aufsuchung des sich gesetzmäßig Wiederholenden erreicht werden kann, wäre dies ohne allen Belang. Gesetzt den Fall, es gelänge einmal, sei es mittels der Psychologie, sei es auf anderem Wege, alle jemals beobachteten und weiterhin auch alle in irgend einer Zukunft denkbaren ursächlichen Verknüpfungen von Vorgängen des menschlichen Zusammenlebens auf irgend welche einfache letzte „Faktoren" hin zu analysieren, und dann in einer ungeheuren Kasuistik von Begriffen und streng gesetzlich geltenden Regeln erschöpfend zu erfassen, – was würde das Resultat für die Erkenntnis der *geschichtlich* gegebenen Kulturwelt, oder auch nur irgend einer Einzelerscheinung daraus – etwa des Kapitalismus in seinem Gewordensein und seiner Kulturbedeutung –, besagen? Als Erkenntnis*mittel* ebensoviel und ebensowenig wie etwa ein Lexikon der organischen chemischen Verbindungen für die *biogenetische* Erkenntnis der Tier- und Pflanzenwelt. Im einen Falle wie im andern würde eine sicherlich wichtige und nützliche Vorarbeit geleistet sein. Im einen Fall so wenig wie im andern ließe sich aber aus jenen „Gesetzen" und „Faktoren" die Wirklichkeit des Lebens jemals *deduzieren*, – nicht etwa deshalb nicht, weil noch irgend welche höhere und geheimnisvolle „Kräfte" („Dominanten", „Entelechien" oder wie man sie sonst genannt hat) in den Lebenserscheinungen stecken müßten – das ist eine Frage ganz für sich –, sondern schon einfach deswegen, weil es uns für die Erkenntnis der Wirklichkeit auf die *Konstellation* ankommt, in der sich jene (hypothetischen!) „Faktoren“, zu einer geschichtlich für uns *bedeutsamen* Kulturerscheinung gruppiert, vorfinden, und weil, *wenn* wir nun diese individuelle Gruppierung „kausal erklären“ wollen, wir immer auf andere, ganz ebenso individuelle Gruppierungen zurückgreifen müßten, aus denen wir sie, natürlich unter Benutzung jener (hypothetischen!) „Gesetzes“-Begriffe „erklären“ würden. Jene (hypothetischen) „Gesetze“ und „Faktoren“ festzustellen, wäre für uns also jedenfalls nur die *erste* der mehreren Arbeiten, die zu der von uns erstrebten Erkenntnis führen würden. Die Analyse und ordnende Darstellung der jeweils historisch gegebenen, individuellen Gruppierung jener „Faktoren“ und ihres dadurch bedingten konkreten, in seiner Art *bedeutsamen* Zusammenwirkens und vor allem die *Verständlichmachung* des Grundes und der Art dieser Bedeutsamkeit wäre die nächste, zwar unter Verwendung jener Vorarbeit zu lösende, aber ihr gegenüber völlig neue und *selbständige* Aufgabe. Die Zurückverfolgung der einzelnen, für die *Gegenwart* bedeutsamen, individuellen Eigentümlichkeiten dieser Gruppierungen in ihrem Gewordensein, so weit in die Vergangenheit als möglich, und ihre historische Erklärung aus früheren, wiederum individuellen Konstellationen wäre die dritte, – die Abschätzung möglicher Zukunftskonstellationen endlich eine denkbare vierte Aufgabe.

Für alle diese Zwecke wäre das Vorhandensein klarer Begriffe und die Kenntnis jener (hypothetischen) „Gesetze“ offenbar als Erkenntnis*mittel* – aber auch *nur* als solches – von großem Werte, ja sie wäre zu diesem Zwecke schlechthin unentbehrlich. Aber selbst in dieser Funktion zeigt sich an *einem* entscheidenden Punkte sofort die Grenze ihrer Tragweite, und mit deren Feststellung gelangen wir zu der entscheidenden Eigenart kulturwissenschaftlicher Betrachtungsweise. Wir haben als „Kulturwissenschaften“ solche Disziplinen bezeichnet, welche die Lebenserscheinungen in ihrer Kultur*bedeutung* zu erkennen streben. Die Bedeutung der Gestaltung einer Kulturerscheinung und der Grund dieser Bedeutung kann aber aus keinem noch so vollkommenen System von Gesetzesbegriffen entnommen, begründet und verständlich gemacht werden, denn sie setzt die Beziehung der Kulturerscheinungen *auf Wertideen* voraus. Der Begriff der Kultur ist ein *Wertbegriff.* Die empirische Wirklichkeit *ist* für uns „Kultur“, weil und sofern wir sie mit Wertideen in Beziehung setzen, sie umfaßt diejenigen Bestandteile der Wirklichkeit, welche durch jene Beziehung für uns *bedeutsam* werden, und *nur* diese. Ein winziger Teil der jeweils betrachteten individuellen Wirklichkeit wird von unserm durch jene Wertideen bedingten Interesse gefärbt, er allein hat Bedeutung für uns; er hat sie, weil er Beziehungen aufweist, die für uns infolge ihrer Verknüpfung mit Wertideen *wichtig* sind. Nur weil und soweit dies der Fall ist, ist er in seiner individuellen Eigenart für uns wissenswert. Was aber für uns Bedeutung hat, das ist natürlich durch keine „voraussetzungslose“ Untersuchung des empirisch Gegebenen zu erschließen, sondern seine Feststellung ist Voraussetzung dafür, daß etwas *Gegenstand* der Untersuchung wird. Das Bedeutsame koinzidiert natürlich auch als solches mit keinem Gesetze als solchem, und zwar um so weniger, je allgemeingültiger jenes Gesetz ist. Denn die spezifische *Bedeutung*, die ein Bestandteil der Wirklichkeit für uns hat, findet sich natürlich gerade *nicht* in denjenigen seiner Beziehungen, die er mit möglichst vielen anderen teilt. Die Beziehung der Wirklichkeit auf Wertideen, die ihr Bedeutung verleihen, und die Heraushebung und Ordnung der dadurch gefärbten Bestandteile des Wirklichen unter dem Gesichtspunkt ihrer Kultur*bedeutung* ist ein gänzlich heterogener und disparater Gesichtspunkt gegenüber der Analyse der Wirklichkeit auf Gesetze und ihrer Ordnung in generellen Begriffen. Beide Arten der denkenden Ordnung des Wirklichen haben keinerlei notwendige logische Beziehungen zueinander. Sie können in einem Einzelfall einmal koinzidieren, aber es ist von den verhängnisvollsten Folgen, wenn dies zufällige Zusammentreffen über ihr *prinzipielles* Auseinanderfallen täuscht. Es *kann* die Kultur*bedeutung* einer Erscheinung, z. B. des geldwirtschaftlichen Tausches, darin bestehen, daß er als Massenerscheinung auftritt, wie dies eine fundamentale Komponente des heutigen Kulturlebens ist. Alsdann ist aber eben die *historische* Tatsache, daß er diese Rolle spielt, das, was in seiner Kultur*bedeutung* verständlich zu machen, in seiner historischen Entstehung kausal zu erklären ist. Die Untersuchung des *generellen* Wesens des Tausches und der *Technik* des Marktverkehrs ist eine – höchst wichtige und unentbehrliche! – Vorarbeit. Aber nicht nur ist damit die Frage nicht beantwortet, wie denn historisch der Tausch zu seiner heutigen fundamentalen Bedeutung gekommen ist, sondern vor allen Dingen: das, worauf es uns in letzter Linie doch ankommt: die *Kulturbedeutung* der Geldwirtschaft, um derentwillen wir uns für jene Schilderung der Verkehrstechnik ja allein interessieren, um derentwillen allein es heute eine Wissenschaft gibt, welche sich mit jener Technik befaßt, – sie folgt aus keinem jener „Gesetze“. Die *gattungsmäßigen Merkmale* des Tausches, Kaufs usw. interessieren den Juristen, – was uns angeht, ist die Aufgabe, eben jene *Kulturbedeutung* der *historischen* Tatsache, daß der Tausch heute Massenerscheinung ist, zu analysieren. Wo sie erklärt werden soll, wo wir verstehen wollen, was unsere sozialökonomische Kultur etwa von der des Altertums, in welcher der Tausch ja genau die gleichen gattungsmäßigen Qualitäten aufwies wie heute, *unterscheidet*, worin also die *Bedeutung* der „Geldwirtschaft“ liegt, da ragen logische Prinzipien durchaus heterogener Herkunft in die Untersuchung hinein: wir werden jene Begriffe, welche die Untersuchung der gattungsmäßigen Elemente der ökonomischen Massenerscheinungen uns liefert, zwar, soweit in ihnen bedeutungsvolle Bestandteile unserer Kultur enthalten sind, als Darstellungs*mittel* verwenden: – nicht nur aber ist das *Ziel* unserer Arbeit durch die noch so genaue

Darstellung jener Begriffe und Gesetze nicht erreicht, sondern die Frage, was zum Gegenstand der gattungsmäßigen Begriffsbildung gemacht werden soll, ist gar nicht „voraussetzungslos“, sondern eben im Hinblick auf die *Bedeutung* entschieden worden, welche bestimmte Bestandteile jener unendlichen Mannigfaltigkeit, die wir „Verkehr“ nennen, für die Kultur besitzen. Wir erstreben eben die Erkenntnis einer historischen, d. h. einer in ihrer *Eigenart bedeutungsvollen*, Erscheinung. Und das Entscheidende dabei ist: nur durch die Voraussetzung, daß ein endlicher Teil der unendlichen Fülle der Erscheinungen allein *bedeutungsvoll* sei, wird der Gedanke einer Erkenntnis *individueller* Erscheinungen überhaupt logisch sinnvoll. Wir ständen, selbst mit der denkbar umfassendsten Kenntnis *aller* „Gesetze“ des Geschehens, ratlos vor der Frage: wie ist *kausale Erklärung* einer *individuellen* Tatsache überhaupt möglich?, – da schon eine *Beschreibung* selbst des kleinsten Ausschnittes der Wirklichkeit ja niemals erschöpfend denkbar ist. Die Zahl und Art der Ursachen, die irgend ein individuelles Ereignis bestimmt haben, ist ja stets *unendlich*, und es gibt keinerlei in den Dingen selbst liegendes Merkmal, einen Teil von ihnen als allein in Betracht kommend auszusondern. Ein Chaos von „Existenzialurteilen“ über unzählige einzelne Wahrnehmungen wäre das einzige, was der Versuch eines ernstlich „voraussetzungslosen“ Erkennens der Wirklichkeit erzielen würde. Und selbst dieses Ergebnis wäre nur scheinbar möglich, denn die Wirklichkeit jeder einzelnen Wahrnehmung zeigt bei näherem Zusehen ja stets unendlich viele einzelne Bestandteile, die nie erschöpfend in Wahrnehmungsurteilen ausgesprochen werden können. In dieses Chaos bringt *nur* der Umstand Ordnung, daß in jedem Fall nur ein *Teil* der individuellen Wirklichkeit für uns Interesse und *Bedeutung* hat, weil nur er in Beziehung steht zu den *Kulturwertideen*, mit welchen wir an die Wirklichkeit herantreten. Nur bestimmte *Seiten* der stets unendlich mannigfaltigen Einzelerscheinungen: diejenigen, welchen wir eine allgemeine *Kulturbedeutung* beimessen, sind daher wissenswert, sie allein sind Gegenstand der kausalen Erklärung. Auch diese kausale Erklärung selbst weist dann wiederum die gleiche Erscheinung auf: ein *erschöpfender* kausaler Regressus von irgend einer konkreten Erscheinung in ihrer *vollen* Wirklichkeit aus ist nicht nur praktisch unmöglich, sondern einfach ein Unding. Nur diejenigen Ursachen, welchen die im Einzelfalle „*wesentlichen*“ Bestandteile eines Geschehens *zuzurechnen* sind, greifen wir heraus: die Kausalfrage ist, wo es sich um die *Individualität* einer Erscheinung handelt, nicht eine Frage nach *Gesetzen*, sondern nach konkreten kausalen *Zusammenhängen*, nicht eine Frage, welcher Formel die Erscheinung als Exemplar unterzuordnen, sondern die Frage, welcher individuellen Konstellation sie als Ergebnis zuzurechnen ist: sie ist *Zurechnungsfrage*. Wo immer die kausale Erklärung einer „Kulturerscheinung“ – eines „*historischen Individuums*“, wie wir im Anschluß an einen in der Methodologie unserer Disziplin schon gelegentlich gebrauchten und jetzt in der Logik in präziser Formulierung üblich werdenden Ausdruck sagen wollen – in Betracht kommt, da kann die Kenntnis von Gesetzen der Verursachung nicht *Zweck*, sondern nur *Mittel* der Untersuchung sein. Sie erleichtert und ermöglicht uns die kausale Zurechnung der in ihrer Individualität kulturbedeutsamen Bestandteile der Erscheinungen zu ihren konkreten Ursachen. Soweit, und nur soweit, als sie dies leistet, ist sie für die Erkenntnis individueller Zusammenhänge wertvoll. Und je „allgemeiner", d. h. abstrakter, die Gesetze, desto weniger leisten sie für die Bedürfnisse der kausalen Zurechnung *individueller* Erscheinungen und damit indirekt für das Verständnis der Bedeutung der Kulturvorgänge.

Was folgt nun aus alledem?

Natürlich nicht etwa, daß auf dem Gebiet der Kulturwissenschaften die Erkenntnis des *Generellen*, die Bildung abstrakter Gattungsbegriffe, die Erkenntnis von Regelmäßigkeiten und der Versuch der Formulierung von *„gesetzlichen"* Zusammenhängen keine wissenschaftliche Berechtigung hätte. Im geraden Gegenteil: wenn die kausale Erkenntnis des Historikers *Zurechnung* konkreter Erfolge zu konkreten Ursachen ist, so ist eine *gültige* Zurechnung irgend eines individuellen Erfolges ohne die Verwendung „nomologischer" Kenntnis – Kenntnis der Regelmäßigkeiten der kausalen Zusammenhänge – überhaupt nicht möglich. Ob einem einzelnen individuellen Bestandteil eines Zusammenhanges in der Wirklichkeit in concreto kausale Bedeutung für den Erfolg, um dessen kausale Erklärung es sich handelt, beizumessen ist, kann ja im Zweifelsfalle *nur* durch, Abschätzung der Einwirkungen, welche wir von ihm und den *anderen*, für die Erklärung mit in Betracht kommenden Bestandteilen des gleichen Komplexes generell zu erwarten pflegen: welche *„adäquate"* Wirkungen der betreffenden ursächlichen Elemente sind, bestimmt werden. Inwieweit der Historiker (im weitesten Sinne des Wortes) mit seiner aus der persönlichen Lebenserfahrung gespeisten und methodisch geschulten Phantasie diese Zurechnung sicher vollziehen kann und inwieweit er auf die Hilfe spezieller Wissenschaften angewiesen ist, welche sie ihm ermöglichen, das hängt vom Einzelfalle ab. Überall aber und so auch auf dem Gebiet komplizierter wirtschaftlicher Vorgänge ist die *Sicherheit* der Zurechnung um so größer, je gesicherter und umfassender unsere generelle Erkenntnis ist. Daß es sich dabei stets, auch bei allen sog. „wirtschaftlichen Gesetzen" ohne Ausnahme, nicht um im engeren, exakt naturwissenschaftlichen Sinne „gesetzliche", sondern um in Regeln ausgedrückte *adäquate* ursächliche Zusammenhänge, um eine hier nicht näher zu analysierende Anwendung der Kategorie der „objektiven Möglichkeit" handelt, tut diesem Satz nicht den mindesten Eintrag. Nur ist eben die Aufstellung solcher Regelmäßigkeiten nicht *Ziel*, sondern *Mittel* der Erkenntnis, und ob es Sinn hat, eine aus der Alltagserfahrung bekannte Regelmäßigkeit ursächlicher Verknüpfung als „Gesetz" in eine Formel zu bringen, ist in jedem einzelnen Fall eine Zweckmäßigkeitsfrage. Für die exakte

Naturwissenschaft sind die „Gesetze“ um so wichtiger und wertvoller, je *allgemeingültiger* sie sind; für die Erkenntnis der historischen Erscheinungen in ihrer konkreten Voraussetzung sind die *allgemeinsten* Gesetze, weil die inhaltleersten, regelmäßig auch die wertlosesten. Denn je umfassender die Geltung eines *Gattungs*begriffes – sein Umfang – ist, desto mehr führt er uns von der Fülle der Wirklichkeit *ab*, da er ja, um das Gemeinsame möglichst vieler Erscheinungen zu enthalten, möglichst abstrakt, also inhalts*arm* sein muß. Die Erkenntnis des Generellen ist uns in den Kulturwissenschaften nie um ihrer selbst willen wertvoll.

Was sich nun als Resultat des bisher Gesagten ergibt, ist, daß eine „objektive“ Behandlung der Kulturvorgänge in dem Sinne, daß als idealer Zweck der wissenschaftlichen Arbeit die Reduktion des Empirischen auf „Gesetze“ zu gelten hätte, sinnlos ist. Sie ist dies *nicht* etwa, wie oft behauptet worden ist, deshalb weil die Kulturvorgänge oder etwa die geistigen Vorgänge „objektiv“ weniger gesetzlich abliefen, sondern weil 1) Erkenntnis von sozialen Gesetzen keine Erkenntnis des sozial Wirklichen ist, sondern nur eins von den verschiedenen Hilfsmitteln, die unser Denken zu diesem Behufe braucht, und weil 2) keine Erkenntnis von *Kultur*vorgängen anders denkbar ist, als auf der Grundlage der *Bedeutung*, welche die stets individuell geartete Wirklichkeit des Lebens in bestimmten *einzelnen* Beziehungen für uns hat. In *welchem* Sinn und in *welchen* Beziehungen dies der Fall ist, enthüllt uns aber kein Gesetz, denn das entscheidet sich nach den *Wertideen*, unter denen wir die „Kultur“ jeweils im einzelnen Falle betrachten. „Kultur“ ist ein vom Standpunkt des *Menschen* aus mit Sinn und Bedeutung bedachter endlicher Ausschnitt aus der sinnlosen Unendlichkeit des Weltgeschehens. Sie ist es für den Menschen auch dann, wenn er einer *konkreten* Kultur als Todfeind sich entgegenstellt und „Rückkehr zur Natur“ verlangt. Denn auch zu dieser Stellungnahme kann er nur gelangen, indem er die konkrete Kultur auf seine Wertideen *bezieht* und „zu leicht“ befindet. Dieser *rein logisch-formale* Tatbestand ist gemeint, wenn hier von der logisch notwendigen Verankerung aller historischen Individuen an „Wertideen“ gesprochen wird. Transzendentale Voraussetzung jeder *Kulturwissenschaft* ist *nicht* etwa, daß wir eine bestimmte oder überhaupt irgend eine „Kultur“ *wertvoll* finden, sondern daß wir Kultur*menschen sind*, begabt mit der Fähigkeit und dem Willen, bewußt zur Welt *Stellung* zu nehmen und ihr einen *Sinn* zu verleihen. Welches immer dieser Sinn sein mag, er wird dazu führen, daß wir im Leben bestimmte Erscheinungen des menschlichen Zusammenseins aus ihm heraus *beurteilen*, zu ihnen als *bedeutsam* (positiv oder negativ) Stellung nehmen. Welches immer der Inhalt dieser Stellungnahme sei, – diese Erscheinungen haben für uns Kultur*bedeutung*, auf dieser Bedeutung beruht allein ihr wissenschaftliches Interesse. Wenn also hier im Anschluß an den Sprachgebrauch moderner Logiker von der Bedingtheit der Kulturerkenntnis durch *Wert*ideen gesprochen wird, so ist das hoffentlich Mißverständnissen so grober Art, wie der Meinung, Kulturbedeutung solle nur *wertvollen* Erscheinungen zugesprochen werden, nicht ausgesetzt. Eine *Kultur*erscheinung ist die Prostitution so gut wie die Religion oder das Geld, alle drei deshalb und *nur* deshalb und *nur* soweit, als ihre Existenz und die Form, die sie *historisch* annehmen, unsere Kultur*interessen* direkt oder indirekt berühren, als sie unseren Erkenntnistrieb unter Gesichtspunkten erregen, die hergeleitet sind aus den Wertideen, welche das Stück Wirklichkeit, welches in jenen Begriffen gedacht wird, für uns *bedeutsam* machen.

Alle Erkenntnis der Kulturwirklichkeit ist, wie sich daraus ergibt, stets eine Erkenntnis unter spezifisch *gesonderten Gesichtspunkten*. Wenn wir von dem Historiker und Sozialforscher als elementare Voraussetzung verlangen, daß er Wichtiges von Unwichtigem unterscheiden könne, und daß er für diese Unterscheidung die erforderlichen „Gesichtspunkte“ habe, so heißt das lediglich, daß er verstehen müsse, die Vorgänge der Wirklichkeit – bewußt oder unbewußt – auf universelle „Kulturwerte“ zu beziehen und danach *die* Zusammenhänge herauszuheben, welche für uns bedeutsam sind. Wenn immer wieder die Meinung auftritt, jene Gesichtspunkte könnten dem „Stoff selbst entnommen“ werden, so entspringt das der naiven Selbsttäuschung des Fachgelehrten, der nicht beachtet, daß er von vornherein kraft der Wertideen, mit denen er unbewußt an den Stoff herangegangen ist, aus einer absoluten Unendlichkeit einen winzigen Bestandteil als *das* herausgehoben hat, auf dessen Betrachtung es ihm allein *ankommt*. In dieser immer und überall bewußt oder unbewußt erfolgenden Auswahl *einzelner* spezieller „Seiten“ des Geschehens waltet auch dasjenige Element kulturwissenschaftlicher Arbeit, welches jener oft gehörten Behauptung zugrunde liegt, daß das „Persönliche“ eines wissenschaftlichen Werkes das eigentlich Wertvolle an ihm sei, daß sich in jedem Werk, solle es anders zu existieren wert sein, „eine Persönlichkeit“ aussprechen müsse. Gewiß: ohne Wertideen des Forschers gäbe es kein Prinzip der Stoffauswahl und keine sinnvolle Erkenntnis des individuell Wirklichen, und wie ohne den Glauben des Forschers an die *Bedeutung* irgendwelcher Kulturinhalte jede Arbeit an der Erkenntnis der *individuellen* Wirklichkeit schlechthin sinnlos ist, so wird die Richtung seines persönlichen Glaubens, die Farbenbrechung der Werte im Spiegel seiner Seele, seiner Arbeit die Richtung weisen. Und die Werte, auf welche der wissenschaftliche Genius die Objekte seiner Forschung bezieht, werden die „Auffassung“ einer ganzen Epoche zu bestimmen d. h. entscheidend zu sein vermögen: nicht nur für das, was als „wertvoll“, sondern auch für das, was als bedeutsam oder bedeutungslos, als „wichtig“ und „unwichtig“ an den Erscheinungen gilt.

Die kulturwissenschaftliche Erkenntnis in unserem Sinn ist also insofern an „subjektive“ Voraussetzungen *gebunden*, als sie sich nur um diejenigen Bestandteile der Wirklichkeit kümmert, welche irgend eine – noch so indirekte – Beziehung zu Vorgängen haben, denen wir Kultur*bedeutung* beilegen. Sie ist trotzdem natürlich rein *kausale* Erkenntnis genau in dem gleichen Sinn wie die Erkenntnis bedeutsamer individueller Naturvorgänge, welche qualitativen Charakter haben. Neben die mancherlei Verirrungen, welche das Hinübergreifen formal-juristischen Denkens in die Sphäre der Kulturwissenschaften gezeitigt hat, ist neuerdings u. a. der Versuch getreten, die „materialistische Geschichtsauffassung“ durch eine Reihe geistreicher Trugschlüsse prinzipiell zu „widerlegen“, indem ausgeführt wurde, daß, da alles Wirtschaftsleben sich in rechtlich oder konventionell *geregelten Formen* abspielen müsse, alle ökonomische „Entwicklung“ die Form von Bestrebungen zur Schaffung neuer *Rechtsformen* annehmen müsse, also nur aus *sittlichen* Maximen verständlich und *aus diesem Grunde* von jeder „natürlichen“ Entwicklung dem Wesen nach verschieden sei. Die Erkenntnis der wirtschaftlichen Entwicklung sei daher „teleologischen“ Charakters. Ohne hier die Bedeutung des vieldeutigen Begriffs der „Entwicklung“ für die Sozialwissenschaft oder auch den logisch nicht minder vieldeutigen Begriff des „Teleologischen“ erörtern zu wollen, sei dem gegenüber hier nur festgestellt, daß sie jedenfalls nicht in *dem* Sinn „teleologisch“ zu sein genötigt ist, wie diese Ansicht voraussetzt. Bei völliger formaler Identität der geltenden Rechtsnormen kann die Kultur*bedeutung* der normierten Rechts*verhältnisse* und damit auch der Normen selbst sich grundstürzend ändern. Ja, will man sich denn einmal in Zukunftsphantasien spintisierend vertiefen, so könnte jemand sich z. B. eine „Vergesellschaftung der Produktionsmittel“ theoretisch als vollzogen denken, ohne daß irgend eine auf diesen Erfolg bewußt abzielende „Bestrebung“ entstanden wäre und ohne daß irgend ein Paragraph unserer Gesetzgebung verschwände oder neu hinzuträte: das statistische Vorkommen der einzelnen rechtlich normierten Beziehungen freilich wäre von Grund aus geändert, bei vielen auf Null gesunken, ein großer Teil der Rechtsnormen praktisch bedeutunglos, ihre ganze Kulturbedeutung bis zur Unkenntlichkeit verändert. Erörterungen de lege ferenda konnte daher die „materialistische“ Geschichtstheorie mit Recht ausscheiden, denn ihr zentraler Gesichtspunkt war gerade der unvermeidliche *Bedeutungs*wandel der Rechtsinstitutionen. Wem die schlichte Arbeit kausalen Verständnisses der historischen Wirklichkeit subaltern erscheint, der mag sie meiden, – sie durch irgend eine „Teleologie“ zu ersetzen, ist unmöglich. „Zweck“ ist für *unsere* Betrachtung die Vorstellung eines *Erfolges*, welche *Ursache* einer Handlung wird; wie *jede* Ursache, welche zu einem *bedeutungsvollen* Erfolg beiträgt oder beitragen kann, so berücksichtigen wir auch diese. Und ihre *spezifische* Bedeutung beruht nur darauf, daß wir menschliches Handeln nicht nur *konstatieren*, sondern *verstehen* können und wollen. –

Ohne alle Frage sind nun jene Wertideen „subjektiv“. Zwischen dem „historischen“ Interesse an einer Familienchronik und demjenigen an der Entwicklung der denkbar größten Kulturerscheinungen, welche einer Nation oder der

Menschheit in langen Epochen gemeinsam waren und sind, besteht eine unendliche Stufenleiter der „Bedeutungen“, deren Staffeln für jeden einzelnen von uns eine andere Reihenfolge haben werden. Und ebenso sind sie natürlich historisch wandelbar mit dem Charakter der Kultur und der die Menschen beherrschenden Gedanken selbst. Daraus folgt nun aber selbstverständlich *nicht*, daß auch die kulturwissenschaftliche *Forschung* nur *Ergebnisse* haben könne, die „subjektiv“ in *dem* Sinne seien, daß sie für den einen *gelten* und für den andern nicht. Was wechselt, ist vielmehr der Grad, in dem sie den einen *interessieren* und den andern nicht. Mit anderen Worten: *was* Gegenstand der Untersuchung wird, und wie weit diese Untersuchung sich in die Unendlichkeit der Kausalzusammenhänge erstreckt, das bestimmen die den Forscher und seine Zeit beherrschenden Wertideen; – im Wie?, in der Methode der Forschung, ist der leitende „Gesichtspunkt“ zwar – wie wir noch sehen werden – für die Bildung der begrifflichen Hilfsmittel, die er verwendet, bestimmend, in der Art ihrer Verwendung aber ist der Forscher selbstverständlich hier wie überall an die Normen unseres Denkens gebunden. Denn wissenschaftliche Wahrheit ist nur, was für alle gelten *will*, die Wahrheit *wollen*.

Aber allerdings folgt daraus eins: die Sinnlosigkeit des selbst die Historiker unseres Faches gelegentlich beherrschenden Gedankens, daß es das, wenn auch noch so ferne, Ziel der Kulturwissenschaften sein könne, ein geschlossenes System von Begriffen zu bilden, in dem die Wirklichkeit in einer in irgendeinem Sinne *endgültigen* Gliederung zusammengefaßt und aus dem heraus sie dann wieder deduziert werden könnte. Endlos wälzt sich der Strom des unermeßlichen Geschehens der Ewigkeit entgegen. Immer neu und anders gefärbt bilden sich die Kulturprobleme, welche die Menschen bewegen, flüssig bleibt damit der Umkreis dessen, was aus jenem stets gleich unendlichen Strome des Individuellen Sinn und Bedeutung für uns erhält, „historisches Individuum“ wird. Es wechseln die Gedankenzusammenhänge, unter denen es betrachtet und wissenschaftlich erfaßt wird. Die Ausgangspunkte der Kulturwissenschaften bleiben damit wandelbar in die grenzenlose Zukunft hinein, solange nicht chinesische Erstarrung des Geisteslebens die Menschheit entwöhnt, neue Fragen an das immer gleich unerschöpfliche Leben zu stellen. Ein System der Kulturwissenschaften auch nur in dem Sinne einer definitiven, objektiv gültigen, systematisierenden Fixierung der *Fragen* und *Gebiete*, von denen sie zu handeln berufen sein sollen, wäre ein Unsinn in sich: stets kann bei einem solchen Versuch nur eine Aneinanderreihung von mehreren, spezifisch gesonderten, untereinander vielfach heterogenen und disparaten Gesichtspunkten herauskommen, unter denen die Wirklichkeit für uns jeweils „Kultur“, d. h. in ihrer Eigenart bedeutungsvoll war oder ist. –

Nach diesen langwierigen Auseinandersetzungen können wir uns nun endlich der Frage zuwenden, die uns bei einer Betrachtung der „Objektivität“ der Kulturerkenntnis *methodisch* interessiert: welches ist die logische Funktion und Struktur der *Begriffe*, mit der unsere, wie jede, Wissenschaft arbeitet, oder spezieller mit Rücksicht auf das entscheidende Problem gewendet: welches ist die Bedeutung der *Theorie* und der theoretischen Begriffsbildung für die Erkenntnis der Kulturwirklichkeit?

Die Nationalökonomie war – wir sahen es schon – ursprünglich wenigstens dem Schwerpunkt ihrer Erörterungen nach „Technik“, d. h. sie betrachtete die Erscheinungen der Wirklichkeit von einem, wenigstens scheinbar, eindeutigen, feststehenden praktischen Wertgesichtspunkt aus: dem der Vermehrung des „Reichtums“ der Staatsangehörigen. Sie war andererseits von Anfang an nicht *nur* „Technik“, denn sie wurde eingegliedert in die mächtige Einheit der naturrechtlichen und nationalistischen Weltanschauung des achtzehnten Jahrhunderts. Aber die Eigenart jener Weltanschauung mit ihrem optimistischen Glauben an die theoretische und praktische Rationalisierbarkeit des Wirklichen wirkte wesentlich insofern, als sie *hinderte*, daß der *problematische* Charakter jenes als selbstverständlich vorausgesetzten Gesichtspunktes entdeckt wurde. Wie die rationale Betrachtung der sozialen Wirklichkeit im engen Zusammenhalt mit der modernen Entwicklung der Naturwissenschaft entstanden war, so blieb sie in der ganzen Art ihrer Betrachtung ihr verwandt. In den naturwissenschaftlichen Disziplinen nun war der praktische Wertgesichtspunkt des unmittelbar technisch Nützlichen von Anfang an mit der als Erbteil der Antike überkommenen und weiter entwickelten Hoffnung eng verbunden, auf dem Wege der generalisierenden Abstraktion und der Analyse des Empirischen auf gesetzliche Zusammenhänge hin zu einer rein „objektiven“, d. h. hier: von allen Werten losgelösten, und zugleich durchaus rationalen, d. h. von allen individuellen „Zufälligkeiten“ befreiten monistischen Erkenntnis der gesamten Wirklichkeit in Gestalt eines *Begriffs*systems von metaphysischer *Geltung* und von mathematischer *Form* zu gelangen. Die an Wertgesichtspunkte geketteten naturwissenschaftlichen Disziplinen, wie die klinische Medizin und noch mehr die gewöhnlich sogenannte „Technologie“, wurden rein praktische „Kunstlehren“. Die Werte, denen sie zu dienen hatten: Gesundheit des Patienten, technische Vervollkommnung eines konkreten Produktionsprozesses etc. standen für jede von ihnen jeweils fest. Die Mittel, die sie anwendeten, waren und konnten nur sein die Verwertung der durch die theoretischen Disziplinen gefundenen Gesetzesbegriffe. Jeder prinzipielle Fortschritt in der Bildung dieser war oder konnte doch sein auch ein Fortschritt der praktischen Disziplin. Bei feststehendem Zweck war ja die fortschreitende Reduktion der einzelnen praktischen Fragen (eines Krankheitsfalles, eines technischen Problems) als Spezialfall auf generell geltende Gesetze, also die Erweiterung des theoretischen Erkennens, unmittelbar mit der Ausweitung der technisch-praktischen Möglichkeiten verknüpft und identisch. Als dann die moderne Biologie auch diejenigen Bestandteile der Wirklichkeit, die uns *historisch*, d. h. in der Art ihres So-und-nicht-anders-Gewordenseins interessieren, unter den Begriff eines allgemeingültigen Entwicklungsprinzips gebracht hatte, welches wenigstens dem Anschein nach – aber freilich nicht in Wahrheit – alles an jenen Objekten Wesentliche in ein Schema generell geltender Gesetze einzuordnen gestattete, da schien die Götterdämmerung aller Wertgesichtspunkte in allen Wissenschaften heraufzuziehen. Denn da ja doch auch das sogenannte historische Geschehen ein Teil der gesamten Wirklichkeit war, und das Kausalprinzip, die Voraussetzung aller wissenschaftlichen Arbeit, die Auflösung alles Geschehens in generell geltende „Gesetze“ zu fordern schien, da endlich der ungeheure Erfolg der Naturwissenschaften, die mit diesem Gedanken ernst gemacht hatten, zutage lag, so schien ein anderer Sinn des wissenschaftlichen Arbeitens als die Auffindung der *Gesetze* des Geschehens überhaupt nicht vorstellbar. Nur das „Gesetzmäßige“ konnte das wissenschaftlich Wesentliche an den Erscheinungen sein, „individuelle“ Vorgänge konnten nur als „Typen“, d. h. hier: als illustrative Repräsentanten der Gesetze, in Betracht kommen; ein Interesse an ihnen um ihrer selbst willen schien „kein wissenschaftliches“ Interesse zu sein.

Die mächtigen Rückwirkungen dieser glaubensfrohen Stimmung des naturalistischen Monismus auf die ökonomischen Disziplinen hier zu verfolgen, ist unmöglich. Als die sozialistische Kritik und die Arbeit der Historiker die ursprünglichen Wertgesichtspunkte in Probleme zu verwandeln begannen, hielt die mächtige Entwicklung der biologischen Forschung auf der einen Seite, der Einfluß des Hegelschen Panlogismus auf der anderen Seite die Nationalökonomie davon ab, das Verhältnis von Begriff und Wirklichkeit in vollem Umfang deutlich zu erkennen. Das Resultat, soweit es uns hier interessiert, ist, daß trotz des gewaltigen Dammes, welchen die deutsche idealistische Philosophie seit Fichte, die Leistungen der deutschen historischen Rechtsschule und die Arbeit der historischen Schule der deutschen Nationalökonomie dem Eindringen naturalistischer Dogmen entgegenbauten, dennoch und zum Teil *infolge* dieser Arbeit an entscheidenden Stellen die Gesichtspunkte des Naturalismus noch immer unüberwunden sind. Dahin gehört insbesondere das noch immer problematisch gebliebene Verhältnis zwischen „theoretischer“ und „historischer“ Arbeit in unserem Fache.

In unvermittelter und anscheinend unüberbrückbarer Schroffheit steht noch heute die „abstrakt“-theoretische Methode der empirisch-historischen Forschung gegenüber. Sie erkennt durchaus richtig die methodische Unmöglichkeit, durch Formulierung von „Gesetzen“ die geschichtliche Erkenntnis der Wirklichkeit zu ersetzen oder umgekehrt durch bloßes Aneinanderreihen historischer Beobachtungen zu „Gesetzen“ im strengen Sinn zu gelangen. Um nun solche zu gewinnen, – denn daß dies die Wissenschaft als höchstes Ziel zu erstreben habe, steht ihr fest –, geht sie von der Tatsache aus, daß wir die Zusammenhänge menschlichen Handelns beständig selbst in ihrer Realität unmittelbar erleben, daher – so meint sie – dessen Ablauf mit axiomatischer Evidenz direkt verständlich machen und so in seinen „Gesetzen" erschließen können. Die einzig exakte Form der Erkenntnis, die Formulierung unmittelbar anschaulich *evidenter* Gesetze, sei aber zugleich die einzige, welche den Schluß auf die nicht unmittelbar beobachteten Vorgänge zulasse, daher sei mindestens für die fundamentalen Phänomene des wirtschaftlichen Lebens die Aufstellung eines Systems von abstrakten und – infolgedessen – rein formalen Lehrsätzen nach Analogie derjenigen der exakten Naturwissenschaften das einzige Mittel geistiger Beherrschung der gesellschaftlichen Mannigfaltigkeit. Trotz der prinzipiellen methodischen Scheidung gesetzlicher und historischer Erkenntnis, welche der Schöpfer der Theorie als *Erster* und *Einziger* vollzogen hatte, wird nun aber für die Lehrsätze der abstrakten Theorie von ihm empirische *Geltung* im Sinne der *Deduzierbarkeit* der Wirklichkeit aus den „Gesetzen" in Anspruch genommen. Zwar nicht im Sinne der empirischen Geltung der abstrakten ökonomischen Lehrsätze für sich allein, sondern in der Art, daß, wenn man entsprechende „exakte" Theorien von allen *übrigen* in Betracht kommenden Faktoren gebildet haben werde, diese sämtlichen abstrakten Theorien *zusammen* dann die wahre Realität der Dinge – d. h.: das, was von der Wirklichkeit wissenswert sei – in sich enthalten müßten. Die exakte ökonomische Theorie stelle die Wirkung *eines* psychischen Motivs fest, andere Theorien hätten die Aufgabe, alle übrigen Motive in ähnlicher Art in Lehrsätzen von hypothetischer Geltung zu entwickeln. Für das Ergebnis der theoretischen Arbeit, die abstrakten Preisbildungs-, Zins-, Renten- usw. Theorien, wurde demgemäß hie und da phantastischerweise in Anspruch genommen: sie könnten, nach – angeblicher – Analogie physikalischer Lehrsätze, dazu verwendet werden, aus gegebenen realen Prämissen *quantitativ* bestimmte Resultate – also Gesetze im strengsten Sinne – mit Gültigkeit für die Wirklichkeit des Lebens deduzieren, da die Wirtschaft des Menschen bei gegebenem Zweck in bezug auf die Mittel eindeutig „determiniert" sei. Es wurde nicht beachtet, daß, um dies Resultat in irgendeinem noch so einfachen Falle erzielen zu können, die Gesamtheit der jeweiligen historischen Wirklichkeit einschließlich aller ihrer kausalen Zusammenhänge als „gegeben" gesetzt und als *bekannt* vorausgesetzt werden müßte und daß, wenn dem endlichen Geist *diese* Kenntnis zugänglich würde, irgendein Erkenntniswert einer abstrakten Theorie nicht vorstellbar wäre. Das naturalistische Vorurteil, daß in jenen Begriffen etwas den exakten Naturwissenschaften Verwandtes geschaffen werden solle, hatte eben dahin geführt, daß man den Sinn dieser theoretischen Gedankengebilde falsch verstand. Man glaubte, es handele sich um die psychologische Isolierung eines spezifischen „Triebes", des Erwerbstriebes, im Menschen, oder aber um die isolierte Beobachtung einer spezifischen Maxime menschlichen Handelns, des sogenannten wirtschaftlichen Prinzips. Die abstrakte Theorie meinte, sich auf psychologische *Axiome* stützen zu können, und die Folge war, daß die Historiker nach einer *empirischen* Psychologie riefen, um die Nichtgeltung jener Axiome beweisen und den Verlauf der wirtschaftlichen Vorgänge psychologisch ableiten zu können. Wir wollen nun an dieser Stelle den Glauben an die Bedeutung einer – erst zu schaffenden – systematischen Wissenschaft der „Sozialpsychologie“ als künftiger Grundlage der Kulturwissenschaften, speziell der Sozialökonomik, nicht eingehend kritisieren. Gerade die bisher vorliegenden, zum Teil glänzenden Ansätze psychologischer Interpretation ökonomischer Erscheinungen zeigen jedenfalls, daß *nicht* von der Analyse psychologischer Qualitäten des Menschen zur Analyse der gesellschaftlichen Institutionen fortgeschritten wird, sondern gerade umgekehrt die Aufhellung der psychologischen Voraussetzungen und Wirkungen der Institutionen die genaue Bekanntschaft mit diesen letzteren und die wissenschaftliche Analyse ihrer Zusammenhänge *voraussetzt.* Die psychologische Analyse bedeutet alsdann lediglich eine im konkreten Fall höchst wertvolle Vertiefung der Erkenntnis ihrer historischen Kultur*bedingtheit* und Kultur*bedeutung.* Das, was uns an dem psychischen Verhalten des Menschen in seinen sozialen Beziehungen interessiert, ist eben in jedem Falle je nach der spezifischen Kulturbedeutung der Beziehung, um die es sich handelt, spezifisch besonders. Es handelt sich dabei um untereinander höchst heterogene und höchst konkret kombinierte psychische Motive und Einflüsse. Die sozialpsychologische Forschung bedeutet eine Durchmusterung verschiedener *einzelner*, untereinander vielfach disparater Gattungen von Kulturelementen auf ihre Deutungsfähigkeit für unser nacherlebendes Verständnis hin. Wir werden durch sie, von der Kenntnis der einzelnen Institutionen ausgehend, deren Kulturbedingtheit und Kulturbedeutung in steigendem Maße geistig *verstehen* lernen, nicht aber die Institutionen aus psychologischen Gesetzen deduzieren oder aus psychologischen Elementarerscheinungen *erklären* wollen.

So ist denn auch die weitschichtige Polemik, welche sich um die Frage der psychologischen Berechtigung der abstrakt theoretischen Aufstellungen, um die Tragweite des „Erwerbstriebes“ und des „wirtschaftlichen Prinzips“ usw. gedreht hat, wenig fruchtbar gewesen. –

Es handelt sich bei den Aufstellungen der abstrakten Theorie nur scheinbar um „Deduktionen“ aus psychologischen Grundmotiven, in Wahrheit vielmehr um einen Spezialfall einer Form der Begriffsbildung, welche den Wissenschaften von der menschlichen Kultur eigentümlich und in gewissem Umfang unentbehrlich ist. Es lohnt sich, sie an dieser Stelle etwas eingehender zu charakterisieren, da wir dadurch der prinzipiellen Frage nach der Bedeutung der Theorie für die sozialwissenschaftliche Erkenntnis näher kommen. Dabei lassen wir es ein- für allemal unerörtert, ob *die* theoretischen Gebilde, welche wir als Beispiele heranziehen, oder auf die wir anspielen, so wie sie sind, dem Zwecke entsprechen, dem sie dienen wollen, ob sie also sachlich *zweckmäßig* gebildet sind. Die Frage, wie weit z. B. die heutige „abstrakte Theorie" noch ausgesponnen werden soll, ist schließlich auch eine Frage der Ökonomie der wissenschaftlichen Arbeit, deren doch auch andere Probleme harren. Auch die „Grenznutzentheorie" untersteht dem „Gesetz des Grenznutzens". –

Wir haben in der abstrakten Wirtschaftstheorie ein Beispiel jener Synthesen vor uns, welche man als *„Ideen"* historischer Erscheinungen zu bezeichnen pflegt. Sie bietet uns ein *Ideal*bild der Vorgänge auf dem Gütermarkt bei tauschwirtschaftlicher Gesellschaftsorganisation, freier Konkurrenz und streng rationalem Handeln. Dieses Gedankenbild vereinigt bestimmte Beziehungen und Vorgänge des historischen Lebens zu einem in sich widerspruchslosen Kosmos *gedachter* Zusammenhänge. Inhaltlich trägt diese Konstruktion den Charakter einer *Utopie* an sich, die durch *gedankliche* Steigerung bestimmter Elemente der Wirklichkeit gewonnen ist. Ihr Verhältnis zu den empirisch gegebenen Tatsachen des Lebens besteht lediglich darin, daß da, wo Zusammenhänge der in jener Konstruktion abstrakt dargestellten Art, also vom „Markt" abhängige Vorgänge, in der Wirklichkeit als in irgend einem Grade wirksam *festgestellt* sind oder *vermutet* werden, wir uns die *Eigenart* dieses Zusammenhangs an einem *Idealtypus* pragmatisch *veranschaulichen* und verständlich machen können. Diese Möglichkeit kann sowohl heuristisch wie für die Darstellung von Wert, ja unentbehrlich sein. Für die *Forschung* will der idealtypische Begriff das Zurechnungsurteil schulen: er *ist* keine „Hypothese", aber er will der Hypothesenbildung die Richtung weisen. Er *ist* nicht eine *Darstellung* des Wirklichen, aber er will der Darstellung eindeutige Ausdrucksmittel verleihen. Es ist also die „Idee" der *historisch* gegebenen modernen verkehrswirtschaftlichen Organisation der Gesellschaft, die uns da nach ganz denselben logischen Prinzipien entwickelt wird, wie man z. B. die Idee der „Stadtwirtschaft" des Mittelalters als „genetischen" Begriff konstruiert hat. Tut man dies, so bildet man den Begriff „Stadtwirtschaft" *nicht* etwa als einen *Durchschnitt* der in sämtlichen beobachteten Städten tatsächlich bestehenden Wirtschaftsprinzipien, sondern ebenfalls als einen *Idealtypus*. Er wird gewonnen durch einseitige *Steigerung eines* oder *einiger* Gesichtspunkte und durch Zusammenschluß einer Fülle von diffus und diskret, hier mehr, dort weniger, stellenweise gar nicht, vorhandenen *Einzel*erscheinungen, die sich jenen einseitig herausgehobenen Gesichtspunkten fügen, zu einem in sich einheitlichen *Gedanken*bilde. In seiner begrifflichen Reinheit ist dieses Gedankenbild nirgends in der Wirklichkeit empirisch vorfindbar, es ist eine Utopie, und für die *historische* Arbeit erwächst die Aufgabe, in jedem einzelnen Falle festzustellen, wie nahe oder wie fern die Wirklichkeit jenem Idealbilde steht, inwieweit also der ökonomische Charakter der Verhältnisse einer bestimmten Stadt als „stadtwirtschaftlich" im begrifflichen Sinn anzusprechen ist. Für den Zweck der Erforschung und Veranschaulichung aber leistet jener Begriff, vorsichtig angewendet seine spezifischen Dienste. – Ganz in der gleichen Art kann man, um noch ein weiteres Beispiel zu analysieren, die „Idee“ des „Handwerks“ in einer Utopie zeichnen, indem man bestimmte Züge, die sich diffus bei Gewerbetreibenden der verschiedensten Zeiten und Länder vorfinden, einseitig in ihren Konsequenzen gesteigert zu einem in sich widerspruchslosen Idealbilde zusammenfügt und auf einen *Gedanken* ausdruck bezieht, den man darin manifestiert findet. Man kann dann ferner den Versuch machen, eine Gesellschaft zu zeichnen, in der alle Zweige wirtschaftlicher, ja selbst geistiger Tätigkeit von Maximen beherrscht werden, die uns als Anwendung des gleichen Prinzips erscheinen, welches dem zum Idealtypus erhobenen „Handwerk“ charakteristisch ist. Man kann nun weiter jenem Idealtypus des Handwerks als Antithese einen entsprechenden Idealtypus einer kapitalistischen Gewerbeverfassung, aus gewissen Zügen der modernen Großindustrie abstrahiert, entgegensetzen und daran anschließend den Versuch machen, die Utopie einer „kapitalistischen“, d. h. allein durch das Verwertungsinteresse privater Kapitalien beherrschten Kultur zu zeichnen. Sie hätte einzelne diffus vorhandene Züge des modernen materiellen und geistigen Kulturlebens in ihrer Eigenart gesteigert zu einem für unsere Betrachtung widerspruchslosen Idealbilde zusammenzuschließen. Das wäre dann ein Versuch der Zeichnung einer *„Idee“ der kapitalistischen Kultur*, – ob und wie er etwa gelingen könnte, müssen wir hier ganz dahingestellt sein lassen. Nun ist es möglich, oder vielmehr es muß als sicher angesehen werden, daß mehrere, ja sicherlich jeweils sehr zahlreiche Utopien dieser Art sich entwerfen lassen, von denen *keine* der anderen gleicht, von denen erst recht *keine* in der empirischen Wirklichkeit als tatsächlich geltende Ordnung der gesellschaftlichen Zustände zu beobachten ist, von denen aber doch *jede* den Anspruch erhebt, eine Darstellung der „Idee“ der kapitalistischen Kultur zu sein, und von denen auch *jede* diesen Anspruch insofern erheben *kann*, als jede tatsächlich gewisse, in ihrer *Eigenart bedeutungsvolle* Züge unserer Kultur der Wirklichkeit entnommen und in ein einheitliches Idealbild gebracht hat. Denn diejenigen Phänomene, die uns als Kulturerscheinungen interessieren, leiten regelmäßig dieses unser Interesse – ihre *„Kulturbedeutung“* – aus sehr verschiedenen Wertideen ab, zu denen wir sie in Beziehung setzen können. Wie es deshalb die verschiedensten „Gesichtspunkte“ gibt, unter denen wir sie als für uns bedeutsam betrachten können, so lassen sich die allerverschiedensten Prinzipien der Auswahl der in einen Idealtypus einer bestimmten Kultur aufzunehmenden Zusammenhänge zur Anwendung bringen.

Was ist nun aber die Bedeutung solcher idealtypischen Begriffe für eine *Erfahrungs*wissenschaft, wie wir sie treiben wollen? Vorweg sei hervorgehoben, daß der Gedanke des Sein*sollenden*, „Vorbildlichen“ von diesen in rein *logischem* Sinn „idealen“ Gedankengebilden, die wir besprechen, hier zunächst sorgsam fernzuhalten ist. Es handelt sich um die Konstruktion von Zusammenhängen, welche unserer *Phantasie* als zulänglich motiviert und also „objektiv möglich“, unserem nomologischen Wissen als *adäquat* erscheinen.

Wer auf dem Standpunkt steht, daß die Erkenntnis der historischen Wirklichkeit „voraussetzungslose“ Abbildung „objektiver“ Tatsachen sein solle oder könne, wird ihnen jeden Wert absprechen. Und selbst wer erkannt hat, daß es eine „Voraussetzungslosigkeit“ im logischen Sinn auf dem Boden der Wirklichkeit nicht gibt und auch das einfachste Aktenexzerpt oder Urkundenregest nur durch Bezugnahme auf „Bedeutungen“, und damit auf Wertideen als letzte Instanz, irgend welchen wissenschaftlichen Sinn haben kann, wird doch die Konstruktion irgend welcher historischer „Utopien“, als ein für die Unbefangenheit der historischen Arbeit gefährliches Veranschaulichungsmittel, überwiegend aber einfach als Spielerei ansehen. Und in der Tat: *ob* es sich um reines Gedankenspiel oder um eine wissenschaftlich fruchtbare Begriffsbildung handelt, kann a priori niemals entschieden werden; es gibt auch hier nur einen Maßstab: den des Erfolges für die Erkenntnis konkreter Kulturerscheinungen in ihrem Zusammenhang, ihrer ursächlichen Bedingtheit und ihrer *Bedeutung*. Nicht als Ziel, sondern als Mittel kommt mithin die Bildung abstrakter Idealtypen in Betracht. Jede aufmerksame Beobachtung der begrifflichen Elemente historischer Darstellung zeigt nun aber, daß der Historiker, sobald er den Versuch unternimmt, über das bloße Konstatieren konkreter Zusammenhänge hinaus die *Kulturbedeutung* eines noch so einfachen individuellen Vorgangs festzustellen, ihn zu „charakterisieren“, mit Begriffen arbeitet und arbeiten *muß*, welche regelmäßig nur in Idealtypen scharf und eindeutig bestimmbar sind. Oder sind Begriffe wie etwa: „Individualismus“, „Imperialismus“, „Feudalismus“, „Merkantilismus“ „konventionell“ und die zahllosen Begriffsbildungen ähnlicher Art, mittels deren wir uns der Wirklichkeit denkend und verstehend zu bemächtigen suchen, ihrem Inhalt nach durch „voraussetzungslose“ *Beschreibung* irgend *einer* konkreten Erscheinung oder aber durch abstrahierende Zusammenfassung dessen, was *mehreren* konkreten Erscheinungen *gemeinsam* ist, zu bestimmen? Die Sprache, die der Historiker spricht, enthält in hunderten von Worten solche unbestimmten, dem unreflektiert wartenden Bedürfnis des Ausdrucks entnommenen Gedankenbilder, deren Bedeutung zunächst nur anschaulich empfunden, nicht klar gedacht wird. In unendlich vielen Fällen, zumal auf dem Gebiet der darstellenden politischen Geschichte, tut nun die Unbestimmtheit ihres Inhaltes der Klarheit der Darstellung sicherlich keinen Eintrag. Es genügt dann, daß im einzelnen Falle *empfunden* wird, was dem Historiker vorschwebt, oder aber man kann sich damit begnügen, daß eine *partikuläre* Bestimmtheit des Begriffsinhaltes von relativer Bedeutung für den einzelnen Fall als gedacht vorschwebt. Je schärfer aber die Bedeutsamkeit einer Kulturerscheinung zum klaren Bewußtsein gebracht werden soll, desto unabweislicher wird das Bedürfnis, mit klaren und nicht nur partikulär, sondern allseitig bestimmten Begriffen zu arbeiten. Eine „Definition“ jener Synthesen des historischen Denkens nach dem Schema: genus proximum, differentia specifica ist natürlich ein Unding: man mache doch die Probe. Eine solche Form der Feststellung der Wortbedeutung gibt es nur auf dem Boden dogmatischer Disziplinen, welche mit Syllogismen arbeiten. Eine einfach „schildernde Auflösung“ jener Begriffe in ihre Bestandteile gibt es ebenfalls nicht oder nur scheinbar, denn es kommt eben darauf an, *welche* dieser Bestandteile denn als wesentlich gelten sollen. Es bleibt, wenn eine genetische Definition des Begriffsinhaltes versucht werden soll, nur die Form des Idealtypus im oben fixierten Sinn. Er ist ein Gedankenbild, welches nicht die historische Wirklichkeit oder gar die „eigentliche“ Wirklichkeit *ist*, welches noch viel weniger dazu da ist, als ein Schema zu dienen, *in* welches die Wirklichkeit als *Exemplar* eingeordnet werden sollte, sondern welches die Bedeutung eines rein idealen *Grenz*begriffes hat, an welchem die Wirklichkeit zur Verdeutlichung bestimmter bedeutsamer Bestandteile ihres empirischen Gehaltes *gemessen*, mit dem sie *verglichen* wird. Solche Begriffe sind Gebilde, in welchen wir Zusammenhänge unter Verwendung der Kategorie der objektiven Möglichkeit konstruieren, die unsere, an der Wirklichkeit orientierte und geschulte *Phantasie* als adäquat beurteilt.

Der Idealtypus ist in dieser Funktion insbesondere der Versuch, historische Individuen oder deren Einzelbestandteile in *genetische* Begriffe zu fassen. Man nehme etwa die Begriffe. „Kirche“ und „Sekte“. Sie lassen sich rein klassifizierend in Merkmalskomplexe auflösen, wobei dann nicht nur die Grenze zwischen beiden, sondern auch der Begriffsinhalt stets flüssig bleiben muß. Will ich aber den Begriff der „Sekte“ *genetisch*, z. B. in bezug auf gewisse wichtige Kulturbedeutungen, die der „Sektengeist“ für die moderne Kultur gehabt hat, erfassen, so werden bestimmte Merkmale beider *wesentlich*, weil sie in adäquater ursächlicher Beziehung zu jenen Wirkungen stehen. Die Begriffe werden aber alsdann zugleich *ideal*typisch, d. h. in voller begrifflicher *Reinheit* sind sie nicht oder nur vereinzelt vertreten. Hier wie überall führt eben jeder nicht *rein* klassifikatorische Begriff von der Wirklichkeit ab. Aber die diskursive Natur unseres Erkennens: der Umstand, daß wir die Wirklichkeit nur durch eine Kette von Vorstellungsveränderungen hindurch erfassen, postuliert eine solche Begriffsstenographie. Unsere Phantasie kann ihre ausdrückliche begriffliche Formulierung sicherlich oft als Mittel der *Forschung* entbehren, – für die *Darstellung* ist, soweit sie eindeutig sein will, ihre Verwendung auf dem Boden der Kulturanalyse in zahlreichen Fällen ganz unvermeidlich. Wer sie grundsätzlich verwirft, muß sich auf die formale, etwa die rechtshistorische Seite der Kulturerscheinungen beschränken. Der Kosmos der *rechtlichen* Normen ist natürlich zugleich begrifflich klar bestimmbar und (im rechtlichen Sinn!) für die historische Wirklichkeit *geltend*. Aber ihre praktische *Bedeutung* ist es, mit der die Arbeit der Sozialwissenschaft in unserem Sinn zu tun hat. Diese Bedeutung aber ist sehr oft nur durch Beziehung des empirisch Gegebenen auf einen idealen Grenzfall eindeutig zum Bewußtsein zu bringen. Lehnt der Historiker (im weitesten Sinne des Wortes) einen Formulierungsversuch eines solchen Idealtypus als „theoretische Konstruktion“, d. h. als für seinen konkreten Erkenntniszweck nicht tauglich oder entbehrlich, ab, so ist die Folge regelmäßig entweder, daß er, bewußt oder unbewußt, andere ähnliche *ohne* sprachliche Formulierung und logische Bearbeitung verwendet, oder daß er im Gebiet des unbestimmt „Empfundenen“ stecken bleibt.

Nichts aber ist allerdings gefährlicher als die, naturalistischen Vorurteilen entstammende, *Vermischung* von Theorie und Geschichte, sei es in der Form, daß man glaubt, in jenen theoretischen Begriffsbildern den „eigentlichen“ Gehalt, das „Wesen“ der geschichtlichen Wirklichkeit fixiert zu haben, oder daß man sie als ein Prokrustesbett benutzt, in welches die Geschichte hineingezwängt werden soll, oder daß man gar die „Ideen“ als eine hinter der Flucht der Erscheinungen stehende „eigentliche“ Wirklichkeit, als reale „Kräfte“ hypostasiert, die sich in der Geschichte auswirkten.

Speziell diese letztere Gefahr liegt nun um so näher, als wir unter „Ideen“ einer Epoche auch und sogar in erster Linie Gedanken oder Ideale zu verstehen gewohnt sind, welche die Masse oder einen geschichtlich ins Gewicht fallenden Teil der Menschen jener Epoche selbst *beherrscht haben* und dadurch für deren Kultureigenart als Komponenten bedeutsam gewesen sind. Und es kommt noch zweierlei hinzu: Zunächst der Umstand, daß zwischen der „Idee“ im Sinn von praktischer oder theoretischer Gedankenrichtung und der „Idee“ im Sinn eines von uns als begriffliches Hilfsmittel konstruierten Ideal*typus* einer Epoche regelmäßig bestimmte Beziehungen bestehen. Ein Idealtypus bestimmter gesellschaftlicher Zustände, welcher sich aus gewissen charakteristischen sozialen Erscheinungen einer Epoche abstrahieren läßt, kann – und dies ist sogar recht häufig der Fall – den Zeitgenossen selbst als praktisch zu erstrebendes Ideal oder doch als Maxime für die Regelung bestimmter sozialer Beziehungen vorgeschwebt haben. So steht es schon mit der „Idee“ des „Nahrungsschutzes“ und manchen Theorien der Kanonisten, speziell des heiligen Thomas, im Verhältnis zu dem heute verwendeten idealtypischen Begriff der „Stadtwirtschaft“ des Mittelalters, den wir oben besprachen. Erst recht steht es so mit dem berechtigten „Grundbegriff“ der Nationalökonomie: dem des „wirtschaftlichen *Werts*“. Von der Scholastik an bis in die Marxsche Theorie hinein verquickt sich hier der Gedanke von etwas „objektiv“ Geltendem, d. h. also: Sein*sollendem* , mit einer Abstraktion aus dem empirischen Verlauf der Preisbildung. Und jener Gedanke, daß der „Wert“ der Güter nach bestimmten „naturrechtlichen“ Prinzipien reguliert sein *solle*, hat unermeßliche Bedeutung für die Kulturentwicklung – und zwar nicht nur des

Mittelalters – gehabt und hat sie noch. Und er hat speziell auch die empirische Preisbildung intensiv beeinflußt. *Was* aber unter jenem *theoretischen* Begriff gedacht *wird* und gedacht werden kann, das ist *nur* durch scharfe, das heißt idealtypische Begriffsbildung wirklich eindeutig klar zu machen, – das sollte der Spott über die „Robinsonaden“ der abstrakten Theorie jedenfalls so lange bedenken, als er nichts besseres, d. h. hier: *Klareres* an die Stelle zu setzen vermag.

Das Kausalverhältnis zwischen der historisch konstatierbaren, die Menschen beherrschenden, *Idee* und denjenigen Bestandteilen der historischen Wirklichkeit, aus welchen der ihr korrespondierende Ideal*typus* sich abstrahieren läßt, kann dabei natürlich höchst verschieden gestaltet sein. Festzuhalten ist prinzipiell nur, daß beides selbstverständlich grundverschiedene Dinge sind. Nun aber tritt noch etwas weiteres hinzu: Jene die Menschen einer Epoche beherrschenden, d. h. diffus in ihnen wirksamen „Ideen“ *selbst* können wir, sobald es sich dabei um irgend kompliziertere Gedankengebilde handelt, mit begrifflicher Schärfe wiederum nur *in Gestalt eines Idealtypus* erfassen, weil sie empirisch ja in den Köpfen einer unbestimmten und wechselnden Vielzahl von Individuen leben und in ihnen die mannigfachsten Abschattierungen nach Form und Inhalt, Klarheit und Sinn erfahren. Diejenigen Bestandteile des Geisteslebens der einzelnen Individuen in einer bestimmten Epoche des Mittelalters z. B., die wir als „das Christentum“ der betreffenden Individuen ansprechen dürfen, würden, *wenn* wir sie vollständig zur Darstellung zu bringen vermochten, natürlich ein Chaos unendlich differenzierter und höchst widerspruchsvoller Gedanken- und Gefühlszusammenhänge aller Art sein, trotzdem die Kirche des Mittelalters die Einheit des Glaubens und der Sitten sicherlich in besonders hohem Maße durchzusetzen vermocht hat. Wirft man nun die Frage auf, was denn in diesem Chaos *das* „Christentum“ des Mittelalters, mit dem man doch fortwährend als mit einem feststehenden Begriff operieren muß, gewesen sei, worin *das* „Christliche“, welches wir in den Institutionen des Mittelalters finden, denn liege, so zeigt sich alsbald, daß auch hier in jedem einzelnen Fall ein von uns geschaffenes reines Gedankengebilde verwendet wird. Es ist eine Verbindung von Glaubenssätzen, Kirchenrechts- und sittlichen Normen, Maximen der Lebensführung und zahllosen Einzelzusammenhängen, die *wir* zu einer „Idee“ verbinden: eine Synthese, zu der wir ohne die Verwendung idealtypischer Begriffe gar nicht widerspruchslos zu gelangen vermöchten.

Die logische Struktur der Begriffssysteme, in denen wir solche „Ideen“ zur Darstellung bringen, und ihr Verhältnis zu dem, was uns in der empirischen Wirklichkeit unmittelbar gegeben ist, sind nun natürlich höchst verschieden. Verhältnismäßig einfach gestaltet sich die Sache noch, wenn es sich um Fälle handelt, in denen ein oder einige wenige leicht in Formeln zu fassende theoretische Leitsätze – etwa der Prädestinationsglaube Calvins – oder klar formulierbare sittliche Postulate es sind, welche sich der Menschen bemächtigt und historische Wirkungen erzeugt haben, so daß wir die „Idee" in eine Hierarchie von Gedanken gliedern können, welche logisch aus jenen Leitsätzen sich entwickeln. Schon dann wird freilich leicht übersehen, daß, so gewaltig die Bedeutung auch der rein *logisch* zwingenden Macht des Gedankens in der Geschichte gewesen ist – der Marxismus ist ein hervorragendes Beispiel dafür –, doch der empirisch-historische Vorgang in den Köpfen der Menschen regelmäßig ein *psycho*logisch, nicht als ein logisch bedingter verstanden werden muß. Deutlicher noch zeigt sich der idealtypische Charakter solcher Synthesen von historisch wirksamen Ideen dann, wenn jene grundlegenden Leitsätze und Postulate gar nicht oder nicht mehr in den Köpfen derjenigen Einzelnen leben, die von den aus ihnen logisch folgenden oder von ihnen durch Assoziation ausgelösten Gedanken beherrscht sind, weil die historisch ursprünglich zugrunde liegende „Idee" entweder abgestorben ist, oder überhaupt nur in ihren Konsequenzen in die Breite gedrungen war. Und noch entschiedener tritt der Charakter der Synthese als einer „Idee", die *wir* schaffen, dann hervor, wenn jene grundlegenden Leitsätze von Anfang an nur unvollkommen oder gar nicht zum deutlichen Bewußtsein gekommen sind oder wenigstens nicht die Form klarer Gedankenzusammenhänge angenommen haben. Wenn alsdann diese Prozedur von uns vorgenommen wird, wie es unendlich oft geschieht und auch geschehen muß, so handelt es sich bei dieser „Idee" – etwa des „Liberalismus" einer bestimmten Periode oder des „Methodismus" oder irgendeiner gedanklich unentwickelten Spielart des „Sozialismus" – um einen *reinen* Idealtypus ganz des gleichen Charakters wie die Synthesen von „Prinzipien" einer Wirtschaftsepoche, von denen wir ausgingen. Je umfassender die Zusammenhänge sind, um deren Darstellung es sich handelt, und je vielseitiger ihre Kultur*bedeutung* gewesen ist, desto *mehr* nähert sich ihre zusammenfassende systematische Darstellung in einem Begriffs- und Gedankensystem dem Charakter des Idealtypus, desto *weniger* ist es möglich, mit *einem* derartigen Begriffe auszukommen, desto natürlicher und unumgänglicher daher die immer wiederholten Versuche, immer *neue* Seiten der Bedeutsamkeit durch neue Bildung idealtypischer Begriffe zum Bewußtsein zu bringen. Alle Darstellungen eines *„Wesens"* des Christentums z. B. sind Idealtypen von stets und notwendig nur sehr relativer und problematischer Gültigkeit, wenn sie als historische Darstellung des empirisch Vorhandenen angesehen sein wollen, dagegen von hohem heuristischen Wert für die Forschung und hohem systematischem Wert für die Darstellung, wenn sie lediglich als begriffliche Mittel zur *Vergleichung* und *Messung* der Wirklichkeit an ihnen verwendet werden. In dieser Funktion sind sie geradezu unentbehrlich. Nun aber haftet solchen idealtypischen Darstellungen regelmäßig noch ein anderes, ihre Bedeutung noch weiter komplizierendes Moment an. Sie wollen sein, oder sind unbewußt, regelmäßig Idealtypen nicht nur im *logischen*, sondern auch im *praktischen* Sinne: *vorbildliche* Typen, welche – in unserem Beispiel – das enthalten, was das Christentum nach der Ansicht des Darstellers sein *soll*, was an ihm das *für ihn* „Wesentliche", *weil dauernd Wertvolle* ist. Ist dies aber bewußt oder – häufiger – unbewußt der Fall, dann enthalten sie Ideale, *auf* welche der Darsteller das Christentum *wertend* bezieht: Aufgaben und Ziele, auf die hin er seine „Idee" des Christentums ausrichtet und welche natürlich von den Werten, auf welche die Zeitgenossen, etwa die Urchristen, das Christentum bezogen, höchst verschieden sein können, ja zweifellos immer sein werden. In dieser Bedeutung sind die „Ideen" dann aber natürlich nicht mehr rein *logische* Hilfsmittel, nicht mehr Begriffe, an welchen die Wirklichkeit vergleichend *gemessen*, sondern Ideale, aus denen sie wertend *beurteilt* wird. Es handelt sich hier *nicht* mehr um den rein theoretischen Vorgang der *Beziehung* des Empirischen auf Werte, sondern um Wert*urteile*, welche in den „Begriff" des Christentums aufgenommen sind. *Weil* hier der Idealtypus empirische *Geltung* beansprucht, ragt er in die Region der wertenden *Deutung* des Christentums hinein: der Boden der Erfahrungswissenschaft ist verlassen; es liegt ein persönliches Bekenntnis vor, *nicht* eine ideal-typische *Begriffs*bildung. So prinzipiell dieser Unterschied ist, so tritt die *Vermischung* jener beiden grundverschiedenen Bedeutungen der „Idee" im Verlauf der historischen Arbeit doch außerordentlich häufig ein. Sie liegt immer sehr nahe, sobald der darstellende Historiker seine „Auffassung" einer Persönlichkeit oder Epoche zu entwickeln beginnt. Im Gegensatz zu den konstant bleibenden ethischen Maßstäben, die Schlosser im Geiste des Rationalismus verwendete, hat der moderne relativistisch eingeschulte Historiker, der die Epoche, von der er spricht, einerseits „aus ihr selbst verstehend", andererseits doch auch „beurteilen" will, das Bedürfnis, die Maßstäbe seines Urteils „dem Stoff" zu entnehmen, d. h. die „Idee" im Sinne des *Ideals* aus der „Idee" im Sinne des „Ideal*typus*" herauswachsen zu lassen. Und das ästhetisch Reizvolle eines solchen Verfahrens verlockt ihn fortwährend dazu, die Linie, wo beide sich scheiden, zu verwischen – eine Halbheit, welche einerseits das wertende Urteilen nicht lassen kann, andererseits die Verantwortung für ihre Urteile von sich abzulehnen trachtet. Demgegenüber ist es aber eine *elementare Pflicht der wissenschaftlichen Selbstkontrolle* und das einzige Mittel zur Verhütung von Erschleichungen, die logisch *vergleichende* Beziehung der Wirklichkeit auf Ideal*typen* im logischen Sinne von der wertenden *Beurteilung* der Wirklichkeit aus *Idealen* heraus scharf zu scheiden. Ein „Idealtypus" in unserem Sinne ist, wie noch einmal wiederholt sein mag, etwas gegenüber der *wertenden* Beurteilung völlig indifferentes, er hat mit irgend einer anderen als einer rein *logischen* „Vollkommenheit" nichts zu tun. Es gibt Idealtypen von Bordellen so gut wie von Religionen, und es gibt von den ersteren sowohl Idealtypen von solchen, die vom Standpunkt der heutigen Polizeiethik aus technisch „zweckmäßig" erscheinen würden, wie von solchen, bei denen das gerade Gegenteil der Fall ist.

Notgedrungen muß hier die eingehende Erörterung des weitaus kompliziertesten und interessantesten Falles: die Frage der logischen Struktur des *Staatsbegriffes* beiseite bleiben. Nur folgendes sei dazu bemerkt: Wenn wir fragen, was in der empirischen Wirklichkeit dem Gedanken „Staat“ entspricht, so finden wir eine Unendlichkeit diffuser und diskreter menschlicher Handlungen und Duldungen, faktischer und rechtlich geordneter Beziehungen, teils einmaligen, teils regelmäßig wiederkehrenden Charakters, zusammengehalten durch eine Idee, den Glauben an tatsächlich geltende oder gelten sollende Normen und Herrschaftsverhältnisse von Menschen über Menschen. Dieser Glaube ist teils gedanklich entwickelter geistiger Besitz, teils dunkel empfunden, teils passiv hingenommen und auf das mannigfaltigste abschattiert in den Köpfen der Einzelnen vorhanden, welche, wenn sie die „Idee“ wirklich selbst klar als solche *dächten*, ja nicht erst der „allgemeinen Staatslehre“ bedürften, die sie entwickeln will. Der wissenschaftliche Staatsbegriff, wie immer er formuliert werde, ist nun natürlich stets eine Synthese, die *wir* zu bestimmten Erkenntniszwecken vornehmen. Aber er ist andererseits auch abstrahiert aus den unklaren Synthesen, welche in den Köpfen der historischen Menschen vorgefunden werden. Der konkrete Inhalt aber, den der historische „Staat“ in jenen Synthesen der Zeitgenossen annimmt, kann wiederum nur durch Orientierung an idealtypischen Begriffen zur Anschauung gebracht werden. Und ferner unterliegt es nicht dem mindesten Zweifel, daß die Art, wie jene Synthesen, in logisch stets unvollkommener Form, von den Zeitgenossen vollzogen werden, der „Ideen“, die *sie* sich vom Staat machen, – die deutsche „organische“ Staatsmetaphysik z. B. im Gegensatz zu der „geschäftlichen“ amerikanischen Auffassung, – von eminenter praktischer Bedeutung ist, daß mit anderen Worten auch hier die als geltensollend oder geltend *geglaubte praktische* Idee und der zu Erkenntniszwecken konstruierte theoretische Idealtypus nebeneinander herlaufen und die stete Neigung zeigen, ineinander überzugehen. –

Wir hatten oben absichtlich den „Idealtypus“ wesentlich – wenn auch nicht ausschließlich – als gedankliche Konstruktion zur Messung und systematischen Charakterisierung von *individuellen*, d. h. in ihrer Einzigartigkeit bedeutsamen Zusammenhängen – wie Christentum, Kapitalismus usw. – betrachtet. Dies geschah, um die landläufige Vorstellung zu beseitigen, als ob auf dem Gebiet der Kulturerscheinungen das abstrakt *Typische* mit dem abstrakt *Gattungsmäßigen* identisch sei. Das ist nicht der Fall. Ohne den viel erörterten und durch Mißbrauch stark diskreditierten Begriff des „Typischen“ hier prinzipiell analysieren zu können, entnehmen wir doch schon unserer bisherigen Erörterung, daß die Bildung von Typenbegriffen im Sinn der Ausscheidung des „Zufälligen“ auch und gerade bei *historischen Individuen* ihre Stätte findet. Nun aber können natürlich auch diejenigen *Gattungs*begriffe, die wir fortwährend als Bestandteile historischer Darstellungen und konkreter historischer Begriffe finden, durch

Abstraktion und Steigerung bestimmter ihnen begriffswesentlicher Elemente als Idealtypen geformt werden. Dies ist sogar ein praktisch besonders häufiger und wichtiger Anwendungsfall der idealtypischen Begriffe, und jeder *individuelle* Idealtypus setzt sich aus begrifflichen *Elementen* zusammen, die gattungsmäßig sind und als Idealtypen geformt worden sind. Auch in diesem Falle zeigt sich aber die spezifische logische Funktion der idealtypischen Begriffe. Ein einfacher Gattungsbegriff im Sinne eines Komplexes von Merkmalen, die an mehreren Erscheinungen gemeinsam sich vorfinden, ist z. B. der Begriff des „Tausches“, so lange ich von der *Bedeutung* der Begriffsbestandteile absehe, also einfach den Sprachgebrauch des Alltags analysiere. Setze ich diesen Begriff nun aber etwa zu dem „Grenznutzgesetz“ in Beziehung und bilde den Begriff des „ökonomischen Tausches“ als eines ökonomisch *rationalen* Vorgangs, dann enthält dieser, wie jeder logisch voll entwickelte Begriff, ein *Urteil* über die „typischen“ *Bedingungen* des Tausches in sich. Er nimmt *genetischen* Charakter an und wird damit zugleich im logischen Sinn idealtypisch, d. h. er entfernt sich von der empirischen Wirklichkeit, die nur mit ihm *verglichen*, auf ihn bezogen werden kann. Ähnliches gilt von allen sogenannten „Grundbegriffen“ der Nationalökonomie: sie sind in *genetischer* Form nur als Idealtypen zu entwickeln. Der Gegensatz zwischen einfachen Gattungsbegriffen, welche lediglich das *empirischen* Erscheinungen Gemeinsame zusammenfassen, und gattungsmäßigen *Idealtypen* – wie etwa einem idealtypischen Begriff des „Wesens“ des Handwerks – ist natürlich im einzelnen flüssig. Aber *kein* Gattungsbegriff hat als solcher „typischen“ Charakter und einen reinen gattungsmäßigen „Durchschnitts“-Typus gibt es nicht. Wo immer wir – z. B. in der Statistik – von „typischen“ Größen reden, liegt mehr als ein bloßer Durchschnitt vor. Je mehr es sich um einfache *Klassifikation* von Vorgängen handelt, die als Massenerscheinungen in der Wirklichkeit auftreten, desto mehr handelt es sich um *Gattungsbegriffe*, je mehr dagegen komplizierte historische Zusammenhänge in denjenigen ihrer Bestandteile, auf welchen ihre spezifische *Kulturbedeutung* ruht, begrifflich geformt werden, desto mehr wird der Begriff – oder das Begriffssystem – den Charakter des *Ideal*typus an sich tragen. Denn Zweck der idealtypischen Begriffsbildung ist es überall, *nicht* das Gattungsmäßige, sondern umgekehrt die *Eigenart* von Kulturerscheinungen scharf zum Bewußtsein zu bringen.

Die Tatsache, daß Idealtypen, auch gattungsmäßige, verwendet werden können und verwendet werden, bietet *methodisches* Interesse erst im Zusammenhang mit einem anderen Tatbestand.

Bisher haben wir die Idealtypen wesentlich nur als abstrakte Begriffe von Zusammenhängen kennen gelernt, welche, als im Fluß des Geschehens verharrend, als historische Individuen, *an* denen sich Entwicklungen vollziehen, von uns vorgestellt werden. Nun aber tritt eine Komplikation ein, welche das naturalistische

Vorurteil, daß das Ziel der Sozialwissenschaften die Reduktion der Wirklichkeit auf „*Gesetze*" sein müsse, mit Hilfe des Begriffes des „Typischen" außerordentlich leicht wieder hereinpraktiziert. Auch *Entwicklungen* lassen sich nämlich als Idealtypen konstruieren, und diese Konstruktionen können ganz erheblichen heuristischen Wert haben. Aber es entsteht dabei in ganz besonders hohem Maße die Gefahr, daß Idealtypus und Wirklichkeit ineinander geschoben werden. Man kann z. B. zu dem theoretischen Ergebnis gelangen, daß in einer *streng* „handwerksmäßig" organisierten Gesellschaft die einzige Quelle der Kapitalakkumulation die Grundrente sein könne. Daraus kann man dann vielleicht – denn die Richtigkeit der Konstruktion wäre hier nicht zu untersuchen – ein rein durch bestimmte einfache Faktoren: – begrenzter Boden, steigende Volkszahl, Edelmetallzufluß, Rationalisierung der Lebensführung, – bedingtes Idealbild einer Umbildung der handwerksmäßigen in die kapitalistische Wirtschaftsform konstruieren. Ob der empirisch-historische Verlauf der Entwicklung tatsächlich der konstruierte gewesen ist, wäre nun erst mit Hilfe dieser Konstruktion als heuristischem Mittel zu untersuchen im Wege der Vergleichung zwischen Idealtypus und „Tatsachen". War der Idealtypus „richtig" konstruiert und entspricht der tatsächliche Verlauf dem idealtypischen *nicht*, so wäre damit der Beweis geliefert, daß die mittelalterliche Gesellschaft eben in bestimmten Beziehungen *keine* streng „handwerksmäßige" war. Und wenn der Idealtypus in heuristisch „*idealer*" Weise konstruiert war, – ob und wie dies in unserem Beispiel der Fall sein könnte, bleibt hier gänzlich außer Betracht, – *dann* wird er zugleich die Forschung auf den Weg lenken, der zu einer schärferen Erfassung jener *nicht* handwerksmäßigen Bestandteile der mittelalterlichen Gesellschaft in ihrer Eigenart und historischen Bedeutung führt. Er hat, *wenn* er zu diesem Ergebnis führt, seinen logischen Zweck erfüllt, gerade *indem* er seine eigene *Un*wirklichkeit manifestierte. Er war – in diesem Fall – die Erprobung einer Hypothese. Der Vorgang bietet keinerlei methodologische Bedenken, *solange* man sich stets gegenwärtig hält, daß idealtypische Entwicklungs*konstruktion* und *Geschichte* zwei streng zu scheidende Dinge sind und daß die Konstruktion hier lediglich das Mittel war, *planvoll* die *gültige* Zurechnung eines historischen Vorganges zu seinen wirklichen Ursachen aus dem Kreise der nach Lage unserer Erkenntnis *möglichen* zu vollziehen.

Diese Scheidung streng aufrecht zu erhalten, wird nun erfahrungsgemäß durch einen Umstand oft ungemein erschwert. Im Interesse der anschaulichen Demonstration des Idealtypus oder der idealtypischen Entwicklung wird man sie durch Anschauungsmaterial aus der empirisch-historischen Wirklichkeit zu *verdeutlichen* suchen. Die Gefahr dieses an sich ganz legitimen Verfahrens liegt darin, daß das geschichtliche Wissen hier einmal als *Diener* der Theorie erscheint statt umgekehrt. Die Versuchung liegt für den Theoretiker recht nahe, dieses Verhältnis entweder als das normale anzusehen, oder, was schlimmer ist, Theorie und Geschichte ineinander zu schieben und geradezu miteinander zu verwechseln. In noch gesteigertem Maße liegt dieser Fall dann vor, wenn die Idealkonstruktion einer Entwicklung mit der begrifflichen Klassifikation von Idealtypen bestimmter Kulturgebilde (z. B. der gewerblichen Betriebsformen von der „geschlossenen Hauswirtschaft“ ausgehend, oder etwa der religiösen Begriffe von den „Augenblicksgöttern“ anfangend) zu einer *genetischen* Klassifikation ineinander gearbeitet wird. Die nach den gewählten Begriffsmerkmalen sich ergebende Reihenfolge der Typen erscheint dann als eine gesetzlich notwendige historische Aufeinanderfolge derselben. Logische Ordnung der Begriffe einerseits und empirische Anordnung des Begriffenen in Raum, Zeit und ursächlicher Verknüpfung andererseits erscheinen dann so miteinander verkittet, daß die Versuchung, der Wirklichkeit Gewalt anzutun, um die reale Geltung der Konstruktion in der Wirklichkeit zu erhärten, fast unwiderstehlich wird.

Absichtlich ist es vermieden worden, an dem für uns weitaus wichtigsten Fall idealtypischer Konstruktionen zu demonstrieren: an *Marx*. Es geschah, um die Darstellung nicht durch Hineinziehen Marx-Interpretationen noch zu komplizieren und um den Erörterungen in unserer Zeitschrift, welche die Literatur, die über und im Anschluß an den großen Denker erwächst, zum regelmäßigen Gegenstand kritischer Analyse machen wird, nicht vorzugreifen. Daher sei hier nur konstatiert, daß natürlich alle spezifisch-marxistischen „Gesetze“ und Entwicklungskonstruktionen – soweit sie *theoretisch* fehlerfrei sind – idealtypischen Charakter haben. Die eminente, ja einzigartige *heuristische* Bedeutung dieser Idealtypen, wenn man sie zur *Vergleichung* der Wirklichkeit mit ihnen benutzt, und ebenso ihre Gefährlichkeit, sobald sie als empirisch geltend oder gar als *reale* (d. h. in Wahrheit: metaphysische) „wirkende *Kräfte*“, „Tendenzen“ usw. vorgestellt werden, kennt jeder, der je mit marxistischen Begriffen gearbeitet tat.

Gattungsbegriffe – Idealtypen – idealtypische Gattungsbegriffe, – Ideen im Sinne von empirisch in historischen Menschen wirksamen Gedankenverbindungen – Idealtypen solcher Ideen – Ideale, welche historische Menschen beherrschen – Idealtypen solcher Ideale – Ideale, auf welche der Historiker die Geschichte bezieht; – *theoretische* Konstruktionen unter *illustrativer* Benutzung des Empirischen – *geschichtliche* Untersuchung unter Benutzung der theoretischen Begriffe als idealer Grenzfälle, – dazu dann die verschiedenen möglichen Komplikationen, die hier nur angedeutet werden konnten: lauter gedankliche Bildungen, deren Verhältnis zur empirischen Wirklichkeit des unmittelbar Gegebenen in jedem einzelnen Fall problematisch ist: – diese Musterkarte allein zeigt schon die unendliche Verschlungenheit der begrifflich-methodischen Probleme, welche auf dem Gebiet der Kulturwissenschaften fortwährend lebendig bleiben. Und wir mußten uns schlechthin versagen, auf die praktisch methodologischen Fragen hier, wo die Probleme nur *gezeigt* werden sollten, ernstlich einzugehen, die Beziehungen der idealtypischen zur „gesetzlichen“ Erkenntnis, der idealtypischen Begriffe zu den Kollektivbegriffen usw. eingehender zu erörtern. –

Der Historiker wird nach allen diesen Auseinandersetzungen doch immer wieder darauf beharren, daß die Herrschaft der idealtypischen Form der Begriffsbildung und Konstruktion spezifische Symptome der Jugendlichkeit einer Disziplin seien. Und darin ist ihm in gewissem Sinne recht zu geben, freilich mit anderen Konsequenzen, als er sie ziehen wird. Nehmen wir ein paar Beispiele aus anderen Disziplinen. Es ist gewiß wahr: der geplagte Quartaner ebenso wie der primitive Philologe stellt sich zunächst eine Sprache *„organisch“*, d. h. als ein von Normen beherrschtes überempirisches *Ganzes* vor, die Aufgabe der Wissenschaft aber als die: festzustellen, was – als Sprachregel – gelten *solle*. Die „Schriftsprache“ logisch zu bearbeiten, wie etwa die Crusca es tat, ihren Gehalt auf *Regeln* zu reduzieren, ist die normalerweise erste Aufgabe, welche sich eine „Philologie“ stellt. Und wenn demgegenüber heute ein führender Philologe das „Sprechen *jedes Einzelnen*“ als Objekt der Philologie proklamiert, so ist selbst die Aufstellung eines solchen Programms nur möglich, nachdem in der Schriftsprache ein relativ fester Idealtypus vorliegt, mit welchem die sonst gänzlich orientierungs- und uferlose Durchforschung der unendlichen Mannigfaltigkeit des *Sprechens* (mindestens stillschweigend) operieren kann. – Und nicht anders funktionierten die Konstruktionen der naturrechtlichen und der organischen Staatstheorien, oder etwa – um an einen Idealtypus in *unserm* Sinn zu erinnern – die Benjamin Constantsche Theorie des antiken Staats, gewissermaßen als Nothäfen, bis man gelernt hatte, sich auf dem ungeheueren Meere der empirischen Tatsachen zurechtzufinden. Die reif werdende Wissenschaft bedeutet also in der Tat immer *Überwindung* des Idealtypus, sofern er als empirisch *geltend* oder als *Gattungsbegriff* gedacht wird. Allein nicht nur ist z. B. die Benutzung der geistvollen Constantschen Konstruktion zur Demonstration gewisser Seiten und historischer Eigenarten antiken Staatslebens noch heute ganz legitim, sobald man sorgsam ihren idealtypischen Charakter festhält. Sondern vor allem: es gibt Wissenschaften, denen ewige Jugendlichkeit beschieden ist, und das sind alle *historischen* Disziplinen, alle die, denen der ewig fortschreitende Fluß der Kultur stets neue Problemstellungen zuführt. Bei ihnen liegt die Vergänglichkeit *aller*, *aber* zugleich die Unvermeidlichkeit immer neuer idealtypischer Konstruktionen im Wesen der Aufgabe.

Stets wiederholen sich die Versuche, den „eigentlichen“, „wahren“ Sinn historischer Begriffe festzustellen, und niemals gelangen sie zu Ende. Ganz regelmäßig bleiben infolgedessen die Synthesen, mit denen die Geschichte fortwährend arbeitet, entweder nur relativ bestimmte Begriffe, oder, sobald Eindeutigkeit des Begriffsinhaltes erzwungen werden soll, wird der Begriff zum abstrakten Idealtypus und enthüllt sich damit als ein theoretischer, also „einseitiger“ Gesichtspunkt, unter dem die Wirklichkeit beleuchtet, auf den sie bezogen werden kann, der aber zum Schema, in das sie restlos *eingeordnet* werden könnte, sich selbstverständlich als ungeeignet erweist. Denn keines jener Gedankensysteme, deren wir zur Erfassung der jeweils bedeutsamen Bestandteile der Wirklichkeit nicht entraten können, kann ja ihren unendlichen Reichtum erschöpfen. Keins ist etwas anderes als der Versuch, auf Grund des jeweiligen Standes unseres Wissens und der uns jeweils zur Verfügung stehenden begrifflichen Gebilde, Ordnung in das Chaos derjenigen Tatsachen zu bringen, welche wir in den Kreis unseres *Interesses* jeweils einbezogen haben. Der Gedankenapparat, welchen die Vergangenheit durch denkende Bearbeitung, das heißt aber in Wahrheit: denkende *Umbildung*, der unmittelbar gegebenen Wirklichkeit und durch Einordnung in diejenigen Begriffe, die dem Stande ihrer Erkenntnis und der Richtung ihres Interesses entsprachen, entwickelt hat, steht in steter Auseinandersetzung mit dem, was wir an neuer Erkenntnis aus der Wirklichkeit gewinnen können und *wollen*. In diesem Kampf vollzieht sich der Fortschritt der kulturwissenschaftlichen Arbeit. Ihr Ergebnis ist ein steter Umbildungsprozeß jener Begriffe, in denen wir die Wirklichkeit zu erfassen suchen. Die Geschichte der Wissenschaften vom sozialen Leben ist und bleibt daher ein steter Wechsel zwischen dem Versuch, durch Begriffsbildung Tatsachen gedanklich zu ordnen, – der Auflösung der so gewonnenen Gedankenbilder durch Erweiterung und Verschiebung des wissenschaftlichen Horizontes, – und der Neubildung von Begriffen auf der so veränderten Grundlage. Nicht etwa das Fehlerhafte des Versuchs, Begriffssysteme *überhaupt* zu bilden, spricht sich darin aus: – eine jede Wissenschaft, auch die einfach darstellende Geschichte, arbeitet mit dem Begriffsvorrat ihrer Zeit –, sondern *der* Umstand kommt darin zum Ausdruck, daß in den Wissenschaften von der menschlichen Kultur die Bildung der Begriffe von der Stellung der Probleme abhängt, und daß diese letztere wandelbar ist mit dem Inhalt der Kultur selbst. Das Verhältnis von Begriff und Begriffenem in den Kulturwissenschaften bringt die Vergänglichkeit jeder solchen Synthese mit sich. Große begriffliche Konstruktionsversuche haben auf dem Gebiet unserer Wissenschaft ihren Wert regelmäßig gerade darin gehabt, daß sie die *Schranken* der Bedeutung desjenigen Gesichtspunktes, der ihnen zugrunde lag, enthüllten.

Die weittragendsten Fortschritte auf dem Gebiet der Sozialwissenschaften knüpfen sich *sachlich* an die Verschiebung der praktischen Kulturprobleme und kleiden sich in die Form einer Kritik der Begriffsbildung. Es wird zu den vornehmsten Aufgaben unserer Zeitschrift gehören, dem Zweck dieser Kritik und damit der Untersuchung der *Prinzipien der Synthese* auf dem Gebiet der Sozialwissenschaft zu dienen. –

Bei den Konsequenzen, die aus dem Gesagten zu ziehen sind, gelangen wir nun an einen Punkt, wo unsere Ansichten sich vielleicht hier und da von denen mancher, auch hervorragender, Vertreter der historischen Schule, zu deren Kindern wir ja selbst gehören, scheiden. Diese letzteren nämlich verharren vielfach ausdrücklich oder stillschweigend in der Meinung, es sei das Endziel, der Zweck, jeder Wissenschaft, ihren Stoff in einem System von Begriffen zu ordnen, deren Inhalt durch Beobachtung empirischer Regelmäßigkeiten, Hypothesenbildung und Verifikation derselben zu gewinnen und langsam zu vervollkommnen sei, bis irgend wann eine „vollendete“ und *deshalb* deduktive Wissenschaft daraus entstanden sei. Für dieses Ziel sei die historisch-induktive Arbeit der Gegenwart eine durch die Unvollkommenheit unserer Disziplin bedingte Vorarbeit: nichts muß naturgemäß vom Standpunkt dieser Betrachtungsweise aus bedenklicher erscheinen als die Bildung und Verwendung scharfer Begriffe, die ja jenes Ziel einer fernen Zukunft voreilig vorwegzunehmen trachten müßte. – Prinzipiell unanfechtbar wäre diese Auffassung auf dem Boden der antik-scholastischen Erkenntnislehre, welche denn auch der Masse der Spezialarbeiter der historischen Schule noch tief im Blute steckt: als Zweck der Begriffe wird vorausgesetzt, vorstellungsmäßige *Abbilder* der „objektiven“ Wirklichkeit zu sein; daher der immer wiederkehrende Hinweis auf die *Unwirklichkeit* aller scharfen Begriffe. Wer den Grundgedanken der auf Kant zurückgehenden modernen Erkenntnislehre, daß die Begriffe vielmehr gedankliche Mittel zum Zweck der geistigen Beherrschung des empirisch Gegebenen sind und allein sein können, zu Ende denkt, dem wird der Umstand, daß scharfe genetische Begriffe notwendig Idealtypen sind, nicht gegen die Bildung von solchen sprechen können. Ihm kehrt sich das Verhältnis von Begriff und historischer Arbeit um: jenes Endziel erscheint ihm logisch unmöglich, die Begriffe sind nicht Ziel, sondern *Mittel* zum Zweck der Erkenntnis der unter individuellen Gesichtspunkten bedeutsamen Zusammenhänge: gerade *weil* die Inhalte der historischen Begriffe notwendig wandelbar sind, müssen sie jeweils notwendig scharf formuliert werden. Er wird nur das Verlangen stellen, daß bei ihrer *Verwendung* stets ihr Charakter als idealer Gedankengebilde sorgsam festgehalten, Idealtypus und Geschichte nicht verwechselt werde. Er wird, da wirklich definitive historische Begriffe bei dem unvermeidlichen Wechsel der leitenden Wertideen als generelles Endziel nicht in Betracht kommen, glauben, daß eben dadurch, daß für den *einzelnen*, jeweils leitenden Gesichtspunkt scharfe und eindeutige Begriffe gebildet werden, die Möglichkeit gegeben sei, die Schranken ihrer Geltung jeweils klar im Bewußtsein zu behalten.

Man wird nun darauf hinweisen, und wir haben es selbst zugegeben, daß ein konkreter historischer Zusammenhang im einzelnen Fall sehr wohl in seinem Ablauf anschaulich gemacht werden könne, ohne daß er fortwährend mit definierten Begriffen in Beziehung gesetzt werde. Und man wird demgemäß für den Historiker unserer Disziplin in Anspruch nehmen, daß er ebenso, wie man dies von dem politischen Historiker gesagt hat, die „Sprache *des* Lebens“ reden dürfe.

Gewiß! Nur ist dazu zu sagen, daß es bei diesem Verfahren bis zu einem oft *sehr* hohen Grade notwendig Zufall bleibt, ob der Gesichtspunkt, unter welchem der behandelte Vorgang Bedeutung gewinnt, zu klarem Bewußtsein gelangt. Wir sind im allgemeinen nicht in der günstigen Lage des politischen Historikers, bei welchem die Kulturinhalte, auf die er seine Darstellung bezieht, regelmäßig eindeutig sind – oder zu sein scheinen. Jeder nur anschaulichen Schilderung haftet die Eigenart der Bedeutung *künstlerischer* Darstellung an: „Ein jeder sieht, was er im Herzen trägt“, – gültige *Urteile* setzen überall die *logische* Bearbeitung des Anschaulichen, das heißt die Verwendung von *Begriffen* voraus, und es ist zwar möglich und oft ästhetisch reizvoll, diese in petto zu behalten, aber es gefährdet stets die Sicherheit der Orientierung des Lesers, oft die des Schriftstellers selbst, über Inhalt und Tragweite seiner Urteile.

Ganz hervorragend gefährlich aber kann nun die Unterlassung scharfer Begriffsbildung für praktische, wirtschafts- und sozial*politische* Erörterungen werden. Was hier z. B. die Verwendung des Terminus „*Wert*“ – jenes Schmerzenskindes unserer Disziplin, welchem eben *nur* idealtypisch irgendein eindeutiger Sinn gegeben werden kann –, oder Worte wie „produktiv“, „vom volkswirtschaftlichen Standpunkt aus“ usw., die überhaupt keiner begrifflich klaren Analyse standhalten, für Verwirrung gestiftet haben, ist für den Außenstehenden geradezu unglaublich. Und zwar sind es hier vornehmlich die der Sprache des Lebens entnommenen *Kollektiv*begriffe, welche Unsegen stiften. Man nehme, um ein für den Laien möglichst durchsichtiges Schulbeispiel herauszugreifen, den Begriff „Landwirtschaft“, wie er in der Wortverbindung „Interessen der Landwirtschaft“ auftritt. Nehmen wir zunächst die „Interessen der Landwirtschaft“ als die empirisch konstatierbaren mehr oder minder klaren *subjektiven* Vorstellungen der einzelnen wirtschaftenden Individuen von ihren Interessen, und sehen wir dabei ganz und gar von den unzähligen Konflikten der Interessen viehzüchtender, viehmästender, kornbauender, kornverfütternder, schnapsdestillierender usw. Landwirte hier ab, so kennt zwar nicht jeder Laie, aber doch jeder Fachmann das gewaltige Knäuel von durch- und gegeneinander laufenden Wertbeziehungen, das darunter unklar vorgestellt wird. Wir wollen hier nur einige wenige aufzählen: Interessen von Landwirten, welche ihr Gut verkaufen wollen und deshalb lediglich an einer schnellen Hausse des Bodenpreises interessiert sind; – das gerade entgegengesetzte Interesse von solchen, die sich ankaufen, arrondieren oder pachten wollen; das Interesse derjenigen, die ein bestimmtes Gut ihren Nachfahren um sozialer Vorteile willen zu erhalten wünschen und deshalb an Stabilität des Bodenbesitzes interessiert sind; – das entgegengesetzte Interesse solcher, die in ihrem und ihrer Kinder Interesse Bewegung des Bodens in der Richtung zum besten Wirt oder – was nicht ohne weiteres dasselbe ist – zum kapitalkräftigsten Käufer wünschen; das rein ökonomische Interesse der im privatwirtschaftlichen

Sinne „tüchtigsten Wirte“ an ökonomischer Bewegungsfreiheit; – das damit im Konflikt stehende Interesse bestimmter herrschender Schichten an der Erhaltung der überkommenen sozialen und politischen Position des eigenen „Standes“ und damit der eigenen Nachkommen; das soziale Interesse der *nicht* herrschenden Schichten der Landwirte am Wegfall jener oberen, ihre eigene Position drückenden Schichten; – ihr unter Umständen damit kollidierendes Interesse, in jenen politische Führer zur Wahrung ihrer Erwerbsinteressen zu besitzen. – Die Liste könnte noch gewaltig vermehrt werden, ohne ein Ende zu finden, obwohl wir so summarisch und unpräzis wie nur möglich verfahren sind. Daß sich mit den mehr „egoistischen“ Interessen dieser Art die verschiedensten rein idealen Werte mischen, verbinden, sie hemmen und ablenken können, übergehen wir, um uns vor allem zu erinnern, daß, wenn wir von „Interessen der Landwirtschaft“ reden, wir regelmäßig *nicht nur* an jene materiellen und idealen Werte denken, auf welche die jeweiligen Landwirte selbst ihre „Interessen“ beziehen, sondern daneben an die zum Teil ganz heterogenen Wertideen, auf welche *wir* die Landwirtschaft beziehen können, – beispielsweise: Produktionsinteressen, hergeleitet aus dem Interesse billiger und dem damit nicht immer zusammenfallenden Interesse qualitativ guter Ernährung der Bevölkerung, wobei die Interessen von Stadt und Land in den mannigfachsten Kollisionen liegen können, und wobei das Interesse der gegenwärtigen Generation mit den wahrscheinlichen Interessen künftiger Generationen keineswegs identisch sein muß; – populationistische Interessen: insbesondere Interesse an einer *zahlreichen* Landbevölkerung, hergeleitet, sei es aus Interessen „des Staates“, machtpolitischen oder innerpolitischen, oder aus anderen ideellen Interessen von unter sich verschiedener Art, z. B. an dem erwarteten Einfluß einer zahlreichen Landbevölkerung auf die Kultureigenart eines Landes; – dies populationistische Interesse kann mit den verschiedensten privatwirtschaftlichen Interessen aller Teile der Landbevölkerung, ja denkbarerweise mit allen Gegenwartsinteressen der Masse der Landbevölkerung kollidieren. Oder etwa das Interesse an einer bestimmten Art der sozialen *Gliederung* der Landbevölkerung wegen der Art der politischen oder Kultureinflüsse, die sich daraus ergeben: dies Interesse kann je nach seiner Richtung mit allen denkbaren, auch den dringlichsten Gegenwarts- und Zukunftsinteressen der einzelnen Landwirte sowohl wie „des Staates“ kollidieren. Und – dies kompliziert die Sache weiter – der „Staat“, auf dessen „Interesse“ wir solche und zahlreiche andere ähnliche Einzelinteressen gern beziehen, ist uns dabei ja oft nur Deckadresse für ein in sich höchst verschlungenes Knäuel von Wertideen, auf die er seinerseits von uns im einzelnen Falle bezogen wird: rein militärische Sicherung nach außen; Sicherung der Herrscherstellung einer Dynastie oder bestimmter Klassen nach innen; Interesse an der Erhaltung und Erweiterung der formal-staatlichen Einheit der Nation, um ihrer selbst willen oder im Interesse der Erhaltung bestimmter objektiver, unter sich wieder sehr verschiedener Kulturwerte, die wir als staatlich geeintes Volk zu vertreten glauben; Umgestaltung des sozialen Charakters des Staates im Sinne bestimmter, wiederum sehr verschiedener Kulturideale, – es würde zu weit führen, auch nur anzudeuten, was alles unter dem Sammelnamen „staatlicher Interessen“ läuft, auf die wir „die Landwirtschaft“ beziehen können. Das hier gewählte Beispiel und noch mehr unsere summarische Analyse sind plump und einfach. Der Laie möge sich nun einmal etwa den Begriff „Klasseninteresse der Arbeiter“ ähnlich (und gründlicher) analysieren, um zu sehen, welch widerspruchsvolles Knäuel teils von Interessen und Idealen der Arbeiter, teils von Idealen, unter denen *wir* die Arbeiter betrachten, dahintersteckt. Es ist unmöglich, die Schlagworte des Interessenkampfes durch rein empiristische Betonung ihrer „Relativität“ zu überwinden: klare, scharfe, begriffliche Feststellung der verschiedenen *möglichen* Gesichtspunkte ist der einzige Weg, der hier über die Unklarheit der Phrase hinausführt. Das „Freihandelsargument“ als *Weltanschauung* oder gültige *Norm* ist eine Lächerlichkeit, aber schweren Schaden hat es für unsere handelspolitischen Erörterungen mit sich gebracht – und zwar ganz gleichgültig, *welche* handelspolitischen Ideale der Einzelne vertreten will –, daß wir die in solchen idealtypischen Formeln niedergelegte alte Lebensweisheit der größten Kaufleute der Erde in ihrem heuristischen Wert unterschätzt haben. Nur durch idealtypische Begriffsformeln werden die Gesichtspunkte, die im Einzelfalle in Betracht kommen, in ihrer Eigenart im Wege der *Konfrontierung* des Empirischen mit dem Idealtypus wirklich deutlich. Der Gebrauch der undifferenzierten Kollektivbegriffe, mit denen die Sprache des Alltags arbeitet, ist stets Deckmantel von Unklarheiten des Denkens oder Wollens, oft genug das Werkzeug bedenklicher Erschleichungen, immer aber ein Mittel, die Entwicklung der richtigen Problemstellung zu hemmen.

Wir sind am Ende dieser Ausführungen, die lediglich den Zweck verfolgen, die oft haarfeine Linie, welche Wissenschaft und Glauben scheidet, hervortreten und den *Sinn* sozialökonomischen Erkenntnisstrebens erkennen zu lassen. Die *objektive* Gültigkeit alles Erfahrungswissens beruht darauf und nur darauf, daß die gegebene Wirklichkeit nach Kategorien geordnet wird, welche in einem spezifischen Sinn *subjektiv*, nämlich die *Voraussetzung* unserer Erkenntnis darstellend, und an die Voraussetzung des *Wertes* derjenigen Wahrheit gebunden sind, die das Erfahrungswissen allein uns zu geben vermag. Wem diese Wahrheit nicht wertvoll ist – und der Glaube an den Wert wissenschaftlicher Wahrheit ist Produkt bestimmter Kulturen und nichts Naturgegebenes –, dem haben wir mit den Mitteln unserer Wissenschaft nichts zu bieten. Freilich wird er vergeblich nach einer anderen Wahrheit suchen, die ihm die Wissenschaft in demjenigen ersetzt, was *sie* allein leisten kann: Begriffe und Urteile, die nicht die empirische Wirklichkeit sind, auch nicht sie abbilden, aber sie in gültiger Weise *denkend ordnen* lassen. Auf dem Gebiet der empirischen sozialen Kulturwissenschaften ist, so sahen wir, die Möglichkeit sinnvoller Erkenntnis des für uns Wesentlichen in der unendlichen Fülle des Geschehens gebunden an die unausgesetzte Verwendung von Gesichtspunkten spezifisch gesonderten Charakters, welche alle in letzter Instanz ausgerichtet sind auf Wertideen, die ihrerseits zwar empirisch als Elemente alles sinnvollen menschlichen Handelns konstatierbar und erlebbar, *nicht* aber aus dem empirischen Stoff als geltend begründbar sind. Die „Objektivität“ sozialwissenschaftlicher Erkenntnis hängt vielmehr davon ab, daß das empirisch Gegebene zwar stets auf jene Wertideen, die ihr allein Erkenntnis*wert* verleihen, ausgerichtet, in ihrer Bedeutung aus ihnen verstanden, dennoch aber niemals zum Piedestal für den empirisch unmöglichen Nachweis ihrer Geltung gemacht wird. Und der uns allen in irgendeiner Form innewohnende *Glaube* an die überempirische Geltung letzter und höchster Wertideen, an denen wir den Sinn unseres Daseins verankern, schließt die unausgesetzte Wandelbarkeit der konkreten Gesichtspunkte, unter denen die empirische Wirklichkeit Bedeutung erhält, nicht etwa aus, sondern ein: das Leben in seiner irrationalen Wirklichkeit und sein Gehalt an *möglichen* Bedeutungen sind unausschöpfbar, die *konkrete* Gestaltung der Wertbeziehung bleibt daher fließend, dem Wandel unterworfen in die dunkle Zukunft der menschlichen Kultur hinein. Das Licht, welches jene höchsten Wertideen spenden, fällt jeweilig auf einen stets wechselnden endlichen Teil des ungeheuren chaotischen Stromes von Geschehnissen, der sich durch die Zeit dahinwälzt. –

Das alles möge nun nicht dahin mißverstanden werden, daß die eigentliche Aufgabe der Sozialwissenschaft eine stete Hetzjagd nach neuen Gesichtspunkten und begrifflichen Konstruktionen sein solle. *Im Gegenteil:* nichts sollte hier schärfer betont werden als der Satz, daß der Dienst an der Erkenntnis der *Kulturbedeutung konkreter historischer Zusammenhänge* ausschließlich und allein das letzte Ziel ist, dem, neben anderen Mitteln, *auch* die begriffsbildende und begriffskritische Arbeit dienen will. – Es gibt, um mit F. Th. Vischer zu reden, auch auf unserem Gebiete „Stoffhuber“ und „Sinnhuber“. Der tatsachengierige Schlund der ersteren ist nur durch Aktenmaterial, statistische Folianten und Enqueten zu stopfen, für die Feinheit des neuen Gedankens ist er unempfindlich. Die Gourmandise der letzteren verdirbt sich den Geschmack an den Tatsachen durch immer neue Gedankendestillate. Jene echte Künstlerschaft, wie sie z. B. unter den Historikern Ranke in so grandiosem Maße besaß, pflegt sich gerade darin zu manifestieren, daß sie durch Beziehung *bekannter* Tatsachen auf *bekannte* Gesichtspunkte dennoch ein Neues zu schaffen weiß.

Alle kulturwissenschaftliche Arbeit in einer Zeit der Spezialisierung wird, nachdem sie durch bestimmte Problemstellungen einmal auf einen bestimmten Stoff hin ausgerichtet ist und sich ihre methodischen Prinzipien geschaffen hat, die Bearbeitung dieses Stoffes als Selbstzweck betrachten, ohne den Erkenntniswert der einzelnen Tatsachen stets bewußt an den letzten Wertideen zu kontrollieren, ja ohne sich ihrer Verankerung an diesen Wertideen überhaupt bewußt zu bleiben. Und es ist gut so. Aber irgendwann wechselt die Farbe: die Bedeutung der unreflektiert verwerteten Gesichtspunkte wird unsicher, der Weg verliert sich in die Dämmerung. Das Licht der großen Kulturprobleme ist weiter gezogen. Dann rüstet sich auch die Wissenschaft, ihren Standort und ihren Begriffsapparat zu wechseln und aus der Höhe des Gedankens auf den Strom des Geschehens zu blicken. Sie zieht jenen Gestirnen nach, welche allein ihrer Arbeit Sinn und Richtung zu weisen vermögen:

> „*... der neue Trieb erwacht,*
> *Ich eile fort, ihr ew'ges Licht zu trinken,*
> *Vor mir den Tag und hinter mir die Nacht,*
> *Den Himmel über mir und unter mir die Wellen.*“

Agrarverhältnisse im Altertum[1]

I. Einleitung

Zur ökonomischen Theorie der antiken Staatenwelt

Den Siedelungen des europäischen Okzidents ist im Gegensatz zu denjenigen der ostasiatischen Kulturvölker gemeinsam, daß – wenn man eine kurze und daher nicht ganz genaue Formel anwenden, will –, bei *jenen* der Übergang zur endgültigen Seßhaftigkeit ein Übergang von einem starken Vorwalten der *Vieh-*, spezieller noch: der Milchviehzucht, gegenüber dem Bodenanbau zum Überwiegen der Bedeutung des Bodenanbaues über die mit ihm kombinierte Viehhaltung, – bei *diesen* dagegen von extensiver und deshalb nomadisierender *Acker*nutzung zum gartenmäßigen Ackerbau *ohne* Milchviehhaltung ist. Der Gegensatz ist ein relativer und gilt vielleicht für prähistorische Zeiten nicht. Aber so wie er geschichtlich bestanden hat, ist seine Tragweite groß genug. Er hat die Konsequenz, daß die Bodenappropriation bei den europäischen Völkern stets mit der Ausscheidung und ausschließlichen Zuweisung von *Weide*revieren auf dem von einer Gemeinschaft okkupierten Gebiet an kleinere Gemeinschaften verknüpft ist, bei den Asiaten dagegen *dieser* Ausgangspunkt und damit die *darauf* beruhenden Erscheinungen primitiver „Flurgemeinschaft", z. B. der okzidentale Begriff von Mark und Allmende, fehlen oder doch einen anderen ökonomischen Sinn haben. Die Flurgemeinschaftselemente in den ostasiatischen Dorfverfassungen zeigen daher, soweit sie nicht überhaupt modernen Ursprungs, z. B. aus der Steuerverfassung hervorgegangen sind, ein von den europäischen stark abweichendes Gepräge. Und auch der „Individualismus" des Herdenbesitzes mit seinen Folgen fehlt den ostasiatischen Völkern. Bei den Okzidentalen dagegen (hauptsächlich, aber nicht nur, in Europa) können wir auf gewisse Ausgangspunkte der Entwicklung fast überall zurückgreifen. Normalerweise ist hier – so viel wir urteilen können – der endgültig *seßhafte* Ackerbau mit der Verengung des Nahrungsspielraums entstanden durch zunehmende Verschiebung des Schwerpunkts der Ernährung vom Ertrage der Milchviehhaltung auf den Ertrag der Felder. Dies gilt nicht nur für das nordwesteuropäische, sondern im wesentlichen auch für das südeuropäische und vorderasiatische Gebiet. Aber allerdings wird in Vorderasien (Mesopotamien) und ebenso bei dem einzigen großen afrikanischen Kulturvolk, den Ägyptern, jener Entwicklungsgang schon in vorhistorischer Zeit sehr stark

[1] In: Handwörterbuch der Staatswissenschaften. Hrsg. v. J. Conrad u. a. 3., gänzlich umgearbeitete Auflage. 1. Band. Jena 1909.

alteriert durch die einschneidende Bedeutung der Stromufer- und Bewässerungskultur, welche wenigstens denkbarerweise sich direkt aus ursprünglichem, vor der Zähmung der Haustiere liegendem, reinem Bodenanbau zu ihrem späteren gartenmäßigen Charakter entwickelt haben *könnte*, jedenfalls aber auch in historischer Zeit der ganzen Wirtschaft ein sehr spezifisches Gepräge gab.

Dagegen zeigen die hellenischen und – trotz der in den alten Quellen gerade dort stark hervortretenden Bedeutung des Viehes als *Arbeits-* (nicht Milch-) Viehes – auch das römische Gemeinwesen in ihrer agrarischen Unterlage wesentlich mehr Verwandtschaft mit unsern mittelalterlichen Zuständen. Die entscheidenden *Unterschiede* gegenüber den letzteren haben sich im Altertum herausgebildet auf derjenigen Entwicklungsstufe, auf welcher, bei vollzogener fester Siedelung, die Masse der Bevölkerung durch die Notwendigkeit intensiverer Arbeit an den Boden gefesselt und für *militärische* Zwecke ökonomisch nicht mehr disponibel war, so daß im Wege der Arbeitsteilung eine *Berufskriegerschaft* sich herausdifferenzierte und nun die wehrlose Masse für ihre Sustentation auszubeuten suchte. Die Entwicklung der militärischen *Technik* zu einer nur berufsmäßig zu betreibenden, weil ständige Ausbildung und Übung voraussetzenden Kunst ging damit teils als Begleiterscheinung, teils als die wirkende Ursache parallel. Im europäischen frühen Mittelalter führte ein solcher Prozeß bekanntlich zur Entstehung des „Feudalismus". In *der* Form, wie dies dort und damals geschah, hat das Altertum ihn nur in Ansätzen gekannt: die Kombination von Vasallität und Benefizium und die Ausgestaltung des romanisch-germanischen Lehnrechts hat in historischer Zeit im Altertum keine volle Analogie. Allein es erscheint nicht nötig und nicht richtig, den Begriff des „Feudalismus" auf diese spezielle Ausprägung zu beschränken. Sowohl die ostasiatischen wie die altamerikanischen Kulturvölker kannten Einrichtungen, die wir ihrer Funktion nach als ganz zweifellos „feudalen" Charakters betrachten, und es ist nicht einzusehen, warum nicht *alle* jene sozialen Institutionen, welchen die Herausdifferenzierung einer für den Krieg oder den Königsdienst lebenden Herrenschicht und ihre Sustentation durch privilegierten Landbesitz, Renten oder Fronden der abhängigen waffenlosen Bevölkerung zugrunde liegt, in den Begriff einbezogen werden sollten, die Amtslehen in Ägypten und Babylon ebensogut wie die spartanische Verfassung. Der Unterschied liegt in der verschiedenen *Art*, wie die Kriegerklasse gegliedert und ökonomisch gesichert ist. Unter den verschiedenen Möglichkeiten ist die Dislokation des Herrenstandes als *Grundherren* über das Land hin diejenige „individualistische" Form des Feudalismus, welche uns im okzidentalen *Mittelalter* (und in Ansätzen schon im Ausgang des Altertums) scharf analysierbar entgegentritt. Das mittelländische, und zwar speziell das hellenische, *Altertum* hat dagegen in der Frühzeit seiner Kulturentwicklung den *„Stadtfeudalismus"* in befestigten Orten zusammengesiedelter Berufskrieger gekannt. Nicht daß der „Stadtfeudalismus" die ausschließliche Form des Feudalismus im Altertum gewesen wäre, – aber er hat die späteren Zentren der „klassischen“ politischen Kultur in den Anfängen ihrer spezifischen politischen Entwicklung direkt beherrscht. Er bedeutete daher für sie doch noch etwas *mehr* als etwa die zwangsweise Einsiedlung des Landadels in manche Städte des italienischen Mittelalters.

Der Import einer fremden und überlegenen militärischen Technik vollzog sich im Altertum in *Süd*europa auf dem *Seewege* und unter gleichzeitiger Verflechtung der zuerst ergriffenen Küstenorte in einen immerhin, wenigstens seiner geographischen Ausdehnung nach, umfassenden *Verkehr*. Die feudale herrschende Klasse war zuerst regelmäßig zugleich diejenige, welche von jenem Verkehr Gewinn zog. Es führte deshalb die *spezifisch* antike feudale Entwicklung zur Bildung feudaler *Stadtstaaten*. *Zentral*europa wurde dagegen im frühen Mittelalter auf dem *Landwege* von einer der Sache nach gleichartigen militär-technischen Entwicklung ergriffen. Als es zum Feudalismus reif wurde, *fehlte* ihm ein so stark wie im Altertum entwickelter Verkehr, es baute sich hier der Feudalismus weit stärker auf ländlicher Unterlage auf und erzeugte die *Grundherrschaft*. Das Band, welches die herrschende militärische Schicht zusammenhielt, war deshalb hier das wesentlich persönliche der Lehnstreue, im Altertum das sehr viel festere des Stadtbürgerrechts.

Das Verhältnis jenes *antiken* Stadtfeudalismus zur *Verkehrs*wirtschaft erinnert nun an das Emporwachsen des freien Gewerbes in unseren mittelalterlichen Städten, den Niedergang der Geschlechterherrschaft, den latenten Kampf zwischen „Stadtwirtschaft“ und „Grundherrschaft“ und die Zersetzung des feudalen Staates durch die Geldwirtschaft im späten Mittelalter und der Neuzeit. Aber diese Analogien mit mittelalterlichen und modernen Erscheinungen, scheinbar auf Schritt und Tritt vorhanden, sind zum nicht geringen Teile höchst unverläßlich und oft direkt schädlich für die unbefangene Erkenntnis. Denn jene Ähnlichkeiten können leicht trügerische sein und sind es tatsächlich nicht selten. Die antike Kultur hat spezifische Eigentümlichkeiten, welche sie von der mittelalterlichen wie von der neuzeitlichen scharf unterscheiden. Sie ist ihrem ökonomischen Schwerpunkt nach, bis an den Beginn der Kaiserzeit, im Okzident *Küstenkultur*, im Orient und Ägypten *Stromuferkultur*, mit einem geographisch extensiven und hohen Gewinn abwerfenden, interlokalen und internationalen Handel, der aber in der relativen Bedeutung der umgesetzten Güterquanta, von einigen bedeutsamen Intermezzi abgesehen, hinter dem späten Mittelalter *zurück*bleibt. Zweifellos: die Objekte des Handels sind sehr mannigfaltig und umfassen auch die unedlen Metalle und zahlreichere Rohstoffe, als man a priori voraussetzen würde. Aber einerseits ist der Landhandel mit dem spätmittelalterlichen nur an einzelnen Punkten und auch dort nur in einzelnen Perioden vergleichbar, und die Mehrzahl der Massenbedarfsartikel spielen auch im Seehandel nur in gewissen

Höhepunkten politischer oder ökonomischer Machtentfaltung, vor allem in Fällen der Stapelmonopolisierung, eine wirklich beherrschende Rolle: in Athen, später in Rhodos, Ägypten und Rom. Die Summe des Jahresverkehrs, welche Beloch aus der Pacht der Peiraieuszölle in den Jahren 401/0 berechnet (Zoll ¹⁄₅₀ Pacht 30 bzw. 36 Talente, also Umsatz von ca. 2.000 Talenten = gegen 13 Mill. Fr.) würde allerdings für den Peiraieus allein, und dazu so bald nach dem peloponnesischen Kriege – auch bei Nichtberücksichtigung des Unterschiedes der Kaufkraft des Geldes – immerhin etwa ¹⁄₁₀ des Außenhandels des heutigen Königreichs Griechenland (ca. 130 bis 140 Mill.) ergeben, was gewiß respektabel ist und geglaubt werden müßte, *falls* es endgültig dabei zu bleiben hätte, daß *diese* Zölle damals nur 2% betrugen, und daß *nur* sie, nicht etwaige andere Gebühren mit verpachtet wurden. Hier ist aber schlechthin alles streitig. Noch respektabler würde die Summe von 1 Mill. (rhodischer) Drachmen (= ca. 140 attischen Talenten) sich ausnehmen, auf welche, nach der Behauptung der Rhodier (NB!) sich die Zolleinnahme ihrer (allerdings in fast allen hellenistischen Reichen exzessiv privilegierten) Insel vor der Begründung des Freihafens von Delos belaufen haben sollte (nachher: nur 150.000 Drachmen!) – wenn sie nicht ungeachtet ihres „offiziellen" Charakters ziemlich zweifelwürdig wäre. Daß vollends die 5%ige Seeverkehrsabgabe von den bundesgenössischen Städten *allein*, – *ohne* Athen und die größten Inseln –, welche die Athener im 5. Jahrh. als Ersatz gewisser Bundesgenossenabgaben beschlossen, auch nur nach *ihrem* subjektiven Kalkül 1.000 Talente hätte bringen können, wie Beloch rechnet, erscheint mir ausgeschlossen. Die Thukydidesstelle ist doch in ihrer Überknappheit keine zureichende Grundlage für das richtige Verständnis der Maßregel, und jene Zahl ist mit den 30-36 Talenten Peiraieusabgabenpacht unvereinbar. Und ein durch 5%ige Preiserhöhung der Seeimportwaren ablösbarer Tribut wäre ja ein Kinderspiel gewesen. Die 55 Mill. Sesterzen (16 Mill. Frcs.) der ägyptischen Jahreseinfuhr zur See aus Indien unter Vespasian sind, da scheinbar die Lesung sicher ist, ein immerhin sehr bedeutender Posten, wahrscheinlich aber auch der bedeutendste, der im freien *Privat*handel, ohne Staatskontrolle und Staatssubvention, in der antiken Welt umgesetzt wurde. Man muß bei allen antiken Zahlen überdies immer bedenken, daß nicht nur Sachgüter, sondern auch *Menschen* (Sklaven) ein, seiner Transportfähigkeit wegen, in Zeiten der Handelsblüte sehr stark ins Gewicht fallendes und, in *Friedens*zeiten, bei guter Qualität oft hoch im Preise stehendes Handelsobjekt darstellten. Abhängigkeit von fremder *Getreide*zufuhr ist, wo sie im Altertum als dauernde Erscheinung besteht, *stets* ein Tatbestand, der die öffentliche Gewalt in Bewegung setzt und institutionelle und politische Konsequenzen der weittragendsten Art nach sich zieht, weil der Privathandel *nicht* als zulänglich gilt, die Versorgung zu sichern (Leiturgien wie in Athen, Staatsankauf aus hypothekarisch gesicherten Geldern und Verteilung an die Bürger wie in Samos, – usw. bis zu den großartigen Maßregeln Roms). Nun kennt bekanntlich nicht nur das Mittelalter, sondern auch der Merkantilismus und heute noch Rußland eine Getreidehandelspolitik mit verwandten Zielen. Aber mit der politischen Bedeutung etwa des babylonischen und ägyptischen Magazinsystems oder gar des römischen Annonarsystems kann sich die Magazinpolitik der absoluten Staaten, selbst diejenige Rußlands (wo sie am entwickeltsten ist), nur sehr von fern vergleichen. Zudem sind (selbst in Rußland) Ziele und Mittel andere. Die *Eigenart* der antiken Getreidepolitik gegenüber der modernen ist wesentlich begründet durch den, gegenüber dem heutigen Proletariat gänzlich anderen Charakter des *antiken* sogenannten „Proletariats". Denn dieses war ein *Konsumenten*-Proletariat, ein Haufen deklassierter Kleinbürger, nicht aber, wie heute, eine Arbeiterklasse, welche die *Produktion* auf ihren Schultern trägt. Das moderne Proletariat, als Klasse, *fehlte*. – Denn die antike Kultur ruhte, teils infolge der geringen Unterhaltskosten des Menschen auf den Schauplätzen ihrer Blüte, teils aber aus historisch-politischen Gründen, entweder geradezu dem Schwerpunkt nach auf *Sklaverei* – so in Rom in spätrepublikanischer Zeit –, oder sie war wenigstens, wo privatrechtlich „freie" Arbeit vorwog: im Hellenismus und in der Kaiserzeit, doch in einem solchen Grade von Sklavenarbeit durchsetzt, wie es im europäischen Mittelalter nicht vorkam. Gewiß zeigen die Ostraka und Papyri der Ptolemäerzeit und des Kaiserreichs, ebenso wie z. B. der Talmud, auch außerhalb des gelernten Handwerks die Bedeutung *freier* Arbeit im hellenistischen Orient, und auch in den Inschriften tritt sie sehr klar hervor. Der spezifisch kapitalistische Begriff des „Arbeitgebers" (ἐϱγοδότος) scheint entwickelt. Aber, charakteristisch genug, wo es sich um die Beschaffung von sicheren Arbeitskräften in *größerer* Zahl für feste Fristen handelt, z. B. etwa bei der ptolemäischen Monopolölpresse, muß sofort mit indirekten oder direkten Beschränkungen der Freizügigkeit eingegriffen werden. Und es trat die *Sklaverei* gerade in den Zeiten und an den Orten der „klassischen" Hochblüte der „freien" Gemeinwesen besonders *stark* in den Vordergrund. Daß zweifellos die Quantität der Sklaven ebenso wie ihre soziale Bedeutung für erhebliche Teile und Zeiträume der Antike (speziell für den Hellenismus, namentlich Ägypten, aber auch für den früheren Orient und für Griechenland) ziemlich stark überschätzt worden sind, wie jetzt feststeht (s. u.), ändert an der prinzipiellen Bedeutung des Unterschiedes doch nicht allzu viel. – Jedenfalls aber ist nach alledem die Frage unumgänglich, ob nicht in der ökonomischen Konstitution der Antike überhaupt Züge erscheinen, welche die Benutzung der Kategorien, mit welchen wir in der Wirtschaftsgeschichte des Mittelalters und vollends der Neuzeit arbeiten, ausschließen. Um diese Frage ist in dem letzten Jahrhundert lebhaft, teilweise leidenschaftlich, gestritten worden.

Ausgangspunkt der Diskussion war die Theorie von *Rodbertus* , wonach die Antike in ihrer Gesamtheit der von ihm konstruierten Periode der „Oiken"-Wirtschaft, d. h. der Eigenproduktion des durch unfreie Arbeit erweiterten Hauses, angehört habe, die antike Arbeitsteilung wesentlich nur Arbeitsspezialisierung innerhalb des großen Sklavenhaushaltes gewesen sei, der Verkehr nur eine Gelegenheits- und Zufallserscheinung, bestimmt, die gelegentlichen Überschüsse der, dem Prinzip nach, wirtschaftlich selbstgenügsamen Großhaushaltungen zu verwerten („Autarkie des Oikos"). Auch Karl Bücher hat diese Rodbertussche Kategorie des „Oikos" als den dem Altertum *charakteristischen* Typus der Wirtschaftsorganisation aufgefaßt, jedoch, nach seiner authentischen Deklaration dieser Ansicht – wie ich sie glaube interpretieren zu dürfen – im Sinne einer „idealtypischen" *Konstruktion* einer Wirtschaftsverfassung, die im Altertum in spezifisch starker *Annäherung* an die „begriffliche" Reinheit mit ihren spezifischen Konsequenzen auftrat, ohne daß jedoch das *ganze* Altertum, räumlich oder zeitlich, von ihr beherrscht wurde und (so darf wohl unbedenklich hinzugefügt werden) ohne daß diese „Herrschaft" in den Zeiten, wo sie bestand, mehr bedeutet hätte als eine, allerdings sehr starke, in ihren Konsequenzen höchst wirksame, *Einschränkung* der Verkehrserscheinungen in ihrer Bedeutung für die Bedarfsdeckung und eine entsprechende ökonomische und soziale Deklassierung *der* Schichten, welche deren Träger hätten sein können. Immerhin lag es in der Sache, daß Büchers Behandlung des Altertums als einer *Exemplifikation* des Typus: „Oikenwirtschaft" – denn dies mußte alsdann der Sinn seiner Erörterungen sein – ihn veranlaßte, gerade die für diesen paradigmatischen Zweck in Betracht kommenden Bestandteile der antiken Wirtschaftsgeschichte in einem Grade zu betonen, der bei den Historikern den Anschein erweckte, es solle der antiken Wirtschaft schlechthin der Charakter der „Oikenwirtschaft", daneben allenfalls, in den Städten, der Charakter der „Stadtwirtschaft" (im „idealtypischen" Sinn dieses Wortes) zugesprochen werden. Der gegen Büchers so (nach seiner Erklärung: unrichtig) gedeutete Ansicht sich wendende Widerspruch Ed. Meyers ging nun aber soweit, die Verwendung besonderer ökonomischer Kategorien für das Altertum *überhaupt* zu verwerfen, und den Versuch zu machen, wenigstens für die klassische Zeit der Blüte Athens mit ganz modernen Begriffen, wie namentlich dem der „Fabrik" und der „Fabrikarbeiter", zu operiern[2], überhaupt aber nachzuweisen, daß wir uns die Zustände des damaligen Wirtschaftslebens „gar nicht modern genug" vorstellen könnten, auch in bezug auf die Bedeutung des Handels und der Banken. Nun ist, um nur dies zu bemerken, die Existenz selbst der freien „Hausindustrie" in *dem* Sinne des Begriffes, wie sie schon im 13. nachchristlichen Jahrhundert bestand, d. h. mit den kontraktlichen Formen des

[2] Das Merkwürdige an diesen angeblichen antiken „Fabriken" ist, daß sie dergestalt „unterschlagen" (Aphobos) oder „verpraßt" (Timerokos) werden konnten, daß sie (im *physischen* Sinne) spurlos verschwanden ohne daß von ihnen etwas übrig blieb! *Das* wenigstens brächte eine moderne Fabrik doch wohl nicht fertig.

„Verlagssystems" (also nicht als nur *faktische* Ausbeutung des Produzenten durch den marktkundigen Kaufmann, wie sie natürlich auch das Altertum kannte), bisher nicht nachgewiesen. *Erst recht* fehlt aber bisher jeder Nachweis der Existenz von „Fabriken" auch nur im rein betriebs*technischen* Sinne des Wortes (der z. B. russische Leibeigenenfabriken, die auf Fronarbeit ruhten, ebenso Staatswerkstätten, die für den Eigenbedarf arbeiten, *ein*schließt). Von *gewerblichen* Betrieben, welche ihrer Größe, Dauer und technischen Qualität nach (Konzentration des Arbeitsprozesses in Werkstätten mit Arbeitszerlegung und -vereinigung und mit „stehendem Kapital") diesen Namen verdienten, wissen die Quellen als von einer irgendwie verbreiteten Erscheinung *nichts*. Sie finden sich als *Normal*form nicht einmal in der Produktion der Pharaonen, der Monopolproduktion der Ptolemäer und des Spätkaiserreichs, welche am ersten daran erinnern könnten (s. u.). Der hellenische ἐργαστήριον ist *wesentlich* die *Gesindestube* eines begüterten Mannes – meist eines Kaufmannes, speziell eines Importeurs von kostbaren Rohstoffen (Elfenbein z. B.) –, in welcher dieser eine beliebige Zahl zusammengekaufte oder zu antichretischem Pfandrecht genutzte gelernte Sklaven unter einem Aufseher (ἡγεμὼν τοῦ ἐργαστηρίου) denjenigen Teil jener Rohstoffe, den er *nicht* an freie Handwerker verkauft (Demosth. XXVII 823, 19), verarbeiten läßt (s. u. bei Athen). Man kann dies ἐργαστήριον beliebig *teilen* (durch Verkauf eines Teils der Sklaven), wie einen Klumpen Blei, – weil es eben eine undifferenzierte Anhäufung von versklavten *Arbeitern*, keine differenzierte *Organisation* der Arbeit darstellt. Und die hier und da vorkommenden „Nebengewerbe" für den Absatz in den großen Landwirtschaftsbetrieben sind, ebenso wie die Verarbeitungswerkstätten der Monopolverwaltungen im Orient und in der Kaiserzeit, und wie die zweifellos damals wie auch im Mittelalter zuweilen größere Dimensionen annehmenden Textil-„Betriebe" der fürstlichen Hausfrauen, nur Anhängsel der Plantage, der Steuerverwaltung oder des „Oikos", aber keine „Fabriken". Wo wirklich Ansätze zu etwas einer „Fabrik" im technischen Sinne Ähnlichem etwa sich nachweisen lassen sollten – was selbstverständlich so gut im Altertum wie in der Leibeigenschaftsperiode Rußlands *möglich* bleibt –, würden sie aus den gleichen Gründen wie jene russischen „Fabriken" (s. u.) sicherlich nur „die Regel bestätigen". Denn jedenfalls war dies keine Dauererscheinung des *privaten* Erwerbslebens. – Es ist ferner ein Betrieb von Bankgeschäften, der nach Umfang und Art auch nur das Maß dessen, was etwa im 13. Jahrh. im Mittelalter existierte, *übertroffen* hätte, *quantitativ* für die Staatspächter ganz weniger politischer Machtzentren (im wesentlichen Rom, daneben Athen und einige andere) erweislich oder wahrscheinlich. Die Geschäfts*formen* des *Handels* – Seedarlehen, Commenda (der *Diskontinuität* des „frühkapitalistischen" Handels charakteristisch), Bankzahlungs- und Banküberweisungsgeschäfte – sind aber der Rechtsform nach frühmittelalterlich; der schon im frühen Mittelalter bekannte Wechsel ist erst in seinen Anfangsstadien vorhanden, der Zinsfuß nach Höhe, Zinsfrist, gesetzlicher Reglementierung ebenfalls in der Regel von frühmittelalterlichem Charakter; das Fehlen aller, schon im Mittelalter bekannten Formen eines Staatskredites, welche diesen zur regulären Kapitalrentenquelle hätte werden lassen, die charakteristischen Surrogate dafür, weiter auch die kolossalen „Horte" der orientalischen, noch der persischen Könige, ebenso wie die Tempelschätze der Hellenen in der Art ihrer Bedeutung und ihres Gebrauchs, – dies alles zeigt, wie *wenig* die vorhandenen Edelmetallvorräte als *„Kapital"* Verwendung fanden. Es wäre nichts gefährlicher, als sich die Verhältnisse der Antike „modern" vorzustellen: wer dies tut, der unterschätzt, wie dies oft genug geschieht, die Differenziertheit der Gebilde, welche auch bei uns schon das Mittelalter – aber eben in *seiner* Art – auf dem Gebiet des Kapitalrechts hervorgebracht hatte, und welche *dennoch* an dem Abstand seiner Wirtschaftsverfassung von der unsrigen nichts ändern. Und auch die staatlichen und halbstaatlichen Geldgeschäfte etwa der Ptolemäerbank mit ihrem riesigen Barschatz oder selbst der römischen Publikanen finden in den entsprechenden Erscheinungen *mittelalterlicher* Stadtstaaten (z. B. Genua) ihre frappante Parallele, werden jedoch von den letzteren schon im 13. Jahrh. in der verkehrswirtschaftlichen Technik übertroffen. Und es ist ferner auch nachdrücklich zu betonen, daß der „Oikos" im Rodbertusschen Sinn tatsächlich in der Wirtschaft des Altertums seine höchst bedeutungsvolle Rolle gespielt *hat*. Nur ist er einerseits – dies hatte ich s. Z. nachzuweisen gesucht – für das im Licht der Geschichte liegende hellenisch-römische Altertum erst spätes Entwicklungsprodukt (der Kaiserzeit) und zwar im Sinn der Überleitung zur feudalen Wirtschaft und Gesellschaft des frühen Mittelalters. Andererseits steht er (im Orient und teilweise auch in Hellas) an den *Anfängen* der für uns zugänglichen Geschichte, und zwar als Oikos der Könige, Fürsten und Priester, teils neben, teils – wo Fronpflicht der Untertanen besteht – über der kleinen Hauswirtschaft der letzteren. Auch hier freilich war er zweifellos *keineswegs* etwas, in Rodbertus' Sinn, direkt aus der erweiterten Eigenwirtschaft der alten Hausgemeinschaften Erwachsenes. Sondern er ist teils staatssozialistischen Charakters: so vielleicht vorwiegend in Ägypten als Folge der gemeinwirtschaftlichen Wasserregulierung, teils ist er (so im Orient und Althellas) mitbedingt durch die *Handels*gewinnste, welche der älteste Träger regelmäßiger Tauschbeziehungen: der Häuptling und Fürst, durch Geschenkaustausch, faktisches Monopol im Zwischenhandel, endlich auch durch Eigenhandel (und was davon nicht zu trennen: Seeraub) macht und die, in Gestalt seines Schatzes, seine Herrenstellung und die Ausdehnung seiner Wirtschaft stützen. Gleichwohl muß natürlich dem *Schwerpunkt* nach die Bedarfsdeckung in dieser *früh*antiken „Oikenwirtschaft" der Fürsten und des politischen Herrenstandes überall eine naturalwirtschaftliche gewesen sein. Zwangsabgaben, Fronden, Sklavenraub gaben den Fürsten Mittel zum Eintausch der fremden

Ware, die Edelmetalle des Schatzes dienten nicht kontinuierlicher geldwirtschaftlicher Bedarfsdeckung (auch beim Perserkönig nicht), sondern persönlicher Belohnung und gelegenheitspolitischen Machtzwecken. Ebenso beherrschte die Naturalwirtschaft aber auch zunehmend die Grundherrschaften und die „oikenwirtschaftlich" betriebene Staatswirtschaft der antiken *Spät*zeit (seit dem 3. Jahrh.). – Dagegen ist das gleiche bei den großen Sklavenvermögen der *klassischen* Zeiten des Altertums durchaus nicht in dem Maße der Fall gewesen, wie Rodbertus glaubte, und wohl nicht einmal in dem Grade, wie auch ich meinerseits es früher anzunehmen geneigt war: in diesem Punkte muß (m. E.) Ed. Meyer und einigen seiner Schüler (Gummerus) recht gegeben werden. Und ebenso muß m. E. eingeräumt werden, daß das an sich berechtigte Bestreben, die spezifischen Eigenarten der Wirtschaft des Altertums, zu denen zweifellos *auch* die Sklavenarbeit gehörte, herauszuarbeiten, mehrfach (auch z. B. bei mir) zu einer zu niedrigen Einschätzung der quantitativen Bedeutung der freien Arbeit geführt hat, wie namentlich die Arbeiten von Wilcken für das (allerdings gerade darin eine etwas exzentrische Stellung einnehmende) Ägypten gezeigt haben. Das Altertum kennt neben dem unfreien und halbfreien den freien Bauern – als Eigentümer, Geldpächter, Teilpächter; es kennt neben dem Hausfleiß und der unfreien gewerblichen Arbeit den freien Handwerker – als „Preiswerker", Lohnwerker (dies *weit* häufiger) und (ebenfalls sehr häufig) als gewerblichen Nebenproduzenten –, den Handwerksbetrieb als Familien- oder Alleinbetrieb (weit überwiegend) oder als Meisterbetrieb mit einem oder einigen Sklaven und freien oder (meist) unfreien Lehrlingen. Es kennt ferner das Artjel-artige Zusammenarbeiten von Kleinhandwerkern συνεργοι. Es kennt das Zusammendingen von gelernten Handwerkern durch Unternehmer ἐργολασῶν für konkrete Zwecke (fast nur: staatliche Arbeiter). Aber es hat z. B. gar kein *Wort* für unseren Begriff: „Geselle" (der ja dem Kampf gegen die „Meister" – ebenfalls ein dem Altertum fremder Begriff – entsprang). Denn es kennt überhaupt, trotz eines nicht geringen Reichtums des Vereinslebens, das Handwerk *nicht* auf einer solchen Stufe der autonomen Organisation, und *nicht* mit der kunstreichen Gliederung und Arbeitsverfassung (Gesellentum!), wie schon die Höhe des Mittelalters sie besaß. Zünftige oder zunftartige Organisation, wo sie besteht, ist vielmehr fast immer dem Schwerpunkt nach zwangsweise staatliche Leiturgieorganisation. Die soziale Position des Handwerkers ist, mit ephemeren und nur teilweisen (auch mehr scheinbaren) Unterbrechungen in der hellenischen Demokratie, gedrückt und die Machtstellung der Gewerbetreibenden hat offenbar *nirgends* ausgereicht, eine *rechtliche* Konzentration des Gewerbes in den Städten wie im Mittelalter zu erzwingen. (Über die Gründe s. u. bei Athen.) Endlich kennt das Altertum den freien *un*gelernten Lohnarbeiter, der sich allmählich aus dem auf Zeit in die Sklaverei Verkauften (Kind, Schuldner) oder sich selbst temporär Verkaufenden herausentwickelt hat. Es kennt ihn als Erntearbeiter und bei öffentlichen Erd- oder Bauarbeiten oder anderen staatlichen Unternehmungen in größerer Masse, sonst im allgemeinen als verstreute und meist unstete Gelegenheitserscheinung. – Die Frage ist nun: kennt das Altertum (in einem kulturhistorisch relevanten Maß) *kapitalistische* Wirtschaft? – Zunächst: im allgemeinen ist die ursprüngliche Grundlage des Nahrungsspielraums der antiken Stadt (der orientalischen wie der mittelländischen Polis der Frühzeit) in einem so hohen Maße der *Renten*bezug der stadtsässigen Fürsten und vornehmen Geschlechter aus Grundbesitz und eventuell Abgaben der Untertanen, wie dies heute nur noch in spezifischen Residenzstädten der Fall ist, oder – ein näherliegendes Beispiel – in dem Moskau der russischen Leibeigenschaftsperiode der Fall war. Die Bedeutung dieser Erwerbsquellen und damit die spezifisch *politische* Bedingtheit der ökonomischen „Blüte“ der Städte, die sich in den schroffen Peripetien derselben äußert, ist auch weiterhin durch das ganze Altertum hin eine sehr große geblieben. Die antiken Städte waren *stets* in *weit* höherem Maße als die mittelalterlichen *Konsum-*, in weit geringerem dagegen *Produktions*zentren. Der Verlauf der antiken Städteentwicklung hat trotz zahlreicher ausgeprägt „stadtwirtschaftlicher“ Erscheinungen (s. u.) nirgends zu einer „Stadtwirtschaft“ von so stark dem begrifflichen „Idealtypus“ angenähertem Gepräge geführt, wie in zahlreichen Städten des Mittelalters: eine Folge des *Küsten*kulturcharakters der Antike. Wenn nun im Altertum 1. die Entstehung von städtischen Exportgewerben in gewissen Artikeln von hoher Intensität und Qualität der Arbeit, 2. dauernde Abhängigkeit von fernher kommenden Getreidezufuhren, 3. Kaufsklaverei, 4. starkes Vorwalten spezifischer Handelsinteressen in der Politik sich zeigt, so fragt es sich: sind diese stoßweise auf- und abschwellenden „chrematistischen“ Epochen solche mit *„kapitalistischer“* Struktur?

Es kommt auf die Abgrenzung des Begriffs „kapitalistisch“ an, – die naturgemäß sehr verschieden erfolgen kann. Nur das eine wird man jedenfalls festhalten dürfen, daß unter „Kapital“ stets *privat*wirtschaftliches „*Erwerbs*kapital“ verstanden werden muß, wenn überhaupt die Terminologie irgendwelchen klassifikatorischen Wert behalten soll: Güter also, welche der Erzielung von „Gewinn“ im Güter*verkehr* dienen. *Jedenfalls* ist also „verkehrswirtschaftliche“ Basis des Betriebs zu fordern. Einerseits also: daß die *Produkte* (mindestens zum Teil) Verkehrsobjekte *werden*. Andererseits aber auch: daß die *Produktionsmittel* Verkehrsobjekte *waren*. *Nicht* unter den Begriff fällt mithin auf *agrarischem* Gebiet jede grundherrliche Verwertung der *personen*rechtlich Beherrschten als eines bloßen Renten-, Abgaben- und Gebührenfonds wie im früheren Mittelalter, wo die Bauern durch Besitz-, Erbschafts-, Verkehrs- und Personalabgaben in natura und in Geld genützt wurden: – da hier weder der besessene Boden noch die beherrschten Menschen „Kapital“ sind, weil die Herrschaft über beide (im Prinzip) nicht auf Erwerb im freien Verkehr, sondern auf *traditioneller* Bindung, meist *beider* Teile, aneinander beruht. Auch das Altertum kennt diese Form der Grundherrschaft. Es kennt andererseits die *verkehrs*wirtschaftliche Parzellen*verpachtung* des Grundbesitzes: dann ist der Grundbesitz *Renten*fonds, und „kapitalistischer" *Betrieb* fehlt. Die Ausnutzung der Beherrschten als *Arbeitskraft* im eigenen *Betrieb* des *Herrn* kommt im Altertum sowohl als Fronhofsbetrieb mit Kolonen (Pharaonenreich, Domänen der Kaiserzeit) wie als Großbetrieb mit Kaufsklavenarbeit, wie in Kombinationen beider vor. Der erstere Fall (Fronhof) macht klassifikatorische Schwierigkeiten, weil hier die verschiedensten Abstufungen von formell „freiem" Bodenverkehr und „freier" Pacht der Kolonen (also verkehrswirtschaftlicher Basis) bis zu gänzlicher traditioneller sozialer Gebundenheit der arbeitspflichtigen Kolonen an den Herrn und des Herrn an sie möglich sind. Immerhin ist das letztere durchaus die Regel, wo immer Kolonenbetrieb besteht. Die Kolonen sind dann zwar für ihre *Person* nicht „Kapital", sie sind dem *selbständigen* freien Verkehr entzogen, aber ihre Dienste können, *zusammen* mit dem Boden, Verkehrsobjekt sein und sind es (Orient und Spätkaiserzeit) auch. Der Betrieb ist in diesen Fällen ein Mittelding; er ist „kapitalistisch", sofern für den Markt produziert wird und der *Boden* Verkehrsgegenstand ist, – *nicht* kapitalistisch, sofern die Arbeitskräfte als Produktionsmittel sowohl dem Kauf wie der Miete im *freien* Verkehr entzogen sind. In der Regel ist das Bestehen des Fronhofsbetriebs aber eine Übergangserscheinung, sei es vom „Oikos" zum Kapitalismus, sei es umgekehrt: zur Naturalwirtschaft. Denn immer ist es ja ein Symptom von (relativer) Kapital*schwäche*, speziell Betriebskapitalschwäche, welche ihren Ausdruck in der Abwälzung des Betriebsmittelbedarfs auf die abhängigen Wirtschaften und der *Ersparnis* 1. von Inventarkapital, 2. entweder von Sklavenkaufkapital oder von Lohnfonds durch die Ausnutzung der Zwangsarbeit, findet, die ihren Grund (regelmäßig) in (relativ) unentwickelter Intensität des Güterverkehrs hat. Der *Kauf*sklavenbetrieb (d. h. der Betrieb unter *Verhältnissen*, in denen die Sklaven normale Verkehrsobjekte sind, gleichviel ob sie in concreto durch Kauf erworben wurden) auf eigenem oder gepachtetem Boden ist, ökonomisch angesehen, natürlich „kapitalistischer" Betrieb: Boden und Sklaven sind Gegenstand freien Verkehrs und zweifellos „Kapital", die Arbeitskraft wird, anders als im Betrieb mit „freier Arbeit", gekauft und nicht gemietet, oder, *wenn* (ausnahmsweise) gemietet, dann nicht von ihrem Träger (dem Arbeiter), sondern von dessen Herrn. Der Kapital*bedarf* für das gleiche Quantum Arbeitskraft ist cet. par. also ein wesentlich größerer als bei Verwendung „freier" Arbeit, – ebenso wie der Boden*käufer* cet. par. mehr Kapital aufzuwenden hat als der Boden*pächter*. Der kapitalistische Großbetrieb mit „freier" Arbeit endlich, welcher bei gleichem Grade der Kapitalakkumulation die weitaus größere Kapitalintensität des Betriebs an *sachlichen* Produktionsmitteln ermöglicht, ist dem Altertum *normaler*weise auf dem

Gebiet der Privatwirtschaft *nicht* als Dauererscheinung bekannt, weder außerhalb noch innerhalb der Landwirtschaft. Gewiß findet sich der „Squire"-Betrieb im Orient und in Hellas, aber gerade in Zeiten und Gebieten, wo *traditionelle* Regeln herrschen (hellenische Binnengebiete, Talmud, gewisse hellenistische Gebiete), *nicht* in den Gebieten *fortschreitender* ökonomischer Entwicklung. *Große Dauerbetriebe* mit durchweg *nur* kontraktlich verpflichteter, also formell „freier" Arbeit, finden sich außerhalb der später noch zu erörternden Staatsunternehmungen, soviel bekannt, jedenfalls nicht in einem praktisch, ökonomisch oder sozial *ins Gewicht* fallenden Maße an den „klassischen" Stätten antiker Kultur: *anders* (teilweise) im Spätorient.

Man ist nun heute gewohnt, den Begriff des „kapitalistischen Betriebs" gerade an dieser Betriebsform zu orientieren, weil sie es ist, welche die eigenartigen *sozialen* Probleme des *modernen* „Kapitalismus" gebiert. Und man hat daher von diesem Standpunkt aus für das Altertum die Existenz und beherrschende Bedeutung „kapitalistischer Wirtschaft" in Abrede stellen wollen.

Wenn man indessen den Begriff der „kapitalistischen Wirtschaft" nicht unmotivierterweise auf eine bestimmte Kapital*verwertungs*art: die Ausnutzung fremder Arbeit durch Vertrag mit dem „freien" Arbeiter, beschränkt – also *soziale* Merkmale hineinträgt –, sondern ihn, als rein ökonomischen Inhalts, überall da gelten läßt, wo Besitzobjekte, die Gegenstand des *Verkehrs* sind, von Privaten zum Zweck verkehrswirtschaftlichen *Erwerbes* benutzt werden, – dann steht nichts fester als ein recht weitgehend „kapitalistisches" Gepräge ganzer – und gerade der „größten" – Epochen der antiken Geschichte. Nur muß man sich auch hier vor Übertreibungen hüten: – darüber später, – und ferner zeigen die Bestandteile des Kapitalbesitzes sowohl wie die Art seiner Verwertung charakteristische, für den Gang der antiken Wirtschaftsgeschichte bestimmend wichtige, Eigenheiten. Unter den *Bestandteilen* des Kapitalbesitzes *fehlen* natürlich alle jene Produktionsmittel, welche durch die technische Entwicklung der letzten beiden Jahrhunderte geschaffen sind und das heutige „stehende Kapital" ausmachen; auf der anderen Seite tritt ein wichtiger Bestandteil hinzu: Schuld- und Kaufsklaven. Unter den Arten der Kapital*verwertung* tritt die Anlage im Gewerbe überhaupt, speziell aber in gewerblichen „Großbetrieben" zurück; dagegen besitzt im Altertum eine heute nach Art und Maß der Bedeutung ganz in den Hintergrund getretene Kapitalsverwertungsart eine geradezu dominierende Tragweite: die Staatspacht. Die klassischen antiken Richtungen der Kapitalanlage sind: 1. Übernahme von oder Beteiligung an Steuerpachten und öffentlichen Arbeiten, 2. Bergwerke, 3. Seehandel (mit eigenem Schiffsbesitz oder Beteiligung daran, speziell durch Seedarlehen), 4. Plantagenbetrieb, 5. Bank- und bankartige Geschäfte, 6. Bodenpfand, 7. Überlandhandel (nur sporadisch als kontinuierlicher Großbetrieb – im Okzident wohl nur in den ersten beiden Jahrhunderten der Kaiserzeit nach dem

Norden und Nordosten zu –, meist als Commendaanlage im Karawanenverkehr), 8. Vermietung von (ev. ausgebildeten) Sklaven oder ihre Ausstattung als selbständige Handwerker oder Händler gegen „Obrok", wie die Russen sagen würden, endlich 9. kapitalistische Ausnutzung von gelernten *gewerblichen* Sklaven, die zu Eigentum oder pfandweise besessen wurden, mit oder ohne „Werkstätten" (Beispiele unten bei Athen). Die Häufigkeit der Verwendung von Sklavenarbeit im eigenen *privaten gewerblichen* Betrieb ist nicht zu bezweifeln. Selbstmitarbeitende Handwerker mit einigen Sklaven werden vorgekommen sein. *Kapitalistische* Nutzung kommt in der oben erwähnten, weiterhin noch zu erörternden Form des ἐργαστήριον vor. Für die „klassische" Zeit ist die Ausnutzung der eigenen Sklaven in Form der „unfreien Hausindustrie" (Hingabe der Rohstoffe und Arbeitsgerätschaften seitens des Herrn, Ablieferung der im *Familien*haushalt des Sklaven daraus gefertigten Produkte), welche im Orient zweifellos, in Altägypten vorherrschend ist, *nicht* sicher nachzuweisen, obwohl gewiß vorhanden. Wenn dagegen die exportierten attischen Vasen in größerer Zahl (Maximum bisher ca. 80) den gleichen Namen aufweisen, so ist dies natürlich ein *„Künstler"* (nicht aber: ein „Fabrikant" oder „Verleger"), dessen Namen dann ev. eine *Familie* von Töpfern, in der das technische Können, als Geheimnis, erblich sich fortpflanzt, als Eponymos beibehält. Die Existenz von Handwerker*dörfern* δῆμοι in Attika ist für diesen familienhaften Handwerksbetrieb hier, wie sonst, charakteristisch (s. u.).

Für die quantitative wie qualitative Bedeutung kapitalistischer Erwerbswirtschaft im Altertum waren nun jeweils eine Reihe von Einzelmomenten maßgebend, die in sehr verschiedener Kombination miteinander aufgetreten sind.

1. Die Bedeutung der *Edelmetallvorräte* muß für das *Tempo* kapitalistischer Entwicklung zweifellos hoch angeschlagen werden. Allein heute besteht vielfach die Neigung, ihre Bedeutung für die *Struktur* der Wirtschaft selbst zu überschätzen. Die Wirtschaft Babylons, bei fehlenden Minen und offenbar – die Beschränkung des Edelmetalls auf die Wertmesserfunktion zeigt es ebenso wie die Korrespondenzen der Könige mit den Pharaonen – sehr geringem Metallvorrat, ist schon in ältester Zeit tauschwirtschaftlich so entwickelt wie die irgendeines anderen orientalischen Landes, entwickelter als die des goldbesitzenden Ägypten; die – wenn die neueren Berechnungen auch nur annähernd stimmen – kolossalen Edelmetallvorräte des ptolemäischen Ägypten andererseits haben, trotz voll durchgeführter *Geld*wirtschaft, den „Kapitalismus" als *Struktur*prinzip der Wirtschaft nicht zu irgendwelcher besonders bemerkenswerten Höhe, insbesondere nicht zu einer Entwicklung wie im gleichzeitigen Rom, gedeihen lassen; die wunderliche Ansicht endlich, daß das Hereinbrechen der Naturalwirtschaft in spätrömischer Zeit Folge der beginnenden Unergiebigkeit der Bergwerke gewesen sei, stellt den Sachverhalt vermutlich genau auf den Kopf: wo damals eine Unergie-

bigkeit der Minen sich überhaupt eingestellt hat, dürfte sie ihrerseits *Folge* der, aus ganz anderen Gründen, im Bergbau an Stelle des in klassischer Zeit gerade hier heimischen kapitalistischen Sklavenbetriebes getretenen *Klein*pächterwirtschaft gewesen sein. Die mächtige Rolle, welche die Verfügung über große Edelmetallvorräte und ganz besonders die *plötzliche* Erschließung solcher kulturhistorisch gespielt haben, soll damit nicht im geringsten geleugnet werden: das alte Fronkönigtum (s. u.) ruht auf dem „Hort" des Königs; ohne die Bergwerke von Laurion gab es keine attische Flotte (?); die Verwandlung von hellenischen Tempelschätzen in Umlaufsmittel könnte manche Preisänderungen im 5./4. Jahrh. *mit* bewirkt (?) und diejenige der Schätze des Perserkönigs die hellenistische Städteentwicklung erleichtert haben; und die Wirkung des kolossalen kriegerischen Edelmetallimports in Rom im 2. Jahrh. v. Chr. ist bekannt. Aber die Bedingungen dafür, daß jene Edelmetallvorräte damals in der *Art* ihrer Nutzbarmachung so, wie geschehen, und nicht anders (z. B. thesaurierend, wie im Orient), verwendet wurden, mußten *vorher* vorhanden sein: – „schöpferisch" in dem Sinne der Erzeugung qualitativ *neuer* Wirtschaftsformen haben auch im Altertum Edelmetallquanta als solche nicht gewirkt.

2. Die *ökonomische Eigenart* des kapitalistisch verwendeten *Sklavenbesitzes* liegt, verglichen mit dem System der „freien" Arbeit, zunächst in der gewaltigen *Steigerung* des zur Beschaffung der lebendigen Arbeitskraft aufzuwendenden und durch Ankauf in ihr festzulegenden Kapitals; – bei Nichtbeschäftigung des Sklaven im Fall flauen Geschäftes bringt dieses Kapital nicht nur – wie die Maschine – keine Zinsen, sondern es „frißt" überdies (im wörtlichen Sinne) kontinuierliche Zuschüsse. Daraus allein schon folgt: Verlangsamung 1. des Kapitalumschlags, 2. des Kapitalbildungsprozesses überhaupt. Sodann: in dem damit zusammenhängenden, großen *Risiko*, welches gerade diese Form von Kapital trägt. Dies Risiko liegt nicht nur in dem Umstand begründet, daß die bei kapitalistischer Ausnutzung sehr hohe und dabei überdies ganz unberechenbare Mortalität der Sklaven ökonomisch ein Kapitalsverlust ihres *Besitzers* ist, auch nicht nur darin, daß jede politische Schlappe die Sklavenkapitalien gänzlich vernichten konnte, sondern außerdem und namentlich in den kolossalen Schwankungen der Sklaven*preise* (Lucullus verkaufte Beutesklaven zu 4 Drachmen in einer Zeit, wo man bei mäßig versorgtem Markt im Frieden Hunderte von Drachmen erlegen mußte, um einen brauchbaren Arbeiter zu kaufen), welche die stete Gefahr der Entwertung des angelegten Kapitals mit sich brachte. Die Basis eines sicheren Kosten*kalküls*, die unumgängliche Voraussetzung differenzierter „Großbetriebe", fehlte. Dazu tritt ein ferneres Moment: die patriarchale Sklaverei, wie sie im Orient überwog, gab dem Sklaven entweder die Stellung eines Hausgenossen des Herrn oder sie konzedierte ihm den Besitz einer eigenen Familie. Im letzteren Fall war auf eine Herauswirtschaftung des möglichen Maximums von Profit von

vornherein verzichtet. Der Sklave leistete dann entweder Abgaben: dann war er Rentenfonds, nicht Arbeitskraft, oder, wo er – eventuell mit seiner Familie – als Arbeitskraft diente, war er Fronarbeiter oder unfreier Heimarbeiter mit allen Schranken der Einträglichkeit eines solchen. Eine wirklich „kapitalistische" Behandlung des Sklaven nach Art eines sachlichen Produktionsmittels fand dagegen ihre Schranke in der Abhängigkeit von stetiger Versorgung des Sklavenmarktes, und das heißt: von erfolgreichen Kriegen. Denn eine volle kapitalistische Ausnutzung seiner Arbeitskraft war nur bei nicht nur rechtlicher, sondern auch faktischer Familien*losigkeit* der Sklaven möglich: bei einem Kasernensystem, welches aber dann die Ergänzung der Sklavenklasse aus der eigenen Mitte unmöglich machte. Anderenfalls wären Kosten und Unterhalt der Weiber und der Aufzucht der Kinder dem Anlagekapital als toter Ballast mit zur Last gefallen. Dies ließ sich zwar bezüglich der Weiber unter Umständen – aber bei der Eigenart der antiken Bedarfsdeckung und der Bedeutung der Hausspinnerei und -weberei keineswegs regelmäßig – durch textilgewerbliche Ausnutzung vermeiden. Bezüglich der Kinder kann eine Stelle Appians (b. c. 1, 7) dahin verstanden werden, daß wenigstens in gewissen Perioden des römischen Altertums spekulative Sklavenaufzucht *massenhaft* vorgekommen sei, also, wie in den nordamerikanischen Südstaaten, eine Arbeitsteilung zwischen Produktion und Verwertung wenigstens für einen Teil des Sklavenkapitals stattgefunden habe. Diese Deutung bleibt jedoch etwas fraglich. Die schroff schwankende Preisbildung des Sklavenmarkts mußte den Aufzuchtsgewinn unsicher machen. Für die Hauptverschleißgebiete der Sklavenarbeit: Plantagenbau, Seefahrt, Bergbau, Steuereintreibungsgeschäft, war ferner weibliche Arbeitskraft ungeeignet. Und in der *Erwerbs*wirtschaft war es denn auch die Regel, daß man sich in der Hauptsache auf den Verbrauch männlicher Sklaven (zu Catos Zeit der einzigen als Gutsarbeiter, ebenso der einzigen im attischen ἐργαστήριον nachweisbaren) beschränkte, *wenn* man dies tun konnte, d. h.: wenn der chronische Kriegszustand die stetige Versorgung des Marktes übernahm. Die weiblichen Sklaven dienten der Prostitution oder der Hausarbeit. Fand eine kontinuierliche Versorgung längere Zeit nicht statt, so konnte der Nachwuchs nur durch Zerfall der Sklavenkasernen und Herstellung des Familienlebens des Sklaven, d. h. Abwälzung des Interesses an der Reproduktion des Sklavenkapitals auf den Sklaven selbst, damit aber wiederum: Verzicht auf die schrankenlose Ausnutzung seiner Arbeitskraft, garantiert werden. Ein solcher Verzicht mußte aber, gegenüber dem System der gefesselt unter der Peitsche arbeitenden Plantagensklaven, überall da eine reine Einbuße an Profit bedeuten, wo nicht gleichzeitig eine Form gefunden wurde, ökonomisches *Eigen*interesse des Sklaven für den Herrn nutzbar zu machen. Denn neben der Labilität des Sklavenkapitals und dem unkalkulierbaren Risiko, mit dem es belastet war, wirkte im Fall der direkten Verwertung des Sklaven als Arbeitskraft im Großbetrieb natürlich vor allem das fehlende Eigeninteresse des Sklaven jedem technischen Fortschritt und jeder Intensivierung und Qualitätssteigerung entgegen. Die für die Arbeitsleistung entscheidenden „ethischen" Qualitäten der Sklaven sind bei ihrer Benutzung im Großbetrieb die denkbar schlechtesten. Dem Verschleiß des Sklavenkapitals selbst trat dabei der Verschleiß sowohl des Arbeitsvieh- als des Werkzeugkapitals und der Stillstand der Werkzeugtechnik (z. B. der Pflüge) zur Seite. Über ersteren Punkt wird ausdrücklich geklagt: die Verwendung der Sklavenarbeit zur *Getreide*produktion im großen wurde dadurch – wegen der Arbeitsintensität der antiken Getreideanbautechnik – unmöglich, aber überhaupt waren die Sklaven nur auf gutem Boden und bei niedrigem Preisstand des Sklavenmarktes im Großbetrieb mit wirklich beträchtlichem Gewinn verwertbar und wirkte ihre Verwendung regelmäßig in der Richtung der Extensität. Und – was noch wichtiger war – diese Eigenart der Sklavenarbeit hinderte auf *gewerblichem* Gebiet nicht nur die Verfeinerung der *Werkzeug*technik, sondern überhaupt jene Kombination von präzis ineinandergreifenden differenzierten Arbeitskräften, welche gerade das *Wesen* der spezifisch modernen Betriebsformen ausmacht, für welche ja doch nicht die bloße Arbeiter*zahl* charakteristisch ist. *Gelernte* gewerbliche Arbeit in Gestalt eines *arbeitsteiligen* Kaufsklavenbetriebes im *großen* zu verwerten, konnte aus dem gleichen Grunde zweifellos als eine *normale* Erscheinung – denn in Einzelfällen, aber dann stets in geringem Umfang, kommt sie (s. später) vor – im Altertum so wenig in Frage kommen, wie es sonst irgendwo geschehen ist. Selbst das wesentlich eine Anhäufung von *Einzel*arbeitern darstellende ἐργαστήριον fand wesentlich an den ökonomisch stark begünstigten Plätzen, wie Athen, Rhodos, Alexandreia usw., seine Stätte, und auch da stets als Annex kaufmännischer Betriebe oder eines Rentenvermögens. Denn wenn Überschüsse gewerblicher Fronleistungen oder unfreier Heimarbeit oder der Erzeugnisse von großen Hauswirtschaften fürstlicher oder halbfürstlicher „Oiken" auch nicht selten auf dem Markt erscheinen, so muß man sich natürlich sehr hüten, dies mit der Existenz von Sklaven„fabriken" auf der Basis der *Kauf*sklaverei zu verwechseln. Selbst halbkapitalistische Gebilde, wie sie die Verwendung von Zwangsarbeit zur Schaffung von gewerblichen „Nebenbetrieben" seitens ganz großer Sklavenbesitzer oder des Monarchen darstellen, und welche ihren Typus in der Neuzeit in vielen russischen „Fabriken" des 18. und des ersten Drittels des 19. Jahrh. finden, können nur auf (*faktisch*) monopolitischer Basis bestehen und haben bestimmte Voraussetzungen. Diese Voraussetzungen: billige *Nahrung*, Monopol*preise* der Produkte, *außer ihnen* aber noch: *billiger Sklavenpreis*, und folglich sehr hohe, das Todesrisiko deckende Exploitationsrate (selbst bei Demosthenes und Aischines 30 bis 100%) mußten auch vorhanden sein, wenn die Verwendung von gewerblichen *Kaufsklaven* im ἐργαστήριον des Herrn dauernd möglich sein sollte: Auch dann blieben aber diese „Betriebe" meist auf höchstens einige Dutzende von Arbeitern beschränkt. Es *fehlte* das *„stehende Kapital"*, welches zur „Fabrik" gehört. *Beliehen* wurden die *Sklaven, nicht* die „Werkstatt". Die Sklaven *sind* die Werkstatt, ihre *Verpflegung* durch den Herrn, *nicht* ihre Verwendung im konzentrierten *„Betriebe"* ist das Entscheidende. Die „Werkstatt" ihrerseits war Teil des „Oikos", und alle jene so folgenschweren Rechtsentwicklungen, welche – viele Jahrhunderte *vor* Entstehung unserer „Fabriken" – die Trennung von Familienhaushalt und „Werkstatt", von Privat- und Geschäftsvermögen schon im 13./14. Jahrh. begleiteten, blieben daher dem Altertum gänzlich unbekannt. (Es fehlen deshalb auch – mit wenigen charakteristischen Ausnahmen, speziell in der *Staats*pacht, – alle jene, das *Perennieren* des *Betriebes*, durch die wechselnden Schicksale der *Vermögens*zusammensetzung hindurch, sichernden „Unternehmungsformen": Aktiengesellschaft u. dgl.) Die großbetriebliche Massenverwendung von Sklaven in Bergwerken, Steinbrüchen und bei öffentlichen Arbeiten ist fast gänzlich Verwertung *un*gelernter Arbeit. Die „unfreie Heimarbeit" trägt, als Spezies des Robottsystems, die ökonomischen Schwächen desselben an sich und es scheint fraglich, wie weit sie zum Zwecke der Marktproduktion diente. Pharaonen und Tempel verwendeten sie wohl wesentlich für Zwecke des Tempel-, Hof- und Staatsbedarfs, besonders natürlich, wenn das Rohmaterial vom Pharao (bzw. Tempel) importiert oder bergbaulich gewonnen war; daneben mag Marktverwertung des Produktes vorgekommen sein. Jedenfalls bedeutet auch sie, wo sie vorkam, eben Arbeit im eigenen *kleinen* (Familien-)Betrieb des Sklaven. *Qualifizierte* Sklavenarbeit im *Groß*betriebe ist etwas dauernd (auch außerhalb der wenigen großen Handelszentren) Normales nur in leitenden Stellungen, als Vorarbeiter oder Inspektor im Bergwerk oder in der Plantage, im Kontor, speziell bei der Kassen- und Rechnungsführung (der Möglichkeit der Tortur wegen) usw. Dieser Sklavenaristokratie pflegte aber dann, im eigensten Interesse des Herrn, die eigene (Quasi-)Familie (contubernium) und eigenes (Quasi-)Vermögen (peculium) konzediert zu werden; unter Umständen wurde ihnen selbst (so bei Plinius) die Respektierung ihrer Testamente gewährt und überdies fast immer die Chance des Loskaufs gegeben. Damit bildet *diese* Art der Sklavennutzung schon den Übergang zu der Verwertung des gelernten, d. h. entweder schon vor seiner Versklavung (durch Krieg oder Bankerott) gelernt gewesenen, oder aber auf Kosten des Herrn in die Lehre gegebenen, Sklaven lediglich als *Renten*fonds. Diese konnte entweder durch Vermietung als „Lohnwerker" geschehen, was massenhaft, oft unter Abwälzung des Risikos des Todes auf den Mieter, vorkam. Noch vorteilhafter, weil sie das *Eigen*interesse des Sklaven in Bewegung setzte, war aber die Ausstattung mit einem peculium zwecks Etablierung als Handwerker oder Krämer auf seine eigene Rechnung. Der Herr bezog seine ἀποφορὰ und konnte sie innerhalb des Spielraums, den die Gefahr der Erschlaffung des Eigeninteresses des Sklaven gewährte, steigern, und er konnte überdies den Kapitalwert des Sklaven durch diesen selbst amortisieren lassen, indem er ihm die Chance, seinen aufgespeicherten Erwerb zum Loskauf zu verwenden, gab, beim Loskauf sich überdies bestimmte Abgaben und Dienstleistungen vorbehielt *und* – wozu besonders das römische Recht die verschiedensten Rechtsformen zur Verfügung stellte – an der *Hinterlassenschaft* des Freigelassenen sich den gesetzlich oder kontraktlich oder testamentarisch festgesetzten Anteil (in manchen Fällen die ganze Erbschaft) aneignete. Das Risiko des Kapitalverlustes durch Tod verminderte sich ja bei selbständiger Etablierung des Sklaven stark, wenn dieser eine *Familie* gründete und seine Kinder selbst gewerblich anlernte. Eine Haftung für die Geschäfte des Sklaven legte das Sklavenrecht dem Herrn regelmäßig nur in Höhe des peculium auf, während er dem Sklaven gegenüber natürlich formell auch zu dessen gänzlicher Einziehung befugt blieb. (Von dieser Befugnis allzuoft Gebrauch zu machen dürfte wenigstens der *große* Sklavenbesitzer im Altertum – ebenso wie in Rußland vor der Bauernbefreiung – durch die Notwendigkeit, das Eigeninteresse des Sklaven wach zu halten, und auch durch die – in Rußland seinerzeit zu so hoher Blüte gelangte – Kunst des Verhehlens des Besitzes seitens der Sklaven sich behindert gefunden haben.) Die zu allen Zeiten des Altertums sehr reichlichen, oft das Einschreiten des Gesetzgebers hervorrufenden Freilassungen, die doch natürlich keinesfalls auch nur überwiegend auf Kosten der Eitelkeit und des politischen Klientelbedürfnisses zu setzen sind, zeigen, wie gut jenes Eigeninteresse des Sklaven funktionierte. Diese so überaus viel sicherere Art, vom Sklavenbesitz Vorteil zu ziehen, schob aber dessen Ausnutzung offenbar vom Geleise der kapitalistischen Verwertung als Produktionsmittel zur Erzielung von *„Gewinn“* auf das Geleise des Bezugs von *„Rente“* und Loskaufgeld. Der „Kampf zwischen freier und unfreier Arbeit“ spielte sich alsdann dem Schwerpunkt nach *in* der Sphäre des Kleinbetriebes in Gewerbe und Handel, nicht aber als ein Kampf zwischen Sklaven*groß*betrieb und freiem Kleinhandwerk ab. Die mächtigen ökonomischen und politischen Risiken, welche alle direkt als Produktionsmittel verwerteten Sklavenvermögen belastet hätten, fielen dann fort. Dieser Zustand ist im Altertum weit verbreitet. Neben den ganz besitzlosen freien Bauern, Kleinpächtern, Krämern und Lohnwerkern stand 1. eine Schicht von *freien* Kleinbesitzern als Händler, gewerbliche Kleinproduzenten (Preiswerkern), die neben sich, auf dem Acker oder in der Werkstatt, einen oder einige, vielleicht im Kriege erbeutete oder aus Ersparnissen gekaufte Sklaven als „Gesellen“ haben mochten, und stand ferner 2. die Schicht der *un*freien gelernten Handwerker und Krämer, der leibeigenen Bauern oder unfreien Kleinpächter. Nur als Tributherr stand dann, wie ev. über dem Bauern und freien Krämer oder Handwerker sein Gläubiger und über dem freien Kolonen sein Verpächter, so über dem selbst wirtschaftenden Unfreien sein Leibherr. Diese Art der Ausnutzung des Sklaven als „Rentenfonds“

setzte nun selbstredend, um dem Herrn Gewinn zu bringen, eine weitgehende *lokale* geldwirtschaftliche Arbeitsteilung voraus; war diese jedoch gegeben, dann mußte sie aus den angegebenen Gründen die Tendenz haben, sich gegenüber der Nutzung des Sklaven als Produktionsmittel nicht nur zu behaupten, sondern normalerweise auch auszudehnen, namentlich überall da, wo der Herr (wie bei den Vollbürgern, gegenüber den Metoiken; dem Amtsadel, gegenüber dem „Ritterstand") stark politisch in Anspruch genommen war und also nicht selbst wirtschaften konnte, und zumal, wenn überdies der Sklavenpreis anhaltend hoch stand. – Was die Konkurrenz freier und unfreier Arbeit gegeneinander anlangt, so war bei dichter Besiedelung, hohen Bodenpreisen und der daraus sich ergebenden Nötigung zu intensiver Kultur, bei freiem Verkehr, und in Ermangelung von Hörigkeitsverhältnissen, die Verwertung *ländlichen* Grundbesitzes in Form der Parzellenpacht im Altertum wie in der Gegenwart ökonomisch zweifellos am meisten begünstigt. Der Kleinbetrieb ist in der Landwirtschaft des Altertums ja überhaupt die Regel, und nur die Plantagenkulturen – wozu im Altertum Öl- und Weinbau gehörten – trugen normalerweise den Sklavengroßbetrieb. Der Getreidebau erforderte, zumal bei der Technik des Altertums, zu starkes Eigeninteresse des Arbeiters, um (normalerweise) dem Sklavenbetrieb zugänglich zu sein. Nur wo Billigkeit der Sklaven und hoher Preis der Plantagenprodukte zusammenwirken, war in der *Landwirtschaft* der Sklavenbetrieb im *Großen* begünstigt. Im Gewerbe und Kleinhandel konnte die Prämie, welche die Loskaufschance auf das Eigeninteresse des Sklaven setzte, immerhin wirksam sein und seine Konkurrenz überall da stärken, wo die Möglichkeit, Rücklagen zu machen, überhaupt gegeben war. Es war kein Zufall, daß die Freigelassenen, welche als Sklaven zu arbeiten und zu sparen gelernt hatten, ökonomisch prosperierten: – zum Teil freilich auch einfach die Konsequenz ihres Ausschlusses von politischer Betätigung. Wenn die Inschriften der Kaiserzeit es wahrscheinlich machen, daß die Sklavenarbeit 1. auch im Gewerbe im Orient schwächer als im Okzident vertreten war, 2. die Sklaven häufiger in den gröberen Arbeiten auftreten, – so folgt *ersteres* zum Teil aus der weiterhin zu erörternden historisch überkommenen Kultur des Orients, zum anderen Teil zeigt es, wie die aus politischen Gründen folgende stärkere Versorgung des *römischen* Sklavenmarktes ihre Wirkung übte; das *letztere* aber ist die Folge davon, daß natürlich die Herren das Risiko und die Kosten, die Sklaven eine lange Lehrzeit durchmachen zu lassen, nicht allzuoft übernahmen. Man darf deshalb die Wirkung der Konkurrenz der Sklavenarbeit nicht ausschließlich, nicht einmal immer vornehmlich, in einer direkten *Verdrängung* freier Arbeit sehen. Allerdings ging, neben der Beförderung der ohnehin (s. u.) dem Altertum naheliegenden sozialen Diskreditierung der Arbeit durch die Konkurrenz landfremder Kaufsklaven, auch eine solche Verdrängungstendenz überall *da* her, wo nicht (wie im späteren Orient) die Kriegslast auf die Schultern von Berufskriegern, Söldnern oder fremden Herrenvölkern abgewälzt war: Anhaltende schwere Kriege von wechselndem Erfolge, welche die freie Bevölkerung jahraus, jahrein im Felde hielten und ökonomisch ruinierten, mußten – wie dies Appian berichtet – der Sklavenarbeit in ihrer Gesamtheit gegenüber der freien Arbeit, und zwar *allen* Formen der Sklavennutzung, zugute kommen. Kriegerische Expansion und große Siege werden dagegen regelmäßig die Expansion des Sklavenbesitzes, die Billigkeit der Sklaven und damit den Anreiz zu *kapitalistischer* Verwertung derselben im Eigenbetrieb (Plantage, Seefahrt, Bergwerk, (ἐργαστήριον usw.) gefördert haben. Für die kapitalistische Sklavennutzung in der *Landwirtschaft* speziell mußte aber ferner vor allem auch das Vorhandensein billigen und dabei ergiebigen *Bodens* ausschlaggebend sein, wie sie *zeitweilig* im Gefolge kriegerischer oder revolutionärer Konfiskationen und, *chronisch*, da und solange gegeben war, als dünne Besiedelung großer Strecken fruchtbaren Bodens mit schneller Entwicklung städtischer kaufkräftiger Verbrauchszentren Hand in Hand ging – wie dies in einem weder vorher noch nachher wiederholten Maße in *Rom* nach der Einigung Italiens und nach den ersten siegreichen überseeischen Kriegen der Fall war. – Schon die letzten und manche früheren Bemerkungen deuteten an, wie stark.

3. *die politischen Schicksale und Eigenarten* der einzelnen Länder auf das Maß der relativen Entwicklung freier und unfreier Arbeit, auf das Maß „kapitalistischer" Verwertung der letzteren und auf deren Richtung Einfluß haben mußten. Die von L. M. Hartmann scharf in ihrer Bedeutung betonte militärische Belastung der freien Bevölkerung war als Prämie auf Sklavenarbeit *da* am stärksten, wo ein die sich selbst equipierenden Bauern und Kleinbürger mit umfassendes Aufgebot einer freien Bürgerschaft chronische Kriege großen Stils zu führen hatte, wie in der Blütezeit der hellenischen Demokratie und im republikanischen Rom. Umgekehrt lagen die Verhältnisse, wenn das Heer, mindestens zum Teil, sei es feudales, sei es autokratisches Berufs- oder Fronheer, oder aber Soldheer war, wie in Ägypten, vielen hellenistischen Staaten, der spätgriechischen Polis, dem spätkaiserlichen Weltreiche. Allein die Verschiedenheit der Arbeitsverfassungen der letzteren Staatengruppen untereinander zeigt, daß jedenfalls die Militärverfassung allein, als solche, weder für das Maß der Entwicklung der Sklaverei entscheidend war, noch, folglich, den antiken „Kapitalismus" in Maß und Richtung seiner Entfaltung endgültig bestimmte. Dagegen wirkten hier in hohem Grade die allgemeinen politischen Grundlagen des antiken Lebens und besonders die, letztlich von der politischen Verfassung her bestimmte, Art der Staats*verwaltung*, speziell der Finanzverwaltung. – Die öffentlichen „Finanzen" in ihrer allmählichen Herausentwicklung aus dem „Oikos" des Stadtfürsten mit seinem thesaurierten Edelmetall-„Hort" sind der älteste und bleiben der größte aller „Wirtschaftsbetriebe". Sie *ersetzen* teils die private Kapitalakkumulation, teils sind sie

ihre *Schrittmacher*, teils endlich *erdrücken* sie sie. 1. Sie „ersetzen" sie: So am vollständigsten der bureaukratisch geleitete Robottapparat der Pharaonen, welcher (ursprünglich) den „Unternehmer" nicht kennt. Aber auch die Finanzierung der großen öffentlichen, an *Privat*unternehmer vergebenen Bauten der Hellenenstädte, wie sie aus den Bauinschriften sich ergibt, zeigt, vor allem in der regelmäßigen *Voraus*zahlung des Betriebskapitals an ihn aus der *Staats*kasse, daß eine private Kapitalakkumulation, welche ausgereicht hätte, um derartig große Beträge aus der Tasche des Kapitalisten selbst vorzuschießen, fehlte, daß die kraft politischer oder sakraler *Autorität* erhobenen Abgaben hier in die Bresche treten mußten. Hier hatte die Intervention eines privaten Unternehmers im wesentlichen nur den Sinn: Der Stadtstaat, welcher, im Gegensatz gegen die Pharaonenverwaltung, der erforderlichen Baubureaukräfte und (seit der Beseitigung der Bürgerfronden) auch der Zwangsarbeitskräfte entbehrte (mit Ausnahme der für solche Arbeiten nicht ausreichenden und meist anderweit – in den Kanzleien und Registraturen, in den Kassen, in der Münze, gelegentlich beim Wegebau – beschäftigten Staatssklaven), vergab die *Organisation* jener Bureau- und Arbeitskräfte gegen eine Unternehmerprämie an Private. Was ferner die *Steuer*verpachtung anlangt, so muß man sich gegenwärtig halten, daß auch sie in sehr vielen Fällen gerade diejenige Funktion des Privatkapitals *nicht* involviert, welche wir als ihm charakteristisch anzusehen gewohnt sind: die Bevorschussung. Die Steuerpächter zahlen oft ihre Haftsumme erst ein, *nachdem* sie alle, noch öfter, nachdem sie die entsprechenden Raten der Steuern erhoben haben; ja, wo der Staat Exekutivbeamte besitzt – z. B. in den ptolemäischen Revenue Laws –, erhebt der Pächter sie nicht einmal selbst, sondern der Staat erhebt sie, und die Pächter haften lediglich, *nachdem* die Naturalabgaben zu Geld gemacht sind, als Garanten für das etwaige Defizit, wie sie am Surplus profitieren. Hier ist der Zweck der „Verpachtung" offenbar nur: die Gewinnung einer *festen Bar*-Grundlage für das Staatsbudget durch Festlegung des Minimaleinkommens in *Geld*. Ist dies nun auch erst Produkt der hellenistischen Entwicklung des Steuerpachtwesens und haben die Steuerpächter oft die Pflicht wenigstens teilweiser Vorleistung übernommen, so zeigt doch jener Zustand, daß die oft hohen Pachtsummen nicht einfach auf eine entsprechend hohe private Kapitalakkumulation schließen lassen dürfen. Dagegen ist das Staatspachtsystem, vor allem auf dem Gebiete der Steuerpacht, natürlich ein wichtiges – sicher auch in Hellas eines der allerwichtigsten – Mittel der privaten Kapital*bildung*. – 2. Zum bloßen *„Schrittmacher"* der privaten Kapitalbildung kann die Finanzwirtschaft aber erst da werden, wo ein Stadtstaat, der, als solcher, des eigenen bureaukratischen Mechanismus entbehrte, also den Staatspächter brauchte, als Herrscher über Domänen und über den Boden und die Tribute riesiger eroberter und unterworfener Gebiete verfügte. Dies war im Altertum in *Rom* in der republikanischen Zeit der Fall. Hier entwickelte sich daher, zweifellos von Anfang an im wesentlichen aus der Staatspächterschaft, eine mächtige Klasse privater Kapitalisten, welche in der Zeit des 2. punischen Krieges – der Zeitpunkt ist charakteristisch genug – den Staat nach Art moderner Banken als Geldgeber stützen, dafür aber auch schon während des Krieges ihm seine Politik vorschreiben konnte, deren Profitgier dann ein Reformer wie Gracchus, um sie zu gewinnen, Provinzen und Gerichte ausliefern mußte und deren Kampf mit dem Amtsadel, den er als Geldgeber ökonomisch „in der Tasche" hatte, das letzte Jahrhundert der Republik ausfüllt. Die Akme des antiken Kapitalismus war die Folge dieser Konstellation und der eigenartigen innerpolitischen Struktur des römischen Staates. – 3. *„Erdrückend"* endlich konnte das Finanzwesen antiker Staaten auf verschiedenen Wegen die Entwicklung privater Kapitalien beeinflussen: Zunächst trug die allgemeine politische Basis der antiken Staaten ganz allgemein zur Verstärkung der schon an sich, infolge der Art seiner Zusammensetzung, wie wir sahen, großen *Labilität* des Kapitalbestandes und der Kapitalneubildung bei. Die Steuerverfassung (Leiturgien der Besitzenden), die ganz rücksichtslos souveräne Verfügung der griechischen Polis, speziell der Demokratie, über das Privatvermögen ihrer Bürger (noch in der hellenistischen Spätzeit z. B. zu Kreditzwecken in einer Art, wie sie das Mittelalter nie gekannt hat: Verpfändung auch alles *privaten* Grundbesitzes durch die Stadt kommt vor), ferner die Konfiskationsgefahr bei jeder politischen Erschütterung und Parteiumwälzung in allen antiken Gemeinwesen, vollends die nicht seltenen gänzlich willkürlichen Vermögenseinziehungen in den Monarchien (der Boden von „halb Afrika" unter Nero) wirkten alle in der gleichen Richtung. Allein *weit entscheidender* als diese immerhin mehr akuten Katastrophen, welche *einzelne* Kapitalien oder den jeweiligen Kapitalbestand eines Gemeinwesens betrafen, war das Maß des *Spielraums*, den die Verwaltungspraxis dauernd den Profitmöglichkeiten des privaten Kapitals *überhaupt* und damit der Kapital*bildung* gewährte. Dieser Spielraum hat sehr erheblich gewechselt. Er mußte in den antiken Monarchien grundsätzlich enger bemessen sein als in Republiken. Der antike Monarch und sein Staat sind stets *Grundherren* allergrößten Stils, teils in den Formen des Privatrechts, teils in der Form arbiträrer Herrschaft über unterworfene zinspflichtige Fremdvölkerschaften ohne *garantiertes* Bodenbesitzrecht. Das *gleiche* kann nun auch für die antike Polis zutreffen und traf, namentlich, *in* kolossalem Umfang auf die römische Republik zu. Während aber für die *Polis* ein solcher Besitz naturgemäß in erster Linie rein ökonomisches Ausbeutungsobjekt der wechselnden Gefolgschaften politischer Stellenjäger, und, natürlich, vor allem der Geldgeber der letzteren, war, und während daher in den Stadtstaaten, speziell Rom, gerade dieser öffentliche Bodenbesitz meist zu den Brutstätten privater kapitalistischer Ausnutzung (Abgabenpachtwucher, Bodenpachtwucher, Sklavenbetrieb, – je nach den Umständen), wurde, – mußte ein Monarch darin anders verfahren. Einerseits betrachtete er die

Hintersassen seines Domaniums wesentlich mehr unter *politischen* Gesichtspunkten: als Stützen seiner dynastischen Machtstellung. Andererseits mußte er, im eigensten Interesse, sichere Renten weit höher einschätzen, als es die von kurzfristig gewählten Beamten geleitete Verwaltung republikanischer Gemeinwesen tat, denen und deren Gefolgsleuten der rasche Augenblicksgewinn im Vordergrund stand. Und es mußte, vor allem, seine *Finanz*politik eine mehr *staats*wirtschaftliche, *politisch* orientierte, auf dauernde Ausnutzung, also vorsichtige Schonung, der Leistungsfähigkeit seiner Untertanen gerichtete, sein, gegenüber der an *kapitalistischen* Privatinteressen orientierten Ausbeutungspolitik der Stadtstaaten. Daher ist nicht nur die *Klein*pacht auf den monarchischen Staatsdomänen regelmäßig ganz vorwiegend, Großpacht und Sklavengroßbetrieb dagegen die Ausnahme: – wenn die römischen Kaiser für ihr Familiengut aus pekuniären Gründen die Großpacht vorzogen, so folgten sie doch bezüglich des staatlichen Domaniums der Regel. Sondern die Hauptsache ist, daß die „Krone" der Kapitalverwertungsformen: die Steuerpacht, in *republikanischen* Staaten stets auf dem Sprunge steht, nach Art des mittelalterlichen Genua, den Staat zu einer Entreprise der Staatsgläubigerschaft und Staatspächterschaft zu machen. In den *monarchischen* Staaten dagegen ist sie stets unter Kontrolle gehalten, oft gänzlich oder nahezu gänzlich verstaatlicht, immer aber eingeengt in ihren Gewinnchancen, und also: ihrer Zeugungskraft für die Bildung von Privatkapitalien beraubt, meist aber direkt in die Bahn einer Kombination von bureaukratischer mit (relativ) kleinbetrieblich finanzierter Monopolverwaltung gedrängt. Dieser Prozeß der Kontrolle, Monopolisierung und Bureaukratisierung, oft direkt der Ausschaltung des privaten Kapitals, schritt in allen *großen* antiken Monarchien unaufhaltsam fort. Er erfaßte allmählich neben den Steuern und Domänen die Bergwerke, die politisch wichtigen Teile des Handels und der Schiffahrt (namentlich die Getreideversorgung), weiterhin die für den Bedarf des Hofs, der Armee, der Bauten und öffentlichen Arbeiten wichtigen Lieferungen, die Banken (in Form sowohl staatlicher wie kommunaler Monopolbanken, letztere z. B. in den hellenistischen Monarchien und Kommunen für allen Geldwechsel). Während also die Polis nur den, seiner inneren Konstitution nach, *labilen* Charakter der Privatkapitalien (weniger durch die fast immer vergeblich gebliebene Bekämpfung der Vermögensdifferenzierung im Interesse der Bürgergleichheit, als durch die im Wesen des antiken Parteikampfes und der antiken Kriegführung liegenden stets sich wiederholenden politisch-ökonomischen Katastrophen aller Art) aufs höchste steigerte, dabei aber doch das stete Neuaufflammen der Kapital*bildung* und des kapitalistischen Verwertungs*strebens* bestehen ließ, – hungerte diese bureaukratische *„Ordnung"* der monarchischen Staatswirtschaft gerade die *größten* Privatkapitalien langsam aus, indem sie die wichtigsten *Quellen* des Profites verstopfte. Und wo dann, im Gebiete geschlossener Monarchien, einerseits die dem Altertum wie dem Mittelalter urwüchsige Ausbeutung des Landes durch die Stadt, und andererseits die expansiven Boden- und Menschenraubkriege ins Stocken gerieten, da mangelte auch die für die Expansion der kapitalistisch nutzbaren Sklavenarbeit unentbehrliche Überschwemmung der Sklavenmärkte mit billiger Menschenware und das kapitalistisch exploitierbare Neuland. Mit dem durch alles dies herbeigeführten Stagnieren und Abschwellen des Kapitalbildungsprozesses ging dann regelmäßig die (neuerdings namentlich von Rostowzew sehr zutreffend gekennzeichnete) Tendenz der Sicherung der staatlichen Bedürfnisse durch stete Differenzierung und Erweiterung des Kreises der für die öffentlichen Leistungen mit ihrem Besitz oder ihrer persönlichen Qualifikation Bürgenden und dadurch an ihre soziale Funktion und ihren Besitz verwaltungsrechtlich Gebundenen Hand in Hand, um schließlich jene Universalherrschaft der Leiturgien und munera, die Vernichtung alles dessen, was man in den „klassischen" Zeiten des Altertums „Freiheit" genannt hatte, herbeizuführen, die für die sog. „Verfallszeiten" antiker Staaten charakteristisch ist. Die, für die Masse der Untertanen, so wohltätige *Ordnung* der Monarchie war eben der Tod der kapitalistischen Entwicklung und alles dessen, was auf ihr ruhte. Die Sklaverei als Trägerin kapitalistischen *Erwerbes* tritt dann weit zurück, die Neubildung privater mobiler Kapitalvermögen erlischt, da der Stimulus der Verwertungschancen *unter* das, bei der Konstitution des antiken Kapitals, unerläßliche Minimum sinkt, reglementierte und verwaltungsrechtlich gebundene, aber der privatrechtlichen Form nach „freie", Arbeit tritt in den Vordergrund der ökonomischen Struktur. Wo überdies die Monarchie *theokratischen* Charakter annimmt, da kann sich auch der in solchen Fällen nie ausbleibende religiöse und staatsgesetzliche „Schutz der Schwachen" – wie es im Orient der Fall war – zu einer ziemlich festen Schranke kapitalistischer Menschen Verwertung entwickeln. – Die Wirkungen auf dem Gebiet der *Agrar*geschichte sind bei diesem Entwicklungsprozeß stets: das Abschwellen der relativen Bedeutung der Kaufsklavenplantage, die Kleinpacht, speziell Teilpacht, als herrschende Form der Bodenbesitzverwertung, die fürstliche und die halbprivate, auf Konzession des Fürsten ruhende *Renten*grundherrschaft als sozial und ökonomisch vorwaltende Besitzkategorie. –

Alles in allem findet also die Entfaltung des Kapitalismus im Altertum ihre vornehmsten Hemmnisse: 1. an der *politischen* Eigenart der antiken Gemeinwesen, wie soeben ausgeführt, 2. an der früher erörterten *ökonomischen* Eigenart der Antike, nämlich, um es zu rekapitulieren: an den Schranken der *Markt*produktion infolge der verkehrstechnisch gegebenen Grenzen der (ökonomischen) Transportfähigkeit der Güter von und in das Binnenland, – an der, in der *Sache* liegenden, ökonomisch bedingten Labilität des Kapitalbestandes und der Kapitalbildung, – an der technischen Schranke der Ausnutzbarkeit von Sklavenarbeit im Großbetrieb, – endlich auch an den Schranken der „Rechenhaftigkeit", welche in erster Linie gegeben sind durch die Unmöglichkeit strengen Kalküls bei Verwendung von Sklavenarbeit. (Die an sich technisch keineswegs unentwickelt *private* Buchführung des Altertums ist teils Bankbuchführung, teils landwirtschaftliche Bestandesaufnahme und erweiterte Haushaltsrechnung: nur die erstere ist kaufmännischen Charakters; alles andere *private* Buchwesen ist, – soweit wir darüber etwas wissen –, verglichen mit dem späteren Mittelalter noch recht undifferenziert, *wenn* man den Maßstab kapitalistischer *Rentabilitäts*kontrolle anlegt.) Die Sklaven-„Großbetriebe" des Altertums sind nicht durch *sachliche* Nötigung: die arbeitszerlegende und arbeitsvereinigende *Produktions*weise, zusammengehalten, sondern rein *persönlich*: durch die *zufällige* Anhäufung von Menschenbesitz im *Vermögen* eines Einzelnen: *dies* ist der richtige Sinn der „Oiken"-Theorie. *Daher* bleibt aller „Großbetrieb" etwas so spezifisch *Labiles*. Der „Zöllner", Kleinhandwerker, Kleinkrämer sind im Orient und im Hellenismus das letzte Wort der Geldwirtschaft, und gerade mit der zunehmenden *Stabilität* von Politik und Ökonomik des Okzidents und dem gleichzeitigen Rückgang der Kapitalbildung behaupten sie auch hier schließlich das Feld. Immer wieder kollabiert, gerade in den Perioden „gesättigter" *Ordnung* – die eben mit ökonomischer *Stabilität* identisch ist – der Flug des Kapitalismus. Der antike kapitalistische *Unternehmer* – wohl zu unterscheiden vom Kapital*rentner* – ist in seiner sozialen Position, mit nur teilweiser Ausnahme gewisser Perioden der babylonischen, hellenistischen, der spätrepublikanischen und der frühkaiserlichen römischen Entwicklung, fast immer ziemlich prekär gestellt: Metöken und Freigelassene stellen in den klassischen Zeiten das Hauptkontingent. Der Gewerbetreibende ist auch (und gerade) im demokratischen Gemeinwesen oft amtsunfähig. Der politische Vollbürger ist dagegen, dem *Ideal* nach, „*Nicht*interessent", d. h. aber: Rentner oder doch dem Typus des Rentners nahestehend und in den „freien" Gemeinwesen immer vor allem (sozusagen) „Übungspflichtiger Heeresreservist". Der „Antichrematismus" der Staatstheorie des Altertums ist, dem Schwerpunkt nach wenigstens, nicht, jedenfalls entfernt nicht in dem Sinn und Maß wie der der mittelalterlichen Kirche, *ethisch* – durch die Antipathie gegen den unpersönlichen und deshalb der ethischen Normierung nicht zugänglichen Charakter rein „geschäftlicher" Beziehungen – bedingt, sondern in erster Linie politisch: 1. durch (s. Z. zu erörternde) Erwägungen der „Staatsraison", daneben 2. durch die Ideale der Bürgergleichheit und der „Autarkie" der Polis und 3. sozial: als Bestandteil des Antibanausentums der herrschenden Rentnerklassen. Andererseits fehlte jede ethische Verklärung der Erwerbsarbeit, zu der sich nur im Kynismus und in dem hellenistisch-orientalischen Kleinbürgertum leise Ansätze finden. Die Stütze, welche die Rationalisierung und Ökonomisierung des Lebens an der wesentlich religiös motivierten „Berufsethik" der beginnenden Neuzeit fand, mangelte dem antiken „Wirtschaftsmenschen". Er bleibt im Empfinden seines Milieus und in seinem eigenen ein „Krämer“ und „Banause“. Daß der Schiffs*besitz*, die Befrachtung von eigenen Schiffen mit eigenen Tauschobjekten und deren Absatz durch einen Bediensteten (wie sie die Könige, Tempel, Adligen der Seeufergebiete in der Frühzeit üben) und dann auch die sich daraus abzweigende ἐμπορία, d. h. die ursprünglich wohl sicher in commenda, dann auch ganz für eigene Rechnung erfolgende Befrachtung *fremder* Schiffe mit zusammengekauften oder kommissionsweise übernommenen Waren in den Seehandelsgebieten – übrigens stets mit Vorbehalten – für respektabel galt, da sie wesentlich *dis*kontinuierliche Disposition über Kapital*besitz* war, nicht aber den Charakter des kontinuierlichen *„Betriebes“* an sich trug, ist natürlich keine Gegeninstanz. –

Die Staatswesen des Altertums, und *gerade* die „freien“ Stadtstaaten, sind durchzogen von einer Fülle *ständischer* Differenzierungen der Bevölkerung und *politisch* bedingter Differenzierungen des Vermögens- (speziell des Boden- und des Erb-)*Rechts*, welche Quellen von Einnahmen aller Art, vor allem von *Renten*bezügen, werden konnten und wurden. Zumal in den Demokratien – man denke an Athens Bürgerrechtspolitik – dominierte der kleinbürgerliche Renten- und „*Nahrungs*“standpunkt über alle anderen Interessen. Er wirkte, aus politischen Gründen, auch in den Monarchien, soweit nicht die dort allmächtigen *fiskalischen* Interessen ihn kreuzten. –

Die antike *Agrargeschichte* nun ist in ihrem Verlauf in die Peripetien der antiken Stadtgeschichte so eng verflochten, daß sie von ihnen isoliert kaum behandelt werden könnte. Namentlich sind uns nur ganz ausnahmsweise deutliche Nachrichten über die Verhältnisse derjenigen quantitativ ungeheuer überwiegenden Gebiete enthalten, welche *nicht* städtisch organisiert waren, und natürlich erst recht wenige über die *in* den städtischen Territorien der Stadt *voran*gehenden Zustände, vor allem fast keine solchen aus dem Munde der betreffenden Völker *selbst*. Die älteste jüdische Tradition, welche *vor* der städtischen Organisation der Nation redigiert sein muß, ist doch in einem Milieu entstanden, welches bereits eine Jahrhunderte alte Stadtkultur und Fremdherrschaft von Kulturvölkern erlebt hatte, und es bleibt ferner unfeststellbar, wie weit die nachweislich „ältesten“ Partien später retouchiert sind. Für den Okzident, wo wir die Völker in weit primitiveren Stadien antreffen als die Ägypter und Babylonier, steht es dennoch kaum anders. Was z. B. eigentlich der „Gau“ *urwüchsig* gewesen ist, welches die *Sozial*verfassung des „Dorfs“ war, *ehe* die (später zu erwähnende) *militärische* Differenzierung begann, – dies ist aus den wenigen Notizen über die Verhältnisse dieser Institutionen in historischer Zeit, *auch* da, wo (wie etwa in Arkadien, Samnium, Persis) damals die Stadtverfassung *fehlte*, natürlich schon deshalb nicht zu erschließen, weil man nicht weiß, wie stark diese Zustände schon Produkt des Einflusses der unmittelbar benachbarten städtischen Gebiete sind. Vollends ist die Frage, in welche Zeit Institutionen wie z. B. die Phratrien, Phylen, Kurien, Tribus, endlich auch die „Geschlechter", zurückreichen, offenbar *nicht* endgültig und zwingend zu erledigen: Denn dazu wäre eine eindeutige Antwort darauf nötig: ob speziell die (allgemein als besonders alt angesprochene „Phratrie" anderweit ethnographisch bekannten Typen sich einfügt oder nicht. Im letzteren Fall ist trotz aller gegenteiligen Erörterungen doch das Wahrscheinlichere, daß sie Produkt einer sekundären, *militärisch* bedingten, Entwicklung ist. – Von den Anschauungen, welche über den historischen Ausgangspunkt der antiken Sozialgeschichte ziemlich allseitig geglaubt worden sind, erscheint jedenfalls *eine* heute durchweg – vielleicht mit Ausnahme mancher an die Wüste grenzenden orientalischen Gemeinwesen – nicht mehr haltbar: der Glaube an das ursprüngliche „Nomaden"leben der okzidentalen Völker, d. h. an eine rein viehzüchtende akkerbau*lose* Vorzeit bei ihnen. Die Rolle, welche das Vieh überall als Hauptbestandteil des *beweglichen* Besitzes, deshalb wichtigstes Tribut- und Tauschobjekt, und der Viehbesitz als Hauptgrundlage sozialer Differenzierung und (neben Metallschmuck und kostspieligen Waffen) Hauptbestandteil des *Häuptlings*vermögens, Viehwartung als spezifisch männliche (daher auch eines Adligen nicht unwürdige) Arbeit, erweislich gespielt hat, darf zu jener Annahme nicht verleiten. Auch die plausible Hypothese, daß wenigstens die *Herren*geschlechter aus Einfällen von reinen Hirtenstämmen und Unterwerfung der seßhaften Ackerbauern durch jene entstanden seien, ist – wo sie nicht im *Einzel*fall wahrscheinlich zu machen ist – nicht generell annehmbar, da der antike Adelsstaat gerade an den *Küsten*plätzen besonders früh und stark entwickelt ist, und *andere* Quellen der Vormachtstellung der Könige und Adligen bekannt sind. Wie aber der Ackerbau, der in alle prähistorisch erschließbaren Zeiten der uns beschäftigenden Völker zurückreicht, in deren bäuerlicher „Urzeit" sozial organisiert war, davon ist *nichts* Zuverlässiges zu erfahren. Was wesentlich deutlicher erkennbar bleibt, sind gewisse Organisations*stadien*, die sich, bis zu einem gewissen Maße, bei allen *denjenigen* „antiken" Völkern, von der Seine bis zum Euphrat, welche *überhaupt städtische* Entwicklung gekannt haben, wiederholt zu haben scheinen.

1. Zunächst ein Zustand, in welchem, als ferne Vorläufer der späteren Stadt, nur Schutzwälle gegen feindlichen Überfall existieren, Hausgemeinschaft und Dorf die ökonomische, Blutrache-, Kult- und Wehrverbände die polizeiliche, sakrale und politische Garantie der Existenz des Einzelnen tragen, – *ohne* daß jedoch über Struktur, die Koinzidenz oder umgekehrt die Funktionsteilung dieser Verbände untereinander für die Vorzeit der Antike etwas ganz Sicheres auszumachen wäre. Die als „frei" geltenden Volksgenossen sind alle am Grundbesitz beteiligt, und nehmen, bei mäßigem Sklavenbesitz, an den Feldarbeiten teil. Die Stellung des politischen Häuptlings und seine – meist transitorischen – Funktionen können nicht wohl andere gewesen sein als z. B. bei den Germanen auch. Er

ist nur vorhanden, wo kriegerische Bedrohung möglich ist. Er hat als „Richter“, wie bei den meisten „Naturvölkern“, nur gütliche Mittel zur Verfügung und er kann ferner nie ungefährdet die Tradition verletzen, über welche die *ältesten* Männer seine berufenen Berater sind. Es hängt von der politischen Lage ab, ob *überhaupt* gemeinsame *politische* Angelegenheiten bestehen. Die Bedeutung des Zusammenhangs des „Geschlechts“ durch „Blut“ (statt durch die ursprünglich allein entscheidende Nahrungsgemeinschaft) entwickelt sich bei den Häuptlingssippen zuerst stärker, indem die Erinnerung an kriegerische Leistungen oder wertvolle Schiedssprüche sie als von den Göttern bevorzugt legitimiert. Ökonomisch erhalten sie freiwillige Geschenke. Vorzug im Beuteanteil und, eventuell, ein speziell ausgewiesenes Landlos.

2. Sodann ein anderer Zustand, in welchem eine nähere Vorstufe der Stadt: die *Burg*, auftritt, und als deren Inhaber ein *„König“*, der, durch Boden-, Sklaven-, Vieh- und Edelmetallbesitz ausgezeichnet, eine persönliche *Gefolgschaft* zunächst direkt an seiner Tafel speist, weiterhin, mit Land, Sklaven, Vieh und Schätzen beschenkt oder belehnt, an ihrer Spitze Kriegs- und Beutezüge unternimmt, dem übrigen „Volk“ gegenüber aber eine sehr verschiedenartige, zwischen bloßem Anspruch auf gelegentliche Geschenke und ganz willkürlicher Belastung mit Robot, Tribut und Zwangsaufgeboten (als Troß oder Fußtruppe) zum Kriege schwankende, Stellung einnimmt, je nachdem er friedlich lebt oder sich erobernd ein „Reich“ von „Untertanen“ schafft. Die Lage des platten Landes in diesem Stadium ist uns äußerst dunkel. Die *Entstehung* des Burgenkönigtums pflegt an 1. fruchtbarem *Boden* (Grundrentenfähigkeit), 2. *Handelsgewinn* gebunden zu sein. Regel ist, daß die Gefolgschaft des Königs als etwas Neues, deshalb Fremdes in die bäuerliche Volksgemeinschaft hineintritt. Königs- und Lehenrecht scheidet sich *überall* vom „Volksrecht“. Die Gefolgsleute *galten* oft überhaupt nicht als Volksgenossen, selbst da wo sie dies *waren*. Wie bei vielen „Naturvölkern“, so gilt z. B. für die Gefolgschaft Davids („Krethi und Plethi“) und des legendären Gründers von Rom die Tradition, daß ihre Gefolgschaft aus „banditi“ bestanden habe, und es ist möglich, daß noch in der mesopotamischen Stellung der königlichen Lehenträger (s. u.) sich Spuren davon erhalten haben. Sobald der König *erobernd* auftritt, entspricht diese Indifferenz gegenüber der Nationalität seiner persönlichen Kriegsgenossen naturgemäß oft auch den Tatsachen: die Leibgarde wird, der Sache nach, Soldtruppe. Das Entstehen *größerer* Herrschaften ist dabei durch Differenzierung des *Reichtums* der Burgherren möglich: die „Könige“ mit dem größten „Hort“ machen andere Burgherren zu ihren Vasallen: der Anfang fast aller antiken „Staaten“. –

3. Eine fernere Annäherung an den „klassischen“ Zustand der Mittelmeerländer in der Antike stellt die „Polis“ in den Fällen dar, wo sie zugleich dem Typus des „Adelsstaates“ entspricht. Eine für den Waffenberuf trainierte, durch den

Umfang ihres Grund- und Schuldknechte- (oder Hörigen-)Besitzes ökonomisch zur Selbstausrüstung (in der kostspieligen Form der „Panhoplie") befähigte und für das ritterliche Leben des Adels disponible Schicht von „Geschlechtern" beherrscht eine „Akropolis" und von ihr aus das Land. Auch sie kann sich nur entwickeln, wo 1. die *Boden*qualität die *Grundrente*bildung gestattet: in den Flußebenen, – 2. *Geld*gewinn möglich ist: nahe der *Küste*. Der Lehenadel des alten Burgkönigs emanzipiert sich von seiner Herrschaft, und – das ist das Charakteristische gegenüber der analogen feudal-grundherrlichen Entwicklung im *kontinentalen* frühen Mittelalter (während dagegen die Entwicklung im frühmittelalterlichen Italien gewisse Ähnlichkeiten bietet) – konstituiert sich als eine sich selbst verwaltende, militärisch gegliederte *städtische* Gemeinde, vom König als primus inter pares oder (fast immer im weiteren Verlauf) von Wahlbeamten, *aber*, – das ist das Entscheidende – *ohne Bureaukratie*, geleitet. Wer nicht ritterlich zu leben, an den militärischen Institutionen der Stadt nicht teilzunehmen vermag, gehört nicht in den Verband der „Geschlechter" hinein. Der Glaube an den Wert des „Blutes", der *Abstammung*, ist jetzt generalisiert. Die *typische* (nicht: die einzige) *Arbeits*kraft dieser Sozialverfassung ist der *Schuld*sklave. Der „Adel" ist zunächst eine *Gläubiger*schicht und *wird* zu einer Grundrentnerschicht. Der Bauer ist zunächst Schuldner und wird dadurch „erbuntertänig". Das platte Land ist daher, neben den nicht zu den „Geschlechtern" gehörigen Bauern, regelmäßig von einer breiten Schicht von Schuldversklavten besetzt. Zuweilen sind diese auch rechtlich als „Stand" von den Freien gesondert. Indes meist genügt das Schuld- und Prozeßrecht der Frühzeit, in Verbindung mit der Beherrschung der Gerichte durch die Herrenklasse, und das daraus erwachsende Institut der Klientel, um den gleichen Effekt zu erzielen.

4. Allein von dem Zustand des primitiven Heerkönigtums (oben Nr. 2 am Schluß) ist eine Entwicklung nach *anderer* Richtung hin möglich: der König kann, ökonomisch an Macht steigend, *Herr* seiner Gefolgschaft und der militärischen Machtmittel werden, dergestalt, daß das Heer geradezu eine Art von Leibeigenenheer wird, und kann nun – die Hauptsache – einen ganz in seiner Hand befindlichen, hierarchisch gegliederten *Beamten*stand schaffen, durch den er die „Untertanen" regiert. Die „Stadt" wird dann seine und seiner Hofbeamten Residenz, entweder ganz ohne Autonomie (so namentlich im „städtelosen" Ägypten) oder mit wesentlich sakraler Autonomie (Assur) oder mit nur unpolitischer, vom König kontrollierter Lokalverwaltung und bestimmten Privilegien (so die urkundlich bezeugten Immunitätsprivilegien Babylons). Die Lage des platten Landes in den *älteren* Stadien dieses autoritativen Stadtkönigtums ist meist ziemlich dunkel. Abgabe- und Robotpflichten der Untertanen können bis zum fast vollständigen Staatssozialismus (Ägypten) führen, oder es kann ein ziemlich großes Maß freier Bewegung im Privatverkehr bestehen bleiben, je nach der Struktur der

Bedarfsdeckung des königlichen Haushalts: durch Fronden einerseits, durch „Steuern" andererseits, je nachdem also das Königtum mehr *Fron*königtum oder mehr *Tribut*königtum ist. Ersteres geht meist aus letzterem hervor und bildet sich seinerseits zu der gleich zu besprechenden Form (Steuer- und Leiturgiestaat) weiter: ein „Rationalisierungs"-Prozeß.

Schon in den beiden zuletzt genannten (selbstredend in den mannigfachsten Abstufungen von „Reinheit" vertretenen) Typen kann der Einfluß der *Verkehrs*wirtschaft sich geltend machen. Ganz regelmäßig beruht die Entwicklung des *zweiten* Typus überhaupt darauf, daß der Häuptling – etwa so wie die „Könige" von Kamerun vor der deutschen Okkupation (teilweise auch nachher) – den Außenhandel monopolisiert oder doch sich irgendwie tributpflichtig macht und so den „Hort" aufspeichert, diese *unentbehrliche* Grundlage *aller* primitiven, – der Nibelungen- ebenso wie der mykenischen, jüdischen (s. das Unterbinden der Hortbildung durch die Theokratie im Deuteronomium), persischen, indischen – „Könige". Daran schließt sich die ökonomische Unterwerfung der Bauern: Die Josephlegende, Genesis 47, 15-26, stellt den Vorgang: – *Getreide*darlehen zum Konsum und zur Saat in Notjahren gegen Hingabe von Vieh, Boden und Person in die Schuldknechtschaft und Rückempfang zu Kolonenrecht gegen Ernteanteil – in typischer Form dar. Ob dann weiter eine Entwicklung zu dem Zustande ad 3 („Adelspolis") oder ad 4 (Bureaukratisches Stadtkönigtum) sich einstellt, ist offenbar (s. u.) von verwickelten teils geographischen, teils rein historischen Bedingungen abhängig. Naturgemäß steht aber innerhalb beider Typen im allgemeinen das Maß direkter Inanspruchnahme der *Arbeits*kräfte der Untertanenschaft, sei es in „grundherrlicher", sei es in „staatlicher" Form, für die Bedarfsdeckung, sei es der herrschenden Geschlechter, sei es des königlichen Oikos, in umgekehrter *Korrelation* zu der Entwicklung des *privaten* Binnentausch-Verkehrs. Soweit aber *Abgaben* die Grundlage der Herrschaft bilden, stehen *beide* dem *Boden*verkehr an sich neutral gegenüber. Erbanwartschaftsrechte und – im Adelsstaat: grundherrliche, – im Königsstaat: militärisch bedingte – Bindungen des Bodenverkehrs sind natürlich überall vorhanden. Aber der bureaukratische König (Nr. 4) kann nach Ausbildung seines ihm persönlich „gehörigen" Heeres und des Beamten- und Abgabensystems die Freiheit des Bodenverkehrs leicht ertragen. Die adeligen Geschlechter wünschen sie für den *Bauern*besitz, da ihre Position auf dem Bodenwucher mit beruht. Aber der *adelige* Besitz ist (faktisch oder rechtlich) durch Bildung der Adels*sippe* (gens) gebunden. Der Despot hat dagegen – wie noch Napoleon zeigte – ein politisches Interesse daran, daß ohne eine von *ihm* ausgehende spezielle Verbriefung sich keine auf Bodenbesitz gegründeten patrimonialen Herrschaftsrechte bilden können. Der „Tyrann" schränkt daher oft die Bodenakkumulation, wo sie droht, ein (Hellas), läßt dagegen die Parzellierung, wo sie sich vollzieht (Orient), gewähren.

Aus dem 4. Typus: dem bureaukratischen Stadt- oder Stromufer-Königtum, welchem das Heer und die Beamten als Leibeigene „gehören", und die „Untertanen" Robot und Tribut schulden, entwickelt sich mit zunehmender Rationalisierung der staatlichen Bedarfsdeckung:

5. der autoritäre *Leiturgiestaat*, der *planmäßig* die Deckung der Staatsbedürfnisse durch ein kunstvolles System von öffentlichen Lasten erstrebt und die „Untertanen" als reine Objekte behandelt. Ihrem formalen Wesen nach sind jene Lasten 1. direkte Robot für den Hof- und Staatsbedarf, – 2. auf dieser Robot und auf Zwangsrechten verschiedener Art aufgebaute Monopole, – 3. Abgaben, und zwar oft ganz überwiegend *Geld*abgaben oder geldwerte Vermögensleistungen, die aber durch ein System von Zwangsbürgschaften für den richtigen Eingang jenen charakteristischen funktionsgebundenen Zug bedingen, der den orientalischen Despotien so oft eignet. Die „Verkehrsfreiheit" lehnt dieser Staat, soweit sie seine fiskalischen Zwecke nicht stört, nicht ab, – im Gegenteil, er begünstigt sie direkt, wo immer er durch Besteuerung an ihr fiskalisch profitieren kann. – Es pflegt dieser „aufgeklärte" Despotismus der orientalischen Antike sich ohne Bruch, nur durch seine rationalere Organisation unterschieden, aus den primitiveren Formen des bureaukratischen Stadtkönigtums zu entwickeln. Dagegen verbinden die untereinander allerverschiedensten Übergangsstufen den 3. Zustand („Adelspolis") mit:

6. dem Typus der „*Hopliten*polis" in den antiken Mittelmeerländern. Die Herrschaft der „Geschlechter" über die Stadt, der Stadt über das platte Land ist *(formal)* gebrochen. Die Wehrpflicht ist (relativ) demokratisiert durch die Herrschaft des Hoplitenheeres, sie und damit das politische Vollbürgerrecht ruht auf dem *Grundbesitz* schlechthin, das Heer ist ein sich selbst equipierendes *Bürger*heer. – Ihre Fortentwicklung ist:

7. die *demokratische* Bürgerpolis: Die Wehrpflicht und damit das Vollbürgerrecht ist vom Grundbesitz emanzipiert und es besteht die Tendenz (welche freilich selbst in den Zeiten der radikalsten attischen Demokratie z. B. in der Amtsqualifikation niemals wirklich voll durchgeführt ist) zur Zulassung *aller* (in den Seestädten) zum Flottendienst (der so gut wie keine Kosten der Selbstequipierung voraussetzt) Qualifizierten und das heißt: aller Bürger schlechthin, zu den Staatsämtern, unter zunehmender Ignorierung der Unterschiede des Besitzausmaßes.

In der *Hopliten*polis (Nr. 6) bildet die freie spannfähige Bauern- oder richtiger vielleicht: Ackerbürgerschaft den Kern des Heeres. Der Verkehr, speziell der Bodenverkehr, ist in ihr *nicht* ungebunden. Die sog. „Gesetzgebungen", welche für die Konstituierung der *Hoplitenpolis* typisch sind, suchen prinzipiell ein allgemein zugängliches, festes *Recht* zu schaffen *und*, um den Klassenkampf zwischen *Gläubigern* (Adel) und *Schuldnern* (Bauern) zu schlichten, die Klassenbildung zu *stabilisieren*. Der Boden ist daher nicht nur durch Sippenrechte, sondern durch das *militärische* Interesse: ein Maximum wehrfähiger Hopliten zu tragen, gebunden (eine Art „Bauernschutz" seitens der Polis), die Ausdehnung des Großbesitzes direkt oder indirekt (Boden- oder Sklavenbesitzschranken, Beseitigung des alten *Schuld*rechts) gehemmt. – Dabei zeitigt das Streben, die Differenzierung der Bürgerschaft zu hemmen, mannigfache „stadtwirtschaftliche" Bestimmungen. Aber: das Interesse der *Geld*besitzer und der anschwellenden städtischen Klassen treibt vorwärts, und spätestens mit dem Übergang zur demokratischen Bürgerpolis wird der Boden der ganz oder doch fast ganz freien Disposition unter Lebenden und von Todes wegen unterstellt. *Dieser* Zustand als Unterlage der agrarischen Verhältnisse liegt für uns im vollen Licht der geschichtlichen Quellen. Was ihm *vorher*geht, ragt in den verschiedensten Resten, von so extremen Fällen wie Sparta bis zu den spärlichen Resten leiturgisch (z. B. mit Wegebaulasten usw.) belasteter Äcker in der spätrömischen Republik, in die für uns im vollen Sinn des Wortes „historischen" Agrarzustände hinein. In der „klassischen" Polis hat die Gesetzgebung *bewußt* die Institute des „Mittelalters" ekrasiert: Es kann kein Zufall sein, daß das *private* Agrarrecht der historischen Zeit im Orient (s. oben) *und* Okzident nicht nur keinerlei fideikommissarische Bindung des Bodens, sondern auch keine *privat*rechtliche Form der Belastung von Boden mit Fron- oder Rentenlasten kannte, überhaupt keine anderen Grundbelastungen außer 1. der Pfandhaft, 2. den absolut unentbehrlichen Wasser- und Wegeservituten, – während doch die Möglichkeit der Belastung des Bodens mit Fron- und Erbpachtslasten überall der *öffentlichen* Gewalt möglich blieb, – daß ferner neben *allen* gemeinwirtschaftlichen Besitzformen (Allmende), auch *alle* Arten herrschaftlicher Bodenleihe – außer der nackten beiderseits kündbaren Geld- oder Teilpacht – und *alle* rechtlichen Schranken der Bodenparzellierung im Erbgang sowohl wie außerhalb desselben auf dem Gebiet des *privaten* Agrarrechts beseitigt sind. – Nun greift die kapitalistische Entwicklung ein: An Stelle der verschwindenden *Schuld*- tritt die *Kauf*sklaverei. Die Entwicklung der Bodenbesitz- und Betriebsverhältnisse unter ihrem Einfluß und zugleich unter dem Einfluß der politischen Peripetien des Stadtstaates bildet das Thema der Agrargeschichte der „klassischen" Zeiten. Sie hat im wesentlichen überall von dem *Sinken* der in der „Hoplitenpolis" hochgekommenen freien grundbesitzenden, spannfähigen Bauernschaft und dem Vordringen von Sklaven- oder von Parzellenpächterbetrieben, parallel mit dem Vordringen entweder des Soldheeres oder (in Rom) des cäsaristischen Proletarierheeres, zu berichten. –

Steht der freie kündbare Pächter und der Sklave am Ende der „klassischen" Epochen – ersterer von vorwiegender Bedeutung im Osten, letzterer als Landarbeiter im Okzident vorwiegend, – beide übrigens, ohne je die *Allein*herrschaft gegenüber dem fast überall, oft in recht kompakten Massen und in der Überzahl, sich erhaltenden selbstwirtschaftenden Eigentümer zu gewinnen, – so tritt nun in den Zeiträumen *nach* der endgültigen Ablösung des Stadtstaates durch die universelle Militärmonarchie eine Erscheinung langsam immer mehr in den Vordergrund, welche anscheinend etwas gänzlich Neues ist: die ländliche *Grundherrschaft*. An die Scholle – zugunsten, aber (wohlgemerkt) in gewissem Sinn damit auch *zulasten* – des Herrn gebundene Kolonen mit (mehr oder minder) traditionell gebundenen Pflichten und Ansprüchen; die Grundherren als Ortsobrigkeit; die Staatslasten, speziell Steuern und Rekrutengestellung als Lasten dieser Grundherrschaften; Immunitäten verschiedenen Umfangs zu ihren Gunsten, – das sind Erscheinungen, welche die „Bürgerpolis" (Nr. 6, 7) natürlich nicht kennt, vielmehr normalerweise *bewußt* ausschließt. Das Entstehen des Gebildes *erscheint* daher als absolute Neuschöpfung. In Wahrheit hat es zu bestehen sicherlich nie aufgehört. Nur sein Herrschaftsgebiet war zusammengeschmolzen und seine universelle Bedeutung hatte sich seit den Zeiten des Burgenkönigtums für lange außerordentlich vermindert. In den breiten städtelosen kontinentalen Binnengebieten hatte es zweifellos immer Grundherrschaften in mehr oder minder ausgeprägter Entwicklung gegeben, und sobald die orientalischen Stadtkönigtümer und Leiturgiemonarchien sich zu „Weltreichen" erweiterten – zuerst im Assyrerreich –, bildeten sie naturgemäß ein Konglomerat von städtisch und von grundherrlich – als Domänen oder Lehen – organisierten Gebieten. So namentlich auch das Perserreich. Ebenso, mindestens (schwerlich immer: *nur*) für das Domänenland, wo der Herrscher die privatrechtlichen Befugnisse des Besitzers mit seinen Verwaltungszwangsrechten ungeschieden vereinte, die hellenistischen Monarchien, welche allerdings im ganzen ihrer Struktur nach (außer in Ägypten) die Polis als Organisationsgrundlage entschieden begünstigten und propagierten. Das römische Weltreich als Abschluß der Antike bedeutete schließlich auch im Okzident eine Verschiebung der Kultur und des (militärisch zunehmend relevanten) Bevölkerungsschwerpunktes von den Küsten in das *Binnenland*, und damit eine weitgehende Verschiebung in den ganzen gesellschaftlichen Grundlagen und in den Organisationsproblemen des Staatswesens. Mit diesen Verschiebungen und mit ihren ökonomischen Konsequenzen für die kaiserliche Politik hing dann die Entwicklung derjenigen sozialen Institutionen zusammen, welche den Übergang zu unserer *mittelalterlichen* Gesellschaft bedeuten. Die zentralen agrargeschichtlichen Phänomene dieser Epoche und der spätantiken Grundherrschaft überhaupt werden daher in einem gesonderten Artikel *(„Kolonat")* behandelt werden. –

Daß die vorstehenden „Typen" des „Bauerngemeinwesens", der „Adelspolis", des „bureaukratischen Stadtkönigtums", der „Hopliten"- und „Bürgerpolis", der „Leiturgiemonarchie", selten reinlich geschieden neben- oder nacheinander existierten, braucht kaum bemerkt zu werden. Diese „idealtypischen" Begriffe dienen hier nur dazu, den einzelnen Staat danach orientierend zu klassifizieren: ob er sich, im ganzen oder in bestimmten einzelnen Beziehungen, zu einem gegebenen Zeitpunkt dem einen oder dem anderen jener begrifflichen Typen mehr oder minder *annähert.* Denn die realen Staatswesen spotten naturgemäß in den historisch wichtigsten Bestandteilen ihrer Eigenart meist *jeder* so einfachen Klassifikation. Vor allem *ein* historisch wichtiger Typus ist dabei gar nicht zu seinem Recht gekommen: die militärisch, als Hoplitenverband, konstituierte *Samtgemeinde* von *Bauern*schaften, wie sie im Altertum mehrfach, allerdings m. E. *immer* sekundär: unter teilweiser Übernahme *städtischer* Institutionen, auftritt (Altisrael, Aitoler, Samniten). –

Immerhin kann die vorstehende Klassifikation außer dem terminologischen wohl auch *den* Nutzen haben, uns gegenwärtig zu halten, wie grundverschieden die Entwicklungs*stadien* sind, in denen uns der Zufall des Beginns historischer Quellen die einzelnen antiken Nationen antreffen läßt. Die mesopotamischen und das ägyptische Staatswesen haben zahlreiche Jahrtausende *städtischer* oder (Ägypten) stadt*artiger* Entwicklung schon hinter sich, als die ältesten für uns erreichbaren Quellen zu fließen beginnen. Sie sind bereits „Leiturgiekönigtümer". Die Römer haben in der Zeit *sicher* beglaubigter Überlieferung das Stadium der „Bürgerpolis" der *Sache* nach schon überschritten. Für die Hellenen lassen sich manche ziemlich sichere Schlüsse noch für das Stadium der „Adelspolis", ja selbst des „Burgenkönigtums" machen. Die unsicheren Nachrichten über die Kelten (die hier nicht mit abgehandelt werden) zeigen diese in allen drei ersten „Stadien". Dabei sind aber, ferner, die Entwicklungsvorgänge von Sparta, der attischen Demokratie in der Hegemoniezeit, und Roms durchaus „einzigartige" in den historisch relevantesten Punkten, und es schließen sich überhaupt oft Einzelzüge aus *verschiedenen* jener begrifflich geschiedenen „Stadien" zu einem spezifisch gearteten konkreten Ganzen zusammen.

Schließlich und vor allem kreuzt der offene oder latente Kampf weltlich-politischer mit *theokratischen* Gewalten, die ganze Struktur des sozialen Lebens beeinflussend, jene nach rein militärischen Konstituenzien geschiedenen „Typen". Wohl überall besteht ursprünglich eine Kombination von fürstlicher und priesterlicher Funktion. Allein eine Funktionsspezialisierung war mit ausgebildeterer Priestermacht und theologischer Entwicklung unvermeidlich. Die Machtstellung der Priesterschaft beruhte, neben dem materiellen Schwergewicht ihres Besitzes an Stiftungsgut und Einnahmen und der Beherrschung der Massen durch die Angst vor den Folgen von Sakrilegien, auch darauf, daß alle ursprüngliche „Wissenschaft" in ihrer Hand lag. Daraus folgte zweierlei: 1. allgemein: ihre – Kenntnis des Rechts, welche, solange dasselbe nicht kodifiziert war, den im Besitz der Priestertümer befindlichen *Geschlechtern* überall eine unerschütterliche Machtstellung gab, – 2. speziell in den *bureaukratisch* regierten Königsstaaten: daß alle

Bildung, welche Vorbedingung der Verwendung in den königlichen Ämtern war, fast nur durch die Unterweisung der Priester zugänglich wurde. Überall hat die orientalische Priesterschaft sich den Unterricht anzueignen gesucht: so ist sie als die Bildungsstätte in Ägypten im „neuen Reich" an die Stelle der profanen „Lehre" beim weltlichen Beamten getreten. – Kämpfe der Tempelpriesterschaften mit dem Militäradel und der Königsgewalt in den bureaukratischen Königsstaaten, und Kämpfe der nichtadligen Bürger gegen das Rechtsmonopol der adligen Priester in den Geschlechterstaaten durchziehen daher – in den verschiedensten Frontstellungen – die Frühzeit der Antike und beeinflussen auch die materielle Kulturentwicklung: Säkularisationen und Restaurationen (durch Usurpatoren, welche die Legitimität erstreben) wechseln ab. Auf die wichtigen Unterschiede orientalischer und okzidentaler Kultur in dieser Hinsicht wird weiter unten einzugehen sein. –

Es kann hier weder der Versuch einer Klassifikation noch einer Geschichte *aller* bekannten Agrarverfassungen gemacht, sondern nur eine Skizze des über die Agrargeschichte der *historisch* wichtigsten Staaten Bekannten versucht werden. Denn das im letzten Jahrzehnt publizierte Material *spottet* nach Umfang und Anforderungen an die Beherrschung des kulturhistorischen Gesamtmaterials der Kräfte eines jeden nicht spezialistisch (und das heißt: philologisch-archäologisch) geschulten Bearbeiters.

II. Die Agrargeschichte der Hauptgebiete der alten Kultur

1. Mesopotamien

Was den *asiatischen Orient* anlangt, so liegt das Material, welches die erstaunlichen Leistungen der Keilschriftforschung zutage fördern, bis jetzt, auch nach der Auffindung des „Codex Hammurabi", nicht in einer solchen Verfassung vor, daß derjenige, welcher auf das Studium der übersetzt vorhandenen Texte und im übrigen auf das Schöpfen aus zweiter Hand angewiesen ist, von definitiven Resultaten für die Analyse des Wirtschaftslebens wird sprechen dürfen. Gerade die für die juristische und sozialgeschichtliche Betrachtung wichtigsten Texte sind in der Deutung oft unsicher. Und bei Verwendung der alttestamentlichen Schriften bleibt die Frage, wo die nachexilische „Staatsroman"-Produktion aufhört, die tatsächlichen Zustände zu färben, gerade für manche charakteristischen Institutionen trotz der Arbeiten von Wellhausen, E. Meyer, Guthe, Jeremias, Winckler, jüngstens: A. Merx noch höchst dunkel. Auch die nachfolgenden notgedrungen kurzen Bemerkungen können daher nur mit allem Vorbehalt gemacht werden.

In den mesopotamischen Kulturstaaten ist neben der Aufzucht der sämtlichen Haustiere die Landwirtschaft sehr früh – besonders in Babylonien – in starkem Maß zur intensiven Gartenkultur entwickelt. Neben dem Getreide erscheinen namentlich die Dattelpalmengärten als regelmäßige Bestandteile aller erheblichen Vermögen und Sesam als ein Hauptbedarfsgegenstand; daneben finden sich in den Urkunden alle denkbaren Gemüse und Hülsenfrüchte, Rüben, Rettich, Gurken, Koloquinten, Zwiebeln, Knoblauch, – dieser ist in ungeheuren Quanten (Hunderttausende von Maßeinheiten) Gegenstand von Lieferungsgeschäften, – Dill, Lattich, Mangold, Koriander, Safran, Ysop, Thymus, Brombeeren usw., die namentlich in den königlichen Gärten gezogen wurden. Dagegen fehlt der Wald: Bauholz erobert der König von Assyrien im Libanon, von seinen Jagden in den Wäldern der nördlichen Berghänge berichten die Inschriften promiscue mit Kriegstaten. Die Viehzucht (Schafe und Rindvieh) spielt in Hammurabis Kodex eine erhebliche Rolle, offenbar ist aber der weitaus größte Viehbesitzer der König selbst. – Grundlage der Bodenbebauung ist die Bewässerung: mit jeder Neusiedelung ist die Anlage eines Kanals verbunden, der Boden in spezifischem Sinne *Arbeits*produkt; die Stelle der relativ *individualistischen Rodung* im Urwald vertritt hier der notwendig in irgendeiner Form *gemeinwirtschaftliche Kanalbau*. Im letzten Grunde *hierin* ist das ökonomische Motiv der, ähnlich wie in Ägypten (s. u.), auch hier übermächtigen Stellung des Königtums zu sehen. Schon Inschriften aus dem ältesten („sumerisch-akkadischen") Kulturzentrum wimmeln von Kanal- und Bewässerungsfragen, und im assyrischen Nordland ist es später nicht anders. Alle möglichen Deich- und Kanalfronden auf der einen Seite, zahlreiche königliche Aufseher auf der anderen lenkten das alte Stadtkönigtum alsbald in die Bahn *bureaukratischer* Verwaltung. Im Kriege erobern die Könige von Babel und Assur, – namentlich diejenigen des letzteren, eines expansiven Raubstaates, – vor allem regelmäßig Eins: *Untertanen*, welche alsdann einen neuen Kanal für eine neue Stadt zu graben haben und in dieser, mit zeitweiligen Fronden- und Abgabeprivilegien, angesiedelt werden, um demnächst die Einnahme- und Machtquellen des Königs zu vermehren. Die Assyrerkönige der Eroberungszeit heben hervor, daß die Unterworfenen „*Tribut* und *Steuern* zahlen gleich den *Assyrern*", – welche also auch ihrerseits als *Besitzobjekt* des Königs gelten. Das ist nicht das Ursprüngliche und auch später nicht voll durchgeführt. Die Stadt Babel beruft sich in einem Schreiben an den Assyrerkönig auf Privilegien, die ihr von dessen Vorfahren erteilt worden seien (Immunitäten bestimmter Art, vor allem ein sehr günstiges Fremdenrecht im Interesse des Handels). Auch andere Städte haben garantierte Privilegien. Es kommt vor, daß die „Ältesten", etwa von Babel und Sippar, zur Beratung über einen Tempelbau zusammenberufen werden, wie auch der Assyrerkönig die „Edelen und Bürger" der Assyrer nach Erbauung seines neuen Palastes darin bewirtet. Aber den Grundcharakter alteriert das nicht mehr.

Die Wirtschaft des Königs ist ein die Privatwirtschaften überragender Oikos. Er wird gespeist 1. aus den Domänen des Königs und seinem umfangreichen Leibeigenen- und Hörigenbesitz – der Sumererkönig hat, ebenso wie offenbar alle späteren Könige, eigene Hirten –, 2. aus den a) Fronden und b) Naturalabgaben der Untertanen. Wie sich in den einzelnen Zeiträumen die Bedarfsdeckung auf Domänen (bzw. Eigenbesitz an Vieh) und Tribute verteilt hat, ist unsicher. Für die Feldfrüchte überwiegen wohl – im Gegensatz vielleicht (wenigstens in der Frühzeit) zum Vieh – die letzteren. Ebenso ist das Verhältnis von *Sklaven*besitz des Königs und *Untertanen*robot unsicher, – aber wohl auch ziemlich *flüssig*. Das liegt in der Sache begründet: Ganz wie die Pharaonen haben schon die sumerisch-akkadischen Stadtkönige mit Regulierung der Robot, Fürsorge für Speise und Trank der requirierten Arbeiter und für die ihnen zu gewährenden Naturalgratifikationen unausgesetzt zu schaffen. Der König hat die allerverschiedensten Speicher (Wagenhaus, Getreidehaus, Rinderhaus, Gewürzhaus, Schatzhaus usw.) und Werkstätten. Der sumerische König läßt Gold importieren und verarbeitet es zu einem Prunkköcher in eigener Werkstatt, Steine werden gebrochen und in eigener Werkstatt Statuen daraus hergestellt, vor allem alles für die Bauzwecke des Königs in eigener Regie bereitet, dazu Holz von weither importiert. Es sind offenbar um die Königsburg herum mit Grundstücken angesiedelte und zur Robot verpflichtete Handwerker, die ihm dabei als Arbeitskräfte zur Verfügung stehen. Die Assyrerkönige benutzen später für ihren kolossalen Baubedarf nebeneinander die Kriegsgefangenen und ihre einheimischen robotpflichtigen Handwerker, letztere für die feineren Arbeiten. Sanherib rühmt sich technischer Neuerungen in der Bronzeplastik und macht sich über seine Vorfahren lustig, die „in ihrem Unverstand ... alle Handwerker stöhnen ließen". Eine sichere Grenze zwischen Königssklaven und robotpflichtigen politischen Untertanen bestand also offenbar nicht. – 3. Der Sumererkönig hebt „Bootsleute und ihren Kapitän" aus und dediziert sie dem Tempel: *Eigenhandel* selbst zu treiben scheint der König also damals nicht geneigt gewesen zu sein. Daß er es aber ursprünglich tat, erscheint zweifellos, und daß in Form eines stetigen „Geschenk"-Austausches mit fremden Fürsten dieser Eigenhandel noch 1.000 Jahre später bestand, ist bekannt. Sicherlich ist gerade die Monopolisierung des Zwischenhandels an den Strommündungen die älteste Grundlage der Machtstellung der Stadtkönige des Südlandes, welches *deshalb* der älteste Träger königlicher „Oiken" war, wie die Deltagegend in Ägypten. – 4. Namentlich in Assyrien flossen dem Tresor des Königs Mittel zu aus der *Beute* der, auf der Höhe der Macht alljährlich, unternommenen Raubkriege.

Als eines der wichtigsten staatlichen Machtmittel, speziell als Reservefonds zu Anleihezwecken, haben hier, wie im ganzen orientalischen und auch im hellenischen Altertum, die *Tempelschätze* gedient. Die Speisung dieser Schätze, die

Fixierung der Kasualien und (speziell: Ehe-)Gebühren und die Verfolgung von Winkelpriestern („Zauberern") und Ketzern zugunsten des Monopols des anerkannten Gottes ist eine Angelegenheit schon der sumerisch-akkadischen Stadtkönige. Der König schuf freilich so, durch die Entstehung von großen Edelmetall- und Naturalienvorräten, auch Grundbesitz, in den Händen der Tempelpriesterschaft eine ökonomische Macht, welche ihm eventuell gefährlich werden konnte und welche tatsächlich weiterhin mit den weltlichen Lehensträgern und Beamten fast überall in einen wechselvollen Interessenkampf um die Beherrschung des Thrones und die Ausbeutung dieser Herrschaft getreten ist. Die Priestergeschlechter verhalten sich sozial, wo sie die Macht haben, nicht anders als die Stadtgeschlechter in Althellas. Das alte lokale Stadtkönigtum der Zeit vor Hammurabi hat fortwährend einerseits gegen Gebührenüberforderung, Verschuldung und Besitzberaubung der „Armen" durch die *Priester* zu kämpfen. Andererseits muß es die *Beamten* 1. an Ausbeutung der Fronpflicht der Untertanen im eigenen Interesse, 2. an Verkürzung der bei Ableistung der Robot zu gewährenden Kost, 3. an Preisdruck beim Abkauf ihrer Produkte oder direkten Zwang zum billigen Verkauf (speziell von Vieh) an die „Großen" hindern, – letzteres durch Feststellung von Preistarifen. Wenn ein Sumererkönig von sich sagt, er habe die „Freiheit eingesetzt" und „die ehemals bestehende Leibeigenschaft" beseitigt, so ist damit wohl nur gemeint: 1. die Herabsetzung oder der Erlaß gewisser öffentlicher Fronden („in dem Gebiet von X war fortan kein Aufseher mehr"), 2. wohl auch die Beseitigung privater Aneignung des Rechts auf solche, vor allem aber immer wieder 3. der Schutz der „Armen" durch Sicherung konstanter Rechtssprechung, und des bäuerlichen und kleinbürgerlichen Erwerbes und Besitzes gegen willkürliche Eingriffe, – in welchem speziellen Sinn letzteres, bleibt zweifelhaft (s. u.). Namentlich das Drückende des Verlangens der „Großen" (d. h. der Beamten und der großen Besitzer, weltlicher oder, unter Umständen, Priester-Geschlechter), daß der dem Staat oder dem weltlichen oder geistlichen Adel *verschuldete* (*dies* heißt: „leibeigene") Kleinbesitzer bares *Geld* zahlen solle, wird erwähnt. Die ökonomische Situation ist also wohl ziemlich ähnlich wie in Hellas in der Zeit vor den „Gesetzgebungen": – die übermächtige Stellung der *Priesterschaft* und die *bureaukratische* Staatsorganisation bilden den entscheidenden Unterschied. Der *König* sucht – wie der griechische „Tyrann" (wenigstens in Althellas) – sich die Sympathie der Bauern und Kleinbürger zu sichern. Aber: bei allem Kampf mit den Beamten bedarf der König des bureaukratischen *Apparates*, und trotz des Kampfes mit den Priestern ist ihm die *Legitimität* unentbehrlich, welche nur entweder durch Apotheose (Ägypten) oder göttliche Bestätigung zu erlangen ist. Reine Militärkönige auf Eroberungsgebiet (Assyrien) suchten sich der Priesterkontrolle wohl erfolgreich zu entziehen. Alte „Kulturstaaten" duldeten das schwerer. In Babylon, wo die Theokratie weit ausgeprägter war als in dem assyrischen Militärstaat, gilt der König als göttlicher Lehnsmann (alljährliche Neuinvestitur!).

Zu den *Abgaben* der Untertanen gehören von jeher, soweit wir sehen können, mehrere wohl kaum sicher zu unterscheidende Getreideabgaben, später nach rechtlichen und Qualitäts-Bodenklassen abgestuft, ebenso jedenfalls Naturalabgaben von allen übrigen Produkten, von anscheinend sehr bedeutender Höhe: – die Pachtverträge pflegen über ihre Zahlung Bestimmungen zu enthalten. (Bruchstücke von Katasterkarten sind erhalten.) Ferner eine anscheinend auch von Freien, jedenfalls von Frauen erhobene Kopfsteuer. Daneben finden sich später einzelne Verkehrsabgaben, so von Sklaven- und Grundstücksverkäufen. Wo eine Kontraktbruchsbuße an den Staat vereinbart wird, scheint dies in der älteren Zeit noch die Leistung von *Fronden* an den König gewesen zu sein: Strafarbeit als Rest des Fronkönigtums. Zu den Leiturgien, die auf dem Boden ruhten, gehörte auch die *Gestellung von Kriegern* (in der Perserzeit durch Stellvertretung erfüllt). Wie aber im übrigen, namentlich in dem spezifischen Militärstaat Assyrien, ökonomisch die (auch wenn alle möglichen – übrigens keineswegs an sich zu vermutenden – Übertreibungen der Inschriften abgezogen werden) sehr bedeutende, disziplinierte, zu Pionierarbeiten und gewaltigen Marschleistungen befähigte *Heeresmacht* beschafft und sustentiert wurde, ist noch nicht ganz deutlich. Die grundsätzliche Wehrpflicht aller Untertanen – mit Ausnahme des Tempelpersonals, des königlichen Hofhalts, der Hirten und, wie es scheint, der königlichen Kolonen, – ergibt sich aus Hammurabis Briefen. Allein dieses Aufgebot war sicherlich nur als Landsturm in den äußersten Fällen zur Verteidigung praktikabel. Die Wagenkampf-Technik, auf welcher die militärische Expansion der Euphratstaaten beruht, erforderte sicherlich den *Berufs*krieger, und auch die Reiterei und das bei größeren Kriegen immerhin wohl nach mehreren Zehntausenden zählende Fußvolk – Salmanassar II. will in Syrien einem Heer von rund 70.000 Mann (bei rund 4.000 Wagen), dessen Bestandteile er aufzählt, gegenübergestanden haben – sind bei den Generationen hindurch *jährlich* geführten Kämpfen natürlich *nicht* mehr durch Aushebung selbstwirtschaftender Bauern nach Art des (recht bald fiktiv gewordenen) germanischen Heerbanns beschafft worden. Ein militärisch *geübtes* und dabei *nationales* Heer wäre der Königsmacht gefährlich gewesen, und die gartenartige Kultur machte seine Schaffung ökonomisch unmöglich: eine sich selbst equipierende Hoplitenschaft *fehlt* diesem von Anfang an theokratisch-bureaukratischen Städtestaat. Die später üblich werdende *Werbung* gehört der Frühzeit schwerlich an. Sondern: die Wagen, Speere und Rüstungen stellt der König aus seinen Zeughäusern. Die Pferde wird er demgemäß vielleicht ebenfalls aus seinen Herden oder durch Requisition beschafft haben. Was die Menschen anlangt, so finden wir für die Zeit Hammurabis die „Soldaten" des Königs als Inhaber von *Dienstlehen*, auf denen der Berufskriegsdienst als Leiturgie ruht. Die Lehensinhaber bilden dabei offenbar keine den übrigen Untertanen gegenüber ständisch bevorzugte Schicht. Daß ihnen ein Mal eingebrannt worden sei (Daiches), kann allerdings *vielleicht* auf terminologischer Identifikation mit privaten *Schuld*knechten beruhen. Doch ist die Identität der Bezeichnung in jedem Falle auffallend. Sollte die betreffende Urkunde tatsächlich auf einen königlichen Heerespflichtigen (der einem Großen zur Verfügung gestellt war) zu beziehen sein, so wäre sie zugleich ein Beleg dafür, daß die – fränkisch gesprochen – „in truste" oder „in hoste" des Königs Befindlichen aus ihren Familienrechten (Erbrecht) damit ebenso ausscheiden, wie ein Stammfremder oder Versklavter. (Die Familie gibt dem Eingezogenen nur Beisitz, kein Erbrecht, als er, entlassen, zurückkommt). Die Kriegerlehen werden von Hammurabi in einem Satz mit den, ebenfalls mit Land belehnten, Fischern des Königs genannt. Das „Lehen" ist eben, wie überall im Orient – bis zu den Kleruchen der Lagiden – plebejisch klein, da die Equipierung sicher sehr einfach, überdies wahrscheinlich gänzlich Sache des Königs ist. – Sie müssen bei Todesstrafe den Dienst persönlich leisten und ihre Bedrückung und widerrechtliche Besitzentsetzung wird an den Statthaltern schwer geahndet. Sie werden auch zu Schanzarbeiten – zum Bau einer Stadt z. B. – aufgeboten. (Die bei Einverleibung fremden Gebiets dorthin im Austausch „verpflanzte" Bevölkerung setzte sich wahrscheinlich auch aus solchen Lehensmannen zusammen.) Mit dem Hof überträgt ihnen der König Vieh zur Nutzung. Alles natürlich unter Ausschluß der Veräußerung, aber der Regel nach erblich (falls der Sohn tauglich ist) und mit Witwen- und Waisenversorgung. Bei dreijähriger Nichtleistung der Dienstpflicht fällt es an den, der es unter Erfüllung der Obliegenheiten übernimmt. Obwohl der Lehnsmann hiernach dem König persönlich auf Grund speziellen Entgeltes dient, gilt er doch auch als Funktionär der Gesamtheit: wer einen gefangenen Soldaten ausgelöst hat, darf sich, wenn das Vermögen desselben nicht reicht, an den Tempelschatz seiner Stadt wegen Erstattung des Lösegeldes halten; subsidiär haftet auch der königliche Schatz. – Neben diesen mit Land beliehenen Soldaten stehen die nicht „vollfreien", daher im Wehrgeld den Freien nicht gleichgestellten, aber in ihrem *Sklaven*besitz – offenbar im Interesse ihrer „Abkömmlichkeit" – besonders geschützten „Ministerialen" (wie Peiser übersetzt) des Königs, welche offenbar am Hofe zu seiner ständigen Verfügung leben. In Assyrien finden sich „Reiter und Eunuchen" des Königs als Besatzungstruppen in eroberten Städten, – also wohl königliche Gefolgsleute *neben* Leibeigenen, – und Gefangene verleibt der König zu Tausenden einfach seinem Heere ein. Andererseits werden bei *Neu*besiedelung von Städten in diesen eine bestimmte Anzahl von Truppen „ausgehoben", – was nur die Auferlegung der Gestellung durch die Ansiedler *oder* aber die Ausweisung einer entsprechenden Anzahl von Soldatenlehen bedeuten kann. – Das Heerwesen wandelt sich bald in der Richtung zum Soldheere. Das Dienstlehenheer war ersichtlich nur *Reserve*truppe; denn die assyrischen Soldaten waren schon in Sargons Zeit verheiratete Leute, deren Versorgung in Zeiten des Friedens dem König, der in Kriegszeiten sein Heer verstärkt hatte, Sorge machte, weil sie (s. o.) durch die Aushebung aus ihren Familienbeziehungen ausschieden und nun versorgt sein mußten. Noch in den Zeiten des Artaxerxes wird bei den Steuern z. B. „Bogenland" von „Zehntland" unterschieden. Es war die Entwicklung also wohl die: die Gestellung von Wehrpflichtigen – ursprünglich (s. o.) eine strikt persönlich geschuldete Lehnspflicht – war später als Leiturgie an den Besitz bestimmter Grundstücke geknüpft, schließlich aber von diesen durch Abgaben, aus denen der König nunmehr fremde Söldner zahlte, abgelöst worden. Wie früh und wie vollständig dies geschehen war, können wir zunächst wohl nicht wissen. – Jedenfalls ist das Heer der letzten Assyrerkönige ein gänzlich unnationales und ist auch das babylonische Bogenschützenkorps der Perserzeit aus den königlichen Magazinen gekleidet und gespeist worden, also keine „nationale" Truppe im ökonomischen Sinn. –

Die Bewegungsfreiheit des privaten *Verkehrs* wird durch den königlichen, wesentlich naturalwirtschaftlichen, Oikos in der Frühzeit wohl ähnlich eingeschnürt gewesen sein wie in Ägypten (s. u.). Aber dies lag in der Periode, aus welcher keilinschriftliche Privaturkunden vorliegen, ziemlich weit zurück. Schon vor und gleich nach der Zeit Hammurabis ist die Verkehrsentwicklung eine relativ außerordentlich (und ersichtlich zunehmend) freie. Die theokratische Monarchie reguliert zwar den inneren Verkehr, speziell auch die Arbeitslöhne, durch Tarife, wie wir sie in Hammurabis Gesetz finden. Aber praktisch ist der Güterverkehr im Prinzip frei. Er ist begreiflicherweise in Babylon, welches in weit stärkerem Maße aus dem Zwischenhandel emporgewachsen war, reicher gestaltet als in dem Militärstaat Assur. Der Versuch einer Scheidung beider und ebenso einer Scheidung von einzelnen Perioden einer Entwicklung, welche von der „ersten" Dynastie Babylons bis zum Aufgehen in den Islam uns ein in den meisten wesentlichen Zügen wohl sich selbst *höchst ähnlich* bleibendes, im Grunde nur in dem Grade des Durchdringens (und gelegentlichen Wieder-Abebbens) der Verkehrswirtschaft (denn der Ausdruck „Geldwirtschaft" paßt nur bedingt) schwankendes Bild bietet, kann hier des Raumes sowohl als des vorerst dazu noch ungenügenden Quellenmaterials wegen nicht unternommen werden. –

Ziemlich dunkel und hier nicht zu erörtern ist die Frage der Gliederung der Bevölkerung in älterer Zeit: wieweit gentilizisch nach hellenisch-römischer Art und wieweit beruflich nach ägyptischer Art? Beides findet sich auch im Okzident häufig in *Kombination* (s. u.), und demgemäß kommen auch hier beide Arten von „Tribus" vor. Von „Kasten" im eigentlichen Sinne kann dabei in Babylon natürlich noch weniger als in Ägypten die Rede sein. Vielmehr sind sehr wahrscheinlich hier ebenso wie im älteren Ägypten die ursprünglichen *Leiturgien* der

Gewerbe Grundlage einer Gliederung gewesen, welche den (vielleicht solidarisch haftenden) Berufsgenossen möglicherweise auch gewisse Rechte an den Besitz der Mitbelasteten gab. Wenigstens kommen anscheinend *Retrakt*rechte einer Webergenossenschaft bei Landverkäufen vor. Doch scheint dies alles noch unsicher.

Das *Recht am Lande* galt in der Zeit voller Entwicklung des alten Fronkönigtums offenbar allgemein, nicht nur beim Soldatenlande, als Entgelt der damit verknüpften öffentlichen Pflichten: die Leistung der Gespannfronden von einem Grundstück wird im altbabylonischen Recht als Eigentumsbeweis erwähnt. Die „Amtslehen“ sind offenbar nur deshalb in ihrer Gebundenheit länger *verblieben*, weil bei ihnen die *persönliche* Qualifikation des Besitzers für den König besonders wichtig war. Von einer öffentlichen oder priesterlichen Konzession und Bestätigung des sonstigen Bodenbesitzes in Übertragungsfällen (wie zeitweise in Ägypten) ist aber urkundlich nichts mehr zu finden, außer etwa, daß die Erbteilung sehr oft durch Priester vollzogen wird. *Nachbar*rechte von „Markgenossen“ sind nicht sicher erkennbar. Die Haftung der Gemeinden besteht zwar in der Form der Friedensbürgschaft bei Verbrechen. Ob aber Samthaft für Steuern und Fronden (wie im „Alten Reich“) bestand, ist nicht sicher. Ob die Andeutungen von einer Änderung der Rechtslage der Untertanen, welche in den Inschriften mancher sumerischer Könige (s. o.) vorkommen, als eine Emanzipation auch des *Boden*besitzes und -Erwerbes (genannt werden nur Fischteiche und Vieh) der Bauern von *grundherr*lichen Fesseln angesehen werden dürfen, ist recht fraglich. Daß die Gesetzgebung der theokratischen Monarchien als *Ganzes* den Effekt der Sicherung des privaten Verkehrs gehabt hat, ist selbstverständlich. Aber wenn Fesseln des *Bodens* bestanden, waren sie wohl wesentlich *leiturgisch* gewesen. Dagegen schränkten in historischer Zeit – außer für die Amtslehen – *öffentliche* Interessen den Bodenverkehr nicht generell ein. Die freie Veräußerlichkeit des *erworbenen* Bodenbesitzes setzt der Codex Hammurabi ausdrücklich voraus. Dagegen blieb, wie die Urkunden erkennen lassen, der *ererbte* Bodenbesitz zugunsten der Hausgemeinschaft und der Gentilen derart gebunden, daß die (offenbar ursprünglich nicht mögliche) Veräußerung jenen Berechtigten *und dem Veräußerer selbst* ein Retraktsrecht gegen Erstattung des von dem Erwerber des Grundstücks geleisteten Preises *nebst Zinsen* gab. Dies letztere ist augenscheinlich der gewohnheitsrechtliche Niederschlag einer typischen, auf Beseitigung dieser Retraktsgefahr abzielenden Vertragsabrede, neben welche Verfluchungen des Retrahenten und Konventionalmulten in den Urkunden zu treten pflegen. *Faktisch* ist so schließlich aller private Boden frei veräußerlich und frei teilbar geworden. Die Naturalteilung im Erbgang ist – neben zeitweiser Erbengemeinschaft – in den erhaltenen Urkunden die Regel. Flurgemeinschaftserscheinungen sind begreiflicherweise nicht zu konstatieren mit Ausnahme des allgemeinen Stoppel- und Brachweiderechts, über dessen Modalitäten der Codex Hammurabi Bestimmung trifft. Im übrigen sind die Grundstücke individuell abgegrenzt, regelmäßig (offenbar) eingehegt, und die Veräußerung des Landes erfolgt mit genauer Angabe der Grenzen nach Lage, Wegen, Nachbargrundstücken. Die Größe wird dabei teils und regelmäßig nach Flächenmaß, gelegentlich, wie es scheint, nach Aussaat angegeben. (Es kommt auch Kauf nach „modus agri" in dem Sinne vor, daß Abweichungen der wirklichen Größe von dem vorausgesetzten Gehalt nachträglich zu vergüten sind.) Die für Tempelbauzwecke in Assyrien inschriftlich bezeugte Expropriation ist vielleicht (aber nicht notwendig) rechtlicher Ausfluß eines prätendierten königlichen Bodenregals, wenigstens *rühmt* sich der König, daß er die aus dem Besitz Gesetzten *entschädigt* habe. Daß das durch Kanalanlagen neu gewonnene Land vom König – in Assyrien mit Angabe der Art, wie es zu bebauen ist (z. B. zum Gärtenanpflanzen) – vergeben wurde, legte ja die Annahme eines königlichen Obereigentums an *allem* Land an sich nahe (welches vielleicht in Babylon die Form eines göttlichen Bodeneigentums angenommen hatte). Das Land, welches an die von auswärts her verpflanzten Fremdvölker vergeben wurde, war offenbar teils neu zu kanalisierendes Land, teils waren es wohl auch Dienstlehen, deren bisherige Inhaber im Austausch nach auswärts übersiedelt wurden. Verlehnungen von Land und Leibeigenen an verdiente Beamte, königliche Landschenkungen, steuerfreie Wiederverleihung des väterlichen Besitzes an einen Beamten kommen, ebenso wie von jeher in Babylon, auch in Assyrien vor, – regelmäßig aber ist der Beamte des Königs sicher ebenso wie der Tempelbeamte auf Natural*deputate* aus den Magazinen und Abgaben angewiesen. Bestanden die Anfänge einer allgemeinen grundherrlich-feudalen Entwicklung des *Staats*wesens, so sind sie nicht zur Reife gekommen: der Staat wurde dem Schwerpunkt nach *Beamten*staat mit, vor allem, *theokratischem* Einschlag. Aber es finden sich allerdings die *Elemente* grundherrschaftlicher Entwicklung. Freilich: rein *private* Grund*hörig*keit ist *direkt* nicht unzweideutig erweislich. Aber in Hammurabis Briefen wird eine Bevölkerungskategorie als militärdienstfrei erwähnt, welche, wohl richtig, als (*königliche*) schollenpflichtige Kolonen gedeutet wird. Ob die „Gärtner" oder „Bauern", welche die Urkunden auf *privaten* Gütern sitzend erwähnen, etwas anderes als verehelichte Sklaven sind, ob sie etwa als „rechtlich" schollenfeste, insbesondere auch gegen den Willen ihres Herrn (im Staatsinteresse also) schollenfeste Halbfreie anzusehen sind, ist unsicher. Die *Tempel*bauern werden bei Verpachtungen von Tempelland ganz wie die Viehbestände einfach mitverpachtet. Ferner zeigt eine Inschrift aus der Regierung Assarhaddons die königliche Bestätigung einer *privaten Grundherrschaft*, welche nach Angabe der Grenzbestimmungen zweifellos ganze Dörfer umfaßt haben muß. Und in den Eroberungsstaaten ist schon in der Zeit des Stadtkönigtums die lehensweise Vergebung von ganzen Städten neben Terrains, später – wie schon erwähnt – Vergebungen von Land und Leuten an verdiente Beamte, und ebenso zweifellos die

Konstituierung auch grundherrlicher „*Immunitäten*" kraft erblichen, gelegentlich erneuerten Privilegs seitens des Reichskönigs vorgekommen. Der Staat hat sowohl stets einen stark *feudalen* Einschlag neben seinem theokratisch-bureaukratischen Grundcharakter behalten, gleichviel ob sich dies bereits in entwickeltem „Kolonat" äußerte. –

Die Grundlagen des *Familien*lebens sind die der Antike ursprünglich gemeinsamen: die Hausgemeinschaft ist Wirtschaftsgemeinschaft der patriarchalen Familie, und zwar, trotz des naturgemäß häufigen Vorkommens von Erbengemeinschaften, offenbar normalerweise bereits der *Klein*familie. Die Frau wird von dem Haupt ihrer Familie vergeben, in älterer Zeit einfach verkauft. Über die ursprünglich arbiträre Gewalt (Strafgewalt und Verstoßungsrecht) des Mannes treffen die Kontrakte meist Bestimmungen (Reugelder im Fall der Verstoßung usw.); die Nebenfrau, insbesondere das Dazuheiraten der Schwester, findet sich neben der aus dem A. T. bekannten Stellung der „Magd". Die Herkunft der „legitimen" Ehe aus: *kontraktlicher* Sicherung der mit einer Ausstattung in die Ehe gegebenen Frau und des Erbrechts ihrer Kinder gegen die ursprünglich schrankenlose Willkür des Mannes, ist auch aus dem Codex Hammurabi noch klar ersichtlich. Die so in den besitzenden Schichten zuerst geschaffene Stellung der „legitimen" Frau generalisierte die Gesetzgebung allmählich als die allein sittliche. Die sumerischen Könige (Gudea) verbieten den gemeinsamen Erwerb einer Frau durch mehrere Männer und verfolgen mit furchtbarer Härte den Ehebruch (scil.: der *Frau*). Weit entgegenkommender gegen die Frau ist schon Hammurabis Gesetz (Scheidungsrecht der Frau, Bußen bei Verstoßung). Ihre Ausstattung besteht in älterer Zeit regelmäßig in Hausgerät, Schmuck, Kleidern und einigen Sklaven (wie noch der Talmud zeigt, nicht nur zu *ihrer* persönlichen Bedienung, sondern auch: um ihr die Pflicht zur Bedienung des *Mannes* abzunehmen), ebenso finden sich später, mit der Abnahme der militärischen Bedeutung des Bodenbesitzes, Grundstücke; und im neubabylonischen Recht ist die Mitgiftehe ohne Kaufpreis, aber mit Witwenversorgung, die Regel. Ob der älteste Sohn, wie es nach einigen Spuren scheint, ursprünglich nach dem Tode des Vaters eine Vorzugsstellung und eine Vorzugsquote bei der Teilung erhielt, muß dahingestellt bleiben. Wie in Italien im Mittelalter beginnt mit Entwicklung der Verkehrswirtschaft und Erweiterung des Spielraums des privaten Gütererwerbs das ursprünglich streng patriarchale Hausvermögen als Assoziationskapital der Familienglieder betrachtet zu werden. Unbeschadet der patria potestas gilt doch auch der filius familias in gewissem Sinne als Anteilshaber. Es wird z. B. bei der Adoption, die ein Kauf des Adoptierten von seinen Eltern ist, das Anrecht desselben an das Adoptivvatervermögen kontraktlich, insbesondere für den Verstoßungsfall, festgestellt. Die Adoption selbst, d. h. der Kauf zu Sohnesrecht im Gegensatz zum Sklavenkauf, funktionierte ursprünglich als die primitive Form, in welcher die Hausgemeinschaft sich durch fremde Arbeitskräfte ergänzte. Adoption von Sklaven, Heirat mit Sklavinnen usw. ergeben eine gewisse Flüssigkeit zwischen Freiheit und Unfreiheit in der Hausgemeinschaft, – womit die Gleichbehandlung der filii familias mit den factores und discipuli in den mittelalterlichen Handlungshäusern zu vergleichen ist. Aus den Altenteilsvertragen – Gutsübergabe retento usufructu – entwickeln sich allmählich testamentarische Dispositionen inter liberos. –

Die *Sklaven* sind in altbabylonischer Zeit nicht sehr zahlreich: – Mitgiften von 1-3 Sklaven überwiegen. Offenbar aber schwoll mit Zunahme des Verkehrs ihre Zahl stetig bis in die Perserzeit, wo der Sklave vom Herrn sehr regelmäßig in geldwirtschaftlicher Form als Rentenquelle (so wie die Obrok-Leute in Rußland und, in ganz anderer Art, die „Leibeigenen" in West- und Süddeutschland bis ins 18. Jahrhundert) ausgenützt wird, und wo wir demgemäß das Sklavenpekulium und die Teilnahme des Sklaven an allen Geschäften, auch das Sich-Freikaufen desselben, sogar Beweisverträge zwischen Sklaven desselben Herrn finden. Die *Haus*sklaven sind auch später – außer beim König und den Tempeln – nicht zahlreich: 4 Sklaven zur Bedienung geben, scheint es, schon einen anständigen bürgerlichen Haushalt. Aber auch die Feld- und Gewerbesklaven dürfen offenbar nicht als eine Unterschicht von allzu großer Breite angesehen werden.

Die königlichen Domänen, auch die an Beamte verliehenen, ebenso die großen babylonischen Tempelgüter und wohl auch der, zumal in Babylon – sicher mehr als in Assyrien – in den Händen des Handelspatriziats allmählich angesammelte Grundbesitz wurden, soweit sie nicht parzellenweise verpachtet waren, mit Kaufsklaven und daneben ursprünglich mit den Fronden von verehelichten Unfreien, „Gärtner" oder „Bauern" genannt, bewirtschaftet; – ob Veranlassung besteht, die Rechtsstellung dieser letzteren als die von „Kolonen" von derjenigen der Sklaven zu unterscheiden, bleibt, wie erwähnt, fraglich. Sklaven*familien* sind oft Kaufgegenstand. Die Schuldsklaverei ist in Babylon konsequent entwickelt und die Promptheit ihrer Realisierung (private Haftnahme!) ist die Grundlage der mächtigen Entwicklung des Kredits: Frau und Kinder folgen in die Schuldknechtschaft, werden jedoch nach Hammurabis Kodex nach 3 Jahren frei. Garantierte ein vermögender Verwandter, so entließ man den Schuldsklaven mit beschränkter Freizügigkeit, um ihm Verdienstgelegenheit zum Abtragen der Schuld zu geben, aus der Haft. Wie weit die Schuldsklaven in der uns urkundlich zugänglichen Zeit noch eine quantitativ ins Gewicht fallende Kategorie schollenfester Abhängiger darstellten, wissen wir nicht. – Die primitive Form der *zeitweiligen* Beschaffung von Arbeitskräften ist die Miete von Sklaven oder Haussöhnen gegen Unterhalt, Kleidung und Zins (in Naturalien, später in Geld). So werden besonders die Erntearbeiter beschafft. Daraus hat sich, als Vorläufer des freien Arbeitsvertrages, das Mieten eines freien Mannes „*von ihm selbst*" entwickelt. Nicht nur in dieser Formel tritt die ursprüngliche Behandlung des zeitweiligen Arbeitsverhältnisses als befristeter Versklavung (= dem römischen in mancipio esse) hervor, sondern auch darin, daß der sich selbst Vermietende ursprünglich eines Patrons – der offenbar als der eventuelle assertor in libertatem gedacht ist – bedurfte. Natürlich kann diese befristete Selbstversklavung sehr wohl auch *Schuld*versklavung sein und ist es in historischer Zeit wahrscheinlich. Denn schon in Hammurabis Zeit ist die *freie* Arbeit in der Landwirtschaft sehr verbreitet. – Der Eindruck, den man aus Hammurabis Gesetz und den älteren Urkunden gewinnt, ist der, daß neben Kleinbetrieben, die auf Obst- und Gemüsebau abgestellt sind und vom Eigentümer bewirtschaftet werden, auch größere Betriebe stehen, deren Inhaber stadtsässig sind und teils mit unfreien, vielfach aber auch mit freien Wirtschaftsinspektoren (deren Treue das Gesetz strafrechtlich sichert) und mit freien, oft auf ein Jahr gemieteten Arbeitern ihren Besitz verwerten. Deren Lohn reglementiert das Gesetz, offenbar sowohl im Interesse des Herrn wie – dem theokratischen Prinzip des „Schutzes der Schwachen" (Frauen, Schuldknechte, Sklaven) entsprechend – der Arbeiter. Der Viehbesitz ist erheblich. Die Viehleihe ist tarifiert und geregelt, ebenso die Pflichten des (wohl als der Gemeinde gemeinsam gedachten) Hirten gegenüber den Grundbesitzern. Die Pfändung von Arbeitsvieh ist im Codex Hammurabi untersagt. – Alles in allem lassen die Quellen auf eine Besitzverteilung und Betriebsweise schließen, welche sich von den Verhältnissen der römischen Landwirtschaft etwa in der Zeit Catos wesentlich 1. durch das, auch bei Hammurabi merkbare, Hervortreten der Bewässerungsinteressen, 2. durch die vielseitigere Entwicklung des Gemüsebaues, und vor allem 3. durch die geringe Entwicklung der organisierten Sklavenarbeit unterscheiden. Das letztere hängt sicherlich damit zusammen, daß eine solche Überschwemmung des Sklavenmarktes einerseits, und eine solche Masse von Land andererseits, wie sie die römischen Kriege der *privaten* Ausbeutung zur Verfügung stellten, im Orient *fehlten*. Die Sklavenpreise sind nicht hoch, aber die Zahl der Sklaven ersichtlich nicht groß. Das Land und die Menschen, welche im Kriege erbeutet wurden, konfiszierte der *König*. Er verteilt zwar, wie der Pharao, einen Teil des erbeuteten Viehes und der Gefangenen, und auch wohl erobertes Land, an die Heeresmannschaft: das letztere aber regelmäßig entweder in Form der Garnisonierung in Feindesland, während die neu eroberten Untertanen dafür nach Mesopotamien verpflanzt wurden, oder aber so, daß die Landempfänger die Verpflichtung des Kanal- und Gartenbaues auferlegt erhielten, also doch vor allem als Steuerquelle des *Königs* galten. Ebenso wurden die Gefangenen und ihre Habe in *erster* Linie als eine solche behandelt, – sehr im Gegensatz gegen die römische Republik, deren Kriegsbeute an Land und Menschen fast gänzlich zu Ausbeutungsobjekten von *privaten* Gefällpächtern, Domänenpächtern und Käufern von Sklaven (speziell für den Plantagenbetrieb) wurden. Der begrenzte, von Bewässerung abhängige Bodenvorrat Mesopotamiens selbst war keine geeignete

Basis für die Eigenart (s. o.) der Sklavengroßbetriebe. Die Nutzung des Bodenbesitzes seitens des nicht selbst wirtschaftenden babylonischen Patriziats entwickelte sich daher zunehmend nach der Seite der *Kleinpacht*: der Pacht mit festem Zins (unter Ausschluß von Remissionsansprüchen) und der Teilpacht. Dabei geht in *beiden* Fällen die ausdrückliche gesetzliche Auffassung dahin, daß der Pächter die *Pflicht* der sorgsamen Bestellung des Landes übernehme. Die Pachtdauer war nach Ausweis der Urkunden eine meist ziemlich kurze: 1-3 Jahre: – der Kleinpächter, speziell der Teilpächter, ist der Sache nach zweifellos häufig auch damals nur eine am Ertrage interessierte, kündbare, aber meist durch Verschuldung faktisch an den Betrieb geheftete *Arbeits*maschine des Bodenbesitzers, wie die spätrömischen coloni und die Parzellenpächter der Mittelmeerländer bis in die Gegenwart hinein. Wie seine Gesamtsituation sich im Laufe der Zeit verschoben hat, bedürfte gesonderter Untersuchung. Ziemlich klar tritt nur das allmähliche Vordringen der Geldpacht – aber nicht bis zum Überwiegen – in den Quellen hervor. Ebenso zeigen manche Bestimmungen der Kontrakte deutlich, daß der Verpächter in Mesopotamien regelmäßig als *städtischer* Kapitalist zu denken ist, der zusammengekauften Boden entweder neu anpflanzen lassen oder schon in Kultur befindlichen als Rentenfonds verwerten will. –

Das Entleihen von Mitteln (namentlich Silber) zur Zahlung der Miete für den Bedarf an Erntearbeitskräften ergibt, zusammen mit dem Entleihen von Getreide, Datteln usw. als Saatgut – bei beiden mit Versprechen der Rückerstattung nach der Ernte – die ältesten Fälle des *Produktiv*kredits, der schon in altbabylonischer Zeit neben das meist ebenfalls bei der Ernte fällige Getreideanlehen zum Zwecke der Eigen*konsumtion* tritt. Die *Saatgut*entlehnung speziell dürfte die älteste Form von Produktivkredit, und doch wohl noch älter als die Viehleihe (Hainisch) sein.

Die Entwicklung der *Verkehrs*erscheinungen überhaupt ist im ganzen asiatischen Orient wesentlich fortgeschrittener als wenigstens in der *eigenen* Kulturentwicklung Ägyptens (s. u.), – eine Folge des *städtischen* Charakters der babylonischen Kultur und der Lage Babylons als *Zwischenhandels*platzes, in dem die Formen der Verkehrswirtschaft zu besonders freier Entfaltung gelangen mußten. Babylon und sein Recht sind geradezu Träger der Entwicklung zum „Kapitalismus" im ganzen Orient geworden und dies, obwohl die Edelmetallvorräte des Landes sicher fast durchweg *importiert* waren. Das Königtum und namentlich die Tempel haben sich bei diesem Zustand, sobald die *Abgaben* die Robot überwogen, offenbar ökonomisch sehr wohl befunden und daher die verkehrswirtschaftliche Entwicklung nicht gehemmt. Daß die babylonische Theokratie als solche sich prinzipiell der Anerkennung der Sonderstellung des *Geldes* im Verkehrsrecht ungünstig gezeigt habe – wie (vielleicht!) die Priesterschaft in Ägypten (s. u.) –, trifft schwerlich zu. Was sich von derartigem findet, geht nicht über Analogien okzidentaler Staaten hinaus. Allerdings suchen schon die Sumererkönige (s. o.) die spezifische Härte der Geldforderung zugunsten der Untertanen zu mildern. Aber eine Seisachthie ist nicht erwiesen und nicht wahrscheinlich. Die Milderung der Strenge des Schuldrechts im Codex Hammurabi durch Zulassung von Zahlungen in quo potuerit vollends entspricht ähnlichen Vereinbarungen in Privatkontrakten und überhaupt der Funktion, welche das „Geld" als solches im Verkehr der altorientalischen Welt einnahm. Der phönizische Handel kannte ja während der ganzen Zeit seiner eigentlichen Blüte (auch in Karthago bis ins 4. Jahrh.) die Münze im modernen Rechtssinn nicht. In Babylon finden wir eine anfangs nicht nur der Münzen, sondern auch des regelmäßigen effektiven Geldgebrauchs im Binnenverkehr entbehrende, trotzdem aber hoch entwickelte *Naturaltausch-Technik.* Das Geld, im altbabylonischen Reich noch Silber in Gebrauchsgutsform (Ringe) und nach Gewicht, funktioniert zwar *auch* als Preisgut, aber *hauptsächlich* als *Wertmesser* der in natura gegeneinander getauschten Güter, als *effektives* Tauschmittel dagegen im inneren Verkehr (wie in Ägypten) meist nur für die in natura nicht auszugleichenden Wertunterschiede. Erst spät nimmt es eine Art von Münz*form* an, – zuerst, wie es scheint, mittels *Privat*beglaubigung des Gewichts durch renommierte Firmen: es kommen „Fünftelsekelstücke mit dem Stempel des X" urkundlich vor –, und beginnt erst damit allmählich die effektive Preisgutfunktion zu monopolisieren. Im altbabylonischen Reich werden noch oft Datteln gegen Korn, Häuser gegen Felder getauscht, hier und da mit Ausgleichung des Preisüberschusses durch Silber. Daneben treten dann höchst komplexe Tauschakte auf, bei denen nur die Abschätzung der beiderseitigen Waren in Silber den Tausch ermöglicht: so ein Tausch von Land gegen 816 Sekel Silber, von denen 100 durch einen Wagen, 300 durch 6 Pferdezeuge, 130 durch einen Esel, 50 durch ein Eselgerät, 30 durch ein Rind, der Rest in kleinen Posten durch Öl, Kleider usw. belegt werden. Für diesen Verkehr nun waren gerade *wegen* seines Charakters als Naturalienverkehr, *bankartige* Unternehmungen früh als Vermittelungs- und Ausgleichstellen unentbehrlich. Der „Geldmann" ist eine dem Codex Hammurabi geläufige Kategorie. Wir finden die Verwertung der Naturalieneinkünfte durch Berufshändler, welche Korn-, Datteln- usw. Konti neben den Silberkonti führen. Ferner einen höchst eigenartigen Verkehr mit Anweisungen auf diese Naturalienguthaben, selbst mit einer Art von Lagerscheinen au porteur, welcher der näheren Analyse bedarf und wert ist: wahrscheinlich entlehnte er seine Formen ursprünglich der Verwaltung der königlichen Magazin- und der Tempeleinkünfte. – Die *Tempel* sind in Babylon Korn- und Geldverleiher größten Maßstabes, – ursprünglich wohl neben den königlichen Magazinen, den Angehörigen des königlichen Hauses (die urkundlich als solche vorkommen) und manchen „Großen" des Staates die einzigen, die daraus eine kontinuierliche Einnahmequelle machen. Da mit jeder Kolonieanlage das „Aufschütten" der Korntribute der betreffenden Gegend in einem (meist einem Tempel angegliederten) Magazin verbunden ist, überwog überall ihre Stellung die der Privaten. Aber auch die später neben ihnen stehenden privaten „Bank"-Geschäfte gelangten zu offenbar beträchtlichem Umfang. – Fast alle Hauptgeschäftsformen der Geldwirtschaft sind – wennschon zumeist noch archaistisch – vorgebildet. Jene oben erwähnten Naturaldarlehen – in Korn, Datteln, Ziegelsteinen usw. – stehen neben Darlehen in Sekeln (wobei vermutlich oft diese Sekel nur den Vertragswert der gegebenen Naturalien darstellten) mit Zinsen, die beim Korndarlehen in Höhe von ⅓ des Schuldbetrags vorkommen, beim Gelddarlehen häufig den recht niedrigen Satz von ⅕ betragen. Es findet sich das Pfand, bei Sklaven und im Grundstücksverkehr als Antichrese (z. B. zinsloses Gelddarlehen gegen mietlose Hausbenutzung) und auch als Bodenhypothek, zunächst noch ohne klare rechtliche Entwicklung von Nachhypotheken; später zeigt der gelegentliche ausdrückliche Vorbehalt des Rechts des Gläubigers vor anderen Befriedigung zu suchen, oder die Feststellung, daß ein verpfändetes Grundstück schon anderweit belastet sei, daß dies Hypothekenrecht ungefähr dem hellenischen entspricht (so jedenfalls in der Perserzeit). Es taucht ferner die diskontinuierliche kapitalistische Unternehmung und zwar insbesondere in ihrer auch unser frühes Mittelalter beherrschenden charakteristischen primitiven Form – der *Kommenda* – auf. Ihre *Wurzeln* gehen auseinander. Ein Teil entstammt *vielleicht* der Landwirtschaft (obwohl es wahrscheinlicher ist, daß die Sozietätsverhältnisse, z. B. in der Meliorationspacht, umgekehrt dem Handel nachgebildet sind). Es finden sich neben den schon erwähnten *Parzellen*verpachtungen an Rückenbesitzer gegen Anteil (meist ⅓) oder festem Natural- oder Geldzins: 1. die Großverpachtung von fundi instructi seitens der Tempel, 2. neben der langfristigen Anpflanzungspacht (der Vorläuferin der hellenistischen Emphyteuse) die Neubruchskommenda: Der Kommendanehmer baut – so scheint das Verhältnis – auf dem Land seine Hütte, lebt von den Früchten, gibt in den ersten Jahren „Vorgewinn" von dem, was über seinen Bedarf hinaus geerntet wird und *teilt* später den Ertrag mit dem Kommendanten in natura, z. B. nach dem Codex Hammurabi das zur Aufschonung übernommene Land nach 5 Jahren. Schon im altbabylonischen Recht findet sich als Parallelerscheinung die Waren- und Geldkommenda als Form der Kapitalanlage im *auswärtigen Handel*, mit noch vielfach in der Deutung unsicheren, im Prinzip aber den mittelalterlichen islamitischen und genuesischen gleichartigen Bestimmungen (nur meist ½-Anteil des Kommendatars am Gewinn statt der typischen genueser quarta proficui). Später begegnet auch die Kramladenkommenda als Form der kapitalistischen *Binnen*unternehmung. – Wie weit sich in Alt-Mesopotamien in der Zeit vor dem Eindringen des Hellenismus *Steuerpacht* entwickelt hat, bedürfte der genauen Untersuchung. Mir ist ihr Vorkommen bisher nicht sicher bekannt geworden. Noch unter Artaxerxes findet sich in größtem Maßstabe die vorschußweise Leistung von *Natural*abgaben der Grundbesitzer durch eine Firma, welche dagegen durch Hypothek von den Steuerschuldnern gesichert wird. Insbesondere scheint diese Intervention des Kapitals da zu erfolgen, wo Getreide- (bzw. Mehl-) Lieferungen dem König geschuldet werden, der Schuldner aber das pflichtige Land z. B. als Dattelplantage angelegt hat. Der Gläubiger kauft das Mehl und liefert es dem König, erhält dafür vom Schuldner Datteln und verkauft diese. – Es findet sich ferner (nachweislich in persischer Zeit) *Miets*wucher im großen, wobei der Vermieter oft vielleicht nur antichretischer Pfandgläubiger war. –

Im *Gewerbe* steht neben dem im Codex Hammurabi der Lohntarifierung unterworfenen „Lohnwerker" der Bücherschen Terminologie: – Weber, Schneider, Schmiede, auch Goldschmiede z. B. erhalten vom *Kunden* den Rohstoff zugewogen – der „Preiswerker": – Buntweber z. B. *scheinen* dahin zu gehören, bei Tischlern u. a. ist dies an sich höchst wahrscheinlich, – und später die Ausnutzung von Sklaven in Form der gewerblichen Absatzproduktion, aber regelmäßig *nicht* im *Sklavengroßbetriebe*, sondern als unfreie Kommenda eines Pekuliums seitens des Herrn an den Sklaven. Insbesondere findet sich auch, als einzige Form der „unternehmungsweisen" Organisation industrieller Arbeit, die „unfreie Heimarbeit", speziell bei den Tempelsklaven, welche den Rohstoff und oft auch die Geräte zugeteilt erhalten und das Produkt abliefern. Der *königlichen* Robotthandwerker der ältesten Zeit wurde bereits oben gedacht. Auch in Urkunden aus späterer (auch persischer) Zeit finden sich der König und die Prinzen im Besitz gelernter Handwerker als *Sklaven* (bei denen z. B. Privatleute andere Sklaven in die Lehre geben). Wie im einzelnen das „freie" Gewerbe und die Arbeit für Private und den „Markt" sich im Verhältnis zu den Leiturgien entwickelt hat, ist aus den Quellen nicht zu entnehmen; die Übergänge waren naturgemäß flüssig und von dem Leiturgienbedarf des Königs, der Zahl der Handwerker, dem Vorhandensein von kriegsgefangenen gelernten Handwerkern abhängig. Jedenfalls sind *unfreie* Handwerker als Lehrherren fremder Sklaven in den Urkunden häufig. Die Ausnutzung der Handwerkssklaven als Rentenfonds (mandaku = „Obrok") war namentlich in der späteren Zeit die Regel. Die Sklavenpreise sind auch in der Spätzeit, wenn der Sklave *nicht* gelernt ist (was, je nach dem Handwerk, oft Jahre, beim Weber 5 Jahre, dauerte) mäßig, die *Sklavinnen* stehen dann *höher* im Preis.

Neben den primitiven Erscheinungsformen der Pachtrente, des Unternehmer- und Leihkapitalzinses, findet sich, – als eine Art Remplacant moderner Kapitalanlagen in zinsbaren öffentlichen Anleihen – die, als Gegenstand des Tauschverkehrs, der Pfand- und Mitgiftbestellung schon im altbabylonischen Reich auftretende, *Beamten-* (spez. Tempelbeamten-) *Pfründe*. In Babylon entwickelt sich in diesen Pfründen ein regelmäßiger *Verkehr*. Die Pfründen haben die Gestalt von Naturaliendeputaten, welche die Stelle teils ursprünglicher Rechte der Beamten auf Freitisch, d. h. auf Teilnahme an den gemeinsamen Mahlzeiten der Priesterschaft und auf „freie Station" aus den Einnahmen der Tempel, teils wohl auch von ursprünglichen Belehnungen der Beamten mit Land eingenommen hatten, und welche sich nun weiter zu *erblichen* und schließlich auch *veräußerlichen* Naturalrentenrechten entwickelten. Wir finden in den Urkunden sehr häufig Ländereien erwähnt, welche zugunsten der Tempel mit Naturalleistungen verschiedener Art an bestimmten Monatstagen – z. B. dem 30. jeden Monats – belastet sind, sei es infolge von Stiftungen, sei es weil sie ursprünglich Tempelland und vom Tempel unter derartigen Auflagen verliehen waren. Aus den hieraus und aus den sonstigen Naturalieneinnahmen des Tempels fließenden Bezügen werden die in Fleisch-, Brot-, Bier-, Kleidungs- usw. Lieferungen bestehenden Naturaliendeputate der Pfründner bestritten, welche von diesen tageweise – z. B. das Bezugsrecht jedes 15. und 30. Monatstages – veräußert und Gegenstand des Verkehrs werden.

Von der Tragweite der skizzierten, immerhin schon ziemlich komplexen, Verkehrserscheinungen für die Struktur der Wirtschaft haben wir eine gesicherte und klare Anschauung vorerst nicht. Trotzdem dieser Verkehr technisch hochentwickelt ist, steht offenbar die Preisbildung, auch soweit sie nicht, wie in Babylon zu Hammurabis Zeit, obrigkeitlich direkt reglementiert war, unter dem überragenden Einfluß der königlichen und Tempelmagazine. In Assyrien wird, abgesehen von der unter Assurbanipal erwähnten Veräußerung des Beuteviehes zu festen Preisen an die Assyrer, unter Sargon der Korn- und Sesamvorrat der königlichen Magazine teuerungspolitisch zur Regulierung der Preishöhe beider Produkte benutzt; teuerungspolitische Konsumbeschränkung scheint auch die „Begrenzung der Mahlzeiten" durch den gleichen König zu sein, soweit sie nicht dem Bestreben, neben dem Könige keine anderen sozial hervortretenden Klassen zu dulden, entsprang. Ähnlich wie die königlichen Magazine werden die Tempelvorräte oft funktioniert haben, und zweifellos diente auch der typische Tempelzinsfuß faktisch – ob planvoll, bleibe dahingestellt – der Regulierung und Fixierung des privaten Zinsfußes. Wenn wir also im altbabylonischen Recht, wo das Kommissionsgeschäft im Karawanenhandel als Vieh- und Sklaven-Einkaufskommission schon vollständig entwickelt ist, Kaufaufträge „zum Preise, der sein wird", finden, so ist dies schwerlich ein Konkurrenz-Marktpreis, wahrscheinlich vielmehr der Verkaufspreis der königlichen oder Tempelmagazine. –

Von den bald gegen 200.000 Keilschrifttexten ist der *übersetzte* Bruchteil so gering, die Übersetzungen so sehr verstreut und manche gerade bei wichtigen Urkunden so bestritten, daß wenigstens ich nicht wagen kann, den Versuch einer eigentlichen *Entwicklungsgeschichte* auf das *mir* zugänglich gewesene Material aufzubauen. –

2. *Ägypten*

a) Altes Reich

Wenn Babylonien von Anfang an, mehrere Jahrtausende vor dem Auftauchen „chartalen" Geldes, als Trägerin „kapitalistischer" Wirtschaftsformen, strengen Schuldrechts mit den härtesten Formen der Personalexekution und – später – ausgebildeter Geldwirtschaft erscheint, so *gilt* dagegen Ägypten mindestens für die ältere Zeit als ein spezifisch naturalwirtschaftliches Wirtschaftsgebiet. Es ist nicht leicht zu sagen, in welchem *Sinne* dies für die *inneren* Wirtschaftsverhältnisse – denn *Außen*handel hat der Pharao wahrscheinlich getrieben, soweit und weit früher als geschichtliche Kunde überhaupt zurückreicht: seine Stellung beruht ökonomisch unter anderem auch darauf – zutrifft. „Geld" *fehlt* offenbar der ältesten Zeit. Dagegen besteht schon im 4. Jahrtausend *Verkehr*, auch *Boden*verkehr, und es scheint fast sicher, daß vererbliches und, unter Umständen, auch veräußerliches *Bodeneigentum* schon (oder vielmehr: *gerade*) *vor* der Einigung des Reichs existierte und daß die alles überwuchernde Bedeutung des „Oikos" des Pharao und der Tempel erst Entwicklungsprodukt ist. Die urkundlichen Zeugnisse sprechen naturgemäß in den Zeiten des alten und mittleren, und erst recht des neuen Reichs vorwiegend von den Verhältnissen der königlichen und der Tempelwirtschaft. Daß man sich von dem Umfang des Tempel*besitzes* danach vielfach übertriebene Vorstellungen gemacht hat, scheint jetzt zweifellos. Ob aber die Abwesenheit alles privaten, d. h. nicht entweder Lehn oder Kolonenland bildenden, Grundeigentums in den Zeiten der ältesten historischen Dynastien, an die man sich zu glauben gewöhnt hatte, je eine Realität war, ist jetzt mehr als zweifelhaft geworden. Leider sind viele Quellen in der Deutung recht umstritten. Die Lesungen der Urkunden, speziell der demotischen, ist vielfach noch höchst unsicher. Speziell dem verdienten E. Revillout, auf dessen wichtige, aber unerträglich schwatzhafte Darstellungen man immerhin oft angewiesen ist, sind schwerste Irrtümer (Verwechslung von Eheschließungs- mit Verstoßungsurkunden u. dgl.) nachgewiesen.

Die Monumente beginnen jetzt Aufschluß zu geben über eine Epoche (die sog. „thinitische"), welche der Verlegung der Residenz nach Memphis *voran* ging und den Staat (um etwa 4.000) noch in der Entwicklung von Burgen- und Fronkönigtum zu jenem ungeheuren königlichen „Oilos" zeigt, der in der älteren Zeit des „Neuen Reichs" seine Höhe erreichte.

Die sozialen Institutionen empfingen im sog. „alten Reich" ihr spezifisches Gepräge durch drei Momente: 1. das Fehlen ernstlicher kriegerischer Bedrohung und Expansionsmöglichkeit; 2. die durch die Eigenart der Existenzbedingungen gegebene Notwendigkeit eines früh ziemlich ausgebildeten bureaukratischen Verwaltungsapparats und sehr umfassender Heranziehung der Bevölkerung zu Frondiensten im Interesse der Wasserbauten. Der einzelne ist in erster Linie Staatsfröner, und wenn die Pharaonen sich rühmen, daß sie Ordnung geschaffen und „jede Stadt ihr Gebiet kennen gelehrt" haben, so bezieht sich dies, wie aus dem Zusammenhang hervorgeht, auf die Bewässerungsverhältnisse und die daraus folgenden Ansprüche und Fronden; 3. das offenbar hiermit zusammenhängende Fehlen der Familiennamen oder anderer die „Geschlechter" als solche zusammenhaltender (Familien-individualistischer) Institutionen, wie es durch die gemeinwirtschaftliche Einschnürung und die Übermacht der höfischen Rangverhältnisse gegeben ist. Die Familien der „Großen" sind zwar grundherrliche Familien, zugleich aber und vor allem sind sie *Dienst*adel, und dieser Dienstadel rekrutierte sich mit zunehmender Machtstellung der Pharaonen auch zunehmend durch Avancement von unten her. – Die (relative) Dezentralisation des Verwaltungsapparates im alten Reich entspricht der geringfügigen Entwicklung eigentlich militärischer Institutionen: es bestehen neben der Garde des Pharao und Polizeitruppen der Tempel normalerweise nur Gaumilizen, die der Gauvorstand zum eventuellen Aufgebot gegen die *damals* ohnmächtigen Beduinenschwärme verwendet.

Be- und Entwässerungsanlagen, Kanäle, Wasserhebevorrichtungen sind die grundlegenden Institutionen eines Wirtschaftsbetriebes, der vollständig an die Bewegungen und Regulierungen des Nilwasserstandes festgeklammert ist und deshalb von Anfang an – d. h. seit dem Beginn der Wasserregulierung – in starkem Maße *gemeinwirtschaftlich* beeinflußt gewesen sein muß. Die uralte Gaueinteilung des Landes hat sicherlich mit ökonomischen Institutionen im Interesse der Bewässerung und Produktion ebenso zusammengehangen, wie die in der späteren Zeit erwähnten öffentlichen Kornhäuser in den Gauhauptstädten sicher, ebenso wie die assyrischen Institute gleicher Art, sowohl fiskalische wie teuerungspolitische Zwecke verfolgten. Der Nomarch hatte daher, neben der Fürsorge für die Bewässerungsanlagen, vor allem die Umlegung der Fronden, dann die Sorge für den Ertrag des königlichen Grundbesitzes in der Hand. Daß dieser Königsbesitz von jeher sehr ausgedehnt war, ist nicht fraglich. *Später* mag ein Bodenregal des Königs theoretisch bestanden haben, aus unten zu erwähnenden Gründen. Von da bis zu dem Gedanken einer staatssozialistischen Gestaltung der *gesamten* Produktion als Grundform altägyptischer Wirtschaft ist aber noch ein weiter Weg. – Wir wissen natürlich von den ältesten Sozialverhältnissen fast nichts. Sehr primitive Ackerinstrumente – Hakenpflug von Ochsen gezogen, Hacken und Hämmer statt der Eggen, Schafe und Schweine zum Eintreten der Saat, die Sichel zum Schneiden, Esel oder Rindvieh zum Austreten – dienten zum Anbau von Gerste, Weizen, Hirse. Daneben wurden Wein, Gemüse und Dattelpalmen, erst in ganz später Zeit und selten auch Ölbäume gezogen und aus den

Nilsümpfen Lotos-(Nelumbium-)Kerne zum Essen und Papyrus für die verschiedensten technischen Zwecke, vom Schiffsbau bis zum Schreibmaterial, gewonnen. Die Einfachheit der Pharaonenkost (wesentlich: *Gemüse*) erwähnt Diodor; die Masse der Bevölkerung lebte von Brot und Sesamöl. (Wenn behauptet wird, die Ägypter hätten mit *Rizinusöl* gebacken, so mutet das ihren Eingeweiden doch zu viel zu!) Das Pferd ist vor dem neuen Reich nicht nachweislich und offenbar von Syrien aus importiert, das Kamel erst in hellenistischer Zeit sicher nachweisbar (vorher in *einer* Kamee), der Esel wurde als Transporttier gehalten, Rinder, Schafe, Ziegen und verschiedene Antilopen, von Geflügel besonders Gänse gezüchtet und mit Brotteig gemästet. Die später dichter besiedelten Deltamarschen dienten in der Frühzeit den Herden des Binnenlandes in periodischem Auftrieb im großen als Fettweide. Marsch- und Sumpfländer kleinen Umfangs müssen von jeher auch nilaufwärts zu den einzelnen Gauen gehört haben, da die Viehhaltung nicht unbeträchtlich war. (In der Lagidenzeit ließ der König überall Landparzellen für die Beweidung von der Bestellung ausschließen.) Das Schwein war offenbar von jeher bekannt, bildlich erscheint es in Herden erst im neuen Reich. Nutzholz ist äußerst spärlich, spielt aber auch weder beim Nilschlammziegelbau, noch, ursprünglich, beim Schiffsbau eine entscheidende Rolle. – Die Ackerbestellung erforderte von jeher relativ kurze Zeit. Düngung war entbehrlich, Brache unnötig, Fruchtwechsel beliebig. Demgemäß war die Arbeitsintensität des Landbaues in der Pharaonenzeit nur mäßig stark: auf je 6 Aruren (1 ⅔ ha) Ackerland rechnete man, scheint es, in einer Urkunde aus der Zeit der 18. Dynastie eine Sklavenfamilie (in einer Urkunde aus der Scheschonkidenzeit allerdings auf 0,7 Aruren: bei *Garten*land kamen für Fronden nach Revillouts Rechnung 5 Männer auf 4 Aruren). Dagegen rechnen die Kahun Papyri (12. Dyn.) 10 Aruren (2,75 ha) auf den Mann. Die große arbeits*freie* Zeit, welche – gleichviel was man von diesen und den späteren, naturgemäß ziemlich stark differierenden Angaben hält – jedenfalls in der ägyptischen Landwirtschaft bestand, gab die Möglichkeit, einerseits für die Leistung der kolossalen Baufronden dem Pharao zur Verfügung zu stehen, andererseits auch zu einer sehr umfassenden gewerblichen Nebenbeschäftigung, sei es für den Markt, sei es als Leiturgie für die Magazine. Man darf vielleicht auch dieser, durch die Naturbedingungen der Landwirtschaft gegebenen, Situation es mit zuschreiben, daß eine Trennung von Gewerbe und Landwirtschaft in der Form der *Städte*bildung in Ägypten sich so sehr viel weniger als anderwärts vollzog. Im übrigen hat dies seinen Grund (damals wie heute) eben in der geographischen Konfiguration des Landes: der Fluß als eine einzige ungeheure Verkehrsstraße mit einem schmalen kontinuierlichen Streifen besiedelten Landes auf jeder Seite. Und weiterhin spielte auch die soziale Struktur des Landes (einheitliches Robot- und Leiturgie-System, s. u.) und die politisch - militärische Verfassung (Friedlichkeit der „älteren" Reiche bis zum

Hyksos-Einfall, auf Söldnern und Leiturgien eines bäuerlichen Kriegerstandes ruhende Militärverfassung des „neuen") dabei eine entscheidende Rolle. Daß das Land „keine Städte" gehabt habe, ist dabei natürlich nur in dem Sinne richtig, daß seine Festungen und größeren Ansiedelungen jene Attribute, welche den antiken Städten, selbst denen Mesopotamiens, gemeinsam sind, soweit gefehlt haben, daß die Gesamtheit des Landes in altägyptischer wie in ptolemäischer Zeit einheitlich nach Landdistrikten verwaltet würde und daß Privilegien einer Stadt*bürgerschaft* und selbst beschränkt autonome städtische *Verwaltungs*körperschaften (außer in den 3 Hellenenstädten) *fehlten.* – Ob die Sprache je ein nationales Wort für *Sklaven* besaß, scheint nicht sicher. In den Inschriften werden selbst die Worte, welche am häufigsten auf Kriegsgefangene, flüchtige Sklaven, Kaufsklaven angewendet wurden (boku, honu), auch für die höchsten weltlichen oder priesterlichen Funktionäre gebraucht (was die Priester anlangt, so ist zur Erklärung wohl daran zu erinnern, daß schon im mittleren Reich die Organisation der „Stundenpriester" bestand, welche, den 4 Priester-Phylen zugeteilt, *schicht*weise abwechselnd den Kultus versahen, – ganz entsprechend den später zu erwähnenden „Schichten" der pharaonischen Fron*arbeiter*). Eine ungeheure Fülle von Ausdrücken stehen für ganz *denselben*, zweifellos unfreien, Status zu Gebote, ohne daß es bisher den sorgsamen Untersuchungen z. B. J. Baillets geglückt wäre, sie, sei es etymologisch oder nach dem Metier oder nach dem Stande, dem sie entstammen, einigermaßen sicher zu klassifizieren, mit Ausnahme ganz weniger, weiterhin zu erwähnender, aber stets nur inexakt durchgeführter Unterscheidungen. Es ist das Wesen des *Leiturgie*staates, als welcher Ägypten, vollständig im „neuen", dem Keim nach schon im „alten" Reich, uns entgegentritt, welches sich darin äußert: *jeder* einzelne ist gebunden an die *Funktion*, die er innerhalb des sozialen Organismus vorsieht, daher ist im Prinzip *jeder* unfrei. Schon in den ältesten historischen Zeiten ist diese Entwicklung so weit verbreitet, daß es zwar jeweils *privilegierte* Schichten, aber keine rechtlich *freien* Volksgenossen im Sinn der hellenischen πόλις oder κώμη gibt, und im Prinzip jeder Sklave, wenigstens wenn es ihm gelang, in die Karriere des „Schreibers" zu gelangen, den „Marschallstab im Tornister" hatte. Natürlich kommen Kaufsklaven zahlreich vor. Aber die Sklavenpreise sind, verglichen mit den Bodenpreisen, wie es scheint, seit dem neuen Reich gestiegen; ein Sklave kostete in einer Urkunde unter den Schechonkiden (libysche Dynastie) fast soviel wie das Quantum Land, welches er bebaute. Unter Darias kostete er in einer Urkunde das 12fache, während der Preis des Landes niedriger ist als in den älteren Urkunden. Ägypten hat zwar vorübergehend große Raubkriege geführt und Sklaventribute kommen in der Zeit der Thutmosis- und Amenophis-Dynastie vor. Aber sie sind für den Hausbedarf des Königs persönlich bestimmt. Die überlieferten Zahlen von Gefangenen – soweit sie glaubhaft sind – sind nicht hoch. Schon diese Sklavenmarkt- und jene erwähnten Sklaven-Preis-Verhältnisse – wenn sie typisch gewesen sein sollten – mußten *private* Ausnutzung von landwirtschaftlicher Sklavenarbeit im Großbetrieb zunehmend erschweren. Später machte das gewaltige Steigen der Bodenpreise eine solche vollends unrentabel. Alle Unfreien haben normalerweise eine eigene Familie, nur bei den Kriegsgefangenen wird diese gefehlt haben. – Die Funktion der Sklaverei versehen im „Alten Reich“ die *Klientel* und der *Kolonat*.

Man nimmt im allgemeinen an, daß das Pharaonentum in Ober- wie in Unterägypten durch Unterwerfung der einzelnen „Gaukönige“ und ihre Verwandlung in belehnte „Nomarchen“ (nach Art der „patesi“ des Zweistromlandes) entstanden sei. „Burgherr“ als Beamtentitel findet sich noch in späterer Zeit. Die einstige Selbständigkeit der Gaufürsten spricht sich auch in der im alten Reich – wie sich zeigt – bestehenden Monopolisierung mancher Priestertümer durch gewisse „adelige“ Familien aus. Die Gefolgschaft der Tafelgenossen wird auch hier der Keim des Lehensadels gewesen sein: Das später ganz promiscue für „Sklave“ verwendete Wort: „chamsu“ bedeutete ursprünglich wohl den freien Ministerialen (daher es auch im Minne-„Dienst“ verwendet wird). Das Gefolgschaftsverhältnis hat aber in Ägypten, dank der absoluten Abhängigkeit aller von der bureaukratischen Vorsorge für die Nilregulierung, auf alle Sphären des sozialen Daseins übergegriffen. Schon die Art der Rechtspflege mußte allmählich den Satz zur Geltung bringen: „Nul homme sans maître“. Der „Mann ohne (Schutz-) Herrn“ gilt als hilflos. Die gesamte Einwohnerschaft des Landes ist in eine Klientel- („amach“-) Hierarchie eingegliedert. Die Herrschaft des Pharao ist schon in der ältesten Zeit ein „Fronstaat“: – er führt auch die *Geißel* als Attribut. Und zwar scheint es (und das wäre auch dem allgemeinen Entwicklungsschema entsprechend), daß die Bindung der Bauern an die Robot und damit an die Scholle und das Maß ihrer Fronbelastung in dem Flußmündungsgebiete, in Unterägypten, anfangs schärfer war als in Oberägypten, dort also, wo die ältesten Stätten des *Handels* lagen, ihren Ursprung nahm. Wenn (angeblich) ein „Kolon“ des Pharao in der Zeit vor König Snefru oder doch vor den Pyramidenbauten mit eigenem Siegel auftritt, so könnte man daraus schließen, daß das Maß der Knechtung der königlichen Bauern damals noch geringer war und erst mit der großen Bautenperiode begann (doch ist die Flüssigkeit der Ausdrücke – s. o. – zu bedenken). Ursprünglich ist die Robotpflicht offenbar auch beruflich wenig differenziert. Die Könige des alten Reichs bieten Soldaten, Schiffsleute und andere Untertanen, die 12. Dynastie auch Krieger und Priester, zu Transportleistungen auf (Mentuhotep 3.000 für den Transport eines Sargdeckels). Späterhin findet sich auch ein Aufgebot nur der *Bau*arbeiter des gesamten Landes.

Die *Bauern* des unteren Nilgebietes scheinen alle als Arbeiter des Pharao zu gelten, welche unter Kontrolle seiner Beamten das ihnen überwiesene Landstück bebauen, über dessen Produkt dann nach Instruktion des Pharao verfügt wird.

„Taxator der Kolonen" ist schon im 4. Jahrtausend ein Beamtentitel. Die „retu" („Leute", ptolemäisch: λαοί) werden mit den Gütern verschenkt. Dagegen wird angenommen, daß in *Ober*ägypten damals feudale Verhältnisse fortbestanden und „freie" Bauern, das heißt wohl lediglich: solche, welche vorwiegend *Abgaben* zu leisten hatten, vorgeherrscht haben. Auch für die Handwerker gilt ein ähnliches Nebeneinander: es finden sich (angeblich) auch später „freie" Dorf- und Stadthandwerker neben solchen, die der Pharao als ihm fronpflichtig in den Stadtvierteln, die um seine Paläste liegen, angesiedelt hat. Aber rechtlich garantiert war diese Scheidung wohl kaum. Die große *faktische* Beweglichkeit der ägyptischen Lohnarbeiter (die z. B. in russischen Erscheinungen der Leibeigenschaftszeit ihre Parallele findet) darf nicht als Ausfluß ihrer Rechtslage gelten. „Arbeiter" ist eine der üblichen Bezeichnungen für alles nicht zum Amts- oder Tempeladel gehörige „Volk": die Robotpflicht war sicherlich subsidiär eine ganz universelle. Der einzelne ist von jeher *Objekt* der Herrschaft des Pharao, er und sein Besitz sind vor allem „Katasternummer". Die Gemeinden haften durch Vermittlung ihres Vorstehers solidarisch für die Leistungen, die der König ihnen zuweist. Dies ist offenbar der ursprüngliche Zustand. Daher kannte schon das „alte Reich" (dies zeigt u. a. ein Berliner hieratischer Papyrus für die 11. Dynastie) den später so wichtig gewordenen Begriff der ἰδία: Jedermann muß ein „Domizil" nachweisen können, d. h. aber: eine Gemeinde, der er „zugeschrieben" ist und wo er gegebenenfalls zu den Staatsfronden requiriert wird, – sonst verfällt seine Habe, insbesondere auch seine Familie, dem Pharao, der natürlich auch über ihn selbst nach Belieben disponiert. Später war die Robot so (nach Revillouts Behauptung *generell*) reglementiert, daß z. B. je eine Person 2.000-2.500 Quadratellen Gemüseland zu bestellen hat: solches Gartenland war offenbar besonders oft in eigener Regie des Königs. Die Untertanen*abgaben* bestanden in Getreide, Vieh, Stoffen und anderen Hausfleißprodukten.

Erblicher „privater" Grundbesitz – d. h. solcher Grundbesitz, der nicht nur, wie Kolonenstellen, faktisch, sondern irgendwie *garantiert* erblich war – scheint *vorwiegend* auf königliches Lehen zurückzugehen. Auf den Gütern der königlichen Lehenskonzessionäre sind Umfang, Ursprung und Garantie der Erblichkeit des Besitzenden auf Stelen eingegraben. Die urkundlich überlieferten königlichen Neukonzessionen sind zumeist Häuser und Gärten (in einem Fall bis zu 200 Aruren in 12 Parzellen umfassend), mit Sklaven und eventuell Kolonen. Oft sind sie wohl „Amtspertinenzen" von Priestern und Nomarchen. Stets werden sie sorgsam inventarisiert und taxiert. Gerade die *älteste* („thinitische") Periode ergibt aber in den Inschriften der Grabkammern (so in der Inschrift des Mten, ca. 4.000 v. Chr.) das Bestehen *erblicher* und *teil*barer Grundbesitzungen. *Neben* königlichen Konzessionen, und zwar insbesondere von *Grab*grundstücken (die in Ägypten von jeher eine gewaltige Rolle spielten und, sozusagen, einem commercium für sich unterlagen), als *Lehen* („ger" = beneficarius) finden sich *private* Gutsübertragungsverträge vom Vater auf den Sohn, königliche *Schenkungen* von Land und Leuten und endlich Übereignungen von z. B. 200 Aruren und einer Pfründe in Gestalt einer täglichen Rente von 100 Broten titulo *oneroso*: als Entgelt eines Beamten für bestimmt geleistete Dienste. Ob deren Veräußerung im *Privat*verkehr damals möglich war, ist wohl noch nicht sicher zu sagen, erscheint aber eher *wahrscheinlich* als unwahrscheinlich (von „Kauf" konnte natürlich, da es kein „Geld" gab, nicht eigentlich die Rede sein). Das Inventar (amit-per, ampa) beim Gutsüberlassungsvertrage bildet das Surrogat testamentarischer Dispositionen; es kommt später als technischer Ausdruck bei Übertragungen 1. vom Vater auf den Sohn, – 2. vom Mann auf die Frau, – 3. vom Bruder auf den Bruder – vor. Die prinzipielle Veräußerlichkeit des Grundbesitzes scheint e contrario namentlich auch durch die für das 4. Jahrtausend bereits inschriftlich bezeugten religiösen Stiftungen zu folgen, bei denen *ausdrücklich* die *Nicht*veräußerlichkeit des (für „Seelenmessen" – sit v. v.! – zugunsten des Verstorbenen) gestifteten Landes festgesetzt wird: die betreffenden Priester sollen, als „bonuka", den Besitz *nur* ihren *Kindern* hinterlassen dürfen, also dauernd und erblich an ihre Funktion gebunden sein. Der Name „ewige Kinder" („Kinder" = Gewaltunterworfene freien Standes, wie die liberi in potestate des römischen Vaters) kommt für solche an die Leiturgie Gebundenen vor. In den Stiftungen wird dies rechtstechnisch – da der moderne juristische Begriff der Stiftung natürlich fehlte – in Form einer donatio sub modo (der Heredität nämlich) erzielt, wie Moret und Boulard hübsch nachgewiesen haben. Für den Gesamtcharakter der Sozialverfassung ergeben jene Inschriften zunächst das Bestehen von Priestergütern schon für jene älteste Zeit, ferner die Existenz der später (s. u.) so bedeutsamen Amts*pfründe* neben dem Amts*lehen*; die *Exemtion* der Priestergüter von der *Jurisdiktion* der Notabein (großen Lehnsträger) wird in den religiösen Stiftungen ausbedungen (die daher natürlich nur von einem *Angehörigen* der Notabelnklasse ausgehen konnten). Damit wird indirekt die Existenz dieser Herrenstellung der „Großen" für das 4. Jahrtausend erwiesen, zugleich die Art des Beginns der Priestermacht verdeutlicht. Unter der II. Dynastie appellieren allerdings selbst flüchtige Landarbeiter von ihren Herren an den Pharao selbst, und ebenso findet sich im „Neuen Reich" später die Kriminal-Jurisdiktion selbst über flüchtige Sklaven königlicher Prinzen wieder in den Händen von *staatlichen* Richtern. Allein schon im alten Reich hat das Königtum seine Stellung mit den *Nomarchen* zu teilen gehabt, die in Oberägypten innerhalb der von ihnen verwalteten Bezirke eine der Sache nach dynastische Stellung behielten oder an sich rissen. Bereits unter der 9. Dynastie scheint die Erblichkeit auch anderer Ämter die Regel gebildet zu haben. Manche Funktionen sind noch viel früher Gegenstand von „ampa"-Dispositionen. – Bei dem äußerst weiten Umfang des „Amtsbegriffs" mußte dies ganz generell der Stellung des ältesten Sohnes, der die Ämter allein erbte, im Familienrechte zugute kommen. Im übrigen bietet das älteste Familienrecht nichts Abnormes. Für eine Geltung des „Mutterrechts", also des Fehlens des Erbrechts im Mannesstamm, in Ägypten ist nicht der geringste Beweis zu erbringen. Schon die ältesten Grabinschriften ergeben doppelseitiges Erbrecht. Die nicht seltene Erwähnung *nur* der Mutter in den Inschriften hängt sicher einerseits mit Erbtochterqualität derselben (in der Ämtervererbung) zusammen, ferner aber mit der Reaktion der Frauenfamilie gegen die Wirkungen der Polygamie, welche die Nötigung zu kontraktlicher Sicherung der Stellung der Braut als „Hauptfrau", „große Frau", und ihrer Kinder als der allein oder doch in garantiertem Umfang erbberechtigten mit sich brachte, endlich auch wohl mit Ebenbürtigkeitsfragen. „Sohn des X, gemacht (sic!) von *der* Y" ist das korrekte Patronymikon. Die spätere günstige *Rechts*stellung der Frau (die *faktische* Position hat historisch sehr geschwankt und ist offenbar nach Klassen sehr verschieden gewesen: „ich bin ein Weib" ist eine politische *Unterwerfungs*formel) – ist wohl Folge der konsequenten Weiterentwicklung jener Praktiken in Verbindung mit der Entmilitarisierung der ägyptischen Nation. Wo privates Erbrecht überhaupt besteht, steht die Frau dem Mann gleich und ist, soweit die Quellen reichen, geschäftsfähig bis zur Ptolemäerzeit geblieben. Schon im 4. Jahrtausend setzt ihr der Mann Vermögen aus zur Verteilung an ihre Kinder, nach ihrem Belieben und erhält (in der Inschrift des Mten) der Sohn Land durch „amitper" von der Mutter. Die häufige Geschwisterehe dient offenbar – „oben" wie „unten" – der Vermeidung der Vermögenszersplitterung (im Pharaonenhaus wohl auch der Erhaltung der Blutsreinheit). Die Namen der Grundbesitzkomplexe in den Gräbern der Familien des alten Reichs (Unterägypten), durch die Generationen hindurch verfolgt, ergeben anschaulich, welches Maß von Bodenbesitzanhäufung durch geschickte Heiratspolitik mit genügender Inzucht erzielt werden konnte (Proc. Bibl. Arch. XVII S. 244). Es findet sich da massenhafter (und offenbar verstreuter) Güterbesitz zusammengeballt, der hauptsächlich durch Vererbung (auch in weiblicher Linie) und durch Gutsübergabe an den Sohn die Hand wechselt, aber auch aus anderen nicht ersichtlichen Quellen – damals wohl wesentlich: Lehen oder Schenkung des Königs – sich vermehrt. Bewirtschaftet wird er schon in ältester Zeit durch *Kolonen*, von denen Deputationen der einzelnen Güter in den Gräbern des Gutsherrn abgebildet sind. Die Wirtschaft scheint *Fronhofs*-Wirtschaft (*neben* unfreier Kolonenpacht) zu sein.

Im einzelnen scheint noch fast alles recht unsicher. Offensichtlich ist nur, daß die Domänen und Kolonen des *Königs*, seine Schatz-, Korn-, Viehhäuser und Rüstkammern in sämtlichen Gauen das ökonomische Skelett des Staates ausmachen. Aber daneben steigert sich sichtbar der feudale Einschlag.

b) Mittleres Reich

Die königlichen Gauverwalter (Nomarchen) sind mit Domänen und Naturaldeputaten aus den königlichen Magazinen, welche von den Allodialeinkünften und -Grundbesitzungen des Beamten auch rechtlich klar geschieden waren, beliehen. Sie sind – nach der Periode partikularistischer Anarchie, welche der Wiedereinigung des Landes von *Theben* aus (dem alten Hauptsitz der privaten Grundherrschaften) vorangeht – im *„mittleren Reich"* (12., 13. Dynastie um die Wende des 3. und 2. Jahrtausends) in ganz normaler Weise zu einem faktisch erblichen Feudaladel entwickelt. Ebenso haben die Tempel sich Land- und Menschenkomplexe zugeeignet. Große, bureaukratisch nach staatlichem Muster mit Schreibern usw. verwaltete Grundherrschaften, aus zahlreichen Dörfern mit tributpflichtigen Bauern und militärisch disziplinierten und in unfreie Berufe – es finden sich Guts-Zimmerleute, -Tischler, -Töpfer, -Schmiede – geschiedenen Arbeitern, daneben gewaltige, nach Tausenden von Köpfen zählende Herden bilden, nebst Tantiemen und Deputaten aus den Tempel- und königlichen Gütern, die sie zu verwalten haben, die Besitzungen des sozial allmächtigen Nomarchenadels. Aus den Gutsspeichern – grundherrlichen oder königlichen Magazinen – wird das Saatgut an die Bauern ausgegeben, an die Speicher die Ernte bzw. die Ernteanteile abgeliefert. Jedenfalls existiert schon damals das System der „uput", der Aufnahme des *personalen* Haushaltsbestandes zum Zwecke der Feststellung der Anzahl fronpflichtiger Köpfe („capitatio plebeja" in der Sprache der Kaiserzeit). Es scheint, daß es sich im Prinzip über das ganze Land erstreckt hat. Ob eine ganz einheitliche Regelung der Fronden bestand, ist nicht sicher zu sagen. Das „ahuit", das Fronlos, ist in den einzelnen Dörfern nach Anweisung königlicher Meier von dem Pflichtigen zu bearbeiten. Die Schreiber sind dabei fronfrei. Am Hoflager und bei den großen Magazinen finden sich ummauerte Arbeitsstätten, die gelegentlich wohl auch Arbeiterkasernements sind. Die Fronpflichtigen sind in Abteilungen von 5 und 10 Leuten geteilt, und die Fronpflicht scheint schichtweise abgewechselt, eine normale Schicht 2 Monate, abzüglich der Feiertage, gedauert zu haben. Wenn andererseits öffentliches Land in Marsch- und Geestland geteilt und dem Arbeiter 10 Aruren (8 ½ auf Gest- und 1 ½ Marschboden) zugeteilt wurden, so ist doch wohl anzunehmen, daß es sich um Kolonenlehen von Fronpflichtigen handelt. Die großen Grundherren haben im wesentlichen wohl ähnlich gewirtschaftet wie der Pharao. Eigene Wirtschaft auf dem besten Lande und Ausgabe des schlechteren Landes an leibeigene Bauern gegen Arbeit oder feste Abgaben werden wohl nebeneinander gestanden haben und sind anscheinend nicht immer klar zu scheiden; die Bauern sind offenbar einfach aus Staatsfrönern (teilweise) grundherrliche Fröner geworden; ob eine Scheidung in leibeigene und persönlich freie, aber schollenfeste, Bauern immer möglich und von praktischer Bedeutung ist, scheint nicht zu entscheiden. Immerhin scheint die vielleicht einzige, annähernd (aber durchaus nicht genau) durchführbare Scheidung zwischen den mindestens 24 Namen, welche (s. o.) ein *persönliches* Unterwerfungsverhältnis *generell*, ohne Berufsspezialisierung, ausdrücken, nur darnach vorgenommen werden zu können, ob die Klienten von einem Herrn *persönlich* abhängen, in seinem (reellen oder ideellen) *Haushalt* verwendet werden (schemsu, boku, sodmu, keri-dot, amu, ketu) oder aber *glebae* adscripti sind (nach Baillet: honu, meratiu, nesitiu, satiu, sidiu, samdotu, uhuitiu). Einem *Bauern* wird gelegentlich gedroht, ihn, bei fortgesetzter Renitenz, in die unterste Schicht: die awaitiu (einfache ländliche Fron*arbeiter*) zu „versetzen". Auch im Verhältnis zum *Staat* läßt sich das Verhältnis wohl so fassen: Jedermann, der Boden besitzt oder ein Gewerbe betreibt, schuldet *davon* seine Abgaben: der Bauer die Grundabgaben, der Handwerker Lizenz- und Betriebsabgaben in Form von Produkten seines Gewerbes. Wer seine *Abgabe* nicht leisten kann, der wird mit seiner Familie Schuldsklave des Pharao und *frondet* nunmehr nach den Anweisungen der Behörden. Aber trotz dieser Scheidung bleibt es dabei: Es sind alle *Abgabe*pflichtigen nicht minder unselbständig als die *Arbeiter*, werden kontrolliert und geprügelt wie diese, und unterliegen der sozialen Mißachtung. Den Gefolgsleuten des Königs, die jetzt als *Berufs*soldaten auftreten, mögen vielleicht Gefolgsleute der Vasallen entsprochen haben. Für die Tempel steht anscheinend fest, daß ihr Land, und vor allem: die Gebühren und Kasualien eintragenden Einzelfunktionen, als Pfründe, erblich an die einzelnen Priester, das *Land* wohl auch – freiwillig oder unfreiwillig – an andere Grundherren vergeben war, die dann ihrerseits die Herren der Tempelkolonen wurden. –

c) Neues Reich

Keine Einführung von eigentlich prinzipiell neuen Institutionen, wohl aber eine einseitig gerichtete Fortentwicklung der alten finden wir, als nach der langen Dunkelheit der Beduinenherrschaft Ägypten wieder in den Vordergrund der Geschichte tritt. Es ist jetzt ein konsequent organisierter einheitlicher Fronstaat geworden, in dem neben dem Pharao fast nur die Tempel als Grundherren fortbestehen, und der sich, wahrscheinlich ganz allmählich, in den bureaukratischen Leiturgiestaat der Ptolemäerzeit umbildet.

Das mit dem Kampf der 18. Dynastie gegen die Fremdherrschaft der „Hirtenkönige" um die Mitte des 2. Jahrtausends v. Chr. einsetzende „neue Reich" stand, solange es ein *nationaler* Staat war, d. h. bis zur Zeit nach den Ramessiden, zu dem „mittleren" in einem ähnlichen Verhältnis, wie das Rußland der moskowitischen Großfürsten nach der Befreiung von der Tatarenherrschaft zu dem vormongolischen ständisch gegliederten Staatswesen mit dem Mittelpunkt Kiew: die feudalen Gebilde, der Lehnsadel und alle oder doch die meisten seiner Grundherrschaften sind verschwunden. Der größere Teil des Bodens ist in der Hand des Königs. Ein anderer, stets aber doch nur eine Minderheit des Gesamtgebietes umfassender, Bruchteil hat sich durch Schenkungen in den Händen der Tempelpriesterschaften angesammelt. Andrerseits tritt mit der großen militärischen Expansion massenhafter Kriegsgefangenenimport ein, von denen „des Krieges Magazine voll sind". Auch jetzt belehnt der König verdiente Beamte mit Land – von meist mäßigem Umfang – und mit einigen Sklaven. Ein Teil des königlichen Landes wird als fiskalische Domäne betrachtet und für den königlichen Haushalt bewirtschaftet. Auch das gesamte übrige (nicht den *Tempeln* appropriierte) Land soll, so wurde früher im Anschluß an den Genesisbericht und an die griechische Tradition geglaubt, als vom *König* an die Bauern gegen Ertragsanteil überlassen gelten. Heute ist bekannt, daß die ägyptische Grundsteuer *nicht* nach dem Quotensystem, sondern als Fixum erhoben wurde: nur *Kolonen* zahlen Teilpachten. – Spätestens unter den Ramessiden trat dann die berühmte Zuteilung von Land an das, vermutlich nach dem Vorbild der asiatischen königlichen Dienstlehen, in Form einer am Boden haftenden Leiturgie organisierte *Heer* ein.

Die Grundbesitzungen der Tempel und der Krieger sind solche zu *dauerndem* eigenen, nur an die Funktion gebundenen, dafür von den allgemeinen Lasten der sonstigen Bevölkerung befreiten, Recht. Die Herrscher des alten Reichs nahmen sich heraus, in *Tempel*bezirken Lehen an verdiente Beamte anzuweisen, – ein Vorgang, der nunmehr wohl sicherlich zunehmend unmöglich wurde (mir ist das Material darüber allerdings nicht genauer bekannt), jedenfalls haben später (s. u.) Säkularisationsversuche offenbar zu schweren Konflikten geführt). Die verliehenen Landparzellen der μάχιμοι sind von mäßigem Umfang – etwa 3 ½ ha zu Herodots Zeit –, die leichte Bewaffnung stellte an die Equipierung keine Anforderungen, die Mitglieder dieser „Kriegerkaste" beteiligten sich ebenso wie die hellenistische Lehensarmee der Kleruchen am bürgerlichen Erwerb, durften ihr Land verpachten und waren in sehr verschiedener Lage. – Nebeneinander stehen jetzt: 1. königliche Garden und geworbene Söldner, 2. sodann die angesiedelten „ma" (μάχιμοι), 3. eventuell ad hoc einberufene und bewaffnete. *Kolonen* des Pharao, die angesiedelten Krieger nach Jahrgängen in seniores und juniores geschieden, sodann 4. Tempelmilizen, gebildet aus den Tempelkolonen, endlich 5. die Gaumiliz (der Landsturm). Das Heer ist also wesentlich ein Hörigenheer. Den königlichen Matrosen war, da sie Fremde waren, ein Mal eingebrannt, wie (vielleicht, s. o.) den assyrischen angesiedelten Soldaten. – Die ganze *Verwaltung*, die königliche sowohl wie die der Tempel, wird bureaukratisch durch, meist leibeigene, Schreiber geführt, *nicht* mehr durch den früheren erblichen Nomarchenadel. Die Priesterschaft steigt an Zahl, Bedeutung und Geschlossenheit. Im alten

Reich war sie als ein selbständiger *Beruf* nur in Ansätzen vorhanden; im mittleren Reich ist sie schon vorwiegend erblich *rekrutiert*; im neuen Reich ist sie in Phylen gegliedert, der Stand als Kleriker (nicht: das konkrete Amt) geht auf die Söhne, wenn sie tauglich sind, über. Wenn auch die Phylen anscheinend niemals geschlossen waren, sondern sich *auch* durch Aufnahme von außen rekrutierten (auch Connubium mit anderen Schichten bestand: also fehlt *jedes* Merkmal der „Kaste"), so hat sich das Priestertum doch nunmehr zu einem eigenen, die Erziehung des Nachwuchses der Beamtenschaft leitenden, mit ihr oft verwandtschaftlich und durch Funktionskumulation eng verbundenen Stand von immensem Einfluß entwickelt, der jeden Versuch der Pharaonen, sich von seiner Macht zu emanzipieren, zu vereiteln weiß, weil das Gegengewicht selbständiger *weltlicher* Feudalgeschlechter jetzt so gut wie ganz fehlt. Großartige Massen von Menschen, und entsprechendes Land und Vieh (die Zahlen gehen in die Hunderttausende) umfassende Tempelbesitzungen finden sich unter Ramses III. Regierung, daneben Abgaben (von Webereiprodukten usw.). Das „weiße Haus" des Tempels ist dessen Zentralverwaltungsstelle, er hat seine Kontrolleure für die Beaufsichtigung der Feldarbeit seiner Kolonen. Der „erste Prophet" eines großen Tempels rühmt sich seiner „Fürsorge für die Nachkommenschaft der Leibeigenen". Schon im Altertum galt der Reichtum namentlich des Ammonstempels in Theben als unerhört in der ganzen Welt, sicher mit Recht, wennschon, wie Erman nachgewiesen hat, der Umfang speziell des *Land*besitzes von den Hellenen überschätzt worden ist. Oft ging ¾-⅘ der Kriegsbeute an die Götter. Das Tempelland ist (zweifellos nur ebenso wie das königliche und wie alles übrige Land) vermessen: nach Marsch- oder Geestland, Pflug-, Garten- und Hackland gesondert. Sie haben nach dem König die meisten Handwerker – als schollenfeste Hintersassen – in ihrem Besitz und treiben Außenhandel auf eigenen Schiffen. (Die inschriftlich erwähnten nur *zeitweise* im Dienst des Tempels befindlichen Leute sind wohl Volontärs, keine gemieteten Arbeitskräfte. Allerdings scheinen in Naturalien entgoltene freie Lohnarbeiter, auch im Dienste des Pharaos, vorzukommen, – wennschon von den beiden Gurob Papyri, die Griffith kommentiert, der Sinn zweifelhaft, bei dem einen die Übersetzung sicher falsch ist: ein *Ochse* neben anderen Objekten als Entgelt für zusammen 24 Tage Hausmädchendienst ist doch unmöglich.) – Ob schon im alten Ägypten die im Ptolemäerreich üblichen großen jährlichen Synoden der zum eigentlichen Klerus gehörigen Oberpriesterschaft bestanden, ist urkundlich anscheinend nicht nachweislich. Vielleicht ist ihre Entwicklung (wie die des jüdischen Sanhedrin) einerseits Produkt der Fremdherrschaft, die sich auf Theokratie zu stützen suchte, andererseits gegebenenfalls auch Organ der Reaktion *gegen* jene. In pharaonischer Zeit ist *formal* der Pharao Lehensherr der Priester, und auch später hat er (so in ptolemäischer Zeit) das Exequatur zu geben.

Der *königliche* Oikos mit seinen zahlreichen Beamten deckt seinen (d. h. den Hofhalts- und Staats-) Bedarf im Prinzip naturalwirtschaftlich. Jede der Domänen-, Tempel-, Magazin- und Bauverwaltungen hat ihren Stab von militärisch organisierten Fronarbeitern, denen die Rationen aus den königlichen Vorräten zugewiesen, – oder auch, wie die Arbeitseinstellungen wegen Hunger und nicht gelieferter Ration zeigen, unterschlagen werden. Die von Spiegelberg edierten Rechnungen der Magazine des Hofes in Memphis registrieren die Ausgabe des Mehls an die Bäcker, – offenbar in unfreie Heimarbeit, denn sie stellen dann die entsprechenden Ablieferungen der Bäcker (erheblich über 100.000 Kommißbrote in 3 Monaten, von einer Sorte pro Tag 480 Stück) unter Berücksichtigung des Backverlustes fest. Ebenso wird gebucht die Ausgabe von Schiffsbauholz, von Leder (an die Söldnerführer), von Kleidern an Negersklaven, von Negersklaven an die „Großen" zur Bedienung. Der Pharao läßt in eigenen Scheunen dreschen, was er aus den Naturalzehnten gewinnt oder von den in Robot bestellten Feldern erntet; die Arbeiter werden mit Brot aus den Magazinen genährt: hier also Eigenbetrieb. Im Fall von Mißernten erhalten aber ebenso wie die Arbeiter auch die Bauern – wie heute in Rußland und wie in Mesopotamien – aus den Magazinen Korn geliefert, ebenso Saatgut. Und ob die bei Bauten verwendeten Arbeiter des Pharao als Sklaven galten, oder ob sie oder ein Teil von ihnen kraft allgemeiner staatlicher Fronpflicht herangezogen wurden, wäre kaum immer feststellbar. Weiber und Kinder haben die „Arbeiter", eine ziemlich breite Bevölkerungsschicht; wie andere, sind auch der Schrift nicht selten kundig. Sie dürften sich wohl von den Bauern nur durch das Fehlen dauernd zugewiesenen abgabepflichtigen Landes oder durch geringeren Umfang desselben unterschieden haben. Sicherlich sind die königlichen „Werkstätten" in erster Linie Lagerhäuser, an welche im Hausfleiß oder in „unfreier Heimarbeit" hergestellte Produkte der den Bauern auferlegten gewerblichen (durch die früher erwähnte Eigenart der ägyptischen Landwirtschaft erleichterten) Nebenarbeit abgeliefert wurden. Wie es dagegen in der Zeit der nationalen Dynastien mit der *Rechts*lage der Handwerker und Bauern aussah, ist begreiflicherweise durchaus nicht sicher festzustellen. Die späteren Zustände unter den letzten Dynastien vor der Perserzeit können hier nichts entscheiden, da inzwischen die *assyrische* Herrschaft über das Land hingegangen war und schon vorher die Kämpfe zwischen dem Ketzer Amenophis IV. und der Ammonspriesterschaft schwere Erschütterungen der Tradition gebracht haben mögen. – Der Bedarf der königlichen Haushaltung (im weiteren Sinne des Wortes) wird durch Robot und durch Abgaben der Gesamtbevölkerung beschafft. Wenn wir gelegentlich von angeblichen Neuordnungen des Land*besitzes* hören, so handelt es sich zweifellos um Neuordnung des *Lasten*wesens. Wiederholt ordnet der König an, daß ein Beamter für eine Fronleistung die Arbeitsteilung „je nach dem Handwerk eines jeden" vornehmen solle oder daß er die „Ordnung" der *ganzen* Bevölkerung eines Distriktes und ihre „Einteilung in die Volksklassen" zu übernehmen habe, d. h. aber: die Fortschreibung des Lastenkatasters. Für große Bauten und Steinbruchsarbeiten werden wie in alter Zeit mächtige Robotexpeditionen gebildet: 9.268 Köpfe einmal unter Ramses IV., davon 5.000 Krieger, 2.000 Kolonen des Pharao. Dabei wird „altes" und „junges Volk" geschieden: – wie beim militärischen, so auch beim Robotaufgebot. Und ebenso wie das Heer mit Fremden durchsetzt wird, so auch die Kolonenschaft: der König läßt – schon Amenhotep – ganz ebenso wie die Assyrerkönige, Gefangene „unter seine Untertanen einreihen". Die Einreihung unter die Teilnehmer an den Goldgräberexpeditionen nach dem oberen Nil, mit ihrem kolossalen Menschenverschleiß, galt als Strafe. –

Die Durchführung der *Katastrierung* hatte es ermöglicht, an Stelle der Inanspruchnahme der *Dorf*gemeinden die direkte der *Einzel*familien für die mit dem Bodenbesitz verknüpften Abgaben und Leiturgien durchzuführen: die Stellung des „hir's", wenn er wirklich, wie Revillout will, ein *Familien*„ältester" (ältester Sohn, Bruder usw. und nicht etwa ein *Grundherr*) sein sollte, im Erbrecht der damaligen Zeit – er hat bei Teilungen maßgebend mitzuwirken – würde sich dann neben der Einwirkung der Ämtererblichkeit (s. o.) auch aus den mitspielenden fiskalischen Interessen erklären lassen (doch ist dies noch sehr dunkel). Wie es mit der Veräußerlichkeit des Bodens (*außerhalb* der Familie) im Beginn des neuen Reichs, nach Verschwinden der alten Grundherrn, stand, scheint zweifelhaft. Zwar kommen in einer (*vor* dem neuen Reich entstandenen) oft zitierten „Bauernerzählung" Bauern vor, die ihre Häuser *verkaufen* wollen. Aber bäuerlicher *Acker*besitz und der Betrieb eines gelernten Handwerks gelten jedenfalls grundsätzlich auch hier als Korrelat der Leiturgie bzw. der Abgaben. Die „Erblichkeit" des Landes war dementsprechend, dem Pharao gegenüber, eine *bedingte*. Das entspricht der Stellung, in welcher sich die gesamte, nicht *entweder* als Priester, Krieger, Lehensträger, Beamte, Schreiber *privilegierte oder*, als landlose Leibeigene, direkt im Dienst des Pharao oder der privilegierten Klassen verwendete Bevölkerung befand. Man hat lange an „Kasten" in Ägypten geglaubt (dank namentlich Herodot). Die „Erblichkeit" der Berufe ist aber nur die erwähnte *faktische* Vererbung der Leiturgien und Abgabe*pflichten* der, im russischen Sinne des Wortes, „bäuerlichen" Bevölkerung, soweit jene Pflichten an den *Boden* oder das *Gewerbe* geknüpft sind. Sie bedeutet, soweit nicht religiöse „Unreinheit" mit einem Beruf verknüpft ist, keine Kastenbildung, weder im Sinn des Ausschlusses des Connubium, noch im Sinn der zünftigen Abgeschlossenheit der Berufe. Auch die Krieger"kaste" besteht dergestalt aus Bauern, welchen die Leiturgie aufliegt, für das Aufgebot bereit zu stehen, und die zweifellos, wie die Kosaken, regelmäßig üben müssen. Und durchweg scheint der Berufszutritt im Prinzip *frei* geblieben zu sein. Was dagegen von Erwerbsrechten in Ägypten erblich geworden ist, ist durchweg nicht etwa ein zünftiges „Recht auf Arbeit", sondern sind bestimmte Arten von *Renten*bezügen: Landrenten, Pfründenrenten, Kasualien- und Gebührenrenten. Die Erblichkeit der *politischen* Ämter ist im neuen Reich dem rein bureaukratischen „Avancement" gegenüber gänzlich zurückgetreten, ebenso gehen unter den Ramessiden (s. o.) die Priesterschaften zur Schreiberverwaltung über. Trotzdem betrachtete innerhalb dieser bureaukratischen Mechanismen der Einzelne seinen „Posten", z. B. den eines „Großen" einer der oben erwähnten Arbeitergruppen (Archetyp des ἡγεμών τοῦ ἐργαστήριου natürlich als „Versorgung", wie heute jeder Beamte: die Statthalter rühmen sich zuweilen u. a. auch: „Niemandem seine Arbeitergruppe genommen zu haben." Aber *rechtlich* galt natürlich im Prinzip freie Absetzbarkeit. Dagegen blieben andere, z. B. manche mit dem religiös wichtigen Begräbnisdienst verknüpfte Funktionen (so der „Leichenbegießer"beruf), weil an die Verfügung über die Begräbnisplätze gebunden, wirklich voll appropriiert und wurden von jeher auch *rechtlich* als Erbobjekte und Gegenstand von Dispositionen inter heredes behandelt, deren jede jedoch des Konsenses des an den Leistungen der betreffenden Stelle interessierten Grundherrn (Staat oder, meist, Tempel) bedarf. Bei dem gewaltigen Umfang des königlichen und des Tempelbesitzes betreffen die Urkunden nun regelmäßig Besitz von Leuten, die auf dem Land des Pharao oder auf Tempelland (nefer hotep) als Belehnte oder Kolonen sitzen. Daher erfolgen in ihnen die Dispositionen, speziell Erbdispositionen, aber auch Vergebungen von Land an einzelne, z. B. an Priester, mit *Konsens* eines dieser beiden großen Grundherrn, ganz im Gegensatz zu den Landübereignungskontrakten der ältesten (thinitischen) Epoche (dagegen in Übereinstimmung mit der Lehensmutung der *politischen* Beamten, speziell der Nomarchen, im alten Reich). Ob dagegen auch *andere* Bodenübereignungsakte besonderer Konzession bedurften, ist positiv *nicht* sicher erweislich, aber allerdings – namentlich für die Teit der Theokratie (Ende der Ramessidenzeit) und für Veräußerung *außerhalb* der Familie – möglich. Auch über den Vieh- (und wohl auch den etwaigen Sklaven-) Besitz der Kolonen scheint nur mit Konsens des Grundherrn haben verfügt werden dürfen. Die Kolonen selbst sind natürlich schollenpflichtig, werden aber, wie es scheint, von den Staatsgerichten abgeurteilt. Daß das Recht am Lande in Wahrheit überwiegend *Pflicht* (zu den mit Landbesitz verknüpften *Leistungen*) war, erklärt am ungezwungensten auch die viel später noch wahrnehmbaren Reste der Familienverfassung: die schon erwähnte (angebliche) Stellung des (oder der) Ältesten als Repräsentant der Familie dem Staat (oder Tempel oder Grundherrn) gegenüber. Ebenso die damit zusammenhängende Auffassung des Besitzes als Familienbesitz, die gelegentliche, aber (nach den Haushaltslisten) nicht vorherrschende Kommunionwirtschaft und die damit zusammenhängenden Erbeinspruchs- und Retraktrechte, welche man dann teils – bei den privilegierten Ständen, die das Recht haben, den Gott zu repräsentieren und deshalb zu fluchen: – durch Fluchformeln, teils: durch Einholung der *göttlichen* Bestätigung bei Erbteilungen in ihrer Wirkung aufzuheben trachtete, teils endlich durch Zuziehung der Kinder bei den Kontrakten berücksichtigte. Ebenso wohl auch die, offenbar auf der Anlehnung an jene Familiengemeinschaften beruhende, Erscheinung, daß als Bodenpächter (auch bei Kleinpachtungen) so oft Genossenschaften (ein Repräsentant und seine Gesellschafter) auftreten. Endlich *vielleicht* auch die Vermeidung der Erwähnung der Preishöhe bei Grundstücksübertragung noch in spätester Zeit: Revillout *kann* recht wohl insoweit recht haben, daß auch darin die prinzipielle Ansicht sich auswirkt, daß das Recht am Boden, weil an der Pflicht klebend, kein Tauschgut sei, sondern nur im Wege des intrafamilialen Ausgleichs den jeweiligen Nutznießer wechseln könne. Es scheint aber, daß auch *sakrale* Gründe der Anerkennung der Sonderstellung des Geldes als Tauschmittel entgegengestanden haben: die Zeit des alten Reiches hatte das Geld nicht gekannt, und die Stereotypisierung der religiös zulässigen Kontraktschemata mag, indem sie nur Tausch von Land gegen Land oder einfache Übertragung („Schenkung") zuließ, daran angeknüpft haben. Festen Boden erhalten wir erst unter die Füße in der Zeit des Amasis, also als der nationale Charakter des mittleren Reiches schon durch Fremdherrschaft alteriert war.

Nach der Ramessidenzeit bewegte sich die Entwicklung, wie es scheint, in Gegensätzen, die durch die jeweilige Herrschaft von abwechselnd asiatischen und äthiopischen Einflüssen bedingt waren. Der fremdländische Einfluß beruht auf der mit der Schaffung des ständigen Soldheeres endgültig besiegelten Beseitigung der nationalen, ohnehin von jeher unentwickelten Wehrhaftigkeit, und auf der steigenden Bedeutung der überwiegend stammfremden Berufskriegerschaft, welche die Herrschaft des Pharao stützte. Der Import der asiatischen Kriegstechnik – des Pferdes und Kriegswagens – in der Hyksoszeit und dann die Eroberungskriege hatten zur Entstehung des Berufskriegertums geführt. Die abwechselnde Fremdherrschaft führte dann dazu, daß je länger je mehr, wenigstens der Sache nach, stamm*fremde* Söldner und die oft ebenfalls stammfremden Leibeigenen des Königs sich mit der Priesterschaft in die Beherrschung des seit der assyrischen Eroberung nie wieder dauernd zur Freiheit gelangten Landes teilten. Usurpation der Herrschaft durch den Ammonspriester, dann assyrische und äthiopische Dynastien, dazwischen die Usurpation des Bokchoris, dann griechische Einflüsse unter Amasis, weiterhin, nach der persischen Eroberung, Kämpfe äthiopischer, persischer und von den Griechen gestützter einheimischer Dynastien, die oft zu langdauernder Trennung von Ober- und Unterägypten führten, haben stabile politische Zustände erst in der Zeit der Lagiden wieder aufkommen lassen. Derjenige Typus, den das Land unter ihrem Regime darstellt, ist in bezug auf das Maß der *Verkehrsfreiheit* sicher erst allmählich erreicht worden. Die griechische Tradition schreibt namentlich dem Bokchoris grundlegende Neuerungen nach Art der hellenischen „Aisymneten" zu: die Zulassung des Reinigungseides, die Beseitigung der Schuldsklaverei, und vor allem: die freie Veräußerlichkeit des Bodens. Mag die Art, wie Revillout dies zu verifizieren sucht, teilweise reichlich phantastisch sein, so scheint doch sicher, daß das Umsichgreifen der Verkehrswirtschaft zunächst das Werk asiatischer Einflüsse und weiterhin der antitheokratischen unterägyptischen Tyrannis war, denen die Theokratie des Ammonspriestertums, gestützt auf die den Thron usurpierenden Äthiopier und die teilweise nach Äthiopien emigrierte Kriegerkaste widerstrebte. Mit der Zeit des Bokchoris ungefähr *beginnen* die demotischen Kontrakte überhaupt und die Bodenüberweisungskontrakte im speziellen. Es scheint also in der Tat eine Veränderung des Verkehrs-, speziell des Bodenrechtes, wohl auch eine Säkularisierung, stattgefunden zu haben, – wozu ja die Verbrennung des Bokchoris als Sakrilegen durch die siegreichen Parteigänger des Ammonspriesters (der das göttliche Boden-Obereigentum repräsentiert) stimmt. –

Wie dem sei, die *privaten Verkehrs*erscheinungen steigern sich nun durchweg. –

Das bis zu den Ramessiden sich stetig steigernde Überragen der Oikenwirtschaft des Pharao schränkte im altnationalen Ägypten den Raum der auf *verkehrs*wirtschaftlicher Arbeitsteilung beruhenden ökonomischen Erscheinungen naturgemäß stark ein. Nicht daß sie je gefehlt hätten, – sie haben *relativ* im ältesten Reich sogar vielleicht für die Bedarfsdeckung *mehr* bedeutet als in den Zeiten der vollen Theokratie und Bureaukratie. Aber der Handel nach außen, sowohl nach dem „Gottesland" und „Punt" – Arabien und der Somaliküste – wie nach Syrien lag rechtlich und mindestens dem Schwerpunkt nach auch faktisch in der Hand des Pharao selbst, später aber namentlich der Tempel, welche im Besitze eigener Flotten waren. Er hat lange die Form des Geschenkaustausches zwischen den Staatshäuptern bewahrt, wie die Korrespondenz mit dem König von Babylon in den Funden von Tell-el-Amarna anschaulich macht. Einheimische Kaufleute kennen die ägyptischen Quellen der ältesten Zeiten anscheinend nicht. Alsdann tauchen sie als Tempelhörige auf (ihre Bezeichnung ist von „entleeren" – scil.: des Schiffes – abgeleitet). Im neuen Reich sind sie meist Ausländer (Semiten). Immerhin muß, während Kupfer und Gold im Lande selbst gewonnen wurden, nicht nur das anfangs sehr seltene und daher bis zur Einbeziehung Ägyptens in den internationalen Verkehr (neues Reich) *höher* als Gold bewertete Silber, sondern auch Zinn und Eisen – letzteres tritt vor dem „N. R." hinter Bronze ganz zurück – von Anfang an importiert worden sein. Die Zeit des neuen Reiches weist Import von Schiffen, Wagen, Waffen, Gefäßen, Weihrauch, Vieh, Fischen usw. aus Syrien und Babylon auf, welchen als Exportartikel namentlich Gold, aber bald auch Linnen, gegenübergestanden haben werden. Unter den Ramessiden scheinen *private* Reedereibetriebe vorzukommen. – Ebenso hat sich, neben den anfänglich der Zahl und der Bedeutung der Leistung nach stark vorwiegenden Arbeitern des Pharao wohl auch die Zahl der (schwerlich je ganz verschwundenen) „freien" Handwerker wieder zunehmend ausgebreitet. Im alten Reich werden Kundenhandwerker literarisch erwähnt, und zwar neben „Lohnwerkern" im Sinne der Bücherschen Terminologie anscheinend auch „Preiswerker". Inwieweit die Träger des so hochentwickelten altägyptischen *Kunst*handwerkes leibeigene Arbeiter des Königs und der Tempel und inwieweit sie in „unfreier Hausindustrie" arbeitende Kolonen oder „freie" Handwerker mit Leiturgiepflichten waren, wird sich nicht leicht ausmachen lassen. Die einzelnen Handwerker eines Bezirks hatten, wie die Dörfer ihren dem Fiskus verantwortlichen Schulzen, so ihrerseits ihren (wie es scheint, gewählten) Obermeister. Er war offenbar ursprünglich für die Gestellung zu den Roboten des Pharao bzw. Nomarchen verantwortlich. Später ist die Lage der Handwerker offenbar eine unter sich keineswegs gleiche. Die „Lohnwerker" zog man nach Bedarf zur Robot heran und lieferte ihnen das Rohmaterial (s. o.). Aber daneben scheinen Handwerker vorzukommen, welche ihre Rohstoffe sich selbst beschafften, und dafür *Abgaben* in Form von Produkten ihres Handwerks leisteten, die in den mannigfachsten Varietäten sich aufgezählt finden. Soweit das Rohmaterial Importgut oder das Produkt Exportgut war, ist immerhin direkte Leitung der Produktion durch Pharao, Adel, Tempel das an sich Wahrscheinliche. Jedenfalls ist und bleibt die Behandlung der Handwerker in den Monumenten eine verächtliche. Die Weberei, namentlich die Leinweberei, eines der hervorragendsten Gewerbe, gilt anscheinend als typisch unfreier Beruf und ist wohl direkt in die Hände der Sklaven im Oikos zuerst des Pharao und des Nomarchenadels, dann namentlich der Tempel, gelangt: – es handelte sich eben, da die Masse der Bevölkerung, ursprünglich auch der König, nur den Lederschurz als Kleidung trug, um ein teils dem Luxusbedarf des Hofes und der Beamtenschaft, teils dem wahrscheinlich monopolisierten Export dienendes Produkt. Die Entwicklung und Differenzierung der Bedürfnisse, insbesondere der Kleidungsbedürfnisse, ist ganz offenbar Folge der im „neuen Reich" immer enger werdenden Beziehungen zu Vorderasien, speziell Babylon.

Der private Binnen-Tauschverkehr ist dem Schwerpunkte nach Nahrungsmittel- und Krammarktverkehr: Fische, Gemüse, Sandalen, einfache Schmucksachen sind bildlich beglaubigte regelmäßige Marktartikel. Der Verkehr ist *Natural-* Tauschverkehr. Erst im neuen Reiche fungieren gebogene Kupferdrähte bestimmten Gewichts (uten, deben) als *Wertmesser*, in dem die gegeneinander ausgetauschten Waren *abgeschätzt* und gelegentlich der etwa *überschießende* Wertbetrag der einen Ware über die dagegen eingetauschte abgeleistet wird. Die Marken in den Händen von Arbeitern des alten Reiches sind natürlich „tesserae", Anweisungen auf herrschaftliche Speicher. Im *Außen*handel fungierten Edelmetallringe, wie dies in Babylon auch vorkommt. Das „deben" ist also in erster Linie Wertmaß, und fungiert regelmäßig als ideelles (nicht effektives) Tauschmittel (ähnlich wie ursprünglich der Silber-Shekel in Babylon). Im übrigen scheint die Stellung des *Gewichts*uten zu der *Wert*einheit „uten" noch keineswegs geklärt (vgl. z. B. Bibl. égypt. X S. 164). Dem Naturaltausch von Waren korrespondierte seit alter Zeit (als primitiver Vorfahr der Fondsbörse) der Naturalrentenverkehr: sowohl zu Stiftungszwecken werden Grundstücke an Tempel, z. B. gegen jährliche Lieferung von Dochten für Toten-Gedenkfeiern usw. gegeben, als sich die Umwechslung der Naturaldeputate von Beamten und anderen Berechtigten in andere Naturalrenten findet: eine bestimmte Anzahl Tagesrationen, die aus einem Magazin zu empfangen sind – $\frac{1}{360}$ des Jahresdeputats – wird z. B. gegen jährliche Lieferung von bestimmten Brot- und Bierquanten u. dgl. vertauscht. Wir lernten ganz Ähnliches in Babylon kennen.

Die Zeit nach dem Untergang der nationalen Dynastien brachte nun offensichtlich, während zu gleicher Zeit die gesamte geistige und künstlerische Kultur theokratisch und traditionalistisch gebunden und stereotypisiert wurde, das stets weitere Vordringen der „Geldwirtschaft". Obwohl noch für die Hebräer der nachexilischen Zeit Ägypten das große „Diensthaus" ist, müssen doch allmählich die Roboten zugunsten der Steuern mindestens *faktisch* immer mehr zurückgetreten sein, – womit wahrscheinlich alles weitere zusammenhängt. Die Zahl der reinen Sklaven in den Händen der Tempel und der Beamten und ihre Verwendung zur Feldarbeit scheint zuzunehmen. Ebenso scheinen die privaten Gutswirtschaften mit Benutzung der Arbeit mit Land beliehener Kolonen zur Bestellung je eines bestimmten Teils des Gutsackers, häufiger zu werden: also die in der Kaiserzeit vorkommende Kombination mit dem System der „partes agrariae" (s. darüber den Art. „Kolonat"). Aus der revolutionär bewegten Zeit des Bokchoris (s. o.) scheint zuerst wieder ein *rein* privater – d. h. der Bestätigung durch göttliches Orakel oder durch den König entbehrender – Landübereignungskontrakt vorzuliegen: es handelt sich jedoch um ein *intra*familiäres Rechtsgeschäft. Unter Psammetich scheint dann durch die Priesterschaft die Übereignung von (ehemaligem ?) Tempelland auch außerhalb der Familie gegen eine Handänderungsgebühr von $\frac{1}{10}$ generell zugelassen gewesen zu sein. Diese Inhaber von Tempelland haben sich also wohl in eine Art von Erbpächtern verwandelt. Die zeitweise wieder auftauchende spezielle Zustimmung des Gottes zur Übereignung schwindet seit Amasis, der ebenfalls als „Gesetzgeber" galt, definitiv. Die alte Besitzerhierarchie des Tempellandes: Gott – Tempelvasall oder Lehnpriester – Kolon hatte sich also in die andere: Gott – Erbpächter – Kolon verwandelt. Unter Amasis findet sich der erste schriftliche Pachtkontrakt: er ist ein *After*pachtkontrakt; es treten dann auch – wenn die Urkunden richtig gelesen sind – private Dritteilspachten und angeblich auch antichretische Pachten auf. Der *Kolon* tritt als einseitig verpflichtet (Prekarist) auf. Übereignung von Immobilien gegen *Geld* findet sich nun ebenfalls. Jedoch wird nicht in die Urkunde über die Abtretung des Grundstückes die Preishöhe aufgenommen, über diese vielmehr eine besondere Urkunde aufgesetzt. *Bar*kauf herrscht. Was speziell die Pacht anlangt, so fällt – immer die Richtigkeit der Lesungen (Revillout!) vorausgesetzt – die Häufigkeit der Kollektivpacht (2-15 Personen) in die Augen. In manchen Fällen scheint diese nicht ein Pacht-„Artjel" zu einer „Bedarfspacht" im russischen Sinne, sondern Pacht spekulativen Charakters, also Großpacht, gewesen zu sein. Aber dann wurde das Land natürlich in Parzellen weiter verpachtet, und die Masse der Pächter sind immer Kleinpächter geblieben. Da keine Fruchtwechselperiode berücksichtigt werden mußte, war der Kontrakt, wenn nicht immer, so jedenfalls häufig Jahreskontrakt. Der Pächter zahlte alle Abgaben und ließ das Saatgut zurück. Der Ernteanteil, den die *Tempel*pächter zu zahlen hatten, scheint oft ein Dritteil betragen zu haben.

Diese Verhältnisse sind jedoch offenbar mit Sicherheit vorläufig – bei der unzulänglichen Zahl zuverlässig gelesener Urkunden – für diesen Zeitraum nicht feststellbar, ebenso nicht die Bedeutung und Verteilung des *privaten* Grundbesitzes neben den de facto längst appropriierten Lehen und Schenkungen in den Händen der Großen. Die Dritteilung des *ganzen* Landes unter König, Priester, Krieger, wie sie die griechischen Schriftsteller behaupten, ist günstigenfalls eine Übertreibung der Zustände (Ed. Meyer scheint sie für real zu halten). Daß fast die Hälfte des Landes den Kriegern μάχιμοι gehört habe, wie nach Herodots Angaben rechnerisch angenommen werden müßte, ist ganz unglaubwürdig; der Besitz der Tempel hatte selbst unter Ramses III. nicht mehr als ⅛, höchstens ⅕, des Landes betragen und war starkem Wechsel, gelegentlich auch Säkularisationen (Amasis), unterworfen und in späterer Zeit erweislich *nicht* mehr so bedeutend wie unter den Ramessiden. Die bedeutende Ausdehnung des an die „Großen" verlehnten Landes ist auch für die Spätzeit nicht zu bezweifeln. Der König blieb aber der größte Grundherr. Die faktische Lage der Bauern, welche die Masse der Bevölkerung bildeten, war – soweit sie nicht „Krieger" oder sonst privilegiert waren – schwerlich besser als die Lage der Fellachen in späteren Zeiten. Den antiken Schriftstellern ist der ägyptische Bauer stets ein Proletarier, der dem bureaukratischen Staat als einer ihm fremden Macht, ganz ebenso wie der russische Bauer seiner Bureaukratie, gegenübersteht, gegen geringe Pacht Land zur notdürftigen Lebensfristung übernimmt und auf die erhaltenen Peitschenhiebe wegen Steuerdefraudation stolz ist. Das raffinierte, allumfassende Robot- und Steuersystem, welches den Griechen als „Kastenordnung" erschien, kann ihm in der Tat nicht wohl eine andere Beziehung zum Staatsmechanismus ermöglicht haben, gleichviel ob er als „Pächter" oder als „Eigentümer" galt. Denn wie eine ägyptische „Steuererhebung" sich gestaltete, wissen wir: die Beamten landen unverhofft, es beginnt, unter Jammern der Weiber, eine allgemeine Flucht und Jagd; die erhaschten Steuerpflichtigen werden durch Bastonnade und andere Torturmittel zu einer „professio“ genötigt, welche den Beamten (die ja für ihr katastermäßiges Abgabenquantum einstehen müssen) genügt. So tritt der „Staat“ dem Orientalen (ähnlich dem russischen Bauern) gegenüber. Der tiefe Antipolitismus der orientalischen Völker, dem gegenüber das *paulinische* Christentum schon eine starke Akkommodation bedeutet, hat hier seine Wurzel.

Ob der ptolemäische Doppelsprachgebrauch: „eigenes“ (ἰδιωτική) und „selbsterworbenes“ (ἰδιόκτικτος) Land auf eine Beschränkung der – während der ganzen Zeit bis zu den Ptolemäern fortbestehenden – Retraktrechte auf Erbgut zurückgehen, ist wohl nicht auszumachen. Jedenfalls setzen schon die Erlasse der ersten Ptolemäer privates Kaufland voraus, und es ist nicht der geringste Grund, zu glauben, daß dies etwas Neues gewesen sei. Für das Vorkommen des – bei der alten Teilbarkeit der königlichen Schenkungen schon an sich nicht auszuschließenden – *Klein*eigentums in spätpharaonischer Zeit sprechen die Erbinventarien, welche so oft „Gärten“ als Erbbestandteile aufzählen. – Die Familiengebundenheit des Bodens und der Fortbestand der Polygamie machte es natürlich höchst wichtig für die Ehefrau, ihre eigene Stellung und die ihrer Kinder kontraktlich zu fixieren, zumal da auf sexuellem Gebiet, nach Ausweis der Urkunden, in dieser Spätzeit volle Vertragsfreiheit und Scheidungsfreiheit bestand. Gütergemeinschaftskontrakte, Wittumskontrakte, Festsetzung bestimmter Renten, insbesondere, wie später im Islam, festen Wirtschaftsgeldes für die Frau finden sich neben der besonders wirksamen kontraktlichen Übertragung des ganzen Vermögens des Mannes auf die Kinder, speziell auf den ältesten Sohn der Frau, die etwa wie das englische entail-System wirken mußte. Das Bestehen des „Probejahres“ in der Ehe in Ägypten ist Fabel. Der „agraphos gamos“ der Ptolemäerzeit ist offenbar *ursprünglich* ein Geschlechtsverhältnis ohne „Ehe*kontrakt*“ d. h. ohne Erwerb der Manus über die Frau durch den Mann durch Zahlung des *Preises*, bei der aber der Mann – wie bei der römischen „freien Ehe“ – die Gewalt über die Kinder erhält. – Im übrigen finden sich fast alle wichtigen Kontrakte des babylonischen Rechts, z. B. auch der Selbstverkauf in die Adoption. – Sklaven finden sich neben Vieh, Häusern, Gärten in den Erbschaften, sie sind, außer beim König, Priestern und Beamten auch im späten Ägypten nie zahlreich gewesen. Ein deutliches *Gesamt*bild der spätpharaonischen Agrarverfassung haben wir vorerst trotz aller Einzelheiten *nicht*. –

Ägypten hat zwei Institutionen zuerst und in nachher nicht wieder erreichter Vollkommenheit verwirklicht: 1. das Leiturgieprinzip: Bindung des Besitzes an die staatliche Funktion, des Besitzers an Funktion und Besitz, – und 2. die bureaukratische Verwaltung. *Beide* Prinzipien haben, in der Spätzeit der Antike, von hier aus die Welt erobert, und mit ihnen, als ihr unverlierbarer Schatten, der

„Apolitismus“ der beherrschten Völker, der durchaus nicht *nur* in der Vernichtung der *Nationalitäten* seine Wurzel hat. Ferner aber scheint es möglich, daß wichtige *betriebstechnische* Institutionen der antiken Arbeitsorganisation, nämlich: 1. die Wirtschaft mit disziplinierten und kasernierten, unfreien Arbeitern (ἐργαστήριον), 2. die unfreie Heimarbeit, 3. der Kolonen-Fronhof und ihre verschiedenen Kombinationen miteinander von *Ägypten* aus ihren Ausgang genommen haben, während andererseits die privaten *Unternehmungs-* und *Kapitalverwertungs*formen wesentlich in *Babylon* ihre Heimat zu haben scheinen.

3. Israel

Einigermaßen sichere Auskunft über die vorexilischen Verhältnisse Israels geben nur die Wortlaute derjenigen „Gesetzgebungen“, welche unzweifelhaft in ältere Zeit hinaufreichen und der angeblichen Göttlichkeit ihrer Herkunft wegen ein relativ hohes Maß von Garantie für Treue der Überlieferung bieten. Ein kurzer Blick auf die von ihnen illustrierten Zustände rechtfertigt sich dadurch, daß *nur* hier aus dem eigenen Munde eines Volkes Kunde aus einer Zeit *vor* der *Stadt*sässigkeit der politischen und priesterlichen Gewalten geboten zu werden scheint. Freilich: die Annahme, man habe es im ältesten „Gesetz“ (Exodus 19ff.) mit irgendwie „ursprünglichen“ Zuständen zu tun, mit dem Recht eines primitiven Bauernvolkes, noch frei von allem städtischen und geldwirtschaftlichen Einschlag, ist ganz unhaltbar, wie unter den neueren Darstellungen namentlich A. Merx, bei aller Betonung der großen Kulturunterschiede zwischen der Periode dieses „Gesetzes“ und der des Deuteronomiums, anerkennt. Trotz der – wie überall – großen Bedeutung des Viehes, als der wichtigsten Quelle der Differenzierung des Reichtums, scheint eines sicher: ein eigentliches Nomadenvolk oder ein „Beduinenstamm“ sind die *historischen* Israeliten, auch ihre herrschenden Schichten, niemals gewesen:[1] das Kamel nicht nur, sondern auch das Pferd fehlen, der Ochse ist, wie im ältesten Rom, vor allem *Arbeits*tier. Leder ist (wie in Ägypten) das älteste Kleidungsmaterial. *Getreide* als Hauptnahrung, daneben Gemüse und Wein finden sich von Anfang an, ebenso wohl auch Öl; tägliche Fleischmahlzeiten kennt natürlich nur der König, andere Leute schlachten nur an den Festtagen (und dann in Form des Opfers) aber z. B. von einer besonderen Bedeutung des Käses (wie in Althellas) finden wir nichts. Unter dem Viehbesitz, der hier, wie überall, Kennzeichen des reichen Mannes und namentlich in den Händen der

[1] Vom spezifischen Beduinenrecht findet sich m. W. nichts in den Quellen. Die *religiöse* Weihe des Sinai beweist an sich nur, daß der alte Höhenkult Jahwes zeitweise dazu veranlaßt hatte, seinen *Sitz* auf diesen höchsten Berg zu verlegen.

Könige groß ist, spielen die Schafe aus Gründen der Landeseigenart mit dem Vordringen der Wollkleidung eine große Rolle. Die Bodenbebauung (Hakenpflug, Düngung wie es scheint wenig entwickelt) und Brotbereitung (Handmühle, Backtopf) blieben ziemlich primitiv. – Jedenfalls dürfen, nach dem Gesagten, die Hebräer trotz der größeren Rücksicht, welche das alte Gesetz gegenüber dem Deuteronomium auf die Verhältnisse des Viehbesitzes nimmt, schwerlich als ein in jener Zeit auch nur *vornehmlich* viehzüchtendes Volk angesehen werden (Genesis 47, 3 pointiert den Gegensatz gegen die *Ägypter*). Aber allerdings sind die Hebräer der vorköniglichen Zeit ein aus dem „jenseitigen", d. h. ostjordanischen Lande über den Fluß und dann weiter über das Bergland vorgedrungenes, und nun weiter nach der Küste zu abwechselnd vordrängendes und seinerseits bedrängtes *„Bergvolk"*, welches „Milch und Honig", die Produkte der Bergabhänge, schätzt. Es ist ihnen, als ein „Aisymnet" (im hellenischen Sinn): „Moses", ihnen das „Gesetz" gibt, erst teilweise gelungen, die größeren kanaanäischen Städte in den Flußtälern zu erobern. Ihre Macht liegt dem Schwerpunkt nach in den vom Stamme Joseph okkupierten Bergtälern, von wo aus sie – wie Aitoler und Samniten – in die Ebenen vorbrechen und sie allmählich in ihre Gewalt bringen, dabei abwechselnd in die Botmäßigkeit der philistäischen oder anderer Stadtkönige gelangend und sie abschüttelnd, überdies von den von Osten her sie bedrängenden Wüstenstämmen bedrückt und ihnen oft tributpflichtig. Ganz abgesehen aber von der Frage der Realität ihres Aufenthaltes in Ägypten, als Fronbauern eines der pharaonischen „Diensthäuser" (Exod. 20, 1: eine recht gute *Kenntnis* der ägyptischen Verhältnisse – selbst der Titel Josephs ist historisch – seitens der Verfasser dieser Partien steht völlig fest, beweist aber bei der Nähe des Landes natürlich an sich nichts), – ist der Einfluß der lange vor ihrem Auftreten bestehenden syrischen *Stadt*kultur unverkennbar. Das „Gesetz" setzt nicht nur ein ansässiges, ackerbautreibendes Volk voraus, sondern es fehlt auch jede Spur von Kollektivbesitz. Auch der Grund und Boden ist voll appropriiert, wenn schon, wenigstens normalerweise, nur intrafamiliares Verkehrsobjekt. Das Bestehen der Blutrache, die in Athen nach einer nicht sicheren, aber wenigstens auch nicht unmöglichen, Annahme erst Drakon beseitigt haben soll, ist gewiß kein Beweis für „primitive" Zustände. Ebenso nicht die Festsetzung der Bußen in Vieh, die in Griechenland und Rom tief in die historische Zeit hineinragt und weniger der absoluten Seltenheit, als dem *Schwanken* des jeweiligen Vorrats von Edelmetallen entspricht: die Pflicht, unbedingt auf Verlangen in Geld zahlen zu *müssen*, ist, wie bei den Sumerern und in Babylon unter Hammurabi, so in Athen unter Solon und zu jeder Zeit überhaupt, das, was dem Bauern gefährlich und verhaßt ist. Das „Gesetz" zeigt in charakteristischer Weise jenes Streben nach einer Verbindung von Festigung der guten alten patriarchalen Sitte mit den Interessen von bäuerlichen *Schuldnern*, welches auch allen „Gesetzgebern" des

Okzidents, heißen sie Zaleukos, Charondas, Pittakos oder Solon, gemeinsam ist. Der Dekalog verordnet (an nicht rein religiösen Pflichten) die Elternpietät, Achtung vor fremder Ehe, Verwerflichkeit des Totschlags und Diebstahls, Sicherung des Rechtsganges und der bona fides im Alltagsverkehr (das Nicht-„Machinieren", – wie Merx es ausdrückt, – gegen den Besitz anderer), endlich – das Originellste und Folgenschwerste –: Innehaltung der Sabbatruhe und ihre Gewährung an Arbeiter, Sklaven, Vieh. An rein „sozialpolitische" Quellen dieser letzteren, weitaus am lautesten von der schon damals gewaltigen Macht religiöser Rücksichten zeugenden, Vorschrift zu denken, wäre natürlich unangängig, obwohl das Gebot unzweifelhaft auch – aber eben nicht: nur – den Schuldsklaven zugute kam. Aber die Einzelausführungen dieser, epigrammatisch im Dekalog vorausgeschickten, Gedanken im „Gesetz" zeigen, daß der *Schutz der Gemeinfreien* gegen die Folgen der Besitz- und Machtdifferenzierung jedenfalls *ein* sehr stark hervortretendes Leitmotiv der Gesetzgebung ist. Dahin gehören vor allem 1. die zeitliche Begrenzung der Schuldsklaverei des Israeliten, 2. sein Schutz gegen gewalttätige Versklavung, 3. eine gewisse Sicherung der Ehe von Freien mit Sklaven (d. h. wesentlich: Schuldsklaven, wie der Text ergibt), 4. ebenso: der zur Frau gekauften Israelitin gegen Gleichbehandlung mit gewöhnlichen Kaufsklavinnen, 5. Schutz der (Schuld-)Sklaven gegen schwere, vor allem tödliche, Körperverletzung durch den Herrn, 6. der Schutz gegen Schaden durch Vieh: – da der Viehbesitz Hauptbestandteil des aristokratischen Besitzes ist, liegt hier das antike Pendant unserer „Wildschaden"-Kontroversen vor (daß gegen das Vieh die Rache geübt wird wie gegen den Menschen, ist vielen alten Rechten gemeinsam und steckt als Rest in der altrömischen Schadenersatzpflicht, wenn das Vieh „*contra* naturam sui generis" Schaden zufügt: der moderne Mensch würde das gerade Umgekehrte erwarten und das jüdische Gesetz ist im Grunde „moderner"). 7. „Bauernschutz" ist auch die Pfändungsschranke (Freiheit der Kleidung des Schuldners) und 8. die späterhin zum „Zinsverbot" sich auswachsende Mahnung, die Strenge des geschäftlichen Schuldrechts nicht gegen Volksgenossen walten zu lassen. 9. Die Regelung des Mord- und Blutrechts und der Grundsätze des Kriminal-, das heißt: des Vergeltungsrechts überhaupt – wobei aber anscheinend noch keine *dauernd* geregelte Existenz einer zur Judikatur bestimmten Instanz vorausgesetzt ist – gehört natürlich hier ebenfalls, wie in allen antiken, „Gesetzgebungen", unter die Kategorie: Schutz der Gemeinfreien gegen die infolge der differenzierenden Verkehrswirtschaft steigende Übermacht der reichen Ratsadelssippen. – Die Bestimmungen, welche die Beugung des Rechts sowohl zugunsten der Reichen als auch (ausdrücklich) zugunsten der Armen verbieten, entsprachen einem Zustand, bei dem ein Gesetzgeber den Gegensatz der Klassen durch *vermittelndes* Eingreifen beseitigen will, wie bei den meisten „Gesetzgebern" des Altertums. Deutlich aber zeigt die nachdrückliche Mahnung: die Metöken nicht zu bedrücken, die Wirkungen des nahe bei und zum Teil quer durch das Siedelungsgebiet der Israeliten gehenden Handelsverkehrs. Selbstverständlich ist auch das Edelmetallgeld dem Gesetze sehr wohl bekannt, wie aus ihm selbst hervorgeht. Daß es in den Bestimmungen eine geringe Rolle spielt, liegt in erster Linie in der Verkehrstechnik und der daraus folgenden rechtlichen Behandlung des Geldes im alten Orient überhaupt begründet; daneben könnte ja recht wohl gerade in der *Erhaltung* der naturalwirtschaftlichen Tradition der Bauernschaft die „sozialpolitische" Seite der Gesetzgebung liegen. Ob das Gebot: den *Acker* im *siebenten* Jahre unbestellt zu lassen, in irgendeiner Form je einem ernstlich gemeinten Gesetz angehört hat, erscheint sachlich naturgemäß problematisch. Dieses „Sabbatjahr" präsentiert sich in der ältesten Fassung (Exod. 23, 10. 11) auch als eine Vorschrift zugunsten der „Armen", – d. h. hier: der Landlosen –, welche in diesem Jahr die Früchte des Ackers sollten genießen dürfen. Allein jeder Versuch, die Vorschrift in der uns heute vorliegenden Formulierung ihres utopistischen Charakters zu entkleiden und, sei es landwirtschaftstechnisch, sei es sozialpolitisch (etwa als ursprünglich an den *Pfand*besitzer gerichtet zugunsten des – wie so oft in Babylon und offenbar auch in Athen – auf dem Pfandstück als Kolon sitzenden Schuldners, oder allgemein als Pachtremission u. dgl.) rationell zu erklären, scheint aussichtslos, da das *sakral* motivierte Verbot des „Besäens" allen Deutungen der letzteren Art im Wege steht. Handelt es sich nicht um Einschiebsel später theologischer Konsequenzmacherei, so ist mit dieser Bestimmung kulturhistorisch für uns schlechthin nichts anzufangen, während umgekehrt das, doch wohl einer weit später redigierten Partie des Pentateuch angehörige, sog. „Jubeljahr" als in erster Linie Befristung des antichretischen *Pfand*besitzes (der überall eine der alten Formen *faktischer* – notgedrungener – Veräußerung des Bodens darstellt) durch Bestimmung einer Maximalzeit, nach welcher die Schuld als aus den Einkünften des Bodens getilgt gilt, ökonomisch sehr viel eher erklärlich wäre, aber notorisch „graue Theorie" blieb. – Sieht man von diesem wissenschaftlich „unverdaulichen" Bestandteil ab, so tragen alle übrigen Bestimmungen, wie man sieht, in ihrem Grundprinzip einen ganz ähnlichen Charakter, wie viele der zur Ausgleichung der Ständekämpfe im Okzident gegebenen Gesetzgebungen. Man könnte, wenn man sie rein an sich betrachtete, glauben, sie seien ebenso wie diese zum Ausgleich der Folgen der Schuldverknechtung der Bauern durch *städtische* „Geschlechter" erlassen, – und mit der nötigen Dosis Phantasie ließe sich dann der kanaanäische städtische Adel (der z. B. in Sichem so lange erhalten blieb) als Patriziat, die Israeliten als die aufständige, von Kaplänen organisierte Plebs deuten, die im „Gesetz" ihre magna charta erzwingt. Indes davon kann nicht ernstlich die Rede sein. Eher ließe sich annehmen, daß das „Gesetz" – neben seinem rein religiösen Zweck – eine Entwicklung zur Knechtung der Bauern durch Geschlechter, wie sie in den vor Augen liegenden Städten der Küste eingetreten *war*, *ver-*

hindern, die alte Gemeinfreiheit *erhalten* wollte. Diese Annahme wäre jedenfalls weniger phantastisch, als manche andere neuerdings vorgetragene Hypothese, aber freilich auch nicht sicher. Daß bei den Kämpfen in der sog. Richterzeit die Israeliten Fußkämpfer waren, ihre Gegner Reiter und wagenkämpfende Stadtkönige, geht aus dem ältesten literarischen Dokumente: dem Deboraliede (Jud. 5), evident hervor. Ebenso daß sie ihren Sieg als einen Triumph der Gemeinfreien über die „Großen" betrachteten (welche von ihrer Unterwerfung für sich Korntribute und „bunte gestickte Kleider" erhofft hatten), etwa wie die Schweizer ihre Kämpfe gegen die Ritterschaft. Wie lange nun diese Gemeinfreiheit eine „bäuerliche" genannt werden durfte, ist quellenmäßig recht fraglich. Das Deboralied kennt auch auf israelitischer Seite eine (in den Kampf gegen Sisera nicht ausgezogene und deshalb im Liede verfluchte) Stadt und ihre „Bürger". Wie freilich diese und andere israelitische „Städte" der damaligen Zeit beschaffen waren, ist nicht ersichtlich. In der Tradition über die Richterzeit finden sich Geschlechter, welche zahlreiche (30) „Dörfer" „besitzen", ferner stadtsässiger kanaanitischer, aber mit Israeliten verschwägerter Adel (in Sichem), und die ganze Richterzeit überhaupt ist eine Kette von abwechselnden Usurpationen einiger an Zahl und Besitz, auch Sklavenbesitz, starker adeliger Sippen, welche ihre Kolonen ausrüsten und an ihrer Spitze die Führung in den fortgesetzten Fehden gegen die Philisterstädte und die Wüstenstämme übernahmen, – ein Zustand, der freilich, nach anderen Analogien, *vor* einem „Synoikismos" zu liegen pflegt, aber doch schon starke Differenzierung aufweist.

Der Freiheitskampf gegen die Philister schuf dann das Königtum. Sauls Aufgebot ist zunächst ein nationales. Aber das Volkskönigtum wandelte sich rasch. Den Philistern gegenüber, deren Helden „Kriegsleute von Jugend auf" (Goliath, 1. Sam. 17, 37) sind, wird in der Legende noch bei *Davids* Zweikampf der Heldenmut ungeübter Bauern, mit denen Jahwe ist, gerühmt, – schwerlich ohne Tendenz. Denn die weiteren Angaben zeigen, daß die Entwicklung fester Kadres mit königlichen Offizieren und einem Stamm waffengeübter, dauernd unterhaltener „Knechte" des Königs, unvermeidlich war. Die schematische Zwölfstämmegliederung diente dem Zweck der Umlegung der Naturallasten für Königtum und Heer nach Monatsschichten; mochte sie möglichst an alte Gauverbände anknüpfen, so war sie selbst doch künstliche *Phylen*-Einteilung gleichen Sinnes, wie die der hellenischen Kriegerstaaten es ist. Schon unter David und erst recht unter Salomo begann das Königtum die Züge des orientalischen Fronstaates anzunehmen: Eine befestigte Hauptstadt, Aufspeicherung eines „Hortes", einer stammfremden Leibgarde neben dem Heerbann, Bauten, zu denen die Werkmeister importiert, das Material aber durch Aufgebot zu Fronden herbeigeschafft wird. Die Stadtherrschaft und der Kampf mit Kriegswagen dringen nun auch in Israel ein, wie die biblischen sowohl wie die assyrischen Angaben (über Ahab) zeigen.

Immerhin bleibt doch das nationale Heer in seiner Bedeutung bestehen: die Nachrichten aus der Königszeit zeigen, daß es auf Selbstausrüstung und auf dazu ausreichendem Grundbesitz ruht. Die Angaben über den Tribut Menahems und seine Umlegung auf die „Reichen" (– adsidui im römischen Sinne) zeigt eine bedeutende Zahl (60.000?) wehrfähiger und -pflichtiger Haushalte. Ahab stellte nach assyrischen Quellen 2.000 Wagen und 10.000 Mann ins Feld. Ob die (1. Sam. 8) von Samuel den Israeliten angedrohte Belehnung der königlichen Kriegsmannen mit Land auf Kosten der Israeliten wenigstens für die *Wagen*kämpfer des Königs stattgefunden hat oder nur ein von den ägyptischen und den Verhältnissen der Stadtstaaten entnommenes Schreckbild *gegen* die Königsmacht ist, – letzteres scheint wahrscheinlicher, – ist nicht zu entscheiden. Jedenfalls ergibt die Geschichte der Folgezeit, daß die Konsequenz der militärischen Organisation auch hier die Herrschaft der ökonomisch zur Selbstausrüstung und Waffenübung fähigen „Geschlechter" war, wie sie die nun auftauchende Sorge um Blutsreinheit und Abstammung, das entstehende Interesse für die Heroengeschichte, die Erzväterlegenden und vor allem (s. u.) das Deuteronomium in zahlreichen Bestimmungen erkennen lassen. Wer nicht zu den waffenfähigen Geschlechtern zählt, deren Bestand katastriert ist, also mindestens alle Grundbesitzlosen, gelten rechtlich als Metöken. Auch die im „Reiche Israel" immer wiederkehrende Verfügung des Heeres über die Königskrone entspricht dieser Lage. Sie war auch Grund des „Zerfalls" des alten Gesamtstaates: die beginnende Konzentrierung der Königsmacht und des Kultus in der „Polis" Jerusalem schuf den im ganzen Orient wohlbekannten, mit fast jeder Staatsbildung sich entwickelnden Gegensatz zwischen den alten Militär- und den Priestergeschlechtern der neuen Zentralstadt: Erstere sind natürliche Interessenten der alten Lokalkulte auf ihren heimatlichen Höhen und zugleich der Unterwerfung des Königtums unter das Heer. Letztere bieten dem Königtum die „Legitimität" und damit unter anderem den Anspruch auf autoritäre Verfügung über die Arbeitskraft der „Untertanen", um es ihrerseits zu beherrschen, und streben nach Ausrottung der Lokalkulte. Die Gegensätze führten schon unmittelbar nach Salomo, der – de facto ägyptischer Vasall wie sein Sohn – offenbar zuerst die Untertanenrobot rücksichtslos nach ägyptischer Art ausgenutzt hatte, zum Bruch. Nach dem „Abfall" der alten israelitischen Kernstämme (welche die Entwicklung zum Fronstaat ablehnten) konzentrierte sich der nunmehr „jüdische" Staat als eigentliches Stadtkönigtum endgültig in Jerusalem, zeitweise von Ägypten abhängig, später Assyrien tributär, offenbar dabei zunehmend den Charakter des bureaukratischen Stadtstaates annehmend. Die sinkende internationale Macht des Königtums und die unter der Angst vor den barbarischen Raubkriegen der mesopotamischen Staaten wachsenden Macht der religiösen Stimmungen ermöglichten es dann der städtischen Priesterschaft in Jerusalem, unter König Josia im Jahre 622 die Herrschaft im

Staat zu gewinnen und das „Gesetz Mose“, d. h. das Deuteronomium, zu oktroyieren. Der König wird in „Juda“ ein „legitimer“ Herrscher, d. h. er muß als Davidide gelten. Dafür aber wird ihm der Besitz eines „Hortes“ und berittenen Gefolges verboten, auch seine Legitimität an die Befragung des Losorakels durch die jerusalemitische *Priesterschaft* geknüpft. Das Monopol des dortigen Tempels als Kultstätte wird festgelegt, die Landpriesterschaft „zur Ruhe gesetzt“ und allmählich zur Dienerschaft der Stadtpriestergeschlechter deklassiert. Zugleich mit dieser gewaltigen politischen Machtverschiebung wurden nun die staatlichen und sozialen Verhältnisse neu geordnet. Diese Neuordnung zeigt, daß gegenüber der Zeit des alten Gesetzes eine weitgehende Änderung der Zustände eingetreten war. Sie setzt, da die Zehnten – wegen der weiten Entfernung zur Tempelstadt – in Geld ablösbar sein mußten, weitgehende Geldwirtschaft voraus, und die Deklassierung der Lokalpriester zugunsten des Zentraltempels führte zur Schaffung weltlicher Richter in den Landorten: das Interesse der Tempelpriesterschaft kam also dem Interesse der Bauern entgegen und lief auch hierin dem der lokalen ländlichen Geschlechter entgegen: eine im Orient sicher oft typische Situation. Das gab – wie wahrscheinlich überall im Orient – den Anstoß zur Entstehung von Anfängen einer rechtsprechenden Bureaukratie: Bureaukratisierung und Theokratisierung gehen Hand in Hand, hier, wie (augenscheinlich) schon in den seinerzeit erwähnten Verwaltungsordnungen der Sumererkönige. Die „armenpolitische“ Anlegung von lokalen Getreidemagazinen, in welche jede dritte Jahresrate des Zehnten deponiert werden soll, entspricht gleichfalls dem Typus des orientalischen theokratisch-bureaukratischen Stadtkönigtums. Andererseits aber bricht überall die Abneigung gegen das „ägyptische Diensthaus“, d. h. gegen ein Königtum, welches, wie Salomo, seine Macht nach Art der Pharaonen durch eigenen Handelsbetrieb, Burgen- und Magazinbau („Kornhäuser, Städte der Wagen und Städte der Reiter“ 1. Kön. 9, 19) mittels Robot und Steuern der Untertanen stützt, hervor. (Wer die Realität der alten Tradition vom ägyptischen Aufenthalt Israels bezweifelt, der mag annehmen, daß – schon im alten Gesetz – „Ägypten“ nur den *Typus* abgibt für den populären Protest gegen den Druck des orientalischen Leiturgiekönigtums überhaupt, wie er ganz in diesem Gedankenzusammenhang z. B. Samuel – 1. Samuel. Kap. 8 und 12 – in den Mund gelegt wird, – ein Druck, aus welchem die Priester, ehemals durch den Aisymneten Mose, und jetzt wieder, das Volk errettet zu haben beanspruchen: – hier soll natürlich diese Aufstellung nicht vertreten werden.) – Das Deuteronomium sucht, wie schon das alte Gesetz und wie die theokratischen Gesetzgebungen überhaupt, die Garantien gegen den Gewaltmißbrauch der Besitzenden zu steigern: die Pfändungsbeschränkungen des alten Gesetzes werden (Deut. 24, 10) zu einem absoluten Verbot, das Haus des Schuldners zur Pfandnahme zu betreten, es wird die Pfändung der Hausmühlen verboten und die alte Haftung der Söhne für den

Vater und umgekehrt in Kriminalsachen beseitigt, der Menschenraub (jetzt auch der von Frauen und Kindern) mit dem Tode bedroht, die Auszahlung des Lohnes am selben Tage geboten, die Schuldeintreibung im Sabbatjahr suspendiert (so deutet Merx die Stelle Deut. 15, 3 wohl mit Recht), die Befreiung aller durch Selbstverkauf in Knechtschaft Geratenen im siebenten Jahr eingeschärft, endlich und vor allem das Zinsnehmen auf den Verkehr mit Stammfremden beschränkt: die praktische Bedeutung könnte allenfalls eine zeitweise Beschränkung des aktiven Zinsdarlehengeschäftes auf die Metöken (und *vielleicht*, nach babylonischem Muster, den Tempel) gewesen sein (gerade weil Deut. 15, 6 als erwünschte *Folge* hervorhebt, daß der Jude Fremden borgen, *von* ihnen aber *nicht* borgen werde, ist dies wahrscheinlich). – Die familienrechtlichen Bestimmungen des Deuteronomiums zeigen die Wandlung, in welcher die Gliederung der Familie und auch die Gesichtspunkte, unter denen man sie betrachtete, begriffen waren. Die Kindespietätspflicht wird – nur unter Ausschluß eigenmächtiger Tötung – schroff betont. Aber der alte Patriarchalismus wird stark durchbrochen: In der Zeit des Gesetzes gehörte die mit dem Brautpreis (mohar) erworbene Frau – im Gegensatz zu der nicht bezahlten, daher (wie in allen alten Rechten) bei ihrer Sippe verbliebenen – einfach zum erkauften Mobiliarbesitztum des Mannes, die Tochter zu den Handelsobjekten des Vaters. Nur die Ehefrau war, als Israelitin, gegen die Behandlung als Verkehrsobjekt wie eine Kaufsklavin, und der Sohn gegen *dauernde* Versklavung durch Verkauf geschützt. Dagegen nahmen Bastarde und selbst „Hurenkinder", *wenn* der Vater sie anerkannte, am Erbe teil und konnte der Vater sein Gut willkürlich unter die Kinder verteilen. Dies hat sich jetzt vielfach geändert. Zwar die Bestellung einer Mitgift als *Regel* ist (wie der *babylonische* Name für dos zeigt) erst nachexilisch, ebenso die Ausbildung fester Grundsätze für die Wittumsehe (Ketuba = Verschreibung seitens des Mannes). Und die Ausschließung der Töchter vom Erbe und ihre Beschränkung auf Ausstattungsansprüche hat ebenfalls noch lange – hier ebenso wie anderwärts solange wie die Wehrhaftigkeit des Volks – gedauert. Aber immerhin: die patriarchale Willkür des Vaters ist geschwunden. Er muß dem Erstgeborenen sein (doppeltes) Erbteil lassen. Er kann keinen „Mamser" (Bastard oder Sohn aus unerlaubter Mischehe) zum Erben machen. Die im ganzen Orient ursprüngliche Vererbung des väterlichen Harems auf den Sohn wird verboten, die Form der – materiell nach wie vor für den Mann willkürlichen – Scheidung geregelt. Die Fortschritte der Stellung der *Frau*, welche in diesen (und manchen anderen) Bestimmungen sich anbahnen, sind zweifellos hier wie überall durch die Macht der Frauensippe, welche die Tochter nicht mehr als bloßes Handelsobjekt behandelt, sondern sie als Witwe und ihre Kinder als Erben gegen die Willkür des Mannes gesichert sehen will, herbeigeführt. Sie hängen mit den Anschauungen der *stadt*sässigen (vgl. die Beschränkung der Strafbarkeit des Verlöbnisbruches auf städtisches Gebiet Deut.

22, 23) „Geschlechter": ihrem steigenden Drängen auf Blutsreinheit, die Sicherung der Stellung der *Kinder* daneben auch mit militärischen Interessen zusammen. Die Polygamie blieb natürlich – wenn auch quantitativ begrenzt – bestehen, und der das physische Blutsband als solches nicht achtende Standpunkt aller ältesten Rechte dauert in der Zurechnung der Kinder der Mitgiftsklavin zu deren Herrin in den Patriarchenerzählungen fort. Aber – wie die Ismael-Legende zeigt – verlangt die Stimmung der maßgebenden Kreise Ausschluß des „Sohnes der Magd" aus dem Erbe in Israel. Dem Interesse an dem Fortbestande des im Heereskataster stehenden ökonomisch wehrfähigen Geschlechtes dient hier wie anderwärts das Erbtochterrecht und daneben die Leviratsehe: das Recht und die Pflicht des nächsten Geschlechtsgenossen, dem kinderlos Verstorbenen „Samen" aus dessen Witwe zu „erwecken". –

Der Grundbesitz ist naturgemäß durch Retraktrechte (später: Vorkaufsrechte) der Agnaten gebunden, im übrigen ist er in historischer Zeit veräußerlich und verpfändbar; es entspricht dem allgemeinen Entwicklungsschema und dem militärischen Charakter des Volkes, daß die Veräußerung des ererbten Gutes als schimpflich oder sündlich galt (vgl. die Geschichte von Ahab und Naboth 1. Kön. 21). Die Auslösungs*pflicht* des Agnaten für Stammgüter ist wohl nachexilisch entstanden. – Die stärkere Städteentwicklung in der Königszeit hat jedenfalls eine gewisse Entwicklung des Handwerks gefördert: Exod. 31, 1f. wird als mit der Besorgung der feineren Tempelschmuckarbeiten eine ad hoc berufene Künstlerfamilie, offenbar erblich, betraut gedacht, und zum salomonischen Tempelbau beruft der König phönikische Bauhandwerker; – bei der Zerstörung Jerusalems gelten dagegen die militärisch wichtigen Schmiede und Zimmerleute als „Kriegsmänner", d.h. als leiturgiepflichtig (wie die „fabri" in Rom) und werden mit fortgeführt. Die sonst sich findenden Handwerker (Bäcker in den Städten, Walker, Töpfer) sind an Zahl offenbar recht gering; erst nach dem Exil entwickelt sich das Gewerbe kräftiger. Ziemlich stark ist vermutlich die Entwicklung großen Grundbesitzes infolge der auch hier unvermeidlich immer wiederkehrenden Verschuldung der Bauern gegenüber den stadtsässigen Geschlechtern in der Königszeit gewesen, gegen welche die Propheten (Jes. 5, 8; Micha 2, 1f.) in der bekannten Weise eifern. Der Grundsatz des talmudischen Rechts, daß Land und kanaanäische Sklaven *primäres* Objekt der Haftung für Chartalschulden sind (umgekehrt lasten später jüdische *Handels*schulden bekanntlich nur auf dem *Mobiliar*vermögen) ist wohl ein Nachklang aus Verhältnissen, wo (wie in Althellas) das Einlösungspfand als Verschuldungsform herrschte: Da nun die Schuldversklavung durch die Sabbatjahrbefristung für den Gläubiger entwertet war, wurde die Exequierbarkeit, vermutlich zunächst *ex contracte*, primär gegen den *Boden* gerichtet, und daraus mag sich die talmudische Legalhypothek entwickelt haben (s. u.).

Wie der Großbesitz bewirtschaftet wurde, ist nicht exakt feststellbar. *Vielleicht* war der „kanaanäische Sklave“ des Talmud ein Helot oder Klient, der an die Scholle gebunden war. Die alte Tradition kennt ebenso wie die Gesetzgebungen gedungene Lohnarbeiter neben Sklaven. Bei letzteren wird die typische historische Stufenfolge der unfreien Arbeitskräfte: 1. Verkaufte oder vermietete Kinder, 2. Schuldknechte, 3. Kriegsgefangene und Kaufsklaven, 4. Kleinpächter (die Stufe der Kleinpacht ist aber wohl erst in hellenistischer Zeit erreicht worden) auch hier die Tendenz gehabt haben, sich zu realisieren. Doch kann der eigene Bedarf und deshalb auch die Zahl der Sklaven nie sehr groß gewesen sein: wir hören, daß die Phönikier den Heeren folgen, um die Gefangenen, für den Export natürlich, zu kaufen. Auch blieb die Sklaverei nicht nur gesetzlich, sondern wohl auch faktisch, stets die milde orientalische Erbsklaverei. Die größere Treue der Sklavenkinder gegenüber den Kaufsklaven gilt als Erfahrungssatz; die Sklaven haben oft, wohl der Regel nach, Familie; die Gesetzgebungen sehen den Fall vor, daß Sklaven die ihnen angebotene Freilassung im Sabbatjahr ausdrücklich ablehnen, was, nebenbei, die Wahrscheinlichkeit einer geringen Nachfrage nach freien Tagelöhnern und auch eine wenig günstige Lage dieser ergibt. Für eine „Agrargeschichte“ der vorexilischen Zeit ist kein Material vorhanden, da Besitz- und Betriebsverhältnisse uns unbekannt sind. Die Propheten, in erster Linie religiös, in zweiter an der *auswärtigen* Politik, als der Tatenbühne ihres Universalgottes, und nur von diesen Gesichtspunkten aus gelegentlich auch „sozialpolitisch“ interessiert, geben das typische Bild der antiken Polisentwicklung unter dem Einfluß der Geldwirtschaft, gegen deren differenzierenden Einfluß die Ohnmacht der Gesetzesbestimmungen (über Sabbatjahr, Zinsverbot usw.) genugsam bezeugt ist. Die „Reformpläne“ Hesekiels sind ein reines Idealbild aus der Exilszeit. Die Wegführung der Träger der Wehrkraft, d. h. der stadtsässigen Geschlechter, ließ nur Bauern und Weingärtner zurück und die sog. „Wiederherstellung“ unter Esra und Nehemia war eine Neukonstituierung eines theokratischen Stadtstaates auf der Basis eines Synoikismos (s. u. beim „Hellenismus“).

4. Hellas

a) Vorklassische Zeit

Der Ackerbau der Hellenen, soweit er sich nicht zu Spezialkulturen entwickelt hatte, war Anbau von Spelz, Gerste, Weizen in Feldgraswirtschaft (daher die geradzahligen Pachtperioden) von verschiedener Intensität. Dreifelderwirtschaft scheint gelegentlich vorzukommen. Fruchtwechsel fehlt. Nur die Einsaat von Hülsenfrüchten in die Brache kommt vor. Die Düngung ist Homer bekannt

(Gründüngung gehört erst der Spätzeit an), im übrigen aber ist die Technik des Ackerbaues in ziemlich primitivem Stadium stabilisiert worden und dann nicht fortentwickelt. Ein (lange Zeit ganz hölzerner) Hakenpflug, Ochsen als Spannvieh, Einstreuen der Saat in die Furche, Behacken und Jäten des Getreidefeldes, die Sichel und allenfalls die Dreschtafel als Ernteinstrumente, bedingten eine starke Arbeitsintensität und machten es, da jungfräulicher Boden nicht mehr zur Verfügung stand, dem *Getreidebau*, selbst bei den hohen Getreidepreisen der späteren Zeit, schwer, das Schwergewicht von der naturalwirtschaftlichen auf die Marktproduktion zu verschieben. Die Viehhaltung beginnt, wie es scheint, erst in der Zeit der bauernfreundlichen (s. u.) Tyrannis durch die Feldbestellung in stärkerem Maße eingeschränkt zu werden. Wir finden im Zeitalter der Epen eine Ernährung, bei der Käse, Milch und – wohlgemerkt: beim *Adel* – Fleisch stark im Vordergrund stehen; Wolle und Felle als volkstümliches Bekleidungsmaterial; als Hauptbestandteil königlicher und adeliger Reichtümer – neben dem Edelmetall und den daraus und aus Bronze gefertigten Gerätschaften, – den Herdenbesitz: Ziegen, Schafe, Schweine, Rinder (zu Arbeitszwecken, da Milch und Käse wesentlich von Schafen und Ziegen geliefert wird), während das Pferd nur zu militärischen, daneben zu Personentransport- und Sportzwecken in großen Ebenen – Euböa und Thessalien – massenhaft gehalten wird; Hirten als die vornehmsten Diener des Königs. Erheblich ist vielfach, schon in früher Zeit, die Bedeutung der *Bewässerung* auch hier. Aber: sie erfordert keine Bureaukratie, und überhaupt sind natürlich die ewigen Stänkereien, die z. B. zwischen Tegea und Mantinea wegen gegenseitiger Verstopfung der Kataopthren hin- und hergehen, mit den Katastrophen, welche Störungen am Nil und Euphrat hervorbrachten, in keiner Weise vergleichbar.

Als die Normalform der Hausgemeinschaft besteht in historischer Zeit überall die patriarchale *Kleinfamilie* mit einer der semitischen wesentlich gleichartigen Behandlung der Frau und Kinder (Frauenkauf, Ausstattung, Verstoßungsrecht des Mannes, ursprünglich freie, später durch die Rechte der Legitimität und den in den „Geschlechtern" – s. u. – lebendig gewordenen Gedanken des Blutbandes eingeschränkte Verfügung des Vaters über die Kinder durch Aussetzung, Tötung und Verwendung zu Erwerbszwecken durch Verkauf und Vermietung; in der Entstehungszeit des Rechts von Gortyn erscheint alles schon wesentlich modernisiert). Adel und Könige – beides ist ursprünglich fast identisch (s. u.) – leben dagegen, wie überall in großen *Hausgemein*schaften auf der Grundlage des agnatischen Geschlechtes (γένος) im Interesse erblicher Zusammenhaltung des Besitzes. Die homerischen Epen kennen demgemäß *Erbteilung* neben Erben*gemeinschaft* (den ὁμοσίπυοι des Charondas, den ὁμογάλακτες der attischen Rechtssprache: – die Schilderung des Hauses des Priamos ist ja bekannt). Die rechtliche Struktur der großen patrizischen Hausgemeinschaften bildet in den Städten später in geschichtlicher Entwicklung sich ähnlich um, wie z. B. diejenige der großen Hausgemeinschaften in den italienischen Städten des Mittelalters: der ursprünglich volle Familienkommunismus macht mit Eindringen der Geldwirtschaft einer Auffassung des Verhältnisses als Erwerbsassoziation Platz; gesonderte Berechnung der Mitgiften und Adventizgüter aus dem Sondererwerb des Einzelnen, Eigentum der Frauen an den Illaten – wie im Orient (und im Gegensatz zu Rom) – setzt sich allmählich durch (so z. B. im Recht von Gortyn). Wie im italienisch-sizilianischen Recht des Mittelalters wird hie und da fraglich, ob nicht der Sohn schon bei Lebzeiten des Vaters seinen Anteil fordern könne (das Recht von Gortyn schließt nur den *Zwang* gegen den Vater zur Abschichtung ausdrücklich aus). Das Vermögen erscheint eben zunehmend als Produkt der *Erwerbstätigkeit* der Familienglieder, und damit zersetzt sich die Grundlage des alten Hauspatriarchalismus.

Garanten der Sicherheit des Einzelnen durch Blutrachepflicht und deshalb auch Subsidiär-Erben bei Aussterben der Hausgemeinschaft sind im späteren Recht die „ἀγχίστεις", ein verschieden umgrenzter Kreis näherer Verwandten (meist bis zu den Geschwisterkindern), der sich wohl schon bei Homer findet. Dies dürfte alten Zuständen entstammen und entspricht durchaus den Analogien aus der *Praxis* des Blutrechts anderer Völker (die ihrerseits mit deren „Theorie" durchaus nicht immer stimmt). Der Mangel einer zahlreichen und ökonomisch kräftigen „Sippe" dieser Art bedingt die Notwendigkeit für alle *Grundbesitzlosen*, sich in die Klientel eines Adligen zu begeben. Anteil am Boden und an der Gemeinfreiheit sind zunächst identisch; erst Knappheit des Bodens und Besitzdifferenzierung schafft die adlige Klientel. – Daß die *„Phratrien"* – später lokale Unterabteilungen der Phylen mit administrativen und Kultfunktionen –, *ursprünglich* ebenfalls rechtsgarantierende (Blutrache-)Funktion besaßen, scheint (nach den Residuen in historischer Zeit) sicher. Ob sie aber wirklich die „älteste" – d. h. eine in der *rein* bäuerlichen Periode des Hellenentums *allgemein* herrschende – soziale Gemeinschaft darstellen, muß, so scheinbare Gründe auch dafür vorgebracht werden, doch nach wie vor unsicher erscheinen. Die Analogien von in *historischer* Zeit nicht städtisch organisierten Gebieten dürfen nur vorsichtig verwendet werden. (Man erinnere sich, *welche* radikalen Gegensätze schon innerhalb des für uns „ältesten" Germanentums zwischen den Völkern auf dem Kriegspfade – Ariovists Sueven z. B. – und anderen bestanden.) Immerhin sind die „Phratrien" zweifellos sehr alt. Nur darf man nicht etwa annehmen, ihre in historischer Zeit erwähnten gelegentlichen gemeinsamen Gelage seien „Reste" ursprünglich *voller* Wirtschaftsgemeinschaft einer Nomadenhorde. Im Gegenteil könnten gerade sie (wie bei den germanischen „Schutzgilden") eher ein Symptom für die *künstliche* Bildung des Verbandes sein; die Gemeinsamkeit der *Nah-*

rung („Hausgemeinschaft", im ökonomischen Sinn), nicht das „Blut", ist die älteste Quelle gegenseitiger Pflichten (deutlich z. B. auch bei den Arabern erkennbar); sie mußte daher *gerade* von (ursprünglich) *gewillkürten* Verbänden wenigstens *symbolisch* geübt werden. Sie gehören einer Entwicklungsstufe an, wo sich die Grundbesitzer als *Krieger*gemeinschaft organisiert haben, ihr Boden als „mit dem Speer erworben" gilt; dem entspricht auch ihre spätere Funktion: über die „Wehrhaftmachung" (germanisch geredet) der Kinder und damit ihre *Erbfähigkeit* zu wachen. Über die Wandlungen, welche ihre Gliederung durchgemacht hat, insbesondere bezüglich ihres Verhältnisses zu den adligen Sippen und, was weit wichtiger wäre, zur alten „κώμη", lehren weder das attische Gesetz, welches ihnen Aufnahme der *adligen und* der *nichtadligen* Verbände auferlegte, *noch* die Demotionidenakten (4. Jahrh.) noch endlich die von Kastriotis edierte und von Körte interpretierte Phratrienliste (4. Jahrh.) etwas Genügendes, da damals die Phratrien längst künstlich von oben her reglementierte Verbände waren. (Entscheidend wäre Feststellung der *älteren* Beziehungen zu κώμη und δῆμος. Auch die Phratrien dürften *Differenzierungs*produkt sein aus einer Zeit starker politischer Verschiebungen, wo der zur Verfügung stehende Boden steten militärischen Schutzes bedurfte, so daß physische und ökonomische Wehrhaftigkeit von allein ausschlaggebender Bedeutung wurden: vielleicht entstammen sie speziell der Praxis gemeinfreier Bauern auf *erobertem* oder *bedrohtem* Landgebiet, der Zeit der sog. „dorischen Wanderung".

Allen Poleis gemeinsam ist die Phyleneinteilung – später eine rein administrativ-militärische Gliederung des Staates, wobei die Phylen oft als Phratrienverbände erscheinen. Sie gehört einer noch jüngeren, eben der *Polis*stufe an, und ist normalerweise Begleiterscheinung des „Synoikismos". Sie dient ursprünglich wesentlich dem administrativ-militärischen Zweck: eine Schichtenablösung und Umlegung der *Lasten* des, nunmehr als „Staat" zusammengeschlossenen, Kriegerstandes zu ermöglichen, ist also durchaus sekundär. Szanto's *Formulierung*, daß die drei dorischen Phylen auf dem örtlichen Zusammenhang der *Grundstücke* beruhten, könnte einen *agrar*politischen (Bodenteilungs-)*Zweck* verstehen lassen, der sich nicht nachweisen läßt. Es kommt natürlich vor, daß ein Heer von Eroberern, welches sich beim Auszug nach Phylen gegliedert hatte, nun auch erobertes Land nach Phylen verteilt und diesen die Weiterrepartition überläßt (so wohl: Rhodos); ebenso kommt vor, daß bei einem Synoikismos mehrerer annähernd gleich großer Gaue zu einer „Polis" die nunmehr gebildeten Phylen einfach jener Ortsherkunft entsprechend abgeteilt werden. Aber keines von beiden *muß* der Fall sein. Die *dorischen* Polisbildungen sind *so* spezifische Militärstaaten, daß sie überall die *gleichen* drei Phylen durchgeführt haben. Anderwärts herrscht bunte Mannigfaltigkeit. *Immer* aber bedeutet Phyleneinteilung im technischen Sinne des Wortes: daß eine Völkerschaft sich als eine im chronischen Kriegszustand (s. u.) befindliche *Polis* konstituiert hat. (Der Name φυλή mag vielfach älter sein, aber der *technische* Name für die „Stämme" *nicht* städtisch gegliederter Gemeinschaften war, wie die Terminologie der Amphiktyonen in Delphoi zeigt): „ἔθνος".

Von dem politischen und Sozialleben der „freien" Gemeinde in der Frühzeit wissen wir Näheres nicht. Nach den Analogien anderer Völker darf angenommen werden, daß die Stellung des „Herrschers" (ἄναξ) in einer durch Viehbesitz ausgezeichneten Familie, welche durch Erfolge im Kampf und durch gerechte Urteile in Streitfällen sich als den Göttern nahestehend legitimiert hat, erblich wird. Größerer Beuteanteil, Gelegenheitsgeschenke, Geschenke der Parteien bei Schiedssprüchen bilden die Einkünfte des Fürsten. Da die *Tradition* alleinige Quelle der „Rechts"-Erkenntnis ist, ist für ihn der Beistand eines Rats von „Ältesten" unentbehrlich, der naturgemäß ebenfalls bald von besitzenden und im Kampf hervorgetretenen Geschlechtern gestellt wird. Seine eigene Autorität wechselt je nach Bedarf, und dieser richtet sich vor allem nach dem Maß äußerer kriegerischer Bedrohung. – Diese den Göttern nahestehenden, daher vor allem für die Kulthandlungen unentbehrlichen, lokalen Fürsten- und Ratsgeschlechter sind auch hier der Kern der *Adels*bildung. In *ihren* Kreisen entsteht, hier wie überall, die Idee von der Bedeutung des Blutsbandes als solchen, von einer durch das *Blut* der Ahnen übertragenen Qualifikation: – das durch dieses Blut verbundene *Geschlecht* (γένος) ist die erweiterte Sippe des adeligen Mannes, die *ökonomisch* sich, wie schon erwähnt, in dem *Zusammenhalt des Besitzes im* οἶκος (ein Ausdruck, der oft mit γένος synonym gebraucht wird) äußert: – beides Institutionen, die ihn vom gemeinen Mann *scheiden.* (Die Meinung, daß von Anfang an *alle* Volksgenossen den Geschlechtern – als Aktiv- und Passivmitglieder – zugezählt worden seien, ist heute wohl überwiegend als Übertragung späterer, zu Verwaltungszwecken künstlich geschaffener, Zustände anerkannt.) Ob die Geschlechter schon ursprünglich bestimmte Beziehungen zu den Phratrien hatten, wenn ja, ob sie dann innerhalb derselben mit oder ohne Kampf mit anderen, nicht ritterlichen, Phratriengenossen bestimmte Vorrechte, und welche, errungen haben, darüber scheint eine *generelle* Ansicht heute noch nicht erreicht, vielleicht nicht erreichbar, – und jedenfalls darf darüber nur der archäologisch geschulte Fachmann sich ein Urteil erlauben.

Die Siedelung ist ursprünglich eine *dorfweise*; die Orte sind unbefestigt; Mauerringe auf den Höhen bieten eventuell Schutz für Menschen und Vieh. Die Auffassung des Bodenbesitzes als Unterlage und Zubehör des, auf Zugehörigkeit zur Kriegergemeinschaft beruhenden, Genossenrechts äußert sich in der späteren Zeit, außer in der Mitwirkung der Phratrie bei der Anerkennung als suus heres (s. o.), noch in der Gestaltung der Eigentumsklage des klassischen Rechts. So wenig wie der frührömische Eigentumsprozeß kennt das klassische griechische

Recht die einseitige petitorische Klage auf Grundeigentum und Erbschaften. Über diese ebenso wie über die publizistischen Rechte und Pflichten des Einzelnen – soweit diese möglicher Gegenstand eines Prozesses waren (Leiturgien, Namenrechte, Zugehörigkeit zur Phratrie) – wurde vielmehr im Wege des auf Kontravindikation beruhenden Diadikasien-Prozesses präjudiziell nach *relativ* besserem Recht entschieden (und aus ganz dem gleichen Grunde bei allen). Die einseitige Exmissionsklage (δίκη ἐξούλης, dem römischen Interdikt juristisch ungleichartig, aber in der Funktion nahe verwandt) steht nur bestimmten zur *Eigenmacht* befugten Berechtigten zu, deren Recht durch Urteil, staatliche Assignation, anerkannte Suität (s. o.) und Pfandbesitzerqualität (vgl. das römische precarium) evident und liquide gestellt war, und ist ebenfalls keine absolute, sondern eine Klage aus relativ besserem Rechte. (Meines Erachtens sehr zutreffend findet G. Leist den Grund des Fehlens der absoluten Eigentumsklage im griechischen Recht in dem Fehlen der römischen Usucapion.)

So wenig wie die alte römische darf man sich die ursprüngliche griechische *Flurverfassung* der germanischen Hufenverfassung ähnlich denken. Ob bei der Feld*bestellung* je flurgemeinschaftliche Elemente mitspielten, ist uns durchaus unbekannt. Die *Appropriation* des Bodens kann allerdings ursprünglich keine unbedingt definitive gewesen sein. Denn daß die politische Gemeinde der homerischen Zeiten über die jeweilige Ackerzuweisung an die Einzelnen ziemlich autokratisch verfügte, lehren manche Nachrichten, – so allein schon die mehrfach erwähnte Ausscheidung von „Königsland" (τέμενος) aus der Feldflur bei Erhebung eines Geschlechts zur Königswürde. Die attischen Dorfgemeinden (δῆμοι) haben noch im 4. Jahrhundert sehr bedeutende, damals durch Pachtung genutzte Ländereien inne, die sie sicherlich von jeher besessen haben. Im 4. Jahrhundert wurden sie – ursprünglich jedenfalls Allmendweiden – vielfach als Felder und Gärten angebaut. Dagegen die für Feldgemeinschaften mit Flurzwang nach Art der deutschen Dörfer angeführten angeblichen Zeugnisse (Ridgeway) sind in keiner Weise beweiskräftig. Die Wahrscheinlichkeit ist, nach orientalischen Analogien, nach der Art des Pflügens bei den Südeuropäern überhaupt, und bei dem – soviel bekannt – fast völligen Fehlen der Servituten entschieden dagegen. Der Ausdruck κλῆρος mag auf „Verlosung" der Feldanteile bei *Neu*siedelungen zurückgehen, – eine *periodische* Neuumteilung erweist er keinesfalls. Bei Homer tritt er in der Doppelbedeutung: 1. Land, welches der Fürst seinen Hausgenossen zuweist (Eumaios) und 2. Landanteil des Kriegers als solchen, auf. – Die Bedeutung der ewigen *Weide* tritt bei Homer hervor. Da eigener Flachsanbau erst für Thukydides' Zeit, Hanf erst zu Plinius' Zeit in Kleinasien sicher bezeugt ist, war die Schafhaltung für den Bekleidungsbedarf unentbehrlich – daher die Berichte von Verboten des Schlachtens von Schafen vor der ersten Schur und vor dem ersten Wurf –, und es müssen schon deshalb große Weideflächen auch für die historische Zeit vorausgesetzt werden, wie denn die inschriftlich bezeugten Gemeindeweiden von sehr beträchtlichem Umfang sind. Ebenso ist die Bewaldung trotz der Entwicklung des Berg- und Schiffbaues noch zu Theophrasts Zeit (Ende des 4. Jahrh.) sehr erheblich gewesen. –

Die erste große Bewegung der sozialen Verhältnisse in Hellas in der Richtung der Polisbildung wurde, allem Anschein nach, durch das Eindringen orientalischer Kulturelemente von der See her und die Verflechtung der Küstenlandschaften in den überseeischen Verkehr herbeigeführt. Da, wie überall, so auch in den hellenischen Staaten, die Rechtsstellung des Einzelnen sich nach seiner Teilnahme am Heere richtete, mußte eine scharfe Differenzierung innerhalb der Bevölkerung entstehen, veranlaßt: 1. durch das Eindringen der das ganze antike Verkehrsgebiet von den Indern bis zu den Galliern erobernden *Wagen*kampf-Technik mit mehr oder minder starker Panzerung, welche den *besitzenden* und athletisch *geschulten* Krieger fordert, – 2. durch die Monopolisierung des Tauschverkehrs seitens der nunmehr zur Herrschaft gelangenden Burgkönige der *Küste*. Die Burgbauten von Mykene und Tiryns u. a. sind die Sitze wagenkämpfender „Könige" mit ihren an Zahlen oft bedeutenden, nach den Raumverhältnissen aber zuweilen auch nur nach einigen Dutzenden zählenden, „Gefährten", die an ihrer Tafel speisen, eventuell von ihnen mit Land, Sklaven, Vieh ausgestattet wurden, – wie wir dies ganz gleichmäßig bei dem militärischen Hofadel der Assyrer und Perser, den ἑταιϱοι der Makedonenkönige, den soldurii der Gallier und den „Degen" und Antrustionen der Germanenkönige wiederfinden. Die Burg ist umgeben von Ansiedelungen von Handwerkern und Krämern. Obwohl die homerischen Epen die bäuerliche Landbevölkerung nur als eine Schicht von ϑῆτες und οἰϰῆες kennen, darf doch keineswegs für ganz Hellas eine allgemeine grundherrliche Knechtung vorausgesetzt werden. Vielmehr ist die Bauernschaft zunächst lediglich durch die militärische Übermacht der Burgenbesitzer und ihrer Gefolgschaften um den *politischen* Einfluß gebracht und von der Teilnahme an der höfischen Kultur ausgeschlossen. Das „Volk" muß allerdings – wie die Odyssee (Phäaken) zeigt – „Umlagen" der Herrn erdulden und ist auch dann, wenn es mit zum Kriege aufgeboten wird und formell das Akklamationsrecht zu den Beschlüssen der Herren besitzt, bei jeder eigenen Meinungsäußerung (Thersites) höhnischer Willkür ausgesetzt. Es ist militärisch kaum mehr als ein Troß, und infolge dieser seiner Ohnmacht oft faktisch, zuweilen vielleicht rechtlich, an der eigenen Vertretung seiner Rechte gehindert und dann zur Eingehung von Klientelverhältnissen gezwungen. Normalerweise auf die Besitz- und deshalb Wehr*losen* beschränkt, konnten sie auch für einen verarmten Gemeinfreien, wenn nicht rechtlich notwendig, doch immer rätlich werden. Aber oft muß der Druck noch wesentlich schwerer gewesen sein. Die immerhin erstaunliche Mächtigkeit der

Burgenbauten jedenfalls kann nur durch gewaltige Anspannung der Fronarbeit einer von den Burgen aus militärisch völlig beherrschten ländlichen Bevölkerung erklärt werden. – Ökonomisch ruhte diese Übermacht ursprünglich sicherlich auch hier auf der Teilnahme der Herrscher als solcher am überseeischen Verkehr: Die Bildung burgensässiger Fronherrscher schritt offenbar von der Küste aus ins Binnenland hinein fort. Der Verkehr war zunächst wohl ein monopolisierter Passivhandel mit den die Küste besuchenden Orientalen, wurde allmählich aber zum Eigenhandel und führte im Verfolg desselben zu überseeischen Kriegsfahrten und schließlich dauernden Okkupationen nach Art der Normannen, und zu kolonialer Expansion. Der Export „mykenischer" Schmiede- und Töpferarbeiten z. B. lag wohl zweifellos, wie anfänglich auch im Orient, in der Hand des Königs selbst, dessen um die Burg herum angesiedelte Fröner die Waren für ihn herstellten, – wie denn später eine oft zitierte kyrenäische Vase den dortigen König beim Abwägen von Silphion wohl nicht in der Funktion als *Kontrolleur* des Handels, sondern als *Eigenhändler* zeigt.[1] Dieser Tauschverkehr füllt die Schatzkammern und Gräber der dünnen Herrscherschicht mit Gold, bringt ihnen das linnene orientalische Gewand, den Chiton, und differenziert ihre Genossen in ihren Bedürfnissen und ihrer Lebenshaltung gegenüber der waffenungeübten Masse des platten Landes. Die „staatlichen" Verhältnisse sind dementsprechend. Es finden sich – im „mykenischen Reich" – ziemlich umfassende Staatenbildungen, allerdings wohl stets nur in der Form einer Anhäufung feudaler Burgenherrschaften in der Hand eines Oberkönigs: Agamemnon bietet Achilleus die Belehnung mit der Herrschaft über eine Anzahl von „Städten" an unter Hinweis auf den günstigen Viehstand ihrer Umwohner (als der wichtigsten Tributquelle). In Klientel genommene Besitzlose und Landfremde bilden den „feudalen", schuldversklavte Gemeinfreie den „kapitalistischen" Bestandteil der vom Burgadel *persönlich* abhängigen Menschenkategorien, wozu als Kriegsbeute und, zunehmend, durch Kauf erworbene Sklaven treten. Die Klienten werden in älterer Zeit und dauernd bei dem burgsässigen Landadel, die Schuld- und Kaufsklaven in späterer Zeit und an den Küstenplätzen überwogen haben.[2]

Die *Kolonisation* dieser Frühzeit hat gleichfalls einen durch die Verbindung des Feudalismus mit dem Handel gegebenen Charakter: sie ist „Ackerbaukolonisation" nur insofern, als eben eine beherrschte Bauernschaft als Unterlage der zu gründenden πόλις offenbar notwendig ist, – die „Geschlechter" aber, welche diese in der Hand haben, wollen ebenso wie die Fürsten des Mutterlandes auch am Verkehr gewinnen. Dagegen ist es nicht sehr wahrscheinlich, daß die Koloni-

[1] Auch in der Spätzeit ist dies Produkt dort *monopolisiert.*

[2] Klar geschieden ist selbst der Kaufsklave vom „Klienten" in Hellas *nicht:* Eumaios ist von Odysseus gekauft, erhofft von ihm Zuweisung eines κλῆρος („precarium") und hat seinerseits selbst einen Diener.

sation der kleinasiatischen Küste als ganz „allmähliche" Faktoreikolonisation (wie die phönikische) sich vollzogen habe, wie E. Meyer s. Z. annahm. Von Grundzinsleistung (wie bei Karthago) an die Eingeborenen ist nichts bekannt, umgekehrt herrscht der erobernde Adel zum Teil offenbar sogar von Einzelburgen aus, wie im Mutterlande. Am ehesten könnte man noch mancher der *(späteren)* korinthischen Kolonien, speziell Epidamnos (gegr. 627), wo die Oligarchie den Handel mit dem Binnenland durch einen πωλήτης auf *gemeinsame Rechnung* betrieb, diesen „Faktorei"-Charakter beimessen, der schwerlich generell zutrifft.

Allerdings aber hängt die Kolonisation zweifellos zusammen mit dem Übergange von *Passiv*handel zum *Aktiv*handel, zum eigenen Schiffsbesitz, zur Aufsuchung der fremden Märkte durch hellenische Seefahrer, und gehört damit in den großen Umgestaltungsprozeß, der die Eigenart der hellenischen Kultur begründete. Die entscheidende Wendung der hellenischen Sozialgeschichte ist die Entwicklung des kriegerischen Städte*partikularismus* und damit des charakteristischen Typus der „Polis", im Gegensatz zu dem Verlauf im Orient, wo das Königtum auf der Basis der Stadtherrschaft die bureaukratische Territorial- und schließlich „Welt"-Monarchie entwickelte. Entscheidend für die abweichende orientalische Entwicklung waren (s. oben) zweifellos namentlich die Bewässerungsbedürfnisse, der enge Zusammenhang der ganzen städtischen Existenz mit den Kanalbauten, den Flußregulierungen und der kontinuierlichen Wasserkontrolle, welche die Existenz einer einheitlich geleiteten Bureaukratie forderten. Außerdem aber die aus der Unverrückbarkeit der einmal geschaffenen Existenzbedingungen und der strengen Bindung des Einzelnen an die Gemeinwirtschaft sich ergebende Herrschaft der religiösen Tradition über das Leben und die politische Macht der Priesterherrschaft. Endlich die stets wiederkehrende Knechtung der Flußkulturländer durch bald arabische, bald iranische Fremdherrscher, welche zur dauernden Entwaffnung und Entnationalisierung führten. So wuchs hier aus den Tisch- und Waffengenossen des Stadtkönigs die rein königliche, bureaukratisch equipierte, verproviantierte und deshalb auch geleitete Armee, aus der immer universeller werdenden Königs*klientel* die königliche *Bureaukratie* heraus, und weiter aus dem Kampfe dieser bureaukratischen Schöpfungen die erste „Weltmacht": die Assyrerherrschaft. Umgekehrt schrumpfen in Hellas die Gefolgschaften der Burgkönige: – erst in den Tischgenossen der erobernden Makedonenherrscher leben sie als politischer Faktor wieder auf. Damit sinkt die ganze Position der Herrscher, und es beginnt eine Entwicklung, welche in ihrem Endergebnis, im Beginn der „klassischen" Zeit, die Wehrpflicht und mit ihr die politische Macht in die Hände der selbständigen, sich selbst equipierenden *Ackerbürger* gleiten und damit zugleich jene rein weltliche Kultur erstehen läßt, die das Hellenentum charakterisiert und die auch der *kapitalistischen* Entwicklung ihr vom Orient verschiedenes Gepräge verleiht. Die Anfänge dieser Wandlungen und meist auch ihr Verlauf sind in Dunkel gehüllt, auch sind ihr Hergang und Resultat in den einzelnen Partikularstaaten äußerst verschiedene. Wenn man die homerischen Könige des rossefrohen Lakedaimon mit ihren Schatzkammern, die für diebische Gastfreunde ebenso verführerisch sind wie ihre Weiber, mit dem spartiatischen Hoplitenstaat und seinem völligen Fehlen jeder Reiterei vergleicht, dem der Besitz von Edelmetall als das spezifisch Verwerfliche gilt: das Fehlen der befestigten Stadtburg, den jährlichen Schwur der vom Heer gewählten Ephoren, das Königtum nicht anzutasten, *wenn* die Könige ihrerseits schwören, nicht in die überkommenen Institutionen des Heeres einzugreifen –, dann kann man nicht daran zweifeln, 1. daß es sich hier um einen Zustand handelt, der irgendwann durch Kompromiß der Könige mit dem Heer absichtsvoll geschaffen wurde, und 2. daß diese Umwandlung zusammenhing teils mit dem Aufstieg des *disziplinierten* (statt des Einzel-) Kampfes mit *(eisernen!)* Nahwaffen (statt, bronzener Wurfspeere und Pfeile), zum andern Teil mit dem Sinken der politischen Bedeutung des königlichen „Hortes". Im Orient bleibt bei allen Herrschern, auch in der Perserzeit, die Fürsorge für den „Hort" und sein Schicksal ganz ebenso im Vordergrund wie etwa bei den Nibelungenkönigen. An dem thesaurierten Edelmetall, welches der Belohnung der Dienste der Gefolgschaft und der Anwerbung von Söldnern im Notfall dient, ist *immer* ein erheblicher *Teil* ihrer Machtstellung verankert. Die „Horte" der hellenischen Burgenkönige nun waren Produkte der Beziehungen zu den orientalischen Großstaaten. Es wird wohl mit Recht angenommen, daß der Zerfall dieser Großstaaten gegen das Ende des zweiten Jahrtausends die Ursache des Sinkens auch der mykenischen Kultur gewesen sei, obwohl freilich vielleicht die abweichenden geographischen Bedingungen ohnehin den Sieg des Partikularismus in Hellas auf die Dauer stark genug begünstigt hätten. Jedenfalls ist das *absolute* Sinken der ökonomischen Machtstellung des Königtums in dem Schwinden des orientalischen Prunkes deutlich sichtbar. Damit allein schon war die Möglichkeit einer Entwicklung der Klientel des Königs zu einer königlichen „Bureaukratie" unterbunden und die Ansätze der Großstaatentwicklung gebrochen. Noch erheblicher mußte aber *relativ* dies Sinken der alten Königsgeschlechter ins Gewicht fallen, da sich zweifellos inzwischen soziale Schichten entwickelt hatten, welche in ihrer ökonomischen Lage dem Königtum Konkurrenz machten. Das Reisläufertum, welches namentlich für das pharaonische Heer sich aus dem ganzen Mittelmeer bis Sardinien rekrutierte, hat *vielleicht* zuerst in Hellas eine bemittelte und kriegerisch trainierte Schicht geschaffen, die sozial unabhängig vom Königtum war und bei den Wikingerzügen und kolonialen Okkupationen keine geringe Rolle gespielt haben dürfte. Aber auch die Kampfgenossen des Königs mußten sich, ganz ebenso wie im Merovingerreich, um so schneller zu einer mit Land ausgestatteten, vom König faktisch emanzipierten, weil sich selbst ausrüstenden Kriegerschaft entwickeln, je geringer die

Bedeutung des königlichen „Hortes“ wurde. Als die Beutelust der Helden der hellenischen Burgkönige den *Schiffs*verkehr zu überseeischen Aventiuren zu benutzen begann, wuchsen sie, von deren Gutwilligkeit der König ja abhängig war: – der „Zorn“ eines einzelnen in der Beute benachteiligten Helden konnte die ganze Expedition aufs Trockene setzen –, ihm über den Kopf. Der auf Aventiure gehende Burgenkönig wird reiner *Heer*könig, weil nicht *er* allein – wie im Orient – die ökonomischen Unterlagen des Heeres, seiner Equipierung und Verpflegung, und damit seines Kommandos, in der Hand hält. Das stets wechselnde Machtverhältnis zwischen einem Heerkönig und seinem Heer aber – die zwischen Autorität, Willkür, Abhängigkeit und Kompromiß schwankende Stellung Agamemnons, Alexanders und der ersten Diadochen, Chlodwigs und der ersten Merovinger zu ihren Heeren sind in diesem Punkte Abwandlungen gleichartiger Typen – verschiebt sich in der hellenischen Welt zu*un*gunsten der Könige, sobald sich nicht mehr alles ökonomisch um den „Hort“ und Tisch des Königs gruppiert, und das hieß: sobald Aktivhandel und kriegerische Seefahrten an die Stelle des Passivhandels mit dem Orient traten. Die persönliche Gefolgschaft des Königs, die im mykenischen Staat nicht gefehlt haben kann, tritt schon bei Homer – wo sie, jedenfalls anscheinend, durchweg aus Volks*genossen* besteht – stark zurück und ist von einer „Gelegenheitsgefolgschaft“ nach Art der von Tacitus erwähnten Aventiurenzüge der Germanenfürsten nicht zu scheiden. Neben dem König stehen jetzt außer seinen auf eigenen Burgen sitzenden Lehensmannen andere, ebenso wie er mit eigenen Schlössern und Grundbesitzungen neben ihm in derselben „Stadt“ ansässige, „Geschlechter“, die auf eigene Kosten mit ihm in den Krieg ziehen, deshalb aber auch mit ihm beraten, die Beute teilen, als mitbeteiligt an der politischen Beherrschung des „Volkes“ gelten. Die Bedeutung des alten Ratsadels *steigert* sich, während er im Orient *schwindet* und Beamten und Priestern Platz macht. Der „Stadt“begriff ist bei Homer, der verschiedenen Entstehungszeit der Gesänge entsprechend, flüssig, steht zwischen der alten Burg und der späteren synoikisierten „Polis“ in der Mitte. Daß ihnen die „Adeligen“ im allgemeinen als *land*sässig gegolten hätten, den Stadtbewohnern *entgegen*gesetzt würden, folgt aus den von E. Meyer dafür angeführten Stellen (die z. T. von „Land“ im Sinn von „Heimat“, nicht von „plattem Land“ sprechen) m. E. nicht. Der Zustand ist vielmehr der: manche von den Gauhäuptlingen der Bauernzeit und andere reich gewordene Familien sind grund- und klientelbesitzender Adel geworden. Mit einem primus inter pares (dem dazu zusammengeschrumpften mykenischen Fronherrscher) als „König“, aber im übrigen koordiniert nebeneinander, sind sie in der *„Stadt“* ansässig, welche der ausschließliche Sitz der „Politik“ ist. Sie pflegen nur zu Wirtschaftszwecken das Land, ihre Hirten, landbeliehenen Sklaven und Klienten zu besuchen. Wer, wie König Laertes, *dauernd* sich auf das Land (als Altenteil) zurückzieht, verzichtet eben damit auf jeden Anspruch auf

Herrscherwürde. Alle diese adligen „Geschlechter" haben aus Beuteanteilen und (zweifellos) Beteiligung am Handelsgewinnst Schätze aufgespeichert, sie haben *mit Hilfe* dieses Besitzes Boden akkumuliert – darüber später – und können eigene Klienten als Troß oder Fußkämpfer aufbieten. Der König ist jetzt nicht mehr als sie. Wenn schon in den vorwiegend am Seehandel beteiligten Küstenorten die königliche Macht im Sinken war, dann erst recht in denjenigen, welche mehr den Charakter von Binnenorten behalten hatten und wo die Entwicklung königlicher „Horte" und Gefolgschaften demgemäß sicherlich von Anfang an geringer war. Die sog. „dorische Wanderung", ein Vordringen *binnen*ländischer Stämme, trug sicherlich dazu bei, diesen Prozeß zu beschleunigen. Denn was sie im übrigen auch, der Sache nach, gewesen sein möge, jedenfalls schuf sie politische Gemeinschaften – namentlich: Sparta –, in welchen der Kriegerstand *außer*halb des „Dienstes" nur noch einen *Ehren*vorzug der, im Kriege zur Führung berufenen, Königsgeschlechter duldete, – und zwar nicht nur in der eigenen Polis, sondern nach Kräften auch bei den Nachbarn, wo, im Interesse der Sicherheit der eigenen Verfassung, überall zugunsten des kriegerischen Herrenstandes gegen die Versuche der Etablierung von „Monarchien" orientalischen Charakters interveniert wurde.

Der so entstehende „Staat des griechischen Mittelalters", wie ihn E. Meyer nennt, hat sozial ein höchst verschiedenartiges Gepräge, auch wenn man Sparta als sui generis beiseite läßt. Gemeinhellenisch ist die Erscheinung jener ritterlichen Gesellschaft, welche den kriegerischen Sport und die nationalen Turniere organisiert, den Boden für den Helden- und später den Minnesang bildet, welche nach mittelalterlicher Art den „Comment" der ritterlichen Fehden zu regeln unternimmt (angebliche Versuche, ein Verbot von Fernwaffen zu vereinbaren: charakteristisch genug für die zugrunde liegende kriegstechnische Entwicklung!) und nach Art des mittelalterlichen: „Messieurs les Anglais, tirez les premiers" Courtoisie in der Schlacht übt. Nach Art der „Guelfen" und „Ghibellinen" (z. B. im „lelantischen Kriege") spaltet sie sich international in zwei Lager, liegt aber auch *inner*halb der einzelnen Gemeinde in steten Geschlechterfehden, – bis auch hier schließlich, wie im Mittelalter, einzelne Geschlechter auf den Gedanken verfallen, sich – als „Aisymneten" oder „Tyrannen" (beides ist nicht scharf zu scheiden) – durch einen Bund mit dem *„Volk"* zur Signoria aufzuschwingen. Die Möglichkeit eines solchen Bundes mit dem „Volk" setzte nun aber, hier wie in Italien, naturgemäß ein *bündnisfähiges* „Volk" voraus. In Hellas entstand dies durch eine Entwicklung, welche an folgenden Hauptmomenten orientiert scheint: 1. eiserne Nahwaffen statt der bronzenen Wurfspeere und Pfeile der mykenischen Zeit, – damit 2. steigende Bedeutung der *Disziplin* (schon Homer bekannt) und des geschlossenen Kampfes, speziell des Fußkampfes in geschlossener Hoplitenphalanx (ein bekannter Ausspruch des Brasidas schrieb die *Disziplin* den

Hellenen im *Gegensatz* zur Kampfart der Barbaren zu), – infolgedessen 3. bei *denjenigen* Staaten, welche entweder politisch expansiv sind oder werden (Sparta: Eroberung Messeniens, – Athen: Eroberung von Salamis), Verschiebung der militärisch-politischen Macht auf die Träger dieses Hoplitenheeres, – 4. endlich, damit parallel gehend, Entwicklung des „bürgerlichen Erwerbes", der die Schicht der *ökonomisch* panhopliefähigen Existenzen verbreiterte.

Die „Burg" der Frühzeit ist umgeben von den Ansiedelungen der Händler und Gewerbetreibenden. Die homerische Zeit kennt bereits Maurer, Zimmerleute, Schreiner, Wagner, Goldschmiede, Erzarbeiter, Hornarbeiter, Lederarbeiter, Töpfer. Alle diese kommen freilich nur in den jüngeren Teilen der Epen vor. Daß aber die Handwerker in Hellas jemals *alle* unfreie Arbeiter des Burgadels gewesen seien, ist für Griechenland ebenso unwahrscheinlich, wie die gleiche Ansicht für das frühe Mittelalter, welche früher geglaubt, heute dagegen aufgegeben ist. Und es ist auch nicht wahrscheinlich zu machen, daß sie – nach Art ostasiatischer Dorfhandwerker – in noch früherer Zeit Angestellte des Dorfes oder, nach der Polisentwicklung, Sklaven der Polis gewesen seien. In Epidamnos, wo der Handel von der Oligarchie gemeinwirtschaftlich organisiert war, wird auch die eventuelle Verbreitung ähnlich erfolgt sein, und derartiges mag öfter existiert haben. Als Regel ist es unerweislich. Fronden auch der Handwerker hat sicherlich der mykenische Staat, ganz ebenso wie seine orientalischen Muster, gekannt: wie der Pharao und der mesopotamische Stadtkönig, so wird auch der (genügend bemittelte) althellenische Stadtfürst auch Handwerker gegen Übernahme von Roboten um die Burg herum angesetzt haben. Das (zu vermutende) königliche Oikenhandwerkertum der mykenischen Zeit ist aber, – soweit es bestand –, mit dem Sinken der Grundlagen der mykenischen Kultur verfallen (wie schon die Wandlung der Technik zeigt). Es mögen auch noch später gewerbelose Städte in Form des Imports geschulter Sklaven als Staatssklaven eine Art von „Merkantilismus" getrieben haben. Aber das weitaus wahrscheinlichste ist, daß die Erscheinungen, welche zuweilen auf ursprüngliche *Staats*anstellung oder -sklaverei aller „δημιουργοί" gedeutet werden, der *militärischen* Organisation der Polis angehören. Daß, wie die „fabri" in Rom, so die Handwerker in Staatsbedarfsartikeln organisiert und mit Leiturgien belastet wurden, ist wohl auch für die ältere hellenistische Zeit als häufig anzunehmen. (Der Ausdruck: „δημιουργός" greift von jeher viel weiter als unser „Handwerk", er umfaßt allen *Erwerb* aus Dienst für eine unbestimmte Vielheit, auch den der Ärzte, Sänger, Wahrsager usw.) –

Diese plebejischen Ansiedelungen um die Burg herum sind unbefestigt: Egbatana im Orient war es ebenso, wie Athen es noch bis in die historische Zeit blieb. In Sparta ist die königliche Burg gänzlich „gebrochen", die Polis ein offenes Heerlager geworden. Allein die Regel ist, daß die Polis eine Festung behält oder zur Festung wird, wie die orientalischen Städte, aber nun zu einer Festung, über welche die zu einem Bunde zusammengeschlossenen Heeresgenossen, und nicht der König, verfügen. Dieser Vorgang des „*Synoikismos*" bedeutet also die Konstituierung der Kriegerklasse als Herrin des Stadtstaates. Daß er tatsächlich in den meisten Fällen eine effektive *Zusammen*siedelung bedeutet hat, daran ist, auch abgesehen von den ausdrücklich überlieferten Beispielen späterer Zeit, nicht zu zweifeln. Die Einzelburgen werden gebrochen (oder doch als politische Herrensitze aufgegeben), die Geschlechter „eingemeindet", sowie etwa der Landadel in manchen italischen Städten des Mittelalters. In der Antike bedeutet aber der Synoikismos vor allem: Schaffung des in Phylen und deren Unterteile gegliederten (s. o.) *Heeres*, um dem *chronischen Kriegszustand* gewachsen zu sein, der nach dem hellenischen Völkerrecht (welches den „ewigen" Frieden zwischen nicht verbündeten Städten nicht kennt und, mit Hinweis auf die religiöse Gefährlichkeit von Eidschwüren für die Ewigkeit, *ablehnt*) seit dieser Zeit als Normalzustand gilt. Der Synoikismos bedeutet *nicht* notwendig das absolute Aufgeben jeder Landsässigkeit, *wohl* aber die Ansässigkeit *auch* und in erster Linie in der Stadt, als dem politischen Zentrum. Sicher sehr früh sind auch die später regelmäßigen Stapel- und andere Handelsregulierungen damit kombiniert. Denn neben dem politischen wird die Stadt ökonomisches Zentrum: *Markt*. Von der Pharaonen- bis zur römischen Kaiserzeit ist die Konstituierung eines „Marktes" Souveränitätsrecht. Und wie im Mittelalter, so ist auch im Altertum nicht *nur* die Stadt, wohl aber *jede* Stadt ein Markt. Wir lernten die entwickelte Tauschtechnik des Orients bei fehlender Münzprägung kennen. Erwiesenermaßen sind die Hellenen Jahrhunderte vor den ersten staatlichen Münzprägungen ebenso ein Aktivhandel treibendes Volk geworden wie die Phöniker. Dennoch ist es schwerlich ohne Bedeutung gewesen, daß sie alsdann die *ersten* waren, sich jene Erfindung voll zunutze zu machen. Denn immerhin dürfte ihre Überlegenheit gegenüber den Phönikiern im Handel wohl zweifellos durch die mehrere Jahrhunderte frühere Verwendung der Münze wesentlich gesteigert worden sein. (Karthagos Münzprägung beginnt erst im Interesse seiner militärischen Neuorganisation: – Soldheer –, welche die Ära seiner großen Eroberungen einleitet; der alten vorderasiatischen münzlosen Tauschtechnik entsprach die alte phönikische Faktoreikolonisation.) Aber die *geld*wirtschaftliche Entwicklung im *Innern* mit ihren Konsequenzen ist auch in Hellas älter als die Münzerfindung (7. Jahrh.), wurde durch sie nur verstärkt. Längst war neben den extensiven internationalen Verkehr der intensive *lokale* Markt getreten. Der „δημιουργός", d. h. auf *gewerblichem* Gebiet (s. oben): der „für das Volk", d. h. für jeden, der sein Kunde werden will, nicht nur (als „αὐτουργος") im Hausfleiß für den Eigenbedarf oder in Robot für seinen Fronherrn, arbeitende Berufshandwerker, der „Lohnwerker" der Bücherschen Terminologie, vervielfacht und spezialisiert sich. Die wachsende Schicht der als Aktivhändler am überseeischen Verkehr Beteiligten verbreitet die im

Orient seit langem gepflegten und von dort übernommenen kapitalistischen Formen des Verkehrs; im Binnenverkehr dringt mit der Münze die geldwirtschaftliche Bedarfsdeckung stetig vor. Und mit alledem ist die Voraussetzung steigender *lokaler* landwirtschaftlicher – bäuerlicher – *Absatz*produktion gegeben: die einzelnen Komponenten der „Stadtwirtschaft" sind also vorhanden. Allerdings nur in den Anfängen und mit feudalen Zügen vermischt. Als Wehrgemeinde herrscht die Polis – d. h. der in ihr „zusammengesiedelte" Kriegsadel – zunächst ganz ebenso über das Land wie vordem die Burgenkönige. Allein die Entwicklung der Absatzchancen der Landwirtschaft einerseits, die Änderung der militärischen Technik andererseits *erweiterte* den Kreis derjenigen Grundbesitzer, welche ökonomisch zur Teilnahme am gepanzerten Kriegsdienst fähig waren; und die stete Bedrohung von außen *zwang* dazu, die Wehrkraft aller zur Selbstequipierung und Kriegsübung ökonomisch fähigen Schichten auch heranzuziehen. Der Charakter der Stadt bleibt dabei ein sehr verschiedener, je nach dem *Maß der Demokratisierung* des Militarismus. Wo der Waffendienst vornehmlich *Reiterdienst* blieb, ist es natürlich auch eine relativ dünne Schicht großer Grundherren, welche im Binnenland – so in Thessalien – die Bevölkerung in strenger Hörigkeit halten; und auch in Attika beherrschten sie die Stadt, solange die Reiterei militärisch etwas bedeutete. Aber auch wo die Entwicklung der Militärtechnik, wie im historischen Hellas durchweg, den Schwerpunkt auf die diszipliniert zu Fuß schwerbewaffnet in Reih und Glied streitenden einexerzierten Hopliten rückt: – in der Zeit der Perserkriege ist die Reiterei gänzlich verschwunden –, ist die Zahl der Vollbürgergeschlechter sehr oft klein, wenige Hunderte oder „die Tausende" – d. h. die tausend Reichsten – umfassend. Die Zahl der Ratsbürgerstellen ist mehrfach kontingentiert und ergänzt sich evtl. durch Kooptation, die Söhne rücken in diesem Fall – wie die Meistersöhne in einer Zunft – ein, die älteren vor den jüngeren. Und da der Waffendienst zunftartig auf der Selbstequipierung der dazu ökonomisch fähigen ansässigen Bürger ruht, so projiziert sich dies naturgemäß auf den Bodenbesitz der Zunftgenossen als der Unterlage jener ökonomischen Qualifikation, gerade mit der *Ausbreitung* der Wehrgemeinde. Hesiodos' Vater kam aus Kyme nach Boiotien, erwarb sein kleines Vermögen zur See und siedelte sich *dann* am Helikon als Bauer *mit Grundbesitz* an: ein Zustand der privatrechtlichen, speziell *boden*rechtlichen *Freizügigkeit*, den man mit der späteren zünftigen Bürgerrechts- und Bodenpolitik der Demokratie vergleichen muß, um die *Zunahme der Bindung* von Besitz und Person zu erkennen. Und ebenso schwindet der alte vagierende ritterliche Ministeriale der homerischen Zeit zunehmend zugunsten des lokal geschlossenen *Polis*adels.

Wir finden die in jener Epoche entstandene *Gebundenheit* desjenigen Bodens, welcher den Besitz der die politische Macht usurpierenden Kriegerzunft ausmacht – der πρῶτοι oder παλαιοὶ κλῆροι, ἀρχαία μοῖρα des Aristoteles – in den mannigfachsten Spuren noch in historischer Zeit. Zunächst besteht das Vorzugsrecht der Söhne vor den Töchtern im Land- und zuweilen auch im Herdenbesitz, beschwert nur mit der Pflicht der Ausstattung. Nach dem Recht von Gortyn erhalten die Söhne die Stadtgrundstücke als Träger der politischen Rechte vorweg. In Ermangelung von Söhnen bestand überall auf die Hand der Erbtochter (ἐπίκληρος) ein nach Art der Erbfolgeordnungen fest geregelter sukzessiver Anspruch bestimmter agnatischer Verwandten, der teilweise selbst eine schon bestehende Ehe derselben brach, und dem ursprünglich (wie beim jüdischen Levirat) sicherlich die entsprechende Pflicht, – später zuweilen (z. B. in Athen) durch eine evtl. Ausstattungsverpflichtung ersetzt, – korrespondierte. Die Vergebung der Erbtochter und damit des κλῆρος war eine militärisch wichtige, also öffentliche, Angelegenheit, mangels berechtigter Verwandter Sache des Magistrats (in Sparta des Königs). Der κλῆρος war, im Interesse der Erhaltung standesgemäßer Kriegerlose, jedenfalls in den dorischen spezifischen Militärstaaten, aber auch außerhalb derselben sehr häufig, weder teilbar noch veräußerlich – so z. B. in der im 7. Jahrh. gegründeten Kolonie Leukas noch bis in späte Zeit – oder doch in beiden Beziehungen beschränkt. Dies militaristische Grundbesitzrecht steht durchaus im *Gegensatz* zu dem gemeinhellenischen Bodenrecht. Denn in der homerischen und hesiodeischen Zeit ist gleiche Teilung in natura die Regel. Ein Vorzug des Ältesten war nicht bekannt. (Dunkle Erinnerungen an älteste Zustände: – hauspriesterlich bedingte patriarchale Stellung des Ältesten – *könnten* darin liegen, daß Iris den Poseidon, der sich gegen Zeus auf eben jenen gemeinhellenischen Grundsatz beruft, darauf verweist, daß die Erinnyen auf Seite des älteren Bruders stehen). Jedenfalls mußte die Gebundenheit des κλῆρος praktisch wie eine gesetzliche Anerbenfolge wirken und den Zusammenhalt großer Hausgemeinschaften fördern, andererseits soll sie wenigstens in Sparta Kinderbeschränkung und selbst Vielmännerei (d. h. gemeinsamen Besitz eines Weibes – schwerlich ein „Rest ältester Zustände“, wie E. Meyer glaubt) im Gefolge gehabt haben. Das *Testament* besteht in Athen erst seit Solon, in Sparta erst seit dem peloponnesischen Kriege und diente ursprünglich wohl wesentlich dem Zwecke der Adoption um der Erhaltung des wehrhaften Geschlechts und des Grabkultus willen. – Ob jene Gebundenheit der Kriegerlose jemals *überall* als *rechtliche* Bindung bestanden hat, muß dahingestellt bleiben: die Standessitte, deren Nachwirkungen wir in der späteren ethischen Mißbilligung des Verkaufs ererbter Güter sehen, konnte genügen. Immerhin wird beschränkte Veräußerlichkeit des κλῆρος z. B. für Elis und Theben (Philolaos), Gleichheit der Lose für Argos (Pheidon) erwähnt.

Die ökonomische Unterlage der Kriegerzunft konnte im einzelnen sehr verschiedenartig aussehen. Sie ist am konsequentesten unter rein militärischen Interessen durchgeführt, wo sie *naturalwirtschaftlich* gestaltet ist, wie in manchen dorischen Militärstaaten, speziell auf den liparischen Inseln, auf Kreta und vor allem: in *Sparta*. Die beherrschte Bevölkerung wird hier als in Staats-Sklaverei bzw. -Hörigkeit befindlich behandelt, aus ihren Naturalbeiträgen wird der Unterhalt der Krieger bestritten, teils in gleich zu erwähnender Art gemeinwirtschaftlich, teils so, daß der Einzelne auf den Ertrag bestimmter, von Sklaven bewirtschafteter Landflächen angewiesen ist, die ihm in verschiedenem Maße, später zunehmend erblich, appropriiert sind. Neuzuweisungen von Losen und anderweitige Verteilung derselben galten auch in historischer Zeit als praktikabel und scheinen vorzukommen. Sie sind natürlich keine *Acker*umteilungen, sondern gewissermaßen *Renten*fondsumteilungen. Militärische Gesichtspunkte, besonders eine militaristische Bevölkerungspolitik, entscheiden über alle Einzelheiten: bei Erblosigkeit besteht teilweise Adoptions-, auch direkt Ehezwang oder das Recht und die Pflicht, sich von Dritten „Nachkommen erwecken" zu lassen, wie in Israel. Die Organisation des Bürgerheeres gipfelt bei voller Durchführung in dem kasinoartigen gemeinsamen Mittagstisch der Krieger, den „Syssitien" oder „Hetairien", und der kadettenartigen gemeinsamen Erziehung der Kinder von Staats wegen zu Kriegern. Hier sind also die Wehrverbände (Phratrien) militaristisch zu vollen Lebensgemeinschaften *gesteigert*, auf Kosten der Familiengemeinschaft. Dem entspricht auch hier die Beteiligung der Heeresabteilungen an der Entscheidung über das Schicksal der neugeborenen oder der in das wehrhafte Alter kommenden Kinder, die durchaus nichts „Ursprüngliches" ist („ursprünglich" ist die Willkür des *Vaters*). Sparta hat jene *naturalwirtschaftliche* Unterlage des Stadtmilitarismus und seine Kriegerzunft mit ihrer kameradschaftlichen Gleichheit der privilegierten Genossen, welche von Jugend an ausschließlich dem Drill für den Hoplitenkampf sich zu widmen hatten, in bewußtem Kampf behauptet. Dieser Zunftgeist schuf aber dem Staat seine Schranken. Gegen die bis in die späteste Zeit gelegentlich immer wieder auftauchenden Bestrebungen des Königtums, durch Demokratisierung des Wehrrechts die politische Stoßkraft des Staats zu steigern, richtet sich die Schaffung des Ephorats. Gegen den geldwirtschaftlichen Zersetzungsprozeß kämpfte man durch künstliche Konservierung der Naturalwirtschaft und des Bedürfnisstandes der Kriegerbevölkerung: deshalb Ausschluß des Geldverkehrs, Immobilisierung der Spartiatenlose und Erhaltung der Kasinogemeinschaft. Dies hinderte die Vermehrung der Zahl der Kriegerlose, nicht aber ihre Verminderung durch Zusammenerben (in den Händen der Frauen) und Verarmung, auch nicht die geheime Beteiligung an auswärtigem Geldgewinn, während sie dagegen jede große politische Aktion des Staatswesens hemmte und zu der bekannten ängstlichen Schonung des Spartiatenbestandes führte. Schließlich war sie doch nicht zu halten, als die Herrscherstellung nach dem peloponnesischen Krieg mit ihrer Notwendigkeit, zur geldwirtschaftlichen Deckung der Staatsbedürfnisse überzugehen, die Geldwirtschaft in das Innere des geschlossenen Kriegerstaats trug, Geldvermögen schuf, den Bedürfnisstand der herrschenden Kaste revolutionierte, und damit in kürzester Zeit die ökonomischen Unterlagen des ganzen Systems vernichtete. Die demokratische Restauration des Kleomenes mit ihrer Neuumteilung brach (222) bei Sellasia zusammen.

Der hellenischen Tradition ist nun dieser naturalwirtschaftlich fundamentierte Militarismus Spartas in seiner den Zeitgenossen bekannten Form Produkt einer ganz einzigartigen Gesetzgebung. Das ist so natürlich unzutreffend. Sparta ist nur eine extreme Fortbildung der alten Stadtherrschaft in ihre äußersten Konsequenzen. Das in der Tat „Einzigartige" liegt nur darin, daß der feudale Unterbau hier nicht einer durch *Geschlecht*, sondern *lediglich* durch *Erziehung* ausgelesenen Klasse diente, und daß das so geschaffene Virtuosentum des Hoplitenkampfs, infolge der Eigenart des letzteren, auch seinem *Lebenszuschnitt* nach das gerade Gegenteil irgendeines „Adels" war. –

Die Zugehörigkeit zur Vollbürgerkaste setzte aber, wie die Zugehörigkeit zum Ritterstand im Mittelalter, *überall* die fortgesetzte berufsmäßige Waffenübung (welche demgemäß *überall* Gegenstand staatlicher Vorsorge war) und diese das Zusammenwohnen in der Stadt wenigstens für den *Kern* des Heeres – mochten dies Ritter oder Hopliten sein – voraus: die „Unüberwindlichkeit" der Spartiaten und ebenso des „heiligen Lochos" im späteren Theben war Produkt ihres kontinuierlichen „Training". Wer also in den strikt militaristischen Gemeinden den städtischen Wohnsitz und damit die Waffenübung aufgibt, „ἄγροικος", „περίοικος" griechische Worte, vgl. Vorlage S.113) wird, ist politisch *deklassiert*; Teilnahme am Gymnasion und politisches Vollbürgerrecht gehen parallel. Daß wir nun aber berechtigt seien, das in Sparta und Kreta in historischer Zeit vorfindliche System des *natural*wirtschaftlichen Militarismus als auch nur in seinen Grundzügen *allgemein* vorhanden gewesenes Durchgangsstadium anzusehen, ist auf der andern Seite gänzlich unwahrscheinlich, da eine so weitgehende Demokratisierung des griechischen Stadtfeudalismus, daß die Mitglieder der herrschenden Kriegerklasse *nur* aus dem Ertrage eines Besitzes von je etwa 8-12 Hektar, den Heloten für sie bewirtschafteten, hätten existieren können, sonst nicht gefunden wird, und da ferner die *Strenge* in der Durchführung der charakteristischen militärischen Institutionen in Sparta selbst in historischer Zeit nicht etwa *ab-*, sondern offenbar *zunimmt*, weil mit Zunahme des Gebietes und relativer Abnahme der Bürgerzahl die militärische Machtstellung immer gefährdeter wurde. Institutionen wie die athenische Staatstafel im Prytaneion – der Ersatz für die alte königliche Tafel – beweisen natürlich nicht, daß die spartanischen Syssitien in ihrer spezifisch militärischen Bedeutung (oder auch nur etwas irgendwie Ähnliches) dort je bestanden haben. Wir finden bei Hesiod keine Spur einer feudalen Einschnürung des freien Bauern, der mit wenig Knechten und Erntetaglöhnern selbst arbeitet. Nur die Mißbräuche der Rechtspflege, die Unvermeidlichkeit zeitweiser oder dauernder Begebung in die *Klientel* der Reichen, um vor Gericht auftreten zu können, und das *Schuld*recht bilden überall den Gegenstand der Klage. Dieser letztere Punkt ist der entscheidende. Im Gegensatz zum spartanischen und kretischen und anderen auf Eroberung ruhenden Feudalstaaten ist die Verknechtung der Landbevölkerungen, wo sie sonst vorkommt, regelmäßig: *Schuld*verknechtung, neben der die in der Frühzeit überall selbstverständliche *Klientel* der Besitzlosen (so der πελάται in Athen) zunehmend zurücktritt.

Der Besitz der politischen Macht durch stadtsässige Kriegerschaften *mußte* an sich ebensowenig zur Entstehung einer ausgedehnten ländlichen Helotenklasse führen, wie die Herrschaft des orientalischen Militärmonarchen die Robotorganisation, wie sie in Ägypten bestand, überall zur Folge haben mußte. Eine „Hörigkeit" ganzer Landbevölkerungen findet sich, außerhalb der Dorerstaaten im Peloponnes: Sparta, Argos, Sikyon, und auf Kreta, *sicher* beglaubigt in historischer Zeit nur in Thessalien, Lokris, Byzanz und den beiden Herakleia. Sie scheint auch an manchen andern Stellen vorgekommen zu sein, aber ohne daß über die rechtliche Regelung ihrer Lage Sicheres auszumachen wäre. In Sikyon und Argos ist ihre Wurzel offenbar wie in Sparta Eroberung *oder:* Umbildung der *Klientel* bei Monopolisierung der Waffenübung durch die Stadtbürgerschaft (die Hörigen ziehen als Leichtbewaffnete mit); hier und in den auf *Eroberung* ruhenden Kolonisationsstaaten: Kreta, Byzanz und den beiden Herakleia (wo sie nicht wehrpflichtig sind) gelten die Hörigen offenbar als abgabenpflichtige *Staats*hörige, deren Stellung der Staat teilweise (so in Herakleia am Pontos) bei der Unterwerfung vertragsmäßig garantiert (sie stehen zwischen den Heloten und den, wie diese, wehr- und tributpflichtigen, aber persönlich freien Periöken Spartas in der Mitte). In Thessalien scheint eher eine eigentliche persönliche Grundhörigkeit in milder Form bestanden zu haben. Die thessalischen und kretischen Hörigen haben ersichtlich ausdrücklich garantierte Familien- und Eigentumsfähigkeit. Daß diese auf Ausbeutung *politischer* Unterwerfungsverhältnisse beruhende Staatshörigkeit ganzer Landbevölkerungen *kein* allgemeines Durchgangsstadium der hellenischen Entwicklung war, darf als höchst wahrscheinlich gelten. Der Stadtfeudalismus hat zu derartigen Konsequenzen nur lokal, und, zum mindesten überwiegend, nur auf Eroberungsgebiet, geführt. Daß andereiseits die Abhängigkeit von *Teilen* der Bevölkerung ein allgemeineres Ausdehnungsgebiet gehabt hat, als die spärlichen Quellen erkennen lassen, ist durchaus wahrscheinlich. Wohl überall bestand ja die *Klientel* als Tributquelle für den Adel. Dagegen beschaffte sich der Stadtadel im „mittelalterlichen" Hellas sein Menschenmaterial für die *Wirtschaft* sicherlich in ähnlicher Art, wie im Orient, im älteren Rom, überhaupt in den älteren Stadtstaaten *vor* dem Eindringen der massenhaften Kaufsklaverei. Neben den gedungenen Schnittern zur Ernte, die in früher wie später Zeit vorkommen, bilden teils im Jahreslohn gedungene Arbeiter, teils, und speziell beim Adel stark zunehmend, *Schuldknechte* das Hauptkontingent der ständigen Arbeiter, wo in eigener Regie gewirtschaftet wurde. Die *Schuld*knechte sind, als deklassierte *Freie*, von den persönlichen Klienten und den politischen Unterworfenen – „Hörigen" – zu *scheiden*, wie das kretische Recht zeigt. (Über die rechtsgeschichtlichen Kontroversen betr. ihrer s. u. bei Athen.) Sie treten in typischer Weise hier, wie überall auf, sobald das Regiment der *stadt*sässigen „Geschlechter" einsetzt und solange die Kaufsklaverei *noch nicht* Massenerscheinung ist. Von der Verwendung von *Kaufsklaven* speziell zur Feldarbeit hört man denn auch im hellenischen Altertum relativ wenig. Ihre Verwendung in *größeren* Betrieben ist damals offenbar nichts Typisches gewesen. Und die Häufigkeit eigentlicher „Großbetriebe" ist, zumal für diese Zeit, überhaupt als eine irgendwie typische Erscheinung unwahrscheinlich. Die bildliche Darstellung der Ernte, mit dem dabeistehenden Herrn, der den Stab in der Hand trägt, zeigen nur die Existenz von „Squire"-Betrieben, bei denen der Herr nicht selbst mitarbeitet, auch für Griechenland. Wenn die Pythia einmal die Korinther wegen ihrer großen Sklavenzahl χοινικομέτραι nennt, so fragt es sich, ob damit Großbetriebe gemeint sind (s. später bei Athen). Jedenfalls steht im Vordergrunde gerade im hellenischen Mittelalter die unfreie oder halbfreie Pacht, entweder geradezu von Schuldknechten oder doch von Einlösungspfandschuldnern. Die Verschuldung *zwischen* den beiden Schichten des *Grund*besitzes: der Bauernschaft gegenüber den größeren Grund-, Vieh- und Geldbesitzern ist ja im ganzen frühen Altertum typisch und unterscheidet die damaligen „sozialen" Konflikte so sehr von den unsrigen: man müßte sich unsere Junker als *Gläubiger*, die Bauern als ihre Schuldner, und die Junker als *stadt*sässig denken können, um sich ganz in sie zu versetzen. Die Hypothekensteine auf den Gütern der Bauern und die Schuldknechte auf den Gütern der Großen gehen einander parallel. Ebenso findet sich ja noch später in Babylon, daß einzelne Kapitalisten über erstaunliche Zahlen von städtischen Grundstücken verfügen, von denen wahrscheinlich ist, daß sie sie nicht zu Eigentum, sondern in antichretischem Pfand besaßen und an ihre Schuldner vermieteten. Die Sechstelmänner (ἑκτημόριοι) Altattikas werden in ähnlicher Lage gewesen sein. Ihre Sechstelabgabe ist kein wesentlich niedrigerer Satz als die Drittelpacht der ägyptischen Kolonen, wo der Boden so unvergleichlich fruchtbarer war. (Über diese Frage s. unten bei Athen.) Die Geschlechter der hellenischen Städte, zumal der Seestädte, sind immer am Schiffsbesitz, oft – wie Solon – direkt am Handel beteiligt gewesen. Sie waren, als Hauptgetreidebesitzer, die Darlehensgeber der Bauern in allen Notjahren. Dazu trat nun die *Geld*macht. – Die, absolut betrachtet, ja geringe Bedeutung des Handels der Frühzeit, darf nicht zu einer Unterschätzung der *relativen* Tragweite der Handels*gewinnste* in einem noch in Naturalwirtschaft verharrenden *Milieu* führen. Die *Stadt*sässigkeit des Adels („ἀστοὶ") heißen die attischen Eupatriden) ist auch ökonomisch seine Stärke.

Die Zunahme der Geld- und Grundvermögen einerseits, der Verschuldung der Bauern andererseits in den am Seehandel beteiligten Städten führt nun die Krisis des „Geschlechterstaates" herauf. Das „Volk" der homerischen Zeit, soweit es zum Fußdienst mit aufgeboten wurde, wird von den wagenkämpfenden Geschlechtern ebenso beherrscht und in Schach gehalten, wie die Cherusker nach Segestes' Behauptung von ihren „principes". Aber mit zunehmender Bedeutung des Hoplitenheeres war dies nicht überall mehr möglich. Vor allem aber bedrohte die Schuldverknechtung der Bauern jetzt Wehrhaftigkeit und Machtstellung des Staates. Und die mit der Geldwirtschaft einsetzende Differenzierung des Erwerbes schuf Parvenüs, besitzlose Freie, ruinierte Adelsgeschlechter, trug so die leidenschaftlichsten Gegensätze in die Polis hinein. Überall war – den Regeln der Grundrentenbildung entsprechend – der reichste Boden, vor allem der Talboden im Gegensatz gegen die Bergabhänge, durch Verschuldung und Aufkauf in den Besitz des Adels gelangt. Nur er trug neben dem Bearbeiter noch eine Rentnerexistenz. Er wird daher aus den Überschüssen der adligen Wirtschaft erworben, gerade wie bei uns das Fideikommiß den guten Boden bevorzugt. Darum ist die Adelspolis nicht nur in die Gebirgslande so viel schwerer eingedrungen, sondern auch sonst sind die Ebenen (die „hohle Lakedaimon", die messenische, elische, thessalische, böotische, attische Ebene) Sitz des Adels, die ἄγροικοι sitzen an den Berghängen. So schied sich die Bauerndemokratie und die Adelsherrschaft (besonders deutlich in Athen) auch territorial. Andererseits sitzen in den Hafenorten der Küste mit der Entwicklung von Exportgewerben – so der Töpferei in Athen – und Seeschiffahrt eine steigende Zahl von Existenzen, welche, außerhalb des Kreises der auf eigenem Lande Angesessenen und landwirtschaftlich Interessierten stehend, jedem, der ihre ökonomischen Interessen fördert, politisch zur Verfügung stehen. Diese Gruppen und die deklassierten, schuldverknechteten Freien bilden die Elemente, auf welche, teils im Bündnis miteinander, teils auf eine von ihnen, sich ein Staatsstreich gegen das Adelsregiment stützen konnte. Andererseits ersteht neben den alten grundsässigen Geschlechtern eine Schicht von nicht dem Adel angehörigen, aus dem Kleinbürgertum aufgestiegenen Reichtum. Daß es in der alten Zeit *vor* dem Einsetzen der kapitalistischen Entwicklung möglich war, als δημιουργός Reichtum zu erwerben, muß *vielleicht* auch aus dem bekannten Parteikompromiß in Athen i. J. 581 geschlossen werden, welches auch zwei „Demiurgen" zu Archonten berief, die demnach Pentakosiomedimnen sein, also ein festes Einkommen von mindestens 500 Drachmen (damals ein hohes, zu Demosthenes' Zeit ein Armeneinkommen) haben mußten. Man muß sich erinnern, daß unter den älteren Demiurgen jene *Kunst*handwerkerfamilien mit ererbtem Gewerbegeheimnis sich befanden, welche ursprünglich (so im Mythos) eine hohe Seltenheitsschätzung genossen und sicherlich auch, nach Art des Adels, in großen *Familienkommunionen* zusammenlebten und Besitz aufspeicherten. Erst der Kapitalismus und die Sklavenarbeit, verbunden mit dem Zerfall der alten großen Hausgemeinschaften, haben diese Grundlage zerstört (s. u.). (Zu beachten ist allerdings, daß um 581 zur *politischen* Partei der „Demiurgen" sicherlich auch die nicht dem Adel oder der Landbesitzerschaft angehörige *Kaufleute* gezählt haben werden.[3] – Die Herrschaft der Stadt über das Land war nicht mehr zu halten, wo die besitzende Klasse selbst sich in schroffe Gegensätze zu spalten begann. Naturgemäß ist die Art, wie sich der Umschwung vollzog, und das Maß, in dem er vollzogen wurde, sehr verschieden. In den ersten großen Reformen wiegt jedoch in Althellas ganz entschieden das Bestreben vor, vor allem, im *politischen* Interesse der *Wehr*haftigkeit des Staates, mit den verschuldeten *Bauern* zu einem Kompromiß zu kommen, – wie in den orientalischen „Gesetzgebungen" auch. Der Bauernradikalismus infolge der politischen Entrechtung, sozialen Deklassierung und ökonomischen Gefährdung der hoplitenfähigen Grundbesitzer war die politisch schwerste Gefahr für den Adel. Die drakonischen und verwandten Gesetzgebungen ebenso wie die Tyrannis ziehen die Konsequenz, indem sie die Polis ihres Charakters als halbfeudaler Zwingburg des Landes und den Adel seiner politischen Vorrechte entkleiden: die Grundbesitzer, soweit sie ökonomisch waffenfähig sind (ὅπλα παρεχόμενοι bei Drakon), werden Bürger, die öffentlichen Lasten der Bürger nach dem Ertrag des Grundbesitzes (so in Athen) abgestuft. Der Stadtstaat im bisherigen Sinne fällt, der *Grundbesitz* als solcher entscheidet über die politischen Rechte: die Stadt wird also, offiziell, dem Lande *unterworfen*. Wie später die 12 Tafeln in Rom, so tragen die „Gesetzgebungen" in Hellas ein agrarisches Gepräge im Sinne einer Emanzipation des nicht adeligen Grundbesitzes.

Die Motive und meist auch die Mittel waren analog denjenigen, welche schon in den Inschriften der Sumererkönige und in dem ältesten israelitischen Gesetz zutage traten. Die ökonomisch waffenfähige Bauern- und Kleinbürgerschaft, welche militärisch jetzt nicht mehr zu entbehren war, verlangte (wie die Kleinbürger und Bauern des Orients) Beseitigung der Reste der privaten Selbsthilfe (des „Fehderechts", könnte man sagen), der rein mit Traditionen und Präjudizien arbeitenden Rechtsprechung und der Gerichtsklientel, durch Kodifikation und bürgerliche Rechtspflege. Sie verlangte Beseitigung der persönlichen Schuldverknechtung, speziell aber des Druckes der *Geld*schulden und ihrer Wirkung: der Besitzdeklassierung der kleinen Besitzer, durch Beseitigung der Schuldsklaverei, Zinsschranken, Kommassationsschranken. – Die *radikalen* Vertreter der Deklassierten verlangten: Neuverteilung des Landes und Schulderlaß: da die große

[3] Demosthenes sen. hieß lebenslang „der Messerschmied", obwohl er vielleicht vom Messerschmieden nicht mehr verstand als ein Besitzer von Bochumer Aktien von der Hüttentechnik, und seine Familie eine seit Generationen wohlhabende *Kaufmanns*familie war. Er *besaß* (unter anderem) ein Ergasterion mit Messerschmieden (Sklaven). S. u.

Masse des Landes durch *Verpfändung* in die Hände des Adels gelangt war, war die erstere im Grunde nur eine schärfere Form der letzteren.[4] Die „Aisymneten" suchten Kompromisse zu schaffen. Neben der Fixierung der Bußsätze, Beseitigung oder Milderung der Schuldhaft geht das Bestreben einher, die Angriffe auf den bestehenden Besitz zu paralysieren und die Quellen der Differenzierung zu verstopfen. Am weitgehendsten ist in Solons revolutionärer Maßregel der Seisachthie – Erlaß aller auf dem Boden und der Person ruhenden Pfandschulden – den Bauern entgegengekommen worden. Verbunden mit dem Freikauf der nach auswärts veräußerten attischen Schuldknechte entsprach sie dem politischen Sinn des Vorgangs: Erhaltung des Hoplitenheeres, auf dem von nun an die militärische Macht des Staates allein ruht. – Natürlich ist diese Tendenz keine ungebrochene, überall gleichmäßig wirkende. Die Tyrannis vor allem ist natürlich, so fest sie sich zunächst auf die „entrechteten" Klassen stützt, doch in erster Linie politische Usurpation und arbeitet als solche mit mannigfachen Mitteln. Unverkennbar ist in Althellas ein theokratischer Einschlag; wie die Orakel später auf seiten der Perser stehen, so finden sich – ganz wie im Orient – zwar nicht die alten aristokratischen Priestergeschlechter, wohl aber allerhand Propheten mit den „Tyrannen" zusammen. Die sizilische Tyrannis wiederum hat in ihrer späteren Zeit, einen von der althellenischen stark abweichenden Charakter. Sie geht damals Hand in Hand mit der vielfach sicher zugewanderten Geldaristokratie. Aber auch die politischen Mittel der *älteren* Tyrannengenerationen in Sizilien: Eingemeindung ganzer Stadtgemeinden und sogar landfremder Söldner in die eigene Polis, sind orientalischen Charakters, waren auf Kolonialboden, nicht in Althellas, möglich. – Allein durchweg zeigen die sachlichen Neuerungen, und zwar diejenigen der „Gesetzgeber" ebenso wie der „Tyrannen", ein doppeltes Gesicht. Einerseits vertreten beide die „Stadtwirtschaft" und ihre Interessen *gegen* die Monopolisierung der politischen Macht seitens der alten „Geschlechter", der ökonomischen Macht seitens der (alten und neuen) Geld- und Menschenbesitzer. Das Bündnis mit den Bauern, auf dem der Grundsatz, daß „ganz Attika eine Stadt" sei, beruhte, bringt dies politisch zum Ausdruck. Die Rechtssicherheit und die Unabhängigkeit des Rechts von der Traditionen- und Präjudizienjustiz der patrimonial-sakralen Gerichte des Adels wird, neben der Kodifikation, auch – so von Peisistratos – durch Sicherung einer rein amtlichen Rechtspflege in den Dörfern geboten (Peisistratos reiste selbst auf die Dörfer zur Rechtsprechung, später finden sich wenigstens für Bagatellsachen reisende δικασταὶ κατὰ δήμους): ebenfalls eine Analogie zur deuteronomischen Gesetzgebung. Wir finden auch unter den *wirtschafts*politischen Maßnahmen der Tyrannen Periandros, Theage-

[4] Nur ein nicht belasteter Besitz: „οὐσία ἐλευθέρα" galt in Athen als qualifizierend zu der betreffenden Besitzerklasse der Bürgerschaft.

nes, Kleisthenes, Peisistratos, ebenso wie in den Gesetzgebungen des Zaleukos und Solon, eine ganze Anzahl solcher, welche dieser Tendenz angehören. Die strenge Kontrolle des „Luxus", welche oft bis zu sehr eingreifenden Luxusverboten geht, richtet sich teils vom ständischen, teils vom kleinbürgerlichen Standpunkte gegen die Differenzierung der Lebenshaltung als Bedrohung der bürgerlichen Gleichheit. Das Verbot des Sklavenerwerbs durch Periandros und in anderen Staaten – in Phokis und Lokris bis in die klassische Zeit bestehend – und die versuchten Einschränkungen der Bodenakkumulation durch Solon suchten ökonomisch die Besitzverschiebung an der Wurzel zu treffen. Aber: die Beseitigung der Schuldhaft und die Austilgung der ständischen Differenzen zwischen den bodenbesitzenden Bürgern (politische „Bauernbefreiung") *einer*seits, das *Verbot* der Zuwanderung der Bauern in die Stadt *anderer*seits, sind Korrelate. Mehrfach ist der Versuch gemacht worden, die Bauernschaft durch staatliche Bindung des Bodens zu sichern: so in dem Verbot des Verkaufes an die *Stadt* (πρὸς τὸ ἄστυ) d. h. damals: an den Adel. Das häufige Verbot des Auf- und Vorkaufs, des Zwischenhandels (Zaleukos) und der Getreideausfuhr gehört in die gleiche Kategorie, wie die entsprechenden Maßnahmen der mittelalterlichen Stadtpolitik, nicht minder die Bestrafung des Müßiggangs und der Bettelei. Man erstrebt durch diese typisch wiederkehrenden – und vermutlich eine Reihe in den gleichen Zusammenhang gehöriger – Maßregeln eine *Stabilisierung* der kleinbürgerlichen „Nahrungen". – Schließlich aber bedeuteten, wenigstens in den großen Seestädten, die Maßregeln der Gesetzgeber ebenso wie die Politik der Tyrannen im *Erfolg* doch wesentlich die Koordination des *neuen*, auf Handel und Geldbesitz in *erster* Linie, beruhenden, spezifisch städtischen Reichtums mit den alten Geschlechtern. Die solonische Gesetzgebung hat wahrscheinlich (wennschon Br. Keils Argumente vielleicht nicht absolut zwingend sind) bereits die Zulassung zu den Klassen auf *Geld*schätzung des Einkommens gegründet, also den Boden der *bäuerlichen* Hoplitenpolis bereits verlassen. Und die merkantilistische Begünstigung der gewerbetreibenden Metoiken, welchen – im Gegensatz zu der Politik der späteren Demokratie – durch die Erleichterung des Zutritts zum Bürgerrecht zugleich der Bodenerwerb in Attika ermöglicht und damit die Erhaltung ihres Vermögens für Athen begünstigt wird, kennzeichnen die Rücksichtnahme auf das Bündnis der Geld (und deshalb: Menschen) besitzenden Klassen. Die Zulassung der Ölausfuhr bei Verbot der Ausfuhr anderer Bodenprodukte entspricht dem antiken *agrarischen* (Plantagen-)Merkantilismus. Die Bauernfreundlichkeit ist also nur Mittel zum politischen Zweck: – der gleiche Zug tritt in Periandros Gebot für die Bauern, sich der städtischen Tracht zu enthalten – um ihnen den Stadtaufenthalt zu verleiden – und in den erwähnten Bauernzuwanderungsverboten hervor. – Die verschuldete, depossedierte und in die Stadt gedrängte Landbevölkerung wurde zugleich, wie in Rom, nach *außen* abzulenken gesucht: Die attischen Kleruchien auf Salamis mit ihrem Rückenbesitzzwang und Verpachtungsverbot – solche Auflagen sind auch bei politisch motivierten Kolonien später noch vorgekommen, die letztere aber nicht ausnahmslos – hatten *neben* dem unmittelbar militärischen wohl *auch* diesen bevölkerungsentlastenden Zweck; sicherlich hatten ihn die Koloniegründungen der Tyrannen, welchen als „Arbeitslosenbeschäftigung" im Innern Staatsbauten entsprechen. – Stabilisierung der Nahrungen zur Vermeidung des Entstehens sozial deklassierter Bürgerschichten, daher Reglementierung des Verkehrs ohne zu starke Schädigung der Erwerbschancen ist die typische Parole dieser Epoche. –

Der Ständekampf hat daher keineswegs nur zu so relativ „klaren" Typen, wie etwa: Thessalien, Sparta, Athen, sondern naturgemäß zu den allerverschiedensten Kompromissen und Kombinationen geführt, von deren Inhalt die *sozialen Gemeinschaften* des platten Landes stark beeinflußt wurden. Leider ist wenig ganz Sicheres feststellbar. Ziel der „demokratischen" Bewegung war vor allem: Zertrümmerung des festen, auf der Bindung des Bodens in der (erweitert gedachten) Hauskommunion beruhenden, Zusammenhangs der „Geschlechter" und Brechung ihres übermächtigen Einflusses in den lokalen und personalen *Verbänden*: Dorf und Phratrie. Das „Dorf" (κώμη, später: δῆμος) hat als *Wirtschafts*gemeinschaft natürlich immer fortbestanden. Aber der Geschlechterstaat ignoriert es politisch und die Geschlechter mit ihrem Besitz standen zweifellos (wie unsere Rittergutsbesitzer) de facto außerhalb der Dorfverbände, schufen oft eigene κῶμαι, mit ihren Klienten, Schuldsklaven oder Pächtern. Ihr Grundbesitz bestand andererseits aber, da er sehr häufig aus Pfandbesitz entstanden war, wohl auch zum bedeutenden Bruchteil aus *Streu*besitz. Programm der Bauern daher: „Eingemeindung" der Güter in die Dörfer, Erschwerung des Streubesitzes in *mehreren* Dörfern. – Die Phratrie als unterster *Heeres*verband: *Wehr*gemeinde, beherrscht im *Militär*staat von jeher die *Zulassung* zum Bürgerrecht und Landbesitz, und sie steht ihrerseits ganz unter der Herrschaft der Geschlechter, obwohl sie (darin hat Wilbrandt sicher Recht) *nicht* nur sie umfaßte, sondern alle *Wehr*haften. Programm der Bauern daher: Demokratisierung der Phratrie, *oder:* Beseitigung jener ihrer Rechte. Die Konzessionen an die Hoplitenschaft gingen nun sehr verschieden weit. In Elis z. B. hat bis zum Synoikismos von 471 (s. u.) eine „Polis" gar nicht bestanden. Der Adel der fruchtbaren „hohlen Elis" war ein exklusiver pferdezüchtender Ratsadel, der wie in alter Zeit auf seinen Burgen verstreut saß und sich nur um das olympische Heiligtum und die ökonomisch vorteilhafte Leitung der Festspiele zusammenschloß. Erheblicher Handel *fehlte* zu allen Zeiten. Infolgedessen lange Zeit: große Verträglichkeit der Stände. Gemeinsam mit dem Hoplitenheer unterwarf der Adel die Pisatis: wie die römischen Patrizier der plebs, so konzedierte er den δῆμοι je einen Anteil am eroberten Lande: die Pisaten blieben Tributpflichtige des elischen Staates. Das von Aristoteles erwähnte, gegen den Bauernauskauf gerichtete, Verschuldungsverbot gehörte wohl schon dieser Kompromißzeit an. Die Demoi oder Komai (Dörfer) *blieben* die Konstituenzien der Gemeinschaft. *Sie*, nicht Staat oder Phratrie, sind es hier, welche das Bodenrecht verleihen. Andererseits ließen sich, bis 471, die Hopliten offenbar ohne Protest von den Herren kommandieren, wie in alter Zeit. Hier hatte eben kein Synoikismos stattgefunden (Folge der Schwäche des *Handels*) und dies war der Grund, weshalb die typischen Erscheinungen der Adelspolis: 1. Verschuldung der Bauern, 2. Grundbesitzanhäufung, 3. Verschwinden der δῆμοι, im Verwaltungsrecht, 4. Neuadel lange Zeit *nicht* (oder nur wenig) entstanden. (Über den Synoikismos von 471 s. unten.) Anders dagegen in den beiden einander benachbarten *Handels*städten Megara und Athen. – In Athen[5] und Megara war ebenso wie in anderen *See*städten, neben der Verschuldung der Bauern, ein *organisatorisch* wichtiges Problem: das Schicksal der mit der Entwicklung des Handels massenhaft entstehenden reichen *Neu*geschlechter. In Megara sind diese Parvenüs, deren Anspruchsfülle den Zorn des Theognis erregt, *ganz* ebenso wie in früherer Zeit der „alte" Adel, durch den Handel (Export) von Wollwaren, die aus der Wolle, welche die Herden des Adels gaben (wohl im ἐργαστήριον des Adligen) verfertigt waren, reich geworden. In Athen wird der Export von Öl und Töpferwaren ihnen emporgeholfen haben. An beiden Orten machen sie zeitweise, um Gleichberechtigung zu erlangen, gegen den Adel gemeinsame Sache mit dem Demos des platten Landes (in Megara richten sich hiergegen die Warnungen des Theognis, und vermutlich ging er aus *diesem* Grunde zur Oligarchie über). Eigentlich „revolutionär" aber sind überall die *verschuldeten Bauern*. Auch in Megara ist auf dem Wege der politischen Revolution der Bauern eine beschränkte (und charakteristische) Seisachthie: die Rückzahlung der an die Gläubiger geleisteten *Zinsen*, durchgesetzt worden. Ob dabei die „Degradation" der Edlen zu Gemeinen auch in Megara in ihrer zwangsweisen Aufnahme in die „Demen" bestanden hat, wissen wir nicht; im übrigen aber verhinderte die Vernichtung des megarischen Handels durch die Athener die Weiterentwicklung zur eigentlichen Demokratie.

Auch in Athen ist diese Entwicklung nur stoßweise vollzogen worden, zuerst auf der Basis der Bildung von *Neu*geschlechtern. Ob die Frage nach ihrer Teilnahme an dem gentilizischen Kult des Ζεῦς und Ἀπόλλων πατρῷος, die an die antretenden Archonten gerichtet wurde (Angabe des *Ortes* war dabei gefordert: es entspricht dies Qualifikationserfordernis etwa dem „Hantgemal" unseres Mittel-

[5] Ein näheres Eingehen auf athenische *Verfassungs*fragen verbietet sich hier natürlich. Die scharfen Meinungsunterschiede zwischen so hervorragenden Gelehrten wie v. Wilamowitz und E. Meyer, der häufige Wechsel der Ansichten desselben Forschers, die Arbeiten von Br. Keil, Fr. Cauer, Wilbrandt, zeigen das Eine jedenfalls: daß hier selbst der philologisch geschulte Fachmann, trotz der neuen Aristoteles-Funde, oft im Dunkeln geht, – um wieviel mehr wir anderen.

alters) *nach* der kleisthenischen Reform *mehr* bedeutete als das Erfordernis für den amerikanischen Präsidenten, geborener Amerikaner zu sein, steht dahin. Die *erbliche* Zuschreibung aller Adligen und aller Neubürger je zu einem bestimmten *Demos* durch Kleisthenes wird auch der *Beseitigung* der Bedeutung gerade dieser Frage gedient haben: er „macht alle Athener adlig", heißt es daher von ihm: jeder hatte eben jetzt seine „Heimatsgemeinde". Für die Zeit *vor* Kleisthenes beweist jene Frage aber, daß die Umgestaltung der Verfassung seit der Zeit, daß die Ratsgeschlechter, die aus ihren Burgen (Dekeleia z. B. war eine solche Geschlechterburg) synoikisiert waren, aus ihrer Mitte die Archonten *wählten*, bis zu dieser Umgestaltung des Kleisthenes sich im Rahmen der *Gentil*verfassung bewegte. Die sog. „solonischen" Klassen sind wohl sicher älter als Solon: sie dienten der Abstufung der Bürgerfron-, Abgabe- und Wehrlasten wie in der Frühzeit Roms. Wenn Drakon alle ökonomisch Waffenfähigen, Solon auch die unterhalb des Zeugitenzensus Stehenden, zum *aktiven* Bürgerrecht zuließ, und dabei die Amtsqualifikation lediglich an jenen Klassenzensus knüpfte, so müssen die außerhalb des alten Stadtadels (ἀστοί) der Eupatriden stehenden Bürger, um z. B. Archonten werden zu können, jedenfalls künstlich als *Neu*geschlechter (gentes minores) organisiert worden sein, – wie dies das bald nach Solon folgende, allerdings halbrevolutionäre Kompromiß-Archontat von zwei Demiurgen (angesichts jenes Erfordernisses der Teilhaberschaft am Kult des Zeus Herkaios), unbedingt voraussetzt. Geschlechtszugehörigkeit aber bedeutete unter allen Umständen *vor* Kleisthenes auch die *Boden*sässigkeit als Amtsqualifikation, denn ohne Bodenbesitz ist ein „Geschlecht" nicht denkbar. Aber im Gegensatz zu Elis finden wir noch nicht die „Demoi" als unterste Einheit. Die vom Adel beherrschte Phratrie, nicht wie in Elis, der Demos, behält damit in Athen die praktisch so wichtige Führung der Bürgerliste. Noch fehlt das „Dorf": die „Naukrarien" bedeuten keine eigentlichen Gemeindeeinheiten, sondern Lastenrepartition auf lokaler Basis. Die Exportpolitik zugunsten des Ölbaus und der Töpferei und die Währungsreform zugunsten des Handels zeigen ja, mit dem Getreideausfuhrverbot zusammen, deutlich genug, daß Solons Reform keineswegs etwa *primär:* Bauernpolitik war.

Die Übermacht des alten Adels in den Phratrien blieb also nach Solon ungebrochen. Daher begann die Verschuldung, der Kampf des rentelosen gegen den rentegebenden Boden (wie man es ausdrücken könnte) in Gestalt des Gegensatzes des Pedia (Adel und neue Grundrentner) gegen die Bauern, der Küstenbevölkerung gegen die binnenländischen Agrarier, von neuem. Die peisistrateische Politik warf die alten Geschlechter zu Boden und stützte sich auf die Bauern. Ihre Maßregeln *gegen* den Adel (außer: Konfiskationen) sind im einzelnen nicht bekannt (Cauer baut hier auf etwas unsicherem Boden). Die *kleisthenische* Politik endlich suchte umfassende Eingemeindung von vermögenden Neubürgern (Metoiken, auch Freigelassenen) im Interesse der politischen Machtstellung mit *Ver-*

nichtung der gentilizischen Gliederung des Staates zu verbinden. Die Eingemeindung des Adels in die Dörfer einerseits, Einfluß auch der Nichtadligen in den Phratrien andererseits sollen erzwungen werden. Zu diesem Zweck wird eine ganz neue, die Geschlechtsverbände absichtlich zerschneidende, rein lokale Einteilung des Staates vorgenommen. Jedermann, auch der Städter, erhält seinen *lokalen* „Demos", dem er *staatsrechtlich dauernd und erblich* angehört. Die Begründung des Staates auf diese „Demoi", in Verbindung mit der Berufung an die Volksgerichtsbarkeit und dem Ostrakismus, nannte man *damals* „Demokratie". Sie war noch nicht identisch mit „Volkssouveränität" in irgendeinem Sinn. Zwar der Areiopag, der sich selbst ergänzende Ausschuß der Geschlechter, der ursprünglich (nach Aristoteles) die Beamten ernannte, später umgekehrt sich aus ihnen ergänzte, war aus seiner alten, die Beamten, speziell die Rechnungsführung, kontrollierenden Stellung *teil*weise schon vor Kleisthenes herausgedrängt: die Schaffung der gewählten Bule der Prytanen gehört schon der Zeit der Adelsherrschaft an. Eine Entwicklung der Stellung des Areiopags nach Art des römischen Senates, dem er entsprach, war schon damit erschwert. Aber der Areiopag bestand doch als Kassationsinstanz gegen gesetzwidrige (insbesondere: gegen das *göttliche* Recht verstoßende) Beschlüsse der Ekklesia fort, und erst der Gesetzgebung des Ephialtes und Perikles fiel er zum Opfer. Dieser Zustand entsprach dem endgültigen Begriff der radikalen „Demokratie". Die „attische Demokratie" entspricht insofern der Souveränität des englischen Parlaments *weniger* als derjenigen der amerikanischen Union, als eine *Rechts*änderung in Athen an bestimmte Formalien geknüpft ist, und *jeder* Bürger gegen einen *rechts*widrigen Volksschluß Kassationsklage (beim *Volks*gericht!) erheben kann. Aber die Souveränität der attischen Ekklesia steht dennoch wesentlich *über* derjenigen der Komitien im *römischen* Staatsrecht, nach welchem nicht nur Verletzung des *göttlichen* Rechts einen Volksschluß nichtig macht, sondern auch die Aufstellung einer nicht als *generelle Regel* gültigen Norm, einer Verfügung also, die nur Einzelne betrifft, rechtswidrig ist (der Zwölftafelsatz ist offenbar gegen die Rezeption des hellenischen Ostrakismus gerichtet). Die „Souveränität" der hellenischen Polis äußert sich auch in der Art ihrer Disposition über das Vermögen ihrer Bürger. Gegen die Anschauungen v. Wilamowitz's, der darin ein Symptom für die „Jugend" des Privateigentums in Hellas findet, ist zu betonen, daß die Verfügung der Polis z. B. über den Grundbesitz der Bürger zwar auch der homerischen Zeit (s. o.) selbstverständlich ist, daß sie aber in historischer Zeit nicht ab-, sondern vielleicht eher *zunimmt*, bis in die hellenistische Zeit hinein (vgl. die Schuldurkunde von Arkesine, s. unten „Hellenismus"). Letztlich begründet ist sie in dem *militärischen* Charakter der Polis, die ein Heerlager, und der Volksversammlung, die das versammelte *Heer* ist. Das hat natürlich mit irgendwelchem Nachklingen kommunistischer Urzustände so wenig zu tun wie etwa die preußische Polenvorlage. –

Die „Demokratie“ im Sinne der attischen *Demen*ordnung hat von Athen aus (und unter dessen politischem Einfluß) die Mehrzahl aller Seestädte jonischer und einige dorischer Zunge (Rhodos) erobert. –

Verquickt mit den *ständ*ischen Unterschieden von „Adel“ und „Gemeinen“ durchziehen die *Besitz*gegensätze zwischen „Oligarchie“ und „Demos“ nun die ganze „klassische“ hellenische Geschichte: Wechsel in der innern Politik schließt solchen in der äußern in sich und umgekehrt. Natürlich handelt es sich nicht um Gegensätze zwischen einem „Arbeiterproletariat“ in *unserm* Sinne und irgendwelchen „arbeitgebenden“ Großindustriellen. Sondern es sind Gegensätze der Vermögens*größe* (gleichviel welche Struktur ökonomisch das Vermögen zeigt) und der *Schuld*verhältnisse einerseits, der Lebens*führung* („ritterlich“ oder nicht, im Sinne des Altertums natürlich) andererseits. Was diesen letzten Punkt speziell anlangt, so war das Vermögen der *alten* Geschlechter Grundrentenbesitz, akkumuliert (wie wiederholt ausgeführt) – mit Hilfe des *Handels*. (Natürlich ist das a potiori zu verstehen: nicht jedes Geschlecht trieb Handel oder beteiligte sich daran. Älteste Quelle der Zurechnung zum Adel ist wohl zweifellos die Gaufürstenwürde. Aber diejenigen, welche *wohlhabend* wurden, sind es *überall* auf diesem Wege: durch eigenen Schiffsbesitz oder Beteiligung, Kommenda usw., geworden.[6]) Aber naturgemäß suchten die alten Geschlechter das Eindringen der *Neu*geschlechter in ihre Kreise trotzdem auch durch Diskreditierung des Gelderwerbs zu hemmen. Die spätere Zeit sieht selbst in den Seestädten nur die ἐμπορία und die mit ihr zusammenhängenden Geschäfte des Seegroßhandels als respektabel an. Die Auffassung der eigentlichen *Landadels*gesellschaft vollends verwarf offiziell jeden eigentlichen „Erwerb“, unbedingt natürlich die persönliche Beteiligung an Kauf und Verkauf zu Gewinnzwecken oder gar die persönliche Arbeit. In *Sparta* ist – eine Konsequenz der Militärorganisation – nicht nur der Handwerker und Händler (Kleinhändler wie Großhändler) von den Ämtern und dem Vollbürgerrecht ausgeschlossen: er ist Periöke, sondern es ist dem Spartiaten direkt verboten, durch seine Arbeit sich standeswidrig Erwerb zu verschaffen, – wie unseren Offizieren. *Andererseits* aber ist hier – im striktesten Gegensatz namentlich gegen die athenische Demokratie – die Aufnahme unecht geborener, auch Helotenkinder, in den Bürger-, auch den *Voll*bürgerstand, keine Unmöglichkeit, da, ganz entsprechend dem rein militärischen Charakter des Staates, die kriegerische *Erziehung* die Grundlage der ständischen Absonderung der „Spartiaten“ ist, nicht etwa das *Blut*. In *Theben*, wo der Wagenkampf sich lange behauptete, der Schuldner als solcher (weil er entweder mit seinem Leibe haftete oder

6 Für den ökonomischen Prozeß im kleinen ist im großen der sog. „lelantische Krieg“ ein Archetypus: *Geführt* wurde er von den Patriziaten der großen *Handelsstädte* und *zur See*. *Objekt* und Siegespreis ist aber die fruchtbare, *rente*gebende, lelantische Ebene.

seinen Besitz auf Einlösung verkauft hatte) wie in ältester Zeit als sozial deklassiert galt, mußte man sich 10 Jahre lang der ἀγορά ferngehalten haben, um zu einem Amt wählbar zu sein. In *Athen* wurden zwar umgekehrt alle Ämter (mit der zweifelhaften Ausnahme des Protostrategen) durchs Los besetzt und der Demos durch Leiturgie auf Kosten der Besitzenden entlastet: – aber der Unterschied des gentleman-*Rentners* gegenüber dem, der von seiner Arbeit lebt, besteht trotz der „Demokratie“ in der öffentlichen Schätzung und kommt z. B. in Demosthenes Rede für den Kranz, obwohl es sich um ein Plädoyer vor den Repräsentanten des Demos handelt, deutlich zum Ausdruck. – Es war für die Entwicklung der charakteristischen Züge des Hellenentums – auch der hellenischen Kunst – von entscheidender Bedeutung, daß der kriegerische Rentnerstand der Hoplitenpolis *kein* Stand von Grandseigneurs war, sondern nach Besitz und Sitte gerade in der Zeit seiner selbstbewußten Entfaltung einfach und „bürgerlich“ zu leben genötigt war. Die nationalen Wettspiele, die Gymnasien mit ihrer von Sparta aus vordringenden, so folgenschweren Sanktionierung der *Nacktheit*, – derartiges wäre an den Höfen etruskischer oder römischer oder orientalischer „Großen“ niemals entstanden, hätte ihrer „Würde“ nicht entsprochen (die etruskischen Athleten z. B. sind, nach Ansicht der Fachmänner, schon nach ihrer Physiognomie *Berufs*athleten, welche, wie die spätrömischen, gegen Geld vor den Herren, als *Zuschauenden*, auftraten).

Die Entwicklung, zuerst zum Partikularismus der Adels-Polis, dann zum Hoplitenstaat und – in den reichsten Städten – weiter zur radikalen Demokratie entschied in Hellas (wie in Rom) auch über den spezifisch „weltlichen“ Charakter der Kulturentwicklung im Gegensatz zu der Theokratie des Ostens. Dieser Unterschied beruht jedenfalls nicht in *erster* Linie auf Differenzen der ökonomischen Machtstellung der Tempel. Denn auch in Hellas waren sie zuweilen Grundherren großen Maßstabes, im größten Umfang Delphoi nach dem „heiligen Kriege“, der dem Tempel das Gebiet von Kirrha und Krisa gebracht hatte, welches seitdem an Kolonen vergeben wurde. Ebenso erfüllten die Tempel*schätze* in Griechenland ähnliche Funktionen wie im Orient. Die Tempel besaßen ἐργαστήρια wie in Ägypten und gaben Darlehen. Sie waren andererseits Depositenkassen (erklärt sich der Freikauf des Sklaven durch den Tempelgott vielleicht auch daraus, daß die Götter die Sklavensparkasse waren, da hier das, Zugriffen des Herren von Rechts wegen ja überall ausgesetzte, peculium des Sklaven sicher war? – natürlich spielt die Garantie der Freiheit durch den Gott primär mit). Sie waren vor allem, in der klassischen Zeit (anders als später im Hellenismus), die einzigen wirklichen Staats*gläubiger*, und Depotstelle der Staatskriegsschätze: sowohl der Schatz der Athena wie diejenigen von Delphoi und Olympia (deren Bedeutung für die Peloponnesier Perikles bei Thukydides abschätzt) haben jene Rolle gespielt (Olympia noch in sehr später Zeit). Die geringere Theokratisierung beruht auch nicht auf ethnisch gegebenen Unterschieden im Grade der Zugänglichkeit für Superstition: darin geben die Hellenen, und vollends die Römer, wenigstens dem *älteren* Orient (*vor* der allgemeinen politischen Nivellierung und Theokratisierung) nichts nach, und die Rücksichtnahme darauf war politisch stets unbedingt notwendig. Sondern die gänzlich verschiedene Rolle, die das Religiöse im Okzident spielte, hängt mit dem Fehlen eines festgliedrig und einheitlich organisierten Priester*standes* und allen seinen Konsequenzen (Fehlen jeder spezifischen Priester*vorbildung*, und, erst recht natürlich, der religiösen Unterweisung der Laien, Fehlen einer allgemeinen spezifisch priesterlichen asketischen oder rituell geregelten Lebensreglementierung bis auf – *relativ*! – geringe Ansätze, und daher erst recht: Fehlen sektenhafter „Reinheits"-Askese für die Laien nach Art der jüdischen Lebensreglementierung) zusammen. Die Priesterstellen sind vielfach allerdings auch in historischer Zeit noch in den Geschlechtern erblich (Dionysospriester in Delphoi – dagegen nicht: die Apollonpriester) und für die älteste Zeit scheint die Existenz von Priester*adel* sicher. Allein die Regel ist das schon lange vor, und vollends nach dem Siege der „Hoplitenpolis" nicht: neben der (seltenen) Volkswahl ist das Prinzip der Losbesetzung (aus qualifizierten Kandidaten) und besonders der *Verkauf* der Stellen das häufigste. Kumulation des Priesteramtes mit anderen Beschäftigungen ist meist zulässig. Die Besetzung erfolgt lebenslänglich, später aber oft auch nur für 1 Jahr. Sie ist oft fast eine rein geschäftliche Transaktion (Schwierigkeit der Besetzung, wenn die Ölplantagen des Tempels abgebrannt sind!). Es fehlt jede Einheitlichkeit des Standes als solchen, jeder Ansatz zur „Kirchen"bildung und jedes priesterliche Standesgefühl. Die heftige Konkurrenz der Partikulargottheiten allein erklärt (wie das Mittelalter zeigt) dies nicht. Sondern es ist Folge der politischen *Unterwerfung* der Priesterschaft unter die *Militär*macht der rein politisch-weltlich interessierten Adelsgeschlechter und später der Bürger der Polis. Delphoi wird nicht von einem delphischen Priestergeschlecht beherrscht, sondern von einer Polis. Anlaß des „heiligen Krieges" ist allerdings der Versuch dieser den Tempel beherrschenden Polis, ihn durch Zölle auf die Wallfahrer zu fruktifizieren. Seitdem ist er unter der sehr fühlbaren Kontrolle einer Amphiktyonie, mehrerer (ursprünglich) ländlicher Gemeinwesen (ἔθνη), bei zunehmendem Einfluß der allmählich sich einmischenden Polis. An theokratischen Strömungen hat es auch später in Hellas offenkundig nicht gefehlt, so wenig wie an mystisch-ekstatischen. Noch die Perserkriege kann man – wie E. Meyer es geistvoll getan hat – als einen Entscheidungskampf zwischen jenen Strömungen (an welche die Perser hier wie anderwärts sicher angeknüpft hätten) und der „Weltlichkeit" der hellenischen Kultur ansehen. Alle Tyrannen und Tyrannis-Kandidaten stehen mit Tempeln oder Propheten in Verbindung (speziell bekanntlich die Alkmäoniden mit Delphoi). *Aber:* die Macht der Priesterschaft reichte nicht aus, den Usurpatoren die Weihe der Legitimität, wie im Orient, zu geben, und daran scheiterte die Tyrannis. Es ist diese Machtlosigkeit ein Erbe der (mit den Göttern im Epos so respektlos umspringenden) homerischen Epoche: die *Militär*geschlechter des Heerkönigtums, die im Orient schließlich überall den Verbündeten: königlicher Bureaukratie und Theokratie, *unterlagen*, behielten hier über Könige und Priester die *Oberhand*. Und der Sieg der *nunmehr*, wo die Priestermacht in den *Dienst* des Adels gezwungen war, durchweg *gegen* sie, vor allem gegen jede religiös-traditionalistische Rechtsfindung interessierten bürgerlich-bäuerlichen Hoplitenschaften besiegelte die Niederlage aller theokratischen Strömungen (während umgekehrt im Orient die Theokratie gerade die Masse der „kleinen Leute" auf ihrer Seite hatte, weil sie in ihr immerhin einen Rückhalt *gegen* die äußersten Konsequenzen der Willkür der Könige und des großen privaten Besitzes erblickten).

Rechtsgeschichtlich sind die Tempel*besitzungen* wahrscheinlich dadurch von Bedeutung gewesen, daß – wie es scheint – das Institut der *Erb*pacht in seiner antiken Form (der späteren „Emphyteuse") von ihnen seinen Ausgang genommen hat. Die städtischen und dörflichen Ländereien werden in *älterer* Zeit kaum Anlaß zur Ver*erb*pachtung gegeben haben: sie dienten der Zuweisung von κλῆροι an den Nachwuchs oder der gemeinsamen Nutzung. Beide Zwecke kamen für die Tempel nicht in Betracht. Nur in Elis *scheint* ein Teil der unterworfenen Pisatis in Erbpacht vergeben gewesen zu sein. Wie schon für das pharaonische Ägypten die *Möglichkeit* (aber freilich *keinerlei* Sicherheit) besteht, daß die Tempelbauern teilweise Erbpächter gewesen sind (s. o.), so ist es sicherlich nicht zufällig, daß in Hellas, wo die Erbpacht zuerst (in einer Inschrift von Olympia) im 5. Jahrh. nachweislich ist, die Tempel in so starkem Maße als Erbverpächter beteiligt sind. Neben ihnen stehen in der *klassischen* Zeit die Allmenden der *Gemeinden*. Dagegen *fehlen private* Besitzer als Erbverpächter (der einzige angebliche Fall ist nicht nur unsicher, sondern ganz unwahrscheinlich). Das Institut wird in zwiefachem ökonomischen Sinn verwendet (wie Mitteis zuerst klar erkannt hat): 1. als Verleihung von *Öd*land mit einer dem Maße nach genau bestimmten *Pflicht* der Bebauung (namentlich: Bepflanzung mit Ölbäumen oder Weinstöcken) zu Lasten des Erbpächters: hier ist die *Erb*pacht lediglich die Erstreckung der im Orient und in Hellas (s. u.) oft vorkommenden *lang*fristigen bis auf ewige Dauer, mit dem Vorbehalt, daß Nichterfüllung der Baupflicht zur Entziehung berechtigt, sonst ein Heimfall nur bei erblosem Tode erfolgen solle. (Wir sahen, in wieviel primitiverer Weise das altbabylonische Recht die Meliorationsvergebung behandelte.) 2. kommt die Erbpacht als „Rentenkauf" (so nennt diesen Fall Mitteis nach germanischer Analogie mit Recht) vor, bei *Kultur*land, welches vom Tempel (oder für ihn) gekauft und dem Verkäufer gegen Zins zurückgegeben wird. Für den Tempel ist dies eine sichere Kapitalanlage, für den, der ihm das Grundstück zu Rente aufträgt, bedeutet es den Gewinn von Betriebskapital und *außerdem* der

Rechtssicherheit, welche die Qualität des Landes als Tempelland bot. Die Frage der Veräußerlichkeit hing vom Kontraktsinhalt ab, zuweilen ist sie untersagt. Daß sie in einem (sehr späten) Kontrakt aus Thisbe nur an Gemeindebürger gestattet ist, entspricht alten hellenischen Grundsätzen.

b) „Klassische Epoche" (speziell: Athen)

Die Erbpacht – welche, wie schon hervorgehoben, auch in Hellas nur seitens juristischer und zwar „öffentlicher", nicht seitens physischer Personen als Verleiher vorkam, im *Privat*verkehr wohl auch hier (wie in Rom) gar nicht möglich war – ist in Attika in der klassischen Zeit und wohl in allen Gebieten der gleichen *radikal*demokratischen Struktur – die einzige Erscheinung eines *gebundenen* Bodenbesitzes in der klassischen Zeit. Die Entwicklung zur „Bürgerpolis" ist in ihrem Endpunkt generell identisch mit Entwicklung zur vollen *Verkehrsfreiheit* des Bodens. Nicht nur in Athen und den mit ihm verbündeten Orten (Möglichkeit des Bodenankaufs und der Bodenbeleihung in den Bundesgenossenstädten ist ja ein Hauptvorteil des Bundes für die Athener), sondern auch anderwärts, außerhalb Spartas und der spezifisch grundherrlichen Staaten vom Typus Thessaliens, ist er seiner Beschränkung durch *gentile* Retraktrechte in klassischer Zeit überall entkleidet. Aber auch die Schranken, welche der Hoplitenstaat in der Zeit seiner Entstehung, im Interesse der Erhaltung der ökonomischen Grundlage der Wehrfähigkeit, geschaffen hatte: gänzliches Verbot des Verkaufs des κλῆρος oder doch Verbot der Bodenakkumulation, Beschränkung der Teilung und Verschuldung usw., hielten auf die Dauer nicht stand (und fielen natürlich gänzlich dahin, wo man später zum *Sold*heer überging). In dem seit 471 synoikisierten Staat von Elis wurde, als ein Parteikompromiß die exulierten Aristokraten zur Heimkehr veranlassen sollte (350), ad hoc ein Verbot des Verkaufs ihrer Grundstücke erlassen, – der also an sich, und sicherlich schon seit sehr langem, zulässig war. Mit dieser Freiheit des Verkehrs wurde naturgemäß die Möglichkeit der Differenzierung des Bodenbesitzes, der selbst Sparta nicht entging, in der freien Polis erst recht wieder wirksam. Dies um so mehr, als die Sklavereiverbote oder -beschränkungen der alten Hoplitenpolis nirgends aufrechterhalten blieben, und wir demgemäß, fortschreitend bis in die hellenistische Zeit, das Vordringen der Kaufsklaverei als normale Erscheinung in immer weitere Gebiete verfolgen können. So z. B. in Phokis (s. o.) nach dem peloponnesischen Kriege (ein, damals Aufsehen erregender, Import von 1.000 Sklaven auf einmal ist bekannt). Ebenso bei den Aitolern in der hellenistischen Zeit, als sie sich als erobernder Herrenstaat militärisch konstituierten, und zweifellos *infolge* dieser Konstitution, welche sie in die Notwendigkeit versetzte, wirtschaftlich „abkömmlich" zu sein. – Die Frage ist nun, wie wir uns die Wirkung dieser Verkehrsfreiheit in Althellas vorzustellen haben, ob sie insbesondere dem römischen Entwicklungsprozeß zum großen Landbesitz und großen Sklavenbetriebe analog verlaufen ist. Das Quellenmaterial gestattet, selbst für so hell beleuchtete Gebiete wie Attika, nur indirekte Schlüsse. Zunächst muß man sich vergegenwärtigen, daß es, außerhalb der alten Adelsburgen, „Villeggiaturen" auf dem Lande oder überhaupt *größere* Baulichkeiten, mit Ausnahme der lokalen Kapellen, nicht gab. Nicht nur die Sklaven, Herden, Geräte, sondern auch die Gebäude – d. h. die Bestandteile der Holzhäuser – wurden im Fall eines feindlichen Einfalles in die Stadt gebracht. Ferner brachte die Beteiligung an der Politik die Notwendigkeit des Absentismus mit sich. Also ist, neben einem *gewissen* Maß von Feldsklavenbesitz, Verwaltung durch Aufseher (ἐπίτροποι) unvermeidlich für den *Berufs*politiker. Ebenso war für den Hopliten, wenn er auf die volle Höhe der Technik gelangen sollte, entweder Stadtsässigkeit oder doch häufiger Stadtaufenthalt zum Üben unentbehrlich, sobald die Stadt begann, „große" Politik zu *Lande* zu treiben. Als Argos dies zu tun beabsichtigte, war das erste: die Spezialausbildung von 1.000 „Auserlesenen", die es mit den Spartiaten aufnehmen sollten. Ebenso in Theben die Schaffung des „heiligen Lochos". Auf der anderen Seite zeigen die Verhältnisse, welche die attischen Redner voraussetzen, daß der Grundbesitz der „Kapitalisten" in *Küsten*städten, die ihn als Gelegenheitsanlage behandelten, jedenfalls vielfach Streubesitz, *nicht* Großgrundbesitz war. Dieser Kapitalistengrundbesitz der klassischen Zeit wechselte, im Gegensatz zum Besitz des alten Adels, offenbar leicht die Hand (vgl. Timarchos). Gerade dem Bedürfnis, dies zu ermöglichen, kam die Entwicklung zur Verkehrsfreiheit entgegen. Der Grund und Boden in Attika ist im 5. Jahrh. und später völlig frei veräußerlich und verpfändbar und, wenigstens in Ermangelung legitimer Söhne, unbedingt testamentarisch disponibel, sonst nur in Form von Legaten, gegen die es ein *gesetzliches* Pflichtteilsrecht nicht gab (anders als in Gortyn). Aus einer Lysiasstelle ist mit Unrecht der Fortbestand eines *gesetzlichen* Unterschiedes zwischen ererbtem und erworbenem Gut gefolgert worden. Es war damals in Athen lediglich Anstandspflicht, das erstere nicht zu veräußern (anders vielleicht noch im 4. Jahrhundert z. B. in Thera). Allerdings war es offenbar üblich, bei etwaiger Nachlaßteilung zu Lebzeiten das Erbland (im Gegensatz zum gekauften) den Söhnen zu geben. (Diese letzte Sitte könnte ihrem Ursprung nach mit dem „Inkyo" der Japaner und taciteischen Notizen über Erbübertragungen bei den Germanen zu vergleichen sein: der *nicht mehr wehrhafte* Mann hat in der Hoplitenpolis seinen κλῆρος an den Sohn abzugeben und geht aufs Altenteil. Er verliert damit ursprünglich wohl auch seine Stimme in der Heeresversammlung und sitzt dafür im Rat der Ältesten.) Der Vorzug der Söhne im Erbrecht besteht, dem kriegerischen Charakter der Polis entsprechend, fort. Das Erbrecht ist Parentelerbrecht mit Vorzug des Mannesstammes; ein Subsidiarerbrecht der Sippe existiert nicht, auch keines der Phratrie (Rachepflicht und Erbrecht stehen also außer Beziehung zueinander). Ausgeschlossen vom Bodenbesitz ist jeder Nicht-Vollbürger, seit Perikles also jeder, der nicht beiderseits aus Vollbürgerfamilien (also nicht von Freigelassenen oder Metöken) stammt. Eine ökonomisch bedeutsame Konsequenz ist, daß auch von der Beteiligung an dem so grundlegend wichtigen *Hypotheken*geschäft (welches ja teils Kauf auf Wiederkauf war, teils die eventuelle Eigentumseinweisung des Gläubigers involvierte) alle Fremden und Metöken ausgeschlossen waren, diese Art der Kapitalanlage also den besitzenden Vollbürgern vorbehalten blieb. Das erste Privileg für Fremde, auf Hypotheken im Inlande auszuleihen, ist für Athen in der Zeit des dekeleischen Krieges nachweisbar, also Produkt der Not, und die Tragweite des Ausschlusses oder der Zulassung fremder Gläubiger geht daraus hervor, daß die Athener in ihrem sogenannten „zweiten Seebund" den Bundesgenossen speziell zusichern mußten, daß kein Athener in einer Bundesgenossenstadt Boden kaufen oder auf Hypothek leihen dürfe. Der Bodenwucher war eben neben der Staatspacht nach wie vor das kapitalistische Geschäft par excellence, und der erste attische Seebund hatte zweifellos eine Art von Hypotheken-Grundherrlichkeit der vermögenden Athener in den Bundesgenossenstädten bedeutet. Dies wird auch durch die *Form* des Grundkredits illustriert. Die Form des Pfandrechts war entweder die πρᾶσις ἐπὶ λύσει: der Verkauf des Grundstücks an den Gläubiger unter Vorbehalt des Wiederkaufs (juristisch dem entsprechenden deutschrechtlichen Institut ähnlicher gestaltet als der römischen „fiducia"), – oder die Hypothek in unserem Sinne. Noch in klassischer Zeit funktionieren beide nebeneinander und existieren außerdem die (wohl nur noch terminologisch von der Hypothek geschiedenen) ἀποτιμήματα (Dotal- und Vormünderschafts-Pfandrechte). Erst später gewinnt die eigentliche Hypothek gänzlich die Oberhand. Es wäre wohl möglich, daß ursprünglich nur *öffentliche* oder quasiöffentliche Verpflichtungen durch ein Pfandrecht *ohne* Besitzeinweisung gesichert werden konnten (Ursprung: in der *Leiturgie*konstruktion). Noch im 4. Jahrh. zeigen die attischen Hypothekensteine bei *Darlehen* die πρᾶσις ἐπὶ λύσει als das Normale, *nicht* die Hypothek. Daß die Hypothek aus der persönlichen Schuldverknechtung (nach Ausscheidung der Person des Schuldners durch die Anti-Schuldhaftsgesetze) entstanden sei, möchte Szanto auch aus einer bekannten Inschrift von Halikarnassos (Bull. IV p. 295) folgern, während er die πρᾶσις ἐπὶ λύσει (ebenso wie die römische „fiducia") aus einem einfachen definitiven Verkauf mit kreditiertem Kaufpreis entstehen läßt. Allein angesichts der Rolle, welche die mit Beschränkungen und sub causa erfolgenden Übertragungen, die befristete Schuldverknechtung, die antichretischen Verträge usw. in anderen und zwar den untereinander verschiedensten und gerade auch den ältesten uns bekannten antiken Rechten spielen, vor allem angesichts der Rolle, welche gerade die *Boden*verschuldung in sonst noch ziemlich „primitiven"

Zuständen spielt, endlich auch angesichts des Fortbestandes der persönlichen Schuldverknechtung *neben* der Hypothek in vielen hellenischen Staaten, erscheint die (geistreich ausgeführte) Theorie nicht überzeugend, und dürfte auch keine Nötigung bestehen, sie in der Umgestaltung, die Swoboda in übrigens lehrreichen Ausführungen ihr gegeben hat, zu akzeptieren. Vielmehr ist das Wahrscheinliche, daß auch hier die πρᾶσις ἐπὶ λύσει) sehr altes Recht, ebenso alt wie die Verpfändung von Weibern und Kindern des Schuldners ist, daß sie, wie im Mittelalter, das älteste Bodenpfandrecht ist, daß der Schuldner, der üblicherweise (hier wie sonst so oft) das Grundstück als Prekarist oder in Pacht (insbesondere als ἑκτημόριος) behielt, das (einlösliche) Eigentum des Gläubigers durch den ὅρος (Hypothekenstein) anerkannte. Inschriftlich erhalten sind ὅροι freilich (aber begreiflicherweise) erst aus dem 4. Jahrh., allein Solon erwähnt sie ausdrücklich. Die *persönliche* Versklavung des Schuldners wurde durch Solon verboten und zwar sowohl die *Exekutions*versklavung, als das Borgen auf den eigenen Leib. Anderwärts blieb sie zulässig. Die Entwicklung der Hypothek war nur die natürliche Fortsetzung dieses Milderungsprozesses, hier wie anderwärts: die eigenmächtige ἐμβάτευσις des Gläubigers im Fall der Nichtzahlung und die Anwendung der δικη ἐξούλης gegen den Schuldner, der das dem Gläubiger verfallene Grundstück nicht räumt, wären dann Reste der alten Prekaristenstellung des Pfandschuldners. Durch die Entwicklung der Hypothek aus der πρᾶσις ἐπὶ λύσει erklärt sich auch die ursprüngliche Notwendigkeit des Konsenses des Gläubigers bei Veräußerungen. Allmählich entwickelte sich dann auch die Verpfändung der Hyperocha, die ursprünglich natürlich ebenfalls an den Konsens des Vorhypothekars gebunden war, und damit die Nachhypothek. – Der Boden- und Hypothekenverkehr war formell sehr erleichtert. Grundbücher existierten (trotz Aristoteles und Theophrast) wohl nur vereinzelt: in Tenos, wo auch, wie anscheinend in Chios, Hypothekenregister bestanden. Im übrigen genügte meist – so im attischen Recht – der einfache Kontrakt zur Übereignung. Da in Athen (im Gegensatz zu Ägypten und Spätrom) keine Legalhypotheken existierten und die Steuerlisten und Grundkataster der Demarchen – namentlich seit der Neuordnung der Nausinikos (377) – über die Umsätze des Bodens Auskunft gaben, außerdem öffentliche Affichen vor der Veräußerung mit der Aufforderung an Prätendenten, Einspruch zu erheben, hier (wie öfter) vorgeschrieben war (anderwärts kommt die Pflicht öffentlichen Ausrufens oder eines öffentlichen Opfers vor), so war der Spezialität und Publizität für die Verhältnisse der räumlich beschränkten Polis Genüge getan. Fraglich ist nun: welchen Einfluß diese Verkehrsfreiheit und Verkehrssicherheit, in Verbindung mit der Demen-Verfassung, auf die soziale Gliederung des platten Landes, speziell in Attika, gehabt hat.

Die Freiheit des Bodenverkehrs ist keineswegs *erst*malig das Werk von Solon. Neu ist von ihm nachweislich die Freiheit des Testaments. Im übrigen hat er vielleicht ebensoviele Schranken *neu* geschaffen (Kommassationsverbot) wie beseitigt. Die neuerdings mehrfach (Fustel de Coulanges, Wilbrandt) vertretene Hypothese, daß Solon ein bis dahin bestehendes allgemeines *Geschlechter*-Eigentum am Grund und Boden Attikas, welches jeden Bodenverkehr und jedes individuelle Privateigentum ausschloß, beseitigt habe, ist in keiner Weise beglaubigt, steht mit der Überlieferung über Drakons Hoplitenzensus und den solonischen Klassen – welche ja zweifellos schon *vor* ihm für Steuer- und Wehrpflicht-Abstufung bestanden und eine *individuelle* ökonomische Differenzierung als bestehend *voraus*setzen – und mit allen Analogien im Widerspruch. Die „Geschlechter" sind im Altertum *überall* weit *jünger* als das (natürlich normalerweise *familien*haft durch Retraktrechte gebundene) Privateigentum an Boden, Produkt der *Differenzierung* durch den Handels- und Beutegewinnst. Keine sichere Nachricht über derartige Zustände, wie jene Theorie sie voraussetzt, liegt vor. Die Ausführungen von Wilbrandt über die Beschränkungen des Grundbesitzverkehrs projizieren *gesetz*geberische Schranken, welche im Interesse der *Wehr*haftigkeit getroffen wurden, in die ferne Vergangenheit, und was er über die πρᾶσις ἐπὶ λύσει sagt, übersieht, daß ja der „kaufende" Gläubiger nicht *Eigentum*, sondern *einlösliches* Recht erwarb, aber eben ein Recht am *Boden*, nicht nur an den *Einkünften* (was *nirgends* vorkommt). Ebenso kann ich freilich der Ansicht Swobodas nicht beitreten, daß die Klasse der „Hektemorier" ein Stand von „Hörigen" *nach Art* der spartanischen *Heloten* gewesen sei. (Daß sie andererseits nicht „Akkordarbeiter" gewesen sein können, wurde schon bemerkt.) Was Swoboda über ihre Stellung im Erbrecht, ferner ihre glebae adscriptio, ihren Anspruch auf Rechtsvertretung, ihre Fronden usw. ausführt, sind Hypothesen, und zwar, soweit das Entstehen von *Groß*betrieben in Frage kommt, m. E. ganz unwahrscheinliche, veranlaßt (wie für Rom bei K. J. Neumann) dadurch, daß der Verfasser, durch die Arbeiten unseres Meisters G. F. Knapp fasziniert, einen von diesem glänzend geschilderten *modernen* Prozeß ins Altertum projizierte. Die „Abschaffung" eines *Hörigen*institutes durch Solon ist nirgends überliefert, was doch wohl sicher der Fall wäre, hätte er es getan. Daß er die Notwendigkeit der *Prozeß*klientel beseitigt habe, wird aus der Tradition wohl mit Recht erschlossen (setzt aber das Bestehen plebejischer *Freiheit* vor ihm natürlich voraus). Die „πελάται", die besitzlosen und deshalb in Klientel befindlichen Arbeiter, gewinnen nun volle Prozeßstandschaft. (Aber sie sind mit den Hektemoriern *nicht* identisch, wie eine schon bei den antiken Lexikographen vorkommende Ansicht annimmt.) Das, was (m. E.) an Sw.s Ausführungen *zutreffend* bleibt, dürfte auch durch die Hypothese berücksichtigt werden: die Hektemorier waren (s. o.) *Pfand*schuldner, deren Grundstück der Gläubiger im Besitz hatte, auf dem er sie als Teilpächter arbeiten ließ. Die generelle Herrschaft des „Sechstels" könnte dann ein Punkt sein, der auf gesetzlicher Regelung beruht: einer Regelung, die eine Beschränkung der Gläubigerrechte bedeutete. Solon hat die Institution allerdings beseitigt: indem er die ganze *Schuld*gesetzgebung reformierte und die bestehenden Pfandschulden (damit also auch die bestehenden Hektemorier-Verhältnisse) kassierte. Denn allerdings: mit ihm hört das Bestehen des Verhältnisses auf. Auch die einzige Stelle, welche Solon mit dem *Teilbau*verhältnis in Beziehung bringt (Pollux VII, 151), stimmt dazu: das Land, die „γῆ ἐπίμορτος", war es, mit dessen Schicksal (d. h. Entpfändung) Solons Gesetz sich befaßt, nicht: ein *Stand* von ἐκτημόριοι.

Welche Form die schon früher erwähnte solonische Boden*akkumulations*beschränkung hatte, ist nicht überliefert. Ein direktes Verbot war sie nach dem Wortlaut der betreffenden Aristoteles-Stelle (Polit. II, 4, 4) kaum. Das (von ihm als vorkommend erwähnte) allgemeine Verbot des Verkaufs von Land in weiterer Entfernung von der Stadt an Stadtbewohner (d. h.: Adel) wäre in Athen in der Zeit der Parteikämpfe zwischen den Pedianen und Diakriern recht wohl denkbar, aber dann eher dem Peisistratos zuzutrauen. Sehr möglich erscheint dagegen, daß Erwerbsschranken für Land außerhalb des eigenen *Demos* bei der Begründung der attischen Verwaltungsorganisation auf die Demen durch Kleisthenes, wahrscheinlich seit *Peisistratos*, während dessen Regiment eine *Parzellierung* des zu Solons Zeit „δι̇ ὀλίγων" befindlich gewesenen Landbesitzes sich vollzogen haben muß, bestanden. Denn noch im 4. Jahrhundert erhoben die attischen Demen, welche den Kataster führten, von dem Landbesitz eines jeden, der nicht zum Demos gehörte, eine Abgabe. Dies „ἐγκτητικὸν" war naturgemäß eine fühlbare Schranke für die Kapitalanlage auch in Land*hypotheken*. Im übrigen zeigt es das Bestehen kräftiger *lokaler* Gemeindeverbände auf dem platten Land. Während des ganzen 5. und, trotz der furchtbaren Verwüstungen des peloponnesischen Krieges, auch des 4. Jahrhunderts ist denn auch die attische Landgemeinde eine lebendige Einheit, wie die Inschriften zeigen (obschon die Frage ihrer Finanzlage durch die Plotheia-Inschrift nicht geklärt ist, da nicht sicher feststeht, ob die rund 22.000 Drachmen derselben Kapital oder Jahresausgabe sind). Der „Demos" besitzt, verwaltet, verpachtet (der Demos Aixone auf 40 Jahre) eigenes Land (auch Felder, Weinberge, und je nachdem Theater und sicher auch Tabernen aller Art); er ist der Aushebungsbezirk: der Erkrankte darf aus seinem Demos einen Ersatzmann zum Heer stellen; er ist unterster Steuereinhebungsbezirk, bestimmt daher die Persönlichkeit des zur Proeisphora Verpflichteten; er ist endlich an der Bildung der Bule (durch das Los) beteiligt. Die Prytanenurkunden ergeben die Beteiligung je *aller* Demen der betreffenden Phyle, und zwar scheint es, daß das Prinzip der Proportionalvertretung zugrunde lag. Dabei wirkte allerdings gerade das Prinzip der *erb*lichen Zugehörigkeit zum Demos der Absicht der peisistrateischen wie der kleisthenischen Politik schließlich entgegen. Der Zweck war ja: politische Herrschaft der hoplitenfähigen Mittelbesitzer, Zerbrechung der großen Geschlechtsverbände. Zu diesem Zweck wurde, wie jeder Nobili in den demokratischen Gemeinden Italiens einer Zunft, so hier jeder Adelige einem Dorf zugeschrieben, sein auswärts liegender Grundbesitz einer Sondersteuer unterworfen. Des weiteren wurden (unbekannt, wann?) die *Phratrien* genötigt, sowohl ὁμογάλακτες (Altadel) als ὀργεῶνες (die künstlich geschaffenen Quasigentes der Neubürger) in sich aufzunehmen, später auch: ϑίασοι: die freigebildeten Bürgervereine der nicht ansässigen, jeglicher Gentilorganisation entbehrenden Bevölkerung.[1] Und während in der ersten Demotionideninschrift (Anfang des 4. Jahrh.) in der Phratrie noch der alte „οἶκος" (Eupatridengeschlecht) der Dekeleier als Rest älterer Rechte eine Art Offizialanwaltsstellung bei der wichtigsten Funktion der Phratrie: Einschreibung in die Bürgerlisten, behauptet hat, ist in der zweiten (Mitte des 4. Jahrh.) die erstinstanzliche Entscheidung ganz in die Hand des ϑιασος gelegt und fehlt das Eingreifen des Adels. Phratrie und Demos sind demokratisiert. Die Demen haben das starke Hoplitenheer Athens in der Zeit seiner größten Machtstellung (480–460) gestellt, und zwar die *Bauernschaft* in erster Linie. Von etwa 30-33.000 Zeugiten (neben ca. 2.000-2.400 Pentakosiomedimnen und Rittern), die Athen (neben ca. 20.000 Theten) im Jahre 431 nach E. Meyers Berechnung besaß, mag noch die Mehrzahl auf dem Lande gewohnt haben. Aber *nicht* mehr das Land war politisch ausschlaggebend. Die Zugehörigkeit zum Demos war jetzt, ähnlich der russischen Zugehörigkeit des Bauern zu seinem Mir, – nur ohne Konsequenzen für die persönliche Freizügigkeit – unverlierbar und unabhängig vom Wohnsitz und Beruf. In seinem Demos wird der Einzelne zur Steuer herangezogen, wo immer er sich auch aufhalte. Die *stadt*gesessenen Mitglieder der Demen waren aber allein in der Lage, regelmäßig an der Volksversammlung teilzunehmen, in welcher daher unter Umständen der ναυτικὸς ὄχλος seinen aus der Politik der Demokratie bekannten Einfluß üben konnte. Hiergegen spricht es natürlich nicht, daß nachweislich überwiegend Besitzende im Rat, in der Strategie und in der Finanzverwaltung ge-

[1] Fast alles einzelne ist hier bestritten. Daß die früher erwähnte „Phratrienliste" mit 20 (!) Namen, aus dem Anfang des 4. Jahrh., *nicht alle* Phratoren der betr. Phratrie umfaßt haben kann, ist doch wohl anzunehmen. Andererseits hat man sich zu erinnern, daß zwar – nach den Bürgerrechtsdekreten – jedem Neubürger die Wahl von Demos, Phratrie (für diese später mit Beschränkungen) und *Phyle frei*gestellt wurde, daß aber die Phyle aus dem Demos, in dessen Hand die Führung der Bürgerliste lag, von selbst folgte, während die förmliche Aufnahme in die Phratrie *nur* für Leute, die Vermögen, insbesondere *Grundbesitz*, ab intestato *vererben* wollten, wichtig und dann offenbar keineswegs schon durch die Aufnahme in den Demos präjudiziert war, wie die Demotionidenakten zeigen. Also ist es sehr *möglich*, daß viele, selbst die große Mehrzahl der Bürger später *keiner* Phratrie angehörten.

sessen haben und daß auch die inschriftlich bekannten Antragsteller in der Volksversammlung zum erheblichen Teil Besitzende waren. Der antike *Berufs*politiker *mußte* im allgemeinen ein „besitzender" Mann sein (auch die älteren Führer der Sozialdemokratie sind es ja zum recht erheblichen Teil, obwohl heute Redakteurs- und Sekretärstellen usw. zur Verfügung stehen). Dagegen ist praktisch wichtig und charakteristisch die, wie es scheint, steigende Rolle, welche die Begüterten in der *Lokal*verwaltung vieler Demen spielten, und natürlich *noch* wichtiger die damit zusammenhängende Frage nach der *Besitz*verteilung innerhalb der Demen. Trotz jenes starken Einflusses scheint diese noch im 4. Jahrhundert *nicht* plutokratisch gewesen zu sein. Im 5. Jahrhundert soll etwa ¼ der attischen Bürger des Bodenbesitzes entbehrt haben, die Mehrheit aller auf dem Lande ansässig gewesen sein. Authentisches ist darüber nicht bekannt. Aus den vorkommenden Bodendotationen ersehen wir, daß Güter von (nach unseren Begriffen) bäuerlichem Umfang als ansehnliches Präsent galten, Besitzungen von mehr als 50 ha (allerdings im Fall von Ölkultur ein recht bedeutendes Ausmaß) wohl kaum vorkamen. 50 ha könnte der ungefähre Umfang eines dem alten Minimum des Pentakosiomedimnen-Zensus entsprechenden Gutes gewesen sein.[2] Ein Adliger wie Alkibiades erbte nur ca. 30 ha. Schon Kimon hatte die 50 Talente Strafe für seinen Vater Miltiades natürlich nicht aus Bodenrenten, sondern aus internationalen *Kapital*gewinnsten gezahlt. Führende Staatsmänner des peloponnesischen Krieges, einerlei ob konservativ (Nikias) oder radikal (Kleon), sind keine *Grund*-, sondern *Sklaven*besitzer (aber *nicht*: „Fabrikanten", s. u.), ebenso später Demosthenes. Die *Erbpacht*stellen sind ebenfalls im ganzen nur mittlere Bauernstellen, größer nur da, wo es sich um *Neu*landvergebung (eigentliche „Emphyteuse") handelte. Man darf eben die – im Gegensatz zum Orient und zu Rom – *große Einfachheit* der Lebensführung *und gerade* der „Kulturträger" des Hellenentums in der Zeit seiner höchsten schöpferischen Entfaltung nie vergessen. Die hellenische Kunst speziell ist *absolut nicht* auf dem Boden des Raffinements *materieller* Bedürfnisse entstanden.

Die ganz unbezweifelbare Abnahme der Hoplitenwehrkraft Athens, d. h. die *Nicht*ausfüllung der durch die Kriegsverluste gerissenen gewaltigen Lücken, könnte ihre Gründe im wesentlichen in folgenden Umständen haben: 1. Abnahme der *Zahl* der ökonomisch zur Panhoplie Fähigen durch Parzellierung, oder umgekehrt durch Kommassation, – 2. Abnahme der *Qualifikation* der ökonomisch Fähigen durch stärkere ökonomische Bindung an die Wirtschaft mit

---

[2] Bei *(gedüngter)* Feldgraswirtschaft würden zur Erzeugung von 500 Medimnen Gerste (*Roh*ertrag) etwa 22 ha *Acker*land nach *heutigen* Ertragsverhältnissen (preußischer Durchschnitt) erforderlich sein, in Attika im Altertum sicherlich mehr als das Doppelte. Aber: es wurden feste *und flüssige* Erträge zusammengerechnet und bei Geldberechnung galt der Kurs von 1 Medimnos = 1 Drachme bei der Einschätzung.

zunehmender Intensität: – abnehmendes „training“. Diese Gründe könnten *zusammen*gewirkt haben, ohne daß sich, für Athen, mit Sicherheit beweisen ließe, welches Moment überwog. Die von Sundwall beobachtete Bewegung der den einzelnen Kategorien von Demen angehörigen Bevölkerung (nach der jeweiligen Prytanenverteilung auf die „Tritthyen“, welche ergibt, daß im 4. Jahrh. die *Binnen*landdemen *stabil* blieben, die *Küsten*demen *zu*nehmen, die Stadtdemen *ab*nehmen) gibt, interessant wie sie ist, dennoch natürlich ein mehrdeutiges Resultat, soweit *Wohn*sitz und Beruf, vor allem aber die Frage nach der Dichtigkeit der *Land*bevölkerung in Frage kommt. Die *erblich* aus den *Städten* und ihrer direkten Umgebung stammenden Familien sterben ja überall schneller ab; die Zunahme der *Küsten*demen, der eigentlichen Träger des Radikalismus, ist vielleicht Folge hoher Ehefrequenz infolge der Verdienstchancen im Seeverkehr: sie ist aber jedenfalls schwerlich Zunahme von Bauern; die Stabilität der Volkszahl der *Binnen*landdemen beweist nicht, daß deren Angehörige Bauern geblieben waren oder auch nur auf dem Lande wohnten. Daß die Schwächung gerade der städtischen Demen durch besonders starke Heranziehung gerade *ihrer* Mitglieder zu den Kleruchien bedingt gewesen sei, ist doch wenig wahrscheinlich. Eher könnte hier die Verengerung des Nahrungsspielraums der freien Arbeit durch die Sklaverei (s. gleich) in Betracht kommen. Sicher ist nur, daß damals in zahlreichen Landdemen begüterte Geschlechter faktisch erblich das Heft in der Hand hatten, ferner daß das Leben in den Demen seit dem *Ende* des 4. Jahrh. zu ersterben begann. Verkauf der Demenämter einerseits, Monopolisierung derselben durch die Besitzenden andererseits gehen schon im 4. Jahrh. nebeneinander, und überzeugend kommt die abnehmende politische und soziale Bedeutung des ländlichen Mittelstandes in dem Aufhören der Demeninschriften im 3. Jahrh. zum Ausdruck. Dies ist nun wohl die Folge der Vermögensverschiebungen der hellenistischen Zeit (s. u.). Dagegen läßt sich für die klassische Zeit weder sagen, welchen Umfang die *Sklaven*arbeit auf dem Lande angenommen hatte, noch, welche Bedeutung der *Pacht* zukam. Was zunächst die letztere anlangt, so ist, im Gegensatz gegen den Orient (aus Gründen des üblichen Urkunden*materials)*, nur *eine* (verstümmelte) rein *private* Pachturkunde aus Athen überliefert, sonst nur Pachtverträge mit öffentlichen Körperschaften. Sicher ist nur das entschiedene Überwiegen der *festen* Pacht, nicht nur in Athen, sondern im Gebiet von Althellas überhaupt, gegenüber der, wie es scheint, dort lange Zeit ganz in den Hintergrund getretenen Teilpacht, und die Häufigkeit von *Geld*pachten (speziell natürlich in Attika) gegenüber Natural- oder gemischten Pachten. Ferner, entsprechend dem hohen Zinsfuß des Altertums, eine für unsere Begriffe ziemlich mäßige Kapitalisationsrate bei Grundstücken (die Pacht eines rein ländlichen Grundstückes in Thria beträgt 8% des Schätzungswertes, in anderen Fällen ist das Verhältnis von Pacht- und Kaufwert nicht feststellbar, weil andere als landwirtschaftliche Objekte inbegriffen sind. Die stets sehr viel niedrigere Rate der Erbpachten: 4% und etwas mehr, ist natürlich nicht vergleichbar). Die Lage des Pächters erscheint, verglichen mit dem orientalischen und dem römischen, relativ günstig, – was allerdings die Folge davon sein dürfte, daß wir wesentlich Verpachtungen öffentlichen Landes als Beispiele kennen. Die Pachtfristen sind, wo sie genannt werden, im Gegensatz zum Orient, relativ lang: 5, oft 10 Jahre. Doch kommen auch Pachten ohne Befristung, also entweder lebenslänglich oder umgekehrt, „at will" vor. Daß der Pächter als anbau*pflichtig* gilt, daß seine Bodenbestellung nicht nur – wie natürlich – reglementiert, sondern unter Umständen auch regelmäßig *beaufsichtigt* wird, versteht sich bei öffentlichen Pachten von selbst; wieweit das letztere bei Privatpachten stattfand, steht dahin. – Zweifelhaft ist endlich, wie schon bemerkt, in welchem *Maße Sklaven*arbeit auf dem Lande verwertet wurde.

Es muß hier wohl oder übel die Frage nach der Art und Bedeutung der Sklavenarbeit in der „klassischen" Zeit (5./4. Jahrh.) überhaupt berührt werden. Gegenüber den ungeheuren Übertreibungen der früheren Schätzungen ist, namentlich unter E. Meyers Einfluß, eine starke Reaktion eingetreten, und auch, soweit Althellas in Betracht kommt, *quantitativ* sicher im wesentlichen mit Recht. Sie ist jedoch *qualitativ*, in bezug auf die industrielle Sklavenarbeit, noch nicht konsequent genug (insofern der Begriff der Sklaven-„Fabrik" festgehalten wird), andererseits aber auch zu weitgehend, indem, jetzt namentlich im Anschluß an Francottes Buch, die Rückwirkung der Sklaverei auf die Lage der *freien* Arbeit zuweilen bedeutend unterschätzt wird. Dem oben schon darüber Gesagten sei daher noch einiges hinzugefügt: – Der sichtlich anschwellende Sklavenbesitz hat auch in Althellas *nicht* in solchem *Maße*, wie ich es früher annahm, durch Selbstherstellung des Bedarfs die geldwirtschaftliche Bedarfsdeckung des „Oikos" und damit die Kaufkraft des Markts geschwächt. Aber gefehlt hat diese Wirkung *keineswegs*, und sie war von erheblicher Bedeutung: 1. Es wird von Perikles erzählt, daß er (aus politischen Gründen) sich tunlichst „aushäusig", also durch Kauf bzw. Beschäftigung freier Handwerker, versorgte: ein deutlicher Hinweis auf die verdiensteinschränkende Wirkung der seigneurialen *Haus*sklaverei, welche, je größer der Sklavenbesitz eines Haushalts war, eine desto größere Anzahl spezialisierter Funktionäre im Hause züchtete und, in wenigstens annähernd entsprechendem Maße, freies „Lohnwerk" ausschaltete. 2. Kleidung und, in der Stadt, Speise des Sklaven wird im Altertum allerdings in erheblichem Umfang gekauft (wie s. Z. in den Südstaaten von Nordamerika). Allein die Konkurrenz der Sklaven, welche ihrerseits naturgemäß in der Lebenshaltung auf das Allernotwendigste beschränkt blieben, mußte auf die Lebenshaltung und Kaufkraft der besitzlosen Arbeiter überhaupt und damit auf die Entwicklung des *Gütermarktes* wirken. Wie *prekär* die Nachfrage nach Industrieprodukten bei dem Bedürfnisstand der

Massen im Altertum sein mußte, läßt sich wohl u. a. aus der Notiz schließen, daß die Athener bundesgenössischen Städten infolge einer Mißernte im Pontosgebiet den *Tribut* stunden mußten: so sehr hing alles an den jeweiligen Preisen allein des *Brotes.* Die große Bauinschrift des Erechtheion ergibt für die gemieteten freien Arbeiter und für die Sklaven den *gleichen* Satz von 1 Drachme pro Tag, im 4. Jahrh. kommen sogar Lohnsätze (für *gelernte* Arbeiter allerdings) bis zu 2 Drachmen pro Tag vor, während in Eleusis (4. Jahrh.) die von dem Tempel an seine *eigenen* Sklaven für Nahrung berechneten Gelder nur 3 Obolen betrugen, in Delphoi 338 dem Unternehmer ebenfalls 3 Obolen σιτήριον berechnet werden, endlich für Delos, noch später, die Selbst*kosten* der Nahrung nur 2 Obolen betragen. Allein es ist zu bedenken, daß es in Athen die *Demokratie* ist, welche im 5. Jahrh. jene anständigen Löhne bei öffentlichen Arbeiten zahlen läßt, – Löhne, die dem Besitzer der Sklaven, der sie für den Bau hergab, freilich einen erheblichen Gewinn abwerfen konnten, sei es, daß er ἀποφορά von ihnen bezog, sei es daß er sie gegen Lohn vermietete, – für die freien Arbeiter aber, falls sie *Familien* gehabt hätten, trotz allem vielleicht nur eben ausgereicht hätten. Auch beweisen jene Zahlen schon an sich durchaus *nicht* (nähere Ausführung ist hier unmöglich), daß die Konkurrenz der Sklavenarbeit – soweit sie stattfand – *nicht*drückend gewesen sei, wie Francotte glaubt. Die Beschränkung der Löhne (*nicht*ländlicher!) *freier* Arbeiter auf die bloße Gewährung des einfachen physischen Unterhalts (in anderen Fällen: der Nahrung) in Naturalien, wie sie, nach ägyptisch-orientalischer Art, auch in Griechenland (so 282 – also in einer Zeit wesentlich entwickelterer Geldwirtschaft – in Delos) vorkommt, illustriert die Tendenz zur Beschränkung der Lohnsätze auf das „Existenzminimum", soweit nicht Elitearbeit, starker akuter Arbeitsbedarf (speziell Qualitätsarbeitsbedarf, wie z. B. wohl bei jenen gelernten Arbeitern, die 2 Drachmen erhalten fast zur *gleichen* Zeit, wo ungelernte nur in natura sustentiert wurden) oder *politische Gründe* einwirkten. Die *soziale* Deklassierung der freien Arbeit durch das Zusammenarbeiten der Sklaven mit den Freien – beim Erechtheion sind promiscue Bürger, Metöken und Sklaven Mitglieder *und Leiter* der Akkordgruppen – konnte keinesfalls ausbleiben. Und die Entgegnung des Aristarchos in den Memorabilien auf die Bemerkung des Sokrates über den Wohlstand athenischer Bürger: daß sie von diesem ihrem Geldverdienst *Barbaren* kauften und arbeiten ließen, bleibt in ihrer Bedeutung voll bestehen. – Sowohl die Haussklaven wie die Arbeitssklaven schränkten also den Erwerbsspielraum für die freie Arbeit ein. Daß, angesichts der engen Bürgerrechtspolitik und der in der ganzen alten Welt wiederkehrenden Bestrebungen zur Monopolisierung von „Unternehmer"-Profitchancen zugunsten der Bürgerschaft, in der ganzen klassischen Zeit von *keinem* Versuch etwas bekannt ist, eine Beschränkung der Vergebung öffentlicher Arbeiten an einheimische *Handwerker* zu erzwingen, – während die Zeit der Tyrannis und der Gesetzgeber (s. o.) Sklavenbeschränkungen kannte –, diese Tatsache allein schon zeigt die Ohnmacht, in welcher sich damals bereits die auf ihrer Hände Arbeit angewiesenen Freien, und doch wohl zweifellos infolge der Expansion der Sklaverei, befanden. *Außerdem* freilich zeigt sie auch die *Unmöglichkeit* einer solchen Beschränkung infolge des *Fehlens* einer hinlänglich zahlreichen freien „Arbeiterschaft" im heutigen Sinn. Die großen Staatsaufträge mit ihrem akuten Arbeitsbedarf *fanden* zweifellos überhaupt nicht die nötige Anzahl von Arbeitskräften innerhalb der freien Handwerker und Arbeiter, und (zum Teil infolge der Bürgerrechts*politik!) erst recht* nicht der *Bürgerschaft allein* vor, um eine derartige Beschränkung, deren Popularität – vollends wenn man sich den attischen Demos als ein Volk von in erster Linie *Handwerkern* vorstellt, wie es noch immer so oft geschieht – doch sehr nahe lag, auch nur in Betracht ziehen zu können. – Gewiß drangen die Sklaven, da die Herren naturgemäß die langen Lehrzeiten scheuten, vornehmlich in die gröberen Gebiete der Arbeit ein und es gab Beschäftigungen – wie z. B. das Mahlen –, zu denen sich Freie im ganzen Altertum überhaupt nur in Zeiten äußerster Not verdangen. Aber andererseits emanzipierte sich das freie Handwerk erst spät und nur teilweise von seinem Charakter als Familienarbeit und erlangte nie eine der mittelalterlichen entsprechende Struktur. Daß das Wort „σύνεργος" (oder ähnliche) gelegentlich eine unserem „Gesellen" ähnliche Stellung bezeichnen *kann*, ist nicht unbedingt zu bestreiten. Ob der Apostel Paulus im *Lohn* seines Handwerksgenossen Aquila stand, bei dem er arbeitete (Act. Ap. 18, 2), ist aber unsicher, und von den Leuten, die der Goldschmied Demetrius außer den Genossen seines eigenen Handwerks noch gegen die götzenfeindlichen Christen mobil macht (eod. 19, 25) ist es ebenfalls wahrscheinlicher, daß selbständige Handwerker anderer Branchen, die auch an der Herstellung von Kultgegenständen interessiert waren, gemeint sind. Immerhin ist das Vorkommen gelernter, aber mittelloser, Handwerker im *Dienst* anderer, welche die Werkzeuge und Rohstoffe stellen, für die hellenistische Zeit sehr möglich. Aber in der klassischen Zeit ist es, alles in allem, das Wahrscheinlichste, daß, wo wir einen als „ἡγεμών" (oder ähnlich) bezeichneten oder so behandelten Handwerker in Gemeinschaft mit anderen an der Arbeit finden, es sich in der Regel um ad hoc geschaffene *Assoziationen* handelt, jedenfalls in all den (weit überwiegenden) Fällen, wo die *Werkzeuge* nicht erhebliche Wertobjekte (also: „Kapital") waren. Zweifel bleiben oft. Die Genossen z. B., welche beim Kannellieren mit den Vorarbeitern am Erechtheion gruppenweise zusammenarbeiten und gruppenweise bezahlt worden, sind teils Sklaven des Vorarbeiters, teils (anscheinend) andere Sklaven (von ihm gemietet? oder auf eigene Rechnung arbeitend?), teils endlich freie Metöken und Bürger. Da einer der Vorarbeiter selbst Sklave und einer seiner Mitarbeiter frei ist, kann von einem „Gesellen"-Verhältnis keine Rede sein. Die Arbeitergruppen sind offenbar von der *Bau*leitung eingeteilt, unter Berücksichtigung der Fähigkeiten, wie die verschieden hohen Erträgnisse der einzelnen Gruppen zu beweisen scheinen (Francotte), und vermutlich unter höherer Bezahlung des Vorarbeiters. Vor allem aber findet sich das Verhältnis des Vorarbeiters und der Mitarbeiter auch *inner*halb der *un*freien Ergasterien, also in der Form einer Art von unfreier Produktivgenossenschaft: so in dem des Timarchos, wo der ἡγεμών dem Herrn eine höhere ἀποφορά zahlt, als die anderen, also offenbar einfach ein besonders hochgelernter unfreier Arbeiter – *denk*barerweise: ein Freigelassener – seiner Branche ist, welcher der Werkstatt vorsteht, Dritten gegenüber als Vorarbeiter auftritt und dadurch Extragewinn macht. Jedenfalls bedürften diese Ansätze zu einer *inneren* Gliederung des Gewerbes noch der Untersuchung, – soviel aber steht fest, daß im Vergleich zur mittelalterlichen Gliederung das antike *freie* Gewerbe „amorph" war. Über die ἐργαστήρια ist das für uns Wesentliche schon früher gesagt.[3] Hier sei nur hinzugefügt: Der Herr konnte seine Arbeitssklaven nützen a) indem er sie vermietete, – b) indem er sie selbst beschäftigte, sie sustentierte und, soweit es sich um „Preiswerk" handelte, für Rohstoffe, Werkzeuge und Vertrieb selbst sorgte, – c) indem er sie selbst beschäftigte, aber ihnen für ihren Unterhalt eine Pauschalsumme gab (αὐτόσιτοι), – d) indem er ihnen die Verwertung ihrer *Arbeits*kraft (als „Lohnwerker") selbst überließ und sich von ihnen eine feste Rente (ἀποφορά) geben ließ, – e) wenn es sich um „Preiswerk" handelte, indem er ihnen die Besorgung von Lokal, Rohstoffen und Werkzeug aus ihrem peculium überließ und sich ἀποφορά zahlen ließ, – f) endlich durch Mischung des ἀποφορά-Verhältnisses mit Lieferung des Lokals, Rohstoffes, Werkzeug durch den Herrn, ein Verhältnis, wie es in dem Fall des Timarchos (nicht aber, wie Francotte annimmt, in dem des Demosthenes) bestanden zu haben scheint. Selbstverständlich ist jede Form der Nutzung, welche das *Eigen*interesse des Sklaven mobil macht, für die Entwicklung der Produktivkraft der Sklavenarbeit – welche bei den großen Bauten offenbar um nichts hinter der freier Arbeiter zurückbleibt – die weitaus günstigere, also: normalerweise auch für den Herrn rentablere. Denn wenn schon die Rentabilitätsrechnung sich komplizierter stellt, als Francotte sie aufzumachen versucht hat, so zeigen doch die unzähligen Freilassungsinschriften an den Tempeln, daß die Herren mit ziemlich schnellem Verschleiß ihrer Sklavenkapitalien rechneten. – Die Entstehung industrieller Sklavenarbeit für den Markt überhaupt, speziell aber der Besitz eines ἐργαστήριον in *eigener Regie*, ist offenbar von den kaufmännischen *Importeuren* der *Rohstoffe* (bzw. eines von ihnen, bei Demosthenes: Elfenbein zum Einlegen in

[3] Ausdrücklich sei aber (zur Ergänzung der absichtlich pointierten Formulierung der „Einleitung") festgestellt: es *gab* natürlich auch ἐργαστήρια im Sinne fester (steinerner) Werkstattanlagen, wie eine solche z. B. vereinzelt in einem Kontrakt als Erbpachtobjekt auftritt: es sind hergerichtete „Arbeitsstände", – wie etwa unsere „Marktstände" in den Markthallen, – aber natürlich ebensowenig „Fabriken", wie diese etwa „Kontore" sind.

Messergriffe und Holzarbeiten) ganz ebenso ausgegangen, wie umgekehrt im Mittelalter die *Haus*industrie von den kaufmännischen *Ex*porteuren der fertigen *Produkte*. Bei Demosthenes erklärt sich daher auch vom importierten *Roh*stoff – Elfenbein – her die scheinbar seltsame Kombination eines Messerschmiede- und eines Tischlerei-ἐργαστήριον. Die Rohstoffe verarbeitete Demosthenes senior ursprünglich vielleicht gar nicht, später nur zum Teil selbst, er verkaufte davon vielmehr jederzeit „τῷ βουλομένῳ"; den Vorrat aber, den er hinterließ, schätzt der Sohn auf ca. 11.250 M. Wert. Dies bei einem Wert des Gesamtvermögens von 62.000 M., wovon etwa 13.200 M. – und zwar meist bei Banken und auf Seerisiko – ausgeliehen waren und die Arbeitssklaven etwa 17.550 M. ausgemacht haben sollen, während, außer dem auf ca. 2.250 M. geschätzten Hause, Landbesitz *nicht*, dagegen Bargeld, verarbeitetes Edelmetall und andere Wertobjekte, also: *thesauriertes, nicht als „Kapital"*, fungierendes bewegliches Vermögen im Werte von 18.000 M. (*mehr* als die beiden „Fabriken" *zusammen*genommen) vorhanden waren.[4] Der spezifisch kaufmännische Ursprung des Vermögens springt in die Augen. *Ein* ἐργαστήριον ist Gelegenheitserwerb: die Sklaven sind als *Pfand* (πρᾶσις ἐπὶ λύσει), wahrscheinlich eines Elfenbeinkunden, der nicht zahlte, in Demosthenes' Hand gelangt, *beide* aber sind ganz offenbar lediglich Veranstaltungen zur Verwertung von *Kaufmanns*gut. Zuweilen ist die Kombination der „Berufe" auch ganz zufällig (so, bei Timarchos, der gleichzeitige Besitz von Gerbern, Stickern usw.), rein durch die jeweilige Möglichkeit eines Gelegenheitskaufes als Kapitalanlage bedingt. Und es ist nicht fraglich, daß die Zahl der *Kauf*sklaven in historischer Zeit die οἰκογενεῖς *übertraf*, – aus den in der Einleitung oben angeführten Gründen. Alle jene Verhältnisse hat z. B. Francotte gar nicht untersucht, dessen – sehr verdienstliches – Buch, obwohl es in bezug auf die ökonomische *Struktur* der Antike eigentlich nur weiter ausführt, was schon Bücher u. a. gesagt hatten, anscheinend das *erste* ist, welches den Historikern Eindruck macht. Gerade *diese* Dinge aber bedürften, trotz einiger sehr guter Einzelvorarbeiten, noch sehr der systematischen Analyse. Denn es hängt mit dieser Eigenart der Entwicklung des gewerblichen Kapitalismus im Altertum auch zusammen, daß er – man kann nahezu sagen – *keinerlei* Fortschritt in der Technik und Ökonomik des Arbeitsprozesses gegenüber dem Kleinhandwerk involvierte. Selbstredend *gab* es – wie zur Ergänzung der früher gemachten Bemerkungen zu sagen ist – seit ältester Zeit Arbeits*zerlegung* und -vereinigung, deutlicher: das arbeitsteilige Zusammenwirken mehrerer bei einem Produktionsvorgang *inner*halb der Betriebe: zahlreiche ägyptische und pompejanische Wandbilder und die antiken Vasen wären des Zeuge, wollte man es irgend bezweifeln.

---

[4] Ich nehme die Schäfersche Berechnung; es sind die absoluten Zahlen strittig, aber auf das einzelne kommt hier nichts an, sondern auf die ungefähren Relationen.

Die Zahl der kombinierten, unter sich differenzierten Funktionen in einer und derselben Werkstatt ist dabei nicht groß, und, was wichtiger ist: sie ist in der Zeit *kapitalistischer* Invasion der Gewerbe *nicht* in Zunahme begriffen. Die wenigen auf „Fortschritt" zum „*Groß*betrieb", *das heißt*: zur Differenzierung *innerhalb* des Betriebes und zur rationalen Arbeitsersparnis hin zugeschnittenen technischen Neuerungen des Altertums sind solche für den Landbau und die landwirtschaftlichen Nebengewerbe des *Okzidents*, wo das Kapital (zuerst bei den Karthagern) die *Plantage* schuf. Für das *private Gewerbe* (also außerhalb der Kriegstechnik und der teils militärisch-politisch interessierten, teils *staatlich* dirigierten *Bau*technik) ist derartiges *nicht* feststellbar. Bei den ungeheuren Schwankungen der *Marktlage* und der *Unterhalts*kosten der Sklaven und bei der Labilität der *Vermögen* mußte und wollte der Sklavenbesitzer eben jederzeit in der Lage sein, seinen Sklavenbestand zu *teilen* oder anderweit zu verwerten: er war eben *Rentner*, nicht: Unternehmer. Vor allem aber hinderte der „Bedürfnisstand", der auf der politisch und durch die Sklaverei bedingten Art der *Vermögens*verteilung ruht, im Altertum die Organisation schon von „Hausindustrien", geschweige denn: „Fabriken".

Daß das Kapital, wie heute, die Wissenschaft in seinen Dienst nimmt, um Großbetriebe mit „*innerer* Arbeitsteilung" und technisch aus dieser herauswachsenden Arbeitswerkzeugen zu schaffen, ist weder für die Vergangenheit noch für die Zukunft *dauernd* gültig: Es ist rein historisch bedingt und keineswegs aus der Eigenart des Kapitals *als solchen* deduzierbar, – welches einfach *Gewinn* sucht, wo und wie es ihn am bequemsten bekommen kann. Und der bequemste Weg dazu war im Altertum *nicht* der Weg der Schöpfung neuer Methoden der Arbeitszerlegung zwecks Schaffung großer *disziplinierter* und *arbeitsteiliger* Betriebseinheiten: weder qualifizierte sich die Sklavenarbeit technisch und „ethisch" dazu, noch war, bei der Art der Vermögensverteilung und der Entwicklung des Bedürfnisstandes der Antike, der *expansive* Markt für industrielle *Massen*güter zu schaffen. Ob die Zunahme des Austausches *gewerblicher* Erzeugnisse im Verlauf der kapitalistischen Entwicklung des Altertums irgendwie Schritt gehalten hat mit der unzweifelhaften Zunahme des Austausches landwirtschaftlich (für den *privaten*, staatlich *nicht* kontrollierten Verkehr: garten-) und bergbaulicher Produkte, ist bekanntlich äußerst zweifelhaft. Sicher aber ist, daß der Fortschritt der „kapitalistischen" Entwicklung die ökonomische und soziale Lage des Gewerbes, als Ganzen, *nicht* gehoben, sondern lediglich seine alten Grundlagen zersetzt hat. Der Demiurgos in der Polis der Frühzeit mochte dem adeligen Herrn als völlig unebenbürtig gelten, er war doch, namentlich soweit er Waffen oder Schiffe herstellte, militärisch unentbehrlich und, soweit er Kunsthandwerker war, auch sozial leidlich geschätzt: Der Schmied z. B. spielt bei Hesiod seine Rolle im Dorf; noch Solon nennt sein Gewerbe unter den Mitteln, ökonomisch hochzukommen. Aber die Zeit, wo die Hausgemeinschaft des Demiurgen an der ererbten Geheimkunst so reich wurde, daß er nach den Ämtern der Höchstbesteuerten streben konnte, ist mit der Entwicklung zur Kleinfamilie infolge der Geldwirtschaft vorüber. Das anlagesuchende Kapital schafft *unfreie* gelernte Handwerker, wie es *besitzlose* Kolonen schafft. Der Kapitalbesitzer, nicht der Demiurg, ist jetzt der respektable Mann. Im kapitalistischen Zeitalter steht der gelernte Gewerbesklave, – eine bloße Gelegenheitsanlage für den Kapitalisten, – in jeder Hinsicht, außer der des formalen Rechts, *neben* dem freien Kleinhandwerker, geht aber dabei durch Kauf, Pfand, Leihe von Hand zu Hand, wird bald hier bald da zu einer größeren Werkstatteinheit zusammengeballt. Das formale private und öffentliche Recht der Demokratie konnte den freien „βάναυσος" – Handwerker und Krämer – gegen die Konsequenzen dieses Eindrucks nicht schützen, ebensowenig ein guter Verdienst, solange er nicht in die kapitalistischen Kreise aufzusteigen vermochte, – und das war, bei Konkurrenz der Sklavenarbeit, damals nur recht ausnahmsweise der Fall. – Die Besitzenden ihrerseits zogen ihren Verdienst entweder aus *Grund*renten (ländlichen oder städtischen: das Verbot des Grunderwerbs durch Fremde, auch – vorbehaltlich persönlichen Privilegs – Metöken und Freigelassene, machte ja das „Hausagrariertum" zu einem Monopol der Vollbürgerschaft) oder aus *Geld-* oder endlich aus *Sklaven*renten. *Sowohl* die Entwicklung der *Grund*renten aber als diejenige der *Geld-* und *Sklaven*renten hingen, soweit sie *ökonomisch* bedingt waren, letztlich am *Handel*. Die bloße Fruchtbarkeit des Bodens allein hat *nirgends* Grundherren entstehen lassen. Wo nicht politische Vergewaltigung die Gaufürsten in Grundherren umwandelte (oder die Bürger zu Grundherren machte: Sparta), war dies im Altertum durchweg die Verwertung des Gewinns aus dem Handel (s. o.), und zwar in Hellas speziell aus dem *See*handel. Die Entwicklung des *privaten Sklaven*besitzes hängt in der klassischen Zeit ebenso am *Außen*handel, wie einst in der Frühzeit die Entwicklung der *königlichen* Fron-Oiken. Die rechtlich privilegierte Stellung der Ex- und Importeure, insbesondere die Aufrechterhaltung der Schuldhaft für ihre, und zwar außer für Forderungen des Staates, im wesentlichen *nur* ihre Forderungen, und die schleunige Sondergerichtsbarkeit in Handelssachen zeigt genugsam die beherrschende Stellung, die sie einnahmen. Diese beherrschende Bedeutung des Seehandels für die Vermögens*bildung* ist – wie wiederholt betont sei – *keine* Instanz *gegen* das, was von seiner quantitativen *Beschränktheit* gesagt wurde. Man muß an die Kleinheit der „Kulturzonen" und den *Küsten*charakter der Kultur, weiter aber auch daran denken, daß diese Geldvermögen und jener kapitalistische Verkehr in der „klassischen" Zeit sozusagen „Lichtungen" in einem traditionalistischen Dickicht waren. Denn fast ganz unvermittelt steht der Kapitalismus mit seinen Verkehrsformen neben den Residuen ferner Vergangenheit. Nicht nur in der nächsten geographischen Nachbarschaft, sondern *innerhalb* der Stadt selbst. Die ἔρανοι z. B. – durch Subskriptionslisten zusammengebrachte zinslose Darlehen an Mitbürger, die in *Not* sind, – spielen noch durch die ganze hellenistische Zeit hindurch und bis ans Ende des Altertums (wie das römische „mutuum") ihre *äußerst* wichtige Rolle (auch christliche Anschauungen knüpfen daran vielleicht an), ganz wie in der Zeit der Herrschaft der primitiven „Nachbarhilfe" der Bauern. Daß die ἔρανοι *ursprünglich* keine Gegenseitigkeits*gesellschaften* waren, ist erwiesen. Die „Gegenseitigkeit" (die das Wort „mutuum" doch klar ausdrückt) liegt nicht in einer *rechtlichen* Assoziation, sondern in der urwüchsigen Bauern- und Kleinbürger-*Ethik*, welche „unter Brüdern" *un*entgeltliches Leihen fordert *mit dem Vorbehalt*: „wie du mir, so ich dir" und umgekehrt.[5] Niemals ist im Altertum in diesen Unterschichten vergessen worden, daß, gegenüber dieser ältesten „ökonomischen Moral", der *Zins* ebenso *Fremden-* und *Herren-*Recht war wie (im Orient) das „Diensthaus des Pharao": die Bureaukratie. Der *russische Bauer* steht darin noch heute am reinsten auf antikem Boden.

Ob nun eine ausgedehnte „kapitalistische Invasion" des *platten Landes* in Attika und in anderen althellenischen Staaten (außer Sparta, wo die Besitzanhäufung zweifellos ist) in der klassischen Zeit stattgefunden hat, sei es im 5. oder – wie dies speziell behauptet worden ist – im 4. Jahrh., wird sich mit Sicherheit nicht entscheiden lassen, ist aber jetzt allgemein, und wohl mit Recht, als nicht allzu wahrscheinlich angesehen. Anders wohl in hellenistischer Zeit. Diese Spätperiode hat private Riesenvermögen entstehen sehen, deren Inhaber zuweilen ganze Städte durch die drückendsten Bedingungen bei der Darlehnsgewährung in einer Art von Schuldknechtschaft hielten (im Kontrast zur klassischen Zeit, wo die *Tempel* die typischen Staatsgläubiger waren). Und je mehr, noch später, Althellas, speziell Athen, sich zu einer Art von „Pensionopolis" auswuchs, welches die Vorzüge von Weimar und Heidelberg mit der immerhin, gegenüber dem Osten (und später: gegenüber Rom), noch vorhandenen „Freiheit" vereinigte, desto öfter mußte auswärts wohlhabend gewordenen und angesehenen Leuten, die sich dorthin „zurückgezogen" hatten, die Anlage in Grund und Boden (ev. nach Erwerb des Bürgerrechts) wünschenswert erscheinen, deren so viel größere Sicherheit schon in der spätklassischen Zeit in der niedrigeren Zinsrate (etwa 8%) zum Ausdruck kam. Nach Verlust der zeitweise politisch erzwungenen, dann, noch länger, faktischen Stapel- und Zwischenhandelsmonopolisierung im Freihafen des Peiraieus an Rhodos waren für Athen die Chancen der Kapitalanlage im Seehandel und bei den Banken und, ihnen nach, in anderen Arten eigentlich „kapitalistischen" Erwerbes zusammengeschrumpft; die Metoiken, auf deren Finanzkraft Athens Blüte sehr stark mit ruhte, nahmen schon nach dem endgültigen Verlust der Seeherrschaft (Bundesgenossenkrieg) rapide ab. Der Handel bot

[5] Diese „Ethik" findet sich so schon in den alten βουζύγειοι ἀραί in Attika formuliert.

keine Chancen mehr: der Boden blieb als Anlageobjekt übrig. Dazu trat die gewaltige Auswanderung in die hellenistischen Kolonialgebiete. Es ist daher kein Wunder, wenn die im 4. Jahrh. so beredten attischen Demen vom 3. an zu verstummen beginnen: Niedergang der lokalen Absatzchancen der Landwirtschaft und – wahrscheinlich – Bodenaufsaugung mit Ersatz der Bauern durch Pächter sind wohl der Grund dafür. Dagegen für das 5. und 4. Jahrh. ist eine Entwicklung in der Richtung der Bodenakkumulation nicht sehr wahrscheinlich. Von privaten Kolonen hören wir nichts. Überdies war damals die Exploitationsrate für Sklavenarbeit im Gewerbe ziemlich günstig, stand der Sklavenpreis andererseits unter (vermutlich) vielen Schwankungen nicht besonders niedrig. (Allerdings kostete zu Demosthenes Zeit ein Pferd zuweilen das Doppelte eines Sklaven: – verglichen mit den Südstaaten der amerikanischen Union, ein sehr *niedriger* Sklavenpreis. Aber für das Altertum ist es, da die Kosten der *Lehre* und das Risiko dazu kamen, nur ein *mittlerer* Preis. Übrigens ist ein einfacher Schluß aus der Preishöhe der Sklaven eines Zeitpunktes stets *sehr* mißlich, da z. B. Niedrigkeit des Preises *sowohl Folge* geringen Sklavenbedarfs *als Ursache* starken Sklavenverschleißes sein kann.) Da so kolossale Sklavenzufuhren, wie sie die Kämpfe der Sizilianer, Karthager und dann der Römer brachten, überhaupt aus den Kriegen in Althellas nur ausnahmsweise resultierten, so ist jedenfalls auch eine besonders *starke Zunahme* der *Landwirtschafts*sklaven nicht sehr wahrscheinlich. Von den 20.000 Sklaven, die während des dekeleischen Krieges entliefen, heißt es ausdrücklich, daß ein großer Teil Handwerker gewesen sei (wozu noch die Haussklaven treten) und vollends nach dem peloponnesischen Kriege war die Zeit reichlicher Sklavenzufuhren wenigstens für Athen zunächst wohl vorbei. Daß der Sklavenverlust des dekeleischen Krieges *nicht* vornehmlich als ein solcher der *Landwirtschaft* angesehen wurde, darf wohl aus den Äußerungen Xenophons in seinem bekannten Finanzvorschlag geschlossen werden. Aus seiner „Ökonomie" – die freilich wohl nicht spezifisch attische Zustände, sondern einen idealen Typus von hellenischer Gutswirtschaft schildert (sein eigenes Landgut lag im Peloponnes) – geht andererseits hervor, daß selbstredend auch auf dem Lande die Sklaven *normale* Arbeitskräfte waren. Xenophon (der von der Technik des Ackerbaues allerdings kaum mehr verstand, als ein preußischer Offizier a. D., der ein Rittergut übernimmt) spricht von gar keinen anderen Arbeitern, und daß auch Feldsklaven ge- und vermietet wurden, ist zweifellos. Der (unfreie oder vielleicht auch freigelassene) ἐπίτροπος soll nach Xenophon von Gewinnstreben beseelt sein, wird also offenbar vom Herrn am Gewinn interessiert. Die Sklaven soll man durch gutes Essen und Getränk und bessere Kleidung für die Tüchtigsten zu interessieren suchen (woraus, ebenso wie aus dem Ausdruck οἰκέται hervorgeht, daß sie als *familienlos* und ganz in der Menage des Herrn befindlich anzusehen sind). Vor allem solle man sich auch selbst um den Gang der Wirtschaft kümmern. Daß dies letztere im ganzen nur etwa ebenso wie zu Catos Zeit geschah, d. h. nur in Form gelegentlicher Rechnungskontrolle, geht aus anderen Bemerkungen Xenophons selbst hervor. Alles klingt überhaupt ähnlich wie bei Cato, nur daß die Verhältnisse offenbar *weit* kleinere und einfachere sind als auf den römischen Gütern selbst zu Catos Zeit. Daß die Römer manche technische Ausdrücke der Großsklavenwirtschaft (so die Bezeichnung: „instrumentum vocale" = „ὄργανον ἔμψυχον") von den Hellenen entlehnt haben, beweist für die *klassische* Zeit nichts: das Sizilien der hellenistischen Zeit dürfte die Quelle dafür sein. In *klassischer* Zeit war nur Chios (Großhandel, Sitz der größten griechischen Vermögen, Öl- und Weinkultur) ein Land mit *massen*hafter *Kauf*sklavenverwendung und (schon seit dem 7. Jahrhundert!) Sklaven*aufständen*, wie Rom. Eine starke Expansion ländlicher Sklaven*groß*betriebe ist für *Attika* also *nicht* wahrscheinlich. Sklaven arbeiteten in Attika, wie die Komödie ergibt, auch als Arbeiter der *Bauern* mit diesen auf dem Felde nach alter patriarchalischer Art: – das war ja schon militärisch schwer vermeidlich –[6] um große Zahlen hat es sich dabei erst recht nicht gehandelt. Die Landwirtschaft war überhaupt damals kein vom Kapital begehrtes Anlageobjekt. Man beschuldigte sie oft genug (Xenoph. Oik., Einleitung) ruinös zu sein. Wie oft der spekulative Ankauf von Land zu Meliorationszwecken und zum nachherigen Wiederverkauf praktisch vorkam, bleibt dahingestellt: es kennzeichnet die damalige „kaufmännische" Auffassung, daß ein Reaktionär wie Xenophon diese Art von Bodenspekulation *empfiehlt.* Auf die Rentabilität des Boden*baues* mußten in Attika s. Z. die Ausfuhrverbote für alle landwirtschaftlichen Produkte außer Öl ziemlich stark gedrückt haben. Vielleicht drehte sich der Interessenkampf im 6. Jahrh. auch um diese Begünstigung der „πεδία". Das auswärtige Importgetreide, welches der Stapelzwang und das Vorkaufsrecht der Bürger im 5. Jahrh. in den Peiraieus brachten, wird einen *relativen* Druck auf die Getreideproduktion immerhin geübt haben. Die *Vieh*preise waren in Hellas in der Zeit von Solon bis zu den Perserkriegen wohl auf das 10-20fache, Getreide anscheinend nur auf das 3fache gestiegen (Vieh war über See nicht transportabel). Gegen das 6. Jahrh. stieg dann Getreide bis Ende des 5. Jahrh. – zuerst infolge Volkszunahme, dann auch infolge der Unsicherheit der Kriegszeiten – auf das 4fache, – wovon aber der attische Getreidebau nur in der Zeit zwischen Sphakteria und dem Beginn des dekeleischen Krieges profitieren konnte. Von *Vieh*wirtschaft aber ist speziell in Attika immer nur Kleinviehzucht (und, seitens des Adels, Pferdezucht) von Erheblichkeit gewesen. Nach dem dekeleischen Kriege war der Ruin des Hoplitenstandes ein so gründlicher, daß eine wirkliche Erholung davon nie wieder eingetreten ist. Daß die δικασταὶ κατὰ δήμους (s. o.)

[6] Infolge der langen *auswärtigen* Feldzüge. Die Heere der Peloponnesier dagegen rückten zur Ernte wieder heim.

jetzt wieder *stadt*sässige Richter geworden sind, zeigt die Abnahme der *sozialen* und *politischen* Schwerkraft der Bauern: das *Sold*heer ist an Bedeutung gestiegen. –

Was wir über den *Anbau* wissen, ist nur, daß nach Demosthenes Attika 355 aus dem Reiche Leukons im Pontosgebiet allein etwa 400.000 Medimnen importierte, dagegen nach den eleusinischen Abgaberechnungen 315/8 seinerseits etwa 400.000 Medimnen produzierte, davon rund 1/10 Weizen, das andere Gerste. Es würde dies, wenn man E. Meyers Berechnung akzeptiert (und positive Bedenken gegen die zugrunde gelegten Zahlen liegen nicht vor, so hypothetisch sie sind), ca. 14.250 ha jährlicher Saatfläche ergeben: bei Brache Jahr um Jahr wären also 12% des attischen Bodens mit Getreide bestellt gewesen. Die Bodengestaltung *allein* würde einen so geringen Bruchteil vielleicht doch nicht erklären. Aber nach den delischen Listen scheint im 4. Jahrh. der Preis zeitweise ins Stagnieren geraten und dann erst weiterhin wieder stetiger bis Anfang des 3. Jahrh. gestiegen zu sein. Es war daher in der klassischen Zeit für Attika wohl nur der Ölbau zur *Kapital*verwertung geeignet. Über seine ökonomische Organisation sind wir nicht urkundlich informiert: eigene Regie mit Sklaven nach römischer Art oder – wahrscheinlicher – Pachtsystem nach moderner italischer Art waren beide möglich; daß Xenophon, der nur Sklavenarbeit kennt, speziell eingehend von Baumpflanzungen spricht, macht *ersteres* für seine Zeit wahrscheinlicher. –

Alles in allem also hat man sich in der klassischen Zeit Griechenland in der Nähe der großen Verkehrszentren als ein ziemlich stark parzelliertes Land, mit in den Ebenen erheblichem Gartenbau und an den Berghängen Kleinbauern, die Flußtälern des Peloponnesos als Träger kleiner Grundherren, Elis als „Squirearchie" zu denken, während Thessalien das Gebiet der Latifundien, der Hörigkeit und Rossezucht, Böotien ein Land kräftiger Großbauernwirtschaft war, und der Nordwesten auf dem Lande noch im Zustande der Naturalwirtschaft verharrte. Für die erste Hälfte des 4. Jahrh., und ebenso schon für das ausgehende 5., muß man sich gegenwärtig halten, daß sie Zeiten konstanter, nur durch Spartas kurze Gewaltherrschaft niedergehaltener Revolutionen und Restaurationen von Parteigruppen waren, welche in Form unaufhörlicher Konfiskationen eine früher nicht erhörte Unsicherheit der Bodenbesitzverhältnisse mit sich brachten. Streng *stadt*sässige Kleruchien unter Verwandlung des Landvolks in Kolonen (Mytilene), Landneuaufteilungen unter Abschlachtung der gesamten Aristokratie und blutige Restaurationen finden sich nebeneinander. Die alten Parteinamen der „Demokratie" und „Oligarchie" hatten dabei nicht immer den Sinn, den sie im 5. Jahrh. vor dem Kampf zwischen Athen und Sparta besaßen. Die thebanische „Demokratie" war eine ländliche Hoplitendemokratie, welche nach Erlangung der politischen Einigung Böotiens den *Frieden* suchte, ganz ebenso wie die attischen Bauern und ihre „oligarchischen" Führer, während die radikale Demokratie Athens eine vom *Kriege* lebende *städtische* Schicht repräsentierte: – der Krieg bringt dem besitzlosen Stadtvolk hohen Matrosenlohn, im Falle des Sieges neue Tribute, aus denen öffentliche Arbeiten gezahlt werden, Zunahme der Mieten für den städtischen Hausbesitzer und Expansion der Kapitalverwertungsmöglichkeiten im eroberten Überseegebiet. Die kurze spartanische „Demokratie" (vor Sellasia) stellte eine kriegerische Land*rentner*demokratie dar. Die *grundherrliche* Oligarchie Thessaliens und die *kaufmännische* von Chios waren in ihrer ökonomischen Struktur die äußersten Gegensätze. Ebenso die kaufmännischen Oligarchien Korinths und Kerkyras und die feudale Spartas, die trotzdem gegen die Demokratie zusammenhielten. Etwas verschoben hatte sich auch das für alle Parteikonstellationen des Altertums so wichtige Gläubiger-Schuldner-Verhältnis in seiner sozialen Lagerung. *Immer* sind die *Schuldner* „Agrarier" (wie bei uns). Aber die *Gläubiger* sind in der *Früh*zeit: grundbesitzender, stadtsässiger und kriegerischer *Adel*, in der *Spät*zeit: *Händler* und *Rentner*, und unter den Schuldnern treten später gerade die *Groß*besitzer stärker hervor. Der Gegensatz ist flüssig, aber immerhin fühlbar. Schuldenrepudationen und Versuche zu solchen werden jetzt vornehmlich ein *Junker*-Ideal, nicht mehr eine politisch-ökonomische Forderung der wehrhaften *Bauern*schaft.

Während der ganzen klassischen und ebenso in der hellenistischen Zeit setzte die Polisorganisation, mit ihrem Synoikismos der Behörden und – möglichst – auch der bemittelten Grundbesitzer in die Stadt, Gliederung in Phylen, Organisation in Bule und Ekklesia als Volksvertretungen usw., ihren Siegeslauf durch Althellas fort. In ganz Mittelgriechenland außer Aitolien siegte sie und verdrängte oft die althistorischen Stammesnamen (während, wo sich das feste Schema der Polisorganisation einmal festgesetzt hatte, es durch die radikalste Vernichtung nicht auszurotten war: Exulantengeschlechter, die jahrhundertelang in der Fremde gelebt hatten, vermochten sich bei gegebener Gelegenheit zur Rückkehr alsbald wieder in die Kaders ihrer Phylen und Phratrien einzugliedern). Meist sind dabei die neugeschaffenen Poleis Staatswesen etwa nach Art des kleisthenischen Athen, zuweilen reine *Grundbesitzer*synoikismen. Der Synoikismos von Rhodos im Jahre 408 (militärisch, durch die Furcht vor Athen, motiviert), bedeutete die Vereinigung und (teilweise) Zusammensiedelung der drei dorischen Heeresphylen, welche hier bei der ersten Besiedelung der Insel sich lokal gesonderte Bezirke zuweisen und je eine eigene Polis gegründet hatten, in einem einzigen dorischen Phylenstaat. Die Entstehung der Kleinstädte in den mittelgriechischen Bergtälern ist wohl meist jenes Zusammensiedeln der Bauern als Ackerbürger in die Festung gewesen, wie es, in seinen Nachwirkungen, noch heute die Physiognomie z. B. Siziliens, dessen Inneres einen außerhalb der „Stadt" dauernd *lebenden* Menschen *gar nicht kennt*, bestimmt. Wo auf diese Art, – durch effektive Zusammensiedelung – *größere* Gebiete als Polis organisiert wurden, mußte die Folge auf die Dauer *immer* Absentismus und Kolonenwirtschaft sein. Und die effektive Zusammensiedelung galt eben, wenigstens in der klassischen Zeit, als die *einzige* Methode, eine militärische *Erziehung* nach dem Prinzip des Hoplitentums durchzuführen. Militärische und ökonomische Gesichtspunkte stießen dabei oft scharf zusammen und nötigten zuweilen zu Kompromissen, namentlich in den bergigen Gebieten des Peloponnes (wo die gleichen Schwierigkeiten wie, offenbar, seinerzeit in Athen im Gebiet der Diakrier entstanden). Indessen: die *militärischen* Gesichtspunkte entschieden meist. Die arkadischen Synoikismen (Mantineia, Megalopolis) waren, ebenso wie der Synoikismos von Elis (471), und der von Kos, Schöpfungen von „demokratischen" Hoplitenpoleis. Nur in Elis blieben die Squires meist auf dem (reichen und gut bebauten) Lande wohnen, während in Arkadien, wegen der Gefahr von Sparta her, Zwangsdomizil für die Synoikisierten bestand. In Kos wie in Elis befanden die Demen (wie in Athen die allmählich demokratisierten Phratrien) über Wehr- und Grundbesitz*fähigkeit*. Zweck des Synoikismos war in *allen* Fällen: *militärische* Organisation. In Elis war die Folge: Wiedererwachen der Eroberungspolitik. Die militärische Schätzung der Eleier scheint aber charakteristischerweise – trotz ihrer zeitweisen politischen Erfolge – immer ziemlich niedrig gewesen zu sein: wohl eine Folge des Fehlens der straffen Polisorganisation. Das Land blieb eben auch jetzt stets ein agrarisches Gebiet, Großhandel fehlte. – Dagegen waren die Arkader als die Haupt-Reisläufer von Hellas militärisch von jeher sehr tüchtig.

War in Elis und ebenso in Arkadien die Hoplitenorganisation teils faktisch, teils nur rechtlich, noch in die althellenische Form des Synoikismos gekleidet, so *fehlte* dies bei der spätesten althellenischen, auf einem *Volks*heer ruhenden Großmacht: den *Aitolern*, gänzlich. Sie wohnten in Komen und blieben in Komen wohnen: – Thermon war ein befestigter Ort, wo der ungeheure Raub zusammengehäuft war, die Jahrmärkte stattfanden, die Bundesbehörden und Landesversammlungen des Heerbanns tagten, aber keine Polis, – auch als sie die militärische Organisation und Hoplitenschulung, die ihnen in der klassischen Zeit völlig fehlt, – damals waren sie leichtbewaffnete Bauern – schufen. Der Adel fehlte, weil die Differenzierung durch *Handel* gefehlt hatte. Diese militärische Organisation, welche, in der makedonischen Zeit, alsbald zur Eroberungspolitik führte, gliederte die Nachbargebiete teils durch Aufnahme in den Heerbannverband ein, teils behandelt sie dieselben, wie die Eleier ihre Eroberungen und wie die Schweizer den Thurgau, als tributpflichtige Unterworfene und legte Besatzungen in die Städte. Doch scheint dies überwiegend nur Übergangszustand. Die Aufnahme in den Bund war in der Zeit seiner größten Machtstellung offenbar ziemlich leicht zu erlangen, sehr im Gegensatz zu dem Verhalten der demokratischen Bürgerzünfte der Poleis, speziell Athens. Hier ist also die Hoplitentechnik und der Hoplitenstaat, der ja überall eine Art capitis deminutio der alten Geschlechtspoleis, eine Beherrschung der Städte durch das Land, sein wollte, *ohne* Synoikismos durchgeführt, weil der Geschlechteradel und deshalb die Geschlechterpolis *fehlten.* Man hat geflissentlich das Entstehen der Polis mit ihren differenzierenden Konsequenzen zu *vermeiden* gesucht und auf dieser Basis ein kulturloses, aber machtvolles Staatswesen geschaffen. Aber mit dem Eindringen der Geldwirtschaft im Gefolge der Eroberungen ist die Differenzierung dennoch gekommen. Schon zu Perseus Zeit wird von dem schroffen Kontrast zwischen Besitzenden und Verschuldeten in Aitolien ganz ebenso gesprochen (Livius 32, 38), wie ein halbes Jahrtausend zuvor in Athen. *Thessalien* ist das zweite große Gebiet, welches von der Polisorganisation nur an den Rändern erfaßt wurde. Hier blieb der Burgenadel in seiner Machtstellung bis in späte Zeiten unerschüttert. – Das gewaltigste Glied in der Kette der nationalhellenischen Staatenbildungen endlich – *Makedonien* – ist bis in die Zeit des Philippos ein Burgenkönigtum fast von dem Typus der homerischen Zeit: die Hetairoi des Königs spielen dort dieselbe Rolle wie hier. Die „Städte", auch Residenzen, wie Pella, sind schwerlich etwas anderes gewesen als Persepolis auch war. Die Einführung der Hoplitentechnik (vgl. die angebliche Rede Alexanders in Opis an die Veteranen), die „Seßhaftmachung", d. h.: die feste militärische Organisation des Hoplitenheeres auf der Basis des Grundbesitzes, massenhafte Polisgründungen mit rücksichtsloser Verpflanzung und Zusammensiedelung der Kolonisten bereiteten die Expansion vor. Die Eroberung schuf hier auch jene alte Beziehung zwischen Heerkönig und Heer wieder, welche (s. o.) das Entstehen des alten Geschlechterstaates an Stelle des Königtums vorbereitete: das Heer ist, wie unter Chlodovech, ebenso souverän wie der König. Vor ihm nimmt die Familie des Königs – so die Königin Olympias – Recht und sucht der König Recht im Fall des Hochverrats eines Generals. Nur sind die Dimensionen viel gewaltiger geworden und stellte der Erfolg der Eroberung den König und seine Nachfolger faktisch auf die Basis des orientalischen Monarchen. Aber daß die hellenische Polis Basis der politischen Organisation sein müsse und allein sein könne, hielten die siegreichen Makedonen auch im Orient fest und führten so die letzte große Expansion dieser hellenischen Grundinstitution herbei.

5. Der Hellenismus

Im Orient hatte die *Perser*herrschaft wesentliche Änderungen der sozialen und ökonomischen Struktur wohl nicht gebracht. Die Unverändertheit der Tribute, welche Dareios den Satrapien auferlegt hatte, während der ganzen Dauer des Reichs, ist dafür nicht minder charakteristisch als der Fortbestand der freien ländlichen Wehrgemeinde, nach Schweizer Art, im Stammsitz des *herrschenden* Volkes und die Erhaltung der alten agrarischen Wirtschaftsverfassung (soziale Degradation des Schuldners als solchen – weil er Tributknecht ist –, selbst wirtschaftende Bauern als Träger der Heerbannpflicht, keine Grundherrlichkeit, wie es scheint, sondern nur durch Besitz und höfisch-ritterliche Erziehung ausgezeichnete und dadurch zu den königlichen Ämtern und, durch ihre Geschlechtshäupter, zur Teilnahme am Rat des Königs qualifizierte „Geschlechter", vom König bestellte Richter statt der Rechtspflege der Gaufürsten, – wie im Deuteronomium, – aber kein Ansatz zur Rechtskodifikation) neben der despotisch-theokratischen Beherrschung der *Unter*tanen. Die Tribute sind teils Geld-, teils Naturalientribute. Die Geldtribute (höchster: in Babylonien: 1.000 Silbertalente; Gesamtbetrag: 7.600 Silbertalente = 53½ Millionen M., wozu aber die am Ort selbst verbrauchten Leistungen traten), geben nicht etwa einen Maßstab der Entwicklung der Geldwirtschaft: das halbwüste Gebiet der 14. Satrapie (auf dem iranischen Plateau) liefert fast soviel wie Ägypten (wie E. Meyer sicher mit Recht annimmt, müssen Bergwerke u. dgl. im Spiel sein). Die Naturaltribute bestehen teils in Einquartierungs- und anderen Leistungen für die lokale Garnison, teils in der Pflicht der Städte – wie im Mittelalter – den Herrscher oder seinen Repräsentanten bei ihrem Aufenthalt zu sustentieren, teils in festen Tributen; letztere sind vielfach, nach Art eines ungeheuren „Oikos", den *Verwendungs*zwecken entsprechend, eingeteilt und lokal repartiert: bestimmte Städte oder Dörfer liefern den Wein, andere den Weizen für die Tafel des Königs oder für bestimmte Haushalts- oder Toilettenbedürfnisse der Königin, ebenso sind – das Wichtigste – die Präbenden der königlichen Gefolgschaft (der Perser, die „an der Tafel des Königs speisen"), der Beamten und des königlichen stehenden Heeres überhaupt umgelegt. Daneben kommen (speziell in Mesopotamien, wo dies dem System der alten Herrscher entsprach, aber natürlich *nicht nur* hier) Belehnungen mit Land für das Reserveaufgebot vor, und für die höheren Chargen Belehnungen mit *Grundherrschaften* und *Immunitäten* verschiedenen Inhaltes: *Patrimonial*gericht und *seigneurialer* Heerbanngewalt und -pflicht. Diese Feudalrechte sind sehr verschiedenen Umfangs und, vor allem, rechtlichen Charakters, vom rein privaten immunen Lehensgut bis zu großen, eine patrimoniale Exemtion genießenden Standesherrschaften und schließlich bis zum tributären, aber sonst politisch autonomen Lehensfürsten, – Institutionen, welche die Fortsetzung der, in Spuren, schon im babylonischen Reiche zu findenden, und die Vorfahren der später, hypothetisch, in der hellenistischen und sicher in der römischen Zeit vorhandenen, Privatherrschaften sind. Nur daß später die Verleihung eigentlich *politischer*, über das Maß patrimonialer Immunitäten hinausgehender obrigkeitlicher Rechte zunehmend seltener ist als (anscheinend!) in der Perserzeit. Naturgemäß erstreckt sich sowohl die politische wie die patrimoniale *Standes*herrschaft vorwiegend auf die Binnenlandsgebiete ohne alle städtische Organisation (aber nicht ausschließend: es kommt Verleihung *sowohl* der politischen *wie* der grundherrlichen Gewalt auch über Städte vor); die nur privaten, mit Kolonen besetzten *Grund*herrschaften finden sich dagegen wohl auch in den Gebieten mit städtischer Kultur. Die Rechtsstellung der Erbuntertanen ist nicht näher bekannt. – Über die Agrarverhältnisse der *alten Kulturländer*: Mesopotamien, Ägypten, Syrien, in der Perserzeit beginnen erst jetzt die Ausgrabungen und die demotischen Papyri langsam Material zu liefern. Die großen Zahlen von Dattellieferungen privater Grundbesitzer in babylonischen Urkunden lassen darauf schließen, daß sich hier erhebliche Plantagen (und zwar, da die Grundstücke *Mehl* als Tribut zu liefern haben, *neu* auf bisherigem Ackerland) entwickelt hatten. Langfristige (in einem Fall 60jährige) Verpachtungen von Gütern (offenbar Lehen- oder Schenkungsgütern) persischer Großer zeigen, daß die strengen Vorschriften über deren Präsenzleistung bei Hofe den Absentismus der Grundherren erzwangen. Neben den privaten Grundherrschaften und zwar, da diese stets auf königliche Konzession zurückgehen, als deren Quelle, stehen die königlichen Domänen: Forst-, Garten-, Weide- und Ackerdomänen, durch Übernahme der Besitzungen der vorpersischen Herrscher und Konfiskation entstanden, königliche Herden, königlicher und prinzlicher Besitz von Sklaven, darunter auch gelernten Handwerkssklaven, die sicher gelegentlich auch für private Kunden arbeiten und bei denen private Besitzer Sklaven in die Lehre geben. Die Domänen wurden, wie die karolingischen, durch Administratoren verwaltet. Domänengroßpacht scheint *gefehlt* zu haben, ebenso die staatliche Steuerpacht: charakteristisch genug interveniert in babylonischen Urkunden das Kapital bei der Steuerzahlung in der Weise, daß es dem Steuer*pflichtigen* die Leistung der Naturalabgabe abnimmt, z. B. das dem König zu leistende Mehl einkauft und andererseits die Datteln, die das Grundstück ertrug, zur Verwertung übernimmt, und auf diese Art die Beschränkung in der Bestellung der Grundstücke, welche das Naturalabgabensystem mit sich brachte, beseitigt. – Die Perserzeit bezeichnet anscheinend eine Periode starker wirtschaftlicher Stagnation der betroffenen Gebiete. Das babylonische Kanalsystem verfiel gegen Ende ihrer Herrschaft sichtlich und weder von den Hellenen- noch von den Phönikerstädten hören wir, daß sie unter ihrer Herrschaft, *trotz* der Befriedung dieses großen zusammenhängenden Staatsgebietes, prosperiert hätten. Es fehlten eben jene spezifisch antiken Stimuli des „Kapitalismus", die immer mit *politischer* Expansion verknüpft waren. Und ein gewaltiges Hemmnis war der Druck des Naturalabgaben- und Requisitionssystems der lokalen *Statthalter* (von dem z. B. Nehemia spricht) und die völlige Willkür, der auch die Städte in dieser Hinsicht preisgegeben waren, während doch die spezifisch hellenischen *Profit*chancen dabei fehlten.

Von den Einzelgebieten ist wenig zu sagen. Für das *Ägypten* der Perserzeit ist das Urkundenmaterial zurzeit noch viel zu unsicher in der Lesung und Übersetzung, um wirtschaftsgeschichtliche Schlüsse zu gestatten. Insbesondere steht Revillout's Annahme, daß die Revolutionen der „nationalen" Dynasten in der Perserzeit zu Neukodifikationen und z. B. zu einer *Wiederherstellung* des (schwerlich je vorher beseitigten) Familienretraktrechts geführt hätten, vorerst noch als Hypothese in der Luft, solange die „demotische Chronik", auf die er sich stützt, nach Sinn und Tragweite nicht genau untersucht ist. Allerdings scheinen die Perserkönige gelegentlich Kirchengut säkularisiert zu haben, aber an der allgemeinen Stellung der Priester haben sie nichts geändert und das nationale Recht sicherlich nicht alteriert. Weder dort noch in Babylonien scheint der allgemeine Typus der Sozialverfassung und Rechtsordnung prinzipiell verändert. Der *stationäre* Charakter der persischen Staatswirtschaft muß entsprechend auch auf den Außenverkehr gewirkt haben: die ökonomische Entwicklung des großen 1½ Jahrhunderte lang fast ganz befriedeten Gebietes blieb offenbar stehen (keinerlei Handel auf dem persischen Golf, geringe Entfaltung auch der zum Reich gehörigen phönikischen und – seit dem peloponnesischen Kriege – hellenischen *See*städte). –

Wie in manchen anderen Gebieten, so suchte sich politisch die persische Herrschaft auch in *Jerusalem* auf die Theokratie zu stützen. Es gelang jüdischen Günstlingen der Perserkönige, von diesen die Erlaubnis 1. zur Rückkehr nach Jerusalem, 2. zum Neuaufbau des Tempels und der Mauern der Stadt unter Monopolisierung der Kultstätte für den Stadttempel, und – was geschichtlich das Folgenschwerste wurde – 3. zur *Oktroyierung* des im Exil, wo die alte Form des Jahwekults unmöglich war, zu allbeherrschender Bedeutung gelangten Reinheitsrituals und der im sog. „Priesterkodex" vorgesehenen, die Rechte der jerusalemiter Priesterschaft begründenden, Vorschriften zu erlangen. Das Priestertum war vor dem Exil ursprünglich ein außerhalb der Geschlechtsverbände stehender Beruf, der bald erblich wurde und von bestimmten Abgaben lebte. Jetzt wurde es mit Zehntrechten ausgestattet und zugleich gentil und als besondere Phyle („Stamm" Levi, daher auch die Zusammenlegung zweier anderer Phylen als Josephs-Phyle in der Tradition) organisiert. Auf gentiler Basis – etwa in der Art wie Athen *nach* Drakon und *vor* Solon, und wie das frührömische Staatswesen – wurde auch die ganze Volksgemeinschaft neugestaltet. Die israelitischen „Geschlechter", mit teils lokaler, teils personaler Eponymität, oft mehrere Tausend Seelen umfassend, sind auch jetzt – aber nunmehr künstlich zu politischen Zwecken neu geschaffene – Verbände der ökonomisch wehrfähigen *Grundbesitzer*, neben denen (wie überall) „Zünfte", d. h. die den Geschlechtern in der *Funktion* entsprechenden Verbände gewisser Handwerker standen. Die „Geschlechter" wurden, unter teilweiser Neuaufteilung des seit dem Exil stark entvölkerten Landes mit der Schnur, eingeteilt, dann unter Nehemia durch einen förmlichen Synoikismos eine Zusammensiedelung von (angeblich) 1/10 der Genossen aus allen Geschlechtern, als deren Repräsentanten, mit Zwangsdomizil in der Polis verfügt. Der Grundsatz, daß, wer seinen Grundbesitz verliert, nicht zur Gemeinde gehört, blieb bestehen, aber die „Metöken“, zu denen die Grundbesitzlosen gehören, werden vom Gesetz und der Literatur geflissentlich zuvorkommend behandelt, sofern sie den jüdischen Glauben annehmen. Die Theokratie war nun endgültig etabliert. Neben den Laiengeschlechtern stehen die Stadtpriestergeschlechter, denen die „Leviten“ als Tempeldiener untergeordnet sind. (Die Zahl der Gesamtpriesterschaft – 1/7 der Bevölkerung – ist ungemein hoch.) Da als Distinktiv der Volksgemeinschaft jetzt die Innehaltung des rituellen Gesetzes (Beschneidung, Sabbat, Reinheitsgebote) galt, waren die Priestergeschlechter, auch ehe der Hohepriester förmlich Staatshaupt wurde, die Leiter der jüdischen Gemeinschaft, deren *ökonomischer* Schwerpunkt zweifellos in Babylon – wo wir sie in zahlreichen Urkunden finden – geblieben war. Die *politische* Konstitution des Staats diente nur dem Zweck: den *sakralen* Mittelpunkt zu erhalten. Wie in den hellenischen Städten, wurde anfangs auch hier die gemeinsame Tafel der Geschlechtshäupter beim Statthalter als Symbol der *staatlichen* Einheit eingeführt. Einerseits wurde das früher geübte connubium mit den „Landbewohnern“, d. h. allen nicht durch Annahme des Gesetzes in die religiös fundamentierte Polis Eingetretenen, gleichviel ob israelitischer Herkunft, beseitigt; andererseits begann das Judentum damals seine gegen die Abstammung indifferente *Propaganda* unter den Metöken und in fremden Ländern. – Über die agrarische Entwicklung des zunächst ziemlich kümmerlich vegetierenden Gemeinwesens können wir nur indirekt und aus der Spätzeit, durch das talmudische Recht und die Evangelien, etwas erfahren. Aber es ist nicht viel und wenig Eigenartiges. (Einige Bemerkungen siehe weiter unten.)

Der „Nationalkrieg“ des *makedonischen* Heerkönigtums, welches die Weltherrschaft des Hellenentums begründete, führte in ökonomischer Beziehung im Orient die erheblichsten Änderungen herbei. Zunächst die außerordentliche Expansion der, in inneren Angelegenheiten autonomen, hellenischen *Polis* als Organisationsform auch in das *Binnen*land bis an die Grenze von Turkestan, während bis dahin sehr wenige hellenische Städte mehr als eine Tagereise von der Küste entfernt gelegen waren. In Verbindung damit steht das Vordringen der Geldwirtschaft. So vor allem im öffentlichen Haushalt: während der Aufenthalt des Perserkönigs in einer Stadt für diese (wegen der Sustentationspflicht) eine ökonomische *Last* war, *verdiente* die hellenistische Polis am Hofhalt, wenn er in ihr weilte, wie, als Hauptcharakteristikum der Änderung, überliefert ist. Die *Staatspacht* begann sich jetzt nach Osten hin auszubreiten. Wir sahen, daß noch unter Artaxerxes das private Kapital beim *Schuld*ner intervenierte, und Beloch hat sicher recht, wenn er Aristot. Oik. 33 dahin deutet, daß die Nomarchen das ägyptische Tributgetreide *selbst* zu versilbern hatten, um die Geldsteuer abführen zu können und deshalb Freigabe der Getreideausfuhr verlangten, weil sie sonst die Steuer nicht aufbringen konnten. Jetzt beginnt – am planvollsten in Ägypten – der Staat die Naturalabgaben an Pächter zu vergeben, die ihm ein Geldfixum als Verkaufsertrag garantieren, um so sein Budget in Geld balancieren zu können. Die riesigen „Horte" der Perserkönige wurden als Donative vom souveränen Heer und seinen Führern und von den „Gefolgschaften" der Mazedonenfürsten zerstreut und kamen so in Umlauf. Das Seleukidenreich, die eigentlichste Fortsetzung des Perserreichs, hat anscheinend nie mehr einen erheblichen Königshort besessen, dagegen überstieg anscheinend seine Geldeinnahme aus den Tributen die des gesamten Perserreichs (außer Indien). Ägypten hatte einen Staatsschatz von *sehr* großem, aber freilich in der Höhe absolut unglaubwürdig überliefertem Umfang (von manchen Historikern ist eine phantastische Zahl geglaubt worden) und dazu trat die königliche Bank, welche, wie in den meisten hellenistischen Poleis, das Wechselmonopol hatte und, mit ihren Filialen, allgemeine Zahlstelle war. Auch die Münzprägung der Städte begann überall, während z. B. Babylon noch unter der Perserherrschaft gar nicht geprägt hatte, die goldenen „Dareiken" der „Reichswährung" wohl wesentlich dem Zwecke der Thesaurierung und Gratifikation dienten und nur einige Küstenstädte hellenisch prägten, im ganzen aber das Geldwesen auf dem rechtlichen Niveau etwa des chinesischen Systems (kleines Zeichengeld neben im Kurse schwankendem, „pensatorisch" verwendetem Edelmetall) blieb.

Fortschritt und Einfluß der Geldwirtschaft zeigt sich am deutlichsten in den dank Wilcken jetzt besonders gut bekannten Zuständen Ägyptens. Die Differenz der Tribute an die Perser gegenüber den Einkünften der Ptolemäer (700 Talente, 120.000 Artaben Getreide Tribut angeblich unter Dareios – was nach der Überlieferung stabil blieb –, 14.800 Talente und 1,2 Mill. Getreide *angeblich* unter Ptolemaios Philadelphos, 6.000 Talente *glaubwürdig* im 1. Jahrh., nach starkem Verfall) darf natürlich (auch von der Edelmetallentwertung abgesehen) nicht einfach als *entsprechende* Steigerung der staatlichen Erträge angesehen werden: Alle Quellen ergeben, daß die Belastung zugunsten der *Satrapen* und örtlichen Truppen die weitaus schwerere gewesen war, an den persischen Hof nur ein Bruchteil des Gesamteinkommens abging und natürlich ein besonders *kleiner* von den *Natural*abgaben. Aber: der Geldwert der gesamten ptolemäischen *Natural*einkünfte betrug nur etwa 1/40 ihres *Gesamt*einkommens: so stark schritt die Geldwirtschaft vorwärts. Und – worauf Wilcken zuerst hinwies – während in der Heeresverpflegung im 3. vorchristl. Jahrh. das Geld zu den Naturalien im Wert sich noch wie 1 : 2 verhielt, verschob sich dies Verhältnis im 2. Jahrh. auf 3 ½ : 1, in der Flotte aber am Ende des 2. Jahrh. auf 20 : 1. Die alten, von den chaldäischen mehr formal als sachlich unterschiedenen, Kategorien des naturalwirtschaftlichen Geschäftslebens: Naturaldarlehen, Naturallöhne usw. sind in der ganzen Ptolmäerzeit noch (besonders – aber nicht nur – in den demotischen Papyri) vorhanden.

Die Natural*pacht* im Privatverkehr wiegt in den erhaltenen Urkunden bis in die Kaiserzeit vor. Aber unaufhaltsam schreitet vom 3. vorchristl. bis zur Mitte des 2. nachchristl. Jahrh. die Geldwirtschaft vor. Die erhaltenen Fragmente von Wirtschaftsbüchern zeigen einerseits im 3. Jahrh., andererseits zu Vespasians Zeit, volle Geldwirtschaft des Haushalts. Einkauf gegen Geld auf dem Markt, Verkauf der Erzeugnisse gegen Geld, Geldtagelöhne, Geldzinsgeschäfte Privater herrschten und vor allem: Geld*steuern* und Steuer*einschätzung* in Geld. Von den Grundabgaben blieben, außer den, einem Staatsmonopol unterliegenden Gewächsen, (Sesam, Kroton usw.) nur die *Getreide*abgaben fast ganz Naturalsteuern; alle anderen Gewächse waren fast rein mit Geld besteuert. Ebenso die Gewerbesteuern, die an Stelle der alten pharaonischen Fronden und Naturalabgaben von Gewerbeprodukten traten. Überall tritt die Tendenz zur „adaeratio" – wie die Kaiserzeit den Vorgang der Zugeldsetzung einer Pflicht technisch nannte – zutage. Das unerhört und bis zum äußersten Raffinement entwickelte Finanzsystem der Ptolemäerzeit, in welchem von der Prostituierten bis zum Kanaladjazenten schlechthin jedermann – außer den Hellenen, den Priestern (bis zu einer Maximalzahl für jeden Tempel) und den κάτοικοι (s. u.) – nach seinem Beruf, außerdem jeder Verkehrsakt nach seinem Objekt differenzierte *Steuern* zu tragen hatte, – dies System ruht auf der ganz konsequenten Fortentwicklung der *Fron*kataster und Bodenvermessungen und -bonitierungen des ramessidischen Staatslastensystems, zu welchem es nur in der Art der Belastung: im Prinzip Fronden dort – im Prinzip (über die Praxis s. u.) Geldsteuern hier, eine Art von Gegenpol bildet. Die staatliche *Bedarfs*deckung also war in hellenistischer Zeit zunehmend *geld*wirtschaftlich und konnte dies sein, weil die Wirtschaftsstruktur, auf der sie ruhte, in starkem Maße geldwirtschaftlich war oder wurde.

Aber: die *Verwaltung* der neu entstehenden Monarchien war rein *bureaukratisch* und wurde *zunehmend* bureaukratischer, und gleichzeitig vollzog sich, gerade *infolge* der Geldwirtschaft, im Staatshaushalt, ein immer stärkeres Hervortreten des *Leiturgie*prinzips: der Sicherung der Staats*einkünfte* durch immer umfassendere Auferlegung von Vermögensgarantien für den Eingang der Staatsabgaben auf die Bemittelten, und der Fesselung der zu *Leistungen* an den Staat Verpflichteten an ihre Funktion. Ägypten ist dafür das klassische Land, aber auch anderwärts zeigen sich überall die Ansätze dazu. Die Bedeutung der Staats*sklaven* stieg auch in den autonomen Poleis, z. B. in Athen. Und die attische Verwaltungsordnung enthielt in Proeisphora und Symmorien, und auch in der Stellung der Demen (s. o.), ohnehin schon den Keim der ein halbes Jahrtausend später, in der konstantinischen Zeit, üblichen Art der Steuerhaftung und der Behandlung des „populus plebejus" in den Munizipien. Endlich – eine Folge der Eroberung und, speziell, der Expansion in das *Binnen*land – wird von den orientalischen Staaten zweifellos vielfach die *grundherrschaftliche* neben der Polis-Organisation übernommen, wo nicht formell, da der Sache nach. Schon daß in Ägypten unter den Ptolemäern ein Fall von *Erb*verpachtung *privaten* Grundbesitzes (auf 99 Jahre) vorkommt, wie dies in persischer Zeit in Mesopotamien sich findet, während in Althellas dafür (bis jetzt wenigstens) so wenig ein Beispiel bekannt ist wie für Rom, kennzeichnet die stärkere Betonung *feudaler* Elemente in der Sozialverfassung. Trotz aller Politik nationaler Versöhnung sind eben die Masse der Orientalen dem Hellenenheer gegenüber *Unterworfene*, und das kam in den sozialen Institutionen zum Ausdruck. Allerdings geht (außerhalb Ägyptens) der hellenistische Staat zunächst energisch auf städtische Organisation des Landes aus. Nur die Städte sind Träger des Hellenentums, – die Bewohner des platten Landes bleiben „ἔϑνη", – und die wünschenswerte Hellenisierung erfolgte also regelmäßig: einerseits durch Ansiedelung von Hellenen, teils Zuzüglern aus Althellas, teils aber und namentlich Veteranenfamilien, andererseits durch Konstituierung dieser Kolonisten und der hellenisierten alten Geschlechter (Tempelgeschlechter und Militäradel) als einer „Polis". Die Inschriften scheinen zu zeigen, daß im Prinzip jeder, dessen Grundbesitz irgendwelche Leistungen an den Staat trug oder auch nur dem Rechtsprinzip nach tragen *konnte* – also alle *Privat*leute – diesen Grundbesitz, auch wenn sie ihn aus der Hand des (für seine Besitztümer exterritorialen) Königs erworben hatten, einer Polis „zuschreiben" lassen mußten. Die hellenistischen Herrscher und Kolonisten haben die grundherrliche, namentlich aber die *theokratische*, Organisation vielfach offenbar ganz bewußt beschnitten, im Gegensatz gegen das ebenso bewußte freundliche Verhalten der Perser zur Theokratie. Das zeigt sich in der geschickten Art, wie in Ägypten die – schon vor der nationalistischen Empörung der Thebais, welche eine direkt ägyptophile Epoche einleitete – offiziell so bigotte Dynastie der Ptolemäer die Apotheose der Arsinoë (265 v. Chr.) dazu benutzte, um, offenbar gegen Entschädigung durch ein großes Kapitalgeschenk, der Priesterschaft die Einziehung der ἀπόμοιϱα von allen Gartenkulturen (⅙ des Ertrages) ab- und auf den *Staat* zu übernehmen, unter Zuweisung des Ertrages an die neue Göttin. Es zeigt sich im Synoikismos des pisidischen Antiochien und sonst, deutlich z. B. in Stratonikeia in Karien. Hier wurde eine alte ländliche Tempel-Amphiktyonie durch Städtegründungen geradezu zerschnitten und den Städten nach dem Maß der ihnen attribuierten Komen deren Stimmen im Rat des alten um den Tempel sich gruppierenden Gaues zugeteilt. Aus später Zeit hat man sich z. B. der Polisgründungen der Herodäer als Gegengewicht gegen die eine theokratische Geschlechterpolis: Jerusalem, zu erinnern; so namentlich Tiberias, wo nach Josephus die Neusiedler mit Äckern, Häusern und Privilegien ausgestattet, ihnen aber das Zwangsdomizil auferlegt wurde, und Sebaste. Diese Hellenenstädte waren eben militärisch (Sebaste stellte in einem Judenkrieg 3.000 Mann), da sie ja, mitten im fremden Volkstum, ganz vom Bestande des hellenistischen Staatswesens abhingen, die festesten Stützen der Diadochen- und Epigonenherrscher. Außerdem aber garantierte die hellenische Polis die Hebung der Steuerkraft: die hellenistischen Monarchen sind „Merkantilisten" wie die Territorialherren des 17./18. Jahrh. bei uns. – Der Synoikismus bedeutete auch jetzt der Regel nach die effektive Zusammen*siedelung* zur Stadt, namentlich für die am *Geschäfts*leben (und, wohlgemerkt, am geschäftlich ausbeutbaren Stadt*verwaltungs*leben) beteiligten Schichten. So hat s. Z. schon Kuhn darauf aufmerksam gemacht, daß nach dem Synoikismus von Kassandreia der *Wein* der bisherigen, als κώμη dieser Polis fortbestehenden, Stadt Mende *nicht mehr* über den Hafen dieses Ortes, *sondern* über Kassandreia verschifft wurde: Stapelzwang gehört auch zur hellenistischen Polis.

Allein: schon die teilweise kolossalen Gebiete der Städte zeigen, daß sie in ihrer sozialen Konstitution sehr verschieden von einer klassisch-hellenischen Polis geartet sein mußten und oft in Wahrheit nur einen *rechtlich* synoikisierten Komplex von großen *Grundherrschaften* darstellten. Ferner aber: der gewaltige Domänenbesitz der Könige blieb, im Prinzip, ganz *exterritorial*, und daneben existierten sicherlich zahlreiche, auf persönlicher Konzession bestehende Grundherrschaften, welchen die Zuschreibung zu einer Polis nicht oktroyiert wurde, speziell in den Gebieten, wo die Polisorganisation nicht allgemein durchgeführt worden war. Eine förmliche, durch *Rechts*regeln festgestellte, Schollenfestigkeit von auf privaten Grundherrschaften sitzenden *Kolonen* ist allerdings für das Seleukidenreich und für den ganzen älteren Hellenismus *nicht* nachweisbar und auch nicht wahrscheinlich, nicht nur soweit hellenische Pächter in Betracht kommen (außerhalb der Polisgebiete wohl selten), sondern generell wohl auch für die nicht hellenische Bevölkerung. Anders, wo das *Verwaltungsrecht* in Frage kam, wo es sich also um Pflichten gegen den Staat, und das heißt: um Pflichten gegen den *Monarchen* handelt. In seinen *staatlichen* Beziehungen ist, wie der altägyptische Untertan an sein gesetzliches Domizil, und natürlich: (ohne Konsequenzen für die Freizügigkeit) der Athener an seinen Demos, so der hellenistische Untertan an seine Heimatgemeinde (ptolemäisch: ἰδία – zweifellos nur die Übernahme des früher erörterten ägyptischen Instituts –) gebunden: Hier steuert er, hierhin kann er, wenn sein Aufenthaltsort, an dem er, als ἐπίξενος, weilt, sich seiner entledigen will, abgeschoben werden, hierhin endlich kann ihn der Staat, *wenn* es sich um die Ableistung persönlicher Leiturgien handelt, ev. *zurückholen*. Denn eine *garantierte* Freizügigkeit existiert im Altertum nur soweit, als sie durch ausdrückliche Verträge oder Privilegien begründet ist. Im übrigen war, dem *Rechts*prinzip nach, dem Staat gegenüber der Einzelne in ähnlicher Weise an seine Gemeinde gebunden, wie heute der russische Bauer es ist. Es findet sich denn auch die physische Zurückführung von Untertanen in die Heimatgemeinden zur Übernahme öffentlicher Lasten nicht nur später in der bekannten Lukasstelle, sondern ebenso schon zu allen Zeiten in den hellenistischen Staaten. Der hellenistische Staat kannte insbesondere, wenn auch weniger als der altorientalische, *Fron*leistungen öffentlich-rechtlicher Provenienz, und wo deren Ableistung durch Abwanderung *gefährdet* schien, griff er zweifellos zur Zwangsrückführung. Auf den exterritorialen Domänen des Königs nun, und ebenso auf den königlich konzessionierten exterritorialen Grundherrschaften (wo solche vorkamen) waren die auf Tradition oder genereller Domänenpachtordnung beruhenden *privat*rechtlichen Verpflichtungen der Kolonen wohl schwerlich gegen Vermengung mit jenen *verwaltungs*rechtlichen Pflichten geschützt, und vollends war dies nicht der Fall in Ägypten, wo die verschiedensten Robotpflichten der Untertanen eine Überkommenschaft der Pharaonenzeit waren, die, z. B. in Gestalt der fünftägigen Kanalfronden, in den hellenistisch-ptolemäischen Quellen fortexistierten. Allerdings: das Vordringen der Verkehrswirtschaft hatte überall (auch in Ägypten, s. o.) die Tendenz gezeitigt, jene Fronden gegen Abgaben in natura oder Geldzahlung *ablösbar* zu machen. Aber wo staatliche Finanzinteressen in Frage kamen, trug schon der zweite Ptolemäer nicht die geringsten Bedenken, die Freizügigkeit selbst von (offenbar) *formell* rein *kontraktlich* engagierten Arbeitern der Staatsölpressen zu beschränken. Derartige Maßregeln ruhten eben nicht auf generellen Rechtsregeln, sondern auf königlichem Verwaltungsbann. Ganz ebenso verfuhr man zweifellos im Bedarfsfall mit den königlichen Domänenkolonen. Die Urkunde des Verkaufs eines kleinasiatischen Domänendorfes seitens Antiochos II. an seine Gemahlin Laodike (256 v. Chr., von Rostowzew zuerst gewürdigt) setzt zwar die *faktische* Freizügigkeit der Dorfinsassen voraus, *rechtlich* aber bleiben sie – das dürfte *gegen* P. M. Meyer festzuhalten sein – an das Dorf gebunden und konnten natürlich, *wenn nötig*, zurückgeholt werden. Ganz ebenso werden aber private exterritoriale Konzessionäre, *wenn* ihnen etwa Ortsobrigkeitsrechte gelassen wurden, zu ihren Hintersassen gestanden haben. Das Privatrecht des Orients von Snefru und Hammurabi bis zum Talmud betrachtet die Kleinpacht stets mit den Augen des Herrn und sieht daher im Kleinpächter stets einen Mann, der um des Herrn willen da ist, der nicht nur und nicht einmal in erster Linie Nutzungs*rechte* hat, sondern vor allem auch Bebauungs*pflichten* übernimmt (vor allem, aber nicht nur: der Teilpächter); und diese Pflichten dem *König* oder Patrimonialherrn gegenüber von den öffentlich-rechtlichen Fronden scharf zu sondern wird man sich kaum immer bemüht haben. Schon die Sonderung der robotpflichtigen *Domänen*kolonen des Pharao und seiner bäuerlichen „Untertanen", die er zu *staat*lichen Fronden heranzog, war ja (s. o.) ziemlich problematischer Natur. Dies ist für die *Eingeborenen*, die „ἔϑνη", in der hellenistischen Zeit vielleicht etwas, schwerlich aber prinzipiell, anders geworden. Die offizielle Terminologie der Ptolemäer, in den sog. „Revenue laws" und sonst, unterscheidet die „λαοὶ" der Domänen (mit dem gleichen Ausdruck werden jene kleinasiatischen Kolonen bezeichnet, und er entspricht wohl sicher den „retu", „miritiu" oder ähnlichen Ausdrücken der Pharaonenzeit) von den übrigen γεωργοὶ des Landes. Die letzteren sind formal „freie" Landwirte, – Eigentümer oder Pächter, *auch königliche* Pächter („βασιλικοὶ γ."), – die ersteren dagegen in den Rev. laws und sonst: *ägyptische* Kolonen des Königs. Ob jene Terminologie *dauernd* feststand, bleibt fraglich. Denn diesen königlichen Kolonen scheint, wie in pharaonischer Zeit, die große Masse der *eingeborenen besitzlosen* (resp. rechtlich als besitzlos behandelten oder den Besitzlosen gleichgestellten) *Dorf*bevölkerung *verwaltungs*rechtlich der Sache nach gleichbehandelt worden zu sein. (Dieser Zustand geht ersichtlich auf altägyptische Verhältnisse zurück, s. o.) Die λαοὶ zahlen die Kopfsteuer, sie sind in ihrer ἰδία für Staatszwecke und für die Gemeinde fronpflichtig; nur sind in hellenistischer Zeit diese Fronden meist adäriert und ist damit eine (rechtlich prekäre) *faktische* Freizügigkeit gegeben. *Wenn* ihre Dienste in natura in Anspruch genommen werden – in Zeiten scharfer Anspannung der öffentlichen Lasten oder in Krisenzeiten, wo Geld fehlt (so, wie P. M. Meyer zuerst gesehen hat, im 2. Jahrh. v. Chr.) – dann werden sie von anderen Leiturgien (staatliche Zwangspacht) dispensiert, um den Ackerbau nicht zu gefährden. (Inwieweit es vorkam, daß λαοὶ des Königslandes nur kraft *Vertrages* darauf saßen – auf *Privat*gütern in der späteren Rechtsprache homologi coloni genannt[1] – oder einfach *traditionelle* Lasten zahlten, ist für diese Zeit nicht bekannt; die Lage der „γεωργοῦντες ὁμόλογοι ἄνδρες", die Wilcken im 2. Jahrh., nach seiner Ansicht auf *Staats*gütern, nachweist, ist leider bisher nicht näher zu bestimmen. Im ganzen wird *Vertrag* bei den hellenischen, die *Tradition* bei den „ethnischen" Kolonen die *ursprüngliche* Grundlage gewesen sein).

Sichtlich nun fügt sich diese Erscheinung als Glied dem staatlichen Apparat ein, welchen der darin am rationalsten organisierte hellenistische Staat, Ägypten, auf der Basis der altägyptischen Sozialverfassung errichtet hat. Ragen, wie sich eben zeigte, neben grundherrlichen Gebilden auch die Grundlagen des alten *Frons*taates der Ramessidenzeit noch in die Geldwirtschaft des Hellenismus hinein, so ist diese Geldwirtschaft andererseits auch wieder gebrochen durch die Art der Gestaltung des staatlichen Finanzwesens. Der Staat hielt eine gewaltige Armee *besoldeter* Beamter und ein immerhin beträchtliches stehendes Heer, zunehmend in *Geld* gelohnt, ebenso kosteten der Hof und (speziell in Ägypten) die Zuschüsse für den Kultus, schließlich und namentlich die große Politik, jetzt vor allem: *Geld*. Wie heute bei uns, so war auch im Hellenismus gerade die Notwendigkeit *geld*wirtschaftlicher Bedarfsdeckung des *Staates* der Hebel zur Umgestaltung der Gesamtwirtschaft in der Richtung einer wieder zunehmenden gemeinwirtschaftlichen *Gebundenheit* und Verkehrs*ausschaltung*. Im Altertum war der voll entwickelte „Leiturgiestaat" die Form, in der sich dieser Prozeß vollzog.

[1] Bestritten.

Eine eingehendere Schilderung gehört nicht hierher (über einzelne agrarhistorisch wichtige Punkte vgl. den Art. „Kolonat“[2]). Es muß genügen, daran zu erinnern, daß in dem Musterstaat des Hellenismus, Ägypten, – das Seleukidenreich blieb weit lockerer organisiert und zerfiel daher relativ schnell – wichtige Produktionszweige gänzlich monopolisiert waren: so, wie schon früher gelegentlich erwähnt, die *Öl*bereitung (aus Sesam, Kroton, Kürbissen, – die Olive breitete sich erst später, namentlich in der Römerzeit, in Ägypten aus), Salz (mit Aufdrängung eines Minimalkontingents entsprechend der französischen „Gabelle“), Natron, und anscheinend (in Anknüpfung an altägyptische Zustände im Textilgewerbe, s. o.) auch die Herstellung von feinem Leinen. Die Ölfrüchte und (wahrscheinlich) der Flachs waren daher im Anbau streng kontrolliert, die Ernte ging, infolge des Ankaufsmonopols, gänzlich in die Magazine des Königs. Die Preisfeststellungen beim Verkauf des Öls erfolgten, recht willkürlich nach den verschiedensten Gesichtspunkten, nachdem die κάπηλοι der einzelnen Städte und Bezirke die Quantitäten, welche für ihren Bezirk erforderlich waren, deklariert und der Hof seinen Bedarf vorweggenommen hatte. Öl war, neben dem ebenfalls durch die Staatsverwaltung (s. u.) regulierten Weizen, der wichtigste Konsumartikel. Nicht minder war das Bankgeschäft (in *erster* Linie: Valutengeschäft) monopolisiert und verpachtet. Dieser Monopolismus schritt immer weiter vorwärts und zog immer mehr – speziell: 1. „schwere“ (d. h. rohstoffgebundene) und 2. Massenkonsum- – Gewerbe in seine Kreise. In römischer Zeit finden wir z. B. auch verpachtete Ziegeleimonopole, womit also die Mehrzahl gerade der *elementaren* Bedarfsgegenstände: – Brot, Öl, Baumaterial, Kleidung – teilweise – durch die Hand des *Staates* gingen.

Dazu trat nun das System der *Leiturgien*, in einer Form, die eine Kombination altägyptischer mit spezifisch hellenischen Institutionen darstellt. Der Staat sucht für *jede* öffentliche Leistung ein *Vermögen bürgschafts*pflichtig zu machen. Um dies zu ermöglichen, werden alle nicht gänzlich ephemeren oder unerheblichen Vermögen so katastriert, daß ihrem Besitzer eine bestimmte Anzahl πόροι – runde Geldsummen, den späteren „capita“ der diokletianischen Zeit im Prinzip gleichartig, – zugeschrieben und danach seine Amts*qualifikation* und Amts*pflicht* durch die Behörde festgestellt wird: dies System reicht bis zu den Nachtwächtern der *Dörfer* (300 Drachmen πόρος) herab. Von diesem Leiturgiesystem wird nun auch die wichtigste Quelle kapitalistischer Vermögensbildung, die *Staatspacht*, speziell: Steuerpacht, betroffen (dies ist von Rostowzew schön geschildert). Dem freien Schalten des athenischen, vollends des römischen, Steuerpächters, welches aus dem Fehlen der Bureaukratie folgte, steht hier die *staatliche* Steuererhebung gegenüber. Der Staat braucht den *Pächter* letztlich nur als Garanten eines festen

[2] Im Handwörterbuch der Staatswissenschaften von Rostowzew.

Minimal-*Geld*einkommens zum Zwecke der Budgetierung, und entschädigt ihn für sein Risiko durch Anteile am Surplus oder ein „Opsonion" von 5 – 10%.[3] Statt daß der Pächter gegen eine Pauschale die Steuereingänge in seine Hand erhält, durchlaufen die Steuerbeträge gar nicht die Kasse der Pächter, sondern gehen direkt in die Magazine bzw. Kassen des *Staates*; andererseits hat der Pächter nicht (oder doch nur teilweise) vorzuschießen. Er braucht also, relativ, sehr wenig „*Kapital*", er und seine Sozien und Bürgen mußten vielmehr nur „*Vermögen*" haben, um als Garanten für den Staat von Wert zu sein. Die Übernahme dieser Steuerpacht war daher ökonomisch etwas *qualitativ* anderes als bei den römischen Publikanen, und dem entspricht es, daß sie je länger je mehr als Leiturgie behandelt und in ungünstigen Zeiten als eine *schwere* Leiturgie empfunden wurde: direkter Zwang zur Übernahme der Staatspacht kam gegen Ende der Ptolemäerzeit als regelmäßige Erscheinung vor (das Edikt des Ti. Alexander zeigt ihre Unerträglichkeit) und beginnt sich schließlich von der Steuerpacht auch auf die *Domänen*pachten zu erstrecken, wo ihre Existenz als ganz normale Erscheinung u. a. auch durch ausdrückliche, auf diesen Fall bezügliche Vereinbarungen in Sozietätskontrakten von Pächtern verbürgt ist.

Aus den großen königlichen *Domänen* fließt ein sehr bedeutender Teil der Staatseinnahmen. In der ersten Zeit, solange die Dynastien noch nicht feststanden, mußten die alten Domänen in sehr bedeutendem Umfang teils zur Geldbeschaffung (Verkauf von Land für 300 Talente von Antiochos 1. an die Stadt Pitane) oder zur Schaffung oder Ausstattung von zuverlässigen Parteigängern dienen. Die großen Landschenkungen von Philipp und Alexander bestätigt (laut Inschrift) Kassandros, und große Landschenkungen kamen auch unter den Diadochen, besonders den ersten, vor. Ein General erhielt von Antiochos I. ca. 600 ha Land geschenkt, und sicher war dies keine besonders große Schenkung. Späterhin aber dienten – auch hier am prinzipiellsten in Ägypten – die Ländereien des Königs, neben Tempelschenkungen (s. u.), zwei Zwecken: 1. der dauernden Vergebung an *Soldaten*, um, sei es eine Ergänzung der Garden durch eine jederzeit bereite Reserve, sei es Aushebungskadres zu schaffen[4] und dabei *Geld*ausgaben zu sparen; 2. der *Renten*erzielung, im wesentlichen durch Verpachtung.

Was die *militärische* Landversorgung betrifft, deren Verständnis für Ägypten besonders durch P. M. Meyer sehr gefördert, aber wie es scheint, noch nicht endgültig geklärt ist, so kann sie hier nicht allseitig behandelt werden; einige Bemerkungen müssen genügen, die *agrar*geschichtliche Seite kurz zu illustrieren. Im weitesten Sinn könnte man ja *alle* Ackeranweisungen an Kleruchen in den neuen Poleis der Diadochenreiche als militärischen Charakters ansehen, – denn die Po-

[3] Manche Einzelheiten noch bestritten.
[4] Noch stark umstritten.

lisgründung ist Festungsgründung. Aber formal ist hier die Heerfolgepflicht Pflicht der Polis gegen den Herrscher, des Bürgers gegen die, im Innern autonome, Polis. Anders bei den eigentlichen *Soldaten*losen. Die Landlose von 12 ½ bzw. 6 ¼ ha (davon 1 ½ bzw. 1 ¼ ha Weinland) in Pergamon sind κλῆροι von Kriegern, die Pflicht klebt an dem konkreten Grundstück. Ebenso zweifellos bei der direkten Ansiedelung von Veteranen, die schon seit Alexander offenbar als Repristination der altorientalischen Institutionen (s. o.) vorkommen und einen (*faktisch*) erblichen Soldaten*stand* schufen, als Surrogat des makedonischen Heerbanns. Die Anknüpfung an das Vorgefundene ging besonders weit in Ägypten. Es stehen hier (wie in der letzten Kaiserzeit und in der Völkerwanderung in Europa) nebeneinander: 1. Einquartierung (σταθμοὶ) der Soldaten und 2. Ansiedelung auf κλῆροι. Nur die letztere interessiert uns hier. Auf dem Kleruchenlande stehen wiederum nebeneinander die einheimischen, nur im Notfalle aufgebotenen, μάχιμοι mit ihren nach altägyptischer Art kleinen Losen (ἑπτάρουροι μάχιμοι in Kerkeosiris: 1,8 ha, daneben ägyptische Reiter mit größeren Losen), auf der anderen Seite die makedonisch-griechischen Kleruchen. (Daß außerdem Kleruchenland an Polizei- und später gelegentlich Zivilfunktionäre vergeben wurde, wie z. B. die Tebtunis papyri zeigen, und ebenso die Frage des Verhältnisses der verschiedenen heerespflichtigen Landempfänger zueinander: des σύνταγμα (Linie) zum ἐπίταγμα, zu den ἐπίγονοι, – privilegierten Nachkommen des alten erobernden Heeres, wie jetzt durch P. M. Meyer und Reinach wohl feststeht – κονδροῦχοι, κάτοικοι, die noch ziemlich strittig ist, bleibt hier beiseite, wie überhaupt alle, auch wichtige, Einzelheiten. (Auch das nachfolgend Gesagte ist vielfach umstritten). – Soweit die Kleruchen speziell auch die κάτοικοι (dies der später übliche Name des Hauptstammes der hellenischen Kleruchen) auf dem *Lande* sitzen (suburbane Kleinstellen, bis zu 0,83 ha herab in der Deltagegend, kommen vor), scheint ihr Landlos, wo irgend möglich, auf dem in der Verfügung des Königs befindlichen *Geest*land (χέρσος), *nicht* auf dem ihm gehörigen alten (und das heißt: überschwemmten) *Acker*land (σπόριμος) ausgewiesen worden zu sein, demgemäß auf weit größeren Losen (in Kerkeosiris zwischen 20 und 100 Aruren etwa = 5,6 – 28 ha, schwankend, sonst kommen auch bis zu 320, selbst 500 Aruren vor). Wenn pacht*pflichtiges* Marschland an Kleruchen, also pacht*frei*, vergeben ist, so erscheint dies in den Katastern als Anormalität und wird als „Abgang" vom Pachtsoll gebucht. Es wird also normalerweise die eigentliche βασιλικὴ γῆ, das *pacht*pflichtige Domanium des Königs, einerseits vom Privatland (ἰδιόκτητος), andererseits von der „γῆ ἐν ἀφέσει", welches aus den beiden Kategorien: Tempel- (ἱερὰ γῆ, s. u.) und Kleruchenland, besteht, geschieden. Die letzteren beiden, an *Funktionen* gebundene Ländereien, waren trotzdem nicht etwa gänzlich frei von allen Abgaben (so wenig wie das Privatland). Die Abgaben der Kleruchen aller Gattungen konnten, da ihr Land oft geradezu bisheriges Ödland war, sogar äußerst drückend werden und sie zum Verzicht auf ihren Besitz veranlassen, obwohl sie der Art und Bezeichnung nach wohl ursprünglich einerseits Rekognitions- und andererseits Gelegenheitsabgaben an den Heerkönig waren. Bei Nichtzahlung wird das Land, wie die Quellen zeigen, sequestriert und ev. einem anderen, der die Lasten übernimmt, vergeben, erst recht zweifellos bei Nichtgestellung zum Heere, – wie schon die Dienstlehen in Hammurabis Zeit. Der Kleruch ist nicht rückenbesitzpflichtig: er kann das Land verpachten. Veräußern kann er es wahrscheinlich, dem Rechte nach, ursprünglich nicht, es sei denn in der Form, daß er mit Konsens der Behörde zugunsten eines anderen resigniert. Im Erbgang geht es auf die Söhne über. Testament scheint im 3. Jahrh. noch nicht vorzukommen. Es findet sich Verteilung von Land zwischen Vater und Sohn (offenbar bloße Arbeits- und Profitverteilung). Parzellierung ist sehr selten, kommt aber (im Erbgang) vor, zweifellos auf Grund von behördlichem Konsens. Ob der Kleruch rechtlich in der Art der Bewirtschaftung von Anfang an ganz frei war, ist wohl nicht festzustellen: *faktisch* scheint eine Ingerenz der Behörde nicht nachweisbar, ja, nach den Pachtkontrakten, sicher nicht vorhanden gewesen zu sein: – er zahlte ja wesentlich *Geld*abgaben und leistete im übrigen ev. Heeresdienst. Nur bei gänzlicher Unterlassung der Bestellung oder Sinken derselben unter ein bestimmtes, die Staatsabgaben garantierendes Minimum (Spuren davon in den Tebt. pap.), fiel das Land ev. wohl – wie bei allen antiken Erbpachten – zurück. Die hellenischen „Katoiken" sind die Aristokratie der Kleruchen. Sie sind ebensowenig, wie andererseits die μάχιμοι, rein ethnisch abgegrenzt, und zwar je länger je weniger, entsprechend der allgemeinen Politik der Ptolemäer. Sondern es erfolgt innerhalb des Kleruchentums eine Art Avancement, nach Verdienst und Leistung, von unten her in die oberste Klasse, indem die Lose sukzessive vergrößert und Neuzuweisungen vorgenommen werden, unter gleichzeitiger „Versetzung" in die Klasse der κάτοικοι, zu der man allerdings zweifellos nur gehören konnte, wenn man hellenisiert war. Die Zahl dieser Katoiken kann, nach dem Umfang ihrer Lose zu schließen, keine allzugroße gewesen sein. (Vgl. auch die vielen Soldtruppen der Ptolemäer.) Das Kleruchenland war naturgemäß ganz ungleichmäßig über das Land verteilt und am stärksten da, wo der König durch Be- und Entwässerung Neuland gewann (ganz nach altorientalischer Art – Mesopotamien –: wie denn Massenverpflanzungen von Besiegten gerade auch durch die Ptolemäer ganz in der alten Art vorgenommen wurden). In dem reinen *Neu*landgebiet von Kerkeosiris z. B. sind infolgedessen gar keine *Privat*besitzungen (außer den Hausgrundstücken des Dorfes) und fast kein (5%)Tempelland vorhanden, dagegen beträgt das Kleruchenland von ca. 4.700 Aruren (1.300 ha) 1.564 = fast ein Drittel, während der Rest βασιλικὴ γῆ ist.

Die κάτοικοι gelten wohl schon seit ihrem Auftauchen (2. Jahrh.) jedenfalls aber je länger je mehr, als eine privilegierte Klasse, und diese privilegierte Position projiziert sich im Verlauf der Entwicklung auf ihren κλῆρος, der *faktisch Privat*besitz, und zwar privilegierter Privatbesitz wird, sowohl gegenüber der Steuer, wie – zweifellos – der Fronpflichten. Im 3. Jahrh. *nach* Chr. scheinen sie den ungemein niedrigen Satz von 1 Artabe von der Arure zu zahlen. Dafür unterliegen sie der ἐπίκρισις – *Aushebungs*katastrierung, wie doch wohl mit P. M. Meyer zu interpretieren ist, gegen Wessely, der jenes Verfahren primär als eine Feststellung der – ethnisch geschiedenen – *Steuer*pflichten ansieht; jedenfalls ist der Katoikenstand in der Römerzeit – und, wie bemerkt, offenbar schon vorher, – ethnisch *indifferent*.

Über die ägyptische βασιλικὴ γῆ, das königliche Domanium, soll hier nur weniges bemerkt werden. Das Königsland ist schon seit dem „neuen Reich" katastriert, vermessen und in viereckige Parzellen aufgeteilt. Die Art des Bestellungs*solls* ist, wie die Urkunden ergeben, für jedes Dorf genau festgestellt und wird kontrolliert. Das Domanium ist, seit der Pharaonenzeit, über das ganze Land hin, wennschon jedenfalls in sehr verschiedenem Maße (sichere Unterlagen für die Beantwortung des: wie? fehlen z. Z. noch) verteilt. Es ist verpachtet, und zwar in ptolemäischer Zeit, ebenso wie in altägyptischer und in *teil*weisem Gegensatz zur Kaiserzeit, entschieden überwiegend an *Klein*pächter. Die Pacht ist nicht Anteilspacht, sondern feste Naturalpacht, abgestuft nach den Bodenqualitäten. Und zwar ist die Abgabe in *erster* Linie *Weizen*abgabe. Alle anderen Gewächse werden nur bis zu einem festgesetzten Maximum in natura angenommen, der Rest in Weizen nach festen Sätzen (Gerste: Weizen z. B. = 3 : 5) umgerechnet und so eine gewisse *faktische* Freiheit der Fruchtfolge möglichst mit dem Interesse des Fiskus, Weizen soviel er wollte zu erhalten, in Einklang gebracht. Die Fruchtfolge des Kronlandes unterschied sich aber natürlich dementsprechend von der sonst, z. B. bei den Kleruchen, üblichen durch das weit stärkere Vorwiegen des *Weizens*. Während die Kleruchen in starkem Maße für den *Eigen*bedarf bauten und daher u. a. Hülsenfrüchte bei ihnen eine erhebliche Rolle spielen, diente die Krondomänenproduktion der Verwertung durch *Export*: Ägypten war die allgemeine „Kornkammer" geworden. Daher umfaßt die Bestellung mit Weizen oft über die Hälfte, mit Getreide im ganzen regelmäßig ⅔ des Landes, das letzte Drittel ist im „ἀνάπαυμα" mit Gräsern oder Linsen usw. angesät. Als Saatgut rechnete man 1 Artabe auf 1 Arure (28 Ar). Die Ertragshöhe steigt in *einem* Fall auf das 20. Korn (Durchschnitt *heute*: das 12.).[5] Zur Sicherung der politisch und ökonomisch so wichtigen Getreideproduktion dienen die aus der Pharaonenzeit überkommenen königlichen Magazine, aus denen ev. (wie heute in Rußland) Saatgut an die Bauern (Domänenpächter *und andere*, die Natural*steuer* schulden)

[5] Damit zu vergleichen die Pachtsätze (s. u.).

ausgeliehen wird, und der ganze Apparat ruht in unterster Instanz auf den im Dorfe funktionierenden königlichen „Sitologen", welche die Bestellung und Ernte beobachten, die ev. Saatgutausgabe vermitteln. Das Getreide wird unter Aufsicht auf den Tennen vor dem Dorf gedroschen und dann an das Magazin abgeführt: den ev. Transport nach Alexandrien besorgen dann, sicher im Monopol, (Zwangs-) Genossenschaften. Die Pachtsätze erscheinen, soweit man urteilen kann, als mäßige, verglichen mit Privatpachtsätzen (s. u.). Remissionen der Domänenpachtrente dagegen finden offenbar nur bei großen Notständen (Nicht-Überschwemmung) statt. – Das Domänenkataster führt für jedes Dorf die Bestandteile der Domänen auf die Rente geben, und diejenigen, bei denen dies dauernd oder zeitweise nicht der Fall ist. Dies kann der Fall sein, weil das Land „ὑπολογον", d. h. rentelos aus natürlichen oder rein faktischen Gründen (Kulturlosigkeit), oder, weil es ἐν συγκρίσει: Remissionsansprüchen unterworfen, endlich, weil es verliehen ist. Denn von der βασιλικὴ γῆ können – abgesehen von dem schon erwähnten Fall der regelwidrigen Vergebung an Kleruchen – einzelne Bestandteile vom König bestimmten Zwecken gewidmet werden: für Zuschüsse zur Sustentation von Tempeln oder Priestern (ἐν συντάξει scheint der Ausdruck dafür zu sein) oder als Lehen für Höflinge (dies bedeutet offenbar: ἐν δωρεᾷ) – was nicht selten bei ganzen Dörfern gleichzeitig der Fall war. Beides ist wohl sicher aus der pharaonischen Verwaltungstechnik übernommen. Im übrigen herrscht über die Kategorie des Königslandes noch ungeschlichteter Streit, ob z. B. die „γῆ ἄβροχος" kanalisiertes Geestland und die γῆ σπορίμη Überschwemmungsland sei – plausibel – oder vielmehr: die letztere Sumpfland, die erstere *ent*wässertes Land – recht unwahrscheinlich! – usw. Die „γῆ προσόδου" will Mitteis als *Erb*pachtland ansprechen, während, im Gegensatz dazu, die γεωργοὶ δημόσιοι die von anderen (wohl sicher falsch) als Pächter von *Dorf*besitz gedeutet worden waren, im Gegensatz dazu die gewöhnlichen Zeitpächter sein sollen. Wie dem sei, – jedenfalls ist das Vorkommen der *Erb*pacht mit *Erbbestandsgeld* durch eine von ihm interpretierte Urkunde (Z. f. R.G. 22, S. 151ff.) festgestellt, – was doch wohl auch für die römischen Verhältnisse (s. u.) entsprechende Rückschlüsse zuläßt. Die Erbpacht kommt andererseits auch da vor, wo eine *eigenmächtige* Okkupation von Geestland stattgefunden hat, das nun von der Regierung dem Okkupenten belassen, *zugleich* aber mit der *Verpflichtung* zur Melioration und Bebauung belegt wird. –

Die Rentenzuwendungen und definitiven Landschenkungen der Ptolemäer an die *Tempel*, und zwar die ägyptisch-nationalen reichlich ebenso wie die griechischen, waren äußerst bedeutend: – der mächtige Besitz des Tempels von Edfu wuchs mit einem Schlag auf das 1 ½fache, – und demgemäß war auch der Umfang der ἱερὰ γῆ groß, besonders wohl in Oberägypten, wo von alters her das Zentrum des nationalen Priestertums war. Allerdings: gegenüber dem Besitz der

Pharaonenzeit war der Umfang der Tempelbesitzungen verringert: selbst in den 4 südlichsten Nomen von Oberägypten läßt sich nur 1/25 der Kulturfläche als ἱερὰ γῆ direkt nachrechnen, Otto schätzt ihn für das 2. Jahrh. v. Chr. auf 1/10. Aber der Tempel von Edfu allein besaß dort über 18.300, er und einige andere Tempel zusammen über 21.400 Aruren (6.000 ha) meist fruchtbarsten Landes. Wenn sich in demotischen Kontrakten nefer hotep, d. h. (ehemaliges) Tempelland im Privatverkehr findet, so ist daraus nicht auf Säkularisationen der Ptolemäer zu schließen, sondern teils auf gelegentliche freiwillige Veräußerung, teils vielleicht auf *ältere* Konfiskationen. Allerdings: die ἀπόμοιρα wurde zugunsten der apotheosierten Arsinoe (gegen Entschädigung, s. o.) expropriiert, und die Apotheose des Herrschers war überhaupt im Orient ein Mittel, auf die Göttergüter Hand legen zu können, ohne – da es sich ja nun um Vorgänge „unter Kollegen" handelte – den immerhin gefährlichen Vorwurf des Sakrilegs auf sich zu laden. Aber: im ganzen hat der Staat nur die *Verwaltung* der Kircheneinkünfte direkt an sich gezogen. Die Landessynoden der ägyptischen Priesterschaft blieben bestehen. Sie selbst ist, anscheinend, wenigstens nicht dauernd eine Stütze eines prinzipiell hellenenfeindlichen Nationalismus gewesen, obwohl es natürlich kein Zufall ist, daß auch die letzte nationalistische Erhebung wieder in der Thebais, dem alten Sitz der Theokratie und dem Gebiet ausgedehntesten Tempellandes (s. o.), ihren Mittelpunkt fand. – Die alte Tradition war stereotypisiert, aber wenig aggressiv. Der Eintritt in den Klerikerstand war staatlich kontrolliert. Die Priester waren nur mäßig gebildet, standen darin unter der hellenistischen Gesellschaft. Sie unterschieden sich von griechischen Priestern jetzt, außer durch ihre Organisation als einheitliche *Kirche*, wesentlich durch ein weit stärkeres Maß von „Askese" und – damit zusammenhängend – durch die offenbar größere *Seltenheit* (aber nicht: ein gänzliches Fehlen) weltlicher Berufstätigkeit.

Die ägyptisch-hellenistische Kirche hat – neben der jüdischen Synagoge – nicht nur in mancherlei spezifisch kirchlichen Organisations- und Lebensformen, sondern auch in ihrer ökonomischen Gebarung die christliche Kirche beeinflußt. Denn obwohl die frappanten Ähnlichkeiten der Klosterwirtschaft mit der ägyptischen Tempelwirtschaft gewiß nicht notwendig *alle* auf Übernahme beruhen müssen, sondern vielfach einfach der Natur der aus anderen Gründen gleichartigen Situation entsprechen, ist die Klosterwirtschaft der ersten christlichen Zeit in Ägypten der heidnischen so gleichartig, daß hier Übernahme der Tradition wohl fraglos ist. Die ptolemäische Tempelwirtschaft ist ersichtlich aus einem naturalwirtschaftlichen Oikos, der seine Einkünfte ganz oder doch weit überwiegend für den eigenen (Konsum- und Kult-)Bedarf verwendet, zu einem Komplex geldwirtschaftlicher Betriebe erwachsen: – die Anfänge dafür gehen zweifellos (s. o.) schon in die national-ägyptische Zeit zurück. Der Tempel hat, um seine in Natura eingehenden Rohstoffe konsumreif zu machen, sicher von alters her, Mühlen und vielleicht gelegentlich Bäckereien. Er kauft unter Umständen noch Getreide dazu, um es zu vermahlen (Heliopolis) und so seine Mühle voll zu verwerten oder umgekehrt: er verpachtet die Mühle (Soknopaiu Nesos), weil er keine Verwendung mehr für sie hat (Jahrespacht im Soknopain Nesos 120 Drachmen). Ob im Lohnwerk gemahlen und für Dritte gebacken worden ist, steht nicht fest. *Markt*produktion ist zweifellos bei den zahlreichen Bierbrauereien der Tempel vorgekommen. Byssos dagegen, ein altes Marktprodukt der „Oikoi" der Pharaonen und der Tempel, durften die letzteren wegen des (wahrscheinlichen) Staatsmonopols wahrscheinlich nur für den Eigenbedarf produzieren. Für Öl bestimmten dies ausdrücklich, bei Einführung des Monopols, die Revenue Laws. Als gegen Ende der Pharaonen- und in der Römerzeit die Oliven vordrangen, wird die monopolfreie Verarbeitung der eigenen Oliven in den Vordergrund getreten sein. – Der Tempel bedurfte ferner von jeher der verschiedensten Bauhandwerker und Maler. Es scheint *nicht* sicher, ob die nachweisliche Zahlung der Lizenzsteuer durch den Tempel an den Staat bedeutet, daß der Tempel der Ptolemäerzeit solche Handwerker zur *Gewinn*erzielung, wie Otto annimmt, verwendet habe: soweit sie freie Leute waren, ist nicht einzusehen, warum sie nicht *selbst* ihre Leistungen auf dem Markt verwertet haben sollten. Sondern *entweder* handelte es sich um Tempel*kolonen* (dann wäre auch die nachweisliche Einziehung der Gewerbelizenzsteuer *durch* die Tempel erklärlich, – aber es fehlt an *Beweisen* für die Hörigkeit der Tempelhandwerker). Oder aber, – und dies ist das Wahrscheinliche – es handelt sich um kontraktlich *fest* und ausschließlich für *Tempel*bedürfnisse *engagierte* freie Bau- und andere Handwerker. Dann ist es sehr begreiflich, daß der Tempel die Lizenzsteuer an den Staat verlegt und von den Handwerkern einzieht. Denn in diesen wie in anderen Fällen (*darin* hat Otto wohl Recht) wird *steuer*technisch der Tempel als Betriebsinhaber gegolten haben. Inwieweit die Leistung der Handwerker für die Tempel im Endergebnis einer *Absatz*produktion zugute kommt, bleibt aber sehr fraglich. Jedenfalls ist diese *meist* dem Umfang, immer dem *Ursprung* nach *Annex* des „Oikos". Dauernde „Anlagen" für gewerbliche Zwecke, wie z. B. die gelegentlich vorkommenden *Walkereien* nutzte der Tempel wohl nicht nur für den Eigenbedarf, sondern auch zur Gewinnerzielung, ebenso, und vor allem, die Ölpressen. Und während sich der Betrieb von Zwischenhandel nicht nachweisen läßt, gibt er, wie alle orientalischen Tempel von jeher taten, – Darlehen (Zinsfuß 6%, doch wohl absichtlich *niedrig*, wie ja auch die Staatspachten niedrig sind) gegen Naturalienpfand. Der Umfang all dieser Geschäfte ist offenbar derartig (1.295 Drachmen, ⅛ seiner ganzen *Geld*einnahme, führt ein kleiner Tempel als Gewerbesteuer an den Staat ab), daß Otto rein *betriebs*technisch mit Recht die Tempel die *größten* „Industriellen" Ägyptens (neben der Monopolproduktion des Königs) nennt. Aber: der Umfang der *Markt*produktion ist durchaus fraglich und folglich die

Verwendung des Begriffs „Fabrik" (durch Otto) bedenklich, zumal die *Art* des Kontraktsverhältnisses der beschäftigten Handwerker („Arbeiter", sagt Otto) ebenso im Zweifel bleibt wie die Art der ökonomischen *Organisation* der Betriebe. Landwirtschaftliche Großbetriebe der Tempel *fehlen* offenbar. Das Tempel*land* ist (wohl durchweg) verpachtet. Die Überschüsse der Naturalpachten über den Eigenkonsum werden verkauft.

Dies Nebeneinanderstehen des gewaltigen königlichen und der priesterlichen „Oikoi", das Leiturgiesystem, die Behandlung der λαὸι usw., dies alles ergibt von selbst, daß man auch hier mit der Verwendung moderner Kategorien zurückhaltend sein muß. – Gewiß: der Hellenismus kennt z. B. wahrscheinlich den Kreditbrief: für vornehme Reisende unentbehrlich; – er kennt, wenn nicht die eigentliche Order-, dann die Prokuratoren-Klausel: für *öffentliche* Schuldverschreibungen; – daß er den Wechsel gekannt habe (wie Caillemer glaubte) ist zwar unwahrscheinlich, aber Ansätze der Entwicklung, welche Byzanz und die Araber vollendeten, müssen vorhanden gewesen sein. Er kennt, wie Gradenwitz gezeigt hat, eine sehr hohe Entwicklung des Bankzahlungsverkehrs. Er kennt endlich die Terminspekulation, speziell in Getreide. Und wir finden in dieser Zeit schroffste Vermögenskontraste und bedeutende, hoch in die Hunderttausende, vereinzelt auch wohl Millionen Mark laufende Privat*vermögen*, übertroffen nur von den spätrömischen. Aber jeder Blick z. B. in die Urkunden von Genua vom 11. und 12. Jahrh. an, und vollends in die Bücher der Florentiner Kaufleute des 13. und 14. Jahrh. zeigt nicht nur die Überlegenheit der Geldverkehrs*technik*, sondern auch die größere Sättigung der Wirtschaft mit „Kapital" damals gegenüber der Antike. Wo z. B. die mittelalterliche Entwicklung von der *Belastung* der besitzenden Klassen in Notlagen der Stadt durch zinslose *Zwangs*anleihen zur Ausbeutung der Notlage der Stadt seitens der Besitzenden in Form von *Emissionen* von Anteilen an der zins- resp. dividendetragenden Staatsschuld und weiter zur Staatsanleihe in Form des Rentenkaufs fortschreitet, da steht auf hellenistischer Seite, als Notmittel neben der Vermögenssteuer, die Anleihe unter Verpfändung der Burg (Lampsakos), der Gemeindewiesen (Orchomenos), nur gelegentlich: der Zölle (Knidos), dagegen einmal des gesamten öffentlichen *und Privat*vermögens und außerdem noch die *persönliche* Haftung der Schatzmeister (Arkesine) an die *einzelnen* Gläubiger der Stadt. Nur in *Rom* zeigt sich ein Ansatz zur Entwicklung von etwas einer „Aktiengesellschaft" wirklich, nicht nur äußerlich, Ähnlichem: überall sonst handelt es sich um Kommanditen mit nur unvollkommen negoziablen Anteilen. Das nicht in Boden- oder Sklavenrente angelegte Kapital ist auch jetzt wesentlich *Handels*kapital. Der Zwischengroßhandel ist in Ägypten sehr bedeutend. Die Ziffer der Durchfuhr vom Indischen Ozean her (in römischer Zeit) wurde schon in der Einleitung genannt, der 25%-Wertzoll im Leuke Kome sollte den Zwischenhandel von Arabien ablenken. Verzollung eines

Warenpostens in Theben im Wert von fast 4 Talenten kommt vor. Die Alexandreier sollen (nach Wilckens Deutung) fast die halbe Steuer des Landes getragen haben. Aber mit der „Großindustrie" steht es im *Prinzip* nicht anders als in klassisch-hellenischer Zeit, obwohl freilich *quantitative* Unterschiede von erheblicher Bedeutung sich zweifellos finden. Wenn uns z. B. für Alexandrien von Leuten (die Historiker reden von: „Fabrikanten") erzählt wird, die aus ihrem Vermögen ganze Regimenter gestellen konnten, so ist das an sich nur ein Beweis für eine Akkumulation von *Sklaven*besitz, wie ihn schon Nikias des Nikeratos Sohn (1.000 Sklaven) um die Wende des 5. Jahrh. hatte, und daneben vielleicht von *Grund*besitz (Anlage des im Handel verdienten Geldes) *nicht* aber für „Fabriken". Wie es mit der, wie es scheint, von den Alexandriner Papyrushändlern monopolisierten Papyrusverarbeitung stand, d. h. welchen betriebstechnischen und ökonomischen Charakter die betreffenden Ergastrien hatten, ist noch nicht untersucht. Vermietung von Ergastereien, d. h. also: von hergerichteten Arbeitswerkstätten, eventuell mit den zugehörigen Werkzeugen, kommt urkundlich vor. Wenn z. B. in Soknopaiu Nesos ein ἐλαιουργῖον (Ölpresse) auf 7 Monate: auf die „Kampagne" also, für 100 Drachmen gemietet wird (was öfter, meist unter Ersatz für Abnutzung und Schädigung der Werkzeuge, vorkommt), so muß man sich nur einmal fragen: ob wohl eine Pacht einer modernen „Fabrik" nach Frist und Bedingungen ähnlich wie jene Urkunde aussehen würde, um den Unterschied zu verstehen. In der Ptolemäerzeit war überdies die Mehrzahl dieser Art von „stehenden Kapitalien" hoch im Königs- oder Tempelbesitz. (Private ἐλαιουργῖα finden sich nur später, andere private Ergasterien sind auch in der Ptolemäerzeit vorhanden.) Der Besitz von *gelernten Arbeits*sklaven war wohl nur in den Großstädten (in Ägypten: Alexandrien) in den Händen der Kaufleute bedeutend. Denn für Ägypten im allgemeinen ist für zahlreiche Landstädte und Dörfer jetzt erschöpfend nachgewiesen, daß er gering war (192 n. Chr. in einem Dorfe 7% unter den Fronpflichtigen) und daß er sich in der Hauptsache auf *Haus*sklaven beschränke. Dies war zunächst Folge der historischen Überkommenschaft der ägyptischen sozialen Struktur, wie sie seit dem „Mittl. R." gestaltet und seit dem Erlöschen der Raubkriege der 18. Dynastie, also: seit dem Fehlen der Kriegsgefangenenzufuhr, geblieben war (s. o.). Als Sklavenbesitzer treten urkundlich nicht nur, aber vornehmlich Griechen (und später Römer) auf, – was allerdings wieder damit zusammenhängt, daß offensichtlich alle ökonomisch aufsteigenden „bürgerlichen" Elemente sich, dem sozialen Milieu entsprechend, in Namen und Sprache hellenisierten, die sinkenden umgekehrt sich wohl oft genug dem ägyptischen Milieu in Namen und Gewohnheiten anpaßten (daher auch das erkennbare Schrumpfen des Hellenentums in Ägypten in der Zeit des ökonomischen Niedergangs von der römischen zur byzantinischen Zeit). Vor allem sprach, infolge des Versiegens der Zufuhr, der Sklaven*preis* ein ernstes Wort. 500 Drachmen gilt in Friedensverträgen von 304 und 194 in Althellas als Auslösungspreis für weggefangene Sklaven, 2.500 Drachmen kostet eine Sklavin (die allerdings stets höher bezahlt wurde) in der Römerzeit. Die Aufzucht und Lehre von Sklaven zur Vermietung hätte ein rentables Geschäft sein müssen (s. die in der Einleitung zitierte Stelle Appians) und kommt auch, ganz wie in Althellas, vor. Aber man erkennt auch die Stärke des *Risikos* daran, daß z. B. bei einem ägyptischen Kontrakt mit einer Amme über die Aufzucht eines Sklavenkindes im Todesfall des Sklavenkindes das *eigene* Kind der Amme an die Stelle tritt. (Die Sklavenmütter, – ohnehin seltener als männliche Sklaven –, sind 1. zum Teil Prostituierte, und 2. dürften auch die anderen, da ihnen ihre Kinder jederzeit entrissen werden konnten, oft nur wenig mehr Eigeninteresse an der Aufzucht ihrer Kinder gehabt haben, als hier bei dieser Amme hervortritt. Die Kinder überhaupt sind ja, wo sie nicht als religiös oder militärisch oder ökonomisch wichtiger Besitz *gewertet* werden oder die Gesetzgebung aus ähnlichen Gründen eingreift, im ganzen Altertum in starkem Maße einfach Handelsobjekte geblieben, trotz der zweifellosen Beweise gelegentlich innigen Familienlebens des Kleinbürgertums). Jedenfalls hat der Sklavenbetrieb, vollends der Sklaven*groß*betrieb, in Ägypten keinerlei Rolle gespielt, auch, außerhalb vielleicht (s. u.) der Landwirtschaft, nicht in Form der Ausnützung der Schuldsklaverei, obschon die Personalexekution mit all ihren Folgen im hellenistischen Recht, wie namentlich Mitteis nachweist, fortbestand (gerade auch in Ägypten, wie Urkunden zeigen). Das Handwerk ist freies spezialisiertes Kleinhandwerk. Hier und da mietet der Handwerker einen oder einige Sklaven vom Sklavenbesitzer oder nimmt umgekehrt für ihn solche in die Lehre – ganz wie seit alter Zeit. „Großbetriebe" mit freier Arbeit finden sich in jenen Tempelbetrieben, von denen und deren ökonomischen Natur oben die Rede war; es ist an sich gewiß möglich, daß sie hier und da auch sonst vorkamen. Wenn für die Baumwollproduktion in byzantinischer Zeit in Oberägypten von einem „Betriebe" mit mehreren Hundert „freier", lediglich in *Naturalien* gelohnten Arbeitern die Rede ist, so ist die erste Frage, ob es sich nicht bei genauem Besicht um kleine Bauern, die *Heim*arbeit (oder auch nur: Abgaben) leisten, handelt, wie so sehr oft in solchen Fällen. Wie es ferner mit einer „Freiheit" *un*gelernter Arbeiter in der Verwertung ihrer Arbeitskraft stand, ist recht unsicher und angesichts der oben erwähnten Verfügung des Philadelphos fragwürdig. Wenn Grenfell in einer Akkord*lohn*fixierung, weil der Ölpressenpächter eine und der Arbeiter zwei Drachmen erhält, ein auffallend hohes Maß von Sozialpolitik der ptolemäischen Verwaltung sehen will, so ist dazu gewiß kein Grund: ⅓ Anteil auf jeden Arbeiter ergibt für den Unternehmer eine ganz respektable „Exploitationsrate". Im übrigen suchte die Verwaltung im eigensten Interesse dem Entgelt der Arbeiter eine *traditionelle* Höhe zu geben, um den schon in Altägypten so häufigen Streiks der Arbeitspflichtigen vorzubeugen, deren stetes und ausschließliches Motto war: „gib uns unser Brot“: *das* nämlich, was sie als ihr „tägliches Brot“ von alters gewohnt waren. Eine Untersuchung der technischen und ökonomischen Art und Weise der *Verwendung* der „freien“ Arbeit wäre recht erwünscht, aber nicht leicht. Jedenfalls: wenn in der Einleitung gesagt wurde, der „kapitalistische“ Begriff des „Arbeitgebers“ *scheine* entwickelt, so ist dies jetzt dahin zu interpretieren, daß es, vorläufig, nach Lage der Quellen, eben bei dem *Scheine* bleibt: ἐργοδότης ist *nicht* der „Unternehmer“, sondern der *Kunde*, der eine Arbeit „vergibt“ und der nur *ausnahmsweise*, als „Bauherr“ z. B. (wie noch heute) in eine „Arbeitgeber“ *-artige* Stellung kommen kann. Der „*Unternehmer*“ dagegen tritt gerade bei den größten Arbeiten (den öffentlichen) mit der Bezeichnung: ἐργολαβών („Arbeit*nehmer*“) auf. Ebenso wird erst die weitere Ausbeutung des Papyrusmaterials lehren können, inwieweit es in der *Landwirtschaft* überhaupt private *Groß*betriebe und unter diesen solche mit vornehmlich oder ganz *freien* Kontraktsarbeitern in ptolemäischer Zeit gab (über die römische s. den Art. „Kolonat“). Das hellenische Recht hatte die *Personal*exekution gegen den Darlehensschuldner und insbesondere die Exekutiv*urkunde* importiert, welche den altägyptischen „sanch“-Urkunden ebenso fremd war wie anderen theokratischen Rechten. Wieviel aber *quantitativ* aus Varro's Nachricht zu machen ist, daß außer Illyrien und Asien (hier: Folge der Steuerpachtwirtschaft Roms, s. u.) auch gerade Ägypten die Verwendung der „obaerati“ (Schuldknechte) als *land*wirtschaftlicher Arbeiter kenne, wissen wir nicht (von den späteren eigentlichen „coloni“, mit denen sie P. M. Meyer identifiziert, sind sie *juristisch* zu scheiden). Für die *Ernte*arbeit finden sich freie Akkordarbeiter z. B. in einem Kontrakt, der zugleich den Umfang des Betriebes vermuten laßt: 54 Aruren sind mit Getreide bestellt – wieviel Brache etwa dazukommt, ist nicht ersichtlich –; die Arbeiter erhalten für das Abernten einer Arure (offenbar: inklusive Drusch) ⅚ Artaben (natürlich: *gedroschenen*) Korns, ferner Wasser und am letzten Tage („zum Erntefest“, sozusagen) Bier, die Garben muß der Herr (mit seinem Gespann also) selbst sammeln. Der Betrieb mag etwa 25 ha groß gewesen sein. Jedenfalls stand der Umfang größerer ländlicher *Betriebe* weit hinter demjenigen des größeren Boden*besitzes* zurück, denn die Privatpachturkunden lassen sehr oft erkennen, daß sie *Parzellen*pachten betreffen. Das häufigere Vorkommen von kommassiertem wirklich *großen* privaten Bodenbesitz dürfte freilich doch erst der Römerzeit angehören, wo neben kaiserlichen Dotationen und Privatankäufen auch, in der überall bei den römischen Provinzialbeamten üblichen Art, Bodenbesitz, in einem Falle (*trotzdem* es sich um eine *kaiserliche* Provinz handelte!) bis zu 7.000 Aruren, zusammengescharrt wurde. Der eigentliche Typus des ägyptischen *Landwirts* ist jedenfalls der Kleineigentümer, namentlich aber der Klein*pächter*, geblieben. Die Parzellierung des Bodens ist oft stark: es kommen Übereignungen von z. B. 4 Parzellen Land, von zwischen ½ und 3 ½ Aruren, in 2 Dörfern (von denen keines der Geburtsort des Verkäufers ist) liegend und dort von anderen Parzellen abgesplittert, vor. (Pap. Rainer 1428.) Dieser starken Parzellierung des Besitzes und der wesentlich stärkeren der Betriebe entsprach, wie Wessely's Arbeiten erkennen lassen, eine erhebliche Mannigfaltigkeit des Bodenanbaus, trotz des Drucks, den die staatliche Besteuerung in der Richtung auf den Weizenbau hin übte. Über den Fruchtwechsel: verbesserte Zwei- und Dreifelderwirtschaft neben reiner Gartenkultur, wurde schon oben einiges gesagt. Der Viehstand scheint auch damals nicht unbeträchtlich gewesen zu sein. Das Kamel war eingebürgert; wegen der Wichtigkeit für öffentliche Robot- und Kriegstransporte (außer dem Esel war es das einzige leistungsfähige Transporttier) wurde dieser Besitz – es finden sich Einzel- und mittlere Besitzer von bis etwa 5 Kamelen urkundlich – sorgsam katastriert. Der Rinderbesitz fehlte wohl den *Klein*bauern meist.

Was die soziale *Lage* des platten Landes betrifft, so steht über die Art des Landbesitzes in den κῶμαι und darüber, ob diese, als solche, etwa auch *Acker*land als Allmende besessen haben (wie aus einem von Barry publizierten Papyrus geschlossen wurde) vorerst nichts Sicheres fest; daß sie *Last*vieh besaßen (vielleicht zu besitzen in der Nähe der Getreide-Transportwege *verpflichtet* waren) und vermieteten, ergeben die Urkunden. Im übrigen haben auch bei diesen Unterschichten der Bevölkerung wohl überall die Reminiszenzen der Kommunionwirtschaft (s. o.) eine gewisse Rolle gespielt. Nicht *nur* bei ihnen: auch die besitzenden kleinbürgerlichen Schichten treten ökonomisch besonders häufig in der Mehrzahl auf: mehrere Leute geben oder (namentlich) nehmen *gemeinsam* ein Darlehen, besitzen in oft sehr kleinen, bis auf sehr wenige Prozente herabgehenden Bruchteilen *gemeinsam* Häuser, und zwar der Einzelne $\frac{1}{10}$, $\frac{1}{30}$ usw. von *mehreren* Häusern, so daß Renten-, nicht (oder jedenfalls nicht nur) Bedarfsbesitz vorliegt. Ähnliches findet sich nicht selten (von jeher: s. o.) in der Pacht, vom Steuerpächter bis herab zum Kleinpächter (s. z. B. für Staats*domänen*pacht den Vergesellschaftungsvertrag Pap. Arch. II, 94, Wilcken, A. f. Pag. F. II, S.131). Diese zahlreichen Kommunionen dienen hier ökonomisch offenbar (natürlich: *neben* der Zusammenbringung des *Kapitals*) *Versicherungs*zwecken, wie manche Institutionen des Frühmittelalters auch: sie verteilen das Risiko sowohl durch die gemeinsame Haftung der Schuldner oder Pächter, wie durch Teilung der Interessen der Gläubiger, Verpächter, Besitzer (z. B. der Hausbesitzer bei Bränden). Die *Familien*gemeinschaft ist ihrerseits dagegen schon seit der Pharaonenzeit dem Schwerpunkt nach *Klein*familie, obwohl ihr Umfang noch oft über den der heutigen Eltern-Kindergemeinschaft hinausgeht. Die Hellenenherrschaft brachte hier Änderungen insofern, als sie die hellenische Geschlechtsvormundschaft, ein Institut der militaristischen Polis, das dem Orient fremd war, oktroyierte; sonst blieben ἔγγραφος und ἄγραφος γάμος (s. o. bei

Ägypten) nebeneinander bestehen. Als Vollehe (ἔγγραφος γάμος) galt diejenige, bei der eheliches Zusammenleben, eheliche Treue, volles Erbrecht der Kinder (die agraphischen Kinder erbten *hinter* den Vollkindern), wirkliche oder fiktive Mitgift der Frau und Wittum vereinbart waren. Im übrigen bestand bis in die christliche Zeit, wo die kontraktliche Ausbedingung der ehelichen Treue auch des *Mannes* wieder steigend urkundlich vorkommt, sexuelle Vertragsfreiheit: wer sich an ein Mädchen heranmacht, den prügelt ihre Familie, falls sie seiner habhaft wird, bis er Alimente zahlt (so ist es einem Heiligen ergangen!). Die ἀπάτωρες sind in keiner Weise sozial oder rechtlich derart benachteiligt, wie dies in der Bürgerpolis, schon aus „Zunft"-Gründen (s. bei Griechenland) der Fall war. Aus den „Adressbüchern", die Wessely's mühevolle Arbeit uns von ganzen ägyptischen Stadtvierteln hergestellt hat, sehen wir, daß sie oft ganz leidlich wohlhabende Leute waren, gerade die ökonomisch gesicherte Frau konnte sich ja naturgemäß die „freie" Liebe „leisten", wie ja auch heute *nur* sie davon „profitieren" könnte. Die nach wie vor häufige Geschwisterehe diente dem Ausschluß von Erbteilungen und kommt in einem Berliner Papyrus schon im Alter von 15 und 13 Jahren der Geschwister vor. Das griechische *Testament* wurde importiert, daneben aber bestand der (aus der Polygamie herrührende) ägyptische Ehe- und Erb*vertrag* fort.

Das *Privat*bodeneigentum war von jeher katastriert. Seit der Römerzeit – nicht, wie es scheint; in der Ptolemäerzeit – ist auch seine Hypothekenbelastung (mit fünfjähriger Revision) intabuliert. Es ist für die Zustände des ptolemäischen wie des alten Ägyptens charakteristisch, daß für beide immer wieder (für die Ptolemäerzeit neuestens von Maspero) die These aufgestellt wird, daß es eigentliches Privateigentum nicht gegeben habe. Allein die zahlreichen Kauf- und Hypothekenurkunden bezeugen das Gegenteil. Allerdings: die große, erst in römischer Zeit gemilderte, Härte des hellenischen Hypothekenrechts (eigenmächtige Besitzergreifung des Gläubigers bei Verfall) machte die Lage der wirklichen Kleineigentümer zu einer äußerst mißlichen. In vielen Gebieten überwogen ferner das Kleruchen-, Tempel-und Königland bis fast zur Ausschließlichkeit, so daß die κώμη, welche in Ägypten die Grundeinheit der Gliederung des Landes blieb, nur aus dem Dorfbrink bestand (s. o.). Und vor allem infolge der Art und Höhe der *Steuern* ist überdies zweifellos Masperos These sehr begreiflich: das „Eigentum", welches ja von jeher an die *Bedingung* der Leistung der Staatspflicht geknüpft ist, *unterscheidet* sich von den verschiedenen Besitzständen auf der βασιλικὴ γῆ und den Kleruchenländereien *wesentlich* nur durch das Fehlen staatlicher Ingerenz in den Erbgang und die Veräußerung. Den Staats*pächtern* gegenüber ist, wenn man von diesen *Rechts*unterschieden absieht, rein ökonomisch die Differenz der Lage des *kleinen* Eigentümers gar nicht so sehr groß: die Belastung war ja in der *Art* gleich gestaltet (*feste* Lasten gemäß Bonitierung der

Parzellen und (s. gleich) zuweilen nur etwa ⅓ niedriger als eine Pachtrente, so daß im allgemeinen nur *privilegiertes* Land (speziell Katoikenland) Pachtobjekt werden konnte. Dagegen ist der Privat*pächter* im allgemeinen *höher* belastet als der Staatspächter: in der Ptolemäer- und ersten römischen Zeit schwanken in den Urkunden die *Teil*pachten zwischen ½ und ⅔ der Ernte, die festen Naturalpachten zwischen 3 und 7 ½ Artaben auf die Arure (das 3- bis 7 ½ fache des üblichen Saatgutes), – später finden sich Beträge von etwas über 1 – 9 Artaben –: Staats*steuern* kommen in Höhe von bis zu 6 ½ Artaben von der Arure vor. Die Pachtobjekte schwanken dabei zwischen 2 und 36 ½ Aruren (0,56 und 10 ha). Bei Pacht*fristen* von zwischen 1 und 4, einmal 5 Jahren war, gegenüber der ägyptischen Einjahrspacht, die Lage der Pächter also wohl etwas gebessert. Neben Teilpacht kommen gemischte Pachten: Geld- neben der Naturalleistung, vor. Die Römerzeit brachte zunehmend die *Geld*pacht, bis zu dem großen Rückschlage des 3. Jahrh. Die mit diesen Verschiebungen parallel gehende Wandlung der allgemeinen *Situation* des Pächterstandes läßt sich, in einem gewissen Grade, aus der gewählten Vertrags*form* erschließen, wie sie Waszynski's wertvolle Arbeit analysiert hat. Die *alt*ägyptische Tradition ist: *Einjahrs*pacht, *ein*seitige Verpflichtung des Pächters. In der Ptolemäer- und ersten Römerzeit erscheinen mit den längeren Pachtfristen auch nebeneinander: einseitige Pachtangebote des Pächters, die dann im Falle der Annahme mit oder ohne Vollziehung durch den Verpächter als Kontrakt galten; Austausch privater Chirographen (also: Gleichstellung der Parteien); notarielle Protokolle (ebenso) und „Homologien" (ebenso); daneben läuft die „*einseitige* Homologie" des Pächters, die schließlich, vom 4. Jahrh. an, die Alleinherrschaft behauptet: der Pächter ist jetzt wieder wesentlich „Arbeitskraft" des Herrn, am deutlichsten in der byzantinischen Teilpacht, die in Wahrheit ein ausschließlich vom *Herrn* nach Belieben diktierter Natural-Arbeitsakkord wird. Der Niedergang der unteren Schichten der Landbevölkerung von der immerhin leidlichen Situation, die sie in der ersten Ptolemäer- und dann wieder in der ersten Römerzeit einnahm, beginnt schon *vor* dem Zusammenbruch des 3. Jahrh., in der Zeit Marc Aurels etwa, wie u. a. die von Schubart edierten Berliner griechischen Papyri erweisen. Da die, Jahrtausende überdauernde, Lebenskraft der Fellachen die heute so beliebten „physiologischen" Hypothesen für die Volksabnahme, gelinde gesagt, nicht begünstigt, und da ferner die Pachten bei *ab*nehmender Bevölkerung stiegen, ist der ganze Prozeß ersichtlich *weder* einfach aus „Angebot und Nachfrage", *noch* aus vorübergehenden Depressionen, sondern aus Wirkungen der *Sozial*verfassung des Römerreichs zu erklären.

Bei aller Skizzenhaftigkeit und notgedrungenen Ungenauigkeit im einzelnen zeigt dieser Blick auf den in seiner Verwaltungstechnik und Wirtschaft am meisten „rationalisierten" hellenistischen Staat doch, daß von „Kapitalismus" im modernen Sinne nur in sehr begrenztem Maße die Rede sein kann, und daß die *Staats*wirtschaft, speziell die Finanzwirtschaft, den Profitspielraum des privaten „Kapitals" auf ihrem Gebiet so stark begrenzte, daß geradezu von einem „Erdrücken" des Kapitalismus gesprochen werden darf. Die Tempelwirtschaften aber sind damals so wenig Träger des „Kapitalismus" – dem sie vielmehr Expansionsgebiet *weg*nahmen – wie die Klosterwirtschaften des Mittelalters. *Geld*wirtschaftliche, aber durchaus kleinbürgerliche, kleinbäuerliche, kleinhandwerkerliche Basis, daneben Zwischen*groß*handel (aber man bedenke auch dabei die nicht geringe Bedeutung der überall bestehenden *Binnen*zollschranken) und über dem allen: Staatsleiturgien, Staatsmonopolismus und Staatsreglementierung, im ganzen ein Bild von Zuständen, welche *wirtschaftlich* und *sozial* alles andere als „modern" sind, – es sei denn, daß man das türkische Konstantinopel eine „moderne" Stadt nennen wollte. Gerade der Hellenismus ist geeignet, zu exemplifizieren, wie *wenig* „Geldwirtschaft" mit: „kapitalistischer Wirtschaft" identifiziert werden darf. Karthago, in der Zeit vor aller Münzprägung, ja, selbst Rom in der Zeit des „aes rude", waren *stärker „kapitalistische"* Gebilde als die „Volkswirtschaft der Lagiden".

Von dem großen *asiatischen* Gebiet des Hellenismus ist ein so klares Bild, wie von Ägypten, keineswegs zu gewinnen. Schon die Quellen über das bürgerliche *Recht* versagen fast ganz. Daß das sog. syrisch-römische Rechtsbuch keine altorientalischen, sondern hellenistische Rechtsbestandteile mit römischen mischt, hat Mitteis wohl endgültig dargetan. Von dem wenigen, was es für agrarhistorische Zwecke enthält, ist ebenso wie von den grundherrlichen Zuständen in Kleinasien besser in anderem Zusammenhang die Rede. Die Kontinuität der überkommenen *babylonischen* ökonomischen Zustände, welche durch die Seleukidenherrschaft so wenig wie durch die Perser in ihrer alten Eigenart gestört wurden, ist zuerst durch die Partherherrschaft, welche trotz hellenistischer Einschläge doch spezifische Barbarenherrschaft war, eingeengt, im ganzen aber bis in die Zeit des Islam ohne prinzipielle Änderung erhalten geblieben.

Das Seleukidenreich entbehrte der territorialen Geschlossenheit und einer straffen Verwaltung ägyptischer Art. Es schloß Wirtschaftsgebiete ganz verschiedenen Charakters in sich und damit den Keim des Zerfalls. Daß der Versuch gewaltsamer Oktroyierung des Hellenismus in Jerusalem scheiterte, beweist an sich nichts Entscheidendes; einen derartigen Versuch haben die Ptolemäer gegenüber der ägyptischen Religion nie unternommen. Aber daß das Priestergeschlecht der *„Makkabbäer"* selbst die *welt*liche Autonomie zu erzwingen wußte, zeigt die hoffnungslose Auflösung des Reiches. Den Kampf der späteren Makkabäer, deren Staat in eine rein weltliche Tyrannis umzuschlagen begann, mit dem im Sanhedrin, dem Ältestenrat, gentil organisierten Priesteradel der Sadokiden, und weiter den Kampf zwischen dem Prinzip der *Adels*theokratie und der Lebensreglementierung durch die Berufstheologie der „Abgesonderten" (Pharisaioi), welche die *Klein*bürger auf ihrer Seite hatten, zu verfolgen, gehört nicht hierher. Das Landvolk, welches, als solches, mit nur *einer* Ausnahme (Donatisten) nirgends und niemals Träger puritanischer Gedanken gewesen ist, galt den Pharisäern als unrein. – Das *talmudische* Recht ist (in der Mischna wenigstens) das Recht eines Volkes, welches eben beginnt, ein Handelsvolk zu *werden*. Den Vertretern der alten Tradition, die in wirkungsvoller Weise die Sicherheit und Würde des Ackerbaues preisen, stehen bereits einzelne sehr charakteristische entgegengesetzte Äußerungen gegenüber. Seine Bestandteile bedürften zunächst einer sachkundigen Analyse daraufhin, wieweit sie wirklich *alter* Rabbinentradition aus der Zeit der Theokratie oder hellenistisch-römischem Provinzialmilieu, oder etwa auch Einflüssen von Mesopotamien entstammen, und weiter müßte untersucht werden, wo sie lebendiges Recht und wo rein theologische Scholastik wiedergeben. Daß diese Scholastik bei manchen, namentlich das Familienrecht betreffenden, Institutionen einen erstaunlich konservierenden Charakter haben kann, ist richtig: das aus dem alten Geschlechterstaat stammende Institut der Chaliza (Ablehnung der Leviratsehe) ist bis an die Schwelle der Gegenwart lebendiges Recht geblieben; und die Sitte des Brautschatzes, im altorientalischen Recht mit dem mangelnden *Erb*recht der Tochter zusammenhängend, übt noch heute ihre Wirkung im Kampf ums Dasein der Handelsangestellten (ermöglicht den Juden die frühe Selbständigkeit im Falle der Ehe und erklärt so das fehlende Klassen- und Solidaritätsgefühl der jüdischen Kommis und damit einen *Teil* des Antisemitismus der christlichen). Aber das *Agrar*recht ist rein sektenhaften Einflüssen nicht so leicht zugänglich. Die rabbinischen Spekulationen über das Sabbatjahr und über die Armenecke u. dgl. sind reine Übungen der Logik ohne alle praktische Bedeutung im Leben gewesen. Andere Bestandteile des Talmud dagegen knüpfen sicherlich an geltendes lebendiges Recht der theokratischen Zeit an. Was sich z. B. jedenfalls aus der Mischna erkennen läßt, ist: daß sie neben *Haus*sklaven zwar auch Ackersklaven, vorwiegend aber *gedungene* Arbeiter auf höchstens *mittel*großen Besitzungen voraussetzt. Zugunsten dieser Arbeiter werden – nach der typischen Art der Theokratie – im Anschluß an die Gesetzesvorschriften detailliertere Arbeiterschutzprinzipien (Schutz gegen Überzeitarbeit, Sicherung prompter Lohnzahlung, Regelung der Kostgewährung, Gewährung des Rechts, bei der Ernte von den Früchten mitzugenießen) entwickelt und auch festgestellt, wann die Arbeiter zwar keinen sakral erzwingbaren Anspruch, aber das Recht zu „murren" (d. h.: nach ägyptischer Art zu streiken) haben sollen, – ein Beweis zugleich für die völlige Abhängigkeit der „freien" Arbeiter und, zumal überall auf die alten Traditionen des betreffenden Orts verwiesen wird, für die soziale Ruhe der Zeit, in der diese Regeln entstanden. Ebenso behandelt der Talmud die Pacht, und zwar die Pacht „unter Nachbarn“ (im Sinn von: Volksgenossen, die kein Herren- oder Fremdenrecht gegeneinander üben dürfen). Der Pächter (mekhabbel) ist entweder ein Teilpächter („aris“) auf ½, ⅓ oder ¼ der Ernte oder ein „choker“, Pächter, der ein Natural- oder auch (offenbar seltener) ein Geldfixum leistet. Auch hier ist der Pächter in erster Linie als *Pflichtiger* betrachtet: er hat das Land zu jäten; er *muß* es dem Kontrakt gemäß beackern; er darf dabei zwar statt Hülsenfrüchten Getreide säen, nicht aber umgekehrt (erinnert an ägyptische Verhältnisse: auch in Palästina war Weizen die Hauptfrucht und sowohl als Exportartikel wie teuerungspolitisch wichtig). In Verbindung mit der Teilpacht behandelt der Talmud auch die Stellung des Akkordarbeiters, der die Bepflanzung eines Grundstücks mit Bäumen übernommen hat. Es fehlt die auch hier sich als spezifisch *griechisches* Institut manifestierende Emphyteuse: auch im altbabylonischen Recht war ja (s. o.) die Bepflanzung in anderer Form, der der Kommenda, üblich, offenbar, weil es sich in erster Linie um *Palmen*pflanzungen auf schon bebautem Lande, nicht, wie bei der Emphyteuse, um *Ölbaum*pflanzungen auf Neu- oder Ödland handelte (der Islam hat später eine ganze Kasuistik der für Dattelpalmenanpflanzung zulässigen Geschäftsformen geschaffen: die Plantage ist im Altertum einer der Sitze „kapitalistischen Unrechtes“). Der Talmud kennt keinerlei Schranken der Bodenveräußerung und keinen Unterschied im Immobiliargegen das Mobiliarerbrecht. Die alten Verkaufsbefristungen des Gesetzes und Jahwes Erinnerung daran, daß das Land *sein* sei, und man es nicht zum Objekt des Handels machen solle, galten als durch eine Jeremiastelle beseitigt. Nur soll ein noch nicht 20jähriger nicht sein *Erbland* verkaufen, was überhaupt – ein Nachklang aus dem Geschlechterstaat – als Gott nicht wohlgefällig und dem Menschen selten zum Glück ausschlagend betrachtet wird. Irgendeine Form der fideikommissarischen Bodenbindung existierte in talmudischer Zeit nicht. Die Landübertragung kann entweder durch bare Zahlung des vollen Preises oder durch schriftlichen Kontrakt oder durch Besitzeinweisung vollzogen werden. – Normal ist der *Bar*kauf. Nichtvollzahlung des Preises macht die Übereignung pro parte quota zum „negotium claudicans“ (theokratische Einflüsse zur Unterbindung der *Geld*schuldenentwicklung, nach ägyptischem Muster), sofern nicht ausdrücklich der Kaufpreis als kreditierte Kaufschuld gestundet wird: dies geschieht durch einen fiktiven Tausch (nach Art des deutschen „Mantelgriffs“) mit Ausstellung der Schuldurkunde. Da Land und Sklaven keinen Marktpreis haben – was für die Bemessung der geringen Entwicklung der Kaufsklaverei charakteristisch ist – so hat auf sie das dem Marktrecht angehörige Wandelungsrecht (ona'ah) wegen laesio enormis (bei Übervorteilung von ein Sechstel) keine Anwendung. Veräußerung des Bodens auf *Zeit* ist zulässig (fungierte offenbar als Antichrese). Die Verpfändung in Form der Hypothek (der Name: iphothiki, apoteke beweist den hellenistischen Ursprung des Begriffs) wird im Talmud nur beiläufig berührt, da das Institut der *Legal*hypothek am Boden und den kanaanäischen Sklaven für alle vor zwei Zeugen schriftlich eingegangenen Siegelkontrakte (schetar chob) sie entbehrlich machte (über den Ursprung der Legalhypothek s. früher, zu vergleichen sind auch die frühmittelalterlichen Genueser Urkunden). *Nur* Boden und Sklaven haften hypothekarisch (nach der Auskunft der Rabbiner), weil bei anderen Objekten die Tatsache der Verpfändung nicht für Dritte kenntlich zu machen ist (der Sklave kann *sagen*, daß er verpfändet ist: Grund- und Hypothekenregister existieren übrigens *nicht*). Das Rabbinerrecht ließ die Legalhypothek gegen Dritte vom Moment der Validierung der Schuld an wirken, was den Bodenverkehr stark hemmen mußte. Folge der Beschränkung der Haftung auf Boden und Ackersklaven ist, daß auch der *Erbe* mit den Mobilien des Nachlasses *nicht* haftet. Das Schuldrecht ist überhaupt ungemein milde. Pfandfrei bleibt nämlich dem Schuldner Nahrung für einen Monat, Kleidung, Betten, Bettzeug für *ein* Jahr und alles Handwerkzeug. Allerdings: *beschworene* Schuld kennt keine Pfandschranke: offenbar eine Neuerung der beginnenden Kommerzialisierung.

Derartige Bestimmungen zeigen ebenso wie die Ribbith-(Profit-und Wucher-) Kasuistik den tiefen Einfluß der alten theokratischen Bindungen des Verkehrs, speziell des Schuldrechts. Im übrigen beweist der ganze Charakter des Talmud womöglich noch deutlicher als die Analyse der hellenistischen Sozialverfassung jedenfalls das eine: daß es in der orientalisch-hellenistischen Welt ein „soziales Problem" oder eine „soziale Bewegung" in irgendeinem Sinne, den *wir* mit dem Wort verbinden könnten, nicht gibt, daß so etwas dort gar keine Stätte hat und haben *kann*. „Soziale Probleme", die als solche *subjektiv* empfunden werden, sind im Altertum: *politische* Probleme des freien Polisbürgers: die Gefährdung der Bürgergleichheit, die Deklassierung durch Verschuldung und Besitzverlust. Wo der *bureaukratische* Staat und dann das Weltreich seine Hand über die Bürgerfreiheit gelegt, der Polisbürger in den Kreis der „Untertanen" getreten ist, da schreit wohl der Arbeiter nach seinem traditionellen „täglichen Brot", wenn es ihm verkürzt wird, der Pächter seufzt unter dem Druck des Herrn, alle zusammen unter dem Druck der Steuern und Steuerpächter, – aber als „soziale Probleme", die durch eine Neugestaltung der Gesellschaft gelöst werden müßten, werden diese Nöte der Individuen nicht empfunden. Sie rufen nicht ideale Konstruktionen eines Zukunftsstaates (Platon) oder ideale Vergangenheitsbilder (Lykurg) ins Leben, wie einst in der hellenischen Polis, sondern fließen in den allgemeinen *Apolitismus* über, der *seitdem* im Orient dem Beherrschten eigen geblieben ist. Vollends in Zeiten wie dem Späthellenismus, zu Beginn der Kaiserzeit, wo die ökonomische Lage des Kleinbauern und Kleinbürgers im ganzen erträglicher und sicherer war als je zuvor, konnte von „sozialen Problemen" so wenig die Rede sein, wie nur je in der Weltgeschichte. Es ist nicht nur schief, sondern geradezu Widersinn, wenn der Versuch gemacht wird, z. B. das Christentum aus „sozialen" Ursachen abzuleiten oder als einen Ausläufer antiker „sozialistischer" Bewegungen hinzustellen, – nur deshalb, weil es, wie *jede* „Erlösungsreligion", das Hängen an der „Welt", und deshalb den Reichtum, der dazu führt, für „gefährlich" hält. Ebenso wie es umgekehrt töricht ist, aus dem: „gebet dem Kaiser, was des Kaisers ist", – einem Ausdruck des *extremsten Indifferentismus* gegenüber dem Staatlichen, wie Tröltsch (Arch. f. Sozialwissensch. Bd. XXVI) mit Recht hervorgehoben hat, – ein Gebot positiv-ethischen Verhaltens zum Staat herauszulesen. Die Loslösung von dem Gedanken des national-theokratischen Judenstaates einerseits, und andererseits das *Fehlen „sozialer"* Probleme (im Sinne des Altertums) für seine Anhänger waren ja gerade diejenigen Grundbedingungen, unter denen das Christentum überhaupt „möglich" wurde. Gerade der Glaube an die *Dauer* der Römerherrschaft *bis an das Ende der Tage* und also an die *Sinnlosigkeit* „sozial-reformatorischer" Arbeit, die *Abwendung* von allen „Klassenkämpfen" waren der Boden, aus dem die christliche, rein ethische und charitative weltfremde „Nächstenliebe" quoll.

6. Rom

a) Der Stadtstaat

In die italische und speziell die etruskische *Vorzeit* einzudringen hat hier keinen Zweck, wäre mir auch nicht möglich. Für die *Etrusker* werden von den Archäologen alle Resultate Helbigs auf den Kopf gestellt, ohne daß (solange *keine* ihrer ca. 8.000 Inschriften entziffert ist) eine Entscheidung möglich wäre. Die mit sehr scharfsinnigen Gründen begründete, von Furtwängler, Modestoff, Skutsch u. a. vertretene Hypothese ihres Eindringens *zur See* durch Zuwanderung aus dem östlichen Mittelmeergebiete mutet den *Außen*stehenden doch immer wieder so an, wie etwa die Ableitung der Normannen aus Sizilien als Heimat, weil sie dort nachweislich ebenso, wie die „Turscha" der Ägypter im Ostmeer, sich festgesetzt hatten und Seeschlachten schlugen (was doch die Hellenen auch bis Korsika hin und noch darüber hinaus getan haben). Daß die spezifisch etruskische *Polis*kultur in raschem Aufschwung von dem Gebiet um Tarquinii und Caere aus ins Binnenland fortschritt, entspricht dem allgemeinen Schema: es kann, wie überall sonst, Folge des *Handels* und der doch von keinem Forscher bestrittenen hellenischen Beeinflussung sein. Indessen: die gewichtigsten Gründe hegen hier auf Gebieten, die nur der Fachmann übersehen kann (die Identität der Haruspizin mit babylonischen Erscheinungen und eine alte Tradition der Etrusker selbst sind wohl die schwerwiegendsten Argumente dafür – gewichtiger als die Gräbertechnik –, das Fehlen *jeder Spur* von verwandten Völkern oder Kulturüberbleibseln von den Etruskern im Osten, während sie im Westen *alsbald* als Kulturträger aufgetreten sein sollen, dabei aber ihre Schrift den *Griechen* entlehnt haben, der schwerwiegendste Grund dagegen). Der streng aristokratisch, in Geschlechter und nach Stammbäumen gegliederte, geschlossene theokratische Adelsstaat der Etrusker hat den Römern wohl sicher vieles, nach deren eigener Meinung die Technik der Ackeraufteilung, außerdem *vielleicht* die Entwicklung der Klientel, anschließend daran die autoritäre Stellung der Magistratur (und des Familienhauptes ? – in Etrurien herrscht Metronymie) gebracht in der Zeit, als Rom (dessen Name ebenso wie die der alten Phylennamen: Tities: Ramnes, Luceres, jetzt als etruskisch gedeutet werden) eine von etruskischen Königen beherrschte Stadt war, – wieviel aber, das ist so bestritten wie je. Jedenfalls haben die *Etrusker* die Entwicklung zur *Hopliten*polis, andererseits die *Sabeller* die Entwicklung vom Bauern- zum *Stadt*staat, nicht mitgemacht, und sind deshalb beide Roms Hoplitendisziplin unterlegen. –

Über die Königszeit und die Natur des Königtums Vermutungen anzustellen, ist nicht meine Sache. Ob die „celeres" (von: κέλης, Pferd) die alte Gefolgschaft des Königs waren (die Legende von den „Räubern" entspricht – s. o. – anderen Analogien), ob ferner die Stellung der „fabri" im Zenturienheer (wo sie mit der *ersten* – nach anderer Ansicht mit der zweiten – Vermögensklasse stimmen) aus militärischen Leiturgien vom König angesiedelter Demiurgengeschlechter herrührte oder erst ein Produkt der Neukonstitution des Staates auf der Basis des Hoplitenheeres war, das ist natürlich schlechthin nicht auszumachen.

Auch die Frühzeit der Agrarentwicklung der „freien" römischen Polis ist in Dunkel gehüllt. Wir können erkennen, daß die Stellung der in dem feudalen Stadtstaat der Frühzeit allein vollberechtigten patrizischen Geschlechter auf ähnlicher ökonomischer Unterlage ruhte wie die Geschlechterherrschaft in den hellenischen Städten: Vieh- und Sklavenbesitz einerseits, Monopolisierung des Zwischenhandels andererseits: Schon die vorservianische, erst recht die „servianische" Mauer (aus dem 4. Jahrh.) umschließen ein Areal, das zum damaligen Landgebiet Roms (vollends, wenn man als solches den „ager Romanus" ansieht) außer allem Verhältnis steht. Nur ist Rom aus dem Stadium des Passivhandels in der Frühzeit nicht in nennenswertem Umfang herausgetreten: in der Hand fremder Kaufleute lag die Zufuhr griechischer, phönikischer, karthagischer Güter und die Ausfuhr der ausgetauschten Sklaven und Rohstoffe. Die Stadt entbehrte, als sie bereits in den umfassenden mittelländischen Seeverkehr verflochten war, lange Zeit, wie der Flotte, so der Edelmetallausmünzung. Der das platte Land beherrschende feudale Stadtstaat – offenbar in den Grundzügen seiner militärisch-politischen Einrichtungen der griechischen Parallelerscheinung ziemlich gleichartig, nur durch die ungeheure Strenge der Durchführung der *Disziplin* und deshalb der *Magistratur*gewalt besondert, – ist uns in seiner *agrarischen* Unterlage ebenso dunkel, wie dies in Hellas meist der Fall ist.

K. J. Neumanns elegant konstruierter Versuch, die gesamte „plebs" der Zeit vor den Zwölftafeln (bzw. 457) als Gutshörige nach Analogie der modernen Erbuntertanen aufzufassen, hat m. E. die historischen Wahrscheinlichkeiten gegen sich. Neumann muß für seine Konstruktion auch ziemlich frei mit der Chronologie umspringen. Das ist nun in der Tat kaum ganz zu vermeiden, wenn man irgendwelche Vermutungen über Roms Frühzeit äußern will. Wer aus der genialnihilistischen Kritik von Ettore Pais die letzten Konsequenzen ziehen will, also den Beginn der *Existenz* eines römischen Volkes als eines historischen Kontinuum in die zweite Hälfte des 5. Jahrh. verlegt, die Zwölftafeln für eine Fälschung des 2. Jahrh. hält, den Beginn der historischen Kunde *überhaupt* nicht über das 3. hinausgehen läßt, für den erledigen sich natürlich alle Probleine der älteren römischen Geschichte. Wenn im Nachfolgenden doch wenigstens der *Versuch* nicht ganz umgangen wird, unter Konservierung des *möglichsten Maximum* von Notizen der Tradition einige ihrer Entwicklungszüge zu rekonstruieren, so geschieht dies unter allem Vorbehalt und mit dem Anheimstellen tiefster Skepsis für die Leser. (Über Pais' Standpunkt maße ich mir ein Urteil nicht an. Eins nur sei bemerkt: für so zahlreiche Fälle auch Geschlechtslegenden, tendenziöse Projizierung der späteren Agrarkämpfe und sozialen Gegensätze in die Frühzeit usw. nachgewiesen sind, – die *bloßen* „duplicazioni": – Wiederkehr der *gleichen* Gegensätze, – mit denen Pais als Verdachtsgründen oft operiert, beweisen an sich *nichts*: tatsächlich *sind* die Agrarkämpfe z. B. von *Spät*hellas eine Repetition *früh*hellenischer mit etwas veränderter Front. Das liegt im Wesen der Antike.) Von Pais' Standpunkt aus hätte natürlich jede Diskussion mit Neumann gar keinen Sinn. – Verfährt man aber umgekehrt nach dem Prinzip möglichster Schonung der Tradition – wie N. es tun muß – dann kann seine These nicht akzeptiert werden, weil sie mit der Stellung der *Plebs*, wie sie die richtig verstandene Tradition erkennen läßt, nicht vereinbar ist.[1] Die „Plebejer" sind in der Tradition keine Heloten, sondern – wie mir wenigstens scheint (s. weiter unten) – ganz offensichtlich ἄγροικοι im hellenischen Sinne, – womit die Ausnutzung der von der plebs wohl zu unterscheidenden Schutzhörigen (clientes) als Tributquelle der alten patrizischen Geschlechter als *möglich* nicht bestritten sein soll (darüber unten). Daß der römische, wie jeder Stadtadelige des Altertums ein „Grundherr" ist, war von

[1] Damit ist natürlich *durchaus* nicht gesagt, daß alles, was N. in seiner Hypothese vorträgt, irrig sei. Ob nicht tatsächlich im Jahre 457 v. Chr. wichtige Änderungen in der Stellung des Hoplitenheeres im Staat sich vollzogen haben, darüber maße ich mir ein Urteil nicht an. Nur an die „Aufhebung der Grundherrschaft" glaube ich *nicht*. Ob die Tribus rusticae nicht seit ihrer Entstehung auch wichtige *rechtliche* Wandlungen erlebt haben, steht ebenfalls nicht fest (s. u. zu Dionys. 4, 14).

jeher bekannt[2]; nur eben *nicht* – das war die *neue* Behauptung –: Grundherr der *Plebejer*. Vollends nicht derart, daß diese als gutswirtschaftliche Fronbauern nach Art der preußischen Lassiten das Land des Adels bestellt hätten. Dies letztere behauptet nun N. auch nicht. Aber da die Plebejer *Klienten* gewesen sein sollen, die Klientel aber durch die Zwölftafeln *nicht etwa* – wie N. annimmt – *beseitigt, sondern bestätigt wird*, so müßte man sich die Plebejer und die mit ihnen alsdann identischen Klienten (z. B. die des Atta Clausus, worüber unten) als Heloten *oder* Fronknechte denken. Allein solche Hörige geben kein sich selbst equipierendes und trainiertes Hoplitenheer, und *als Hoplitenheer* haben die Plebejer Schritt für Schritt, je unentbehrlicher sie militärisch wurden, ihre Erfolge errungen. Hörige werden keine Schuldknechte (während das Umgekehrte eher vorkommt), – die Schuldverknechtung aber ist das typische Schicksal des mittellosen Plebejers. Daß auch die *Heeres*ordnung, welche die Plebejer *mit* umfaßte und nach der Tradition älter als die Republik, jedenfalls ebenso alt wie das Konsulat, ist, freie nicht adlige Grundbesitzer und bemittelte Plebejer voraussetzt, hat schon Ed. Meyer hervorgehoben. Die beherrschende Stellung mancher (nicht: aller, sondern, im Gegensatz zu Athen, einer Minderheit: 16) patrizischer Geschlechter innerhalb des platten Landes ist offenbar zum Teil politisch bedingt: sie sind eben (teilweise) ehemalige Gaufürsten und *Burgen*besitzer gewesen, die eingemeindet wurden. Das platte Land ist aber hier so wenig wie in der übergroßen Mehrzahl der hellenischen Städte jemals ein lückenloser Komplex geschlossener Grundherrschaften, oder gar Gutsbetriebe, gewesen. *Dagegen* spricht (von vielem anderen abgesehen) alles, was auch in späterer Zeit von der längst verschollenen Autonomie der ländlichen Gebilde in Resten vorhanden war, und was immerhin genügt, um eine *ursprüngliche* allgemeine „Hörigkeit" der Plebs unwahrscheinlich zu machen. Wen die Streitigkeiten über das connubium zwischen den Ständen stutzig machen, der bedenke, daß auch Theognis die Ehe mit der Bürgerin für schmählich hält, und daß die Gentilen, nach Entwicklung der gens (s. u.) eben im Interesse der Zusammenhaltung des *Besitzes* ein Interesse daran hatten, die Erbtöchter *sich* vorzubehalten. Eine Ranke der Tradition faßt denn auch die Beseitigung des

[2] Mit dem Vorbehalt, daß dabei der Begriff des „Grundherren" jedenfalls schon etwas stark *gedehnt* wird: ob der römische *Klient* „schollenfest" in dem Sinne war, daß auch der *Herr* ihm die Scholle lassen mußte, ist mehr als zweifelhaft. Der *Schuld*knecht war es *nicht*. – Den spartanischen Heloten (und ähnliche „Hörige") *durfte* der Herr *nicht* außer Landes verkaufen. Den römischen Exekutionsschuldner *mußte* (in der Zeit *nach* den Zwölftafeln) der Herr außer Landes verkaufen. Den „nexus" (kontraktlichen Schuldknecht) wiederum soll er die Schuld *ab*arbeiten lassen. *Wiederum* in *anderer* Lage waren die vom Vater vermieteten oder verkauften Kinder (personae in mancipio), in ältester Zeit sicherlich (wie in Babylon) für die Rekrutierung der Arbeitskräfte der größeren Besitzer von nicht geringer Bedeutung. Grund genug, über das, was den Begriff „Grundherr" für den Patriziat rechtlich ausfüllen konnte, keine allzu *einfachen* Vorstellungen sich zu bilden.

connubium mit der Plebs als erst durch die Dezemvirn *geschaffen* auf. Und um einzusehen, wie wahrscheinlich auch hier die *nach*trägliche Entstehung der Eheschranke (aus den erwähnten ökonomischen Rücksichten hier beim Adel, ganz wie aus gleichen Gründen in Athen bei der Demokratie) ist, möge man sich erinnern, daß *überall* im *ältesten* Recht die *Willkür* des *Vaters* über die Legitimität des Kindes, welches ihm von Frau, Kebse, Sklavin geboren wird, entscheidet. So auch im *alt*hellenischen Recht. Der Grundsatz der Ebenbürtigkeit ist auch in Rom sicher erst *sekundär*, wie er es nachweislich in Hellas ist. (Eben das politische *Zunft*interesse der Stadtbürgerschaft, welches im Orient nicht existierte, war es ja, welches die Polis in Hellas und Italien zur Trägerin der *Monogamie* machte). – Vor allem muß aber *jedes* Hereinziehen des uns durch G. F. Knapp so vertraut gewordenen Hergangs der „Bauernbefreiung" im 19. Jahrh. und der ihr vorhergehenden Zustände in diese Probleme beiseite bleiben. K. J. Neumann ist (ganz ebenso wie Fr. Cauer und Swoboda) durch Knapps mit Recht berühmte Darstellung beeinflußt worden (in ähnlicher Weise habe ich meinerseits Meitzensche Kategorien gelegentlich unrichtig verallgemeinert). Die Verhältnisse eines Gebietes mit schon prähistorischen Bewässerungsanlagen, wie die Campagna es ist (die heutige Bedeutung von „rivalis" stammt ja von Wasserprozessen), mit einem dichten Städtekranz schon in ältester Zeit, schließt jede Analogie mit dem Getreideexportgebiet, auf dem die Gutshöfe des deutschen Ostens entstanden, aus; und die *Art* der bäuerlichen Hufenverfassung, in welche diese Gutshöfe eingegliedert waren, ist für die Antike gleichfalls unwahrscheinlich, aus landwirtschaftstechnischen wie historischen Gründen. Es mag sehr wohl sein, daß die römische (wie die hellenische und orientalische) Frühzeit Flurgemeinschaft *in dem Sinne* gekannt hat, daß – wie die hellenische Polis noch in historischer Zeit – so ursprünglich die bäuerliche politische Gemeinschaft sich ein sehr souveränes Verfügungsrecht über die Hufen ihrer Genossen zugeschrieben und gegebenenfalls praktiziert hat. Dies, nach allen Analogien, jedenfalls da, wo sie sich als *Wehr*verband ansah. Der *Nachwuchs* mußte ja mit Land versorgt oder sonst über sein Schicksal entschieden sein. Zog er nicht in die Ferne, sich Land zu erobern, so bestimmten im *Stadt*staat die *Kuriatkomitien* auf Antrag des Vaters, welcher Sohn die Hufe übernehmen solle und welcher Teil der „proles" landlos: – „proletarii" – blieb. Wie die Frage vorher im *pagus* geregelt wurde, können wir unmöglich wissen. Aber Landneuteilungen werden da sicher *möglich* gewesen und vorgekommen sein. Und es mag ebenfalls sein, daß – wie in den hellenischen Phratrien – die alten Gaufürsten-, späteren Adelsgeschlechter, je nach der Machtlage, in die Flurverhältnisse der Bauern stark hineinreden konnten, ihrerseits dagegen ihren Besitz der Disposition der bäuerlichen Gemeinschaften *entzogen* (*daher* dann der von Plinius überlieferte Sprachgebrauch der Zwölftafeln, welche villa – das ist: der *Herren*hof – mit hortus und heredium, eingehegtem und unentziehbar erblichem Land, verbanden: N. h. 19, 4, 50). Die Beseitigung jener gelegentlichen Eingriffe der *Flur*verbände, die Verwandlung *allen* appropriierten Landes in „hortus“-Land und in Objekt des „dominium“, – *das* könnte der Sinn der Neuordnung der Rechtsverhältnisse durch die Zwölftafeln sein, soweit sie *agrarische* Dinge betrifft. Allein: das sind *ganz* andere Verhältnisse als in den Fronhöfen des Mittelalters und der Neuzeit. – Jedenfalls ist die *Fron*knechtschaft, wie sie uns als typische Folge der *Verschuldung* im „nexum“ (s. u.) entgegentritt, von der Klientel zu unterscheiden.[3] Die letztere entsteht hier – wie bei den Israeliten und überall – durch Ergebung eines *Besitzlosen* in den Schutz eines Fürsten oder grundbesitzenden Volksgenossen, wie noch zu erörtern sein wird. Gewiß: für jeden nicht an der Rechtsfindung beteiligten Passivbürger (Bauer) *kann* – vgl. Hesiods Bemerkungen – die Anrufung des prozessualen Schutzes der „spendenheischenden“ Mächtigen nötig werden. Aber dadurch wird er kein *Fron*knecht (vielmehr könnte die „freie“ Klientel der römischen Spätzeit an diese Verhältnisse der Frühzeit anknüpfen: dieser freiwillige Patronat hat zu *allen* Zeiten bestanden). Der Gegensatz zwischen Klienten und „Plebs“ tritt in den Quellen so deutlich hervor, daß z. B. Oberziner, der in der *Plebs* eine *unterworfene* nicht italische Urbevölkerung sieht, die *Klienten*, im *Gegensatz* dazu, als mit dem Adel eingewanderte *Italiker* betrachtet. Jene bestechende These Oberziners (für die ja auch von anderen mancherlei an sich *scheinbar* starke Indizien: fehlendes connubium – darüber s. o. –, die in den Zwölftafeln bezeugte Duplizität des Bestattungsmodus usw. angeführt werden) wäre ihrerseits nun aber gerade am besten bei einer *Identifikation* von plebs und clientes mit den Zeugnissen der antiken *Tradition* zu vereinigen: dann also, wenn man einigen (späten) Quellenstellen, welche eine planmäßige (und universelle) *Verteilung* der Plebejer als Klienten unter die patres – also nach Art der Heloten oder kretischen οἰκέες – zu behaupten scheinen, Glauben schenkte. Gerade diese Stellen sind aber offenbare Rekonstruktionen und jedenfalls würde eine solche Behandlung der Bauern als *Staats*klienten (nach Art der Heloten) zu ihrer Verflechtung in *individuelle* Gutswirtschaften nicht passen: die Spartiaten sind *Rentner*, keine Gutsherren. Und gerade jene Zeugnisse stellen jene Verteilung deutlich als eine Maßregel der *Schutz*fürsorge für die (offenbar im *Gerichts*verfahren) benachteiligten *Bürger* niederen Rechts hin (überdies wird dabei die *Wahl* des Patrons von einer der betreffenden Quellenstellen – s. dieselben bei Mommsen, Staatsr. III. 1. Aufl., S. 63 Anm. 4 – ausdrücklich als *frei* bezeichnet). – Nach Lage der Quellen nicht nur, sondern auch nach sachlichen Wahrscheinlichkeiten bedeutet die Zwölftafel- und die an sie anschließende Gesetzgebung zwar *auch* einen Erfolg der Bauern gegenüber den Geschlechtern (s. u.), auf *agrarischem* Gebiet aber nicht eine Auflösung eines „grundherrlich-

[3] S. vorige Anmerkung.

bäuerlichen Verhältnisses", sondern vielmehr die Sprengung der alten *Gau*verbände zugunsten der später typischen *Einzel*siedelung in „villae" (über die praktische Bedeutung s. u.).

Das *Dorf*, später ein der römischen Verwaltung so völlig fremdartiger Begriff, war vor Alters die Grundlage der Siedelung.

Zwar ist die Ursprünglichkeit der *dorf*weisen Siedelung bestritten und behauptet worden, daß im Gegensatz zu den Germanen (und Hellenen) die italische Siedelung hofweise Siedelung gewesen sei (die bei manchen Archäologen immer noch auftauchende Formel: die *Germanen* seien Hof-, die Mittelmeervölker dagegen Dorfsiedler, beruht auf völliger Unkenntnis der deutschen Siedelung und Mißverständnis einer rhetorischen Wendung bei Tacitus). Allein keinerlei Beweis oder Wahrscheinlichkeit spricht dafür, hellenische Analogien, die Verhältnisse der anderen Italiker und die prähistorische Siedelung *dagegen*, daß der Einzelhof, die „villa", am *Anfang* der italischen, speziell römischen Entwicklung gestanden habe, wie z. B. auch Schulten glaubt. Die Aufteilung des Landes in „fundi", die prinzipiell „continuae possessiones" (zusammenliegender Besitz) sind, ist gerade das *modern*-römische, enthält die *Zersprengung* der alten Flurzustände zugunsten des Individualismus der Siedelung, wie die Äußerungen der Feldmesser zeigen. Die „villa" stammt vom feudalen *Burg*herren, *nicht* vom Bauer. Schultens wertvolle Untersuchung zeigt gerade, wie mit Stumpf und Stiel die römische „assignatio" die alten Landgemeinden und Dörfer ekrasierte. Ein hellenischer Stadtstaat wie Athen (und andere) konnte die δῆμοι als Konstituenzien verwerten. Das lehnt die *römische* Praxis strikt ab. Die Fluren der *Kolonialassignationen* ignorieren die „pagi" und schneiden sie eventuell mitten durch: so die Fluren von Placentia und Velleja nach den Alimentartafeln. Durch die polizeiliche Verwendung der Begriffe: „vicus" für Stadtquartier, „pagus" für einen der Umlegung von munera dienenden Unterbezirk des ländlichen Weichbildes der Stadt, ist freilich jede Sicherheit der Tradition verwischt. Daß dem späteren Recht sowohl vicus wie pagus als Rechtspersönlichkeiten, die z. B. Grundstücke besitzen, autonom Beschlüsse über ihre Angelegenheiten fassen und Prozesse führen können, galten, aber nur der „pagus" eine „Gebietskörperschaft" ist, ergeben aber die Quellen. Vicus ist immer eine *geschlossene* Siedelung, und als solche in der Zeit *vor* der Stadt entweder *der* Mittelpunkt des pagus, oder eines von *mehreren* Dörfern *im* pagus, wie sie bei allen alten Siedelungen vorkommen: er ist nach Festus: der *Marktort.* – Daß nun der „pagus" einstmals die Rolle der hellenischen κώμη gespielt *hat*, scheint mir ganz überwiegend wahrscheinlich. Der *Antagonismus* zwischen „Stadt" im römischen Sinne und „Dorf" schafft alle unsere Quellenschwierigkeiten, wie wiederum gerade die Darstellung Schultens selbst erkennen läßt: – dieser Antagonismus ist durch den Charakter der *späteren* Flurverfassung (des radikalen Gegenpols der „Komenverfassung") bedingt (s. u.).

Daraus folgt schon, daß der pagus, wie Schulten mit Recht ausführt, keineswegs – wie Mommsen glaubte – an der Evidenthaltung des Eigentums in *historischer* Zeit beteiligt gewesen sein kann, insbesondere seine Hauptfunktion: die lustratio pagi (ein rein religiöser, apotropäischer Akt) nichts damit zu schaffen hatte. Die Verordnungsgewalt des späteren pagus ist ebenfalls, soviel bekannt, lediglich religiöser Art: die von Plinius überlieferte pagane Verordnung über die Haartour der Frauen ist ausdrücklich superstitiös motiviert. Daß die Beschränkung auf dies Gebiet den Charakter des, durch die Scheu vor Beseitigung einmal vorhandener Kulte konservierten, Rudiments hat, gegenüber einem älteren Zustand, in dem der pagus in der Sozialverfassung *mehr* bedeutete, ist selbstverständlich, und geht auch aus dem bezeugten Besitz von öffentlichen Wagen und dem ziemlich sicheren ursprünglichen Besitz des Marktrechts durch den Gau zur Genüge hervor.

Die Allmende des Dorfes ist in dem späteren „ager compascuus" noch in kümmerlichen Resten erkennbar: das Weiderecht ist hier ursprünglich ein „jus" (Cicero), ein Einzelrecht des *Genossen*. Daneben steht der ager publicus, später das eroberte, ursprünglich offenbar – was ohne Anlaß bezweifelt wird – das unvergebene Ödland. Wie in der germanischen Frühzeit, hat offenbar an dieser „gemeinen Mark" jedem Stammesgenossen das Rodungsrecht zugestanden und wurde er im Besitz solchen „ager occupatorius" so lange geschützt, als er ihn unter dem Pfluge hielt. Dies alte „Okkupations"-Recht ist nun, in umgewandelter Form, von dem Hoplitenstaat später auf die eroberten schon kultivierten und fruchttragenden Äcker ausgedehnt, soweit sie nicht zur Aufteilung zu Privatrecht oder zur finanziellen Verwertung durch Verpachtung bestimmt waren. Daß dabei eine geregelte Form der Okkupation vorgesehen war, – wie etwa in den Vereinigten Staaten bei der Öffnung von Indianergebieten zur Besiedelung, – und daß eine Fruchtquote als Entgelt für den Staat erhoben wurde oder doch werden sollte, – dies alles *ändert daran nichts*: daß hier doch der Sache nach „*Squatter*"-Recht auf das gewaltige Eroberungsareal ausgedehnt wurde: das „*Okkupieren*" ist, auch in der Terminologie, das Entscheidende, nicht die magistratische Regelung seines Hergangs.

Wie es nun vor Alters innerhalb der Siedelungen, in welchen die Bauern von ihrer Hände Arbeit lebten, des näheren aussah, ist nicht zu erkennen. Das individuelle gänzlich *frei* vererbliche und veräußerliche Grundeigentum im *späteren* Sinne hat wohl zunächst gefehlt. Es werden doch wohl irgendwelche Familiengebundenheiten des Ackers auch hier existiert haben, beim Besitz des Patriziates selbstredend, hier wie anderwärts, aber wohl, in schwächerer Form, auch bei den Bauern. *Sichere* Spuren davon finden sich *nicht*. Die Bezugnahme auf die Vergeudung der bona *paterna avitaque* in der Entmündigungsformel deutet die allen militaristisch gestimmten Rechten gemeinsame spezifische *Mißbilligung* des Verkaufs von Erbland an, ist aber kein sicherer Hinweis, auf eine ursprüngliche rechtliche Scheidung beider in bezug auf die Veräußerlichkeit. Vermutlich ist die Entwicklung nicht prinzipiell anders gewesen als in Hellas, und jedenfalls steht der (im *Prinzip*) erbliche und veräußerliche Bodenbesitz auch hier am *Anfang der uns* zugänglichen Geschichte. Die Legende von der Zuweisung des heredium von 2 jugera als einzigen erblichen (nicht: veräußerlichen) Besitzes an alle Bürger durch Romulus ist kein Beweis dagegen. Denn daß dies nicht der volle Bauernbesitz der Frühzeit war, ist klar. Unmöglich kann dabei aber andererseits – wie Ed. Meyer wollte – an Taglöhnerland gedacht werden. Vielmehr ist das heredium ein „hortus", eine „Wurth", ein zur individuellen Bebauung einzelnen Kleinfamilien erblich appropriiertes, aber in der Veräußerlichung außerhalb der Familie aus *staatlichen* Gründen beschränktes Gartenlos. Für die Interpretation stehen drei Möglichkeiten offen: *Erstens*: Bei *Stadt*gründungen im Wege des Synoikismos oder der magistratischen Stadtstiftung erhielt der *stadt*sässige *Plebejer*: also der Handwerker, Kleinhändler usw., der nicht den gentes angehörte und den man doch brauchte und haben wollte, sicherlich damals ebenso wie bei vielen deutschen Städtegründungen des Mittelalters, 1. Gartenland und 2. Viehweiderecht auf der Gemeindeflur, dagegen *keine* Bauernhufe. Das gleiche wäre dann auch der Fall in den Bürgerkolonien dieser Frühzeit, welche noch keinen agrarpolitischen, sondern den Zweck der Garnisonierung und Ansiedelung von Römern in Küstenorten haben (coloniae maritimae), mittels deren die Küste für Rom im Interesse des Handelsmonopols behauptet werden soll, in denen daher der Kolonist dem Domizilzwang unterliegt (wie in Athen die solonischen Kleruchen auf Salamis). Gerade hier findet sich ja die Zuweisung der „bina jugera" (in *einem un*verdächtigen Beispiel: Anxur) und ist der Kolonist als solcher selbstredend weideberechtigt. (Daß ihm *außerdem* noch andere Bezüge zugewiesen worden seien, wie ich früher annahm, erscheint mir jetzt angesichts der orientalisch-hellenistischen Verhältnisse nicht mehr wahrscheinlich, und den Gedanken an einen Anteil an irgendwelchen Flurgemeinschaften nach Art der germanischen Siedelung muß man m. E. für Rom ganz ebenso völlig aufgeben wie für das ganze Altertum). Die bina jugera wären dann also das Los aller derjenigen freien *Plebejer*, die man in den neu zu schaffenden *Stadt*verband aufnahm. – *Zweite* Möglichkeit (mit der ersten kombinierbar): sie sind das Los des Fußvolkes, oder richtiger: die *Rechnungs*einheit desselben: am Ende des 2. punischen Krieges wurden den Veteranen der spanischen und afrikanischen Feldzüge *so viel mal 2* jugera zugesprochen, als sie Jahre gedient hatten (ungerade Zahlen der Landanweisung kommen allerdings in der „Analistik" vor, aber schon der Name „centuria" für 100 x 2 jugera zeigt, daß die Normaleinheit der Doppelmorgen war). *Dritte* Möglichkeit: Daß der zur Behauptung des Koloniegebietes angesiedelte Voll*bürger* in alter Zeit *ganz anders* ausgestattet wurde als mit zwei jugera, macht eine Notiz über Antium wahrscheinlich, wonach dort, nach der Unterwerfung, die feindlichen Einwohner zu *Teilbauern* (Heloten) der Kolonisten geworden seien. Hier wären also die zwei jugera nur das *Stadt*los der in der Stadt – wie in Mytilene – konzentrierten Kleruchenschaft gewesen. Der Kleruch, natürlich dann *kein* Handwerker oder Krämer (Hypothese 1), sondern ein Krieger, sollte *stadt*sässiger *Grund*herr, nicht Bauer, sein. – Wie wir uns dann im Gegensatz zu jenen, sei es plebejischen, sei es patrizischen *Stadt*siedlern Flurberechtigungen der *Bauern*familien zu denken haben, ist gänzlich dunkel, ebenso: welcherlei feudale Berechtigungen etwa darüber standen. Dies gilt auch für Rom *selbst.*

Die *römische* Bürgerschaft ist in historischer Zeit in tribus und curiae geteilt, wie in Griechenland in Phylen und Phratrien. Die Sippe (gens) war (ein lange bestrittener Punkt) auch hier auf den Adel *beschränkt.* Sie ist auch hier nichts „Primitives", sondern ein durch *Differenzierung*: Vieh-, Edelmetall-, Boden-, Schuldsklavenbesitz, und darauf fußend, ritterliche Lebensführung und kriegerisches Training, entstandenes Gebilde. Sicherlich hat die Sippen*bildung*(d. h. der Zusammenhalt des *Besitzes,* die Schätzung des *Bluts*bandes und was weiter daraus folgt) auch hier bei den Familien alter Gaufürsten zuerst begonnen, die sich zu Burgherren entwickelten, wie in Griechenland. Die Burgadligen zu synoikisieren, ist ja die politische Leistung der ganzen Frühzeit Roms. Eine solche Eingemeindung konnte freiwillig geschehen: – das beühmteste Beispiel ist die Aufnahme der Sippe des Atta Clausus als gens Claudia in den Geschlechterverband unter Zuweisung von Acker für ihn und seine „clientes", – oder eventuell zwangsweise durch „Brechung" ihrer Burgen. Es ist daher erklärlich, daß die 16 alten Landtribus gentilizische Namen haben. Und natürlich beweist dies auch hier *weder:* 1. daß das ganze oder auch nur das meiste *Land* der betreffenden Gebiete jenen Geschlechtern als Grundherrn gehört habe: – die überwiegende Mehrheit der patrizischen Geschlechter wäre ja dann *ohne* Land gewesen –, *noch* 2. daß die gens eine *ursprünglich allen* Freien gemeinsame Institution war. – Vielmehr zeigt die römische Überlieferung selbst, daß das Land außerhalb der Tore der Stadt lange Zeit in *pagi* geteilt blieb, wie von alters, bis später (s. u.) jene Einteilung in tribus rusticae erfolgte. Zweifellos war das platte Land in der Periode voller Entfaltung der Geschlechterherrschaft ebenso *politisch* entrechtet, wie in Hellas in den spezifischen Adelspoleis. Und die adlige gens ist auch in Rom (und hier noch strenger als in manchen hellenischen Staaten) ein ackerbesitzendes, aber *stadt*sässiges Geschlecht: die Soldaten der großen Heere Roms in der Expansionszeit waren *Bauern,* ihre Offiziere aber stets *Städter.* Wie in Hellas die Adelsgeschlechter fast stets *andere* Schutzheilige haben als das Volk (von E. Meyer zuerst scharf betont), so sind die sacra der gentes *private* Kulthandlungen; die gens ist dem Prinzip nach ein „präterstaatliches" Gebilde, also auch kein Staats-„Teil". Dagegen sind die gemeinsamen sacra der curiae sacra *publica.* Die curiae sind eben öffentlich anerkannte Bürgschafts*abteilungen.* Sie werden meist den griechischen Phratrien gleichgesetzt (schon im Altertum). Jedenfalls ist ihr Ursprung, nach dem Eingeständnis der Fachmänner, ebenso dunkel wie bei diesen. Fest steht für die historische Zeit nur: daß die Kurien Testament und Annahme an Sohnes *Statt* (also: Zulassung zur Wehrgemeinde und damit zum Bodenbesitz) zu kontrollieren hatten und daß sie die Übertragung des militärischen Amts an die neu gewählten höchsten Magistrate ratifizieren mußten. Wahrscheinlich ist, daß die Kurien bei der Heeresgestaltung ursprünglich die Aushebungsorgane stellten. Somit wäre die Analogie mit den Phratrien doch nur teilweise vorhanden, – zum anderen Teil würden sie den Phylen zu vergleichen sein. Im Gegensatz gegen die hellenischen Phratrien haben sie auch keinen körperschaftlichen Charakter und also keine rechtliche Handlungsfähigkeit: sie sind nur sakrale und administrative Einheiten. Aber auch abgesehen davon dürfte, wer die Phratrien in Hellas für „uralt" hält, nicht diese *alten* Phratrien, sondern die *künstlichen* Gebilde *späterer* Synoikismen den *historischen* Kurien gleichsetzen, die ihrerseits ja ein spezifisch *stadt*staatliches Gebilde sind (Tagung auf dem comitium im Gegensatz zu den Tribus usw.). Sie sind den latinischen Städten gemeinsam (dagegen ist fraglich, ob die coloniae civ. Rom. sie kennen). – Die drei alten Tribus von je 10 curiae mit den gentes als Unterabteilungen sind natürlich eine Schöpfung zum Zwecke der Umlegung der Staatserfordernisse, vielleicht in *diesem* Schematismus erst des patrizisch-plebejischen Staats, der die *Gesamt*bürgerschaft in Kurien und (künstlichen) Geschlechtern vereint. Wenn in historischer Zeit den Kurien gesonderte und geschlossene Feldmarken zugeschrieben werden, so ist ebenfalls fraglich, inwieweit diese Lokalisierung Produkt der ursprünglichen Phyleneinteilung oder (wahrscheinlich) einer späteren Neuaufteilung des Gebiets unter die curiae ist, oder überhaupt nur in den neugegründeten latinischen Kolonien (wie bei den kolonialen Phylen in Hellas) bestand.

Das römische Staatswesen *unterscheidet* sich in seinem Verhalten zu seinen Gliedern von Anfang an in *einer* Richtung von der hellenischen Polis: in der Behandlung des *Familien*rechtes. Für die hellenische Polis (z. B. Athen) fällt politische Wehrhaftmachung und privatrechtliche Handlungsfähigkeit des Haussohnes zusammen, – für den römischen Staat hat beides nichts miteinander zu tun. Der Bürger ist als Soldat Objekt der *Amts*gewalt, als Sohn Objekt der *Haus*gewalt, solange sein Vater lebt. Der Staat macht an der Schwelle des Hauses Halt und das Hausrecht („dominium"), welches Frau, Kinder, Sklaven, Vieh (familia pecuniaque)[4] mit gleicher absoluter Schrankenlosigkeit umfaßt, ist der Keim des abstrakten Eigentumsbegriffes. Es ist wohl kein Zweifel, daß dieses radikal patriarchale Familienrecht der Organisation der „gens" entstammt, – wie denn die

[4] Das Verhältnis von „familia" zu „pecunia" bleibt hier außer Betracht. Vgl. darüber neuestens Mitteis, Rom. Privatrecht S.81f.

Stellung des „pater" = Geschlechtshaupt im alten Staatswesen, wie es die Tradition schildert, der des pater familias in der Familie parallel geht – und daß es ursprünglich der Zusammenhaltung des Besitzes diente: die *Groß*familie ist hier, in streng herrschaftlicher Organisation, als Normalform der Struktur des Rechts zugrunde gelegt. Wie die Stellung des Geschlechtshauptes im öffentlichen Recht und gegenüber der Klientel (s. u.) vergeben wurde, – durch Erbordnung oder Wahl? – ist bei dem Stande der Quellen müßig zu fragen. Naheliegend scheint nur, daß die Splitterung der Einheit der Großfamilie, welche im historischen Recht mit dem Tode des pater familias eintritt, nicht das ursprüngliche Gentilrecht gewesen sein wird, sondern daß dann ein *neues* Geschlechtshaupt an die Stelle des alten trat. Die Abweichungen, welche in der Vererbung der *Patronats*rechte späterhin vom gemeinen Erbrecht bestehen, sind eine unsichere Quelle, obwohl sie wohl irgendwie auf die alten Ordnungen der geschlossenen gens zurückgehen. – Diese strikt autoritäre Organisation der Familienverbände ist nun im römischen Staatswesen die Quelle gewisser *feudaler* Bestandteile gewesen, welche während der ganzen Dauer des Staats seine Eigenart weittragend mitbestimmt haben.

Die römische Sozialverfassung hat sowohl in ihrer (uns erreichbaren) Frühzeit wie späterhin ein Element in ungleich stärkerer Ausbildung entwickelt, welches in den hellenischen Stadtstaaten keineswegs gefehlt hat, dort aber schon in der Frühzeit, vollends aber in den Demokratien, weit zurückgetreten war: die feudale *Klientel*. Die Anlehnung an das Familienrecht wird deutlich durch die alte Gleichsetzung der Landanweisung an den Klienten mit derjenigen an den filius familias gekennzeichnet: die patriarchale Stellung des Gentilhauptes ist die Quelle des römischen Klientelrechts. Es muß hier, innerhalb des gegebenen Raumes, auf dies Institut etwas näher eingegangen werden, welches zu so manchen Mißverständnissen der älteren Zustände geführt hat. *Überall* in der Antike (und natürlich: *nicht nur* der Antike) ist ursprünglich der Besitzlose, *und das heißt:* der nicht am *Boden*besitz einer konkreten Gemeinschaft Beteiligte, auch rechtlos. In Ägypten reklamiert der König den „Mann ohne Wohnsitz", der seine Habseligkeiten auf sein Maultier packt und von Gutsbesitzer zu Gutsbesitzer zieht, um seine Arbeitskraft zu verwerten; in Altisrael ist er der Archetypos des „Metöken"; in Hellas stellt er die „ϑῆτες" und „πελάται". In Rom begibt er sich – in der Zeit des Geschlechterstaates – durch „applicatio" unter die Schutzherrschaft eines zu deren Übernahme bereiten begüterten „pater" (Geschlechtshaupt) oder auch (wie für die Königszeit überliefert wird) des Königs. Die dadurch und durch „susceptio" des Patrons entstehende Beziehung unterscheidet sich von der Sklaverei einerseits, der Vasallität andererseits, ganz ähnlich wie das altägyptische „amach"-Verhältnis es tut: die gegenseitigen Beziehungen sind geregelt durch einen traditionellen, ziemlich festen Sittenkodex, welcher aber, seines religiösen Charakters wegen, dem bürgerlich-weltlichen „*Landrecht*" (germanistisch ausgedrückt) des Stadtstaats *fremd* ist, von ihm gar nicht erfaßt werden *kann*, dennoch aber, da er von hoher praktischer Bedeutung ist, in seiner Existenz auch nicht einfach ignoriert wird: die Zwölftafeln *verfluchen* den *Patron*, der dem Klienten die Treue nicht hält („si clienti fraudem fecerit"), wie der Sohn verflucht war, der den Vater schlägt: in beiden Fällen gab es eben keinen staatlichen Richter. Noch die Repetundengesetze der Demokratie in der Weltmachtsperiode nahmen darauf Rücksicht, ob zwischen zwei Personen der Tatbestand der Klientel: das „in *fide* esse", besteht (und selbst in das Sklavenrecht der Digesten hat sich, in den Zeiten der Zerbröckelung der Sklavenkasernements, der Ausdruck „in fide domini esse" verirrt, freilich hier wohl ohne irgendwelchen *direkten* Anklang an das alte Klientelverhältnis). Die „fides" beherrscht, ganz wie im Mittelalter, die Beziehung des Herrn zum Klienten, – aber während im Mittelalter (wie in Japan) die fides des *Vasallen* vornehmlich gepriesen, ethisch gewertet und vom Lehenrecht eingeschärft wird, *weil* er ein auf sich selber stehender, sich selbst ausrüstender, vom Herrn *faktisch* in seinem Wohlergehen zunehmend unabhängiger Ritter oder gar Fürst ist, dem die Versuchung stets nahe ist, den Herren sich selbst zu überlassen, – handelt die römische Antike vornehmlich von der „fides" des Herrn. Denn in historischer Zeit ist der Klient, wie der Amts- und Dienstleheninhaber der mesopotamischen Könige oder der μάχιμος der Pharaonen und Ptolemäer, und wie der „colonus", ein *kleiner* Mann, ein Lehensmann zu Plebejerrecht, sozusagen, der ohne den Herrn nichts und *gegen* ihn vollends gar nichts ist. Ob die Betonung der *beider*seitigen „fides" in einer „lex regia" auf eine ursprünglich vornehmere, dem Vasallentum näher stehende und etwa erst im Hoplitenstaat degenerierte Stellung des „cliens" hinweist, muß natürlich dahingestellt bleiben. Der Klient schuldet dem Herrn Ehrerbietung (ursprünglich: „Gehorsam"), Gefolgschaft im Kriege, ökonomische Beihilfe in außerordentlichen Notfällen, wozu gehören: Ausstattung der Tochter, öffentliche munera, endlich Auslösung aus der Gefangenschaft (ein für das Altertum wichtiger Fall: wie erinnerlich, behandelt ihn Hammurabis Gesetz für die Lehens*träger*, und in Athen blieb ein Sonderverfahren für Rückforderungen bei Subskriptionen – ἔρανοι – zur Gefangenenauslösung aufrecht erhalten). Der Klient seinerseits hat vom Herrn dafür 1. Beistand in ökonomischen Notfällen und 2. Schutz, insbesondere Schutz gegen gerichtliche Verfolgung zu verlangen, den er sich selbst, solange das „Landrecht" ihn als Metöken, also *Fremden*, behandelte, *rechtlich*, und später oft genug *faktisch*, nicht verschaffen konnte. Eine gerichtliche Klage gleichviel welcher Art, *zwischen* Patron und Klient aus dem Lehenverhältnis, aber auch jede *Pönal*klage, ist auch noch im historischen Recht durch das zwischen ihnen bestehende Treuverhältnis *ausgeschlossen*, (ursprünglich natürlich: *jede* Klage), ebenso darf keiner gegen den andern zum Zeugnis zugelassen werden. Im übrigen äußert sich der Lehensverband zwischen Herrn und Klienten besonders einschneidend darin, daß die Erbschaft des Klienten ursprünglich (wahrscheinlich) ganz dem Herrn oder seiner gens heimfällt, daß – was damit zusammenhängt – die weiblichen Angehörigen des Klienten nicht ohne Konsens aus dem Kreise der Lehensmannschaft der gens herausheiraten (enubere) können.

Die praktische Bedeutung der Klientel für den Herrn konnte nach verschiedenen Richtungen hin liegen: 1. der Klient war durch Beisteuerpflicht, Heimfallrecht und eventuelle Ehekonsensgebühr eine Quelle von Gelegenheitseinkünften. Ihn zu einer regelmäßigen Rentenquelle geschäftlich auszunutzen, galt *später* als unanständig: ob dem immer so war, ist (zumal die Klientel – s. gleich – ihren ganzen Charakter später *geändert* hatte) natürlich nicht sicher, das Gegenteil an sich möglich; – 2. ebensowenig ist (aus dem gleichen Grunde) zu entscheiden, ob der Klient ursprünglich auch ökonomische Arbeitskraft in einem Herrenfronhofe zu sein pflegte. Die Analogie der späteren *Freigelassenen*klientel darf nicht herangezogen werden, denn diesem – *ökonomisch* fruktifizierten – Institut scheint das Wichtigste an der alten Klientel: die so stark geschätzte Treupflicht des *Patrons*, *gefehlt* zu haben. Mit jener Frage hängt die weitere nach der *agrarischen* Bedeutung der Klientel zusammen. Mit der größten Wahrscheinlichkeit wird das Institut des „precarium" als dem Klientelrecht entstammend angesprochen, besser: als die „landrechtliche" *Seite* der Landleihe zu Klientelrecht. „Bittweiser" Besitz, d. h. Besitz *ohne* einen Kontrakt, den das bürgerliche Gericht *anerkennt*, dabei Besitzschutz des Prekaristen gegen jeden *Dritten*, während sein Besitz gegen den *Herrn* als nicht vorhanden gilt, so daß dieser ihn also jederzeit durch Selbsthilfe an die Luft setzen kann, – das ist eine so charakteristische Lösung des Problems der Beziehung zwischen Lehen- und Landrecht (auch in dem eigenen *Besitzes*schutz des Prekaristen gegen den Dritten, der dem „landrechtlichen" colonus später – s. u. – fehlt), daß hier kaum ein Zweifel obwalten könnte, auch wenn nicht ausdrücklich überliefert wurde, daß die „patres" (Geschlechtshäupter des Stadtadels) ihren Namen *daher* hätten, daß sie den Besitzlosen („tenuiores") Land anzuweisen pflegten (attribuere ist der technisch „lehensrechtliche" Ausdruck). So vollzieht sich dies namentlich in der Claudier-Legende (deren historischer Kern dahingestellt bleibt): Atta Clausus ist gedacht entweder als ein Gaufürst, oder – *wahrscheinlicher* – als ein Burgherr des Sabinerlandes (sein Wohnsitz, Regillum, ist nicht topographisch feststellbar: er war eben eine Ritterburg, nicht eine Polis), der im 6. Jahre „post reges exactos" mit seiner Gefolgschaft sich freiwillig in Rom „eingemeinden" (synoikisieren) läßt. Als er mit seinen Klienten (deren Zahl ins Lächerliche übertrieben wird, man braucht sich das Land in der Teverone-Gegend nur vorzustellen!) nach Rom übersiedelt, empfängt er eine Grabstelle am Kapitol und ein staatliches Landlos: von diesem letzteren behält er angeblich 25 jugera für sich und gibt je 2 an seine Klienten. Von 2 jugera hat (naturalwirtschaftlich!) noch nie und nirgends eine Familie (auch nur rein physisch) existiert: dies Land würde gerade für die Ernährung *eines* Mannes ausreichen. Man müßte also, um mit der Nachricht irgend etwas anzufangen, annehmen, daß es sich um Häuslerstellen handelte und die Klientenfamilie daneben Frondienste gegen Unterhalt auf dem Gutshofe zur Bestellung der 25 jugera „Salland", des gentilen „fundus", getan hätte. Wer wollte die *Unmöglichkeit* eines derartigen Verhältnisses behaupten? Und auch wenn man an die ältesten Quellen der germanischen Frondienste: freiwillige, d. h. nur *ethisch* gebotene, *Nachbar*hilfe für den Herren in den Zeiten dringender Arbeit (Ernte usw.) denkt, wird man es als höchst wahrscheinlich ansehen, daß von den Klienten „*Aushilfs*arbeit" erwartet wurde. Freilich: zu beweisen ist hier nichts, am wenigsten natürlich aus jenen späteren Angaben über Umfang und Art der Verteilung jenes ältesten claudischen fundus. Und der Gedanke eines „Gutsbetriebs" mit *regelmäßiger* Arbeit der Klienten stößt auf die Unwahrscheinlichkeit einer *vornehmlich ökonomischen* Benutzung des Klienten durch den Herrn. Als *Arbeits*kräfte der Grundbesitzer sind neben den mancipia (gekauften Kindern und Sklaven) die „nexi" bezeugt: diese aber sind natürlich von den clientes scharf zu scheiden. An sich *wahrscheinlicher* wäre für letztere, wenn überhaupt eine *ständige* ökonomische Leistung, dann ein *Tribut*verhältnis. Andeutungen einer die Pflicht zur gegenseitigen Treue zwischen Spartiat und Helot fordernden „lykurgischen" Vorschrift können aus einer Bemerkung Plutarchs herausgelesen werden, auch die Gleichung anderer hellenischen „Hörigen", z. B.: οιχέες in Kreta, mit den Klienten scheint begreiflicherweise nahe zu liegen.[5] Denn der spartanische wie der kretische Hörige hatte traditionell feststehende *Abgaben* (der Helot ½ der Ernte) und daneben ev. rein *persönliche* Dienste zu leisten, *nicht* aber war er eine wirtschaftlich ausgenützte Arbeitskraft in einem „Gutsbetrieb". Der attische πελατης, mit dem das Altertum den Klienten ebenfalls verglich (und der seinerseits mit *Unrecht* mit dem ἑκτημόριος gleichgesetzt wurde, s. o.) ist ein besitzloser und deshalb des Rechtsschutzes durch einen Grundbesitzer bedürftiger „Metöke" (im *altjüdischen* Sinne des Wortes). Wie dem allen nun sei, jedenfalls lag bei den römischen *Klienten* in *wesentlich* höherem Maße als bei den hellenischen Hörigen der Nachdruck auf den oben erwähnten anderweiten, nicht direkt ökonomischen Pflichten gegen den Herrn, und speziell: auf der Heeresfolge im *Kriege* in der Zeit des *Ritter*kampfes nach homerischer Art: sie stehen dabei zwischen Gefolgschaft und Helotentum in der Mitte. Wenn im karolingischen Heerbann der senior an der *Spitze* seiner Leute ausrückt, und andererseits der Spartiat, überhaupt der hellenische Vollho-

[5] Nur ist stets zu erinnern, daß *sozial* der römische Staat von jeher von *ganz* anderer Struktur war als der spartanische: Die adlige „gens" *fehlt* dem lediglich auf *Erziehung* (s. o.) ruhenden Spartiatentum.

plit, beim Feldzug Heloten oder Sklaven zur *Bedienung* bedarf, so sind das scharfe Gegensätze, zwischen denen der „Knappe" des mittelalterlichen Ritters etwa die Mitte hält. Diesem „Knappen" scheint der Klient der alten Zeit im Kriege (dem ziemlich unbestimmten Eindruck nach, den man gewinnt) ziemlich nahe gestanden zu haben, *näher* wohl als dem kameradschaftlich zum Herrn stehenden homerischen „Wagenlenker". Nicht nur zieht der römische und ganz ebenso der etruskische und sabinische Patrizier (ursprünglich) an der Spitze seiner Klienten ins Feld, solange der alte ritterliche Einzelkampf, mit seinen „spolia opima" als höchstem Ziel des Helden, die Kriegsführung beherrschte, sondern die gens unternimmt ev. auch eine Fehde auf eigene Gefahr, wie die Fabier gegen Veji, und zieht dann mit ihren Klienten aus. Die völlige *Un*selbständigkeit des Klienten im Vergleich mit den Vasallen hat darin ihren Grund, daß er vom Herrn (wie der Knappe vom Ritter) ausgerüstet wird. Dies Verhältnis hat sich wenigstens bei dem Feldherrn bis in die Gracchenzeit fortgesetzt: Scipio bietet seine Klienten noch im Feldzug gegen Numantia (134) auf (in der Bürgerkriegszeit haben dann bereits die „coloni" eine ähnliche Rolle gespielt).

Als mit dem Siege der „classis", des Hoplitenheeres, die militärische Bedeutung der Klientel schwand und ihre ökonomische Leistung durch das Kaufsklaventum und die rein kontraktliche Parzellenpacht an Gewicht verlor, gewann die *freie* Klientel, die es vielleicht von jeher neben dieser „Hörigkeit" gegeben hatte, an politischer Bedeutung. Sie ist kein lehn*recht*liches, sondern ein seine *Formen* der alten Klientel entlehnendes Institut, welches zweifellos der *Prozeß*beistandschaft einflußreicher Leute seinen Ursprung verdankt und daher keineswegs auf Patrizier oder Freilasser beschränkt war. Nicht nur, um Tischgenosse eines bemittelten Mannes zu werden, sondern auch wegen des Gewichts seines Beistandes in- und außerhalb der Gerichte, haben sich zu jeder Zeit massenhaft Familien in dies Klientelverhältnis zu den *Amts*adelsgeschlechtern (seien dies nun patrizische oder plebejische) begeben und sind, da auch dies Verhältnis sich erblich fortpflanzte, darin verblieben, auch wenn sie zu Wohlstand kamen, bis ein kurulisches Amt, welches als Auflösungsgrund der Klientel galt, diese Beziehung beseitigte, welche im 2. und 1. Jahrh. keinerlei Makel für die „Klienten" an sich trug. Daß dies nicht der Fall war, ist wohl auch Folge des Umstandes. daß mit der Weltmachtstellung des Staates ausländische Adlige, Fürsten und befreundete Gemeinwesen in ein als „Klientel" aufgefaßtes Gerichtsschutzverhältnis zu römischen Adelsfamilien traten. *Ökonomisch* umgeformt setzt sich andererseits die alte Klientel in der Stellung der freigelassenen Sklaven zum Patron fort, wie am deutlichsten das Senatuskonsult über die Fecenia Hispala zeigt (Gestattung: 1. der Matronentracht, 2. der gentis enuptio, 3. des connubium mit einem Freien ohne Kränkung der Ehre des letzteren). Im *Gegensatz* zu dem damaligen *freien* Klientelverhältnis, welches die Standessitte der ökonomischen

Fruktifizierung *entzog*, diente *dieses* Klientelverhältnis einer solchen bekanntlich im hohen Maße.

Alle die verschiedenen Formen persönlicher Abhängigkeit: freie Klientel Fremder und Einheimischer, Libertinenklientel, endlich: Sklaverei, bilden in der *späteren* Republik die Basis für jene Stellung des römischen Amtsadels, den in aller Geschichte niemals wieder ein Adel eingenommen hat: nicht der hellenische, wegen der kleineren Dimensionen und der größeren Abhängigkeit von der Bürgerschaft und ihrer Gunst (Lysandros, Alkibiades); aber auch nicht der englische im 18. Jahrh. (dem er, weil durch das kurulische Amt „Peers kreiert" wurden, sonst in der Struktur ähnlich ist). Denn ein so ganz *persönlich* gefärbtes Patronatsverhältnis *einzelner* Familien über ganze Staaten, wie etwa die freiwillige Klientel von Sparta und Pergamon in der gens Claudia oder wie die erzwungenen Patronate des siegreichen Feldherrn über die unterworfenen Städte und Völker, kannte, vollends als *offizielle* Institution, das englische Recht und die englische Standessitte nicht. Das römische Staatswesen blieb dadurch stets ein halbfeudales Gebilde, denn diese Grundlage der Macht der großen Amtsadelsgeschlechter vermochten „demokratische" Beschlüsse der Komitien nicht zu erschüttern. Das Bild von der politischen Bedeutung der Klientel für die Herrenstellung des *Amts*adels in der Zeit der großen Klassenkämpfe des 2. and 1. Jahrh. hat nun die Tradition in die Frühzeit Roms und in den Kampf der Patrizier und Plebejer projiziert, und zwar in zwei einander gegenseitig ausschließenden Formen: 1. so, daß *alle* Plebejer als *Klienten* des alten Stadtadels erscheinen, „Klient" und „Plebejer" ursprünglich dasselbe sind, – 2. so, daß umgekehrt die Macht der Patrizier *gegenüber* den Plebejern auf den Stimmen ihrer Klienten in den Komitien beruht. Von diesen Traditionen ist wahrscheinlich keine richtig, aber während an der zweiten wohl irgendein Korn Wahrheit sein könnte, – nur daß man nicht weiß, für welche Zeitepoche, da unbekannt ist, *wie* und *wann* die Klienten in die Stimmkörper der Bürgerschaft gekommen sein können – kann die erstere *keinesfalls* zutreffen. Von allen anderen, schon früher berührten, Schwierigkeiten abgesehen: die gleichen Klienten, welche 495 dem Ap. Claudius aus fremdem Gebiet nach Rom gefolgt (und von ihm mit je 2 jugera Land auf seinem fundus angesiedelt) sein sollen, sollen fast unmittelbar nachher mit den anderen in ähnlicher Lage befindlichen Klienten zusammen die Schöpfung der *revolutionären* Amtsgewalt der *Tribunen* erzwungen haben? Die Klienten, deren Erbschaft dem Heimfallsrecht unterlag, sollten dennoch das Vermögen besessen haben, für die „classis" des Hoplitenheeres sich auszurüsten? Von alledem kann keine Rede sein. Wahrscheinlich führt ein Teil der plebejischen gentes der Spätzeit ihre Parallelnamen mit patrizischen gentes vom alten Klientelverhältnisse her. Aber gar nichts spricht dafür, daß für *alle* die zahlreichen plebejischer gentes römischer Herkunft patrizische Parallelgentes gleichen Namens je existierten. Da eine klientel*freie* Plebs schon im

5. Jahrh. durch die Ereignisse (wie sie die Tradition widergibt) postuliert ist, so hat man die verzweifeltsten Anstrengungen gemacht, den Wegfall der Klientel über einen Teil der plebs zu erklären. Neben dem „Aussterben" der Patronengentes hat speziell die *Königs*klientel dazu dienen müssen, die Lücke zu füllen, – als ob man eine *wirkliche* „Klientel" (militärische Gefolgschaft) eines vertriebenen Königs in der Stadt hätte lassen können. Dennoch kann auch an der „Königsklientel" der alten Plebs ein Korn Wahrheit sein: die Plebs besteht zum Teil unzweideutig aus δημιουργοί, und *diese* wird in der Frühzeit der Stadt allerdings der König als solcher, mit Leiturgiepflichten, angesiedelt und unter seinen Schutz gestellt haben. Und ebenso ist es sehr wohl *möglich*, daß der König, im Ringen mit dem Adel, gelegentlich die Bauern gegen diesen ausgespielt hat, wie der griechische „Tyrann", und ebenso: daß die Institution des Tribunats – eine Art negativer Tyrannis – eine *Konzession* war, um welche der Stadtadel, nicht allzulange nach dem Sturz des Königtums, den Fortbestand seines Regiments und die Nichtwiederkehr eines „Tyrannen" im Wege des Kompromisses von den Bauern und Kleinbürgern erkaufte. Man hat mehrfach bemerkt, daß der Schutz des Tribunen für den politisch rechtlosen Bürger eine Art von Offizial*patronat* darstelle, der ein Surrogat für den Schutz der gens für ihre Gentilen und Klienten bedeutete: darin *könnten* die Tribunen die Nachfolger der Könige gewesen sein; – aber deren „Patronat" wäre dann eben etwas absolut anderes als eine feudale oder grundherrliche Beherrschung von königlichen „Hörigen" gewesen. Doch dies bleibt alles notgedrungen hypothetisch. Festzuhalten ist nur daran: daß Plebs und Klientel, Plebeität und Grundhörigkeit feudaler Stadtstaat und Grundherrlichkeit ganz und gar nicht zusammenfallen. Im Ständekampf hatten – soviel wird an der Tradition richtig sein – die Patrizier an den Klienten im allgemeinen eine Stütze *gegen* die Plebs. Grundhörig kann der städtische Plebejer (gerade seine Existenz ist durch die ältesten 4 Tribus, die städtischen, besonders sicher) überhaupt nicht gewesen sein. Auf dem Lande ist Grundhörigkeit der Klienten möglich (aber nicht bewiesen). Grundhörigkeit der pagani ist nach allen späteren Resten ganz unwahrscheinlich und im alten Hoplitenheer (welches älter ist als die Tribunen) unmöglich (den Heloten entsprachen im Heer die Klienten; die Plebs den Periöken). „Feudal" war die Gliederung des alten Stadtstaates sowohl durch die Klientel als durch den Ausschluß der Plebs vom Regiment. Aber: „Feudalismus" ist *nicht* gleich: „Grundherrlichkeit". Für den Grundbesitz des Patriziats werden, wie anderwärts, neben gemieteten und als Pfand erhaltenen Bauernsöhnen („personae in mancipio") *Schuld*sklaven, daneben (zunehmend) Kriegsgefangene und Kaufsklaven, *vielleicht* in der Frühzeit als Aushilfe prekaristische Klienten die Arbeitskräfte gewesen sein.

Die Anziehungskraft, welche Rom für synoikisierende Burgherren, wie Ap. Claudius, hatte, lag in der Frühzeit schwerlich in dem Wunsch nach einem Anteil an seinem, damals ein relativ kleines Gebiet umfassenden, Ackerboden, und der spätere Glanz der gens Claudia beruhte nicht auf jener Landanweisung. Sondern beides hatte seinen gemeinsamen Grund darin, daß Rom ein Zwischenhandelsplatz war, an dem man durch seine Sklaven, durch Darlehnswucher, durch Beteiligung am Handel usw. vermögend werden konnte. Erst die kontinentale Expansion, die mit dem Siege der Plebs Hand in Hand geht, verschob das (s. u.). Jene Angaben über Atta Clausus können nur dazu dienen, klar zu machen, wie *klein* man sich jene „Grundherrschaften" des alten römischen *Patriziats* im Altertum vorstellte. Und *darin* dürfte die alte Tradition Recht haben. Wenn die 16 gentilizisch benannten Tribus rusticae in der Mitte des 5. Jahrh. entstanden sein sollten (s. u.), so umfaßte eine jede von ihnen, nach dem aus der Tradition zu entnehmenden damaligen Umfang des ager Romanus (50-60.000 ha) etwa 3.200-3.500 ha Boden – was eine ganz annehmbare Zahl wäre. Von dem ganzen *höchstens* (s. u.) auf 30.000 ha tragfähigen Landes zu schätzenden Bestand des ager Romanus wäre auf jedes der 300 Senatsgeschlechter der alten Tradition etwa ein Besitz von etwas über 100 ha, daneben Weiderechte gekommen, wenn sie im Besitz des *gesamten* römischen Bodens gewesen wären. Uns erscheint dies für den deutschen Osten als ein nur an der Grenze des Großbesitzes stehendes Ausmaß. Aber man erinnere sich der Landdomänen und Landlose attischer Aristokraten (Pentakosiomedimnos = ca. 50 ha, Alkibiades' Erbland: 30 ha). Es folgt aus jenen Zahlen, wenn man sie probeweise einmal zugrunde legt, also durchaus nicht, daß der Stadtadel den ganzen Boden besessen haben müsse. Denn seine Einkünfte waren – wie die jedes antiken Polisadels – teils spezifisch *städtischen* Ursprungs (Handel), teils ruhten sie auf *Vieh*besitz, für den innerhalb der alten pagi wohl gegen die Hälfte des Landes als compascua zur Verfügung gestanden haben kann. *Sekundär*, als Folge der anschwellenden *Geld*macht des Adels, wird auch hier die Tendenz zur Bodenakkumulation und Schuldversklavung der neben ihnen in den pagi vorhandenen freien Bauern entstanden sein. Daß in der Existenz dieser Schuldsklaven ein Element schwerer Gefährdung der inneren Sicherheit erblickt wurde, zeigt die Bestimmung der Zwölftafeln, wonach die im Exekutionswege in die Schuldhaft des Gläubigers abgeführten Schuldner nach Ablauf der Zahlungsfrist entweder getötet oder ins Ausland (trans Tiberim) verkauft werden *mußten*, während der hellenische Gläubiger sie auch im Inlande als Sklaven behalten durfte. Davon, daß die alten Patrizierbesitzungen (im Sinne der Tradition) größer oder auch nur so groß gewesen wären, wie etwa die mit Sklaven bewirtschafteten Landgüter zu Catos Zeit (ca. 60 ha), kann keine Rede sein. Wir werden vielmehr kaum mehr als etwas über 30 ha *Acker* als Durchschnitt ansetzen dürfen. Von 30 ha Campagnaboden, mit Dinkel besät, konnten, im Fall guter Bestellung, bei Zugrundelegung der für Soldaten und Sklaven von

Polybios bzw. Cato gegebenen Tagesrationen (*Weizen* , der in Dinkel umgerechnet ist) und bei günstiger Veranschlagung der Ertragsfähigkeit *allenfalls* 60 erwachsene Menschen oder gegen 20 *Klein*-Familien ihren Bedarf an Brot naturalwirtschaftlich beziehen. Dazu mußten dann *Weide*rechte zur Gewinnung von Milch, Käse, Wolle kommen und Holzungsrechte für den Heiz-, Bau- und Werkzeugsbedarf. Quantitativ könnte also eine römische „gens" im Sinne der Tradition etwa so ausgesehen haben, – wie immer sie in bezug auf die Relation der Freien zu den Klienten oder Sklaven auch gegliedert gewesen sein möge. Bei rund 300 solcher gentes wäre dann annähernd ein Drittel des *Acker*landes auf patrizischen *Acker*besitz entfallen; auf dem Rest hätten einige Tausend: je nach dem Durchschnitt, den man zugrunde legt, 3-5.000 Kleinbauernfamilien, Platz finden können. Diese Ziffern wären jedoch, wenn man an *überwiegend* agrarische Unterlagen denkt, absolute *Maximal*ziffern, hinter denen in einer Zeit, als Rom auf seinen „ager" beschränkt gewesen wäre, die aus *Eigen*produktion zu ernährende Bürgerschaft sicher weit hätte zurückbleiben müssen. Dann würden wir vielleicht nur rechnen dürfen: 2.000 plebejische Bauernfamilien zu 6-8 Köpfen, wovon die Hälfte (allenfalls) hoplitenfähig („Zeugiten", nach attischer Diktion), und etwas über 100 patrizische gentile Kommunionen von im Durchschnitt je vielleicht 30 Köpfen, unter sich natürlich auf verschiedenen Stufen des Landausmaßes und der Kopfzahl, die ihrerseits eine Klientel von vielleicht je 8, zusammen 800 Familien zu 4-5 Köpfen gehabt haben könnten, – man erinnere sich, daß auch der attische Höchstzensus: „500 Scheffel", nur etwa das 8-9fache des *Mindest*bedarfs einer Familie enthielt – zusammen also im Mittel 22.000 von der *ländlichen Eigen*produktion zu ernährende Köpfe, – schwerlich mehr –, da wir sonst zu einem Maße der *Acker*nutzung des ager Romanus kämen, welches sicher ungeschichtlich ist. (Obwohl die Proportion natürlich *höher* ist als in Attika mit seinen Bergzügen, könnte doch die *Acker*fläche damals nicht mehr als etwa 15.000-18. 000 Hektar, von insgesamt 50-60.000, betragen haben, also eine *jährliche Anbau*fläche für Getreide bei Feldgraswirtschaft von ca. 15%: der Rest wäre Gärten, Weide und Holzung gewesen). Da Rom *niemals*, seit es eine Polis überhaupt war, von den Erzeugnissen seines eigenen Landbaues zu leben genötigt oder imstande war, können wir die Zahl der Menschen, die es – *Land* und *Stadt*, bei Zugrundelegung der Dimensionen des ager Romanus – zu ernähren vermochte, selbst für die Stagnationsperiode vor dem Beginn der Eroberungen weit mehr als verdoppeln, und es muß dabei die Möglichkeit der *Absatz*produktion natürlich auch die mögliche Zahl der *Klein*bauerstellen in die Höhe schrauben. Es sind dies, wohlgemerkt, alles *rein* hypothetische Zahlen, die nur dann irgendwelchen Sinn haben, *wenn* man eine Konstruktion der Zustände auf dem Boden der Tradition, also deren Umsetzung in *Zahlen*, überhaupt versucht. Mit wieviel Vorbehalt dieser Versuch gemacht wird, wurde oben gesagt: es ist schlechthin *alles* unsicher.[6]

Die plebs besteht von Anfang an nicht *nur* aus Kleinbauern. Sie hat zweifellos mindestens, solange sie als „Problem" existierte, am damaligen Maßstab gemessen: begüterte, und zwar in Stadt und Land begüterte, Leute zu den Ihrigen gezählt und gerade *diese* werden ihre Führer gestellt haben. Die plebs ist eben die von Ämtern, den Priestertümern, der Rechtsfindung, dem Kommando ausgeschlossene *nicht* zu dem geschlossenen Gentilverband gehörige Bürgerschaft: Bauern, Handwerker, Händler, reich gewordene und arm gebliebene. Der „Ständekampf" ist *sozial*, soweit er sich um das *Schuld*recht dreht (was nach der Tradition in Rom eher *weniger* als in Hellas der Fall ist). Im übrigen ist er *politisch*. Die Plebejer entbehrten der gens ursprünglich gänzlich, denn diese ist hier wie in Hellas Produkt künstlicher Erhaltung der Hauskommunion. Und das *eigentliche* Kausalverhältnis ist natürlich hier wie überall: nicht weil sie Plebejer waren, hatten sie keine Sippe, sondern weil sie in ältester Zeit nicht in den Kreis der begüterten großen Sippen aufgestiegen waren, wurden sie: „Plebejer". Die spätere Zeit des Ständeausgleiches hat ihnen vollen Zutritt zur Sippenbildung und damit zu den curiae, zum Patronat und den anderen Gentilinstitutionen verschafft. Die alten Gegensätze: das auf Lehenrecht gestützte gentile Erbrecht der patrizischen Hauskommunion gegen das *Familien*erbrecht der Plebejer (der Patrizier erbte „gente", der Plebejer „stirpe") kamen später noch in dem Prozesse zwischen den patrizischen und plebejischen Claudiern (um den Nachlaß eines Freigelassenen) zur Sprache. – Es muß, in früher Zeit, – nach der Überlieferung in der Königszeit – ein Nachschub von reich gewordenem Neuadel, die sog. „gentes minores" erfolgt sein, der als patrizisch galt: Zweck war sicherlich eine Verdoppelung des adligen Heeres (die gentes minores stellen die „centuriae posteriores"). Und die Macht der feudalen Struktur des Staats war so groß, daß hier – im Gegensatz zu den attischen ὀργεῶνες der *nicht*adligen Phratriegenossen, denen das *Fehlen* des Geschlechtseponyms charakteristisch ist – in Rom bekanntlich jeder freie Bürger sein Gentilnomen haben muß, und damit (später) einer Curia angehört. Dagegen vollzog sich die *politische* Eingliederung der Masse der plebs in das Vollbürgerrecht auf dem Boden einer anderen als der Kurieneinteilung. Sie selbst ist auch hier Folge der militärischen Entwicklung, – deren *Möglichkeit* aber natürlich zum erheblichen Teil (wie in Hellas) *auch* an *ökonomischen* Voraussetzungen hing. Die frühe Steigerung des Wohlstandes der Stadt infolge des durch den Handelsvertrag mit Karthago monopolisierten *Handels* tritt in dem für eine Stadt mit so kleinem eigenen Landgebiet ganz ungewöhnlich großen „servianischen" Mauerring

[6] Schon weil hypothetisch ist, in welchem *Sinn* der „alte" ager Romanus jemals mit dem von der Stadt direkt *beherrschten* Landgebiet identisch war.

zutage. Freilich, diese Mauer entstammt dem 4. Jahrhundert, – aber auch der ältere, die Burg und den Aventin ausschließende Mauerring umfaßt ein sehr bedeutendes Stadtareal. Die „servianische“ Mauer vollends umspannt ein Gebiet von der Größe Athens, und was im Anfang des 4. Jahrhunderts, – in welchem Rom gelegentlich direkt eine „hellenische Stadt“ genannt wird, – die Stadt kommerziell bedeutete, zeigt die Bekanntschaft der hellenischen Welt mit dem Gallierbrande, und, deutlicher noch, die Beisteuer hellenischer Städte (Massilia) zu ihrer Loskaufskontribution an die Gallier. Ihre exponierte Lage und das Vordringen der Bergvölker (Volsker, Samniten) erzwang die Durchführung des disziplinierten Fußkampfs und begründete so die entscheidende Rolle der Hoplitenphalanx im Kriege. Nirgends so scharf wie in Rom ist diese Neuerung durchgeführt: die kolossale Machtstellung der römischen Magistratur, welche die Hellenen als Spezifikum Roms mit Recht anstaunten, ruht letztlich auf der militärischen Disziplin. Die Legende weiß zu berichten, wie ein erfolgreicher ritterlicher Einzelkampf außerhalb des Gliedes, weil jetzt als disziplinwidrig mit dem Tode bedroht, dem Sohne des siegreichen Konsuls das Leben kostet. Das Schrumpfen der alten militärischen Bedeutung der Klientel hängt mit dem Schwinden des alten Ritterkampfes zusammen. Das Heer wird zur „classis“ (Phalanx). Die Ausnutzung der ökonomischen Wehrfähigkeit aller Bürger wurde Gebot der Selbsterhaltung. Wie in der drakonischen Verfassung scheiden sich die Bürger danach, ob sie zur „classis“ gehören oder, weil ökonomisch nicht wehrfähig, „infra classem“ stehen. (Wann die *uns* überlieferte Klasseneinteilung der Gesamtbevölkerung nach athenischer Art der Abstimmungsordnung und ob sie je der Abstufung der Ansprüche an die Selbstequipierung zugrunde gelegt war, steht dahin: *Grundbesitz*größen darf man in dieser, jedenfalls über das 3. Jahrh. nicht hinaufgehenden, Centurienordnung nicht sehen, – darüber weiter unten). Die „classis“ der Vollhopliten erzwang dann das entscheidende Zugeständnis der Mitwirkung des Bürgerheeres bei der Wahl der „Vorsteher“ (praetores) der beiden Legionen, in welche das Heer ursprünglich (?) gegliedert war, und die Befragungen des Hoplitenheeres bei Änderungen des geltenden Rechts. Daß die „comitia“ des Heeres dabei in ihren militärischen Abteilungen (centuriae) – „korporalschaftsweise“ – gegliedert auf Kommando „antraten“ („discedite“) und *standen*, vor allem, daß sie zu *schweigen* und mit Ja oder Nein die Vorschläge der leitenden höchsten Offiziere en bloc anzunehmen oder abzulehnen hatten, unterschied sie streng von der Ekklesia der Hellenen. Jener erste Schritt bedeutete zunächst nur eine gewisse Mitwirkung der vermögenden, faktisch sicher der Mehrzahl nach ebenfalls *stadt*sässigen, Plebejerfamilien an den öffentlichen Angelegenheiten. Der politische Aufstieg der *Bauern* erfolgte dann im Lauf der gewaltigen binnenländischen militärischen *Expansion* des Staates von der Mitte des 5. bis zum Anfang des 3. Jahrh. und war, wie überall, sowohl Folge wie Bedingung derselben. Die plebs erreichte als Abschluß, i. J. 287, nach einer secessio auf den Janiculus, daß ihre Beschlüsse als Gesetze den Staat so, wie ein Beschluß der Centurienversammlung banden: das „Bauernheer", welches die Samniterkriege geführt hatte, gewann – formell – die Herrschaft im Staat und die volle Amtsqualifikation seiner Mitglieder. Die Etappen in diesem Kampf interessieren hier nicht, sondern lediglich seine agrarhistorisch *wichtigen* Seiten. Die steigende und schließlich beherrschende Bedeutung der plebejischen *Tribus*komitien ist das politisch Entscheidende. Gerade die sozialgeschichtlich wichtigsten Gesetze sind Plebiszite, der Initiative der Tribunen entsprungen. (Später hat eine in ihren Einzelheiten noch immer nicht, auch nicht von Mommsen, enträtselte Reform die Tribuseinteilung des Volkes auch zur Grundlage der patrizisch-plebejischen Centurienstimmkörper gemacht, so daß seitdem beide Arten von Komitien sich wohl nur durch das Mitstimmen der Patrizier in den Centurien und durch die ausschließliche Zuständigkeit der *Tribunen* zum „agere cum plebe" in den plebejischen Tribuskomitien unterscheiden. Die Ziffernbedeutung der Patrizier war nicht nur relativ gering, sondern anscheinend auch absolut *ab*nehmend: die Zahl der altstädtischen Adelsgeschlechter ist zu Ende der Republik auf unter 20 (in viele „stirpes" geteilt) zusammengeschmolzen, gegenüber etwa dreimal höheren Zahlen, welche schon allein die Namen in den Amtslisten und Annalen ergeben (und noch höheren Zahlen der historisch bekannten *attischen* Geschlechternamen).

Wie dem sei, jedenfalls ruht die Teilnahme an den Tribuskomitien auf den „Tribus". Diese sind, ganz entsprechend den Prinzipien der Bauerndemokratien, lokale Bezirke, *zunächst*: *Grundbesitzer*bezirke. Die ältesten 4 „städtischen" Tribus umfaßten den Besitz innerhalb des (alten) Mauerringes, die zunächst weiter anschließenden 16 ländlichen den Landbesitz der alteingemeindeten Bezirke, die durchweg nach denjenigen alten Burgengeschlechtern tituliert wurden, welche einst darin ihren Sitz gehabt hatten. (Daß sie nicht etwa „gentilizischen" Ursprungs, d. h. durch die Auflösung aller *Grund*herrschaften entstanden sind, ergibt sich nicht nur daraus, daß dann ja nur 5% der – angeblichen – Zahl der gentes „Grundherren" gewesen sein könnten, und manche der bekanntesten patrizischen Geschlechtsnamen *fehlen*, sondern auch z. B. daraus, daß die patrizischen Claudier später „ihrer", d. h. der nach ihnen genannten, Tribus gar nicht angehörten. Möglich wäre, daß Dörfer, die bei den Geschlechtsburgen der synoikisierten gentes lagen und ihren Namen trugen, diesen der Tribus geliehen hätten.) Jede weitere Ausdehnung des römischen *Privat*eigentums (s. bald) brachte, zuerst: neue Tribus (bis zu 35 im ganzen), später: Erweiterung der alten: denn jedes Privatgrundstück *mußte* einer Tribus angehören. Die, ursprünglich, auf Grund ihres *Boden*besitzes wehrpflichtigen und stimmberechtigten Bürger heißen den Zwölftafeln: adsidui (was später einfach = locuples gebraucht wird), die nicht grundsässigen: proletarii (d. h. natürlich nicht: Kindererzeuger, sondern:

zur proles – eines Vollbürgers nämlich – gehörend, und nur als proles – jenes Ahnherrn – zur Bürgerschaft gehörig; vgl. in etwas prononzierterer Gedankenverbindung die jüdische Bezeichnung der nicht zu den ansässigen Geschlechtern gehörigen Stadtbevölkerung als „Söhne des verhaßten Weibes" – d. h. der *nicht* als legitime Frau angesehenen Kebse eines Vollbürgers). Nach Durchführung der Tribusverfassung stehen den wehrpflichtigen „tribules", die anderen: die statt des Waffendienstes Geldsteuern zahlenden, *besitzenden* Nichtgrundbesitzer, „aerarii", gegenüber. Die Gegensatzpaare decken sich nicht ganz. „Proletarius" ist ein Bürger, der zurzeit keinen Hopliten*zensus*, insbesondere (ev.) keinen Grundbesitz innehat, aber jederzeit solchen erwerben *kann*. „Aerarius" ist ein Bürger, der, gleichviel welches sein Zensus ist, politisch nicht als Hoplit behandelt wird, – insbesondere (aber nicht nur) weil er zu den vom Grundbesitz ausgeschlossenen Einwohnerklassen (z. B. nach dem Recht der Stadtstaatzeit sicher: der Freigelassenen) gehört. Denn das Ursprüngliche ist, ohne allen Zweifel, daß, wie nur Bürger – aber: proletarii so gut wie assidui – Grundbesitz erwerben können, so auch (wie in den mittelalterlichen Städten ursprünglich durchweg) nur *Grund*besitzer Tribulen sein konnten. Das bedingte aber nicht unbedingt (wie auch ich früher gelegentlich zu glauben geneigt war), daß für die Zugehörigkeit zur classis, also – ursprünglich – zum Vollbürgerrecht nur der Grundbesitz und sein Umfang *allein* ausschlaggebend gewesen sei, seit das Hoplitenheer bestand.[7] Der älteste Zensus hat ganz offensichtlich seinen Ausgangspunkt gerade nicht vom Grundbesitz genommen (s. u.). Wie in den hellenischen Handelsstädten drängt dann auch hier die Entwicklung, schon infolge der Notwendigkeit voller Ausnutzung der Wehrkraft, zur Heranziehung der an Zahl und Reichtum zunehmenden *Nicht*ansässigen zum Wehrdienst (der in Athen im Bedarfsfall ja auch den Metöken zugemutet wurde) und damit zum Vollbürgerrecht: ob ein wohlhabender Kaufmann zur Miete wohnte oder Bodenbesitz hatte, wurde sicher nicht selten etwas Zufälliges und konnte nicht dauernd Kriterium der Wehrpflicht bleiben. In der *Art*, *wie* die Einbeziehung der *nicht* Grundsässigen vollzogen wurde, und in der Art der lokalen Gliederung der Bürgerschaft überhaupt, weicht aber der Römerstaat entscheidend von dem kleisthenischen (der stets zum Vergleich heranzuziehen ist) ab, und der Unterschied beruht letztlich auf konstruktiven Grundbedingungen des römischen Staatswesens überhaupt.

Die kleisthenische Demeneinteilung bindet den einzelnen erblich an seinen Demos, gleichviel wo er lebt, ob er Grundbesitz hat und welchen Beruf er treibt; in ihm wird er zu den Lasten des Staats herangezogen, in ihm trifft ihn das Los

[7] Auch in den älteren mittelalterlichen Städten ist zwar Grundbesitz meist unbedingtes Erfordernis des vollen Bürgerrechtes, aber für die Bürgerpflichten (an denen im Altertum die Rechte klebten) kam der *Umfang* des Grundbesitzes *allein* nicht in Betracht. In einer Handelsstadt wie Rom war dies schwerlich je anders.

zur Amtsübernahme. Dies ist in Rom bei den späteren Tribus *nicht* der Fall. Scipio klagte nach Gellius, daß schon der Sohn nicht selten in einer anderen Tribus stimme als der Vater, d. h. den väterlichen Besitz veräußert hatte. (So ist die Stelle doch wohl zu interpretieren.) Die örtliche Lage des „fundus", des *Grund*besitzes, und, bei den Nichtgrundbesitzern der Stadt Rom, der Wohnsitz im Stadtquartier, bei den anderen, ländlichen, Nichtgrundbesitzern dagegen das Gutbefinden des *Zensors*, entschied darüber. Der *ursprüngliche* Zustand, wie ihn (angeblich) Servius für seine vier *Stadttribus* – die aber natürlich nicht den Raum der sog. „servianischen Mauer", sondern die engere, insbesondere die alte Burg und den Aventin ausschließende, Altstadt einnahmen – geschaffen hatte, war ein anderer: der einzelne Bürger wurde *da* zensiert und hatte *da* sein „politisches Domizil", wo sein Haus einmal stand. Er konnte aber dies einmal festgelegte Domizil *nicht ändern* („μεταλαμβάνειν τὴν οἴκησιν"), d. h. nicht: er war in seiner *Freizügigkeit* beschränkt, sondern: er galt rechtlich ein für allemal *für den Staat* als Angehöriger dieser „Tribus", wie z. B. auch der Kydathenäer oder Paianier ein solcher blieb, wo immer er sich auch jeweils aufhalten mochte. Man *zensierte* damals also die Stadtplebejer „ὥσπερ κωμήτας", wie Dionysius es recht charakteristisch und korrekt ausdrückt. Es scheint aus dieser Äußerung hervorzugehen, daß die in den „pagi" wohnende *Land*bevölkerung damals ähnlich behandelt war, so daß die ersten vier Tribus also eine Herübernahme des δῆμος-Prinzips vom Lande in die Stadt bedeutet hätten, – wie bei Kleisthenes. Diese (mögliche!) Ordnung ist aber in der Zeit der territorialen Expansion *nicht* ausgebaut worden. Denn für die *Land*tribus ist Ähnliches *nicht* berichtet. Möglich, aber freilich absolut nicht beweisbar, wäre allerdings, daß das für uns so völlig verschüttete „römische Mittelalter", – d. h. der Staat des *Kompromisses* zwischen Stadtadel und Hoplitenheer – ebenso wie das griechische auch *Veräußerungs*schranken im Interesse der Erhaltung der Hufenzahl gekannt hätte: der Begriff „fundus" enthält ja den Gedanken des „Genossenrechts" in sich („fundus fieri" in der Sprache des italienischen Bundesrechts = Rechtsgenosse werden). Die alte Eigentumsklage mit Kontravindikationen, der hellenischen Diadikasie entsprechend, paßt sich einer solchen Aufstellung ebenfalls am besten an. Der „fundus" würde dann dem älteren Begriff des hellenischen κλῆρος entsprochen haben. Der Kataster kennt bis in späte Zeiten als Einheiten die „fundi", mit Eponymität nach dem ursprünglichen Besitzer, auch wenn mehrere kommassiert sind. Solche Veräußerungsschranken, wenn sie bestanden, wären dann aber *nicht* etwa Rest alten *Gentil*rechts und alter *Gentil*grundherrschaft des Stadtadels, sondern umgekehrt, gerade wie in Hellas, Schutz der Kriegerhufe als solcher *gegen* Aufkauf durch die ἀστοὶ, wie die Hellenen es ausgedrückt hätten (s. o.): die Zurückführung der Tribus, mit denen jenes rechtliche Dauerdomizil zusammenhängt, auf die servianische Ordnung bewiese das zur Genüge. Wie dem nun sei, jedenfalls ist später von solchen Schranken keine Rede:

der Bürger *wechselt* die Tribus, freiwillig, wenn er seinen Grundbesitz oder (mangels solchen) sein Domizil im Stadtquartier wechselt, und unfreiwillig, wenn der Zensor es für gut befindet, einen Bürger entweder wegen Verfehlungen gegen den politischen oder sittlichen Anstand aus der Zahl der tribules ganz zu streichen, also aus dem Heer zu stoßen und unter die aerarii zu setzen, oder einem in mehreren Tribus mit Bodenbesitz begüterten oder des Bodenbesitzes entbehrenden Altbürger oder einem Neubürger (Freigelassenen z. B.) die Tribus nach Ermessen *zuwies*. Die Art, wie diese Zuweisung erfolgen sollte, ist nun gelegentlich Gegenstand heftiger Parteikämpfe gewesen – gleichviel ob die Einzelheiten der Tradition legendär sind – weil von ihr das Gewicht der *nicht* mit ländlichem Grundbesitz Ansässigen, welche, der Mehrzahl nach natürlich in *Rom* häufiger *anwesende* Geschäftsleute, dabei aber in den außerrömischen Orten domiziliert waren, in den Komitien abhing. Das kleisthenische Prinzip der (nach dem späteren Sprachgebrauch) ἰδία bedingte – sicher sehr gegen die Absicht seines Urhebers – die Herrschaft des in der Stadt und Ekklesie faktisch *anwesenden* ὄχλος, in der Volksversammlung und begründete so die Herrschaft des „Demagogen", z. B. des Perikles. Ganz dasselbe wollte (der Tradition nach) der Zensor Ap. Claudius durch Zuschreibung der Nichtansässigen in *alle* Tribus erreichen, und auch die spätere Zeit hat in der Frage der Behandlung der *Freigelassenen* noch ähnliche Streitpunkte gezeitigt. Und ganz charakteristischerweise ist das Problem der Verteilung der Rechte der Minderbürger auf die sämtlichen Tribus zuerst mit dem Entstehen der *Flotten*frage für Rom (wie überall im Altertum) aufgetaucht, sowohl unter Ap. Claudius für die proletarii, capite censi und manumissi, wie für die letzteren allein später. Daß Rom zu Anfang der punischen Kriege keine Flotte besaß, ist *vielleicht* auch von der *inneren* Politik her bedingt. Unter Ap. Claudius scheitert (nach der Tradition) die Entwicklung zur „demokratischen" Polis am Widerstand sowohl des Senats als der bis dahin bevorrechteten grundsässigen Tribulen. Der Protest des seinem *Schwer*punkt nach eben doch auf ländlichem Grundbesitz ruhenden Hoplitenheeres: der Geschlechter und der grundsässigen Bauernschaft, im Bunde miteinander, erzwang die dauernde Beschränkung der Nichtansässigen auf die 4 städtischen Tribus, d. h.: ihre Ohnmacht in den Komitien, den Fortbestand der „Hoplitenpolis". *Formell* bedeutete dies dasselbe, was die kleisthenische Ordnung erreichen *wollte* (aber eben *nicht* vermochte): Herrschaft der *Bauern* über die Komitien. *Faktisch* bedeutete es: Fortbestand der Herrschaft der stadtsässigen *Land*rentner, derjenigen, denen das Ausmaß ihres Besitzes die Anwesenheit in Rom bei den Abstimmungen gestattete, und damit vor allem: der senatorischen Geschlechter.[8] Denn

[8] Überdies schuf sich die Nobilität anscheinend durch möglichste *Nicht*ausdehnung vieler alten Landtribus (Arnensis, Fabia, Horatia, Lemonia, Menenia, Pupinia, Romulia, Voltinia) eine Art von „rotten boroughs".

das „sevocare populum“, die Abstimmung im *Heer*lager draußen, wurde durch ein Gesetz, nachdem sie einmal stattgefunden hatte, verboten. Wer also von den ländlichen Tribulen keine „villa urbana“ besaß, war, je ungefüger sich der Umfang der Tribus über Italien hin ausdehnte, in den Komitien einflußlos, und nur bei großen Fragen (gracchische Bewegung) hören wir später noch von einem massenhaften Zusammenströmen des ländlichen *Mittel*standes zur Abstimmung. Mit Recht weist Ed. Meyer zur Charakterisierung des *bäuerlichen* Charakters der alten Plebs darauf hin, daß gleichzeitig mit dem hortensischen Gesetz über die bindende Kraft der Tribusbeschlüsse auch die Bestimmung durchging: daß auch an den *Markt*tagen (wo die Bauern in der Stadt sind) Recht gesprochen werden sollte: das entspricht den attischen δικασταὶ κατὰ κώμας (s. o.) dem Zweck (nicht dem Mittel) nach. Für die *Komitien* aber war der politische Effekt: daß der *direkte* politische Einfluß der *lediglich* städtischen Bevölkerung: Handwerker ebenso wie reiner Geldbesitzer, beschnitten wurde. Sonst aber waren die Komitien der ersten großen Expansionszeit Roms in normalen Zeiten beherrscht von *Grundrentnern*, die nur auf die *Möglichkeit*, daß die Bauern ihre rechtliche Macht auch einmal faktisch ausüben würden, Rücksicht zu nehmen genötigt waren. Indem den Senatoren die Beteiligung am Handel *untersagt* wurde (s. u.), wurde dieser Charakter auch für den regierenden Rat zu konservieren gesucht.

Während der (erste) Handelsvertrag mit Karthago (*falls* er in die ihm zugeschriebene Epoche fällt) zeigt, daß Rom zu Ausgang der Königszeit – wie alle Poleis des frühen Altertums – von *kommerziellen* Interessen beherrscht war, und während das ökonomische Übergewicht des alten Stadtadels sicher hier ebenso wie bei den Etruskern *sehr* wesentlich dem *Handel* und der durch ihn ermöglichten Vermögensakkumulation entstammt, wird mit der steigenden Macht des *Bauern*heeres die *binnenländische Expansion*: das Interesse des *Boden*erwerbs, das treibende Element. Dies *so* sehr, daß der Staat bei Beginn des ersten punischen Krieges (wie schon erwähnt) überhaupt – mag manches legendär übertrieben sein – keine leistungsfähige Kriegsflotte besaß, daß dagegen andererseits ein Maß von Kolonisationstätigkeit entwickelt wurde, wie es kein anderer Staat, vollends kein Stadtstaat anfänglich so kleinen Umfangs, je in der Geschichte wieder aufzuweisen hat. Dies hängt in erster Linie mit der geographischen Lage Roms – seinem mächtigen *Hinterland* – im Gegensatz zu den hellenischen Städten, sodann mit der Notwendigkeit, dem ungestümen Andrang der sabellischen Bergvölker entgegenzutreten, zusammen. Es findet seinen Ausdruck sowohl in den oben geschilderten sozialen und politischen Vorgängen, als in der rechtlich-ökonomischen Struktur des *Bodenbesitzrechts*, wie sie sich entwickelt hat im Lauf jener Expansionsepoche der Hoplitenpolis, an deren Eingang auch hier das Werk eines – griechisch gesprochen – „Aisymneten“-Kollegiums von 10 Männern steht. – Man darf sich dieses Gesetzgebungswerk allerdings nur als eine *Etappe* auf dem

Wege der Umbildung der Sozialverfassung vorstellen, nicht als die *einzige* Umwandlung. Sachlich war, wie überall, so auch hier, die Schaffung geschriebenen, festen, rational zu interpretierenden Rechts statt der Gebundenheit an die Tradition und ihre priesterlich-adlige Deutung, ferner die strengen Vorschriften zur Beschleunigung des Prozesses wohl besonders wesentlich. Die materiellen Bestimmungen der Gesetze, soweit sie überliefert und sozialgeschichtlich wichtig sind, bilden keineswegs eine geschlossene Einheit, sondern ein Kompromiß, wie so oft. Daß der civis proletarius sich seinen Prozeßbürgen frei, auch außerhalb der Zahl der adsidui wählen kann[9], daß der Patron verflucht wird, der gegen den Klienten die Treue bricht, daß der Haussohn nach dreimaligem Verkauf durch den Vater frei wird, daß die Ehe ohne manus (entsprechend dem ägyptischen ἄγραφος γάμος) ausdrücklich anerkannt wird, bedeutete eine Mäßigung des rücksichtslosen Herrenrechts. Andererseits schreibt Cicero (allerdings dabei eine zweifellos legendäre Tradition über die Dezemvirn des zweiten Jahres zitierend) den Zwölftafeln die Einführung des Verbots des connubium mit der plebs zu. Und jedenfalls blieb das alte Schuldrecht in seiner ganzen Härte bestehen, durch das – wie erwähnt – offenbar politisch, im Interesse der Vermeidung von Schuldsklavenaufständen bedingte, *Verbot,* den Schuldner als Sklaven im Inland zu behalten, eher verschärft. Die Schuldsklaverei nahm, wahrscheinlich infolgedessen, in Rom die Form des „nexum" an, d. h. eines Kontraktes, durch den der Schuldner sich zur *Vermeidung* der Personalexekution (wie Mitteis nachweist) als „nexus" in die Gewalt des Gläubigers begibt und für ihn frondet. Die Personalexekution selbst wurde erst durch ein besonderes Gesetz für Schuldner, die eidlich ausreichendes Vermögen zu haben schworen, – also nur für die Besitzenden – beseitigt. Dies, ebenso, wie zahlreiche Zinsgesetze, galten als Triumphe der *plebs,* – ein Zeichen, daß der Plebejer nicht als *„Höriger"*, sondern als *„Schuldner"* im Klassenkampf steht, – was natürlich nicht etwa ausschließt, daß die plebs an der Lockerung und *Auflösung* der Klientel politisch interessiert war. – Die agrarhistorisch wichtigste Seite der Zwölftafelgesetzgebung und der mit ihr zusammenhängenden und an sie anknüpfenden weiteren gesetzgeberischen Akte ist die Durchführung der *Verkehrs*freiheit für den Grundbesitz. Die Zwölftafeln haben, nach der Tradition, *ausdrücklich* die absolute Testierfreiheit und ebenso die bindende Kraft der in der Form der „mancipatio" getroffenen Vertragsabreden und aller dabei durch „nuncupatio" dem Vertragsobjekt zugeschriebenen Qualitäten bestimmt. Wenn – nach der Überlieferung – für Grundbesitz das Prinzip des Barkaufs festgehalten wurde, so entspricht das allerdings, als Rück-

[9] Damit fällt (nach solonischem Muster) für den nicht hoplitenfähigen *Bürger* ein sicher häufiger *Grund* zur Eingehung von Klientelverhältnissen fort, die Klientel selbst aber, als Institution, blieb bestehen. S. o. Auch diese Stelle beweist *gegen* die Universalität der Klientel.

stand aus der Zeit sozialen Rechts angesehen, orientalischen Analogien. Aber der Sinn *kann* auch anders gedeutet werden: erzwungen wurde dadurch nur die *ausdrückliche* Konstituierung des kreditierten Preises als persönlicher *Schuld* neben *voller* Übereignung des Landes: – also formale Klarheit der rechtlichen Situation, insbesondere auch bezüglich der Bodenbesitzverhältnisse, und die Beseitigung *pfand*weiser Belastung des Bodens mit Kaufschulden.[10] Eigentliche Pfandbelastung des Bodens scheint durch den Mechanismus des Zwölftafelrechts überhaupt direkt ausgeschlossen. Daß die griechische „Hypothek" erst spät importiert ist, beweist der Name. Aber auch die „fiducia", d. h. die Abrede, daß ein formaler Verkauf nach Ableistung einer Schuld *rückgängig* gemacht werden solle – Einlösungspfand – ist klagbar jedenfalls erst im Lauf der späteren Entwicklung geworden. Ursprünglich ist diese Abrede Sache der „fides". Sie wird im Sittengericht des Zensors – *nachdem* dieser die entsprechende Machtstellung usurpiert hatte – zur Sprache gekommen sein. *Später* gilt, wahrscheinlich eben deshalb, weil ursprünglich das formale Klagerecht *fehlte*, der Bruch der fiducia als *infamierend*, wie andere ähnliche Verstöße gegen Treu und Glauben im Verkehr. So entstand das Einlösungspfand *wieder*. Daß aber für die Zwölftafelzeit das Verhältnis so gelegen habe, daß das Einlösungspfand *noch* nicht bestanden habe, scheint mir nach allen Analogien in einer Handelstadt ganz unwahrscheinlich: seine (anscheinende) *Nicht*anerkennung bedeutet hier vielmehr wahrscheinlich (ebenso wie bei der Exekutionssklaverei) *Beseitigung:* Schuldsklaven und Bodenpfand, beides zusammen die sozialpolitische crux der gesamten antiken Frühzeit, sollten eben *verschwinden*. Der Boden und der freie Bürger, der ihn besaß, waren jetzt die Grundlagen der Wehrkraft und – in Form des als Zwangsanleihe erhobenen „tributus" – der Finanzkraft des Staatswesens. Der älteste „Zensus" war offenbar eine Katastrierung von Menschen (plebejische Freie, Klienten, Sklaven) und von Zugvieh für die Hand- und Spannfronden der alten Polis gewesen: die „res mancipi" sind stets nach dieser *Zensus*fähigkeit umgrenzt geblieben. Der Fronumlage auf die Plebejer hatten insbesondere die vier städtischen Tribus gedient: daher die Fixierung der „ἰδία" (s. o.). *Jetzt* ist der *Boden* zwar, wie bemerkt,

[10] *Ökonomisch* könnte bei dieser Kaufschuldscheu natürlich auch das große *Schwanken* der *Preisgutsquantitäten* und also des „Geldwertes" mitsprechen; aus den sumerischen Inschriften geht hervor, wie sehr der König bedacht sein muß, daß der verkaufende kleine Mann *sofort* sein „gutes Geld" erhält. *Nach* dem Entstehen „chartalen" Geldes liegt, als Gefahr des Kreditkaufs, nahe die Spekulation auf *Währungsverschlechterung*. (Solche Manipulationen wurden im Altertum – angeblich! – schon Solon vorgeworfen.) Vor dem Entstehen „chartalen" Geldes konnte dies natürlich nicht geschehen; aber damals konnte die Unsicherheit der Zufuhr von Edelmetall (oder Kupfer) im Effekt ähnlich wirken, wenn der Preis in barem Metall festgesetzt war. – Nicht ausgeschlossen erscheint aber auch die Absicht, den Erwerb des Vollbürgerrechts durch *Kredit*kauf möglichst zu hindern. Analogie: die Bestimmung im Freiburger Rodel § 70, welche dies ausdrücklich *verbietet*. (S. auch später unter Abschnitt b, bei Besprechung der Wirkungen des Bodenrechtes.)

in einer großen Handelsstadt wie Rom sicher nicht die einzige, wohl aber die wichtigste Grundlage der Schätzung der Bürger: er tritt in den Kreis der „res mancipi", er ist die Grundlage der Tribuseinteilung. Der Bodenbesitz des Bürgers muß seinem Umfang nach jederzeit *evident* sein. Er darf ferner nicht durch Lasten und Schranken aller Art differenziert sein, – daher die Hemmung der Pfandbelastung: in Athen sorgte die Formulierung der Vermögensdeklaration dafür, daß verschuldeter Besitz bei der Klassenzuteilung nicht in Betracht kam[11] – und er muß für jeden Besitzer genau ebenso frei nutzbar sein, wie die städtischen und suburbanen „Gärten". Daher stellen, nach der übereinstimmenden Überlieferung des Altertums, die Zwölftafeln vor allem das *Wege*recht und die *Wege*lasten klar und sichern die unbedingte *Zugänglichkeit* und (zugleich) deutliche Abgegrenztheit jedes Grundstücks durch die Vorschrift eines 5 Fuß breiten Zwischenwegs (*technisch* dem hellenistischen χάλασμα entsprechend), der keiner Ersitzung unterliegt. Ist schon dies eine Übertragung von städtischem bzw. *Gartenrecht* auf das Ackerland, so erst recht die Art der Flur*aufteilung*, welche im Verlauf *dieser* Periode, wahrscheinlich durch die Zwölftafeln selbst, dem römischen Privatlande auferlegt wird. Mit ihren Prinzipien: 1. der Durchführung eines öffentlichen *Straßen*netzes, 2. der Zusammenlegung jedes fundus im geschlossenen Besitz: – Einzelhöfe also, keine Dörfer –, 3. der Evidenthaltung des Besitzes durch *Kartierung* und der Anknüpfung *aller* Flurrechte des Besitzers an diese Kartierung, – bedeutete sie die *Sprengung* der alten *Dorf-* und *Gau*verfassung und die Etablierung streng individualistischen Bodenrechts und Bodenbewirtschaftung.

a) Die alte feldmesserische *Normal*gestalt des voll appropriierten manzipations- und zensusfähigen Privatlandes ist der im Wege einer gleich zu erörternden Technik aufgeteilte und staatlich zugewiesene „ager divisus et assignatus per limites in centuriis". Sie findet sich auch später, zwar nicht ausschließlich, aber in Italien jedenfalls vorwiegend, in den Kolonien vollen Bürgerrechts und auf den Gebieten der großen Veteranenansiedelungen. Die Fluraufmessung, wie sie bei jeder assignatio vorgenommen wurde, schloß sich an etruskische und z.T. vielleicht griechische Vorbilder an. Sie zerlegt die Flur zunächst unter Verwendung einfacher dioptrischer Werkzeuge durch ein Koordinatensystem von „limites" in rechteckige Stücke, normalerweise – aber nicht unbedingt notwendig – *Quadrate* von je 200 jugera (centuriae – der Name knüpft an das alte plebejische Landlos-Simplum an). Wie bei den griechischen Städten ist bei den römischen Fluren dies Koordinatensystem nach den 4 Himmelsrichtungen orientiert, die NS verlaufenden limites heißen cardines, die WO verlaufenden decimani. Die einzelnen Quadrate werden nach ihrer Lage zu den vom Mittelpunkte des Koordinatensystems

[11] Der „οὐσία ἐλευθερία" in Athen (s. o.) entspricht das „proprium non obligatum" z. B. in Konstanz im Mittelalter.

aus numerierten limites bezeichnet und an ihren Ecken durch öffentlich gesetzte termini versteint. Jeder 5. limes bleibt als öffentlicher Weg von vorgeschriebener Breite offen, die übrigen limites („linearii") sind, wenigstens in späterer Zeit, nicht notwendig öffentliche Wege und können verschwinden. Die limites haben *nicht* den Zweck, die Grundstücksgrenzen darzustellen, die zugewiesenen Lose können vielmehr durch die verschiedenen centuriae hindurchgehen und tun dies auch. Über den Vorgang wird eine Flurkarte (forma) aufgenommen, auf welcher die Flurgrenzen und die centuriae erscheinen. In die einzelnen centuriae werden die Namen der Losempfänger und die Anzahl jugera, welche sie in der betreffenden centuria zugewiesen erhalten haben, eingeschrieben („assignatio"). Dagegen enthält die Flurkarte *nicht die Abgrenzung* der einzelnen Lose, – wie die Karte von Arausio ergibt (sie ist freilich, wie Schulten richtig hervorhebt, *Kataster-*, nicht *Flur-*Karte, aber ersichtlich der Flurkarte nachgezeichnet), noch in der ersten Kaiserzeit. Die Grenzen der Einzelgrundstücke sind ferner auch *nicht* öffentlich versteint. Unter öffentlicher Garantie stand daher nur das Acker*ausmaß* innerhalb der einzelnen Zenturie (modus agri). Demgemäß ist auch die mancipatio eine Übertragungsform, welche bei Grund und Boden Eigentum *ohne* Besitztradition übergehen läßt. Dem entspricht auch ein von den Feldmessern überliefertes Prozeßverfahren (contro-versia de modo), durch welches jemand die Restitution in den ihm resp. seinen (jedenfalls durch Erbnachweis, Testamente oder Manzipationsurkunden) nachweislichen Rechtsvorfahren laut Flurkarte zuständigen modus verlangt. Gegenstand des Anspruches im *Rechts*sinn ist dabei nicht eine bestimmt begrenzte *Parzelle*, sondern eine Acker*quote*, – insofern wie beim Reebningsverfahren in den deutschen Fluren. Als komplementäres Verfahren bezeichnen die Feldmesser die controv. de loco, durch welche der *Besitzstand* hergestellt wird, und zwar wird diese mit den Besitz*interdikten* identifiziert. Der spätere Verfall der ersterwähnten Klage wird durch das Überhandnehmen der Flächenusukapion erklärt, an welcher die Modusregulierung habe Halt machen müssen. Da nun die Ausgestaltung der Bodenusukapion als *Flächen*erwerbsart wohl ziemlich jungen Datums ist, so ist für die ältere Zeit als höchstwahrscheinlich anzusehen, daß sich, abgesehen von der Inanspruchnahme der (*ursprünglich* vielleicht unteilbaren) „fundi" im *ganzen* – der vindicatio fundi –, zunächst nur die beiden Rechtsmittel: 1. auf Flurregulierung nach Maßgabe des *rechtlich* garantierten Ausmaßanspruchs (modus agri) und 2. der Interdiktenschutz des *faktischen Besitzstandes* (locus) im Umfang der letztjährigen Feldbestellung gegen gewaltsame und diebische Entziehung gegenüberstanden. Das „quiritarische" Eigentum bezöge sich also, die Richtigkeit dieser Hypothese vorausgesetzt, ursprünglich *juristisch* nicht auf begrenzte *Flächen*, sondern auf bestimmte Acker*ausmaße* in der Flur. Begrenzte *Flächen* wären *juristisch* Objekt der „possessio" gewesen. Beide bezogen sich auf *rechtlich* verschieden geartete *Objekte:* daher die scharfe Scheidung zwischen Eigentums- und Besitzklagen im römischen Recht, die später, als das Eigentum „bonitarisches" Flächeneigentum geworden war, unverständlich erscheint. Das Licht, welches damit auf die ursprünglichen Zustände der römischen Flurverfassung fällt, ist zu spärlich, um weitere Schlüsse zuzulassen. Die Flächenusukapion durchlöcherte das alte Flursystem später. Mit der Massenaufnahme von nicht regulär assigniertem Land in die Kategorie des ager privatus (z. B. im gewaltigsten Maßstabe in dem Agrargesetz von III v. Chr.) und vollends mit der Aufnahme ganzer nichtrömischer Gemeinden in den Bürgerverband, *ohne* Neuaufmessung, als „municipia" nach dem Bundesgenossenkriege, wurde es vollends zur Antiquität. Diese Vorgänge, welche den sozialen und (die municipia) den staatsrechtlichen Charakter des Reichs tiefgreifend umgestalteten, haben wahrscheinlich auch auf privatrechtlichem Gebiet, speziell in der Technik der Eigentumsklage, eingreifende Änderungen (letztlich auch die Beseitigung der Kontravindikation) herbeigeführt. –

Die ökonomische Eigenart der in der geschilderten Weise aufgemessenen Fluren liegt einerseits in dem öffentlich garantierten Wegenetz, andererseits in der grundsätzlich *geschlossenen* Zuweisung des Areals an die Ansiedler (continuae possessiones). Dadurch ist die individuelle Freiheit der Bewirtschaftung gesichert. Im übrigen scheiden die Quellen zwischen *kolonialer* und *viritaner* Assignation, je nachdem es sich um Gemeindegründung oder um bloße Landaufteilungen an Veteranen oder andere Perzipienten handelte. Bei der letzteren hat man wohl die Lose einfach durch Zerschlagung der Centurien in gleiche Stücke gebildet und den sich meldenden oder kraft Gesetzes zu versorgenden Reflektanten zugeteilt; kolonialen Assignationen dagegen war eine *Gleich*stellung der Kolonisten unentbehrlich und konnte – wie m. E. gegen Mommsens Zweifel festzustellen ist – nur durch eine, wenn auch sehr einfache, Bodenbonitierung und also *ungleiche* (vielleicht einfach verschieden viele Male 2 jugera enthaltende) Größe der Flächen der Anteile, welche dabei stets durch das Los vergeben wurden, erzielt werden. (Bei den hellenischen Kolonien in der Krim scheinen die den „centuriae" *äußerlich* entsprechenden quadratischen „ἑκατώρυγοι" verschieden *groß* gestaltet gewesen zu sein: war dies, wie Br. Keil annimmt, von Anfang an der Fall, *dann* doch wohl aus Gründen verschiedener Bodenqualität). Gleiches war nach dem ausdrücklichen Bericht der Quellen auch der Fall, wenn eine *Umlegung* des bisherigen Besitzes, also eine Neuassignation einer Flur unter Mitbeteiligung (oder, wenn dies vorkommt, auch: Alleinbeteiligung) der alten Besitzer, stattfand. Alsdann wurde „modus pro modo secundum bonitatem" zugeteilt. Die Umwandlung in eine Kolonie *römischen* Rechts (Col. civium Romanorum) wäre also, wenn auch später, wo sie titular wurde, nicht mehr notwendig, so doch dem ursprünglichen Gedanken nach, zugleich eine Art von Verkuppelung gewesen. Gewiß bleibt daran manches hypothetisch. Aber wenn (worauf neuerdings wieder Toutain ganz mit

Recht hingewiesen hat) nach einem ganz unbegründeterweise verdächtigten Zeugnis, noch unter *Hadrian* ein Unterschied des Privatrechts in den römischen Bürgerkolonien einerseits, den Munizipien (einschließlich der alten gemeinsamen Kolonien des latinischen *Bundes*, denen die römische Aufteilung fehlte, und deren Kolonisten, auch die aus Rom stammenden, Latiner, nicht Römer wurden), andererseits bestand (die Munizipien leben „suis legibus"), so *kann* diese Differenz schlechthin nur im Bodenrecht gefunden werden. Dabei kann es *für* jetzt ganz dahingestellt bleiben, wie sich der *spätere* Begriff des „jus Italicum" verhält zu den Unterscheidungen der *republikanischen* Zeit, in welcher das „censui censendo esse" mit seiner Konsequenz: der Möglichkeit, als Pfand bei *Staats*pacht zu dienen, so im Vordergrund des Interesses stand, daß es neben dem „optimo jure privatus esto" auch in den Gesetzen *ausdrücklich* statuiert wurde (dies *könnte* sehr wohl *notwendig* gewesen sein wegen der Begründung der zensorischen Katastrierung, und also auch: der Subsignation, auf die dem altrömischen Acker eigene Assignation und Kartierung – doch ist auch dies natürlich nur Hypothese).

Neben der Form, unter denen römischer ager privatus normalerweise aufgemessen wird, stehen agrimensorische Formen, welche ihrem *Sinne* nach ursprünglich für die Aufmessung von Boden minderen Rechts bestimmt waren:

a) der ager publicus p. R., soweit er nicht zur Okkupation offengestellt, sondern planmäßig verpachtet wurde, also Gegenstand der zensorischen Verwaltungstätigkeit war, sollte normalerweise kartiert sein, und war dies auch in vielen Fällen. Ebenso mußten die Assignationen zu Erbpachtrecht oder gegen Frondienste (Wegefronden) und die *aufgeteilten* steuerpflichtigen Provinzialländereien normalerweise in Flurkarten niedergelegt werden, welche, wenn die Lasten auf der *Parzelle* als solcher hafteten, über deren Lage und Form Auskunft zu geben hatten. Für diese Fälle offenbar verwandte man die Aufmessung „per scamna et strigas", welche *keineswegs* (nach dem – von meinen Kritikern gern ignorierten – ausdrücklichen Zeugnis der Quellen) nur *äußerlich* sich durch die oblonge *Form* der gebildeten Parzellen von der Centuriation unterscheidet (bei welcher diese oblonge Form *ebenfalls* vorkommt), sondern ihrer *sachlichen Bedeutung* nach *dadurch:* daß sie eine Aufmessung „per proximos *possessorum* rigores" ist.[12] Das heißt: eine solche Aufmessung und Kartierung, wo die *Besitzesgrenzen* auf der Flurkarte zur Darstellung gelangen. Diese mußte, bei steuerpflichtigem Boden, da, wo der Staat an der Identifizierbarkeit der einzelnen Parzellen ein Interesse hatte, wo also die Last *auf der einzelnen abgegrenzten Parzelle* lag, notwendig stattfinden. Sie war überall da *entbehrlich*, wo *entweder* 1. *gar* keine Steuer auf dem Boden lag, 2. aber auch, für die *spätere* Zeit, welche (seit C. Gracchus) *abgabe-*

[12] Mommsens Interpretation (Hermes 27, S.82) ist (da Baibus p.68 von der *Centuriation* spricht) ganz unhaltbar. „Rigor" ist an sich = grade Linie, bei Hygin p.3 gradlinige *Besitzgrenze*, was der Limes *nicht* ist.

pflichtigen Kolonistenbesitz kannte: wo der *modus agri* als solcher, *nicht die Parzelle*, das Steuerobjekt bildete: so in Arausio, wo, da der Zins (in der uns erhaltenen centuria) einfach auf ½ Denar vom jugerum bemessen war, es natürlich durchaus genügte, wenn, wie geschehen, in jede Centurie auf der Karte die Zahl der exemten und die der steuerpflichtigen jugera und endlich der Steuer*satz* für diese letztere eingeschrieben wurde. (Man hat in solchen Fällen, – die ältesten sind die „trientabula" und der „ager quaestorius", beides Land, welches der zahlungsunfähige oder geldbedürftige Staat an *Gläubiger* oder Geldgeber, mit Rekognitionszins belastet, als einlösliches Pfand gab, – zunächst *nicht* die normale Limitation in „centuriae", sondern eine Aufmessung in Quadraten anderer *Größe* angewendet, – gewiß ein Beweis von dem Parallelismus rechtlicher und gromatischer Formen. Beim „ager privatus vectigalisque" ist dann die normale Form verwendet worden.) Ganz anders, und zwar den Prinzipien der „scamnatio" entsprechend, mußte verfahren werden, wenn im konkreten Fall die *Einzelparzellen* als Lastenträger behandelt werden sollten. (Der Unterschied ist derselbe, wie zwischen den beiden aus den Papyri bekannten Formen *nicht* partiarischer Bodenpacht: Fixum von der Pacht*parzelle* – Fixum von jeder Arure.) Die Verwendung der beiden Formen der Aufmessung mag in der Spätzeit nicht streng durchgeführt und es mag die Anwendung der einen wie der anderen damals, nachdem ohnehin die alten Flurverhältnisse durch Anerkennung der Okkupationen als ager privatus und schließlich Aufnahme allen italischen Bodens in den Flurverband der Tribus durchlöchert waren, auch durch *rein* technische Momente mitbestimmt worden sein, – der alte genuine *Sinn* der Differenz ist mir nach wie vor nicht fraglich.

b) Die letzte Form der Aufmessung und Kartierung endlich, der „ager per extremitatem mensura comprehensus", d. h. die Feststellung und Aufzeichnung nur der äußeren Flurgrenzen, gehört erst der späteren Expansionsepoche an und wird verwendet, wo bei der Vermessung *nicht* privaten Landes ein öffentliches Interesse an der Evidenthaltung der einzelnen Grundstücke nicht besteht, sondern nur der Umfang der Gesamtflur interessiert, so bei Tempelgütern, bei Aufmessung von Land, welches „stipendiären" Gemeinden oder Grundherren gegen Kontribution („stipendium" – im Gegensatz zu Steuer, tributum) belassen oder zugewiesen wurde. –

c) Das Land, welches der römischen *feldmesserischen* Behandlung ganz *entbehrte*, ist der „ager arcifinius", *insbesondere* also von jeher: das Gebiet der anerkannten *Fremden*städte (ältestes Beispiel: der „ager Gabinus").

Auch solche Gebiete, welche eine Aufmessung nie durchgemacht hatten, gelangten zu Ende der Republik massenhaft in den Bürgerverband. Es ist daher durchaus kein Wunder, daß in der Zeit der Agrimensoren der alte Parallelismus der agrimensorischen und der rechtlichen Bodenqualität schon in starke Verwirrung geraten ist.

b) Die Expansionszeit Roms

Mit dem Aufstieg des bürgerlichen Grundbesitzerheeres parallel geht, einander bedingend, die Expansion Roms über Italien, – der für die *Existenz* der Stadt unvermeidliche Gegenschlag gegen die Bedrohung Latiums durch die sabellischen Bergvölker und die Kelten. Das disziplinierte Hoplitenheer war sowohl den Feudalheeren der Etrusker als den reinen Bauernheeren der Bergvölker und den keltischen Barbaren überlegen. Zu Anfang des 4. Jahrh. ist Südetrurien unterworfen. In der zweiten Hälfte nimmt der latinische Städtebund, umgewandelt in einen Bundesstaat unter Roms Hegemonie (338 v. Chr.), den Kampf mit den sabellischen Gebirgsvölkern auf, im 3. Jahrh. werden die Kelten der Poebene unschädlich gemacht und unterworfen, nachdem der Versuch des Hellenentums, Unteritalien zu behaupten, gescheitert war. Das alles vollzieht sich in Verbindung mit einer kolossalen Kolonisationstätigkeit. Meist mindestens ⅓ des Landes wird dem Feinde abgenommen, zuweilen das ganze Land, und unter Rom und die Bundesstädte verteilt. Ein Teil wird an das Heer („viritim") vergeben und damit Tribusland: die Tribus schwellen an Zahl (bis 35) und dann, in ganz ungeheuerlicher Weise, an Größe: von ca. 3.000 ha anfangs bis auf den Umfang ganzer Staaten. Ein anderer Teil wird mit Einlösungsvorbehalt („a. quaestorius") verkauft, – zweifellos um den Schatz wieder zu füllen und eventuell den „tributus", der als Zwangsanleihe angesehen wurde, zu erstatten. Der Rest bleibt Domäne. Daneben stehen die systematischen Polisgründungen auf dem eroberten Gebiet. Im Binnenland kolonisiert zuerst der Bund als solcher: die Kolonien wurden Städte latinischen Rechts mit Selbstverwaltung und eigenem Bodenrecht. Der Römer, der in sie als Kolonist mitgeschickt wird, verliert das heimische Bürgerrecht, ist dadurch an die Kolonie gebunden. Dagegen übernimmt Rom, als Handelsplatz des Bundes, die Deckung der Küste. Die hier angelegten Bürgerkolonien sind nur begrenzt autonom. Die *späteren* römischen Bürgerkolonien sind es (im Prinzip) *gar* nicht, sie werden von Rom aus verwaltet; ihr Boden ist römischer Boden; die Kolonisten sind römische Bürger, die, als Garnison, vom Aufgebot frei, aber (wohl sicher) an ihr Domizil gebunden sind. Erst im 3. Jahrh., mit dem steigenden Übergewicht der Hauptstadt, beginnt neben der allmählich einschlafenden lateinischen Kolonisation diese *systematische* Anlage von Bürgerkolonien auch auf dem Boden des *Binnen*lands, die dann nach dem 2. punischen Kriege noch eine Nachblüte erlebt, und gleichzeitig erlahmt seit dem zweiten Drittel des 3. Jahrh. die Anlage von Bundeskolonien und wird deren Rechtslage verschlechtert (vermutlich: beschränkte Freizügigkeit). Diese Entwicklung der Stellung der Kolonisten der Bundeskolonien entspricht ebenso wie die Umgestaltung des Bundesrechts (s. o.) der Entwicklung innerhalb des *attischen* Reiches: steigende Herrscherstellung der Hauptstadt, Herabdrückung der Bundesgenossen, dagegen Angliederung der Kleruchien an die Hauptstadt (speziell seit Perikles). In diesen Landzuweisungen und Kolonien findet jetzt der Nachwuchs der römischen Bauernschaft: die cives proletarii, Landversorgung: dafür kämpft das Hoplitenheer. Auch dies entspricht dem Zweck der attischen Kleruchien (wie für Athen der Volksschluß über die Kolonisierung von Brea, der nur Zeugiten und Theten zuläßt, deutlich zeigt). Der Unterschied ist aber – ganz wie in der Neuzeit zwischen England einerseits, Amerika andererseits – daß, nach der geographischen Situation, Athen nur Streubesitz, Rom ein kompaktes Kontinentalgebiet kolonisieren konnte. Eine riesige Volksvermehrung antwortet auf diese stetige Expansion des Nahrungsspielraums (*so*, nicht umgekehrt, ist natürlich, wie im gleichen Fall immer, das Kausalverhältnis). Zugleich aber bedeutet diese gewaltige Landvermehrung das unaufhaltsame Vordringen der in der Zwölftafelepoche geschaffenen römischen Siedelungsweise. Die alten „pagi" werden von der römischen Limitation zerrissen. Wo ihre Autonomie bestehen bleibt (für die religiösen Lokalkulte), gelten ihre Verordnungen jetzt als eine Art von „Grundbelastung"; der ager compascuus, die alte Allmende, wird ebenso zur gelegentlichen Pertinenz einzelner fundi; das „Dorf" existiert für das Verwaltungsrecht nicht oder nur als vereinzelter Lückenbüßer; Gemengelage wird, wo sie besteht, bei der Assignation beseitigt. Überall bleibt der Einzelhof (villa), einst das Symbol *adligen* Besitzes, Sieger. Nachdem die Bauern der Samniterberge im Bundesgenossenkriege ihre alte dörfliche Freiheit noch einmal verzweifelt verteidigt hatten, zerfetzte die sullanische Assignation, dann die furchtbare Konfiskation und Landaufteilung an Veteranen der Triumvirn auch hier mit ihrer Limitation die Reste der alten Siedelungen. Die Stadt und das *städtische Bodenrecht* bleiben überall Sieger. Wenn Kleisthenes den Ständekampf dadurch geschlichtet hat, daß er alle Adligen in die Dörfer hineinzwang, so ging Rom den umgekehrten Weg: es sprengte die *Dörfer* und machte alle Bauern (der Theorie nach) zu „*Gutsbesitzern*", wie es bis dahin nur die Adligen gewesen waren. Wenn man von Kleisthenes, wie erwähnt, gesagt hat, er habe „alle Athener adelig" gemacht, so trifft das *sozial* und *ökonomisch* auf seine, vielmehr die Adligen zu *Bauern* stempelnde, Reform eigentlich kaum, – dagegen sehr wohl auf das in der Expansionsperiode entstandene *römische* Bodenrecht zu.[1] Dies römische Bodenrecht aber ist, trotz mancher formaler Ähnlichkeiten mit der hellenischen kolonialen Bodenteilung, doch nach Absicht und Wirkung nahezu einzigartig, weil es absichtsvoll zu dem Zweck: Beseitigung aller

[1] Und, wie schon oben erwähnt, nicht nur für das Bodenrecht, sondern z. B. auch für das *Gentil*recht. Während *gleich*namige patrizische und plebejische Gentes in Rom nebeneinanderstehen, *wechselte* das älteste attische Stadtadelsgeschlecht seinen Namen, *weil* durch die kleisthenische Reform ein δῆμος den gleichen Namen führte: ein Protest gegen die Zwangs*demokratisierung*, zu dem in Rom, wo die Agrarreform *faktisch* eine *Erstarkung* des Adelsrechts, nicht eine *Herabdrückung* des Adels bedeutete, kein Anlaß vorlag.

Schranken in der freien *Verwertung* des Bodens, *und*, was wichtiger war, des anschwellenden *Sklaven*besitzes, geschaffen war. Schon die radikale Sprengung aller gemeinwirtschaftlichen Elemente in der Agrarverfassung: Übertragung des schrankenlosen Herrschaftsverhältnisses des „dominium" auf den Boden, Mobilisierung desselben durch eine überaus bequeme Veräußerungsform (die mancipatio), welche sogar die Übergabe des Landes entbehrlich macht, Beschränkung der dinglich wirkenden Servituten auf die absolut unentbehrlichen Wege- und Wasserrechte, dazu volle materielle Testierfreiheit, – und dieser so völlig mobilisierte private Bodenbesitz zur Grundlage der Zugehörigkeit zu den Tribus, und, seinem Umfang nach, der politischen und militärischen, durch den Zensus periodisch festgestellten Rechte und Pflichten gemacht, schon dies alles allein zeigt den absolut *tendenziösen* Charakter dieser Rechtsentwicklung. Im Gegensatz zu der hellenischen, das *Dorf* zur Zelle des Staates stempelnden Agrarpolitik der Demokratie, trägt die römische einen – sit v. v.! – „amerikanistischen" Charakter: wie der amerikanische Farmer, der auch das „Dorf" nicht kennt, im *Einzelhof* zwischen den, um alle geographischen Bedingungen unbekümmert, rechtwinklig über Berg, Tal, Wald und Hügel verlaufenden „section lines" sitzt, so – wenigstens dem Ideal nach – der römische Landwirt auf seiner „villa". Jene *Tendenz* des Bodenrechts zeigt sich aber noch deutlicher in der schroffen Zweiteilung des römischen Bodens in: *entweder* ager privatus, *oder* ager publicus. Die gemeinwirtschaftlichen Besitzformen sind, wie auch die Struktur des privaten condominium zeigt, bewußt benachteiligt, der ager compascuus (Allmende) auf den Aussterbeetat gesetzt und schließlich in dem inschriftlich erhaltenen Agrargesetz vom Jahre 643 a. u. c. seine Neuentstehung verhindert. Die gleiche Absicht wird noch deutlicher, wenn man mit der schrankenlosen Verfügungsgewalt, welcher das appropriierte Land (ager privatus) ausgeliefert wurde, den Kontrast in der rechtlichen Behandlung des *nicht* appropriierten Bodens vergleicht. Auf diesem beschränkt sich die zivile Rechtspflege auf den Schutz gegen gewaltsame, diebische oder seitens der mit Dienstland Belehnten (vi, clam, precario) erfolgende Störungen des jeweiligen *faktischen* Besitzstandes (possessio) und ev. auf dessen Feststellung derart, daß die Ernte demjenigen zufällt, der im ruhigen Besitz das Feld bestellt hat (dies ist wohl die ursprüngliche praktische Bedeutung der Jahresfrist bei den Interdikten).

Daß die Besitzinterdikte für die possessiones auf ager publicus zuerst *entstanden* seien, wird mit gewichtigen Gründen bestritten. Daß sie für den Besitz von ager publicus nicht *gegolten* hätten, ist schlechthin nicht zu begründen (am wenigsten durch den Hinweis auf die Beteiligung der – im commercium mit Rom stehenden – Italiker an den possessiones. Nur vom „jus Quiritium" und den Legisaktionen ist der Nichtrömer ausgeschlossen). Mir scheint auch die Art, wie die Interdikte in der lex agraria von III v. Chr. erwähnt werden, für ihre Geltung auf dem (damals zu Privatland gemachten) ager publicus zu sprechen.

Die Regelung aller übrigen Besitzstandesfragen dort kümmert das alte Zivilrecht nicht, sie ist Sache der Verwaltung; es existieren also auf dem ager publicus, als welcher *alles nicht* private und *nicht* formell (wie der „ager Gabinus", als ältestes Beispiel) an föderierte oder durch Volks- oder Senatsschluß tolerierte Kommunen zugestandene Land gilt, nur von der Behörde verwaltungsrechtlich *geregelte* oder geduldete faktische Besitzstände. 1. Die verwaltungsrechtlich geregelten Besitzstände sind – solange die Expansion sich innerhalb der Grenzen Italiens hielt – teils Landverleihungen gegen Dienste, insbesondere Wegebaudienste (viasii vicanii), teils Pachten und Erbpachten (ager vectigalis). Erbpacht und Landleihe fehlt dem römischen Recht keineswegs, sondern nur dem (auf den Zwölftafeln ruhenden) römischen *Privat*recht. Ihre Konstituierung war eben Souveränitätsrecht des Staates und, da eine „legis actio" auf Erbpachtbesitz nicht denkbar ist, fehlte zunächst der *Zivil*rechtsschutz: *Besitzes*interdikte und Verwaltungsbann mußten ev. eingreifen. Als dann die ursprünglich souveränen Bundesgemeinden zu „Munizipien" wurden, schuf der Prätor für den munizipalen und staatlichen „ager vectigalis" eine Formel. Der Zweck jenes Fehlens der Privaterbpacht kann nur der Ausschluß der Entstehung *privater* Grundherrlichkeit gewesen sein.[2] 2. Die *geduldeten* Besitzstände auf dem öffentlichen Lande sind die vielberufenen Okkupationen. Das Okkupationsrecht am ager publicus ist das Recht jedes Römers, und jedes Bürgers einer in die italische Bundeskriegsmatrikel aufgenommenen Gemeinde, öffentliches Land, *ursprünglich* (s. o.): Ödland, gegen eine Quotenabgabe an den Staat (die, scheint es, durch Konnivenz später nicht erhoben wurde), in Besitz zu nehmen, und bis auf etwaige weitere Verfügung der Staatsverwaltung zu behalten, – später wohl: nachdem die Erlaubnis zur Okkupation öffentlich bekannt gegeben war. Es war *dies Recht*, welches zuerst die gewaltigen Grundkomplexe schuf, gegen welche später die gracchische Gesetzgebung (s. u.) vorging. Ob das berühmte licinisch-sextische Gesetz eine Realität war, ist, trotz Soltaus Verteidigung, immer zweifelhafter geworden. Überwiegend sieht man in ihm heute eine Zurückprojizierung der Gegensätze der Gracchenzeit in das 4. Jahrh. und nimmt an, daß diese (bei Cato *angeblich* erwähnte) Besitzschranke dem Anfang des 2. Jahrh. angehöre. Daß ein Gesetz, welches die Okkupationen auf 500 jugera als Maximum beschränkte, in der Zeit des ersten Drittels des 4. Jahrh. *unmöglich* gewesen sei, weil der römische Ackerbesitz da-

[2] Wie in Griechenland (s. o.), und im *Gegensatz* zum Orient. Auch in den mittelalterlichen Städten ist die Beschränkung des, als Unterlage des Bürgerrechts geltenden, Bodenrechts auf bestimmte, die *persönliche* Abhängigkeit ausschließende, Rechtsformen kein Zufall, sondern hängt mit dem *Wesen* des Bürgerrechts zusammen. In *Konstanz* (und sicher oft) ist die Verwandlung von Bürgereigen in tributäres Land an den *Konsens* der Gemeinde geknüpft, ebenso wie – s. o. – in Freiburg der Kreditkauf von Bürgereigen *verboten* war. Erst die Einbürgerung des Rentenkaufs ermöglichte *innerhalb* der Städte eine Form der Grundbelastung, welche den Bürger *nicht* zum Hintersassen machte.

mals „nur 2 Quadratmeilen“ betragen habe, ist freilich wohl nicht richtig. Selbst bei nur 50-60.000 ha Feldflur wären *einzelne* Okkupationen einzelner Großbürger von 125 ha an sich nichts absolut Unmögliches, wenn schon freilich ganz unwahrscheinlich. Aber der römische Landbesitz ging im 4. Jahrh. schon weit über den ager Romanus hinaus. Immerhin ist die Tradition sehr verdächtig und die letzten Schwierigkeiten für die Annahme ihrer Fälschung sind jetzt durch Maschke scharfsinnig beseitigt. – Wie dem nun aber sei, das sachlich Entscheidende ist, daß dies in seiner brutalen Einfachheit *beispiellose* Institut (Vergleichsobjekte sind etwa in der rechtlich und faktisch doch *sehr* abweichenden Behandlung der „Bifänge“ auf königlichem Öd- oder Geestland in Ägypten zu finden: darüber s. unter Hellenismus), eine *Übertragung* des alten „Bifanc“-Rechts von Ödland auf das zum allergrößten Teil schon in Kultur befindliche Land, welches dem Staat durch Eroberung zufiel, mit der riesigen Expansion des Staats seine Bedeutung total veränderte. Da an jeder Okkupation natürlich die Vieh- und Sklavenbesitzer mit unvergleichlich anderem Erfolg teilnehmen konnten als noch so viele freie Bauern, war dadurch, *nach dem Eindringen der Kaufsklaverei*, ein *unerhörter agrarischer Kapitalismus* geschaffen, gegen welchen die Bauern mit dem Verlangen reagierten, daß das eroberte Land systematisch an *alle* Bürger verteilt und als ager privatus appropriiert werde. In der Tat ist den meisten erfolgreichen Kriegen, wie schon erwähnt, die Landzuweisung an das siegreiche Heer gefolgt. Dem entsprach die Verwendung der Testierfreiheit in Gestalt der Exheredation der übrigen Kinder zugunsten eines Einzelerben. Sie war von eminent praktischer Bedeutung im Interesse der Erhaltung des Grundbesitzes in der Familie, *solange* im Wege der *Eroberung* Land zur Verfügung gestellt wurde. Die Testierfreiheit ebenso wie die übrigen Institute des römischen Bodenrechts stehen so im Zusammenhang mit der eminent agrarisch-expansiven Tendenz, in welche der Staat mit dem Aufstieg des Hoplitenheeres gedrängt wurde. Aber die Vieh- und Sklavenbesitzer waren umgekehrt an Erweiterung des zur Okkupation oder öffentlichen Verpachtung offenstehenden ager *publicus* interessiert. Während der italischen Eroberungsperiode finden wir in der Tradition ganz regelmäßig, daß die besitzenden Schichten das Verlangen der Massen nach Zuteilung von ager publicus mit dem Vorschlag, Land zum Zweck der Aufteilung *neu* zu erobern oder eine Kolonie zu deduzieren, beantworten. Die Glaubwürdigkeit dieser Berichte auch in dieser Hinsicht gänzlich abzulehnen, liegt kaum ein Grund vor: die Konstellation der Klasseninteressen *konnte* ja während der Expansionszeit kaum anders liegen. Ganz ähnlich verlief die Expansion z. B. in Elis: der Adel läßt die Demoi am Raube *teil*nehmen. Auf die Dauer zogen bei dieser Konkurrenz der Interessen die Bauern freilich zunehmend den Kürzeren. Nur unter dem Druck schwerer äußerer Gefahren entschloß sich der Adel zur Koloniededuktion: so erklären sich die zahlreichen Bürgerkolonien seit der Mitte des zweiten und im Anfang des ersten Jahrhunderts aus der Kelten- und Puniergefahr und der absoluten Notwendigkeit, die durch die Kriege gerissenen Lücken zu füllen. Trotzdem war der Widerstand des Großbesitzes auch in der Epoche der Gallier- und Punierkriege oft sehr hartnäckig: der Kampf der Klassen um das sesonisch-picenische Gebiet konnte nur *gegen* den ausdrücklichen Widerspruch des Senats von der Plebs (im Jahre 232 durch C. Flaminius) im Sinne der Kolonisation entschieden werden.

Es verbarg sich in jenen Konflikten der Kampf zwischen freier und unfreier Arbeit, der später in der Gracchenzeit zur Revolution führte. In Hellas und im hellenischen Osten blieb die ökonomische Tragweite der Sklaverei für das platte Land ziemlich begrenzt. Die zahlreichen kleinen Verkehrszentren in Althellas hatten kein ausgiebiges, hinlänglich billig zu erwerbendes und dadurch für den Plantagenbetrieb mit Sklaven im großen geeignetes agrarisches „Hinterland". Im Orient war der Boden dicht besiedelt und teuer, und außerdem zog die mit dem monarchischen und bureaukratischen Regime zusammenhängende Eigenart der hellenistischen Staaten und die gewaltige Bedeutung der *domanialen*, dort von *Klein*pächtern bewirtschafteten Bodenkomplexe, der relativen Bedeutung des Sklaven-*Groß*betriebes von vornherein enge Schranken. Wir hören, abgesehen von dem spartanischen Feudalstaat und Chios, in Griechenland und im ganzen Orient von Sklavenerhebungen fast nichts und zwar: *je später, je weniger*, während die Erhebung des Spartacus in Süditalien und Sizilien zu den furchtbarsten sozialen Erschütterungen der alten Welt zählt. In Rom entfesselte eben die zunehmende Entstehung von Geldvermögen, die geographisch bedingte gewaltige Expansionsmöglichkeit in das *Binnenland* hinein und dann der kapitalistische Charakter der überseeischen Eroberungen in Verbindung mit der weit gewaltigeren Versorgung des Sklavenmarktes die Tendenz zur Menschenanhäufung in unerhörtem Maße. Die ganz großen Sklavenimporte nach Rom und ebenso – worauf Ferrero hinweist – das Hervortreten der Öl- und Weinplantagen als eines für die allgemeine Wirtschaftslage entscheidend mitsprechenden Faktors tritt in den *Quellen* etwa *gleichzeitig* mit der gracchischen Bewegung auf, – aber schon Catos Schrift zeigt, daß beide Erscheinungen beträchtlich älter sein müssen. Die „Gutswirtschaft" mit Sklaven in der Art, wie sie uns geschildert wird, setzt die *Befriedung* voraus, wie sie in Italien nach der Einigung, endgültig nach Hannibals Niederwerfung, eintrat: seitdem hat 600 Jahre lang kein Feind das Land betreten. Damit begann das *Sinken* der Hoplitenschaften.

Je weiter die Eroberung, ausgriff, desto weniger konnte das eroberte Land einer Besiedelung durch freie Bauern zugute kommen. In der Zeit *überseeischer* Expansion war es damit vollends zu Ende. Vom Jahre 177 bis zu den Kolonisationen der Gracchen ist, über ein halbes Jahrhundertlang, nur *eine* Bürgerkolonie deduziert worden. Die Amts- und Geldaristokratie – äußerlich in bestem Einvernehmen: die Tribunen funktionierten damals bis auf die Gracchen lediglich als Werkzeug des Senats – suchte den faktischen Besitzstand zu *stabilisieren* und die Wehrkraft Italiens durch Erhaltung der Leistungsfähigkeit der *bundesgenössischen* Gemeinden zu stützen: Schulten hat mit Recht darauf aufmerksam gemacht, daß in das Jahr 177, mit welchem die alte Bürgerkolonisation zu Ende geht, auch die lex Claudia fällt, welche die Latiner auswies, und daß die noch schärfere lex Junia de peregrinis in die Zeit nach der Niederwerfung des Ti. Gracchus und vor C. Gracchus' Auftreten fällt. Diese Beschränkungen der Freizügigkeit der Bundesgenossen, sowohl im Interesse der Fernhaltung demokratischer oder direkt unlegitimierter Elemente aus den Komitien (in denen der römischen *Boden* besitzende Latiner ursprünglich wahrscheinlich das Recht zu stimmen gehabt hatte), als im Interesse der Erhaltung der Hoplitenschaft auf ihrer Scholle und ihrer Steuerkraft für ihre Gemeinden, erfolgten *zunächst* durchaus mit deren Zustimmung, – die lex Claudia direkt auf ihren Antrag. Sie kamen aber zugleich dem konservativen Interesse des Amtsadels entgegen, dessen typischem Vertreter Scipio Aemilianus die Legende statt des üblichen Gebetes um „Vermehrung" das andere: um „Erhaltung" des Staats in den Mund legt. In der Tat war das Adelsinteresse ebenso an der Erhaltung des Status quo im Innern wie nach außen engagiert. Denn es mußte die festgefügte Herrschaft des Amts- und Offiziersadels in Heer und Staat alsbald ins Wanken geraten, wenn Rom außerhalb des geschlossenen italischen Gebietes Annexionen vornahm, dort ein Heer unterhielt, welches unmöglich auf die Dauer ein Bürgeraufgebot von Fall zu Fall bleiben konnte (die ersten Schwierigkeiten, betreffend Ergänzung und Stellung der *Korporale*, begannen, ganz charakteristisch, mit der Ausdehnung der Aktionssphäre über See). Die Übersee-Expansion war *kapitalistisch*. Nicht der Amtsadel alter Tradition, der sich auf eine vorsichtige Interventionspolitik beschränken wollte, sondern *kapitalistische* Interessen der Händler, Steuer- und Domänenpächter erzwangen die Vernichtung der alten Handelszentren: Karthago, Korinth, Rhodos, inaugurierten die Politik der überseeischen *Annexionen*, welche dem Verwertungsinteresse des Kapitals, nicht den Siedelungsinteressen freier Bauern, dienten. Diese überseeischen Erwerbungen den Bauern auszuliefern, hatten alsdann weder der Amtsadel noch die Kapitalisten ein Interesse, ganz abgesehen davon, daß eine Aussiedelung über See auch den Bauern selbst nur im Fall äußerster Not verlockend scheinen konnte. Ein Symptom dafür ist, daß mit dem Schwinden der Versorgung des Nachwuchses als Zweck der Eroberung auch die Testierfreiheit zu erblassen beginnt, bis sie in den letzten Jahrzehnten des Freistaates durch die querela inofficioso testamenti faktisch beseitigt wird: sie hatte ihren alten Sinn verloren. Zunehmend neigte sich die Wagschale zugunsten der Sklaven-Großbesitzer. Die Okkupationen auf dem, einen zunehmenden Bruchteil Italiens umfassenden, ager publicus sind offenbar zum Teil auch Groß-*Weide*wirtschaft gewesen, nach Catos d. Ä. Ansicht die rentabelste (weil kostenloseste und von dem Problem der Beschaffung der Arbeitskraft unberührteste) Kapitalanlage. Zum anderen müssen sie von Anfang an *land*wirtschaftliche Großbetriebe gewesen sein. Die staatliche Domänen- und Domänegefälle-Verpachtung begünstigte, zumal in den Provinzen, den Großbetrieb gleichfalls, teils absichtlich wegen der größeren Bequemlichkeit der Geschäftsbeziehung zu größeren kapitalkräftigen Pächtern, teils faktisch durch den ungeheuren Druck, den sie gegen die auf dem eroberten Lande prekär (s. u.) gegen Abgabepflicht sitzenden Bauern ausübte, während naturgemäß römische Großpächter diesem Druck gegenüber in günstigerer Lage waren. Die Staatspachten der römischen Republik waren überhaupt *weit* mehr, wie die der freien hellenischen Polis, „kapitalistischen" Charakters. Die Pächtergesellschaften (soc. publicanorum) waren *faktisch* unkontrolliert, – im scharfen Gegensatz namentlich gegen den hellenistischen Osten, aber auch gegen die normale griechische Praxis, – weil zu dem Umstand, daß der freie Stadtstaat kein ständiges Finanzbeamtenpersonal hatte und haben konnte, und also die Pächter auch das gesamte Erhebungspersonal selbst stellen mußten, hier die Grenzenlosigkeit des Gebietes hinzukam. Gewaltige Sklaven- und Geldkapitalien, daneben – infolge der Verpflichtung, Grundstückskaution zu stellen – Großbesitz an Boden vollen („italischen") Rechts (der dadurch in der ökonomischen Bewertung stark privilegiert wurde), waren Voraussetzung der Beteiligung an diesen größten kapitalistischen Unternehmungen des Altertums. Das Erfordernis der Kautionsleistung mit Grundstücken vollen römischen Bodenrechts, also der Qualifikation durch nationalen Grundbesitz, machte aber diesen Kapitalistenstand zugleich zu einem in weit höherem Grade *nationalen* Stande, als irgendwo im Osten (wo in der Ptolemäerzeit die Pächter anscheinend überwiegend Fremde waren) oder auch in Hellas (wo namentlich, und begreiflicherweise, die kleineren Orte, schon um bei den Submissionen Konkurrenz zu erzielen, auswärtige Finanzmänner oft ganz absichtlich begünstigten). Das ökonomisch und sozial von jeher aristokratische Gepräge Roms wurde dadurch naturgemäß gewaltig verstärkt. Es entstand, gegenüber dem in den Blütezeiten der *hellenischen* Demokratie dort immer wieder durchbrechenden zünftlerisch-kleinbürgerlichen „Nahrungs"-Interesse, eine Tradition weit ausgreifender „kapitalistisch"-orientierter Politik, sowohl in der Angliederung der besitzenden Klassen der Bundesgenossen, – die Italiker als solche, nicht die Römer allein, profitierten von dem Okkupationsrecht am ager publicus ebenso wie von der geschäftlichen Expansion der herrschenden Macht, – wie auch in der Disposition über eroberte Ländereien und in der Konstituierung der „Provinzen". Freilich war dabei diese Politik im einzelnen Gegenstand des heftigsten Interessenkampfes. Neben den alten Klassengegensatz der Bauern gegen die großen vieh- und sklavenbesitzenden Possessoren trat Zwiespalt innerhalb der besitzenden Schichten: Auf der einen Seite die wesentlich politisch interessierten

Amtsadelsfamilien, die im Senat ihre Vertretung fanden, und durch Gesetz und Rechtssitte von der direkten Beteiligung, nicht nur – wie fast im ganzen Altertum selbstverständlich – am Gewerbe, sondern auch an der Steuerpacht und auch vom Schiffsbesitz ausgeschlossen waren: Ein Senator durfte nur Schiffe von einer Größe besitzen, die ungefähr für den Transport der Eigenprodukte seines Gutsbetriebes ausgereicht hätte; er war infolgedessen, neben der Bereicherung im Amt, auf Grundrentenbezug, Darlehnswucher – der für ihn zwar verpönt, dennoch aber (s. Cato) durch Freigelassene möglich und üblich war – und *indirekte* Kapitalbeteiligung an Handel und Schiffahrt beschränkt. Auf der anderen Seite stand der, infolge seiner direkten Beteiligung am kapitalistischen Erwerb von den Ämtern und dem Senat sich ausschließende Kapitalistenstand, welcher in den Centurien der Höchstbesteuerten, speziell der „Ritter", seine politische Vertretung hatte und durch C. Gracchus (s. u.) endgültig als „Stand" konstituiert wurde. Daß Beamte und Abgabenpächter in den Provinzen sich regelmäßig gegenseitig in die Hände arbeiteten und den Raub teilten, hinderte nicht, – bedingte es vielmehr –: daß die senatorialen Geschlechter das dringendste Interesse daran hatten, die „Bourgeoisie" in politischer Abhängigkeit zu halten und vor allem die Geschworenenliste der Gerichte, welche über Amtsvergehen befanden, dem Senat vorzubehalten. Die stetige Vermehrung der Gewinnchancen infolge der Eroberungen steigerten andererseits die ökonomische Macht der für die Staatskasse als Geldgeber und technisch-kaufmännisch geschulte Manager der Staatseinkünfte immer unentbehrlicheren Kapitalbesitzer. Die Geldgeber des Staates bildeten faktisch schon in der Zeit des 2. punischen Krieges eine Macht, welche den Staat finanziell rettete, *dafür* aber ihm seine Politik vorschrieb. Von der Zeit der Gracchen an, in der auch die direkten Steuern, mindestens in der Provinz Asien, ihrer Ausbeutung anheimfielen, erlebte die Bourgeoisie ihre Blütezeit. Eine in Hellas nur in – allerdings recht kräftigen – Ansätzen bekannte, kolossale Entwicklung der Kaufsklaverei und der Sklavenausbeutung überhaupt war die Begleiterscheinung. –

Den privaten *Plantagen*betrieb mit Sklavenherden, welche militärisch diszipliniert und – weil infolge des stetigen Menschenraubes im Kriege billig ergänzbar – rücksichtslosestem Verschleiß ausgesetzt waren, scheint das erste rein *kaufmännisch* kolonisierende Volk: die Phönikier und speziell Karthager von den ägyptischen Pharaonen-Fronhöfen aus über die Welt, insbesondere in den Okzident verbreitet zu haben. Er hat ja auch in der römischen Provinz Afrika, daneben in Sizilien stets seine klassischen Standorte behalten und ist in Mago's (von Karthago) 28 Büchern über die Landwirtschaft wahrscheinlich zuerst wissenschaftlich dargestellt worden. Von den beiden Mitteln, relativ hochwertige und daher transportfähige Produkte für die Marktverwertung zu gewinnen: Teilpacht und Sklavenbetrieb, empfahl sich dem Kapital in den damals noch relativ dünn besiedelten Gebieten des Okzidents der Sklavenbetrieb mindestens so lange, als Raubbau an Boden und – vor allem – an Arbeitskräften ökonomisch möglich waren. Für Rom wurde der, seit den Zeiten Catos bis zur Kaiserzeit ersichtlich an typischem Umfang stetig zunehmende Sklavenbetrieb die nationale Wirtschaftsform. Die Agrarschriftsteller nehmen Herrschaft der Sklavenarbeit als selbstverständlich an, daneben kommen (wie bei Mago) nur für die Ernte freie *land*wirtschaftliche Arbeiter in Betracht. Die *sinkende* ökonomische und soziale Bedeutung des Ackerbürger- und Bauernstandes, gegenüber der Übermacht der großen Vermögen, nehmen demselben je länger je mehr seine expansive Tendenz. Die unversorgte Nachkommenschaft sammelt sich in der Hauptstadt an und ist kolonisatorisch nicht mehr zu verwenden, seitdem sie nicht mehr durch das Interesse, durch Ansässigmachung zum politischen Vollbürger zu werden, getragen wurde. Sie muß in zunehmendem Umfang von der staatlichen Getreideverwaltung durch Getreidespenden versorgt werden. Es wird damit zugleich der natürliche Markt für das italienische Getreide beengt *und* für die freie Landarbeiterschaft ein weiterer Anreiz zur Zusammenballung in der Hauptstadt geschaffen. Dazu kam der furchtbare Ruin des Bauernstandes durch Kriegszüge in weit entfernten überseeischen Gebieten und für Interessen, welche nicht die seinen waren. Mit dem sich selbst equipierenden Bürgerheer waren diese Kriege dauernd schon an sich nicht zu führen. Aber auch deshalb war dies je länger je weniger möglich, weil mit zunehmender Intensität des Anbaus, wie überall, so auch hier, der selbstwirtschaftende Bauer zunehmend ökonomisch „unabkömmlich“ wurde.[3]

Der entscheidende Kampf der freien Arbeit und Siedelung gegen die unfreie war die gracchische Bewegung, welche auf die alte Forderung der Aufteilung des ager publicus zurückgriff. Die Gracchen persönlich, zum mindesten Tiberius, waren in erster Linie *politische* Reformer, ihr Ziel: die Herstellung der alten Grundlagen der *Heeres*verfassung. Allein sie stellten selbstverständlich die Interessen der Bauernschaft, für sich und ihre Kinder die Gelegenheit zu billigem Bodenerwerb zu gewinnen, in den Dienst ihrer Sache. Boden zu Ansiedelungszwecken konnte im großen nur durch Beschränkung und teilweise Einziehung der Okkupationen beschafft werden. Gegen diese Entziehung von Generationen

[3] Das sehr Berechtigte an L. M. Hartmanns schon einmal erwähnter Bemerkung: daß die Sklaverei im Altertum ökonomisch (wegen der Heerespflicht) notwendig gewesen sei, ist, hoffe ich, in der Darstellung zu seinem Recht gekommen. Aber natürlich: weder ist das eigentlich Spezifische: die römische *Land*sklaverei im *Groß*betriebe, daraus *allein* deduzierbar, noch überhaupt: daß gerade die *Sklaverei*, und nicht *andere* Formen der Abwälzung der Wirtschaftsführung: Instleute, Teilpächter, Heloten usw. das Mittel der „Anpassung“ an jene Situation: die Notwendigkeit der „Abkömmlichkeit“ für Politik und Krieg, dargeboten haben. *Welchen* unter den (*meist*) sehr *verschiedenen* Wegen der „Anpassung“ ein historisches Gebilde nimmt, *darin* beruht (*meist*) gerade das historisch *Wichtige* an seiner Eigenart.

alter Besitzstände waren aber, – worauf namentlich E. Meyer nachdrücklich hingewiesen hat, – nicht nur die römischen, sondern ganz ebenso die zur Okkupation, im Prinzip, auf gleichen Fuß zugelassenen *bundesgenössischen* Possessoren interessiert, und die gracchische Bewegung entfesselte daher nicht nur den Klassenkampf in Rom, sondern ebenso den Kampf der römischen Bürgerschaft mit den Bundesgenossen, welche nunmehr schon zu ihrem ökonomischen Schutz und um an den Assignationen beteiligt zu sein, das Bürgerrecht verlangen mußten, während sie bis dahin umgekehrt oft genug gegen den Abfluß ihrer begütertsten Bürger nach Rom, zu protestieren gehabt hatten (s. o.). Die Gracchen konnten, selbst im Bunde mit den Bauern, nur von einer Spaltung der übermächtigen Gegnerschaft den Sieg ihrer, ja in *erster* Linie ideologisch motivierten Bewegung erhoffen. Es gelang ihnen in der Tat, das „commercial interest“: die Schicht des nicht zum Amtsadel gehörenden Geld- und Sklavenbesitzes, die rein ökonomisch interessierte Bourgeoisie: den sog. Ritterstand, zu gewinnen, indem sie den Steuerpächtern durch Überlassung der Provinz Asia an das stadtrömische Verpachtungssystem, und ferner durch Auslieferung der Gerichte an sie, zu einer Akme ihrer Macht verhalfen, von der erst Sulla sie endgültig wieder herunterstieß, indem er sie wieder der gerichtlichen Kontrolle der senatorialen Geschlechter unterwarf. Dieses Aufsteigen des antiken Kapitalismus zum Höhepunkt seiner Entfaltung (in den ihm eigenen Formen), wie es mit jener Machtstellung der Kapitalistenklasse erreicht wurde, ging zweifellos auf Kosten der Interessen der Provinzialen, welche der schonungslosesten Ausbeutung preisgegeben wurden. Und es kam trotzdem der gracchischen Bewegung nicht dauernd zugute. Es gelang dem Senat, die ökonomisch gesättigte Ritterschaft zu sich hinüberzuziehen. Der Gedanke, die Bundesgenossen durch das Angebot des Bürgerrechts zu gewinnen, konnte in Rom nicht durchdringen: seit das Bürgerrecht nicht nur die Anwartschaft auf Ackeranweisung gab, sondern überhaupt die Komitien ihre Macht, und damit die Möglichkeit ihrer ökonomischen Fruktifizierung, wieder fühlten, begannen sie in ähnliche Bahnen zu geraten, wie der Demos von Athen vor und unter Perikles. Und schließlich sah sich, gerade infolge des militär- und agrarpolitischen Zweckes der Ackergesetze, C. Gracchus in der Popularität der Massen, der Konkurrenz der Demagogie der großen Besitzer ausgesetzt. Die gracchischen, wie die späteren, Ackerassignationen suchten die neugeschaffenen Stellen der Spekulation und Verschuldung zu entziehen: der Besitzer sollte wirklich *Bauer* werden. Unterstützungen zur Inventarbeschaffung auf verschiedenen Wegen stehen daher neben den entscheidenden *rechtlichen* Schranken: Unveräußerlichkeit und, als Zeichen des Staatsobereigentums, Rekognitionszins (die sullanischen und caesarianischen Veteranenassignationen haben Verpfändungs- und Dosbestellungsverbot einerseits, Abgabefreiheit andererseits nebeneinander gestellt). Aber eben jene „sozialpolitisch“ motivierten Schranken wurden den Gracchen zum Verderben. Die, um jener politischen Zwecke willen, eingeführte Unveräußerlichkeit der neu assignierten Landlose und der Rekognitionszins wurden gegen C. Gracchus ausgespielt und er „überboten". Der Sieg des „landed interest" mit der gewaltsamen Niederwerfung der gracchischen Bewegung besiegelte den Sieg der unfreien Arbeit und damit die Beseitigung der alten Grundlagen des Staats. Die Okkupationen wurden durch die inschriftlich erhaltene lex agraria von III v. Chr. auch formell zu ager privatus erklärt, also definitiv appropriiert und der italische ager publicus damit beseitigt. Von Marius wurde alsdann in das alte, sich selbst equipierende Bürgerheer das vom Staate equipierte Proletariat der „capite censi" aufgenommen, weil nur so die Heeresreorganisation durchgeführt und die dringende Gefahr der germanischen Invasion beschworen werden konnte. Durch den Bundesgenossenkrieg erzwang sich zwar die Bauern- und Kleinbürgerschaft Italiens die Teilnahme an den Vorteilen des Bürgerrechts. Aber mit der *politischen* Bedeutung der *Bauern*schaft war es bei der Beschaffenheit der Komitien, der Staatsverwaltung und der Aufgaben des Weltstaats bereits vorbei. Das Heer wurde seit Marius eine Versorgungsanstalt der Besitzlosen: der Veteran, nicht der Bürger, hat jetzt die Anwartschaft auf Landzuweisung, und es begannen – ebenfalls seit Marius, die Durchschnittsgrößen der Assignationen zu steigen: 30 jugera in der Gracchenzeit, 50 unter den Triumvirn in Italien, noch wesentlich größere Lose in den Provinzen. Andererseits: die, als Reiterdienst abzuleistende, Wehrpflicht der Besitzenden hörte auf effektiv zu sein. Mit beidem war die politische Grundlage des Caesarismus geschaffen. Die großen Sklavenaufstände zeigen die gewaltige Zunahme und zahlenmäßige Bedeutung der unfreien Landarbeiter. Die schweren Besitzerschütterungen, welche die Konfiskationen und Ackeranweisungen zumal der Triumvirn mit sich brachten, haben wesentlich negativ, nicht positiv gewirkt. Die einmal gegebene ökonomische Struktur und die damit gegebene Deklassierung des Bauern war nicht mehr zu erschüttern und die Veteranen hafteten trotz der erwähnten Verkehrsschranken nicht an der Scholle. Das Land *war* seit der Legalisierung der Okkupationen in Italien zu einem gewaltigen Bruchteil in den Händen großer Besitzer; wie stark die *Vermehrung* dieses Besitzes durch direkten Auskauf von Bauern war, ist nicht sicher zu bestimmen: die „massae" des erhaltenen Urkundenmaterials geben dafür nur allzu zufällige (und späte) Anhaltspunkte. Man muß sich auch für Rom hüten, das *quantitative* Schwinden des Bauernstandes sich allzu vollständig vorzustellen. Zu jeder Zeit der Römerherrschaft hat es, vor allem in den Gebieten rente*losen* Bodens, zahlreiche „selbständige" Bauern gegeben, wie es *heute* zahlreiche „selbständige" Handwerker gibt und geben wird. Schultens überaus eingehende Untersuchungen der Verbreitungsgebiete sabellischer *Namen* zeigen die sehr große Stabilität speziell der Bauern der Berglande, die schwerlich nur oder wesentlich den römischen Freizügigkeitsschranken, zuzuschreiben ist. Der Bauer blieb, quantitativ, in großer Zahl vorhanden. Aber *qualitativ* – dem sozialen und ökonomischen Gewicht nach – bedeutet er nichts mehr gegenüber den Sklavenbesitzern. In den Augen der Agrarschriftsteller wird er – wohl übertrieben – zum „pauperculus", welcher „cum sua progenie" das Land bebaut, welches der rationale Betrieb ihm läßt. Caesars Verordnung, daß die *Hirten* zu einem Drittel freie Leute sein sollten, und des Tiberius Rede im Senat über die Konsequenzen der landwirtschaftlichen Sklaverei zeigen deutlich, wohin die Entwicklung geführt hatte.

Die *Betriebstechnik* der „Großwirtschaften" der römischen Landwirtschaft ist auf einer ähnlichen Stufe stehen geblieben wie die griechische. Die Düngung ist in catonischer Zeit leidlich intensiv, Stallfütterung besteht, die Ackergeräte aber sind recht primitiv. Der Gebrauch des Streichbretts gehört, wo es vorkommt, erst der Kaiserzeit an; die Sichel wird zur Ernte, das Austreten durch das Vieh als Form des Dreschens benutzt. Von Karthago her bürgerte sich dann der Dreschwagen ein. Der, zumal im Binnenlande, wenig rentable Getreidebau ist in dieser seiner Technik früh stabilisiert. Im wesentlichen nur hochwertige Güter, Öl und Wein, Mastvieh und zumal Tafelluxusprodukte, konnten im Binnenlande mit dauerndem Gewinn für den *Absatz* produziert werden. Darauf beruht auf den römischen großen Gütern die Art der Betriebsorganisation. Große *Weide*wirtschaften mit Wanderherden sind in Apulien und in den „calles" der Berglandschaften herrschend, sonst *nicht* die Regel. Überall aber tritt in den kapitalistischen Betrieben das Interesse am *Getreidebau zurück*.[4] In eigener Regie werden die *kapital*intensiven Branchen: Öl- und Weinplantagen und Spezialkulturen mit *Sklaven*arbeit betrieben, das Getreideland zu Catos Zeit *vielleicht* in Anteilsakkordarbeit bestellt, noch öfter aber wohl, und jedenfalls zunehmend an *coloni* (Parzellenpächter) gegen Anteil oder (zunehmend und in den Rechtsquellen fast ausschließlich behandelt) Geldrente vergeben. Die Sklavenplantage erlebte in der Zeit von Cato zu Varro ihre Expansion. Die Sklaven sind, solange der Sklavenmarkt stete Zufuhr gewährt, kaserniert, leben also ehe- und eigentumlos – Sklavinnen finden damals im Betrieb kaum Verwendung – und straff militärisch diszipliniert. Nur der villicus hat regelmäßig contubernium (Sklavenehe) und peculium (Mitweiderecht). Die eigentlichen Plantagensklaven sind (in den Weinbergen) zu Catos Zeit oft gefesselt und erhalten, der harten Zwangsarbeit entsprechend, größere Rationen. Überhaupt aber hausen in der spätrepublikani-

[4] Der von Wissowa (Apophoreton, Berlin 1903) herausgegebene „Bauernkalender" beweist, interessant wie er ist, doch nichts Wesentliches für die Art des Betriebs. Daß er die Zeitpunkte für das Vornehmen der einzelnen Maßnahmen des Landwirtes (Saat, Jäten, Ernte usw.) für Gerste, Weizen, Spelt, Bohnen, Wicken, Heu, Obst, Oliven, Nutzholz, Rohr, Wein, Vieh angibt, zeigt doch nicht, wie W. anzunehmen geneigt scheint, daß *alle* diese Produkte, oder *welche* von ihnen irgendwo in *einem* Betriebe kombiniert waren.

schen Zeit die Sklaven auf den Gütern mit voll entwickelter Ausnutzung der unfreien Arbeit; wie die Sklaven der Pharaonen im „neuen Reich", in gemeinsamen Schlafräumen, „treten" bei Varro dekurienweise des Morgens „an" und werden von ihren Einpeitschern zur Arbeit geführt. Die bessere Garnitur der Kleidung ist auf „Kammer" gegeben, unter der Obhut der villica, und wird nur an Feiertagen oder von Zeit zu Zeit zum „Appell" verabfolgt; Lazarett für Kranke und carcer für Arbeitsunwillige sind vorgesehen. Mit zunehmender Größe der Betriebe und also zunehmendem Sklavenbedarf sucht man möglichst *billig* zu kaufen; man lobte die Brauchbarkeit der versklavten Verbrecher: „velocior est animus improborum". Denn obwohl man Prämien auf die Kindererzeugung und Aufzucht setzte, war bei der vollkommenen Promiscuität (das Attachement an eine Sklavin hätte die Neigung z. B. zur Simulation von Krankheit gefördert, wie Varro hervorhebt) eine irgend erhebliche Reproduktion der Sklaven aus sich selbst unmöglich. Die Sklavenkaserne bedarf deshalb stets des Zukaufs und für diesen ist die Billigkeit entscheidend, denn der Sklavenbetrieb ist ein ungeheurer Menschenverschleiß. Die volle Ausnutzung der Sklavenarbeit ist angesichts des schwankenden Arbeitsbedarfs eines der Grundprobleme des römischen Gutsbetriebs. Wie heute stillstehende Maschinen Zinsen „fressen", so – im wörtlichen Sinne des Ausdrucks und in weit direkterer Weise – das Sklavenkapital (instrumentum vocale) des Gutshofs (Cato, r. r. 39, 2). Die vorerst noch mäßige Größe der Betriebe – Cato rechnet mit wenigen Hundert Morgen – ließ die Entwicklung eines Gutshandwerkertums noch nicht zu, und die Billigkeit der Sklaven ließ einen Anreiz zu deren Schulung als gelernte Arbeiter noch nicht entstehen. Mit Ausnahme weniger Flecht-, Holz- und Reparaturarbeiten wird daher der Bedarf an *gewerblichen* Erzeugnissen, namentlich allen Metallwaren, aber auch anscheinend an Sklavenkleidung[5], und ferner an solchen Produkten wie Fische, Salz (beides für die Sklavennahrung), Pech (für die Bottiche) usw. auf den Märkten gedeckt und fast alle Produkte – auch Wolle – als Rohstoffe verkauft. Auch werden außer den Sklaven freie Arbeiter bei der Getreide-, Heu-, Wein-Ernte zum Behacken und – zur Schonung des Sklavenkapitals – auf ungesundem Boden als Tagelöhner beschäftigt. Allein diese freien Arbeiter, welche, zumal in der Erntezeit, zunächst unentbehrlich waren, schrumpften immer mehr an relativer Bedeutung zusammen, weil ihre Haltung neben den massenhaften Sklaven gefährlich schien, und natürlich auch infolge der allgemeinen psychologischen Konsequenzen der Unfreiheit der Arbeit: – die Empfehlung Varros, freie Arbeiter stetig, womöglich jeden Tag zu *wechseln*, bleibt, da die Bedenken Pernices gegen die Uminterpretation, welche Glaser (und mit ihm Gummerus) mit der betr. Stelle vornimmt, m. E. durchschlagend, bestehen. Als Aushilfsarbeiter kamen die nexi, obaerati,

[5] In Hellas lieferte z. B. *Megara* die Sklavenkleidung für Athen.

welche ihre Schuldsummen abzuarbeiten hatten, noch in Varros Zeit in Betracht. In ältester Zeit mag man auch Erntearbeiter als Prekaristen angesetzt haben (die *Rechts*lage derjenigen sog. „freien" Landarbeiter bei uns, welche ein Stück Kartoffelland ohne kontraktliche Garantie erhalten, um sie für die Erntezeit an das Gut zu fesseln – im Gegensatz zu den „Instleuten" und anderen Kontraktarbeitern – entspricht im östlichen Deutschland noch heute der Lage des römischen Prekaristen: Schriften des V. f. Sozialpolitik 50, S. 773 unten).[6] Aber schon zu Catos Zeit war die Abwälzung der *Ernte*arbeit auf Unternehmer, welche mit freien Arbeitern umherzogen, oder der noch einfachere Verkauf der stehenden Ernte, offenbar sehr verbreitet. Auch Viehherden wurden dergestalt zur Verwertung des Ertrags vergeben. (Die Eigenart des catonischen Vertragsschemas hängt mit der Kapitalschwäche des Unternehmers zusammen.) Infolge dieser Lösung des Saisonarbeiterproblems war der ideale Gutsbetrieb des 2. Jahrh., wie ihn Cato d. Ä. geschildert hat, sowohl als Produktions- wie als Konsumtionszentrum wie auch in relativ starkem Maß als Arbeitsverbraucher in den *Markt* verflochten; der Grundsatz: nichts kaufen, was man selbst herstellen kann, galt zwar als Erbweisheit, allein die Struktur der Gutswirtschaft gestattete damals noch seine Durchführung nur in geringem Maße, wie die hübsche Arbeit von Gummerus zutreffend nachgewiesen hat: die Geldwirtschaft nahm zu Catos Zeit *zu*. Aber mit dem immer weiteren Anwachsen des Großbesitzes und des Betriebsumfangs – beides ist natürlich nicht identisch, geht aber faktisch parallel – treten, schon bei Varro, neben Ziegeleien und Töpfereien für den Absatz, auch Gutshandwerker für den *Eigen*bedarf, ferner sicherlich die Verwendung der (bei *Cato*, wie in Hellas, noch ganz *fehlenden*) Sklav*innen* für die Herstellung der Sklavenkleidung[7], die Anschaffung eigener Ölquetschen – bei deren Kosten nur kapitalkräftigen Wirten möglich – auf. Andererseits finden sich in der Spätrepublik, als typische Erscheinung, die „coloni". – Die Guts*handwerker* finden sich naturgemäß da am meisten, wo der Großbetrieb in städte- und verkehrsärmere Gegenden vordringt, und auch für die damalige Durchschnittsgröße der Güter war, wie Varro ausdrücklich hervorhebt, das Kapitalrisiko, welches der Besitz eigener gelernter Handwerkssklaven mit sich brachte, meist noch zu groß. Je *größer* das Gut und je mehr es im *Binnen*land liegt, eine desto größere Rolle spielen eigene Handwerker einerseits, coloni andererseits. Die Parzellen*pacht* in der Form des doppelseitigen bonae-fidei-Kontrakts der locatio-conductio ist dem Alter nach nicht sicher bestimmbar: sie tritt, wie in Ägypten, an die Stelle der auch formal rein bittweisen Überlassung des Bodens, des alten feudalen precarium. Für die Beurteilung der sozialen Posi-

[6] Max Weber: Die Lage der Landarbeiter im ostelbischen Deutschland (1893).

[7] Daß die *männlichen* Weber, die Varro erwähnt, für den Markt arbeiten, scheint auch mir (wie Gummerus) wahrscheinlicher. Sie sind Vermögensanlage aus Wirtschaftsüberschüssen.

tion des Kolonen schon in der republikanischen Zeit zeugt die Tatsache, daß er nicht nur (wie auch der Prekarist) gegenüber dem Herrn, sondern, im Gegensatz zu jenem und (sicherlich) dem Pächter öffentlichen Landes, nicht einmal gegenüber *Dritten* irgendwelchen *Besitzes*schutz genießt, vielmehr lediglich auf die Kontraktslage auf Entschädigung angewiesen ist, falls der Herr ihm das Grundstück nicht wiederschafft. Schon in republikanischer Zeit vermehren sich die coloni überall mit zunehmendem Umfang der teils als *Streu*besitz, teils als *geschlossener* Besitz sich zusammenballenden „latifundia", naturgemäß speziell auf den ersteren, aber auch auf den letzteren. Seit dem Schwinden der Hoffnungen auf eine agrarische Umwälzung war der Nachwuchs der Bauernschaft in Italien auf das Abpachten von Land bei den anschwellenden Großbesitzern angewiesen. In den Provinzen übernahm das Reich massenhaft konfiszierte oder sonst erworbene Besitzungen von Herrschern oder aristokratischen Familien, auf denen Kolonen oder Bauern mit prekärem Besitzrecht saßen. Die Frage, ob es vorteilhafter sei, den Grundbesitz selbst (d. h. durch Sklaven) zu bewirtschaften oder (an coloni) zu verpachten, wurde schon Anfang des letzten Jahrhunderts v. Chr. wissenschaftlich erörtert. In der Praxis konnte sie so lange zugunsten der Sklavenarbeit ausfallen, als diese so billig zu *ergänzen* war, wie in der republikanischen Zeit, auch damals aber nur für solche Produkte, welche im arbeits*extensiven* Plantagenbetrieb hergestellt wurden. Viele Getreideäcker und besonders Außenschläge (agri loginquiores) der anwachsenden Güter vergab man dagegen wahrscheinlich schon zu Varros Zeit (obwohl er es nicht sagt) ebenso an Parzellenpächter, wie dies später erweislich geschah, und je weniger ein *großes* Gut auf jene Plantagenprodukte zugeschnitten war, um so *mehr* mußte die Ausgabe an coloni überwiegen. Denn daß die coloni in diesem Sinne schon vor Varro eine ganz typische Erscheinung geworden waren, steht durchaus fest, und zu Caesars Zeit (b. civ. I, 34, 2) galten sie sozial und politisch schon fast ebenso als „Hintersassen" ihres Gutsherrn, wie seine Sklaven und liberti. Die coloni sind schon in spätrepublikanischer Zeit Gutsinsassen, die als eigenes Vermögen meist nur etwas Vieh besitzen, denen der Gutsherr Land mit Inventar verpachtet und darum die Art der Benutzung, oft durch eine gemeinsame „lex" – unseren „Arbeitsordnungen" charakteristisch entsprechend – für das ganze Gut, vorschreibt, die ihm häufig verschuldet und dann durch sein Pfandrecht an ihren Mobilien faktisch gebunden sind. Soweit die Pacht überdies Teilpacht gewesen sein sollte – was allerdings für privaten Besitz bis tief in die Kaiserzeit im Okzident nicht nachweisbar ist – würde es naturgemäß jeweils von den Verhältnissen des Einzelfalles abgehangen haben, ob sie in erster Linie als Leute angesehen wurden, welche die *Pflicht* übernahmen, eine Landparzelle so zu bewirtschaften, daß für den Herrn – in Gestalt einer Fruchtquote – möglichst viel herausspringt, oder als Pächter, die gegen einen Anteil das *Recht* erwerben, jene Parzelle nach Vereinbarung zu benutzen. Aber auch bei der Geldpacht wird, wo immer der Herr das Inventar lieferte, die erstere Auffassung von Anfang an vorgeherrscht haben: der *Herr* ist es, der „vermittelst der Kolonen" („per colons") sein Grundstück wirtschaftlich „verwertet" („exercet"). Daß den Kolonen auch Arbeitspflicht zur Aushilfe auf dem Gutshofe kontraktlich auferlegt wurde, ist quellenmäßig nicht direkt erweislich. Varro schweigt davon. Daß solche Arbeiten – in der Zeit großen Arbeitsbedarfs – vorkamen, scheint trotzdem a priori höchst naheliegend. Nach einer allerdings in dieser Interpretation bestrittenen Stelle wurden sie später, wenn sie für den Gutshof arbeiten, wie fast alle freien Arbeiter des Altertums, vom Herrn beköstigt und unterstanden der Aufsicht des Inspektors. Mit Zunahme des Großbesitzes saß also auch die Masse der *freien* Landbevölkerung – denn die coloni okkupieren *teilweise* Terrain der freien Bauern – zu widerruflichem Besitz auf ihrer Scholle. Während die Rekrutierung des Heeres, wie in jeder Polis, ursprünglich ganz auf sich selbst ausrüstenden *Eigen*besitzern ruhte, treten, nach Aufnahme der grundbesitzlosen „capiti censi" in das nunmehr staatlich equipierte Heer, zunehmend die *coloni* an deren Stelle.

Die Betriebsführung ist in republikanischer Zeit mangelhaft, namentlich infolge des typischen *Absentismus* der an der Politik beteiligten stadtsässigen Grundherren. Der Besitzer erscheint meist nur von Zeit zu Zeit auf dem Lande, um den Bericht des villicus entgegenzunehmen. Wie wenig er selbst (recht oft) vom Betriebe versteht, – je länger je weniger, – zeigen die Eselsbrücken, die ihm die Agrarschriftsteller bauen wollen. Die Buchführung erstreckt sich in einigermaßen sorgfältiger Art nur auf die hochwertigen Absatzprodukte, namentlich Öl und Wein. Präsente Geldrente ist das einzige Ziel des Besitzes. Daher die Abneigung gegen alle weiter aussehenden Meliorationen, für welche auch eine Realkreditform fehlt. Aus dem gleichen Grunde auch die häufige Veräußerung der Wein- und Ölernte auf dem Stamme. Der Betrieb der Öl- und Weinkulturen ist arbeits-*extensiv* und im allgemeinen anscheinend sehr wenig sorgfältig. Der Getreidebau, dessen Technik arbeits-*intensiv* blieb, diente in der Hauptsache wohl naturalwirtschaftlicher Bedarfsdeckung der gutsherrlichen Oikos. Die Kolonen mögen die kleinen Lokalmärkte versorgt haben. Die Getreideversorgung Roms war durch den staatlich kontrollierten überseeischen Import dem freien Markt in der Hauptsache: der Versorgung der Massen, fast ganz entzogen und zunehmend auf Abgaben der Untertanen, die zu Getreidespenden verwendet wurden, basiert.

Wohin auch die Verwaltung der römischen Aristokratie ihren Fuß setzte, da hat sie die Entstehung von Großgrundbesitz *gefördert*. Indirekt dadurch, daß die Römerherrschaft, im großen und ganzen, in den abhängigen überseeischen Gemeinden überall auf die Dauer der *Oligarchie* zur Herrschaft verhalf und sich auf sie politisch stützte. Direkt ferner durch die Art der Verfügung über den Boden selbst und das Boden*recht*. Obwohl dieser Punkt in dem Art. „Kolonat"[8] näher zu besprechen ist, sei hier doch wenigstens einiges vorausgeschickt.

Höchst bunt ist die rechtliche Natur der Besitzstände auf allem nicht im vollen Privateigentum stehenden Areal. Auf dem ager publicus pop. Rom. gab es, wie schon gesagt, vom Standpunkte des Privatrechts ursprünglich nur „possessiones". Aber der *italische* ager publicus schwand infolge der Überführung aller Okkupation in Privatland und der Assignationen Caesars (Campanien) und der Triumvirn. Die letzten Reste (die „subseciva") überließ Domitian den Inhabern. Der Sache nach gab es seit Caesar als öffentliches (kulturfähiges) Land in Italien nur Munizipalland, der „ager publicus" war auf die Provinzen beschränkt – Daß der zur förmlichen *Pacht* von öffentlichem Land Zugelassene (stets: ein im Besitz des commercium Befindlicher) possessorischen und petitorischen Schutz auch gegen *Dritte* genossen habe, ist mir auch bei *Zeit*pacht, im Gegensatz zu Mitteis, gar nicht fraglich und von Hygin bezeugt. (Das Fehlen der direkten Klage der *privaten* coloni hatte – s. o. – soziale Gründe. Der Staatspächter steht überall anders, rechtlich und faktisch.) Eine Übertragung der Pacht an einen Remplacanten (vicarius) konnte mit Zustimmung der Verwaltungsbehörde stattfinden. Aber jener Gerichtsschutz kam eben nur den im römischen Rechtsverband Stehenden (Römern und Bundesgenossen) zugute, nicht den Untertanen. Diese bildeten, soweit sie auf ager publicus saßen, sei es kraft förmlicher Pachtung, sei es gegen Leistung traditioneller Abgaben, einen prekären abgabepflichtigen Besitzerstand, der sich bei Konfiskation des eroberten Landes zunächst aus den bisherigen Eigentümern des Landes rekrutierte, bis die Willkür der Zensoren oder eine Disposition über den Acker zu Kolonisationszwecken andere an die Stelle setzte. – *Verschieden* von der Domänenlokation, welche faktisch normalerweise nur eine Revision der de jure ablaufenden Domänenpachtkontrakte war, ist die *Abgaben*verpachtung, durch welche, neben anderen Leistungen auch die Abgaben der Domänenpächter an Publikanen zur Erhebung im Lizitationswege vergeben wurden. Immerhin konnte beides ineinanderfließen, wenn ein Großpächter eine Staatsdomäne zusammen mit den Abgaben von auf ihr angesessenen Parzellenpächtern (coloni) erpachtete, oder wenn er seinerseits erpachtetes Domänenland parzellenweise verafterpachtete. Aus und neben den rechtlich an die Zensusperiode gebundenen und prekären Besitzständen entwickelten sich vielfach erbpachtartige Verhältnisse, namentlich, wenn es sich um Land handelte, welches der Melioration bedurfte. Für Afrika ward schon durch die lex agraria von 643 a. u. c. die Höhe des vectigal für Erbpachtland festgesetzt, und allmählich ging man dazu über, Domänen auch im großen auf 100 und mehr Jahre gegen vectigal und Erbbestandsgeld zu verpachten an mancipes,

[8] Offenbar wollte Weber anfänglich auch diesen Artikel verfassen, was dann unterblieb.

welche dann ihrerseits Afterpächter einsetzten oder selbst im großen wirtschafteten.

Im Gegensatz zu Mitteis bin ich auch jetzt noch der Meinung, daß die *Groß*pachtungen auf *ewige* Dauer, welche uns, in ihrer Kombination mit Afterverpachtungen an coloni, in der Verfügung Konstantins von 319 (Cod. Inst. XI, 63, 1) so deutlich entgegentreten, bereits bei Hygin (de cond. agr. p. 116) im Keim hervortreten. Allerdings ist (vgl. England!) Pacht „auf 100 Jahre" *nicht* eine Umschreibung von Pacht auf ewig, wie Mitteis und Schulten glauben. Aber der manceps Hygins ist der offenbare Vorläufer des konstantinischen Emphyteutikars, schwerlich ein bloß zum Zweck der Anwerbung von Erbpächtern intervenierender Ansiedelungsunternehmer. In *diesem* Punkt scheinen mir die – hier wesentlich deduktiven, nicht quellenmäßig belegbaren – Argumente Mitteis' nicht überzeugend. Die „proximi quique possessores" sind doch keineswegs notwendig „Bauern", so wenig wie die ägyptischen Katöken es sind. *Kleine* Erbpächter werden im römischen wie im griechischen Rechtsbereich, wennschon bei der ökonomischen Struktur der Römerherrschaft gegenüber der griechischen Kleinstadtpolitik wohl *weniger* oft, vorgekommen sein (quellenmäßig bezeugt sind sie für den Bereich des ager vectigalis nicht). Aber das charakteristisch Römische ist sicher das stetige *Wachsen* des Umfanges der privaten und quasi-privaten Besitzungen. Darin stimmt für die *spätere* Kaiserzeit auch Mitteis zu. Aber es scheint ganz unwahrscheinlich, daß die *Spätrepublik*, deren spezifischer Verwaltungstechnik der „manceps" angehört, es auf *Vermeidung* von Großpachten angelegt haben sollte.

Schon früh – wir wissen nicht: wann – entwickelten sich auch *unbefristete* Besitzstände auf dem öffentlichen Lande. Sie beruhen entweder auf Senatuskonsult – so das Leiherecht der erwähnten viasii vicani – und sind dann nur verwaltungsrechtlich geregelt und garantiert, oder auf lex – wie der „ager privatus vectigalisque", das Erbpachtland, in Afrika. – Nur die kleine Minderheit des römischen Bodens also wird von dem tendenziösen Bodenrecht der Quiriten ergriffen, die große Masse der Bodenbesitzer sitzt zu höchst verschiedenartigen, meist prekären Rechten. – Dazu treten endlich die Besitzstände auf dem nicht römischen Acker (a. peregrinus). Innerhalb der latinischen Bundesgemeinschaft ist die Rechtslage des Bodens und das commercium daran vertragsmäßig geregelt, beide Teile haben in bestimmter historisch wechselnder Art Anteil an dem nationalen Bodenrecht des Gegenteils. In den überseeischen Besitzungen Roms ist die volle rechtliche Autonomie und also auch der Besitz des Bodens nach eigenem Rechte einem Teile der Bundesstädte durch foedus garantiert (civ. foederatae), also unwiderruflich. Ein sehr bedeutender Teil des im überseeischen Machtgebiet liegenden Bodens blieb „ager publicus" in direkter Verfügung der Zentralbehörden in Rom. Ein (vielleicht erheblicher) Bruchteil dieses konfiszierten oder als

Domäne überkommenen Landes erscheint aber den Gemeinden (als ager per extremitatem mensura comprehensus, s. o.), gegen Abführung des Tributs, vom Staat *widerruflich* zugewiesen. (Er ist es, dessen Widerinanspruchnahme für den Staat im 4. Jahrh. dann so heftige Besitzerschütterungen erzeugte, wie Mitteis wohl richtig annimmt.) Dies Verhältnis konnte insbesondere auch dadurch entstehen, daß die Gemeinden – wie in Syrien schon in der Ptolemäerzeit – die Staatsabgaben des in ihr politisches Gebiet fallenden ager publicus (zuerst auf Zeit und dann dauernd) pauschaliter pachteten. Einem weiteren Teil des Bodens ist durch Gesetz, also einseitig und deshalb auch durch Gesetz – aber nicht durch Verwaltungswillkür – widerruflich, die Qualität als ager peregrinus belassen. Dahin gehören z. B. die stipendarii in Afrika, kontributionspflichtige Großgrundbesitzer, die ihr Land behalten, aber nicht nach römischem Privat- oder Domänenpachtrecht besitzen, sondern offenbar nach peregrinem Recht, und das bedeutete: unter der Möglichkeit arbiträrer Einmischung des Statthalters in die Besitzverhältnisse, wie sie für jeden unterworfenen Besitz bestand. Endlich ist einem Teil der Gemeinden – und diese heißen spezifisch „civit. Stipendiariae" – der Besitz prekär durch Senatsverfügung bis auf weiteres belassen mit der Formel: habere uti frui liceat (ἡμῶν ἕνεκα ἔχειν ἐξεῖναι im SC de Thisbaeis), also ein peregriner Besitzstand auf Widerruf, regelmäßig belastet mit einer Abgabe (stipendium = chronische Kriegskostenkontribution), ohne daß das Land römischer ager publicus würde.

Die Zuständigkeit des Senats zur Verfügung über das öffentliche Land und die provinzialen Besitzstände hat gewechselt (die Einzelheiten interessieren hier nicht), im ganzen ist sie stetig gewachsen und damit die Verfügung der römischen *Oligarchie* über den Boden der Welt. Die Besitzstandsmöglichkeiten sind, wie schon die vorstehende Skizze ergibt, überaus zahlreiche. Festzustellen ist hier nur, daß die *Mehrzahl aller Bodenbebauer* im römischen orbis terrarum am Schluß der Republik zu *nicht* durch ein „foedus" *vertragsmäßig* garantiertem, also insofern zu *prekärem* Recht auf ihrem Boden saß. Und zwar gilt dies in einem ganz *spezifischen* Grade von den *Bauern*. Soweit sie auf konfisziertem Lande oder überkommenen Domänen, auf dem Land stipendiärer Grundherren oder Gemeinden saßen, waren sie überall in der gleichen Lage wie die „ἔϑνη" der hellenistischen Epoche und die λαοί der Ptolemäerzeit: daß ihr persönlicher Status und ihre Beziehung zum Lande *faktisch* keinerlei Schutz gegen arbiträre Verfügungen des Statthalters und, soweit dieser nicht einschritt, der Steuerpächter genoß, – wenn es nicht gelang, eine direkte Anklage, wie gegen Verres, anhängig zu machen. Daß dazu mächtige Protektoren und viel Geld gehörte und daß die *Bauern*, – soviel sie auch in den Gerichtsreden figurieren, – aus eigener Kraft diesen Weg nur schwer betreten konnten, ist klar.

Für die republikanische Zeit steht denn auch außer allem Zweifel, daß nicht nur die Verwaltung eines Statthalters wie Verres, sondern auch ganz „normale“ Verwaltungen in den Provinzen stets eine *Ab*nahme der Bauernwirtschaften, eine *Zu*nahme der mit Sklaven bewirtschafteten größeren Landkomplexe bedeutet haben (die von Cicero gegebene Statistik der Besitzer auf dem ager Leontinus ist nur ein besonders eklatanter Fall). Das komplizierte System der Abstufung der politischen und ökonomischen Rechte, auf welches die römische Republik ihre Herrschaft baute, wirkte in ähnlicher Richtung. Nur der *Voll*bürger z. B. war wirklich ganz *freizügig*. Schon der Latiner wurde aus Rom ausgewiesen (s. o.), wenn seine Gemeinde ihn, um an den staatlichen Lasten teilzunehmen, zurückverlangte. Ganz ebenso und erst recht natürlich der Bürger jeder anderen in irgendeiner der verschiedenen Formen angegliederten und unterworfenen Gemeinden. Er mag *faktisch* sich im Einzelfall noch so frei bewegen, *rechtlich* kann er jederzeit in die Heimat abgeschoben oder von dieser zurückverlangt werden. Die Konsequenzen hieraus für die Agrarverfassung zog erst die spätere Kaiserzeit. Nicht minder war commercium und connubium: die Ehefähigkeit und, was damit zusammenhing, Erbfähigkeit und Bodenbesitzfähigkeit der Bürger *jeder* einzelnen föderierten oder abhängigen Gemeinde, durch Vertrag oder, weit häufiger, Privileg und Verfügung *individuell* geordnet, während andererseits der römische Amtsadel sich in den Edikten der Prätoren, wie die englische Aristokratie in der „equity“ des Lordkanzlers, *faktisch autonom* das ihr adäquate „bonitarische“ Erb-, Bodenbesitz- und Verkehrsrecht schuf, wenn nötig auf Kosten des überkommenen „Rechts der Quiriten“. Eine solche, in dieser wie in jeder anderen Hinsicht *ständisch* privilegierte Lage des römischen Bürgertums drückte sich naturgemäß in dessen geschäftlichen Chancen in den Provinzen (an die 100.000 Italiker brachte an einem Tage die „sizilianische Vesper“ des Mithridates in Asien um) und in der entsprechenden ökonomischen Abhängigkeit der Nichtprivilegierten aus. Riesenhaft schwoll, zumal in denjenigen Gebieten, deren Steuern in Rom an die Ritter verpachtet wurden, die Verschuldung. Mithridates' Erfolg beruhte – das hat u. a. Ferrero mit Recht stark betont, – vor allem auf seiner revolutionären Parole der allgemeinen *Seisachthie*, die hier zum letzten Mal im Altertum als *soziales* Programm auftritt (denn Catilina vertritt in Wahrheit verschuldete *Junker*), und um die sich der Mittelstand des Orients ebenso gegen Rom sammelte, wie gleichzeitig im Bundesgenossenkrieg der Mittelstand Italiens um die Parole der Teilnahme an den Privilegien des Bürgerrechtes –, eine Forderung, gegen welche *jetzt* namentlich auch die Bourgeoisie der Ritter im Interesse der Erhaltung ihres Ausbeutungsmonopols, speziell wohl des Monopolwertes ihres *Boden*besitzes (s. o.), sich sträubte. Der römische Amtsadel siegte schließlich, indem er mit dem italischen Mittelstand einen Frieden machte, der ihn selbst nichts kostete. Die Kosten *sollte* bei Sullas Restauration wesentlich die Bourgeoisie des „Ritterstandes“ tragen, politisch (Wegnahme der durch Gracchus ihm ausgelieferten Gerichte) und ökonomisch (Beseitigung der durch Gracchus eingeführten Verpachtung des asiatischen Zehnten in Rom). Aber eben damit wurde auch sie dem Caesarismus in die Arme getrieben, der so zu seinem militärischen Machtinstrument auch das ökonomische erhielt.

7. Grundlagen der Entwicklung in der Kaiserzeit

Auch in der Kaiserzeit hat die *Polis* ihren Siegeszug durch die antike Welt fortgesetzt. Wie die Mazedonen mit der Gründung von „Alexandreschata" die Grenze Turkestans berührten, so hat die Römerherrschaft, mit den Synoikismen der Lusitanier, den Koloniegründungen und der noch wichtigeren städtischen Organisation der *Untertanen* in Britannien, Gallien und Mauretanien, am Rhein und der Donau, wo immer sie möglich schien, der Polis eine ähnliche Siegeslaufbahn im Okzident bereitet. Auch hier, und hier noch mehr als im Hellenismus, sind es oft riesige Landgebiete, welche den Städten „attribuiert" werden. Durch Verlegung der Verwaltung in die Zentralstadt, weiterhin durch Schaffung eines privilegierten Dekurionenstaates aus den Höchstbesteuerten, wird die Zusammensiedelung möglichst aller, mindestens aber eines Teils der *großen* Grundbesitzer in der Stadt indirekt (zuweilen auch direkt) erzwungen. Wie im synoikisierten Athen die „Eupatriden" diejenigen Grundbesitzer waren, welche „αὐτὸ τὸ ἄστυ οἰκοῦντες" sind, so wohnen nach Strabon die „ἐπιφανέστατοι" der Allobroger in Vienne, im Gegensatz gegen die γεωργοῦντες, welche in den κῶμαι die ländliche „plebs" bilden. Auf die ersteren stützt sich die Römerherrschaft, sie haben die Chance, allmählich zum Bürgerrecht aufzusteigen. Und im Anschluß an den Staat hat in der christlichen Kaiserzeit auch die *Kirche* an die Polis angeknüpft. Ihre Anhängerschaft war dem Schwerpunkt nach von jeher – bis das Prinzip „coge intrare" zur Geltung kam – *städtisch* (*klein*bürgerlich): der Ausdruck „paganus", der im Altertum allmählich seinen despektierlichen Beigeschmack vom Standpunkt des Stadtbürgers her empfangen hatte, wurde nun, wie im Jargon der Militärmonarchie auf den „Zivilisten", so in der Kirche auf den „Heiden" angewendet. Und als die Kirche sich offiziell als Staat im Staat zu organisieren begann, führte sie zunehmend streng den Grundsatz durch, daß ein Bischof nur in einer *Stadt* residieren kann. – Auch in den römischen Synoikismen standen politische Interessen oft in Konflikt mit ökonomischen: wie die *„Dioikismen"* von Mantineia und Patrai dem Wunsch der Grundbesitzer, auf ihren Gütern zu leben, entgegenkommen, so zeigt sich der Widerstand gegen den Synoikismos in der Kaiserzeit oft, und je länger je mehr, namentlich in den Binnenstädten, wo die Stadt keine Chancen der Kapitalanlage im Seeverkehr bot. Jedenfalls aber ist überall Sklavenarbeit oder Kolonenpacht bei einem starken Maß von Absentismus eine

Folge, welche die Schaffung von Städten, zumal mit großen Binnenlandgebieten unvermeidlich mit sich brachte. Seit dem 3. Jahrh., und seitdem dauernd, stößt dann der Fortschritt der Stadtorganisation auf offenbar steigende Schwierigkeiten. Ehe deren Gründe berührt werden überschauen wir zum Abschied noch einmal die Eigenart der antiken Polis und fragen hier vor allem: wie sie sich denn zur „Stadt" des *Mittelalters* verhält. Die Kombination von Grundbesitz und Teilnahme am Markt als Grundlagen des Bürgertums, die allmähliche Akkumulation von Grundbesitz mittelst der Handelsgewinnste, die Behandlung der Grundbesitzlosen als „Gäste" (Metöken), die Bürgerleiturgien gegenüber dem Stadtherrn, militärische Organisation der Bürgerschaft, speziell: der für Militärzwecke wichtigen Gewerbe, die soziale Scheidung zwischen Reitern und Fußvolk, – dies alles findet sich in den *Anfängen* mittelalterlicher Städte ebenso, wie wir es in der Frühzeit der antiken Polis beobachteten. Aber im übrigen sind die Unterschiede ganz gewaltige. Freilich ist zunächst sehr nachdrücklich daran zu erinnern, wie verschieden, in ihrer sozialen Struktur, die Städte des Mittelalters untereinander sind. Um gleich einen wichtigen Punkt vorwegzunehmen: das Verhältnis zum ritterlichen *Adel*, der ja in der antiken Stadt überall und immer den *Kern* der Städteentwicklung ausmacht, – so verhalten sich z. B. Genua, für dessen Anfänge in gewissem Sinne das gleiche zutrifft, Florenz, wo die Bürgerschaft das „incasamento" des Landadels erzwang und zeitweise eine Art von politischer „Strafversetzung in den Adelsstand" kannte, sodann jene zahlreichen Städte, welche den Adel direkt oder indirekt zum Eintritt in die Zünfte nötigten, andererseits Freiburg i. B. und andere Orte, wo dem Adel die Niederlassung in der Stadt *verboten* war, und schließlich jene zahlreichen Städte (die Mehrzahl der großen), welche das Aufsteigen eines ritterlichen Patriziats *aus* dem Bürgertum heraus erlebt haben, offensichtlich recht verschieden voneinander. Ganz allgemein läßt sich wohl sagen: daß die mittelländischen *See*städte mit ihrem Überwiegen reiner Handelsinteressen und Handelsvermögen dem Stadttypus der antiken *Groß*stadt am nächsten stehen und daß auch die (sekundären) *reinen* Ackerbürgerstädtchen den antiken Kleinstädten immerhin ähnlich sind, während dagegen die *Industrie*städte einen von der antiken Polis stark abweichenden Typus zeigen. So flüssig diese Unterschiede – wie *alle* noch so großen ökonomischen Differenzen – sind, so liegt doch, trotz Goldschmidts Widerspruch, in Lastigs These, daß die spezifischen Neuschöpfungen auf dem Gebiet des gewerblichen *Kapital*rechts vornehmlich von den Industriestädten, wie Florenz, getragen werden, sehr viel Richtiges. Daß das *Arbeitsrecht*, die soziale Macht der Zünfte und die zünftige Ordnung des Arbeitsverhältnisses, die erste Organisation *freier Arbeit* also, – zu der sich im Altertum mancherlei Ansätze finden, aber eben: Ansätze, nichts Fertiges, – wesentlich diesen „Industriestädten" verdankt wird, liegt auf der Hand. – Das Karolingerreich kennt und reguliert den Sklavenmarkt. In den Binnengebieten Osteuropas blieb der Sklavenhandel ebenso bestehen wie in den mittelländischen Seestädten (Genua), – er schwand dagegen in den industriellen Binnenstädten. Nicht daß diesen etwa die Leibeigenschaft von Anfang an *fremd* gewesen wäre. Im *Gegenteil*: die Handwerker und auch die Händler, welche in eine neu konzessionierte Stadt ziehen, sind zu einem recht beträchtlichen Teil Leibeigene, die der Herr – wie der antike Sklavenbesitzer seine „χωρὶς οἰκοῦντες" – in die Stadt entläßt, um an ihren Abgaben und Hinterlassenschaften zu profitieren, und die erst allmählich (teilweise nach Jahrhunderten) persönlich ganz frei werden. Wie die Sklaven des Altertums, von denen der Herr „ἀποφορά" bezieht, gehen auch diese Leibeigenen neben ihren freien Berufsgenossen ihrem Erwerb nach; – der *Unterschied* aber ist: daß dies Gemenge von Freien und Unfreien hier einen „Zweckverband" bildete, der die Standesdifferenzen innerhalb seines Bereichs *ignorierte* und aus dem weiterhin eine autonome *Gemeinde* mit bestimmten Freiheitsrechten erwuchs – daß also *sie*, die von ihrem Boden oder ihrem Leibe Zinsenden, und *nicht*, wie in der Antike, die *Herrn*, die *„Stadt"* darstellen, – wenigstens in jenem Typus der „industriellen Binnenstadt", überhaupt in allen den Städten, in welchen die Zünfte bestimmenden Einfluß gewannen. „Binnenstadt" ist dabei natürlich nicht etwa gleich: „Stadt in einem nach außen gänzlich verkehr*losem* Gebiet" zu verstehen: – in einem solchen Gebiet gibt es nirgends eine Stadtentwicklung. Sondern es ist gemeint als eine Stadt, deren Produktion und Konsum dem *Schwer*punkt nach auf *lokaler* Marktbildung beruht. Und „Industriestadt" ist im Mittelalter selbstredend nicht eine Stadt, deren Bedarf an Landwirtschaftsprodukten *nur* durch Absatz eigener gewerblicher Produkte gedeckt wird, sondern eine solche, bei der die Konzentration des *freien* Gewerbes *wesentliche* Grundlage des Nahrungsspielraums und zugleich das *Spezifikum* gegenüber dem platten Lande bildet. Städte, deren Existenz auf binnenländischen Boden- und Sklavenrenten beruht, wie Moskau bis in dieses Jahrhundert, und ihr ökonomischer Gegenpol: Städte, welche, wie Genua, auf Seehandelsgewinn, überseeischer Kapitalanlage und kolonialer Plantagenwirtschaft basieren, stehen *beide* der antiken Polis näher als das, was zwischen diesen Extremen liegt: die *mittelalterliche* Industriestadt im eben erläuterten Sinne. Daß Industriestadt und Handelsstadt immer wieder ineinanderfließen (Venedig und, erst recht, Flandern und viele oberdeutsche und rheinische Städte) ist ebenfalls ganz zweifellos, und daß im Altertum das *Gewerbe* von erheblicher Bedeutung für die Entwicklung der Polis sein konnte, ebenso. Gleichwohl bleibt der Unterschied ganz gewaltig. Und, was das Wichtigste und Entscheidende ist: die Position des antiken Gewerbes – soziale wie ökonomische – *steigt nicht* mit der Entwicklung des Reichtums, erreicht *nirgends* die Höhe der großen mittelalterlichen Gewerbezentren, während die ganze spezifisch *moderne* kapitalistische Entwicklung, die des *gewerblichen* Kapitalismus, an die von eben jenen „Industriestädten" geschaffenen Rechtsformen, also an das, was der antiken Polis *fehlt, anknüpft*. Der „Demiurg" der Frühzeit der antiken Polis *sinkt* mit der Entwicklung der Sklavenkapitalien. Jenes Gemenge freier und unfreier kleiner Leute dagegen, welches zu Beginn des Mittelalters, *ganz ebenso* verachtet wie im Altertum, *ganz ebenso* wie damals, gegenüber den Kaufleuten, von den Ämtern ausgeschlossen, die „Handwerke" konstituiert, *steigt* ökonomisch und politisch *auf*. Gewiß kennt das Altertum, wie uns die Bücher von Liebenam und Ziebarth zeigen, Handwerkerkorporationen. Aber, während – ganz wie im Mittelalter – die *militärisch* wichtigen Handwerker der Frühzeit politische Wehr- und Stimmkörper bilden, *fehlt* jede irgend erhebliche Bedeutung der Handwerkerverbände gerade der „klassischen" Zeit der Antike *gänzlich*. Erst mit dem Schrumpfen der relativen Bedeutung des Kauf*sklaven*tums begegnen Handwerkerverbände von sozialer Erheblichkeit, – aber *ohne* die typischen Rechte der mittelalterlichen Zünfte, für die vielmehr erst in der allerspätesten Zeit, nach dem völligen Untergang des Kapitalismus, Ansätze hervortreten, auf die L. M. Hartmann mit Recht hingewiesen hat.

Wie der antiken Polis gerade das Charakteristischste an der Stadtentwicklung des Mittelalters: die *Zunft* mit ihrem Kampf gegen das Patriziat und die Konstituierung von spezifischen *Zunft*städten, fehlt, so fehlt der mittelalterlichen Stadt so gut wie *jede* Analogie für die charakteristischste Erscheinung in der *freien* Städteentwicklung des Altertums: den Kampf der *Bauern* gegen das Patriziat und die Konstituierung dessen, was oben als „Hoplitenpolis" bezeichnet worden ist: der Herrschaft der wehrfähigen Bauern über die Stadt. Die typische mittelalterliche Stadt schließt anfangs den Bauer vom Anteil am Bürgerrecht prinzipiell aus, – und als sie ihn später als „Ausbürger" unter ihren Schutz nehmen will, wird sie durch Adel und Fürsten daran gehindert. Und der Grundbesitz, den die reich werdenden Bürger erwerben, bedeutet nicht eine Erweiterung des Land*gebietes*. Natürlich finden sich „Übergänge" auch hier wie überall in der Geschichte. Daß im Altertum die „Hoplitenpolis" *nirgends* wirklich *rein* ausgeprägt erscheint, weder in Athen nach Kleisthenes und Ephialtes noch in Rom nach dem hortensischen Gesetz, noch irgendwo, ergab die vorstehende Skizze; und ferner ist natürlich nicht aus dem Auge zu verlieren, daß die „Hoplitenschaft" eben doch als *sehr* wesentlichen Bestandteil die *städtischen* Kleinbürger – speziell: *Haus*besitzer – mit umschloß. (Von den „Demiurgen" und ihrer Rolle ist ja in der Darstellung die Rede gewesen.) Andererseits soll auch die Bedeutung der kleinen Ackerbürger im Mittelalter und die verwaltungsrechtliche Rolle der „Sondergemeinden" in den Städten nicht vergessen werden, vollends nicht die Rolle des Land*gebietes* in italienischen Stadtstaaten. Aber wer nicht die *ausschließliche* Aufgabe der „Geschichte" darin erblickt, sich selbst durch den Nachweis, daß „alles schon dagewesen" und alle oder doch fast alle Unterschiede solche des *Maßes* seien, – was gewiß richtig ist, – überflüssig zu machen, der wird den Nachdruck auf die *Verschiebungen* legen, die, trotz aller Parallelen, hervortreten, und die Gleichartigkeiten nur benutzen, um die *Eigen*art jedes von beiden Entwicklungskreisen gegenüber dem anderen zu ermitteln. Diese ist aber wahrlich groß genug. Wo im Mittelalter die *Zünfte* die Stadtherrschaft erobern und zu politischen Zwecken den Stadtadel wie jeden, der politische Rechte ausüben will, zwingen, sich in eine Zunft einschreiben, von ihr besteuern und kontrollieren zu lassen, da steht im Altertum der δῆμος, das *Dorf*, welches – z. B. fast im ganzen Umkreis der attischen Herrschaft – zu politischen Zwecken den gleichen Zwang übt. Wo das Altertum nach Grundrenteklassen die Ausrüstungspflicht abstuft, da das Mittelalter nach Zünften. Der Unterschied ist außerordentlich auffallend und zeigt allein schon, daß „die mittelalterliche" d. h.: die dem Mittelalter spezifische, Stadt ökonomisch und sozial in entscheidenden Punkten gänzlich anders konstituiert war als die antike. Und zwar in dem Sinne, daß das Mittelalter *unsrer* kapitalistischen Entwicklung längst vor dem Auftauchen kapitalistischer Organisationsformen *näher* stand als die Polis. Das tritt in den Frontstellungen der sozialen Kämpfe hier und dort hervor. Im Altertum ist der *typische* Gegensatz einfach der *Vermögens*gegensatz: Grundherr – Kleinbesitzer. Der Kampf dreht sich zunächst um *politische* Gleichstellung und *Lasten*verteilung. Wo er eine *ökonomische* Spannung zwischen den Klassen in sich schließt, ist er, abgesehen von den Fragen des öffentlichen Landes, letztlich *fast* gänzlich auf die Gegensätze zu bringen: 1. Landbesitzer – Deklassierter, oder aber 2. die Vorstufe dazu: Gläubiger – *Schuldner*. Schuldner ist dabei, zwar nicht nur, aber sehr wesentlich, der *Bauer* draußen *vor* der Stadt. Nun ist der Gegensatz der *Zünfte* gegen die Geschlechter *anfangs* auf der Höhe unseres Mittelalters (13./14. Jahrh.) mit den Kämpfen der Polis des antiken „Mittelalters" immerhin noch vergleichbar: politische Entrechtung, finanzpolitische Bedrückung und Benachteiligung im Allmendgenuß stehen im Vordergrunde. Aber nicht die *Bauern* draußen *vor* der Stadt, sondern die Handwerker *drinnen* stellen die Kerntruppe der Opposition. Und als dann die beginnende kapitalistische Entwicklung eingreift, handelt es sich bei den nun entstehenden Kämpfen keineswegs mehr, wie in der Antike, um bloße Gegensätze der Besitz*größe* oder einfacher Gläubiger-(Schuldner-)Beziehungen. Sondern, je klarer sich spezifisch *ökonomische* Spannungen herausarbeiten, desto bestimmter prägt sich der im Altertum in *dieser* Art gar nicht praktische Gegensatz aus: Kaufmann – *Handwerker*. Der antike Bauer will nicht Schuldknecht und damit *land*wirtschaftliche Arbeitskraft eines stadtsässigen Grund- und Geld-*Rentners* sein. Der Handwerker der spätmittelalterlichen Städte will nicht Hausindustrieller und damit *gewerbliche* Arbeitskraft eines kapitalistischen „*Unternehmers*" werden. *Nach* dem Siege der Zünfte aber tritt überdies noch ein neuer sozialer Kontrast hervor, den das Altertum nicht kannte: der zwischen „Meister" und „Geselle". Der antike Fronarbeiter im Orient „streikt" mit dem Schrei: „gib uns unser (traditionelles) Brot". Der antike *Land*sklave empört sich, um wieder ein Freier zu werden, – von Empörungen und Kämpfen der antiken *Gewerbe*sklaven dagegen hören wir *nichts*. Gerade das Gewerbe war in der Antike ja der Lage des Sklaven günstig: es bot ihm, im Gegensatz zur Landwirtschaft, die Chancen des Loskaufs. Vollends für soziale Forderungen freier „Handwerks*gesellen*" fehlt (s. o.) jedes Objekt, weil die „Gesellen" selbst fehlen (oder doch, wo sie etwa existierten:[1] keine sozial relevante *Klasse* bildeten). Fast alle antiken *sozialen* Kämpfe sind, und zwar *gerade*: in den *Stadt*staaten, letztlich Kämpfe um *Boden*besitz und Boden*recht*, – ein Problem, welches in dieser Art und gar als ein spezifisch *städtisches*, im Mittelalter gar nicht existiert, sondern wesentlich den Konflikten zwischen *land*sässigen Klassen: dem Bauern und den ihm übergelagerten *nicht* städtischen Schichten: je nachdem: Grundherrn oder politische Herren, angehört, wie sie in den wechselvollen, meist unglücklichen, Freiheitskämpfen der Bauern in England, Frankreich, Deutschland zum Austrag kamen. Gewiß: die Städte haben in diesen Gegensätzen oft Partei genommen, in Italien den Feudalismus niedergeworfen, in Deutschland ihn (auf die Dauer vergebens) bekämpft. Aber nur in einzelnen der größeren (italienischen) Stadt*staaten* war dies ein Kampf *innerhalb* der Stadtgemeinschaft oder ihres Gebiets.[2] Das Ringen der Hoplitenschaften des okzidentalen Altertums gegen den *Stadt*adel fände daher im Mittelalter seine Parallele nur etwa in den Kämpfen der Schweizer Gewalthaufen gegen die feudale Ritterschaft und die Territorialherren.[3] Diesem Unterschied liegt einer der wichtigsten Gegensätze antiker und mittelalterlicher Städteentwicklung zugrunde: der Unterschied des Sitzes und Charakters des *Adels* und der *Fürsten*. Während die antike Polisentwicklung mit dem *Stadt*königtum beginnt und zuerst dessen Verdrängung durch den *Stadt*adel, dann aber die politische Emanzipation des *Landes* und dessen Herrschaft über die Stadt bringt, steht an der Spitze der mittelalterlichen Entwicklung ein *land*sässiger Grundherrenadel

[1] Denn, wie gesagt, diese Existenz soll keineswegs unbedingt bestritten werden. Die Gehilfen attischer Vasenkünstler, die später als selbständige „Meister" auftreten, könnte man z. B. unter diesen Begriff bringen. Nur *fehlt* die Kenntnis der rechtlichen Gestaltung des Verhältnisses (Lohn oder: Vergesellschaftung?).

[2] Und dann ein Kampf zwischen *Bürger*tum und Adel, nicht zwischen *Bauern* und Adel.

[3] Die Kämpfe der Schweizer erinnern am meisten an die Kämpfe der Israeliten gegen den philistäischen Stadtadel (s. o.) und scheinbar ebenso an die Kämpfe der sabellischen Bergvölker gegen Rom. Aber der Unterschied ist im *zweiten* Fall: daß die bäuerliche *Hopliten*schaft Roms es war, welche gegen die vordringenden Bergvölker, um den Besitz ihres Bodens in den Ebenen kämpfend, durch ihre disziplinierte und deshalb überlegene Kriegstechnik die Samniten zurück- und schließlich gänzlich niederwarf, während im ausgehenden Mittelalter die Schweizer nach Art der Spartiaten die Virtuosen des Fußkampfes waren: auf das Reisläufertum wurde ja ihre Agrarverfassung direkt zugeschnitten. (Im übrigen ist bekannt, welche Rolle auch die *Stadt*bürger in den Kämpfen der Schweizer spielten.)

und ein spezifisch *ländliches* Königs- und Fürstentum und ist die mittelalterliche Stadtentwicklung Emanzipation der *städtischen* Bürger aus grundherrlicher und öffentlich-rechtlicher Abhängigkeit von jenen *nicht* städtischen Gewalten. Zwar darf man auch hier den Gegensatz nicht verabsolutieren. Gerade die großen Handelsstädte am Südrande der Städteentwicklung des Mittelalters, wie Pisa, Venedig, Genua, und ebenso viele große französische und spanische Städte, sind in hohem Maße Sitze des Adels gewesen und erst recht: *geworden*, in Italien schließlich derart, daß man im 18. Jahrh. in Toscana die „città" vom „borgo" und „castello" außer nach der kirchlichen Qualifikation (Bischofssitz oder nicht) auch geradezu nach dem Range des Adels schied, der darin seinen Wohnsitz hatte. Und die Eidverbrüderungen, durch welche in solchen Städten – z. B. in Genua durch die „compagna communis" – die Autonomie der Stadt usurpiert wurde, könnten trotz aller Unterschiede in ihrer sozialen Zusammensetzung, sehr wohl an die Synoikismen der antiken Städte erinnern. Wenigstens kann man sie damit *vergleichen*: auch in diesen romanischen Städten des frühen Mittelalters ist der Adel, und zwar führend, mit dabei. Und – was damit zusammenhängt – es ist auch die ökonomische Basis des neu entstehenden Städtepatriziats dieser Städte im Prinzip dem der antiken Polisgeschlechter verwandt: Überseehandel, diskontinuierlich in der Form der commenda (wie im alten Orient), kombiniert mit bedeutendem und, infolge der Handelsgewinnste, wachsenden Grundbesitze. Diese letzterwähnte Ähnlichkeit in der ökonomischen Struktur des *Stadtpatriziats* mit dem Patriziat der Frühantike ist sogar den Städten des Mittelalters ziemlich generell eigen. Dagegen ist die Beziehung zu den eigentlichen *feudalen* Gewalten bei der großen Mehrzahl der mittelalterlichen Städte, zumal der nordeuropäischen und der kontinentalen Gewerbestädte, sowohl nach der Art der Entstehung wie nach ihrer späteren Entwicklung ganz abweichend von der freien Polis des Altertums. Dies ist die Folge des Umstandes, daß die Stadtentwicklung des Mittelalters in zwar sehr locker zusammenhängende, aber eben doch immerhin zusammenhängende, große *Lehensstaaten* eingebettet war, von Fürsten und Grundherren konzessioniert und privilegiert, rundum von ihrem Gebiet umgeben und, auch wo die Abhängigkeit sich noch so stark lockerte, dennoch in Maß und Art ihrer Entfaltung gebunden, weil immer wieder auf Kompromisse mit ihnen angewiesen. Gerade hieraus folgte ein sehr viel ausgeprägter „bürgerlicher", auf den Erwerb durch Gewerbemonopolisierung und Kleinhandel gegründeter Charakter, als bei den Schöpfungen des mittelländischen Seehandelspatriziats. Sie *unterscheiden* sich durch diesen weit spezifischer „ökonomischen" Charakter von Anfang an sehr stark von der antiken Polis der klassischen Zeit, – während die hellenistischen Städte und diejenigen der Spätantike ihnen gerade darin näher stehen. Die breite Masse der mittelalterlichen Städte ist entstanden durch Ansiedelung auf dem Terrain eines Fürsten oder Grundherren, der davon Bodenzinsen, Marktgebühren, Gerichtsgefälle erhoffte, – eine geradlinige Fortbildung der bloßen „Markt"-konzessionen, die bereits den gleichen Zweck verfolgten. Die Spekulation schlug bei den Städte-, wie vorher bei den Marktgründungen, zuweilen fehl. Gelang sie, so wurde das vom Herrn hergegebene Terrain besiedelt von einem Gemenge von freien und unfreien Zuzüglern, welche Hausgrund, Garten, Allmendnutzung und das *Verkehrsrecht* auf dem Markt der Stadt, bald auch Verkehrs*privilegien*: Stapel, Bannmeile usw. erhielten. Diese Ansiedelung wird durchweg alsbald oder im Laufe kurzer Zeit *Festung* und gewinnt allmählich ein, freilich im Einzelfall sehr verschieden großes, Maß von Unabhängigkeit gegenüber ihrem Gründer, zuweilen volle Loslösung, zuweilen auch bloße ökonomische und Polizei-Autonomie, in den großen Städten aber der Regel nach: volle innere und, der Tatsache nach, äußere Autonomie unter Aufrechterhaltung von Grundzinsrechten und Gerichtsherrlichkeit des Stadtherrn, der also zwar *auch* politisch, aber doch *überwiegend* ökonomisch (als Gebühren- und Zinsenperzipient) an ihnen interessiert bleibt. Daß die Stadtbürgerschaft ihre Autonomie innerhalb der staatlichen Verbände bis etwa in das 15. Jahrh. hinein zunehmend *erweiterte* – während die hellenistischen und römischen Städte die ihre innerhalb der monarchischen Staaten zunehmend *verloren*, – hat seinen Grund in dem Gegensatz der *Struktur* der Staatengebilde, in welche die eine und die andere eingebettet waren. Der monarchische Staat des Altertums ist oder wird: *bureaukratischer* Staat. In Ägypten ist, wie wir sahen, aus der Königsklientel schon im 2. Jahrtausend die universelle Herrschaft der Bureaukratie herausgewachsen. Diese Herrschaft und die Theokratie haben gemeinsam im Orient die Entwicklung der freien Polis erdrückt; das Römerreich ging unter der Monarchie (s. u.) den gleichen Gang. Im mittelalterlichen Okzident geht die Umbildung der Ministerialität in die Amtsverfassung parallel mit der Ausbildung der Territorialgewalt, die, im wesentlichen, seit dem 13. Jahrh. beginnt, im 16. endgültig befestigt ist und *seitdem*, schon mit dem 15. Jahrh. anfangend, die Autonomie der Städte zunehmend beseitigt, sie dem dynastischen bureaukratischen Staat eingliedert. Während des ganzen früheren und auf der Höhe des Mittelalters aber ist der sich entwickelnden *Stadt* Raum zur Entfaltung ihrer entscheidenden Eigenarten gegeben: sie ist in dieser Zeit nicht nur die Hauptträgerin der Geldwirtschaft, sondern, damit zusammenhängend, auch der Verwaltung kraft *amtlicher* Pflicht, und sie ist rings umgeben von der Hierarchie, der auf Lehens- und Dienstbeziehungen ruhenden Machtverhältnisse, *an denen* (generell gesprochen) *ihre Bürger als solche nicht teilhaben*. Das hat gewichtige Konsequenzen: in der Polis, mit ihrer Gliederung in Phylen, Phratrien und ökonomisch abgestuften Wehrklassen, bei welcher der Militarismus schlechthin alles durchdringt, Militärleistung und Bürgerrecht einfach *identisch* sind, hängt auch schlechthin alles: Handelsmonopole, Chancen des Bodenwuchers, letztlich und vor allem: Boden*besitz* am militärischen Erfolge in dem chronischen Kriegszustand der einen Stadt gegen – im letzten Grunde – alle anderen Städte. Die Polis ist in der klassischen Periode die *vollkommenste* Militärorganisation, die das Altertum hervorgebracht hatte. Sie ist *wesentlich* zu *Militär*zwecken gegründet, ebenso wie die Masse der *mittelalterlichen* Städte *wesentlich* zu *ökonomischen* Zwecken gegründet sind. Zu dem Militarismus und dem rücksichtslosen kriegerischen Umsichgreifen der antiken Polis finden sich *Analogien* in den Seestädten Italiens: die erbarmungslose Vernichtung Amalfis durch Pisa, die Lahmlegung Pisas durch Genua, der Kampf Genuas gegen Venedig sind nach Ziel und Mitteln durchaus „antike" Polispolitik. Es finden sich Analogien auch im Binnenland: Zerstörung Fiesoles, Unterwerfung Arrezzos, Lahmlegung Sienas durch Florenz, und auch die Politik der Hanse bietet Anklänge. Im ganzen aber, zumal im kontinentalen französisch-deutschen Binnenlande und in England, ist eine kriegerische Beutepolitik als *Stadt*politik von Anfang an nicht durchführbar. Die Stadt ist *nicht*, wie im frühen Altertum, der vollkommenste Militärorganismus: *Binnen*landstädte können in der Periode des Ritterkampfs, im eigentlichen Mittelalter, nur ihre Unabhängigkeit und den *Landfrieden* für ihre *Verkehrs*interessen erwerben und behaupten und dies nur im *Bunde* miteinander. Erst die Zeit der Condottieri und der Soldheere gibt, selbst in Italien, ihrer Geldmacht das Übergewicht *da*, wo der Kapitalismus hinlänglich entwickelt ist, um die Mittel zu liefern (auch der Unabhängigkeitskampf der niederländischen Städte ist zu *Lande* – von der Verteidigung der Mauern abgesehen – gänzlich mit *Sold*heeren durchgeführt worden, ganz ebenso wie die Expansion von Florenz). Die Stadt (im Binnenland) ist bei allem Gewicht, welches auf die Wehrhaftigkeit der Bürger gelegt werden mußte, doch von Anfang an, und *zunehmend*, „bürgerlichen" Charakters, auf friedlichen *Markt*erwerb zugeschnitten. Der „Bürger" ist im Mittelalter von Anfang an in *weit* höherem Maße „homo oeconomicus" als der Bürger einer antiken Polis es sein will oder kann. Es fällt vor allen Dingen, im schärfsten Gegensatz zur antiken Polis, Landeroberung zum Zweck von Kleruchien normalerweise gänzlich außerhalb seines Gesichtskreises, schon einfach weil keine Reflektanten für solche: keine deklassierten, ihres Bodenbesitzes beraubten, verschuldeten oder Bodenbesitz für ihre Nachfahren suchenden *Bauern* als treibendes Element der Stadtpolitik in ihr vorhanden sind, mochte auch das städtische *Patriziat*, ganz wie im Altertum, sein Geld häufig in Landgütern anlegen. – Auch für das Vordringen der *Bauern* selbst, in den Urwald und nach Osten hin, war ja eine *erobernde* Expansion zur Landokkupation nach Art des Altertums im Mittelalter durch ihre Einfügung in die *feudale* Organisation ausgeschlossen. Jene Expansion lag jetzt in den Händen der Grund- und Territorialherren. Als Ziel der Politik einer (normalen) mittelalterlichen *Stadt* wäre die „Kleruchie" ebensosehr eine *militärische* wie ökonomische Unmöglichkeit, – während sie der antiken Polis *normal* ist. Das Interesse der mittelalterlichen Bürgerschaft – außerhalb der wenigen großen Städte, welche *Übersee*beziehungen handelnd und kolonisierend ausbeuten – wird und bleibt instradiert in der Richtung auf *friedliche* Erweiterung des – lokalen und interlokalen – *Waren*absatzes. Natürlich: seine *ganz* großen Gewinnchancen fand (wie Sombart mit Recht betont) in der zweiten Hälfte des Mittelalters der entstehende *Kapitalismus* auch jetzt da, wo ihm Staatspachten (Genua, Florenz) oder, vor allem, die Deckung königlichen Finanzbedarfs in die Hände gerieten. Aber: *dieser* Vorgang und alle jene Gestalten, welche an ihm hängen: – die Acciajuoli, Bardi, Peruzzi, Medici, Fugger usw. – sind *nichts Neues* gegenüber dem Altertum, welches sie seit den „Geldmännern" Hammurabis bis zu Crassus ganz ebenso kennt; *nicht hier*, und *nicht* in der Frage nach der Art der Akkumulation der ersten großen Geldvermögen liegt das Problem von der Herkunft der *Eigenart* der spätmittelalterlichen und neuzeitlichen Wirtschaftsverfassung, schließlich also auch: des *modernen* Kapitalismus, beschlossen. Sondern die entscheidenden Fragen liegen einerseits in der Entwicklung des *Marktes*: wie entwickelte sich im Mittelalter die *Abnehmer*schaft für die später kapitalistisch organisierten *Gewerbe*? – auf der anderen in der Richtung der Ordnung der *Produktion*: wie geriet das Verwertungsstreben des Kapitals in die Bahn der Schaffung *derjenigen* Organisationen „freier" Arbeit, welche das Altertum *nicht* gekannt hat? Diese Probleme sind hier nicht zu erörtern. Nur einige Bemerkungen über den Gegensatz der mittelaltelichen zur *antiken* Entwicklung, soweit *agrarische* Bedingungen mitspielen, sind dem bisher Gesagten noch hinzuzufügen. Die langsame, aber stetige Hebung der ökonomischen Lage der mittelalterlichen Bauernschaft, die erst mit dem Stocken der inneren Kolonisation, im Walde und nach Osten zu, ihr Ende erreicht, die aber im Mittelalter das Entstehen eines langsam sich erweiternden *Marktes* für die Städte, – wie umgekehrt die Städteentwicklung das Entstehen von Absatzmöglichkeit für bäuerliche Produkte, – bedeutete, hängt, wie schon die letzten Bemerkungen vermuten ließen, letztlich ebenso wie jene vorher besprochene spezifisch „bürgerliche" Entwicklung der mittelalterlichen im Gegensatz zu den antiken Städten, an den Lebensbedingungen, welche in jener Zeit die *außerhalb* der Städte etablierte *feudale Gesellschaftsorganisation* dem kontinentalen Bauern gewährte. Ein Blick auf ihren Gegensatz zu Parallelerscheinungen des *Altertums* scheint am Platz.

Wir sahen die große Bedeutung *feudaler* Elemente während des ganzen Altertums. Wir sahen die Allherrschaft des religiös gefärbten *Klientel*verhältnisses in Ägypten, und bei der ungeheuren Macht des Religiösen im Alltagsleben der Antike, wo auch die künstlichsten, rein rationalen, Phylenbildungen u. dgl. alsbald religiöse Bedeutsamkeit attrahieren, darf auch für die spätere Zeit die Zähigkeit feudaler Treuverhältnisse nicht unterschätzt werden. Auch ist der *Ausgangs*punkt der feudalen Entwicklung in beiden Fällen ein gemeinsamer. Am Anfang der

Entwicklung steht im Mittelalter wie im Altertum die *Gefolgschaft* (trustis) des Gaufürsten, die, in größerem Maßstabe, wiederkehrt als Gefolgschaft des *Königs*, hier wie im Altertum oft angesehen als landfremd oder jedenfalls außerhalb des Landrechts stehend, durch die königliche Banngewalt gedeckt. Hier wie dort finden sich die Ansätze zu einer königlichen Magazinverwaltung, Versorgung des Heeres aus den Magazinen (Cap. de villis), Teuerungspolitik usw. Hier wie dort ist es der, letztlich, aus jener Gefolgschaft – wenn auch unter Verwertung mannigfacher außerhalb des speziellen Gefolgschaftswesens liegender Rechtsinstitute – sich entwickelnde *ritterliche Adel*, dessen Machtstellung und Unentbehrlichkeit den König zunehmend bindet, von sich abhängig macht, zuweilen zum reinen Wahlkönig degradiert und das Land beherrscht. Aber wie der König kein Stadtkönig ist, so ist auch der Adel kein Stadtadel und ist es auch – im kontinentalen Gebiet wenigstens, im teilweisen Gegensatz zum mittelländischen, – im Mittelalter nicht geworden. Ebenso die *Grundherrschaften*. Im Altertum sind sie bis in die Kaiserzeit die Basis *städtischer* Rentnerexistenzen. Dies zunächst einfach deshalb, weil das, was wir Altertum *nennen*, ein *Küsten*kulturgebiet umspannt: schon die thessalische Grundherrschaft trägt, scheint es, einen dem Mittelalter näher stehenden Charakter, – von den eigentlichen Binnenlandflächen erfahren wir erst in der hellenistischen und besonders der Kaiserzeit etwas (s. u.). Im Mittelalter rückt dagegen der Schwerpunkt jenes historischen Kontinuum, welches von den Pharaonen zu unsrer Kultur führt, in das *Binnen*land. Die Masse der Grundherrschaften sind nicht suburbane, sondern *ländliche* Gebilde, welche *land*sässigen Existenzen mit ihrem Anhang (Fürsten und freie Vasallen mit ihren ritterlichen Ministerialen) tragen sollen. Diese Funktion versehen nun die Grundherrschaften keineswegs ausschließlich, die großen nicht immer vorwiegend, in *natural*wirtschaftlicher Form. Im Gegenteil: der König, die Fürsten, die großen Vasallen, sie alle wollen auch hier am *Verkehr* profitieren. Die Gründungen von Märkten und Städten sind ja, wie schon erwähnt, fürstliche und grundherrliche Gebühren- und Rentenspekulationen. Aber: Adel und Grundherren sind *nicht*, wie im Altertum, *als solche* Stadtbürger, – im Gegenteil: sie suchen ihre Herrenhöfe gegen die Einbeziehung in die „freie" Genossenschaft der Stadt, isolierend, zu schützen, den Städten das Recht, „Ausbürger" sich anzugliedern, zu nehmen. Ländliche und städtische Interessenkreise suchen sich also zu *scheiden*. Daß sie das nicht entfernt vollkommen erreichen, versteht sich, aber sie nähern sich dem immerhin in einem Maße, wie das in der Polis des Altertums: dem militärischen Exerzierplatz und Standlager, nie und nimmer möglich war. Und auch die innere soziale Gliederung der feudalen Schichten ist eine andere als im Altertum. Die Lehensträger der orientalischen Fürsten, die Heloten, Oikees, Klienten, Prekaristen und Kolonen der mittelländischen Grundherren sind in der Zeit des antiken Rittertums, wie wir sahen, kleine Leute, die als Troß und, allenfalls, leichte Fußkämpfer einen zu *Wagen* in die Schlacht fahrenden Einzelkämpfer begleiten. In der Zeit des *Hopliten*heeres braucht der gepanzerte Vollhoplit lediglich ein bis zwei Leute (Heloten, Sklaven) als Träger und zur Bedienung. Die (bis in die klassische Zeit hinein steigbügellose!) Reiterei des Altertums dagegen steht technisch tief bis in die Partherzeit. Dagegen das Lehensheer des Mittelalters ist ein *Reiter*heer von Anfang an und solange es besteht, mit steigender Vervollkommnung der Panzerung, Bewaffnung und Disziplin. Solche bäuerlichen κλῆροι, wie sie die μάχιμοι usw. des Orients oder (wahrscheinlich!) die Klienten in Rom bewirtschaften, überhaupt eine derartig gedrückte soziale Stellung, wie sie die im *antiken* Klientelverband stehenden Lehensleute einnehmen, konnte daher selbst den in der Lehenshierarchie am untersten Ende stehenden Ministerialen, *wenn* sie gewappnet mit in den Krieg ziehen sollten, nicht geboten werden. Ihr Leben mußte ihnen immer die *„ritterliche"* Lebensweise gewähren. Alles, was „Bauer" ist, bleibt *unter* dieser Schicht, die notwendig wesentlich *Rentner*schicht ist.[4]

Und recht wesentlich mit darauf, *daß* schon die unterste, dem Bauern übergelagerte, Schicht ein *Rentner*stand ist, mit Standesinteressen, welche dem Ökonomischen *ab*gekehrt sind, während andererseits die Bauern selbst eine zunehmend *un*kriegerische Klasse werden, ruht die Art der Entwicklung der kontinentalen Bauernschaft im frühen Mittelalter. Diese Bauernschaft hat territoriale Eroberungen größten Stils gemacht, so groß, wie die irgendeines antiken Hoplitenheeres, aber, ebenso wie die Stadt, im wesentlichen *friedlich* und überdies: wesentlich im Dienste feudaler Rentner. Die Rodung des Waldes und die Besetzung des Kolonisationsbodens des Ostens vollzogen sich beide unter Einwirkung des *Renten*interesses der *Herren*schicht. Weil nun für dies gewaltige Werk „innerer Kolonisation" die Sklaven 1. quantitativ gemangelt hätten, 2. die *Ernährung* von Sklaven höhere (und *steigende*) *Kosten* gemacht hätte, 3. weil – das Entscheidende – qualitativ Sklavenarbeit zur Schaffung von Bauernnahrungen „von wilder Wurzel aus" oder auf dem östlichen Sandboden nicht mit Vorteil brauchbar war, so bedeutete jene Siedelung eine mächtige Expansion „freier", d. h. hier: wesentlich feste Abgaben leistender, Bauern, wirkte das individualistische Squatter-Recht des germanischen „Bifanc" im Urwald genau umgekehrt wie das Okkupationsrecht auf den eroberten Terrains Roms (wo es die *Plantagen* schaffen half) und vollends entgegengesetzt gegenüber der, notwendig bureaukratisch gelenkten, Schaffung von Neuland durch *Kanal*bau in den orientalischen Staaten der Frühzeit. Die Bauernschaft des Mittelalters war so lange eine expansive, aufsteigende Klasse, als die rein feudale, *Renten* und nicht *Marktgewinn* suchende, Herrenschicht des reinen *Lehens*staates über ihr stand. Die Wucht der Naturalwirtschaft auf den, für die Verkehrsmittel der Vergangenheit, ungeheuren Binnengebieten

[4] Ich vereinfache die tatsächlich vielfach komplizierteren Sachverhalte hier etwas.

hielt das Tempo der Entwicklung von *Fern*absatzchancen für landwirtschaftliche Produkte lange genug nieder, um der Bauernwirtschaft Zeit zur Eroberung Mitteleuropas zu geben. Gegen Ende des Mittelalters ist der *grundherrliche*, aber (normalerweise!) wesentlich nur mit *traditionellen* Abgaben belastete, Bauer der Typus des Landwirts, die nahe Stadt sein normaler Markt, er selbst, da die Stadt das Gewerbe für sich nach Möglichkeit monopolisiert, die „Störer" und Landgewerbetreibenden tunlichst ekrasiert hat, der normale, aber sichere Abnehmer der Masse der städtischen gewerblichen Produkte. Das *Lehens*heer und der *Lehens*staat haben den rein ökonomisch expansiven Bauer und die rein ökonomisch expansive Stadt des Mittelalters schaffen helfen. – An *diesen* Zustand knüpft das Eingreifen des modernen *Kapitalismus* im Gewerbe wie in der Landwirtschaft an. Gewiß: indem er ihn allmählich *auflöste*. Aber: man möge doch ja nicht die Existenz dieser, durch tausendfältig miteinander verzahnte Berechtigungen, Privilegien, genossenschaftliche Bildungen, Zwangs-, Stapel-, Bann- und Marktrechte usw., vor allem durch die traditionellen oder oktroyierten *Preis*regulierungen geschaffenen Verkehrsunterlagen für die Entwicklung des Kapitalismus unterschätzen. Sie sind ihm *Hemmnis* seines Profitstrebens, aber *Stütze* seines *Kalküls*, der nicht auf dem absoluten Flugsand orientalischen Feilschens hätte bauen können. Denn auf jeden Fall ist die durch tausend Fäden zusammenhängende Güterverkehrs-Organisation des Mittelalters, wie sie sich innerhalb des theokratisch-feudalen Gehäuses der damaligen Welt entwickeln konnte, eine der Komponenten eines dem Kalkül zugänglichen Güter*marktes*, ebenso wie die in jener Organisation verklammerte Schicht *freier*, bäuerlich-kleinbürgerlicher Existenzen jenen breiten, *relativ* stabilen *Abnehmer*kreis darstellte, dessen der moderne Kapitalismus für seine Waren bedurfte.

Der Gegensatz, der in der Entwicklung von Bürgertum und Bauernwirtschaft im okzidentalen Mittelalter gegenüber dem Altertum sich zeigt, ist also in *erster* Linie bedingt durch den *Wechsel des geographischen Schauplatzes*, in *zweiter*, damit durch die verschiedensten Ursachenreihen zusammenhängender, durch die abweichende *militärische* Entwicklung des Mittelalters. Während das Ritterheer im Mittelalter die feudale Gesellschaftsordnung erzwang, und seine Ablösung durch das Landknechtsheer und dann (seit Moritz von Oranien) die disziplinierte moderne Truppe den Sieg der modernen Staatsordnung mit herbeiführte, hat das Altertum zwei große militär-technische Umwälzungen erlebt: die Einführung des *Pferdes*, von Osten (sei es Iran, sei es Turan) her, schuf (wie im Mittelalter) die Burg, den orientalischen Eroberungsstaat und die mittelländische ritterliche Gesellschaft. Das *Eisen*[5], die Stoßwaffe, der disziplinierte Nahekampf gepanzerter

[5] Selbstredend ist das Eisen seit prähistorischen Zeiten verwendet worden. Aber die eiserne *Waffe* gewinnt erst in der „nachhomerischen" Zeit die Oberhand.

Hopliten, schuf das Großbauern- und Kleinbürgerheer und damit die antike „Bürgerpolis". – Alles weitere ist dann Konsequenz des Schauplatzes, auf welchem diese tätig wurde. Denn kriegerisch, erobernd, Handelsmonopole und Tributuntertanen, daneben aber Land zur Versorgung des Nachwuchses der Hopliten oder Gelegenheit zur Vermehrung der *Renten* der Kleinbürger suchend, war sie, wo immer sich ihr Chancen boten, von Anfang an und ist es immer und überall geblieben, wo nicht ihr Umsichgreifen durch politische Übermacht gehemmt wurde. Die *Ökonomik* und *Technik* der Wirtschaft hat dagegen in den Zeiten seit den Ramessiden und Assurbanipal, mit Ausnahme der Erfindung der *Münze*, im Altertum offenbar *relativ* geringe Fortschritte gemacht. Wieviel – oder wie wenig – die im Licht der Geschichte liegende Zeit des Altertums an *technischen* Neuerungen geschaffen hat, wird sich erst entscheiden lassen, wenn einmal eine dem heutigen Quellenstand entsprechende *Industrie*geschichte Ägyptens und Mesopotamiens (für die *Technik*: vornehmlich Ägyptens) vorliegt. Es ist sehr möglich, daß alsdann der Orient, – wie er der Vater aller bis gegen Ende unseres Mittelalters hinein herrschenden *Handels*formen (Babylon), ferner der Fronhöfe (Ägypten), der unfreien Heimarbeit (Ägypten), des Leiturgiesystems (Ägypten), der *Bureaukratie* (Ägypten), der Kloster- und anderer kirchlichen Organisationen (Ägypten, Juden) war, – auch als Schöpfer der größten Mehrzahl aller *technischen* Neuerungen erscheint, welche auf dem Gebiete des *Gewerbes* bis zum Ende des Mittelalters gemacht worden sind. Auf *landwirtschafts*technischem Gebiet sind im Lauf des Altertums einzelne Umgestaltungen zu verzeichnen, welche der *Vergrößerung* der, mit einem gegebenen Quantum Arbeit in gegebener Zeit zu bewältigender Fläche, also der Arbeitsersparung, dienten (bessere Dresch-, Pflüge- und Erntewerkzeuge – die letzteren beiden charakteristischerweise erst nach Schluß der klassischen Epoche und im nordischen *Binnenland*). Im Gewerbe ist, wenn, wie billig, von den Kriegsmaschinen und den ihnen verwandten Hebevorrichtungen u. dgl. wesentlich bei *öffentlichen* Arbeiten verwandten Instrumenten abgesehen wird, der Fortschritt, soviel erkennbar, hauptsächlich ein der *Spezialisierung* des *Einzel*arbeiters, nicht oder doch nicht im wesentlichen Maß, der Arbeits*vereinigung* dienender. Und Ähnliches sehen wir auf dem Gebiet der *Ökonomik* des Gewerbes. Beides kann, nach der Natur der inneren Gliederung des antiken Gewerbes und des Verwertungsinteresses des Sklavenbesitzes, nicht Wunder nehmen. – Auf dem Boden der mittelalterlichen Handels- und Gewerbeorganisation, teils *neben* ihr, teils innerhalb ihrer, immer aber, trotz allen Kampfes gegen die Zünfte, unter Benützung der durch sie geschaffenen Geleise und Rechtsformen, schuf sich der moderne Kapitalismus die Bedingungen seines Wachstums. Aus der den Handel von Hammurabi bis in das 13. Jahrh. beherrschenden commenda schuf er die Kommanditgesellschaft (Ansätze im Altertum nur – charakteristischerweise – bei *Staats*pachtgesellschaften). Die im Altertum nur in rohen Artjel-artigen Formen vorhandene Solidarhaft von Teilhabern wird in die schon sehr feinen Formen des spätmittelalterlichen Rechts der Handels- und Industriegesellschaften: Sondervermögen, Firma usw. sublimiert. Es entstehen, m. a. W., jetzt die Rechtsformen für den kontinuierlichen kapitalistischen Handels- und Gewerbe*betrieb*, während das Altertum, im reinen *Privat*verkehr jedenfalls, bei Rechtsformen stehen geblieben war, die auf *dis*kontinuierliche *Gelegenheitsanlage* von Kapital *zugeschnitten* waren.[6] Im Mittelalter beginnt das Kapital, sobald es das Gebiet der *gewerblichen* Produktion ergreift, alsbald die *Synthese* der kleinen Handwerkerbetriebe. Von der Organisation des Absatzes und, weiterhin, der Beschaffung des Rohstoffes schreitet sie unaufhaltsam in das Innere des Produktionsprozesses fort und kombiniert allmählich neue, der Rationalisierung der Technik angepaßte, künstliche, von der Familie sich zunehmend loslösende Betriebseinheiten von zunehmender Größe und – generell gesprochen – zunehmender innerer Gliederung durch Arbeitszerlegung und -vereinigung. Im Altertum bemerken wir, auf dem Gebiet der rein privaten Betriebe, derart *nichts*.[7] Wir haben gesehen, daß die Zusammenballung von Dutzenden, ja selbst von Tausenden von Sklaven in einzelnen *Vermögen*, auch da, wo die Sklaven *derselben* gewerblichen *Branche* angehören, keine Schaffung von „Groß*betrieben*" im ökonomischen Sinn war, so wenig wie etwa heute die Anlage eines Vermögens in Aktien verschiedener Brauereien die Schaffung einer *neuen* Brauerei bedeutet.[8] Denn um eine Anlage von *Vermögen* handelte es sich auch dort, wie wir sahen: – die Ökonomik und Technik der Produktion wird davon gar nicht berührt, die Sklaven bleiben, was sie waren: *Klein*handwerker, die ein vermögender Mann als *Renten*quelle, oder: – das ist das Maximum der *Annäherung* an einen kapitalistischen „Großbetrieb", – ein Importeur (Demosthenes) als Verarbeiter seines Rohstoffs verwertet. Wir sahen, wie *labil*, bei der geringen Bedeutung „stehenden Kapitals", diese Zusammenballungen waren, wie vollkommen beherrscht das Schicksal des „Betriebes" vom Schicksal des Vermögens ist, und es ist abschließend hier noch eins hinzuzufügen: Wenn wir in den Sklavenvermögen des Altertums auf Zusammenhäufungen von ganz heterogenen Handwerkern stoßen

[6] Womit natürlich *nicht* gesagt sein soll, daß es im antiken Handel *überhaupt nur* solche diskontinuierliche Kapitalverwertung gegeben habe. Aber sie ist das „Spezifische".

[7] Auch dies, wie schon öfter betont, a potiori zu verstehen; die *Leistung* des Kapitalismus des Altertums liegt nicht in dieser Richtung. Wörtlich ohne *alle* „innere Arbeitsteilung" könnte ja ein sehr erheblicher Teil der auch im Altertum bekannten Gewerbe gar nicht betrieben werden.

[8] Wenn eine attische Vase die Versicherung ihres Schöpfers trägt, „er habe sie gemacht, wie N. N. (sein ‚Konkurrent') es niemals fertig gebracht hätte", – so möchte ich dem eigenen Nachdenken (ökonomisch *Ungeschulter*) es überlassen, die *weltweiten* Unterschiede herauszufinden, welche diese Vorgänge nach *Sinn, Mitteln, Effekt* von *moderner* „Konkurrenz" und „Reklame", mit denen sie unter den gleichen Gattungsbegriff fallen, trennen.

(Timarchos), so ist das ebensowenig ein Zufall, wie wenn wir etwa in dem Wertpapierbestand eines modernen Vermögens äußerst heterogene, in ihren Verzinsungschancen unter ganz entgegengesetzten Bedingungen stehende Aktien antreffen. Eine solche Anlage in möglichst *heterogenen* Papieren ist, wie jedermann weiß, ein Gebot der Vorsicht, – ganz das gleiche aber gilt im Altertum für die Vermögensanlage in Sklaven, soweit es sich nicht um Arbeiter für so absolut stetige Gewerbe wie Edelmetallbergwerke (Nikias) oder um Verwertung eigenen Kaufmannsgutes (Demosthenes) handelte. Es war, in anderen Fällen, direkt ein Gebot der Vorsicht, *heterogene* Handwerker zusammenzukaufen, – eine Versicherung gegen Verlust, wie wir sie auf dem Gebiet der Mietsrenten in der Beteiligung *desselben* Mannes an dem Besitz von Anteilen möglichst vieler verschiedener Häuser antrafen. Daraus aber folgt: Der „Kapitalismus" auf dem Gebiet des Gewerbes war im Altertum, weil er *Renten*kapitalismus war, in gewissem Sinne direkt *gegen* die Schaffung von „Großbetrieben", die *ein* spezifisches Produkt herstellen, interessiert. Dazu hatte der *Absatz* gewerblicher Produkte, mindestens der Absatz nach *außen*, viel zu sehr den Charakter des *Gelegenheits*absatzes, der von zahllosen politischen Peripetien, vor allem aber, in einem in *dieser* Art seit dem Spätmittelalter nur selten vorkommenden Maße, von den Schwankungen des *Getreide*preises abhängig war (s. o.): der Spielraum, den bei der *Masse* – und *deren* Bedürfnisse sind es, die der *moderne* Kapitalismus deckt – im Altertum die Ausgaben für das absolut Unentbehrliche übrig ließen, ihre Kaufkraft für gewerbliche Produkte, blieb so eng und labil, daß auf dieser schmalen Basis kein sozial mächtiges zünftiges Gewerbe, noch weniger große „Hausindustrien" oder gar „Fabriken" existieren konnten. – Mit diesen – notgedrungen, wenn die nun einmal zweifellos vorhandenen Unterschiede hervortreten sollten, – etwas pointierten Ausführungen soll gewiß nicht bestritten werden, daß die gewerblichen Betriebe des Altertums hier und da eine gewisse *Annäherung* an einen rationalen „Großbetrieb" bedeutet haben mögen: das verlohnte sehr eine besondere Untersuchung. Aber das für das Altertum *Charakteristische* ist jene gerade entgegengesetzte Entwicklung, die sich dem *modernen* gewerblichen Kapitalismus nicht *annähert*, sondern sich von ihm *entfernt*. Es ist ganz wesentlich auch die Tatsache, daß das Verwertungsstreben des Kapitals im Altertum auf *Sklaven*arbeit stieß, welche diese Entwicklung instradiert hat. Daß *dies* im Mittelalter anders war, beruhte, neben rein historischen Gründen, doch vor allem wiederum auf der Verlegung des *geographischen Schauplatzes* der kapitalistischen Entwicklung. Die, klimatisch bedingte, ganz andersartige Entwicklung des *Bedürfnis*standes[9], die

[9] Man erwäge nur, was, – verglichen etwa mit dem Fellachen, – ein Arbeiter in unserm Klima *rein physiologisch* alles als absolutes *Minimum bedarf*, um stetig *sitzend arbeiten* zu können.

klimatische *Hausgebundenheit* des nordischen Menschen während langer Jahreszeiten im Gegensatz zur Aushäusigkeit, zum „ἀγοράζειν“, des antiken (dem etwa das Caféleben der heutigen Spanier und Italiener entspricht), die – auch ohne jegliche „Rassen“-Hypothesen[10] – schon direkt aus den für jede neue Generation wieder gegebenen klimatischen Lebensbedingungen erklärlichen „Temperaments“-Differenzen, vor allem die zahlreichen *Binnen*verkehrszentren mit ihrer alles Sprunghafte ausschließenden stetigen Expansion von Konsum und Produktion, – das alles sind *neue* Bedingungen, in welche die technischen Traditionen des Altertums hineingezogen wurden und mit denen das wieder erwachende Verwertungsstreben des Kapitals zu rechnen hatte. Nicht nur war die Verwendung von Sklavenarbeit, infolge der höheren Erhaltungskosten, an sich im Norden benachteiligt, sondern die oben geschilderte *militärische* Struktur des Mittelalters schloß gerade auch die Sitze des Gewerbes: die *Städte*, von Sklavenraubkriegen nach Art der Poleis des Altertums aus, und die Fehden der Ritterschaft des Binnenlandes ergaben als Kampfpreis den Wechsel des *Herrn* der abgabepflichtigen Bauernschaft, die Ausdehnung der eigenen Grund- und Territorialhoheit auf Kosten der eines anderen, aber nicht die Fortschleppung der Menschen, wie in den *See*raubkriegen der antiken Küstenkultur. Die Sklaverei ging, mit steigender Kultur des Binnenlandes, mindestens relativ, zurück, während die Entwicklung „freier“ Arbeit aus all jenen oben aufgezählten Momenten (die nähere Begründung führte zu weit) Vorteile zog. Endlich: während in den Kämpfen der Poleis des Altertums bis zum Ende der römischen Republik *jeder* Krieg im Prinzip die gewaltsame Vernichtung des ganzen Bodenbesitzstandes, riesige Konfiskationen und Neusiedelungen bedeutete, die Polis also in dieser Hinsicht auf dem Standpunkt der germanischen Völkerwanderung verharrte, – war das Mittelalter in aller seiner Fehdelust, und vollends die beginnende Neuzeit, dennoch eine, am antiken, etwa hellenischen, Maßstab gemessen, „befriedete“ Völkergemeinschaft.[11] Gewiß hat der moderne Kapitalismus im Mittelalter und in der Neuzeit – wie schon oben erwähnt – seine gewaltigsten Gewinne aus dem „Kriegsbedarf“ gezogen. Aber das, was *neu* war: die kapitalistische Organisation der *gewerblichen* Güterproduktion, ruhte doch auf jener „Befriedung“, welche unter allen politischen Peripetien dennoch die Kontinuität der ökonomischen Entwicklung erhielt und an welcher neben den großen Lehenstaaten vor allem auch die gemeinsame *Kirche* ihren Anteil hatte. Im Altertum dagegen war schon die *Gründung* der Polis ein politisch-militärisch motivierter Akt, und ebenso hing

[10] Die übrigens damit keineswegs als wissenschaftlich *überhaupt* nicht in Betracht kommend ausgeschlossen werden sollen.

[11] *Nicht* etwa in dem Sinne einer quantitativen Abnahme kriegerischen Handelns natürlich, sondern in dem Sinne der (relativ) zunehmenden „Befriedung“ der Träger privaten Erwerbes, insbesondere der Städte und des Bürgertums.

ihre Fortentwicklung an militärischen Vorgängen; und darum *lebte* der Kapitalismus dort letztlich allein vom Politischen, er war, sozusagen, nur indirekt ökonomisch: das politische Auf und Ab der Polis mit seinen variierenden Chancen von Staatspachten, Menschen- und (speziell in Rom) Bodenraub war sein Element. Als, im Hellenismus und im römischen Reich, die Oikumene *befriedet* wurde, da haben auch auf dem Boden der antiken Stadt, die nunmehr zur Trägerin ausschließlich *ökonomischer* Interessen wurde, die vorher nur in Ansätzen vorhandenen Berufsvereine der Händler und Handwerker sich reich entwickelt. Sie lassen sich, vom spätantiken Staat für seine Zwecke ausgenutzt, bis zum Einsetzen der ersten Anfänge der mittelalterlichen Zünfte verfolgen. Aber für den antiken *Kapitalismus* hatte die Todesstunde geschlagen: der Friede und der monarchische Staat, der Übergang von der Küsten- zur Binnenkultur *erdrückten* ihn, wie er nun einmal war, statt ihm, wie man a priori glauben sollte, erst recht zur Blüte zu verhelfen. Jenen Übergang zum Frieden und zur Binnenkultur aber hat endgültig die *römische Kaiserzeit* vollzogen.

Das Kaiserreich brachte, vorläufig unter Tiberius, endgültig seit Hadrian, den Frieden und das Aufhören der Boden- und Menschenraubkriege, und zugleich die Einbeziehung großer Binnenlandflächen: Galliens, der Rhein- und Donauländer, Illyriens und (zu der alten Provinz Mazedonien) auch des ganzen Innern der Balkanhalbinsel, in das Reich. Der Friede bedeutete das allmähliche Versiegen der Sklavenzufuhr: für einen Menschenverschleiß, wie ihn die Plantagen, nach Varros Ideal, betreiben sollten, und wie ihn die Bergwerke bedurften, war die spekulative Sklavenaufzucht und der friedliche Sklavenhandel nicht ausreichend. Der Sklavenpreis *stieg* anfangs rapide, – weil die Versorgung des Marktes mangelte, – in der Spätzeit des Reiches steht er umgekehrt außerordentlich *niedrig*, – weil inzwischen der *Bedarf* durch Umgestaltungen in der Wirtschaftsorganisation tief gesunken war. Ich habe dies Moment der Sklavenmarktverhältnisse früher etwas exklusiv überschätzt, – man möge es aber nicht *unter*schätzen. Der Zerfall der Sklavenkasernen, die Herstellung des Familienlebens des Sklaven, damit das Schrumpfen des *Kapitalismus* in den landwirtschaftlichen Großbetrieben, ist Tatsache und hängt *auch* und sicher in starkem Maß (die Quellen lassen die „Leutenot“ erkennen) mit jenen Verschiebungen zusammen. Die großen Besitzungen der riesigen verkehrsschwachen Binnenlandflächen des Nordens konnten ohnehin nicht nach dem Muster der karthagisch-römischen Plantage bewirtschaftet werden. Schon Tacitus (oder sein Gewährsmann) hat, wahrscheinlich bei den Fürsten der Ubier an der Rheingrenze, die Naturalrentengrundherrschaft gesehen, wie sie in der Frankenzeit das Feld behauptet, und stellt sie zu den römischen Sklavenkasernen mit ihrer militärischen Robotordnung in Gegensatz. – Langsam begann die römische villa mit ihrer immerhin hohen Kultur nach Norden, schließlich bis an die Grenze Schottlands, vorzudringen. Diese villa ruht dabei – auch das lassen die Quellen erkennen – auf einer immer breiteren Grundlage und muß dies tun, weil das, was für eine „herrschaftliche“ Existenz nötig wird, ein immer größeres Areal erfordert. Der Prozeß der Vergrößerung der Großgrundbesitzungen, der schon in der Republik im Gange war, setzt sich fort, und damit zugleich ihre allmähliche Loslösung vom Markt, der für ihre Bedarfsdeckung immer entbehrlicher wird, – ein Prozeß, von dem in dem Art. „Kolonat“ noch zu reden sein wird.[12] Gewaltsam sucht die Monarchie, – wie die Quellen erkennen lassen, gegen immer stärkeren Widerstand der Possessoren – diese zu synoikisieren. Aber die Stadtflucht behält die Oberhand. Die Aristokratie wird in starkem Maße *land*sässig, und das heißt: das Mittelalter bereitet sich vor, die Bedeutung der Städte sinkt, sozial wie ökonomisch. *Absolut* hat der Güterverkehr, etwa in den 3 ½ Jahrhunderten von Gracchus bis Caracalla, im Gebiet des in der Kaiserzeit vom Römerreich umspannten orbis terrarum sicherlich ganz gewaltig zugenommen. *Relativ* aber, bei Vergleich seiner Umsätze mit dem Ausmaß der in den spezifischen antiken *Kultur*kreis als Bürger oder Untertanen *einbezogenen* Gebiete und Menschen dürfte das gleiche *nicht* der Fall sein. Denn dieser Kreis hatte sich riesig erweitert. Die antike Kultur begann aus einer Küstenkultur eine Binnenlandkultur zu werden und, nach Maßgabe der gegebenen Verkehrsmittel, *mußte* das eine *relative* Abnahme der Verkehrs*intensität* bedeuten. In den Küstengebieten wurde der Unterhalt und die Kleidung der Sklaven in den großen Oikoi ganz oder teilweise auf dem *Markt* gedeckt. Die Sklaven oder Kolonen des Possessors im Binnenlande leben selbstredend naturalwirtschaftlich: nur die dünne Herrenschicht hat hier Bedürfnisse, die zum Einkauf Anlaß geben, und durch Verkauf von Überschüssen des Guts gedeckt werden. Dieser Verkehr ist ein dünnes Fadennetz über der naturalwirtschaftlichen Unterlage. Die Massen der großen Hauptstädte andererseits versorgt nicht der Privatverkehr, sondern die staatliche Annona. Diese Entwicklung schloß natürlich durchaus nicht etwa eine absolute Zunahme der Besiedelung und des Anbaus des Bodens in den neuangegliederten Binnengebieten aus: nichts ist vielmehr sicherer, als daß beides in starkem Maße stattfand. Aber eben dies *steigerte* die Wirkung der Kulturverschiebung. Der Binnenkulturcharakter tritt in zweierlei am markantesten hervor: – in der Entwaffnung der Polis, der endgültigen Beseitigung ihrer selbständigen Politik, damit aber auch all der *kapitalistischen* Interessen und Gewinnchancen, die an ihr gehangen hatten, – und in dem Hervortreten des *binnen*ländischen *Großgrundbesitzerstandes* und seiner Interessen in der Reichspolitik. Dies letztere hat gewichtige auch rein politische Konsequenzen. Die Abnahme der Offensivkraft des römischen Heeres, wie sie so augenfällig in der Verzettelung der geschlossenen Heerkörper über die ganze weite Nordgrenze hin hervortritt, hat jedenfalls

[12] Vgl. Anm. auf S. 989.

auch ihren Grund in der Zunahme des *Kultur*standes der provinziellen *land*sässigen Possessoren, welche von dem Heere vor allem *Schutz* und Bewachung ihres Besitzes, also *defensive* Aufgaben verlangen. Damit verbindet sich der *monarchische* Charakter des Staates, der alle typischen Konsequenzen der Monarchien des Altertums mit sich führt. Der italische Städtebund hatte seinerzeit mit seinem Bürgeraufgebot die Kelten zu Boden geworfen, – deren Stärke reichlich derjenigen der Goten und Vandalen (je 15.000 bis 20.000 Krieger etwa) gleichkam, und hatte im hannibalischen Kriege eine Heeresmacht auf die Beine gebracht, für welche die Bewältigung der sog. „Völkerwanderung" eine Bagatelle gewesen wäre. Aber – ganz abgesehen von der Frage, ob die *soziale* Schichtung der Kaiserzeit noch eine Gründung der Wehrpflicht auf die *Selbst*equipierung eines Bürger- (und das heißt, in der antiken Polis: *Bauern-*) Aufgebotes gestattet hätte –, solche jeweils ad hoc erfolgende Bürgeraufgebote waren nicht fähig, einen ständigen Verteidigungsdienst einer quer durch ganz Europa laufenden Landesgrenze zu übernehmen, wie es das Interesse der binnenländischen Possessoren und der Domänenpächter verlangte. Das konnte nur ein stehendes, und also, nach den Verhältnissen des Altertums: ein Berufsheer. Und mit diesen Interessen des jetzt der Kultur erschlossenen Binnenlandes begegnete sich das *dynastische* Interesse des Monarchen, hier wie überall. Dynastisches Berufsheer und dynastische Bureaukratie traten nun, nach hellenistisch-ägyptischem Vorbild, an die Stelle der für ein Weltreich ganz unzulänglichen Polisverwaltung, und es war nur das konsequente Schlußglied der Entwicklung, als der monarchische Staat sich mit Verlegung der Residenz in den Osten auch ausdrücklich als Erbe des *Hellenismus* bekannte. Gewiß: Augustus und alle hervorragenden Gestalten der ersten beiden Jahrhunderte waren Römerkaiser, vorsichtig in der Ausdehnung des Bürgerrechts, zumal nach Osten hin, und auf die Erhaltung der Privilegien des Römertums bedacht. Aber: um die herrschende Nation ihrerseits zu beherrschen, entwaffneten sie sie allmählich, wie die Heimatsangaben der Veteranen in den Militärdiplomen deutlich genug zeigen. Und so war es möglich, daß durch einen einfachen Staatsstreich, ohne Lärm und Widerstand, die Herrschaft der Römer unter den Severen *gebrochen* wurde, und ein, jeder Kulturtradition barer Stamm, wie die Illyrier, abwechselnd mit Orientalen, sich der Beherrschung des Reichs bemächtigte. Das Ausscheiden der Römergeschlechter aus den Offizier- und Beamtenstellen, das Schwinden der alten festen Verwaltungs*tradition* des Römeradels (nicht „Rassen"-Einflüsse, für die auch hier gar kein greifbarer Beweis vorliegt) mußte den Staat in seinen Grundfesten erschüttern, und in der Tat folgte, dank der (wie v. Domaszewski nachweist) ins Rasende steigenden Donative an das allmächtige Heer, – der Staatsbankerott, damit ein Generationen lang dauernder Zusammenbruch der antiken Geldwirtschaft (die späteren Bestimmungen über den „Schatzfund" zeigen, wo die Barmittel, hier wie immer in ähnlichen

Fällen, geblieben waren), und ein Zerfall des Reiches, welches nun auf ganz neuer Basis wieder zusammengefügt wurde. Auch die römische Monarchie wurde nun ein *Leiturgiestaat* nach hellenistisch-ägyptischem Muster. Die Ansätze dazu reichen weit in das zweite Jahrhundert zurück. Die ständische Schichtung, wie sie die Kaiserzeit vornahm, vom höchst privilegierten Senatorenstand bis zu der, in einer Art von Hoflieferantenkult (Augustales) zusammengeschlossenen, kleinstädtischen Freigelassenenbourgeoisie, und die Dekurionatsverfassung, die Organisation der exterritorialen Domänen und Grundherrschaften bildeten die soziale Grundlage für die Ausdehnung des Bürgerrechts durch Caracalla auf alle diese privilegierten Schichten des Reichs, denen die kopfsteuerpflichtigen λαοί, plebs, coloni, tributarii, gegenüberstanden. Jene, von den „sordida munera" des gemeinen Mannes eximierten Schichten der „possessores", Grundherren, bilden nun auch offiziell die, sozusagen, „reichsunmittelbaren" Untertanen. Schon dieser Zustand, – die Fortbildung der Lage der Untertanen unter der Republik, – trägt hellenistisches Gepräge, gleichviel wieviel davon direkt als entlehnt zu gelten hat: die Bedingungen der antiken Monarchie brachten diese Gestaltungen mit sich. Die Art der Deckung der Heeresverpflegung und der Landversorgung der Legionen, die nun ein faktisch erblicher Stand verheirateter Grenzer wurden, ist zweifellos vom Osten, speziell Ägypten entlehnt, erst recht natürlich Monopole, Staatswerkstätten, Zwangszünfte, Solidarhaft der Dekurionen für die Steuern und alle die anderen Leiturgien, die, wie ein festes Netz, den einzelnen umstricken und an seine Funktion binden. – In diesem Netz hat der antike Staat auch, langsam aber sicher, den *Kapitalismus* erstickt. Denn wie kommt es doch, daß nicht wenigstens die ersten 2 Jahrhunderte der Kaiserzeit, und daß nicht, nach Wiederherstellung der Ordnung und des Friedens, das 4. Jahrhundert, Zeiträume (relativ) tiefen *Friedens*, wie sie die ganze „klassische" Zeit des Altertums nicht kannte, Blütezeiten kapitalistischer Wirtschaft waren? Zunahme der *Geld*wirtschaft steht, mindestens bis in die Zeit Mark Aurels etwa, fest, – aber „Geldwirtschaft" ist eben nicht gleich „Kapitalismus". Große *Grund*herrschaften entstehen und wachsen, – auf der anderen Seite dringen die Kleinhändler und Kleinhandwerker des Ostens während der ganzen, auch noch der letzten, Kaiserzeit in den Okzident vor (hier sind sie ja die Träger des Christentums). Aber von Fortschritten *kapitalistischer* Wirtschaftsorganisation hören wir weder im Handel noch in der Landwirtschaft noch vollends im Gewerbe etwas. Im Gegenteil: die „königlichen Kaufleute" der ersten Kaiserzeit, die nach dem Norden hin handelten, schwinden, – Kleinkrämervolk rückt vor, – die Verkehrssteuern versiegen in der Zeit des großen Zusammenbruchs im 3. Jahrh. so völlig, daß (wie Domaszewski nachweist) selbst die Erhebungsbeamten wegfallen. Und die flaue Lage, der Druck nach unten, datiert schon aus Mark Aurels Zeiten, wie die Papyri wahrscheinlich machen. Das Altertum hatte wahrlich härtere Kriegszustände erlebt als die Verwirrungsperiode des 3. Jahrh., – warum erholte es sich nicht wieder davon? – Weil der Kapitalismus des Altertums *politisch* verankert war, an der *privaten* Ausbeutung politischer Herrschaftsverhältnisse in einem expansiven Stadtstaat hing und mit dem Wegfall dieser Quelle der Kapitalbildung diese letztere stockte. Es war das erste Werk der Kaiser, daß sie die *Steuern* regulierten und die Willkür der Staatspächter einschränkten. Wie die ptolemäische Verwaltung (s. o.), so konnten auch sie zunächst das Kapital und die Geschäftserfahrung des Staatspächters nicht entbehren. Aber sie sahen begreiflicherweise, je mehr ihre eigene Bureaukratie die erforderliche Übersicht gewann, desto weniger ein, weshalb sie dem Staatspächter ohne Not privaten Profit gönnen sollten, sie gingen auf der Bahn der „Verstaatlichung" des Erhebungswesens immer weiter, – und, wie Domaszewski und Rostowzew gezeigt haben: – der Staats*pächter* endet als Staats*beamter*. Durch den Schutz ihrer *Untertanen* einerseits, durch die *Befriedung* der Welt andererseits, setzte das Kaiserreich den Kapitalismus auf den Aussterbeetat. Schrumpfen des Sklavenmarktes, Schwinden all jener Chancen, die der Kampf zwischen Polis und Polis bot, Schwinden der gewaltsamen Monopolisierungen von Handelswegen durch die einzelnen Poleis, Verstopfung überhaupt der *privaten* Ausbeutung von Domänen und Untertanen, das bedeutete für den Kapitalismus des Altertums die Entziehung seines Nährbodens. Daß er vollends im diokletianischen Leiturgiestaat keinen archimedischen Punkt für die Verankerung seines Gewinnstrebens fand, ist selbstverständlich. Die bureaukratische Ordnung tötete, wie jede politische Initiative der Untertanen, so auch die *ökonomische*, für welche ja die entsprechenden Chancen fehlten. Jeder Kapitalismus verwandelt „Vermögen" der besitzenden Schichten in „Kapital", – das Kaiserreich schaltete „Kapital" aus und hielt sich, wie der ptolemäische Staat, an das „Vermögen" der besitzenden Schichten. Mit ihrem *Besitz*, nicht mehr, wie in der antiken Polis, mit Speer und Panzer, hatten die besitzenden Klassen ihm jetzt, als Garanten seiner Einkünfte und Staatsbedürfnisse, zu dienen. – Damit an Stelle dieser *direkten* Benutzung der bemittelten Untertanen in Form des Leiturgiestaates die *indirekte*, in Form des Bündnisses zwischen Monarchie und Kapital im *merkantilistischen* Staat der Neuzeit, trete, bedurfte es der Entwicklung des *gewerblichen* Kapitalismus und des Beispiels des privaten kapitalistischen Reichtums der Niederlande und Englands. – Die Unterbindung der privaten ökonomischen Initiative durch die Bureaukratie ist nichts der Antike Spezifisches.

Jede Bureaukratie hat die *Tendenz*, durch Umsichgreifen die gleiche Wirkung zu erreichen. Auch die unsrige. Und während im Altertum die Politik der Polis den „Schrittmacher" für den Kapitalismus bilden mußte, ist *heute* der Kapitalismus Schrittmacher der *Bureaukratisierung der Wirtschaft*. Denken wir uns Kohlen, Eisen und alle Bergprodukte, alle Teile der Hüttenindustrie, ferner Sprit, Zucker, Tabak, Zündhölzer und überhaupt möglichst alle heute schon hochgradig kartellierten Massenprodukte in Staats- oder de facto staatlich kontrollierte Betriebe übernommen, den Domänenbesitz und die Fideikommisse und staatlich kontrollierte Rentengüter vervielfacht und den „Antrag Kanitz" in seinen Konsequenzen durchgeführt, für den Heeresbedarf und den Bedarf der Staatsbeamten staatlich geleitete Werkstätten und Konsumvereine, die Binnenschiffahrt an staatliche Schlepperei gebunden, die Seeschiffahrt staatlich kontrolliert, alle Eisenbahnen usw. verstaatlicht, dazu etwa noch die Baumwolleinfuhr durch Staatsverträge geregelt und staatlich geleitet und alle diese Betriebe in bureaukratischer „Ordnung" geführt, staatlich „kontrollierte" Syndikate, alles Übrige zünftig, durch zahllose Befähigungsnachweise akademischer und anderer Art, reguliert, den Typus des „rentier paisible" verallgemeinert, – so wäre, unter einem militaristisch-dynastischen Regime, der Zustand der späteren Kaiserzeit, nur auf technisch vollkommenerer Grundlage, erreicht. Von der Qualität seiner Vorfahren in der Zeit der Städtebünde hat der heutige deutsche „Bürger" schließlich nicht sehr viel mehr als der Athener in der Zeit der Caesaren von denjenigen der Marathonkämpfer. Die „Ordnung" ist sein Panier, – meist auch wenn er „Sozialdemokrat" ist. Die Bureaukratisierung der Gesellschaft wird bei uns des Kapitalismus aller Voraussicht nach *irgendwann* ebenso Herr werden, wie im Altertum. Auch bei uns wird dann an Stelle der „Anarchie der Produktion" jene „Ordnung" treten, welche, im Prinzip ähnlich, die römische Kaiserzeit und, noch mehr, das „neue Reich" in Ägypten und die Ptolemäerherrschaft auszeichnet. Und man glaube nur ja nicht, daß der Waffendienst in einem bureaukratisch mit Kriegsmaschinen versehenen, gekleideten, sustentierten, gedrillten, kommandierten Kasernenheer ein „Gegengewicht" bieten könne, und daß überhaupt die moderne militärische Zwangsrobott in *dynastischen* Staaten mit der bürgerlichen Wehrhaftigkeit der fernen Vergangenheit innere Verwandtschaft habe. – Doch diese Perspektiven gehören nicht hierher. Das Kontinuum der mittelländisch-europäischen Kulturentwicklung kannte *bisher* weder abgeschlossene „Kreisläufe" *noch* eine eindeutig orientierte „gradlinige" Entwicklung. Zeitweise gänzlich versunkene Erscheinungen der antiken Kultur sind später in einer ihnen fremden Welt wieder aufgetaucht. Andererseits sind, wie die Städte der Spätantike, speziell des Hellenismus, auf dem Gebiet des Gewerbes, so die spätantiken *Grundherrschaften* auf agrarischem Gebiet *Vorstufen* des Mittelalters gewesen. Daß und in welchem Sinn dies gilt, ist an andrer Stelle zu erörtern.

Wissenschaft als Beruf[1]

Ich soll nach Ihrem Wunsch über „Wissenschaft als Beruf" sprechen. Nun ist es eine gewisse Pedanterie von uns Nationalökonomen, an der ich festhalten möchte: daß wir stets von den äußeren Verhältnissen ausgehen, hier also von der Frage: Wie gestaltet sich Wissenschaft als Beruf im materiellen Sinne des Wortes? Das bedeutet aber praktisch heute im wesentlichen: Wie gestaltet sich die Lage eines absolvierten Studenten, der entschlossen ist, der Wissenschaft innerhalb des akademischen Lebens sich berufsmäßig hinzugeben? Um zu verstehen, worin da die Besonderheit unserer deutschen Verhältnisse besteht, ist es zweckmäßig, vergleichend zu verfahren und sich zu vergegenwärtigen, wie es im Auslande dort aussieht, wo in dieser Hinsicht der schärfste Gegensatz gegen uns besteht: in den Vereinigten Staaten.

Bei uns – das weiß jeder – beginnt normalerweise die Laufbahn eines jungen Mannes, der sich der Wissenschaft als Beruf hingibt, als „Privatdozent". Er habilitiert sich nach Rücksprache und mit Zustimmung des betreffenden Fachvertreters, auf Grund eines Buches und eines meist mehr formellen Examens vor der Fakultät, an einer Universität und hält nun, unbesoldet, entgolten nur durch das Kolleggeld der Studenten, Vorlesungen, deren Gegenstand er innerhalb seiner venia legendi selbst bestimmt. In Amerika beginnt die Laufbahn normalerweise ganz anders, nämlich durch Anstellung als „assistant". In ähnlicher Art etwa, wie das bei uns an den großen Instituten vor sich zu gehen pflegt, wo die förmliche Habilitation als Privatdozent nur von einem Bruchteil der Assistenten und oft erst spät erstrebt wird. Der Gegensatz bedeutet praktisch: daß bei uns die Laufbahn eines Mannes der Wissenschaft im ganzen auf plutokratischen Voraussetzungen aufgebaut ist. Denn es ist außerordentlich gewagt für einen jungen Gelehrten, der keinerlei Vermögen hat, überhaupt den Bedingungen der akademischen Laufbahn sich auszusetzen. Er muß es mindestens eine Anzahl Jahre aushalten können, ohne irgendwie zu wissen, ob er nachher die Chancen hat, einzurücken in eine Stellung, die für den Unterhalt ausreicht. In den Vereinigten Staaten dagegen besteht das bureaukratische System. Da wird der junge Mann von Anfang an besoldet. Bescheiden freilich. Der Gehalt entspricht meist kaum der Höhe der Entlohnung eines nicht völlig ungelernten Arbeiters. Immerhin: er beginnt mit einer scheinbar sicheren Stellung, denn er ist fest besoldet. Allein die Regel ist, daß ihm, wie unseren Assistenten, gekündigt werden kann, und das hat er vielfach rücksichtslos zu gewärtigen, wenn er den Erwartungen nicht ent-

[1] In: Geistige Arbeit als Beruf. Vier Vorträge vor dem Freistudentischen Bund. Erster Vortrag. München und Leipzig 1919.

spricht. Diese Erwartungen aber gehen dahin, daß er „volle Häuser" macht. Das kann einem deutschen Privatdozenten nicht passieren. Hat man ihn einmal, so wird man ihn nicht mehr los. Zwar „Ansprüche" hat er nicht. Aber er hat doch die begreifliche Vorstellung: daß er, wenn er jahrelang tätig war, eine Art moralisches Recht habe, daß man auf ihn Rücksicht nimmt. Auch – das ist oft wichtig – bei der Frage der eventuellen Habilitierung anderer Privatdozenten. Die Frage: ob man grundsätzlich jeden, als tüchtig legitimierten, Gelehrten habilitieren oder ob man auf den „Lehrbedarf" Rücksicht nehmen, also den einmal vorhandenen Dozenten ein Monopol des Lehrens geben solle, ist ein peinliches Dilemma, welches mit dem bald zu erwähnenden Doppelgesicht des akademischen Berufes zusammenhängt. Meist entscheidet man sich für das zweite. Das bedeutet aber eine Steigerung der Gefahr, daß der betreffende Fachordinarius, bei subjektiv größter Gewissenhaftigkeit, doch seine eigenen Schüler bevorzugt. Persönlich habe ich – um das zu sagen – den Grundsatz befolgt: daß ein bei mir promovierter Gelehrter sich bei einem *andern* als mir und anderswo legitimieren und habilitieren müsse. Aber das Resultat war: daß einer meiner tüchtigsten Schüler anderwärts abgewiesen wurde, weil niemand ihm *glaubte*, daß dies der Grund sei.

Ein weiterer Unterschied gegenüber Amerika ist der: Bei uns hat im allgemeinen der Privatdozent *weniger* mit Vorlesungen zu tun, als er wünscht. Er kann zwar dem Rechte nach jede Vorlesung seines Faches lesen. Das gilt aber als ungehörige Rücksichtslosigkeit gegenüber den älteren vorhandenen Dozenten, und in der Regel hält die „großen" Vorlesungen der Fachvertreter, und der Dozent begnügt sich mit Nebenvorlesungen. Der Vorteil ist: er hat, wennschon etwas unfreiwillig, seine jungen Jahre für die wissenschaftliche Arbeit frei.

In Amerika ist das prinzipiell anders geordnet. Gerade in seinen jungen Jahren ist der Dozent absolut überlastet, weil er eben *bezahlt* ist. In einer germanistischen Abteilung z. B. wird der ordentliche Professor etwa ein dreistündiges Kolleg über Goethe lesen und damit: genug –, während der jüngere assistant froh ist, wenn er, bei zwölf Stunden die Woche, neben dem Einbläuen der deutschen Sprache etwa bis zu Dichtern vom Range Uhlands hinauf etwas zugewiesen bekommt. Denn den Lehrplan schreiben die amtlichen Fachinstanzen vor, und darin ist der assistant ebenso wie bei uns der Institutsassistent abhängig.

Nun können wir bei uns mit Deutlichkeit beobachten: daß die neueste Entwicklung des Universitätswesens auf breiten Gebieten der Wissenschaft in der Richtung des amerikanischen verläuft. Die großen Institute medizinischer oder naturwissenschaftlicher Art sind „staatskapitalistische" Unternehmungen. Sie können nicht verwaltet werden ohne Betriebsmittel größten Umfangs. Und es tritt da der gleiche Umstand ein wie überall, wo der kapitalistische Betrieb einsetzt: die „Trennung des Arbeiters von den Produktionsmitteln". Der Arbeiter, der Assistent also, ist angewiesen auf die Arbeitsmittel, die vom Staat zur Verfügung gestellt werden; er ist infolgedessen vom Institutsdirektor ebenso abhängig wie ein Angestellter in einer Fabrik: – denn der Institutsdirektor stellt sich ganz gutgläubig vor, daß dies Institut *„sein“* Institut sei, und schaltet darin, – und er steht häufig ähnlich prekär wie jede „proletaroide“ Existenz und wie der assistant der amerikanischen Universität.

Unser deutsches Universitätsleben amerikanisiert sich, wie unser Leben überhaupt, in sehr wichtigen Punkten, und diese Entwicklung, das bin ich überzeugt, wird weiter übergreifen auch auf die Fächer, wo, wie es heute noch in meinem Fache in starkem Maße der Fall ist, der Handwerker das Arbeitsmittel (im wesentlichen: die Bibliothek) selbst besitzt, ganz entsprechend, wie es der alte Handwerker in der Vergangenheit innerhalb eines Gewerbes auch tat. Die Entwicklung ist in vollem Gange.

Die technischen Vorzüge sind ganz unzweifelhaft, wie bei allen kapitalistischen und zugleich bureaukratisierten Betrieben. Aber der „Geist“, der in ihnen herrscht, ist ein anderer as die althistorische Atmosphäre der deutschen Universitäten. Es besteht eine außerordentlich starke Kluft, äußerlich und innerlich, zwischen dem Chef eines solchen großen kapitalistischen Universitätsunternehmens und dem gewöhnlichen Ordinarius alten Stils. Auch in der inneren Haltung. Ich möchte das hier nicht weiter ausführen. Innerlich ebenso wie äußerlich ist die alte Universitäts*verfassung* fiktiv geworden. Geblieben aber und wesentlich gesteigert ist ein der Universitäts*laufbahn* eigenes Moment: Ob es einem solchen Privatdozenten, vollends einem Assistenten, jemals gelingt, in die Stelle eines vollen Ordinarius und gar eines Institutsvorstandes einzurücken, ist eine Angelegenheit, die einfach *Hazard* ist. Gewiß: nicht nur der Zufall herrscht, aber er herrscht doch in ungewöhnlich hohem Grade. Ich kenne kaum eine Laufbahn auf Erden, wo er eine solche Rolle spielt. Ich darf das um so mehr sagen, als ich persönlich es einigen absoluten Zufälligkeiten zu verdanken habe, daß ich seinerzeit in sehr jungen Jahren in eine ordentliche Professur eines Faches berufen wurde, in welchem damals Altersgenossen unzweifelhaft mehr als ich geleistet hatten. Und ich bilde mir allerdings ein, auf Grund dieser Erfahrung ein geschärftes Auge für das unverdiente Schicksal der vielen zu haben, bei denen der Zufall gerade umgekehrt gespielt hat und noch spielt, und die trotz aller Tüchtigkeit innerhalb dieses Ausleseapparates nicht an die Stelle gelangen, die ihnen gebühren würde.

Daß nun der Hazard und nicht die Tüchtigkeit als solche eine große Rolle spielt, liegt nicht allein und nicht einmal vorzugsweise an den Menschlichkeiten, die natürlich bei dieser Auslese ganz ebenso vorkommen wie bei jeder anderen. Es wäre unrecht, für den Umstand, daß zweifellos so viele Mittelmäßigkeiten an den Universitäten eine hervorragende Rolle spielen, persönliche Minderwertigkeiten von Fakultäten oder Ministerien verantwortlich zu machen. Sondern das liegt an den Gesetzen menschlichen Zusammenwirkens, zumal eines Zusammenwirkens mehrerer Körperschaften, hier: der vorschlagenden Fakultäten mit den Ministerien, an sich. Ein Gegenstück: wir können durch viele Jahrhunderte die Vorgänge bei den Papstwahlen verfolgen: das wichtigste kontrollierbare Beispiel gleichartiger Personenauslese. Nur selten hat der Kardinal, von dem man sagt: er ist „Favorit", die Chance, durchzukommen. Sondern in der Regel der Kandidat Nummer zwei oder drei. Das gleiche beim Präsidenten der Vereinigten Staaten: nur ausnahmsweise der allererste, aber: prononcierteste, Mann, sondern meist Nummer zwei, oft Nummer drei, kommt in die „Nomination" der Parteikonventionen hinein und nachher in den Wahlgang: die Amerikaner haben für diese Kategorien schon technisch soziologische Ausdrücke gebildet, und es wäre ganz interessant, an diesen Beispielen die Gesetze einer Auslese durch Kollektivwillensbildung zu untersuchen. Das tun wir heute hier nicht. Aber sie gelten auch für Universitätskollegien, und zu wundern hat man sich nicht darüber, daß da öfter Fehlgriffe erfolgen, sondern daß eben doch, verhältnismäßig angesehen, immerhin die Zahl der *richtigen* Besetzungen eine trotz allem sehr bedeutende ist. Nur wo, wie in einzelnen Ländern, die Parlamente oder, wie bei uns bisher, die Monarchen (beides wirkt ganz gleichartig) oder jetzt revolutionäre Gewalthaber aus *politischen* Gründen eingreifen, kann man sicher sein, daß bequeme Mittelmäßigkeiten oder Streber allein die Chancen für sich haben.

Kein Universitätslehrer denkt gern an Besetzungserörterungen zurück, denn sie sind selten angenehm. Und doch darf ich sagen: der gute *Wille*, rein sachliche Gründe entscheiden zu lassen, war in den mir bekannten zahlreichen Fällen ohne Ausnahme da.

Denn man muß sich weiter verdeutlichen: es liegt nicht nur an der Unzulänglichkeit der Auslese durch kollektive Willensbildung, daß die Entscheidung der akademischen Schicksale so weitgehend „Hazard" ist. Jeder junge Mann, der sich zum Gelehrten berufen fühlt, muß sich vielmehr klarmachen, daß die Aufgabe, die ihn erwartet, ein Doppelgesicht hat. Er soll qualifiziert sein als Gelehrter nicht nur, sondern auch: als Lehrer. Und beides fällt ganz und gar nicht zusammen. Es kann jemand ein ganz hervorragender Gelehrter und ein geradezu entsetzlich schlechter Lehrer sein. Ich erinnere an die Lehrtätigkeit von Männern wie Helmholtz oder wie Ranke. Und das sind nicht etwa seltene Ausnahmen. Nun liegen aber die Dinge so, daß unsere Universitäten, zumal die kleinen Universitäten, untereinander in einer Frequenzkonkurrenz lächerlichster Art sich befinden. Die Hausagrarier der Universitätsstädte feiern den tausendsten Studenten durch eine Festlichkeit, den zweitausendsten Studenten aber am liebsten durch einen Fackelzug. Die Kolleggeldinteressen – man soll das doch offen zugeben – werden durch eine „zugkräftige" Besetzung der nächstbenachbarten Fächer mitberührt, und auch abgesehen davon ist nun einmal die Hörerzahl ein ziffernmäßig greifbares Bewährungsmerkmal, während die Gelehrtenqualität unwägbar und gerade bei kühnen Neuerern oft (und ganz natürlicherweise) umstritten ist. Unter dieser Suggestion von dem unermeßlichen Segen und Wert der großen Hörerzahl steht daher meist alles. Wenn es von einem Dozenten heißt: er ist ein schlechter Lehrer, so ist das für ihn meist das akademische Todesurteil, mag er der allererste Gelehrte der Welt sein. Die Frage aber: ob einer ein guter oder ein schlechter Lehrer ist, wird beantwortet durch die Frequenz, mit der ihn die Herren Studenten beehren. Nun ist es aber eine Tatsache, daß der Umstand, daß die Studenten einem Lehrer zuströmen, in weitgehendstem Maße von reinen Äußerlichkeiten bestimmt ist: Temperament, sogar Stimmfall, – in einem Grade, wie man es nicht für möglich halten sollte. Ich habe nach immerhin ziemlich ausgiebigen Erfahrungen und nüchterner Überlegung ein tiefes Mißtrauen gegen die Massenkollegien, so unvermeidbar gewiß sie auch sind. Die Demokratie da, wo sie hingehört. Wissenschaftliche Schulung aber, wie wir sie nach der Tradition der deutschen Universitäten an diesen betreiben sollen, ist eine *geistesaristokratische* Angelegenheit, das sollten wir uns nicht verhehlen. Nun ist es freilich andererseits wahr: die Darlegung wissenschaftlicher Probleme so, daß ein ungeschulter, aber aufnahmefähiger Kopf sie versteht, und daß er – was für uns das allein Entscheidende ist – zum selbständigen Denken darüber gelangt, ist vielleicht die pädagogisch schwierigste Aufgabe von allen. Gewiß: aber darüber, ob sie gelöst wird, entscheiden nicht die Hörerzahlen. Und – um wieder auf unser Thema zu kommen – eben diese Kunst ist eine persönliche Gabe und fällt mit den wissenschaftlichen Qualitäten eines Gelehrten ganz und gar nicht zusammen. Im Gegensatz zu Frankreich aber haben wir keine Körperschaft der „Unsterblichen" der Wissenschaft, sondern es sollen unserer Tradition gemäß die Universitäten beiden Anforderungen: der Forschung und der Lehre, gerecht werden. Ob die Fähigkeiten dazu sich aber in einem Menschen zusammenfinden, ist absoluter Zufall.

Das akademische Leben ist also ein wilder Hazard. Wenn junge Gelehrte um Rat fragen kommen wegen Habilitation, so ist die Verantwortung des Zuredens fast nicht zu tragen. Ist er ein Jude, so sagt man ihm natürlich: lasciate ogni speranza. Aber auch jeden anderen muß man auf das Gewissen fragen: Glauben Sie, daß Sie es aushalten, daß Jahr um Jahr Mittemäßigkeit nach Mittelmäßigkeit über Sie hinaussteigt, ohne innerlich zu verbittern und zu verderben? Dann bekommt man selbstverständlich jedesmal die Antwort: Natürlich, ich lebe nur meinem „Beruf"; – aber ich wenigstens habe es nur von sehr wenigen erlebt, daß sie das ohne inneren Schaden für sich aushielten.

Soviel schien nötig über die äußeren Bedingungen des Gelehrtenberufs zu sagen.

Ich glaube nun aber, Sie wollen in Wirklichkeit von etwas anderem: von dem *inneren* Berufe zur Wissenschaft, hören. In der heutigen Zeit ist die innere Lage gegenüber dem Betrieb der Wissenschaft als Beruf bedingt zunächst dadurch, daß die Wissenschaft in ein Stadium der Spezialisierung eingetreten ist, wie es früher unbekannt war, und daß dies in alle Zukunft so bleiben wird. Nicht nur äußerlich, nein, gerade innerlich liegt die Sache so: daß der einzelne das sichere Bewußtsein, etwas wirklich ganz Vollkommenes auf wissenschaftlichem Gebiet zu leisten, nur im Falle strengster Spezialisierung sich verschaffen kann. Alle Arbeiten, welche auf Nachbargebiete übergreifen, wie wir sie gelegentlich machen, wie gerade z. B. die Soziologen sie notwendig immer wieder machen müssen, sind mit dem resignierten Bewußtsein belastet: daß man allenfalls dem Fachmann nützliche *Fragestellungen* liefert, auf die dieser von seinen Fachgesichtspunkten aus nicht so leicht verfällt, daß aber die eigene Arbeit unvermeidlich höchst unvollkommen bleiben muß. Nur durch strenge Spezialisierung kann der wissenschaftliche Arbeiter tatsächlich das Vollgefühl, einmal und vielleicht nie wieder im Leben, sich zu eigen machen: hier habe ich etwas geleistet, was *dauern* wird. Eine wirklich endgültige und tüchtige Leistung ist heute stets: eine spezialistische Leistung. Und wer also nicht die Fähigkeit besitzt, sich einmal sozusagen Scheuklappen anzuziehen und sich hineinzusteigern in die Vorstellung, daß das Schicksal seiner Seele davon abhängt: ob er diese, gerade diese Konjektur an dieser Stelle dieser Handschrift richtig macht, der bleibe der Wissenschaft nur ja fern. Niemals wird er in sich das durchmachen, was man das „Erlebnis" der Wissenschaft nennen kann. Ohne diesen seltsamen, von jedem Draußenstehenden belächelten Rausch, diese Leidenschaft, dieses: „Jahrtausende mußten vergehen, ehe du ins Leben tratest, und andere Jahrtausende warten schweigend": – darauf, ob dir diese Konjektur gelingt, hat einer den Beruf zur Wissenschaft *nicht* und tue etwas anderes. Denn nichts ist für den Menschen als Menschen etwas wert, was er nicht mit *Leidenschaft* tun *kann*.

Nun ist es aber Tatsache: daß mit noch so viel von solcher Leidenschaft, so echt und tief sie sein mag, das Resultat sich noch lange nicht erzwingen läßt. Freilich ist sie eine Vorbedingung des Entscheidenden: der „Eingebung". Es ist ja wohl heute in den Kreisen der Jugend die Vorstellung sehr verbreitet, die Wissenschaft sei ein Rechenexempel geworden, das in Laboratorien oder statistischen Kartotheken mit dem kühlen Verstand allein und nicht mit der ganzen „Seele" fabriziert werde, so wie „in einer Fabrik". Wobei vor allem zu bemerken ist: daß dabei meist weder über das, was in einer Fabrik noch was in einem Laboratorium vorgeht, irgendwelche Klarheit besteht. Hier wie dort muß dem Menschen etwas – und zwar das richtige – *einfallen*, damit er irgend etwas Wertvolles leistet. Dieser Einfall aber läßt sich nicht erzwingen, Mit irgendwelchem kalten Rechnen hat er nicht zu tun. Gewiß: auch das ist unumgängliche Vorbedingung. Jeder Soziologe z. B. darf sich nun einmal nicht zu schade dafür sein, auch noch auf seine alten Tage vielleicht monatelang viele zehntausende ganz trivialer Rechenexempel im Kopfe zu machen. Man versucht nicht ungestraft, das auf mechanische Hilfskräfte ganz und gar abzuwälzen, wenn man etwas herausbekommen will. – und was schließlich herauskommt, ist oft blutwenig. Aber, wenn ihm nicht doch etwas Bestimmtes über die Richtung seines Rechnens und, während des Rechnens, über die Tragweite der entstehenden Einzelresultate „einfällt", dann kommt selbst dies Blutwenige nicht heraus. Nur auf dem Boden ganz harter Arbeit bereitet sich normalerweise der Einfall vor. Gewiß: nicht immer. Der Einfall eines Dilettanten kann wissenschaftlich genau die gleiche oder größere Tragweite haben wie der des Fachmanns. Viele unserer allerbesten Problemstellungen und Erkenntnisse verdanken wir gerade Dilettanten. Der Dilettant unterscheidet sich vom Fachmann – wie Helmholtz über Robert Mayer gesagt hat – nur dadurch, daß ihm die feste Sicherheit der Arbeitsmethode fehlt, und daß er daher den Einfall meist nicht in seiner Tragweite nachzukontrollieren und abzuschätzen oder durchzuführen in der Lage ist. Der Einfall ersetzt nicht die Arbeit. Und die Arbeit ihrerseits kann den Einfall nicht ersetzen oder erzwingen, so wenig wie die Leidenschaft es tut. Beide – vor allem: beide *zusammen* – locken ihn. Aber er kommt, wenn es ihm, nicht, wenn es uns beliebt. Es ist in der Tat richtig, daß die besten Dinge einem so, wie Ihering es schildert: bei der Zigarre auf dem Kanapee, oder wie Helmholtz mit naturwissenschaftlicher Genauigkeit für sich angibt: beim Spaziergang auf langsam steigender Straße, oder ähnlich, jedenfalls aber dann, wenn man sie nicht erwartet, einfallen, und nicht während des Grübelns und Suchens am Schreibtisch. Sie wären einem nur freilich nicht eingefallen, wenn man jenes Grübeln am Schreibtisch und wenn man das leidenschaftliche Fragen nicht hinter sich gehabt hätte. Wie dem aber sei: – diesen Hazard, der bei jeder wissenschaftlichen Arbeit mit unterläuft: kommt die „Eingebung" oder nicht? auch den muß der wissenschaftliche Arbeiter in Kauf nehmen. Es kann einer ein vorzüglicher Arbeiter sein und doch nie einen eigenen wertvollen Einfall gehabt haben. Nur ist es ein schwerer Irrtum, zu glauben, das sei nur in der Wissenschaft so und z. B. in einem Kontor gehe es etwa anders zu wie in einem Laboratorium. Ein Kaufmann oder Großindustrieller ohne „kaufmännische Phantasie", d. h. ohne Einfälle, geniale Einfälle, der ist sein Leben lang nur ein Mann, der am besten Kommis oder technischer Beamter bliebe: nie wird er organisatorische Neuschöpfungen gestalten. Die Eingebung spielt auf dem Gebiete der Wissenschaft ganz und gar nicht – wie sich der Gelehrtendünkel einbildet – eine Rolle als auf dem Gebiete der Bewältigung von Problemen des praktischen Lebens durch einen modernen Unternehmer. Und sie spielt andererseits – was auch oft verkannt wird – keine geringere Rolle als auf dem Gebiete der Kunst. Es ist eine kindliche Vorstellung, daß ein Mathematiker an einem Schreibtisch mit einem Lineal oder mit anderen mechanischen Mitteln oder Rechenmaschinen zu irgendwelchem wissenschaftlich wertvollen Resultat käme: die mathematische

Phantasie eines Weierstraß ist natürlich dem Sinn und Resultat nach ganz anders ausgerichtet als die eines Künstlers und qualitativ von ihr grundverschieden. Aber nicht dem psychologischen Vorgang nach. Beide sind: Rausch (im Sinne von Platons „Mania“) und „Eingebung“.

Nun: ob jemand wissenschaftliche Eingebungen hat, das hängt ab von uns verborgenen Schicksalen, außerdem aber von der „Gabe“. Nicht zuletzt auf Grund jener zweifellosen Wahrheit hat nun eine ganz begreiflicherweise gerade bei der Jugend sehr populäre Einstellung sich in den Dienst einiger Götzen gestellt, deren Kult wir heute an allen Straßenecken und in allen Zeitschriften sich breit machen finden. Jene Götzen sind: die „Persönlichkeit“ und das „Erleben“. Beide sind eng verbunden: die Vorstellung herrscht, das letztere mache die erstere aus und gehöre zu ihr. Man quält sich ab, zu „erleben“, – denn das gehört ja zur standesgemäßen Lebensführung einer Persönlichkeit, – und gelingt es nicht, dann muß man wenigstens so tun, als habe man diese Gnadengabe. Früher nannte man dies „Erlebnis“ auf deutsch: „Sensation“. Und von dem, was „Persönlichkeit“ sei und bedeute, hatte man eine – ich glaube – zutreffendere Vorstellung.

Verehrte Anwesende! „Persönlichkeit“ auf wissenschaftlichem Gebiet hat nur der, der *rein der Sache* dient. Und nicht nur auf wissenschaftlichem Gebiet ist es so. Wir kennen keinen großen Künstler, der je etwas anderes getan hätte, als seiner Sache und nur ihr zu dienen. Es hat sich, soweit seine Kunst in Betracht kommt, selbst bei einer Persönlichkeit vom Range Goethes gerächt, daß er sich die Freiheit nahm: sein „Leben“ zum Kunstwerk machen zu wollen. Aber mag man das bezweifeln, – jedenfalls muß man eben ein Goethe sein, um sich das überhaupt erlauben zu dürfen, und wenigstens das wird jeder zugeben: unbezahlt ist es auch bei jemand wie ihm, der alle Jahrtausende einmal erscheint, nicht geblieben. Auf dem Gebiet der Wissenschaft aber ist derjenige ganz gewiß keine „Persönlichkeit“, der als Impresario der Sache, der er sich hingeben sollte, mit auf die Bühne tritt, sich durch „Erleben“ legitimieren möchte und fragt: Wie beweise ich, daß ich etwas anderes bin als nur ein „Fachmann“, wie mache ich es, daß ich, in der Form oder in der Sache, etwas sage, das so noch keiner gesagt hat wie ich: – eine heute massenhaft auftretende Erscheinung, die überall kleinlich wirkt, und die denjenigen herabsetzt, der so fragt, statt daß ihn die innere Hingabe an die Aufgabe und nur an sie auf die Höhe und zu der Würde der Sache emporhöbe, der er zu dienen vorgibt. Auch das ist beim Künstler nicht anders. –

Diesen mit der Kunst gemeinsamen Vorbedingungen unserer Arbeit steht nun gegenüber ein Schicksal, das sie von der künstlerischen Arbeit tief unterscheidet. Die wissenschaftliche Arbeit ist eingespannt in den Ablauf des *Fortschritts*. Auf dem Gebiete der Kunst dagegen gibt es – in diesem Sinne – keinen Fortschritt. Es ist nicht wahr, daß ein Kunstwerk einer Zeit, welche neue technische Mittel oder etwa die Gesetze der Perspektive sich erarbeitet hatte, um deswillen rein künstlerisch höher stehe als ein aller Kenntnis jener Mittel und Gesetze entblößtes Kunstwerk, – *wenn* es nur material- und formgerecht war, das heißt: wenn es seinen Gegenstand so wählte und formte, wie dies ohne Anwendung jener Bedingungen und Mittel kunstgerecht zu leisten war. Ein Kunstwerk, das wirklich „Erfüllung" ist, wird nie überboten, es wird nie veralten; der einzelne kann seine Bedeutsamkeit für sich persönlich verschieden einschätzen; aber niemand wird von einem Werk, das wirklich im künstlerischen Sinne „Erfüllung" ist, jemals sagen können, daß es durch ein anderes, das ebenfalls „Erfüllung" ist, „überholt" sei. Jeder von uns dagegen in der Wissenschaft weiß, daß das, was er gearbeitet hat, in 10, 20, 50 Jahren veraltet ist. Das ist das Schicksal, ja: das ist der *Sinn* der Arbeit der Wissenschaft, dem sie, in ganz spezifischem Sinne gegenüber allen anderen Kulturelementen, für die es sonst noch gilt, unterworfen und hingegeben ist: jede wissenschaftliche „Erfüllung" bedeutet neue „Fragen" und *will* „überboten" werden und veralten. Damit hat sich jeder abzufinden, der der Wissenschaft dienen will. Wissenschaftliche Arbeiten können gewiß dauernd, als „Genußmittel" ihrer künstlerischen Qualität wegen, oder als Mittel der Schulung zur Arbeit, wichtig bleiben. Wissenschaftlich aber überholt zu werden, ist – es sei wiederholt – nicht nur unser aller Schicksal, sondern unser aller Zweck. Wir können nicht arbeiten, ohne zu hoffen, daß andere weiter kommen werden als wir. Prinzipiell geht dieser Fortschritt in das Unendliche. Und damit kommen wir zu dem *Sinnproblem* der Wissenschaft. Denn das versteht sich ja doch nicht so von selbst, daß etwas, das einem solchen Gesetz unterstellt ist, Sinn und Verstand in sich selbst hat. Warum betreibt man etwas, das in der Wirklichkeit nie zu Ende kommt und kommen kann? Nun zunächst: zu rein praktischen, im weiteren Wortsinn: technischen Zwecken: um unser praktisches Handeln an den Erwartungen orientieren zu können, welche die wissenschaftliche Erfahrung uns an die Hand gibt. Gut. Aber das bedeutet nur etwas für den Praktiker. Welches aber ist die innere Stellung des Mannes der Wissenschaft selbst zu seinem Beruf? – wenn er nämlich nach einer solchen überhaupt sucht. Er behauptet: die Wissenschaft „um ihrer selbst willen" und nicht nur dazu zu betreiben, weil andere damit geschäftliche oder technische Erfolge herbeiführen, sich besser nähren, kleiden, beleuchten, regieren können. Was glaubt er denn aber Sinnvolles damit, mit diesen stets zum Veralten bestimmten Schöpfungen, zu leisten, damit also, daß er sich in diesen fachgeteilten, ins Unendliche laufenden Betrieb einspannen läßt? Das erfordert einige allgemeine Erwägungen.

Der wissenschaftliche Fortschritt ist ein Bruchteil, und zwar der wichtigste Bruchteil jenes Intellektualisierungsprozesses, dem wir seit Jahrtausenden unterliegen, und zu dem heute üblicherweise in so außerordentlich negativer Art Stellung genommen wird.

Machen wir uns zunächst klar, was denn eigentlich diese intellektualistische Rationalisierung durch Wissenschaft und wissenschaftlich orientierte Technik praktisch bedeutet. Etwa, daß wir heute, jeder z. B., der hier im Saale sitzt, eine größere Kenntnis der Lebensbedingungen hat, unter denen er existiert, als ein Indianer oder ein Hottentotte? Schwerlich. Wer von uns auf der Straßenbahn fährt hat – wenn er nicht Fachphysiker ist – keine Ahnung, wie sie das macht, sich in Bewegung zu setzen. Er braucht auch nichts davon zu wissen. Es genügt ihm, daß er auf das Verhalten des Straßenbahnwagens „rechnen" kann, er orientiert sein Verhalten daran; aber wie man eine Trambahn so herstellt, daß sie sich bewegt, davon weiß er nichts. Der Wilde weiß das von seinen Werkzeugen ungleich besser. Wenn wir heute Geld ausgeben, so wette ich, daß, sogar wenn nationalökonomische Fachkollegen im Saale sind, fast jeder eine andere Antwort bereit halten wird auf die Frage: Wie macht das Geld es, daß man dafür etwas – bald viel, bald wenig – kaufen kann? Wie der Wilde es macht, um zu seiner täglichen Nahrung zu kommen, und welche Institutionen ihm dabei dienen, das weiß er. Die zunehmende Intellektualisierung und Rationalisierung bedeutet also *nicht* eine zunehmende allgemeine Kenntnis der Lebensbedingungen, unter denen man steht. Sondern sie bedeutet etwas anderes: das Wissen davon oder den Glauben daran: daß man, wenn man *nur wollte*, es jederzeit erfahren *könnte*, daß es also prinzipiell keine geheimnisvollen unberechenbaren Mächte gebe, die da hineinspielen, daß man vielmehr alle Dinge – im Prinzip – durch *Berechnen beherrschen* könne. Das aber bedeutet: die Entzauberung der Welt. Nicht mehr, wie der Wilde, für den es solche Mächte gab, muß man zu magischen Mitteln greifen, um die Geister zu beherrschen oder zu erbitten. Sondern technische Mittel und Berechnung leisten das. Dies vor allem bedeutet die Intellektualisierung als solche.

Hat denn aber nun dieser in der okzidentalen Kultur durch Jahrtausende fortgesetzte Entzauberungsprozeß und überhaupt: dieser „Fortschritt", dem die Wissenschaft als Glied und Triebkraft mit angehören, irgendeinen über dies rein Praktische und Technische hinausgehenden Sinn? Aufgeworfen finden Sie diese Frage am prinzipiellsten in den Werken Leo Tolstojs. Auf einem eigentümlichen Wege kam er dazu. Das ganze Problem seines Grübelns drehte sich zunehmend um die Frage: ob der *Tod* eine sinnvolle Erscheinung sei oder nicht. Und die Antwort lautete bei ihm: für den Kulturmenschen – nein. Und zwar deshalb nicht, weil ja das zivilisierte, in den „Fortschritt", in das Unendliche hineingestellte einzelne Leben seinem eigenen immanenten Sinn nach kein Ende haben dürfte. Denn es liegt ja immer noch ein weiterer Fortschritt vor dem, der darin steht: niemand, der stirbt, steht auf der Höhe, welche in der Unendlichkeit liegt. Abraham oder irgendein Bauer der alten Zeiten starb „alt und lebensgesättigt", weil er im organischen Kreislauf des Lebens stand, weil sein Leben auch seinem

Sinn nach ihm am Abend seiner Tage gebracht hatte, was es bieten konnte, weil für ihn keine Rätsel, die er zu lösen wünschte, übrig blieben und er deshalb „genug" daran haben konnte. Ein Kulturmensch aber, hineingestellt in die fortwährende Anreicherung der Zivilisation mit Gedanken, Wissen, Problemen, der kann „lebensmüde" werden, aber nicht: lebensgesättigt. Denn er erhascht von dem, was das Leben des Geistes stets neu gebiert, ja nur einen winzigsten Teil, und immer nur etwas Vorläufiges, nichts Endgültiges, und deshalb ist der Tod für ihn eine sinnlose Begebenheit. Und weil der Tod sinnlos ist, ist es auch das Kulturleben als solches, welches ja eben durch seine sinnlose „Fortschrittlichkeit" den Tod zur Sinnlosigkeit stempelt. Überall in seinen späten Romanen findet sich dieser Gedanke als Grundton der Tolstojschen Kunst.

Wie stellt man sich dazu? Hat der „Fortschritt" als solcher einen erkennbaren, über das Technische hinausreichenden Sinn, so daß dadurch der Dienst an ihm ein sinnvoller Beruf würde? Die Frage muß aufgeworfen werden. Das ist nun aber nicht mehr nur die Frage des Berufs *für* die Wissenschaft, das Problem also: Was bedeutet die Wissenschaft als Beruf für den, der sich ihr hingibt, sondern schon die andere: Welches ist der *Beruf der Wissenschaft* innerhalb des Gesamtlebens der Menschheit? und welches ihr Wert?

Ungeheuerlich ist da nun der Gegensatz zwischen Vergangenheit und Gegenwart. Wenn Sie sich erinnern an das wundervolle Bild zu Anfang des siebenten Buches von Platons Politeia: jene gefesselten Höhlenmenschen, deren Gesicht gerichtet ist auf die Felswand vor ihnen, hinter ihnen liegt die Lichtquelle, die sie nicht sehen können, sie befassen sich daher nur mit den Schattenbildern, die sie auf die Wand wirft, und suchen ihren Zusammengang zu ergründen. Bis es einem von ihnen gelingt, die Fesseln zu sprengen, und er dreht sich um und erblickt: die Sonne. Geblendet tappt er umher und stammelt von dem, was er sah. Die anderen sagen, er sei irre. Aber allmählich lernt er in das Licht zu schauen, und dann ist seine Aufgabe, hinabzusteigen zu den Höhlenmenschen und sie emporzuführen an das Licht. Er ist der Philosoph, die Sonne aber ist die Wahrheit der Wissenschaft, die allein nicht nach Scheingebilden und Schatten hascht, sondern nach dem wahren Sein.

Ja, wer steht heute so zur Wissenschaft? Heute ist die Empfindung gerade der Jugend wohl eher die umgekehrte: Die Gedankengebilde der Wissenschaft sind ein hinterweltliches Reich von künstlichen Abstraktionen, die mit ihren dürren Händen Blut und Saft des wirklichen Lebens einzufangen trachten, ohne es doch je zu erhaschen. Hier im Leben aber, in dem, was für Platon das Schattenspiel an den Wänden der Höhle war, pulsiert die wirkliche Realität: das andere sind von ihr abgeleitete und leblose Gespenster und sonst nichts. Wie vollzog sich diese Wandlung? Die leidenschaftliche Begeisterung Platons in der Politeia erklärt sich letztlich daraus, daß damals zuerst der Sinn eines der großen Mittel allen wissenschaftlichen Erkennens bewußt gefunden war: des *Begriffs*. Von Sokrates ist er in seiner Tragweite entdeckt. Nicht von ihm allein in der Welt. Sie können in Indien ganz ähnliche Ansätze einer Logik finden, wie die des Aristoteles ist. Aber nirgends mit diesem Bewußtsein der Bedeutung. Hier zum erstenmal schien ein Mittel zur Hand, womit man jemanden in den logischen Schraubstock setzen konnte, so daß er nicht herauskam, ohne zuzugeben: entweder daß er nichts wisse: oder daß dies und nichts anderes die Wahrheit sei, die *ewige* Wahrheit, die nie vergehen würde, wie das Tun und Treiben der blinden Menschen. Das war das ungeheure Erlebnis, das den Schülern des Sokrates aufging. Und daraus schien zu folgen, daß, wenn man nur den rechten Begriff des Schönen, des Guten, oder auch etwa der Tapferkeit, der Seele – und was es sei – gefunden habe, daß man dann auch ihr wahres Sein erfassen könne, und das wieder schien den Weg an die Hand zu geben, zu wissen und zu lehren: wie man im Leben, vor allem: als Staatsbürger, richtig handle. Denn auf diese Frage kam den durch und durch politisch denkenden Hellenen alles an. Deshalb betrieb man Wissenschaft.

Neben diese Entdeckungen des hellenischen Geistes trat nun als Kind der Renaissancezeit das zweite große Werkzeug wissenschaftlicher Arbeit: das rationale Experiment, als Mittel zuverlässig kontrollierter Erfahrung, ohne welches die heutige empirische Wissenschaft unmöglich wäre. Experimentiert hatte man auch früher: physiologisch z. B. in Indien im Dienst der asketischen Technik des Yogi, in der hellenischen Antike mathematisch zu kriegstechnischen Zwecken, im Mittelalter z. B. zum Zwecke des Bergbaus. Aber das Experiment zum Prinzip der Forschung als solcher erhoben zu haben, ist die Leistung der Renaissance. Und zwar bildeten die Bahnbrecher die großen Neuerer auf dem Gebiete der *Kunst*: Lionardo und seinesgleichen, vor allem charakteristisch die Experimentatoren in der Musik des 16. Jahrhunderts mit ihren Versuchsklavieren. Von ihnen wanderte das Experiment in die Wissenschaft vor allem durch Galilei, in die Theorie durch Bacon; und dann übernahmen es die exakten Einzeldisziplinen an Universitäten des Kontinents, zunächst vor allem in Italien und den Niederlanden.

Was bedeutete nun die Wissenschaft diesen Menschen an der Schwelle der Neuzeit? Den künstlerischen Experimentatoren von der Art Lionardos und den musikalischen Neuerern bedeutete sie den Weg zur *wahren* Kunst, und das hieß für sie zugleich: zur wahren *Natur*. Die Kunst sollte zum Rang einer Wissenschaft, und das hieß zugleich und vor allem: der Künstler zum Rang eines Doktors, sozial und im Sinne seines Lebens nach, erhoben werden. Das ist der Ehrgeiz, der z. B. auch Lionardos Malerbuch zugrunde liegt. Und heute? „Die Wissenschaft als der Weg zur Natur" – das würde der Jugend klingen wie eine Blasphemie. Nein, umgekehrt: Erlösung vom Intellektualismus der Wissenschaft, um zur eigenen Natur und damit zur Natur überhaupt zurückzukommen! Als Weg zur Kunst vollends? Da bedarf es keiner Kritik. – Aber man erwartete von der Wissenschaft im Zeitalter der Entstehung der exakten Naturwissenschaften noch mehr. Wenn Sie sich an den Ausspruch Swammerdams erinnern: „ich bringe Ihnen hier den Nachweis der Vorsehung Gottes in der Anatomie einer Laus", so sehen Sie, was die (indirekt) protestantisch und puritanisch beeinflußte wissenschaftliche Arbeit damals sich als ihre eigene Aufgabe dachte: den Weg zu Gott. Den fand man damals nicht mehr bei den Philosophen und ihren Begriffen und Deduktionen: – daß Gott auf diesem Weg nicht zu finden sei, auf dem ihn das Mittelalter gesucht hatte, das wußte die ganze pietistische Theologie der damaligen Zeit, Spener vor allem. Gott ist verborgen, seine Wege sind nicht unsere Wege, seine Gedanken nicht unsere Gedanken. In den exakten Naturwissenschaften aber, wo man seine Werke physisch greifen konnte, da hoffte man, seinen Absichten mit der Welt auf die Spur zu kommen. Und heute? Wer – außer einigen großen Kindern, wie sie sich gerade in den Naturwissenschaften finden – glaubt heute noch, daß Erkenntnisse der Anatomie oder Biologie oder der Physik oder Chemie uns etwas über den *Sinn* der Welt, ja auch nur etwas darüber lehren könnten: auf welchem Weg man einem solchen „Sinn" – wenn es ihn gibt – auf die Spur kommen könnte? Wenn irgend etwas, so sind sie geeignet, den Glauben daran: *daß* es so etwas wie einen „Sinn" der Welt gebe, in der Wurzel absterben zu lassen! Und vollends: die Wissenschaft als Weg „zu Gott"? Sie, die spezifisch gottfremde Macht? Daß sie das ist, darüber wird – mag er es sich zugestehen oder nicht – in seinem letzten Innern heute niemand im Zweifel sein. Erlösung von dem Rationalismus und Intellektualismus der Wissenschaft ist die Grundvoraussetzung des Lebens in der Gemeinschaft mit dem Göttlichen: dies oder etwas dem Sinn nach Gleiches ist eine der Grundparolen, die man aus allem Empfinden unserer religiös gestimmten oder nach religiösem Erlebnis strebenden Jugend heraushört. Und nicht nur für das religiöse, nein für das Erlebnis überhaupt. Befremdlich ist nur der Weg, der nun eingeschlagen wird: daß nämlich das einzige, was bis dahin der Intellektualismus noch nicht berührt hatte: eben jene Sphären des Irrationalen, jetzt ins Bewußtsein erhoben und unter seine Lupe genommen werden. Denn darauf kommt die moderne intellektualistische Romantik des Irrationalen praktisch hinaus. Dieser Weg zur Befreiung vom Intellektualismus bringt wohl das gerade Gegenteil von dem, was diejenigen, die ihn beschreiten, als Ziel darunter sich vorstellen. – Daß man schließlich in naivem Optimismus die Wissenschaft, das heißt: die auf sie gegründete Technik der Beherrschung des Lebens, als Weg zum *Glück* gefeiert hat – dies darf ich wohl, nach Nietzsches vernichtender Kritik an jenen „letzten Menschen", die „das Glück erfunden haben", ganz beiseite lassen. Wer glaubt daran? – außer einigen großen Kindern auf dem Katheder oder in Redaktionsstuben?

Kehren wir zurück. Was ist unter diesen inneren Voraussetzungen der Sinn der Wissenschaft als Beruf, da alle diese früheren Illusionen: „Weg zum wahren

Sein", „Weg zur wahren Kunst", „Weg zur wahren Natur", „Weg zum wahren Gott", „Weg zum wahren Glück", versunken sind. Die einfachste Antwort hat Tolstoj gegeben mit den Worten: „Sie ist sinnlos, weil sie auf die allein für uns wichtige Frage: ‚Was sollen wir tun? Wie sollen wir leben?' keine Antwort gibt." Die Tatsache, daß sie diese Antworten nicht gibt, ist schlechthin unbestreitbar. Die Frage ist nur, in welchem Sinne sie „keine" Antwort gibt, und ob sie statt dessen nicht doch vielleicht dem, der die Frage richtig stellt, etwas leisten könne. – Man pflegt heute häufig von „voraussetzungsloser" Wissenschaft zu sprechen. Gibt es das? Es kommt darauf an, was man darunter versteht. Vorausgesetzt ist bei jeder wissenschaftlichen Arbeit immer die Geltung der Regeln der Logik und Methodik: dieser allgemeinen Grundlagen unserer Orientierung in der Welt. Nun, diese Voraussetzungen sind, wenigstens für unsere besondere Frage, am wenigsten problematisch. Vorausgesetzt ist aber ferner: daß das, was bei wissenschaftlicher Arbeit herauskommt, *wichtig* im Sinne von „wissenswert" sei. Und da stecken nun offenbar alle unsere Probleme darin. Denn diese Voraussetzung ist nicht wieder ihrerseits mit den Mitteln der Wissenschaft beweisbar. Sie läßt sich nur auf ihren letzten Sinn *deuten*, den man dann ablehnen oder annehmen muß, je nach der eigenen letzten Stellungnahme zum Leben.

Sehr verschieden ist ferner die Art der Beziehung der wissenschaftlichen Arbeit zu diesen ihren Voraussetzungen, je nach der Struktur dieser. Naturwissenschaften wie etwa die Physik, Chemie, Astronomie setzen als selbstverständlich voraus, daß die – soweit die Wissenschaft reicht, konstruierbaren – letzten Gesetze des kosmischen Geschehens wert sind, gekannt zu werden. Nicht nur, weil man mit diesen Kenntnissen technische Erfolge erzielen kann, sondern wenn sie „Beruf" sein sollen, „um ihrer selbst willen". Diese Voraussetzung ist selbst schlechthin nicht beweisbar. Und ob diese Welt, die sie beschreiben, wert ist, zu existieren: ob sie einen „Sinn" hat, und ob es einen Sinn hat: in ihr zu existieren, erst recht nicht. Danach fragen sie nicht. Oder nehmen Sie eine wissenschaftlich so hoch entwickelte praktische Kunstlehre wie die moderne Medizin. Die allgemeine „Voraussetzung" des medizinischen Betriebs ist, trivial ausgedrückt: daß die Aufgabe der Erhaltung des Lebens rein als solchen und die möglichste Verminderung des Leidens rein als solchen bejaht werde. Und das ist problematisch. Der Mediziner erhält mit seinen Mitteln den Todkranken, auch wenn er um Erlösung vom Leben fleht, auch wenn die Angehörigen, denen dies Leben wertlos ist, die ihm die Erlösung vom Leiden gönnen, denen die Kosten der Erhaltung des wertlosen Lebens unerträglich werden – es handelt sich vielleicht um einen armseligen Irren – seinen Tod, eingestandener- oder uneingestandenermaßen, wünschen und wünschen müssen. Allein die Voraussetzungen der Medizin und das Strafgesetzbuch hindern den Arzt, davon abzugehen. Ob das Leben lebenswert ist und wann? – danach fragt sie nicht. Alle Naturwissenschaften geben uns Antwort auf die Frage: Was sollen wir tun, *wenn* wir das Leben *technisch* beherrschen wollen? Ob wir es aber technisch beherrschen sollen und wollen, und ob das letztlich eigentlich Sinn hat: – das lassen sie ganz dahingestellt oder setzen es für ihre Zwecke voraus. Oder nehmen Sie eine Disziplin wie die Kunstwissenschaft. Die Tatsache, daß es Kunstwerke gibt, ist der Ästhetik gegeben. Sie sucht zu ergründen, unter welchen Bedingungen dieser Sachverhalt vorliegt. Aber sie wirft die Frage nicht auf, ob das Reich der Kunst nicht vielleicht ein Reich diabolischer Herrlichkeit sei, ein Reich von dieser Welt, deshalb widergöttlich im tiefsten Innern und in seinem tiefinnerlichst aristokratischen Geist widerbrüderlich. Danach also fragt sie nicht: ob es Kunstwerke geben *solle*. – Oder die Jurisprudenz: – sie stellt fest, was nach den Regeln des teils zwingend logisch, teils durch konventionell gegebene Schemata gebundenen juristischen Denkens gilt, also: *wenn* bestimmte Rechtsregeln und bestimmte Methoden ihrer Deutung als verbindlich anerkannt sind. *Ob* es Recht geben solle, und *ob* man gerade diese Regeln aufstellen solle, darauf antwortet sie nicht; sondern sie kann nur angeben: wenn man den Erfolg will, so ist diese Rechtsregel nach den Normen unseres Rechtsdenkens das geeignete Mittel, ihn zu erreichen. Oder nehmen Sie die historischen Kulturwissenschaften. Sie lehren politische, künstlerische, literarische und soziale Kulturerscheinungen in den Bedingungen ihres Entstehens verstehen. Weder aber geben sie von sich aus Antwort auf die Frage: ob diese Kulturerscheinungen es *wert* waren und sind, zu bestehen. Noch antworten sie auf die andere Frage: ob es der Mühe wert ist, sie zu kennen. Sie setzen voraus, daß es ein Interesse habe, durch dies Verfahren teilzuhaben an der Gemeinschaft der „Kulturmenschen". Aber daß dies der Fall sei, vermögen sie „wissenschaftlich" niemandem zu beweisen, und daß sie es voraussetzen, beweist durchaus nicht, daß es selbstverständlich sei. Das ist es in der Tat ganz und gar nicht.

Bleiben wir nun einmal bei den mir nächstliegenden Disziplinen, also bei der Soziologie, Geschichte, Nationalökonomie und Staatslehre und jenen Arten von Kulturphilosophie, welche sich ihre Deutung zur Aufgabe machen. Man sagt, und ich unterschreibe das: Politik gehört nicht in den Hörsaal. Sie gehört nicht dahin von seiten der Studenten. Ich würde es z. B. ganz ebenso beklagen, wenn etwa im Hörsaal meines früheren Kollegen Dietrich Schäfer in Berlin pazifistische Studenten sich um das Katheder stellten und Lärm von der Art machten, wie es antipazifistische Studenten gegenüber dem Professor Foerster, dem ich in meinen Anschauungen in vielem so fern wie möglich stehe, getan haben sollen. Aber Politik gehört allerdings auch nicht dahin von seiten des Dozenten. Gerade dann nicht, wenn er sich wissenschaftlich mit Politik befaßt, und dann am allerwenigsten. Denn praktisch-politische Stellungnahme und wissenschaftliche Analyse politischer Gebilde und Parteistellungen ist zweierlei. Wenn man in einer Volksversammlung über Demokratie spricht, so macht man aus seiner persönlichen Stellungnahme kein Hehl: gerade das: deutlich erkennbar Partei zu nehmen, ist da die verdammte Pflicht und Schuldigkeit. Die Worte, die man braucht, sind dann nicht Mittel wissenschaftlicher Analyse, sondern politischen Werbens um die Stellungnahme der anderen. Sie sind nicht Pflugscharen zur Lockerung des Erdreiches des kontemplativen Denkens, sondern Schwerter gegen die Gegner: Kampfmittel. In einer Vorlesung oder im Hörsaal dagegen wäre es Frevel, das Wort in dieser Art zu gebrauchen. Da wird man, wenn etwa von „Demokratie" die Rede ist, deren verschiedene Formen vornehmen, sie analysieren in der Art, wie sie funktionieren, feststellen, welche einzelne Folgen für die Lebensverhältnisse die eine oder andere hat, dann die anderen nicht demokratischen Formen der politischen Ordnung ihnen gegenüberstellen und versuchen, so weit zu gelangen, daß der Hörer in der Lage ist, den Punkt zu finden, von dem aus *er* von *seinen* letzten Idealen aus Stellung dazu nehmen kann. Aber der echte Lehrer wird sich sehr hüten, vom Katheder herunter ihm irgendeine Stellungnahme, sei es ausdrücklich, sei es durch Suggestion – denn das ist natürlich die illoyalste Art, wenn man „die Tatsachen sprechen läßt" – aufzudrängen.

Warum sollen wir das nun eigentlich nicht tun? Ich schicke voraus, daß manche sehr geschätzte Kollegen der Meinung sind, diese Selbstbescheidung durchzuführen ginge überhaupt nicht, und wenn es ginge wäre es eine Marotte, das zu vermeiden. Nun kann man niemandem wissenschaftlich vordemonstrieren, was seine Pflicht als akademischer Lehrer sei. Verlangen kann man von ihm nur die intellektuelle Rechtschaffenheit: einzusehen, daß Tatsachenfeststellung, Feststellung mathematischer oder logischer Sachverhalte oder der inneren Struktur von Kulturgütern einerseits, und andererseits die Beantwortung der Frage nach dem *Wert* der Kultur und ihrer einzelnen Inhalte und danach: wie man innerhalb der Kulturgemeinschaft und der politischen Verbände *handeln* solle – daß dies beides ganz und gar *heterogene* Probleme sind. Fragt er dann weiter, warum er nicht beide im Hörsaale behandeln solle, so ist darauf zu antworten: weil der Prophet und der Demagoge nicht auf dem Katheder eines Hörsaales gehören. Dem Propheten wie dem Demagogen ist gesagt: „Gehe hinaus auf die Gassen und rede öffentlich." Da, heißt das, wo Kritik möglich ist. Im Hörsaal, wo man seinen Zuhörern gegenübersitzt, haben sie zu schweigen und der Lehrer zu reden, und ich halte es für unverantwortlich, diesen Umstand, daß die Studenten um ihres Fortkommens willen das Kolleg eines Lehrers besuchen müssen, und daß dort niemand zugegen ist, der diesem mit Kritik entgegentritt, auszunützen, um den Hörern nicht, wie es seine Aufgabe ist, mit seinen Kenntnissen und wissenschaftlichen Erfahrungen nützlich zu sein, sondern sie zu stempeln nach seiner persönlichen politischen Anschauung. Es ist gewiß möglich, daß es dem einzelnen nur ungenügend gelingt, seine subjektive Sympathie auszuschalten. Dann setzt er sich der schärfsten Kritik vor dem Forum seines eigenen Gewissens aus.

Und es beweist nichts, denn auch andere, rein tatsächliche Irrtümer sind möglich und beweisen doch nichts gegen die Pflicht: die Wahrheit zu suchen. Auch und gerade im rein wissenschaftlichen Interesse lehne ich es ab. Ich erbiete mich, an den Werken unserer Historiker den Nachweis zu führen, daß, wo immer der Mann der Wissenschaft mit seinem eigenen Werturteil kommt, das volle Verstehen der Tatsachen *aufhört*. Doch geht das über das Thema des heutigen Abends hinaus und würde lange Auseinandersetzungen erfordern.

Ich frage nur: Wie soll auf der einen Seite ein gläubiger Katholik, auf der anderen Seite ein Freimaurer in einem Kolleg über die Kirchen- und Staatsformen oder über Religionsgeschichte, – wie sollen sie jemals über diese Dinge zur gleichen *Wertung* gebracht werden! Das ist ausgeschlossen. Und doch muß der akademische Lehrer den Wunsch haben und die Forderung an sich selbst stellen, dem einen wie dem andern durch seine Kenntnisse und Methoden nützlich zu sein. Nun werden Sie mit Recht sagen: der gläubige Katholik wird auch über die Tatsachen des Hergangs bei der Entstehung des Christentums niemals die Ansicht annehmen, die ein von seinen dogmatischen Voraussetzungen freier Lehrer ihm vorträgt. Gewiß! Der Unterschied aber liegt im folgenden: Die im Sinne der Ablehnung religiöser Gebundenheit „voraussetzungslose" Wissenschaft kennt in der Tat ihrerseits das „Wunder" und die „Offenbarung" nicht. Sie würde ihren eigenen „Voraussetzungen" damit untreu. Der Gläubige kennt beides. Und jene „voraussetzungslose" Wissenschaft mutet ihm nicht weniger – aber: auch *nicht mehr* – zu als das Anerkenntnis: daß, *wenn* der Hergang ohne jene übernatürlichen, für eine empirische Erklärung als ursächliche Momente ausscheidenden Eingriffe erklärt werden solle, er so, wie sie es versucht, erklärt werden müsse. Das aber kann er, ohne seinem Glauben untreu zu werden.

Aber hat denn nun die Leistung der Wissenschaft gar keinen Sinn für jemanden, dem die Tatsache als solche gleichgültig und nur die praktische Stellungnahme wichtig ist? Vielleicht doch. Zunächst schon eins. Wenn jemand ein brauchbarer Lehrer ist, dann ist es seine erste Aufgabe, seine Schüler *unbequeme* Tatsachen anerkennen zu lehren, solche, meine ich, die für seine Parteimeinung unbequem sind; und es gibt für jede Parteimeinung – z. B. auch für die meinige – solche äußerst unbequemen Tatsachen. Ich glaube, wenn der akademische Lehrer seine Zuhörer nötigt, sich daran zu gewöhnen, daß er dann mehr als eine nur intellektuelle Leistung vollbringt, ich würde so unbescheiden sein, sogar den Ausdruck „sittliche Leistung" darauf anzuwenden, wenn das auch vielleicht etwas zu pathetisch für eine so schlichte Selbstverständlichkeit klingen mag.

Bisher sprach ich nur von *praktischen* Gründen der Vermeidung eines Aufdrängens persönlicher Stellungnahme. Aber dabei bleibt es nicht. Die Unmöglichkeit „wissenschaftlicher" Vertretung von praktischen Stellungnahmen – außer im Falle der Erörterung der Mittel für einen als fest *gegeben* vorausgesetzten

Zweck – folgt aus weit tiefer liegenden Gründen. Sie ist prinzipiell deshalb sinnlos, weil die verschiedenen Wertordnungen der Welt in unlöslichem Kampf untereinander stehen. Der alte Mill, dessen Philosophie ich sonst nicht loben will, aber in diesem Punkt hat er recht, sagt einmal: wenn man von der reinen Erfahrung ausgehe, komme man zum Polytheismus. Das ist flach formuliert und klingt paradox, und doch steckt Wahrheit darin. Wenn irgend etwas, so wissen wir es heute wieder: daß etwas heilig sein kann nicht nur: obwohl es nicht schön ist, sondern: *weil* und *insofern* es nicht schön ist, – in dem 53. Kapitel des Jesaiasbuches und im 21. Psalm können Sie die Belege dafür finden, – und daß etwas schön sein kann nicht nur: obwohl, sondern: in dem, worin es nicht gut ist, das wissen wir seit Nietzsche wieder, und vorher finden Sie es gestaltet in den „fleurs du mal", wie Baudelaire seinen Gedichtband nannte, – und eine Alltagsweisheit ist es, daß etwas wahr sein kann, obwohl und indem es nicht schön und nicht heilig und nicht gut ist. Aber das sind nur die elementarsten Fälle dieses Kampfes der Götter der einzelnen Ordnungen und Werte. Wie man es machen will, „wissenschaftlich" zu entscheiden zwischen dem *Wert* der französischen und deutschen Kultur, weiß ich nicht. Hier streiten eben auch verschiedene Götter miteinander, und zwar für alle Zeit. Es ist wie in der alten, noch nicht von ihren Göttern und Dämonen entzauberten Welt, nur in anderem Sinne: wie der Hellene einmal das Aphrodite opferte, und dann dem Apollon und vor allem jeder den Göttern seiner Stadt, so ist es, entzaubert und entkleidet der mythischen, aber innerlich wahren Plastik jenes Verhaltens, noch heute. Und über diesen Göttern und in ihrem Kampf waltet das Schicksal, aber ganz gewiß keine „Wissenschaft". Es läßt sich nur verstehen, *was* das Göttliche für die eine und für die andere oder: in der einen und in der anderen Ordnung ist. Damit ist aber die Sache für jede Erörterung in einem Hörsaal und durch einen Professor schlechterdings zu Ende, so wenig natürlich das darin steckende gewaltige *Lebens*problem selbst damit zu Ende ist. Aber andere Mächte als die Katheder der Universitäten haben da das Wort. Welcher Mensch wird sich vermessen, die Ethik der Bergpredigt, etwa den Satz: „Widerstehe nicht dem Übel" oder das Bild von der einen oder der anderen Backe, so „wissenschaftlich widerlegen" zu wollen? Und doch ist klar: es ist, innerweltlich angesehen, eine Ethik der Würdelosigkeit, die hier gepredigt wird: man hat zu wählen zwischen der religiösen Würde, die diese Ethik bringt, und der Manneswürde, die etwas ganz anderes predigt: „Widerstehe dem Übel, – sonst bist du für seine Übergewalt mitverantwortlich". Je nach der letzten Stellungnahme ist für den einzelnen das eine der Teufel und das andere der Gott, und der einzelne hat sich zu entscheiden, welches *für ihn* der Gott und welches der Teufel ist. Und so geht es durch alle Ordnungen des Lebens hindurch. Der großartige Rationalismus der ethisch-methodischen Lebensführung, der aus jeder religiösen Prophetie quillt, hatte diese Vielgötterei entthront zugunsten des „Einen, das not tut" – und hatte dann, angesichts der Realitäten des äußeren und inneren Lebens, sich zu jenen Kompromissen und Relativierungen genötigt gesehen, die wir alle aus der Geschichte des Christentums kennen. Heute aber ist es religiöser „Alltag". Die alten vielen Götter, entzaubert und daher in Gestalt unpersönlicher Mächte, entsteigen ihren Gräbern, streben nach Gewalt über unser Leben und beginnen untereinander wieder ihren ewigen Kampf. Das aber, was gerade dem modernen Menschen so schwer wird, und der jungen Generation am schwersten, ist: einem solchen *Alltag* gewachsen zu sein. Alles Jagen nach dem „Erlebnis" stammt aus dieser Schwäche. Denn Schwäche ist es: dem Schicksal der Zeit nicht in sein ernstes Antlitz blicken zu können.

Schicksal unserer Kultur aber ist es, daß wir uns dessen wieder deutlicher bewußt werden, nachdem durch ein Jahrtausend die angeblich oder vermeintlich ausschließliche Orientierung an dem großartigen Pathos der christlichen Ethik die Augen dafür geblendet hatte.

Doch genug von diesen sehr ins Weite führenden Fragen. Denn der Irrtum, den ein Teil unserer Jugend begeht, wenn er auf all das antworten würde: „Ja, aber wir kommen nun einmal in die Vorlesung, um etwas anderes zu erleben als nur Analysen und Tatsachenfeststellungen", – der Irrtum ist der, daß sie in dem Professor etwas anderes suchen, als ihnen dort gegenübersteht, – einen *Führer* und nicht: einen *Lehrer*. Aber nur als *Lehrer* sind wir auf das Katheder gestellt. Das ist zweierlei, und daß es das ist, davon kann man sich leicht überzeugen. Erlauben Sie, daß ich Sie noch einmal nach Amerika führe, weil man dort solche Dinge oft in ihrer massivsten Ursprünglichkeit sehen kann. Der amerikanische Knabe lernt unsagbar viel weniger als der unsrige. Er ist trotz unglaublich vielen Examinierens doch dem *Sinn* seines Schullebens nach noch nicht jener absolute Examensmensch geworden, wie es der deutsche ist. Denn die Bureaukratie, die das Examensdiplom als Eintrittsbillet ins Reich der Amtspfründen voraussetzt, ist dort erst in den Anfängen. Der junge Amerikaner hat vor nichts und niemand, vor keiner Tradition und keinem Amt Respekt, es sei denn vor der persönlich eigenen Leistung des Betreffenden: *das* nennt der Amerikaner „Demokratie". Wie verzerrt auch immer die Realität diesem Sinngehalt gegenüber sich verhalten möge, der Sinngehalt ist dieser, und darauf kommt es hier an. Der Lehrer, der ihm gegenübersteht, von dem hat er die Vorstellung: er verkauft mir seine Kenntnisse und Methoden für meines Vaters Geld, ganz ebenso wie die Gemüsefrau meiner Mutter den Kohl. Damit fertig. Allerdings: wenn der Lehrer etwa ein football-Meister ist, dann ist er auf diesem Gebiet sein Führer. Ist er das (oder etwas Ähnliches auf anderem Sportgebiet) aber nicht, so ist er eben nur Lehrer und weiter nichts, und keinem amerikanischen jungen Manne wird es einfallen, sich von ihm „Weltanschauungen" oder maßgebliche Regeln für seine Lebensführung verkaufen zu lassen. Nun, in dieser Formulierung werden wir das ablehnen. Aber es fragt sich, ob hier in dieser von mir absichtlich noch etwas ins Extreme gesteigerten Empfindungsweise nicht doch ein Korn Wahrheit steckt.

Kommilitonen oder Kommilitoninnen! Sie kommen mit diesen Ansprüchen an unsere Führerqualitäten in die Vorlesung zu uns und sagen sich vorher nicht: daß von hundert Professoren mindestens neunundneunzig nicht nur keine football-Meister des Lebens, sondern überhaupt nicht „Führer" in Angelegenheiten der Lebensführung zu sein in Anspruch nehmen und nehmen dürfen. Bedenken Sie: es hängt der Wert des Menschen ja nicht davon ab, ob er Führerqualitäten besitzt. Und jedenfalls sind es nicht die Qualitäten, die jemanden zu einem ausgezeichneten Gelehrten und akademischen Lehrer machen, die ihn zum Führer auf dem Gebiet der praktischen Lebensorientierung oder, spezieller, der Politik machen. Es ist der reine Zufall, wenn jemand auch diese Qualität besitzt, und sehr bedenklich ist es, wenn jeder, der auf dem Katheder steht, sich vor die Zumutung gestellt fühlt, sie in Anspruch zu nehmen. Noch bedenklicher, wenn es jedem akademischen Lehrer überlassen bleibt, sich im Hörsaal als Führer aufzuspielen. Denn die, welche sich am meisten dafür halten, sind es oft am wenigsten, und vor allem: ob sie es sind oder nicht, dafür bietet die Situation auf dem Katheder schlechterdings keine Möglichkeit der *Bewährung*. Der Professor, der sich zum Berater der Jugend berufen fühlt und ihr Vertrauen genießt, möge im persönlichen Verkehr von Mensch zu Mensch mit ihr seinen Mann stehen. Und fühlt er sich zum Eingreifen in die Kämpfe der Weltanschauungen und Parteimeinungen berufen, so möge er das draußen auf dem Markt des Lebens tun: in der Presse, in Versammlungen, in Vereinen, wo immer er will. Aber es ist doch etwas allzu bequem, seinen Bekennermut da zu zeigen, wo die Anwesenden und vielleicht Andersdenkenden zum Schweigen verurteilt sind.

Sie werden schließlich die Frage stellen: wenn dem so ist, was leistet denn nun eigentlich die Wissenschaft Positives für das praktische und persönliche „Leben"? Und damit sind wir wieder bei dem Problem ihres „Berufs". Zunächst natürlich: Kenntnisse über die Technik, wie man das Leben, die äußeren Dinge sowohl wie das Handeln der Menschen, durch Berechnung beherrscht: – nun, das ist aber doch nur die Gemüsefrau des amerikanischen Knaben, werden Sie sagen. Ganz meine Meinung. Zweitens, was diese Gemüsefrau schon immerhin nicht tut: Methoden des Denkens, das Handwerkszeug und die Schulung dazu. Sie werden vielleicht sagen: nun, das ist nicht Gemüse, aber es ist auch nicht mehr als das Mittel, sich Gemüse zu verschaffen. Gut, lassen wir das heute dahingestellt. Aber damit ist die Leistung der Wissenschaft glücklicherweise auch noch nicht zu Ende, sondern wir sind in der Lage, Ihnen zu einem Dritten zu verhelfen: zur *Klarheit*. Vorausgesetzt natürlich, daß wir sie selbst besitzen. Soweit dies der Fall ist, können wir Ihnen deutlich machen: man kann zu dem Wertproblem, um das es sich jeweils handelt – ich bitte Sie der Einfachheit halber an soziale Erscheinungen als Beispiel zu denken –, praktisch die und die verschiedene Stellung einnehmen. *Wenn* man die und die Stellung einnimmt, so muß man nach den Erfahrungen der Wissenschaft die und die *Mittel* anwenden, um sie praktisch zur Durchführung zu bringen. Diese Mittel sind nun vielleicht schon an sich solche, die Sie ablehnen zu müssen glauben. Dann muß man zwischen dem Zweck und den unvermeidlichen Mitteln eben wählen. „Heiligt" der Zweck diese Mittel oder nicht? Der Lehrer kann die Notwendigkeit dieser Wahl vor Sie hinstellen, mehr kann er, solange er Lehrer bleiben und nicht Demagoge werden will, nicht. Er kann Ihnen ferner natürlich sagen: wenn Sie den und den Zweck wollen, dann müssen Sie die und die Nebenerfolge die dann erfahrungsgemäß eintreten, mit in Kauf nehmen: wieder die gleiche Lage. Indessen das sind alles noch Probleme, wie sie für jeden Techniker auch entstehen können, der ja auch in zahlreichen Fällen nach dem Prinzip des kleineren Übels oder des relativ Besten sich entscheiden muß. Nur daß für ihn eins, die Hauptsache, gegeben zu sein pflegt: der *Zweck*. Aber eben dies ist nun für uns, sobald es sich um wirklich „letzte" Probleme handelt, *nicht* der Fall. Und damit erst gelangen wir zu der letzten Leistung, welche die Wissenschaft als solche im Dienste der Klarheit vollbringen kann, und zugleich zu ihren Grenzen: wir können – und sollen – Ihnen auch sagen: die und die praktische Stellungnahme läßt sich mit innerer Konsequenz und also: Ehrlichkeit ihrem *Sinn* nach ableiten aus der und der letzten weltanschauungsmäßigen Grundposition – es kann sein, aus nur einer, oder es können vielleicht auch verschiedene sein, – aber aus den und den anderen nicht. Ihr dient, bildlich geredet, diesem Gott *und kränkt jenen anderen*, wenn Ihr Euch für diese Stellungnahme entschließt. Denn Ihr kommt notwendig zu diesen und diesen letzten inneren sinnhaften *Konsequenzen*, wenn Ihr Euch treu bleibt. Das läßt sich, im Prinzip wenigstens, leisten. Die Fachdisziplin der Philosophie und die dem Wesen nach philosophischen prinzipiellen Erörterungen der Einzeldisziplinen versuchen das zu leisten. Wir können so, wenn wir unsere Sache verstehen (was hier einmal vorausgesetzt werden muß), den einzelnen nötigen, oder wenigstens ihm dabei helfen, sich selbst *Rechenschaft zu geben über den letzten Sinn seines eigenen Tuns*. Es scheint mir das nicht so sehr wenig zu sein, auch für das rein persönliche Leben. Ich bin auch hier versucht, wenn einem Lehrer das gelingt, zu sagen: er stehe im Dienst „sittlicher" Mächte: der Pflicht, Klarheit und Verantwortungsgefühl zu schaffen, und ich glaube, er wird dieser Leistung um so eher fähig sein, je gewissenhafter er es vermeidet, seinerseits dem Zuhörer eine Stellungnahme aufoktroyieren oder ansuggerieren zu wollen.

Überall freilich geht diese Annahme, die ich Ihnen hier vortrage aus von dem einen Grundsachverhalt: daß das Leben, so lange es in sich selbst beruht und aus sich selbst verstanden wird, nur den ewigen Kampf jener Götter miteinander kennt, – unbildlich gesprochen: die Unvereinbarkeit und also die Unaustragbarkeit des Kampfes der letzten überhaupt *möglichen* Standpunkte zum Leben, die Notwendigkeit also: zwischen ihnen sich zu *entscheiden*. Ob unter solchen Verhältnissen die Wissenschaft wert ist, für jemand ein „Beruf" zu werden, und ob sie selbst einen objektiv wertvollen „Beruf" hat – das ist wieder ein Werturteil, über welches im Hörsaal nichts auszusagen ist. Denn für die Lehre dort ist die Bejahung *Voraussetzung*. Ich persönlich bejahe schon durch meine eigene Arbeit die Frage. Und zwar auch und gerade für den Standpunkt, der den Intellektualismus, wie es heute die Jugend tut oder – und meist – zu tun nur sich einbildet, als den schlimmsten Teufel haßt. Denn dann gilt für sie das Wort: „Bedenkt, der Teufel, der ist alt, so werdet alt, ihn zu verstehn." Das ist nicht im Sinne der Geburtsurkunde gemeint, sondern in dem Sinn: daß man auch vor diesem Teufel, wenn man mit ihm fertig werden will, nicht – die Flucht ergreifen darf, wie es heute so gern geschieht, sondern daß man seine Wege erst einmal zu Ende überschauen muß, um seine Macht und seine Schranken zu sehen.

Daß Wissenschaft heute ein *fachlich* betriebener „Beruf" ist im Dienst der Selbstbesinnung und der Erkenntnis tatsächlicher Zusammenhänge, und nicht eine Heilsgüter und Offenbarungen spendende Gnadengabe von Sehern, Propheten oder ein Bestandteil des Nachdenkens von Weisen und Philosophen über den *Sinn* der Welt –, das freilich ist eine unentrinnbare Gegebenheit unserer historischen Situation, aus der wir, wenn wir uns selbst treu bleiben, nicht herauskommen können. Und wenn nun wieder Tolstoj in Ihnen aufsteht und fragt: „Wer beantwortet, da es die Wissenschaft nicht tut, die Frage: was sollen wir denn tun? und: wie sollen wir unser Leben einrichten?" oder in der heute abend hier gebrauchten Sprache: „welchem der kämpfenden Götter sollen wir dienen? oder vielleicht einem ganz anderen, und wer ist das?" – dann ist zu sagen: nur ein Prophet oder ein Heiland. Wenn der nicht da ist oder wenn seiner Verkündigung nicht mehr geglaubt wird, dann werden Sie ihn ganz gewiß nicht dadurch auf die Erde zwingen, daß Tausende von Professoren als staatlich besoldete oder privilegierte kleine Propheten in ihren Hörsälen ihm seine Rolle abzunehmen versuchen. Sie werden damit nur das eine fertig bringen, daß das Wissen um den entscheidenden Sachverhalt: der Prophet, nach dem sich so viele unserer jüngsten Generation sehnen, ist eben *nicht* da, ihnen niemals in der ganzen Wucht seiner Bedeutung lebendig wird. Es kann, glaube ich, gerade dem inneren Interesse eines wirklich religiös „musikalischen" Menschen nun und nimmermehr gedient sein, wenn ihm und anderen diese Grundtatsache, daß er in einer gottfremden, prophetenlosen Zeit zu leben das Schicksal hat, durch ein Surrogat, wie es alle diese Kathederprophetien sind, verhüllt wird. Die Ehrlichkeit seines religiösen Organs müßte, scheint mir, dagegen sich auflehnen. Nun werden Sie geneigt sein, zu sagen: Aber wie stellt man sich denn zu der Tatsache der Existenz der „Theologie" und ihrer Ansprüche darauf: „Wissenschaft" zu sein? Drücken wir uns um die Antwort nicht herum. „Theologie" und „Dogmen" gibt es zwar nicht universell, aber doch nicht gerade nur im Christentum. Sondern (rückwärtsschreitend in der Zeit) in stark entwickelter Form auch im Islam, im Manichäismus, in der Gnosis, in der Orphik, im Parsismus, im Buddhismus, in den hinduistischen Sekten, im Taoismus und in den Upanischaden und natürlich auch im Judentum. Nur freilich in höchst verschiedenem Maße systematisch entwickelt. Und es ist kein Zufall, daß das okzidentale Christentum nicht nur – im Gegensatz zu dem was z. B. das Judentum an Theologie besitzt – sie systematischer ausgebaut hat oder danach strebt, sondern daß hier ihre Entwickelung die weitaus stärkste historische Bedeutung gehabt hat. Der hellenistische Geist hat das hervorgebracht, und alle Theologie des Westens geht auf ihn zurück, wie (offenbar) alle Theologie des Ostens auf das indische Denken. Alle Theologie ist intellektuelle *Rationalisierung* religiösen Heilsbesitzes. Keine Wissenschaft ist absolut voraussetzungslos, und keine kann für den, der diese Voraussetzungen ablehnt, ihren eigenen Wert begründen. Aber allerdings: jede Theologie fügt für ihre Arbeit und damit für die Rechtfertigung ihrer eigenen Existenz einige spezifische Voraussetzungen hinzu. In verschiedenem Sinn und Umfang. Für *jede* Theologie, z. B. auch für die hinduistische, gilt die Voraussetzung: die Welt müsse einen *Sinn* haben – und ihre Frage ist: wie muß man ihn deuten, damit dies denkmöglich sei? Ganz ebenso wie Kants Erkenntnistheorie von der Voraussetzung ausging: „Wissenschaftliche Wahrheit gibt es, und sie *gilt*" – und dann fragte: Unter welchen Denkvoraussetzungen ist das (sinnvoll) möglich? Oder wie die modernen Ästhetiker (ausdrücklich – wie z. B. G. v. Lukacs – oder tatsächlich) von der Voraussetzung ausgehen: „es *gibt* Kunstwerke" – und nun fragen: Wie ist das (sinnvoll) möglich? Allerdings begnügen sich die Theologien mit jener (wesentlich religions-philosophischen) Voraussetzung in aller Regel nicht. Sondern sie gehen regelmäßig von der ferneren Voraussetzung aus: daß bestimmte „Offenbarungen" als heilswichtige Tatsachen – als solche also, welche eine sinnvolle Lebensführung erst ermöglichen – schlechthin zu glauben sind und daß bestimmte Zuständlichkeiten und Handlungen die Qualität der Heiligkeit besitzen – das heißt: eine religiös-sinnvolle Lebensführung oder doch deren Bestandteile bilden. Und ihre Frage ist dann wiederum: Wie lassen sich diese schlechthin anzunehmenden Voraussetzungen innerhalb eines Gesamtweltbildes sinnvoll deuten? Jene Voraussetzungen selbst liegen dabei für die Theologie jenseits dessen, was „Wissenschaft" ist. Sie sind kein „Wissen" im gewöhnlich verstandenen Sinn, sondern ein „Haben". Wer sie – den Glauben oder die sonstigen heiligen Zuständlichkeiten – nicht „hat", dem kann sie keine Theologie ersetzen. Erst recht nicht eine andere Wissenschaft. Im Gegenteil: in jeder „positiven" Theologie gelangt der Gläubige an den Punkt, wo der Augustinische Satz gilt: credo non quod, sed *quia* absurdum est. Die Fähigkeit zu dieser Virtuosenleistung des „Opfers des Intellekts" ist das entscheidende Merkmal des positiv religiösen Menschen. Und daß dem so ist: – dieser Sachverhalt zeigt, daß trotz (vielmehr infolge) der Theologie (die ihn ja enthüllt) die Spannung zwischen der Wertsphäre der „Wissenschaft" und der des religiösen Heils unüberbrückbar ist.

Das „Opfer des Intellekts" bringt rechtmäßigerweise nur der Jünger dem Propheten, der Gläubige der Kirche. Noch nie ist aber eine neue Prophetie dadurch entstanden (ich wiederhole dieses Bild, das manchem anstößig gewesen ist, hier absichtlich:) daß manche moderne Intellektuelle das Bedürfnis haben, sich in ihrer Seele sozusagen mit garantiert echten, alten Sachen auszumöblieren, und sich dabei dann noch daran erinnern, daß dazu auch die Religion gehört hat, die sie nun einmal nicht haben, für die sie nun aber eine Art von spielerisch mit Heiligenbildchen aus aller Herren Länder möblierten Hauskapelle als Ersatz sich aufputzen oder ein Surrogat schaffen in allerhand Arten des Erlebens, denen sie die Würde mystischen Heiligkeitsbesitzes zuschreiben und mit dem sie – auf dem Büchermarkt hausieren gehen. Das ist einfach: Schwindel oder Selbstbetrug. Durchaus kein Schwindel, sondern etwas sehr Ernstes und Wahrhaftes, aber vielleicht zuweilen sich selbst in seinem Sinn Mißdeutendes ist es dagegen, wenn manche jener Jugendgemeinschaften, die in der Stille in den letzten Jahren gewachsen sind, ihrer eigenen menschlichen Gemeinschaftsbeziehungen die Deutung einer religiösen, kosmischen oder mystischen Beziehung geben. So wahr es ist, daß jeder Akt echter Brüderlichkeit sich mit dem Wissen darum zu verknüpfen vermag, daß dadurch einem überpersönlichen Reich etwas hinzugefügt wird, was unverlierbar bleibt, so zweifelhaft scheint mir, ob die Würde rein menschlicher Gemeinschaftsbeziehungen durch jene religiösen Deutungen gesteigert wird. – Indessen, das gehört nicht mehr hierher. –

Es ist das Schicksal unserer Zeit, mit der ihr eigenen Rationalisierung und Intellektualisierung, vor allem: Entzauberung der Welt, daß gerade die letzten und sublimsten Werte zurückgetreten sind aus der Öffentlichkeit, entweder in das hinterweltliche Reich mystischen Lebens oder in die Brüderlichkeit unmittelbarer Beziehungen der einzelnen zueinander. Es ist weder zufällig, daß unsere höchste Kunst eine intime und keine monumentale ist, noch daß heute nur innerhalb der kleinsten Gemeinschaftskreise, von Mensch zu Mensch, im pianissimo, jenes Etwas pulsiert, das dem entspricht, was früher als prophetisches Pneuma in stürmischem Feuer durch die großen Gemeinden ging und sie zusammenschweißte. Versuchen wir, monumentale Kunstgesinnung zu erzwingen und zu „erfinden", dann entsteht ein so jämmerliches Mißgebilde wie in den vielen Denkmälern der letzten 20 Jahre. Versucht man religiöse Neubildungen zu ergrübeln ohne neue, echte Prophetie, so entsteht im innerlichen Sinn etwas Ähnliches, was noch übler wirken muß. Und die Kathederprophetie wird vollends nur fanatische Sekten, aber nie eine echte Gemeinschaft schaffen. Wer dies Schicksal der Zeit nicht männlich ertragen kann, dem muß man sagen: Er kehre lieber, schweigend, ohne die übliche öffentliche Renegatenreklame, sondern schlicht und einfach, in die weit und erbarmend geöffneten Arme der alten Kirchen zurück. Sie machen es ihm ja nicht schwer. Irgendwie hat er dabei – das ist unvermeidlich – das „Opfer des Intellektes" zu bringen, so oder so. Wir werden ihn darum nicht schelten, wenn er es wirklich vermag. Denn ein solches Opfer des Intellekts zugunsten einer bedingungslosen religiösen Hingabe ist sittlich immerhin doch etwas anderes als jene Umgehung der schlichten intellektuellen Rechtschaffenheitspflicht, die eintritt, wenn man sich selbst nicht klar zu werden den Mut hat über die eigene letzte Stellungnahme, sondern diese Pflicht durch schwächliche Relativierung sich erleichtert. Und mir steht sie auch höher als jene Kathederprophetie, die sich darüber nicht klar ist, daß innerhalb der Räume des Hörsaals nun einmal keine andere Tugend gilt als eben: schlichte intellektuelle Rechtschaffenheit. Sie aber gebietet uns, festzustellen, daß heute für alle jene vielen, die auf neue Propheten und Heilande harren, die Lage die gleiche ist, wie sie aus jenem schönen, unter die Jesaja-Orakel aufgenommenen edomitischen Wächterlied in der Exilszeit klingt: „Es kommt ein Ruf aus Seir in Edom: Wächter, wie lang noch die Nacht? Der Wächter spricht: Es kommt der Morgen, aber noch ist es Nacht. Wenn ihr fragen wollt, kommt ein ander Mal wieder." Das Volk, dem das gesagt wurde, hat gefragt und geharrt durch weit mehr als zwei Jahrtausende, und wir kennen sein erschütterndes Schicksal. Daraus wollen wir die Lehre ziehen: daß es mit dem Sehnen und Harren allein nicht getan ist, und es anders machen: an unsere Arbeit gehen und der „Forderung des Tages" gerecht werden – menschlich sowohl wie beruflich. Die aber ist schlicht und einfach, wenn jeder den Dämon findet und ihm gehorcht, der *seines* Lebens Fäden hält.

Zur Musiksoziologie[1]

Alle harmonisch rationalisierte Musik geht von der Oktave (Schwingungsverhältnis 1:2) aus und teilt diese in die beiden Intervalle der Quint (2:3) und Quart (3:4), also durch zwei Brüche von dem Schema $\frac{n}{n+1}$: sog. überteilige Brüche, welche auch allen unseren musikalischen Intervallen unterhalb der Quint zugrunde liegen. Wenn man nun aber von einem Anfangston aus in „Zirkeln" auf- oder absteigt, zuerst in Oktaven, dann in Quinten, Quarten oder irgendwelchen anderen überteilig bestimmten Relationen, so können Potenzen dieser Brüche niemals auf einen und denselben Ton zusammentreffen, soweit man die Prozedur auch fortsetzen möge. Die zwölfte reine Quint gleich $(2/3)^{12}$ z. B. ist um das ditonische Komma größer als die siebte Oktave gleich $(1/2)^{7}$. Diese unabänderliche Sachlage und der fernere Umstand, daß die Oktave durch überteilige Brüche nur in zwei ungleich große Intervalle zerlegbar ist, sind die Grundtatsachen aller Musikrationalisierung. Wir erinnern uns zunächst, wie sich die moderne Musik, von ihnen aus gesehen, ausnimmt.

Unsere akkordharmonische Musik rationalisiert das Tonmaterial durch arithmetische bezw. harmonische Teilung der Oktave in Quint und Quart, sodann, unter Beiseitelassung der Quart, der Quint in große und kleine Terz ($4/5 \times 5/6 = 2/3$), der großen Terz in großen und kleinen Ganzton ($8/9 \times 9/10 = 4/5$), der kleinen Terz in großen Ganzton und großen Halbton ($8/9 \times 15/16 = 5/6$), des kleinen Ganztones in großen und kleinen Halbton ($15/16 \times 24/25 = 9/10$). Alle diese Intervalle sind mit Brüchen aus den Zahlen 2, 3, 5 gebildet. Von einem Ton als „Grundton" ausgehend, baut nun die Akkordharmonik auf ihm selbst, seiner oberen und unteren Quint, je eine durch ihre beiden Terzen arithmetisch geteilte Quinte, einen normalen „Dreiklang", auf, und hat dann durch Einordnung der diese Dreiklänge bildenden Töne (bezw. deren Oktaven) in eine Oktave das gesamte Material der „natürlichen" diatonischen Tonleiter von dem betreffenden Grundton aus, und zwar, je nachdem die große Terz nach unten oder oben gelegt wird, eine „Dur"- oder „Moll"tonfolge. Zwischen den beiden diatonischen Halbtonschritten der Oktave liegen das eine Mal zwei, das andere Mal drei Ganztonschritte, und in beiden Fällen sind der zweite ein kleiner, die anderen große Ganztonschritte. Fährt man fort, durch Bildung von Terzen und Quinten von jedem Ton der Tonleiter aus nach oben und unten innerhalb der Oktave neue Töne zu gewinnen, so entstehen zwischen den diatonischen Intervallen je zwei „chromatische" Intervalle, je einen kleinen Halbtonschritt vom oberen und unteren diatonischen Ton

[1] Posthum erschienen unter dem Titel: Die rationalen und soziologischen Grundlagen der Musik. München 1921.

groß, welche durch je ein „enharmonisches" Restintervall („Diesis") voneinander getrennt sind. Da die beiden Arten von Ganztönen zweierlei verschieden große enharmonische Restintervalle zwischen den beiden chromatischen Tönen ergeben und der diatonische Halbtonschritt vom kleinen Halbton um ein wiederum anderes Intervall abweicht, so sind die Diesen zwar alle durch Zahlen aus 2, 3, 5 gebildet, aber von dreierlei verschiedenen, sehr komplizierten Größen. An der Quarte einerseits, welche nur mit Hilfe der 7 überteilig zerlegbar ist, dem großen Ganzton und den beiden Halbtönen andrerseits erreicht die Möglichkeit harmonischer Teilung durch überteilige Brüche aus den Zahlen 2, 3, 5 ihre untere Grenze. –

Die auf diesem Tonmaterial aufgebaute akkordharmonische Musik hält nun in ihrer voll rationalisierten Gestalt prinzipiell für jedes musikalische Gebilde die Einheit der durch Beziehung auf den „Grundton" und die drei normalen Hauptdreiklänge hergestellten, „leitereigenen" Tonfolge fest: Prinzip der *„Tonalität"*. Jede Durtonart hat mit einer parallelen Molltonart, deren Grundton eine kleine Terz tiefer liegt, das gleiche leitereigene Tonmaterial. Jeder Dreiklang auf der Oberquint (Dominante) und Unterquint (Unterdominante – Oktave der Quart) ist ferner „tonischer", d. h. auf dem Grundton errichteter Dreiklang je einer „nächstverwandten" Tonart gleichen (Dur- oder Moll-)Geschlechts, welche mit der Ausgangstonart das gleiche Tonmaterial bis auf je einen Ton teilt. Und entsprechend entwickeln sich die „Verwandtschaften" der Tonarten in Quintenzirkeln weiter. – Durch Zufügung der dritten leitereigenen Terz zu einem Dreiklang entstehen die dissonierenden Septimenakkorde und speziell auf der Dominante der Tonart, also mit deren großer Septime als Terz, der Dominantseptimen-Akkord, welcher, da er nur in dieser Tonart, in dieser Zusammensetzung als Terzenfolge aus leitereigenem Tonmaterial vorkommt, sie eindeutig charakterisiert. Jeder aus Terzen aufgebaute Akkord verträgt die „Umkehrung" (die Versetzung eines oder mehrerer seiner Töne in eine andere Oktave) und ergibt dadurch einen neuen Akkord gleicher Tonzahl und unveränderten harmonischen Sinnes. Die reguläre „Modulation" in eine andere Tonart erfolgt von den Dominantakkorden aus; eindeutig eingeführt wird die neue Tonart durch den Dominantseptimen-Akkord oder ein eindeutiges Fragment von ihm. Einen regulären Abschluß eines Tongebildes oder eines seiner Abschnitte kennt die strenge Akkordharmonik nur durch eine die Tonart eindeutig kennzeichnende Akkordfolge (Kadenz), also normalerweise eines Dominantakkords und des tonischen Dreiklangs, bezw. ihrer Umkehrungen oder mindestens eindeutiger Fragmente beider. Die in harmonischen Dreiklängen oder deren Umkehrungen enthaltenen Intervalle sind (je nachdem „vollkommene" oder „unvollkommene") Konsonanzen. Alle anderen Intervalle sind „Dissonanzen". Das grundlegende dynamische, den Fortschritt von Akkord zu Akkord musikalisch motivierende Element der Akkordmusik ist die Dissonanz. Um die in ihr liegende Spannung zu lösen, fordert sie ihre „Auflösung" in einen neuen, die harmonische Basis in konsonanter Form darstellenden Akkord, die typischen einfachsten Dissonanzen der reinen Akkordharmonik: die Septimenakkorde, die Auflösung in Dreiklänge.

So weit wenigstens scheint alles in Ordnung, und in diesen (künstlich vereinfachten) Grundelementen wenigstens könnte das akkordharmonische System auf den ersten Blick als eine rational geschlossene Einheit erscheinen. Allein dem ist bekanntlich nicht so. Damit der Dominantseptimen-Akkord eindeutiger Repräsentant seiner Tonart sei, muß seine Terz, also die Septime der Tonart, eine große Septime dieser sein: also muß in den Molltonarten deren kleine Septime, im Widerspruch mit dem dreiklangmäßig geforderten, chromatisch erhöht werden. (Der Dominantseptimen-Akkord von A-moll wäre sonst zugleich Septimenakkord von E-moll.) Dieser Wiederspruch ist also nicht nur, wie zuweilen (so auch von Helmholtz) gesagt wird, nur melodisch bedingt – weil nur der Halbtonschritt unterhalb der Oktave des Grundtons jene zur Oktave drängende Unselbständigkeit hat, die ihn als „Leitton" qualifiziert –, sondern liegt schon in der harmonischen Funktion des Dominantseptimen-Akkords selbst beschlossen, wenn diese auch für das Mollgeschlecht gelten soll. Bei dieser Alteration der kleinen zur großen Septime entsteht leitereigen von der kleinen Terz aus der Quint und zur großen Septime der Molltonart, der dissonante „übermäßige Dreiklang", entgegen der harmonischen Terzenkombination aus zwei großen Terzen bestehend. Und den dissonanten „verminderten Dreiklang" enthält jeder Dominantseptimen-Akkord leitereigen, von der seine Terz bildenden großen Septime der Tonart aus nach oben. Schon diese beiden Arten von Dreiklängen sind, den harmonisch geteilten Quinten gegenüber, eigentlich Revolutionäre. Bei ihrer Legitimierung hat aber, gegenüber den Tatsachen der Musik schon seit J. S. Bach, die Akkordharmonik bei weitem nicht stehenbleiben können. Fügt man in einen, die kleine Septime enthaltenden Septimenakkord zwei große Terzen ein, so bleibt als Rest die dissonierende „verminderte Terz", und bildet man aus ihr, einer kleinen und einer großen Terz einen Septimenakkord, so ist wiederum dessen Septime „vermindert": es entstehen die „alterierten" Septimenakkorde und ihre Umkehrungen. Durch Kombination von leitereigenen (normalen) Terzen mit verminderten Terzen ferner entstehen die „alterierten Dreiklänge" und ihre Umkehrungen. Aus dem Material dieser Akkordkategorien lassen sich dann die vielumstrittenen „alterierten Tonleitern" konstruieren, denen sie leitereigen und von denen aus gesehen sie also „harmonische" Dissonanzen sind, deren Auflösungen sich mit den Regeln der (entsprechend erweiterten) Akkordharmonik konstruieren und zur Kadenzbildung verwenden lassen. Sie sind historisch charakteristischerweise in den Molltonarten zuerst aufgetreten und von der Theorie erst allmählich rationalisiert worden. Alle diese alterierten Akkorde führen irgendwie auf die Stellung der Septime im Tonsystem zurück. Die Septime ist auch der Störenfried bei dem Versuch, die einfache Durtonleiter durch eine Serie reiner Dreiklänge zu harmonisieren; es fehlt der verbindende Ton, welchen das Bedürfnis stetiger stufenweiser Fortschreitung fordert, von der Sext- zur Septimenstufe, und zwar nur an dieser Stelle, der einzigen, wo den Stufen das „dominantische Verhältnis" zu einander: der durch eine der Dominanten vermittelte Nächstverwandtschaftsgrad der für die Harmonisierung zu verwendenden Dreiklänge mangelt.

Jenes Bedürfnis nach Stetigkeit der Fortschreitung, also Verbundenheit der Akkorde untereinander, ist nun seinem Wesen nach kein rein harmonisch zu begründendes mehr, sondern „melodischen" Charakters. Die „Melodik" überhaupt aber ist zwar harmonisch bedingt und gebunden, aber, auch in der Akkordmusik, nicht harmonisch deduzierbar. Zwar hat Rameaus Formulierung, daß der „Fundamentalbaß", d. h. der harmonische Grundton der jeweiligen Akkorde, sich nur in den Intervallen des Dreiklangs, reinen Quinten und Terzen, fortbewegen dürfe, auch die Melodik der rationalen Akkordharmonik unterworfen. Und es ist bekannt, wie Helmholtz das Prinzip der stellenweisen Fortschreitung zu den (nach der Ober- und Kombinationston-Skala) „nächstverwandten" Tönen, gerade als Prinzip der reinen monodischen Melodik, theoretisch glänzend durchgeführt hat. Aber er selbst mußte als ferneres Prinzip die „Nachbarschaft der Tonhöhe" einführen, welches er dann teils entsprechend den Untersuchungen Basevis, teils durch die Beschränkung der nur melodisch erklärbaren Töne auf bloße „Durchgangs"funktion dem strengen harmonischen System einzufügen suchte. Allein Tonverwandtschaft und Tonnachbarschaft stehen, da der Sekundenschritt, vor allem der besonders intensiv „leitende" Halbtonschritt, gerade zwei in der physikalischen Verwandtschaft fernstehende Töne miteinander verbindet, in unversöhnlichem Gegensatz gegeneinander, ganz abgesehen von dem allgemeinen Bedenken, daß eben doch die Obertonskala nicht vollständig, sondern unter Überspringung bestimmter Stufen in sehr prononcierter Unvollständigkeit der Harmonik zugrunde liegt. Die Melodien, selbst des strengsten „reinen Satzes", sind weder stets nur gebrochene, d. h. in die Tonsukzession projizierte Akkorde, noch stets durch harmonische Obertöne des Fundamentalbasses in ihren Fortschreitungen verkoppelt, und mit bloßen Terzensäulen, harmonischen Dissonanzen und deren Auflösungen allein wäre vollends niemals eine Musik konstruierbar gewesen. Nicht nur aus den Verwicklungen kettenweiser Fortschreitungen, sondern auch aus vorwiegend distanzmäßig, aus der Tonnähe heraus, zu verstehenden melodischen Bedürfnissen erwachsen jene zahlreichen Akkorde, welche nicht auf Terzenaufbau beruhen, daher weder harmonische Repräsentanten einer Tonart, noch – infolgedessen – gleichsinnig umkehrbar sind und also auch nicht ihre Erfüllung durch die Auflösung in einen ganz neuen, aber die Tonart ergänzend charakterisierenden Akkord finden: die sogenannten „melodischen" oder – vom Standpunkt der Akkordharmonik aus gesprochen – „zufälligen" Dissonanzen. Die Akkordharmonik behandelt die harmonie- oder auch leiterfremden Töne solcher Akkorde – je nachdem – als „Durchgänge", oder als „ausgehaltene" und „wiederholte" Töne neben den akkordlich fortschreitenden Stimmen, deren variierende Beziehung zu ihnen dann den spezifischen Charakter des Gebildes prägt, oder als „Vorausnahmen" oder „Nachschläge" akkordzugehöriger Töne vor oder hinter den betreffenden Akkorden, endlich und namentlich als „Vorhalte": harmonisch akkordfremde Töne in einem Akkord, welche gewissermaßen die eigentlich zugehörigen Töne von ihrer Stelle verdrängt haben, daher nicht wie die legitimen „harmonischen" Dissonanzen, auch „frei" auftreten können, sondern stets „vorbereitet" sein müssen. Sie fordern nicht die spezifisch akkordharmonische Auflösung, sondern diese erfolgt, prinzipiell wenigstens, dadurch, daß die verdrängten Töne und Intervalle sozusagen nachträglich in ihre von Rebellen gekränkten Rechte eingesetzt werden. Eben diese akkordfremden Töne sind nun aber naturgemäß, gerade durch den Kontrast gegen das akkordlich Geforderte, die wirksamsten Mittel der Dynamik des Fortschreitens einerseits, andererseits auch der Bindung und Verflechtung der Akkordfolgen miteinander. Ohne diese durch die Irrationalität der Melodik motiverten Spannungen gäbe es keine moderne Musik, zu deren wichtigsten Ausdrucksmitteln gerade sie zählen. In welcher Art gehört nicht weiter hierher. Denn hier sollte nur an der Hand der allereinfachsten Tatbestände daran erinnert werden, daß die akkordliche Rationalisierung der Musik nicht nur in steter Spannung gegenüber den melodischen Realitäten lebt, welche sie niemals restlos in sich zu schlingen vermag, sondern daß sie auch in sich selbst, zufolge der, distanzmäßig betrachtet, unsymmetrischen Stellung der Septime, Irrationalitäten birgt, welche in der erwähnten unvermeidlichen harmonischen Mehrdeutigkeit der Struktur der Molltonleiter ihren einfachsten Ausdruck finden.

Aber schon rein tonphysikalisch geht das akkordharmonische Tonsystem bekanntlich nicht glatt auf. Grundlage seiner modernen Struktur ist die C-dur-Tonleiter. In reiner Stimmung enthält sie, von den 7 Tönen jeder Oktave aus, nach oben oder unten 5 reine Quinten, ebenso viele Quarten, 3 große und 2 kleine Terzen, 3 kleine und 2 große Sexten und 2 große Septimen aus leitereigenen Tönen, dagegen – infolge der Verschiedenheit der Ganztonschritte – zweierlei um das sogenannte „syntonische" Komma ($^{80}/_{81}$) verschiedene Arten von kleinen Septimen (3 zu $^{9}/_{16}$, 2 zu $^{5}/_{9}$). Vor allem aber hat sie von da aus innerhalb der diatonischen Töne je eine Quint und kleine Terz nach oben, Quart und große Sext nach unten, welche gegenüber den reinen Intervallen um das gleiche Komma differieren und ein Verhältnis für die Quinte d–a ergeben ($^{27}/_{40}$), welches bei der Empfindlichkeit der Quinte gegen alle Abweichungen etwas „unrein" klingt. Die kleine Terz d–f ist eben unvermeidlich eine auch durch die Zahlen 2 und 3 („pythagoreisch") determinierte kleine Terz ($\frac{8}{9} : \frac{3}{4} = \frac{27}{32}$). Dies Versagen der Rationalisierung, welches darauf beruht, daß reine Terzen nur unter Mitwirkung der Primzahl 5 zu konstruieren sind und der Quintenzirkel also nicht auf reine Terzen führen kann, und welches daher mit M. Hauptmann als der Gegensatz der Quinten- und Terzen-Bestimmtheit gedeutet werden kann, ist auf keinerlei Weise aus der Welt zu schaffen: D und F sind die „Grenztöne" der harmonischen C-dur-Tonart.

Selbstverständlich nicht zu verbessern ist die Rationalisierung durch Mitverwendung der mit der Zahl 7 oder noch höheren Primzahlen zu bildenden Intervalle. Bekanntlich sind solche in der Obertonskala vom siebten Ton angefangen enthalten, und eine harmonische Teilung der *Quart* (statt wie in unserem Tonsystem, der Quint) ist durch überteilige Brüche nur mit der Siebenzahl möglich ($\frac{6}{7} \times \frac{7}{8} = \frac{3}{4}$). Allein, mag auch die natürliche Septime, der bei Saiteninstrumenten leicht abzudämpfende, aber auf allen Naturhörnern erscheinende siebte harmonische Oberton (= $\frac{4}{7}$, Kirnbergers „i", welches auch auf japanischen Stimmpfeifen vorkommen soll) mit c–e–g konsonieren – Fasch hat den Ton ja dieserhalb auch in die praktische Musik einzuführen versucht – und mag ferner auch das Intervall $\frac{5}{7}$ („natürlicher Tritonus"), übermäßige Quart, – das einzige auf der japanischen Laute Pipa „rein" gestimmte Intervall –) als Konsonanz wirken, und mögen endlich andere Intervalle mit sieben der ostasiatischen ($\frac{7}{8}$ Intervalle als Ganzton auf dem King, dem Hauptinstrument des chinesischen Orchesters in der untersten Oktave) und arabischen Musik und im Altertum, wenn auch vielleicht nicht, wie behauptet wird, der Musikpraxis, so doch den hellenistischen Theoretikern (diesen sogar solche mit noch höheren Primzahlen) bis in die byzantinische und islamitische Zeit und erst recht den Persern und Arabern geläufig gewesen sein – so ist doch durch ihre Mitverwendung kein harmonisch-rationales, für eine Akkordmusik brauchbares Intervallsystem zu gewinnen. In der ostasiatischen Musik sind sie übrigens vielleicht Produkt jener von durchaus außermusikalischen Grundlagen her vorgenommenen Rationalisierung, von der noch die Rede sein wird. Im übrigen wäre aber die 7 in Musiksystemen, deren Grundintervall (neben der Oktave) nicht die Quint und Terz, sondern die Quart ist, an sich ganz legitim. Auf unserem, für die Akkordmusik bestimmten Klavier wird der siebte harmonische Ton durch die Anschlagstelle des Klöpfels, auf den Streichinstrumenten durch die Art des Anstreichens totgemacht, auf den Naturhörnern wurde er in die harmonischen Septimen „getrieben". – Intervalle mit 11 und 13 vollends, wie sie ja die Obertonskala auch enthält und z. B. Chladni sie auch in schwäbischen Volksweisen gehört haben wollte, sind wenigstens in keiner rationalisierten Kunstmusik, soviel bekannt, rezipiert worden, während allerdings die Perser ein mit 17 gebildetes Intervall in die arabische Skala gebracht haben.

Eine Musik endlich, welche umgekehrt die Zahl 5 und damit die Verschiedenheit der Ganztonschritte eliminiert und sich auf die Zahlen 2 und 3 beschränkt, also als einzigen Ganzton den großen (mit der Relation $8/9$), den „Tonos“ der Griechen, das Intervall zwischen Quint und Quart ($2/3 : 3/4 = 8/9$) zugrunde legt, gewinnt zwar (von unten nach oben zu gerechnet) 6 reine Quinten und ebenso viele Quarten (von allen Tönen, außer von der Quart zur Septime) in der diatonischen Oktave. Sie gewinnt dadurch den gerade für rein melodische Musiken gewichtigen Vorteil, in der optimalen Möglichkeit melodiöse Bewegungen in die Quint oder Quart zu transponieren, – ein Umstand, auf welchem in starkem Maß die frühe Präponderanz dieser beiden Intervalle beruht. Aber sie *eliminiert gänzlich die harmonischen Terzen*, welche nur durch harmonische Teilung der Quint unter Verwendung der Zahl 5 rein zu bilden sind, und damit auch den Dreiklang, also auch die Unterscheidung der Dur- und Mollgeschlechter und die tonale Verankerung der harmonischen Musik im Grundton. Dies war in der hellenischen Musik und auch in den sogenannten „Kirchentönen“ des Mittelalters der Fall. An die Stelle der großen Terz trat dort der Ditonos (e : c = $8^2/9^2 = 64/81$) und an die Stelle der diatonischen Halbtöne das „Leimma“ (Restintervall des Ditonos gegenüber der Quart = $243/256$). Die Septime wird dann = $128/243$. Die harmonische Tongewinnung machte also halt bei der ersten Teilung der Oktave, welche als durch Quint und Quart in zwei durch den „Tonos“ getrennte („diazeuktische“) – im Gegensatz zu den beiden bei c durch „Synaphe“: Identität des Endtones des einen mit dem Anfangston der anderen verbundenen („synemmene“) – *symmetrische* Quarttonfolgen (c–f, g–c’ zerfällt) angesehen wurde. Die Gewinnung der Einzeltöne dieser Tonfolgen konnte also nicht durch harmonische Teilung der *Quinten*, sondern als innerhalb der *Quart* als des kleineren von diesen beiden Intervallen, und nicht durch deren harmonische „Teilung“ (die nur mittels der 7 möglich ist), sondern nach dem Prinzip der Gleichheit der (Ganzton-)*Schritte* („Distanzprinzip“) vollzogen gedacht werden. Die Verschiedenheit der beiden durch harmonische Teilung entstehenden Ganztöne und die beiden harmonischen Halbtöne mußten also fortfallen. Das Leimma, die Differenz zwischen Ditonos und Quart, bildet bei dieser pythagoreischen Stimmung zwar ein mit 2 und 3 gebildetes, aber sehr irrationales Verhältnis. Ähnlich geht es bei jedem anderen Versuch einer Teilung der Quart in drei Distanzen, wie sie vielfach theoretisch gemacht worden (und in der orientalisch-arabischen Musik praktisch gewesen), aber ohne weit höhere Primzahlen nicht möglich und harmonisch nicht verwendbar sind.

Viele primitiv rationalisierte Tonskalen begnügen sich nun mit der Einfügung nur einer Tondistanz, regelmäßig eines Ganztons, innerhalb der beiden „diazeuktischen“ Quarten: „Pentatonik“. Es scheint sicher, daß die Pentatonik, welche noch heute das offizielle chinesische System und die Grundlage mindestens einer, wahrscheinlich aber ursprünglich beider javanischen Tonskalen ist, und welche ebenso in Littauen und Schottland, Irland, Wales wie bei den Indianern, Mongolen, Anamiten, Kambodschanern, Japanern, Papuas, Fullahnegern sich findet, in der Vergangenheit der Musik eine bedeutende Rolle gespielt hat, auch bei uns. Manche unzweifelhaft sehr alte Melodien westfälischer Kinderlieder z. B. zeigen sehr deutlich pentatonische, und zwar halbtonfreie („anhemitonische") Struktur, und das bekannte Rezept für die Schaffung volksliedmäßiger Kompositionen: nur die fünf Obertasten des Klaviers zu benutzen – welche ja ein halbtonfreies pentatonisches System darstellen – gehört auch dahin. Für die alte gälische und schottische Musik steht die Herrschaft der „Anhemitonik" fest, für die ältere kirchliche Musik des Okzidents, glaubten Riemann und, wenn auch in anderer Art, O. Fleischer ihre Spuren nachweisen zu können. Speziell die Musik der Zisterzienser, welche ihrer Ordensregel gemäß puritanische Vermeidung alles ästhetischen Raffinements auch auf diesem Gebiet pflegten, scheint pentatonisch gewesen zu sein. Ebenso findet sich unter den Skalen des jüdischen Synagogengesanges, die im übrigen auf hellenistisch-orientalischer Basis ruhen, eine einzelne pentatonische Skala.

Die Pentatonik geht nun häufig mit einer durch das „Ethos" der Musik bedingten Meidung des Halbtonschrittes Hand in Hand. Man hat daraus geschlossen, daß eben diese Meidung ihr musikalisches Motiv darstelle. Die Chromatik ist der alten Kirche ganz ebenso wie z. B. den älteren Tragikern der Hellenen und der bürgerlich rationalen konfuzianischen Musiklehre antipathisch. Von den ostasiatischen Kunstmusikvölkern sind nur die feudal organisiert gewesenen Japaner mit ihrem Streben nach leidenschaftlichem Ausdruck der Chromatik prinzipiell stark ergeben. Chinesen, Anamiten, Kambodschaner, die ältere javanische Musik (Salendro-Skala) sind ihr ebenso wie auch allen Mollakkorden gleichmäßig abgeneigt. Ob nun freilich die pentatonischen Skalen überall die älteren sind – sie bestehen nicht selten neben reicher besetzten Tonleitern – ist nicht sicher. Die neben den vollständigen Oktavreihen zahlreichen unvollständigen Skalen der Inder haben nur zum kleinen Teil ein der üblichen Pentatonik ähnliches Aussehen. Inwieweit sie etwa doch aus Alterationen und Korruptionen pentatonischer Skalen hervorgegangen sind, steht ganz dahin. Für die meisten Fälle scheint ihr höheres Alter wenigstens gegenüber den jetzt daneben stehenden Skalen überwiegend wahrscheinlich. Auch in der Musik der Chippewah-Indianer findet sich (nach Densmores Phonogrammen) die Pentatonik gerade in den naturgemäß am reinsten erhaltenen Zeremonial-Gesängen. Wieweit bei der Festhaltung der halbtonlosen Pentatonik auch in Kunstmusiken Abneigung gegen das irrationale Halbtonintervall aus musikalischen, superstitiösen oder (in China) rationalistischen Gründen oder umgekehrt dessen schwerere eindeutige Intonierbarkeit maßgebend war, bleibt sehr unsicher. Denn daß gerade wirklich primitive, d. h.

tonal nicht oder wenig rationalisierte Musiken den Halbton meiden, ist nicht erweislich, die Phonogramme namentlich von Negermelodien zeigen eher das Gegenteil. Es ist daher neuerdings direkt bestritten, ob Pentatonik überhaupt gerade in dem Streben nach Vermeidung des Halbtonschrittes ihren ursprünglichen Grund gehabt habe, – wie z. B. auch Helmholtz annahm. Er setzte einfach ein früheres Abbrechen der Reihe der mit der Tonika in den nächsten Graden verwandten Töne in primitiven Musiken als Grund ihrer Entstehung voraus – eine, wie die Analyse primitiver Musiken zeigt, unhaltbare Ansicht. Denn sie findet sich immerhin nicht selten (z. B. bei japanischen pentatonischen Melodien: – Skala c, des, f, g, as, c' gegen c, d, f, g, a, c' der Chinesen, und ebenso in der – jüngeren – javanischen Pelog-Skala, welche sieben Stufen enthält, deren Gebrauchstonleiter aber fünfstufig ist) in der Gestalt, daß innerhalb der Quart gerade ein Halbtonintervall neben einer leeren Terz steht. Das findet sich jedoch gegenüber der Anhemitonik nur in der Minderzahl der Fälle – auch in der Pentatonik nordamerikanischer Indianer. In solchen Fällen würde also Pentatonik die Verwendung der drei Intervalle Quint, Quart und große Terz bedeuten, neben welchen dann nur der Halbton übrigblieb. Hier dürfte aber die Terz, wenn sie nämlich überhaupt als harmonische Terz und nicht vielmehr als ditonische Distanz zu verstehen sein sollte, sich erst allmählich durchgesetzt haben und die Ausschaltung des Ganztons sekundär sein. Den pentatonischen Musiken, soweit sie den harmonischen Ganzton, also die Differenz zwischen Quint und Quart, verwenden, ist zwar naturgemäß ein der kleinen Terz, aber in der pythagoreischen Abmessung ($^{27}/_{32}$), wie in der „reinen" Stimmung zwischen d und f, entsprechendes Intervall inhärent, infolge der Ausschaltung des Halbtons (so z. B. auch bei den Indianern), nicht aber, soviel bekannt, die große Terz, am wenigsten die harmonische Abmessung. Diese ist in wirklich primitiven Musiken selten. Vielmehr erscheint gerade das Terz-Intervall in außerordentlich vielen phonographisch kontrollierten Musiken in unreiner Form, nicht als harmonische Terz und auch nicht als – was mit den gerade bei der Terz sehr hohen Anforderungen an Reinheit, wenn Schwebungen vermieden werden sollen, einerseits, dem schnelleren Undeutlicherwerden der Schwebungen andererseits zusammenhängen könnte – Ditonos, sondern als sogenannte neutrale Terz (die nach Helmholtz auch von gedeckten Orgelpfeifen produziert, leidlich konsoniert), und zwar in sehr unsicherer Bestimmtheit, so daß die Verwendung der reinen großen Terz in einer irgendwie „primitiven" Skala nicht wahrscheinlich ist. Es ist nun allerdings schon aus dem Grunde nicht eben wahrscheinlich, daß die Pentatonik eine wirklich „primitive" Skala darstellt, weil, soviel bekannt, überall, auch in den allerprimitivsten Musiken, eine wenigstens irgendwie dem harmonischen Ganzton naheliegende Distanz, wo aber die Quart und Quint auftreten, ganz regelmäßig diese selbst als ihre Differenz, überall die Basis der praktischen Melodik ist. Die Pentatonik setzt also anscheinend mindestens die Oktave und ihre wie immer sonst geartete „Teilung“, also eine partielle Rationalisierung voraus, ist daher nichts wirklich Primitives. Nun besteht ferner kein Zweifel, daß auch die Struktur eines pentatonisch anhemitonischen Systems an sich nicht notwendig gerade auf der Quart als Grundintervall beruhen muß. Die irische Skala z. B., wie sie 747 die Synode von Cloveshoe gegenüber dem Gregorianischen Choral als die „Sangesart unserer irischen Vorfahren“ vertrat, wurde im elften Jahrhundert „akkordisch“ verwendet und war dabei halbtonfrei. Und überhaupt: liest man eine anhemitonische Skala statt c, d, f, g, a, c vielmehr f, g, a, c, d, f, so enthält sie Sekunde, kleine Terz (oder pythagoreischer Anderthalbton), große Terz (oder Ditonos), Quint, Sext. Nicht Terz und Septime also, sondern Quart und Septime fehlen dann. In der Tat ist der „Sinn“ der Pentatonik in dieser Hinsicht nicht eindeutig. Manche pentatonische Melodie – so viele schottische und die von Helmholtz zitierte Tempelhymne – würde, wenn wir unsere Tonalitätsvorstellungen zugrunde legen, dem zweiten Typus entsprechen. Es scheint nun in einzelnen Gebieten neben der überall unsangbaren Septime entgegen der Regel auch die Quart für Anfänger schwerer als insbesondere die Terz intonierbar zu sein, so nach Densmore bei den Indianern, nach Ferd. Hand bei Kindern in der Schweiz und Tirol. Letzteres dürfte aber eine Folge der dem Norden charakteristischen, später zu erörternden Entwicklung zur Terz sein; auch die Anhemitonik der Zisterzienser ging mit einer ihnen spezifischen Vorliebe für die Terz zusammen. Ob, wie Helmholtz andeutet, die günstigere Behandlung der, in den höheren Stimmlagen, wegen der großen Zahl der Schwebungen leichter rein klingenden Terz in der nordeuropäischen Musik auch damit zusammenhängt, daß die *Frauen* hier am Chorgesang beteiligt sind, von dem sie das Altertum, wenigstens auf dem Boden der großen Kulturzentren (Athen, Rom), und ebenso die Spätantike, asketisch gewendete und die mittelalterliche Kirche ausschlossen, bleibt angesichts der zuletzt erwähnten Tatsache sehr fraglich. Soviel ich sehen kann, findet in den Musiken der Naturvölker die sehr verschieden gestaltete Beteiligung der Frauen am Gesang in entsprechendem Unterschied der Stellungnahme zur Terz Ausdruck (wobei allerdings zu berücksichtigen ist, daß schwerlich eindeutig feststeht, ob jeweils Terz oder vielmehr ditonische Distanz gehört wird). Im Mittelalter ist die Quart auch in der Theorie parallel mit dem Vordringen der Terz unter die Dissonanzen geraten (allerdings wesentlich deshalb, weil sie von der Theorie [vom Organum etc. abgesehen] weder in Dreiklängen, also Schlüssen, noch in Parallelbewegungen geduldet wurde, also gegenüber der Terz harmonisch benachteiligt war). Und bei den Indianern, deren Pentatonik im Absterben ist, spielen ebenfalls Terzen (kleine und neutrale) eine erhebliche Rolle. Die beiden dicht benachbarten Intervalle, Quart und Terz, scheinen also historisch in einer Art von Antagonismus gestanden zu haben – was Helmholtz mit den Mitteln seiner Theorie (Tonempfindungen, 3. Auflage, S.297) gut zu erklären vermochte – so daß die Pentatonik an sich sowohl mit dem einen wie mit dem anderen zusammengehen könnte. Aber das ist aus Gründen der allgemeinen Stellung der Quart in der alten Musik nicht wahrscheinlich; denn soweit unsere Kenntnisse heute reichen, scheinen die Quint und damit auch die Quart überall da, wo die Oktave einmal „erkannt" ist, als die ersten und meist einzigen harmonisch „reinen" Intervalle aufzutreten, und hat die Quart speziell in der überwältigenden Mehrzahl aller bekannten Musiksysteme, auch solcher, die, wie das chinesische, keine eigentliche „Tetrachord"-Theorie aufgestellt haben, die Bedeutung eines melodischen Grundintervalls besessen. Die westfälischen Kinderlieder bewegen sich von dem häufigsten Mittelton (g) – dem melodischen Hauptton – typisch eine Quarte auf- und abwärts. Von den beiden javanischen Skalen hat die eine (Salendro) eine annähernd reine Quarte und Quinte mit einem Ton in der Mitte jeder der beiden die Oktave diazeuktisch zusammensetzenden annähernden Quartdistanzen, und auch die andere (Pelog) reicht von dem Mittelton aus in je einer annähernd reinen verbundenen Quarte auf- und abwärts, und ihre übliche Gebrauchsleiter enthält, vom untersten Ton aus gerechnet, Anfangston, neutrale Terz, Quart, neutrale Sext, kleine Septime. J. P. N. Land hält die erstere für altchinesischer, die letztere für arabischer Herkunft. Alles in allem ist doch wohl das Wahrscheinlichste die Deutung der Pentatonik als einer Kombination zweier diazeuktischen Quarten, bei welcher ursprünglich die beiden Quarten nur durch je ein Intervall geteilt waren, welches je nach der melodischen Bewegung (insbesondere ob auf- oder abwärts) *beweglich* und eventuell irrational war. So könnte sich z. B. auch das javanische Pelogsystem erklären lassen, und die deutlichsten Belege für eine ähnliche Entwicklung, daß die Grenztöne der Quarten zuerst als die Grundlagen aller Intervallbestimmung unbeweglich werden, finden sich sowohl bei den Hellenen wie bei den Arabern und Persern. Von hier aus konnte die Entwicklung dann natürlich an sich ebensowohl zu einem, mit Ausnahme der Quart, irrationalen Tonsystem wie zur Anhemitonik, wie endlich zu einer Pentatonik mit Halbtönen und großer Terz oder auch – wie in vielen schottischen Liedern – mit Ganzton und kleiner Terz fortschreiten. Der als Opfermelodie sicher besonders alte τρόπος σπονδειάζων der Hellenen war nach Plutarch pentatonisch, und zwar offenbar anhemitonisch. Der spät, aber ersichtlich archaisierend komponierte zweite delphische Apollon-Hymnos scheint die Verwendung von mehr als drei Tönen eines Tetrachords, nicht aber den Halbtonschritt zu vermeiden. Im ganzen ist die Meidung oder Deklassierung der Halbtöne zu nur melodisch „leitenden" Distanzen doch wohl der ältere und auch wohl der weitest verbreitete „tonale" Sinn der Pentatonik, die selbst schon eine Art von Auslese rationaler harmonischer Intervalle aus der Fülle der melodischen Distanzen darstellt. In jedem Fall sind wir hier mit allen diesen Erscheinungen schon aus dem Bereich der harmonischen Intervallgewinnung, welche den Weg über die Teilung der Quinte nimmt, heraus und in das Gebiet der Skalenbildung durch bloße Auslese melodischer Distanzen innerhalb der Quart gelangt, welche der Willkür wesentlich mehr Freiheit läßt als jede harmonisch determinierte Skala. Von dieser Freiheit haben die Skalen der rein melodischen Musiken umfassenden Gebrauch gemacht. Vor allem die Theorie. Wenn man einmal von der Quart als dem melodischen Grundintervall ausging, so gab es unermeßliche, im Prinzip willkürliche Möglichkeiten ihrer mehr oder minder rationalen „Teilung" durch irgendwelche Kombination von Intervallen. Die Skalen der hellenistischen, byzantinischen, arabischen, indischen Theoretiker, die sich offenbar gegenseitig beeinflußt haben, geben solche in den allerverschiedensten Büchern an, von welchen heute schlechterdings nicht mehr feststellbar ist, inwieweit sie eigentlich jemals in der praktischen Musik verwendet worden sind. Das einzige, was dafür spricht, ist die in der orientalischen und der, offenbar auch von daher beeinflußten, byzantinischen Theorie noch häufiger und typischer als in der hellenistischen sich findende Angabe eines spezifischen „Ethos" für die einzelnen Arten der Teilung, welche vermuten lassen kann, daß in der Tat mindestens in den Kreisen, welche die damalige Kunstmusik trugen, die Effekte dieser oft höchst barocken Skalen genossen wurden. Aber auch der Umfang, in dem dies geschah, ist ganz unsicher. Soweit wirkliche Realitäten der Praxis dahinter standen, handelt es sich wenigstens zum Teil – aber auch eben nur zum Teil – wohl um eine Art Pantheonbildung von ursprünglich lokalen Instrumentenstimmungen, daneben gelegentlich noch um Übertragungen von Stimmungen einzelner Instrumente auf andere, z. B. von Naturtönen der Blasinstrumente auf Saiteninstrumente. Beide sind dann Objekte systematischer Rationalisierung geworden. Eine ursprünglich lokale Differenzierung der melodischen Skalen tritt in den Regionalbezeichnungen der hellenischen Tonarten (dorisch, phrygisch usw.) und ebenso bei den indischen Skalen und in der arabischen Quartenteilung sehr deutlich hervor. Eine, wahrscheinlich ursprünglich durch die Übernahme von Intervallen herbeigeführte, Entwicklung verschiedener instrumentaler Herkunft des Tondistanzsystems zeigen gewisse Erscheinungen der hellenischen und arabischen Musiken.

Im hellenischen Tonsystem der klassischen Zeit war die Quart bekanntlich neben der pythagoreisch distanzmäßig vollzogenen diatonischen Teilung auch noch erstens in kleine Terz und zwei Halbtöne (chromatisch) und zweitens in große Terz und zwei Vierteltöne (enharmonisch) geteilt, in beiden Fällen also unter Ausschaltung des Ganztons. Daß es sich in diesen Fällen um die Einschiebung von wirklichen Terzen gehandelt habe, so daß die beiden kleinen Tonschritte als Rest übriggeblieben wären, ist höchst unwahrscheinlich, obwohl allerdings gerade diese beiden Tongeschlechter den Anlaß für die erstmals harmonisch korrekte Berrechnung der großen Terz durch Archytas und der kleinen Terz durch Eratosthenes abgaben: Es scheint vielmehr, daß man gerade umgekehrt das „Pyknon“: die Chromatik und Enharmonik als melodische Ausdrucksmittel suchte. Das teilweise erhaltene Stasimon aus dem Orestes des Euripides, welches anscheinend enharmonische Pykna enthält, gehört in dochmischen Versen zu den leidenschaftlichst bewegten Strophen des Stücks, und sowohl Platons spöttische Bemerkungen in der Politeia, wie umgekehrt diejenigen des Plutarch, wie endlich die ganz späten aus byzantinischer Zeit beweisen, daß es sich bei der Enharmonik um melodisches Raffinement handelte. Bei der traditionell feststehenden (und als heilig geltenden) Siebenstufigkeit der Oktave behielt die Theorie dann nur einen übermäßigen Tonschritt in der Quarte übrig. In die praktische Musik ist die chromatische und weiterhin die enharmonische Skala zuerst höchstwahrscheinlich durch den Aulos gelangt, welcher irrationale Abweichungen von den rationalen Intervallen gab, die noch Aristoxenos aufzählt. Dadurch, daß ein in Bosnien gefundenes, dem Aulos ähnliches Instrument die „chromatische“ Skala der Hellenen ergibt und das gleiche auch für balearische Instrumente zutreffen soll, wird diese der Überlieferung entsprechende Annahme noch weiter gestützt. Da bei dem Aulos die chromatische Tonbildung und ebenso die Korrektur von irrationalen Intervallen durch teilweisen Verschluß der Löcher erfolgte – wie in allen alten Musiken, welche die Flöte kannten, – so war die Erzeugung beliebiger Schleiftöne und Zwischen- und Teilintervalle hier sehr naheliegend. Indem man eben diese Intervalle von der Flöte auf die Kithara übernahm, suchte man sie zu rationalisieren, und es entstand die von späteren Theoretikern immer weiter ausgesponnene Kontroverse über die Art der Viertel- oder Dritteltonintervalle. Wie dem sei, jedenfalls handelt es sich dabei um ein Intervallsystem, welches nicht primitiv war, sondern, umgekehrt, der hellenischen Kunstmusik angehörte. Nach den Papyrusfunden war es den Aitolern und ähnlichen kulturlosen Stämmen fremd, und auch die Tradition hält die Chromatik für jünger als die Diatonik und die Vierteltons-Enharmonik für die jüngste, speziell der klassischen und nachklassischen Zeit zugehörige Erscheinung, welche einerseits von den beiden älteren Tragikern noch abgelehnt, andererseits wieder schon in Plutarchs Zeit (zu dessen Bedauern) im Verfall war. Sowohl die chromatische wie die enharmonische Tonfolge haben „tonal“ natürlich mit unserem harmonisch bedingten Begriff von „Chromatik“ nichts zu schaffen. Dies, obwohl die Entstehung der chromatischen Tonalterationen und ihre Rezeption und harmonische Legitimierung im Okzident historisch auf ganz die gleichen Bedürfnisse zurückgehen wie die Pykna der Hellenen: zuerst nach melodiöser Erweichung der Härte der reinen Diatonik der Kirchentöne, dann – im 16. Jahrhundert, welches die Mehrzahl unserer chromatischen Töne legitimierte – nach dramatischer Darstellung der Leidenschaften. Daß die gleichen Ausdrucksbedürfnisse dort zu einer Zersetzung der Tonalität, hier (obwohl die Theorie der Renaissance die Chromatik als eine Wiederauferstehung der antiken Tongeschlechter anzusehen und zu erstreben geneigt war) zur Schaffung der modernen Tonalität führten, lag in der sehr abweichenden Struktur derjenigen Musik, in welche jene Tonbildungen im einen und im anderen Fall eingebettet wurden. Die neuen chromatischen Spalttöne wurden in der Renaissancezeit als Terzen- und Quinten-bestimmte harmonisch gebildet. Die hellenischen Spalttöne dagegen sind Produkte einer rein *distanzmäßigen*, der exklusiven Pflege melodischer Interessen entsprungenen Tonbildung. Jedenfalls handelt es sich aber bei den hellenischen Viertelton-Intervallen um Intervalle, welche der realen Musik angehört haben, im Spätaltertum (nach Bemerkungen des Bryennios über die Analysis organica) offenbar den Saiteninstrumenten, und die dem Orient noch angehören – sei es auch wesentlich (oder originär) als „Schleiftöne".

Neben diesen vielbesprochenen hellenischen Vierteltönen haben namentlich die arabischen „Dritteltöne", 17 auf jede Oktave, seit den Arbeiten von Villoteau und Kiesewetter eine höchst mißverständliche Rolle in der Musikgeschichte gespielt. In Anlehnung an die neueren Analysen der arabischen Musiktheorie von Collangettes hätte man sich ihre Entstehung wohl folgendermaßen vorzustellen: die Skala vor dem 10. Jahrhundert bestand nach Collangettes' Annahme aus 9 (mit Einschluß der Oberoktave des Anfangstons 10) Tönen in der Oktave, z. B. c, d, es, e, f, g, as, a, b, c', aufgefaßt als zwei durch den Ton f verbundene Quarten, neben denen ein diazeuktischer Tonschritt (b–c) stand. Diese rein pythagoreisch gestimmte Oktaveneinteilung geht sicherlich auf hellenischen Einfluß zurück, nur daß sie die Quart außer durch Tonos und Ditonos von unten auch noch durch den Tonos von oben teilte. Die altarabischen Instrumente, vor allem die von dem, allen Nomaden eigenen Dudelsack stammenden, haben sich dieser Skala vermutlich nie glatt gefügt; denn das Streben der Folgezeit ging durchweg dahin, neben der pythagoreischen noch eine weitere Terz zu besitzen, und auf der anderen Seite hat der Rationalismus der von der mathematischen Theorie herkommenden Musikreformatoren unausgesetzt und in den verschiedensten Formen an der Ausgleichung der aus der Unsymmetrie der Oktave folgenden Unstimmigkeiten gearbeitet. Auf die Produkte dieser letzteren kommen wir erst später zu sprechen, hier nur kurz von den ersteren. Trägerin der extensiven und intensiven Entwicklung der Skala war die Laute (das Wort ist arabisch), welche im Mittelalter das für die Festlegung der Intervalle entscheidende Instrument der Araber wurde, ebenso wie dies die Kithara bei den Hellenen, das Monochord im Okzident, die Bambusflöte in China war. Die Laute hatte nach der Überlieferung zuerst 4, dann 5 Saiten, jede eine Quart höher als die vorige gestimmt, jede eine Quart umfassend und zwischen den Ganztönen der Quart bei pythagoreischer Stimmung jede geteilt durch 3 rational gewonnene Zwischentöne: Ganzton von oben und unten und Ditonos von unten (alos z. B.: c, d, es, e, f, in pythagoreischer Bestimmung). Vermutlich wurde ein Teil dieser Intervalle aufsteigend wie andere absteigend gebraucht. Dies ergab, wenn nun die Theorie alle Töne in die gleiche Oktave einordnete, für diese die 12 pythagoreisch determinierten chromatischen Töne. Nachdem aber das mittelste Intervall (es) durch die Perser einerseits, den Musikreformator Zalzal andererseits eine zwiefach verschiedene irrationale Bestimmung erhalten hatte und nun von diesen irrationalen Intervallen im Kampf miteinander sich neben dem diatonischen Intervall zunächst eins auf der Laute behauptete, bedeutete das in jeder der 5 Quarten die Existenz eines Intervalls mehr, gäbe also, in die gleiche Oktave eingeordnet, in dieser in der Tat eine Vermehrung der chromatischen Töne von 12 auf 17. In der praktischen Einteilung der Lautenbünde scheint man zwischen dem 10. und 13. Jahrhundert die pythagoreischen und die beiden Arten irrationaler Intervalle promiscue gebraucht zu haben, und in der Oktavenskala ordnete man sie so ein, daß zwischen es–e, as–a die beiden irrationalen Terzen, zwischen c–d und f–g aber, wie wir sagen würden, als „Leittöne" zu den Unterganztönen, ein pythagoreisches Leimma (Ditonos von den Oberganztönen f bezw. b aus gerechnet) und außerdem je eine in ganz irrationalen Intervallen bestimmte Halbtondistanz, welche je mit einer der beiden irrationalen Terzen korrespondierte, zusammen also je 3 Intervalle aufgenommen wurden, so daß in der Quart c–f die Skala entstand: c, pythagoreisch cis, persisch cis, Zalzalsches cis, d, pythagoreisch es, persisch e, Zalzalsches e, pythagoreisch e, f und entsprechend in der Quart f–b, – wovon natürlich stets nur eine der drei Kategorien von Intervallen in einer Melodie vorkommen konnte. Im 13. Jahrhundert hat man es dann auf Brüche und Potenzierung der Zahlen 2 und 3 gebracht und durch den Quintenzirkel bestimmt, so daß jede der beiden Quarten die Sekunde und den Ditonos von oben und unten (die obere, außerdem die Sekunde von unten) und daneben zwei im Sekundenabstand voneinander stehende Töne enthielt, deren unterer um zwei Leimmata von dem Unterganzton abstand, so daß der obere um die Distanz der Apotome (gleich Ganzton minus Leimma) abzüglich Leimma vom oberen Ganzton abstand, also z. B. pythagoreisch ges, pythagoreisch ges plus Leimma g, pythagoreisch as plus Leimma a, pythagoreisch a, b. Die moderne syrisch-arabische Rechnung endlich (M. Meschaka), welche 24 Vierteltöne in der Oktave unterscheidet, teilt, wenn daraus die in der Musik wichtigsten Intervalle herausgehoben werden, in Wahrheit jede der beiden durch sie verbundenen Quarten durch einen Ganztonschritt ($8/9$), den sie = vier „Vierteltönen", und zwei verschiedene „Dreiviertelton"-Schritte: $11/12$ und $81/88$, die sie beide = drei „Vierteltönen" setzt. Diese in der praktischen Musik am häufigsten verwendeten sieben Intervalle würden also die Sekunde, die alte Zalzalsche Terz ($8/9 \times 11/12 = 22/27$), die Quart, die Quint, die Zalzalsche Sext (= einer Quart über der Zalzalschen Terz), die kleine Septime als Schlußton der oberen Quart darstellen, so daß von dort der diazeuktische Ganztonschritt zur Oberoktave bliebe. Jedenfalls aber handelt es sich in diesen Fällen bei den „Viertel"- oder „Drittel"tönen um Intervalle, zwar nicht harmonischen Ursprungs, die aber andererseits dennoch unter sich nicht – wie wir dies später bei den „temperierten" Distanzen kennen lernen werden – wirklich „gleich" groß sind, obwohl die Theorie die Neigung zeigt, sie als eine Art distanzmäßigen Generalnenners und als das musikalische „Atom" sozusagen des „eben noch Hörbaren", über welches Platon spottet, anzusehen. Das gleiche gilt für die Sruti-Rechnung der indischen Kunstmusik mit 22 angeblich „gleichen" Tonstufen auf die Oktave, wobei aber der große Ganzton = 4, der kleine = 3, der Halbton = 2 Sruti gesetzt wird. Auch diese Kleinintervalle sind ein Produkt der unermeßlichen Fülle untereinander verschiedener melodischer Distanzen, welche die lokale Differenzierung der Skalen ergeben hatte.

Die chinesische Einteilung der Oktave in 12 Lü, welche als gleich gedacht, aber nicht wirklich so behandelt werden, bedeutet nur die unexakte theoretische Interpretation der praktisch verwendeten diatonischen, nach dem Quintenzirkel gebildeten Intervalle. Auch sie ist historisch vielleicht das Produkt des Nebeneinanders von rational und – wie das King – irrational gestimmten Instrumenten. Der Gedanke, das Tonmaterial auf kleinste, gleich große Distanzen zurückzuführen, liegt aber – wie wir später noch sehen werden – allerdings dem rein melodischen Charakter von Musiken nahe, welche die Akkordharmonik nicht kennen und denen daher auch in der Art der Abmessung ihrer Intervalle und deren Teilung nach unten zu keine prinzipiellen Schranken gesetzt sind. Denn überall ringen in der nicht akkordlich rationalisierten Musik irgendwie das melodische Distanz- und das harmonische Teilungsprinzip miteinander. Und nur die Quinten und Quarten und ihre Differenz, die Ganztöne, sind reine Erzeugnisse des letzteren, nicht dagegen die Terzen, welche vielmehr fast überall zunächst als melodisches Distanzintervall auftreten. Zeuge dessen ist sowohl der alte arabische „Tanbur" von Khorassan, der in Anfangston, Sekunde, Quart, Quint, Oktave, None gestimmt war, wie die nach der Überlieferung in Anfangston, Quart, Quint, Oktave gestimmte Kithara der Hellenen und die Bezeichnung der Quint und Quart als „große und kleine" Distanz schlechthin in China. Soweit bekannt, ist überall, wo die Quint und Quart auftreten und nicht besondere Alterationen des Tonsystems eingetreten sind, auch die große Sekunde als vorherrschende melodische Distanz verwendet, deren sehr universelle Bedeutung daher überall auf jener harmonischen Provenienz – die freilich etwas anderes ist als eine Helmholtzsche Tonverwandtschaft – beruht. Jedenfalls hat sie, allgemein gesprochen, die Priorität vor der harmonischen Terz. Der Ditonos, die melodische Terzdistanz, ist keineswegs einfach „Unnatur". Es scheint ausnahmsweise Fälle zu geben, wo auch heute noch, in rein melodisch bedingter Lage, der Solist aus dem harmonischen Terzschritt in den distanzmäßigen pythagoreischen Ditonos fällt.

Und daß die Terz im hellenischen Altertum, trotz ihrer harmonisch richtigen Berechnung, schon durch Archytas (also zu Platons Zeit), später durch Didymos (der auch die beiden Ganztonschritte richtig unterschied) und Ptolemäos dennoch nicht die im Sinn der Harmonik revolutionierende Rolle gespielt hat, wie in der Musikentwicklung des Okzidents, sondern – etwa analog der Entdeckung des geozentrischen Systems oder der technischen Qualitäten der Dampfkraft – Eigentum der Theoretiker blieb, hat ebenfalls in dem, gänzlich auf die Tondistanzen und melodischen Intervallfolgen ausgericheteten Charakter der antiken Musik, welche in der Praxis die Terz als Ditonos erscheinen ließ, seinen Grund.

Die Tendenz zur Gleichheit der Distanzen war überall in starkem – wenn auch gewiß nicht ausschließlichem – Maße durch die Interessen der Transponierbarkeit der Melodien mitbestimmt. Es finden sich in den erhaltenen hellenischen Melodiefragmenten, wenigstens im zweiten Apollon-Hymnus von Delphi, Spuren davon, daß auch die hellenische Musik gelegentlich von dem Mittel der Wiederholung einer Tonphrase in anderer Tonlage Gebrauch machte, und für diesen Zweck mußten die Ganztonschritte für ein melodisch so feines Gehör wie das hellenische gleich groß sein. (Es ist daher auch kein Zufall, daß die harmonisch „richtige" Terzenberechnung nicht an der diatonischen, sondern an der enharmonischen und chromatischen Skala zuerst vorgenommen wurde, bei welcher der Ditonos ausgeschaltet war.) Ganz dasselbe Gleichheitsbedürfnis bestand ja für das frühere Mittelalter, wo schon um die Mutationen in eine höhere oder tiefere Hexachord-Distanzskala (ut–re–mi–fa–sol–la gleich der Distanzskala c–d–e–f–g–a) bei Überschreitung des Hexachord-Ambitus vornehmen zu können, die Schritte ut–re, re–mi, fa–sol, sol–la (c–d, d–e, f–g, g–a), als unter sich gleiche Ganztondistanzen mußten angesehen werden können. Eben darauf beruht es, daß die Antike die Terz als diatonische Distanz deutete: – weil dadurch die Zahl der gleichen *Distanzen* innerhalb der diatonischen Tonfolge auf das Optimum: 6 Quinten, 6 (und nach Rezeption der chromatischen Saite: 7) Quarten, 5 Ganztonschritte, 2 diatonische und 2 Anderthalb-Tonschritte gebracht wurde. Und auch gewisse später zu erwähnende Experimente mit der durch die irrationalen Terzen in schwerer Verwirrung befindlichen arabischen Skala lassen ähnliche Motive als mitwirkend erkennen.

Auf die Frage, was denn nun in vorwiegend melodisch, das heißt distanzmäßig konstruierten Tonsystemen an die Stelle der modernen „Tonalität" tritt, um ihrer Struktur feste Grundlagen zu geben, ist etwas ganz Allgemeines nicht leicht zu sagen. Die überaus geistvollen Deduktionen in Helmholtz' schönem Buche halten dem heutigen Stande des empirischen Wissens nicht mehr ganz stand. Und auch die Voraussetzung der „Panharmoniker", daß jede, auch jede primitive Melodik doch letztlich sich aus zerlegten Akkorden aufbaut, ist gegenüber den Tatsachen jedenfalls nicht glatt durchführbar. Die streng empirische Erkenntnis der primitiven Musik andererseits gelangt erst jetzt auf der Basis der Phonogramme zu einer exakten Grundlage. Wie unsicher bei streng naturalistischem Maßstab auch diese Grundlage ist, ergibt sich, wenn man bedenkt, daß zum Beispiel bei der Analyse patagonischer Phonogramme, für ein und denselben als identisch behandelten Ton, Intonationsfehler-Spielräume von bis zu einem halben Ton angenommen werden mußten. Und die Analyse der reinen Melodik des grenzenlosen Feldes musikalischer Ausdrucksmöglichkeiten ist auch für weiter fortgeschrittene Stadien erst bruchstückweise angebaut. Die uns letztlich am meisten interessierende Frage vollends, inwieweit „natürliche" Tonverwandtschaft rein als solche als entwicklungsdynamisches Element wirksam gewesen ist, dürfte heute selbst für konkrete Fälle von den Fachleuten nur mit großer Vorsicht und unter Ablehnung aller Generalisationen beantwortet werden können. Und vollends fraglich geworden ist die von Helmholtz in geistvoller Art begründete Rolle der Obertöne für die historische Entwicklung der alten Melodik. Was trotzdem festgestellt werden muß, ist zunächst: daß man sich hüte, die primitive Musik als ein Chaos regelloser Willkür zu denken. Das Gefühl für etwas unserer „Tonalität" im Prinzip Ähnliches ist an sich keineswegs etwas spezifisch Modernes. Es findet sich nach den Feststellungen von Stumpf, Gilman, Fillmore, O. Abraham, v. Hornbostel u. a. in vielen Indianer-Musiken wie in der orientalischen Musik und ist in der indischen unter einem eigenen Wort (Ansa) bekannt. Aber sein Sinn und seine Wirkungsweise ist wesentlich anders und auch seine Tragweite begrenzter in Musiken, welche eine melodische Struktur haben, als dies bei uns heute möglich ist. Betrachten wir zunächst die rein äußeren Charakteristiken der alten Melodik. Die musikalischen Gebilde der Weddah zum Beispiel, eines der wenigen ganz instrumentenlosen Völker, zeigen nicht nur feste, rhythmische Gliederung, eine Art von primitivem Periodenbau, typische Schluß- und Zwischenschluß-Töne, sondern vor allem – trotz der wohl überall starken Neigung der Stimme zum Distonieren – das Streben nach Festhalten der allerdings harmonisch irrationalen, zwischen einem temperierten Dreivierteltön und einem Ganzton in der Mitte liegenden, normalen Tonschritte.

Schon daß überhaupt „Tonschritte" sich aus dem, in primitiven Musiken allerdings meist eine sehr starke Rolle spielenden „Glissando-Geheul" heraushoben, ist ja nicht so selbstverständlich, wie es uns heute scheint. Die Schrittmäßigkeit der Tonbewegung ist wohl einerseits durch die Wirkung des Rhythmus auf die Tonbildung zu erklären, welche ihr stoßweisen Charakter verlieh, daneben auch durch die Einwirkung der Sprache, auf deren Bedeutung für die Entwicklung der Melodik hier kurz einzugehen ist. Freilich gibt es Völker, welche – wie die Patagonier – ihre Melodie heute ausschließlich auf sinnlose Silben singen. Aber dies ist nachweislich auch bei ihnen nicht das Ursprüngliche. Aritkulierte Sprache aber bedingt artikulierte Tonbildung überhaupt. Unter Umständen konnte die Sprache noch auf anderem Weg ganz direkten Einfluß auf die Gestaltung der Melodieführung gewinnen. Dann nämlich, wenn sie eine sog. „Tonsprache“ war, bei welcher die Bedeutung der Silben je nach der Tonhöhe, in welcher sie gesprochen werden, wandelbar ist. Klassischer Repräsentant dafür ist das Chinesische, von den phonographisch kontrollierten primitiven Völkern gehören die Ewhe-Neger dahin. In diesem Fall mußte die Gesangsmelodie sich dem Sprachsinn in einer sehr spezifischen Art anschmiegen und scharf artikulierte Intervalle schaffen. Ähnliches galt auch für diejenigen Sprachen, welche zwar nicht „Tonsprachen“ sind, aber den sog. „musikalischen Akzent“ („pitch accent“) im Gegensatz zum „dynamischen“ (exspiratorischen „stem accent“), d. h. statt Tonverstärkung Tonerhöhung der Akzentsilbe haben, wie dies für das antike Griechische und – weniger bestimmt – auch für das antike Lateinische gilt, obwohl die Existenz des musikalischen Akzents auch für das Griechische neuerdings nicht mehr unbedingt unbestritten ist. Von den antiken Musikmonumenten folgt nun das älteste, sicher datierbare: der erste delphische Apollon-Hymnus (wie Crusius seinerzeit sofort feststellte) und ebenso ein archaisierender Hymnus des Mesomedes in der Bewegung der Melodie in der Tat dem Sprachakzent, die anderen aber nicht. Und auch bei den Ewhe-Negern bildet, trotzdem ihre Sprache Tonsprache ist, die Einhaltung der Sprechtonbewegung durch die Melodie keine wirklich allgemein streng durchgeführte Erscheinung. Von der Seite der Musik her mußte ja die Neigung zur Wiederholung des gleichen Motivs auf andere Worte, von der Seite der Sprache her jeder Strophenbau eines Liedes mit fester Melodie diese Art von Einheit der Sprache mit dem Melos sprengen, die dann für die Hellenen mit der Entwicklung der Sprache, einem exquisit rhetorischen Werkzeug, und dem dadurch mitbedingten Verfall des musikalischen Akzents gänzlich schwand. Trotz der auf die Dauer, wie die Ewhe-Neger zeigen, ebenfalls nur relativen Bindung der Melodik auch in den Tonsprachen könnte doch diese Verbindung auf die Entwicklung fixierter rationaler Intervalle, wie sie in der Tat gerade den Tonsprachvölkern eigen zu sein scheinen, hingewirkt haben.

Der Ambitus der Melodie ist in allen wirklich „primitiven“ Musiken klein. Es gibt bei den meisten von ihnen, z. B. auch den Indianern (bei denen übrigens daneben die Gesamt-Tonbildung ihrer Skala ziemlich bedeutend ist), gar nicht wenige „Melodien“ auf nur einem einzigen rhythmisch wiederholten Ton, andere von nur 2 Tönen. Bei den ganz instrumentenlosen Weddahs umfaßt der Ambitus 3 Töne in etwa einer kleinen Terz. Bei den Patagoniern, welche wenigstens den weit über die Welt verbreiteten „Musikbogen“ als Instrument besitzen, erstreckt sich der Ambitus nach den Erhebungen E. Fischers ausnahmsweise bis auf eine Septime, während allerdings die Quint das normale Maximum ist. Auch in entwickelten Musiken sind alle zeremonialen und deshalb stark stereotypierten

Melodien von geringem Ambitus und haben kleinere Tonschritte als andere. Innerhalb des Gregorianischen Chorals sind 70 % aller Tonschritte Sekundenschritte, und auch die Neumen der byzantinischen Musik bedeuten bis auf vier sämtlich nicht: „Pneumata" (Sprünge), sondern: „Somata" (diatonische Tonschritte). Größere als Quintenschritte verbot noch die byzantinische und ursprünglich auch die okzidentale, zunächst stets im Oktaven-Ambitus sich haltende Kirchenmusik, ganz ebenso wie der sehr altertümliche Synagogenchorgesang der syrischen Juden, von dem J. Parisot einige Proben gegeben hat, den Quarten- bis Sexten-Ambitus innezuhalten strebt. Nur die phrygische Tonart, welche als charakteristische Distanz das Sext-Intervall (e–c') inhärierte, war aus eben diesem Grunde wegen ihrer starken Sprünge bekannt. Auch die erste pythische Ode Pindars hält sich, obwohl die erhaltene Komposition sicher nachklassisch ist, im Sexten-Ambitus. Die indische Sakralmusik meidet Tonsprünge über vier Töne, und Ähnliches wiederholt sich ungemein oft. Es erscheint aber wahrscheinlich, daß in sehr vielen rationalisierten Musiken die Quart der normale Melodie-Ambitus war. Als dem Ohre angenehm galten noch in der mittelalterlich byzantinischen Theorie z. B. des Bryennios „emmelische Tonfolgen", welche zusammen eine Quart darstellten. Daß sehr häufig der weltliche Volksgesang größeren Ambitus und – am auffällgsten bei den Kosaken, aber auch sonst oft – größere melodische Sprünge zeigt als die geistliche Kunstmusik, ist Folge und Symptom der größeren Jugend und geringeren Stereotypiertheit des ersteren, daneben aber auch Folge des wachsenden Einflusses der Instrumente. So ist namentlich der Jodler mit seinem spezifisch weiten, durch die Verwendung des Falsetts charakterisierten Ambitus ein sehr junges Produkt, wahrscheinlich durch den Einfluß eines Horninstrumentes entstanden, wie Hohenemser dies für den Kühreihen durch das erst dem 17. Jahrhundert angehörende Waldhorn nachweist. Bei den wirklich „primitiven" Musiken scheinen relative Kleinheit des Melodien-Ambitus, im Verhältnis dazu nicht selten relative Größe der als „schreitend" empfundenen Intervalle (nicht nur Sekunden, sondern – nach v. Hornbostel – auch Terzen, in vielen Fällen wohl Folge der Pentatonik) und andererseits relative Kleinheit der „Sprünge" (durchwegs selten über eine Quint, außer nach Melodienabschnitten beim Wiedereinsetzen) zusammenzutreffen. Ebenso die Erweiterung des Ambitus, wie die Verwendung rationaler Intervalle, ist, wenn auch gewiß nicht überall und allein – denn neben der Oktave findet sich die Quint auch bei Völkern verwendet, deren höchst primitive Instrumente (Bogen) kaum Erhebliches für die Rationalisierung geleistet haben können – so doch überwiegend von den Instrumenten teils geschaffen, teils wenigstens fixiert oder in der Fixierung gestützt worden. Denn in der Tat wohl nur durch die Mithilfe der instrumentalen *Verdeutlichung* der Intervalle erklärt es sich, daß eben doch die überwältigende Mehrzahl der Intervalle, welche irgendwie instrumental begleitete primitive Musiken, auch solche, die die Oktaven nicht kennen, und im übrigen so ungeordnete Gebilde wie die der Patagonier, hervorbringen, rational ist. Die Instrumente bestimmten ferner, indem sie von jeher die Tanzbegleitung übernahmen, namentlich die Melodik der musikgeschichtlich sehr oft grundlegend wichtigen Tanzlieder. Und an ihrer Krücke wagte die Tonbildung einerseits zuerst größere Schritte und erweiterte ihren Ambitus manchmal so sehr, daß er nur unter Zuhilfenahme des – übrigens gelegentlich auch als „die" Gesangmanier überhaupt auftretenden – Falsetts auszufüllen ist (so bei den Wanyamwesi), andererseits, und zwar in Verbindung damit, lernte sie die Konsequenzen, wenn nicht überhaupt erst sicher zu unterscheiden, so doch eindeutig zu fixieren und bewußt als Kunstmittel zu verwenden.

Was für die Entwicklung einer primitiven Tonalität die harmonisch reinsten Intervalle – Oktave, Quint, Quart – vor anderen Distanzen auszeichnete, war im allgemeinen wohl hauptsächlich der Umstand, daß sie sich, einmal „erkannt", aus der Fülle der ihnen benachbarten Tondistanzen durch ihre größere „Klarheit" für das musikalische *Gedächtnis* auffällig heraushoben. Wie es im allgemeinen leichter ist, wirkliche als erlogene Erlebnisse und wahre als verworrene Gedanken korrekt im Gedächtnis zu behalten, so gilt das Entsprechende im allgemeinen in der Tat ziemlich weitgehend auch für rational „richtige" und „falsche" Intervalle; – soweit wenigstens reicht die Analogie des Musikalisch- mit dem Logisch-Rationalen. Der größte Teil der alten Instrumente gibt ferner wenigstens die einfachsten Intervalle als Obertöne oder direkt als Nebentöne, und für die Instrumente mit beweglicher Stimmung konnten umgekehrt nur sie, namentlich die Quint und Quart, als eindeutige Stimmtöne gebraucht und im Gedächtnis behalten werden.

Das Phänomen der „Meßbarkeit" der „reinen" Intervalle ist, einmal erkannt, von außerordentlichem Eindruck auf die Phantasie gewesen, wie die unermeßliche, daran anknüpfende Zahlenmystik beweist. Die Unterscheidung bestimmter Tonfolgen aber hat sich als ein Produkt theoretischen Nachdenkens, wohl durchwegs im Anschluß an jene typischen Tonformeln, entwickelt, wie sie fast jede Musik von einem bestimmten Entwicklungsstadium der Kultur an besessen hat. Wir haben uns hier der soziologischen Tatsachen zu erinnern, daß die primitive Musik zu erheblichem Teil auf sehr früher Entwicklungsstufe dem rein ästhetischen Genießen entrückt und praktischen Zwecken unterstellt wurde. Zunächst vor allem magischen, insbesondere apotropäischen (kultischen) und exorzistischen (ärztlichen). Damit aber verfiel sie jener stereotypierenden Entwicklung, welcher jede magisch bedeutsame Handlung ebenso wie jedes magisch bedeutsame Objekt unvermeidlich ausgesetzt ist, handle es sich nun um Werke der bildenden Kunst oder um mimische oder rezitatorische, orchestische oder gesangliche Mittel (oder, wie oft, um alle zusammen) zur Beeinflussung der Götter und Dämonen. Da jede Abweichung von einer einmal praktisch bewährten Formel deren magische Wirkungskraft vernichtete und den Zorn der übersinnlichen Mächte herbeiführen konnte, so war die genaue Einprägung der Tonformeln im eigentlichsten Sinne „Lebensfrage", „falsches" Singen ein – oft nur durch sofortige Tötung des Schuldigen zu sühnender – Frevel, und daher mußte die Stereotypierung einmal aus irgendeinem Grunde kanonisierter Tonintervalle außerordentlich stark sein. Da nun auch die Instrumente, welche zur Fixierung der Intervalle beitrugen, je nach dem Gott oder Dämon differenziert waren – der hellenische Aulos ist ursprünglich das Instrument der Göttermutter, später das des Dionysos –, so waren die ältesten, wirklich als unterschieden empfundenen Tonarten einer Musik wohl regelmäßig Komplexe typischer Tonformeln, welche im Dienste bestimmter Götter oder gegen bestimmte Dämonen oder zu bestimmten feierlichen Gelegenheiten verwendet wurden. Wirklich primitive Tonformeln dieser Art sind nun leider kaum zuverlässig überliefert: gerade die ältesten waren meist Gegenstand einer Geheimkunst, die unter dem Einfluß der Berührung mit der modernen Kultur rasch verfiel. Die alten, unzugänglichen, aber zum Beispiel von Haug noch gekannten Tonformeln des indischen Soma-Opfers scheinen mit dem vorzeitigen Tode dieses Forschers für immer verloren, da das sehr kostspielige Opfer aus ökonomischen Gründen verschwindet. Die Tonintervalle, in welchen sich derartige Formeln bewegten, hatten wohl nur das eine miteinander gemein, daß sie durchaus melodiösen Charakter besaßen; daß z. B. ein Intervall im Abstieg der Melodie gebraucht wird – und in der Mehrzahl der alten Melodien überwiegt, vermutlich ursprünglich aus rein physiologischen Gründen, der Abstieg, der auch in der hellenischen Musik als das Normale galt – beweist, wie ja übrigens auch noch in der traditionellen Kontrapunktik, keineswegs, daß es auch aufsteigend gebraucht werden darf; ebensowenig ist mit dem Vorkommen eines Intervalles auch dessen Umkehrung rezipiert. Die Skala der Intervalle ist überhaupt meist höchst unvollständig und an harmonischen Maßstäben gemessen willkürlich, fügt sich jedenfalls den aus der durch die Partialtöne vermittelten Tonverwandtschaft abgeleiteten Helmholtzschen Postulaten nicht.

Mit der Entwicklung der Musik zu einer ständischen – sei es priesterlichen, sei es aoidischen – „Kunst": dem Hinausgreifen über den rein praktisch abgezweckten Gebrauch traditioneller Tonformeln, also dem Erwachen rein ästhetischer Bedürfnisse, beginnt regelmäßig ihre eigentliche Rationalisierung. Den primitiven Musiken ist in wesentlich stärkerem Maße eine Erscheinung eigen, die auch die Kulturmusiken in ihrer Entwicklung stark beeinflußt hat: daß je nach dem Ausdrucksbedürfnis die Intervalle alteriert werden, und zwar – zum Unterschied von der harmonisch gebundenen Musik – auch um kleine, irrationale Distanzen, so daß in dem gleichen musikalischen Gebilde sehr nahe bei einander gelegene Töne (namentlich verschiedene Arten von Terzen) vorkommen. Es ist ein prinzipieller Fortschritt, wenn, wie dies in der arabischen praktischen Musik und, wenigstens der Theorie nach, auch in der hellenischen Musik der Fall ist, gewisse einander irrational naheliegende Töne von der gemeinsamen Verwendung ausgeschlossen werden. Dies geschieht durch die Aufstellung typischer Tonfolgen. Sie vollzieht sich typisch keineswegs immer aus „tonalen" Motiven, sondern meist im Anschluß an einen wesentlich praktischen Zweck: die in bestimmten Gesängen vorkommenden Töne mußten so zusammengestellt werden, daß die Stimmung der Instrumente danach eingerichtet werden konnte. Und umgekehrt wird nun die Melopiie schulmäßig so gelehrt, daß die Melodie einem dieser Schemata und damit der entsprechenden Instrumentenstimmung sich fügte. Diese Intervall-Folgen haben nun in einer melodisch orientierten Musik nicht den harmonisch determinierten Sinn unserer heutigen Tonarten. Die verschiedenen „Tonarten" der hellenischen Kunstmusik und die ganz analogen Erscheinungen der indischen, persischen, arabischen, ostasiatischen Musik und, in wesentlich stärker „tonalem" Sinn, auch die Kirchentöne des Mittelalters sind in Helmholtz' Terminologie „akzidentielle", nicht wie die unsrigen „essentielle" Tonleitern, d. h. sie sind nicht wie diese oben und unten durch eine „Tonika" begrenzt, stellen nicht einen Inbegriff von Dreiklangstönen dar, sondern sind, im Prinzip wenigstens, nur distanzmäßig konstruierte, den Ambitus und die zulässigen Töne enthaltende Schemata, untereinander unterschieden durchwegs zunächst negativ: je nach den Tönen und Intervallen, welche sie aus dem überhaupt der betreffenden Musik bekannten Material *nicht* verwenden. Die Hellenen z. B. hatten am Ende der klassischen Zeit auf ihren Instrumenten, dem einzelnen Aulos und potentiell auch der einzelnen Kithara, die volle chromatische Tonleiter, die Araber auf der Laute alle rationalen und irrationalen Intervalle ihres Tonsystems. Die Gebrauchstonleitern aber stellen durchwegs eine Auslese daraus dar, in ihrem positiven Aufbau charakterisiert vor allem je nach der Lage der Halbtonschritte innerhalb der Tonfolge, dann durch den Antagonismus bestimmter Intervalle – bei den Arabern: der Terzen – gegeneinander. Sie kennen keinen „Grundton" in unserem Sinne, denn die Reihenfolge ihrer Intervalle beruht nicht auf dem Fundament von Dreiklängen, widerspricht vielmehr der dreiklangmäßigen Erfassung oft auch da, wo sie in der diatonischen Tonreihe liegen. Speziell die eigentlich genuin-hellenische Tonart: die „dorische", dem sogenannten „phrygischen" Kirchenton entsprechende (Ausgangston „E"), ist ganz ebenso wie dieser unserer modernen akkordharmonischen Tonalität am stärksten widerstrebend: ein nach unseren Begriffen regelrechter „Ganzschluß" im phrygischen Kirchenton ist, wenn man, wie dies schon bald geschah, den untersten Ton nach Art unseres „Grundtons" behandelt, bekanntlich schon deshalb unmöglich, weil der Dominantakkord von h aus auf fis als Quint führt, also die für die distanzmäßige Auffassung grundlegende Eigentümlichkeit der phrygischen Skala: deren Anfang mit dem halbtonschritt e–f verleugnen würde; außerdem aber müßte er als Terz die große Septime „dis" als „Leitton" enthalten, deren Verwendung aber in der phrygischen Tonart unmöglich ist, weil sie den Ausgangston e im Widerstreit zu den Grundprinzipien der Diatonik zwischen zwei direkt aufeinanderfolgende Halbtonschritte placieren würde. Die Stelle der „Dominante" kann hier also nur die Unterdominante einnehmen, ganz entsprechend der grundlegenden Stellung der Quart, auf welche wir in den allermeisten rein melodischen Tonsystemen stoßen. Das Beispiel illustriert deutlich genug den Unterschied tonal gebildeter gegen distanzmäßig gebildete „Tonleitern" vom Standpunkt unserer harmonischen Musikanschauung aus. Vollends unmöglich ist es, eine distanzmäßig rationalisierte Musik (speziell die alten vor-Glareanischen Kirchentöne) unter unsere Begriffe von „Dur" und „Moll" zu bringen. Wo der Schluß in einem Kirchenton (z. B. dorisch oder nach dessen Rezeption äolisch) ein Mollakkord hätte sein müssen, schloß man, einfach weil die Mollterz als nicht hinreichend konsonierend galt, in leerer Quint, so daß die Schlußakkorde auf uns stets als „Dur"-Akkorde wirken müßten – einer der Gründe des vielberedeten „Dur"-Charakters der alten Kirchenmusik, die aber in Wahrheit noch ganz jenseits dieser Einteilung steht. Noch bei J. S. Bach kann man bekanntlich – darauf hat schon Helmholtz hingewiesen – die Abneigung gegen Mollschlüsse, wenigstens in Chorälen und anderen spezifisch in sich geschlossenen Tongebilden, beobachten.

Worin bestand nun aber in den Frühstadien der melodischen Rationalisierung, nach der Auffassung der damaligen Musikpraxis selbst, die Bedeutung der Tonfolgen, und worin äußerte sich im damaligen Musikempfinden das, was damals unserer Tonalität entsprach?

Einerseits in dem Gravitieren um bestimmte Haupttöne, welche (in der Sprache der Stumpfschen Schule geredet) eine Art von „melodischem Schwerpunkt" darstellen, der zunächst nur in ihrer quantitativen Häufigkeit, nicht notwendig in einer ihnen eigenen qualitativen musikalischen Funktion sich ausspricht. Es finden sich in fast allen wirklich primitiven Melodien ein oder zuweilen zwei derartige Töne. Innerhalb des altkirchlichen Gesanges ist allerdings die „πεττεία", wie der technische Ausdruck in der byzantinischen und ebenso in der ziemlich archaistisch stereotypierten armenischen Kirchenmusik lautet, ein Rest der Gepflogenheiten der Psalmodie, ebenso wie der von altersher sogenannte „Reperkussionston" (Tonus currens) der Kirchentonformeln. Aber auch die „Mese" der hellenischen Musik hat wohl ursprünglich – in den erhaltenen Kompositionen allerdings nur noch in Resten – ähnliche Funktionen, ebenso wie der Finalton in den „plagalen" Kirchentonarten. Dieser Hauptton nun liegt bei allen älteren Musiken regelmäßig etwa in der Mitte des Melodie-Ambitus. Er bildet, wo die Quarten in ihrer das Tonmaterial gliedernden Funktion auftreten, den Ausgangspunkt für die Rechnung nach unten und oben, dient bei der Stimmung der Instrumente als Ausgangston und bei Modulationen als unalterierbar. Praktisch wichtiger aber noch als dieser Ton selbst sind die typischen melodischen Formeln, in welchen bestimmte Intervalle als der betreffenden „Tonart" charakteristisch sich ausprägen. So steht es z. B. noch in den Kirchentönen des Mittelalters. Es ist bekannt, wie schwierig gelegentlich die eindeutige Zurechnung einer Melodie zu einem Kirchenton und wie zweideutig vollends die harmonische Zurechnung der einzelnen Töne in ihnen war. Die Auffassung der „authentischen" Kirchentöne als durch ihren untersten Ton als Finalis charakterisierter Oktavengattung ist vermutlich ein relativ spätes Erzeugnis der von Byzanz beeinflußten Theorie. Aber auch noch der praktische Musiker des späteren Mittelalters erkannte die für unser musikalisches Empfinden oft schwankend erscheinende Zugehörigkeit einer Melodie zu ihrem Kirchenton am sichersten an drei Merkmalen: der Schlußformel, dem sog. Reperkussions-Intervall und dem „Tropus". Historisch betrachtet gehören in der Kirchenmusik gerade die Schlußformeln jedenfalls zu dem sehr früh und jedenfalls vor der theoretischen Fixierung der „Kirchentöne" als Oktavengattung entwickelten Bestande. In der ältesten Kirchenmusik dürfte, soweit die armenische Musik Rückschlüsse gestattet, das sehr vielen Musiken gemeinsame Intervall der kleinen Terz als rezitativische Schlußkadenz überwogen haben. Die typischen Schlußformeln der Kirchentöne entsprechen durchaus den Gepflogenheiten von Musiken, welche nicht durch Virtuosen ihre tonale Basis verloren haben. Gerade die allerprimitivsten Musiken haben ziemlich feste Schlußregeln, die allerdings, ebenso wie die meisten Regeln der Kontrapunktik, weniger in positiven Anweisungen als im Ausschluß bestimmter sonst erlaubter Freiheit bestehen: so scheint in der Weddah-Musik der Schluß – im Gegensatz zum Gang der Melodie selbst nie fallend, sondern stets steigend oder auf gleicher Tonhöhe zu erfolgen und insbesondere das Berühren des oberhalb der beiden normalen Töne der Melodie gelegenen „Halbton"-Schrittes im Schluß nicht gestattet zu sein. Man glaubt bei den Weddah beobachten zu können, wie sich von diesem geregelten Schluß her nach rückwärts zu die Reglementierung weiter ausbreitet: dem Schluß entspricht ein weitgehend typischer „Schlußvorbau" mit ebenfalls ziemlich festen Regeln. Ganz das gleiche: die Entwicklung von Bindungen der Melodik von der „Coda" her ist auch im Synagogengesang wahrscheinlich und ebenso in der Kirchenmusik. Desgleichen ist der Schluß*ton* gerade in noch ganz unrationalisierten Musiken oft geregelt: Schluß und Zwischenschluß auf dem melodischen Hauptton, soviel die Phonogramme heute ersehen lassen, sind sehr häufig in manchen Musiken die fast ausnahmslose Regel, und wo es ein anderes Intervall ist, tritt die Quarten- und Quintenbeziehung oft sehr deutlich hervor. Sehr häufig, aber nicht immer, hat der Hauptton – wie dies v. Hornbostel namentlich an den Wanyamwesi-Gesängen schön verdeutlich hat – einen „Aufton" oder auch deren mehrere bei sich, der als zu ihm hin melodisch „leitend" empfunden wird. Er liegt auch in Musiken mit vorwiegend absteigenden Melodien oft unterhalb des Haupttons und kann zu ihm verschiedene „schreitende" Intervalle, nach v. Hornbostel bis zu einer großen Terz, bilden. Die Stellung und Entwicklung dieses „Auftons" in den rein melodischen Musiken bietet – verglichen mit der Rolle des stets auf dem Halbtonschritt unter der Tonika liegenden „Leittons" der Harmonik – ein buntes Bild. Die saiteninstrumental rationalisierten Skalen haben, da neben der Tendenz der Melodie zum Abstieg auch deren Stimmung wohl leichter von oben nach unten zu praktizieren ist, die kleinen Tonschritte – wie die dorische Quart der Griechen – zuweilen in der Nachbarschaft des unteren Grenztons ihres Grundintervalls, der bei Pseudo-Aristoteles deutlich als zur Hypate „leitend" (daher im Gesang schwer als selbständiger Ton auszuhalten) charakterisiert wird. Die arabische verbundene Quintenskala experimentierte später mit drei verschiedenen Arten von Nachbartönen unterhalb g und c', also oberen Auftönen. Die Degradation des Halbtons überall in der chinesischen Skala zu einem minderwertigen Tonschritt ist offenbar ebenfalls – und so vielleicht in anderen pentatonischen Skalen – Produkt des Empfindens einer durch seine melodisch „leitende" Stelle bedingten „Unselbständigkeit" an ihm. Wenn im allgemeinen die Entwicklung dahin geht, dem Halbtonschritt die Rolle des melodischen „Auftons" zuzuweisen – auch sein im Gegensatz zur sonstigen Meidung der Chromatik relativ häufiges Vorkommen in Gemeinschaft mit dem Reperkussionston in der alten Kirchenmusik gehört dahin – so ist doch weder dies noch die Entwicklung zum „Leitton" überhaupt etwas ganz Allgemeines. Rein melodische Musiken streifen die Tendenz zu einem typischen Aufton unter Umständen gänzlich ab. Und während die Existenz typischer Aufton-Intervalle sicherlich wie die Tendenz sowohl zur Entwicklung von Schlußkadenzen wie zur „tonalen" Organisierung der Tonintervalle und ihrer Inbeziehungsetzung zum Hauptton als „Grundton" zu steigern geeignet sind – ein Beispiel dafür sind gerade die Kirchentöne – so gehen rein melodische Musiken im Verlauf ihrer Entwicklung zur Virtuosenkunst nicht selten den gerade entgegengesetzten Weg und beseitigen sowohl die Ansätze zu festen Schlußkadenzen – welche sich, wenn v. Hornbostel recht hat, vielleicht schon in der Wanyamwesi-Musik finden – wie die Rolle der „Haupttöne". In der hellenischen Musik, welche in historischer Zeit etwas unseren Schlußkadenzen Entsprechendes höchstens in den ersten Anfängen – oder vielleicht umgekehrt: in den letzten Resten – kennt (Sekunde, aber meist große Unter- und kleine Obersekunde vor der Schlußnote), ist allerdings ein typischer, wenn auch durchaus nicht ausnahmsloser Schlußton auch für Unterabschnitte (Versschlüsse) zu beobachten. Der Schlußton fällt dann mit den Grenztönen der der Tonskala zugrunde liegenden Quarten zusammen. Aber manche andere Kunstmusiken, so viele ostasiatische, kennen derartiges kaum und laufen z. B. ganz achtlos nicht nur in die Sekunde des Anfangstons aus – welche, wie schon gesagt, als melodisches, durch Quart und Quint konstituiertes Hauptintervall ziemlich häufig eine Art harmonischer Rolle spielt – sondern auch in beliebige andere Intervalle, und in der hellenischen Musik scheint jene „tonale“ Typik um so geringer, je melodisch raffinierter das Musikgebilde gestaltet ist. Was in ihr, wie auch in anderen, primitiven sowohl als auch in Kunstmusiken als häufige Eigentümlichkeit von Zwischenschlüssen zu beobachten ist, sind vielmehr rhythmische Erscheinungen: speziell häufige Dehnungen der Tonzeitwerte, wie sie in den meisten primitiven Musiken sich finden und später sowohl in den Synagogen- als in den Kirchenmelodien eine für die okzidentale Musikentwicklung so bedeutende Rolle gespielt haben. Erst recht unsicher ist das in den alten Kirchentönen nur zeitweise durchgeführte und bald wieder modifizierte Prinzip, daß das musikalische Gebilde mit dem Schlußton (so nach Wilhelm v. Hirsau) oder doch einem harmonischen Intervall zu ihm (im 11. Jahrhundert: Quint, Quart, später Terz, Sekunde, jedenfalls aber nicht weiter von ihm als die Quint) anfangen müsse. Davon ist z. B. in der hellenischen Musik, soweit die Monumente sprechen, fast nichts zu finden. Andere Musiken zeigen die allerverschiedensten Gepflogenheiten: Anfang in der kleinen Sekunde des Schlußtons findet sich ebensogut (arabische und einzelne asiatische Musiken) wie auch in sonst primitiven Musiken Anfang in der Oktave (bei den Ewhe-Negern) oder in einer der Dominanten. – Die musikalischen Abschnitte sind in den Kirchentonkompositionen auch der hauptsächliche Sitz der „Tropen“, ursprünglich: melodischer Formeln, welche gedächtnismäßig nach Memoriersilben eingeübt wurden und mindestens die Reperkussions-Intervalle der Tonart charakteristisch enthielten. Sie sind in diesem Fall nichts Primitives und, wie im Christentum alle Musiken, auch nie von magischer Bedeutung gewesen. Das Reperkussions-Intervall selbst endlich war ein jedem Kirchenton spezifisches, aus dem Ambitus und der durch die Lage der Halbtonschritte gegebenen Struktur desselben sich ergebendes, in den betreffenden Melodien besonders häufiges Intervall, in der Zeit, als die Kirchentöne bereits nach byzantinischem Muster in vier von d, e, f, g als Finaltöne nach oben bis zur Oktave aufsteigende „authentische“ und vier von den gleichen Finaltönen ausgehende, aber bis zur Unterquart und Oberquint reichende „plagale“ Tonarten rationalisiert waren, bei den authentischen mit Ausnahme der von f ausgehenden „lydischen“ die Quint, bei der lydischen die Sext, bei den plagalen zweimal die Quart, je einmal die große und kleine Terz, vom Finalton aus. Die Intervalle scheinen zumeist dadurch bedingt, daß der untere der beiden Töne des Halbton-Intervalls der Tonart als oberer Ton des Reperkussions-Intervalls gemieden wurde, was wohl weniger als Rest von Pentatonik denn als Symptom für die als „leitend“ empfundene Rolle des unteren Halbtons anzusehen ist. Auch die erst spät und zögernd von der Kirche akzeptierten „Tropen“ sind den Echemata der byzantinischen Musik analog, vielleicht teilweise von ihr entlehnt, deren Theorie überhaupt eine ganze Serie von bestimmten melodischen Formeln unterschied. Sie ist ihrerseits eine Umbildung des althellenischen Musiksystems – vielleicht unter orientalischem (hebräischem) Einfluß, der nur leider in seiner Richtung nicht feststellbar ist –, greift aber gerade hier in der Formelbildung schwerlich auf hellenische Musikpraxis zurück. Denn daß diese etwa in älterer Zeit ebenfalls mit festen melodischen Formeln gearbeitet hätte, steht – so wahrscheinlich es an sich ist – doch dahin; für die historische Zeit ist dafür jedenfalls nichts mehr nachweisbar, und ein Zurückgreifen gerade auf etwaige sakrale Tonformeln eines heidnischen Kultus in der kirchlichen Musik erscheint schon an sich ausgeschlossen. Nicht sicher bestimmbar ist der an sich naheliegende Einfluß der Synagogenmusik, welche die Tropen ebenfalls entwickelt hat und auch sonst in einer Anzahl von melodischen Wendungen direkt mit Bruchteilen des Gregorianischen Chorals übereinkommt, aber selbst wenigstens in ihren Neuschöpfungen im höchsten Grade von den musikalischen Gepflogenheiten des Milieus abhing und in der Zeit zwischen dem achten und dreizehnten Jahrhundert im Okzident überwiegend der vom Gregorianischen Choral und der Volksmelodik empfangende Teil war, ebenso wie im Orient gegenüber der hellenistischen und im begrenzten Maße auch persisch-arabischen Musik. Ihre Skalen entsprechen, wie schon früher erwähnt, im wesentlichen den Kirchentönen des Mittelalters.

Diejenigen Intervalle, welche in den einer Rationalisierung überhaupt unterzogenen Musiksystemen am regelmäßigsten in einer Stimmung erschienen, sind – wie schon mehrfach erwähnt – Quint und Quart. Ebensowohl wie z. B. in der japanischen und anderen Kunstmusiken findet man schon in der Negermusik, daß „Modulationen", d. h. hier Verlegungen des melodischen Schwerpunkts, besonders gern in die Quinten- oder Quartenlage erfolgen, bei den Ewhe-Negern, welche eine sehr deutliche „thematische" Gliederung ihrer Lieder statt der sonst meist vorherrschenden ziemlich ungeordneten Variation des gleichen Motivs zeigen, tritt auch die stufenweise Wiederholung des Motivs, und zwar in der Quart, auf – ein für die Urwüchsigkeit des entwicklungsgeschichtlich so wichtigen Transpositionsproblems charakteristischer Befund. Aber die Existenz einer melodischen Quinten- und Quarten-„Tonalität" und selbst die Durchführung von Dreiklängen hindert nicht, daß (so bei den Ehwe) neben jenen für unser Empfinden „normalen" Modulationen auch ganz irrational-chromatische Einzeltöne auftreten. Ihr Auftreten in einer Musik selbst da, wo es harmonischen Charakter hat und wo Quint und Quart die Begleitintervalle im mehrstimmigen Gesange sind, bedeutet überhaupt keineswegs deren durchgängige Rationalisierung. Vielmehr finden sich neben ihnen als Träger der Harmonik unter Umständen die allerirrationalsten Intervalle in der Melodik, wie später noch zu erwähnen sein wird. Die beiden als Umkehrungen voneinander zusammengehörigen Intervalle selbst aber erscheinen teils in arbeitsteiliger Kooperation, teils in Konkurrenz miteinander. Melodiöse Grunddistanz ist sehr regelmäßig die Quart, Grundlage der Instrumentenstimmung ist sehr oft die Quint. Aber neben dem „Tetrachord" findet sich auch das „Pentachord", während andererseits, so in Arabien, unter dem Einfluß der Quartentonalität die Konsonanzqualität der Quint gelegentlich bezweifelt worden ist. Auch in der Entwicklung der europäischen Musik tritt die Konkurrenz beider Intervalle hervor, die erst, als die Quint durch die Terz Verstärkung gefunden hatte, in der Theorie der mehrstimmigen Musik des Mittelalters mit Degradation der Quart zur Dissonanz endete. Stärker als in den schon sehr stark an der Quint orientierten Kirchentönen tritt aber sowohl in der byzantinischen wie erst recht in der althellenischen Musik die Bedeutung der Quart als des Hauptintervalls hervor. Die Kirchentöne bilden die „plagalen" Nebentonarten von der „Dominante" (Unterquart = Quint) der authentischen Haupttonart aus, und wenigstens drei der „authentischen" von ihnen haben Quinten als Hauptintervall, während dagegen die plagalen, wohl aus dem Orient importierten Tonarten, bei denen die Quart unten liegt, die Quintensprünge vermeiden. Die althellenische Musiktheorie dagegen bildete die ältere Serie ihrer Nebentonarten (die „Hypo"-Tonarten) von der Unterdominante (Unterquint = Quart) aus. Wenn die phonographischen Wiedergaben mancher primitiven Melodien richtig sind (den Grund, daran zu zweifeln, bilden nur die erwähnten starken Neigungen der Stimme zu distonieren), so würden die diatonischen Intervalle, speziell Quart, Quint und Ganzton, auch in solchen Musiken in korrekter Größe auftreten, deren Ambitus unterhalb der Oktave bleibt (so bei den Patagoniern, welche nach den Berichten der Reisenden eine phänomenale Fähigkeit zur sofortigen Nachahmung von europäischen Melodien haben sollen). Dann hätte man die Quart als die historisch erste, die Oktave als die historisch jüngste der drei Hauptkonsonanzen anzusehen. Sicherheit in dieser Richtung ist bisher jedoch nicht zu gewinnen, und es müssen daher die Versuche, z. B. auch die Entwicklung des hellenischen Musiksystems auf diesem Wege zu erklären, als verfrüht gelten. Allerdings galt nicht nur hier wie in anderen rein melodisch orientierten Musiken die arithmetische Teilung der Oktave durch die Quart als die eigentlich „gleiche" Teilung – so nach dem Pseudo-Aristoteles –, sondern es wird gelegentlich erst Pythagoras die Erhebung der Quint zur Bedeutung eines Grundintervalls zugeschrieben. Dies dürfte nun allerdings auf die Rationalsierung der in zwei „diazeuktische", durch den „Tonos" getrennte Quarten zerlegten Oktave, bei welcher jeder Ton der einen Quart (z. B. e–a) eine Quint von dem entsprechenden Ton der anderen (h–e) abstand, also auf die Fixierung der *Stimmung* des Instruments mittels des Quintenzirkels, zu reduzieren sein. Wie eigentlich die älteste Stimmung der dreiseitigen Kithara ausgesehen hat, bleibt fraglich. Was aber die einzelnen „Tonarten" anbelangt, so ist auch für Hellas historisch ihre Entstehung durch Rationalisierung von typischen melodischen Formeln, welche im Dienst der regional verschiedenen Gottheiten als deren spezifische „Kirchentöne" sozusagen gebraucht wurden und dann in der nicht religiösen „Lyrik" und „Elegik" (von Leier und Flöten begleiteter Gesang) ihre schulmäßige Entwicklung gefunden haben, wohl kaum fraglich, wenn auch nichts als das Schema der Namen („dorisch", „phrygisch" usw.) aus ihrer Geschichte erhalten ist. Welche Rolle dabei etwa die Instrumente gespielt haben könnten, wird später hypothetisch zu erwähnen sein. Ob die später allgemein akzeptierte, in der bekannten komplizierten hellenischen Skalenlehre überlieferte Konstruktion der rezipierten Tonfolgen als je einer Serie, durch die Lage der Halbtonschritte voneinander unterschiedener, Intervallenfolgen im Oktav-Ambitus zuerst in der Form des Ausgehens von jedem der sieben Töne einer diatonischen Oktave (unter Verlängerung des Ambitus über die Oktave hinaus bis zu zwei Oktaven) gefunden worden ist oder in der anderen einer Umgruppierung der Intervalle innerhalb der gleichen Oktave durch Umstimmung der Instrumente, ist ebenfalls fraglich. Die Einzelheiten sollen uns hier nichts angehen, sondern uns interessieren die inneren Spannungen dieses Tonsystems.

Der Quintenzirkel als theoretische Grundlage der Stimmung auf der einen Seite, die Quart als melodisches Grundintervall auf der anderen mußten, nachdem einmal die Oktave zur Basis des Tonsystems gemacht war, der Ambitus der Melodien aber immer weiter wuchs, naturgemäß an eben der Stelle in Spannung gegeneinander geraten, wo diese sich auch für die moderne Harmonik zeigt: bei dem unsymmetrischen Bau der Oktave. Die dorische, von dem Mittelton (Mese) a aus nach unten, von dem Nebenmittelton (Paramese) h nach oben bis zu A bezw. a', also bis zu dem nach Aristoteles normalen Ambitus der menschlichen Stimme von zwei Oktaven, diatonisch fortschreitende Tonfolge galt in nachklassischer Zeit als die Grundskala der Töne, wie sie es vermutlich auch historisch gewesen ist. Sie enthielt von e nach unten zu bis H und von e' nach oben bis a' zwei der Mittelquart e–a und der „diazeuktischen" Quart h–e' symmetrische Quarten, von denen aber jede den Anfangston mit der vorhergehenden gemeinsam hatte, mit ihr in „Synaphe", also in Quartenbeziehung der Paralleltöne stand, während zufolge der Unsymmetrie der Oktave die Mittelquart e–a zur diazeuktischen Quart h–e' in ‚Diazeuxis', also in Quintenbeziehung der Paralleltöne, sich befand. Als feste, nicht in eine andere Tonart oder ein anderes Tongeschlecht umstimmbare Töne galten die Grenztöne der vier Quarten, also: H, e, a, h, e', a' und der untere Zusatzton (Proslambanomenos) A. Ganz ähnlich galten auch in anderen Musiken die Grenztöne der Quarten als „unbeweglich", die anderen als wandelbare Melodienelemente. Nur über diese festen Töne hinweg hätte also eigentlich eine reguläre Modulation (Metabole) in ein anderes Tongeschlecht oder eine andere Tonart (Quartenbeziehung) erfolgen dürfen. Das Unsymmetrische dieser

Teilung fiel in die Augen. Eine mit der Mittelquart e–a symmetrische und dabei in „Synaphe“ (Quarten-Beziehung) stehende Tonfolge konnte nach oben aber nur durch Einführung des Tones b neben h gewonnen werden. Dies ist in der praktischen Musik in der Tat durch Zufügung der „chromatischen“ b-Saite in die Kithara geschehen. Und die Bezeichnung „chromatisch“ hat in diesem Falle wirklich wesensähnliche Bedeutung wie in der harmonischen Musik, weil sie einen *tonalen* Tatbestand ausdrückt, nicht ein bloßes Tondistanz-Verhältnis. Denn die Benutzung der b-Saite wurde als eine Modulation (nach hellenischer Terminologie die Agoge peripheres) in ein anderes durch die Mese (a) mit der Mittelquart (e–a) verbundenes (Synemmenon), der diazeuktischen Quart h, c, d', e' symmetrisches „Tetrachord“ a, b, c', d' gedeutet, also „tonal“ gesprochen, aus der Quinten- in die Quarten-Beziehung. Die Serie der verbundenen Quarten erreicht dann bei d' ihr Ende. Der Schritt b–h selbst konnte natürlich kein „tonal“ zulässiger Tonschritt sein, sondern es mußte, um die b-Saite zu benutzen, von der „Mese“ a aus, welche die Modulation vermittelte, in einer der beiden Quarten (a, b, c', d' oder h, c', d', e') aufgestiegen und dann in der anderen wieder zur Mese heruntergestiegen werden. So wenigstens die strenge Theorie.

Das wirkliche Motiv für die Konstruktion des „Synemmenon“ ist natürlich einfach dadurch gegeben, daß in der auch den Hellenen als normal geltenden diatonischen Skala F der einzige Ton ist, welcher infolge der Unsymmetrie der Oktaventeilung keine Quart über sich hat, und die Quart ein Grundintervall der Melodik fast aller alten Musiken ist. Das in der Kombination von diazeuktischen und verbundenen Tetrachorden sich äußernde Nebeneinander der Quinten- und der Quartenbeziehung findet sich in dieser Art nicht nur in der hellenischen Musik, sondern anscheinend z. B. auch in Java und in etwas anderer Form auch in Arabien. Diese zum Teil unter dem Einfluß der Villoteau- Kiesewetterschen Irrtümer äußerst verworren erscheinende Theorie der arabischen Skala des Mittelalters hat Collangettes auf einen vielleicht nicht sicheren, aber doch plausibleren Boden gestellt. Die vor dem 10. Jahrhundert unter hellenischem Einfluß pythagoreisch von oben und unten geteilten Quarten, welche demgemäß die je fünf Töne enthielten: c, d, es, e, f – f, g, as, a, b (d, e, a von unten, es und as von oben gerechnet), hatten im 10. Jahrhundert, wie später noch zu erörtern sein wird, zwei verschiedene Arten neutraler Terzen in sich aufgenommen, welche auf die Oktave siebzehn zum Teil durchaus irrationale Intervalle ergeben. Im 13. Jahrhundert wurden nun von der Theorie die beiden Quarten, wenn Collangettes recht hat, dahin rationalisiert, daß die eine auch ferner beibehaltene neutrale Terz in jeder Quart eine um einen pythagoreischen Tonschritt von ihr abstehende, also ebenfalls irrationale Sekunde neben sich erhielt, und dann die Intervalle zwischen diesen neutralen und pythagoreisch rationalen Tönen auf den Umfang von pythagoreischen Restinervallen reduziert, also in das Schema der

Tonbildung mit den Zahlen 2 und 3 eingeordnet wurden. Die untere der beiden Quarten enthielt nun die Töne (auf c reduziert): c, pythagoreisches des, irrationales d, pythagoreisches es, irrationales e, pythagoreisches e, f mit den sechs Distanzen: Leimma, Leimma, Apotome (Restdistanz bei Abzug des Leimma vom pythagoreischen Ganzton), Leimma, Apotome minus Leimma, Leimma; das rationale d war also beseitigt; die obere Quart dagegen enthielt – da man die harmonische Quint g doch nicht zu beseitigen wagte – die Töne: f, pythagoreisches ges, irrationales g, harmonisches g, pythagoreisches as, irrationales a, pythagoreisches a, harmonisches g, pythagoreisches as, irrationales a, pythagoreisches a, harmonisches b und die sieben Distanzen: Leimma, Leimma, Apotome minus Leimma, Leimma, Leimma, Apotome minus Leimma, Leimma; nach oben zu blieb der in der Oktave dieser diazeuktisch neben der verbundenen Quart stehende Ganztonschritt zu c', mit welchem ein neues verbundenes Quartensystem anfing. Die untere Quart enthielt dann drei, die obere vier übereinandergreifende Ganztonschritte in sich. Die Frage, welche von beiden Quartenlagen: Quarten- oder Quintentonalität also die ältere sei, ist nicht sicher, aber mit Wahrscheinlichkeit zugunsten der Quint, also der diazeuktischen Quart, zu beantworten. Wenigstens für Musiken, welche die Oktave kannten und von ihr ausgingen, während für primitive Musiken die Quart allerdings auch rein melodisch zu ihrer Rolle gekommen sein könnte. – In Java ist das System der verbundenen Quarten (wenn, wie hier angenommen wurde, das Pelogsystem so gedeutet werden darf!), wahrscheinlich arabischer Import. Ob in der chinesischen Musik die Tetrachorde je eine Rolle als Glliederung der Oktave gespielt haben, ist nicht mehr zu ermitteln. In Hellas ist die chromatische Saite, also die verbundene Quart, nach Tradition und Bezeichnungsart doch wohl nachträglich eingefügt. So wird es überall gewesen sein, wo überhaupt das verbundene Quartenschema neben dem unverbundenen auftaucht. Es erschien hier wohl erst, wenn der Ambitus der verwendeten Töne unter der Einwirkung der Instrumente sich über die Oktave hinaus erweitert hatte und nun nach unten und oben zu verbundene Quarten unsymmetrisch neben den beiden unverbundenen der Ausgangsoktave auftauchten.

Das hiergegen reagierende Symmetriebedürfnis aber ruhte praktisch wohl überall in erster Linie auf dem musikgeschichtlich überhaupt so wichtigen Streben nach *Transponierbarkeit* von Melodien in andere Tonlagen. Denn genau der gleiche Vorgang: Einschiebung eines einzelnen chromatischen Tons, vollzog sich wie in Hellas, so auch im Mittelalter unter dem Druck ganz des gleichen Bedürfnisses und an der gleichen Stelle. In der byzantinischen Musik hat man ausgesprochenermaßen, um Melodien in der Quint glatt transponieren zu können im dritten ἦχος (= Phrygisch), dem deshalb sogenannten ἦχος βαρύς den unserem h entsprechenden Ton in b erniedrigen müssen. Ganz der gleiche Vorgang findet sich im Okzident. Abweichend aber gegenüber der Antike war dabei die Art und

Richtung, in welcher das Symmetriebedürfnis praktisch wirkte. Sein Träger war äußerlich damals die Solmisationsskala.

„Solmisation“ ist bekanntlich eine „Tonlautierung“ durch Aufstellung nicht der Töne selbst, sondern die relative Lage der Tonschritte, speziell der Halbtonschritte, innerhalb des die Tonfolge bezeichnenden Schemas, welches im Okzident von jeher wie noch heute, speziell dem Einüben der Skala im Gesangunterricht gedient hat. Die Hellenen haben etwas der Sache nach Entsprechendes für ihre Tetrachordgeschlechter gekannt. Ebenso existierte es in Indien. Die kirchliche Gesangspraxis des Mittelalters legte dabei in der Schule Guidos von Arezzo eine diatonische Sechstonfolge zugrunde. Keine Siebentonfolge, – in welche sie das Hexachord erst seit dem 17. Jahrhundert allmählich, nachdem es den wesentlichen Teil seiner Rolle ausgespielt hatte und bei den Romanen und Engländern einfache, absolute Tonbezeichnung zu werden im Begriff stand, durch Zufügung der siebenten Silbe („si“) umwandelte, – denn das hätte innerhalb der Diatonik ja nur eine einzige unverschiebbare und durch den Halbtonschritt unsymmetrisch geteilte Skala gegeben: Keine Viertonfolge wie in der Antike: denn so bedeutsam die Stellung der Quarten besonders in der Theorie, auch blieb, so trat sie doch mehr als in der Antike zurück durch den Fortfall der antiken Kithara, welche die historische Trägerin des Tetrachords in der Musikpraxis und Musikschulung der Antike gewesen war, und deren Ersatz durch das Monochord als Schulinstrument und überhaupt durch die, zunächst wenigstens, ganz und gar auf den Gesang eingestellte Musikerziehung. Man suchte vielmehr offenbar – das hat H. Riemann überzeugend ausgeführt – einfach die größte, mehr als einmal in gleichartiger, und zwar symmetrischer Geteiltheit durch den Halbtonschritt innerhalb der diatonischen Skala vorkommende Tonfolge auf. Diese ist aber eine Sechstonfolge. Einmal von C, dann von G aus, welche in beiden Fällen durch den Halbtonschritt gerade in der Mitte geteilt ist. Die Silben ut, re, mi, fa, sol, la, wovon mi – fa stets den Halbtonschritt bezeichnet, – wurden dabei bekanntlich den in diatonischen Schritten ansteigenden Halbversanfängen einer Johannes-Hymne entnommen. Den beiden symmetrischen Sechstonfolgen von C und G aus trat aber als drittes Hexachord das von F aus an die Seite. Schon vor Guido von Arezzo, der als strenger Diatoniker jede Chromatik ablehnte, hatte die Praxis wiederum, um auch von F aus eine Quart zu haben, den Ton b, „das b molle“, im Gegensatz zum b quadratum (h) neben diesem letzteren rezipiert. Eben dieser Tetrachord-Symmetrie trat nun die Hexachord-Symmetrie, obwohl und gerade indem sie den chromatischen Ton akzeptierte, wenn vielleicht nicht der Absicht, so dem Effekt nach, gegenüber und verdrängte sie. So waren aus rein melodischen Interessen heraus und sicher ohne jede darauf gerichtete Absicht Grundton, dominante und Unterdominante unserer C-dur-Tonleiter zu Ausgangspunkten der drei Hexachorde geworden. Für die Entwicklung der modernen

Tonalität war dies selbstverständlich nicht gleichgültig. Natürlich aber nicht ausschlaggebend, denn an sich hätte das b molle, entstanden als Konzession an die alte Suprematie der Quart, auf welche die kleine Septime ja ebenso „zurücklenkt" wie die große nach der Quart hin„leitet"', auch zugunsten der „Quartentonalität" und des „Mitteltonsystems" wirken können.

Das es dies nicht tat, dafür waren entscheidende Besonderheiten der abendländischen Musikentwicklung maßgebend, für welche die Wahl eines Hexachord-Schemas gewiß mehr Symptom als wirkende Ursache war. Nur insofern kann es als eine solche (neben vielen anderen) angesprochen werden, als eben die „innere Logik" der Tonbeziehungen, sobald man einmal das alte Kleben an der auf dem Distanzprinzip ruhenden Tetrachord-Teilung an irgendeinem Punkte aufgab, sofort auf die Bahn der modernen Tonleiterbildung drängte.

Die überragende Rolle der Quarten und Quinten in den alten Musiken, auf die wir überall stoßen, beruht sicherlich auf der Rolle, welche die Eindeutigkeit ihrer Konsonanz beim Stimmen der Instrumente mit beweglichen Tönen von jeher gespielt hat. Die Terz konnte diese Rolle nicht spielen, da von den Instrumenten mit festen Tönen die älteren sie nicht oder als neutrale Terzen gaben: so die meisten Hörner und Flöten und der Dudelsack – mit der später zu erwähnenden charakteristischen Ausnahme gerade eines der ältesten, aus dem hohen Norden Europas bekannten Instrumente. Daß nun von jenen beiden Intervallen die Quart in gewissem Sinn das Übergewicht gegenüber der Quint gewann, hat seinen Grund im allgemeinen wohl einfach darin, daß sie eben von beiden die kleinere Distanz war. Man hat freilich ihr ursprüngliches Vorwiegen und späteres Zurücktreten gegenüber der Quint auch anderweitig zu erklären gesucht, so neuerdings (A. H. Fox-Strangways) physikalisch durch den rein vokalen Charakter der älteren polyphonen Musik: beim Gesang habe die höhere der beiden Stimmen die Tendenz, die Melodie an sich zu reißen, die untere, sich ihr melodisch anzupassen, und zwar auf der Quart, weil dabei der vierte harmonische Ton der unteren mit dem dritten der oberen zusammenfalle: dies aber sei die nächste Verwandtschaft so gelagerter Töne in der Oktave (Tetrachord-Tonalität). Bei instrumentaler Zweistimmigkeit dagegen habe die untere Stimme die stärkere Resonanz, und die obere passe sich ihr harmonisch an in der Quint, bei welcher der dritte harmonische Ton der unteren mit dem zweiten der oberen Stimme zusammenfalle (Skalen-Tonalität). Die Erklärung – über welche nur Fachmännern ein endgültiges Urteil zusteht – erscheint, geschichtlich betrachtet, insofern problematisch, als sie Polyphonie voraussetzt, und außerdem notorisch beim zweistimmigen unbegleiteten Gesang gerade musikalisch ganz Ungeschulter vielmehr die Quintenparallelen sich sehr leicht einzustellen pflegen. Auch die Entwicklung des besonders instrumentenreichen arabischen Musiksystems, innerhalb dessen die Quart, und zwar stets von oben nach unten geteilt, trotzdem auf Kosten der

Quint Fortschritte machte, spricht nicht dafür. Eher schon die indische Entwicklung. Aber wiederum: der Aufstieg der Quart in den Kirchentönen gegenüber der hellenischen Musik erfolgte trotz der weitgehenden Zurückdrängung der Instrumente. Auf die Art der letzteren dürfte es anscheinend ankommen. Die Erklärung ist dagegen sicherlich für die Bedeutung des Instrumentalbasses und des durch ihn allerdings beförderten Aufbaus der Harmonien von unten nach oben durchaus schlüssig. Aber die Stellung der Quart in den alten Musiken könnte auf diesem Wege wohl nur insofern miterklärt werden, als die Eigenart der alten Melodien, überwiegend absteigend zu verlaufen – die aber mit einer stärkeren Resonanz einer *Oberstimme* gewiß nichts zu schaffen hat – in der Tat als Schluß einer melodischen Phrase auf die Quart drängen konnte. Schon rein melodisch: eine Phrase, die in einem Zuge durch die Leiter der Zwischentöne bis zur Quint hinabging (also c–F), war sehr lang, schloß, wenn der Halbton am Schluß oder Anfang stand, die auch melodisch schwierige Tritonus-Dissonanz ein, und eine Einschiebung des Halbtons in ihre Mitte wirkte nur dann so überzeugend, wie heute in unserer Tonlage etwa die Phrase von g nach c, wenn die Terz schon harmonisch verstanden wurde. Die Quart war, solange die Terz distanzmäßig als Ditonus empfunden wurde, die erste von einem Melodiegang erreichte, klare Konsonanz. Wenn man die Oktave kannte, tauchte sie stets zusammen mit der Quint auf. Für fast alle diejenigen Völker wenigstens, welche den Dreiklang nicht hatten, scheint sie unter den Intervallen auch als melodischer Sprung besonders leicht intonierbar empfunden worden zu sein. Und daß sie zugleich das kleinste, im Gegensatz zu der Vieldeutigkeit der Terz eindeutig konsonierende Intervall war, entschied schließlich auch für eine nach dem Distanzprinzip ihr Tonmaterial gewinnende Musik zu ihren Gunsten als Ausgangspunkt der rationalen Intervallteilung.

Auch eine schon festgewurzelte „tonale" Verankerung gerät nun aber bei rein melodisch entwickelten Musiken fortwährend ins Schwanken, sobald die alten typischen Tonformeln sakralen oder medizinischen Gepräges, welche feste Stützen boten, einmal abgestreift sind. Und zwar ist die Zertrümmerung aller „tonalen" Schranken unter dem Druck des wachsenden Ausdrucksbedürfnisses um so vollständiger, je raffinierter das Gehör nach der melodischen Richtung entwickelt wird. So in der hellenischen Musik. Wir sehen, wie die Deutung der chromatischen Saite als Bestandteil eines besonderen verbundenen „Tetrachords" und die Festlegung der Grenztöne der Tetrachorde die Mittel der Modulation theoretisch fest begrenzten. In der Tat läßt sich etwas Entsprechendes auch für die Praxis in den Musikinstrumenten, wenn nicht strikt nachweisen, so doch hier und da angedeutet finden. Aber schon manche Bemerkungen der musikalischen Schriftsteller, erst recht aber die musikalischen Monumente, speziell der große erste delphische Apollon-Hymnus, zeigen doch, daß sich die praktische Musik nach der

Theorie mindestens recht wenig richtete. Theoretisch rationalisierbar sind am ehesten, wie Gevaerts unermüdliche Versuche, auch wenn sie im Prinzip abzulehnen sind, immerhin gezeigt haben – selbst zur Not mit unseren harmonischen Vorstellungen, die erhaltenen Chorgesänge mit teils wirklich alter, teils in offenbar geflissentlicher Archaisierung einfacher Melodik. Die erste pythische Ode des Pindar (deren Komposition zeitlich unbestimmt ist), die Hymnen des Mesomedes und außerdem das kleine, vermutlich volkstümliche Weisen nachahmende, Grabliedchen auf Seikolos lassen sich leidlich der Theorie einfügen. Dagegen spottet der große dem zweiten Jahrhundert v. Chr. Angehörige Apollon-Hymnus (wohl selbst wenn man Riemanns Hypothese der Verstümmelung eines Notenzeichens annähme) der Rationalisierung. Die Tetrachord-Theorie der Hellenen setzte der melodischen Chromatik insofern enge Schranken, da mehr als zwei Hauptton-Intervalle im Anschluß aneinander nicht vorkommen konnten, was auch Aristoxenos damit motivierte, daß sonst die Konsonanzverhältnisse innerhalb des Quartenschemas verloren gehen würden. Der Apollon-Hymnus dagegen enthält drei sukzessive chromatische Intervalle und könnte auch sonst nur durch Annahme äußerst freier Modulationen nach beliebigen Richtungen hin theoretisch gedeutet werden, unter Zuhilfenahme von Gevaerts Deutung, daß hier Tetrachorde ganz verschiedener innerer Struktur (und ganz verschiedener Tongeschlechter) miteinander kombiniert seien. Zweifellos hätte ein antiker Theoretiker den Sachverhalt so konstruiert, wie z. B. auch die Theorie der arabischen Musik durch Kombination verschieden gegliederter Tetrachorde und Pentachorde Ähnliches erweist. Dann aber war eben der Sache nach hier jede – im hellenischen Sinn – „tonale" „Quarten"- und „Quinten"-beziehung, außer für die Grenztöne der Tetrachorde, aufzugeben und eine in aller Gebundenheit weitgehend losgelöste Melodik entwickelt. Sie verhält sich, scheint es, zu den theoretischen Fundamenten ähnlich wie die moderne Musik zu der eingangs – und zwar schon in relativ „moderner" Fassung – wiedergegebenen akkordharmonisch strengen Theorie. Und es ist gerade offizielle athenische Musik (ein Preislied an den Gott nach der Abwehr des Keltensturms), um die es sich dabei handelt. In der hellenischen Kunstmusik scheint also gerade in ihrer höchsten Blüteperiode das Streben nach Vermehrung der Ausdrucksmittel zu einer extrem-melodiösen, die „harmonischen" Bestandteile des Musiksystems weitgehend sprengenden Entwicklung geführt zu haben. Wenn im Okzident seit dem Ausgang des Mittelalters ganz das gleiche Streben zu dem gänzlich abweichenden Ergebnis der Entwicklung der Akkordharmonik geführt hat, so wird man geneigt sein, dies in erster Linie dem Umstand zuzuschreiben, daß der Okzident zu der Zeit, als jenes gesteigerte Ausdrucksbedürfnis einsetzte, sich im Gegensatz zur Antike schon im Besitze einer *mehrstimmigen* Musik befand, in deren Bahnen daher die Entwicklung des neuen Tonmaterials einlief. Das trifft zweifellos weitgehend zu. Nun existierte und existiert aber Mehrstimmigkeit keineswegs nur in der okzidentalen Musik, und es erhebt sich zunächst die Frage nach deren spezifischen Entwicklungsbedingungen.

Wir nennen hier eine Musik nur dann „mehrstimmig", auch im weitesten Sinn, wenn die mehreren Stimmen nicht ausschließlich im Einklang oder in der Oktave miteinander gehen. Den Einklang von Instrumenten und Singstimmen kennen fast alle Musiken und kannte auch die Antike. Ebenso ist die Begleitung von Stimmen in Oktaven (Männer- und Knaben- oder Frauenstimmen) naturgemäß eine sehr allgemein verbreitete, auch der Antike vertraute Erscheinung. Aber die Oktave wird, scheint es, überall, wo sie auftritt, als „Identität auf anderer Stufe" empfunden. – In jenem weitesten Sinn nun kann die mehrstimmige Musik typisch verschiedene Charaktere annehmen, zwischen denen es natürlich alle Arten von Übergängen gibt, die aber in ihren reinen Grenzfällen sehr scharf geschieden sind und auch historisch auf verschiedene Wurzeln schon in sehr primitiven Musiken zurückgehen.

Zunächst: die moderne, akkordharmonische „Mehrtönigkeit", wie man, streng genommen, statt „Mehrstimmigkeit" sagen müßte. Denn Akkordfortschreitungen sind ja an sich keineswegs notwendigerweise als eine Mehrheit von auseinanderzuhaltenden „Stimmen" aufzufassen, die miteinander fortschreiten. Sie enthalten im Gegenteil nicht einmal notwendig ein „melodisches" Fortschreiten auch nur einer Einzelstimme in sich. Das Fehlen aller und jeder Melodik im üblichen Sinn ist nun freilich ein Grenzfall. Er, und was ihm musikalisch nahe liegt, hat in der Musik der nicht okzidentalen Völker und in der Vergangenheit, vor dem 18. Jahrhundert, keinerlei Analogien. Die Nationen des Orients und des fernen Ostens, und gerade solche mit entwickelter Kunstmusik, kennen zwar den Zusammenklang mehrerer Töne. Und wie schon früher erwähnt: es scheint, daß wenigstens der Dur-Dreiklang auch von Völkern, deren Musik jeder Tonalität unserer Art entbehrt oder, wie bei den Siamesen, auf völlig anderer Grundlage ruht, meist als „schön" akzeptiert wird. Aber sie interpretieren den Akkord nicht nur nicht in harmonischem Sinn, auch genießen sie ihn nicht als Akkord in unserer Art, sondern als eine Kombination von Intervallen, die sie als einzelne hören wollen und daher am liebsten „arpeggierend" anschlagen, also wie er auf der Harfe (Arpa) und den alten gerissenen Saiteninstrumenten ganz von selbst entstand. In dieser Form ist der Akkord wohl bei allen Völkern mit mehrsaitigen Instrumenten uralt; aber noch bei der Verbesserung des Klaviers im 18. Jahrhundert war gerade die Klangschönheit der von der Laute her gewohnten arpeggierenden Akkorde einer der Effekte, die man suchte und würdigte. Folgen von Harfen-Zwei- und Dreiklängen zwischen den abwechselnden Solo- und Chorpartien finden sich aber z. B. schon in den von P. H. Trilles aufgenommenen, sehr anziehenden halbdramatischen Legenden-Rezitationen von Bantu-

Negern, ohne daß freilich die (sehr einfachen) Akkordfolgen mit unseren harmonischen Fortschreitungen etwas zu tun hätten. In der Mehrzahl der Fälle laufen sie wieder in dem Einklang zusammen, oder wenn nicht, so schließen sie unter Umständen auch in starken Dissonanzen (Tritonus z. B., wenn die Wiedergabe exakt ist). Die Klang*fülle* ist das wesentlich Erstrebte.

Ein entgegengesetzter Grenzfall wird durch diejenige Mehrstimmigkeit dargestellt, welche technisch „Polyphonie" genannt wird und ihren konsequenten Typus in der „Kontrapunktik" gefunden hat: mehrere untereinander als völlig gleichberechtigt behandelte Stimmen laufen nebeneinander her und sind harmonisch aneinander gebunden, derart, daß jede Fortschreitung der einen auf die der anderen Rücksicht nimmt und dadurch bestimmten Regeln unterworfen ist. Diese Regeln sind in der modernen Polyphonie teils einfach diejenigen der Akkordharmonik, teils folgen sie aus (möglichst allgemein gesagt) dem künstlerischen Zweck: ein solches Fortschreiten der Stimmen herbeizuführen, daß alle einzelnen selbständig zu ihrem melodischen Recht kommen, dennoch aber und womöglich gerade dadurch das Ensemble als solches strenge musikalische (tonale) Einheitlichkeit wahrt. Während also die reine Akkordharmonik musikalisch „zweidimensional" denkt – vertikal zu den Notenlinien und zugleich horizontal ihnen entlang – denkt die Kontrapunktik in erster Linie „eindimensional" in horizontaler Richtung und erst dann und nur insofern auch vertikal, als die bei ihr nicht aus einheitlich akkordharmonisch konstruierten Gebilden heraus geborenen, sondern gewissermaßen zufällig aus dem Fortschreiten der mehreren selbständigen Stimmen entstehenden Zusammenklänge der harmonischen Regulierung bedürfen. Der Gegensatz erscheint relativ und ist es in weitem Umfang. Wie schroff er aber empfunden werden kann, beweist wohl mehr, als das zornige Kämpfen des italienischen Musikempfindens der Spätrenaissance gegen die „Barbarei" des Kontrapunkts zugunsten der harmonisch-homophonen Musik, die Stellungnahme noch von Kontrapunktikern wie Grell (Direktor der Berliner Singakademie), der im letzten Drittel des 19. Jahrhunderts posthum sein Verdammungsurteil gegen alle Neuerungen der Musik seit J. S. Bach schleuderte, und gelegentlich auch seines Schülers Bellermann, auf der anderen Seite aber die notorische Schwierigkeit für das moderne, an Akkorden orientierte Empfinden – auch und gerade von schaffenden Künstlern, – Palestrina und Bach dem musikalischen Sinne nach so zu interpretieren, wie sie selbst und ihre Zeit es taten. Die Polyphonie in diesem Sinne, speziell die Kontrapunktik, ist dem Abendland in bewußt hochentwickelter Form trotz allen Vorstufen erst seit dem 15. Jahrhundert bekannt und fand in Bach ihren höchsten Vollender. Keine andere Epoche und Kultur kennt sie, auch nicht wie Westphal auf Grund irriger Quelleninterpretation glaubte, die Hellenen, bei denen vielmehr sogar jene Vorstufen dieses Zustandes, die sich bei den verschiedensten Völkern der Erde ganz ähnlich wie im Abendland finden, soviel bisher bekannt, völlig fehlen. Für sie blieb für den Akkord ebenso wie für jede simultane Verwendung der Konsonanzen in der Musik überhaupt das letzte Wort ἡ συμφωνία οὐκ ἔχει ἦθος d. h. sinngemäß – wie eine andere Stelle des Pseudo-Aristoteles ergibt: Konsonanzenakkorde (die ja vom Stimmen der Instrumente her bekannt waren) sind zwar dem Gehör erfreulich, haben aber keine musikalische *Bedeutung*. Der Satz galt wohlgemerkt für die Kunstmusik. Er beweist natürlich nicht, daß die Hellenen den Akkord überhaupt nicht gekannt hätten, sondern das Gegenteil, welches übrigens auch die Bemerkungen der Theoretiker über die „κρᾶσις" der Töne bei den Konsonanzen im Gegensatz zu den Dissonanzen ergeben. Wenn man vielfach anzunehmen geneigt ist, daß in Hellas vielleicht auch ein mehrstimmiges Singen in der primitiven Form der Konsonanz-Parallelen vorgekommen sei, so ist dies weder sicher zu beweisen noch zu bestreiten. Aber diese Musik, wenn sie existierte, und ebenso die Verwendung der Akkorde wäre dann eben „Volksmusik" gewesen (von der wir naturgemäß keine Spuren besitzen) und hätte zu jener Art von Kirmes-Belustigung der „Crapule" gehört, über deren musikalische Bedürfnisse sich Aristoteles so von oben herab äußert. –

Es muß noch mit einigen Worten an die Kunstmittel der spezifisch „polyphonen" Mehrstimmigkeit erinnert werden. Die Einheitlichkeit eines im technischen Sinne polyphonen, melodiösen Gebildes ist auf die einfachste Weise gewahrt im „Kanon": dem einfachen Miteinander des Ablaufs genau des gleichen Motivs auf verschiedenen Tonstufen durch dessen sukzessive, aber vor seinem Abschluß in der einen Stimme eintretende Übernahme durch neue Stimmen – einer Gesangsweise, welche in der schlichten Volksmusik ebenso wie als Kunstprodukt auftritt. Erstes erhaltenes (und der Niederschrift nach sicher datierbares), aber deshalb natürlich bei weitem nicht ältestes abendländisches Beispiel dafür ist der berühmte Sommer-Kanon des Mönchs von Reading (Handschrift aus der Mitte des 13. Jahrhunderts). Der Kunstmusik allein gehört dagegen als einer der sublimiertesten Kunstformen der Kontrapunktik die „Fuge" an, in einfachstem Schema: ein gegebenes „Thema" wird durch einen „Gefährten" auf anderer Tonstufe (normal: Quint) nachgeahmt, dem „Gefährten" wiederum auf der Anfangsstufe ein „Gegensatz" gegenübergestellt, durch „Zwischensätze" dieses Widerspiel unterbrochen, durch Tempoänderungen und (normal: leiterverwandte) Modulationen vermannigfaltigt, eventuell durch „Engführung" (kanonartiger Eintritt des Gefährten neben dem Thema selbst) und auch, besonders gern zum Schluß hin, durch Hinwegführung der Stimmen über einen ausgehaltenen Ton („Orgelpunkt") der musikalische Sinngehalt des Gebildes konzentriert und unterstrichen. Die Anfänge der Fuge reichen ziemlich weit zurück. Ihre Vollentwicklung erreichte sie bekanntlich erst im 17. und 18. Jahrhundert. Auch außerhalb dieser beiden in gewissem Sinn charakteristischsten Grenzformen ist die, sei es strengere oder freiere, „Nachahmung" des gegebenen, immer weiter bereicherten und von allen Seiten immer eindringlicher interpretierten melodiösen Motivs auf immer anderen Tonstufen das Lebenselement der Polyphonie als Kunstmusik. Die Entwicklung der „Imitation" zu dieser beherrschenden Stellung als Kunstmittel gehört, obwohl die Anfänge wesentlich weiter zurückliegen, doch erst dem 15. Jahrhundert an und verdrängte als zweite „ars nova" damals den vornehmlich kolorierenden Stil des 14. Jahrhunderts und die ältere mehr mechanische Regulierung der Stimmbewegung. Erst seitdem hat die Kontrapunktik nicht nur die gesamte mehrstimmige kirchliche Gesangeskunst, seit der Neubegründung der päpstlichen Kapelle im 15. Jahrhundert nach Beendigung des Schismas, beherrscht, sondern in starkem Maße auch die kunstgemäße Komposition von Volksliedern seit dem 16. Jahrhundert. Von dem einfachen zweistimmigen Satz „punctus contra punctum" ausgehend, zu Sätzen von mehreren Dutzend Stimmen und mit 2, 3, 4 Noten der einen gegen eine der anderen Stimmen und vom „einfachen" zum „mehrfachen", d. h. durch gegeneinander umkehrbare Stimmen gebildeten Kontrapunkt fortschreitend, mußte sich dabei der mehrstimmige Satz in einen immer weiter sublimierten und komplizierten Kunstregelbau einspinnen. Schon vor dem Auftauchen dieser komplizierten Aufgaben bildeten die einfachen Probleme der „Parallelbewegung", „Seitenbewegung", „Gegenbewegung" der Stimmen mit ihren Regeln und Verboten den spezifischen Gegenstand einer seit dem 12. Jahrhundert allmählich entwickelten Theorie der Mehrstimmigkeit. Für diese haben namentlich zwei Verbote – das eine mindestens seit (wahrscheinlich aber schon vor) dem 12., das andere seit dem 14. Jahrhundert – im Vordergrund des Interesses gestanden: die Meidung des im Mittelalter als Inbegriff alles Bösen und Häßlichen geltenden „Tritonus" (pythagoreisch gemessene übermäßige Quart, z. B. f–h) und das Verbot der Parallelfortschreitungen in „vollkommenen Konsonanzen", speziell: Oktaven und Quinten. Das rigorose Verbot des allerdings sehr scharf dissonierenden Tritonus (er fällt auch nach der Helmholtzschen Theorie unter die durch besonders nahe liegende Obertöne „gestörten" Intervalle), welcher doch der „lydischen" (von f ausgehenden) Tonart als spezifisches Intervall zugehörte, war dem genuinen Gregorianischen Choral noch unbekannt. Es ist auch überall da nicht durchgedrungen, wo die Herrschaft der Kirche relativ schwach blieb (so in Island). Der Gebrauch der lydischen Tonart war der älteren Kirchenmusik durchaus geläufig, in der späteren ist sie, wenigstens in ihrer reinen Gestalt, verpönt: kein kirchlicher Choral geht in ihr. Für die Entstehung des Verbotes könnte man geneigt sein, das Eindringen des hellenischen Tetrachordsystems in die Musiktheorie seit der Karolingerzeit verantwortlich zu machen. Nicht natürlich das der genuinen hellenischen Kunstpraxis der klassischen und nachklassischen Zeit, welche den Tritonus nach Ausweis der Monumente, auch als direkten Sprung, keineswegs mied. Aber vielleicht die „Tonalitäts"-Anschauungen der christlich und damit der indirekt orientalisch beeinflußten Spätzeit. Der Tritonusschritt scheint auch außerhalb unserer harmonischen Gewöhnung melodisch nicht ganz leicht zu intonieren zu sein, und eine Folge von drei Ganztonschritten meiden auch untereinander sonst verschiedene Musiken als eine melodische Härte, ohne daß sich direkt feststellen ließe, inwieweit dabei etwa „tonale" Empfindungen – die Wirkung der Bekanntschaft mit der Quart – mitspielen. Es ist an sich, wenn man einmal Ganz- und Halbtöne klar scheiden gelernt hat, auch ohnedies verständlich, daß man einen irgendwie „rhythmischen" Wechsel beider: im Ganzton und im Halbton oder in zwei Ganztönen und einem Halbton als das melodisch Erfreulichere und Normale empfand. Für eine rationale Betrachtung aber lag es nahe, den Tritonus (und seine Umkehrung, die verminderte Quint) als ein sowohl die Quarten- als die Quintenbeziehung und damit die „Tonalität" im damaligen Sinne: die Quart-Quinten-Teilung der Oktave zerschneidendes Intervall anzusehen. Der byzantinischen Musik galt aus dem gleichen Grunde die Überschreitung der „Nete" (Höchstton) der Tonart um nur einen Halbtonschritt nicht – wie andere Überschreitungen des Ambitus – als eine Modulation, sondern als Vernichtung der Tonalität selbst. Indessen ist die Ächtung des Tritonus vielleicht erst wesentlich später erfolgt und mit der Mehrstimmigkeit parallel gegangen; eine ganz sichere Erkenntnis der historischen Entwicklung des Verbots scheint noch nicht gewonnen. Indem nun aber der Tritonus nicht nur nicht simultan, sondern auch nicht sukzessiv, auch nicht indirekt, auch nicht als Tonfolge innerhalb des Ensembles der Stimmen erscheinen durfte, bildete sein Verbot (in der mittelalterlichen Sprache: die Regel, daß „mi contra fa" unzulässig sei) in der Tat eine sehr fühlbare Schranke. Daß daneben von den größeren Intervallen zwar die kleine Sext (das Hauptintervall der phrygischen Tonart) und die Oktave, wenigstens von der späteren Theorie, wenn auch nur für den Aufstieg als erlaubt galten, die große Sext aber, trotz ihrer, im Gegensatz zu den stets verboten gebliebenen Septimen, guten Sangbarkeit niemals als melodischer Tonschritt zugelassen worden ist, hat man rational zu begründen kaum versucht. Das vielberufene Verbot der Quinten- und Oktavenparallelen würden wir, unter der Herrschaft der akkordharmonischen Musik, geneigt sein, „tonal" dadurch zu begründen, daß leere Quinten und Oktaven von unserem Gehör als Dreiklangsfragmente interpretiert, daher ein Fortschreiten in ihnen als ein fortwährender Wechsel der Tonart verstanden werde. Die rein melodiös verstandene Polyphonie würde es am leichtesten als eine Bedrohung der musikalischen Selbständigkeit der Einzelstimmen gegeneinander ablehnen. Alle Versuche einer wirklich „prinzipiellen" Begründung sind bekanntlich höchst problematisch. Historisch entwickelt ist es, nach Ausweis der Monumente, erst nachdem die Theorie des Abendlandes sich mit der Untersuchung der Konsonanzen und Dissonanzen und ihrer Verwendung in der Mehrstimmigkeit selbständig zu befassen begonnen hatte, die „Gegenbewegung“ als Kunstmittel und die Brauchbarkeit der Terzen und Sexten als Intervalle (im Fauxbourdon) erkannt war und die ersten wirklich singbaren Leistungen polyphoner Kunstkomposition vorlagen. Es wurde nun gerade der durch Kunstnormen regulierte Wechsel der Intervalle als spezifisches Kunstmittel gepflegt, und dies erschien als ein Produkt der Emanzipation der Mehrstimmigkeit von einer gerade entgegengesetzten, nunmehr als barbarisch angesehenen Kunstpraxis. Das niemals – wie es scheint, von keinem einzigen Künstler – wirklich bis in die letzten Konsequenzen durchgeführte Parallelenverbot bringt, wie bekannt, eine stattliche Reihe sehr fühlbarer Schranken für die melodiöse Bewegung der Stimmen mit sich. Die „Tonalität“ der Polyphonie – im engeren Sinne – hat sich im übrigen sehr allmählich bis zu dem – im Endergebnis – den Anforderungen der Akkordharmonik praktisch entsprechenden Zustand entwickelt. Sie ruhte das ganze Mittelalter hindurch und noch bis ins 18. Jahrhundert auf dem tonal, wie wir sahen, schwankenden Fundamente der „Kirchentöne“. Aus der Selbständigkeit der mehreren Stimmen heraus – denen die ältere Mehrstimmigkeit (namentlich der alte „motetus“ des 13. und 14. Jahrhunderts) kein Bedenken trug, auch ganz verschiedene Texte zugrunde zu legen – rechtfertigte man es, daß die einzelnen Stimmen auch in verschiedenen Kirchentönen stehen konnten (was je nach den Intervallen zwischen den Stimmen in der Tat oft, gerade bei Beobachtung akkordharmonischer Einheit, direkt unvermeidlich war). Die Erweiterung der Kirchentöne auf 12, unter Einbeziehung namentlich der in der außerkirchlichen Musik längst gebräuchlichen Skalen „ionisch“ (auf C) und „äolisch“ (auf A) durch Glarean im 16. Jahrhundert, bedeutete den endgültigen Verzicht auf die Reste der alten Tetrachordtonalität. Die Schluß- und Zwischenschlußprinzipien der polyphonen Musik entsprachen je länger je eindeutiger den Anforderungen der neben und mit, teilweise auch gegen sie emporgewachsenen Akkordharmonik, vorbehaltlich der Besonderheiten, welche namentlich die phrygische Tonart (das hellenische „Dorisch“) immer beibehielt und bei ihrer Struktur beibehalten mußte. Anders als in der Akkordharmonik aber blieb naturgemäß in der eigentlich kontrapunktischen Polyphonie die Stellung der Dissonanzen. Das Auftreten von Theoremen über sie bezeichnet den Ansatzpunkt der spezifischen okzidentalen Musikentwicklung. Während der alte ganz reine polyphone Satz Note gegen Note die Dissonanz direkt meidet, verwiesen die ältesten sie zulassenden Theorien der Mehrstimmigkeit sie auf die unbetonten Taktteile, und bei dem Satz mehrerer Noten gegen eine ist das bekanntlich in der Kontrapunktik auch dauernd so geblieben – während die eigentliche Stätte der dynamischen Dissonanz in der akkordharmonischen Musik gerade der betonte Taktteil ist. Die Zusammenklänge kommen eben in der reinen Polyphonie, prinzipiell wenigstens, nur als Elemente der Klangschönheit in Betracht. Die Dissonanz ist nicht, wie in der Akkordharmonik, das spezifisch dynamische Element, welches die Fortschreitung aus sich gebiert, sondern umgekehrt ein Produkt der rein melodiös determinierten Fortschreitungen der Stimmen. Sie ist daher, im Prinzip, stets „zufällig" und muß auch wo der entstehende Zusammenklang rein an sich eine „harmonische" Dissonanz darstellt, „gebunden" auftreten. Dieser Gegensatz des harmonischen und des spezifisch polyphonen Musikempfindens ist in ziemlich deutlicher Weise schon im 15. Jahrhundert in der Art der Behandlung der Dissonanzen im italienischen weltlichen Lied einerseits, in der kirchlichen Kunst der Niederländer andererseits erkennbar.

Der technisch allein sogenannten „Polyphonie" und der reinen Akkordharmonik steht als ein dritter Grenzfall der Mehrstimmigkeit die harmonisch-homophone Musik gegenüber: Unterordnung des gesamten Tongebildes unter eine melodieführende Stimme als deren harmonische „Begleitung" oder „Ergänzung" oder „Interpretation" in all den höchst verschiedenen Formen, welche solche Beziehungen annehmen können. Primitive Vorstufen dieses Sachverhalts finden sich in den verschiedensten Formen über die Erde verbreitet, aber, wie es scheint, nirgends auch nur soweit entwickelt wie im Okzident schon im 14. Jahrhundert (in Italien). Mit aller Bewußtheit zum Kunststil entwickelt ist er in der abendländischen Musik erst seit dem Beginn des 17. Jahrhunderts, und zwar wiederum zuerst in Italien, damals vor allem in der Oper. –

Auch die primitiven Vorstufen der Mehrstimmigkeit nehmen nun diesen Grenztypen entsprechend verschiedene Formen an. Die „Begleitung" einer Singstimme findet sich in unrationalisierten Musiken sowohl als vokale wie als instrumentale. Die Begleitstimme ist als solche teils einfach quantitativ dadurch charakterisiert, daß sie zwar eine eigene Melodie trägt, aber leiser gesungen wird; das kommt z. B. im Volksgesang in Island vor, wo diese Begleitstimme in eigner Melodie einherschreitet – teils dadurch, daß sie der Melodieträgerin gegenüber qualitativ unselbständig auftritt. Und zwar entweder so, daß sie die letztere in Schalttönen oder Koloraturen umspielt. Dies ist in verschiedenen Musiken, z. B. auch in der ostasiatischen (chinesischen, japanischen), häufig. Es findet sich als κρουσις ὑπὸ τὴν ᾠδήν – wenn H. Riemann mit seiner Interpretation des umstrittenen Begriffs recht hat – auch in der althellenischen Musik (als einziger für diese bekannter Ansatz einer Mehrstimmigkeit): die Instrumente gehen mit der Singstimme im Einklang, schalten aber zwischen deren ausgehaltenen Haupttönen Koloraturen ein (wofür, nach Ausweis der byzantinischen Quellen, offenbar typische Schemata existierten). – Oder umgekehrt so, daß neben der Melodiebewegung eine oder auch mehrere wechselnde oder simultane Begleittöne als „Bordune" ausgehalten werden.

Begleitstimme kann in all diesen Fällen sowohl die untere wie die obere Vokal- oder Instrumentalstimme sein. Sowohl bei vokaler wie bei instrumentaler Mehrstimmigkeit dieser Art kommt bei mehr als zwei Stimmen als Melodieträger („Tenor", „Cantus firmus" in der Sprache des Mittelalters) ziemlich oft die Mittelstimme vor. So in der javanischen Gamilan-Musik, wo die den Text vortragende Singstimme oder, bei reiner Instrumentalmusik, die Schlaginstrumente in der Mittelstimme den Cantus firmus führen, daneben figurierende Oberstimmen stehen und eine Unterstimme nach eigenem Rhythmus bestimmte Einzeltöne markiert. Im okzidentalen Mittelalter galt es bekanntlich in der Kunstmusik so sehr als selbstverständlich, daß die Hauptstimme (ursprünglich durchweg ein Motiv aus dem Gregorianischen Choral) die Unterstimme sei, über welcher der „Discantus" seine melodischen Figurationen ausführte, daß das Gegenteil bei dem musikgeschichtlich so wichtigen Terzen- und Sextengesang der Franzosen und Engländer, als dieser in die Kunstmusik eindrang, als faux bourdon (falsche Begleitung) bezeichnet wurde und diesen Namen dauernd beibehielt. Daß die Oberstimme die Melodieträgerin wurde – was für die Herausbildung der Harmonik, speziell der für diese so wichtigen Stellung des Basses als harmonischer Stütze, von weittragender Bedeutung war –, ist in der okzidentalen Kunstmusik erst ein Produkt langer Entwicklung. Der primitive „Bourdon" insbesondere ist noch kein Baß, nicht in dem Sinn, daß der ausgehaltene Ton immer unten läge. Für einen Stamm auf Sumatra (Kubu) z. B. führt v. Hornbostel einen Vokalbourdon gerade in der oberen Stimme an, obwohl freilich die Regel ist, daß der Bourdon instrumental ist und in der Unterstimme liegt. Keineswegs ist ferner der Bourdon allgemein als harmonische Basis, etwa wie ein Orgelpunkt, zu interpretieren. Er ist – wie alle primitive Mehrstimmigkeit – oft nur ein um der Klangfülle willen gebrauchtes ästhetisches Mittel ohne harmonische Bedeutung oder wenigstens, namentlich wo er von Schlaginstrumenten gegeben wird, von vorwiegend rhythmischer Bedeutung. Oft allerdings hat er einen sozusagen indirekt harmonischen Sinn, und zwar auch da, wo er nur als eine von Schlaginstrumenten (Gong, Tonstab) dargebotene „drone-base" erscheint. Das Schlaginstrument gibt dann nicht nur, oder auch geradezu nicht, den Rhyhtmus des Gesanges, um den es sich vielmehr in seiner eigenen Rhythmik manchmal ganz unbekümmert zeigt. Und der an die Drone-base gewöhnte Sänger fällt dann nicht aus dem Rhythmus, sondern aus der Melodie, wenn jene Basis fehlt: die eingeübte variierende Distanz der Melodie vom Begleitton dient ihm offenbar trotz seiner harmonischen Irrationalität dennoch als „Stütze". Und schließlich findet sich die direkte Orientierung des Haupttones des Gesanges nach dem Bourdon natürlich ebenfalls nicht selten (so bei den nordamerikanischen Indianern). Bei den Hindus und wohl auch sonst vielfach gilt der Schluß auf dem durch das Schlaginstrument angegebenen Ton als der normale. Aus einem zweitönigen Bourdon, wie er vorkommt (z. B. quintierender und oktavierender Instrumente), kann sich dann leicht etwas unserem Basso ostinato Ähnliches entwickeln. Einen solchen kennt z. B. die japanische (instrumentale) Gagaku-Musik, bei welcher das Koto (liegende Harfe) diese Rolle übernimmt. Wo das Empfinden für Harmonie im Emporwachsen ist, da kann der Bourdon, zumal der unten liegende instrumentale, diese Entwicklung sehr stark fördern, indem er sich zu einer Art von Baßfundament entwickelt und den Aufbau der Konsonanzen von unten nach oben durchsetzt.

Dieser Art subordinierender Mehrstimmigkeit steht nun als eine (nicht: „die") Vorstufe der koordinierenden Polyphonie die neuerdings sogenannte „Heterophonie" gegenüber, ein gleichzeitiger Vortrag eines Themas von mehreren Stimmen in mehreren melodischen Varianten, wobei diese mehreren Stimmen aber scheinbar unbekümmert umeinander ihren Weg gehen, jedenfalls auf die Art der Zusammenklänge nicht bewußt geachtet wird. Überwiegend findet sie sich mit Instrumentalbegleitung verbunden, welche als „Stütze" dient. Aber sie kommt auch ohne solche, und zwar auch auf den allerprimitivsten Stufen, vor. In primitivster Form erscheint sie z. B. bei den instrumentenlosen Weddahs als ein „Durcheinandersingen" der einzelnen Sänger, bei dem diese in vorläufig noch nicht analysierbarer Art ähnliche Noten wie sie auch im Einzelgesang vorkommen, variieren, dabei in den Schlüssen zuweilen zusammenkommen, entweder in das Unisono oder in ein konsonantes Intervall. Nach Wertheimer scheint es, daß die Wirkung des Zusammensingens und seine Möglichkeit wesentlich darin beruht, daß die Schlußtöne der Melodie in ihrem Zeitwert größer und (wohl namentlich) konstanter werden als beim Einzelgesang und dadurch das Einsetzen der andern Stimmen sich reguliert. Schöne Beispiele urwüchsiger, und zwar ziemlich entwickelter Bauern-Heterophonie sind u. a. von Frau E. Lineff phonographisch aus dem russischen Volksgesang für die Petersburger Akademie aufgenommen worden. Die heterophone Entwicklung des Themas wird auch hier noch, wie in allen alten Volksmusiken, improvisiert. Daß dabei die mehreren Stimmen einander nicht rhythmisch und auch rein melodisch stören, beruht auf der Wirkung fester Gemeinschaftstradition: Leute aus zwei verschiedenen Dörfern können nicht miteinander mehrstimmig singen. Auch hier fehlt noch jede, sei es homophon-harmonische oder kontrapunktische Organisation des Stimmenensembles zu einer Einheit. Aber schon bei der rein improvisierenden Volksheterophonie und noch mehr bei ihrer kunstmäßigen Übung findet sich, daß auf die Zusammenklänge geachtet wird, in der Art, daß bestimmte Dissonanzen gemieden und bestimmte Arten von Zusammenklängen gesucht werden, wohl zuerst bei den Schlußtönen von melodischen Abschnitten, welche dann – so z. B. in der japanischen Heterophonie – Einklänge oder andere Konsonanzen, besonders oft Quinten, sind. So weit und nicht wesentlich weiter ist z. B. auch die chinesische Polyphonie gelangt, und damit befindet sie sich annähernd auf dem Niveau des frühmittelalterlichen „Discantus", welcher teils in einem Auseinandertreten der Stimmen aus dem Einklang in wechselnde Konsonanz und ihrem Wiederzusammentreten in den Einklang bestand, teils in der Schaffung einer improvisierten kolorierenden Oberstimme über dem „Tenor", der dem Gregorianischen Choral entnommenen Hauptmelodie.

Wurden nun die mehreren Stimmen einmal „harmonisch" aneinander gebunden, so war die radikalste Form die der strengen Parallelbewegung in Konsonanzen-Intervallen: das vielberufene primitive „Organum" des frühen Mittelalters, welches sich ganz ebenso, wie im 10. Jahrhundert Hucbald es, vielleicht teilweise mißverstehend, erwähnt, ziemlich weit über die Erde verbreitet findet, und zwar speziell oft als älteste Form klassischer mehrstimmiger Kunstmusik (so – angeblich – auch in Japan). Vorwiegend (Indonesien, Bantustämme und sonst) handelt es sich um Quint- und Quartparallelen. Bei der Bedeutung dieser Intervalle für das Stimmen der Instrumente ist der in der Kunstmusik der Kontrapunktik und auch in der klassischen Musik so streng verpönte Quintenparallelismus sicher etwas durchaus Urwüchsiges. Daneben erwähnt v. Hornbostel (für die Admiralitätsinseln) Sekundenparallelen, wie sie auch den Langobarden zugeschrieben worden sind. Es wären also auch hier die beiden vollkommensten Konsonanzen und der durch sie als Differenz erzeugte „Tonos" die bevorzugten Träger der Parallelen. Der Sekundenzusammenklang übrigens, der sich auch in der japanischen Gagaku-Musik für die Schlüsse finden soll, ist nach den von Stumpf mitgeteilten Aufklärungen eines japanischen Musikers wenigstens dort ein arpeggierender, kein simultaner. Wirkliche Terzenparallelen dagegen, also harmonische Verwendung der Terz, scheinen sich, soviel bisher bekannt, nur vereinzelt, so in Chorliedern in Togo und Kamerun (Wechsel großer und kleiner Terzen) und da vielleicht unter europäischem Einfluß, zu finden. Als Harfengänge finden sie sich in einem der von Trilles mitgeteilten, früher erwähnten instrumentalen Zwischenspiele der Bantu. Die Terz und (durch deren oktavierende Verdoppelung) die Sext als typische autochthone Grundlagen der Polyphonie scheinen mit Sicherheit bisher also nur für das nördliche Europa, speziell England und Frankreich, die Heimatländer des Fauxbourdon und der Entwicklung der mittelalterlichen Mehrstimmigkeit überhaupt, nachweisbar. Denn daß der volkstümliche Zwiegesang in Portugal Terzen- und Sextenparallelen neben den Quinten kennen soll, kann auf dem Einfluß der kirchlichen Musikentwicklung beruhen.

Die Existenz der Mehrstimmigkeit, auch auf der Basis harmonischer Intervalle, bedeutet an sich noch keineswegs die Durchdringung des gesamten Tonsystems einer Musik mit harmonischen Tonbildungsprinzipien. Im Gegenteil kommt es, wie (im Anschluß an v. Hornbostel) schon erwähnt wurde, vor, daß die Melodik sich davon völlig unberührt zeigt und scheinbar ganz unbekümmert neutrale Terzen und ähnliche irrationale Intervalle weiter verwendet. Die Spannung zwischen melodischen und harmonischen Determinanten ist also, wie schon der primitiven Melodie, so auch schon der primitiven Mehrstimmgkeit eigen. Darum würde aus dem Organum des Okzidents keine Entwicklung zur harmonischen Musik hervorgegangen sein, wenn nicht andere Bedingungen dafür, vor allem aber die reine Diatonik als Grundlage des Tonsystems der Kunstmusik, ohnehin bestanden hätten.

Auf die Frage: warum an einigen Stellen der Erde die Mehrstimmigkeit auftritt, an anderen fehlt, läßt sich eine einheitliche Antwort offenbar heute und wohl dauernd nicht geben. Das verschiedene Tempo, welches den gebrauchten Instrumenten untereinander und im Verhältnis zur Singstimme adäquat ist, die ausgehaltenen Töne der Blasinstrumente im Verhältnis zu den gerissenen der Saiteninstrumente, beim Wechselgesang das Nachklingen oder Aushalten der fast überall gedehnten Schlußtöne der einen Stimme während des Einsetzens der anderen, der Wohlklang der nachhallenden Töne der Harfe beim arpeggierenden Anschlag, die Mehrtönigkeit mancher alten Blasinstrumente bei unvollkommener technischer Beherrschung, endlich der simultane Anschlag beim Stimmen der Instrumente können je nach den Umständen zusammengewirkt und sich mit heute nicht mehr zugänglichen Zufällen verbunden haben.

Dagegen entsteht die andere Frage: warum sich gerade an einem Punkt der Erde aus der immerhin ziemlich weitverbreiteten Mehrstimmigkeit sowohl die polyphone wie die harmonisch-homophone Musik und das moderne Tonsystem überhaupt entwickelt hat, im Gegensatz zu anderen Gebieten mit einer – wie namentlich im hellenischen Altertum, aber auch z. B. in Japan – mindestens gleichen Intensität der musikalischen Kultur.

Fragt man nach den spezifischen Bedingungen der okzidentalen Musikentwicklung, so gehört dahin vor allem andern die Erfindung unserer modernen Notenschrift. Eine Notenschrift unsrer Art ist für die Existenz einer solchen Musik, wie wir sie besitzen, von weit fundamentalerer Bedeutung als etwa die Art der Sprechschrift für den Bestand der sprachlichen Kunstgebilde, – vielleicht die hieroglyphische und chinesische Poesie ausgenommen, bei welcher der optische Eindruck der Schriftzeichen, ihrer künstlerischen Struktur wegen, als integrierender Bestandteil zum wirklichen Vollgenuß des poetischen Produkts gehört. Aber im übrigen ist jede Art von poetischem Produkt von der Art und Weise der Struktur der Schrift so gut wie ganz unabhängig. Ja, sieht man von den höchsten Kunstleistungen der Prosa, etwa auf der Höhe Flaubertscher oder Wildescher Kunst oder der Ibsenschen analytischen Dialoge ab, so könnte man sich im Prinzip das rein sprachlich-rhythmische Schaffen auch heute selbst von der Existenz einer Schrift überhaupt unabhängig denken. Ein irgendwie kompliziertes modernes musikalisches Kunstwerk dagegen ist ohne die Mittel unsrer Notenschrift weder zu produzieren noch zu überliefern noch zu reproduzieren: es vermag ohne sie überhaupt nicht irgendwo und irgendwie zu existieren, auch nicht etwa als interner Besitz seines Schöpfers. – Notenschriftzeichen irgendwelcher Art finden sich nun auch auf sonst relativ primitiven Stufen, ohne doch überall mit rationalisierter Melodik Hand in Hand zu gehen. Die moderne arabische Musik z. B., obwohl Gegenstand theoretischer Behandlung, ist in der langen Periode seit den Mongolenstürmen allmählich ihres alten Schriftsystems verlustig gegangen und gänzlich schriftlos. Die Hellenen waren sich ihres Charakters als Schriftvolk in der Musik mit Stolz bewußt. Notenzeichen waren namentlich für instrumentale Begleitung fast unentbehrlich, sobald diese in komplizierteren Stücken nicht lediglich unisono mit der Singstimme zu gehen hatte. Die technische Gestaltung der älteren Notenschriftzeichen interessiert hier nicht, sie ist selbst in der chinesischen Musik noch äußerst primitiv. Die Kunstmusiken der Schriftvölker verwenden zuweilen Ziffern, sehr regelmäßig aber Buchstaben zur Tonbezeichnung. So auch die Hellenen, bei denen Vokal- und – wohl sicher als die älteren – Instrumentalzeichen für dieselben Töne ebenso selbständig nebeneinander stehen, wie noch in der byzantinischen Terminologie die Bezeichnung der gleichen melodischen Bewegungen für Gesang und Instrumente verschiedene sind. Die Notenbezeichnungen sind durch die alypischen Tabellen – ein Produkt der Kaiserzeit – eindeutig überliefert. Schon daß solche Tabellen angelegt wurden, zeigt die praktische Verwickeltheit des Systems. Die Bezeichnungen namentlich für die Pykna der Chromatik und Enharmonik sind ziemlich umständlich. Als Noten für den Ausführenden würden sie bei irgend komplizierteren Aufgaben Schwierigkeiten gemacht haben; eine noch so einfache „Partitur“ mit diesen Mitteln wäre undenkbar. Vielmehr gab in der praktischen Musikübung, wenigstens der getanzten Chorlieder, der Koryphaios, wie den Rhythmus mit dem Fuße, so den Gang des Melos mit der Hand an. Die Cheironomie galt als integrierender Bestandteil der Orchestik und wurde als rhythmische Gymnastik auch gesondert und unabhängig vom eigentlichen Tanz geübt. Daß dann die im Abendland erst ziemlich spät – im 10. Jahrhundert – nachweisbare Entwicklung der Buchstabenbezeichnung, wie es scheint, nach einigen Schwankungen, den Buchstaben A gerade zur Benennung des jetzt noch ihm entsprechenden Tons verwendete, zeigt jedenfalls das eine: daß zur Zeit ihrer Entstehung die „Kirchentöne“ noch nichts bedeuteten, da sonst zweifellos die Buchstaben hier ebenso wie bei den Hellenen auf das Tetrachordsystem Rücksicht genommen haben würden. Diese Buchstabenbezeichnung hat in der Musikpraxis des größten Teils des Okzidents keine dauernde Rolle gespielt und ist, außer für das Gebiet mit schwächster Entwicklung der Mehrstimmigkeit: Deutschland, schließlich ganz verschwunden. Denn in den klassischen Gebieten der Mehrstimmigkeit diente für die Einübung der diatonischen Skala seit der guidonischen Zeit das Solmisationssystem mit seinen von G, C und F ausgehenden Hexachorden und ermöglichte durch Übertragung der Hexachord-Intervalle auf die Gliedmaßen der Hand (wie sie sich auch in Indien findet) eine Gebärdensprache. An Schriftsymbolen für den Gebrauch der Sänger war zunächst die im Orient, später in der byzantinischen Kirchenmusk heimische Tonschrift der „Neumen“ verwendet worden. Die Neumen sind eine Übertragung der cheironomischen Bewegung in Schriftsymbole: Stenogramme für Gruppen melodischer Tonschritte und Singmanieren, deren Entzifferung trotz den Arbeiten von O. Fleischer, H. Riemann, J. B. Thibaut, v. Riesemann u. a. noch nicht ganz geglückt ist. Sie geben weder die absolute Tonhöhe, noch den Zeitwert des Einzeltons, sondern nur die innerhalb der Einzelgruppe von Symbolen erfolgenden Tonschritte und Singweisen (z. B. das Glissando) möglichst sinnfällig an, aber, wie die fortwährenden Kontroversen und Verschiedenheiten der Interpretation seitens der einzelnen Magister der Klosterchöre zeigen, auch diese, namentlich die Unterscheidung der Ganz- und Halbtonschritte, nicht wirklich exakt, – ein Umstand, der übrigens sicherlich der Biegsamkeit der offiziellen Musikschemata gegenüber den melodiösen Bedürfnissen der Musikpraxis und damit dem Eindringen von Tonaltraditionen in die Musikentwicklung zugute gekommen ist. Die Verbesserung der Notenschrift gegenüber dieser Unordnung bildete aber schon seit dem 9. Jahrhundert den Gegenstand eifriger, im Norden (Hucbald) wie im Süden (Kirchers Manuskript aus dem Kloster S. Salvatore bei Messina) betriebener Spekulationen des musikgelehrten Mönchtums, und die Rezeption der Mehrstimmigkeit im Klostergesang und damit auch unter die Objekte der Theorie steigerte zweifellos den Anreiz zur Schaffung übersichtlicher und leichtverständlicher Tonzeichen, wie speziell die Art von Hucbalds Versuchen zeigt. Der erste wichtige Schritt: die Eintragung der Neumen in ein Liniensystem, ist gleichwohl nicht etwa im Interesse der Mehrstimmigkeit, sondern in dem der melodiösen Eindeutigkeit und des Vom-Blatt-Singens entwickelt worden, wie Guido von Arezzos eigene Anpreisung seiner Erfindung (oder vielmehr: seiner konsequenten Druchführung des in Gestalt von zwei farbigen Linien zur Bezeichnung der Lage von F und C schon vorher von den Mönchen angewendeten Mittels) deutlich zeigt. Der Ersatz der Neumen – welche ja nicht nur Töne und Intervalle, sondern ebenso auch Vortragsmanieren bedeuteten und daher zunächst unverändert in das Liniensystem übernommen wurden – durch einfache Punkte und durch quadratische und oblonge Notenzeichen ging im wesentlichen parallel mit dem entscheidenden zweiten Schritt der Entwicklung: der seit dem 12. Jahrhundert sich vollziehenden Einführung der Zeitwertbestimmung in die Tonbezeichnung: das Werk der sog. „Mensural-Notation“. Sie ist in der Hauptsache ein Produkt von Musiktheoretikern, welche – nicht alle, aber in der Mehrzahl Mönche – der Musikpraxis besonders der Notre Dame und daneben namentlich des Kölner Doms nahestanden. Auf die Einzelheiten der vielverschlungenen Entwicklung dieser, für die okzidentale Musik fundamentalen, jetzt in dem Werk von J. Wolf eingehend analysierten Vorgänge braucht hier nicht näher eingegangen zu werden. Für uns kommt es darauf an, festzustellen, daß sie durch gewisse sehr spezifische Probleme der Polyphonie bedingt wurde, welche auf dem Boden der *Rhythmik* liegen. Soweit sie für die Entwicklung des Rhythmus von Bedeutung ist, kommen wir darauf zurück. Für die Mehrstimmigkeit war das entscheidende, daß jetzt die Fixierbarkeit des relativen Zeitwerts der Tonzeichen und das feste Schema der Takteinteilung die Beziehungen der Fortschreitungen der Einzelstimmen zu einander eindeutig und übersichtlich zu bestimmen gestatteten, also eine wirkliche mehrstimmige „Komposition" zuließen. Diese war mit der Entwicklung der kunstmäßig reglementierten Mehrstimmigkeit an sich noch keineswegs gegeben. Auch als die mehrstimmige Begleitung einer als „Tenor" geltenden Grundmelodie schon zu einer regelrechten Kunst geworden war, blieb das Diskantieren noch im weitesten Umfang Improvisation („contrapunctus a mente"), etwa so, wie später das Spielen des Basso continuo. Noch bis gegen Ende des 17. Jahrhunderts stellten die Kapellen zuweilen – so in dem von Caffi angeführten Kontrakt die Kapelle von S. Marco in Venedig 1681 – neben den Sängern des „Canto fermo" einen besonderen „Contrappunto" an, während die päpstliche Kapelle die Fähigkeit zum (improvisierenden) Kontrapunktieren von allen Stellenbewerbern verlangte. Der Kontrapunktist mußte, wie später der Generalbaßspieler, auf der vollen Höhe der musikalischen Kunstbildung seiner Zeit stehen, um „super librum", d. h. lediglich auf Grund der ihm vorliegenden Stimme des Sängers des Cantus firmus, richtig zu kontrapunktieren. Das für den Anfang des 13. Jahrhunderts gerühmte Diskantieren der päpstlichen Sänger in Rom hatte im Prinzip den gleichen Charakter. Die Mensural-Notenschrift gestattete zuerst aber planvolle mehrstimmige Kunstkompositionen, und die große, wenn auch, infolge der glänzenden Kiesewetterschen Preisschrift, seinerzeit überschätzte Stellung der Niederländer in der Musikentwicklung der Epoche von 1350 bis 1550 beruhte, soweit äußerliche Umstände mitspielten, sehr wesentlich darauf, daß sie diese planvolle schriftliche Komposition an das Zentrum der Kirchenmusik: die päpstliche Kapelle brachten, die sie, auch (und gerade) nach der Rückkehr von Avignon, fast völlig beherrschten. Erst die Erhebung der mehrstimmigen Musik zur Schriftkunst schuf so den eigentlichen „Komponisten" und sicherte den polyphonen Schöpfungen des Abendlands im Gegensatz zu denen aller anderen Völker Dauer, Nachwirkung und kontinuierliche Entwicklung. –

Es ist klar, daß Mehrstimmigkeit auf der Basis eines rationalen Notenschriftsystems der harmonischen Rationalisierung des Tonsystems den gewaltigsten Vorschub leisten mußte. Zunächst in der Richtung der strengen Diatonik. Der Gregorianische Choral und seine direkten Derivate scheinen nach den Annahmen ihrer besten Kenner (P. Wagner und Gevaert) noch bis nach der Karolingerzeit auch nicht diatonische Töne enthalten zu haben; ja man hält es teilweise für möglich, daß selbst eine gelegentliche antik-enharmonische Spaltung von Halbtönen, wie sie die byzantinische Musik beibehielt, sich auch im Okzident in einer Handschrift angedeutet finde. Die byzantinische Theorie kennt in der „Analysis organica" die enharmonischen Intervalle auf den Saiteninstrumenten bei absteigender Tonfolge und hält sie, als die schwierigsten, für die höchste Stufe der „Harmonie". Aber im Okzident schwindet das alles rasch, und im 10. und 11. Jahrhundert etwa gilt, theoretisch wenigstens, die Diatonik als allein herrschend. Freilich darf diese „Herrschaft" einer bestimmten Tonalität hier so wenig wie anderwärts in harmonisch nicht gebundenen Musiken mißverstanden werden. In der ostasiatischen Musik – zumal in der so halbtonfrohen japanischen, aber auch in der chinesischen – ganz ebenso wie in der abendländischen des frühen Mittelalters ist die in den Tonzeichen festgelegte Fortschreitung oft gewissermaßen nur das Gerippe für die wirkliche Ausführung. Nicht nur daß improvisierte Verzierungen aller möglichen Art, besonders auch bei den gedehnten Tönen der Schlüsse, als zulässig und direkt als Aufgabe der Sänger galten, sondern diese und erst recht die Magistri größerer Kapellen nahmen sich auch das Recht, melodische Härten durch chromatische Alteration der Töne auszugleichen. Die ältere, dem Orient und Okzident gemeinsame Neumen-Notation legte dies ja schon dadurch nahe, daß sie Ganz- und Halbtonschritte gar nicht eindeutig schied. In der byzantinischen Notenschrift finden sich die „ἄφωνα": Töne, die zwar gesungen, aber (für die Rhythmik) nicht gezählt wurden. Im Abendland war es ein Gegenstand fortwährender Diskussion, wie weit man die melodiösen Alterationen in die Notation aufzunehmen habe. Gerade den dadurch entstandenen Willkürlichkeiten wollte ja Guido von Arezzos Notenschriftneuerung abhelfen. Aber gegenüber seiner starren Diatonik blieb der Zustand weiter bestehen, und die Tatsache, daß die große Mehrzahl aller Tonalterationen nicht schriftlich fixiert ist, bildete bekanntlich eine Hauptschwierigkeit der zuverlässigen Entzifferung der alten Musikmonumente. Die Schranken, an welche bei alledem immerhin die kirchliche Musik-Theorie und Musik-Praxis die Alterationen band, haben ihre Wirkung im Sinn der Beeinflussung auch des außerkirchlichen Gesanges nicht verfehlt. Die große Masse der alten Volkslieder zeigt sich von der Diatonik der Kirchentöne tief beeinflußt. Die Kirchentöne erreichten diesen Einfluß nicht ohne die schon erwähnte melodiöse Nachgiebigkeit. Die Wirkung dieser Elastizität aber wurde mit steigender Anpassung an das Ausdrucksbedürfnis immer weittragender. Manche Choräle, deren rein diatonische Intonation aus dem 15. Jahrhundert bekannt ist, werden nach 500 Jahren heute, wie an Einzelheiten nachgewiesen ist, mit einer fast bis zur Unkenntlichmachung gehenden chromatischen Alteration gesungen, welche nun offizieller Dauerbesitz geworden ist. Und die Kirchentöne mußten sich überhaupt, was viel wichtiger war als jene individuellen Alterationen, die immer weitere Aufnahme ihnen ursprünglich fremder musikalischer Elemente, und zwar als dauernde Bestandteile, gefallen lassen. So, endgültig seit dem auch hier die alte Kirchenherrschaft brechenden Schisma, die Terz (im Fauxbourdon, der wahrscheinlich eben damals offizieller Kirchenbesitz wurde) und dann die reguläre harmonisch regulierte Chromatik.

Diese weitere Chromatik, welche zwar als Revolution gegen die reine Diatonik, aber dennoch von innen her und auf dem Boden der diatonischen Kirchentöne erstand, schuf von Anfang an *harmonisch* gedeutetes Tonmaterial. Sie wuchs eben innerhalb einer Musik mit einer bereits rational regulierten und in eine harmonisch rationale Notenschrift gebannten Mehrstimmigkeit. In den tonal minder entwickelten, der Mehrstimmigkeit oder doch ihrer Rationalisierung entbehrenden Musiksystemen sind dagegen – von der hellenischen Enharmonik jetzt ganz abgesehen – nicht nur ¾- und 5/4-Töne, sondern oft auch gänzlich irrationale Intervalle als Produkt des melodischen Ausdrucksbedürfnisses zu den älteren rationalen neu hinzugetreten. Die baskische Musik (deren Alter unsicher ist) schiebt in die diatonische Grundskala zwar nur Halbtöne, diese aber anscheinend ganz willkürlich ein und läßt so – für unser Musikempfinden – nicht nur „Dur" und „Moll" rapide wechseln, sondern ganz tonalitätslose Gebilde entstehen, obwohl sie auf der andern Seite wieder bei einem Wechsel der die Haupttöne bestimmenden Tonart sich an gewisse Regeln (Leitton) zu binden scheint. Die arabische Skala hat vom 10. bis zum 13. Jahrhundert eine zweimalige Bereicherung mit zunehmend irrationalen Intervallen erlebt. Für das Maß der Überwucherung der tonalen Bestandteile durch neu entstehende melodiöse Ausdrucksbedürfnisse gibt es eben keine feste Schranke, sobald der feste Halt der alten typischen Tonformeln verlassen ist und der Virtuose oder der auf den Virtuosenvortrag hin geschulte Berufskünstler Träger der Musikentwicklung wird. Es ist doch vielleicht charakteristisch, daß die – soviel ich sehe – am weitesten von restloser „tonaler" Rationalisierbarkeit (namentlich in den Schluß- und Zwischenschlußtönen) entfernten unter den von Fr. Witte publizierten Gesängen der Ewhe-Neger, zwei von „Meistersängern" vorgetragene, sehr bewegte „Epinikien" sind, in denen auch eine ganz irrational-chromatisch erhöhte Tonfolge (nicht im einzelnen irrationale Töne) vorkommt, als Vorläufer des Übergangs in eine andere „Tonart", während die Lieder, je einfacher (und, scheint es, leidenschaftsloser) desto ärmer an solchen Alterationen sind. Und was wir in manchen tonalitätszersetzenden Erscheinungen unserer Musikentwicklung erleben, hat man mit augenscheinlichem Grund auch für ganz heterogene Verhältnisse konstatiert: daß der Gebrauch gerade von ganz irrationalen Ausdrucksmitteln nicht selten lediglich als Produkt einer gesucht barocken und gezierten Ästhetenmanieriertheit und intellektualistischen Feinschmeckerei verstanden werden kann. Sie entsteht besonders leicht, auch unter sonst relativ primitiven Verhältnissen, im Kreise einer Zunft von gelehrten Musikern, welche eine höfische Musik monopolisieren – nach Analogie etwa der jedem Geschmack hohnsprechenden Sprachschöpfungen der nordischen höfischen Skaldenkunst. Jedenfalls sind schon aus diesem Grunde bei weitem nicht alle irrationalen Intervalle Produkte spezifisch primitiver Musikentwicklung, sondern gar nicht selten Spätprodukte. Eine nicht harmonisch rationalisierte Musik ist eben in ihrer melodischen Bewegung wesentlich freier, und ein Ohr, welches nicht, wie das unsrige, auch jedes aus rein melodischem Ausdrucksbedürfnis geborene Intervall kraft seiner Erziehung unwillkürlich harmonisch deutet, kann an harmonisch nicht einzuordnenden Intervallen nicht nur Geschmack finden, sondern an ihren Genuß weitgehend gewöhnt werden. Es ist dabei begreiflich, daß Musiken, welche einmal ein irrationales Intervall sich dauernd angeeignet haben, besonders leicht dazu neigen, weitere irrationale Intervalle zu rezipieren. Die gesamte orientalische Musik hat die, wahrscheinlich von dem alten Dudelsack – einem bei Viehzüchtern und Beduinen überall primitiv heimischen Instrument – herrührende, irrationale Terz und ist dem eigenartigen Ethos eben dieser Irrationalität offenbar dauernd attachiert geblieben, so daß die Musikreformatoren immer wieder mit der Schaffung irrationaler Terzen Glück hatten. Die Überschwemmung ganz Vorderasiens mit dem arabischen Musiksystem bedingte endgültig die Abschneidung jeder Entwicklung zur Harmonik oder doch der reinen Diatonik. Nicht von ihr berührt wurde, soweit bekannt, ausschließlich der jüdische Synagogengesang, der sich daher in einer den „Kirchentönen" sehr nahestehenden Form erhalten zu haben scheint, welche die oft behauptete Verwandtschaft der alten christlichen mit der jüdischen Psalmodie und Hymnik in der Tat ziemlich wahrscheinlich macht.

Eben jene freiere, weitgehender Willkür Raum gebende Beweglichkeit der Melodik in den nicht harmonisch gebundenen Tonsystemen aber legt auf der anderen Seite auch dem Rationalismus den Gedanken einer willkürlichen Ausgleichung jener Unstimmigkeiten nahe, die aus der unsymmetrischen Teilung der Oktave und aus dem Auseinanderfallen der verschiedenen Intervall-„Zirkel" sich immer wieder ergeben.

Diese Rationalisierung konnte nun in gänzlich außermusikalischer Weise erfolgen und ist teilweise so erfolgt. Die Rationalisierung der Töne geht ja historisch regelmäßig von den Instrumenten aus: die Länge der Bambusflöte in China, die Spannung der Saiten der Kithara in Hellas, die Saitenlängen auf der Laute in Arabien, auf dem Monochord in den okzidentalen Klöstern hat für die physikalische Messung der Konsonanzen gedient. In diesen Fällen aber stimmte man schließlich doch die Instrumente nach den Tönen, die man hörte, und brauchte sie nur zur genauen Bestimmung und Festlegung der Konsonanzenintervalle, also im Dienst vorher feststehender tonaler Zwecke. Allein es war auch das Umgekehrte möglich und kam vor: gewisse alte zentralamerikanische Blasinstrumente zeigen eine Verteilung der Löcher nach rein symmetrisch-ornamentalen Gesichtspunkten, denen sich also die zu erzeugenden Töne zu fügen hatten. Und dies ist keineswegs ein Ausnahmefall oder nur eine Erscheinung barbarischer Musiken. Ein wahres Exerzierfeld für das, die hellenistische rein mathematische und zweifellos lebensfremde Intervallspekulation fortsetzende Experimentieren der arabischen, teils hellenisch, teils persisch beeinflußten Theoretiker war das arabische Musiksystem, dessen äußere Schicksale früher erörtert worden sind. Bis in die Gegenwart ist es in seinen Intervallen dadurch bestimmt, daß die Perser durch eine rein mechanische Teilung des Raumes zwischen den Bünden für den Zeigefinger (sabbaba) und den Ringfinger (binçir) eine gänzlich irrationale Terz (von den Theoretikern auf $^{68}/_{81}$ berechnet) für den Mittelfinger (wosta [wusta]) und dann Zalzal durch abermalige mechanisch gleiche Teilung des Raumes zwischen dem persischen Wosta und dem Binçir eine andere, der harmonischen Terz näher liegende, aber ebenso irrationale (berechnet auf $^{22}/_{27}$) einfügten. Die letztere hat sich, wie wir sehen, der Sache nach bis heute behauptet. Allein dies war weder der einzige noch der erste derartige Eingriff. Andere Instrumente waren Gegenstand noch wesentlich radikalerer Versuche. Der zweisaitige „Tanbur" von Bagdad, dessen Intervalle schon Al Farabi als „heidnische", d. h. prä-islamitische, ansah, ist gewiß ein „primitiv" geteiltes Instrument, denn er gewann jene Intervalle durch mechanisch gleiche Teilung eines Achtels der Saite in fünf gleiche Teile, wodurch sich Distanzen von $^{39}/_{40}$ bis aufwärts zu $^{7}/_{8}$ ergaben. Das zweisaitige Rabab (Rebâb) endlich hat offenbar dem Versuch dienen müssen, die Oktave durch ein Intervall zwischen Quart und Quint in zwei wirklich distanzmäßig gleiche Teile zu teilen. Aber die Saite stellt den Ambitus eines eigentümlichen „Tritonus"-Intervalles dar, welches entsteht, wenn man die große Terz um einen Ganzton (oder, das gleiche in arabischer Rechnung, den Ditonus um einen kleinen Ganzton) erhöht. Das ergab, wenn man die Intervalle harmonisch berechnete, entweder die harmonische übermäßige Quart (fis) oder – und dies war in der stets von oben nach unten rechnenden arabischen Musik der Fall – die harmonische verminderte Unterquint der Oberoktave (ges) = $^{32}/_{45}$, was in der 2. Potenz $^{1024}/_{2025}$, also in der Tat dem $\sqrt[2]{2}$ der algebraisch gleichen Teilung des Oktavenintervalles, ziemlich nahesteht. Die Intervalle der Saiten enthielten dabei die Sekunde, die harmonische kleine Terz und den Ditonus. Da die Saiten um eine kleine Terz voneinander in der Stimmung abstanden, enthielt die Gesamtskala den Ausgangston, die Sekunde, die harmonische kleine Terz, den Ditonus, die Quart, ein der algebraischen Hälfte der Oktave nahestehendes, etwas zu kleines Intervall und zwei kleinere harmonische Terzen ($\frac{626}{1296} - \frac{1}{2{,}08}$), harmonisch ges (etwas größer als die algebraische Hälfte der Oktave), eine um das pythagoreische Komma zu hohe Quint, endlich die pythagoreische Sexte. Auch diese, ganz offenbar aus distanzmäßiger Rationalisierung, innerhalb der Oktave hervorgegangene, also ganz gewiß ebenfalls nicht „primitive" Skala verwirft Al Farabi. Für die praktische Musik ist bezüglich des Tanbur von Bagdad schon für Al Farabis Zeit berichtet, daß die Intervalle nicht innegehalten, sondern abweichend – zweifellos den Bünden-Intervallen entsprechend – gegriffen wurden; die Rationalisierung blieb auf die Dauer also einflußlos. Dagegen kann die Oktaventeilung auf den Rabab nicht einflußlos geblieben sein. Nicht nur war die Stellung der Quint, also des harmonischen Grundintervalles bei den Arabern – und wahrscheinlich unter diesem Einfluß – nicht absolut sicher, sondern auch die indische Musik hat, zweifellos unter dem Einfluß Arabiens, den Tritonus zu einem – und zwar einem sehr wichtigen – Intervall erhoben. Auch handelt es sich hier, im Gegensatz zu den fast ganz irrationalen Intervallen des Tanbur, um eine immerhin musikalisch leicht rationalisierbare Distanz. Und auch die willkürlich geschaffene, noch in den Skalen Meschakas nachwirkende Terz Zalzals hatte ihre Stütze in der altorientalischen neutralen Dudelsack-Terz. Daß freilich auch durchaus willkürlich und ohne alle musikalische Basis mechanisch geschaffene Intervalle einem Musiksystem dauernd einverleibt werden können, zeigt die chinesische Musik. Das Hauptinstrument des ostasiatischen Orchesters, das King (Schlaginstrument von abgestimmten Stein- bezw. Metallplatten), ist in seiner Stimmung ganz augenscheinlich von gar keinen musikalischen Gesichtspunkten, sondern nur durch mechanische Symmetrie determiniert worden. Es ist klar, wie stark solche Akte antimusikalischer Willkür das musikalische Gehör alterieren und vom Verständnis harmonischer Beziehungen ablenken müssen. Sie haben die musikalische Entwicklung der betreffenden Völker zweifellos tief beeinflußt, und der vollkommene Stillstand der ostasiatischen Musik auf einem sonst nur primitiven Völkern eigenen „tonalen" Niveau ist höchstwahrscheinlich wesentlich durch sie herbeigeführt.

Dieser außermusikalischen rationalistischen Alterierung des Tonsystems steht nun gegenüber die Rationalisierung von innen her, auf Grund des spezifischen Charakters der Melodik als vornehmlich interessierter Symmetrie und Vergleichbarkeit der Ton*distanzen*. Wir haben ja Versuche, einen gemeinsamen Distanznenner für die Intervalle der Oktave zu finden, in den chinesischen, indischen und auch in hellenischen Experimenten kennen gelernt. Und da alle Rationalisierungsversuche auf der Basis der harmonischen, also distanzmäßig ungleichen, Teilung der Oktave nicht glatt aufgehen, lag gerade melodischen Musiken sicherlich von jeher der Versuch nahe, auf einem ganz anderen Wege, nämlich durch Distanzen-*„Temperierung"*, zu einem rationalen Resultat zu gelangen. Temperiert im weitesten Sinne ist jede Tonskala, bei welcher das Distanzprinzip derart durchgeführt ist, daß die Reinheit der Intervalle relativiert wird zu dem Zwecke, den Widerspruch der verschiedenen Intervall-„Zirkel" untereinander durch Reduktion auf nur annähernd reine Tondistanzen auszugleichen. Ihre radikalste Grenzform ist die, daß ein Intervall, natürlich die Oktave, welche ihrerseits keinerlei nur relative Reinheit erträgt, zugrunde gelegt und einfach in gleich große Tondistanzen zerlegt wird: in der siamesischen Musik in 7, in der offiziellen javanischen in 5, so daß also der einzelne Tonschritt gleich $\sqrt[7]{1/2}$ bezw. $\sqrt[8]{1/2}$ wird. In diesen Grenzfällen ist freilich von einer „Temperierung" irgendwelcher harmonischer Intervalle, d. h. der Relativierung ihrer Reinheit, nicht mehr die Rede, sondern es liegt eine Rationalisierung der Skala auf einer (außer für die Oktave selbst) zwar „musikalischen", aber gänzlich außerharmonischen Basis vor. Auch für die Siamesen scheint es sehr wahrscheinlich, daß historisch der Ausgangspunkt die Teilung in Quint und Quart war – denn gerade die, auch unserem Gefühl am meisten anstößigen, Unreinheiten: die der Quart naheliegenden Distanzen, werden nach Stumpfs Feststellungen tatsächlich möglichst gemieden – und daß dann (vielleicht über die Pentatonik hinweg) die jetzige, lediglich auf ein bei den Siamesen (nach Stumpfs Ermittelungen) außerordentlich scharfes, die Leistungen der besten europäischen Klavierstimmer übertreffendes *Distanz*gehör gegründete Rationalisierung erfolgte. Es ist, da das Phänomen der zahlenmäßigen physikalischen Bestimmtheit der Konsonanzen von jeher die zahlenmythologische Deutung der Töne nahelegte, wahrscheinlich, daß die Heiligkeit der Fünf- und (namentlich) Siebenzahl die Art der Teilung mindestens mit beeinflußt hat. Nach ihrer praktischen Seite ist die Temperierung für eine rein melodiöse Musik wesentlich ein Mittel, die Transponierung der Melodien in jede Stimmlage ohne Umstimmung der Instrumente bewerkstelligen zu können.

Temperierung liegt einer ohnehin wesentlich melodisch-distanzmäßig orientierten Musik sehr nahe. Im hellenischen Altertum war Aristoxenos ihr Anhänger; er freilich zuerst als *Tonpsychologe* wesentlich im Zusammenhang mit seiner Abneigung gegen die Rationalisierung durch die Instrumente und die Herrschaft der rein virtuosen Instrumentalmusik: das Gehör allein sollte über Wert und Unwert der melodischen Intervalle entscheiden. Aber auch das Spielen mit den Vierteltönen und anderen kleinen Intervallen als „letzten" Einheiten des Tonsystems legte, im nahen wie im fernen Orient, den Gedanken der Temperierung nahe. Wirklich durchgeführt ist er, außer in den erwähnten, eigentlich mehr in das Gebiet der außermusikalischen Vergewaltigung gehörenden Fällen, nirgends. Japanische Sänger scheinen in ihren Abweichungen von den offiziellen Intervallen ebenso oft nach der Seite der „reinen" wie einer temperierten Stimmung zu gleiten.

Aber das Prinzip der Temperierung hat bekanntlich seine wichtigste Stätte gerade nicht auf dem Boden der ihr, in gewissem Sinn, urwüchsig verwandten melodischen Musiken gefunden. „Temperierung" war auch das letzte Wort unserer akkordharmonischen Musikentwicklung. Da die tonphysikalische Rationalisierung stets irgendwo auf das fatale „Komma" stößt, die reine Stimmung speziell nur ein relatives Optimum eines Ensembles von Quinten, Quarten und Terzen liefert, so war schon Anfang des 16. Jahrhunderts für die spezifisch okzidentalischen Instrumente mit fester Stimmung: die Tasteninstrumente, eine teilweise Temperierung herrschend. Damals war der Gesamttonraum auch dieser Instrumente auf immerhin noch nicht sehr viel mehr als den Umfang der Singstimmen begrenzt, und ihre Hauptfunktion war Begleitung von Vokalmusik; es kam also hauptsächlich auf den Ausgleich innerhalb der vier mittleren Quinten unseres heutigen Klaviers C–e') an; und die Reinheit des damals die Musik von innen durchdringenden Intervalls der Terz stand im Mittelpunkt des Interesses. Die Mittel des Ausgleichs waren verschieden. Nach Schlicks Vorschlag sollte die „ungleichschwebende" Temperatur durch Temperierung der Quint dasjenige e, welches im Quintenzirkel von C aus als vierte Quint erscheint, rein stimmen. Praktischer war die „mitteltönige" Temperatur, denn bei Schlicks Vorschlag war der Mißstand besonders fühlbar, den alle ungleich schwebenden Temperaturen, welche die Quint alterierten, mit sich führten: daß auch die für die damalige Musik so wichtigen Quarten unrein wurden (der bei den Orgelbauern, durch deren Hand damals alle Stimmungsprobleme gingen, berüchtigte „Wolf"). Die Vermehrung des Tonraums auf Orgel und Klavier, das Streben nach dessen völliger Ausnutzung in der reinen Instrumentalmusik, die technische Schwierigkeit demgegenüber, Klaviere mit einigen 30 bis 50 Tasten auf die Oktave im Klaviertempo zu benutzen – und ihrer Zahl ist, wenn man für jeden Zirekl reine Intervalle konstruieren will, prinzipiell keine obere Grenze zu setzen – die Notwendigkeit freier Transposition und vor allem freier Akkordbewegung führten zwingend zur gleichschwebenden Temperatur: der Einteilung der Oktave in 12 gleiche halbton-Distanzen von je $\sqrt[12]{\frac{1}{2}}$, der Gleichsetzung also von 12 Quinten mit 7 Oktaven und der Beseitigung der enharmonischen Diesen, welche für alle Instrumente mit fester Stimmung nach hartem Kampf schließlich, theoretisch unter dem Einfluß Rameaus, praktisch besonders durch die Wirkung von J. S. Bachs „Wohltemperiertem Clavier" und seines Sohnes Schulwerk endgültig siegte.

Die Temperierung war für die Akkordmusik aber nicht nur die Voraussetzung freier Fortbewegung der Akkorde, welche ohne sie ewig an dem Nebeneinander verschiedener Septimen, ganz reiner und ganz unreiner Quinten, Terzen und Sexten sich zerreiben müßte. Sondern sie bot ihr bekanntlich positiv ganz neue und höchst fruchtbare Modulationsmöglichkeiten durch die sog. „enharmonische Verwechslung": die Umdeutung eines Akkordes oder Tones von einer Akkordbeziehung, in der er steht, in eine andere ist als Modulationsmittel spezifisch modern, mindestens soweit es als solches bewußt verwendet wird. Denn in der polyphonen Musik der Vergangenheit hängt die sehr häufige harmonische Mehrdeutikgeit von Tönen mit der Tonalität der Kirchentonarten zusammen. Und daß die Hellenen ihre enharmonischen Teiltöne zu ähnlichen Zwecken benutzt oder konstruiert hätten, wie gelegentlich behauptet worden ist, kann nicht erwiesen werden und läuft dem Charakter dieser Töne als durch Spaltung entstandener Tondstanzen zuwider. Ihre Modulationsmittel waren andere, wennschon das Pyknon gelegentlich (so im Apollon-Hymnus) vielleicht beim Übergang in das Synemmenon seine Rolle spielte, die aber dann eine rein melodische – der schon in Negermusiken sich anscheinend findenden Funktion irrationaler Tonfolge ähnliche –, mit heutigen enharmonischen Beziehungen dagegen durchaus nicht vergleichbare gewesen wäre. Für die enharmonische Verwechslung in der Akkordmusik war Hauptträger naturgemäß der verminderte Septimenakkord (z. B. fis–a–c–es), leitereigen auf der großen Septime der Molltonarten (zum Beispiel g-moll), mit Auflösungen in 8 verschiedenen Tonarten, je nach der enharmonischen Deutung seiner Intervalle. Die gesamte moderne akkordharmonische Musik überhaupt ist ohne die Temperierung und ihre Konsequenzen nicht denkbar. Erst die Temperierung brachte ihr die volle Freiheit.

Die Besonderheit der modernen Temperierung aber ist: daß die praktische Durchführung des Distanzprinzips auf unseren Tasteninstrumenten eben doch nur als „*Temperierung*" harmonisch gewonnener Töne *und nicht*, wie die sog. Temperierungen in den Tonsystemen der Siamesen und Javanesen, als Schaffung einer wirklichen bloßen Distanzskala statt der harmonischen behandelt wird und wirkt. Denn neben der distanzmäßigen Intervall*bemessung* steht die akkordharmonische *Auffassung* der Intervalle. Sie beherrscht theoretisch die Orthographie der Notenschrift, ohne deren Eigenart eine moderne Musik nicht nur technisch, sondern auch sinngemäß nicht möglich wäre, und welche diese ihre Funktion für das sinngemäße Verständnis gerade nur dadurch erfüllt, daß sie die Tonfolge nicht als ein indifferentes Nacheinander von lauter Halbtönen behandelt, sondern die Bezeichnung der Töne je nach ihrer harmonischen Provenienz (trotz aller orthographischen Freiheiten, die sich auch die Meister erlauben) prinzipiell festhält. Daß freilich auch unsre Notenschrift, entsprechend ihrer historischen Herkunft, in der Exaktheit ihrer harmonischen Tonbezeichnung ihre Grenze hat und insbesondere zwar die enharmonische, nicht aber die kommatische Bestimmtheit der Töne wiedergibt – sie muß z. B. ignorieren, daß der Akkord d–f–a je nach der Provenienz der Töne entweder ein echter Moll-Dreiklang oder eine musikalisch-irrationale Kombination der pythagoreischen mit der kleinen Terz ist – läßt sich freilich nicht ändern. Aber auch so ist die Bedeutung unserer Notenschreibweise groß genug. Sie ist, obwohl nur historisch erklärlich, keine bloße antiquarische Reminiszenz. Denn die Deutung der Töne je nach der harmonischen Provenienz beherrscht ja vor allem auch unser musikalisches „*Gehör*", welches die auf den Instrumenten enharmonisch identifizierten Töne je nach ihrer akkordlichen Bedeutung verschieden zu empfinden, ja geradezu subjektiv verschieden zu „hören" weiß. Auch die modernsten Entwicklungen der Musik, welche praktisch sich mehrfach in der Richtung einer Zersetzung der Tonalität bewegen – mindestens zum Teil Produkte der charakteristischen, intellektualisiert-romantischen Wendung unseres Genießens auf den Effekt des „Interessanten" hin – können schließlich mindestens von irgendwelchen letzten Beziehungen zu diesen Grundlagen, und seien es solche des Kontrastes, nicht los. Es ist freilich zweifellos, daß das im letzten Grunde harmoniefremde „Distanzprinzip", welches objektiv der Einteilung der Intervalle unserer Tastinstrumente zugrunde liegt, – nur die Orgelmixturen haben reine Stimmung, – ebenso ungemein abstumpfend auf die Feinheit des Gehörs wirkt, wie dies der sehr starke Gebrauch „enharmonischer Verwechslungen" in der modernen Musik für das harmonische Empfinden an sich zu tun geeignet sein könnte. Die tonale Ratio wirkt aber, sowenig sie die lebendige Bewegung der musikalischen Ausdrucksmittel jemals einzufangen vermag, doch in der Tat überall, sei es noch so indirekt und hinter den Coulissen, irgendwie als formendes Prinzip, ganz besonders stark aber in einer Musik wie der unsrigen, wo sie zur bewußten Grundlage des Tonsystems gemacht worden ist. Und was die „Theorie" als solche anbelangt, so ist zwar nichts greifbarer, als daß sie den Tatachen der musikalischen Entwicklung fast stets nachgehinkt ist. Aber deshalb ist sie nicht etwa nur in die Waagschale des schon praktisch Bestehenden gefallen, so wahr es ist, daß sie die Kunstmusik wiederholt in lange nachgeschleppte Ketten geschlagen hat. Gewiß hat die moderne Akkordharmonik der praktischen Musik längst angehört, ehe Rameau und die Enzyklopädisten ihr eine (noch wenig vollkommene) theoretische Basis gaben. Aber daß dies geschah, war praktisch fruchtbar, ganz ebenso wie die Rationalisierungsbestrebungen der mittelalterlichen Theoretiker für die Entwicklung der auch ohne ihr Zutun schon bestehenden Mehrstimmigkeit. Die Beziehung zwischen musikalischer Ratio und musikalischem Leben gehört zu den historisch wichtigsten variierenden Spannungsverhältnissen in der Musik.

Die Streichinstrumente – der antiken Kultur fremd, chinesischen und andern Musiken in primitiver Form bekannt – sind in ihrer heutigen Gestaltung die Erben zweier verschiedener Gattungen von Instrumenten. Einerseits der geigenartigen, vorwiegend dem Orient und den Tropen eigenen Streichinstrumente mit einem Resonanzkörper aus einem Stück (ursprünglich oft einer Schildkrötenschale mit darüber gespanntem Fell). Zu diesen gehörten die aus Otfried schon für das 8. Jahrhundert bekannte, damals einsaitige, später drei- und mehrsaitige „Lyra" und die in den Kreuzzügen aus dem Orient importierte, im 11., 12. und 13. Jahrhundert viel gebrauchte Rubeba (später Rebek genannt). Dies Instrument fügte sich der traditionellen Musik gut ein: es konnte die diatonischen Kirchentöne einschließlich des b molle hervorbringen. Diese Gattung war also nicht eigentlich „fortschrittlich". Auch war weder die Resonanz noch die Kantilene einer Entwicklung über gewisse Grenzen hinaus fähig. Ihnen gegenüber standen die Streichinstrumente mit einem Resonanzkörper, der zusammengesetzt gebaut und zwar vor allem mit besonderen Seitenteilen (Zargen) versehen war. Dadurch wurde die für eine freie Bogenführung erforderliche Formung des Resonanzkörpers und ebenso dessen optimale Ausstattung mit den modernen Trägern der Resonanz (Steg, Stimmstock) ermöglicht. Für die Wirkung der Saiteninstrumente ist aber die Gestaltung des Resonanzkörpers das schlechthin Entscheidende: eine bloße, ohne mitschwebende Körper fest überspannte Saite gibt keinen irgend musikalisch verwendbaren Ton. Die Schaffung von Resonanzkörpern unserer Art ist eine, wie es scheint, rein abendländische Erfindung, deren spezifischer Anlaß für uns nicht mehr zu ermitteln ist. Das Hantieren mit Holz in Brettform und alle feinere Zimmermanns- und Holzfurnierarbeit ist an sich den nordischen Völkern geläufiger als dem Orient. Die hellenischen gerissenen Saiteninstrumente mit ihrem, im Verhältnis zum Orient, ebenfalls bereits kunstvoll gebauten Resonanzkörper erfuhren daher nach ihrer Wanderung in den Norden schon sehr früh gerade darin eine weitere Verbesserung, welche den Streichinstrumenten zugute kam. Die ersten Zargeninstrumente waren noch ziemlich primitiver Art. Das einsaitige, wohl aus dem Monochord hervorgegangene „Trumscheit" hatte einen Brett-Resonanzkörper mit Übertragung der Schwingungen durch einen Stimmstock und erzeugte durch einfache technische Mittel einen starken, trompetenartig gesteigerten Klang. Die Erzeugung der Töne geschah nicht mechanisch, sondern durch Auflegung der Finger. Andere als die ersten harmonischen Obertöne konnten nur von Geübten hervorgebracht werden. Das Instrument hat durch seine tonliche Beschränkung das moderne Tonempfinden unzweifelhaft gestärkt. Die Radleier (Organistrum), ein Tasteninstrument mit Zargen, brachte die diatonische Tonleiter hervor, besaß aber zugleich in Quinten und Oktaven gestimmte Brummsaiten und war, ebenso wie übrigens das Trumscheit, auch in den Klöstern des frühen Mittelalters heimisch. Ob sie schon vorher in den Händen der fahrenden Spielleute waren, ist wohl nicht feststellbar. Jedenfalls sind sie nie Instrumente vornehmer Dilettanten gewesen. Vorwiegend den fahrenden Spielleuten gehört später auch die schon im 9. Jahrhundert neben der „Lyra" sich findende germanische (und wohl auch slavische) Fidel. Sie war auch das Instrument der Nibelungenhelden gewesen. Bei ihr zuerst ist der Hals als gesonderter Teil gebildet und so die Handlichkeit für einen Gebrauch nach moderner Art hergestellt. Die Fidel (von Hieronymus de Moravia „vielle" genannt) hatte anfangs zwei Unisonosaiten (für die *Terz*begleitung) und je nachdem, ob kunstmäßige oder „unregelmäßige" Musik gemacht wurde, Bourdonsaiten oder keine solchen, vom 14. bis Mitte des 18. Jahrhunderts auch Bünde. Eine (im Sinn der Harmonik) „fortschrittliche" Bedeutung hatte das Instrument seinerseits, solange sich nicht die Bedürfnisse der Orchestermusik seiner bemächtigten und es umgestalteten, wesentlich nur technisch, durch seine Handlichkeit, die es zum Träger der Volkstanzweisen machte. Wesentlich wichtiger war zunächst das gälische „Crwth", das ursprünglich gezupfte, später gestrichene Instrument für die Kunstmusik der Barden. Seine Spielregeln waren Gegenstand der Regulierung durch die Bardenkongresse (so z. B. des Kongresses von 1176). Es ist das erste mehrsaitige Instrument mit Steg und Löchern zum Durchgreifen der Hand. In fortwährender technischer Entwicklung begriffen, war es nach Anbringung der Bourdonsaiten harmonisch verwendbar. Das Crwth wird heute als Ahne der Zargenfidel angesehen.

Wie gerade die ständische Organisation es war, welche den musikalischen Einfluß der Barden und speziell die Fortbildung ihrer Instrumente auf der Basis *typischer* Formen, wie sie für die Fortschritte der Musik unentbehrlich waren, ermöglichte, so hängen auch weiterhin im ausgehenden Mittelalter die damaligen technischen Fortschritte des Streichinstrumentenbaus offenbar mit der seit dem 13. Jahrhundert in Gang gekommenen, musikalischen Zunftorganisation der noch im Sachsenspiegel als rechtlos behandelten Instrumentisten zusammen. Sie erst gab einen festen Markt für den Instrumentenbau und prägte Instrumententypen. Die allmähliche Aufnahme von Instrumentisten neben den Sängern in die Kapellen der Hierarchie, der Fürsten und Gemeinden, also in feste, bürgerlich gesicherte Stellen – zur Regel allerdings erst im 16. Jahrhundert geworden – gab der Instrumentenproduktion noch ausgiebigere ökonomische Grundlagen. Zunächst wurden, seit dem 15. Jahrhundert in enger Beziehung mit den humanistischen Theoretikern der Musik, die Instrumente orchesterfähig zu gestalten gesucht. Die Scheidung der hohen und tiefen Violen ist mindestens bei den französischen Ménétriers des 14. Jahrhunderts durchgeführt. Die zahlreichen Gattungen von Violen, welche noch das 17. und 18. Jahrhundert sah, mit der allerverschiedensten, oft sehr starken Besaitung – man ist an die rapide Zunahme der Besaitung der hellenischen Kithara erinnert – waren eine Frucht des unausgesetzten rationalen Experimentierens speziell des 16. Jahrhunderts und der individuell verschiedenen Gepflogenheiten und Ansprüche der führenden Orchester. Sie alle schwanden aber im 18. Jahrhundert dahin vor den drei modernen Streichinstrumenten: Violine, Bratsche und Cello, deren Überlegenheit seit Anfang des 18. Jahrhunderts durch das damals, namentlich seit Corelli, in seiner ersten Vollblüte stehende Violinvirtuosentum einerseits, durch die Entwicklung des modernen Orchesters andererseits unzweideutig hervortrat. Diese Instrumente, welche das spezifisch moderne Organ der Kammermusik, das Streichquartet, wie es Joseph Haydn endgültig konstituierte, vor allem aber auch den Kern des modernen Orchsters bilden, sind ein nach langem Erproben gewonnenes Produkt der Brescianer und Cremoneser Instrumentenfabrikation. Der Abstand der Leistungsfähigkeit dieser seit dem Anfang des 18. Jahrhunderts in keiner Art mehr verbesserten Instrumente gegenüber ihren Vorgängern ist sehr bedeutend. Die Streichinstrumente des Mittelalters kannten (mit einiger

Übertreibung gesprochen) das in unseren Augen Spezifische ihrer Gattung: das „Legato"-Spiel, so gut wie nicht, obschon die „Ligaturen" der alten Mensuralnotation darauf schließen lassen könnten. Ein Aushalten des Tones, sein An- und Abschwellenlassen, melodiöses Passagenspiel und alles Spezifische, was wir an Leistungen von der Violine erwarten, war bis in das 16. Jahrhundert hinein noch teils sehr erschwert, teils direkt unmöglich, ganz abgesehen davon, daß auch solche Wechsel der Handlage, wie sie für die Beherrschung des Tonraums der heutigen Streichinstrumente erfordert werden, durch die Bauart damals fast ausgeschlossen waren. Bei der damaligen Eigenart der Instrumentengattung ist es nicht erstaunlich, daß die Teilung des Griffbretts durch Bünde und also die mechanische Tonerzeugung überwog. Noch Virdung nennt daher die Handgeige zusammen mit primitiveren Streichinstrumenten „unnütz". Im Zusammenhang mit der Nachfrage der höfischen *Orchester* begann im 16. Jahrhundert der Aufstieg der Streichinstrumente zu ihrer Vollendung. Wie es scheint, war bei Orchestern und Instrumentenbauern das in Italien stets lebendige Verlangen nach ausdrucksreicher Klangschönheit – nach „gesanglichem" Ton – und daneben wohl nach Zierlichkeit des Instruments treibend. Schon vor dem Übergang der Suprematie im Geigenbau an Brescia und Cremona bemerkt man im 16. Jahrhundert eine allmähliche Annäherung der verschiedenen Teile des Instruments (speziell der Steg- und Schalloch-Form) an ihre endgültige Gestaltung. Aber was diese, einmal erlangt, an Möglichkeiten bot, ging weit über das hinaus, was die Nachfrage verlangt hatte. Die Leistungsfähigkeit der Amatischen Instrumente scheint viele Jahrzehnte lang nicht wirklich ausgenutzt worden zu sein. Wie die einzelne Violine nach einer unausrottbaren Überzeugung erst „eingespielt" sein, jedenfalls aber rein zeitlich das Alter etwa einer Generation überschritten haben muß, ehe sie die volle Höhe ihrer Leistung erreichen kann, so ging auch die Einbürgerung sehr langsam vor sich, gerade verglichen mit anderen Neuerungen der damaligen Zeit. Mögen auch Rühlmanns Annahmen, welche die Entstehung der modernen Streichinstrumente gern einem absolut singulären, unvorbereiteten Zufall zuweisen möchten, viel zu weit gehen, so bleibt doch wohl wahr, daß ein solcher Tonumfang, wie ihn der Bau des Instruments gestattete, damals noch in keiner Weise beansprucht wurde, und daß auch seine Verwendbarkeit als spezifisches Soloinstrument der Virtuosen von den Erbauern nicht vorausgeahnt werden konnte. Es ist doch wohl anzunehmen, daß das Augenmerk auch der Amati, Guarneri und Stradivari wesentlich nur der Tonschönheit und daneben der Handlichkeit im Interesse der möglichsten Bewegungsfreiheit des Spielers zugewendet war, daß die Beschränkung auf vier Saiten, die Beseitigung der Bünde – und damit der mechanischen Tonerzeugung – und die endgültige Festlegung der Form aller einzelnen Teile des Resonanzkörpers und der Schwingungsleitungen ebenfalls wesentlich daher rührten, und daß die anderen Vorzüge ihnen als „Nebenprodukte" zufielen, ebenso ungewollt, wie der „Stimmungsgehalt" gotischer Innenräume, wenigstens zunächst, eine ungewollte Konsequenz rein konstruktiver Neuerungen war. Eine rationale Fundamentierung, wie sie die Orgel, das Klavier und seine Vorgänger, ebenso die Blasinstrumente und selbst das wesentlich auf zünftigem Boden fortentwickelte Crwth sehr deutlich erkennen lassen, hat dem Schaffen der großen Violinbauer jedenfalls gefehlt. Die Benutzung des rein empirisch, in allmählicher Entwicklung gewonnenen Wissens der Vergangenheit über die zweckmäßigste Form der Decke und der Schallöcher, des Stegs und seiner Durchbrechung, der Seele, des Balkens und der Zargen und ein rein empirsches Erproben der besten Qualitäten des Holzes und vermutlich auch des Lacks erzielten jene Leistungen, welche heute – vielleicht wegen des Verschwindens der Balsamfichte – nicht mehr voll nachzuahmen sind. Die so geschaffenen Instrumente bedeuteten, bloß auf ihre technische Konstruktion hin angesehen, an und für sich keineswegs ein Mittel der Förderung harmonischer Musik. Im Gegenteil: das Fehlen des Stegs bei den älteren Instrumenten hatte deren Verwendung zur Hervorbringung von Akkorden, die Bourdonsaiten zur harmonischen Stützung der Melodie erleichtert. Das fiel bei den modernen Instrumenten fort, welche vielmehr zu Trägern *melodischer* Wirkungen bestimmt schienen. Aber der von dramatischen Interessen beherrschten Musik der Spätrenaissance war eben dies für ihre Zwecke willkommen. Daß die neuen Instrumente im Orchester der Opern ziemlich bald (in moderner Art nach der üblichen Annahme zuerst schon von Monteverdi im Orfeo) verwendet wurden, wir dagegen von ihrer Verwendung als Soloinstrumente zunächst nichts hören, hat seinen Grund allerdings wohl auch in der traditionellen Festlegung des sozialen Ranges der einzelnen Instrumente zu einander. Der Lautenist war, weil die Laute auch höfisches Dilettanteninstrument war, gesellschaftsfähig, seine Gage betrug in einem Orchester der Königin Elisabeth das Dreifache derjenigen des Violinisten, das Fünffache des Dudelsackpfeifers. Der Organist vollends galt als Künstler. Der Violinvirtuose hatte eine solche Stellung erst zu erringen, und erst nachdem dies (bes. durch Corelli) geschehen war, begann auch eine umfangreichere Streichinstrumentenliteratur sich zu entwickeln. Und während das Orchester des Mittelalters und der Renaissance von den Blasinstrumenten her geschaffen worden war, begann auch eine umfangreichere Streichinstrumentenliteratur sich zu entwickeln. Und während das Orchester des Mittelalters und der Renaissance von den Blasinstrumenten her geschaffen worden war, erscheint uns heute die Orchestermusik ohne die Violinen undenkbar – außer in der Militärmusik, der alten natürlichen Heimat der Blasinstrumente. Die modernen Streichinstrumente sind eben auch als Orchesterinstrumente Binnenrauminstrumente und geben ihre letzten Feinheiten auch da nicht in Räumen, die eine gewisse mäßige Größe überschreiten, sicher eine geringere, als sie heute, auch für die Kammermusik, sehr häufig gewählt wird.

In noch stärkerem Maße gilt der Binnenraumcharakter für die spezifisch modernen Tasteninstrumente.

Die *Orgel*, ein auf der Kombination der Pansflöte mit dem Dudelsackprinzip beruhendes Instrument, angeblich von Archimedes konstruiert, jedenfalls im 2. Jahrhundert v. Chr. bekannt, war in der römischen Kaiserzeit ein höfisches, teilweise auch ein Theater- und in Byzanz speziell ein Fest-Instrument. Die antike, von Tertullian, freilich ohne alles technische Verständnis, in den Himmel gehobene Wasserorgel, bei der das Wasser als Regulator des Winddrucks funktionierte, hätte in unsere Breiten wegen des Gefrierens des Wassers nicht eindringen können. Aber vielleicht schon vor der Regulierung durch Wasser, jedenfalls aber seit dem 4. Jahrhundert (Obelisk des Theodosius in Konstantinopel) existierte sie auch als pneumatische Orgel und gelangte von Byzanz aus in den Okzident. Auch dort war sie in der Karolingerzeit zunächst noch wesentlich eine Art von höfischer Musikmaschine: nicht im Dom, sondern im Palast von Aachen stellte Ludwig der Fromme die ihm geschenkte Orgel auf. Sie drang aber dann in die Klöster und klosterartig organisierten Domkapitel, die Träger alles musiktechnischen Rationalismus innerhalb der Kirche, und wurde dort, scheint es – und das ist wichtig – namentlich auch für den Musikunterricht benutzt. Kirchlicher regelmäßiger Gebrauch ist erst seit dem 10. Jahrhundert bei Festen nachweisbar. Die Orgel ist im Okzident von Anbeginn an in ununterbrochener technischer Fortentwicklung. Um 1200 hatte sie etwa drei Oktaven Tonumfang erreicht. Seit dem 13. Jahrhundert finden sich theoretische Traktate über sie. Seit dem 14. Jahrhundert wird ihr Gebrauch in den großen Domen schnell zunehmend universell. Ein wirklich auch melodisch voll leistungsfähiges Instrument war sie wohl erst im 14. Jahrhundert geworden, nachdem die Windlade ihre erste rationelle Form in Gestalt der sog. „Springlade“ gewonnen hatte, die Ende des 16. Jahrhunderts durch die Schleiflade ersetzt wurde. Sie konnte im frühen Mittelalter höchstens den Cantus planus mitspielen. Planvoll regulierte Mixturen waren noch ganz unbekannt und auch unnötig, da eine Beherrschung des noch nicht existierenden Gemeindegesanges nicht verlangt wurde. Noch im 11. und bis gegen das 13. Jahrhundert wurden die Töne durch Herausziehen der Tasten gebildet, und in den ältesten näher beschriebenen Orgeln mit bis zu 40 Pfeifen auf eine Taste war eine Scheidung der Töne, wie später durch die Schleifen der Windladen, noch unmöglich. Für den eigentlich musikalischen Gebrauch war gegenüber den Zugtasten das „Orgelschlagen“ der zuweilen über einen Dezimeter breiten ältesten Drucktasten mit den Fäusten ein Fortschritt, obwohl die Unstetheit der Windzufuhr die Reinheit der Stimmung auch dann noch stark beeinträchtigte. Dagegen war sie, gerade in jener primitiven Verfassung, sehr geeignet – geeigneter als irgendein Instrument irgendeiner anderen Musik – einen Ton oder einen Komplex von Tönen auszuhalten, über welchem sich eine durch Stimmen oder andere Instrumente – namentlich wohl Violen – ausgeführte Figuration bewegte, also harmonisch zu funktionieren. Es läßt sich auch deutlich erkennen, daß man bei dem Übergang zur Drucktastatur im 12. Jahrhundert und mit der zunehmenden melodiösen Beweglichkeit doch durch besondere Vorrichtungen gerade jene ältere Funktion zu konservieren suchte, bis für diesen Zweck die Doppelbordune eingeführt war. Mit Recht macht Behr darauf aufmerksam, daß eben wegen jener Funktion (nach dem Kölner Traktat de organo) der mehrstimmige Organal-Gesang nicht unter den tiefsten Orgelton herabsteigen durfte. Wie auch der Name „Organizare" für die Schaffung mehrstimmiger Sätze zeigt, ist also die Orgel (und neben ihr vielleicht das Organistrum) an der Rationalisierung der Mehrstimmigkeit sicherlich stark beteiligt. Und da die Orgel, im Gegensatz zum Dudelsack, durchaus diatonisch gestimmt war, so konnte sie sicherlich als wichtige Stütze für die Entwicklung des entsprechenden Tonempfindens dienen. Andererseits blieb sie freilich zunächst auch rein diatonisch (nur das b molle ließ sie früh zu) und behielt, was schlimmer war, lange die pythagoreische Stimmung, versagte daher beim Terzen- und Sextengesang. Aber im 13. und vollends im 14. Jahrhundert ist mit ihrer zunehmenden technischen Entwicklung bereits ein höchst entwickeltes Kolorieren ausgebildet. Vielleicht hat die Orgel die figurierende Polyphonie, wie sie bis zum Einsetzen der „ars nova" geradezu vorwaltete, beeinflußt. Kein Instrument irgendeiner älteren Musik war dazu in gleicher Art geeignet, und insofern muß dieser Einfluß der Orgel auf die Entwicklung der Mehrstimmigkeit sehr hoch angeschlagen werden.

Die feste Grundlage für den von jeher und zunehmend kostspieligeren Bau des immer komplizierteren, nach Erfindung des Pedals und besonders seit Anfang des 16. Jahrhunderts durch Differenzierung der Mensuren seiner Vollendung entgegengeführten Instruments bot im Okzident von Anfang an nur seine kirchliche Verwendung. In einer marktlosen Zeit war die Klosterorganisation die einzig mögliche Grundlage, auf dem es gedeihen konnte. In der ganzen Frühzeit blieb es daher ein Instrument vornehmlich des nordischen Missionsgebiets mit seinem seit Chrodegang auch in den Domkapiteln stark klösterlichen Unterbau: Papst Johann VIII. erbat vom Freisinger Bischof die Zusendung eines Orgelbauers, der zugleich, wie damals stets, als Organist zu funktionieren hatte. Orgelbauer und Organisten aber sind zunächst entweder Mönche oder doch von Mönchen oder Domherren instruierte Kloster- oder Kapiteltechniker. Als seit Ende des 13. Jahrhunderts jede ansehnliche Kirche eine Orgel erhielt, viele deren zwei, lag der Orgelbau, mit ihm aber auch ein sehr erheblicher Teil der praktischen Führung in der Entwicklung des Tonsystems, in der Hand berufsmäßiger weltlicher Orgelbauer. Sie entschieden nicht nur über die Stimmung der Orgel, sondern, da an dieser sich die Schwebungen bei unreiner Stimmung in der Tat besonders leicht feststellen lassen, weitgehend über Stimmungsprobleme überhaupt, und die Zeit des allgemeinen Vordringens und der technischen Ausgestaltung dieses Instruments fällt mit den großen Neuerungen innerhalb des mehrstimmigen Gesanges zusammen, die trotz jener anfänglichen Hemmung ohne ihre Beteiligung nicht denkbar sind.

Die Orgel war und blieb Träger kirchlicher Kunstmusik, nicht des Laiengesanges. Denn bis in eine junge Vergangenheit hat sie nicht, wie früher oft behauptet wurde, den Gemeindegesang nach heutiger Art zu begleiten gehabt. Auch nicht den protestantischen – soweit die Protestanten nicht überhaupt, wie anfänglich die Schweizer Reformierten, die Puritaner und fast alle asketischen Sekten, auch die Orgel (eben weil sie dem Kunstgesang gedient hatte) ähnlich aus der Kirche wiesen, wie das antike Christentum den Aulos. Wie namentlich Rietschel betont hat, blieb die Orgel, auch in der lutherischen Kirche, welche ja sehr stark unter Luthers Einfluß den Kunstgesang beibehielt, zunächst das Instrument, welches diesen, im wesentlichen nach alter Art, stützte oder ersetzte. Gänzlich auf die Orgel angelegte Verse, deren Text die Gemeinde im Gesangbuch nachlas, wechselten mit Kunstproduktionen des geschulten Chors. Die Beteiligung der Gemeinde selbst am Gesang schrumpfte im Luthertum, nach einem kurzlebigen Aufschwung, auf einen Umfang zusammen, welcher einen prinzipiellen Gegensatz gegen das Mittelalter oft kaum erkennen läßt. Günstiger stand es mit dem Gemeindegesang der dem Kunstgesang feindlichen reformierten Kirchen, zumal nachdem die französischen Psalmenkompositionen internationale Verbreitung gewonnen hatten. Seit dem Ende des 16. Jahrhunderts stellte sich denn auch die Orgel in den meisten refomierten Kirchen allmählich wieder ein. Andererseits trat in der lutherischen Kirche Ende des 17. Jahrhunderts mit dem Vordringen des Pietismus die Katastrophe der alten kirchlichen Kunstmusik ein. Nur die Orthodoxie hielt an einem beträchtlichen Maß kirchlichen Kunstgesanges fest, und es wirkt tragikomisch, daß J. S. Bachs Musik, welche – seiner persönlichen religiösen Stellung entsprechend – trotz strengdogmatischer Gebundenheit – doch einen unverkennbaren Einschlag pietistischen Stimmungsgehaltes trägt, an seinem eigenen Wohnort von den Pietisten beargwöhnt, von den Orthodoxen gewürdigt wurde. Die Stellung der Orgel als in erster Linie den Gemeindegesang begleitendes, daneben – wie von alters her – präludierendes, die Zwischenpausen, den Ein- und Austritt der Gemeinde, den langwierigen Akt der Kommunion ausfüllendes Instrument ist also relativ jungen Datums, ebenso wie das spezifisch brünstig-religiöse Cachet, welches Orgelmusik – zumal der, rein ästhetisch angesehen, im Grunde genommen, trotz Helmholtz, barbarisch emotionale Klang der Mixturen und großen Register – für uns heute hat. Die Orgel ist dasjenige Instrument, welches am stärksten den Charakter einer Maschine an sich trägt, weil es denjenigen, der es bedient, am stärksten an die objektiv technisch gegebenen Möglichkeiten der Tongestaltung bindet und ihm am wenigsten die Freiheit gibt, seine persönliche Sprache zu reden. Sie ist in ihrer Entwicklung auch darin dem Maschinenprinzip gefolgt, daß, während ihre Bedienung, welche im Mittelalter noch eine Vielzahl von Personen, vor allem von Balgtretern, erforderte – für die 24 Bälge der alten Orgel des Magdeburger Domes waren immer noch 12 „Kalkanten" nötig, für die gleiche Orgel der Kathedrale in Winchester im 10. Jahrhundert waren es noch 70 – diese physische Arbeit zunehmend durch maschinelle Vorrichtungen ersetzt ist, und daß sie dabei auch das technische Problem des kontinuierlichen Gebläses mit der Eisenverhüttung geteilt hat. –

Das zweite spezifisch moderne Tasteninstrument, das *Klavier*, hat zwei technisch sehr verschiedene historische Wurzeln. Einerseits das, aus dem frühmittelalterlichen, der rationalen Tonabmessung des ganzen Abendlandes zugrunde liegende „Monochord" – einem Instrument mit einer Saite und beweglichem Steg – durch Vermehrung der Saiten entstandene, Clavichord: aller Wahrscheinlichkeit nach eine Mönchserfindung. Es hatte ursprünglich gebundene Saiten für mehrere Töne, die also nicht gleichzeitig angeschlagen werden konnten, und nur für die wichtigsten freie Saiten, die sich aber allmählich, von unten nach oben, auf Kosten der gebundenen vermehrten. Auf den ältesten Clavichorden war der gleichzeitige Anschlag von c und e, also die Terz, unmöglich. Allein von seinen im 14. Jahrhundert 22 diatonischen Tönen (von G bis e' mit Einschluß von b neben h) umfassenden Umfang war das Instrument zu Agricolas Zeit (16. Jahrhundert) schon auf eine chromatische Skala von A bis h" gebracht worden. Seine rasch verhallenden Töne regten zur Figuration an, und so war es vornehmlich ein Instrument für eigentliche Kunstmusik. Die eigenartigen Klangeffekte des durch Tangenten, welche den tönenden Teil der Saiten zugleich abgrenzten und zum Schweigen brachten, angeschlagenen Instruments auf der Höhe seiner Vollendung, namentlich die charakteristischen ausdrucksvollen „Bebungen" der Töne, haben es der Konkurrenz des Hammerklaviers erst dann zum Opfer fallen lassen, als nicht mehr die Nachfrage einer dünnen Schicht von Musikern und feinhörigen Dilettanten, sondern die Marktbedingungen der kapitalistisch gewordenen Instrumentenproduktion über das Schicksal der Musikinstrumente entschieden.

Die zweite Quelle des Klaviers ist das vom Psalterium stammende „Clavicymbalum", „Clavecin" oder „Cembalo" und das in manchem verschiedene englische „Virginal", dessen Saiten, eine für jeden Ton, durch Kiele gerissen wurden, daher ohne Fähigkeit der Modulation der Stärke und Farbe, aber von großer Freiheit und Eindeutigkeit des Tonanschlags. Die erwähnten Nachteile teilte das Clavecin mit der Orgel, und man suchte ihnen durch ähnliche technische Mittel abzuhelfen. Organisten waren bis ins 18. Jahrhundert die normalen Klavierbauer, daher auch die ersten Schöpfer einer Klavierliteratur. Sein spezifisches Publikum aber bildeten, da der freie Tonanschlag die Verwendung des Instruments für die Wiedergabe von Volksweisen und Tänzen begünstigte, wesentlich Dilettanten, in erster Linie ganz naturgemäß die an das Haus gefesselten Volkskreise: im Mittelalter Mönche, damals und erst recht in der Neuzeit: Frauen, die Königin Elisabeth an der Spitze. Noch 1722 wird als Empfehlung eines neuen komplizierten Klaviertypus hervorgehoben, daß „sogar ein im (üblichen Klavierspiel) geübtes Frauenzimmer kapabel" sei, ihn zu „traktieren". Das Clavecin hatte im 15. und 16. Jahrhundert zweifellos starken Anteil an der Entwicklung melodisch und rhythmisch *durchsichtiger* Musik und war damals einer der Vermittler des Eindringens volkstümlich einfachen harmonischen Empfindens gegenüber der polyphonen Kunstmusik. Das 16. Jahrhundert, die Zeit des allgemeinen Experimentierens mit der Herstellung von reingestimmten Instrumenten für vielstimmige Kompositionen – die Theoretiker ließen sich namentlich klavierartige Instrumente zum Experimentieren speziell bauen – war für die Gesangsbegleitung noch wesentlich an die Laute gebunden, doch gewann das Cembalo an Boden und wurde für die begleitete Vokalmusik und dann für die Oper das charakteristische Instrument. Im 17. und 18. Jahrhundert sitzt der Dirigent inmitten des Orchesters am Cembalo. In seiner musikalischen Technik blieb das Instrument bis gegen Ende des 17. Jahrhunderts, soweit Kunstmusik in Frage kommt, stark an die Orgel gebunden. Organisten und Pianisten, die im 17. Jahrhundert sich als gesonderte, aber solidarische Künstler und Träger der Entwicklung der harmonischen Musik fühlten, im Gegensatz namentlich zu den Streichinstrumenten, welche „keine volle Harmonie hervorbringen könnten", entzogen sich (mit dieser Motivierung) in Frankreich der Herrschaft des Geigerkönigs. Musikalisch emanzipierte zuerst der aus der gesellschaftlichen Struktur Frankreichs sich entwikkelnde Einfluß des Tanzes in der französischen Instrumentalmusik, dann das Beispiel des beginnenden Violinvirtuosenspieles die Klaviermusik von der Orgelstilistik. Wenn Chambonnières im 17. Jahrhundert als erster Schöpfer spezifischer Klavierwerke angesehen werden darf, so Domenico Scarlatti Anfang des 18. als der erste, der die eigenartigen Klangwirkungen des Instruments virtuos ausnutzte. Dies beginnende Klaviervirtuosentum Hand in Hand mit dem auf der Orchester- und der allmählich steigenden Dilettanten-Nachfrage ruhenden Entstehen einer Cembalo-Großindustrie führten die letzten großen technischen Wandlungen des Instruments und dessen Typisierung herbei. Die ersten großen Cembalobauer (so in Belgien um 1600 die Familie Ruckers) schufen „manufakturmäßig" individuelle Instrumente im Auftrag konkreter Konsumenten (Orchester und Patrizier) und daher in höchst mannigfacher Anpassung an alle möglichen konkreten Bedürfnisse der Besteller, ganz nach Art der Orgel. Die Entwicklung des Hammerklaviers hat sich in verschiedenen Etappen teils auf italienischem Boden (Cristofori), teils auf deutschem vollzogen. Aber in Italien blieben die dort gemachten Erfindungen praktisch zunächst so gut wie ungenutzt. Die italienische Kultur blieb eben (im Grunde genommen bis an die

Schwelle der Gegenwart) dem Binnenraumcharakter der nordischen Musikkultur fremd. A-cappella-Gesang und Oper, und zwar diese letztere so gestaltet, daß ihre Arien den Hausbedarf an leicht verständlichen und sangbaren Melodien deckten, blieben das, durch Fehlen der Kultur des bürgerlichen „home“ bedingte italienische Ideal. Der Schwerpunkt der Produktion und weiteren technischen Entwicklung des Klaviers liegt infolgedessen in dem musikalisch best- – das heißt in diesem Fall: breitest – organisierten Lande der damaligen Zeit: Sachsen. Die aus den Kantoreien stammende „bürgerliche“ Musikbildung, Virtuosen und Instrumentenbauer gingen Hand in Hand mit einem lebhaften Interesse der dortigen Hofkapelle bei der Fortentwicklung und Popularisierung des Instruments. Zuerst die Möglichkeit der Tondämpfung und -verstärkung, das Aushalten des Tons und die Schönheit arpeggierend angeschlagener Akkorde auf beliebige Tondistanzen als Vorzüge, andererseits als Nachteile, (besonders in Bachs Augen) die anfangs – im Gegensatz zum Cembalo und Clavichord – noch mangelhafte Freiheit des Passagenspiels und deren Beseitigung standen im Vordergrund des Interesses. An Stelle des tippenden Anschlags bei den Tasteninstrumenten des 16. Jahrhunderts war, von der Orgel aus, schon für das Cembalo eine rationale Fingersatztechnik in der Entwicklung begriffen, freilich mit ihrem Ineinandergreifen der Hände und Übereinandergreifen der Finger für unsere Begriffe noch kraus und halsbrecherisch genug, bis die beiden Bach sie, durch Einfügung einer rationalen Verwendung des Daumens, auf eine, man möchte sagen: physiologisch „tonale“ Grundlage stellten. Während die Hand im Altertum ihre virtuosen Höchstleistungen auf dem Aulos zu entfalten hatte, stellten nun Violine und, vor allem, Klavier die höchsten Aufgaben. Die großen Meister der modernen Klaviermusik, Johann Sebastian und Philipp Emanuel Bach, standen dem Hammerklavier noch neutral gegenüber, und speziell der erstere hat einen bedeutenden Teil seiner besten Werke für die tonlich schwächeren, aber intimeren und auf feinere Ohren berechneten älteren Instrumententypen: Clavichord und Cembalo geschrieben. Erst das internationale Virtuosentum Mozarts und das steigende Bedürfnis der Musikalienverleger und Konzertunternehmer, der großen Musikkonsumtion nach Markt- und Massenwirkungen brachten den endgültigen Sieg des Hammerklaviers. Noch die Klavierbauer des 18. Jahrhunderts, namentlich die deutschen, waren in erster Linie physisch selbst mitarbeitende und erprobende große Kunsthandwerker (so Silbermann). Zuerst in England (Broadwood), dann aber in Amerika (Steinway), wo das vorzügliche Eisen der Konstruktion der eisernen Rahmen zugute kam und die nicht geringen rein klimatischen Schwierigkeiten einer Einbürgerung des Klaviers – die ja auch seiner Verwendung in den Tropen entgegenstehen – überwinden helfen mußte, bemächtigte sich die maschinelle Großproduktion des Instruments. Schon Anfang des 19. Jahrhunderts war es reguläres Handelsobjekt geworden und wurde auf Vorrat hergestellt. Der wilde

Konkurrenzkampf der Fabriken und Virtuosen mit den spezifisch modernen Mitteln der Presse, Ausstellungen, schließlich nach Analogie etwa der Absatztechnik der Brauereien, Schaffung eigener Konzertsäle seitens der Instrumentenfabriken (bei uns namentlich der Berliner) haben jene technische Vollkommenheit des Instruments zuwege gebracht, welche allein den stets steigenden technischen Anforderungen der Komponisten genügen konnte. Schon Beethovens späteren Schöpfungen wären die älteren Instrumente nicht gewachsen gewesen. Orchesterwerke sind überhaupt nur in Klavierübertragungen der Hausmusik zugänglich zu machen. In Chopin fand sich ein Komponist ersten Ranges, der sich gänzlich auf das Klavier beschränkte, und schließlich entlockte in Liszt die intime Kenntnis des größten Virtuosen seinem Instrument an Möglichkeiten des Ausdrucks alles Letzte, was es in sich barg.

Auf der Universalität seiner Verwertbarkeit für die häusliche Aneignung fast aller Schätze der Musikliteratur, auf der unermeßlichen Fülle seiner eigenen Literatur und endlich auf seiner Eigenart als universelles Begleit- und Schulungsinstrument beruht seine heutige unerschütterliche Stellung. Als Schulinstrument hat es die antike Kithara, das Monochord, die primitive Orgel und die Drehleier der Klosterschulen abgelöst, als Begleitinstrument den Aulos der Antike, die Orgel und die primitiven Saiteninstrumente des Mittelalters und die Laute der Renaissancezeit, als Dilettanteninstrument der sozialen Oberschichten die Kithara der Antike, die Harfe des Nordens und die Laute des 16. Jahrhunderts. Unsere exklusive Erziehung zur modernen harmonischen Musik wird ganz wesentlich von ihm getragen. Auch nach ihrer negativen Seite insofern, als die Gewöhnung an die Temperierung unserem Ohr – dem Ohr des *rezipierenden* Publikums – sicherlich in melodischer Hinsicht einen Teil jener Feinheit genommen hat, welche dem melodiösen Raffinement der antiken Musikkultur das entscheidende Gepräge gab. Die Schulung der Sänger erfolgte im Okzident noch im 16. Jahrhundert am Monochord; und dieses hatte nach Zarlino die reine Stimmung wieder einzuführen gesucht. Heute erfolgt ihre Schulung fast durchweg am Klavier, wenigstens in unseren Breiten, und auch die Tonbildung der Streichinstrumenten-Schule wird von vornherein am Klavier vorgenommen. Es ist klar, daß dadurch ein so feines Hören, wie bei der Schulung mittels Instrumenten in reiner Stimmung nicht erzielt werden kann. Die notorisch größere Unreinheit der Intonation der nordischen gegenüber italienischen Sängern dürfte ziemlich stark mit dadurch bedingt sein. Der Gedanke, Klaviere mit 24 Tasten in der Oktave zu bauen, wie sie z. B. Helmholtz vorschlug, ist aus ökonomischen Gründen vorerst nicht sehr aussichtsreich. Gegenüber der bequemen 12tastigen Klaviatur würden sie bei Dilettanten keinen Markt haben und bloße Virtuoseninstrumente bleiben. Der Klavierbau aber wird durch den Massenabsatz bedingt. Denn das Klavier ist auch seinem ganzen musikalischen Wesen nach ein bürgerliches Hausinstrument. Wie die Orgel den Riesenbinnenraum, fordert es den mäßig großen Binnenraum, um seine besten Reize zu entfalten. Alle Virtuosenerfolge moderner Pianisten vermögen grundsätzlich nichts daran zu ändern, daß das Instrument bei selbständigem Auftreten im großen Konzertraum unwillkürlich mit dem Orchester verglichen und dann freilich zu leicht befunden wird. Träger der Klavierkultur sind daher nicht zufällig die nordischen Völker, deren Leben schon rein klimatisch hausgebunden und um das „Heim" zentriert ist, im Gegensatz zum Süden. Weil dort die Pflege des bürgerlichen Hauskomforts aus klimatischen und historischen Gründen weit zurückstand, breitete sich – wie wir sahen – das dort erfundene Klavier nicht wie bei uns schnell aus und erlangte auch bis heute nicht in dem Maße die Stellung eines bürgerlichen „Möbels", wie dies bei uns schon längst selbstverständlich ist.

ren sie zunächst als Empfehlungsschreiben in eigener Sache. Machiavelli wollte sich mit seiner Abhandlung „Der Fürst" als Berater bei den Herrschern von Florenz ins Gespräch bringen:

Wie müsste ein Staat organisiert sein, so überlegt Machiavelli, der mächtig genug ist, seine Bürger wirksam zu schützen, und dessen Macht von Dauer ist? Welche Eigenschaften müsste der Herrscher eines solchen Staates besitzen, nach welchen Kriterien müsste er handeln?

Der vorurteilsfreie Realismus von Machiavellis Analysen gilt als Beginn des modernen staatlichen Denkens, die ehrliche Radikalität seiner Handlungsempfehlungen machen ihn zu einem kontrovers diskutierten „Kampfdenker" (Manager Magazin). „In der Politik sei alles erlaubt, dekretiert er. Es gebe kein Gut und kein Böse - nur taugliche und untaugliche Mittel. Verwerflich sei nur der Mangel an Entschlusskraft" (Geo Epoche).

Machiavelli inspirierte die Väter der amerikanischen Verfassung ebenso wie die Denker der Französischen Revolution. Bis heute kennen und beherzigen Politiker und Politikerinnen seine Ideen. „Wer einen fremden Staat erobert, sollte alles Schlimme, was er dessen Bürgern anzutun gedenkt, schnell begehen und keine Wiederholung zulassen. Verstößt er gegen diese Regel, wird er sich nie auf seine Untertanen verlassen können", wusste Machiavelli. Nach großen Wahlsiegen werden einschneidende Gesetze deshalb gern sofort verabschiedet.

Aus dem Inhalt: Vom Staate, Der Fürst, Die Geschichte von Florenz, Die Kunst des Krieges, Komödien und Kleine Schriften. Aus dem Italienischen von Johann Ziegler und Franz Nicolaus Baur. Herausgegeben und mit einem Vorwort von Alexander Ulfig. 1.088 Seiten. Broschur. 7,99 €. Nummer 103 485.

„Ein Meilenstein in der europäischen Geschichtsschreibung."
Nouvel Observateur

GEORGES DUBY UND
MICHELLE PERROT
Die Geschichte der Frauen.

Seit jeher machten sich Männer Gedanken über Frauen, und sie besaßen die Macht, ihre Gedanken der Nachwelt zu überliefern. Deshalb wissen wir, was Platon oder Aristoteles über Frauen schrieben, welche Frauenbilder antike Gebrauchsmaler auf Vasen bannten oder welche Frauengestalten die homerischen Epen belebten. Was wir nicht wissen, ist, wie sich diese Männerfantasien mit den realen Lebenswelten von Frauen vermittelten", beschreibt Die Zeit ein historisches Defizit von epochalem Ausmaß.

Den Nestor der französischen Geschichtswissenschaften, Georges Duby, und die Historikerin Michelle Perrot hat diese Verzerrung der historischen Perspektive nicht ruhen lassen. Sie haben der vernachlässigten und verschwiegenen Präsenz von Frauen in der Geschichte der Menschheit ein „historisches Großwerk" (Die Zeit) gewidmet: Die fünfbändige „Geschichte der Frauen", die bislang weitaus umfassendste Darstellung zu diesem Thema, die die Vielfalt des weiblichen Lebens in den verschiedenen Regionen des Abendlandes vom Altertum bis in die Gegenwart detailliert beschreibt. Das Erscheinen dieses originellen und zugleich zuverlässigen Standardwerks wurde als „editorisches Großunternehmen" (Die Woche) und „außergewöhnliches kulturelles Ereignis" (Espresso), gefeiert.

Aus dem Inhalt: Was ist eine Göttin?, Die Teilung der Geschlechter im Römischen Recht, Perpetua oder Das Selbstbewusstsein einer Frau, Die beaufsichtigte Frau, Frauenmoden und ihre Kontrolle, Körper, äußere Erscheinung und Sexualität in der frühen Neuzeit, Schönheit als strategisches Mittel, Frauen, Politik und Macht, Hexen, Prostitution, Straffällige Frauen, Frauen als Journalistinnen, Töchter der Freiheit und revolutionäre Bürgerinnen, Die feministische Szene, Gefährliche Formen der Sexualität, Die Frauenfrage in der Philosophie, Die Stellung der Frau im Bereich der Kultur, Frauen, Massenkonsum und Massenkultur, Mutterschaft, Familie und Staat, Die Nationalisierung der Frauen, Alleinstehende Frauen, Die „Befreiung" der Hausfrau, Der Feminismus der Siebziger Jahre u.v.a.

Mit ausführlichen Anmerkungen, Bibliografie und Register. 5 Bände. Ca. 350 Bilder. 3.217 Seiten. Großformat 24x16 cm. Der komplette Text der gebundenen Ausgabe zu 225 € jetzt ungekürzt als broschierte Sonderausgabe für 39,95 €. Nummer 103 254.

„Selbst Relativitäts- und Quantentheorie reichen nicht heran an die Evolutionstheorie als die wohl bedeutsamste Idee der abendländischen Wissenschaft." Der Spiegel

CHARLES DARWIN
Gesammelte Werke.

Dieser große Sammelband macht die Hauptwerke Darwins wieder zugänglich, die bis heute auch als Beispiele brillant geschriebener Wissenschaftsprosa gelten: „Über die Entstehung der Arten" zählt zusammen mit der „Abstammung des Menschen" zu den großen kanonischen Werken der modernen Naturwissenschaften, in denen Darwin erstmals seine bahnbrechende Evolutionstheorie erklärt. Der Band enthält außerdem Darwins Bestseller „Der Ausdruck der Gemütsbewegungen bei den Menschen und den Tieren". Oliver Sacks staunte über Darwins „bezaubernde Beobachtungen, seine Aufsehen erregenden Theorien".

Den drei Werken vorangestellt ist das wohl wichtigste Reisebuch der modernen Naturwissenschaft, das gleichzeitig zum „folgenreichsten Abenteuerbuch aller Zeiten" (Daniel Kehlmann) wurde: die berühmte „Reise eines Naturforschers um die Welt" an Bord der „Beagle". Auf ihr „erprobt er die Möglichkeiten naturwissenschaftlicher Wahrnehmung, hier findet er das Material für seine Ideen und übt sich in der Kunst des Vergleichens" (Süddeutsche Zeitung) und entwickelt daraus seine Theorien für die „vielleicht größte intellektuelle Revolution, die die Menschheit erlebt hat" (Ernst Mayr).

„Nichts in der Biologie ergibt Sinn, außer im Lichte der Evolution", so der große Naturforscher Theodosius Dobhansky. Sein Kollege Niles Eldredge, Paläontologe, erklärt den konkreten Nutzen für die Wissenschaft: „Darwins Theorie über die natürliche Selektion ist die Basis, auf der die Menschheit tödliche Krankheiten bekämpfen und mit der wir unsere Umwelt schonender behandeln können. Ohne diese Erkenntnisse wären wir beispielsweise den Gefahren der asiatischen Grippewellen hilflos ausgeliefert." Aus dem Englischen von J. Victor Carus. 1.370 Seiten mit zahlreichen Abbildungen. Broschur. 7,99 €. Nr. 103 274.

„Nie war es so günstig, sich mit Kafka vertraut zu machen."
Mannheimer Morgen

FRANZ KAFKA
Das Werk.

Die Romane und Erzählungen in der Kafka-Edition von Max Brod in einem „flexiblen und handlichen Band" (MM): Er versammelt Kafkas zentrales literarisches Werk. Die drei großen Romane sowie sämtliche Erzählungen und die erzählende Prosa: Der Prozeß (mit einem der berühmtesten Romananfänge der Weltliteratur: „Jemand mußte Josef K. verleumdet haben, denn ohne daß er etwas Böses getan hätte, wurde er eines Morgens verhaftet"), Amerika („Da entfaltet sich eine Komik, deren Rang nur im Blick auf Falstaff, Don Quichote und die Walpurgisnächte zu bestimmen ist", FAZ), Das Schloß, Ein Landarzt, Ein Hungerkünstler, Ein Bericht für eine Akademie, In der Strafkolonie, Die Verwandlung („Eine ausnehmend ekle Geschichte, ekelhaft ist sie grenzenlos", Kafka an Felice Bauer), Das Urteil (für Kafka „von allen Erzählungen die liebste"), Brief an den Vater („Wer immer sich mit Kafka beschäftigt, greift auf diesen Brief zurück", Reich-Ranicki) u.a.

„Nimm und lies!", rief Willi Winkler in der Süddeutschen aus. „Eine gute Kur gegen das Zu-Tode-Beweihräuchern … Der Blick weitet sich. Kannte man bisher nur den „Prozeß" und mag die stockfleckige Schulausgabe nur noch mit spitzen Fingern anfassen, kann man sich in dieser umfassenden und dazu noch fast geschenkten Ausgabe festlesen, Neues entdecken und auch noch lachen" (Westfälische Nachrichten). 1.232 Seiten. Broschur. 7,99 €. Nummer 101 036.

„Kafkas epistolarische Energien sind einzigartig."
Hanns Zischler

FRANZ KAFKA
Die Briefe.

Die Briefe an die Eltern, Jan Milena Jesenská-Polak, Felice Bauer, an die Schwester Ottla, Oskar Pollak, Oskar Baum, Felix Weltsch, Robert Klopstock, Elsa und Max Brod u.a. „Briefe schreiben heißt sich vor den Gespenstern entblößen, worauf sie gierig warten. Geschriebene Küsse kommen nicht an ihren Ort, sondern werden von den Gespenstern auf dem Wege ausgetrunken" (an Milena). „Ich kann nicht glauben, daß in irgendeinem Märchen um irgendeine Frau mehr und verzweifelter gekämpft worden ist als um dich in mir, seit dem Anfang und immer von neuem und vielleicht für immer" (an Felice Bauer). Franz Kafka „Die Briefe". 1.211 Seiten. Broschur. Nur bei uns. 7,99 €. Nummer 102 364.

„Wir dürfen lesen, staunen, danken."
Kurt Tucholsky über Kafka

FRANZ KAFKA
Die Tagebücher 1910 bis 1923.

Kein Autor hat sein Leben über Tagebücher und Briefe so radikal in Literatur verwandelt wie Franz Kafka. Sie werden deshalb mit Recht zum Zentrum seines literarischen Werkes gerechnet. Dies ist die erste vollständige noch von Kafkas Freund Max Brod herausgegebenen Edition. „Noch genauer als die Briefe und Dokumente der Freunde geben Kafkas Tagebücher Auskunft über seine Persönlichkeit, einige Wendepunkte seines Lebens und die Vorstufen seiner Werke" (Kindlers Neues Literaturlexikon). „Meine Ohrmuschel fühlte sich frisch, rauh, kühl, saftig an wie ein Blatt" (Mai, 1910). „Zu einer freien Aussprache mit Bekannten konnte ich früher deshalb nicht kommen, weil mich unbewußt das Vorhandensein sexueller Wünsche hinderte, jetzt hindert mich ihr bewußter Mangel" (Dezember, 1911). 558 Seiten. Broschur. Nur bei uns. 7,99 €. Nummer 102 363.

„Bilderberauscht, gewalttätig und voll grausamer Zärtlichkeit."
Focus

GEORG HEYM
Das Werk.

Ein Band Gedichte, mehr war zunächst nicht von ihm erschienen, „aber diese dreihundert Seiten haben fünfzig Jahre lang Leser durchschauert und Kommentatoren beschäftigt" (Stefan Hermlin). „Zum ersten Mal wird hier in deutscher Sprache die moderne Großstadt im Gedicht - nein, nicht bloß beschrieben, sondern in Bildern zum Leuchten gebracht" (Die Zeit).

Nur 25 Jahre alt wurde Georg Heym, doch er hinterließ ein verblüffend umfangreiches Werk, „ein Riesengebirge, das erforscht sein will. Da sind unten die weit hingelagerten Landschaften seiner Dramen, Fragmente und Entwürfe, darüber erscheinen die heroischen Bereiche seiner Novellen und Gedichte; ganz oben der zauberisch funkelnde Gipfel: eine erstaunliche Vielzahl grandioser und Epoche machender Gedichte, die seinen Namen mit dauerhaftem Ruhm verbinden" (Christoph Meckel). Diese umfassende Werkausgabe enthält erstmals die gesamte Lyrik sowie das dramatische Werk, die Prosa und Tagebücher Georg Heyms in einem Band. 2., verbesserte Auflage. Mit einer biografischen Notiz von Monika Weissenberger und einem Nachwort von Andreas Losigkeit. 1.372 Seiten. Broschur. 7,99 €. Nummer 102 377.

„Ihn am wenigsten im 20. Jahrhundert könnte ich aus der Lyrik entbehren."
Gottfried Benn

RAINER MARIA RILKE
Das dichterische Werk.

Marcel Reich-Ranicki bekannte, er könne „dem Rhythmus von Rilkes Versen schwerlich widerstehen. Rilke wusste mit dem Reim umzugehen wie nur wenige Dichter in der Geschichte unserer Literatur". „Von allen deutschen Dichtern hat sich keiner zuverlässiger, keiner überraschender und keiner glücklicher entwickelt als Rilke", rühmte auch Stefan Zweig.

Auf der Basis der noch von Rilke selbst konzipierten sechsbändigen Ausgabe der Gesammelten Werke entstand diese über 1.000 Seiten starke Edition, die das zentrale lyrische Werk umfasst, eine Auswahl bedeutender Prosaschriften, die Erzählungen und natürlich „Die Aufzeichnungen des Malte Laurids Brigge" (den „ersten konsequent modernen deutschsprachigen Roman", so Harenbergs Buch der 1000 Bücher). 1.146 Seiten. Broschur. Haffmans Verlag. 9,95 €. Nummer 240 051.

Diese Edition erlaubt einen „intimen Einblick in die geistigen Wanderungen eines Jahrhundertgenies." Taz

LUDWIG WITTGENSTEIN
The Big Typescript.

Sein „Tractatus logico-philosophicus" schien die philosophischen Probleme „im Wesentlichen endgültig gelöst" (Wittgenstein) zu haben. Doch dann machte Wittgenstein Notizen für ein „zweites Buch", das die, so Wittgenstein, „schweren Irrtümer" seines Frühwerkes korrigieren sollte. Vieles davon vernichtete er, doch in seinem Nachlass fanden sich noch immer ca. 20.000 beschriebene Blätter.

„The Big Typescript" ist seit dem „Tractatus" von 1922 und einer Unterbrechung seiner philosophischen Tätigkeit Wittgensteins erster Versuch, seine neueren Gedanken in einem Buch zusammenzufassen. „Das ‚Big Typescript' stellt nicht weniger als eine erste ‚Summe' der philosophischen Reflexionen dar, die Wittgenstein seit 1929, also nach seiner Rückkehr nach Cambridge und der Wiederaufnahme des Philosophierens, angestellt hatte. Es enthält die Umarbeitungen und Neuordnungen des Materials, das zuvor in zehn Manuskriptbänden notiert worden war" (Neue Zürcher Zeitung). „‚The Big Typescript' ist deswegen bedeutsam, weil in ihm die enge Verbindung von mathematisch-logischer und sprachphilosophischer Reflexion in Wittgensteins Denken geradezu exemplarisch vorgeführt wird" (Börsenblatt).

Der komplette Text der Originalausgabe (deutscher Text) zu 155,94 € broschiert und fadengeheftet mit allen 546 Seiten als Sonderedition im Format 16,5x24 cm für nur 9,95 €. Nr. 100 451.

„Eine vor Erotik triefende Auferstehungsgeschichte mit viel Whiskey. Es ist viel Spaß in Finnegans Wake." Übersetzer Dieter H. Stündel

JAMES JOYCE
Finnegans Wake.

Finnegans Wake" ist James Joyces letztes und größtes Werk. 17 Jahre lang hat er daran geschrieben. Wolfgang Hildesheimer rühmte, dass dieses Buch eine der höchsten Möglichkeiten von Literatur überhaupt verkörpere. Es galt seit seinem Erscheinen im Jahre 1941 „als unübersetzbar" (NZZ). Jedes einzelne Wort wird als Herausforderung angesehen. Arno Schmidt nannte das Werk „einen einzigen großen Unterleibswitz". Als Schmidt eine Übersetzung von „Finnegans Wake" anbot, wollte kein Verlag anbeißen.

Als „Sensation" feierte der Bayerische Rundfunk denn auch, dass Dieter H. Stündel nach ebenfalls 17-jähriger Arbeit die Übersetzung von „Finnegans Wake" vorlegte. 50.000 neue Vokabeln hat Stündel für seinen „Finnegans Wehg" (so der deutsche Titel) erfunden. Fritz Senn, der Leiter des Zürcher Joyce-Archivs, würdigte Stündels Arbeit als „kleines Wunder" und als „imponierendes Werk". Der komplette zweisprachige Text der deutschen Erstausgabe, übersetzt von Dieter H. Stündel, kostete früher in Leinen 429,49 €. Als seitenidentische broschierte Sonderausgabe mit 1.256 Seiten im kompakten Format 15x22 cm. 7,99 €. Nummer 102 539.

Stand 12/2006. Preise können sich ändern, Titel vergriffen sein.